Glossarium archaiologicum continens latino-barbara, peregrina, obsoleta, & novatae significationis vocabula: quae post labefactatas a Gothis, Vandalisq[ue], res Europaeas, in ecclesiasticis, profanisq[ue], s authore Henrico Spelmanno ... (1664)

Henry Spelman

Glossarium archaiologicum continens latino-barbara, peregrina, obsoleta, & novatae significationis vocabula : quae post labefactatas a Gothis, Vandalisq[ue], res Europaeas, in ecclesiasticis, profanisq[ue], s authore Henrico Spelmanno ...

Glossarium archaiologicum
Spelman, Henry, Sir, 1564?-1641.
First part published in 1626 as: Henrici Spelmanni ... Archaelogus.
Marginal notes.
[13], 576 p.
Londini : Apud Aliciam Warren, 1664.
Wing / S4925
Latin
Reproduction of the original in the Library of Congress

Early English Books Online (EEBO) Editions

Imagine holding history in your hands.

Now you can. Digitally preserved and previously accessible only through libraries as Early English Books Online, this rare material is now available in single print editions. Thousands of books written between 1475 and 1700 and ranging from religion to astronomy, medicine to music, can be delivered to your doorstep in individual volumes of high-quality historical reproductions.

We have been compiling these historic treasures for more than 70 years. Long before such a thing as "digital" even existed, ProQuest founder Eugene Power began the noble task of preserving the British Museum's collection on microfilm. He then sought out other rare and endangered titles, providing unparalleled access to these works and collaborating with the world's top academic institutions to make them widely available for the first time. This project furthers that original vision.

These texts have now made the full journey -- from their original printing-press versions available only in rare-book rooms to online library access to new single volumes made possible by the partnership between artifact preservation and modern printing technology. A portion of the proceeds from every book sold supports the libraries and institutions that made this collection possible, and that still work to preserve these invaluable treasures passed down through time.

This is history, traveling through time since the dawn of printing to your own personal library.

Initial Proquest EEBO Print Editions collections include:

Early Literature

This comprehensive collection begins with the famous Elizabethan Era that saw such literary giants as Chaucer, Shakespeare and Marlowe, as well as the introduction of the sonnet. Traveling through Jacobean and Restoration literature, the highlight of this series is the Pollard and Redgrave 1475-1640 selection of the rarest works from the English Renaissance.

Early Documents of World History

This collection combines early English perspectives on world history with documentation of Parliament records, royal decrees and military documents that reveal the delicate balance of Church and State in early English government. For social historians, almanacs and calendars offer insight into daily life of common citizens. This exhaustively complete series presents a thorough picture of history through the English Civil War.

Historical Almanacs

Historically, almanacs served a variety of purposes from the more practical, such as planting and harvesting crops and plotting nautical routes, to predicting the future through the movements of the stars. This collection provides a wide range of consecutive years of "almanacks" and calendars that depict a vast array of everyday life as it was several hundred years ago.

Early History of Astronomy & Space

Humankind has studied the skies for centuries, seeking to find our place in the universe. Some of the most important discoveries in the field of astronomy were made in these texts recorded by ancient stargazers, but almost as impactful were the perspectives of those who considered their discoveries to be heresy. Any independent astronomer will find this an invaluable collection of titles arguing the truth of the cosmic system.

Early History of Industry & Science

Acting as a kind of historical Wall Street, this collection of industry manuals and records explores the thriving industries of construction; textile, especially wool and linen; salt; livestock; and many more.

Early English Wit, Poetry & Satire

The power of literary device was never more in its prime than during this period of history, where a wide array of political and religious satire mocked the status quo and poetry called humankind to transcend the rigors of daily life through love, God or principle. This series comments on historical patterns of the human condition that are still visible today.

Early English Drama & Theatre

This collection needs no introduction, combining the works of some of the greatest canonical writers of all time, including many plays composed for royalty such as Queen Elizabeth I and King Edward VI. In addition, this series includes history and criticism of drama, as well as examinations of technique.

Early History of Travel & Geography

Offering a fascinating view into the perception of the world during the sixteenth and seventeenth centuries, this collection includes accounts of Columbus's discovery of the Americas and encompasses most of the Age of Discovery, during which Europeans and their descendants intensively explored and mapped the world. This series is a wealth of information from some the most groundbreaking explorers.

Early Fables & Fairy Tales

This series includes many translations, some illustrated, of some of the most well-known mythologies of today, including Aesop's Fables and English fairy tales, as well as many Greek, Latin and even Oriental parables and criticism and interpretation on the subject.

Early Documents of Language & Linguistics

The evolution of English and foreign languages is documented in these original texts studying and recording early philology from the study of a variety of languages including Greek, Latin and Chinese, as well as multilingual volumes, to current slang and obscure words. Translations from Latin, Hebrew and Aramaic, grammar treatises and even dictionaries and guides to translation make this collection rich in cultures from around the world.

Early History of the Law

With extensive collections of land tenure and business law "forms" in Great Britain, this is a comprehensive resource for all kinds of early English legal precedents from feudal to constitutional law, Jewish and Jesuit law, laws about public finance to food supply and forestry, and even "immoral conditions." An abundance of law dictionaries, philosophy and history and criticism completes this series.

Early History of Kings, Queens and Royalty

This collection includes debates on the divine right of kings, royal statutes and proclamations, and political ballads and songs as related to a number of English kings and queens, with notable concentrations on foreign rulers King Louis IX and King Louis XIV of France, and King Philip II of Spain. Writings on ancient rulers and royal tradition focus on Scottish and Roman kings, Cleopatra and the Biblical kings Nebuchadnezzar and Solomon.

Early History of Love, Marriage & Sex

Human relationships intrigued and baffled thinkers and writers well before the postmodern age of psychology and self-help. Now readers can access the insights and intricacies of Anglo-Saxon interactions in sex and love, marriage and politics, and the truth that lies somewhere in between action and thought.

Early History of Medicine, Health & Disease

This series includes fascinating studies on the human brain from as early as the 16th century, as well as early studies on the physiological effects of tobacco use. Anatomy texts, medical treatises and wound treatment are also discussed, revealing the exponential development of medical theory and practice over more than two hundred years.

Early History of Logic, Science and Math

The "hard sciences" developed exponentially during the 16th and 17th centuries, both relying upon centuries of tradition and adding to the foundation of modern application, as is evidenced by this extensive collection. This is a rich collection of practical mathematics as applied to business, carpentry and geography as well as explorations of mathematical instruments and arithmetic; logic and logicians such as Aristotle and Socrates; and a number of scientific disciplines from natural history to physics.

Early History of Military, War and Weaponry

Any professional or amateur student of war will thrill at the untold riches in this collection of war theory and practice in the early Western World. The Age of Discovery and Enlightenment was also a time of great political and religious unrest, revealed in accounts of conflicts such as the Wars of the Roses.

Early History of Food

This collection combines the commercial aspects of food handling, preservation and supply to the more specific aspects of canning and preserving, meat carving, brewing beer and even candy-making with fruits and flowers, with a large resource of cookery and recipe books. Not to be forgotten is a "the great eater of Kent," a study in food habits.

Early History of Religion

From the beginning of recorded history we have looked to the heavens for inspiration and guidance. In these early religious documents, sermons, and pamphlets, we see the spiritual impact on the lives of both royalty and the commoner. We also get insights into a clergy that was growing ever more powerful as a political force. This is one of the world's largest collections of religious works of this type, revealing much about our interpretation of the modern church and spirituality.

Early Social Customs

Social customs, human interaction and leisure are the driving force of any culture. These unique and quirky works give us a glimpse of interesting aspects of day-to-day life as it existed in an earlier time. With books on games, sports, traditions, festivals, and hobbies it is one of the most fascinating collections in the series.

Liber iſte, cui titulus *Gloſſarium Archaiologicum*

IMPRIMATUR

Aprilis 5.
1663.

GUIL. MORICE

GLOSSARIUM ARCHAIOLOGICUM:

CONTINENS

LATINO-BARBARA,

peregrina, obsoleta, & novatæ significationis *VOCABULA*; quæ post labefactatas a Gothis, Vandalisq;, res Europæas, in Ecclesiasticis, profanisq; Scriptoribus; variarum item Gentium Legibus antiquis municipalibus, Chartis, & Formulis occurrunt.

SCHOLIIS & COMMENTARIIS illustrata; in quibus prisci Ritus quam-plurimi, Magistratus, Dignitates, Munera, Officia, Mores, Leges ipsæ, & Consuetudines enarrantur.

AUTHORE

Henrico Spelmanno

Equite, Anglo-Britanno.

Ordior audaci tenebrosa per æquora velo,
Cymerium tentare adytum: submersaq; lethis
Sistere de barathro luci. Da maxime rerum
Conditor, ut fugiens syrtes, scopulosq; latentes,
Fœlici inveniam quæsitos littore portus;
Et te perpetuo ductorem carmine laudem.

LONDINI,

Apud ALICIAM WARREN Anno Domini MDCLXIV.

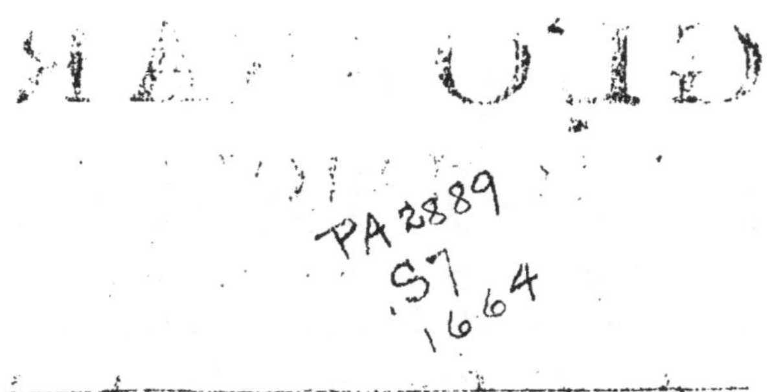

DEO,
CLESIÆ.
Litterarum Reipublicæ.

Honoratissimo Illustrissimoq; D. D.

EDOARDO HIDE

EQUITI AURATO,

CLARENDONIÆ Comiti, *CORNBURIÆ* Vicecomiti, Baroni *HINDONIÆ*, Summo Angliæ necnon Almæ *OXONIENSIS* Academiæ Cancellario, Sacræ Majestati Regiæ à Secretioribus Consiliis &c. ὑγιαίνειν & æternum Εὐδαιμονεῖν.

Um ingentem negotiorum molem, quam constanti pectore & prudenti solus sustineas (Summe Legum & Æquitatis Arbiter) cùm Solicitudines tuas Justitiæ & Reipubl. amore fæliciter susceptas, easq; non ex intervallo recurrentes, sed pene perpetuas cogito; anceps animi & dubitabundus hæreo, ne Curarum tuarum oneri (quas allevare ex officio & ex animo vellem) compellando adderem: At cùm igneam mentis tuæ vim, quæ (fælicius nescio an fortius) Cæli Britannici sidera auspicatè volvit, cum summam rerum agendarum prudentiam, multiplici & diuturno rerum usu firmatam, cum humeros tuos oneri imposito pares, aditusq; faciles & Viro Principe dignos, tacitus mecum reputo; evanuit prior metus, & aliqualis (modesta tamen) dignitatem tuam compellandi accessit confidentia. Bonitatem divinam & Cælum sapit præsentes benignè admittere, & accessuros olim expectare supplices,

——— Offendunt nunquam thura precesq; Deum;

Deo & divinis hominibus, honoris & potestatis fastigium non ambitu sed virtute suâ assecutis, nunquam ingrata erit supplicantium turba, si modesta, si illud submissè petat, quod Patronus honestè eroget, cum sic benevolentiæ ansam præbet non iracundiæ. Hæc Clientem tuum a-

nimant (Vir summe) ut tibi sistam D. Henr. Spelmanni (Avi mei) τοῦ μακαρίτου, hæc enim ἐπιγραφὴ in Editione Glossarii sui primâ Avo meo placuit, Archæologum. Scilicet Avus meus (à Nepote suo eâ quâ par est pietate æternò recolendus) jam olim Cælo receptus, nec Patrono, nec cujusquam Patrocinio indiget: Archæologus autem suus (proles γνήσιος & genuina sed ex dimidio posthuma) optimo parente orbus, in tuam Clientelam ambitione honesta festinat, magni nominis ἐπιγραφὴν modestè ambit, de Successu securus quod cum (benevolentia tua singulari etiam & munificentia obstetricibus) huic operi dedisti partum, dabis & Patrocinium. Certè sub tui nominis auspicio in publicum prodire gestit Archæologus, Authoritatem ampliorem & adversus Sciolorum & Invidorum morsus, tutelam exinde habiturus, ita ut lucem auspicatius multo videat & securius: Scioli enim sint necesse est aut invidi (si qui sint) qui viri optimi & doctissimi (absit verbo invidia) innocentes conatus, non ad suum, sed Ecclesiæ & Reipubl. Literariæ emolumentum destinatos, immeritò lacessunt. Archæologi pars prima Authore adhuc superstite, typis excusa olim (a) prodiit, cujus Editionem vel impensè urgebant, vel ex post facto (literis ad Avum meum datis) prolixè commendabant viri pietate & eruditione insignes & Reipubl. Literariæ Principes: Jac. Usserium Armachanum intelligo, Johan. Lincolniensem Episcopum, Gul. Camdenum, D. Rob. Cottonum, Nicol. Fabritium Pierefchium, Joh. Seldenum, Hieron. Bignonium, Gilb. Gaulminum, Nicol. Rigaltium, Claud. Salmasium, Joh. Meursium, Fred. Lindenbrogium, P. Pithæum, Melch. Goldastum, Cowellum, Skenæum, Lydium &c. Hos omnes (ut alios minorum Gentium Scriptores taceam) industriæ & eruditionis suæ testes idoneos habuit D. Henr. Spelmannus (Avus meus) quod ipse (b) alicubi (more suo) modestè fatetur, & animo in gratitudinem prono candidè agnoscit. Parte igitur prima sic auspicatò editâ, & à viris Doctis (qua patet orbis Literarius) sedulò evolutâ, ex pede Herculem cognoscunt, multorumq; oculi gustato hoc melle (quod olim Jonathani accidit) aperti sunt, Densas Antiquitatis mediæ tenebras (multiplici Gentium & Linguarum confusione introductas) Luce novâ è Glossario Spelmanni mutuatâ, fugant, & è difficultatum Mæandris Ariadnæo hoc filo sese fælicius expediunt. Ex eo tempore docti plures acrius instant, Avumq; meum desideriis ardentibus (& sæpiusculè repetitis) urgent, ut opus fæliciter incohatum festinus absolveret. Doctorum precibus rogatus paruit, Glossarii partem (quam jam damus) secundam condidit, sed morte (suis doctisq; omnibus acerbâ & immaturâ) præpeditus non edidit. Dein (postquam Parens meus, virtutis Paternæ & Patrimonii hæres fatis (c) cessit) unà cum aliis Avi mei Chartis & Cimeliis ad manus meas pervenit Manuscriptus Archæologus, Tempore scilicet difficillimo non sine Singultu & Lachrymis memorando, cum Britannia

(a) Glossarii pars prima usque ad literam Alphabeti M. Londini prodiit An. 1626.

(b) In præfatione ad Edit. partis primæ Glossarii Lond. 1626.

(c) D. Johannes Spelman. D. Henr. Spelman. filius primogenitus partes regias (licet infando Perduellium scelere afflictas) fideliter & fortiter insecutus Cælo & Cælo proximus Oxoniæ fatis cessit Anno 1645.

nia *nostra in sui ipsius perniciem conjurata*, *Arma civilia & funesta contra Regem optimum & pientissimum impiè movebat*, *tandemq;* (*factione ex successu infausto invalescente*) *Sacram Majestatem Regiam* (*Ausu nefario, & ab ipsis rerum omnium primordiis inaudito*) *decollabat*; *Stupendum & immane nefas*, *impietate & impudentiâ summâ perpetratum! sane ut primò Sacram cervicem* (*licet inanimata*) *tetigit, erubuit securis, quasi facti pudore, æquè ac sanguine purpurata. Eo tempore, cum Rempubl. immani tyrannide oppressam ac pene intermorituram; Ecclesiam multo Schismate divisam & Errorum portentis fœdatam, cum Hæreses* (*Libycæ avenæ instar*) *nominibus & numero carentes*, *infœliciter introductas*, *& mœsti vidimus*, *& incassum lamentabamur*; *cum summâ rerum potiebantur indocti*, *qui artes nullas callebant præter sordidas*; *eo* (*inquam*) *tempore latebras & abdita rerum receptacula quæsivimus, non ubi Codices melioris notæ manuscripti* (*quasi è communi incendio servati*) *typis excudi*, *sed tutius abscondi poterant*. De Glossario *edendo turbato penitus Ecclesiæ & Reipublicæ Statu*, *ne cogitavimus quidem*, *quid enim Fanaticis & Novatoribus cum* Archæologo? *Cœlo* Britannico *tenebris plusquam Cimmeriis aut Ægyptis noctescente*, *qui lucem videre poterat? aut juris publici fieri*, *cum* (*tyrannide infœliciter introductâ*, *& Astræâ Cœlum iterum repetente*) *jus omne publicum indignè violatum evanuit? Sed postquam insperata illa & fausta nobis illuxit dies*, *quo* Carolus (*nemini nisi divo Patri*) *secundus* Britanniæ *postliminio redditus*, *solioq; paterno* (*Cœlo Auspice & stupente mundo*) *relocatus*——

——Requiem, finemq; Laborum,
Immeritisq; dedit veniam,

Cimelia Codicesq; è Latebris, abditisq; (*quibus recondebantur*) *receptaculis* (*Perduellium jam securi*) *eruimus*: Archæologi *Editionem*, *Viri docti* (*præsertim* (d) *Avunculus meus charissimus*) *urgent. Tandem de Editione convenit, rogamus virum optimum & Antiquitatis* (e) *callentissimum*

Qui molta tenet anteiqua sepolta,

Ut Archetypum evolveret, prelo aptaret, *&* (*ne quod* σφάλμα *Operariorum inscitiâ vel incuriâ obreperet*) *ut Typographorum operis præesset, Editionemq;* (*quod optimè potuit*) *accuraret. Ille* (*pro sua in Authorem & Rempubl. literariam benevolentiâ*) *non invitus annuit*, *provinciam suscepit*, *quam fide & diligentiâ Authore & se dignis gessit*, *Amanuensis & Typographi* παροράματα (*si quando occurrebant*) *correxit*.

(d) D. *Clemens Spelmannus*: unus è Scaccarii (quod vocant) Baronibus.

(e) D. *Gulielmum Dugdale* in Heraldorum Collegio, Provinciæ Trans-Trentanæ Armorum Regem, vulgo *Norroy* dictum.

Sic habes (*vir authoritate & tuo merito summe*) *veram*, *inconcinnam licèt hujus operis historiolam*. *Tu modo partui huic posthumo fave*,

 Spelmanni

Spelmanni Archæologum (*dedicatione jam & mancupio tuum*) *eà quà soles fronte, id est serenà & benignà aspice; quem Antiquitatis, Juris, & Theologiæ consultis, nec inutilem aut ingratum, nec apud suos exterosve inglorium fore non vani auguramur, præsertim sub magni nominis tui Auspiciis & Patrocinio posteritati Commendatum. Vale Vir Illustrissime, &* ——

Serus in Cælum redeas, diuq;
Lætus intersis populo Britanno.

Ita ex animo vovet

Illustrissimæ Dominationis tuæ

Cultor & Cliens humillimus.

Carolus Spelmannus Henrici τȣ̃ μακαρίτȣ Nepos.

Authoris

Authoris de se & opere suo, Præfatio.

HAbes (Lector) tenuitatis nostræ dimensionem, claudam equidèm, et incultam, sed (quod me magis angit) pluriès maleſidam. Non quòd mihi unquam esset in animo falsi quidpiam tibi obtrudere (occidar potiùs) sed desideratis aliàs scientiâ aliàs judicio, hîc inter syrtes dubius hæreo, illic devius ad scopulos allidor. Cavere igitur te velim diligenter, & quæ apud nos aut ambigenda legeris, aut è conjecturis promanantia, aliorum calculo expendere: nè nostros hauriens errores, tibimet imponas, haustosq; distrahas propagandos. Nec interea sim dispectui, quòd erraverim pluriès, pluriès cæcutierim: quis enim mortalium in argumento tàm vario & immenso; tàm nodoso, rigido, & caliginoso; aliàs non erret, aliàs non cæcutiat? Doctos video rem unam aut alteram tractantes, claudicare interdum & graviter impingere, etiam quos in cœlum tollimus. Ego inter doctos me non effero: sciolum dixeris, & Musarum famulum, vel (quo magis gestio) studiosum in rempub. literarum, usq; sufficit. E togata quippe non sum classe, nec munus unquam gessi aut togatum exigens, aut eruditum. Non dum xv. annorum puer è scholâ rapior Cantabrigiam: tenellus adhuc & Academicæ disciplinæ omninò inidoneus. Illinc nè emenso biennio & semestri, à viduatâ jam matre domum revocor: ut pro ætatis ratione, à manibus ei essem & solamini. Emisit me tamen sub anno altero Londinum; Juris nostri capescendi gratiâ: cujus cum vestibulum salutassem, reperissemq; linguam peregrinam, dialectum barbaram, methodum inconcinnam, molem non ingentem solùm, sed perpetuis humeris sustinendam: excidit mihi (fateor) animus, blandioribusq; subridens Musis, rigidam hanc Minervam ferreis amplexibus coercendam, leni molimine delibavi. Excussit me interea (ò infelicem) è clientela sua: gratiæ, potestatis, dignitatis, immensæq; apud nos largitrix opulentiæ. Illa (inquam) vestitu simplici & inculto, sed Jurium omnium municipalium (absit dictis invidia) nobilissima domina: omni utpote justitia, moderamine, prudentia, sublimiq; acumine, (temerè licet eam perstrinxerit Hotomannus) refertissima.

In rus igitur ante triennium me subduco, lætissimìq; susceptus Hymenæi vinculis, uxorem inde & familiam colo. Vitam rusticanam nullâ mihi hactenus experientiâ cognitam, totus obeo. Obeo & è more classis meæ evocatus, munia patria, non quæstuosa aliqua (nam hæc Musis invia) sed molestiam atq; sumptus emulgentia. Bis Hiberniæ tractum ultimum, propinquiorem tertiò, ex re lustro aliena: fideiq; meæ multa credita, per annos plures, satis (si & mihimet) auspicatè exequor. Succrescit interim numerosa proles, & excrescit unà novis indies accessionibus, ærumnarum sarcina: qua anhelans demum & penè fractus de vitâ cogito liberiori. Provectus itaq; ad senectutis confinia (annum nempè quinquagesimum:) rem familiarem & peculium distraho, patrimonium eloco, rus me exuo, & cum uxore, liberis & familiâ reliquâ, Londinum transfero. Dulces otii solitudines, mente tenaciter devoratas: relegatasq; longo intervallo Musas, postliminio gratulor amplexurus. Libros & arma literaria (quod nèc in juventute omninò prætermiseram) undequaq; comparo, accinctusq; jam in hanc militiam, Patres, Concilia, medii seculi Authores, & qui ad rem antiquam pertinent tàm extraneam quàm domesticam, sedulus volvo & evolvo. Occurrunt passim peregrini labii vocabula; Gothici, Vandalici, Saxonici, Germannici, Longobardici, Normannici, &c. ignotæ functionis ministeria, Officia, dignitates, Magistratus, & infinita hujusmodi, larvâ barbaricæ Latinitatis fucata, sed lectorem graviter distorquentia, & interdum nè ab Oedipo enucleanda, at diphtheræ tribuenda. Operepretium existimabam quidpiam luminis in his accendere, & quod à doctis vel rejectum est, vel prætermissum, qualitercunq; consarcinatum, exhibere. Ingentem verò ad hoc expeti animadverto apparatum: cognitionis, scientiæ, lectionis, eruditionis, linguarum, judicii, otii, multorumq; annorum tempestatem: claudum me in omnibus senémq; elementarium, in hanc arenam descendere, quis non rideret?

Rem horsum agito & retrorsum: utilem video & valdè necessariam, sed in procinctu neminem aggressurum. Video etiam dictiones & vocabula complurima è linguis supradictis petita; Gallisq;, Hispanis, Italis, & Græcis Authoribus usitata, fontem agnoscere priscum nostrum Saxonicum, Germanis ipsis hodiè sat incognitum. Quin & Saxonicam dialectum, Germanicarum omnium antiquissimam esse Conradi Gesneri testimonio, & ad Gothicam proximè accedentem. Video & nosmetipsos à Gothis latè Europam opprimentibus, originem duxisse; moresq; & leges aliquot cum vocabulis multis non dum exoletis, imbibisse. E tribus enim populis qui huc olim è Germania transmigrarunt (Anglis scz. Saxonibus, & Jutis) Jutas eosdem fuisse, qui & Getæ & Gothi dicebantur, perspicuum fecimus in voce *Guti*. Quempiam igitur è nostratibus, priscâ illâ versatum Saxonicâ dialecto (Longobardis utiq; & Normannis antiquis haud insuetâ) potiorem aliis ad hoc munus existimabam: sed qui in eo se immergeret, novi neminem.

Decrevi igitur Martem experiri nostrum: at ne oleum omne unà perderem, paginas quasdam futurarum arrham & exemplar, curavi imprimendas, doctissimisq; aliquot viris exhibendas; ut nihil in hoc genere eorum calculo non approbatum, ex me auderem. Otiosum est referre singulos, & *Camdenum* mortuum appellare. Ad vivos provoco. Eximios illos literarum splendores & patronos D D. reverendissimos *Jacobum* Armachanum Archiepiscopum Primatem Hiberniæ, & *Johannem* Lincolniensem Antistitem magni jam tùm Sigilli Angliæ Custodem: aliosq; ut taceam nostrates plurimos, D. *Robertum Cottonum*, & *Joh. Seldenum* in re antiqua passim celebres. Si ad exteros abeam, non me leviter incitarunt nobilissimus (apud Gallos) *Nic. Fabr. Pierescbius* Regiæ majestati à consiliis in Senatu Aquensi: *Hieronymus Bignonius* ejusdem majestatis in mag. Parisiensis: *Philippus Maussacus*, *Gilb. Gaulminus*, *Nic. Rigaltius*, & *Claudius Salmasius*. Apud Belgas *Joh. Meursius*, & Hamburgi *Fredericus Lindenbrogius*, multa mihi familiaritate cognitus dum rem civium suorum Londini promovebat. Viri hi omnes nomine & eruditione spectatissimi, suis, aut ad meipsum incitationibus, aut ad alios de me sententiis; pleriq; etiam copiosis literis, incepta hæc nostra humanissimè approbarunt, progressum suadent, expetuntq; manus ultimæ accessionem. Nec tantùm suadent, sed ex operibus suis, re antiqua splendidis, sæpe mihi ramum aureum ad tartareas istas regiones peragrandas, porrexerunt *Bignonius*, *Meursius*, *Lindenbrogius*; multis etiam veterum paginarum exemplaribus (ignotum me eximia colens amicitia) *Pierescbius*. Hos dum honoris causâ memoro ut acceptum agnoscam beneficium, non tacendi sunt *Pithœi* celebres, *Goldastus* Teuto, vel *Cowellus* nostras (à plagiario nequiter devoratus) nec inter cæteros *Skenæus* Scotus; vel Goldastum totum spirans, *Johannes Lydius*.

Tantis igitur fretus suffragiis & auxiliis; pro virili meo (quâ per otium licuit, & turbatam sæpiùs valetudinem) incumbo operi: expletosq; semper quaterniones typis mando, nè correpto me dum expectatur coronis, pereant concinnati. Æqui igitur boniq; consulas obtestor (Lector humanissime) quæ ad crassioris Minervæ aram in usum publicum hîc offerimus: & quæ usquam deprehenderis corrigenda, comiter me admoneas, oro, ut tuo emendatior beneficio (quod agnoscam lubens) altera annuente Deo, aliquando prodeat editio. Suscipe (inquam) humanissimè, labores unà & errores nostros, vel hoc solùm nomine, quòd ex ea die qua exuto rure prioriq; vitæ institutione, ut pro facultate nostra choro literato atq; tibi inservirem, plurima mihi torpenti jam moderatori, asperè & adversè evenerunt, animumq; aliò atq; aliò distrahentia, inutilem sæpè, & à pensis istiusmodi alienum, reddiderunt.

Li-

Libentiùs verò navavi operam, ut apparatu hoc nostro, viros aliquot Academicos & eruditos, ad mediorum seculorum Antiquitates Authoréſque paululum lucubrandos invitarem: nè in Academiis nostris ullum unquam honestioris literaturæ genus (si fieri poterit) desideraretur. Vale. IIII. Non. Decemb. CIƆ IƆ CXXV.

Nec ego patronum, nec me qui laudet amicum
Posco, sed à memet ſtemvè cadamvè volo.

LECTORI.

NOn hic Romanæ Veneres, nec casta loquendi
Vincula. Tu palmam hanc ludimagister habe.
Tertia Musarum non me æstas vidit in Aulâ:
Nec bene libavi pocula prima Scholæ.
Ingeris at nostris numerosa Typographe menda:
Turpior est vitiis pagina quæq; tuis.
Dum prælo pueros, triplici vix præficis asse
Rectorem uberius consequuture lucrum.
At me quo tuear; sum penè lumine captus:
Nil lego, nil scribo, nil bene certus ago.
Barbara tractanti, ructari & barbara fas sit:
Ne medio in fluctu, pingere dicar aprum.
Quàm facile est inter spinas, decerpere flores?
Dum capis hos, illas non mihi redde graves.
Nam tibi non teneor; gratis damus omnia: nobis
Tu nihil: injustum est, ni bona verba feram.

CLAVIS.

Cùm nostri instituti esset, non tam Glossarium ad rem antiquam posteriorem, quàm generales (prout potuimus) commentarios dare: indicativas literas paginarum apicibus (è more Glossarii) haud asscripsimus. In beneficium tamen studiosorum, vocabula de quibus agimus, serie alphabetica prosecuti sumus: & ut quærenti faciliùs innotescant, his interclusa characteribus ¶] designavimus. Placuit etiam operis nomen ARCHAIOLOGUS, potiùs quàm GLOSSARIUM. Quoàd errores autem literarios & typographicos, quibus omnia ita scatent ut pigeat pudeatq; collegisse: exorandus es (Lector erudite) ut tute tibi Criticus fueris, lectionemq; restitueris saniorem.

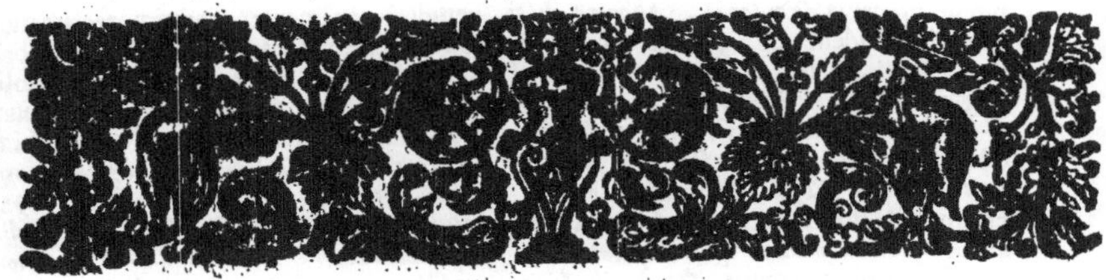

HENRICI SPELMANNI

Equit. Aur. Anglo-Brit.

GLOSSARIUM

Archæologicum.

Bacot.] pileus auguſtalis Regum Anglorum a coronis inſignitum. *V. Chron. An.* 1463. *Ed.* 4° *pag.* 666. *col.* 2. *l.* 27.

¶ *De Abbate laico ejuſq; origine, vigore, & exceſſu: etiam de varia vocis Abbatis ſignificatione.*

¶ *Abba*, & *Abbas*.] Pro *Nobili*, vel *magnate laico*.

Secularium olim hic titulus apud Gallos, æquè ac eccleſiaſticorum: etiam Baronibus, Comitibus, Ducibus, Principibus attributus. Ideò tamen, quòd per fas aut nefas Abbatias occuparent. Secundum autem Canoniſtas *Abbas potuit* (quis) *eſſe, & non Presbyter*: immò (inquit Johannes de Turre Cremata ſuper Diſtinct. 69.) *etiam laicus poteſt eſſe Abbas. Ar. di.* 93. *à Subdiacono*. Certè ipſi monachi olim Clerici non erant, ut Cauſ. 16. q. 1. c. 40. & Diſt. 93. c. [illegible] in Gloſſ. ad verbum *Abbas*.

Diſpoſitio igitur Abbatiarum penes reges fuit, & fundatores: ſtatutumq; ferunt à Bonifacio 3. (qui floruit An. Dom. 610.) ut Clerus, & populus Epiſcopos eligerent, Reges autem Abbatias conferrent: quas illi ideò ſuis nobilibus, & miniſtris (quamvis laicis) elargiti ſunt. Hoc ipſum feciſſe videntur Carolus Magnus, & Ludovicus Pius Imp. optimi, ſub initio regnorum ſuorum. Author * vitæ Ludovici Pii (ſive is Aimoinus fuit ſive alius) & Aimoinus ipſe in Geſt. Francorum, lib. 5. cap. 1. ſub An. Dom. 778. (qui eſt Caroli Mag. 10.) *Ordinavit* Carolus *per totam Aquitaniam Comites, Abbateſque, necnon alios plurimos (quos vaſſos vulgò vocant) ex gente Francorum, eiſq; commiſit cuſtodiam regni*. Eodem lib. cap. 36. ſub anno 815. id eſt, Ludovici Imper. 1. *Ludovicus accepto nuncio de morte patris ſui Caroli, quos potuit conciliavit ſibi, dans eis Abbatias, & Comitatus, ac villas ſecundùm uniuſcujuſq; poſtulationem*. Cùm autem laici, nimiâ ſuâ rapacitate, non ſolùm cœnobia, ſed & epiſcopatus (nam in hos quoq; graſſatum eſt) compilarent, relicto vix epiſcopis, & cœnobitis unde viverent, Carolus Magnus An. Dom. 789. regni ſui 21. hæc omnino prohibuit, graviter queſtus, quòd *laici homines* (loquor in edicti ſui verbis Aquiſgrani editi) *ſolebant dividere epiſcopia, & monaſteria ad illorum opus: & non remanſiſſet ulli Epiſcopo, nec Abbati, nec Abbatiſſæ, niſi tantùm ut velut canonici, & monachi viverent*. Paternoq; hoc exemplo, errorem ſuum tandem corrigens Ludovicus Pius, lege cavit, ut *Epiſcopi, per electionem cleri, & populi ſuæ dioeceſis; Abbates ex ſuis monachis à ſeipſis eligerentur*. Capitular: Caroli & Ludovici, lib. 1. Titt. 84, & 86.

Sed hoc omni protinùs antiquato, Reges (ſicut anteà) pro arbitrio ſuo abbatias contulerunt: nec ſolùm (quod oportuit) viris eccleſiaſticis, & canonicis; ſed laicis etiam regniq; primoribus, Abbatum unà titulos deferentes. Sic Carolus Calvus ipſius Ludovici filius, fratrem uxoris ſuæ Boſonem (Regem mox futurum) Abbatiâ S. Mauritii donat: aliiſq; alias integrè; alias diviſim

* *Hoc opus, Aimoini libro 5 inexitum; nec tamen liber ille integre Aimoini eſt, ſed à recentiori explicitus.*

tradit, ut apud Aimoinum constat, lib. 5. capp. 24, & 34. Hinc ipsi illustrissimi bellicosissimiq; proceres seculares, Abbates dicti sunt. Sic ibidem cap. 33. sub An. Dom. 876. *Baptizati sunt quidam Normanni ab Hugone Abbate, & Marchione, & propter hoc ad Imperatorem adducti.* Et cap. 41. sub An. 882. *Hugo Abbas, ---- Carolum adiit pro petitione partis Regni.* Ita pluries ibidem. Fragmen. Histor. Francor. Et Aimoin. cap. 42. *Gens Normannica peregisset inchoata* (viz. excidium, cædem, rapinas, &c.) *nisi Hugo per Gallias Abbatis honore præditus, strenuè rempublicam gubernans, eorum temerarios compescuisset ausus.* Et mox, *Hugone Abbate jam defuncto, non esset qui* (Normannorum) *furori obsisteret.* Item Abbo in Obsid. Lutetiæ, annum circiter 885. lib. 2.

Tempestate sub hac Hugo princeps obit Abba.

Nota tamen, quòd omnes Abbates qui in acie fortiter dimicârunt, pro sæcularibus non sunt habendi, licèt illis sit vetitum arma ferre. Ne pugnacissimus quidem Abbas Ebolus in dicta Obsid. inprimis celebris: de quo lib. eodem.

Post, nullus procerum remanet nisi Martius Abba.
Et,
His micuit præstans Ebolus Mavortius Abba.

De alio Hugone Abbate, Annales Francor. incerti Author. in An. Dom. 881. *Rex in Galliam profectus, Hugonem Hluthari* (regis) *ex Waldrata filium ad se venientem, in suum suscepit Dominium, & ei Abbatias, & Comitatus in beneficium dedit.* Fragm. Histo. Aquitan. *His temporibus Aimericus non monachus, Abbas S. Martialis moritur, & in fine monachus extitit, quia, Rex * Ludovicus timens ejus tyrannidem --- jurare fecit eum ut Monachus futurus esset.*

* Opinor, quartus.

Hoc modo Robertus Comes, seu Marchio Parisiorum, sub excessu Caroli Simplicis (An. scil. 921.) Hugo Magnus, dux Francorum, sub ingressu Regis Rodulphi (An. Dom. 923. & Hugo Capetus qui Rex Franciæ evasit, An. Dom. 987. (avus nempe, pater, & filius) Abbatum titulos assumebant, ut perspicuis verbis refert Aimoini lib. 5. capp. 42, 43, & 45. Nec immeritò quidem, cùm opulentissimas Abbatias S. Dionysii, S. Germani à Pratis, S. Martini Turonensis, pariterq; alias plures, quasi hæreditate possiderent.

Ipsum verò hunc Hugonem Magnum, qui *Abbatis nomen* (ut Aimoinus loquitur) *post obitum patris sui Roberti supradicti sumpsit*, Nauclerus Gen. 33. primum fuisse asserit, qui Abbas dictus est: quin & ipsum, & Robertum patrem ejus *primos fuisse qui relicta Monasteriis prædia, proventusq; occuparent*: fortè Hugonem hunc cum seniori illo Hugone Abbate (de quo suprà diximus) confundens. Sed falli celebrem Historiographum satis constat ex præcedentibus: quibus tamen adjungam antiquioris illius ævi exemplum aliud, ut sic rem magis reddam perspicuam, & tu unà intelligas, huic consuetudini vehementer interim reclamatum esse ab Ecclesiasticis. Flodoardus in historia Remens. Eccles. lib. 4. cap. 7. (de Epistolis agens Hincmari Archiepis. ad Balduinum Comitem Flandriæ datis) *Ad eundem* (inquit) *cum coepiscopis scribens ex Synodo Remis habita, Dominicæ incarnationis Anno * 892. arguit eum quòd ecclesiastica simul, & legalia jura contemneret: res Ecclesiasticas & honores sibi non concessos invaderet, Dei timorem à se projiciens, & fidem quam in baptismate Deo promiserat, operibus abdicans, locum sacri Monastici ordinis pervadens, & Abbatis sibi nomen usurpans.* Ostendit etiam idem Flodoard. Balduinum hunc S. Vedasti Abbatiam, & Altmarum quendam alium Comitem, S. Medardi tenuisse.

* At Sigebertus ait eum ejectum esse Ano 900.

Fortè autem acerba hæc comminatio inde nata est, quòd Balduinus Comes nullo concedente (ut res ipsa loquitur, & Sigebertus asserit in Anno 900.) Abbatiam hanc invaserat: sed non ideò ejectus esse videtur à Carolo rege, at infidelitatis causâ, ut Flodoardus ubi suprà.

Suidegerus in Chron. Dionysiacis: *Qui in Chronicis* (inquit) *Abbates dicuntur, non sunt Monachi, sed Barones, & proceres sæculares, quibus Rex Abbatias fruendas ad tempus concedit.* Refert deniq; Paradinus in Annall. suis Burgundiæ, lib. 2. An. Dom. 1103. se vidisse monumenta complura, in quibus proceres Galliæ his nominibus usi sunt, *Dux & Abbas, Comes & Abbas.* Profert itemq; Chartæ veteris exemplar, in quo *H. de Bello loco Abbatiam Savigniaci, Antecessorum suorum & suam semper fuisse, & esse debere contendit*; eamqúe ideò à L. Rege sibi restitutum. Ex quo liquet, Abbatias alias, hæreditariè fuisse concessas.

Pratei lex. auct. Francof. impres. Anno. 1581.

Ibidem.

Intelligendum autem est, non delevisse Proceres, quas acciperent Abbatias, sed cum Abbatis nomine, Monachis emunxisse Abbatiarum proventus atq; pinguedinem, prædiis inter milites suos dispartitis, Decanisq; aliquando substitutis, qui Abbatiarum curam satis frugaliter administrarent. Aimoin. lib. 5. cap. 34. *Robertus Comes Parrhisiorum, qui Marchio Francorum vocabatur, frater viz. Odonis Regis, necnon Hugo Magnus, quin etiam usq; ad tempora Roberti Regis, ea quæ Abbates accipiebant, sibi addixerunt: & statuentes decanos monachis, sibi nomen Abbatis usurpaverunt. Ea verò quæ tunc sibi ex rebus ecclesiasticis vendicarunt, propriis militibus distribuerunt, & juri ecclesiastico subtraxerunt.* Et cap. 42. *Robertus supradictus Comes, cupiditate magis ductus, quàm de cura animarum solicitus, Abbatiam S. Germani accepit, seq; Abbatem vocitari fecit, statuens Decanos, qui curam haberent Monachorum, Quorum primus, nomine Remigius extitit. Quo obeunte, Abbo successit: ipsoq; decedente, Gosmarus Archiclavis decaniam habuit.* Simile de decanis Hugonis Magni, cap. 43. Et Hugonis Capeti, cap.

44.

44. qui in regem tandem elatus, monasteria cœpit ecclesiasticis cedere. Succedente verò in regnum filio ejus Roberto primo, An. circiter Dom. 999. in desuetudinem sensim abiere sæculares hi Abbates: ut ex Aimoino liquet, dicto cap. 34.

Quin & nuper apud Scotos viri quidam civiles, ut Kinlosse, & alii, Abbatiarum rudera, cum prædiis, possidentes, Abbates dicti sunt. Nec dirutis jam apud nos etiam monasteriis, Abbatis nomen prorsus Eliminatum est. * Statuto enim An. 27. *Henrici* 8. (quo Abbatia S. Benedicti de Hulmo in Episcopum Norwicens. collata est) sancitur: ut Episcopus Norwicensis, semper Abbas S. Benedicti de Hulmo habeatur, & Abbas S. Benedicti de Hulmo, semper Episcopus Norwicensis.

Non impress.

Abbas etiam aliàs videtur dici pro *nobili* simpliciter, utpote pro *Barone* vel *Rectore provinciæ*, quem veteres nuncuparunt *Seniorem*. Cui rectè satis conveniat ipsa nominis significatio, Syriacè *patrem* denotans: & vocabulum ἄππα, quo frater junior apud Græcos seniorem compellabat. Parcius tamen hoc sensu reperiri existimo. Sed Cujacius lib. 1. feud. cap. 1. ait, *Abbates nonnunquam in Historiis accipiuntur pro nobilibus, quod nomen etiam hodiè retinent in montibus Pyrenæis nobiles quidam. Et hoc sensu quantum opinor, Aimoinus 5. cap. 1. Carolus* (inquit) *ordinavit per totam Aquitaniam, Comites, Abbatesq;, necnon, &c.* ut nos suprà. Qua interpretatione si pro nobilibus simpliciter intellexerit, falli maximum Jurisconsultum ex jam dictis liquet. Neq; enim hunc sensum recipiant loca quædam apud Authores, quæ magis perspicuè id innuere videantur. Viz. Gregorii Turonens. lib. 6. cap. *Abbas Cadurcinæ urbis*. Lib. Landaffen. Ecclesiæ M. S. in vita S. Cadoci: *Abbas erat & princeps super Gunliane* regionem. Aimoini locus citatus: *Abbatis honore per Gallias præditus*. Priora enim duo loca (in iisdem ipsis) de clericis dicta, constant: & de tertio satis hìc suprà.

Abba, autem prima Declinatione passim utitur Paulus Æmilius & qui eum sequuti sunt: nos verò ne semel apud veteres, ita reperimus, at semper tertiâ.

¶ *De Abbatibus mitratis & his qui in Parlamentum sunt admissi.*

¶ *Abbates* mitrati] seu *Generales*: Aliàs, *Abbots Souveraines*: quasi Superiores, vel superiorem non agnoscentes: Ii qui in suis Monasteriis, aut infra terminos constitutos (nulli Episcopo subditi) jurisdictione fruebantur Episcopali, mitramq; ergo induebant; & Baronis dignitate donati, Parlamentariis assidebant Comitiis: quod aliis quidem Abbatibus non permissum est. Permultæ enim erant subalternæ Abbatiæ è superioris alicujus familiâ (uti coloniæ) deductæ: nec per se ideò consistentes, aut communi gaudentes sigillo: sed superiori illi in omnibus subditæ & audientes; Cellæq; ejus, & membra nuncupatæ. Olim verò superiores hi omnes cæteriq; absolutè Abbates, publicis regni Conciliis adhibiti videntur: eoq; Rex Johannes in Magna sua Charta *Summoniri* (inquit) *faciemus* (*scil.* ad communia Regni Concilia) *Archiepiscopos, Abbates, Comites, & majores Barones, sigillatim per literas nostras, &c.* Cùm autem non venirent Abbates nisi regia summonitione accersiti: id denuò factum est, ut neglectis plurimis, pauci tantùm pro arbitrio Regis, accerserentur. Quamvis igitur in Parlamento anni 49 Henrici tertii, duo suprà centum Abbates & Priores (præter Decanos quinq;) *brevi* Regio convocati essent: anno tamen primo Edwardi 2. quinquaginta sex tantùm sunt summoniti; decrescentéq; adhuc (ut videtur) Cleri potentiâ & æstimatione, Edwardi tertii ævo, vix trigesimus secundus vel tertius reperitur. Nec constans quidem hic ipse numerus, sed languescens etiam deinceps, & incertus.

Abbatum verò, & Priorum nomina qui Edwardi tertii ætate, & inde usq; ad catalysim Monasteriorum, locum obtinuêre in Parlamentis, hæc plerunq; sunt: ut è membranis regiis fidè colliguntur. viz. In summonitione Parlamenti apud Winton. Anno 4. Edwardi 3. in dorso claus. ejusdem An. membran. 41.

Nomina Abbatiarum.	Nomina Fundatorum.
1 Abbas S. *Augustini Cantuar.*	*Ethelbertus* Rex An. 602.
2 Abbas de *Ramsey.*	*Ailwinus* Semi. Rex 969.
3 Abbas de *Burgo S. Petri.*	*Penda* Rex *Merciæ.*
4 Abbas de *Croyland.*	*Ethelbald* Rex *Merc.* 716.
5 Abb. de *Evesham.*	*Egwin* Episc. *Wig. Kenred* Rex 709.
6 Abb. S. *Benedicti* de *Hulmo.*	*Canutus* Rex An. 1026.
7 Abb. de *Thorneton.*	*Wil. Albemarle* sub *Hen.* 2. *Jo.* Rex.
8 Abb. de *Colcestre.*	*Eudo* Dapifer *Hen.* 1.
9 Abb. de *Leicester.*	*Rob. Dossue* Com. *Leicest.* 1143.
10 Abb. de *Winchecombe.*	*Kenulphus* Rex *Merciæ* 789.
11 Abb. de *Westmester.*	*Seabert* Rex Occid. *Sax.* 604.
12 Abb. de *Cirencestre.*	
13 Abb. de S. *Albano.*	*Offa* Rex *Merciæ* 795.

14 Abb. B. *Mariæ Eborum.* — *Guliel. Rufus* Rex.
15 Abb. de *Salop.* — *Rog.* Com. *Montgom.* 1081.
16 Abb. de *Selby.* — *Guliel. Conquest.* Rex 1078.
17 Abb. S. *Petri Glocestr.* — *Ofric* Rex *Northumb.* 700. *Guliel. Conq.*
18 Abb. de *Malmesbury.* — *Maidulfus Hiber. Scot.* 648. *Athelst.* Rex.
19 Abb. de *Waltham.* — *Heraldus* Rex 1036.
20 Abb. de *Thorney.* — *Sexwolf* & *Edgarus* Rex.
21 Abb. de S. *Edmundo.* — *Canutus* Rex 1020.
22 Abb. de *Bello loco Regis.* — *Cissa* Rex Occid. *Sax.* 720.
23 Abb. de *Abindon.* — ....
24 Abb. de *Hyda* juxta *Winton.* — *Aluredus* Rex &c. 922.
25 Abb. de *Reding.* — *Henricus* 1. Rex.
26 Abb. *Glaston.* — *Jos. Arrimat. Inas* Rex *Oc. Sax.* 708.
27 Abb. de *Osney.* — *Rob. fitz Nigel D'oiley* 1129.
28 Prior de *Spalding.* — *Jo. Talbois* Com. *Andegav.*
29 Pri. S. *Joh. Jerusalem Angliæ.* — *Jordanus Briset* & uxor ejus 1160.
30 Pri. de *Lewes.* Quibus adduntur, Anno 13 ejusdem Regis, & alias. — *Will.* de *Warren* primus Com. *Surr.*
31 Abb. S. *Augustini Bristol.* — *Henr.* 2. Rex.
32 Abb. de *Bardeney.* — ...... Episc. *Lond.*
33 Pri. de *Semplingham.* — S. *Gilbertus.*

Exhibentur in membranis Parlamentariis anni sexti Edwardi tertii, viginti tres alii Abbates, simul cum Prioribus 4. & Magistro Ordinis de Semplingham: qui in dicto anno 4 ejusdem Regis, non sunt nominati. Sed & ipsis ibidem præfigitur hæc nota: *Istis Abbatibus & Prioribus subscriptis, non solebat scribi in aliis Parlamentis.* Et perpaucos certè eorundem reperimus in subsequentibus, præter tres novissimos hic suprà in catalogo notatos, & Abbatem de * Bello. Plurimi verò eorum habentur in præcedentium Regum Parlamentis; passimq; occurrit Prior S. Johannis Hierusalem; Et in nuperioribus plerunq; Prior de *Coventre*; sed aliis interim prætermissis.

* i. Batailo.

¶ ***Abbatia.***] *Paternitas.* Concil. Meldens. An. Dom. 845. ca. 10. *Talis Abbatia* (*quæ paternitas Latino nomine dicitur*) *funditus removeatur.*

¶ ***Abbates exempti***] *M. Par.* An. 1257. pag. 922. l. 10.

¶ ***Abbatis.***] Media correp. commun. duorum gener. Catholic. Is qui in diversoriis, operam equis impendit. Anglicè *An Hostler.* Aliàs, & opinor rectiùs: Abatis (cum *b* simplici) genitivo, tis. Duci enim videtur ab ὁ κὴ ἡ ἀβάτης, hoc est, bardus, vel stupidus, propterea quòd id genus hominum, servili negotio sit aptissimum. Abbas autem pro cœnobiarchâ, penultimam genitivi producit: ut sic invicem liqueat differentia. Hinc Anonymus quidam priscus,

Abbat ad cœnam, dat equis Abbatis avenam.

Dicitur etiam Abbatis, pro avenarum præposito, vel curatore, quem in stabulo regio, **the Avenar**, nuncupant.

¶ ***Abbay.***] latratus.

¶ ***Abbay.***] semble q; ce mot et sa suit soient derivez de ce verbe deponent *Baubor l. ubaris* que signifie *abbayer.* Ou plustost tant ce verbe *Baubor*, que ce mot *abbay* & *sa* suit, sunt verba fictitia à sono Canis latrantis: *Ex Dict. Joh. Thierry.*

¶ ***Aberemurdrum.***] *Cædes manifesta* quod alii *apertum murdrum* vocant. A Saxon. æbere, i. *probatum* vel *manifestum*: & moрð (à quo *murdrum* ducunt) *homicidium.* Hoc ex scelerum genere fuit, nullo precio (etiam apud Saxones nostros) expiabilium, cùm alia licuit pecuniis commutare. Canuti LL. M.SS. ca. 93. *Aberemurdrum, inemendabile est.* Item leges M.SS. Henr. primi (quas, volente deo, in lucem aliquando dabimus) ca. 13. *Ex his placitis; quædam emendantur centum solidis, quædam* Wera, *quædam* Wita. *Quædam enim emendari non possunt: quæ sunt* Husbrech, Bernet, *&* Openthef, *&* Eberemord, *&c.* Sic in Fœdere Aluredi, & Guthurni regum M.S. æbere hoреcрen pro *meretrice comperta.* Et LL. Saxon. Canuti regis par. 2. cap. 23. ebere ðeof pro *fure vel furto manifesto.* Vide infra Murdrum.

¶ ***Abbettator.***] Vox forensis. *Incitator, instigator*: qui alium ad facinus aliquod perpetrandum exacuit, tutaturvè facturum. A Saxon. (a) i. *ad* vel *usq;* & betan, sive ᵹebetan, hoc est, *emendare, excitare, restaurare, remedium præstare,* per translationem, *redimere, multam solvere*, vel *subire*: acsi Abbettator, hoc beneficii s. delinquenti præstaturum polliceretur. Hinc in veteri nostro idiomate, **to beat the fire**, pro ignem excitare.

¶ ***Abeyantia, æ.***] Vox forensis. Cum jus rei alicujus penes neminem reperiatur; sed tantummodò in custodia, vel consideratione juris conservetur, id in abeyantia dicitur (alias *in* * *nubibus*) quasi extra omnem * i injuriam: latratui magis quàm violentiæ obnoxium. A Græ. βαΐον, i. ramus, unde Palmarum festum τὰ βαΐα, v. Europa 187 & 133. vel a Gallico, *abbayer*, i. latrare: vel potiùs (ut nos utimur) *certæ stationi inhærere*: utpote, quod non discurrit, vel transit

sit ab alio in alium. *Tener en abbay* est differre, & in vanam spem rejicere. Vid. *abbay*.

¶ *Abhæredes,*] vide *Proberædes*.

¶ *Abiaticus.*] *Ex filio nepos*, vel *nepos simpliciter*. Quasi aviaticus, quòd ab avo, vel avio sit oriundus. Lib. Feud. Baraterii, Tit. 8. *Si vassallus fortè filium, vel abiaticum ex filio non reliquerit: pari modo beneficium habeat, &c.* Item mox: *Si fortè abiaticum ex filio non reliquerit, & fratrem legitimum ex parte patris habuerit; beneficium quod patris sui fuit habebit.* Aviaticus (inquit Pratæus) *nepos*. lib. Feud. 3. tit. 1. §. 3. *Si vero filios non habuerit, & aviaticum ex filio masculo reliquerit.* Et addit: *Fictum nomen ab avus vel avius, quo nomine in legibus barbaricis sæpè pro avus, utuntur.* Reperitur etiam *Abiaticus* adjectivum, ut *res*, vel *hæreditas aviatica*.

¶ *Abjectire, Adjectire, Abjectum, Adjactivum, Jactivum & Jectivum* esse, habere, invenire.] Occurrunt omnia in antiquis legibus: aliàs significantia, *vadimonium deserere; placitum negligere; deficere in lite*: & (quod nostri aiunt Legisperiti) causam, *per defaltam*, vel *non prosequendo*, amittere. Sed & poni videtur *abjectire*, pro *adversarium deficientem in lite deprehendere*; et *adjective* legitur, pro *citare*; *adjactivus* pro *in judicium citatus*: sic etiam Gloss. vet. apud Lydium: *Adjectio, in jus allectio*. Formulæ Solenn. Lindenbrogianæ, Charta 158. quæ *Jectiva* inscribitur. ---- *tales datos habuisset fidejussores ut kalendd. ill. ex hoc, in nostram præsentiam debuissent astare causantes. Ad quod placitum veniens memoratus ille* (scil. Actor) *ibi in placito nostro cum per triduum seu amplius, ut lex jubet, placitum suum custodisset, & memoratum illum* (scil. reum) *abjectisset vel solsatisset, ipsum nec venisse ad placitum, nec ulla sunnia* (i. excusationes vel impedimenta) *nuntiasse adfirmat.* Marculfus autem hanc ipsam Formulam ita exhibet lib. 1. ca. 37. ---- *placitum suum custodisset, & memoratus ille abjectus sit vel solsatisset, &c.* Paulò autem inferiùs, ambo exemplaria ita progrediuntur: *Comes palatii nostri testimoniavit quòd antedictus ille* (scil. Actor) *placitum suum legibus custodivit: & eum* (viz. reum) *adiectivit, & solsativit, & ipse ille placitum custodire neglexit.* Lex Salic. tit. 52. §. 2. *Quem legitimè habeo adjactivum vel admallatum secundùm legem Salicam.* Formulæ vett. incerti authoris Marculfo annex. cap. 22. de jactivis, *Nec ipse ad placitum venit, nec missum in vicem suam direxit, qui ullam soniam nuntiaret: & placitum suum neglexit, & jactivus inde remansit.* Et in adnuntiatione Karoli apud Pistas (ut habet Lindenbrog.) *Mittet quisq; Comes missum suum qui ipsa sacramenta auscultet, ne ipsi homines jactivi inveniantur.*

Intelligo citatum: non ut Bignonius abjectivum: *Videndum autem* is monet in hunc locum Fra. Pithœum, cujus ego quidem librum non vidi.

Jectare item reperitur in constitutione Karoli M. (ibidem etiam notatâ) pro *citare*. *Nullus præsumat hominem ad judicium, sine causa jectare: nisi judicatum fuerit.*

¶ *Abrocamentum.*] Vox forensis. Emptio mercium integrarum, priusquàm vel ad nundinas vel ad forum rerum vænalium deferantur: earundemq; deinceps per portiones distractio.

¶ *Abishersing.*] Vox forensis: at, scriptorum vitio, forensibus ipsis ænigmatica, cùm ad nominis, tum ad rei explicationem. Veterrimo Statutorum Compendio impresso, *Mishersing* editur. M. SS. duobus *Mishering*: in alio *Miskering*. Primus omnium quos novimus, Rastallus in Tit. Exposit. Vocabb. Juris, *Abiskersing* exhibet: scriptoris fortè imperitia deceptus, qui literam M forensem specie * quâdam (*A b*) interdum referente, velut *A b* legeret, & transcriberet. Cowellus verò Rastallo fisus & (qui eum sequutus est) novo Expositori vocabb. Jur. *Abishersing* etiam recipit: ignotæq; dictioni ut fundamentum strueret, à Germanico torquet Bischetzen, quod est, ut ipse ait, quasi *fisco addicere*, vel *confiscare*. Hæc de nomine.

* Ut antiquo formatur.

Quoad significationem: *Abishersing* (inquit Cowellus) *secundùm Rastallum in L' Abridgement, &c. est, quietum esse de Amerciamentis coram quibuscunq; de transgressione.* Certè haud ita Rastallus: Sed --- *coram quibuscunq; de transumptione.* Et respondet editio vernacula, An. 1583. *Abishersing* **is to be quit of Amercements before whomsoever for transumption proved:** Fidemq; huic faciunt vetustior codex impressus, & omnia quæ vidimus M.SS. exemplaria.

Reverà autem dictus ille novus Expositor, *transgressione* legit, non, *transumptione*: sive hebetanti oculo deceptus; sive ut locum, quem putarat, parùm integrum, restitueret: suoq; sic errore Cowellum lusit. Sed de hoc fusiùs in vocab. *Mishersing*.

¶ *Absarius*] vide *Absus*.

¶ *Absis, sidis*, ἁψὶς & *Absida, dæ,*] ab accusativo ejusdem Græco; ut in multis solet: licet Isidorus, & Paulinus dubitent utrum sit legendum. Sic enim cassis, & cassida; parapsis, & parapsida; crater, & cratêra; stater, & statêra. Est autem *absis* sive *absida*, fornix, arcus, hæmisphærium, & quod in curvamen arcuatum constituitur. Hinc arcus Imperatorum triumphales, Græci (ut notat Rhodiginus) *apsidas* vocant.

Orgin. lib. 15 ca. 8. Ad Severum.

Antiqq. lect. lib. 28. ca. 10

Absis (inquit Anonymus) *est illa pars circuli, in qua principium exaltionis in suo circulo incipit elevari: ---- Vel idem quod angulus; unde, in parrasside, i. in paribus angulis.*

Isidorus verò Origin. lib. 5. ca. 8. *Absida* (inquit) *Græco sermone, Latine interpretatur lucida, eo quod lumine recepto, per arcum resplendeat, &c.*

Quod autem rotæ circulus qui radios suscipit, *Absis* etiam appellatur, fieri videtur, ut quidam volunt, non ab ἁψὶς ἁψῖδος *fornicem* significante, sed ab ἅψις ἅπτειν, i. tactus

tactus, attrectatio; ἀπὸ τοῦ ἅπτεσθαι, i. à tangendo, quia pars illa totæ terram tangit: ideoq; ut Gaza docet, scribendum cum aspiratione.

Gram. lib. 3.

Absis verò seu *Absida*, apud rei ecclesiasticæ scriptores, aliis significationibus legitur, viz.

Pro *Episcoporum subselliis*. Sic Augustinus Maximo episcopo Donatistæ, fastum stringens episcoporum, Epist. 23. *Transit honor hujus sæculi, transit ambitio: in futuro Christi judicio nec absida gradatæ nec Cathedræ velatæ, &c.* Et quod (ex eodem citat Pythæus) Albinæ cuidam: *Ad nostra subsellia relicta turba redieram:* & paulo post: *dicebam ego quibus poteram, qui ad nos in absidem honoratiores & gratiores ascenderant.*

Pro *Choro* vel *Presbyterio* (quod vocant) hoc est, locus in ecclesia cancellis inclusus, clericorumq; cœtui destinatus. Sic intelligo Leonem Marsican. lib. 1. cap. 19. *In basilicæ absida media, ad quam per 8 gradus ascenditur, altare constituit.* Et Gregor. Turonens. lib. 10. ca. 31. *In cujus* (basilicæ) *absida, beatum corpus venerabilis Sancti* (Martini) *transtulit.* Et 32. Canonem 3. Synod. Carthaginens. ævo Augustini habitæ: *Cujuscunq; autem pœnitentis publicum & vulgatissimum crimen est, quod universa ecclesia noverit; ante absidem, manus ei imponatur* (ab episcopo). Hincmarus etiam in eandem sententiam, De gestis habitis pro divortio Thietbergæ: *Et sacri canones jubent, ut pœnitentes tempore quo pœnitentiam petunt, impositionem manuum, & cilicium super capita à sacerdote, sicut ubiq; vulgatum est, ante absidem accipiant:* scil. ab episcopo, ut supra.

Pro *Fornice* vel *loculo arcuato ligneo*, quo super altare posito, simulachra conservabant. Rutpertus de casibus S. Galli ca. 9. *Absidam quoq; post altarium S. Galli ita honorificè pictura deaurata, --- ipso composuit tempore.* Ekkehardus Junior ca. 6. *Turris ignem rapuit, absidaq; SS. Virginum imminens, eam mordacius cremavit.*

Pro *Atrio* vel *Porticu Ecclesiæ*. Anonym. in Ortu vocabul. Latino-Anglic. *Absiden est atrium, quod est extra ecclesiam.* Anglicè a **Church Porch**.

¶ *Absq; hoc*] Negationis formula, quâ in foro Angliæ, Reus, Actoris assertionem, inficiatur. Gallis olim in usu ut videtur, & ad nos inde traducta. Sic enim Declaratione cujusdam Constitutionis, Alani Ducis Britanniæ Armoricanæ, An. Dom. 1087. *Alanus Dei gratiâ Britonum Dux, tunc tenens & possidens suum Ducatum Britanniæ, absq; eo, quòd cognosceret vel haberet aliquem superiorem super se.*

Defendentem vocant, & Querentem. Ex trand. D'Argentri Hist. de Bret.

¶ *Abstentum* & *Absistere*] Hanc autem virtutem *Horon* vocant, à quâ *abstentum* & confirmatum, &c. Græcè apud *Epiphanium*, est ὑφ᾽ ἧς ἐπεχῆσθαι καὶ ἐπέχεσθαι *Jacobus Billius* vertit, à quâ repressum & suffultum. *Irenæus* lib. 1. c. 1. Quem locum sic exponit *Feu-ardentius*; *Abstentus autem jurisperitis est, qui tutoris auctoritate, ab adeundâ hæreditate revocatus est.* Eâ voce utitur *Cyprianus* Epist. 18. ad *Cornelium*, & Epist. 42. ad *Stephanum*. *Abstenti verò à nostris dicuntur, qui à communione Ecclesiæ, & sacrorum perceptione moti, rejectiq; sunt.* Hæc *Feu-ardentius*. *Irenæus* etiam lib. 4. cap. 44. -- *ab hominibus hæreticis absistere oportet; adhærere autem his, qui & Apostolorum doctrinam custodiunt.*

¶ *Absus absarius*] v. Chron. Camera. & hic infra *Bunnarius*.

¶ *Abuttare*.] *Occurrere, vergere, scopum appetere, finem exerere, terminare.* A Gallico *abutter*, seu *abouter*, hæc eadem significanti. *La bout* enim finem, terminum, vel scopum designat: Inde Angl. **a But**, pro meta, & **about**, pro circa rem vel scopum versare. Vox feodalis, & agri-mensoribus nostris frequentissima, qui prædiorum fines (quos ipsi *capita* vocant, Marculfus *frontes*, Galli *bouts*) abuttare dicunt in adversam terram; cum se illuc adigant aut protendant. Latera autem nunquam aiunt abuttare: sed terram proximam adjacere. La Coustume Reformeé de Normandie: cap. 556. *Le sergeant est tenu faire Lecture des lettres, & obligations & declaration par bouts & costes desdites terres saisies.*

¶ *Accendentes* & *Accensores*.] In Romana Ecclesia dicuntur, qui (ab Episcopo ad hoc ordinati) luminaria accendunt, nutriunt, deferunt & cæt. Aliàs Ceroferarii dicti & Acoluthi. Vide plura de munere eorum in *Acoluthus*.

¶ *De Acceptore, & antiquitate artis Acceptoricia sive aucupandi cum Accipitre.*

¶ *Acceptor* atq; inde *Acceptoricius* adject.] *Accipiter*, ab accipiendo. Glossæ vet. Latino Græc. *Acceptor* ἱέραξ, Δοχεύς. Vox frequens in Antiqq. Legibus, nec Lucilio despectui, qui dixit -- *Exta acceptoris & unguis*: ut refert Charisius Sosipater, lib. 10. Et licèt Authores alii, *Accipitrem* faciant masculini generis: Lucretius tamen Libro 4. fœminino ponit (ut Marcellus notat:) fortè quòd virtus alitis in hoc sexu sit eminentior.

Sed cum mihi locus peropportunè jam se offert, ut de antiquitate nobilis illius artis Acceptoriciæ, sive aucupandi cum accipitre, quædam annotem; id vel maximè faciendum censeo, ut Blondo respondeam, ipsorumq; opinioni, qui eam non inventam esse existimant, ante ætatem Frederici Barbarossæ: quòd is (ut idem Blondus scribit) annum circiter Domini 1246. (capta jam Parma) *aves rapaces, & cicures, præter usitatas in Italia multas, in queis falcones, chiluones, astures, & gerfalchi albi*, populo dedit in spectaculum conspiciendas. Ex antiqq. igitur legibus manifestè constat, non solum inventam eam esse, ante mille plus hinc annos, sed

Decad. 2. lib. 7. *Al. Primi & Æ siba be.*

ſed pro more etiam noſtri ſæculi & diſciplinæ, à Gallis Germaniſq; illuſtratam. Hodiernas enim artis voces, (quæ latinè reddi poſſunt) multæ deprehenduntur in illis Legibus: utpote, in L. Salica, tit. 7. §. 1. *Qui acceptorem de arbore furaverit, &c.* Id eſt, de nido, vel quem Anglicè dicimus, **A Brancher.** Ibidem §. 2. *Acceptorem de pertica*, id eſt, **an Hawk off the Pearch.** Et §. 3. *Acceptorem intra clavem repoſitum*, fortè, **an Hawk in the Mue.** In Leg. Ripuarior. tit. 36. §. 11. *Acceptorem domitum*, **A reclaimed Hawk**; *Acceptorem mutatum*, **A mued Hawk.** In L. Friſonum: *Qui canem acceptoricium occideret, &c.* Id eſt, **a Spaniell**, &c. Reperiuntur etiam ibidem accipitres, per claſſes ſuas & munia diſtincti: *Cranohari* aliàs *Commorſus gruarius*, i. Accipiter qui gruem mordet. *Ganſhapich*, qui anſeres capit. *Anethapich* qui anates perſequitur, Et cæt.

L. Baior. tit. 20. §. 1.

Tantumq; admirationis in hoc voluptatis genere poſuere olim veteres illi, ut lege etiam prohiberent, ne quis ſpatham, vel accipitrem ſuum, in ipſam capitis redemptionem cogeretur dare: ſcilicet cum hic non minus vitæ eſſet ſolatium, quàm illa libertatis vindex, atque præſidium. Quin & ipſos, qui vel canem, vel accipitrem alterius furtim ſubtraherent, omni ludibrio, & dedecore ſugillandos decernerent. Ideo Burgundiones, LL. ſuarum Additam. 1. tit. 10. *Si quis canem* [a] *vel traum, aut* [b] *ſegutium, vel* [c] *petrunculum præſumpſerit involare, jubemus ut convictus coram omni populo poſteriora ipſius oſculetur, aut quinq; ſolidos illi cujus canem involavit cogatur exſolvere, & mulctæ nomine ſolidos duos.* Et tit. 11. *Si quis acceptorem alienum involare præſumpſerit, aut ſex uncias carnis acceptor ipſe ſuper teſtones comedat, aut certè ſi noluerit, ſex ſolidos illi cujus acceptor eſt, cogatur exſolvere: mulctæ autem nomine ſolidos duos.* Et ne pœnatum hæc commutatio levis habeatur, intelligendum eſt; tanti fuiſſe ſolidi æſtimatio apud Burgundiones illos, ut vacca pro ſolido, bos pro duobus, caballus optimus, pro 10. væniret, ſicuti liquet ibidem tit. 4. §. 1.

a An hound. b Canem magnum. c A Bracher.

Majorem etiam adhuc loqui videtur hujus Artis antiquitatem, quòd in Notitia Occidentalis Imperii Ordo militum qui *Sagittarii Venatores* dicti ſunt, auſpicium nominis ſui, accipitrem gerunt in clipeo pro inſigni. Taceo Gaufredum 1. Ducem Britanniæ, iter Romam carpentem, ideò à tumultuoſa muliere, caput lapide percuſſum, occiſumq; quòd accipiter ejus mulieris gallinam invaſerat: An. Dom. 1008. *Flor. Wig.* in An. 871. p. 310. Rex *Alredus* inter bella &c. omnem venandi artem agere, aurifices & artifices ſuos omnes Falconarios, accipitrarios, caniculariosq; docere —— non deſinebat.

Hiſt. de Bretaigne liu. 3. ca. 21.

¶ *Acceſſorius.*] Vox Fori Anglici. Is qui ſceleris conſcius, facinoroſo ſubvenit ſive ope, ſive conſilio. Duplex autem eſt: alius ante perpetratum ſcelus, aut feloniam ut loquuntur: utpote qui vel ſuadet, vel imperat. Alius poſt effectum: & hoc fit vel celando facinus, aut reum, vel alimentum ei, evadendive occaſionem ſubminiſtrando. Iſtæ autem conſiderationes, ultra feloniarum reos, non extenduntur: nam in læſæ Majeſtatis criminibus, nulli habentur acceſſorii, vel ſecundi, ſed primarii omnes, & (ut vocant) Principales: pariq; ideò plectuntur ſupplicio.

¶ *Accionarius*, vide *Actionarius.*]

¶ *Accola, Accolana, Accolanus, Acolabium*] Sunt autem *Accola, accolana, accolani, Coloni* ſimpliciter, vel *Coloni adſcriptitii*, qui cum fundo tranſeunt: Anglis hodie, **the Tenants of the Mannor** nuncupati. Gloſſæ vett. Latino Græc. *Accola*, γεωργός, i. *Colonus.* Sic in Chart. Alaman. Goldaſt. Num. 58. Omnia *in veſtram trado dominationem —— cum domibus, ædificiis, caſis, caſalibus, mancipiis, ſervis, ancillis, acolabus.* Etiam in Marculfi, & Solennib. Formulis, vox *accola*, hoc ſenſu frequens occurrit, dativum etiam faciens pluralem in *abus.* Reperiuntur necnon aliæ in Formulis Lindenbrogianis, Num. 62. in Chart. hæreditaria. —— *in hæreditate ſuccedas, tam in terris, manſis, domibus, ædificiis, mancipiis, [illegible], libertis, accolabus, merito accolanarum vineis, olicis, ſylvis, campis, &c.* Et numero 150. —— *quicquid reliqui accolani veſtri faciunt, nos reddere ſpondemus.* Hinc & [*Acolabium*] (Opinor) pro *domo ruſtica, quam accola ſeu accolanus* habitabat: ideoq; duplici (c) ſcribendum *Accolabium.* Nos hodie, **A Tenement or Farm** vocamus. Antiquit. Fuldenſium lib. 2. Tradit. 27. *Donatumq; in perpetuum eſſe volo —— cum terris, domibus, ædificiis, acolabiis, mancipiis, vineis, ſylvis, arealis, caſis, caſalis, campis, &c.*

¶ *Acephalus*] Gr. qui de nemine tenet. LL. *H.* 1. ca. 22. Baronum homines & acephalos. Synod. Mogunt. ſub Carol. M. cap. 22. De clericis vagis, ſeu de Acephalis, i. de his qui ſunt ſine capite, neq; in ſervitio Domini noſtri, neq; ſub Epiſcopo &c. Cent. 9. col. 369.

¶ *Achata*,] plu. *Rot. mag. Pipæ* 1. *Hen. II. Rot.* 14. *memb.* 2. Pambrec Rogerus fil. Gaufordi debet 10. marcas argenti, ut habet rectum de *Achatis* patris ſui, à Gall. *achater.*

¶ *Aclea.*] Campus vel locus querceus. Quercetum. A Saxon. ac, id eſt, quercus, & lea vel leʒa, campus, locus: vide hæc infrà. Aſſer. Menevenſ. in vita Ælfredi. *In loco qui dicitur Aclea, i. in campulo quercus, diutiſſimè pugnaverunt.* Hinc inde Florentius Wigornenſ. in * Anno Dom. 851. *In aclea*, i. *in campo quercus.* Hinc & multa apud nos hodie villarum nomina: at literam (*a*) incœptivam in (*o*) ſæpe vertentia, finalem autem ſemper rejicientia.

* Secund. Dionyſ.

¶ ***Acoluthi.***] Juvenes ex imo ordine Ecclesiæ, qui in peragendis sacris, sacerdotibus olim, diaconis, & subdiaconis administrabant: ab Episcopo ad hoc designati. Sacra autem non attrectabant, nec inter clericos deputati sunt, sed à neutris tamen exclusi. Dicti ἀπὸ τῦ ἀκολουθεῖν, i. *à sequendo, assectando, consequendo.* Gloss. vett. Latino Græc. ἀκόλουθος, *Sequutor, Pedisequus, Consequens.* Gloss. Lydii, ἀκόλουθος ὁ νεώτερος παῖς, θεράπων ἢ, ὁ περὶ τὸ σῶμα, κατάλληλος, i. Acoluthus, puer junior, famulus autem, & à corpore alteri substitutus. Nomen à re. Nam in Concil. Mediolanens. primo, sub Pio 4. An. 1565. ejus munus sic explicatur: *Acoluthus, subdiaconos & diaconos, ad altaris obsequium assectans, eis inserviat. Lumina accendat & deferat; urceolos vini, & aquæ ad Missæ sacrificium paret.* Ejus ordinationem sic memorat Durandus lib. 2. Divin. Offic. ca. 7. *Sanè juxta decretum Concilii Tholetani, 21 dist. acolytus: Acolytus dum ordinatur ab Episcopo, quidem doceatur qualiter in officio suo agere debet, sed ab Archidiacono accipiat ceroferarium, i. candelabrum cum cereo: ut sciat se accendenda Ecclesiæ luminaria, i. cereos dum Evangelium legitur, mancipari: accipiat & urceolum vacuum ad suggerendum, hoc est, administrandum vinum in Eucharistiam, i. in calicem, in quo est Eucharistia, sanguis Christi.* Hinc, scil. ab accendendis luminaribus, *Accendens* aliàs dicitur: aliàs à deportandis cereis (dum Evangelium legatur, & Eucharistia celebretur) *Ceroferarius* nuncupatur. Dicuntur etiam, vinum & aqua, quæ in Eucharistia suggerit, *suggesta.*

Anastas. in vitâ S. Caii Pap. An. 283. --- Lector, Exorcista, Sequens, subdiaconus, diaconus &c.

Accendens.

Ceroferarius.

Suggesta.

Perperàm autem à Durando aliisq; multis, scribi videtur *Acolytus* per *y* & *t* non aspirato: ni relicto genuino vocis fonte, ad degenerem fortè convolent, & à Græco petant ἀκόλυτος, id est, *Liber, solutus,* per translationem, *non prohibitus,* acsi ideò dictus sit *Acolytus,* quasi non prohibitus à sacris; licèt à tactu & attrectatione sacrorum sit prohibitus. Canone etiam Concilii Mediolanensis 51. Acoluthus tenetur Episcopum comitari. Majores nostri, hunc Anglicè, **a Colet** vocabant.

¶ ***Acquietancia, Acquietare, & Quietancia,***] Voces forenses. *Acquietantia* est solutio à vinculo debiti, stipulationis vel obligationis, quo quis alteri tenetur. Etiam Symbolum ipsum, per quod hujusmodi solutio, vel remissio perficitur. Civilibus Jurisconsultis *Apocha,* Anglicè, **An Acquittance**: à verbo forensi acquietare, id est, *absolvere* vel *quietum reddere.* Nam per acquietanciæ chartulam, creditor se profitetur rem acceptò ferre, ac debitorem inde quietum excedere. Anglicè **Quit**, per contractionem, pro **Quiet**. Vide *Quittare & Quitancia.*

¶ ***Acra cra***] & plurali, *Acri* & *Agri* sæpe legimus; fortè à nominativis singularibus *Acer* & *Ager*, non *Acrus* aut *Agrus.* Est autem *Acra,* mensurata terræ portio, olim incerta, sed nunc * Statuto Anni 31 Edowardi primi, bis octogies perticam continens: & quibusdam *jugerum* nuncupata. Pertica verò dimensionis virga, sexdecem pedes & dimid. habens in longitudine: de quo vide infrà suo loco. Dicitur *Acra* à Saxonico æcer, atq; hoc à Latino *Ager*, *g* litera in *c* (quam Saxones nostri uti *k* semper pronuntiabant) transeunte. Æcer verò apud Saxones, non tantùm definitam terræ quantitatem, sed (ut ex Ælfredo liquet) latum quantumvis agrum significabat: quod adhuc in Germaniâ remanet, & appellatione & usu. Agrum enim Germani *Acker* vocant: eoq; sensu, villæ quædam in pago Norfolciensi, nomina sibi adsciverunt. Scilicèt, *Castleacre,* quasi castellum in agro, vel ager ad castellum pertinens; *Southacre,* ager australis; *Westacre,* ager occidentalis appellatur. Quantum autem *acra, acer* (sive *aker*) & vox *ager* particulariter sumpta, apud Anglo-Saxones nostros Germanosve continebat, certi non habeo quod affirmem: reperiuntur tamen non infrequenter omnes, inter prisci sæculi Authores, majorisq; proculdubiò extensionis quàm hodiernæ nostræ *acra,* legum sententiâ definitæ. Ex more enim loci alicujus, *acram* video largiùs sæpe æstimari: necnon, ter nostram in Hybernia nuper continuisse, deprehendemus; antiquioris fortè illius haud omnino disparem. Sed agrorum dimensiones Saxonibus plerunq; in usu, apud Ingulphum occurrunt, in Charta Edredi Regis Magnæ Britanniæ, An. Dom. 948. ubi (ut aliàs passim) hæc de *acris* mentio. *In Bokenhale duas carucatas terræ & dimidiam, & 26 acras prati, & 50. acras sylvæ, & 70 acras de Brushe.* Et paulò inferiùs, 100 *acras prati.* In Canuti item LL. M. S. cap. 14. *Si quis hanc decimam dare noluerit, sicut omnium commune est institutum; hæc est decima acra sicut aratrum peragraverit, &c.*

* *Titul. de terra mensuranda.*

Isodor. Orig. *l. 15. ca. 15. Actum provinciæ Betici rustici, agrum vocant.* Et mox infra, *Ager habet passus CXXV. vel pedes DCXXV. cujus mensura octies computata, miliare facit, quod constat 5 millibus pedum.*

Inde Primislaus 5 *Boemorum Tyrannus* Odacker *cognominatus est, à devastatis agris.* Aust. Austa. *ad l. 1. pa. 483. l. 10.*

Antiquitatt. verò Fuldens. lib. 2. Tradit. 209. *In villa Swinvurt de terra culta atq; arabili, agros 54.* Ibidem Tradit. 214. *In villa quæ dicitur Aschaha, 80 agros propriæ hæreditatis.* Et in fine lib. 3. cap. ult. *Ad Robingeshuson area 1. agri 60.* Lib. Ramesiens. M. S. Sect. 297. *In Houctonensi campo unum agrum juxta viam.* Ibidem paulò suprà: *Ipse Abbas dedit 10 acros de Dominio ipsius villæ, pleniùs verò 26 acros.* Et mox, *Aliman. uxor ipsius Sewini dedit 2 acros.* Vide *Andecinga.* Decem *Acra* faciunt *ferlingatam,* quatuor *ferlingata* faciunt *virgatam,* quatuor *virgatæ* faciunt *hidam,* quinq; *hidæ* faciunt feodum militis. Esc. 12 E. 2. n. 18. Ebor.

Agri.

Acri.

¶ ***Actio, Actionarius***] & aliàs (sed perperàm) ***Accionarius***]. Habetur *Actio* in Marculfi Formulis pro *munere* vel *officio,* ut è loco quem inde citaturi sumus, mox videbitur.

debitur. *Aceimarius* perinde, pro *officiario* (ut vocant) & *munere gaudenti*. Vocabulum primò mihi exhibuit Charta Ethelbaldi Regis apud Comobonachium S. Augustini, Abbatissæ Mildrithæ facta, Londiniq; data, Anno Dom. 748. *Hoc præcipio* (*& precor in nomine Dei omnipotentis*) *Patriciis, Ducibus, Comitibus, Thelonearis, Actionariis, ac reliquis publicis dignitatibus, &c.* Reperio etiam Longobard: LL. lib. 1. tit. 9. l. 28. *Damus in mandatis omnibus Episcopis, Abbatibus, seu Actionariis nostris, ut hoc omnis super prælor ipsa justitia, de præsenti, absq; ulla tarditate, adimpleta fieri debeat.* Peculiari igitur ministerio hoc nomen destinatum fuisse non videtur, sed commune omnibus magistratibus, qui *agentes* aliàs ab agendo, hîc ab actionibus, *Actionarii* nuncupantur: juxta id Marculfi lib. 1. in formula Chartæ de Ducatu, &c. concedendo; *Actionem Comitatus, Ducatus, Patriciatus in pago (illo) quam antecessor tuus (ille) usq; nunc visus est egisse, tibi ad agendum regendumq; commisimus.* Et Gregor. Turonens. lib. 4. cap. 36. *Pæonius verò hujus municipii Comitatum regebat, cumq; ad renovandam actionem, munera Regi per filium transmisit, &c.* Glossæ quædam vett. *Actionarii, qui res nostras agunt*: Aliæ verò magis particulariter, *Actionarii, Comites, actiones & jura perquirentes.*

¶ *Acton.*] —Lorica, hamis ferreis conserta muniebantur. Hanc tunicæ coriaceæ non minus firmæ, quàm eleganti (nostri *Acton* dicimus) super induerunt. *Joh. Lesl. Scotus Episc. Ross. de origine, moribus & rebus gestis Scotorum p. 56.* ——Scoti venandi, aucupandiq; arte sese exercebant, pascebantq; greges. In his eorum opes arcu missilibus, levi armatura, loricis; alii ferreis, alii pelliceis, vulgo *Hallones* dicunt, usi non aliter, quàm aperto Marte spem posuerunt libertatis simul & regni tutandi. *Hect. Boet.* f. 5. 2.

¶ *Actor. Actor Dominicus. Actor Ecclesiæ, Villæ, Curtis, &c.*] Inter plurimas alias significationes (quas à Lexographis Juris Civil. petas) *Actor* simpliciter pro *Advocato* vel *Procuratore* legitur. *Actor* verò *Dominicus*, pro rei Regiæ, sive Dominicæ Procuratore; causarum Regiarum Advocato, vel quem *Attornatum* dicunt; fundi Regii Præposito, qui *Ballivus* aliis appellatur. Sic *Actor Ecclesiæ, villæ, Curtis*; idem quod Procurator Ecclesiæ, Villæ Præpositus, Curtis (h. aulæ Dominicæ) Villicus, seu œconomus; & (ut Vulgus loquitur) *Ballivus Manerii.* Capitular: Caroli lib. 4. cap. 44. *Si verò Comes vel Actor Dominicus, vel alter Missus palatii nostri hoc perpetravit, &c.* Additio 3. Ludovici Imp. ad Capit. cap. 12. *Si qui erga Episcopum vel Actores Ecclesiæ, qualibet querelam habere crediderint.* LL. Longob. lib. 1. tit. 34. l. 1. *Actor Regis, Curtem Regis habens ad gubernandum.* Capitular: Carol. lib. 4. cap. 41. *Si cujuslibet mancipia in villam nostram confugerint, Actor ejusdem villæ quærenti Domino, ea non contradicat.*

¶ *Acubicula, Acubitula, Acupictile.*] Extat in LL. Francorum, Basileæ non ita pridem editis, lib. 1. cap. 75. vox *Acubicula*, viz. *Fœmina (in die Dominica) opera textilia non faciant, nec capulent vestitus, nec consuant, vel acubicula fiant.* Quem locum, Meursius in Glossario suo Græcobarb. vocab. Ἀκούβιτον emendaturus, legit, *acubitula*, i. reclinatoria: malè (enim inquit) editur, vel *acubicula*. Sed nec doctissimo viro in hoc cedendum, nam vox utraq; expungenda est, ejusq; vice *acupictile* restituendum. Ut Exemplar illarum legum, accuratiùs ab Ansegiso Abbate & Benedicto Levitâ collectarum, hodieq; non semel editarum, apertè indicat. *Acupictile* autem est quod acu pingitur. Virgil. Ænead. lib. 9. *Pictus acu chlamydem.* Et alibi, *Pictus acu tunicam.*

¶ *Ada, da.*] Conventio inter Manassem Comitem & Canonicos Rhemens. in Appendice Flodoardi. *Dedit itaq; contrà, idem Manasses, &c. In Verniaco 8 mansos & dimidium, & in villa Columnis, adas duas, in Comitatu Remensi.* Fateor me non intelligere, quid hîc sit *adas*.

¶ *Adelantadi.*] Provinciarum præfecti apud Hispanos. *Munst.* pa. 70.

¶ *Adarare, Adaratio, Adaratus.*] *Adarare* est pretium addicere, vulgò *appreciare.* LL. Burgundior: Addit. 2. §. 7. *Solidi qui à tempore Alarici Regis adarati sunt.* Et Wisigot. lib. 4. tit. 5. l. 7. — *post parentum obitum adaratione adhibita, &c. Adaratio; specierum ad nummos taxatio.* Vide quæ Lindenbrogius noster ad Ammianum notavit. li. 31.

¶ *De nomine & dignitate Adelingi.*

¶ *Adelingus, Adalingus, Eadling, Edhiling, Ethling, & Edling.*] A Saxon. æðel vel Æðelan, i. *nobilis, egregius.* Saxonibus usurpantur pro regia sobole, & Regni successore, quem Galli (ut apud Marculfum & hîc ilicò videris) *Domicellum* vocabant; Scriptores Latini ejus ætatis, *Clitonem.* In legib. S. Edwardi Confef. M. S. à Will. Conq. recept. cap. præcedent. penult. *Rex verò Edwardus, Edgarum filium eorum secum retinuit & pro suo nutrivit: & quia cogitabat hæredem eum facere, nominavit* Adeling, *quem nos (putà Normanni) dicimus Domicellum. Sed nos indiscretè de pluribus* * *dicimus, quia Baronum filios vocamus Domicellos; Angli verò nullum nisi natos Regum. Quod si expressiùs volumus dicere, in quadam regione Saxonia,* Ling *imago, dicitur;* Adela *Anglicè, nobilis Latinè; quod simul conjunctum, sonat nobilis imago,* Eadling: *Unde etiam occidentales Saxonici, scilicet Excestrenses, habent in Proverbio summi despectus,* Hinderling, *i. omni honestate dejecta; & recedens imago.* Hæc ibidem.

* Hovedeu sic habet, de pluribus dominis, quia Barones vocamus Domicellos. p. 608.

Saxonibus autem in more fuit, patrio nomini *Ling* subjungere, cùm vel filium, vel juniorem significaturi essent: ut pro filio Eadmundi, Eadmonling &c. Rem etiam hodie tenemus in quibusdam vocabulis Anglicanis, *Duckling, Stareling, Codling, &c.* Quæ non de parentibus, sed de fœtu intelligenda sunt; atque inde *Suckling*, pro pullo, qui pendet ex ubere. Mos etiam iste apud exteros viguit, licèt a doctiss. B. Rhenano taceatur. Hinc enim sui Salingi, Harlingi, Carlingi, quos à Sala, Harleo, Carolo profectos dicit, lib. 2. Rer. German. Hinc Normanni ipsi, Nordalingi nuncupati, quasi filii aquilonis; Et Danos hodie Easterlingos vocamus, quasi Sobolem orientis.

Adelingum verò Britanni *Urchrichiad* dixere. De quo sic codex fumosus M. S. leges continens Hoeli Boni, non multùm ab initio, *Urchrichiad*, i. *Edling, qui post Regem habet succedere, præ omnibus qui sunt in curia præter Regem & Reginam honoratur. Iste erit vel filius ejus, vel frater ejus. Locus ejus est in Aula ultra ignem, in opposito Regis. Inter hæredem & columnam primo loco habet Judex sedere, &c.* Et inferius: *Tres solum sunt homines; Rex, Optimas, Villanus, & eorum membra: Membra regia sunt, ad regiam dignitatem pertinentes, ea tamen carentes. Quorum unus dignior est, scil. qui in discumbendo collocatur in loco, ex quo dignitas regia expectatur. Hic vocatur* Edling: *verùm ex quo terram accepit, illorum * Brempt eric, juxta dignitatem terræ quam acceperit* dictus est. Hæc, illic. *Vivat Carolus Adelingus noster.*

Adelingi etiam inter Saxones nostros, dicebantur Regni magnates: præsertim Comites & illustriores, si mihi non imponant Canuti legum interpres vetus, & Lambardus recentior. Ubi enim Codex Saxon. sic se habet, Par. 2. ca. 55: Gif hƿa ancebiscoper borh oððe æðelinger abrece gebete ðat mid þrim punðum. Lambardus hoc vertit: *Qui Archiepiscopo, aut Satrapæ fidem datam fefellerit, tribus pensato libris.* Vetus autem ille M. S. *Si quis Archiepiscopi, vel Comitis plegium frangat, tres libras emendet.* Sic ut alter æðelinge *Satrapam* interpretetur, alter *Comitem*, neuter verò, *filium Regis aut successorem Regni.* Et ne hoc incautè obrepsisse videatur Lambardo, adnotat ipse in margine, æðeling etiam Regni hæredem sonare. Sed ex * Nithardo quoq; constat, omnem Saxonicam nobilitatem sub Adelingorum appellatione jam olim censeri. *Saxonica* (inquit) *Gens omnis in 3 ordinibus divisa consistit. Sunt enim inter illos, qui Edhilingi, sunt qui Frilingi, sunt qui Lazzi illorum linguâ dicuntur: Latinâ verò linguâ, hoc sunt, Nobiles, ingenuiles, serviles.* Quin & Anglorum legibus, satis est perspicuum, *Adalingos* dici pro nobilibus in genere: quod necdùm apud Germanos antiquatum est; qui Nobiles omnes *Edelmen* vocant, à Saxonico æðel pro nobili: etiam *Edling* dicunt pro juvene generosi sanguinis, ut me docet Pictorius Tigurinus.

* *Lib.* 4.

Hinc, *Adelinga* apud Longobardus pro classe Nobilium, & quod nos dicimus *Baronagio*. Gotfrid. Viterbiensis Chronic. part. 17. sub An. Dom. 776. de Longobardis agens: *Omnes Reges illi fuerunt Adelingi, id est, de nobiliori prosapia, quæ apud illos dicitur Adelinga.*

¶ **Adelscale, Adelscalche**, vel **Adelscalcus.**] *Minister nobilis, Servus Principis, Puer Regis* (ut Gregor. Turonensis & ejus sæculi homines loquuntur) Ab Ædel, *nobilis*; Scalc, *servus, minister.* Concil. Bavaric. An. Dom. 772. & Decretum Tassilonis Ducis Bavariorum, par. 1. cap. 7. *Servi Principis, qui dicuntur Adelscalche, suum habeant * Weregeldum, juxta morem quem habuerunt sub parentibus; & cæteri minores Weregeldi, juxta legem suam.* Adelscalcos hos ejusmodi fuisse reor apud Bavarios, cujusmodi inter Saxones nostros Thani regii, & qui in Chartis antiqq. *Ministri* dicti sunt, & *Ministri Regis.* Germanis olim *Edildegin* (à Saxon. æðel ðeing, i. *Minister nobilis*) hodie ut notat Lindenbrogius, *Eddel Knaben*, quasi *pueri*, vel *famuli nobiles*: à quo Angli (in ludibrium, & vituperium torquentes dictionem) **Idle knabe** dicimus, pro ignavo nebulone. Vide quæ doctiss. Lindenbrogius notavit ad Paulum Warnefr. de Gestis Longobar. lib. 2. cap. 9.

Tom. Concil. 3 *Decre. Tassil.* Adelscalc. * *i. Capitis æstimationem.*

¶ **Adfatomia, Adfatomire**] v. *Affatomia.*

¶ **Adjacentia**, *a*, & *Ajacentia.*] Chart. Alaman. Centur. 1. num. 26. —— *prædictum locum cum omnibus adjacentiis. Nu.* 39. *Omnes res meas, vel omnia pecculia mea* —— *cum omnibus adjacentiis, vel adpendiciis eorum in arcas, vel silvas, &c.* Nu. 50. *Mansum unum cum campis, pratis, silvis, adjacentiis & appendiciis.*

Adjactivus, Adjectire, Adjectio,] vide suprà *Abjectire.*

¶ **Adjurnare, Adjurnatus, Adjurnamentum.**] A Gallico *adjourner*, id est, *diem alicui dicere, citare, in jus vocare.* Anglo-Saxonibus nostris in LL. Edwar. Senioris ca. 1. andagan: quasi *ad d'em* ponere. Salicorum lege, *solem alicui collocare*, & per contractionem *culcare*: ubi *solem*, pro *diem* intellige. Hinc *adjurnamentum* frequens apud Burgundiones: id est, *diei dictio, citatio, evocatio, denunciatio.* Nos verò *adjurnare* dicimus pro *comperendinare, vadari, in ulteriorem diem rejicere*, perinde etiam *adjurnamentum.* Capitular: Carol. lib. 5. cap. 151. *De hominibus Ecclesiasticis, seu fiscalinis, qui non erant adjurnati quando in Cœnomanico pago fuimus, &c.*

¶ **Admallare.**] *In judicium vocare: lege agere, mallare.* Propriè ad curiam Provinciæ

vinciæ, vel Comitatus, *quam mallum* dixere, aliquem citare: vel ut loquitur Legis Salicæ Editio German. *mannire ad mallum*, de quo infrà. L. Sal. tit. 59. —— *qui eum admallat, & ille qui admallatur.* Marculf. lib. 1. cap. 21. *Eo quòd propter simplicitatem suam minimè possit prosequi, vel admallare, clementia Regni nostri petiit, ut illustris vir ille, omnes causas suas in vice ipsius, tam in pago, quàm in placito nostro admallandum, prosequendumq; recipere deberet.* Ripuar. tit. 32. §. 3. *quod eum ad stradem legitimam admallatum habet.*

¶ *Admezatores.*] Qui per privatorum consensus, ad decidendas quæstiones, Neapoli, & alibi eligebantur: nullam aliam jurisdictionem habentes, nisi quæ ab eligentibus conferebatur eisdem. Hos inposterum, eligi prohibuit Fredericus 2. Imperator: Sic in Constit. Neapolit: & Sicul. lib. 1. tit. 79. Dicti quasi *mediatores*, ab Italico *mezzatura*; quod idem à *mezo* vel *mezzo* (τὸ μέσον) i. *medium.*

¶ *Adminiculator.*] Ab adminiculando. In Romana Ecclesia, septimus erat (ut mihi Author est Onuphrius) ex primis officialibus: & pro viduis, pupillis, egenis, afflictis, captivisq; procurabat; quod munus hodiè (inquit) pauperum advocatus facit.

¶ *De Admiralii multiplici appellatione: quando Europam, quando Angliam id nominis & muneris est ingressum.*

¶ *Admiralius, Admirallus, Admiralis, Admirans, Admirandus, Admirabilis*: etiam *Amira, Amiras, Amireus, Amiralius, Ammiratus* &c.] *Admiralius*, à Græco ἁλμυρὸς, inquiunt pleriq; , id est, à *salsugine*, quod in salso mari suum exercet imperium. Insulsè proculdubio: quis enim in imponendis nominibus, ad remotiores rerum qualitates, neglecta ipsa re, confugerit? Præfectum hunc rei maritimæ, *Salinarium* potiùs dixerit, *quàm Marinarium.* Alii igitur verbi parentelam, ex Arabici & Græci connubio rimari volunt; nempe ad Arabico *Amir*, id est, *princeps, præfectus*, & Græco ἅλιος, i. *marinus*; ut sit *Admiralius*, vel potiùs *Amiralius*, quasi princeps, vel præfectus marinus. Hoc certè videtur verisimile; nam in Aula Orientalis Imperii, voces multæ occurrunt, bilinguis hujuscemodi compositionis: placetq; eò magis, quod ἅλιος Homero legitur, pro rectore maris, ipsoq; Neptuno. Quamvis itaq; reperiantur præterea apud Græcos, vocabula Ἀμηρᾶς ἀμηραῖος ἀμηραλῆς; apud Latinos, *Amira, Amiras, Amireus, Ammiratus, Admirallus, Admiralis, Admirans, Admirandus, Admirabilis, Admiraimsi, Almiramisi, &c.* quæ terminationem ἅλιος non recipiunt: vel id Gentium, Authorumq; varietati tribuendum est (qui in peregrinis nominibus referendis, toto plerumq; oberrant cœlo:) vel diversis dictionibus, diversæ etiam (ut quidam volunt) significationes sunt adhibendæ.

Amir itaq; (aliàs *Emir*) etiam *Amira*, *Amira*, & *Amiras Amiradis*, Regem, principem, eparchum, præfectum (ut supra diximus) significant; interdum summum ipsum apud Turcas Saracenosq; Imperatorem, Protosymbolum & Senatus præsidem. Cujus officium exercere ἀμηρεύειν dicitur: ipsa præfectura ἀμηραλία, Ab Arabico أمر *Amara*, seu Hebræo אָמַר *Amar*, (ut me docuit Bedwellus noster) hoc est, *dixit*, *edixit*: illud *præcepit, imperavit.* Unde مأمور *mamurom*, præceptum, edictum, & أمير *Amirom* Dux, Capitaneus, Imperator, præfectus; Ἄρχων vel Ἀρχὸς in compositione: ex quo والأمير *Alamiro* (cum articulo *al*) Actor. 22. 24. ὁ χιλίαρχος, Anglicè (the) chief Captain. Atq; inde Hispanis, *Almirante*, quasi (suo idiomate) *el-Amirante*, nec non (verso *l* in *d*) *Admirans*, à quo aliàs perperàm, ob consonantiam, *Admirabilis* & *Admirandus.* *Amiratus* autem (quo passim utitur Malmesberiensis) non hinc fieri reor, at ab *Amiradis* genitivo singulari vocis *Amiras*, *d* ut solet in *t* mutato: & (quod apud Turpinum & Robertum Monachum antiquiùs legitur) *Admiraldus*, quasi *Al Amiradus*, i. ὁ ἀμηρᾶς. Et in Fragm. Hist. Aquitan: (*d* posteriori abjecto) *Admiralus*. Leone Marsico (Casinens. hist. lib. 2. cap. 44.) *Admirarius*. *Amiræus* vero seu ἀμηραῖος, poni solet diminutivè pro Subregulo, Tribuno militum, Vicario *Amiræ*, vel Prætore. Istâq; distinctione passim utitur Sigebertus in suis Chronicis. Sic in An. 630. de Mahomete agens quem ille & rectiùs Muhammad nominat, *Hic* (inquit) *in Regno Saracenorum quatuor Pratores statuit, qui Amirai vocabantur: ipse vero Amiras dicebatur, vel Protosymbolus.* Et An. 657. *Muhavias ex Amiræo, Amiras factus.* Item An. 718. *Zuleymen Amiras cum Amirais suis, & stolo navium penè trium millium, Constantinopolim triennio obsidet.* Theophanes in Chronico, à Meursio citatus, ἤμελλε τελευτήσας ὁ μωάμεδ, ὃς ἦν σωσας τέσσαρας ἀμηραῖους τοῦ πολεμεῖν τοὺς ἐξ ἀραβων γένους χριστιανούς. Id est, *Moriturus autem Muhamed, quatuor Amiræos statuit, qui debellarent omnes ex genere Arabum Christianos.* Et Constantius de Administr. Imp. ibidem, Παραλαμβάνει οὖν ὁ μαβίας πᾶσαν τὴν ἐξουσίαν συρίας, ἐπειδὴ ὁμομωκέσαν οἱ ἀμμοραῖοι πάντες, id est, *Accepit igitur Mavias omnem potestatem Syriæ, postquam omnes Amirai juravissent.* Author autem Anonymus, quem in Arabico suo *Trudgman* profert Bedwellus, dictos hos quatuor Amiræos, *Admirantes* vocat. *Quidam* (inquit) *Califa, creavit quatuor Tribunos militum, vulgò, Admirantes appellatos, quibus singulis, multos duces & centuriones attribuit, eosq; duces acutos Dei gladios nominat.* Sunt etiam qui ipsos hos, *Amira*

Amir, al. Emir. Amira, Amiras. Almirante. Admirans. Admirandus. Amiratus. Admiraldus. Admiralus. Admirarius. Amiræus.

mira seu *Amiradis* appellatione donant. Junius ex Cedreno, In Notis ad Curopalatem: *Deceßerat*(inquit) *jam tum Mahumedus, constitutis quatuor Ameraldis, qui Arabibus Christianam religionem amplectentibus bellum facerent. Hi adversus Theodorum cubicularium profecti, cum eo sunt congressi prælio: Sed eo in prælio tres Amerades, magnaq; cum his multitudo occubuerunt. Exivit etiam reliquus Ameras, Chalibus nomine, qui gladius Dei appellabatur.*

Admiralius. Amiralis. Admirallus. Ἀμηρᾶλιος verò & ἀμηραλῆς, unde nos *Admiralium, Amiralem*, & *Admirallum* ducimus, reperiuntur in Orientali Imperio, perspicuè dicta de Magistratu navali; non autem summo illo, cui hodie id nomen imponimus; at de subordinato quopiam, ejusmodi præfecto (quem tunc Magnum Ducem appellabant, ejusq; vicario, i. Magno Drungario classis) inservienti. *Vixit An. cir. 1059.* Curopalates in Official. Aulæ Constant. de Duce agens. ὥσπερ ὁ μέγας δομέστικος ἐξουσιάζει εἰς τὸ φωσσάτον ἅπαν κεφαλὴ, οὕτω καὶ οὗτος θαλασσαίου. Ἔχει δὲ ὑπ᾽ αὐτὸν, τόν τε μέγαν δρουγγάριον τοῦ στόλου, τὸν ἀμηραλῆν, τοὺς πρωτοκόμητας, τοὺς δρουγγαρίους, καὶ τοὺς κόμητας. Id est, *Quemadmodum magnus Domesticus, princeps & caput est ad universum fossatum* (seu militiam castrensem): *sic etiam hic* (Magnus Dux) *ad universum mare.* Et mox: *Habet autem sub ipso, Magnum Drungarium classis, Ameralium, Drungarios & Comites.* Ex quo liquet, Ameralium istum non fuisse τὸν ἀμηρᾶλιον τοῦ στόλου, i. Thalassiarcham vel præfectum maris; (ut ejus etymon quam supra posuimus, indicare asserunt) sed inferioris ordinis Magistratus, qui tamen gubernandæ classi constitutus est. Sic enim alibi Curopalates, ὁ ἀμηρᾶλιος ὑπὸ τὸν μέγαν δοῦκαν ἐξουσιάζει. ἡγεῖται δὲ τοῦ στόλου παντὸς, Id est, *Ameralius Magno Duci subest: agit autem universam classem.* Sed hæc ipsa appellatio, communis etiam fuit terrestribus Principibus. Babylonis enim Tyrannum (cujus longius in Continente sedes est) *Amiralium* vocat Huntindoniensis (qui sub Stephano Rege An. 1148. floruit): & Sigeberti Auctuarius. Refert quoquè idem Huntindonius, 12 *Amiralios Paganorum*, cæsos fuisse in oppugnatione Antiochiæ. Et Mat. Paris in Will. 2. *Corbaranus* (inquit) *disponit acies, agmina instruit, præficiens eis Amiralios & Reges viginti novem, quorum nomina hæc fuerunt: Meleduchac, Amir Solymam, Amirsolendais, Amirhegible, Amirmotoanc, Amir Mahumet*, & reliqui. Ubi vides *Amiras* & *Amiralios* (quos antiquiores, *Amiralos* etiam & *Admiraldos* vocabant) invicem confundi. *Admiraldi terrestris ditio.* Horum autem ditionem perspicuè habes descriptam, à Ruperto aliàs Roberto Monacho, qui vixit An. 1095. historiæ suæ de bello Saracenico lib. 4. *Occisus est Cassiani magni Regis Antiochiæ Filius, & 12 Admiraldi Regis Babyloniæ, quos cum suis exercitibus, miserat ad ferenda auxilia Regi Antiochiæ. Et quos Admiraldos vocant, Reges sunt qui Provinciis regionum præsunt. Provincia quidem est, quæ unum habet Metropolitanum, 12 Consules* (id est Comites) *& unum regem. Ex tot itaq; Provinciis convenerunt, quot ibi Admiraldi fuerunt mortui.* Et initio sequentis libri, ipsum Regem Babyloniæ, *Admiraldum* vocant nuntii ejus: *Dominus noster Admiraldus Babyloniæ, mandat vobis Francorum Principibus salutem.* Eandemq; appellationem huic tribuit Turpinus Archiep. qui floruit An. 803. lib. de Gest. Caroli Mag. cap. 17. *Li. de Gest. Carol. Mag. Si illius sit.* Necnon Author Fragmenti Histor. Aquitan. *Nabuchodonosor Babyloniæ, id est* (inquit) *Admiralus*, Occurrit præterea apud Monstreletum, *Arcubalistariorum Admiralius*, pro ipsorum præfecto: *Admirallus Arcubalistariorum.* Adeo ut videas hanc appellationem, non univocè tribui præfectis æquoreis, sed itemq; campestribus: quemadmodum & aliæ campestres, æquoreis. Sic hic supra, *Drungarus classis*: Et mox infra, *Constabularius navigii.* Et Will. Tyrius (qui floruit An. 1120, & historiam belli Sacri composuit) non videtur tunc intellexisse *Admiralium* pro Thalassiarcha, ideoq; ipsum *Primicerium classis* denominasse. *Primicerius classis.*

Nulla igitur in vocibus constantia, sive scripturam respicis, sive significationem. Transmisso itaq; terrestri Admiralio, qui solus Turcis & Asiaticis innotuit: marinum illum insequamur, cujus in Orientali Imperio primam deprehendimus mentionem. *Admiralius classicus unde & quando.* Hinc enim ad Italos Siculosq; transmigrasse videtur nomen Admiralii. Gallisq; inde porrectum (qui in navalibus præliis Italis plerunq; usi sunt Præfectis) ad Anglos tandem pervenisse: sed confectâ jam Hierosolymitanâ militiâ. Cum enim ejus gratiâ, Rex Richardus primus, classem celeberrimam conscripsisset; nullum ei singularem Præfectum constituit, Admiraliive appellatione insignivit: sed deputato ad hoc munus quinquevi-ratu, *viz.* Gerardo Anxiensi Archiepiscopo, Bernardo Baonensi Episcopo, Roberto de Sabul, Richardo de Canvil, & Willielmo de Forz de Ulerum (Opinor Oleron) eos *Ductores Justicarios & Constabularios totius sui navigii denominavit*: ut ex Hovendeno liquet, parte posteriori. *Justiciarii & Constabularii navigii.*

Nec recepta videtur hæc appellatio, An. 8. H. 3. cum Rex *Maritimam Angliæ* (ut rescripti utar verbis) Willielmo de Lucy concessit: nulla habita de Admiralio mentione. Quin nec An. 48. Regni sui, dum Tho. de Moleton, *Capitaneum & custodem maris* (non Admiralium) designat. Chartam regiam (quâ munus perspicuè describitur) edendam censeo. *Concessio custodiæ maris.* *Rex, Omnibus Baronibus & Ballivis quinque portuum, & omnibus aliis de partibus maritimis Salutem. Sciatis quòd assignavimus dilectum & fidelem nostrum Thomam de Moleton Capitaneum & Custodem maris, & portuum maritimorum; & ad naves nostros, vino, victualibus, & aliis necessariis muniendas contra hostilem adventum alienigenarum, in regnum nostrum; prout magis viderit expedire. Et ideo vobis mandamus, quod eidem Thomæ,* tanquam

tanquam Capitaneo & custodi, intendentes sitis & auxiliantes. Teste Rege apud Cantuariam, 3 Die Julii, Anno Regni sui 48, i. An. Dom. 1264. Vides, nec hic Admiralii nomen; nec cognoscendi causas marinas, vel tantillum jurisdictionis.

Guilielmus Rex Sicilia navali expeditione per Admiralios suos cepit *Sibyllam* Civitatem. *Rob. de Monte in append. ad Sigeb. in an.* 1158.

Admiralii nomen quando primum in Anglia.

Certè vox Admirallus, nostratibus videtur incognita, usque Regni initium Edw. primi: eamq; ideo exponit ejusdem tempestatis Author, qui historiam Matthei Paris eousq; produxit: (sive is Will. Rishanger monachus S. Albani, ut Balæo visum est, sive alius.) Sed nec tunc quidem pro Thalassiarchâ. Ait autem in An. Dom. 1272. (qui est Henrici 3. penultimus.) *Admiraldus Jopensis, natione Saracenus; quæ dignitas apud nos Consulatus vocatur.* Consules verò (ut dixi) tunc appellabant, quos nunc Comites & Duces. Statutum etiam An. 3. Edw. 1. quod *de Wrecco maris* inscribitur, & omnino agit de rebus naufragis ad Admiralium mox spectantibus; nec Admiralium quidèm agnoscit: sed nec judicem, vel officialem aliquem marinum, præter Vicecomites, Coronatores, Ballivosq; terrestres. Sub his autem diebus irrepsisse videtur in Angliam, peregrinus hic titulus; (delatus forsitan per Edw. 1. ex Hierosolymitana militia) sensimq; tribui præfectis classicis: dum nec adhuc perpetuus quis esset, aut solus, aut universalis rei marinæ administrator. Constat tamen *Willielmum de Leiburne, Admirallum* dici *Maris Regis*, in conventu apud Bruges habito 8. Die Martii, An. 15. Edw. 1. id est, Domini 1286. Ac si cum nomine, muneris plenitudine solus tunc ipse fungeretur. Sed paucos post annos, triumviratui dispertitum id munus reperio, ipsumq; Willielmum, Portesmuthiensi tantummodò plagæ fuisse præfectum. Walsingham in An. Dom. 1295. id est, Edw. primi 22. *Navigium ad custodiendum mare in tres classes distinxit, tres præponens ei Admirallos, viz. Gernemuthensibus & cæteris illius partis navibus, Johannem de Botecurte: Portesmuthensibus, Willielmum de Leybourne: occidentalibus verò navibus & Hibernicis, militem quendam de Hibernia oriundum.* Ab hac distinctione (Britanniæ triquetro respondenti) dictos censeo *trium plagarum Admirallos*. Idem in anno 1325. id est 19 Edw. 2. *Sub eisdem* (inquit) *diebus, tres Admiralii trium plagarum Angliæ, viz. Dominus Johannes Otervin, Dom. Nicholaus Kiriel, & Dom. Joh. de Felton, custodiam maris habentes, &c. cum Gernemuthensium & Portesmuthensium & occidentalium classe, oceanum sunt ingressi.*

Sed occurrit plerunq; vel singularis aliquis (ut hodiè) Admirallus: vel (instar Duumvirorum navalium apud Romanos, quod antiquis frequentius est) bini tantùm; binis stationibus designati. Perpetuus enim nullus olim fuit in hoc munere: sed (ex arbitrio Regis) aut annuus, aut biennalis, aut ad tempus non diuturnum. Aliquando ne semestris quidem, sed veluti repentinæ alicui expeditioni datus. Dictusq; sæpe non Admirallus maris, sed *flotæ navium*, id est classis.

Quis dicendus Admirallus.

Classis autem Admirallus, nemo salutandus erat, qui non denis navibus præficeretur: quod à Genuensibus primò latum, hic (tantùm obiter) notandum duxi.

Admiraliorum stationes.

Stationum istarum, alia borealis fuit: alia occidentalis. Borealis dicebatur, quæ ab ore Thamesis versus partes boreales protenditur: Gernemutham continens & littus omne orientale. Occidentalis, quæ ab ostio Thamesis, Portesmutham & stationem omnem meridionalem (quæ suum aliquando, ut supra patet, Admirallum habuit) necnon latus Angliæ occidentale complectebatur. Stationes etiam aliquando divisit portus Southamptoniæ. Sic 23 Maii 5. Ric. 2. *Jo. de Rupibus constitutus est Admirallus flotæ, ab introitu portus villæ Southhampton, versus partes occidentales.*

Quis primus dictus est Admiralius Angliæ.

Primus autem qui universali nomine *Admirallus Angliæ* dictus est, fuisse videtur Richardus filius Alani junior, Comes Arundeliæ & Surregiæ: hoc munere & titulo donatus 10. die Sept. An. 10. Ric. 2. Licèt enim antecessorum suorum permulti, & successorum etiam nonnulli, constituti essent Admiralli *versus partes tam boreales, quàm occidentales Angliæ*; Et aliàs, *omnium flotarum navium australium, borealium, & occidentalium* (ut Rob. Herle 35. Ed. 3.) ex hoc tamen *Admirallos Angliæ* dici, non sunt assecuti. Jurisdictionem verò æquè amplam habuisse censeo, ab Edw. 3. ætate. In Statuto enim, An. 13. Ri. 2. (quod ad cohibendas Admirallorum usurpationes editum est) prohibetur numero plurali, & indistinctè, ut *Admiralli, aut vicarii sui, se non intromittant rebus supra terra, sed in mari tantùm contingentibus: prout tempore* Edw. 3. *consuetum fuit.* Unde quidam colligunt, causarum nauticarum cognitionem; & Forum rei marinæ (quod hodie *Curiam Admiralitatis* vocant) Admirallo primùm illuxisse, sub Edw. 3.

Curia Admiralitatis quando exo. ei.

¶ *Admiraliorum series, tam particularium quàm universalium, qui ab exordio hujus muneris in Anglia floruere.*

Marthusium Archipiratam (id est, Principem nautarum) tempore Edgari Regis Anglo-Saxonis: aut Tetrarchas classicos ejusdem Regis (quorum singuli, mille navibus ad custodiam singularum plagarum Britannici maris, dicuntur præpositi) huic catalogo non ascribimus. Nec quos succedentes Reges, navium Prætores extraordinarios habuere: sed hos tantùm qui præfecturâ maris, postquam erecta esset in munus annuum atq; ordinarium, donabantur. Quod quidem licèt decursu temporis, in eam excreverit amplitudinem, ut à maximis Regni Principibus avidè ambiretur: in exordio tamen, adeò humile visum est & operosum, ut viris mediocris fortunæ, immò obscuris sæpè, conferretur.

Seriem verò hanc, tibi (Lector) offero: non ut integram; aut nostrâ operâ, ab Archivis Regiis petitam; sed quam (paucis interjectis) ex diversorum collectionibus (mutilis quidèm & malè sanis) concinnavimus. Cujus te admonitum velim: ut nobis non vertas vitio, si in quò erratum fuerit. Facile enim est recolere; laboriosum condere. Ad hoc autem sufficiat, ut intelligas prisci seculi consuetudinem, quæ (Romanam sequuta prudentiam) summa munera Reipub. noluit esse aut diuturna, aut singulari integrè delegata.

8 Hen. 3. *Richardus de Lucy* dicitur habere *maritimam Angliæ*. Patentt. An. 8. Hen. 3. Membr. 4. 29. August.

48 Hen. 3. *Thomas de Moleton* Capitaneus & custos maris & portuum maritimorum constitutus, 3 Junii, 48. Hen. 3.

15 Ed. 1. *Willielmus de Leiburne* appellatur *Admirallus maris Regis* in Conventu apud Bruges, 8 Martii, 15 Edw. 1. 1286.

	BOREALIS.	MERIDIONALIS.	OCCIDENTALIS.
22 Ed. 1. Walsing. ibidem.	*Jo. de Botetort* Gernemuthensium & illius Stationis Admirallus.	*Will. de Leiburne* Portesmuthensium & illius stationis Admirallus.	Miles quidam Hibernicus Occidentalium & illius stationis Admirallus.

	ADMIRALLI BOREALES. i. *Ab ore aqua Thamesis versus partes boreales.*	ADMIRALLI OCCIDENTALES. i. *Ab ore aquæ Thamesis versus partes occidentales.*
34 Ed. 1.	*Edward Charles* Borealis Admirallus.	*Gervasius Allard* Occidentalis Admirallus.
8 Ed. 2.	*Johannes Botetort* constitut. Admirallus borealis 5 Martii.	*Willielmus Cranis* constitut. Admirallus occidentalis 9 Maii.
10 Ed. 2.		*Nicholaus Cryoll* constitut. 8 Dec.
10 Ed. 2.	*John Perbrun* aliàs *Perburn*, Burgensis magnæ Jernemuthæ consti. 13 Maii.	*Robertus Leiburn* Eques aur. constitut. 13 Maii.
12 Ed. 2.		*Joh. Athey* occid. Admir.
15 Ed. 2.	*Johannes Perburn.*	*Rob. de Leyburn* Eq. aur. constitut. Admiral. occidentalis Portus Angliæ, Walliæ, & Hiberniæ, 19 Maii.
16 Ed. 2.	*Johannes Perburn* Burgensis magnæ Jeremuthæ, borealis Admiral: constitut. 16 Maii.	*Rob. Battail*, al. *Batallus*, unus Baronum 5. Portuum const. Adm. ab ore aquæ Thamesis versus partes occid. 18 Apr.
18 Ed. 2.	*Johan. Sturmy* constitut. 15 Aug. al. 5.	*Robertus Bendon* consti. Adm. 5 Aug.

1	2	3
Dom. Joh. Otervin.	*Dom. Mich. Keriel.*	*Dom. Jo. De Felton.*

19 Ed. 2. In An. 1325. Istos tres, Walsingamius nominat *tres Admirallios trium plagarum Angliæ*, Id est, *Gernemuthens. Portesmuthens. & Occidental.* Portesmuthensis autem (quæ & meridionalis dicitur) sub occidentalis appellatione postea continetur.

	ADMIRALLI BOREALES.	ADMIRALLI OCCIDENTALES.
19 Ed. 2.	*Joh. de Stormy* Borealis Admiral.	*Nich. Criell* const. Occid. Adm. 8 Dec.
20 Ed. 2.	*Johan. Sturmy* boreal.	*Nich. Criell* occidental.
	Joh. Layborn boreal. Adm. con. 19 Sep.	

Joh.

	ADMIRALLI BOREALES.	ADMIRALLI OCCIDENTALES.
1 Ed. 3.	Joh. Perbrun Bor. Adm. constit. 21 Apr.	Waric de Valenlis Ad. Occ. con. 21 Ap.
7 Ed. 3.		Williel. de Clinton Ad. occ. con. 16 Julii.
8 Ed. 3.	Joh. de Norwico Adm. bor. con. 2 Jan.	Rog. de Hegham al. Higham const. 2 Jan.
10 Ed. 3.	Tho. Ughtred Adm. bor. con. 18 Feb.	
10 Ed. 3.	Johan. de Norwico Adm. boreal. constit. 10 Apr.	Galfridus de Say Banerettus constitut. ut supra 10 Apr.
10 Ed. 3.	Rob. Ufford & Jo. de Roos constit. Add. flotæ ab ore Tham. vers. par. bor. 14 Ja.	Will. de Manto constitut. Admiral. vers. part. occiden. 14 Jan.
11 Ed. 3.	Walterus de Manney Eq. aur. Ad. versus part. boreal. constit. 11 Aug. al. 28 Julii.	Bartholom. de Burghershe Eq. aur. constitut. 11. Aug. al. 28 Julii.
12 Ed. 3.	Tho. de Drayton constitut. 28 Julii. Hunc aliàs reperio non Admirallum statui, sed tantùm Viceadmirallum loco Walteri de Manney: & sic fortè in nonnullis aliis erratum est.	Petrus Bardus alias Bard. constitut. 28 Julii.
13 Ed. 3.	Rob. Morley Baro de Hengham constit. 18 Febr. al. 10 Mar.	Rob. Trussel, constitut. Admiral. occidental. 18. Feb.
14 Ed. 3.		Ric. fil. Alani Com. Arundel. con. 20. Fe.
15 Ed. 3.	Rob. de Morley constitut. Apr. 15.	Will. Clinton Com. Hunting. 12. Jan. al. Jun.
16 Ed. 3.	Willielmus Trussell constitut. 20 Dec.	Rob. Beaupell constitut. 20. Dec.
17 Ed. 3.	Will. Trussell.	Jo. de Monte Gomerico.
18 Ed. 3.	Rob. Uffor. Comes Suffolc. con. Ad. 8 Maii.	Reginald de Cobham constitut. 8 Maii.
19 Ed. 3.		Rich. fil. Al. Comes Arund. con. 23. Fe.
20 Ed. 3.	Rob. de Ufford Comes Suffolciæ, 23 Feb.	Ric. fil. Alani Comes Arundeliæ, 23 Fe.
21 Ed. 3.	Joh. de Howard Eq. aur. consti. 8 Mar.	Jo. de Monte Gomerico Eq. au. con. 23 Fe.
22 Ed. 3.	Wal. de Manny Baro S. Salvato. 14 Mar.	Regin. de Cobham Eq. aur. con. 14 Mar. al. (14 Feb.
22 Ed. 3.	Rob. de Morley Eq. aur. consti. 6 Jun.	
24 Ed. 3.	Rob. de Causton.	Jo. de Bello campo de Warwic. Eq. primæ fundationis Ordinis periscelidis.
25 Ed. 3.	R. de Morley boreal. Adm.	
25 Ed. 3.	Will. de Bohun Com. Northamp. con. 8 Mar.	Henr. Dux Lancastriæ const. 8 Mar.
26 Ed. 3.	Will. de Bohun Comes Northampton, constitut. Adm.	Tho. de Bello campo senior Comes Warwicen. constitut.
29 Ed. 3.	Rob. de Morley Baro de Hengham constitut. 5 Mar.	Jo. de Bello campo de Warwick frater prædicti Thomæ con. 5 Mart.
30 Ed. 3.	Rob. de Morley boreal. Adm.	Guido de Brian Eq. aur. const. 1 Mar.
31 Ed. 3.		Guido de Brian occident. 31 Edw. 3.
33, 34 Ed. 3.	Rob. de Morley boreal. Admiral.	Guido de Brian occidental. Adm.

34 Ed. 3. Jo. de Bello campo prædictus constitut. Admirallus ab ore aquæ Thamesis versus partes tam boreales quàm occidentales Angliæ, 18 Julii 34 Edw. 3. Hic fuit eodem tempore, Dom. Gardianus 5 Portuum, Constabularius Turris London: & Castri Dover & obiit in possessione dictorum munerum 2 Dec. eodem anno.

35 Ed. 3. Rob. Herle Eq. aur. Admirallus omnium flotarum utriusq; partis, ut supra, constitut. 26 Jan. 35 Edw. 3.

38 Ed. 3. Radulphus Spigornell constitut. Admiral. utriusq; partis ut supra, 7 Julii.

43 Ed. 3.	Nicholaus Tamworth Eq. aur. constitut. Adm. ab ore Tham. versus partes boreales Angliæ 12 Jun.	Rob. Aston Eq. aur. constitut. Adm. ab ore Tham. versus part. occident. Angliæ 28 Apr.
44 Ed. 3.	Jo. Nevill Eq. aur. Baro de Raby const. 30 Maii, al. 30. Mar.	Guido Brian Baro de constitut. 5. Maii.
45 Ed. 3.	Radul. de Ferrariis constit. 6 Oct. al. 5.	Rob. Aston Eq. aur. constit. 6 Oct. al. 5.
46, 47, & 48 Ed. 3.	Will. de Nevill const. 7 Mar. 46 Ed. 3.	Phil. Courtney const. 7 March 46 E. 3.
50 Ed. 3.	Will. de Ufford Com. Suffol. con. 16 Jul.	Will. de Monteacuto constit. 16 Julii.
50 Ed. & 51 Ed. 3.	Michael de la Pole Eq. aur. Dom. de Wingfield constit. 24 Novemb.	Frater Rob. de Hales Prior Hospitalis S. Jo. Hierusalem in Angl. const. 24 No.
1 Ric. 2.	Tho. de Bello campo Jun. Com. War. 5 De.	Ric. fil. Alani Jun. Com. Arun. con. 5 Dec.
2 Ric. 2.	Tho. Percy Eq. frat. Com. Northumb. 5 No.	Hugo Calveley Eq. aur. const. 1 Sept.
3 & 4 Ric. 2.	VVill. de Elmham Eq. aur. constit. 8 Mar.	Phi. Courtney Eq. au. consang. Reg. 8 Mar.
5 Ri. 2.	VVill. de Elmham.	Jo. Roches sive de Rupibus Eq. au. Adm. flotæ ab introitu portus villæ Southampton versus partes occident. substitutus loco Walteri de Hauley (qui ergo inserendus videtur) 23 Maii, Patent. par. 8.

	ADMIRALLI BOREALES.	ADMIRALLI OCCIDENTALES.
6 Ric. 2.	*Walterus fil. Walteri* Eq. aur. Dom. de Woodham constit. [illegible] Oct.	*Jo. de Rupibus* Eq. aur. con. Adm. ab ore aqu. Tham. versus partes occ. 26 Oct.
7 Ric. 2.	*Hen. Percy* Com. Northum. con. 19 No.	*Edw. Courtney* Com. Devon. con. 19 No.
8 Ric. 2.	*Tho. Percy* frat. Hen. Com. Northumb. constit. [illegible] Januar. 26.	*Jo. Radington* Prior S. Johannis Hierusalem in Angl. constit. 29 Jan.
9 Ric. 2.	*Will.* Dom. *Darcy* Eq. aur. con. [illegible] Feb.	*Thomas Trivet* Eq. aur. constit. 22 Feb.

10 Ric. 2. *Richardus fil. Alani* Comes Arundel & Surregiæ, constitut. Admirallus Angliæ 10 Dec. 10 Ric. 2. & mansit in officio usq; ad 18 Maii An. 12. ejusdem.

12 Ric. 2.	*Jo. de Bello monte* Baro de Folkingham const. Adm. ab ore Tham. versus partes boreales Angliæ 20 Maii.	*Io. Holland* Comes Huntingtoniæ frater minor Tho. Com. Cantii constitut. Adm. versus partes occid. 18 Mar.
12 Ric. 2.	*Jo. de Rupibus* Eq. aur.	
13 Ric. 2.	*Jo. de Bello monte* prædict. con. 22 Jun.	*Io. Holland* Com. prædict. con. 22 Jun.
14 Ric.	*Edward.* Com. Rutland const. 22 Mar.	*Io. Holland* Com. prædict. con. 12 Mar.

15 Ric. 2. *Edmundus* Com. Rutland. & Corcagiæ, postea Dux Albemarliæ, const. Adm. versus partes tam boreal. quam occid. 29 No. & mansit usq; 9 Maii An. 21 Ric. 2.

21 Ric. 2. *Io. Beaufort* Marchio Dorseti, ac Com. Somerseti, fil. Jo. de Gandavo Ducis Lancastriæ, &c. constit. Adm. versus utrasq; partes 9 Maii.

22 Ric. 2. *Tho. Percey* Comes Wigorniæ, frater Hen. Com. Northumb. constit. Adm. utriusq; partis [illegible] Jan.

2 Hen. 4.	*Ric. Grey* Baro de Codenore con. Adm. ab ore Tham. vers. part. bo. Ang. 26 Ap.	*Tho. Reniston* Eq. aur. con. Adm. versus part. occid. 21. Ap.
5 Hen. 4.	*Tho. Beaufort* frat. prædicti Marchionis Dors. &c. con. 5 No.	*Tho.* Dom. Barkley Eq. aur. constit. ut supra 5 Novem.

6 Hen. 4. *Tho.* Lancastrius Regis H. 4. fil. Prorex Hiberniæ, Senescallus Angliæ, postea Dux Clarenciæ, constitut. Adm. utriusq; partis 20 Feb. An. 6 patris sui: & mansit in officio usq; 28 Apr. An. seq.

7 H. 4.	*Nich. Blackburn* Armig. const. Adm. vers. part. boreal. Ang. 28 Apr.	*Rich. Cliderhow* Armig. constit. Adm. vers. part. occident. 28 Apr.

8 H. 4. *Joh. Beaufort* prædict. Com. Somerseti, &c. const. Adm. Angliæ &c. 23 Dec. Regni frat. sui 8, & stetit in offic. usq; 8 Maii seq. Hujus tempore jurisdictio Admiralitatis magnum accepit incrementum, causarumque cognitionem tam criminalium quàm civilium.

8 H. 4. *Edm. Holland* Com. Cantii constit. Adm. Angliæ, &c. 8 Maii.

9 H. 4. *Tho. Beaufort* prædict. &c. constit. Adm. Angliæ, &c. 1 Sept. An. fratr. sui 9. Factus fuit Com. Dorset. & Dux Exon.

4 H. 6. *Joh.* Lancastrius Dux Bedfordiæ, Com. Richmundiæ & Candaliæ, Constabularius Angl. fil. Reg. H. 4. constit. Adm. Angliæ, &c. 26 Julii. *Desiderantur hic forte nonnulli.*

14 H. 6. *Joh. Holland* Dux Exoniæ, Comes Huntington, &c. constit. (cum filio suo) Adm. Angliæ, Hiberniæ, & Aquitaniæ pro termino vitæ 21 Octob. Crevit jam forensibus negotiis Admiralii jurisdictio.

25 H. 6. *Will. de la Pole* Marchio & Comes Suffolciæ, &c. constit. Adm. Ang. Hiber. & Aquitaniæ, durante pupillari ætate Henr. Ducis Exoniæ, qui per regium diploma hoc cum patre munus adeptus est ad terminum vitæ eorum, &c. Officio cessit, capiteq; plectus est 2 Maii 28 H. 6.

28 H. 6. *Henr. Holland* Dux Exoniæ prædict. &c. fil. Henr. Ducis Exoniæ, ad maturam ætatem perveniens 23 Julii 28 H. 6. & in patrias dignitates succedens, fit Adm. Angliæ, Hiberniæ, & Aquitaniæ.

1 Edw. 4. *Rich. Nevill* Comes Warwicensis & Sarisbur: constit. Adm. Angl. Hiberniæ & Aquitan.

2 Edw. 4. *Will. Nevill* Comes Cantii, & Baro Falconbergius constit. Adm. Angl. Hiberniæ, & Aquitan. 30 Julii.

Edw. 4. *Rich.* Dux Glocestriæ, frater Regis, constitut. Adm. Angl. Hibern. & Aquitaniæ 12 Octob.

Rich. Nevill Comes Warwic. & Sarisb. Capitaneus villæ & Castri Calesiæ, Constabularius Castri Dover, & Custos 5 Portuum: Constitut. Adm. Angl. Hiberniæ & Aquit. 2 Jan.

Rich.

ADMIRALLI ANGLIÆ.

11 Edw. 4. *Rich.* Dux Glocestriæ prædict. &c. constitut. Adm. ut supra.

1 Ric. 3. *Io. Howard* Dux Norfolciæ, &c. const. Adm. Ang. Hiber. & Aquita. 25 Julii.

1 Hen. 7. *Ioh. de Veer* Comes Oxoniens. magnus Camerarius Angl. &c. constit. Adm. ut supra, 21 Sept. Mansit in offic. usq; ad 10 Martii, 4 Hen. 8. qua die obiit.

4 Hen. 8. *Edw. Howard* Eq. auri fil. Tho. Comit. Surregiæ, postea Ducis Norfolciæ, constitut. Adm. ut supra, 15 Aug. 4 H. 8. 1513. E navi conto excussus in portu de Brest submergitur 25 Ap. 5 Hen. 8. *Stow.* 823.

5 H. 8. *Tho.* Dom. *Howard* frater major prædict. Edw. Howard, postea Comes Surregiæ, & deinde Dux Norf. constit. Adm. Angl. Hib. & Aquitan. 4 Maii, factus ut mortem fratris de Francis vindicaret. *Sto.*

17 H. 8. *Henricus* fil. Nothus Regis H. 8. Dux Richmundiæ & Somers. Com. Nottingham, constit. Adm. ut supra, 16 Julii An. Patris sui 17. Mansit in officio usq; ad 22 Julii An. ejusdem Reg. 28. qua die obiit.

28 H. 8. *Will. fitz William* Com. Southampt. &c. const. Adm. ut supra, 16 Aug.

32 H. 8. *Ioh. Russell* Eq. aur. Dom. Russell constit. Adm. ut supra, 18 Julii.

34 H. 8. *Ioh. Dudley* Eq. aur. Vicecom. Insulæ, & Baro de Malpas, &c. Constit. Adm. &c. 27 Jun.

1 Edw. 6. *Tho. de S. Mauro* (vulgo *Seimer*) Eq. aur. Dom. de S. Mauro de Sudley, frat. Edwar. Ducis Somerset. con. Adm. Angl. Hibern. & Walliæ, Calesiæ, Bologniæ, &c. 17 Febru.

3 Edw. 6. *Ioh. Dudley* Com. Warwic. Vicecom. Lisley, Eq. Periscelidis, Magnus Magister hospitii Regis, &c. constit. Mag. Admirallus Angl. Hibern. Walliæ, Calesiæ, Bologniæ, & Marchiarum earundem, Normanniæ, Gasconiæ, & Aquitaniæ, nec non præfectus generalis classis & marium Regis, 28 Octob.

4 Edw. 6. *Edw. Clinton* Eq. aur. Baro Clintonius & Saius, constit. Adm. ut supra, 4 Maii.

1 Mar. *VVill. Howard* Eq. aur. Baro Effinghamiæ, const. ut supra, 20 Mar. 1 Mariæ.

3 Mar. *Edwardus Clinton* Eq. aur. Baro Clinton & Saius, const. Adm. ut supra, 3 Mar.

27 Eliz. *Carolus* Dom. *Howard*, Eq. Ordinis Periscelidis, Baro de Effingham, postea & modo Comes Nottingham, constit. Magnus Admirallus Angliæ, Hiberniæ, ac dominiorum & Insularum earundem, villæ Calesiæ & Marchiarum ejusdem, Normandiæ, Gasconiæ, & Aquitaniæ, nec non præfectus generalis class. & marium dictorum regnorum, &c. 8 Julii.

Jaco. 16. *Georgius* Marchio & Comes Buckingham, Vicecomes *Villers*, Baro de Whaddon, Eq. Periscelidis, &c. constitutus Mag. Adm. Angliæ, &c. ut supra, 28 Jan. ex resignatione Caroli Com. Nottingham herois grandævi, dum hæ ipsæ paginæ sub prælo essent. Cui (ut præcedenti) substituitur Viceadmirallus Angl. &c. *Robertus Mansell* Eq. strenuus, & amore nostro admodum observandus.

Non est dubium, quin perplures procerum istorum, Equites fuerint Periscelidis sive Garterii, sed cum id nobis non promptè innotuerit, aliis liquimus disquirendum.

De Admiralio Gallico.

Nec antiquiorem existimo Admiralii apud Gallos institutionem; licèt multa prædicat
Lib. de Admir. Fran. Popilinerus de præfectis classicis, sub Merovinis priscisq; regibus. Nos enim de munere caduco aut extraordinario non agimus: at de summo stationarioq; magistratu, qui universæ marinæ reipub. præest, suoq; foro, & amplissima jurisdictione, tam in causis civilibus judicandis, quàm in classe regia gubernanda, insignitur. Ille (inquam Popilinerus) alios omnes inter Admiralios numerat, penes quos summa unquam fuit navalis prælii: nostroq; interim Willielmo primo, suum subinducit Admiralium, Odonem (nescio quem) de Hibernicis triumphantem. Certè vix credibile est, ut in Aula Regum Franciæ, perpetuus olim quis haberetur Admiralius, cum ne ipsi quidem Reges, vel maria obtinerent, vel littora, sed maritimis ea Principibus, Normanniæ, Britanniæ Armoricanæ, Aquitaniæ, Provinciæ, aliisq; toparchis cessissent. Eorum igitur sententiam amplector uti saniorem, qui primum apud Gallos Admiralium faciunt, vel Enguarrantum Dominum de Coucy, sub Philippo 3 filio S. Ludovici, An. circiter 1280. vel Americum Vicecomitem Narbonensem, sub Johanne Rege Francorum (qui ab Edwardo Principe Walliæ captus est An. 1356.) Hoc est, postquam Galliæ Rex, Johanni Anglo, Normanniam aliosq; Galliæ tractus maritimos, ob Arthuri Ducis Britanniæ cædem abstulisset, suoq; adscripsisset imperio. Sed commenta etiam doctis ipsis placent, dum magis hæreant in antiquis, quàm in veris. Forcatulum audi de Gallor. Imp. lib. 2. *Admiralius Gallica primùm vox fuit* Almirandus *& dignitas, latissimè deinde à variis populis usurpata pro eo illustri præfecto cui maris imperium & littorum à Rege concreditum est; qui classes & navalia curat, uti sarta tecta sint, & ut exarmata reparentur, neve remigibus aut*

commeatu egeant, atq; piratæ arceantur aut fugentur. Nomen sub Divo Augusto adinventum à dicimus, & ab ipsomet approbatum, tametsi novata verba non minus quàm scopulum marinum se refugere prædicaret. Cùm enim ipsi aliquando legatus is, qui Galliam administrabat, * *cui transmarinarum rerum notitia, multa ad copiam largitur,* * *ut D. Julius retulit, complures Nereidas in littore exanimes apparuisse scripsisset, obstupuit maris portenta demiratus, atq; protinus class. Gallicæ præfectum Admirandum dixit. Alii hoc Tiberio ejus successori tribuere maluerunt, cùm contra Lugdunensis provinciæ littus in insula simul trecentas amplius belluas reciprocans destituisset oceanus, miræ varietatis & magnitudinis, &c.* Intelligas autem, Cæsarem hic laudandum Authorem, clausulæ tantùm quæ stellulis includitur, non fabulæ: Sed hæc tamen ità invaluit, ut Authores aliquot *Admirandum* dixerint, pro *Admiralio*, veluti & Mat. Paris *Admirabilem* pro *Amira*. Sic Christoferum Columbum ob egregiè expeditam navigationem, *Admirantis* titulo, à Principibus Hispaniæ donatum refert Munsterus, Cosm. lib. 5. cap. 159.

* Lib. 6. de Bell. Gall.

Admirans.

Verùm si huic magistratui nomen à Romano peteremus, magis congruum id videtur quod offert Cicero in Epist. ad Attic; ubi ait, *Vult me Pompeius esse, quem tota hæc Maritima ora habeat ἐπίσκοπον, id est, speculatorem & custodem.*

Ora marit. Episcopus.

Mitto alias vocis *Amiræ* prævaricationes; nec non composita ejus plurima, quæ apud Leonclavium, Berlerum, & rerum orientalium Scriptores, occurrunt; utpote *Amir mumini vel mumunin*, id est, Rex vel princeps Sacrorum, seu fidelium; *Amiro'lgendo*, princeps militum; *Amir* vel *Emir halem*, princeps vel dominus vexillorum; de quo infra in verbo *Fanenleben*: & aliàs *Emir ali*, pro vexillifero; (è quibus fortè quispiam *Admiralium* duxerit.) *Almiramisi* & *Almiramimoli* apud Hovendenum, pro *Amirmumini*: Sicuti & apud Mat. Paris in Will. 2. *Admiravisus*.

Amir mumini. Ami o'lgendo. Amir halem. Emir ali. Almiramisi. Almiramimoli. Admiravisus.

¶ ***Admissionalis*** & ***Admissivus***,] Hæc veterum, illa recentiorum vox. Is qui aditum præbet ad superiorem. Curopalata, θύρα i. Janua. Unde Turcicum *Ianizar*, teste Chalcondylâ: & Gallicum *Huissier*, Ang. 𝔄𝔫 𝔘𝔰𝔥𝔢𝔯. Nam *huis* etiam est janua.

¶ ***Adnumiastes.***] Græcobarbarè ἀδνουμιαστής, quasi à nominibus describendis Adnomiastes. *Censor*, Is qui in exercitu Orientalis Imperii, copias lustrat & censet juxta nominum descriptionem, viritimq; posteà stipem erogat. Curat etiam ut currus & jumenta (prout opus fuerit) suppleantur. De hoc vide Curopalat. de officiis Constantinop. & Meursium qui in Græcobarbaris desudavit.

¶ *Adrhamire & ejus variationes. Arraniatus quid. Criminosorum examen olim multiplex. Arrare, &c.*

¶ ***Adrhamire, Arhamire, Arramire, Arramare.***] Ab obsoleto Gallico *arramir*, id est, *Jurare, promittere, solenniter profiteri, vadari.* Aspirationem autem alii (ut Latini solent in Græcis dictionibus) post *r* literam ponunt: alii Anglo-Saxonum more, ante ipsam. Sic Pithæus Capitul. lib. 4. can. 39. *Adhramire* legit. Et Form. vett. Sect. 1. *Quod cùm sacramentum intra ipsam casam Dei, vel ipsius Abbatis habuisset adhramitum* —— *in ipso mallo in basilica Sancti illius, ob hoc jurare debuisset, &c.* Ubi Bignonius, *Adrhamitum*, promissum. *Adrhamire* enim (inquit) non est jurare, sed cavere se certa die, & certo loco juraturum: *de sacramento fidem facere*: Capitular. lib. 3. can. 58. *Ut si sacramenta ad palatium fuerint adrhamita, in palatio perficiantur.* Vel ut habet Longobardor: lex, lib. 2. tit. 55. l. 20. —— *Arramita, in palatio finiantur.* Gloss. *Arramita: facienda deposita.* Item Longob. tit. eodem, l. 26. *Ibi sacramenta juranda sunt, ubi antiquitùs consuetudo fuit sacramenta arramire, vel jurare ubi mallum habeatur.* Et lib. 1. tit. 25. l. 76. *Accusatus* —— *ad præsentiam Comitis se arhamiet.* Form. Solenn. Lindenbr. 166, & 168. *Sacramentum per festucam adrhamire.* L. Sal. tit. 49. *Ille apud quem agnoscitur* (res aliena) *debet adrhamire.* Et tit. 39. *Debet per tertiam manum adhramire.* In Pithæi Gloss. ad Capitular. lib. 4. can. 28:

Molt les oysses arramir
Serement faire & foy plevir
Que par morir ne ly falleront
Tel fra comm'il fera feront.

E quibus compertum jam habemus, quid sibi vult *arramare* apud Bractonum, & in jure nostro veteri: fortè etiam quid *arraniare* apud recentiores leguleios, qui vocem *arramare* nescientes, ni legunt pro *m*, *Arraniare* pro *arramare*. De quo pauca, ut vocabulo suam restituam integritatem, si vel ipse non halluciner. Antiqui moris fuit, prædiorum lites duello decernere, id est, cæde & sanguine, vi & fortunâ. Quod cum exhorresceret Christiana pietas, Henricus (opinor) secundus, rem detulit ad electionem Rei (seu Tenentis, ut vocant) an duello vellet jus suum defendere, vel se ponere in recognitionem, quam Sacramento facerent duodecim viri probi & legales, è vicinio deligendi. Hanc autem recognitionis formulam, *Assisam* dicebant: eodemq; nomine ipsum duodecimviratum, fortè quod edicto regio (*Assiz*, id est) constitutus esset. Actori præterea indulsit, ut is etiam in exordio litis (spreta duelli impietate) ad assisam Regis provocaret: qui & ideo

Arramare. Arraniare.

assisam

Assisam arramare. *assisam arramare*, id est, promittere vel profiteri, dictus est. Bracton lib. 4. trac. 1. cap. 15. —— *Timens assisam quam praedictus C. versus eum arramavit.* Et mox, —— *qui ultimò fuit disseysitus, & arramavit assisam nova disseysina super utrumq;*. Et lib. 3. tract. 1. cap. 11. *Numm.* 11, & 13, (in Brevibus Regiis) *Assisam quam talis arramavit versus, &c.* Sic etiam in ejusmodi Brevibus tam in Registro quã in veteri Natura Brevium, & in Fitzherbert.

Arraniatus. In felonum etiam (ut loquuntur) & proditorum examinibus, reus hodiè *arraniatus* dicitur, cum se stiterit in judicio patriæ, seu duodecim-virali sacramento: atq; hoc à Gallico *arranger*, opinatur Cowellus, quod est (inquit) *astituere, ordinare*. Sed mihi planè videtur is dicendus *arramatus*, propterea quòd jam pollicitus est & professus, quâ judicii formulâ se defenderit. Multiplex enim olim fuit criminosorum examen: utpote per ignem vel aquam (quod ordalium vocant) per crucem, per duellum, & novissimè per proborum & legalium hominum (quos patriam dicimus) sacramenta. Ex his reus (sic enim illius sæculi ferebat humanitas) sibi quam vellet examinis formulam co-optaret: factaq; suæ electionis solenni professione, eam dicebatur *arramate*, atq; inde *arraniatus esse*. Maximè autem cùm semetipsum in sacramentale examen posuisset.

Et licèt hodiè omnes aliæ examinis formulæ aboleantur: prisci tamen juris vestigium manet. Nam cum reus pro tribunali constitutus, crimen negaverit unde postulatur, interrogari solet verbis Anglicanis, **How wilt thou be tried**? hoc est, *Quo te sistes examine*? ac si adhuc illi esset in electione, quòd necessariò *Patria* concredendum est: nam alioquin acerbissima morte (etiam insons) plectendus fuerit ob contumeliam.

Deraniare monachum. Sic *deraniare monachum*, dictum censeo pro *deramare*, quasi à professione, seu voto revocare. *Bellum dataniare*, item pro *daramare*, id est, denunciare, profiteri: sed hoc compositum cum (*de*) articulo infinitivi modi apud Anglo-Normanos; illud cum *de* (vel *des*) præpositione à seu *abs* significanti, & privationis vim habenti. Instrumentum concordiæ cum Theobaldo filio Leterii Vindoc. apud Lindenbrog. *Pro his rebus acquirendis, arravimus bellum in curia Vindocensi.* Durand. Rationa. lib. 3. cap. 14. *sponsam subarravit*: Et, *annulo me subarravit*. Fortè omnia radicitus ab *arrha*.

Bellum daraniare.

Arrare. Subarrare.

¶ *Adsallire.*] *Impetum in aliquem facere, adoriri, invadere.* A Gallico *assaillir*, & hoc à Latino *assilire*. Marculfus lib. 1. form. 29 & 39. *Nulla manente causa, in via adsallissetis, & graviter livorassetis.* Capit. lib. 5. can. 12. *Qui peregrino nocuerit vel eum adsallierit, &c.* L. Salic. tit. 16. §. 2. *Si quis villam alienam adsalierit, & ibidem ostia fregerit, &c.* Pluries illic & inferioris sæculi authoribus, ne fori nostri commentum putes. Certè versus Ovidii 11 Metamorph. *Quin sæpe assiluit defensa mœnibus urbis*: in veteri quodam codice habebatur, *Quin sæpe adsaluit*, ut Goldastus apud Lydium testatur.

¶ *Adsecurare.*] *Pignore vel fidejussione interposita securum facere.* Charta pacis inter Reg. Hen. 2. & filios suos, apud Hoved. in An. 1174. *Adsecuravit in manu Domini Regis patris sui, quòd illis qui servierunt ei, nec malum nec damnum aliquod hac de causa faciet.*

¶ *Adtractus.*] *Comparatum, acquisitum*: nostris *perquisitum*, **Purchase**. Crebrò apud Marculfum, & in antiqq. chartis, *de comparato, vel de quolibet adtractu*; Et, *tam de alode, quàm de adtractu.*

¶ *Advisare, Advisamentum.*] *Consulere, deliberare, ruminare de re aliqua.* Gall. *Adviser*, seu *aviser*. Vox Glanvilli & fori, etiam Theologorum. Nich. de Clemangis De Annatt. non solvend. in exordio lib. —— *Adducendo in medium rationes & justificationes, quas prius longè advisaverunt.* Et post aliquot, —— *Deputatos fuisse certos alios de singulis nationibus ad advisandum de remediis.*

¶ *Adulterium.*] Pro mulctâ adulterii (Saxonibus nostris *legerwita*) & privilegio vindicandi id sceleris, quo multi proceres infra sua Dominia gaudebant. Domesdei, sub titulis, Chent, Rex, Dover. *De adulterio per totam* [a] *Chent, habet Rex* [b] *hominem, Archiepiscopus* [c] *mulierem: excepta terra S. Trinitatis, & S. Augustini, & S. Martini, de quibus Rex nihil habet.* Mulctæ ratio ibidem titt. Sudsex. Will. de Warene. *Adulterium vel raptum faciens, viii s. iiii d. emendabat homo, & fœmina tantundem: Rex habet hominem adulterum, Archiepiscopus fœminam.* Sed tit. Cestre Civitas: *Vidua si se non legitimè commiscebat, xx s. emendabat, puella vero x s.* Adulterii autem mulctam sic disposuit Hen. 1. per totam Angliam, legg. suarum cap. 12. *Qui uxoratus faciet adulterium, habeat Rex vel Dominus superiorem, Episcopus inferiorem.* Edmundus Rex adulterium affici jussit instar homicidii, LL. suarum cap. 4. Canutus hominem adulterum, in exilium relegari; fœminæ, nasum & aures præcidi, LL. par. 2 cap. 6, & 50. Vide *laierdoi*.

a Cantium.
b Mulctam hominis.
c Mulctam mulieris.

¶ *Advocatus Ecclesiæ quando & quorsum indultus. Imperator dictus Advocatus, seu Defensor Ecclesiæ. Rex Angliæ, Defensor fidei: & quare.*

¶ *Advocatus, Advocata, Advocare, Advocatio, Advocatia, Jus Advocaticium, Advocator.*]

Advocatus Ecclesiæ duplex est; alius causarum Ecclesiæ, alius soli: Hic hæreditarius, ille dativus. Causarum Advocati sunt, qui à Principe dabantur ad respondendum in colloquiis judicialibus. Can. 99. Synod. Carthag. *Post Consulatum Stiliconis, inducta est Advocatorum defensio pro causis Ecclesiæ.* Capitul. Caroli, lib. 5. can. 31. *Defensores Ecclesiarum versus potentias sæcularium um vel divitum, ab Imperatore sunt poscendi.* Et lib. 7. can. 308. *Pro ecclesiarum causis, ac necessitatibus earum & servorum Dei, Executores, vel Advocati seu Defensores, quotiens necessitas ingruerit, à Principe postulentur:* Vide Concil. Salisburg. Exemplar institutionis istiusmodi Advocati, habemus è Præcepto Chlotarii Regis, in Chron. Besuensi, à

Formula ut sit constituendi Advocati causarum. Bignonio transcriptum. Waldalenus Abas *petiit à nobis, ut illustris vir, Gengulfus, omnes causas ipsius monasterii, ad prosequendum & redintegrandum deberet recipere. Cui nos hoc beneficium præstitisse cognoscite: Quapropter per præsens hoc præceptum jubemus, ut memoratas omnes causas ipsius monasterii, illustris vir ille ex nostro permissu licentiam habeat prosequi, & unumquodq; ut justum est restituat, sic tamen quamdiu eorum pariter fuerit voluntas. Data 20. Kl. Sept. Anno VIII, Regni Domini Chlotarii Regis.* Hi postea *Oeconomi* dicti sunt & *Vicedomini*, nec causarum tantum curam gerebant, sed eorum etiam quæ ad vitæ alimonium, & censum Ecclesiæ pertinebant.

Oeconomi. Vicedomini.

Advocati ratione soli. Advocati Ecclesiæ ratione soli, sunt ipsi fundatores & hæredes sui: & reperiuntur tam in cœnobiis quam in Ecclesiis parochialibus. Lib. Rames. Sect. 49. Dux Ailwinus (illius cœnobii fundator) *proruit in medium, se Ramesiensis Ecclesiæ Advocatum, se possessionum ejus tutorem ——— allegans.* Et Sect. 77. *Pia memoria Advocatus noster Ailwinus Aldermannus.*

Patroni. Ecclesiarum parochialium Advocatos, hodie dicimus Patronos: in antiquo autem jure nostro, & Brevibus Regiis vox alia notior. Is vero est, ad quem pertinet jus Advocationis ejusdem Ecclesiæ: sic ut suo ipsius nomine, non alieno, ad eam valeat præsentare. Glan. lib. 13. cap. 19. *quis Advocatus præsentavit ultimam personam ad Ecclesiam, &c.* Rames. Sect. 85. *Alfgarus Advocatus Ecclesiæ de Bunwell.* Registr. Chart. Ram. circa temp. H. 2. fol. 37. *Ego Jo. Extraneus Advocatus Ecclesiæ de Fulmo.* Et passim eo sæculo.

Advocata. *Advocata.* Hoc etiam advocationis genus fœminis competit ex ipso jure Canonico, quæ & ideo *Advocatæ* dicuntur. Rames. Sect. 140. *Alfwara dedit Ecclesiam de Ellesworth, cujus erat Advocata.* Aliud autem genus non item: Nam uti in eodem Jure, Caus. 15. q. 3. *Legibus cautum est, ut ob verecundiam sui sexus, mulier apud Prætorem pro alio non intercedat, &c.*

Advocare. Et *Advocare*, pro defendere, tutari. Dicuntur enim *Advocati*, non quòd vacanti Ecclesiæ rectorem advocarent, quæstum ex hoc (ut solent) facientes: sed quòd laboranti Ecclesiæ succurrerent, tuerentur, defenderent. Sic Carolum Mag. Imperatorem, *Romani elegerunt sibi Advocatum S. Petri contra Reges Longobardorum*, ut refert Engolismensis in Vita ejus. Sic hodie in auguratione, Imperator se *Advocatum Ecclesiæ* profitetur. Rex Angliæ se *fidei Defensorem.* Qui titulus à

Advocatus S. Petri. Advoc. Ecclesiæ. Fidei defensor.

Leone X. decretus, per auream bullam Clementis 7. (quam aliquando vidimus) postea tandem delatus est Henrico 8. quòd is regio calamo partes Romanæ Ecclesiæ strenuè defendisset contra Lutherum. Transeuntes ergo per urbem nostri orbis Carolus 5 Imper. & Henricus octavus 8 Junii, An. Dom. 1523. sic à civibus è spectaculis salutantur. *An. Dom. 1521. 3 Non. Mart.*

Carolus Henricus vivat defensor uterq;
Henricus fidei, Carolus Ecclesiæ.

Advocatio, Advocatia, Advocare. *Advocatio* etiam & *Advocatia*, pro defensione, & pro ipso jure præsentandi. *Advocare*, item pro exequi jus illud. Glan. lib. 4. cap. 7. *Si is qui se personam gerit in Ecclesia ipsa, advocet per unum Advocatum, & alius —— clamat tandem advocationem, &c.* *Advocare* præterea juris nostri vocabulum est frequentissimum, significans *rem factam agnoscere, rem in se suscipere*: & quod Cicero ait in Orat. pro P. Sext. *factum præstare & tueri.* Gall. *avouer.* Quin & *vocare ad Warrantiam* ut loquuntur, hoc est ad præstationem rei venditæ: forensi vocabulo **to Vouch**, *Advocator* **the Voucher**, *Advocatus* **the Vouchee**.

Advocator. LL. Longobard. lib. 2. tit. 55. l. 40. *Vidua lites suas, per consimiles advocatores, per pugnam dirimant*, i. per pugiles.

Jus Advocaticium. Alaman. Antiqq. Tom. 2. par. 2. in Anniversariis, *Hæredes eorum accipient pro jure advocaticio, tantum 1. sol.*

¶ *Æcentia.*] Chartæ Alamn. 39. *Et in Reutinchova terras & silvas, fontes, vel alias acentias, quicquid ibi habere videor. Et in villa quæ dicitur Huzinaa homines VIII, & terras & silvas, vel alias acentias.* Hic Goldastus è regione vocis *acentias* notat (si bene) *ajacentias*, i. *adjacentias ut in Charta* 50. Vide Aisiamentum.

¶ *Ægild*,] vide **Agild.**

¶ *Aelmesfeoh.*] Pecunia eleemosynaria, scil. denaria S. Petri primo Augusti annuatim debita; & per Regem *Inam* vel *Ethelwolphum* primò concessa. Vocabatur etiam *Romefeoh*, *Romescot* & *Heorthpening* Hist. de Decimis per v. cl. *J. Seld.* p. 217.

¶ *Aenum, Aeneum, Aeneus.*] Vas ad aquam calefaciendam, Græcis χαλκεῖον. Dictum à materia, quæ in sacris & excantationibus, maximè olim placuit. *Lebes, caldarium*, Pomponio & Ulpiano *milliarium.* Lazarus Baysius (lib. de vasculis) legendum putat *ahenum*, quod & bene probo, nam Latini veteres, literam *h* non inserere, sed Græcorum more, cum aspirationis nota designarunt, ut Gellius testatur, lib. 3. cap. 3. Trissyllabicè igitur proferendum est *aënum*; non per æ dipthongum, ut quidam scribunt. Vide *judicium Aquæ*, ad *Aenum* provocare.

Aenum autem, seu potius *Æneum*, occurrit sæpe in antiqq. legibus, pro *judicio aquæ ferventis*, quâ ad examen innocentiæ,

brachium

brachium nudum immergebant vel: quod Gregor. Turonens. perspicue docet. *Succendatur igni [illegible], & in fervente [illegible] [illegible] [illegible]: qui vero eam [illegible] ferventi unda [illegible], [illegible] [illegible] probatur.* Hinc *Mallare ad [illegible]* in L. Salic. tit. 55. §. 1. pro [illegible] ad judicium aquæ ferventis, & 59. de sequentib. *[illegible] redimere*, pro eximere se supplicio. *Provocare ad [illegible]*, pro [illegible] se in id examinis. Pact. Childeb. & Chloth. §. 4. *Si homo ingenuus [illegible] [illegible], ad [illegible] provocatus manum incenderit, quantum inculpatur furtum componat.* L. Salic. tit. [illegible] *[illegible] [illegible], aut per compositionem se [illegible].* Ibid. tit. 67. §. 1. *[illegible] [illegible] dicitur.* De hoc plura in Ordalio, & Judicio aquæ ferventis.

¶ *Æqualentia.*] Divisio hæreditatis vel bonorum per æquales partes velut æqua lance. Formul. Solenn. 62. *In omni re mea, in hæreditate cum germanis tuis filiis meis [illegible], & æqualentia inter [illegible] [illegible] dividere, & [illegible] [illegible].* Idem form. 66. Et Marculf. lib. 2. cap. 13. *æqua lance inter se [illegible] sunt divisisse.*

¶ *Airea.*] *Nidus.* Chart. Forest. cap. 13: *Unusquisque liber homo habeat in boscis suis aërias accipitrum, [illegible], falconum, aquilarum, & [illegible].* Dictum à Gallico *aire*: sed utrumque à Sax. [illegible] Germanis & Anglo-Normannis [illegible], i. ovum, [illegible] ut solet in [illegible] liquescenti: unde nidus *[illegible]* vocatur, quasi ovorum *repositorium*. Sed accipitur hic etiam *aërea*, pro fœtu avium; uti apud Virgilium, *nidus*, Georgic. 4

—— ipsæq; volucres

ore ferunt dulcem nidis immitibus escam.

¶ *Aesnecia, Anecius, Enitius, Aeneus, Eneyus, adject.*]

Aesnecia, Gall. *Aisnesse*, à *dignitas primogeniti, primatus, primatus natalitius, prima pars eorundè hæreditatis præcipua.* Anecius, Enitius, Aeneus, Eneyus, Gall. *Aisné*; *Primogenitus*, quasi *ains né*, id est, *Primò natus*; uti *puisné*, post natus. Glanvil, lib. 7. cap. 3. *Salvo capitali mesuagio primogenito filio pro dignitate aesnecia suæ.* Statut. Roberti 2. Reg. Scot. cap. 3. §. 1. *Ille qui [illegible], id est, capitalem partem illius hæreditatis habet.* Hinc in jure nostro, [illegible] filiæ primogenitæ, in partitione paternæ hæreditatis, pars *enecia* (aliàs *enecia*) dicitur, forensi idiomate, *leigne part.* Marlebrig. cap. [illegible] *qui habet aneciam partem hæreditatis*: *Jus æsnecia*, jus primogenituræ.

¶ *Affatomia, Adfatomia, Adfatomire, Adfatimus.*] *Affatomia* dicitur cum quis alium in possessionem rei donatæ posuerit: projiciendo festucam in sinum ejus, cui fecerit donationem. Quibusdam, ab [illegible] καὶ [illegible] (quod non affirmavero) & German. [illegible]. Form. Solen. 50. De donatione, *Has duas epistolas adfatimas uno tenore conscriptas, inter se fieri, & firmari rogaverunt.* L. Sal. tit. 48. De Affatomia, *Postea festucam -- in laisum suum jactet.* Et infrà, *In cujus laisum festucam jactavit, & hæredem appellavit.* Et ita inferius, non semel: L. Ripuar. tit. 49. De adfatimire. *Quod si adfatimus fuerit inter virum & mulierem, post discessum amborum ad legitimos hæredes revertatur.*

Afferatores.] Vox forens. Sunt qui in curia nuncupata Leta, (interdum alibi) mulctas recognoscunt & moderantur, ad hoc electi & jurati. A Gall. *affeurer* seu *afforer*, id est taxare, vel pretium rei (ut magistratus solet in cibariis) constituere. Dicuntur etiam *affidati*, unde quibusdam visum est à Gall. *affier*, vocem ducere.

¶ *Affidare, Affidatio, Affidati, Affidavit, Affidatura, & Affidiare.*] *Malm. Novel.* lib. 2. p. 188. V. *diffidare*. *Affidare*, Vox Juris Canon. *Fidem dare, fidei vinculo se connectere*, ut sponsi solent. Bract. lib. 2. cap. 11. *Halewisam affidaverat, cum qua publicè postea contraxit.* Constitt. Siculæ, lib. 2. tit. 37. l. 2. *Pugilibus expressius inhibemus, quod se non debeant affidare.*

Affidatio.

Hinc *affidatio* pro mutua fidelitatis connexione, tam in sponsaliis, quàm inter dominum & vassallum: & è contrario, *diffidare* & *diffidatio*, quæ vide infrà.

Affidati.

Affidati tamen dicuntur qui vassalli non sunt, sed qui instar vassallorum, se tradiderint tutelæ gratiâ, in clientelam potentioris. Constit. Sicul. lib. 3. tit. 7. *Inhibemus ut in terris demanii nostri, nulli omnino liceat affidatos vel recommendatos habere, &c.* Etiam infrà, & Tit. sequenti. Extat eodem lib. Titulus, *De animalibus in pascuis affidandis*, viz. Tit. 38. ubi L. prima, *si Dominus terræ in qua inventa fuerint* (animalia) *voluerit eis pascua in terra [illegible] concedere, accipiat ab eis affidationem*

Affidatura.

juxta affidaturam quam recipiunt alii vicini ejus, & aliud nihil. Si verò noluerit eis pascua impartire juxta affidaturam, ad sacramentum illius qui animalia custodierit, de tot diebus quot ibi pascua acceperint, ad rationem totius anni affidaturam recipiat; & non aliud.

Affidavit.

Affidavit in foris Anglicis, Substantivè utitur pro juramento.

¶ *Affidatus.*] Pro Tenente per fidelitatem. *Chart. S. D.* - quod ego Rog. de Fifhid. dedi &c. Willielmo Walensi pro suo servitio unam acram & perchiam terræ &c. Pro hac donatione & concessione devenit prædictus Wil. *affidatus* meus, &c. ut in *Almonarium*.

¶ *Aforella.*] Chart. Alaman. nu. 33. vendiderunt *de illa pomif[illegible] in alio nostro cortino qui non aforella.* Tota Charta obscura & rudis.

Afforestare.] *Foresta adscribere, in forestam convertere.* Chart. forestæ, An. 9. Hen. 3. cap. 3. *Omnes bosci qui fuerunt afforestati per Regem Richardum avunculum nostrum, vel per Reg. Joh. patrem nostrum, usq; ad primam coronationem nostram, statim disafforesten-*

restentur, nisi sit dominicus boscus noster. V. Foresti.

¶ *Affri*, vel *Affra.*] *Jumenta seu caballi colonici*, quales in Hibernia **Garrons** vocant. Westm. 2, cap. 18. *Vicecomes liberet ei omnia catalla debitoris, exceptis bobus Et affris carucæ.* Si etiam legit Fitzherbert, & codex Vetus M. S. Et Northumbrenses hodie, **a falle aver** seu **afer** dicunt, pro equo nequam & segni.

¶ *Aga, Agalar, Agalari.*] Vide *Druncus.*

¶ *Agalma.*] Græc. ἄγαλμα, *Simulachrum, gratum exemplar, res afferens gaudium;* unde symbolum crucis sic dixit Dunstanus Archiep. in subsignatione Privilegii Regis Edgari, asylum Westmonasteriense instituentis, An. Dom. 968. *Ego Dunstanus — hanc libertatem crucis agalmate consignavi.* In Epigramm. de Helena εἰσορῶ τὸ ἄγαλμα διογενές, i. *Aspicio enim gratum specimen alumni Jovis.*

¶ *Agape*, pes, & *Agapa*, pa.] Convivium dilectionis, Christianis olim in usu, charitatisq; gratiâ pauperibus appositum. Hoc Beat. Judam voluisse asserunt, ubi ait, οὗτοί εἰσιν ἐν ταῖς ἀγάπαις ὑμῶν σπιλάδες, *Hi sunt in agapis vestris maculæ.* Hodiè legunt, *in epulis.* Tertullianus in Apologet. *Cœna nostra de nomine rationem sui ostendit, vocatur enim ἀγάπη, id quod dilectio penes Græcos est.* Concil. 5, & 6. Constantin. An. 692. Can. 74. *Quòd non oportet in Dominicis locis, vel Ecclesiis, eas quæ dicuntur agapas, id est, charitates facere: & intus in æde comedere, & accubitus sternere* (ἀγάπη, charitas) Et Distinc. 42. cap. 1. *Qui fideliter agapas, i. convivia pauperibus exhibent.* Sed Alciatus hic legendam putat *ilapinus.* In eadem verò Distinc. occurrit aliàs *agape*, non semel. Quandoq; etiam pro Cœna Domini intelligitur.

¶ *Agenda, da.*] Vox Eccles. Agendæ dicuntur munia Canonica, statutis temporibus agenda, ut officium (quod dicitur) matutinum & vespertinum. Capitular. Caroli, lib. 6. can. 234. *Si quis presbyter inconsulto Episcopo Agendam in quolibet loco voluerit celebrare, ipse honori suo contrarius extitit.* Idem in Additt. Ludov. lib. 4. can. 49. ex Concil. Carthag. ubi dicitur, *Qui in domiciliis agunt agendam, &c.* & Capitul. Carol. lib. 5. can. 38. ubi plurali legitur, *Si quis presbyter in domiciliis agenda celebraverit, &c.* Pithæus ad hæc loca Capitularis, sic notat, Synod. Carthag. 2. 9. *Agenda mortuorum*, In Lectionar. B. Hieronymi, *Agenda vespertina, vel matutina*, In regul. B. Benedicti, Beda in vita Augustini, *Per omne sabbathum à presbytero loco illius, Agenda eorum sollenniter celebrantur.* Glossa R. Johannis apud Lydium, *ut facere significat sacrificare, sic agere, matutinas & vespertinas dicere.* In fœdere Aluredi & Guthurni Regum M. S. *Hæc sunt pacis agenda quæ Alfridus Rex & Godrum*

Agere.

Rex, &c. constituerunt. Saxon. ȝiꝛ iꞅ ðaꝺ ꝼꞃiꝺ, &c.

¶ *Agenfrida*, al. *Agefrie.*] L. Inæ, M. S. cap. 50. *Si (porcus) non fuerit ibi sæpius quam semel, det Agenfrida solidum unum.* Saxon. aȝen ꝼꞃiȝe vel ꝼꞃiȝea, i. verus dominus, merus possessor.

¶ *Agens.*] Vide *Actionarius.*

¶ *Agentes* in rebus] erant Principis nuncii in provincias, prius Frumentarii nuncupati. V. *Pancirol.* in *Not. Orient.* cap. 64.

¶ *Ager.*] Pro mensura terræ quam *acram* dicimus. Lib. Rames. Sec. 245. *Terra unius hida, & terra 28 agrorum.* Mat. Paris in An. 1083. *Rex Willielmus misit Justiciarios per omnes Angliæ Comitatus, & inquirere fecit quot agri vel jugera terræ, uni aratro sufficerent per annum in singulis villis.* V. Acra.

¶ *Agild.*] Saxonicum æȝilꝺ al. onȝilꝺ, id est, *insolutus, sine compensatione.* Talis, cujus ob interfectionem, pretium quod *wirgildum* vocant, non est exigendum. LL. Aluredi M. S. cap. 6. *Si utlaga efficiat ut occidatur, pro eo quòd contra Dei rectum & Regis imperium stet --jaceat agild.* Aliàs *ealgilde* cum (*l*) mendosè.

¶ *Agistare, Agistatio, Agistator, Agistamentum.*] Ab *ad* & Norman. veteri *gister* seu *giser* (à Latino *jacere*) *Adjicere, apponere, rem juxta aliam collocare.* Gallis hodiè *adjouster.* Silvam vel campum compascuum adgistare, est certum pecoris numerum (compascendi jus habentibus) assignare: unde *agistare* etiam frequens legitur pro compascere; *agistamentum* pro compascendi ritu. Char. forestæ, cap. 9. *Unusquisq; liber homo agistet boscum suum in foresta pro voluntate sua.* Et mox, *Ducere possit porcos suos per dominicum boscum nostrum liberè, -- ad agistandum eos in boscis suis propriis vel alibi.* In palustribus etiam regionibus, *adgistari* dicuntur in aggeribus & ripis contra impetum undarum, qui præscriptam in eis stationem munire tenentur: ipsaq; hæc stationum dispositio, *agistatio* appellatur & *agistamentum.* Ordinatio Marisci de Rumney, pa. 20. *Tunc sequitur numerus omnium acrarum infra dictum mariscum -- & etiam agistatio tam in magna wallia de Apuldre quàm in parva wallia, ad quantitatem terrarum, &c.*

¶ *Agistatores.*] In versione Chart. forestæ, cap. 8. interponuntur **Gyst takers, or Walkers.** V. infra *Feonatio.*

¶ *Agitator.*] Auriga. Concil. Arelat. 1. Can. 4. Et Concil. Arelat. 2. Can. 20.

¶ *Agrarium*, al. *Agraticum.*] Tributum quod ex agris penditur; ut pascurarium ex pascuis, vel animalium pastione. Gallis *Agrier, Champart,* & *terrage.* Marculf. lib. 2. *Nullam functionem aut reditus terræ, vel pascuarium aut agrarium, aut quodcunq; dici*

dici potest exinde solvere —— *debetis.*

¶ *Aguna.*] Concil. 1. Saliburg. *In pileis suffurraturas non habeant, nisi fortè de nigro centato, vel panno, aut nigra pelle aguna.* Vide infra Guna.

¶ *Jurisconsultorum error in re etymologicâ.*

¶ *Agreamentum.*] Vox forens. Quasi *aggregatio mentium*, inquit Cowellus, jurisconsultos secutus: sed lepidè magis quàm verè, nisi *calceamentum* etiam dixerit, quasi *calceatio* mentis; *atramentum*, quasi atratio mentis, & hujusmodi. Certè *mentum* non est hic vocabulum, sed nominum substantivorum terminus, qui vel rem, vel materiam, vel instrumentum quo quidpiam subsistit, designat. Nam in vocabulis patronymicis, finales hæ voces, *tor, trix, tio, en, men, entum, mentum*, significativæ in se non sunt, sed differentiarum constitutivæ. Scilicet, *tor* actorem denotat, *trix* actricem, *tio* actionem, *en* vel *men*, modum rei, *entum* vel *mentum*, rei (ut dixi) materiam, vel instrumentum. Exempli gratiâ, in patronymicis nominibus verbi *fundare*, *tor* in *fundator*, actorem respicit; *trix* in *fundatrix*, actricem; *tio* in *fundatio*, actionem; *en* vel *men* in *fundamen*, modum fundationis; *entum* vel *mentum* in *fundamentum*, materiem fundaminis. Sic in verbo *testari*: *testator*, *testatrix*, *testatio*, *testamen*, similiter significant, & *testamentum*, non *testationem mentis* (ut Servio, Sulpitio, & maximis aliis Jurisconsultis placuit) sed ipsum instrumentum, voluntatis continens testimonium. Sic calceamentum, est calceandi instrumentum; atramentum, atri materies; elementum, res qua subsistunt elementaria; prædicamentum, id circa quod versatur omnis quæstio; & cæt. hujusmodi. Nec obstat, quòd patronymicæ voces sæpius inter se confunduntur: cùm nihil usitatius sit, quàm (ex more poëtarum) metonymicè loqui, & καταχρηστικῶς. Quamvis etiam universa conjugatorum progenies, in paucissimis verbis hucusq; reperiatur (nam vix ulla familia instar Fabianæ, integra proficiscitur in militiam) posse tamen (si vel res, vel inopia postulaverit) evocari, non ambigo. Quid enim impedit, ut Livius, à Verbo *velare*, non ducat *velamen* & *velamentum*, licèt apud Ciceronem desyderentur? vel quod alius non utatur (si opus fuerit) *velator*, *velatrix*, *velatio*, licèt nusquàm adhuc (quod scio) exhibeantur? Certè in vocabulorum familiis (haud minùs quàm in hominum) ortus & interitus crebri sunt, & necessarii: nec Horatium latuit qui in Arte poetica ait,

Just. Instit. *de testam. ordin.* §. 1. Aul. Gel. *lib.* 6. *c.* 12. *Gloss.* Decretal. Greg. *lib.* 3. *tit.* 26 *de testa. ca.* 2.

—— *Verborum vetus interit ætas,*
Et juvenum ritu, florent modò nata, vigentq;.

Item mox,

Multa renascentur, quæ jam cecidere, cadentq;
Quæ nunc sunt in honore vocabula, si volet usus.

Neq; ideo, aut Priscianum læsum censeo, aut Romanæ elegantiæ vim inferri, si (salvis regulis grammaticalibus) vel sopita abhuc patronymica quis suscitaverit; vel, novâ necessitate pulsus, nova vocabula introduxerit. Quod enim Cæcilio & Plauto datur, non Virgilio & Vario adimendum est, ut idem contendit Horatius. Sed hæc (per luxuriam) in re levi.

Quoad etymologiam: *agreamentum* dicitur à Gall. *aggreer*, atq; idem à Latino *aggredi*, (*d*) ut solet in sermone Gallico, abiecto, & (*r*) adjecto. Sic ut *aggreer* sit *aggredi*, *congredi* (vel ut inquit Cicero) *ire in eandem sententiam*: Et uti *conventio* à *conveniendo*, ita *aggreamentum*, ab *aggrediendo*.

Aguzo.] *Cuspis.* Italicum. *Aguzzare*, in cuspidem acuere. *Agute*, acutus. Constitu. Neapol. lib. 2. tit. 37. l. 1. *Campiones habeant clavas æquales, non spinosas, nec cum agusimibus.*

¶ *Abteid.*] Sacramenti genus apud Baiwarios; Decret. Tassilonis in LL. popula, cap. 6. *Sacramentum quod Abteid dicitur, juret in Ecclesia cum tribus, &c.* Ad hoc Lindenbrogius: **Abt** *bannum Imperii.* **Eid** *juramentum.* Apud Saxones nostros significat *juramento obstrictus: nam* **ath** juramentum, **tied** *vinctus obstrictus.* Vide infra *Atha.*

¶ *Aisiamentum* al. *Esamentum.*] Vox forens. Beneficium quod quis habet in alieno fundo, ædibus suis aut prædio accommodatum, uti viam, semitam, aquæductum, & hujusmodi quæ servitutes dicuntur prædiales: Anglicè **Easements**, A Gall. *aise*, i. voluptas, commoditas, facultas, levamen, sanitas, Græc. * ἴασις. Breve regium vetus, apud Glanvil. lib. 12. cap. 14. —— *præcipias R. quod juste & sine dilatione permittat habere H. aisimenta sua in bosco, & in pastura de villa illa, &c.* Charta Joh. de Lacy Constab. Cestriæ, sine Dat. —— *in omnibus aliis aysiamentis, &c.* * a & i. transpositis.

¶ *Alba.*] Vestis sacerdotalis linea & stricta, quæ *camisia* dicitur, & *podaris*, & *talaris*, & *subucula.* Ita Papias in Gloss. Ampliorem verò ejus descriptionem, è Durandi Rational. lib. 3. cap. 3. sic collegimus. Post amictum, camisiam sive albam sacerdos induit. Hæc ex bysso est vel lino, caputium habens cum ligulâ: talaris, & in veteri lege stricta, in nova corpori convenienter apta, & satis larga. Aurifrisium & grammata, diversis in locis, ac variis operibus ad decorem præbet; & manicas haud nimis laxas, nè labantes, brachia denudant: in summitate aurifrisio ornatas. Cingulo deniq; stringitur, &c. Hæc inde. Diaconis etiam permissa est interdum. Distinct. 93. cap. 119. *Diaconis alba*

tempore

tempore oblationis tantum vel lectionis utatur; ubi in notis ad marginem, *Alba*, i. dalmatica. *Albam* verò & *dalmaticam*, diversa faciunt Ekkehardus jun. cap. 10. & Formula degradationis Archiepiscopi, ut infra videas in Manipulo. *Alba* Gall. & Angl. *an aube.*

Alba firma.] Census annalis qui Centenario, sive Domino Hundredi penditur. Ideo *alba* dicta, quòd non ex more prisci seculi, in annona quæ tunc **Black mail** nuncupata fuit (hoc est *census vel firma nigra*) sed argento quasi *census albo* reddebatur. *Firma* autem (Saxonicè ꝼeoꝛme) licèt hodie pro *censu* utimur, *annonam* tamen proprie significat: mutataq; tunc est ejus significatio, cùm prædiorum domini annonarios reditus in argentum verterent, nam hi inde dici cœperunt *alba firma*. Sic in Hibernia, stannea drachma argento dealbata, **a white groat**, nuncupatur, *i. drachma alba*, ut ab nigricanti altera non dealbata, fiat distinctio. Et olim in Britannia Armoricana moneta quædam argentea *Albus* dicta est, alio vero *denarius niger*.

Hinc etiam in Dominiis quæ Maneria dicimus, censum antiquum pecuniarium, *album reditum* vocant, Angl. **the white Rent**, ut ab aliis discriminetur, qui vel frumento, vel animalibus, vel operibus præstantur. Quin & hoc idem esse conjicio, quod Anglo-Normannica appellatione, aliàs **Blanch fearm**, nominatur. Blanch fearm.

¶ *Albanus, Albinus, Albinatus, Albanagium.*] Albinus, *Advena, Extraneus*, quasi alibinus, vel alibi natus. Gall. *Aubain*. Anglico obsoleto, **a comeling**. Duplomat. Hlotharii & Hludov. apud Pithæum. *Nec de liberis hominibus albanisq; ac colonis, in supradicta terra commanentibus, aliquem censum vel redibitiones accipere.* S. Consult. Parisiens. 6 Jun. 1539. *Albanos seu peregrinos ne in pium quidem usum testari posse.* Hinc *bona albana* dicuntur bona & hæreditates albanorum, quæ Principi cedunt vel locorum dominis, uti bona quæ vocant *caduca*: ipsumq; inde jus & privilegium, *jus albinatus* seu *albanagii* appellatur. Gal. *Droict d'aubaine* seu *d'aubenage*. Benedictus in Cap. Raynutius, Num. 1042. *Rex omnia eorum bona occupat jure Albanagii: exclusa omni parentelâ, conjuge, & quocunq; alio legitimo successore.* Moulin in 40 Art. *de les Cust. de Anjou. Secundum antiquum usum Francorum, alti Justiciarii habeant jus occupandi bona quocunq; modo vacantia etiam Albinorum & spuriorum. Sed nuper, &c.*

¶ *Albanicus.*] *Scotus*. LL. Edw. Conf. Tit. de Herotochiis. *Qui leges apostabit, si fuerit Anglicus, vel Dacus, vel Waliscus, vel Albanicus, vel insulicola.*

¶ *Albula.*] Gemma. Gregor. Epistoll. lib. 12. Epist. 7. —— *tres annulos transmisi, duos cum hiacinthis, & unum cum albula.*

¶ *Albus.*] Moneta argentea in Britannia Armoricana, tempore Alani Ducis (i. An. Dom. 1087.) valens 6 denarios Turonenses. Chronographus quidam in lib. 1. *Hist. de Bretaigne. Tunc temporis currebat in Britannia moneta argentea, valente quolibet albo argenteo, sex denarios Turonenses; & parvi denarii nigri currebant tunc in Britannia: In qua quidem moneta alba erant insculpta duo hermina circa crucem, & in pila tres hermina; in cujus quidem moneta margine seu circumferentia, erat sculptum sic*, Moneta Alani Dei gratia Britonum Ducis.

¶ *Alcaldes.*] Viri principes apud Hispan. *Munst.* pa. 70.

¶ *De Aldermanno, & multiplici ejus magistratu apud Anglo-Saxones.*

¶ *Aldermannus.*] Saxon. Ealdeꝛman, i. πρεσβύτερος, *Senior*, quod ealdeꝛ etiam per se significat. **Man** autem (hoc est, *homo*) adjici videtur ad demonstrandum illud genus senioris, quo magistratus semper indicatur. Nam licet ealdoꝛ simpliciter hoc quoq; denotat, ad ætatem tamen plerunq; refertur: quod in voce *Aldermanno*, ne memini me vel semel deprehendisse. Multipliciter autem occurrit *Aldermannus* apud Anglo-Saxones, utpote,

Pro *Seniore* vel *Superiori* in quavis præfecturâ. LL. D. Edoua. cap. 35. *Sicut modò* vocantur Greve, *qui super alios, præfecturas habent: ita apud Anglos antiquitùs vocabantur* Ealdoꝛmen, *quasi Seniores, non propter senectutem, sed propter sapientiam.*

Principes igitur, & rectores Provinciarum, Comites, Præsides, Senatores, Tribunos, generali nomine, aliàs atq; aliàs Aldermannos appellabant.

Principem, Sic Math. 20. 25. ubi Latini legunt, *Scitis quia principes Gentium dominantur suis*: Saxones vertunt ꝼite ge ðæt ealdoꝛmen pealdað ðyꝛa ðeoða; quasi, *Scitis quod Aldermanni dominantur suis gentibus.*

Archiepiscopum & Episcopum. LL. Aluredi M. S. cap. 15. *Si quis coram Archiepiscopo pugnet, vel arma extrahat*, 120 *s. emendet. Si coram alio Episcopo, vel coram alio Aldermanno fiat, emendet* 100 s.

Ducem. Author lib. Rames. (Sect. 4. & 33.) Æthelstanum, Ducem Orientalium Anglorum (qui præ insigni potentia **Half-king**, i. *Semirex*, dictus est) *Aldermannum* appellat: eodemq; vocabulo, filios ejus Aethelwoldum primogenitum, & Ducem inclytum Aeilwinum sæpe nominat, in Sect. 33, 34, 49, 111. Sic in lib. Wigor. fol. 88. Aldermannus dicitur Alfoeras qui fol. 84 Hertogan. i. Dux appellatur.

Comitem. LL. Edgari M. S. cap. 5. *In illo Comitatu sit Episcopus & Comes*: quod Editio Saxon. legit, *Episcopus & Aldermannus.*

Senatorem. LL. Divi Edouardi, cap. 35. *Similiter olim apud Brytones, temporibus Romanorum, in Regno isto Brytanniæ vocabantur Senatores, qui postea temporibus Saxonum (ut prædictum est) vocabantur Aldermanni: non propter ætatem, sed propter sapientiam & dignitatem*

tem; *cum quidem adolescentes essent, jurisperiti tamen, & super hoc experti*.

Judicem illustriorem seu Justiciarium, quem & *Sagibaronem* vocabant; uti hic infrà (post nonnulla) monstrabimus, in *Aldermanno Comitatus*.

Pari ratione, Judaicos magistratus, hoc ipso nomine insigniebant nostri Saxones: nimirum *Seniores populi* & *Principes sacerdotum*, ut in Evangelio passim liquet. Lucæ verò 9. 22. ubi nos legimus, *Et reprobari à Senioribus & Principibus sacerdotum & Scribis*; ipsi edunt fram ealdrum ⁊ ealdormannum ⁊ fram Bocerum: ubi, ealdrum ponunt pro *Senioribus*; & ealdormannum, pro *Principibus sacerdotum*; ut sic eluceat verborum differentia. Hæc de generali vocis significatione.

Erant prætereà apud Anglo-Saxones, particulares quidam magistratus, qui *Aldermanni* appellati sunt; utpote *Aldermannus totius Angliæ, Aldermannus Regis, Comitatus, Civitatis, burgi, castelli, hundredi sive Wapentachii, & Novemdecimorum*. De quorum potestate, facile non est definire; nec utrùm *Aldermannus Regis* idem sit cum aliquo reliquorum, an diversus. Omnes autem pro more suæ classis, jurisperitos fuisse liquet è prædicto loco legum D. Edwardi, & judicia exercuisse, ut postea patebit. Hinc enim præceptum illud Inæ Regis in præfatione LL. suarum. *Nulli Aldermanno, vel alicui de toto regno nostro, conscripta liceat abolere judicia*. Eorum autem munus (quatenus ex unius descriptione intelligatur) mox habebis in *Aldermanno Civitatis*; nam de singulis quidpiam suo Ordine.

Aldermannus pro Justiciario. V. Justitiarius.

Aldermannus totius Angliæ. Aethelstanum Ducem Orientalium Anglorum, *Aldermannum* dici suprà ostendimus: nec non filios ejus Aethelwoldum primogenitum, & Ducem inclytum Aeilwinum natu minorem, qui elatiori etiam titulo, *Aldermannus totius Angliæ* salutatus est. Sic enim è sepulchro ejus aliquando legebatur in Ecclesia Rameisensi, quam An. Dom. 969. magnificè fundavit. Hic requiescit D. Ailwinus inclyti Regis Eadgari cognatus, totius Angliæ Aldermannus, & hujus sacri cœnobii miraculosus fundator. Quid autem sibi voluerit titulus iste, (*Aldermannus totius Angliæ*) non possum divinare: ni de eo intelligatur, qui inferiori seculo *Capitalis Angliæ Justicia* nuncupatus fuit. Huic enim apprimè convenit, & fidem auget Codex auget fiscalis, ita referens in cap. 4. *Ex officio principaliter residet, immo & præsidet primus in Regno scilicet Justicia*. Certè Ailwinum hunc, à justicia & judiciis fuisse liquet ex lib. Ramesf. Sect. 49. *Cui foro Ailwinus Aldermannus, & Aedricus Regis Præpositus, Judices præsidebant*. Judices autem *Aldermannos* dictos fuisse, suprà demonstravimus: titulum istum Ailwino accrevisse non è natalibus, cùm filius junior esset, sed ex Officii sui splendore, non est dubitandum.

Aldermannus totius Angliæ. Al. 973.

Aldermannus Regis dici videtur: vel quòd à Rege constitutus esset; vel quod judicia Regia exerceret in Provincia sibi credita. Alius verò si is in Comitatu fuerit quàm Aldermannus Comitatus (quod adhuc certè non affirmaverim) perpetuum eum fuisse magistratum haud opiner; sed per occasionem delegatum, eorum instar qui olim Missos dominicos; vel quos nos hodie Justiciarios ad Assisas appellamus. De eo autem sic in LL. Aluredi M. S. cap. 34. *Si quis coram Aldermanno Regis in placito pugnet, emendet Weram & Wytam, sicut rectum sit; & super hoc (ipsi Aldermanno) 120 s. ad Wytam. Si quis* Folchesmota, *i. populi placitum, armorum exercitatione turbabit, emendet Aldermanno 120 s. Wyta, i. forisfactura. Sin horum aliquid, coram Regis Aldermanni vicario* (sic enim restituo juxta Saxonicum) *inveniri contigerit, aut coram presbytero Regis, sit Wyta 30 s.* Et paulo infra *Regis Burghrech* 120 s. *Archiepiscopi* 80 s. *Episcopi & Aldermanni (quem latinè dicimus Seniorem)* 60 s.

Aldermannus Regis.

Aldermannus Comitatus variè dicitur. Alias pro Schiremanno, & ipso Comite à quo non facilè distinguitur. Propiè autem fuisse eum reor, Prætorem seu Justiciarium Comitatus, qualem apud Salicos *Sagibarones*. Archiepiscopo & Satrapæ (quem Eorle vocarunt) inferiorem, Episcopo verò æqualem. Delicta enim quæ pari contumacia in Episcopum & *Aldermannum* perpetrata sunt, pari ubiq; luuntur pœnâ, ut suprà vides in Aluredi legibus, loco citato, & præterea, capp. 3. 15. & aliis pluribus. In Aethelstani etiam legibus, ubi omnium capita æstimantur, sic habetur. *Archiepiscopus & Satrapa* (qui Eorle dictus est) 15000 *thrymsis*. *Episcopus & Aldermannus* 8000. *Belli Imperator & summus Præpositus* (quem hodie Vicecomitem appellamus) 4000 *thrymsis*. E quibus animadvertas *Aldermannum*, quasi medium locum tenuisse inter Eorle (quem vulgò Comitem exponunt) & Vicecomitem, summæq; intereà fuisse dignitatis; utpote Episcopo junctum, tùm in æstimatione, tùm in munere. Comitatum enim simul regebant, pariterq; in foro considentes, judicia publica exercebant: hic secundum jus humanum, ille verò divinum, LL. Canuti M. S. cap. 44. *Habeatur ter in anno Burgesmotus* (i. civitatis conventus) & *Schiremotus* (i. pagi vel Comitatus conventus) *bis, nisi sæpius opus sit: & intersit Episcopus, & Aldermannus, & doceant ibi dei rectum & seculi*; uterq; scil. pro suo munere. Idem Eadgari LL. cap. 5. Sed pro *Aldermannus*, illic *Comes* extat (ut suprà demonstravimus) & utrumq; rectè. Nam in Comitatu simul consedisse reor, Comitem qui Reipub. partes tueretur; Episcopum, qui Ecclesiæ; & Aldermannum, qui legem diceret, & exponeret, Sagibaronum more apud Salicos, unde & ipse inter Sagibarones numeratus est, LL. Inæ M. S. cap. 6. *Si in domo Aldermanni, vel alterius Sagibaronis pugnet, 60. sol. emendet, & alios 60. pro wyta.* Salici autem in suis Mallobergiis, seu Commitiis,

Aldermannus Comitatus.

mitiis, duos vel tres Sagibarones Comiti subjunxerunt: nostrates verò in singulo Comitatu, non nisi singularem (si rectè conjicio) adhibuere. Propter eorum autem eminentiam in fœdere Regum Aluredi & Guthurni M. S. propè calcem, mandatur populo, ut *Sint Vicecomitibus, Heretochiis, & Aldermannis, & Grevis suis, benignè & devotè obedientes.*

Penes etiam Aldermannum fuit, arma tractare, & suæ ditionis vires ergò ciere, ut contumaces frangeret, & justiciam publicam promoveret. Unde in Aluredi LL. cap. 38. cautum est, ut *Si quis* (injurià lacessitus) *vim non habeat ut adversarium obsideat; eat ad Aldermannum, & quærat auxilium: si ei subvenire nolit, adeat Regem priusquam assaliat eum.*

De furibus etiam cognoscere: ex quo illud in LL. Inæ M. S. cap. 34. *Qui furem ceperit vel captum detinuerit, vel ipsum dimiserit, vel furtum celaverit, reddat ipsum furem secundùm weram ejus. Si Aldermannus sit, perdat Comitatum suum nisi Rex ei parcere velit.*

Nec sedem cuiquam licuit mutare inconsulto Aldermanno, LL. item Alur. cap. 33. *Si quis ab una mansione ad aliam transire velit, fiat hoc testimonio Aldermanni in cujus Comitatu falgavit*, i. se stitit.

Hæc & alia plurima de Aldermanno Comitatus habentur: quæ & aliàs ad ipsum Comitem ita referuntur, ut unum eundemq; magistratum, quispiam hos judicet: si non ex ipsorum capitum æstimatione (ut prædictum est) diversi essent reperti. Vide plura in Schireman.

Aldermannus civitatis, burgi, seu *castelli.* Hujus munus fusiùs enarratum habes in recentiori exemplari LL. Divi Edouardi Confessoris, cap. 35. Quod cum in veteri non reperio, dubitare videor an Assertor id descripserit è more sæculi antiquioris, vel (quod potiùs reor) pro sui ævi ratione, diu jam hærente in Normannicis institutis. Est autem hujusmodi (& his subsequitur quæ supra recitavimus in §. *Senatorem.*) *Et ut verum fatear, habent etiam Aldermanni in civitatibus Regni hujus, in ballivis suis, & in Burgis clausis, & muro vallatis, & in Castellis, eandem dignitatem, & potestatem, & modum, qualem habent præpositi hundredorum & wapentachiorum, in ballivis suis sub vicecomite Regis per universum Regnum. Debent enim, & leges & libertates, & jura & pacem Regis, & justas consuetudines Regni, & antiquas à bonis prædecessoribus approbatas, inviolabiliter, & sine dolo, & sine dilatione, modis omnibus pro posse suo servare. Cum aliquid verò inopinatum, vel dubium, vel malum contra regnum vel contra coronam Domini Regis, fortè in ballivis suis subito emerserit, debent statim pulsatis campanis, quod Anglicè vocant* motbel, *convocare omnes, & universos, quod Anglicè dicunt* folcmote, i. *vocatio & congregatio populorum & gentium omnium, quia ibi omnes convenire debent, & universi qui sub protectione & pace Domini Regis degunt, & consistunt in regno prædicto, & ibi providere debent indemnitatibus coronæ Regni hujus per commune consilium, & ibi providendum est ad insolentiam malefactorum reprimendam & ad utilitatem Regni, &c.* Hæc ille: quæ ad Prætores potius quos Maiores & Ballivos appellamus, quàm ad Aldermannorum ordines (hodie in usu in quavis civitate & burgo) referenda existimo. Ordines enim istos ante principatum Ric. 1. nusquam reor apparuisse. Sed nec eam illis antiquitatem cedo. Animadverto tamen, sæculum illud novis ministeriis, antiqua nomina induxisse: ut in præsentiarum jam dicturi sumus.

Aldermannus Hundredi seu *Wapentachii* & *Aldermannus Novemdecimorum. Novemdecimorum* verò Aldermannus, inde dictus est, quòd sicuti in Decania, Decanus novem præfuit hominibus, sic in duplici Decania, ipse Vicenarius novemdecem præponebatur; Hundredi verò Aldermannus, quòd Hundredo toti, hoc est, Centuriæ vel Centenariæ imperitabat. Qui si alius sit quam Centenarius, & Præpositus Hundredi (de quibus jam supra, & item postea in suis locis) Saxonibus videtur incognitus. Sed de horum institutione, sic Henricus 1. LL. suarum cap. 9. de Decaniarum cura agens. *Possit autem* (inquit) *singulis hominum novemdecimis & toti simul hundredo unus de melioribus, & vocetur Aldermannus, qui Dei leges & hominum jura vigilanti studeat observantia promovere. Quia nil à nullo exigi vel capi debet nisi de jure & ratione per legem terræ, &c.* E quibus idem esse videtur qui (in Aldermanno civitatis, describitur) Hundredi Præpositus: & fortè qui hodie dicitur Senescallus Hundredi. In LL. autem Edw. Confes. cap. 35. ubi de armis inspiciendis agitur, sic occurrit. *Quod nisi fecerint, Vicecomites, & Aldermanni & Præpositi hundredorum & wapentachiorum —— Regi graviter emendare debent*; ubi quære an *Aldermanni* hic intelligendi sunt de illis in Comitatu, qui Vicecomiti assident, an de Hundredariis, seu utrisq;. Praesi

¶ **Aldius, Aldia, Aldionæ, Aldiones.**] Gloss. vet. apud Lindenbrog. *Aldius, statu liber. Aldius est libertus, cum impositione operarum factus. Aldia*, Ancilla. *Aldiones* filii Aldiorum. Crebrò hæ voces in legibus Longobardicis, ubi Lib. 1. Tit. 30. l. 5. *Aldia, id est quæ de libera matre nata est.* Lib. 2. Tit. 12. l. 7. *Si aldius cujuscunq; aldiam alterius tulerit ad uxorem, & filios ex ea procreaverit, & mundium ex ea non fecerit, sint filii ejus aldiones, cujus & mater fuit.* Lib. eodem Tit. 44. l. 1. *Aldiones, quæ de personis suis aldiones sunt.* Lib. 3. Tit. 30. *Aldiones vel aldiæ, ea lege vivant in Italia, in servitute dominorum suorum, qua fiscalini vel liti vivunt in Francia.* Hoc in vetustiori editione legitur, *Aldiones vel aldiana*: & in Constitut. Caroli Mag. *Aldiones vel aldianæ*; illic etiam *lidi* hîc *lidi*: cui in Notis Amerpachius, *Aldii* (inquit) &.

& liddi sunt amba voces Germanicæ, atq; nihil differunt, nisi quod altera in Italia tum fuit in usu, altera in Gallia & Germania, inter eos præsertim Germanos qui Franci vocabantur: asseritq; vocem utramq;, *famulum* significare. Quamvis autem servos licebat in Ecclesia circa altare dimittere; aldios tamen in Ecclesia facere non licebat: sed vel per chartam, vel alio quopiam modo, ut apparet ex Longobard. lib. 2. tit. 33. l. 5.

¶ ***Allegiantia.***]

¶ ***Allegiare.***] Est juxta normam legis se excusare. Sacramento interposito, se culpâ eximere: vel, ut forenses loquuntur, *legem Vadiari*. L. Aluredi M. S. cap. 4. *Si* (quis saluti Regis insidiari suspectus) *se velit allegiare, secundùm Regis Weregildum hoc faciat.* Et infra, cap. 16. —— *allegiet se facinoris*, i. culpâ se eximat juxta legem. ꝥeꞇꞃipiꝥe Saxonicè, quod est, verum & fidum se præbeat: ꞇꞃipian enim seu ꞇꞃeopian propriè, idem est quod *verificare*, vel *justificare*, apud Juridicos.

¶ ***Alepiman.***] Consuetudinar. de Hecham Prio. Lew. M. S. pag. 21. *Omnis Alepiman de tota Soca de Hecham, debet singulis annis unum denarium de chevagio: & operabitur per tres dies in autumpno, exceptis illis qui ab hac servitute liberi sunt.* Videtur *Alepimannos* istos mancipia fuisse; chevagii enim solutio, servitutis indicium est.

¶ ***Alluminor***, vel *nator, trix*, & *tio*] qui libros pingit & coloribus adornat. Stat. 1. R. 3. cap. 9. **a Limner**, indè *alluminare* **to lymn.**

¶ ***Almonarium.***] V. in *Affidatus* Chart. *Rog. de Fifhid'.* ubi sic sequitur. —— & dedit mihi dimid. marcam argenti, & Marieriæ uxori meæ unum *almonarium*, & unum aureum bisantium infra *almonarium*. *Armoir* al. *armoir* Gal. à Latino, *armarium*, **An ambrey**, *penarium*, Item, *pixis*, & sic fortè hoc loco.

¶ *De Alode & Alodiario.*

¶ ***Aloarius, Alodiarius, Alode, Alodum, Alodium,*** seu ***Allodium.***] Primùm de ultimis. *Alode* seu *alodium*, (quod non sine injuria ad *alaudium* torsit Budæus) est prædium liberum nulli servituti obnoxium, ideoq; *feudo* oppositum, quòd hoc semper alicui subjacet servituti. Feuda enim antiquè dabantur servitii & fidelitatis gratiâ, proprietate fundi penes dantem remanente, & usufructu tantummodò in accipientem transeunte: ut ex C. de feud. cogn. collegit Barat. ca. 1. Quamobrem nec vendi olim poterant, invito Domino, nec ad hæredes vassalli transigi, nisi de ipsis nominatim dictum esset: sed & læsa fidelitate adimerentur.

Est etiam *alodium* hæreditas quæ nobis obvenit à parentibus (perquisitæ contraria) quam ideo Beat. Rhenanus, lib. 2. rerum Germanic. inseparabilem esse asserit à familia: quin & ideo *ein anlod* dici Germanicè. Conjecturis autem, si liceat conjecturas arguere, hanc inter feudum & alodium differentiam statuerem. Feudum esse quod absq; Domini licentiâ, nec ad extraneos olim transiret (ut jam diximus) nec ad filios aut nepotes. Alodium verò quod per omnem hæredum seriem discurreret; & cuivis è populo (etiam reclamante Domino) dari posset aut venundari. Propterea etiam *alodium* dici à Saxon. à leoð, quasi *populare*: (à) enim *ad* vel *usq;* significat, leoð *populum*: sic ut *feudum* sit prædium dominicale, *alodium* verò *populare*.

Alodium feodo opponitur in antiquâ versione LL. *Canuti* ca. 75. ubi Sax. boclanð dicitur, quod in *Aluredi* LL. cap. 36. terra hæreditaria vertitur; & idem esse videtur quod hodie **Fee simple**.

Dicitur etiam *Alodium* terra libera, quam quis à nemine tenet, nec recognoscit; licet sit in alieno districtu & jurisdictione: ita quod solum est sub domino districtus, quoad protectionem & jurisdictionem. *Le grand custum. de Normandie cap. 28. in additione.*

Dicatur etiam *alodium*, ab (à) privativo, & leoð (Gall. *leud*) pro vassallo: quasi, sine vassallagio; vel sine onere, quod Angli hodiè **Load** appellamus.

Et ponitur aliquando *alodium* simpliciter pro fundo vel prædio, ac quavis hæreditate, ut Gracista apud Goldast. in Comment. ad Burchard.

Dicitur alodium fundus; fundum maris imum; sic plura ibidem hujusmodi. Apud Sigebertum, *Res mancipi* interpretatur. Reperiunturq; ita crebræ hæ voces, tam in veteribus Scriptoribus Ecclesiæ, & ipsis Conciliis, quàm in jure feudali, & Chartis antiquis, ut exempla proferre, supervacaneum sit. Non tamen præteream earum sonum ad Cæsaris aurem jam olim pervenisse, ipsumq; inde legionem quam in Gallia conscripsit à vocabulo Gallico *Alaudam* appellasse, ut refert Suetonius in suo Julio, cap. 24. Sed de hoc vide infrà in verbo *Leudes*.

Aloarii verò, & (quod frequentius in *Domesdei* occurrit) *alodiarii*, ii erant qui alodia tenebant, hoc est, qui de prædiis suis statuerent inconsultis quibuslibet Dominis. Domesdei Titt. Sudsex. Comes de Ow. Laneswice. *Godwinus tenet de eo, & de eo septem aloarii.* Formul. vett. ca. 29. —— *infra noctes 42. sicut lex est & nostra consuetudo, apud tres aloarios & 12. conlaudantes juraverunt.* Et alibi —— *post ipsum tres aloariæ, & 12 conlaudantes juraverunt.* Certè *aloarios* hos, præstantiores quosdam fuisse reor, ex eo genere quod *nos* hodiè *liberos tenentes in Soccagio* vocamus, *olim Socmannos liberos*, & Gallis aliquando *leudes francs*, hoc est, nobiles, militiam ex arbitrio tractantes, nullius Domini imperio evocati, nulloq; feodali gravamine coerciti; sui juris homines, non feodalis; sed qui Dominum tamen agnoscebant (ut locus ille è Domesd. citatus planè evincit) & qui fidelitatem (apud nos) jurabant, censumq; Domino quantulumcunq;

Aloarii. *Alodiarii.*

Et multa inveniuntur monimenta in quibus dicitur, Talis tenet in alodio

Pays de Haynault tenu de Dieu & du Soleil. cunq; augebant. Sunt enim qui de nemine eos tenuisse asserunt: acsi (Hannoniorum more) à Deo & Sole suum accepissent patrimonium.

Goffridus Abbas Vind. in epist. ad Girardum apud Lydium, *Domine Girardo, laudabilis vitæ Episcopo, S. Romanæ sedis legato, frater Goffridus ejusdem sedis alodiarius & servus.* Et ad Ivonem: —— *pro professione ab alodiario B. Petri, subjectionem vobis vindicastis.* Et sic aliàs.

¶ *Alpa & Alpes.*] *Mons.* Alpinus, *Montanus.* Conrad. de Fabaria de Casib. S. Galli, cap. 20. *Donavit Ecclesiæ curtem ad Cresarum cum omnibus suis appendiciis, cum familia multa, cum planis, alpibus & pascuis.* Ibi Goldast. *Alpes, pascua montana, quò æstate pecora aguntur & pascuntur,* Alpen. Bertaldus Zuifaltensis Abbas de Origine sui Monasterii — *in montanis propè positis amplas alpes, vel salica terra agros.* Ibidem, *Ex his alpibus, &c. cum* 300. *caseis alpinis suum precium habentibus.* Chart. Alaman. nu. 27. *tres hobas in Uzzinwilare, & alpem pascuam* —— *acquisierat.* Et nu. 86. *à Meggelis alpâ, à Pottaris alpâ.*

¶ *Altaragium.*] Emolumentum quod Sacerdoti provenit ratione altaris. Obventio altaris. In Instrumentis quibus stipendium solet Vicariis Ecclesiarum assignari, sæpe continetur quòd *altaragium habebit.*

Northampton ss. *Inter Ordines sive Decreta de termino S. Mich. anno vicesimo primo Reginæ Elizabethæ in Scaccario remanentes, & in custodia Rememoratoris Regis existentes, inter alia continetur sic.*

Jovis duodecimo die *Novembris.*

Upon the heareinge of the matter betwixte Ralphe Turner Vicar of Westhaddon and Edward Andrewes, it is ordered that the said Vicar shall have, by reason of the wordes (Alteragium cum manso competenti) conteined in the Composition of the Profits assigned for the Vicars mainteneance, all such things as he oughte to have by theise wordes, accordeinge to the Definition thereof made by the Reverende Father in God John Bishoppe of London, upon conferrance with the Civilians, viz. David Hewes Judge of the Admiralitie, Bartholomew Clerke Dean of the Arches, John Gibson, Henrie Joanes, Lawrence Hewes, and Edward Stanhope all Doctors of the Civil Law: that is to saie by (Alteragium) Tithes of Wooll, Lambe, Colte, Calfe, Piggs, Goslinges, Chickens, Butter, Cheese, Hempe, Flaxe, Honey, Fruits, Herbes, and such other small tithes, with Offeringe, that shall be due within the Parish of Westhaddon.

And the like case was for Norton in Northamptonshire, hearde in this Courte, within these two or three yeares, upon the heareinge ordered in the like manner.

¶ *Ambyr.*] Vide Chivagium. Et *Ambr.* in Dict. Cimbr.

¶ *Amadere.*] Chartæ Alaman. Vett. Num. 69. *censum exinde solvat xv siclas de cervisa, &c. Et in omni Zelga, jornale unum arare, & iii dies asecare, & iii amadere.* Ibi Goldast. *Amadere,* Mozhen. *Asecare* Meyen. Opinor, To reap and mow, (à) autem addi videtur, ut particula infinitivi.

¶ *Ambactus.*] Vide ipsa proxima.

¶ *Ambascia, Ambassiator, & Ambaxia, Ambaxiator.*] *Legatio, legatus.* A Germ. Ambacht, seu Ambachten, quod Lindenbrogius *operari* interpretatur. Mihi autem omnia videntur à vetustissimo Gallico *ambactus* deduci, de quo sic Festus; *Ambactus apud Ennium lingua Gallica, servus dicitur.* *Ambactus.* Certè hunc non tacuit Cæsar, lib. 6. Belli Gall. de Equitibus Galliæ agens: *Eorum* (inquit) *ut quisq; est genere copiisq; amplissimus, ita plurimos circum se ambactos, clientesq; habet: hanc unam gratiam potentiamq; noverunt.* Philoxeni Gloss. à Vulcanio juxta Scaligerum emendatum. *Ambactus* (inquit) δοῦλος μισθωτὸς, ὡς Ἔννιος. Sic ut *Ambactus idem sit quod* περιφόρητος, *q. Circumactus & nusquam consistens, cujus operas quotidianas Dominus locat lucelli caussa; qui & Locellaris & Lucellaris appellatur:* aliis, ministerialis. *Locellaris, & Lucellaris.*

Basiliensis editio LL. Salicarum, Tit. 1. §. 3. *Si in dominica Ambascia fuerit occupatus, manniri non debet.* Alia editio legit *ambaxia,* alia verò, *Si in jussione Regis fuerit occupatus:* ac si *Ambassiator* esset qui jussa Regis defert, seu capessit. Huic autem Legi, nostra illa respondere videtur, quæ *Essonium de servitio Regis* appellatur: de quo infrà. Synodus Constant. 5. pa. 14. apud Lindebr. *Paulus Dei misericordia diaconus & ambasciator monasterii, p. 16. Thomas Dei misericordia presbyter montis Sinai & Ambasciator.* Et Annales Steronis, p. 255. *Ultra centum Ambasciatoribus Civitatum rebellium Lombardiæ.* Occurrit pluries apud medii seculi Scriptores.

¶ *Ambo.*] Vox Ecclesiæ: *Pulpitum,* ubi conciones habentur, vel *suggestus,* ubi Evangelia leguntur. Non ab *ambiendo, quòd intrantem ambit,* ut Walafrido Straboni visum est, quod & Meursium adduxit, ut vocabulum inter Græcobarbara rejiceret: nec (ut alii volunt) quòd *ab ambabus partibus* gradus habet, sed ἀπὸ τοῦ ἀμβαίνειν *ascendere;* unde *montium* ascensus ἄμβωνες, pars sive locus eminentior ἄμβη & ἄμβων, gradus seu scalæ, ἄμβασα dicuntur. Hist. Tripar. lib. 10. cap. 4. —— *residens super ambonem, ubi solebat prius facere consuetè sermonem,*

monem, homiliam increpatoriam fecit. In vita Sergii Pap. 1. 3. Tom. Concil. *fecit ambonem & cyburium in basilica SS. Cosmæ & Damiani.* In Concil. Laodiceno Can. usurpari videtur pro Suggestu, ἄμβωνος τῶν κανονικῶν. Versio autem Latina legit; —— *qui regulariter cantores existunt, quiq; pulpitum ascendunt & de codice legunt.* Aimoinus, lib. 4. cap. 90. Pontifex *Evangelium ferens, ambonem conscendit, invocatoq; nomine sanctæ Trinitatis, de objectis se criminibus jurando purgavit.* Leo Marsican. Chron. Casinens. lib. 4. cap. 2. *Exurgentes tres Episcopi Cardinales qui Concilio præerant —— ambonem conscendunt.*

¶ *Ambra* & *Ambrum.*] Vas seu mensuræ genus, apud Anglo-Saxones, Latine *amphora*, sed à Græco ἀμφορεὺς quod *cadum* significat: propriè verò *vas gestatorium*, ab ἀμφὶ, i. *circum*, & φέρειν, *ferre*. Aliàs amber. LL. Inæ M. S. cap. 67. *De decem hidis debentur ad conredium, 10 dolia mellis, 300 panes, 12 mambra cervisiæ Wyliscæ, 30 hlutres, 2 boves, vel 10 arietes: gallinæ 20. plena ambra butyri una, salmones 5. 20 pondera fodri, & 100 anguillæ.* Videntur hic *mambra* & *ambra* idem esse; nam Saxonico exemplari, utrumq; ambra dicitur, sed de quantitate vasis non constat. *Amphora* (inquit Prateus) *Græcis dicitur id, quod Latini Quadrantal appellant, Festo lib. 15. Est autem vas cujusvis materiæ, duarum urnarum capax, figura cubi, rei cujusvis continendæ.* Et mox, *Quantum autem capiat vini, docet his verbis Volusius Mæcianus, juris auctor. Quadrantal, quod nunc pleriq; amphoram vocant, habet urnas duas, modios tres, semodios sex, congios octo, sextarios 48, heminas 96. quartarios 192. cyathos 570. In eo quod ait urnas duas, convenit cum Columella, lib. 20. ca. 12. In eo quod scribit sextarios 48., consentit cum Festo.*

Videtur autem, *amphoram* etiam fuisse minoris capedinis, quam alioquin vix sustinuisset *homo amphoram aquæ portans* Lucæ 22. 10. Nam quod illic textus Græcus κεράμιον legit (hoc est propriè *vas fictile*) Latinus Interpres *amphoram* reddit; sed & ipsum idem Marci 14. 13. (magis fortè appositè) *lagenam*. Hoc etiam innuere videatur vocabulum *amphora*, in præfatione LL. Æthelstani Regis, ubi singulo pauperi, per singulos menses, amphoram farinæ (præter alia plura) elargitus est. *Volo* (inquit) *ut pascatis in omni villa pauperem unum Anglicum indigentem, si sit ibi, vel alium inveniatis. De duabis meis firmis detur ei singulis mensibus una amphora farinæ, & una perna, vel unus aries qui valeat iiii denarios, & casei iiii. &c.* Pia certè & Regia eleemosyna. *Ambram* autem sive *mambram*, benè convenire censeo cum eo quod nuperius apud Wallos & occiduos, A stand of Ale, est nuncupatum; nec malè fortè, cum veterum Germannorum *maldra*, quod infrà vide.

¶ *Amerciamentum.*] Vox forens. Est mulcta levis, levioribus erratis per misericordiam imposita: ideoq; Latinè *misericordia* (Gallis *mercie*) appellatum. Graviorum autem delictorum animadversiones, *fines* dicuntur: summæ, *redemptiones*, de quibus vide suis locis.

Amerciamentum regale, seu *real amerciament*, Est cùm Vicecomes, Coronator, vel præcipuus alius minister Regis, amerciatus fuerit per Justiciarios Regis, pro officio suo malè gerendo: Ratcliff. Baro Scaccarii 2 H. 7. fol. 7.

¶ *Amictus.*] Primum ex sex indumentis, Episcopo & Sacerdoti communibus, in Ecclesia Romana. Durand. lib. 3. cap. 2. *Lotis manibus Episcopus seu Sacerdos celebraturus assumit amictum, quo caput tegitur, quem Pontifex loco ephot, sive superhumeralis & rationalis habet: & nunc etiam superhumerale vocari potest, —— renes & pectus ambit & tegit, & omnibus sacris vestibus supponitur, sed omnibus supereminet.* In renibus stringitur: duobus funiculis sive cordulis ante pectus ligatur, & super os planetæ revolvitur. Hæc illic. Sunt autem sex illa indumenta, *amictus, alba, zona* seu *cingulum, stola, manipulus, planeta*. Leo Marsic. lib. 3. cap. 30. *Albam quoq; à scapulis, & capite, & manibus Phrygio decenter ornatam, amictumq; similis operis.* Patribus nostris, An amytte dicebatur.

¶ *Amira.*] Vide *Admiralius*.

¶ *Amond*, al. *Amont.*] *Liber à tutela vel custodia: Sui juris.* Ab (à) privativo, & Saxon. munde, i. *tutela, defensio*: unde hodiè Middlesexii nostri, prædiorum munimina, Mundes appellant. LL. Longob. lib. 2. Tit. 12. l. 6. * *Si Dominus ancillam eam liberaverit, & amond fecerit à se, aut si eam vendiderit, &c.* Et Tit. 32. l. 4. *Nulli liceat aldio cujuscunq;, qui amunt factus non est, sine voluntate patroni sui, terram aut mancipium vendere, neq; liberum dimittere.* Vide Mundium.

* Editio Boherii legit admond & M.S. quidam amond, i. extraneam fecerit.

¶ *Amortizatio.*] (Gallis *amortissement*, & *admortissement*) Est prædiorum translatio in manum mortuam; quod tamen sine venia Principis non fiat. Mortui autem dicuntur (qui potius immortales videantur) Cænobiorum Conventus, Collegia, Gildæ, Fraternitates, societatesq; politicæ: nec non alii qui perpetuâ successione, porriguntur in secula; Episcopi, Decani simplices, Rectores Ecclesiarum, & hujusmodi. Sed & mortui ideo appellantur; quòd res ipsis datæ, tanquam apud mortuos hærent: nec vel casu (hoc est per *eschaetam* ut loquuntur) aut ad Dominum feodi redeunt, aut ad ipsum Regem. Feodalia etiam emolumenta (quæ *Wardam, maritagium, & relevium* vocant) non exhibent: sed instar arboris à radice revulsæ, pullulare desinunt. *Jus amortizationis* est privilegium seu licentia, capiendi in manum mortuam: Jus mancipii emortui. Vide infrà, *Manus mortua*.

Jus amortizationis.

Amtrustio, & *Antrustio.*] Hoc in Formulis

mulis Bignonianis, illud in Lindenbrogianis, quod & mihi Etymon verbi magis videtur expedire. Quasi ab ampt German. *munus, officium*, & trutty (nostro vernaculo etiam hodiè) *fidus*. Sic *Amtrustio, fidus in munere*: vel *officialis, minister, leudes, famulus, vassallus fidelis*. Fuisse autem videntur *Antrustiones*, classis quædam selecta, cui Reges olim Germanicæ originis, plurimùm confisi, Patrocinii beneficium, ob juratam fidelitatem retribuere. Qui enim *Antrustionum* numero adscribendus erat, coram Rege veniens, unà cum aramania, id est, clientela sua, fidelitatem jurabat, Chartamque suæ institutionis recipiebat, in hæc verba. Marculfus lib. 1. cap. 18. *De Regis Antrustione*.

Charta instituendi Antrustionis.

Rectum est ut qui nobis fidem pollicentur inlæsam, nostro tueantur auxilio. Et quia ille fidelis, Deo propitio, noster, veniens ibi, in palatio nostro, unà cum arimania sua in manu nostra trustem & fidelitatem nobis visus est conjurasse. Propterea per præsens præceptum decernimus ac jubemus, ut deinceps memoratus ille in numero antrustionum computetur. Et si quis fortasse eum interficere præsumpserit, noverit se Wirgildo suo, sol. DC. esse culpabilem. Lex Salic. Tit. 43. §. 4. *Si quis eum occiderit qui in truste Dominica est, xxiiii denar. qui faciunt sol. DC. culpabilis judicetur*. Quod in Basiliensi editione legitur, Tit. 44. §. 4. *Si verò eum qui in truste dominica est occiderit, malb. leudi* xxiiii M. *den. qui faciunt sol. DC. culpabilis judicetur*. In MS. autem Regio, à Bignonio exhibito: *Si quis antrustionem dominicum occisserit, malb. malcho xxiiii denariis, qui faciunt sol. DC. culpab. judic*. Sin verò scribendum sit *Antrustio*, per (*n*) potiùs quàm (*m*) tunc vide in vocabulo *An*. (quòd tibi sub oculis est) quid hoc voluerit.

¶ *An.*] Saxonicum, à Græco ἓν Numerandi principium est, *unum* significans aut *singulare*. Præponitur autem sæpe apud Saxones (uti apud nos hodiè nepotes suos) nominibus substantivis instar τὸ articuli apud Græcos, *un* & *ung* apud Gallos Italosq; ut an ƿiƿ, ancnapa, an ƿcip, an ðiƿc? Quin & dictionibus nonnunquam adjungitur: si quidem vel majoris notationis gratiâ, ut anƿeal, anpealð? vel ad singulare aliquid sive unicum demonstrandum, ut, anƿiȝ, id est, *pugna singularis*, anƿopð, i. *verbum unicum*, anpeað, i. *unius consilii*, an cenneða, id est, *unicè genitus*, & hujusmodi. Quibus fortè adjiciantur *Antrustio, andecinga*, & alia mox infrà sequentia: quorum explicationi hæc veluti in communi (ne per singula repeterentur) prælibavimus, ipsaq; ideo vocabula huc referenda designabimus. Leguntur etiam ana, an, enne, & ænne: *unum*, vel *solum* significantia; & in compositione item occurrentia.

¶ *Anagriph*, al. *Angrip.*] LL. Longob. lib. 1. Tit. 31. l. 1. qui, de fornicatione inscribitur. *Si puella aut mulier libera voluntariè fornicata fuerit, cum libero tamen homine: potestatem habeant parentes ejus, in eam dare vindictam. Et si fortè ambabus partibus steterit, ut ille qui fornicatus fuerit, eam tollat uxorem, componat pro culpa, id est anagriph, sol. 20*. Et lib. 2. Tit. 2. l. 1. *Si puella libera aut vidua, sine voluntate parentum, ad maritum ambulaverit, liberum tamen: tunc maritus qui eam acceperit uxorem, componat pro anagrip, sol. 20, &c*. Simile in legibus ibidem proximè seqq. Boherius verò ad locum primum: *Nota* (inquit) *anagriph culpam dici*. Et ad secundum: *Nota anagrip pro culpa, seu præsumptione poni*. Gloss. item, *Anagrip, culpa præsumptionis*. Sed hæc omnia (ut opinor) satis remotè à verbi etymo, & significatione: *quam* vicinius exprimit Pictorius Tigurinus in Dictionario Germanico Latin. Angriff, und streyt, *congressus* (der) *aggressio, insultus, ingressus*. Certè dici videtur à Saxonicis Ana pro *sola* aut *singulari*: Et ȝripe, id est, *compressio* (quo sensu nos adhuc utimur) sic ut sit *anagriph*, compressio fœminæ singularis, non conjugatæ, hoc est, virginis aut viduæ. Cui etiam fidem faciant loci citati: & quòd in Tit. *De adulterio* ibidem sequenti, vox *anagriph* ne semel occurrit. Fortè etiam dicatur, quasi seorsim, *angrip*; de quo vide jam supra in vocabulo *An*.

¶ *Analogium.*] ἀναλογεῖον ab ἄνω & λόγος, quòd *super hoc sermocinantur Lectores. Pluteus, lectrum, lectrinum, legium*. Durandus lib. 1. cap. 1. De Ecclesia, & ejus partibus (Walafridum sequutus) *Analogium dicitur, quia in eo verbum Dei legitur & annuntiatur*. Ait etiam *pulpitum* dici & *ambonem*. Ekkehardus Jun. de Casib. S. Galli, cap. 1. *Infantulis deinde per ordinem lectitantibus, & analogio descendentibus*. Ibi pluries. Suidas: ἀναλογεῖον ἐν ᾧ τίθενται τὰ βίβλια. *Analogium est cui imponuntur libri*. Curopalates de die festo Natali Christi ἔμπροσθεν ἢ τῆς, ἀναλόγιον ἐφ' ᾧ ἐπίκειται ἅγιον εὐαγγέλιον. *Coram autem ipso* (Imperatore) *analogium, super quo situm est sanctum Evangelium*. Et in die adorationis crucis: τῷ ςαυρῷ ἐπὶ τῷ ἀναλογίου τεθέντος, ἀσπάζεται τοῦτον ὁ βασιλεύς, i. *Cruce analogio imposita, osculatur eam Imperator*.

¶ *Anariutus.*] Trad. Fuld. lib. 1. acp. 157.

¶ *Anatalia, Anaticula, Anaticla.*] Formul. Solenn. Lindenbrog. in Charta Traditoria, nu. 154. —— *per ostium & anaticula* (ipsius casæ) *sicut in ipsa cessione est insertum, ad partem illius Ecclesiæ, visus fuit tradidisse & consignasse*. Et Chart. 156.-- *per chartulam venditionis, ad filium suum adfirmavit, per hostium & anatalia, per herbam & vitem ei visus tradidisse & consignasse*. Glossar. *Anaticla*. ἐπιςρόφιγξ.

¶ *Ancilla, Ecclesiastica, Regia, Originaria*, &c.] V. *Servus*.

¶ *Andecinga.*] L. Baiwariorum, Tit. 1. cap. 14. De colonis vel servis Ecclesiæ, qualiter serviant. *Andecingas legitimas, hoc est, perticam decem pedes habentem, quatuor*

in

in transverso, 40. *in longo, arare, seminare, claudere, colligere, & trahere, & recondere debent.* Quære, an *andecinga* hic, decempedam Romanam respicit, an *acram* nostram; quæ item ex transverso, quatuor perticas numerat, & in longo quadraginta. Scribitur autem aliàs *Andecenas*; nunquid, ab *an* & *decem?* vide supra *An.*

¶ *Andelangus.*] Formull. Solenn. Lindenbr. nu. 18. In donatione ad Casam Dei. *Per hanc chartulam donationis, sive per festucam atq; per andelangum, a die præsente donamus, tradimus, atq; perpetualiter in omnibus transfirmamus.* Idem quasi, Formull. 55, 57, 58, 75, 82, &c. Formula verò, 18. *Trado tibi omnes res meas in terris, mansis, domibus, &c. totum et ad integrum, rem inexquisitam per meos wadros & andelangos.* Saxonicè anδlang significat, *per longitudinem*, nos hodie dicimus Endlong. Fœdus Aluredi & Guthurni, ca. 1. de limitibus agens ditionum. Æreſt ymb uſre land gemæra up on Temese, ⁊ Sonna up on Ligan, ⁊ anδlang Ligan oδ hine æpilm ⁊ Id est, *Inprimis sint termini nostri usq; Thamesim fluvium, atq; inde ad fluvium Leam & (anδlang Ligan, i.) per longitudinem Lea, usq; ad fontem ejus.*

¶ *Andena,* al. *Andona.*] A swath of land, v. *Dole.*

¶ *Andigare, Andigavum.*] v. *Artigare.*

¶ *Anelacius.*] Cultelli genus majoris qui à baltheo lumbos cingente, antrorsum dependebat, & militibus in usu fuit, *Mat. Par.* 385, & 391. bis. v. & adde.

¶ *Angaria, & Anguria*, penult. product. item *Angariari, Angariarius, Angara,* & *Perangaria.*] Ἀγγαρεία vox Persica, per Græcos ducta; est id quod præter debitum exigitur per superiores à subditis: sive in pecunia, sive in obsoniis, sive in operibus personarum, equorum, curruumve, & hujusmodi. Chart. Will. Conquest. Abb. Rames. *Volo ut nullis unquam graventur oneribus expeditionum, nec pontium restructione, nec furis apprehensione; sed ab omni angaria Regalium ministrorum, & aliarum quarumcunq; causarum sint perpetim expediti & liberi.* Brito. Armor. Philippid. lib. 12.

Vexanis nullius census exactio, nullum,
(Ut fieri solet à multis) angaria læsit.

Hinc *Angariare* ἀγγαρεύειν, *cogere & exactionibus onerare.* Epist. Canutonis Regis apud Malmesb. de Gest. Reg. lib. 2. *Conquestus sum iterum coram Dom. Papa, & mihi valde displicere dixi, quòd mei Archiepiscopi in tantum angariabantur immensitate pecuniarum quæ ab eis expetebantur.*

Angariarius. Angarius. Angarus. Et *Angariarius, Angarius, Angarus*, pro exactore (& quem vocant) bidello, seu ballivo. *Angariarius* (inquit Gloss.) *qui agrum locat, ut angariam accipiat.* Ἄγγαρος *vox est Persica* (ait Accursius) *significatq; nuntium; unde Græci translata voce ad quosvis à ios, angaros appellabant bajulos & onera subeuntes.* Dicuntur etiam *Angari*, quos hodie *postas* vocant: & *angaræ*, diversoria ubi hujusmodi *postæ* cursus sistunt. Obsoletus quidam;

Faber in angario annectit barbata gumpho.

Est autem γόμφος *clavus.* De *Angari* vide Brisson. Pratæum, & Lexica Juris. Est autem *perangaria* idem quod *angaria*, id tamen infra vide.

¶ *Angargnaco.*] Baiwarii equum primarium videntur Marach dixisse, mediocre n Wilz, infimum, & in exercitu inutilem, Angargnaco. LL. suæ Tit. 13. cap. 10. §. 3. *Et si (quàm Wilz) deterior equus fuerit quem angarnaco dicimus, qui in hoste utilis non est.*

¶ *Angelus.*] Pro *Legato, Ambasciatore, misso, nuncio,* juxta Græcum. Ekkehardus jun. Cas. S. Galli ca. ult. *Cedamus Angelo Imperii, & ordinem ei congruum dato.*

¶ *Angildum* & *Angildus.*] Simplex valor hominis, aut rei alicujus: Wer gildum, simplex Compensatio rei juxta simplicem valorem seu æstimationem. Ab *an* Saxon. *unus, gilo, solutio, compensatio.* Sic *twigildum*, compensatio duplex, *trigildum*, compensatio triplex, etc. LL. Inæ, cap. 20. *Si tuus geneath, id est, villanus, furetur & aufugerit, admone eum de angelde: & si non habeas, redde tu adgelde, & non sit ei in aliquo remissius.* Idem in fœdere Aluredi & Guthurni M. S. & ibidem, cap. 6. *Si quis in Ecclesia furetur aliquid, restituat & hoc semel, & forisfactum sicut ad angildum pertinet.* Et cap. 9. *Si fœmina prægnans occidatur, dum puer in ea sit: solvatur ipsa pleno gildo, & partus dimidio gildo. Sit semper wyta 60 sol. donec angilde exurgat ad 30. sol. Postquam angildum ad id surgit, postea sit wyta 120 sol.* LL. Inæ M. S. prope finem. Si quis rectum declinet vel aufugiat, persolvat uno *gildo &c.* vide *Geldum.*

Anhlot, Anlot, Anlote.] Decreta Willielmi Conq. apud Hoveden. in Hen. 2. *Francigena qui tempore Edwardi propinqui mei, fuerit in Anglia particeps consuetudinum Anglorum, quod ipsi dicunt* Anlote & Anscote, *persolvat secundùm consuetudinem Anglorum.* Lambardi Editio legit anehlot, & an Scote, & in margine, *un'gò, Scot & lot.* Sensus est, ut unusquisq; pro more patriæ, an-lot & an-scot persolvat, id est, sortem & partem suam. Lot enim *sors* est, Scot *pars* seu *vectigal.* Cur autem an adjicitur, vide supra in vocabulo, An.

¶ *De annatis earumq; origine, & usu.*

¶ *Annatæ*, seu *Annates.*] Sunt Ecclesiasticarum possessionum primitiæ, quas clerus Romanus summo Pontifici pendit: Anglicanus, Regi. Platina in Bonifacio ix. *Tum* verò (hoc est annum circiter 1400.) *Bonifacius Vicecomitum potentiam veritus, sive augendæ ditionis ecclesiasticæ cupidus, annatarum usum beneficiis ecclesiasticis primus imposuit:* Hæc

Hac conditione [illegible] *Dom.* 1214 [illegible] à Johanne [illegible] quodammodo [illegible] (inquit) *Pontifex* [illegible] *primi* [illegible] *per trien*[illegible] Et [illegible] anciquitus [illegible] Johannis [illegible] Quod verò [illegible] nobis [illegible] haud liquet [illegible] quod [illegible] Papam refert hoc Author item [illegible] commento vim ingentem pecuniæ coegisse. Id certissimum est annatas hodie fisco pendi non tantum ex Episcopatibus, verum etiam ex beneficiis quibuslibet Ecclesiasticis annui valoris [illegible] vicariisq; [illegible] lib. nec minor [illegible] unius anni fructus [illegible] gros [illegible] tabulas Regias æstimandos. Has autem Regii census incremento contulit Senatusconsultum An. 26. Henr. 8. quum excuto Papæ, Rex cœnobiorum molitetur excidium, sacrilegi spoliis trophæum Regium insigniret.

Hist. lib. 7. cap. 42.

Me ut liberem, *Polydorum* audi, de Inventione rerum, lib. 8. cap. [illegible] *Cæterum, nullum inventum* [illegible] *Romano Pontifici cumulavit opes, quam* [illegible] *quas vocant, usus, qui omnino* [illegible] *est, quam recentiores quidam scriptores suspicantur; & annatas more suo appellant primos fructus unius anni sacerdotii vacantis, aut dimidiam eorum partem. Sanè hoc vectigal jampridem, cum Romanus Pontifex non haberet tot possessiones, quot nunc habet, &* [illegible] *pro officio, multos* [illegible] *facere* [illegible]*, paulatim impositum fuit sacerdotiis vacantibus, quæ ille conferret. De qua quidem re, ut gravi, sæpe reclamatum fuisse testatur Henricus Hostiensis, qui cum Alexandro quarto Pontifice vixit, sic, ut Franciscus Zabarella* [illegible] *posthac in concilio Viennensi, quod Clemens quintus indixit, qui factus est Pontifex anno salutis humanæ* MCCCV. *agitatum fuisse, ut ex deposito annatarum* [illegible]*, vigesima pars vectigalium sacerdotiorum penderetur quotannis Romano Pontifici, & id quidem frustra. Quare Pontifex annatas in sua* [illegible] *retinuit, ut ex* [illegible] *exire possent. At* [illegible] *omnia in commentariis in caput, inter cætera, de officio Ordinarii, scripta leges.* Et mox. *At* [illegible] *illud annatarum ab initio omnes generatim populi subire minus recusarunt, extra Anglos, qui solis minoribus sacerdotiis, quando ea Pontifex dabat, id servitutis impendendum non consuerunt. Nam Romanus Pontifex minorum quoque sacerdotiorum aliarum gentium quæ ipse confert dimidiam* [illegible] *vectigalium unius anni partem, si plures viginti quatuor aureis æstimentur.* Vide Apostolos

[illegible] expositionem [illegible] per [illegible] Cardinal[illegible] *De* [illegible] quod integro libello [illegible] Nich. [illegible]

¶ *Anniversarium*] [illegible] defuncti cujus memoria celebra[illegible] [illegible] Romæ ab Anacleto primum [illegible] Pontificibus Romanis [illegible] Martyrum dignitati [illegible] memoriam annua [illegible] bentur. Posteriores [illegible] anniversaria curabant perficienda [illegible] prædia Ecclesiis elargiebantur [illegible] animabus preces annuò funderentur, [illegible] cunias cibariaq; inter pauperes distraherent. Hæc autem omnia uti superstitiosis usibus delegata, fisco apud nos adscripta sunt, An. pri. Edw. 6. cap. 14. Anniversariorum formulas perplures habes Alamannicarum antiquit. Tom. 2. par. 2. sub Tit. *Alamannica Ecclesia anniversarii*, ubi sic in exordio: *Norpertus Abbas* [illegible]*, primus inter Abbates anniversarium suum observari ordinavit, largitis aliquibus bonis in usum fratribus in sancto die Paschæ ministrandis. Is etiam de suo instituit anniversarium S. Wiboradæ Martyris & virginis Christi. Postea autem* [illegible] *bus demum Abbatis *Mangoldi, anniversaria coepti sunt in Alamannia ab omnibus utriusque sexus celebrari, circa annum Domini MCCLXII.*

Videas hæc in usu fuisse inter Anglo-Saxon. lib. Rames. Sect. 134. temp. Reg. Edgari.

* Non fuit Abbas, sed tantum decanus & præpositus.

¶ *Annona.*] Pro frumento in genere. Propriè verò, quicquid in annuum alimonium reconditur. LL. Edw. Confess. cap. 8. *De omni annona decima garba Deo debita est.* Domesdei Titt. Wiltesc' Vicecom. *Edwardus vicecom. habet — annona* CCLxii *acras.* L. Salic. Tit. 24. §. 1. *Si quis ingenuus in alieno molino annonam furaverit, &c.* Specul. Saxon. lib. .... Tit. 69. *Qui prius annonam molendino præsentaverit, prius molere debet.* Hinc nostrum adagium, First come, first grind. LL. Burgund. Tit. 23. §. 2. *Area annonaria.* Id est, locus ubi frumentum excutitur. Wisegoth. 9. Tit. 2. l. 6. *Annonarius* dicitur erogator & dispensator annonæ.

Area annonaria.

Annonarius.

¶ *Annus & dies.*] Gall. *Susan.* Temporis spatium Juri nostro familiare, cùm ad ignaviam aliquibus coercendam, tùm ad ambigua multa definienda, constitutum. Utpote, si disseisitus (quem vocant, id est, prædio suo ejectus) infra annum & diem ante dilapsum ad hæredem disseisitoris prædium, nec hoc ingressus fuerit, nec debitè vendicaverit: id denuò ingredi non admittitur. Item, Si quis lethaliter vulneratus, infra annum & diem non obierit, ex vulnere mori non præsumitur. Plura hujusmodi (in vocabulis *Appellum*, *Extrahura*, *Finis*, *Wreccum*, & libris juridicis) quæ à Germanis nostris parentibus originem videntur adscivisse. Lib. Feud. Barat. Ex L. Imperialem

De computatione anni V. Synod. Celichith; An. 816. *cap.* 8.

perialem. De prohib. feu. alien. Per Frid. *Si quis infeudatus major 14 annis, sua incuria vel negligentia, per annum, & diem steterit, quòd feudi investituram à proprio domino non petierit, transacto hoc spatio, feudum amittat, & ad dominum redeat.* Longob. lib. 2. Tit. 43. l. 3. *Si cujuscunque hominis proprietas, ob crimen aliquod ab eo commissum, in bannum fuerit missa, & ille re cognita venire, & justitiam facere distulerit, annoque ac die in eo banno illam esse permiserit, ulteriùs eam non attingat, sed fisco nostro societur.* Formull. Liudenbrog. 142. De venditione servi, --- *In omni corpore scimus enim sanum, usque anno & die.* Specul. Saxon. Artic. 38. *Qui per annum & diem in proscriptione Imperatoria majestatis denique steterit, ille Juri erit alienus, & ejus feudum domino liberum vacabit, &c.* Ubi Gloss. German. **Jar und tag ist sechs wochen, und ein jar**, id est, *Annus & dies, sunt sex hebdomada, & annus unus.* Qua computatio extensior fieri videtur in favorem delinquentis.

Anni verò, & temporis, & partis ejus ratio, apud Anglo-Saxones, diversa fuisse videtur à nostrâ; horarumq; divisio, secundùm Judæorum illam facta esse. Vide infra *Hora*, & *Nona*.

¶ ***Anslehin.***] Chart. Alaman. 80.

¶ ***Ante castellum*** seu ***Anticast.***] V. *Malvvisin.*

¶ ***Antegarda.***] Gesta Ludovici Regis fil. Ludov. Grossi. *In illo conflictu Christi militia tam damnoso, non fuit aliquis de antegarda.* A Gallico *avantgarde.*

¶ ***Antemurale.***] Lorica, seu alia defensio ante murum hostibus objecta. Dictionario veteri, **a barbycane**, quod infra vide. Verbo utitur Will. Tyrius de bello sacro, lib. 5. cap. 4.

¶ ***Antenati.***] Vide *Postnati.*

¶ ***Antheropsita***, ***Antheropita***, & ***Antheroposita.***] Anastasius in vita Stephani Papæ 2. *Precedens in latania cum sacratiss. imagine Domini Dei & Salvatoris nostri Jesu Christi, qua antheropsita nuncupatur.* Ibi in nota ad marginem, *Fortè, acheropita.*

¶ *Antiphonarum origo & propagatio.*

¶ ***Antiphona, Antiphonarum.***] *Antiphona* ab ἀντὶ & φωνὴ, quasi *vox contra vocem.* Isodor. Orig. lib. 6. ca. 19. *Antiphona ex Græco interpretatur vox reciproca, duobus scil. choris alternatim psallentibus, ordine commutato, sive de uno ad unum, quod genus psallendi Græci invenisse dicuntur.* Sigeberti Chronicon in An. Dom. 382. quod fortè à recentiore adjicitur. *Ut autem chori in duas partes divisi, ipsos psalmos alternatim cantarent, jam tempore Constantii Imperatoris in Ecclesia Antiochena instituerant primi, Flavianus & Diodorus, viri probatæ vitæ & doctrina, quod inde ad terminos totius orbis usque pervenit.* Sed originem rei multò antiquiùs repetit Socrates, lib. 6. cap. 8. in Honorio & Arcadio: Ἰγνάτιος ἀντιοχείας τῆς συρίας, τρίτος ἀπὸ τοῦ ἀποστόλου πέτρου ἐπίσκοπος, ὃς καὶ ἀποστόλοις αὐτοῖς συνδιετέτριφεν, ὀπτασίαν εἶδεν ἀγγέλων, διὰ τῶν ἀντιφώνων ὕμνων τὴν ἁγίαν τριάδα ὑμνούντων, &c. Id est, *Ignatius Antiochiæ Syriæ tertius à Petro Apostolo Episcopus, & cum ipsis multum versatus, Visionem vidit angelorum antiphonis hymnis sanctam Trinitatem collaudantium: & canendi formam in illa visione exhibitam, Antiochenæ Ecclesiæ tradidit. Unde etiam in omnibus Ecclesiis illa traditio recepta est.* Rem à Græcis ad Latinos detulit Ambrosius. Sigebertus in An. 387. *Ambrosius Episcopus ritum, Antiphonas in Ecclesia canendi, primus ad Latinos transtulit à Græcis: apud quos hic ritus jamdudum inoleverat ex instituto Ignatii Antiocheni Episcopi & Apostolorum discipuli, qui per visionem, &c.* prout Socrates. A Romanis verò in Franciam duci videtur hic ritus, tempore Gregorii Magni: perfectionem autem suscepisse sub Carolo Magno, ut mox infrà dicetur.

Antiphonarius seu *antiphonarium* est liber ad rem divinam pertinens, qui continet antiphonas. *Et nota* (inquit Guillermi. Lindewode, provincial. lib. 3. Tit. de Ecclesiis ædificand. ca. ut parochiani) *quod tale antiphonarium non solùm continebit in se antiphonas prout ipsa dictio nudè sonat, sed etiam continebit [in]vitatoria, hymnos, responsoria, versus, collecta, capitula & alia quæ pertinent ad decantationem horarum canonicarum, tam pro matutinis, prima, tertia, sexta, nona, vesperis, & completorio.* Est igitur *Antiphonarium* aliud diurnum, aliud nocturnum; quod & indicat Leo Marsic. Cassin. Hist. lib. 3. cap. 62. Et Romanum antiphonarium composuisse fertur S. Gregorius, eumq; notâ Romanâ notasse, quem postea Adrianus Papa, Carolo Magno dedit cum Theodoro & Benedicto Romanæ Ecclesiæ doctissimis cantatoribus; ut juxta eundem, cantum Gallicum emendarent. Quod & factum est, & nota Romana deinde Francica appellata: ut inter plura in Vita Caroli M. legas à Monocho Egolismensi & aliis descripta. Nec taceam in Cœnobiolo obscuro de Crabhuse, agro Norfolciensi, duo antiphonaria sub An. Dom. 1424. viginti sex marcis constitisse, ut è Codice ejusdem M. S. vidimus, hoc est, juxta valorem hodiernæ nostræ pecuniæ circa 52. lib. En librorum æstimatio eo seculo, V. infra capit. *De libris ad rem divinam in Ecclesia Romana pertinentibus*, in vocabulo; *Legenda.*

Antiphonarius. Antiphonarium

¶ ***Antistita.***] Nonnunquam occurrit pro *Archimandritissa* sive *Abbatissa*: Et olim aliquando pro uxore Episcopi. Hieron. Heminges Genealog. Tabell. par. 1. pa. 302. in geneal. Rhetiæ Curiensis Principis, &c. *Paschalis qui & Zacco senior, Comes Brigantinus, Præses Rhetiæ, & Episcopus Curiensis 14, cum filio Victore, monialium cœnobium Cazzes vel Zacces in Tumiliasca super Rhenum situm fundavit, mortuus A. C . . . . . . Uxor*

Esopeia al. Episcopia Comitissa de Rhetia alia que in fundatoriis literis monasterii Zacces, se nominat Antistitam Chur ensem. Seculum quo Paschalis iste vixerit, ex eo conjicias, quod Tello ejus ex filia pronepos, obiisse illic dicitur, An. Ch. 784.

¶ *Apares.*] vide *Appares.*

¶ *Apennis & Appennis.*] Formulæ vett. Marculfo adjectæ: & cap. 46. Formul. Lindenbrog. 106. *Mos nobilium Romanorum adsuevit, & ratio jure deposcit, ut si cuiuscunque domus igne crematur, per seriem scripturarum, chartulam relationis quæ dicitur apennis rec. pit.* Paulò infra. *Et quia ille index, vel vicini pagenses ipsius, ad præsens ita dixerunt, & testimoniaverunt, quod ad hoc videndum necesse rant, sic verò & actum aderat --- chartulam relationis, quæ dicitur apennis ei dare decreverunt*, &c. In capite etiam hujus Chartæ sic inscribitur: *Relatum quod dicitur apennis.* Et in Formula 107. *Propterea ei necesse fuit ut unà cum notitia pagensium (qui hoc benè cognitum habeant) Turoni Civitati appennem exinde deberet adfirmare.*

q. Literas testimoniales.

¶ *Apertum.*] Substantivè positum. Copertum V. *Curtillum.*

¶ *Aplata.*] In veterrimo quodam Statutorum M. S. capit. *Expositio vocabb. Juris* sic habetur: *Aplata, hoc est, pro certo*: quod nec in impresso codice, nec in aliis M. S. deprehendimus. Numquid à Græco ἁπλᾶ, quod juxta Suidam, est μονοειδῆς, *res unius faciei, res simplex, & immutabilis*; Sive ἀπλατής, quod significat *rem sine latitudine*, & quod instar lineæ prævaricationem non admittit? πλάτ☉ enim *latitudo*: *a*, privativum est.

¶ *Apicularium, Apile.*] *Alvearium, alveus.* L. Baiwar. Tit. 21. §. 8. *examen ex apili elapsum.*

¶ *Apocrisiarii nomen, & varium munus.*

¶ *Apocrisiarius.*] Vox Ecclesiæ. Qui est *à responsis, Responsalis*: Ἀπόκρισις, *responsum*, ἀποκρίνομαι, *respondeo*: Primitus & propriè intelligebatur de *responsali negotiorum ecclesiasticorum* (ut hunc vocat Hincmarus) hoc est, qui causas Ecclesiæ ad Imperatorem detulit, ejusq; ad supplices responsum; vel consultus de re Ecclesiæ, responsum præbuit seu consilium; ex quo etiam quibusdam *à Consiliis* appellatus est. Male igitur 1. q. 7. *Convenientibus*, per *y* & *h* scribitur *Apochrysariis*: quod glossographo imposuit, ut ad id vocabulum notaret, *apos*, nuntius, & *chrysis* aurum, quasi *deaurati nuntii*, *&c.* Paulò fœlicius, alius ad ca. *Significasti. De elect.* *Apocrisarii* (inquit) *dicuntur nuntii Dom. Papæ. q. secretarii, nam crisis quandoq; dicitur secretum.* Sed omnino perperàm quidam scribunt *hypocrysiarius.*

Hypocrysiarius.

Apocrisiarii ministerium (inquit Hincmarus Archiepisc.) *ex eo tempore sumpsit exordium, quando Constantinus Mag. Imperator, Christianus effectus ---- locum & sedem suam, urbem scil. Romanam Papæ Silvestro, edicto privilegii tradidit, & sedem suam in civitate sua quæ antea Byzantium vocabatur --- ædificavit: & sic responsales tam Romanæ sedis, quam aliarum præcipuarum sedium, in palatio pro ecclesiasticis negotiis excubabant.* Munus, primò exequebantur Episcopi; sed cum ipsos prohiberent canones, à suis abesse parochiis; Presbyteris delatum fuit & Diaconis: eoq; functus est Gregorius Mag. dum adhuc esset in Diaconatu. Unde Marianus Scotus in An. Dom. 575. *Gregorius* (inquit) *Apocrisiarius in Constantinopoli, & postea Papa, in Job expositionem condidit.*

Hac autem acceptione, cùm non differat Apocrisiarius à quovis Legato qui in Aula Imperii negotia illustrioris alicujus Ecclesiæ promovebat, ipsi quidem Legati, Apocrisiarii dicti sunt; nec tantum Papæ, sed aliorum etiam Episcoporum: immo nuntios suos, ad Panormitanum Archiepiscopum, pallium deferentes, *Apocrisiarios* vocat Pascalis cap. *Significavit de elect.*

Sed in Aula Regum Francorum, Apocrisiarii munus, omnium palatinorum honoratissimum fuit; etiam ordinarium, & perpetuum. Post regem enim, Reginam, & Regiam prolem, primas tulit: nec solum omnem clerum palatii, sub suo habuit imperio, adjunctumq; summum Cancellarium; sed uti Comes Palatii, omnibus præfuit negotiis & hominibus secularibus; ita Aphorisiarius iste (qui Capellanus itemq; dictus est & Custos Palatii) omnibus præfuit negotiis, & ministris Ecclesiæ. Neq; inconsulto ipso, domi forisve quid definiri poterat, in re Ecclesiæ: ut fusius legas apud Hincmarum Epist. 3. cap. 13. & seqq. Meminit etiam τῆ ἀποκρισιαρείας in Aula Orientali, Codinus Curopalates; officium tractans τῆ πρεσβευτικῆς.

Apocrisiarius palatinus.

Repetitur verò Apocrisiarii genus, antè Constantini seculum sub Traiano & Nerone: ut è Suida constat, in vocabulo Διονύσι☉ Ἀλεξανδρεὺς, quem fuisse tunc temporis asserit --- *ab epistolis & legationibus*. Καὶ ἀποκρισιαρίων, id est, *à responsis* seu *Apocrisiarius.*

Apocrisiarius sedis Apostolicæ, qui & in rubrica 43. Epist. lib. 11. Gregorii, *Responsalis Apostolicus* dictus est; non solùm appellatur Romani Pontificis Legatus, sed aliarum etiam illustrium Ecclesiarum. Sic Meldensi Synodo septima, Act. pri. & 1. q. 7. cap. 4. *Convenientibus apud Nicænam Bithyniæ --- & Tarasio Archiepiscopo Constantinop. & Johanne, & Thoma Apocrysariis Apostolicarum sedium orientalium, &c.* Glossæ, ad *orientalium.*] Alexandriæ, Antiochiæ, & Hierosolymis. De hoc vide plura mox in *Apostolus.* Recentioribus, *Apocrisiarii* dicuntur Episcoporum Cancellarii.

Apocrysiarius sedi Apostolicæ. Responsalis Apostolicus.

¶ *Apophoreta.*] *Cista, theca, capsula* Glaber,

Glaber Rodulp. lib. 4. cap. 3. *Ossa evellens è cineribus nuperrimè defunctorum hominum: sicq; impositis in diversis apophoretis, venditabat apud plurimos, pro sanctorum Martyrum & Confessorum reliquiis.* Hoc mox infra *cassellam* vocat & *feretrum*.

Apophoreta autem propriè dicebantur munera quæ in Saturnalibus (mense olim Decembri summo cum fastu & lætitia celebratis) xenia dantes, ab accipientibus referebant: ἀποφέρειν enim est *referre*. Vide *Xenia*.

¶ *Apostare.*] LL. Edwar. Confes. ca. 35. Tit. de Herotochiis. *Qui leges apostabit --- wera sua reus sit apud Regem, & si secundò id faciat, reddat bis weram: & si quid addat tertiò, reus sit omnium quæ habebit.* Idem propemodum totidem verbis in LL. Hen. 1. cap. 13. sed illic legitur *apostatabit*, quo verbo Cyprianus & Coepiscopi utuntur in Epist. ad Cornelium Papam, pro *deficere, resilire, tergiversari*; à Græco ἀποστατεῖν. Lambardus verò ad *apostabit*, notat, *id est, violarit*; ac si *legem apostare*, idem esset quod *laghslit* dicitur apud Anglo-Danos. Pœna autem admodum diversa fuit in ut vocabulo *laghslit* videas. Dictionarium vetus ponit pro *exorbitare*, subjungitq; *vinum & mulieres faciunt apostare sapientes.* Sententia autem illa est Ecclesiastici, cap. 19. 2. Ubi hodie legitur *apostatare, non apostare.*

¶ *Aporiare* & *Aporiari.*] A Græco ἀπορεῖν, *hærere, dubitare, penuria laborare*: unde ἀπορεῖσθαι *ad summam angustiam redigi.* Testament. Philip. Reg. Fran. in Terram sanctam peregrè profecturi, An. 1190. apud Rigordum. *De eadem medietate donabunt illis qui per tallias nostras aporiati sunt, &c.* hoc est, qui nostris exactionibus laborant, aut fiunt pauperes. Angli inde *poze* dicimus. Priscus quidam,

Aporio *si sit* Activum, *tanta notabit,*
Indicat, & aperit, depauperat, atq; revelat.
Cùm neutrum, *signat tunc anxier atq; laboro;*
In sensu & tali Deponens *vult reperiri.*

Biblior. Interp. vulgaris, Esaiæ 59. 16. *aporiatus* legit, ubi alii, *admiratus*: & 2 Cor. 4. 8. *aporiamur* (Græcum secutus) *pro hærentes sumus vel perplexi.*

¶ *Apostolica.*] plurali. Concil. Aurelianens. 2. An. 526. cap. 13. in rubrica, *Ne ullus præter Episcopum apostolica dare præsumat.* Et ibidem in textu, *Abbates, martyrarii, reclusi, vel presbyteri, apostolica dare non præsumant.* Ibi Binnius: *hic canon valdè obscurus habetur.* Additque in margine ad *Epistola*: sed hoc æquè obscurum si non corruptiùs. Adjungam Synod. Turon. 2. An. 570. cap. 6. *ut nullus clericorum vel laicorum præter Episcopos, epistolia facere præsumat.* Meursius, ἀποστολικιον *habitus Apostolicus; id est, Pontificalis sive Episcopalis.*

¶ *Apostolici, qui, & quorsum.*

¶ *Apostolici.*] Propriè dicuntur Episcopi, qui in Apostolorum cathedris successerunt. Sed cùm omnes Episcopi locum tenent Apostolorum (ut Hieronymus in epist. ad Marcellam, Augustinus in pede Ps. 44. & 12. q. 1. cap. *videntes*, asserunt) in morem abiit ut omnes utiquè Apostolici dicerentur. Præsertim apud mediorum seculorum Scriptores, ut abundè liquet è Marculfi formulis, An. circiter Dom. 660. conscriptis. Ubi lib. 1. cap. 2. *Ille Rex, viris Apostolicis, patribus nostris.* Cap. 5. *Ille Rex, Apostolico illi Episcopo.* C. 6. *Domino sancto, sedis Apostolicæ dignitate colendo in Christo patri, illi Episcopo, ille Rex.* Ca. 7. *Vir Apostolicus ille, illius urbis Episcopus*: & ita pluriès. Sic in exordio epistolæ Clodovei ad Synod. Aurelianens. 1. *Dominis sanctis & Apostolica sede dignissimis Episcopis, Clodoveus Rex.* Et in fine ejusdem: *Orate pro me DD. sancti, & Apostolica sede Papa dignissimi.* Et Gunthramnus Rex in edicto Concilii Matiscon. 2. ditionis suæ Pontifices alloquutus: *Vos* (inquit) *Apostolici Pontifices.* Infinita hujusmodi apud Authores: unde Episcopalis dignitas, etiam *Apostolatus* dicta est. Stephanus presbyter in epist. ad Aunarium Episcop. *Decursis literis Apostolatus tui, &c.* Et Episcoporum Legati, *Apostolici*, ut supra in *Apocrisiario*. *Apostolatus*

Subsequentibus autem seculis *Apostolici* nomen (quemadmodum & *Papa*) apud Pontificem Romanum solummodò remansit, qui etiam *Apostolus* dictus est, præsertim à Gallis. Godfridus Willahardovinus (historiæ Constantinop, Gallicus Author, ut notat Meursius) ante annos 400. —— *elle vient à l'Apostoille de Rome Innocent: & l'Apostoille envoia en France, & manda al prodome.* Sic crebrò item Trevettus; cujus historia circiter An. Dom. 1347. Manu exarata apud me extat, singulis foliis inscripta, *Les gestes des Apostoiles, Emperours, è Rois*: pro, *Gesta Paparum, Imperatorum, & Regum.* Et uti S. Gregorius dictus est à Beda, *Anglorum Apostolus*, quòd Anglo-Saxones ad fidem duxit: ita & Clotildis Regis Clodovei uxor, *Francorum Apostola* nuncupata est, quod prima apud eos Christiana, cæteros fecit ad Christum provehi. Sic Mag. Chron. Belg. sub An. Dom. 500. *Apostolus.* *Apostola.*

Apostolus item pro *legato* & *nuntio Principis.* Luitprandus in Legat. ---- *consonantia scripta juramento firmata sunt, ut omnium gentium Apostolis, id est nuntiis, penes nos, Bulgarum Apostoli præponantur.*

Apostoli item dicuntur litteræ dimissoriæ, quæ ab eo à quo appellatum erat, ad eum qui de appellatione cogniturus erat, testandæ appellationis causa dabantur, ut I Consultorum lexica (ad quæ te relego) copiosè indicant. A Græco ἀπόστολη, i. *Dimissio.* Exemplar hujusmodi *apostolorum* egregium habes inter opera Nich. de Clemanges, pa. 82. & seqq.

Apostolus pro classis Præfecto, seu Admiralio. Nam uti apud Romanos, dictus est *Episcopus* qui oræ maritimæ prospiciebat (ut supra ostendimus in Admirallio) ita Athenis ἀπόϛολ☉ qui curam navigii gerebat, & ἀπόϛολοι *classium apparatus, expeditionesque maritima*, ἀπὸ τοῦ ϛόλου.

¶ *Apothecarii*.] Ratiocinatores, procuratores. Angl. [illegible]. Concil. Carthag. 1. can. 9.

¶ *Appares*.] Dicti à *paritate* (q. *adpares*.) *Compares*. Gregor. lib. 5. Epist. 152. *Gregorius, Pelagio de Turinis, & Sereno de Massilia, Episcopis Galliarum aparibus*: cum *p*. simplici. Ibidem Epist. 54. *Gregorius Desiderio Vienensi, & Siagrio Augustino, Episcopis Galliæ aparibus*. Et lib. 7. Epist. 110. *Gregorius Syagrio, Hetherio, Virgilio & Desiderio, Episcopis aparibus*.

¶ *Applumblarius*.] Glossographus ad Gratian. 1. q. 7. ca. *Convenientibus*: in etymologia vocab. *Apochrysariis*, quod nuntios Papæ designat, *Apos* (inquit) *nuntius, chrysis, aurum, quasi deaurati nuntii*. Parùm fœliciter; at subnectit, *tales hodie non sunt Papæ applumblarii*. Ubi (*l*) arcendum censeo, ut legatur *applumbarii*, vel *adplumbarii*: hoc est qui dis juncta, plumbo conglutinant; istoq; sensu ministri Papæ plumbea sigilla bullis annectentes, bene nuncupentur applumbarii.

¶ *Appellum, Appellare*.] Vox forens. Est prosequutionis genus in foro Angliæ, quo quis verbis legitimè conceptis, suo nomine, non regio, alium ergo postulat, ut reum comprobet feloniæ: seu *de luy attainder de felony*, ut Briton loquitur, & Stamford, lib. 2. cap. 6. Datur autem appellum, in quibusdam casibus non propriè felonicis, ut de mutilatione membrorum; quod Bracton *de plagis & mahemio* vocat: De injusta incarceratione, quod *appellum* nuncupat *de pace & imprisonamento*. In his tamen appellans dicet, quod appellatus *hoc fecit nequiter, & in felonia*, ut Bract. lib. 3. trac. 2. cap. 25. Non competit autem *appellum* in omni felonia, nec in eadem omnibus: nec ullis achronicè, hoc est extra constitutum tempus, annum scil. & diem, post scelus commissum: ut Stat. Glocestr. cap. 9.

Appellare. *Appellare* ergo dicitur, qui *appellum* prosequitur; *Appellans*, Actor; *Appellatus*, reus: quæ tamen omnia apud nos aliàs significant, ut in Jure Civili.

¶ *Appenagium*, & *Appanagium*.] Apud Francos dicitur, illa dominorum prædiorumq; portio, quam Reges Franciæ (eorumq; exemplo proceres) minoribus suis filiis in patrimonium largiuntur. Sub fiducia tamen, ut deficiente prole mascula, ad donarem redeat, vel ipsius hæredem: & ab istis quidem appennagiis, minores illi filii sua solent adsciscere cognomina. Hotomannus in Franco-gallia, cap. 9. vocabulum factum opinatur ab antiquo Francico *abbannen*, id est excludere: quòd accepta ea portione, *exclusos* (inquit) *se à Regni successione intelligerent*. Choppinus Paulum Æmylium sequutus, longè aliter; De Domanio Franciæ, lib. 1. cap. 6. *Balduinus Flander, quamprimùm Orientis Imperator salutatus est à Francis proceribus, qui Thraciæ expeditionis illi comites adfuerant, singulis dedit Thracias ditiones, lege hac beneficiaria, ut quartam partem vectigalium publicorum fisco inferrent Byzantii Augusti, seq; ei obstringerent sacro-sancto, ac panagio jurejurando, An. 1205. Quod Græcum vocabulum, communiter etiam postea usurpavimus Franci, velut è Franco-Græcia ortum; ut refert Paulus Æmylius in Philippo Theodato Francorum Rege. Unde nec verebimur cum Æmylio, hoc in opere, sparsim Panagii verbo uti, pro eo quod Appennagium vulgus vocat*. Et lib. 2. cap. 2. *Panagium* dicit quasi τὸ πᾶν ἅγιον, id est, totum sacrum, propterea quod domanium Regni (ex quo conficiuntur appennagia) sacro-sanctum est, purumq; putumq; ut suis utar verbis.

Mihi autem videtur *panagium* dici à pane; ut itemq; apud barbarolatinos *potagium* à potu. Et neutrum, terminationem Græcam ambire (ut nec cætera ejusmodi) sed Latinam agnoscere, *agium*, ab *ago*, quod in compositione significat actum, exhibitionem, vel ministerium rei. *Aquagium* (inquit Festus) *quasi aqua agium, id est, aquæ ductus*. Sic apud nos, *Homagium*, est actus vel ministerium hominis. *Paragium*, ministerium parium. *Terragium*, tributum quod terra agit, hoc est, exhibet. Num quis dixerit, *Paragium*, quasi paritas ἁγία, i. sancta? *Homagium*, quasi hominium sacrum? aut hujusmodi? Novi πανάγιον legi apud Codinum, quasi pro pane sancto, seu Benedicto, ut Junius & Meursius volunt, sed de hoc vide infra in *Panagia*. Panagium.

Reperiuntur autem, & *panagium*, & *companagium*, apud nos Anglos (quibus nihil cum Græco Imperio) per multa lustra, ante Balduini Flandri seculum; nec aliud quàm alimentum simpliciter, vel alimentum cum pane edendum, designantia, ac si *panagium* & *appanagium*, aliud non essent, quàm prædium datum ad *panagium*, i. alimonium filiorum, Plura vide in ipsis vocabulis. Hæc autem si vox legenda sit, *panagium*, vel *appanagium*.

Si verò (quod antiquius & vulgarius est) scribendum sit *appennagium*, haud video cur non dicatur ab *appendendo*, quasi *appendagium* junioris filii: vel *appendagium* coronæ Franciæ, propterea quòd res ipsæ in hunc modum datæ, ejusdem sunt appendices, & quales in Divi Edouardi legibus, *appendicia coronæ Regni Britanniæ* nuncupantur. Facilè etiam liquescit *appendagium*, in *appennagium*, ut promiscuè etiam utuntur, *arpendium* & *arpennium*. Appennagi

Appo-

¶ *Appodiare.*] *Incumbere, inclinare, inniti in rem aliquam.* Walsing. Ypodigm. Neustr. An. 1271. *Ipsum ad fenestram quandam appodiantem ex improviso cultello occidit.* Vocabular. vet. *Apodio, as*, **to lean.** Brito Armorican. Philippid. lib. 2.

Fossis jam plenis, parmas ad mania miles
Appodiat, sub eisq; secare minarius instat.

Jurisconsultorum turba coërcita; & Parlamentariis comitiis exclusa.

¶ *Apprenticii.*] q. *apprehensores.* Qui ediscendi alicujus artificii gratia, ex pacto serviunt ad tempus constitutum; quod plerumq; est, vii annorum. A Gall. *apprenti*, i. tyro, discipulus, novitius in aliqua facultate: unde *apprentissage* pro tyrocinio; & *apprentissage d'advocas plaidans*, pro tyrocinio Jurisconsultorum. Apud nos utiq; dicuntur alii, *apprenticii ad legem*, alii olim *apprenticii ad barras*. Hi quod post septenne (vel id circiter) studium, cancellos fori (quos *barras* vocant) salutare, atq; illic causas agere permitterentur. Illi quod in facultate Juris provectiores, lectiones item publicas edidissent. Causabar (nec immeritò) hodiernam istorum multitudinem, sed deprehendi apud Fortescuium fuisse ævo Henrici VI. in hospitiis Juris majoribus & minoribus circa duo millia studiosorum. Mirum equidem sub uno velut seculo incrementum, bellis etiam tum intus atq; foris sævientibus. Vide enim quid in rescriptis Parlamentariis an. 20. Edouardi I. Rot. 5. in dorso exhibetur. *De atturnatis & Apprenticiis, D. Rex injunxit, J. de Mettingham & sociis suis, quòd ipsi per eorum discretionem, provideant & ordinent certum numerum de quolibet Comitatu, de melioribus & legalioribus & libentiùs addiscentibus, secundum quod intellexerint quòd Curiæ suæ, & populo de regno meliùs valere poterit, & majus commodum fuerit: & quòd ipsi quos ad hoc elegerint, Curiam sequantur & se de negotiis in eadem Curia intromittant, & alii non. Et videtur Regi & ejus Consilio, quòd septies viginti sufficere poterint. Apponant tamen præfati Justiciarii, plures si viderint esse faciendum, vel numerum anticipent: & de aliis remanentibus, fiat per discretionem eorundem Justiciariorum*, &c.

[Margin: In custod. Camerar. Scacca.]

[Margin: Videtur, non fuisse sub hoc tempore status in foro regii tribunalis Attornatos: nisi fortè Filizarios. Quære.]

Prohibuit Rex Henricus IV. legum *Apprenticios* ad Parlamentaria comitia Coventriæ habita 6 die Octob. anno Regni sui sexto in Comitatibus eligendos, ut non solum meminêre Annales nostri, sed ipsum etiam Breve Parlamentarium unicuiq; Vicecomiti directum, datumq; 25 die Aug. anno ejusdem 5. uti patet ibidem in pede, viz. *Nolumus autem quod tu seu aliquis alius Vicecomes regni nostri prædicti, aut Apprenticius sive aliquis alius homo ad legem aliqualiter sit electus* &c. Hinc Parlamentum illud Laicorum dicitur & indoctorum, quo & jugulum Ecclesiæ atrociùs petebatur.

[Margin: 2. Pat. Clauf. in dorf. n. 4.]

¶ *Aquagium*, & *Aquagaugium*, al. *Watergaugium.*] In palustribus nostris regionibus sunt aquæductus, & fossæ per quas eliciuntur aquæ. Vox prior Festi est, quam ipse interpretatur *aquæ agium, id est, aquæductus.* Alteræ, incertæ compositionis, sed quas mallem legi, *aquagangiam*, & *watergangium*, à Saxon. pæteɼ ʒanʒ, quod est, iter, meatus, transitus (vel ut habetur in antiqq. Chartis) decursus aquæ. Sic fortè emendandus codex impressus. Sed tamen *watergages* dicimus, signa ideo in ripis, vel alibi posita, ut aqua superius intumescere non patiatur, ne submergat vicinum prædium: ubi *gage* pro cautione (Juxta Gallicum) intelligendum est. Ordinatio marisci de Romeney facta temp. Henr. 3. & Ed. 1. pa. 72. *Non liceat alicui de cætera facere dammas vel fordas aut alia impedimenta, in aliquibus landeis, watergangiis, fossatis sive aquagiis communibus in marisco prædicto.* Et pa. 69. *Eodem modo fiat & observetur, in omnibus aquagangiis, infra præcinctum dicti marisci.* Item mox, *Et quod ipse* (ballivus) *in propria persona sua, omnes collectores & expenditores, tam generales scottas, quam speciales aquagangias assessas, ut prædictum est, onerabit, per sacramentum fideliter levare, expendere, & computare, &c.* Hoc autem loco, *aquagangias assessas*, dici videtur pro *taxationes impositas*: ideoq; interpres vertit, **As well the general as several Assessments, as is aforesaid shall charge, &c.** Vide *Wallium.*

¶ *Aquæ judicium.*] Vide Judicium aquæ, & Ordalium.

¶ *Aquæmanilis, Aquamanile*, & *Aquiminale.*] Græcis χέρνιβον, est malluvium, quod in templorum vestibulis antiquitùs extitisse, indicat Synesius Epist. 121. ut notat Lydius: & liquet apud P. Diaconum, in Valentiniano. Anastasius de Innocentio, An. 402. *Obtulit --aquamaniles argenteas pensantes sing. libras* 16. In reliquis, ita pluries. Leo Marsic. lib. 3. ca. 73. Inter ornamenta Ecclesiæ Casinens. *Urceus cum aquimanile suo.* Gloss. vett. Lat. Græc. Tit. de æreis: *Aquale vide χέρνιον.*

¶ *Arabant* & *herciabant ad Curiam domini.*] Sæpe occurrit in Domesd. illud denotans: quod ejusmodi vassalli tenebantur, arare & herciare terras domini infra Curiam, id est, infra manerium suum. Est autem *herciare*, dentata crate glebas comminuere, à Gall. *herse*, pro illiusmodi crate.

¶ *Aralia. plur.*] *Agri culturæ dati, Arva.* Vox quæ naturam soli expressiùs indicat, quàm *carucatas terræ*; nam hæc etiam dicitur de inculto: quantitatem potiùs respiciens, quàm habitudinem. Domesd. Tit. Essexa. Rex Hundr. de Chemeresford. Belcham Wicham. *Silva xx porc. Decem acr. prati, ii. runcal. Quatuor aralia, xxiii. porc. l. oves, xxiiii capones, ii vasa apic.*

¶ *Arahum.*] *Locus consecratus*, vel *honoratus*: à Saxon. ar vel are, id est, *honor*, *pietas*. Ana dinum eæden: *honora partem dimidiam*. L. Ripuar. Tit. 32. §. 3. --- *ante Comitem cum sex rachimburgiis, in arabo conjurare debet.* Et Tit. 33. §. 2. *Quod si eum ibidem habere non poterit, sibi septimus in arabo conjuret, quod eum ibidem legibus mannitum habuisset.* Etiam Tit. 77. -- *ante judicem in arabo conjuret.* Quæ singula, de jure jurando in Ecclesia præstando, intelligo: nam Capitular. lib. 6. ca. 209. sancitur; ut *Omne sacramentum in Ecclesia, & super reliquias juretur.* Basillensis editio LL. Riboariorum, An. Dom. 1530. passim legit cum aspiratione, *hararum.*

¶ *Aratraib.*] i. sibi tertiam. *Long.* lib. 1. tit. 19. l. 25.

¶ *Araturia.*] *Campus arabilis.* Item *terra araturia*, pro aratoria; sæpe in Traditt. Fuldens. vide infra *Arduria*.

¶ *Aranga.*] V. Arenga, & huc defer.

¶ *Arbalistarius.*] Qui arbalistam h. arcubalistam tendit, vel fabricat. A Gallico *arbalestier*; *Scorpionarius.* In distributione prædiorum Angliæ, sub Victore Normannico, Arbalistarii locum tenent, inter Capitaneos (quos vocant) regni & summos proceres, ut in Domesd. videas, Comitatu Norfol. ubi Tit. 51. inscribitur, *Bernarus arbalistar'.* Titl 52. *Gislebertus arbalistar', &c.* Sed hi ideo fortè, quòd ipsi essent arbalistariorum Præfecti, vel Tribuni. Græcis [illegible], ἀπὸ τοῦ βάλλειν, id est, à jaciendo.

¶ *Arbergaria.*] ---- Et ita volo &c. ut nullus meorum &c. cogat sibi præbere *arbergariam*, aut hospicium, aut quærat ab eis quod talliatam vocant. Preuves de l'Hist. des Comtes de poictou, p. 367.

¶ *Arca.*] Pro *arvo*. Chart. Alaman. 39. --- *cum omnibus adjacentiis, vel adpendiciis eorum in arcas, vel silvas*; Goldastus inde, *arca, id est arva.* Mihi autem legendum potiùs videtur, *areas vel silvas*, *e* pro *c*. Nam *area* passim ibi occurrit tali connexione: *arca* autem ne iterum reperitur. Antiquitatum verò Fuldens. lib. 1. Trad. 79. lego, *in ipsa marca 26 jugera, & arca domus*: sed hoc forsan pro *fabrica*. Quære.

¶ *Arcarius.*] Apud Saxones nostros (& alios) pro Thesaurario Regis. Charta Witlasii Regis Merciorum, An. 833. *Arcarius meus omnes expensas hujusmodi --- pro fisco integrè acceptabit.* Onomasticon autem vetus Latino-Græc. *Archarius*, οἰκονόμος.

¶ *Arceps.*] vide *Arcibum*.

¶ *Archicapellanus.*] Is qui hodie summus Cancellarius dicitur. Sic Einhardus Caroli M. Imperatoris Cancellarius, vocatur *Archicapellanus*, in Chronico Swartzahensi, id est, Princeps Scribarum, ut Goldast. notat ad ca. 11. Ekkehardi jun. Sed Hincmarus, Capellanum, & Cancellarium, diversos facit in Aula Franciæ, Epist. 3. cap. 16. Vide infra *Capella* & *Capellanus*.

¶ *Archiclavus, Archiclavis.*] Glaber, lib. 3. cap. 4. *Eo tempore* (circa An. Dom. 1003.) *inter cætera, beati Martini Turonis Monasterium emicuit, à venerabili scilicet viro Henrico ejusdem loci archiclavo eversum, atq; ante ipsius obitum, mirifico opere readificatum.* Infra, Robertus Rex, eum *B. Martini Ecclesiæ Archiclavum esse præcepit.* Et mox, *suscepta quippe ac si coactus Ecclesiæ cura, vesteq; alba tectus, interdum more canonico, mentem tamen & vitam pleniter possedit monachicam.* Et item postea. *Ecclesiæ custos adscitus* dicitur. Aimoin. lib. 5. cap. 42. *Abbo successit* (scil. ad clavum seu gubernaculum Monasterii) *ipsoq; decedente, Gosmarus Archiclavis Decaniam habuit.* Præcept. Arnulfi Archiepisc. in fine lib. de gest. Episcopp. Turonens. in subsignatione, *Signum Arnulfi Archiepiscopi. Signum Guanilonis Archiclavis. Signum Ionæ Archidiaconi*, &c. quos Paulo supra *fideles suos* (q. in aliquo ministerio subditos) Archiepiscopus vocat.

¶ *Archidux, Archicomes.*] Vide in subsequenti capitulo.

¶ *De Ecclesiasticorum Ordinum principibus, qui ab* archi *titulos inchoant: Et de Archiduce, & Archicomite.*

¶ *Archiepiscopus, Archisacerdos, Archipresbyter, Archidiaconus,* seu *Archilevita, &c.*] Tituli sunt, qui primùm videntur insignioribus in suo ordine viris, non per Canonem, sed ex placito delati; postea verò ab Ecclesia suscepti, & in certos gradus constituti. Sic Damasus, Stephanum protomartyrem, *Archidiaconum* vocat: Et Nazianzenus in oratione ad Heronem, Athanasium, *Archisacerdotem sacerdotum.* Sic fortè Sozomenus, lib. 2. cap 8. *Symionem* (qui floruit tempore Constantini) *Seleuciæ & Ctesiphontis Archiepiscopum appellat*, quòd primariarum in Perside urbium esset Episcopus. B. *Jacobus* Hierosolimorum primus Archiepisc. Dist. 66. c. 2. col. 428. V. & præced. Dist. & Glos. E. 4. V. Baron. An. 508. sect. 29. Nicephorus enim, lib. 8. cap. 36. ipseq; alias Sozomenus, eundem hunc simpliciter dixerunt *Episcopum*: quod tamen fateor non officere, quin esset *Archiepiscopus*. Zephyrinus autem Romanus Antistes. An. Dom. 203. in priori sua epist. decretali (si tamen germana sit) primus omnium (quos novimus) *Archiepiscopi* titulum cooptavit. *Sed Metropolitanos fuisse* tempore Nicæni Concilii (hoc est, An. 320.) liquido constat ex ejusdem canonibus. Archiepiscopum verò *præsidere tam Metropolitanis quàm Episcopis cæteris*, Isodorus docet, Origi. lib. 7. cap. 12. Et Distinct. 21. ca. *Cleros*; ubi plurima vide de gradibus Ecclesiasticlesiasticorum. Invaluit autem *Archiepiscopi* appellatio diu in oriente, priusquam ad nos occiduos pervenit, adeo ut, quum Beda Eccl. Hist. lib. 1. cap. 27. Et lib. 2. cap. 3. in Epitaphio ejus, retulerit *Augustinum ordinatum esse Archiepiscopum genti Anglorum, ab Etherio Archiepiscopo Arelatensi*, sui temporis loquitionem secutus videtur: neutri enim eorum, hunc titulum attribuit Gregorius, in Epistolis suis ad ipsos conscriptis: ne tunc quidem quum Augustinum pallio donavit, Eboracique Metropolitano, & universis Britaniæ Episcopis præficeret. Neque ideo reperitur inter omnes Marculfi formulas (qui eo seculo vixit) *Archiepiscopi* appellatio.

Nec hac potestatis amplitudine utebatur Augustinus; nam de sexto ejus successore Theodoro Græco, ait Beda lib. 4. cap. 2. Is primus erat Archiepiscopus, cui omnis Anglorum Ecclesia manus dare consentiret.

Archipresbyter. Sozomenus, lib. 8. cap. 12. Petrum (qui floruit sub Arcadio & Honorio) *Archipresbyterum* nuncupat, atq; hoc à gradu ut videtur, quòd ipsum Socrates lib. 6. cap. 9. *Alexandrinæ Ecclesiæ protopresbyterum* appellat.
Protopresbyter. Quâ etiam compositione in Orientali Imp.
Protopapa. *Archipapa.* *Protopapa* occurrit, q. *Archipapa*; sed ut Codinus indicat, secundas obtinens ab *Archisacerdote*.

Archidiaconus. *Archilevita.* *Archidiaconus* (qui & *Archilevita* dicitur) reperitur in primitiva Ecclesia; nam Damasus (ut supra diximus) voce utitur: & Laurentium (qui sub An. Dom. 260. passus est, B. Sixto Romano Episcopo) *Archidiaconum* fuisse refert Anastasius in Sixto; cui fidem facit multo antiquior, Prudentius (vates in primis sacer) ejus munus ita describens, in Coronis,

Hic primus è septem viris,
Qui stant ad aram proximi,
Levita sublimis gradu
Et cæteris præstantior:
Claustris sacrorum præerat,
Cælestis arcanum domus
Fidis gubernans clavibus,
Votasq; dispensans opes.

De institutione *Archidiaconi*, sic Hieronymus in Epist. ad Evagrium ---- *Diaconi eligant de se quem industrium noverint, & Archidiaconum vocent.* Inferiori sæculo evocabatur ad hoc munus, qui præ cæteris antiquior fuit. Constantinopoli autem eligebatur, nec antiquior, nec è Diaconis, nec per Diaconos, sed per ipsum Imp. ex sex Catacœlorum ordine, i. à rectoribus sex principalium Ecclesiarum.
Archidiaconus. Sed hic *Archidiaconus*, Palatinus fuit, non Ecclesiasticus; clerumq; Palatii tantùm regebat, non Ecclesiæ, quæ suo tunc caruit *Archidiacono*; ut Codinus perhibet in Offic. Constantinop.
Archipater. Pari elatione reperitur *Archipater* pro Archiepiscopo Rhemensi;
Archiprior. *Archiprior* pro militiæ Templi præfecto, & hujusmodi. An. 1176. Ric. Cant. Archiep. in Diœcesi sua, quæ ab antiquis temporibus uno tantum fuerit Archidiacono contenta, tres Archidiaconos constituit, scil. *Savaricum, Nicolaum, & Herebarum. Mat. Westm.* ibid. pa. 52. *Ebrardus* Episc. *Norwick* obiit. Iste *Ebrardus* divisit Archidiaconatum Suff. in duos. Idem in An. 1149. p. 40.

Archidux. *Archiducis* etiam titulus, quo sola & dignissimè splendet Austriaca familia, non eidem solenni prius inauguratione delatus videtur, quàm admirantium votis & acclamationibus, ob insignem suam potentiam (nam in Regnum aliquando elatus erat à Frederico 2.) accrevisset. Ex quo, dum incerta nititur origine, alii Fredericum Caroli 5. proavum, primum faciunt *Archiducem*. Alii Albertum qui claruit An. 1430. Et licèt Hieronymus Heminges Rodulphum cognomento ingeniosum, à Carolo 4 factum esse *Archiducem*, An. 1360. contendat; tamen Wolfangus Lazius, Albertum filium Radulphi Austriaci, qui floruit An. circiter 1298. *Archiducem* statuit.

Loisæus ait, ipsum Fredericum ditum subtulisse regnum, Regemq; unde ad Archiducis titulum coactum esse. Traité des Seigneur. lib. 2. cap. 81.

Archicomes. Sic Brito Armoricanus Philippid. 4. Comitem Flandriæ, *Archicomitis* titulo (sed minus auspicatè) insignivit. Ducis autem & Comitis appellationibus, æquivocè veteres utebantur, ut infra videas in iis vocabulis; nam inconstans tunc fuit dignitatum ratio.

¶ ***Archonium.***] *Acervus.* Ruth, cap. 3. 7. *Issetq; ad dormiendum juxta archonium manipulorum.* Ibi in postilla Hugo Card. *Archonium est acervus gelimarum, in imo latus, in summo acutus.* Sed unde hoc? nam vulgaris interpres (quem sequi videtur Hugo) non legit *archonium* sed *acervum*.

¶ ***Archiomum, Arcomum.***] Acervus manipulorum, **A stack or mow.** Inde *Arconizare*, & *Archosmator*, **a stacker or mower**, i. mouer. *Can. Eccl.* Sodorens. V.

¶ ***Arcibum, Arceps.***] *Archivum, scrinium.* Formul. vet. cap. 8. --- in *arcibo Ecclesiæ Episcopii servantur.* Marculf. lib. 2. cap. 38. -- *in arcipibus publicis memoranda serventur.*

¶ ***Araturia terra.***] Antiqq. Fuldens. lib. 1. Trad. 25. *trado colonias (hoc sunt hobunna) integras cum omnibus adjacentiis & finibus suis, in arialis, in terris araturii, in silvis, in campis, &c.* Videtur dici pro *araturiis*: nam libro 2. Trad. 11. Occurrit -- in *areis, terris, araturiis, campis, &c.*

¶ ***Area, Areola, Areale, Ariale, Areala, Ariola.***] Omnia perquàm crebra, in Tradd. Fuldensib. sed an illud solummodò designantia, quod *area* apud Latinos, dicant Germani. Nos loca quædam subjunximus.

Area. *Area*, lib. 1. Tra. 81. *Unam aream habentem in latitudine virgas 24, in longitudine 35. cum omni ædificio.* Trad. 146. *Duas quidem areas, unam cum ædificiis, alteram ædificio privatam.* Lib. 2. Trad. 11 *In areis, terris, araturiis, campis, &c.* Trad. 129. *aream unam 70 virgis longam, & unius virgæ latam, cum adjacentibus sibi 2 hobis, & locis pascualibus.*

Areola. *Areola.* Item lib. 2. Trad. 85. *Unam areolam in longitudine 24 virgas, in latitudine 7 virgas habentem.* Trad. 123. *in terris, areolis,*

silvis,

pratis, pascuis, &c. Trad. 154. 4 *hobas* -- *&* *aredlas* 5.

Ariala. Ariale.

Ariala, Ariale, &c. Ibidem, lib. 1. Trad. 3. -- 20 [illegible], i. *jugeres, & unam arialem, hoc foras dimitto in illa silva.* Trad. 10. -- *in arialis, domibus, adificiis, terris, silvis, campis, &c.* Trad. 22. *Unam arialem cum sua structura, & ad illam pertinentem hobam.* Tra. 25. *Duas hobas & 3 ariales, & res ad easdem pertinentes, hoc est, mancipia cum omni eorum sumptu, terris, campis, silvis, &c.* Trad. 48. *areales cum domibus & adificiis.*

¶ ***Arenela.***] *Curatio, administratio,* Hungaricè *Warung*, M. Gold. Fortè à Græco ἀρῆγον. Lydius, si bene. Huc sonat priscum Anglicum *Warist*, quod est sanatus, salvus, & Gallicum *Guarir*, id est, *curare, sanare.*

¶ ***Arenga, Arengua,*** & ***Harengua.***

Arenga est quædam præfatio, quæ ad benevolentiam captandam permittitur & ornatum: quâ utuntur *Lumbardi* & Ecclesia Romana in suis Epistolis & loquelis. In hoc planè concordant *Exordium* & *Arenga*, quòd utrumq; debet proponi taliter & aptari, ut narrationi cohæreat & procedere videatur à causâ: *Sed in hoc discrepant; quia* Arenga *non tantum tertiam personam, sed primam recipit & secundam. Exemplum in Decretalibus.* Quantò te novimus in Canonico jure peritum; tantò fraternitatem tuam in domino commendamus, quod in dubiis quæstionum articulis, ad Apostolicam sedem recurris, quæ, disponente domino, cunctorum mater est fidelium & magistra. *E Summâ Magistri Guydonis de competenti dictamine.*

Harangue autem Gallis Orationem significat, declamationem, & longam rei alicujus narrationem: unde *Haranguer* Gallicè, & *Aranga* barbaralatinè, in illum sensum. *Lindewod in Gloss. tit. de feriis ca. Ineffab. & infra.* Deciditur (inquit) magna *Aranga* circa exordium Constitutionis.

Areniare.] *Frano cohibere.* A Gal. *resne*, seu *frein*; pro fræno; quasi *adfreniare*, f abjecto. LL. Hen. 1. ca. 84. *lanceam suam figat, et arma circummittat, et equum areniet.* Fortè quispiam hinc quærat forense nostrum vocabulum *arreniare*, seu *arraniare*; quòd *arraniatus*, refrænatus vel cohibitus sit, à subterfugiendo judicii formulam, quam elegerit. Vide *Arramare.*

¶ ***Arepennis.***] Vide *Arpennis.*

¶ ***Arestare, Arestum.***] Vide, r. geminato.

¶ ***Argenteus, Argentum, Argentum album, Argentarius miles.***] *Argenteus*, vetus apud Francos nummus, quorum octo, uni solido aureo (quem *Scutum* vocant) respondebant: hoc est, singuli, penè hodierno nostro solido. Reperio enim, *Scutum* vetus seu *Coronatum* Gallicum, valuisse anterioris nostri numismatis, vii sol. ii denar. Aimoinus de Translat. S. Vincentii, lib. 1. cap. 3. *quadraginta argenteos, solidos videlicet quinq; postulavit.* Cui in margine è regione *solidos*, adjungitur, *Intellige aureos.*

Scutum seu Coronatus Gallicus.

Argentum.

Argentum, in lib. Domesdei, tripliciter sumitur. Aliquando, pro bonis in genere, eo sensu quo Exo. 21. 21. servus dicitur, heri pecunia. Aliàs pro ipso hoc metallo pensili, non signato, quod ergo *argentum album* nuncupatur. Tertiò pro quâvis denariorum summa, seu pecunia numerata: quæ tamen Regi non dependebatur, nisi stateræ & conflationis examine: ut liquet è lib. Scaccarii, qui Gervasio ascribitur, ca. *De officio militis argentarii.*

Argentum album.

Argentarius miles.

Argentarius autem *miles*, ut ibidem constat, is fuit, qui *ab inferiore Scacario ad superius defert loculum examinandi argenti* ubi vides *militem* poni pro gregario famulo.

¶ *Arga, vocabulum summa ignominia, & in occasione ingentis cladis.*

¶ ***Arga.***] Qui uxoris adulterio infamis est, prolemq; alienam pro sua educat, *Curruca, iners, inutilis, cessator.* Longob. lib. 1. Tit. 5. leg. 1. *Si quis alium argam per furorem clamaverit, & negare non potuerit, & dixerit quod per furorem dixisset; tunc juratus dicat, quòd eum argam non cognovisset, & postea componat pro ipso injurioso verbo xii s.* Ibi Boherius, *argam, i. cucurbitam, qua est nomen verbale secundùm glos. &c.* Papias item; *arga, cucurbita.* Et *Dicam* (inquit Lydius) *quid velit uterq;, & quid lex*: Sed fusior, deficit ut mihi videtur, dum nimis hæret in Græcorum proverbiis. Nos glossam sequimur, quæ *cucurbitam* docet esse verbale. Proculdubiò igitur à verbo *cucurbitare*, quod est uxorem alicui constuprare, maritumq; eò *cucurbitam* reddere, hoc est *currucam*, Angl. **a Cuckold**. Quod planè factum videtur ab ipso vocabulo *cucurbita*, nam hoc Galli *concourd* vocant, & Angli tantùm *r* in *l* mutant, quæ sæpe invicem confunduntur. Sic φραγγέλλιον & *flagellum*, *Frodoardus*, & *Flodoardus*, **Corlander**, & **Collander**, **Coronel**, & **Colonel**, &c. Lib. feudor. Barat. Tit. 8. Ex Tit. De alien. feudi pater. §. Quibus mod. benef. *Si fidelis cucurbitaverit dominum, id est, cum uxore ejus concubuerit, vel concumbere se exercuerit, aut cum ea turpiter luserit, vel si cum filia, vel nepte ex filia, aut cum nupta filio, aut cum sorore domini, in domo ipsius domini manenti concubuerit, jure feudum amittere censetur.* E quibus non satis liquet, an *cucurbitandi* appellatio ad stupratæ tantùm uxoris contumeliam, referenda sit, an ad sequentes etiam species distrahenda. Bene autem conveniunt *arga* & *cucurbita*; nam utrumq; vocabulum, stupidum & ignavum designat: hoc scil. quòd homo e jusmodi, *caput* habere *cucurbitinum* in proverbio dicitur, Angl. **a block head**. Illud quòd *aꞃȝ etiam significat adulterum, cneoꞃiſſe ẏꝼle ⁊ aꞃȝ generatio mala & adultera.*

aꞃȝ Saxonico seu prisco Longobardorum idiomate, *cessatorem* & *socordem* notat, à Græco ἄεγος, id idem significanti (ut Cyrillo attributum Lexicon docet.) Unde etiam aꞃȝian Saxo. *torpescere*: ac si *argam* & *cucurbitam* dixerint, qui vel debitum munus non est exequutus, vel qui illatam tantam injuriam strenuè non est ultus. Habetur apud Paul. Diaconum de gest. Longob. lib. 6. cap. 8. insignis narratio de vocabulo *arga* per vituperium imposito. Excidio enim fuit Duci & omni Nobilitati, exercituiq; Forojuliano, dum Rector provinciæ (cui etiam nomen *Arga* fuit) Ducem suo exemplo, ad temerarium cum Sclavis congressum in fastigio montis castrametentibus, provocavit, inquiens, *Memento Dux Ferdulfe, quòd me esse inertem & inutilem dixeris, & vulgari verbo, arga, vocaveris. Nunc autem, ira Dei veniat super illum, qui posterior è nobis ad hos Sclavos accesserit*, &c.

Ἀεγὸς etiam serpentis genus: à quo homines agrestes, & ferini moris, sic vocabant: perinde & Æschines Demosthenem.

¶ ***Argenteus.***] Pro Denario. Vide *Solidus*.

Argentei tributum à tributo auri distinctum 330. 39. libra cujus pretii tempore *Arcadii* Imp. ibid. 40. *Argentei 60* conficiunt libram argenti, *6.* argentei unam unciam. ibid.

¶ ***Argutarius canis.***] Vide infra Capit. *De canibus veterum*.

¶ ***Aribannum, Arribannum, Arrieriban.***] *Aribannum*, mulcta non proficiscentis in militium, edicto publico evocati, Item, ipsum edictum, seu evocatio. Formul. vett. 31. *Dum & ipse senex esse videtur, taliter ei concessimus, ut de omni hoste, vel omni banno, seu arribanno, sit conservatus.* Rectiùs *heribannum*; ni per contractionem fortè dixeris, pro *arrieribanno*, id est, *retrobannum* seu iterata evocatio. Perinde acsi *bannum* esset evocatio prima, vel simplex; *arribannum* vel *arrieribannum*, subevocatio, vel citatio posterior: ab *arriere* Gall. iterum, quod & *retro* sonat; quasi *arrieriban* & *retrobannum* de his dicerentur, qui retro manserint post bannum seu evocationem. Sunt autem quibus *bannum* videtur esse evocatio vassallorum regiorum, *arrieriban* verò, inferiorum seu plebiorum: aliis, è contra. Dicitur etiam *arrieriban*, pro cohorte ipsa, & cœtu militari ita conscripto. Vide *Bannum* & *Heribannum*.

¶ ***Arimandia.***] Lib. Feud. Tit. Quæ sunt regalia. *Regalia autem sunt, arimandia, viæ publica, flumina navigabilia, portus, ripatica, vectigalia quæ vulgò tolonea dicuntur*, &c.

¶ ***Arimannus, Arimanna, Arimania***; item ***Erimanus***, & ***Erimana.***] *Arimanni* Germanis **Herimanner**, Milites & beneficia & prædia ab Imperatore concessa, possidentes, vassalli juniores, M. Gold. **Gewapende mannen**, ab Ἄρης. Sic Lydius, qui altiùs etiam rem persequitur, & inter Græcos. Ab Ἄρης (inquit.) hoc est à Marte; quasi *Arimanni* omnino essent Martii, sive militares. Nescio an benè, nam me frangit Goldasti authoritas in suæ Gentis vocabulis: humilioris tamen conditionis appellationem hanc existimarem; cùm & fœminis communem repererim, & ipsis servis associatam; ut infra animadvertas. Longob. lib. 1. Tit. 18. l. 2. *Arimannus ille quidem si mentitus fuerit & dolosè hoc egerit, si antè venerit ad palatium, quam ad judicis sui vadat judicium, si habuerit unde componere possit, componat sol.* 50. Et Tit. 25. l. 50. *Si ille judex -- arimanno suo faciendum mandatum neglexerit*; Lib. 3. Tit. 12. l. 5. *Nemo Comes, neq; loco ejus positus, neq; sculdasius, ab arimannis suis, aliquid per vim exigat. -- Sed neq; per suam fortiam in mansione armanni sui applicet, aut placitum teneat, aut aliam violentiam faciat.* Ibid. Tit. 13. l. 3. *Comes loci ad defensionem patriæ, suos arimannos hostiliter præparare monuerit -- si aliquis remanserit, -- Wirgildum suum componat.*

Arimanna, aliàs *erimana*. LL. Longob. lib. 2. Tit. 25. l. 10. *Si præsumpserit cujuscunq; servus, arimannam ducere uxorem*, &c. Ubi notat, *arimannam* dici, non pro uxore arimanni, sed pro fœmina ejusdem conditionis. In diplomate Conradi Imp. apud Carol. Sigonium de Regno Italiæ, lib. 8. pa. 198. *--Villas, mansos, servos, & ancillas, erimanos & erimanas.* *Arimanni Erimana.*

Arimania. Marculf. lib. 1. formula 18. in Char. Regis: *fidelis noster veniens ibi in palatio nostro, una cùm arimaniâ suâ, in manu nostra, trustem & fidelitatem, nobis visus est conjurasse.* *Arimania.*

E quibus, mihi videntur *arimanni*, seu *erimani* dici, tam viri quàm fœminæ; à Saxon. Ƕeꞃe, quod (non solùm exercitum sed etiam) dominum significat: Et man, id est vassallus, cliens; vel menio aliàs meniȝ, i. turba, populus, clientela; quasi clientes domitici, vel ex populo, seu clientela dominica.

Arimania, vel Cohors vassallorum, quam homagium dicimus, vel clientela domini. V. Bignon. ad Marculf. 474.

¶ ***Aripenna.***] V. Arpennis.

¶ ***Aripennum.***] Vide Arpennis.

¶ ***Aristato***, al. ***Aristaton.***] *Stragula defunctorum monumentis imposita*, Salicis aliter *staplus* dicta. L. Salica, Tit. 57. §. 3. *Si quis aristatonem, id est, staplum super mortuum capulaverit, -- aut mortuum inde expoliaverit, &c. DC. den. qui faciunt, sol. xv. culpab. judicetur.* Martyres non sine dalmatica, seu collobio purpurato, sepeliendos instituit Eutychianus Papa: abrogavit autem Gregorius Magnus. Grego. Turonens. de Mirac. S. Martini *palla quæ sanctum tegebat tumulum.* Et de Glor. Confess. *Palla erat lignea quæ sanctum Confessoris tegebat sepulchrum.*

¶ *De armis, & armorum aliquot ritibus.*

¶ *Arma.*] Pro insignibus, inter posteriores non reperi ante 400 hinc annos: nec scio an eâ prorsus antiquitate. Novi extare apud poetas loca aliquot illuc spectantia, ut Æneid. 1.

--- *Celsis in puppibus arma* Caici.

Postea ----- *armaq; fixit Troia.* Alibi,

Pacem orare manu, & præfigere puppibus arma.

Apud Horatium ------- *Veianius armis,*

Herculis ad postem fixis. Et plura hujusmodi.

Pompeius item Sabinus, refert Messalam *arma* pro insignibus intellexisse, ad Valentinianum scribentem super id Virgilii, *armaq; fixit Troia.* Sed de his nos alibi.

Arma militaria alicui dare vel *tradere*, *armis militaribus aliquem donare*, *cingere*, *honorare*, apud aliorum seculorum Scriptores, passim occurrunt, pro eo quod hodie dicimus, *Equitem auratum creare.* Sermo vetus, à veteri Germanorum ritu deductus videtur, qui traditione scuti & frameæ, adolescentes ad militiam aptos, solenniter admiserat: ut apud Tacitum legas de Germanorum moribus. V. LL. *Alur.* M. SS. ca. 2. Impress. ca. 1.

Armorum ademptio, & alii ritus. *Armorum ademptio*, gravissima igitur pœna apud omnes Gentes, ab initio militaris disciplinæ: quâ etiam Saxones nostri libertatem adimebant. LL. *Aluredi* cap. 1. Qui fidem juratam aut pignus datam deserit Armorum plectitur amissione. LL. *foresta Canuti* R. cap. 25. Si liber homo feram regiam vocatam *Staggon* occiderit, amittat scutum libertatis. Et Germani quidem non solùm Ethnici, sed ad fidem conversi, ea religione arma colebant, ut nihil facerent, non armati. Epulabantur armati, Concilia armati inibant, pactiones armorum contactu firmabant. Armati etiam jurabant, vel armatâ dextrâ, vel super armis interdum honoratioris alicujus, interdum suis propriis, velut Diis Penatibus. Formula vetus Rom. quæ apud Lindenbrogium correctiùs extat, nu. 119. *Veniens jam dictus ille, apprehensa manu prædicti judicis, vel armis, sicut mos est apud omnes, xii, manu sua xiii, dextratus vel conjuratus dixit, quod &c.* Item Aimoinus de fœdere inter Dagobertum Francum & Saxones, lib. 4. cap. 26. *Hoc pactum sacramento quidem super arma (ut eis mos erat) jurantibus.* Arma etiam ex more consecrabant; & si consecrata non essent, ea priùs sacranda dare juraturus tenebatur, nam id sanctius jurandi ritus fuit. Boior. LL. Tit. 18. l. 5. *Tunc solus juret cum sua manu, postea donet arma sua ad sacrandum, & per ea juret ipsum verbum cum uno sacramentali.* Carolus Mag. autem tandem statuit ut omne sacramentum *super reliquias juretur.* Capitular. lib. 6. cap. 209.

¶ *Armerii.*] Pro Armarii, i. *armorum fabricatores.* Sic Constit. Neapol. lib. 3. Tit. 36. l. 1. & alibi.

¶ *De Armigeris, eorumq; classe varia.*

¶ *Armiger.*] Gall. *Escuier*, vel militaris est, vel civilis: & dicitur uterq; multis modis. Nos à militari exordiemur.

Primò, *Armiger*, nuncupatus est, qui domini sui arma bajulat, ipsisq; eum cingit: ut in sacra Scriptura, *Armiger* Abimelec, Saul, Jonathæ; apud poetas & historicos, Hectoris, Achillis, Diomedis, &c. Sic Paul. Diaconus, Longob. lib. 6. cap. 15. *Ipse adhuc lanceam suam, ab armigero non abstulisset.* Et lib. 2. cap. 14. hunc eundem ministrum, à Longobardis Scilpor dici (ut Saxonibus nostris) indicat, id est, *scutiferum. Regis* (inquit) *Scilpor, hoc est armiger, & collectaneus erat.* Saxonibus autem nostris, aliàs Scildcnave, quibusdam Schild-kniht, i. *scuti minister* nuncupatus est. *Armiger cinctorius.*

Secundò, qui inter arma, Domini sui latus stipat tueturq; Ejusmodi Proceres, quatuor Equites aurati, duos habuisse dicuntur. Notissimi sunt Audlei Baronis, 4 illi *Armigeri* in pugna Pictaviensi, An. Dom. 1356. apud Froisardum. *Armiger satellitius.*

Tertiò, pro viro Nobili seu Generoso, qui arma tractat militaria: sed Equestrem adhuc dignitatem non est assequutus. Sic in codice fundationis Cœnobii Waldens. M. S. Tit. *Fundatores*, Chart. 42. in Rubrica: Humfredus de Bohun Comes Herfordiæ & Essexiæ, *nobilis Armiger* appellatur. Et in Rubrica chartæ 44. *Mortuo* (inquit) *isto Humfredo de Bohun armigero, Comite de Herford & Essexia, &c.* Sic tertiò, inferiùs: plurimaq; extare audio ejusmodi Exemplaria, cùm hic in archivis Regiis, tum in Hibernia. *Armiger merens*

Quartò, qui terras tenuere per servitium scuti, hoc est, scutagium: non solùm *Scutiferi* dicti sunt, sed etiam *Armigeri*, & (quòd loricas induebant) *Loricati.* Hinc quos Giraldus Cambrens. *Loricatos* vocat, vetus ejus interpres M. S. passim Squires vertit: ut in Expugnata Hibernia cap. 3. -- 30 *milites de proximis & alumnis suis, se præparantes: nec non aliis 60 loricatis, sagittariis quoq; pedestribus, quasi* 300. Id codex ille (noster M. S.) Legit xxx Knights, and lx Squires: juxta quod, librum ipsum Latinum emendandum censeo, nam illic editur, 130. *militibus*, dispari (sine dubio) proportione. *Armiger feodalis.*

Hi ad militiam pertinebant, pariterq; omnes intercidere. Orti verò sunt eorum loco, *Armigeri* quidam civiles; quorum alii hanc dignitatem, è natalibus assequuti sunt, alii Principis beneficio.

Natalibus *Armigeri* sunt, procerum filii omnes, quos Baronum æmulos, Lords (h. *Do.* *Armiger honorarius.*

Dominos) nos appellamus: dicunturq; (propter generis eminentiam) *Armigeri honorarii.* Ni enim sub *Armigerorum* appellatione veniant, haud novi quis illis restat dignitatis titulus. A Baronum enim classe excluduntur, & licèt Equitibus præferantur, in Equestre tamen collegium non suscipiendi sunt, nisi symbolis priùs Equestribus honorati. Nec est cur dedignentur hunc titulum, quùm vel maximi Comites (ut suprà demonstravimus) æquè tulerint. In * Jure certè agatur versus ipsos Comitum (immò Ducum) primogenitos sub *Armigerorum* appellatione. Parlamentariis enim Comitiis, locum non habent, quia non sunt Barones. Ideo etiam in discrimen capitis venientes, non Parium Regni, sed patriæ judicium subeunt ut plebeii. Sic itemq; Baro ipse antiquus apud Scotos Dominus Sanchar, quùm apud nos non esset Parlamentarius, nomine Roberti Creighton *Armigeri*, legis nupet tulit sententiam. Item *Armiger* vel serviens militis potest communicare cum eo excommunicato &c. secundùm *Will. Pupilla Ocul.* part. 5. c. 23.

** Illustris. Com. Sur. fil. primogenitus Ducis N. postulatus fuit nomine H. H. prænob. Ordinis Garterii milit. al. dict. H. nuper Com. Sur. 10. Ja. 38 H. 8. Et D. Guildefordus Dudley (qui Regnum ambivit) fil. Ducis Northumb. titulo Armigeri 1 Mariæ. Term. Trin. 10 Jacobi R.*

Armiger natalitius.

Propriè autem, natalitio jure *Armigeri* dicuntur, Equitum auratorum filii primogeniti; & ex ipsis, hæredes imperpetuum masculi. Necnon qui è minoribus procerum filiis, natu maximi oriuntur: suiq; item per omnem successionem hæredes masculi.

Armiger factitius.

A Principe fiunt *Armigeri*, vel scripto, vel symbolo, vel munere. Scripto, cùm Rex sic quempiam constituerit. Symbolo, quùm collum ergò alicujus argenteo sigmatico (hoc est, torque ex SS. confecto) adornaverit, eumvè argentatis calcaribus (ad discrimen Equitum, qui aureis usi sunt) donaverit. Tales in occidentali Angliæ plaga (ut aliquando didici in conventu rei antiquæ studiosorum) **White-spurrs** dicti sunt. Munere, cùm ad munus quempiam evocaverit, vel in Aula, vel in Reipub. *Armigero* designatum: cujusmodi multa hodie, patribus nostris incognita.

Armiger ad Corpus Regis.

Inter *Armigeros* qui fiunt (non nascuntur) primarii habentur quatuor illi *Armigeri ad corpus Regis*: quos & Equitum filiis primogenitis anteponendos asserunt. Eorum verò munus hoc esse intelligo. Peracto Regiæ domus nocturno ministerio, cùm Rex dormitum vadit, cubiculi ejus ostiarius omnibus circumquâq; remotis, *Armigero* (qui hac vice fungitur) cubiculum tradit per ostii annulum. Is strato in ipso ostio cubili jacet: manipulum habens è satellitibus Regis subjunctum. Si quid tumultus, vel etiam susurri inter noctis silentium acciderit, delinquentes quantoscunq; in custodiam tradat: eoq; tempore per alium ministrum, nihil geritur, in domo Regia. Die, Principem foris progredientem subsequitur, pallium ejus ferens in casula.

Armiger anomalus.

Armigeri etiam dicti sunt (nec pridem) eximii quique in repub. quos non adhuc delibaverat gladius militaris. Titulum verò nuper invaserunt penè qui volunt. Generosi plerique ortu vel tantillum præstantes, vel facultatibus. Quin & opulentiores multi vix dum Generosi: & quibus maxime olim est prohibitus, Burgenses aliquot, & id generis. Nec tantùm Juris candidati quamprimum ad *barras* (ut loquuntur) venerint, digni & emeriti: sed ipsos inter (classis dedecus) inertes sæpe & contra morem veterem ex ima nonnunquam plebe. Numerat Fortescuius ævo Henrici VI. circiter 2000. studiosos ad hospitia Juris pertinentes: &, *Vix* (inquit) *doctus in legibus illis reperiatur in regno, qui non sit Nobilis, & de Nobilium genere egressus.* Miror viros graves qui Seniores dicuntur, æquè hoc ferre, cùm vel ipsi nil in titulis *Armigero* elatius sortiantur. Certè altero hinc seculo nominatissimus in patria Jurisconsultus, ætate provectior, etiam munere gaudens publico, & prædiis amplissimis, Generosi titulo bene se habuit: fortè, quòd togatæ genti magis tunc conveniret civilis illa appellatio, quàm castrensis altera. Sic alii nuper viri splendidi, sic quidam hodie celeberrimus. Vide *Serviens ad legem*,

Merton cap. 8. Const. Fred. Imp. Feud. lib. 5.

Clem. v. tit. de magistr. *Nimis est obsurdum, ut quis cum vanitate & imperitia, ad honorem ascendat literarum.*

Eirenarcha, & urbis celebris Recordator.

Sed eorum non taceam imprudentiam, qui posthabito Doctoris titulo (quem nonnulli Militis anteponunt) *Armigeri* gestiunt appellari.

Armiger urbicus.

Præterea *Armigeri* ex antiquo ritu dicti nonnulli sunt, qui honestiori ministerio urbium Prætoribus famulantur: de quibus suam ferant sententiam (quorum maximè interest) urbium ipsi Chartularii.

Armiger servus

Antiquitas autem (per translationem) famulos omnes nuncupavit *Armigeros*, etiam servilem operam navantes. LL. Divi Edouardi, ca. 21. *Archiepiscopi, Episcopi, Comites, Barones, & omnes qui habuerint sacham, &c. milites suos & proprios servientes, scilicet, dapiferos, pincernas, camerarios, pistores, & coquos sub suo friburgo habeant. Et item isti suos armigeros, vel alios sibi servientes.* Quispiam forsan, *armigeros* hîc retulerit tantùm ad *milites*: sed nec hos intelligo de Equitibus auratis dici, at de Tenentibus per servitium militare, vel liberè Tenentibus. Memini autem me alibi deprehendisse *armigerum* pro famulo, ut ipsum etiam vocabulum *militem*. Galli item hodiè utuntur *escuyer* pro diversis famulis, ipsoq; agasone: sed tunc rectius scribendum opinor, *equier*, ab equo.

Armiger seu Squier de quater cotes.

Reperio in vet. M. S. Anglico, *Armigeri* genus qui se nominat **Squier born de quater cotes**, quasi *Armigerum natum è quadruplici gestamine*: sive hoc intelligendum sit, de avis & aviis, in utroq; parente insignitis; sive quod clypeo gaudet quadripartitis symbolis nobilitato; & (ut quidem loquuntur) *quatuor quarteriis quarteriatus sit.* Hunc autem aliis anteponunt sui ordinis *Armigeris*, pluribusq; nominibus digniorem efferunt. Quòd tamen nonnulli volunt *Armigeros* dictos esse à gerendis armis symbolicis, seu in clypeo depictis: non ausim hoc affirmare, ni ramusculos omnes cujusvis insignitæ familiæ, *Armigeros* etiam appellandos dixerint. Vide infra *Quater cotes.*

G 2 Præ-

Præterea. Dubitare mecum videor, annon *Abbas*, alias olim diceretur pro Seniore sive Principe regionis. Nam in codice *Landavensis* Ecclesiæ perantiquè M. S. sic de S. *Cadoci* insigni eleemosynario legimus. *Cotidie pascens centum clericos, & centum milites, & centum operarios, centumq; pauperes cum ejusdem numeri viduis.* Hic numerus erat familiæ, exceptis ministris, servientibus, & *Armigeris* & advenis; hospitibus quoq; quorum numerus erat incertus, & quorum multitudo ad eum crebrò veniebat. Nec mirum quod locuples, multos alebat: Abbas enim erat, & Princeps super *Gunliam*, hoc est regionis *Cambria* à *Gunleio* Rege patre ejusdem *Cadoci*, sic (ut supra patet) denominata.

Ex Charta Abbatis de Bello, *quædam species* Armigerorum *constat.*

OMnibus Christi fidelibus &c. *Willielmus* permissione divinâ Abbas monasterii S. *Martini de Bello*, & ejusdem loci Conventus, salutem. Noverit universitas vestra nos Abbatem & Conv. antedictos, ex speciali nostrâ & gratuitâ benevolentiâ, dedisse & concessisse prædilecto *Armigero* nostro *Hugoni Fraunces*, pro suis laudabilibus serviciis, nobis ac nostris negotiis impensis,&imposterum impendendis, *Lxvi* s. & *viii* d. sterlingorum, ad festum S. *Michaelis* Archangeli & *Pascha*,æquis portionibus, durante termino vitæ suæ, à nobis & successoribus nostris annuatim percipiendos: ac etiam liberaturam nostram, de sectâ *Armigerorum* nostrorum, quotiens nos liberaturam generalem dare contigerit. Concedimus etiam eidem *Hugoni Fraunces* unam Cameram competentem, infra Monasterium prædictum, ad usum ejusdem pertinentem; necnon tabulam suam, infra idem Monasterium, in aulâ nostrâ, prout alicui *Armigerorum* nostrorum ibidem deservitur,seu deservietur,dum tamen idem *Hugo Fraunceis* nobis & successoribus nostris, suum congruum servicium, medio tempore,corporis sui valetudine durante, realiter exhibeat. In quorum omnium testimonium Sigilla nostra præsentibus sunt appensa.

Datum apud *Bellum*, in domo nostrâ Capitulari xvi die mensis Maii, anno Regni Regis Henr. quarti post conquestum, vi. *Ex cod. M. S. Rentalium & Consuetudinum Monast. de Bello*, f. 290, & 291.

¶ *Armiscara.*] Epist. Synodalis sub nomine Caroli R. ad Episcopos & Comites Galliæ. Tom. Concil. 3. *Si aliqui itinerantes, deprædantes & rapientes per Regnum nostrum fuerint, & Episcopi seu Comites hoc emendare non poterint; quam citiùs possint, nobis notum facere curent; ut jubeamus ipsos deprædatores per eandem viam cum Misso nostro redire, & illa omnia quæ* * *alii egerunt, legaliter emendare, & talem armiscaram, sicut à nobis jussum fuerit, aut judicium, sicut cum fidelibus nostris consideravimus sustinere.* Capitul. lib. 5. Can. 43. *De his qui sine consensu Episcopi, Presbyteros in Ecclesiis suis constituunt, vel de Ecclesiis ejiciunt, & ab Episcopo, vel quolibet Misso Dominico admoniti obedire noluerint, -- ad palatium nostrum venire jubeantur: & tunc nos decernemus, utrum nobis placeat, ut aut illum bannum persolvat, aut aliam armiscaram sustineat.* Idem Addit. Ludo. par. 4. cap. 71. Vide *Scara*.

* Forte, *illi*.

¶ *Arpennis.*] Et frequent. in Domesd. *Arpennus*, *Arpendus*, & *Arpent*. In leg. Baiwar. Tit. 1. cap. 14. §. 2. *Arpentum*. In Formu. Solen. 79. *Arpennum*. In Gloss. vett. *Arpendium*. Apud Isodorum *Arapennis*. Apud Columellam *Arepennis*. In leg. Wisegot. lib. 8. tit. 4. cap. 25 *Aripennis*. In monumentis S. Germani subversis, *Aripennum*. Scalligero *Arvipennium* vel *Arvipendium*. Gallicè, *arpen*, *arpent*, & *harpent*. Mensura est agraria quam alii jugerum vel acram, alii stadium vocant.

Quoad etymon Isodorus (ut hic infra) ab arando dixit: Scalliger autem in Diris Valerii Catonis, *arpendium q. arvipennium*, vel *arvipendium*: quod funem fuisse asserit quo agri metiebantur. Sed Latinam esse vocem non agnoscit Columella: imò rejicit, cum dicat lib. 5. rei rust. c. 1. *Gallos* (non Romanos) *semijugerum arepennem vocasse.* Prisci certè vocabuli, cujus maternum idioma (*h. e.* Gallicum antiquum) ante multas jam ætates exolevit, facilis non est enucleatio: eâq; igitur omissâ, de significatis dicemus, Gallis adhuc frequentibus, sed apud Anglos, cum Normanicis *nostris majoribus* olim sopitis. Columella (ut vides) semijugerum exponit. Glossæ vett. *arpendium* (inquiunt) πλέθρον, πλέθρον autem est jugerum integrum, quod Hieronymus Mathematicus ducentis pedibus contineri scribit, alii centenis. Isodorus de mensur. agrorum, *Actus* (inquit) *quadratus, undiq; finitur* 120 *pedibus, hunc Betici arapennem dicunt: ab arando scil.* Domesd. liber (ut quibusdam videtur) sua refert vocabula, *Arpennum*, *Arpendum*, & *Arpenz*, non ad mensuram rei vel loci, sed ad habitum: nec in aliis utitur quàm in vinearum, pratorum, silvarum (non pascuorum, terrarumve arabilium) mensurationibus. Nec aliter equidem adhuc inveni apud exoticos veteres. Domesd. Titt. Middlesex. S. Peter Westm. *Quatuor arpenni vineæ noviter plantatæ.* Grant. Ely. *Ibi tres, arpendi vineæ.* Titt. Excessa. Swenis de Essassa. Hundred. de Rochford. Ragancia. *Unus parcus & sex arpenni vineæ & reddit* 20 *modios vini si bene procedit.* Tit. Wilt. Buberg. *ii arpenz prati, iii arpens silvæ servientium Regis.* E quibus, Arthurus Agard (venerandi hujus monumenti custos, & in eo, archivisq; Regiis versatiss.) per *vinearum arpennos*, hortos intelligit: *silvarum* autem, *coppices*, *i.* silvas cæduas. Sed addam quæ de *arpennibus* Gallicis hodie in usu, è Dictionario quodam transtuli: ut significationes æquè varias esse ani-

animadvertas, ac nomenclationes. Arpennis, inquit Gallica continet 100. perticas in quadrato latere. Pertica verò 18. pedes.

Arpennis silvæ (l'arpent de boys) duas plerunq; rodas & dimid. Roda 40. perticas. Pertica 24 pedes. Pes 24 digitos.

L'arpent de Boys de Burgundie, 440 perticas.

L'arpent de Clermont, plerumq;. 100 virgas, aliàs 70. Virga 26 pedes.

L'arpent de Dunois, 100 perticas. Pertica 20 pedes.

L'arpent de Nevers, quatuor quartas vel quadraturas. Quadratura singula 10 extensiones ulnorum, quas fathoms vocamus. Extensio quælibet *6* pedes communes.

L'arpent de Paris, 100 perticas quadratas: pertica 22 pedes. Pertica autem illic alia habetur 25 pedum, tertia 18 pedum.

L'arpent de la Perche, 100 perticas. Pertica 24 pedes. Pes 13 digitos.

L'arpent de Poictou, 80 passus per quadrati latera singula.

L'arpent Romain 240 pedes in longitud. & 120 in latitud.

Hinc *Arpentator*, agrimensor: & magnus *Arpentator* Franciæ (*le grand Arpenteur de France*) qui lustrandis terris Regiis præficitur: the grand Surveyor. Substituit autem ad aliorum terras dimetiendas, sex *Arpentatores* in quavis provincia (Gall. *Bailliag*) Rex Hen. 2. An. Dom. 1554. ut mihi Author est Carol. Loyseau, *en Traité des Seigneuries*, cap. 9. Galli Candetum appellant in areis urbanis spacium 100. pedum; in agrestibus autem pedum 150. quod aratores Candetum nominant: semi jugerum *Arepennam* vocant. *Columel.* lib. 5. cap. 1. Cal. in *Arepennis.*

¶ ***Arramare.***] Vide Adhramire.

¶ ***Arrectatus.***] al. Rectatus, i. *suspectus, accusatus*, à prisco Norman: *rette.* Offic. Coronatoris. *Si autem aliquis arrectatus fuerit de morte alicujus periclitantis, capietur & imprisonetur.* Westm. 1. ca. *Quant clerke est prise pour rette de felonie.* Infra, *Ceux queux sont endites de tiel rette per solempne inquest.* Sic cap. 21, &c.

¶ ***Arreragium***, & ***Arrieragium.***] Quod à computante debetur, ratiocinio subducto: vel quod elapso termino, solvendum remanet. *Residuum, reliquum.* Vox forens. apud Anglos; etiam Gallos, à vernacula sua *arriere*, i. retrò. Extat apud Clemangium lib. *De annatis non solvendis.* Tiraquel. *de utroq; retractu*, Tom. 3. pa. 32. Et in Scotorum, *Quoniam attachiamenta*, cap. 46. *arrieragia firmarum*, i. censuum reliquationes.

¶ ***Arrestare***, ***Arrestum***, (& cum r simplici) ***Arestum.***] Voces forenses apud Anglos, Gallos, & Jurisconsultos: à Latino *ad*, sive Saxon. *a*, quod est, *ad*, vel *usq;*, & ꝛeꝛꞇ, i. *mora, quies.* Sic ut *arestare* idem sit quod remorari, vel aliquem sistere *usq;* dum legi respondeat. *Arestum*, sistendi actus, *remora.* *Arestare* (inquit I. V. vocabularius) *est aliquem, vel bona sua, per mandatum Judicis impedire, ne moveantur à loco, donec conquerenti respondeat*, ut C. 2. de Crim. fal. & relegatorum ff. de interdic. & rele. Differre autem volunt Juridici Civiles, *arestum* à captione seu præhensione, quod hæc injectis manibus, illud authoritatis reverentiâ exequendum sit. Quod verè exprimit vocis quam diximus etymologiam, suffragaturq; Longobard. Lex lib. 3. Tit. 1. l. 48. *Domini temporales -- per secularem potestatem, res & bona clericorum occupant & arrestant.*

Arestum præterea apud Gallos dicitur decretum parlamentarium, seu forense; & appositè, ut mihi videtur, quòd post varias in utramq; partem disceptationes, in eo tandem (velut in portu) acquiescunt. Splendidiorem verò qui malunt vocis originem, ἀρεστὸν dicunt, id est, gratum, vel placidum: utpote, quod Senatui, vel Judicibus placet, ex quo etiam *placitum* interpretantur. Vocabulum apud nos, istiusmodi significationem non agnoscit: in *arestum* autem *judicii* vel *Juratæ* allegatum dicimus, quod ad remorandum Judicis, Juratævè sententiam, Curiis exhibetur.

¶ ***Arribannus***, & ***Arrieriban.***] Vide Aribannum.

¶ ***Arrigare.***] Vide Artigare.

¶ ***Arsacidæ.***] Vide Assasini.

¶ ***Arsones.***] In notâ ex archivis in Turri London. mihi à *Vincentio* latâ -- *redditus unius partis arsonum albarum ad Scaccarium.* V. *Gerv Tilbur.*

¶ ***Arsura.***] Domesd. Auri vel argenti conflatio purgationis ergò, vel examinis. Modum rei fusè exhibet Niger liber Scaccarii, Gervasio asscriptus, cap. *De officio militis argentarii*: nam magno tunc usui illic fuit ad examinandas pecunias Regi solutas, propterea quòd in multis locis & diversè admodum cudebantur.

Arsura etiam dicta est ipsa metalli inter conflandum diminutio: & *libram* (aiunt) *tot ardere denarios*, quot per ignem purgatorium amiserit.

Manerium de *Bosebam* in com. Suff. -- reddit 50 l. ad *Arsuram.* Ex lib. censuali.

¶ ***Artigare***, ***Arrigare***, ***Arigare***, & ***Artigavum.***] Longob. 2. Tit. 17. l. 17. *Si casu faciente mortuus fuerit, & ante indicaverit res suas proprias, se vivente, id est, andigaverit & arigaverit, secundùm legem Longobardorum, habeat cui donaverit.* Gloss. vett. apud Lindenb. *Andigavum, id est, in sanitate; Artigavum, in infirmitate.* Item Longob. 3. Tit. L. *Arrigare secundùm legem.* Ibi Gloss. *in infirmitate res suas ordinare.*

¶ ***Arturia terra.***] Antiqq. Fuldens. lib. 2. Tradit. 12. *una arialis, & una hoba, quod est xxx jugera terræ arturiæ.* Reor *arturiæ* p. *aratoriæ.* Aliàs legitur *arduria.*

¶ ***Ascriptitii.***] Sunt servorum genus, quos *villanos* dicimus, dominiis nostris seu Maneriis ascripti culturæ gratiâ. Niger lib. Scac-

Scaccarii, ca. de *Danegeldo*. *Ascriptitii*, *de Regni jure, non solùm ab his qua modò possident, ad alia loca à dominis suis transferri possunt: verùm etiam ipsi quoq; licitè venduntur, vel quomodolibet distrahuntur, merito tam ipsi quàm terræ quas excolunt ut dominis suis serviant, Dominia reputantur.*

¶ *Ascus.*] Veteri Saxonico æsc, i. *navis*. Sic æscum & æscap, in Saxon. Chronico apud Tatum sub An. 897. Fortè quòd corylo (nuci) haud dissimilis sit, quam Saxones item esc vocant. Dici etiam videatur de *scapha*, quòd hæc olim fiebat è prægrandi arbore, parte interiore excisa, nam escian est, excindere; ascilian enucleare. Quibus accedit Latinum *asciare*, pro asciâ radere, & Græcum ἀσκὸς pro utre, aut alio quovis in ejus speciem, vel excavatæ nucis effigiato. L. Salic. Tit. 23. §. 3. *Si quis navem vel ascum de intro clavem furaverit* ICCCC *den. qui faciunt sol. xxxv. culp. judic. except. cap. & dil.* Et §. seq. *Si quis ascum de intro clavem repositum, & in suspenso pro studio positum furaverit* IDCCC *den. &c.* Salicorum autem hæ naves & asci, tantum fluviales fuisse videntur, & perinde minoris fabricaturæ.

¶ *Ascare.*] Vide Amadere.

¶ *Assallirie*, & *Assaltus*, pro *Assultus*.] A Marculfi vocabulo *adsallire*, quod vide supra. *Assaltus* occurrit in LL. Divi Edouardi cap. 12.

Assartum.] Vide Essartum.

¶ *De Assasinorum funestissimo Collegio.*

¶ *Assasini.*] Sunt Principum & virorum illustrium interfectores, & qui mercede homines jugulant. Dicti ab execranda illa secta apud Turcas, huic carnificio designata. Alias a *Assessini*, b *Assissini*, c *Lassatini*, d *Arsacides*, e *Chasii*, f *Cultelliferi*. Institutos hos ferunt ante 600 annos, ab Alaodim quodam, & in Provinciis Tyri & Phœniciæ (circa locum ubi olim fuit Episcopatus Antaradensis) montes habitare: numero (ætate Regis Henr. 3.) 40000 vel eo amplius, decemq; munita & splendida castella cum suburbanis, possidere. Sectæ Principem, *Senem* seu *Veterem de monte* vocant, non elatiori titulo; quem tamen ut Patrem, Prophetam, & Mahumeti Vicarium colunt: sibiq; præficiunt, non hæreditaria successione, sed meritorum præstantiâ cooptatum. Sedes ejus Muletæ est (qui locus igitur omninò sacer) multosq; sub se Rectores habet seu Tribunos, per castella cætera ministrantes. Sceleratæ suæ professionis (inter alia plurima) hæc sunt instituta.

a, b *Mat. Paris.* c *T. Walsingham.* d *Nic. Gillius.* e f *Mat. Paris.*

Legem Mahumeticam ita enixè colunt promoventq; ut respectu eorum, reliqui omnes prævaricatores videantur.

Eo subjectionis & obedientiæ vinculo se obstringunt, ut nihil tam arduum aut horrendum sit, quod è Magistri sui imperio non aggrediantur alacres: immò, ex nutu ejus de rupibus se præcipitant, in enses ruunt, ignemq; perferunt.

Principes quos odiosos habent, aut genti suæ suspectos, data uni de his sicâ, vel pluribus; nulla habita aut exitus ratione aut supplicii, anxii circumeunt donec imperatum sibi homicidium peregerint. Sic Conradus Imp. sic Reimundus Comes Tripolitanus bellicosissimus, & plurimi alii summi viri sublati sunt.

Qui Principem occiderit suæ religionis adversarium, secundum à Mahumete locum in Paradiso obtinere credunt: Magistriq; sui esse de Paradiso disponere.

Fortiter occumbentes, Paradisum aiunt protinus involare: desides & domi morientes, illuc demum, sed multis tritos suppliciis pervenire, &c. Vide Mat. Paris in An. 1150. Nicetæ Choniatæ libri 2 initium. Will. Tyrii De bello sacro lib. 20. cap. 31. aliosque rerum Orientalium Scriptores.

Refert Mat. Paris in fine An. 1257. perditissimum hoc genus hominum, deletum tunc fuisse à Tartaris: sed posthumum reperitur apud sequentes Historicos. Vide *Lassatinus*. Hujusmodi autem homicidium *assasinium* dicitur. *Assasinium*

¶ *Assath.*] Sic in vetusto impresso codice. In M. S. uno, *asaith*. In altero (sed omninò mendosè) *assautour*. Quibusdam, *assach*. Purgatio erat apud Wallos, scil. Cambro-britannos, quâ 300 sacrantalibus, h. compurgatoribus, reus se liberabat. Mos invaluit usq; Statutum An. 1. H. 5. cap. 6. ubi sic legitur. Walli *emprisonez* (Anglos) *tanq; al temps que ils ount fait gree à eux en cel partie, ou que ils vorrount se excuser (de la mort dez tiels rebellez ensy tuez) per un Assath selonq; la custume de Gales, cest à dire, per le serement du CCC homines, &c.* quod imposterum fieri prohibitum est. Quid vocabulum velit, dicant Cambro-britanni nostri: Ex parte autem sapere videtur Saxonicum, nam *ath* est *jusjurandum*, & sach, *causa*. Walliæ autem Consuetudines, in leges Angliæ transmutatæ sunt An. 27. Hen. 8. cap. 7.

¶ *Assecurare.*] Securum facere. Constitutt. Siculæ, lib. 3. Tit. 14. l. 2. *De dotario assecurare*. Et infra, *Baronem assecurare tenetur*. Vide *Adsecurare*.

¶ *Assis*, *Assia*.] Longob. 1. Tit. 25. l. 30. *Si quis assem de sepe assiata, unam aut plures tulerit, componat solid.* 1. *Si quis de sepe stantaria facta vimen tulerit, componat sol.* 1. *si autem perticas transversarias tulerit, sol. iii.* Quoad *sepem stantariam*, nos (si idem sit) **A stantep hedge**, vocamus, quod non è surculis vivis, sed è perticis & viminibus componitur, absq; fossa. *Assiata* autem *sepes* quid sit non possum cogitare: ni ex palis seu tabulis sectilibus, quas *Asses* etiam dicunt, conficiatur. Quære.

¶ De

¶ *De Assisarum variis speciebus.*

V. *Assisse* Kilian.

¶ ***Assisa, Assisia.***] Vox fori nostri, etiam Gallis, Italis, Teutonibus in usu: A Gallico *Assis*, i. assessum, locatum, positum, statutum, definitum. Vetus M. S. *Villa de Jermuth assisa est super arenam maris, in orientali parte Anglia.*

Pro *Statuto.* Hinc Decreta Regni, quæ hodie Statuta vocamus, Majores nostri Anglo-Normanni usq; ad ævum Henrici 3. *Assisas* appellabant. Fortè quòd assidentibus Regni primoribus essent condita, quasi *en assemble de gent assis*, quod Cicero *consessum* dixit, ut *Consessus Senatorum.* Glanvil. lib. 9. cap. 10. *Quanta esse debeat* (mulcta) *per nullam assisam generalem determinatum est.* Et Bracton lib. 3. Tract. 2. cap. 3. num. 6. *Est enim gravis præsumptio contra Regem & coronam, & dignitatem suam, ut si assisa statuta & jurata in regno suo, ad communem Regni sui utilitatem, non fuerint observata.* Hinc Statuta Henrici 2. Part. poster. Hovendeni, inscribuntur *Assisa Henrici Regis, facta apud Clarendum, & renovata apud Northamptuin.* Et in textu eârundem: *Hæc Assisa attenebit, à tempore quo assisa facta fuit apud Clarendum, &c.* Sic memorabilis illa Sanctio de transmittendis hæreditatibus ad primogenitos in Britannia Armoricano, condita An. 1185. *Assisia Comitis Gaufridi* nominatur. Eoq; ævo Fredericus Imp. Constitutt. Sicular. lib. 1. Tit. 41. *Quæ igitur* (inquit) *ad ipsorum cognitionem pertineant, prædecessorum nostrorum assisiis comprehensa, apertiùs definimus.* Item Lib. 3. Tit. 36. *Volumus infra scriptas assisias nostras inviolabiliter observari, &c.* Sic Ordinatio Joh. Ducis Britan. & Procerum suorum An. 1239. contra Judæos, sæpiùs in eâdem ipsa, *Assisia* appellatur, Hist. de Bretaign. lib. 4. cap. 23. Et lib. eodem, cap. 80. *Hanc assisiam* (inquit) *ego Gaufridus Comes Britanniæ, & Constantia uxor mea, & omnes Barones Britanniæ, juravimus tenere.* An. 1302. E quibus, simulatq; Bractoni verbis, animadvertas Reges & Proceres in condendis legibus, earum olim jurasse observantiam.

Videtur hic dici pro parlamento.

Assisa panis. Assisa vini & cervisiæ. Assisa ponderum & mensurarum. Statuta sunt Edouardi I. ævo ascripta, cùm vox *assisa* pro Statuto seu decreto, in desuetudinem abiisset. Intellige igitur omnes has altioris esse originis; utpote (si non antiquiùs) quæ *Assisarum* nomen acceperant, ab An. 8. Richardi 1. ut expressè vidimus in quodam M. S. codice, satisq; liquet ex Hovendeni Part. poster. in fine An. 1197. *Assisam panis* verò, conditam fuisse à Johanne Rege, An. Regni sui 4. Dom. 1202. eâ formâ qua hodie extat (mutatis pro seculi ratione mutandis) apud Mat. Paris aspicias in eo anno.

Vz. 51 *H.* 3. 31 *Ed.* 1. *&c.*

Assisa etiam dicuntur Brevia quædam Regia & litigandi formulæ, è Constitutionibus veterum illorum Regum nata, *Viz. Breve* seu *Assisa novæ disseisinæ. Breve* seu *Assisa de morte Antecessoris. Breve* seu *Assisa ultimæ præsentationis*, & hujusmodi, quæ cædis & duelli tollendi gratiâ, ab Henr. 2. institutæ videntur, si Glanvillum non malè * intellexerim, ipsiusq; Regis Brevia, ubi ait, *posuit se in Assisam meam*, q. posuit se in Constitutionem meam. Quod enim *meam* dicit non *nostram*, de individuo Rege dictum censeo. *Rad. Niger* de Hen. 2. in An. 1154. Abolitis antiquis legibus, singulis annis novas leges, quas Assisas vocavit, edidit.

* *Lib.* 1. *ca.* 7 *lib.* 13. *ca.* 32 *lib.* 2. *ca.* 6. 8 9. 20.

Assisa pro Jurata, dicitur tum in Brevi de recto, tum in ipsis hisce *Assisis*: Et ideo scilicet, quod Juratorum numerus qui de statu rei sententiam sunt laturi, qui incertus olim fuit, decretoq; Principis, nunc primum *assisus* & definitus.

Magna Assisa seu *Grandis.* Est solennior illa Jurata quæ in Brevi de recto (quod omnium solennius est & maximum, utpote quo de mera proprietate agitur) è Militibus omnino constat, numero 12. gladio cinctis; non vulgari modo per Vicecomitem electis, sed per 4 item Milites gladiis cinctos, ad hoc juratos, & 12 deinde electis, ut quidam asserunt, * associatos. V. *Glan.* lib. 2. cap. 7. quare *mag. assisa* sit inventa.

Assisa minor seu *ordinaria.* Est Jurata in *Assisis* prædictis, quæ non è Militibus, sed 12 liberis & legalibus hominibus patriæ per Vicecomitem conscribitur. Et hæc quidem Jurata, non de proprietario cognoscit, sed de possessore. Scoti vero magnam *Assisam* vocant quæ ex 24 constat juratoribus, minorem quæ ex 12.

* Ri: 6. R. 1. Par. apud Westm Rot. 1. Et 3 E. 1 Brooke Dr it de recto p. 40.

Assisa pro Curia. Hinc forum quo *Assisarum* prædictarum recognitiones captæ erant, *Assisam* dicebant (ut patet ex Brevi novæ disseisinæ Registro fol. 195. *b*) cui nec olim aliud quid negotii ingerebant: nec (pro more) certum anni tempus statuebant, sed pro occasione. Dicti autem sunt ejus Judices *Justiciarii Assisarum*, quorum indies ita crevit potestas, ut in ipsis tandem coaluit Justiciariorum itinerantium munus, & deliberandæ item Gaolæ; auctâq; adhuc ipsorum authoritate Statuto An. 20. Ed. 3. cap. 6. *Assisarum* Curia maximè jam inde emicuit, cum tamen in eâdem hodiè *Assisarum* Brevia rarissimè prosequuntur. Celebratur autem hæc Curia per omnem Angliæ Comitatum bis in anno, hoc est, in vacatione quadragesimali, & in æstivali: itinerantibus ergo per provincias Justiciariis (quos vocant) *Assisarum*, & confluente undiq; insigni Nobilium & plebis frequentiâ.

Habentur & apud Normannos *Assisæ* suæ, pari celebritate, eisdemq; anni temporibus peractæ, ut patet *en la Custume de Normand.* ca. 19. vicemq; & rationem apud nos, & illos, aliosq; subeunt antiquæ Curiæ quæ *Mallum* dicebatur, de quo suo loco.

Assisæ Mercuriales, apud Gallos sunt Sessiones pomeridianæ, quæ in villis Parlamentariis habentur quater quotannis, sed antiquè

tiquè sæpius. Refert autem Josias Berault in suis Commentariis ad prædictum cap. 19. Consuetud. Normanniarum, ipsas Normanicas *Assisas*, Mercuriales etiam dici in Ordinatione Blesensi, Art. 144. apud quem & plura vide.

Præterea dicitur *Assisa* de re quavis ad certitudinem posita, respectu temporis, numeri, quantitatis, qualitatis, ponderis, mensuræ, &c.

Assisa pro tempore definito. Glanvil. lib. 13. cap. 32. *Cum quis alium, infra assisam Domini Regis, id est, infra tempus à Domino Rege, de consilio procerum ad hoc constitutum -- disseisuerit.*

Assisa pro certo numero, ut hic supra in Juratis. Et asserit Skenæus, Juratas etiam apud Scotos dici *Assisas*, quod Juratorum numerus (pro natura litis) certus statuitur, aliàs 12. aliàs 15. aliàs 25. aliàs 32, &c.

Assisa pro mercium nonnullarum quantitate, qualitate, pondere, mensura, precio, &c. cùm apud nos, tùm apud Scotos, exterosq; frequens occurrit. Et in Constitutionib. Siculis lib. 1. Tit. 57. l. 2. *Assisas* (inquit Frederic. Imp.) *rerum venalium, per singulas Civitates & loca volumus Ordinare.*

Assisus Reditus, in Maneriis dicitur certus ille & immobilis census qui domino solvitur ex prædiis liberis, unde & *liber* appellatur: estq; mobili & nativo contrarius. Assisæ de Clarendum apud Hovend. in Henr. 2. *Balivi Domini Regis respondeant ad Scaccarium tam de assiso reditu, quàm de omnibus perquisitionibus suis.* Hodie verò nativus reditus etiam sub *assiso* æstimatur: nec malè, cùm per tempus præscriptionis ita invaluit ut mutari nequeat.

Assisa pro taxatione, seu tributo. Niger liber Scaccarii, cap. *de Danegeldo. Ex constitutis duobus solidis, vel uno per singulas hidas, summa una quæ Communis assisa nuncupatur, excrescit.* Sic,

Assisa halecum. Est tributum apud Scotos, quod ex ea piscatione penditur, ut Skenæus mihi Author est.

Assisa pro mulcta. Sic in Britannia Armoricana, mulcta ab animalibus damna inferentibus exacta, *Assisa* nuncupatur.

Assisores. *Assisores*, sunt qui *assisas* condunt, aut taxationes imponunt: apud Scotos etiam juxta Skenæum, iidem qui Juratores.

Assisatum. *Assisatum*, quod constitutum est.

¶ *Assisini.*] vide supra Assasini.

¶ *Assistria.*] *Greg.* Regist. lib. 11. Epist. 54. V. *Monastria.*

¶ *Astalius.*] Longobardor. lib. 1. Tit. 1. l. 6. *Si quis contra inimicum pugnando collegam suam dimiserit, aut astalium fecerit, id est, si eum deceperit, & cum eo non laboraverit, anima sua incurrat periculum.* Gloss. ibi. *astallius descendit ab astu, i. dolo.* Hinc fortè in aucupio, decipulum dicimus, **a stale.**

¶ *Astanea.*] In supellectile Casinens. Ecclesiæ vendita circ. An. Dom. 394. captivorum redimendorum gratiâ apud Leon. Marsican. Hist. lib. 1. cap. 58. -- *hostiales iii pro byzantiis xiii. Astaneas duas pro byzantiis octo. Pulvinaria serica tria, pro byzantiis x.*

¶ *Astrarius.*] In quodam plac. pro terris in *Oudeby* in Com. *Leic.* per *Galfr. le Abbe* filium *Will. le Abbe*, versus *Alexandrum* filium *Roberti le Abbe*, filii *Galfridi le Abbe.*

Galfridus dicit; quod prædictus *Robertus* non fuit, nec potuit esse *Astrarius* prædicti *Galfridi*, nec unquam remansit de prædictâ terrâ tanquam *Astrarius*: quia dicit, quod idem *Galfr.* per longum tempus ante mortem suam dederat ei duas carucatas terræ in **Drapton**; ad quam terram idem *Rob.* duxerat uxorem, & fuit separatus à familiâ *Galfridi* patris sui.

Alexander le Abbe, defendens, dicit; quod *Robertus* pater suus & filius prædicti *Galfridi*, post mortem ipsius *Galfridi* remansit in prædictis terris & messuagio, & reddidit ut filius ejus, & *Astrarius*; sed per Juratam fuit manens apud **Drapton**, & penitus separatus ab *astro* patris sui, (scil. à camino, Anglicè dicto aster.) *Plac. de Banco term. Mich. circiter 36. vel 37. H. 3. Rot. 21. Leic.*

¶ *Astre.*] **the Harth of a Chimney.** *Astrarius hæres* indè dicitur ille, cui antecessor in vitâ suâ, per Cartam hæreditatem restituit. *Cokes Inst.* p. 1. fol. 8. b.

¶ *Astellæ* & *Astels*, al. *Attels.*] Gal. Rot. Cur. Maner. de Rustens in Cougham. 34 Hen. 6. -- fecit. 400 *fagots* & dimid. & 400 *Astell* in *Rusteyns* &c. Et mox -- cepit & asportavit 400 *fagots*, & . . . Astell *Ferula, fustes, baculi, pertica* quæ gypsum sustinent in pariete, Anglicè *Splents.*

¶ *Astrihilthet.*] LL. Divi Edouardi cap. 30. *Hi qui pacem Regis habent, vel manu, vel brevi, ei fideles existant. -- Qui si nimis confidens in pace quam habet, per superbiam alicui forisfecerit, damnum restauret & iterum tantundem, quod Angl. vocant* Arꝺꞃihilꝺheꝺ. Cui in margine, aliàs aꝺꞃihilꝺheꝺ. Vid. LL. *Ed.* Conf. Cap. 30. à *Lambardo* datus, apud *Hoved.* pag. 606. arꝺꞃiꞇelꝺhoꞇ. *V. Not. ad* Hengham p. 158 *Asorum.*

¶ *Ategar.*] Telum Saxonicum, cujus meminit Florent. Wigornens. sub. An. 1040. suisq; deinceps verbis (ut solet) Hovendenus, Part. pri. in eodem Anno. *In manu sinistra clypeum, cujus umbo clavi q; erant deaurati, in dextra lanceam, quæ lingua Anglorum* aꞇeᵹaꞃ *appellatur.* Reor fuisse hastam missilem; aꞇeon enim Saxon. significat ejicere; ᵹaꞃ, telum. *Ethelwerd.* in An. 878. *Pellunt ingenuos passim; ategias figunt in oppido dicto* Glouucestre *vario ictu.*

¶ *Atha*, & *Athe.*] *Juramentum.* A Saxon. aꝺ, Anglis, Oath. Charta Edmundi

Regis

Regis Ecclesiæ Glaston. apud Malmesb. de gest. Regg. lib. 2. *Concedo Ecclesiæ sanctæ Dei genetricis Mariæ Glastonæ, & venerabili viro Dunstano, quem ibidem Abbatem constitui, libertatem & potestatem, jura, consuetudines & omnes forisfacturas omnium terrarum suarum, id est, Burhgeritha, & hundredsetena, athas, & ordalas, & infangtheofas, &c.* Dat. An. 944. Indict. 1. Per *athas* hîc intelligitur potestas exigendi, ministrandi, & vindicandi juramenti: uti in Fœdere Edouardi & Guthurni Regum, cap. 9. Oꝛꝺel & aðaꞅ. ꞅẏnꝺon ꞇocpebene. ꞅꝼeolꞅ ꝺaꝣum. ꞇ ꝛihꞇ ꝼæꞅꞇen ꝺaꝣum; Id est, *Ordalium & juramenta festis diebus, & legitimis jejuniis interdicta sunto.* Quod antiq. Interpres M.S. legit, *Ordel & athes, sint interdicta diebus festivis & legitimis jejuniis.*

¶ *Athargrati.*] LL. Baiwar. Tit. 3. cap. 1. §. 4. *Si quis in eo venam percusserit, ut sine igne sanguinem stagnare non possit, quod Athargrati dicunt.* Germ. **adet**, vena. Angl. **to grate**; rodere, vel terere.

¶ *Atia*, al. *Atya*, & *Hatya.*] Vox fori, quæ nunquàm (quod scio) se effert si non in obsoleto Brevi Regio quod de *Odio & atia* inscribitur. Verba Brevis, Registro, fol. 133. hæc sunt. *Rex vicecom. salutem. Præcipimus tibi quod &c. inquiras utrum A. captus & detentus in prisona nostra de L. pro morte W. unde rettatus* (i. accusatus) *est, rettatus sit de morte illa odio & atia, &c. & si odio & atia, tunc quo odio & qua atia, &c.* Coke 9. Report. fol. 506. **Dicongues** *odium* **in le dit Briefe signifie hatred, issint** Acia sive Atia **signifie malice, pur ceo que** *malicia est acida*, i. **egre, sharp, & cruell.** Vocabulum rectè videtur interpretari, sed non recto etymo. Ipse dictum rebar (ut infinita hujusmodi) à vulgari nostro **hate**, i. *malicia, invidia*: nec tamen ausim id suggerere, si non exaratum cum aspiratione invenissem apud Bractonum in codice M. S. & coætaneo, fol. 788. viz. *An culpabiles essent de morte illa vel non. & utrum appellati essent odio & hatia, q. odio, & invidia*: sed deletum jam omnino est hoc Breve, Statuto 28. Ed. 3. cap. 9.

Ergo (t) in hatya proununtiandum est Græcorum more non Latinorum.

¶ *Atriamentum, Atrium.*] Formul. vett. Rom. nu. 43. *Habet ipsa casa in atriamento, membra in gyro tanta, de lateribus vel frontibus casa, vel terra illorum & illorum.* (Reor) locus atrii, vel ipsa area circa atrium, **A Courtyard.**

Atrium enim dicitur non tantùm pro porticu Ecclesiæ, sed pro ipso cœmeterio, ut apud Gratian. 12. q. 1. cap. 4. *Nulla edificia in atrio Ecclesiæ ponantur, sed tantum clericorum.* Ubi Glossographus. *Id est* (inquit) *in cœmeterio, quod habebit xl passus in circuitu Ecclesiæ majoris capellæ, vel minoris Ecclesiæ xxx, &c.*

¶ *Attachiare, Attachiamentum, Attachiator.*] Voces forens. apud Anglos & Scotos: Et est *attachiare*, apprehendere, à Gallico *attacher*, i. annectere, vincire, alligare; quòd personam, vel bona alicujus, legum judicio annectit, vincit, alligat. Veteribus, *admallare*. *Attachiamentum* (inquiunt leges Baronum Scotiæ cap. 1. §. 2.) *est quoddam vinculum legitimum, per quod, pars defendens invita astringitur ad standum juri, & respondendum parti de se querenti juridicè: debetq; fieri, per Ballivos* (h. attachiatores) *vel eorum servientes, præsentatos in Curia & juratos.* In eo autem differre videntur *arrestare* & *attachiare*, quo apud J. C. *arestum* & *prehensio*. *Arestare* scil. aliud olim non fuisse quàm levi Judicis interdicto, hominem impedire & remorari, donec conquerenti responderet: cùm *attachiare* sit quasi per scapulas comprehendere, & reluctantem protrahere in judicium. Hodie verò, pari violentia in utroque sæviunt Ballivi.

Attachiamentum.

Attachiator.

Mat. Par. A 1251 retentu *quod vulgariter dicitur* attachiatus.

¶ *Attaintus*, seu *Attinctus.*] Vox. for. Dicitur qui solenni juris formula, capitalis alicujus criminis sententiam tulit: ut proditionis, feloniæ, &c. Dicitur etiam aliquando de criminibus non felonicis, *ut attinctus perjurii* vel *mutilationis membrorum alterius.* Item *attinctus disseisina.* Et frequenter apud vett. pro *convicto*: nec desunt qui cadentes in omni lite *attinctos* nuncuparunt; quasi *victos*. A Gall. *attaint* sive *atteint*, Latin. *attactus*, id est, assequutus, deprehensus: *quo* sensu Cicero lib. de finib. dixit, *suspicione attingere.* Vel attactus, ut arbores *tactas* dicimus, i. ictas & deturpatas. Sunt & qui à *tingendo* ducunt, ut sit *attinctus* quasi discoloratus, coinquinatus. Assisæ de Clarendum temp. Henr. 2. *Si Dominus feodi negat hæredibus defuncti seisinam ejusdem feodi, &c. & inde attaintus fuerit, remaneat in misericordia Regis.*

Hinc *Attincta* & *attinctura* pro istiusmodi reatus manifestatione, & hæreditariæ successionis (quæ per eam omnino sublata est) coinquinatione.

Attincta, Attinctura.

¶ *De Atturnatis.*

¶ ***Atturnatus*, *Atturnare*, *Atturnamentum***, vel per (o) ***Attornatus*, &c.**] *Atturnatus* est qui aliena negotia, ad mandatum Domini administrat. Vel is, qui *ad turnum*, i. ad vicem alterius constitutus, Domini sui causas in foro promovet, ejusq; nomine respondet. *Procurator, Responsalis, Nuntius, Missus.* Propriè *Vicarius*, à Gall. *tourner*, hoc est, vertere, commutare, rem unam in vicem alterius dare: unde qui Nobilibus sunt à vestium mutatione, eosq; ornant & instruunt (cosmetæ nempe & camerarii) *Attourneures* appellantur. Siquidem hos olim & dapiferos, & Senescallos, & Præpositos seu Ballivos, aliosq; ministros, ad agendum in litibus suo nomine, respondendumq; emittebant, ut patet in LL. M. S. Hen. 1. capp. 34. 42. 61. Glanvilli lib. 11. cap. 1. & alibi. Vox autem *Atturnatus* eo ævo vix recepta esse videtur inter forenses, nam Glanvillus ejus vice utitur aliàs *Nuntii*, aliàs *procuratores*, sed potissimum (Ecclesiæ vocabulo) *Responsales*; librumq; 11, inscribit, *De Responsalibus qui loco dominorum ponuntur in Curia, ad lucrandum & perdendum pro eis*: nec vel semel illic, *Attornati* mentionem facit. Libro tamen 12. cap. 19. in Brevi Regio, *atturnare* occurrit pro in *loco ponere*, ut frequentissimè in recentioribus Brevibus ejusdem argumenti. Et apud *Bract.* lib. 2. Tit. 1. cap. 35. pro transferre & assignare. — Atturnare.

Quemadmodum autem apud veteres Romanos, non licuit per procuratorem agere, ita nec olim apud Francos, absq; rescripto Principis, cujus hæc in Marculfo, formula lib. 1. cap. 21.

Antiqua formula constituendi Attornati. — *Fidelis Deo propitio ille, ad nostram veniens præsentiam suggessit nobis, eo quod propter simplicitatem suam, causas suas minimè possit prosequi, vel admallare, clementiæ Regni nostri petiit, ut inlustris vir ille, omnes causas suas in vice ipsius, tam in pago quàm in palatio nostro, admallandum prosequendumq; recipere deberet, quod in præsenti per festucam eas eidem visus est commendasse. Propterea jubemus, ut dum taliter utriusq; decrevit voluntas, memoratus ille vir, omnes causas* * *lui, ubicunq; prosequi vel admallare deberet, ut unicuiq; pro ipso, vel hominibus suis, reputatis conditionibus, & directum faciat, & ab aliis similiter in veritate recipiat. Sic tamen quamdiu amborum decrevit voluntas*; ubi vides, *attornatos* seu *procuratores*, olim constitutos fuisse traditione festucæ, i. virgæ, & symboli potestatis, vel *seisina*, ut, dicimus.

Idem factus per traditionem virgæ.

* Gallic. q. de luy, i. illius.

Hujus antiquitatis (utpote circa Annum hinc millesimum) nihil apud nos reperio: Sed inferioribus seculis, quos litigantes mittebant *Attornatos*, sine Brevi Principis non recipiendi erant, ut abundè constat in Registro Brevium. Tandem verò uti Justinianus, his qui justis occasionibus impediti, rem suam exequi non poterant, procuratores indulsit: ita Henr. 3. & succedentes Reges, paulatim id nostratibus præstitere. Ex quo, protinus orta est communium *Atturnatorum* (unà & Advocatorum) infesta multitudo, quam cohibuisse nixus est Rex Edw. 1. (ut supra ostendimus in vocab. *Apprenticius*) omniq; ideo Angliæ, 140 tantùm, ex utroq; genere designavit. Hodie fortè in uno Comitatu, tot solummodo *Attornati* reperiantur.

Habet item Normannia suos *Atturnatos*, lege & more nostro institutos: de quo Josias Berault in suis Commentar. ad cap. 589. *de la Custume reformée de Normand. Nos* (inquit) *procureurs d'aujourd'huy sont semblables à ceux* qui olim à dominis in judicio constituebantur, *qu'on appelle en Normandie passés Attournés, ou ausquels on baille procuration qu'on appelle* ad lites, *desquels le pouvoir cessoit en la presence de la partie qui les avoit constitués*, &c.

Tornati. — Reperitur etiam (miror autem Cowelli fide) vox *attornati*, & ut alii legunt, *tornati*, in Tit. *de statu regularium*, cap. *unico*, §. *Porrò, i. n. sexto.* ubi Glossa *Atturnati* (inquit) *dicuntur Procuratores apud acta constituti.*

Atturnatus Regis est qui causas Regis forenses non solùm promovet, sed ex more Advocati fortissimè tuetur. Loco servientibus Regis posterior, quæstu autem & potentiâ, superior multò. *Lib.* 1. *de feud. Tit.* 22. Si quis fecerit investituram vel cambium de beneficio sui militis, sine illius consensu cujus est beneficium, pro infecto habeatur. — Atturnatus Regis.

Atturnamentum. Est transitus vassalli seu Tenentis, ab obsequio Domini vendentis, in obsequium ementis. Fit autem, vel traditione denarii, vel præstatione fidelitatis, vel nudo ipso in venditionem assensu. — Atturnamentum.

¶ **Aubani, & Aubenagium.**] Gallic. vide Albani.

¶ **Auca, Aucare, Aucella, Aucellus.**] Gloss. Arabicolat. *Auca, anser.* Gloss. verò Bedæ Latino Saxonicæ, *Auca*, ȝo . *Anser*, ȝanδpa. quasi vox *auca* ad avem fœmineam spectaret; *anser*, ad masculinam, hanc enim nos hodie a Gander, illam a Goose nuncupamus. Benè igitur Burchardus lib. *de Pœnitentia*, i. xix. fol. 278. *pullos aucarum* dixit, non anserum; uti & *gallinarum*, non gallorum. Sic in Lege Alaman. Tit. 99. §. 20. *acceptor qui aucam mordet*: sexum respicit fœmineum, unde nos eum a Goshawke vocamus: in Boiorum verò LL. Tit. 20. §. 2. accipiter qui *anserem capit*, Ganshapich appellatur, à *Gansa*, i. ansere.

Auca etiam Philoxeno interpretatur πτηνόν, volucre, acsi volatilium tam esset genus quàm species. Unde *aucella* in Gloss. Isodori, ad coturnices etiam refertur: *aucellus* in Philox. στρουθίον exponitur, i. passer, & omnis avicula. Quo sensu Itali hodie *uccello* dicunt *q. ancello*, pro qualibet ave, & *uccellare*, pro aucupari, quasi hoc esset aucas capere, non quod aiunt, aves capere. — Aucella. Aucellus. Uccello.

Aucare verò reperitur pro *attrahere*: fortè ab aucupum more, unde & pro aucupari dicatur. — Aucare.

¶ **Auctionarii.**] Qui publicis subhastationibus præsunt, *propola*, & quos Angli Brokers dicimus. Gloss. Isodori: *Auctionarius, qui emit.* Gregor. Mag. Registr. lib. 1. Epist. 42. --*priusquam labores suos venundare valeant, compellantur tributa persolvere: quæ dum de suo unde dare non habent, ab auctionariis publicis mutuò accipiunt, & gravia commoda pro eodem beneficio persolvunt.*

¶ **Auctores Ecclesiarum.**] Formull. Lindenbr. 16. in Cessione ad Ecclesiam. --*antedicta Ecclesia, vel Pontifex Civitatis illius, aut auctores Ecclesiarum*, (villam) *eam habendi, tenendi, possidendi, &c. libero in omnibus perfruantur arbitrio.* Notat Lindenbrogius hos ipsos alibi *Actores* vocari: cui & illud convenit quod inter formull. vett. Bignonii cap. 27. occurrit. --*argentes ipsius Ecclesiæ, absq; expectata traditione, in eorum revocent dominationem.*

Aucto-

¶ *Auctoritas, Auctorizare.*] *Auctoritas* pro diplomate vel Charta Regia, ævo Gregorii Turonens. & inferioribus seculis frequens. Idem Gregor. lib. 9. cap. 32. in Epist. Radegundis ad Episcopos, -- *Monasterio tradidi possidendum; & per auctoritates præcellentissimorum dominorum Regum Chareberti, Guntheramni, Chilperici, Sygeberti, cum sacramenti interpositione, & suarum manuum subscriptionibus obtinui confirmari.* Flodoard. Hist. Eccl. Rem. lib. 2. cap. 4. *Testamenti pagina in archivo Remensis Ecclesiæ reservatur, cum auctoritate Childeberti Regis.* Et cap. 19. in diplomate Ludovici Imp. *Ut hac nostra concessionis authoritas per futura tempora in Dei nomine pleniorem obtineat firmitatis vigorem, annuli nostri impressione subtersignari decrevimus.* De eodem mox infra Flodoardus: *Una cum filio Lothario Cæsare, ta'em præcepti dedit auctoritatem, viz. &c.*

Auctoritas etiam dicebatur Bulla Papalis. Beda Eccl. Hist. lib. 2. cap. 8. *Cujus* (Bonifacii Papæ) *auctoritatis, ista est formula. Dilectissimo fratri, &c.*

Auctorizare. Hinc *auctorizare* in Appendice altera ad Gregor. Turonens. pa. 102. pro diplomate confirmare.

¶ *Avenagium.*] Tributum avenarum, quod vassalli Dominis pendunt in Britannia Armoricana & quibusdam aliis Galliæ partibus. Vide infra *Galmagium.* Quandoq; scribitur pro *Aubenagium,* de quo supra.

¶ *Avera, Averare, Averagium, Averia, Averpenny, Averum.*] Videntur affines, è diversis fontibus.

Avera & (sensu uno) *averagium,* à Gall. *euvre* & *euvrage;* labor, opus: etiam inde *averare* pro laborare, vel potiùs à Latino *operare, o* & *p* ut solent, in *a* & *u* conversis. Hinc quæ in *averando* fatigabant animalia. Majores nostri *averia,* Scoti *avaria* dixere: ut Latini, *jugales,* à jugando; *operarios,* ab operando. Sunt autem qui *averum,* equum vel jumentum significare aiunt; & in eam sententiam tendere videtur, quod statim citaturi sumus è Capitt. Placitt. Coronæ, & quæ in vocab. *Affri* suprà notavimus. Sed nec ista obstant quin ab *operando* primitùs deducatur. De singulis, sigillatim.

Avera, q. Overa à Gall. Ovre pro opere. *Avera* in Domesd. Consuetudinis genus est, scil. unius diei operatio, quam Coloni Regis Vicecomiti præstabant infra terras Regis dominicales.

Averagium. q. Overagium à Gal. Ovre, velut operagium. *Averagium,* idem. Opus scil. quod *averiis,* equis, bobus, plaustris, curribus, aut Regi perficitur ratione prædii, aut aliter, alterive domino. Et huc spectat quod in immunitatum Chartis sæpe conceditur, *quietum esse de averagiis.* Est etiam *Averagium,* quod nativi deberent ex antiquâ servitute ducere bladum annuatim per unum diem. *Ex Regist. Abb. de Burgo S. Petri in bibl. Cotton.*

Averpenny. *Averpenny* huc etiam pertinet: Et est tributum ideo datum ut immunes simus à vectionibus Regiis. Vel ut habet Rastallus Tit: Expofit. antiqq. vocab. *Averpeni, hoc est, quietum esse de diversis denariis; pro averagiis Domini Regis.*

Averagium reperitur alio sensu, à Gall. *avaris:* fortè quasi *a-varach.* Est enim detrimentum, quod vehendis mercibus accidit; ut fluxio vini, frumenti corruptio, mercium in tempestatibus ejectio. Quibus addunt vecturæ sumptus, & necessariæ aliæ impensæ. De *averagiis* mercium è navibus projectarum distribuendis, vetus habetur Statutum non impressum, cujus exemplar apud me extat. Ave agium.

Averare ut suprà patet, est cum *averiis,* vel curru res vehere. Custumar. de Hecham Pri. Lew. p. 18. *Omnis lanceta averabit ter in anno ad Acram, vel Linnam.* Averare.

Averia plu. sunt ut diximus operaria animalia, equi, boves, jumenta. In Brevibus utitur singulari numero, juxta regulam Registri, fol. 81. b. sed cum de uno animali facienda sit mentio, dicetur *quidam equus,* vel *quidam bos:* de duobus verò vel pluribus, non equi aut boves nominandi sunt, at indiscretè *averia.* In Capitt. autem Placitorum Coronæ apud Hoved. in Ri. 1. *Inquiratur* (inquit) *quot bobus & averiis singula caruca valeant instaurare, &c. Erit autem precium bovis iiii sol. & vaccæ similiter, & averi similiter.* Bractonus tamen in fine lib. 3. *Averia* dixit de non animatis. *Sunt* (inquit) *catalla quæ aliquando petuntur nomine averiorum --ut si* (quis) *heyaverit,* i. sepserit, *vel fossatum fecerit, vel carucam immiserit; & hujusmodi utensilia capiantur.* Dicta forsitan, sive quòd operationis sunt instrumenta (ut animalia prædicta) sive quòd *averi,* i. bonorum sunt partes. Averia.

Averum enim significat bona, facultates, substantiam, ipsumque regium thesaurum: à Gall. *avoir.* Testament. Philip. Augusti Reg. Fran. apud Rigordum sub An. 1190. *Ballivis prohibemus ne aliquem hominem capiant, neque averum suum, quàm diu bonos fidei jussores dare voluerit.* Et paulò post, cum præcepisset omnes redditus suos, servitia, & obventiones quotannis Parisiis adferri, subnectit, *In receptionibus averi nostri, Adam clericus noster præsens erit, & eas scribet, & singuli habeant singulas claves de singulis archis in quibus reponetur averum nostrum in templo, & templum unum. De isto avero tamen nobis mittetur quantum litteris nostris mandabimus.* Infrà iterum non semel.

¶ *Avia.*] Antiqq. Alaman. Char. 17. *Ad Monasterium S. Galli dedi in præfato loco quatuor in juchos, & unam vineam in avia.* Ubi Goldast. *Avia fort. avna.* Mihi æquè incognitum.

¶ *Aviaticus.*] *Nepos.* Vide Abiaticus.

¶ *Avisare, Avisamentum.*] Gravamina Germ. contra Romanam Curiam. R. Ger. 69. 2. pa. 175. & 176.

¶ *Avius.*] Sæpè pro *avus.*

¶ *Aula.*] Pro Curia Batonis vel Manerii. Sic aliquando vidimus in nonnullis rotulis ævi Ed. 1. viz. *Au'a ibidem tenta tali die, &c.*

¶ *Aureus.*] Idem quod solidus aureus. V, hæc.

¶ *De auriflamba Francorum.*

¶ *Auriflamba*, & *Auriflammeum.*] Gallicè, *l'oriflambe*; Sacrum apud Francos vexillum, S. Dionysii aliàs appellatum, quòd in ejus Ecclesia religiosè custodiebatur. Hoc Francorum Reges (ex antiqua consuetudine) ab altari B. Dionysii solenni humilitate, jejuniis, & lachrimis impetratum, tutelæ symbolum deportabant in hostem, & in prima acie, à præstantissimo quopiam deferendum, collocabant. *Quod* (ut addit Rigordus in Gest. Phil. Aug.) *videntes adversarii & cognoscentes, teriti multoties terga dedere.* Forma ejus & nominis rationem, sic descripsit Brito Armoricanus, Philippidos lib. 11.

S.ovus *hoc vexillum* Oiliflame *ridicule vocat. V. An.* 1346. *pag.* 379.

At Regi satis est, tenues crispare per auras
Vexillum simplex, cendato simplice textum,
Splendoris rubei, lethania qualiter uti
Ecclesiana solet, certis ex more diebus. [*men,*
Quod cum Flamma *habeat vulgariter*, aurea *no-*
Omnibus in bellis habet omnia signa praire.
Quod Regi praestare solet Dionysius Abbas,
Ad bellum quotiens sumptis proficiscitur armis.

Auriflamba gestatio, tanto (olim aliquando) in honore fuit, ut ad capescendam eam Arnoldus de Eudevehan, Mareschalsia Franciæ se exuit, sub Carolo 5 Rege (qui obiit An. 1380.) nec post ejus imperium semel hactenus in aciem prodiit, ut Tillettus asserit *en Recueil des roys de France, part.* 1.

Hujus autem vexilli meminit Curopalates in Officiis Constantinopp. ut quod Imperatori tantùm præferri soleret, nec in Castris visum eo absente. Quod verò φλάμμουλον vocat, Glossarius mallet φλάμμουλον legi, q. dictum pro flammeo aureo.

¶ *Aurifrisia, Auriphrigia, Aurifrigia.*] *Fimbria aurea.* Mat. Par. in Hen. 3. sub An. Dom. 1246. *Eisdemque diebus, dominus papa videns in aliquorum Anglicorum ornamentis ecclesiasticis, utpote in capis choralibus & infulis, aurifrisia concupiscibilia, interrogavit, ubinam facta fuissent. Cui responsum est, in Anglia. At ipse: Verè hortus noster deliciarum est Anglia. Verè puteus inexhaustus est, & ubi multa abundant, de multis multa possunt extorqueri. Unde -- literas suas bullatas sacras misit ad omnes fere Cisterciensis Ordinis Abbates in Anglia commorantes, quorum &c. ut ipsi aurifrisia, ac si pro nihilo possent adquirere, mittere non deferrent praelecta, ad planetas & capas suas chorales adornandas.* Conrad. Episc. Chron. Mogunt. *Casula violacea, latis & magnis aurifrigiis.* Inferiùs: Habebant peras *ex purpura, & auriphrigiis adornatas.* Superiùs: Casulæ *dua nigra aurifrigiata. Et infula vel thiara xviii auriphrigiata.* Chron. Laurisham. de Donis Hen. Abb. 45. *Cappa tres cum aurifrigiis, palla altaris cum aurifrigio, &c.* Aurifrigiatu

¶ *Avortare.*] *Abortum edere.* LL. Wisegoth. lib. 6. Tit. 3. cap. 6. *Si ancillam servus abortare fecerit, &c.* Simile ibid. cap. 2.

¶ *Avorsus, si.*] Abortus, vel aborsus, *b* ut solet in *u* transeunte. Sic Galli *avortment* dicunt, LL. Wisegoth. lib. 6. Tit. 3. cap. 1. *Si quis mulieri pragnanti potionem ad avorsum aut pro necando infante dederit, occidatur.*

¶ *Ause, Ausen.*] Privilegium quod Rex Ludovicus Crassus attribuit Lutetiæ, nominatim appellat *Ausen* (ut mihi Author est Tilius in Comment. de reb. Gall. lib. 1.) *cœtum & societatem quam extraneus adhibet in causa negotiationis.* Esse etiam refert decretum Parlamenti factum sub tempus ut vocant Candelosæ (hoc apud nos est Termino Candelariæ seu Hillarii) An. 1264. sententiaq; secundum Cormelienses lata, quo vocabulum *Ausen* exponitur *conventio & societas magna, ex privilegio postulata, ad mercaturam terra marique faciendam*: unde (inquit) illud, *habere societatem Francicam*, in proverbium abiit, sicut etiam urbes superioris Teutonicæ, nostra memoria *Teutonica societatis* sunt atque nominantur. Item *en son Recuil des Roys de France, cap* 1. eisdem has urbes Gallicè vocat *les villes de la Hanse Teutonique*: *u* pro *n* (sicut & mox hic infrà) ubique ut videtur substituens: nam vulgo *de la Hanse* dicuntur non *Hause*, & Latinè *urbes Hansatica.* Francos etiam hinc olim dici opinatur *Frankausen* (& per syncopen *Fransen*) quasi *conventum liberum*: aliis *Francisiam* & *Frankitatem*, quæ vide. *Hansatica bes.*

Refert præterea è Jornande, Duces per quos victoriæ spoliaque comparata essent, à Gothis *Ausen* dictos esse, i. *semideos* & plusquam homines: sed locus (si alius non fuerit quàm nobis occurrit lib. de reb. Geticis cap. 13.) haud *Ausen* exhibet, at *Anses*, viz. *Proceres suos, quasi qui fortuna vincebant, non puros homines, sed semideos, i. Anses vocavere.* Vide *Hansa* & *Francisia.*

¶ *Austurco.*] Equus generosior. *Vocabular. ante* 100 *hinc annos impres.* Canterius, *sonipes*, onager, *austurco* (&) asellus, quæ in apice interpretantur: **a Gelding, a Courser, a wild Asse, a genet of Spain, a young Ass.** Vide Osturco.

¶ *Authoritas.*] Pro *diplomate.* Vide *Auctoritas*, quod frequentiùs occurrit apud Cassiodorum & alios.

¶ *Avursa.*] LL. Baivvarior. Tit. 13. cap. 4. *Recipe animal quod læsisti, quod nos aaursum vocamus.* Saxon a-ƿyꝛꝛe, id est, pejus, deterius, Anglis hodie **worse.**

¶ De

¶ *De auxilio Domino feodali impenso.*

¶ *Auxilium.*] Vox for. al. *adjutorium* & *subsidium*, *vulgo* **Aid**; est tributi genus quod apud nos vassallus domino præstat, vel ad filium primogenitum Militem faciendum, vel ad filiam primogenitam semel maritandam. Et dicitur *auxilium rationabile*, quod moderatiùs sit petendum, & secundum facultates vassallorum, ne nimis gravari videantur, aut *suum contenementum* (ut Glanvilli utar verbis) *amittere*. (p. 8.) Non datur autem in matrimonium filii primogeniti, quia patri inde dos accedit: nec in beneficium prolis junioris, ne sic omnis succus vassallo excoquatur. Bract. lib. 2. Tract. 1. cap. 16. nu. 8. *Sunt etiam quædam consuetudines, quæ servitia non dicuntur, nec concomitantia servitiorum, sicut sunt rationabilia auxilia ad filium primogenitum Militem faciendum, vel ad filiam primogenitam maritandam, quæ quidem auxilia fiunt de gratia, & non de jure, & pro necessitate, & indigentia Domini capitalis, &c.* Item infra: *Et cum hujusmodi auxilia dependeant ex gratia Tenentium, & non ad voluntatem Dominorum, nec sunt feodalia sed personalia, haberi debet respectus ad personam utriusque, tam Domini quàm Tenentis; ut Domini necessitas, secundum quod major esset vel minor, relevium acciperet, & quòd Tenens gravamen non sentiret, sed quòd auxilium accipienti cederet ad commodum, & danti ad honorem.* Quod verò ex gratia primùm largiebatur, jure postea exigitur, & pro voluntate Dominorum, quàm citò penè filium aut filiam suscepissent. Tandem igitur (Westm. 1. cap. 35. 3 Ed. 1.) cautum fuit in beneficium vassalli, ut *Auxilium* non peteretur ad filium Militem faciendum, ante ætatem 15 annorum: nec ad maritandam filiam, si non septennis esset; nec tunc quidem, plus quàm 20 sol. de singulo feodo militari, tantundemq; è singulis 20 libratis terræ colonicæ, quam Soccagium vocant.

Constat autem Henric. tertium *Auxilium* cepisse ad maritandam sororem suam, scil. Isabellam, Frederico 2 Imp. & 2. marcas ideo exegisse de singula caruca, seu hyda terræ: cum Henr. 1. filiam suam Imperatori etiam despondens, tres tantùm solidos ex hyda collegisset. Mat. Par. in Ann. Dom. 1109. & 1235.

Certè exteros video non solùm *auxilia* seu *adjutoria* (ut vocant) ad collocandas sorores in matrimonium accepisse, sed ad fratres etiàm juniores Milites faciendos: terræ interdum emendæ gratiâ pro servitio Regis vel exercitûs sui: & (quod omnium justissimum est) ad personam Domini in militia Principis capti, redimendam. Licita erant hæc omnia apud Siculos & Neapolitanos, ipsis Constitutionibus Regis Willielmi, & Freder. Imp. (cùm alia multa quæ ad voluntatem Dominorum exigebantur sublata essent) ut ibidem liquet lib. 3. Titt. 18. & 19. Prælatis insuper Ecclesiasticis illic concessum est, ut *adjutoria* peterent consecrationis suæ gratiâ; ad Concilium à Papa vocati; & cum essent in servitio Principis, vel exercitus sui; vel hospitium ei præstarent, aut corrodium.

Normanni item (præter *auxilium* ad filium primogenitum Militem faciendum, filiam primogenitam maritandam, & ad captivum Dominum redimendum) *auxilium* etiam ad relevandum feodum suscipiebant: quod & nostratibus fuisse in usu Glanvilli seculo, ipse indicat lib. 9. cap. 8. (*Auxilium ad relevandum feodum.*)

Reverà, *auxilium* olim exigebant ex quavis occasione. Antiquum enim morem, nostro ævo in Hibernia vidimus superstitem. Proceres nempe indigenæ, si vel iter ingressi essent, vel hospitio aliquem insigniori excepissent, sumptum omnem à vassallis protinus extorquerent: atque hoc **a Cutting** vocant, juxta Gallicum *tallagium*.

Auxilium etiam dicitur id quod *Subsidium* vocamus, & commune Regni *tallagium*. Statut. de tallagio non concedendo, 51. H. 3. *Nullum tallagium vel auxilium per nos vel hæredes nostros in Regno nostro ponatur seu levetur sine voluntate & assensu Archiepiscoporum, &c.* Habet & alias in Jure nostro significationes, quas forensibus mitto.

Tabulis autem privilegiariis aliàs rescinditur *Auxilium*, aliàs minuitur. Vicani de Crespy in Gallia, per Arestum Curiæ Parlamenti Ann. 1285. pronuntiantur *exempti ab Auxilio Militiæ Domini Regis*. (Chopp. Dom. Fran. lib. 3. tit. 26.) Et vicani de Coulteshull in Comit. Norfol. per Chartam Regis Hen. 3. (quam mihi & sociis meis ad *Auxilium* pro *Militia* Henrici Principis delegatis, exhibuere) immunes ab eodem declarantur, solutione xx solidd. si in villa sua petiti fuerint. At viget ergò (si liceat notare) hæc ipsa Consuetudo, apud Reges Galliæ, quamvis sunt qui asserunt omnes filios Regum Galliæ, etiam è sacro fonte, *Milites* emergere.

¶ *Awardum*, di. al. *Awarda*, æ.] Propriè est Judicium ejus qui nec à lege nec à Judice datur ad dirimendam litem, sed ab ipsis litigantibus eligitur. Dictum, quòd ad observandum seu custodiendum, partibus imponitur: Ab Anglo-Normannico *agard*, Gal. *agarder*, id est, *ad custodiendum*, *observandum*, *tenendum*; g ut crebrò solet in w transeunte. Hoc sensu notissimum.

Occurrit aliàs pro responso, vel sententia Juratorum. Ordinatio Marisci Romeneiensis, p. 69. *Quilibet prædictorum 24 juratorum jurabit quòd cum sociis suis juratis, verè judicia & awarda faciat, non parcendo alicui diviti aut pauperi, tam in districtionibus faciendis quàm in Walliis, &c.* Et post pa. 72. *Et quòd liberabit successori suo tam Chartas Regum &c. quàm rotulos judiciorum, considerationum & awardarum per prædictos 24 juratores, cum omni processu — tempore suo habito.*

¶ *Azymitæ.*] Nomen quod Græci per ludibrium Romanis imponebant, undecimo post Christum seculo. Quasi *azymorum cultores*; quòd in Cœna Domini, *azymis* panibus utebantur, non fermentatis. Epist. Leonis Papæ ad Michaelem Constantinop. Patriarch. cap. 20. Concil. tom. 3. *Quapropter, à tanta amentia jam resipiscite, & Latinos verè Catholicos, atque maximè Petri familiares discipulos, institutionis ejus devotiores sectatores, cessate subsannando Azymitas vocare.* Sigebertus in An. Dom. 1054. *Latinos* (Græci) *vocabant Azymitas, & eos nimis persequentes, eorum Ecclesias claudebant; de fermentato sacrificabant.*

Abinger.] Naviculæ genus. Constitt. antiqq. Admiral. Art. 3. --- *taunts des niefes, barges, babingers, & dauntres vaisseaux de guerre.*

¶ *De Bacalariis.*

¶ *Bacalarius*, *Bacularius*, & *Bachilarius.*] Qui expleto tyrocinio, in aliqua facultate, proximum limen obtinet. In Academiis notissimus. Gallis *Bachelier*, & sic Anglis *i* abjecto. Variæ sunt doctorum opiniones de origine vocabuli, probatior autem videtur illa Rhenani, qui *Bacularios* à bacillo dictos asserit, quòd *primi studii authoritatem, qua per exhibitionem baculi concedebatur, jam consequuti essent.* Certè antiquè scriptum reperio (nec semel) aliàs *Bacularius*, aliàs *Bachilarius*, quasi *Bacillarius*; & prisci moris fuit, possessiones, libertatem, munera, dignitates (ipsumq; aliquando Regnum) porrectâ hastâ conferre, vel loco ejus, festucâ, virgâ, baculo, bacillo: ut suprà videas in vocab. *Atturnatus*, & copiosè infrà in *Festuca.* Hinc & illa emanavit quæ apud nos hodie superstat admittendi formula, in Curiis Baronum, ubi omnia penè inter dominum & vassallos (quos *Tenentes inde per virgam* appellamus) traditione baculi peraguntur. Verumtamen graviter non affirmabo hanc esse genuinam vocis originem, nam in gradibus Scholasticis exhibendis, nondum reperio baculi ministerium: ni ad rem fore dixeris, quòd initiati in Artibus, sub conductu argenteæ vel deauratæ virgæ, à Præcone Academiæ exhibentur. Hi in togata militia.

Bachalarii Milites. In Castrensi etiam *Bacalarii* dicebantur (vulgò **Knights bachelers**) qui peracto fortiter Tyrocinio, virtutis symbolum, hoc est, cingulum militare, vel aurata calcaria, accipiebant. Classes enim in militia (quoad honorem) erant Tyronum Bacalariorum, & vexillatorum, de quibus infrà in Militibus.

Bachalarii armorum. Erant præterea, Amigeri seu Scutarii *Bachalarii* (alias *Bachalarii armorum* nuncupati, ut sic innotescerent, à litterarum *Bachalariis.*) Horum denos olim in clientela cujuslibet exigebant, qui Banerettus fuerat constituendus. Vide *Banerettus*.

Sic in Ordinibus Tribus Prætoriæ Londoniensis (hoc est, **in the Lord Maiors Company**) *Bachilarii* appellantur, qui emenso (quod vocant) *Apprentisagio*, sibique rem facientes, in ministerium Prætoris evocantur. Bacalarii Prætoriani Londonienses.

Bacalarios item nuncupamus qui egressi ex ephebis matrimonium non contraxerunt: immò cœlibes quantumvis grandævos. Bacalarius pro cœlibe.

Quod verò *Bacalarii* dicerentur à *bacca laurea*, ac si eo insigni aliquando fuissent spectabiles; vel *Bacalarii*, q. *Battalarii*, quòd instar noti jam militis, stationem in *batalia*, h. in acie obtinuissent; vel *Bacalarii* à *Buccellariis*, quòd probatioribus militibus buccellas olim & cibaria subministrassent; inter eruditorum nævos colloco. *Buccellarios* tamen Græcis Βουκελλαρίους, agnosco fuisse celebre genus equitum sub Magistro militum in Oriente, de quibus vide quid notat Panciroius in suis ad Notit. Imper. Orient. Comment. c. 47. Buccellarii.

In antiqq. autem Constitutionibus Admiralitatis, reperitur vox *Bacheler* de ipso Admiralio dicta: & veluti omnes dignitates infrà Baronis comprehendens, viz. Art. 4. *Quant le Admiral chivach pur assembler ascune Navire, &c. si il soit Bacheler, il prendra le jour de guages iiii s. desterlinges. Et si il soit Count ou Baron, il prendra guages selonque l'afferance de son estat & degree.* Et Art. 7. *Si l'Admiral soit Bacheler, il prendra le jour pur luy mesme sur la meer iiii s. &c. Et si soit Baron, il prendra le jour vi s. viii d. Et s'il soit Count, il prendra le jour xiii s. iiii d.* Rectiùs fortè intelligatur de equite, sed plurimi deprehenduntur *Admiralii* qui nec Baronis dignitatem, nec Equestria symbola assequuti sunt: vocemq; apud Gallos latiùs diffundi animadverto. Bacalarii latior significatio.

¶ *Bacauda*, vel *Bagauda.*] Utrumq; vocabulum mihi suggerit Lydius, quem suis verbis audi. *Bacauda* (inquit) vel *Bagauda* latro est Gallis, à temporibus Dioclesiani, non autem retrò. Neque solùm *bacauda* latrones dicti, sed *bacauda* latrocinium, tumultus popularis, motus agrestium, seditio. Prosper in Chronico: *Eudoxius arte Medicus, pravi, sed exercitati ingenii, in bagauda id temporis mota dela-*

delatus, ad Chunnos confugit. Infrà, *Omnia pene Galliarum servitia in Bagaudam conspiravere*: Salvianus lib. 5. *Quibus enim aliis rebus Bagauda facti sunt, nisi inquitatibus nostris?* Constantinopolitani, ut me docuit Clarissimus p. m. Scaliger (sua adhuc sunt verba) vocabant *Bagaudam* ipsam μɛλτον, corrupto nomine Latino *tumultus*, ut videtur. *Bacauda* in veteri inscriptione dicuntur *Baquates*.

D. M.
MEMORIS
FILI
ARRETI CHANARTÆ
PRINCIPIS GENTIVM
BAQVATIVM.
QVI VIXIT
ANN. XVI.

¶ *Bacberend.*] Latro manifestus est, latrocinium deferens à tergo: **back** *torgum*; **berend** *ferens*, seu *bajulans*. *Tergoferus*. Bract. lib. 3. Tract. 2. cap. 32. num 2. *Furtum verò manifestum est, ubi latro deprehensus est seysitus de aliquo latrocinio, scil.* **hondhabend** *&* **bachberend**. Idem cap. 8. num. 4. Est autem **hondhabend**, is qui in manu rem furatam habuerit; **hond** enim manus est; **habend**, *habens*.

¶ *Bacchinon.*] V. mox infra *Baccile*.

¶ *Bacchraicha. pl.*] Testament. Leodebodi Abbatis condit. An. Dom. 623. apud Helgaldum Floriacens. *Argentum quod ad ipsum Monasterium, &c. dono, per hujus texti vigorem inserendum putavi, hoc est, bacchraica pura sigillata transmarina pensantia pondo libras x. quorum unus habet in medio crucem auream*.

¶ *Baccile, Baccinum, Bacchinon.*] *Polubrum, pelvis*: à Gall. *bassin*. Synod. Westm. An. Dom. 1125. -- *non manutergia, non baccilia, & nihil omnino per violentiam, &c. exigatur*. Chron. Laureshamens. de Henrico Abbate 40. *Laureshamensi verò Monasterio, calicem deauratum, baccina duo argentea, thuribulum argenteum, &c.* dedit. Gregor. autem Turonens. etiam pateram intelligit per *bacchinon*, lib. 9. cap. 28. -- clypeum *ipsum cum duabus pateris ligneis quas vulgò Bacchinon vocant, eisdemque ex gemmis fabricatis auro, in Hispaniam Regi mittat*.

¶ *Baco.*] *Trad. Fuld.* lib. 2. Trad. 179. Accepit (venditor) unum caballum, & unum pallium, & unum gladium & unum *baconem*.

¶ *Baculosus Ecclesiasticus.*] In LL. M. S. Hoeli Boni dicitur pro Episcopo, vel Abbate Episcopali functo jurisdictione: utpote qui baculo pastorali insignitur, quem eo seculo *cumbocam* vocabant.

¶ *Baia.*] V. *Hieron.* To. 2. pa. 78. Et super *Ezekiel*. cap. 8. vel 9. Item *Meur.* βαΐα.

¶ *Bailus, Baila, Bailivia, Bailium.*] *Bailus*, Diœcetes: idem quod *Bajulus*, & *Balivus*, quæ vide. Frequentiùs autem occurrit pro Venetorum Legato in re mercatoria, apud Imp. Constantinopolitanum, & alibi. Platina in Gregor. xi. *Nam dum Famagusta coronationis sua pompam duceret*, Rex Perinus, *adessetque Genuensis & Venetus Bailus (ita enim appellant mercatorum Pratores) velletque uterque ad dextram Regis incedere, tantus repentè tumultus exortus est; ut Genuenses casi, &c.* Reperitur, & inter Catelanos. Phranzes Chron. lib. 3. cap. 1. apud Meurs. *De Catelanis Bailo Petro Juliano, pars qua dicitur Bucoleontis, usq; ad Contescalium, tuenda datur*.

Baila, & Bailium. Tutela, custodia, patrocinium: vulgari nostro **bail**. Anonymus de investit. Episc. Regni Teuton. *In testamento relictus sub baila seu tutela Urbani* IV. *& Manfredi Principis Tarentinensis*. Et mox, *Sed ipse Papa & Princeps, dictam bailam & tutelam minus fidelitur gessere*. Vide Ballium.

Bailivia, & Bailium. Munus, potestas *Baili*, etiam diœcesis ejus, seu locus jurisdictionis. Gall. *Baillage*. Hist. de Bretaing li. 4. cap. 15. *Judicavimus* (Pares Franciæ) *quod Petrus quondam Comes Britannia, propter ea qua Domino Regi forisfecerat, &c. Bailium Britannia, per justiciam amisit*.

¶ *Bainberga.*] Munimenta tibialia à Saxon. banbeoɲʒaɼ, i. ocreæ, cothurni. **Bain** enim & **ban** significant *os*, per translationem *crus* vel *tibiam*; (unde *tibiale* militis, Germ. **beingwand** dicitur) Sax. beoɲʒaɼ *munimina, defensiones*, à beoɲgan *defendere*. Lex Ripuar. cap. 36. §. 11. *Bainbergas bonas pro vi. sol. tribuat*. Ibi Lindenbr. Glossar. Latino. Theotisc. *Ocrea, arma crurum* **Benberge**. Eadem origine *Hasberga* de quo infrà.

¶ *Bajulus, Magnus Bajulus, Bajulus Regni, Bajulatio.*] *Bajulus* Græcis recentioribus βαΐουλος & μπαΐουλος, *Tutor, curator, nutricius*. Italis *balio*, atque inde *bajulus* ut quibusdam placet. Mihi autem contra, *balio* (& *balia* pro nutrice) à *bajulo* potiùs, atque hoc à *bajulando*; ni maluerim ἀπὸ τῦ βάλλειν, ut suprà *bailus*, infrà, *balius* & *balivus*. Reperiri enim videtur *Bajulus* inter Magistratus Imperii, cùm ne adhuc à Barbaris constuprata esset lingua Romana, vulgarisvè Italica (licet in procinctu staret) introducta. Refert saltem Cedrenus (si ævi vocabulum antiquiori non tribuerit) Theodosium junior. Imp. etiam Constantinopoli agentem, non in Italia, *Antiochum quendam, Prapositum, Patricium*, καὶ τὸ βαΐουλον αὐτῦ *constituisse*. Hic idem Postea ὁ μέγαλος βαΐουλος, i. *Magnus Bajulus* dictus est, atq; inde apud Italos, *Bajulus Regni*; quem nos *Protectorem* appellamus.

Mag-

Magni Bajuli meminit Curopalates in Offic. Aulæ Constantinopolit. ubi Junius in notis, inquit, *Ba[j]ulos recentiores Græci vocant* παιδοκόμους, *qui puerorum curam gerunt. Bajulus itaque magnus est, qui Imperatorem infantem ... gestavit ulnis, educavitque, & inde instituit à pueritia ipsius; synecdochicè sumpta appellatione à prima illa cura quæ ad infantes adhiberi solet.* Item Moschopulus: παιδαγωγὸς ἢ παιδοτρίβης, ὁ λεγόμενος βαΐουλος, i. *Pædagogus, & qui pueros instruit in exercitatione corporum suarum, bajulus appellatur.* Vita Ludovici pii Carol. Mag. filii ab Authore coætaneo. *Carolus Rex filium suum Ludovicum Regem, regnaturum in Aquitannia misit, præponens illi bajulum Arnoldum, aliosque ministros, ordinabiliter, decenterque constituens tutelæ puerili congruos.* Flodoardus Hist. Eccl. Rhem. lib. 3. cap. 24. *Ut Carolus unum ex his Regulis sibi adoptet in filium & sub manu boni & strenui bajuli, ad hoc eum nutriri faciat.* Fusius docet Hincmarus, quales *bajuli* præponendi sunt Regum filiis, Epist. 2. capp. 2. & seqq.

Transfertur *Bajulus* ad plures Officiarios, apud Italos, ut *Ballivus* apud Gallos. Sic crebrò occurrit, LL. Freder. Imp. Neopolitt. *Justiciarii, Camerarii & nostri Regni bajuli.* Et lib. 1. Tit. 47. §. 1. -- *definire causas, quas inter bajulos gabellatos suæ jurisdictioni subjectos, oriri sæpè contigit.* Est autem *gabellum* vectigal, de quo infrà.

Bajuli gabellati

Bajuli dominorum.

Et lib. 3. Tit. 10. -- *excipimus bajulos Dominorum qui res ipsas administrandas susceperint.*

Bajulus monitor.

Sic *bajulus* pro officiali monitorio. Lupus Abb. Epist. 54. al. 64. ad Carolum Regem: *Non ergo admittentur à nobis monitores, quos bajulos vulgus appellat, ut gloriam vestram inter se ipsi partiantur.* Meminit Ammian. Marcellinus lib. 14. Sect. 6. *Præcentoris Bajulorum*, quod nihil huc spectare censeo. Vide *Balivus*, & *Baius*.

Bajulorum præcentor.

Bajulatio, munus bajuli. Nos *bailiviam* dicimus, Gall. *Bailliag.* Constitt. Neapol. lib. 1. Tit. 56. *Quidam bajuli nostri usq; adeo suæ bajulationis extendunt officium, &c.* Ibid. Tit. 61. *Locorum bajuli, qui -- in ex talium bajulationem recipiuntur, civiles causas omnes, reales videlicet & personales quæ sup[e]r feud[i]s & rebus feudalibus minime moveantur, ad jurisdictionem suam noverint pertinere.*

¶ *Bakhaver.*] Rot. reddituralis Consuetudin. & aliorum servorum de *Gressenhale.* Item dant faldagium. Item faciunt i. *bakhaver* & portabunt aquam ad braciandum.

¶ *Baladrum.*] V. Volgrenum.

¶ *Balare, Balatio:* & l duplici *Ballare, Ballator, Ballatrix, Ballatio.* Item *Balisteum*, & *Ballus.*] *Ballare*, Saltare, tripudiare, pedibus plaudere, choreas ducere, lascivire. Ital. *ballare*, Gall. *baller*, sed omnia à Græco βαλλίζειν, hæc eadem significante. Reperitur autem vocabulum apud Græcos, & Patres Orientales, diu antequàm ad Gallos devenisset Imperium. Utpote quod in Athenæi lib. κ. ex Saphrone citatur, & in Cyrillo ascript. Lexic. βαλλίζω, *ballo.* Item in Synodo Laodicen. circa An. Dom. 368. Can. 53. ὅ δεῖ χριστιανοὺς εἰς γάμους ἐρχομένους βαλλίζεσθαι, ἢ ὀρχεῖσθαι, &c. Ad hoc in Cõmentariis Zonoras, βαλλίζειν δ' ἐστὶ, τὸ κύμβαλα κτυπεῖν, καὶ πρὸς τὸν ἐκείνων ἦχον ὀρχεῖσθαι, i. *Ballare* est cymbalum sonare, & juxta sonum ejus saltare. Unde in Synod. Roman. sub Lothario & Ludovico, cap. 35. *Sacerdotes admoneant viros & mulieres qui festis diebus ad Ecclesias conveniunt, ne balando & turpia verba decantando choros teneant & ducant.* Multò antiquior Augustinus, canonem Laodicenum sequutus in Serm. de Tempore 205. *Miseri* (inquit) *homines, qui balationes & saltationes, ante ipsas basilicas Sanctorum exercere nec metuunt nec erubescunt.* Et Capitular. Carol. & Ludov. lib. 6. Can. 193. *Illas vero balationes & saltationes, canticaque turpia ac luxuriosa, & illa lusa diabolica non faciat, nec in plateis nec in domibus.* Rubr. Capitulo, 3. Conc. *Toletan.* An. 589. cap. 2[3]. Ut in Sanctorum nataliciis *ballimathiæ* perhibeantur. *Alia Editio*, Quod Vallemantiæ, & turpes cant[i]ci prohibendi sunt à Sanctorum solennitatibus. *Bin.* pa. 279. Canon sic. Exterminanda omnino est irreligiosa consuetudo quod vulgus per Sanctorum solennitates agere consuevit, ut populi qui debent officia divina attendere, saltationibus, & turpibus invigilant canticis &c.

Reperitur & *balisteum* apud Flav. Vopiscum in Aureliano Sect. 2. pro cantilena -- *adeo* (inquit) *ut etiam balistea pueri & saltatiuncula[s] in Aurelianum tales componerent, quibus diebus festis militariter saltarent*, viz. *Mille, mille, mille, &c.* cantilenam referens. Hinc vocabulum nostrum ballet, sed fortè per Gall. *Balad.*

Reperitur item *ballus* seu *ballum* pro saltatione, à Gall. *bal.* Ital. *ballo.* Michael Scotus Physiognom. apud Meurs. cap. 6. *In hoc loco suæ sedis facile cadit, sive per saltum, sive per ballum.*

¶ *Balatro* vel *Baratro.*] *Nequam* (inquit Lydius ex M. Goldasto) & adjungit, *Sic balationes*, nequitiæ. Huc etiam citat loca è Synodo Romana & Capitul. Caroli (quæ jam suprà posuimus) ac si *balatro* à *balando* diceretur; quod non inficior. Vide supra *Balare*, infra *Barator.* Accepit *Henr.* tertius Imperator &c. *Pictavia* &c. ac *Aquitaniæ* Ducis, sororem *Gulielmi Agnetem* in uxorem. Cumq; ex more regio, nuptias *Ingenheim* celebraret, omne *balatronum* & histrionum Collegium, quod (ut assolet) eo confluxerat, vacuum abire permisit. *Preuves de l'Hist. des Comtes de Poictou &c. p.* 336.

¶ *Balisteum*, al. *Ballisteum.*] Pro *Cantilena.* Vide penultimè suprà *Balare.*

¶ *Baldicum, Baldichinum, Baldekinum.*] Pannus auro rigidus, plumatoque opere

opere intertextus. Ursitius autem ad Tom. 1. Germ. Histor. *Baldicum, sericum preciosum Paganaci operis*: & Prætorium Lamnensi. M. S. An. 1460. Baudekyn, cloth of silk, *olosericus*: quod etiam ex antiquiori descripsit glossario. Chron. Colmariense in An. Dom. 1276. Filiolus Regis sanitati restitutus, *jusserat vestes pauperibus elargiri, & baldicum cuidam Ecclesiæ.* Et infrà, *Feretrum coopertum fuit baldichino, quod Ecclesia reliquerunt.* Mat. Paris in Hen. 3. *Rex veste deaurata facta de pretiosissimo baldekino, & coronula aurea quæ vulgariter garlanda dicitur, redimitus.*

¶ **Balenca, & Balenga.**] Ambitus definitus circa Monasterium &c. vel à Sax. beleucan *cingere, concludere*: vel corruptè pro *Banleuca*, quod vide.

¶ **Baletoferus.**] Testament. S. Remigii apud Flodoardum Hist. Remens. lib. 1. *Aliis pauperibus tribus, ubi fratres quotidie pedes lavare debent, quibus etiam balatoferum, quod dicitur xenodochium, ad hoc ministerium statui, solidus unus debitur.*

¶ **Balius, Balia, Balium.**] Ab Ital. *balio*, q. *commissarius*, à Græc. βάλλειν seu βάλλειν, *committere*; unde & *ballivus* cum l duplici. Vox prior, *Tutor, Nutricius, Gardianus.* Secunda, *Nutrix.* Tertia, *custodia, tutela, educatio*: Gallis *gardia*, nostratibus *Warda.* Constitut. Neapol. lib. 2. Tit. 7. *Pupilli qui protectione balii indigere noscantur, ipsorum balium cum administratione bonorum eis contingentium curia nostra suscipiat.* Et lib. 3. Tit. 27. *Si quando balium impuberorum masculorum, seu fœminarum gerendum alicui serenitas nostra concesserit, hi qui balium gesserint pupillorum, postquam balium pubertate superveniente, dimiserint, de administratione balii, reddere debeant rationem &c. — prava consuetudine quæ hactenus balios à ratiociniis eximebat, imposterum quiescente.* Vide *Ballivus* infrà.

Balia etiam idem est quod *ballivia* & *balivatus*, viz. territorium seu munus Vicecomitis vel *Balivi*, ut mox infrà in eo vocabulo. Nos enim [illegible] dicimus pro Villico, & rei alienæ curatore.

¶ **Balistarium.**] Vide *Balare.*

¶ **Ballium.**] Vide Forteresela.

¶ **Baltha.**] Gothicum. *Audax.* Otto Frisingens. Chro. lib. 4. cap. Alaricus Rex, *qui lingua eorum ex genere Balthorum, secunda post Amalos, Baltha, id est audax vocabatur.* Saxonib. bald, nobis hodie [illegible].

¶ *De Ballivis apud Gallos & Megalo Britannos.*

¶ **Balivus, Balia, Balivia, Baliva, Balivatus.**] Veteribus omnia per l. duplex. *Baillivus* seu *Ballivus* dicitur qui rebus alienis curandis deputatur, sive in provincia, sive in urbibus, sive in castellis, villis, dominiis, re familiari, &c. Gallis *Baillivus*, vernaculè *baillif*, & *bailli*; à *bailler*, tradere, committere, quasi *Commissarius.* Græcè βαλεῖν & βάλλειν, ac si huc spectaret, quod legitur Mat. 25. 27. ἔδει οὖν σε βαλεῖν τὸ ἀργύριόν μου τοῖς τραπεζίταις, *&c.* In Scotorum Regia Majest. occurrit plerunque pro *Judice*: ut ad ejusdem lib. 2. cap. 4. notat Skænæus. Cui nec malè quadrat quod in Brevi Regum Angliæ apud Bract. lib. 3. tract. 2. cap. 33. poni videtur pro quocunque Ministro Regis de latrocinio cognoscente.

Gallis perinde dicitur *justiciam* significare; nec tantum simplicem, sed quam *tutelarem* vocant, juxta id Bouteleri, & Loysæi: *Baillie est un vieil mot François, qui signifie protection.* Gardianus. Magis latinè, *Ballivus* dicitur *Præpositus* quod vide. Apud Gallos splendidus Magistratus est. Apud nos honestioris sæpè notæ, sed plerunque minister infimus.

Baillivus Provincialis Gallis dicitur, qui in Provincia, Satrapia, Comitatu (instar Justiciariorum nostrorum ad Assisas) Judicia exercet, de arduis cognoscit, pacem curat, populi partes velut Tribunus tuetur. Militem etiam evocat, lustrat, educit, aliisque potestatis speciebus insignitur. Institutos ferunt hujusmodi *baillivos*, à Ducibus & Comitibus infrà suas Provincias & territoria, cùm olim ipsas Provincias, & dignitates, hæreditariè possidendas adepti essent, hoc est, sub exordio Capetorum Regni. Ducum ideo & Comitum vice, munus obeunt, ipsorumq; præsunt *Assisis* (quas olim *Malla* vocabant) non ut Regis Justiciarii, sed ut Magnatum illorum Vicarii. Ex quo, mihi iidem esse videntur, qui Saxonibus nostris, Aldermanni Comitatuum, seu *Grevi* vel *Gravii*, postea *vicecomites* appellati, de quibus mox infrà.

Baillivi Franciæ. Cum autem quatuor istarum Provinciarum, antiquissimè coaluissent in Regnum Franciæ, *viz. de Vermendoys, de Sens, de Mascon, & de S. Pierre le Moustier*, ipsorum Præpositi, *Baillivi Franciæ* appellati sunt: ad quos in causis Regiis provocare licet à Magnatum *ballivis*: dicunturq; ideo *Gardiens des droicts du Roy, & de la couronne.*

Sunt & qui *Baillivi Regii* nuncupantur: earum nempè Provinciarum Præpositi, quas Reges posteri fisco adscripserunt. Cæteri omnes *baillivi*, cum inferioris sint nominis, inferioris item sunt potestatis, pro ratione tamen territoriorum. Hæc de *Baillivis* Gallicis per transennam.

A Normannis ad nos pervenit vocabulum *Vox Angliis quando.*
(*Ballivus*) reperiturq; cum primis in legibus Edouardi Confess. c. 35. non de novo magistratu, at de veteribus dictum. *Vicecomites, Aldermanni, & Præpositi Hundredorum & Wapentachiorum, & cæteri ballivi Domini Regis.* *Balivus seu Præpositus Hundredi.*
Sed tamen & hoc, & alia plura ibidem vocabula, eo seculo haud recepta apud nos censeo: ipsasque ideo leges à recentiore vel auctas, vel ad Normannicum idiotismum redactas suspicor.

Rectè verò de illis omnibus enunciatur *Ballivus*, nam & ipsi illi & cæteri quicunque quos extranei *Grafiones*, Saxones nostri *Grevos*, *Grevios*, vernaculè Reves, & Latinè *Præpositos* appellabant, *Ballivi* postea nuncupati sunt. Diœcesis etiam, seu jurisdictio Aldermannorum in Civitatibus & Burgis, Præpositorum in Hundredis & Wapentachiis, ibidem paulò suprà *Balliva* dicitur, quemadmodum & Vicecomitum hactenus, *balia*, *balliva*, *balivia*, & *balivatus*: ex quo satis perspicuum est, hos omnes *Ballivorum* censeri appellatione. Qualem verò potestatem Vicecomes vel Præpositus Comitatus, sub Comite gaudebat in Comitatu: talem pro jurisdictionis proportione, *Ballivus* seu Præpositus Hundredi olim gavisus videtur sub Domino Hundredi, in Hundredo, & *Ballivus* Wapentachii similiter in Wapentachio, de quo plura in vocab. *Præpositus*.

Ballivus Franchesiæ, seu *Libertatis*, est qui in loco immuni, seu portione Comitatus, à potestate Vicecomitis subducta, partes Vicecomitis exequitur. Et sunt hujusmodi *Ballivi* eorum similes qui apud Gallos, Baronum & Castellanorum appellantur *Baillivi*. Notare autem videtur *Franchesia*, Gallicum *Francisiam*, quod vide.

Ballivi Burgorum, sunt in Burgis suis, Prætoris instar: at sub illo nomine, eos nusquam reperio ante seculum Normannicum; deinceps, nunc Aldermannorum locum, nunc Grevi & Portgrevi obtinuisse. In hoc autem differunt ab Aldermannis & Grevis, quòd hi plerunque singulis burgis vel civitatibus, singuli præficerentur, *Ballivi* autem, bini, ut olim Londoniis; interdum quatuor, ut Norwici aliquando. Primos etiam Londoniarum *Ballivos*, alii *Vicecomites* appellarunt, qui apud nos multò spendidior magistratus est.

Ballivus Manerii, idem est qui aliàs *Ballivus* seu Præpositus Villæ. Quasi Vicedominus, nam Domini loco omnia administrabant infrà Manerium, seu villam: tantáq; olim ejus erat celebritas, ut absente Domino, Brevia aliquot Regia illi tanquam Domino, mandarentur.

Ballivus domesticus, seu rei *familiaris*, idem est qui Latinis, *villicus*.

Ballivi Portuum, castellorum, rei alienæ, &c.

Sunt præterea Quinque Portuum, forestarum, castellorum, aliorumque locorum *Ballivi*, & rei alienæ administrandæ perplures: quos longum esset sigillatim enumerare. Præ omnibus autem, munere, & multitudine notissimi sunt, infimi illi *Ballivi*, qui Vicecomitibus & *Ballivis* Franchesiarum, sunt à mandatis.

Balivi itinerantes.

Horum autem est, desideratos in Curias accersere, partem ream citare, sistere, apprehendere, in custodiam deportare; mulctas & debita exigere, rem judicatam transigere, & hujusmodi. Quæ ut faciant, alii undiq; discurrunt, & appellantur ideò *Ballivi errantes*, seu *itinerantes*; quales olim apud Romanos, *viatores*. Hoc illud hominum genus est, quod dum plebem per secula vexat & depeculatur, honestum *Ballivorum* nomen, turpi infamiâ perfundit; cum tamen ipsi non *Ballivi*, at *subballivi* potius sint appellandi. Subballivi.

¶ **Ballare.**] Vide Balare.

¶ **Balliare, Ballium.**] *Balliare*, est rem alteri tradere vel committere: à Gall. *Bailler*. In Jure nostro significat tradere aliquem alicui è carcere, vel custodia ministrorum Regis, sub vadimonio restituendi ad diem & locum constitutos: ideóq; ipsa traditio *ballium* appellatur. Hujus legis antiquissimum habemus exemplum in Inæ LL. cap. 61. Differre autem aiunt Jurisconsulti *ballium* & *manucaptionem*, quòd manucaptione liberatus sui fit juris, usque ad diem assignatam: qui verò in *ballium* traditur sub fide jussorum custodia censetur: posséq; eos ante diem, restituere ipsum carceri si voluerint, & semet eximere è vadimonio. Quo sensu idem significare apud nos videtur *ballium*, quod. apud Gallos Italosque, hoc est, *custodiam*, *protectionem*, *tutelam*: ut è Boutellerio, & Loysæo, suprà meminimus in voce *Balivus*.

Hinc *Ballium*, Italis *balium*, ad curam pupillorum transfertur, quod nos *Wardiam* dicimus. Ballium. Fridericus 2. Imp. ad Regem & Barones Galliæ, refert se *infantem adhuc à matre dimissum sub ballio & tutela Innocentii Papæ* 3. Et in Constitt. Neapolit. lib. 3. Tit. 27. *Si quando* (inquit) *balium impuberum masculorum aut fœminarum gerendum alicui Serenitas nostra concesserit, hi qui balium gesserint pupillorum, postquam balium pubertate superveniente dimiserint, de administratione balii reddere debeant rationem, &c. ita viz. quod deductis justis & moderatis expensis, &c. reliqua pupillo integrè reddere teneantur.* Locum fusius refero ut intelligas hujusmodi pupillos, multo nostratibus fœliciores.

¶ **Baltha.**] V. supra post *Balisteum*, & huc deferto.

¶ **Ban.**] Et omnia inde enata, à Sax. *pan* pro *extenso* & *expanso*, videntur radicem sumere: unde *pan*, *ban*, & ꝼan (quibus alii d. adjiciunt in fine) pro vexillo; etiam *ban* pro agro, ut *expansum* Gen. 1. 3. pro firmamento vel cœlo. A *ban* verò pro vexillo, veniunt *banda*, & *bandum*, quæ utiq; ad cœtum & vexillationem transferuntur. Banda, Band Bannire. Item *bannire* pro evocare ad *bandam* (i. vexillum) vel edicere: unde & *bannum* pro edicto, Statuto. A *ban* autem pro agro, territoria, & agrorum extensiones circa villas, earumq; circumscriptiones & limites, *banna*, *bandas* & *bundas* vocabant; nos hodie **bonds** & **bounds**. Hinc spatium privilegio aliquo insigne circa monasterium vel ædes Nobilium, item *ban* & *bannum* dicebatur. Molendina etiam & furni publici, sua habuere *banna*, infra quæ *sectam* quam vocant molendini & furni, exigebant. A circumscribendo verò & cingendo, *banda* præterea cingulum & vinculum significat. Et *bannire*, *forisbannire* & hujusmodi, crebrò occurrunt pro ejicere è *banno*, vel territorio; seu

Banniti. seu, edicto proscribere, unde & *banniti*, proscripti, & quasi in *expansum* missi. Sic Gallic. *Abandoner.* *abandoner*, atq; inde *banda* & *bandon* pro *Bando. Bandon.* libertate. Vide Latina singula suis locis.

¶ **Ban** seu **l'a Bane.**] Pro *Hutesio.* Vide *Hutesium.*

¶ **Bancus.**] Pro *tribunali.* Sub hoc nomine, duo apud nos notissima.

Bancus Regius, qui post Parlamentum, supremum est totius Regni Tribunal, utpotè quod de causis cognoscit capitalibus, criminalibus, aliisque quibuscunq; ad Coronam, seu hospitium Regis pertinentibus. In eo præsidebat olim Capitalis Angliæ Justiciarius, & interdum ipse Rex: hodie verò, Capitalis (quem vocant) Justiciarius *Banci Regii*, tribus vel quatuor assessoribus.

Bancus Communis, in quo tractantur placita communia, hoc est, lites civiles ex Jure inter subditos oriundæ: & præest ei (similiter cum 3. vel 4. assessoribus) suus itemq; Capitalis Justiciarius.

Pertinet autem jus *Banci*, propriè ad Regios Judices, & qui summam administrant justitiam. Infimarum enim curiarum, putà Baronum apud nos, & Hundredorum, *plano* (quod aiunt) *pede* censentur judicare, appellanturq; in Jure Civili *pedanei Judices*; Græcis χαμαιδικασταὶ, id est, *humi judicantes*: Gallis *Juges dessous l'orme*, quòd prope ædes dominicas sub ulmo solerent considere, vel sub alia arbore. Sic (inter plures) Curia Hundredi de **Freebridge** in Norfolcia, etiam hodie sub quercu de **Geywood** convocatur, Hundredi judicia tractatura: juxta illud quod ex Querolo, antiqua comœdia, citat Loysæus, *De robore sententias dicunt.*

Majorum autem Judicum sedes, apud Græcos βήματα vocantur; minorum βάθρα: Romanis verò, hæc, *subsellia*; illa, *sellæ & tribunalia.* Sed & antiquissimi moris fuit, & Britannis nostris recepti, è tribunalibus aggesto cespite constructis, jus dicere: de quo alibi.

¶ **Banda, Bando, Bandum, Banderium, Bannerium, Bandophori, Banderesii.**] *Banda*, Italicum; Gall. *Bande*, & *Bende*: Sodalitium, turma, cohors; præsertim militaris, à Saxonic. bans, i. *vinculum, ligamen*; quod merentes in eo milites, invicem colligantur, ut soldurii apud Cæsar. de Bel. Gal. lib. 3. Sic *liga*, Ital. *vinculum*, pro cœtu confœderatorum. Vel à *ban* pro *edicto*, Italis *bando*, quòd per edictum publicum evocati, in unum convolabant. De etymo, plura vide suprà in *Ban.* Prisci autem moris fuit, educto vexillo milites conscribere: sic Romani, pedites rubro, equites cæruleo, atq; hinc à cœtu ad vexillum ipsum delata est appellatio, quæ aliàs

Bandum de quo Suidas. βάνδον οὕτω καλοῦσιν οἱ ῥωμαῖοι τὸ σημεῖον τὸ ἐν πολέμῳ: & Procopius de Bello Vandal. lib. 2. Sect. 1. Belisarius τὸ σημεῖον, ὃ δὴ βάνδον καλοῦσι ῥωμαῖοι ἰωάννῃ ἐπιτρέψας τῷ ἀρμενίῳ &c. *signum quod Romai bandum vocant, Johanni Armenio commisit, & si fuerit occasio jaculari mandavit.* Hoc inferiùs *signum Ducis* appellat, quod in media acie, spectatissimus quis ferebat, βανδοφόρος inde nuncupatus. *Bandifer.* Innuere autem videtur Procopius, *bandum* eo seculo dici, non de quolibet signo, at de primario: & alii in eandem sententiam de *Labaro* intelligunt: sed posteri, de omni vexillo, novata aliquantulùm voce, viz. in

Bannerium, juxta nostrates, **Banner**, Ger. **Paner**. Author vitæ Ludov. Reg. filii Ludovici grossi. *Illa die faciebat antegardam Gaufridus de Rancome, unus de nobilioribus Baronibus Provinciæ Pictaviensis, qui gerebat Regis banerium, quam præcedebat (ut moris est) vexillum B. Dionysii quod Galicè dicitur Oriflambe.* Albert. Argentinus in An. 1349. *Carolus Rex hoc audito statim bannerium suum quod dicetur* **Sturmfahn**, *super turrim Ecclesiæ Spirensis constituit.* *Oppugnati vexillum.*

Banda etiam & *Bandones* dicuntur insignia Papalia. Sic Concil. Papiens. An. 1160. apud Radevic, lib. 2. cap. 67. *Deinde cum bandis, & aliis Papalibus insignibus, Dominus Papa cum laudibus in Palatium deductus est.* Et in Epist. præsidentium Concil. ibid. cap. 70. similiter. In Epist. verò Canonicorum &c. cap. 66. *Tunc Domini Cardinales, Clerus, Judices -- Dominum electum signis bandonis præcedentibus, ad palatium usque cum jocunditate perduxerunt, Romano more clamantes*, Papa Victore S. Pietro l'elegge. *Bandon* Gallis, libertas, indulgentia. *Bando* Italis, præconium.

Banderesii. Platina in Gregor. 11. *Eo itaq; tempore quo Pontificatum iniit, Romæ Senator singulo semestri à Pontifice datus, jus populo dicebat. Urbis autem custodiam, totamq; Reip. administrationem & curam Banderesii tum gerebant. Banderesii enim appellati sunt Germanico verbo à vexillis quibus in bello utebantur. Singula enim decuria, signo internoscebantur suo. Capita regionum nunc vocantur qui tribubus præsunt.* Annon hi iidem, qui Germanis **Banerherrn**, aliàs **Fanleben**, & Barones appellantur?

¶ **Banditi.**] A Germ. **Bandit**, *exul, proscriptus.* Vide *Banniti* in *Bannire.*

¶ **Bandones, Bandophorus, Bandum.**] Vide *Banda.*

¶ **la Bane.**] Vide *Hutesium.*

¶ **Baneale.**] Lib Rames. Sect. 148. Alsvara *dedit etiam unam crucem optimam, & pulvinar unum de palla, duas quoq; pelves argenteas, duas cortinas, unum baneale, & sellam suam cum omni equestri apparatu.*

¶ *De Baneretto.*

¶ ***Baneretus***, ſeu ***Miles Banerettus***, al. ***Bennerettus***.] Medium tenuit inter Baronem, & reliquos Equites: dictus quaſi *Vexillarius minor*, ut ſic à majore diſtet, hoc eſt, à Barone, cui propriè competit jus vexilli (ſcil. quadrati) ex quo & ipſe *Banderesius*, ſeu *Banereſius*. Germ. **Banerherr**, quaſi *Vexillarius* ſimpliciter, appellatur. **Baner** enim ſeu **paner**, & **fahn**, vexillum ſonant: **herr**, dominum, poſſeſſorem. Pari diſtinctionis intuitu, aliàs dicitur *Baronettus*, quaſi *Baro minor*: quæ vox noſtris Scriptoribus olim frequentior; ut Gallis altera. Neutram tamen ante Edouardi 2. ætatem reperi: Sed in * Pelle exitus, anni ejuſdem 8. *Johannes de Crombwell Banerettus* ſcribitur.

* Dominus Jo. de Crombwell Banerettus ix.l. per manus Domini Ric. Crombwell fratris ſui.

Signi verò ſeu vexilli geſtatio inter homines militares adeo aliquando habebatur glorioſum, ut Hieronymus Blancas in Hiſt. rerum Hiſpanicc. contendat antiquos Superarbienſium Reges alios non fuiſſe quàm ſigniferos ductores. Imagines ideò equeſtres, quas in priſcorum ſigillis videmus, vexilliferis haſtis inſignes, proceres cenſeo denotare; utpote qui ſubditos ſuos, ſuo evocabant vexillo, prædiaque & dignitates, porrecta haſta vexilloque accepiſſent à Rege, ex quo, & veterum Saxonum vocabulo fanenleh, en appellantur.

Baneretto autem ſeu vexillario Equiti (qui aliàs dicitur *Homo ad vexillum*) in dignitate eſt, ut ſuo ſe ſiſtat vexillo, dum Bachilarius alienum ſequitur: quod tamen inhonorum non videatur, cùm Maximiliano placuerit Imperatori, ſub vexillo mereri Henrici viii Regis Angliæ. Sed oportuit intereà ut *Banerettus* clientelam haberet ad turmam idoneam; alioquin, non ei fuerat vexilli uſus. Quemadmodum itaq; inter Barones haud æſtimabatur, cui non eſſent ultra 13 feodales milites: ſic, nec *Banerettus* conſtituendus, cui infra decem. Turmæ numerum reſpexiſſe videntur juxta id Virgilii Æn. 5.

Treis equitum numero turmæ, ternię vagantur
Ductores, pueri bis ſeni quemą; ſecuti.

Creandos autem *Banerettos* ferunt, non niſi in exercitu Regio, erecto jam Regni Labaro, quod ſtandardum vocant. Tunc Regi, bellivè Imperatori locò gramineo conſtituto, candidatum efferri volunt à duobus Equitibus, vexillum (præcinentibus buccinis)* penitum gerentem ſuis armis inſigne & complicatum: factâq; ab ipſo proteſtatione, ſatis ſibi eſſe in patrimonio, quo tantam tueatur dignitatem; Rex vel belli Imperator vexillum explicat, præciſcq; ejuſdem cono, ſeu acumine, candidato tradit, jubens, ut erectum ferat auſpicatè. Sed in Fecialium nævis, non hærent Principes, rem ſuccinctiùs plerumq; peragentes. Froiſard in obſidione de *Troys*: *Et monſieur Thomas Trivet apporta ſa banniere toute enveloppe devant le Countie de Bucquenham, & luy diſt. Monſeigneur, ſil vous plaiſt, ie deſvelopperay aujourdhui ma baniere, car dieu mercy i'ay aſſes de revenue pour maintenir eſtate come à la baniere apperteint: il nous plaiſt bien, reſpondit le Counte, &c.* Simile idem Author de bellicoſiſſimo Equite Johanne Chandos, cui (prælium Hiſpanicum inituro, & ut ſuprà petenti) Edouardus Princeps Walliæ (adjunctuſq; Petrus Rex Caſtiliæ) vexillum explicatum reddidere, &c. Ceremoniam etiam leviter perſtrinxiſſe videtur Carolus vi. Rex Franciæ, qui in obſidione *de Bourges* creavit ultra 600. *Benerettos*: (ut refert Berhaultus) ſed proſtituta nimium intereà hac dignitate. Benerettus.

* I. Caudatum inſtar draconis ex quo & *Draconarium* dicitur. Hinc *penicilla* itemque pro vexillo, ſed propriè minori.

Johann. Gregorium Tholoſanum (quem citat Cowellus) audi de Gallicis *Banerettis* ſic agentem, lib. 6. cap. 9. ſui Syntagmatis, nu. 9. *In Gallia ſunt duæ ſpecies affines nobilium & feudorum, quas dicunt de Bennerets, & Barons. Bennerettus jure ſuæ dignitatis, antequam talis dici mereatur, nobilis eſſe debet genere in quarto gradu, poſſidens in ditione decem ſcutarios Bachalarios armorum, id eſt, decem vaſſallos,* Bachalarii armorum. *habens ſufficiens patrimonium, quo poſſit ſecum ducere quatuor aut quinq; nobiles comites continuos, cum equitibus 12 aut 16. Fit autem Bennerettus, cum Princeps hujuſmodi perſonæ concedit vexilli jus, & ex vexillo peditum in acie, vel extra, die ſolenni, ſacris peractis, adimit acumina. Vocant la queue de pennon, ſitq; labarum, id eſt, equitum vexillum, vocant* cornette, *eumq; Equitem facit ſi jam non eſt. Quòd ſi altior his fiat Benerettus, & habet unam Bennerettam, aut ſex Equites Bachalarios, qui poſſideant ſinguli in cenſum ſexcentas libras ex ejus ditione, ſeu feudo, tunc poſſunt ex licentia Principis, Baronis nomen ſibi adſciſcere:* Hæc ille. Percipit autem in militia *Banerettus* duplex ſtipendium: quod Bachilarius; atq; idem duquod Armiger: ut loco quo ſuprà refert Berhaultus.

Sed demum obſecro, unde tanti hodie fiunt quadrata vexilla? nam penita olim magis placuere, belloq; aptiora viſa ſunt ob terrorem: utpote quòd dracones exprimerent, *caudarum volumina relinquentes in ventum.* Utor Ammiani verbis: nam δρακόντεια φλάμυλα, id eſt, *draconaria* hujuſmodi *vexilla*, Draconaria vexilla, ſeu flamulæ. Dacis & Scythis olim in uſu erant: & devictis Dacis, ea inter ſigna Imperii conſtituit Trajanus, ſuſcipiq; inde videntur in Eccleſiam. Forma autem plerunq; bilingui; qua Proceres etiam Eccleſiam imitantes tenaciùs uſi ſunt ab antiquo (ſaltem in militia equeſtri) ut è ſigillis liqueat, & ex eo, quod de Boamundo Principe refert Huntindonienſis in An. 1096. *Semper lingua vexilli ejus, volitabant ſuper capita Turcorum.* Poſtquam etiam jus vexilli quadrati conſequuti eſſent *Baneretti*: diſtinctionis gratiâ, Barones lingulas (quas *pennons* vocant) quadratis ſuis appingebant, earum inſtar quas in *les Cornettes de cavalerie*

(ut

(ut è Ragueau refert Loysæus) hodiè cernimus. Hujus autem specimen video in sigillo Regis Stephani, cùm enati adhuc non essent *Baneretti*: ideò quære de eo: & vide hic suprà *Auriflamba*, celebre & antiquum Gallorum vexillum, formam etiam exhibens draconariam.

Chartæ Regiæ formula. Charta Regis Edouardi 3. de institutione *Baneretti*, è Patt. An. Regni sui 13. memb. 13. *Rex Archiepiscopis, &c. salutem. Sciatis quòd cum dilectus & fidelis noster Willielmus de la Pole, &c.* (Post egregiam commemorationem ingentium beneficiorum, quæ dictus Willielmus Regi & patriæ, in re pecuniaria præstitisset, regisæque invicem gratitudinis): *Nos igitur* (inquit) *ad præmissa, nec non ad importabilia expensarum onera, quæ dictus Will. pro nobis sustinuit, & sustinet his diebus, & obligationum pericula, quibus pro nobis fortissimè se astrinxit, considerationem condignam habentes, & proinde, volentes ipsius honorem attollere, ampliareque* * *profectus*, *ipsum cingulo militari decoravimus, injungentes eidem ut statum & honorem teneat, & continuet Baueretti: & ut statum & honorem hujusmodi pro se, & heredibus suis possit decentiùs & leviùs supportare, Concessimus eidem Willielmo quòd sibi, & heredibus suis, de quingentis marcatis terræ vel redditus per annum faciemus in loco competenti, infra Regnum nostrum Angliæ provideri, &c.* Rex brevi promissa omnia regaliter adimplevit, dans ei Manerium de Brustwick, &c. (ut Claus. ejusdem Anni par. 3. memb. 3.)

* *i. Commoditates ejus.*

Postea etiam idem Rex, Johannem de Coupland (qui Davidem Regem Scotiæ captivum fecerat) in *Baneretum* creavit, ei & hæredibus suis 500. lib. annuos concedens ad dignitatis fastigium suffulciendum. Sic Edouardus 4. *Baronetti* Statum Thomæ de Bradeston contulit, atque unà sibi & hæredibus suis 500. marcas annuas. Plures hujusmodi: Hæc enim dignitas sub eis seculis, frequenter collata fuit cum patrimonii incremento; & intercedente sæpe Charta Regiâ. Vide plura in *Baronetto* & in vocab. *Miles*.

¶ **Banleuca, Banleuga, Baleuca**, & aliàs **Leugata.**] Spatium in circuitu quarundam Urbium, Villarum, Monasteriorum, &c. à reliquo distinctum, suisque privilegiis munitum. Dictum à Ban, i. *territorium*, & leuga seu leuca, vulgò *lega*, i. *primus lapis*, quasi *Territorium primi lapidis, à Monasterio*, seu *primi miliaris*. Vel *Banleuga*, q. locus jurisdictionis, nam sic quoq; significat. Vide suprà *Ban*, & infrà *Leuga*. Vox apud nos rara, & obscura, apud exteros satis nota. Gallis, *banlieue de ville, de molin, &c.* Germanis **banmille**. *Ivo* ad *Adelam* Comitiss. Epist. 100. —à Radul. Archipresbytero nostro *bannum leugæ* requiritis &c.

Ad futuram rei memoriam adjungam quod è M. S. nobis occurrit, de *Banleuca* Ramesensi. *Aylwinus Comes quidam nobilis totius Angliæ Aldermannus, atq; inclyti Regis Edgari cognatus, ejusdem Regis tempore Monasterium Ramaseye Anno Dom. 969. miraculosè fundavit. Cui & fundum cum campis, nemoribus, aquis, paludibus copiosè circumcinctum dedit: & ab illustrissimo præfato Rege Edgaro confirmatum, atq; privilegiis quamplurimis ditatum, Banleucam eam appellavit, cujus metæ & bundæ hæ sunt.*

Banleuca de Ramesey incipit apud Humbdale, & procedit usq; ad monticulum de Wistow, per mediam villam contingens Raveleyam, usq; ad Cnoutisrode, & usq; ad quandam crucem ligneam sub le Barwi, inter boscum de Walton & mariscum, & intrat in mariscum ibidem, & procedit per medium Holystode, attingens Brightmere, & Ubmere usq; le Wrangebech, per medium ejus, & sic usq; Scaldermere, &c. Spatium hoc omne, in Chartis Hen. 1. succinctè concluditur in his verbis, viz. *Infra unam leugatam circa Ecclesiam*: & *baleucam* ipsam inde sumpsisse originem, non malè fortè conjectes (præmissis non obstantibus) quæ à recentiori videantur edita. Hoc enim vocabulum ante Normannorum adventum, nusquam reperi. Per leugatam autem illam, Rex idem Hen. 1. Ecclesiam Ramesensem, omnibus libertatibus Coronæ suæ insignivit. *Leugata*

¶ **Bannum, Bannus, Banniare, Bannire, Bannitus, Banditus, Bannitio, &c.**] A ban Saxon. id est, *Statutum, edictum*. Bannan, *statuere, edicere, proclamare, &c.* Vide suprà *Ban*, ejusq; multiplicem significationem. Crebrò occurrunt hæc omnia in Conciliorum tomis, & legibus antiquis: exponunturq; pleraq; fusè, in Lexicis Juris, quæ nos ideo leviùs perstringamus.

Bannum pro edicto, statuto, mandato. LL. Longob. lib. 3. Tit. 1. 11. *Ut pontes publici qui per bannum fieri solebant, anno præsenti in omni loco restaurentur.* Hinc *Bannus* dominicus Longob. lib. 1. Tit. 14. LL. 9. 11. & pluribus aliis.

Bannum pro mulcta, seu pœna. Greg. Turonens. Hist. lib. 5. Sect. 26. *Rex de pauperibus & junioribus Ecclesiæ, vel basilicæ, bannos jussit exigi, pro eo quòd in exercitu non ambulassent.* Capitt. Caroli lib. 6. cap. 96. *legibus componat, & insuper bannum nostrum*, 1. 60. *sol. nobis persolvat.* Hinc Longob. lib. 1. Tit. 19. l. 27. *bannum nostrum componat.* l. Sax. Tit. 2. §. 9. *bannum solvat.* Longob. 1. Tit. 37. l. 2. *bannum dominicum* (i. Regis) *persolvat.* Ludovici Imp. Additt. ad Capitt. par. 4. cap. 71. *bannum nostrum rewadiare cogatur.* Sic in Longob. LL. *bannum Wadiare*, & *guadicare*, id est, vadari.

Bannum pro tributo. Sic poni videtur Capitt. lib. 3. cap. 68. *Nec pro Wacta, nec de Scara nec de Wardea, nec pro heribergare, nec pro alio banno, heribannum Comes exactare præsumat.*

Ego *Will.* Dei gratia Dux *Aquitan.* &c. dono &c. Monasterio beatæ *Mariæ* Virginis, & S. *Cypriani* martyris &c. omnes consuetudines

dines &c. viz. Præposituram & *Bannum*, & *Ucham*, & *expallum*, & *biannum*, & *friscingam*, & pullos & anseres, & annonam &c. *Preuves de le Hist. des Comtes de Poictou &c. p.* 357.

Bannum pro exilio, proscriptione, & confiscatione. Vide inferiùs *Bannire*.

Bannum pro anathemate, & execratione. Sic intelligo Synodi Confluentini illud, An. 860. *Ab hoc die & deinceps de Dei banno & nostro bannimus, ut nemo hoc amplius præsumat.* Referatur ad edictum, sed priori sensu nos passim hodie utimur vocabulo **bann**.

Bannum pro proclamatione. Sic omnium ore, *banni nuptiarum* dicuntur: & Italis *Banditôre*, pro præcone.

Bannum pro campo, territorio, villæ termino, & procinctu, q. banleuga. Charta Saxon. Canuti Regis Cœnobio Thorneiæ. ⁊ ic cyðe ðat ic habbe ure ælmesse Crist betacht. ⁊ hire allen halgan -- þ is ærst ðæt lande at Twiſell into Thorniz þære ure ban ſerteð; id est, *Notum facio, me eleemosynam nostram Christo concessisse, & omnibus Sanctis suis -- viz. primò terram illam à Twiwella, usq; Thorney, ubi bannum nostrum cessat.* Albert. Argentin. de rebus gest. Bertoldi Epis. p. 170. *Castrum, oppidum, villam* (tenuerunt) *cum omnibus bannis & attinentiis.* Diploma Matth. Ducis Lotharing. An. Dom. 1171. in Stemm. Lothar. nu. 63. *Concedo usuaria, per totum bannum capellæ, &c.* Aliàs *bonda* & *bunda*, nobis hodie **the bound**.

¶ ***Bannum leuga.***] Vide supra *Banleuca*.

Bannire, pro edicere, statuere, &c. Decret. Childebert. ad l. Salic. cap. 8. *bannivimus ut unusquisq; judex, criminosum latronem ut audierit, ad casam suam ambulet.* Concil. Salegunstad. Anno 1022. cap. 15. *Omnes bannitum jejunium* (*in quocunq; Episcopio celebratur*) *diligentissimè observent.*

Bannire pro citare, & per edictum evocare, tum ad placitum, tum ad militiam, &c. Capitt. ad l. Salic. par. 1. cap. 17. *Nullus ad placitum banniatur, nisi qui causam suam quærit, aut &c.* Idem Longob. lib. 2. Tit. 42. §. 2. Append. ad. Greg. Turon. Sect. 87. *Jussu Sigeberti, omnes leudes Austrasiorum in exercitu gradiendum banniti sunt.* Marculf. lib. 1. form. 40. *Jubemus ut omnes pagenses vestros, &c. bannire, & locis congruis per civitates, vicos, & castella congregare faciatis.* Ubi *bannire*, q. sub band, i. vexilla venire.

Bannire. Proscribere, relegare, confiscare, &c. Hoc sensu frequenter non reperi in Antiquis legibus, sic autem in Neapolitanis, lib. 2. Tit. 1. *Contumaces prædictos, bannire mandamus, & divulgari publicè bannitos. Bannum etiam & causam banni, pro qua bannitus aliquis fuerit, & diem bannitionis, &c. in actis volumus contineri.* Aliàs crebrò.

Albert. Argentinens. in An. 1348. *multos populares bannivit, occupans res eorum.* Hinc *Banniti* & *Banditi* Italis, proscripti: aliàs, *Forisbanniti* quod vide. Hincmarus ad Carolum Regem, *Jussione vestra per vicecomitem illius pagi, in bannum, quod in lingua latina, proscriptio confiscando vocatur, est missum.* Sic Longob. 2. Tit. 43. l. 4. *rebus omnibus in bannum missis.* *Banniti.* *Banditi.* *Forisbanniti.*

Banniti, etiam dicuntur Senatores, & Scabini, in Speculo Saxon. quod per bannum, *i.* per evocationem, ad tribunalia & Senatum coguntur: etiam eorum nati atq; posteri (ut inquit Kilianus) *Banniti* inde appellantur, eorumq; sedes, *sedes Bannitorum*.

¶ ***Bannus.***] *Ban Turcis & Hungaris, præses alicujus Regni. Propriè tamen Ungaris, Banni sunt peculiares gubernatores Regnorum, ad Ungariæ coronam antiquitùs spectantium, ut Dalmatiæ, Croatiæ, vel Slavoniæ. Propterea solent Turci, Banos Ungaricos suis cum Beglerbegis, tum comparare, tum exæquare, quòd hi quoq; Regnis integris præficiantur.* Leonclavius, in Onomast. Turcico Arabic. &c.

¶ ***Baquates.***] Vide *Bacanda*.

¶ ***Barat.***] *Mandatum Sultanicum, instrumentum, scriptura Sultani jussu facta, privilegium.* Leonclavius ibid.

¶ ***Barangi.***] Vide Baro.

¶ ***Barator, Barector, Baraterius, Barateria.***] *Barator*, apud nos est, litigator, contentiosus, qui cum Terentiano Davo omnia perturbat. *Scelestus nequam.* Goldasto, *baratro*, & *balatro*, quod vide. Exteris, *deceptor, impostor, circulator*, à Gall. *barat*, i. *dolus, astutia*. Albericus in Mag. Chron. Belg. p. 223. *Tres in mundo baratores seu circulatores, &c.* Hortensius Cavalcanus in Tract. de brachio Regio, part. 5. nu. 195. *Baraterii* (inquit) *appellantur qui prætorium nimis frequentant.* Et ibidem nu. 66. *Barataria verò dicitur, quando judex aliquid petit indebitum, ut justiciam faciat.* Certè, vel nummis mutat: nam *barater* Gall. & *barratare* Ital. etiam significant, cambire, commutare.

¶ ***Barbacan.***] Munimen à fronte castri, aliter antemurale dictum. Etiam foramen in urbium castrorumque mœniis, ad trajicienda missilia; nec non specula, & locus ubi excubiæ aguntur. Sax. burgekening, Ejusmodi olim habebatur in *Londinensi* suburbio *Barbacan* appellato &c. Ut Stow in An. 1336. vox Arabica.

¶ ***Barbam incidere***, vel ***Capillum suscipere.***] Filii instituendi ceremonia, apud Francos, Longobardos, Italos. Paul. Warnefrid. de gest. Longob. lib. 4. cap. 40. *Hos duos fratres* (Tasonem & Cacconem) *Gregorius Patricius Romanorum in Civitate Opitergio dolosa fraude peremit. Nam promittens Tasoni ut ei barbam sicut moris est, incideret, eumq; sibi filium faceret, ipse cum Caccone germano suo, & electis juvenibus ad eundum Gregorium nihil mali metuens venit.* Infrà -- *cum magnam stragem de Romanis fecissent, ad extremum ipsi etiam perempti sunt. Gregorius*

verò

verò Patricius propter jusjurandum quod dederat, caput Tasonis sibi deferri jubens, ejus barbam sicut promiserat, perjurus abscidit. An non officit mos iste etymologiæ, qui Longobardorum nomen à longis barbis deducunt? Hoc alibi. Idem Paulus, lib. 6. cap. 53. *Circa hæc tempora Karolus Princeps Francorum, Pipinum suum filium ad Luidprandum direxit, ut ejus juxta morem, capillum susciperet, Qui ejus cæsariem incidens, ei pater effectus est, multisq; eum ditatum Regiis muneribus, genitori remisit.*

¶ **Barbanus.**] *Patruus.* Longobard. lib. 1. Tit. 10. l. 1. *Si frater in morte fratris sui, aut barbani, quod est patruus -- insidiatus fuerit.* Lib. 2. Tit. 14. l. 26. *Barbanus in cujus mund' ofuit.* Andreas Presb. in abbreviat. Hist. Longob. apud Lindenb. *Tunc Karleman germanus ejus, obviam veniens Karolo Regi barbano suo,* &c. Longobardis *barbo* est *il zio*, i. patruus.

¶ **Barbatoria.**] Greg. Turonens. Hist. lib. 10. cap. 16. Abbatissa *vittam de auro exornatam eidem nepti suæ superfluè fecerit: barbatorias intus eo, quod celebravit. Barbatoria,* an non ars tonsoria? vel capilli, barbævè cultus?

¶ **Barca.**] Italicum. Lembus: navium genus Venetis frequens. Abbo in Obsidione Lutet. lib. 2. -- *barcas per flumina raptant.* Item *barcus*, & Græcobarb. βάρκα.

¶ **Barcarium, Bercarium,** & **Berquarium**; item **Barcarius, Berquarius**, & **Barqarius.**] Omnia à Gall. *berger*, id est, Pastor; quod idem à Saxon. beoɼgan, i. cavere, defendere. Sunt autem *barcaria* quasi *bergaria*, caulæ, vel locus ad ovium præsidium munitus: Gallis *bergerie*, quod Saxones nostri *faldam* dixere. Domesd. Titt. Sudsex. Piccham. Will. de Warrenna. *Ibi Ecclesia, & sex servi, & x. berquaria.* Alibi: *Præter hac, quædam parva bercaria. Barcarius, &c.* Ovium custos, Pastor. Græcobarb. βαρκάριος.

¶ **Barecium.**] In Epist. Burchardi Notar. Freder. Imp. de excidio Mediolan. inter Scriptorr. Germ. edita. *Postea tertia feria, venit populus cum barecio, quod apud nos* **Standart** *dicitur.* Mendosè proculdubio, pro *Carrocio*, quod vide.

¶ **Barga.**] *Navicula, scapha oneraria*: aliis *barca* & *barcius*, Græcobarb. βάρκα. Differunt autem apud nos *barca* & *barga* (Anglicè **a bark** & **a barge**), hac enim (minori) in fluviis tantùm utimur; illa verò (navicula majori) maria trajicimus. Epist. Comitis S. Pauli de capt. urb. Constantinop. apud Godefrid. monac. in An. 1203. -- *vasa navigio apta 200 numero fuerunt, præter naviculas & bargas.* Illic tertiò

¶ **Bargus.**] *Ramus, truncus.* L. Salic. tit. 69. §. 1. *Si quis hominem de bargo vel furca, sine voluntate judicis demiserit,* IDCCC. *den. qui faciunt sol.* XLV. *culpab. judicetur.* Gloss. *de bargo de ramo* ut in §. sequenti. Tacit. de morib. Germ. *Proditores & transfugas arboribus suspendunt.*

¶ **Baricellus.**] Qui malefactores apprehendit, Circitor, lictor. Italicum, *barigello.* Gall. & Angl. **Sergeant**, &c. Constitutt. Mediolanens. Caroli 5. *Multi ex subditis hujus Dominii, conquesti in senatu nostro sæpius fuissent, quòd Baricelli, Collaterales, Carcerum custodes, Executores, & alii Officiales pro capturis reorum, & executionibus realibus, & personalibus, &c. modum suæ debitæ mercedis excedebant.* Italis frequentiss. Zasio. *Baricelli sunt singulares judices, sine certo tribunali judicantes.*

¶ **Barigildus.**] Vide *Barrigildus.*

¶ **Barnagium.**] Vide infrà in *Barone.*

¶ **Barlia.**] *Jurisdictionis territorium, diœcesis, præfectura.* Numquid à *bar* pro Barone, domino, judice, & *lia*, aliàs *lenga* & *leuca*, à Gal. *lieu*, pro loco vel territorio? Non asseverem, nescius cujatis sit originis: sed confundi reperio *barlia*, cum *banlia*, quod idem mihi esse videtur quod *banlenga*, de quo suprà. Glossator quidam: *barlia vel banlia, orbata*: lego *orbita*, & intelligo (si benè) *barliam* vel *banliam* idem esse quod orbitam, hoc est, circuitum: unde *exorbitare* pro limites transgredi.

¶ **Barmbraccus.**] L. Frison. Tit. 4. §. 3. *Qui occiderit Canem acceptoricium, vel bracconem parvum quem barmbraccum vocant, iv sol. componat.* Gloss. Lindenb. *Bracco* canis, ut infrà, *Barm* parvum significasse hinc discimus. Remansit vox in composito **barmhertzig** μικρόψυχος, quamvis nunc *misericordem* sic interpretemur. Hæc ille: sed non evincit ipsa lex, *barm* parvum significare, quùm ad speciem etiam referatur parvorum canum. Pace igitur Lindenbrogii mei, ego *barm* hic intelligo Saxonic. beaɼm pro gremio, quod & prisco nostro idiomate (voces plurimas retinente Frisonibus communes) manifestè significat. Sic M. S. Lennense, **barm or lapp**, *gremium.* Et Cathol. **barmcloth or napron**, *limas*, id est, vestis quæ ab umbilico protenditur usq; adq; pedes, q. *gremii pannus.* Unde priscus quidam,

Est limas, pannus gremialis, quem coquus aptat.

Perinde *barmbraccus* idem esse videtur quod canis gremialis, Anglicè **a lap dog**, quales etiam hodie, nobiles fœminæ suæ voluptatis gratiâ, in gremiis fovent. Vivit utiq; apud nos vocabulum **brach** pro cane, de quo infrà in *Bracco.*

¶ *Diatriba de Baronibus.*

¶ ***Baro, Barus, Barangus, Baronagium, Barnagium, Barangium, Baronia, Baronatus.***] *Barones* dixerunt posteri, quos antiqui, Proceres & Heroës: sed de nominis origine magna lis est. Quidam enim à Græcis petunt, quidam à Romanis, quidam à barbaris: multipliciter etiam à singulis, & per probrum aliàs. aliàs per eminentiam. Apud Græcos βάρος *pondus, molem, gravitatem* significat: unde veteres Romani, *barones* dixere pro bardis & stupidis; quod ipsum βαρὺς nonnunquam sonat, sed & aliàs quidem, elatum, generosum, fortem: quo sensu apud Plutarchum & Nicandrum, βαρὺς ἀνὴρ legitur. Hinc Erasmus: *Baros* (inquit) *nonnunquam fastum significat, & latinè graves viros dicimus, eximios, magnaq́; authoritatis: unde suspicor & nunc dici barones qui generis & virtutum authoritate praeminent:* Reperitur apud Ciceronem utroq; sensu, ut quidam volunt: scil. in Epistolis, & in lib. de Finibus, pro stupido. Non autem à Græco, sed à *Barone* muliere quadam Philosophiæ satis infœliciter studiosa, ut è Suida notant. Sic ad Pætum, lib. 9. Epist. ultima, *Ille* * *baro te putabat quæsiturum, unum cœlum esset an innumerabilia.* Et de Finibus; *Hac cum loquerii nos Barones stupemus; tu videlicet tecum ipse rides.* Ad Atticum verò (lib. 5. Epist.) pro viro præstanti, seu primaria. *Apud Patronem* (inquit) *& reliquos barones te in maxima gratia posui*, ubi Insulanus ait, *barones eminentiam & majorem aliquam potestatem significare: Italosq; nomen Baroncelli inde suo more, tanquam minorem Baronem finxisse.* Docti autem multi è contrario accipiunt, asserentes, Ciceronem hîc agere de Epicureis quos cum Patrone adversarios habuit in Philosophia. Non videtur igitur reperiri apud Ciceronem in bona parte (si fortè vel in altera): nam pleraq; loca arguunt nonnulli, & in suspicionem vocant, legendumq; hîc volunt, non *barones*, sed *Varrones*; quod utrumq; tamen, bardum notat & stupidum: nam sic Lucilius apud Festum,

* Aliàs *ille vero.*

Varonum & rupicum squarrosa incondita rosta;

Ubi *varrones* dictos volunt Cognatus & Scaliger à *varris*, qui sunt stipites rudes, duri, & enodes. Cornutus etiam in 5. Satyra Persii *varronem* accipit pro stulto, eóq; transfert ad servos militum seu calones, quod hi utiq; sunt stultissimi. Præterea in Lucilii loco illo, *varonum* scriptum reperio antiquiùs per *r* simplex, quod me adigit, ut cum Calepino sentiam *baro* & *varro* (præsertim *varo*) idem esse.

Reperitur eo seculo, & non dissimili prorsus significatione (Cornuto interprete) apud Aulum Hirtium in bello Alexandrino, item *bero. Concurritur ad Cassium defendendum: semper enim berones, compluresq́; evocatos, cum telis secum habere consueverat, à quibus cæteri* (conjuratores) *excludebantur.* Sunt qui *barones* hîc legi volunt, sed collatis 5. diversis codicibus, *berones* ubiq; occurrit, nec quid variæ lectionis in suis scholiis exhibuit Aldus Manutius. Cum igitur apud Latinos veteres reperiam *baro, varo, varro. bero*, inconstanter scribi, & confusam quandam significationem appetere: mihi planè videntur non solùm patronymica esse, sed exoticam prodere originem, & à barbaris (ut alia multa) Romam traducta. Erasmum etiam resilientem deprehendo, & vocem *baro*, alibi inter eas numerantem, quæ cum barbarico Imperio invasisse videantur. Alciatus itaq; dici voluit *barones* quasi *verones*, à populo Hispaniæ, nomen illud à fluvio quodam Celtiberiæ (Cujus meminit Martialis) deducente. *Hi* (inquit) *solebant Principibus apparere, & excubias facere: quos & verisimile est, eligi solitos præ grandi corpore, quamvis mente stolida, quod hujus militiæ proprium est.*

Bero.

Sed his omissis, ut ad fontem perveniamus: considerandum est, cujus sit vocabulum (*baro*) & quale munus. Munus autem omnium consensu, feodale est (licèt ipsa vox in textu Juris feudalis non reperiatur) feudorumq; originem, nemo non agnoscit à barbaris, puta Gothis, Vandalis, Longobardis, &c. qui barbaria sua nobiles, nihil Græcè, nihil norunt Latinè. Non igitur credibile est ut ipsi patriis suis muneribus, exoticas quærerent appellationes, duras præsertim & insolitas; cùm vel ipsas quidem notissimas non admitterent. Quis enim non vidit, eos sic admiratos esse suæ gentis vocabula, ut proscriptis Græcorum Romanorumq; illis, hæc (cum jugo simul) utriq; Imperio, & omnibus Europæ populis imposuerint?

Quoad etymon igitur atq; idioma, *baro* nativo sensu idem esse videtur quod Latinis *vir*: priscis Anglo-Saxonibus (ut passim occurrit) ƿer, recentioribus ƿar, unde burgƿar pro viro, seu *barone* Civitatis. Aliis *var*: sic *varigildum* pro precio hominis, & *varon* Hispanis, tam pro *viro* quàm pro magnate. Francis antiquis *ber*: ex quo fortè *berones* supradicti, & *hautber* pro viro summo, vel majori domino. Gloss. Latino-Gall. *Ber, baro, vir.* Hinc Gallis *bernage* & *barnage*, pro clientela *Baronis.* Alamannis *bar*; unde in suis legibus *barus*: & Longobardicis Salicisq; *baro*; Chartis Alamannicis *Paro.* E quibus Græcis inferioribus βάρος, βάρευς & μπαρὸς: etiam βάραγγος & μπάραγγος, illud quidem à *Barone*, velut *barongus*: hoc à *parone*, quasi *parongus.* Græcis autem admodum familiare est, *b exoticum* in μπ mutare; sic μπάςαρδος pro bastardus, μπαίουλος pro bajulus, μπόσκος pro boscus, &c. Item (p) incœptivo μ præfigere, ut μπάλλα pro palla, μποτεστὰς pro potestas, &c. *Bar* etiam pro domino, vel hodiè superstat apud occidentales Anglos; ubi terram dominicalem *bartun* vocant, i. domini prædium. Subaudire quoq; mihi

Baro. Vir. Wer. War. Var. Ber. Bar. Barus. Paro. Barangus Parangus. Bartun.

mihi videor vocabulum *var* pro *viro* in dictionibus *Cantuarii*, *Ripuarii*, *Baiuarii*, & hujusmodi, q. viri Cantii, viri riparum, viri *Boii*, &c. Reperio deniq; *viro* & *virro*, à *vir*, etiam pro magnate seu *Barone*, ut è legibus Canuti & aliundè suo loco dicemus. Conveniunt itaq; *baro* & *vir*, in multiplici significatione: utpote, pro homine simpliciter; pro homine præstantiori seu forti; pro marito, &c. de quibus illicò in seqq.

Baro pro *homine* simpliciter, & quovis viro. Sic Philoxenus, *Baro*, ἀνὴϱ. Et (quod dixi) Gloss. Gallic. Latin. *Ber*, *baro*, *vir*: quo significatu Gall. Armorici hodie usurpant. Lindenb. L. Salica Tit. 33. §. 1. *Si quis baroni viam suam obstaverit, aut vim impinxerit, D. Cen. qui fecerit sol. xv. culpab. iudicetur.* L. Alaman. Tit. 76. *Si quis mortandit barum vel fœminam, qualis fuerit, secundum legitimum weregeldum viii geldo solvatur &c.* Ibid. Tit. 95. *Si barus fuerit qui fœminam percusserit.* L. Ripuar. Tit. 58. §. 12. *Si quis hominem Regium tabularium tam baronem quàm fœminam, de mundeburde Regis abstulerit, &c.* LL. Longob. lib. 1. Tit. 9. l. 3. *Si quis homicidium perpetraverit in barone, libero, vel servo, vel ancilla, &c.* Galli etiam hodiè utuntur *baron* Adject. pro *masculino*, ut *Sain & baron*.

Baro pro *homine libero*, & *libertino*. L. Alaman. Tit. 95. *Si ancilla fuerit, solvat solidum unum. Si barus fuerit, similiter. Si servus fuerit, medium solidum.* Item Chartt. Alaman. 39. inter multa quæ Beata filia Rachiberti confert Ecclesiæ S. Mariæ, In *insula* (ait) *ipsa mancipios tres, & parones quatuor. Parones*, idem esse diximus quod *barones*, ut *purgus* idem quod *burgus*. Sed utrumq; locum Goldastus exponit de *libertino*: & in eandem sententiam in Gloss. ad cap. 9. Burchardi, *Hæc* (inquit) *formula* (viz. **Semperfrey**, i. ingenuus exstat, & ab omni servitutis jugo sit exutus in perpetuum) *avorum memoria, sublato manumissionis ritu, iis aptari cœpit qui Baronum Ordini, ab Imperatore primùm ascribebantur, ut juberentur esse & dicerentur* **Semperfrey**, *quæ appellatio olim ut diximus, nota erat libertini generis, apud majores autem nostros, novorum Baronum*, **der Beiwgebachnen Freyherren**. Germani ut vides *Barones* suos (quasi per interpretationem) **Freyherren** vocant, i. *liberos dominos*: & quos Majores nostri *Barones Comitatus* (de quibus Paulò infrà) appellabant, recentiores, & nos utiq; hodie, *liberos Tenentes Comitatus* nuncupamus.

Baro pro *viro forti*, & pro *mercenario*. Gloss. Arabico-Latin. *Baron* Gr. *fortis in laboribus*. Et Isodor. Orig. lib. 9. cap. 4. *Mercenarii sunt qui serviunt accepta mercede, iidem & Barones Græco nomine, quòd sint fortes in laboribus, &c.* Hos autem ille, non inter milites locat, sed inter cives. Bractonus verò lib. 1. cap. 8. *Sunt & alii* (inquit) *potentes sub Rege qui dicuntur Barones, id est, robur belli.* Ortus vocab. hos *fortes* exponit: *Baro*, i. *nobilis Dominus, vel fortis.* Prorsus ut *vir* apud Latinos, quod a vi dictum, non hominem quemvis propriè significat, sed fortem, unde Cicero in Tuscul. lib. 2. de Catone, *Ita tulit dolorem ut vir, sed ut homo majorem ferre sine causa necessaria noluit*: Hinc Eunuchi dicuntur homines integri, at semiviri, uti & Græcis ἡμιάνδϱοι. Distant igitur apud Latinobarbaros *Baro*, & *Homo* pro vassallo; etiam *Baro*, & *Miles* pro vassallo; ut apud emunctiores Latinos, *vir* & *homo*: Et hoc in causa fuisse videtur, quòd præstantiores vassalli *Barones* appellantur; cæteri autem, *Milites* & *Homines*. Hanc distinctionem fortè quoq; innuit Philoxenus, cùm dicat *baro* ἀνὴϱ (non ἄνθϱωπος.) Huc etiam sonare videtur quod in Glossis reperio Isidori (*g*, ut in aliis pluribus, liquescente) *Bargines*, i. *fortes in bello*: necnon Hispanicum *barragan* pro viro prægrandi & robusto; *barragana* pro ejusmodi fœmina. Bargine / Barraga / Baragi

Baro seu *Barangus* (Græcobarb. βάϱος, μπαϱὼς, & Βάϱαγγος) pro *satellite*. Hinc nimirum à robore ut prædiximus, & prægrandi corpore (quo fortes magis quam prudentes decernimus) Imperatorum satellites nuncupati sunt *Barones* & *Barangi*; hi Orientis vocabulo, illi Occidentis, quos Alciatus utiq; (ut suprà) *Berones* & *verones* nominibus ex Hispania suggerit oriundos. Sed perspicuum est, *Barangos*, nostrates fuisse, licèt appellatio non item. Eorum igitur munus paulò fusiùs enarrandum censeo, ut è Codino aliisq; concinnaverim. Erant autem *Barangi* stationaria militum cohors in Aula Orientali, ad præsidium personæ Imperatoris selectorum. Classis integra *Barangia*, Gr. Βαϱαγγία dicebatur: ut *Baronum* apud nos *Baronagium* & *Barnagium*. Præfuit illis instar **the Captain of the Gard, or Captain of the Pensioners**: Tribunus suus, qui cohortem ducens, Imperatorem subsequutus est, & ex eo, *Acoluthus* nuncupatus & *Prosecutor*. Hunc Codinus inter honoratiores officiales locat, ei tribuens muneris insignia, *umbellam*, *tunicam honoratam*, *& pallam*; *instar vestium magni Interpretis, at sine judiciali sceptro.* Barangi seriatim dispositi, fores Imperatorii conclavis observabant, & triclinii. In aula propè columnas oratorii stabant, suas ferentes secures in palmis: quas, cum Imperator supernè se ex oratorio spectandum exhibuit, omnes ex more tollunt, & in humeros ponunt.

Progredientem Imperatorem aliàs pedites stipant, aliàs equitantes, semper autem securibus instructi. Et cùm palatii principes ministrique, ad salutandum Imperatorem juxta classes veniunt ἔπειτα ἔϱχονται καὶ πολυχϱονίζουσι καὶ Βάϱαγγοι, &c. *Deinde* (scil. post Consulem Annonariorum, & Veneticos) *veniunt & vitam diuturnam precantur etiam Barangi, sua item patria lingua utentes, id est, Anglica, & collidentes secures suas efficiunt sonum.* Locus certè, apertè indicat, eos Anglos fuisse: tacitè etiam non Scotos, non Cambros, sed ex armorum genere, Anglo-

Saxones, qui in prælio seax, i. securi usi sunt, nomenq; inde contraxerunt: & ex eodem apud Nicetam lib. 2. de gestis Isaaci Angeli, πελυκοφόροι Βρεττανοὶ, i. *securiferi* vel *bipenniferi*, quasi **bilmen** appellantur. Mos etiam concutiendorum armorum Gentem prodit: nam de parentibus suis Germanis, ità Tacitus, *Si displicuit, sententiam fremitu aspernantur, si placuit, frameas concutiunt. Honoratissimum assensus genus est, armis laudare.* Nostrates ritum sanctius observantes, *wapentachium* nuncuparunt, quod vide.

l a. i. Barri.

Quære an ad hos quid faciat, quòd *Bari* seu *Barri præcipui satellites* agnoscuntur apud Saxonem Grammatic. in vestibulo lib. 8. Danicæ Histor. & Hispannorum *barragines*, de quibus suprà.

Barragines.

Baro pro *Vassallo* seu *cliente feodali* in genere, & quem nos *liberè tenentem* vocamus. LL. Malcolmi 2. Reg. Scot. cap. 1. §. 3. *Et ibi omnes Barones concesserunt sibi.* (i. Malcolmo) *wardam & relevium de hærede cujuscunq; Baronis defuncti, ad sustentationem Domini Regis.* Skæneus illic: *Baro hoc loco accipitur pro vassallo, qui tenet terras suas immediatè de Rege per servitium militare, quod wardam & relevium dicimus, cum furca & fossa*, infangthief & outfangthief: *licèt generaliter in hoc Regno, Barones dicuntur, qui tenent terras suas de Rege, per servitium militare, per albam firmam, feudi firmam, vel aliter; cum furca & fossa.* Et nonnunquam *generalissimè accipitur pro quolibet domino proprietario rei immobilis*, **any freeholder**, Jac. 3. Parl. 7. cap. 53. Liquebit hoc magis in sequentibus. Malcolmi legi consonat illa apud nos Henr. 1. cap. 11. *Rex Angliæ solus & super omnes habet — relevationes Baronum suorum, &c.*

Baro pro *vassallo capitali* in genere. Hujusmodi sunt qui pagos, urbes, castra vel eximiam ruris portionem, cum jurisdictione acceperunt à Rege; suos utiq; *Barones* seu vassallos, valvasores, Milites, & liberè tenentes sub se habentes. Dicebantur autem aliàs *Barones Capitales*, aliàs *Barones Regis*, aliàs *Capitanei Regni*, quòd de Rege, qui Caput Regni est, immediatè tenuere: & propriis suis vassallis, eorumq; clientibus, capitis instar, habebantur. Tales sunt quibus Reges antiqui, Franciam divisere: Willielmus primus (ut in Domesdei paginis exhibentur) Angliam. Reperiuntur autem juxta potentiæ suæ speciem, alii *Majores*, alii *Minores*.

Baro, pro *Vassallo capitali majore.* Hoc est, pro *Duce*, *Marchione*, *Comite*, *Vicecomite*, & simplici magnate. Sub *Baronis* appellatione rectè veniunt hi omnes, cùm vel maximus, Principis sit vassallus, eiq; teneatur homagii vinculo, seu potiùs *Baronagii*, hoc est, *de agendo* vel *essendo Barone suo*, quod *hominem* (seu clientem) præstantiorem significare super ostendimus. Sic Aimoino ascriptus lib. 5. cap. 49. In An. Dom. 1095. *Crucem acceperunt cum illo multi Baronum: scilicet Hugo magnus Regis Philippi frater, Boamundus Apulus Roberti Guischardi filius, natione tamen Normannus; Godefridus Regni Lothariensis Dux, Raimundus Comes Provincialium, Robertus Normannorum Comes, filius Guillermi Anglorum Regis, Stephanus Comes Blesensis, Robertus Comes Flandrensium, &c.* Et Otto Frisingens. de gest. Frider. i. Imp. lib. 2. cap. 13. in An. Dom. 1154. *Inter quæ Guilhelmus Marchio de Monte Ferrato, vir nobilis & magnus, & qui penè solus, ex Italiæ Baronibus, Civitatum effugere potuit imperium.*

Baro pro *simplici Magnate*: hodie notissimum, sed non pari ubiq; consideratione. Galli, Germani, Itali, Feudistarum amplectentes definitionem è Baldo petitam, *Baronem* vocant, *qui merum mistumq; imperium habet in aliquo castro ex concessione Principis*: vel ut alii loquuntur, *summa, media, & infima jurisdictionis jus in arce quadam à Principe concessum.* Butilerus in Summa rurali: *Jure* (inquit) *Gallico, jam Baro est qui in suo territorio, summa, media, & infima coercionis, item nundinarum jus habet: ut deportandi, decollandi, suspendendi, cremandi*, &c. Sic & in Scotia *Baro est qui jus furcarum & fossæ habet*, ut paulò suprà: quæ omnia bene conveniunt antiquis nostris *Baronibus*: recentibus verò non item. Summâ enim illâ justitiâ (utpote fascium & securis) nemo quod sciam, apud nos hodie gaudet *Baroniæ* titulo.

Quomodo *Arnoldus* Comes *Ghisnensis* unus de paribus *Flandriæ* factus est.

— Undè & *Flandrensis* Comes ei concessit, ut hæreditario jure, cum xii *Flandrensis* Curiæ paribus & Baronibus, sedeat & judicet, & ut honoris eorum & dignitatis per omnia se comparem, glorietur & participem. *Les preuves de l'Hist. des Comtes de Ghisnes, p. 155. & 156.*

— Ubi verò ego Willielmus (scil. Talemontensis castri princeps & dominus) persensi adesse diem mortis meæ, suscepi monachilem habitum, in hoc eodem monasterio, quod construxeram in honorem S. *Crucis*; & convocans omnes Barones meos, quos de diversis regionibus adduxeram, quosq; in isto meo Honore placitaveram, ut secundùm suum posse, Ecclesiæ, quam ædificaveram de rebus quas ei dederam augmentarent &c.

In margine sic annotatur.

Barons pris pour gentilhomes, à qui le Seigneur de *Tolmont* avoit accorde des fiefs en l'estendue de sa principaute. *Les preuves de l'Hist. des Comtes de Poictou, &c. p. 322.*

Barones autem antiq; æstimati sunt, qui in suis Dominiis de litibus cognoscebant & latrociniis; consuetudines habentes, quas *sac*, *soc*, *tol*, *team*, *infangtheife*, *outfangthiefe*, *ferias*, *&c.* appellant; de quibus vide in suis locis. An tamen omnes qui hisce gaudebant privilegiis, inter *majores Barones* censerentur; contrave an singuli *majores Barones* hisce omnibus privilegiis fungerentur, temerè non affirmavero. Illud certissimum est, eos olim *majores Barones* habitos esse, qui de Rege tenentes in Capite, judiciis præfuere Aulæ Regiæ: nuperiùs qui in Parlamentariis Comitiis Regi assident & suf-

Bractoni ævo videtur quod non juxta lib. sui 3. Tract. 35. nu. 1.

suffragia ferunt, *Parlamentarii* inde *Barones* nuncupati, * Anglicè Lords of Parliament. Quod autem nonnulli perhibent, omnes totius Angliæ *Barones* tam *minores* quàm *majores* locum aliquando in summis illis Comitiis obtinuisse, falsum esse ipsa ratio suadeat: sed omnino prohibet ingens eorum multitudo, quæ plus minus 30000. nullo tecto convocari poterat. Quemadmodum itaq; neq; *Barones* ipsi *majores*, neq; *minores*, quempiam in Curiis suis ad judicia consiliave ferenda de rebus sui dominii admittunt, nisi vassallos suos, qui de ipsis immediatè tenent, hoc est, Milites suos & Tenentes liberè: ita in summa Curia totius Regni, nulli olim ad judicia & consilia administranda personaliter accersendi erant, nisi qui proximi essent à Rege, ipsiq; arctioris fidei, & homagii vinculo conjuncti, hoc est, immediati vassalli sui, *Barones* nempe cujuscunq; generis qui de ipso tenuere in Capite, ut partim videas in *Brevi summonitionis*, partim in Charta libertatum Regis Johannis inferiùs citatis. Veruntamen nec his quidem omnes, semper sunt adhibiti: nam cùm sua tandem laborarent multitudine, conventusq; sic magis permerent, quàm Regni negotia expedirent, consultius visum est, ut neglectis *minoribus*, præcipui tantùm per *Breve* regium evocarentur. Comites nempe *qui habebant terras & redditus ad valentiam Comitatus*, hoc est, *viginti feoda unius militis, quolibet feodo computato ad 20. libratas, quæ faciunt 400. libratas in toto: Barones verò ad valentiam integræ Baroniæ, scil. 13. feoda & tertiam partem unius feodi militis, quolibet feodo computato ad 20. libratas, quæ faciunt in toto 400. marcas.* Denuò autem propter crebra bella & simultates, quas Reges veteres aliquandò habuere cum his ipsis *majoribus* suis *Baronibus*, alios etiam eorum interdum omitterent, alios verò non *Barones* ad Parlamenta evocarent: habitiq; sunt deinceps perpetuò omissi, pro non *Baronibus*; evocati contrà, *Baronum* titulo salutantur. Ægrè hoc ferentes Proceres, Johannem adegere sub magno sigillo Angliæ pacisci, ut *Archiepiscopos, Abbates, Comites, & Majores Barones Regni, sigillatim per literas summoniri faceret.* Quod tamen adeo neglexit Henricus iii. ut cùm ipse fieret (anno Regni sui 41) ducentas quinquaginta *Baronias* in Anglia numerasset, vocaretque ad Parlamentum, An. 49. Regni sui, 120. Prælatos Ecclesiæ; Laicos tantùm *Barones* 25. accersivit, ut è schedis constat ejusdem Parlamenti. Neglexit utiq; Edouardus 1. multos quos vocasset Hen. 3. etiam filios plures, quorum ipse patres admisisset, aliis interim introductis. Sic antiqua illa *Baronum* dignitas, secessit sensim in titularem & arbitrariam, regioque tandem diplomate idcircò dispensata est.

Modus tenendi Parliamen. M.S. cap. de Laicis.

Hodiernos itaq; nostros *Barones*, è triplici fonte, triplices faciamus: *Feodales* seu *præscriptitios*, qui à priscis feodalibus *Baronibus* oriundi, suam hodiè præscriptione * tuentur dignitatem. *Evocatos* seu *Rescriptitios*, qui *Brevi* Regio evocantur ad Parlamentum. Et *Diplomaticos*, qui Regio diplomate hoc fastigium ascendunt.

* *Magis quam tenura.*

Feodalium originem inter eos collocavero, quibus Willielmus senior Angliam totam dispertitus est, de se tenendam: quorumq; nomina in Domesdei paginis recognovit.

Rescriptitios, ab ævo Regum Johannis & Henrici tertii, caput extulisse censeo.

Diplomaticos initium sumpsisse perhibent sub Ricardo secundo, qui anno Regni sui 8. (i. Christi 1387.) Johan. Beauchampe de Holte, in Baronem de Kiderminster suo erexit diplomate.

Formula autem creandi *Baronis rescriptitii*, alia non est quàm ut accerseretur ad Parlamentum ejusmodi rescripto (hoc est, epistola Regia) quo cæteri *Barones* Regni, viz. (uti in Rott. Parlamentariis anni 23. Ed. 1. extat) hunc in modum. *Rex &c. Dilecto & fideli suo N. Chivaler salutem. Quia super quibusdam arduis negotiis nos & Regnum nostrum cæterosq; Proceres & Magnates de eodem Regno tangentibus, quæ sine vestra & eorum præsentia nolumus expediri, Parlamentum nostrum tenere, & Vobiscum super hiis colloquium habere volumus & tractatum. Vobis mandamus in fide & homagio, quibus nobis tenemini, firmiter injungentes, quòd sitis ad nos apud Westm. primo die mensis August. proximè futuro, vel saltem infra terminum diei subsequentis ad ultimum, nobiscum super dictis negotiis tractaturi, & vestrum consilium impensuri. Et hoc nullo modo omittatis. Teste meipso, &c.* Ubi clausula, *fide & homagio quibus nobis tenemini*, feodales proprie respiciat *Barones*, fortè autem non omnes *rescriptitios*, videaturq; ideò mutari annum circiter 21. Ed. 3. in *fide & allegiantia quibus nobis tenemini*: quod omne subditorum genus comprehendit; atq; hodiè usurpatur, sed novatâ in aliis levioribus quibusdam, formulâ.

Forma Brevis seu rescripti quo Baro creatur.

Diploma prædictum hoc est. *Rex &c. salutem. Sciatis quòd pro bono servitio quod dilectus & fideles miles noster Johannes de Beauchampe de Holt, Senescallus hospitii nostri nobis impendit, ipsum Johannem in unum Parium, & Baronum Regni nostri Angliæ præfecimus, volentes quòd idem Johannes, & hæredes masculi de corpore suo exeuntes, statum Baronis obtineant, ac Domini de Beauchampe, & Barones de Kidesminster nuncupentur. In cujus, &c. Dat. x. Octob. &c.* Patentt. anni *xi* Ricardi 2. part. 1. memb. 12.

Forma diplomatis Baronem constituentis.

Ad Anglos autem pervenisse videtur vocabulum *Baro*, vel cum ipsis Normannis, vel cum Edouardus Confessor auras moresq; imbibisset Normannicos. Licèt igitur reperiatur in legibus Canuti Regis Latinitate donatis, recentioris fortè interpretis est: nam exemplar Saxonicum ꝥegen legit, quod & alibi *viro* redditur. Dani enim vix hodie *Baronis* nomen agnoscunt, sed ejusmodi Nobiles, free-herren nuncupant. Sic Huntindoniensis ævi sui vocabulum usurpans, Hist. lib. 5. Adolwaldum (qui occisus est An Dom. 903.) *Baronem*

Quando vocabulum Baro ad Anglos pervenit.

rum Regis Edwardi senioris vocat: Sed Author antiquior, Florentius Wigorniensis, eundem *Ministrum Regis* appellat, quo etiam vocabulo Scriptores ipsi Saxonici passim usi sunt. In LL. Edouardi Confessoris *Baro* sæpe occurrit, sed has ipsas nobis porrexit Normannus quispiam, nam & pluribus aliis dictionibus scatent Normannicis. Lego etiam in lib. Ramesiensis Ecclesiæ, sect. 171. *Unus ex Baronibus Ædwardi Regis Tostins nomine*: at hic liber à Normannici seculi Authore conditur. Venio ad ipsius Edouardi ævum. Certè Nicolaus Papa 2. in sua ad Edouardum ipsum epistola, Concil. Tom. 3. *Possessiones* (inquit) *quas vos & Barones vestri, ad eundem locum* (i. S. Petri Westmonast.) *contulistis, &c.* Vincat tantæ authoritatis reverentia, suæ tamen alterutri patriæ utatur voce: nam vocabulum *Baro* pro Magnate, eo seculo non ubiq; receptum fuit. Quos enim Galli Italiq; nonnulli *Barones* vocabant, Itali alii *Banderesios* seu *Baneresios*; Germ. **Bannerherren**, & **freeherren**; Saxones antiqui, **fanenleben**; nostrates & Dani juxta vernaculum, *Thanos*; Latinè, *Ministros*, & interdum *Virones*; Hispa. *varones*; Jus feudale, *Capitaneos*; Scoti & Hibernici quidam ꞇoꞃcheꞃ nuncuparunt; Hibernici alii ꞇiᵹeꞃnꞷ, & per contractionem ꞇiᵹhnꞷ, quod plane prodit Saxonicum ꝺeᵹn, & ꝺeiᵹen. Nec par ubiq; dignitas, aut privilegia. In Jure pontificio *Baro* præfertur Comiti; Germanis, æquiparatur. Apud nos, non modò sequitur, sed interposito Vicecomite. Gallis etiam, non semper Comiti cedit *Baro*. Codicillari nempe seu Diplomatico, provincialis antiquus feodalis: nè Princeps honoraria provincialium *Baronum* jura subvertere censeatur, ut inquit Choppinus. Cum igitur Henricus 2. Claudium dominum *de Mauro* Comitis titulo decorasset, insurgeretq; ipse illico in Annam *Baronem de Monteichan*, Janum *d'Acigny* filium ejus, Armoricæq; oræ *Barones* alios antiquissimos *Barones* suam prærogativam locumq; eminentiorem patriis *Baronibus* ex vetustissima consuetudine debitum, mordacius vendicantes, Decreto Principis adversus Comitem muniuntur in sanctiori Prætorio, 10. Cal. Sept. An. Dom. 1555.

Vallæ *Baronis* appellationes.

De Doman. Franc. lib. 3. Tit. 26. cap. 9.

Privilegia Baronum Angliæ.

Mitto exteros, *Baronibus* nostris, hæc in privilegiis sunt. Classes supra omnes plebeias elati, inter Pares Regni numerantur. Ideo olim de causis cognoscebant ad Aulam Regiam delatis, & hodie Regi assident in Parlamentariis Comitiis, velut Consiliarii ejus generales; quo etiam nomine, locum habere videantur in Stellata camera: non veniunt tamen nisi viritim accersiti. In re capitali Parium suorum judicium subeunt. Statutoq; An. 1. Ed. 6. cap. 12. Clericatus beneficio, pro simplici homicidio (Ch. non præcogitato) pro latrocinio, domusq; infractione (robbariam & burglariam vocant) aliisq; nonnullis feloniis feriendi gaudent: etiam non legentes, & sine manus cauterio notatione, sanguinis corruptione, prædiorumve discrimine.

De Parium vita & membris cognoscunt, non jurati, sed honoris intuitu: cùm tamen de levioribus responsuri in Camera Stellata, Cancellaria, aliisq; (quas vocant) Curiis Anglicanis, jurare cogantur. Hoc autem recentiorum, illud veterum institutum refert. Ob proditiones capite solùm truncantur, licèt suspendi prius, membratimq; discerpi judicentur: nam ista Princeps eis solet remittere. In feloniis tamen laqueo pereunt, ut plebei; quòd in judicii sententia nihil sit præterea quo tollatur vita, si hoc remitteretur. Ab arrestis & comprehensione Balliyorum sunt immunes, nisi violatæ pacis causâ, Statuti de mercatoribus, &c. Brevia igitur quæ *Capias* & *Supplicavit* vocantur, versus eos non fiunt, nec *Exonium*. In Assisas & Juratis non ponuntur, nec erogatur in eos mulcta (juxta Mag. Chart) nisi per Pares suos. Si quando ipsa dignitas ad fœminas descendat, primogenitæ soli remanet, etiam castrum *Baroniæ* caput. Habebant quippe antiqui *Barones* singuli sua castra, munita admodum, maximisq; privilegiis insignita: quæ *Capita Baroniarum* dicta sunt. Recentiores verò non item. Prohibentur enim aut villam suam primariam (quod apud Gallos hodie licere quidam contendunt) aut ipsas ædes suas munire, sine Regis venia diplomate innotescente.

Cùm autem feodales isti *Barones* nomen dignitatemq; suam ratione fundi obtinuerint, transferri olim aliquando videatur dignitas, cum ipso fundo; ut Episcopi suas sortiuntur *Baronias*, sola fundorum investiturâ. Nam (inquit Stanfordus lib. 3. cap. 62.) *ne ont lieu en Parlament -- eins in respect de lour possessions. s. l'auncient Barones annexes à lour dignites.* Nec extincta prorsus ista apud Scotos lex est, si (quod ferunt) *Baro de Ocoultre* suam illic *Baroniam* in consanguineum transegerit, novam ipse in Hibernia consecutus. Sed prohibet lex antiqua transferri beneficium invito domino. Dunbarrum itaq; Comitem Scoticum, suam à Jacubo Rege accepisse aiunt *Baroniam*; non solùm sibi & hæredibus suis, sed suis etiam assignatis, hoc est, in quemcunq; voluerit conferendam.

Baro pro *Magnate Ecclesiastico*. Non reperi antiquiùs dictum de ipso laico. Appendix ad Gregor. Turon. cap. 41. Ante An. Dom. 580. *Burgundiæ Barones, tam Episcopi quam cæteri leudes, &c.* Episcopos inter *Barones* numerat & *leudes*, id est, vassallos, quod in eo seculo mireris: nam detrahere videtur nomen vassalli ab Ecclesiasticorum immunitate, qua tunc maximè splendebant. Liberiori appellatione usi sunt in Synodo Ticinensi, An. Dom. 877. *Optimates* se vocantes. *Barones* autem dici videntur, propter nominis dignitatem, non quòd vassallagium pendebant, aut seculare servitium. Hoc enim nostratibus jugum injecit omnium primus, Willielmus senior An. gratiæ 1070. ut in eodem tradit *Mat. Paris*. Auxit magnopere Willielmus junior, ut in Historiola Ducum Normanniæ, & in LL. *Edw. Confes.* cap. 11. Sed post varias collu-

statiocationes, æterno robore demum [illegible] Henricus 2. An. Dom. 1164. in magno Concilio *Clarendonia* habito [illegible] eidem ex ipsius mandato [illegible] suo *[illegible]* de *Oxonia*, præsentibusq; Archiepiscopis, Episcopis, Abbatibus, Prioribus, Comitibus, & Baronibus Regni, in hunc tenorem. *Archiepiscopi, Episcopi, & universæ personæ Regni, qui de Rege tenent in Capite, habeant possessiones suas de Rege sicut Baroniam, & inde respondeant Justiciariis & ministris Regis: & sicut cæteri Barones debent interesse judiciis curiæ Regis, cum Baronibus, quousque perveniatur ad diminutionem membrorum, vel ad mortem.*

Baronis tamen reverentiam obtinet (ut par est) propter muneris dignitatem.

Baronum autem appellatione non omnes hodie apud nos censentur Episcopi, utpote Sodorensis in insula Eubonia vulgo Mannia; quòd de Rege non tenet immediatè, at de Comite Darbiæ; proinde nec Parlamentariis Comitiis accersitur. Plures etiam Abbates, Priores, & homines Ecclesiastici, sub Hen. 3. Edw. 1. ejusdemq; seculi Regibus, aliàs *Baronum* calculo adsciebantur, vicissimq; aliàs ejiciebantur, ut supra videas in *Abbates mitrati*.

Barones eleemosynarii. Apud Stanfordum & in Jure nostro, dicuntur Archiepiscopi, Episcopi, Abbates & Priores, qui prædia suæ Ecclesiæ, à Rege tenent per *Baroniam*. *Baronias* enim suas ex eleemosyna Regum perhibentur accepisse, licèt ipsa prædia, aliorum sæpè munificentiâ consequuti fuerint. Quo autem pacto à Regibus acceperunt has suas *Baronias*, in proximè superioribus declaratum est.

Adhuc *Barones majores*. Item *Barones Regis, Barones primitivi, Barones Capitales, &c.* Dicuntur prætereà *Majores* hi *Barones* à Florentio Wigorniensi *Majores* simpliciter, & *Majores natu Angliæ*; ab eodem & aliis *Barones Regis* & *Regii*; etiam indè *Barones primitivi, Barones capitales*, & *Regni Capitanei* (ut suprà diximus) de quibus plura suo loco. Ex hoc item evenit quòd Reges antiqui, cum in Chartis mentionem faciant de *Baronibus*, sæpè subjungunt possessivum (*meis* vel *nostris*) ut suos, id est, *Regios Barones*, sic distinguant à *Baronibus* Episcoporum, Comitum, Abbatum, &c. Sic in Charta Libertat. Henr. 1. *Si quis Baronum meorum, vel Comitum, vel aliorum qui de me tenent, &c.* LL. Longob. Tit. 13. §. 1. *Si quis ex Baronibus nostris, ad nos venire voluerit, &c.* Apud Glanvillam verò lib. 8. cap. 11. omnes Angliæ Barones curias habentes, de quocunq; tenuerint, sub nomine *Baronum Regis* videntur intelligi. *Debet Dominus Rex de jure Baronibus suis, scilicet quòd ob talem [illegible]* (dubitationis) *possunt sui Baronis Curias suas in Curiam suam ponere.* Sic in Continuatione ad Florentium Wigorn. An. Dom. 1140. *Barones Regis Franciæ Philippi* appellantur, de quocunq; tenuerint: cùm tamen Author *du grand Coustumier lib. 2. chap. 27.* (apud Loyseum) tres tantùm suo ævo [illegible] in Gallia *Baronias*, *Bourbon, Couty*, & *Beaviers*, tempore quo so-

summodò de Rege tenerentur immediatè, & perindè *Majores, Regiæ, Primitivæ, Capitalesque* dicerentur.

Barones Dominici etiam dicuntur qui Regii; nam Franci & medii seculi Authores, crebrò usi sunt *Domnus* & *Dominus* pro Rex, & Imperator, *Dominicus* pro Regius, & Imperatorius: ut infra suo loco. Sic *Vassallus Dominicus*; *Missus Dominicus*. Sed *Dominicum* etiam vocabant, quod ad Maneriorum villarumq; dominos pertinebat: ut *servum Dominicum*, *prædium Dominicum*. Quære utro sensu accipiendi sunt *Barones Dominici* in Chart. Hen. 1. de tenendis Comitatibus & Hundredis -- *Faciam summoneri* (Comitatus & Hundredos) *propter mea Dominica necessaria ad voluntatem meam. Et si amodò exurgat placitum de divisione terrarum, si interest Barones meos Dominicos tractetur placitum in Curia mea. Et si est inter Vavasores duorum Dominorum, tractetur in Comitatu.* Mihi dici videtur de *Baronibus Regis majoribus*.

Barones sacham & socam habentes (Saxon. ðegnes ðe hyra socna hæbbað) generaliter erant omnes Maneriorum Domini suas curias habentes, sive fuerint majores *Barones Regni*, qui infra sochas & [illegible] sua de latrociniis & ejusmodi cognoscebant: sive minores. De utrisq; autem vide plura mox in *Barones minores* simpliciter.

Barones capitales minores. Sunt qui à Rege tenent in Capite, sed denuò à Parlamentariis Comitiis (ut prædictum est) excluduntur. Hos autem *Barones* aliquando dictos, & suum patrimonium *sicut Baroniam* tenuisse, apertè liquet è verbis Concilii Clarendoniensis paulò superiùs recitatis. Ad Parlamenta etiam accersendos fuisse, non obscurè indicat Magna Charta Regis Johannis, quâ cùm is pollicitus esset, se illuc *submoniturum Majores Barones Regni sigillatim per litteras suas*: adjungit; *Et præterea faciemus submoneri in generali per Vicecomites & Ballivos nostros, omnes alios qui in Capite tenent de nobis.* Certè si mihi non imponant Scoti quidam, sunt vel hodie in Scotia, qui *Barones* appellantur, *fossam & furcas jus* habent, & in Parlamentis considunt, nec tamen Magnatum titulo, i. Lords, salutantur, nec *Majorum Baronum* albo [illegible].

Barones minores simpliciter. Sunt simplices villarum Maneriorumq; domini, de quocunq; tenentes, qui *sacham & socham* habent, id est, Curiam & jurisdictionem super vassallis suis. Non autem summam justitiam, quâ de vita & membris decernant, sed humilem illam, ad prædia pertinentem: ex qua Curiæ [illegible] Courts, i. *infirmæ* nuncupantur. Uti enim P. Valerius Publicola, secures à fascibus sejunxit; ita antiquitas *Barones majores* à *minoribus* distinxit, istis tribuens justitiam infimam, illis verò summam atq; Regiam. LL. Edw. Confess. cap. 35. *Barones -- qui suam habent curiam de suis hominibus.* LL. Henr. 1. cap. 10. in fine. *Alia* (secta placitorum) *pertinet Baronibus socham & sacham habentibus.*

bus: & cap. 25. *Super Barones socham suam habentes, habet Index fiscalis justicia Regis observantiam.* Item Glanvil. lib. 8. cap. 11. *Quando aliquis Baro habet loquelam in Curia sua, &c.* Hæc loca omnia de Maneriorum dominis intelligenda esse non est dubium, tam *minoribus* quàm *majoribus*: sed Maneriorum dominos (etiam minores) inter *Barones* igitur censeri manifestum est; cui fidem facit, quòd ipsæ hæ Curiæ, usq; hodie, *Curia Baronum* nuncupantur. Ævo præterea Henrici 1. Procerum appellatione computari videntur omnes Maneriorum domini. Nam quos in Epigraphe cap. 26. Legum suarum, *Proceres* vocat, eosdem mox in Capite, *Barones socnam* (seu *socham*) *suam habentes* exponit.

Barones Comitum Procerumq;, hoc est *Barones subalterni* & *Baronum Barones.* In Gallia, Germania, Italia, Comites & Satrapæ, Regum instar, suos habent *Barones* de se tenentes; nec infimos illos, sed nobilioris classis, ut de Comitibus Flandriæ meminit Aimoino adjectus liber 5. cap. 11. & antiquissimè claret de Burgundionibus. Hoc autem intelligendum censeo de Satrapis jure Palatino atq; Regio suffultis, quod in unico apud nos Comite Palatino Cestriæ deprehensum est: ut mox infrà. Primis autem Anglo-Normannicis seculis, Comites etiam non Palatini, Regum & Palatinorum more Chartas suas sæpe inscripsere: *Omnibus Baronibus & fidelibus meis, tam Francis quam Anglis, salutem.* Sic in lib. Rames. Sect. 224. *Sciatis* (inquit Rex Henr. 1.) *coram me testificatum & recognitum est per Barones de Honore de Ramesia.* Et Sect. 277. -- *concesserunt ante Barones Ramesensis Ecclesia -- quicquid fecerunt in Capitulo apud Ramsey.* Item in vita Gualteri Abbatis, *Cum* (per villas Abbathiæ) *verbum istud fuisset ubiq; divulgatum, accesserunt ad eum barones, milites, & liberi homines ferè totius Abbathia, &c.* Hæc non de Magnatibus sunt intelligenda, at de vassallis feodalibus, notæ scil. melioris. Nostrates enim (ut supra meminimus) nè *Barones* quidem Comitis Cestriæ, eximia licèt nobilitate, & rerum affluentia spectabiles, in *Majorum Baronum* collegium suscipiebant. Pari itaq; consideratione, Ducum & Procerum *Barones*, quos exteri hodie inter *Majores* numerant, rigidi illi Catones repudiassent fortè, quòd subalterni deprehenduntur, non *Regii*. Inconcinnum enim videtur, ut qui Militem creare nequeat, *Baronem* constitueret Milite illustriorem. Constitt. Sicul. lib. 3. Tit. 22. *Post mortem Baronis vel militis qui à Comite vel Barone alio, Baroniam aliquam vel feudum tenuerit, &c.*

Barones, pro liberè Tenentibus in genere, hoc est tam in soccagio, quàm per servitium militare.

Barones Comitatus Palatini Cestria, ab Hugone Lupo (cui Willielmus senior, Palatinatum Cestriæ concessit, adeo liberè de se tenendum per gladium, ut ipse Regnum Angliæ tenuit per Coronam) institutos certum est: sed de numero non ità convenit. Quidam xii asserunt, ipsumq; Conquestorem Hugoni persuasisse, ut pauciores non crearet: pollicitus se largiturum eis idonea patrimonia in Anglia, si Comes hoc nequiret in sua patria. Reperiuntur verò (de quibus præcipuè constat) viii tantùm: nam quos alii suggerunt suspecti habentur.

Nigellus scil. Norm.	*Baro de Haulton.*
Robertus.	*Baro de Monte alto.*
Will. Malbedeng	*Baro de Malbanc.*
Richar. Vernon	*Baro de Shepbrok.*
Rob. filius Hugonis.	*Barò de Malpas.*
Hamo de Mascy	*Baro de Dunham.*
Gilbert Venables	*Baro de Kinderton.*
N. de Warren	*Baro de Stockeport.*

Qui (ut est in antiquo libello) *suas Curias habuerunt, liberas de omnibus placitis, & querelis, exceptis placitis ad gladium Comitis pertinentibus*: è Camdeno.

Barones Comitatus. Hoc nomine contineri videtur antiquis paginis, omnis *Baronum* feodalium species, in uno quovis Comitatu degentium: Proceres nempe & Maneriorum domini, nec non liberè quiq; Tenentes, hoc est, fundorum proprietarii, Anglice, **freeholders**, ut superiùs dictum est. Notandum autem est, *liberè* hos *Tenentes*, nec tam exiles olim fuisse, nec tam vulgares ut hodie deprehenduntur: nam villas & Dominia, in minutas hæreditates nondum distrahebant Nobiles; sed (ut vidimus in Hibernia) penes se retinentes, agros per precarios excolebant & adscriptitios. LL. Edw. Confess. cap. 15. *Quòd per Hundredum colligerentur* (46 *marca*) *& sigillo alicujus Baronum Comitatus, sigillarentur, & ad Thesaurum Regis deportarentur.* In Domesd. habiti sunt *Barones Comitatus*; Magnates & Nobiles, qui in Curiis præsunt Comitatuum, hoc est ipsarum Curiarum Judices, quos Hen. 1. LL. suarum cap. 30. esse *liberè Tenentes Comitatus* demonstrat. *Regis* (inquit) *Judices, sunt Barones Comitatus qui liberas in eis terras habent, per quos debent causa singulorum alterna prosecutione tractari.* Certe *liberè Tenentes Comitatus Tacito* Comites dicti. *Ger. mor.* (etiam hodie) sunt Judices Comitatus: sive Curiam Comitatus respicis, ubi sedentes ferunt sententiam; sive Assisas ipsas, ubi de summâ litis (quo ad factum) judicant & cognoscunt. Huc spectare reor quod in antiquis Brevibus Regiis legitur, putà Hen. 1. in lib. Ram. Sect. 312. *H. Rex Anglorum, Episcopo Lincoln. & Justiciariis, & Vicecomiti, & Baronibus, & omnibus fidelibus suis Francis & Anglis de Huntenduneshire Salutem.* Sect. 313. *H. Rex Angl. Episcopo Lincoln. & Baronibus & Justiciariis & Vicecomiti & Ministris & omnibus fidelib. suis de Hunteduneschire, S. &c.* Sect. 320. *Gilberto vicecomiti & omnibus Baronibus & fidelibus suis Francis & Anglis de Huntedonschire, S.* Sect. 332. *Abbati Albodo de S. Edm. & Will. Bigod*

&

& *ministris suis de Southfolc. & omnibus Baronibus*, S. Ita pluriès. Præponuntur autem interdum (ut vides) *Barones* Justiciariis & Vicecomiti, ac si *Majores Barones* designarentur: & postponuntur interdum, quasi res ad *Minores* tantùm spectaret: Sed utroq; loco utramq; speciem contineri censeo.

Baronum feodalium seriem longam tranavimus, & inter eos *titulares Barones Parlamentarios*, feodalibus conscriptos. Sequitur alia series *titularium*.

Barones Scaccarii sunt fiscalium causarum Judices, qui vel hodie *Barones* dicuntur quòd olim essent è *Majoribus Baronibus* Regni. Niger liber Scaccarii, parte 1. cap. 4. *Illic enim* (i. in Scaccario) *residet Capitalis Domini Regis Justicia, primus post Regem in Regno ratione fori: & majores quique de Regno qui familiariùs Regiis secretis assistunt; ut quod fuerit sub tantorum præsentia constitutum vel terminatum, inviolabili jure subsistat. Verùm quidam ex officio, quidam ex sola jussione Principis resident. Ex officio principaliter residet, immo & præsidet, primus in Regno, Capitalis scil. Justicia. Huic autem assident ex sola jussione Principis momentanea, scil. & mobili authoritate, quidam qui majores, & discretiores videntur in Regno, sive de Clero sint, sive de Curia. Assident (inquam) ad discernenda jura & dubia determinanda, quæ frequenter ex incidentibus quæstionibus oriuntur. Non enim in ratiociniis, sed in multiplicibus judiciis, excellens Scacarii scientia consistit.* Vides quanti fuerint antiqui Scaccarii *Barones*: priscæq; dignitatis fastigium, quodammodò habentur possedisse cum titulo apud posteros. Nam inquit Bractonus, *Comites vel Barones non sunt amerciandi, nisi per Pares suos, & secundum modum delicti, & hoc per Barones de Scaccario, vel coram ipso Rege.* Apertè indicat (ut mihi videtur) *Barones* Scaccarii suo ævo, pares ipsis Comitibus fuisse habitos, & in eandem tendit sententiam Magna Charta tam Regis Johannis quàm Hen. 3. cap. 15. *Stephanus de Segrave* Capitalis Angl. Just. rem Scaccarii tractavit, scil. thesaurum, custodias puerorum, & Eschaetas, usq; An. Dom. 1234. id est, Hen. 3. an. 18. *Mat. Paris* pa.

Qua autem tempestate mobiles hi *Barones* facti sunt perpetui, & ascripti Scaccario, mihi nondum constat: reor ævo Hen. 3. vel Edw. 1. nam ab anno 6 Edw. 2. integram eorum seriem penès me habeo. Quemadmodum verò ipsi subeunt vices *Baronum* Regni, ità *Capitalis Baro Scaccarii* locum illic obtinet Capitalis Justiciarii Angliæ, cujus olim in hac Curia sedes erat primaria: maximus hic utiq; *Baro* & ex potentioribus Regni Magnatibus, sed plerunq; (pro more seculi) Episcopus, & interdum Archiepiscopus.

Dicantur præterea fiscalini hi Judices, *Barones*, ex prisco Gallicorum usu: qui Judices & Magistratus quoslibet, *Barones* appellabant, ut hodie summos itemq; Justiciarios, vulgo *hauts Justiciers*. Et hoc quidèm in causâ videatur, quòd cæteri apud nos Judices, non sunt dicti *Barones*, quia sola hæc Curia è Gallia, scilicet Normannia, suum ad nos traduxit specimen.

Barones quinq. Portuum. Sunt qui degunt in quinis præcipuis Angliæ portubus, vicinæ Galliæ objectis; Hasting Dover, Hith, Rumney, Sandwic, villisq; aliis ad easdem pertinentibus, Rye præsertim & Winchelsey. Hi propter antiquam nobilitatem, summamq; gloriam quam in Regni defensione ex marinis prælis reportarunt, non solùm (quod hodie nullis præterea in omni Anglia contigit) *Baronum* appellatione honestantur, sed amplissima illustrissimaq; privilegia à priscis Regibus auspicati sunt. Quatuor enim ex se electos, ad coronationem Regis mittunt, qui per summitates 4 hastarum auratarum, umbraculum deferunt super capite Regis: eademq; die solennibus epulis coram ipso à dextris accumbunt. Indicto etiam Parlamento, non Burgenses, ut Burgi; nec cives, ut civitates (ipsumq; Londinum) nec Milites, ut singuli Comitatus; sed *duos idoneos & peritos Barones è quolibet portu*, per Breve Regium jubentur mittere: qui & in Parlamentariis submonitionibus locum proximum obtinent à *Baronibus* Regni, & inter eos ex assignatione Principis, suum olim accepisse videntur Clericum: dum alius Militibus dabatur, alius civibus & Burgensibus. Baronibus tamen Regni, hodie non consident, sed Communibus (quos vocant) immisti. Ex quo Edwardus Hobbey Eq. delegatus unà cum aliis in Parlamento Anni 4. Jacobi Regis, ab inferiori conclavi ad superius, retulit se missum esse *à Militibus, Burgensibus & Baronibus inferioris Domus, nunciaturum*, &c. Audito verò nomine *Baronum inferioris Domus*, indignari cœperunt Proceres & aspernari, questiq; de injuria apud Domum inferiorem, Hobbeius dictum agnovit, asseveratq; 5 portuum procuratores, *Barones* esse; quod eorum quispiam acriter illicò tuebatur. Sunt qui hos vocant *Comites 5 Portuum*, ac si dignitatem Comitivæ portus urbis Romæ (cujus meminit Cassiodorus Varr. lib. 7. cap. 9.) æmularentur. In Chartis suis privilegiariis, solenniùs ab antiquis Regibus, concessum illis est, ut in Curia Regia, *honores suos habeant.*

Lo quor ex M. S. quod dicitur *Modus tenendi Parliamentum.*

Die Mercur. & Martis.

Barones de London. Id est *Cives* seu *homines de London.* Ità sæpe in antiquis paginis: & per consonantiam, ità in Charta Saxonica Williel. senioris: Burg hpapn binnan Londen, *q. Burgi homines intra London.* Aliàs autem dici videtur de Civibus in genere (non sine nota eminentiæ) aliàs de primariis tantùm. In genere, ut Mat. Paris in Henr. 3. An Dom. ..... Londonienses *quos propter Civitatis dignitatem & Civium antiquitatem, Barones consuevimus appellare.* Malmesb. Novel. lib. 2. pa. 189. Londinenses, *qui sunt quasi Optimates pro magnitudine Civitatis in Anglia.* Mox infra in oratione Legati Romani, Episc. Wint. Londonienses *qui præcipui habebantur in Anglia, sicut proceres.* De primariis tantùm: Flavius Blondius lib. 5. Decad.

2. *Primarii urbis quos nunc Barones, tunc Capitaneos appellabant.* Et Philip. Venutus Ital. *Baroni sono i principali de la citta. Proceres.* Sic in Charta libertatt. Hen. 1. Londoniens. concess. *Omnes homines de London sint quieti & liberi, & omnes res eorum per totam Angliam, & portus maris de Theolonio, & passagio, & lastagio, & omnibus aliis consuetudinibus: Ecclesia et Barones et Cives, teneant et habeant bene et in pace, socnas suas cum omnibus consuetudinibus, ita quod hospites... in soccis suis* (non) *hospitartur nisi dent consuetudines suas, &c.* In quibus *homines* intelligo pro *Civibus* in genere: *Barones* pro *Civibus* præstantioribus qui *socnas suas & consuetudines*, id est, Curias habent & privilegia, eorum instar qui in Comitatu, *Barones Comitatus* dicuntur & *liberè Tenentes*, quiq; de re feodali cognoscebant in Civitate, ut alii illi *Barones* in Comitatu. Animadverto itaq; Brevia Regia causas ejusmodi tangentia, de quibus liberè Tenentes vel Comitatus, vel Civitatis cognituri essent, Vicecomiti dirigi & *Baronibus*, alia verò Vicecomiti absq; *Baronibus*. Plurima exempla supra habes (è lib. Rames.) Brevium directorum ad *Barones* Comitatus; unicum adjungam ex eodem, Sect. 323. de *Baronibus* Civitatis. *Henricus* (i. primus) *Rex Angl. Fulchero filio Walteri, & Eustachio Vicecomiti suo & omnibus Baronibus de London, salutem. Præcipio quod Reinaldus Abbas de Ramesia teneat terram suam de London, quam, &c.*

Sic *Barones de Eboraco, de Cestria, de Warwico, de Feversham*, & plurium villarum Regiis privilegiis insignium, cùm in Anglia, tùm olim in Gallia nostratibus Authore: ubi hodie Burgenses *de Bourges*, *Barones* se nuncupare Loysæus refert, & alii. Nec est cur Magnates, primariis civibus invideant hunc titulum, quum longè antiquiùs, pro *Baronibus* & *Liberè Tenentibus* nuncupati esset *Honorati* & *Possessores*, ut hoc apud Ulpianum & Cæsarei Juris consultos; illud apud D. Ambrosium in Epist. 33. ad Marcellinam sororem, liqueat: de quo plura in *Libere Tenente*. Nec dubitavit Ingulphus Saxo in sua Croylandiæ Historia p. 877. *Heroes* appellare Londonienses.

Honorati. Possessores.

Charta Henr. III. de libertatibus London. *Barones Civitatis London elegant sibi singulis annis de se ipsis Maiorem.*

Baro pro *Equite.* Sic inter alios Hector Boëthius Hist. Scot. lib. 11. *Barone verò (ita illius temporis Equites, nostrorum annalium monumenta appellant) &c.* Loquitur de *Baronibus* Malcolmo Regi *wardam & relevium* (ut supra) concedentibus, An. circ. 1004. Sed Britanniam nostram vocabulum *Baro* ea tempestate suscepisse, vix credam: nec de *Equite* dictum reperio in subsequenti seculo, licèt de *Milite*. Nam *Miles*, quem *Baronem* vocabant, non à militari cingulo (quo *Equites* creabantur) sed à militari feodo (quo aliàs *Possessor*, & *Liberè Tenens* nuncupatus est) nomen sumpsit.

Baro pro *Marito.* Nihil in Jure nostro frequentius: traductumq; à Pictaviensibus (ubi hodie in usu est, ut refert Loysæus, potiùs quàm à Normannis conjicio. Nec *baronem* hoc loco pro domino juxta Hebræos, ut quidam volunt, sed pro viro, juxta Græcos & Latinos, accipiendum censeo: ut *baron & fem*, idem sit quod ἀνὴρ καὶ γυνὴ, *vir & mulier*: nam *mulier* quandoq; apud J. Ctos. dicitur pro uxore.

Baro pro *filio primogenito.* Sic Galli in pluribus Provinciis filium primogenitum domini villæ nuncupant. Quod nonnullos fortè induxit, ut vocabulum ipsum, ab Hebræo *bar* pro filio, peterent. Angli autem boreales & Scoti, *barnes* indistinctè dicunt de omnibus liberis, ut Latini *homines*, de utroq; sexu: non tamen hoc à *barone* (ut quidam volunt) at à Sax. bæꝛn pro *sobole*, idemq; à verò bæꝛen *parere*.

Barones de campo floridó, &

Barones deniq; pro *scelestis, vagis, latronibus* & hujusmodi dici, me docuit Scipio Ammirato in suo lib. *Delli famiglie nob. Neapolit. Ca. del Barone*, quem suo idiomate subjicemus. *Come questa voce* (i. Barone) *signifa Dominio, & dignità, così volgarmente* [illegible] *quasi per tutta Italia, presa molte volte in cattiva parte; onde baroni di Campo di fiore si chiamano in Roma una erta sorte di masculzoni, i quali non havendo arte a'cuna, ò se pur n'hanno, quella non volendo esercitare, ne à servigi altrui impiegandosi, vivono di rubberie, & di tristitie.*

V. Bodin de Repub. lib. 3 cap... p. 29 6.

Baronagium, al. *Barnagium*, ut Mat. Paris. Est integra classis *Baronum*: quæ in Aula Regis, idem est quod Homagium in Curia Manerii, seu minoris Domini. Est etiam clientela seu comitatus (Gal. *le train*) *Baronis*, & viri potentioris: ejusq; præterea impedimenta, & sarcinæ, quæ inter itinerandum circumferuntur, Gal. *le barnage*, & *bernage*.

Baronia, quibusdam *Baronatus*. Est dignitas, territorium, seu patrimonium *Baronis*. *Tenere per Baroniam*, idem plerunq; quod *esse Baro Regni*. Sed villa Burford in Comitatu Salopiæ reperitur per Inquisitionem capt. An. 40. Ed. 3. *Teneri de Rege ad inveniendos 5. homines pro exercitu Wallia, & per servitium Baronia*: dicunturq; inde domini ejus (qui de Cornwall nomen habuere) *Barones* de Burford: sed tamen in Parlamenta non prodeunt, nec inter proceres Regni numerantur.

Tenere per integram Baroniam, olim fuit tenere per 13. feoda militis, & tertiam partem: recentiùs per hæreditatem *Baronis*, sive majorem, sive minorem: sed relevium Regis ex utraq; in omnibus par. fuit, id est, hodie 100 marcæ. Ævo Henr. 2. quævis Tenura in Capite habebatur pro Tenura per *Baroniam*, ut suprà videas in Concil. Clarendoniens, citato in *Baro pro Magnate Ecclesiastico.*

Caput Baronia, est castrum vel sedes *Baronis* primaria: quæ nec in dotem transit, nec inter fœmineas hæredes dividitur, sed primo-

[illegible] remanet, cæteris aliunde satisfactis. *Baronia* etiam dicitur quandoq; pro Manerio, & quandoque pro Manerii territorio. Et in Ordinat. Marisci [illegible] Romeney pa. 12. *Quòd per [illegible] Communitatem dicti Marisci, eligantur 12. legales homines, viz. 6. de feodo Archiepiscopi Cantuar, & 6. de baronia, qui jurati [illegible], &c.* Ubi *Baronia* nuncupatur pars marisci, quæ de aliis quibuslibet tenebatur, quàm de Archiepiscopo Cantuariæ.

Baronia præterea olim videntur appellari, ædes quædam in Civitate London, ut ex eo pateat quod in Placitis An. 14. Edouardi primi, aliquando legimus, *Et quæsiti : quod cum datum fuit intelligi Domino Regi, quòd dictum tenementum* (domus scil. de qua in lite agebatur) *est Baronia : qualiter Baronia in Civitate London, quæ de Domino Rege tenetur, possit legari?* &c.

Placita Reg. coram R. Bathon, & Wellensi Episcop. Ang. Cancel. in custo. Camerarr. Scac. memb. 31.

Baronia pro parte Comitatus quam Hundredum dicimus. Sic frequens in Hibernia, ubi Connacia Provincia sub nostra memoria in Comitatus dispartita est : Comitatusq; deinceps in *Baronias* dissecti, ut nuper etiam in Ultonia factum intelligo.

¶ *De Baronetto veteri & novo.*

¶ *Baronettus, Baroncellus, Baronulus, Baronculus, Bariculus, Baronicalus.*] Occurrunt omnia diminutiva à *Barone*, ut Domicellus & Italicum *Domicello*, à domino. Frequentius autem & nobis notius *Baronettus*, quod Jani instar seculum vetus respicit & novum. Veteribus idem plerunq; fuit quod *Banerettus*, quo tamen sensu multi contendunt surreptitium esse, & minus genuine dictum; cum nobis contra nihil concinnius. Nam si *Baro major* à vexilli jure alias Vexillarius diceretur, & *Benlerer* seu *Baneresius* : non video quin *Banerettus* (hoc est, Vexillarius minor) *Baronettus* seu *Baro minor* rectè etiam appelletur; præsertim cum loquendi usus sic evicerit. Nugantur enim omnino, qui *Banneret* quasi *Baneret*, à vexillo lacerato dictum asserunt. Vide suprà Gregor. Tholosani sententiam in *Baronet*.

Apud Authores & in membraneis paginis, æque frequens reperimus *Baronettus*, ac *Banerettus*, nec huic illud antiquitate cedens. Guido de Columna Siculus, Author Edouardo 2. coætaneus, de prælio agens Estrivilliano seu Bannocburnensi, inito An. Dom. 1313. (si hunc rectè citat Fabianus) *Barones* 45. *Milites Baronettos* 68. cæsos fuisse memorat. Thomas de la More, vir Equestris, & è familia ipsius Edouardi 2. vitam ejus conscribens ait : *Capitur* (scil. An. Dom. 1321.) *Comes Lancastriæ, Barones & Baronetti commilitones ejus & Milites* 95. Walsinghamius item de dicto prælio Bannocburnensi : *Capti sunt* (inquit) *& in custodia detenti, Barones & Baronetti* 22. *Milites* 68. *Clerici & scutiferi, numero excessivo.*

Ad Edouardi 3 ævum veniamus (cui alii, sed non rectè, suggerunt *Panerettorum* originem.) Certè in catalogo Tribunorum & Capitaneorum (quos vocant) suæ militiæ Calesium obsidentis, An. Dom. 1350, quinquagies penè deprehendimus vocem *Baronet* : & Baroni unicuiq; immò Militibus perpluribus, *Baronettum* aliquem in clientela.

Illic Baronet & Banneret promiscue videntur usurpari, computariq; ideo indistincte Baronets & Bannerets lxxviii.

In Statuto an. 5 Ric. 2. Sess. 2. cap. 4. Mulctari jubetur, qui submonitus non venerit ad Parlamentum : *soit il Erchevesque, Evesque, Abbe, Prior, Duc, Counte, Baron, Baronet, Chivaler de Countee, Citizen de Citie, Burgeys de Burgh, ou autre,* &c. Etiam an. 13. Stat. 2. cap. 3. An. 14. cap. 11. An. 16. cap. 6. *Baronet* passim legitur in omnibus penè (quos ego viderim) libris impressis & M. S. De quo tamen ut certior fierem, rotulos ipsos Parlamentarios & Statutorum, in arce Londoniensi scrutatus sum; reperiq; locis omnibus *Baneret* legi, nec vel semel *Baronet*. Corrigendos igitur moneo libros impressos : nam gravis hinc error exortus est. Sunt enim qui Statuto An. 5. Ric. 2. illusi, inter *Baronettos & Banerettos* distinguunt ; illis locum in Parlamento tribuentes, istis verò non item. Et certè pronus convolassem in eam opinionem, si consentaneas reperissem schedas Parlamentarias. Videbar enim Statutum intelligere de *Barone Capitale minore*, qui Baroni Regni inferior, ad Parlamentum tamen vocandus erat, juxta Mag. Chartam libertatum Angliæ à Rege Johanne concessam ; quam suprà vide in *Barones Capitales minores*.

Attaint, un de grand Jurie alledge, que il fuit *Baronet*, & seigneur de Parliament, & ad lieu la, & issint ne doit estre jure ; quo fuit trie pur luy per vi triers, & uncore non allocatur : car tout le Court doit estre asserte de cest maner de challenge, per testification per Breif, & per matter de Record. 35. H. 6. 46. *Bro. Challenge* 18.

Conjecturam auxit obiter quidam memorans, esse in Hibernia nonnullos quorum majoribus semel aliquando ad Parlamentum Regni illius vocatis, hæredes nomen *Baronettorum* retinuerunt. Qua fide nititur, non mihi constat : sed plures esse in Hibernia *Baronettos* certum est, hæreditarie hoc insignes titulo, ab antiquo. Scilicet (præter *Nicholaum de S. Michaele Baronet de Rheban*, cujus meminit Camdenus in sua Hibernia.)

Sentleger	*Baronet de Flemarg.*
Den	*Baronet de Pormanstown.*
Fitz Girald	*Baronet de Burnechurch.*
Welleslie	*Baronet de Norragh.*
Huseie	*Baronet de Galtrim.*
S. Michell	*Baronet de Serine.*
Nangle	*Baronet de Navan.*

Hos Stanihurstus Hibernicus in patriæ suæ descriptione, fatetur dici communiter *Baronettes* ; à rudioribus etiam (utor suo vocabulo) ut inter Proceres collocentur, *Barones*; neutram tamen probans appellationem, *Baronettos* mavult. *Proprie enim* (inquit) *Baronettus dictus est, cujus pater non in thalamo, at in militia sub banerio seu vexillo, Eques est creatus.* Mirè fallit; tum quòd *Barones* omnes inter Proceres numerat; tum quòd *Baronetti* nomen hæreditarium facit. Si in prima igitur nominis ratione inhærendum non fuerit; potior videatur *Baronettus* dicendus, propterea quòd non de Rege (ut Regni *Barones*) sed de Magnate quopiam (puta, Ultoniæ, Kildariæ, Ormundiæ, &c.) splendida tenuerint patrimonia; quales & *Barones* etiam appellatos supra declaravimus in *Baroni*.

Bannretti.

Sed ad nostros redeamus. Perspicuum est, Scribas ipsos regios & alienos, non semel usos esse *Baronet* pro *Banneret*. Sic in ipsa Charta Regia Edouardi 3. Statum audio *Baronettorum* constituitur, sic Henricus VI. *Capitaneum & Balligium de Sancto* [illegible] Aquitanico cuidam concessit nomine *Raymundi de Pile Baronet*. Sic Edouardus IV. Thomæ Bradston & hæredibus suis 40. marcas annuatim elargitus est, *ut statum Baronetti* (loquor in verbis rescripti) *quem à Rege susceperat, manuteneret*.

Pars 2. pat. 25. Ed. 3. nu. 22. & 23. Original. de an. 24. H. 6. rot. 21 Aquit. in Claus. 25. An. 3.

Cum impressis autem Statutorum conditibus (*Baronettos* ad Parliamentum innuentibus accersendos) plane conveniunt Annales Juris Term. Hilar. An. 35. Hen. 6. fol. 46. ubi Juratorum quispiam, non ponendum se asseverat in Assisis seu Juratis, quod *ses auncestersussent estre Baronetts, & seigniours de Parliament, &c.* Sed hunc utiq; librum mendosum perhibent, legendumq; censent *Barron* pro *Baronet*, saltem ita intelligendum; sicuti ipsa hæc verba confundi aliquando videmus, ut supra in Hibernia. *Walsing. Ypodig.* in An. 1317. Edwardus le Brus frater R. Scotorum qui jam per triennium Hiberniam infestaverat, & nullo jure se in Regem ibidem coronaverat, captus est ab Anglicis, & Regis fidelibus, & apud *Dundalk* Decollatus; occisis in conflictu quo captus fuit 29 Barottettis de *Scotia* & 5080. aliis, Primate de *Arm.* pro Rege Anglorum Capitaneo existente, pag. 503.

Usi sunt præterea antiqui, vocibus *Baronculus, Varunculus, Bariculus*, pro *Barone minore*; ut de duabus prioribus constat in Medulla Grammaticæ, ann. hinc 200. M. S. de omnibus in Ort. vocab. Et *Baroncelli nomen* Itali à *Barone* (inquit Insulanus) *suo more, tanquam minorem Baronem finxere. Varunculus*, occurrit in diplomate Hen. 8. Thomam Hoeward Admiralium Angliæ constituentis, Regni sui An. 6. *Damus* (inquit) *universis — Comitibus, Baronibus, Varonulis, Dominis nobilibus, militibus, &c. in mandatis; ut sint ei (i. Admiralio) intendentes.* De qua autem dignitatis specie, etiam an de certa aliqua, dicta hæc fuerint, alii investigent.

Baronculus Varunculus. Bariculus. Gloss. Isod. Baruo, Barunculus. Baroncellus.

Pat. an. 6. He. 8. Dat. Westm. 4. Apr.

Sed liceat Archiva claudere, & Novella pandere. Illustriss. Domino nostro Jacobo Regi, An. gratiæ 1611. novum placuit *Baronettorum* ordinem creare; ipsumq; (loco priscorum Valvasorum) inter Barones Regni, & Equestres classes constituere. Specimen ejus, fusius habe ex ipso diplomate.

Baronettorum natus ordo, 22. Maii, An. Reg. 9.

Jacobus Dei gratia, Angliæ, Scotiæ, Franciæ & Hiberniæ Rex, fidei defens. &c. Omnibus ad quos, &c. Salutem. Cum inter alias Imperii nostri gerendi curas, quibus animus noster assiduè exercetur, illa non minima sit, nec minimi momenti, de Plantatione Regni nostri Hiberniæ, ac potissimum Ultoniæ, *amplæ & percelebris ejusdem Regni Provinciæ, quam nostris jam auspiciis atq; armis, fœliciter sub obsequii jugum redactam, ita constabilire elaboramus, ut tanta Provincia, non solum sincero Religionis cultu, humanitate civili, morumq; probitate, verum etiam opum affluentia, atq; omnium rerum copia, quæ statum Reipublicæ ornare vel beare possit, magis magisq; efflorescat. Opus sane, quod nulli progenitorum nostrorum præstare et perficere licuit, quamvis idipsum multa sanguinis et opum profusione sæpius tentaverint; In quo opere, sollicitudo nostra Regia, non solum ad hoc excubare debet, ut Plantatio ipsa strenuè promoveatur, oppida condantur, ædes et castra extruantur, agri colantur, et id genus alia; Sed etiam prospiciendum imprimis, ut universus hujusmodi rerum civilium apparatus, manu armata, præsidiis videlicet et cohortibus, protegatur et communiatur, ne qua aut vis hostilis, aut defectio intestina, rem disturbet aut impediat. Cumq; nobis intimatum sit, ex parte quorundam ex fidelibus nostris subditis, quod ipsi paratissimi sint, ad hoc Regnum nostrum inceptum, tam corporibus, quam fortunis suis promovendum: Nos commoti operis tam sancti ac salutaris intuitu, atq; gratos habemus hujusmodi generosos affectus, atq; propensas in obsequium nostrum & bonum publicum voluntates, Statuimus apud nos ipsos nulli rei deesse, quæ subditorum nostrorum studia præfata remunerare, aut aliorum animos atq; alacritatem, ad operas suas præstandas, aut impensas in hac parte faciendas, excitare possit: Itaq; nobiscum perpendentes atq; reputantes, virtutem & industriam, nulla alia re magis quam honore ali atq; acui; omnemq; honoris & dignitatis splendorem & amplitudinem à Rege tanquam à fonte, originem & incrementum ducere, ad cujus culmen & fastigium propriè spectat, novos honorum & dignitatum titulos erigere atq; instituere, utpote à quo antiqui illi fluxerint: consentaneum duximus (postulante usu Reipublicæ atq; temporum ratione) novamerita, novis dignitatum insigniis rependere: Ac propterea, ex certa scientia & mero motu nostris, Ordinavimus, ereximus, constituimus, & creavimus, quendam statum, gradum, dignitatem, nomen & titulum* Baronetti (*Anglicè* of a Baronet) *infra hoc Regnum nostrum Angliæ perpetuis temporibus duraturum.* SCIATIS *modo quod nos de gratia nostra speciali, ac ex certa scientia & mero motu nostris, ereximus, præfecimus & creavimus, ac per præsentes pro nobis, Heredibus, & successoribus nostris, erigimus* pra-

Exemplar Regii Diplomatis Baronettum constituentis.

præficimus, *& creamus dilectum nostrum* *de* *in Comitatu* *virum familia, patrimonio, censu, & morum probitate spectatum (qui nobis auxilium & subsidium satis amplum generoso & liberali animo dedit & præstitit, ad manutenendum & supportandum triginta viros in cohortibus nostris pedestribus in dicto Regno nostro Hiberniæ, per tres annos integros pro defensione dicti Regni nostri, & præcipuè pro securitate plantationis dictæ Provinciæ* Ultoniæ) *ad, & in dignitatem, statum, & gradum* Baronetti (*Anglice* **of a Baronet**) *Ipsumq;* *Baronettum* *pro nobis, Hæredibus, & successoribus nostris, præficimus, constituimus, & creamus per præsentes, habendum sibi, & Hæredibus masculis de corpore suo legitime procreatis in perpetuum. VOLUMUS etiam & per præsentes de gratia nostra speciali, ac ex certa scientia & mero motu nostris, pro nobis, Hæredibus, & successoribus nostris, concedimus præfato* *& Hæredibus masculis de corpore suo legitime procreatis, Quod ipse idem* *& Hæredes sui masculi prædicti habeant, gaudeant, teneant, & capiant locum atque Præcedentiam, virtute dignitatis* Baronetti *prædicti, & Vigore præsentium, tam in omnibus Commissionibus, brevibus, literis patentibus, scriptis, appellationibus, nominationibus & directionibus, quam in omnibus Sessionibus, Conventibus, Cœtibus & locis quibuscunq; præ omnibus militibus, tam de Balneo (Anglicè* **of the Bath**) *quàm militibus Baccalaureis (Anglicè* **Batchelors**) *ac etiam præ omnibus militibus Bannerettis (Anglicè* **Bannerets**) *jam creatis, vel imposterum creandis (Illis militibus Bannerettis tantummodò exceptis, quos sub vexillis Regiis, in exercitu Regali, in aperto bello, & ipso Rege personaliter præsente, explicatis, & non aliter creari contigerit.) Quodque uxores dicti* *& Hæredum masculorum suorum prædictorum, virtute dictæ dignitatis maritorum suorum prædictorum, habeant, teneant, gaudeant, & capiant locum & præcedentiam, præ uxoribus omnium aliorum quorumcunq; præ quibus mariti hujusmodi uxorum, vigore præsentium habere debent locum & præcedentiam; atq; quod primogenitus filius, ac cæteri omnes filii & eorum uxores, & filiæ ejusdem* *& hæredum suorum prædictorum respectivè, habeant, & capiant locum & præcedentiam, ante primogenitos filios, ac alios filios & eorum uxores, & filias omnium quorumcunq; respectivè, præ quibus patres hujusmodi filiorum primogenitorum, & aliorum filiorum, & eorum uxores, & filiarum, vigore præsentium habere debent locum & præcedentiam.* Volumus *etiam, & per præsentes pro nobis, Hæredibus, & successoribus nostris, de gratia nostra speciali, ac ex certa scientia, & mero motu nostris concedimus, quod dictus* *nominetur, appelletur, nuncupetur, placitetur & implacitetur, per nomen* Baronetti; *Et quod stilus & additio Baronetti apponatur in fine nominis ejusdem* *& hæredum masculorum suorum prædictorum, in omnibus Literis Patentibus, Commissionibus, & Brevibus nostris, atq; omnibus aliis Chartis, factis, atq; literis, virtute præsentium, ut vera, & legitima & necessaria additio dignitatis. Volumus etiam, & per præsentes pro nobis, Hæredibus, & successoribus nostris ordinamus, quod nomini dicti* *& Hæredum masculorum suorum prædictorum, in sermone Anglicano, & omnibus scriptis Anglicanis, præponatur hæc additio, videlicet Anglicè* (**Sir**) *Et similiter quod uxores ejusdem* *& hæredum masculorum suorum prædictorum, habeant, utantur, & gaudeant hac appellatione, videlicet Anglicè* (**Lady, Madam, & Dame**) *respective, secundum usum loquendi. Habendum, tenendum, utendum, & gaudendum, stilum, titulum, nomen, locum & præcedentiam, cum omnibus & singulis Privilegiis, & cæteris præmissis, præfat.* *& hæredibus masculis de corpore suo exeuntibus imperpetuum. Volentes & per præsentes concedentes, pro Nobis &c. quod prædictus* *& hæredes sui masculi prædicti, nomen, statum, gradum, stilum, dignitatem, titulum, locum & præcedentiam prædictam, cum omnibus & singulis Privilegiis, & cæteris præmissis successivè gerant & habeant, & eorum quilibet gerat & habeat, quodq; idem* *et hæredes sui Masculi prædicti successivè* Baronetti *in omnibus teneantur, et ut* Baronetti *tractentur & reputentur, et eorum quilibet teneatur, tractetur & reputetur. Et ulterius de uberiori gratiâ nostrâ speciali, ac ex certa scientia & mero motu nostris concessimus, ac per præsentes pro nobis, Hæredibus & successoribus nostris concedimus præfato* *et Hæredibus suis masculis prædictis, quod numerus* Baronettorum *hujus Regni Angliæ nunquam posthac excedet in toto, in aliquo uno tempore, numerum ducentorum Baronettorum: & quod dicti* Baronetti, *& eorum Hæredes masculi prædicti respectivè, de tempore in tempus in perpetuum, habebunt, tenebunt & gaudebunt locos & præcedentias suas inter se, videlicet, quilibet eorum secundum prioritatem & senioritatem Creationis suæ* Baronetti *prædict.; quotquot autem creati sunt, vel creabuntur* Baronetti *per literas nostras Patentes, gerentes Datas uno & eodem die, & Hæredes sui prædicti, gaudebunt locis & præcedentiis suis inter se secundum prioritatem, quæ cuilibet eorum dabitur, per alias literas nostras patentes in ea parte primo conficiendas sine impedimento, & non aliter, nec alio modo. Et insuper de abundantiori gratiâ nostrâ speciali, ac ex certa scientia & mero motu nostris concessimus, ac per præsentes, pro nobis, hæredibus & successoribus nostris concedimus præfato* *& hæredibus suis masculis prædictis, quod nec nos nec hæredes vel successores nostri, de cætero in posterum erigemus, ordinabimus, constituemus, aut creabimus infrà hoc Regnum Angliæ aliquem alium gradum, ordinem, nomen, titulum, dignitatem, sive statum, sub vel infra gradum, dignitatem,*

tem, sive statum Baronum, *hujus Regni nostri* Angliæ, *qui erit vel esse possit superior, vel æqualis gradui & dignitati* Baronettorum *prædictorum, sed quod tam dictus*
& Heredes sui masculi prædicti, quàm uxores, filii, uxores filiorum & filiæ ejusdem
& hæredum masculorum suorum prædictorum, de cætero in perpetuum liberè & quietè habeant, teneant, & gaudeant, dignitates, locos & præcedentias suas prædictas præ omnibus, qui erunt de talibus gradibus, statibus, dignitatibus vel ordinibus, in posterum ut præfertur creandi respectivè secundùm veram intentionem præsentium, absq; impedimento nostro, hæredum, vel successorum nostrorum, vel aliorum quorumcunq;. Et ulterius per præsentes declaramus, & significamus beneplacitum & voluntatem nostram in hac parte fore & esse, et sic nobiscum statuimus & decrevimus, quod si postquam nos prædictum numerum ducentorum Baronettorum hujus Regni Angliæ compleverimus & perfecerimus, contigeret aliquem, vel aliquos eorundem Baronettorum ab hac vitâ discedere absq; Hærede masculo de corpore vel corporibus hujusmodi Baronetti *vel* Baronettorum *procreato, quod tunc nos non creabimus, vel præficiemus aliquam aliam personam, vel personas in Baronettum, vel Baronettos Regni nostri Angliæ, sed quod numerus dictorum Ducentorum Baronettorum ea ratione de tempore in tempus diminuetur, & in minorem numerum cedet & redigetur; Deniq; volumus, ac per præsentes, pro nobis, Hæredibus, & successoribus nostris, de gratia nostra speciali, ac ex certa scientia & mero motu nostris concedimus præfato*
et Hæredibus suis masculis prædictis, quod hæ literæ nostræ Patentes erunt in omnibus, et per omnia firma, valida, bona, sufficientes et effectuales in lege, tam contra nos, hæredes, et successores nostros, quàm contra omnes alios quoscunq́, secundùm veram intentionem earundem, tam in omnibus curiis nostris, quam alibi ubicunq́. Non obstante aliqua lege, consuetudine, præscriptione quacunq; ante hac editâ, habitâ, usitatâ, ordinatâ, sive provisâ, vel in posterum edendâ, habendâ, usitandâ, ordinandâ, vel providendâ; & non obstante aliqua alia re, causâ vel materiâ quacunq;. Volumus etiam, &c. Absq; fine in Hanaperio, &c. Eo quod expressa mentio, &c. in cujus rei, &c. Teste, &c.

De Baronettis. H. Sp.

ECce *Baronettos* florentis nomen honoris
Indicat in clypei fronte cruenta manus.
Non quod sævi aliquid, aut stricto fortiter ense,
Hostibus occisis gesserit ista cohors.
Nec genus, aut virtus, meritum, vel gratia Cla-
Efficit, at nummi O male sana fames. [ros
Quinq; notent digiti centenas quinq; ferendas
* Recusant. Mercandi pretium nominis esse libras.
Viliùs at multi, dum cauponare * morantur
Ex vera geniti nobilitate viri
Interea è caulis hic prorepit; ille tabernis;
Et modo fit Dominus, qui modo servus erat.

¶ *Barra.*] V. Cancellus.

¶ *Barrasterius.*] Repagularis causidicus. *Bud.*

¶ *Barrula.*] Brit. Armor.

¶ *Barrigildus* & per r simplex.] In adnuntiatione Karoli apud Pistas. *Et si sacramenta legaliq in primo die lunæ post Pascha, juranda devenerint, aut in aliis feriis, quando mallum tenere debuerit, mittet quoq; Comes missum suum, qui ipsa sacramenta auscultet ne ipsi homines jectivi inveniantur, & ipse sic mallum suum teneat ut Barigildi.* Et Carolus Calvus in Edicto Carisiacensi, An. DCCCCLXIV. *Et ipse sic mallum suum teneat, ut barigildi ejus et Advocati qui in aliis Civitatibus rationes habent, ad suum mallum occurrere possint.*

¶ *Barton.*] *Prædium dominicum*, vel *terra* quas vocant *Dominicales*, hoc est, quas in distributione Manerii, Dominus non elocavit hæreditariè, sed alendæ suæ familiæ causa, propriis manibus reservavit. *Dominicum*, **the demain**; vel (ut Galli fonti viciniùs loquuntur) **domain**. Vox in Devonia, & plaga Angliæ occidentali bene nota.

¶ *Baselli.*] Nummi genus quod abolevit Hen. 2. An. 1158. *Chron. Vernac. Hollinsh.* pa. 67. col. 1. l. 46. **This year the king altered his Coyn, abrogating certain pieces called** *basels.*

¶ *Basilica.*] Latini Græcos secuti, prætoria & domos ad publicas conciones spatiosas, è magnifico opere *basilicas* dicunt. Vocem Scriptores Ecclesiæ à Constantini ævo, ad ædes sacras transferunt, nec solùm ad majores, sed etiam minores, ipsasq; privatorum capellas, & sacella. Dicitur autem βασιλικὴ, ἀπὸ τῦ βασιλέως: ut, etiam κυριακὸν, ἀπὸ τῦ κυρίυ, & Dominicum à domino.

¶ *Bassa, Bassi, Bassus, Bassius.*] *Bassa* & *Bassi*, Turcis (inquit Leonclavius) *caput*: Bassileri, *capita* sive *Duces*: ut à κεφαλὴ Græcis sunt dicti κεφαλάδες, nostris à capite *Capitanei. Bassus* idem aliàs quod *vassus.* Sic L. Alaman. Tit. 79. §. 3. *Dominus ejus* 12. *bassos intra domum habet.* Et Longob. lib. 2. Tit. 39. §. 3. *Si bassi nostri hoc non adimpleverint, beneficium et honorem perdant.* Gloss. autem vet. *Bassius, Custos populi. Vassi, fidejussores.* Philoxen. etiam *Bassus*, ἔγκυλος.

¶ *Bastardus.*] Græcobarb. μπαστάρδος, *Spurius, nothus.* Sed vocabulum ipsum spurium & nothum faciunt etymologici multi. Cujacius & Juris Civilis Interpretes quidam, à German. ducunt **boes art**, i. *degeneris ingenii.* Kilianus contrà, **bastard**, inquit, *q. d.* **beste-aerd**, *id est*, *optima indoles sive natura*: quod tamen per antiphrasin dici posse

posse conjicit, quasi, *minimè bona indolis.* Alii à **baste**, i. *abjectus*, & **aerd**, i. *natura.* Alii deniq; à Græco βασαρὶς, i. *meretrix.* Nos Germanicum agnoscimus, atq; inde ad omnes Europæ gentes delatum. Germanis autem ut aliis, & rectiùs **bastart** scribitur: & **bas** ubiq; penè infimum significat, per translationem, spurcum, impurum, abjectum; **start**, Saxo. ꞅꞇoꞃꞇ, ortum vel editum: perinde **bastart**, impure editum. Sic Angli etiam **upstart** dicimus, pro homine novo, quasi subitò exorto. Coustum. du Normand. Artic. 77. in Annot. *Quoties enim agitur de honore vel commodo filiorum, appellatione filiorum non comprehenduntur bastardi, Bened. in cap. Raynutius in verb. Si absq; liberis moreretur nu. 9. nec portant arma, nec retinent nobilitatem, nisi in magnatibus et proceribus.* Memini me alicubi legisse, priscos septentrionales populos etiam spurios admisisse in successionem: nec illius igitur tituli, gloriosum Angliæ subactorem Williel. Normannum puduisse videtur, qui epistolam (ut alias plures) ad Alanum Britanniæ minoris Comitem, sic orditur, *Ego Willielmus cognomento Bastardus.*

V. Longob. *lib.* 2. *tit.* 14. *l.* 2. *& seq.*

¶ *Bastonicum.*] *Arctissima custodia.* A Gallic. *baston*, i. baculus, fustis. Dictum fortè quòd custodes carcerum baculis quibusdam insignes essent, tum ad muneris indicium, tum ad coercendos incarceratos. Sic ministri Fletæ (antiqui apud nos carceris) pictis hodie dignoscuntur baculis, à quibus & ipsimet *bastons* nuncupati sunt. Dicitur etiam in Jure nostro *aler sous baston*, qui in custodia hujusmodi ministri spatiatur, & huc non malè respicit sæva illa Inquisitio sub Ed. 1. **Trailbaston** appellata, quæ innumeros rapuit in arctissimam custodiam. Capitul. Caroli & Ludov. lib. 6. can. 96. -- *postmodum verò ante nos à Comite adducatur* (qui rapinam fecerit) *ut in bastonico retrusus, usq; dum nobis placuerit pœnas luat.* Jacobus 1. instituit apud Scotos An. 1426. ut omnes Potestatum ministri (quos *Seriands* vocant) suis innotescerent baculis, certa longitudine & pictura distinctis: prout in 6 suo Parlam. cap. 99. expressiùs continetur. Vide *Trailbaston.*

Baston.

¶ *Batalare, Batalium, Batalia.*] L. Baiwar. Tit. 2. cap. 10. *Dum potest -- equum viriliter ascendere, arma sua velociter batalare.* Tit. 3. cap. 1. §. 14. Mancus digitus *impedimentum est ad arma batalare.* In hæc Gloss. Lind. Specul. Sax. *Cum gladio et clypeo suum dextrarium ascendere.* Batalare est *percutere, unde* Batalia. Burg. Addit. 1. Tit. 5. §. 2. *Si ad batalia mulier foras curte sua exierit, & vulnera acceperit, &c.* Helmold. Chron. Sclavor. lib. 1. cap. 93. *suscitare batalias.* Ital. *Battagliare, combattere*, præliari: *battaglia*, prælium. *Arma batalare* idem esse videtur, quod, arma viriliter tractare, stringere, vibrare.

¶ *Batellus, Batiola.*] *Batellus*, Scapha, cymba. Bract. lib. 3. tract. 2. cap. 15. §. 6. *Navis, nec batellus, nec alia catalla de iis qui submersi sunt -- wreccum erit, cum sit qui catalla advocet, &c.* Ital. *Batello*, à Saxon. baꞇ, Anglis hodie **boat**. Baꞇ verò Hebræis, mensuræ liquidæ vas fuit, 72 sextarios continens; unde Luc. 16. 6. βάτος; quod ab interprete vet. *cadus* redditur. Hinc *batiola* apud Greg. mag. lib. 1. Epist. 42. *Cui etiam batiolam patris restitui volumus.* βάτιον autem, parvus cadus: sed Gloss. vett. *Batiola* ποτήριον, i. poculum. Hoc in Gloss. Isidori malè editur, *batioca, patera.* Juxta Perottum *genus vasis est quo vinum è cado haustum ad mensam fertur.* Nostro verò instituto non rectè competit vox, *Batiola*, quam in Colace Plauti, Marcellus deprehendit: *Batiolam auream octo pondo habebat, accipere voluit.*

¶ *Batsueins.*] Domesd. *Nauta*: sed propriè qui in scaphis & minoribus navigiis operam navant, remigantes potiùs quam velificantes: ut sic dignoscantur à Buscarlis, qui grandioribus inserviunt. Baꞇ, Saxonicè (quod suprà jam diximus) scapham & cymbam significat: ꞅpanꞅ, operarium, à ꞅpanꞅan al. ꞅpincan, laborare, unde ꞅpinc, labor.

¶ *Battere, Batteria, Battitura, Battitura, Battuarium, Battudo, &c.*] *Battere* (Italic. & Gallic.) in præterito *idi*, verberare, percutere: priscis *battuere.* Propriè, fustigare, à Saxon. baꞇꞇe, fustis. Longobard. lib. 1. Tit. 8. L. 30. *Si duo porcarii inter se batiderint*, & §. seq. *Si aldium aut aldiam, servum aut ancillam battiderit, & per ipsam battituram, ponderosi facti sunt.* Capitular 1. can. 81. --- *nec lanam capere, nec linum battere.* Crebrò in LL. Longob. L. Alaman. ca. 93. §. 2. *Ligatus, de via ostatus, vel battutus.* Formull. Lindenb. 119. --- *in sua culpa, secundùm legem, ipsum ferro battudo fecit.* Philoxen. *Battuit*, κατακόπτει, *Battutum*, τυπτηθὲν, ἀναιδὲς. Cyrillo subjunct. Lexic. Κοπανιςήριον, *batuarium*, κόπανον, *bacculum.* Hoc certè, pistillum, & legendum fortè battulum: illud, mortarium. Marcel. Empir. ca. 36. *tam diu battues donec sit subactissimum.* In admonit. Karoli Pistis. *Et de manopere in scuria battere noluit.*

Battitura. *Battutus.* *Battudo.* *Battutum.* *Battuarium.* *Bacculum.*

Batteria pro verberatione, in nostro Jure tritum. *Batteria.*

Sed occurrit *batuere* apud Plautum, & Nævium pro verberare: & Cicero utitur pro inire fœminam, à Græco βατεύειν *Batuere.*

Baubella, plural.] Gemmæ & res pretiosæ, quas *jocalia* item vocabant. Gall. *joyaulx.* Angl. **Juells.** A Gallic. *beau* & *belle*, q. splendida & speciosa. Hoved. in Ric. 1. *Rex tres partes thesauri sui, & omnia baubella divisit Othoni Nepoti suo Regi Alemannorum.* Nos hodiè tantum de nugis & crepundiis intelligimus.

¶ *Baudekinum*] Vide *Baldekinum.*

¶ *Bauca, Baucalis, Baucasis, Baucalium, Bucasis*] *Bauca*, quasi *buca*, Saxon. buc, id est, vas ad lavationis ministerium, concavi instar hemisphærii: *Labrum.* Hinc *buccula* diminut. (in vet. Glossario de vasis æreis) ob umbonis similitudinem, ὀμφαλὸς dictum. Etiam *bucalis*, *baucalis*, *bucasis*, & Italic. *beccale*, i. cantharus è quo aqua in *baucam* funditur, os angustum habens, protensa latera: *Aqualis*, cujus à specie, poculum ejusmodi *baucalium* appellatur. Reperiuntur & in Græcobarb. βαυκαλία, βαυκάλιον, βαυκάλις βαῦλις, ut collegit Meursius, hæc præterea subnectens: Pontificale Roman. *Et bacile cum bucali, pro manibus abluendis, quas singuli ad suas mappas extergunt.* Liber Ceremon. 11. ca. 51. *Super credentiam debet esse vas cum bucali tantum pro lavandis manibus.* Anastasio *Bauca* est in Leone IV. *Obtulit cantharam exauratam unam, baucas exauratas tres.*

¶ *Bauga.*] Capitular. lib. 4. append. 2. §. 5. *Ut bauga & brunnia non dentur negotiatoribus.* Capitul. lib. 6. *Ut armilla & brunia non dentur negotiatoribus.* Constitutiones Caroli Magn. pag. 288. ca. 8. *Ut bauga & brunia condentur negotiatoribus.* Loca omnia videntur in unum quidpiam tendere, nec tamen perspicua se reddunt. *Bauga* loco primo, *armilla* exponuntur in secundo. Et Papias, *bauga*, *armilla*. Gloss. etiam Latin. Theotisc. Lindenb. *Dextralia, lata armilla*, **bouglin**. Item Saxon. beag al. beah *armilla*. Quid autem *armilla* ad negotiatores? tu vide. *Bauga* etiam *arcus*, à Saxon. boga, Germ. **bogen**: & tunc quadrat ista lex ad nostram illam An. 12. Ric. 2. ca. 6. quæ operariis & negotiatoribus arma ferre inter itinerandum prohibet: nam *brunia* lorica.

Bauga verò in Constitut. Caroli *domunculas* intelligit Amerpachius, quibus mercatores utuntur in emporiis, tanquam tentoriis, à Germ. **bau** pro ædificio: Nos hodie **boothes** appellamus. *Brunias* etiam trahit in eandem significationem; sed utrunq; ut nobis videtur perperàm. Vide infrà *Brunia*.

¶ *Baurus.*] Albert. Argentin. Chron. pa. 133. —— *ipsos contra Principem animavit, quem nominavit Baurum: interpretans nomen* baurus, *id est, nesciens tergere barbam, quia tantam dixit esse fœditatem oris sui, quòd ipsam abjicere non valebat*, **Baur**, Germ. rusticus, agrestis, belgis **boer**.

¶ *Bayar, Bayard.*] Avidus spectator.

¶ *Bayer.*] Oscitare, sive aspectare.

Bayer à la mammelle. *Appetere mammam.* Cest proprement ouuvir la bouche; mais pour ce que pleusieurs regardant, par grand affection quelq; chose, Ouurent la bouche, de la est que *bayer* signifie aucunes fois autant que *Regarder*. *Ex Dict. Jo. Thierry.*

¶ *Bebra.*] Teli genus apud Germanos: Barthloinus Austriados lib. 4.

Quinquaginta bebras centum delecta juventus
Pila gerunt humeris, cæstus fert cætera pubes.

Nomina & genera telorum adnotavit diligenter Crinitus, lib. tertio & decimo de honesta disciplina.

¶ *Beconagium.*] Tributum quod in sustentationem phari, vel maritimi luminis (quo populus subitò excitetur ad repellendum hostem) confertur, Beacn enim Saxon. signum, vel symbolum: Becnan annuere, vel signum dare. Hinc res omnis in spectaculum edita, utpote trophæum, pharus, vexillum, regiumq; ipsum labarum (quod Standardum vocant) beacen & beacn appellatur.

¶ *Bedellus.*] A Saxon. bydel *Praco, nuntius, apparitor, facialis, ballivus.* Gall. *Sergent.* Ductum à verbe byddan, i. peto, rogo, precor: unde preces & orationes, calculi item oratorii, majoribus nostris **beads** sunt appellati. M. S. Sax. Bircopar ryndon goder bydelar, i. *Episcopi sunt Dei bedelli, hoc est, pracones.* Ingulphus Hist. Croyl. Edgarus *interdicit omnibus ministris suis, id est, Vicecomitibus, bedellis, & ballivis in patria Girvirorum* —— *ne introeant fines et limites dicti marisci.* Luc. 12. 58. *Exactor*, bydel, dicitur. Legg. Burgor. Scot. cap. 112. *Citatio facta in burgo super burgensem per servientem domini Regis, sine bedello ejusdem burgi, non est valida.*

Apud Scotos & Spirg. q. V. aliàs legitur *Pedellus*, unde errorem proculdubiò contrahit Skæneus, inquiens: *Dicitur autem pedellus, à pedo, hoc est, à baculo, propterea quòd hujusmodi servientes, virga, baculo, aut* un kembert *uterentur*, secundùm Jacobi I. parlam. 6. cap. 99. Pedeli

¶ *Bederepe.*] Vide *Bidripe.*

¶ *Beghardi, Begardi, Beguardi, Beguini, Begwinæ, Beguettæ.*] Viri & mulieres hæretici, vitam religiosam, extra certum aliquem ordinem, profitentes. Viri demisso caputio incedebant, & cooperta facie; fœminæ item velatæ. Exorti sunt in Alemannia sub Joh. XXII. An. Dom. 1341. damnantur à Clemente V. in Concil. Viennensi, & referuntur eorum hæreses in Clementin. lib. 3. Tit. 11. cap. 1. & Tit. 4. cap. 1. *Annall. Dominican. Colmar.* in An. 1302. In nativitate beatæ Virginis Capitulum provinciale fratrum prædicatorum fuit in Basilea —— in hoc Capitulo fuerunt conversi seu *Begihardi*, h. fratres non habentes domicilia 80. in processione, mendicantes cibaria, Ita An. 1303.

¶ *Bei.*] Sinus maris, *Buchan. Hist. Scot.* f. 7. n. 10.

¶ *Bellagines.*] Pro *Bilagines.* Jura municipalia Gothorum. Jornandes de rebus Geticis cap. 11. *Diceneus Gothis Physicam tradens, naturaliter propriis legibus vivere fecit, quas usq; nunc conscriptas Bellagines nuncupavit.* Dixisse videtur *Bellagines*, perperam, ut solent exotici. By Saxonicè, habitatio; byan, habitare. Inde pagus, oppidum (interdum Civitas) Gothis antiquis **by** dicitur. Plurium etiam villarum nomina apud nos, præsertim in locis ubi consederunt Dani (putà Norfolcia) in **By** terminantur. Lage, Gothis *lagen*, lex. Vide *laga.* Andreas Gravius Suecus, in epistola ad Bon. Vulcanium, *Nos quibus lingua Gothorum vernacula est, planè agnoscimus* (Bellagines) By.

et

& vocem probe intelligimus; compositam à By (ut suspicor) quod est pagus, oppidum, κατ' ἐξοχὴν verò Civitatis, & Lagen, quæ nulla personæ frequentius juri dicundo in foro nostro, nihil [illegible] usitatius, quippe significat Legem, sive Jus: quasi dicas Jus Civile, aut urbanum, à quo in Regno Suecia & Gothia diversum non rarò variat, Rurale nuncupatum. Lagen, landlagen, Stadlagen, tum precedens quandoq; Bylagen, creberrimè usurpari, nemo qui patriam nostram visitavit, inficias ibit. Hæc ille, alias subnectens conjecturas, quas vocis apud nos usus non obsoletus, planè respuit. *Bilagas* enim hodie [illegible] dicimus, [illegible] Saxonicam frequenti consuetudine, *in* [illegible] vertentes: Scoti [illegible] & [illegible]. Sunt autem hæc omnia, leges quas villarum incolæ sibi constituerint observandas, Reg. Majest. lib. 4. cap. 39. §. 8. *Cætera omnia, & [illegible] quæ [illegible] in Curiis Dominorum, [illegible] auxilium & favorem terminantur [illegible] legibus de Burlawis, quæ per consensum [illegible].* Illic Skene, [illegible] Baur *rusticum significat* [illegible] *lex dicitur* [illegible] *de re rustica lata. Nos* [illegible] *dicimus, Bane.* [illegible] aperit à Succo [illegible] co aliàs respiciunt [illegible] -byn, Saxon. & [illegible] proximus habitator, ac [illegible] Græc. βύρσον, habitatio [illegible] confunduntur, ut sic nihil [illegible] & [illegible]: ni [illegible] villarum legibus, illud de burgo [illegible] intelligere. In barbaris item [illegible] crebrò ponitur pro *i*, & è contra *l* pro *r*. Sic *Maliscalco* Italis pro Marescallo: *Chamberlan* Gallis, pro Camberlano. Sic et *Bellagines* fortè pro *Birlagines*. Triplex apud nos reperitur *bilaginum genus*: primum quod in curiis Baronum ab *Homagio* conditur; secundum, quod in Leta, seu *visu franci plegii*, à Sectatoribus Letæ; tertium, quod in villis statuitur ab incolis & vicinis. Horum omnium potestatem à forensibus expete.

¶ *Beltis.*] Synodus Celichythia An. Dom. 816. cap. 10. De Episcoporum exequiis celebrandis -- *& singuli servorum Dei diem jejunent, & xxx diebus canonicis horis expleto synaxeos, & vii. beltidum, Pater noster pro eo cantetur, & hoc expleto, tricesimo item die obitus sui, &c.* Rosarium, quo precantes usi sunt: à Sax. belt, i. cingulum.

¶ *Beneficiare.*] Infeodare. Testam. *Carol. M. Villas* —— *quas nos quondam* Tassitan *beneficiavimus*, p. 83.

¶ *Beneficium, Beneficiarius.*] Eadem in Jure Civil. & Canonico, quæ in nostro feodum, & feodatarius. *Beneficiare*, infeodare, seu feodo aliquem afficere. Sigebert. in An. Dom. 1007. Henricus Imp. *Valentianas Balduino beneficiavit, ut sibi contra motus suorum auxilio esset.* Inde *beneficiatus*: quæ omnia vide in Lexicis utriusq; Jur. & habes insignem litem inter Frederic. 1. Imp. & Adrianum 4. Pap. circa vocabulum *Beneficium* apud Radevicum de gest. Freder. 1. lib. 1. capp. 9. 10. & 22. Vide hic infrà, *Feodum*.

Beneficium Presbyteri *Hoba* dictum, & *colonica*: Vide *Hoba*.

¶ *Benerth.*] Servitium quod Tenens Domino præstat cum curru suo & aratro. Vide infra *Quietus redditus*.

¶ *Bera.*] Henr. de Hinton x marcas, quia fugavit porcos à Forestâ ante *Beram* fractam, sine voluntate Agistatorum Regis. *Rot. Pip. 1. E. 1. Northamp. sub titulo* De placitis Forestæ.

¶ *Bercaria.*] —— Mandatum est *Rob. de Lexinton*, quod Abbati de *Miravall* faceret unam *Bercariam* in pasturâ de Fayrefeld ad oves suas custodiendum, Claus. 9. H. 3. m. 12.

¶ *Berewica, Beruuicha, Beruuichus, Berewich, Bereuuita, Beruuita.*] (Idem omnia significantia, & in Domesd. pleraq;) *Manerium*, vel potiùs membrum Manerii à corpore dissitum. *Villula, Hamleta* Manerii, seu Dominii. Manerium minus ad majus pertinens. Quasi Bepieŋ-pic, i. Manerii vicus. Vide *Beria*. Si autem *Berwita* legatur (quod sæpius occurrit) ex alio fonte petendum fuerit, scil. à bop, i. *Dominus*, & pite *mulcta*: ac si diceretur, pars Manerii remotior, quæ tamen sub Domini mulcta & animadversione, hoc est, sub cognitione (& districtu ut olim loquebantur) dignoscitur. Ingulphus Hist. Croylandiæ, *In Spalding, Berewike de Croyland, id est, Manerium de Croyland: & in Algare Berewika altbi, i. manerium aliud.* Dixi autem *remotior*, nam *Berwici* non in gremio Manerii, sed vel in confinio, vel disjunctiùs interdum multò siti sunt: videnturq; & ipsi integra sæpe Maneria, suis partibus absoluta. Plurimos enim carucatis terræ, multimoda servitia, homines liberos permultos, Socmannos, Bordarios, villanos (Domesdei utor vocibus) aliàs atq; aliàs expediunt. Charta Willielmi senioris lib. Ramesf. Sect. 174. *Upwode cum Cafelea Berewico suo.* Sulcardus in Registr. Westmonast. Rex (*scil.* idem Willielmus) *dat Abbati Westm. Batriceseŋ appellat, cum Berewico sibi adjacente, Wendlesworde cognominato.* Ad capitale autem aliquod Manerium, multi pertineant *Berewici*. Domesd. Titt. Wirecestersch. Terra Regis. *Willielmus Rex tenet in Dominio Chideminster, cum xvi. Berewichis.* Superiùs paulò: *Rex Willielmus tenet Bremesgrave cum xviii. Berewic.* Et Titt. Gloucest. Berchelai. *Ha Berewica pertinent ad Berchelay*: & enumerat plus quàm viginti villas. Sic ut splendida sæpe Maneria, quæ à majori aliquo tenebantur, *Berwica* dicta erant: habebantq; sua quandoq; intra se Maneria minorum, *scil.* Dominorum sedes & patrimonia.

Berewica etiam Saxon. bepe pica à Corn [illegible] significat (ut notat Tatus) id est *villam frumen-*

frumentariam, quo sensu fateor me non legisse. Antiquo tamen bene hordeum significare, unde *firmam* seu villam elocatam. Hodie item quidam bene dicunt pro hordeo: & Saxones nostri tributum hordeaceum bene-gafol nuncupabant, *horreum* bene-ern, *aream* bene-tone.

¶ *Bergium.*] Sax. Bing, benig, beorg, burg, &c. *urbs*, *oppidum*, *burgus*. Berg autem proprie *mons*, unde montem Appenninum quo Sibyllæ antrum fuisse perhibent, Germani Venusberg appellant. At etiam *Civitas*, & *habitatio*: forte quod primi mortalium in montibus habitabant, juxta illud Orphei in Argonaut.

Οὖ σύμης ὄρος ἐστὶ πόλις τ' εὐθαλὴς λειμών

Mons Symus his urbs est, viridanti gramine pratum; vel quod habitacula & castra condituri, in egesto monte, seu loco aggere munito ædificabant: unde mons ad tutamen effossus, beorg dicitur, beorgan, byrgan, &c. aggere munire, seu munimine accingere. Hinc dicta vocabula & ejusmodi alia frequentia deprehenduntur in urbium nominibus: & hinc veterum Francorum *Mallobergium*, quod vide. Hinc etiam byrgen, *Sepulchrum*, & byrigean *sepelire*, quod aggesto in collem cespite, olim tumulabant mortuos, ut per agros hodie cernimus. Nam colles illi, antiquorum plerumq; sunt tumuli, cum ne adhuc byrgenrorpa i. cœmeteria in usu essent. Hinc deniq; cuniculorum oculamenta & habitacula, Berries dicimus.

¶ *Beria*, al. *Buria.*] *Curia*, *Civitas*, *burgus*, *habitatio*, *manerium*. A Sax. byri & buri, Græc. πύργος, i. *casa*, *habitatio*. Confunditur autem Saxonib. byri, byrig, burg, adeo ut *Banberia*, alias *Banburia*, Florentio wigorniensi scribatur *Bebbanbirg* (quod inquit, *est urbs Bebba Regina*) Hovendeno *Bebanbirg*, & mox *Bebanburch*. Malmesburiensis *Bebanburg*: Walsinghamo *Banburgh*: Hollenshedo *Banburgh*, *&c.* Sic Canterberia Saxonibus passim Cantparabyrig, i. Cantianorum Civitas: & *Beriam* S. Edmundi, Matt. Paris in An. 1174, *Burgum S. Edmundi* vocat. Plurima hujusmodi. Tatus noster (in Saxonicis literis fœliciter versatus) byrig alias exponit villam qua Nobilis habitat: & bene, nam inde Maneria byrigas & *berias* vulgo nuncupant: & Curia in Textu Roffensi byrig appellatur, Curialis Tato burhpi . . Hinc *Beristed* pro *situ* (quod dicimus) *Manerii*, a byrig *manerium*, & styde *locus*, *sedes*. *Berewic*, Vicus ad Manerium pertinens: quod vide. *Berie meadows*, prata Manerii, i. Dominicalia. Vide *Bergum* & *Burgus*.

Vide Commen. in Cigneam Cantionem, in verbo Curia.

Beristed. Berewic. Berie meadows.

¶ *Bernarii.*] Qui ursas alunt. V. *Constabular. Scaccarii* pag. 175. ca. l. 4.

¶ *Berquarius.*] Domesd. quasi Bergarius, a Gallic. *berger*, i. pastor, & hoc vel a Saxon. beorgan, i. curare, defendere, vel a Germ. berg, i. mons; quod pastores plerumq; in montibus versantur, juxta id Virgilii Eglog. 2.

Mille meæ Siculis errant in montibus agnæ.

Sic Germanis Bergman, monticola. Vide *Bercaria*.

¶ *Berra.*] Petitionn. Coram D. Rege ad Parlam. post fest. S. Mich. An. 18. Ed. 1. in respons. Regis. Inter Episcopum Karliol. & Prior. ejusd. *Et quod Rex in foresta sua prædict.* (viz. de Inglewood) *potest villas ædificare, Ecclesias construere, berras assartare, & Ecclesias illas cum decimis terrarum illarum pro voluntate sua cuicunq; voluerit conferre.*

¶ *Bersæ.*] *Repagula*, *meta*, *limites*. Chart. Antiq. *Intra bersas foresta.* Gall. *Bers de chariot*, latera vel repagula vehiculi. Inde in antiquis membranis *Cervus bersatus occurrere.* Videtur alio sensu in LL. castrensib. *Fred. V.* apud *Radevicum* lib. 1. cap. 26. pa. 443. *Si quis birsando feram balistâ, vel arcu occiderit, ejus erit.*

¶ *Bersarii* & *Beverarii.*] Ministeriales inferiores in Aula Caroli Mag. Hincmar. Archiep. Epist. 3. ca. 17. *Et quamvis sub ipsis* (i. Camerario & comite Palatii, Senescalco, Buticulario, Comite-stabuli, Mansionario, venatoribus principalibus, & Falconario) *aut ex latere eorum alii ministeriales fuissent, & Ostiarius, saccellarius, dispensator, scapoardus, & quorumcunq; ex eis juniores, aut Decani fuissent, vel etiam alii ex latere, sicut Bersarii, veltrarii, beverarii, vel sicut adhuc supersunt* & cæt. Non tamen *cum Palatio conglutinabantur.* Sunt qui putant *bersarii* hic legendum *bestiarii*, quasi cum bestiis in Amphitheatri arena colluctarentur: ego autem *bersarios*, *veltrarios*, & *beverarios*, sub Venatoribus reponendos censeo; & *bersarios* eos significare qui lupos insequuntur (bæn enim ni fallor, Saxon. Lupus, nam lupus priscis sic etiam dictus est) *veltrarios*, qui ejusmodi canibus præficiuntur; *beverarios*, qui castorem (ubiq; gentium *bever* nuncupatum) venantur. Scholiast. Juven Satyr. 12. *Castorem bebrum* dicit.

¶ *Bertona.*] Est area in aversâ parte ædium ruralium primariarum, in quâ horrea, stabula, & vilioris officii ædificia sita sunt; & in quâ foventur domestica animalia, & negotiationes rusticæ peraguntur.

Rex Thesaurario & Baronibus suis de Scaccario salutem. Quia volumus, quod castrum nostrum *Glouceſtriæ*; necnon & *Tina* & *Bertona* Glouc. corpori dicti Comitatus nostri *Glouc.* annectantur, & in custodiâ Vicecomitum nostrorum ejusdem, qui pro tempore erunt, unâ cum dicto Comitatu existant &c. Vobis mandamus, quod in Rotulis nostris Scaccarii prædicti, sic fieri & irrotulari faciatis. *Claus.* 32. E. 1. *m.* 17.

Gulielmus le Scrope retentus in servicio Regis pro termino vitæ, cum annuitate *CC l.* per annum: pro quibus *CC l.* nunc habet Castrum, villam & *bertonam* de *Marle-*

Marlebergh. Orig. 17. *R.* 2. *Rot.* 1. *Wiltſ.*

¶ ***Berwita.***] Vide *Berewica.*

¶ ***Beſca.***] *Ligo, rutrum,* Gall. *beſche, beſcher* fodere. Prior. Lew. Cuſtumar. de Hecham, pa. 15. *In communi paſtura turbas -- cum una ſola beſca fodient, & nihil dabunt.*

¶ ***Betagii.***] In M. S. Hibern. *Laici aſcripti glebæ* (*Eccleſiaſtica*) *qui Betagii vulgariter appellantur in antiquo Regiſtro Dublin. vocato Crede mihi, in duabus bullis Urbani IV.*

¶ ***Beudum,*** al. ***Beodum.***] *Menſa,* Saxon. beod, Lex Sal. Salic. Tit. 48. -- *Hoſpites tres vel amplius collegiſſet, & paviſſet, & ei ibidem gratias egiſſent, & in beudo ſuo pulles manducaſſent.* Notat Gloſſ. aliàs *beodo* legi. Et vet. Gloſſar. Latino-Anglo-Sax. *menſa,* beod; *Refectorium,* beodern. Sic Mat. 15. 27. eatað of ðam crumum ðe of hyra hlaforda beodum feallað. 7. 1. *edunt de micis quæ cadunt de menſis Dominorum ſuorum.* Luc. 8. 16. bedd dicitur, quo nos hodie vocabulo pro lecto utimur, non pro menſa.

¶ ***Biannum.***] Vide *Bannum* & *Tallita.*

¶ ***Bibarhunt.***] Canis qui fibres venatur. **Biber** enim Germ. *fiber, caſtor*: **hunt**, *canis.* L. Boior. Tit. 19. §. 4. *De eo cane quem bibarhunt vocant, qui ſub terra venatur, qui occiderit alium ſimilem reddat, & cum 6. ſolid. componat.* Nos hujuſmodi caniculum **a beagle terriar** appellamus, quòd viverræ inſtar terram ingreditur, vulpeſq; de ibidem latratu prodit, & taxos. Malè Lydeus (vereor) de viverra intelligit, quam nemo unquam inter canes numerat, ſed muſtelas potius. Et vocis ſono decipi videtur, *vivar* ſubaudiens in *biber,* quod tamen non ad animal referendum eſt venans, ſed ad id quod venatione petitur. Seculum etiam ſi ſpectes, haud convenit mulctæ ratio, viverræ precio.

¶ ***Bidale.***] Precaria potatoria, vel, invitatio ad compotandum. Mal. Bildale in quibuſdam Bractoni M. S. lib. 4. cap. 1. nu. ult. Vide Sothale.

¶ ***Bidripa.***] Fines in Comitatu Bedford. An. 7. Ric. primi. *Inter Abbatiſſam & Conventum de Fruthewer petentem, & Willielm. clericum de Letton Tenentem. De terris & conſuetudinib. Scil. de una hida terræ cum pertinentiis in Letton, &c. Inſuper idem Williel. & hæredes ſui dabunt duos ſolid. annuatim Abbatiſſæ, & Conventui prædict. Pro tribus araturis, & una* Bidripa, *quæ vocatur Hingbidripe, quæ ab eo exigebatur; ſalvis duabus* bidripis *quibus idem Willielmus faciet ad cibum Abbatiſſæ, primam viz. cum omnibus hominibus de hoſpitio ſuo; & terra ſua operantibus, ſecunda cum uno ſolo homine.* Vide *Precaria.*

¶ ***Biduana.***] Bidui jejunium. Capitul. lib. 5. can. 136. *Et biduanas omnes faciant, tam Epiſcopi, Monachi & monachæ, quam Canonici, &c.* Gloſſ. ibi ex Hrabano Mauro de inſtitut. cler. lib. 2. cap. 26. *De origine biduana ſive triduana. Biduanum morem jejunii inde ſumptum, quod Apoſtoli jejunaverunt illo biduò, quo Dominus paſſus & ſepultus eſt.*

¶ ***Bierban.***] Vide *Broethan.*

¶ ***Bigata.***] Currus ſeu plauſtri onus, **a Cart load of any thing.**

¶ ***Bigera, bigerra, bigerrica, bigerriga.***] Veſtis genus. Meurſius: γοῦβιον. Idem eſt quod *Guſa,* Invenio in veteribus Gloſſis, ſed corrigendis, *Bigera veſtis, guſa villata.* Sed obſerva illic *Bigera* quæ vox non temerè alibi obvia. Invenio *Bigerriga* apud Sulpitium de vita S. Martini. *E proximis tabernis bigerrigam veſtem brevem atq; hiſpidam quinq; comparatam argenteis rapit, atq; ante Martini pedes iratus exponit.* At tu *Bigerra* reſcribe in Gloſſis. Et *Bigerriga* apud Sulpitium eſt *Bigerrica.* Nam C. & G. confundunt librarii. Bigerri autem ſunt Galliæ populi. Ergo *Bigerra* veſtis eſt Gallica. Huc ille. Certè *Bigerrones* apud Cæſarem de bel. Gal. lib. 3. Aquitaniæ populus: Et *Bigerra* urbs priſca in Hiſpania Tarraconenſi, de qua hodiè haud ſatis conſtat. Fortè autem non hinc petenda veſtis, at à Gallico *bigarrer,* quod eſt variegare, diverſiſq; coloribus interſtinguere, quaſi *bis variare.* Inde *bigarré,* veſtis variegata, ceu **motley,** & **Plod** Scoticum.

¶ ***Bigla.***] *Vigilia, excubiæ.* A Græcis introductum, quibus βίγλα, à Latino *vigilia*; & βιγλεύειν *vigilare, excubias agere,* βιγλάτωρ *vigilator, excubitor.* De his vide Meurſium. Et hic infra *Drungarius bigla.*

¶ ***Billa.***] *Schedula, libellus, ſyngraphum.* A Saxon. bille, unde Græcobarb. βίλλος, Gallic. & Belgic. *billet.* Meurſius, βίλλος, *liber.* Darmarius in fine Synodici cujuſdam: τὸ βέλος ἦν ἐξίτηλον καὶ οὐκ ἕτερον ἀντίγραφον ὑπὸ τῆς ἀρχαιότητος τῆς βίλλου, καὶ διὰ τοῦτο ἦν ἐλλιπος, i. *finis exoletus erat, & aliud exemplar propter antiquitatem billi, non extitit, ideoq; mutilus eſt.* Dubitat hìc Meurſius an legendum τῆς βίβλου: poſterioreſnè Græci βίβλος dixerint pro βίλλος. Nos autem hoc (ut alia multa) Saxonicum opinamur ſapere. Vide *Bulla.*

¶ ***Birlaw.***] Vide *Bellagines.*

¶ ***Birrus, Birrum, Burrus, Bireta, Birrhetus, Birretum, Birretrum.***] Aliàs cum *y,* & aſpiratione, ut *Byrrus, byrrhetus,* &c. *Birrus* & *birrum,* lacerna, palliolum. Hoc veſtem Romanam fuiſſe Martianus comprobat, lib. 4. ut refert Cœl. Rhodigin. lib. 16. ca. 10. & apud Vopiſcum lego, *Ab Atrebaticis birri petiti*: & *donati birri Canuſini*;

[illegible] quæ cum de veste splendidiori dicta videntur, Pithæus *beri* mavult quàm *birri. Nam beri* (inquit) *honestiorum & Palatinorum* [illegible], *serica: ut à viris doctis notatum est.* Birrus autem indumentum vile ad excutiendam pluviam, humeros tantùm & brachia tegens. Gloss. Isodori *Amfibulum, birrum villosum.* Etiam Lacernæ simile, h. fimbriatum, quo soli quondam milites uterentur, ut ex Persii interprete notat Pithæus. Sed hæc Romani seculi scrutatoribus mitto, unà cum *burra* apud Ausonium, *bera* apud Martialem, &c.

Birrus etiam Christi militibus in usu, priori non dissimilis, *palliolum sacerdotale.* Concil. Gangrens. An. Dom. 324. Can. 12. juxta Latinum Interpretem. *Qui amictu pallii utitur, quasi per hoc habere se justitiam credens, & despicit eos qui cum reverentia byrrhis & aliis communibus & solitis* (vestibus) *utuntur, anathema sit.* Codex Græc. βηρῶν legit, & Balsamon Episcopus (juxta Pithæum) intelligit de veste serica, quod ipse canon videtur respuere. Nam ut *byrrus* nonnunquàm de veste splendida, ita *berus* interdum de minus preciosa dicitur. Paulus Monachus Cyprianum *byrro* indutum refert cum ad supplicium duceretur: Et Pontianus ipsius Cypriani Diaconus hoc lacernam vocat: Pithæus. Fallor si *byrrum* non sit quod hodiè breve mantillum Hibernicum, quò & Suidæ illud, ἐφεστρίς ἱμάτιον ῥωμαϊκόν. λέγεται δὲ καὶ μανδύης καὶ βίρρον, ἃ τινα ἐν ὀνείρῳ βλεπόμενα θλίψεις σημαίνουσι, id est, *Ephestris pallium Romanum, dicitur autem & mantillum & birrum, qualia in somnio visa ærumnas portendunt,* quia servilis hæc vestis, ut notat Meursius.

Birrus etiam & *Bireta, Birrhetus, Birretum, Birratrum.* Tegmen capitis, pileus. In L. 1. ad finem Cod. Theodos. de habitu quo uti oportet intra urbem. *Servos sanè omnium, quorum tamen Dominos sollicitudine militiæ constat non teneri, aut birris uti permittimus aut cucullis.* Militum servis non conceditur hic *birrus* (ut notat Pithæus) quia domini ipsi militantes hoc induebantur. Posterioribus tamen magisterii nota, ut pileus olim. Clemangius Epist. 74. *Non cappa (ut in proverbio est) monachum efficit, nec cappa etiam aut cathedra, birretive impositio Magisterium.*

Bireta coccinea, Cardinalium petasus. Platina in Paulo II. *Præterea verò ne solus differre à cæteris videretur, publico decreto mandavit, proposita pœna, ne quisquam bireta coccinea (ita appellant capitis tegmen) præter Cardinales ferret: quibus etiam primo pontificatus sui anno pannum ejusdem coloris dono dedit, quo equos vel mulas sternerent dum equitant.* Hunc autem *bireta* cultum non instituit Paulus, at aliis interdixit, ut Cardinales soli uterentur. Rei enim Author fuit Innocentius 4. de quo sic in ejus vita Platina—*Statuitq; ut Cardinales equo in publicum vecti, galero rubro uterentur, honestandi ordinis causa.* Certè *byrrus* apud veteres rubrum significabat, non tamen vestis inde dicta: nam *birri* albi meminit Greg. lib. 7. Epist. (secundæ Indict.) 5.

Birettum album. Capitis tegmen, lineum, tenue, strictum: formâ ipsius cranii, vel cassidis, quo Homerus Illiad. 6. Ulyssem ornat exploratorum. Καταῖτυξ. Hoc insigniuntur qui supremam in Jure nostro palmam ferunt, Servientes ad legem dicti: vulgò **Sergeants at Law.** Mat. Paris *Coifam* vocat juxta Gallicum. Fortescu. titularis Angliæ Cancel. sub Hen. 6. lib. de laudib. LL. Angl. cap. 50. *In signum quòd omnes Justiciarii illi taliter extant graduati, quilibet eorum semper utitur dum in Curia Regis sedet, birreto albo de serico, quod primum & præcipuum est, de insignibus habitus, quo Servientes ad legem, in eorum creatione decorantur. Nec birretum istud, Justiciarius, sicut nec Serviens ad legem, unquam deponet, quo caput suum in toto discooperiet etiam in præsentia Regis, licet cum Celsitudine sua, ipse loquatur.*

¶ *Bisantium.*] V. Char. R. Jo. de feod. mag. sigilli nu. 9. *Constantinopolis* primùm *Bizantium* dicta formam antiqui vocabuli præferunt Imperatorii nummi *Bizantini* vocati. *W. Malm.* f. 76. b. n. 40.

¶ *Birsare.*] *Telo petere, aut configere,* à Germ. Birsen. LL. Castrens. Fridet. 1. An. 1158. apud Radevic. lib. 1. cap. 26. *Si quis birsando feram balista vel arcu occiderit, ejus erit.* Ejusd. lib. 2. cap. 76. *In birsando ipsemet arcum tendit, spicula capit, implet, expellit.*

¶ *Byrthinsak.*] Reg. Majest. Scot. lib. 4. cap. 16. Rubrica inscribitur, *de lege Byrthinsak*; & in textu subsequitur, *De yburpananseca, id est, de furto vituli vel arietis, vel quantum quis supra dorsum suum poterit portare de cibo; non est Curia tenenda.* Hic Skenæus, burthin *onus*: Sac, *i. saccus, q. d. onus cibi in sacco.* Quid autem sit yburpananseca, ingenuè fatetur se ignorare: sed pana idem esse dicit in Aquitania quod fur; provocat tamen ad aliorum judicium. Cui si me liceat inferre, opinor vocabula esse synonyma: burdin enim Saxon. byrþin *onus* significat, ut ipse dicit, Sac utiq; *saccum*, sed etiam *causam, litem.* Sic in yburpananseca, y. aliud non est quàm incœptivum augmentum, quo Angli veteres usi sunt pro ge Saxonico & Germanico, ut in mille aliis vocibus apud Chaucerum & antiquos videas. p. Scriptoris imperitia surrepsit pro Saxon. þ. id est, th, & an syllaba duplex pro simplici: Sic ut legendum sit, yburthan aliis yburthin & burden. Dicatur etiam à genitivo plurali ybuрþanum ꞅeca quasi *onerum saccus*; vel accusativo, buрþana, velut *saccus ad onera*: Mat. 11. 4. hiᵹ binδaδ heꝼiᵹe byрþyna, & Luc. 11. 46. miδ ðam byрðenum. Seca idem quod Sac. nam apud Saxones, aliàs per dipthongum ꞅæc scribitur.

¶ *Bissa.*] Cerva major, à Gallico *biche*, unde hinnulus ejus seu vitulus *bicheteau*,

q

q bissetus. Inquisit. de statu diversar. forestar. 36 Ed. 3. Titt. Walmer & Alisholt. Hantsc. in dorso -- *ceperunt unam bissam in* foresta. Mox, & *duos vitulos bissarum.* Angl. an Hind. Glossæ Arabico Latin. *Bissa corrigia.*

¶ *Bisacuta.*] Bipennis, Gal. *besague.* Bract. lib. 3. Trac. 1. cap. 23. Arma moluta plagam faciunt, sicut gladius *bisacuta.* A Black Bill. V. *Ensura.*

¶ *Bizachius.*] *Sica, ensis falcatus.* Hormanus Cæsaresburg. (Tit. de bellicis) a Bastard nuncupat, aitque, *Bizachius est atrox telum apud Turcias.* Bastard autem (aliis *basterdus*) in Catholicon. *clinabulum* exponitur: ignotum per ignotius.

¶ *Blackmail.*] Tributum quod pauperes quidam Angli limitanei, potenti alicui Scoto limitaneo, ideo aliquando pendebant, ut à latrunculis & prædonibus Scoticis (prædam ex Anglia ducentibus) tutarentur: & è contrà. Dictum quòd juxta pendentium tenuitatem, ære vel opsoniis plerunq; pendebatur, non argento. Vide *Mail.*

¶ *Bladum,* quibusdam *Bladium.*] Nostro foro, de *segete* tantùm intelligitur, præsertim etiam in herba. Lindewodus autem extraneos secutus in Gloss. Provincial. lib. 3. *Sunt* inquit, *segetes, dum seminantur; messes, dum metuntur; fruges, dum fruuntur; blada, dum in horreis triturantur.* Notat præterea ex Bartholo, sub bladi appellatione contineri lini semen, & cæterorum quæ teruntur in area: sed legumina huc referri negant J. Consulti. Certè apud priscos Saxones (à quibus latè per Europam vox diffunditur) blæda seu blæda omnem fructum significat, etiam arborum & vitis. In Evangel. Saxon. Jo. 15. 2. he deð ale twig æfre on me þe blæda ne byrð, i. *Aufert omnem palmitem qui in me* bladum, i. *fructum non fert.* Sic illic pluries, & Psalm. 36. v. 2. *olera* dicuntur blæda. Hinc Gallic. *bled,* & *ble,* Seges, frumentum, *emblaver,* q. *emblader,* seminare. Ital. *biava.*

¶ *Blanchferme.*] Vide *Firma Alba.*

¶ *Blanca* & *Blankes.*] Nummus argenteus valens 8. denar. quem Rex Angliæ Henricus 5. Franciæ Regens constitutus, An. Dom. 1420. Regni sui 8. in Francia cudebat. Dictus autem *blanc,* i. albus, ut ab aureo vocato *Salut* & *Salus* (ab eodem tunc etiam percusso) innotesceret. Prohibetur ejus in Anglia usus. Statut. An. 2. Henrici 6. cap. 9.

Blanket etiam multo antiquius dici videtur, quod vel ad pondus vel valorem persolutum est, vel non in pecuniis numeratis. Domesd. Titt. Norfolc. Rex. Feorhow Hundred. *Totum valebat tunc vii. & dimid.* blancas, *cum consuetudine xxx. sol. & iii sextariis mellis: modo xii. lib. ad pensum, & xxx. sol. de gersuma.*

Claus. 12 Hen. 3. memb. 12. *Rex concessit hominibus de Andever, Manerium de A. &c. ad feodi firmam: Reddendo per annum ad Scaccarium Regis* Lxxx. *lib.* blanc, *de antiqua firma, & xx. lib. numero de incremento, ad 2. terminos, viz. ad scaccarium ad festum Paschæ xl lib. & x numero; & ad Scaccarium S. Michaelis similiter.* Videndus est rubeus liber Scaccarii. *C. l. blanc.* aliquoties fuit *Lxxxiv. l.* sæpius autem *Lxxxix. l. v. s.*

¶ *Blanchiatura.*] Patent. 17. Ed. 2. memb. 12. par. 2. *Thomas Comes Lancastr. &c. concessit J. K.* (inter alia) x *sol.* iiii. *denar. redditus exeunt. de quibusdam tenementis in villa de C. &c. & cum blanchiatura redditus prædicti, recipiendum per pondus, sicut dictus Comes eum recipere solebat.*

¶ *Blare.*] --Ejus partem (scil. *Atholia*) sub radicibus montis *Grampii,* in planitiem explicatam, *Blaram* vocant, quæ vox liberum arboribus solum significat. *Buchan. rerum Scot. hist.* f. 6. a.

¶ *Blasphemare.*] *Increpare, convitiis aliquem afficere.* Ità sæpè in antiquis LL. plurimisq; Scriptoribus. Greg. Turon. Append. cap. 51. *Liberare poteras de blasphemia hanc causam.* Inde Gallic. *blasme,* Anglic. blame.

¶ *Blatthin,* & *Blattin.*] Idem quod *blatta,* i. purpura. Anastas. in vita Leonis 4. *Vela de fundato, ornata ex utraq; parte de blatthin.* Et in vita Paschal. *Cum periclysi de blattin byzantea.* Passim apud eundem.

¶ *Blatum.*] Vide *Massus.*

¶ *Blaudius, Blavius,* & *Blavus.*] Color cyaneus, *glaucus.* A Germ. *Blaiw,* unde etiam (ni fallor) *Blodius.*

¶ *Blestia.*] Cespes ab humo rasa ad comburendum, al. *terricidium,* quod terrâ scinditur. Vox pluribus Curiarum Senescallis nota. A Gal. *bleche,* quòd de spongiosa terræ superficie eraduntur hæ *blestia.*

¶ *Blintres.*] LL. Inæ M. S. cap. 70. *Duodecim ambra cervisiæ Wylisca, triginta blintres.* Corrigo juxta Saxonic. *hlutres;* h pro *b.* u pro *n.* Est autem hlutter Simplex, purum, lucidum. Sensus perinde legis *xii. amphora cervisia Whylisca* (hoc est, potentioris) *xxx tenuioris.*

¶ *Blodius.*] Vide *Blaudius.*

¶ *Blodwita.*] Mulcta effusi sanguinis. Blod. Saxon. *sanguis,* pita, *mulcta, emendatio.* LL. Henrici 1. cap. 39. *In quibusdam locis, qui blodwitam, id est, forisfacturam sanguinis fecerit, solummodo reus est: in quibusdam etiam qui patitur.* Et Cap. prox. præced. *Mundebrech & blotwyta* —— *communi emendatione componuntur Regi & Thanis in quinq; mance.*

Ubi Rex in Chartis privilegiariis, *blodwitam* concedit, intelligendus est cognitionem illius delicti concedere, mulctasq; inde provenientes.

¶ **Bloyborn.**] Vide *Cinnitum.*

¶ **Blondus**, al. **Blundus.**] Flavus, subflavus, auricomus; à Gall. *blond*. In Registr. Chartar. Priorat. de Stok. Chart. 9. *Stephanus Rex Angliæ Gisleberto Comiti Hertford, salutem: Præcipio quod iste Will. de Gurneio teneat totam terram de Haveringlandia & Witewella — sicut Rogerus de Furneio Pater suus tenuit tempore Regis Willielmi Blundi avunculi mei, &c.* Perspicuè de Willielmo Rufo.

¶ **Blutare.**] *Evacuare, expoliare.* Longob. lib. 1. Titt. 18. l. 1. *Si casam cujuscunq; blutaverit, aut res eorum tulerit.* Ubi Glossar. *blutaverit, evacuaverit.* Item *blutare, expoliare.* German. **Bloten**.

¶ **Bobones, Bubii, Bubones.**] *Bobans* Gal. luxus, prodigalitas. Urstisius autem ad Tom. unum Germ. Hist. *Bubones* (inquit) *lixa, calones, mediastini. Aliquando nebulones & furciferi*, **buben**. Chronic. Colmariens. in An. Dom. 1287. *Quod pecunia 4. bobonibus data fuissent ut tentoria sive exercitus in 4. partibus incenderent.* Ibid. An. 1296. *Veneruntq; nudi bubones, & agros bene seminatos everterunt.* Etiam An. 1300. *Servorum autem pauperum qui dicuntur bubii, tanta fuit multitudo, quod Regi dicebant, Date nobis res in Civitate, & vobis eam trademus.*

¶ **Bocland.**] Prædia Saxones duplici titulo possidebant. Vel scripti authoritate, quod bocland vocabant, quasi *terram librariam* vel Codicillarem: vel populi testimonio, quod folcland dixere, id est, *terram popularem.* Utpotè quæ in populum transfundi poterat, nulla scripturæ articulo reclamante. *Bocland* verò ea possidendi transferendiq; lege coercebatur, ut nec dari licuit, nec vendi, sed hæredibus relinquenda erat, ni scriptis aliter permitteretur. *Terra* inde *hæreditaria* nuncupata. LL. Aluredi c. 36. ðe monne ðe bocland hebbe, &c. i. *De eo qui terram hæreditariam* (Sic boclande vertit antiquus Interpres) *habet, quam ei parentes sui dimiserunt; ponimus ne illam extra cognationem suam mittere possit, si scriptum intersit & testes, quod eorum prohibitio fuerit, qui hanc imprimis acquisierint, & ipsorum qui dederint ei, ne hoc possit: & hoc in Regis & Episcopi testimonio recitetur coram parentela sua.* In veteri LL. *Canuti* versione Cap. 75. *alodium* redditur.

¶ **Bolleta, Bolletarius.**] Vide *Bulla.*

¶ *De Bombardis, earumq; origine.*

¶ **Bombarda.**] A sono & fremitu Græcis βόμβος, Latinis *bombus*, dicta. Machina ad stabilienda humana Imperia, potiùs quàm ad delendum humanum genus (ut nonnulli queruntur) enata. Authorem habuit Chymistam quendam nomine Bartholdum Schwartz monachum, qui dum pulverem sulphureum medicinæ ut ferunt causa in mortario texisset lapide, scintilla fortè pulverem accendit, elisoq; cum fragore lapide, inveniendæ machinæ ansam præbuit. Primus ejus usus (ut Achilles Gassarus medicinæ Doctor, ad Sebastianum Munsterum diligentissimè scripsit) apud mare Danicum fuit An. Dom. 1350. celebris autem non evasit, donec ad Clugiam pugnatum esset à Venetis & Genuensibus An. Do. 1380, de quo sic Platina in vita Urbani 6. *Hac etiam arte Barbadicus usus est; inventa tum primùm à quodam Teutonico bombarda fuit, à sono & tonitru sic dicta. Nulla erat scapha Venetorum, nullus lembus, qui non duas bombardas & eo amplius haberet: quibus multi Genuenses, ut à re insolita, nec ad præcavendum scita, opprimebantur. Singula enim bombardæ uno ictu binos ternosq; plerunq; necabant, &c.*

Paulò post nostratibus cognitæ meminit Chaucerus, 3. book of *fame*, fol. 282. p. 2. col. 2. speaking of *Eolus* Trumpet of evil Fame.

Through out every Regicn
Went this foule trumpets soun,
As swifte as a Pellet out of a gonne
When fier is in the pouder ronne.
And such a smoke gan out wend
Out of the foule Trompets end,
Black, blo, grenish, swartish; rede,
As doth, where that men melt lede.

Et An. Dom. 1386. captis duabus Gallorum navibus, *diversa machinæ ad jaciendum lapides, & muros conterendum, & gunnæ plures, cum magna quantitate pulveris* (ut refert Walsinghamius in eo anno) in Angliam deducuntur: ubi tandem è ferro fusili (An. scil. 1543.) conflatæ sunt *bombardæ*.

Mirans autem non prætercam quod in tabulis expensarum militarium & civilium Edouardi 3. (à 21. die Aprilis, anno Regni sui 18. id est, Christi 1344. usq; ad 24. Novem. Regni ejusdem 21. hoc est Domini nostri Dei 1347.) mentio fit de **Gunners**, acsi hæ machinæ quas **Gunnes** appellant, etiam tunc in usu essent. Numerantur enim illic sub titulo **Artificers and Workmen** ——

Marriners —————————— LX.
Armorers —————————— VII.
Artillers —————————— VI.
Gunners —————————— VI.

Infra quoq; ubi de stipendiis agitur —— **Panncrers, Conners and Crosbows of Almains, Lozain and Henaude**, *quilibet vi. denar.* Veruntamen ne ausim hæc quidem de *bombardarum* fabricatoribus intelligere, sed potiùs petrariarum, & manganalium, de quibus infra.

Execrantur pacis invidi hanc machinam: mihi autem semper visa est non fine Dei opt. max. providentia revelata. Utpotè quæ novæ universalis Monarchiæ spem omnem in futu-

ro

ro tolleret, pacemq; tandem universalem (adventum filii sui expectaturo) Orbi induceret, juxta Regii illud prophetæ, Psal. 8. *Venite & videte opera Domini, quæ posuit prodigia super terram: auferens bella usq; ad finem terræ. Arcum conteret, & confringet arma, & scuta comburet igni.*

Bombardarum genera Munsteri ævo in usu, sic ab ipso enumerantur. *Amazonæ, Basilici, Luscinia, Quartana vulgò Cartune, Dracones, Serpentes, Falconet, magni & parvi.* Addatur *arcubuza*, q. arcus cavus: *buca* enim Italis *foramen*.

¶ ***Bonda***, al. ***Bunda***.] Saxonic. *Maritus, pater familias.* Lel. coll. vol. 2. p. 119. LL. Henr. 1. cap. 15. *Ubi bonda manserit sine calumpnia, sit uxor & pueri in eodem sine querela.* In Canuti LL. par. 2. cap. 8. vetus Interpres Ðam bundan *patres familias* vertit. Lambardus *habitatores*.

¶ ***Bondagium***, & ***Bondus***.] Vide *Nativus*.

¶ ***Bonerey***.] Fitzherb. Tit. Estrepem. nu. 10. T. 4. E. 3. 32. *Wast verò I d'un sale & un graunge, & un* bonerey. Et infra; *pur le VVaste del sale, & grange, &* bonery. Bonnicre *Gal.* est portio, vel mensura terræ, arpennæ non dissimilis.

¶ ***Bonna, Bunda, Bodo***.] *Terminus, limes.* Glaber. Hist. lib. 2. cap. 10. *Multi ibi limites quos alii bonnas nominant, suorum recognoverunt agrorum.* Terminos etiam nonulli *banna* vocant, ut supra in ea voce. Petitt. Parlam. An. 18. Ed. 1. in Respons. Reg. inter Episc. & Prior Carliol. *Sunt infra bundas foresta de Inglewood.* Bunna Sax. rem eminentiorem significat, βουνὸς Græcis collem, tumulum (cujusmodi solent esse agrorum metæ) bundan habitare, tendere, *Bodones* seu *botones* apud Paulum J. Consultum, *vicem præstant terminorum, aut ipsi termini sunt*, V. Camd. 515. d. *Botontines*, & paulò supra *Augustin.* de Civitate Dei.

¶ ***Boones***.] Vide *Gressoines*.

¶ *De Bordariis, bordagio, bordland, & Bordimannis.*

¶ ***Bordarii***.] Vox Normannis inducta, & Normannicum postulans interpretem. In libro censuali Angliæ (qui Domesdei appellatur) frequentissima est, & villano semper postposita. Quibus autem hi addicti essent serviciis non constat, nec possum ex nominis etymo decernere, qui multiplex.

Dicantur enim *Bordarii* vel quòd in tugurio (quæ cottagia vocant) habitabant, seu villarum limitibus; vel quòd mansum aut villam in agris sitam colebant: Hæc enim omnia Galli **bord** vocant, & limitaneos hodie nos appellamus **Borderers**. Non conveniunt tamen *Bordariis* qui in Domesd. occurrunt: nam hos & in medio villarum, & circa aulam Domini, & in ipsis burgis frequentes deprehendimus, sæpe etiam plus terræ colere quàm tugurio competit.

Nuncupentur præterea *Bordarii* quasi *Mensales*: & hoc, vel quòd terras colerent mensæ Domini designatas; vel quòd esculenta indicta, scil. ova, gallinas, aucas, porcellos, & hujusmodi exhiberent. Bractono enim *Dominicum quod quis habet ad mensam suam* **Bordlands** *nominatur*. Lib. 4. Trac. 3. cap. 9. nu. 5. **Bord** autem *mensa*. **Bordlands** terræ Dominicales. Sic Galli vett. *Bordland*
dicere soliti sunt. *Que le Seigneur retraict le fief à son domaine et à sa table & charue,* Cujac. feud. lib. 2. Tit. 14.

Appellari deniq; videantur *Bordarii*, quòd circa ædes vel hospitium Domini, servilia peragebant opera. Borð enim Saxonicè *Domus, hospitium*, unde innan borð dicitur, qui domi est: utan borð, qui foras. Ad servorum igitur distinctionem, *villanos* nuncuparem, qui villæ & agris addicti rem colonicam exercebant, arabant, fodiebant, sepiebant, metebant, &c. *Bordarios* verò qui domestica navantes servitia, necessaria importabant, exportabant, molebant, triturabant, ligna & fomitem parabant, aquam hauriebant, areas mundabant, & hujusmodi. Hoc genus servilium operum, Galli hodie *bordage* vocant, exigendi etiam jus, *droict de bordage*. Vide infra *Bortimagad*, quod (me judice) *Bordage.*
huc sonat: & audi Domesd. tuoq; utere calculo. Titt. Norf. Rogerus. Hundredum de Grenehou. *Nereburh* (villam) *tenuit Aelwius tempore Regis Eduardi* Confessoris, *modò R. vicarius terræ pro man. Tunc xxiiii* villani, *& post xviii. modo simul. Tunc & semper x.* bordarii. *Tunc iv* servi, *modò iii. Tunc & post in Dominio iii carucatus, modo ii.* Vide hic *Bordarios villanos* & *servos* invicem distingui. Domesd. Titt. Norf. Rex. Hundred. de Norwic. *In Norwic. erant temp. R. Aedwardi MCCCxx burgenses* -- Et post multa: *Modo sunt in burgo DCLxv Anglici, & consuetudines debent, & CCLxxx bordarii, qui propter pauperiem nullam dant consuetudinem* Titt. Middlesex. Sanctus Petrus. Stanes. *Ibi erant iii villi, quisq; dimidium hide, &c. Et xxxvi bordarii, de iii hidis. Et iv bordarii de xl acris. Et x bordarii, quisq; v acr. Et v Cotseti quisq; iv acr. Et xii servi:* Tit. Gloucest. Rex. Teadechesbury. *Et xvi bordarii circa aulam manebant.* Titt. Hereford. Alured. de Marleberg. Elwias. *Et alii xii bordarii operantes una die in hebdomada.* Tit. Huntedonscire. *In burgo de Huntedon* —— *sunt Cxvi burgenses, consuetudines omnes, & geldum Regis reddentes: & sub eis sunt C bordarii qui adjuvant eos ad persolutionem geldi.* Numquid igitur *bordarii* non servi? Contribuunt in censum Regium ac si non essent. Perindè nec semper inopes: quod etiam innuit idem li-

liber Titt, Hereford. Rex. *Ibi* (inquit) *alii x bordarii pauperes*: quasi alios divites subaudiret. Certè liberi quàm plurimi tenuere in villanagio, i. per servitia servilia: quid ni igitur & in *bordagio*? Hoc enim tenuræ genus esse videtur, & terram potiùs respexisse quàm sanguinem. Sic Rentale de Havering atte Bowre: *Ibidem vocantur bordimanni, qui omnes tunc fuerunt bassa tenura.* Bordimanni, *homes du bord.*

Bordimanni.

Bordarii, tenentes per servitia plus servilia quam villani, & qui tenent nisi paucas acras. *Sic nota quadam in lib. M. Knifton.*

¶ *Bord halpeny.*] Nummus qui in foris & nundinis solvitur, pro erectione mensarum & tabularum ad exponendas merces. *Siliquaticum.* boꞃð & bꞃeo Sax. *tabula*, **halpeny** *obulus*. Mendosè scribuntur **borthalpeny** & **brodhalpen**. In antiquis Chartis multi immunes fiunt ab ista solutione.

¶ *Bordiare.*] Juxta quosdam, propriè est (quod aiunt) ad barros pugnare, *Torniare*, gladiis concurrere, *Justas facere*, hastiludium exercere. Sunt autem qui *bordiare* dicunt de omnibus: quære an à Gallico *bourder*, quod est, ludere, nugari. Inde autem *Burda* pro irrisione, & scommate. Jo. de Athon in Constit. Othobon. Tit. de hab. cleric. ca. Cum sancti, verb. Ridiculosus. *Ad immensam burdam astantium, fertur, &c.* Et post, Tit. de intrus. ca. Amoris, ver. Archidiac. *Ad quod facit una burda transmarina, &c.* Vide *Tornementum.*

¶ *Bordimanni*, **Bordlande.**] Vide *Bordarii.*

¶ *Bordonarii.*] *Burdonum custodes.* Con. Sicul. lib. 3. Tit. 38. l. 1. *Somarii, bordonarii, vel alii custodes aliquorum animalium. Burdo* mulus: & reperitur apud Ulpianum ante Gothica secula, nostrosq; ideo excedit limites, sed Germanicam videtur sapere originem, nam **some** & Sax. byꞃðen, nobis burdon, *onus* significant; ad quod, naturum hoc animal. Reg. lib. 4. cap. 5. 17. *Tollam onus duorum burdonum de terra, &c.*

¶ *Borgelote.*] Vide *Burgbote.*

¶ *Borghie Aldere.*] Vide *Borsholder.*

¶ *Borghbrech*, & *Borhbrech.*] Vide *Burghbrech.*

¶ *Bormis.*] Albert. Argentin. sub An. Dom. 1277. -- *pressuram bormis, seu acici exercitus Regis sufferre non valens.*

¶ *Borowgh.*] Vide *Burgus.*

¶ *Borowhead.*] Vide *Headborow.*

¶ *Borowholder.*] Vide *Borsholder.*

¶ *Borow English.*] Consuetudo in nonnullis burgis & villis Angliæ, qua filius defuncti natu minimus, vel si filii desint, frater minimus in hæreditatem succedit.

¶ *Borsholder*, al. *Bursholder*, & *Borowholder.*] Aluredus Rex celeberrimus, qui floruit An. Dom. 880. Angliam totam in Comitatus dissecuit; Comitatus deinceps in Centurias; atq; has novissimè in Decennas sive Decurias, Romanâ militiâ contubernia nuncupatas: Decuria decemviralis erat societas, in qua singuli reliquorum fidejussores extitere erga Regem, de se bene gerendo, ita scil. ut delinquentem quemlibet cæteri novem in judicio sisterent, fugientemq; infra *xxxi* dies redderent, vel ipsimet lege tenerentur. Decuriæ præfectum, multiplici appellabant nomine: *Borsholder, quasi fidejussorem primarium* (boꞃh enim corruptè burs & borow, *vas, fidejussor*; alder *senior, princeps, capitalis*) **borghe alder**, *quasi fidejussionis principem*. **Frithborgesher**, *liberorum fidejussorum, caput*, **Headborow**, *capitalem fidejussorem*, juxta quod forenses *Capitalem plegium* vocant. **Barst** etiam Germ. *contubernium*. Decuriam quoque multiplici appellabant nomine, ut in *Friborgus*, ubi de his plura vide.

¶ *Borthalpeny.*] V. *Bordhalpeny.*

¶ *Bortmagad.*] L. Frison. Tit. 13. *Qui cum ancilla alterius quæ nec mulgere nec molere solet, quam Bortmagad vocant, mœchatus fuerit, sol. 12: mulctam Domino ejus cogatur exolvere.* Magad pro ancilla, hodie Germani **Magett** dicunt: & nos (ex consuetudine g in y vertentes) **mayd**. Bort Lindenbrog. intelligit **bord**, quod (inquit) veteri linguâ Sax. *domus*, ut in Epist. Alfredi Reg. Angl. scripta ad Wulffigeum Episcop. Videtur hoc nonnihil conducere *Bordariorum* nostrorum explicationi, de quibus supra.

¶ *Bosanarium.*] Vide *Bozanarium.*

¶ *Bostagium, Boscus.*] Hoc *sylva*, illud alimentum quod è sylva referunt animalia: juxta Græc. βόσκειν, *pascere*: Legibus antiquis, *esca*, Angl. **boate**, Gallic. *boscag*, atq; idem à *bois*, Flandris **bosr**. Hinc *suboscus*, sylva humilis.

¶ *Bota* seu *Bote.*] Saxonic. *Emendatio, refectio, restauratio, compensatio.* Frequens occurrit in antiquis nostris legibus, sed plerunq; compositione, ut in Circbota, burgbota, brugbota, Feosbote, *i. Ecclesiæ, burgi, pontis, nummi restauratio.* Manbote, mægbot, kinsbot, frithesbote, *i. vassalli & consanguinei* (occisorum) *pacisq; violata compensatio.* Retinetur hodierno foro in vocabulis housbote, ploughbote, fierbote; lignum significantia, quod ex indulgentia legis, conductori liceat de conducto prædio succidere & asportare, in *ædium, sepium, aratriq; sui refectionem*, etiam *ignis* subministrandi gratia.

¶ *Botellus.*] L. Anglior. Tit. 5. §. 14. *Si intestina vel botelli perforati claudi non potuerint.* L. Frison. Tit. 22. §§. 51, 52. *Si ventrem vulneraverit, xli sol. componat. Si botellum vulneraverit, xviii, si perforaverit, xxiiii sol. componat.* Addit. 3. ad easd. 9. 31. *Si stomachus vel botellus perforatus fuerit, ita ut stercus per vulnus exierit.* Claud. Mamertin.

Quando intelligunt *botellum* pro ipso stomacho à similitudine Gallicâ *bouteille*.

tin. lib. 3. *batulorum inflexiones & reflexiones.*

¶ **Bovata,** seu **Bovatus terræ.**] Tantum esse fertur, quantum bos unus colat: sex *bovatæ*, quantum sex. In vet. autem Statutorum M. S. ad Compositionem mensuratum, sic notatur. *Octo bovatæ terræ faciunt carucatam terræ: octo carucatæ faciunt unum feodum militis: xviii acræ faciunt bovatam terræ.* Ex Skenæi autem Sententia, *bovata terræ* xiii acris semper constaret; & *bovatæ iv.* libratum terræ conficerent antiqui valoris, juxta Constitutionem quandam fisci Scotici. An. Dom. 1585. Charta Regis Edredi Anglo. Sax. (apud Ingulphum) dat. An. 948. *In Cappelade iii carucatas terræ, sex bovatas terræ, & xii acras prati.* Illic pluries. Angl. **an Organg,** & **Oxgate,** *i. bovis iter.* Vide *Jugum.*

¶ **Bozanarius.**] Ekkehard. Jun. lib. de Casib. S. Galli, cap. 5. -- *Episcopo bozanarium suum expectanti deferunt, & integra omnia & sana ostendunt.* De auriga dictum videtur, qui vehiculum vino onustum, magno sui & boum periculo everterat. Fortè à *bos* & *saumarius*, quod vide.

¶ **Bracco.**] *Bracconis*, ex leg. Frisonum supra mentionem fecimus. Gloss. vert. *Licisca, bracco,* Aliud Gloss. Latino Theotisc. *Licisca,* Mistbella vel Brechin. Marculf. M.S. in Biblioth. Regis Gall. in form. Parobelæ. *Latrat bracco sed non ut canis.* Et post pauca. *Non movet bracco talem baronem, non latrat bracco contra insontem, &c.* ut refert Lindenbrogius, qui vocem **bracken** retineri ait à Germanis, Specul. Sax. lib. 3. art. 47. Et nos quidem hodie **brach** dicimus de cane fœminea, quæ leporem ex odore persequitur.

¶ **Bracha.**] -- Chlamides enim gestabant unius formæ, omnes & nobiles & plebei (nisi quod nobiles variegatis sibi magis placebant) & illas quidem demissas, ac fluxas; sed in sinus tamen quosdam, ubi volebant, decenter contractas. Has *Brachas* à veteribus appellatas facile equidem crediderim. *J. Lesl. Episc. Ross. de orig. moribus, & rebus gestis Scotorum. p.* 58.

¶ **Brachinum.**] Ingulph. Hist. Croyl. pa. 888. *Novum brachinum, & novum pistrinum: omnia de lignorum pulcherrimo tabulato.* Item pa. 898. *Coquina, pistrina, & brachini vasa. Pistrinum,* intelligo locum in quo farina molebatur: *Brachinum*, quo panes pisti & cocti erant: Dictum ab instrumento pistorio, **a brake,** *Mastrum, frangibulum.*

¶ *Brayare.*] Ejulare. *Reg. Majest.* lib. 2. ca. 58.

¶ **Brandeum.**] Opperimenti quidpiam Sanctorum reliquiis impositum, ne temerè violentur. Velum, sudarium. V. *Baron.* to. 1. §. 12. l. 5. & V. inf. *Sanctuarium.* Flodoard. Hist. Eccl. Rem. lib. 1. cap. 20. *Corpus ejusdem rubeo constat brandeo involutum*, & cap. 21. *Sudarium -- cum parte prædicti brandei scriniolo reconditum eburneo.*

¶ **Brasium.**] Hordeum medicatum, ex quo cervisiam conficiunt. Saxon. malt & mealt, *q. liquifactum.* Deducitur à Græc. βρέσσω, *i, bullio, effundo*, unde potifices (h. qui potum coquunt, & effundunt) Gal. *Brasseurs*, atq; inde forensibus *Brasiatores* dicti sunt. *Brasiatores.* Assisa panis & cervisiæ An. 51. H. 3. *Quando quarterium -- hordei valet xx. den. vel ii. sol. & quarterium avenarum xvi. den. tunc debent & bene possunt brasiatores vendere in Civitatibus ii. lagenas ad denarium, &c.* Hodie *Brasiator*, brasii confector.

¶ **Breve, Brevis, Breviculum.**] Græcobarb. βρεβίον, &c. Scriptum quod summam rei continet; aliter *pictacium.* Zonaras in Concil. Carthag. βρεβίον, ἡ ἐπιτομὴ λέγεται, καὶ σύμτομος γραφή. *Breve, epitome dicitur & concisa scriptura.* Claruit vocabuli usus à tertio post Christum seculo; in Imperio primùm, mox in Ecclesia. Hîc *Breve Apostolicum* quod à Romano Pontifice: illic *Imperatorum* quod emanat à Cæsare, nuncupatum.

Angli *brevia* tantùm vocamus membranulas sigillo Regio firmatas quibus Imperatoria brevitate Princeps aliquid mandat aut prohibet. Bract. lib. 2. Tract. 1. cap. 12. *Breve, quod sicut regula Juris, rem quæ est breviter enarrat.* In LL. Hen. 1. cap. 14. *Brevium* contemptus inter placita numeratur, *quæ hominem mittunt in misericordiam Regis.*

Breve testatum. Transferebant sæpè olim prædia, absq; Charta, sub vicinorum Pariumq; curiæ testimonio. Moris igitur fuit in futuram memoriam, rem schedulæ committere (adjunctis testium nominibus) quam inde *breve testatum* vocabant: utpote nullius sigillo, sed testium authoritate validum. Multa ejusmodi in lib. Rames. & prolixa admodum nonnulla. *V. Cujac. de LL. ca.* 1. §. *Notandum p.* 30.

Breviculus. Dimin. Hincmar. apud Flodoard. Eccl. Rem. lib. 3. cap. 21. *Subscribendum tibi breviculum ita se habentem,* viv. &c. *Brevigerulus*, tabellarius. Hist. Austral. in exordio. *Brevigerulus.*

¶ **Briga.**] (Gal. *brigue*) *Jurgium, lis, tumultus.* Albert. Argentin. in An. Dom. 1265. *Orta briga inter Henr. Comitem, &c.* Item An. 1273. *Rex Bohemiæ absq; briga veniens.* Forensibus nostris olim in usu. Modus tenend. Parlam. cap. de casib. & judiciis. *Cùm briga, dubitatio, vel casus difficilis sit, pacis vel genere emergat, &c.* Putà Chartis, vel feofamentis fraudæ confectis. In Archivis Regii tribunal. sub Ed. 3. *In brigam ponere terras & tenementa:* quod idem Albert. in An. 1289. *imbrigare* dixit. *Imbrigare.* *Francus se nolens imbrigare cum illo, à gravaminibus cessavit.* An. 1293. *facere brigam Duci.* Hinc *brigosus.* *Brigosus.*

Ric. Thurkil per falsam covinam fecit garcionem suum proprium intrare in tenementa

R. M.

R. M. (qui justè acquisivit eadem tenementa) super seisinam prædicti *R. M.* & postea emit ab eodem garcione easdem terras: qui garcio, per Cartam suam feoffavit prædictum Richardum; & idem *Ricardus* feoffavit postea inde *A. B.* & sic posuit terram illam in *brigam*; & causa intricandi terram &c. committitur Marescallo &c. *Plac. de term. Hill.* 18. E. 3. *Rot.* 28. *Ebor.*

¶ **Bristega.**] Vide *Hurditium.*

¶ **Brighbote.**] Vide *Brugbote.*

¶ **Brocarius.**] *Proxeneta.* Statuta Gildæ, Scot. cap. 27. *Statuimus quod broccarii sint electi per communiam villæ.* Ibi Skenæus; *Broccarii in Jure Civili sunt proxenetæ, qui sunt interpretes & consiliarii contractuum & operam suam navant his qui contrahunt*, l. 2. ff. de proxenet.

Reperitur frequenter in Stat. Hiberniæ ab Ed. 3. edito An. Regn. 33.

¶ **Brochia.**] Bracton. lib. 2. Trac. 1. ca. 6. de Serjantiis agens. *Si quis teneat per servitium inveniendi Domino Regi, certis locis & certis temporibus, unum hominem & unum equum, & saccum cum brochia pro aliqua necessitate, vel utilitate exercitum suum contingentem.* Dictum opinor à Gall. *broc*, quod lagenam majorem, aut cantharum significat, plus minus 6. sextarios continentem: ut sit *saccus* ad deportationem aridorum, *brochia* verò liquidorum.

¶ **Brochus.**] Ramesf. Sect. 300. *Sciatis nos dedisse & concessisse, &c. pro 3. solidis, & 10 brochis anguillarum.* A Gall. *broche*, i. veru; Angl. **A stick of Eels.** Stat. Composit. ponder. & mens. *Binde anguillarum constat ex 10. -- sticks, & qualibet stick ex 25. anguillis.*

¶ **Brodhalpeny.**] Vide *Bordhalpeny.*

¶ **Broethan.**] Ego *Willielmus*, dei gratiâ, *Flandrensis* Comes, petitione Burgensium S. *Audomari* &c. laghas, seu consuetudines subscriptas perpetuo eis jure concedo, &c. mansiones quoq; &c. illis viz. quæ inhabitantur, ab omni consuetudine liberas esse volo; dabuntq; singulæ denarios *xii* in festo S. *Mich.* & de *broethan* denarios *xii.* & de *bierban xii d.* vacuæ autem nihil dabunt. Confirmatum est hoc privilegium &c. anno dominicæ incarn. *MCxxvii. Les preuves de l'hist. des Comtes de Guines. p.* 195.

¶ **Brolium.**] Chart. Odolrici Archiep. An. circiter 969. in Append. ad Flodoard. *Mansionile Sevivaldi Curtis nuncupato, cum sylva & dimidio brolio ad ipsum adspiciente.*

¶ **Bruarium.**] Vox for. sed emendatius *bruyrium*, à Gall. *bruyere*, i. Latinè *erica*: quasi *ericetum*, Angl. **heath, a heath-ground.** Domesd. Tit. Dorset Eccles. Creneburn. In gelingham. *Pastura xi quarentenarum & dimid. longitudine & latitud. Bruaria 2. leuvarum longitudine & latitudine.*

Hac autem appellatione, forenses vocant Steriles camporum solitudines, licet ericam non edant, **heath-ground.**

¶ **Brudatus** adject.] Reor idem esse quod acupictus, aut opere Phrygio vermiculatus: quasi brodatus, à *Gall. brode*, hoc significante. *Lib. Abbatum Glastoniens. M. S. de donis* Walteri *de* Monytone *Abbatis An. Dom.* 1342. *&* 16 Ed. 3. *Locum prolixius dabo, quod semel pluribus inserviat vocibus huc referendis.* In primis octo sectas, quarum prima *brudata*, continens quatuor *Capas*, unam *Casulam*, tres *Tunicas*, *Pannum* & *Frontellum* pro magno Altari, cum 8 *Albis*, 2 *Stolis*, & 3 *Manipulis* ejusdem sectæ, cujus campus indicus est, continens in circulis aureis sui nominis & cognominis principales literas coronatas. Secunda de panno aureo, continet 4 Capas, & quartam aliqualiter dissimilem, 1 *Casulam*, 3 *Tunicas* cum 8 *Albis*, 2 *Stolis*, & 3 *Manipulis* sectæ ejusdem, cujus campus indicus cum draconibus & arboribus aureis intextis. Tertia de rubeo camaka, continens 4 *Capas*, unam *Casulam*, & 2 *Tunicas*. Quarta de rubeo samicto, continens 1 *Capam*, 1 *Casulam*, & 2 *Tunicas* cum phitacis aureis & argenteis alternatim intextis. Quinta de viridi serico, continens 2 *Capas*, 1 *Casulam*, 3 *Tunicas*, habens albos flores & picas aureas & nigras alternatim intextas. Sexta continet unam *Capam*, 1 *Casulam*, 3 *Albas*, cum 2 *Stolis* & 3 *Manipulis* sectæ consimilis; cujus campus indicus est, & cum aureis coronis & pennis intextis. Septima est de albo camaka cum viridibus foliis, continens 1 *Casulam*, 2 *Tunicas* cum 2 *Albis* sectæ consimilis, sine *Capâ*. Præterea dedit 8 *Capas* sine sectâ consimili, unde 6 brudatæ: quarum prima continet passionem sancti *Thomæ Cantuariensis* Archiepiscopi, cujus campus est de rubeo samicto, cum nobili aurifrizo. Secunda est de rubeo samicto, continet passionem Domini, cum diversis sanctorum imaginibus in eadem. Tertia de rubeo samicto &c. Quarta operis consuticii, continet in circulis aureis historiam Salvatoris, imaginibus aureis intextis. Quinta de viridi velveto continet capita Leopardorum aurea, cum *Wodewoeis* argenteis. Sexta de rubeo velveto continens trifolia aurea per totum, cum unâ albâ sectæ consimilis, Et cæt.

Secta. Brudatus. Frontellum. Literæ coron. Camaka. Samictus. Indicus. Corona cum pennis. Camaka.

Quatuor amicea brudata sive secta consimili; quorum primum continet *arma* Angliæ & Franciæ, secundum & tertium *arma* diversorum Angliæ & Franciæ Dominorum.

¶ **Brugbote**, al. **Brigbote.**] *Pontis refectio*, bruᵹ enim & briᵹ *pons*. Sic dictum quod è tabulis confici solet, nam bruᵹ etiam *tabulatum*, bote *emendatio*, *restauratio*. In Chartis privilegiariis sæpe occurrit, *quietos esse à brugbote*: sed hoc olim inter ea servitia habebatur, quæ relaxari non poterant, ut infra videas in *Burgbote*, quod mendosè sæpe pro *Brugbote* scribitur.

¶ **Brunea**, al. **Brunca**, sed mendose.] Vide *Bauga.*

¶ **Brunia.**] V. Lindenb. Et Edict. Pistens. ca. 25.

¶ **Brusura.**] Contusio. Ab Ang. **bruise**, & **bruised.** Gal. *breusse*. Bract. lib. 3. Trac. 2. ca. 13.

13. *Arma moluta plagam faciunt, sicut gladius, bisacuta, & ejusmodi: ligna verò & lapides, brusuras, orbes, & ictus, qui judicari non possunt ad plagam, ad hoc vel inde venire possit ad duellum.*

¶ **Brutesches.**] *M. P.* 309. *l.* 45.

¶ **Bubii, Bubones.**] Vide *Bobones.*

¶ **Buccellarius,** & per ç. unicum, *bucellarius.*] Wisigothis & Hispanis *vassallus*, qui in alterius est patrocinio. Propriè is olim cui patronus *buccellas*, hoc est, mensam præbuit. Wisigoth. lib. 5. Tit. 2. l. 1. antiqua. *Quicunq; autem in patrocinio constitutus sub patrono aliquid acquisierit, medietas ex omnibus in patroni vel filiorū ipsius potestate consistat. Aliam verò medietatem idem buccellarius, qui acquisivit, obtineat. Quod si buccellarius filiam tantummodò reliquerit, & filium non reliquerit, ipsam in potestate Patroni manere jubemus: sic tamen ut ipse patronus equalem ei provideat, qui eam sibi possit in matrimonio sociare. Quòd si ipsa sibi contra voluntatem patroni inferiorem fortè maritum elegerit; quidquid patri ejus à patrono fuerat donatum, vel à parentibus patroni, patrono vel heredibus ejus restituat.* Hic Lindenbrog. In foro (inquit) Judicum Hispan. *Buccellarius* interpretatur *vassallus*, melius Gloss. Nomicum, βουκελλάριος, ὁ ἀποσελλόμενος, καὶ φων τινά. βουκελλάριος ὁ παραμένων στρατιώτης. Perspicuè autem in hac lege depingitur miles noster feodalis antiquus, hodiè dictus *Tenens per servitium militare*: cui & benè convenit armaturæ genus, quod è Mauritio Authore Græco refert Turnebus Adversar. 24. cap. 16. Scil. *Buccellarios fuisse equites -- armatos zabis, i. armaturis loricarum prope talarium, manicis ferreis, & contatos quosdam.* Addit, *& sagittarios*, quod nostris non quadrat. Sed loqui intelligendus est, de certo quodam *Buccellariorum* ordine, magno tunc honore, quòd in agmine ante Imperatorem exercitus equitarent, & post sequerentur: patriâ (ut Suidas indicat) Gallogræci. Greg. Turon. Hist. lib. 2. cap. 8. *Dum Valentianus Imp. concionaretur ad populum, Occyla buccellarius Aetii, ex adverso veniens, eum gladio perfodit.*

Buccellarios interpretatur Albericus, *latrones*, fortè vel quòd accepta missione à Magistro militum in Oriente, latrocinari eis licuit, & ex rapto vivere: vel quòd gentis vitium hoc esset.

Buccellarius pro scurra, & parasito. Sic Glossæ Isodori in *Scurra*. A *buccellario* ductum volunt nonnulli Gallicum *Bucchelier*, nec ei me sententiæ gnaviter opponam: sed vide quæ de hoc, & *buccellario* supra notavi in *Baccalarius*.

¶ **Buccus.**] L. Salic. Tit. 5. §. 1. *Si quis capritum sive capram, aut duas capras, vel tres furatus fuerit, Cxx. den. qui faciunt solidos iii. culpab. judicetur, &c.* §. 3. *Si quis buccum furaverit, DC. den. qui faciunt sol. xv. culp. jud. &c.* Hujus legis titulus inscribitur, *de furtis caprarum*; sub quo genere, in ipsa lege numerantur *capritus, capra*, & *buccus*, qui non facilè distinguuntur. Si enim *capritus* idem sit quod *hircus*, ut Glossar. hic exponit, Gal. *cabrit*: quid demum *buccus*? nam hoc quoq; *caper*, interpretatur, juxta quod Greg. Turon. dixit, *buccus olidus vocabatur*, & Glossæ Latino Saxon. Bedæ, *Caper vel hircus*; buc, bucca. Num barbaris Romana ea sagacitas, ut *caprum* seu *capritum*, de mare castrato intelligant? *buccum* de non castrato? ut Martial.

Cum jugulas hircum, factus es ipse caper?

Haud credam. Num igitur *capritum* pro *capreolo* seu hædo? Nec id obtrudam: sed *buccum* quinq; *capritis* æstimari vides. Certè nos **buck** dicimus de cervo, non de capro vel hirco: & suppositus videtur hic legis paragraphus, nam in tribus exemplaribus non reperitur. De cervis tamen quæpiam extant in L. Sal. Tit. 35. Et Bedæ Gloss. Latino Sax. *Cervus* heoрт. *Cerva*, hinð.

¶ **Bucecardus.**] Vide *Buscarla.*

¶ **Buiblota.**] In LL. Alfrid. M. S. vide *Outhorne.*

¶ **Bulgia.**] Idem quod *bulga*. Ab Ital. *bolgia*, Græcobar. βούλγιον, & βουλγίδιον. Malmesb. de Gest. Pontif. lib. 1. *bulgias & manticas coram efferri & expilari jussit.* Glossæ Græcolat. *Bulgetarius* βουλγιοπώλης. Bulgetarius.

¶ *De Bullis, & litteris bullatis.*

¶ **Bulla, Bullare, Bulleta.**] 1. *Sigillum*, 2. *Sigillare*, 3. *Literæ salvi conductus, vel securi transitus.* Italis Bolla, Bollare, Bolleta; atq; inde Boletarius, *litterarum obsignator. Bulla* Græcobarb. βοῦλλη, & βούλλιον, etiam per λ, simplex: (à bullæ seu monilis similitudine) sub inclinato Imperio quadruplex reperitur: *aurea, argentea, cerea, plumbea*, quibus omnibus ipse usus est Imperator.

Bulla aurea, χρυσόβουλλον. *Constat* (inquit Polydorus Virgilius de Invent. lib. 8. cap. 2.) *ante Carolum magnum Imperatorem, literas auro obsignasse Principum Romanorum neminem.* Certè constat Reges Francorum plus minùs 200. annos ante Caroli Imperium auro obsignasse literas, si suspectas nobis non obtrudat Franciscus Rosierius, in apparatu ad Stemmata Lotharingia. Profert enim non solum Pipini Regis & Sigeberti, sed Dagoberti etiam Chartas plures aureis sigillis roboratas: & quod maius est, scuta in sigillis exhibentes, juxta regulas hodiernæ Fecialium scholæ insignita. Flodoardus equidem nihil tale retulit de Sigillo Caroli Calvi, epistolam dantis ad Nicolaum I. An. Dom. 867. Hist. Rem. l. lib. 3. cap. 1
at -- *bulla* (inquit) *sui nominis sigillavit.* Nominum autem ne meminit Rosierus, sigilla accuratè

accuratè deſcribens. Parcè de Chartarum fide, hæc tamen mira: & in Datis præterea non leviter eſt erratum. Undecunq; verò morem acceperunt Imperatores, *aurea bulla* tantùm uſi ſunt (ut notat Codinus) ad Reges, Sultaños, Toparchas; præſertim cum ex communi Principum Ordinumq; ſententia publicum quid ſtatuerent, perpetuoq; obſervandum.

-- Rediens autem *Edwardus* (primogenitus Regis Hen. 3.) cum nuptâ ſuâ ad patrem, detulit ſecum Cartam Regis *Hiſpaniæ*, quâ quietum clamavit totam *Vaſconiam*, pro ſe & hæredibus ſuis, *auro bullatam. Mat. Weſtm. p.* 263.

Bulla argentea, ἀργυρόβουλλον. De hac nihil Codinus, nec ego certi aliquid. Refert is tamen Imperatorem mox poſt conſecrationem feſtis quibuſdam diebus ſollenniter peractam; beneficii decretum aliquod -- (putà à Patriarcha nomine Eccleſiæ alteriuſvè exoratum) ſubſcribere, cœtu clamante *diuturnum*: & hoc quidem decretum ἔχει δύναμιν -- ἐγγὺς χρυσοβούλλου *poteſtatem* (inquit) *habet aureæ bullæ proximam*, an verò argento eſſet obſignatum non reperio. Audi Phranzem (apud Meur.) Chron. lib. 11. cap. 10. *Ego cum litteris bulla argentea inſignitis, & jurejurando firmatis, & multo milite miſſus ſum, ut Athenas & Thebas in poteſtatem reciperem*, & Luitprandum in Legat. *Tulerunt autem & alias literas argento ſignatas, atq; dixerunt, Papapam veſtram*, &c.

Bulla cerea, κηρόβουλλον. Hac ad matrem, ad uxorem, ad filium literas munivit: ut Codini locus (à Junio reſtitutus, ſed à Meurſio elucidatus) innuit. Erat autem hæc duplex, rubra, & praſina, dicebaturq; δικήριον, & utraq; uſus eſt Imperator, innuendo ad ſemet etiam pariter, atq; ad Patriarcham docendi munus pertinere, ut Meurſius è Balſomone de Privileg. Patriarch. retulit. οἱ βασιλεῖς καὶ οἱ πατριάρχαι μεγαλύνονται μὲν καὶ διδασκαλικοῖς ἀξιώμασι, διὰ τὴν τοῦ ἁγίου χρίσματος δύναμιν. ἐντεῦθεν γὰρ οἱ πιστοὶ δεσπόται καὶ αὐτοκράτορες κατηχητικῶς ὁμιλοῦσι τῷ χριστωνύμῳ λαῷ, ἢ θυμιῶσιν ὡς ἱερεῖς, καὶ μετὰ δικηρίου σφραγίζουσι, id eſt, *Magni quidem fiunt, & in docendi peritia dignè efferuntur Imperatores & Patriarchæ, ob virtutem ſacræ ſuæ unctionis. Hinc enim fideles Domini, & ex ſe conſiſtentes, populum Chriſtianum, concionando erudiunt, vel thura ut ſacerdotes adolent & (μετὰ δικηρίου) gemina cera obſignant.* Memini (ſi non male) adoleſcentulum me vidiſſe -- ſigillum Imperatoris alicujus, in cera praſina flaveſcenti circuncinctum: quod an huc faciat myſta dicat Germanus.

Bulla plumbea, μολυβδινόβουλλον, ad Deſpotas, Patriarchas, & reliquos Principes honoratiores mittebatur: ut Codinus quà ſuprà. An verò ab illis ad alios (ut locum ambiguum & mendoſum intellexit Junius) mihi non conſtat. Hanc autem ceream fuiſſe ille aſſerit, ſed *bulla plumbea* incluſam, quod etiam tum de argentea dixerit, tum de aurea. Sed *aureas* plures vidimus è ſolido metallo. Scil. Franciſci 1. Regis Franciæ fœdus cum Henrico 8. contrahentis An. Dom. 1572. cujus parte altera ſic inſcribitur.

Plurima ſervantur fœdere, cuncta fide.

Item Clementis 7. titulum *Defenſoris ſidei* eidem Henrico conferentis. Opinor etiam Alphonſi Regis Caſtiliæ, Edouardo 2. Anglo, jus Vaſconiæ relaxantis.

Bullam auream in orientali Imperio curabat magnus Logothetes, & ut veriſimile eſt *argenteam* quoq;. *Ceream* vero & *plumbeam* Accubitor fundæ, id eſt, ſigilli annularis præfectus. Hic cuſtodi privati ſigilli, ille magno Angliæ Cancellario non diſſimilis. *Bullatas* autem in hunc modum litteras, tribus in fronte crucibus firmavit Imperator: in calce verò non pro more occidentalium Imperatorum à Carolo Magno uſitato (complicatis ſcil. nominis ſui literis) ſed tituli ipſius conſcriptione: omnibus etiam è rubro, nam alioquin haud ratæ videbantur literæ. Phranzes lib. 3. cap. 4. *Imperator manu ſua eo vidente tres cruces cinnabari fronte bullæ ad confirmationem, pro conſuetudine, exprimit, bullamq; auream legato, in manu tradit.* Nicephorus Greg. Hiſt. lib. 4. ἐπέτρεπε δ' αὐτῷ ὁ πατὴρ, &c. *Permiſit autem pater* (Scil. Andronico Imperatori, jam conſtituto) *edictis ſubſcribere rubris literis, at ſine menſe & indictione*, Andronicus Chriſti Gratia Imperator Romanorum. Fortè atramentum quo in hoc uſus eſt Imperator, nec verè è cinnabaro ſeu minio fuit, nec propriè rubrum, ſed in purpureum magis vergens, utpotè quod ex conchæ ſanguine confectum eſſet receptoq; nomine *encauſtum* appellatum. Rationem nominis tradit Rhodiginus lib. 7. cap. 31. & compoſitionem Leo Imp. m. l. *ſacri afflatus 6. C. de diverſ. reſcript.* Pancirollus attamen hoc inter deperdita recitat, & non immeritò: nam primariis quibuſdam J. Conſultis ita obſoletum videbatur, ut cum in Jure legatur *Encauſtis brevibus*, Accurſius ſubſtituit *in cautis brevibus.* Lucas de Penna *in chartis brevibus*, locum uterq; genuinum vitians. Nicetas Choniates in Manuel Comneno lib. 1. ὁ μέγας δομέστικος -- γράμμα ἐρυθρόσήμαντον σφραγῖδι τε χρυσείᾳ καὶ σηρικῷ νήματι, ἔμπεδον κόγχης ἀναδεδευμένα αἵματι, τῷ κλήρῳ τοῦ μεγάλου νεὼ ἀποδίδωσι, id eſt, *Magnus Domeſticus literas* (Manuelis novi Imperatoris) *rubro aureo ſigillo, & ſerico filo munitas, & conchæ ſanguine depictas Clero magni templi tradit.* Sic Palæologus Imp. Romæ in Æde S. Spiritus obedientiam & ſubjectionem Romanæ Eccleſiæ jurejurando pollicitus; id ſyngrapha conchylii ſanguine à ſe ſubſcripta, teſtatum reliquit, ut ex Epitome Chronicorum Werveronis Leodicenſi mona-

chi

chi refert Brissonius. Vidimus ipsi aliquando literas Achmatis Imperatoris Turcici ad Elezabetham Reginam, purpureo quodam atramento, vel potius cæruleo conscriptas, quod morem non malè refert Romanorum Principum. Conchilii autem cruore nemini licuit si non Imperatori, literas firmare sub majestatis reatu: ne pupilli quidem Imperatoris tutori, qui colore igitur viridi usus est, ut de Alexio Sebastocratore, Alexii Comneni tutore refert Nicetas in lib. de ejusdem Imperio: *Impetrato edicto continebatur, ea quibus manus Imperatoris subscripsisse, non aliter rata fore, nisi prius Alexius ea vidißet, & colore viridi subscripsisset* Rata Sunt.

Bulla Apostolica sunt Romani Pontificis literæ plumbo frequentius sed auro interdum obsignati. Polydorus de inventorib. lib. 8.cap. 2. *Satis* (inquit) *constat Agathonem quo sedente magna sedi facta est honoris accessio -- in cera annulo impressisse sigilla: verùm postea cum Romanus Pontifex multa erogaret privilegia, ut diplomata diuturniora forent, placuit Stephano tertio, ac deinceps Hadriano primo, tabulas Apostolicas plumbo obsignare. Fuit is annus salutis D. Clxxii. cùm ipse Hadrianus factus est Pontifex: nam antiquius non reperitur sigillum plumbeum. Constat* (inquit) sed ubi, vel apud quem, fateor me nescire. *Bullæ* autem specimen exhibet Mat. Paris in An. 1237. *In bulla Domini Papæ stat imago Pauli à dextris crucis in medio bullæ figurata, & Petri à sinistris; nulla tamen inter tantos sanctos est orta unquam contentio, ambo enim sunt in coæquali gloria. Veruntamen propter Petri clavigeri dignitatem, & Apostolatus Principatum, nec non & Cathedralem dignitatem, cùm prioratu vocationis, merito à dextris crucis ejus imago collocanda videtur. Sed quia Paulus credidit in Christum quem non vidit, à dextris figuratur.* Clemens atuem sextus, ut in An. Dom. 1342. refert Albertus Argentinus, *cùm arma progeniei suæ haberent quinq; rosas, contra morem antecessorum suorum totidem rosas poni fecit in bulla.*

Metallo sigillare illustre privilegium, & ad Principes pertinens, quod nec Duces Venetûm arrogarunt priusquam ad Alexandro 3. jus obsignandorum plumbo diplomatum An. circiter Christi 1170. obtinuissent. Sed plumbo etiam obsignavit Prior S. Johannis Hierosolomitani: ut è *Bulla* Bonifacii Papæ, Ordinis ejusdem regulas confirmantis, in M. S. vidimus.

Bulla deniq; non solum sigillum significat imprimens, & impressum, sed ipsas etiam literas *bullatas*; ut è supradictis animadvertas, & interdum *schedulam* seu *billam*. Walsingham in Edouardo 3. sub An. 1340. *Misit quoq; Archiepiscopus* (Cantuariæ) *Regi & Concilio suo schedulam sive bullam, in hunc modum continentem*, &c.

¶ *Bunda.*] Vide *Bonna*.

¶ *Bunuarium.*] *Mensura quædam terræ sicut jugera*: Papias. Numquid à Sax. bunna, seu bunSan? Vide supra *Bonna*. Longob. lib. 3. Tit. 1. can. 46. Lotharius Imp. Si Ecclesia sit constructa, *quæ necessaria sit, & nihil dotis habuerit, volumus ut secundum jussionem domini ac genitoris —— nostri unus mansus cum xii bunuariis de terra arabili ibi detur, & mancipia duo, à liberis hominibus qui in eadem Ecclesia officium audire debent.* Formull. Solen. 127. *de terra arabili ad ipsum mansum adspiciente vel pertinente, bunuaria tanta. Similiter de prato bunuaria tanta.* Item formul. 130. —— *bunuaria tanta de terra arabili in loco nuncupato, &c.* Boherii prisca editio LL. Longobard. loco hic suprà legit, *mansus unus cum xii vicariis, &c.* notaq; in margine, *de quo per gl. & doc. in c. j. de censi.*

Bunuariarius, qui *bunuarium* agri possidet. Constitutione Caroli Crassi de Feudis. *Mansionarius quinq; solidos; absarius xxx denarios; bundiarius xv. quorum libet larium possessores vi suppleant.* Legendum hic putat Lindenbrogius *bunuariarius*, nam locum à viris doctis male hactenus intellectum asserit.

¶ **Burcia.**] Vide infra *Bussa* & *Buscia*.

¶ *Burcus.*] Idem quod Burgus; *Castrum, urbs.* Brit. Armor. Philippid. lib. 2. de castro Rodulphi:

Turribus & muris, minus altis atq; profundis
Fossis, interior burcus securus ab omni
Hoste videbatur, & inexpugnabilis esse.

Iterum mox, & lib. 7. & 10. Vide *Burgus*.

¶ **Burda.**] Vide supra *Bordiare*.

¶ **Burdatio.**] Greg. mag. lib. 1. Epist. 42. *Præterea cognovimus, quod prima illatio burdationis rusticanos nostros vehementer angustat: ità ut priusquam labores suos venundare valeant, compellantur tributa persolvere: quæ dum de suo unde dare non habent, ab auctionariis publicis mutuo accipiunt, & gravia commoda pro eodem beneficio persolvunt.* Inferius. *Cognovimus etiam rusticos burdationem quam jam ab eis exactam, Theodosius minime persolverat, iterum dedisse, ita ut in duplo exacti sunt.*

¶ **Burgagium.**] Est Servitium quod burgenses ex antiqua consuetudine, domino burgi præstant, pro domiciliis seu tenementis suis in eodem burgo. Ad militiam autem non pertinet, habeturq; ideo inter ignobiles tenuras. Neapolit. lib. 1. Tit. 66. l. 2. *Burgensaticum* dicitur. Vide *Burrow mealis*.

¶ **Burgarii**, & **Burgenses.**] Sunt burgorum villarumq; clausarum seu munitarum, habitatores: Livio & Salustio, *castellani*. Saxon. bunʒbpapn. Hi dum cauponandis mercibus, & rei mechanicæ operam navarent, generosæ turbæ (militiam omnino admiranti) despectui erant; adeo ut cum illis nec connubia jungerent, nec Martis aleam experirentur. Stat. Merton. An. Dom. 1235. cap. 7. *De Dominis qui maritaverint illos quos habent in custodia sua, villanis & aliis sicut burgensibus, ubi disparagentur: si talis hæres fuerit infra 14 annos, & talis ætatis quod consentire non poterit, tunc si parentes conquerantur de illo Domino, Dominus ille amittat custodiam usq; ad ætatem hæredis, & omne commodum, quod &c. propter dedecus ei factum.* Ad militiam nati, pro adultis non habentur donec emensi sunt annum ætatis xxi. *Filius verò Burgensis* (inquit Glanvilla, lib. 7. cap. 9.) *ætatem habere tunc intelligitur, cum discretè sciverit denarios numerare, & pannos ulnare, & alia paterna negotia similiter exercere.* Vetus lex, nihil militare à *burgensibus* expetit. In duellum igitur se vadatis, subterfugere licuit, & per campionem quem vocant, i. pugilem, rem decernere.

Burgenses autem aliàs dicti sunt ipsi Civitatum incolæ: nam Saxonibus & Germ. *Burgus* item Civitas. Distinguuntur tamen apud nos An. 5. Ric. 2. cap. 4. Stat. poster. ubi classes Reipub. sic enumerantur: **Count, Baron, Baneret, Chivaler de Comitee, Citezein de Citee, Burgeis de Burgh.**

¶ *Burgator.*] Vide *Burglaria.*

¶ *Burgbote.*] Auxilium dicitur quod ex consuetudine debetur, ad restaurationem urbium, burgorum, castrorum. Vide *Burgus* & *Bote.* Æthelstani legibus cap. 13. hoc quotannis fieri mandatur infra xiv. noctes post ȝanȝdaȝaſ, i. dies Rogationum seu lithaniæ majoris; sed Regum diplomatibus, plurimi ab eadem redduntur immunes. Prisco tamen Anglo-Saxonum Jure, ne Regi licuit ipsam remittere. Charta Ethelbaldi apud Malmesb. de gest. Reg. lib. 1. *Concedo ut omnia monasteria, & Ecclesiæ Regni mei, à publicis vectigalibus, & operibus & oneribus absolvantur, nisi instructionibus arcium vel pontium, quæ nulli unquam relaxari possunt.* Malè editur *artium*, & Ingulpho *archium*. LL. Canuti M.S. cap. 94. *Si quis burgbotam & brigbotam —— supersederit, emendet hoc erga Regem 120. sol. in Anglorum lege, &c.* Aliis dicitur burȝelote, q. Symbolum ad reficiendos burgorum muros contributum. Lot enim *symbolum.*

¶ *Burgemotus.*] Sax. burȝemote. *Curia burgensis. Conventus burgi vel Civitatis.* burh enim & burȝ, *oppidum, Civitas,* mote & ȝemote, *conventus.* LL. Canuti M.S. cap. 44. *Et habeatur in anno ter burgesmotus, & schiremotus bis, nisi sæpius sit, & intersit Episcopus & Aldermannus, & doceant ibi Dei rectum & seculi.* Salicis, Mallobergium.

¶ *Burgenses.*] Vide *Burgarii.*

¶ *Burgheristh.*] Domesd. Tit. Somerset. Episcopus *Wintone.* Tantone. *Istæ consuetudines pertinent ad Tantone. Burgheristh, latrones, pacis infractio, Hainfare, denarii de hundred, & denarii S. Petri cricieti. Ter in anno tenere placita Episcopi sine ammonitione, perfectio in exercitum cum hominibus Episcopi.* Illic Cricieti. Agardus hic *burgheristh* exposuit, *ad inveniendum nautas in Regis exercitu.* Dubiè autem ille, & perperàm sine dubio. Tanton enim nec oppidum est maritimum, nec celebri fluvio assitum, quod nec ideo nautas suggerat classi Regiæ, nec pertinet hæ consuetudines ad Regem, sed ad villam & Episcopum. Occurrit fortè vox antiquiùs in Charta Edmundi Regis, dat. An. Dom. 944. apud Malmesb. de gest. Reg. lib. 2. *Concedo Ecclesiæ S. Dei genitricis Mariæ Glastoniæ —— liberam potestatem, jura, consuetudines, & omnes forisfacturas, omnium terrarum suarum, id est, Burhgeritha, & hundred setena, athas, & ordelas, infangtheophas, * hamsocne, & fridebrice & forstel, &c.* Non audeo ex conjectura quid obtrudere, nam multiplex hic etimon, atq; inde latus errandi campus. *Burg* enim, *burgh,* & *burh,* aliàs oppidum, aliàs portum, aliàs domum, aliàs septum, aliàs fidejussionem significat. *Rissz,* Germanicè, Sicambris *ritse,* effractionem: quasi *burghesrist* fuerit, burgi, domus, septi, &c. effractio & violatio. Vide mox infra *Brughbrech. Here* autem si quam in vocabulo partem obtinuerit, *exercitum* notat, ut in *Herereita* & ejusmodi.

* Malè Hamsone.

¶ *Burghbrech,* al. *Borgbrech.*] *Fidejussionis violatio*; vel ut forenses loquuntur, *plegii fractio.* Saxon. borhbryce & borhbryce. borh *al.* borȝ, *fidejussio, vas, plegium,* Angl. **a borrow,** vel **surety,** bryce *fractio.* Angli omnes decemvirali olim fidejussione pacem Regiam stipulati sunt. Quod autem in hanc commissum est, *burghbrech* dicitur, ejusq; cognitio & vindicta, Regiis Chartis, plurimis credebantur, pro quorum dignitate, mulcta aliàs levior fuit, aliàs gravior. L. Aluredi cap. 3. Gif hƿa cyninges borhbrece ȝeæte, &c. *Si quis plegium Regis frangat, emendet inculpationem sicut rectum sic* (⁊ ðær borȝesbryce) *& infracturam plegii 5 libris Merciorum denariorum. Archiepiscopi* borhibriche *sive* mundbriche *emendetur 3 libris. Aliorum Episcoporum vel Aldermannorum, emendetur 2 libris.* Idem in Canuti LL. politicis cap. 55. Sed Archiepiscopo illic jungitur Æthelingus, 1. *Regni hæres.* Ranulph. Cestriens. in Polychron. lib. 1. cap. 50. *Mundbrich,* i. *læsio majestatis.* Gallicè, *blesmure de honneur. Burghbrich,* i. *læsio libertatis aut septi. Gallicè, blesmure de courte ou de close.* Blesmure

¶ *Burgekening.*] V. *Barbacan.*

¶ *Burglaria.*] Est nocturna diruptio habitaculi alicujus, vel Ecclesiæ; etiam murorum portarumvè Civitatis aut burgi, ad feloniam aliquam perpetrandam. *Nocturna* dico, recentiores sequutus, veteres enim hoc non adjungunt. Officium Coronatoris infra virgam Regis. cap. *De Burgatoribus domorum. Omnes Burgatores domorum, vel fractores Ec-*

clesiam

clesiarum, vel murorum, vel portarum Civitatis Regis, vel burgorum, intrantes maliciose & felonice, condempnentur morti, i. suspendantur. Dicti autem sunt *burgatores*, quòd dum alii per campos latrocinantur eminùs, hi burgos pertinaciùs invadunt, villas & ædes effringunt, & deprædantur. Significant autem *bur* & *bour* non solùm *habitationem*, sed & partem ejus sanctiorem, *conclave* nimirùm & *thalamum*, quæ nec ab hujusmodi latronibus sunt immunia. Vox *Burglaria* à Normannis inducta videtur; nam apud Saxones haud reperio. Crimen tamen inter inexpiabilia reponunt ƕuꞃb: ec nuncupantes. Vide LL. Canuti cap. 61. & Henr. 1. cap. 13.

Burgator.

¶ **Burgravius.**] *Spec. Sax.* Art. 52. Sculterus est judex culpæ Judicis, & Palantinus seu Palausgravius Imperatoris Judex est. *Burggravius*, i. perpetuus castellanus, judex est Marchionis, V. *Comes Palatinus*.

¶ **Burgus**, al. **Burcus.**] Saxon. buꞃᵹ, buꞃh, buꞃc, buꞃh, bꞃᵹ, beoꞃᵹ, biꞃᵹ, byꞃᵹ, & buꞃuᵹ (nam y. & u. indiscretè ponunt Saxones) vulgari nostro **borough**, non paucis **berg** & **burg**, quæ tamen cum aliis insuper significationibus, aliam sortiri videntur originem, ut supra in *Beria*.

Burgus (inquiunt) à Græco πύργος, i. *turris*, atq; idem à πῦρ, i. *ignis*, quod turres instar columnæ ignis cœlum appetunt. Hinc πυργόω, *in altum tollo*. Glossæ Cyrillo subjunctæ, πύργος, *turris, bugus*; lego *turris, burgus*.

Burgus pro *monte, castro, oppido, urbe*. Pari ratione significant hæc omnia *montem*: & quia turrim denotant, transferuntur etiam ad alias res munitas, scil. Castra, oppida, & urbes ipsas amplissimas. Fidè exhibet vox una Ἀσκιπόργιον, seu *Asciburgium*, utramq; significationem: non solum enim π litteram radicalem retinet, sed & apud Silesios, *Asci montem*: apud citeriores Germanos *Asci urbem* denominat. Sic in Francorum legibus, conventus Civitatis, *mallobergium* dicitur: mons Veneris in quo Sybillæ antrum, Germanis **Venus-berg**. Proculdubiò Saxones nostri *burgos* nuncuparunt quas alii urbes & Civitates: Malmesb. de gest. Pontific. lib. 4. *Burch, olim Medehamsted dicebatur, sed postquàm Kenulphus Abbas locum muro cinxit, a similitudine urbis, **Burch** vocatus est.* Cum verò Ecclesiastico canone prohibitum esset, Episcoporum cathedras aliàs locari quam in Civitatibus, Civitatis titulus apud cathedrarios tantum *burgus* remanebat. Plures igitur Civitates haud numerarunt nostri Majores, quam Episcopatus, Civitatis tamen specimen vel hodiè retinent *burgi* isti, utpote qui Prætore plerunq; honestantur, jure utuntur municipali, & in Parlamentariis Comitiis per procuratores suos (*burgenses* vocant) suffragia ferunt, obscuri licèt & minutissimi: quod in aliis villis (quantumvis egregiis) non deprehenditur. Cingebantur etiam muro plerunq; & vel castellum ostendebant celebre, vel quid aliud munimenis. Recentiùs autem nominis obtinent dignitatem, quibus Rex contulerit *burgorum* privilegia. Sed remeamus ad infantiam verbi.

Mallobergium.

V. Concil. Sard. & Lood-cens. & Londinens. An. 1075 sub Lanfranco. Etiam Decreta Damasi & Leonis.

Burgus pro *castello parvulo*. Sic Romanis notum Valentiniano ævo. Viget. de re milit. lib. 4 cap. 10. *Quod si ultra jactum teli, in clivo tamen Civitatis subjecta sit vena* (aquæ) *castellum parvulum quem burgum vocant, inter Civitatem & fontem convenit fabricari, ibiq; balistas sagittariosq; constitui, ut aqua defendatur ab hostibus.*

Burgus pro *habitaculo in limite*. Hoc sensu antiquius adhuc obtrudit Paul. Orosius Hist. lib. 7. cap. 32. *Burgundiones quoq; novorum hostium cœpit novum nomen, qui plusquam lxxx millia ut ferunt armatorum, ripæ Rheni fluminis consederunt. Hos quidem subacta interiore Germania, à Druso, & Tiberio adoptivis filiis Cæsaris, per castra dispositos, aiunt in magnam coaluisse gentem, atq; ita etiam nomen ex opere præsumpsisse, qui crebra per limitem habitacula constituta, burgos vulgo vocant.* Hæc paulò succinctius in suas Origines transcripsit Isodorus lib. 9. cap. 2. Et hinc Luithprandus (Hist. lib. 3. cap. 13.) errorem contrahens; Burgundiones à Romanis devictos, extra urbem collocatos asserit: *& quoniam* (inquit) *ipsi domorum congregationem quæ muro non claudebatur Burgum vocant, Burgundiones, quod est à Burgo expulsi, à Romanis appellati sunt.* Sed Orosio, dissentiens Rhenanus, Burgundionum nomen altiùs rimatur. *Agathias* (inquit) *Author Græcus Burgusiones vocat, & Gothici generis esse tradit, nimirum propter vicinitatem.*

Rer. Germ. lib. 1.

Burgus pro *habitaculo, seu loco munito*. Cum igitur reperiatur *burg* in Burgundionum nomine, priusquàm *habitacula* colerent *per limitem constituta*: perspicuum est, non inde nomen; sed (ut mihi videtur) à *munitis habitaculis*, nam buꞃᵹ *locum quoq; munitum* significat: unde beoꞃᵹan & byꞃᵹan, *munire, defendere*. * ꝩunian Germ. **wonen** *habitare*, quasi loca vel domicilia munita, habitantes. Hoveden in Hen. 2. *Erant quidem infra Vernolium* (quam paulò suprà *villam* nuncupat) *tres burgi præter castellum: & unusquisq; illorum separatus erat ab altero, & interclusus forti muro, & fossa aqua plena: & unus illorum dicebatur magnus burgus, ubi extra murum fixa erant tentoria Regis Franciæ & machinæ illius bellicæ.* Burgos à castello distinguit, & hos invicem ex magnitudine. Castellum intelligo *burgum* arcem habentem in area: *burgum* hic, locum munitum sine Castello.

** Bellicosa Gens. magis forte arridet, a Sax. ꝩunian, pugnare, q. burgis pugnantes.*

Burgus pro *sepimento castrensi*, i. *ampla fossâ & vallo ex egesto introrsum cespite munito*. Græcis recentioribus φωσσάτον, Anastasio in vita Stephani 3. *clusa*. Hujusmodi per locorum spacia, nonnulla vidimus antiquo opere, & quæ hodie à vicinis *burghs* & *burroughs* alicubi nuncupantur. Sic illud notum quod juxta ædes familiæ nostræ, in agro Norfolciensi adjacent,

Fossatum. Clusa.

jacenti villæ nomen fecit, *Nerburgh* inde dictæ, i. *prope burgum.* Reperiuntur autem duplici formâ, interdum quadrangula, sed frequentiùs rotunda: Hæc, opus Saxonicum (quod & Normanicum, & Gothicum est) prodit: illa Romanum.

Burgum verò *Romanum*, à Romana voce, *Caster* potiùs dicimus. Romanos autem veteres in quadram semper castrametatos esse, perspicuè indicat Polybius, licèt inferiores edocuit Vegetius, loci cedere necessitati, *& vel quadrata, vel rotunda, vel trigona, vel oblonga castra constituere.* Præfert tamen is & laudat *quibus ultra latitudinis spacium, tertia pars longitudinis additur.* Ejusmodi duo hodie conspiciuntur in Norfolcia, Branoduni & Ventæ Icenorum: fossis non admodum grandibus, sed lorica in fronte munitis, ut ex utroq; planiùs sic agnoscas Romanum artificium, de quo & magis adhuc constabit, si observes quæ à Vegetio tradicta sunt de re militar. lib. 3. cap. 8.

Burgum Gothicum & perinde Saxonicum atq; Normanicum, à Procopio discas, Belli Gothici lib. 2. *Amplissima quædam & in immensam profunditatem descendens fossa intercedebat: terra namq; quæ inde fuerat egesta, interiorem semper castrorum in partem rectà cum in altitudinem excrevisset, pro muro barbaris erat: qui utiq; cum conva lati & præacutis & conspissatis sudibus essent, fidenter ac fortiùs subeuntem in hostem pugnabant.* Huic (ut paulò suprà) *angustior in fronte aditus erat præcepsq; & ferè impervius, in eo armatus quidam -- insistit, & à loci angustiis alios prohibendo, socios sibi ad opem ferendum conciliat.* De forma autem castrorum silet Procopius, eam igitur ab Ammiano pete lib. 31. in Valen. & Gratian. *Vulgus inæstimabile barbarorum, ad orbis rotundi figuram, multitudine digesta plaustrorum tanquam intra montana spacia ocio fruebatur, & ubertate prædiorum.* Simile de Francis & Burgundiis Frodoardi Chronic. in An. Dom. 925. —— *castraq; duobus vel tribus millibus à Nordmannorum castris metantur in gyrum.* Græcos proculdubiò secuti, & Lycurgum, qui *angulos inutiles arbitratus*, εἰς κύκλον ἐστρατοπεδεύσατο, i. *in circulum castrametabatur, nisi aut mons aliquis tutamen daret, aut murus, aut fluvium à tergo haberent.* Xenophon de Spartanis in Repub. Laced.

Burgum è plaustris exhibet tibi Ammianus in loco citato. Tumultuarium enim castrorum munimen, cum pro vallo dispositos currus mutuo connexu habuerant, Germani **Wagenburg** nominarunt, ut Jodocus Willichius in suis ad Tacitum Commentariis cap. 10. mihi Author est. Nec dissimile videtur priscum Britannorum oppidum, de quo Cæsar. Bell. Gall. lib. 5. *Oppidum vocant Britanni cum sylvas impeditas vallo atq; fossa muniērunt.*

Burgum etiam dici quod Germanis aliis *haga* & *circulus*, non ineptè monent quæ de *burgo Gothico* supra referuntur. Ubi igitur Hunnos & Avares (octennali bello à Carolo Mag. edomitos) *extructis novem hagis, i. circulis in* Pannonia *habitasse* legimus: nos de totidem *burgis* intelligimus. Nam vel hodie circulum qui solem aliàs, & lunam ambit (i. *halo*) *burgh* & *burrough*, quasi *burgum* appellamus: & *à cingendo sepiendoq;* pleraq; habitationum vocabula apud Germanos, borealesq; populos videntur emanasse, ut infra in *Haga, Aaia, Ham, Heim, &c.*

Burgus deniq; apud Gallos appellatur villa interdum insignior, quæ nec muro nec vallo clauditur.

¶ ***Burgheritha,***] Vide Burgheristh.

¶ ***Burghware.***] *Civis, burgensis.* Veriverbio *burgi vir*, ƿaƿe enim Sax. *vir.* Charta Willielmi senioris Londoniensibus confecta circiter An. Dom. 10-- *Willielmus Rex salutat Willielmum Episcopum, & Goffredum Portgrefium, & omnem burghware infra London.* Juxta exemplar Saxon. ƿilliem king gr. ꝺ, ƿilliem bisceob ⁊ Godfreð po. ꝺp ƿan ⁊ ealle ða burghƿaru binnan Londen. Idem quod in aliis Chartt. *omnibus Baronibus de London.*

¶ ***Burica.***] LL. Alaman. Tit. 97. *Si quis buricas in sylvis tam porcorum quam pecorum incenderit xii. sol. componat.* An non stabulum vel casula ex ramis confecta, quod Angli **bour** dicimus à Sax, bur & bure, i. *cubiculum, conclave*, Græc. βούριον *habitatio.*

¶ ***Buricus, Burichalia.***] Illud *equus, mannus*: hoc *equorum instrata.* Græcobarb. βούριχος & βουριχάλια, de quo vide Meursium. Gloss. Philoxen. *Mannis* βουρίχοις. Gloss. Isodor. *Mannulus, caballus, buricus.* Hieronymus in epist. ad Pamach. Tom. 1. *ubi ferventes buricos mannos, comatulos pueros, &c.* Erasmus hìc intelligit *buricos* adjectivè positum à *Buris* Civitate Achaiæ, & ait in aliis codicibus *buricos* scribi, in aliis *boricos*, aliis omnino omitti, quod fortè rectius, nam *mannos* adjici videtur quasi per explicationem. Paulinus epist. 10. quæ est ad Severum *longe dispari cultu, macro illum & viliori à sellis burico sedentem.* Hinc (inquit Meursius) ἐμβουρίκλον *sella equestris.*

¶ ***Burire.***] Formull. Solenn. 125. *Quod hominem suum malo ordine adsallisset, & ipsum ibi interfecisset, vel occidisset, vel ranba sua, caballos, aurum, &c. deportasset, vel leodem contra legem ibi burisset. Leodem*, vassallum, famulum, *Burisset* (si à byrian Saxonico, Anglicè **to burie**) Sepelisset.

¶ ***Burrow mealis.***] LL. *Burgor.* apud Scotos, cap. 1. *Quilibet Burgensis, debet Domino Regi Burgagio, quod defendit pro particata terra quinq; denarios annuatim.* Hujusmodi redditus ibidem in margine appellantur Burrow mealis, dicunturq; incorporari annexiq; fisco & patrimonio Regis: Jacobi 1. Parlam. 1. cap. 8. *Mealis* hoc loco idem significare

nificare censeo, quod nostratibus olim *firma*: scil. quod in Regiæ mensæ apparatum confertur.

¶ *Burs'*] Domesd. Titt. Hantisc. Rex. Wimeringes Coseham. *Sunt iv hidæ quæ pertinent huic Manerio, ubi tempore Regis Edwardi erant* ix *Burs'* id est, *coliberti cum iv carucis*. Agardus, *Burs'* i. *colonus*. *Quorsum* ? num à *bura*, Virgilio *buris*, quod est pars aratri posterior? Non credo. Quære.

¶ *Bursa.*] Gall. *bourse*, crumena. A Græco ductum, sed à materia dictum: nam βύρσα, *corium*; unde id Virgilii -- *facti de nomine Byrsam*, &c. Hincmar. Epist. 8. cap. 3. *Teutfridus confessus vel convictus dicitur -- de bursa eburnea; de libra una de auro, &c.* Ex hoc *Bursarius* pro thesaurario, Angl. **bourser**; r. Gallico, eliso. Gloss. vett. *Bursa*, *cloaca*.

¶ *Bursarii.*] Qui è stipendiis vivunt Scholastici & alii. *Jo. Major Gest. Scoto. lib. 1. cap. 5.* In ea Universitate (Oxoniâ) sunt clara Collegia à Regibus, Reginis, Episcopis, & Principibus fundata; & ex stipendiis illorum scholastici plurimi aluntur; quos *Parisii bursarios* vocamus. *Et mox*, Centum *bursarios* utrunq; horum collegiorum habet, quorum alioui cultui divino, concionibusq; & alii literis jugiter incumbunt.

¶ *Bursholder.*] Vide supra *Bo.*

¶ *Buscarla, Buscarlus, Bustcarla, Buthscarla, Botescarlus, & Buzecarl.*] Domes. Titt. Wiltsc. Wilton. *Quando Rex ibat in expeditionem vel terra vel mari, habebat de hoc Manerio aut xx sol. ad pascendos suos Buzecarl, aut unum hominem ducebat secum pro honore quinq; hidarum.* Agardus hos *solitarios*, i. milites, exponit: eo fortè ductus quod in Florr. Historiar. legerit, *Buccelcarli sunt qui portus nauticos custodiunt.* Ego equidem aut de turba nautica omnino intelligerem, aut de militibus saltem nauticis: *Bussa* enim navis est grandior ut mox in vocabulo *Bussa* constabit, *Carl* minister, famulus, homo, robustior; ut itemq; in ea voce. Annal. Saxon. Petroburg. in An. Dom. 1066. Eadpin Eorle com land pinđ. 7 drap hine ut 7 þa butsecarlas hine forsocan 7 he for to Scotland mid *xii*. snaccum. Hoc totidem verbis Annales Waverleiens. *Edwinus Consul venit cum exercitu per terram, & fugavit eum, & butsecarli eum refutarunt. Ipse verò iniit Scotiam cum xii puppibus.* Legendum *busecarli*. Florent. Wigorn. in An. 1052. *Godwinus Comes in Cantia applicuit -- & omnes Butsecarlas de Hastinga & ubiq; circa ripas maris, aliosq; nonnullos in adjutorium sibi allexit.* Infra. *Butsecarlas & omnes quos obvios invenerat, secum legentes, versus Sandwicum portum cursum direxerunt.* Verbatim hæc transcripsit Hovedenus, sed ipse *Buthsecarlas*. Iterum Wigornens. in An. 1066. Tostius *de Butsecarlis, quosdam volentes quosdam nolentes secum assumens* (à Vecta insula) *recessit, & cursum ad Lindesegiam direxit.* Et An. 1071. *Rex cum Butsecarlis in orientali plaga insulæ, omnem sibi exitum obstruxit.* Etiam An. 1101. *Rex Butsecarlis præcepit mare custodire, observare ne quis de partibus Normaniæ, fines adiret Angliæ. Deniq;* (inquit) *cum Butsecarlis, Clitonem Eadgarum -- in Regem levare voluerunt.* Multa refero exempla, ut de voce ambigua tu ipse judices.

¶ *Bussa, Buscia, & Burcia.*] A Belgico **busse**, Navis grandior ad similitudinem pixidis (quod **busse** etiam significat) panda alvo & obtusa prora. Genealographus ætat. Hen. 3. M. S. in Ricardo 1. *Rex Anglorum Richardus iter maritimum ingrediens, secum habuit 13. naves pergrandes (quas vocant bussas vulgo) triplici velorum expansione velificantes, & centum naves onerarias, & quinquaginta galeas triremes.* Hoveden enarrans hanc ipsam expeditionem, *cessit* (inquit) Rex *à portu Mesaniæ cum 150. magnis navibus, & cum 53. galeis bene armatis, &c. Buscia autem magna in qua erat Regina Siciliæ, & filia Regis Navarræ, &c. & duæ aliæ busciæ, cum illa tempestate adhuc sæviente, pervenerunt ad insulam de Cypre.* Ita pluries. In anno autem superiori, *burcias* vocat si locus integer. *Rex Angliæ venit Messanam in Siciliæ cum burciis multis, & aliis magnis navibus, & galeis.*

Buscia.

Burcia.

¶ *Busones Comitatus.*] Bracton. lib. 3. Tract. 2. ca. 1. nu. 1. *Justiciarii, vocatis ad se quatuor vel sex, vel pluribus de majoribus Comitatus, qui dicuntur busones Comitatus, & ad quorum nutum dependent vota aliorum &c.* Desiderantur in codice nostro M. S. hæc verba: *qui dicuntur busones Comitatus.* In alio verò M. S. legitur *barones*, de quibus nos supra copiosè.

¶ *Bussellus.*] *Modius.* Statut. de pistorib. An. 31. Ed. 1. ca. 8. *Standardum, bussellì, galonæ, & ulnæ, sigillo Domini Regis ferreo signentur.* Et ca. 9 *Standardum busselli & ulnæ sint sub custodia Maioris & balivorum, & sex legalium hominum de villa juratorum.* Vide *busselli* capacitatem in voce *Galo*.

¶ *Butellus.*] Quibusdam *stomachus*, à similitudine Gallici *bouteille*. Vide supra *Botellus*.

¶ *Buticularius, Butica, Butina, Butta, Buttis, Butto, Butticella.*] De primo novissime. Omnia verò à Saxon. by.. & butte, i. *uter* & *dolium*. Unde Græcis etiam inferioribus, βοῦτις, βουτζὴ, βουτίον, βουτ[illegible], βουτίνον: de quibus Meursius. Gloss. Philox. *Cupa seu vagana.* βοῦτις μεγάλη ἣν τινὲς γαυλὸν καλοῦσιν. Gloss. Lat. Lat. Græc. *vett.* βοῦτις, *cupa*, βουτίον, *cupella*.

Butica. Papias: *Obba, genus vasis, butica.*

Butina. Meursius: βουτίνον, *butina*, *lagena*. Johan. Damascenus de condimentis, *Reponantur in butinam, sic ut mel citria plurimum excedat.*

cedat. Habetur etiam *butina* (sed alia reor significatione) Ripuarior. LL. 60. §. 4. *Si ibidem infra terminationem aliqua judicia, sua arte, vel butina, aut mutuli facto extiterint, ad sacramentum non admittatur, sed in præsente cum legis beneficio cogatur restituere.* Libro Basileæ edito An. 1530. legitur *sua arte, vel buccina,* obscurè utroq;.

Butta & *Butticella* occurrunt apud Cujacium in vet. instrumento: & Gotthf. Not. ad leg. 206. Princ. de verb. sig. Cujac. 9. obs. 26.

Buttis. Apud Marculf. in formula Parabolæ. *Lege & perlecta in pectore repone, sin autem non vis, in butte reconde.*

Butto, sub *butta* & *cupa* refertur à Meursio, inductis illis Anastasii in Leone 3. *In venerabili monasterio S. Sabæ, fecit buttonem argenteum cum canistro suo.* Et in Leone 4. *Obtulit in basilica beati Petri Apostoli buttonem de argento purissimo, cum gabathis argenteis pendentibus in catenulis septem.* Codex verò noster Moguntiæ impressus An. 1602. loco utroq; *butronem* Legit, i. *juvenem* scil. *canistrum ferentem.*

Buticularius, ceu *buttarum* vel *buticularum Præpositus.* Gall. *Bouteiller,* Pincerna. In Palatio Caroli Magni; præcipuæ dignitatis fuit & authoritatis, ut ab Hincmaro intelligas, Epist. 3. cap. 16. *Post eos* (scil. Apocrisiarium & Cancellarium) *sacrum Palatium per hos ministros disponebatur: per Camerarium viz. & Comitem Palatii, Senescalcum, Buticularium, & Comitem stabuli, Mansionarium, &c.* Cap. 23. *Ad tres autem ministeriales, Senescalcum, Buticularium, & Comitem stabuli, secundum uniuscujusq; ministerii qualitatem vel quantitatem pertinebat, ut cum communi consensu de suo quisq; ministerio admonendi non essent segnes, ut quanto ejus esse potuisset, omnes actores Regis præscirent, ubi vel ubi Rex illo vel illo tempore tanto vel tanto spacio manere debuisset propter adductionem vel præparationem: ne fortè tarde scientes, dum in opportuno tempore, vel cum nimia festinatione exigeretur, familia Regalis per negligentiam sine necessitate opprimeretur, quæ viz. cura, quanquam ad Buticularium, vel ad Comitem stabuli pertineret, maxima tamen cura ad Senescallum respiciebat, eo quòd omnia cætera, præter potus, & victus caballorum, ad eundem Senescalcum respiceret.* Capitul. lib. 4. Append. 3. §. 6. *Odo buticularius de foresta sua interrogandus est.* In subscripp. testamenti Philippi August. apud Rigordum. *Signum Tibaldi dapiferi nostri. S. Guidonis Buticularii. Sig. Authei Camerarii.*

¶ **Butina.**] Vide *Buticularius.*

¶ **Butro.**] Vide *Buticula.*

¶ **Butsecarla.**] Vide *Buscarla.*

¶ **Butta, Buttis, Butto, Butticello.**] Vide *Buticularius.*

¶ **Buzecarle.**] Vide *Buscarla.*

¶ **Buzerius.**] *Carnifex,* à Gall. *boucher.* Constitutt. Sicul. lib. 3. Tit. 36. §. 1. *Buzerios in eorum mercibus & mercationibus volumus esse fideles, viz. ut scrophas pro porcis, vel carnes morticinas -- seu qualitercunq; corruptas &c. vendere non præsumant.*

¶ **Byrzogium.**] *Mulcta judicialis, compositio publica, sive fiscalis*: Lydius ex Goldasto, Adagium.

Bursa oculos claudit, dicite byrzogium.

Caballicata.] *Equitatus.* Luithprand. Hist. lib. 3. cap. 14. *Quinq; eodem pervenisset, & caballicatas (ut vulgo aiunt) circumcirca dirigeret.*

¶ **Cablicia.**] **Cablish.** Inter Juris forestarii Scriptores, dicuntur virgulta & rami tenues, qui ex detonsis arboribus & sylva cædua colliguntur. Angl. **brushwood.** Rectiùs autem mihi significare videtur, caduca ligna ventis dejecta, nam hæc Galli *cables* & *cablis* appellant, nos **Windfalls.** Vide Manwod: pa. 84. Crompton Jurisdict. Fol. 163.

¶ **Cabulus.**] Machina bellica ad conterendos muros. Brito Armoric. Philippid. lib. 7.

—— *Sed mox ingentia saxa*
Emittit cabulus, nequiensq; (hæc) *ferre debiscit*
Per mediumq; crepans, pars corruit altera muri.

Fortè à gabuli similitudine, veteribus gabali. Gloss. Philox. *Gabulum,* βάσανος. Gloss. Græcol. vett. βάσανος, *Tortus, hoc tormentum.* Supra βασανιστήριον, *Eculeus, genus tormenti.* C. autem & g. promiscuè scribuntur.

¶ **Cabuta.**] Testament. Remigii Episc. Remens. apud Flodoard. Hist. Rem. lib. 4. cap. 28. *Choclearia 4. de majoribus, acetabulum, lucernam quam mihi Tribus ut Friaredus dedit, & argenteam cabutam figuratam.*

¶ **Cacherellus Hundredi.**] A Gall. *cachereau,* i. Chartularium. Fortè *Senescallus Hundredi.* Vide *Furca* & *Fossa.*

¶ **Cadarfreda.**] Longobard. lib. 2. Tit. 24. l. 25. *Etsi affixum in edicto propriè non sit, tamen omnes Judices & fideles nostri sic*

sic dixerunt: quia cadarfreda antiqua tunc sic fuisset. Et in calce Tit. 23. *Causa ipsa in hoc modo semper & antecessorum nostrorum tempore & nostro per cadarfredam sic judicata est.* M. S. i. *cadarfida.* Et Boherio *cadarfedra*, ubi in nota *Caderfedra, quæ consuetudo dicitur.* Latæ autem sunt Leges istæ à Luitprando Rege, earumq; Tit. 118. de *Consuetudine* agitur, nec tamen illic *Cadarfreda* mentio. Vide *Fredum.*

¶ *Cadivus.*] Marculf. lib. 2. form. 22. *Constat me vobis vendidisse -- servum non furem, non fugitivum, neq; cadivum, sed mente & omni corpore sanum.* Hic Bignonius, *Cadivum* (inquit) malum, improbum: Italicum integrum retinet, *cattivo*, unde & nostris *chetif.* Sic ille: quære tamen, nam de morbo corporis intelligitur æquè ac animi. Rem explicare videtur L. Baiwar. Tit. 15. Mancipium aut caballum *non cæcum, aut hirniosum, aut caducum, aut leprosum.* Suspicor præterea Italicum idioma Marculfi ævo, non admodum Gallis familiare.

¶ *Calasneo.*] Qui agrum possidet ejusdem collimitnei, conterminus. L. Baiwar. Tit. 21. §. fin. *Nullus de alterius sylva quamvis prius inveniat aves tollere præsumat, nisi ejus commarchanus fuerit quem calasneo dicimus. Commarchani sunt* qui communes marchas, id est, terminos habent.

¶ *Calceata, Calcetum.*] *Agger, via strata.* Non à calcando dicta, sed à calceando, quòd vel lapidibus vel dura alia materia, quasi calceo munitur contra injuriam plaustrorum & itinerantium. Quælibet enim via calcata est, non autem calceata. Gallis perinde *chaussée*, à *chausser*, quod etiam est *calceare*, atq; inde ductum, *l* in *u*, & *c* in *ss*, non præter consuetudinem mutatis. Frequens apud nos hoc sensu *calcetum*, & occurrunt utraq; pro *chomate*, hoc est, aggere ad coercendas aquas. Charta Constantinæ Ducissæ Brittan. Abbatiam Villæ novæ fundantis. *Dedi molendinum ad pannos cum sua porta, & piscatura in calceata de Pilvum. Insuper in compensatione dicti molendini, monachi de Buzaio dederunt nostra nova Abbatiæ de Villa nova, calceatam ad castrum S. Herbaldi ad molendinum faciendum.* Dici hic videtur de ipso stagno.

Hist. Bretan. lib. 4. cap. 16. Villenœufue.

¶ *Calceatura.*] In tabulis descriptionis Exercitus *Ed.* 3. *Caletem* obsidentis, An. 1350. dicitur pro servientium vestitu, vulgò *liveries*, & sic ibidem exponitur.

¶ *Calcifurnium.*] Furnus ad coquendum calcem. *Clibanus calcis.* L. Baiwar. Tit. 1. cap. 14. §. 15. *Calcifurnium ubi prope fuerit, ligna aut petras 50 homines faciant.* Beda Martyrol. 9. Kal. Septemb.

¶ *Caliburne.*] Gladius celebris, Arthuri Regis Britannorum nominatissimi. Hoveden in Richardo 1. *Et contra Rex Angliæ* (Richardus) *dedit Regi Tancredo gladium illum optimum quem Britones Caliburne vocant.*

¶ *Calumnia, Calumniare.*] P. etiam interdum post *m* apposito: *vendicatio*, Juris in re aliqua postulatio, *vendicare.* Forensibus nostris aliter *clameus*, & *clamare.* Angl. **to claim or challenge**, à Gall. *calanger.* Formul. vett. secundum L. Rom. cap. 5. *Quælibet persona quæ contra hanc venditionem aliquam calumniam, vel repetitionem generare præsumpserit, illud quod repetit non vindicet.* Flodoard. Hist. Rem. lib. 4. cap. 10. *Tunc verò Hucbo'dus quidam sororis hujus maritus, munus ejusdem Abbatis calumniabatur, & ab Ecclesia Dei Genitricis conabatur auferre.* Creberrimè in nostris legibus.

¶ *Camaka.*] Panni genus lanei, linei, an byssini nescio, ex quo sub ævo *Ed.* 3. Ecclesiæ vestimenta conficiebant: aliàs autem albo, alias rubro. V. *Brudatus.*

¶ *Camba, Cambarius.*] A German. vet. **Cam** & **Cammer.** Hoc est, Brasiator seu potifex: illud Brasiatorium seu officina qua potus (nempe cervisia) coquitur & conficitur. Chart. cujusdam Macharii Eccles. Camarac. An. 885. in Chron. Camarac. lib. 1. cap. 52. *In villa Haldis -- Mansi serviles* vi. *est ibi Camba* i. Et cap. 66. in præcepto Caroli simplicis, *Carisiolum, cum mancipiis, -- molendinis, cambis, silvis, &c.* Hic inter notas plures Colvenerius; Eugenius (inquit) Papa 3. in literis Romæ datis An. 1152. ad Godescalc. Atrebat. Episc. loquens de privilegio Henniacensib. dato, sic ait, *Molendinum aliud cum duobus furnis & camba.* Et in literis Philippi Elsatii Flandriæ Comitis, datis Duaci An. 1188. de eisdem dicitur, *Concessi etiam eis, ut liceat in perpetuum furnos & cambas facere, & etiam molendinaria caballaria, salvo jure meo.* Deniq; in literis Philippi Regis Francor. (Henniacensib.) dat. An. 1196. *De unaquaq; camba, quæ sita est in curtillo, decem a duas cupas cervisiæ, de unoquoq; brasino.* *Culpas* legendum censet Colvenerius, *cupas*, quod vide.

¶ *Cambellanus, Cambalarius, Chamberlanus.*] A Gallicc. *chambellan*, & *chambrier*: Angl. **Chamberlain**, i. *Camerarius, Cubicularius*; *r* in primis vocibus (ut aliàs sæpe) in *l* verso. Sic Itali contrà *Maleſcalco* pro *Marescalco.* Dicuntur etiam hæc omnia prò *Quæstore seu Thesaurario*, uti & *camera* pro loco in quem inferuntur mulctæ & thesaurus Principis, ut in lexicis videas Juris Civilis. Ekkehardus Jun. de casib. S. Galli, cap. 5. *Corium meum ad calceos, Camerarius hoc anno non dedit.*

Cameræ nuncii Erant Procuratores fisci Imperatorii, qui cum Ducibus æquatam habentes potestatem, Subjectis Imperii præsidebant, & fiscum Imperatoriis administrabant: aliàs *Advocati Cameræ*, aliàs Imperii dicti. Plura de his Goldastus in suis ad Ekkehardum Junior. Commentariis, ca. 1.

& hujuſmodi fuiſſe ait duodecim illos quos omnibus Iſraelitis impoſuit Salomon, 3. Reg. 4. 6, 7. eundemq; locum ſi contuleris, *intelliges* (inquit) *quinam iſti nuncii fuerint*.

Alioqui, *Advocati Cameræ* erant ſub *Cameræ nuntiis*, procurationem tamen publicæ pecuniæ gerentes *Advocatiq; fiſci* dicti, & deniq; *Fiſcales*.

¶ **Cambiarius.**] -- *Manſit tamen ibi, in medio agri, &c. quidam cerviſiæ braſiator, vel* Cambiarius, *ubi ruſtici homines & incompoſiti ad bibendum, vel ad* Cheolandum, *vel etiam* Herkandum, *propter agri paſcui largam & latam planitiem convenire ſolebant*. Les preuves de l'Hiſt. des Comtes de Guines impr. Pariſ. 1631. p. 142.

¶ **Cambiparticeps** al. **Cambipartitor.**] Eſt qui lites alienas ſuis ſumptibus promovet, ut partem rei ceu campi evicti quotam lucretur.

Cambipartita, hujuſmodi litium defenſio. A Gall. *Champarter*, quod eſt campum partiri, vel meſſem illic natam, provenienſve emolumentum. *Champarteur*, campi partitor. Statut. de Conſpiratoribus, An. 33. Ed. 3. *Cambiparticipes ſunt qui per ſe vel per alios placita movent vel moveri faciunt, & ea ſuis ſumptibus proſequuntur ad campi partem vel pro parte lucri habendum*. In vetuſtiori codice expreſſè legitur *Campi participes, ſunt, &c:* ſed alia lectio paſſim recipitur, licet perperàm.

¶ **Camboca,** al. **Cambuca.**] Baculus paſtoralis (putà camurus) quo Epiſcopi inſigniuntur, ex Clementis (ut ferunt) inſtitutione, Lege ſuffulta & Evangelio. Priſcâ noſtrâ linguâ (à Saxon. deductâ) Camoc *curvum*, & *camurum* ſignificat. Sunt qui *cambota* ſcribunt quaſi καμπτύλες ἀπὸ τῶ κάμπτειν, i. *curvare*. Walafrid. Strab. de vita S. Galli, lib. 1. cap. 26. -- *baculum ipſius* (Columbani Abbatis) *quem vulgo Cambocam vocant, per manum Diaconi tranſmiſerunt, dicentes, &c.* Durand. Rational. lib. 3. cap. 15. *Baculus ergo* (paſtoralis) *à Lege & Evangelio ſumitur: quia & virga paſtoralis, & ſambuca, & pedum, & ferula nuncupatur.* Cortigo: *virga paſtoralis, & cambuca:* nam ut priſcus quidam,

Paſtor cambucam: ſambucam fert phaleratus.

Cambucarius. Hinc *Cambucarius* qui *cambucam* aut crucem gerit. Gloſſ. vett. Anglo-Latin. Crocer (al. Crocier) *pedarius, cambucarius, crucifer*. De *baculo paſtorali* multa Durandus quà ſupra.

Cambuttæ. *Cambuttæ* etiam dicuntur claudorum fulcimenta, Gall. *Potences*, Angl. **Stilts.** Leo Marſican. Chron. Caſſin. lib. 4. cap. 76. *Ob ejus facti memoriam, cambuttæ claudi ante fores Eccleſiæ S. Benedicti ſuſpenſæ ſunt.*

¶ **Camborta.**] Eadem origine videtur quà *camboca* & *cambota*; & quà Lindenbrogio Britannorum *camboritum*: hoc tamen me fateor ignorare, ſi idem non fuerit quod nonnullis Kembert pro *baculo*, propriè camiro. L. Salic. Tit. 36. §. 1. *Si quis tres virgas cum quibus ſepes ſuperligata eſt, vel retortas quibus ſepes continetur, capulaverit, aut tres cambortas excervicaverit, DC. den. qui faciunt ſol. xv. culpab. judicetur.* L. Ripuar. Tit. 43. *Si quis tres virgas unde ſepis ligatur, vel retortas unde ſepis continetur, capulaverit, aut tres cambortas involaverit, &c.*

¶ **Cambra.**] Pro Camera. *Aſſer. Menevenſ.* 16, & 17.

¶ **Cambutta.**] Vide *Cambota*.

¶ **Camera.**] Ærarium, *ut feudum de Camerâ*. Feud. M. 2. Tit. 2. Ubi Cujac. Camera eſt ærarium. Hinc *Camerarii Scaccarii* dicuntur, qui receptui præſunt.

¶ **Camfwic.**] Decret. Taſſilonis de popularib. LL. §. 6. *Qui ſupra prædicta pugna, quod Camfwic dicimus, &c.* Camf *campus*; unde *campio*, aliàs *Camphius* dicitur. wig Saxon. interdum *belliger*, & *violentia*: Si quid ad loci expoſitionem, quod non audeo affirmare.

¶ *De Campanarum nomine, origine, & uſu.*

¶ **Campana.**] Campanas inventas ferunt à Paulino Epiſcopo Nolæ, Civitatis Campaniæ, Annum circiter Chriſti 400. dictaſq; à Civitate *nolas*, à patria, *campanas*. Quidam Sabiniano Romanorum Pontifici rem attribuunt, eo decepti quòd horas is Canonicas primus diſtinxit campanæ ſonitu. Sunt verò qui à Gentibus petunt, quòd apud Ovidium, Martialem, Tibullum, Statium, Manilium, Græcos itemq; veteres, tintinnabula reperiantur & pelves, etiam æra ſtrepitantia in eadem ſæpè munia quibus hodiè campanis utimur. Non adducar tamen ut ingentes campanarum noſtrarum moles, eis ſeculis excogitatas cenſeam. Novum enim nomen novum prædicat artificium, & in eandem conducit ſententiam, memorabile illud quo de Lupo Aurelienſi Epiſcopo, An. Dom. 610. refert Vincentius in ſpeculo hiſtor. lib. 23. cap. 9. & 10. *Is pulſando campanas in templo Stephani apud Senonas* (*quo ſigno convocare ſolebat populum*) *exercitum Clotharii, qui muros obſidione cinxerat adeo terruit, ut omnes ſeſe in fugam verterunt.* Liquidò conſtat nec vulgares tunc fuiſſe campanas, nec Clotharii militibus cognitas. Miror tamen, nam Avernos (Galliæ item Cives) *ſigno* uſos Sidonii ævo (qui Floruit An. 480.) refert Greg. Turonenſ. Hiſt. lib. 2. cap. 23. atq; alios, alibi. Sed hi fortè, unico tunc contenti, & exiguo: Lupus grandiores exhibuerit, & in claſſicum, ut hodiè ſolet pulſatas. Deprehendo in Brittannia noſtra circiter An. Dom. 680. Beda Hiſt. Eccl. lib. 4. cap. 23. *Audivit ſubito in aere notum campana* *panæ sonum, quo ad orationes excitari vel convocari solebant.* Græci multò recentiùs à Veneto acceperunt, qui (ut tradit Sabellicus Ennead. 9. lib. 1.) circa An. Dom. 874. *Basilio Imperatori duodenas magni ponderis, artificiiq; non vulgaris dono misit campanas; suntq; Venetorum munere tum primum Græci campano ære usi.*

Ante hoc verò tempus celebris erat Campanarum usus apud nos in *Angliâ*. Refert enim *Ingulphus* pa. 889. *Turketulum* primum *Croylandiæ* Abbatem, qui obiit An. 875. eidem monasterio quod ipse fundaverat 6. dedisse Campanas, *scil.* magnas duas, quas *Bartholomæum* & *Betelinum* cognominavit, & duas medias, quas *Turketulum* & *Betwinum* vocavit, & duas minores, quas *Pegam* & *Begam* appellavit. Fecerat ante fieri -- unam maximam campanam, nomine *Guthlacum*; quâ cum prædictis campanis composita fiebat mirabilis harmonia; nec erat tunc tanta consonantia campanarum in totâ *Angliâ*. Hæc ille.

Campanæ munia sic olim numerantur in Ecclesia.

Laudo deum verum, plebem voco, congrego Clerum,
Defunctos ploro, pestem fugo, festa decoro.

De his multa Durandus, Rational. lib. 1. cap. 4. ubi sex genera tintinabulorum memorat, quibus in Ecclesia pulsatur, scil. *Squillam, Cymbalum, Nolam, Nolulam*, seu *Duplam, Campanam*, & *Signum*. *Squilla* (inquit) *pulsatur in triclinio*, i. *in refectorio. Cymbalum in claustro. Nola in choro. Nolula seu dupla campana, in horologio. Campana in Campanili. Signum in turri.* Hæc eadem Belethus Divinor. offic. cap. 86. Sed *tintinabulum* pro *squilla* ponit, & *campanam* in turri collocat, *campanulam* in cœnobio, Hieronymi (ad Eustochium) ductus authoritate, qui ait, *Quousq; campanula in claustro pulsabitur. Signum* autem pro quolibet pulsandi instrumento accipit, quo quidpiam significatur. Occurrunt alia etiam vocabula generali sensu: *Pelvis* unde nostrum vernaculum **bel**; & *Cloca* aliàs *Glogga*, à German. **Cloggen**.

Campanarum genera. *Pelvis.* *Cloca.*

Campana etiam juxta Gloss. Arabico-latin. *Statera*, & ita sæpè Græcobarbaris καμπανός, &c.

Campanarium & *Campanile*, locus ubi eriguntur *campanæ*. Anastas. in Leone iv. *Fecit etiam ibi ipsum campanile, & posuit campanam cum malleo aureo.*

¶ **Campania.**] *Planicies, seu Area campestris.* Lib. Rames. Sect. 271. *Concesserunt -- 3 acras terræ in eadem villa, tam in curtillagio quàm in Campania.* Sic Gloss. Philox. *Campania*, πεδίας.

¶ **Camphias, & Campio.**] Vide mox infra *Campus* pro duello.

¶ **Campus.**] Idem Longobardis quod *Regia*. Aimoinus Francor. lib. 4. cap. 86. Hunnorum *Regia quæ ab eis dictum est Rhingus, à Longobardis autem campus vocabatur.* Studio Græci Imperatoris duplex fuit: domestica quæ *Palatium* dicitur; campestris quæ *Fossatum*: de hoc infra. Sic Longobardis fortè, *palatium*, & *campus*.

¶ *De campo, id est duello instituendo, juxta ritus Curiæ Militaris, & Civilis.*

¶ **Campus, Campfius, Campio.**] *Duellum*, barbaris aliter *bellum*: *Athleta. Campiones* dicti sunt à campo, ut *Forenses* à foro, quod bellantium ritu sub dio, non litigantium, sub tecto congrediuntur. Majores autem nostri, cùm nihil penè facerent non armati, etiam lites armis decernebant: dextram autumantes non virtute regi, sed Astræà & Themide, id est, divina justitia. Truculentum morem in omni ævo acriter insectantur Theologi, præ aliis Agobardus, & plurimo Canone ipsa Ecclesia: Superstat tamen apud nos hodiè in solennioribus Juris Actionibus licèt rariùs in usum veniat; tum quòd lentè progrediantur formulæ, tum verò quòd finale sit in eo judicium & peremptorium.

Campus etiam dicitur de ipso exercitu, & ipsis castris. V. *Hringus*.

Mitto historias & antiquas leges peregrinas. Apud nos duplex reperitur *Campi* seu duelli formula: alia secundum Curiam militarem, quam Marescalli vocant, alia juxta Curiam civilem, quâ togati judicant. Hic obtusis omnino telis agitur, illic mucronatis; hic victoria tantùm quæritur, illic cædes: solenni autem utrobiq; spectaculo, & multa interea ceremoniâ. Ad antiquorum igitur rituum memoriam, unius atq; alterius inserendum duximus exemplare, quod præstò jam nobis est à manibus. Exigente enim nuper alia occasione, & libellum ejusdem argumenti (ante 200. annos bellè exaratum) è rudiore nostro idiomate Latinum feci: & subsequentem alteram formulæ narrationem è variis locis decerpsi.

Libellus autem (qui normam omnino tradit instituendi duelli, juxta ritum militaris Curiæ) Authorem fronte præfert illustrissimum Principem, etiam sobolem Regis maximi (*Edouardi* 3.) & apud Regem utq; maximum, (*Ricard.* 2.) de duelli formula, non solùm differentem, sed legem potiùs rogantem & ferentem. Stylus (ut Principem decet) Militaris, haud Academicus: obscuris item sæpè vocabulis (pro more seculi) & confusa nonnunquam oratione intertextus: sed deliberatio gravis & prudens. Meam autem ut fidem liberem, consultius visum est, Authoris in versione premere vestigia; etiam retentis barbaris ipsis vocabulis, ne sensum mutem cum idiomate. Sic autem exorditur.

Formula Duelli juxta ritum Curiæ militaris, seu Marescalli.

Vere Excellentissimo & Vere Potentissimo, ligio Domino suo Richardo Dei gratiâ Regi Angliæ & Franciæ, Domino Hiberniæ, Duci Aquitaniæ.

VObis (si placeat) dicto Domino suo, indicat homo vester ligius Thomas Dux Glocestriæ, plura admodum duella armata infra listas nuper fuisse in hoc Regno vestro Angliæ, tempore & præsentia reverendi domini & patris mei, * avi vestri (cujus animæ misereatur Deus) etiam tempore & præsentia vestra, quàm longò jam antea; multosq; inde summum commodum (ut compertum est) assequutos esse. Iste *Thomas* aliàs dictus de *Woodstoc*, fuit 6 fil. *Ed.* 3. & obiit 3 Oct. 1399.

** Sic corrigo, nam falsè legitur, avunculi*

Cum verò nihil hoc sublimius sit inter conamina militaria: ad vos etiam celsissimamq; Regalissimamq; vestram Majestatem attineat suprema ejusdem jurisdictio & cognitio, ut secundum justitiam & æquitatem gloriosi vestri nominis (quo omnimoda habitaret justitia) moderetur: Sintq; præterea diversa Constitutionum, rituum, & ordinationum genera in diversis regionibus & locis, tam vestræ ditionis in hoc Regno vestro, quàm aliorum alibi: nec tamen redactæ sunt in scripta hujusmodi Constitutiones, ritus, seu ordinationes duelli infra listas armati, aut vestro ævo, aut ævo illustrium progenitorum vestrorum omni magnanimitate refertissimorum. Itaq; ut vos & posteri & Successores vestri, rectius justitiam & æquitatem omnibus distribuatis, tam ligiis & subditis vestris, quam alienigenis qui hujusmodi armorum negotia coram vobis sunt unquam aggressuri: Ego dictus humilis vester ligius & Conestabularius, dictæ vestræ Regali Majestati libellum hunc Ordinationum (modum continentem, quo pugna intra listas ab armatis peragenda sit) offero: non ideo quòd prudenter & consultè sit compositus, sed quòd facilè emendari queat: vestram nobilitatem qua possum humilitate obtestans, ut benignæ vestræ gratiæ placeat, ipsum hunc libellum perlustrare, corrigere & emendare, eidemq; addere & subtrahere ut vobis justum videbitur, adhibita matura deliberatione & consilio prudentissimorum, fortissimorum, & expertissimorum Magnatum & Equitum auratorum Regni vestri, qui armorum scientia maximè sunt imbuti.

Quandoquidem verò hanc in me provinciam suscepi, non me tamen eo ingenio aut facultate præditum censeo, ut idoneus habear ad hujusmodi molimina: sed quòd attinet ad munus meum; licèt sapientiores illi qui eodem prius fungebantur, scriptum nihil in hoc genere reliquerunt. Oro igitur Regiam vestram Majestatem, sociosq; meos omnes & amicos qui dictum hunc librum viderint, seu audierint, ut excusatum me habeant, si quid in eo fuerit vel plus vel minus quàm justum est; nam juxta exiguam facultatem & ingenium meum eundem composui, obtestans verè excellentem & reverendum Dominum meum, ut dicto libro perlustrato, examinato, correcto, & emendato, aucto etiam, vel contracto, ut opus fuerit, juxta maturam deliberationem & consilium vestrum, & eorum Regni vestri qui armorum scientia maxime sunt imbuti (ut supra dictum est) eundem dignemini stabilire, approbare, ordinare, & confirmare, per vos hæredes & successores vestros in Regno vestro Angliæ retinendum.

IN primis, ut querelæ & billæ (i. *libelli*) Appellantis & Defendentis, placitentur coram Constabulario & Marescallo in Curia sua, & cum nequeant causam testibus aliterve comprobare, quin derimenda sit querela viribus; sic ut alter suum institutum super altero probare nitatur, alter verò se eodem modo defendere: Constabularius potestatem habeat pangendi duellum illud, uti Vicarius generalis sub Deo & Rege. Pacto autem duello per Constabularium, ipse diem assignabit & locum: ita tamen ut dies non sit intra dies 40 post duellum compactum, nisi consensu dictorum Appellantis & Defendentis.

Tunc constituet eis armorum species (aliàs dictorum **Weapenes**) quibus uterq; utetur; viz. gladium longum, gladium brevem, & pugionem: dum tamen Appellans & Defendens invenerint sufficientem securitatem & vades, quòd ad diem ipsis assignatam comparuerint: Appellans nempe ad effundendum vires suas super Defendente: & Defendens ad tuendum se similiter adversus Appellantem. Hoc ut fiat, dabitur Appellanti hora & terminus & sol certus, ad probationem suam faciendam, & ut primus sit infra listas ad exonerandum vades suos. Nec non similiter & Defendenti. Interea neuter eorum alteri inferat angorem, malum, damnum, insidias, insultum, aliudvè gravamen seu invidiam, vel per se ipsos, vel per amicos suos, benevolos, vel quoslibet alios.

Rex præstabit campum in quo pugnabitur: listæ autem (*id est*, * *repagula arenam cingentia*) compositæ & ordinatæ fuerint à Constabulario. Considerandum etiam est, ut listæ sint 60. passus in longitudine & 40. in latitudine bene constitutæ, & ut terra sit firma, stabilis, dura, & in planum redacta, sine magnis lapidibus, & jacens. Item ut listæ firmiter claudantur circumquaq; repagulis, januam habentes ex parte orientali, & aliam in parte occidentali, sintq; repagula bona & valida, ad altitudinem vii. pedum vel eò amplius.

** Vel peribol*

Item intelligendum est, debere constitui listas * subalternas extra listas principales, ubi famuli

** Faux listes*

muli Constabularii & Marescalli, nec non Regii * Servientes ad arma collocandi sunt, ut prohibeant & tueantur ne quis aliquod delictum vel tumultum faciat, contra banna seu proclamationes Curiæ, in his quæ Regiæ Principis Majestati adversantur, vel Juri armorum: ipsosq; istos ministros integra armatura muniendos esse.

* Sergeants at Arms.

Constabularius illic habeat quotquot voluerit hujusmodi armatos ministros: Marescallus verò quot ei assignaverit Constabularius, nec plures: his autem omnibus cura demandabitur quæ supra dicta est.

Servientes Regis ad arma habebunt custodiam januarum listarum, & arrestationes (si quæ fuerint) ex mandato Constabularii & Marescalli.

In die duelli Rex in solio, vel in scena eminentiori collocabitur, cujus ad gradum imum locus paratus erit Constabulario & Marescallo, ibidemq; ipsi sunto.

Tunc postulabuntur vades Appellantis & & Defendentis, ut listas introeant coram Rege, & præsentabuntur in Curiam uti prisonarii, i. captivi, donec Appellans & Defendens intra listas pervenerint, & sacramenta sua præstiterint.

Quando Appellans ad iter suum (*i. ad perficiendum institutum*) venerit: ad januam listarum orientalem veniet, iis accinctus armis & telis quæ à Curia sunt illi assignata; ibidemq; morabitur donec introducatur per Constabularium. Tunc autem Constabularius & Marescallus illuc proficiscentur, & interrogabit eum Constabularius: Quisquam ipse sit homo, qui armatus venit ad januam listarum, quod sibi nomen, & quæ causa veniendi? Et Respondebit Appellans: Ego talis -- sum, A. de K. Appellans, qui venio ad hoc iter, &c. ad faciendum, &c. Tunc Constabularius aperiet * buculam galeæ, ut vultum ejus perspicuè intueatur, & si idem sit qui est Appellans, aperiri faciet listarum januas, ipsumq; intromittet unà cum armis, telis, cibariis, aliisq; legitimis necessariis, & Consiliariis suis. Tunc conducet eum coram Rege, & deinceps in tentorium suum, ubi manebit usq; dictus Defendens advenerit.

* The Visier of his Basinet.

Eodem modo fiet de Defendente, sed is per occidentalem listarum januam ingredietur.

Clericus Constabularii scribet, & in registrum digeret adventum Appellantis, & horam qua intravit, & quòd pedibus listas intravit. Etiam armaturam ejus; & quomodo armatur; & quotis telis ingressus est listas; quæ cibaria, & alia legitima necessaria secum introduxit. Eodem modo Defendenti fiet.

Harnesse.

Weapons.

Curabit etiam Constabularius, ut nemo præcedens vel subsequens Appellantem sive Defendentem, plura adducat tela sive cibaria quàm assignata fuere per Curiam.

Et si ita contigerit ut Defendens non veniat ad iter suum, hora & termino à Curia constitutis: Constabularius imperabit Marescallo, ut exigi eum faciat ad quatuor angulos listarum, modo qui sequitur, *O yez, O yez, O yes, C. de B. Defendens, venite ad iter vestrum, quod ad hanc diem suscepistis ob exonerandos vades vestros, coram Rege, Constabulario & Marescallo, in defensione vestra contra A. de B. super hoc quod vobis imposuit.*

Citiùs autem si non venerit, secundò exigetur eodem modo, & subjunget in fine (præco) *venite, dies transit ocyor.* Si verò nec tunc venerit, exigetur etiam tertiò. Sed hoc esto inter horam diei plenè tertiam & nonam, eodem modo quo supra, at tunc subnectens dicet: *Dies transit ocyor, & hora Nonæ appropinquat: veniatis igitur* [oportet] *ad dictam horam Nonæ, nec tardius, sub periculo incumbenti.*

Vide infra Nona.

Licet autem Constabularius horam & terminum Defendenti præfixerit veniendi ad iter suum: nihilominus si usq; *horam nonæ* moratus fuerit, judicium tamen adversus eum jure non est proferendum, sive sit in causa proditionis, sive non. Aliter autem est ex parte Appellantis, eum enim oportet horam & terminum observare per Curiam definitos, absq; aliqua cunctatione sive excusatione quacunq;, etiamsi in causa proditionis.

Ingressis infra listas Appellante & Defendente, cum armatura, telis, cibariis, & legitimis necessariis Consiliariisq; (ut supra dictum est) modo per Curiam assignato: Constabularius Regiam percontabitur voluntatem, utrum ex honoratis Magnatibus, venerabilibusq; Equitibus, quospiam partibus assignaverit, & an velit sacramenta [eorum] præstari coram se ipso, vel coram Constabulario & Marescallo.

Scrutabuntur etiam Appellans & Defendens à Constabulario & Marescallo, quoad armorum species, aliàs dictorum **Weapens**; [nimirum] ut legales sint, & absq; omni fraude super iis. Et si aliæ fuerint quàm ratio postulat, auferentur. Nam & ratio, & fides candida, & lex armorum, nullam fraudem nec astutiam in tanta actione patientur. Et intelligendum est, quòd Appellans & Defendens, ita securè armabuntur super corporibus suis ut ipsi voluerint.

Tunc Constabularius primùm, deinde Marescallus Appellantem cum Consiliariis suis accersent ad præstandum sacramentum suum. Constabularius interrogabit eum si quid ultra protestari velit: & ut omnes protestationes suas in scriptis edat, nam ex illo tempore plures non faciet protestationes.

Constabularius habebit clericum suum in procinctu paratum, qui Missale apertum proponet, & tunc mandabit Constabularius dicto suo Clerico, ut legat billam (*seu libellum*) Appellantis, integrè & clara voce. Perlecta billa, Constabularius dicet Appellanti: *A. de K. bene nosti hanc billam, & sponsionem istam*

This warr and welde

& pignus, quæ dedisti in Curia nostra. Pones hîc manum tuam dextram super Sanctis istis, & jurabis modo sequenti. Tu A. de K. Hæc tua billa vera est in omnibus clausulis & articulis ab exordio usq; ad finem in eadem contentis: atq; id tui instituti est hodie probare super prædicto C. de B. ita te Deus adjuvet & ista sancta. Pacto hoc sacramento reducetur ille ad locum suum: mandabitq Constabularius Marescallo, uti Defendentem vocet; cui eodem modo fiet ut [supra] Appellanti.

Pointes.

Constabularius iterum per Marescallum Appellantem vocabit, facietq; ut manum sicut priùs, super Missale ponat, & dicet: *A. de K. Tu juras quod nec habes nec habebis rem seu res alias super te aut super corpore tuo infra has listas nisi eas quæ tibi assignata sunt per Curiam, viz. gladium longum, gladium brevem, & pugionem: nec cultum alium vel majorem vel minorem, nec aliud instrumentum, nec machinam cuspidatam aliamve, nec lapidem potentem, nec herbam, nec carmen, nec experimentum, nec characterem, nec ullam aliam incantationem juxta te aut pro te, per quam speres quod facilius vincas C. de B. adversarium tuum, qui hodie intra listas istas contra te venturus est in sui ipsius defensionem, nec quod fiduciam habes in ulla re alia quam in Deo tantummodo, & in corpore tuo, & in justa tua querela, ita Deus te adjuvet & sancta illa.* Peracto sacramento ad locum suum iterum reducetur, ipsoq; eodem modo Defendenti fiet.

Mo poynte ne poyntes.

Stone of virtue, ne herbe of virtue.

Præstitis his sacramentis, remotisq; ab utroq; cubicul riis & servientibus suis, Constabularius per Marescallum vocari faciet & Appellantem & Defendentem, qui educentur & custodientur per famulos Constabularii & Marescalli coram seipsis: & Constabularius partem utramq; alloquetur, dicens: *Tu A. de K. Appellator, acc ples C. de B. Defensorem per manum dextram, atq; ille te [vicissim] Et prohibemus vobis & utriq; vestrum nomine Regis & sub periculo incumbenti, ut qui in his culpabilis deprehensus fuerit litem amittat; ut neuter vestrum adeo sit pertinax alteri malum aut gravamen, aut oppugnationem, aut damnum manu inferre.*

Quarrell.

Thrusting.

Tradito hoc mandato, jubebit Constabularius ut dextras jungant, sinistrasq; ponant super Missale, dicetq; Appellatori, *A. de K. Appellator, tu juras per fidem quam* tradis in manum *adversarii tui C. de B. defensoris, & per omnia sancta quæ tangis manu tua sinistra, quòd hodie infra diem, omnem veram operam tuam & intentionem præstabis modis omnibus quibus melius poteris aut noveris ad probandam intentionem tuam super C. de B. adversarium tuum & defensorem, ut eum cogas semet dedere in manum tuam & palinodiam canere, seu alioqui ut manu tua moriatur prinsquam de his listis exieris infra tempus & solem tibi assignatum à Curiâ: per fidem tuam & ut Deus te adjuvet & sancta ista.*

By all the wayes that thou best may or kanste.

Creant to cry or speak.

C. de , Defensor, tu juras per fidem quam tu tradis in manum *adversarii tui A. de K. Appellatoris, & per omnia sancta quæ manu tua sinistra tangis, quòd hodie intra diem, omnem veram operam tuam & intentionem modis omnibus quibus poteris aut noveris intentionem tuam defendere in omni quod tibi imponitur per A. de K. adversarium tuum Appellatorem: per fidem tuam & ut Deus te adjuvet & omnia sancta ista.*

Tunc Constabularius mandabit Marescallo ut ad 4 angulos listarum in hunc modum proclamet: *O yez, O yez, O yez, Decernimus & mandamus nomine Constabularii Regis, & Marescal i, ut nemo vel grandioris præstantiæ vel minoris status aut æstimationis, cujuscunq; Ordinis vel nationis fuerit, adeo sit pertinax ut ad listas appropinquare audeat per quatuor pedes, nec loqui, nec clamare, nec nutum edere, nec indiculum, nec speciem, nec sonum aliquem quo alterutri partium, A. de K. Appellatori, sive C. de B. Defensori, in melius cedat versus alterum: sub periculo vitæ & membrorum & bonorum juxta placitum Regis.*

Post hæc Constabularius & Marescallus, omnes quoscunq; è listis submovebunt, exceptis locumtenentibus [id est, vicariis] suis, & duobus Militibus ex parte Constabularii & Marescalli [famulatutis] qui integra armatura induti erunt. Sed nec cultrum ferent, nec gladium, nec telum aliud, quo (negligenter conservato) Appellans seu Defendens in suum fruatur beneficium. Sed [dicti] duo locumtenentes Constabularii & Marescalli, habebunt uterq; in manibus suis hastam sine ferro [puram dicunt Romani] ad separandum eos si Rex mandaverit ut à pugna desistant: sive respirandi gratia, sive ex alia quavis occasione quam ipse probaverit.

Armed upon their bodies.

Weapen.

Sciendum etiam est, quòd si vel cibus vel potus, vel aliqua alia legitimè necessaria, administranda fuerint Appellanti seu Defendenti, postquam Consiliarii, amici & famuli ipsorum Appellantis & Defendentis semoti sunt, ut dictum est, ipsa administratio ad Heraldos pertinet, ac etiam proclamationes quæ in Curia fiunt: qui [igitur] Heraldi Regis & Prosequutores ad arma, i. *Pursevants*, locum habebunt ipsis assignatum à Constabulario & Marescallo, tam prope à listis quàm commodè fieri poterit: Sic ut omnem intueantur actionem, & præsto sint ad faciendum id ad quod vocati fuerint.

Custodito [interea] Appellante in loco suo per quosdam assignatos à Constabulario seu Marescallo, & Defendente similiter in loco suo, & utroq; parato & induto, ministerio Comitum & custodum suorum supradictorum, Marescallo apud alterum existente, apud alterum verò locumtenente Constabularii, Constabulario etiam ipso, in loco suo coram Rege sedente uti vicario ejus generali, & partibus, ut dictum est, ad pugnam accinctis, Constabularius sonora voce dicet, *Laissez les aller*, id est, *Dimitite eos*: Moratusq; paululùm, *Laissez les aller.* Etiam iterum moratus paulisper, *Laissez les aler & faire leur aveir an*

Lessiez lez al

nom

nom de Dieu, i. Dimittite eos ut faciant officium suum in nomine Dei.

Hoc dicto, unusquisq; discedet ab utrisq; partibus, ut congrediantur & faciant quod ipsis optimum videbitur. Nec Appellans deinceps aut Defendens vel edat, vel bibat sine venia & licentia Regis sub periculo incumbente, ni id fecerint ex consensu inter se.

For thing that may fall. Dehinc in posterum, res à Constabulario diligenter animadvertenda est: utpotè (si Rex mandaverit partes pugnantes separari, acquiescere, vel morari ex quacunq; occasione) is cautè observat quo statu separati sunt: nempe ut restituantur eisdem statui & gradui in omnibus, si Rex voluerit eos iterum adjungi & congredi. Etiam ut accuratè eos auscultet & intueatur, si fortè alteruter alterum alloquatur de deditione, vel aliter: ad illum enim attinet verborum testimonium, recordumq; ferre ex illo tempore, & ad nullum alium.

Si prædictum duellum sit in causa læsæ Majestatis, is qui victus est armis exuetur intra listas, jubente hoc Conestabulario: effractoq; in vituperium ejus aliquo listarum angulo, equis per eundem extrahetur à loco ubi exarmatus fuit, ad locum supplicii, ibidemq; *decollatus & suspensus* erit juxta consuetudinem

Justice. Curiæ. Hoc ad Marescallum pertinet, cujus muneris est, rem inspicere, supplicium inferre, ambulare, equitare, & juxta reum sem-

To put him to execution. per consistere, donec exequutio fiat, omniaq; adimpleta, tam adversus Appellantem quam Defendentem. Recta enim fides & æquitas, & Jus armorum volunt ut Appellans eandem incurrat pœnam quam Defendens, si is victus fuerit & subactus.

The quarrell. Si verò ita contigerit ut Rex litem in manus suas susceperit, ipsosq; ad concordiam redegerit absq; ulteriori pugna: Conestabularius unum eorum accipiet & Marescallus alterum, & adducent eos coram Rege, intellectaq; illius voluntate, Constabularius & Marescallus eos conducent ad partem listarum alteram, eis telis eodemque armorum habitu instructos, quo deprehensi sunt, cum Rex litem in suas manus suscepit. Eodemq; modo educentur per januam listarum gressu æquali, ut neuter alteri aliqualiter præcedat. Cum enim Rex litem susceperit in manus suas, inhonestum fuerit ut major indignitas uni inferatur quàm alteri. Grandævorum autem testimonio proditum est, quod qui listis primus egreditur, indignitatem contrahit, tam in causa proditionis quàm rei alterius cujuscunq;.

The poyntes and armor broken. Heraldis feodo [seu mercedi] cedunt tela omnia & armaturæ, dirupta, & quæ vel arripit vel deserit tam Appellans quam Defendens, postquam intra listas ingressi sunt. Tela etiam omnia & armatura ejus qui victus est, sive Appellantis sive Defendentis.

Marescalli feodum, sunt listæ, & repagula quæ barras vocant, & ipsorum postes.

Finis.

¶ *Sequitur Formula campi seu duelli, juxta ritum Curiæ Civilis.*

In *Brevi* ut vocant *de recto* (quod ad prædiorum decernendam proprietatem summa apud nos est Juris Actio) cardo litis vel in duello constituitur, vel in Inquisitione per sacramentum proborum & legalium hominum, quam *Assisam* nuncupant. Utrunq; genus hodiè insuetum est, sed duelli magis. Revocari hoc tamen contigit anno 13. Reginæ Elizabethæ (id est, Domini nostri 1571.) Termino Trinitatis, & in hunc modum (non sine magna Jurisconsultorum perturbatione) institui.

Simo Low & Jo. Kime prosequuti sunt *Breve de recto* versus Tho. Paramore, pro Manerio & terris quibusdam in Insula Hartie juxta insulam Shepey in Comitatu Cantii. Paramorus obtulit jus suum duello defendere, quod Actores quos nos Petentes dicimus, accepere. Paramorus inde pugilem suum (seu campionem ut vocant) quendam Georgium Thorne, virum strenuum & quadratum, coram Justiciariis Civilium placitorum Westmonasterii adducit. Petentes Henricum Nailer lanistam quempiam, non procerum æquè, sed valde agilem. Thorne in symbolum provocationis ad duellum, ferream manicam humi projicit, quam Nailer impiger attollens, pactum firmat; satisdatumq; & juratum est ab utroq; quòd die lunæ prox. post crastinum Trinitatis in Campo Totiliensi duellum aggrederentur. Interea verò ad mandatum Regiæ majestatis cædem exhorrentis, lis composita est: Ita nempe, quòd Paramorus terram litigatam integram, Petentes pretii quiddam reportarent. Ne tamen res in Paramori damnum cederet, visum est, ut utrinq; procederetur ad duelli solennitatem: & ut vades qui se ad producendum pugiles obligassent, utrunq; more debito exhiberent: Petentes verò demùm exacti, haud comparerent, sed ex non prosequendo causam amitterent.

In diem pugnæ addictum, quadrata arena campo Totillensi (qui Westmonasterio vicinus est) instruitur: virgas in quolibet latere viginti unam continens, dupliciq; repagulo ad concludendos pugiles, & excludendam turbam circumcincta. In occidentali ejus latere, scena cum tribunali erigitur eminentior, pro forma Curiæ civilium Placitorum, ejusdemq; apparatu sternitur, Judices & ministros dictæ Curiæ susceptura. Reliqua latera in spectantium beneficium crebris scamnis & ascensibus theatri instar sunt oppleta. A tergo scenæ seu tribunalis, duo statuuntur tentoria, hoc Nailero, illud Thorno. Mane quo pugnandum erat, Nailerus indutus diploide & femoralibus laxioribus Tramosericis, coloris omnino Martii, galero è bisso (ut loquuntur) *Sattenvillo*.

villotico, fascia & pluma sanguineis exornato: præcinentibusq; lituis & tympanis, Londinum minaciter spaciatur. Praeferebantur ei è summitate gladii, manica ferrea quam à Thorno projectam sustulerat: & à satellite regio * druncus seu fustis teres, quo peragendum erat duellum (ad mensuram ulnæ, cornuq; munitum in extremitate) unà cum scuto è duriori corio. Hoc fastu campum ingreditur Totillensem, exceptusq; ab Hieronymo Bowes Equite aurato, ad tentorium suum adducitur. Thorno prius in suo tentorio, ab Henrico Cheney etiam Equite, collocato.

Romani virgam seu bacillum impolitum quo gladiatores pugnabant, *rudem* nuncupant, de qua Lamprid. in Commodo.

Horam circiter decimam, Curia integra civilium Placitorum, ab Aula Westmonasteriensi ad paratam jam scenam, & tribunal Martium (denunciatione & more debito) translata est. Consedentibus tunc pro tribunali, domino Capitali Justiciario & sociis suis: Servientibusq; (quos vocant) ad legem suis locis adstantibus, & indutis omnibus coccineo & solenniori habitu: præco post trinam audentiæ vociferationem, Petentes exigit. His verò non comparentibus; exiguntur pariter vades Henrici Nailer, jubenturq; eundem Henricum campionem Petentium, sistant. Arenam tunc ingreditur à sinistra tribunalis Naillerus ille nudus capite, * nudus cruribus, religatisq; supra cubitum manicis diploidis. Adducitur autem manu D. Hieronymi Bowes (qui & Druncum ejus ferebat) per circultum arenæ, donec ex opposito Justiciariorum perventum erat. Flexis illic alternatim genibus, lente procedit in meditullium, ibiq; renovata eadem ceremonia, tandem transit ad repagulum tribunalis (barram vocant) ubi tertium præstitit obsequium, scutum interea à latore (qui ponè stabat) vertici ejus prætento, paratumq; jam se exhibenti ad ineundam pugnam mandat Curia ut ibidem stet, à dextris.

* Et nudus *pedibus*, inquiunt Chronica nostra: sed Dierus ipse Capitalis Justiciarius sub quo hæc omnia aguntur, in suis Commentar. Term. Trin. an. 13. Eliz. forensi Idiomate sic ait: *que vient tiens en le place apparaile en ruged sandels sur le armure desuire*, bare legged from the knee downward, and bare headed, &c.

Evocantur tunc pari modo vades Georgii Thorne, indictumq; illis est ut hunc ipsum proferant. Illico à dextro arenæ angulo prodit Do. Henricus Cheney pari ceremonia, eundem Georgium per reliquum arenæ circuitum ad tribunal ducens, ibidemq; exhibitus, jubetur à sinistris consistere. Silentium imperat præco, & ut nullus non admissus arenam ingrediatur, quasi jam congressuri essent pugiles in procinctu stantes. Exiguntur denuò igitur Petentes, & peremptoriè: sed in extremo actu deficientibus, rogat unus Servientium à consilio Paramori, id Curiæ tabulis adnotari. Quo facto: Capitalis Justiciarius litis seriem ab exordio repetens, defecisse pronunciat Petentes, terramq; ideo Paramoro adjudicat, dimittens & pugiles & vades, & Naillero mandans ut ferream manicam (duelli pignus) Thorno restitueret. Vide duelli formulam à Bractono lib. 3. Tract. 2. cap. 21. fol. 141. accuratè descriptam. Et V. in vet. *Naturâ Brevium* in Addit. ad *Briefe de droit*, modum armandi pugilem.

¶ **Canagium.**] *Capitalis Census.* Ego Gulielmus dei gratiâ *Flandriæ* Comes &c. omnes, qui infra murum *S. Audomari* habitant, & deinceps sunt habitaturi, liberos à *Canagio*, hoc est à Capitali censu, & de advocationibus constituo. *Les preuves de l'hist. des Comtes de Guines* p. 195.

¶ *Diatribe de Cancellario & Cancellaria: primumq; de nomine & origine.*

¶ **Cancellarius.**] Pro locorum, seculorum, Authorumq; varietate, multiplici appellatione innotuit. Aliis [a] *Scriba*, [b] *Notarius*, [c] *Graphiarius*. Aliis, [d] *Secretarius*, [e] *Scrinarius*, [f] *Domesticus*. Aliis, [g] *à Cancellis*, *à* [h] *secretis*, *ab* [i] *actis*, *à* [k] *libellis* dictus. In Gloss. Isidori, [l] *Antigraphus*. In Orientali Imperio, [m] *Logothetes*, & [n] *Caniclinus* In Romana Ecclesia aliquoties, [o] *Bibliothecarius*. Suidâ, [p] *Logographus*, & *Epistates*. Gregorio Turonensi, [q] *Referendarius*. Quibusdam [r] *Apocrisarius*: & quòd Regiæ capellæ curam gerebat, [s] *Capellanus*. Interdum, [t] *Actuarius* quod [u] *Acta* Judicum scriberet: & *Tabellio* quòd tabulas. Ad distinctionem, *Cancellarius Regis*, & *Cancellarius Palatii*. [x] *Archicancellarius*, [y] *Protocancellarius*, & [z] *Protonotarius*. χατ' ἐξοχὴν, *Nomophylax*, *Asylum Juris*, *Ara boni & æqui*, *Vicarius Regis*, *Prorex*, *Interrex*, & * plurima hujusmodi.

a b Ingulp. & plures. c Goldastus ad Ekkehar. ca. 5. d Hincmar. Epist. 83. c. 16. e f Nicetas. g Cassidor. h Hincmar. infra. m Codinus. n Vide hoc infra. o Omphrius in vocab. Eccl. p In Lexic. q Hist. lib. 5. cap. 3. r Vide hoc supra. s Vide Capellanus. u Lexic. Juris. x y Hic infra. z Rad. de Diceto in vita Tho. Cantuare. * Budæo.

Mitto qui originem *Cancellarii* ab Augusto Cæsare rimatam volunt; qui ab Atheniensibus; qui ab Amphyctionibus; qui ab ipso Minoë, Jovis fortè *Cancellario* quòd ex ejus sententia leges Cretensium sanxit, ut è Poetis refert Cicero Tusc. lib. 2.

Cancellarii dici cœperunt Notarii Imperatoris cùm seclusi à turbæ molestiis inter cancellos agerent. Sunt autem *cancelli* fenestratæ partitiones, ingressum prohibentes, non visum: ut quæ chorum in Ecclesia dividunt à navi, *cancellum* inde appellatum.

Dicuntur etiam *cancelli*, septa Curiarum quæ *barras* vocant: atq; inde Juris candidati, causas illic agentes, Budæo *Cancellarii*, ut nobiscum *Barrestarii*: spatium intra Curiam, *cancellorum* area: & à *cancellis Curiæ explodi* dicitur, cui ab agendis causis interdictum est.

Per translationem: *cancellos judiciales sibi circundat*, qui rem arduam in se probandam suscipit: *conjicit se in cancellos Curiæ*, qui litibus se implicat. Occurrit etiam *cancelli* pro quovis septo, obstaculo, limite: ut apud Ciceronem, *extra cancellos egredi*, *cancellos necessitatis alicui circundare*.

Sed ut me recipiam: Transferebatur mox vocabulum *Cancellarius*, à Scribis Imperatoris, ad Notarios quosq; publicos, ut in Constitt. Caroli Mag. an. Imp. 16. & LL. Longob. lib. 2. Tit. 34. Etiam Traditionib. Fuldens. Eccl. satis deprehendatur. Inter *Cancellarium* tamen & Notarium eam aliàs animadverto diffe-

differentiam: *Cancellarium* dici qui vel Regum præcepta vel acta Judicum scribit; Notarium, qui vulgaria instrumenta. Et in Chartai Ed. Confes. (de privileg. S. Petri Westmonast. An. 1066.) aperte se discriminant. Cancellarius enim post Episcopp. & Abbates, inter Capellanos ita subscribit, *Ego Reynbaldus Regis Cancellarius relegi & sigillavi*; Notarius verò omnium ultimus, *Ego Alfgeatus notarius, ad vicem Reynbaldi Regiæ dignitatis Cancellarii, hoc privilegium scripsi & subscripsi.* Hinc autem factum est ut cancellare diceretur pro *scribere*, juxta priscum quendam in M. S.

Cancello, scribo; Cancello, Grammata findo;
Cancelloq; meas in cruce pono manus.

Grammata findo, id est, trajecta linea scripta deleo: unde quibusdam *Cancellarii* nomen, sed perperàm sine dubio. *Synod. Turonens.* An. Dom. 813. cap. 44. Presbyteros in tabernis bibere, *Cancellarios* publicos esse, nundinas insolenter peragrare — penitus decrevimus inhibendum.

¶ *De Cancellario Imperii.*

Prima ejus mentio mihi occurrit apud Flavium Vopiscum in Carino (qui floruit circiter An. Dom. 287.) *Præfectum* (inquit) *urbis unum ex Cancellariis suis fecit, quo fœdius nec excogitari poterat aliquando nec dici.* Loquitur acsi *Cancellarii* munus non solum humile, tunc fuisset, at despectui. Post alterum autem seculum ad amplissimum crevit fastigium unus è *Cancellariis*, cæteris præfectus, quod Carini ævo non videtur evenisse. Hujus tunc munus & dignitas luculenter describuntur apud Cassiodorum Variar. lib. 11. Formul. 6. qui locus quum hodiernum Magistratum graphicè depingat, fusius enarrandum censeo; *Hoc igitur laudabile præjudicium, sententiam gratiosam, militiam domesticam, à duodecima Indictione, cancellorum tibi decus attribuimus: ut Consistorii nostri secreta fideli integritate custodias. Per te præsentandus accedat: per te nostris auribus desiderium supplicis innotescat, jussa nostra sine studio venalitatis expedias; omniaq; sic geras, ut nostram possis commendare justitiam. Actus enim tui Judicis opinio est, & sicut penetralia domus de foribus potest congruenter intelligi, sic mens præsulis de te probatur agnosci; non injuria qualitatem unusquisq; ad responsa sua videtur attingere, qualem se * custos decreverit æstimari.* Mox. *Respice quo nomine nuncuperis. Latere non potest quod inter cancellos egeris. Tenes quippe lucidas fores, claustra patentia, fenestratas januas. Et quamvis studiose claudas, necesse est ut te cunctis aperias. Nam si foris steteris, meis emendare obtutibus, si intus ingrediaris, observantium non potes declinare conspectus. Vide quo te Antiquitas voluerit collocari: undiq; conspiceris qui in illa claritate versaris.* Item lib. 12. formul. 1. *Fasces tibi Judicum parent, & dum jussa Prætorianæ sedis portare crederis, ipsam quodam modo potestatem reverendus assumis.* Etiam infra. *Persona tua refugium sit oppresso, infirmo defensio, præsidium aliqua calamitate concluso. Sic enim propriè nostros Cancellos agitis, si læsorum impia claustra solvatis.* Vides quantus olim in Imperio Cancellarius: summus nempe, & qui cæteris præfectus erat. Redundabat enim inferiorum numerus, donec Heraclius Imp. classem integram ad xii. redigebat, ut perspicuum est è Novella ejus. Nec summus quidem unicè datus est toti Imperio, sed Provinciæ singulæ, singulus Cancellarius; uti clarè indicat Cassiodorus lib. 12. formula prima, quæ à Senatore Præfecto Prætorio *Diversis Cancellariis Provinciarum singularum* inscribitur: & in ipsa formula *Perge* (inquit) *ad illam Provinciam, cancellorum pompa decoratus.*

Hincmari ævo (qui sub Carolo magno & Ludovico Impp. floruit) minui videtur in Aula Gallica muneris istius amplitudo: dum parte una Apocrisiarius fungitur, aliâ (& non exiguâ) Comes palatii; Cancellario ipso vix quid præterea tunc curante quàm Chartas Regias. Hincmar. Epist. 3. cap. 16. *Apocrisiario sociabatur summus Cancellarius, qui à secretis olim appellabatur, erantq; illi subjecti prudentes & intelligentes ac fideles viri, qui * præcepta Regia absq; immoderata cupiditatis venalitate scriberent, & secreta illis* (commissa) *fideliter custodirent.* Decreta etiam & sanctiones Regni, sua cura conscripta, Archiepis. Episc. Comitibus &c. tradidit iterum transcribendas populoq; transferendas, ut Capitul. lib. 2, cap. 24. *Sigillum verò regium* nondum assequutus est. Hoc enim (cum aliud non esset quàm annulus) apud Regem ipsum mansit: ut Monachus Egolismens. in vita Caroli M. pa. 15.

* *Chartas & hujusmodi.*

¶ *De Cancellario Ecclesiæ Romanæ & Principum.*

A palatio Imperii deducitur Cancellarius in consistorium Ecclesiæ, ævo quidem incerto sed antiquo. Hieronymus in epist. ad Gerontiam ait se in *chartis ecclesiasticis juvasse Damasum Romanæ urbis Episcopum, & orientis atq; occidentis synodicis consultationibus respondisse*, quo se planè Cancellarii munere functum docet, nomine licèt non innotesceret.

Transiit deniq; hic Magistratus in Aulas omnium Principum Europæorum: sed primum à similitudine potiùs Gallici Cancellarii, quàm Imperatorii. Exoletis verò aliquando Apocrisiario & Comite palatii, sensim pervenere ipsorum munera in officium Cancellarii, qui deinceps, ne Præfecto Prætorio (ut in Imperio olim) subjectus, ejus etiam partes plures suscepit, eóq; tandem crevit fa-

Budæus, fastigii ut *Principis præsentis vicarius*, & *eo peregrè profecto, Interrex quodam modo censendus dicitur*.

De Cancellario apud Anglo-Saxones.

Regiarum Chartarum conditores prisci nostri Saxones *Scribas* plerumq; appellabant & *Notarios*; vernaculo Bocenar. Sic Bosa apud Ingulphum; Scriba dicitur Withlasii Regis Merciorum An. Dom. Swithulphus Londinensis Episcopus Notarius Regis Berthulphi, An. Dom. Dom. 851. Inferiores multi (si tuta fides) suis fungebantur Cancellariis. Sic Athelstanus in Charta privilegiaria Malmesburgensium, se eam *confecisse* memorat per *consilium magistri Wolsini Cancellarii sui*. Et Turketulum eidem Athelstano, Eadmundo, & Edredo Regibus; nec non eorum patri Edwardo seniori *Cancellarium* fuisse indicat Ingulphus: etiam consiliarium *primum, præcipuum, & à secretis familiarissimum*. Rex Edgarus Adulphum habuisse dicitur, Ethelredus Alsium, Edwardus Confessor, Leofricum Bathonicum, Wolsinum alium, & * Reynbaldum.

* al. Reinbaldum.

De munere *Cancellarii* haud perspicuè constat sub istis seculis: sed in dictandis Chartis Regiis, si non in exarandis, operam navasse palam est ex Ingulpho, qui sic præterea de Turketulo antedicto: *Cancellarium suum eum constituit* (Rex Edwardus senior) *ut quæcunq; negotia temporalia vel spiritualia, Regis judicium expectabant, illius consilio & decreto* (*tam sanctæ fidei & tam profundi ingenii tenebatur*) *omnia tractarentur & tractata irrefragabilem sententiam sortirentur*. Fungebatur etiam legatione ad Imperatorem & Reges Franciæ, quin & bellator strenuus Constantinum Scotiæ Regem insigni victoria fudit & occidit. Exuto tandem mundo Abbas Croylandiæ senex effectus est: tum (ut cæteri Cancellarii) nec capellanus Regis, nec vel eousq; Cleri pars fuisset. Postea dispartitum est munus alternatim pluribus. Histor. Eliens. lib. 2. *Statuit atq; concessit* (Ethelredus qui Regnum iniit An. Dom. 976.) *quatenus Ecclesia de Eli & nunc & semper in Regis Curia, Cancellarii gereret dignitatem, quod etiam aliis, S. viz. Augustini, & Glastoniæ Ecclesiis constituit: ut Abbates istorum cænobiorum vicissim assignati, succedendo temporibus, annum trifarie dividerent, cum sanctuariis & cæteris ornamentis ministrando*. Connectuntur hic munus Cancellarii & Capellani Regis, nec deinceps nisi raro disjunguntur.

* Cantuariens.

Sigillis sub hoc seculo vix usi sunt Reges Saxonici, Athelstano tamen & Edgaro & Canuto sua interdum (sed incerto Custode) attribuuntur: Edwardi verò Confessoris (ut superius liqueat) in Cancellarii fuit dispositione.

De Cancellario apud Anglo-Normannos.

Ad Anglo-Normannos venio. Polydorus Italus, bene & male de gente nostra vicissim meritus, Guilliemum Conquestorem instituisse asserit *Scribarum collegium, qui diplomata scriberent, ejusq; collegii magistrum vocasse Cancellarium, qui paulatim supremus effectus magistratus qualis hodie habetur*. Hæc cum supradictis perpendito. Verum autem est, Cancellarii dignitatem sub ipso ingressu Normannorum non ut postea claruisse. In historiis enim nulla ejus quod sciam mentio: & in Chartarum subscriptionibus locum sæpè inferiorem tenet, (opinor) juxta gradum Ecclesiasticæ suæ dignitatis, non istius muneris. Sic in Charta Henrici primi Manerium de Thorpe Ecclesiæ Norwicensi conferentis, 1101. Rogerus Cancellarius Abbatibus omnibus (ut Episcopos taceam) posthabitus, inter Capellanos subsignat: eâ autem classe primus ob honorem fortè Regiæ capellæ: Ita prorsus in Chartis Edouardi Confessoris Reynbaldus Cancellarius: præponuntur autem ubiq; ipsi Capellani, laicæ omni nobilitati. Sub Henrico 2. *conregnare* dicitur Thomas Cancellarius. Et sub Ric. primo, Will. Longchamp Cancellarius Regni omnia solus administrat, non autem ex virtute muneris sed ex gratia Regis adjunctisq; aliis potestatibus: cum præterea & Angliæ esset Justiciarius, Legatus Romani Pontificis Clementis tertii, & Vicarius insuper Regis Hierosolimas profecti. Quid igitur ex Cancellaria potestate gesserit, quid ex aliis haud certum est, certissimum verò perregisse eum insolenti quodam turbine omnium limites, meritoq; igitur ejectum omnibus. Muneris specimen ut ex Authoribus liqueat coætaneis, accipe.

Guil. Nubricens. Rer. Anglican. lib. 2. ca. 16.

scil. Australis & occident.

Cancellarii dignitas est, ut secundus à Rege in Regno habeatur, ut altera parte sigilli regii (quod & ad ejus pertinet custodiam) propria signet mandata. Ut capella Regia in illius sit dispositione & cura. Ut vacantes Archiepiscopatus, Episcopatus, Abbatias & Baronias, cadentes in manum Regis, ipse suscipiat & conservet. Ut omnibus Regis assit consiliis, etiam non vocatus accedat. Ut omnia sigilliferi clerici regii sua manu signentur. Item, ut (suffragantibus ex Dei gratia vita meritis) non moriatur nisi Archiepiscopus vel Episcopus si voluerit. Adde quæ Gervasio suggestus liber Scaccarii exhibet par. 1. cap. 5. *Cancellarius sicut in Curia sic ad Scaccarium magnus est: adeo ut sine ipsius consensu vel consilio, nihil magnum fiat vel fieri debeat. Verùm hoc habet officium dum residet ad Scaccarium. Ad ipsum pertinet custodia sigilli Regii quod est in Thesauro, sed inde non recedit nisi cum præcepto* * *Justiciæ, ab inferiore ad superius Scaccarium, à Thesaurario vel Camerario defertur*.

Locus hic mendosus videtur.

* Id est, Capitalis Justiciarii Angliæ.

fertur ad explenda solùm negotia Scaccarii. Quibus peractis in loculum mittitur, & loculus à Cancellario consignatur, & sic Thesaurario traditur custodiendus. Item ad ipsum pertinet rotuli qui est de Cancellaria, custodia, per suppositam personam: & sicut viris magnis visum est, de omni scriptura rotuli Cancellarius æquè tenetur ut Thesaurarius, excepto duntaxat de hoc quod scribitur in Thesauro receptum, &c.

De Cancellario recentiori, & de Cancellaria.

Hodie non agit iste Magistratus in Scaccario, sed augustius multò in Cancellaria: ubi olim nec Prætoria fungebatur jurisdictione, nec Curiæ alicujus prærogativâ. Cancellariæ itaq; cùm meminerint sub Henrico 2. * Niger lib. Scaccarii; sub Henrico 3. Bractonus: non de Curia intelligendi sunt, sed de officina Brevium, & Chartarum Regiarum. Quo tamen sensu Curiam dixisse videtur Author Novarum narrationum, inquiens: *Curia Cancellaria Regia, est Curia ordinaria pro Brevibus originalibus emanandis: sed non pro Placitis communibus tenendis.* Porrò omnes Angliæ Curias civiles, accuratè numerat ævo Edouardi primi Brittonus; de hac tamen ne verbum ille, nec quod sciam, alius quisquam ante ævum Edouardi 3. vel eum circiter.

* Gervasio Tilberiensi attributus.

Constat autem hodie Cancellaria tribus partibus, scil. è collegio Scribarum regiorum, è foro Juris communis, & è Prætorio boni & æqui. In primâ formantur diplomata, & Brevia (dicta Originalia, quòd his inchoantur lites.) In Secunda cognoscitur de feodalibus quibusdam Inquisitionibus (quas Officia vocant) & de causis pluribus Statutorum vigore huc asscriptis: nec non quæ ministros Cancellariæ, eorumq; famulos respiciunt. In tertia decernuntur casus anomali, & exorbitantes: lenitur Jus positivum sæviens, & erigitur languidum. His omnibus solus præest Cancellarius: Collegio, nempe minister principalis: Foro, Judex canone circumscriptus: Prætorio, arbiter honorarius, à Rege datus, & absolutus. Ministerium ejus antiquæ est originis: Potestas judiciaria seu forensis, mediæ; Prætoria verò, recentioris. Dum in foro agit, Curiam celebrat quam Recordi vocant: ideoq; incedit formulis aliarum Curiarum Recordi: Latinè scribuntur acta omnia, membraneisq; rotulis demandantur. Si hic erratur, à dextris (ut superius) stat tribunal Regium, erroris censor. In Prætorio nihil horum: Recordi enim Curia non habetur. Præpollet tamen ipsis Recordi Curiis, incertisq; natum initiis, excrevit sensim ad insignem magnitudinem. Non facile est digito monstrare quibus gradibus; conjecturam accipe.

Plowd. in Cas. Com. Leicest. Brook. Tit. Jurisdiction nu. 53.

Omnis Regni justicia solius Regis est, & à solo ipso (si sufficeret ad tantam molem) administranda. Illud autem cum impossibile sit, in plurimas distributam portiones, ministris cogitur delegare: quos limitibus tamen circumscripsit positivæ legis, ne pro arbitrio spatientur. Positiva verò lex in generalibus versatur, ideoq; agit in casus particulares, aliàs intentiùs, aliàs remissiùs: ex quo non justicia & ἐπιείκεια, sed injuria sæpè fieret, si hærendum esset in summo Jure; oriuntur etiam indies causæ arduæ & difficultates, quæ nulla ejusdem paginâ continentur. In his igitur necessario recurrendum ad Regem, justiciæ fontem, utique & vicarium ipsius Dei, qui in Judaica Repub. causas hujusmodi suæ stitit cognitioni, Regibusq; non solum exemplum dedit istius jurisdictionis, sed & prærogativam: itemq; & legitimè constitutis, mentem etiam è cœlis latiorem ad æthereas virtutes capescendas, quibus tanta judicia (Dei nempe) rectiùs inter homines administrent. Humanæ verò fragilitatis memores Principes Christiani, omneque ferre punctum in exhibenda justicia, decernendisque litium difficultatibus cupientes, Curiam suam, id est, Proceres & Barones (quos Cassiodorus vocat Senatum minorem) adhibuere in consilium. Sanctè olim hoc per universam Europam observatum est: jurabantque ideo prisci nostri Reges coram *omni Regno & Sacerdotio, Se judicium rectum in Regno facturos, & justitiam per consilium. Procerum Regni sui tenturos.* Ingens exemplorum multitudo, quibus prisci illi Reges, causas ad Palatium suum allatas, non unius alicujus judicio, sed communi Procerum consilio definire. Fessi autem tandem rei mole, coguntur (exemplo Moysis) judiciorum lancem delegatis credere. Tunc erectis seorsum à Palatio tribunalibus, singula multis (quamvis ex canone judicaturis) nullum unico substituerunt Judici. Justitiam (uti veritatem) rati, tutiùs apud plures conservari: neq; ideo vel in Curiis ipsis infimis & rusticanis Monocritem perferebant qualemcunque. Causas verò exorbitantes quæ nulli constitutorum tribunalium ritè competerent, ad Palatium ceu oraculum Regni deferendas statuunt: judicium Principis è consilio procerum expectaturas. Eò pertinet quod Edouardus primus prisci tenax ritus, lege cavit, ut Cancellarium & Regii tribunalis Judices Aulæ suæ continuò famulantes haberet: hos nempe ut quid legitimum esset, pronunciarent, illum verò ut quid æquum & bonum, submoneret: commixtoq; Rex incedens tramite, judicium ceu divinum ferret. Succedentes autem Reges (quibus ingens belli & ærumnarum tempestas, sæpiusq; transeundum erat mare) provinciam hanc Conclavi Procerum à consiliis suis (quibus & ipsi semper interesse subintelliguntur) coacti sunt relinquere. Præsertim Cancellario reliquorum Coryphæo, cum propter summum viri prudentiam, tum quòd à sinu Regis esset, & in rebus gerendis versatissimus.

Aulam.

Leges Edouardi Confess. cap. 16.

Articuli super Chartas cap. 5.

Quærendum tamen an sub hoc seculo causas solus cognoverit; anno enim 1. Edouardi

3. de metis forestæ Windesoriæ agens; adjunctos habuit Proceres quosdam Regni in ipsa Cancellariæ Curia (sic enim tunc reperio appellatam) considentes. Et Statuto anni 20. ejusdem Regis, potestas animadvertendi in extortores, in litium alienarum altores, & in hujusmodi plures delinquentes, non ei soli credita est sed unà Thesaurario. Deinceps etiam anno ipsius 39. dum judicium in Assisa novæ (quam vocant) disseisinæ latum (frustra) decerruit irritum, Thesaurario munitus est, & aliis à consilio Regis. Utcunque verò se res habuerit (siquidem vel exutis sociis, vel cedentibus) apud ipsum unicum remansit tandem jurisdictio: Statutoq; an. 36 E. 3. ca. multa conferuntur solius ejus cognitioni. Increbrescente itaq; hac potestate, ascitisq; & protractis in Cancellariam pluribus quàm justum videbatur, Populus ad eandem cohibendam in Parlamento an. 4. Henr. 4. legem rogat, non autem tulit; Sed benignè à Rege responsum est: *Mandaturum se id parcius fieri quàm priùs solitum.* Simile quiddam agitatum ferunt in Parlamento an. 1. Hen. 6. scil. *Neminem ad Cancellarium provocaturum, cui duo Justiciariorum Regis non ferrent testimonium haud subvenire legem terræ.*

Petitt. Parl.

Accidit autem sub his temporibus, publica quædam necessitas Prætorium sublevamen vehementer expetens: cùm propter dubias rerum atque Regni conversiones, nemo penè prædia sua fiduciariis possessoribus non committeret. His verò fidem sæpissimè fallentibus, ad Cancellarium undiq; concurritur, imploratque ejus ope remedium debitum exhibetur. Dilatari jam tum cœpit Cancellaria: auctaque in dies nova causarum accessione; quicquid fraudem, quicquid rigorem, quicquid fidem violatam aut malè sanam saperet conscientiam, ad Cancellarium provehitur, & (quod legum professores maximè ringit) sacra ipsa tribunalium judicia, hanc non effugêre potestatem. Non quòd ipsis vim inferre liceat, aut ulla occasione irrita decernere (hoc enim verat lex antiqua positiva, vetant Statuta Regni) cum verò ex summo jure lata sæpe deprehendantur, & ab æquitate deviare: Actorem cohibet ab executione ambienda, manetque sic indeletum judicium, sed inutile prorsus & velut enervatum.

Lib. *De diversite des Courtes.*

Eximiam hanc prærogativam cautiùs libavit (immo respuit) priscus quidam Cancellarius, ceu jugulo Legis patriæ minitantem: mordaciùs autem prenserunt tenueruntq; successores; atque inde olim rixæ, nuper lites. Scrutari demum igitur jubet Rex Jacobus monumenta Cancellariæ, compertoq; multis exemplis, Cancellarios ab initio Regis Henrici 7. hac usos jurisdictione: privato suo sigillo dat. 18 Julii 1616. eam confirmavit. Sic apud nos Cancellario subjiciuntur fasces Judicum: nempè ut apud Gallos sub Francisco I. ab Hispana captivitate redeunte. Quæ in summis itaque tribunalibus multi è legum canone decernunt Judices: solus (si res exegerit) cohibeat Cancellarius ex arbitrio. Nec aliter decretis tenetur suæ Curiæ vel sui ipsius, quin elucente nova ratione, recognoscat quæ voluerit, mutet & deleat, prout suæ videbitur prudentiæ. Censorem non agnoscit præter Regem: nec lites ei transmittunt Judices, sed invitis ipsis, sæpè adimit. Convolant etiam ad Cancellariam hodiè qui volunt: aditus nemini prohibetur: neque hic ut in aliis Curiis nefastus dies, aut locus aliquis non Prætorius. Quid ergo, num ut apud Poetam,

Arrests notables des Courtes souveraines de France, lib. 4 Tit. 5. Art. 2.

Scil. injungendo ne quis prosequatur.

Huic ego nec metas rerum nec tempora pono?

Minimè. Suis moventur legibus ipsi orbes Eccentrici, & sunt hic suæ leges, & longa recepta consuetudine, & ex Regula (quam vocant) Cancellariæ, hodie observatæ. Grave etiam si videatur ut in aula unius pectoris, omnes omnium fortunæ, vario agitentur discrimine, fatum subeant & succumbant: sed ex more agnoscimus aliarum Gentium: & laudabile igitur esse quòd apud nos solet illustrissimus hic Magistratus, in causis arduis & difficilibus, aliorum tribunalium Judices sibi asciscere; eorumque fretus adminiculo, audire, pronunciare, & decernere.

Habet & ordinarios quosdam assessores, sortis admodum inæqualis, sed Cancellarios olim & ipsos dictos, numeroq; duodecim, ut duodenis illis ab Heraclio institutis, & in inferiori Imperio usitatis respondeant: Magistros Cancellariæ nunc appellatos. Assident verò non omnes simul, sed taciti omnes, ministerium præcipienti Cancellario exhibituri.

Fungebantur antiquè (ut diximus) Cancellariatus dignitate, viri tantùm Ecclesiastici & Episcopi, qui præterea curam gerebant Regiæ Capellæ, repositaq; illic monumenta (Rotulos & Recorda vocant) sacrâ custodiâ tuebantur. Hinc devenit, ut Ecclesiastica omnia ad Regem pertinentia, Cancellarius administraret, Ecclesiis disponeret, & Regio nomine Visitatoris munus exequeretur. Non autem perpetuus olim fuit, sed vel triennalis vel quadriennalis; sæpè bimus, & annuus: pluresque interdum simul vicibus alternantes. Walterus de Grey (qui postea Archiepiscopus Eboracensis evasit) anno 7. Regis Johannis *Dat Domino Regi* (loquor in verbis Rescripti) *quinq; millia marcarum pro habenda Cancellaria Domini Regis, tota vita sua, & pro habenda inde Charta Dom. Regis.* Pepigit autem Henricus 3. furentibus Baronibus, ut Cancellarius, Thesaurarius, Capitalis Justiciarius, &c. de anno in annum eligerentur. Electionem verò ad Parlamentum spectare ex antiquo jure asseverabant tunc omnes Angliæ Magnates. Et Sigillum exigenti Regi (ut refert Mattheus Paris) tradere recusavit Cancellariu Radulphus de Neville Episcopus Eliensis, dicens, *se nulla ratione hoc posse facere*

In dorso rotuli finium hujus anni.

Mat. Westmin. An. Do. 1265. Lambard. in Archiran.

Mat. West. in An. 1260 Mat. Par. in An. Dom. 1236.

re cum illud communi Concilio Regni suscepisset, &c. Ademit tamen Rex pluribusq; successivè tradidit custodiendum, sed Cancellarii nomine cum emolumentis Radulpho interea permanentibus, nam Cancellariam ei confirmaverat ipse Rex an. Regni 13. *Tenendam toto tempore vitæ suæ.* Hæc in turbata Repub. & apud priscos. Recentior electio penes solos Reges fuit, è quibus cum Henricus 8. curam ejusdem Consiliariis suis demandasset; Episcopos prætereundos censuerunt: sed Edouardo 6. & Reginæ Mariæ aliter visum est.

Per Chart. dat. 16. No.

Postulat hic locus ut de aliis ministris Cancellariæ, quidpiam diceremus, sc. Magistro Rotulorum, & senis (quos vocant) Clericis: qui ex veteri ritu Clericorum Regiæ Capellæ, in cœlibatu vixerunt, donec contrahendi matrimonii facultatem, eis fecit Stat. An. 14. Henr. 8. ca. 8. Postulat etiam, ut de aliis Cancellariorum speciebus nonnulla attexerem, sed hæc pro tempore.

Archicancellarius. Vicecancellarius.

Occurrunt verò *Archicancellarius, & vicecancellarius*: hic Cancellario inferior; ille superior, & dignitatis titulo notior quam muneris exercitio. In subscriptione Chartæ *Caroli M.* dat. An. 773. *Amelbertus* Cancellarius ad vicem *Luperti* Archicancellarii recognovi. *Munst.* Cos. lib. 3. cap. 286. pag. 692.

Dici autem videntur *Archicancellarii* (qui & aliàs *Archicapellani*) sub ævis Othonum Impp. Antistes Moguntinus, rebus Germaniæ præfectus; Coloniensis, Italiæ; Treverensis, Galliæ: cum exuti paulatim Cancellariatus molestias, ut Ecclesis suis liberiùs vacarent, munus per vicarios (quos Cancellarios simpliciter nuncuparunt) exequerentur. In hoc sonant Chartæ antiquæ Mindensis Ecclesiæ, circiter An. Dom. millesimum, & superiùs confectæ, ubi sic legitur: *VVintherus Cancellarius vice Bardonis Archicancellarii* (hoc privilegium) *recognovi.* Ita alia illic passim. Ab istorum etiam *Archicancellariorum* exemplo, appetisse sibi videtur ejusmodi titulum Thomas Bekettus Cancellarius Henrici secundi, cùm elatus in Archiepiscopum Cantuariæ, Cancellariatus officium resignavit: si locum Radulphi de Diceto (obscurum & implicitum) rectè intelligam. Maximè enim rei Ecclesiæ conducere opinati sunt ejusdem Rectores, ut tanti muneris gubernaculum manu sua quodammodo regeretur.

In lib. de ejus M. S.

Vicecancellarius autem apud majores nostros dictus est, qui aliàs Custos sigilli, aliàs Cancellarii Locum-tenens nuncupatur. Sed & alia significatione celebris est *Vicecancellarii* appellatio in Academiis nostris, de quo infra in *vicecancellarius.*

Series Cancellariorum Angliæ; non dicam absoluta, nam in hoc desudent alii: sed ut è Thinni, & M. S. quodam catalogo incerti Authoris contexuimus. Auctior verò in nonnullis, & emendatior. Cujus etiam ope Regiarum Chartarum quibus olim haud inseruntur Data, ex adscriptis Cancellariorum nominibus, antiquitatem deprehendas. Sed admonendus es titulum Cancellarii, *in ejusmodi Chartis non semper jungi cum nomine: multosq; hic infra* Cancellarios *dici, qui rectiùs fortè Custodes sigilli (aliàs Locumtenentes & Vicecancellarii) scriberentur.*

Cancellarii apud Anglo-Saxonicos.

Turketulus Cancellarius Edw. sen. qui obiit 924.
VVolsinus Cancel. Regis Æthelstani qui regnare cœpit An. Dom. 924.
Turketulus Canc. ejusd. Æthelstani.
Turketulus idem, Canc. Edmundi.
Turketulus idem, Canc. Edredi usque An. 948.
Adulph. Canc. Edgari qui Reg. cœp. An. 959.
Alsius Canc. Æthelredi qui Reg. cœp. An. 975.
Leofric. Bathon. Canc. Edouar. Conf. An. 1045. [*Leofric* primus Episc. Exon. dicitur fuisse Canc. *Ed.* Conf. sed non credit *Godwin.* in vitâ ejus pa. 455. Sed non erat Episc. *Bathon*, licèt tamen diceretur *Bathon.*]
VVulsinus Canc. ejusd. Edouar. Conf. An. 1045.
Reisenbaldus Canc. ejusd. Edouar. An. 1066.
[*Reynbaldus* Regis Canc. An. 1066. *Swiergarus* & *Alfgeatus* notarii ad vicem *Reynbaldi* in 2 & 3 Chart. Ed. Conf. in Privileg. Sanctuarii *VVestm.* fol. 9. b. & fol. 14. a. b.]

VVilliel. sen. Regn. cœpit 14 *Oct.* 1067.

Mauricius Canc. an. 1067.
Osmundus Canc. an. 1067. post. Episc. Sarum.
Arfastus Canc. an. 1068. Ep. Thetford.
Osmundus prædict. Canc. an. 1075.
Arfastus prædict. Canc. an. 1077.
Mauricius Canc. 4. Cal. Jan. 1077.
Hirmanus Canc. Ep. Wilton, Sharborn, Sarum.
VVill. Velson Can. Ep. Thetford.
VVill. Giffard. Canc. post Episc. Winton.

VVill. Rufus cœpit 9. Sept. 1087.

VVill. Giffard Canc. 4. Reg. 1090, Sto. pa. 185.
Rob. Bluet, al. *Bloet* Canc. 1090. & 1092? tunc Ep. Linc.
Ranulphus Flambard Canc. Ep. *Durham* R. 12. Sto. V. Malm. & Godw.

Henricus 1. cœpit 1. Aug. 1100.

VVill. Giffard prædict.
1 Hen. 1. *Rogerus* Canc. an. 1101. post Episc. Sarum.
3 H. 1. *VValdricus* Canc. circa an. 1103.
VVill. Giffard iterum Cancellarius.
4 H. 1. *Herbertus* Canc. an. 1104.
7 H. 1. *Rogerus* Canc. an. 1107. tunc Ep. Sarum.
Galfridus Rufus Canc. fact. Ep. *Dunelm.* 33 H. 1. V. Hunting. pag. 385. & Hov. An. 1134.
16 H. 1. *Ranulphus*, al. *Arnulphus* Canc. 1116. & usq; 1123. quo anno obiit, viz. 23 Hen. 1. Hunt. p. 382.
Richardus Capillanus Cust. Sigil. sub Ranulph.
Reginaldus Canc. Prior Montis acuti.
Thomas Canc. sic dict. in Chart. Eccle. Norw.
Rogerus Canc. Ep. Sar. prædict. sub fine Hen. 1.

Stephanus cœpit 2. Dec. 1135. V. Flor. VVig. ibid. & *Malmesb.*

1 Steph. *Roger* Canc. an. 1136. & an. 1139. Alius *Rogerius* quoq; Saresb. Ep. fuit Canc. Flor. Wig. pa. 528.
Matildis Imp. dat & concedit *Alberico* de *Veer* Cancellariam ad opus *VVill.* de *Veer* fratris sui: ex quo deliberata fuerit *VVillielmo* Cancellario fratre *Johannis* filii *Gisleberti*, qui eam modo habet. *Chart. Matildis Imp. Alberico de Ver de Comitatu Oxon.*
4 Steph. *Alexander* Canc. circa 1138. Quære.
4 Steph. *Philippus* Canc. circa 1139.
Steph. *Robertus* de *Gant* q. V. Vincen. in Catal. Nob. pa. 237.
Steph. *Reginaldus* Canc. Abbas Waldens.

Hen. 2. cœpit 36 Octob. 1154.

1 H. 2. *Tho. Beket* Canc. 1154. (M. P. ait 1155.) & usq; 1162. tunc factus Archiep. Cant. resignavit.
Johannes Canc.
Radulphus VVarnevill const. Canc. circa An. 1173. tunc Archidiac. Rothomag.
VValt. de Constanciis Canc. 11.. Tunc Archidiac. Oxon. post Ep. Lincoln. & Archiep. Rothomag.
16 H. 2. *Galefridus* Nothus Regis Canc. circa an. 1182. Ep. Linc. constit. 1181. *Rob.* de *Monte.*

Ricard. 1. cœpit 6. Junii 1189.

VVillielmus Lonchampe Constitut. Canc. an. 1 Ric. 1.
1189. & depositus an. 1191. Episc. Eli. Le- 3 Ric. 1.
gatus Papæ Clementis, Capital. Justiciar. & vicarius Regis in partib. austral. & occident.
Malus Catulus Vicecanc. 6 Ric. 1.
Eustachius Canc. circ. 3. Idus Aug. 1196. tunc 9 Ric. 1.
Elect. Eliens.

Johannes cœpit 6. Apr. 1199.

Hubertus VValter & è converso, Canc. 1199. 1 Joh.
tunc Archiep. Cant.
Ric. de Morisco Canc. tunc Archidiac. Nor- 4 Joh.
thumb.
Simo, al. *Hugo* Archidiac. Wellens.
Hugo de VVells Archid. Wellens. Canc. 6 Joh.
1204. Idem videtur qui prædict. post Ep. Linc.
VValterus de Gray const. Canc. post Archiep. 7 Joh.
Ebor.
Rich. de Moris. præd. Canc. 15. Regis & us- 15 Joh. &c.
que 17.

Henr. 3. cœpit 19. Oct. 1216.

Radul. de Nevilla post Episc. Cicestr. constitut. Canc. à Parlam. an. 1226. & per Chartam Regis dat. 16. Nov. an. Reg. 13. confirmatus pro termino vitæ suæ. Anno verò Regni 22 ademit ei Rex sigillum, tradiditque Galefredo de Templo & Jo. de Lexinton, Radulpho permanente Cancellario.
Hugo Epis. Cistrens. Canc. An. 1234. i. 18 & 19 H. 3. cui *Petrus* de Rivallis, &c. sigillum ademit, &, ut videtur, fit deinceps Canc. sic enim Chron. in catal. Thes. & Godw. in Episc. Wint. testantur. Vid. M. P. p. 381. l. 12. & 391. l. 40. &c. Quære.
Hugo Pateshull Canon S. Pauli Canc. dicitur: 23 H. 3.
sed quære.
Simo Norman Cus. Sigilli 1229. Exutus. 23 H. 3.
Ric. Grossus, al. *Grasse.* C. S. Resignavit. 23 H. 3.
Jo. Lexinton 1. Cus. Sigil. 1242. 26 H. 3.
Ranul. Briton Canc. 1242. fortè tantùm 27 H. 3.
C. Sigill. cum Radul. Nevill adhuc vixerit.
Silvester de Everseen const. C. Sig. 1246. 29 H. 3.
Jo. Mansel Cus. Sig. 1247. 31 H. 3.
Jo. de Lexinton 3. C. S. 1248. 32 H. 3.
Jo. Mansel iterum C. S. 1248. 32 H. 3.
Radul. de Diceto Canc. circa hoc tempus. H. 3.
VVill. de Kilkenny C. S. al. vicecanc. post 34 H. 3.
Ep. Eli.
Hen. de VVingham Canc. usq; 43 Reg. Ep. 38 H. 3.
London.
[*H. de VVengham* factus est bajulus sigilli Regis An. 1255. M. P. 873.]
VValt. Merton const. Canc. 1260. 44 H. 3.
Nic. de Eli con. Canc. à Baronib. exuto 44 H. 3
Walt.
VVal. Merton restitut. 1261. exuto Nichol. H. 3.

Jo. de

Jo. de Chesbel C.S. 1264. Archi-diac. Lond. & Thesaur.

Tho. de Cantelup con. Can. 1265. post Ep. Heref.

VValt. al. VVill. Gifford Can. 1266. Ep. Ba. & W.

Galf. Gifford Can. 1267. Ep. Wigor.

Jo. de Chesel 2. Can. 1268.

Ric. de Midleton const. Can. Juli. 1268.

Jo. de Kirbie const. Cust. Sigil.

Edouardus I. cœpit 16. Nov. 1272.

VValt. Merton 3. con. Can. 1273. Ep. Rocest.

Rob. Burnel con. Can. 1274. Ep. Bath. & Wel. Videtur hunc fuisse Cancellarium & Capitalem Justiciarium banci Regii an. 14. Ew. 1. ex his quæ notavimus in Baronia. Tempore Rob. Burnell Cancellarii 3 Ed. 1. Cancellaria tenta fuit apud Leicestr.

In Eiren. Lambardi cap. 3. pa. 18. in Brevi, Datum per manum, venerab. patris F. Bathon. & VVellen. Episc. Cancellarii nostri apud Cestr. 2 die Sept. An. Regni nostri (i. Ed. 1.) 5.

Jo. de Langton con. Can. 1293. Ep. Cicestr.

Jo. Drokensford con. C. S. 15. Aug. usq; 29. Sept.

VVill. Greinfield con. Can. 1302. post Archiep. Eb.

VVill. Hamelton con. Can. 1305. Decan. Ebor.

Rad. de Baldoc con. Can. an. 35. Reg. Ep. Lond.

Edouard. 2. cœpit 7 Jul. 1307.

Jo. Langton 2. con. Can. 1307. usq; 1310. Ep. Cicest.

Will. Melton Archiep. Eborum & 2 alii CC. S. pro tempore.

VValt. Reinalds con. Can. 6. Jul. 1310. Archiep. Cant.

Jo. de Sandal con. Can. post Ep. Wint.

Jo. Hotham con. Can. 1317. Ep. Eli.

Jo. Salmon const. Canc. 1319. Ep. Nor.

VVill. Airemene Cu. Si. 1319. post Episc. Nor.

Rob. Baldoc con. Can. post Ep. Norwic.

VVill. Airemene 2. con. C. S. Rob. incarcerato.

Edouard. 3. cœpit 25. Jan. 1326.

Jo. Hotham 2. con. Can. 1326. tunc Ep. Eli.

Hen. Cliff con. Can. 1318. tunc Cust. Rotulor.

Hen. de Burgh, al. Burghwas, Can. post Ep. Lin.

Jo. Stratford Can. Ep. Wint. & Archiep. Cant.

Ric. de Angervil, al. de Burie, Can. Ep. Dunelm.

Jo. Stratford 2. Can. Archiep. Cant.

Rob. Stratford con. Can. 24. Mar. post. Ep. 11 E. 3
Cice.

Ric. de Bintworth con. Can. in Jul. tunc Ep. 12 E. 3
Lond.

Jo. Stratford 3. Can. sed brevi. E. 3

Rob. Stratford 2. con. Can. 1340. tunc Ep. 14 E. 3
Cice. An. 14 Rex Clericos movit & seculares fecit Cancellarium Thesaurar. &c. VValf. pag. 150. Sic & an. 45. ejusd. Parlamenti precib. Walf. pa. 186.

Rob. de Bourchier con. Can. in Decemb. 14 E. 3
1340.

Rob. Perning con. Can. 1341. Fuit Serviens 15 E. 3
ad leg. Thesaurar. & Justiciar. & sedebat in banco Communium placitorum cum esset Cancellarius.

Rob. Saddington Miles con. Can. 1343. 17 E. 3

Jo. Offord, al. Ufford, con. Can. Decan. 19 E. 3
Linc.

Joh. Thorsbie con. Can. 1349. Epis. Wigor. 23 E. 3
Archiep. Ebor. & Card. Resignavit in Nov. 1356.

VVill. Edington con. Can. in Nov. 1356. Ep. 30 E. 3
Wint. & Thesaurarius.

Simo Langham con. Can. in Feb. 1363. Abb. 37 E. 3
Westm. Ep. Eli, Archiep. Cant. & Thesaurarius.

VVill. Wikham con. Can. 1367. Ep. Winton. 41 E. 3

Rob. Thorpe Mil. con. Can. 1371. tunc Cap. 45 E. 3
Justic. banci Regii: & secedens in patriam Sigillum 4. Gardianis Cancellariæ commisit.

Jo. Knivet Mil. con. Can. in Jul. Cap. Justic. 46 E. 3

Adam de Houghton con. Can. 1376. Ep. 50 E. 3
Meneven.

Ricardus 2. cœpit 21. Jun. 1377.

Ric. Scrope Mil. con. Can. in Octob. Dom. 2 Ric. 2
Bolton.

Simo Sudburi const. Can. Archiep. Cant. de- 3 R. 2
collatus per rebelles.

R. Ep. London (fortè Rob. Braibroke) 5 R. 2
Can.

Ric. Scrope 2. con. Can. in Nov. per Parla- 5 R. 2
men.

Rob. Braibroke con. Can. 20. Sept. Ep. Lon- 6 R. 2
don.

Mich. de la Pole con. Can. in Mar. post Com. 6 R. 2
Suf.

Tho. Arundel con. Can. Ep. Eli. post Ebor. & 10 R. 2
Cant.

VVill. VVikham prædict. 2. const. Can. 12 R. 2

Tho. Arundel 2. constit. Can. missus in Ex- 15 R. 2
ilium 20. Ric. 2.

Henricus 4. cœpit 19. Sept. 1399.

Jo. Scarle, al. Serle, Can. tunc Magis. Ro- 1 H. 4
tul.

Edw. Stafford con. Can. circ. Mar. 1400. H. 4
Ep. Ex.

Hen. Beauford const. Can. 1403. frat. Regis, 4 H. 4
Episc. Winton.

Tho. Langlie con. Can. 1405. tunc Ep. 6 H. 4
Durh.

Tho.

H. 4 *Tho. Arundel* 3. con. Can. tunc Archiep. Cant. Hic *Thom. filius Alan* frater *Ric.* Comitis Arundel qui fuit in exilio cum Rege Hen. 4. fuit 3. Cancellarius.

1 H. 4. *Tho. Beauford* Mil. con. Can. frater Regis.

H. 4. *Jo. Wakering* C. S. per mensem vel circiter.

H. 4. *Tho. Arundel* 4. con. Can. 1412.

Henricus 5. cœpit 20. Mart. 1412.

H. 5. *Hen. Beauford* 2. const. Canc. tunc Epis. Winton. post Cardinal.

H. 5. *Tho. Langlie* 2. const. Can. 1417. tunc Episcopus Durham.

Henricus 6. cœpit 31. Aug. 1422.

H. 6. *Hen. Beauford* 3. const. Can. tunc Epis. Winton. post Cardinal.

H. 6. *Jo. Kempe* con. Can. tunc Epis. London.

H. 6. *Joh. Strafford* const. Can. in Febru. tunc Epis. Bath. & Well. post Archiepis. Cant.

Will. VVanflet juxta quosd. Quære.

H. 6. *Jo. Kempe* 2. con. Can. 1450. Archiep. Cant. & Card.

H. 6. *Ric. Nevil* con. Can. à Parlam. Com. Salis.

H. 6. *Tho. Bourchier* con. Can. Ep. Eli. & Cant.

H. 6. *VVill. Paten*, al. *VVanflet*, Can. Ep. Winton.

H. 6. *Geor. Nevil* con. Can. tunc Ep. Exce. post Ebor.

Jo. Fortescu Justiciarius Banci Regii exulante Hen. 6. in Scotiâ videtur ejus constitui Cancellarius eoq; usus titulo; sed nulla de eo mentio in Rott. patentibus. Quidam verò contendunt eum non fuisse Cancellarium Regis, sed filii ejus primogeniti: Contrarium vero manifestè patet, lib. suo de LL. Ang. in Introductione, ubi sic de se ait; *Quidam Miles grandævus &c.*

Edouard. 4. cœpit 4. Mar. 1460.

.4. *Geor. Nevil* adhuc Can. an. 7. Reg. exuitur.

.4. *Rob. Kirkham* C. S. in Jul. Mag. Rotulor.

.4. *Rob. Stillington* con. Can.

E. 4. *Hen. Bourchier* con. Can. & mox exutus Com. Es.

E. 4. *Laur. Booth* con. Can. circa Aug. Ep. Durham post Ebor.

E. 4. *Tho. Scot*, al. *Rotheram*, con. Can. post Archiep. Eb. Hic *Thom. Scot* transiit mare in Franciam cum Rege & in absentiâ eorum *Joh. Alcot* fit Cancellarius usq; *Thomæ Scotti* reditum.

.4. *Jo. Alcot* con. Can. absente Rege, Epis. Rocef.

E. 4. *Tho. Scot* 2. Can. circa an. 20. Reg. Hic mortuo Rege Ed. 4. sigillum tradidit Reginæ matri, de qua receptum Jo. Russello datur, vivente adhuc Ed. 5.

Richardus 3. cœpit 21. Jun. 1483.

Jo. Russel con. Can. in Jun. tunc Ep. Linc. 1 R. 3.

Thom. Barrow Cust. Sig. circa 3. Reg. Ma. Rot. 3 R. 3.

Henricus 7. cœpit 22 Aug. 1485.

Tho. Scot Archiep. Ebor. 3. con. Can. & mox exutus. 1 H. 7.

Io. Alcot const. Can. 1485. tunc Epis. Wigorn. 1 H. 7.

Io. Moorton con. Can. 1485. tunc Ep. Eli. 1 H. 7.

VVill. Warham const. Can. tunc Ep. Lond. post Cant. H. 7.

Henricus 8. cœpit 22. April. 1509.

VVill. VVarham adhuc Can. penè usq; an. 8. Reg. 1 H. 8.

Tho. VVoolsie con. Can. circ. Apr. an. 8 Reg. ad terminum vitæ suæ, post Archiep. Ebor. Cardinal. 8 H. 8.

Tho. More Mil. con. Can. 1529. tunc Can. Ducat. 21 H. 8.

Tho. Audlie con. C. S. 4 Jun. & mox Can. Fuit Serviens ad Leg. & Attor. Ducat. Lanc. post Baro. 24 H. 8.

Tho. VVriothestie con. Can. sub initio Maii, tunc Baro & Mil. Garterii, post Com. Southampt. 36 H. 8.

Edouardus 6. cœpit 28. Jan. 1546.

VVill. Paulet Cust. Sig. à 7. Mar. usq; 23. Oct. prox. Post Marchio Wint. &c. 1 E. 6.

Ric. Rich const. Can. circ. 23. Oct. 1547. Baro. 1 E. 6.

Tho. Goodric con. Can. 20. Dec. 1551. tunc Epis. Eli. 5 E. 6.

Maria cœpit 6. Jul. 1553.

Nic. Hare Mil. C. Sig. per 14 dies, Mag. Rotulor. 1 M.

Steph. Gardiner con. Can. in Aug. 1553. Epis. Winton. Hic Calesiam legatus Sigillum penes Will. Paulet Marchionem reliquit, obiit 19. Nov. 1555. 1 M.

Nic. Heath con. Can. 1. Jan. tunc Ep. Roc. mox Archiep. Ebor. 3 M.

Elizab. cœpit 17. Nov. 1558.

Nic. Bacon Mil. con. Cus. Sig. 22 Dec. Tunc Attornat. Cur. Ward. In beneficium prudentissimi istius Consiliarii lege declaratum est (an. 5. *Eliz.* ca. 18.) authoritatem Custodis magni Sigilli, & Cancellarii eandem esse. Obiit hoc functus munere 20. Feb. 1578. *Eliz.* 21. 1 E.

Tho. Bromlie con. Can. 25. Apr. tunc Solicit. Reg. 21 E.

Chris.

Chris. Hatton Mil. con. Can. 29 Apr. 1587. tunc Vicecamer. Reg.
Jo. Puckering con. C. Sig. 4 Jun. 1592.
Tho. Egerton con Cust. Sig. 6 Mai. 1596. primò Sollicit. dein Magist. Rotul.

Jacobus cæpit 24. *Mar.* 1603.

Tho. Egerton adhuc C. S. constitut. est Canc. post vicecom. Braklie.
Fran. Bacon Mil. fil. prædict. Nicolai, Cust. Sigil. efficitur 7. Mar. 1616: vivente tum adhuc Cancellario: sed postridiè mortuo, Cancellarii etiam titulo insignitus est 4 Jan. sequenti: & ad exornandum priscæ urbis Britanicæ memoriam, Baro à Verulamio deinceps constitutus.

¶ **Camellus.**] Septum curiæ, barra. *Theod. Gaza Chrysostom.* interpr. de incomprehens. Dei nat. *Homil.* 5. Tom. 5. pa. 213. *Ut itaq; tempore instante, quo judex prodire, & pro tribunali sedere solitus est: custodes carceris homines quos in vinculis tenent, omnes carcere educunt, & pro Cancello septisq; fori collocant, squallentes, sordentes, coma explelos nimia, &c.*

¶ **Cancellus.**] Necchamo, pinnæ in summitate turrium & murorum, aliter *karneus* quod vide. Item, pars Ecclesiæ cancellis à navi distincta, de quo suprà in *Cancellarius* mox ab exordio.

¶ **Caneva.**] Lib. feudor. Tit. In quibus reb. pos. esse feud. scil. -- *in his quæ inter immobilia connumerantur, veluti cum feudum de camera, seu de caneva datur.* Et Tit. de notis feudor. sæpè ---- *de camera seu caneva.*

¶ **Canifelli.**] Tradit. Fuldens. lib. 2. Trad. 38. *Dividentur lectaria, sive villosi, sive manutergia, sive canifelli, sive cujuscunq; sunt vestimenta, linea vel lanea.*

¶ **Canicleus, Caniclinus,** κανικλέιον.] Palatium alterum Constantinopoli, arce & monasterio insigne, à cujus præfecturâ (apud Authores Orientales omnium honoratissima, & qua Codinus socerum donat Imperatoris) *Caniclinus* dicitur.

Caniclinum Cancellario assimulat Radevicus de Gestis Fred. I. lib. 1. ca. ult. -- *Unus de servis palatii, Caniclinus videlicet, quem nos Cancellarium dicere possumus, principi suo* (Manueli) *fraudem molitus est.* Tyrius autem *Logothetem*, qui Cancellarium veriùs exprimit, à *Caniclino* videtur distinguere. De Bel. Sacr. lib. 22. cap. 6. -- *insuper Logothetes, qui Caniclini utebatur officio, & alii quidam magnates.* Editur, *qui Canaclini*, sed bene sic corrigit Meursius: Guntherumq; non omnino prævaricatum ostendit, de *Camerario* intelligentem, Ligurin. lib. 8.

---- *tempore servus eodem*
Argolici Regis (Græci cognominis usu,
Hoc Caniclinus erat, nobis Camerarius idem
Esse potest.)

Sic Narses apud Paul. Diac. Longobard. lib. 2. cap. 3. & alios, *Chartularius* dicitur: Cedreno, κανικλάριος, & à vetere Scholiaste Juliani Patricii Constit. 15. Tit. 60. *Cubicularii* interpretantur *Chartularii.*

¶ *De canibus veterum.*

¶ **Canis.**]. Occurrunt apud priscobarbaros multiplicia canum nomina ex diverso genere enata.

Acceptoricius, qui prædam acceptori, i. accipitri, venatur & ministrat. Baiwar. LL. Tit. 19. §. 6. *hapichhunt.* Vide *Acceptor.*

Argutarius, canis leporarius, sic enim L. Salic. Tit. 6. §. 2. *Si quis -- veltrem leporarium qui & argutarius dicitur, furatus fuerit vel occiderit,* DC. *den. qui faciunt sol. xv. culpab. judic. &c.* Leporarii autem duo genera, unum *levipes*, quod ex visu prædam appetit arripitq;, A Grey-hound, Ovidio *canis* Gallicus; sed propriè magis Britannicus: Alterum *segnipes*, quod odoratu eminùs subsequens, lassam tandem comprehendit. De hoc Gratius,

Qui ciat occultos & signis arguat hostes.

De illo Homerus, κύνας ἀργὺς, i. *canes celeres*, & à celeritate etiam *arguta hirundo*, et Argo navis appellata.

Canis Bersarius, & *Beverarius.* Vide *Biber.*

Canis Bibarhunt, qui bebros, i. fibres venatur. Vide *Bibarhunt.*

Canis Bibracco. Idem.

Canis Braccho. Vide *Bracco.*

Canis Custos curtis; id est, *adium, domus, villæ, fundi, pecoris, ovilis*, &c. Item *Pastoralis, porcaritius, ursaritius*: qui lupum mordet, qui vaccam & taurum prendit, qui ursos & bubalos persequitur; hi omnes in antiquis legibus.

Canis cursalis, qui cursu præstat. L. Alm. Tit. 82. §. 1. *Si quis Seusium primum cursalem, i. qui primus currit, &c.*

Canis doctus. Mox infra in *Segutius.*

Canis ductor, qui ligamine præcedens, sequentes ducit ad latronem. L. Alm. Tit. 82. §. 2. *Qui illum ductorem qui hominem sequentem ducit, quem Leitihunt dicunt, furaverit, xii s. componat.* Et Baiwar. Tit. 19. l. 1. *canem saucem, quem Leithihunt vocant, &c.*

Canis expeditatus, & inexpeditatus. Vide *Expeditare.*

Canis Hoffwart, al. *Houawart*. Germ. *Curtis* sive aulæ custos, οἰκοφύλαξ. Vide *Houawart*.

Canis jugum transpassans. L. Alam. Tit. 82. §. final. *Si canem qui curtem defendit, aliquis occiderit -- juret ut per invidiam non fecisset, nisi se ad defendendum, & donet alium qui jugum transpassare possit*. Nonne *parem*, ceu conjugalem, qui aptè sortiatur in eodem jugo, i. copula?

Canis Laitihunt, al. *Leithihunt*. Germ. à ducendo. Jam supra in *Canis Ductor*.

Canis Mastivus. Nostras; *molossus*. Assisa forestæ *Hen*. II. Art. 6. *Item Rex præcipit quod expeditatio Mastivorum fiat, ubicunq; feræ suæ pacem habent, vel habere consueverunt*. Sic in Assis. Forest. Ed. 1. Artic. 9. *Si quis mastivus inventus fuerit super aliquam feram, &c.*

Canis Odorisequus. Vide paulò inferiùs *Canis veltris*.

Canis Petrunculus, al. *Petronius*. Addit. 1. ad LL. Burg. cap. 10. *Si quis canem veltraum, aut segutium, vel petruncu'um præsumpserit involare, jubemus ut convictus coram omni popu'o posteriora ejus osculetur*. Gratius in Cynogetico,

—— at te leve si qua
Tanget opus, pavidasq; juvat compellere dorcas,
Aut versuta sequi leporis vestigia parvi,
Petronios sic fama canes, volucresq; Sicambros,
Et pictum macula veltrahum delige falsa.
Idem —— *qua Petroniis bene gloria consta.*

Hispani quoq; (inquit Lindenbr.) inde videntur habere suum *Perro*. Id autem est canis, *Perrillo* catulus.

Canis Segutius, seusis, seusius, seucis, sucis. Gloss. *Suses magni canes*. L. Baiwar. Tit. 19. §. 1. *Qui canem seucem quem Leithihunt vocant, furaverit, vi. sol. componat*. §. 2. *Qui seucem doctum, quem triphunt vocant, iii. sol. Qui seucem, qui in ligamine vestigium tenet quem Spurihunt dicunt, vi. sol. componat*. Supra *Seusius cursalis*, & *Segutius*. Dicti videntur hi omnes à sequendo, unde & Scotorum legibus *Sequax*, de quo mox infra.

Canis Spurihunt. A Germ. **Spuren**, *indagare*, **hunt**, *canis*.

Canis Trassans, i. vestigium prosequens seu investigans: à Gall. *Tracer*. Reg. Majest. Scot. lib. 4. cap. 32. *Nullus perturbet aut impediat canem transsantem, aut homines trassantes cum ipso ad sequendum latrones, aut ad capiendum malefactores*. Vulgari Scotico **ane & leuthound**.

Canes Triphunt. Supra *Segutius*.

Canis veltris, veltrahus, veltrhus: A German. **Welter**. Gall. *Vaultre, vaultroy*, & *vaultroit*. Ital. *veltro*. Canis Gallicus seu leporarius: propriè odorisequus, nam Gloss. Latino-Theotisc. apud Lindenb. *veltra* **wind**. Transfertur autem ad alias species. L. Baiwar. Tit. 19. §. 5. *De canibus veltricibus, qui unum occiderit qui leporem non prosequitur, sed sua velocitate comprehendit, cum simili & 3. sol. componat*. L. Salic. Tit. 6. *Qui veltrem porcarium seu veltrem leporarium, qui & argutarius dicitur, furatus fuerit, &c.* Ad hæc sic Lindedb. Clemens Scotus, sive potiùs incert. S. Galli monachus in vita Caroli M. lib. 1. pa. 378. *Assumpsit duos caniculos in manu sua, quos Gallica lingua veltres nuncupant, qui agilitate sua vulpes & cæteras minores bestio'as facillimè capientes, quacaras etiam & alia vo'atilia, ascensu celeriore sæpe fallerent*. Julius Firmicus lib. 5. cap. 8. *vertagum* vocat. Gratius (ut hic suprà) *veltrahum*. Hincmar. *veltrarium*. Notæ vett. Tyronis Tit. de animalibus, *veltagram*. Hæc ille. *Vertagus.* *Veltagra.*

Hinc in Aula Caroli M. *veltrarii* dicti sunt qui *veltres* custodiebant. Ut supra in *Bersarius*. *Veltrarii.*

Canis vestigabilis. Plurimo nomine hic supra innotuit. *Argutarius*, ab arguendo. *Ductor* & *Leithunt*, à ducendo. *Segutius, Seucis, Sequax, &c.* à sequendo. *Odorisequus*, ab odorando. *Veltris*, à ventilando. *Spurhunt*, ab indagando. *Trassans*, & hic *vestigabilis*, à vestigando, quòd vestigia prodit. Reg. Majest. Scot. lib. 4. cap. 33. *Si quis cum cane fugace* (al. sequace & sagace) *vel vestigabili, vestigium latronis aut animalis furati persequatur, non liceat ei intrare terras alicujus Domini sine illius Domini licentia*.

¶ *Inter Canem & lupum*.] Hoc est, sub crepusculo, cùm lupus à cane non sit cognoscibilis. Placita coram Rege Eboraci in crast. Paschæ An. 31. Edouardi 1. Rot. 16. Derb. in appello de morte viri sui, prosequuto per Marger. quæ fuit uxor Jo. fil. Ric. de Benteley, vers. Ric. fil. Nic. Flerond, & Will. filium ejus. Tali die *infra horam vespertinarum, inter canem & lupum, venerunt & interfecerunt dictum Johannem*. Item aliàs. Brito Armoricanus Philippid. lib. 3.

Postea vix summos aurora rubescere montes
Fecerat, & valles nondum primordia lucis
Attigerant, interq; canem distare lupumq;
Nullus adhuc poterat aliquo discernere visu.

¶ *Cantaredus*.] Vide mox *Cantredus*.

¶ *Cantaria*.] Ædes sacra: ideo instituta, & dotata prædiis, ut Missa ibidem cantaretur pro anima fundatoris, & propinquorum ejus.

¶ *Cantellum*.] Velut *quantillum*: id quod supra mensuram additum est. *Corollarium*. Statut. de pistorib. cap. 9. *Nullum genus bladi vendatur per cumulum seu cantellum, præter avenam, brasium, & farinam*.

¶ *Cantredus* & *Cantaredus*.] Ruris portio centum continens villas. *Hundredus, Centuria*. A Britannicis *cant*, i. centum, *tre*, urbs,

urbs, villa. Codex M. S. priscus, *Hundredus sive Cantred, continet centum villas.* At Giraldus Cambrensf. in Itiner. Camb. lib. 2. cap. 7. *Habet* (inquit) *insula Mona trescentas quadraginta tres villas, & pro tribus Cantredis reputatur.* Subjungit tamen: *Dicitur Cantredus, composito vocabulo tam Britanica quàm Hibernica linguæ, tanta terræ portio, quanta* 100. *villas continere solet.* Vetustus codex M. S. hic legit, *composito nomine Britannica seu Wallica lingua, &c.* Sed reperitur vox de agro Hibernico dicta. Girald. Expugn. Hiber. lib. 2. cap. 15. *Mandatum quoq; Domini Anglorum Regis, super Ophelania Cantaredo Stephanida restituendo, auro delinitus effectui non mancipavit.* Walsingham in capitul. pacis Principi Wall. concef. Anno 1278. *Quod terra* 4. *Cantredorum, sine omni contradictione Regi & hæredibus suis -- remaneret.* Et inferiùs: *De omni Cantredo -- jurabant.* Videtur Cambro-Britannos hanc pagorum divisionem, non à suis Majoribus, sed ab Aluredo & Saxonibus accepisse. Vide *Hundredus.*

¶ **Canutus.**] Sax. cnuτ & cnouτ, *canus.* Ekkehard Jun. in Casib. S. Galli. cap. 16. *O maturitatem vestram, & penè omnibus vobis sparsam canitiem: Abbatem vestrum inter tot canutos, qui sibi possit subrogari, inveniri non potuisse.*

In Gloss. quibusdam, pro *calvo* ponitur, Gal. **Chaun.**

¶ **Capa & Cappa.**] Vestis, cùm ad capitis tegumen, tùm ad corporis, multiplex. A *Cape* & *Cappe* vernaculis plurimum Gentium: aliàs *capitium, pileum, cucullum significantibus:* aliàs indumentum corporis exterius, ceu pallium, mantellum, & hujusmodi. Hinc *cappare* & *cappatus*: & Græcobarb. κάπα & κάππα. Balbus in Cathol. *Capa, ornamentum capitis*: Gloss. aliæ, *pileus.* Synod. Aquisgran. An. Dom. 817. & Ludovici Addit. 1. ad Capit. can. 13. *Prosternens se* (monachus) *illius* (i. Prioris) *pedibus, cum cappa si habuerit, veniam petat.* **Cap of maintenance**, missa à Papâ *Julio* Regi *Hen.* 8. solenniter recepta 19. Maii 1514. R. 6. *Stow.* ibid. pa. 831.

Inter indumenta corporis, ejusmodi est quod manicis carens, caputium habet, à collo in humeros rejectum. Sed nec constans hac formâ, nec sexui proprium: Romanæ verò Ecclesiæ multò notior quàm nobis. Synod. Lingon. An. 1404. apud Bochel. lib. 5. Tit. 19. cap. 26. *Abbates induti albis, stola, manipulo, & desuper cappa serica, cum baculis pastoralibus.* Synod. Carnot. An. 1526. ibid. lib. 6. Tit. 10. cap. 6. -- *confratriarum baculos deferre per vicos & publicè solent laici & mulieres cappis Ecclesiasticis induti, quod summopere indecens est.*

Cappa clausa. Constitut. Othonis, Tit. de habitu Clericorum. *In mensura decenti habeant vestes, & capis clausis utantur in sacris ordinibus constituti: maximè in Ecclesia, & coram Prælatis.* Similiter in concil. Oxon. sub Stephano Archiepis. Cantuar. Et Odo in Stat. Synod. in cap. 5. -- *nisi in superlicio & cappa clausa.*

Capa Coralis, qua in choro utuntur, a **Cope.** Vide quæ è Mat. Par. supra de hoc notavimus in *Aurifrisia.*

Capa manicata. Decrett. Gregor. lib. 3. Tit. 1. cap. 15. *Cappas manicatas ad divinum officium intra Ecclesiam non gerant.*

Capa etiam usi sunt, ad electum jam Papam insigniendum. Leo Marsican. Casmens. lib. 3. cap. 65. de Victore 3. electionem renuente -- *capam quidem rubeam induit: alba verò induere eum nequaquam potuerunt.* Num hìc *capa* id quod Radevico mantum: ex quo & *immantare*? Dicant qui norunt.

Capa pro veste fœminea: unde Hesychius καππάλια, γυναικεῖα, ἱμάτια. Italis *capa* & *cappa*: pallium & velamen (cujusmodi utuntur Venetianæ) à capite demissum. *Cyclas.* Mat. Par. in Ric. 1. videtur de *mantello* dixisse, in ridicula fabella de Willielmo Epis. Eliensi Cancellario Angliæ, *qui tunica viridi fœminea indutus, capam habens ejusdem coloris, peplum in capite muliebre portans, pannum lineum quasi ad vendendum gerens, ad mare descendit, &c.*

Capa pro scrinio ad conservandas reliquias. De hoc mox in vocab. *Capella.*

A *Capa* verò pro indumento, veniunt diminutiva *capula*, & *capedulum.* Ekkehardus Jun. Cas. S. Galli. cap. 5. *Cum ei grasium coævulorum quidam furatus sit, per nescio quam sub capula incuriam, sibimet ipsi manum transfixerit.* *Capula. Capedulum.*

A *capa* pro scrinio vel cista, *capella*: & *capa* ipsum à *capsa*, *s.* ejecto.

¶ **Capella, Capellanus.**] Fieri videntur *capa* & *capella* (etiam duplici *p.* conscripta) à Ciceroniano *capsa*, & Pliniano *capsella*; *s.* (ut Gallis solet) eliminato. Significant autem omnia *cistam, cistulam, scrinium*, & hujusmodi.

Capella pro cista, scrinio seu repositorio quo asservantur Martyrum reliquiæ: aliàs *capa, cappa, capsa, capella*, & *capsella* nuncupata. Evodius de miraculis S. Stephani lib. 1. *Capella argentea, in qua erat reliquiarum portio.* Marcul. lib. 1. formul. 38. *Super capellam Domini Martini, ubi reliqua sacramenta percurrunt, debent jurare.* Hoc idem L. Alman. Tit. 6. §. final. *capsa* dicitur: *Conjuratores manus suas supra capsam ponant.* Et Append. ad Greg. Turonen. cap. 97. —— *super vacuas capsas sacramenta falsa dederint.*

Hinc *Capella* pro ædiculo in quo tutantur reliquiæ, & perinde pro quovis sacello, & oratorio: sicuti & *Capellani* primò dicti sunt, qui *capellam reliquiarum* curabant, deinde qui sacellum ubi eadem sistebatur: & tandem omnes qui à sacris ministrabant, clerici nempe & sacerdotes. Walafridus Strabo (qui floruit An. 700.) ca. ult. de exordiis & incrementis rerum Ecclesiast. *Dicti autem sunt primitus cap-* *Capellani.*

Quidam hic intelligunt *Cappam S. Martini* pro cuculo ejus.

pellani à cappa S. Martini, quam Reges Francorum ob adjutorium victoriæ in præliis solebant secum habere: quam ferentes, & custodientes cum cæteris sanctorum reliquiis, clerici capellani cœperunt vocari. Idem Honorius in sermone de S. Martino: sed lucidiùs Durandus in Rationale, lib. 2. cap. 10. *Antiquitus Reges Franciæ ad bella procedentes, capam S. Martini secum portabant, quæ sub quodam tentorio servabatur: quod ab ipsa capa dictum est capella, & clerici in quorum custodia ipsa capella erat, inde capellani dicebantur: & consequenter ab illis ad cunctos sacerdotes nomen illud in quibusdam regionibus est transfusum.* Adjungit autem: *Sunt etiam qui dicunt, quod antiquitùs in expeditionibus, in tentorio fiebant domunculæ de pellibus caprarum supertectæ, in quibus Missæ celebrantur, & inde capellæ nomen tractum est, &c.* Hoc verò commentum mihi videtur, cùm vocabulum *capella* seu *capellanus*, nusquam deprehenderim aut ævo B. Martini (qui ut Gottr. Viterbiens. testatur, emigravit temporibus Honorii & Arcadii, i. An. circiter 400) aut in subsequenti.

In Cass. S. Gall. cap. 1.

Capsam autem à *capella* distinguere videtur Ekkehardus Ju. (qui obiit An. 996.) & ejusdem seculi nonnulli alii, hanc pro sacra ædicula, illam pro scrinio reliquiarum ponentes, cujus & formam tradit Ekkehardus. *Erat munus illud capsa solidè aurea, gemmis regaliter inclyta, reliquiis summis referta, in formam capellæ creata -- Superscriptio ejus est;*

Versus Solemonis qui obiit An. 918.

En crucis atq; piæ cum sanctis capsa Mariæ,
Hanc Carolus summam delegit habere capellam.

Capella Regia: non à sacris tantum locus fuit, sed etiam *Graphiarium*, *secretarium*, *chartophylacium*, & *archivum*, quo mandata & responsa regia, Chartæ, Epistolæ, Brevia, à Capellanis regiis condebantur, scribebantur, & emittebantur; rescripta & monumenta Regni, sacrâ quasi custodiâ conservabantur. Ex hoc munere Capellani ipsi, aliàs Scribæ & Notarii, aliàs Secretarii, tandem Cancellarii (hoc est scriptores) ut in eo vocabulo ostendimus, dicti sunt: eorumq; primarius *Archicapellanus* & *Scribarum Princeps* appellatus est. *Ekkehardus Ju. Cas. S. Gal.* cap. 11. *Assumptus est interea in aulam* Ottonum *patris & filii* ( ) Ekkehardus, *ut Capellæ semper immanens, doctrinæ adolescentis Regis, nec non & summis dexter esset consiliis.* Quibus adde ex cap. 16. Ekkehardus *autem notularum peritissimus, pene omnia hæc (quæ colloquio regio acciderant) eisdem notavit in tabulâ verbis.* Nocherus Balbus, *an* Warnaerus (*ut ait* Goldast.) *de Gest.* Caroli M. lib. 1. cap. 4. *De pauperibus supradictis quendam optimum dictatorem & scriptorem, in Capellam suam assumpsit.*

Capellæ & *Capellani* appellatione, continebantur etiam aliquando Cancellaria, & Cancellarius, quùm individua tunc essent illa munera. Monachus Sagallens. (seu Norkerus Balbulus, seu Wernherus) de Gest. Caroli M. lib. 1. cap. 4. *De pauperibus prædictis quendam optimum dictatorem & scriptorem in capellam suam assumpsit.* Sic Cancellarius Othonis Imp. *Capellani* nomine censetur apud Ekkehardum Jun. Cass. S. Gal. ca. 11. *Assumptus est interea in Aulam Ottonum patris & filii, &c. ut capellæ semper immanens -- summis dexter esset consiliis.* Et ca. 16. *Ekkehardus autem notularum peritissimus, penè omnia hæc eisdem notavit in tabula verbis.* Sic Einhardus Caroli M. Imp. Cancellarius, vocatur *Archicapellanus* in Chronico Swartzahensi. Et in subscriptionibus antiquorum Privilegiorum Mindensis Ecclesiæ, *Archicapellanus* passim venit pro *Archicancellarius*, in hunc modum: *A. Cancellarius, ad vicem B. Archicapellani recognovit*: quod & alibi expressiùs legitur, *ad vicem B. Archicancellarii recognovit.* Vide supra in *Cancellarius.* Vestigium rei apud nos hodie manet: præcipua enim Cancellariæ statio, scil. archivum ipsum quo diplomata, & Regni monumenta (rotulos vocant) custodiuntur, in *capella* habetur, quæ à munere *Capella rotulorum* appellata est.

A thic.

Capellanos verò nos hodie propriè vocamus, qui solùm magnatibus sunt à sacris: Utpote privatis eorum *capellis* (quas in ædibus suis habere opinantur) asscriptos.

¶ *Capellare*, & frequentius *Capulare.*] *Incidere, frangere, radere.* Ab exoleto Gal. *scapeler*, atq; hoc à Latino *scalpere.* LL. Longob. lib. 1. Tit. 19. cap. 26. *Si quis stallariam alterius capellaverit: componat ei cujus stallaria fuerit sol. 6.* L. Burgund. Addit. 1. Tit. 5. §. 1. *Quicunq; ingenuus mulieri ingenuæ crines in curte sua præsumpserit capulare, jubemus ut 30 sol. mulieri ipsi solvat, &c.* quod in prox. §. exponitur de *crine inciso.* Crebrò in Antiqq. LL. ut apud Lindenbrogium videas: *Capulare sepem*, *Capulare caudam*, *Capulare vestes*, *Capulare linguam*, & *Capulare nasum*: quod etiam apud Hincmarum Remens. reperitur in lib. contra Hincmar. Laudunens. *Delatori*, inquit, *aut lingua capuletur, aut convicto caput amputetur.*

Hinc *Capulatio* & *Capilatura.* Formull. solen. 119. —— *violenter super ipsum evaginato gladio venit, unde livores vel capulaturæ atq; colaphi manifestè apparent.* Mox infra: *et super ipsum livores & capulationes misit.*

¶ *Capicerius Ecclesiæ.*] Anonymus, de gest. Episcopp. Turon. p. 97. Vide *Primicerius.*

¶ De

¶ *De priscis quibusdam ritibus circa capillos.*

¶ *Capilli, Capillati.*] Multa apud Gothos & boreales populos, in capillis ceremonia, viz.

In capillis esse: dictum intelligo pro *in virginitate esse*. Longob. lib. 2. Tit. 14. l. 20. *Si quis Longobardus se vivente filias suas nuptui tradiderit, & alias post mortem, in capillo, in casa reliquerit, &c.* Item, l. 24. *Si contigerit unam ex eisdem sororibus mori, tunc & quæ in capillo remanserint, & quæ ad maritum ambulaverint, in omnem portionem sororis suæ defunctæ (quamvis puella mortua fuerit) succedant.* Pluries in eo Titulo. Nuptæ ex antiquo more tegebant caput, virgines nudum præbebant, demissis interdum à tergo crinibus. Virg. Æneid. 1.

Virginis os habitumq; gerens & virginis arma,
Spartanæ -- dederatq; comam diffundere ventis.

Ritu antiquissimo hodie utuntur multis locis nubentes: præsertim filiæ Principum.

Feudistis tamen aliud non videtur sonare, *esse in capillis*, quam in *domo patris permanere*: ideoq; trahunt nonnunquam ad ipsas nuptas. Tit. de alien. feudi pater. §. Quæ fuit pri. ca. ben. am. *Rursus si Domina vel Domini filia, aut nurui, vel sorori adhuc in domo manenti, quæ in capillo dicitur, se immiscuerit, feudo quo se indignum monstravit, carere debet.*

Capillum suscipere: adoptionis symbolum. Paul. Diacon. de gest. Longob. lib. 6. ca. 53. *Circa hæc tempora Carolus Princeps Francorum, Pipinum suum filium ad Luidprandum direxit, ut ejus (juxta morem) capillum susciperet. Qui ejus cæsariem incidens ei pater effectus est, multisq; eum ditatum Regiis muneribus, genitori remisit.* Hoc idem, sic Amoinus de Gest. Francorum, lib. 4. cap. 57. *Pepigerat autem fœdus, præfatus Princeps, cum Luithprando Longobardorum Rege: eiq; filium suum Pipinum misit, ut more fidelium Christianorum, ejus capillum primus attonderet. Quod ille gratissimè complens, &c.* Hoc spectat quod *Benedictus 2.* Papa circa An. Dom. 684. cum Clero & exercitu suscepit mallones capillorum Domini *Justiniani* & *Heraclii*, filiorum clementissimi Principis &c. ut refert Bibliothecarius in ejus vitâ. Item quod refert Leo Marsic. in Chro. Casni. lib. 1. cap. 49. *Hermefridum* (quendam circa An. Dom. 884.) *seipsum obtulisse per capillos capitis sui, Præposito ejusdem Ecclesiæ, cum omni substantia sua.*

Capillum seu comam detondere, etiam usi sunt Reges Galliæ in abnegationem filii, ut indicat Greg. Turon. Hist. lib. 6. cap. 24. ubi præterea refert fuisse in more: *Regum istorum filios, crinium flagellis per terga demissis erudiri.* Longobardi item conspiratores tondebant in notam infamiæ: ut LL. fur. lib. 1. Tit. 17. l. 11. ut & aliæ Gentes alios malefactores. Servis autem manumissionem notabat: nam pileus libertatis calvo capiti imponendus. Gothofr.

Vide non dissimile lib. 11. cap. 94.

Saxones apud Greg. Turon. Hist. lib. 5. cap. 15. & Paul. Diac. de gest. Longob. lib. 3. cap. 7. *Devoverunt se neq; barbam neq; capillos incisuros, nisi de hostibus Suavis ulciscerentur.* Mos Germanis antiquus, ut de ipsis Tacitus. -- *crinem barbamq; submittere, nec nisi hoste cæso exuere votivum obligatumq; virtuti oris habitum.* Hinc illud quod historiæ produnt de Majoribus nostris, rasos apparuisse instar Sacerdotum.

Capillati. Pars Gothorum inferior, nam superior *Pileati* dicta fuit: hæc à sacris, illa à Repub. Jornandes de reb. Getic. cap. 11. *Elegit namq; ex eis* (Diceneus ex Gothis) *tunc nobilissimos prudentiores viros, quos Theologiam instruens, numina quædam & sacella venerari suasit, fecitq; sacerdotes, nomen illis Pileatorum contradens, ut reor, quia opertis capitibus tiaris, quos pileos alio nomine nuncupamus, litabant: reliquam verò gentem Capillatos dicere jussit; quod nomen Gothi pro magno suscipientes, adhuc hodie suis cantionibus reminiscuntur.* Petrus Patric. in Eclog. Legation. Δεκέβαλος πρὸς Τραϊανὸν πρέσβεις ἔπεμψε πιλοφόρους, οὗτοι γὰρ εἰσι παρ' αὐτοῖς οἱ τιμιώτεροι, πρότερον γὰρ κομήτας ἔπεμπεν, εὐτελεστέρους δοκοῦντας παρ' αὐτοῖς εἶναι, id est, *Decebalus* (Rex Dacorum) *Legatos ad Traianum misit Pileatos* dictos: *hi enim apud illos sunt honoratiores. Prius namq; Capillatos miserat, qui apud eos viliores æstimati sunt.* Cassiod. lib. 4. form. 49. *Universis provincialibus & capillatis defensoribus, & curialibus Suavia consistentibus, Theodorus Rex.*

¶ *Capita.*] Pro integris corporibus, tam hominum quàm brutorum: satis notum. Infra sub Caput.

¶ *Capitagium.*] i. *Capitales letæ.*

Brancaster. Leta ibidem Anno Regni Regis *Edwardi* filii Regis *Edwardi*, secundo.

De *Capitagio* ne vocentur per Capita, dant xiii s. iv. d.

Brancaster. Anno Regni Regis *Edwardi* tertii xxxvii.

De totâ villatâ de communi fine, ne vocentur per Capita, xiii s. iv d.

¶ *Capitolitium.*] Tributum quod singulis capitibus imponitur. Vide *Fodrum.*

¶ *Capital, Capitale, Captale, Capitalia.*] Bona quæcunq; mobilia, & immobilia. Propriè tamen ea bonorum pars, quæ in animalibus consistit, à quorum capitibus, res ipsæ aliàs *capita*, aliàs *capitalia* dicta sunt: per syncopen *captalia*, & *catalia*, unde & forense nostrum vocabulum *catalla*, Angl. **Chattels.** Primi regionum incolæ, quibus rarior esset auri & pretiosioris supellectilis usus, opes ex animalium copia dijudicabant. Hinc & Græcis κεφάλαιον, unde illud Tribuni Act. Apost. 22. 28. ἐγὼ πολλῦ κεφαλαίυ τὴν πολιτείαν ταύτην ἐκτησάμην. *Ego multo capitali, civilitatem istam consecutus sum.* Fragment. LL. Æthelstani, *Inprimis reddant de meo proprio decimas Deo, tam in viventi capitali quàm in mortuis fructibus terræ.* Hoc in alio codice M. S. est, *in vivente captali*, LL. Hen. 1. cap. 14. *Dominica capitalia celata, pro furto habeantur.* Et cap. 64. -- *juxta pretium capitalis & wytæ.* LL. Inæ M. S. ca. 58. *Si Ceorl aliquod captale furetur. Capitale* & *Captale* pro pecunia, vel precio rei. L. Salic. Tit. 10. De eo qui animal aut caballum in messe inventum, læserit: *Si confessus fuerit, capitale in locum restituat: ipse verò debile quod percussit, recipiat.* Et Tit. 11. §. 6. *Si quis puerum aut puellam de ministerio dominorum furaverit ... den. qui faciunt sol. 25. in capitale restituat.* L. Æthelstani, cap. 15. *De servo qui reus sit in ordalio, reddatur captale simpliciter.*

Catalla.

Capitale Dominicum.

Captale.

Captale, pro pignore. LL. Inæ M. S. ca. 63. *Quando aliquis homo fuerit accusatus, & ad captale pertrahitur, &c.* Pluries.

Capitale & dilatura. Sæpè in antiqq. LL. pro valore rei ablatæ, & mulctâ delatori constituta.

¶ *Capitaneus.*] Propriè, qui prædia vel dignitatem in capite tenuit, hoc est, ab ipso Rege. *Baro Regis*, vel *Regni*. Plebi enim terras olim non dividebant Reges, sed vel pagos integros, vel amplas ruris portiones Capitaneis conferebant: qui acceptas itidem suis dispartiebantur clientibus. Sic ut Capitaneus, valvasor, & miles, idem aliquando esset quod in Jure nostro, **Lord, mesne**, & **tenant.**

Inconstantes autem hæ appellationes, ut è subjunctis pateat. Lib. feudor. Barat. Rubric. 2. De his qui feud. dar. & recip. poss. Sect. 8. *Qui à Principe, vel potestate aliqua, vel plebis parte, per feudum fuerit investitus, is Capitaneus appellatur, qui propriè valvasor magnus olim dicebatur.* Et Sect. 9. *Marchio autem & Comes, qui propriè Regni vel Regis Capitanei dicuntur, similiter feudum dare possunt: Sunt enim & alii qui feuda ab istis accipiunt, qui propriè Regis valvasores dicuntur. Sed hodie Capitanei appellantur, qui & ipsi feuda dare possunt. Ipsi verò qui ab ipsis feuda accipiunt valvasini, id est, minores valvasores dicuntur.* Item Sect. 10. *Princeps Capitaneos suos investit, id est, Marchiones, & Comites, & ipsos qui propriè Capitanei appellantur:* hoc est, Barones Regni, seu Barones majores, ut supra notavi in Diatrib. de Baronib. Baronum igitur loco ponuntur *Capitanei*, in sanctionibus Frider. 1. apud Radevic. lib. 2. cap. 7. Magnatum classes sic referentem: *Duces, Marchiones, Comites, Capitanei, vavassores, &c. jurejurando distringantur.*

Ex Tit. *Quis dicat. Dux.*

Ex §. 1. Tit. de feudis.

Valvasores.

Valvasini.

Ex §. 1. de natu. feud. ex §. 1. quib. mod. feud. amit.

Capitaneos etiam aliàs dividebant (ut Barones) in *majores* & *minores*. Lib. feud. in dicta 10. Sect. *Valvasores majores & minores hodie vocantur Capitanei, licet impropriè dicuntur minores. Majores* autem sunt, ipsi *Regni Capitanei.*

Capitanei deniq; appellantur qui cœtui præsunt tanquam caput, tùm in re Militari (Curopalatâ κεφαλάδες) tum in Civili, & Ecclesiastica: unde Lyra in Mat. 17. 27. *Quia jam Petrum fecerat Capitaneum super alios Apostolos.*

¶ *Capitare.*] Vox agrimensorum. Finem (ceu caput) extendere, adigere, abuttare, quod vide supra. Rentale de *Wy* in grandi lib. Custum. de *Bello*, fol. 241. *tenent* 8 *acras juxta* Goreswall capitant' *ad prædictam VVallam versus* **North-east**, *& terras* Willielmi Septvanz *militis* **South-east**, *& debent inde de reddit per annum* xv d. Legendum vel **North-west** vel **South-west**. Ita centies & supra.

¶ *Capitula, Capitulare, Capitularium, Capitulum, Capitulus.*] *Capitula* dicuntur legum canones, q. constitutorum capita, i. summas continentia. Synod. Confluent. An. 806. -- *sicut Ecclesiasticæ, & Christianæ leges, atq; progenitorum capitula continent.* Passim sub hoc seculo & seqq.

Capitulare. Decretum, ordinatio, Legislatorum conventus, capitulorum congeries. Dicta Synod. Confluentin. §. *Similiter -- & sicut in capitularibus nostrorum progenitorum continetur.* In exord. Constitutt. Caroli M. *Anno fœlicitur* 11. *regni nost. Karoli gloriosiss. Regis, in Mense Maii factum Capitulare,* &c. Alibi post. *Item Capitulare quod factum est in Aquis palatio publico Anno xx.* Quivis liber *capitula*, i. leges continens.

Capitularium dixit Greg. Turon. lib. 9. cap. 30. pro codice tributi descriptiones continente. -- *Capitularium in quo tributa continebantur incendio tradidit.*

Capitulum. Idem quod *Capitulare.* Non solùm enim legis canonem (ut suprà) denotat, sed etiam conventum *Capitum*, i. Primariorum Regni, Ecclesiæ, seu Collegii alicujus, ipsumq; locum ubi convenitur. LL. Edouar. Confess. cap. 3. *Ad dedicationes, ad Synodos, ad Capitula venientibus, -- sit summa pax.* Plura vide apud Canonistas & Lindewodum nost. in Provinc. lib. 1. Tit. De Constitut. verb. *Capitul. rural. Capitulus.* Adject. *Capitalis.* Ca[illegible] Prædict. Synod. Confluen. -- *pro aliquo capitulo, & publico crimine.*

¶ *Cappa.*] Vide *Capa.*

¶ *Capriola.*] In clameo *Henrici de Perci* infra manerium suum de *Semar*, de habendo Wodewardum suum portantem arcum & sagittas in boscis suis, & fugare ibidem et

capere

capere *Capriolus*, pro voluntate suâ, apparet quod *Capriolus* dicitur bestia de Warenna, & non de Foresta, & quod fugat alias feras de Forestâ. *Placita coram Rege apud VVestm. Term. Hill.* 13. *E.* 3 *Rot.* 106. *Ebor.*

¶ *Capsus* & *Capsum.*] LL. Longob. lib. 1. Tit. 7. d. 9. *Si quis alium intra capsum plagaverit, componat eo sol. xx.* Tit. 8. l. 14. *plagam infra capsum fecerit, &c. aut cum sagitta, aut cum quibuslibet armis.* Iterum l. 20. *intra capsum plagaverit.* Lindenbrogius in variis lectionib. loco primo *casum* legit è M. S. & in Gloss. *cassum* scribit, inducitq; ex L. Wisogot. lib. 1. Tit. 4. cap. 3. *Qui cassos alteri fregerit*, &c. quod in legib. vernaculis Hispan. *pierna* reddi notat, i. *crus* vel *tibia.* Sed caveri de tibia nominatim video in Longob. LL. Annon igitur *capsum* pectus hic significat, quod cum instar capsæ vitalia contineat, nos Anglicè **the chest**, i. *cistam* seu *capsam* appellamus?

Pro *corpore Ecclesiæ.* Greg. Turon. Hist. lib. 2. cap. 14. Et Anonymus de gest. Episcopp. Turon. pag. 87. *Hæc basilica habet in longum pedes* 160. *in lato,* 60. *habet in alto usq; ad cameram pedes* 45 *fenestras in altario* 32. *in capso* 20. *columnas* 41. *in toto ædificio fenestras* 52. *columnas* 120. *hostia* 8. *tria in altario, quinq; in capso.*

¶ *Captura.*] Circuitus, definitam agri portionem continens: Trad. Fuldensib. frequens. Lib. 1. Tra. 98. *Quicquid ille mihi hæreditarii jure proprietatis reliquit in illa captura quæ circa fluvium Elmaha jacet, &c. infra terminum villæ quæ dicitur Knizicha &c. cum omnibus adjacentiis suis, i. Areolis, campis, sylvis, pratis, pascuis, aquis, aquarumq; decursibus, & quicquid in eadem captura ad meam proprietatem &c pertinere dignoscitur.* Idem Tra. 100. Et Trad. 132. *Decem capturas cum omnibus adjacentiis, &c.* Trad. 148. *Unam capturam quæ vocatur Libtolfes, cum Dominicali aliisq; ædificiis, areis campis*, &c. Lib. 2. Trad. 50. *Tradidimus in elemosinam ad S. Bonifacium capturam hanc quæ de villa Berghohe capta est, & hæc sunt nomina locorum quibus illa per gyrum determinatur*, viz. *&c.* Trad. 134. *Capturam unam in silva Bon.* binsis. *comprehensa.* Aliàs dici videtur *comprehensio.* Trad. 203. -- *comprehensionem silvæ, quam injuste comprehendit*, -- *reddidit.* Sic lib. 1. Trad. 165 *Tradimus in elemosinam nostram in marca Baringensium unius comprehensionis, uterq; partem suam.*

Captura etiam dici videtur pro loco in fluminibus coartato, capiendorum piscium gratiâ: aliàs *Were.* Sic in Chart. *Edgari* Regis citatâ inferius, in verbo *Gronna.*

¶ *Capulare.*] Vide *Capellare.*

¶ *Captale.*] Vide *Capitale.*

¶ *Caput.*] Pro Rege, unde *tenere in capite*, est tenere de Rege, omnium terrarum capite. Sic in Constitutt. Sicul. lib. 1. Tit. 44. —— *qui à nobis feuda in capite tenent.*

Caput terræ etiam dicitur superior dominus feodi, infra Regem, *Capitaneus.* Lib. Ramesf. Sect. 279. Concordia de divisis de Cranfeld & Craule quod factum est *jussione Henrici Regis Angliæ, & jussione Davidis Regis Scotiæ, qui caput est istius terræ post Regem Angliæ.* Hinc illustris olim Heros W. l. Marshal sic in Charta loquitur, *Nisi forte forinseca tenementa tenuerit de me capite.* Vide *Capitaneus.*

Caput optimum, pro optimo jumento.

Caput jejunii, dies *Mercurii* quam nos **Ash-wednesday** vocamus: Sic in modo imponendi pœnitentiam sub *Edgaro* R. An. 967. ca. 3.

Esse in Capite, idem est quod præfectus, capitalis, primarius. *Isid. Orig.* lib. 9. ca. 3. Quinquagenarii dicti qui sunt in Capite 50 militum.

In Capite tenere, licèt non a Rege, nobilitatis olim indicium fuit, *Matt. Par.* in An. 1250. *Rex memoratus* (Hen. 3.) *cuidam militi tenenti in Capite de Ecclesiâ* S. Albani, *nec tamen attavis nobilibus, vel mitibus procreato &c. VVarennam concessit.*

¶ *Carabus.*] *Linter, navicula.* Græ, καράβιον. Flo. Wigorn. in An 892. *Occultè de Hibernia fugerunt, carabumq; qui ex duobus tantùm coriis & dimidio factus erat, intraverunt, mirumque in modum sine velo & armamentis, post* 7. *dies in Cornubia applicuerunt.*

¶ *Carale.*] Vide *Carrale.*

¶ *Caramussalus.*] Genus navigii Turcici, cujus meminit *Hieron.* Comes *Alexandrinus* in bello *Maltensi* An. 1565. *Erant* (inquit in classe *Pialis Bassæ*) *triremes munitissimæ* 130. *Mahone* 8 *tria navigia, quæ vulgo appellant* Caramussallos: *minora sunt autem onerariis navibus, & figura prope ovali, prora acutâ reque fruentibus.*

¶ *Caraxare, Caraxatura.*] Vide per *Cha.*

¶ *Carcamusa.*] Belli machina ad prosternenda mœnia: *Aries.* Gall. *Carcamousse.* Abbo in obsid. Lutet. lib. 1.

Sub lucem revehunt crates sua ad oppida furtim.
Arrietes carcamusas vulgo resonatos
Dimisere duos, pallos vetuit removere, &c.

¶ *Carcannum.*] A Sax. cancern. P. in n. (ut sæpè) mutato. *Carcer. ergastulum.* Legg. Canuti M. S. cap. 82. *Si quis amicis destitutus, vel alienigena ad tantum laborem veniat, ad plegium non habeat à prima tibia, i. accusatione, ponatur in carcanno, & ibi sustineatur usq; ad Dei judicium veniat*, Hinc fortè Carcano oppido nomen apud Italos Longobardicos, genus à Saxonibus deducentes. Vide *Hengen.*

¶ Tri

¶ *De Cardinalium nomine, origine, & dignitate.*

¶ ***Cardinalis, Cardinarius, Cardinatus, Cardinare, & Incardinare,*** Item ***Cardo.***]

Cardinalia pro jurisdictione Cardinalis, ut Clerici de Cardinalia S. Marcelli, & cæterarum multarum. Radein. lib. 2. Cap. 67. pa. 548.

Cardinales dicuntur inter officiales Theodosii, Magistri quidam militum, Præfectus prætorio Asianæ diœcesis, Præfectusq; Africæ, quòd hi cæteris illustriores essent. Et in Cassiodor. lib. 7. formul. 31. occurrit: Urbis Romæ *Princeps Cardinalis.*

Cardines autem vocant Astrologi, non tantùm cœli angulos primarios, sed & loca illa è quibus per menses singulos pluviæ petuntur indicia; *duodecim lunæ cardines* aliàs *pluviæ* nuncupant.

lib. 10. c. 10. *Cardo* etiam apud Vitruvium legitur pro impage & compage: *Cardinalis*, & *cardinatus*, pro impacto, affixo, annexo. Sic *Capreoli cardinibus alius in alium conclusi. Scapi cardinalis. Tignum cardinatum.* (lib. 4. c. 6. lib. 10. c. 35)

In Ecclesia item perantiquæ sunt hæ voces, quas tamen apud Hieronymum haud reperio: licèt ipsum statuant recentiores *Presbyterum Cardinalem*, biretaq; & veste coccineis insigniant. Non autem ideo dicti *Cardinales* (ut Authores passim asserunt, hodiernam intuiti dignitatem) quòd præcipui tunc olim essent, & à rerum cardine: sed quòd certæ alicui Ecclesiæ quam *titulum* vocabant & *cardinem*, impacti essent & annexi. Postquam enim Evaristus Pontifex Romanus, circiter An. Dom. 112. Ecclesias Presbyteris divisisset: & Fabianus Annum circiter 240. urbem totam in 14. regiones distribuisset, iisdem 7. constituens Diaconos (scil. binis quibuslibet regionibus, Diaconum unum) cœpere tunc Presbyteri isti & Diaconi, *Cardinales* appellari, eò quod quocunq; locorum agerent spatiarenturvè, designatæ Ecclesiæ tanquam cardini inhærendum esset: Nec dissimili sensu in vita Fabiani apud Damasum, ipsi iidem Diaconi à prædictis regionibus *Diaconi regionarii* appellantur. (Diaconi regionarii.)

Cardinem verò pro Ecclesia & parochia dici, apparet ex Capitul. Carol. ab Ansegiso collect. lib. 1. can. 139. *Diaconus in cardine constitutus in urbe Roma, nisi 37. testibus non damnabitur.* Quod à Synodo Romana sub Sylvestro 1. An. Dom. circiter 330. desumptum, sic illic legitur. *Presbyter cardinalis nisi 44. testibus non damnabitur: Diaconus cardinarius constitutus urbis Romæ, nisi 26. damnabitur.* Quos igitur *Sacerdotes Cardinales* vocat Leo, Decret. Greg. lib. 1. Tit. 24. cap. 2. atq; Archipresbyteri curæ supponit: Gloss. ibidem *Principales* exponit, sed in margine adjuncta nota: *Sacerdotes* (inquit) *Cardinales hoc loco, non urbis tantùm Romæ, sed aliarum etiam civitatum primos sacerdotes interpretamur, quibus tituli, hoc est, parochiæ committebantur.* (Sic Hincmar. epist. 7. ca. 22. Et transfertur hic canon in leges Hen. 1. ca. 6.)

Josephus Vicecomes, Ambrosiani Collegii Doct. de antiq. Baptismi ritibus lib. 1. cap. 29. in fine citat *Beroldum* in Ceremon. M. S. de Sabb. sanct. ubi inquit: Statim Archiepiscopus vadit ad alteram partem fontium, id est, ad orientem, & duo *Cardinales*, id est, *minor presbyter, & minor Diaconus* intrant fontes &c. Ibi in magine, *Canonici Ordinarii olim Cardinales appellabantur.*

Duarenus verò locum illum Leonis de iis tantùm interpretatur qui in *majori Ecclesia quam cathedralem dicimus, rem divinam simul cum Episcopo suo faciunt*; acsi *Cardinem* pro Ecclesia cathedrali intelligeret. (De fac. eccl. minist. lib. 1. cap. 13.)

Cardinalis autem & *Cardinarius* hic dicta videntur, pro Sacerdote seu Presbytero fixo in aliqua Ecclesia (non transeunte) qualem hodie beneficiatum dicimus & inductum. In eandem etiam sententiam extat in nonnullis exemplaribus. Canon is Concilii Neocæsariensis sub Marcello prædecessore Sylvestri circit. An. Dom. celebrati. *Ut in eodem loco nec futuris temporibus baptisteria constituantur, nec Presbyter constituatur Cardinalis: sed si ibi Missas facere maluerit, ab Episcopo noverit Presbyterum postulandum.*

Cardinalis, cardinatus, cardinalem constitui, cardinari, & *incardinari*, dixit Gregorius Mag. de eo qui ad ministerium unius Ecclesiæ ordinatus, ad aliam deinceps translatus est: vel ut inquit Glossographus, *canonicam translationem significaturus.* Greg. Regist. lib. 5. Epist. 11. *Fraternitatem tuam à nobis petiisse recolimus, ut Gratianum Ecclesiæ Venafranæ Diaconum tuæ concederemus Ecclesiæ cardinandum, &c. Idcirco scriptis tibi præsentibus, eum necessario duximus concedendum habituro licentiam, Diaconum illum (nostra interveniente authoritate) Ecclesiæ tuæ, Deo propitio, constituere cardinalem.* Prohibuit autem 6 canon Concilii Chalcedonensis, *ut nullo modo daretur alicui locus in Ecclesia, nisi simul ad eum locum ordinaretur.* His igitur seculis haud contrà factum est, nisi capta ab hostibus civitate, aut gravissima urgente necessitudine: qua etiam cessante, ad priorem Ecclesiam revertendum erat. Greg. Regist. lib. 2. Epist. 25. *Propterea te Johannem ab hostibus captivitate Lusitaniæ civitatis Episcopum nostrum in Squilatina Ecclesia cardinalem duximus necesse constituere sacerdotem, &c. Ita tamen ut si civitatem illam hostibus liberam effici: & Domino protegente, ad primum statum contigerit revocari, in eam in qua & prius ordinatus es Ecclesiam revertaris. Sin autem prædicta civitas continua captivitatis calamitate premitur, in hac, in qua à nobis incardinatus es, Ecclesia debeas permanere.* Occurrunt pluries in hunc sensum istæ dictiones apud Gregorium, scil. Regist. lib. 2. Epist. 2, 13, 14. lib. 3. Epist. 14. &c. (Distinct. 71. cap. 5. — Gloss. ibid.)

Re-

Recentiùs etiam apud Hincmarum Archiepiſ. Remenſ. in Flodoardi lib. 3. capp. 21. & 29. lib. 4. cap. 6.

Incardinare. Sunt verò qui *incardinare* exponunt pro *ordinare*, locum illum Gregorii quem pridem adduximus è lib. 2. Epiſt. 25. ad hoc accommodantes. Bene autem an malè, tu judex eſto. Vide *Incardinare*.

Sed vide ſi *cardinalis* & *incardinatio* aliud quidpiam non ſignificent in eodem libro Epiſt. 81. quàm nos ſuprà retulimus.

Ex prædictis liquet tria fuiſſe *Cardinalium* genera etiam in priſca Eccleſia. Primò *Presbyteros*, & *Diaconos*: poſtmodò *Epiſcopos*. *Cardinalium Presbyterorum*, & *Diaconorum*, meminere Synodi Romanæ ſub Sylveſtro 1. (qui Pontificatum iniit An. Dom. 315.) earumq; unam ſupra retulimus. Alia antiquior, gradus deſcribens, quibus ex laica perſona ad Epiſcopatum perveniatur, eos ſic conſtituit. Ut lector ſit 30. ann. Exorciſta dies 1. Acolythus ann. 10. Subdiaconus ann. 5. *Deinde* (inquit) *ut ad Diaconatus honorem pertingeret fixus, rogantibus 31 Presbyteris examen ut eſſet Diaconus Cardinalis, quia à prima ſede erat conſtitutum ut ſerviret annis 7.* Locum obſcurum tibi cedo elucidandum. Curabant autem Diaconi *Cardinales* (qui & *regionarii*, ut prædictum eſt, nuncupati ſunt) pauperes ſuis regionibus degentes, mortuorumq; ſepulturas. *Presbyteri* verò (quibus 25 titulos quaſi diœceſes & parochias conſtituit Marcellus Pontifex) operam impendebant circa baptiſmum & pœnitentiam eorum qui convertebantur ex paganis, & circa ſepulturas Martyrum. Huc enim ſpectare cenſeo locum illum Bibliothecarii in vita Marcelli. *Epiſcopos* autem *Cardinales* primùm reperio apud Gregorium, & nomine ſolùm (cujus rationem ſupra oſtendimus) à cæteris diſcrepantes.

Non autem Romæ permanſit aut Cardinalium appellatio, aut inſtitutio: ſed quò ſub eis ſeculis ſe diffudit religio Chriſtiana, eò unà penetravit utraq;: ut ex epiſtolis Gregorii animadvertas. Inde Univerſitas Pragenſis in epiſt. ad Oxonienſem. *Perlectis multis Chronicis & hiſtoriis authenticis, nihil invenio de Cardinalibus uſq; ad tempus Gregorii Magni, quo tempore Epiſcopi indifferenter Cardinales faciebant, & Papa Cardinales in Epiſcopos promovebat.* Reperiuntur adhuc igitur *Cardinales* in antiquiſſimis pluribus Eccleſiis: Ravennati, Aquilienſi, Mediolanenſi, Piſana, Beneventana, Compoſtellana, & (ut exteras taceam) D. Pauli Londonienſi. Non pro faſtu recentiorum, purpurati, ſed ad antiquorum ſimilitudinem, tenues ſatis atq; pauperes: ſaltem ſi noſtratibus non diſſimiles fuerint peregrini. Sunt inquam hodie in Paulina noſtrate Eccleſia *Cardinales* duo, conditionis adeo humilis, ut nec locum inter majores obtineant Canonicos, nec vel primum ſecundumve inter minores. Ordinatorum verò cleriq; ultimi, hic ſenior, ille junior appellatur, vicarios tantum laicos (ſic cantatorum ſex vocant) & pueros choriſtas 10. poſt ſe habentes. *Cardinales D. Pauli Londinenſ.* Ne tamen propter rei familiaris anguſtias, deſpectui tibi ſint hi noſtri *Cardinales*, agnoſce obſecro tenuiorem multò apud ipſum Gregorium; qui in epiſtola ad Maximianum Epiſcopum Syracuſanum pro Felice Diacono *Cardinali*, ita ſcribit, Regiſt. lib. 3. epiſt. 14. -- *ſuſtentationem ejus pietatis intuitu providentes, in tua Eccleſia Syracuſana, eum prævidimus cardinandum, &c. ſive ut officium Diaconatus expleat, ſeu certè ut ſola ejuſdem officii pro ſuſtentanda paupertate ſua, commoda conſequatur.*

Viburna tranſeo, de cupreſſis dicturus. Affluente tandem opibus & potentia Romana Eccleſia; ſubjectaſq; jam habente omnes Eccleſias orbis Chriſtianæ: conſentaneum videbatur, ejuſdem etiam miniſtros, cæteris omnibus anteferri. Præcelluit inter hos ſtatim *Cardinalium* cœtus, qui Papæ ſemper à conſiliis & rebus gerendis, magis indies atq; magis cœperunt clareſcere. Præſertim mox ab ævo Caroli Mag. ex quo ea quæ convocatis Italiæ Epiſcopis aliquando in Synodis ſolebant definiri, omiſſis nunc illis, in *Cardinalium* conclavi agebantur. Huc etiam facit, quòd poſt ſchiſma à Conſtantino excitatum, decretum fuerat in Concilio Romano ſub Stephano 3. An. Dom. 768. can. 4. *Ut nullus ſi non Diaconus aut Presbyter Cardinalis factus fuerit, ad ſacrum Pontificatus honorem poſſit promoveri.* Denuò, quòd exuto cætero clero, & omnino laicis, ſummi Pontificis electio ad ſolos *Cardinales* deducebatur. Honoratiores verò ut apud omnes haberentur, Innocentius 4. non ſolùm optimos & digniſſimos plurimos in Collegium *Cardinalium* cooptavit; ſed & equo vehi eos in publicum, rubroq; indui petaſo ordinavit: utq; his inſignibus magis forent à cæteris cognoſcibiles, prohibuit Paulus 2. *Propoſita pœna* (inquit Platina) *ne quis biretam coccineam* (ita enim appellant id capitis tegmen) *præter Cardinales ferret: quibus etiam primo Pontificatus anno* (id eſt 1464.) *pannum ejuſdem coloris dono dedit, quo equos vel mulas ſternerent dum equitant.*

Ordo certe jamdiu illuſtris & multis clarus nominibus, adeo ut vix regiæ cedat dignitati. *Notandum enim* (ait Pontificale Romanum) *quod Cæſar antequam coronetur ſimplici diademate, ſedet poſt primum Epiſcopum Cardinalem, & ſi quis Rex adeſt, ſedet tunc poſt primum Presbyterum Cardinalem.* Non mirum igitur ſi Clemangius queratur, *Patriarchas, Primatus, Archipræſules velut infra ſe poſitos deſpiciant* (Cardinales) *immo ſe jam ab illis ſupplicibus propemodum adorari ſinant, quin etiam Reges ipſos æquiparare contendant.* *De corrupt. ſtat. Eccl. cap. 10.* Hyberbolicum fortè, ſed quod *Cardinalium* celſitudinem eo ſeculo egregiè depingit. Certe Hieronymus contendit Presbyterum ſeu Diaconum Urbis Romæ, non majorem eſſe Egubini vel alterius cujuſcunq;: & Interpres Decret. à Duareno citatus ait, *Epiſcopi cujuſq; civitatis majorem quàm Diaconi aut Presbyteri* *In Epist. 1. ad Evagrium. tom. 3*

Romanæ Ecclesiæ cardinalis dignitatem esse. Valuit in contrarium usus, quem arguere nostri non est instituti, sed historiolam muneris ab origine repetisse.

Restat ut de numero *Cardinalium* quidpiam dicamus, sed incerta mihi ratio. Alvarus Pelagius lib. 2. de planctu Eccl. Artic. 16. *Cardinales* (ait) *videntur incœpisse tempore Pontiani Papæ, qui fuit anno dom.* 231. *ut dicitur in Chronica: ubi quoq; dicitur, quòd Marcellus qui fuit an dom.* 304. *constituit quindecim Cardinalatus in urbe Roma propter baptismata & sepulturas hominum.* Addit postea: *Cum primò fuerunt Cardinales in Romana Ecclesia instituti pauperculi erant, Romæ in suis titulis habitantes, & eorum qui erant Episcopi.* Videtur 15 mendose hic scribi pro 25. nam eo numero Marcellus titulos constituit ut supra narravimus: & Ecclesiam quam in vita ejus. titulo B. Marcelli dedicatam refert Bibliothecarius, in Decret. Greg. lib. 3. Tit. 4. cap. 2 Presbyteri Cardinalis ejusdem tituli nuncupata est; ut titulos illos *Cardinalatus* dictos intelligas; scil. 25.

Ant'ella Lydi. ad Commingium p. 14.

Cardinalatus.

Anastasius in vita Steph. 3. An. Dom. 768. *Hic statuit ut omni Dominico die à 7 Episcopis, Cardinalibus hebdomadariis, qui in Ecclesia Salvatoris observant Missarum solemnia, super altare B. Petri celebraretur, & Gloria in excelsis Deo diceretur.*

Cardinales hebdomadarii.

Sigebertus in An. 1085. *Hildebrandus qui & Gregorius nunc in extremis positus ad se vocavit unum de* 12. *Cardinalibus, quem multum diligebat præ cæteris, & confessus est, &c.* Quid sibi vult duodenus hic *Cardinalium* numerus haud ariolor. Post aliquot autem lustra, scil. in schismate circa electionem Alexandri 3. & Victoris Antipapæ, An. Dom. 1159. numerum à Marcello olim institutum, 25. reperio apud Radevicum de gest. Freder. 2. lib. 2. capp. 52. & 53 ubi pars utraq; sigillatim nominatur: nimirum *Cardinales* electores 23. electi duo.

In codice verò quodam M. S. circiter An. Dom. 1450. deprehendo Episcopos Cardinales 7. Presbyteros 28. Diaconos 16. In lib. impresso circiter An. 1490. Episcopos Cardinales 7. Presbyteros 33. Diaconos 18. In Provinciali excerpto è Cancellaria Romana, impresso Lugduni A. 1549. Episcopos 7. Presbyteros 28. Diaconos 18. Hoc est, juxta codicem M. S. Cardinales 51. juxta lib. vet. impressum, 58. juxta recentiorem 53. Hodie autem numerari intelligo supra 60. Sed quoniam in M. S. exemplari multo distinctiùs eduntur quam in cæteris, id ne pereat subjiciendum curavi.

¶ *Nomina Cardinalium.*

Quia summo Pontifici, i. Christo, in Ecclesia triumphali hierarchiæ tres Angelorum obsequuntur: ita ad exemplar illius in militanti Ecclesia, circa vicarios ipsius tria genera Cardinalium obsequentium ipsis sunt instituta. De ipsis ergo quot sunt, & qui sunt, & ad quid sunt, est in principio breviter præmittendum. Numerus ergo ipsorum primordialis est quinquaginta unus, qui in tria genera distinguuntur: quia quidam ipsorum sunt Domino assidentes, ut Episcopi; quidam assistentes, ut Presbyteri; & quidam insistentes, ut Diaconi. Episcopi enim in solennitatibus sunt Domini Papæ assessores, unde ipsi soli inter alios Cardinales cathedris utuntur. Presbyterorum verò Cardinalium quilibet suam septimanam servans, in Missis & horis assistit Domino Papæ. Diaconi verò Cardinales ministeriis insistunt, ipsi enim ipsum induunt, & ei circa altare deserviunt. Sunt autem Episcopi septem, secundùm primitivam Ecclesiam.

Quæ Romanâ literâ hic exhibentur, nigro scripta sunt in exemplari: quæ Italicâ, rubro.

Cardinalis hebdomadarius.

Episcopus Hostiensis, qui propter Papæ consecrationem dignior est aliis, & pallio utitur.

Epis. Portuensis.	*Epis. Penestrinus.*
Epis. Albanensis.	*Epis. Ruphinæ.*
Epis. Sabinensis.	*Epis. Tusculanus.*

Et isti Episcopi tanquam vicarii Dom. Papæ, in Dominicis diebus & festivis, & præcipuis solempnitatibus, in altari Sancti Salvatoris Lateranensis Ecclesiæ debent deservire. Presbyteri ergo Cardinales sunt in numero 28. qui divisi sunt per numerum septenarium, & residuis quatuor Ecclesiis Patriarchalibus sunt intitulati. Isti vii. sunt intitulati ad Ecclesiam S. Petri, viz.

Cardinalis S. Mariæ Transtiberim.
Card. S. Grisogni.
Card. S. Ceciliæ Transtiberim.
Card. S. Anastasiæ.
Card. S. Laurentii in Damaso.
Card. S. Marci.
Card. S. Martini in monte.

Isti sunt septem alii S. Pauli, qui debent in altari majore deservire.

Card. S. Sabinæ.
Card. S. Priscæ.
Card. S. Balbinæ.
Card. SS. Nerei & Achillei.
Card. S. Sixti.
Card. Marcelli.
Card. S. Susannæ.

Isti sunt septem Cardinales Presbyteri Sancti Laurentii, videlicet.

Card. S. Praxedis.
Card. S. Petri ad vincula.
Card. S. Laurentii in Lucina.
Card. S. Crucis Jerusalem.
Card. S. Stephani in monte Celio.
Card. SS. Johannis & Pauli.
Card. SS. Quatuor coronatorum.

Isti sunt septem Presbyteri Cardinales Sanctæ Mariæ majoris, viz.

Card.

Card. SS. Apostolorum.
Card. S. Ciriaci in thermis.
Card. S. Eusebii.
Card. S. Potencianæ.
Card. S. Vitalis.
Card. SS. Marcellini & Petri.
Card. S. Clementis.

Diaconi Cardinales ad ministerium Dom. Papæ deputati sunt sexdecim, viz.

Card. S. Mariæ in Dompusinica, & iste est Archidiaconus aliorum.
Card. S. Luciæ in c'ta Palatii juxta Septisolium.
Card. S. Maria nova.
Card. SS. Cosmi & Damiani Palatii.
Card. S. Gregorii Palatii.
Card. S. Mariæ in schola Graca.
Card. S. Mariæ in porticu.
Card. S. Nicholai in carceribus.
Card. S. Angeli.
Card. S. Eustachii.
Card. S. Mariæ in aquario.
Card. S. Mariæ in via lata.
Card. S. Agathæ.
Card. S. Luciæ in caput Sabinæ.
Card. S. Quintini.

Desideratur unus è sexdecim: scribentis fortè incuria prætermissus. Videndus Onuphrii Panvinii liber de Cardinalibus: qui cum mihi nondum obvenerit, hæc jejuniùs exhibui. Vide *Ciaconium* de vita Pontificum in biblioth. *VVestm* ubi multa habentur de Orig. & narratione *Cardinalium.*

Ex Descriptione urbis Romæ, uti vulgò *Rome* habetur.

Q*uesta voce* Cardinalis *non significa altro, che*, Presbyter Principalis, *che Altissimæ Cœli Porta* vocantur Cardines, ventiq; inde venientes appellantur *Cardinales*, translatum est in Parochiâ in quâ erant plures Clerici, is qui cæteris præerat in eâ Parochiâ, & qui tunc suberat Episcopo, appellabatur *Presbyter Cardinalis*, & isti convertebantur, habebat curam animarum & erat *Presbyter Cardinalis.*

Questa voce come è verisimile debbe essere stata trovata al tempo di Hegenio Papa 150. *anni dopo Christo, nel qual tempo furono posti più Preti alle Parochie E distinti in gradi, onde trovato l'officio, è necessario, che fosse trovata la voce, la prima mentione della voce Cardinale fù al tempo di San Silvestro* 300. *anni dopo Christo, come pare nel Synodo fatto in Roma sotto San Silvestro.*

Questa voce Cardinale hoggi è commune a trè gradi, Preti, Diaconi, Vescovi, prima fù dato a Preti soli, l'officio de' quali in quel tempo era in particolare, haver cura del Battesimo e Sepolture de' fedeli; in che gl'altri Preti non si potevano intromettere, come si vede in Anastatio Bibliothecario nel a vita di Papa Marcello, nel resto gli Preti erano parti nel predicare, nel ministrare gli Sacramenti (fuori che il Battesimo, come hò detto) nel assistere al Papa, nell' essere mandati Legati, e questo inanzi Constantino. Dopo Constantino comminciorno gli Preti Cardinali ad havere non so che più di prerogativa sopra gli altri Preti non Cardinali, & lasciorno, mancata l'occasione per la pace donata a la Chiesa, quella cura particulare della Sepoltura e l'attesimo. Mà essi soli andavano in Legatione, e di essi soli per lo più si facevano gli Papi, et havevano sopra i Preti e Chierici della loro Parochia Giurisdittione. Questo continuò 600. *anni fin a Greg.* 7. *nel qual tempo sicome per l'esclusione del' Imperatore, del resto del Clero, e Popolo dal' elettione crebbe quella di Cardinali per essere soli essi per fare il Papa, e per non si fare per l'ordinario Papa fuori del ordine loro & per comminciare a mantenere la dignità loro, non bastando a molti l'entrada di titoli, comminciorno ad havere in commenda beneficii semplici, canonicati, arch presbyterati e simili. A questi quando si davano Vescovati vacarano le dignità di Cardinalato come inferiore, poi fatti Vescovi comminciorno admandare in gratia di potere ritenere la nominatione sola lasciando il titolo di Preti, chiamandosi S. R. E. Cardines senza titolo, mà Cardinales in Ecclesia Dei. Al tempo di Alessandro* 3. *dopoi fatti Vescovi, vedendo che l'essere Cardinali importava per il Pontificato & per intervenire al elettione comminciorno a ritenere i titoli, essere Vescovi di luogho et Cardinali di Roma, insieme con questa avertenza però, che niun, Vescovo era fatto Cardinale, che questo riputava descendere di gradò, mà se il Cardinale era fatto Vescovo ritenea l'uno e l'altro, in Progresso di tempo comminciardo gli Vescovi a desiderare d'essere Cardinali, fù ritrovato modo di fare Cardinali non Preti, che questo non si poteva, mà Cardinali Vescovi et questo fino a Bonifacio* 8. *Che la Corte poi andò in Avignone & ivi si comminciò a confundere ogni cosa, fare gli Vescovi Card. Preti, Card. Diaconi, che erano Vescovi, dare a Card. Vescovati et Abbatie in Commenda e più di una, et con questa occasione gli Cardinali comminciorno a precedere a gli Vescovi che erano Vescovi come gli altri, havevano di più l'essere Cardinali di Roma, la quale precedenza non comminciò assolutamente se non in Avignone. De' Card. Diaconi, I Card. Diaconi anticamente per ordine erano sette, gli Diaconi instituiti da' i Apo-*

postoli, il primo de' quali si chiamava Diacono Cardinale ò vero Archidiacono, che tanto valeva significare a similitudine di Preti Cardinali, che erano nel titolo sopra gl' altri Preti, come appare nel Synodo di San Silvestro, questi Diaconi havevano cura di tutte le Chiese et elimosine de' fedeli & così provedevano a tutti gli Preti cosi a Card. Preti come a gli altri & al Papa. Et questo fino al tempo di Constantino, non lasciando qui di dire, che gli Subdiaconi havevano cura di raccogliere l'entrate, et gli Diaconi di custodirle et dispensarli secondo che era ordinato. Nel tempo di Constantino, cessante la persecutione, non bastando quelle sette Diaconi, furono nelle Parochie, dove erano gli Preti et Card. Preti posti Diaconi a servitio di ciascheduno titolo, ch' avessero cura del entrate di quel titolo, a gl' 7. Diaconi antichi restò la cura dell' entrata del Papa ciò è della Chiesa Roma: et tutti quest' 7. furono chiamati Diaconi Card. a differenza de gli altri non Card. E questo durò per 200. anni fino al anno 1000. al tempo di Silvest. 2. in circa nel qual tempo non attendendo più quelli Diaconi all' entrate, che già si era fatto di novo officiale particolare sopra le rendite, ciò è l'Arcano & Sacellario et l'Archidiacono, che a lui restò sempre il maneggio, fù lasciato quelli Diaconi solo di cantare l'evangelio avanti il Papa nel qual tempo perche fù crescinto il numero di 7. Card. Regionarii che in tante Regioni si divideva Roma et ciascuno delle Chiese della sua Regione haveva cura di cantare l'Evangelio quando il Papa andava a cantare la Messa nelle Chiese delle loro Regioni, et si chiamavano Card. della 1. 2. et 3. Regione secondo che si chiamava la Regione della quale erano chiamati Card. l'altri 4. si chiamavano Diaconi Card. Palatini nel Laterano Altaris ministri, perche in S. Giov. Latar. Cantavano l'Evangelio avanti il Papa questi Diaconi havevano stanze determinate in Roma contigue ad alcune Chiese ò vero Oratorie senza cura d'anime, delle quali Chiese Lasciato il nome delle Regioni, si comminciorno a chiamare Petrus Diaconus Cardinalis S. Adriani dove haveva la prima detto regionis talis, et questo fù 800. anni in circa nel tempo de' Pascali 2. la riputatione di questo crebbe insieme con quella di Card. Preti, per havere tutti questo nome prerogativo di Card. et intervenire anco essi all'elettione del Papa. De Vescovi Card.

Qui si hà di notare 3 cose, la prima, che ò fusse che anticamente la translatione da un Vescovado ad un altro fosse riputato sì sconvenevole, che per 300. anni ciò è fin al anno 900. ò poco più non fù mai eletto Papa della Chiesa di Roma che fosse Vescovo d'un altro luogho, mà ò Prete ò Diacono di queste Chiese, ò fosse perche gli Preti di Roma volevano fosse eletto uno di loro. Il primo eletto fù Formoso del 891. Vescovo di Porto, onde ne nacquero molti romori per havere transgresso l'antica consuetudine come si può vedere dal Platina. La 2. Che una volta occupata una Città da nimici et cavatone il Vescovo si dava la cura al detto Vescovo di qualche Vescovato vacante con conditione, che ricuperata la sua Città tornasse al sua gregge, questo tale si chiamava sempre Vescovo della Città rovinata, overo occupata, et si nominava Sacerdote, overo Pontefice Cardinale di quella, che gli era stata commessa, come se Fondi fosse stata presa da' Turchi, si direbbe Petrus Episcopus & Sacerdos Cardinalis Terracinensis e gli fosse stata data cura del Vescovado di Terracina, come si vede in S. Greg. dove sono 4. ò 5. essempi. La 3. che nella Consecratione del Papa furono deputati 7. vescovi ciò è Albanus, Ostiensis, Portuensis, S. Ruffini, Tusculanus, Prenestinus, Sabinensis & questi da principio non intervenivano all' elettione, mà solo alla Consecratione 430. anni fà in circa, nel tempo d' Alesso. 3. furono ammessi all' elettione, come si vede dal fatto et allhora comminciorno chiamarsi Vescovi Card. a similitudine de' Preti et Diaconi Card. che intervenivano all' elettione del Papa, & prima non si trova che mai si sia chiamato Vescovo Cardinale.

¶ *Carecta.*] *Carrus* vel potiùs *Carriculum, plaustrum, sarracum*: à Gal. *Charret* diminut. à *Char*, atq; hoc à Lat. *Carrum*. Mag. Chart. cap. 22. *Nullus vicecomes vel balivus noster vel aliquis alius capiat equos vel carectas alicujus pro caragio faciendo, nisi reddat liberationem antiquitus statutam, scil. pro carecta ad 2. equos, 10. den. per diem. & pro carecta ad 3. equos, 14. den. per diem. Nulla carecta Dominica alicujus Ecclesiasticæ personæ, aut militis, aut alicujus Domini capiatur per balivos prædictos.* C

Carecta Dominica hîc dicitur quæ vel ad dominum Manerii pertinet, vel ad colonica ejus negotia perficienda. Custumar. Prior. Lewes M. S. 10. *facient precarias de caruca, & carecta*, i. de aratro & carro.

¶ *Carena, Carina, & Carrena.*] Forensibus nostris *quarentena*: Gall. *quarantaine*. Spatium quadraginta dierum: dictum à *quarante*, i. *quadraginta*. Occurrit sæpius vocabulum, An. 1022. in Concil. Salegunstadiens. jejunium seu pœnitentiam 40. dierum in pane & aqua significaturum. Ibi cap. 17. *Nullus Presbyterorum, cuiquam pœnitenti carrinam dividere præsumat.* Et cap. 19. *Pœnitens dum carrinam suam jejunat, de loco in locum non migret, &c.* Sæpè etiam in Burchardi lib. 19. qui de pœnitentia inscribitur, ca. 5. Viz. §. 1. *Si fecisti* (homicidium) *40 dies continuos, quod vulgus carinam vocat, ita ut consuetudo est, in pane & aqua debes jejunare, & septem annos sequentes sic observes.* Pluries inferiùs Binius ex Moguntino Concilio ab Archiep. Petro habito, sic refert, *In dedicationibus & ordinum temporibus relaxari carenas, & pœnitentes introduci omnino vetamus.*

Reperio *carenam* depictam in Concil. Triburiens. An. 885. cap. 8. at nedum sub hoc nomine: *Si quis -- inventus fuerit corrupisse bannum ab Episcopis impositum, 40 dierum castigatione corripiatur, tantùm in pane, sale, & aqua.* Proculdubio etiam antiquius.

Carena pro Quadragesimâ aliis fortè dicatur, cum sit Gallis *Quarantine.*

Cargare

¶ *Cargare.*] *Onerare*: à Gall. *carguer*, vel Angl. **to charge**. Grandis lib. Bellensis fol. 10. Anno Regni Regis Edwardi quarto, totum halimotum carcatum per sacramentum de vasto & exilio &c. V. Halimot.

Sed rectiùs videtur *Hospinianus* vocem ducere à vet. Germ. **Karr**, quod pœnam pro delicto vel potius satisfactionem significat, unde hebdomidam passionis dictam ait apud Germ. **Karr-wochen**. *De orig. festor. Christian.* Cap. 28. fol. 45. b.

¶ *Carle.*] Sax. ceorle, quod Vide & *Butscarla.*

¶ *Carmulus.*] Boiwarior. Tit. 2. l. 3. §. 1. *Si quis seditionem excitaverit contra ducem suum, quod Baiwari carmulum dicunt, -- componat duci DC. sol.* Germ. Scharmutze. Lindenb.

¶ *Carnellare, Carneus.*] Vide *Kernellare.*

¶ *Carnifex.*] Splendidi officialis appellatio apud Saxones nostros. Flor. Wigorn. in An. 1040. Rex Hardecanutus *Alfricum Eborac. Archiepisc. Godwinum Comitem, Stir Majorem domus, Edricum dispensatorem, Throndsuum carnificem, & alios magnæ dignitatis viros, Londinum misit.* Hoc inde totidem verbis Hovendenus.

¶ *Carnisprivium.*] Aliàs *Carnivale*, tempus quo abstinetur ab esu Carnium, aut carnibus valedicitur. Propriè **Shrove-tide**. *Belethus de divin. offic.* cap. 65. *Notandum est festum B. Luciæ hic adjunctum habere Italicè* Charthar; *quia tunc maximè carnes solent deponi, quemadmodum secunda dominica Septuagesimæ dicitur vulgo* Carnisprivium.

¶ *Carno.*] Prior de Melton se & homines suos immunes clamat ab omnibus amerciamentis in foresta, & ab omnimodis *geldis, footegeldt, buckstalls, Tritis, Carno, & Sunag.* &c. Itin. Pick. fol. 168. *b. Crompton* fol. 191. *b.*

¶ *Carrada*, al. *Carrata.*] *Onus carri*, atq; ab hoc deductum ut alia plurima viz: *Carragium, Carrale, Carratium, Carriare, Carrica, Carricare, Carroda, Carua, Caruagium, Carruca, Carrucha, Carrucagium, &c.* Chron. Laurishamens. in Henr. Abb. 4. -- *insuper 6. carratas vini veteris, & vineam in H. in anniversario suo fratrum usui contulit.* Fuldens. lib. 1. Trad. 48. -- *terris, hobas 3. de pratis, carradas 5. pascuis, campis &c.* Et lib. 2. Trad. 11. *à die præsente portionem nostram tradidimus &c. in elemosinam nostram carradas duas: In summa sunt mancipia 12. Mansoes 2. &c.*

Quære autem an hoc sensu accipiendum sit in Privilegio Caroli Calvi Regis Franc. Abbati S. Germani concesso, An. circiter Dom. ubi ait, *de melle karrada una ex modiis 8. cum solita cera, sicut ex villa Lucarias persolvitur.* Grave tributum videtur ut tantum mellis quantum carro vehi potest ex 8. terræ modiis (nam sic intelligo) penderetur.

¶ *Carrale*, al. *Carale.*] Quod carro vehitur: & vectigal inde exactum. Privilegium Caroli Mag. in Amoini lib. 5. cap. 1. -- *teloneus exigatur nec de navale, nec de carrale, neq; de saumis &c.*

¶ *Carratium.*] Longob. lib. 1. Tit. 25. l. 34. *Si quis palum, quod est carratium de vite tulerit, componat sol. 6.*

¶ *Carricare.*] Gloss. vett. *onerare*: quasi ab Ital. *carrico*, onus. Alias autem *carro aliquid vehere.* Lib. 8. Tit. 4. l. 9. *Si quis bovem alienum junxerit sine conscientia domini sui ad aliquid carricandum &c.* Item lib. 5. Tit. 5. l. 2. Si (jumentum) *aut nimium cadendo, aut fasces carricando, aut quocunq; onere aut percussione mortuum fuerit.* Longobard. lib. 3. Tit. 12. l. 1. *arare, seminare, runcare, carrucare.*

¶ *Carrina.*] Vide *Carena.*

¶ *Carrocium.*] Ab Ital. *carrozza, Carrum, rheda, vehiculum, fulcrum.* Gloss. Græcolat. καρόχιον, *rheda.* Hinc & palus cui incumbit vitis, *carratium* dicitur, ut supra: & navis ad grandiora onera deferenda, *carrucha* & *caruca*; Hispanis, *carraca*; nobis **a carrack**: quasi *carrella*, vel carrum marinum.

Carrocium verò Itali nuncupant sacrum totius exercitus vexillum, Romanis inferioribus *Labarum*, Germanis & nostratibus, *standardum* appellatum. Illis, quòd è carro erigeretur, motus gratia; his, quòd solennem nihilominùs stationem in exercitu obtineret; carrus enim (ut forma cætera) utriq; fuit communis. Sigonius in Frederico 1. *Tandem Fredericus ordines Mediolanensium vi perrupit atq; ad carrocium penetravit: ac solutis bobus vexillum detraxit, & contumeliæ caussa currum in proximam fossam dejecit.* Burchardus Notar. ejusdem Freder. Imp. in Epist. de excidio Mediolan. *Carrocium* Mediolanensium fusiùs describit, sed mendosè editur *barcocium*: Sic autem ille. *Stabat currus multiplici robore conseptus, ad pugnandum desuper satis aptatus, ferro fortissimè ligatus: de cujus medio surrexit arbor procera ab imo usq; ad summum, ferro, nervis, & funibus tenacissimè circumtecta. In hujus summitate supereminebat crucis effigies, in cujus anteriore parte beatus depingebatur Ambrosius, ante prospiciens & benedictionem intendens quocunq; currus verteretur.* Superiùs, ostendit fuisse in curru tubicines: inferiùs, arborem deflexam in signum subjectionis, & Imperatorem vexilli fimbrias collegisse &c.

Descripsit etiam Imperatoris *Carrocium* Brito Armoricanus Philippid. lib. 11. at sub nomine *Standardi*, quod idem esse ostendit Burchardus in dicto loco. Sic autem Brito de Othone Imp. præliaturo.

Erigit in carro palum, paloq; draconem
Implicat, ut possit procul hinc atq; inde videri --
Quem super aurata volucer Jovis imminet alâ.

Descriptionem integram accipies in *Standardus*, quod vide. Sed iterum Armoricanus lib. 12. de Othone victo.

Carrus quo reprobus erexerat Otho draconem,
Quem super auratis aquilam suspenderat alis,
Cogitur innumeras in se sentire secures &c.

¶ **Carropera.**] *Carri opera.* Servitus quæ carris & plaustris perficitur; ut *manopera*, quæ manuum operâ. Marculf. lib. 2. formula 36. à Bignonio restituta: & Lindenbrog. Formul. solen. 61. *--nullam functionem aut reditus terræ, vel pascuarium, aut agrarium, aut carropera, aut quodcunq; dici potest exinde solvere nec hi, nec tua posteritas, nobis nec hæredibus nostris-- non de beatis.* Adnunciatio Caroli R. apud Pistas cap. 29. huc à Bignonio citata, *Ut illi coloni tam fiscales quam & Ecclesiastici, qui sicut in polipticis continetur, & ipsi non denegant, carropera & manopera ex antiqua consuetudine debent, & margillam & alia quoq; carricare, quæ illis non placent, renuunt: quoniam adhuc in illis antiquis temporibus fortè margila non trahebatur, quæ tempore avi ac domini & patris nostri trahi cœpit: & de manopere in scuria battere nolunt, quicquid eis carricare præcipitur de opera carroperæ quando illam facere debent, sine ulla differentia carricent, et quicquid eis de opera manoperæ quando illam facere debent, præcipitur similiter, sine ulla differentia faciant.* Apud Ansegisum Capitul. lib. 1. cap. 81. *carralia opera.*

¶ **Carrucha.**] Navis genus. Vide supra *Carrocium*, infra *Curruca.*

¶ **Carsamatium,**] *Puer eunuchus*, seu *spado.* Liutaprand. Hist. lib. 6. cap. 3. *Obtuli autem loricas optimas 9. scuta optima cum bullis deauratis 7. &c. quatuor carsamatia, Imperatori nominatis omnibus preciosiora. Carsamatium autem Græci vocant, amputatis virilibus & virga, puerum eunuchum, quos Verdunenses mercatores ob immensum lucrum facere solent, & in Hispaniam ducere.* Annon ab Ital. *garzone*, Gal. *garson* pro puero?

¶ **Carua, Caruagium, & Caruca, Carucata, Carucagium.**] **Carrue** Gallis, latinobarbare *carua*, aratrum: eoq; sensu occurrit sæpissime apud forenses *carua*, licèt Romani veteres hoc (duplici r conscripro) usi sint tantùm pro *carro* seu *plaustro.* Magna Chart. cap. 5. *Custos reddat hæredi cum ad plenam ætatem pervenerit, terram suam totam instauratam carucis, & omnibus aliis rebus.*

Carua seu potiùs *carrucata terræ*, est ea portio quæ ad unius aratri operam designatur, **a Ploughland**; Mattheo Paris *hida.* *Gildas* in Epist. pag. *Illis ad sua remeantibus, emergunt certatim de* carruchis *quibus sunt trans Scyticam vallem avecti.* Heyl. Sab. pap. 227. pro navibus. Exoletæ jam penè inter nostrates sunt hæ voces: florent autem apud Hibernicos (saltem mihi notiores) occiduos. Connaciam enim in Comitatus, hos in Baronias, easdemq; in *carucatas* dispescunt: plus minus, 120. acras continentes. Qui numerus nostris etiam majoribus potior [illegible] fuisse videtur & Domesdeio frequentior: varius tamen prout solum levius fuerit aut operosius. Audi cinctutum quendam Cethegum in M. S. Malmesburiens. cœnobii: *Carrucata terræ dicitur quantum aratrum arare potest in seosinabili tempore: & careo cares, est, divido dividis; & inde caruca, i. aratrum, quia currendo dividit terram,*

Anno MCC. facta est pax inter *Johannem* Regem Angliæ, & P. Regem Franciæ, &c. Et mutuavit Regi Franciæ *xxx* milia marcarum. pro quibus collectum est *Caruagium* in Anglia, scil *iii s.* pro quolibet aratro. *Ex Registro Prioratus de Dunstaple in bibl. Cotton.*

—— Insuper concesserunt (scil. Cantuar. Archiep. cum Episcopis & Abbatibus suffraganeis) ei *Carnagium*, scil. dimid. marcam de singulis Carucis dominicis, & *iis.* de singulis Carucis tenentium suorum. *Ibid. in anno* 1224 *fol.* 20. *a.*

Abbas de Roucestriâ petit versus Alberedam de Bussingburn 8. *Carrucatas* terræ & 2. bovatas terræ cum pertinentibus, in Briggeford, ut jus Ecclesiæ suæ, de quibus quilibet *Carucata* terræ continet in se octo bovatas terræ mensuratas. *Placita apud Westm. coram R. de Lexinton, (&c.) Termino Paschæ* 27. *H.* 3. rot. 1.

Robertus Constabularius dedit nobis in perpetuam elemosinam totum dominium suum de *Tharlesthorpe* (&c.) Unde octo *Carucatæ* faciunt feodum unius militis (&c.) *Ex Registro Abbatiæ de Meliâ in Com. Ebor. fol.* 11.

Herbertus de S. *Quintino* dedit nobis in liberam elemosinam tres bovatas terræ in *Rudâ.* Reddito inde sibi & hæredibus suis annuatim pro unâ bovatâ xii d. & faciendo forinsecum servicium quantum pertinet ad unam bovatam, unde 48. *carucatæ* faciunt feodum unius militis. *Ibidem folio* 13. *b.*

Thornore (in Com. Ebor.) *Humfridus* de *Veylly* tenet eandem villam pro duabus *carrucatis* terræ, unde xii faciunt feodum (&c.) *Lib. Feod. Mil.* 24 *E.* 1. *fol.* 96

Ego *Hugo* de *Leiai* dedi *Rogero Pictavensi* & *Isoudæ* filiæ meæ uxori suæ, totam medietatem villæ de *Baidon* (&c.) faciendo inde servicium, quantum pertinet ad duas *carucatas* terræ. Unde *xxvii.* carucatæ terræ faciunt feudum unius militis. Hiis testibus *Roberto Vavasore, Malgero Vavasore* (&c.) sans date. *Ex evidentiis Thomæ Metham de Metham, in Com. Ebor. militis.*

Carucagium, aliàs *caruagium*, est tributi genus quod singulis aratris, communi regni Concilio imponitur. Roffens. M. S. fol. 138.

sub

An. Dom. 1224. 8. Hen. 3. *Hoc anno Domino Regi pro magnis laboribus suis & expensis, tam à Praelatis, quàm à laicis, concessum est per totam Angliam carucagium, de qualibet scilicet caruca duo sol. d.*. Et Mat. Paris in 19 vel 20 Hen. 3. sub An. 1235. *Eodem tempore cœpit Rex carucagium, scilicet duas marcas de caruca ad maritagium sororis suæ Isabellæ.* In privilegiorum chartis multi immunes fiunt ab hoc tributo; quod forenses sic exprimunt: *Quieti à carnagio seu carucagio*, id est, *cum Dom. Rex talliaverit totam terram suam per carucas.* Romani *colonarium vocant.*

¶ *Casa, Casata, Casamentum, Casati, Casatici, Casarii, Casales, &c.*] Casa non solum de tugurio, ut Virgil. -- *atq; humiles habitare casas*: sed juxta Ital. & Hispan. pro omni ædificio, etiam palatio, Regia, basilica, atq; ipsa in eadem familia. Longobard. lib. 2. Tit. 17. l. 1. *Actor Regis post susceptas & concessas sibi ad gubernandum curtes aut casas Regis.* Passim his seculis: & *Casa Dei* pro Ecclesia, & cœnobio. Concil. Confluentin. An 860. *volumus ut Ecclesiæ & casæ Dei, & Episcopi -- mundeburden & honorem habeant.* Longob. 1. Tit. 18. l. 1. *Si casam cujuscunq; blutaverint, aut res eorum tulerint qui eam in palatio tenent.*

Casata. Habitaculum cum terra idonea ad unam familiam alendam, aliàs *casamentum.* Saxonibus nostris *Hida.* Bedæ, *familia.* Liquet ex collatis Authoribus. Florent. Wigorn. in An. 1008. *Rex Anglorum Ethelredus de 310. cassatis, trierim: de novem verò loricam & cassidem fieri præcepit.* Idem totidem verbis Hovendenus: at medius inter utrumq; Huntingtonius: *Fecit* (inquit) *Rex parari per totam Angliam ex 310. hidis, unam navem: & ex octo hidis, loricam & galeam. Hida autem Anglicè vocatur terra unius aratri culturæ sufficiens per annum.* Prisci hoc uni familiæ alendæ designabant: ideò Beda *familiam* vocat, ut infra in *Hida.* Concil. Clovesltovens. circiter An. Dom. 800. *Placuit mihi Athelardo Dei gratia Archisacerdoti, & Cynedrithæ Abbatissæ* (de Cotham) *quatenus ipsa Cynedritha in regione Cancia daret mihi pro commutatione sæpe præfati Cœnobii, terram 110. mansionum: 60. cassatas viz. in loco qui dicitur Fleot, & 30. in loco qui dicitur Tenaham; in tertio quoq; loco qui dicitur Creges anselina, 20. Quas scil. terras olim Rex Offa sibi viventi conscribere fecit.* Planè ostendit *cassatam*, terram esse unius mansionis: nam alterum altero elucidat, & mansionum numerum in *cassatarum* redintegrat. Charta Edgari Regis Ecclesiæ Eliensi. *Sed à secretis nostris Athelwaldus, Dei amator, diœcesi Winton Civitatis fugiens, datis nobis 60. cassatis in villa quæ ab incolis Hartingas nuncupatur, mutuavit locum prædictum cum appendiciis.* Lib. Rames. Sect. 297. *Sewinus accipetrarius dedit unam virgam terræ in Slepe, & unam Casatam.*

Perspicuè jam videtur, quid in Leptinensi Concil. An. 745. & in Capitular. lib. 5. Can. 3. sibi vult: *de unaquaq; casata, solidus unus*: Etiam in Constitutt. Caroli Mag. ca. 13. *de 50. cassatis sol. 1.* neq; enim Binius in Notis ad primum, nec Amerpachius ad locum posteriorem satis, hoc elucidarunt.

Reperio autem in Charta Sigerici Archiep. Cantuar. confecta An. Dom. 996. Alfrumum quandam dedisse monasterio Hamtunæ in Comitatu Stafford. xxx *jugera cassatarum*: atq; hæc ibidem 12 villas comprehendere describuntur.

Casamentum. Idem quod *Casata*, Territorium vassalli, tenementum. Papias verò: *Casamentum agreste habitaculum palis, harundinibus, virgultisq; contextum, quibus possint tueri à vi frigoris.* Planè tugurium Hibernicum. Sed rem ab Ivone Episc. Carnotens. Epist. 173. cognosce: ubi sic casus est. Ivo miles quidam Hugonis Vicecomitis Carnotens. terram ab eodem Hugone habuit in feudum, quam invadens Rotorcus Comes Ivonem incarcerat, & munitionem cœpit ibidem ædificare, posteaquàm Hugo soli proprietarius crucem suscepisset. Super his conquestus Hugo, tuitionem Ecclesiæ implorat. Responsum autem est à Clericis, ut inquit Ivo Episc. *Novam esse institutionem de tuitione Ecclesiastica impendenda rebus militum Hierosolymam proficentium, neq; scire utrum hæc tuitio ad solas pertineat proprietates eorum, an etiam pertineat ad casamenta eorum, quæ tenent potentes homines se & sua, fortitudine sua defendentes.* *Proprietatem* hic vocat, quod nos dominium: *casamentum*, quod alii beneficium, nos tenementum. Idem Epist. 284. *de casamento Carnotensis Ecclesiæ.* S. Bernardus (à Jureto citatus) Epist. 39. -- *de casamento quod tenetis, homagium quod debetis, reverenter ei* (Episcopo) *& humiliter offeratis.* Vide apud Ivonem Decretor. par. 12. cap. 76. formam fidelitatis pro *casamento* faciendæ è Fulberto descriptam, & apud Juret. ad Epist. 173. *Rob. de Monte* in Append. ad *Sigeb.* in An. 1161. -- *illud Castrum erat de Casamento Hugonis filii Supplicii de Ambasiâ, quod tenebat de Comite Theobaldo: caput autem sui honoris, scil. Ambasiam, tenebat de Rege Henrico.*

Albertus Tenaldus concessit monachis S. *Cypriani* omnem decimam, quæ ad eum pertinebat in omni parochiâ de *Musels*, in proprio seu in *Casamento* (&c.) *Les preuves de l'Hist. des Comtes de Poictou (&c.) p. 347.*

Casati & Casatici dicuntur qui casatam possident: tam liberi quàm servi, *vassalli colonici.* Eorum plures continebat Beneficium, seu feudum militare. Capitular. lib. 3. cap. 80. *Missi nostri diligenter inquirant quid unusquisq; de beneficio habeat, & quot homines casatos in ipso beneficio.* Lib. 5. cap. 136. *vassus dominicus de casatis 200. mediam libram* (donet in eleemosynam) *de casatis 100. sol. 5. de 50. unciam 1. & faciant bidnanas & eorum homines, & eorum casati.*

Alii

Alii exponunt *de his qui intra casam serviunt.* Chron. Cameracens. lib. 3. cap. 63. *Sepulto -- Gerardo Pontifice, Henricum Regem Lotharien sium adeunt Dominus Præpositus & Archidiaconus, aliiq; Archidiaconi cum casatis Cameracensis Ecclesiæ reportantes baculum Pontificalem.* Hic Colvenerius: *Casati* (inquit) *vassalli, qui intra casam serviunt*; quod mihi non ità videtur. Solebant enim multi vassalli feodales (etiam tenuræ ratione) equitantem solenniter dominum stipare & comitari, inde **Radcnites** Saxonicè appellati, quod infra vide. Sed Authores plures laudat Colvenerius, & inprimis Pithœum doctissimum, vocabulum in Caroli Mag. testamento sic exponentem. Carolum audi. *Præcipimus ut nullus ex his tribus fratribus, suscipiat de Regno alterius à quolibet homine, traditionem vel venditionem rerum immobilium, hoc est, terrarum, vinearum, atq; silvarum, servorumq; qui jam casati sunt, sive cæterarum quæ hæreditario nomine censentur, auro, argento, & gemmis, armis ac vestibus, nec non & mancipiis, non casatis, & his specibus quæ proprie ad negotiationes pertinere noscuntur.* Caroli instituti est, dissidium inter filios anticipare: prohibetq; ideo ne quis eorum in alterius Regno prædium, aut rem immobilem mercatus sit. Quid ad hoc *servi casati* emptio: si *casati* tantùm dicantur quòd in casa serviunt? Mallem igitur de servis intelligi *casatas* possidentibus: qui & suas ædes, suam familiam, suum peculium, suos servos seu subservos (quamvis domino lucrantes) habebant: è quibus lis quotidie multiplex emanaret. Fuldens. lib. 2. Tradit. 40. *Unum servum casatum, quem cum omni domo sua extra traditionem omittimus.* Chart. Alaman. 3. *Trado casatos 3 his nominibus, R. &c. uxore sua Fastrata & filio eorum VV. & servo ejus Isamberto, & alio servo &c.* Item Chart. 40. *-- terris, casis, casalis, mancipiis, cum casatis, campis, pratis, &c.* Chart. 69. *Casatum unum cum hoba sua.*

Sed intelligit hic fortè Pithœus, & cæteri, ut Petrus Preudhome apud Colvenerium, super dicto loco Cameracens. Chron. *Puto* (ait) *hic sicut & in Capitularibus Ludovici Pii Imp. per casatos intelligi certos vassallos, qui intra casam sive palatium Episcopi serviebant: quales sunt 24 Franci sive liberi feudales, ut vocant, quorum singuli ad certa distincta servitia in adventu novi Episcopi tenebantur, sicuti in antiquis libris scriptum reperio.* Bene. Sed vide an quadret prædictis *servis casatis*, & *casatorum* multitudini, vassis dominicis (i. Baronibus Regni) ut supra patet, obsecundantibus. Nos hæc fusiùs, ut tu lector judices.

¶ *Cassella.*] *Capsella, cista.* Glaber. Rodul. Hist. lib. 4. cap. 3. *Ignoti hominis ossa, quæ posuit in cassella & feretro.*

¶ *Cassina.*] Longob. lib. 1. Tit. 19. l. 25. *Si quis cassinam vel tectum alienum foris in curte ubi viri non habitant deturbaverit: -- restauret ipsam cassinam &c. Nam si casam ubi viri habitant deturbaverit, componat sicut in hoc decreto, &c.* A Gal. *casine* pro tugurio. Gloss. vett. *Casana*, σκήπε πλοίε, i. tegumentum navis. Hinc de *Casineto* familia, vulgò **Cheney**.

¶ *Castaldus, Castaldia.*] Occurrunt non semel in libris Pontificiis, & in Jure feodali: rectiùs autem per G. scribuntur: vide igitur *Gastaldus*.

¶ *Castelgardum.*] In Jure feudali, *Castelli guardia.* Castri defensio vel custodia, quam alii è precario faciunt, alii ex terrarum servitute.

¶ *Castellum, Castellanus, Castellarius, Castellania, Castellaria, Castellacium, Castellatura.*] *Castellum,* (ut κώμη Græcè) dicitur tam pro villa, quam pro oppido & structura munita.

Castellanus, quibusdam *Castellarius.* Præfectus castri, domini vices, ibidem agens: ut in villa, villicus. Aliàs igitur & *Castaldus* dicitur, & *Gastaldius*; etiam munus ejus tam *Castaldia* & *Gastaldua*, quam *Castellania.* Primò nomen muneris, postea dignitatis. Constituti enim sunt olim *Castellani* à Ducibus & Comitibus amplissima possidentibus territoria, in loco aliquo munito, non solum militares Præsides ad propulsandos hostes, at civiles etiam Judices, ad dirimendas populo lites. Facti verò interea potentes, & in patrium munus succedentibus sæpe filiis: à dominis tandem impetrant, ut præstitis antiquis servitiis & tributis, munus sibi in feudum retinerent. Jurisdictionis etiam suæ cancellos paulatim transeuntes, virgam inferioris justitiæ qua primò fungebantur, in gladium superioris tandem commutant: dignitatis sibi fastigium (Baronum minus, sed nomine potius quam amplitudine) conficientes. Sic Gallis noti: & Polonis eò magis quòd Baronum classem non agnoscant: nobis autem, ne muneris appellatione. Nam quos Galli *Casteleins*, nos **Constables of the castle** nuncupamus: Sed & rari jam nobiscum isti, & inhonori: nam pacis instrumenta, bellum; belli, pax ludificatur.

Castellania, & *Castellatura.* Munus *Castellani*: quandoq; *castri territorium.* Mat. Par. in Henr. 2. An. 1164. *Et quoniam* (Thomas Archiep. Cantuar.) *castellaniam de Eya, & de Berchamstede pluribus annis liberè possedisset, multum consentaneum rationi videbatur, ut à capite incipiens perceptorum redderet rationem.*

Castellacium. LL. Henrici 1. cap. 11. De jure Regis seu placitis quæ pertinent ad Regem, viz. *Placitum de famulis suis ubicunq; occisis vel injuriatis, Infidelitas & proditio, quicunq; despectus vel maliloquium de eo castellacio, trium stannorum utlagaria &c.* Item ca. 4. *-- injuria de famulis suis in Civitate, vel in castello, vel ubicunq, occisis, infidelitas & proditio, despectus de eo castellacio, sine licentia utlagaria, &c.* loca obscura & corrupta.

Casticia

¶ *Casticia.*] Capitul. lib. 5. cap. 148. Contendebant Ecclesiasticarum immunitatum temeratores, non plus immunitatis nomine complecti quam claustra monasterii: decretum igitur est in Synodo sub Carolomanno An. 742. *non solùm claustra Monasterii vel Ecclesiæ, atq; castitia Ecclesiarum, sub immunitatis defensione consistere, verùm etiam domos, & villas & septa villarum, & piscatoria manu facta, & quicquid fossis aut sepibus vel alio clausarum genere præcingitur.* Quid hic *casticia* non liquet: sed constructum quidpiam intra circuitum monasterii, vel manufactum videtur. Codex S. Germani à Colvenerio citatus. *Habet* (Ecclesia S. Germ.) *in valle Vitriaco, Mansum Dominicatum, cum casa & aliis casticiis sufficienter.* In Epist. Episcopp. diœces. Rhemorum & Rothomag. ad Ludovicum. *Judices &c. ædificent villas suas moderatis casticiis.* Et alibi: *Et in castitiis, & in villis custoditis.* Chart. Alaman. 68. *Casa Dominicata, casticiis, terris, campis, pratis.* Ita sæpe in antiquis Chartis: & non semel in Formull. sollen. *Mansum ad commanendum cum casticiis superpositis, terris &c.* Multi aggressi sunt vocis expositionem, sed parum fœliciter. *Casticia* (inquit Lydius) *hinc* **Kastenvogt** *dicitur monasterii aut Episcopii advocatus*; M. Goldast. &c. Bene, si intelligas, ego non. Kasten autem & cast. *cista*: Vogt *præfectus*, Inde

¶ *Castularius.*] Qui cistæ vel arcæ præest, quasi *cistularius*. Arcarius al. Scaccarius: quod vide. Germ. **Kastmeister**. Occurrit vox in Constitut. Caroli. M. cap. 19.

¶ *Casula.*] Vestis Religiosorum, de qua Balbus in Cathol. *Casula dicitur vulgo planeta Presbyteri, quia instar parvæ casæ, totum hominem tegit.* Mallem ideo *à capsa*, quasi *capsula*. Ort. vocab. *Casula* **a little cope or chesuble**, & Dictionar. vet Anglo-lat. **Chesible**, *Casula*. Synod. sub Carolomanno An. 742. *Decrevimus quoq; ut Presbyteri vel Diaconi, non sagis laicorum more, sed casulis utantur ritu servorum Dei.* Burchard. Monach. de Caf. S. Gal. cap. 1. *Casulas etiam optimas illas fieri instituit, unam in qua ascensio Domini auro intexta est, &c.*

¶ *Catabulum.*] Stabulum jumentorum publicæ utilitati inservientium. Hinc damnati ad catabulum dicuntur, qui ad alendos equos Imperatoris, vel ad magistrum equitum ideo mittebantur. Anastasius de Marcello 31. Episc. Rom. *Deridens dicta & præcepta Maxentii* (qui voluit ut sacrificiis se humiliaret dæmonum) *damnatus est in catabulo: qui dum multis diebus serviret in catabulo orationibus & jejuniis domino servire non cessabat &c.* Luitprandus de eodem: *Comprehensus autem à Maxentio & traditus in catabulo animalibus ad serviendum.* Platina scribit *cacabulum*.

¶ *Catalla.*] Al. *Capitalia*, quod vide. Dicuntur autem in Jure nostro, omnia bona mobilia & immobilia, quæ nec feodi sunt, nec libera tenementa: aliter personalia & realia. Invenitur parcius numero singulari: monet igitur Fitzherb. in Brevi quod vocant *Replegiare*, hoc non dicendum nisi de rebus binis aut pluribus. Sed arrisit vocabulum forense plectro poetico: ut apud Ingulphum, etiam Saxonum ævo.

Istum Kenulphum si quis vexaverit Anglus,
Rex condemno mihi cuncta catalla sua.

Item Brit. Armoric. Philippid. lib. 1.

Tanquam servorum res & catalla suorum.

¶ *Cataneus.*] Pro *Capitaneus*, ut Catalla & Catalia pro *capitalia*, quæ supra vide. Est autem *Capitaneus* juxta libros feudales & dictionem priscam, idem quod *Baro major*, aut *à Principe Tenens immediatus.* Ivo in Epist. 129. ad Comitem Vindocinensem. *Præcipuè hoc nobilitati tuæ debemus, qui & noster es parochianus, & Ecclesiæ nostræ cataneus.* Reperit etiam hanc vocem Juretus, apud priscum quendam authorem Romoaldum secundum Salernitanum Archiepiscopum, continuatorem libri non tunc editi, de vita & moribus omnium Principum, servati in bibliotheca Regis Gal. circa finem. *Et Comitissa de Berthenora cum Guilielmo de Markysella nobili Ferrariensi cataneo, cum magna multitudine militum & peditum ad succursum ejusdem Civitatis veniebat.* Intelligatur autem his locis *Cataneus* (ut & olim & hodie solet *Capitaneus*) pro ductore militari, vel classis alicujus viro primario, quo sensu Lyra in Matth. cap. 17. *Petrum* dixit *capitaneum super alios Apostolos.*

¶ *Catathematizare.*]. Vide *Exalfflare.*

¶ *Catchpol.*] V. Chachepollus.

¶ *Cateia.*] *Jaculum*, barbarè aliter *dardum*. Abbo Obsid. Paris lib. 1.

Scuta videt, tellus ab eis obtecta latebat
Inde super cernens lapides conspexit acerbos,
Ac diras ut apes densè tranare cateias.

Et lib. 2. -- *falæ fossata volutis*
Transiliit propero, clypeum gestansq; cateiam.

Hic in margine *dardum*, id est, jaculum. *Virg. Aen.* 7.

Teutonico ritu soliti torquere Cateias.

Ubi *Serv.* Tela Gallica: Unde etiam Teutonicum ritum dixit.

¶ *Caternio.*] Juxta Gallicam pronuntiationem pro *quaternio*, id est, quatuor chartarum seu rerum aliarum compositio. Greg. Turonens. Hist. lib. 5. cap. 18. *Transmittimus librum canonum, in quo erat caternio no-*

vus adnexus, habens canones quasi Apostolicos &c. Sic *Cantillum* supra pro *quantillum*.

¶ **Cathedraticum.**] Tributum quod Episcopus per diœcesim ambulans, in honorem cathedræ suæ ab Ecclesiis colligebat. Concilio autem Bacarensi 2. circiter An. Dom. 672. (vel ut alii perhibent, 610.) ca. 2: & Concil. Tolerano 7. cap. 4. circa An. 184. Statutum est ut 2. solid. non excederet. Hispanis hodie *el catredatico* nuncupatur.

¶ **Cathenaticum.**] Tributum quod custodes carceris à reis exigunt ne catenis vinciantur. Wisigot. lib. 7. Tit. 4. l. 4. *Hi qui reos capiunt aut custodiendos accipiunt, ab his quos in custodia miserint innocentes, cathenatici nomine nil requirant.*

¶ *Cavallus.*] Pro *caballus.* Sic Agobard. lib. de dispensatione rei Ecclesiæ propè finem: *canibus & cavallis.*

¶ *Cauculator.*] *Circulator, præstigiator.* Capitul. lib. 1. Tit. 64. De auguriis & aliis maleficiis. *Præcipimus ut nec cauculatores & incantatores, nec tempestarii, vel obligatores fiant, & ubicunq; sunt vel emendentur, vel damnenter.* A Germ. **Gauckler** ut notat Lindenbr. Otfrid. Evang. lib. 4. cap. 16. *gongulares.*

¶ *Caucus.*] *Patera.* Beda Hist. Eccles. lib. 2. cap. 16. *In locis ubi fontes lucidos juxta publicos viarum transitus conspexit, ibi ob refrigerium viantium erectis stipitibus, & æreos caucos suspendi juberet.* Gloss. Græcolatinæ καῦκα *Patera*: Arabicolatinæ, *Caucum.*

¶ *Cauha.*] L. Alaman. Tit. 99. De animalibus furatis, aut occisis, §. 19. *Aneta, gariola, ciconia, corvus, cornicula, columba, & cauha, & querola, ut similia requirantur.* Codex alius legit *cauca*, quod Germanis est *cornix.* Nos autem hodie **a chaub** & **chough** dicimus *cornicem* rubra habentem crura.

¶ *Cavil.*] V. Lot.

¶ *Cauma.*] *Fluctus*, à Gr. καῦμα, unde καυματίζω *fluctuo.* Abbo Obsid. Parisiacæ lib. 1.

Verum illa quid est simplex ad caumata mille?

¶ *Caursini.*] Mercatores Ital. qui ævo Henrici 3. cum Legatis Papæ Angliam venientes, non solùm populum, & clerum, sed Regnum ipsum gravissimis usuris corrodebant. Matthæo Parisiensi *Usuarii Transalpini, Papæ mercatores, vel scambiatores dicti. Invaluit* (inquit) *his diebus* (An. Dom. 1235.) *adeo Caursiorum pestis abominanda, ut vix esset aliquis in tota Anglia, maximè Prælatus, qui retibus illorum jam non illaquearetur: etiam ipse Rex debito inæstimabili eis tenebatur obligatus, &c.* Vide locum, & habe illic formulam qua debitores sibi obligaverunt, scil. pa. 403. Plura etiam in An. 1251. pa. 795. An. 1253. pa. 847. & aliàs. Hos excommunicavit Episcopus Londoniensis, & è sua diœcesi frustra nixus est ejicere: sed regio nomine in jus tandem vocati, gravissimas pœnas merito luunt, nam Judæis habiti sunt deteriores, ut Matthæus quâ supra testatur.

¶ *Caupulus*, al. *Caupillus.*] LL. Burgund. Additament. prim. Tit. 7. *Quicunq; navis caupulum involare præsumpserit, inferat ei cujus navis est sol. 12. & mulcta nomine sol. 4. Pro caupulo verò sol. 4. & mulcta nomine sol. 2.* Gloss. Isodori: *Caupulus, navis.* Papias: *Caupilus, lignum cavatum quasi cumba, lembus, carabus brevis.*

¶ *Causa.*] *Pro re quavis, & bonorum parte.* Capitul. lib. 5. Tit. 208. *Si quis causam* (intellige, rem) *alterius tulerit de loco suo, illæsam reddat, vel similem.* L. Salic. Tit. 46. De sponsaliciis viduarum -- *& in ipso mallo scutum habere debet, & tres homines causas tres demandare.* Hic Gloss. *Causa: Pœna propter solemnia non servata.*

Causare; causam agere, litigare. Longob. lib. 2. Tit. 52. l. 1. *Si quis causam alterius agere aut causare præsumpserit, in præsentia Regis aut Judicis &c.* Hinc *Causator*: litigator.

¶ *Ceapgel*, al. *Ceapgild.*] Vox omnino Saxonica. **Ceap** *merx, mercimonium, pecus, catallum*; ȝẏlꝺ & ȝelꝺ *solutio, redditio.* Ita **ceapgild** quasi pecudis seu catalli (ut forensi utar verbo) *restitutio.* Alàs **orfgild**, nam orf etiam *pecus.* Decreta seu Emendationes Williel. Bastardi, *Requiratur Hundredus & Comitatus sicut antecessores statuerunt, & qui justè venire debent & noluerint, summoneantur semel, & si secundò non venerint, accipiatur bos unus, & si tertiò, alius bos, & si quartò, reddatur de rebus hujus hominis quod calumnitatum est, quod dicitur* ceapȝẏlꝺ, *& insuper Regi al.* orfȝil *forisfactura.* Exolevit vocabulum, viget lex. LL. Æthelstani M. S. cap. 15. *De servo qui reus sit in ordalio, reddatur captale simpliciter, & verberetur.* Ubi codex Saxon. pro *captale simpliciter*, ceapȝẏlꝺ *legit.*

¶ *Cella.*] Pro monasterio minore, majori pertinenti. *Leo Marsic.* in *Casinens.* lib. 1. cap. 50. Vide libellar.

¶ *Cellarius.*] Promus. *Mat. Par.* in An. 1091. -- *Cellario sive promo constanter affirmante, &c.*

¶ *Cellerarius*, al *Cellarius.*] Juxta Concil. Aquisgran. sub Steph. V. An. Dom. 861. can. 140. Officialis est in Monasterio qui fratrum stipendia servat & administrat: pistrinum etiam curans, nè ministri ibidem deputati, annonam eorum aut furtim surripiant, aut negligenter vivendo dissipent. Instar villici, seu horreorum Præfecti Paralipomen. cap. 31. 11. Burchard. monach. Caf. S. Ga. cap. 8. *Ministeriales optimos mansus curiarum nostrarum eligebant: Cellerarii Ecclesiæ jura villicationis in modum beneficiorum habere contendebant, & contra consuetudinem quidam ex ip-*

ipsis more nobilium gladium cingebant. Crevisse videtur in amplitudinem: nam *Cellerarius* (inquit Jo. de Brakeland) *est secundùs pater in monasterio*: & in Abbathia S. Edmundi Buriensis, illustris ædium pars cum latifundiis, ejus muneri designata fuit.

Debet procurare Prælatus, ut fratribus *Cellerarium* non vinolentum, non superbum, non tardum, non prodigum, sed moribus honestum, & Deum timentem constituat; qui & stipendia fratrum fideliter servet, & diligenti curâ administret, & in administrando nullatenus fratres contristet. Cui etiam pistrinum fratrum committendum est, ut illum ita vigilantissimâ curâ custodiat, ne ministri ibidem deputati annonam aut fratrum, aut furtim subripiendo, aut alio quolibet modo negligenter vivendo dissipent. Hi verò famuli, eligantur de fidelissimâ Ecclesiæ familiâ: & his officiis diligenter erudiantur; ut scilicet & pistoriâ arte, & fidei puritate necessitatibus fratrum oportunissimè valeant suffragari. Eadem quoque forma de Cocis servanda est

Chartularius. Concil. tom. 1. pa. 125. col. b. l. 16.

Cellarar us. Ejus munus in Concil. *Aquisgran.* cap. 140. to. 3. a. pa. 514. & ad Concil. *Aquisgran.* An. 816. cap. 140. sub *Stephan.* pag. 5.

¶ **Cellula.**]. Pro anachoritagio. Greg. Tur. lib. 5. cap. 7. pa. 184.

¶ **Cenaticum.**] Vide *Cœnaticum.*

¶ **Cenegild.**] Saxon. Cyneȝild & Cynebot, al. Mæ bot. Ea compositionis seu mulctæ pars, quæ ab interficiente & ejus cognatis, interfecti cognatis reddebatur ob amissum consanguineum: alia enim domino persoluta est ob sublatum clientem, alia Regi ob occisum subditum, & violatam pacem. Huc spectat Taciti locus in Germ. morib. ubi de luendo homicidio ait, *Recipitq; satisfactionem universa domus.* Cyn *cognatio*, ȝild, *solutio*, vel *pecunia*. Occurrit vocabulum in Æthelstani LL. M S. cap. 7. vide *Wergildum* & *Megbota.*

¶ **Cenitus.**] L. Salic. Tit. 32. De convitiis. *Si quis alterum cenitum clamaverit, DC denar. qui faciunt sol. 25. culpab. indicetur.* Ad hoc Gloss. *oculum erutum habentem.* Sed meliùs Goldastus, *Cenitus, homo nihili*: **Kein nutz**. Græcis, κενὸς, i. *vanus, inanis.* Hoc ipsum Germ. **nutz**, scil. *vanus, otiosus, inutilis.* Per omnia idem videtur *cenitus* apud Salicos, quod *arga* apud fratres suos Longobardos, quo nihil contumeliosius. Vide *Arga.* In aliquibus autem exemplaribus L. Salicæ, *cinitum* legitur, in aliis *cinidum.* Et reperio in additionibus M. S. ad leges Inæ Anglosax. *Pecoris cinnitum, & canis oppa & bloyhorn, horum trium singl'm est unum solidum valens.* Locus non minus corruptus, quàm obscurus.

¶ **Cenninga.**] Additiones ad LL. Inæ M. S. *Et diximus de ignotis pecoribus, ut nemo habeat, sine testimonio Hundredi, vel hominum Decimæ, & hoc sit bene credibile: & nisi alterutrum habeat, nolumus ei permittere cenningam aliquam.* Reor *notitiam*, à Sax. cennunȝ, unde & *Miskenninga*, quod vide.

¶ **Centa.**] Idem quod Centuria. V. Cow. in Hundred.

¶ **Centatum.**] Concil. I. Salisburg. *In pileis suffurraturas non habeant: nisi fortè de nigro centato, vel panno &c.* Vide *Guna.*

Centaurii.]] Iidem qui Cantiani. Asser Menevens. in An. 851. *Scheapieg quod interpretatur insula ovium, quæ sita est in Tamesi flumine inter Eastseaxum & Centaurios.*

¶ *De Centenario (quem hundredarium dicimus) cùm apud exteros, tùm apud Saxones nostros.*

¶ **Centena, Centa, Centenarius, Cento, Centuria,** & **Centurio.**] *Centenarius* belli & pacis minister; hic regiunculæ Judex, illic manipuli Præfectus: nec diversus olim, sed ex vicissitudine munus utrumq; obiens. A Romanis non quæram ejus exordium, licèt Centumvirales judices in aliquibus respiciat. Gothorum propriè & Germanorum est, qui Comitum territoria per *Centenas*, sive *Centurias* (Tacito *pagos*) dividebant, singulum singulæ præficientes, *Centenarium* inde & *Centurionem* appellatum, Francis *Centonem.* Centuriones dicti eò quod centum præsunt militibus, *Isod. Orig.* l. 9. cap. 3.

Nominis ratio à numero emanavit, de numerato tamen non ubiq; convenit. Germani, quòd è singulis pagis centum milites conscriberent, conscriptos *Centenos* vocabant & *Centenarios*: conscriptionis locum, *Centenam*, *centuriam*, & *centuriatum* (quod. potiùs ad *Centenariorum* munus & sodalicium referendum est) præfectum, *Centgrafium*, i. Centenæ præpositum. Tacitus in Germ. mor. -- *ex omni juventute delectos ante aciem locant. Definitur & numerus; centeni ex singulis pagis sunt, idq; ipsum inter suos vocantur, & quod primò numerus fuit, jam nomen & honor est.* Gothi, Franci, Longobardi, meliùs hoc fortè retinuerint quàm nostri Saxones, ut infra in *Hundredus*, quod idem illis est cùm *centena & centuria.* Centnigrafius, Centgravius

Centenarius autem primò dictus est unusquisq; ex eadem *centena*, demum, Præfectus tantùm, cujus classem (partim & munus) noveris ex Wisegothorum legib. lib. 2. Tit. 2. l. 26. *Comes, vicecomes, pacis assertor, Thyuphadus, Millenarius, Quingentenarius, Centenarius, Decanus, &c. judicis nomine censeantur ex lege.* Et lib. 9. Tit. 2. l. 1. *Si Thyuphadus aliquem de Thyuphadia sua —— ad domum dimiserit &c. reddat sol. 20. Quingentenarius 15. Centenarius 10. Decanus 5.* Ibidem l. 5. *Thyuphadus quærat per Centenarios suos, & Centenarii per Decanos —— qui ad domum suam è mili-*

militia refugerint: & tunc Thyuphadus Præposito Comitis Civitatis (i. vicecomiti) *notum faciat*. Evocabat superior quisq; inferiores, regebatq; in militia juxta castrensem disciplinam, in pago juxta forensem. Nam & suo foro adornatus est *Centenarius*, sed inter judices minores semper habitus. Prisca ejus jurisdictio liquet è Capitular. Caroli & Ludovici Impp. lib. 4. cap. 26. *Omnis controversia coram Centenario definiri potest, excepta redditione terræ, & mancipiorum, quæ non nisi coram Comite fieri potest*. Et è lege Caroli M. tam in Longobardor. lib. 2. Tit. 52. l. 3 quàm Capitular. lib. 3. ca. 79. exhibita, *Nullus homo in placito Cẽtenarii, neq; ad mortem, neq; ad libertatem suam amittendam, aut res perdendas, vel mancipia judicetur: sed ea omnia in præsentia Comitis vel missorum nostrorum judicentur*. Fungebatur igitur *Centenarius* ea potestatis specie quam Galli *base justice* nuncupant: & perinde curiam ejus nos etiam inter **base Courts** rejicimus. Superstat enim hodie per omnem penè Angliam *Centenarum* notitia: & habentur passim *Centenaria* placita, vernaculè **hundred Courts** appellata, ejusmodi circumscripta cancellis, acsi è citatis Longobardorum lege & Capitulis Carolinis, suam expetissent originem. Verisimilius tamen est, & nos & illos, ritus hos ab antiquioribus nostris Germanis parentibus deduxisse. Apud illos verò generalia placita ter in anno celebravit *Centenarius*: ordinaria, vel à septem in septem noctes: vel quando pax in provincia melior *post 14 noctes* (inquit L. Alaman. Tit. 36.) *fiat conventus in omni centena*. Nos Generalia placita tantum bis in anno perficimus (nempe, circa festum S. Michaelis, & Annunciationis B. Mariæ Virginis) ordinaria à 3 septimanis in tres.

Centenarii præterea apud nos dicuntur liberi Possessores, seu Tenentes qui in *Centena* degunt, Angl. **the freeholders**, & sunt hi ipsi in *Centena* curia Judices (Centumviralia Romanorum comitia in memoriam revocantes) quos & Tacitus *Centenos comites* vocat. *Eliguntur* (inquit) *in iisdem conciliis & principes, qui jura per agros vicosq; reddunt. Centeni singulis ex plebe comites, consilium simul & autoritas, adsunt*. Subjungit & eos nihil *nisi armatos agere*, quod etiam *Centenariis* nostris religiosum olim fuit ut in *Wapentachium* videas.

Nostrum autem *Centenarium* (quem hodie *Dominum Hundredi* vocant) è legibus aspice Edouardi Confes. ca. 32. quod inscribitur de *Centurionibus & capitalibus friborgis*, viz. *Cum autem contingeret quòd quidam stulti & improbi gratis & nimis consuetè erga vicinos suos forisfacerent, cœperunt sapientes adinvicem super hoc habere consilium, & statuerunt Justiciarios super quosq; decem Friborgos quos Decanos possumus appellare; Anglicè verò* tienh ofð, *dicti sunt, i. caput de decem. Isti inter villas & vicinos causas tractabant, & secundum forisfacturas, emendationes capiebant, & concordationes faciebant, videlicet de pascuis, pratis, messibus, & de litigationibus inter vicinos, & innumerabilibus hujusmodi decertationibus quæ humanam fragilitatem infestant, & eam incessanter oppugnant. Cum autem causæ majores erumpebant, referebantur ad superiores eorum Justiciarios, quos supradicti sapientes super eos constituerant (scilicet super decem Decanos) quos possumus dicere Centuriones, vel Centenarios, eo quòd supra centum Friborgos judicabant*.

Justiciarius Friborgi. Decanus, i. Decemvir.

Justiciarius super 10. Friborgis seu Decanis Centurio Centenarius.

¶ *Centgravius.*] *Munst. Cosm.* lib. 3. cap. 20. V. p. 469.

¶ *Ceola.*] Navis exigua, uno acta remorum ordine. A Sax. ceol, unde vulgare nostrum **Kele**. Lat. *celox*, à celeritate. Græ. κίλις. Malmesb. Gest. Reg. lib. 1. *In Britaniam cum quinq; ceolis copias trajecit*. Intellige *Cedericius*, qui hoc exili apparatu An. Dom. 495. insulam nostram è Germania ingressus, regni West-Saxonici author evasit. *Celox* in Commentar. Hyeron. Comit. Alexandrin. de bel. Melitan. *fregatina* dicitur.

¶ *Ceorlus, Cirlus, Cirliscus.*] Sax. ceorl, *rusticus, paganus*, *LL. Alur.* M. S. vet. cap. 28. *Si quis* Ceorles *mancipium ad violentum concubitum comminetur, emendet ipsi* Ceorlo, i. *rustico*, v. s. & lx. s. witæ. L. Inæ M. S. cap. 38. *Si ceorl & fœmina puerum communiter habeant &c.* Cap. 42. *Si ceorli habeant herbagium in communi &c.* Cap. 52. *Si cirliscus expeditionem supersedat*, 30 *sol. perdat*. L. Aluredi M. S. cap. 25. *Si homo, cirlisci mancipium ad violentum concubitum comminetur, emendet ipsi cirlo, i. rustico* 5. *sol. &* 60. *sol. wyta*. Item cap. 12. *Si cum desponsata fœmina fornicetur, & cirlisca sit*, 60. *sol. emendetur marito*.

Cirlus Cirliscus.

Hinc Germ. **Kerle**, *robustus*, atq; inde nomen proprium *Carolus*. Sed Angli hodie **Carle** & **Churle** per ignominiam dicimus.

¶ *Cephalus.*] Concil. seu fœdus Aluredi & Gothuri Regg. M. S. prope finem, *liberum hominem illiteratum pro bruto, & cephalo, & stulto reputamus* Quasi capito.

¶ *Ceptum.*] Pro *circuitu*, seu *captura*, quod vide. Fuldens. lib. 1. Trad. 66. *In illo cepto duas hobas*.

¶ *Ceragium, Ceratium.*] Quod ceræ nomine penditur, sive in Ecclesiis ad luminarium sustentationem, sive in alio ministerio. **Warshot**. Sax. leoht gescot, i. *luminarium census*, seu *pecunia*. Commissio antiq. in archiv. Epis. Lincoln. tempore Hen. Beauford ibid. Episc. *Ceragia vulgariter vocata VVaxscotts*. Synod. Saxonica Æmanens. circ. An. Dom. 1009. leoht gescot ðriwa on geare &c. id est, *luminarium census ter in anno reddatur*. In latino ejusdem exemplari: *lumina etiam cereorum ter in annis singulis reddantur, augeantur, reparentur*.. Synod. Bracarens. An. Dom. 610. al. 684. cap. 2. Episcopus

copus tertiam partem ex *quacunq; oblatione populi, in Ecclesiis parochialibus requirat: sed illa tertia pars pro luminaribus Ecclesiæ, vel * recuperatione servetur, & per singulos annos Episcopo inde ratio fiat.*

* Fortè *reparatione.*

Ceratium. Prohibentur Imperiali Constitut. Acoluthi sive Ceroferarii (i. qui luminaria in Ecclesiis curabant) *ceratium* exigere ab hæredibus defunctorum. Nov. 59. cap. 2. Goth. ad l. 6. ut Duar. 1. de Sacr. 14.

Cerarium dicitur pecunia exoluta pro diplomatum sigillis, atq; inde in LL. Longob. lib. 3. Tit. 5. Et Capitul. lib. 5. Tit. 128. *Cerarii*, qui cerâ literas obsignant. Sed occurrit *cerarium* dicto sensu apud ipsum Ciceronem Act. 5. in Verrem.

Sunt verò qui solutione *ceragii* asserunt se immunes esse decimis reddendis pro bobus & vaccis, ipsis etiam locis ubi ii pascuntur, ac si *ceragium* idem esset quod *Horngild*, à Græ. κέρας, ατ☉, pro cornu: non à κηρ☉, ȣ, pro *cera* & *candela*. Perperàm omnino vel me judice.

¶ *Ceroferarii.*] Vide *Acolutus.*

¶ *Cervellum.*] Quasi *cerebellum. Cerebrum.* L. Boiwar. Tit. 3. Ca. 1. §. 6. *Si cervella in capite appareant &c.* Alaman. Tit. 49. §. 9. *Si autem testa transcapulata fuerit, ita ut cervella appareant, ut medicus cum pinna aut cum fanone cervella tetigit, cum 12 sol. componat.*

¶ *Cervula.*] Turpe ludi genus quod maximè damnat Augustinus Serm. de temp. 215. *Si adhuc agnoscatis aliquos illam sordidissimam turpitudinem de hinnula vel cervula exercere, ita durissimè castigate, ut eos pœniteat rem sacrilegam commisisse.*

¶ *Cespitaticum, Cespitaceum, Cespiticum.*] Reor omnia in unum sonare. Et est *cespitaticum* teloneum quod ad complanandas vias, atq; etiam saxis (si opus sit) sternendas exigitur: ut me docuit Author notarum ad Privileg. Cœnobii S. Germ. à Carolo M. concess. apud Aimoin. lib. 5. cap. 1. ubi sic legitur: *Teloneus exigatur nec de navale, nec de carale, neq; de saumis, neq; de tranavectione, nec rotatico, nec pontatico, nec pulveratico, nec salutatico, nec cispitatico, &c.* Haud dissimile Formul. Solen. 12. & non ut hic per *i* mendosè, sed per *e* conscriptum, *cespitatico*. In alio autem Privilegio apud Aimoinum subsequenti, pro *cespitaticum*, est *cepsasticum*, idemq; mendosè, nam alibi editur *cespitaticum*; illic verò sic habetur -- *neq; teloneum, aut rotaticum, seu vultaticum, cepsasticum, ripaticum, vel salutaticum cuiquam accipere liceat.*

Cepsasticum.

¶ *Chacea, & Chasea.*] *Fugatio, actus, propulsatio.* Item via ipsa per quam aguntur ad pascua animalia, a Drobe. A. Gall. *Chasser*, quod est, *fugare, dispellere*; nec non *venari*, unde,

Chacea etiam dicitur saltus, & ipsa statio, qua venationis gratiâ aluntur feræ: nullo cincta sepimento, sed privilegio tuta, vel à Principe concesso, vel præscriptione assecuto. Aliter *fugacia*. Differt à *parco* quod hic angustior est, & palis circumclusus. Differt à *foresta*, quòd hæc multo est extensior, amplissimisque legibus insignita. Vide *Foresta.*

¶ *Chachepollus.*] Rotulus de Serjantiis in *Herefordscire* temp. Henr. 3. in custod. Camerarior. Scaccarii, inscriptus *Testa Nevill.* Hospitalarii tenent in *Hereford* unum Mesuagium quod *Philippus* filius *Odonis* tenuit per Sergantiam *Chachepolli*, quod eis legavit in puram eleemosynam. Intelligo de *Serviente ad clavam.*

¶ *Charaxare, Charaxator, Charaxatura.*] A Gr. χαράττω, μ. χαράξω, i. *sculpo, signo, scribo, pingo.* Frequens his sensibus in mediis seculis; etiam sine aspiratione. Greg. Turon. Hist. lib. 8. cap. 19. *Fredegundis duos cultros ferreos fieri præcepit, quos etiam caraxari profundius & veneno infici jusserat.* Et lib. 7. cap. 36. *Tunè es pictor ille qui --per oratoria parietes atq; cameras caraxabas?* Gloss. Isod. *Charaxatis: scriptis. Notarius, scriptor: Charaxarius.* Hic idem in epist. Flodoardi ad Hist. Eccl. Remens. *Charaxator* dicitur. -- *Charaxatorum* (inquit) *insuper diligentia coartati.*

Charaxa

Caraxatura item pro scriptura: sed crebrò insuper pro litura, & deletione. Marculf. lib. 2. Formul. 17. *Si qua litura, caraxatura, adjectiones factæ sunt* (in pagina hujus testamenti) *nos eas fecimus.* Hinc Irenæo *incaraxare* pro deturpare. *Tantam Apostoli & discipuli eorum habuere reverentiam, ut ne verbo quidem communicarent cuiquam incaraxanti veritatem.* Scribitur *in Caraxanti.* V. *Intercharaxare.*

¶ *Charta.*] Scriptum obsignatum, quo prædiorum cessiones, contractus, conventiones & hujusmodi ratæ fiunt. Romanis, *Symbolum, tabula.* Inferioribus *Epistola, testamentum, chirographum, &c.* Nostratibus hodiè *factum.* Inter Saxones nostros vix reperta *charta* vox: nec sigillis firma, sed è subsignatis crucibus. *Chirographorum* (inquit Ingulphus) *confectionem Anglicanam, quæ antea usq; ad Edwardi Regis tempora, fidelium præsentium subscriptionibus cum crucibus aureis, aliisq; sacris signaculis firma fuerunt; Normanni condemnantes chirographa chartas vocabant: & chartarum firmitatem cum cera impressione per uniuscujusq; speciale sigillum, sub instillatione trium vel 4. testium astantium conficere constituebant.*

Magna Charta. Sacrum illud diploma, An. 9. Henrici 3. quo regni Angliæ libertates (multo sanguine & bello funestissimo redemptæ) confirmantur.

Charta paricla. Vide *Paricla.*

Charta indentata. Vide *Indentata.*

¶ *Chartophylax*, & *Chartularius.*] Qui publicas tabulas, epistolas & instrumenta curabant. *Scriniarii*, vulgò *Registratores*. His autem in palatio Principis minister fuit, ille in Ecclesia: ut perspicuè Codinus. Confunduntur tamen sæpissimè: Et Gregor. Mag. Episcop. Rom. in Epist. ad Maximum Episc. Solonit. Regist. lib. 7. cap. 129. -- *Castorio* (inquit) *cartulario nostro remeante*. In Ecclesia orientali *Chartophylax* Sigilli Patriarchalis (instar Cancellarii) custos erat, ipsumq; id in pectore gestabat: Et ab Andronico juniore *Magnus Chartophylax* nominatus est, quod Epitheton ad successores transiit. De his vide Codinum: Et fusiùs Meursium in χαρτοφύλαξ. *Magnus Chartophylax.*

¶ *Chasii.*] Iidem apud Nicætam Choniat. in Exord. lib. 2. qui aliis *Assasini*; quod vide.

¶ *Chaudmella.*] In Scotorum LL. appellatur, quod ex repentino animi motu fit; quasi *chaud meslee* Gall. id est, admistio fervida seu cholerica. Vide *Medletum*, & *Haisterahandi*.

¶ *Chelandrium* (& *Chelandrum*, corruptè ut Meursio visum.) Genus navigii ab inferioribus Græcis sic dictum. Luithprand. Hist. lib. 5. cap. 6. *Nunciatum est Romano*, 15. *semifracta se habere chelandria, quæ populus ob vetustatem sola reliquerat.* Mox. *Compositis itaq; secundum jussionem suam chelandriis, sapientissimos in eis viros collocat, &c.* Paulus Diaconus in Justiniano. *Omnes naves dromones, viz. trieres, scaphas, chimaras, & lintres usq; ad chelandra collegit.*

¶ *Cherchesede, Chercheomer, Chercheambre.*] Vide *Circset*.

¶ *Chevagium*, seu *Chivagium.*] Est tributum quod aliàs servitutis, aliàs subjectionis nomine, domino tanquam capiti penditur. A Gal. *chef*, i. caput. Penditur autem servitutis nomine à mancipio, pro licentia vel contrahendarum nuptiarum, vel commorandi extra dominium, vel aliud quid faciendi quod liberum subindicat. Bracton lib. 1. cap. 10. nu. 3. *Cum vagantes fuerint* (servi) *sicut mercatores vel mercenarii, certis temporibus chevagium solvunt* (*quod dicitur recognitio, in signum subjectionis & dominii de capite suo*) *& quamdiu chevagium solverint, dicuntur esse sub potestate dominorum, nec solvitur dominica potestas.*

Subjectionis nomine Regi penditur, ut census annuus 12. den. Parisiensium in nonnullis Galliæ locis ab omni spurio & alienigena (licèt patriæ jure donato) tam cœlibe quàm conjugato: Et ex hoc genere fortè erant Alepimanni *chevagium* solventes, ut suprà in voce *Alepiman*, scilicet alienigenæ, seu advenæ.

Et est *chevagium* (juxta Cowellum) pecunia annuò data potentiori, tutelæ patrociniiq; gratiâ.

Est & insuper apud Wallos *chevagii* genus quod *Amabyr* vocant, Principi Walliæ pro maritandis filiabus, olim ab omnibus (ut asserunt) hodie à quibusdam (etiam liberis) persolutum. *Amabyr.*

¶ *Chiminus, Chiminagium.*] A Gall. *chemin*, id est, via, aditus. LL. Edouardi Confess. cap. 12. *Alia* (Regis pax est) *quam habent quatuor chimini*, **Watling-street**, *Fosse*, **Hikenild street**, & **Erming street**, &c. Indicat autem hoc loco vocabulum *chiminus*, leges istas à Normanno quopiam latinè datas. Bractono frequens. Hinc

Chiminagium, teloneum quod in forestis exigebant forestarii à plaustris & equis oneris causâ eò venientibus: Chartæ forestæ, ca. 14. *Nullus forestarius de cætero qui non sit forestarius de feodo, reddens nobis firmam pro baliva sua, capiat chiminagium aliquod in baliva sua, &c.* Ibi pluries.

¶ *Chimniage.*] Vide *Fuage*.

¶ *Chirgemot*, seu *Chirchgemot.*] *Forum Ecclesiasticum*. LL. Henr. 1. cap. 8. -- *quosq; Chirgemot discordantes inveniet vel amore congreget, vel sequestret judicio.* Fortè legendum *Chirchgemot* vel *Circgemot*. Vide *Halimot*.

¶ *Chorepiscopus.*] Quasi τοῦ χώρου, i. *ruris* Episcopus. Reperitur sub nascenti Ecclesia: sed incerta origine, licèt ab exemplo septuaginta Diaconorum, ut refert Damasus, deducta. Ideo institutus, vel potiùs substitutus, ut dum Episcopus Civitatem, hic vicarius ejus, rus & villas curaret. Hincmarus Archiep. apud Flodoard. lib. 3. cap. 21. *vicarium* (inquit) *Episcopum, quem Græci Chorepiscopum vocant.* Torpescentibus verò per Civitates Episcopis (dum rus olim haberent minus quæstuosum) res ad *Chorepiscopos* sic delata est, ut non solùm ritus Episcopales, sed honorem etiam ad se pertraherent. Pertinaciam hanc cancellis circumscripsit Ancyranum Concilium, An. Dom. 314. sub Constantino Imp. ca: 13. arctiùs verò & potentiùs Concilium sub eodem Nicænum lib. 3. capp. 54. & 55. ubi plurimis *Edition. Pi* agitur de ipsorum electione, munere & jurisdictione, de quibus videnda etiam Epistola sexta Damasi Papæ, fili prolixioris fortè quàm Apostolici. Item Concil. Antiochen. can. 10. & Capitular. Caroli & Ludov. locis pluribus, præsertim verò lib. 7. Can. 328. ubi sic legitur. Placuit sicut *Leonis* Papæ.

Chorepiscoporum munus cum nominè sensim antiquatum, abolevit (nec pridem) Ecclesia: subinductis verò in eorum vicem (qui Episcopis liberius cedunt, & humiliori jure contenti sunt) Archipresbyteris, aliàs, Decanis ruralibus, & Plebanis. Vide *Corbanus*.

¶ *Chrenecruda.*) Ceremonia qua pauper Salicus redemptionis suæ causâ, ad ditionem consanguineum provocabat. Priùs autem cum 12. juratoribus fidem fecit, non esse sibimet

sibimet in facultatibus unde legi satisfaceret. Mox domum rediens, collectam illic terram in proximos cognatos sparsit: eisq; omnia ad satisfactionem demittens, nudus in camisia exiliit. His verò nec sufficientibus; eorum pauperior *herbas virides* (quod *Chrenecruda* vocant) in ditiorem, magis remotum jactabat; qui in totum protinus tenebatur. Vide rem uberiùs sed non lucidè descriptam, L. Salic. Tit. 61. ubi & hæc. *Si verò aliquis ex illis pauperior fuerit, & non habet unde ad integrum debitum solvat, quicunq; de illis amplius habet, iterum super illum cherenecruda, ille qui pauperior est, jactet, & ille totam legem componat.* Sublata est ista lex à Childeberto Francorum Rege An. Regni sui 20. qui est salutis nostræ circiter 534. *De chrenecruda* (inquit) *lex, quam paganorum tempore observabant, deinceps nunquam valeat, quia per ipsum cecidit multorum potestas.* Belgis hodiè **groen** (nobis **green**) *viridis*: **cruid**, *herba*.

¶ *Chrysoclavum*, & *Chrysoclabum.*] χρυσολάβιον, Quod aureis distinctum est clavis. Unde *chrysoclavus* adject. *auriclavus*, *& auriclavatus.* Vita Leonis 4. *Obtulit vestem aquilarum habentem historiam, cum cruce de chrysoclavo, & gammadiis unam.* Tritum apud vitarum Pontificum Scriptores.

¶ *Churchsed*, *& Chyrthset.*] Vide *Circset.*

¶ *Ciborium*, malè *Ciburium*, pejùs *Cibutum.*] Non unica significatione Græcis & Romanis notum. Scriptoribus vero Ecclesiasticis pro *arca*, nec non *pixide* seu *scriniola* super altare, qua Sacramentum conservatur in Romana Ecclesia. Vita Leonis Pap. 3. *Super altare b. Petronillæ ciboreum cum columnis porphyreticis ex argento purissimo miræ magnitudinis decoratum pensant.* lib. 348. Paul. Warnefrid. de gest. Longob. lib. 3. ca. 35. *De auro ipso Rex postmodum ciborium solidum miræ magnitudinis, & magni ponderis fecit, [illegible]isq; illud pretiosissimis gemmis decoratum, ad sepulchrum Domini Hierosolymam transmittere voluit.* Sunt qui Horatium & ejus Scholiastem ante oculos habentes, hoc de *poculo* intelligunt. Non assentior. Vita Leonis 4. *Fecit cyborium super altare ex marmore, nec non & calicem de argento, cum coronis pendentibus in eodem ciborio numero 12.* Pluries in Ecclesiasticæ supellectilis catalogis.

¶ *Ciclas.*] Propriè vestis fœminea, & Romanis sic nota, sed per y scribendum; nam à Græ. κύκλος (quod instar circuli esset) nomen habet; longa, utpote terram verrens, & sinuosa. Mat. Par. in apparatu nuptiarum Henrici 3. An. Dom. 1236. virilem facit: *Cives* (inquit) *Londonienses* -- *sericis vestimentis ornati, cycladibus aurotextis circumdati.*

¶ *Cinewerdunia.*] L. Ripuar. Tit. 33. §. 2. *Sic ei placitum super 14. seu super 40. vel 80. noctes detur, ut cinewerduniam suam in præsentia testium recipiat.* Occurrit tertio Tit. 72. sed ubiq; mihi ænigmaticè.

¶ *Cinegild.*] Vide *Cenegild.*

¶ *Cinnitum.*] Vide *Cenitus.*

¶ *Cira.*] Vide *viride & siccum.*

Circset, Ingulpho **Kirkset**, aliis **Cyricset** & **Ciriceat**, Fleta **Church-set**, verissimè **Curcset**, & **Ciricsceat** quod Saxonicum est. *Census* vel *tributum Ecclesiæ.* Cyric enim à Græ. κυριακὸν *basilica*, *Ecclesia*; sceat, *portio*, *tributum*, *pecunia.* Quidam verò *set* pro *sed* intelligunt, quod est *semen*: quasi **Ciricscet** esset *semen Ecclesiæ debitum.* Epistola etiam Cnutonis apud Malmesb. lib. 2. de gest. Regum cap. 11. *Primitias seminum* vocat, & in Inæ & Canuti LL. Lambardus sic passim vertit. Mar. Scot. M.S. in bibl. Bodl. pag. 353. *Primitiæ seminum ad Ecclesiam sub cujus parochiâ quisq; deget.* Lindenbrogius quoque in vocab. *Agrarium*, hoc exponit *frumenti tributum.* Sed in Domesd. galli & gallinæ, qui ad Natale Domini Ecclesiis conferuntur, etiam *cyricset* nuncupati sunt. Sic in grandi Custumar. monast. de *Bello* fol. 87. a. *Joh. Southam ad festum S. Martini in yeme debet 1 gallinam (de redditu) & 5 Gallinas de Chirset.* In Synodo Ænamensi circa An. Dom. 1009. *Ecclesiastica munera* interpretatur, jubeturq; reddi in festivitate B. Martini, quòd antiquiùs in Inæ LL. ca. 4. sancitum fuit. *Cyriceat* (inquiunt LL.) *reddita sint ad festum S. Martini. Si quis homo non compleat, reus sit 60. solid. & duodecies reddat ipsum ciriceat.* Et cap. 62. reddenda docet ex eo domicilio quo quis habitat in ipso die nativitatis Domini nostri. Canuti L. ca. 10. graviùs animadvertit in delinquentem, scil. ut detenti precium undecies pendeat Episcopo, & Regi insuper 220. sol. Fletam audi lib. 1. cap. 47. *Church-esset, certam mensuram bladi tritici significat, quam quilibet olim sanctæ Ecclesiæ die S. Martini tempore tam Britannorum quam Anglorum contribuerunt. Plures tamen Magnates post Romanorum adventum illam contributionem secundùm veterem legem Moysi, nomine primitiarum dabant; prout in brevi Regis Knuti ad summum Pontificem transmisso, continetur; in quo illam contributionem* (**Chirchsed**) *appellant, quasi, semen Ecclesia.* Flores hist. per Matth. Westm. *Præcepit etiam Episcopis supradictis (scil. Rex Canutus) per eandem Epistolam, ut antequam Angliam rediret, omnia debita ad Ecclesiam catholicam pertinentia; elemosina scil. pro Aratris, decima minutæ pro animalium nutrimentis, & de hortis primitiæ seminum, quod Anglicè* Chirchescot *dicitur &c. redderentur.*

¶ *Circulus.*] Pro *Hagâ* & *Burgo* quod Vide.

¶ *Cirliscus.*] Vide *Ceorl.*

¶ *Cirographus.*] Pro *Chirographus.*

¶ *Cispaticum*, *Cispitaticum.*] Constitutt. Caroli Mag. ad Niumac. cap. 40. *De teloneis & cispaticis, sicut in alia capitula ordinavimus, teneant id, ut ubi antiqua consuetudo fuit, exigantur, & ubi nova fuerint inventa, destruantur.* Vide *Cespaticum.*

¶ *Cladolg.*] L. Frison. Addit. Tit. 3. §. 44. *Si quis alium unguibus crataverit, ut non sanguis sed humor aquosus decurrat, quod cladolg vocant,* Sclpese, *hic cratare*, Germ-

ni

ni **klepen** dicunt, nos **toclaw**, & Gallis *clayer*, est *crate rodere*. Sed **claw** nobis etiam adhuc, *unguis*, **wolg** *vulnus*, ut infra. *Cladolg* igitur, *unguium vulnus*.

¶ *Claia, Cleia, Cleta, Clida.*] *Crates, caula*, Gall. *claye*, idem. Inde *clayer*, viminibus (instar cratis) contexere, vel cratibus concludere. Omnia à Græ. κλείω, i. *claudo*: unde κλεὶς, κλειδὸς, Lat. *clavis*, etiam à claudendo. Custumar: de Hecham *cleia* dixit pro *caula*. Gloss. Latino-Saxon. *Cleta*, hin-del, i. crates.

¶ *Clamare.*] Apud forenses nostros est, rem domino postulare, *vendicare*. Clameus, ejusmodi postulatio, seu vendicatio.

Pro Clamore injusto vide mulctam in LL. Ed. sen. cap. 2.

¶ *Clausum Pascæ*, seu *Pentecostes.*] *Hov.* p. 549, l. 42.

¶ *Clericus Pipæ.*] V. Ingrossator.

¶ *Clesonista.*] *Appellatus*, *reus*. A Gr. κλήζω, *appello*, *nomino*. Constitutt. Caroli Mag. in L. Ripuarense cap. 3. *Clesonista aut DC. solid. componat, aut cum 12. juret: aut si ille qui causam quærit, 12. hominum sacramentum recipere noluerit; aut cruce, aut scuto & fuste contra eum decertet.* Amerpachius hîc in Nota, vocabulum à Germanis petit, sed ad Græcos planè referendum.

¶ *Clida, Clita.*] L. Ripuar. Tit. 77. *Si quis hominem super rebus suis comprehenderit, & eum ligare voluerit, vel super uxorem, &c. Et non prævaluerit ligare, sed procolpus ei excesserit, & eum interfecerit: coram testibus in quadrivio in clida eum levare debet, & sic XL. seu XIV. noctes custodire, & tunc ante judicem in arabo conjuret, quod eum de vita forisfactum interfecisset.*

Clita, Gallis *clide*: lignea belli machina quæ soluta ab æquilibri retinaculo, lapides plurimos emittebat. Tolloni fortè non dissimilis. Vita Carol. M. ab Egolismens. monac, &c. *Petrarias quas paraverunt* (Saxones) *in suo plus damno senserunt, quàm illi de castro. Item præparaverunt clitas ad debellandum castrum.* Quære an hoc, aut *cleta* (de quo supra) hilum faciat ad explicationem dictæ legis.

¶ *Clito.*] Filius Regis, vel Imperatoris. A Gr. κλυτὸς, id est *inclytus*. Etiam qui in regnum successurus est, ut in Imperium *Cæsar*: Saxonibus nostris *Adelingus*, quod vide. Florent. Wigorn. in An. 728. *Rex Æthelbardus, & Oswaldus clito filius Æthelbalidi*, scil. Regis. An. 761. *Mollus Rex Northimbrensium -- Clitonem quendam nobilissimum Oswinum occidit.* An. 786. *Clitonem Kinehardum, Regis viz. Sigeberti germanum, suo de Regno cum moliretur expellere, &c.* An. 1057. *Clito Eadwardus Regis Eadmundi Ferrei lateris filius -- Angliam venit. Decreverat enim Rex illum post se Regni hæredem constituere.* Hoveden. in An. 918. *Clito Ethelwardus Regis. Edwardi* (Senioris) *germanus.*

Clitunculus. Idem in An. 1017. *Dedit ei consilium Edricus, ut Clitunculos Eadwardum & Eadmundum Regis Eadmundi filios necaret.*

¶ *Cloca, Clocarium.*] Onomastic. Latino Sax. *Cloca* belle, i. *Campana*, *Clocarium vel lucar* bellhus, i. campanile. Hinc Germ. Gloggen pro campana.

¶ *Clusa.*] Pro *monasterio*. Marianus Scotus lib. 3. sub An. 1069. *Ego miser Marianus post annos* 10. *meæ inclusionis, solutus de clusa de Fulda, ad Maguntiam veni, & in festivitate 7. fratrum secundò includor.* Hinc *Inclusus*, & *reclusus*: Et apud Ekkehardum Jun. Cas. S. Gal. cap. 9. *Clausula* pro cellula. *Clausula*.

Clusæ etiam dicuntur angustiæ inter fauces montium: ut Alpinæ illæ per quas itur in Italiam. Abbas Urspergens. in An. 827. *Introitus* in Italiam, *quos clusas vocant*. Anastas. in Steph. 2. *Franci clusas introeuntes cunctum fossatum Longobardorum -- abstulerunt.* Aliàs *Clausa*.

¶ *Coccio, Cogcio, Cotio.*] Mendicorum genus qui ejulationibus, lachrimis, & hujusmodi imposturis eleemosynam extorquebant. Rectiùs *Cotyones*, à Gr. κωκύω, *lugeo*, *ploro*: nam inde Gall. *Coquins*. Monach. Sangallens. de Gest. Caroli lib. 2. pa. 412. *Quidàm coccio derasus, insulsus, & insaniens; linea tantùm & femoralibus indutus.* Capitular. Caroli lib. 1. Tit. 73. quò etiam respicit Concil. Cabilonens. ca. 45. *Item, ut isti mangones & cogciones qui sine omni lege vagabundi vadunt, per istam terram non sinantur vagari, & deceptiones hominibus agere.* Legg. Francor. apud B. Rhenan. Rer. Germ. lib. 2. *Mangones vagabundi & Cotiones qui imposturis homines ludunt, coërcentor.* Vide *Mangones*.

¶ *Coccula.*] Sagum Hibernicum, villosum, absq; sutura, & quod marginem inferiorem planam exhibet, superiorem arcuatam, cirrisq; sive jubis laneis fimbriatam. *Mantellum.* Vita S. Cadoci Cambrens. MS. codice Landavens. Ecclesiæ. pa. 49. *Atq; quot jubæ in tua coccula (quod vulgariter vocatur quoddam genus indumenti quo Hibernenses utuntur; deforis plenum prominentibus jubis, seu villis in modum crinium sunt contexta) tot homines per te à pœnis perpetuis eruentur.*

¶ *Cœna pura.*] Sexta dies quæ est in Parasceve, *Iren.* l. 1. c. 9. & iterum l. 5. c. 23. *Mortuus est Adam in ipsâ die Parasceve, quæ dicitur Cœna pura; id est, sexta Feria, quam & Dominus ostendit passus in eâ.*

Tertullianus etiam contra Marcionem l. 5. c. 4. *Observatis inquit* & *Sabbata*, & *Cœnas puras*, & *Jejunia*, & *dies magnos*. Parasceven autem *Cœnam puram* inde dictam esse autumat *Feu-ardentius*, in notis suis ad *Irenæi* locum priorem, numero 13. quod juxta legis præscriptum, puros vestimentis, cibis, corporibus, & animis Judæos esse decebat, qui sacrum Pascha essent celebraturi: unde traditores Christi

Christi non intraverunt Prætorium Pilati, ne contaminarentur; sed puri, viz. manducarunt Pascha. Joh. 18. 28. Hæc *Feu-ardentius*. Videantur & *Augustinus Tractatu* 120. in *Johan.* & *Beda* in Cap. 19. *Johannis*.

¶ *Cœna Domini.*]

¶ *Cœnaticum*, & sine dipthongo, *Cenaticus*.] Census qui cœnæ, hoc est, mensæ deputatus est. Saxonibus nostris *firma*. Lib. miraculor. B. Mauri Abb. cap. 13. *Vnlfninus vir clarus -- cum toto quadragesimali tempore censum piscium (quem more Provinciæ cenaticum vocant) per vim fratribus abstulisset, &c.*

¶ *Cogones.*] Navigii genus. Mat. Westmonast. in An. Dom. 1066. *Venit ad hoc in Angliam* (Rex Noricorum) *trecentis coggonibus advectus, ut eam subjicere conaretur* (inquit Wigornensis, & plagiarius ejus Hovendenus): *plus quingentis magnis navibus.* Walsinghamius in Richardo 2. An. Dom. 1377. *Summa se extenderat ad 37 galeias, octo cogones hispanicas, & nonnullas bargias.* Chron. M. S. in An. 15. Ed. 3. **Many Cogs and Ships** (viz. Gallorum) **were taken**. Etymolog. Kiliani: **Kogghe, kogh, schip.** *Celox.* Vide *Coqua*.

¶ *Coifa.*] Tegmen capillare album quo insigniuntur Servientes ad legem. A Gall. *coiffe* seu *coeffe*, aliter *scoffion*. Non dicam à Gr. κόφινος. Vide autem *Birretum album*: & animadverte hujus ornamenti antiquitatem apud Mat. Paris. in Hen. 3. An. Dom. 1259. *Willielmus de Bussey Senescallas & principalis Consiliarius Will. de Valentia fratris Regis uterini -- cum non posset objectis respondere, quia multis irretitus erat sceleribus, voluit ligamenta sua Coifæ solvere, ut palam monstraret tonsuram se habere clericalem.* Et mox. *Satelles verò eum arripiens non per Coifæ ligamina: sed per guttur eum apprehendens, traxit ad carcerem.*

¶ *Cointises.*] *Nitidi, elegantes.* Gallicum. Mat. Paris. in Hen. 3. An. 1252. *Mille enim milites & amplius vestiti serico, ut vulgariter loquamur, cointises: in nuptiis ex parte Regis apparuerunt.*

¶ *Cokettum.*] Sigillum regio theolonio constitutum, ipsumq; breve eodem sigillatum. Panis de Coketto. Vide *Rast. VVeights* 2.

¶ *Coldeus.*] Vide *Culdeus*.

¶ *Colibertus.*) Preuves de l'hist. des Comtes de Poictou pag. 287. —— *In extremis quoq; insula, unde agitur, supra* Separis *alveum, quoddam genus hominum piscando quaritans victum, nonnulla tuguria confecerat, quod à majoribus* Collibertorum *vocabulum contraxerat: quod nomen, quanquam quædam servorum portio sortita sit; videtur tamen, quod in istis conditione aliquâ derivatum est: unde quoniam adest occasio ipsius vocabuli perscrutetur occasio: Etenim* Collibertus *à cultu imbrium descendere putatur ab aliquibus, progenies autem istorum* Collibertorum, *hinc fortè istud ore vulgi, multa interdum ex visibus rerum vera dicentis contraxit vocabulum; quoniam ubi inundantia pluviarum* Separis *excrescere fecisset fluvium; relictis quibus incedebant locis: hinc enim procul habitabant nonnulli, properabatur illò, causa piscium.* Vide *Burs*.

¶ *Colicum.*]

¶ *Collisicium.*] LL. *Alur.* Jorn. M. S. 38. *Si quis Cirliscum radat in contumeliam ad* collisicium *x s. emendet*. Lam. *reddit* morionem.

¶ *Collistrigium.*] Pegma infamiæ ad supplicium falsariorum jam olim inventum. Quasi, *collum stringens* vel *comprehendens*: ex quo in Canuti etiam LL. Saxon. c1. 42. Halsfange dicitur. Habetur an. 51. Hen. 3. Constitutio *judicium collistrigii* nuncupata. Gal. & Ang. *Pillori*. V. Healsfange.

¶ *Colobium*, & perperàm ***Colobum***.] Tunica demissior sine manicis, cui Græci τὸ ἱμάτιον, i. superius vestimentum, induebant. Catholic. **a tabard**, Gall. *tabarre*. A Gr. κολόβιον, *mutilatum, decurtatum*, quod instar Romanæ tunicæ juxta humeros desinebat. Sub veteribus Romanis non reperio, sub Imperatoribus autem mox innotuit: etiam sanctionibus eorum honestatum. Servis (Servio teste Æn. 1.) interdictum; nec militibus in usu. Eo igitur in urbe uti jubentur Senatores, Cod. Theodos. lib. 4. Tit. 10. l. 1. *Nullus Senatorum habitum sibi vendicet militarem, sed chlamidum terrore deposito, quieta coloborum & penularum induat vestimenta.*

In Episcoporum utiq; irrepsit vestitus, tantiq; aliquando factum est, ut Eutichianus Papa (qui floruit An. Dom. 275.) constituerit, ut nemo *fidelium martyrem sepeliret sine dalmatica, aut colobio purpurato.* Hoc Gregorius Mag. uti superstitiosum abrogavit, Regist. lib. 4. Epist. 48.

Demum in promiscuum usum venit: monachis, heremitis, militibus, colonis. Militibus verò inter sanctiora vestimenta, dum virtutis insignia huic appingebant, ut videre est in ipsorum tumulis antiquis, & Heraldorum veste *quam cottam armorum* vocat Budæus. Rusticos etiam usurpasse colobia, ex rescripto quodam liquet An. 21. Edouardi 3. ubi alius alium in jus vocat, *quod colobium de pers* (hoc est, cerulei coloris) *pretii* 3. *sol. asportaverat.* Huc utiq; pertinet Chauceri illud de colono peregrinante,

He took his tabard, and his staff eke, &c.

Collobium etiam dicitur cucullus ille sive superhumerale, quo induuntur Servientes ad legem. Fortescue in Encomio legum Angl. ca. 51. *Nam Serviens ad legem ipse existens, toga longa instar Sacerdotis, cum caputio penulato circa humeros ejus, & desuper collobio cum duobus labellulis, qualiter uti solent doctores legum in Universitatibus quibusdam, cum supra descripto birreto vestiebatur. Sed Justiciarius factus, loco collobii chlamide induitur.*

¶ *Colloquium.*] Pro Parlamento. M.

P. An. 1101. pa. 55. *Principes utrinq; fratrum non ferentes dissidium Colloquium ineunt* ——— *mutuum & generale.* Et An. 1231. & 1232. pag. 354. & 359.

¶ *Colonus, Colonia, Colonica, Colonaticum, Colonitium, Colonarium.*) *Colonos*, quidam liberos faciunt, lege adducti Alaman. Titt. 9. & 23. ubi dicitur: *liberi ecclesiastici, quos colonos vocant, omnes sicut & coloni Regis, ita reddant ad Ecclesiam.* Glossar. verò contra: *Colonus, servus Ecclesiæ*: Et huic fidem facit B. Remigius Archiep. Remens. qui in testamento suo apud Flodoard. lib. 1. ca. 18. alios Ecclesiæ colonos libertate donat: alios in servitute permanere decernit. Collocandos igitur censeo *colonos* (etiam *colonas*, nam de his utiq; Remigius) in utroque statu, Socmannos nostros sic per omnia expressuros.

Colonia verò & *colonica*, est agri portio ad unius coloni pensum designata: ut *carucata*, ad unius carucæ: vel est, habitaculum rusticum cum sufficienti prædio ad alendum colonum, & familiam rusticam: *Hida, hoba, hobunna, massa, mansus, &c.* quæ tamen, non semper inter se quadrant, ut seorsum in suis locis monstrabimus. Traditt. Fuldens. lib. 2. ca. 25. *In supradicto loco novem trado colonias (hoc sunt hobunnæ) integras cum omnibus adjacentiis.* Flodoard. Hist. Rem. lib. 2. cap. 5. *Colonias etiam villarum quarundam Episcopii, dispositis ordinavit servitiis.* Ibidem in dicto testament. *Colonicam Pessiacum* ad utrumque pervenire præcipio.

Colonica vestita. Concil. Valentin. An. Dom. 855. cap. 9. *Laici, si condere voluerint basilicas in prædiis suis, sicut edictum piissimorum Augustorum continet, unam colonicam vestitam cum tribus mancipiis dotis gratiâ eis conferant.* Edictum ipsum Caroli Mag. est Capitular. lib. 1. cap. 91. Et Ludovici Pii apud Aimoinum lib. 5. cap. 10. renovatum etiam in Concil. Wormacensi apud Burchand. lib. 3. ca. 52. Sed quod hic *colonica*, illic *mansus integer* appellatur: & in Meldensi Synodo ca. 16. *mansus cum agro*: Expressiùs verò in Longobard. lib. 3. cap. 46. *mansus cum 12. bunnariis terræ arabilis.* Vide supra *Bunnarium*, infra *vestire*.

Colonaticum, aliàs *colonitium*: Romanis *colonarium*: est servitium coloni. Formul. Solen. 136. ——— *suus colonus esse debebat, & malo ordine de ipso colonatico se abstrahebat.* Formul. 164. ——— *& ipsa fœmina colona esse deberet, & de ipso colonitio, malo ordine, de ipsa casa Dei effugeret.* Et mox, Ipsa *dixit quod avus suus ille quondam, vel genitor suus, ille quondam coloni Sancti illius in villa illa nunquam fuissent, nec ipsa colonitium de capite suo ad ipsam casam Dei Sancti ill. nunquam reddebat.*

¶ Colpo, onis.] *Frustum.* Hoveden in Ricardo 1. sub An. 1194. *Cum autem Rex Scotiæ ad Curiam Regis Angliæ venerit, quamdiu ipse in Curia moram fecerit, habebit quotidie de liberatione 30. sol. & 12. VVastallos dominicos -- & 40. grossos longos colpones, de dominica candela Regis, & 80. colpones de alia candela expensabilis, &c.* pag. 738.

¶ *Diatriba de Comitibus: ac primùm illis sub Imperio exortis.*

¶ *Comites.*] Dicti sunt, qui florente Repub. Romana, publici negotii causâ, Proconsules & Præsides in provincias euntes, comitabantur. Huic classi annumerat Cicero Act. 4. in Verrem, Præfectos, scribas, præcones, medicos: quales & *Comites* dici in Imperio deprehenderis. Romanos veteres mitto.

In Imperio *Comites* olim vocabant, quotquot è *comitatu* Principis erant. *Comitatum* verò, ipsam Aulam & familiam Principis: inferiùs, *Cohortem, Cortem & Curtem*: the Court. Tacitus Hist. lib. 2. *Cluvius* (purgatus à delatione Hilarii liberti) *comitatui Principis* (Vitellii) *adjectus est; non adempta Hispania.* Ammianus Marcellinus lib. 17. Sect. 10: *Hæc cum in comitatu Constantii subinde noscerentur, omnes qui plus poterant in palatio adulandi professores -- vertebant in deridiculum.* Herodianus in Commodo, Sect. 6. -- *personam stipatoris alicujus indueret, suosq; ad eandem similitudinem armis ornaret, ac se hastatis immiscerent, sic ut pars esse comitatus Imperatorii crederentur.* (Vide lib. Gr.) Stipatores (vides) & hastatos in *comitatu* locat Herodianus: *comitatum* verò Ammianus, in palatio, & passim pro Aula. * Æmilius Macer, *Qui ignominiâ missus est, neque Romæ, neq; in sacro Comitatu agere potest.*

* *In l. milites. §. ignominiosa ff. de re milit.*

Comitatus sacer.

Dicitur etiam *Comitatus*, Senatus Imperatoris domesticus; & judicium quo lites ad palatium ductas decernebat: recentioribus *Baronagium.* Cassiodor. lib. 4. ca. 46. -- *causa legibus audiatur. Quod si illic finis negotii nequiverit inveniri -- nostro Comitatui concurrendi licentiam non negamus.* Et lib. 5. cap. 15. *cunctis laborantibus Comitatus noster concedat justitiam.* Hinc *Comitatus justitia* pro *Forum justitiæ.*

Comitatus Justitiæ.

Similiter *Comes* aliàs pro aulico in genere, aliàs pro nobiliori in specie dicitur. Complacuit enim Imperatoribus, blandiore suos vocabulo appellare: in militia, *Commilitones*; in palatio, *Comites.* Jul. Capitolin. in Vero Imp. Sect. 3. *Ad Euphratem impulsu comitum suorum secundo profectus est.* Infra, *Confecto bello, Regna Regibus, Provincias verò Comitibus suis regendas dedit.* Marcellinus lib. *Julianus* 4. *comites ejus* (*quorum ope & fide maximè nitebatur*) *non ante absolvit, dum omnes rediere captivi.* Hic *comites ejus* dicit: alibi *comites* simpliciter. *Tunc Asclepiodotus, & Luto, & Mandio Comites interfecti.*

Distinguebantur *Comites* isti, modò secundum ordines & dignitates: modò secundum genera & munera. De prioribus (quos instituisse fertur Constantinus Magnus) Eusebius in vita Constantini lib. 4. ca. 1. κομήτων δ' οἱ μὲν πρώτου τάγματος ἠξιοῦντο· οἱ δὲ δευτέρου· οἱ δὲ τρίτου, &c. Id est, *Comitum verò alios in primo ordine collocavit, alios in secundo, ali-*

alios intertio. Nam ut plurimos honore afficeret, diversos dignitatum gradus Imperator excogitaverat. Intelligendum autem est Romanum magistratum sub adulto Imperio, 4 contineri classibus: Scilicet *Illustrium, Clarissimorum, Perfectissimorum, & Egregiorum*: Senatumq; ex *Illustrium* solummodo constare, & *Clarissimorum.*

Comites illustrissimi. Primi igitur ordinis *Comites*, dicti sunt qui codicillis Principis, in *Illustrium* classem constituuntur: ut *Comes sacrarum largitionum, Comes rerum privatarum, Comes domesticorum equitum, Comes domesticorum peditum.* Hi è consistorio Imperatoris erant, & proinde Consistorianorum privilegiis freti: foris, intrò, epulis, secretisq; consiliis Imperatori aderant. Vide hujus *Comitivæ* formulam apud Cassiod. lib. 6. ca. 13.

Comites clarissimi. Secundi ordinis *Comites*, inter *clarissimos* numerabant: ut *Comitem Orientis*; & in Oriente, *Comites rei militaris* 2. in Occidente 6. qui & *Spectabiles* postea appellantur, nam hæc tandem classis *Illustribus* & *Clarissimis* reliquis interposita est.

Comites perfectissimi. Tertii ordinis *Comites*, *Perfectissimorum* titulo honestabantur: & ejusmodi erant 6 illi *Comites* qui sub primario *Comite sacrarum largitionum* illud muneris per assignatas ipsis diœceses exequuti sunt: Senatum autem non ingrediebantur, at cum *Clarissimis* & *Illustribus* his gaudebant privilegiis. Ut nec ipsi nec eorum liberi usq; ad pronepotes, criminis causâ torqueri possent: nec plebeiorum pœnis (h. furcis affigi, exuri vivi, fustibus cædi, aut damnari in metallum) * subjicerentur. Tribus etiam auri lib. mulctandus erat, qui vel justo hos titulo, vel debita reverentia non compellaret. Vide *Egregii.*

*Sic etiam Sacerdotes, Doctores, Equites aurati.

Comitum genera tot habentur ut vel notiora recensuisse pigeat; percurram tamen.

Comites consistoriani vel *sacri consistorii*: omnium summi erant, soliq; *Illustres* dicti & *Patricii.* Ideo autem *consistoriani*, quòd è Senatu in Consistorium Principis, hoc est, in secretum ejus Consilium (velut Senatum domesticum) electi essent. Numero primum 15. denuò 50. Differebant autem à reliquis Senatoribus, ut apud nos, **Lords of the Councell & Parliament**, ab iis qui solummodo sunt, **Lords of Parliament**. Quicunq; igitur *Illustres* dicuntur, ex hac classe erant.

Comites sacrarum largitionum. Viri illustr. duo: alter in Oriente; alter in Occidente. Thesauros, vectigalia Imperii, & cudendam monetam curabant; dona, stipendia, & necessarias impensas erogabant. Orientalis ille, 6. sub ipso *Comites largitionum inferiores* habuit, per 6. diœceses subministrantes. Occidentalis item 6. & uterq; plures alios ministros.

Formula hujus muneris extat apud Cassiod. Var. lib. 5. ca. 40.

Comes rerum privatarum in Occidente; & *Comes privatarum divinæ domus* in Oriente; illustres erant, privatamq; Imperatoris substantiam procurabant. **Masters of the privy purse.** Occidentalis autem 2. aliis præerat *Comitibus; alteri privatarum largitionum*; alteri, *patrimonii Gildonis* Afri ob perduellionem confiscati Domestici nuncupabantur, quòd à cura rerum bellicarum liberi essent. His videntur annumerandi Barangi illi nostrates (apud Codinum) qui in inferiori Imperio Orientali, personam Principis observabant. Vide Cassiod lib. 8. formul. 12.

Comes castrensis sacri palatii. Vir Spectab. & è classe Spectabilium secundus: mensam Principis & totum palatium curabat. Alter verò in Oriente, alter in Occidente.

Comites provinciarum: primò *Clarissimi*, postea *Spectabiles* constituti: Senatores erant & provinciarum rectores, præsidesq; militares. Scilicet in Oriente:

Comes Orientis qui 7. præfuit diœcesibus.

Comes limitis Ægypti.

Comes Isauriæ.

In Occidente:

Comes Africæ.

Comes Tingitaniæ.

Comes limitis Saxonici per Britanniam, qui Romanorum illic provinciam contra Saxones custodivit.

Comes Britanniæ; qui maritima tuebatur, uti *Dux* mediterranea.

Comes Italiæ.

Comes Argentoratens.

Erant præterea duo aliquando in Occidente *Comites*, alter *Illyrici*, alter *Hispaniarum*; sed ejecti circa An Dom. 409. à Vandalis & Alanis, hic non numerantur. Præcedentes autem suo ordine recensuimus, subsequentes promiscuè.

Comes sacri patrimonii. Qui patrimonium sacrum Principis curabat. De hujus munere & dignitate liquet apud Cassiod. Var. lib. 6. cap. 9. ubi & Judex esse demonstratur.

Comes militum, & *Comes rei militaris* talis Provinciæ. Idem sæpe qui *Comes* ejusdem Provinciæ.

Comes sacri stabuli, Equorum præfectus. Vide Conestabulus.

Comes ærarii. Thesaurarius.

Comes Archiatrorum. Qui medicis aulicis præerat.

Comes dispositionum. Per quem Princeps plurima disponebat quoad responsa, mandata, &c.

Comes sacræ vestis. Vestiarii præpositus.

Comes solenniorum. Magister ceremoniarum.

Comes domorum. Qui colonos & inquilinos multarum domorum ac possessionum sub ejus jurisdictione habuit.

Comes scholarum. Qui scholas agentium in rebus gubernabat. Vir illustris, i. *Comes* primi ordinis.

Comes Commerciorum. Qui negotia & commercia curabat.

Comes ſiliquariorum. Qui pondera & menſuras rerum inlatarum curabat.

Comites metallorum. Procuratores metallorum.

Comes formarum. Qui reparandis aquæductuum formis ſtudebat.

Comes riparum & alvei Tiberis, & cloacarum. Qui tuendas purgandáſque has curabat.

Comes portus, ſcil. *Oſtienſis.* Qui eidem præfuit.

Comes horreorum. Eorum & piſtrini Principis curator. Vide formulas ad ſupradictorum Comitum munera pertinentes, apud Caſſiod. Variar. lib. 3, 4, 5, 6, 7, &c.

Merebant autem hi omnes ſuper terra; alii ſimiliter ſuper mari, quorum præcipuus πρωτοκόμης in inferiori Imperio nuncupatus eſt. Codinus in Official. Conſtant. τὸ τοῦ πρωτοκόμητος θαλάσσιον ἐστιν, &c. i. Protocomitis vel primi Comitis adminiſtratio marina eſt. *Hic igitur omnium Comitum primus eſt qui in claſſe ſunt Imperatoria.*

Hæc *Comitum* genera è Notitia Imperii, Caſſiodoro, Codino, Juris Scriptoribus; aliiſque (ubi plura habeas) concinnavimus. Indicant autem nomen *Comes,* non ſemper honorarium fuiſſe, ſed de magiſtratu ſæpe inferiori, ſæpe de miniſterii infimi præfecto, dictum. Præfectum paſſim ſignificare. Heſychius; κόμης, ἄρχων, ἡγεμων, & Suidas ὁ λαοῦ ἄρχων, i. *Comes, Princeps, Dux, Princeps populi.* Dictum ſine dubio de Provinciarum *Comitibus,* qui populum & judiciaria poteſtate gubernabant, & armata manu tuebantur; ſic à Præſidibus provinciarum differentes, quòd hi tantùm civiles eſſent magiſtratus. A *Comitibus* iſtis, inferiorum ætatum *Comites* initium ſumpſere, qui in ſuis item provinciis, civilem juſtitiam armorum terrore adminiſtrabant.

Comes pro Judice. Sæpè tamen *Comes* dicitur pro judice ſimpliciter; & in LL. Ripuar. Tit. 55. §. 1. pro judice fiſcali. *Si quis judicem fiſcalem quem Comitem vocant interfecerit.* Papiniano verò pro aſſeſſore judicis, quod ad Conſularia ſecula referendum cenſeo; nec malè ad priſcos Germanorum *Comites* (de quibus Tacitus.)

Comitiva. *Comitiva,* eſt dignitas & munus *Comitis*, inferioribus *Comitatus.* Vox Caſſiodoro frequens.

Comitatenſis. *Comitatenſes*; qui in *Comitatu* Imperatoris, i. in Aula degebant. *Legiones comitatenſes*; quæ à *Comitatu* erant. Satellitium. Crebrò in Notit. Imp. Vide Palatinus.

De Comitibus inferiorum ætatum.

Ex more Imperii, *Comitem* appellabant Galli, Itali, Hiſpani, quem ad regendam urbem aliquam vel territorium, Reges è comitatu ſuo miſerunt Judicem; ipſumque inde territorium atq; munus *Comitatum.* Sic apud Greg. Turon. mox poſt 5. ſeculum, *Comes Averni, Comes Arelati, Comes Altiſiodori, Comes Turoni.* Et Hiſt. lib. 4. cap. 13. *Firminum* (inquit) *à comitatu urbis* (Averni) *abegit,* cap. 36. *Pœnius hujus municipii* (Altiſiodorenſis) *comitatum regebat.*

Comites autem apud Germanos vocat Tacitus, *qui Principibus jura per pagos & vicos reddentibus* à comitatu erant, & tanquam aſſeſſores. *Centeni* (inquit) *ſingulis ex plebe comites conſilium ſimul & authoritas adſunt. Gradus quinetiam & ipſe comitatus habet, judicio ejus quem ſectantur. Expetuntur enim* (hinc comites) *legationibus, & muneribus ornantur.* Hæc ſparſim ille, & à more Imperii non aliena, cujus fortè intuitu, vocabulis *comes* & *comitatus* uſus eſt, vel proprietatem latini ſermonis inſecutus. Germani autem non ut aliæ gentes ſuum vulgare à Latino deflexere. Sed patrii magiſtratus appellationem admirantes, judicem, quem alii *Comitem*, ipſi **Grebe**, recentiùs **Graff** nuncuparunt. Hujuſmodi verò judicem, ſingulæ urbes & regiones ab Imperatore, vel Regibus datum, accepere, unde Sebaſt. Munſterus Coſmog. lib. 3. cap. 20. *Sic tota* (inquit) *Germania plena fuit Comitibus, inter quos quidam erant Landgravii,* i. *regionum Comites, quidam Marggravii,* i. *certarum marcarum ſeu diſtrictuum Comites, alii Burgorum Comites quos Burgravios appellamus, & alii Centuriones quos vulgo in Germania vocamus Centgravios.* Et Mox, *Nomen Comitis ſecundum veterem Saxonicam linguam ſignificat judicem.* Hæc ille. Speculum Saxoniæ Artic. 52. *Imperator quia in omnibus locis judicare non poteſt, ideo illuſtribus,* i. *Principibus confert comitatus, vexillaq; feudalia, & Comitibus præfecturas,* i. *ſculteias.* Quos autem Tacitus *Comites* vocat, eoſdem inferioribus *Pares* dictos cenſeo, ut in hoc vocabulo monſtrabimus. V. originem & officium *Comitis* è Spartiano in Adriano. Con. to. 2. pa. 2. fol. 502. c.

Munus igitur iſtius Comitis judiciarium fuit; vim & injuriam prohibere, latrocinia compeſcere, pacem regiam, non ſolùm legum tramite, ſed armis etiam promovere: jura regia & vectigalia curare, colligere, fiſco inferre. Præſidebat autem foro Comitatus, non ſolus, ſed adjunctus Epiſcopo. LL. *Edgari* cap. 5. LL. *Canut.* par. 2. c. 17. Sic Amariah Pontifex & Zebadiah dux populi inter Iſraelitas 2 Chron. cap. 19. 11. hic ut jus divinum, ille ut humanum diceret, alterque alteri auxilio eſſet & conſilio: Præſertim Epiſcopus *Comiti*, nam in hunc illi animadvertere ſæpe licuit, & errantem cohibere. Idem igitur utriq; territorium, & juriſdictionis terminus. Aderant prætereà *Comitum* judiciis aliàs Rachinburgii, aliàs Scabini, apud nos liberè Tenentes, & Barones *Comitatus*, de quibus ſuis locis ſigillatim. De cauſis verò magnatum,

&

& potentiorum, non cognovit *Comes*, nam hæ ad aulam regiam deferendæ. Pauperum tantummodò & minùs potentum judicabat, quod Longobard. lib. 2. Tit. 45. l. 1. & Capitular. lib. 3. ca. 77. sancitum est. Hinc & legibus nostris hodie prohibetur, debiti aut injuriarum actiones in *Comitatu* intendere, si rei litigatæ valor non sit minor 40. sol. Similiter & in aliis curiis rusticanis quæ tamen de jure prædiorum sui feodi, indefinitè cognoscant. Hæc perfunctoriè, de officio *Comitum*, quod uberrimè constet ex Antiqq. legibus & Speculo Saxoniæ. Videnda etiam sunt quæ eximiè notavit Hieronymus Bignonius ad Marculfi lib. 1. cap. 8. &c.

Comes apud nostrates. Hist. Eccl. l. 4. c. 4. & l. 5. c. 4. & 15.

Reperiuntur (apud Bedam) cùm in Britannia nostra, tùm in Hibernia *Comites*, ante An. Dom. 700. sed an titulo solùm, ex Danorum more; vel urbe aliqua & diœcesi insignes, non liquet. Dani videntur *Comites* olim dixisse, qui in consortio Regis militabant ductores. Ideo in An. 871. Asser Menevensis, Author coætaneus, nunc eosdem *Comites*, nunc *Duces belli* appellavit. Certum autem est Anglo-Saxones illo ævo *Comitis* titulum cum præfectura urbis alicujus aut regionis, conjunxisse, etiam non distributo adhuc regno (quod Aluredo attributum est) in *Comitatus*. Meminit enim ibidem Author ille *Æthelwulfi Bearrocensis Pagæ Comitis*. Et in An. 860. *Osrici Hamtunensium Comitis*. Et in An. 868. *Æthelredi Guinorum Comitis*. Habentur & multo antiquiùs inter testes Chartæ Athelbaldi Regis apud Ingulphum Dat. An. Dom. 716. *Egga Comes Lincoln. Leucitus Comes Leicestriæ, &c.* Sed fluctuans adhuc appellatio nec recepta passim ab Authoribus nostris. In libro enim fundationis Wigorniensis Ecclesiæ plurimæ istius seculi habentur Chartæ, non mediocri testium multitudine (ut tunc moris erat) insignitæ: qui se Regum, Regulorum, subregulorum, Principum, Ducum, ministrorumq; regiorum, titulo denotarunt, nec tamen inter omnes, quis se *Comitem* appellavit.

Comitum igitur nostrorum origo, à Saxonum *Grevis* & *Aldermannis* effluxit: quibus Latini interpretes, ob muneris & eminentiæ similitudinem, nunc Principis & Ducis, usitatiùs tandem *Comitis* appellationem (ut Dani postea *Eorla*) indidere. Sed hi ipsi interpretes *Heretochium* (quod *Ducem* & *præfectum exercitus* propriè significat) *Comitem* etiam (ut in Wigorniensi codice) sæpe vertebant. Vide suis locis *Greve*, *Aldermannus*, *Eorla*, *Heretochius*.

Comites Juris periti, & temporanei.

Erant deniq; sub his seculis *Comites*, summi prorsus sui Comitatus Justiciarii, & (ut judicibus expedit) legum ideo scientia eruditi. Nec perpetui tunc quidem magistratus, sed vel ad certum tempus (ut Romani illi apud Cassiodorum *per indictionem*): vel ad placitum Regis, locum possidentes. Greg. Turon. lib. 5. c. 36. *Macharius diu in ipsa urbe usus est comitatu, quo officio expleto, Ecclesiæ sociatur.* Lib. 4. cap. 34. *Anno sequenti semotus à Comitatu Palladius, Arvernum regressus est: Romanus verò Comitatum ambivit.* Lib. 8. cap. 18. *Nicetius à Comitatu Arverno submotus, ducatum a Rege expetiit.* Hinc *Excomes* apud eundem, ut aliis *Exconsul*, *Exquæstor*, &c. Malè utiq; officium gerentes exuendi erant, Longobard. lib. 2. Tit. 47. l. 1. & Capitular. lib. 3. cap. 11. Nec aliter inter Saxones nostros, ut liqueat ex Assero Menevense, ubi *Comites* perperam judicantes sic alloquitur Rex Aluredus. *Quapropter aut terrenarum potestatum ministeria quæ habetis illico dimittatis: aut sapientiæ studiis multo devotiùs doceere, ut studeatis impero. Quibus verbis* (inquit Asserus) *perterriti Comites & Præpositi, ad æquitatis discendæ studium totis viribus se vertere nitebantur: -- malentes insuetam disciplinam quàm laboriose discere, quam potestatum ministeria dimittere.*

Bene autem se in officio continentes, rariùs tandem ejiciuntur, & inferioribus seculis in patrium avitumq; munus succedunt sæpe filii, sed indulgente hoc gratiâ Principis, non jure: nam & aliàs alii substituuntur. Huntingtoniensis in An. 13. Edouardi Confess. *Mortuo Siwardo Comite, quia VValteof filius ejus adhuc parvulus erat, datus est Consulatus* (i. Comitatus) *ejus Tostio filio Godwini Consulis. Hoveden. in An.* 1053. Sepultus est Godwinus, *cujus Ducatum suscepit filius ejus Haroldus, & ejus Comitatus datus est Algaro Leofrici Comitis filio.*

Comites facti hæreditarii.

Feudales apud Germanos cœperunt fieri Comitiva & illustria munera sub Othonibus, hoc est, sub fine decimi seculi: apud Gallos verò sub excessu Merovinæ stirpis. Torpente enim jam splendore regio, potentiores quidam hæc invadebant hæreditariè: & licèt à Carolinis postea Principibus ejecti pleriq; essent, nonnulli tamen longè in confiniis dissiti, impune retinebant. Loyseau. de Seign. Cap. 5. pag. 107. Demum Hugo Capetus cum adeptum noviter regnum novis beneficiis stabilire satageret; *Ducatus* & *Comitatus*, maximaq; regni officia in feudo retinenda magnatibus permisit, homagio ab iisdem suscepto. Quo edoctus exemplo Guilielmus 1. novi utiq; apud Anglos regni fundamenta ponens; commilitones suos feodalibus exornavit dignitatibus: fortè etiam auctioribus quàm ævo Saxonum. Nam cessisse jam videtur munus Heretochii *Comitatus*, in munus ipsius *Comitis*.

Comitis stipendium.

Accipiebat autem *Comes* cùm inter Saxones, tùm inter Anglo-Normannos (veluti muneris stipendium) tertium *Comitatus* denarium, hoc est, mulctarum & emolumentorum Regi ex placitis accrescentium. Quod & Caroli Magni ævo in usu fuisse apud Gallos, liquet ex Capitul. Hludovici Imp. ad L. Salic. cap. 1. *Compositionis* (ob falsum testimonium) *duæ partes ei contra quem testati sunt, dentur: tertia Comitis est.* Sic apud Saxones nostros in LL. Ed. Confess. ca. 31. *De istis octo*

octo libris (scil. mulctâ violatæ pacis) *Rex habebat centum solidos, & Consul. Comitatus quinquaginta, qui tertium habebat denarium de forisfacturis: Decanus autem -- reliquas decem.* LL. Baiwar. Tit. 2. l. 16. *Judex verò partem suam accipiat de causâ quam judicavit. De 3 solidis tremissem accipiat: De 6. solidis duos tremisses accipiat: De 9 solidis unum solidum accipiat: De omni compositione semper nonam partem accipiat, dum rectè judicat.* Res paulò clarior inter Anglo-Normannos elucebit. Gervasio suppositus Niger lib. Scaccar. *Comitatus à Comite dicitur, vel Comes à Comitatu. Comes autem est qui tertiam portionem eorum quæ de placitis proveniunt in quolibet Comitatu percipit: qui ideo sic dici dicitur, quia fisco socius est, & comes in percipiendis. -- Sed hi tantùm ista percipiunt, quibus Regum munificentia -- conferenda decernit, quibusdam hæreditaria, quibusdam personaliter.* Charta Matildis Imperatricis (scil. è filio neptis Guilielmi primi.) *Sciatis me fecisse Milonem de Glocester Comitem de Hereford, & dedisse ei motam Hereford cum toto castello in feudo & hæreditate sibi & hæredibus suis ad tenendum de me & hæredibus meis. Dedi etiam ei tertium denarium redditus burgi Hereford, quicquid unquam reddat, & tertium denarium Placitorum totius Comitatus Herefordæ.* Plures hujusmodi, sed antiquiorem non vidimus. Obtinuere hoc seculo *Comites*, castrum (ut cernis) *Comitatus*. Quod cum ipsis Regibus non minùs quàm Reipub. infestissimum deprehensum esset, donassetque Richardus 2. familiares suos nonnullis hujusmodi castris: Parlamentum An. 13. Regni ejus, cap. 15. donationes illas irritas decrevit, castraq; ipsa (uti capita *Comitatuum*) *Comitatuum* corporibus, nunquam à Corona regia deinceps segreganda, redegit. Ævo igitur nostro nemo est (quod sciam) qui cum *Comitatus* titulo, castri potitur *Comitatus*; vel ex nomine suæ dignitatis, alicujus uspiam aut Imperii, aut jurisdictionis.

Comitis creandi mos. Confertur itaque jam apud nos *Comitiva* gradus (ut ævo Constantini Magni) codicillis & arbitrio Principis: sæpe etiam ei cui in *Comitatu* illo nihil possessionis est. Solet tunc autem Rex ex sui ipsius illic redditibus, annui quidpiam census, putà 20. librarum, cum ipso titulo concedere; adhibitis quibusdam ceremoniis. Exteri nempe Ducatus, Comitatus, & Vicecomitatus, traditione vexilli (quod Germanicam sapit originem) conferebant, ut infrà in *Investura* & *Traditio*: Nostrates verò (ex more veterum Imperatorum, quod mox patebit) cincturâ gladii constituebant *Comitem*. Nec hunc cultum quamvis laicum & militarem, clericisq; plurimo canone vetitum, renuebant Ecclesiastici. Mat. Paris. sub initio Ric. 1. An. 1189. *Hugo de Pusat, Dunelmensis Episcopus emit sibi & Ecclesiæ suæ -- Northumbriæ Comitatum in vita sua. Qui à Rege gladio Comitatus accinctus, nomen sibi Comitis usurpavit. Quo gladio cincto, Rex cum cachinno astantibus, dixit: Juvenem feci Comitem de Episcopo veterano.* Hodie *Comitiva* candidatus paludamento coccineo induitur ab ipso Rege, gladio ab humero suspenso, & pileo coroneola aurea radiata, insigni: porrectumq; regia manu creationis suæ diploma (quod publicè priùs lectum est) genu nixus accipit, hæc inter alia continens: *Ipsum T. in Comitem S. erigimus, creamus, insignimus, præficimus & ordinamus; ac nomen, titulum, statum, stylum, honorem, authoritatem, & dignitatem Comitis S. damus, concedimus, & per gladii cincturam realiter investimus, &c.*

Antiquioris constituendi *Comitis* formulam à Marculfo traditam, vide infrà in Diatriba *de Ducibus*. Antiquissimam verò (quæ & nostram videtur exhibere) apud Cassiodorum Variar. lib. 7. formul. 1. *Comitiva provinciæ dictam*, sic inter cætera referentem: *Quamvis omnium dignitatum officia à manu secluduntur armata; & civilibus vestibus videantur induti qui districtionem publicam docentur operari: tua tamen dignitas à terroribus ornatur, quæ gladio tamen bellico, rebus etiam privatis accingitur. Civiles* quas hic *vestes* nuncupat, in C. Theod. l. 1. exponuntur *colobium & penulam.* Adempto munere, habitum retinemus. Vide *Colobium.*

Occurrunt plurima de *Comitibus* annectenda secundùm multiplices eorum distinctiones. Deprehenduntur enim diversi, in superiori Imperio & inferiori; in Imperio & in aulis Principum: honorati & plebei; titulares & officiales; titulares & feudales; palatini seu domestici & forinseci; terrestres & marini; civiles & militares; majores & minores; provinciales, seu parœciales & urbani; absoluti seu Palatini Principes & subalterni; de quibus fusiùs & separatim dixisse alterius libri est.

Ratione autem multiplicis istius differentiæ, *Comes* alius Duci præponitur, alius postponitur, alius æquiparatur; quod in causa est ut Authoribus mediorum seculorum *Dux* & *Comes* confundantur. Certè in Noticia Imperii, secundi ordinis *Comites* (ut primi taceam) Ducibus omnibus præferuntur; etiam *Comites* inferiores qui primi ordinis *Comitibus* obsecundabant.

De Comite Palatino.

Comitem verò Palatinum non ex integro prætercam; aliàs *Comitem Palatii* dictum, & Germanis inde **Pfalzgraff**. V. *B. Rhenanum* lib. 3. pa. 235. qui palatinum à Palas regione ducit. Nomen omnibus olim commune qui officia in palatio Principis administrabant; sed uni κατ᾽ ἐξοχὴν, quem sub Carolo Magno, luculenter descripsit Hincmarus Remens. Archiepis. Epist. 3. cujus partem è cap. 16. petitam, suprà retulimus in *Cancellario Imperii.* Subsequitur immediatè; *Post eos* (Apocrisiarium & Cancellarium) *sacrum Palatium per hos*

hos ministros disponebatur; per Camerarium videlicet, & Comitem Palatii, Senescallum, Buticularium, Comitem stabuli, &c. cap. 19. *Apocrisiarius qui vocatur apud nos Capellanus, vel Palatii custos, de omnibus negotiis Ecclesiasticis vel ministris Ecclesiæ; & Comes Palatii de omnibus secularibus causis vel judiciis suscipiendi curam instanter habebant, ut nec Ecclesiastici nec seculares prius dominum Regem absq; eorum consultu inquietare necesse haberent, &c.* cap. 21. *Comitis autem Palatii inter cætera penè innumerabilia, in hoc maximè sollicitudo erat, ut omnes contentiones legales, quæ alibi ortæ, propter æquitatis judicium, Palatium aggrediebantur, justè ac rationabiliter determinaret; seu perversè judicata, ad æquitatis tramitem perduceret, ut & coram Deo propter justitiam, & coram hominibus propter legum observantiam cunctis placeret. Si quid verò tale esset quod leges mundanæ hoc in suis diffinitionibus statutum non haberent, aut secundum gentilium consuetudinem crudelius sancitum esset quàm Christianitatis rectitudo, vel sancta authoritas meritò non consentiret, hoc ad Regis moderationem perduceretur.* Hæc ille. Transiisse autem videtur hujus *Comitis* officium, in Capitalis Justitiarii Cancellarii & aliorum.

Nota differentiam inter Custos Palatii & Comes Palatii.

Sed in oculis omnium est illustrior adhuc *Comes Palatinus*, non tàm personali munere quàm hæreditaria dignitate insignis. Utpotè, qui in territorio suo plenitudine jurium regalium fretus, omnem justitiam sui ipsius nomine, sui ipsius Officialibus (quos è more regio habet) administrat. Indicat autem Speculum Saxon. Art. 53. & Seb. Munst. Cosmog. lib. 3. cap. 20. Palatinos Principes fuisse aliquando in Germania Reges: devictosque eosdem à Romanis, administrationem pristinam, sed mutato titulo obtinuisse.

Comes Palatinus Cestriæ.

Hujusmodi Comitem apud nos instituit Guiliel. 1. Hugonem ex sorore nepotem, cui Cestriæ Comitatum dedit: *tenendum sibi & hæredibus ita liberè ad gladium, sicut ipse* (Rex) *totam tenebat Angliam ad coronam.* An verò tunc in usu apud nos esset vox *Palatinus* non affirmaverim.

Comitatus Palatin. Lancastr.

Ad similitudinem autem Comitatus Cestriæ, Edouardus 3. Lancastriæ Comitatum in Palatinatum evexit, Ducatusq; titulo illustravit.

Com. Palat. Dunelm. Eliens. Hexham.

Palatinatus etiam splendore decorantur olim & Episcopus Dunelmensis & Eliensis: occurritq; in Statuto An. 33. Hen. 8. ca. 10. mentio *Comitatus Palatini de Hexam*, qui sub eo seculo ad Archiepiscopum Eboracens. pertinebat, viz. —— **this act or any thing therein contained, shall not extend to the County Palatine of Hexham within the County of Northumberland, nor to the County Palatine of Ely within the County of Cambridge**, &c. Sed labente jam priùs re Ecclesiæ, Palatinatuum jurisdictio insigniter diminuta est anno 27. Henr. 8. cap. 24. eorundemq; administratio sub nomine Regis constituta. Comitatus verò de Hexham Statuto An. 14. Elizab. cap. 15. omni Palatinatus privilegio exutus est, & in Comitatus Northumbriæ portionem redactus. Vide *Palatinus.*

Comes Marescallus. Vide *Marescallus Angliæ.*

Comitatus qui ejus origo.

Comitatus à Comite, ut *Ducatus* à Duce: quilicèt Otto Frisingensis, *Comitatus* à commi-nando, ut territorium à terrendo. Constat autem ex his quæ diximus, comitatum primò dici de aula Imperatoris, & Regum: quod familiares & palatini (quos aulicos vocant) olim *comites* appellati essent. Comitum verò nomen ad principales deinceps ministros transferri: emissisq; ipsis ad regendas urbes & provincias, munera sua (utiq; & provincias) *Comitatus* vocitari, nec non & forum cui præsidebant; aliàs *mallum, placitum* & *gemotum.* Sunt qui *Comitatuum* distinctiones sub Berengariis & Othonibus, vel sub Carolo Magno, apud exteros accidisse opinantur; quod de plurimis fortè verum fuerit, nonnullæ autem antiquiùs deprehenduntur. Rem apud nos perspicuam facit Ingulphus, si sana fides. *Rex* (Alfredus aliàs Aluredus & Æthelfridus, qui Regnum iniit An. 871.) *totius* (inquit) *Angliæ pagos & provincias in comitatus primus omnium commutavit, comitatus in centurias & hundredas, & in decennas, i. tithingas divisit.*

Intelligendum est secundum hodiernam distributionem, ex quâ Sciræ nuncupantur, nam in pagos & provincias distinctam prius fuisse nemo dubitat etiam hodiernis sæpè appellationibus. Vide vocab. *Domesdei.*

Erat autem forum *Comitatus* curia plebeiæ justitiæ & theatrum Comitivæ potestatis, quo etiam aliquando considebant Regni proceres quoquot in *Comitatu* degebant. Clarum itaq; apud priscos & in Antiquis legibus frequentissimæ notæ. Litium enim vis præcipua tunc rure agebatur: nimirum, aut in villis coram domino villæ, seu Manerii; aut in Hundredo coram domino Hundredi, aut in Comitatu, coram Comite, seu vicario ejus, quem Saxones ȝeref & ſcirȝerefa vocabant, Normanni *Vicecomitem.* V. LL. H. 1. cap. 8. qui & quanti debuere interesse Comitatui. Et hic in *Leidgrevens.* Ab his ad Curiam Regis provocare non licuit, nisi deficiente justitia; quod (ut apud exteros) Edgari LL. Statutum est cap. 3. Et Canuti par. 2. ca. 16. ab Anglo-Normannis etiam non minus receptum, quam à Saxonibus. Prisci juris vestigia hodie exhibet *Breve* Regis *de recto* nuncupatum; in quo Rex mandat domino Manerii, ut Tenenti suo (sic vassallum dicimus) *rectum teneat de tot acris terræ*, &c. adjungens; *& nisi feceris, vicecomes* illius Comitatus *faciat, ne amplius clamorem inde audiamus pro defectu recti.* In quo hæc se offert litis gradatio. Primo agendum esse in Curia domini Manerii; si justitiam illic non assequatur petens, in Comitatum provocet [illegible] verò nec è Comitatu referat,

cla-

clamorem inde Rex audiat: id est, justitiam quærat in Curia Regis. Hæc prisci seculi ratio. Hodiè spretis Curiis omnibus rusticanis, Curiam Regis in primis advolant: imò levissima sæpè jurgia tota peragrata Anglia, Londinum appetunt, rusticanis curiis animam interea exhalantibus. Vide *Shira*, *Placitum*, *Gemotum*, *Hundredus*. Videsis etiam Comitatuum institutionem sub Alfredo Rege: & vide limitum eorundem confusionem, à Danis inductam. *Ingul.* pag. 911. l. 3.

¶ *Commendatus.*] Domesd. Suffolc. Titt. Terra Rob. Mallet. Glemham. *In eadem* (*villa*) *tenet Ailwi commendatus antecessori* (Mallet) 60. *acr. pro manerio, tempore Regis Edwardi.* Inferius. *Soca Abbatis in eadem* 11. *liberi homines* 70. *acr. & fuere commendati antecessori Mallet, præter unum qui fuit commendatus antecessori Rogeri Bigot, nomine Harvinus.* Biscopes Hundred. in Badingfelda.

Commendatio. *Ibi liber homo Edrici Commendacio* (tenet) 20. *acr. &* 3. *bordar. & dimid. car. fil. ad* 10. *porc. & valet* 5. *sol.* Pereham dimi. Hund. 1 *liber*

Subcommendatus. *homo subcommendatus, dimidius antecessori suo* (Rob. Mallet) *& dimid. Abbati.*

Commendare, est se in clientelam & tuitionem alterius (quod *mundeburdum* aliàs vocabant) concredere. *Commendatus*, qui sic concreditur, & sub protectione potentioris acquiescit. Religiosis in more fuit, se & Ecclesias suas in hunc modum Principibus *commendare*, qui suscepto eorundem patrocinio, se vicissim illatarum illis injuriarum vindices, sua Charta profitebantur. Extat duplex hujuscemodi Chartæ formula inter Lindenbrogianas, num. 37, & 38. (quarum prior Marculfi est lib. 1. ca. 24. L. Ripuar. Tit. 72. §. 5. *Si homo commendatus vel fugitivus defunctus fuerit, similiter in quadrivio cum retorta sepellatur.* Sæpè in Antiqq. LL. *commendare.* Et Mat. Par. in An. 1089. *Willielmus Rufus Ecclesias & monasteria totius fere Angliæ -- instar firmarum laicis commendabat.*

Differre autem propriè videntur *vasallus, affidatus, & commendatus*: hic nempe patrono teneri fide & obsequio, sine juramento, aut aliqua tenura: ille fide & juramento, sed itemq; sine tenura: vassallus autem his omnibus. Discriminantur igitur *affidatus* & *commendatus* seu *recommendatus*, in Constitutt. Neapol. lib. 3. Tit. 7. ubi ait: *nulli omnino liceat affidatos vel recommendatos habere.* Et Mox, *Si affidatos susceperit vel etiam commendatos.* Aimoino verò ascriptus lib. 5. ca. 36. hos videtur confundere, cum ait, *Abbates etiam & Regni primores, ac vassi Regii se illi* (Regi Ludovico) *commendaverunt: & sacramento secundùm morem fidelitatem promiserunt.*

Mos fortè à Romanis effluxit. Terent. in Eunucho.

—— una est domus;
Thais patri se commendavit in clientelam & fidem:

Commenda & *Commendatio* in Jure Canonico dicitur custodia Ecclesiastici beneficii, quæ ad certum tempus alicui conceditur. Quære an huc non pertineat Caroli Mag. Constitutio pa. 321. ubi ait -- *qui vel commendationem vel beneficium Ecclesiasticum habent, sicut reliqui homines, justitiam faciant.* Commenda & Commendatio.

¶ *Commotum*, & per *m* simplex.] Dimidium Cantredi seu Hundredi apud Cambrobritannos, 50. villas propriè continens, dictum à Britan. *cymbod*, (*b* liquescente) quod *coexistentes* vel *cohabitantes* significat. *Cym* enim idem illis est in compositione, quod Latinis *con*, *bod*, existens. Statut. Walliæ An. 12. Ed. 1. *Statuimus quod Vicecomes, Coronatores, & Ballivi Comotorum sint in Snowdon, & terris nostris.* Et Mox, *Vicecomes de Kaernarvan sub quo Cantreda de Arvan, Cantreda de Artlentayth, Commotum de Conkyn, Cantreda de Ailen, & Commotum de Irmench.* Pluries.

¶ *Comorbanus, Comorbania.*] Vide *Corbanus.*

¶ *Comortha.*] Subsidium à pluribus collatum. *Collecta, contributio.* A Britan. *Cymborth. Cym*, Latinè con, *borth* subsidium, auxilium. Occurrit vocabulum in Stat. An. 4. Hen. 4. ca. 27. ubi choraulis prohibetur *camorthas* facere, M. S. nostro legitur *gamorthas.*

¶ *Companagium.*] Al. *Compernagium*, Quicquid cibi *cum pane* sumitur. Gal. *Companage.* LL. Hoeli Boni MSS. p. 61. *Companagium* 60. *panum debet esse porcus* 3. *digitorum lardi in scapulis, & in clunibus, & in costis. Si deest porcus loco ejus detur vas butyri* 3. *pugnorum in latitudine &* 3. *in longitudine sive summitate.* Hoc Britannicè *Dawn-bwyd*, i. bona cibi portio: *Dawn* enim, bona, libera: *bwyd*, cibus. Custumar. de Hecham Prior. Lew. pa. 13. *Ad nonam* 4. *panes, &* 8. *harings* (i. halæces) *vel aliud companagium quod tantum valet.* Alibi, *Ad nonam: potagio, & duplici companagio*, i. duobus eduliis præter panem. Lib. Pri. Dunstap. Tit. Dunstap. *Habent* (Sacerdotes) *singulis septimanis pro ministerio suo* 14. *Jurpanes, &* 4. *galones de* 2ª *cervisia, & potagium de familia, & unum denarium pro companagio.*

In grandi lib. Monast. de *Bello* tit. *Apelderham* fol. 60. perspicuè semel atq; iterum scribitur compernagium. Vide *Precaria.*

¶ *Completorium.*] Dici potest quia in ipso cursus Diei completur. *Bed.* de *Meditat.* pass. Chr. ca. 1. Tom. 8. pag. 955.

¶ *Concapulare.*] *Scalpere, truncare.* L. Salic. Tit. 8. §. 4. *Si quis in sylva alterius materiamen furatus fuerit, aut incenderit, aut concapulaverit, &c.* Vide *Capellare.*

¶ *Confabulare.*] Vide Fabula.

¶ *Cone* & *Keye.*] Bracton. lib. 2. ca. 37. Sect. 3. *Fœmina in tali ætate* (i. 14. vel 15. annorum) *potest disponere domui suæ, & habere Cone & Keye.* Cowellus Legit *Cover & Keye*, i. Cooperculum & clavem

vem. Nescio an rectè. Colne autem Saxon. est *calculus, computus*, Key *Clavis*: quasi eò spectaret hic locus, ut fœmina congruæ ætatis haberetur, si *computum* & *claves* domesticas valeret curare: qualiter de filio Burgensis Glanvilla lib. 7. cap. 9. *Filius Burgensis, ætatem habere intelligitur, cum discretè sciverit denarios numerare, & pannos ulnare, & alia paterna negotia similiter exercere.* Quære. In codice nostro M. S. habetur *Cone* aut *Keye*.

¶ **Congildones.**] Vide *Geldum*, *Gildscyra*.

¶ **Conquestus, & Conquisitium.**] Id quod à parentibus non acceptum, sed labore pretio vel parsimoniâ comparatum possidemus. *Conquestus* (inquit *Goldast.* ad Chart. 27.) *pro conquisitione*, *Conquest.* Et Gloss. ad Cap. Ludo. ad L. Salic. *Conquesti sunt acquisitions de biens faictes durant la mariag.* V. loca. Et Big. pag. 435. Hinc *Guliel.* 1. Conquestor dicitur qui Angliam Conquisivit, i. acquisivit, **purchased**, non quod subegit.

Emendationes seu decretum ipsius *Gulielmi*, Hic intimatur quid Gulielmus Rex Anglorum, cum principibus suis constituit post conquisitionem Angliæ. Et in exordio legum *Edw.* Confess. dicitur, *Post acquisitionem Angliæ præfatus Rex* Gulielmus --*fecit &c.* Coustum. de *Norm.* Cap. 422. Homo ne ensuts poit disposer per testam. de terrs des ses acquests & Conquests &c. V.

E grandi lib. Rentalium & Consuetud. Monast. de *Bello*.

Dilectus Deo & hominibus Dux Normannorum Willielmus, *cujus memoria celebris in benedictione est, cujus elemosinarum largitas pascit & sustinet atq; secula multa reficit indigentes, divinâ sibi providente clementia strenuissimus* Conquestor, *Princeps serenissimus, & Rex illustrissimus in Anglia sublimatus, multa sanctorum Cœnobia, Monachorum monasteria erexerat & fundavit, ex quibus* Bellensem *Ecclesiam, tanquam in sui victoriosi belli memoriam,* Coronæ conquisitionem, *& totius Regni titulum triumphalem, præcipuè in honore sanctæ Trinitatis individuæ, Matris Virginis incorruptæ, & Sancti* Martini *Præsulum gemmæ, secundum tenorem sui voti primitùs emissis, labiisq; distincti, ædificans dedicavit, domibus & dominiis, multisq; Maneriis, cum eorum membris & munimentis corroborans, præcipuis privilegiis adornavit, ut in hiis sequentibus evidet intuenti; libris, libertatibus, Sanctorum reliquiis ac Ecclesiasticis ornamentis multipliciter decoravit.*

Dedit autem eidem Ecclesiæ in possessionem æternam leugam circumjacentem, liberam & quietam inperpetuum ab omni Geldo & Scoto, &c.

¶ *Diatriba de Constabulario.*

¶ [a] *Constabularius*, [b] *Constabulus*, [c] *Constaulus*, [d] *Conestabularius*, [e] *Conestabulus*, [f] *Conestablius*, [g] *Conostabilus*, [h] *Contostaulus*, [i] *Conestalus*, [k] *Comistabilis*, [l] *Comestabulus*, & Germanis qui Rhenum accolunt, [m] *Constafolarius* (*b* in *f* mutato) & [n] *Constofeierus.*] Plura hujusmodi, & pleraq; à Gall *Conestable*. Ital. *Conestabile* & *Contostabile*: omnia verò à Latino *Comite stabuli*, qui stabulo superiorum Imperatorum præfectus, * Ammiano Marcellino *Tribunus stabuli* appellatur. Græcis inferioribus (Italicum secutis) κονσταῦλος, κονοσταῦλος, & κοντοσταῦλος, à *Conto* pro *Comite*, & *stalla* (Saxon. ſtall) *stabulo*. Inde Anglo-Saxonibus Stallarius simpliciter, Con abjecto. Quo autem tempore mutatum sit nomen *Tribuni Stabuli*, in nomen *Comitis Stabuli*, aut sejunctæ dictiones conjungi cœperint, non mihi constat: illud mox ab ævo Constantini accidisse reor, hoc potissimùm sub decimo seculo. Regino, qui floruit An. 1010. *Burchardum Comitem stabuli sui, quem corruptè Constabulum appellamus, cum classe misit in Corsicam.*

a LL. Ed. Conf. ca. 35. b Regino lib. 2. c Hic mox infra. e Munster pag. 992. f Idem li. 2. ca. 15. pag. 214. g Iunius in not. ad Curopalat. h Ibi rectius. i Sigebert. Append. in An. 1165. [illegible] m Spiegel. & [illegible] * In Constantin. & Jo. an. Sect. 3. b Chron. lib. 2. in An. 807.

Sed reperitur, dici *constabularius* à Tertulliano, ævo ante Constantinum, & pro *curatore stabuli*: de quo certè miror. *Constabulare* tamen video apud Columellam occurrere pro *diversa animalia eodem stabulo fovere*: & tam dicatur *constabularius* à constabulando, quàm *stabularius* (quod tunc frequens erat) à stabulando.

Itali verò non solum *Comitem stabuli* dixere de Præfecto stabuli Imperatoris, sed metonymicè etiam de Præfecto equitum: perinde mox de omni turmæ equestris Præfecto, ipsoq; tandem pedestris (i. Centurione) quos hodie Capitaneos appellamus. Sic creberrimè inter priscos linguâ Italicâ Scriptores. Johan. Villanus, de Maffeo de Ponte Carradi. *Nella nostra cavellaria haveva 50. ò più conestabili di maggior affare di lui, & Matteo suo fratello.* Similiter, qui in Historia *della guerra Fiorentin. Reipub.* circa An. Dom. 1478. *Conestabiles* dicti sunt vernaculè, iidem in Authoribus Latinis, *Centuriones* nuncupantur, ut me admonuit Scipio Ammiratus. Quos igitur hodie Capitaneos vocant, aliquando *Constabularios* dictos fuisse liquet: nec Italis solùm sed Græcis inferioribus, Gallis, & Anglis. Græci verò exotico vocabulo, de exoticarum tantummodò copiarum ductoribus usi sunt: Et inde ὁ μέγας κονεσταῦλος appellatus est, qui cæteris omnibus *Conestaulis*, i. ductoribus auxiliarum copiarum, imperabat. Codinus in Offic. Constant. ὁ μέγας κοντοσταῦλος ἐν ἐξ ίσ- κεῖται κεφαλὴ τῶν ἐργατόρων Φράγγων, Id est, *Magnus Contostaulus caput est Francorum stipendia facientium.* Ubi Junius notat, Francorum appellatione non solum Gallos contineri,

A Scipione Ammirat. citatus. Al. κοντοσταῦλος. Contostolus.

neri, sed Italos & Siculos: eò quod & Regnum Siciliæ, & pars Italiæ, tunc à Francis tenebatur. Certè Orientales, omnes qui in Occidente degunt, *Francos* vocabant. At hæc obiter. LL. Edouardi Confess. ca. 35. *Erant & alia potestates-- per singulos Comitatus totius Regni prædicti* (i. Angliæ) *constituta, qui Heretoches apud Anglos-- Latinè verò dicebantur Ductores exercitus, apud Gallos, capitales Constabularii, vel Mareschalli exercitus*, &c. Vide *Heretochius*. Quod autem *capitales* dicit; indicat fuisse & alios *Constabularios*, minores, & non capitales. Hinc verò liquet non recipi adhuc à nostratibus hoc vocabulum, sed à Normannis postea introduci, & ad eos conferri qui aut militem educebant, aut rem militarem curabant, aut loco alicui præsidio dabantur. Sic Regni, Castri, Hundredi, Villæ *Constabularius*, &c. Traducitur etiam ad officiales marinos: unde qui postea Admiralii dicuntur, sub Ricardo 1. *Constabularii classis Regiæ* nuncupati sunt: ut supra in *Admiralius*.

Constabularii classis Regiæ.

De Constabulario Angliæ.

Saxonibus nostris summus hic officialis Heretochius dicebatur: sed audita voce transmarina *Constabularius*, ipsi quoq; eundem *Stallarium* appellabant à vulgari suo [illegible] pro stabulo, *Con* pro Comite prætermisso. Sic libro Eliensi, Alsgarus quidam Edouardi Confessoris *Stallarius*: Et Florentino Wigornensi in An. 1068. Eadnothus Regis Haroldi *Stallarius*.

Richard. monach. Eliens. lib. 2.

Anglo-Normannis receptum passim est vocabulum *Constabularius*, & sub Guilielmo primo Walterus Glocestrensis (juxta quosdam) Angliæ *Constabularius* designatur. Alii verò Guilielmum filium Osberni, Comitem Herefordiæ, eo donant titulo, quòd is *Tribunus militum* & *Normannici exercitus* aliquoties apud veteres inscribatur. Sed hoc de Marescallo intelligendum volunt priores, ut *Constabularii* nomen Waltero deferant sine controversia. Cavendum tamen, ne Walterum *Constabularium* Angliæ dixerint pro Glocestriæ, hoc enim certum, illud dubium est. Denuo verò Matildis Imperatrix Milonem filium istius Walteri (signa sua secutum) Anno 6. Regni Stephani, & Comitem Herefordiæ, & *Constabularium* Angliæ instituisse dicitur: sed Chartam qua Herefordiæ Comitatu donatus est Milo, vidimus, & in hac quidem nulla *Constabularii* mentio. Asserit Camdenus Matildem *Constabulariam curiæ suæ* Miloni concessisse, posterosq; ejus nomen *Constabulariorum* Angliæ inde assumpsisse: *ut Marescalsia* itidèm sub nomine *Magistratus Marescalsiæ Curiæ nostræ*, primò fuerat concessa. Liquet autem è Florent. Wigorn. An. 1138. Milonem fuisse ipsius Stephani Regis *Constabularium*. Conjurans verò de introducenda Matilde, ejectus videtur à Stephano, Anno Regni sui 5. receptusq; in locum ejus Guilielmus de Bello campo: sed Matildis mox ingressa, Milonem recognovisse *Constabularium*. Succedunt igitur in paternum munus filii ejus Rogerus, Walterus, Henricus, Guilielmus, & Mahelus, defunctisq; omnibus sine prole, Herefordiæ Comitatus, & *Constabularia* Angliæ, nuptiis Margeriæ sororis eorum (quæ obiit 6. April. 1187.) ad Humfredum de Bohun devoluta sunt. Numerantur ex ea familia decem *Constabularii*, Humfredi omnes dicti præter Johannem unum sub exitu Edouardi 2. & Guilielmum patrem Humfredi novissimi, qui sine prole mascula discedens, Elianoram filiam primogenitam, hæredem reliquit tantarum dignitatum. Ipsa Thomæ de Woodestock sexto filio Ed. 3. in matrimonio collocata, maritum salutavit Angliæ *Constabularium*.

Nonnulli quendam Edouardum de Bohun inter Johannem & Guilielmum ponunt. Quare.

Sunt qui Rogerum de Mortuo mari *Constabularium* Angliæ, ab ipso Conquestore institutum asserunt: Walterum verò Glocestrensem, ab Henrico primo: sub initio Stephani Regis, Robertum de Oillio Baronem de Hocmerton: Sub Henrico item 2. Ric [illegible]dum de Humez, qui in Chron. de Bello *Tribunus Regis* appellatur; at de hoc in *Marescallus*, & *Tribunus*. Inter Bohumos etiam Johannem de Bello-monte Dominum de Folkingham, Anno 12. Edouardi 2. collocant: ideo fortè quòd tutelari parumper jure, munus hoc ex Regis gesserat concessione. Sic enim Thom. de Woodstock (& sub Edouardo 3. & Ricardo 2.) uxorium titulum prælibavit, aliisq; sic evenisse deprehenderis. Thomas autem iste, Dux Glocestriæ fuit, atq; idem *Constabularius*, qui libellum de duello (supra recitatum in vocabulo *Campus*) composuit. Extincto verò ipso, & Parlamenti sententiâ læsæ Majestatis post mortem damnato, cessavit hæreditariè transire *Constabularii* dignitas, succeduntq; deinceps pro arbitrio Regis, alii ad terminum vitæ, alii solummodò ad placitum, ordine quo subsequitur: Viz.

Edouard Plantagenet Dux Albemarlæ.	23 R. 2.
Hen. Persie Com. Northumb.	1 H. 4.
Joh. Dux Bedford, fil. & frat. Regum.	8 H. 4.
Humfred. Stafford Dux Buckingh.	8 H. 6.
Joh. Dom. Beaumont.	25 H. 6.
Joh. Tiptoft Com. Wigorn. ad placitum.	1 Ed. 4.
Ric. VVidvill Com. Rivers ad vitam.	7 Ed. 4.
Antho. VVidvill Com. Rivers ad vitam.	Ed. 4.
Joh. Tiptoft Com. Wigorn.	10 E. 4.
George Plantagenet Dux Claren.	Ed. 4.
Ric. Plantag. Dux Glocest.	Ed. 4.
Hen. Stafford Buckingh.	
Tho. Stanley Dom. Stanley. 28. Nov.	1 H. 7.
Edouard. Stafford Dux Buckingh.	1 H. 7.

Hic (proscripto & truncato patre ejus Henrico Duce An. 1. Ric. 3.) Anno primo Hen 7. restitutus est, & casus ejus coram Judicibus,

dicibus An. 6. Hen. 8. sic constituitur. Humfredus de Bohun novissimus illius cognominis *Constabularius*, Comes Herefordiæ, Essexiæ, &c. tenuit Maneria de Harlefield, Newnam, & Whitenhurst in Comitatu Glocestriæ, de Rege *per servitium essendi Constabularium Angliæ*: exitumq; habens duas filias, seisitus obiit (loquor forensi dialecto) circiter An. 50. Ed. 3. Primogenita (scil. Elianora à quo titulum ducit Dux Buckinghamiæ) nupta est Thomæ de Woodstoc, ut prædicitur: & Maria junior in matrimonio collocatur Henrico de Bullenbroke, qui postea Rex Angl. evasit. Factâq; inter hæredes terrarum partitione, Rex & conjux ejus Manerium de Whitenhurst accipiunt; alii, reliqua. Super hoc, tria decernunt Judices. Primò: posse *Constabulariam* Angliæ, prædiis annecti, & ad hæredes transire, etiam fœmellas. Secundò: posse eas dum sunt innubæ, procuratorem constituere, qui earum nomine servitium peragat: post nuptias autem maritum primogenitæ, solum hoc facturum. Tertiò: servitium non extinctum esse, licèt prædiorum pars è quibus id debetur, ad manus Regis (cui debetur) perveniat, sed integrè apud primogenitam permanere. Illud porrò: licere Regi servitium renunciare, ne indigni alicujus uti cogatur ministerio. Hoc intellecto, maluit Rex ipsum servitium abdicare, quàm excelsum adeo, & periculosum onerosumq; officialem sustinere. Sed ut nihil dubio relinqueretur, securi etiam sublatus est Dux iste Buckinghamiæ 7. Maii An. 13. ejusdem Regis, nec deinceps apud nos diuturnus quisquam *Constabularius* instituitur.

Munus Constabularii.

Constabularii munus arduum certè fuit & amplissimum, nec bello solùm sed etiam pace. Populo autem grave aliquando, ideoq Statuto An. 13. Ric. 2. ca. 2. coercitum, ubi ejus jurisdictio sic enarratur. Ad *Constabularium* pertinet de contractibus cognoscere facta armorum tangentibus, & de bello extra regnum: etiam de rebus ad arma seu bellum attinentibus intra Regnum, quæ nec terminari possunt nec discuti per Communem legem, & alias consuetudines ad easdem causas pertinentes, quibus alii *Constabularii* debitè & rationabiliter suo tempore usi sunt: & cæt. Subjungitur etiam coercionis formula, si vel *Constabularius* vel Marescallus aliquid in contrarium attentaverit. Rem latiùs intellige ex diplomate hujus muneris Anno 7. Ed. 4. concessi, in quo & dictum Statutum videtur posthabitum.

Diploma muneris.

Rex, &c.--De gratia nostra speciali concessimus eidem Comiti de Ryvers dictum officium Constabularii Angliæ, habendum occupandum gerendum & exercendum officium illud per se vel sufficientes deputatos suos sive sufficientem deputatum suum [illegible] *termino vitæ suæ ipsius Comitis de Ryvers in omni & singulis quæ ad idem officium pertinent, percipiendo annuatim in & pro officio prædicto 200. lib. ad receptum Scaccarii nostri per manus Thesaurarii, &c. unà cum omnimodis aliis proficuis, commoditatibus & emolumentis quibuscunq, officio prædicto qualitercunq, pertinentibus & ab antiquo debitis & consuetis.*

Et ulterius de uberiori gratia nostra, &c. eidem Comiti de Ryvers plenam potestatem & authoritatem damus & concedimus ad cognoscendum & procedendum in omnibus & singulis causis & negotiis de & super crimine læsæ majestatis seu ipsius occasione, cæterisq; causis quibuscunq, per præfatum Comitem de R. ut Constabularium Angliæ, seu coram eo ex officia, seu ad instantiam partis, qualitercunque motis movendis seu pendentibus, quæ in Curia Constabularii Angliæ ab antiquo viz. tempore dicti Domini Guilielmi Conquestoris progenitoris nostri seu aliquo tempore citra, tractari, audiri, examinari & decidi consueverunt aut de jure debuerunt seu debent, causasq, & negotia prædicta cum omnibus & singulis emergentibus incidentibus & connexis, audiendum examinandum, & fine debito terminandum, etiam summarie & de plano, sine strepitu & figura judicii, sola facti veritate inspecta, ac etiam manu regia si opportunum visum fuerit eidem Comiti de R. vices nostras, appellatione remota.

Ex mero motu & scientia prædicta nostra similiter committimus plenariam potestatem cum cujuslibet pœna & mulcta & alterius cohercionis legitima executionisq, rerum quæ in hac parte decreverit facultatem, cæteraq, omnia quæ ad officium Constabularii Angliæ pertinent faciendum, exercendum & exequendum, aliquibus Statutis, Actibus, Ordinationibus & restrictionibus in contrarium factis, editis, seu provisis, aut alia aliquare, causa vel materia quacunq, non obstante. Et cæt. *Dat. 24. Augusti.*

Hæc de *Constabularii* munere forensi. Sequitur de castrensi, ut è registro antiquo *en la chambre des comptes* Regis Franciæ verbatim à Tilletto transcripto, cognoscitur. *Recueil. par*

En la chambre des comptes à un registre ancien, au quel est contenu que le Connestable de France est par dessus tous autres qui sont en l'ost (excepté la personne du Roy, s'il y est) soient Ducs, Barons, Comtes, Chevaliers, Escuyers, Soldoyers, tant de cheval que de pied de quelque estat qu'ils soient, & tous luy doivent obeyr.

Les Mareschaux de France sont dessous luy, & ont leur office distinct de recevoir les gensd'armes, Ducs, Comtes, Barons, Chevaliers, Escuyers & Leurs compagnous, ne peuvunt, ne doivent chevaucher, ne ordonner battaille, si n'est par le Connestable, ne faire bans ou proclamations en l'ost, sans l'assentement du Roy ou dudit Connestable, lequel doit ordonner toutes les batailles, les chevauchees & de toutes les establies.

Toutesfois que l'ost se remuë de place en autre, le Connestable prend & livre toutes les places de son droict au Roy, & aux autres de l'ost selon leur estat. Ledit Connestable doit

doit aller en l'ost devant les batailles, tantost apres le maistre des arbalistiers, & doivent estre les Mareschaux en sa bataille.

Le Roy s'il est en l'ost, & les autres batailles ne doivent chevaucher, fors par l'ordonnance & conseil du Connestable, qui a la cure d'envoyer messagers & espies pour le fait de l'ost, par tout où il voit qu'il appartient a faire, & discouvreurs & autres chevaucheurs, quand il voit que mestier en est.

Ledit Connestable a de tous ceux qui sont retenus aux gages du Roy, une journee pour son droict, depuis qu'ils sont retenus: & deslors qu'ils prennent le premier payement, peut ledit Connestable recevoir son droict s'il luy plaist: de ceux qui ne prennent gages du Roy, mais aucun certain salaire ou restitution d'argent ou d'autre chose, puis que l'on chevauche à banniere desployee, le Connestable doit avoir son droict pour le service dessusdit, sur ceux qui prennent gages, despens, salaires, ou restitution comme dit est.

Prend ledit Connestable devers les thresoriers des guerres, ses droictures de tous ceux qui comptent par devers luy, c'est à scavoir une journee, autant comme ils comptent par jour, quelque somme que ce soit.

Aussi prend ledit Connestable une journee des soldoyers de cheval & de pied, qui sont devers al retenuë du maistre & du clerc des arbalestiers, lesquels en prennent une autre, & ainsi est il accoustumé de tousiours du temps passé. Mais le Roy Philippes de Valois, declara les Princes de son sang & ceux de leurs maisons servans à la guerre à leurs despens, & les soldats de mer exempts desdits droicts. Ce que dessus est és propres termes du dit registre. Hæc & plura illic; adjunguntur; catalogi *Constabulariorum* & *Marescalorum* Franciæ. Vide *Recueil* part. 1. Et vide insuper Mat Paris. An. 1236. ubi in coronatione uxoris Hen. 3 nuptiarumq; regalium solennitate, *Comes Herefordia* (qui ni vehementer fallor *Constabularius* Angliæ fuit) *ministerium Marescalcia in domo Regis peregisse* dicitur.

Constabularius castelli, est ejusdem præfectus seu œconomus (qualis in Maneriis ballivus) omnia curans & disponens tum ad rem militarem, tum ad familiarem pertinentia. Alias *Castellanus*.

Constabularius Hundredi: apud nos officialis est Eirenarchæ inferior, pacem regiam per Hundredum promovens, & Magistratuum mandata, villarum *Constabulariis* distribuens. Sumpsit hic initium Statuto Wintoniæ An. 13. Ed. 1. ubi ad inspicienda curandaq; arma Hundredi, designatur.

Constabularius villa in sublevamen Constabularii Hundredi, ævo (ut dicitur) *Ed.* 3. introductus est: talem in villâ potestatem habens, qualem in Hundredo *Constabularius* Hundredi: Sed reperio Constabularios villæ antiquioris originis: nam in Statuto an. 5. *Ed.* 3. cap. 14. Villarum Constabulariis mandatum est, ut comprehendant malefactores qui dicuntur *Roberdsmen*, *VVasters*, & *Drawlatches*.

In Stat. etiam *VVest.* 1. cap. 15. id est, an. 3. *Ed.* 1. mentio fit de Vicecomite, Constabulario aut quovis alio Balivo de feodo, qui habet prisonæ custodiam: malefactores vetitos in fidejussionem non tradant sub amissione feodi sui & officii in perpetuum. Et si Vicecomes, Constabularius, vel Balivus illius qui feodum habet pro custodiâ prisonarum hoc fecerit contra voluntatem domini sui, 3. annis inprisonetur &c. Intelligo de *Constabulariis* Castellorum, quos Castellanos aliàs vocant.

Constabularius Scaccarii. Obsoletus jam diu Officialis qui tamen in prima Scaccarii institutione claruit. Munus ejus è Nigro libro Scaccarii sic cognoscitur. *Constabularii officium est ad Scaccarium, ut in brevibus Regis de exitu thesauri vel de aliquibus computandis, hiis qui computum faciunt, simul cum præsidente testis existat. In omnibus enim hujusmodi brevibus ex antiqua institutione duos oportet conscribi testes. Item ejus officium est, cum ad Scaccarium stipendiarii Regis venerint pro stipendiis suis, sive sint residentes in castris regis sive non, assumpto secum clerico constabulariæ cujus est terminus eorum nosce, & marescallo scaccarii computet eorum liberationes, & de retractis fidem suscipiat, & residuum solvi faciat. Omnis enim liberatio quorumcunq; sive accipitrariorum, sive falconariorum, sive bernariorum, ad officium ejus spectat si præsens fuerit: nisi fortè Dom. Rex ad idem aliquem prius assignaverit, quia Constabularius a Rege non facile potest avelli, propter majora & magis urgentia. Notandum verò quod marescallus Scaccarii de liberationibus residentium multum percipit quod ad dominum pertinet ratione officii sui, de commeantibus autem non. Item huic cum aliis magnis commune est, ut nihil magnum eo inconsulto fieri debeat.* Videntur hæc quidem spectare ad ipsum *Constabularium* Regni.

¶ *Consul, Consulatus.*] Ab Authoribus mediorum seculorum usurpantur pro *Comite*, & *Comitatu*. LL. Edouardi Confess. ca. 12. *Quod modò vocatur Comitatus, olim apud Brytones temporibus Romanorum in Regno isto Brytania, vocabatur Consulatus: & qui modò vocantur Vicecomites, tunc temporis Viceconsules vocabantur. Ille vero dicebatur Viceconsul, qui Consule absente, illius vices supplebat in jure & in foro.* Ethelwredus Anglo-sax. in An. Dom. 871. *Undecim Consules ruunt quos illi* (Dani) *Eorlas solent nominare.* Vide *Eorla* quo nos hodie pro *Comite* utimur: sed Æthelstani LL. pro *Duce* ponitur. Distinguere item videtur Charta Frederici Romanorum & Siciliæ Regis (apud Baronium) Dat. An. Dom. 1220. inter *Consulem* & Comitem.

Fre-

Fredericus, &c. *Poteſtatibus Conſulibus & Comitibus univerſorum Comitatuum & caſtrorum Italiæ, &c.*

Conſul etiam apud Orientales dicitur pro legato in re mercatoria.

¶ *Contenementum.*] Æſtimatio & conditionis forma, qua quis in Repub. ſubſiſtit. **His countenance**, *à con*, & *teneo.* Sic *manutenementum*, **Maintenance**, *à manu & teneo.* Magna Charta libertat. Angl. cap. 14. *Liber homo non amercietur pro parvo delicto niſi ſecundum modum illius delicti : & pro magno delicto ſecundum magnitudinem delicti, ſalvo ſibi contenemento ſuo : & mercatori eodem modo ſalva mercandiſa : & villanus -- ſalvo wainagio.* Idem Bracton. lib. 3. Tract. 2. cap. 2. num. 3. Et Chart. libertt. Regis Jo. antiquiis etiam Glanvil. lib. 9. cap. 8.

¶ *Conto.*] Græcobar. Κόντος, *Comes.* Ab Ital. *Conto.* Cantacuzenus lib. 1. cap. 40. apud Meurſ. *Comperiunt Principem Sabaudiæ, quem Latinorum lingua Conton vocat, filio filiaq; ſuperſtitibus è vita migraſſe.*

¶ *Contrata.*] Patria. Italic. *à con*, id eſt ſimul, & *ſtrada* via, quaſi regio vel tractus in quem plures congrediuntur. Conſtit. Sicul. Tit. 38. *Si oves vel alia animalia de una contrata in aliam ducta fuerint, &c.* Sæpè.

¶ *Contrarotulator.*] Vide *Ingroſſator.*

¶ *Conucula.*] L. Ripuar. Tit. 58. §. 18. *Si ingenua Ripuaria ſervum Ripuarium ſecuta fuerit, & parentes ejus hoc contradicere voluerint : offeratur ei à Rege ſeu à Comite ſpatha & conucula : Quod ſi ſpatham acceperit ſervum interficiat : ſi autem conuculam, in ſervitio perſeveret.* Lindenb. Gloſſ. Latino Theotiſc. *Colus* **Chunchla**. *Ital. Conochia.* Gall. *Quenouille.*

¶ *Coopertum.*] Vox foreſtar. *Dumetum* & quicquid latibuli quo feræ protegantur à venatoribus. Dictum à *cooperiendo.* Chart. Foreſt. cap. 12. *Terra arabilis extra coopertum.*

¶ *Copare.*] *Cadere*, A Græc. Κόπτω, unde Angl. **to Chop**. Choppin Doman. Fran. lib. Tit. pa. 265. *Boſcum Copatum.*

¶ *Coppa.*] Vas potorium : *cupa*, *cuppa*, quæ de majoribus etiam vaſis dicuntur. Ekkehard. Ju. de Caſib. S. Gal. ca. 1. *Coppam auream Domini tui -- pincerna mea confeſtim offerto.* Lexic. Græco-Lat. Κόππα *urna, hydria.*

¶ *Coqua.*] *Linter*, à Gall. *Coque, i.* concha, teſta. Angl. **A Cock boat.** Guillerm. de Nangis. Geſt. Philip. Reg. cap. 4. *Quicquid igitur Saracenis, de exercitu & equis eorum erat neceſſarium : galearum & coquarum vehiculo [illegible] miniſtrabat.* Vide *cogones.*

¶ *De Corbis, Corbanis, Herenachis, & terris apud Hibernicos vocatis* Termonlandes.

¶ *Corba, Corbanus, Comorbanus.*] Reperiuntur antiquè in Hibernica Eccleſia duo miniſtrorum genera, qui *Corbæ* & *Herenachi* appellantur, noſtrâ inſueti & incogniti. De his (ut magis perſpicuè dicam) intelligendum eſt, eſſe utiq; apud Hibernicos terras quaſdam lingua eorum Termon-landes nuncupatas, & has quidem alias non eſſe quàm apud Juris Canonici Scriptores, *Glebam* Eccleſiæ : Termon autem dictum à Latino *terminus*, quaſi limitatum & diſtinctum (putà à prædiis Laicorum) quo ſenſu & in LL. Baiwar. Tit. 1. §. 4. territorium Eccleſiæ *Terminus* appellatur. *Si quis ſervum Eccleſiæ vel ancillam, ad fugiendum ſuaſerit, & eos foras terminum duxerit, & exinde probatus fuerit, revocet eum celeriter, &c.* Cum autem terræ Eccleſiæ multorum canonum vigore, liberæ eſſent & immunes à ſecularium poteſtate, & ſanctæ habitæ, dici etiam cœpit Termon pro loco ſancto, atq; inde Tearmuin pro ſanctuario. Sic *Termon-Fechin* (villa Armachani Archiepiſcopi) pro Sanctuario Fechini, patrii divi : & Devonienſibus noſtris Angliſq; occidentalibus, gleba Eccleſiæ *Sanctuarium* vocatur. Sunt tamen qui Termon juxta Gallicum *terre-moine* ſonare intelligunt, i. terram monachorum.

Priſci harum terrarum habitatores, coloni erant Eccleſiæ, aldiones, liti, & id generis : qui ex indulgentia Epiſcopi hæreditariè ſuccedentes in coloniam parentum & avorum, ſolum utì feodale uſurparunt : cenſum tamen antiquum reddentes, & in reparationes matricis Eccleſiæ, quidpiam ſinguli conferentes. Tributum etiam Epiſcopo pro maritanda quaq; eorum filia pendebant, quod linguâ ſua Luach impighe dicunt; priſci noſtri forenſes *Chivagium.* Hoc quidem non levis aliquando fuit ſervitutis nota (ut ſupra in [illegible]) & rem ignarus videtur attigiſſe, eorum quiſpiam Dermenſem Epiſcopum ſic allocutus. *Non debet Dominus mutare cenſum antiquum, ſed ſi careat rebus neceſſariis, vaccis pinguibus, &c. debet ad nos mittere, & nos debemus illi ſubminiſtrare. Nam quæcunq; nos habemus Domini ſunt, & nos etiam ipſi illius ſumus.* Certè conſuetudines Hibernicæ quas Cuttinges, i. *talliationes* vocant, ſervilem produnt originem. Sed hæc valeant.

His terris atq; ipſis colonis, præfectus eſt ex aſſignatione Epiſcopi *Herenachus* : qui & munus obtinuit Archidiaconi, & nomen. Vernaculè enim Eirtinneach, & Oirchindeach (quaſi Archidiac.) nuncupatus eſt. & à munere Archidiaconus eſſe cognoſcitur. Non autem ſuperioris generis, qui hodie ſub Epiſcopo juriſdictione fruitur : ſed antiqui illius *De Herenaco.*

illius, qui presbytero inferior, pauperes & Xenodochia (Diaconias inde appellata) curabat.

Ecclesiasticorum igitur pars est *Herenacus*, sed qui primam tonsuram non deprehenditur transiisse. Censum Episcopi cæteraq; Ecclesiæ debita colligebat, partem unam Episcopo, aliam reficiendæ Ecclesiæ fabricæ, tertiam fovendis pauperibus, excipiendisq; hospitio peregrinis disponens. In stipendium muneris, libera ei cessit ab omnibus præstationibus, terræ portio, quam honoris causâ, *Honorem villæ* nuncupant. Tandem verò de annuo censu, & cibariis quibusdam Episcopo exhibendis pepigit: sed facturus itidem quod ad reparationem Ecclesiæ, & ad pauperes, hospitalitatemq; pertinet; habitaturus insuper & culturus terras quas vocant Termon-landes. Coalescere jam tum cœpit *Herenachus* suo officio, satisq; pro imperio exercere in colonos subjectos: præsertim dum Ecclesia (pia domina) natos nepotesq; facilè susciperet in parentum ministeria (ut Levitarum in Tabernaculi.) Sic enim hæreditarium in Hibernia fit munus *Herenaci*, non minus quàm in partibus transmarinis, Vicedomini. Sub ingressu tamen cujusq; tam novi *Herenaci* quàm Episcopi, subsidium Episcopo pendit *Herenacus*, & (ut cæterus Clerus) ejusdem tenetur visitationibus; procurationes etiam & refectiones præstare. Latinè insuper (ut Ecclesiasticos decet) pleriq; norunt *Herenaci*, licèt cum vulgo indoctissimo agrestiq; habitantes. Audi quid ex sacramentali Inquisitione capta in Comitatu Tironiæ 27. Julii An. Dom. 1608. de his proditum est. *Ac ulterius Jurati prædicti supra sarramentum suum dicunt, quod in qualibet dictarum Baroniarum, præter illas terras quæ antehac possidebantur, ac modò possidentur ab hominibus merè laicis, sunt aliæ quædam terræ de quibus quidam clerici, sive homines literati qui vocantur Herenaci, ab antiquo seisiti fuerunt, &c. Nihilominus quilibet dictorum Herenacorum solvebat & solvere debeat Archiepiscopo sive Episcopo in cujus Diœcesi terræ quas possidebant situatæ fuerunt, quoddam charitativum subsidium, refectiones ac pensionem annalem, secundùm quantitatem terræ, & consuetudinem patriæ.* Hoc rescripto planè liquet *Herenacorum* patrimonium (& perinde munus) hæreditarium esse, licèt servitutibus quibusdam obnoxium. E subjectis autem Chartis (quas exhibet Registrum Armachanæ Ecclesiæ) luculenter intelligas utrumq; aliàs ex arbitrio Episcopi dependisse.

Honor villæ.

Concessio Herenaciæ à Milone Armachani Archiepiscopi facta, An. Dom. 1365.

Habetur in Registro Nichol. Archiep. Ardmacani, fol. 61.

Universis sanctæ matris Ecclesiæ filiis has literas visuris vel audituris, Milo Dei & Apostolicæ sedis gratia Archiepiscopus Armachi, Hiberniæ primas, salutem in Domino sempiternam. Noverit universitas vestra nos de unanimi assensu & voluntate Decani & nostri Capituli Ardmachani, dedisse, concessisse, & hac præsenti Charta nostra confirmasse dilectis nobis in Christo VVillielmo & Arthuro Mac-bryn filiis Magistri Arthuri Mac-bryn, terras nostras subscriptas in tenemento nostro Kilmor, quas nunc idem magister Arthurus de nobis tenet, viz. Teachrna, &c. Habendum & tenendum prædictas terras cum earum pertinentiis debitis, in bosco & plano, &c. Quas & quæ idem magister Arthurus consuevit habere, & omnibus viis & semitis, pratis & pascuis, & omnibus libertatibus & liberis consuetudinibus ad prædictas terras spectantibus, secundum ipsarum terrarum debitas & antiquas limitationes, cum pleno jure Herenaciæ in toto tenemento Ecclesiæ de Kelmore nobis & successoribus nostris quoad vixerint, & quilibet eorum vixerit possidend. quandiu nobis, nostræ Ecclesiæ Armachanæ, nostrisq́; successoribus & ministris, grati fuerint & obedientes, & quilibet eorum gratus fuerit & obediens, & dictas terras coluerint seu coluerit, ac eas in parte vel in toto, nulli laico extrinseco colendas tradiderint, seu tradiderit. Salvo tamen jure Chartæ dicto Magistro Arthuro super eisdem terris confectæ ad totam vitam ipsius M. Arthuri, quam Chartam volumus pro vita sua (præsenti Charta non obstante) in suo robore permanere. Reddendo inde annuatim prædict. VVillielmus & Arthurus filius prædicti Magist. Arthuri, & quilibet eorum qui supervixerit, nobis & successoribus nostris unam marcam & octo denarios sterlingorum, ad festa Apostolorum Philippi & Jacobi, & omnium Sanctorum per portiones æquales, unà cum aliis oneribus & servitiis inde debitis & consuetis. In cujus rei testimonium sigillum nostrum & sigillum commune nostri Capituli antedicti præsentibus sunt appensa. Datum apud Dunum die xxi. mensis Novemb. An. Dom. 1365.

Confirmatio Herenaciæ hæreditariè possidendæ, facta à Johanne Mey Armachano Archiepiscopo An. Dom. 1455.

Ex Registro John Mey H, fol. 43. a.

Universis sanctæ matris Ecclesiæ filiis ad quos præsentes literæ pervenerint, Johannes permissione divina Archiepiscopus Armachanus Hiberniæ Primas, salutem in Domino sempiternam. Vestra noverit universitas quod exponente & supplicante nobis dilecto filio patricio Mackassaid Herenaco de Twynha, eo quòd ipse ab olim à nostris prædecessoribus, sicuti & progenitores sui fuerunt Herenachi de Twynha, et terras nostras ibidem (quas per suas particulas duximus præsentibus vulgariter p'eius [illegible] specificand.) consecutus fuisset in eisdem debite inchartatus: de antiqui sui juris confirmatione, et nostri novâ investitura, quo sic firmus et securus valeat permanere. Ex certis licitis causis nos moventibus, ad supplicationem suam hujusmodi annuentes

Inchartatus.

tes benevolè & gratanter, ne dum jus omnimodum quod inantea hucusq; ex concessionibus & Chartis & inde secutis in Herenacia & terris prædictis cum suis pertinentiis fuerit assecutus, in omni sui robore ratum habentes confirmamus, & præsentis scripti patrocinio communimus, verum etiam pro modo & forma, nostræ ratione investituræ, de consensu & voluntate unanimis Decani & nostri Capituli Armachani, dedimus concessimus & hac præsenti Charta nostra confirmamus prædicto Pacricio Mackasaid terras nostras de Twynha, sic per sui particulas hic quo supra vulgariter specificatas, viz. &c. cum suis pertinentiis & antiquis limitationibus.

Habendum & tenendum sibi & hæredibus suis de nobis & successoribus nostris, dictas terras cum suis particulis, pertinentiis, & limitationibus antedictis. Inde nobis reddendo & nostris successoribus, annuatim ad festa omnium Sanctorum, & Apostolorum Philippi & Jacobi, æquis portionibus, quinq; marcas & duos solidos sterlingorum, bonæ & legalis monetæ Angliæ, cum aliis servitiis, & oneribus ordinariis & extraordinariis, inde debitis & consuetis, quamdiu dictus Patricius & hæredes sui nobis & successoribus nostris ac officiariis nostris grati, obedientes fuerint & fideles, atq; dictas terras inhabitaverint, & eas coluerint, ac nulli laico extrinseco colendas tradiderint, & reditus suos, servitia, & onera prædicta, pro temporibus debitis fideliter & plenè solverint. Alioquin si in aliqua solutionis debito defecerint in præmissis, liceat nobis & successoribus nostris, de dictis terris disponere, Concessione prædicta pro aliquo non obstante; jure alterius semper salvo. Et dictum Patricium nostrum Herenacum in Ecclesia de Twynha cum omni inde onere & emolumento fecimus, constituimus, & in forma præmissa tenore præsentium ordinamus. Nihilominus quidem per has nostras concessionem, constitutionem, & ordinationem, nobis vel successoribus nostris, de novo Introitu ratione novæ concessionis, seu investituræ cum contigerit, pro aliquo nolumus derogare. In cujus rei testimonium sigillum nostrum unà cum sigillo communi Capituli nostri prædicti, præsentibus est appensum. Datum Armachiæ ix. die Augusti, An. Dom. 1455. & nostræ consecrationis Anno xii.

Adhuc de Corba, Corbano, Comorbano, Corbania, Corbanatu, &c. præcedentibus annectendâ.

Corba eminentioris loci fuit atq; idem qui Decanus ruralis, Plebanus, Archipresbyter, seu Chorepiscopus: à quo & nomen (barbarâ contractione) videtur sortitus. Hibernici enim (literas *b* & [illegible] confundentes) eundem [illegible]oppach & Co bach vocant. Cop pro *chor*, pach, & bach, pro *pisc* & *bisc* pronunciantes. Sic quibusdam visum est. Alii nescio qua adducti ratione, hunc Latinè *Converbium*, Hibernicè Conpupbach, i. *Conterraneum* nominant. Annales Hibernici * Conmba seu Conhupba, & Comoj ba: ubi (m) nihil sonare aiunt, & perinde legi *Corba*. Has discrepantias ipsi componant Hibernici; nos à nomine ad munus progredimur, quod protinus innotuerit, si *Corba* idem esse quod Plebanus; *Plebanus*, idem quod Archipresbyter seu Decanus ruralis, qui etiam Chorepiscopus dictus est (ut supra in eo vocabulo) constiterit. Audi nominum cohærentiam, atq; unà muneris enarrationem. Isodorus Moscovius Canonistarum fretus testimonio, *Ruralis* (inquit) *Archipresbyter vel Decanus, alio modo Plebanus à regimine plebis, nuncupatur. Unde si habet Capellanos perpetuos in sua Ecclesia, dicitur esse cum dignitate, vel si est in Collegiata & in Parochiali curata.* Huic confer quod ab erudito quodam Hibernico boreali, paucis hinc annis apud Procuratorem regium asseveratum est. *Corbanatus* (inquit) *sive Plebanatus dignitas est, & modò ad Regem pertinet, sed antea ad Papam. In matrice Ecclesia debet necessario esse initiatus sacris ordinibus, omnesq; decimas pertinentes ad hanc debet habere: & beneficia adjuncta huic, ipsius sunt, eorumq; conferentiam habet & præsentationem. Dictum hoc nomen quia populo & plebi Ecclesiasticæ matricis Ecclesiæ præfuit. Certum numerum sacerdotum quasi collegialium debet habere secum. Primum stallum in sua Ecclesia habet; habet etiam stallum vacuum in Ecclesia Cathedrali, & vocem in omni Capitulo tam publico quam privato. Inscribitur Romano registro, ideoq; dignitas est.* Hic (ut vides) *Corbanum* & *Plebanum* confundit: Moscovius suprà *Plebanum* & *Archipresbyterum* seu *Decanum ruralem*, quem & *Chorepiscopum* vocant.

Episcopo paret Corbanus eisdem legibus quibus *Erenachus*, scil. visitationibus, procurationibus, subsidiis, refectionibus, &c. *Erenacho* tamen superior est, & qui multis in locis pluribus *Erenachis* imperat. Munus itidem huic ut *Erenacho* gentile est, puerosq; ideo successuros Latine imbuunt, ne paternæ functionis incompetentes videantur. Nec miraberis *Corbanos* & *Erenachos* ministeria & patrimonium Ecclesiæ hæreditariè ingressos, aut suis fretos uxoribus: cum ipsum Archiepiscopatum Armachanæ Ecclesiæ Primatumq; Hiberniæ, una familia *decursis jam in hac malitia* (ut Bernardi utar verbis) *quasi generationibus quindecim*, hæreditaria successione obtinuerint: Eorumq; *etiam* (inquit idem) *octo viri uxorati et absq; ordinibus; literati tamen.*

Hæc autem in fine Orbis & in populo rudi, qui Romanum canonem tardè recipientes, patrium ritum mordicùs tenuere. Permisit enim Hibernicorum Apostolus S. Patricius sacerdotibus uxores, ut in Concilio ab ipso celebrato circiter An. Dom. clarè liquet. Sed vellicatis diu intestino bello rebus Ecclesiæ, & à Nobilibus undiq; deprædatis, postliminio tandem redeunt *Herenaciæ* quædam, ut

* *Huic verbo appingendus est apex quidem juxta scripturam Hibernicam.*

De majestate militant. Eccl. lib. 1. cap. 13.

In vita S. Malachiæ.

ut in Chartis præcedentibus vides: quidam etiam *Corbanatus*, ut in sequuturis viz.

Collatio Comorbania (seu Corbanatus) *de Ro Derensis Diocesis.*

Ex Registro Nic. Stoning. Archie. Ardmacani. fol. 3.

Nicholaus permissione divina Archiepiscopus Ardmacanus Hiberniæ Primas, Dilecto nobis in Christo Magistro Odoni Macthaig Ecclesiæ Decensis Canonico salutem, gratiam, & benedictionem. Rectoriam Ecclesiæ parochialis Sancti Kynnici de Drumgossa alias de Ro Derensis Diocesis Comorboniam nuncupatam, per mortem Magistri Johannis Macthaig ultimi Rectoris & Comorbani ejusdem, vacantem & ad nostram collationem hac vice jure devoluto spectantem, tibi conferimus intuitu charitatis, teq; de eadem investimus, & per annuli nostri traditionem instituimus auctorizabiliter in eadem decernentes te in corporalem possessionem ejusdem Rectoriæ sive Comorbaniæ, cum omnibus suis juribus & pertinentiis universis, vel quasi fore realiter inducendam & defendi inductum. In cujus rei testimonium sigillum nostrum præsentibus est appensum. Dat. apud Dundalke 26. die mens. Octob. An. Dom. 1406. *& nostræ consecrat.* 3.

Comorbaniam, seu Corbanatum (vides) ad jus Ecclesiæ restitutum, sed Ecclesiam (more veteri) in unam eandemq; familiam hunc conferre. Anno enim 1367. Augustinus Macthaig Comorbanus S. Kynnici fuit: deinde Jo. Macthaig, nunc Odo Macthaig.

Registr. prædict. fol. 40. temp. Milonis Archi.

Sequestratio Corbanatus concessa à Johanne VValton Archiepiscopo Dublinæ.

Quia ex quibusdam rationabilibus causis nobis deductis, animum nostrum juste moventibus, officium Corbanatus ibidem cum omnibus emolumentis & pertinentiis suis duximus sequestrandum, & sequestramus per præsentes. Tadeum Oskelly clericum ejusdem villæ & Ecclesiæ Glindelacensis ipsius sequestri custodem deputantes, jurium q; & pertinentiarum dicti officii antiquitus excrescentium & excrescere valentium, usq; nostram visitationem & Ecclesiæ & popularium de Glindelaghe prædict. ratiocinio emolumentorum ipsius officii, & rerum ad illud pertinentium, nobis reservato, &c. Etiam & scrutatis antiquis Ecclesiæ nostræ Dublinensis scripturis & monumentis seu chartis, dispositionem dicti officii (cum illud vacare contigerit) ad nos & nostros successores pertinere debere & nullum alium (sede Dublinensi duntaxat plena & consulta Archipræsule) pronuntiamus, decernimus, & declaramus in his scriptis. Dat. &c. 11. *Decemb. An. Dom.* 1473. *et nost. consecrat. An.* 2.

Hæc fusiùs ut obscuritati lumen adferam, quod accendit mihi literarum insignis pharus D. Jacobus Mediensis Episcopus.

¶ *Corium forisfacere.*] Verbera promereri. LL. Inæ M. S. cap. 6. *Si quis corium suum forisfaciat, & ad Ecclesiam incurrat: sic ei verberatio condonata.*

Corium perdere: vapulare, flagellis cædi. Ibidem ca. 3. *Si servus sine testimonio Domini sui die Dominico operetur, corium perdat.* Saxon. Þolig hiꞅ hyꝺe.

Corium redimere: putà ne vapulet. L. Frison. Tit. 3. §. 4. *Servus vapulet nisi Dominus ejus* 4. *solid. corium ejus redimere voluerit.* Ita in L. Salic. Tit. 13. §. 1. -- *aut flagellis* 120. *ictus accipiat: aut pro dorso suo* 120. *denar.* -- *culpab. indicetur.*

Corium cum capite decorticare. Vide *Decorticare.*

¶ *Corrodium*, al. *Corredium.*] Est alimenti modus qui in aliquo monasterio alicui conceditur, vel ad terminum vitæ, vel pro certo tempore, vel hæreditariè. In Constitut. Othobon. *liberatio* dicitur: prohibeturq; illic Religiosis ne deinceps hujusmodi *liberationes* aut vendant aut concedant. Ad fundatores verò è communi jure spectabat, *corrodiam* in quovis suæ fundationis monasterio, nisi in libera Eleemosyna fundaretur. Disposuit item Rex (in beneficium famulorum suorum) *corrodium* unum & interdum alterum in undeviginti supra centum monasteriis, quod mihi arguere videtur priscos Reges hæc eadem fundasse.

Cap. Quod religiosi non vendant vel assig. aliis liberat.

Corredium etiam dicitur quicquid obsonii quod vel superiori in subsidium penditur, vel in mensam alicui apponitur. *Cibus.* Constitutt. Sicul. lib. 3. Tit. 18. Prælati Ecclesiarum adjutorium petant pro -- *corredo nostro cum in terris eorum nos hospitari: vel corredium ab eis recipere contigerit.* Custumar. Prior. Lew. pa. 16. *Item omnis molman inveniet equum ad portandum corredium Prioris.* Mox, *Flagellabit præbendam Prioris per unum diem cum corredio Domini.* Tertio, *Lanceta falcabunt pratum Domini cum corredio tali. Ad matutinellum, pane ordei et caseo: ad nonam potagio, et duplici companagio: et ad vesperum, unum panem curiæ et fassellum herbæ.*

¶ *Cornare.*] *Cornu inflare.* Occurrit in Chart. forest. cap. 11. sed in impresso codice, mendose legitur *coronare.*

¶ *Coronator.*] Apud nos Coronæ officialis pervetustus est, ad tuendam pacem & dignitatem regiam in quovis Comitatu populi suffragiis constitutus. Quem non minor Equite aurato, sed diminuta hodie potestate, quatuor plerunq; eliguntur, qui in exquirendis homicidiis operam præsertim navant. Universis præest Capitalis Justiciarius Banci Regis

Regis, qui & ideo *Summus Angliæ Coronator* habitus est.

¶ *Corporale.*] V. *Durand.* l. 4. cap. 20.

¶ *Corsned.*] *Canut.* LL. Eccl. 5. Sax. *Panis consecratus* (vel potius *exorcisatus*) *ex hordeo confectus*: Tate. V. Offa judicialis. Et Lind. pag. 1307. *Noodkost* vetus alimentum. *Kil.*

¶ *Cortinum.*] Vide *Curtinum*, post *Curtis.* Et lib. Rames. Sect. 253. *Cortina.*

¶ *Cortis* vulgo *Curtis.*] *Aula.* Dictum à *corte* seu *cohorte* Principis. Greg. Turon. Hist. lib. 10. Sect. 16. -- *actensis in corte cuppis.* Vide *Curtis.*

Hinc *Cortilarii* & *Cortalini* pro Aulicis, *Courtisans*, qui Curiæ seu *Corti* Principis addicti sunt, *Cohortales* in L. *Omnes omnino*, C. Qui *militare poss.* lib. 12. ut Goldast. ad Ekkehar. cap. 10. etiam *Cortiles.*

¶ *Coscez* & *Coscet.*] Domesd. Titt. Wiltescire. Rogerius Comes. *Octo villani, & octo coscez cum quinq; carucis.* Vox in lustratione hujus Comitatus frequens (uti & *Coscet*) quæ *bordariorum* loco villanos plerunq; sequitur. In burgo autem Malmesberia cum *bordariis* sæpe jungitur. Agardus opinatus est, *operarios pauperes* significare: nos idem quod *Cotmanni* & *Cotarii*, id est cotarum habitatores: nam *coshe* idem apud veteres Anglos quod *cote*, i. tugurium. Vide *Cota* & *Cotmannus.*

Coshe.

¶ *Costera, Costeria.*] *Litus.* Regionis pars mari finitima, à Gall. *costier*, i. Latus: quasi *costiera.* Declaratio Constitution. Alani Ducis Britan. An. Dom. 1087. *Qui pro tunc habebat complures nobilitates super navibus per mare Oceanum in costeriis Occismorensis.* Ordinat. marisc. Rumeney, *Per costeram maris & partium adjacentium in Comitatu Kancia.*

Hist. de Bretaing. lib. 1.

¶ *Cota, Cotagium, Cotarius, Cotmannus, Cotsetus, Cotsetellum, Cotsethelanda.*] *Cota*: Tugurium, latibulum. A Saxon. cote, *spelunca, latibulum*: quod etiam Belgicè significat. Primariè à Græco Κοῖτη, *i. cubile & lustrum ferarum.* Mat. 21. 13. ðeofa cote, *spelunca latronum.* Qui olim in agris rem exercebant, speluncis se tuebantur & latibulis: ex quo casæ viliores *cotarum* nomen reportarunt. Ovid. Metam. lib. 1. —— *Domus antra fuerunt.*

Est etiam *Cota* tugurium in campis, quo noctu includunt oves à rigore hyemis, vulpiumq; rapacitate: cujusmodi multa hodie extant in Comitatu Glocestriæ & tractu adjacenti. A sheep-house, or sheep-coat.

Cotagium forenses dicunt pro ipsa *cota* seu tugurio: & complecti præterea videtur fundi ascriptam portiunculam, ut mesuagium *le mes*, & conclusum prædium.

Gal. maz & mas.

Cotarius, Cotmannus, Cotsetus, dialectum variant non significationem. Sax. cotsete *cotæ habitator.* Domesd. Titt. Middlesex. S. Petrus. *Unus cotarius de 5. acris: & 40 cotarii qui reddunt per annum 40. sol. pro hortis suis.* Titt. Wirecestr. Gislilbert. fil. Turoldi. Hadsore. *Et 8. bordarii & cotmanni cum duobus carucis.* LL. Henrici 1. cap. 30. *Villani verò vel cotseti, vel perdingi: vel qui sunt hujusmodi viles, vel inopes personæ, non sunt inter legum judices numerandi.*

Cotsetellum diminut. Grand. Custumar. Abb. de Bello, fol. 87. b. *Ric. Reve tenet 1 vetus mesuag. quod nuper fuit* Cotsetellum *Johannis Sawyere.* Ibi in seqq. pluries *Cota, Cotagium, Cotarium.*

Cotsethlanda. Lib. Rames. Sect. 265. *Dedit prædictus Abbas prædicto Hugoni pro tota terra quam tunc temporis à S. Benedicto idem Hugo tenebat, unam cotsethlandam cum libero servitio in villa quæ dicitur Slepe: & unum maignagium in foro ejusdem villæ —— & insuper 60. sterlingorum solid. Cotsethlandam* hic intelligo *cotæ* sedem & prædii quidpiam ad eandem pertinens. Cote enim *casa* vel *casula*: Set & Seth *sedes*, à Saxon. settan *incolere*: landa *terra.* Et hic nota: *cotas* non tam exiles semper fuisse, quin & sua aliàs obtinuerint prædia.

¶ *Coterellus*, al. *Cotarellus.*] Idem videtur quod suprà *Cotarius* & *Coscet*: *cotæ* seu tugurii habitator. Statut. dict. *Extenta manerii* M. S. *Inquirendum est de custumariis, &c. Item inquirendum est de coterellis: quæ cotagia & curtilagia tenent, & per quæ servitia, &c.* Apud Rastallum mendosè editur: *Inquirendum est de cotagiis, viz. quæ cotagia & curtilagia tenent.* Promptor. Fratr. Lennens. Coterell. *Gurgustinus, gurgustina: Tigurrinus, tigurrina: Coterellus, coterella; & hæc duo ficta sunt.* Est autem *gurgustium* vas viminarium quo pisces reservantur, & cella vel domus pauperum, & locus tenebrosus in taberna ubi exercentur turpia. Ciceroni *gurgustium*, Apuleio *gurgustiolum.*

Coterelli hinc dici videntur homines viliores (Gallis *Cotereaux* & *Costereaux*) qui sub Anglo militantes, Francis admodum infesti erant: Rigord. de gest. Phil. Aug. pa. 180. *Quodam die Ricardus Comes Pictaviensis multitudinem Cotarellorum ad castellum Radulphi pro succursu miserat.* Sæpè.

¶ *Cotiones.*) Vide *Coccio.*

¶ *Coutheutlaugh.*] Saxonicum. Qui exlegem scienter recipit. Couth *sciens*, utlaugh *exlex.*

¶ *Cranohari.*] L. Boior. Tit. 20. ca. 1. §. 1. *Accipiter qui cranohari dicitur.* M. S. *Cranihari.* Sed rectius puto (inquit Lindenbrogius) *Cranichapich.* Germ. Cranich *grus*, hapich *accipiter.* Atq; is ipsius est qui in LL. Alaman. Tit. 99. vocatur, *Accipiter qui gruem mordet.* L. Ripuar. Tit. 36. §. final. *Commorsus gruarius.*

¶ *Cratare.*] *Scalpere*. A. Gall. *Gratter*. Addit. LL. Frison. Tit. 3. §. 44. Vide *Cladolg*.

¶ *Creantum.*] *Satisdatum*. Constitut. Philip. August. apud Rigord. pa. 182. -- *faciant creditoribus per fidei jussores, vel per vadia, creantum suum solvendi debita ad predictos terminos.*

¶ *Credentia.*] *Abacus*, seu tabula vasa suscipiens. Italic. *credenza*. Formula degradandi Archiep. *In primis in publico extra Ecclesiam, paretur aliquis eminens locus congruens spacii pro degradatione fienda. Item super eundem ordinetur una credentia simplici tobalea cooperta: Item super eandem credentiam ponatur ampulla vini, ampulla aquæ, &c.*

Significat etiam *fidem*, sed quære an ita prorsus & simpliciter in Constitutt. Sicul. ubi sæpe occurrit. Lib. 1. Tit. 59. ca. 1. *Sancimus ut omnes camerarii & bajuli priusquam in gabellam & credentiam, bajulationes nostras administrandas susceperint -- corporalia subeant sacramenta.*

¶ *Crinitus, Crinosus.*] L. Salic. Tit. 26. §. 1. *Si quis puerum infra 12 annos, sive crinitum sive incrinitum occiderit*, 23. den. *qui faciunt sol.* 600. *culpab. judicetur.* §. 2. *Si quis puerum crinitum sine voluntate parentum totonderit*, *IDCCC. denar. qui faciunt sol. xlv. culpab. judicetur.* Decret. Childeberti cap. 2. *Nullus de crinosis incestum usum sibi societ conjugio.* Ad Explanationem harum legum & antiqui moris, addam quæ collegit Lindenbrogius. Francorum Reges & Regia stirpe oriundi, *criniti* semper erant, reliqui verò tonsi. Agathias. lib. 1. pag. 9. Θεμιτὸν τοῖς βασιλεῦσι τῶν Φράγγων, &c. *Solenne est Francorum Regibus nunquam tonderi, sed à pueris intonsi manent. Cæsaries tota decenter eis in humeros propendet, anterior coma è fronte discriminata in utrunq; latus deflexa. Neq; verò quemadmodum Turcis & Barbaris, impexa iis & squallida sordidaq; est coma, vel complicatione indecenter cirrata, sed smigmata varia ipsi sibi adhibent, diligenterq; curant: idq; velut insigne quoddam eximiumq; honoris prærogativa Regio generi apud eos tribuitur. Subditi enim orbiculatim tondentur, neq; eis prolixiorem comam alere facilè permittitur.* Meminit hujus moris Greg. Turon. lib. 6. cap. 9. Ado Vien. pa. 149. Otto Frisig. lib. 4. cap. 32. Sed & Saxones criniti erant. Witikind. de gest. Saxon, lib. 1. pa. 5. *Illis* (Saxonibus) *hæc loquentibus mirati sunt Franci præstantes corpore & animo viros, mirati sunt & novum habitum, arma quoq; & diffusam scapulis cæsariem.* Quæ eadem in Abbate Ursp. leguntur. Vide *Capillati*.

Incrinitus.

Crinosus.

¶ *Cro, Croo, & Croy.*] Reg. Majest. Scot. lib. 4. cap. 24. *Cum quis per villam mediam transierit equitando, & aliquem hominem antecedentem illum, pedibus equi sui calcaverit, ita quod mortem inde subierit; -- reddat pro homine mortuo, & taliter occiso,* Croo, & Galnes; *quasi cum propriis manibus occidisset.* Perspicuum est *Croo* hîc esse pretium hominis occisi, quod alii *VVergildum* dixere, id est, *capitis æstimationem.* Lib. eodem, cap. 36.

Statuit Dom. Rex, quod ille Croo *unius Comitis Scotiæ, est septies viginti vaccæ, 3 oræ pro vacca.*

2 Item, le Cro *filii unius Comitis, vel unius Thani est centum vaccæ.*

3 Item, le Cro *filii Thani est 66 vaccæ, & 21 denarii, & 2 partes unius den.*

4 *Omnes Bassiores in parentela sunt rustici.* Item, le Cro *unius rustici est 16 vaccæ.*

5 Item, le Cro *cujuslibet fœminæ virum habentis, est minor per tertiam partem, quam* le Croo *viri sui.*

6 Item, *si ipsa non habeat virum, tunc* le Croo *ipsius est adeo magnum, sicut* Cro *fratris sui si quem habet.*

7 Item, le Cro, & galnes, & enach *uniuscujusq; hominis sunt pares, scil. inrespectu fœminarum suarum.*

Skenæus hos capitis census, vix Scoticos agnoscit, Fortè Hibernos respiciunt, qui vaccis omnia æstimabant. Homicidii verò compositio apud Saxones nostros, triplex fuit. Cognatis pro cæde consanguinei. Domino pro cæde vassalli. Regi, pro pace in utraq; rupta. An huc spectent, *Cro, galnes, & enach*, alii dicant: voces Hiberniam sapiunt. Lib. eodem, cap. 38. §. 5. *Si uxor liberi hominis sit occisa, vir suus habebit* le Kelchyn, *& parentes ejus habebunt* le Cro, & le Galnes. Item *Si uxor rustici sit occisa, Dominus ipsius terræ in qua manet, habebit* le Kelchyn, *& parentes ejus* le Cro, & le Galnes. Sic 93. Statuto Jacobi 1. Parlam. 6. homicida pendere jubetur Regi 40. lib. *le Croy* verò, proximis consanguineis interfecti: **to the nearest of the kin of the slain man.** Vide *VVere* & *VVergildum*, et in procinctu, Crocium.

¶ *Crocium.*] Extare audio in Hibernia diploma quoddam Henrici 2. quo idem Rex uberrima privilegia Episcopo concessit. .... *Exceptis forestallis, thesauro invento, crociis, &c.* Quid hîc vult *crociis* à me quæsitum est: nec habeo quo respondeam, si aliud sit quam *Cro* in LL. Scoticis jam suprà dictum; id est, *VVergildum*, vel homicidii compositio. Quamvis enim Anglis ademisset Rex ille Wergildi leges, suas tamen Hibernis permisit immutatas.

¶ *Croftum, Croftus, Crustum.*] Sax. cɲoꝼꞇ & cɲuꝼꞇ. Lat. *crypta*, à Gr. κρύπτω *abscondo*. Locus secretus. Est autem *Crustum* prædiolum ponè habitaculum rusticum à latioribus campis ideo distinctum, ut animalia rustica subitis usibus exhibeat. Angulus campi, idemq; fortè Saxonibus, quod nos hodie (Normannos sequuti) *clausum* dicimus, A **close**. Ingulf. *Possunt etiam dicti monachi de eisdem mariscis versus occidentem jacentibus, pro se & hominibus, sive tenentibus suis, includere* *illere croftos, sive pratum circa pontem, separaliter quantum illis placuerit.*

¶ **Crota.**] *Antrum, specus, cella, crypta*, à jam dicto Saxonico cnoꝼt ꝼeliꝼo Brit. Armoric. Philipp. lib. 10. pro *cella*.

Dum tu conaris monachi subvertere crotam.

¶ *Crotta.*] Fidicula Britannica, Cambris hodie **a crowd**. Numquid à fidibus, Hispan. *cuerda*, vel Græc. κρόταλίζω, i. *strepo*, *plando*? Veianius lib. 7. Carm. 8.

Romanusq; lyra, plaudat tibi Barbarus harpa:
Græcus Archilliaca, Crotta Britanna canat.

¶ *Cruces nigræ.*] *Litania major*; quod vide.

¶ *Crucem manu bajulare.*] Radevic. de gest. Freder. 1. lib. 2. cap. 5. *Videns multitudinem eorum qui cruces bajularent; is enim Italorum mos est, ut habentes querelas crucem manibus perferant, misertus illorum ait, &c.*

¶ *Crucis judicium.*] Criminis explorandi purgandiq; multa olim genera, de quibus suis locis. Hic de *Judicio crucis* (quod & *Judicium crucis Dei* vocant) dicemus: formulam ejus qualem è Frisonum legibus Tit. 14. *de homine in turba occiso*, conceperimus, exhibituri. Reus primum duodecima manu (hoc est, totidem compurgatoribus) objecti criminis se purificabat sacramento. Ad Ecclesiam deinde, vel distante longiùs Ecclesia, ad reliquias Sanctorum deductus erat, præcisisq; de virga particulis duabus paribus (quas *talos & tenos* vocabant) unam crucis charactere insigniunt, alteram puram dimittunt. Lanâ mundâ ne intermosci possent, sortes istas seorsim abvolvunt: & in Ecclesia, super altare; foras, super reliquias ponunt. Exorato tunc sollenniter Deo, ut signo evidenti ostenderit utrum accusatus verè juraverit necne; presbyter si adsit, vel desiderato presbytero, puer quispiam innocens, sortium unam tollit, quæ si ea sit quæ cruce signatur, insontem pronuntiant accusatum; sin verò pura, reum judicant. Hæc formula vaticinandi ex decisæ virgæ particulis, inter paganos antiquissima fuit, ut infra in *Tenns*. Capitul. Ludov. Imp. ad L. Salic. cap. 1. *In seculari causa hujuscemodi testium diversitas, campo comprobetur: in Ecclesiasticis autem negotiis, crucis judicio rei veritas inquiratur.* Testam. Caroli M. cap. 8. Si confinia Regnorum, hominum testimonio declarari non possunt: *tunc volumus, ut ad declarationem rei dubiæ, judicio crucis, Dei voluntas, & rerum veritas, inquiratur; nec unquam pro tali causa cujuslibet generis pugna vel campus ad examinationem judicetur.* Hinc in Longob. LL. *Campo vel cruce contendere.* Capitul. lib. 5. ca. 125. — *de ipso perjurio stet ad crucem.* Formull. Vett. Bignon. ca. 12. *Ad crucem cadere*: & *crucem evindicare*. V. Form.f. 172.

Eadem in divisione Regni Ludovici Imp. cap. 10. sed judicio crucis illic legitur vexillo crucis: & quod hic examinationem, illic exterminationem, Lib. 2. Tit. 28. lib. 3. Tit. 55. 25.

Interdicitur *Crucis judicium* in Capit. Caroli M. lib. 1. cap. 108. viz. *Sancitum est ut nullus deinceps quamlibet examinationem crucis facere præsumat, ne Christi passio quæ glorificata est, cujuslibet temeritate contemptui habeatur.* Sed quære an iste canon rectè inseratur Constitutionibus ipsius Caroli, qui & Capitul. lib. 3. cap. 48. & in Testam. suo (quod jam citavimus) ad *judicium crucis* provocare jubet: quemadmodum & filius ejus Ludovicus. Reperitur verò ipsissimis apicibus Lothario adscriptus Longobard. lib. 2. Tit. 55. l. 32.

Solennis etiam moris fuit libata cruce jurare. Beda de remed. peccator ca. 4. *Qui perjurat in manu Episcopi, aut presbyteri, vel altari, vel cruce consecrata, unum annum pœniteat.*

¶ *Cruciferi, Crucigeri, Crucesignati.*] Sunt qui militiam Terræ sanctæ profitentes, crucem professionis symbolum, vesti in humero dextro appingebant. Sic olim noti, qui prædicata cruce, militaturos se voverant Hierosolomis. Vide Rigord. de gest. Philip. August. in An. 1187. Mat. Par. in Anno 1095. & 1096. Guiliel. Tyrium lib. 1. cap. 16. aliosq; istorum temporum Historicos.

Crucem prædicare, est periclitantem rem Christianam apud fideles conqueri, eosdemq; adversus hostes Ecclesiæ, concionando ciere. Hoc ab Urbano 2. circiter An. Dom. 1096. inchoatum est, qui non solum humeros, sed & frontes jussit cruce signari. Propriè autem adversus Saracenos & infideles (quibus signum crucis ludibrio est:) sed quòd Pontifices Romani contra ipsos etiam Christianos (inimicos suos) non semel usi sunt. Sic Alexand. 4. contra Manfredum Regem Siciliæ An. 1255. ut refert ibidem Mat. Parisius. Vide Guiller. de Nanges, de Gestt. Ludov. pag. 420.

Crucigeram autem *militiam* ab ipso Constantino repetamus, qui è cœlo monitus non solum crucem pro Labaro usus est; sed & militum armaturis eandem dedit insigni, ut refert Nicephorus lib. 7. cap. 29. Hinc & Prudentius,

——summisq; micat crux addita cristis.

Sub initio Regni Hierosolymitani exorti sunt 4. alii *Crucigerorum* Ordines, scil. Canonicorum sepulchri Dominici, Johannidarum (qui postea Rhodii nunc Melitenses dicti sunt) Templariorum, & Teutonicorum; de quibus infra in Militum Ordinibus.

Crucigeri etiam Italis dicuntur, qui ferentes crucem in manibus, querelam profitentur. Vide supra *Crucem manu bajulare.*

¶ *Cucurbita, Cucurbitare.*] Vide *Arga.*

¶ *Culdei, Colidei, Cœlibes.*] Hect. Boethius Hist. lib. 6. *Cœpere Monachi & Sacerdotes* (apud Scotos & Hibernicos) *eotempore Christi dogma accuratissimè amplexari: Monachorum quorundam ductu & adhortatione, qui quòd sedulo prædicationi vacarent, essentq; frequentes oratione, ab incolis Cultores Dei sunt appellati. Invaluit id nomen apud vulgus in tantum, ut sacerdotes omnes ad nostra penè tempora vulgo* Culdei, *i. cultores Dei sine discrimine vocitarentur. Pontificem inter se communi suffragio deligebant penes quem divinarum rerum esset potestas. Is multos deinceps annos* Scotorum Episcopus, *uti nostris traditur Annalibus, est appellatus.* Habet hæc in 6. Hist. suæ libro Hector Boethius.

Sed auditum est hoc nomen etiam extra Albaniam, ut me admonuit vir sagacissimus D. Jacobus Ussher Episc. Mediens. utpote in *Entili* sive *Berdseya* insula ubi *monachis*, & in Hibernia ubi *presbyteris secularibus* est attributum. Illam enim suo tempore *à monachis religiosissimis* inhabitatam scripsit * Geraldus Cambrensis, *quos Cœlibes vel Colideos vocant.* Hic verò in majoribus Ultoniensium Ecclesiis (ut in Ardmachana, & Ecclesia de Clunish sive Cluain ynish Clilochorensis Diœceseos) presbyteros qui Choro inservientes divina celebrabant officia *Colideos*, eorumq; Præsidem *Priorem Colideorum* appellatum esse novimus. Indeq; à Johanne Meyo Archiepiscopo Ardmacano * *ex probatissimorum testium testimonio, & quod magis est* (Registra verba sunt) *sanctorum patrum antiquis chronicis, & prædecessorum libris annalibus scrutatis & perlectis,* An. 1445. sententiam latam invenimus, quod *Prioris seu cujusq; Colideatus officium Curatum nullatenus sentiatur teneatur vel a'ias reputetur: quin quilibet beneficium curatum simul & semel cum Prioratus & Colideatus officio possit & valeat liberè & licitè retinere dummodo in Ecclesia Ardmachana debitam faceret residentiam, &c.* Et quod *Priori Colideorum locus primus in mensa; & in exequendis & regendis divinis officiis, ut in loco Præcentoris, à Coldeis cæteris reverentia congrua debeatur.* Et à Nic. V. Romano Pontifice * aliam quòd *Prioratus Collegii secularium Presbyterorum Colideorum vulgariter nuncupatorum Armachanensium simplex officium, & sine cura existat;* Ut in rescripto ipsius videre est, dato Romæ apud S. Petrum An. 1447. Pontificatus An. 1. Hæc ille.

* Itin. Camb. lib. 2. ca. 6.

* Ex Registro Jo. Mey. fol. 11.

* Ibid. fol. 2.

¶ *Culmo subnixa.*] Intellige, Potestas, Charta, Actus, Pactum. In Marculfi formulis passim occurrit *stipulatione subnixa*, & hoc ex jure Romano petitum (ut notat Bignonius.) Dicitur autem *culmo subnixa*, quasi pacti vinculum & solennitas, traditione culmi sive stipulæ, consummata aliquando fuisset, & stipulatio à stipula descendisset, quod Isodorus (ut notat item Bignonius) asserit Orig. lib. 5. *Stipulatio à stipula: veteres enim quando sibi aliquid promittebant, stipulam tenentes frangebant, quam iterum jungentes sponsiones suas agnoscebant.* Varro & Jurisconsulti aliter. Sed antiquum ritum in obscuro remotoq; populo, diuturniorem (juxta Platonis sententiam) deprehendimus. In insula enim maris Hibernici quæ Mannia dicitur, hodie in usu est, equorum aliarumq; rerum venditiones traditione stipulæ ratas facere. Tradd. Fuld. lib. 1. Chart. 106. *Hoc sit actum coram testibus subter positis culmo subnixum.* Lib. 2. Chart. 16. *Habeatis potestatem culmo subnixam.* Ibidem Chart. 21. & 23. *Culmo connexam.* Vide *Festuca.*

¶ *Cultura.*] Pars agri latior uni designata cultui: aliàs *Quarentena*, quod vide.

¶ *Colvertagium.*] Vide *Nidering.*

¶ *Cuna.*] Domesd. Tit. Cestria. *Quando Rex ibi veniebat reddebat ei unaquaq; carucata CC hestas, & unam cunam plenam cervisiæ.* Custumar. de Hecham pa. 21. *Omnis lanceta & toftman inveniet cunam si habeat ad cervisiam Domini faciendam.* Vas quo utuntur, potifices: *Cupa, orca*, vel id generis, **a tub, stand, or fatt.** Galli *cume* dicunt pro vase emanentem liquorem suscipiente, ut *Cume de pressouër.*

¶ *Cuneus.*] Sigillum ferreum quo numus cuditur: à forma dictum: atq; inde *coin* quasi *cune*, pro moneta. Domesd. Tit. Wirecestre. *Burgenses plures habuit, & pro 15. hidis se defendit: quando moneta vertebatur, quisq; monetarius dabat 20. sol. ad Londinum pro cuneis monetæ accipiendis.* Occurrit etiam pro monetæ percussione, & ipso percussionis loco. Rotulus fundatorum monast. S. Edmundi Buriens. *Dedit idem Sanctus E.* (id est, Edouardus Confessor) *S. Edmundo, Pakenham, Connegeston, & concessit etiam dicto Edmundo monetarium sive cuneum infra Bury.* Coin.

Hinc *Cuneare* vox forens. cudere: & *Cunage*, percussio. 2. Statut. Anno 9. Henric. 5. cap. 3. —— *& pur les seignourage & cunage dargent 15. den. de la libre de Tour.* Cuneare.

¶ *Cuppula.*] Fornix rotundus in altum porrectus, al. *Trullus.* Baron. in An. 682. nu. 41.

¶ *Curescet.*] In Epistola Canuti apud Malmesber. de gest. Reg. mendosè pro *Circscet* vel *Circset*, quod Vide.

¶ *Curfodi.*] Vide *Zurb.*

¶ *Curfue*, al. *Couerfu.*] A Gall. *couvrir*, tegere: *feu*, ignis. Latinè, *Ignitegium.* Edixit Willielmus 1. ut hora octava vespertina, ignis ubiq; obstrueretur, pulsareturq; tunc in ejusdem admonitionem, per Oppida & Civitates campana, quæ à munere Cupubell est appellata. Abiit ad Scotos mos iste: unde in LL. Burgor. cap. 86. *Qui etiam cum duabus*

duabus armaturis exibit (ad vigilandum) *quando pulsatur ignitegium* (Couer-feu.)

¶ **Curia.**] Origo nominis vel à Græcis petatur, vel à Romanis. Romani *curias* primo dicebant xxx illas portiones, in quas populum divisit Romulus. Secundò, partium illarum ædes publicas, quibus & convenire solebant singulæ curiæ, & sacra peragere. Tertiò, locum in quo Senatus Rempub. curabat: atq; inde quartò, locum etiam cui suam quisq; domum Senator contulit.

Ad Græcos eamus. Κυρία Athenis dicitur & ipsa concio, & concionis locus ubi convenire solitus est magistratus, & creari. Item dies rei alicui constituta, vadimonii sistendi, vel juris dicendi gratiâ; necnon sententia quæ in suffragiis vincit, unde proverbium ἄνευ κυρία. Porrò Κῦρος authoritatem, arbitrium, edictum, & efficacem probationem significat. Κυρόω comprobare, nec tam hoc quàm cum authoritate decernere, & legitimè transigere rem, ut deinde ratum sit quod actum fuerit. Hinc Κυρίον pro scripto authentico, quod nos *recordum* vocamus. Et ἀκυρόω, antiquo, abrogo, irritum facio.

Deniq; Κυρία nuncupatur potestas & dominium, Κύριος qui potestate fretus est, judiciumq; exercet; Latinis *Dominus*. Κυριακα (de templis dictum) quasi habitacula Domini. Κυριολογία sana rei narratio, quam forenses *placitum* vocant. En quam appositè Græcorum hæc omnia ad *Curias* nostras & Maneria trahantur.

Certe Romana dictio à Græca profecta videtur, licèt Varro (suiq; alii) à *cura* derivent: Canonistæ *à cruore*. Conveniunt enim & significatione & scriptura, Κυρία & *Curia*: neq; in vocabulis à Græcis ductis, υ in *y* semper mutant Latini; ut videre est in *cubitus, cupressus, cuprum, mus,* &c.

Curia pro foro juridico, apud Scriptores Ecclesiasticos, & in Jure Civili, antiquè nonnunquam reperitur. Exin pro *potestate* & *brachio* (quod dicunt) *seculari*: atq; aliàs pro omni *populo seculari*. Sic ut *Curia* & *Ecclesia* inter se distinguantur, modo quo *Ecclesia* & *Regnum*. Ivo ad Philippum Regem Epist. 22. *Respondere non subterfugiam, vel in Ecclesia si Ecclesiastica sunt negotia, vel in Curia si sunt Curialia.* Videndæ Jureti observationes in 53. ejusdem Epistolam ad Sanchonem Archiep. Aurelianens. Apud Germanos autem, Francos, Anglo-Saxones, & gentes boreales, non venisse in usum existimo, *Curiam* pro *foro juridico*, ante decimum, vel inferius seculum. Communiter enim *Mallum, Placitum, Gemotum, &c.* recepta priùs erant vocabula: quæ succrescente post accessum Normannorum voce *Curia*, nostratibus recesserunt in tenebras. Dicebatur autem *Curia*, primò de Regia seu *Palatio* Principis, indè de familia, & judiciis in ea habitis. Ritu veterrimo ut ostendit Virgilius Æneid. 7.

> —— *Laurentis Regia Pici*: --
> *Hic sceptra accipere, & primos attollere fasces,*
> *Regibus omen erat: hoc illis curia templum.*

Mox de omnibus foris judiciariis tam minoribus quam majoribus effertur.

Curia pro ædibus Nobilium, & manso capitali, seu aula Manerii. Lib. Priorat. Dunstaple Tit. Houston. ca. 1. *Henricus 2. totum manerium de Houcton dedit Ecclesiæ S. Petri de Dunstaple. -- Et tunc fuit curia & mansum capitale juxta Ecclesiam de Houcton ex parte de North.*

Pro dominio, quod Manerium dicitur & Mansus indominicatus. Chron. Laurishamens. in Folcandò Abb. 37. *Tres Abbatiæ curias, viz. Obbenheim, VVibelingen, Gingen, Regiæ potestati in concambium tradidit.* LL. Hen. 1. cap. 40. *Si pundbrech, i. fractura partic, fiat in curia Regis, p'ena VVyta sit.*

Curia pro atrio, seu area cujusvis habitaculi: Gall. **Court**, Ang. **a Yard.** LL. Ed. Confess. cap. 6. *Si* (reus) *fugiendo, domum sacerdotis vel curiam ejus intraverit, eandem securitatem & pacem habeat quam & apud Ecclesiam, dum tamen domus sacerdotis, & curia ejus in * fundo Ecclesiæ consistunt.* Sic in Brevi Regio *de curia claudenda.* * *Al. in feudo.*

Curia pro familia, ut supra in *Companagium. Unum panem curiæ,* **an houshold loaf.**

¶ *Curialitas Angliæ.*] V. *Jus curialitatis.*

¶ **Curtana, al. Curtein.**] Divi Edouardi Confess. gladius, qui in inauguratione Regum Angliæ cæteris præfertur à Comite Cestriæ. Mat. Paris. in Hen. 3. sub An. 1236. -- *Comite Cestriæ gladium S. Edwardi qui Curtein dicitur, ante Regem bajulante, in signum quod Comes est Palatii, &c.* Sic Arthuri Regis gladius, *Caliburn* & *Ron* dicitur.

¶ *Curs, Curtis, & Curtus, al. Cors, Cortis.*] *Palatium, aula Principum & Nobilium, &c.* Hæc Romanum fontem, illa Græcum sapiunt. Sed agnosce è quam humili (nè dicam sordido) initio theatrum illuxit humanæ majestatis.

Κυρτὶς Græc. *fiscella, qualus, cavea* ad conservandas aves, **a cage, or coo'e,** q. **quale.** A sepiendo dictum, nam Κυρτὸς *septum.* Romani hoc idem *certem* vocabant & *cohortem*: locum nempe in domo rustica parietibus cinctum, quo anseres, anates, ciconias & hujusmodi aves in apparatum urbanæ mensæ custodiebant. Vnde Martial. *Vide rei rust. Scriptores. Varr. lib. 1. ca. 13. Pallad. lib. 1. Tit. 22. &c.*

> *Rancæ cortis aves.* Et Ovidius,
> *Abstulerat multas illa cohortis aves.*

Cortem item dicebant quod in domo rustica loco atrii fuit; etiam spatium intra maceriam, quæ ab inferioribus *curtes* utiq; appellata sunt, ut convenire deprehendas vocabula cùm in maximis tùm in minimis.

Ling. Lat. lib. 4.

Ab avium autem *coborte* (ut testatur Varro) militum agmina dicti sunt *cobortes* : & ex eo posteri, Principum familiam & comitatum, *cortem* & *curtem* appellarunt. Gall. *Court*, Ital. & Hisp. *Corte*.

Curtis pro area circa ædes, al. *curia*. Leo Marsic. Casin. lib. 1. ca. 36. -- *domum unam novam* -- *cum curte & ædificiis.*

Curtis pro horto, **a garden**. Vide infra *Curtilagium*.

Curtis pro casa vel habitaculo rustico. LL. Burgund. Addit. 1. Tit. 5. §. 2. *Si mulier foras curte sua exierit*. Et §. 3. *Si ancilla in curte sua hoc fecerit*. L. Salic. Tit. 6. §. 3. *Canem custodem domus sive curtis*. L. Boior. Tit. 19. *Canem qui Curtem Domini sui defendit*. Hæc & olim *cortes* dici videntur apud Festum lib. 11. ubi ait, *Mapalia sunt quasi rotunda cortes.*

Curta.

Curtis, & *Curta*, pro habitaculo rustico cum adscriptis prædiis, quod *mansum* & *massam* vocant. Petrus Benevent. *Curtis vulgare est Gallicorum, sicut mansus Italicorum.* Sic fortè intelligendus Leo Marsic. Casinens. lib. 1. cap. 1. *Turtullus Patricius* -- 18. *patrimonii sui curtes S. Benedicto concesserat*. Antiqq. Fuldens. lib. 2. Trad. 99. 4 [illegible] *& curtam cum pomerio ac domo & cum* [illegible] *ædificiis*.

Curtis pro manerio, seu manso (quod vocant) indominicato. Lindewod in Provincial. Angl. lib. 3. Tit. de decim. ca. Sancta. §. omnib. *Est enim curtis mansio vel manerium ad inhabitandum, cum terris, possessionibus, & aliis emolumentis ad tale manerium pertinentibus.* Huc respicit, Longob. Lib. 1. Tit. 34. L. 1. *Si quis gastaldius aut actor Regis, curtem Regiam habens ad gubernandam, ex ipsa curte alicui sine jussione Regis, casam tributariam, terram, sylvam, vites, vel pratum ausus fuerit donare, &c.* Leo Marsic. Casin. lib. 1. cap. 36. *Obtulit Beato Benedicto curtem suam quæ dicitur Fara Maionis, cum omnibus pertinentiis, quæ simul continet* 58. *quinque millia octingentos terræ modios.* Sed difficilè est *curtem* hujusmodi à præcedente distinguere ni adjiciatur *indominicatam* aut tale aliquid.

Curtis pro villa, nec non oppido insignem ædium multitudinem continente. Flodoard. Hist. Rem. lib. 1. cap. 17. *Præsuli nunciatum* (est) *in propinqua villa quam Basilica cortem vocant, tunc fortè consistenti.* Idem alibi. *Quidam presbyter de Baronis curte, sic enim villa vocatur.* Lindenb. è Chron. Guelph. pa. 183. *In Longobardia Clismum cortem nobilissimum, cujus sunt xi. millia mansionum uno vallo comprehensa.* An non huc spectat Varronis illud? *Cohors, quòd ut in villa ex pluribus tectis conjungitur, ac quiddam fit unum: sic his ex manipulis pluribus copulatur cohors, &c.*

De Ling. Lat. lib. 4.

Differre tamen videntur *villa* & *cortis*: utpote *cortem* non dici nisi de villa, habitaculo alicujus Nobilis insigni. Fragment. Hist. Aquitan. *Per testamentum concessit ad eundem locum* -- *Curtem Fradorevillam, & villam Dairaco, villam Muiniaco, &c.*

Curtis pro aula, palatio, & familia Principis. Jornandes de reb. Get. ca. 34. *Area verò curtis ingenti ambitu cingebatur, ut amplitudo ipsa Regiam aulam ostenderet.* Hîc Vulcanius in notis: *Legendum* (inquit) *omnino est* Cortis. *Est enim Cors, spatiosissimus Palatii locus, quam Itali Corte & Cortile vocant: Hispani la Corte. Tametsi hi, hac appellatione etiam Palatium ipsum significant.* Miror non occurrisse ei vocabulum *curtis*, quod mediastinis Authoribus adeo frequens est. Tu lectionem priscam tene. Apud Asser. Menevens. de gest. Ælfredi *Curtus* dicitur. *Semper* (inquit) *in curto Regis nutriti.* Et infra -- *cum eo* (Rege Ælfredo) *illa vice* 8. *mensibus in curto mansi.* Dictum tàm de familia quam de palatio: ut *cohors* supra à Varrone, tam de conjuncta hominum multitudine, quàm domorum.

Curtus.

Curtis pro sede cujuscunq; Nobilis; tanquàm prætorio cohortis. Sic antiquis LL. notum: Gallis in villarum nominibus frequens, nobisque in nostris non inauditum.

Curtis Dominica. Idem quod Regia. Vide *Dominicus*.

Curtis indominicata. Idem quod mansus indominicatus. Vide *Indominicatus*.

Curtis pro fora judiciali & quod *placitum* vocant. Longob. lib. 1. Tit. 2. l. 9. -- *componere debebant sicut curtis Regia exigere videtur.* Placita autem & fora juridica ideo *Curtes* (h. **Courts**) nuncupata sunt, quòd in Regum, nobiliumq; curtibus (id est, ædibus) tenerentur: essentq; *Cortales* seu vassalli sui (quos *Pares curtis* vocabant) dictorum placitorum judices. Vide *Pares curiæ*.

Pares Curtis

Curtis pro ergastulo ad cohibendum noxia animalia: Forensibus nostris *Parcus*: **a pound or pinfold**. Revertitur ad nativam vocis significationem; de qua supra in Κυρτὶς. L. Burgund. Tit. 23. §. 1. *Quicunq; animal de messe vel de quolibet damno incluserit, & ante æstimationem damni præsumptione & arbitrio suo, is, cujus animal est, de curte per vim tulerit: inferat illi cui vim intulerit sol. 6. & mulcta sol. 6. damni æstimatione taxata.*

¶ *Curtifer, Curtilis.*] Locus vel sedes curtis. Formul. Solen. cap. 18. *Donamus igitur* -- *cum omnibus ædificiis, curtiferis, cum wadris, campis, terris, &c.* Similiter Gapp. 19, 50, 58, 79. Antiqq. Fuldens. lib. 2. Trad. 148. *Trado S. Bonifacio* -- *unum jugerum curtiferum.* Ibid. Trad. 207. -- *quicquid habere illic visa est in locis curtilibus, areis, ædificiis.*

¶ *Curtilagium.*] Hortus olitorius, vel ubi olera leguntur. Gal. & Angl. *gardin*. Provincivinciale Angl. lib. 3. Tit. de decimis. Ca. Sancta. §. Omnibus. *Persolvat* (decimam) *lactis*, -- *hortorum*, *curtilagiorum*, *lanæ*, *&c.* Ubi Lindewod: *Curtilagiorum: vulgare est* (inquit) *non* [illegible] *sed* [illegible]. *Est enim curtis, mansio vel* [illegible] *ad inhabitandum, cum terris possessionibus & aliis emolumentis ad tale manerium pertinentibus, prout satis colligitur in lib. Feudorum Tit. de controversia investitura, §. Si quis de manso. col. x. Unde Curtilagium dicitur locus adjunctus tali curti, ubi leguntur herbæ vel olera: sic dictus à curtis, & lego legis, pro colligere.* Hæc ille.

Mihi autem dici videtur *curtilagium*, à *curtillum* & *ago*, scil. locus ubi *curtis* vel *curtilli* negotium agitur: ut *Messuagium* à Massa, *cotagium* à cota. Vide mox *Curtillum*. **The yard, not the garden**: in grandi enim lib. *Bellensi* Tit. *Middilborgh*, fol. 17. & seqq. sæpè occurrit Messuagium cum curtilagium & gard. sæpe Messuagium & curtilagio sine gard. sæpe Messuagium & gard. sine curtilagio. Vel dicatur *Curtilagium* quicquid spatii intra septum *curtis* seu *curtilli* clauditur: opponiturque ei quod discinctum jacet in *campania*, hoc est, in campis. Lib. Ramef. Sect. 271. *Concesserunt -- 3. acras terræ in eadem villa, tam in curtilagio quam in campania.*

¶ *Curtillum.*] Area, vel quicquid spatii intra curtis seu habitaculi sepimentum jacet. *Curtilagium* LL. Inæ M. S. ca. 40. Ceorles peorðig, 4. *rustici curtillum debet esse clausum æstate simul ac hyeme: Si disclausum sit, & introeat alicujus vicini sui captale per suum apertum, nil inde recipiat; sed educat & patiatur damnum suum.* Hic *curtillum* dicitur quod aliàs *curia*, scil. in Brevi *de curia claudenda*: & id ipsum hinc emanasse palam est.

Curtillum vero dictum censeo à Gall. *courtil*, quod est area sub aversa ædium parte: *viridarium*, *hortus*, cui appositè respondet Saxon. peorðt, *q. olitorium*, peart *enim olus*. Et M S. quidam codex priscus, *Hortulanos* interpretatur **Curtilers**.

Curtilers.

¶ *Curtinum.*] Pro curte rustica, apud Auctorem Destructorii vitiorum non semel (inquit Goldast. ad Ekkehardi cap. 4.) Locorum nullum reperi; sed fortè occurrat pro *curtillum*, *l* in *n* (ut sæpè) transeunte. In Chart. verò Alaman. Num. 33. *cortinum* legitur pro *corte* (i. domo rustica) cum prædio. *Vendiderunt tibi Magno & uxori tuæ Quintell. cortinum aroncale -- cum pomifera ex integro*; Et ponit capitis & laterum *cortini* metas; inferiusque mentionem facit alterius *cortini*. Lib. *Ramf*. Sect. 253. reddit -- *cortinam* unam & unam toftam vacuam.

Cortinum.

¶ *Custodia.*] Custodiæ dicuntur urbium divisiones, quæ seorsum coeunt, consulunt & consentiunt. Vulgo **Wards**, cujusmodi *Londinium* hodie numerat 26. totidem subditas Aldermannis, singulas singulis. *De* **Stanforde** in tractu *Lincolniensi*, inquit Domesdei, ibiq; fuerunt sex *custodiæ*.

¶ *Custodia pupillorum.*] Quoad Anglos vide *VVardæ*; quoad Scotos, audi Hectorem Boetium lib. 11. §. Seq. *Convenienti, &c. Barones verò* (inquit) *ita illius temporis nostrorum annalium monumenta appellabant, ne non suppeterent ad Regiam Majestatem facultates, ut cujuscunq; agri Domino excedente ex humanis, hæres, sive mas, sive fœmina, usq; ad alterum supra vicesimum ætatis annum, Regis esset sub tutela.* Hæc ille, & simile quiddam ab Anglis factum ævo Hen. 3. Ranulfus Cestriens. Mat. Paris atq; alii tradiderunt; Magnam Chartam non rectè intelligentes, ubi hoc privilegium Regi confertur, sed in affirmationem prisci juris, non in constitutionem novi. Custodiæ enim leges Henrici 2. sæculo (nec antea minùs) vigorem obtinuisse apud Glanvillam videas lib. 7. Capp. 9. & seqq. Animadvertas autem eam ideo non concessam, ut pupilli & res eorum in prædam ducerentur, sed ut fideliter tuerentur.

¶ *Custagium*, & (ni fallor) *Custa.*] A Gall. *coust*, & *coustange*. Voces fori. *Expensa.*

¶ *Custume*, & *Custumia.*] A Gall. *coustum*, Consuetudines, Vectigalia. Inde *Custumarium* dicitur quod pertinet ad consuetudines, vel in quo ipsæ describuntur. Custumarius, qui ad easdem est obnoxius vel à ministerio.

¶ *Curuca.*] *Navis.* Alias *Carrucha.* Epst. Gildæ Britonis qui floruit An. 580. Sect. 15. *Itaq; illis ad sua remeantibus emergunt certatim de curucis quibus sunt trans Sciticam vallem evecti, quasi in alto Titane, &c.* Polydori Virgilii editio legit, *emergunt certatim de carruchis, quibus sunt trans Styticam vallem evecti.* Vide supra *Carrocium.*

¶ *Cyburium.*] Vita Sergii Papæ. *Hic fecit ambonem & cyburium in basilica SS. Cosmæ & Damiani.* Rectiùs *Ciborium* quod vide.

¶ *Cypsinus.*] Vita Leonis Papæ. *Fenestras ipsius Ecclesiæ mira pulchritudinis ex metallo cypsino decoravit.* Legendum *cyprino*.

Adus.] *Alea, talus, tavillus.* Aliter *detius*; hoc à Gall. *det, ut iover aux dets*; illud ab Italico *dado*, ut *gimocre à dadi*. Constitt. Neapol. lib. 3. Tit. 57. *Qui ad dados sic ex quadam consuetudine ludunt*. Infra —— *qui aleas & dados tenent ut ea prædictis ludentibus accommodent, inter infames habentur.* Guil. Neubrigens. rerr. Anglic. lib. 3. ca. 22. —— *quod nullus ad aleas vel ad detios ludat.* Hinc nostris **dee** & **dice**.

¶ *Dalmatica*, al. *Dalmata.*] Vestis longa & candida, sine manicis, purpureis clavis distincta. Primò in usu apud sacerdotes Dalmatiæ, quam nunc Sclavoniam dicimus. Gloss. Arabicolatin. *Dalmata vestis sacerdotalis cum clavis purpureis.*

Tanti fuit hæc vestis primitivæ Ecclesiæ patribus, quòd Eutychianus Papa & martyr qui floruit An. 275. constituit; *ut quicunq; fidelium martyrem sepeliret, sine dalmatica, aut colobio purpurato nullatenus sepeliret*; Anastasius, & alii. Cum autem superstitionem hoc olere sentiret Gregorius Mag. non tantum privatorum feretris, sed ipsorum quoque Romanorum Pontificum, *dalmaticas* aut colobia insterni vetuit, ut in Edicto ipsius habetur Regist. lib. 4. ca. 48. juxta Binnium & Baron. Concil. Tom. 1. pa. 216. a.

Olim autem nec Archidiaconis licuit, nec ipsis Episcopis *dalmatica* vestiri sine Papæ licentia. Hanc igitur sibi & Petro Archidiacono suo concedi Ægerio Episcopo flagitanti, non extemplò annuit Gregorius, sed post iteratas cogitationes, uti in re nova & insolita: Regist. lib. 7. Ep. 111. & Decret. par. 1. distinct. 23. ca. 10. Huic autem adversari videtur quod à vitarum Pontificum Scriptoribus asseritur, Sylvestrum (qui floruit An. circiter 315.) constituisse ut *Diaconi dalmaticis in Ecclesia uterentur, & palla linostina lana eorum tegeretur*; Gregorio enim multò Sylvester antiquior est. Quære igitur de reconciliandis his canonibus.

Denuò verò invaluit consuetudo, ut Diaconi omnes *dalmaticis* utantur; opinor tamen ab antiquis illis discrepantibus. Nam quæ recentiores *dalmaticas* sæpe vocant; aliàs *Alba*, & notiori vocabulo *superpellicea* appellantur. Distinct. 93. ca. 9. *Diaconus alba tempore oblationis tantùm vel lectionis utatur.* Ubi Gloss. *Alba*, id est, *Dalmatica*, argu. 11. quæst. 3. Episcopus presbyter. Hæc fortè differentia Sylvestrum componat & Gregorium. Sed *superpelliceum*, *albam*, & *Dalmaticam*, diversa numerari infra videas in *Manipulis*.

Dalmatica etiam vestis Regia fuit, nec hodiernæ incognita solennitati. Fortè à Commodo Imp. primùm recepta, qui (ut refert Lampridius in vita ejus) *præter solitum: dalmaticatus in publico processit*. Pertinacem quoq; ejusdem successorem insignem facit Capitolinus, *lacernis & chirodotis Dalmatarum.* Lacerna autem alia vestis fuit candida qua in spectaculis usi sunt; togæ superinduta: quod perspicuè testatur Martialis lib. 4. Epig. 2. Et lib. 14. in distichis. Hinc apud Impp. Orient. permansisse videtur *dalmatica*, atque inde à Carolo Calvo An. Dom. 986. ad Francos traducta. Segebert in eo Anno. *Carolus Imp. post adeptum imperium ultra se elatus, consuetudines Francorum vilipendens, Græcas glorias & insolitos habitus adfectabat: & talari dalmatica indutus, & desuper balteo accinctus pendente usq; ad pedes, capite vero involuto velamine serico, & diademate super imposito procedebat.*

Mitto exoticos. Piissimo nostro Regi divo Edouar. Confessori, hæc inter sacras vestes fuit: eaq; ipsa *dalmatica* quæ ejus olim amplexa est corpus, per succedentium Regum seriem deducta, serenissimum dominum nostrum Jacobum in suæ consecrationis solennitate insignivit. Hujus meminit Thom. de Walsing. in unctione Ric. 2. An. 1377. *Expleto* (inquit) *hymno, erectus est Rex ab Archiepiscopo, & indutus est primo tunica S. Edwardi, & post ejusdem dalmatica, projecta circa collum ejus stola.*

¶ *Daltini.*] Recitat Stanihurstus Hibernicus lib. 1. de rebus patriæ suæ, quatuor apud Hibernos militum ordines; unum, equitum, reliquos, peditum. Pedites verò Caleglasios, Kernos & *Daltinos* appellari. *Ultimus* (inquit) *omnium ordo cursorum numero concluditur, quos Hiberni Daltinos, nos Latinè scurras velites, seu servos à pedibus nominare possumus. Isti inermes incedunt, ministros se præbent equitibus, sparos etiam amentatos vibrant, phaleras sordibus maculatas mundant.* Certè nobilium filii hoc non dedignati sunt munus, colonos interea (quantumvis divites) vilipendentes.

¶ *Damnum triplum.*] Hoc quod in actionibus injuriarum (vulgo *transgressionis, vi & armis*) reportat Actor; commune olim nobiscum

biscum fuit Ripuariis, ut L. eorum Tit. 11. §. 3. *Si quis Regio aut Ecclesia stico homini de quacunq; libet re fortiam fecerit, & per vim tulerit: in triplum (sicut reliquo Ripuario) componat.* Multa in legibus Henrici primi, Ripuariorum legibus consonantia: atq; hi ipsi in illis nominantur.

¶ *De Danigeld.*

¶ ***Danigeldum, Danegeldus, Danegeld, &*** ***Danegilt.***] Tributum Anglis indictum, aliàs ob pacandos Danos, aliàs ob arcendos. *Tributum Danicum.* Vide *Geldum.* Sævientibus per Angliam Danis, & de Regno fortiter dimicantibus, Egelredus Rex in extremas adactus angustias, multa librarum millia impendit, ut relicta Anglia, domi se imposterum continerent. Hi autem ad nova semper pacta à novissimis fugientes, prædas nihilominus undequaque agunt, & pusillanimem Regem continuis tributis decoquunt miserrimè. Colliguntur hoc nomine,

An. Dom. 991. —— 10000. lib.
An. Dom. 994. —— 16000. lib.
An. Dom. 1002. —— 24000. lib.
An. Dom. 1007. —— 36000. lib.
An. Dom. 1009. —— * 3000. lib.
An. Dom. 1012. —— 48000. lib.
An. Dom. 1014. —— 30000. lib.

Sic Florent. Wigornensis: alii aliter numerant, referuntq; 113000. libras quinis vicibus ab Egelredo depensas esse; concessumq; præterea tributum annuum 48000. librarum, ab omni populo eradendum, *Danegeldum* propriè nuncupatum.

H. Hunt. hist. lib. 5. f. 205. a. n. 10. —— *Edelredi Regis anno xiii. primum statuerunt Angli, consilio infausto Siricii Archiepiscopi; quod ipsi censum Danis persolverent, quatinus a rapinis & cede cessarent, & dederunt eis decem mille librarum. Hoc autem malum usq; in hodiernum diem duravit (scil. tempore Regis Stephani) & diu nisi Dei pietas subveniat durabit; Regibus namq; nostris modo persolvimus ex consuetudine quod Dacis persolvebatur ex ineffabili terrore.*

Danis autem non videtur concedi, sed ipsimet Regi, ad conducendum militem advers-sus Danorum irruptiones. LL. Edouardi Confess. ca. 12. *Danigeldi redditio propter piratas primitus statuta est. Patriam enim infestantes vastationi eius pro posse suo insistebant. Ad eorum quidem insolentiam reprimendam, statutum est Danigeldum annuatim reddi, scil. 12. denarios ex unaquaq; hyda totius patriæ ad conducendum eos qui piratarum irruptioni resistendo obviarent. De hoc quoq; Danigeldo libera & quieta erat omnis Ecclesia, & etiam omnis terra quæ in proprio dominio Ecclesiæ erat, ubicunq; jacebat, nihil prorsus in tali redditione persolventes: quia magis in Ecclesiæ confidebant orationibus, quam in armorum defensionibus. Et hanc libertatem tenuit Anglorum Ecclesia usq; ad tempus VVillielmi junioris, qui de Baronibus totius Angliæ auxilium petiit ad Normaniam retinendam de fratre suo Roberto Normannorum Comite Jerusalem proficiscente. Concessum est ei, non lege statutum neq; firmatum, sed habuit necessitatis causa ex unaquaq; hida 4. solidos, Ecclesia non excepta: quorum dum fieret collectio, proclamabat sancta Ecclesia, libertatem suam reposcens, sed nihil profecit.* Hæc a recenti ore adjiciuntur Item pristus Niger liber Scaccarii. *Ad hos igitur arcendos* (scil. Danos) *à Regibus Anglicis statutum est ut de singulis hidis jure quodam perpetuo duo solidi argentei solverentur in usus virorum fortium, qui perlustrantes & jugiter excubantes maritima, impetum hostium reprimerent. Quia igitur principaliter pro Dacis institutus est hic redditus, Danegeldum vel Danegeldus dicitur. Hic igitur annua lege (sicut dictum est) sub indigenis Regibus solvebatur usque ad tempora Regis Willielmi primi de gente & genere Normanorum. Ipso namque regnante tam Daci quam cæteri terræ marisque prædones, hostiles cohibebant incursus. —— Cum ergo diu sol'visset terra, sub ejusdem Regis imperio, noluit hoc ut annuum solvi quod fuerat urgente necessitate bellicæ tempestatis exactum; nec tamen omnino propter inopinatos casus dimitti. Raro igitur temporibus ejus vel successorum ipsius solutus est. Hoc est, cum ab exteris gentibus bella vel opiniones bellorum insurgebant. Verum quocunque tempore solvatur, ab ipso liberi sunt qui assident ad Scaccarium (sicut dictum est:) Vicecomites quoque licet inter Barones Scaccarii non computentur, ab hoc quieti sunt de dominiis suis, propter laboriosam ejusdem census collectam.* Lib. 1. ca. 11. Hæc fusiùs, quia liber primus rarior prodit in lucem: posterus, non omnino.

Fertur autem Edouardus Confessór (teste Ingulpho) cùm se dæmonem vidisse, super acervo danigeldi exultantem, protestatus esset, aspectumque exhorruisset: collectum illico restitui jussisse, & retento nè iota uno, feram exactionem in perpetuum relaxasse, *Anno scil. 38. ex quo tempore Regis Ethelredi patris sui, Swanus Rex Danorum suo exercitui illud solvi singulis annis imperavit*: ut loquitur Ingulphus. Sed revixisse vides (suprà) hoc tributum, & sub Guilielmo juniori in quadruplum excrevisse. Et licèt Henricus I. Char. suâ concesserit civibus Londoniens. *Ut sint quieti de Eschot & Danegildo*: Et Magna sua Chartâ libertatum Regni, quòd milites possiderent *terras dominicarum carucarum suarum quietas ab omnibus geldis*: Danigeldi tamen solutionem cæteris videtur retinuisse; nam in legibus ejus Cap. 16. in hunc modum statuit: *Danigeldum quod aliquando Tingeman dabatur, id est, xii. den. de unaquaque hida per annum: si ad terminum non reddatur,* Leg. Inglishman.

 Witâ

Wità emendetur. Refert etiam Reinulf. Cestrienf. lib. 7. cap. 17. eum in redemptionem peccatorum suorum circa An. Regni sui 30. vovisse inter alia: *ut septem annis Danicum tributum relaxaret*. Rex Stephanus regnum iniens: * *vovit quod Danegeldum, id est, duos solidos ad hydam, quos antecessores sui singulis annis accipiebant, in æternum condonaret*. Hoveden. Post hoc verò seculum *Danegeldi* mentionem non reperio, licèt nec tunc expirasse existimem: sed mutato nomine *Tallagium* (juxta vulgare Normanicum) appellari, Anglis aliter, **the Taxe**. Quod tamen annuò non solutum est, ut sub Regibus Anglo-Saxonicis: sed ut instituit Guilielmus senior, *cùm ab exteris gentibus bella vel opiniones bellorum insurgebant*: consultis etiam Magnatibus Regni, & Parlamentaria demum authoritate. Vidè *Hidagium*, *Carucagium*.

* H. Hunt. lib. 8. p. 387.

¶ ***Danilaga.***] Vide *Lex Danorum*.

Diatriba de Dapifero.

¶ ***Dapifer.***] Summus officialis fuit cum in aulis Principum, tum in privatorum hospitiis: hoc tamen nomine haud minùs antiquioribus incognitus, quàm recentioribus munere. In palatio Caroli magni ejus non meminit Hincmarus: sub Othonibus verò celebris extat, & ad eligendum Imperatorem designatus. Nomen, muneris interpres, utpote quod in ferendis dapibus exhibetur. Manifestum hoc in Palatino Comite, qui Imperii dapifer, sollenni Imperatoris inaugurati[o]ne prima fercula (equo elatus) Imperatoriæ fert mensæ. Tribuitur verò hujusmodi ministro multiplex nomen ex multiplici munere: nec solùm à recentibus, sed etiam antiquis. *Eleater* (Græce ἐιλειάτρος) quòd ministros παρὰ τὸν ἐλέον, *i. ad mensam coquinariam* cibos inde ad mensam Regis delaturos convocabat. Sed mox toti hic cibario ministerio præfectus est: & demum ἐλέατρος (inquit Athenæus lib. 4.) ὅλης διακονίας ἐπιστάτης *totius ministerii* seu *œconomiæ præpositus*. Nec interea ignobile hoc ministerium, cùm Ptolomeus Soter Alexandro Magno fuisse *eleater* perhibeatur.

Eleater.

A convocando autem (ut diximus) ministros & convivas, *Dipnocletor* etiam dictus est, & *Convocator*. A curanda mensa & rebus ad mensam pertinentibus *Trapezopoeus*, & *Architriclinus*. A prægustando Imperatori securitatis gratia, *Progeusta*, *Protogeusta*, & *Prægustator*; qualem Britannico fuisse refert Tacitus: & *Claudium Cæsarem veneno occisum per Halotum spadonem prægustatorem*, quidam tradunt, inquit Suetonius in Claudio ca. 44.

Apud inferiores novæ subsequutæ sunt appellationes. In Oriente *Domesticus*, *Megadomesticus*, *Occonomus*. In Occidente *Maior Domus*, *Senescallus*, *Scalcus*, *Gastaldus*, *Assessor*. Interdum *Præfectus mensæ*, & *Princeps coquorum* quem & *Magyrum* vocant. Differunt tamen omnes inter se, sed ab Authoribus per transennam inspecti, confunduntur sæpissimè. Codinus de Offic. Constantinop. τοῦ ἐν βασιλέως καθήσαντος, ὑπηρετεῖ ὁ μέγας δομέστικος οὕτω, &c. *Cum igitur* (ad mensam) *sedit Imperator, ministrat magnus Domesticus in hunc modum: Apponit missum hic primus, magnus nempe Domesticus proximè Imperatorem: post eum Domesticus mensæ, & post ipsum Præfectus mensæ. Affert autem missus Domesticus rei Domesticæ, quibus Imperator vesciturus est, & tradit Præfecto mensæ: atq; hic Domesticus offert Domestico mensæ, hic vero rursum magno Domestico: & magnus Domesticus proponit coram Imperatore. Comedente autem ipso si oporteat bibere, ministrat Pincerna, ut dictum est, si præsens sit: sin minus, honoratissimus principum vinum fundit. Domestici igitur rei Domesticæ, missus singulos afferentes imponunt, &c.* Liquet hos, *Dapiferos* fuisse, de reliquis videamus.

Dipnocletor. Convocator. Trapezopoeus. Architriclinus. Progeusta. Protogeusta. Prægustator. Domesticus. Megadomesticus. Occonomus. Maior domus. Senescallus. Scalcus. Gastaldus. Assessor. Præfectus mensæ. Princeps coquorum. Magyrus.

Erat in aula Caroli M. Audulfus quidam, aliàs Autulfus & Odulfus, vir præpotens: qui à Carolo cum exercitu missus, Britones Armoricanos domuit An. Dn. 786. Hunc Annales Fuldenses & Sigebertus, *Caroli Senescalcum* vocant. Vita Caroli ab Engolismensi monacho: *Missum seu Scalcum*. Aimoini Continuat. lib. 4. ca. 78. *Regiæ mensæ præpositum*. Regino verò, *principem coquorum*: Et hoc ipso officio functos sub tertia Regum familia, ex vetustissimis vernaculis carminibus observat Falcetus Orig. lib. 1. ca. 10. (ut mihi Author est Hieronymus Bignonius) etiam plures tunc extitisse, majorem verò, *Dapiferum* appellari, regiumque vexillum in acie detulisse.

Dapifer major. Dapifer minor.

Certè vocem *Dapifer* apud Authores Carolo æquales, non (quòd memini) reperio. Deinceps autem clarè emicuit, etiam & dignitas. Primas enim in Regno obtinuisse, notat Bignonius è diplomatum regiorum subscriptionibus; quæ à *Dapifero* cum aliquot aliis familiæ Regis, subscribi consueverunt in hunc modum. Ludovici VI. R. diploma donationis ad S. Dionysium. *Præsentibus ex palatio nostro quorum nomina subintitulata sunt & signa. S. Ancelli tunc temporis Dapiferi nostri. S. Gileberti Buticularii. S. Hugonis Constabularii. S. Uuidonis Camerarii. Stephanus Cancellarius relegendo subscripsit An.* 1112. Innumera (inquit præterea) ejusmodi literarum exempla reperiuntur, adeo ut vacante *Dapiferi* seu Senescalli officio, subscriberetur in literis, *Dapifero nullo*.

Simile Philippi R. An. 1107 in observatt. Jureti ad Epist. Ivonis 70

Restat ut *Maiorem domus* eundem cum *Dapifero* fuisse demonstremus, quod etiam negotium mihi antevertit Bignonius: asserens observatum esse *Senescallum* in locum *Maioris domus* successisse, Hugonemq; de Clariis (qui ejusdem jura descripsit & sub Ludovico VI. vixit) *maioratum & senescalciam* vocasse: Cui & Guilielmus Tyrius fidem facit Hist. bel. sacr. lib. 4. ca. 5. *Alexius --- megadomestici*

Maior domus.

mestici dignitate (quem nos maiorem Senescallum appellare consuevimus) fungeretur officio, ab Imperatore secundus. Addam quæ apud Rob. de Monte lego in Append. ad Sigebertum An. 1170. *In Purificatione B. Mariæ, fuit filius Regis Angliæ Parisiis, & servivit Regi Francorum ad mensam ut Senescallus Franciæ. Hanc Senescalciam, vel ut antiquius dicebatur, Maioratum domus Regiæ, Robertus Rex Francorum dedit Gaufrido Grisogonella Comiti Andegavensi, propter adjutorium quod ei impendit contra Ottonem Imperatorem.*

Scalcus idem Italis est quod *Senescallus* Gallis: à vulgari suo *scalco* pro architriclinio & *Dapifero*.

Nominum hæc diversitas, unde. *Gastaldus* etiam *visedominus* dicitur: & (89. distinct. volumus) *Maior domus.* Sed de his suis locis. Omnis autem regio, proprii idiotismi appetit voces, quas dum Latinè reddunt eruditi, centuplices gignunt vocabulorum diversitates.

Munus Dapiferi. Jam de munere *Dapiferi* (ut de antiquato officiali) inquiramus. Intelligendum est plures fuisse *Dapiferi* species: cum in Regum palatio tum in nobilium domicilio. Famulos enim omnes qui mensam Domini sui observabant (nobisq; hodie **Serbingmen** appellantur) veteres *Dapiferorum* nomine continebant, ut indicare videntur LL. Edw. Confess. ca. 21. & Bract. lib. 3. ca. 10. *Archiepiscopi, Episcopi, Comites, Barones, &c. milites suos & proprios servientes, armigeros, scil. Dapiferos, pincernas, camerarios, & coquos, sub suo friburgo habeant.* Erat etiam in nobilium hospitiis honestioris loci *Dapifer*, antedictis præpositus, & toti præterea rei domesticæ: *Senescallus hospitii* postea nuncupatus. *Senescallus capitalis, seu Megadomesticus.* Quin & superior adhuc, qui omnes Domini facultates domi forisque, patrimonium, & universa negotia curabat, tuebatur, promovebat: Senescallus (quem vocant) capitalis & revera *Megadomesticus.* Hic personam domini indutus, vices ejus in placitis sustinuit, & conventibus publicis: ut LL. Hen. I. ca. 8. *Si quis Baronum Regis vel aliorum, Comitatui secundum legem interfuerit, totam terram quam illic in dominico suo habet, acquietare poterit. Eodem modo si Dapifer ejus legitime fuerit. Si uterq; necessario desit, Præpositus & Sacerdos & IV. de melioribus villæ assint pro omnibus, qui nominatim non erant ad placitum summoniti. Idem in Hundredis decernimus observandum de locis & vicibus, Judicum observantiis, de causis singulorum, justis examinationibus audiendis, de Domini & Dapiferi, vel Sacerdotis & Præpositi, & meliorum hominum præsentia.* Vides quantus hic olim *Dapifer* (etiam infimi Baronis & cujusvis Nobilis) quum paucioribus non æquiparetur quàm Præposito, & Sacerdote & IV. melioribus hominibus villæ. Cognovit siquidem de litibus ad jurisdictionem Domini sui pertinentibus, præeratque ejusdem subditis instar Justiciarii, seu Judicis capitalis. Mutato verò demum nomine, minutaque in pluribus authoritate, *Senescallus Curiæ Baronis, & Senescallus Manerii* appellatus est. *Senescallus curiæ seu Manerii.*

Dapifer & Justitiarius idem. Conjungi autem olim videntur munera *Dapiferi* & Justitiarii, unde Robertus de Monte in Append. ad Sigebertum An. 1160. Robertum de Novoburgo *Dapiferum & Justitiarium totius Normanniæ* vocat. Et vita Caroli M. ab Engolismensi monacho: *misit (inquit) exercitum in Britanniam, unà cum misso suo Audulfo sive scalco.* Ubi *misso* pro Justitiario, *scalco* pro dapifero intelligo: nam hæc nomina (*Justiciarius & Dapifer*) eo seculo non suscepta arbitror: munera verò sub Comite palatii tunc contineri, Comitemque palatinum Rheni inde postea *Dapiferum* appellari. Quis enim Comes ille palatii seu palatinus, de quo Hincmarus sub Carolo M. in Occidente, nisi idem qui in Orientali Imperio *Megadomesticus*, & in Gallia postea *Maior domus, Magnusque Senescallus* nuncupatus est? Fateberis si horum inter se conferas munera. Sed Hincmarum recitasse aies in Aula Caroli, & *Comitem Palatii*, & *Senescallum*, distinctos officiales. Rectè: *Senescallum* autem illic intelligo ut Græci pro *Domestico* simpliciter, hoc est, *Senescallo Hospitii*; Comitem verò palatii pro *Megadomestico*, seu *Magno Senescallo*.

Magnus Senescallus. Animadverte prisci moris vestigia, in solennioribus hodiernis apud nos judiciis. Cùm postulandus sit rei capitalis aliquis è Magnatibus: Constituitur regio diplomate *Magnus Senescallus* Angliæ, qui hoc ipso munere *Justitiarius* efficitur ad cognoscendum ferendumque judicium de delinquente, uti post Regem, legum vindex supremus. Hoc etiam nomine, videtur *Dapifer Regis* inter Saxones nostros, cum Episcopo & Comite Comitatus, 20. *sol.* de quolibet occisore percepisse, ut testantur LL. Ed. Confess. Cap. 12.

Quandoquidem igitur in omni territorio tantus agnoscitur hic officialis, non dedignatus est Dux Sueviæ, Monasterii S. Galli *Dapifer* profiteri, ejusdemque Abbati, dum in Aula Imp. Princeps creatur, ministrare, ut refert Cunrad. de Faburria Rer. Alaman. Tom. 1. par. 1.

Dapifero etiam (ut jam diximus) in officio fuit, vexillum domini sui gestare: fortè quòd ad evocandos ducendosque familiares & subditos Domini sui, aptior visus est. Rob. Monac. S. Remigii Rhemens. Hist. lib. 4. *Ipso die Podiensis Episcopus perdidit Dapiferum suum, qui sua aciei deferre solebat vexillum.* Apud Gallos verò hoc de summo *dapifero* intelligendum est, ut supra è Bignonio.

Sed in palatio Regum Anglo. Normanicorum, non adeo illustres videntur *Dapiferi*, ac in exterorum. In historiis enim nostris rarioris sunt nominis, & in Chartarum subscriptionibus, locum submissiorem tenent. Reor fuisse eos secundi ordinis, non primi; non *Megadomesticos*, sed *Domesticos* simpliciter, *Senescallos hospitii Regis.* Occurrit in Chart. Guilielmi senioris facta Abbati Ramesiæ An.

1077. loco sexto inter laicos, ***Haimo Dapifer.*** Et in Char. Guilielmi junioris, Ecclesiæ Norwicensi, ***Eudo Dapifer*** solus. In Char. verò Henr. I. eidem Ecclesiæ confecta An. 1101. loco decimo (& post omnes Comites) ***Ego Eudo Dapifer subscripsi.*** Loco undecimo, ***Ego Halmo Dapifer subscripsi.*** Et loco duodecimo, *Ego W. Pincerna subscripsi.* Quod verò duo simul occurrunt *Dapiferi* in una Charta, *Eudo* scil. & ***Haimo***: hunc de *Dapifero* Angliæ intelligendum censeo, illum Normanniæ. Epistola enim 27. Ivonis Carnotensis Episcopi (qui obiit An. Dn. 1117.) ad ***Eudonem Dapiferum Normanniæ*** dirigitur, & hic idem videtur de quo supra. Plura de *Dapiferis* Angliæ, vide in ***Senescallus Angliæ***: hîc tamen addam quæ apud Wil. Malmesberiensem lego in Stephano, *VVillielmus Martel quondam Pincerna Regis Henrici, nunc Dapifer Stephani Regis.* Et in Continuat. Sigeberti sub An. 1160. (id est 7 Henr. II. ***Obiit Gullelmus filius Stephani Regis Angliæ, Comes Bevaniæ &*** Dapifer ***Regis Angliæ.*** Catal. Nobil. in Com. Norf. ait ***Rogerum Bigot*** fuisse Dapiferum ***Henr.*** primi in § ***Hugh Bigot*** pag. 338. atq; eundem duxisse herædem Senescalli Angliæ.

¶ ***Dardus.***] *Jaculum*, & quicquid missilis. à Gall. *dard.* Abbo de obsid. Lutet. lib. 1.

At turris nocturna gemit dardis terebrata.

Et inferius post multa,

Arce ruit dardumq; ferens castella petivit
Illorum, hastamq; vibrans projecit in ipsa.

Glossæ quædam *Cateias, dardos* exponunt.

¶ ***Davata terræ.***] Agri portio apud Scotos. LL. Baronum al. Quoniam Attachiament. Cap. 23. quod inscribitur *De Herezeldis, i.* Heriotis. ***Dominus meliorem averiam sive animal de suis catallis habebit. Ita scilicet quod ille husbandus*** (i. tenens seu vassallus ejus) ***octavam partem unius davatæ terræ tenuerit, vel plus.*** Verbum Scoticum à Scoto explicatum habe: sic namq; ibidem Skenæus. Davatæ, *Apud priscos Scotos* **one Dawach of Land**, *quod continet quatuor aratra terræ, quorum unumquodque trahitur octo bobus: Alii quatuor aratra duplicia intelligunt, quæ sunt octo simplicia: Sed servari debet usus & consuetudo locorum. In nonnullis libris hic legitur* Bovatæ terræ, *contra fidem veterum codicum authenticorum. Bovata autem terræ continet 13 acras, cujus octava pars comprehendit unam acram, dimidiam acræ, & octavam partem acræ.*

¶ ***Deadvocare.***] Vox fori. Causam deserere. Defensionis, patrocinii, advocationisque munus vel beneficium rejicere. Bract. lib. 2. Tit. 1. ca. 35. nu. 13. *Poterit tenens si voluerit illum deadvocare cui fuerit attornatus, & justè propter homagium.* Hinc *deadvocatio* & *deadvocatus* ibidem.

¶ ***Dealbare.***] Obsoleta vox inter ministros Scaccarii. Niger liber ibidem Cap. *de officio clericorum Camerariorum. Memorandum verò, quæ de firma blanca semper fieri solet tallia, paulo brevior est: quia facto essaio per quod firma dealbatur, prima illa confringitur, & apposita sibi tallea combustionis.* Et lib. eod. ca. fol. 7. *per hanc taleam combustionis dealbatur firma vicecomiti.* Item fol. 72. b.

¶ ***Debatum.***] A Gal. *Debatre.* Dissensio, Contentio. Declaratio cujusdam Constitutionis Alani Ducis Britanniæ An. Dn. Hist. lib. 1 1087. *Ortum fuit quoddam debatum seu dissensio, viz. quis eorum* (procerum) *sedere debeat primus in dicto Parlamento. De & super quo quidem debato, Alanus Dux, &c.* Infra. *Ad finem evitandi debatum seu dissensionem.*

De multiplici Decano, Decania, Decanatu, Decenna, Decuria.

¶ ***Decanus.***] Gr. δεκανὸς à δεκὰς: in militia dictus est, qui decem præfuit militibus; in monasteriis, decem monachis; in Ecclesia majori, decem præbendis; in Episcopatus divisione, decem clericis seu parochiis; in Centuriæ sive Hundredi distinctione, decaniæ suæ sodalibus.

Decanus militaris (*qui & caput contubernii* dictus est) à Vigetio explicatur, lib. 2. ca. 13. *Rursus ipsæ centuriæ in contubernia divisæ sunt: ut decem militibus sub una papilione degentibus unus quasi præesset decanus, qui caput contubernii nominatur.*

Decanus monasticus apud Augustinum claret lib. 1. de morib. Eccles. Catholicæ, cap. 31. Locum integrum proferam, ut candorem illius ævi agnoscas, posterioris deliquium. Inter alias autem monachorum laudes: *nemo* (inquit) *quicquam possidet proprium, nemo quicquam onerosus est. Operantur manibus ea, quibus & corpus pasci possit: &* à Deo *mens impediri non possit. Opus autem suum tradunt eis quos Decanos vocant, eò quod sint denis præpositi, ut neminem illorum cura sui corporis tangat, neq; in cibo neq; in vestimento, neq; si quod aliud opus est vel quotidianæ necessitati, vel mutatæ (ut assolet) valetudini, Illi autem decani cum magna sollicitudine omnia disponentes, & præsto facientes quicquid illa vita propter imbecillitatem corporis postulat, traditionem tamen etiam ipsi reddunt uni quem* patrem *vocant,* & cætera quæ vide hic infra in vocab. *Pater.* Frodoard. sub An. 954. *Fulcarius decanus monasterii Sancti Medardi Noviomensium Remis ordinatus Episcopus.* Florent. Wigorn. in An. 991. *Sanctus Oswaldus —— clericos VVigornensis Ecclesiæ monachalem habitum suscipere renuentes de monasterio expulit, consentientes verò hoc anno (ipso teste) monachizavit, eisque Ramesiensem cœnobitam VVin-*

VVinsinum magna religionis virum, loco Decani præfecit.

Apud Gallos *Decani* appellati sunt, qui sub magnatibus regni, Abbatum titulos & jura usurpantibus, Abbatiarum curam gerebant: de quibus vide supra in *Abbate seculari.*

Decanus in majori Ecclesia dicitur, qui Episcopo proximus, denis ad minus Canonicis seu Præbendis (plerumque presbyteris) præpositus est: ideóq; & ipse Archipresbyter habitus. Dist. 60. ca. 2. *Nullus in Decanum nisi presbyter ordinetur*: Et Ca. præced. à *nullo nisi Episcopo presbytero.* Canonici seu Præbendi isti collegium inter se constituunt, quod *Capitulum* appellatur: cujus rationem vide in *Capitulum.* Per se tamen uti *corpus* quod vocant *corporatum*, facultatem non habent aut perdendi, aut lucrandi; sed hoc conficientes adjuncto *Decano*, integrè valent: Et *Decanus* solus ad multa, etiam successores ipsius coercendum; sed is *corpus politicum*, appellatus.

Decanus & Capitulum.

Decani autem & *Capituli* duo sunt apud nos genera. Alterum ex antiquo ritu Ecclesiæ: in quo *Decanum* eligit *Capitulum*, sed impetrata (per Breve quod vocant *Conge d'eslier*) veniâ Regis, & eodem plerunque eligendum designante. Alterum ab Henr. VIII. eversis jam monasteriis, introductum: qui in Cathedralibus Ecclesiis, ubi Abbatem & monachos, vel Priorem & Conventum deprehendit: eosdem in *Decanum & Capitulum* (variato nomine) transmutavit, *Decanumque* suiipsius & successorum diplomatibus conferendum statuit.

Sunt etiam in rure, *Decani* pauculi, nulli collegio præfecti, sed jurisdictione quapiam gaudentes, ut *Decanus* Croidoniæ in Comitatu Surriæ, *Decanus* de Bello, i. **Battel**, in Comitatu Cantii, &c. Videntur ex *ruralium Decanorum* genere fuisse: quod hinc ab Episcopo, illinc ab Archidiacono, vel exhaustum omnino est, vel pristino splendore denudatum. Sunt & præterea *Decani* quidam nec collegio alicui præfecti, nec jurisdictione ulla donati, nomine tamen velut honoris gratia insignes, *Decanus* Capellæ regiæ, & *Decanus* capellæ S. Georgii Windesoriæ.

Decani libitinarii in Ecclesia Constantinopolitana dicti sunt qui in sepeliendis mortuis curam agebant. Numero primùm incerto, sed à Constantino magno 950. instituti: postea, 1100. Ex his, qui in majori Ecclesia deserviebant, immunitate donati sunt: reliqui habiti sunt munifices.

Decani Episcoporum al. *rurales*, sunt *Decani* temporales ad aliquod ministerium sub Episcopo vel Archiepiscopo exercendum constituti: qui nec habent institutionem canonicam secundùm Doctores, quos ad hoc copiosè citat Guillelmus Lyndewode in Provinciale, lib. 1. tit. de constitut. ca. 1. verb. *Decanos rurales.* Et ait præterea *Decanum* hunc dici quòd decem clericis (intelligo rectoribus Ecclesiarum) sive parochiis præsit, secundùm Papiam. Hunc eundem esse existimo, qui in LL. Edouardi Confes. ca. 31. *Decanus Episcopi* appellatur, mulctamque octo librarum pro violata pace unà cum Rege & Consule Comitatus percipit. Scilicet Rex 100. sol. Consul. 50. *Decanus autem Episcopi* (verba sunt legis) *si intus Decanatum pax fracta fuerit, reliquas* 10.

Decanus ruralis etiam dictus est aliquando *Chorepiscopus* & *Plebanus*: quæ vide.

Decanus friborgi. Is est qui aliàs, Decurio, aliàs Borsholder, aliàs Capitalis friborgus, & Capitalis plegius: ferborgi Caput, Justitiariusq; dictus est. Præerat novem sui sodalitii comitibus (quos friborgos, congildones, contubernales, &c. vocant) cognovitq; inter hos de damno, pratis, pascuis, messibusque illato: etiam de litibus inter vicinos. Vide ejus institutionem in verbo *Centena* §. finali, è LL. Ed. Conf. recitatam: ubi *Justitiarius*, i. Judex appellatur. Et Consentiunt Wisegothorum leges lib. 2. Tit. 2. l. 25. inquientes —— *Centenarius, Decanus, &c. judicis nomine censeantur ex lege.* Bene igitur Hieronymus Bignonius ad Chartam 10. Vett. formul. quæ *Ducibus, Comitibus, Vigariis, Centenariis & Decanis* inscribitur. *Decani* (inquit) *minimi sunt judices sub Centenariis, & à VValafrido minoribus presbyteris conferuntur.* Hincmar. Epist. 4. cap. 15. *Comites, Vicarii, vel etiam Decani plurima placita constituant, & si ibi non venerint, compositionem ejus exsolvere faciant.* De hoc vide plura in *Borsholder*, & *Friborgus.*

Decania, Decenna, Decima, Decuria. Dicantur appositè hæc omnia, de omnium prædictorum *Decanorum* ministeriis & sodalitiis: apud nostrates autem usitatiùs reperio, pro munere, sodalitio, & territorio *Decani*, qui friborgo præficiebatur.

Sic *Decania* in LL. Henr. I. ca. 42. at Wisegothor. lib. 9. Tit. 2. l. de munere *Decani* militaris, dicitur: *Si Decanus relinquens decaniam suam, de hoste fugerit*, &c. Gloss. δεκανιά, *decuria.* Occurrit apud Barater. lib. de feudis Tit. 4. §. penult. alio quopiam sensu. *Si quis pro villicaria, & ut ita dicam pro decania, vel aliis quibuscunq; angariis -- feodum acceperit, &c.*

Decenna. Bracton. lib. 3. Tract. 2. ca. 10. *De eo* (malefactore) *qui sic fugam ceperit, diligenter erit inquirendum, si fuerit in franco plegio & decenna, & tunc erit decenna in misericordia coram Justitiariis nostris* (*i.* Regis) *quia non habent ipsum malefactorem ad rectum, licet per alios ante iterum captus fuerit, & prisona deliberatus, ex quo per decennam non est captus nec productus.* Pluries illic inferiùs. In LL. Henr. I. ca. 21. *Decennalis numerus* appellatur, Saxonibus tenmentale. *Decennalis numerus.*

Hinc *Decennarius* dicitur, qui ex *decennali numero* est & non *Decanus*: vulgo **handborow**, quod vide.

Decima. LL. Inæ M.S. Cap. antepen *Decimus*

mus de ignotis pecoribus, ut nemo habeat sine testimonio Hundredi vel Decimæ.

Decuria. Ingulph. Saxo. Hist. Croyland. Aluredus Rex statuit, *ut omnis indigena legalis, in aliqua centuria & decima existeret; & si quis suspectus de aliquo latrocinio, per suam centuriam vel decuriam, vel condemnatus vel * invadiatus, pœnam demeritam vel incurreret, vel vitaret.* *Decuriam* mox dicit quod priùs *decaniam.*

Al. absolutus.

Decanatus etiam (juxta Hug. & alios) est societas decem virorum: sed notissimè dicitur de portione Episcopatus, Centuriæ seu Hundredo Comitatus respondenti, & *Decano* olim supposità.

Decanica. Carcer Ecclesiasticus. Julianus Antecessor Constitut. 73. *Executor autem litium constitutus intus in decanicis ecclesiarum recludatur, competentes pœnas luiturus.* Græcobarb. δεκανικά, vide Meurs. Capitul. Carol. & Ludov. lib. 5. ca. 225. *Si executor est, in decanicis Ecclesiarum recludatur pœnas luiturus, & officium perdat.*

¶ **Decimæ Saladinæ,** al. **Saladinides.**] Dicuntur quæ in Concilio Parisiensi An. Dn. 1188. Philippo Regi Francorum in oppugnationem Saladini Mahometani Principis concessæ erant. Hujusmodi etiam obtinuit Rex Angliæ Ricardus I. ut testatur Mat. Paris. in An. 1189. & ab exemplis istis posteri sæpe Reges.

¶ **Deciner, Desiner, & Desnier.**] Anglo-Norm. à Gal. *Dismier* pro *Decennario* & *Handborow*, quæ vide.

Decorea, Decorticata.] Vide instans *Decuria.*

¶ ***Decurio, Decuria.***] Vide *Decanus* & *Decania.* Sunt etiam *Decuriæ*, notæ seu incisiones in arboribus factæ, ad distinguendum terminos. Dictæ, à forma decussata. Aliis *Decorticata*, *theclaturæ*, *snidæ*, &c. Wisegoth. lib. 8. Tit. 6. l. 1. —— *in arboribus* —— *faciat tres decurias quæ vocantur characteres.* Boior. Tit. 11. ca. 3. §. 2. —— *in arboribus notas quas decoreas vocant.*

¶ **Dedicatio.**] Festum *dedicationis* Ecclesiarum, regiis olim privilegiis munitum est. LL. Edou. Confess. ca. 3. *ad dedicationes, ad synoda, ad capitula venientibus* —— *sit summa pax.*

Defalta.] Vox fori. *Defectus, negligentia, deliquium.* A Gall. *default.* Bractono frequens.

¶ ***Defendere.***] *Prohibere*, à Gall. *defendre.* LL. Edou. Confes. ca. 37. *Usurarios defendit quoq; Rex Edwardus, ne remanerent in Regno.* Sic Chaucerus noster,

In prolog. uxor Bath.

Where can you say in any manner age,
That ever GOD defended marriage, &c.

Sæpè in antiquis Statutis, ideoq; illud Edouard. I. quo de ferendis armis cavetur: *Statutum de defensione portandi arma* inscribitur.

Defensio.

¶ ***Defensores.***] Multiplices sunt, & pluribus nominibus cogniti, cum in Ecclesia tùm in repub. Dicti quòd *innoxiè tueantur*, ut ait Cassiodorus lib. 9. ca. 25.

Defensor Ecclesiæ è Concil. Affricano sub Cœlestino & Bonifacio Annum circiter 423. initium sumpsit, Can. 42. *Ab Imperatoribus universis visum est postulandum, propter afflictionem pauperum, quorum molestiis sine intercessione fatigatur Ecclesia, ut defensores adversus potentias divitum, cum Episcoporum providentia deligentur.*

Hinc *Defensor Monasterii*, & ex eodem fonte, *Defensores Patrimonii S. Petri*, qui à summis Pontificibus in provinciis constituuntur, ad tuendum curandumq; patrimonium Ecclesiæ Romanæ. De his crebra apud Gregorium mentio in Epist. unde officium liqueat, & è Pelagii Papæ Epistolis.

Hinc & *Defensores Ecclesiarum parochialium* deinceps instituti sunt, quos hodie *Gardianos Ecclesiarum* dicimus.

Defensor civitatis. Hujus muneris formula apud Cassiodorum extat lib. 7. ca. ubi dicitur; *Imples enim re vera boni defensoris officium si cives tuos nec legibus patiaris opprimi, nec caritate consumi.* In hoc autem dum plebi, parentis curam & vicem exhibere videtur, *Defensor plebis* etiam dictus est. Cognovit de pecuniariis causis usq; ad trecentos aureos; necnon de criminibus levioribus: sed in majoribus deprehensos, ad præsidem Provinciæ mittebat puniendos. Testamentorum insuper & donationum insinuationes, coram ipso factæ sunt: etiam testationes & depositiones, suumq; ideo scrinium habuit seu archivum & exceptores. Perspicuè dignoscitur ex propriis titulis, in utroque Codice: Novel. 15. & I. C. Scriptoribus. Inferius utique in formulis Solennib. quas inter, vide Formul. 73.

Defensor plebis.

Defensor mulieris, de quo Longobard. lib. 1. Tit. 30. l. 13. idem est qui aliàs *Tutor* & *Gardianus*, aliàs *Mundualdus.*

Cætera *defensorum* genera vide sub dictis vocabulis & similibus, præsertim *Advocatus*: in quo & plura de *Defensoribus Ecclesiasticis.*

¶ ***Dei gratia.***] Hoc in titulis olim usi sunt non solum Archiepiscopi, Episcopi, Duces: sed etiam Abbates, Priores, Comites, minimi interdum magistratus & legati. Comites præsertim, jura regalia obtinentes: Abbates mitrà insignes. Dedignantibus verò interea Regibus, ipsumque uti majestatis specimen vendicantibus: vel omissum paulatim est omnino, vel transmutatum. Priscam tamen formam, in Regiis quibusdam brevibus retinet Fitzherbert Natur. brevium fol. 132. *Rex, &c. Venerabili in Christo patri Johanni eadem gratia Dunelmensi Episcopo.* Et fol. 40. similiter, *Episcopo VVintoniæ*: Ludovicus autem XI. Rex Franciæ, hoc *de suis rescriptis detrahere jussit* Franciscum Ducem Armoricanum,

Glorioso Imp. Henr. 3. &c. Philippo Dei gratia presbyterii vitam illustrem, &c. Circ. An. Dn. 1040.

canum, ut refert Bodinus lib. 1. Reipub. ca. 10. de his agens quæ propria sunt juri majestatis.

Duarenus in Comment. ad Consuet. feudor. cap. 1. nu. 5. *Igitur scribit Gallorum Rex in titulo suo*, Dei gratia, &c. *quasi nullius hominis sed solius Dei gratiâ Rex sit.*

¶ ***Dei judicium.***] Vide *Judicium Dei.*

¶ ***Defustare.***] Baculo cædere, *fustigare*, Gloss. ξυλοκοπτῶ, τὸ τύπτω ξύλω, *defusto, fustigo.*

¶ ***Delia.***] Fines 9. H. 8. *Term. Pasch. Derb. -- Inter* Jac. Beresford *quær.* & Tho. Kinwalmersh. & *alios defendentes, de tenemento in* Wynster, & *proficuo cujusdam mineræ* deliæ, *una cum officio discum portantis omnium minerarum ibidem.*

¶ ***Demanium.***] Vide *Domanium.*

¶ ***Demsters.***] Sunt duo Judices in insula Mannia (olim, ut testatur Giraldus, Ewania nuncupata) qui de litibus ibidem emergentibus cognoscunt. Dicti à Sax. ðema, quod *judicem, Consulem*, & interdum *ducem exercitus* significat. Mat. 5. 25. -- ⁊ ſe ðema ðe ſille ðam ðene, i. & *judex te tradit ministro.*

¶ ***Dena.***] Domesd. Titt. Chent. Rex. Tarentford. *De silva viii. dena parva & iii. magna.* Titt. Chent. Rex. Middiltune. *De silva Regis habet Wad' tantum quod reddit xvii d. per annum, & dimidiam denam.* Titt. Chent. Scũs Martinus. Middiltune. *Ad ista iii. solina, sunt v. dena.* Titt. Chent. Episcop. Baiocens. Estledes. *De hoc manerio de Om, habet iiii. denas quæ valent xx. s.* Titt. Chent. Archiep. Cantuar. Norton. *Et una parva dena silvæ.* Denique Titt. Chent. Alberti Capellani. Norton. *Et iii. dene de silva reddunt xxx. porcos.* Vocabulum pluries inculco, ut lux per rimulas scintillaret. Agardus opinatus est *denam* silvam cæduam notare sepimento conclusam. Hæreo. Quære. Den autem Sax. al. Sene, idem est quod *spelunca, cavea, vallis*: interdum *cota*, & *cubile*, unde peti hic videtur origo verbi. Quosdam enim audivi dicentes, **a den of wood**, & alio nomine, **a yoke** ab aliis appellatum, id est, *jugum*, quod vide. Continet non certam terræ portionem, alibi verò 500. & eo supra jugera, alibi dimidio minus; ex quo illud in Domesd. *dene parve, & dene magne.* Plurimis villis nomen indidit in sylvestri Cantii parte: *Tenterden, Rolvenden, Newenden, Beneden, Horsmanden, Spelmanden, &c.* sed vallem potiùs significaturum. In his autem quidam *don* & *dun*, pro *den* scribunt, i. *mons* pro *vallis*: perperam.

¶ ***Denarius, Denariatus, Denarialis.***] *Denariorum* tot sunt genera, quot populorum: Singula autem enarrare, neque instituti nostri est, neq; scientiæ. Maximè tamen conduceret (fateor) ad rei antiquæ notitiam. In priscis enim legibus, mulctarum ratio, ob ignotum *denariorum* valorem, valde obscura est, & incerta. Fortescu de laudibus legum Angliæ, Cap. 53. ——— 4. *solid. redditus* (Parisienses) *qui de pecunia nostra* (Anglicana) 8. *denar. non excedunt.* Hodiernus noster *denarius*, Scoticum solidum æquiparat. Antiquus igitur tribus potior. Nam cum hodie 5. solidi eoque suprà, ex una argenti uncia cudantur, hoc est ultra 60 *denarios*: erat eadem olim argenti, viginti solummodo exhibuit. Pondus verò antiqui illius *denarii* è Statuto Anni 51. Edouardi I. quod *Compositio mensurarum* inscribitur, cognosce. *Denarius Angliæ qui nominatur sterlingus, rotundus sine tonsura, ponderabit* 32. *grana frumenti in medio spicæ, &* 20. *denar. faciunt unciam, &* 12. *unciæ faciunt libram.* Sterlingus. *Denarius* autem alius ex ære fuit, alius ex argento, ille à colore *niger*, iste *Albus* nuncupatus. Albus. Græcis inferioribus δηνάριον λευκὸν, ἔκλευκον, καὶ ἄσπρον. Metell. Quirin. Ecc. 3. *argenti dedit albos.* Vide supra *Albus.*

Erant & *denarii aurei.* Didymus Claudius de Analogia Romanorum τὰ δὲ χίλια συνεστῶτα ποιεῖ διακόσια πεντήκοντα δηνάρια ἀργυρᾶ. δέκα δὲ χρυσᾶ. Vide *Solidus.*

Denarii numero plural. ubiq; gentium usurpatur pro pecunia in genere.

Denarius Sancti Petri. Vide *Romescot.*

Denarius tertius est ea pars mulctarum forensiumque emolumentorum quæ in Comitatu olim cedebat Comiti, Rege alias duas percipiente. LL. Ed. Confes. ca. 31. *Rex habebit* 100. *solidos, & Consul Comitatus* 50. *qui tertium habebit denarium de forisfacturis, &c.* Vide de hoc plura in *Comes Palat.*

Whereas before this time the peny was wont to have a double cross, with a crest, in such sort that the same might be easily broken in the midst, or into four quarters, and so to be made into half-pence, or farthings: which order was taken in the year of Christ, 1106. the 7 of H. the 1. It was now ordained, that pence, half-pence, and farthings should be made round: Whereupon was made these verses following. Stow in An. 1279. 7 Ed. 1 pa. 306.

Edward *did smite round, peny, half-peny, farthing,*
The cross passes the bond of all throughout the ring,
The Kings side was his Head, and his name written,
The cross side, what City it was in coyned and smitten:
The poor man, ne to Priest, the peny fraises nothing,
Men give God aye the least, they feast him with a farthing,
A thousand two hundred fourscore years and mo,
On this money men wondred, when first it began to go.

The old money was not forbidden to go with the new, and besides these moneys there

there was Coyned Groats, containing four pence the piece.

The pound of Esterling money, at this time contained 12 ounces, to wit, fine silver (such as men make into foil or leaves, and is commonly called silver of Guthéromlane) 11. ounces, 2 Esterlings, and one Ferling, and the other 17 d. ob. q; to be a ay. Also the pound ought to weigh of money 20 s. 3 d. by accompt, So that no pound ought to be above 20 s. 4 d. nor less then 20 s. 2 d. by accompt. The ounce to weigh 20 d. The peny to weigh 24. grains, &c.

Denariatus pretium rei quæ *denario* con-
Denariatus vivæ pecuniæ. stat: mercis, redditus, terræ. LL. Ed. Confes. ca. 10. Omnis qui *habuerit* 30. *denariatas vivæ pecuniæ*, i. animalium. Chart. quædam circiter ævum Henr. II. *Sciant præs. & fut. quod ego Andreas de Baketherth vendidi,*
Denariatus redditus. *&c. Ricardo Sessars decem denariatus de xii. denariis quos Will. Persona Ecclesiæ S. Mariæ*
Denariatus terræ. *de Walnothr. mihi reddere solebat.* De *denariata terræ*, vide infra *Fardella.*

Denariatus. Denarialis. Denariarius. *Denariatus* etiam, *Denarialis & Denariarius*, is qui jactato coram Rege denario, lege Salica & aliarum gentium borealium, manumittebatur. Ceremoniam & adjuncta plurima, vide infra in *Homo denarialis.*

¶ ***Denelaga***, al. ***Danelaga.***] Lex Danorum, ut Mercenlaga, lex Merciorum, Saxonlaga, lex Saxonum. Laga enim Sax. *lex*. Vide infra *Lex Danorum.*

¶ ***Deodanda.***] Appellantur bruta omnia & inanimata, quorum impetu vita hominis indebitè tollitur. Putà equi calcitrantis, bovis cornupetæ, trabis decidentis, plaustri temerè à jumentis rapti. Juxta quosdam, omnia ad hujusmodi cædem conducentia. Cum autem
Exod. 21. 28. lege Mosaica bos homicida lapidibus obruendus esset: comburenda hæc utique nonnulli censuerint, ut pacatior sic Deus redderetur. Sed nostro Jure, regio cedunt Eleemosynario qui divenditorum pretia, Deo danda, id est in pios usus eroganda curet. Bracton lib. 3. Tract. 2. ca. 5. nu. 8. *Item batelli de quibus tales* (per infortunium mortui) *submersi fuerint, apprecientur, & alia quæ sunt causa mortis alicujus: & sunt Deo danda pro Rege, ut si submersus fuerit quis in aqua dulci, & non in mari (ubi nec navis, nec maeremium si navis fracta fuerit, erit deodanda) quia ista omnia erunt dominorum si vivant, sicut eorum catalla: nec sunt deodanda ex infortunio in mari, nec wreckum, nec etiam murdrum de occisis in mari.* Quod dicit, *pro Rege*, exponere videtur Fleta lib. 1. ca. 25. pro anima Regis, & omnium fidelium defunctorum.

¶ ***Depositio.***] *Mors, obitus:* quòd carnem deponimus morientes. Provincal Angl. lib. 2. Tit. de feriis, ca. Anglicanæ. *Ordinamus quod festum depositionis sancti* (Johannis de Beverlaco) *septimo die Maii -- per provinciam nostram antedictam, perpetuis temporibus celebretur.*

¶ ***Derefald***, al. Deopfald.] Sax. Occurrit apud Ælfredum pro vivario cervino, seu sepimento quo includuntur damæ. Deop *cervus, fera*, fald, *stabulum*. Hinc liquet, nec minus è libro Censuali Angliæ, *parcos* (quos vocant) Saxonum ævo fuisse in usu, licèt Woodstochiæ primum institutum asserit Johannes Rossus, ab Henrico primo.

¶ ***Derationare.***] Vide *Dirationare.*

¶ ***Derittum***, ***Derictum***, ***Directum***, ***Drictum***, & ***Drutum.***] *Jus ad rem, rectum, Consuetudo*, Gall. *Droict.* Privilegium Ludovi: Imp. datum Castrucio in Ducem Lucæ sublimato. An. Dn. MCCCXXIIX. -- *concedimus & donamus, cum omnibus & singulis villis, castris* —— *honoribus, usibus, derittis, demaniis, feudis, &c.* In vet. inquisit. sub Carolo M. à Frehero edita in originibus Palat. pa. 48. *Si per derictum debet attingere ad villam Herfeldo.* Et postea: *quod absq; ulla ambiguitate per drictum.* Marculf. lib. 1. form. 21. --- *& directum faciat, & ab aliis consimiliter veritate recipiat. Droit & tort:* etiamnè *rectum & tortum*, vocabula in foro nostro tritissima. Horat.

--- *Curvo dignoscere rectum.* Vide *Tortum.*

¶ ***Derobare.***] *Furari, compilare:* à Gall. *Desrobber*, al. *Disrober*. Epist. Clementis Papæ ad Edouard. III. Reg. Angl. --- *Orphanorum, viduarum, & aliarum miserabilium personarum, quæ depradatæ & derobatæ, famisq; subjectæ angustiæ, clamant ad Dominum.* Vide *Robare* & *Raupa.*

¶ ***Desiner***, & ***Desnier.***] Vide *Deciner.*

¶ ***Destrer.***] Gall. *Destrier*, & *dextrier*, à Latin. *Dextrarius.* Equus militaris. Process. Cancel. ad Coronat. Ric. II. in petitione Jo. Dymock militis, athletis Regii. *Que le Roy luy face avoier le veille de son coronement, un des bones destrers que le Roy ayt: oue que, &c.*

¶ ***Detius.***] *Alea.* Vide *Dadus.*

¶ ***Dextri.***] Passus mensurandi Formull. Lindenbrog. 140. *Terra --- habet in longo dextros tant. in lato dextros tant.* Gloss. ibidem. Florentius in vita S. Felicis. *A loco illo usque ad castrum Toringum, habentur dextri ducenti.* Papias: *dextri dicuntur passus mensurandi apud quosdam.*

¶ *De Diacono, Diaconissa, Diaconia, Diaconico.*

¶ ***Diaconus.***] Quoad originem (sub Apostolis claram) nostri excedit instituti limites. De novatis tamen ejusdem nomine, numero, & in aliquibus ipso ministerio, adjungam paucula. Notat Chrysostomus in epist.

epist. ad Philipp. ca. 1. v. 1. *diacones*, presbyteros, & Episcopos, primò communicasse invicem sua nomina; *diaconumq;* nuncupari, & presbyterum, & Episcopum. Paulum ideo ad Timotheum scribentem dixisse; τὴν διακονίαν σου πληροφόρησον, *diaconatum tuum adimpleto*; cum esset Timotheus Episcopus. Nam quoniam Episcopus erat, dicit ad eum, *manus citò nemini imposueris*: Et ubi ait; *quod datum est tibi impositione manuum presbyterii*: intelligit, *Episcoporum*, nam Presbyteri manus non imponebant Episcopo.

Epist ca. 4, 5.

Hinc forte, & quòd mensurnas sub Episcopo Presbyteris dividebat aliquis è Diaconis, elatiùs se gerebant ergà Presbyteros, Diaconi: atq; inde enatus ille Nicæni Concilii canon (juxta Ruffinum) vicesimus; in quo decernunt patres: *Ne diaconi presbyteris præferantur, neve sedeant in consessu presbyterorum, aut illis præsentibus eucharistiam dividant: sed illis agentibus solùm ministrent. Si vero presbyter nullus sit in præsenti, tunc demum etiam ipsis licere dividere: aliter verò agentes abjicere jubent.*

Nomen *diaconus*, apud Latinos à secunda declinatione ad tertiam, apud Græcos à tertia ad quintam, transiit. Sic occurrunt *diacones*, pro *diaconi*: *diaconibus*, pro *diaconis*. Videtur tamen Fabianus Papa (qui floruit Anno Dn. 240) in Epist. 2. quam mox citabimus, *diacones* dixisse de diaconorum ministris, hoc est, sub *subdiaconis*: sed hæc non observata est differentia. Numerum & ministerium primitivum diu retinuit *diaconus*; illum, pro ratione temporis in septenario: istud in curandis mensis, pecuniâ publicâ, viduis, & pauperibus. Sed operam interea navat extra parietes Ecclesiæ: ingressus, prædicantem Episcopum custodit, partesque obtinet in celebratione divinorum. Anastas. in S. Evaristo An. Dn. 112. Romæ, 7. (is) *diaconos constituit, qui custodirent Episcopum prædicantem, propter stylum veritatis.* Fabianus in prædicta Epist. *Septem ergo diaconi sunt in urbe Roma, per septem regiones civitatis, sicut à patribus accepimus, qui per singula hebdomada, & dominicos dies, atque festivitatum solennia, cum diaconibus & acolythis, sequentium ordinum ac ministris injuncta sibi observent ministeria, & parati omni hora sint ad divinum officium, & quicquid eis injungitur peragendum. Similiter & vobis prout opportunum fuerit, per singulas civitates est faciendum, &c.* Burchard. Decret. lib. 2. ca. 218. Quos autem ille *diaconos & diacones*; Anastas. in ejus vita, *diacones & subdiaconos* vocat. *Hic* (inquit) *regiones divisit diaconibus, & fecit 7. subdiaconos, qui 7. Notariis imminerent, ut gesta martyrum in integro colligerent.* Regiones siquidem urbis Romæ septem erant: & has totidem divisit *diaconis*, totidem utique *subdiaconis*: aliis civitatibus exemplum præbens instituendorum Ecclesiæ ministrorum. Unde in Concil. Neocæsariens. circ. An. Dn. 314. Can. ult. *Diaconi septem debent esse juxta regulam, licèt & valde magna sit civitas. Idipsum autem & Actuum Apostolorum liber insinuat.* Eadem in Concil. Ancyran. & Cæsariens. ca. 9. Burch. li. 2. cappp. 218, 219, 220. Hinc in Epist. Cornelii Pontificis apud Eusebium, lib. 6. ca. 36. de Novato agentis, οὐκ ἐπίστατο ἕνα ἐπίσκοπον δεῖν εἶναι ἐν καθολικῇ ἐκκλησίᾳ, &c. *Nesciebat* (inquit) *unum Episcopum esse debere in Ecclesia catholica, in qua non ignorabat (ut enim poterat?) presbyteros esse 46. Diaconos 7. subdiaconos 7. acoluthos 42. exorcistas verò & lectores simul cum ostiariis 52. viduas cum afflictis supra 1500. quos omnes Domini gratia, & in homines benignitas abunde nutrit.* O pia mater, & verè multimammea. In aliis Ecclesiis incertus numerus. Sozomenus, lib. 7. ca. 19. διάκονοι δὲ παρὰ Ῥωμαίοις, &c. *Diaconi autem apud Romanos usq; nunc, haud plures sunt quam septem* —— *apud alios vero numerus promiscuus est.*

θλιβομένοις.

Aevum Theodosii & Valentini junior.

Constantinopoli duo erant (ut notat Meursius) *Diaconorum* ordines. Unus majorum, qui ἀρχόντικοι διάκονοι, alter minorum, qui κοινοὶ dicebantur. Majores numero 6. habebant singuli suum munus, quod apud eundem quære. Minores definit Justinianus Novell. 3. θεσπίζομεν μὴ περαιτέρω μὲν ἑξήκοντα πρεσβυτέρων, &c. *Observari præcipimus amplius 60. presbyteros in magna sancta ecclesia non esse, diacones masculos 100. fœmineas 40. subdiaconos 90.* Heraclius mox *Diaconorum* numerum legitimum 150. constituit, *subdiaconorum* 60. ut clarum est ex ejus Novella. In Blanchernarum verò Ecclesia, (ut adhuc ex eadem Novella Meursius) *Diaconi* tantùm erant 12. *Diaconissæ* 6. *subdiaconi* 8. & occupabantur circa ambonem lectionemque sacram Evangelii. Solum ab Episcopo ordinandus est *diaconus*: at juxta Concil. Carthag. ca. 16. non ante 25. ætatis annum. Exinde secundum Concil. Constantinop. 8. ca. 5. εἰς τὴν ἀρχιερωσύνην ad archi-presbyteratum, vel Episcopatum ascenderet, sed exactis jam priùs in *Diaconatu* annis tribus, in *subdiaconatu* duobus, & in officio lectoris uno.

Diaconi est non mysteria conficere, aut in populo prædicare: sed ministeria solùm exequi & commissa. Evangelium legere, missam celebranti operam navare, calicem sacerdoti porrigere, & oblationes à *subdiacono* receptas ad altarè deferre. Populum monere ut orent, psallant, lectiones audiant, aures ad Dominum erigant, genua flectant. Baptizabat, sed coram Episcopo & Presbytero: ipsisque absentibus eucharistiam interdum dividebat, ut supra in 20. canone Nicæni Concilii. Vide Rhabani Mauri de institut. Clericor. lib. 1. ca. 7. & Epist. ad Reginbald. Durandi de divinis offic. lib. 2. cap. 2. &c. Maximè (ut Concilia taceam) Distinct. 93. per totam: & non prætereundum divi Hieronymi lib. de VII. ordinib. Eccles. cap. de quinto gradu. Audi tamen quæ Isodorus junior qui claruit An. 627. de *diacono* sui ævi tradit. *Ad diaconum pertinet assistere sacerdo-*

tibus & ministrare in omnibus, quæ aguntur in sacramentis Christi: in baptismo scilicet, in chrisma, in patina, & calice: oblationes offerre, & disponere in altario, componere mensam Domini, atq; vestire, crucem ferre, prædicare Evangelium & Apostolum. Nam sicut Lectoribus vetus testamentum, ita diaconibus novum prædicare præceptum est. Ad ipsum quoq; pertinet officium precum, recitatio nominum, ipse præmonet preces ad dominum, ipse hortatur orare, ipse clamat & pacem annunciat.

In prima actione Synodi Lateranensis ab ipso congregatâ. An. 768.

Quinto Apostolorum canone, statutum est, ut *Episcopus aut presbyter aut diaconus suam uxorem non ejiciat causa religionis*: quod ex sexta Synodo confirmatum est: & in Orientali Ecclesia suo ævo observatum tradit Stephanus Papa. *Romana autem* (inquit) *Ecclesia & occidentalium, nullus sacerdotum à subdiacono usq; ad Episcopum, licentiam habet conjugium sortiendi.* Plurima decreta & canones in utramque partem, pro ratione locorum & temporum, vide apud Gratianum, Distinct. 31, & 32.

Diaconissa etiam in Ecclesia celebris fuit sub ipsis Apostolis, Clarum hoc ex D. Pauli Epist. ad Romanos ca. 16. ubi Phœben commendat οὖσαν διάκονον τῆς ἐκκλησίας τῆς ἐν Κεγχρεαῖς *existentem ministram* (vel ut legit Hieronymus) *in ministerio Ecclesiæ quæ est in Cenchreis.* Adnotat Ipse: *Sicut etiam in orientalibus, diaconissæ mulieres in suo sexu ministrare videntur in baptismo sive ministerio verbi: quia privatim docuisse fœminas invenimus, sicut Priscillam cujus vir Aquila dicebatur.* Idem Sedulius in idipsum caput. *Diaconissas in baptismo seu ministerio verbi mulieribus ministrare.* Græci has πρεσβυτίδας, ἤτοι προκαθημένας, *presbyteras* scilicet vel *præsidentes* appellabant: tanquam ordinatas autem non recipiebant. Concil. Laodicen. An. 368. ca. 11. versio Lat. *Mulieres quæ apud*

Presbyteræ. Viduæ. Seniores. Univiræ. Matricuriæ. Monachæ.

Græcos presbyteræ appellantur, apud nos viduæ, seniores, univiræ, & matricuriæ appellantur; in Ecclesia tanquam ordinatas constitui non debere. Gregorius III. in Synodo Romana, An. 733. *Diaconæ, presbyteræ, monachæ* meminit. Et apud Mataphrastem in vita Alipii dicitur quod idem sit, *esse diaconissam aut Monacham*. Cent. 7. ca. 7. Videmus autem hodie monachas seu moniales plurimùm differre à *diaconissis* veteribus: succrevisse tamen illas ex istarum institutione non inficior. Audi Epiphanium sui seculi (h. quarti) *Diaconissam* describentem lib. 3. tom. 2. hæres. 79. Cornario interprete. *Ministrarum quidem* (inquit) *diaconissarum appellatarum, Ordo est in Ecclesia, sed non ad sacrificandum, neq; ut quicquam aggredi permittantur: verum reverentiæ gratia muliebris generis, aut propter horam balnei, aut visitationis, affectionis, aut laboris. Et quando nudatum fuerit corpus mulieris, ut ne à viris sacrificantibus conspiciatur, sed à ministrante muliere: cui præcipitur à sacerdote, ut curam gerat ad tempus indigentis mulieris in tempore denudationis corporis ipsius, ita ut*, &c.

Diaconissas tanquam ordinatas, non recipit Concil. Laodicense, Ordinem tamen in Ecclesiâ vocat Epiphanius (qualemcunque) sed inter Laicas omnino rejiciunt Magdeburgens. Cent. 4. Cap. 6. Canonem Nicæni Concil. (juxta Ruffinum) 22. proferentes. *Sed & diaconissæ quoniam quidem manuum impositionem non accipiant, etiam ipsas inter laicos esse debere.* Hoc autem dici videtur non de *diaconissis* legitimis, sed de aliis quibusdam ab hæreticis constitutis. Nam canonem istum subjungit Ruffinus, cum in præcedente dixisset: Statutum est ut *Paulianistæ, & qui sunt Photiniani rebaptizentur.* Res igitur ex alia editione istorum canonum multò clarior est. *Si quis confugit ad Ecclesiam Catholicam (de Paulianistis & Cataphrygis) statutum est eos rebaptizari debere, &c. —— Similiter autem & circa diaconas, & de omnibus qui in eodem clero inveniuntur eadem form. servabitur. Commemoravimus diaconissas quæ in hoc ordine inventæ sunt, quæ nec manûs impositionem aliquam habeant, & in omni modo inter laicos habeantur. Similiter autem diaconissa, quæ in catholico canone non habentur, simili loco, id est, laicæ, & tanquam non consecratæ deputantur.* Manifestè decernit *diaconissas* quæ in catholico canone habentur, à laicis, & non consecratis. Sed *diaconissas* & manuum impositionem accepisse, & ut alios religiosos nuptias prohiberi clarum est è Concil. Wormacens. ca. 45. ubi & tempus ordinationis definitur. *Diaconissam non ordinandam ante annum* 40. *& hoc cum summo libramine. Si verò suscipiens manus impositionem & aliquantum temporis in ministerio permanens, semet ipsam tradat nuptiis, gratia dei contumeliam faciens, anathematizetur hujusmodi, cum eo qui eidem copulatur.* Et in tertia Addit. Ludovici Imp. ad Capitul. cap. 47. statuitur ut *Si diaconissa nupserit, gladio ultore sternatur, & facultas ejus Ecclesiæ ei ubi servivit, addicatur. Corruptores earum similiter puniantur*, &c. Vetuit autem Justinianus Authent. col. 1. tit. 6. *Diaconissas* ordinari minoris ætatis quam 50. annorum.

Diaconia & *Diaconium.* Hospitium excipiendis pauperibus & infirmis constitutum. Dictum à præfecto ejusdem *diacono*. Xenodochium, hospitale. Bibliothecar. in Greg. II. An. Dn. 714. *Hic dimisit omni Clero, Monasteriis, diaconiis, & Mansionariis, solid.* 2160.

Diaconicon & *Diaconicum.* Locus in circuitu Ecclesiæ conservandis vasis dominicis, & ornamentis Ecclesiæ deputatus: Alias *Secretarium*, aliàs *sacrarium*. Concil. Laodicen. circ. An. 368. Can. 21. Versio Latina antiquior. *Quod non oportet, subdiaconos habere locum in diaconico, & Dominica vasa contingere.* Versio alia. *Quoniam non oportet subdiaconos licentiam habere, in secretarium, sive sacrarium, quod Græci diaconion appellant, ingredi, & contingere vasa Dominica.*

¶ Diatim

¶ *Diatim* & *Dietim* apud *Balbum* in *Catholic.*] *Quotidie, de die in diem*, Mat. Par. in Henr. III. An. 1252. -- *non perduravit, sed diatim in effectu suscepit diminutionem.* Ekkehard. jun. De Casib. S. Gal. ca. 1. -- *cum lineis vestibus diatim introiit.*

¶ *Dies.*] Pro diei alimonio, Regiæ familiæ præstando. Firma, hoc est, obsonium unius diei. Domesd. Titt. Norff. Rex. Wanelunt hundr. Grestuna. *Et reddebat dimidiam diem mellis, & consuetudines mellis.* Titt. Sussex. Will de Bray. Bredelinges. *T. R. E.* (id est, tempore Regis Edouardi Confess.) *reddebat unam diem de firma, & valebat XCV. lib. vi. denar, & post valuit. lib. modo xl. lib.* Titt. Oxenefordscire, Rex. *Comitatus Oxeneford, reddit firmam trium noctium, hoc est C L. lib.* Vide *Firma.*

Firma noctis.

¶ *Dies absolutionis.*] Lege proximè sequentia.

¶ *Dies magnus.*] *Dies Paschatis.* Capitular. Carol & Ludov. lib. 5. ca. 71. *Qui pœnitentiam publice gerunt, debent unum annum esse cum cilicio inter audientes, vel usq; ad magnum diem, &c.* Pœnitentiæ agendæ status erat dies Paschatos ut hic notat Glossar. decretum Innocentis PP. citans. *De pœnitentibus autem qui sive ex gravioribus commissis, sive ex levioribus pœnitentiam gerunt, si nulla intervenit ægritudo, quinta feria ante Pascha, eis remittendum Romana Ecclesiæ consuetudo demonstrat.* Lego in Chron. Camerac. lib. 3. cap. 74. —— *in ipso absolutionis die, qui est ante parasceven.* Et Paulò supra, *Infregit eam* (fidelitatem) *secunda feria post palmas. In hac enim feria majoris hebdomadis, Atrenasiam silvam penetrat.* Vide Hraban. Maur. de inst. cler. lib. 2. ca. 30.

Dies absolutionis.

Hebdomada maior.

¶ *Dies placitus.*] Formull. solen. 142. —— *& dies placitus mei præfinitus transierit*, id est, *placiti*: sic LL. Ripuar. Tit. 66. 72. §. 1. & Tit. 30. §. 2. Vide *Placitum* pro formula agendi in jure.

¶ *Dies votorum.*] Id est sponsalium & nuptiarum. Longobard. lib. 2. Tit. 4. l. 3. *Nulli sit licentia, conjugi sua de rebus suis dare amplius per qualecunq; ingenium, nisi quod ei in die votorum in methio & morgongab dederit.* Tit. 14. l. 21. —— *quantum in die votorum acceperint* (sorores) *quando ad maritum ambulaverint.*

¶ *Dieta.*] *Iter unius diei.* Concil. Lateran. 4. Oecumen. An. Dn. 1215. sub Inocen. III. ca. 37. in rubric. *De literis non impetrandis ultra duas dietas.* Et in Canone. *Statuimus ne quis ultra duas dietas extra suam diœcesim, per literas Apostolicas ad judicium trahi possit.* Bracton, lib. 3. Tract. 2. ca. 16. §. 1. *Et computari eis debent rationabiles dietæ, usq; ad portum illum.* Brito Armor. Philippid. 5.

—— *Penna quasi remige, non pede vectum*
Tempore tam modico tot continuasse dietas.

¶ *Diffacere* & *Disfacere.*] *Delere, deformare, mutilare.* Longob. lib. 1. Tit. 25. l. 68. *Si Comes* —— *nisi per justitiam & pacem faciendam, hominem diffecerit* (putà oculum vel nasum præciderit) *honorem perdat.* Capit. Caroli lib. 3. cap. 26. *Juret quod ipse eum ad justitiam cuiuslibet diffaciendam, fugere non fecisset.* Ibid. Ca. 28. & Capit. L. Salic. 1. §. 7. Longobardorumq; lib. 2. Tit. 34. l. 10 -- *Si charta non paruerit, sed jam ab illo* —— *disfacta est.* *Deffacer* obsoletum Gallic. *defaict* hodiernum, Angli adhuc, **to deface**, dicimus.

Diffagium.] Commiss. ad inquirendum de gestu ministrorum Regis, & *Lionell* Ducis *Clarenc.* in *Hibern.* 37 *Ed.* 3. *m.* 14 -- *quod circa præmissa omnia exequenda, absq; alicujus dilatione* (*&*) Diffugio *intendatis.*

¶ *Diffidare*, & *Diffiduciare.*] Inimicitias denunciare, faidam (juxta veteres) canere, bellum indicere. Gall. *Deffier* & *defier.* Ital. *Sfidare* & *diffidare.* Angl. **to defie.** Omnia fidem apertè resonantia. Diffidiare *Malm. Nov.* lib. 2. p. 180. & 187. & affidiare, pa. 188. Dictum tamen volunt nonnulli *diffidare* à Sax. ƿeiða pro inimicitia: sed tunc unde *diffiduciare*? Certè una utriq; originis ratio: nec *diffidare*, aliud est quàm fidei vinculum solvere, quod priùs aliquando *affidare* connexerat. Opponi enim perspicuum est, *diffidare, diffidatus, diffidatio*: Et *Affidare, affidatus, affidatio*, de quibus supra. *Faidam* tamen, *diffidationem* comitari, nemo dubitat. Vide *Faidam.* Rectè autem si ariolar, origo vocis à fide emanavit, vel inter dominum & vassalum, vel inter affidatos renunciata. Ivo Epist. 73. *Cum prædictus Ivo dominum suum diffidasset.* Vide mox hic infra *diffidentia.* Exempl. homagii Arthuri Duc. Brit. fact. Philippo Reg. Franc. Hist. de Bretaign. liv. 3. ca. 71. —— *eo die quo ipse* (Philippus) *diffidavit Johannem Regem Angliæ pro intercessionibus, quas ei fecerat, &c.*

Romanis in more fuit, cum bellum suscepturi essent, Fæcialem seu Patrem patratum ad hostem mittere: qui injecto in ejus solum telo, solenni formula hoc indiceret, causamque simul denuntiaret. Formula apud Gellium extat, lib. 16. ca. 4. *Clarigatio* nuncupata, quòd clara voce agebatur. Priscum morem imitatæ sunt Gentes cæteræ; ignavi pusillanimisq; ducentes, quempiam vi opprimere, cui inimicitias priùs non denuntiassent. Stephano igitur Regi Angliæ, ignominiæ vertit Malmesberiensis Hist. novel. lib. 2. quòd Cestriæ Comitem & fratrem ejus, obsidione cinxerat Lincolniæ, *nec modo* (inquit) *more majorum amicitiam suam eis interdixerat, quod diffidare dicunt.* Nec suffecit *diffidasse* quempiam, ni cavendi pariter idoneum tempus *diffidato* cederetur, etiam in privatis inimicitiis. Statuit itaque Freder. I. *ut quicunq; alii damnum facere, aut lædere ipsum intendat, tribus ad minus ante diebus, per certum*

Clarigatio.

Si. codex. *nuntium suum * diffiducient eum. Quod si diffiduciatum se fuisse negare voluerit, &c.* Mos à Saxonibus videtur emanasse: Theodor. de Nihem, de juribus Imperii. *Imperatori Græco, qui tunc erat, bellum indixit, eumq; more Saxonico diffidavit.*

Sed animadverte è Cusani lib. de concordia cath. ca. 31. quod citat Juretus, quò se proripit apud veteres *diffidationis* ista, dicamnè lex, an consuetudo? *Hodie videmus aut confusionem maximam in ordine judiciario, aut penitus nullam justitiam: honor honore distinguitur à jure. Et occupare etiam maxima dominia nobiles licitè se posse dicunt, ubi possessorem nihil juris habuisse, neq; habere concedunt, per vilissimum diffidationum modum salvari putant: & vi post ipsam intimatam diffidationem, ex quacunq; confecta aut nulla causa qualitercunq; rapta, palam aut occultè, licite credunt possideri, etiamsi bona Ecclesiæ aut clericorũ forent. O præsumpta audacia contra omnes leges & jura, ò iniquissimum judicium, distinguens honestum à justo, affirmans injustum honore possideri.* Et ca. 34. consulit lege statui, ut nulli liceat ex quacunq; causa alterius bona occupare, aut damnum inferre per *diffidationes*, sed ut omnia fiant judicum authoritate, qui etiam repressaglias concedere possint contra contumacem.

Ut *Diffidatio* (supra,) sic *Diffidentia* etiam dicitur pro hac clarigationis formula, Gall. & Angl. *Diffiance.* Chron. Camerac. lib. 3. ca. 74. *In ipso absolutionis die, qui est ante parasceven* (Hugo Castellanus) *diffidentiam domino suo mandavit:* Scilicet Episcopo Cameracensi, cui fidelitatem paulò ante juraverat. Renunciat autem, uti plures illius seculi, qui peracta *diffidationis* ceremonia, liberos se putarunt à jurata fidelitate. O tempora, O mores! Sed perinde dominis licuit resumere beneficia.

¶ ***Diffigurare.***] Speciem & decus rei vitiare. *Deformare.* Gall. *desfigurer.* Longob. lib. 1. Tit. 25. l.43. *Si quis caballum alienum apprehenderit, ipsumq; diffiguraverit aut circinaverit, furti pœna sit culpab. in octogilt.*

¶ ***Digitus.***] Pro scriptura, & characterum forma: quam alii *manum* dicunt. Ekkehard. Jun. Cas. S. Gall. ca. 11. *Præ omnibus autem Scriptorum digiti efferuntur, &c.* Alibi, Cap. i. in Salomone. *Omnis Cisalpinos Sintramni digitos admiretur.* Petrarcha famil. Epist. lib. 9. Epist. 5. -- *juvenis digiti quam ingenii melioris.*

¶ ***Dilatura.***] Aliàs Delatura. Vide supra *Capitale & dilatura.*

¶ ***Diligiatus.***] Ejectus è patrocinio legis. Alias *utlagatus*, quod vide. LL. Henr. I. ca. 45. *Si quis diligiatus hominem accuset: funestam dicimus vocem ejus.* A præpositione di & *ligius* vel *ligiatus.* Contra *Alligiatus.*

¶ ***Dinggravius.***] Judex pædaneus, v. *Cujac.* in præfat. feudd. pag. 17. & hic infra *Grafio & Thingrevus.*

¶ ***Diptire.***] Ekkehard. Jun. Cas. S. Gal. ca. 1. *Altare vero S. Mariæ, & anagium evangelicum, ejusdem fratris nostri artificio deaurata, Hattonis sui de scriniis vestivit argento, & diptivit (ut videre est,) ex avero electo.* Goldastus hic intimat legendum *gypsuit*, quod (inquit) est *induxit & illevit.* Locumque è Burckhardo consonum adducit. Mihi autem sana videtur lectio, & à Saxonico facta dippan, i. *tingere, inficere.* Unde nos hodie **dipt** dicimus pro *tincto.* Primitùs à Gr. δύπτειν, *tingere, mergere.*

¶ ***Dirationare, Derationare, Disrationare.***] Voces cum Normannis, nobis advenæ, & veteribus nostris forensibus admodum frequentes; recentioribus nescio an cognitæ, licèt non habeant quæ in eundem sensum magis utantur apposité. Significant autem aliàs *causam agere*; aliàs *rem probare*; aliàs *assertionem contrariam refellere*, quod ipsi *traversare* dicunt; aliàs *examen litis subire*, ipsis (nimis barbarè) *triare*; aliàs *lite potiri, & rem litigatam evincere*, seu *recuperare*; ita frequentius. Dici opinatur Cowellus vel à Gallicis *disarrayer*, i. confundere; seu *desranger*, ordinem pervertere: vel à Normannico *desrene*, quod est probatio rei negatæ, vel facti proprii. Sed manifestam mihi videtur ipsa vox originem prodere, à Latino *ratiocinari*; adjecto *dis*, quod in compositione *contrarium* sæpe notat, ut δυς creberrimè apud Græcos. Sic, *discordare, dissentire, dissuadere, &c. Disrationare* igitur est contrarium ratiocinando asserere, vel quod assertum est ratiocinando destruere. Hoc, & ipsum Normanicum *desrener* videtur prodere, contractè dictum pro *deraisner* seu *deraisoner*, ut clarius se exhibet in vocabulo fori Gallici, *Deraisonia.* Domesdei Tittt. Hantesc. Rex. *Deraisonia.* Breston. *Huic manerio pertinet una silva, quæ est in manu VValchelini Episcopi, sed adhuc non est dirationata.* Tittt. Grentebrigsc. Rex. Albintone. *Hanc invasit Albericus de Ver super Regem, & Picot dirationavit eam contra eum.* Lib. Ramesiens. sect. 298. *Notum esse volumus Reinaldum Abbatem Ramesiensem apud Underwuwell in præsentia Roberti* **Underwell** *filii VValteri eo tempore vicecomitis Norfolc &* hodie (reor) *Suffolc, & in præsentia multorum aliorum* **Outwell.** *Francorum & Anglorum, dirationatum fuisse testimonio virorum de novem Hundredis, ibi congregatis, quod Rex Canutus —— dedit S. Benedicto de Ramesia Bramcestre, &c.* Infra. *Alio tempore viderunt & audierunt apud Theford, Aldwinum Abbatem Ramesiensem eodem modo quendam crassum piscem apud Bramcestre appulsum, dirationatum fuisse contra Radulfum de Belfago qui tunc vicecomes erat in provincia illa, &c.* Inferius. *Idem Reinaldus Abbas per prædictos testes legitimos apud Udewelle dirationavit quoddam vini dolium quod fuerat apud Bramcestre VVreccatum.* Glanvil. lib. 2. ca. 20.

ca. 20. *Dirationavit terram illam in curia mea per recognitionem.* Ibidem cap. 6. *per hoc dirationabit jus suum hæres propinquior.*

Disrationare pro litigare. Bracton lib. 4. Trac. 1. ca. 22. *Si Dominus eum aliquando produxit in Curia Dom. Regis ut liberum hominem suum ad disrationandum, vel legem aliquam faciendam, vel purgationem.* Ita pluries. Apud eundem, lib. 4. Tract. 6. ca. 16. *Habeo sufficientem disratiocinationem, & probationem.* (Id est) sufficientem materiam ad probandum contrarium. Vide *Lex Deraisinia.*

¶ **Dirmatia.**] Charta Kenulphi Regis Merciorum qui floruit An. Dn. 798. recitata in Annalib. Juris An. 1. Hen. VII. fol. 25. —— *Culham, cum omnibus utilitatibus ad eam pertinentibus —— viz. pratis, pascuis, dirmatiisq; cursibus aquarum, &c. in æternam largitus sum hæreditatem,* sc. Monasterio Abbadeniensi.

¶ **Discapia.**] Præcept. Macharii cujusd. Ecclesiæ S. Mar. Cameracesf. fact. An. Dn. 885. quod extat Chron. Camerac. lib. 1. ca. 52. —— *quicquid ad prædicta loca aspicit, cum omni integritate, & terras cultas & incultas, pervia, uva, discapia, prata, pascua, silvas, communias, aquas, &c.* Legi ait Juretus in quibusdam exemplaribus (& non semel) *pervia, VVadiscapia*, sed prius uti correctius receptum, ubi *uva* (inquit) *sit idem quod uvida, i. humida, at discapia* silentio præterit. Quære igitur an non dicatur *wadiscapia*, de locis udis & palustribus, quæ instar vadi transiri possunt. Hoc enim à Sax. *VVaden*, nos hodie **wade**, dicimus, & **escape**, pro *evadere, exire.*

¶ **Discargare.**] *Exonerare.* L. Salic. Tit. 29. §. 21. *Si inde fœnum ad domum suam in carro duxerit, & discargaverit, &c.* Quasi *discarraverit*, i. è carro ponere. Gall. & Angl. **discharge**.

¶ **Discrimen** & **Discriminale.**] Vide *VVultworf.*

¶ **Disloqui.**] Ineptè fabulari. Ekkehard. Jun. Cas. S. Gall. ca. 4. *At illi disloqui eum ut ægroti solent putabant*, **to talk idely**.

¶ **Dismanare** & **Dismannire.**] Formulæ Solenn. ca. 10. in indiculo Regis de privilegio seni concesso. *Ut de omni hoste, vel omnibus bannis seu & arribannis sit conservatus, ut neq; vos neq; juniores atq; successores vestri ipsum pro hoc inquietare vel dismannire non præsumatis.* Hieronymi Bignonii editio formularum vett. ca. 31. hanc ipsam legit, *inquietare nec dismanare*: & exponit ille, *dismanare*, de domo extrahere. Altera verò, vocabulum ei seculo magis congruum exhibet. *Dismannire* enim est quasi *foras citare*, à dis præpositione, & Germ. **manen** *monere.* Vide *Mannire.*

¶ **Disparagare.**] Dispares conferre. Indecorè & indignè connectere, vel assimulare. (*omparager* Gall. est quiparare, *disparager* contrarium. Dicunt autem Galli *parage* pro familia, consanguinitate, parentela: ut, *dame de hault parage*, i. sublimis parentelæ domina. Hinc in jure nostro *disparagare*, idem est quod, impares sanguine & nataliciis connectere. Statut. de Merton. An. 20. Henr. III. An. Dn. 1235. ca. 7. *Dominus ejus* (pupilli) *offerat ei rationabile maritagium, ubi non disparagetur.* Et ca. seq. *De dominis qui maritaver unt illos quos habent in custodia villanis, vel aliis sicut burgensibus ubi disparagentur; Si parentes illius conquerantur, dominus ille amittat custodiam, &c.* Hinc etiam *disparagatio*, & *disparagium.* Vide *Paragium.* Disparagatio Paragium.

¶ **Dissaisare**, & **Dissaisire.**] Est verum dominum è prædiis ejicere, eademque per injuriam (quod *tort* vocant) possidere. Prædiis vel possessione exuere. Jure feudali *devestire.* Vox fori nostri tritissima, & Historicis nota. Hoveden in Ric. I. An. 1194. *Dissaisiaverunt eum* (Archiepisopum) *de omnibus maneriis suis, excepto, &c.* Illico verò usurpat pro *ejicere* seu *expellere* simpliciter. *Deinde fecerunt Canonicos introduci in stallos suos, de quibus Archiepiscopus eos dissaisierat.* Hoc sensu fraquens apud alios.

Hinc *Dissaisina* al. *Dissaisina*, quod Forenses nostri hodie non dicunt nisi de prædiis: sed veteres & exteri utique de bonis. Constitut. Sicul. lib. 3. Tit. 32. *Sancimus igitur ut præscriptionem anni, mensis, diei & horæ, per quam aliquis de domino suæ rei cadebat, & Francus de dissasina quæri non poterat, penitus amoveri.*

¶ **Distringere**, **Districtus**, **Districtio.**] Voces inter dominum & vassallum, magistratum & subditum, frequentes. *Distringere* dicitur cum dominus in feodo, magistratus in suo territorio, bona (seu pignus & vadem) alicujus prendat, ut sic eum ad debitum quidpiam præstandum coerceat: puta ad apparendum in curia, mulctam solvendum, servitium exhibendum, & ejusmodi. Hoc solummodo sensu utuntur forenses nostri. Alii pro *coercere* in genere: & pro *citare*, & in jus vocare. Juxta priorem, olim etiam dicitur *constringere.* Breve Reg. Henr. I. vel II. lib. Rames. Sect. 227. *Henricus Rex Angl' hominibus Abbatis de Ramesia salutem. Præcipio quod cito & justè reddatis Abbati Domino vestro, quicquid ei debetis in censu & firma & debitis & placitis, sicut justè monstrare poterit quod ei debeatis. Quod si nolueritis, ipse vos inde constringat per pecuniam vestram. Teste Cancellar'. apud Glocester'. Per pecuniam vestram*, i. per bona & animalia vestra, capta ut supra. Breve autem integrum recitavi, quòd insuetum quidpiam prodit, & forensibus paradoxum: quasi domino non liceret pro redditu & servitiis distringere, nisi regio Brevi fulfulto. Constringe

Districtus

Districtus est quicquid loci, in quo distringendi potestatem quis habet: ut Comitatus, Comitis; territorium, civitatis; Manerium, domini feodalis, &c. Quod nos igitur dicimus, *hors de son fee*, transmarini dicunt, *extra districtum suum*. Sed nos insuper *districtum* & *destrictionem* vocamus, bona ipsa & animalia per *districtionis* seu *distringendi actum* capta.

¶ *Disvestire.*] Vide *Devestire.*

¶ *Divisa.*] *Partitio*, à Gall. *diviser*, partire, dividere. Hinc agrorum limites *divisæ* dicuntur, ut in Brevi regio *de rationabilibus divisis*: Et bonorum partitio, quæ per testamentum constituit testator: perinde etiam ipsum testamentum. Breve de dote apud Glanvill. lib. 12. ca. 20. Rex, &c. *De catalis autem quæ fuerunt præfati R.* (viri sui defuncti) *præcipio quod ea omnia simul & in pace esse facias: ita quod inde nil amoveatur, nec ad divisam suam faciendam, nec aliam rem faciendam, donec debita sua ex integro reddantur: & de residuo post, sua rationabilis divisa fit.* Assisæ de Clarendun sub An. 1176. —— *& catalla sua* (i. mortui) *habeant* (hæredes) *unde faciant & divisam defuncti.*

¶ *Doana* & *Duana.*] *Telonium*, Ædes in quibus regia vectigalia, portaria, & quas custumas vocant, pendunt. A **custome-house**. Etiam ipsa vectigalia, & custumæ. Dictum à telonio Lugduni Gallorum, cui id nominis: atque inde translatum in Italiam. Constitut. Sicul. lib. 1. *Doanas autem tam terræ, quam maris, forestagia, plateatica, passagia, & alia tam vetera jura quam nova Curiæ nostræ: nostrorum fidelium fidei committere possunt.* Tit. 36. *per duanæ secretos, & quæstorum magistros.* Gall. *Doanne*, & *Douane.*

¶ *Doctor.*] V. *Mat. Step. Pomer.* lib. 4. par. 2. cap. 14. §. 121. p. 128.

¶ *De eo Dotis genere, quod uxoribus constituunt Angli.*

¶ *Doarium, Dodarium, Dotarium, Douarium, Dotalitium.*] Omnia recte interpretatur vernaculum nostrum **Dower**, non Latinum dos. Est enim propriè *dos*, illud quod maritus accipit cum uxore: hæc verò id quod in remunerationem dotis, reportat uxor. Non igitur *dos* (vocabulo primitivo) sed doarium, vel hujusmodi voce derivativa, quæ dotem respicit, appellandum est. Græci bene distingunt illud φερνὴν & προῖκα, i. *dotem*; hoc ἀντιφέρναν (quasi *antidotem*) & ἕδνον & ὑπόβολον nuncupantes. Romanis non in usu fuit uxoribus dotes retribuere: ideo verbo genuino carent quo hoc dignoscitur: & rem ipsam in Germanorum moribus miratur Tacitus. *Dotem* (inquit) *non uxor marito, sed uxori maritus affert.* Ostendit etiam qualem: *munera non ad delitias muliebres quæsita, nec quibus nova nupta comatur: sed boves, & frenatum equum, & scutum cum framea gladioque. In hæc* (inquit) *munera uxor accipitur, atque invicem ipsa armorum aliquid viro offert.* Ejusmodi quidpiam apud Germanorum nepotes Hibernicos, ipsimet aliquando deprehendimus. Equum scilicet militarem cum framea, inter jugalia munera solennius fuisse, sed à patre sponsæ donatum. Quorsum verò hoc dotationis genus? Illud profectò significaturum: uxorem, cum in civilibus negotiis atque domesticis, tum in militaribus & rerum omnium vicissitudine, individuam semper futuram participem. Addebant autem Hiberni cytharam, ut blandioris fortunæ solatium, non minùs quàm adversæ molestiam communicandam notarent. Munera hæc quidem in nostris connubiis non offerimus, sed ejusmodi votum solenniter concipimus. Contra morem etiam Romanæ Reipub. uxores munificentissimè dotamus. Nec in hoc Germanos solùm, sed Græcos pariter antiquissimos secuti, & Hæbræos, Exod. 20. 16. -- *dotabit eam, & habebit eam uxorem.* Et Gen. 34. 12. Sichem Dinam postulans in matrimonium: *Augete* (inquit) *dotem & munera postulate, & libenter tribuam quod petieritis.* Sic Homerus Vulcanum fingit dotasse Venerem, deprehensaque eà in stupro cum Marte, dotem reposcisse, Odyss. 8.

εἰσόκε μοι μάλα πάντα πατὴρ ἀποδώσει
ἔεδνα,
ὅσσά οἱ ἐγγυάλιξα κυνώπιδος εἵνεκα
κούρης.

Dum mihi retribuat dotem pater illius omnem,
Quam captus dederam lasciva in amore puellæ.

Claudianus utique Proserpinam dotatam à Plutone asserit, De raptu lib. 1.

—— *Quo dicta ferox Proserpina curru,*
Possedit dotale Chaos.

Cæsar de Galliis ait lib. 6. *Quantas pecunias ab uxoribus dotis nomine acceperant, tantas ex suis bonis æstimatione facta cum dotibus communicant. Hujus omnis pecuniæ ratio habetur, fructusque servantur. Uter eorum vita superarit, ad eum pars utriusque cum fructibus superiorum temporum pervenit.*

Refert Strabo Geogr lib. 3. παρὰ τοῖς Καντάβροις, τοὺς ἄνδρας διδόναι ταῖς γυναιξὶ προῖκα τὸ τὰς θυγατέρας κληρονόμους ἀποδείκνυσθαι, *Apud Cantabros* (Hispaniæ) *viros uxoribus dotem præbere, & filias hæredes institui.* Morem verò & ipse reprobat: non tamen (inquit) ut belluinum, sed minus fortè civilem. ἔχει γὰρ τινα γυναικοκρατίαν, *&c. habet enim fœmineum quodam in viros imperium, quod non est admodum civile.*

Descendamus ad inferiores. Liquet è pactione Guntheramni & Childeberti Regum apud Greg. Turon. lib. 9. ca. 20. An. circiter Dn. . *Gailesuindam Germanam dominæ domina Brunchildis, quinque civitates tam in dote quam in morganegiba, hoc est, matutinali dono ——— accepisse.* Ita passim: Inter boreales populos, qui non solum hoc dotis genus admisere, sed & dandum statuere, de quantitate etiam caventes. Gothi, (ut apparet Wisegothor. lib. 3. Tit. 1. l. 4.) *non amplius ——— quam decimam partem rerum mariti*, dotis nomine uxori conferendam. Alamanni (LL. Tit. 55. §. 2.) *ut Dos legitima 400. sol. constaret.* Saxones (Westphali) LL. Tit. 8. ut præter dotem quam in nuptiis adepta est: *de eo quod vir & mulier simul conquisierint, mulier mediam portionem accipiat.* Longobardi lib. 2. Tit. 4. l. 1. *ut non sit amplius nisi quarta pars de mariti substantia.* Neapolitani & Siculi lib. 3. Tit. 14. ut de tribus feudis, unum: de duobus, tertia pars: de uno & dimidio, dimidium: de uno tantum, pars nulla, sed pecunia pro qualitate feudi, uxori in *Dotarium* constituatur.

Videtur etiam ex variis formulis antiquis, variis in locis in arbitrio viri fuisse, tantum dare quantum voluerat. Nostrates verò & Scoti (pro more Siculorum) tertiam statuere. Cantiani tamen & burgi quidam, medietatem conferunt. Quod etiam faciunt municipia quædam Gallica, ut mox liquebit.

Doarium. *Doarium*, & *douarium* dicuntur à Gall. *Douaire*, unde etiam Angl. **Dower & Dowrie.** *Dodarium*, *Dotarium*, & *Dotalitium*, ab Italico Latino *dote*, & *dotale*. En omnium exempla.

Doarium Choppin. de domanio Franc. lib. 2. Tit. 12. sect. 6. *Moribus quarundam Galliæ Municipiorum, cedit dimidia patrimonii mariti, fructuaria viduæ mulieri ——— quod populariter Doarium, ceu Dotalitium nuncupamus. Tale igitur Doarium (verius quam* * ὑπόβολον*) Senatus decrevit*, &c.

* i. *Donatio propter nuptias.*

Douarium. *Douarium.* Constitutio Philippi Regis Franc. An. 1317. inter Guidonem de Britannia & Ysabellam Ducissam Britan. Hist. Bretaign. liu. 4. ca. 33. *Quod Joannes Dux Britanniæ Vicecomitatum Lemovicensem, &c. dictæ* (Ysabellæ) *in tractu matrimonii inter ipsos Ducem & Ysabellam celebrandi, in douarium seu donationem propter nuptias, olim dedisset.* Inferius non semel: *in douarium seu donationem propter nuptias.*

Dotarium. *Dotarium.* Constitutt. Siculæ & Neapolit. lib. 3. Tit. 14. l. 1. *Liceat ei* (marito) *unum dotarium uxori suæ de tribus feudis constituere.* Pluries in illo Tit. & aliis.

Dodarium. *Dodarium.* Charta Willielmi Regis Siciliæ quam fecit Johannæ filiæ Henric. II. Reg. Angl. de dote sua apud Hoveden. in An. 1176. *Damus & in dodarium concedimus præfatæ Reginæ Christianissimæ uxori nostræ, Comitatum montis S. Angeli, &c.* Et in An. 1183. *Philippus Rex Franc. petiit a D. Henrico Rege Angl. dodarium quod Rex filius ejus dederat sorori suæ.* Et in An. 1186. *Castellum puellarum quod idem Rex Scotiæ dedit Ermengard uxori suæ in dodarium, & in augmentum dodarii, dedit ei centum libratas redditurum.*

Dotalitium. *Dotalitium.* Synod Meldens. sub initio regni Caroli Calvi (hoc est, An. 841.) can. 21. *Qui puellas ——— desponsionis vel dotalitii nomine in conjugium sumptas habent, &c.* Concil. Westmonast. An. Do. 1175. can. 8. *Nulli liceat Ecclesiam nomine dotalitii ad aliquem transferre.*

Documenta.] Tabulæ, Chartæ, instrumenta, quibus jus prædiorum firmatur. διαθήκαι. Concil. Agathens. ca. 5. Et Burchard. lib. 3. ca. 183. *Si quis de clericis documenta, quibus Ecclesia possessio firmatur aut supprimere, &c. præsumpserit: quicquid per absentiam documentorum, damni Ecclesia, & de propriis facultatibus reddat, & communione privetur.* Concil Clovesthoviens. *Telligrapha* nuncupantur; forensibus nostris **Evidentia**, quod rem evidentem reddunt. Evidentiæ.

¶ **Doctor.**] Pro eo qui hoc gradu in Academia insignitur, V. *Magister*; & V. *B. Rhenan.* in suis ad *Tertul.* in præfat. ad Lectorem; qui dicit quod cum liber sententiarum *Petri Lambardi*, Epis. Parisiens. primum ederetur (annũ scil. circiter 1140.) hi qui eum publicè legebant *Doctores* primum appellati sunt. Mirè autem cæcutiunt qui S. *Bedam* primum Cantabrigiæ Doctorem, & *S. Joh. Beverlacensem*, qui obiit An. Dn. 721. Oxonii primum suggerunt. Descript. Angliæ, pag. 158. b.

Quod Doctores *Medicinalis scientiæ sunt præferendi Doctoribus Juris civilis, ubilibet; & præsertim in Universitate.* Ex libro Stat. Universitatis Oxon.

Memorandum; quod Anno Domini, MCCCLXXXIV. in vigilia purificationis B. Mariæ, in Ecclesiâ Beatæ Mariæ, in plenâ convocatione Regentium & non Regentium, ordinatum & declaratum, & mandatum erat per Cartam regiam; quod facultas Medicinalis ubilibet infra Regnum Angliæ, & præsertim in Universitate, perpetuis successivis temporibus, ultra Jurium civilium facultatem, ampliore dignè præferatur honore, tanquam scientia Regi, suoque populo magis commodifera, quam casualis regia est in scriptis in cistâ munimentorum, corpus plus est quàm vestimentum. Conceditur etiam Cancellario & Procuratoribus, & eorum vicem gerentibus, potestas puniendi omnes & singulos, mandato regio, in hac parte convenientes, eadem pœnâ quæ datur perturbatoribus pacis, & transgressoribus privilegiorum. Datum erat istud mandatum per Regem Ricardum apud Westm. 16. die Jan. Anno Regni sui octavo.

Dodarium.] Vide *Doarium*.

Dolæ, Angl. **Doles**] Sax. Ðæl. *pars, portio.* A Ðælan *dividere, distribuere.* Hinc in locis palustribus fundi portiones quæ viritim distribuuntur, vel potiùs emolumenta quæ ductis sortibus inde colliguntur, **Doles** appellant: & prædiorum metas **Dooles**, *q. partitiones.* **Dooles.** Lib.

Lib. Priorat. Dunstapl. ca. 5. *In le Suthmade* (i. prato australi) *habet Prior per sortem illam quæ vocatur Crumddprest, tres dolas, sicut sors illa cadit. Et in qualibet dola, habet 4 polas, sive octo andenas jacentes simul, & sic est summa illius sortis per totum 24 andenas.* Sapiule ibidem. Est autem *andena* illud terræ spacium quod uno falcis ictu messor radit. Angl. **Swath**, ab *andani* Gall. hoc est tantum spacii quantum quispiam divaricatis cruribus metiatur. Ingens verò illa divaricatio, quæ dimidiam polam, id est, 10 pedes, & dimid. vel ad minus, 8 & quadrantem continet. Vide *Pola*. V. LL. Jnæ. 42.

Crumddprest; in MS. de literis *dd.* non satis constat.

Andena.

¶ ***Dolg, Dolgbot.***] Sax. ðolh & ðolȝ: *vulnus, plaga, malum.* Hinc in LL. Frison. Titulus 22. DE DOLG inscribitur. Et in LL. Aluredi Regis Anglo-Sax. ca. 23. ðolȝbot legitur, pro vulneris seu mali compensatione.

¶ ***Domalis.***] Chartæ vett. Alaman. par. 1. nu. 15. *Trado ad monasterium S. Galli quicquid in die exitus mei de hac luce in pecuniali causa non datum, & non usitatum reliquerim: id est, caballis domalibus cum cætero troppo, caballis cunctis, auro argentoq; scuta cum lanceis, &c.*

¶ ***Domanium,*** Italis ***Demanium.***] Idem quod Dominicum; à Gall. *Domaine*, aliàs *demaine*. Patrimonium quod quis proprio suo jure possidet. *Domanium* Franciæ (inquit Choppinus) *definitur illud quod nominatim consecratum est, unitum, & incorporatum regiæ coronæ.* Const. Neapolit. lib. 1. Tit. 59. ca. 2. *Sed bajulationes ejusdem committant viris fidelibus —— quæ sunt de demanio nostro tantum.* Est etiam domanium ipsa fundi proprietas, feodum superius, & sedes Domini feodalis. Vide *Dominicum*, vocem forensem.

Demanium.

¶ ***Dombec.***] Liber judicialis Anglo-Saxonum, quorum lingua, ðom *judicium*, bec librum significat. Hujus meminit Rex Edoardus senior LL. suarum cap. 1. ubi Judicibus imperat ut justos se præbeant, sicuti on ðære ðom bec ſtand ꝥ id est, *in eorum libro judiciali continetur.* Quod an de præcedentium Regum legibus quæ hodie extant, intelligendum sit: an de alio quopiam libro hactenus non prodeunte, incertum est. Non autem dictum censeas de *Domesdei*, licet hic *Liber judiciarius* appelletur, nam recentior est.

¶ *De libro censuali apud Anglos qui* Domesdei *vocatur.*

¶ ***Domesdei.***] Monumentum totius Britanniæ, non dico antiquissimum, sed absque controversia augustissimum. Duobus magnis voluminibus, Angliæ descriptionem continet, inchoatam juxta Annales Waverlienses & alios, An. Dn. 1083. i. Gulielmi Senioris 16. sed juxta Rubrum librum Scaccarii, anno ejusdem Regis 14. finitam verò (ut ipse liber testatur) anno suo 20. hoc est ultimo; & Domini nostri 1087. Aliàs *Liber judiciarius*; aliàs *Censualis Angliæ*; aliàs *Angliæ noticia, & lustratio*: interdum *Rotulus regis*, & (à similitudine antiquioris) *Rotulus Wintoniæ*, & *liber Wintoniæ* nuncupatum. In hoc per singulos Comitatus, Rapas, Lathas, & Centurias (quas Wapentachia & Hundredos vocant) civitates, burgos, oppida, castra, villas, &c. descriptum est quid in prædiis & domibus; quid in terris quæ dicuntur dominicales & tenementales; quid in campis arabilibus, pratis, pascuis, silvis, saltibus, piscatiis, paludibus, communiis, &c. continebatur. Quot homines & cujus conditionis, milites, colonos, mancipia, operarios (ævi vocabulis distinctos) villa qualibet aleret; quid in tributo, censu, redditibus, servitiis & consuetudinibus, de præsenti valebat reddebatque; quid in ævo sub Edouardo Confessore elapso.

Series operis juxta Comitatus distinguitur. In initio cujusque, exhibetur catalogus omnium capitalium dominorum, qui in eodem Comitatu quidpiam possident. Primò, Rex, deinde proceres secundum classes & dignitates suas. Nec hi quidem numerosi: nam eo seculo non distrahebantur prædia in vulgus proprietariorum (ut hodie passim) sed villa integra penes dominum unum plerumque, vel alterum permanebat, plebe agriculturam sub eodem exercente. In tota Norfolcia quæ ad 50. miliaria (vel eò supra) extenditur, ad 30. plus minus dilatatur: LXVI. tantummodo numerantur soli (seu fundi) domini. Hi in sequenti descriptione totidem titulos conficiunt, *Capita* dictos: quibus singulis subnotatur primùm, Hundredus seu Wapentachium. Deinde villæ sigillatim quæ de ipsius domini sunt patrimonio, & in quibus aliqua proprietate gaudet. Censentur omnes in quaque villa prædiorum species, & quascunque habet in eadem dominus ille facultates, juxta enumerationem supradictam. Exempli gratia. In capite paginæ seorsim scribuntur, Norf. Rex. In columna subdita H. de Galgow. In Facenham ten' Herold' t. r. c. ij car' ter'. semp. v vill' ⁊ xx bor' ⁊ iiij serv'. semp. in dmo' ij car' ⁊ hom. iiij car'. Silva ad xij por'. v acr. pra'. iij mol'. dimi. salina. Semp. iij r' ⁊ xxvij por. ⁊ cc. ov'. Huic man' pertinet i beruita Alatorp de i car' ter' &c. In fine. Fagenham het' vij quar' in long. ⁊ dimi in lat. ⁊ xij d' in gelt': Quod sic legendum est, In

In Comitatu *Norfolcia. Rex* tenet terras subscriptas, viz. *in Hundredo de Gallgou. In Facenham* (villa) *tenuit Herodus* (quidam) *tempore Regis Edouardi* Confessoris, *duas carucatas terræ. Semper* (erant ibi) *quinque villani, & xx bordarii, & iiij servi. Semper in Dominico ij carucatæ, &* inter *homines* (scil. vassallos & colonos) *iiij carucatæ. Silva ad x'j porcos* saginandos. *v acræ prati. iij molendina. Dimidia salina. Semper iij runcini, & xxvij porci, & CC oves. Huic manerio pertinet una beruita, Alatorp, de una carucata terræ, &c. Fagenham* (c in g mutato) *habet vij quarteria milliarii in longitudine, & dimidium in latitudine, &* (reddit Regi) *xij denar. in gelt*, i. in geldo seu tributo. Habes in hoc nostro Glossario perplura istiusmodi exempla: quæ facilius intelligas ex præsentis interpretatione.

Describitur in uno istius monumenti volumine, 30 Comitatt. hoc qui sequitur ordine.

Kent.	1	Chent,
Sussex.	2	Sudsex,
Surry.	3	Sudrie,
	4	Hantescire,
Barkesh.	5	Berrochescire,
	6	Wiltescire,
	7	Dorsete,
	8	Sumersete,
Devonsh.	9	Devenescire,
Cornwall.	10	Cornualgie,
	11	Midelsexe,
	12	Herfordscire,
	13	Bochinghamscire,
Oxfordsh.	14	Oxenefordscire,
Glostersh.	15	Glowecest'scire,
Worcester-shire.	16	Wirecestrescire,
	17	Herefordscire,
Cambridg-shire.	18	Grentebr'scire,
Hunting-tonshire.	19	Huntedunscire,
	20	Bedefordscire,
	21	Northantscire,
Leicestersh.	22	Ledecestrescire,
	23	Warwicscire,
	24	Staffordscire,
Shropsh.	25	Sciropescire,
Chesshire.	26	Cestrescire,
	27	Derbyscire,
Nottinghamshire.	28	Snotingh'scire,
Yorkshire.	29	Euruicscire,
Lincolnsh.	30	Lindesig,
Nullis figuris numeralibus prætigendi.		Westreding,
		Northreding,
		Estreding.

In altero volumine, quod majusculis literis, fusiori enarratione, & ultimo Regis anno consummatum est, tres solummodo habentur Comitatus: Est', Norf', Sudf. Reliqui, viz. Northumbria, Cumberlandia, & Westmerlandia, Episcopatusque Dunelmiæ: (sive morte Regis, sive alio, nescio quo intercepti infortunio) nusquam hic se exhibent. Nec Lancastriæ pago suus designatur titulus: sed pars ejusdem quæ inter *Ripam & Mersam* appellatur, vel sub Euruicscire deprehenditur, vel in Cestrescire. — Essex, Norfolk, Suffolke.

Misit autem Rex Guiliel. ut Authori mihi sunt Annales Waverlienses M. S. in An. gratiæ 1083. regni 16. *quinq; Instiitiarios suos per unamquamq; scyram Angliæ*, ad descriptionem istam per provincialium jurajuranda conficiendam. Illi verò regiis exactionibus, & futuris seculis consultè præcaventes, mitiùs videntur aliàs egisse, cum in locorum spatiis æstimandis, tum in valorum extensionibus exigendis. Ingulphus Abbas Croylandiæ in Hist. Croylandiæ. *Totam* (inquit) *terram descripsit* (Guilielmus Senior) *nec erat hida in tota Anglia, quin valorem ejus, & possessorem suum scivit, nec lacus nec locus aliquis quin in Regis rotulo extitit descriptus, ac ejus redditus & proventus, ipsa possessio & ejus possessor regiæ notitiæ manifestatus juxta taxatorum fidem, qui electi de qualibet patria, territorium proprium describerent. Isti penes nostrum monasterium benevoli & amantes, non ad verum precium, nec ad verum spacium, nostrum monasterium librant misericorditer, præcaventes in futurum regiis exactionibus, & aliis oneribus piissima nobis benevolentia providentes.* Addit insuper. *Iste rotulus vocatus est rotulus VVintoniæ, & ab Anglicis pro sua generalitate, omnia tenementa totius terræ integrè continente,* Domes day *cognominatur. Talem rotulum & multum similem, ediderat quondam Rex Alfredus, in quo totam terram Angliæ per Comitatus, Centurias, & Decurias descripserat, sicut prænotatur. Qui quidem rotulus VVintoniæ vocatus est, quia deponebatur apud VVintoniam conservandus, &c. In illo verò rotulo VVintoniæ sic maximè vocato, eo quod ad illius rotuli exemplum editus erat, descripti sunt non tantum totius terræ Comitatus, Centuriæ, & Decuriæ, sylvæ, saltus, & villæ universæ: sed in omni territorio, quot carucatæ terræ, quot jugera, & quot acræ, quæ pascua & paludes, quæ tenementa, & qui tenentes continebantur.* Item Florentius Wigorniens. ejusdem seculi Author, in An. 1086. *Gulielmus* (inquit) *Rex fecit describi*

[Margin notes beside this paragraph: Rotulus Regis. — Rotulus Wintoniæ. — Domesday.]

omnem Angliam, quantum terra quisque Baronum suorum possidebat: quot feudatos milites, quot carrucas, quot villanos, quot animalia, immò quantum viva pecunia quisq; possidebat in omni regno suo, à maximo usq; ad minimum, & quantum redditus quæq; possessio reddere poterat: & vexata est terra multis cladibus inde procedentibus. Longum esset Authorum congerere testimonia: non præteream tamen quæ de serie, nomine, & authoritate libri retulit, sub infantia ejusdem, Henricus Episcopus Wintoniensis, propinquus sanguine ipsius Conquestoris. Sic autem ille inter alia in Nigro libro Scaccarii par. 1. cap. antepenult. quod de libro judiciario inscribitur.

Liber judiciarius.

Fit autem (inquit) *descriptio per Comitatus, per Centuriatas, & Hydas: prænotato in ipso capite, Regis nomine, & deinde seriatim aliorum procerum nominibus appositis secundum status sui dignitatem, qui videlicet de Rege tenent * in capite. Apponuntur autem singulis numeri secundum ordinem, sic dispositis per quos inferius in ipsa libri serie quæ ad eos pertinent facilius occurrunt. Hic liber ab indigenis* Domes-dei *nuncupatur, id est, dies judicii, per metaphoram. Sicut enim districti & terribilis examinis illius novissimi sententia, nulla tergiversationis arte valet illudi: sic cum orta fuit in regno contentio de his rebus quæ illic annotantur, cum ventum fuerit ad librum, sententia ejus infatuari non potest, vel impune declinari. Ob hoc nos* librum judiciarium *nominamus, non quod in eo de propositis aliquibus dubiis feratur sententia, sed quod ab eo sicut à prædicto judicio, non licet ulla ratione discedere.* -- Compertum est etiam in libro de *Domesday*, in quo facta fuit, tempore Regis Willielmi descriptio totius terræ, tam in nemoribus quàm pascuis & pratis, necnon & agriculturis, per Comitatus, centuriatas, & hidas, & verbis communibus annotata, & in eundem librum redacta; ut viz. quilibet jure suo contentus, alienum non usurpet impunè; prænotato in ipso capite Regis nomine; ac deindè seriatim aliorum procerum nominibus appositis, secundùm status sui dignitatem; qui viz. de Rege tenent in Capite. Compertum est similiter, viz. in *Essex*, sub titulo *terra Ranulphi Piperell*, sic;

* Hos Florent. Wigornens. hic paulo supra Barones Regis vocat. *Domesdei.*

Liber judiciarius.

Esc. de an. 30. E. 3. *Essex Haifeild Peverell.* man. n. 42.

Hund. de *VVitham.*

Hadfeldam tenet R. in dominio, quod tenuit Ailmarus t. R. E. pro man. & XIX hid. & LXXXII acris. Semper *v* car. in dominico.

Qui quidem liber, *Domesday* nuncupatur; id est *Dies judicii*, per metaphoram; sicut enim districti & terribilis examinis illius novissimi sententia, nulla tergiversationis arte valet eludi, sic cum orta fuerit in regno contentio de hiis rebus quæ illic annotantur, cum ventum fuerit ad librum sententia ejus infatuari non potest, vel impunè declinari.

Quid liber Judiciarius & ad quod compositus.

Ex Registro quodam de *Peterburgh* penes *Rob. Wingfeld,* Eq aur. f. 119. a.

Cum insignis ille subactor Angliæ, Rex *VVillielmus*, ulteriores insulæ fines suo subjugasset imperio, & rebellium mentes terribilibus perdomuisset exemplis, ne libera de cætero daretur terroris facultas, decrevit subjectum sibi populum juri scripto, legibusque subjacere, propositis legibus Anglicanis secundùm tripartitam earum distinctionem; hoc est *Marchenelaghwe, VVestsenelaghwe*, quasdam reprobavit & quasdam approbans illas transmarinas Neustriæ leges, quæ ad regni pacem tuendam efficacissime videbantur adjecit. Deinde, ne quid deesse videretur ad omnem totius providentiæ summam, communicato consilio discretissimis à latere suo destinavit viros per regnum in circuitu: ab hiis itaque terræ totius descriptio diligens facta est, tam in nemoribus, quam pascuis & pratis, nec non agriculturis, & verbis communibus annotata, in librum redacta est; ut viz. quilibet jure suo contentus, alienum non usurpet impunè. Fit autem descriptio per Comitatus, per centuriatas, &c. ut super usque *discedere*.

Disce quid *Comitatus*, quid *Centuriata*, quid sit *Hida*, si placet ediscere; alioquin non plana erunt quæ præmissa sunt.

Ib. b.

Quid *Hida*, quid *Centuriata*, quid *Comitatus* secundùm vulgarem opinionem magistri Ruricolæ melius hic norunt; verùm, sicut ab ipsis accepimus; *Hida* à primitivâ institutione ex Centum acris constat. *Hundredus* verò non ex Hidarum aliquot centenariis, sed non determinatis: quidam enim ex pluribus, quidam ex paucioribus hidis constat. Hinc *Hundredum* in veteris Regum Anglicorum privilegiis centuriatam nominari frequenter invenies. *Comitatus* autem eadem lege ex *Hundredo* constant; hoc est quidam ex pluribus, quidam ex paucioribus, secundùm quod divisa est terra per viros discretos. *Comitatus* ergo à Comite dicitur, vel Comes à Comitatu. Comes autem est, qui tertiam portionem eorum quæ de placitis proveniunt in Comitatu quolibet percipit. Summa namque illa quæ nomine firmæ requiritur à Vicecomite tota, non exsurgit ex fundorum redditibus, sed ex magna parte de placitis provenit, & horum tertiam partem Comes percipit, qui ideo sic dici dicitur, quia fisco socius est & comes in percipendis. Porro *Vicecomes* dicitur, qui *vicem Comitis* suppleat in placitis illis quibus comes ex suæ dignitatis ratione participat.

Disce nunquid ex singulis Comitatibus Comites ista percipiunt, Nequaquam; sed hii tantum ista percipiunt quibus Regum munificentia obsequii præstiti, vel eximiæ probitatis intuitu Comites sibi creat, & ratione dignitatis illius hæc conferenda decrevit, quibusdam hæreditariè, quibusdam personaliter.

Hujus

Hujus igitur libri reverentia, non dissimilis fuit Sibyllini Romæ, quindecim-virali olim curæ designati: seu Pandectarum apud Florentinos, qui à Wernhero repertus sub Lothario II. circiter An. Dn. in palatio Ducis hodie custoditur, & nisi accenso cereo, indictaque ceremonià non producitur. Cassiod. var. lib. 3. cap. 52. *Augusti siquidem temporibus orbis Romanus agris divisus censusq; descriptus est, ut possessio sua nulli haberetur incerta, quam pro tributorum susceperat quantitate.*

Est ad similitudinem lib. censualis Remensis.

Conservatur utique nobile nostrum monumentum, in thesauro regii Scaccarii, sub tertia clave, scil. Thesaurarii & duorum Camerariorum, inspecturis tamen satis præstò, sed denumerantibus priùs 6. solid. & 8. denar. pro sola inspectione. Transcriptio enim uniuscujusque lineæ drachmâ præterea penditur. Mihi verò (nam acceptum à jam mortuo agnoscam beneficium) & istius & aliarum veterum schedarum, quas *recorda* vocant, insignem aliquando copiam fecit senex in eisdem versatissimus Arthurus Agard tunc Procamerarius. Exinde, gratam etiam admodum, successor ejus Jo. Bradshawe ministrique alii humanissimi.

¶ *Domesticare.*] *Mansuefacere.* Ekkehard. Jun. Cas. S. Gal. ca. ult. -- *avibus domesticis & domesticatis.* Boior. Tit. 20. §. 6. Aves *qua de silvaticis per documenta, humana domesticantur industria.*

¶ *De multiplici Domestico, & multiplici ejus munere.*

¶ *Domesticus.*] *Senescallus*, *Dapifer*, *Maior domus.* Vox Latina, sed novata significatione Græcis etiam inferioribus usitatior, δομέστικος enim ministros & officiales dixère, quos Romani, Comites: sed hoc præsertim, cum nomen dignitatis factum esset *Comes*, potius quam ministerii. In jure igitur Civili *domestici* propriè appellantur (ut notat Junius ad Codinum) omnes adjutores, sive administri legitimè instituti à justis functionum principibus, cum in Palatio, tum in Foro, & in Ecclesia.

In Palatio.

In Palatio erant *Magnus domesticus*, *domesticus rei domestica*, *domesticus mensa*, *domesticus scholarum*, *domesticus murorum*, *domesticus regionum*, *&c. Magnus domesticus* (qui & *Megadomesticus*, & ob eminentiam, ὁ *Domesticus* nuncupatus est) duplici fungebatur munere: interiori, & exteriori. Interiùs, circa mensam Imperatoris administrabat, (ut supra in *Dapifer*) multaque alia in palatio agebat, de quibus Codinus. Ex- *Magnus Domesticus. Megadomesticus. ὁ Domesticus.*

terius autem; sicut in regno Franciæ & aliorum Principum Occidentalium dominiis, Primarius Dapifer (qui & Maior domus, & Magnus senescallus dictus est) exercitum educebat & militiam curabat, (quod ibidem quoque declaratum est): ita in Imperii administratione *Magnus Domesticus* terrestri præfuit militiæ, castris & stativis, quæ ipsi *fossatum* appellabant. Codinus seu Curopalata de offic. Constantinop. pa. 50. *Sicut magnus domesticus Princeps est & caput ad universum fossatum: ita & iste* (magnus Dux) *ad mare.* Hoc innuit Liutprandus Hist. lib. 6. ca. 5. sed fortè ut peregrinus de aliena repub. erogante Imperatore munera, *primus vocatus est Rector domus, cui non in manibus, sed in humeris posita sunt numismata, cum scaramangis quatuor. Post quem ὁ Domesticos Ascalonas, & ὁ Longaristis Ploas sunt vocati, quorum alter militibus, naviganti-bus praerat alter. Hi itaq; paris numeri, quia dignitas par. erat, numismata & scaramanga suscipientes, pra multitudine non jam in humeris portaverunt, sed adjuvantibus aliis post se cum labore traxerunt.* Quid hic *rector domus*, si non ὁ *domesticus*, vel ὁ *domesticos*, si non idem: vel quid *Longaristis*, si non *logariastes* (i. rationum præpositus, qui stipendiario in Aula militi stipem erogabat) haud certè scio: nec si ita sint, ut conveniant demum Codini loco citato, & aliis. Dicat eximius rei Constantinopolitanæ mysta Joannes Meursius. *Rector domus ὁ Domesticos. ὁ Longaristis.*

Megadomesticum autem istum eundem in Oriente fuisse quem in Occidente *Magnum Senescallum* docet Guiliel. Tyriens. Episc. de bello sacro lib. 2. cap. 5. de Alexio loquens. —— *plurimùm* (à Nicephoro) *honoratus & Megadomestici dignitate (quem nos majorem Senescallum appellare consuevimus) fungitur officio.* De cæteris ejus officii partibus, copiosè Curopalates de offic. Constant.

Domesticus mensa, & Domesticus rei domestica: Senescalli etiam, & dapiferi munere, circa mensam Imperatoris fungebantur, ut supra videas in *Dapifer.* Ille verò *Magno domestico* proximus, hic remotior, sed qui panagiam ministrabat. Utriusque munus contineri prius videtur in officio & appellatione Comitis Castrensis. Vide.

Domesticus scholarum: eandem olim administrationem habuit, quam postea *Megadomesticus*, ut inquit Curopalates. Præfuit siquidem scholis palatinis, hoc est (non rei literariæ sed) ordinibus militaribus, ad capessenda jussa Imperatoris vacantibus, quos tum scholas vocabant, erantque numero XI. ut ex l. ult. c. de locato & conduct. notat Junius. Nos vero in Notit. XIV. reperimus VIII in Oriente, & VI in Occiden. merentes omnes sub alterutro Magistro officiorum: nam *domestici* scholarum nondum videtur enata appellatio. Quære. *Schola, quid.*

Domesticus legionum idem qui *domesticus scholarum*: Orientalium enim historiarum interpretes,

terpretes, ita sæpe vertunt ὁ δομέστικος τῶν σχολῶν: Et Hieron. Wolffius in Zonaræ tom. 3. *Imperator* (inquit) *Domesticum legionum contra eum mittit.* Et mox. *At legionum domesticus duos duces secum suis legionibus sequi jussit.*

Domesticus murorum curabat, ut oppida, castra, munitiones cujuscunque, prout opus esset instaurarentur.

Domesticus regionum, scil. Oriental. vel Occidental. curabat negotia ad publicum pertinentia. *Hi domestici* (inquit Codinus Curopalat.) *tum orientalium, tum occidentalium regionum curatores erant, similiter & administratores publicorum negotiorum quæ illic erant.* In Jure & historiis passim *domesticus orientis, domesticus occidentis, &c.* Hi in palatio.

In foro.

Domestici inter fori ministros, dicuntur judicum administri: Spiegelio *Assessores*, quo etiam nomine *dapiferos* appellavit Fleta nostras, ut intelligas communionem inter voces *Dapifer, Assessor*, & *Domesticus*.

Domestici item dicti sunt qui cum ipsis Judicibus habitabant, *vulgo Cancellarios, Graphiarios vocamus.* Drosæus in method. Jur.

In Ecclesia.

Domesticus chori, locum secundum tenet in septimo quinario Officialium Ecclesiæ Constantinopolitanæ. Duplex erat, alter primi chori, alter secundi: neutrius verò munus explicavit Curopalates: sed præesse aliqualiter videtur chori ministerio.

Domesticus januarum, noni (quod est ultimi) quinarii, primus fuit. Hic custos, & velut ostiarii administer, & adjutor datus est. *Æditnus*, Jun.

Domestici extra Imperium. *Domestici* præterea reperiuntur extra Imperium, quinto seculo & subsequentibus. Gundebaldus, Rex Burgundior. in præfatione LL. suarum. *Sciant optimates, Comites, consiliarii, domestici, & maiores domus nostræ.* Formulæ solenn. nu. 11. *Carolus Rex Francor. &c. Ducibus, Comitibus, domesticis, vicariis, centenariis, &c.* Ita pluries in vett. chartis, Et apud Greg. Turon. (qui floruit, An. 571) *sæpe domestici mentio.* De munere tamen non satis constat. A Consilio Principis eos fuisse, indè liquet quod Marculfus refert, lib. 3. ca. 25. *Episcopos, optimates, referendarios, domesticos, senescallos, cubicularios, & maiorem domus*, Regi in palatio causas judicanti assedisse. Perspicuè Theophylact. Simocat. lib. 8. pa. 412. πραισεντῖνος ὁ πὰς τοῦ πέτρου, &c. *Presentinus Petro* (fratri Mauricii Imp.) *à consiliis, quem domesticum Romani solent vocare.* Et judicem fuisse probat L. Ripuaria Tit. 88. inquiens: *Jubemus ut Optimates, maiores domus, domestici, Comites, Grafiones, Cancellarii —— in judicio residentes, munera ad judicium pervertendum non recipiant.*

Domesticus villæ Regis. Uti *Domesticus regionis*, omnia sub Rege curabat administrabatque in regione, sic iste in villa fiscali, sub Comite. Colebant sub his seculis ipsi Reges villas & prædia sua, suorum ipsorum colonis, mancipiis, animalibus, sæpe utensilibus, ut è Chartis coætaneis deprehendas. Horum omnium cura & administratio, penes eum fuit qui superioribus *villicus*, inferioribus *Gastaldus, ballivus*, & multiplici alio nomine appellatus est: Hic autem *Domesticus*, quòd domus seu familiæ dominicæ in eadem villa *Actor* esset, nam hoc etiam nomine fungebatur. Liquet è seculi illius Solenn. formulis, nu. 89. *Ille Rex viro illustri ill. Comiti, &c. jubemus* (in celebrationem nativitatis filii nostri) *ut per omnes villas nostras quæ in cuncto regno nostro aliorum domesticorum sunt actionibus: 3. homines servientes in utroque sexu, in unaquaque villa, ex nostra indulgentia per vestras epistolas relaxari faciatis.* Animadverte, *Domesticos* villarum Regis, Comiti fuisse audientes. Sequitur (in formulâ 90.) præcepti executio. viz. *Ego in Dei nomine ill. Domesticus, ac si indignus gloriosi Domini ill. Regis super villas ipsius ill. ex familia Dominica ill. Dum generaliter ad omnes Domesticos Regis ordinatio processit, pro nativitate Domnicelli nostri ill. ut à Domino vita ei concedatur, &c. Propterea te* (N) *per hanc epistolam nostram sicut mihi jussum est, ab omni vinculo servitutis absolvo, &c.* Apparet ex novissima hac formula, *Domesticum* unum super pluribus villis constitutum: sic ut potiùs Senescalli quam Ballivi locum tenuisse videatur. Ad Senescallum etiam munus pertinet quod de *Domesticis refert* Greg. Turonens. lib. ca. *Fuerunt etiam ad hoc placitum, multi de regno ejus tam Domestici quam Comites, ad præparanda regalis expensæ necessaria.*

Actor villæ. Lego, aliquorum. Domnicellus.

¶ **Domicellus, Domnicellus.**] Appellatio qua Galli filios quosvis Regis, sed optimatum primogenitos tantum salutabant: sicut Angli, regni successorem Æthelingum vocabant, & Clitonem. Clitonem verò, de omnibus filiis Regis, aliàs dixere. LL. S. Edouardi Confess. MS. cap. antepenult. *Et quia cogitabat* (Rex Edouardus) *hæredem eum facere, nominavit eum* Adeling, *quod nos* (scil. Normanni) *dicimus domicellum: sed nos indiscretè de pluribus * dicimus, quia Baronum filios vocamus Domicellos; Angli verò nullos nisi natos Regum.* Loquitur de Anglo-Saxonibus, nam Anglo-Normanni, Normannorum post sequuti sunt consuetudinem. Sic Athon in glos. ad constitut. Othoni. Ca. Cum mortis. verb. Baronum. *Rex interrogavit, ubi moraturam didicit, quæ filios nobilium procerum regni, quos secum habuit domicellos, instruxerat, &c.* Alb. Argentin. in An. 1376. de primogenito videtur intelligere, vel successore. *Obiit Domicellus Joh. Landtgravius Alsatiæ, in quo cessavit progenies Landtgraviorum Alsatiæ,*

Clito.

* Vide notam ad hunc locum in *Adelingus*.

Mar-

Domnus. Domnicellus. Marculfi ævo, nec *dominus*, nec *domicellus* dicebatur, sed *domnus*, & *domnicellus*: etiam hoc de filio regis. Sic ille lib. 2. form. ultim. quam paulò supra citavimus in *Domesticus*. ——— *generaliter ad omnes domesticos regis ordinatio processit, pro nativitate Domnicelli nostri*. Vide *Domnus*.

Comitellus. Quemadmodum *Regulum* à Rege, & *Domicellum* à Domino: sic *Comitellum* à Comite dicebant. Leo Marsic. in Chron. Casin lib. 4. ca. 25. *Joannes quoque Comitellus obtulit medietatem Ecclesiæ*. Sic *Baroncellus* à Barone ut supra in *Baronettus*: & dicitur *Domicella* à

Domicella. Damoisel. Domina. Galli etiam hodie *Damoisel* dicunt, pro nobili juvene gladio militari nondum accincto.

***Dominica Lætare Jerusalem*, al. *Rosæ*, & *aurea rosæ*, & *de panibus*.]** Est quarta Dominica Quadragesimæ, & dicitur *Lætare Jerus.* quod Introitus qui in ea cantatur, incipit *Lætare Jerusalem*: & omnia quæ in hujus diei officiis peraguntur læta sunt, &c. *De rosa* propter Rosam auream benedictam, quam Pontifex in manu ferens populo ostendit in solatium Quadragesimalis jejunii terminandi, &c. v.

De Panibus: ob memoriam miraculi 5 panum, qui hac die 5000 pavere, &c. *Hosp. de Fest. Christ.* cap. 14. fol. 42. b.

Dominica Misericordia Domini, Mat. Par. in An. 1229. pa. 349. *Fecit Rex convenire apud VVestmonasterium Dominicâ quâ cantatur* Misericordia Domini *Archiepiscopos, &c.*

Dominica quâ cantatur Sitientes venite ad aquas. Sab. ante Dominicam passionis.

Dominica modo geniti. Dominica in Albis.

Dominulus. Apud Scævolam: Spiegel.

¶ ***Dominicale, Dominicalis*.]** Concil. Antihodorens. sub Greg. Mag. An. 590. ca. 42. *Ut unaquaque mulier quando communicat dominicalem suum habeat. Quod si qua non habuerit, usq; in aliam diem dominicam non communicet.* August. Serm. de temp. 152. *Omnes viri quando communicare desiderant, lavent manus; & omnes mulieres nitida exhibeant linteamina ubi corpus Christi accipiunt.*

¶ ***Dominicum*.]** Vox Eccles. Pro cœna Domini. Cyprian. Serm. 1. de eleemosyna. *Locuples & dives, Dominicum celebrare te credis, quæ corbonam omnino non respicis? qui in Dominicum sine sacrificio venis? quæ partem de sacrificio quod pauper obtulit, sumis.*

Pro *Templo, Ecclesia, Basilica*, & loco in quem ad sacros conventus celebrandos fideles soliti sunt convenire, Græc. κυριακόν. Occurrit in Concil Laodicen. circ. An. 366. ca. 28. Interpr. 2. *Non oportet in Dominicis seu Ecclesiis Agapen facere, &c.* Epist. Maximini Imp. pro Christianis, apud Euseb. Hist. lib. 9. Ruffino interpr. cir. An. 400. *Sed orationum domus, id est, Dominica sua: ut ministrent pro voluntate sua permittimus.* Et lib. 10. ca. 3. ——— *sequere me ad dominicum, & hujus fidei*

Templa quare dicta Dominica. *signaculum suscipe*. Rationem nominis clarè indicat Eusebius in orat. de laudibus Constantini. *Servator igitur confestim trophæa victoriæ ubique terrarum erigenda; mundum universum sacrosanctis templis augustissimisq; Ecclesiarum ædificiis adornandum in singulis urbibus, pagis, regionibusq; omnibus, atq; adeo in desertis Barbarorum locis, ædes sacras & templa viri omnium Deo, atq; universarum rerum Domino, dedicanda consecrandaq; curavit. Unde etiam templa quæ erant ei consecrata, Domini nomen obtinuerunt: quod nomen non ex hominibus, sed ex ipso omnium Domino, illis fuit impositum, & propterea* Dominica *sunt appellata.*

Operæ pretium est, ut adjungam quæ ad primum Eusebii locum citatum quidam in margine notavit (opinor) Beatus Rhenanus. Scilicet, apud primos Christianos Domini vocabulum paulò frequentius fuisse quam Christi (juxta morem Apostolicum, & modum historiæ Evangelicæ:) perinde etiam ipsa loca in quibus coibant propter Dominum, appellasse eos Dominica. *Unde* (inquit ille) *Germani etiamnum episcopalia templa* (*quæ certè primaria sunt & reliquis antiquiora*) **Dom** *vocant, & illorum Canonicos* **Domherren**, *quasi dicas Dominicales sive Dominicanos Dominos. Sicut Templariis olim à templo datum nomen. Extat adhuc in Tribonis, inter Elcebum pagum qui Sletstadio originem & nomen dedit, & Argentorum prope Mollesheimium sacellum quoddam vetustissimum, etiam Gentilium Romanorum monumentis spectabile, quod vernacula simplicitas* **Dompbieter** *appellat, i. Dominicum Petri.* Hæc ille. Sanè ut isti **Dom** pro templo, à Latinis *Dominicum* & *Dominus*: ita Germani alii, Saxones, Angli, Scoti, Batavi **Kyrk**, & per contractionem **Kyrk**, à Græc. κυριακὸν & κύριος deduxere; nostratibus hodie duplici aspiratione vocabulum proferentibus, **Chyrch**; Germani simplici, **Kyrch**; Scoti juxta primitivum **Kyrk**. Quod, innuere videtur, hos prima religionis semina à Græcis auspicatos: illos verò à Romanis.

Dominicum aureum, nobilissimum Antiochiæ templum, à Constantino magno inceptum, sub Constantio verò absolutum; & hoc epitheto præ excellentia honoratum: insigni Episcoporum populorumque confluentia ejus encæniam celebrante. Hieronymus in Chronico. *In Antiochia Dominicum quod vocatur Aureum, ædificari cœptum.* Et infra mox. *Antiochiæ Dominicum Aureum dedicatur.*

Dominicum: etiam vox forensis est & multiplex, Gallis *Domanium*, Italis *Demanium*. Anglis the **Demaine**, quod nonnulli perperam scribunt **Demeane** & **Demesne**: ac si à Gal. *de mesne*, i. sui ipsius proprium, non à Latino *Dominico* nasceretur. Vox fore[nsis]

Dominicum dicitur patrimonium Domini, atque idem quod dominium. Nostri verò forenses recentiores, solummodo penè utuntur, vel ad significandam fundi proprietatem, vel manerii partem, hoc est, terras & prædia quæ Dominus hæreditariè non tradit suis Tenenti-

bus

bus, sed aut suipsius manibus retinuit, aut ad annos aliquot, sive voluntatem elocavit. Vulgo, *terra Dominicales*, **Demaine landes**.

Dominicum (inquit Bractonus lib. 4. tract. 3. ca. 9. nu. 5.) *accipitur multipliciter. Est autem Dominicum, quod quis habet ad mensam suam & propriè, sicut sunt* **Bordlandes** *Anglicè*, id est, *Dominicum ad mensam*; sunt terræ quas dicimus *dominicales*, ad apparatum mensæ domini, & familiæ ejus alendam designatæ; itaq; **Bordlandes**, quasi *terræ mensales*, tunc olim vocatæ. Hoc & apud Gallos vocis præbuit originem, ut Choppinus indicat Lib. 1. Tit. 1. Sect. 6. de *domanio Regis*, verba faciens —— *primitùs* (inquit) *sceptris addictum fuerit in necessarios Regiæ mensa, Aulæq; sumptus*. Sed quorsum *dominicum* potiùs quàm *mensaticum*, aut tale quidpiam? In rem appositè venit Nonii Marcelli locus, de proprietate sermonum ca. 4. *Dominus rursus* (inquit) *appellatur convivii exhibitor. Unde & dominia, convivia*. Adducit eatenus Lucilium Satyrar. lib. 13. *Primùm dominia, atq; sodalitia omnia tolluntur*. Ubi *dominia* de conviviis quæ domi fiunt à privatis, intelligit * Connanus: sodalitia de his quæ publicis & solennibus locis, à sodalitatibus aut magistratibus præbeantur: dictumque putat *dominium à domo* (ut refert Spiegelius). Non cedo.

* Lib. 17. c. 5. num. 7.

Dominicum pro terris in villenagium (h. villanis) concessis. Bract. ibidem. *Item dicitur dominicum, villenagium quod traditur villanis, quod quis tempestivè & intempestivè resumere possit pro voluntate sua & revocare*. Ea proculdubio lex fuit Bractoni ævo, & diu postea: etiam hodie, si villanos pro nativis intelligamus. Sin verò de liberis hominibus terras hujusmodi possidentibus, (licèt ipsi quoque tenere ad voluntatem domini dicantur; & terræ eorum pro *dominicis* manerii habeantur) revocari tamen à domino nequeunt terræ illæ, sed ut ipsa feuda (quæ & olim ad voluntatem domini tenebantur) diuturnitate jam tandem meruere perpetuitatem.

Dominicum pro libero tenemento, quod vide. Hoc autem *Dominici* genus juxta Bractonum triplex est. Primò, cum quis habeat liberum tenementum, & alius usumfructum. Secundò, cum quis habeat liberum tenementum, & alius custodiam. Tertiò, cum quis habeat liberum tenementum, & alius curam, *sicut dicitur* (inquit) *de custode & curatore, & unde unus datur à jure, & alius ab homine*.

Dominicum, generaliter dicitur secundum Bractonum de terris seu prædio quod quis habet in feodo, vel sibi & hæredibus, vel ex causa successionis: *ita quod* (inquit ille) *assisam novæ disseysina habere posset si ejectus esset, &c*. Addit præterea. *Et sciendum quod Dominicum dicitur ad differentiam ejus quod tenetur in servitio, & unde dicitur tota die, quod videndum erit, quid quis teneat in dominico, & quis in servitio. Et regulariter verum est quòd dominicum dici potest omne illud tenementum de quo antecessor obiit seysitus ut de feodo, sive cum usufructu, vel sine, & de quo si ejectus esset dum viveret, recuperare posset per assisam novæ disseysinæ, &c*.

In *dominico seisisus* dicitur qui tenet terras aut tenementa ad terminum vitæ. Qui verò eadem tenet hæreditariè, hoc est, sibi & hæredibus suis, vel sibi & successoribus suis, dicitur *seisitus in Dominico suo, ut de feudo*. In jure enim nostro, *feodum* idem est quod hæreditas: & misellus quivis minutissimam areolæ partem hæreditariè possidens, & de feodo seisitus dicitur, & in Dominico.

In dominico tenere terras vel tenementa: est eadem tenere uti partem terrarum dominicalium manerii: **to hold them as demaines of the mannor**. Hujus contrarium est in *servitio tenere*, quod de domino dicitur quoad terras tenementales manerii sui: hoc est, quas servitii causa tenentibus suis concessit, de semetipso tenendas.

In dominico arativum reddere vel operari. Est debitum arationis servitium in terris dominicalibus præstare. L. Alaman. Tit. 22. *Servi dimidium sibi & dimidium in dominico arativum reddant. Etsi super hac est, sicut servi Ecclesiastici ita faciant, tres dies sibi & tres in Dominico*.

Dominicus, præterea in legibus & chartis antiquis, aliàs occurrit pro *Imperatorius*, aliàs pro *regius*, aliàs pro eo quod pertinet ad dominum manerii, mansi indominicati, vel prædii. Sic ut ipsa vox *Dominus*, & per contractionem *Domnus*, primò de *Imperatore*, postea de *Rege*, demum de quovis territorii domino enuntiata sit. Dominus.

Dominica res igitur appellantur quæ ad Imperatorem spectant, ut C. tit. ne rei dominicæ vel templorum vendicatio temporis præscriptione submoveatur. Et sub hoc nomine illic censentur servi, liberti, coloni, &c. Sic aliàs Dominica causa, domus, possessio, pecunia, &c. Sic L. Alaman. Tit. 32. *res dominica* dicuntur quæ ad Ducem pertinent: apud inferiores, quæ sunt minoris alicujus domini. Mag. Chart. libertatum Angl. ca. 22. *Nulla caretta dominica alicujus persona Ecclesiastica, vel Militis, vel alicujus domini per ballivos nostros capiatur*. Vide *Caretta Dominica*.

Dominicum bannum. Edictum Principis. Vide *Bannum*.

Dominici coloni, qui terras dominicales tenentur colere, Ascriptitii. Non evocandi erant in militiam, nec militare permissi. li. 7. C. ubi. caus. fisc. Apud nos, olim *Socmanni* appellantur. Socmanni.

Dominica curtis. Aula regia. Concil. Triburiens. An. 895. can. 56. al. 47. -- *nisi vel in hoste, aut in aliquo magno sit itinere, vel longè aut diu ad Dominicam curtem*. Vide *Curtis*.

Dominicus missus. Vide *Missus Dominicus*.

Dominicus Vassallus. Vide *Vassallus Dominicus*.

Domi-

Dominicales, Dominicata, & Indominicata, terræ dicuntur, quæ hic superius *Dominica,* & **Demaines**.

¶ *De modestia veterum in titulo* Domini *usurpando.*

¶ **Domnus** al. *Dompnus*, & *Domna* al. *Dompna.*] *Dominus* appellatio sacra, Deo & Christo propria. Illi ut hominum Creatori : isti, ut Redemptori. *Dominus* (inquit Tertullianus) *Dei est cognomen.* Addit igitur. *Dicam plane Imperatorem Dominum, sed more communi, sed quando non cogor ut dominum Dei vice, dicam.* Laudat verò Octavium Augustum, qui Imperii formator, *ne Dominum quidem dici se volebat.* Certè Edicto vetuit : ut rem & occasionem clarè exprimit Orosius lib. 6. cap. 21. hæc inter cætera referens. *Eodemq; tempore hic ad quem rerum omnium summa concesserat, Dominum se hominum appellari non passus est : imò non ausus, quo verus dominus totius generis humani, inter homines natus est.* Vetuere & alii Imperatores pagani : sed eò insolentiæ prorupit Domitianus, ut non solum *dominum*, sed *Deum* etiam appellari se voluerit. Sueton. in vita ejus ca. 13. *Pari arrogantia cum procuratorum suorum nomine formalem dictaret epistolam, sic cœpit : Dominus & Deus noster sic fieri jubet. Unde institutum posthac, ut ne scripto quidem, ac sermone cujusquam appellaretur aliter.* More autem per vicissitudines fluctuante, à Christianis etiam Imperatoribus admissus est inter titulos, *Dominus* : Sed divinæ majestati vim interea inferri metuentibus, mancus & velut exenteratus. Media enim vocali (i. quod unicum & individuum notat) exempta, tandem non *Domini* & κύριοι, sed *Domni* & κυροι passim sub mediis seculis dicti sunt, pariterque cæteri Principes atque Nobiles, tum Ecclesiæ tum Reipub. Sic mortales ab immortali, inferiores à supremo distinguendos visum est ; priscique usus hodie manent vestigia in semi-vocabulis *Cyr* (vulgo *Syr*) pro κῦρ, à Gr. κυρ@, apud Gallos & Anglos, *Don* & *Dom*, à Latino *Dominus*, apud Italos & Hispanos. Curopalat. de Offic. Constant. pa. 220. ἔκθεσις βασιλέως κυροῦ ἀνδρονίκου, &c. Latinè redditur, *Expositio Imperatoris Domini Andronici, &c.* at non bene si morem seculi & Authoris dictionem respiciamus, qui κυροῦ dicit, non κυρίου, i. *Domni* non *Domini.* Infra προεβιβάσθη παρὰ τοῦ βασιλέως κυροῦ ἀνδρονίκου τοῦ παλαιολόγου εἰς θρόνον i. Hoc ita vertitur : *Provectus est ab Imperatore Cyro Andronico in thronum decimum.* Ac si κυροῦ hîc esset nomen proprium & non significaturum *Domnum.* Malè. Sed docti quidem (ut malesanos typographos taceam) mediorum seculorum ritus non satis experti, sæpè κύριος pro κυρ@, & *Dominus* pro *Domnus* substituunt : etiam ne carminibus parcentes, quamvis in scansionis perniciem. Sic in Guilermi Armoric. Philippid lib. 4. juxta edition. Francofur. An. 1596.

In Apologet. ca 34.

κυρ@, Domnus.

Syr. κῦρ. *Don. Dom.*

Domini Martini Comes interea Reginaldus.

Sic in aliis usitatiùs peccatum est, *ubi Dominus Imperator, Dominus Rex, Dominus Papa, Dominus Episcopus, &c.* deprehenderint. Sic in ipso Athanasio aliquando evenit, qui accuratiùs observans differentiam, passim Deum & Christum *Dominos* appellat : Imperatorem & Papam, *Domnos.* Notat Juretus ; semper ferè in MSis Ivonis Epistolis *Domnum* scribi cum agitur de Ecclesiasticis : cum verò de Secularibus *Dominum.* Sed nec in uno nec in altero huic fidendum est distinctioni, ut compertum habuimus infinitis exemplis. Rhaban. Maurus ad Otgarium in Gloss. ad LL. Antiqq. *Reges nostri propter excellentiam, commune nomen Domni sive Domini effecerunt suum.* Et Anastasius Bibliothecar. Adriani II. sive Landulph. Sagax Histor. Miscel. *Gentis* (inquit) *Francorum moris est Domnum,* i. *Regem secundùm genus principari.*

¶ *Domoculta* & *Domus culta.*] Vita Ludovici Pii Imp. à coætaneo. *Prædia omnia quæ illi* (Romani) *domocultas appellant, & ab eodem Apostolico* (Leone) *instituta erant, —— diripere, & sibi conati sunt restituere.* hoc est, circiter An. Do. 816. Anastasius in vita S. Zachariæ An. Do. 742. *Hic domum cultam laute, tum noviter ordinavit, adjiciens & massam Fonteianam.* Inferius. *Hic massas quæ vocantur Antons & Formias, suo studio, jure B. Petri acquisivit, quas & domos cultas statuit. Et de omnibus superius adnexis domocultis Apostolica exarationis constituta faciens, atque sacerdotale collegium aggregans, sub anathematis interdictionib. statuit. Domocultam,* massam seu prædium vocat, domibus & justo colonorum numero instructum : quod in Concil. Valentin. An. 855. *coloniam vestitam* dictum censeo, licèt *vestire* etiam significat, possessionem tradere. E citatis autem liquet, massam aliàs esse sine domibus.

¶ *Domus conversorum.*] Collegium Judæis ad fidem Christianam conversis, ab Henrico III. institutum : sed quod expulsis deinceps ob facinora Judæis, Edouardus III. anno regni sui 51. in scriniorum custodiam deputavit. Hodie **the Rolles or office of the Rolles**.

¶ *Donum matutinale.*] Vide *Morghangeba.*

¶ *Dormitorium.*] Locus in Monasterio quo omnes unà dormiunt cœnobitæ, **the dorter** ; mediis & ultimis literis elisis. Concil. Aquisgran. sub Ludov. Im. An. 816. ca. 134. *nisi in dormitorio cum cæteris, absq; causa inevitabili, dormire præsumpserit.*

¶ *Dotalitium, Dotarium, Douarium.*] Vide *Doarium.*

¶ *Drappa, Drappus, Drappalia.*] Pannus, vestes, vestimenta : à Gall. *Drap.* Epist. Salomonis Regis Britan. Armoric. ad

Adrianum

Adrianum PP. II. in Hist. de Bretaing lib. 2. ca. 22. —— *30 camisias, & 30 drapas laneas variis coloribus tinctas; cum 30 cervinis pellibus, & 30 pallia pedalium ad opus domesticorum vestrorum, &c.* Marculf. lib. 2. ca. 16. —— *aurum & argentum, fabricaturas in solidis tantis, drappos, &c. in tua tradidi potestate.* Formull. Solen. 125. *aurum, argentum, drapalia exinde tulissent.* Pluries hæc in formulis. Synod. Pistens. An. 863. ca. 1. apud Bignon. *Et sicut quando solemus de istis frequentibus itineribus reverti ad mansiones nostras detonsi & decalvati, cum drappis & calceamentis depannatis, & tunc nos reficimus & reparamus.*

¶ *Drenches, Drengus, Drengagium.*] Voces altiùs sopitæ, & quæ me diu torsere. Domesd. Titt. Cestresc. Roger Pictaviens. Neuton. *Hujus Manerii aliam terram xv homines quos Drenches vocabant, pro xv maneriis tenebant.* Titt. eisdem in villa Wallingtone. *Ad ipsum manerium pertinebant* XXXIV *Drench, & totidem maneria habebant.* In exordio Chartæ antiquæ illius seculi, *Al'g'. Prior, & totius conventus Ecclesiæ S. Cuthberti: Edwino & omnibus Teignis & Drengis, & omnibus hominibus S. Cuthberti de Goldinghamshire, Salutem, &c.* Clarum est *Drenches* istos fuisse è genere vassallorum, & servorum domesticorum qui hodie apud Danos vocantur in sing. *Dreng*, in plurali *Drenge* ut mihi author est *Axilius Jul.* Danus, non ignobilium, cum singuli qui in Domesd. nominantur, singula possiderent Maneria. Quod igitur in Charta lego, *Teignis, & drengis & hominibus*; subintelligo *Baronibus, Militibus & libere Tenentibus*: *Drengosq;* pariter militaris quid obsequii polliceri. Huic fidem faciunt membranæ Regiæ, Termin. Trinit. An. 21. Edouardi III. Comitat. Ebor. Et Northumb. Rot. 191. Et dicit quod prædictus Ughtredus tenuit dictas terras (scil. in Northumberland) de Dom. Rege & progenitori-
Drengagium. bus suis Regibus Angliæ, per servitium *Drengagii*, quod quidem servitium in partibus prædictis tale est. *Quod à quocunque aliquid tenet ibidem per hujusmodi servitium teneatur, &. (si) tenens ille obierit hærede suo infra ætatem existente, custodia ipsius hæredis & terræ suæ, &c. spectat ad dominum de quo, &c. tenentur, unà cum maritagio, &c.*

Sunt igitur *Drenches* vassalli quidam militares, vel ut nostri forenses loquuntur, *Tenentes per servitium militare.* Habe autem ipsam rei originem, (si mihimet ipse non imponam) è MS. quodam libello veteri de familia Sharneburnorum in agro Norfolciensi, mihi feliciter aliquando obvenienti. *Edwinus* (de Sharneburne) *& quidam alii qui ejecti fuerunt* (è terris suis) *abierunt ad Conquestorem, & dixerunt ei, quod nunquam ante Conquestum, nec in Conquestu suo, nec post, fuerunt contra ipsum regem in consilio & auxilio, sed tenuerunt se in pace. Et hoc parati sunt probare, quomodo ipse Rex vellet ordinare. Per quod idem Rex fecit inquiri per totam Angliam si ita fuit: quod quidem probatum fuit. Propter quod idem Rex præcepit ut omnes illi qui sic tenuerunt se in pace in forma prædicta, quod ipsi rehaberent omnes terras & dominationes suas, adeo integrè & in pace, ut unquam habuerunt vel tenuerunt ante conquestum suum. Et quod ipsi in posterum vocarentur Drenges.* Hæc illic. Sed vox *Drenges* ita dubiè scribitur, ut *Drenges* etiam legatur, quod non probo. Vide *Drudes*. Ex dictis autem notandum est, eos omnes, eorumve antecessores qui è *Drengorũ* classe erant, vel per *Drengagium* tenuere, sua incoluisse patrimonia ante adventum Normannorum.

Fortè quoque *Drenges* satellites & stipatores significet, juxta Teutonicum **drangh** & **ghe-drangh**, i. stipatio, compressura, à Sax. ðpunȝan. Unde etiam *drungus* pro globo, seu conferta multitudine, quod vide.

¶ *Dreva.*] In LL. Cambro-Britannicis Hoëli Boni MS. pa. 141. VII *dreva manipulorum unius vinculi de avena.* Vide infra *Thrave.*

¶ *Dromunda.*] Corruptè pro *Dromon*, quod propriè navis velox est. Δρόμος enim cursum significat: unde res plurimæ ad cursum & velocitatem expeditæ, nomen contraxere: ut in varia *dromadis* significatione, & in voce *Hippodromus* videre est. Pro nave autem frequentiùs occurrit, inter rerum Orientalium Scriptores, etiam de maxima dictum. Mat. Paris. in Richardo I. An. 1191. *Cumque prosperè versus Achon velificaret*, 8 *Idus Junii apparuit ei navis quædam permaxima, quam Dromundam appellant, missa à Salahadino, &c.* De hac ipsa Nicol. Trivet Chron. MS. ad Mariam fil. Edou. I. in An. 1189. —— *prist un grant Dromond q' avoit treis mastz e sigla oue treis sigles, e estoit charge de vitaile, e d'armes, e estoit par Saladen mando pur sauver la citee d'Acres.*

¶ *Drutchte* al. *Druthe.*] L. Salic. Tit. 14. §. 10. *Si quis puellam, quæ druchte ducitur ad maritum:* —— *mœchatus fuerit, &c. sol. 200. culpab. judicetur.* **Druchte**, *sponsata.* Sic enim in editione Basiliensi; *Si quis puellam sponsatam, quæ druthe ducitur ad maritum, &c.* Germ. juxta Gloss. **traut**, nos **trothed** & **betrothed** dicimus: & **trouthe** & **truthe** pro fide. Unde hodie in celebrandis nuptiis, sponsus & sponsa invicem dicunt: **I plyghte thee my trouth.** Hinc *Drudes*, quod instat.

¶ *Drudes* & *Drudi.*] *Fideles*, à Germ. **Drouw**, i. *fides*, vernaculo nostro **truth.** Fidelem nos etiam hodie **true** dicimus; juxta Saxonicum vetus: Sed **Exter** *t* in *d* sæpissimè convertunt. Sunt autem *Drudes* isti, non tantum fideles simpliciter, sed ex vassallorum genere, qui in Feudali Jure *fideles* appellantur: & inter hos fortè, species quædam particularior, ut de *Antrustionibus* dictum est superiùs. Capitula Rhemensis & Rotomagens. provinciarum ad Ludovicum R. An. 818. *Sine solatio & comitatu drudorum atque vassorum, nuda &*

desolata

deso'ata exibit anima vestra. Author vitæ S. Udalrici pa. 139. *Drudes suos donis congruis sibi complacere satagebat.* Vide *Druchte*.

❡ *De Drungariis.*

¶ *Drungus, Druncus, Drungarius, Drungistus.*] Voces ex oriente profectæ ut quidam volunt. Est autem *Drungus* al. *druncus*, Græcobarb. δροῦγγος: globus militum, vel pars quædam exercitus. Romanis sub adulto Imperio, nota vox; qua tamen non de suis, sed de Gentium militibus usi sunt. Vopiscus in Probo, & de Probo (qui floruit An. Dn. 280.) Sect. 7. *Triumphavit de Germanis & Blemyis: omnium gentium drungos, usque ad quinquagenos homines, ante triumphum duxit.* Et Vegetius de re militari lib. 3. ca. 16. *Scire Dux debet contra quos drunges, hoc est, globos hostium, quos equites oporteat poni.* Tandem verò irrepsere vocabula, in ipsius Orientalis Imperii militiam: ut liquet è Codino, & Leonis Imperatoris Tactici:, huc mox citandis: ubi constat *drungum* etiam fuisse quantitatem aliquot Comitum (hoc est, cohortibus præfectorum,) sub *drungario* tam marino, quàm campestri merentium.

Impressi Codd. *grumos* legunt: at restituit Stewechius juxta unum MS. *druncos*, juxta 3. alios *Drungos*: & ita quoque Turneb. Adversar. lib. 24. ca. 15.

Druncus (inquit Leunclavius) *numerus militum quantus esse sub drungario, sive tribuno debet: nimirum 3000. aut non pauciores quàm mille, nec plures quam 4000. Græcis olim* χιλιαρχία, *Italis un regimento, sicut Gallis & Germanis.* Apparet autem ex his quæ retulit Vopiscus, *drungum* eo seculo nuncupari, si vel supra quinquagenos homines contineret. Cumque globum & *drungum* confundat Vegetius (quod non hîc solum, sed cap. etiam 19. facit) *drungi* numerum indefinitum fuisse insinuat: nam sic globi fuit.

Lib. 3. ca. 19. *Globus* (inquit) *dicitur, qui à sua acie separatus, vago superventu incursat inimicos.* Alia igitur prioris militiæ ratio, alia posterioris.

Drungarius. *Drungarius*, drungi præfectus. Tribunus, Chiliarcha. Leo Imp. (qui floruit An. 814.) in Tacticor. parte à Gesnero exhibita. ὅτι τοὺς δρουγγαρίους χιλιάρχους ἐκάλουν οἱ παλαιοί. id est, *Drungarios appellabant veteres, Chiliarchas* (Romani, Tribunos) Ejus munus idem descripsit Leo, cap. 3. §. 9. Δρουγγάριος δὲ λέγεται ὁ μιᾶς μοίρας ἄρχων, &c. *Drungarius dicitur qui uni* μοίρᾳ (id est, particulæ sive cohorti miliariæ) *præest.* —— μέρος *enim* (id est, *pars*) *quæ etiam turma dicitur, ex tribus* μοίραις *sive drungis conficitur.* μοῖρα *autem* (sive particula) *sive drungus, est ex cohortibus, sive ex iis hominibus, qui comites esse dicuntur, conflata multitudo.* In exercitu tertius fuit, ut in præcedenti paragrapho gradus etiam enarravit Leo. Viz. Primò *Imperatorem* seu totius militiæ præfectum. Secundò *Merarchas*, id est, turmarum ductores, qui tribus singuli præerant drungariis. Tertiò, *Drungarios* ipsos. Quarto, *Comites*, qui (inquit) *bandorum*, i. cohortium, *præpositi dicebantur.* Quinto, *Centuriones.* Sexto, *Decanos*, id est, *contuberniorum præfectos.* Septimo, *Quintanos.* Octavo, *Quartanos*; qui cum ultimi essent *Caudanos* & *ultimanos* vocat. Vide plura in *Magnus Drungarius classis.*

Sed jam liceat de origine vocis inter doctorum calculos, nostrum addere. Quintinus Hæduus in præfat. commentar. Zonaræ ad Canones Apostolicos: *Drungarium* (*uti Biglam*) *ignotæ linguæ vocabulum* perhibet. Quidam ut ἀγγαρεῖον, Persicum esse. Junius à *Dargon* (nescio quo, *drungi* vel hujusmodi cœtus, Principe) facta (ut inquit) *epenthesi* τοῦ υ *pro* γ *geminato.*

Probabilius multò Leunclavius, qui δροῦγγον apud recentiores Græcos, uti *Agla* apud Turcos, *baculum* vel *sceptrum officii & dignitatis* significare asserit: & *Drungarios*, *Aglariosque*, inde dici qui Græcis antiquioribus χιλίαρχοι, Romanis *Tribuni*, Italis hodiernis, Gallis, Germanis, *Colonelli*. Δρουγγάριοι (inquit) *à drunco sive baculo, sive sceptro magistratûs insigni, prorsus ut Aglari ab agla dicunt.* Et alibi: δροῦγγος *druncus*, i. *baculus Tribuni quem instar sceptri gerit: Germanis & Italis & aliis, baculus regiminis.* Nunquid à *truncus*, unde nos hoc idem **a truncheon**? Certè Græcis inferioribus, usitatius fuit; magistratus σκῆπτρα ξύλινα δικάνικα, ἤτοι δικανίκια ξύλινα, i. *sceptra judicia'ia lignea* ferre in indicium muneris & potestatis, quod etiam antiquè apud eosdem deprehenditur, Herodoto & Homero testibus. De ipso autem *Magno drungario classis* expressè notat Codinus, quòd ejusmodi sceptro non usus est, licèt alii *drungarii* suis sceptris insignirentur. Nec uspiam apud Authorem istum δροῦγγον reperio pro *sceptro* seu *baculo judiciali*, vel (ut Leonclavius loquitur) pro *baculo regiminis*, at σκῆπτρον penitus. Præterea si nomen ab hujusmodi sceptro seu baculo ortum fuisset, conveniret utique cæteris magistratibus sceptra ferentibus. Mihi autem videtur, male vocem rimari in Oriente: at Saxonicam esse, & apud nos adhud superstitem. Hodie enim **throng** dicimus à Saxon. ðrungan, pro conferta multitudine: & apposite rem exposuit Vegetius, cum dixerit *drungos*, i. *globos*: Germanicumque esse Vopiscus intimat, dum vocabulo utitur de Germanis tractans, quorum agmina Tacitus sæpè *globos* vocat. Chaucerus in fab. Equitis aurati de globo militari loquens, In Germ. moribus.

He through the thickest of the throng gan threke.

Et coætaneus noster Spenserus ad cœtum doctorum transferens:

To blaze abroad among the learned throng. Sic *Drungarius*, q. *Drungi*, i. globi militaris præfectus, Vide *Drenges*.

Magnus Drungarius, qui & ὁ *Drungarius* i. in superiori Imperio non exhibetur per totam Magnus Drungarius

Notitiam. In inferiori claruit est Constantinopoli, & dupliciter: viz. *bigla*, & *classis*.

Magnus Drungarius bigla.

Magnus Drungarius bigla ὁ μέγας δρουγγάριος τῆς βίγλης vigiliæ & excubiarum præfectus erat: (nam βίγλη à Latino *vigilia* confictum, ut supra in *Bigla*) Meruit in castrensi militia sub Magno Domestico: & ante pedem figebat fossatum (loquor secundum Codinum) id est, ante castra metebatur, ipse abiens diuturnas constituit vigilias, ut à Magno Domestico cui parebat, præceptum est. Vigilatores de officio ipsorum præmonet; noctuque semel vel iterum, ut remotior hostis vel propinquior est, experitur eorundem solertiam. Sceptrum judiciale gerebat, post superiorem condylum (qui inauratus est, ut aliorum omnium) aureum & coccineum, accuratè ornatum ad imum usq; pa. 36. De majore ejus jurisdictione videndus est Manuel Comnenus Novella 2. Erat &

Vigilium præfectus.

vigilum præfectus ob arcenda incendia ab Augusto institutus, ut ff. lib. 1. tit. de offic. præf. vigilium: ubi officium & jurisdictio pluribus describitur.

Magnus Drungarius classis.

Magnus Drungarius classis: in re marina magno Duci subjectus fuit. Præerat autem Ameralio, Protocomiti, Drungariis, & Comitibus, hoc est, cohortium seu bandorum (ut Leo ait) præfectis. Muneris igitur illius amplitudinem ex subditis suis intelligas, quorum omnium administratio marina fuit. Ameralius enim (ut Codinus indicat) agit universam classem. Protocomes omnium Comitum primus est, qui in classe Imperatoria sunt. Et Drungarius *primus est thalassinus. Drungas* (item) *quantitas istorum* (Comitum) *aliquot exponitur, cujus principatus est Drungarius hujusmodi.* Magni autem *Drungarii* administrationem superiùs ostendit eandem *rationem habere ad magnum Ducem, quam magnus Drungarius bigla ad magnum Domesticum.* Ait etiam *Drungarium sceptrum solum obtinere è ligno levi*: alibi verò *magnum Drungarium classis* ἄνευ δικανικίου *sine judiciali sceptro esse.* Notat Meursius è Leone Naumach. navalem hanc præfecturam, primitùs fuisse, & postea ad militiam terrestrem translatam esse. Corrigendum etiam docet locum huc spectantem in Luitprandi Lega-

Drungarius, quid.

Drungaris.

tione. *Drungaris enim sub cujus manu navium est omnis potestas, recedente sancto Imperatore, curam tui aget.* Hodie editur, *Delongaris enim, &c.*

¶ *Ducamen, Ducatus.*] Glaber. lib. 1. ca. 5. *Illorum quippe ducaminis principatum fuit metropolis civitas Rotomagorum.*

¶ *Ducarius.*] Qui alium ducit: ut *Sectarius* qui sequitur. LL. Salic. Tit. 2. *ducaria scrofa.*

¶ *Duciculum* al. *Duciolum.*] Vertibulum, quo siphon seu meatus dolii obturitur. Epistomium. S. Theodor. Eremita in vita S. Magni Confes. —— *tracto serraculo, meatus in tiprum currere sinit* —— *& serraculum quod duciolum vocant manu ferens, ante conspectum B. Magnoaldi astetit*, Aliàs legitur: *seraculum quod duciculum vocant.* Et rectiùs *seraculum*, utpote à *fera* & *ferando*. *Duciculum* autem à *ducendo*, quasi cervisiam aut liquorem educens.

¶ *Duellum* cum fuste & scuto.] Exoletum apud nos, sed tamen legibus non ademptum. De hac & altera *duelli* specie, prolixiùs egimus in vocabulo *Campus*, quod vide. Nostris autem haud proprium, sed ex more borealium gentium. Capitula domni Hludovici Imp. ad L. Salic. An. 11I. §. 1. *Si quis cum altero de qualibet causa contentionem habuerit, & testes contra eum ad judicium producti fuerint, si ille falsos eos esse suspicatur, liceat ei alios testes, quos meliores putaverit, contra eos opponere, ut veracium testimonio, falsorum testium ita inter se dissenserint ut nulla tenus alteri una pars cedere velit, eligantur duo ex ipsis, id est, ex utraque parte unus, qui scutis & fustibus in campo decertent, utra pars falsitatem, utra veritatem suo testimonio sequatur. Et campioni, qui victus fuerit propter perjurium quod ante pugnam commisit, dextra manus amputetur, &c.* Longob. Lib. 2. Tit. 55. l. 29. *Quibuscunque per legem propter aliquam contentionem, pugna fuerit judicata, præter de infidelitate, cum fustibus & scutis pugnent, sicut in capitulare dominico prius constitutum est.* Vide LL. Guliel. Conq. pa. 125.

¶ *Dulgtum facere.*] *Deserere, abdicare, guerpire* quod vide. Vita Caroli Magni à Pithæo edita: *Saxones iterum rebellaverunt, ruptisq; sacramentis, & obsidibus dulgtis -- Francos expulerunt.* Vita ejusdem apud Adhemarum: *Ingenuitatem illorum & alodem manibus guerpierunt*: aliàs *dultum fecerunt.*

¶ *Dunnarium.*] *Bruera* --- pateat, &c. quod ego Johannes le Moun miles dedi Abbati & Canonicis de Nutle pasturam in omnibus brueris seu dunnariis meis. *Ex Regist. Cartarum Abb. de Nutle.*

¶ *Dunum, Dunseti.*] *Mons, monticula.* A Sax. ðun al. beriȝ pro monte. Sed ut *Berig* atque inde bergium, à *monte*, ad civitates oppida & villas transferuntur: ita quoque & *Dun* & *Dunum* de iisdem dicta sunt: propriè tamen quod situm montanum, vel acclivem appetant. Joh. 4. 19. ðan ƿeal ecch ðune melte, id est, *tunc omnis mons liquescet.* Asser Menevens. in Gest. Alfredi, An. 871, *in loco qui dicitur Æscesdum, quod Latinè mons fraxini interpretatur.* Sic Noviomagus, aliàs *Noviodunum* appellatur. Searisberig, *Sorbiodunum.* Branceastre, *Bramdunum.* Significant autem *Magus*, *Ceastre*, & *Berig*, urbem.

¶ *Duodecimviratus*, al. *Duodecim Juratores.*] Vide *Juratores.*

¶ *Dupla.*] Vide *Campana.*

¶ *Durcones.*] Navium genus, non grandiorum, sed qualium pugnatum est in

fluvio

fluvio ad urbem Parisios. Abbo de obsidione Lutetiæ, libro primo,

Anteq; durcones multi repetunt morientes
Quàm lapides jaciant.

¶ *Durpilum.*] *Vestibulum, limitare.* A Græco primitus, θῦρα, Saxon. ðuꞃa, id est, *ostium, janua*; πυλών, *vestibulum.* LL. Salic. Tit. 61. *Postea intrare debet casam suam* —— *& stare in durpilo, hoc est, in limitare.*

¶ *Durslegi.*] Verbera sine vulnere. A Germ. **durre**, id est, *siccus*; **sleg**, Saxon. ꞃleȝe, *plaga, verber.* L. Frison. Tit. 22. *de Dolg.* §. 3. *Si quis alium ita percusserit, quod* **Durslegi** *vocant, dimid. solid. componat.* Huc spectat quod ibidem est in Addition. Tit. 3. §. 42. *Qui alium suste percusserit, ut lividum fiat, ter sol. & semussem componat.* Angli dicimus **dry-beating**.

¶ *Diatriba de Ducibus: iterumq; obiter de Comitibus.*

¶ *Dux.*] Olim nomen officiale, deinde honorarium, mox feudale & hæreditarium. Consularibus seculis *Imperator* dictus est, sed arrogato hoc titulo primùm triumphantibus, demum Cæsaribus: exercituum Præfecti, *Imperatores* parciùs, *Duces* communiter appellantur. Occurrit autem *Dux* vocabulum apud Authores post adultum Imperium (nam haud altiùs rimabor) aliàs pro *exercitus Præfecto*, qui Græcis στρατηγὸς; aliàs pro *Ductore* non cujusvis, at insignis alicujus partis exercitus, qualis eisdem μεράρχης; aliàs pro *Rectore provinciæ*, ἡγεμὼν; alias pro *Satrapa*, honorario hoc titulo illustri, Græco-Latinè δοῦκας: Et quidem dignoscuntur hi sæpiùs difficilimè, nisi habita ratione loci, seculi, & rei gestæ.

Ducum genera.

Dux exercitus vel absolutus erat, vel delegatus. Absolutus qui sibimet militabat. Delegatus, qui vel suo Principi, vel alteri. Primi generis sunt, septentrionalium & barbaricarum Gentium *Duces*, qui relictis patriis sedibus, novas quæsituri invadebant exteras. Hi peregrinanti suo exercitui tanquam Reges erant, & à Scriptoribus igitur, aliàs *Duces*, aliàs *Subreguli*, aliàs *Reguli*, aliàs *Regales*, aliàs *Reges* (instabili titulo) nuncupantur. Sic Sulpitius Alexander apud Greg. Turon. Lib. 2. Sect. 9. primos Francorum ductores, *Duces, Regales, Subregulos*, & *Reges* vocat: ejusdemq; generis fuisse indicat Genobaldum, Marcomerem, Sonnonem, Arbogastem, qui floruere sub Maximo, i. circa An. Dn. 380. Asserit etiam Hieronymus Blancas, antiquos Suprarbiensium Reges ante Inacum Aristum, alios non fuisse quàm *Signiferos ductores*, hoc est, *Duces* militares, seu exercituum. Sic Jornandes (rerum Gotic. lib. 1. ca. 4.) Berig primi Gotici exercitus ducem, *Regem* vocat: ut nostrates hodie quoslibet apud Virginianos, nudæ miseræq; plebeculæ ductores, *Reges* nuncupant.

Duces exercituum absoluti.

Inter Authorr. rerum Hispan.

Signiferi ductores.

Dux exercitus delegatus, vel militiæ solummodo præerat, vel alicui pariter Provinciæ: Et distinguntur sæpiùs, hic Provinciæ; ille Regis vel populi cui militabat, nomine. Primi generis esse existimo Erponem, qui Greg. Turon. lib. 5. sect. 14. *Dux Gunthcramni Regis* appellatur: Et è vetustissimo diplomate apud Rhenanum, rer. Germ. lib. 2. *Rupertus Dux militum Regis Luduvichi.* Hinc & *Dux Francorum*, de quo inferius: & *Dux militum* alicujus Provinciæ, seu Comitatus, *Heretochius* dictus, quod vide.

Duces exercituum delegati.

Dux Regis.

Dux militis Regis.

Dux pro Merarcha, seu insignis exercitus partis ductore, Imperatori militiæ proximo. Quales Romanis Tribuni legionum, inferioribus *Capitanei* dicti sunt, quod summo *Duci* quem *Caput exercitus* vocabant, proximi essent: Græcis κεφαλάδες. Centurionibus enim & minoribus ductoribus, *Ducum, Capitaneorumq;* nomina, sub mediis seculis non competebant. Florentius Wigornens. in An. 655. *Rex Merciorum Penda* —— *30. legionibus, totidemq; nobilissimis ducibus instructus, in Berniciam ad debellandum Regem Oswinum ascendit.* Certum est hos neq; Provinciarum *Duces* fuisse, neq; Urbium. Tota enim Anglia vix tot exhiberet: eratq; Mercia pars tantum septima, uni postea *Duci* supposita. Magis dubiè Greg. Turon. Lib. 10. Sect. 3. Childebertus *exercitum in Italiam commoveri jubet, ac 20. duces ad Longobardorum gentem debellandum direxit.* Infra: *Audonaldus cum sex ducibus dextram petiit, atq; ad Mediolanensem urbem advenit.* —— *Olo autem dux ad Bilitionem hujus urbis castrum.* Et inferius: *Chedinus autem* (Dux) *cum 13. ducibus lævam Italiæ ingressus.* Item Author lib. xi. seu Appendicis, Sect. 70. in An. 14. Dagoberti. *Dagobertus de universo regno Burgundiæ exercitum promovere jubet, statuens eis caput exercitus Chadoinum referendarium* —— *qui cum 10. ducibus cum exercitibus, i. Almagario, &c. exceptis comitibus plurimis qui ducem super se non habebant.* Quæritur cujusmodi erant hi *Duces*; hi *Comites.* An Merarchæ? seu Provinciarum, Urbiumque præfecti? Quod dicitur: *Comitibus plurimis qui Ducem super se non habebant*: innuit Provinciarum Urbiumvè *Duces* fuisse. At num Franciæ Tetrarchia una (Childebertus enim Parisiacæ tantùm ditionis Rex erat) tot *Duces* exhibuit? num Burgundia (quæ & ipsa in *Ducatum* & Comitatum adigitur) tot insuper *Duces & Comites*? Non definio. Constat autem Longobardorum Gentem, in cujus excidium conflatus erat iste Childeberti exercitus 30 Urbium *Ducibus* insignem fuisse, Authore Carolo Sigonio. Sed gradus militares pro ratione istorum seculorum, è Leonis Imp. Tacticis expediam: ut (si quid huc faciant) tu de prædictis omnibus melius judices.

Dux legionis.

Capitanei.

Caput exercitus κεφαλάδες.

De regn. Ital. l. 1. in An. 575. c. 3. §. 6.

dices. Πρώτη κεφαλὴ ὁ στρατηγὸς, καὶ μετ' αὐτὸν οἱ μεράρχαι, εἶτα δρουγγάριοι: εἶτα οἱ κόμητες, ἤγουν οἱ τῶν λεγομένων βάνδων ἄρχοντευς; εἶτα οἱ κένταρχοι, ἐφεξῆς δὲ οἱ δέκαρχοι: ἤγουν οἱ πρῶτοι τῶν λεγοπένων ἀκιῶν: εἶτα οἱ πεντάρχαι καὶ διὰ τὸ ἔσχατον τοῦ στίχου —— καὶ οὐραγοὶ ἐκαλοῦντο, i. *Primum Caput*, est (militiæ) *Imperator: & post ipsum Merarcha* (putà *Duces* seu legionum Præfecti) *deinde Drungarii* (id est, Tribuni) *deinde Comites, viz. hi qui cohortibus præficiuntur quos bandos vocant: dein Centuriones; post hos Decani*, id est, *contuberniorum primi: deinde Quintani, & post eos, Tetrarchæ* seu *Quartani: qui quoniam ultimi collocantur in ordine seu contubernio* —— *Uragi* (quasi Caudani & Ultimani) *dicuntur*.

Dux Provinciæ. Emittebant prisci Imperatores duos primarios magistratus ad regendas limitaneas Provincias, *Comitem & Ducem*. Hunc ut rem prorsus militarem tractaret, hostemque armis frangeret: illum ut civilem pariter curaret, populumque tam legibus foveret, quàm provinciam milite tueretur. Dictus ideo est non solum *Comes provinciæ*, sed etiam *Comes rei militaris*: & propter geminam hanc potestatem (si rectè ariolar) in Notitia Impp. *Duci* præponitur, cujus administratio simplex fuit, nimirum, militaris: Interdum vero *Duci* etiam collatum est officium Præsidis, & hoc nomine instar Civilis magistratus populo jus dicebat: provocabaturque jam ab eo ad Præfecturam, non ad magistrum officiorum & Quæstorem palatii ut in simplici *Duce* jussum est observari. Sic in Occidente *Dux* Mauritaniæ, præses item Mauritaniæ efficitur, in Oriente *Dux* Arabiæ, præses item Arabiæ. Comites nihilominus omnes sequitur, *Ducibus* vero omnibus præponitur in Occidente *Dux* Mauritaniæ. Loquor de Comitibus secundi ordinis, qui *Spectabiles* dicti sunt: nam *Illustres* illi primi ordinis utrosque longius anteibant. Sed cognata adeo erant munera Comitis provinciæ & *Ducis* provinciæ ut eadem penè gestarent insignia: & in alterius locum alter sæpè induceretur. Nos autem uberiorem istorum enarrationem Juris Cæsarii mystis (quibus maximè convenit) relinquimus, *Ducum* tantum nomina in utroque Imperio recensuri, viz.

Origo Ducum provinciarum.

Vide Cassiodor. l. 7. formul. *De Comitiva provinciæ.*

v. Pancirol. ad ca. 78. Notit. Occid. Imp.

In Orientali erant XIII.

Dux Libyæ }
Dux Thebaidis } Per Ægyptum.
Dux Phœnices }
Dux Euphratensis & Syriæ }
Dux Palestinæ } Per Orientem.
Dux Osrhoenæ }
Dux Mesopotamiæ }
Dux Arabiæ }
Dux Armeniæ Per Ponticam.
Dux Mœsiæ secundæ }
Dux Scithiæ } Per Thracias.
Dux Daciæ ripensis }
Dux Mœsiæ primæ } Per Illyricum.

In Occidentali XII.

Dux Mauritaniæ.
Dux Tripolitanæ.
Dux Pannoniæ secundæ.
Dux Valeriæ.
Dux Pannoniæ primæ.
Dux Rhetiæ.
Dux Sequanici.
Dux tractatus Armoricani.
Dux Belgicæ secundæ.
Dux Germaniæ Primæ.
Dux Britanniarum.

Ducum provincialium sub Imperio apud Germanos hanc tradidit originem Speculum Saxoniæ Lib. 3. Artic. 53. *Qualibet provincia Teutonicæ terræ suum habet Palansgravionatum: Saxonia, Bavaria, Franconia, & Suevia, quæ antequam à Romanis superabantur Regna fuerunt, quibus ipsa in Ducatus nomina fuerunt permutata, attamen illustres in vassallos & vexillorum feuda reservarunt, quæ ipsis per Imperium jam sublata sunt.* His adde quæ de Principatibus & Dominiis Germaniæ, perhibet Munsterus Cosmog. lib. 3. ca. 20. *Quando Romani certam edomuerunt regionem, permittebant nonnunquam devictis regibus, illorum regnorum administrationem, nisi quod nomen regium commutabant vel in Palatinum, vel in Ducem.* Videtur *provinciarum Ducibus* apud Germanos, integram regiam potestatem à Romanis ipsis Imperatoribus collatam asserere, quod antiquè præter exemplum esse existimo. *Provinciarum* enim *Duces*, ad limitaneos seu confinales populos (ut loquitur Cassiodorus) *ubi non tantùm vitia, quantùm bella suspecta sunt*, milite coercendos emittebant. Regna autem ab aliis quoque Principibus, in *Ducatus* redacta sunt, & potestas regia Ducibus concessa. Sic à Francorum Regibus, Clodoveo Alemania, Clothario Burgundia humiliata: alia ab aliis plurima.

Alia origo.

In Formul. *Ducatus Rhetiæ*, Var. l. 7. c. 4.

Dux provinciæ, urbis, territorii extra Imperium; constituebatur ab exteris Principibus, ad similitudinem illius in Imperio. Sic apud Greg. Turon. mox sub exitu 5. seculi. *Dux urbium Turonicæ atq; Pictaviæ: Dux Avernorum, &c.* Apud Visegothos & alias Gentes *Dux provinciæ, & Dux territorii*, ut in Antiquis Legibus passim liquet. Inter hos autem nihil censeo differentiæ, nisi *provinciarum Duces* latius plerumque obtinuerint territorium, quod nec aliis, intra urbium mænia conclusum putes. Quemadmodum enim urbis cujusque Archiepiscopus, circumjacentem regionem in Ecclesiasticis moderatur: ita *Duces urbium*, in secularibus. Et ut Archiepiscopus unus, pluribus præest Urbibus, Episcopis & Episcopatibus: ita quoque *Dux* unus pluribus Urbibus, Comitibus & Comitatibus. Sic Nicetus apud Greg. Turon. lib. 8. Sect. 18.

Duces provinciarum extra Imp.

Lib. 9. c. 7.

Lib. 8. c. 18.

in

in urbe Averna, Ruthena, & Ucetica, Dux ordinatus est. —— fecitq́, pacem in regione Averna, & in reliquis ordinationis suæ locis. Et Lib. 9. Sect. 7. *Ennodius ducatum urbium Turonicæ atq́, Pictaviæ administrat. —— Sed euntibus Comitibus Turonicæ atq́, Pictaviæ urbis ad Regem Childebertum, obtinuerunt eum à se removeri.*

Munus Ducum provinciarum & urbium.

Ducum istorum munus descripsit Hincmarus Archiep. in Epist. ad Episcopos Franciæ ca. 14. *Qui autem post Regem populum regere debent, id est, Duces & Comites, necesse est ut tales instituantur, qui sine periculo ejus, qui eos constituit, quos sub se habent, cum justitia & æquitate gubernare intelligant: atq́, cum bona voluntate, quod intelligant, adimplere procurent, scientes se ad hoc positos esse ut plebem salvent & regant, non ut dominentur & & affligant.* Pacis igitur & civilis justitiæ ministri erant isti *Duces*, quos & ante oculos habuisse videtur sacrorum Bibliorum interpres, qui in prima epistola S. Petri ca. 2. vers. 14. ἡγεμόσιν, *Ducibus* vertit, quùm ex more Romani Imperii *præsidibus* potius reddidisset. Provinciarum enim *Duces* apud Romanos militares omnino erant magistratus, non civiles, nisi adjuncto Præsidis officio, quod olim rarissimè factum est. Quære. Sed appositè interpres de nostro *Duce. Subjecti igitur* (inquit) *estote o. h. c. p. D. sive Regi, quasi præcellenti: sive ducibus tanquam ab eo missis ad vindictam malefactorum, laudem vero bonorum.* Utitur etiam (seu casu seu consultò) ipso vocabulo *misso*, quod sub mediis seculis de hoc magistratu æquivocè dictum est, ut hic infra in suo loco. Nam licet πεμπομένοις haud male redditur *missis*, mavult tamen Erasmus uti magis genuinè, qui mittuntur: ut intelligas actionem sine tempore. Sed me recipiam: Non exuebantur hi *Duces* primaria institutione, licet civilia exercerent judicia: nam & à toga ad sagum irent, & à sago ad togam redirent: hoc est, ex occasione vel militiam tractarent, vel tribunale capescerent. Venantius Fortunatus de Lupo duce.

Bella moves armis, jura quiete regis.
Fultus utrisq́, bonis, hinc armis, legibus illinc,
Quam bene fit primus, cui favet omne decus.

Marculfus tamen hujusce *Ducatus* formulam, civilem omnino pingit: ut Cassiodorus è contra; Romani, militarem. Vide hanc in suo lib. 7. Variar. cap. 4. illam hic infra in *Patriciis*.

Muneris diuturnitas.

Adibat autem, obibat, & reddebat *Dux* iste uterque suum munus, vel ad arbitrium Principis, vel ad tempus constitutum: ut liquet tum è dictis formulis: (ubi Romanus per indictionem: alius, sub cautione fidelitatis, & rei bene gerendæ admittitur) tum ex Authorum testimonio. Greg. Turon. Lib. 8. Sect. 18. *Nicetius —— à comitatu Arvernorum submotus, Ducatum à Rege petiit, datis pro eo immensis muneribus:* & sic *in urbe Arverna, Ruthena, & Ucetica Dux ordinatus est.* Sic Ennodius *Dux* à Childeberto Rege *Ducatu* exuitur, quod supra jam diximus. Et dicto Lib. 8. Sect. 13. Nonnulli etiam (inquit Gregorius) *à primatu Ducatus remoti sunt, in quorum ordinem alii succederunt.*

Ducum electio.

Eligebantur etiam interdum hi Provinciarum *Duces* ab ipso populo. L. Boior. Tit. 2. ca. 1. §. 1. *Si quis contra ducem suum quem Rex ordinavit in provincia illa aut populus sibi elegerit ducem, de morte ducis consiliatus fuerit —— in ducis sit potestate, &c.* Huc videtur pertinere quod apud Greg. Turon. legas Lib. 8. Sect. 18. *VVintro Dux à Pagensibus suis, depulsus, ducatu caruit —— sed postea pacato populo ducatum recepit.* De hoc plura vide in *Herotochiis.*

Singulis provinciis, singuli Duces.

Videtur, & apud Visegothos in singulis provinciis singulos *Duces* constitui: qui cum Episcopis & Comitibus illius Provinciæ judicia exercerent. Ideo in LL. suis Lib. 12. Tit. 3. l. 25. statutum esse: Ut si Episcopus de sede sua progrediatur: *talem ex sacerdotibus pro sui vice relinquat, qui una cum duce territorii, hac instituta* (de perfidorum excessibus) *sine muneris exceptione perficiat.* De Comitibus passim in suis legibus. Sed Episcopum *Dux* adjunctum habuit; Comitem verò subjunctum: & illum quidem solummodo in foro, & civilibus, hunc præterea in exercitu, & militaribus. Vide LL. Baiorum Tit. 2. Capp. 4. & 5. ubi de istis plura, & provocari interdum liquet à Comite ad *Ducem.* Sic enim Cap. 5. §. 4. *Si talis homo hoc fecerit, quem ille Comes distringere non potest, tunc dicat Duci suo, & Dux illum distringat secundum legem.* Comes tamen suum habuit exercitum: monetur enim §. finali: *custodire exercitum suum, ut non faciat contra legem in provincia sua.*

De numero Comitatuum sub uno Duce.

Sed de numero Comitatuum sub uno *Duce*, nihil statuam. Multi autem 12 poscunt, his ducti Aimoini verbis lib. 4. cap. 61. *Thessalonem in Ducatum* (Baioriæ, Pipinus) *restituit: domumq́, reversus, Grifonem more ducum 12 Comitatibus donavit.* Author Annalium Francor. incertus in An. 701. *Pipinus Gryphoni* in partibus Neustriæ 12. Comitatus dedit. Idem Regino Aimoini seculi Author, in An. 740. sed omittit *more ducum*, quod & alii faciunt. Nec certum est, an ad numerum Comitatuum referendum sit: an ad fastus *Ducum.* Nusquam enim (quod sciam aliàs à) veteribus asseritur, licèt recentiores, *Ducatum* indè metiantur 12 Comitatibus. Sed Walafridus Strabo in comparatione Ecclesiasticorum ordinum & secularium: Metropolitanis, *Duces* æquiparat; Episcopis Comites, his consimilem diœcesim, illis provinciam tribuens. Provinciam vero definit Robertus Monach. S. Remigii qui floruit An. 1095. duodecim amplecti Comitatus. *Quos* (inquit) *Admiraldos vocant, Reges sunt, qui provinciis regionum præsunt. Provincia quidem est, quæ unum habet Metropolitanum, 12. Consules* (id est Comites) *& unum Regem* (sc. qualem nos *Ducem* appellamus.) Æthelstanus etiam

Lib. de reb. Eccl. c. 31.

De Christian. bello contra Saracen. An. 1095. l. 4. Vide locum hunc fusius citatum supra in *Admiraliis.*

etiam in suis LL. Archiepiscopum & Satrapam, seu *Ducem* conjugat; Episcopum & Comitem: parem capitis æstimationem, his 8000. thrymsarum, illis 15000. constituens. Sed nunquid Gregorio magno hoc in animo fuit, dum Cantuariam instituens metropolim, Augustino scribit: *per loca singula 12. Episcopos ordines, qui tua subjaceant ditioni?* Reor potius ante oculos habuisse Apostolorum numerum, sed nusquam video numerum observatum, nisi in Batensi Archiepiscopatu. Nam & Cantuariæ hodie subjiciuntur plus minus 21 Episcopatus, Eboracensi tantum 4. Habuerunt & aliqui unum solummodo: multi, nullum. Quam bene igitur conveniunt in dignitatibus, Ecclesia & Seculum? Præfuit enim (ut supra diximus) Griso *Dux* 12. Comitatibus: *Dux* Aquitaniæ (ut nostri perhibent Annales) 15. Nicetius, 3 Ennodius, duobus: Wisegothus, uni. Inter nostros autem *Duces* post ingressum Normannorum, nemo fuit qui vel Comitem habuit subjectum.

Beda Hist. Eccl. l. 1. c. 29.

Duci autem exercitus apud Germanos 12 Comites assignabantur: ideo nuncupati, quia eos comitarentur, ut est apud Tacitum, de Germ. morib. Sic Choppinus; & specimen præbeat totidem Comitatuum *Duci provincia* assignandorum. Sed locum ego nec memini, nec reperi. Videtur viro excidisse, memoriæ alioqui vastissimæ. Propter incredibilem tamen ejus lectionem, miram doctrinam & in aliis fidem, occurrisse alicubi non dubito. Constat è Tacito fuisse per pagos, primarios quosdam ductores (quos ille *principes* vocat) quibus, *centeni singulis ex plebe comites consilium simul & authoritas*, aderant. Sed hi parum forte ad nostros Comites: magisq; accedere videantur qui à Leone Imper. supra memorati sunt.

De Doman. Fran. l. 1. tit. 5. sect. 12.

De Ducibus apud Anglo-Saxones.

Prisci rerum Anglo-Saxonum Scriptores, Beda, Asser Menevensis, & Ethelwerdus; *Dux* pro magnate vel magistratu, non (quod sciam) utuntur. Inferiores crebrò, sed promiscuè. Sæpe enim (ut exteri) confundunt Latinas appellationes *Dux*, *Consul*, *Comes*, *Princeps*, *Regulus*, *Subregulus*: illi insuper vernaculas, **Eorl**, **Alderman**, **Heretogen**, quod & nostri Saxones ipsi faciunt. Plurima ejusmodi exempla cum in Authoribus, tum in subscriptionibus Chartarum Wigornensis Ecclesiæ, & consimilium. Sic Godwinum, Huntingtoniensis, aliàs *Consulem* simpliciter, aliàs *Consulem Anglorum*, aliàs *Ducem rei militaris*, aliàs *Principem VVestsaxoniæ* appellat: eundemque Florentius Wigornens. Mat. Westmonast. & alii, nunc *Comitem*, nunc *Ducem* nominant. Distinguuntur etiam sæpissime, & in una Charta, uno Authore multi reperiuntur *Duces*, multi simul *Comites*, ut apud Ingulfum videas: & in LL. Æthelstani Regis, **Eorl** 15000. thrymsis æstimatur, **Alderman** tantum 8000. ut supra memoravimus. Qua autem differebat munus *Ducis* & *Comitis*, qua territorium, non habeo quod asseram. Eorum enim opinio, qui hunc uni, illum pluribus censent præfuisse Comitatibus, haud rata est: nec eorum certè qui dum militiæ, *Ducem* præficiunt, arma *Comiti* interdicunt. Tu è sequentibus rem perpendito. Apud Huntingtoniensem sub initio Haraldi Regis, i. An. 1036. ita legitur. *Consilium ergo inierunt* (Regni Principes) —— *quod Godwinus Consul, Dux eis esset in re militari.* Quibus adde Wigorniensis ista in Anno 1054. *Godwino Comiti (more solito) Regi ad mensam assedenti, suprema evenit calamitas.* —— *Cujus* (post mortem) *Ducatum suscepit filius ejus Heraldus, & ejus Comitatus datus est Algaro Leofrici Comitis filio.* Comitem vocat, cui *Ducatum* tribuit. An diversæ igitur Provinciæ, *Ducatus* & *Comitatus*? Videntur munera diversa, nullam autem Provinciam eo seculo, *Ducatus* nomine cognitam censeo in tota nostra Britannia. Wigorniensem iterum audi paulò superius in An. 1051. *Talia geri in suo Comitatu Comes Godwinus graviter ferens, nimiaq; commotus ira, de toto suo Comitatu, scilicet de Cantia, Suthsaxonia, & VVestsaxonia: & filius ejus primogenitus Swanus de suo, id est, Oxnafordensi, Glawornensi, Herefordensi, Somerseatunensi, Bearrucscirensi provinciis; alterq; filius Haraldus de suo Comitatu, viz. de Eastsaxonia, Eastanglia, Huntedunensi & Grantebricgensi provinciis, innumerabilem congregaverunt exercitum.* Nullus hic *Ducatus* Godwini mentio. Sed animadverte obsecro quanti hi Comites, quibus singulis tot egregii parebant Comitatus. Solius enim Eastangliæ portiones Norfolcia & Suffolcia, duos nuper illustrissimos *Duces* accepere, fuissetq; alterutra nobilissimus *Ducatus* si cuipiam integrè paruisset.

Dux, Comes, &c. voces Synonimæ.

Nostratibus verò cum ab ingressu Normannorum, usque ad ætatem Edouardi III. sopitus latuisset iste titulus: tunc illustrior cœpit reviviscere. Antea munus solùm, & arbitrio Regis adimendum: jam post Principis, dignitatum culmen, honos fixus, & hæreditarius. Sic idem Rex, Edouardum filium suum primogenitum Walliæ Principem, A. D. 1336. Regni sui, 11. Cornubiæ *Ducem* constituit, hujus in nostro Orbe classis primicerium. Deinceps (ut alios taceam) quartum filium suum Johannem Gandavensem, *Ducem* Lancastriæ: Cornubiamque, & Lancastriam in *Ducatus* erigens, regalibus plurimis utramq; exornavit: Lancastriam insuper Palatinatus amplitudine.

De Ducibus apud Anglos inferiores.

Henr. Ducem Lancastr. (& Lionellum Ducem Clarenciæ 1362.)

Postmodò, multi proceres nobilitate, latifundiis, rerumque privatarum affluentia præpollentes, fastigium hoc ascendunt regiis evecti codicillis, quibus nihil interea magistratus, nihil territorii, nihil muneris vel jurisdictionis confertur. Instar omnium visus est ipse dignitatis radius, late undiq; refulgentis: nec apud nos solum, sed & exteros, plurimi fiunt istiusmodi Satrapæ.

Ducis, *Comitis*, aliarumq; illustrium classium appellationes (cum ad officia diu pertinuissent) honorariæ fiunt sub Othone Magno.

Dux quando nomen honorarium, feudale, hæreditarium.

Sigonius

Sigonius de Regn. Ital. lib. 7. in An. 970. *Tedaldus Athonis Comitis Comissini filius* ——*Comitis, Marchionis, & Ducis titulis insignitus, à Johanne Pontifice Ferraria urbe donatus.* Inferius in An. 973. *Siquidem* (Otho) *more à Francis accepto, fortissimum quemq; militia sua ascribere, eosq; qui strenuam sibi fidelemq; operam navassent, regalibus suis insignire instituit. Erant autem Regalia, Dignitates,* (viz. Ducis, Marchionis, Comitis, &c.) *& predia, quæ Rex benemeritis ad arbitrium concedebat.* Vide *Regalia.* Ait autem, *more à Francis accepto;* quod si ad dignitatum collationem referatur, mos antiquior apud Francos agnoscitur. Sed hic non constat dignitates istas hæreditariè concessas esse. Ejus tamen exemplum præ aliis vetustissimum & ipse exhibet lib. 1. in Fl. Authare Longobardor. Rege An. 585. Cum enim 30 urbium *Duces*, regiam usurpassent potestatem: Autharisq; jam factus Rex, instituisset ut à singulis vectigalium suorum dimidium, tertio quoque anno ad tuendam regiam amplitudinem in Palatium adduceretur. *Illis* (inquit Sigonius) *usum urbium; dominio, & jure sibi retento reliquit. Neq; successores tradidit, nisi aut virili extincta stirpe, aut conflata defectione.* De hoc autem plura vide supra in *Comes*, Sect. *de Comitibus factis hæreditariis.* Ubi res sub Hugone Capeto præcipuè invaluisse ostenditur, & feudalis devenisse. Recentius vero multis in locis, honoraria solummodo efficitur, ut in penultimis jam diximus.

Ducum tres ordines.

Habentur autē tres *Ducū* ordines: summus, medius, infimus: vel si placeat, absolutus, feudalis, titularis. Primus planè regius; nec regem nec superiorem agnoscit, ut *Dux* Lotharingiæ, Subaudiæ, &c. Secundus, qui in *Ducatus* sui feudo jura obtinet regalia, feudali tamen domino putà Regi vel Imperatori, subjicitur, ut in Germania multi. Tertius, honoratus iste, qui illustri solo titulo dignoscitur, cujusmodi etiam, in Germania nonnulli, plures in Gallia, Hispania, & aliquando in Anglia. Expiravit autem apud nos hæc dignitas An. Do. 1572. nec revixit hactenus nisi in sobole regia Henrico, & Carolo, Principibus.

Magnus Dux.

Reperti sunt etiam qui *magni Duces* dicuntur, Lithuaniæ, Tuscaniæ: & merito quidem Muscoviæ, plurimos potentissimos *Duces* subditos numerans. Sed de his alii, pariter & *Archiducibus.* Nos cum ad singula non valeamus, antiquiora aliquot obscura prosequimur.

Magnus Dux in Orient. Imp.

Dux magnus in Orientali Imperio, princeps & caput erat ad universum mare, ut magnus Domesticus ad universum fossatum, id est, ad rem castrensem. Subjectos habuit magnum Drungarium classis, Ameralium, (qui universam classem agebat) Protocomitem, Drungarios, & Comites. Conto prætulit imaginem Imperatoris equo elati: anterius in palla, stantis: ponè in throno sedentis.

Dux Francorum seu Franciæ.

Dux Francorum seu *Franciæ*, inter *magnos Duces* meritò numeretur, qui totius Gallicæ militiæ Præfectus summus, regiam potestatem velut pupillarem coercuit. Magni tamen cognomen non quod sciam obtinuit: sed idem censetur qui *Maior domus* appellatus est, vel in munus titulumque ejusdem cessisse. Flodoardus in Chron. sub An. 943. *Hugo Dux filium Regis ex lavacro sancto suscepit, & Rex ei Ducatum Franciæ delegavit, omnemq; Burgundiam ipsius ditioni subjecit.* Aimoin. lib. 5. cap. 44. *Lotharius unctus est in Regem Remis: & Hugo Magnus factus est Dux Francorum.* Tilius in Carolo Simplici. Recieul. par. 1. *Hugnes fils de Robert, fuit Maire du Palaice, & Duc de France, par le feu Roy Eude son frere.* Annon hoc sensu, *Marchio Francorum?* Aimoin. dict. lib. cap. 34. *Robertus Comes Parisiorum, qui Marchio Francorum vocabatur.* Sic *Consul Anglorum.* Huntingtoniens. in Cnuto Rege. *Godwinus Consul Anglorum ducens exercitum, rege inscio, nocte profectus est in hostes.* pag. 364.

Ducatus Franciæ.

Marchio Francorum.

Consul Anglorum.

Modus conferendi Ducatus.

Ducatus conferendi mos varius fuit: juxta seculum, juxta locum, juxta collatam unà potestatem. Dum officium erat, scripto & codicillis Principum conceditur. Ejus formulam vide in *Patricius.* Feudalis autem cum factus est, aliàs vexillo simpliciter, aliàs vexillo & ense, aliàs aliis donatur ceremoniis. Sed in incertis quid certi statuam? sufficiat obviarum meminisse diversitatum. Patet è Speculo Saxon. lib. 3. Art. 52. & 53. illustriora feuda, scil. *Ducatus & Comitatus*, prisco eo ævo, vexillorum traditione (quæ *feudalium* illic dicuntur) conferri. Cui Author inferior Otto Frisingens. circa An. ita suffragatur; *Est enim consuetudo Curiæ,* (Imperialis) *ut regna per gladium, provinciæ per vexillum à Principe tradantur & recipiantur.* Rei etiam exemplum adjungit, quod è Guntheri illius ætatis Poetæ Ligurinor. lib. 1. mallem exprimere.

——tali causam ratione diremptam
Terminat, ut quædam provinciæ sorte Guidoni
Cederet; & regnum cum nomine Petrus haberet.
Ergo ubi vexillo partem quam diximus, illi;
Hic autem gladio regnum suscepit ab ipso.
(Hunc etenim longo servatum tempore morem
Curia nostra tenet) posito diademate Petrus
Regali dextra tulit alti Principis ensem.

Idem Otto eodem lib. ca. 37. *Erat autem* (*ut recolo*) *summa concordia. Henricus maior natu, Ducatum Baioariæ per 7 vexilla resignavit. Quibus minori traditis, ille duobus vexillis marchiam Orientalem cum Comitatibus ad eam ex antiquo pertinentibus, reddidit. Exinde de eadem Marchia, cum prædictis Comitatibus quos tres dicunt, judicio principum, Ducatum fecit: eumq; non solum sibi, sed & uxori cum duobus vexillis tradidit: ne ve imposterum ab aliquo successorum suorum mutari posset aut infringi, privilegio confirmavit. Acta sunt hæc anno regni ejus* (scil. Frederici

Marchia Austriæ Ducatus titulo insignitur.

derici I.) 5. *Imperii* 2. 1. Dn. nostri 1154. Refert etiam idem Author in Chronic. lib. 7. cap. 20. Lotharium Imp. & Innocentium Pap. de conferendo *Ducatu* Apuliæ circ. An. Do. 1132. contendentes, ita tandem convenisse: ut in *dando Duci* (Reginaldo) *vexillo, utriq; manum adhiberent.* Ex dictis vides, Regna gladio, *Ducatus* Comitatusque vexillo dari. Illo supremè potestatis symbolo: isto, educendi in militiam populi; quo olim Romani usi sunt; rubro, ad evocandos pedites; cæruleo vero ad equites conscribendos. Sed utrumque habe in *Ducatus* collatione. Radul. de Dicæto in Richardo I. Reg. Angl. An. 1189. Richard. I. *ab Archiepiscopo Rothomag. tam ensem quam vexillum de Ducatu Normannia, proceribus multis præsentibus in Ecclesia beatæ Virginis ante majus altare suscepit.* Rex verò Edouardus III. prædictum filium suum Edouardum Cornualliæ Ducem creavit *per sertum in capite, annulum in digito, & virgam auream*, ut mihi Author est Gulielmus Camdenus, Qui etiam refert, eundem Regem in Parlamento filios suos Leonellum Ducem Clarentiæ, & Johannem Ducem Lancastriæ *per cincturam gladii imposito capitibus pellito pileo, & circulo ex auro & margaritis, & Charta tradita.* Certè pilei in hoc Principe præcipuum decus, quod unà cum serto, in *Ducali* Austriæ habitu, sub prima ejusdem institutione claruit: ut è *privilegiis ab instituente concessis notavit (inter eximia plurima) Johannes Seldenus noster, verbis Authoris. *Dux Austriæ principali indutus veste, supposito Pileo Ducali* circundato serto Pinnito, *baculum habens in manibus equo insidens, &c.* Et è Charta Frederici II. *Concedimus etiam nostro illustri Principi Duci Austriæ, Crucem nostri diadematis, suo principali pileo sufferendam.* In Muscovia (ubi à regio nomine abstinetur) *Dux* summus, alio nihil quam elatiori pileo, ab inferioribus discriminatur.

36. E. 3.

* Ratisbonæ. Titt. Hon. par. 2. c. 2.

Munst. Cosm l. 4. ca. 24.

Omissis *Ducibus* antiquis, recentioris apud nos ordinis primus fuit (ut diximus) Edouardus *Dux Cornubiæ*, creatus An. Do. Apud Gallos (ut colligit Seldenus) Joannes *Dux Britanniæ* Armoric. constitutus à Philippo Pulchro An. 1297. Apud Scotos, David *Dux Rothsaia* constitutus à Roberto III. patre suo circiter An. Dn. 1398. Et apud Hispanos Castiliæ, Fredericus *Dux Beneventana* creatus ab Henrico II. Rege Castiliæ, (qui floruit An. Dn. . In regno autem Neopolitano (ut refert Scipio Amiratus) *Dux Beneventanus*, institutus An. Dn. 573. Manum de tabula.

Primi Duces recentioris ordinis, per diversa Regna.

Dyptica.] Erant duæ tabulæ in antiqua Ecclesia: quarum una viventium, altera mortuorum nomina continebat, quæ in Missa recitabantur. Rectiùs *Diptyca* scribendum juxta Græc. δίπτυχα, quod vide apud Meursium. Ekkehardus Ju. Cas. S. Gal. ca. 5. & ejus temporis Authores, *diptyca* vocant libros anniversarios quibus eorum inseruntur nomina, qui pro remedio animæ suæ, monachis & clericis quidpiam legassent: horumque *diptycorum* custodiæ, capsæ designatæ sunt. Vide ibidem Goldast. Recentiùs verò occurrit pro tabella manuali.

¶ E*Adling*, al. *Eathling.*] Saxonicum, quod pluribus exposuimus in *Adelingus*. Id Vide.

¶ *Ebedin*, seu *Ebedib* perperam.] Tributum Cambro britannis quod nobilium hæredes capitali provinciæ domino, post mortem antecessorum suorum pendunt, adeundi patrimonii causa: alii 5 sol. alii 10 sol. alii 20 sol. juxta pendentium qualitatem. Anglis & Gallis *Relevium.* Vocabulum reperi aliquando in vetusto M.S. codice Landavensis Ecclesiæ: cujus hæc sunt verba. *Septem domus episcopales sunt in dyued. Menevia, quæ est sedes principalis in Cambria, Ecclesia ismael. Ecclesia degeman. Ecclesia yssel. Ecclesia teilau. Ecclesia tenlydabc, Ecclesia Keneu. Abbates teilau & tenlydabc & ismael & degeman tenentur clerici esse & ordinari. Ebedin cujuslibet istorum domino dyued erunt, scil.* XII. Lib. *vel qui illis successerint reddant. Menevia ab omni debito libera manet & soluta. Ecclesia keneu & Ecclesia yssil ab illo debito liberæ erunt quia terris carent.* Nixus sum retinuisse scripturam codicis, sed (ut solet in exoticis) lecturâ forsitan erraverim: Multa autem hic occurrunt notatu digna. Constat enim (si *domus* pro Ecclesiis intellexerimus, ut Author ipse in sequentibus innuit) fuisse eo tempore 7. Ecclesias Episcopales in *Dined*, id est, Demetia, seu Wallia australi: cùm hodie in tota Wallia (Marchiis exceptis) 4 tantùm reperiantur. Abbates etiam aliquot non fuisse clericos & ordinatos; nam dum asserit 4 nominatim ad hoc teneri, suggerit reliquos fuisse solutos, hoc est Abbates seculares: quorum utiq; meminit Giraldus Cambrensis in Itinerarii lib. 2. ca. 4. Vide *Abbas secularis.* Constat præterea tunc etiam fuisse Episcopatus quosdam, vel saltem insigniores Ecclesias, nullo gaudentes patrimonio, nempe *Keneu* & *Yssel*; de his enim ait, *ab illo debito* (subaudi *Ebedin*) *liberæ erunt, quia terris carent.*

Exige-

Exigebatur itáque tributum istud non solum è prædiis laicis sed etiam ecclesiasticis; & hîc quidem gravius, scilicet XII. libræ è singulis Ecclesiis dotatis. Hæc per transennam: consultis tamen quos in rebus Cambricis periciores novi.

¶ *Eberemord*, al. *Eberemorth.*] Saxonicum. Homicidium inhumanius, quod *apertum murdrum* vocant; non quòd in aperto fit, sed quòd apertè constat de perpetrato scelere. In LL. Canuti Regis MSS. Ca. 93. *Aberemurdrum* dicitur, quod vide.

¶ *Ecclesia.*] Pro templo, seu domo qua fideles conveniunt, ritus divinos celebraturi. Lippis & tonsoribus notum: adducor tamen ut asseram, quòd sciolus quidam libellum nostrum *De non temerandis Ecclesiis*; pro Marte suo impetens, graviter mihi imponit, τὸ *Ecclesiis* dixisse hac significatione. Nec patitur vir bonus ut easdem, *ædes* appellarem sacras: ludibrio enim habet ejusmodi epitheton, locis vel ædibus attributum. Carpsisset æquiùs, si ignotis ei vocabulis, *Basilicis*, *Dominicis*, *Titulis*, *Curiacis*, *Martyriis* vel similibus usus fuissem. Sed doctrinam hominis & farinam videtis.

Occurrit ἐκκλησία apud Græcos veteres, ut *Curia* & *Senatus* apud Romanos; non solum pro cœtu & congregatione, sed etiam pro loco in quem convenitur, ut ipsa lexica testantur. Lucianus ὃ διασερώσαντα τὴν ἐκκλησίαν, i. *ubi ecclesiam* (scil. curiam in qua consultant) *undiq; stravero.* Perhibetur
Cor. 11. 22. & Apostolus, secundum plures Interpretes (antiquos, medios, recentiores) hoc sensu dixisse τῆς ἐκκλησίας τοῦ θεοῦ καταφρονεῖτε, *Ecclesiam Dei contemnitis?* Liquidè Synod. Laodicena ἐν τῇ ἁγιωτάτῃ ἐκκλησίᾳ τῆς ἁγιωτάτης μάρτυρος εὐφημίας, i. *in sanctissima Ecclesia sanctissimæ martyris Euphemiæ.* Tertulian. lib. de fuga in persecut. Sect. 3. *Conveniunt in Ecclesiam. Confugiunt in ecclesiam.* Augustin. Epist. 109. *Quando ergo simul estis in Ecclesia, & ubicunq; viri sunt, invicem & pudicitiam custodite.* Hieronymus in Esaiam, ca. 60. *videmus Cæsares —— ædificare ecclesias expensis publicis.* Et Epist. 8. *Alii ædificent ecclesias, vestiunt parietes marmorum crustis, columnarum moles advehant, earumq; deaurent capita, &c.* Fastidit in re tam nota, olei tantum perdere. Clarum est *Ecclesiam* idem esse Christianis quod *Synagogam* Judeis: & Augustinum habes in eandem sententiam in Psalm 82. unde & priscus quidam,

Nobis ecclesia datur Hebreis synagoga.

Plura si cupias numerosa habeas exempla in Burchardi Decretorum Lib. 3. qui *De Ecclesiis* inscribitur.

¶ *Ecclesiasticus baculosus.*] Episcopus, vel Abbas superior, pastorali baculo insignis. Occurrit in LL. Cambrobritannicis Hoeli Boni, vulgo Hoel Da.

¶ *Ecclesiasticus homo.*] Pro vassallo seu colono Ecclesiæ. Vide *Homo Ecclesiasticus*.

¶ *Ecclesiasticus servus.*] Vide *Servus.*

¶ *Edhilingi.*] Nobilium classis apud Saxones, quod & vox indicat. Nithardus histor. Lib. 4. *Saxonica gens omnis, in tribus ordinibus divisa consistit. Sunt enim inter illos qui Edhilingi, Sunt qui Frilingi, Sunt qui lazzi illorum lingua dicuntur. Latina verò lingua hoc Sunt Nobiles, Ingenuiles, Serviles.* Vide *Adelingus*, & *Eadling*.

¶ *Efforciare.*] Pat. 3. Joh. m. 2. n. 8. Rex Baronibus de 5 portub. Angl. &c. Mandamus vobis quod totum servitium, quod nobis debetis, habeatis, idque *Hubt. de Burg.* Cancellarius noster vobis dicet ex parte nostra, & insuper vos ita *efforcietis* quod nobis grates scire debeamus. T. *Petro de Pratellis.*

¶ *Effractores.*] Apud forenses dicuntur qui furandi causa domos effringunt, vel se è carcere proripiunt. Etiam qui scrinia expoliant. Burgund. Tit. 19. §. 3. *Effractores omnes, qui aut domus aut scrinia expoliant, jubemus occidi.*

¶ *Egyptiani*, & rectiùs per Æ dipthong.] Erronum impostorumque genus nequissimum; in Continente ortum, sed & Britanias nostras, ut Europam reliquam pervolans. Italis, *Ciani* & *Cingari*; Germanis, **Zunginer**, vulgo *Tartari* & *Gentiles*, quibusdam *Saraceni*, nostratibus, *Ægyptii* & *Gypsies* nuncupati. Apparuere (ut mihi Author est Munsterus) primum in Germania, An. gra. 1417. nigredine deformes, excocti sole, immundi veste, & usu rerum omnium fœdi. Furtis in primis dediti, præsertim fœminæ, quæ viris inde victum perhibent; Ducem, Comites, Milites, inter se honorant, veste præstantes. Venaticos canes pro more Nobilium alunt, sed ubi venentur, nisi furtim non habent. Equos sæpe mutant, major tamen pars graditur pedibus. Fœminæ cum stratis & parvulis, jumento invehuntur. Literas circumferunt Sigismundi Regis, & aliorum Principum, ut innoxius illis permittatur transitus. Ferunt ipsi ex injuncta sibi pœnitentiâ, mundum peragrantes circumire, atq; è minori Ægypto primum migrasse. Sed fabellæ hæc, ut notat Munsterus, apud quem plura vide Geograph. lib. 3. ca. 5. Oriuntur quippe & in nostra, & in omni regione, spurci hujusmodi nebulones, qui sui similes in gymnasium sceleris adsciscentes, vultum, cultum, moresque supradictos sibi inducunt. Linguam (ut exotici magis videantur) fictitiam, blaterant: provinciasque vicatim pervagantes, auguriis & furtis, imposturis & technarum millibus plebeculam rodunt & illudunt; linguam hanc Germani **Rotwelch**, *quasi rubrum VVallicum*, id est *barbarismum*; Angli **Canting** nuncupant. Puer vidi numerosam istorum multitudinem, licèt capitale jam tum esset (Statutis 1. &

Ciani. Cingari. Zunginer. Tartari. Gentiles. Saraceni. Ægyptii. Gypsies.

 2. Phil.

2. Phil. & Mar. ca. 4. & 7 Eliz. c. 10.) per spacium mensis in hac versari conditione. Exinde sensim disparuere.

¶ *Eia.*] *Insula.* A Sax. eaȝe, ȝ ut solet in y vel i transeunte. Sic *ley* pro leȝ, *way* pro peȝ, *day* pro ƀeȝ, & infinita hujusmodi. Est autem eaȝe propriè *oculus*, & *ovum*, nomenq; hinc contraxit insula, quòd instar oculi vel ovi, se in mari exhibet. Sic in lib. Ramef. Sect. 3. *Ramefeia* exponitur, *insula arietum*; in Itinerar. Cantii, *Shepeia*, *insula ovium*; in hist. Hen. Huntindon lib. 3. *Hertei*, insula cervi. Occurrit etiam in villatum nominibus creberrimè, aliàs insulam, aliàs peninsulam, aliàs situm amnicum, vel aquaticum denotans. Significat enim & aquam, juxta Gallicum *ew*, quod ȝ Saxonicum ut alia plurima in *w* mutat. Sic in palustri regione, aquam à terra firma exceptam, *landelam* vocant: interiores alias, aliis cognominibus discriminant; sed *eias* passim vocant. Landela.

¶ *Ejectus maris.*] Vide *VVreccum*.

¶ *Eier*, al. *Eyer.*] Vox Forens. *Iter*: t (ut Gallis sæpè) eliso. Vide *Iter*, & *Justiciarii itinerantes*, seu *errantes*: nam *iter* etiam *error* dicitur.

¶ *Einetius, Enetius, Eneyus* & *Æsnecius.*] *Primogenitus*, *senior*. Vox forens. à Gal. *aisne*, hoc idem significante. *Pars einetia*, ea dicitur quæ in herciscenda hæreditate sorori primogenitæ cedit: cujus etiam in eligendo prærogativa, *æsnecia* apud Fletam appellatur. In Statut. Scot. Rob. 1. ca. 3. *Qui eneyam, id est capitalem partem illius hæreditatis habet*.

¶ *Elaboratus* & *laboratus.*] In legibus & Chartis antiquis, sæpe veniunt pro eo quod quis suo labore vel industria perquisivit: *laborare* & *elaborare*, pro acquirere, vel lucrari. Tradit. Fuldens. lib. 1. ca. 18. *Trado in eleemosinam meam ad Sanctum Bonifacium, quicquid proprietatis in elaboratu meo visus sum habere, præter 2 boves, totum & integrum. Id sunt oves 5. porci 20. boves & vaccæ 38. duo caballi, omniaq; vestimenta, ea ratione, ut quàm diu vivam illa per beneficum habeam.* Lib. 2. Trad. 26. *Trado —— dimidiam meam paternalem hæreditatem, & duas partes de meo elaboratu, in loco qui dicitur* L. *propè ripam fluminis Fuldæ, id est, terris, silvis, campis, &c.* Trad. 40. *& omnē elaboratū nostrū, quicquid deinceps elaboravimus.* Et 68. *Trado Ratgariō Abbati -- propriā ancillā meā nomine VV. -- & totum elaboratum dictæ ancillæ, id est, Uvamburg.* Longob. 3. Tit. 4. l. 5. *Non præsumant —— alicui homini causam suam* (id est *rem*) *tollere, vel suum laboratum.* L. Sal. ca. 47. *et si ibi aliquid elaboravit —— amittat.* Elaborare. Laboratus. Elaborare.

¶ *Elidiatus.*] Formul. Solen. 167. In judicio evindicationis de colono. *Colonicium —— habeat evindicatum vel elidiatum.* Formul. 170. in notitia de terra evindicata. *Propterea jubemus —— ut ipsam terram ipse Abbas habeat evindicatam atque elidiatam.* Simile, formula. 142. Formul. 52. in donatione qua pater donat filium: *quam diu advivis tam tu ipse, quam hæreditas tua, contra tuos germanos vel germanas, quieto ordine vel elidiato, valeas possidere.* Etiam form. 30. *fine ullius judicis consignatione pars monasterio nostro, elidiato ordine præsentaliter revocare facias dominium.* Lindenbrogius opinatur ita dictum, *ut elidere aliquem ab excusatione* l. 4. Cod. de ord. cognit. Bignonius autem in Not. ad dictam formulam 170 (quam in sua editione inter Veteres refert, ca. 7.) locum corruptum existimat, restituendumq; *elitigatum*, quasi *extra litem & controversiam positum*. Et hic proculdubio verbi sensus est, locus tamen integer videbatur; ut qui multiplici alia nititur authoritate. Reperio *leida* olim aliquando pro quadam curia dictum; huc verò non audeo attrahere. Mat. Paris. Regg. lib. 2. ca. 13. *explacitare* dixit pro *Elitigare*, vel *elidiare*.

¶ *Emenda, Emendatio.*] Quod in restaurationem damni tribuitur: à Gal. *Amende* & *emende*. In hoc à mulcta differt, quod mulcta judici, *emenda* parti læsæ datur. Spec. Sax. lib. 3. Art. 53. *Judex in suo judicio mulctam habet & non emendam, eo quod Judex agere non potest, & judicare: nemini verò emendatur, nisi actori. Ideoq; illustribus emendam non competere injuste ab aliquibus vulgatū est.* Sed & pecuniariam mulctam, *emendam* dici, Author est (apud Bignonium) Petrus Fontanus (qui B. Ludovico R. claruit) & in priscis nostris legibus multæ probant authoritates. Videtur etiam *emenda* ista triplex fuisse, maior, media, minima. Nam in LL. Edouardi Confes. ca. 35. pa. 138. sic legitur: —— *tunc temporis, maior emendatio forisfactura Saxonum fuit 44. lib.* Hæc fortè *emendatio*; aliàs *forisfactura plena*; aliàs *plena wyta* dicitur. Media autem *emendatio*, & ibidem notatur ca. 12. *De opere verò si fiat, opus distruatur, & medietas emendationis dabitur.* Minima *emendatio* ea videtur fuisse, quæ lenissimè apponebatur: & respiciunt fortè tres istæ *emendationes*, graviores illas, quæ inferioribus, *amerciamentum*, *finis*, & *redemptio* appellantur. Quære. * In Marculf. l. 1. c. 20. Emendatio major, med minima.

Sic *emendare* pro mulctari. LL. eisd. ca. 35. pa. 136. *Domino Regi graviter emendare debent.* Emendare.

Emendare se: pro, vitam redimere, seu Wergildum solvere. Longob. lib. 1. Tit. 2. l. 61. *De tertia verò* (culpa) *si se non emendaverit, moriatur.* Emendare.

¶ *Emne Christen.*] Frater in Christo. Saxonicum, quod malè intelligentes, even Christian proferunt: atque ita editur in Oratione Henrici VIII. ad Parlamentum an. regn. 37. Sed rectè in LL. Edouardi Confes. ca. 36. *fratrem suum —— quod Angli dicunt* emne Cpi) ten.

¶ *Emphiteosis.*] Dicitur cum quis prædia tali lege acceperit, ut vel ea conserat, vel emendatiora reddat: à Gr. ἐμφυτεύω, i. *consero*. Vulgariter autem idem est, quod conductio

conductio seu elocatio prædii. Greg. Mag. Regist. Lib. 1. Epist. 70. *Qui terras vel insulas Ecclesia nostra in emphiteosim, sibi postulant dari.* Aliàs & rectius *Emphyteusis*, unde *Emphyteuta* & *emphyteutes* qui fundum sic accipit.

¶ **Englecheria**, al. **Englecceria.**] Fictitium substantivum à Saxon. Englirc, i. *Anglicus*. *Anglietas.* Quasi *Anglietas*, vel nativitas Anglica. Priscæ apud Anglos legis appellatio, cujus ortum, vigorem, & interitum indicabimus. Testantur leges Edouardi Confessoris ca. 35. omnes Danos per universum regnum Angliæ, sub prætextu inspiciendorum armorum uniuscujusq; patriæ, uno eodemq; die ab Æthelredo Rege occisos esse. Deinceps igitur cum regni solium adeptus esset Rex Danorum Canutus: ut sibi suisq; fœlicius caveret, diuturnum retinuit exercitum, qui populum graviter atterens, introducendæ legis occasio fuit; ut Bractonus l. 3. tract. 1. c. 15. de murdro agens perspicuè retulit. *Sive interfectus, cognitus fuerit,* *Francigena.* *sive ignotus dicetur Francigena, nisi Englecheria, i. quod Anglicus sit probetur per parentes, & coram Justiciariis præsentetur.* §. 3. *Causa verò inventionis murdrorum, fuit: quod in diebus Canuti Regis Danorum, qui post Angliam acquisitam & pacificatam, rogatu baronum Anglorum, remisit ad Daciam exercitum suum. Et ipsi Barones Angliæ erga ipsum Regem Canutum fidejussores extiterunt, quòd quotquot Rex in Anglia secum retineret, firmam pacem per omnia haberet: ita quod si quis Anglorum, aliquem hominem quem Rex secum adduxit interficeret, si se super hoc defendere non posset judicio Dei* (scz. aqua vel ferro) *fieret de eo justitia. Si autem effugeret & capi non posset, solverentur pro eo 66 marca, & colligebantur in villa, ubi quis esset interfectus, & ideo quia interfectorem non habuerunt: & si in tali villâ pro paupertate colligi non posset, colligerentur in hundredo, in thesauro Regis deponenda.* §. 4. *Murdum quid.* *Et dicetur murdrum extraneorum occisio & notorum: quia sive notus sit vel extraneus, ille qui interfectus est semper reputabitur Francigena, nisi Englecheria rite fuerit coram Justiciariis præsentata, &c.* Vides legem hanc latam fuisse (ex jure hospitalitatis) in præsidium extraneorum, viz. Danorum primò, & deinde (cùm ingressi essent Normanni) Francigenarum; quorum cædes multò graviùs plectebatur quàm Anglorum. In mitigationem igitur pœnæ fuit, si legaliter constaret de *Englescheria* interfecti: hoc est, eum Anglicum fuisse; non Danum, non Francum, non extraneum.

Abrogata tandem est lex ista, statuto anni 14. Ed. III. ut Stanfordus retulit l. 1. c. 10. ubi & *Englescheriam* asserit fuisse institutionem legis Communis: Ex quo animadvertas hodiernos Jurisconsultos, id legi Communi tribuere, cujus initium nec in Annalibus suis, nec in Statutorum volumine deprehenderint. Vide *VVallisheira*.

¶ *Eorla*, *Erle*.] *Consul*, *Comes*. Vox Danica, & ab illis (quibus olim **aar** & **ar**, *honor*) ad nos delata. Danis autem *Eorla* idem quod Saxonibus nostris supremi ordinis Aldermannus: sed hoc de inferiori sæpe magistratu, illud de illustriori semper; & ab ingressu Normannorum, de solo Comite, quem Germani **Graue** nuncupant, intelligitur. Æthelwerdus Saxo lib. 4. ca. 3. *undecim consules ruunt quos illi* (Dani) *Eorlas solent nominare, & rex eorum unus.* Consules verò & Comites, æquivocè dixit ætas ea & subsequens, ea insuper, & Duces. Sed distingui jam tunc cœpere Duces à Comitibus; & videtur *Erle*, Ducem potiùs notare, quàm Comitem. Æthelstanus enim (qui & ipse Danus fuit) *Eorlam* & Aldermannum Archiepiscopo & Episcopo confert: *Eorlamq;* ab Aldermanno ita destituit, ut Archiepiscopum ab Episcopo. Aldermannum verò eo loco pro Comite dixisse, evincunt vocis significatio, locus ipse, & ipsa comparatio, in qua alii Ducem & Comitem, pro *Eorla* & Aldermanno substituunt; de quo vide supra in *Dux*.

Sic autem Æthelstanus in lege quam tulit de singulorum capitum æstimatione. Ærcebirceoper 7 Eorler pærgild bið xv. M. ðrimra 7 Birceoper 7 Ealdormanner viii. M. i. *Archiepiscopi & Eorla capitis æstimatio*, 15000. *thrimsa sunto. Episcopi & Aldermanni* 8000. Walafridus Strabo de rebus Ecclesiast. ca. 31. cum Archiepiscopos regibus, Metropolitanos Ducibus comparasset: *Quod* (inquit) *Comites vel præfecti in seculo, hoc Episcopi cæteri in Ecclesia explent.* Et Ealdorman hoc loco pro Comite accipiendum monent etiam Inæ LL. c. 36. ubi de *Aldermanno* loquutus qui furem evadere permittit, ita habent: Gif he Ealdorman ry. ðolige hir rcipe. *Si Aldermannus sit* (qui hoc fecerit) *perdat Comitatum suum.* Quis Comitatum habuit quem perderet, nisi Comes? aut quis ea tempestate judicium tulit de furib. in Comitatu captis, nisi Comes?

Sed qui tandem fit ut nos *Eorlas* nostros à Danis acceperimus, cum ipsi ne hodie quidem aut *Eorlas*, aut Comites, aut Barones noverint? Certè nomen accepimus, non gradum. Nec *Eorl* aliud quid significaturum propriè, quàm (ut diximus) Saxonibus nostris, *Alderman*: seniorem nempe, & per translationem honoratum, quia honorandi (omnium Gentium suffragio) seniores; ex quo & ipsi *Seniores.* Reges hoc solo nomine sub illis seculis dignoscebantur. Vide *Senior*. Exolevit (audio) ipsa vox *Eorl* apud Danos, etiam **aar** & **ar**, pro *honore*: retinent hi tamen inde confectum adjectivum *erlig*, Epistolasq; hodie dirigunt, **Erlig och welbyrdig mand**, i. *honorato & nobili viro*, ut certiorem me fecit instructissimus juvenis Canutus Wlfeldius, Jacobi regni Daniæ Cancellarii filius. *Eorla* autem planam mihi mentionem exhibent, leges Canuti regis (qui etiam Danus fuit) par. 2. c. 69. ubi dignitatis amplitudinem melius judices ex indicto ei *hereoto* quod hic infra vide in *Heriotum*.

¶ *Epacare.*] Omino placare. Chron. Camerac. l. 1. c. 93. *VValterum multa mercede donabat, plus pollicitus, si quovis modo tanta pestis molimina epacaret.*

¶ *Epidecen*, al. *Epidicen.*] Vestis Monachorum.

¶ *Episcopissa.*] Uxor Episcopi, alias Antistita, quod vide. Etiam vide quæ S. Bernard. in vita Malachiæ refert de 15. uxoratis Episcopis prædecessoribus suis, in Hibernia; supra hîc in vocabulo *Corba.*

¶ *Episcopium.*] Domus Episcopi. Sinod. Meldens. ca. 26. *Suggerendum est, & ex divino mandato intimandum regiæ majestati, ut episcopium, quod domus episcopi appellatur —— venerabiliter & reverenter introeat, &c.* Dicitur & de Episcopatu, ut supra, in *Abbas.*

¶ *Epistola.*] Pro eo quod forenses *Chartam* vocant, hoc est, instrumento quo prædia conceduntur, pactionesque firmantur: Tabellæ publicæ fidei: interdum *testamentum.* Superiores ætates ab inclinato Imperio (ne altiùs repetam) sub *epistolarum* specie hæc omnia peragebant, ut in Marculfi, veterumq; formulis abundè constat. Cœptaque res videtur ab ipsis Impp. & Longobardorum regibus, stilo turgido, & sæpè (ut mihi sapit) non majestate digno. Cassiodorum vide. *Epistola* autem specimen, nostræ hodie Chartæ retinent, exordium præferentes in hunc modum. *Omnibus Christi fidelibus ad quos hoc præsens scriptum pervenerit N. de D. salutem. Sciatis, &c.* Sunt igitur apud veteres tot *epistolarum* genera quot apud nos Chartarum, & perplura: adoptionis, donationis, concessionis, firmitatis seu confirmationis, collectionis: evacuatoria, paricla, triscabina sive ingenuitatis, & hujusmodi, quorum omnium exempla habes apud Marculfum, & in formulis solennibus.

¶ *Epistolum, Epistolium.*] Vide *Apostolica.*

¶ *Eques.*] Pro *Milite*, vel Nobili baltheo militari à Principe honestato. Notissimum. Neapolitanis verò *Equites* (vulgo *Cavalieri*) dicuntur omnes Nobiles, licèt Equestrem dignitatem nunquam sint assequuti. Scipio Ammiratus: *Hoggi in Napoli tutti color che son nobili, benche ordine de cavaleria alcuno non habb ano: indistintamente si chiamino Cavalieri. Questo usostimo io, che sia nato, percioche non havendo abantico la Nap. nobilita altri esercizi, che militari; & perciò creandosi i giovanetti nobili donzelli, & di mano in mano i donzelli faccendosi Cavalieri, venivan per consegnente in processo di tempo tutti i nobili ad esser Cavalieri: come tutti i nobili Romani, se ben non nascevano Senatori per l'età, che era loro d'impedimento, nel tempo dell' età legittima devincuano Senatori.*

Cavalieri.

Delle Famiglie nobili Nepolitan. Par. 1. ca. de Cavalieri, &c.

Ad distinguedum igitur equitem ritu honorario institutum, ab inhonoraro istiusmodi, bene convenit *aurati* additio. Vide *Miles.*

Eques, pro equa, vel equo pernice, Ekhehardi jun. Cas. S. Gal. c. 1. *Sternatur uti q; ait ambulatrix mea quantocius, &c. Ascendensq; equitem illam velocissimam, —— circa nonam aderat cœnobio.* Et ca. 10. —— *equite ascenso, S. Gallum noctu invadens, claustrum clandestinus introiit.* Sic & alii. Antiquis, potiores ad pernicitatem equæ, quod & Virgilius notat,

—— *& Eliadum palmam Epirus equarum.*

¶ *Era Hispanicæ ortus, ratio, abolitio: & de aliis æra significationibus.*

¶ *Era.*] Sine dipthongo & cum dipthongo, variè legitur: de numero, de pondere, de tempore; ut sigillatim inferiùs. Præ reliquis autem significationibus, cum mediorum seculorum studiosis maximè sit necessaria *eræ Hispanicæ* cognitio, eam primitus exponemus. Occurrit enim frequens & in Conciliis plurimis, & in rerum Gothicarum Hispanicarumq; Scriproribus, lectorem sæpe nescium, remorans, & perturbans.

Æra juxta Astrologos est insigne temporis initium, à quo supputationes ducunt: & hoc sensu celebris apud Hispanos epocha, seu annorum calculus, *era* dicitur. Non ut quidam nugantur: AERA, quasi, *annus erat Augusti.* Ejus originem Hispani ipsi Julio Cæsari attribuant; ideo verò docti, non quòd à Cæsare sit instituta, sed quòd anni ejus (quem Julianum vocant) formam induit. Primus enim annus *eræ Hispanicæ*, Julianæ ordinationis septimus habetur: à cede ipsius Cæsaris, sextus. Sic Antiocheni *Aeram* Seleuci Nicanoris, Alexandri nuncupant, quod initio anni Alexandreo utuntur, scil. ab autumno, & clàde Darii ultimi: ut refert Scaliger. *Eram* autem Hispanicam sub Augusto fuisse inchoatam, docti omnes cedunt, licèt de modo institutionis & incœptivo anno, non nihil discrepent. Isidorus lib. 5. de temporib. cap. 36. *Era* (inquit) *singulorum annorum constituta est à Cæsare Augusto, quando primum censum exegit, ac Romanum orbem descripsit. Dicta autem era, ex eo quod omnis Orbis æs reddere professus est Reipub.* In hoc autem fallit proculdubio. Convenirent alioquin annus Christi & *era* Cæsaris: nam in uno eodemq; anno, & Christus natus est, & descriptus Orbis, ut perspicuum est è S. Lucæ Evangelio ca. 2. *Era* verò, 38. annos, (vel eo supra) annum Domini præcessisse deprehenditur: ut hic inferiùs.

Probabilior igitur & proba videtur sententia: divisis post bellum Perusinum Romani Imperii provinciis inter triumviros Oct. Augustum, M. Antonium, & M. Lepidum; Hispaniâque in Augusti sortem cedente: Hispanos (ne insignem Principem omni officio & adulatione non prosequerentur) epocham ipsorum ab initio Augusti regiminis instituisse, eandemque

Era Domini. Era Cæsaris.

eandemque *Eram Domini* (puta Imperatoris) & *Eram Cæsaris*, (nempè Augusti) nuncupasse. Cœpisse autem ferunt Augusti regimen, anno ante natum Christum 38. post urbem conditam 714. Christumque natum fuisse in *Era* Cæsaris 39. Sic docti pleriq; & probatiores affirmarunt: rejicientes penitus quod Johan. Margarinus Gerundensis Episcopus asseruit, *Era* originem tantummodo 26. annis Christi natalem superasse. Sed nec error apud veteres major, nec desidium inter recentes frequentius, quàm in annorum numeris æstimandis.

Lidyattus nostras (qui in emendatione temporum egregiè si fœliciter desudavit) nec Dionysium solùm, sed & Scaligerum, Suslygam, Keplerum & alios plerosque in hanc arenam descendentes, graviter oppugnavit: nativitatem Domini nostri, baptismaque & cruciatum ad quatuor fere annos post vulgi calculos reducens. *Era* etiam originem ad annum 41. ejus natalicias præcedentem, Urbisq; conditæ 750. attribuit. Ego huic me non ingeram controversiæ: sed quæ ille fidenter asseruit, cum huc apprimè conducant, adscribenda censui.

Anno 3966 mundi, anno Juliano 8 ineunte, Claudio Pulchro, & Norbano Flacco Consulibus, cœpta est usurpari annorum epocha celebris, præsertim in Hispania & vicinis provinciis Africa & Gallia, quæ Aera appellata est: eâ ut videtur occasione, quod anno proximè præcedente Domitius Calvinus Proconsul, Hispaniam jugum Romanorum, seu potius Cæsaris Octaviani, in cujus potestatem hinc prorsus cessit, detrectantem, denuò subjugaverat; quo etiam ut apparet ex Dione 48 l. nova quædam & graviora æra, vectigalia, seu tributa annua instituta fuere à Triumviris; quæ ipsa & cæteræ Provinciæ ad Occidentem subditæ Cæsari & Lepido, quem Cæsar etiam ante despectui habitum, deinde post biennium omnino oppressit, hoc anno pendere cœperint, quanquam æra quoq; apud veteres pro calculis supputationum usurpata sunt, &c. Cumq; in annis sequentibus, adductis suis rationibus à Scaligero, Suslyga, Keplero ipsoq; Baronio in pluribus dissenserit, ad nativitatem Christi tandem perveniens, ità differit, *Anno 4007 mundi circa initium illius anni, ut etiam 750 Romæ conditæ, L. Ælio Lamia & M. Servilio Gemino Consulibus, imperii autem Augusti (nimirum putandi à Consulatu Pulchri & Flacci, veluti innuunt etiam Græci Fasti, ex Æra apud Hispanos præsertim & Gallos & Afros celeberrima) anno 41 juxta antiquissimos Patres Christianos Irenæum Lugdunensem l. 3. c. 25. & Tertullianum Carthaginensem lib. adversus Judæos 8. c. atq; alios: verùm Herodis Regis Judææ constituti ab Augusto quemadmodum affirmat Epiphanius contra dictam hæresim, Dementium, & ab Actiaca Augusti victoria anno 33. anno autem confirmati Augusto imperii Senatusconsulto, & epochæ Augustorum 30. neutiquam 30. Actiaco ad quem vulgaris epocha annorum Domini, authore Dionysio Abbate Romano, accommodata est, neq; anno Juliano 41. juxta nuperum scitamentum Suslygæ & Kepleri, verum 48 sequente 49 ac primo emendato ab Augusto; medio ferè tempore secundi & medii census acti jussu Augusti, primi verò operâ Quirinii in Syria, juxta nostram Chronologiam, natus est Bethlehemi, &c. Jesus Christus.*

Vides quanta inter eruditos discrepantia: & major quidem in annis Christi, quam in *era*: sed in Urbis conditæ, gravis admodum. Quoad *eram*, parum differunt. Nam cum alii hanc in Anno 38. ante nativitatem Christi exordiantur, & Lidyattus in 41. reconciliantur probè satis, si annos quos à vulgari calculo ille subtrahit, tu etiam subtrahas ab illius, id est, à 41. In aliis igitur computationibus quantumcunq; digladiantur Authores (est enim incredibile) sufficit modò, quod in hac conveniunt, quæ nobis est in manibus. Omnium enim suffragiis liquet, *eram* Cæsaris seu Hispanicam in anno 38. ante natum Christum, initium sumpsisse. Produnt igitur sese invicem *era* illa, & annus Christi: nam si 38. ab *era* dempseris, habes annum Christi *eræ* congruum: & si totidem addideris anno Christi, resultans numerus *eram* exhibet. *Era reductio ad an. Christi*

Sed intelligendum est, quòd sicuti Dionysius Abbas (cognomento exiguus) qui floruit An. Dn. 540. abolitis aliis supputationibus, annum Christi in Romanam invexit rempub. sic explosis tandem *eris* in Hispania, Valentini & Aragones in Anno 1358. Castiliani in Anno 1383. & Lusitani demùm in Anno 1415. Dionysianum computum (hoc est, juxta annos Christi) sunt amplexi. *Era abolita.*

Sed quoniam mentionem fecimus de erroribus quibus scatent priscorum opera, in annorum *erarumq;* numeris referendis: admonendus es (Lector) ut assiduè tibi in iis caveas; præsertim dum occurrerint literis numeralibus, aut figuris, non dictionibus integris enarrati. Sæpè enim in hoc genere vix tertius reperitur sanus, ubi continuus numerandi ordo non exhibetur. Mirum est quam mendosè prodière Chronica Eusebii & Hieronymi: quàm turpiter Isidori, & Reginonis. Taceo Historiam Gregorii Turonensis, Aimoini, & perplurium aliorum; docti alicujus opem vehementer implorantium. Nec sufficit in corrigendis istis, ad MSS. vetera solummodo convolare; (quibus infinitus error, & discordia sæpe non componenda) sed adhibendum est præterea judicium solers, & acutissimum. Nec minùs quidem in Chartarum antiquarum datis dijudicandis.

Æra pluralis apud veteres legitur, calculos & cujusq; integri numerarii partes & minutias, ipsasq; supputationes (quòd has *are*, ceu numo, ceu æreis calculis deducebant) significans. Nonius: *Æra neutri.* M. Tullius Hortensio: *Quid tu inquam soles, cum rationem à dispensatore accipis: si [illegible] singula probasti, summam quæ ex his confecta est non probare?* *Æra pluralis.*

Æra singularis etiam legitur si Rodiginus Nonium, Nonius Lucilium rectè recitaverit. Antiqq. lec. l. b. 10 cap. [illegible] verit, viz. *Hac est ratio perversa, ara numeri est subducta improbè*: Nonii autem duæ editiones quas ego vidi, reddunt: *Hac est ratio perversa, ara summa & subducta improbè*: quod mutato puncto, Gothfredus ita emendat. *Hac est ratio, perversa ara summa & subducta improbè.* Scaliger quartò variat: *Hac ratio perversa est, ara summa subducta improbè.* Primò loco *ara* manifestè singularis est: in reliquis alterutri conveniat numero. At Scaliger Nonium falsò putare asserit, *ara* nomen apud Lucilium extare, affirmatque *seculum ineruditum ex neutro in fœmineum μετεπλάσατο, ut ostiam ab ostiis, atheram ab æthore in bibl.* commutasse. Proculdubio antiquissimum est in corrupta Latinitate, si puriori non innotuerit.

Pro *numero*, & *numeri partibus*. Ità superiùs ex Cicerone ad Hortensium. Apud inferiores autem pro *numero* simpliciter. Faustus Regensis Episcop. qui floruit anno 490. (à Scaligero citatus) lib. de Spiritu S. *Sacer* (inquit) *numerus dicimus qui trecenti in ara sive supputatione signum crucis* T *perficiunt.* Isidorus etiam ex canonibus Græcis, Eusebii Cæsariensis semper *aras* dicit quod Græcus Scriptor ὄρους, Hieronymus *numeros.* Et Hildericus Gallus Isidoro æqualis *aras dierum* dixit pro *numeris dierum*, ut Scaliger & alii.

Pro *pondere*, & *ponderis partibus*. Varro: *Veteris consuetudinis erat, ut retro ara dicerent, ita ut semisquintus, semisquartus, semistertius pronuntiarent.* Et Volusianus Marcianus: *Sive denaria, sive sestertiaria ratio conficeretur, iisdem notis, id est libellarum, & singularum, & teruncionum, præposita nota denarii, vel sestertii, ut erat ratio, ara exprimebantur.* E quibus liquet (quod Scaliger notat) *aram* Latinis fuisse verbum mensariorum campsorum & collybistarum: sc. numerum seu quantitatem ponderis, mensuræ aut valoris denotans; unde & illud Nonii, *ara numeri nota.*

Pro *tempore*, & *temporis partibus*. Sic *era* pro *Epocha*, & initio temporis à quo ut superius dictum est supputationes ducunt Astrologi: hoc sensu Ptolomæo (qui floruit An. 160.) & Theone in usu. Hispani etiam sua lingua, *de era en era* dicunt, pro *de ætate in ætatem*: Et non solum hi, sed etiam Galli Narbonenses & Gothi reliqui, *eram* vulgariter usurparunt pro anno, ut in plurimis Conciliis, cippis antiquis, & Isidori Chronico perspicuè liquet. viz.

Era 415. *anno* 13 *Valentis Imp. &c.*
Era 416. *anno* 41 *Valentis Imp. &c.*
Era 419. *an. Imperii Theodosii Hisp.* 3.
Era 446. *an.* 14. *Arcadii & Honorii, &c.*

Sic in reliquis, & in pede legis editæ ad confirmandum Concilium Toletanum, ita habetur: *Lex edita —— sub die Idus Nov. era* 721. *anno quoque fœliciter* 4. *regni gloria nostra.* Quod autem aliàs *erâ*, aliàs *anno*, dicit Isidorus: in hoc Romanam epocham citans, Romanorum amplectitur vocabulum: in illo verò Gothicam, Gothorum sequitur idioma: apud quos *eram* annum significasse ex eo liqueat, quod prisci Saxones (quibus magna cum Gothis sermonis affinitas) annum ʒeap dicebant, Angli hodiè *year*, Belgi *iaer*. Non inficior tamen quod Jos. Scaliger contendit, *eram* primariè significare numerum, eoque sensu de anno dici interdum, ut apud Judæos Seleucidarum epochen, *numerum Contractuum.* Wisegot. lib. 12. Tit. 1. l. 3

Pro *Canone* & *Legis sectione*. Ita sæpe venit in antiqq. LL. sed per translationem, propriè *numerum* significans, quia Canones sive sectiones istæ ex appictis numeris dignoscebantur. Wisegoth. lib. 2. Tit. 3. l. 3. *Sciat se idem mandator, censura illius legis noxium retineri, qua continetur lib. 6. Tit. 1. era secunda.* Simile lib. 6. Tit. 2. l. 5. Et in Breviario Codicis Theodosiani: *Imperator Theodosius era xxii.*

Modus reducendæ Eræ Hispanicæ ad annum Christi, & è contra (scil. vel adimendo illi 38. vel huic totidem adjiciendo, ut supra diximus) perspicuus est in sequenti Tabula: cui ad antiquæ Historiæ elucidationem, initia regni Principum aliquot Gothicorum in Hispania præsertim dominantium inseruimus juxta Isidori Chronicon à P. Pithæo castigatum.

Anni Era Hispan.	*Anni Christi*	*Reges*	*Anni Era Hispan.*	*Anni Christi*	*Reges.*
400	362		410	72	
1	63		11	73	
2	64		12	74	
3	65		13	75	
4	66		14	76	
[illegible]	67		15	77	
6	68		16	78	
7	69	*Athanaricus.*	17	79	
8	370		18	380	
9	71		19	81	

* Al. Aeta 400.

Anni

Anni Christi	*Reges*	*Anni Erae Hispan.*
82--	*Alaricus cũ*	480
83	*Radagatho.*	81
84		82
85		83
86		84
87		85
88		86
89		87
390		88
91		89
92		490
93		91
94		92
95		93
96		94
97		95
98		96
99		97
400		98
1		99
2		500
3		1
4		2
5		3
6		4
7		5
8		6
9		7
410		8
11--	*Athaniphus.*	9
12		510
13		11
14		12
15		13
16--	*Segericus, &*	14
17	*eodem an.*	15
18	*Vallia*	16
19--	*Theuderedus.*	17
420		18
21		19
22		520
23		21
24		22
25		23
26		24
27		25
28		26
29		27
430		28
31		29
32		530
33		31
34		32
35		33
36		34
37		35
38		36
39		37
440		38
41		39

Anni Era Hispan.	*Anni Christi*	*Reges*	*Anni Era Hispan.*	*Anni Christi*	*Reges*
540	2		600	62	
41	3		1	63	
42	4		2	64	
43	5		3	65	
44	6--	*Gesalricus.*	4	66	
45	7		5	67--	*Liuva.*
46	8		6	68--	*Leovigildus.*
47	9		7	69	
48	510		8	570	
49	11--	*Theudericus.*	9	71	
550	12		610	72	
51	13		11	73	
52	14		12	74	
53	15		13	75	
54	16		14	76	
55	17		15	77	
56	18		16	78	
57	19		17	79	
58	520		18	580	
59	21		19	81	
560	22		620	82	
61	23		21	83	
62	24		22	84	
63	25		23	85	
64	26		24	86--	*Reccaredus.*
65	27--	*Amalaricus.*	25	87	
66	28		26	88	
67	29		27	89	
68	530		28	590	
69	31--	*Theudis.*	29	91	
570	32		630	92	
71	33		31	93	
72	34		32	94	
73	35		33	95	
74	36		34	96	
75	37		35	97	
76	38		36	98	
77	39		37	99	
78	540		38	600--	*Liuva II.*
79	41		39	1	
580	42		640	2	
81	43		41	3--	*Wittericus.*
82	44		42	4	
83	45		43	5	
84	46		44	6	
85	47		45	7	
86	48--	*Thedisculus*	46	8	
87	49	*Agila.*	47	9	
88	550		48	610--	*Gundema-*
89	51		49	11	*rus.*
590	52		650	12--	*Sisebutus.*
91	53		51	13	
92	54--	*Aranagildus.*	52	14	
93	55		53	15	
94	56		54	16	
95	57		55	17	
96	58		56	18	
97	59		57	19	
98	560		58	620	
99	61		59	21--	*Suinthila*

Anni Era Hiſpan.	*Anni Chriſti*	*Reges*
660	22	Sub hoc
61	23	tempore
62	24	cœpit
63	25	Arabum
64	26	computus
65	27	qui *Hegira*
66	28	dicitur. vide.
67	29	
68	630	
69	31--	*Siſenandus.*
670	32	
71	33	
72	34	
73	35	
74	36--	*Chintila.*
75	37	
76	38	
77	39	
78	640--	*Tulca.*
79	41	
680	42--	*Chindaſvintus.*
81	43	
82	44	
83	45	
84	46	
85	47	
86	48	
87	49	
88	650	
89	51	
690	52	
91	53	
92	54	
93	55	
94	56	
95	57	
96	58	
97	59	
98	660	
99	61	
700	62	
1	63	
2	64	
3	65	
4	66	
5	67	
6	68	
7	69	
8	670	
9	71	
710	72--	*VVamba.*
11	73	
12	74	
13	75	
14	76	
15	77	
16	78	
17	79	
18	680--	*Ervingius.*
19	81	
720	82	
21	83	
22	84	
23	85	
24	88	
25	87--	*Egiga.*
26	88	
27	89	
28	690	
29	91	
730	92	
31	93	
32	94	
33	95	
34	96	
35	97	
36	98	
37	99	
38	700	
39	1--	*Withia.*
740	2	
41	3	
42	4	
43	5	
44	6	
45	7	
46	8	
47	9	
48	710	
49	11--	*Rudericus,*
750	12	*&c.*

¶ ***Ermingſtreat.***] Vide *Ikenild.*

¶ ***Erminſul.***] Vide *Irminſul.*

¶ ***Esbrancatura.***] Arborem ramis nudare, à Gall. *Esbrancher.*
—— *qui autem forisfecerit in foreſtâ Regis de viridi, ſive per culpaturam, ſive per* esbrancaturam, *ſive per foditionem turbarum, ſive per eſcoriationem more, ſive per culpationem de ſubnemore, ſive per eſſartum, &c. erit in miſericordia, &c.*

¶ ***Eſca.***] Glandes & dilapſi ab arboribus fructus, quos in eſcam colligunt porci, cervi & alia animalia. *Panagium*, quod vide. Angl. & Germ. **maſte.** Longobard. Lib. 1. Tit. 23. l. 3. *De porcis ſi in eſca alterius pervenerint, & inventi fuerint, ſi minus ſint* 10. *non occidantur; nec unus de ipſis: ſed ille qui eos invenerit teneat unum & habeat ſalvum, & componantur ei per porcos, ſiliqua* 3. *Nam ſi ſupra* 10. *ſint, vel aut uſq; ad* 10. *unus mediocris occidatur, &c.* Chart. vett. Alaman. nu. 62. Solvamus *quando eſca eſt, porcum ſolido valentem* 1. *& quando eſca non eſt, arietem bonum.* LL. Inæ ca. 50. Gif mon on hiſ mæſte ne unalyfed ſƿin ʒemete. ʒenim ðonne ſyx ſcill ƿyrð ƿeð 7 &c. id eſt, *Si quis porcos in eſca ſua ſine venia paſcentes invenerit, pignoretur primò quod ſex ſolidis æſtimatur.*

¶ *Eschaeta, Eschaetor, Escaetria.*] aliàs cum aspiratione, aliàs sine. *Eschaeta* apud nos dicitur quicquid terræ, prædii, alteriusvè emolumenti, quod vel mortuo sine hærede Tenente, vel ratione custodiæ hæredis ejus infra ætatem existentis, vel ex causa alicujus (quod vocant) forisfacturæ, domino obvenit feodali. Moriente enim sine hærede Tenente, ad Dominum remeat tenementum, tanquam ad superiorem hæredem ex lege constitutum. Similiter & rei capitalis (putà feloniæ) damnato: nam ob corruptionem sanguinis, hæredem jam habere non intelligitur. Vox, à Gall. *eschet*, i. accidens, ab *escheoir*, accidere, cadere: unde in LL. Neapolitanis & Siculis *excadentia* dicitur: atque ita, (& præterea) *excident* & *excadens* in Nigro lib. Scaccarii, ubi in 2. part. c. 10. de *escaetis regiis*, sic habetur. *Escaetæ vulgo dicuntur quæ decedentibus his, qui de Rege tenent in capite, cum non extat ratione sanguinis hæres, ad fiscum relabuntur.* Vide *Excadentia.*

Excadentia. Excadens. Excidens.

Eschaeta etiam dicitur ipsum territorium, quo jus *eschaetarum* aliquis percipit.

Eschaetor, minister est qui per statutum territorium eschaetas colligit & rimatur. Habent (vel potius habuere) magnates aliquot, hujusmodi officialem: suum autem Rex in unoquoque Comitatu Angliæ, qui à magno Thesaurario annuatim constitutus, fisco militat & piscatur. Exacto verò ministerii sui anno, iterum intra triennium non ad idem recipiatur exequendum.

Statt. 1. Hen. 8. c. 8. & an. 3. ejusd. ca. 2.

Eschaetria, munus Eschaetoris & ejusdem territorium. *Hen.* 2. sic exigit 1240001. arg. *Stow.* in An. 1159. R. 5. ex *Ypodig.*

¶ *Escuagium.*] Servitium scuti. A Gall. *escu*, i. scutum. Aliàs *Scutagium*, quod vide; & *Hostenducia*, simile apud Longobardos servitium.

¶ *Esox, Essox, & Exos*: Gloss. *Isox*, Beda *Isicius*.] Salmo. Germ. **Lasch**, al. **lachs** & **lax**. Wisegoth. lib. 8. Tit. 4. lib. 29. *Mesox* legitur, si non perperam. *Flumina majora, id est, per quæ mesoces, aut alii pisces marini subriguntur.* Codex MS. (ut in variis lectionibus notatur) habet *per quem esoces*: sed rectius erit *per quæ esoces*.

¶ *Esparuarius.*] Chart. forest. c. 14. vide *Sparuarius*.

¶ *Essartum, Esartum, Exartum, Exartes, & Exartare.*] A Gal. *essarter*, quod apud Plinium est *interlucare*, hoc est, per spatia & intervalla dumeta & arbores succidere: ita ut Sol interluceat. Inde apud eundem *Interlucatio*, apud Catonem & Varronem *collucatio*. Similiter *essarter*, & *sartare*, est silvas succidere, dumis purgare, loca rigida & inculta, in culturam redigere. Dictum Gallicè *essartum*, à Latino *exertum*, quod est evulsum, eradicatum. Vox forestariorum & saltuariorum. Niger lib. Scaccarii par. 1. cap. 13. *Essarta vulgo dicuntur quæ apud Isidorum occasiones nominantur: quando sc. foresta nemora vel dumeta qualibet, pascuis & latibulis ferarum opportuna, succiduntur: quibus succisis & radicitus evulsis, terra subvertitur & excolitur. Quod si nemora sic excisa sint ut subsistens quis in vix extanti succisa quercus vel alterius arboris stipite circumspiciens, 5. succisas viderit, vastum reputatur: hoc est vastatum per syncopen dictum.* Ex his animadverte differentiam inter *essartum* & *vastum*. Locum hunc accuratè citant Juris forestarii Scriptores, mendam contrahentes quam exhibent prisca codicis exemplaria. Scribitur enim *occasiones*, pro *occationes*: s, pro t, sensumq; obscurum reddit prior vox; elucidat posterior. Quippe non ab *occidendo*, sed ab *occando*, & (quod Cicero in Senectute testatur) ab *occate*; rem occâ depressâ significante. Est autē *occa*, crates lignea, ferreis instructa dentibus, quâ in agris seminalibus, glebæ conteruntur, & loca aspera in planiciē rediguntur: *essartis* perinde utilissima: Gall. *herce*. Angl. **an harrow**. Plin. lib. 18. ca. 20. *Aratione per transversum iterata, occatio sequitur.* Et ca. seq. *Hordeum occato, ferrito, runcato.* Nonius Marcel. & Varro de re rust. lib. 1. *Occare, id est, comminuere, ne sit gleba*: quod Isidoro teste, Orig. lib. 17. ca. 1. fit dum *grandes glebas cadunt, & ligonibus frangunt, &c.*

Interlucare. Interlucatio. Exertum. Occasiones.

Essartum & vastum in quo differunt.

Occatio, & occare.

Quietus de essartis. Occurrit in Privileg. ab Henr. I. Abbati Ramef. concess. Sect. 198. *Et illa leugata sit in perpetuum quieta de visionibus forestarum, & essartis, & omnibus aliis querelis.* Hoc est: nulla Abbatibus Ramesiæ inferatur molestia, si quæ forte in forestis Regiis *essarta* fecerunt intra illam leugatam.

De *exartis* vide legum Burgundior. infra in *Faramanni*, & Boior. Tit. 16. §. 1. & 2.

Exartum.

Exartes. Diploma Caroli Mag. in Glos. Lindembr. *Conferemus stirpes, vel ut vulgo dicitur, exartes quosdam quos ex rebus Tricasinensis Comitatus ipsi propriis laboribus, de heremo ad agriculturam perduxisse noscuntur.* Et Chartular. Rhemens. *Si Novalia quæ esarta vocant ibi sunt.*

Exartare in Boiorum & Burgundior. LL. & Gal. *essarter une forest*, est silvam collucare.

¶ *Essoniare, Essoniator, Essonium.*] Etiam omnia per x. pro ss. & Exonia, niæ: Soniumque, absque Es. vel Ex. Nec non Esumare, Esumator, &c. Voces forenses, illæ tritæ adhuc, istæ obsoletæ. *Essonier* Gal. & *exonier*, est excusare; ab angustia, cura vel labore liberare. *Ex* privativum, *soing*, cura, &c. Sed & altiùs rimantur fontem, à Gr. ἐξόμνυσθαι; quod non solum est *excusare*, sed interposito jure jurando hoc facere, ab ἐξ, i. *ex*, & ὄμνυμι, *juro*. Et foro quidem bene convenit ista deductio, ubi sine juramento non admittitur excusatio. Est igitur *Essoniare*, excusare aliquem in foro, qui indicta die non comparuerit submonitus; causamque impedimenti apud Judicem promovere. *Essonium* perinde, ipsa excusatio; ejusdemque exhibitio. Omnis autem excusatio, à Jurisconsultis nostris

Exonia. Sonium. Esumare. Esumator.

nostris *essonium* non dicitur, at ea solum quæ vel in realibus actionibus, parti reæ, vel in Curiis Baronum, Sectatoribus, (absentiæ rationem exhibentibus) admittitur. Et *essoniorum* quidem multa sunt genera, sed jam olim quinque capitibus distributa.

1. Primum quod dicitur *Malum viæ*, seu *de malo veniendi*; cum venire quis vel non poterit propter impossibilitatem, vel non audeat propter periculum; vel non tam citò, propter longinquitatem itineris. Hoc *commune essonium* appellatur, ejusque meminit Hincmarus Archiepiscopus in Epist. ad Carolum Regem, qui postea Magnus cognominatur, ca. *Qui mittens ad Dominationem vestram excusationem impossibilitatis suæ illic veniendi, requisita est quam patriotica lingua nominamus* Exonia, *quia venire nequiverit, quod hactenus est mandatum.* In hoc *exonio*, veniendi tempus idoneum conceditur.

2. *Malum lecti*: quum morbo detineatur: quod apud Glanvillam sub reseantisæ *essonio* reponitur: & huic pro qualitate morbi (putà languidi) annus interdum & dies datur. Glan. lib. 1. ca. 19.

3. *Trans mare*: cum in partibus transmarinis hæreat, non solum Æoli & Neptuni, sed Principis alterius potestate constitutus. *Dabuntur in tali casu ipsi essoniato ad minus* 40. *dies*. Glan. ibid. ca. 25.

4. *Servitium Regis*: cui forenses omnes necessitates cedunt: *remanebitq; loquela* (id est, juris actio) *sine die, donec constiterit eum ab illo servitio Domini Regis rediisse.* Ibidem cap. 27.

5. *Terra Sancta*. De hoc sic Glanvilla dicto lib. cap. 29. *Distinguendum est, an iverit ad Hierusalem an alium locum. Si versus Hierusalem iverit is qui se essoniare facit: tunc solet ei dari respectus unius anni, & unius diei ad minus. De aliis verò peregrinationibus, solet dari respectus pro voluntate Domini Regis & bene placito, vel ejus Justicia, pro longitudine, vel brevitate itineris, prout viderint temperandum.*

Essonium pro quavis excusatione. Assisæ de Clarendum temp. Henr. II. Hovend. pa. 549. *Nulli liceat —— hospitari aliquem extraneum ultra unam noctem in domo sua —— nisi hospitatus ille essonium rationabile habuerit.*

¶ ***Estamina.***] Sigebertus in Ann. 1107. *Abbas Cistercii & Fratres ejus, non immemores sponsionis suæ, regulam beati Benedicti in loco illo ordinatam unanimiter statuerunt tenere; rejicientes à se quicquid regulæ refragabatur, foricos videlicet & pelliceas, estamina, caputia quoque femoralia, pectina & coopertoria stramina lectorum, ac diversa ciborum in refectorio fercula, sagimen etiam & cætera omnia quæ puritati regulæ adversabantur.*

¶ ***Esterlingus***, al. ***Starlingus*** & ***Sterlingus.***] *Denarius* Angliæ argenteus, cujus valor antiquus Statuto An. 51 Edouardi I. sic exhibetur. *Per ordinationes totius regni Angliæ —— denarius Angliæ qui vocatur sterlingus, rotundus sine tonsura, ponderabit* 32. *grana frumenti in medio spicæ, &* 20. *denarii faciunt unciam, &* 12. *unciæ faciunt libram.* Lex non nova, sed quæ ab ipsis Anglo-Normannicis Regibus invaluerat, roboratur. Nam & tunc quidem 20 denarii probatæ monetæ, unciam ponderabant: libra pariter (quæ è 20 solidis constabat, nomenque à pondere adepta est) 12 uncias; solido quolibet 12 denarios continente. Saxonibus etiam libra libram pendit, sed numeravit tunc libra 48 solidos, & solidus non ultra quinos denarios. Occurrit autem *esterlingus* interdum simpliciter pro ipso denario, interdum ad distinguendam monetam probam, à reproba; & pro numo legali in genere. Ordinatio Joh. Reg. Franc. & Henr. II. R. Angliæ, in subsid. Ter. Sanctæ An. 1184. id est, Hen. II. 30. *In terra Regis Angliæ cismarina* 2. *den. Andagavensis monetæ: & in Anglia unus sterlingus persolvetur usq; ad prædictum terminum*, viz. 10. annorum. Mat. Paris. in An. 1250. *Erat autem pecuniæ missæ quantitas tanta de auro & argento: sc. Talentorum & Sterlingorum, & Coloniensium approbata moneta, & non reprobata: videlicet, non Parisiensium, vel Turonensium denariorum.* Et in An. 1235. *Centum & quatuor marcas bonorum & legalium esterlingorum, tredecim solidis & 4. esterlingis pro marca qualibet computatis.*

De ratione vocabuli, & de antiquitate, anceps opinio. Quidam inter priscos Saxones nostros, originem ponunt: quidam sub Johanne Rege; perperàm utrique si rectè ariolar. Apud Saxones enim nusquam reperio, & Johanne antiquius esse evincit citata Ordinatio. Occurrit mihi & sub Gulielmo seniori nummi *sterilensis* mentio, huc (ni valde fallar) pertinens. Odericus al. Vitalis, Uticensis Cœnobita, natus An. Do. 1075. in Hist. Eccl. lib. 5. sub An. 1082. Rogerum de Monte-Gomerici in fundatione Scrobesburiensis Monasterii sic à quodam compellatum refert. *In primis advenientibus Monachis cum cementario ad jaciendum Monasterii fundamentum; ad inchoationem hujusmodi, porrigam* 15. *lib. sterilensium.* *Sterilensi*

In occasione nominis, Linwodus sturnum facit, Anglicè **a Starling**: quartâ una (ut ait ille) numismatis signatum. Ego centena aliquot numismata vidi Regum Anglo-Normannorum atque Saxonum: at in nullo quidem effigiem avis, nisi in Edouardi Confessoris: ubi 4. deprehenduntur obversis pedibus sigillatim stantes inter 4 radios crucis paralelæ: sed an sturni sint, vel columbæ potiùs, aliudve quidpiam significaturæ, dicant qui norunt. Scoticum vulgus (ut Buchananus refert) à castello quodam hujus nominis, **Starlin** & **Strivelling** dicto, nuncupatum putat: non autem video quonam pacto fiat ut nos hoc nomen a castello Scotico duceremus: diù enim auditum esse existimo apud Anglos, priusquam inter Scotos dignoscitur sonuisse. Monetam etiam è puro argento antiquiorem multò apud nos esse quàm apud Scotos, nemo (quod sciam) dubitaverit: præsertim, cum plurima quæ hodie extant exemplaria, utrumque manifestent. Annales verò nostri à Germanis Daniæ vicinis (quos ab orientali hinc situ etiam hodie **Esterlings** appellamus) deducunt: asseruntque eos Angliam aliquando venientes artem purgandi argenti, etiam flandi & feriundi celebrem reddidisse, nomenque ipsorum facto deinceps reliquisse. Opinioni fidem astruit conventio quædam inter Edouardum I. & Abbatem Buriæ S. Edmundi, de stabiliendo ibidem cuneagio, fancita. Sed qui Esterlingos istos sub Johanne Rege venisse prædicant, Authorum quos citavimus fidem labefactant, ni plures hi venisse intelligantur. Mihi autem eò magis placet ista deductio, quòd in transmarinis etiam regionibus vox recepta sit, ut è Jure Canonico non semel liqueat. Adigit me tamen in dubium Oderici locus supradictus, ubi sub ingressu Normannorum *sterilensis* legitur, non *sterlingus*; ulterius igitur disquirendum videtur.

¶ *Estovarium*, al. *Estoverium.*] Vox fori à Gal. *estoffer* (priscis *estonver*) id est, materiem exhibere, copiam rei alicujus ministrare. Quibusdam, *alere, fovere.* Hinc Angli, pabulum quod pecori reponitur, etiam nunc **stover**: materiem ad rem omnem comparatam, ipsamque supellectilem, **stuff** appellamus. Forensibus duplici venit acceptione. Antiquis pro alimento humano, cum in victu, tum in vestitu. Hoc sensu Bracton lib. 3. Tract. 2. cap. 18. num. 2. *Salvo eidem capto* (scil. incarcerato pro felonia) *& familia sua necessaria, quàm diu fuerit in prisona, rationabili estovario suo.* Ita & in priscis quibusdam statutis. Recentioribus solùm propemodò in usu est, ad significandum ligna quæ alter in alterius silva seu terra, ex jure capiat, ad foci, ædium, sepium, & agriculturæ suæ sustentationem: vulgo **fierbote, housebote, hedgebote, ploughbote.** Eaque vocis istius est potentia, ut si quis in silva sua, alteri concedat *rationabile estovarium*; concedi ista omnia intelliguntur. Dicatur etiam hoc genus *estovariorum* satis apposite ab antiquo Anglico, **to stove**, quod est, arbores detondere, capita & ramos abscindere.

¶ *Estrayeriæ.*] *Estrayeres*, apud Gallos sunt, quæ nos *escaetas* dicimus, putà bona alienigenarum, spuriorum & ejusmodi, quibus hæres legitimus non superest. Sed Gallicum à Gallo undique doctissimo Renato Choppino intellige: qui de Doman. Franc. lib. 1. Tit. 7. Sect. 17. ita habet. *Inde & estreyeriæ, speciali nota disignantur in Scriniis Præfecturæ Ratiociniorum Parisien. Bona scilicet rei Majestatis supplicio affecti, quæ ad unum pertinent Regem, exclusis reliquis, præcipuè in agro Campano.* Vide aliam apud nos vocis rationem, in *Extrahura.*

Estraieres in registris Cameræ computorum.

¶ *Estrepamentum*, al. *Estrepementum.*] Forensibus nostris appellatur *destructio*, & *vastum* quod ab usufructuario, qui tenet ad terminum vitæ, vel annorum, fit, aut fieri permittitur, in domibus, terris seu boscis proprietarii. A Gall. *estropier*, id est, mutilare, obtruncare, ut quidam volunt: sed ut mihi videtur à Lat. *extirpare*, quod per translationem occurrit pro *delere*: quasi *extirpamentum.* Huic fidem facit Breve Regis judiciale *de estrepamento*, ità inquiens, *Domos & ædificia in tenementis prædictis existentia extirpaverunt, & arbores similiter —— succiderunt.* Dicitur itaque non solùm de silvis & arboribus, sed etiam de domibus, & ut hic apparet, & in Fitzherb. Abridgm. Tit. *Estrepement*, nu. 10. *de un sale, & un grange, & un* * *bonery*: etiam *dun chambre & un quisune, & un berchor, &c.*

* Forte idem quod in Brevi *de estrepamento bovatus terræ*, & legendum *bovery*. Sed *bonniere* Gal. mensura terræ *arpennæ* non dissimilis.

Reperiuntur præterea in quibusdam rescriptis, *strepitum & vastum facere*, Angl. **strip and waste**, seu **strop and waste**; quasi *strepitus*, pro *estrepamento* poneretur, vel quod stragem notaret insigniorem, seu fragore editam, ut in Inæ LL. ca. 43. ubi dicitur *securis sanitu prodit facinus.* In Brevibus autem regiis sæpè habes *vastum & estrepamentum facere*: videturque *estrepamentum* gravius vasti genus designare.

¶ *Esumare, Esumator.*] Idem quod *Essoniare, Essoniator*, quæ vide. In computo antiquo penes Camerar. Scaccarii, *Et cum dies placiti mei venit, non potui pro mea infirmitate adire, sed misi esumatores qui me esumaverunt apud Cantebur'.*

¶ *Etarchartea.*] L. Boior. Tit. 9. ca. 11. §. 2. *Superiorem verò virgam quam etarchartea vocamus, quæ sepis continet firmitatem, si eam injustè reciderit, simili modo cum solido componat, eo quod minimè tum sepis viticata, animalis sustinet impetum.* Lindenbrogius in quodam MS. legit *etarita*: quod Angli (saltem Iceni) hodie propemodum retinemus, **the edar & ethar** appellantes.

Etarita.

¶ *Evinditatum, Evinditale.*] Vide Judicium evinditale.

¶ *Eulogia.*] Munera Deo vota.

¶ *Ewa, æ.*] *Lex.* Vox prisca Germanica. Saxonibus nostris plurali numero æ, ut passim in suis legibus. Sic Ines æ. Ælfredes æ. *leges Inæ, leges Alfredi, &c.* Sic Cristes æ. *Christilex*, Evangelium. v. Lindenb.

¶ *Exactor Regis*, seu *Regius.*] Qui publicas pecunias, tributa, vectigalia, & res fisco debitas exigit. In Provinciis, Vicecomes: in portubus & civitatibus telonarius: & ejusmodi ministri. *Æthelwerdus Anglo-Saxo sub initio lib. 3. Audito etiam: Exactor Regis jam morans in oppido quod Dorceastre nuncupatur, equo insilit, cum paucis præcurrit ad portum, putans eos magis negotiatores esse quàm hostes: & præcipiens eos imperio, ad Regiam Villam pelli jussit: à quibus ibidem occiditur ipse, & qui cum eo erant: nomen quippe exactoris*, Beaduheard: Anno 334. ab adventu Hengisti. Hunc intelligo fuisse Vicecomitem Dorcestriæ, astipulante *Florentio VVigorniensi*, qui in An. Dn. 787. eundem vocat *præpositum*, i. Vicecomitem, aliàs Graphionem. *Suggerius, de possessione monasterii B. Dionysii à Lindenb.* citatus in voce *Graphio*. *Ab oppressione Exactorum regiorum, quos grafiones dicunt, multo labore multisq; placitis emancipaveram.* Hoc etiam sensu *Niger liber Scaccarii* part. 1. cap. ult. tabulas quibus Vicecomites censum regium colligit, *Rotulum exactorium* vocat.

Rotulus exactorius.

Exprimitur Exactoris munus in Concil. *Ticiensi* sub Ludovico Italiæ R. *& singuli Comites* (ita legit Bignonius, non conventus, ut vitiose (inquit) editum est) *Ut Exactores Reip. in suis ministeriis legaliter procurent facere justitiam, pupillas & viduas protegant, per loca subditi restaurent palatia, quibus cum iter dictaverit, nos legatosq; nostros valeant recipere.* Capitular. Carol. lib. 6. Tit. 232. *Clericus vel Monachus, neq; exactor publicarū, neq; conductor, aut vectigalium magister, &c. fiat.* Et ibid. lib. 5. Tit. 217. occurrit *Tributorum regiorum Exactor.*

Saxonica Evangelistarum translatio *Luc.* 1.2. 58. Exactorem vertit ðam bydele, i. *Bidellum*, quod vide.

Hinc exactare in Capitall. & Synodd. pro ad *fiscum rapere.*

Exactores in scholis dicuntur, qui occultè auscultant quid indebitè dicatur, vel agatur: pœnasque ideo exigunt à Magistro in pueros; aliàs *Ceratores*. Germanorum scholis hodie *corycei*, Alamannorum *casalantes*. *Rer. Alam.* 1.70. & 199.

Exadoniare & *Exidoniare.*] *Idoneum facere*. L. Alaman. Tit. 18. §. 5. *Si parentes ejus*, (i. *ancilla*) *non exadoniaverint eam, ut sit libera.* Hoc idem in Decret. Tassilonis par. 2. l. 12. sed locus prior in editione Basileensi An. 1557. legitur, & rectius, *exidoniaverint.*

¶ *Exartare, Exartum,* & *Exartes.*] Vide supra *Essartum.*

¶ *Excadentia.*] Idem Siculis & Neapolitanis, quod *Eschaeta* Gallis & Anglis. Constut. Sicul. & Neap. lib. 1. Tit. 84. *Domania, mortitia, excadentias, granaterias* —— *ad procurationis suæ sollicitudinem revocabit.* Tit. seq. *locationes excadentiarum nostrarum.* Vide *Eschaeta.* Erat olim in usu hoc etiam vocabulum in scaccario, seu fisco Angliæ: habeturque apud *Gervas. Tilber.*

Excadentia. Excadens. Excidens.

Excadentia nu. singul. & *Excadens*; & Capitulum de *Excidentibus* & occupatis. Vide *Eschaeta.*

¶ *Excambiare, Excambium.*] Voces forens. Cambire permutare & permutatio.

¶ *Excrevicare.*] L. Salic. Tit. 36. §. 1.

—— *aut tres camb*o*rtas excervicaverit, &c.*

Vide locum integrum in *Camberta.*

¶ *Excidens.*] Pro Eschaeta. Vide *Excadentia.*

¶ *Exclusa.*] Locus in flumine sepe coarctatus piscationis gratiâ: aliàs *VVera*, aliàs clausura dictus. LL. *VVisegothor.* lib. 8. Tit. cap. 19. —— *usq; ad medium alveum ubi maximus ipsius fluminis concursus est, sepem ducere non vetetur: ut alia medietas diversorum usibus libera relinquatur. Si quis autem contra hoc fecerit*, exclusa *ipsius à Comite civitatis, aut à judice, sine aliquâ excusatione rumpatur.* Hoc idem mox infra *clausura* dicitur. Convenit autem lex ista nostræ, quæ correctionem fluminum Vicecomiti cedit.

Est etiam *Exclusa*, id quo in stagnis & fossatis aquæ retinentur & emittuntur, Angl. à scluse. Fitz-herb. Nat. brev. fol. 89. b. *Exclusum stagni molendini ipsius Abbatis & parcum fregit.* Et alibi, *exclusas ipsius A. ultra fossatum de N. pro salvatione terrarum suarum apud C. erectas, fregit.*

Exclusæ præterea dicuntur aditus in Italiam per angustias Alpium: alias *Clusa* & *Claustra*. Aimoinus, lib. 4. cap. 105. *Omnes aditus quibus ad Italiam intratur, id est,* Exclusas, *impositis firmasse præsidiis nunciatur.* Et lib. 5. ca. 37. *per claustra montis* Cinisii, Italiam —— introivit. Testam. Caroli M. —— *montem Cinisium, vallem Segusianam usq; ad* Clusas *& indè per terminos Italicorum montium usq; ad mare.* —— *consignavimus.*

Excommunicatio.

EX auctoritate Dei omnipotentis patris, & filii, & spiritus sancti, & sanctorum Canonum, sanctaq; & intemeratæ virginis Dei genetricis Mariæ, atq; omnium cælestium virtutum, Angelorum, Archangelorum, Thronorum, Dominationum, Potestatum, Cherubin, ac Seraphin, & sanctorum Patriarcharum, Prophetarum, & omnium Apostolorum & Evangelistarum, & sanctorum innocentium, qui in conspectu agni soli digni inventi sunt Canticum cantare novum, & sanctorum Martyrum, & sanctorum Confessorum, & sanctarum Virginum, atq; omnium simul sanctorum & electorum Dei Excommunicamus *& anathematizamus, hunc furem, vel hunc malefactorem,* N. *& à liminibus sanctæ Dei Ecclesiæ sequestramus, ut æternis suppliciis cruciandus mancipetur cum* Dathan *&* Abiron, *& cum his qui dixerunt Domino Deo* recede à nobis, scientiam viarum tuarum nolumus; *& sicut aqua ignis extinguitur, sic extinguatur lucerna ejus in secula seculorum, nisi resipuerit, & ad satisfactionem venerit, Amen. Maledicat illum Deus pater, qui hominem creavit: Maledicat illum Dei filius, qui pro homine passus est: Maledicat illum spiritus sanctus, qui in baptismo effusus est; Maledicat illum sancta Crux, quam Christus pro nostrâ salute hostem triumphans ascendit.*

Maledicat illum sancta Dei genitrix & perpetua virgo Maria; *Maledicat illum sanctus* Michael, *animarum susceptor sacrarum; Maledicat*

Maledicat

ledicat illum omnes Angeli, & Archangeli, Principatus & Potestates, omnisq; militia cœlestis exercitus.

Maledicat illum Patri[illegible]rum, & Prophetarum laudabilis numerus: Maledicat illum sanctus Johannes præcursor & Baptista Christi præcipuus: Maledicat illum sanctus Petrus & sanctus Paulus, atq; sanctus Andreas, omnesq; Christi Apostoli, simul & cæteri discipuli; quatuor quoq; Evangelistæ qui suâ prædicatione mundum universum converterunt: Maledicat illum cuneus Martyrum & Confessorum mirificus, qui Deo bonis operibus placitus inventus est,

Maledicant illum sacrarum virginum chori, quæ mundi vana causâ honoris Christi respuenda contempserunt.

Maledicant illum omnes Sancti, qui ab initio mundi usq; in finem seculi Deo dilecti inveniuntur: Maledicant illum cœli & terra, & omnia sancta in eis manentia: Maledictus sit ubicunq; fuerit, sive in domo, sive in agro, sive in via, sive in semita, sive in silva, sive in aqua, sive in ecclesia. Maledictus sit, vivendo, moriendo, manducando, bibendo, esuriendo, sitiendo, jejunando, dormitando, dormiendo, vigilando, ambulando, stando, sedendo, jacendo, operando, quiescendo, mingendo, cacando, flebotomando: Maledictus sit in totis viribus corporis: Maledictus sit intus & exterius: Maledictus sit in capillis: Maledictus sit in cerebro: Maledictus sit in vertice, in temporibus, in fronte, in auriculis, in superciliis, in oculis, in genis, in maxillis, in naribus, in dentibus mordacibus, in labris, sive molibus, in labiis, in gutture, in humeris, in harmis, in brachiis, in manibus, in digitis, in pectore, in corde, & in omnibus interioribus, stomacho tenus, in renibus, in inguinibus, in femore, in genitalibus, in coxis, in genibus, in cruribus, in pedibus, in articulis, & in unguibus. Maledictus sit in totis compaginibus membrorum, à vertice Capitis usq; ad plantam pedis, non sit in eo sanitas: Maledicat illum Christus filius Dei vivi toto suæ majestatis imperio; & insurgat adversus eum cœlum cum omnibus virtutibus, quæ in eo moventur, ad damnandum eum nisi pœnituerit, & ad satisfactionem venerit, Amen, Fiat, Fiat, Amen.

Excommunicatio.

[Auctoritate Dei patris omnipotentis, & filii, & spiritus sancti; & beatæ Dei genetricis Mariæ, omniumq; sanctorum, & sanctorum canonum, excommunicamus, anathematizamus, & à liminibus sanctæ matris ecclesiæ sequestramus illos malefactores, N. consentaneos quoq; vel participes; & nisi resipuerint & ad satisfactionem venerint; sic extinguatur lucerna eorum ante viventem in secula seculorum. Fiat, Fiat, Amen.

Hæ Excommunicationum formulæ sequuntur Emendationes legum, quas Gulielmus Conquestor edidit, in lib. vocato Textus Roffensis. MS. & videntur sub eo ipso ævo conditæ; quia in superioribus nusquam, quod scio, reperitur beatæ Virginis Mariæ invocatio.

¶ **Excurtare.**] L. Salic. Tit. 40. ca. 15. Caballum excurtare, i. caudam abscindere.

¶ **Excussio.**] Idem apud veteres, quod hodiernis nostris J. Consultis Rescussus dicitur, quod vide. LL. Henr. I. Pundbrech fit pluribus modis: emissione, evocatione, receptione, excussione, qua, &c.

¶ **Exenium.**] Xenium, servitium. Greg. Mag. Aldiberto R. Anglor. (quem nostri rectius Ethelbertum vocant) Registr. lib. 9. Epist. 60. Parva vobis Exenia transmisi, quæ vobis parva non erunt: cum à vobis beati Petri Apostoli fuerint benedictione suscepta. Longobard. lib. 2. Tit. 1. l. 6. Si —— aliquis ex amicis accepto Exenio, ipsi mulieri aliquid dederit.

Pro servitio. Flodoard. Hist. Rem. lib. 3. cap. 28. —— sed colludium quod habebat factum sibi celaverat, viz. ut alumnus ejus sine assensu senioris sui, in loco ipsius ordinaretur. & quia Exenium revadiare dolose fecerit eundem suum alumnum, contra Episcopale interdictum, &c. Vbi Senioris sui Exenium revadiare, idem esse intelligo, quod Domini sui servitium renuntiare. Baldricus Histor. Hierosoli. lib. 3. Condito corpore quibus potuerunt aromatibus imperialibus Exeniis illud prosecuti sunt.

¶ **Exercitalis.**] Pro milite. Wisegothor. lib. 9. Tit. 2. l. 9. Si quisque exercitalium in eandem bellicam expeditionem proficiscens, minimè ducem aut Comitem suum, aut etiam patronum suum secutus fuerit, &c. Sæpè in LL. Longobard.

¶ **Exercitus.**] Anglo-Saxonibus dictus est 35 hominum aggregatio. Boioris, 42 clypeatorum. Longobardis 4 tantum hominum. LL. Inæ MSS. Fures nominamus usque ad 7 homines; à septem hloð, i. cohortem vel satellites usque ad viginti quinque deinceps here, i. exercitus. Exemplar autem Saxonicum (quod rectius existimo) hæc ita legit, ca. 13. Fnom seofon hloð að fif ⁊ ðritig. ⁊ siððan here, i. à septem cohors (dicitur) usque triginta quinque, exinde exercitus. L. Boior. Tit. 3. ca. 8. Si quis liberum hostili manu cinxerit quod heriraita dicunt, i. cum 42 clypeis, &c. Longobard. lib. 1. Tit. 17. ca. 1. Si quis pro injuria sua vindicanda, super quemcunque hominem manu armata, aut cum exercitu usque ad 4 homines, in vicum intraverit, &c. Hinc in justo exercitu singulæ cohortes seu legiones, dictæ sunt exercitus. Append. ad Greg. Turon. seu lib. 11. Sect. 70. Caput exercitus (hadoinus —— cum 10 ducibus cum exercitibus, &c.

¶ **Exercitus Dei.**] Aliàs Exercitus Dei & sanctæ Ecclesiæ, dictus est Baronum ille in Regem Johannem conjuratorum.

¶ Exfestu-

¶ *Exfestucare.*] Est possessione prædii, honoris, dignitatis aut rei cujusvis alterius se exuere: quod traditione festucæ aut virgæ (ut apud Marculfum pluries liquet) peragebant antiqui. *Devestire, jus abdicare.* Contra
Inf. stucare. *Infestucare.* Vide *Festuca.* Mos hodie cernitur in Curiis nostris Baronum, sed *exfestucationis* ceremoniam, *sursum redditionem* appellamus, **a surrender**: *infestucationis* verò, *admissionem*, **an admission**. Otto Frising. Chron. lib. 7. ca. 33. *Eugenius cum Romanis hoc tempore pacem fecit ut patritiatus dignitatẽ exfestucarent, & præfectum in pristinam dignitatem reciperent: Senatores verò ex ejus au-*
An. 1081. *thoritate retinerent.* Idem in Gest. Frider. 1. lib. 1. ca. 8. *Conditio autem pacis talis fuit, ut Bertolfus ducatum* (Sueviæ) *exfestucaret.* Rob. de Monte in Append. Sigeb. An. 1123. *Concilium Romæ celebratur, pax inter regnum & sacerdotium reformatur, & jus investiturarũ episcopalium ab Imperatore exfestucatur.* Vide *Refutare feudum.*

¶ *Exguardium.*] Constitutt. Siculæ Lib. 3. Tit. 17. De vassallo delinquente in dominum (scil. ratione feloniæ, vel servitii post tertiam submonitionem non præstiti, &c.) —— *Dominus potest de eo quod tenet ab ipso, ipsum per exguardium dissaisire. E contra, si dominus* —— *vel cum uxore sua* (id est, vassalli) *adulterium commiserit, vel filiam ejus invitam defloraverit, homagium ejus amittat, &c. Italis Guardia*, Gall. *Garde*; tutela, defensio.

¶ *Exhæredati.*] In historiis nostris (præsertim Mat. Paris) dicuntur Barones cæteriq; ab eorum partibus, quos proscripsit Henricus III. ipsimet & patri ejus infestissimos. Itali *Bannitos* vocant.

¶ *Exilium* in domibus & terris.] Dicebatur cum usufructuarius Manerii aut alius possessor, penes quem non esset fundi proprietas, ita in colonos tenentesque sæviret, ut relictis fundo domibusque, aliò cogerentur migrare. Frequens hoc olim apud nostrates malum, & in Hibernia nupertimè. Hodie verò propter hominum multitudinem, prædiorumq; angustiam, tenaciùs ubique hærent, etiam durioribus attriti conditionibus. Marlebrige 52. Hen. III. ca. 24. *Item firmarii tempore firmarum suarum, vastum, venditionem, vel exilium, non faciant de domibus, boscis, & hominibus.*

¶ *Exlegare, Exlegalitas.*] Exleges dicuntur qui beneficio legis privantur, adeo ut lege agere non valeant. Hinc *exlegare* pro exuere aliquem beneficio legis: & in LL. Ed. Confess. ca. 38. *calumniari de exlegalitate*, est, postulari vel accusari exlegem esse.

¶ *Exonia, Exonium,* &c.] Vide *Essonium.*

¶ *Exorcista.*] Inter VII gradus Ecclesiæ ab Hieronymo recitatos, locum non habet: ab inferioribus tertius numeratur. Hi enim *Ostiario*, primum cedunt; *Lectori*, secundum; *Exorcistæ*, tertium; *Acolytho*, quartum; *Subdiacono*, quintum; *Diacono*, sextum; *Presbytero*, septimum. Hieronymus verò in primo gradu *Fossarium* ponit, deinde *Ostiarium, Lectorem, Subdiaconum, Diaconum*, & *Sacerdotem*. *Exorcistarum* tamen meminit & ipse in Commentar. ad Mat. 12. 27. ubi hoc nomine eos vocat *qui ad invocationem Dei ejiciebant dæmones.*

Ἐξορκίσαι igitur, id est, *adjurantes* seu *increpantes*, juxta Isidorum, Rabanum Maurum, &c. dicuntur, qui manus imponentes super catechumenes & energumenos (hoc est, immundum spiritum habentes) nomen Domini Jesu invocant, adjurantes per eum ut egrediatur ab eis. Refert Josephus (ait Beda in Actus Apostolorum) Regem Salomonem excogitasse, suamque gentem docuisse modos ἐξορκισμῶ, Exorcismus.
id est, conjurationis, quibus immundi spiritus expulsi ab homine, ulterius reverti non sunt ausi. *Et moraliter* (inquit Amalarius) *si quis per orationes suas vitium diaboli potuerit expellere de homine, exorcista est.* Isidorus Hispal. Episc. de Offic. Eccl. lib. 2. ca. 13. ait, *eos quos Esdras Actores memorat Templi* (alii Actores seu Exactores Templi
Exactores Templi) sua ætate, id est, Anno Dn. 630. *esse Exorcistas in Ecclesia Dei.* Sed reperiuntur multò antiquiùs, etiam Hieronymi ævo: nam in quarta Synodo Carthaginensi, quæ habita est circiter An. Dn. 401. ità de his sancitum est can. 7. *ut in ordinatione exorcistæ, Episcopus exhibeat exorcistæ libellum, in quo descripti sunt exorcismi, additis his verbis: Accipe & commenda memoriæ, & habeto potestatem imponendi manus super energumenum, seu baptizatum seu non baptizatum*, al. *catechumenum.* Vide Amalarium, Rabanum Maurum, Ivonem, Durandum, &c. in libb. de divinis Ecclesiæ Officiis & ministris.

¶ *Expeditare* canem, & *Expeditatio.*] Vox forestariorum, & significat, canes juxta leges forestæ ita compescere, ut ad insequendas feras minùs sint pernices: Angl. **lawing of dogge**. Fit duobus modis, scil. vel abscindendo tres ortellos, (id est, ungues pedis dexteri anterioris) juxta ipsam cutem: vel exscindendo montem pedis (pollotam vocant) **the ball of the foot**. Tenentur qui in forestis degunt, molossos & majores omnes canes sic habere *expeditatos*, sub pœna 3 sol. 4. den. Regi pendendorum. Renovandaque est *expeditatio* quolibet triennio, juxta leges illas. *Expeditationis* autem commentum excogitavit primò Henricus II. qui de hac cavit in Assisa forestæ de Woodstock artic. 6. & vocabulo initium dedit, ut refert Manwood ca. 16. §. 12. *Item Rex præcepit* (inquit Assisa) *quod expeditatio mastivorum fiat, ubicumque feræ suam pacem habent vel habere consueverunt.* Sed de cohibendis canibus modus antiquior extat in Constitut. Canuti Regis de foresta can. 31. quæ à dissecto genu, *genuiscissio* appellatur, Genuiscissio.
Angl. **horing**: & ætate Edouardi I. *mutulati* Mutilatio.
dicuntur canes qui lanienas has forestlicas sunt experti.

¶ Expe-

¶ *Expeditio.*] Pro specie exercitus, non justi & solemnis, at subiti, velut & tumultuarii. *Vita Offa*, al. *Offani Regis Merciorum MS.* Quorum (i. *Danorum*) adventus primus & tam temerarius postquam *Offano* Regi innotuit: missa expeditione, non enim pro tanto populo dignabatur exercitum publicum convocare, eorum potenter repressit arrogantiam, & dissipatos & magna ex parte diminutos ad naves suas turpiter revertere coegit. *Theodericus* autem Rex *Gothorum*, aliam edit significationem apud *Cassiodorum*, lib. 1. cap. 17. *Merito Expeditionem nominavere Majores; quia mens devota praliis, non debet aliis cogitationibus occupari.*

¶ *Explacitare.*] Litem obtinere, placitando evincere. Malmesb. de Regg. Gest. lib. 2. ca. 13. In variis formul. *elitigare*, Marculfo *elidiare.*

¶ *Explectaminta.*] Constitutio Philip. R. Fran. inter Guidon. de Britan. & Isabellam Ducissam Britan. An. 1317. *Item* (dedit & assignavit) *villam Bergesiam, firmas, blada, molendina, explectamenta & alia emolumenta villa de Guincampo.* An non hæc quæ forensibus nostris *Esplees*, Gall. *Exploites?*

Hist. Bret. liu. 4. c. 34.

¶ *Exsurdare.*] Surdum facere. Sic lege Alman. Tit. 6.

¶ *Extalium.*] Constitut. Sicul. Lib. 1. Tit. 61. *Locorum bajuli qui à magistris camerariis, & à curia nostra quanquam in credentiam vel in extalium bajulationem recipiuntur, &c.* Et Tit. 68. *Bajulationes omnes —— Kal. Septemb. inchoari pracipimus, sive in extalium sive ad credentiam collocentur.*

¶ *Extrafamiliatus.*] Qui sui fit juris, extra patris familiam positus: prius familiæ pars, jam reipub. Constitut. Philippi Augusti de decimis apud Rigordum. *Si autem filius eorum vel gener crucem habens, hæres legitimus extrafamiliatus fuerit: vel etsi miles non fuerit, & crucem non habeat, pro eo respectum non habebit.* Meminisse videtur ritus antiqui Germanorum, cujus & Tacitus in eorum moribus, de militiæ canditatis, armis militaribus donatis agens: *Ante hoc domus pars videntur, nunc reipub.* Sic & apud nos hodie, qui sub pupillari ætate baltheo militari insigniuntur, exuto protinus custodiæ jugo, reipub. pars habentur, non familiæ.

¶ *Extrahura.*] Vox fori. Pecus quod elapsum à custode campos pererrat, ignoto domino. Animal palans. Dictum à Gall. *extrayeur*, quasi se gregi, vel consortibus extrahens, solivagum. vel ab *extra*, q. *extrarius*: Gal. aliter *Espave.* Cedit autem domino villæ seu ditionis, qua prensum est, si proclamatum in vicinis mercatis, verus dominus infra annum & diem non repoposcerit. Sed addendum est quod 900. ab hinc annos statuit Inas Rex Anglo-Saxo, qui in LL. suis MSS. ca. antepenult. sic ait; *Diximus de ignotis pecoribus, ut nemo habeat sine testimonio hundredi vel hominum decima.* Ubi *homines Decima* dicuntur, quos hodie *Sectatores leta* appellamus: & cognoscunt hi quidem etiam nunc de *extrahuris*, quæ nec domino adjudicantur, priusquam ipsi testimonium de eisdem perhibuere.

¶ *Exufflare.*] Et *Catathematizare*, & *Anathematizare.* De *Marco* hæretico dixit *Irenaus* l. 1. c. 9. quòd mulieres quasdam fideles affectans seducere, jubens eas (pro more suo) prophetare: ex inquit *Exufflantes* & *Anathematizantes* eum, seperaverunt se ab hujusmodi insano. Et iterum *Irenaus*, l. 1. c. 13. Quam sententiam dignè *exufflantes* & *catathematizantes*, oportet fugere ab eis. Verbo etiam *exufflationis* frequentissimè in hunc sensum utitur *Tertullianus*, ut l. de Idololatria, c. 11. Aras (gentilium) despuet & *exufflabit.* Alludunt autem tam *Irenaus* quam *Tertullianus*, ad Baptismi ritus, in quibus Adulti *baptizandi*, ad occidentem manibus impingebant, & expuendo *exufflabant*, & execrabantur Dæmonem, operibus e jus abrenunciantes. De quo ritu videndus *Dionysius Areopagita* Eccles. Hierarchia, cap. 2. etiam & *Rhabanus Maurus* de Instit. Cler. l. 1. c. 27. *Catechumenus baptizandus, postquam —— per abrenunciationem à prioris possessoris se alienaverit servitio*, exufflatur *ab eo sæva potestas.* Meminere hujus ritus, & *Augustinus* de Nuptiis, l. 2. c. 18. & c. 29. & contra *Crescon.* l. 2. c. 3. & l. 1. de Symbolo ad Catechum. c. 1. etiam & *Severus* Patriarcha in Græcorum Ritibus circa Baptismum.

Observandum, quòd cùm *Irenaus* vocibus *Catathemizantes* & *Anathematizantes* indifferenter utatur: discrimen tamen aliquod posuisse inter eas videtur Responsator ille ad Orthodoxos apud *Justinum Martyrem*; qui sic distinguit. *Anathema* (inquit) *dicitur id, quod reconditum & secretum est Deo, nec jam ad communem usum sumitur: aut, quod vitii culpave causâ à Deo abalienatum est. Catathema autem est, assentiri iis, qui anathematizant, id est se diris devovent: sic Petrus* post abnegationem Christi, sese *Catatematizavit.* Hæc Responsator ille in explicatione quæst. 121.

¶ *Evindicare.*] *Elitigare*, re ligata judicis sententia potiri. Præceptum evindicatorium Caroli Mag. in Chron. Laurishamens. An. Dn. 776. *Abbas habeat* (Monasterium) *evindicatum atq; elitigatum.*

Evindicatorium praceptum, dicitur ipsum diploma quo *evindicatio* omnium notitiæ exhibetur.

¶ *Ezzisczun*, al. *Ezisczu.*] L. Boior. Tit. 9. cap. 11. §. 1. *Si illam sepem ruperit vel dissipaverit, quam ezzisczun vocant, cum uno solido est restitutio.*

¶ *Fabana.*]

¶ FAbana.] A faba. Φάβατον. Anonymus in vita Sancti Caruselphi, *Tantam fabanam coxit, ut per totam hebdomadam satis haberet.* Perperam est (inquit Meursius) in MS. *Fabinam.*

¶ *Fabaria.*] Locus quo fabæ vel feruntur, vel ponuntur. L. Salic. Tit. 29. §. 13. *Si quis in napiam, in fabariam, in pisariam, in lentulariam, vel his similia, ad furtum faciendum ingressus fuerat.*

¶ *Fabatum* & *Fabina.*] Vide *Fabana.*

¶ *Fabula.*] *Pactum, conventio. Tabula nuptiales* seu *testamentales.* Longob. lib. 1. Tit. 30. ca. 3. *Componat duplam metam, quam tunc dictum est in illa die quando fabula formata fuerit,* Ibid. Tit. 19. ca. 9. -- *homicidiū aut damnum componat* (sc. quod per diruentem domum accidit) *quia postquam fabulam formatam, de mercede* (sc. fabricaturæ domus) *pro suo loco suscepit, non immerito sustinet damnum.* Gloss. vet. *Fabula, id est pactum conditionis.*

Fabulam interpretari possumus tabulas nuptiales: ut in LL. Wisegoth. sive Foro Judicum Hispan. lib. 3. Tit. 1. l. 6. lib. 5. Tit. 2. l. 4. *morir sen fabla*: id est, absque tabulis testamenti, sive intestato discedere. Inde *confabulati*, Longob. 2. Tit. 55. l. 7. Lindenbrog. *Fabla* & *Habla* Hispan. sermo, *Fablár* & *Hablár*, loqui.

¶ *Factum.*] Gall. *fait*, à forensibus nostris dicitur scriptum solenne quo firmatur donum, concessio, pactum, contractus & hujusmodi. Aliàs *Charta.* Et est vel simplex vel indentatum: hoc, ubi plures contrahunt, illud ubi solus quispiam agit. *Factum simplex,* **deed polle** vocant; quòd cum antigraphum non habeat, margo ejus superior planè detonditur. *Indentatum*, quòd dentatim ita cum antigrapho inciditur, ut applicatis invicem incisuris intelligatur convenire; nam uterque contrahentium partem ejus unam habet. *Simplex* autem apud eum solum extat cujus bono fit. Sunt & facta triplicia, vel quotuplicia contrahentium numerus exigerit: septemplicia vidimus.

Factum olim etiam dici videtur de quadam prædii portione, agricolis cessa: ut apud nos Hida, bovatus, carucata: seu Firmæ, vel Tenementi species domino præstans opera servilia aut colonica. Capitular. Carol. lib. 5. cap. 151. Sic in rubrica. *Ex Capitulis Domini Caroli: qualiter ex factis, aut mansis, vel quartis, manopera & census, ac tributa, ac reliqua servitia exigantur vel agantur.* Deinceps in textu: *Pro nimia reclamatione quæ ad nos venit de hominibus Ecclesiasticis, seu fiscalinis qui erant adjurnati quando in Cœnomanico pago fuimus: visum est nobis una cum consulta fidelium nostrorum statuere, ut quicunque de prædictis hominibus, quartam facti tenet cum suis animalibus, seniori suo pleniter unum diem cum* Senior pro Domino. *suo aratro in campo dominico aret, & postea nullum servitium ei manuale in ipsa hebdomada à seniore suo requiratur.*

¶ *Fadelsium*, al. *Fadersium.*] Donum quo pater vel frater sponsam donat ad nuptias transeuntem; fortè præter dotem, quod dicant Germani. A Sax. fæðer, Germ. **fader,** id est pater: feh *pecunia, donum, symbolum.* Longob. lib. 2. Tit. 1. l. 4. —— *habeat ipsa mulier morgengab, & quod de parentibus ejus adduxit, id est, phadersium.* Item Tit. 14. l. 15. —— *vidua quæ in domo patris, aut fratris egressa est, habeat sibi Morgengab & me-* Methium. *thium: de fadersio autem, id est, de alio dono quantum pater aut frater dederat ei quando ad maritum ambulaverit, mittat in confusum cum* Nostris J. Consulti **hotchpoch** *aliis sororibus, &c.* Ubi Lindenbrogius, Germ. **Erbe** hæreditoria bona: inde vox composita.

¶ *Faida*, al. *Feida.*] Germ. **fhede** & **fehde**, Sax. fæhð, i. *inimicitia*, à fah, Angl. **foe**, *hostis, inimicus.* De qualibet autem inimicitia *faida* non dicitur, at de capitali illa apud Germanos, barbarosque aquilonares populos exorsa: qui privatas inimicitias per totam cognationem diffundentes, gentiles eas fecerunt & mortiferas. Tacitus in Germanorum morib. *Subscipere* (inquit) *tam inimicitias, seu patris seu propinqui, quam amicitias necesse est.* Rectè quidem *necesse*, cùm homicidia non judicis sententia, sed dextra & furore consanguineorum interfecti, pœnis pro arbitrio deposcentium, luerentur. Convellitur interea pax ubique publica, & cædes funestissimæ indies perpetrantur. Nec cohibere valuit Principis supercilium, nisi pluribus legibus, plurium seculorum vigore subrepentibus. Sic, quod nunquam potentia, tandem evincit prudentia. Leges ejusmodi crebras habes inter Salicas, Longobardicas, Francicas, aliasque exoticas antiquas, etiam in capitulis Caroli & Ludovici. Unam proferam è Saxonicis nostris ab Edmundo latam circiter Ann. Dn. 944. Me egleð swiðe 7 us eallum ða unrihtlican 7 manigfealdan gefeohte ðe betwux us sylfum syndon ꝥ ðon cwæðon we. Gif hwa heonon forð ænigne man ofslea. ðæt he wege sylf ða fæhðe 7 &c. id est, *Memet enim & nos omnes tædet impiarū & quotidianarum pugnarum quæ inter nosipsos fiunt;*

Mos gerendæ faidæ. *fiunt, & propterea in hunc modum statuimus. Si quis alium posthac interfecerit, solus cum interfecti cognatis faidam gerito, cujuscunque conditionis fuerit, ni ope amicorum integram weram intra 12 menses persolverit. Sin destituerint eum cognati & relinquant: volumus ut illi omnes (præter reum) à faida sint liberi, dum tamen, nec victum ei præbeant, nec refugiũ. Quod si quis hoc fecerit suis omnibus apud Regem mulctator, & cum eo quem destituit nuper, faidam jam sustineat propinquorum interfecti. Qui verò ab alio cognatorum quàm à reo sumpserit vindictam, sit in faida ipsius Regis & amicorum suorum omnium, omnibusque bonis suis plectitor.*

Mos componendæ. Morem vides gerendæ *faidæ*; jam componendæ accipe, ab eodem Rege institutum. ƿitan ƿylon ƿæhðe ƿettan ⁊ ƿeriꝺ æƿteꝛ ƿolcƿihte ƿlaga ƿceal hiƿ ƿoꝛƿpæcan on hanðƿyllan, &c. *Prudentium est faidas compescere. Primo (de more Gentium) oratorem mittet interfector ad cognatos interfecti, nunciaturum se velle eisdem satisfacere. Deinde tradatur interfector in manus oratoris ut coram veniat pacatè, & de solvenda* Wera. *VVera ipsemet spondeat. Sponsam solvi satisdato. Hoc facto indicetur mundium Regis, ab* Collistrigii mulcta, al. halsfeng. Manbota. *illo die usq; in 21 noctes, & collistrigii mulctam dependito; post alias 21. noctes manbotam, & nocte 21 sequenti primam Were solutionem numerato.* Hæc ille.

Floruit sæva ista consuetudo usq; ad Normanica secula & inferius. In legibus enim S. Edouardi Confes. quas recognovit Guilielmus primus, probavitque & ipse recognitas, & Henricus II. (ut testatur Hovedenus) sic continetur cap. 12. *Parentibus occisi* (ità enim more Normannorum, cognatos vocat) *fiat emendatio, vel guerra eorum portetur, unde anglicè proverbium habetur,* Bẏhe ƿpere oƿ ƿiꝺe oððe bæꝛ ⁊, i. *eme lanceam à latere, aut fer.*

Faidam autem mulieres non levent, cum ad ipsas militaris laus non spectat, nec armorum cura.

Diffidatus. *Faidosus*, Qui est in *faida* cum aliquo. Is in quem *faida* canitur: al. *Diffidatus*, quod vide. Capitul. Carol. lib. 1. ca. 4. *Si faidosus quis sit, discutiatur tunc quis è duobus contrarius sit, ut pacati fiant & distringantur ad pacem.*

¶ ***Falconarius.***] In An. 871. pa. 310. Vide locum supra notatum ad *Accepitor*.

¶ ***Falda, Faldagium, Faldsoca.***] ƿalð, Saxonibus *stabulum* vulgariter: propriè verò *septum, claustrum*: cum ad aliorum animalium, tum ad hominis præsidium. Inde sedes Episcopi cancellis circumclusa (quam & *thronum* & *Stallum* vocant) in antiquis Faldistorium. membranis, *faldistorium* dicitur: sepimentum etiam quo damæ concluduntur (vulgo *parcus*) Ælfredo, ðeꝛ-ƿalð; & quo nociva animalia carceri mancipantur; nobis hodie, à pin-fald. Falda. i. *homines villæ debent ponere oves suos in* faldam *Domini*, vetus MS. monasterium S. *Edmundi* tangens. LL. Danic. cap. 55. Qui habet *Steanhors* habeat illas in clausurâ quæ dicitur *fold*, &c. Vide.

Faldæ autem nomen & usus, apud pastores præcipuè innotuit, & re ovina; quæ triplici venit acceptione.

Frequentiùs pro *ovili*: hoc est, pro sepimento ex caulis vel cratibus facto, quo pastores nocte includunt oves, tum ad stercorandum arva, tum ne in segites spatientur.

Interdum pro *crate*: hoc est pro parte *faldæ*, quam ex pluribus cratibus connexis, fabricant. Custumar. de Hecham Prior. Lewes fol. 15. *Portabit faldas Domini*, i. crates faldæ, aliàs, *cleias*. q^r.

Sæpenumerò pro *libertate* (quam vocant) *Faldagii*, & omnibus juribus ad eam pertinentibus. Hoc quid sit, vide mox infra in *Faldagium*. Tali autem sensu occurrit in partitione hæreditatis Willielmi Rustens Milit. qui floruit An. 1240. —— *& quod habeat unam faldam, & præter hæc quadam parva barcaria.* In nigro lib. de Hecham Prior. Lewes, 4. Hen. 6. *Tenet in dominico de domino Priori de Lewes unum messuagium, & v^{xx} acras terræ cum tribus faldis, &c.* Breve Regis Henrici I. *de faldis* lib. Rames. Sect. 229. *Henricus Rex Angl' Comiti VVillielmo de VVarenna salutem. Præcipio quod falda de Manerio de Heilingeia, non sint ibi nisi sicut hucusque fuerint, & sicut juste esse debuerint. T. Pagano fil. Joh'is apud VVodestoc.* Dubitetur autem, cui trium istarum significationum, vox *faldæ* in hoc Brevi referenda sit: at videtur primæ & novissimæ.

Faldagium est privilegium erigendi & circumagendi *faldæ* seu ovilis, per certam camporum extentionem: eorundem stercorandi gratiâ, & gregis fovendi. *Faldæ agium*, nam sic Festus *aquagium* dixit, q. *aquæ agium*. Vulgo *Cursus faldæ*, & *Cursus faldagii* appellatur, a foldcourse: in Chartis antiqq. *Faldsoca*, id est, *libertas faldæ*. Hoc enim apud Saxones nostros, *libertas* est. Inde in rescriptis forensibus, etiam hodie *libertas faldagii* nuncupatur: & ideo scilicet, quod nulli olim licuit vel in terris suis propriis, *faldam* erigere, aut gregem alere, nisi domino feodali seu Manerii, hoc ex jure publico privilegio gaudenti. Est igitur *libertas faldagii*, seu agendæ *faldæ*, prærogativa dominicalis, Tenenti plebeio non competens. Videtur enim in prima Maneriorum institutione, dominos ità suis Tenentibus dispescuisse agros, ut libertas ista penes seipsos remaneret, terrarum dominicalium stercorandi gratiâ: & ut grex ejusdem libertatis, post deportatas messes, omnium terras promiscuè depasceret, donec iterum seminarentur. Hanc institutionem nonnulli Comitatus, ubi campi propter sterilitatem nihilo aptiores sunt quàm pascendis ovibus (putà ericetâ Norfolciæ, Suffolciæ, Cantabrigiæ, &c.) hodiè plerumque retinent. Alii verò, præsertim qui pascuis luxuriantur, silvis & bobus magis quàm Cereri & gregibus idoneis; arvisque eò gaudent angustioribus;

Cursus faldæ. Cursus faldagii. Faldsoca. Libertas faldagii.

bus; ovium pascendorum, in arvis illis licentiam, Tenentibus sæpissimè permisere, *falda* beneficio sibimet reservato, cui igitur per singulas noctes easdem oves ingerere, Tenentes obligantur, terras (ut diximus) dominicales stercoraturas. Dominicum hoc privilegium *faldam liberam* vocant forenses: Tenentium servitutem, *Sectam faldæ*: stercorationem, Iceni **Cath**. Charta antiq. Gulielmi Prioris Lewes, in Sussex. de terr. & libera falda in Hecham in Com. Norff. *Concessimus, &c. & totam terram Reginaldi Marci —— cum falda & secta faldæ de hominibus nostris, & omni libertate quæ ad faldam pertinet, sicuti esset in propria manu.* Hanc *sectam faldæ* dominus hodie ibidem obtinet, sed novato more antiquo. Hodie enim oves Domini & Tenentium, uno pascuntur grege, sub pastore à domino dato; in cujus stipem Tenentes ideo contribuunt: & pastor ille Tenentium oves æquè ac Domini curans, unà omnes in *falda* domini reponit; Tenentium (qui jam supra *homines* dicuntur) *sectam* hoc modo exequens. Simile multis in locis observatum est.

Falda libera. Secta faldæ. **Cath**.

Faldsoca quid sit, paulò superiùs exposuimus. Sæpè occurrit in antiqq. Chartis: unicam adjungam. Chartular. Monasterialis Ecclesiæ beatæ Mariæ de Wimondham. pa. 48. Rogerus Rusteng concessit dictæ Ecclesiæ —— 40 *acras terræ in Scarnebrune de feodo Nich. de Scarnebrune, cum dimidia faldsoca, &c.*

¶ **Faldistorium.**] Sedes Episcopi elatior, & cancellis circumclusa, ex quo nomen, *Stalla, thronus.* Vide supra *Falda*, infra *Storium.* In solenni formula antiq. degradationis Archiepiscopi. *In primis in publico extra Ecclesiam paretur aliquis eminens locus congruens spacii pro degradatione fienda. Item super eundem ordinetur una credentia, simplici cum tobalea cooperta, &c.* Post aliquot: *Item paretur faldistorium pro Pontifice degradatore. Item sedilia pro officialibus.* Et inferius: *Pontifex degradator —— ascendet ad locum prædictum & ibidem sedebit in faldistorio.*

¶ **Faldsoco** & **Faldsocn.**] Vide *Falda.*

¶ **Faldwurthi** al. **Faldwrthi.**] Occurrit mihi vocabulum in Charta quadam Regis Edouardi Confessoris, Ailwino Abbati Ramesiensi confecta, ubi sic legitur. lib. Rames. Sect. 97. *Volo præterea ut Sancta Maria, & Benedictus, & Abbas, & fratres Ramesiæ, habeant socam in omnibus, super omnes homines qui sunt motwrthi, ferdwrthi, & faldwrthi in illo hundredo & dimidio, cujuscunque homines sunt.* Quid hîc sibi voluerint, *Motwrthi, Ferdwrthi, & Faldwrthi*, nullo fretus interprete, nullo mystâ, conjecturis expono: Quòd Abbas Ramesiensis habeat *socam*, i. libertatem seu privilegium (*Fanchesiam* vocant) super omnes homines qui talis ætatis & conditionis sunt, ut *Motwrthi* habeantur, hoc est, conscribi mereantur in placita & conventus publicos. *Ferdwrthi*, vel pro *fredwrthi* legatur, hoc est, qui eò adoleverint ut jurentur in pacem regiam: vel (quod malo) pro *firdwrthi*, id est, qui evocentur in militiam; quã hæc ætas *expeditionem* appellavit, Saxones ꝼiꞃd. Inde vulgare apud eos ꝼiꞃd-ꝼaꞃe: & in Charta Saxon. Regis Æthelredi An. Dn. 1002. ꝼiꞃd-ꝼaꞃelðe, pro egressu in expeditionem. *Faldwrthi*, eos notare censeo; qui idoneæ sunt ætatis *faldari*, hoc est, stabiliri in certo aliquo contubernio, seu decania, Saxonibus *Friborga*; ut de eo constet ubinam exigendus sit, si in Regem deliquerit. *Mot* Saxonicum, aliàs ᵹemot, *placitum, conventum* significat: *Fred* & ꝼꞃið, *pax*: ꝼiꞃd, *expeditio*: ꝼald, *stabulum, statio.* *VVrthi* (quod singulis adjungitur) *dignus, aptus, idoneus.* Vocabulum *homines*, primo loco communi acceptione venit: postero, pro *Vassallis, Tenentibus*, & hujusmodi.

Mot, & Gemot. Fred, & Frith. Fird. Fald. Wrthi. Homines

¶ **Falkeland.**] Vide *Folklande.*

¶ **Fallire.**] Italicum. *Errare, deficere, destituere.* Gall. *falloir*, Angl. **to fail**, or **misse.** L. Salic. Tit. 29. de vulneribus, §. 1. *Si quis voluerit alterum occidere, & colpus* (id. est, colaphus) *ei fallierit, vel cum sagitta toxicata, eum percutere voluerit, & ei ictus fallierit,* IID, *den. qui faciunt sol.* LXII. *culpabilis judicetur.*

¶ **Fallonia.**] Est culpa seu injuria, propter quam vassallus amittit feudum. Vulgo *Felonia*, quod vide.

¶ **Falsonarus.**] Adulterator; **a forger.** —— *& quod falsonarios Chartarum, & retonsores denariorum, ubi eos scient detegent.* R. Hoved. f. 424. n. 40. vide ibid. f. 313. b. n. 40. *falsoneria.*

¶ **Familia.**] Pro *hida, massa, manso, carucata.* Beda Hist. Eccl. lib. 4. ca. 3. —— *donavit terram quinquaginta familiarũ, ad construendum monasterium.* Infra ca. 13. —— *habens terram familiarum* 7000. Et ca. 16. *Est autem mensura ejusdem insulæ* (Vectæ) *juxta æstimationem Anglorum* 1200. *familiarum, unde data est Episcopo possessio terræ* 300. *familiarum.* Ca. 22. —— *accepit locum unius familiæ.* Hæc omnia de *Hidis* intelligenda sunt: nam Bedæ interpres Saxonicus coætaneus, passim *hidam* legit, ubi Beda familiam. Et sic alii.

¶ **Fahnlen, Fanenlen, Vanlehen.**] Germanis dicuntur illustriora feuda, quæ traditione vexilli sub investituræ nomine, ab Imperatore conferuntur. *Feuda vexillaria.* Fane enim Sax. aliis Van & Vaen, *vexillum*: lehen, & leen *feudum.*

Hoc modo ab Imperatore investiuntur Duces, Marchiones, Comites, aliique majores Capitanei: quibus tamen investiendi per vexillum potestas non datur. Nec vacante Imperio, dum Provisoris partes agit Palatinus, aliaque disponit Beneficia, hæc conferre permittitur. Expressè enim in Aurea bulla Caroli IV. Dat. An. Dn. 1356. sub his verbis cautum est —— *feudis principum duntaxat exceptis, & illis quæ* Vanlehen *vulgariter appellantur:*

pellantur: quorum investituram, & collationem soli Imperatori, vel Regi Romanorum specialiter reservamus. Ex authoritate istius investitionis, populares suos in militiam olim educerent investiti: propriumque erigentes vexillum, alienum (minoris conditionis), sequi non tenerentur. Video in antiquis apud nostrates sigillis (putà ante ætatem Henrici III. Nobiles plurimos equis edi insidentes, vexillaque (plurimumque bilinguia) è summitate hastæ in humero ferentes, sed an huc pertineant altiùs disquirendum censeo. Nam & vexillariis Equitibus rectè conveniat iste cultus. Vexillariorum autem tam eximia olim dignitas fuit, ut Arnoldus de Endevehan Marescalciam Franciæ renunciavit, vexilli (quæ Auriflamba dicebatur) gestationis potiundi gratiâ: ut supra in *Auriflamba*. Et Hieronymus Blancas in rerum Aragoniæ commentariis contendit antiquos Suprarbiensium in Hispania Reges ante Inmicum Aristum, alios non fuisse quàm signiferos ductores: de quo nos alibi. Hoc autem intelligendum existimo de primario exercitus signifero, non de secundi ordinis latore: nam distinguuntur propriè signum & vexillum: istud nempe esse cohortium, illud totius legionis, quamvis aliàs sæpius confundantur. Refert similiter Guliel. Tyrius lib. 6. ca. 17. fratrem Regis Franciæ (potentissimum Principem) ducem & signiferum in bello sacro constitutum.

Vide *Vexillum feudale*, & quæ de hoc leguntur in Speculo Saxon. lib. 3. Art. 53. & lib. , Art. . & alibi ibidem, & vide supra in voce *Dux*, 9. *Ducatus conferendi mos*.

¶ *Fano.*] Sax. fane al. fan, ban, pan: *vexillum*; eò scilicet, quòd hoc linteoli instar esset: ad cujus significationem illa omnia conducunt primariè. Vide *Ban.* Germani hodie vexilla, *fanen* vocant: & ab ea similitudine nos etiam ferreas laminas quæ in fastigiis ædium versatiles eduntur, ad notitiam venti, *fanes* appellamus. Sed Latinis Scriptoribus occurrit *fano* frequentius:

Cap. 1. Pro *linteolo, involucro.* Ordo Roman. editionis Hittorp. pag. 3. *Populus dat oblationes suas, id est, panem & vinum, & offerunt cum fanonibus candidis, primo masculi, deinde fœminæ.* L. Alman. Tit. 84. —— *involvat in fanone & ponat sigillum.*

Pro *sudario.* Alcuinus de divinis offic. cap. de singulis vestib. *Sudarium quod ad tergendum sudorem in manu gestari mos est, quod usitato nomine fanonem vocamus.*

Papiâ: *Fanon* dicitur *corporale*: sed pro *veste sacerdotali* Rabano Maur. de institut. Clericor. ca. 13. *Quartum verò* (inquit) *mappula sive mantile, sacerdotis indumentum est, quod vulgo phanonem vocant, quod ob hoc eorum tunc manibus tenetur, quando Missæ officium agitur.* Perinde, qua & usi sunt Diaconi. Chronicon Richersp. Anno 402. Zosimus PP. constituit ut *diaconi in ministerio altaris levam semper tegerent palliis, id est, fanonibus.* Etiam & ipsi Subdiaconi sicut Author est Leo. Marsic. Casinens. Hist. lib. 3. ca. 73. *Fanones aurei pro Subdiaconibus 3, & alii 14.* Quin & paulò ibi inferius: *Fano Imperialis aureus totus.*

Pro *Turunda* medicorum: a tent. L. Alman. Tit. 59. §. 6. *Si testa transcapulata fuerit, ita ut cervella appareant, ut medicus cum pinna aut cum fanone cervella tetigit, &c.* In his me plerumq; antevertit Lindenbr.

¶ *Faramannus.*] Burgund. Tit. 54. §. 2. *De exartis novam nunc & superfluam faramannorum competitionem & calumniam à possessorum gravamine & inquietudine, hac lege præcipimus submoveri, ut sicut de silvis, ita de exartis (sive antea acto, sive in præsenti tempore factis) habeant cum Burgundionibus rationem, quoniam sicut jamdudum statutum est, medietatem silvarum ad Romanos generaliter præcipimus pertinere.* Et §. 3. *Similiter de curte & pomariis circa Faramannos conditione servata, i. ut medietatem Romani æstiment præsumendam.* Ubi Lindenbrogius in Glos. *Forsitan iidem sunt* (Faramanni) *qui alibi arimanni & erimanni vocantur.* Ego nec probo, nec reprobo: alii viderint. ꝼaɲan autem Saxon. & ꝼæɲan, *itinerare, transire, progredi*, unde & *fara* Longobardis pro *generatione*, ut supra: *man, homo.* ꝼæɲan insuper *proscribere.*

¶ *Fardella, Ferdella, Fardendela, Fardingdela, Farding, Fardingel, Farthindel, Farundel,* & *Ferlingus.*] Dicantur omnia de quarta parte rei cujusvis, ꝼeoꞃð enim Sax. *quarta*: ðel seu ðæle *pars*. Teuton. *Vier-deel.*

Vier-deel land, i. hondert roeden *Killiam*, i. 100. perticæ, roed virga pertica rode decemped. ibidem.

Non reperio tamen de alio dicta quàm de portione terræ, nisi quòd *farding* & *ferlingus* etiam de numis. *Fardella terræ* (ut mihi constat è veteri MS.) est quarta pars virgatæ terræ, *Decem acræ terræ* (inquit MS.) *faciunt secundum antiquam consuetudinem unam ferdellam, & 4 ferdells faciunt virgatam, & 4 virgatæ faciunt unam hidam, & 4 hidæ faciunt unum feodum militare.* Farding deale autem aliàs Farundel juxta Cowellum, quartam partem acræ significat, quam nos *rodam* vocamus (ille præterea *quadrantatam terræ*) & Cromptonum laudat authorem. Cum igitur *quadrans* sit quarta pars denarii, *obolus* dimidia: & contineat *solidus* 12 denarios, libra, 20 solidos: deprehenderetque ille in Regist. brevium Original. *quadrantata, obolata, denariata, solidata* & *librata terra* (suspicatus proportionum gradus ita in terrarum æstimatione, ut in nummorum insequendos) *quadrantatam* de quarta parte acræ, *obolatam* de dimidia, *denariatam* de ipsa acra, *solidatam* de 12 acris, *libratam* de vicies 12 (hoc est 240.) acris intelligit. Mihi tale nusquam occurrit, nisi quod agrimensores *farthindel* dixerint tam de quarta parte acræ quam de quarta parte denarii, & præterea acram terræ marcæ argenti assimulantes, tot in hac quadrantes, quot in illa perticas numerant. Sic

ut

ut si *ferdindel terræ* quadranti argenteo jam responderet, extarent in acra una 160 *ferdindels*. Vocabulum igitur de quarta parte virgatæ terræ potius intelligo, scil. 5. acras vel eo supra continere, nam in Domesd. sic lego Tit. Somerset, Brmenton. *Huic Manerio pertinet consuetudinis ista, de ferdingel xxx den. &c.* Num quis tot denarios è quarta parte acræ colligendos censeat, cum sub illo seculo vix 30 acræ tanti haberentur? Certe vereor ne *ferdingel* illic de 4. parte carucatæ, vel ejusmodi alicujus mensuræ potius dicta sit: nam in Hibernia ipsas carucatas terræ *quarterias* vocant, & quadrantes ipsarum *cartrons*, velut *quartas* seu *ferdindelas*. Sed agnoscit & ipse *viginti libratus terræ*, & *centum solidatus terræ*, ad annuum valorem alias spectare, eique jam assentior. Vide singula vocabula si plura velis.

Farding, in nummo argenteo notissimè dicitur de quarta parte denarii. Sed erat olim aureus quidã, quartam *Nobilis* partem valens, hoc est 20 denarios veteres, qui hodie quinq; solidos excedunt. Statut. secund. an. 9. Henr. 5. ca. 7.

¶ *Farfalius.*] Decretio Childeberti R. ad L. Salic. ca. 6. *De farfalio ita convenit, ut quicunque in mallo præsumpserit farfalium minare, sine dubio suum Wergildum componat, quia omnino volumus, ut farfalius reprimatur. Et si fortasse adquiescen istum farfalium custodire, vitæ periculum per omnia incurrat.* Silent hic glossographi, & ego de exotico non audeo temere pronunciare. *Ferfallen* autem al. *verfallen*, Bavariis idem significat quod Gallis *forfaire* & *forfaill*. Vide *Forisfacere*. Etymologic. Teuton. ver-fallen vetus, *Stuprare*: vulgo, *feloniam facere*. Saxonibus etiam nostris, ƿeꞃ & ƿæꞃ, *cassus*: ƿælen, *cadere*, *delinquere*.

¶ *Fargana.*] Leo Marsican. in Chron. Casinens. lib. 3. cap. 57. de Roberto Guiscard. Duce Apul. qui obiit cir. An. 1083. *Profectus hinc 190 farganas fratribus in dormitorium misit.*

¶ *Farinarium.*] *Molendinum*, *Mola*, à Latino *farina*, Gal. *farine*. L. Salic. Tit. 32. §. 3. *Si quis viam quæ ad farinarium ducit clauserit 600 den.* —— *culp. judic.* Et Tit. 24. §. 3. *Si quis sclusam de alieno farinario ruperit 600 den. qui faciunt sol. 15. culpab. judicetur.* Char. Caroli Simpl. lib. 5. Aimoin. adject. ca. 42. —— *pratis, silvis, aquis, aquarumq; decursibus, farinariis, cum mancipiis & colonis, &c.* Item alia ejusdem Regis in Chron. Camerac. lib. 1. ca. 67. —— *terris, aquis, aquarumq; decursibus, farinariis, piscationibus, &c.* Crebrò in Chartis antiqq. Marculfo etiam & tradita. Fuldensib. non incognitum.

¶ *Farlegani* & *Forlegeni.*] *Fornicatores, adulteri.* Sic titulus 9 legis Frisonum, qui *De Farlegani* inscribitur exponendus. ƿoꞃe Sax. *ante, adversus*: licȝean (Anglico vet. & Germ. liggen) *cubare*, & per translationem *fornicare*, unde in Sax. Evang. Mat. 5. 32. leȝꞃyꞃe pro *adulterio*. Sed ƿoꞃe aliàs dicitur pro *supra*: Et in LL. Sax. reperitur & Sublиȝȝen & ƿoꞃleȝen, quasi hoc de incubo seu viro, id de succuba seu fœmina intelligeretur. Usurpatur hoc autem promiscuè. Nam in rubrica legis Aluredi ca. 10. Be ƿoꞃleȝeꞃum *de fornicantibus* dicitur, ut de epicœno: & in *fœdere* Aluredi & Guthurni ca. 4. MS. quidam Codex antiq. *De ƿubleȝenum* (inquit) *sapientes instituerunt, ut Rex habeat superiorem, & Episcopus inferiorẽ*, hoc est, Rex mulctam viri, Episcopus fœminæ. Codex autem ipse Saxonicus non ƿubleȝeꞃum legit, at ꞅibleȝeꞃum, hoc est, consanguineorum incestu. ꞅib enim *consanguineus* est.

¶ *Faristel.*] Domesd. viarum obstructio. A Sax. ƿaꞃ, i. *iter, via*. ꞅtal *stabulum, obstructio*. Hinc *forstallarius* & forestallere. Vide *Forstall*.

¶ *Fastermannes.*] In LL. Edouardi Confes. MSS. cap. 39. inscribitur: *De emptoribus, sive fidejussoribus*, quod Anglicè dicitur fastermannes. Reor id significare, *firmiores homines*, quos authores laudent venditionis.

¶ *Fauces Alpium.*] Non semper dicitur de ipsarum angustiis quas *clausas* vocant, uti in *faucibus*: sed pro ipsis radicibus à Germ. absoleto fuessen, i. *pedes*, ut me docuit Goldastus in Glos. ad Ekkehardi jun. Cas. S. Gal. ca. 1. ubi agit de Faucibus, i. nobili monasterio ad pedes Alpium Juliarum. *Fauces* (inquit) fuessen *ad pedes Alpium Juliarum, unde & nomen invenit.*

¶ *Favorca.*] Usurpari videtur in MS. Rivalensis monasterii, pro molendino ferrario, vel pro fodina, ubi ferrum eruitur.

¶ *Fealty.*] Vide *Fidelitas.*

¶ *Fegangi.*] Aliàs (opinor corruptè) Fengangi & Hengandi. Juxta Gloss. *furtum manifestum*: juxta Etymon Sax. ƿeh, *pecunia, bona*, ȝanȝe, *vado, proficiscor*, q. vadens cum re, scil. furtiva. Anglis vett. backbearing theef, i. latrocinium a tergo ferens. Vel dicatur *fengangi*, à ƿanȝ, id est *capio*: & ȝanȝe, *vado*, quasi, captus dum evasionem molitur. Longob. lib. 1. Tit. 25. l. 2. *Si liber homo furtum fecerit, & in ipso furto tentus fuerit; i. fegangi, &c.* Videtur autem *fegangi* non dici de latrocinio infra 6. sol. apud Longobard. nam ibidem sequitur. *Si quamcunque rem mediocrem furatus fuerit (unde 6 sol. aut minus in hoc edicto judicantur) si fur supra ipsum furtum tentus fuerit, non sit fegangi, sed tantum componat.*

¶ *Felagus.*] *Socius individuus, vitæ comes.* A Sax. ƿe, id est, *fides*, laȝ *ligatus*. Hinc Anglo-Normanni g (ut solent) in w vertentes *felawe* dixerunt: nos hodie fellow. Tantæ animadversionis apud Saxones nostros fuit, ut desideratis parentibus & domino interfecti, *felagus* ejus mulctæ partem (viz. 6 marcas) retulit, quæ à villa seu hundredo colligebatur ob elapsum interfectorem. LL. Ed.

Confes.

Confes. ca. 15. *Sin infra tempus annuum non posset teneri (murdrator, id est, interfector) parentes murdrati sex marcas haberent*, Rex 40. *Si parentes deessent, dominus ejus reciperet: Si dominum non haberet, felagus ejus, id est, fide cum eo ligatus.* Similiter ca. 35. ubi quis moritus hæredem, parentes, vel dominum non habens, arma ejus, ejus *felago* decernuntur. Vide *Fratres conjurati.*

¶ Felonia unde, quando, quorsum: quid Anglis, quid Exteris: & quas habet species.

¶ ***Felo, Felonia,*** & ***Fellonia.*** à φηλοῦν Gr. *decipere, illudere.* Ductum à φηλὴξ pro grosso, quod hæc ficus species maturitatem præ se fert, cum nihil sit minus. Inde φήλωμα: *deceptio, impostura.* Sed quid hic cum Græcis? ꝼælen Sax. & ꝼelen; Teutonicè **faelen**: *delinquere, errare, cadere*: ac si *felonia* idem sit quod delictum vel error vassalli: vel culpæ genus ob quam feudum cadat in manus domini. Feudum enim crebrò apud Feudistas dicitur cadere; & perinde, relevari, relevatio, & relevium. Dicatur etiam à Sax. ꝼeh al. ꝼeah (vulgò **fee**) quod est *pecunia*; per translationem, *stipendium, hæreditas*; etiam *beneficium* vassali, inde *feudum* nuncupatum: & **lon** Germanis *pretium*; Sic ut *felonia* crimen sit quod *pretio feudi* (id est, amissione beneficii, seu hæreditatis) vindicatur: *felo*, qui hujus criminis reus est: Hostiensis. *Fellonia est culpa, seu injuria propter quam vassallus amittit feudum.* Primum igitur audita est vox *felonia*, inter dominum & vasallum: certè de levibus interdum injuriis dicta, ut inferius patebit. Angli verò non intelligunt nisi inter Regem & subditum, in criminibus quidem gravissimis (Teutonicè, **Schelmerye**) scil. *murdris, burglariis, robariis* (fori audis vocabula) incendiis, raptibus, homicidiis, latrociniis & ejusmodi plurimis: quæ vitæ dispendio luuntur. Olim enim pecuniis redimerentur, quod *weram* & *wergildum* vocabant: Sed abrogata ea lege, Henricus I. suspendium furibus indixit, ut Floren. Wigorniens. Rad. Niger, & Rog. Hoveden in An. Dn. 1108. retulerunt.

Felo.

Felonia apud Anglos, quid.

Suspendium ob *feloniam* quando inductum.

Est igitur apud nos hodie *felonia*, crimen post læsæ Majestatis gravissimum: utpote quod in Regem, pacemque & dignitatem ejus committitur: *pretio feodi*, id est, totius hæreditatis, fortunarum omnium, ipsiusque vitæ plectitur. In quibusdam tamen *feloniis* (ex acerrimo genere non existentibus) mortis judicium effugiant rei literariæ experti, si legentes, clericos se esse profiteantur. Clericali enim Ordini (ita olim indultum est) fœminis interea repudiatis, uti ordinis illius minime capacibus. Hæc verò omnia de majoribus *feloniis* intelliguntur: sunt enim minores quædam, *feloniæ* nomine haud vulgo cognitæ; at proprio vocabulo *petits larcenies*, id est, parva latrocinia appellata. Fiunt (quippe) de rebus duodecim denarios non valentibus, & puniuntur flagro & facultatum omnium ademptione, non autem vitæ, aut prædiorum. Dicuntur & in legum rescriptis, mutilationes membrorum *felonicè* fieri, cum tamen non sunt *feloniæ*, nec instar *feloniarum* vindicatæ.

Felonia minores.

Petitslarcenies.

Felonum bona Rex solus percipit: etiam prædia quæ pura tenentur hæreditate de semetipso. Quæ de aliis, in annum solum & diem, redditque deinceps domino feodali; sed vastata (ut loquuntur) interea, id est, excisis domibus, silvis, & arboribus. Prærogativam istam, forenses, *annum, diem, & vastum* nuncupant.

Vides *feloniæ* apud nos conditionem, quam exteris narro: edictutus vicissim nostratibus, quæ sit apud exteros. Nascentibus siquidem feudis, nascuntur unà *feloniarum* cautelæ: earum igitur origo in voce *Feudum* est petenda: ubi etiam constabit, feuda omnia primò fuisse ad arbitrium dominorum, & his admodum similia quæ nos *Tenuras nativas*, & *Tenuras ad voluntatem domini*, vulgo **Coppieholds** appellamus. Vassallis enim ad placitum domini adimerentur, etiam non delinquentibus; donec hoc prohibuit Lotharius Imp. sine culpa fieri; vel (ut alii loquuntur) sine causa egregiæ ingratitudinis, ut videre est, Tit. quib. caus. feu. amit. Voluit quippe ratio ut ingrato vassallo dominus adimeret, quod ex gratia tantum possidendum cesserat.

Feloniæ apud exteros origo.

Lib. 1. Tit. 20. 23.

Feloniarum species variæ fuere secundum mores curiarum, ut tradit Obertus. Colligi igitur omnes non possunt, sed plurimas exhibent leges feudales, unde nos sequentes delibavimus, ut intelligant nostri jurisconsulti antiquam feudorum nostrorum disciplinam, è Jure feudali Longobardorum (hoc est, Anglo-Saxonum consanguineorum) promanasse. Permulta enim delicta quæ in eo Jure tollunt prædia, in nostro quoque itidem aliquando faciebant: faciuntque hodie multa quidem: præsertim in curiis Baronum, tenuras quas diximus **Coppieholds**, respicientia. Nomine tamen *feloniarum* non cognoscuntur, sed causæ esse (*forisfactura* nuncupatæ) ob quas ità lapsi Tenentes, Domino terram abdicunt. Et ut in lege feudali ex Conradi Imp. constitutione, feudum prohibetur adimi nisi *convicta culpa, & approbata judicio parium curia, quod laudamentum* vocant: ità & in istis curiis nostris, *forisfactura* causa judicio Tenentium Manerii (quod *veredictum* nuncupant) est affirmanda. Sed prædictas species intuere, quarum aliæ ad feudum spectant: aliæ ad personam domini.

Feloniarum apud exteros species.

Lib. 1. Tit. 20. & 23.

Si post mortem domini vassallus, vel post mortem vassalli, hæres per annum & diem dominum non adierit fidelitatem pollicendo, & investituram (quam nos *seseinam* & *admissionem* vocamus) petendo. Tit. quæ fuit pri. cau. benef. amit. & lib. 4. Tit. 44. Constit. Conrad.

Lib. 1. Tit. 21
Lib. 3. Tit. 1.

Si tribus vicibus (convenienti tempore interposito)

Lib. 1. Tit. 21
Lib. 3. Tit. 1.

Lib. 3. Tit. 1. interposito) ad curiam domini citatus, investituram suscipere & fidelitatem jurare detrectaverit vel reclamaverit.

Lib. 3. Tit. 1. Lib. 4. Tit. 21. 39. Si servitium debitum facere recusaverit: vel feudum (id est, tenuram) abnegaverit.

Lib. 1. Tit. 21. Si totum beneficium vendiderit sine licentia domini. (Pereat enim servitium domino debitum redacto ad inopiam vassallo.) vel

Lib. 4. Tit. 44. Lib. 3. Tit. 2. Si quempiam alia lege infeudaverit quam ipse habet, vel talem vassallum qui feudum deservire non potest.

Lib. 4. 108. Lib. 4. Tit. 7. & 109. Si clericus efficiatur, aut votum religionis assumat.

Lib. 1. Tit. 20. Si contra ea quæ in fidelitate (id est, in juramento fidelitatis) nominantur fecerit.

Lib. 4. Tit. 42. Si aliam *feloniam* commiserit, hominem viz. (i. convassallum suum vel parem curiæ) tradendo, ut amplius in curia stare non possit.

Hæ *felonia* ad feudum ipsum plerunq; spectant: sunt & aliæ quæ personam domini respiciunt.

Lib. 1. Tit. 14. Lib. 3. Tit. 1. Si dominum assalierit, vel ei gladio aut veneno insidiatus fuerit: aut castrum seu vicum in quo dominus est vel domina, vi aggressus fuerit.

Lib. 1. Tit. 14. 21. Lib. 3. Tit. 1. Lib. 4. Tit. 28. 48. pro obsid. Si in campestri bello vel pugna periclitantem dominum dereliquerit: vel cum poterit, non liberaverit eum à morte vel obsidione. Hæc primaria causa habita est, quàm leges etiam Edouardi Confessor. gravius vindicarunt: ca. 35. Tit. de Heretochiis. *Item qui fugiet à domino, vel à socio suo pro timiditate belli vel mortis, in conductione Heretochii, in expeditione navali, vel terrestri, perdat omne quod suum est, & sui ipsius vitam, & manus mittat dominus ad terram quam ei antea dederat, &c.*

Lib. 3. Tit. 1. Si præsciverit aliquem contra dominum assaltum, vel captionem, vel mortem, aut grandem patrimonii jacturam molientem, & non quam citò poterit dominum fecerit certiorem.

Si Domino fiat inimicus, vel inimicis ejus adhæserit.

Lib. 3. Tit. 1. Si delator Domini extiterit sui, vel ipsum in grave dispendium adduxerit.

Lib. 4. Tit. 36. Si accusaverit dominum, vel testimonium in eum dixerit.

Lib. 1. Tit. 14. Si credentiam domini (hoc est consilium & secreta ei credita) manifestaverit.

Lib. 1. Tit. 14. 21. Lib. 1. Tit. 1. Si dominum cucurbitaverit (id est, uxorem ejus stupraverit, nos **make him a Cuckold** dicimus) vel turpiter cum ea luserit.

Lib. 3. Tit. 1. Si cum filia domini concubuerit, vel nepte ex filio, vel cum sorore domini sui in capillo, id est, in domo sua manente.

Lib. 3. Tit. 1. Si domino justitiam facere noluerit.

Lib. 4. Tit. 44. Si contra unum dominorum quorum communis est vassallus, *feloniam* fecerit, aut eum fortè cucurbitaverit: ejus solius parte privabitur.

Est etiam culpæ genus quod dominum vel non respicit (nam sic Hostiensis) vel obliquè tantùm: & hoc tamen *felonia* nuncupatur. viz.

Lib. 4. Tit. 42. Lib. 1. Tit. 2. Lib. 3. Tit. 2. Si vassallus suiipsius fratrem interfecerit ut hæreditatem habeat, vel nepotem ex fratre; vel si hominem (putà convassallum suum aut parem curiæ) tradiderit, ut amplius in curia stare non possit: privabitur beneficio: sed quia erga dominum non facta fuit hæc *felonia*, non ad dominum pertinebit feudum, sed ad proximiorem agnatum vassalli, &c.

Lib. 4. Tit. 42. Si verò fratrem domini sui occiderit, non videtur *felonia* censeri propterea quòd beneficium non perdit.

Lib. 4. Tit. 24. Constit. Sicul. lib. 3. Tit. 17. Nec *felonia* propriè dicitur quod in vassallum perpetraverit dominus, licèt pari mulcta teneatur. Sic enim Tit. Quando propriet. feud. ad vas. perven. *Domino committente feloniam (ut ita dicam) per quam vassallus amitteret feudum si eam committeret: -- respondetur proprietatem feudi ad vassallum pertinere, sive peccaverit in vassallum, sive in alium.*

Nec perpetuâ feudi jacturâ semper luebatur *felonia*. Ait enim Lex quædam: *Si uni propter propriam culpam feudum abdicatum fuerit, aliis non nocet, nisi ad tempus, id est, donec heredes illius inculpati fuerint.* Sic Bataterius Tit. 8. & ibidem in fine: *Feudum vassalli delinquentis, iterum per filium à domino gratiam ei faciente acquiri potest.* Sed de his viderint Jurisconsulti, ego in messe aliena ulteriùs non versabor.

¶ ***Feltrum***, al. ***Filtrum***, & ***Filtrus***.] φέλτρον. Pannus crassior ex pilis, propriè coactus, non textus. Vestis coactilis, putà galerum & pallii genus ad excutiendum pluvias, & ejusmodi. Ab Ital. *feltro*: Sax. **filt**, Angl. **felt**. Ortus vocab. *Filtrum*, **fylte**, q. *ex pilis factum vel quadam herba venifera*. L. Boior. Tit. 1. cap. 6. §. 1. *Si quis in exercitu aliquid furaverit, pastorium, capistrum, frenum, feltrũ.* Ubi Gloss. Regula B. Benedicti pag. 129. *Chlamides sive de rufcia, sive de panno, sive de feltro.* Herthonus Armen. Hist. Orient. ca. 16. *Extendentes quoddam filtrum nigrum super terram, desuper sedere fecere Changium*, Et mox, *De feltro nemo debet admirari, quoniam fortè pulchriorem pannum non habebant.* Chart. quædam barbara sub Carolo M. Goldast. nu. 58. *Accepimus —— precium adtavatum, hoc est, auro & argento sol. 70. & cavallos 5. cum saumas & rufias & filtros, cum stradura sua ad nostrum iter ad Romam ambulandum.*

Distillatio per filtrum: notum apud medicos.

Feltrinus: Helmodius Presbyter in Chron. Sclavorum. *Dedit etiam ei sex domos feltrinas, secundum morem terræ illius.* *Domus feltrina.*

¶ ***Fenatio***, & rectiùs ***Feonatio***.] Vox forestica, damarum partus, pariendiq; tempus significans. A Gal. *faon*, i. hinnulus, & **fawn**, quasi tempus edendorum hinnulorum. Charta forest. ca. 8. *Tertium Swainmotum teneatur in initio 15 dierum ante festum S. Johan-*

Al. pro fenatione,

*hannis Baptistæ * pro feonatione bestiarum nostrorum: & ad illud Swainmotum tenendum conveniant forestarii & viridiarii (& non alii) per districtionem.* Codices impressi legunt — *ante fest. S. Jo. Baptistæ quando Agistatores conveniunt pro venatione bestiarum &c.* & versiones Anglicanæ reddunt, **when our [illegible] ta-kers or walkers to meet to hunt our deer.** Valde perperam, & quod mentem legis ex diametro oppugnat. Agit quippe lex de tempore feriato in forestis, quod **fence-month**, id est, *mensis prohibitionis* appellatur. Modò enim non solum prohibentur venationes exerceri; sed & omnimoda alia negotia, quæ aut parturientes damas, aut fœtus adhuc tenellos, agitent vel perturbent. Quod ut enixius curetur, convenire hic jubentur ministri forestæ: non ut legis violandæ authores existant, sed ut violatores omnes coercentes, tranquillitatem bestiarum sollicitè promoveant. Corrigendos igitur impressos codices, & ratio dictat, & tria apud me MSS. quorum duo *feonatione* legunt; tertius *fenatione*. Vide quod instat, *Fence-month*, & inf. *Foinsun*.

¶ ***Fence-month.***] Vox forestariorum, al. *Defence-month*, i. *Mensis vetitus*, seu *Mensis prohibitionis*; à Gal. *defendere*; vetare, prohibere: *defense* prohibitio. Tempus dicitur quo venari in forestis non licet, nec animalia pascere, ne parturientibus damis inferatur molestia. Aliàs *Tempus vetitum*. Sumit hic mensis initium 15. dies ante festum S. Johannis Baptistæ, cum Agistatores & ministri forestæ pro *feonatione bestiarum* (ut legis utar vocabulis) conveniant: & finitur 15. diebus dictum festum sequentibus. Vide jam supra *Fenatio*.

¶ ***Fengeld.***] Saxonicè. Pecunia vel tributum ad arcendos hostes erogatum. ꝼen *inimicus, hostis*; ᵹelo, *pecunia, tributum*.

¶ *Feuda unde dicta, orta, propagata. Anglis, à quo, & quot, & quando. Unius quantitas & valor annuus. Servitia, species multiplices, variata significatio, &c. Obiter de LL feudalib. qui concinnârunt, & redegerunt in scriptis, & quando. Qui Impp. auxere.*

¶ ***Feodum,*** exteris ***Feudum.***] In LL. Henr. I. Feoudum; in Charta Matildis Imperatricis Fœudum; Gunthero Poëta Ligurin. Fœdum, quod à *fœdere* ibidem in scoliis dicit Spiegelius: *Quoniam in solis* (inquit) *fœderibus forma fidelitatis ultro & citro constet*. Nec tamen rejicit quod alii contendunt, asseritq; Lex ipsa Feudalis, *feudum à fide, vel fidelitate dici*: Gallis antiquis *fe*.

Propriè autem *salarium, stipendium*, per translationem prædium quo ex beneficio domini, sed & stipendii loco vassallus gaudet, ideoque hinc *stipendium*, illinc *beneficium* appellatum. ꝼeo enim, ꝼoh & ꝼeoh Sax. (Anglis hodie **fee**:) *merces, stipendium*; atque inde (ut mihi videtur) *feodum*, h Saxon. euphoniæ gratiâ, in d mutato; ni placeat **had** vel **hod** adjicere, quod Saxonicè etiam *classem, statum, & ordinem* significat; ut perinde dicatur *feodum*, quasi ꝼeohad, vel ꝼeohod, id quod statu vel ordine stipendiario possidetur. Sic cnyᵹht-had Saxonibus, pro *ordine militari*; nobis hodie **Knight-hod**, & **Father-hod**, **Child-hod**, **Man-hod**, &c.

Transfertur & apud nos ulteriùs *feodum* ad significandum puram hæreditatem, maximum jus possidendi, & perpetuum rei immobilis dominium, de quo inferiùs. Primum de primo.

Feudorum nostrorum origo & antiqua scientia è jure feudali (jurisconsultis nostris nimium incognito) expetenda sunt. Paucula igitur (ut reliquorum teneantur desiderio) huc adscribam à diffinitione exorsus. *Feudum est jus in prædio alieno, in perpetuum utendi, fruendi; quod pro beneficio dominus dat ea lege, ut qui accipit sibi fidem & militiæ munus, aliudve servitium exhibeat.* Feudum igitur propriè non est ipsum prædium, sed jus in prædio: quod & jus ipsum feudale his verbis latiùs expressit lib. 2. Tit. in quib. caus. feud. amit. *Beneficium* (sic aliter *feudum* vocant) *est illud quod ex benevolentia alicui ita datur, ut proprietate quidem rei immobilis beneficiata, penes dantem remanente, usufructus illius rei ita ad accipientem transeat, ut ad eum haredesq; suos masculos & fœmineos, si de his nominatim dictum fuit, imperpetuum maneat, ob hoc ut ille & sui hæredes fideliter domino serviant, sive id servitium nominatim quale esse debeat expressum sit: sive indeterminantè promissum sit.* Respicit autem hæc definitio ætatem inferiorem: cum adulta jam essent *feuda*, & à primæva institutione paululùm deflexa. Origo altiùs inquirenda est.

Feudum quid: è Cujacio ad lib. 1. Feud. Tit. 1. pa. 10.

Laborante nimirum seculo antiquiori bellis undiquaq; gravissimis: Imperatores, Reges, Principes consultiùs ducunt, Patriciis & Magnatibus suis (quos Capitaneos vocabant) regiones integras, præsertim finitimas & hosti expositas, distribuere. Non ut sibi has integrè possidentes, opes eraderent: sed ut distractas in idoneas portiones, singulas singulis militibus (habito personarum respectu) *feudi*, id est stipendii nomine elocarent: qui & cum ipsis patriam unanimiter tuerentur (fidei interposito jurejurando) & militanti Principi in auxilium venirent evocati. *Feudorum* igitur inventum peperit rei militaris necessitas: & hoc quidèm alii Gallis seu Francis tribuunt, alii Longobardis, alii Germanis. Gallis nempe, quòd vocabula quædam antiqua & mores feudalia Gallorum propriè videantur. Longobardis quoque ex eadem causa; sed præterea quòd hi scita feudalia præ cæteris coluere: & quòd Gerardus Niger, & Obertus de Orto qui leges ipsas primi in scriptis sub Imp. Frederi-

Feudorum instituendorum occasio.

Ubi primum inventa.

LL feudales à quib. & quando, concinnatæ & redactæ in scripr.

co I. redigere (videlicet, Gerardus librum primum, Obertus secundum & tertium; recentiùs enim à pluribus concinnantur quartus & 5.) Longobardicæ ditionis, i. Mediolanenses erant. Præterea quòd floruerit maximè legum istarum splendor in Italia, præsertim dum sopitum obmutuit jus civile, h. ab ævo Othonis magni usq; ad imperium Lotharii 3. In antiquarum autem legum Longobardorum volumine, vocabulum *feudum* non occurrit, nec crebrò quidem *beneficium*. Habentur tamen plurima quæ apprimè huc conducunt, sicuti & in legibus Francorum (Capitularia nuncupatis) & in Anglo-Saxonum nostrorum, aliarumq; Gentium Barbaricarum. Cum igitur omnes hæ Gentes è Germania (tanquam è magna communiq; parente) originem duxerint: morum quoq; & legum similitudinem è Germania contraxisse non est dubium. Germaniam perinde mores ritusq; feudales peperisse, eosdemq; longa deductos consuetudine, non scriptis, sed traditione propagasse; acceptos verò, mirè auxisse & ornasse Longobardos. Asserit quippe Gerardus ipse antiquissimo tempore in usu fuisse jus feudorum; quod non aliis quàm Germanis videtur tribuendum; cum inter nepotes eorum tam latè diffundantur mores isti, sapiatq; pars maxima verborum feudalium, non solùm linguam Germanicam, sed antiquiorem prorsus ejusdem dialectum, nempe Saxonicam veterem. Oculatiùs itaq; si rem intueamur, non inficior si quis primævam vassallorum conditionem à Comitibus repetierit, quos meminit Tacitus Principibus pagorum *consilium adfuisse & authoritatem*. Sunt enim qui vassallos dictos putant à prisca Germanica, & exinde Gallica voce *Gessel* qua significari *comitem* affirmarunt.

Feuda apud Germanos orta

A Comitibus Taciti.

De Lege denique feudali, ut de aliis non scriptis pronunciandum censeo: temporis eam esse filiam, sensimq; succrescenten, edictis Principum auctam indies, & excultam. Celeberrima in hoc genere sunt Conradi illud Salici cujus mox infra meminit Gerardus, editum nempe circiter An. Dom. 1026. dum coronam Imperii à Johanne xx. suscepturus, Romam perrexit. Deinde Henrici 2. Lotharii 3. Frederici 1. seu Barbarossæ, & aliorum. Sed me reprimam, susceptum monet negotium. Audi librum ipsum feudalem à Gerardo Nigro concinnatum, & de ortu *feudorum* sic dissserentem, viz. lib. 1. Tit. 1. de his qui feud. dar. poss.

L. feudalis à quib. Impp. aucta.

Antiquissimo tempore sic erat in dominorum potestate connexum, ut quando vellent possent auferre rem in feudum à se datam. Postea verò eò ventum est, ut per annum tantum firmitatem haberent: deinde statutum est ut usque ad vitam fidelis produceretur. Sed cum hoc jure successionis ad filios non pertineret: sic progressum est ut ad filios deveniret, in quem scilicet, dominus hoc vellet beneficium confirmare, quod hodie ita stabilitum est, ut ad omnes æqualiter filios pertineat. (Hoc Angli Gavelkinde dicimus.)

Feuda primò ad arbitrium dominorum omnino.

Cum verò Conradus Romam proficisceretur petitum est à fidelibus qui in ejus erant servitio, ut lege ab eo promulgata; hoc etiam ad nepotes ex filio producere dignaretur, & ut frater fratri sine legitimo hærede defuncto, vel filius, in beneficio quod eorum patris fuit succedat. Sin autem unus ex fratribus, à domino feudum acceperit; eo defuncto sine legitimo hærede, frater ejus in feudum non succedit: quod & si communiter acceperint, unus alteri non succedit, nisi hoc nominatim dictum sit; scilicet, ut uno defuncto sine legitimo hærede, alter succedat: hærede verò relicto alter frater removebitur. Hoc quoq; sciendum est, quod beneficium (seu feudum) *ad venientes ex latere, ultra fratres patrueles, successione non progreditur, secùndum usum ab antiquis sapientibus institutum: licèt moderato tempore usque ad septimum gradum sit usurpatum. Quod in masculis descendentibus hodie novo jure, in infinitum extenditur. Hoc autem notandum est, quòd licèt filiæ & masculi patribus succedant: legibus tamen à successione feudi removentur: similiter & earum filii, nisi specialiter dictum fuerit ut ad eas pertineat.*

1. Conrad. Salicus qui Romam proficiscens coronam à Johanne xx. accepturus, Imp. factus est An. Dom. 1025.

Habes *feudorum* historiolam ab exordio deductam, & priscam eorum naturam admodum apud nos hodiè exprimit terrarum conditio, quæ (ut loquuntur forenses nostri) tenentur *ad voluntatem domini per copiam rotulorum curiæ*, vulgo **Copyholds** nuncupatæ, de quibus vide supra in *Felonia*.

Quod autem dicit *feudum in masculis descendentibus, hodie novo jure in infinitum extendi*: considerandum est, quo tempore jus hoc novum in Imperio indictum fuit, & quo latore. Perhibet enim Johannes Faber, *feuda* non minus quam Ducatus, Comitatus, Baronias, &c. constitui perpetuas hæreditates apud Gallos sub Hugone Capeto, qui Regnum iniit An. Dom. 988. hoc est, 38. an. ante legem à Conrado latam. Nobilesq; exinde cœpisse sibi adsciscere cognomina, a præcipua *feudorum* suorum denominatione. Quod etiam dicit *filias à successione feudi, legibus removeri*, licèt de facto sæpè (ut videtur) patribus succederent: compertum est Galliæ Reges hanc exercuisse legem adversus eorum successores, qui in bello sacro absq; sobole mascula animum exhalarunt.

In Auth. Ingressi C. de sacros. Eccl. apud Berhault in præf. 99. art.

Feoda quando hæreditaria.

De Hailan en son hist. de France.

Vides quibus vassalli gradationibus in jus irrepsere *feudorum*. Sed & amisere hoc totum ex plurimis ingratitudinis & infidelitatis causis (ut in *Felonia* (quo has nomine appellabant) fusè legeris) gravibusq; interea servitutibus erant obnoxii. Arctam quippe fidelitatem domino jurabant (ex quo aliàs in Historiis sub *fidelium* appellatione veniunt) & obsequium (quod *homagium* vocant) ritu quàm humillimo sunt professi. Jusjurandum, in *Fidelitas*: ritum, in *Homagium* vide. Prodire etiam in militiam evocante domino tenebantur, sequi ejus signa, & tueri latus; nec periclitantem unquam destituere. Tributa præterea, & multa subsidia (quæ *auxilia* vocant) impendere. Mortuis insuper (neque enim mors ærumnarum

Servitutes & onera *feudis* incubentia.

Fideles.

Ff

rum finis, quod & nos hodie ringit) percipit dominus feodalium prædiorum & hæredis pupillaris custodiam (quam *Gardiam* & *VVardam* nuncupant) necnon & ejusdem *maritagium*. Ab adulto verò, *relevium* pro adeundæ hæreditatis licentia. Enarrantur hæc omnia suis locis, nec jam ideo repetenda.

Mos evocandi *feudales* ad præstationem servitii apud Germ.

Morem animadvertere quo in evocandis hujusmodi militibus feudariis ad servitii sui præstationem, & in plectendis delinquentibus tam Ecclesiasticis quam laicis, usi sunt Germani Impp. coronam sumpturi, ut extat Ligurinorum lib. 2.

Hic quoties claram Regnator tendit ad urbem
Teutonius, Ausoniam sumpturus rite coronam,
Ponere castra solet: ligno suspenditur altè
Erecto clypeus: tunc præco Regius omnem
Convocat à dominis feudalia jura tenentes,
Excubias Regi prima celebrare fideles
Nocte vetustorum debent ex more parentum.
At quicunq; domi (domino nolente) relictus
Defuerit, fœdo privari Curia censet.
Tunc quoq; nonnulli censura vindice Regni
Amisere diu tali possessa reatu.
Quin & pontifices, Halberstadensis, & ille
Sub quo Brema fuit, tali regalia jura
Amisere nota: personæ scilicet ipsæ,
Non tamen Ecclesiæ. Neq; enim quod pastor iniquè
Gesserit, Ecclesia fas est in damna refundi.

Fœdum scribit poëta per *œ* juxta fontem Saxonicum feoh (de quo supra) sed hoc malè trahunt Spiegelius & alii ad Latinum *fœdus*. Vide Spiegelii scholiam ad hunc locum.

Feuda quando in Britanniam illata, & à quo.

Feodorum servitutes in Britanniam nostram primus invexit Gulielmus senior, Conquestor nuncupatus: qui lege eâ è Normannia traducta, Angliam totam suis divisit commilitibus. Innuit hoc ipsum (ut Authores taceam) codex ejus agrarius qui Domesdei appellatur, Titt. Glowecestre. Episcopus Baion. Estrighole. *In Wales habet idem Willielmus de Ow in feudo de Estr. iii piscarias. In eodem feudo de w. Comite Radulpho de Limes' 50. carucat. terra sicut fit in Normannia. Feudum* & *Normanniam* jungit, ac si rei novæ notitia, è Normannia disquirenda esset. Deinceps verò resonarunt omnia *Feodorum* gravaminibus; Saxonum ævo ne auditis quidèm. Referunt tamen Scoti se antiquiùs suscepisse istud jugum: putà sub Malcolmo 2. Regnum ineunte An. Dom. 1004. id est, supra 60. annis, ante dicti Gulielmi senioris applicationem. Certè leges quas de hoc proferunt & Malcolmo 2. ascribunt, tantam non loquuntur antiquitatem, sed recentiori multò (vel me judice) tribuendæ. Ad nos hoc nihil.

Feuda quot in Anglia.

Divisa autem inter Normanniæ proceres, jam tota Angliâ; & ab eodem Gulielmo seniore tandem descriptâ: reperiuntur ut Author est Thom. Sprottus S. Augustini Cantuariens. Monachus, 45011. Ecclesiæ parochiales, 62080. villatæ, & 60215. *feuda militum*, *de quibus tenebant religiosi* 28115. In finæ Mag. Chart. impr. à Tho. Erthlet An. 1531. 45000, Eccl. paro. 52080. villæ, 60215. feoda, unde Religiosi 28015. Sed in hac Angliæ distributione intelligendum est, non militibus solùm, at colonis etiam prudenter esse consultum: suis interim portionibus (quas *Soccagia* vocant) vel salvis relictis; vel à Normanno noviter erogatis.

Feudum quantum terræ continet.

Videamus nunc *feodi* quantitatem, de qua non convenit. M. S. quidam codex: *Virgata (inquit) terra continet 24 acras: quatuor virgata constituunt unam hidam; & 5 hida constituunt feodum militare, cujus relevium est* 100. *solidi*. M. S. alter: *Decem acra faciunt secundum antiquam consuetudinem, unam fardellam; & 4. fardells, faciunt virgatam; & 4. virgata faciunt unam hidam; & 4 hida faciunt unum feodum militare*. V. Glanvil lib. 12. cap. 3. Ubi in Brevi Regis dicitur, *Unde 12 carucata terra faciunt feodum unius militis*. Tertius verò M. S. (putà Abbatiæ Malmesburiens.) ait: *16 virgata terra faciunt integrum feodum militare: & quando taxantur ad 6. sol. 4. den. faciunt summam* 100. *solidorum*. Continet igitur *feodum militare* juxta primum codicem, 480. acras: & huic suffragatur tertius codex, si *virgata* cum secundo codice, 40 acras numeres: sin (ut primus habet) 24 solummodò, ab utrisq; multùm differt; nec tunc in *feodo* supra 484. acræ computandæ. Sed litus arat qui mensuram putat acu tangere: quùm angustior aliàs fit propter terræ bonitatem; extensior aliàs propter sterilitatem. Respicienda etiam dominorum munificentia & parcimonia: his tenaciter, illis profusiùs agentibus: nec non & *feodis* imposita servitia, alia de more, leviora; alia ex pacto, graviora.

Valor *feudi*.

Annuus *feudi* valor antiquus è relevio ejusdem quodammodo intelligatur. Paria enim hæc erant plerunq;, priscum verò apud nos relevium, 5 libræ. Deinde (putà sub Henr. 3.) oportuit ad militiæ dignitatem evocatum, 25 libratis terræ gaudere: quasi illa tunc haberetur *feudi militaris* æstimatio. Postea verò (scil. ævo Edouardi 2. 25. lib. & demum 40. His tamen tantillis facultatibus nunquam (quòd sciam) merebatur dignitas, nec plurium sæpè *feudorum* possessione. Vide *Miles*.

Quæ servitia debentur è *feudo*.

Exigit hic locus ut ulterius exponeremus ad quæ servitia, onera, & (si fas sit dicere) servitutes domi forisq; tenentur *feudi militaris* possessores, quantoq; temporis & quo apparatu domino suo in militia deservire. De hoc autem vide mox infra in *Feudum hauberticum*: de aliis, putà *Gardia*, seu *VVarda*, *maritagio*, *relevio*, *homagio*, *fidelitate*, *escuagio*, &c. in his ipsis dictionibus.

Quo ritu confertur *feudum*.

Mos in conferendis *feudis* solennis fuit, non repentinus, non temerarius. Majora, in Imperio cessit antiquitas, vexilli traditione. Galli verò è prisca consuetudine, non solùm Episcopatus, sed omnia *feuda*, annuli & baculi, quod *per rain & baston* dicebant. *Rain* enim Germ. & Angl.

Angl. reing: Cujac. ad 2. feudd. Tit. 3. Nos (ut alii) variis olim in traditione symbolis usi sumus. Vide *Traditio*.

Feudi nomine continen Ducatus, Marchionatus, Comitatus.

Hæc autem de communi *feudo* militari. Sub *feudi* enim appellatione, continentur Ducatus, Marchionatus, Comitatus, & illustria alia Regni munia à Principe immediatè deducta: quæ & ideo *feuda Imperialia*, & *Regalia* nuncupantur: tenebanturq; solummodo ad terminum vitæ, diu postquam alia minora *feuda* ad filios transiere, ut è Gloss. ad LL. feud. pateat. Tit. de his qui feud. dar. poss. ubi de hujusmodi *feudo* dicitur: quod istud *feudum* finitur cum *persona accipientis, quia hæres in eo non succedit, nisi iterum ab Imperatore investiatur*. Erant quippe sub his seculis *feuda* omnia, munia solummodo militaria & nobilia (non civilia, non plebeia) triplicique ordine distincta, viz.

Feudorum nobilium triplex genus.

Primum. *Feuda Imperitoria* seu *Regalia* (omnium amplissima) à solo Imperatore, vel Rege, sub Ducatus, Marchionatus, Comitatus, vel illustri alio titulo sunt collata: tenenturq; ideo à solo Imperatore vel Rege immediatè, & dicuntur eorum possessores, Regni vel Imperii Capitanei, quia in Capite tenent, hoc est, à Rege vel Imperatore vel Principe. Dicuntur præterea *dignitates Regales* quod Regii splendoris radios quosdam obtinent, fruebanturq; olim juribus plerunq; regalibus. Nos *Serjantias majores* appellamus.

Secundum. *Feuda Capitanea* seu *media*, sunt quæ non à Principe immediatè, sed ab aliquo Capitaneorum suis concessa sunt clientibus: putà Baronibus, Valvasoribus, Castellanis, &c.

Tertium. *Feuda militaria* simpliciter, nec à Principe, nec à Capitaneis Regni, sed à mediis (qui vocantur) dominis, nimirum Baronibus, Valvasoribus, Castellanis, suis erogatæ sunt militibus. Et hæc eadem sunt, quæ vulgariter dicuntur *Feuda militum* & *Feuda militaria*; de quibus tota nostra superior oratio.

Ista autem distinctio parum solenniter est observata, brevi enim Capitanei *feuda* simpliciter militaria soliti sunt donare; & ipsi Principes omne genus *feudorum*: quibus multiplex præterea denominatio, juxta naturam *feudi* vel indicti servitii, viz.

Feudum vexillare (Gall. *Fief Banneret*) est quod vexillario militi designatum est. Hic miles in aciem prodire tenetur vexillo instructus, & idonea clientum multitudine. In prima igitur vexilli sui erectione, hoc est, dum à Principe creatur, 25 ad minus clientaribus militibus ex more antiquo debet stipari. Vide hujus vestituræ formulam ob Olivero Marchiano graphicè expressam in suis Comment. rerum Burgundicarum; & Choppino de Doman. Fran. lib. 1. Tit. 13. nu. 14. Sub *vexillarium* etiam *feudorum* appellatione, continentur illustriora omnia *feuda*, ut in Speculo Saxon. & hic supra in vocabulo *Dux*, apertè liquebit.

Feudum hauberticum propriè est quod ad *Haut-Ber*, id est, ad Baronem seu Dominum majorem spectat; qui de prisca consuetudine, militanti Regi adesse tenebatur armis integris circundatus. Et inter hæc, cùm præcipua olim esset lorica ferreis annulis conserta; dici cœpit ipsa lorica *Haubergeon*, quasi armatura militis quem *Haut-Ber* vocant, & perinde transferri ad quaslibet loricas (Gallis *cottes du maile* nuncupatas) & ad alios vassallos quibus ratione *feudi* sui hæc armatura imperata erat. Qui igitur *feudum hauberticum* possidebat, juxta priscum Normanniæ Custumarium, servire exigebatur ad bannum & retrobannum armis integris, id est, equo, loricâ, scuto, hastâ, gladio, & galeâ, spatio 40. dierum intra Regni limites; quod à posterioribus Regibus ad totidem extra Regnum; intra verò, ad tres menses imperatum est. Sed an iste cultus singulis indictus fuit qui simplex militare *feudum* tenuerunt, non definio. Sic tamen videtur, nam ab Henrico 2. Rege Angliæ edictum est An. 1181. *ut quicunq, habet feodum unius militis, habeat loricam, & cassidem, & clypeum, & lanceam: & omnis miles habeat tot loricas, & cassides, & clypeos, & lanceas, quot habuerit feoda militaria in dominico suo*. Relevium etiam pro *feudo hawbertico* & pro *feudo* militis idem esse reperio, scil. 100. sol. cum Baroniæ relevium 100. lib. apud Gallos penditur, nobis totidem marcis. Vide Loysæum *Traité de Seigneuries* ca. 7. num. 64. & Custum. Norm. Artic. 151. & 156.

Arma militis feudalis.

Berault ibidem ad Artic. 156.

Hoveden ibid. in An. 1181.

Relevium feudi.

Feudum loricatum est quod hominem edit lorica indutum. Et videtur aliàs idem hoc esse quod *Hauberticum*; aliàs verò diversum. *Hauberticum* enim *feudum* semper notare animadverto cataphractum, seu equitem instructum; *Loricatos* verò sæpè dici in historiis nostris, de illis quos *Armigeros* nuncupamus. Vide *Loricatus*, & *Armiger*.

Feudorum alia divisio.

Feudum Scutiferum, idem etiam videtur, quod *Loricatum*, *Hauberticum*, & *feudum* militare. Triplicem verò denominationem, à tribus armaturæ nominibus (viz. *hauberta*, *lorica*, *scuto*, quæ fortè unicuique conveniant) originem sumpsisse. Scuti enim servitium nos de servitio militaris feudi, intelligimus. Sed & *feuda scutiferorum* appellantur, quæ sunt Valvasinorum.

Pertinebant autem supradicta omnia *feuda* ad solos Nobiles; & propriè quidem omnia *feuda*: nam quæ rusticis & ignobilibus obtigebant prædia, Jure feudali non censentur *feuda*. Factum tamen est ex vicissitudine & abusu rerum, ut hæc etiam *feuda* appellentur; oriaturq; inde nova *feudorum* divisio, scil. in *Nobilia*, & *ignobilia*.

Etiam alia.

Feudum nobile, in Reformato Normanniæ Custumario Artic. 100. sic definitur. *L'heritage noble, est celuy à cause du quel le vassal tombe en garde, & doit foy & homage*, id est, Hæreditas (seu *feudum* nobile) est cujus causâ vassallus in *gardiam* provenit, dominoq; fidelitate tenetur & homagio. Complectitur (inquam) hoc *feudum* species omnes supradictas

Notæ & privilegia feudi nobilis.

ctas, & cognoscitur (ut refert ibidem in Commentariis Beraultus) multis privilegiis inhærentibus, quæ ut nos inde collegimus ista sunt: *Gardia, Fidelitas, Homagium, Curia, Consuetudines, Jurisdictio in vassallos, banni & retrobanni privilegium, tor & ver, jus columbarii, jus molendini &c.* E quibus liquet ingentem Maneriorum nostrorum multitudinem (à Normannis enim abundè auctam videmus) ex privilegiis ad *feuda* militaria olim spectantibus, originem sumpsisse. Cum enim Rex majora *feuda* (quæ Regalia dicuntur) sub majoribus privilegiis Capitaneis Regni distribuisset; illi utique deducta inde minora *feuda*, cum minoribus istis privilegiis, suis vassallis, & clientibus dispartiebant. Definitur igitur in exordio librorum feudalium, qui possunt *feudum* dare, id est, creare, scil. *Archiepiscopus, Episcopus, Abbas, Abbatissa, Præpositus, si antiquitus consuetudo eorum fuerit, feudum dare possunt, qui propriè Regni vel Regis Capitanei dicuntur. Sicut & alii qui ab istis feuda accipiunt, qui propriè Regis vel Regni Valvasores dicuntur: sed hodie Capitanei dicuntur seu appellantur, qui & ipsi feuda dare possunt. Ipsi verò qui ab eis accipiunt feudum, minores Valvasores dicuntur.* Hæc illic.

Plurium Maneriorum nostrorum origo.

Qui possunt *feudum* dare.

Qui accipere.

Servi & ignobiles prohibiti

Feudum francum. Quemadmodum igitur omnibus non licuit *feudum* dare, ita nec omnibus accipere. Prohibentur enim ignobiles servilisque conditionis homines (& quidem juxta morem heroicis seculis receptum) munera subire militaria, unde illud Virgilii Æn. 9.

Mæonio Regi quem serva Lycimnia furtim
Sustulerat, vetitisq; ad Trojam miserat armis.

Soli igitur Nobiles *feudorum* susceptibiles erant, quòd præ rusticis & ignobilibus, longè agiliores habiti essent ad tractanda arma regendamq; militiam: & in compensationem hujus sui corporalis servitii, dictis privilegiis donata sunt eorum *feuda*, liberaq; facta à tributis rusticis, tallagiis scilicet & subsidiis quæ plebeia illa (*fiefs roturieres*) Regi pendebant. Nomen item *feudorum liberorum* (Gall. *franc fiefs*) tam inde quàm quòd liberis & ingenuis solummodò competerent, sunt adepta: vel ut quidam asserunt, quod solummodò Francis (hoc est, liberrimæ Gallorum genti è Franconia oriundæ) cederent.

Feuda libera à tributis rusticis.

Sed *Nobilium* ipsa *feuda* non solùm apud nos, at etiam apud Gallos, burgensibus tandem & ignobilibus fiunt pervia. Gallis tamen non nisi auspice Rege, & illatâ in fiscum pecuniâ ob facultatem hanc impetrandam, propterea quod accipientis personam nobilitant. Nobis verò indistinctè mercantur qui volunt; nec hoc refert, cùm multa gravamina, nempè, *guardiæ, maritagii, relevii, &c.* nullum exinde privilegium, sortiantur.

Hodie ignobilibus pervia.

Feudum ignobile, plebeium, vulgare, Gall. *fief-roturier*, nobili opponitur, & propriè dicitur quod ignobilibus & rusticis competit, nullo *feudali* privilegio ornatum: sed quod *feudi* nomen sub recenti seculo perperàm auspicatum est. Nos *Soccagium* dicimus quod vide. Nonnulli (ut Prateius refert) *Burgense* vocant: sed hoc aliud nostris forensibus.

Feudum Burgense.

Sunt & plurimæ aliæ *feudorum* distinctiones juxta arbitrium Feudistarum: sed ego horum versutias non rimabor: præcipuas quasdam adjungam.

Feudum genearchicum dicitur quod Princeps seu generis author, eâ lege familiæ suæ reliquit, ut perpetuò in ea maneat: alii nulli, ne fœminis, ne filiabus quidem, adeundum. Nos *Fœdum talliatum* vocamus.

Feudum antiquum est, quod majores agnationis alicujus supra quartum gradum possidere; &

Feudum paternum, quod parentes usq; ad quartum gradum tenuerunt: veluti avus, proavus, abavus, attavus, &

Feudum novum, quod cœpit in persona beneficiarii, nec pervenit ad eum ex successione. Prat.

Feudum quaternatum, quod Regiis quaternionibus (nos *Recorda* dicimus) apud Siculos & Neapolitanos inscribitur. Constitut. Sicul. lib. 1. Tit. 39. l. 2. —— *feuda quæ in quaternionibus doana nostra* —— *inveniuntur inscripta.* Idem lib. 3. Tit. 22. Item Choppinus de doman. Fran. lib. 1. Tit. 13. nu. 16. *Sicula nec non lege, Feudum quaternatum si detur à Principe nobilitatem parit. Ex Mathæo in Præf. Constit. Siculorum.*

Feudum ligeum est, pro quo vassallus contra omnes fidelitatem domino debet. Lib. feud. 4. Tit. 99. Vide *Ligeus*.

Feudum apertum dicitur, cum sive ex morte vassalli sine hærede, sive ex ipsius delicto, sive ex alia causa legitima, domino liceat intrare in feudum, atq; idem resumere. Et *Feudum aperire*, est causam hujusmodi domino præbere.

Feudum minutum. Occurrit in Finali concordia inter Ludovicum Regem Francorum, & Henricum 2. Reg. Angl. apud Hoveden in An. 1177. *Excepto Feudo de castro Rodulphi, & exceptis minutis feudis, & divisis terrarum nostrarum de Beria.* Videtur idem esse quod Gallis appellatur *Menu fief*, id est, exigui valoris, sine jurisdictione, & integro *feudo* seu nobili contrarium.

Feudum de camera dicitur, stipendium quod ex ærario domini quod aliter cameram vocant, vel ex arca ejus solvitur: juxta Cujac. in Præfat. ad lib. Feud.

Feudum de caneva est jus sportularum, seu percipiendæ annonæ è cellario domini. *Caneva* enim Ital. penarium, cellarium, horreum. Feudd. lib. 2. Tit. 2. (*veluti cum de camera, aut de caneva feudum datur*) *posse consistere.* Hæc verò *feuda* dicuntur esse in curte Domini, & impropria: & differunt *Feudum* proprium & improprium, ut Gall. *Tenir fiefs*, & *Tenir en fiefs*, nostratibus *Tenere feudum*, & *Tenere in feodo*: nam *feudum proprium* (ut ipsa prædia) est extra curtem. Vide Cujac. in præfat. ad Tit. 1. lib. 1. Feud. pa. 12.

Feu-

Feudum gastaldiæ, al. *castaldiæ*, est, quod actori rerum seu possessionum dominicalium, stipendii loco conceditur. Vide *Castaldia*.

Feudum Guardiæ est, quod castelli, prædiorum, aut alterius rei custodi tribuitur. Cujac. in Præfat. ad Tit. 1. primi lib. Feud. *His possessio conceditur ad tempus. Quæ actori, feudum est gastaldiæ. Quæ custodi, feudum guardiæ.* Vide *Guardia*.

Feudum advocatiæ, est feudum mercedis, datum ob quodcunq; munus sive officium. 1. Feud. 2. princ.

Feudum refutare, est renuntiare, & quod nos *Sursum reddere* dicimus, **to surrender**. Vide Feud. lib. 2. Tit. 14.

Feudum relevare, est idem redimere postquàm cecidit vel devenit in manus domini. In Curiis Baronum *Sursum capere* nuncupant.

Alia nobis *feodi* significatio. Cum autem eò perventum esset, ut in *feudum* succederet tota hæredum series, fieretq; jam hæreditas firma & perpetua, quæ primo fuerat ad voluntatem domini & instabilis: dici tunc cœpit *feudum* apud Anglos pro hæreditate, & perpetuo rei immobilis dominio, licèt ex more feudali, dominum agnosceret superiorem. Nemo enim in universa Anglia ità quidpiam gaudet in alodio, ut dicatur instar Hannoniæ Principis solummodo *de Deo & Sole* tenere: sed vel mediatè vel immediatè, omnes à Corona regni.

Feodum itaque pro hæreditate, dividunt forenses nostri in simplex, & talliatum.

Feodum simplex omnium capacissimum est, & possidendi genus maximum, à cujus successione nulla hæredum species arcetur; sed quod adeat tam unius uxoris soboles, quàm alterius; tàm consanguinei & collaterales, quam lineales & è filio nepotes.

Feodum talliatum est quod ita talliatur, hoc est, amputatur & rescinditur, ut ad nullos transeat hæredes nisi à corpore certæ alicujus personæ emanantes: exclusis interea non solùm aliis consanguineorum ramis; sed & fratribus ejusdem, ipsisq; interdum filiis ab uxore altera procreatis.

In *feodo seisitus*: semper de eo intelligitur qui amplissimo *feodi genere* tenet, id est, in *feodo* simplici, seu pura hæreditate.

Feodi firma appellatur, cum quis ex dono vel concessione alterius prædia tenuerit sibi & hæredibus suis, reddendo vel dimidiam, vel tertiam, vel ad minus quartam partem veri valoris. Tenens hujusmodi ad nulla servitia obligatur, nisi quæ in ipsa Charta continentur: excepta *fidelitate* quæ omnibus tenuris incumbit.

Feudatarius qui feudum à domino vel patrono concessum, accepit. Aliter *Feudatus*, *Feodatus*, *Feudalis*, *Beneficiarius*, *Vassallus*.

¶ **Feudatarius**, al. **Feodatarius**] Etiam Officialis est, à Magistro Curiæ Wardorum seu pupillorum, sub sigillo Curiæ illius, uni vel pluribus Comitatibus datus. Hic in cognoscendis rimandisq; feudis ad Regem pertinentibus, & ad tenuras pro Rege manifestandas tuendasq; operam navat; Escaetori ideo adjunctus, omnibusq; nervis Regiam promovens utilitatem. Pupillorum terras lustrat, valorem annuum investigat, prodit, indicit, censum recipit, & Curiæ Receptori defert. Viduis item Tenentium Regis, dotem assignat.

Feudi firma, Vide superius *Feodi firma*.

Feudista dicuntur Juris feudales interpretes.

¶ **Feofare, Feofamentum,** *&c.*] *Feofare* nostratibus est feodum dare, aut in aliquem conferre. Jus prædiorum cedere, possessionem tradere. *Investire, donare*. In hoc autem differunt *Feofare*, & *donare*: *Feofare* dicitur qui feodum simplex feofatario confert: *donare*, qui feodum talliatum. *Feofare* pro investire dicitur, cum in terris, porrecta glebâ; in domibus, annulo ostii, aut clave, possessio tradatur. Fieri etiam aliquando reperitur extra terram, & per symbolum ad naturam rei datæ minimè pertinens. Petitt. ad Parliament. post fest. S. Michael. 18. Ed. 1. in respons. R. inter Episc. Karliol. & Prior. ibidem. *Et Prior venit & dicit, quod Henricus Rex vetus concessit Deo & Ecclesiæ suæ beatæ Mariæ, omnes decimas de omnibus terris quas in cultura redigeret infra forestam* (de Inglewood) *& inde eos feofavit per quoddam cornu eburneum quod dedit Ecclesiæ suæ prædictæ*. Hoc Feudistis dicitur, *Investitura impropria*.

Feofamentum est ipsum donum, concessio, vel actus feofandi. *Feofatus* & *feodatarius* is cui *feofamentum* est factum.

¶ **Feonacio.**] Vide *Fenatio*.

¶ **Ferancus.**] *Ferox*. Ragord. in gest. Phil. August. pa. 174. *Quos cum multis postmodum idem Valentinianus præliis attentasset, nec vincere potuisset, proprio eos nomine Francos quasi ferancos, i. feroces appellavit.*

¶ **Ferdendel.**] Vide *Fardella*.

¶ **Ferdfare.**] Significat (inquit Fleta lib. 1. ca. 47.) *quietantiam eundi in exercitum*. Vide explicatiùs in *Firdfare*.

¶ **Ferdingel.**] Domesd. pro Ferdendel. Vide *Fardella*.

¶ **Ferdwit.**] Significat *quietantiam murdri in exercitu*, juxta Fletam lib. 1. ca. 47. Vide *Firdwite*.

¶ **Ferendarius.**] *Procurator*. Lydius (si bene) è Goldast. φέρενικος (inquit) *est victoriam ferens seu reportans, & quia tales videri volunt Procuratores, dicti sunt Ferendarii*. Vide *Referendarius*.

¶ **Ferdwurthi**, al. **Ferdwrthi.**] Vide *Faldwurthi*.

¶ **Feriæ.**] Pro diebus hebdomadis, primò dici instituuntur à B. Silvestro, qui floruit An. Dom. 316. Noluit enim ut pro Judæorum more, dies à Christianis nuncuparentur prima Sabbathi, secunda Sabbathi, tertia Sabbathi, &c. nec secus Gentiles, Solis, Lunæ, Martis, Mercurii &c. Primam igitur septimaniæ manæ diem (quæ aliàs Dominica appellatur) *feriam primam* dici instituit: deinceps reliquos, *feriam tertiam, feriam quartam, &c.* Ideo autem *ferias*, non quod à necessariis operibus & mundanis negotiis: sed à vitiis feriarentur (hoc est, vacarent) Christiani. Vide Durand. de Offic. divin. lib. 7. cap. prim.

¶ *De feriis nundinalibus pauca.*

Feria pro nundinis item à feriando dicitur plerisq; Europeorum linguis, exemplo Pop. Romani qui in his feriebantur. Festus lib. 12. *Nundinas feriarum diem esse voluerunt antiquì, quo rustici mercandi vendendiq; causa in urbem convenirent, eumq; nefastum, ne si liceret cum populo agi, interpellarentur nundinatores. Feria* tamen pro nundinis, nusquam (quòd sciam) occurrit antiquè.

Feriarum origo.

Cum autem Christiani ad insignes aliquas celebritates, præsertim encœnia & dedicationis Ecclesiarum festa annua peragenda convenirent: adesse utique mercatores solebant, sua mercimonia sub ipsis Ecclesiis, atq; in cœmeteriis distracturi: *Nundinas* (ut inquit S. Basilius) *& publicum emporium ex Martyrum tempore & loco facientes.*

In Asceticis sive in definitionib. latiorib. ca. 40.

Angebat hoc malum sanctissimum hunc ipsum patrem (qui obiit An. Dom. 580.) in suiipsius (ut videtur) Ecclesia. Monachis enim suis ex opere manuum suarum viventibus accuratè prohibuit, ut quæ facerent merces, nundinis illic non exponerent venales: nè Martyrum basilicæ (orationi primitus institutæ) denuò fierent latronum speluncæ. Hanc iniquitatem in ipso Templo Domini reperit & damnavit Dominus noster: Joh. 2. 14. ad inferiora tamen secula transiisse, numerosis liquet exemplis. Refert Sozimus lib. 2. cap. 3. Judæos, Gentiles, Christianos, sub Constantini ævo, ingenti frequentia ad quercum Mambrè (ubi angelos olim excepisset Abraham) confluentes; & suæ quosq; Religionis ritus & vota absolventes, solenne festum maximo studio annatim celebrasse. Pariter verò *convenisse tum ad merces vendendas, tum ad emendas, mercatores quamplurimos*: atq; ita festum cum nundinis, nundinas cum festo miscuisse.

Quibus festis præcipuè.

Invaluit subsequentibus ævis usus hic nequam, viresq; maximè obtinuisse videtur in Encœniis (ut diximus) & annuis dedicationis Ecclesiarum festis. Tunc enim non solùm advolant ipsi parochiani, sed & vicini plurimi: majorq; semper frequentia, pro Ecclesiæ & villæ dignitate. Plurimas igitur antiquas *ferias* in his ipsis festis institutas animadverto: ut S. Petri, Westmonasterii: S. Cuthberti, Dunelmiæ: S. Bartholomæi, Londoniis: S. Katherinæ, Midletoniæ: S. Egidii, S. Jacobi, S. Fidei, in locis his divis consecratis. Nec difficile est sæpè conjicere ex nundinarum die, cui olim Sanctorum illa parochia commendabatur.

Cum verò ex tanta hominum frequentia, periculosi sæpè tumultus orirentur: tenendarum *feriarum* prærogativa, solius Principis diplomatibus est indulta. Primò quidem urbibus & munitis locis, vel quibus Præsulis alicujus gravitas & authoritas præpollerent.

Quibus locis

Privilegia. Jurisdictio.

Accessit deinceps splendor multiplex, nam (ut res homini conveniret) feriandi donantur privilegio, hoc est, ut more Romano (de quo suprà Festus) non interpellarentur nundinatores, vel ut loquuntur forenses nostri, non arrestarentur pro aliqua causâ, in ipsa *feria* non enata. Fruuntur itaq; sua hodie jurisdictione *Feriæ*, justiciaq; nundinatoribus administrandâ. Adeò ut nulla tam exilis quin è communi patriæ jure, sua munitur, sua adornatur curia. Cognoscit hæc autem de causis illic emergentibus tam repentina velocitate, ut *Curia pedis pulverisati* appellata sit (vulgo **piepowder**) significatura: litem citiùs in ea transigi, quàm pulvis à pedibus excutiatur. Sed & majora multæ obtinuere privilegia. Lib. Ramesiæ, sect. 296. *Dominus Rex Henricus* (scil. primus) *concessit Deo & S. Benedicto atque S. Yvoni Archipræsuli, hoc est, unoquoq; anno, ferias* viii *dierum, i. à quarta feria in hebdomada Paschæ, usq; ad octavum diem, cum saca & soca, & cum tol & theam, & cum infra capto fure, & cum omnibus consuetudinibus quæ optimè habentur in aliquibus nundinis per totam Angliam: & pacem firmam Dei & Regis omnibus illuc meantibus & inde redeuntibus. Hæc concessit ipse Rex ipso anno quo dedit filiam suam Imperatori, hoc est, Incarnationis Domini* 1110. *Testes, &c.* Vide *Pax Dei*, & *Pax Regis.*

Feria etiam transitus est quæ cymbâ fit in ulteriorem ripam. *Trajectus.* Sed hoc ex alia origine. Scil. à Saxon. ꝼæꞃ seu ꝼaꞃe, i. *iter*, & Eie, *aqua.* Hinc ꝼæꞃ-ꞅceat, *naulum.* Gr. πορθμὲς à πορεύω, *trajicio, transveho*: atque inde *portus.*

¶ **Ferita.**] Vel hodie Italicum, *vulnus, plaga, ictus.* Paul. Diaconus, al. Warnefrid. de gest. Gothor. lib. 3. ca. 31. *Securiculam quam in manu gestabat in arborem quæ proximior aderat, fixit, eamq; fixam reliquit, adjiciens hæc verba: talem Autharis feritam facere solet.* In antiquiori legitur: *Talem Autharis ictum seu feritam facere solet.* Occurrit creberrimè in Longobard. legibus: à *feriendo* primitus.

¶ **Ferlingus.**] Quarta pars denarii, *Quadrans.* A Sax. ꝼeoꞃðling. Assisa panis & cervis. An. 51. Henr. 3. *Quando quarterium frumenti venditur pro* 12. *den. tum panis VVastelli de ferlingis ponderabit* 5. *lib. &* 16. *solid.* Vide *Fardella.*

¶ **Fermarium.**] Vide infra *Firma.*

¶ **Fermentarii.**] Divus Algerus lib. 2. de Sacramento, ca. 10. *Utrum ex Azymo, an ex fermentato pane, Corpus Christi confici debeat, inter Latinos & Græcos magna concertatio est: in tantum ut illi istos Azymitas, isti illos Fermentarios, quasi cujuslibet hæresis notent vocabulo.*

¶ Fer-

¶ *Ferquidus.*] *Par, similis.* Longobard. lib. 1. Tit. 23. l. 3. *Nam si minus decem* (porcis) *fuerit, & occiderit unum, reddat ferquidum, id est, similem.* Infra l. 7. *reddat ille qui occiderit illos, porcos ferquidos.* Et lib. 1. Tit. 19. l. 2. —— qui focum portavit, damnum *ferquidum*, i. simile componat. Opinatur Lindenbr. Germanos hodiè retinere partem vocis, scil. **quit**, i. *debiti liberatio*, quod & Anglis tritissimum: quibus etiam non impropriè dicitur, reddat ei **for quit**, id est, *pro compensatione.*

¶ *Ferula.*] Muneris insigne quod ferebant non solum Abbates sed & ipsi aliquando Romani Pontifices. *Camboca, pedum, baculus pastoralis*, si tamen ejusmodi baculo eo tempore usi sint Pontifices Romani. Negat enim Innocentius 3. Decret. lib. 1. cap. de Sacrosanct. Unct. §. final. dum Constantinopolitano Patriarchæ eundem concedens, ait, *Licèt Romanus Pontifex non utatur baculo pastorali, tum propter historiam, tum propter mysticam rationem, tu tamen ad similitudinem aliorum Pontificum poteris eo uti.* Historiam addit Glossographus ex Augustino, & transcribere non dedignabimur. *Martialis* (inquit) *unus de discipulis Petri, quem posuit Dominus inter discipulos cum dixit: Nisi efficiamini sicut parvulus iste, non intrabitis in Regnum cœlorum, &c. quem postea Petrus cum alio, scil. Matthæo, ad prædicandum misit in Germaniam, qui cum iret, mortuus est, & rediit collega ad Petrum & Petrus ait; accipe baculum & tangens eum dic ut in nomine Domini surgat, & prædicet. Et ivit* (&) 40. *die à tempore mortis tetigit eum, & resurrexit & prædicavit; & ita Petrus removit à se baculum & dedit subditis. Designantur autem per baculum ea quæ his versibus comprehenduntur.*

Romani Pontifices non sunt usi baculo pastorali, & quare.

In baculi forma Præsul datur hac tibi norma.
Attrahe per primum, medio rege, punge per imum
Attrahe peccantes, rege justos, punge vagantes:
Attrahe, sustenta, stimula, vaga, morbida, lenta.

Hæc ille è Vincentio, additq; præterea mysticam rationem quàm à se ipso pete, & de omnibus, Ecclesiasticæ ceremoniæ Scriptores. Dubitetur autem cum Jureto, an usquequaq; verum sit quod ait Innocentius, Romanum Pontificem non uti baculo pastorali. Luithprandus enim qui altero ante Innocentium seculo vixit, Hist. lib. 6. cap. 11. & ult. de Benedicto Papa exauctorato agens, in hunc modum loquitur. *Ad domini Leonis Papæ pedes ipsiusq; Imperatoris idem Benedictus concitè procidens —— pallium sibi abstulit, quod simul cum pontificali ferula quam manu gestabat domino Papa Leoni reddidit. Quam ferulam idem Papa fregit, & fractam populo ostendit.* Hoc & priscus Author appendicis ad Reginonem, in An. Dom. 964. *Tunc Leo Apostolicus coadunata multorum Episcoporum Synodo, eundem Benedictum Romanæ sedis invasorem, judicio omnium ab invaso gradu deposuit, & pontificale pallium quod sibi imposuerat, abscidit, ferulamq; pastoralem manu ejus arreptam, coram omnibus in frustra confregit, &c.* Dicat Oedipus quid hîc sit *ferula*, si non baculus pastoralis. Adde Epistolam Burkhardi Abbatis moribundi, ad Othones Reges in Ekkehard. jun. Cas. S. Gal. ca. ult. *Misi autem vobis & testes meos tetres idoneos* (Commonachos meos) *qui eum* (scilicet Notkerum mihi successorem) *coram vobis ferula mea reddita, & indulgentia petita, singuli eligant.* Et post multa. *Tandemq; ferula recepta, Abbate* (videlicet futuro, Notkero) *coram se ut moris est posito, —— Rex eam Notkero dedit.* Vide *Pedum.*

Innocent. de myster. Missæ lib. 1. ca. 62. Ot. Frising. Durand. &c. Etiam Juretus ad Ivon. epist. 157.

Ferula Pontificalis.

Ferula Pastoralis.

¶ *Festuca.*] Vide *Fistuca.*

¶ *Feudalis, Feudarius, Feudatarius.*] Vide in *Feodum*

¶ *Feudum.*] Vide *Feodum.*

¶ *Fewda.*] Capitalis inimicitia. Vide *Faida.*

¶ *Fexu.*] *Capitalis.* Sic in M. S. quodam Saxon. vox exposit.

¶ *Ficha.*] Mat. Paris. in Stephano, de moribus Assasinorum agens. *Data uni de suis ficha.* Opinor legendum *fica.* Vide *Assisini.*

¶ *Ficta.*] Greg. Turon. lib. 5. ca. 5. *Dormienti apparuit illi B. Tetricus —— & virgam quam habebat in manu, pectori ejus cum ictu valido impulit. In quo ille evigilans, dum cogitat quid hoc esset, ficta in loco illo defigitur, ac dolore maximo cruciatur.* Legi apud Astrologum quendam: *equus fictam habens in dorso.*

¶ *Fidedignitates.*] Sunt processus & testimonia cum Canonicis & Monachis: ut Lyd. è Goldasto.

¶ *De Fidelium & fidelitatis generibus, fuse.*

¶ *Fideles.*] In historiis variè dicuntur. Primò & generaliter, omnes qui fide Christiana imbuti sunt: & hi quidem tripliciter: *Fideles Dei, Fideles Christi, Fideles Ecclesiæ.* Sed *Fideles Ecclesiæ* magis etiam specialiter, ut inferiùs patebit. Flodoard. Hist. Rem. lib. 3. cap. 3. *Carolus Dei gratiâ Rex, Comitibus, Abbatibus, — & cunctis sanctæ Dei Ecclesiæ fidelibus, &c.* Inferiùs · *quisquis fidelium Dei omnipotentis.*

Fideles Dei. Fideles Christi. Fideles Ecclesiæ.

Secundò, omnes qui in Principis alicujus ditione sunt, vulgò *subjecti.* Greg. Turon lib. 10. Sect. 3. *Nos piissime Rex, subjecti atq; fideles vobis gentiq; vestræ, esse desideramus.* Hi sunt qui in Historiis dicuntur *Fideles Regis*: at hoc sensu non intelligo literas Regias more solito inscriptas, *dilectis & fidelibus suis.*

Fideles Regis.

Tertiò, *Fideles* dicuntur qui in alicujus clientela sunt ratione prædii, vel ministerii, & hi quidem sunt quos resonat jus feudale, rescripta forensia, creberrimè etiam historiarum

paginæ;

paginæ: sed prædiales potissimum qui prædium tenet quod *feudum* dicitur.

Fid·les feuda-les. Fideles qui fidelitatem jurant.

Fideles igitur *prædiales* qui feudum tenent (hoc est, prædium militare) seu *Fideles feudales*, aliàs *Vassalli feudales*, aliàs *Vassalli* simpliciter, & *homines* nuncupati: sunt qui accepto à domino feudo, omnia munia, omnia servitia ad feudum pertinentia adimplere tenentur, etiam fidei interposito sacramento. Hæc autem quæ, & quot, & quanta sunt; partim in juramento *fidelitatis*; sed copiosè in verbo *Felonia* (quæ istorum defectus est) cognoscantur. Sunt tamen hujus generis *fideles*, qui juramentum *fidelitatis* non suscipiunt; quòd feuda ipsa ita dantur *ut fidelitas pro his non sit præstanda*: Sicut dicitur Feudd. lib. 3. Tit. 1. feudum nihilominus amittunt, *si contra dominum aliquid fecerint*: ut ibidem etiam lib. 4. Tit. 76.

Fidelitas pro omni feudo non præstatur.

Sunt & alii *Fideles prædiales* quibus nec ista servitia, nec militiæ onus incumbit; utpote qui apud nos in soccagio tenent (hoc est, prædia possident rustica, seu colonica) *fidelitatem* tamen jurare compellentur. Quod autem in exordio antiquorum Chartarum legitur: *Omnibus fidelibus suis*: &, *Omnibus fidelibus suis tam Francis quam Anglis*: intelligendum est de *fidelibus prædialibus*, & præsertim *feudalibus*. Hi enim sunt qui *Pares curiæ* appellantur, & ad quos sub eis seculis pertinebat de Charta domini ipsorum cognoscere.

Fideles ministeriales sunt qui nullo accepto feudo, nullo prædio; servire tamen ex pacto se obligarunt: alii in militia, alii in familia domini, alii in jurisdictione, &c. Tenebantur utique juramento *fidelitatis*: arctissimo verò qui in familia domini degebant, ut in eorum sacramento mox infra videas.

Pertinebant & hæ omnes *Fidelium* species, aliàs ad Regem, aliàs ad Ecclesiasticos, aliàs ad laicos: & modò prædiorum ratione, modò ministerii. Ex hoc igitur dicti sunt etiam interdum, *fideles Regis*, *fideles Ecclesiæ*, & (quod omnibus commune est qui dominum agnoscunt) *Fideles dominici*.

Fideles Regis. Fideles Ecclesiæ. Fideles dominici.

Sacramentum *fidelitatis* quod præstabat istorum quilibet, & huc plura pertinentia, subjecimus: sed de *fidelitate* paucula præmissuri.

¶ *De fidelitate, & fidelitatis sacramentis.*

Unde

Fidelitas, ea præsertim qua vassallus domino obligatur, aliunde non repetam quàm à Germanis. Dici enim videtur vassallus à Germanico veteri **Gesel**, id est, *comes* simpliciter, vel *comes qui mercede servit*: & hujusmodi *comites* domino pagensi (quem Tacitus *principem* vocat) multo obsequio navasse operam, idem Author ostendit. *Quin* & *illum* (inquit) *defendere, tueri, sua quoq; fortia* * *facta gloriæ eius assignare, præcipuum sacramentum est*. Nominis igitur & sacramenti vassallorum seu *fidelium*, originem habemus: nam ego militaria illa Romanorum sacramenta, huc non attraho. Sed videamus quid in recentioribus ævis *fidelitas* sonuit.

* Seu religio.

Quid.

Fidelitas est fidei, obsequii, & servitii ligamen, quo generaliter subditus Regi, particulariter vassallus domino astringitur. Debetur quidem non solùm Jure positivo, sed & Gentium, & quodammodo naturæ. Ad hoc tamen præstandum, solenne exigitur juramentum quod *fidelitatis* appellatur: significaturq; sub nudo *fidelitatis* nomine ipsum *fidelitatis* jusjurandum, ut 2. Feudd. Tit. 4. De utraq; specie (scilicet generali & particulari) latè inferiùs patebit. *Fidelitas* autem particularis apud Anglos individuè comitatur omnes tenuras, etiam dimissiones ad brevissimum tempus: & quàmvis nunc dierum parcius exigatur, relaxari tamen nullo modo potest, sine tenuræ interitu. Apud exteros quoque licèt remittatur (ut diximus) è lege feudali: *infidelitatis* nihilominus pœna vassallum delinquentem manet: adeo ut remitti potiùs videtur sacramenti præstatio, quàm vinculi nodus dissipari. Sacramentorum formulas animadverte, & primùm *fidelitatis*.

Non relaxanda.

Sacramentum fidelitatis quod à fidelibus Regiis, h. subjectis, Regi olim juratum est; scil. Carolo Magno: ut extat in LL. Franc. lib. 4. cap. 46.

Promitto (ego ille) partibus Domini mei Caroli Regis, & filiorum ejus, quia fidelis sum, & ero diebus vitæ meæ, sine fraude & malo ingenio.

Formula brevis sed quæ sub generali professione, omnia continet ad salutem, honorem, & utilitatem Regis pertinentia. Injunctum igitur est Capitularr. lib. 2. Can. 88. ut sacramenti tenor *fidelibus Regis* apperiatur, & interpretetur.

Aliud ab omnibus Francis, Carolo Hludovici filio juratum mense Junii Anno Dom. 854.

Ego (ill') Karolo Hludovici filio, ab ista die in ante fidelis ero secundum meum savirum, sicut Francus homo per recte esse debet suo Regi: Sic me Deus adjuvet, & istæ reliquiæ.

Cum autem ista Sacramenta plurimùm indigerent interpretatione: visum est deinceps explicatiora reddere: multisq; ideo accessionibus aucta sunt, ut exemplis liquet à Petro Pithæo datis in 12. Scriptoribus, ubi & notandum obvenit, laicos solos sacramentum præstitisse: Episcopos verò professionem tantummodò edidisse.

Sacra-

Sacramentum fidelitatis antiquum, Regi ab Anglis præstitum.

Sed omissis transmarinis, nostratium mores intueamur: & primùm quid de hoc Edouardo Confessori in suis LL. tribuitur. *Statutum est* (inquit Caput. 35.) *quòd ibi* (scilicet ad folcmotum, id est, populi concionem) *debent populi omnes & gentes universæ singulis annis, semel in anno scilicet, in capite Kalendarum Maii, & se fide & sacramento non fracto ibi in unum & simul confæderare, & consolidare sicut conjurati fratres ad defendendum Regnum contra alienigenas, & contra inimicos, unà cum domino suo Rege, & terras & honores illius omni fidelitate cum eo servare, & quòd illi ut domino suo Regi intra & extra regnum Brytanniæ fideles esse volunt. Ita debent facere omnes Principes & Comites, & simul jurare coram Episcopis Regni in* folcmote, *& similiter omnes Proceres Regni, & Milites & liberi homines universi totius Regni Brytanniæ. Hanc legem* (si credere fas sit) *invenit Arthurus qui quondam fuit inclytissimus Rex Brytonum, &c.*

In eandem sententiam Gulielmus 1. qui de Anglis triumphavit. *Statuimus* (inquit) *ut omnes liberi homines fide & sacramento affirment, quod intra & extra universum Regnum* quod olim vocabatur Regnum Brytanniæ, *VVilhelmo Regi domino suo fideles esse volunt, terras & honores suos omni fidelitate ubiq; servare, cum eo & contra inimicos*, & alienigenas *defendere.*

Sacramentum ligiantiæ. In usu est formula recentior, sed etiam antiqua (hodie *ligiantiæ* sacramentum nuncupata) his verbis. *Tu I. S. jurabis quod ab ista die in antea, eris fidelis & legalis Domino nostro Regi, & suis hæredibus: & fidelitatem & legalitatem ei portabis de vita & de membro, & de terreno honore, & quòd tu eorum malum aut damnum nec noveris, nec audiveris quod non defendes* (id est prohibes) *pro posse tuo, ita Deus te adjuvet, &c.* Notabiles & valde extensivæ

Legalis & Legalitas. sunt hîc voces *legalis* & *legalitatem* (libris juridicis, *leaux* & *leaultie*) quibus igitur sistentur cancellis, divinare quidem non valeo. Rex Edouardus 1. apud Brittonum cap. 12. rem sic explicat. *Ceux de 14. ans de southe nous facent le serement que ilz nous serrount feale & leaux, & que ilz ne serrount felons, ne à felons assentauntz.* Fusiùs Author antiquior Bractonus lib. 3. Tract. 2. cap. 1. num. 1. —— *& ostendunt* (Justitiarii) *qualiter à domino Rege & Consilio suo sit provisum, quòd omnes tam Milites quam alii qui sunt quindecim annorum & amplius, jurare debent quòd utlagatos, murdritores, robbatores, burglatores non receptabunt, nec eis consentient, nec eorum receptatoribus, & si quos tales noverint, illos attachiari facient, & hoc Vicecomiti & Ballivis suis monstrabunt, & si hutesium vel clamorem de talibus audierint, statim audito clamore, sequantur cum familia & hominibus de terra sua.* Nunquid hæc omnia ità ad legalitatem spectant, ut in sacramento *fidelitatis* contineantur? Reor siquidem istud potiùs aliud fuisse sacramentum, & pro ratione temporis excogitatum. Quære.

Sacramentum fidelitatis quod à fidelibus ratione feudi, hoc est, à vassallis domino præstabatur; è Feud. lib. 2. Tit. 5.

Ego juro ad hæc sancta Dei Evangelia, quòd à modò in antea ero fidelis ei, ut vassallus domino: nec id quod mihi sub nomine fidelitatis commiserit, pandam alii ad ejus detrimentum, me sciente.

Juramenti hujus expositionem perspicuam fecit Epistola Fulberti Episcopi Carnotensis, ad Aquitanorum Ducem, Decretalium authoritate roborata: Caus. 22. quæst. 5. cap. 18. in hæc verba. *Qui domino suo fidelitatem jurat, ista sex in memoria semper debet habere*: incolume, tutum, honestum, utile, facile, possibile. 1. Incolume, viz. *ne sit in damnum* 1
domino suo de corpore suo. 2. Tutum, *ne sit ei* 2
in damnum de secreto suo, vel de munitionibus suis, per quas tutus esse potest. 3. Honestum, 3
ne sit ei in damno de sua justitia, vel de aliis causis quæ ad honestatem ejus pertinere videntur.
4. Utile, *ne sit ei in damnum de suis possessio-* 4
nibus. 5. 6. Facile vel possibile, *ne id bonum* 5, 6.
quod dominus suus facere leviter poterat, faciat difficile, neve id quod possibile erat, reddat ei impossibile. Ut fidelis hæc documenta caveat justum est. Sed quia non sufficit abstinere à malo, nisi fiat id quod bonum est, restat ut in eisdem sex supradictis, consilium & auxilium *domino suo fideliter præstet: si beneficio dignus videri vult, & salvus esse de fidelitate quam juravit. Dominus quoq; fideli suo in his omnibus vicem reddere debet. Quod si non fecerit, meritò censebitur malefidus; sicut ille qui in eorum prævaricatione, vel faciendo, vel consentiendo deprehensus fuerit perfidus, & perjurus.* Nos memoriæ causa sic expressimus.

Incolume, & tutum: sicut utile, semper honestum.
Possibile & facile: & consule, & adfer opem.

Princeps in sacramento fidelitatis exceptis. Cum autem ratione hujus sacramenti (quod & pluribus clausulis tanquam expositoriis intercalabant ut inferius patebit) vassalli etiam adversus Imperatorem & Reges, domini partem tuerentur: Fredericus Barbarossa (ut est apud Radevicum lib. 2. cap. 7.) legem tulit Roncaliis An. Dom. 1152. *Ut in omni sacramento fidelitatis Imperator nominatim excipiatur.* Quod quidem ubiq; gentium protinus est

Etiam dominus antiquior. receptum: & adjecit Lex feudalis lib. 4. ca. 31. excipiendum quoque dominum antiquiorem: sed vassallus qui *ligius* dicitur & *homo-*

Sed ligius neminem excipit. *logus*, neminem omninò excipit: ut infra in *Ligius.*

Sacramentum Fidelis prædialis, qui prædium rusticum (hoc est, in Soccagio) tenet, non feudum.

Huic apud nos haud addicitur proprium sacramentum, sed quod feudali seu Tenenti per servitium militiæ, commune est, ut genus speciebus. Cum itaque summa juramenti sit, ut uterq; adimpleat debita servitia, respiciendum est ad servitiorum diversitatem. Et sufficit plerunque in hoc *fideli*, si pactos redditus exolverit, sectamque curiæ dominicæ ex more præstiterit. Tenetur nihilominus aliquando & ad alias consuetudines, & personalia quædam obsequia, prædialesq; operas subeundas. Domino autem non militat, non armis cingitur. Forma sacramenti traditur in Stat. An. 17. Edouardi 2. *Quant franke home fra fealtie, &c. i. Quando liber homo domino suo fidelitatem fecerit, tenebit manum suam dextram super libro, & dicet in hunc modum. Audi hoc mi Domine R. quod ego P. vobis ero fidelis & legalis, & fidem vobis feram de tenementis quæ de vobis teneo, & legaliter vobis faciam consuetudines & servitia quæ vobis facere debeo, ad terminos assignatos, ut Deus me adjuvet & Sancti ejus.* Deinde librum osculabitur.

Sacramentum Fidelis ministerialis, hoc est, qui vel ad familiam domini, vel ad jurisdictionem ejus pertinet. Domestici, familiaris.

Jurabat iisdem verbis quibus *Fidelis* ratione feudi. Sed cum circa personam domini multò esset frequentior (utpote in domo, familia, vel jurisdictione dominica deserviens) major necessario collocanda erat in eo fiducia, quam in aliis *Fidelibus*, & hanc ideo fallere, multò maius in ipso flagitium. Illius igitur sacramento adjecit L. feudalis lib. 2. Tit. 5. ut præterea nominatim *vitam, membrum, mentem, & rectum domini honorem juraret.* Hinc & apud nos, si dominum interficiat (quod in aliis *Fidelibus* tantum felonia est) in ipso censetur prodirio. Vide igitur quale huic sacramentum excogitavit antiquitas: sed & excogitatum traxit utique ad *feudales*. Præsertim qui domino serviebant, dominationi feudi adjunctam habenti jurisdictionem. Petty treason.

Ego Titius juro super hæc sancta Dei Evangelia, quòd ab hac hora in antea, usq; ad ultimum diem vitæ meæ, ero fidelis tibi Caio domino meo, contra omnem hominem, excepto Imperatore, vel Rege. Quod verbum si rectè intelligatur (inquit liber Feud.) nulla quidem indiget adjectione, sed integram & perfectam continet in se fidelitatem, sed propter simplices & nominis significationis ignaros, ad illius verbi interpretationem, hoc adjici solet, id est. *Ego juro quod nunquam scienter ero in consilio, vel auxilio, vel in facto, quòd tu amittas vitam vel membrum aliquod, vel quòd tu recipias in persona aliquam læsionem, vel contumeliam: vel quòd tu amittas aliquem honorem, quem nunc habes, vel in antea habebis. Et si scivero, vel audivero de aliquo, qui velit aliquod istorum contra te facere, pro posse meo ut non fiat impedimentum præstabo: & si impedimentum præstare nequivero, quam cito potero tibi nunciabo, & contra eum prout potero auxilium meum tibi præstabo. Et si contigerit te rem aliquam quam habes vel habebis, injustè, vel fortuito casu amittere, eam recuperare juvabo, & recuperatam omni tempore retinere. Et si scivero, velle te justè aliquem offendere, & inde generaliter vel specialiter fuero requisitus, meum tibi sicut potero, præstabo auxilium. Et si aliquid mihi de secreto manifestaveris, illud sine tua licentia nemini pandam, vel per quod pandatur faciam. Et si consilium à me super aliquo facto postulaveris, illud tibi dabo consilium, quod mihi videtur magis expedire tibi. Et nunquam ex persona mea aliquid faciam scienter quod pertineat ad tuam, vel tuorum injuriam, vel contumeliam.* Hæc formula dominis admodum placuit: receptaq; statim in omni ferè curia, non solum domesticis & familiaribus, sed & feudalibus item obtruditur. Jurandorum autem famulorum consuetudo in illustrium Magnatum familiis vim quandam usque ad nostram ætatem obtinuit.

Sacramentum fidelitatis, villano, hoc est, mancipio indictum.

Superest denique villani sacramentum quod etiam exhibet Statut. An. 17. Edouardi 2. in his verbis. *Quant villain fra fealtie à son Seignour, &c. i. Quando villanus faciet fidelitatem domino suo, tenebit manum suam dextram super libro, & dicet in hunc modum. Audi domine mi A. quod ego W. à die ista in antea vobis ero fidelis & legalis, & fidem vobis feram de tenemento quod de vobis teneo in vilanagio, & à vobis justificabor in corpore & in catallis: ita me Deus adjuvet & Sancti ejus.* Quod autem ait: *A vobis justificabor, &c.* idem est quod: *tu mihi jus dices tam de corpore meo, quam de omnibus bonis & fortunis meis.*

Transactis jam sacramentorum speciebus, videamus de loco, tempore, ætate, & ritu, quibus præstari solita est *fidelitas*: & hic quidem è prædictis partim liqueat, sed adjiciemus reliqua. Locus *fidelitatis* Regibus jurandæ, is olim erat ubi illustriores celebrati sunt conventus: Malla, Placita generalia, Gemota. Sic Carolo Hludovici filio in Mallo Remis V. Non. Julii An. Dom. 854. Karolo Calvo in Placito generali apud Gundulfi villam V. Idus Septemb. An. 873. Edouardi Confessori in celeberrimis Gemotis seu Folcmotis, annuatim in cap. Kal. Maii. Henrico 3. in Justitiariorum Itineribus. Omni autem ævo atq; etiam hodie, in Turnis Vicecomitum nostrorum, & villarum Letis: sed plerunque hic jurantur tantum ephebi, & inferioris conditio- Jurandæ *fidelitatis*, locus & tempus.

nis homines, nobilioribus (quòd sciam) nusquam in hunc modum jurantibus. Domino quoq; feodali parciùs juratum est à nostratibus: tenentur tamen (lege non antiquata) infra annum & diem id ipsum facere, prout in jure feud. de quo suprà in *Felonia*: & solennis huic locus est Curia domini, uel (ut ait Cujacius) domus ejus, licèt aliàs perficiatur. Ministeriales vero vix omnino jurant, nisi Regi.

Lib. 4. Tit. 76. Lib. 2. Tit. 4.

Ætas.

Ætas faciendæ *fidelitatis* admodum varia est. Regi fit juxta usum hodiernum, in Turnis & Letis, ad annum 12. juxta Britonum, ad 14. juxta Bractonum ad 15. si loca ex illis superiùs recitata, ad hanc *fidelitatis* speciem rectè pertineant. Domino quoque feudali pro locorum moribus, varia fit ætate. Minor (inquit L. feud. lib. 4. Tit. 13.) *facere non cogatur fidelitatem donec venerit in majorem ætatem in qua doli capax sit.* Omnis autem pubes doli capax est (ut ibi Cujacius) impubes incapax. De pubertate igitur jam quæstio, & hæc in Concilio Roberti Regis Siciliæ, definita est ex annis 14. Lutetiæ & aliis locis, in maribus ad 20. in fœminis ad 15. & fidelitas tunc facienda: Biturigibus ad 18. ut hæc item Cujacius. Apud nos autem & maribus & fœminis 21. statuitur.

Pubertas.

Ritus.

Quoad ritum in præstanda *fidelitate* usitatum. Notat Juretus ad Ivonem, pluribus exemplis, & Bignonius ad Marculfi l. 1. c. 18. (ubi dicitur *in manu nostra trustem & fidelitatem nobis visus est coniurasse*) more Francico *fidelitatem* olim promitti, datis manibus. Non tamen ut Virgilio Æn. 1. *Jungamus dextras*: sed huc confert Bignonius Annales Pipini insertos Aimoini continuationi lib. 4. ca. 64. ubi sic legitur. *Illuc* (scil. Compendii ad generalem populi conventum) *& Tassilo Dux Baioariorum, cum primoribus gentis suæ venit, & more Francico in manus Regis in vassaticum manibus suis seipsum commendavit: fidelitatemq́; tam ipsi Regi Pipino, quam filiis ejus Carolo & Carlomanno jurejurando supra corpus S. Dionysii promisit.* Hic certè locus bellè indicat antiquum morem, cùm in *fidelitate*, tum in *hominio* (quod *vassaticum* nuncupat) præstando: manuum verò Tassilonis in manus Regis collationem, ad *hominii* ceremoniam pertinere, non ad *fidelitatis*. In *fidelitate* enim juranda, jurantis manus vel ad Sanctorum reliquias (uti hic) vel ad Evangelii codicem (ut superiùs) porrigebatur: non autem ad manus Regias. Clarè in hoc uno exemplo de utroq; constat: & (pro more posteris receptissimo) *hominio* præstito, immediatè subnecti *fidelitatem*. Plura vide in *Hominium*.

Jurabat aliquando & Rex ipse subditis suis *fidelitatem*. Mitto exteros: sic autem de Canuto Rege Florentius Wigorn. in An. 1061. —— *Fidelitatem illi juravere* (Magnates) *quibus & ille juravit quod & secundum Deum, & secundum sæculum fidelis esse vellet eis dominus.* Fidem quippè inter dominum & vassallum reciprocam esse, ostendit Cujac. ad 2. Feud.

¶ *Fiducia.*] Nostratibus, ut exteris, eo sensu non nunquam dicitur, quo supra *fidelitas*: inde etiam *Fiduciatus* pro Fideli.

¶ *Fierbote.*] Vox fori. Vide *Bota* & *Estovarium*.

¶ *Fightwita*, al. *Fihtwite.*] Mulcta ob commissam pugnam in perturbationem pacis. In exercitu Regis 120. solid. luebatur, ut infra in *Fird*, quod vide. MS. codex: *Fightwita, id est, forisfactura pugnæ.*

¶ *Filacium, Filazarius.*] In foro causarum civilium (quod *Bancum communem* vocant) 14. habentur *Filazarii*, qui inter alia sui muneris, Brevia cujusvis generis originalia, hinc emanantia, litigantibus scribunt & expediunt.

Filacium autem est filum crassius, quo in Curiis Regis, Brevia & rescripta trajecta, constringuntur, ne vel amittantur, vel à plagiariis surripiantur. Dictum à Gal. *filace*. Apoll. *filatus*.

¶ *Filateria.*] Gregor. Regist. lib. 12. Epist. 7. *Excellentissimo autem filio nostro Adulouvaldo Regi transmittere filateria curavimus, id est, crucem cum ligno sanctæ crucis Domini: & lectionem sancti Evangelii theca Persica inclusam.* Nonne à Gr. φιλήτης seu φιλήτωρ pro *amatore*: vel φιλέταιρος pro eo qui amicos amat, quasi *dona amicæ*?

Sed occurrit lib. Rames. Sect. 172. *Filacterium* alio sensu. *Eadem quoq; mulier dedit filacterium unum habens precium 12. marcarum auri, & album cum casula & stola, & calicem unum cum una cortina.* Philacterium

¶ *Filctale*, al. *Fildale.*] Compotationis genus Bractoni ævo prohibitum, quo Ballivi hundredorum pecunias colligentes, radebant populum hundredi. In impresso Bractoni codice, lib. 3. Tract. 2. ca. 1. *filctale* legitur: cujus ego nullam rationem teneo, sed perspicuè in M. S. nostro *fildale*: quod compotationem in campis significat, unde clara vocis occasio. Videtur scriptoris vitio, litera *d* in *ct* mendosè dissecta esse. Vide *Scotale*.

¶ *Filiolus.*] A Godsonne. Hunt. pa. 351. Godeun, Rex dacus, qui fuit filiolus Alfredi Regis.

¶ *Fillones.*] Ekkehard. Ju. Cas. S. Galli ca. 5. *Ecce ungri, fillones illi fugitivi nunciis me fatigant, &c.* Quære cum Goldasto: an hic *villones*, id est, villani, *villains*: quasi furciferi & nebulones fugitivi; an à veteri verbo *fillen* Otfrido & aliis frequenti pro *verberare, flagellare, fustigare*, quasi verberones, & fustigandi? Mox autem hos ipsos dicit, viros fortissimos.

¶ *Filtorta*, seu *Filtortus.*] Res dicitur quæ apud alium inventa, in tertii manum commissa est æqualiter conservanda. Res sequestrata. L. Salica Tit. 49. in rubrica. *De filtortis, hoc est qualiter homo furatas res intertiare* debet

debet. Gl[illegible] illic: *De filtortis, de intertiatis rebus.*

¶ *Filum aquæ.*] Daviis Report. pa. 57.

¶ *Finderinga.*] Vide *Fynderinga.*

¶ *De transactionibus coram Rege, præsertim* Fine & Finali concordia. *Species aliquot veteres: at primùm obiter de vario modo testandi Chartas.*

¶ *Finis.*] Apud nos varias obtinet significationes. Primò dicitur ritus ille solennis transferendorum prædiorum in curia Regis civilium causarum, quo nihil sanctius habetur vel augustius, ad alienationes & hæreditates stabiliendas. Majoribus nostris in usu fuit, ut authoritate testium magis valeret transactio, eam (præter morem communem) aliàs coram domino Manerii & Paribus curiæ suæ recitare. Aliàs coram domino Hundredi, & Paribus Hundredi. Aliàs coram Vicecomite & Paribus Comitatus: necnon aliàs, coram ipso Rege & paribus Regni: testationemq; ab his omnibus impetratam, Chartis inscribere. Solebant præterea in conferendis prædiis Ecclesiæ, Chartam sæpiùs ad altare, Sanctorumve reliquias offerre, sæpè utiq; in conventu Synodali ratam facere: & ut nihil deesset ad firmitatem, vota insuper & imprecationes, & solennia jura juranda sæpissimè adjungere. Hinc provenit quòd in una aliqua antiqua Charta, plurimi sæpe numerantur Magnates, Milites, & potioris notæ homines testium classe conscripti. Sub ævo tamen Guilielmi 1. (ut è libro notatur Eliensi) omissis singulorum nominibus, collectivè interdum scribitur, *Teste hundredo*: & lib. Ramef. sect. .... nominatis quibusdam, annectitur, *& aliis de Homagio.*

Transactionis testandæ varia genera.

Coram Rege augustissimum

Cum autem illud quod præsente & inspiciente Rege factum erat, omnes meritò humanas solennitates superaret (utporè quod non solùm in Manerio, Hundredo, Comitatu, sed per universum Regnum sanctiùs valeret) neglectis paulatim aliis hoc præcipuè amplexum est.

Sanctior erat donatio & inviolanda, quæ coram Rege aut Episcopo facta est. Alured. LL. ca. 37.

Ejus duo genera, viz. per Chartam.

Transactionis igitur coram Rege duo erant genera: unum simplici ejus Charta enuntiatum & testatum, aliud tanquam è composita lite proveniens, rei judicatæ formam exhibet, ideoq; *Finis* dictum, quasi litis terminus. Non desunt utriusq; species antiquæ apud exteros, prioris tamen occurrit manifestior: cujus formulam Marculfus lib. 1. ca. 13. mille pene hinc annos expressit, Regem sic statuens edicentem. *Quicquid enim in præsentia nostra agitur, vel per manum nostram videtur transvulsum, volumus ac jubemus ut maneat in posterum robustissimo jure firmissimum. Ideoq; veniens, ille, fidelis noster, ibi, in palatio nostro, in nostra, vel procerum nostrorum præsentia, villas nuncupatas, illas, spontanea voluntate nobis per fistucam visus est werpisse vel condonasse in ea ratione, &c.* modumq; concessionis repetit & confirmat. Solennitatem autem illi per *fistucam* (ut vides) id est, per traditionem virgæ peragebant: quo nos etiam more olim aliquando tàm in terris liberis, quàm hodie in nativis conferendis, usi sumus, ut perspicuè constat è charta quadam ex supradictarum genere in voce *Hustingus.* Reges tamen nostri non ita; sed conventiones in palatio factas sive coram semetipsis, sive coram Magnatibus suis, Chartæ suæ authoritate testabantur & confirmabant. Lib. Ramesiæ Sect. 321. *Henricus* (2.) *Rex Angl' Gilberto Vicecomiti, & omnibus Baronibus & fidelibus suis Francis & Anglis de Huntedeneschire, Salutem. Sciatis quod Gilebertus filius VVidonis: quietum clamavit Abbati & Monachis Ramesiæ Ringsted & Holme & omnes alias terras & tenuras quas pater suus tenuit præter Stowe & terram de Blunteh'. Hoc factum est coram me, & meo concessu. Teste R. Testando apud VVindeleshore.* Similes aliæ pluræ. Sed genus alterum (qui *Finis* dicitur & *Finalis concordia*) magis placuit; quod præter testationis magnificentiam, non solùm ad stabiliendas transactiones, sed ad rescindendas etiam lites (ut inferius patebit) maximè valeat: ideoq; ab emptoribus terrarum, tanquam sacra anchora, culta & admirata. Olim coram ipso Rege & Magnatibus Regni peragebatur. Hodie (ut diximus) coram Justiciariis ejus in Curia civilium causarum, magna reverentia consedentibus: quibus non interea deest Regalis præsentia, dum Majestatis radii omnia illustrant tribunalia. Sed vide exempla *Finis* Henrici 2.

Et fistucam.

Per finem.

Olim coram ipso Rege.

Formula Fi antiqui.

Hæc est finalis conventio facta in Curia domini Regis apud Clarendum anno XXXIII *Regni Regis Henrici secundi coram domino Rege & Johanne filio ejus & Rand' de Glanvil' & Hub' Decano Eborac. & Rad' Archidiacono Hereford', & Rob' de VVitefeld, & Rog' filio Remfir', & Roberto de Inglesham Archid' Glocestr' & Josel' Archid'* [illegible] *Magistro Thoma de Bussecurn', Mich' Belet & aliis Baronibus & fidelibus domini Regis qui tunc ibi præsentes erant. Inter Rob'tum Abbatem Ram' & ejusdem loci conventum & Gaufr' Peche de tota terra quam ipse Gaufr' tenuit in villa de Oura de prædicto Abbate & conventu, & unde placitum fuit inter eos in Curia Regis. Scil. quod prædictus Abbas & conventus concesserunt eidem Gaufr' totam terram illam de Oure cum piscariis & aliis pertinenciis suis, tenendam de eo & de ejusdem loci conventu tota vita sua pro* vii *libris annuatim inde reddend' ad hos terminos. Ad Pasch'* LXX *sol. & ad festum S. Mich'elis* LXX. *Ita quod post mortem ipsius Gaufr. redibit tota terra illa cum piscar', & aliis pertinenciis suis ad dominium ipsius Abbatis Ramesiæ & ejusdem loci conventus, sine ullo retenemento,*

mento, & reclamatione hæredum ipsius Gaufr'. & posterorum Ham' Peche. Juravit etiam idem Gaufr. quod nullum quæret ingenium vel artem, unde prædictus Abbas & ejusdem loci conventus, aliquid de prædicta terra vel piscariis suis vel aliis pertinenciis suis amittant.

Vides *Finem* istum factam esse in Palatio Regis, coram ipso Rege, coram filio suo, & coram Baronibus Regni, præsentibus etiam (quos novimus fuisse Justiciarios) Glanvilla, Witefeldo, Beleto, &c. Gaufridum verò cujus bono factus est *Finis*, jure jurando se coram Rege & Baronibus obstrinxisse (quod hoc seculo non rarum fuit) terra & rebus ei ad terminum vitæ solummodo concessis, non abutendum. Ad hæc tamen (uti adhuc invalida) accessit insuper Charta Regis, quâ (recitatis verbatim conventione & *Fine*, quin & paulò uberiùs ipso jure jurando) Rex omnia solenniter confirmat, Et hæc demum addit: *Quare volo & firmiter præcipio quod hæc conventio inter eos facta, firma & stabilis permaneat. T. Johanne filio meo, Ran' de Glanvill, &c. apud Clarendon*. Sect. 370.

Juramentum *Fini* additum, & Charta Regis.

Modus levandi *finis*.

Finis prosequendi (seu ut loquuntur levandi) hæc breviter ratio est. Litigare videntur partes contrahentes, de conventione inter ipsos facta. Producit igitur emptor (qui *Cognizarius* dicitur) Breve Regis de *conventione tenenda* adversus venditorem. Ille in jus vocatus, succumbit illicò & impetrata concordandi licentia, tenorem pacti coram Justiciariis recognoscit (à quo & ipse *Cognitor* appellatus est) Liti finis judicio Curiæ sic imponitur, & hinc rei nomen; *Finis* & *Finalis concordia*. Ideo autem *Finis*, non quod huic tantùm liti finem adferat, sed aliis omnibus undecunque emersuris, si intra quinquennium (olim intra annum & diem) jus suum Actor non prosequeretur. Cognitorem verò & hæredes ejus protinus excludit: & post Duellum & Magnam assisam, locum tenet maximè peremtorium. Glanvilla lib. 8. ca. 1. *Finis est amicabilis compositio, & finalis concordia, ex consensu & licentia Domini Regis, vel ejus Justitiariorum.* Et lib. 9. cap. 3. *Talis concordia finalis dicitur, eo quod finem imponit negotio, adeo ut neutra pars litigantium ab eo de cætero possit recedere.*

Cognizarius. *Cognitor.* *Finis. Finalis concordia.* *Statut. de finibus.*

Finis etiam dicitur pecunia Regi persoluta, pro licentia transferendi prædia, modo quo supra: aliàs **the Kings silber**, i. *Argentum Regis* nuncupatum.

Finis, pacta summa pecuniæ quam ineundorum prædiorum causâ, vel domino persolvitur à nativè Tenente, vel elocanti à conductore: olim *gersuma* dicta.

Finis præterea est mulcta gravior, gravioribus delictis vel à Rege & Magistratu imposita: vel à domino Manerii. Saxonibus *VVita major*, nam quæ levioribus impingebatur *Wita* simpliciter, & *amerciamentum* dicitur. Quæ gravissimis, *redemptio*. In nulla autem istarum significationum audita est vox *finis* nostratibus, ante seculum Normannicum.

¶ *Fird*, & *Firdfare*.] Idem Saxonibus nostris quod aliis *Herebannum*: scil. indictio ad profectionem militarem. *Evocatio*. ꝼynð enim & ꝼynðinga *expeditionem* significant, quo nomine ea ætas militiam appellabat: *fare*, *profectionem*. LL. Henr. 1. ca. 11. *Hæc sunt jura quæ Rex Angliæ solus & super omnes homines habet in terra sua —— qui in hostio pacem fregerit: burghbotam, vel brigbotam vel firdfare superséderit, &c.* Desumpta sunt ista è Canuti LL. par. 2. c. 12. sed illic *fyrdwite* legitur: & pro *firdfare* aliàs *Herdfare* dicitur, nam hene, *exercitus*. Terrestris autem expeditio *Lanfyrd* appellatur: navalis *Scypfyrde*, de quibus ibidem ca. 75. Vide *Faldwurthi*, & *Herdfare*. *Herdfare. Landfyrd. Scypfyrde.*

Firdsocne, est immunitas à militia: ƿocne enim est *libertas*, *immunitas*.

Firdwita, Sax. ꝼynð-ƿite, id est mulcta detrectantis militiam; & hæc inter Anglos erat 120. sol. inter Danos verò pro ipsorum consuetudine, ut patz. Canuti LL. par. 2. capp. 12. & 60. &c. Longobardis dicitur *Heristliz*. Perperam autem scribuntur hæc vocabula ab ignorantibus linguam Saxonicam: nam *Frid* & *Fred*, pro *Fird* ubiq; penè substituunt, h. *pacem* pro *militia*.

¶ *Firdstoll*.] Occurrit in archivis Regiis pro cathedra quietudinis vel pacis, sed mendosè scriptum pro *Fridstole*, quod vivide. ꝼnið enim *pax* est, ut supra, non ꝼynð.

¶ *Firebote*.] Vide *Bota* & *Estovarium*.

¶ *Firlot*.] Mensuræ genus apud Scotos, galones duas & unum *le pint* continens. Pondere autem 41. lib'. Parliament. Jacobi 1. Sect. 70. An. Dom. 1426.

¶ *De firma & re mensali, quando in eduliis præstita, quando in nummos conversa, & quare. Ejus species variæ, & significationes.*

¶ *Firma*, *Firmarius*, *Firmarium*, & *Fermarium*.] *Firma*, reditus est qui in elocandis prædiis, domino elocanti reservatur. Gall. *ferme*, Angl. **fearm**. *Firmarius*, qui prædium hac lege suscipit: *Conductor*. Author Nigri libri Scaccarii (400 ante annos conscripti) Capitul. de præparat. rotulor: *firmam* pluribus contendit à *firmitate* dici, ut sic differat à reditu mobili. Alios etiam video in eam sententiam, vocabulariumq; Juris utriusque *firmum* appellare, sed eo ductum quod Longobardi *fictum*, q. *fixum* nominant, & *affictare*, h. *affigere* dicunt pro elocare. Error nihilominus satis est perspicuus: vox enim planè est Saxonica, ꝼeanme, al. ꝼeonme, et significat *cibum*, *prandium*, *cœnam*, *alimentum*. Sic in Canuti LL. par. 2. cap. 68. ꝼeanme ꝼillan, *cibum dare*; me ꝼeonmian, *mihi victum admini-* *Firmum. Fictum. Affictare.*

ministrare: Et in Evang. S. Marc. ca. 6. 21. Heroð gegearwode mycle feorme, *Herodes fecit magnam cœnam.* Hæc quo spectant animadverte.

Firma pro cœna, prandio, corrodio, convivio, epulo, & omni deniq; mensæ, apparatu. Constat supra de Saxon. feorme, sed Latinum *firma* hoc utiq; significare, demonstrandum est. Huntindon. Histor. lib. 6. in an. 23. Edouardi Confess. *Tostius igitur furabundè discedens à Rege & à fratre suo perrexit ad Hereford ubi frater suus corrodium regale maximum paraverat: ubi ministros fratris sui omnes detruncans, singulis vasis vini, medonis, cervisiæ, pigmenti, morati, siceris, crus humanum, vel caput, vel brachium imposuit. Mandavitq; Regi quod ad firmam suam properans cibos salsatos sufficienter inveniret, alios secum deferre curaret.* In hac ipsa Historia, hoc ipso vocabulo usus est cùm Mat. Westmonast. tùm Ranulf. Cestriens. ita referens: *Tostius in curia Regis Edouardi apud VVindeshoram amaricatus, indignanter recessit usq; Herford, ubi Haraldus convivium regale Regi paraverat* (&) *ministros fratris detruncans, membra illorum in poculis conditis posuit: mandans Regi, quod si ad firmam suam venire vellet, cibos sufficienter salsatos inveniret.* Ne autem *firma* hic dici videatur pro *Villa* aut *Manerio* (ut pòst aliquot inferiùs) rem perspicuam fecit Trevisa qui Ranulfum transferens in sermonem Anglicum An. Dom. 1357. locum sic reddidit: --- **yf hee wolde come to his feste, he sholde have suit mete ynow.** Ubi **feste**, idem nobis quod *convivium.*

Reditus olim in eduliis plerumque colligebant. Tit. 22.

Prisci autem moris fuit (dum exiguè se habuit nummorum copia, profusius hospitalitas) annales reditus in eduliis collegisse. Liquet hoc uberrimis testimoniis, cùm è Legibus & Chartis antiqq. Alamanicis, tum è libris Anglorum fiscalibus: ubi Reges etiam nostros ita victitasse (donec Henricus 2. ex justa occasione morem commutavit) deprehenderis.

Etiam Reges.

Rem totam è supradicto ipso Authore Scaccarii (qui ex ignorantiâ verbi *firma* sub illo seculo, dignoscatur Normannus) infra referam licèt prolixius, codicem enim nisi furtim sol intuitur. Sed videamus primùm quisnam fuit usus ille, & quam in elocandis prædiis, tenuerunt rationem. Non enim (uti hodie) imposuit pro voluntate dominus in Tenentem, elocator in conductorem. Prohibuit saltem Inas Rex, modum hunc (in cæteris æquè observandum) suis legibus constituens ca. 70. Scil. ut ex decem hydis terræ (hoc est quanta totidem sufficiat aratris) exhibeantur

Lege cautum est de quantitate eduliorum reddenda pro x. hydis.

Mellis Dolia 10. *Panes*	300
Cervisiæ VVallicæ, i. potentioris, ambr'	12
Cervisiæ tenuioris ambræ	30
Boves adulti 2. *aut verveces*	10
Anseres 10. *gallinæ* 20. *casei*	10
Butyri ambra 1. *Salmones*	5
Fodri seu pabuli, libræ	20
Anguillæ.	100

Vide Sicla.

Sin ad unam hydam, carucatam, seu a **ploughland**, hæc reduxeris, erunt:

a Firma annonaria unius hydæ.

Mellis dolium 1. *Panes*		30
Cervisiæ potentioris ambra	1	1 1/12
Cervisiæ tenuioris ambra		3
Verveces 1. *Gallinæ* 2. *Caseus*		1
Butyri, ambræ pars decima. Salmo dim.		
Fodri seu pabuli libræ 2. *Anguillæ*		10

Sic cum Anketelus quidam ævo Æthelredi R. (qui floruit An. 1000.) terras de Hicheling & Kinildtona *cum firma & servitio* (ut ipse loquitur) *sicut haberentur in suo dominio*, Abbati & Monachis Ramesiæ, post suiipsius obitum concessisset; voluit interea, ut durante vita etiam sua, hanc è terra de Hicheling *firmam* annuam perciperent, viz. *ad festum Sancti Benedicti quod est in æstate*, 10. *mittas de braseo, &* 5. *de gruto, &* 5. *mittas farinæ triticeæ, &* 8. *pernos &* 16. *caseos, &* 2. *vaccas pingues* ——— *In capite autem quadragesimæ*, 8. *fratribus ysicios annuatim.* Sect. 144.

Sed accedamus ad librum Domesdei ubi multa de *Firmis*, pauca perspicuè, rem tamen annonariam, & quæ ad mensam pertinet, quasi *mensalem*, seu **Bordeland** significantia. Titt. Sudsex. Comes Meriton. Borne. *T. R. E.* (id est, tempore Regis Edouardi Confess.) *reddebat firmam unius noctis.* Intelligo (si fœliciter) *edulia ad cœnam unam*, vel fortè eorundem precium. Sic in Wiltscir Tit. Rex. i. terra Regis, *Firma unius noctis* sæpenumero occurrit. Titt. Sciropesc. Rex. *Tempore Adeldredi patris Regis Edwardi reddebant hæc tria maneria dimidiam firmam noctis.* Titt. Northantescire. Rex. *Northantescire reddit firmam trium noctium*, 20. *lib. ad pondus.* Titt. Oxsenefodsc. Rex. *Comitatus Oxeneford reddit firmam trium noctium, hoc est*, 100. *lib.* Titttt. Essexa. Rex. Hundred de Chemeresford. Writelan. *Tunc reddidit hoc Manerium* 10. *noctes de firma, modo* [illegible]00. *lib. ad pondus, &* 100. *sol. de Gersuma.* Simile in hundredo de Tendring in Brictricestria. Tittt. Sudsex. Will. de Bray. Bredelinges. *T. R. E. reddebat unum diem de firma, & valebat* IIII^{xx}. xv. *lib.* vi. *den. & post valuit* L. *lib. modo* x. *lib.* Titt. Hantescire. Rex. *Hæc tria Maneria, Basingstock, Clere, & Esseborn, reddunt firmam unius diei.* Tittt. Cornevalge. Scūs Pieremus. Lanprian. *De hoc Manerio ablata sunt terræ quæ redd. Canonicis T.R.E. firmam* IIII. *septimanarum.* Rames. Sect. 192.

Firma unius noctis.

Firma dimid. noctis.

Firma 3 noctis

Firma 10 noctium.

Firma unius diei.

Firma 4 septimanarum.

Jam Authorem Scaccarii cujus suprà mentionem fecimus, bellè de istis perorantem audi. Sic enim ille l. 1. c. 7. de institutione examinis argenti. *Sicut traditum habemus à patribus, in primitivo Regni statu post conquisitionem: Regibus de fundis suis non auri vel argenti pondera, sed sola victualia solvebantur, ex quibus in usus cotidianos domus Regiæ necessaria ministrabantur: & noverant qui ad hoc deputati fuerant, quantum de singulis fundis pro-*

proveniebat. Cæterum ad stipendia & donativa militum, & alia necessaria de placitis militum vel conventionibus, & ex civitatibus vel castellis (à quibus agricultura non exercebatur) pecunia numerata succrescebat. Toto igitur Regis Willielmi tempore, perseveravit hæc institutio, usq; ad tempora Regis Henrici filii ejus: adeo ut viderim ego ipse quosdam qui victualia statutis temporibus de fundis Regiis ad Curiam deferri viderint. Certumq; habebant Officiales domus Regiæ, à quibus Comitatibus triticum, à quibus diversas species carnium, vel equorum pabula, vel quæq; necessaria debebantur. His verò solutis secundum constitutum modum cujusque rei, Regii Officiales computabant Vicecomiti, redigentes in summam denariorum:

Pro mensura, scil. tritici ad panem centum hominum *solid. unum.*
Pro corpore bovis pascualis solid. unum.
Pro ariete vel ove iiij. den.
Pro prabenda 20 equorum similiter iiii. den.

Occasio mutandæ *firmæ* victualium in denarios.

Succedente vero tempore cum idem Rex in transmarinis & remotis partibus, sedandis tumultibus bellicis operam daret: contigit ut fieret sibi summa necessaria ad hæc exempla numerata pecunia. Confluebat interea ad Regis Curiam querula multitudo colonorum, vel (quod gravius sibi videbatur) prætereunti frequenter occursabat, oblatis vomeribus in signum deficientis agriculturæ. Innumeris enim molestiis premebantur occasione victualium quæ per plurimas Regni partes à sedibus propriis deferebant. Horum igitur querelis inclinatus Rex definito magnorum concilio destinavit per Regnum quos ad id prudentiores & discretiores cognoverat, qui circuneuntes & oculata fide fundos singulos perlustrantes habita æstimatione victualium quæ de aliis solvebantur, redigerunt in summam denariorum. De summa verò summarum quæ ex omnibus fundis surgebat in uno Comitatu constituerunt vicecomitem illius Comitatus ad Scaccarium teneri, addente ut ad scalam solveret, hoc est propter quamlibet numeratam libram 6. den. rati sunt enim tractu temporis, de facile posse fieri, ut moneta tunc fortis, à suo statu decideret. Nec eos fefellit opinio: unde coacti sunt constituere, ut firma maneriorum non solum ad scalam sed ad pensum solveretur.

Firma pro reditu pecuniario, &c. Gall. *fermage*. Multa habet superior narratio Mercurii digito consignanda: sed ab ea tempestate dicitur firma tàm de pecuniario reditu ex elocatis provenienti, quam de annonario: non autem de perpetuo illo quem *Assisæ* vocant. Hoveden. in Johan. R. An. Dom. 1199. *Rex pravo usus consilio, firmam maneriorum* (Archiep. Eborac.) *de termino Pentecostes sibi retinuit: promittens, quod in reditu Archiepiscopi omnia ei solveret.*

Firma, metonymicè pro ipso prædio elocato, villa, manso, colonico. Malmesb. in Williel. Rufo An. 1099. *Rex Will. ecclesias & monasteria, ferè totius Angliæ, in manu sua pastoribus defunctis retinens; gravi omnia depopulatione vastabat, & instar firmarum laicis commendabat.* Concil. Westmonast. An. Dom. 1127. *Episcopi, Presbyteros, Abbates, Monachos, Priores, Subjectos firmam tenere inhibeant.* Idem, Concil. London. An. 1237. &c. Constitut. Phil. R. Franc. (supra in *Explectamentum*) Dedit *villam Burgesiam, firmas, blada molendina, &c. villæ de Guingencampo.*

Firma Regis, pro villa Regia, seu Regis Manerio. LL. Aluredi cap. 2. ᵹiꞅ ƿpa ðæꞃa mẏnꞅꞇeꞃ hama ꝼoꞃ ƿꞅẏlce ꞅcẏlðe ᵹeꞃece. ðe ne cẏninᵹeꞅ ꝼeoꞃme ꞇob limpe, &c. Id est juxta antiquam versionem: *Si quis ad Ecclesiam pro quacunq; culpa confugiat quæ ad firmam Regis non pertinet, &c.* Hic autem Lambardus cynninᵹeꞅ ꝼeoꞃme *villam Regis interpretatur.*

Firma pro elocatione. Ingulphus Saxon. Hist. Croyl. -- *nostram esse possessionem, non firmariorum reputant & affirmant, cum adhuc 20. anni de firma illorum restent antequam centum anni concessi* ——-- *compleantur.* Hinc

Ad firmam ponere vel dare, pro dimittere vel elocare. Charta R. Henr. 1. de libertatib. Angliæ, *Sanctam Dei Ecclesiam liberam facio, ita quod nec eam vendam nec ad firmam ponam.* Huntingdon in Will. Rufo. *Episcopatus & Abbatias vendebat aut in manu sua retinens ad firmam dabat. Siquidem die qua obiit in proprio habebat Archiepiscopatum Cantuariæ & Episcopatum Wincestriæ, & 11 Abbatias ad firmam datas.*

Firmam dealbare. Vide supra *Dealbare,* & locis illic citatis istum adjice ex eodem Authore lib. 2. Cap. Quod aliter de firmis aliter de custod. respond. pag. 22. *Soluta hoc termino à Vicecomite firma de qua examen* (per combustionem) *facta est, &c. Deinde facta detractione per combustionem sicut supra dictum est eadem dealbatur, &c.* Mox, *Similiter quod solutum fuit Termino Paschæ & dealbatum.* Iterum, *sicut quæ in Thesauro solvuntur dealbata per combustionem.* Ex omnibus his locis non possum conjicere, quid sit *firmam dealbare* nisi fortè, purgatam à sordidis metallis, ad nativam albedinem (quasi ad puritatem) reducere.

Firma album, aliàs *Album firmarum.* Dictus Author lib. 1. cap. 4. *Coloni noverint à patribus suis edocti quantum de albo firmæ pro singulis libris solvere teneatur.* Paululum infra: ——*In libro judiciario* (nempe Domesdei) *in quo totius Regni descriptio diligens continetur, & tam de tempore Regis Eduardi quam Regis Willielmi sub quo factus est, singulorum fundorum valentia exprimitur, nulla prorsus de albo firmæ fit mentio. Unde probabile videtur quod facta illa descriptione tempore tam dicti Regis, de albo firmarum fuerit à studiosis ejus constitutum propter causas quæ inferius annotantur.*

Fir-

Firma alba: ea est quæ argento penditur, non pecude. Præterea simplex illa & pura quæ solventem excusat à servitio militari, gravibusq; aliis præstationibus. Reg. Majest. Scot. lib. 2. cap. 41. *Heredes autem soccomanorum, vel aliorum liberè tenentium per albam firmam; ætatem intelliguntur habere, cum 15 annum compleverint.* Statut. 2. Rob. 1. cap. 7. —— *Rex liberam inde saisinam habeat, nec hæres, nec aliquis alius in hæreditatem intrudat seipsum, priusquam illam de manibus Domini Regis recipiat. Et hoc intelligatur de terris in feudis militaribus, vel Serjandria, &c.* Ubi annotatio. *Serjandriam, vel Serjantriam intelligere licet sivè majorem, cui adjunctum est servitium warda & relevii: sive minorem, ut cum terræ tenentur de Rege nomine alba firma, &c.* Censeo hoc idem esse quod **blanch fearme** appellatur, & in Nigro lib. Scac. *firma blanca*. Ejus fit mentio in voce *Dealbare* quam vide. [Blanche fearme. Firma Blanca.]

Firma libera, Brittono cap. 66. (**Frankfe** *fermes*) sunt terræ vel tenementa quorum natura per feofamentum mutatur de feodo militari, in certa quædam servitia annua, unde nec homagium, gardia, maritagium, nec relevium exigatur, nec aliud servitium contrà tenorem feofamenti. Hæreo qua possum in vocabulis Authoris, qui *firmam liberam* diversam facit à *Firma feodi*.

Firma Feodi. Vide *Feodi firma*.

Firma unius vel *plurium noctium*, seu *dierum*. Vide hîc supra.

Firmarius, Propriè (ut liqueat è præcedentibus) is qui ad mensam domini cibum annuum reddebat; quasi *Mensalis* vel *Bordarius*. Hodiè quivis prædiorum conductor. Malmesb. de regimine Williel. 2. *Nullus dives, nisi numularius, nullus clericus, nisi causidicus; nullus presbyter, nisi (ut verbo parùm Latino utar) firmarius.*

¶ **Firmarium**, al. **Fermarium**. Angl. **a fermarie**.] *Xenodochium, hospitale*. Locus in Monasteriis & alibi, quo pauperes hospitio excipiebant, & *firma*, id est, cibo fovebant: inde propriè, nomen: licèt aliàs dicatur *Infirmaria*, *Infirmatorium*, *&c.* quæ vide.

¶ **Firmitas**.] *Securitas*, seu Charta ipsa testibus vel signaculo firmata, qua privilegium, immunitas, venditio, &c. rata fiunt. Capitular. lib. 4. cap. 37. —— *firmitatem de parte dominica habeat, per quam ipsum tributum sibi perdonatum possit ostendere.* L. Alaman. Tit. 1. §. 1. *Per chartam firmitatem facere.* Chart. Renaldi Abb. lib. Rames. Sect. 254. *requisivit firmitatem nostram & nos ei concessimus.* **Assurance**. Crebrò exteris, *firmare*.

¶ **Firnis**.] Chron. Cassin. *Præceptum fecit de omnibus* Firnibus *ac pertinentiis ejus Monasterii*, fortè corruptè pro finibus seu terminis. q.

¶ **Firstfalli**.] Culminis ruina. L. Boior. Tit. 9. cap. 3. *Si quis desertaverit aut culmen ejecerit* —— *aut incendio tradiderit uniuscujusq;, quod firstfalli dicunt.* Infra ca. 4. §. 5. & al. Saxonibus nostris ƿyprꞇ, *laquear*. Gloss. verò Latino Theotis. *Culmen*, **first**: ut risq; **fall** *ruina*.

¶ **Firstsull**.] Exponitur in L. Boior. Tit. 9. ca. 6. l. 2. *Si quis eam columnam à qua culmen sustentatur, quam first-sul vocant.* **Saul** German. & Saxonib. ꞅyl, *columna*. Inde Hermetis columna, *Irminsul*, quod vide. **First** autem (ut supra in *Firstfalli*) *culmen*; & ut nos hodie, *prima*. Sic *First-sul*, columna culminis: seu columna primaria.

¶ **Fiscus**.] Propriè Principis est, ærarium, reipub. Tritus ille Plinii locus ad Trajanum, *Et fortasse non eadem severitate fiscum qua ærarium cohibes. Imò tanto majore quanto plus tibi licere de tuo, quàm de publico credis.* Ad *fiscum* spectant obventiones, seu res extraordinariæ: ad ærarium reditus annuus, vectigalia, tributa, &c. Damnatorum vero bona; vel confiscata erant, vel publicata. Confiscata ad Principem pertinebant: publicata (hoc est, publicæ venditioni proscripta) publico ærario. De his dicant J. Consulti.

Originem rei nomen prodit. *Fiscus* enim sporta, quallus, clitella; quibus (dum non sufficeret marsupiorum angustia) ad capiendos Principis numos usi sunt veteres, & itinerantes secum deferebant; ærario, loco stabili permanente. Huc videtur spectare quod in Lib. Ramesiensis Cœnobii Sect. 114. reperio, scilicet, Hospitante Rege Canuto Vassingtoniæ in agro Northamptoniensi, dum Regni fines lustraret: propere ad eum venit Æthervus Episcopus, subitaq; pulsus occasione *totum* (inquit Author) *ab eo aurum quod ibi in clitellis Regiis contigit inveniri, mutuatus est.* Videntur hîc *clitellæ* fuisse sportæ, id est, **hampers**: quas ob levitatem & portationis commoditatem, maximo olim usu habuere. Sed vel hodie extat prisci moris vestigium. Loculus enim cui in Cancellaria inferuntur pecuniæ è sigillatione diplomatum, Chartarumq; & Brevium Regiorum provenientes, *hanaperium*, **the hamper** (quasi *fiscum* vel *sportam*) nuncupant: præfectumque ei pecuniæ, *Clericum hanaperii*. [Fisci origo.] [Hanaperium]

Fiscus & contra, legitur pro ærario publico, non privata Principis pecunia: quòd pecunia publica (ut quidam volunt) in marsupiis minùs contineatur, quàm privata: lib. 3. C. de quadri. præscrip. —— *quæ à sacratissimis Impp. non à fiscalibus rebus sed ex privata eorum substantia procedunt.* Quære.

Fiscus demum, omnes Principis facultates respicit (*Scaccarium* dictus) nulla penè jam nobiscum habita pecuniæ publicæ & privatæ distinctione, cùm sit utraq; in solius Principis arbitrio.

Fiscus, pro fundo vel prædio ad *fiscum* spectante. Pragmaticum Childeberti R. Franc. dat.

dat. An. Regni sui 48. id est, Dom. nost. 562. adject. Aimoini lib. 2. cap. 20. *Propterea in honore dominorum sanctorum* (Vincentii Martyris, &c.) *cedimus nos fiscum largitatis nostræ, qui vocatur Isciacus, qui est in pagis Parisiorum prope alveum Sequani, unà cum omnibus quæ ibi sunt aspectâ, cum mansis, commanentibus, agris, territoriis, vineis, silvis, &c.* Malmesb. in Will. 2. & Mat. Par. in An. 1088. *Odo -- regios in Cantiâ fiscos devastabat.*

Fiscus pro ærario magnatis vel privati cujuspiam. Itâ sæpè mihi obvenit, *fiscus Episcopi.* Vide Mat. Steph. Pom. lib. 3. Par. 1. cap. 14. §. 74.

Fiscalini & *Fiscales* dicuntur qui in fisco versantur Judices, patroni, ministri. Etiam vassalli, Homines seu Tenentes, coloni, servi, mancipia, ad fisci patrimonium spectantes.

Fiscalini Regii, & *Fiscalinæ Regiæ*: mares & fœminæ fisci Regis. De his sæpè in Capitular. & in antiqq. LL.

¶ **Fistella, Fastella, & Fastellum.**] Anastas. in vita Benedicti 2. *Fecit coopertorium super altare cum clavis & fastallis, & in circuitu palergium preciosissimum.* Codex MS. legit *fistellis*; prior autem lectio sanior videtur, ut ab Italico *fastello*, al. *fascio*, pro ligamine; & hæc à *fasciare* Lat. & Ital. unde nos etiam, **fast** & **to fasten** dicimus.

¶ *De traditione per festucam. Obiter de sceptris Principum, & virgis Magistratuum.*

¶ *Fistuca*, non minus quam *Festuca.*] Marculfo & æqualibus creberrimè. Juxta Curiarum varietates, *baculus, virga, fustis* dicitur, cujus traditione transferri solent prædia, vel rei alicujus dominium. Virga enim omni ætate, omni populo, etiam antiquissimis Authorum testimoniis, Homeri, Herodoti, ipsiusq; sacræ Scripturæ, potestatis & dominii symbolum fuit. Hinc Poëtæ Gentilium deos virgarum gestamine adornarunt: & in hunc usque diem Reges & Magistratus sceptra, clavas, & scipiones ferunt, alios ornatos, alios puros. Hinc & Prælati Ecclesiæ suis prodeunt insignibus, cambocis, pedis, & ferulis, vulgò *baculos pastorales* nuncupatis. Ipsa autem Principum sceptra aliud olim non fuisse quàm virgas, & scipiones, docet ipsa vox σκῆπτρον, hoc idem significans: ἀπὸ τοῦ σκήπτειν, i. niti, quòd virgis, & scipionibus ambulantes initimur. Unde Homerus in Odiss. ν. mendicorum utiq; scipiones, σκῆπτρα vocat: & Regium Achillis sceptrum, ligneam virgam fuisse apertè indicat Illiad. α. ubi ait,

Virga, symbolum potestatis.

Sceptrum Principis & mendici.

[καὶ ὅρκος
ναὶ μὰ τόδε σκῆπτρον, τὸ μὲν ἔποτε φύλλα φύσει.
[numquam
Per sceptrum hoc equidem quod post hæc folia
Vel ramum ediderit.

Singulis itaque Græcis illustrioribus, suâ tribuit Homerus sceptra; quod & postea Herodotus Persis: Codinus denuò Orientalis Imperii Magistratibus. Aliis autem lignea, pura, & sine ornatu: aliis pro ritu dignitatis, & Magistratus, aurea, argentea, multo symbolo, multo artificio decorata: à quibus & hodierna gestationum varietas emanavit. Omissis cæteris, nos *fistucæ* ceremoniam enarrabimus.

Proceres olim ferebant sceptra.

Erat quippe *festuca* virga simplex quam (ut Prætor apud Romanos) indicium potestatis gerebat olim Comes, hodie Vicecomes, minorumq; jurisdictionum domini & ministri: putà in territoriis suis, villis, & Maneriis. Hujus virgæ, propter latoris reverentiam, tanti apud subditos & vassallos fuit authoritas, ut quod ratum esse voluere, eâ interpositâ confirmabant. Jurare igitur & fidem facere, & potestatem cedere per *festucam* Comitis, & per virgam domini prædia conferre in morem provenit: non secus quàm apud Romanos, per *festucam* Prætoris servi capiti impositam, manumittere: unde Plaut. in Milit. glor. *Quid ea? ingenua, an festuca facta? serva an libera est?* De sacramento per *festucam* confirmato, sic in Formul. vett. incerti Auth. ca. 2. *Tale sacramentum per suam* (i. Comitis) *fistucam visus fuit adrhamire.* Et L. Salic. Tit. 52. *Ambulet ad Graphionem* (id est, Vicecomitem) *loci illius in cujus pago manet, accipiatq; festucam, & dicat verbum istud: Tu Graphio rogo te, &c.* Sic in L. Ripuar. Tit. 30. §. 2. *cum festuca fidem facere.*

Festucæ usus.

In manumittendis servis.

Sed elucente fide Christiana, in tenebras abiit mos ille Ethnicus jurandi per *fistucam* Comitis. Alius verò (scil. conferendorum prædiorum per virgam domini, cujus in libris feudalibus tritissima mentio) etiam hodie apud nos vulgatus manet in Curiis Baronum seu Maneriorum, ubi hujusmodi possessores, *Tenentes per virgam* appellantur: habeturq; apud Litletonum nostrum in lib. 1. Titulus de his inscriptus. Ad Formulas autem redeo ubi sic in vett. ca. *Genitor suus dimisit per fistucam & annulum ipsiusComitis, ipsi advocato tradidit in sua eleemosina.*

In sacramentis præstandis.

In prædiis conferendis.

Sic & in Formull. solenn. num. 18, 55, 57, 58. &c. passim occurrit; *villas, mansos, terras -- cum ædificiis, mancipiis, &c. per fistucam atq; per andelangum tradere & donare*; formula 43. *lesower pisse* simpliciter. Sic in hereiscenda hæreditate atq; omni supellectile, in formula 67. -- *quicquid invicem pars parti tradidisse, & per festucam omne partitum esse* dicitur. Et similiter num. 69. --- *pars contra, pari suo invicem tradiderunt, & per eorum festucam pars contra, pari suo se exinde exitum fecerunt, ita ut ab hodierno die unusquisq; quod accepit habeat, &c.*

In procuratoribus instituendis.

Procuratores etiam (quos nunc Attornatos dicimus) *festuca* traditione instituebant: & hoc quidem coram Principe, & ipsius primò impetrata licentia. Formulam habes apud Marculfum lib. 1. cap. 21. & Formull. solen. 115. ubi *causas suas per festucam alteri commendare*, legitur pro *Attornatum* seu *Procuratorem sibi constituere.*

Virga quævis festucæ loco adhibita.

In his autem ceremoniis peragendis, curiosè non expectabatur virga Domini aut Magistratus: at vice ejus obvia quælibet est admissa, ut in curiis Baronum passim apud nos hodie cernitur.

Fistuca pro stipula.

Sed illud quæritur, an in locis supradictis *festuca* semper de virga sit intelligenda: videatur enim aliquando, de stipula & culmo dici, quæ pari sensu in antiqq. Chartis creberrimè occurrunt, ut supra videbis in verb. *Culmo subnixa.* Illud quidem certissimum est, in traditionibus olim usu venisse hastas, virgas, stipulas. Hastas ad res majores transferendas; virgas ad mediocres; stipulas ad minores: virgas demum & stipulas quodammodo confundi juxta diversos populorum ritus & arbitria.

Modus transferendi prædia per festucam.

Modus transferendi prædia in Curiis nostris Baronum, est istiusmodi. Posito, Mævium terras vendidisse Sempronio: veniunt ambo in Curiam Manerii, & Mævius virgæ seu festucæ finem unum manu sua assumens, alterum in manum Senescalli Curiæ (qui domini vicem sustinet) tradit, inquiens: *Sursum reddo in manus domini illa prædia*, seu *terras illas, ad opus & usum Sempronii & hæredum suorum, &c.* Prodit deinceps Sempronius, cui Senescallus simili modo virgam porrigens, ait: *Dominus istius Manerii per manum mei Senescalli sui, concedit tibi illa prædia*, seu *terras illas, tenendum tibi & hæredibus tuis per virgam, ad voluntatem domini secundum consuetudinem Manerii, &c.* dominiq; nomine fidelitatem accipit à Sempronio, modo quo dicitur, jam admisso.

Per fustim & baculum.

Tradebantur apud nos etiam aliquando ipsa prædia libera per virgam, seu ut Bractoni verbis utar, *per fustim & baculum.* Exemplum videas in dictionibus *Fustis* & *Traditio.*

¶ **Flema, Flyma, Fleman.**] *Fugitivus*, Sax. ꝼlyma & ꝼlyman. Crebro in antiquis Chartis: ubi si cuipiam concedatur *ut habeat flymen*, intelligendum est, quod habeat bona & mulctas fugitivorum ad dominum suum pertinentium. Quo sensu occurrit etiam

Flemenefwite, quod interpretatur *mulcta fugitivorum*, & dicitur apud Rastallum Cap. de verb. antiqq. hoc esse, scil. *quod habeatis catalla sive amerciamenta hominis vestri fugitivi.*

Flemeswit. Flemenesfrevie. Flemesfreicht.

Leguntur similiter *Flemeswit*, à ꝼlæme, al. ꝼleam *fuga*, ƿiꞇe *mulcta*: & apud Fletam, *Flemesfrevie* & *flemesfreicht*, quæ sine menda scribi non videntur.

¶ **Flemensirma, & Flimansirma.**] LL. Henr. 1. ca. 11. *Hæc sunt jura quæ Rex Angliæ solus & super omnes habet in terra sua. Incendium, Hamsocna, forstal, fynderinga, flemensirma, præmeditatus assaltus, &c.* Et infra cap. 13. *Ex his placitis quædam emendantur C sol. quædam wita —— Hæc emendantur C sol. Grithbrech, strebrich, forstal, burghbrech, hamsocna, flymensirma.* Sic codex Cottonianus M. S. Noster vero, pro *flymensirma*, legit *flimenflua*, vitiosè ut reor, Est autem *flemensirma* (si rectè intelligam) *fugitivorum sustentatio.* ꝼlimen enim (ut diximus) *exules, proscripti*: ꝼeorme Latinè firma, cibus, alimentum.

Flimenflua.

¶ **Fleta.**] *Æstuarium, fluentum*, seu canalis quem aqua fluens & refluens occupat: à Sax. ꝼleoꞇen, quod est, *fluere* vel *natare*, unde & classis hoc nomine appellatur. Chart. quædam ann. 5. Henr. 8. —— *&* (dicta terra) *extendit se in longitudine à communi via de M. versus aquilonem; usque ad fletam de Ee versus austrum.* Majoribus nostris a bourne, id est, *torrens*, interdum exponitur: canalis enim Londini cui carcer assidet, à vicinitate, *Fleta* nuncupatus; Holbourne vocant, quasi *fletam* seu *torrentem* cavum & *depressum.*

¶ **Fleta.**] Fluctus. Inde *Barbeflete* Barbefluctus dicitur *Hoved.* An. 1188. pag. 641.

¶ **Fletwite, Fledwite, Flitwite, Flichtwite, Fredwite, & Frithwite.**] Nonnulli confundunt, nos distinguimus. Recurrendum igitur ad Saxonicum fontem; ubi ꝼliꞇ est *contentio*, ꝼliꞇan, *contendere, disceptare.* Mat. 5. 40. ⁊ ðam ðe ƿile on ðome ƿið ðe ꝼliꞇan, id est, *Et qui velit tecum in judicio contendere.* Et Luc. 22. 24. ⁊ hi ꝼliꞇun betƿux hym hƿilc hyꞃa ƿæꞃe yldeꞃꞇ, id est, *Et disceptabant inter se quis eorum major erat.* Hinc Scoticum flicht, & perperam hoc sensu in libris nostris flet, sed pejus fled, & fred. Fled enim fugitivum significat: et fred, pacem, ut supra in *Fredum.* Wite his omnibus adjunctum mulctam sonat. Ut igitur ad singulorum explicationem veniamus:

Ps. 106. 40. a ꝫoꞇen iꞅ ꝫeꝼliꞇ oꝼeꞃ ealðoꞃa ⁊ i. Effusa est contentio super Principes.

Flitwite & Scoticè Flichtwite significant, mulctam ob contentiones, rixas & jurgia impositam: & cui hæc à Principe conceduntur, potest in curia sua cognoscere de hujusmodi transgressionibus; vel mulctas inde provenientes in Curia Regis, à delinquentibus exigere & sibimet retinere. Cui autem condonatur *Flitwite* seu *Flichtwite*, liber est à solutione mulctarum ob jurgia (fortè & lites injustas) impositarum. Rastal. ca. expos. prisc. verbb. *Fletwite vel flitwite: hoc est quietos esse de contentione & convictis: & quod habeatis placita inde in Curia vestra, & amerciamenta, quia flit Anglicè, Tenson Gallicè.* Rectè: *tenson* enim vel potius *tanson*, est jurgium, rixa, contentio: *Tanser* objurgare, rixare, & convitiis aliquem persequi.

Quod

Quòd autem Skæneus & Cowellus asserunt, *flitwite* & *flichtwite* idem esse quòd *placitum de melletis*: & *flit* & *flicht* idem quod *Melle* Gallicè: hoc interdum est (ut inquiunt) rixæ usque ad verbera: errant non cautè distinguentes inter *flichtwite*, & *fyhtwit*. Istud enim rixas cum verberibus, vel ipsam pugnam significat: illud rixas simpliciter. Quod bene animadvertens Ranulfus Cistrens. Hist. lib. 1. cap. 50. *Fihtwit* (inquit) *est amerciamentum pro conflictu*; *Gallicè*, id est, *ferir por melle*. Et mox *Flitwit* (autem) *est emenda proveniens pro contentione*.

Fledwit: aliud omnino est. Scilicet, mulcta utlagatis, (sic exleges vocamus) & fugitivis indicta, ob veniam & pacem Regis impetrandam. Cap. de exposit. quorundam prisc. verborum apud Rastallum. *Fledwit hoc est quietum esse de amerciamentis cum quis utlagatus fugitivus veniat ad pacem Domini Regis sponte vel licentiatus*. M.SS. quædam legunt, *utlagatus vel fugitivus*.

Fredwit & *frithwit*, idem notant quod *Freda*, nam *fred* & *frith* pax est, ut supra in *Freda*, quod vide. Priscus tamen hæc confundens cum *flitwit*, ait ea significare *quietos esse de amerciamentis, pro medeleto, & quod teneatis placita inde in Curia vestra: & quod habeatis amerciamenta inde provenientia quia frith Anglicè, Thonsen Francis*. Error manifestus est: nam *frith* & *tenson* (quod voluit dixisse) contraria sunt, hoc *rixas*, illud *pacem* significans. Ingens est hujusmodi lapsus inter linguæ nostræ Saxonicæ imperitos.

¶ **Flocus.**] Vestis monachalis, *cucullus*. Aimoin: de gest. Episcc. & Abbat. Turon. in 19. Abbat. *Et insuper ordinavit quod flocum cum cuculla portaremus sicut modo deferimus*. Gal. *Floc de Moine*, & *Froc de Moine*: l in r ut sæpè mutato. Vide *Froccus*.

¶ **Florenus.**] Numus apud nos aureus, cujus speciem veterem abolevit Edouardus 3. An. Dom. 1344. novam, majorem constituens valentem 6 sol. 8 den. Dimidium etiam, hoc est, *Semiflorenum* 3 solidorum & 4 denariorum, & Quadrantem, valoris 20 den. cudebat: omnes ex auro nobilissimo, à quo & *Nobiles* dicti sunt, eosdemque existimo qui *Georgiani Nobiles* appellantur. Cum enim sunt sub institutione Georgiani Ordinis, hoc est, Periscelidis; Anno quo supra. *Nobiles Georgiani.*

Est & *Florin* vetus Galliæ numus aureus, *Franc* itemque dictus, valens 2 sol. sterlingos Angliæ: & hic fortè vetus ille fuit quem Ed. 3. abolevit. Habetur alius ejusdem nominis in Languedoc, & aliis locis, sed 18 tantum denariorum.

¶ **Flotson** (al. **Flotzan**) **Jetson**, & **Lagon.**] Marini Juris vocabula: res quasdam notant è nautarum plerunq; infortuniis Admiralio accrescentes. *Flotson* est quod in mari fluctuat: dictum à Gal. *flotter*, Sax. fleoten, id est, *natare*. *Jetson* quod è navibus ejicitur periclitantibus: à Gal. *jetter*, id est, ejicere. *Lagon* aliàs *lagan* & *ligam* id quod jacet: à Saxon. lezan & liggan *jacere*. Sic hodie Forenses. Cum autem affines sint voces hæ omnes, & nobis pariter adventitiæ: malè mihi videntur peti, partim è Gallia, partim è Germania: sed Germanis potiùs singulæ tribuendæ. *Jetson* siquidè apud veteres non reperio, sed vulgatam *Jotsom*, quam à prisco Alamannorum vocabulo *josum* fieri existimo, *deorsum* significante: unde dicitur in eorum LL. Tit. 45. §. 2. *pausant arma sua josum*, id est, deorsum. Sic ut *flotsom* illud sit quod natat in mari (vel ut cum Virgilio loquar) summo in fluctu pendet: *Jotsom* id quod sidet, & moratur in fundo: *Lagon* quod quod in arido relinquitur, sive litore, sive arena longiùs in mari se extendenti. Quæ enim de navi ejiciuntur ad unumquamlibet istorum speciem rectè pertineant. *Flotsin. Jetson. Lagon. Nostra verborum interpretatio. Flotsom. Jotsom. Lagon.*

¶ **Focaria.**] Quæ focum curat. *Culinaria*. Etiam concubina Militis, & Sacerdotis. Matt. Par. in An. 1208. *Presbyterorum & Clericorum focariæ, per totam Angliam à ministris Regis captæ sunt, & graviter ad se redimendum compulsæ. Focarii*, qui & mediastini dicti sunt, à J. C. inter species servorum numerantur, inquit Spieg.

¶ **Focis.**] *Canalis, fossa*. Leo Marsic. in Chron. Casinens. lib. 1. cap. 16. *Concesserat —— piscariam de civitate Lesma una cum ipsa foce sua*. Et lib. 3. cap. 58. *Reddidit B. Benedicto fluvium Lauri cum tota piscaria sua, & ipsam focem S. Benedicti cum tota piscaria, & caleatoribus suis tam intus quam foris*. Italis *Foce*; *canale della gola*: fauces. *Calcatores.*

¶ **Foculare.**] Locus foci. *Caminus*. Sic Longob. lib. 1. Tit. 19. lib. 2. Constit. Neap. lib. 1. Tit. 100.

Foderum, Foderus, Fodrum, Frodus.] Saxones antiqui foðer & foðr pro pabulo & alimento dixerunt, eodemque sensu foda & foðe; Angli hodie, **foder** & **food**: Sed hoc de omnium animalium victu, illud de brutorum quorundam mansuetorum, ovium, equorum, vaccarum, &c. intelligimus. Gloss. item *fotura* pro alimento, q. à *fotus* & *foveo* devenissent omnia: & Itali *fodro* & *fodero di spada, di coltello, e d'altri armi*, dicunt pro theca & vagina, quæ ea fovent & tuentur. *Fotura.*

Sed occurrit *Foderum* libris feudalibus & historiis, inter regalia tributa, pro annona militari, hoc est, Regio exercitui impendenda. Aimoino suppositus lib. 5. ca. 3. *Carolus M. inhibuit à plebeis annonas militares* (*quas vulgo foderum vocant*) *dari*. Exordium rei pandit Otto Frising. de gest. Frider. 1. lib. 2. ca. 13. *Mos enim antiquis ex quo imperium Romanum ad Francos derivatum est, ad nostra usq; deducitus tempora, ut quotiescunq; Reges Italiam ingredi destinaverint, gnaros quoslibet de familiaribus suis præmittant, qui singulas civitates seu oppida peragrando, ea quæ ad fiscum Regalem spectant, quæ ab accolis Fodrum dicuntur*, *exqui-* *Fodrum pro annona militari.*

quirant, ta. 454. Et Sigonius de Regno Ital. lib. 7. in An. 973. *Foderum summa quadam frumenti fuit quam advenienti in Italiam Regi, populi solvere tenebantur, pro quo sæpe etiam æstimata pecunia pendebatur.* Habetur (inquam) *fodrum* inter Regalia, ut à Primatibus Italiæ judicatum est apud Radevicum in Gest. Frid. lib. 2. ca. 5. teste etiam Carolo Sigonio loco prædicto, & Poeta Ligurino lib. 8. ubi ait,

Id quoq; quod fodrum vulgari nomine dicunt
Et capitolitium certum sub tempore censum Capitolitium.
Hæc Ligures sacro tribuerunt omnia fisco.

A *fodri* præstatione Carolus M. immunem fecit Episcopum Mutinensem privilegio dato, An. Regni sui 13. ut Aimoin. habet lib. 4.

¶ **Fodraturà**, al. **Fordatura.**] Pellitium quo vestes ornantur, inde pellitæ dictæ & penulatæ. Concil. General. Constantinens. sub Martino Papa An. 1418. Ses. 36. id est, ult. ca. De vita & honest. Cleric. *Vestes etiam fissas retro & in lateribus cum fodraturis ultra oram excedentibus, etiam cum fissuris deferunt.* In margine *fordaturis* notatur tanquam alia lectio. Anglicè **furre & furringe.**

¶ **Fœmina Ecclesiastica, fiscalis, regia, &c.**] Vide *Homo.*

¶ **Fœnile.**] Locus ubi fœnum reponunt. L. Salic. Tit. 18. §. 3. Bojor. Tit. 1. c. 14.

¶ **Fogagium.**] Gramen quod æstate non depascitur, & quod spoliatis jam pratis hyemali tempore succrescit. Hodie à nonnullis **fog.** LL. Forestar. Scot. ca. 16. *Si gramen Regis in foresta locatur pro fogagio (scilicet à festo omnium Sanctorum, usq; ad festum S. Petri in Quadragesima) unumquodq; animal solvat pro fogagio 4 denarios, & pro juvenca 2 denarios.*

¶ **Foinesun.**] Damarum partus; à Gall. *faon.* Assisa forestæ Ric. 1. *Prohibendum est etiam ad placita foresta, ne aliqua caretta exeat chiminum in foresta Regis, neq; porci sint in foresta Regis tempore de Foinesun, scil. 15 diebus ante nativitatem S. Johannis Baptista, & 15 diebus post idem festum.* Vide *Fenatio*, & *Fencemonth. R. Hov. f. 446, a. n. 30.*

¶ **Folchesmota.**] V. *Folkesmote.*

¶ **Folcland.**] Saxon. Terra popularis, scilicet, quæ jure communi possidetur, vel sine scriptò. Ei contraria quæ *Bocland* dicitur. Vide *Bocland.*

¶ **Folgare**, al. **Fulgare.**] Saxonibus dicitur pro sistere se in aliquo contubernio, friborga, seu fidejussione: tradere se alicui in clientelam: servire, sequi, sectari. A ꝼolʒan hæc significante, unde vox nostra vernacula **to follow**, ʒ (ut sæpe) in u vel w mutato. LL. Aluredi M.S. ca. 33. *Si quis ab una mansione ad aliam transire velit, fiat hoc testimonio Aldermanni in cujus Comitatu prius fu'gavit.* LL. Canuti R. par. 2. ca. 15. ðe he æɼ ꝼolʒoð, id est, *ubi prius deservierat.* Huc respicit Latinum, *vulgus*, pro quo veteres *vulgu* dixere: & vernacula nostra **folc & volc**: Unde Norfolcienses appellamur *Nordovo'gi* & *Nordovulgi*, quasi *secta, sequela*, aut *vulgus boreale.*

Folgare pro applicare. Wisigot. lib. 8. Tit. 4. l. 25.

Folgarii, & *Folgeres*, Bractono clientes, sectatores, famuli: à Saxon. ꝼolʒeɼ, ubi ʒ ut diximus in u mutato, vocem hodiernam **follwer** seu **follower** producit, Sic ut *folgarius* seu *folger* relativum sit ad **hurder-fest** & **hussa-stene**, id est, ad patrem familias quem hodie **house-holder** vocamus: vel sit is qui in certa familia (quam hyɼðe dixere) constitutus est. LL. Henr. 1. ca. 9. *Speciali tamen plenitudine si opus est, bis in anno conveniant in hundredum suum quicunq; liberi, tam hirderefest quàm folgarii, ad dignoscendum scilicet inter cætera, si decania plena sint, vel qui, quomodo, qua ratione recesserint, vel qui supervenerint &c.* Huic loco lumen accendit Bractonus lib. 3. Trac. 2. ca. 10. *Et in franco plegio* (inquit) *esse debet omnis qui terram tenet, qui dicuntur* **hussastene**, *& etiam alii qui illis deserviunt, qui dicuntur* **folgheres**, *quia nec debet quis à se repellere servientem suum antequam purgatus sit de omni calumpnia.*

¶ **Folkland.**] Vide *Folcland.*

¶ **Folkesmote, Folchesmota, Folkmote, & Folkesmoth.**] Conventus populi, à Saxon. ꝼolc *populus*: moꞇe & ʒemoꞇe, *conventus.* Dicitur autem de majori conventu, putà in Civitatibus, non unius wardæ seu curiæ, sed omnium wardarum: in Comitatibus, non unius hundredi, sed omnium hundredorum: hîc quasi *Shiregemotus*, id est, conventus Comitatus; illic velut *Burgemotus*, id est, conventus Civitatis, seu Burgi. LL. Aluredi M.S. ca. 34. Folchesmota, i. *populi placitum.* Vide locum in *Aldermannus Regis.*

Modus, tempus, & negotium *Folkmoti* clarè exhibentur in LL. Edouardi Confess. ca. 35. his verbis. *Debent* (Aldermanni in Civitatibus & Burgis clausis) *leges, & libertates, & jura, & pacem Regis, & justas consuetudines Regni* —— *modis omnibus pro posse suo servare. Cum aliquid vero inopinatum, vel dubium, vel malum contra Regnum, vel contra coronam domini Regis, fortè in ballivis suis subito emerserit, debent statim pulsatis campanis quod Anglicè vocant* Motbel, *convocare omnes & universos, quod Anglicè dicunt* ꝼolcmoꞇe, *id est, vocatio & congregatio populorum & gentium omnium, quia ibi omnes convenire debent, & universi qui sub protectione & pace domini Regis degunt, & consistunt in Regno prædicto, & ibi providere debent indempnitatibus corona Regni hujus per commune consilium, & ibi providendum est ad insolentiam malefactorum reprimendam ad utilitatem Regis. Statutum est enim quod ibi debent populi omnes, & gentes universæ singulis annis, semel in anno scilicet, convenire, scilicet in capite Kalendarum*

Folcmote, Civitatis, vel Burgi.

Motbel.

* i. Violato. *Kalendarum Maii, & se fide & Sacramento non* fracto *ibi in unum & simul confœderare & consolidare, sicut conjurati fratres ad defendendum Regnum contra alienigenas, & contra inimicos, una cum domino suo Rege, & terras, & honores illius omni fidelitate cum eo servare, & quod illi ut domino suo Regi, intra & extra Regnum universum Brytaniæ fideles esse volunt.*

Folcmote Comitatus. *Ita debent facere omnes Principes & Comites & simul conjurare coram Episcopis Regni. in* folcmote, *& similiter omnes proceres Regni, & Milites, & liberi homines universi totius Regni Brytanniæ, facere debent in pleno* folcmote *fidelitatem domino Regi ut prædictum est, coram Episcopis Regni. Hanc legem invenit Arthurus qui quondam fuit inclytissimus Rex Brytonum, & ita consolidavit, & confœderavit Regnum Brytanniæ universum semper in unum. Hujus legis authoritate expulit Arthurus prædictus Saracenos & inimicos à Regno. Lex enim ista diu sopita fuit, & sepulta, donec Edgarus Rex Anglorum qui fuit avus Edwardi Regis propinqui vestri, illam excitavit, & erexit in lucem, & illam per totum Regnum firmiter observari præcepit.*

Prodit hic locus (S. Edouardi legibus à Normanno quodam sub ævo Gulielmi Rufi adjectus) duo *Folcmotorum* genera. Primum à civibus celebratum, quod *Burgemotus* inde dicitur: alterum à Comitatensibus, quod ideo *Sciregemote* appellaverunt. Burg enim, civitas: Scype, Saxonicè *Comitatus*. In illo enim considebant cives & burgenses: in hoc Episcopi, Comites, Proceres, & qui hodiè *liberi Tenentes Comitatus* nuncupantur. Præsidebat autem in hoc *Folmoto*, Comes ipse, aut Vicecomes, unde aliud nomen quod hucusque retinetur, *Turnus Vicecomitis*. Sed de his plura vide in dictis vocibus. Charta R. Henr. 1. de libertatibus London. Non fit *Miskeninga in Husting, nec in Folkesmot, nec in aliis placitis infra civitatem, &c.*

Burgemotus. Sciregemote. Turnus Vicecomitis.

In pleno *Folcmote* eligebantur Heretochii & Vicecomites, ut infra videris in *Heretochius*. Plenum autem *Folcmotum* dixerunt, cum jam maxima convenisset celebritas: & *Folcmote* hoc loco intelligimus pro *Curia Comitatus*: nam in ea suffragio populi electi sunt Vicecomites usque ad annum 9. Edouardi 2. hoc est, gratiæ 1315. Anno Dom. 1256. viz. 41. Henr. 3. Londonienses (teste Fabiano) in *Folcmotum* convocantur à Consiliariis Regiis, jubenturq; ut in Wardmotos se distrahentes, de pecuniis tractent Regi exhibendis. Et 6. No. 1258. Regis ejusdem 44. Considebat ipse Rex in *Folcmote* civium, ad Templum Hierosolimitanæ militiæ Londini habito.

¶ *Foragium.*] Vide *Foraticum*.

¶ *Forata.*] Anastas. Bibliothecar. in S. Hilario. *Lacus & conchas triantas 2 cum columnis porphyreticis, ragiatis, foratis aquam fundentes.* Codex quidam M. S. legit *perforatis*.

¶ *Forathe.*] Constitutiones Canuti R. de foresta, Ca. 12. *Liberalis autem homo, id est* Pegen, *modo crimen suum non sit inter majora, habeat fidelem hominem qui possit pro eo jurare juramentum*, i. forathe. ꝼoꞃ, pro: aðe, *juramentum*. Vide *Atha*.

¶ *Foraticum*, & *Foraticus.*] Formulæ vett. incerti Author. Marculfo annex. —— *nec missus noster ulla telonea nec ullas venditas, nec rodaticum, nec foraticum, nec pontaticum* —— *in nullo exactare non præsumatis.* Præcept. Dagoberti R. de mercato S. Dionys. —— *themonaticos, cespitaticos, pulveraticos, foraticos, missaticos, laudaticos, saumaticos, &c. de ipso mercato* —— *exactare potuerat.* Et confirmatio Pipini R. de eodem, —— *nec de carnis, ne de saumis, ullum theoloneum, vel foraticum, seu rotaticum, vel pontaticum, &c. exigere.* Bignonius hic: *foragium* (inquit) *jus illud vocamus, quod ex vino minutatim vendito debetur*: Quasi hoc *foraticum* esset. Lindenbr. idem esse opinatur quod *transitorium* vel *tractorium* dicitur in LL. Longob. Gallis utramque vocem, *traicte foraine*, retinentibus.

¶ *Forbannitus*, & *Forisbannitus.*] *Proscriptus, relegatus, interdictus*: etiam *exlex*, Anglis *utlagatus*. Vox Longobard. ab Ital. *fore* & Latin. *foris*, extra: & *bannitus*, edictus, proscriptus. Longob. lib. 1. Tit. 25. ca. 62. *De latrone forbannito, si liber homo susceperit eum, 15. sol. componat, & servus 120. percussionibus vapulet.* Pervenit & ad nos dictio. Charta Davidis fil. Leolini Princ. Norwalliæ apud Mat. Par. in An. 1244. *Non receptabo utlagatos & forisbannitos.*

Forbannum, proscriptio, interdictio, relegatio, aliàs *bannum* simpliciter. Longob. lib. 1. Tit. 25. l. 63. *Ut Comes qui latronem in forbanno miserit, vicinis suis & aliis civitatibus notum faciat eundem latronem à se forbannitum esse, ut illi eum non recipiant.* Idem in l. Franc. seu Capit. Caroli lib. 3. ca. 50. Vide *Bannitus* & *Bannum*.

¶ *Forbator.*] Machæropœus a Cutler, or Forbusher of Armour, à Sax. ꝼoꞃmunꝫe, LL. Alur. M. S. Cap. 22. *Si quis forbator arma alicujus susceperit ad purgandum, &c.*

¶ *Forbatudo*, & *Forbatudus.*] Qui vim aut injuriam alteri inferens, culpâ suâ (vel ut Angli dicunt injuriâ suâ propriâ) occiditur. Quasi *primus feriens*, vel *primam inferens injuriam*. *Fore* enim, prior: *batre*, ferire, percutere. Formulæ Romanæ vett. cap. 30. —— *& in sua orta contentione, vel in sua movita, atq; per suas culpas ibidem interfectus fuit: Et sic est veritas absq; alia fraude, vel conludio, & in sua culpa secundum legem, ipsum forbatudum fecit.* Similiter, Formul. vett. incerti Auth. ca. 29. Atque hinc in Decreto Childeberti R. *Judex loci illius solatio collecto, ipsum raptorem occidat, & jaceat forbatudus.* Et Form. Sollen. 160. *Ego hodie ipsum facio*

 for

fordanno & forbatudo. Sed in constituendo *forbattudum*, peculiaris quidam ritus fuit, cujus exemplar habes in L. Ripuar. Tit. 77. qui *de homine forbattudo* inscribitur: citaturque partim hic supra in voce *Clida*, partim infra in voce *Fordanno*, quas vide.

¶ *Forcapium.*] Capitular. lib. 4. Tit. 36. inscribitur *De forcapiis.* Et prohibet ut is qui mancipia à domino fugientia recipit, nullum præmium ideo accipiat quod vel ea reddiderit, vel foras ejicerit.

¶ *Forcia.*] Vide *Fortia.*

¶ *Forconsiliare.*] *Malè consulere, dissuadere.*

¶ *Ford.*] Sax. *vadum, trajectus.* Sic Francofordia, *Francorum trajectus*, scilicet è Franconia in Galliam ut B. Rhenan. Et Ligurin. lib. 1.

——— *Nam Teutonus accola dixit*
Franconefurt : nobis liceat sermone Latino,
Francorum dixisse vadum, quia Carolus illis, &c.

¶ *Fordanno.*] Formulæ Sollen. 110.* ——— *irafactus cum armis suis super me venit, & colpos super me misit. Et sic mihi * directum dedit, ego ipsum armis meis percussi, & tales colpos ei dedi, per quod ipse mortuus est. Et quod feci super me feci, & ego hodie ipsum facio fordanno & forbattudo infra noctes 42. sicut lex & nostra consuetudo est.* Legis & consuetudinis istius supra meminimus in vocibus *Forbattudo* & *Clida.* Dicitur autem *fordanno* à Germ. **vor** vel potius Anglo Sax. fore, quod est *ante* vel *præ*, & **dannen** *convellere, dissilire, diripere*; unde **vordannen** *præsultor*, scilicet qui insultum primus fecit in alium, primus intulit injuriam: *Forbattudus.*

* Al. *mihi dominus decretum dedit.*

¶ *Fordratura.*] Vide *Fodratura.*

¶ *Fordro, nis.*] Homo anterior, vel ulterior: per translationem, author seu advocatus rei venditæ ulterior, à Germ. **vorder**, Angl. **further**, id est, *ulterior.* L. Ripuar. Titt. 33. *Quod si in ipsa hora quando res intertiatur, responderit quod fordronem suum nesciat: tunc in præsente de sacramento sibi septima manu fidem faciat, & super 14. noctes adjurare studiat, quod authorem vel casam, seu postem januæ authoris sui nesciat, & ipsam rem sine damno reddat.*

¶ *Forenses Presbyteri.*] Qui ex eadem diœcesi vel monasterio non sunt. Aliàs *Foras Presbyteri.* De his Capitular. Carol. & Synod. Mogunt. Vide *Presbyteri forenses.*

¶ *Foresni.*] Titulus secundus Legis Frisorum, *Foresni* inscribitur.

¶ *Forera.*] Vox agri mensoria: & in agrorum distinctionibus pars ea dicitur, quæ latus suum alterius fini, fronti, seu capiti opponit. In campis arabilibus sulcos habet transversos sulcis terræ seu quarentenæ impingentis, hoc est (ut vocant) abuttantis. *Terra transversalis.* Quondam **an heaved land**, hodie nonnullis **an headland**, quasi dicas *terra capitalis* (quod ad capita aliarum jacat) nuncupata.

¶ *Diatriba de Forestis, præsertim Anglicis.*

¶ *Foresta, Forestis, Forestum,* & in Chart. Alaman. num. 31. *Forasta.*] Exteris sæpè occurrit pro saltu & silva, simpliciter. Anglis verò ampla est ruris portio, deserta plerunque & nemorosa, alendis feris regiis exposita: nullo sepimento, at certis terminis, certisque legibus, Magistratibus, Judicibus, Officialibus, & Ministris valde insignis & communita. Dicta ab adverbio *foris* & *foras*, — Etymon.
quasi *pars forastica* seu exterior, hoc est, foris cultam & habitatam. Sic Gallis *for* & *rest*; Italis *fore* & *resta*: illud notent quod foris restat. Vide *Forasticus.* Eodem sensu *desertum* dicimus, quasi id quod deseritur & feris relinquitur. — *Desertum.*
Hinc *afforestare* & *desertare*, idem sunt quod cultum in *forestam* & *desertum* adigere; — *Afforestare & desertare.*
deforestare & *assertare*, idem quod *forestam* & *desertum* in cultum redigere, quod *assertum* vocant, hoc est, *deserto* contrarium. — *Deforestare & assertare. Assertum & desertum.*
Vocem autem *forestam* à Normannis reor introductam. Dani enim & Saxones nostri, eam aliàs Buc-holt, id est, *saltus cervinus*; aliàs Dene-fald, quasi *stabulum damarum* appellabant; juxta id Virgilii Æn. 1.

Itur in antiquam silvam, stabula alta ferarum.

In agrorum igitur dimensionibus *foresta* olim non veniebant. — *Forestarum conditio.*
Perinde nec villas propriè accepere, nec parœcias; nec de corpore alicujus Comitatus vel Episcopatus habitæ sunt: sed extraneum quiddam, & feris datum, ferino Jure, non Civili, non municipali fruebantur: Regem in omnibus agnoscentes dominum unicum, & ex arbitrio disponentem. Vide Constitutiones Regis Canuti (quas ut notiores fiant, calci hujus diatribæ annectemus) Capp. 9, 10, 11. &c. Et audi interea librum fiscalem (qui *Niger* dicitur) Cap. de Danegeldo. — In solius Principis arbitrio.
Sane forestarum ratio, pœna quoque vel absolutio delinquentium in eas, sive pecuniaria fuerit sive corporalis, seorsum ab aliis Regni judiciis secernitur, & solius Regis arbitrio, vel cujuslibet familiaris ad hoc specialiter deputati, subjicitur. Legibus quidem propriis subsistit, quas non communi Regni jure, sed voluntaria Principum institutione subnixas dicunt: adeo ut quod per legem ejus factum fuerit, non justum absolutè, sed justum secundum legem forestæ dicatur,

tur. In forestis etiam penetralia Regum sunt, & eorum maxima delitia. Ad has enim venandi causâ, curis quandoq; depositis accedunt, ut modica quiete recreentur. Illic seriis simul & innatis Curiæ tumultibus omissis, in naturalis libertatis gratiam paulisper respirant: unde fit ut delinquentes in eam soli Regia subjaceant animadversioni. Addit mox: *Foresta Regis, est tuta ferarum mansio, non quarumlibet, sed silvestrium, &c. dicitur (e mutata in o) quasi feresta, hoc est, ferarum statio.* Ludit novissimis: sed adde quod in petitionibus parlamentariis habetur an. 18. Edouardi 1. Scilicet, litigantibus trifariàm de decimis novarum assertarum, Radulpho Episcopo Carliolensi, Priore ejusdem Ecclesiæ, & Rectore Ecclesiæ parochialis Thoresbiæ, quartus se ingerit Procurator Regius *Willielmus de Inge*, qui (ut loquar in verbis rescripti) *sequitur pro Rege, & dicit quod decimæ prædictæ pertinent ad Regem & non ad alium, quia sunt infra bundas forestæ de Ingelwood. Et quod Rex in foresta sua prædicta, potest villas ædificare, Ecclesias instituere, terras assartare, & Ecclesias illas cum decimis terrarum illarum pro voluntate sua, cuicunq; voluerit conferre, &c.* Siquidem ad Comitatum non pertinebant *foresta*, quòd lege Comitatus non agebantur: nec ad Episcopatum aliquem seu parœciam, quod Episcopis & Parœciarum Rectoribus, ovium cura, non ferarum demandata erat. Exhorruit nempe Deus cruentam venationem; nullamque inde oblationem dignatus, sanguinem sic effusam terrâ mandavit operiri, Levit. 17. 13. Vidi tamen in Registro monasterii S. Mariæ de Wymundham pa. 32. Chartam Gulielmi Comitis Arundeliæ (florentis circa An. Dom. 1180.) quâ eidem Ecclesiæ concessit in *liberam & perpetuam eleemosynam* —— *totam* (inquit) *decimam omnium bestiarum quæ capientur in parcis meis de Wymundham, &c.* Hæc obiter.

Alius Etymus.

Forestarum decimæ cujus.

Redeo ad *forestas*, quibus, dixi villas propriè non competere. Cum igitur Gulielmus 1. *Novam* quam vocant *forestam* in pago Hantoniensi instituturus esset, villas fertur 26. & Ecclesias totidem parochiales delevisse: profligatoque humano genere, sacra ipsa non minus quàm profana, per 30 miliaria, canibus & ferarum latibulis exposuisse. Non autem effugit tanti perpetrator sceleris divinam vindictam: in eodem enim hoc saltu Richardus filius ejus secundo-genitus, funesta aurâ correptus est: & filius alter Gulielmus Rex cognomento Rufus, venationi ardentiùs inhians, sagittâ Gualteri Tyrelli fortuitò transfixus periit, canibus suis ferinum sanguinem sitientibus, suum ipse infœlix præbens humi effusum. Sed nec istis libaminibus acquievit Numen. Henricus enim nepos è Roberto filio maximo, hic etiam inter ramusculos comprehensus, suspendio tollitur ut aliquando Absolon: nec remansit demum è tanto sacrilego, & tot filiis, qui contra murum mingeret hæres masculus. Mitto reliqua.

Institutio Novæ forestæ à Guliel. 1.

Insignis sacrilegii vindicta.

Non usque adeo sæviunt Reges subsequentes: nam licèt & hi quoq; (præsertim Henricus 2. Richardus 1. & Johannes) plurimas *forestas suas* dicarent voluptati: villas tamen excindere, aut incolas abigere, aut legem municipalem adimere, non ex integro conati sunt. Trucem autem (illam veterem *forestæ*) quâ delinquentibus in feras, oculos & testiculos eruebant juxta Assisas Henrici 1. & Richardi 1. potentiùs ingessere: eademq; populum gravissimè atterentes, ipsi utique ab authoribus coætaneis gravissimè atteruntur. Acerbiores aliquot prætereo: sic autem Johannes Sarisburiens. è Polycratico. *Quod magis mirere, pedicas ponere avibus, laqueis texere, allicere nodis vel fistula, aut quibuscunq; insidiis supplantare, ex edicto sæpè fit criminis, & vel proscriptione bonorum mulctatur, vel membrorum punitur, salutisq; dispendio. Volucres cœli & pisces maris communes esse audivimus, sed hæ fisci sunt quas lex venatica exigit ubicunq; volunt. Manum contine, abstine, ne & tu in pœnam læsæ majestatis venantibus cedas in prædam. A novalibus sui arceantur agricolæ dum feræ habeant vagandi libertatem: illis ut pascua augeantur, prædia subtrahuntur agricolis: sationalia insitiva colonis cùm pascua armentariis & gregariis, tum alvearia à floralibus excludunt, ipsis quoq; apibus vix naturali libertate uti permissum est.* Hunc venationis ardorem, Gallis & Germanis vitio geniali impingit Nicholaus Papa, in epist. ad Albinum Archiepiscopum 34. distinc. cap. 1.

Forestarum conditio sub Regib. subseqq.

Oculi & testiculi eruti.

Gravaminis descriptio.

Cum autem de mitioribus Regni legibus introducendis, diutissimè inter Reges & proceres nostros dimicatum esset: mitiores demum impetratæ sunt, vel potiùs extortæ, tam in re ferina, quàm in civili. Primùm à Johanne patre, deinde ab Henrico filio, ut in Charta quæ *foresta* appellatur (cujus exemplar tibi expedit Mathæus Paris in Johanne Rege, An. Dom. 1215.) legendum prostat. Multæ tunc quidem *foresta* redactæ sunt in terram habitabilem, & (ut verbo Chartæ utar) deforestatæ. Agebatur verò novis indies discriminibus Charta ista; adeo ut cùm in singulis Angliæ provinciis singula reponerentur ejusdem exemplaria: Henricus 3. omnia pariter cancellari fecit, Chartamque ipsam (ut alias plurimas) in eo irritam pronuntiavit, quòd pupillari sua ætate, tutorum fraude exigeretur.

Leges mitiores introductæ.

Longum est referre singula: sed ab Eduardo 1. (unà cum Magna Charta libertatum Angliæ) denuò confirmata, viget hodie, & in cap. 10. hoc modo cavet. *Nullus de cætero amittat vitam vel membra pro venatione nostra, sed si aliquis captus fuerit & convictus de captione venationis, graviter redimatur, si habeat unde redimi possit: & si non unde redimi possit, jaceat in prisona nostra per annum unum & unum diem. Et si post annum unum & unum diem plegios invenire possit, exeat à prisona, sin autem, abjuret Regnum nostrum Angliæ.*

Foresta leges jam inde stabiles: non ad arbi-

arbitrium Principis fluctuantes. Habentur autem inter varias priscorum Regum ordinationes (quas *Assisas forestæ* vocant) clariores quædam Henrici 2. qui non solum novum *forestæ* regimen instituit, sed & in plurimis hodierno dedit initium; de quo Hovedenus in An. grat. 1184. *Eodem anno obiit Thomas filius Bernardi, qui post decessum Alani de Neovilla, constitutus erat summus Justiciarius omnium forestarum Angliæ à Domino Rege: quo defuncto, dominus Rex* (Henricus 2.) *divisit forestas suas Angliæ in diversas partes, & unicuiq; partium præfecit quatuor Justiciarios: viz. duos Clericos, & duos Milites; & duos servientes de domo & familia ipsius custodes venationis & viridis super omnes alios forestarios, tam Regis, quam Militum & Baronum, & misit eos placitare placita forestæ, secundum suprascriptam Assisam forestæ.*

Solus Rex *forestam* habeat. *Forestam* nemo apud Anglos constituat, nisi Rex solummodo: Et hoc à Carolo Mag. filioque ejus Ludovico, deduxisse videntur Reges nostri Anglo-Normanni. Sic enim in Capitular. Caroli & Ludovici lib. 4. capp. 65. & 428. & Longob. lib. 3. tit. 35. *De forestibus nostris ubicunq; fuerint, diligentissime inquirant, quomodo silvæ sint & defensæ: & ut Comitibus denuntient, ne ullam forestam noviter instituant, & ubi noviter institutas sine nostra jussione invenerint, dimittere præcipiant.* Constitutam etiam à Principe *forestam*, privato jure subditus non possideat: quòd jam inde pereunt leges & dignitates *forestæ*, quæ solius Regis prærogativâ suffulciuntur. Subditi enim non est legem dare, nec tantæ potestatis Justitiarios & ministros sibimet instituere. Cum igitur ad subditos devolvantur *Forestæ*; humiliori nomine *Chaceæ* appellandæ sunt: *forestæ* verò minus propriè, licèt & hoc quoque sit in usu.

Mos creandæ *forestæ*. Creandæ *forestæ* hic ritus est. Constituuntur Regio diplomate viri aliquot graves & prudentes, qui locum *forestæ* designatum intuentur, lustrant, & terminis manifestis circumscribunt. Perimpleto hoc & in Cancellariæ monumentis (de more) inscripto: Rex præconis voce ipsum locum seu regiunculam, per totum Comitatum ubi sita est, *forestam* edicit, *forestæq;* legibus communitam. Prohibet insuper ut nemo eâ turgeat audaciâ, quòd sine majestatis venia, aliquam illic exerceat venationem: diciturq; jam locus iste *afforestari*, & ut cæteræ *forestæ*, in omnibus valere. Magistratus deinceps, officiales, & ministros cooptat, quorum munera lex ipsa dictat, & *forestæ* consuetudo.

Est & *Foresta* aquatica, de quâ vide in *Aimoino*, & in altero lib. Gloss. nost. notis conscripto.

In Normannia summus *forestarum* Magistratus erat, Normanniæ qui dicebatur Senescallus, scil. ad cognoscendum de his qui culpabiles reperti sunt vel in *arboribus, vel in feris, vel in francis avibus*, ut habetur in jure Norma. ca. 9.

Præficiuntur autem Angliæ *forestis* duo primarii Magnates qui primi *Forestarii*, *Protoforestarii*, & *Capitales Justiciarii* appellantur: hic cis-Trentanis, ille ultra Trentam constitutis. Cognoscunt de articulis Chartæ *foresta*, & de aliis causis ad *forestam* pertinentibus, magna cum authoritate: Judices ordinarios, & ministros plurimos in quavis *foresta*, subditos habentes. Nomina tantum perstringam, munera in locis suis quære. Officiales *forestarum*.

Locum tenentes & Deputatos.
Gardianos.
Forestarios.
Viridarios.
Regardatores.
Agistatores.
Custodes silvæ, vulgo **Woodwardes**.
Bedellos, &c.

Curiarum *forestæ* duo sunt genera. Majus (quod *Iter* seu **Eier** vocant) ab Henrico 2. institutum: coram ipso primario Justitiario, vel ejus deputato, tertio quovis anno celebratur. Minus (*Swanimotum* appellatum) ter in anno à ministris agitur: sed de his plura in suis vocibus: habe interim Canuti leges de quibus supra mentionem fecimus. Curiæ *forestæ*.

Incipiunt Constitutiones Canuti Regis de Foresta.

HÆ *sunt sanctiones de foresta, quas ego Canutus Rex cum Consilio primariorum hominum meorum condo & facio, ut cunctis Regni nostri Angliæ Ecclesiis & pax & justitia fiat, & ut omnis delinquens secundum modum delicti, & delinquentis fortunam patiatur.*

1. *Sunt jam deinceps quatuor ex liberalioribus hominibus, qui habent salvas suas debitas consuetudines (quos Angli* Pegened *appellant) in qualibet Regni mei provincia constituti, ad justitiam distribuendam, unà cum pœna merita & materiis forestæ cuncto populo meo, tam Anglis quàm Danis per totum Regnum meum Angliæ, quos quatuor primarios forestæ appellandos censemus.* **Pegened.**

2. *Sint sub quolibet horum, quatuor ex mediocribus hominibus (quos Angli* Lespegend *nuncupant, Dani verò* yoong men *vocant) locati, qui curam & onus tum viridis tum veneris suscipiant.* **Lespegend.** Nunc fortè Fringald.

3. *In administranda autem justitia nullatenus volo ut tales se intromittant: mediocresq; tales post ferarum curam susceptam, pro liberalibus semper habeantur, quos Dani* Ealdermen *appellant.* **Ealderman**

4. *Sub horum iterum quolibet sint duo minutorum hominum, quos* Tineman *Angli dicunt, hi nocturnam curam & veneris & viridis tum servilia opera subibunt.* **Tineman.**

5. *Si talis minutus servus fuerit, tam citò quàm in foresta nostra locabitur, liber esto, omnesq;* hos

bos ex sumptibus nostris manutenebimus.

Michni.

6. Habeat etiam quilibet primariorum quolibet anno de nostra warda, quam Michni Angli appellant, duos equos, unum cum sella, alterum sine sella, unum gladium, quinq; lanceas, unum cuspidem, unum scutum, & ducentos solidos argenti.

7. Mediocrium quilibet unum equum, unam lanceam, unum scutum, & 60 solidos argenti.

8. Minutorum quilibet, unam lanceam, unam arcubalistam, & 15. solidos argenti.

Hundred law. Warscot.

9. Sint omnes tam primarii, quàm mediocres, & minuti, immunes, liberi, & quieti ab omnibus provincialibus summonitionibus, & popularibus placitis, quæ Hundred laghe Angli dicunt, & ab omnibus armorum oneribus, quod Warscot Angli dicunt, & forinsecis querelis.

10. Sint mediocrium & minutorum causæ, & earum correctiones, tam criminalium, quàm civilium per providam sapientiam & rationem primariorum judicata & decisa: primariorum verò enormia si quæ fuerint (ne scelus aliquod remaneat inultum) nosmet in ira nostra regali puniemus.

Muchehunt. Ofgangfordell. Purgatio ignis. Triplex ordalia.

11. Habeant hi quatuor unam regalem potestatem (salva semper nobis nostra præsentia) quaterq; in anno generales forestæ demonstrationes & viridis & veneris forisfactiones, quas Muchehunt dicunt, ubi teneant omnes calumniam de materia aliqua tangente forestam, eantq; ad triplex judicium, quod Angli Ofgangfordell dicunt. Ita autem acquiratur illud triplex judicium. Accipiat secum quinq; & sit ipse sextus, & sic jurando acquirat triplex judicium, aut triplex juramentum. Sed purgatio ignis nullatenus admittatur, nisi ubi nuda veritas nequit aliter investigari.

Pegen. Forathe.

12. Liberalis autem homo, i. Pegen, modo crimen suum non sit inter majora, habeat fidelem hominem qui possit pro eo jurare juramentum, i. Forathe: si autem non habet, ipsemet juret, nec perdonetur ei aliquod juramentum.

13. Si advena vel peregrinus qui de longinquo venerit sit calumniatus de foresta, & talis est sua inopia ut non possit habere plegium ad primam calumniam, qualem nullus Anglus judicare potest: tunc subeat captionem Regis, & ibi expectet quousq; vadat ad judicium ferri & aquæ: attamen si quis extraneo aut peregrino de longe venienti sibi ipsi nocet, si aliquod judicium judicaverint.

Halfehang.

14. Quicunq; coram primarios homines meos forestæ in falso testimonio steterit & victus fuerit, non sit dignus imposterum stare aut portare testimonium, quia legalitatem suam perdidit, & pro culpa solvat Regi decem solidos, quos Dani vocant Halfehang aliàs Halfehang.

15. Si quis vim aliquam primariis forestæ meæ intulerit, si liberalis sit amittat libertatem & omnia sua, si villanus abscindatur dextra.

16. Si alteruter iterum peccaverit, reus sit mortis.

Pere & Pite.

17. Si quis autem contra primarium pugnaverit, in plito emendet secundum pretium sui ipsius, quod Angli Pere & pite dicunt, & solvat primario quadraginta solidos.

Gethbrech.

18. Si pacem quis fregerit ante mediocres forestæ, quod dicunt Gethbrech, emendet Regi decem solidis.

19. Si quis mediocrium aliquem cum ira percusserit, emendatur prout interfectio feræ Regalis mihi emendari solet.

20. Si quis delinquens in foresta nostra capietur, pœnas luet secundùm modum & genus delicti.

Ealderman.

21. Pœna & forisfactio non una eademq; erit liberalis (quem Dani Ealderman vocant) & illiberalis: domini & servi: noti & ignoti: nec una eademq; erit causarum tum civilium tum criminalium, ferarum forestæ, & ferarum Regalium: viridis & veneris tractatio: nam crimen veneris ab antiquo inter majora & non immeritò numerabatur: viridis verò (fractione chaceæ nostræ Regalis excepta) ita pusillum & exiguum est, quòd vix ea respicit nostra constitutio: qui in hoc tamen deliquerit, sit criminis forestæ reus.

22. Si liber aliquis feram forestæ ad cursum impulerit, sive casu, sive præhabita voluntate, ita ut cursu celeri cogatur fera anhelare, decem solidis Regi emendet, si illiberalis dupliciter emendet, si servus careat corio.

23. Si verò harum aliquot interfecerit, solvat dupliciter & persolvat, sitq; pretii sui reus contra Regem.

Staggon or Stag. Frendlesman.

24. Sed si regalem feram, quam Angli Staggon appellant, alteruter coegerit anhelare, alter per unum annum, alter per duos careat libertate naturali: si verò servus, pro utlegato habeatur, quem Angli Frendlesman vocant.

25. Si verò occiderit, amittat liber scutum libertatis, si sit illiberalis careat libertate, si servus vita.

26. Episcopi, Abbates, & Barones mei non calumniabuntur pro venatione, si non Regales feras occiderint: & si regales, restabunt rei Regi pro libito suo, sine certa emendatione.

Bubali olim in Anglia.

27. Sunt alia (præter feras forestæ) bestiæ, quæ dum inter septa & sepes forestæ continentur, emendationi subjacent: quales sunt capreoli, lepores, & cuniculi. Sunt & alia quamplurima animalia, quæ quanquam infra septa forestæ vivunt, & oneri & cura mediocrium subjacent, forestæ tamen nequaquam censeri possunt, qualia sunt bubali, vaccæ, & similia. Vulpes & lupi nec forestæ, nec veneris habentur, & proinde eorum interfectio nulli emendationi subjacet. Si tamen infra limites occiduntur, fractio sit regalis chaceæ, eo mitiùs emendetur. Aper verò quanquam forestæ sit, nullatenus tamen animal veneris haberi est assuetus.

28. Bosco nec subbosco nostro sine licentia primari-

mariorum foresta nemo manum apponat, quod si quis fecerit reus sit fractionis Regalis chacea.

Ilices aliquando in Britannia nisi intelligatur de quercu.

29. *Si quis verò ilicem aut arborem aliquam, quæ victum feris suppeditat, sciderit, præter fractionem Regalis chaceæ, emendet Regi viginti solidis.*

30. *Volo ut omnis liber homo pro libito suo habeat venerem sive viridem in planis suis super terras suas, sine chacea tamen; & devitent omnes meam, ubicunq; eam habere voluerè.*

Greihounds

31. *Nullus mediocris habebit nec custodiet canes, quos Angli* Greihounds *appellant. Liberali verò, dum genuiscissio eorum facta fuerit coram primario forestæ licebit, aut sine genuiscissione dum remoti sunt à limitibus forestæ per decem miliaria: quando verò propiùs venerint, emendet quodlibet miliare uno solido. Si verò infra septa forestæ reperiatur, dominus canis forisfaciet & decem solidos Regi.*

Velter. Langeran. Ramhundt.

32. *Velteres verò quos* Langeran *appellant, quia manifestè constat in iis nihil esse periculi, cuilibet licebit sine genuiscissione eos custodire. Idem de canibus quos* Ramhundt *vocant.*

33. *Quod si casu inauspicato hujusmodi canes rabidi fiant & ubiq; vagantur, negligentia dominorum redduntur illiciti, & emendetur Regi pro illicitis, &c. Quòd si intra septa forestæ reperiantur, talis exquiratur herus, & emendet secundum pretium hominis mediocris, quod secundum legem Werinorum,* i. *Thuringorum, est ducentorum solidorum.*

Pretium hominis mediocris.

Pretium liberi hominis.

34. *Si canis rabidus momorderit feram, tunc emendet secundum pretium hominis liberalis, quod est duodecies solidis centum. Si verò fera Regalis morsa fuerit, reus sit maximi criminis.*

Notæ quædam ad Prædictas Constitutiones.

Multæ his inferuntur injuriæ, cum à transcribente, tum ab ipso interprete, qui vel Normannus fuisse videtur, vel Normannicum secutus idioma. Singulas non est mei vindicare, quasdam prout potero, restituam. Harum autem constitutionum nusquam in suis legibus meminit Canutus, nec de venatione quidpiam, nisi in capitulo 77. ubi omnibus licentiam cedit, in propriis ipsorum terris & silvis, omnimodam exercere venationem; dum tamen (ut justum est) à Regia abstineant: cui & in his ipsis constitutionibus bene convenit capitulum 30. Edi igitur videntur Constitutiones istæ, cùm leges illæ priùs jam essent conditæ.

In 1. articulo occurrit Pegeneð, in 12. Pegen: & utrumq; reddit interpres, *liberalis.* Agnosco me nihil in his verbis sapere, nec apud Saxones aut Danos nostros classem aliquam deprehendisse, quæ vel Saxonico nomine Pegen, vel Latino, *liberalis,* distinguebatur; nisi quod generaliter *liberales* & *illiberales* vocamus, qui vel ingenio, vel moribus, vel conditione, ità invicem secernuntur. Consideranti igitur mihi penitiùs, elucere videtur Scriptoris vitium, qui Saxonicas literas malè callens, ƿ pro þ legit, hoc est, p pro th: & perinde Pegen scripsit pro Thegen, quod *Theinum* significat, g ut solet in i sæpius transeunti. *Thegen* autem & *Theinus* (aliàs *Thanus*) voces sunt Danis nostris & Saxonibus frequentissimæ, *Baronem* (quem hodie vocamus) significantes. Et quemadmodum *Baro* sæpè apud antiquos legitur pro viro forti (ut supra ostendimus in ea voce) sic & *Thegan* idem significare asserit B. Rhenanus, ut postea videris in verbo *Thanus.* Norwegios verò ƿ pro th sæpissimè usurpare, manifestum est in Crumogea Algrimi Ionæ, nisi et illic irrepsisse errorem Typographi judicaveris.

In 2. Leſpegenð, lego Leſ-ðegen, id est, *Theinum* seu *Baronem minorem. Theinorum* enim duo erant genera: majores quos *Theines Regis* appellabant (nos *Barones Regis*) & *Theini* simpliciter, seu *Theini minores*, qui iidem erant, qui Barones minores; hoc est maneriorum domini, Nobiles minores, & nonnunquam liberè Tenentes nuncupantur, Vel dicatur à **tine**, quod minutum significat, ut **a tine horse, a tine pigge.**

In 4. Tineman, lego Tienman Saxonibus aliter teoðungman, id est, *decurio.* Hujus supra mentionem fecimus in *Friburga.*

Ibid. *Veneris & viridis.* Ridiculè vertit interpres vulgare secutus, **vert and venery**: ubi vox posterior à venando ducta, **venary** scriberetur: & perinde Latinè reddendum, ut supra legeris pag. . col. . in Hovendeno citato, *venationis & viridis*: prout passim utique in antiquis nostris Statutis.

Art. 11. Organgſonðel. Vide infra *Ordalium.*

Art. 17. Pepe & Pite. Hic iterum se ingegerit Scriptoris imperitia Saxonicorum characterum & idiomatis. ƿ enim Saxonicum (hoc est w.) pro p Romano legit; & perinde Pepe & pite, pro ƿepe et ƿite. Vide vocabula.

Art. 18. Getbrech, Lege Griðbrech. Grith enim *pax*, brech, *fractio, violatio.*

Art. 23. *Pretii sui,* id est, *Were* seu *wergildi*, ut Art. 17.

Art. 25. *Scutum libertatis.* Vide *Armorum ademptio,* in vocabulo *Arma.*

Art. 27. *Capreoli,* **Roes.**

Art. 33. *Werinorum, id est, Thuringorum,* lege *Thuringorum*; quorum lex sic habet Tit. 1. §§. 1. et 2. *Si quis Adalingum occiderit DC sol. componat. Qui liberum occiderit CC sol. componat. Adalingum* hic expono *Theinum* majorem, quem Constitutiones istæ corruptè

vo-

vocant Pegen et Pegend ; *liberum* : *Theinum* minorem, hic utique lesspegend nuncupatum.

Numerant quidam in Regno Angliæ 68 *Forestas* (præter Chaceas 13, & parcos, plus minus, 781.) Occurrunt verò plurium nomina : sive quòd nonnullæ pluribus gaudent appellationibus, sive quod in diversos se porrigentes Comitatus, partes exhibent tanquam integras. Dubium solvant liberiores, ego nomina mihi obvia referam, adjectis præcipuis Comitatibus quibus sitæ sunt, nam in variis plurimæ terminantur.

Forestæ.	*Comitatus.*
Applegarth	Ebor. N. Rid.
Arundel	Sussex.
Ashdowne	Suss.
E. Beare	Ham. & Wilt.
VV. Beare	Hamp.
Birnwood	Buck.
Blackmore	Wilt. deforest.
Blethuag	Radnor.
Bowland	Lanc. Ebor. W. R.
Breden, al. *Braden*	Wilt.
Buchelt	Hamp. Wilt.
Cantselly	
Cardith	Garmar.
Char, al. *Chur*	Hamp.
Charnwood	Leicest.
Chipeham	Wilts.
Chut	* Wilt. Bark.
Coldrath	Penb.
Copland	Cumb.
Crokesdale	
Dallington	Suss.
Dartmore	Devon.
Delamere	Ches.
Dene	Glocest.
Derefold	Salop.
Downe, al. *Waterdowne*	Suss.
Exmere	Devon.
Feckenham	Wigorn.
Fekham concess. *Joh. Marescal. Pat.* 1. *H.* 3. *m.* 11.	
the Forest	Cardig.
Fromselwood	Somers.
Frimantell	
Gaiternack	Wilt.

Forestæ.	*Comitatus.*
Gantres	Ebor. N. Rid.
Gillingham	Dors.
Hatfield	Essex.
Harwood	Salop.
Haye	
Holt	Dors.
Hucstowe	
Inglewood	Cumb.
Knaresbourgh	Ebor. W. Rid.
Kingswood	Glost.
Knuckles	Radnor.
Lancaster, v. *Bowland*	
Lecester	Lecest.
S. Leonards	Suss.
Lounsedael	
Lowes	Northumb.
Lune	Ebor. N. Rid.
Leyfield	Rutl.
Mallerstang	Wesmerl.
Malkesham	Wilts.
Macktry	Salop.
Narberth	Penbroc.
Neroch	Som.
* *New Forest*	Ebor. N. Rid.
Peake	Derb.
Penbere	
Pewsham deforest.	Wilt.
Pickering	Ebor. N. Rid.
Radnor	Radnor.
Rescob	Cardig. Carmar.
Ridesdale	
Rockingham	Northam.
Sapler	
Savernack	Wilt.
Sherewod	Nott.
Shotover	Oxon.
Selwood	Som. Wilt.
Saucy	Northam.
Wabridg	Hunt.
Waltham	Essex.
Waterdowne, al. *Downe*	Suss.
West Forest	Hamp.
West Ward	Cumb.
VVhichwood	Oxf.
VVhinfield	Westmerl.
VVheighthart	
VVhittlewood	Northam.
VVhitway	
VVyersdale	Lanc.
VVindeshore	Barks. &c.
VVolmer	
VVood	Ebor.
VVorth	Suss.
VVutmer.	Hamp.

*. Forte *Applegarth.*

¶ ***Forfactus, & Forfactum.***] Vide *Forisfacere.*

¶ ***Forfang, Forfeng, & Forefeng.***] Captio obsoniorum, quæ in foris aut nundinis ab aliquo fit, priusquam minister Regis ea ceperit quæ Regi fuerint necessaria. *Anticipatio, antecaptio*, à Sax. fore, *ante*: fangen, *prendere.*

LL. Inæ M. SS. cap. altero antepenult. *De forefange*, id est, *de præventione decrevimus per totam Angliam, quod idem judicium teneri debet.* Anglo-Normannis *Foreprise.*

¶ *Foricus.*] Pelliceus ornatus. [illegible]. Vide *Estamina.*

¶ *Forisbannitus.*] Vide *Forbannitus.*

¶ *Forisfacere, Forisfactum, Forisfactura* : & *Forfacere, Forfactum, Forfactura*, &c.] Voces fori, à Gall. *forfaire, forfaict, forfaiture.*

Forisfacere est rem suam ex delicto amittere, & sibi quasi *extraneum facere*; rem culpâ abdicere, alterius (puta Regi, Magistratui, Domino) abjudicare. Mulctam incurrere, *confiscare.* Longob. lib. 3. tit. 33. *De rebus forfactis quæ per diversos Comitatus sunt, volumus ut ad palatium pertineant, transacto anno & die.* Inde *forisfactum* pro confiscato & abdicato.

Forisfacere, pro delinquere, peccare, transgredi, injuriam inferre. LL. Ed. Confess. ca. 32. ut Codex noster M. S. legit, *aliqui stulti & improbi, gratis & nimis consuetè erga vicinos suos forisfaciebant.*

Forisfactus, pro reo mortis, seu rei capitalis. Hinc in LL. Ripuar. tit. 77. *de vita forisfactum interficere*: est eum interficere, cui ex legis sententia, vita erat adimenda. Sic in LL. Ed. Confess. ca. 18. *Jam si quisplam forisfactus poposcerit Regis misericordiam pro forisfacto suo timidus mortis vel membrorum, potest Rex ei lege sua dignitatis, condonare (si velit) etiam mortem promeritam. Ipse tamen malefactor rectum faciat in quantumcunque poterit, quibus forisfecit; & tradat fidejussores de pace & legalitate tenenda.* Hæc legis pars hodiè in usu est; at quæ sequitur, *si vero fidejussores defecerint, exulabitur à patria*, obsoleta est. *Legalitatem* autem, *the good abearing* jam dicimus.

Forisfactura : Crimen, delictum, transgressio, injuria. LL. Ed. Confess. M. S. ca. 32. *Friborgi casulas tractabant, & secundum forisfacturas, emendationes capiebant.*

Forisfactura, pro mulcta. LL. Ed. Confess. ca. 10. *Justitia* (scil. Justiciarius) *faciat denarium S. Petri reddere, & forisfacturam Episcopi & Regis.*

Forisfactura, pro wera, & wergildo, hoc est capitis æstimatione, seu redemptione. LL. Ed. Conf. ca. 36. —— *inveniant plegios tales qui possunt reddere forisfacturam, id est, weram suum, nisi possint disrationari.* Et infra. —— *reddat interfector Episcopo, tres forisfacturas: unam, quia legalem pro latrone interfecerit: alteram, quia fratrem suum pro latrone interfecerit*; [illegible] *quod [illegible] dedit ad disratiocinandum se, & non potuit.* Tres forisfacturæ.

Forisfactura una. LL. Ed. Confess. ca. 12. *Illa autem manu sua* (id est, Regia) *pax, & dierum coronationis, & Brevis, sub judicio unius est forisfacturæ, &c.* Fortè intelligendum, *unius & ejusdem*, scilicet, paris *forisfacturæ.*

Forisfactura plena: duas habeat expositiones. Primò, mulctam integram, non lenitam, non diminutam; Saxonibus *wytam plenam*, & fulpite. Canuti enim LL. par. 2. ca. 2. in irrogandis mulctis, lenitas imperatur, & moderatio. Secundò, quantumcunq; reus poterit forisfacere, scilicet bona omnia & fortunas. Quo sensu, non semel in Statutis, **hee shall forfeit all that he may**; Et aliàs **all that he hath**. Emendatt. Guliel. 1. §. fin. *Ista præcepta & Statuta, non sint violata super forisfacturam nostram plenam.* LL. Inæ ca. 72.

Forisfactura nostra: sæpe in antiqq. LL. pro mulcta nobis debita.

¶ *Forisfamiliare.*] Est aliquem *foris familiam* ponere, pellere, ejicere; sive ut pars sit reipub. sive ut alii inseratur familiæ. Et dicitur filius *forisfamiliatus*, cùm à patre partem hæreditatis acceperit, nullam præterea expectaturus. Regia Majest. lib. 2. cap. 33. §. 8. *Potest siquidem filius in vita patris sui forisfamiliari, si pater quandam partem terræ sua sibi assignet, & sasinam faciat inde sibi in vita sua ad petitionem & bonam voluntatem ipsius filii: ita quod de tanta parte terræ sit ei satisfactum. Tunc non poterit hæres ipsius filii, de corpore suo genitus, aliquid amplius petere, &c.* Hinc & *Forisfamiliatio.* Forisfamiliatus.

¶ *Forjudicare.*] Gal. *Forjuger*; interdum est *malè judicare*: Forensibus autem rem ab uno ad alium, Judicis sententiâ decernere: possessione exuere, ejicere, privare: reum vel exlegem denuntiare. Constitut. Sicul. seu Neapol. lib. 2. Tit. 3. *Forjudicari autem bannitus debebit per Justitiarium qui bannitionis & forjudicationis pœnam edixit.* Statut. an. 2. Henr. 4. cap. 8. —— *il perde soun office, & soit forjugge la court, & eit imprisonment.* Bractonus noster Ciceroniano vocabulo (*abjudicare*) hoc expressit, lib. 4. tract. 3. ca. 4. *Ubi* (inquit) *custos abjudicatus est de custodia sua*; Breve Regis dicet —— *in prædicta curia nostra forisjudicatur de custodia illa.* Forjudicatio.

Forjudicatus; Proscriptus, exlex, quasi dicat, foris omnem aditum judicii constitutus. Idem (per omnia penè) in Constitutt. Neapolit. Frederici Imp. lib. 2. tit. 3. qui apud nos *utlagatus*: ejusque ideo fusiorem inde repetemus narrationem. *Pœnam eorum qui in contumacia perseverant, digni dispendiis prosequi cupientes statuimus: Si quis infra annum à die banni edicti numerandum, coram Magistro Justitiario (qui eum bannierat) minimè comparuerit, vel etiam coram successore ejusdem, bonis suis (ut præscriptum est) infiscatis, post ipsius anni decursum eundem forjudicari debebit, nulla omnino licentia postea remanente, se super principali causa criminis defendi. Sed perinde habeatur ac si confessus de crimine (de quo accusatus fuerat) esset per definitivam sententiam condemnatus. Sic forjudicatus habebitur, prout aliquibus nostri Imperii partibus nuncupatur*, quasi foris omnem aditum judicii *constitutus. Interim sibi judicii limina precludentur, quod se contumacem etiam fuisse negare non possit, qui nec per se tempore tanto comparet,* Nostra de utlagatis lex, eadem cum transmarina de Forjudicatis.

at, nec per alium prætendentem legitimam causam suæ absentiæ, & probantem, extitit excusatus. Nulla sibi appellationis seu supplicationis remedia forjudicatus superesse cognoscat, quo ad omnia ferè pro mortuo habeatur & hostis publicus reputetur, sic ut ab omnibus offendatur impunè; adeo quod si ipsum occiderit aliquis, nullam proinde calumniam vereatur, sed præmium à gratia serenitatis nostræ expectet, &c. Hodiè verò apud nos non licet *forjudicatum*, aut *utlagatum* occidere.

Forjudicatus etiam prisco Anglorum Jure dicitur, qui sententiâ Judicis de causa cadit: Bractono (ut supra) *abjudicatus*.

¶ **Forisjurare.**] *Abjurare*, rem negativè dejerare. LL. Ed. Confess. cap. 6. *Latro qui fortè fortuito ad Ecclesiam & Sacerdotum domos frequenter evaserit, ablatione restituta, provinciam forisjuraret, nec videat.* Hoc est, *juret se minimè rediturum.*

¶ **Foristel,** &. **Foristellarius.**] Voces in Domesd. Vide *Forstallarius*.

¶ **Formata.**] Literæ canonicæ. Concil. Laodicen. An. Dom. 368. Can. 41. *Non oportet Ministrum altaris, vel etiam Laicum, sine canonicis literis, id est, formata, alicubi proficisci.*

De formatis vide multa apud *Baronium* An. 142. nu. 7.

¶ **Formella.**] Ponderis genus apud Anglos, cujus rationem habes in Stat: de Ponderibus, edito an. 51. Henr. 3. id est, 1267. *Le Charre* (hoc est, carrionus) *de plumbo constat ex 30 formellis, & qualibet formella continet 6 petras exceptis duabus libris, & qualibet petra constat ex 12 libris, & qualibet libra constat ex pondere 25 solidorum:* quorum singuli 3 nostrorum valebant. Quære an *formella* non dicatur **a fother**. Aliter 1 *Sam.* cap. 17. 18. Et 10 formellas has casei deferes ad tribunum.

¶ **Fornicaria, iæ.**] Ars meritricia. Longob. lib. tit. 16. l. 2.

¶ **Forprisa,** & **Porprisum.**] Quod in donis, cessionibus, assignationibus, & hujusmodi excipitur. *Exceptio, exceptum, reservatum.* à Gal. *for*, i. extra: *prise*, captio. Quo etiam sensu in Stat. Exoniæ 14. Ed. 3. *horseprise* legitur. Voces Juristarum. Idem etiam quod *Porsang*.

¶ **Forstall, Fostallatio,** & in Domesd. **Foristel,** & **Faristel.**] Viæ obstructio, itineris interceptio: à Sax. fore, quod est, *præ* vel *ante*; seu fare, h. *via*: & stal, *statio*, *septum*. Hinc

¶ **Forstallator, Forstellator, Fostellarius,** & in Domesd. **Foristellarius.**] Is dicitur qui in via rem annonariam intercipiens mercatur, eoque impedit, ut ad forum rerum vænalium adducta publicæ exponatur venditioni. Stat. de Pastorib. An. 13. Edw. 1. ca. *Nullus Forstallarius in villa patiatur morari; quia pauperum sit depressor manifestè & totius communitatis, & patriæ publicus inimicus, qui bladum, pisces, halices, vel res quascunq; venales per terram vel per aquam venientes, quandoq; per terram, quandoq; per aquam obviando festinat præ cæteris emere, lucrum sitiens vitiosum, &c.*

¶ **Forstallare.**] Viam præpedire, & *forstallarii* partes agere.

Forstallis in Statuto Walliæ An. 12. Ed. 1. ca. occurrit pro *rescussu* (quod dicunt) *averiorum*. Hoc quid sit vide in *Rescussus*.

¶ **Fortalitium.**] Locus munitus, castrum. Lyra in Daniel. 4. 27. *Capitolium vel fortalitium illius civitatis* (scil. Babylonis) *erat turris ædificata à filiis Noe ut habetur* Gen. 11. Elmhamus Prior de Lenton in gest. Reg. Henr. 5. an. 3.

Ad fortalitii facti, muriq; cacumen
Hostes portabant dolia, ligna, petras.

In M.S. interpretatur **a Bulwark**: & eodem sensu in schedis forensibus, occurrit sæpe *Fortelettum*.

Fortereseia, sive **Forterecia.**] Castrum sive munitio --Et quod Castrum Partiniaci, & alias Fortereseias, quæ de ipso habemus sibi reddemus, quas ratione balli de ipso tenemus, reddemus ei ad magnam forciam & parvam &c. *Preuves de l'Hist. des Contes de Poitton &c.* p. 398, 399.

¶ **Fortia,** al. **Forcia.**] Vis, sed in foris Angliæ plerunque injusta. Etiam L. Boior. tit. 2. ca. 10. §. 1. *Si filius Ducis tam superbus & stultus fuerit, ut patrem suum dehonestare voluerit per consilium malignorum vel per fortiam.* L. Ripuar. tit. 11. §. 3. *Si quis Regio aut Ecclesiastico homini de quacunq; libertate fortiam fecerit, &c.* Aliter ibid. §. 5. *cui Deus dederit fortiam & victoriam.*

Clement. lib. 2. Tit. 11. Cap. 2. *Pastoralis —— si quando veniret in suam & imperii fortiam &c.* col. 133.

Fortia frisca, dicitur vis recenter illata. Inde *Assisa frisca fortia*: datur ubi daissaisitus in civitatibus & burgis infra 40. dies queritur.

¶ **Fortiores.**] Comites in Capitular. Carol. lib. 5. tit. 136.

¶ **Fortunium.**] Genus hastiludii sic dictum. V. *Mat. Par.* in An. 1241. pa. 546. & hic infra *Tornamentum*.

¶ **Fossa.**] Una est quatuor viarum totius Angliæ celeberrimarum, de quibus vide plura in *Hikenild*.

Fossa, tumultus, sepulchrum. Longob. lib. 1. tit. 9. l. 15. *Servus ipse super fossam mortui appendatur.* Et Jacobus Januens. in vita Beda,

Hic sunt in fossa Bedæ venerabilis ossa.

Inde *Fossarius* Hieronymo, lib. de 7 Ordinibus Ecclesiasticis, qui mortuos curat sepeliendos. *Primus igitur* (inquit) *in clericis, fossariorum ordo est: qui in similitudinem Tobiæ sancti, sepelire mortuos admonentur.*

¶ *Fossa supplicii.*] Vide *Furca* & *fossa.*

¶ *Fossarii.*] Primus è 7 gradibus Clericorum. V. *Hier.* tom. 4. pag. 82. & infra in *Lector.*

¶ *Fossatum.*] Hoc vocabulum damnant nonnulli, & indignum putant Justinianæ dictionis. Reperitur tamen (ut Vegetium & Modestinum taceam) apud Plinium & probatos alios Authores. Vulgari significatione *fossam* denotat; nobiliori verò, castrensem, atque illam maximè qua castra Imperatoria circumcluduntur; ex quo & pro ipsis castris intelligitur. Imperatoribus autem duplex statio. Domestica, & extera. Domesticam, Palatium vocant: exteram *Fossatum.* Continebat utraq; Imperatoris comitatum: illa nempe aulicum, hæc castrensem: & utrique præfuit Magnus Domesticus, al. μεγαδομέστικ☉, quem Galli postea Maiorem domus, nos & alii Magnum Senescallum appellamus.

Duplex Imp. statio.

Mos constituendi *fossati.*

De Palatio non dicam. *Fossati* constitutio (ut è Curopalata collegimus) erat hujusmodi. Præfectus exercitui, castrorum sedem, sed dijudicante Megadomestico, lustrat & eligit. Cooptato deinceps Imperatori loco, decernit Megadomesticus, quinam à fronte, quinam à tergo, quinam à lateribus debeant consistere: & ubinam singulorum Principum flammula, hoc est, vexilla statuenda fuerint. Manent autem hæc omnia contis & thecis suis involuta, donec explicentur Imperatoria: sed Megadomestico sua liceat quandocunq; voluerit explicare, etiam nondum explicatis Imperatoriis. Priusquam verò considet exercitus: excubiarum Præfectus (quem Drungarium biglæ appellant) mandato Megadomestici, vigilias disponit. Diurno tempori sagittarios, nocturno equites: quibus vel per seipsum, vel per suum procuratorem, hoc est, Magnum Drungarium, certas stationes disponit. Vigilias omnes obeunt (etiam ipsi Imperatoris filii) quia partes sunt *fossati*: non tamen Megadomesticus, quia ipse universi Princeps est & caput, teneturq; (prout fert occasio) ubique protinus adesse, ne hoste subito irruente, exercitus sine duce deprehendatur.

Fossæ aut *valli*, nulla hic mentio, quo tamen cingi castra & exercitum, non est dubium; nec *fossati* quidem nomine hæc omnia censeri.

Fossatum enim pro castris legitur apud Anastasium Bibl. in Steph. 3. *Ipsi quoq; Franci introeuntes clusas, cunctum fossatum Longobardorum post peractam cædem abstulerunt, spolia multa auferentes.* Inde:

Fossatum pro ipsis militibus, & toto exercitu: unde idem Curopalates seu Codinus Πϱὸ τȣ͂ πεζεῦσαι τὸ φωσσᾶτον id est, *Priusquam pedem figat fossatum*: putà *exercitus.* Et inde Principes vocat μέϱη φωσσάτȣ, partes seu membra *fossati* intellige, *exercitus.*

Inde *fossatum leve*, dicitur manus militum (magna seu parva) levi armaturâ instructa: ut apud eundem, illi qui diurnas vigilias obeunt, sagittas ferentes, φωσσᾶτον ἐλαφϱόν, id est, *fossatum leve* appellantur.

Fossatum pro sepimento militari, seu castrametationis loco, *Burgus* dicitur & *Clusa*, quæ vide.

Fossati judex à Codino nominatur, notaturque eadem habere vestimenta quæ Procurator magnus: nullum verò judiciale sceptrum. Nec describitur illic munus ejus, sed cognoscere videtur de causis militaribus; ut hodiè magnus Constabularius & Marescallus.

¶ *Fossinager.*] Longob: lib. 3. tit. 4. *Nulli sit licentia itinerantibus herbam negare, excepto prato intacto tempore suo aut messe: post fœnum autem, aut fruges collectas, tantum fruges vindicet is, cujus terra est, quantum cum clausura sua potest defendere. Nam si quis caballos iter facientes, de stipula aut de ipsis pascuis, ubi alia pecora pascuntur, movere præsumpserit, in octogilt caballos componat quod ipsos de arvo campo quod est fossinager, movere præsumserit.*

¶ *Footegeld.*] Q. pedis redemptio. In Assis. Forest. de Pickring 10 Ed. 3. quidam se quietum clamavit de *footegeld*, id est, ut canes infra metas forestæ inexpeditatos custodiret, sine amerciamento, fine, vel forisfactura; & allocatur ei propterea quod ita concessum esset alicui majorum ejus: sed quære si absq; Charta Regia valeret sola præscriptione: videtur enim quod non. V. *Expeditare.*

¶ *Francisca.*] Francorum securis, ut *sexa* Saxonum. Flodoard. Hist. lib. 1. ca. 13. *Rex* (Clodoveus) *instructas circumiens ritè phalanges, ad eum, qui dudum percusserat urceum pervenit; spretisq; suis armis, ejus tandem franciscam projecit in terram. Ad quam recipiendam, inclinato militi Rex in caput suam defigit bipennem.* Hanc enarrans historiam Greg. Turonens. lib. 2. ca. 27. —— *apprehensam* (inquit) *securim ejus in terram dejecit.* Aimoin verò lib. 1. cap. 12. *Extensa manu* Franciscam *ejus terra dejecit, quæ spata dicitur.* Liber quidam Exoticorum M. S. *franciscam* interpretatur *telum quoddam.*

¶ *Francisia*, al. *Franchesia.*] *Libertas*, locus immunis.

¶ *Francling.*] Qui liberè tenet. *Libertus, municeps.* Trevet. in Chron. paulo ante An. Dom. 1307. *Thomas Brotherton* (Filius R. Edouardi 1. Marescallus Angliæ) *apres le mort son pere, esposa la fille de un Fraunclein, apele Alice.* Vide egregium ejus descriptionem in Chauceri peregrinorum characteribus, & Vide *Fortescu* de LL. Angl. cap. 29.

¶ *Fran-*

¶ **Francus.**] A Gall. *franc*, Liber. Inde Francorum nomen: quasi *liberi*, & libertatis assertores. Vide *Ferancus*. Sic Formul. Solen. ca. 168. *Apud 12 homines bene francos Salicos*: id est, **good free salic men.**

Francus plegius. Vas, seu fidejussor liber. Hinc ipsa apud nos curia in qua liberi plegii, id est, vades convocantur annuatim & lustrantur, *Visus franci plegii* appellatur; de quo vide in *Leta*.

Francus Tenens: Liberè Tenens. Qui terras vel prædia à Domino suo liberè tenet. Assis. de Clarendun Hoyed. pa. 549. *Si quis obierit francus tenens, hæredes remaneant in tali saisina qualem pater suus habuit.*

Sic Hoved. in An. 1193. pa. 725. *venerunt in Angliam nuncii Regis cum literis illius*, missi ad omnes Archiep. —— Barones, Clericos & *francos tenentes*.

Francus bancus: Sedes libera.

¶ **Frea.**] Quæ sub alterius potestate est. *Pupilla*. Longob. lib. 2. tit. 2. l. 4. *Si quis fream alienam sine voluntate mundoaldi* (id est, tutoris) *ejus, movere de casa ubi ipsa habitat præsumpserit, & alibi duxerit: componat ille qui in capite est, pro illicita præsumptione ad mundoaldum, una sol.* 80. Et Tit. 11. §. final. *Continet autem anterius edictum* (i. Regis Rotharis, ubi agitur de his qui puellæ liberæ, vel mulieris mundium, i. tutelam habentes, eas malè tractaverint) *de frea sua, qui eam malè tractaverit, amittat mundium ipsius, & non dicat qualis sit ipsa mala tractatio. Proinde statuere prævidimus qualis sit mala tractatio. Mala tractatio est si eam fame aut siti necaverit, aut vestimentum aut calciamentum secundum qualitatem personæ vel pecuniæ, mulieri non dederit, &c. Frea* (inquiunt Gloss. Papiæ apud Lindenb.) *est mundo*: Sed quid hoc? Opinor pupilla: utpote quæ in mundio est, seu tutela. Fpeo autem Sax. *libera*: **frauw** Teutonicè, (Belgis **fro**) *fœmina*: **fraude** *puer, puerulus*.

Mala tractatio *freæ, quæ?*

Frea præterea, al. *Fria*, Saxonum dea fuit, uxor Wodeni, aliàs Wodani, al. Goddani: quos & ipsi inter majora numina colentes, utriusque memoriam nobis hactenus imposuerunt. A Wodeno enim quartam feriam **Wednesday** appellamus, & à *Frea*, sextam **Friday**, Saxonibus Fpige dæg Deorum meminit Paulus Diaconus Longob. lib. 1. cap. 8. Dierum Beda lib. de natura temp. ca.

¶ **Freborgh.**] Vide *Friborga*.

¶ **Freda, Fredus, & Fredum.**] *Pax quies*. Germ. **frid**, Sax. Fpiðe. Vide infra *Fridgild*, *Fridstoll*, & *Fridwite*. In Chartis & LL. antiquis, *mulcta, compositio, redemptio*, quam delinquens ob impetrandam pacem, aut fisco pendit, aut magistratui, Saxonibus nostris Fpiðpite, bota, Gpiðbota. L. Salic. Tit. 55. §. 2. *Si verò plus ad manum suam redimendam dederit*: fredus *Grafioni solvatur, tanquam si de ipsa causa convictus fuisset*. Simile §§§. 4, 6, & 8. Greg. Turonens. de Mirac. S. Mart. lib. 4. cap. 26. *Affirmavit Rex quosdam ex his qui absoluti fuerant, ad se venisse, compositionemq; fisco debitam quam illi* fredum *vocant, à se indultam. Pippinus &c. Aquitaniæ Rex &c. Præcipimus &c. ut nullus Judex publicus &c. in Ecclesias aut loca &c. infra Regni nostri ditionem &c. quasq; divina pietas voluerit augere, ad causas audiendas, vel* freda *ac tributa exigenda, aut mansionaticos aut paratas faciendas &c.* Preuves de l'hist. des Comtes de Guyenne p. 24.

Compositio autem varia erat pro natura delictorum & loci. In homicidiis triplex: nam partem unam propinqui referebant ob consanguineum interfectum, quam *Megbote* appellabant: secundam dominus pro vassallo sublato, *Manbote* dictam; tertiam Rex propter pacem violatam, quæ hic *fredum* dicitur. Huc respicit quod in Capitul. Caroli M. legitur lib. ca. *Hoc quoq; jubemus, ut judices nominati, sive fiscales, de quacunq; causa* freda *non exigant, priusquam facinus componatur, tertiam partem coram testibus fisco tribuant, ut pax perpetua stabilisq; permaneat.* Partes autem non æquales erant ubique: nam violatæ pacis compositio apud Saxones nostros legibus Edouardi Confessoris ca. 31. definitur fore octo lib. Regemq; inde percepturum 109 sol. loci Comes 50, & Decanus Episcopi 10 sol.

Sed debebatur Regi *fredum* violatæ pacis nomine, licet armis non ageretur. Nam delictum penè omne contra normam regiminis, pacem dicitur violare. Perinde lites ipsæ Regi justè mulctantur, vel in actore ob falsum quem vocant clamorem, vel in reo, pro illata injuriâ. Mulcta autem ista, rectè *fredum*, id est *pax*, appellatur, quia pacem sic apud Regem delinquens consequitur. Nos *finem* dicimus, quòd finem imponit Regiæ animadversioni, & *misericordiam* quod in misericordia definitur. Olim **Grithbote**, & *Fridwit*: nam *fredum* vox haud unquam nostratibus in usu: sed & exteris quidem obsoleta post ævum Frederici 2. Imp.

A Ro-} hodiè nihil solvit, propterea quòd fictitios plegios (Johannem Doe, & Richardum Roe) de de prosequendo ponit.

Hinc autem Marculfi illa & apud exteros in antiquis diplomatibus putà Caroli Magni, Hludovici Pii, & æqualium Principum frequens clausula, locis privilegiatis indulta. *Nullus Judex publicus* —— *aut ad audiendas altercationes ingredi, aut* freda *de quibuslibet causis exigere, nec mansiones, aut paratas, vel fidejussores tollere præsumat.*

¶ **Frescenga**, vel *Friscinga*.] -- *Ego Eustachius de Campainnes notum fieri volo, quod dum nuper Cruce signatus essem, & multa mala quæ Andrensi Ecclesiæ irrogavi mente revolverem, numine divino compunctus, eidem Ecclesiæ dedi in puram & perpetuam elemosinam dimidiam* Frescengam, *tres bustellos avenæ, unam culcitram quotiens supervenient hospites &c.* Preuves de l'Hist. Dei Comtes de Guinge p. 263.

¶ *Fri-*

¶ ***Friborga, Friborgus, Friborgh.***] *Fidejussio libera, & ingenua*: à Sax. ꝼꞃeoꝺ, id est, *liber*, & boꞃhes, *fidejussor, vas*. Sed *friborgus* & *friborgh* ipse etiam est *fidejussor*. Normannis eadem significatione *Franck pledg*. Erat autem *friborga* Collegium sive Societas decem primariorum hominum in unaquaq; plerunq; villa, qui singuli fidejussores invicem extitere erga Regem, de sistendis semetipsis, & de restaurando damno ab eorum quolibet illato. Saxonice aliter ꞇeoꝺunᵹ, id est, *decuria*: & ꞇienmanꞇale, id est, *decem virorum numerus*. Latinè pariter, *Decania, Decuria, Decima, Decenna, fidejussio denaria*, seu *decemviralis*, et *Decemvirale collegium*.

Reliquis præerat in hoc sodalitio dignior unus, Saxonibus nuncupatus ꞇeoꝺunᵹmon, id est, *decurio*, & ꞇienheoꝼoꝺ, i. *capitalis decemvir*: boꞃhesealꝺeꞃ, *vas senior*, seu *fidejussor primarius*: ꝼꞃeo-boꞃhes heoꝼoꝺ, q. *liberæ fidejussionis caput*: & Latinè præterea, *Capitalis plegius, Capitalis friborgus*, & *Justitiarius friborgi*. Sodalitii instituendi authorem laudant Aluredum, Regem, armis, prudentiâ, & pietate præstantissimum; de quo supra vide in *Borsholder*: muneris enarrandi, leges Edouardi Confess. ubi quæ sequuntur copiosè legeris cap. 19. *Præterea est quædam summa & maxima securitas per quam omnes statu firmissimo sustinentur, videlicet, ut unusquisq; stabiliat se sub fidejussionis securitate quam Angli vocant* ꝼꞃeoboꞃhᵹes, *soli tamen Eboracenses dicunt eandem* ꞇienmannaꞇala, *quod sonat latinè decem hominum numerum. Hæc securitas hoc modo fiebat, scilicet, quod de omnibus villis totius Regni sub decennali fidejussione debebant esse universi: Ita quod si unus ex decem forisfecerit, novem ad rectum eum haberent: quod si aufugeret, daretur lege terminus ei* XXXI. *dierum: quæsitus interim & inventus, ad justitiam Regis adduceretur, & de suo illico restauraret damnum quod fecerat. Et si ad hoc forisfaceret, de corpore suo justitia fieret. Sed si infra prædictum terminum inveniri non posset, quia in omni friborgo unus erat capitalis quem vocabant* ꝼꞃiboꞃᵹes heoꝼoꝺ, *ipse capitalis sumeret duos de melioribus sui friborgi, & de tribus friborgis sibi propinquioribus acciperet de unoquoq; capitalem, & duos de melioribus uniuscujusq; friborgi si posset habere, & ita se duodecimo existente purgaret se & friborgum suum (si facere posset) de forisfacto & fuga supradicti malefactoris. Quod si facere non posset, ipse cum friborgo suo damnum restauraret de proprio malefactoris quamdiu duraret, quo deficiente de suo & friborgi sui perficeret, & erga justitiam emendaret, secundum quod legaliter eis judicatum fuisset. Tandem verò sacramentum quod non potuerunt adimplere per tres friborgos sibi viciniores per se ipsos jurarent, sese nullatenus fore culpabiles, & si quando possent eum recuperare adducerent ad justitiam, aut justitia dicerent ubi esset.*

Decurio. Capitalis decemvir.

Capitalis plegius. Capitalis friborgus. Justitiarii friborgi.

i. fidejussionem.

i. Fidejussorem primarium.

Occasio istius institutionis etiam edicitur ibidem infra Cap. 20. *Cum autem contingeret, quod quidam stulti & improbi gratis & nimis consuetè erga vicinos suos forisfacerent, cœperunt sapientes adinvicem super hoc habere consilium, & statuerunt justitiarios super quosq; decem friborgos, quos decanos possumus appellare, anglicè vero* ꞇienheoꝼoꝺ *dicti sunt*, i. *caput de decem. Isti inter villas & vicinos* causas tractabant, & secundum forisfacturas emendationes capiebant, & concordationes faciebant, videlicet, de pascuis, pratis, messibus, & de litigationibus inter vicinos, & innumerabilibus hujusmodi decertationibus quæ humanam fragilitatem infestant, & eam incessanter oppugnant. Cum autem causæ majores erumpebant, referebantur ad superiores eorum justitiarios quos supradicti sapientes super eos constituerant, scilicet, super decem decanos, quos possumus dicere centuriones, vel centenarios, eo quod super centum friborgos judicabunt.*

i. decemvir.

* *Codex noster M. S.* casulas.

¶ ***Fridstoll, Fridstow, & Frithstow.***] *Asylum, sanctuarium, refugium.* ꝼꞃiꝺ Sax. *pax*: ꞅꞇol, *sedes, cathedra*: ꞅꞇoꞃ *locus*. In Chartis immunitatum Ecclesiæ S. Petri Eboracensis, confirmatis an. 5. Hen. 7. *Fridstoll* exponitur *cathedra quietudinis vel pacis*. Erant hujusmodi cathedrarum multæ in Anglia, præter Eboracensem istam: Beverlaci autem celeberrima, quæ priscorū Regum benignitate (putà Æthelstani vel alterius cujuspiam) asyli nacta privilegium, tali honestabatur inscriptione. HÆC SEDES LAPIDEA *Freedstoll* DICITUR, i. PACIS CATHEDRA, AD QUAM REUS FUGIENDO PERVENIENS, OMNIMODAM HABET SECURITATEM. Occurrit ꝼꞃiꝺꞅꞇol pro refugio, in quadam versione Psalmi 17. ꝼꞃyꝺꞅꞇoꞃ pro asylo, in præfat. LL. Aluredi: & significat præterea *palatium*, quòd palatia Regum & optimatum multis legibus, à vi & injuria erant immunia. V. Sanctuarium.

Videtur Æthelstani quod profugi ad hoc *asylum* jurabant adesse sacris pro anima suâ.

¶ ***Frigdoræ, & Occidentanæ.***] Sunt hymnorum & sequentiarum genera; sic dicta à tropis & modis musicis, quos *tonos* maluerunt appellare Monachi, Martianum Capellam imitati. Sic Goldastus ad Ekkehardi Jun. cap. 4. ubi & legitur. *Fecerat quidem Petrus jubilos ad sequentias, quas Metenses vocant:* Romanos verò Romane nobis è contra, & amœne de suo jubilos modulaverat: quos quidem post Notkerus quibus videmus verbis ligabat: frigdoræ autem & occidentanæ, quas sic nominabant, jubilos illis * animatus etiam ipse de suo excogitavit.* Hæc eadem Ekkehardus Minimus in Notkeri vita ca. 9. & prædictis adjungit Goldastus quæ sequuntur: nostram enim in re musica imperitiam palam agnoscimus. *Frigdorarum* originem à Græcis, *Occidentarum* ab Latinis esse, vel ipsa nomina fidem faciunt. Nam *Frigdoræ* constant ex modis, quos Græci vocant *Phrygium* & *Dorium*, queis de præter antiquos, qui de Musica integros libros reliquere, Mart.

* al. *Romanus*.

* al. *Animatos*.

Frigdora.

Capel-

Capellam, Aur. Augustinum, Boethium, & Isidorum Hispalensem, videndus Henric. Loritus Glareanus in Dodecachordo, M. Ant. Majoragius orat. 23. & post Vincentium Galilæum de nova & antiqua Musica, Erycius
Occidentana. Puteanus in Musathena. *Occidentana* videntur mutatis Græcæ Ecclesiæ modis à B. Ambrosio Mediolanensi Episcopo inventæ, à Gregorio M. Pontifice Rom. in Occidentali Ecclesia institutæ, & in Alamanniam atq; Franciam invectæ, ut verbis non obscuris tradere videtur Johannes Diaconus in ejus vita, quem Ekkehardus noster est secutus. Et confirmare videntur, quæ notanter scripsit innominatus Hugonis Reutlingensis Interpres, ei (ut putatur) coævus, in Prohoemio: *Post incarnationem*, inquit, *Christi, plures Doctores S. Ecclesiæ, & specialiter S. Gregorius & Ambrosius, cantum Musicalem, quo tam Latini quam Alemani, cum cæteris linguarum diversarum nationibus, utuntur in divino officio, in duo volumina librorum, videlicet in Antiphonarium & Graduale, collegit, dictavit, & neumavit seu notavit. Processu tamen temporis quidam Alemani, & præcipuè canonici ordinis S. Benedicti, qui cantum Musicalem non solum ex arte, verùm etiam ex usu & consuetudine perfectè & cordetenus didicerant, ipsum, omissis clavibus & lineis, quæ in*
Linea omissa. *neuma seu nota Musicali requiruntur, simpliciter in libris eorum notare cœperunt, & sic decantaverunt deinde juniores, & suos discipulos sine arte ex frequenti usu & ex magna consuetudine cantum informare, qui cantus sic per consuetudinem doctus ad diversa pervenerit loca.*
Usus, quid in musica. *Unde jam non Musica, sed usus est denominatus. In quo tamen cantu discipuli deinde à Doctoribus, & Doctores à discipulis multiformiter discrepare cœperunt. Ex qua discrepantia & artis ignorantia usus dictus est confusus. Quo usu confuso spreto nunc ferè omnes Alemani hactenus miserabiliter per cantum seducti ad veram artem Musicæ revertuntur.* Et quæ sequuntur de Gregoriani cantus depravatione in Occidentali Ecclesia, quum maximè Alamannica, ejusq; restauratione per peritos artis Musicæ. Verum de hoc Gregoriano cantu, quem & Occidentalem, Latinum & Romanum videntur appellasse, exstarent ipsius Gregorii, item Romani Monachi, & Notkeri Balbuli de Musica libri, quam rem nunc quis addubitet nos facerent certiores. Dicemus tamen aliquid amplius ad cantum Musicum, quatenus & locus iste desiderat, & tu nobiscum postulas non
Modi Musici. ignorare. *Modi Musici* initio tantum quatuor veteribus noti, *Dorius, Phrygius, Lydius, Æolius.* Quibus postea accesserunt *Asius* & *Ionicus.* Qui duo mediæ ætatis Musicis ignoti; illorum virtus quidem nota, appellatio ignara. Quippe *authentos* nuncupabant sive rectius *authentas* ordine cardinalis numeri, *primum, secundum, tertium, quartum.* Quibus subjunxerunt alios quatuor ab haud scio quo inventos, *plagales* seu *subjugales* à se dictos, quos primus (nisi vehementer memoria fallit) Glareanus Græca præpositione à cæteris distinxit, nominibus inditis *Hypodorii, Hypophrygii, Hypolydii, Hypoæolii.* Et hi octo toni soli à media ætate cogniti. Id nos præter Guidonem & Johannem Magistrum docuit interpres ille capit. 4. unde hæc verba duximus adscribenda: *Nota quod tantum quatuor toni à Græcis primo & principaliter erant adinventi, hi videlicet, prothos, deutros seu deutrius, trithus, & tetrardus. Hæc enim nomina Græca ipsi Græci ipsis imponebant. Hos autem tonos autentos, id est digniores appellaverunt. Cantus enim, qui tunc temporis habebatur, eisdem quatuor tonis propriè poterat attribui. Nondum enim B. Gregorius cantum Gradualis & Antiphonarii, nec S. Ambrosius suum dictaverunt cantum, quibus cantibus nunc sancta mater Ecclesia utitur. Moderni itaq; Musici videntes prædictos quatuor tonos minus posse sufficere ad omne genus cantus discernendum, quatuor alios prædictis quatuor addiderunt, quos plagales seu subjugales sive servos seu discipulos præfatorum quatuor vocaverunt, quemlibet prædictorum tonorum in duos distinguendo seu scindendo, ut prothum in primum & secundum, deutrum in tertium & quartum, tritum in quintum & sextum, tetrardum in septimum & octavum. Dicitur autem prothus à prothos, quod est primum: deutrus seu deutrius à deuteron, quod est secundum: tritus à tris, quod est tres: tetrardus à tetras, quod est quatuor. Primo enim isti toni secundùm ordinem debitum erant dispositi, licèt tunc plagales toni sint eisdem immixti, &c.* quæ sequuntur. Tandem & Musices totius renovatio, & novorum modorum adjectio, notatumq; transformatio facta circiter An. Dom. 1360. Notavit id Fr. Petrus Herp. Monachus Dominicanus in Chronico Francofortensi ad illum annum scribens: *Musica ampliata est. Nam novi cantores surrexere, & componistæ, & figuristæ inceperunt alios modos assuere.* Etenim prius ex usu tantum addiscebant canere neglecta artis disciplina, quæ primulum anno illo aut non multum ante reducta videtur in Ecclesia Occidentali.

¶ ***Frigoritici.***] In Chron. Camerac. & in Flodoardo hist. Rem. lib. 2. ca. 14. dicuntur febri laborantes; sed propriè frigidâ, nam Aul. Gellius *frigorificum* dixit, pro eo quod frigus inducit. Hepidanus in vita Wiboradæ ca. 27. —— *Frigoretico morbo non modicè vexabatur.* Sic *Frigores* pro febribus. *Frigores.*

¶ ***Frilazin.***] *Manumissus, libertus, libertinus.* Ab Anglo-German. *fre*, Sax. ꝼꞃeoh *liber*, & **laschen**, Gall. *lascher* & *laisser*, Sax. leꞅan, *dimittere, dissolvere.* L. Boior. tit. 7. cap. 10. *Si cum libera manumissa fornicaverit, quam frilazin vocant, &c.* Gloss. Latino-Theotisc. (inquit Lindenbr.) *libertini*, **frilaza.** In vet. carm. Germ. **Eigen leute lasse rich fry.** Vide infra *Lazzi.*

¶ ***Frilingi.***] Gentis Saxonicæ Ordo medius. Nithardi historia lib. 4. pa. 661. *Saxonica gens omnis in tribus ordinibus divisa consi-*

consistit. Sunt enim inter illos qui Edhilingi, sunt qui Frilingi, sunt qui Lazzi illorum lingua dicuntur. Latina vero lingua hi sunt, Nobiles, Ingenuiles, Serviles. Frilingi igitur sunt ingenui, ab Anglo-Saxonico **fre**, id est, *liber*, & **ling**, *progenies*. Sic *Edhiling* & *Eadling* proles nobilis. Vide *Stellingi*.

¶ ***Friscinga*, *Friscinka*, *Friskinga*, *Frischenga*, & *Frisgunga*.**] Voces in antiquis Chartis Alamannicis aliisq; Germanicis admodum frequentes & Germanicæ originis: sed tamen inter Germanos non convenit de significatione. Goldastus & Lydius *vitulum* exponunt: Vadianus (& alii) *scrofam adultam. Nam & nostri* (inquit) *venatores porcum silvestrem anniculum aut adultum* **frisch-ling** *vocant.* Sic etiam Rheni accolæ (ut referunt Pithæus & Lindenbrogius) nec non & Tolosates porcos ejusmodi *fresingues* nuncupant. Gloss. Latino-Theotisc. *frisinga*, **frisching**, Sed reperio in Synodo Ticiensi sub Ludovico 2. An. Dom. 855. *friscingam* & *porcellum* distingui. *Statuimus etiam ne Episcopi quando pro confirmando populum, parochias circumeunt, Archipresbyteros suos graveant, ut hujusmodi dispensa contenti sint: panes centum, friscingas 4. vini sextaria 50. pullos 7. ova 50. agnum unum, porcellum unum, annonam ad caballos, modios 6, &c.* Similiter Capitular. lib. 4. ca. 73. Missis dominicis *propter conjugem ac domum ejus custodiendam juxta suam qualitatem dandum vel accipiendum sit. viz. Episcopo panes 11. friscingæ 3. de potu modii 3, porcellus unus, &c. Abbati, Comiti, &c. panes 30. friscingæ 2. de potu modii 2. porcellus 1. &c. Vassallo nostro panes 10. & 7. friscinga una, porcellus unus.* Periit mihi memoria, si nusquam legerim *friscingam* pro pernâ: & consonet quod è vet. diplomate citat Lindenbrogius: *friscingas ovinas*, q. ovium coxendices. Nihil statuo. Dubitanti, quidpiam luminis adferat rei pretium. Chart. Alaman. 12. *duas friskingas tremissas valentes*. Chart. 42. & aliæ plurimæ: *frischengam tremessam valentem*. Chart. 60. *frisgunga seigit valenti*. Tremissis autem est tertia pars solidi. *Seigit*, al. *Saiga*, quarta pars tremissis, i. denarius unus, ut exponitur in L. Alaman. Tit. 6. §. 3.

Videtur & aliud significare *frischinga*.
Frisgung. Tradd. Fuld. lib. 2, ca. 6. *Ut mihi per singulos annos, aut unum sagum, aut frisgung, aut aliquid consolationis à magistro —— detur.* Sunt qui mensuræ frumentariæ genus esse putant: ut Vadianus loco quo supra, etiam retulit.

¶ ***Friscus Adject.***] *Recens*, tam respectu temporis, quàm saporis: à Gall. *fresche*, Teutonicè **frisch**. *Frisca fortia*: vis nupera, & recenter illata. *Mariscus friscus*: qui aquis dulcibus, non marinis immergitur.

¶ ***Frithborga*, & *Frithborgus*.**] Inveniuntur apud Hovedenum in LL. Ed. Confess. cap. 20. pro *fri-borga*, & *fri-borgus*: multum autem differunt, nam *fri-borga*, est, libera securitas, seu fidejussio: *frith borga*, pacis securitas. Plurimi sunt ejusmodi errores in Francofurtana illa editione, aliisq; rerum nostrarum ab extraneis impressis. Caveat hos quà possit Lector: & imposterum emendent Typographi.

¶ ***Frith*.**] Æstuarium, **maketh his issue into the Estuarie or Frith of Tames**. *Camb. Rem.* pag. 333.

¶ ***Frithbrech*.**] *Pacis violatio*. LL. Ethelredi cap. 6. &c. V. *Grithbrech*.

¶ ***Frithsocne*, & *Frithsocen*.**] Tuendæ pacis jurisdictio: à Sax. ꝼꞃıð, i. *pax*, ꞅocne, *libertas*, *fanchesia*. Juxta Fletam significat, libertatem habendi franci plegii, sed tunc corrigendum est, & scribendum ut in novissimis monuimus, *frisocne*.

¶ ***Frocca*, & *Froccus*.**] Vestis genus quo Monachi usi sunt: al. *floccus*, atque idem fortè quod roccus: *lana*, *indumentum superius*. Ingulph. Sax. in Hist. Croiland. *Induit omni anno totum conventum cum secta sua de tunicis; omni altero anno de cucullis: & omni tertio anno de froccis.* Galli ipsum cucullum *froc* & *floc* vocant, atque inde in proverbio *jetter le froc aux orties*, pro Monachismum deserere: sed distinguit ut vides Ingulphus. Bajuli Londonienses, lineum suum vestimentum, cæteris omnibus inductum hodiè **a froc** nuncupant.

¶ ***Frustrum terræ*.**] Ejusmodi in Domesd. videtur, quod Frontino & agrimensoribus *succisivum* & *subcisivum* dicitur. Residuum quiddam præter acras numeratas, vel campum mensuratum. Illi verò *succisivum* vocabant, quod ad jugeri quantitatem non pervenit: cùm in Domesd. *frustrum terræ* accipiatur pro ampla portione seorsum à campo, villâ, Manerio jacenti. Domesd. Titt. Hantisc. Rex. Abedestone. *In insula habet Rex unum frustrum terræ unde exemit 61 vomeres*, lego *Frustum*.

¶ ***Frutectum*.**] Locus fructibus consitus, Lib. Rames. Sect. 197. —— *de fructectis ejusdem campi, quantum potest extirpari.* Supra. —— *fructibus mundavit.*

¶ ***Fuage*.**] Gal. Tributum ex foco, q. *focagium*. Hoc dum Princeps Walliæ ævo Edouardi 3. subditis suis Aquitaniæ imposuisse nixus est: eos undique in defectionem adegit. Petebat autem *francum* unum, i. solidum, ex quovis foco. Dicitur aliàs *Chiminagium*, à Gal. *Chiminee*, hoc est, focarium, Anglis antiquè **harth Silver**.

¶ ***Fogacia*.**] Ruris portio cervis & feris abdicata: nullo sepimento, nec forestæ legibus, sed tamen suis privilegiis communita. *Chacea*, quod vide. Chart. Mathildis Imperatricis qua Milonem de Glocestria, Comitem Herefordiæ constituit. *Præcipio quod hæc omnia supradicta teneat de me —— liberè &*

quietè

quietè, in bosco & plano, in forestis & fugaciis, in pratis & pasturis, &c. Inde

Fugare pro feras cursu premere, & venari. Et

Fugacio pro *fugandi actu*: hoc est, prosecutione ferarum in forestis, chaceis, & parcis: etiam pro ipso privilegio hoc faciendi. Charta libertatum Henrici 1. civibus Londoniæ. *Et cives habeant fugaciones suas ad fugandum, sicut melius & plenius habuerunt Antecessores eorum, scilicet Siltre, & Middlesex, & Suer'.*

¶ *Fugitivi.*] Sax. ylymen. Crebrò nominantur utrâque voce in Chartis nostris antiqq. & noscuntur ex Bractoni sententia lib. 1. trac. 1. cap. 10. Scil. non ii esse, qui vagantes per patriam, eunt & redeunt ad locum suum: sed *cum consuetudinem revertendi habere desierint, incipiunt* (inquit) *esse fugitivi, ad similitudinem cervorum domesticorum.*

¶ *Fulboran.*] Longob. lib. 2. Tit. 14. l. 2. *Si quis dereliquerit filium legitimum unum, quod est fulboran, & filios naturales unum aut plures: filius legitimus collat duas portiones de patris substantia, naturales verò tertiam.* **fulboꝛne.**

¶ *Fulfrea,* & *Fulfreal.*] Gloss. *Fulfrea: sive ingenua, sive libera.* Germ. **ful freey**, Angl. **full free.** Longobar. lib. 2. Tit. 12. l. 61. *Liberam uxorem, id est, fulfreal.* Tit. 14. l. 17. *Libertus homo qui fulfreal factus est.* Et lib. 1. Tit. 32. l. 5. —— *vadant liberi absoluti, & fulfreales, tanquam si thingati* (i. manumissi) *fuissent.*

¶ *Fulgare.*] Vide *Folgare.*

¶ *Fundatum.*] Vox frequens in vitis Pontificum, obscuræ tamen significationis. Quidam de blatto intelligunt, eo ducti quod Anastasius scribit in Leone 3. *Fecit vela holoserica majora, sigillata, habentia periclysin, & crucem de blattis seu fundato.* Inquit, *de blattin, seu fundato* & ita pluries. Hæc autem locutiò, tàm est dubitantis, quam confundentis: nam & alibi ait: *periclysin de blattis, seu chrysoclavo.* Distinguit aliàs, ut ibidem inferius: *Fecit —— cortinam fundatam, ornatam in circuitu de blattin.* Similiter in vita Leonis 4. Et in Paschalis: *Vela* (inquit) *modica de fundato, ornata in circuitu de blattin Bisanteo, & investita de blattin Neapolitano.*

Opinantur etiam *fundatum* esse auro textum aut acupictum, ut Gallicè *robe à fond.* Sed nec hæc valet conjectura. Nam in Leone 3. legitur: *calicem majorem fundatum cum scyphone.* Et infra semel atque iterum: *calices majores fundatos ex argento*: atque adhuc inferius: *Gabathas fundatas.* Occurrit præterea in vita Paschalis, *vestem de fundato prasino.* Et in Leone 4. *Vestem fundatam habentem 4 angulos: duos Tyrios, duos fundatos.* Prætereo multa hujusmodi: tu tibi Oedipus esto.

¶ *Fundicarius, Fundicus, Fundicare.*] *Præfectus officinæ. Officina. Congerere in Officinam.* Ab Ital. *Fundaco*, id est, Officina, taberna.

Constitut. Neap. lib. 1. Tit. 84. Imp. Frider. *Statuimus igitur ut per quemlibet præsidiatum, unus magister procurator rerum nostrarum, & unus magister fundicarius debeat ordinari, qui jura fisci nostri percipiant, & præcepta conservent.* Et Tit. 87. *Procurabunt magistri fundicarii, fundicos salis, ferri, & azorii, & mercium exituras, quæ fundicandæ curiam nostram sunt statutæ.* Inferiùs. *Mercatores etiam ad Civitates ubi sunt fundici venientes: exoneratis & depositis mercibus, quæ fundicari debent in fundicis, ubi vel quo voluerint, per civitatem hospitari permittant.* Leo Marsic. (apud Lindenb.) lib. 3. ca. 87. *Fundicum cum pertinentiis.* Et Pet. Diac. in continuat. Chron. Cass. cap. 10. *Fundicum in Amalfi.*

Magister fundicarius.

Fundicus. Fundicarii.

¶ *Furca,* & *Fossa.*] Ang. **Pytte and gallowes.** In antiqq. privilegiis significat jurisdictionem puniendi fures: scil. viros suspendio, fœminas submersione. His igitur supplicii insignibus cognoscibile olim erat ejusmodi jurisdictionis territorium: quod & in Scotia hodie observatum intelligo, & reorum in electione forè utrum mortis genus obierint. Galli item lætiferam jurisdictionem erectis *furcis* denuntiant. Sed *furcarum* notissimum judicium. Proferam ergo è monumentis Roffensis Ecclesiæ tempore Gilberti Episcopi, qui floruit sub Richardo 1. (id est, An 1200.) submersionis exemplum celebre: ut in Curia ejusdem Episcopi apud Suffliet erat recognitum. *Item duæ mulieres venerunt in villam de Suffliete, quæ furata fuerunt multos pannos in villa de Croindone, & secuti sunt eas homines ejusdem villæ de Croindone, quorum pannos furtivè asportaverunt usq; in villam de Suffliete, & ibi capta fuerunt, & incarcerata, & habuerunt judicium suum in Curia de Suffliete, ad portandum calidum ferum, quarum una fuit salva & altera damnata, unde submersa fuit in Bikepole* (i. in stagno quod vocatur Bike) *Et hoc totum contigit tempore Gilberti domini Episcopi, & in quolibet judicio fuerunt Coronarii domini Regis. Et Paulus de Stanes fuit tunc Cacherellus de hundredo de Acstane. Et per illud tempus Robertus de Hecham Monachus fuit custos de Manerio de Suffliete, & ad mulieres judicandas fuit dominus Henricus de Cobeham, & alii plures homines, discreti homines de patria.*

Suspendii & submersionis judicium.

Submersionis quale.

Calidum ferrum.

Cacherellus.

Submersionis hic ritus pervetustus fuit apud Germanos majores nostros. Sic enim Tacitus in eorum moribus. *Distinctio pœnarum, ex delicto. Proditores & transfugas arboribus suspendunt, ignavos & imbelles & corpore infames, cœno ac palude, injecta insuper crate.*

Furca putei. Trabs erecta cui tollenus innititur ad hauriendum aquam. Longob. l. b. 1. Tit. 9. l. 24.

¶ *Furlongus.*] *Stadium, quarentena.* Dicitur, non ut existimat Cowellus, quasi *ferlingus terræ* (de quo supra) sed quasi **a furrolo longe**, hoc est, quòd longitudine sulci determinatur. Sulcum autem (**a furrolo**) nostri dicunt agricolæ, id quod uno progressu aratrum describit antequam regreditur: & continet plerunq; 40 perticas, hoc est, octavam partem miliaris Anglici.

Dicitur etiam *Furlongus*, campi seu prati area spatiosa, plurimas continens acras (i. jugera) quæ seriatim adjacentes, pariter incipiunt, & pariter desinunt, sulciq; longitudine concluduntur. Chartular. Priorat. Dunstapulens. Tit. Houcton. ca. 5. *In eodem prato & furlongo, Prior & Ric. filius Gileberti partiuntur.*

¶ *Furnagium.*] Gall. *fournage.* Est tributum quod domino furni à sectatoribus penditur ob furni usum. Multis enim in locis tenentur vassalli ad coquendum panes suos in furno domini, eaq; de causa hoc tributum reddere. Qui etiam infra limites habitant ad furnum pertinentes dicuntur habitare Gall. *en*
Ban de fovr. Bancage. *ban de fove*, aliàs *en le bancage*: id est, infra territorium furni, seu evocationem ad furnum.

Est etiam *furnagium*, lucrum seu emolumentum quod pistori conceditur in pistionis sumptus & mercedem. Assisa panis & cervis. ann. 51. Henr. 3. *Et tunc potest pistor de qualibet quarterio frumenti lucrare 4. den. & furfur, & duos panes ad furnagium.* Ubi Interpres malè vertit, *ad furnagium*, **for avantage.** Hinc

Furniare, pinsere; ut infra in *Portmote* videas, ubi *braciare* & *furniare* leguntur pro **to brue and bake.**

¶ *Furswirotos.*] Boior. Tit. 17. l. 2. *Injuste territorium meum alteri formasti, i. forswirotos: ipsum mihi debes reddere.* Gloss. Lindenbr. **forswearen** Germ. *perjerare.* Et Angli dicimus **to forswear.**

¶ *Furratura.*] Vide infra *Subfurratura.*

¶ *Furst, & Fandung.*] LL. Henr. 1. ca. 46. *De implacitis dominorum. Si quis à domino suo vel Justitia, per suam vel alterius suggestionem implacitetur; summoneatur ad septem dies in eodem Comitatu, de nominatis vel innominatis placitis, & si lex domino vadietur, differat cætera placita donec lex deducatur per burgi legem, nisi de furto vel capitalibus sit, in quibus statim oportet respondere de quibuscunque implacitetur furst & fangdung habeat.*

¶ *Fustamum.*] Lib. Ramesiens. Sect. 265. *Dedit prædictus Abbas prædicto Hugoni unum fustamum, & Basiliæ conjugi suæ alterum, & prædicto infantulo 12 denar.* Non equidem intelligo: Erasmus autem (ni malè memini) utitur vocabulo *fustanum* in colloquio de ementita nobilitate, pro panno istius appellationis.

¶ *Fustare.*] Pro *fustigare.* L. Alaman. Tit. 12. *Si Episcopum —— plagaverit, fustaverit vel mancaverit —— sicut Ducem, ità in omnibus componat.* Sic Titt. 13. & 14.

¶ *Fustis.*] Pro festuca, seu baculo traditorio. Bract. lib. 2. cap. 18. num. 2. *Si autem nullum sit ibi ædificium* (quod per ostium & per haspam vel annulum tradatur) *fiat el sysina secundum quod vulgariter dicitur, per fustim & per baculum, & sufficit sola pedis positio cum possedendi affectu ex voluntate donatoris, &c.* Vide *Fistuca*, & *traditio.*

Fuste & scuto se defendere, id est, duello. Longob. lib. 1. Tit. 25. l. 76. Et lib. 2. Tit. 55. l. 29.

¶ *Fustuarium supplicium.*] Quod fustibus infligitur. *Fustigatio.* Edict. Theoderici R. ca. 4. L. Burgund. Tit. 70. Et in Jure Civili sæpissimè.

¶ *Fynderinga.*] LL. Henr. 1. ca. 11. *De jure Regis. Hæc sunt jura quæ Rex Angliæ solus & super omnes habet in terra sua —— Murdrum, falsaria moneta sua, incendium, hamsockna, forstall, fynderinga, flemenfirma, præmeditatus assaltus, roberia, &c.* Fortè, thesaurus inventus.

¶ G*Abella, Gabellum. Gablum.*] *Vectigal, portorium, tributum, exactio, census*: à Sax. ʒafol, al. ʒafel, hæc omnia significante. ʒafo ʒilden hure, est, domus quæ reditum annuum pendit, bere ʒafol, *reditus hordeaceus*. Matth. 25. 27. Ic name ðænn ic com'e ðæt min i.., mid ðam ʒafole, id est, *ut accipiam quando venero id quod meum est cum lucro* seu *fœnore*. Anastasius in vita Stephani 3. *Rex reddere promiserat* —— *Faventiam cum castro Tiberjaco, seu gabellum & universum ducatum Ferrariæ in integrum.* Constitut. Neapol. Tit. 59. §. 1. *Omnes Camerarii & bajuli priusquam in gabellam & credentiam bajulationes nostras susceperint -- in publico corporale subeant sacramentum.*

Gabella salis apud Gallos quando orta, aucta &c.

Exteris plerumque significat id vectigalis quod è mercibus provenit: Gallis potissimum è sale; quod à Philippo longo (qui Regnum iniit Anno 1316.) institutum est, 2 denar. Turonens. è qualibet libra referente. Hoc in duplum auxit Philippus Valesius: in triplum Carolus 7. triplum ipsum etiam in duplum Ludovicus 11. Et deinceps ad arbitrium Principis variè fluctuans, gravissimè tandem excrevit.

Gablum verò apud nostrates vox est usitatior, & in Domesd. frequens. Inæ etiam LL. M. S. ca. 66. *Si quis componat de virgata terræ vel amplius ad gablum, & araverit, si dominus velit terram illam ponere ad gablum, vel opus: non necesse est hoc excipi si nulla domus commissa sit.* Occurrit & in antiquo computo expensarum litis cujusdam in Scaccario, pro usurâ ut supra Mat. 25.

Gabellatus & juxta Ital. *Gabellotus*. Qui gabellas, & custumas (quas vocant) colligit. Constitut. Neapol. lib. 1. Tit. 59. *Et jurare prædicti faciant gabellatos suos, quod nil ultra veterem formam & nova statuta requirant.* Et Tit. 76. *Exactiones restitui faciant, & rapinas quas gabellati, forestarii, platearii, &c. exercent.*

Gafulland, & è contra *land gafel*, hoc est census terræ; illud, terra censa. Fœdus Alueredi & Guthurni RR. M. S. ca. 2. *Præter ceorlum (i. rusticum) qui in gafulland (i. terra censa) manet.*

¶ *Gafandus*,] *Hæres*. Vide *Gaphans*.

¶ *Gagani.*) Dicuntur omnes Chunorum Reges; teste Greg. Turon. Hist. lib. 4. Sect. 29. qui & Chunos à Pannoniis egressos (lib. 2. Sect. 6.) ex aliorum opinione refert; & videntur hi iidem esse qui aliàs Uni & Unni, aliàs Hunni, demum Hungari appellantur.

¶ *Gagium.*) *Silva densissima, &c.* Vide infra *Gajum*, & *Watergagium*.

¶ *Gaisindus.*) Vide *Gasindius*.

¶ *Gaitanum*,) *Zona, cingulum*. γαιτάνιον Græcobarb. apud Meursium. Cyryllus in lexico, τὰ σχοινία, καὶ τὰ δεσμὰ, καὶ ἡ ἅλυσις, σειραὶ λέγονται καὶ τὰ γαιτάνια, καὶ ἅπαν πλέγμα. id est. *Funiculi, & nodi, & catena, vincula dicuntur & gaitana; etiam quodlibet involucrum.* Etiam Codinus de Offi. Constant. ut emendat Meursius. ἐπὶ δὲ τραχήλῳ τῶν κριτῶν ἐκρέματο δύο τινα διὰ γαιτανίων πιλατίκια λεγόμενα, i. *Ad collum autem, Judicum* (Medorum) *pendebat de lineis, duo quædam per gaitana, nuncupata pilaticia.* Marcellus Empiricus De Medicam. cap. 8. *De tribus cerasis lapillos pertundes, & gaitano lino inserto, pro philacterio uteris.* Factum suspicor à Latino catena, vel à Germ. Gape, pro *custodia*.

¶ *Gajum, al. Gagium.*) *Silva densior.* Longob. lib. 1. Tit. 25. l. 38. *Si quis accipitres de silva tulerit, excepto de gajo Regis, habeat sibi, &c.* Simile in l. præced. ubi Lindenb. Gloss. vett. *Gajo, vel gagio, silva densissima.* Legitur & *gaas* apud Prateum pro prædio.

¶ *Galea, Galeia, Galeida.*] *Triremis*. Navis piratica. Phranzes lib. 1. cap. 36. *Navibus piraticis quas nunc galeas nominare consueverunt, sive triremibus pro triginta instructi, &c.* Meurs. Græcobarb. γαλέα & γαλαία. sed reperitur antiquius opinor apud Asserum Menevens. in vita Ælfredi Regis sub An. 877. *Tunc Rex* (Ælfredus) *jussit cymbas & galeas, id est, longas naves fabricari per Regnum, ut navali prælio hostibus adventantibus obviaret.* Erant & nostro mari frequentes sub Henr. 3. Sic enim Mat. Par. in An. 1243. *Pyratæ cum galeiis alta maris* (inter Doveriam & Calesiam) *custodientes: non permittunt etiam peregrinantes ad propria remeare.* Et mox post aliquot: *Unde quidam apostrophando ait Regi jocose.*

In terris galeas, in aquis formido galeias:
Inter eas & eas, consulo tutus eas.

Galoarum stolium est hujusmodi navium classis. Chron. Augustens. in Epist. Freder. 1. *Convenire fecimus apud Pisas victoriosum galearum stolium.*

Galeida. Ex Gotfr. Monach. Annal. Meurs. *Versus castra militia Christiana, galeida sursum ducta sunt.*

Galionium & *Galiassa* juxta Italic. pro grandioribus galeis apud Græcobarbaros leguntur, & alibi *Galicea*.

¶ ***Galilæa.***) γαλιλαία. Ita appellabatur tempus illud omne, à Resurrectione sive Pascha, usq; ad Ascensionem, quod in Galilæa Salvator noster exegit, ut notat Meursius plura subjiciens.

¶ ***Galliardus.***) Vide *Goliardenses*, & *Goliardus*.

¶ ***Galihalpens.***) Pecuniæ genus unà cum **Suskins** & **Doitkyns** abolitum Statuto primo An. 3. Hen. 5. ca. unico.

¶ ***Galloches***, al. ***Galoges.***) Gall. Calceamenti genus cuspidatum, à Gulielmo Rufo (ut me legisse memini) introductum. Cuspides autem ita demum porrexit ætas recentior, ut hos alii catenis argenteis, alii deauratis, plerique fibulis è bysso, à tibiis suspendere cogerentur. Anno igitur 4. Edouardi 4. id est, gratiæ 1464. Cautum est ut nemo cuspides illos ultra duos pollices produceret, sub pœna 20 solid. & (ut Chronicæ referunt) anathematis. Vide juvenis Hibernicos quosdam ejusmodi calceis indutos, sed cuspides mediocriter extendentibus.

Sunt & *galloches* hodiè apud Gallos, crepidæ seu calcei quidam lignei, quibus in rure utuntur coloni, in Academia scholares nulli ascripti collegio, sed vicatim hospitantes; atq; hoc idem (ut accepimus) nomen, inde per ludibrium contrahentes.

¶ ***Galmagium.***) Final. concordia inter Jo. Ducem Britan. & Alanum Trecoricens. Episc. An. 1267. in Hist. de Bret. liv. 4. ca. 24. —— *salvis nobis & hæredibus nostris, avenagiis & galmagiis nostris in feudis & terris Cornidem ubi ea capere consuevimus.*

¶ ***Galnes.***] V. supra Cro. & Reg. Majest. lib. 4. ca. 24. & notas ibid.

¶ ***Galo***, al. ***Galona.***] Mensuræ apud nos genus, vernaculè **a gallon**: fortè à Græc. γαυλὸς *situla*. Composit. mensurar. an. 51. Henr. 3. *Denarius Angliæ qui nominatur sterlingus, rotundus sine tonsura, ponderabit 32 grana frumenti medio spicæ, & 20 denarii faciunt unciam, & 12 unciæ faciunt libram, & 8 libræ faciunt galonem vini, & 8 galones vini faciunt bussellum London, quæ est octava pars quarterii.* Et Statut. de Pistorib. ca. 8. *Standardum, bussellì galonæ & ulnæ, sigillo domini Regis ferreo signentur diligenter, &c.*

¶ ***Gamacta.***) *Verber, percussio.* L. Boior. Tit. 2. ca. 4. §. Final. —— *ante Comitem suum 50. gamactas, id est, percussiones accipiat.* Sic ἀλλακίλα Græcis.

¶ ***Gamalis.***) Filius è legitimis nuptiis oriundus, spurio & naturali contrarius. Sic juxta Gloss. Non tamen dictus à Græc. γαμικὸς seu γαμήλιος, id est, *nuptiæ* seu *nuptialis* (licet hæc se ultrò offerant vocabula) sed à German. **Gemal**, al. **Ghe-mael**, id est, *conjux*, è Sax. mael:n *conjungere*, quo sensu Angli hodie dicimus **to male** pro *vincire*, & *constringere*. **Ghe** autem alias **ga**, & **ge**, tantum particula est verborum præteritis & participiis præteriti temporis apud Saxones & Germanos præposita: sic ut *Gamalis* propriè significet *filium conjugalem*. Longob. lib. 2. Tit. 55. l. 7. *Si quis de sacramentalibus mortuus fuerit, potestatem habeat ille qui pulsat, in loco mortui similem alium nominare, de proximis legitimis, aut, de naturalibus, aut de gamalibus, id est, confabulatis.*

Sed liceat & quæ aliter sentiam, de hoc loco effari. Quid si *gamales* intellexero de filiis, nec spuriis, nec post consummatum matrimonium natis: sed qui à patre & matre confabulatis (i. pactis jam nuptiis licèt non adimpletis) procreantur? Videtur enim hic legis paragraphus, triplicem filiorum speciem (& satis perspicuè) constituere, videlicet, *legitimos* omnino, *naturales*, id est, spurios, & *gamales*, q. ex desponsatis editos. Nam *confabulare*, est pacisci, & despondere. Vide *Fabula*. De gamalibus alia sentent.

¶ ***Gamma, Gammadia, Gammadium.***] Quod ad speciem literæ Γ formatum est. *Trigonus.* Siculus Flaccus de Condit. agr. apud Meurs. *Aliquando etiam petras occurrentes in finibus notatas invenimus: quasdam, si perseveret rigor, notas habentes, in versuris verò gammas, sed spectantes suas rigores.* Et postea. *In versuris verò quæ notata sunt, aut decusses inveniuntur aut gamma.* Et Frontinus de limit. agr. lib. 11. *Termini autem si transversi positi fuerit, gammam faciunt.*

Gammadium hoc idem esse videtur in vestimentis Ecclesiæ. Fortè ut ex trigoni formâ, sacrosanctam innuerent Trinitatem: quam tamen Δ litera expressiùs redderet. Conjectuanti fiat venia. Anastasius Bibl. in Leone 3. Fecit columnas argenteas 8. *& gammadia duo, & arcus duos cum crucibus argenteis 5.* Mox. *Et tabulas chrysoclabas 4 cum gemmis ornatas, atq; gammadias in ipsa veste chrysoclabas quatuor.* Multo inferius. —— *arcum argenteum cum gammadiis suis.* Et in Leone 4. *Et super illud cyboreum fecit oleas quæ pendent in circuitu altaris, habentes tabulas 4 exauratas, nec non gammadias numero 4.* Illic creberrimè. Et in vita Benedicti 3. *Vestem de fundato unam habentem in medio crucem cum gammadiis de quaquadruplo.* Sæpius jungitur cum crucibus.

Judiciale sceptrum τοῦ μεγάλου μυρτάτου apud Codinum, supernè erat ex auro fuso in speciem Γ literæ

Γ literæ quod illic γαμματίζον dicitur à γαμματίζειν, q. *gammatizare*, hoc eſt Γ ſpeciem referre. γαμματίζειν

¶ *Gamurdrit.*] Angl. **Murdred**, nam ga & ge ut ſupra diximus in *gamalis* ſunt particulæ præpoſitivæ præteriti temporis, & participii ejuſdem, L. Boior. Tit. 18. ca. 2. §. 3. *Si ſervus furtivo modo, ſupradicto more occiſus fuerit, & ita abſconſus, quod gemurdrit dicunt.* Planè ut lex noſtra. Vide *Murdrum.*

¶ *Ganerbiorum & Ganerbinatus, conditio, origo, ſocietas, etymon, lapſus, proſcriptio, arces, urbes, differentia, adminiſtratio, &c. In tranſitu, de lege Salica.*

Ganerbiorum conditio. ¶ *Ganerbii.*] *Ganerbiorum* ſocietas, quam *Ganerbinatum* vocant, apud Germanos ampla, potens, & antiqua eſt; à nobilium conditione parùm diſtans. Nobiles enim & *Ganerbios* ſic conjungit jus Saxonicum **Burger oder Burgkmann heiſſen die Ganarben und Edellent**, &c. id eſt, *Cives & Caſtrenſes* (h. qui in caſtro habitant) dicuntur *Ganerbii & Nobiles qui olim ſub domino* Caſtri *in caſtro habitabant, & tunc temporis vocabantur* **Burgkburger**, i. cives caſtrenſes. Item alibi. **Burgkleben** (i. caſtrenſe feudum) *eſt hujuſmodi feudum ubi multi Nobiles vel Ganerbii* (*ut nunc dicuntur*) *unum idemq; caſtrum ſimul habent à Principe, & Domino cujus eſt caſtrum illud.* Et quidem nulla inter ipſos & alios vaſſallos feudales ferè differentia eſt, niſi quoad pacta & conditiones ſocietatis, & fœderis inter ipſos mutui. Quæ res tunc extitit in Germania, quando vis erat jure, **da das fauſt Recht im Schwang gieng**. Tum enim ante factam & promulgatam pacem publicam, i. **dem Lanfriden**, cùm paſſim itinera eſſent minus ſecura, & latrones in arcibus apud ſui generis ſive farinæ homines, latrones latitarent; alii quidam Nobiles, quibus virtutis potius, quàm rapinæ ſtudium charum erat, confecerunt ſibi arces munitas, in quibus cum familiis ſuis & rebus pretioſioribus, ab aliorum invaſionibus violentis, tuti eſſent. Et ut potior fieret hæc conjunctio, eoque major & conſtantior, ſuiſq; viribus ſe & ſua fœliciùs defenderent: fraternitates & confœderationes quaſdam, certis legibus & conventionibus contraxerunt **den Burgfrieden**, id eſt, *pacem caſtrenſem* appellatas. Confœderatos hos *Ganerbios* vocant **die Ganerb en**, quaſi **gemiene Erben**, id eſt, communes hæredes, & condominos. Sed dilabitur ſplendida hæc confœderatio in deteriorem partem. Nam & ipſi *Ganerbii* viribus ſuis & arcibus confiſi, etiam rapere & opprimere cœperunt: aut alios ſuæ ſocietatis confratres, aut condominos quando delinquerent receptarunt, & protexerunt.

Origo.

i. *Quando vis manuum dominabatur.*

Societas.

Etymon.

Lapſus.

Eique tandem audaciæ & furori præventum eſt, ut publicis legibus, & Imperiali Conſtitutione coerceatur. Imperator enim Maximilianus in Comitiis Auguſtanis An. 1500. inter alia edixit; *Ne Ganerbii ſive condomini bannitum ab Imperio, in arcem intromittant, licèt etiam ea ſit communis ei cum aliis, ſed potiùs à ſua ſocietate excludant: quod ſi verò ſecus factum fuerit, ut ipſi quoq; acceptatores, in pœnam pacis publicæ violatæ debeant declarari, & pronunciari.* Præterea in Commitiis Wormacienſibus, Anni 1495. quadruplex eſt conſtituta pœna **Das ihr Leib und**, **&c.** Id eſt, 1. *Primo ut illorum corpora & bona omnibus ſint conceſſa, & nemo illis abuti poſſit.* 2. *Ut omnia illorum jura quæ contra alios habent, ceſſent & ſint mortua.* 3. *Ut amittant feudum.* 4. *Ut habeantur inhoneſti* ſeu infames. Renovatur hæc conſtitutio aliis Commitiis Wormacienſibus An. 1521. deinde Auguſtanis An. 1548. & inſerta deniq; Ordinationi Cameræ An. 1555. *part.* 2. *tit.* 13. Petrus Denais *in jure Camerali tit.* 266. *verb. receptatores, num.* 2.

Interdictio.

Proſcriptio.

Arces & munitiones aliquot quæ vocantur **Generbenheuſer**, hæ recenſentur. Primò arx Rotenburgenſis, non procul à Norimberga diſſita. Deinde eſt Friburgum in Veteravia, quæ arx etiam eſt celebris *Ganerbinatus.* Tertiò eſt arx Salizburgum ad Salam in Francia orientali, ubi & Imperatoris Conradi (qui cognomen Salici inde adeptus eſt) Regia olim fuit; & lex Salica primum lata eſt à Pharamundo, ejuſq; conſiliariis quatuor, Wiſogaſt, Arogaſt. aliàs & rectiùs Boſogaſt, Salagaſt, Vindogaſt, qui & in prologo legum illarum nominantur, & à Sigeberto in An. 422. de quo vide plura hic infra in verb. *lex Salica.* Hæc autem arx etiam hodiè eſt domus *Ganerbica*: & habent ſingulæ ſingulos ſuos Burgravios judicis loco, ſuaſq; leges & Regalia. Rotenburgenſis quæ ab antiquis dominis ad coronam Bohemiæ pervenit, & tandem ad Electorem Palatinum, reſervato tamen recto domino; condominos numerat plus quam ſeptuaginta Nobiles.

Arces.

Lex Salica, unde.

Arcium adminiſtratio.

Sunt & nonnullæ civitates *Ganarbicæ.* Crutzenachum, oppidum ſitum ad Rhenum, condominos habens Electorem Palatinum, & Marchionem Badenſem. Item Schmalcaldia dum viverent Comites ac Principes Hennebergenſes, ex parte dimidia ad ipſos, ex altera pertinuit ad Landgravios Heſſiæ; hodiè Landgravius ea ſolus potitur. Tale olim fuiſſe Hebron, de quo in ſacris literis habetur, & in Decreto Gratiani, 1. *Hebron* 11. *quæſt.* 2. notat Conradus Ritterſhuſius *in partitionib. jur. feud. lib.* 1. *ca.* 17.

Civitates.

Conſtituuntur autem *Ganerbii* & bona *Ganerbica*, pactis et conventionibus ipſorum inter ſe condominorum: accedente plerunque confirmatione et protectione ſuperiorum, putà Imperatoris et aliorum Principum. Et dari poſſunt in *Ganerbinatum* non ſolum bona allodialia et patrimonialia, ſed etiam feudalia, dum

Bona.

dum tamen non inferatur tertio præjudicium, uti agnatis in antiquis feudis; filiabus (si hoc dictum sit) in novis; & his de quibus pactum

Differencia. est, in utrisque. Hinc exigua illa differentia inter *Ganerbios* & vassallos feudales, de cujus supra meminimus. Quanquam enim aliquis in *Ganerbiorum* societatem acceptus, & condominus factus fuerit, in aliis tamen rebus non mutatur persona ejus, nec vassallus esse desinit prioris domini sui, nec privilegia & regalia quæ ab Imperatoribus totum obtinuerit condominorum collegium, singulorum fiunt, sed pariter omnium.

Bonorum administrator, quis. Solet autem plerunque inter eos qui *Ganerbinatum* constituunt, eo convenire inter se, ut maximus natu in ea gente sit administrator bonorum; & pro onere administrationis partem aliquam fructuum sibi habeat præcipuam: reliqui fructus dividantur æquis portionibus inter omnes gentiles & agnatos, qui quidem sunt puberes, maximè si vel studiis, vel rei militari dent operam.

Renuntiatio. Denique fraternitati & confœderationi inter condominos renuntiari potest ab eo qui non amplius libet in illa societate & communione stare: uti quælibet societas renuntiatione tollitur §. *manet. Just. de societ.* Similiter & jam à rectore sive domino illius arcis in qua *Ganerbinatus* est constitutus, liberabitur, renunciatione, Conrad. Rittersh. *d. cap.* 17. *per tot.* Ubi simul tradit discernendum esse *Ganerbinatum* à pacto quod vocant **Erbeinigung**, receptum est inter familias quorundam Principum de quo Gail. 2. *obs.* 127. Itemque à majoratu & legato familiæ ut ibidem explicat. Vide Hotomannum in *Lexic. feudali* verb. *Hæredes accelerantes*, ubi allegat locum juris Saxonici *Artic.* 17. Et Modestinum Pistoris *p.* 1. *consil.* 21. *nu.* 45. *&* 42. Hæc è Matthia Stephan. Pomeran. Tract. de Jurisdict. lib. 2. par. 1. ca. 2. memb. 3. at non suis ubique verbis, sed aliàs auxiùs, aliàs contraxiùs, ut nostro magis conveniret instituto. Addam verò quod Glossographus ad 17 Artic. Speculi Saxonici asserit, *Ganerbios* dici quòd illorum hæreditas descendit, non ascendit, &c.

¶ *Gansa*, & *Ganshapich.*] Hoc in Boior. LL. Tit. 20. §. 2. exponitur, accipiter *qui anseres capit*: cujus & meminimus in verb. *Acceptor*, quod vide. Illud à voce **Gansz** pro ansere, Germanis hodie in usu, non minus quam olim. Plinius enim lib. 10. ca. 22. In Germania (inquit) anseres candidi, *verùm minores, ganzæ* vocantur. **Hapich** idem est quod accipiter: nos autem p in w vertentes, monosyllabicè **Hawk** proferimus, & pro **Ganshapich, Ganshawk**, al. **Goshauk**. In Glossario legitur *Ganta* γυναλώπηξ; sed an emendandum, *Gansa*; haud scio: fallor enim si nostri aucipes **Gantes** non dicant de alio volucre. *Chenalopen* autem anserini generis esse Plinius docet, ubi supra, & *Gantas* haud multùm ab eo discrepare suspicor.

¶ *Gantus.*] —— Nec illud silentio tegimus, quod prædictus dominus Carolus in præfato retinuit loco, istud scilicet, quod quando in Pictavensem urbem veniet, ipsi monachi præfati cœnobii afferant illi *gantos* unos, & duos cereos, cum duobus botis nectare plenis &c. *Preuves de l'hist. des Comtes de Poictou p.* 157.

¶ *Gaola.*] Carcer, ergastulum. Cambro-Brit. *Geol*, ergastulum, carcer.

¶ *Gaphans.*] Longob. lib. 2. Tit. 21. l. 3. *Nulli liceat alium pro alio pro quolibet debito pignorare, excepto illo qui gafans esse invenitur, id est, cohæres ejus proximior.* Gloss. vett. *Gafandus, hæres.*

¶ *Garathingi*, al. *Gargathingi*, & *Garathinx.*] Longob. lib. 1. Tit. 7. l. 15. —— *ille qui plagaverit eum componat qualiter in garathingi, id est, secundùm qualitatem personæ.* Et l. prox. seq. nec non Tit. 9. §. 3. *Si ingenuus fuerit, qualiter in garathingi homicidium componat.*

Garathinx. Longob. lib. 2. Tit. 17. l. 1. *Si gastaldius aut quislibet actor Regis* —— *aliquid per garathinx, id est, donationem ab alio quocunq; factam, conquisierit, sit sibi stabile, &c.* Lib. eodem Tit. 15. l. 1. *Si quis res suas alii thingare voluerit, non absconsè, sed ante liberos homines ipsum garathinx faciat.* Et ibi l. 3. *Nulli donatori liceat ipsum thinx quod antea fecerit, iterum in alium hominem transmittere: tantum est ut ille qui garathinx susceperit, tales culpas non faciat donatori suo, quales solent ingrati filii parentibus suis facere.*

Garathinx (inquiunt Glossæ) *donatio universitatis.* Aliæ Glossæ: *Garathinx fecerit, id est, donatum quid fecerit extra hostem.* Et Papias: *Garathinx, donum.* Sic Lindenb. Sed cum *Thinx* simpliciter (Saxonicè ðinȝ) *donum* & *munus* significet: *garathinx* amplius quiddam significaturum videtur: fortè *munus liberum*, atque illud quod omnino, & integrè datur: *donationem* (ut inquiunt Glossæ) *universitatis*; *Gear* enim & *gar* Sax. ȝeape: *omnino, prorsus, potius*, etiam quod paratum est. Vide *Thinx* & *Perthinx.*

¶ *Garba.*] A Gall. *Garbe.* Fasciculus, sive è frugibus, sive è lignis. Provinciale Angliæ lib. 3. Tit. de decimis. *Ca. Erroris*, §. 1. —— *frugum suarum decimam garbam solventes.* Ibi Guiller. Lindewode: *Hæ garbæ* (inquit) *etiam ad fasciculos qui de silva cedua fieri solent, extendi possunt: præsertim cum & reditus silvæ ceduæ, frugum nomine appellantur, ut dixi supra in gloss. prox.* LL. Edouardi Confess. cap. 8. *De omni annona decima garba Deo debita est.*

¶ *Garcio.*] *Puer*, à Gal. *Garcon* seu *garson.* Ital. *garzone*, unde Græcobarb. γαρζόνιον. Meurs. Annales de Carolo Boëmo Imp. *omnia autem inferiorum mensarum paramenta, etiam pro garcionibus, de argento fuerunt.* Assisa panis & cervisiæ an. 51. Henr.

3.

3. Tribus servientibus 1 den. ob'. duobus garçionibus obolum.

Brito Armorican. Philippid. 11. pa. 378.

Affuit è famulis Electi garcio quidam
Ipsum præcedens, Cornutus nomine, fortis
Corpore, mortifero horrebat cui dextra cutello.

Et infra, Electum alloquens jugulandus.

—— ne me patiaris iniquo
Sydere damnari: ne garcio funeris auctor
Gaudeat esse mei.

¶ ***Garandia, Garantia, Garantum, Garantizare, & Garentizare.***] A Gall. *Garent*. In LL. nostris *Warrantia, Warrantum, & Warrantizare*. Longob. LL. *Warens*. In speculo Juris Saxon. *Warenda, VVarendatio, Warendator*. Radicitus omnia à Saxon. ƿæɼan, id est, tueri. Sic in Canuti LL. Ecc. cap. 20. ⁊ æƿɼe eallum mihᵹum hiɼ ƿoɼðɼcipeɼ ƿæɼaɼ, id est, *& omnibus nervis honorem ejus tueri*. Vel à ƿæɼe pro redemptione, q. ƿæɼan *redimere*. Galli autem semper g utuntur pro Sax. ƿ, id est, pro w, & habent omnes hæ voces propriam suam significationem apud Forenses Angliæ, Galliæ, Germaniæ, quam nec ulla dictio unica apud Romanos exprimat.

Garantiæ vis & gradatio.

Est etiam *Garantisare*, sartam & tectam authoritatem exhibere: non solum, tueri, protegere, defendere, redimere, patrocinari: sed quod etiam donatorem & venditorem obligat ad fundi, seu rei alterius evictionem præstandam: hoc est, ut alianti ejusmodi æquivalentem tribuat. Cum igitur de feodo, seu prædio dato, postuletur donatorius, ad *garantiam* vocet donatorem, qui hoc ipso nomine molem litis in semet suscipere, & in eâ cadens damnum tenetur resarcire. Advocet autem donator seu venditor, suum (si quem habeat hoc astrictum ligamine) Authorem, atque ipse tertium, tertius verò non quartum secus Jus Normanniæ ca. 50. ubi sic legitur. *Et notandum est quod garantus* (id est, Author laudatus) *alium potest vocare garantum; & sic potest hac vocatio fieri usq; ad tertium. Tertius autem garantus quartum non potest advocare: sed ipsum oportet querelam defendere, vel aliis defensionem dimittere: quam si defendere noluerint; feodum pars contraria obtinebit, & querelatus excambium. Et hoc intelligendum est de primogenitorum excambiatione*. Apud nos verò nullus (quòd sciam) advocationis limes est, parciusque igitur nosmetipsos hodiè conjicimus in *garantiam* (quam vocant) generalem, licèt hoc olim frequentissimum esset. Vix enim occurrit Charta antiqua, cui non hæc clausula.

Garantiæ formula.

Et ego & heredes mei, prædictas terras prædicto N. contra omnes gentes: vel, *contra omnes homines & fœminas, warantizabimus & in perpetuum defendemus per præsentes.* Hodie non solemus *warantizare*, nisi contra nosmetipsos & hæredes nostros.

Sed convenit lex Normannica, Longob. lib. 2. Tit. 28. l. 5. *Si quis equum suum -- vel rem suam super alium petierit, & ipse se warentem dare dixerit, statim juret, ut ad certum warentem eum conducat, & super tertium warentem & tertium Comitatum non procedat.*

Vide cap. 50. Juris Normannici quod *de garanto* inscribitur: & hic infra *waranda*.

Est igitur *Garandia, garantia, warenda, warendatio, garantum*, & interdum *garantus*, nexus præstandæ auctoritatis, patrocinii seu evictionis rei alicujus datæ seu venditæ. Inde in *le grand Custumier de France liv. 3. pa. 79.* in marg. quæritur: *An in rebus donatis habeat locum garandia?*

Garantus etiam, & Longob. *warens*, Spec. Sax. *warendator*, is est qui tali nexu astringitur: Donationis seu venditionis auctor laudatus, vindex litis, &c.

¶ ***Gardianus***, al. ***Gardingus.***] Hoc juxta Saxonic. ᵹaɼðunᵹ, illud Gallicum, *Gardien*. Feudistis, *Gardio*. Defensor, tutor, patronus, custos. Is cujus fidei quid committitur: ut *Gardianus Ecclesiæ*, qui rem Ecclesiæ procurat, tuetur, ministrat: aliàs *Defensor Ecclesiæ*, quod vide.

Gardianus Ecclesiæ.

Gardianus (seu *Custos*) *quinq; portuum*; magnus apud Anglos Officialis est: quinque præcipuis Regni portubus quæ vicinori Galliæ opponuntur, præpositus; omnem belli aleam expectaturus, portuumque ope strenuè subiturus. Angl. **Lord Warden of the Cinque Ports**. Vide supra *Barons quinque portuum*.

Gardingus verò apud Hispanos dignitatis classis fuit; vel saltem muneris: quam tamen ipsi Hispani hodiè non satis explicant. In LL. Wisigothor. ejus sæpè mentio. Lib. 9. Tit. 2. l. 8. *Dux aut Comes, Thyuphadus aut Vicarius, Gardingus, vel qualibet persona.* Ibid. l. 9. *—— si majoris loci persona, i. Dux, Comes, sive etiam Gardingus.* Et in Concil. Toletan. 13. ca. 2. *De accusatis sacerdotibus, seu etiam optimatibus palatii, atq; Gardingis, &c.* Hoc idem Wisigor. lib. 12. Tit. 1. lege 3. editâ ad confirmationem istius Concil. Era 722. Victor Tonneus. pa. 38. *Guntimer & Gebamundum gardingos fratres Regis perimit.*

¶ ***Gariola***, al. ***Garriolus.***] *Pica glandaria*, Ger. **Heher**, vel **Hetzler**, Lyd. L. Alaman. Tit. ult. §. 13. *Aneta, Garriola, ciconia, corvus, cornicula, columba, chaucha, & querola, ut alia similia requirantur.*

¶ ***Garrena.***] Vide *Warrenna*.

¶ ***Garterium.***] A Gallo-Angl. *Gartier*, Subligaculum cruris, *Bulæo periscelis*. Vox jam inde in usu à quo Edouardus 3. multis

tis victoriis insignis, Equestrem ordinem sub *garterii* symbolo instituit; ascriptis è militari orbe 24 fortissimis heroibus, suiipsius præfecturà illustratis.

¶ *Gasachio*, & *Gasachius.*] Adversarius, causator. A Sax. ſac. i. *causa*, *lis*, *dissentio*, ſacan *dissentire*. *Ga* autem & *ge* (ut sæpè monuimus) præponuntur præteritis & participiis præteriti temporis. Germanis Gegensacher. L. Salic. Tit. 52. §. 2. *Rogo te Judex, ut hominem illum denominatum, gasachionem meum, de debito tali denominato, secundum legem Salicam mihi inde eum adstringas.* Tunc Judex dicere debet: *Ego gasachium tuum illum in hoc mallo, quod lex Salica habet.* Et Tit. 53. §. 1. *Si quis Grafionem ad res alienas injustè tollendas invitaverit, antequam gasachium suum secundum legem habeat admallatum, viii. den. qui faciunt sol. CC. culpab. judicetur.*

¶ *Gasindus*, & *Gasindius.*] *Famulus*, vel *servus*, qui non foris, sed domi ministrat, *Domesticus.* Ideo in vett. quibusdam formulis & capitulis (ut Bignonius notat) *ministralis de intus casa* appellatus. Hoc & vox ipsa mihi prodere videtur; dicta quasi *Casbindus*, à Francorum vocabulo *case*, id est, domus, & Sax. hynde, *famulus*: utroq; veteri Germanico, à quo etiam hodiè, familia gheſind apud Kilianum dicitur. Hoc idem & è Marculfo colligas lib. 2. form. 26. *Si aliquis servo suo gasindo suo, aliquid concedere voluerit: dicat, pro respectu fidei & servitutis quam circa nos impendere non desistis, &c.* ubi *gasindum* servorum speciem facit, quæ circa personam domini sui curam agebat. Rotharis Rex in Longobard. lib. 2. Tit. 9. l. 21. *Consuetudo enim est ut pro minima persona quæ exercitalis homo invenitur esse, 150 sol. componantur: & pro eo qui primus est 300 sol. De gasindiis verò nostris volumus ut quicunq; ex minimis occisus fuerit in tali ordine, pro eo quod nobis deservire videtur* 200 *sol. fiat compositio.* Lindenb. è Gloss. vett. *Gasindium*, servitium. *Gasindio Regis* serviente vel camerario. *Gasindiis*, judicibus. Papias, *Gasindius*, honor sub judice, & *Gasinda*, cohæres, Germ. Gesind.

Gasindium, familia. Longob. lib. 2. Tit. 14. l. 17. *Si aliquid in gasindio Ducis aut privatorum hominum obsequio, donum vel munus conquisierit.* Et Tit. 52. l. 1. *Quicunq; liber homo in servitio in gasindio Regis, aut de ejus fidelibus introierit, &c.*

¶ *Gastaldus*, *Gastaldius*, *Gastaldio*, *Guastaldus.*] Ital. *gastaldo* & *guastaldo*. Rerum dominicarum apud Italos (præsertim Longobardos) actor, procurator, administrator. Aliàs *vilicus*, *Oeconomus*, *Major domus*, *Senescallus*, *Ballivus*. A Saxx. ʒaſt, id est, *hospes*; & healdan, *custodire*, quasi custos hospitum: vel à ʒaſt & *Aldus* seu *Aldius*, h. *famulus*, q. hospitum famulus, vel qui hospitum curam gerit. Curator hospitii. Apud Misnios enim (ut refert Amerpachius) Gast etiam significat ipsum hospitium; atque inde Gastgeber hospitii datorem. Vide *Aldus*. Transfertur autem ad curatorem rerum externarum, puta villæ, prædiorum & hujusmodi. Gloss. ad caus. 1. q. 3. ca. 8. *Gastaldum.*] *qui habet curam externarum rerum, qui dicitur aliàs major domus* 89. *distinct. volumus*, at in ea distinct. hospitum cura refertur ad vicedominum non ad majorem domus. *Villicus* etiam Italicè redditur *guastaldo*, Hispan. *mayor domo del campo.*

Munus *gastaldii* ex eo intelligitur quod extat Longob. lib. 1. Tit. 34. l. 1. *Si quis gastaldius aut actor Regis, curtem Regis habens ad gubernandum, ex ipsa curte alicui sine jussione Regis casam tributariam, terram, silvam, vites vel pratum ausus fuerit donare, aut si amplius quam jussio Regis fuerit, dare præsumpserit; vel si quærere neglexerit quod ablatum est: omne —— in duplum octogilt componat.*

Muneri adjungebantur coërcio & jurisdictio. Longob. lib. 1. Tit. 12. l. 2. *Si quis sepulturam hominis mortui ruperit —— tunc gastaldius Regis aut sculdasius, requirat culpam ipsam, & ad curtem Regis exigat.* Tit. 1. l. 3. *Si Dux exercitalem suum molestaverit injustè, gastaldius eum solatiet dumusq; ad præsentiam Regis, aut certè apud suum judicem eum ad justitiam perducat.* Et contra l. 5. *Si gastaldius exercitalem suum contra rationem molestaverit, Dux eum solatiet quousq; veritatem suam inveniet.* *Gastaldo* etiam nonnunquam licuit de ancilla fornicante judicare, & in puellam liberam servo nubentem animadvertere, ut lib. eodem Tit. 31. l. 1. Et lib. 2. Tit. 9. l. 2. Adde quod Pipinus Imp. sanxit Longob. lib. 2. Tit. 52. l. 14. *De universali quidem populo qui ubicunq; justitiam quæsierint suscipiat, tam à Comitibus suis, quam etiam à gastaldiis, seu sculdasiis, vel loci præpositis, juxta ipsorum legem sine tarditate.*

Statuit Rex Rotharis ut si *gastaldius* aut quilibet actor Regis post susceptas ad gubernandum curtes aut casas Regis, aliquid per garathinx (id est, per donationem) ab aliquo quocunq; factum, conquisierit (non confirmante Rege) hoc totum Regi acquirerit, nec ab ipso aut hæredibus ejus unquam vindicandum esse. Sed ademit legis hujus rigorem Hlotarius Imp. ut videas Longob. lib. 2. Tit 17. l. 1. & 2.

Gastaldus civitatis seu provinciæ. Spectare præcipuè videntur quæ paulò jam supra diximus, ad aliud *Gastaldii* genus; nimirum civitatum, seu provinciarum: & hic idem esse Longobardis, qui aliis Graphio, & Præpositus; nobiscum Vicecomes appellatur. Sigonius tanquam ipsum Comitem ponit. Sic enim de Regno Ital. lib. 2. in An. 667. *Post biennium Alzeco Dux Bulgariorum cum popularibus suis pacato in Italiam agmine venit, agrumque à Grimoaldo sibi, & suis ad incolendum postulavit. Ejus petitioni Grimoaldus obsecutus, in Duca-*

Ducatum eos Beneventanum transmisit, atque oppida Sepiam, Bonianum, & Æserniam, tum deserta, à filio jussit concedi, eorumq́, Gastaldium sive Comitem appellari. De hoc ipso Paulus Diacon. Hist. Longob. lib. 5. ca. 29. *Alzeconem mutato dignitatis nomine, de Duce Gastaldium vocitari præcepit.* Civitatum & Provinciarum *Gastaldios* etiam innuit Carolus M. in Capitull. additis ad L. Longob. *Carolus, &c. Ducibus, Comitibus, Gastaldiis, seu cunctis per provincias Italiæ —— præpositis.* Et Ludovicus Imp. in diplom. Patavinæ Ecclesiæ apud Sigon. de Regn. Ital. lib. 5. in An. 899. *—— Cavemus ne quis Comes, gastaldius vel judex, seu quilibet reipub. minister, vel quispiam ex judiciaria potestate in—— possessiones memoratæ Ecclesiæ —— ingredi audeat, &c.*

Gastaldia, al. *castaldia*: munus Gastaldii.

Gastaldii feudum: illud est quod *Gastaldio*, seu actori curtis, aut prædiorum datur, officii exequendi gratiâ.

¶ **Gattus.**] Machina belli, Græcob. γάτ@ pro κάτ@ (inquit Meurs.) Ital. *Catto*, Corona pretiosa: γάτ@ *felis*, γαλη. Florentinus Monach. de expugnat. Accon.

Nostri turres ligneas facere cœpere,
Gattos & arietes fieri jussere.

Gaveletum, Gavelkind.] Prisca Anglo-Saxonum consuetudo è Germania delata, qua omnes filii ex æquis portionibus, patris adeunt hæreditatem (ut filiæ solent, prole mascula deficiente.) Fratres similiter defuncto sine sobole fratre, & nullo existente fratre, sorores pariter. Hanc in Germanorum moribus per transennam (nam obscurè) indicavit Tacitus. *Hæredes* (inquit) *successoresq́, sui cuiq́, liberi, & nullum testamentum. Si liberi non sunt, proximus gradus in possessione fratres, patrui, avunculi.* Quod ait, *nullum testamentum*, pro lege apud nos mansit, usque ad an. 32. Henr. 8. id est, Domini nostri 1540. eoque tunc primum concessa est potestas, testamento in scriptis terras & prædia disponendi. Priscam consuetudinem cæteris Angliæ partibus ademit Anglo-Saxonum subactor Gulielmus 1. Cantianis verò ductu & astutiâ Stigandi Archiepiscopi æger permisit (unà cum avitis aliis libertatibus) quas illæsas retinuere donec sua multi patrimonia Statuto an. 31. Hen. 8. Regni legibus subdiderunt. Viget hodie apud reliquos, nec non alibi in diversis burgis, sed frequentiùs deprehendi adolescens apud Hibernicos, veterum Germaniæ morum tenacissimos.

Dicitur *Gavelkind* quasi *debitum, vel tributum soboli, pueris, generi*: hæc enim cyn & kynd significant: illa ʒafel seu ʒafol, vel ut Lambardus ait, ʒif eal cyn, id est, *omnibus cognatione proximis datum.* De ritu isto sic nos olim.

Teutonibus priscis, patrios succedit in agros
Mascula stirps omnis, ne foret ulla potens.

Hæc hæreditas feudalibus legibus non coercetur, nec feloniæ mulctis est obnoxia. Domino tamen & reditus præstat & servitia; sed nec ingrediendi veniam deprecantur hæredes, nec vendendi aut disponendi: eamque adeunt cum ætatis annum 15 attigerint. Uxor refert dimidium in dotem, sed amittit denuò, si vel ad alias nuptias transierit, vel stuprum vidua commiserit. Natura.

Gaveletum juris etiam processus est huic dicatus tenuræ, casu quo Tenens reditus & servitia ultra modum subducit: quod & Londoniensibus ceditur Stat. An. 10. Edouardi 1. *de gaveleto.*

¶ *Gavelgilda.*] Quod censum pendit. Item *Debitor firmarius*: à ʒafel, *census, tributum*: ʒild seu ʒilden, *solvens.* LL. Inæ Reg. M. SS. ca. 6. *Si autem in gavelgilda, id est, in gablum reddentis domo* (pugna) *fiat*, 30. *sol. culpa judicetur.* Hinc ʒafol ʒilden-ʒuȝe. Vide supra *Gablum*, infra *Gilda*.

¶ *Gavolhwitel.*] Sax. LL. Inæ M. SS. ca. 45. *Gavolhwitel & Hiwisce debet valere quinque denarios.* Lambardus *Gavolhwitel* sic vertit: *Saga annua ad familiam data.* Vox, *sagum donaticum* significat, putà quo dominus famulum donat stipendii nomine. Normannis, & nostratibus hodie, *libertata*, a lyvery.

¶ *Gavelkind.*] Vide *Gaveletum.*

¶ *Gavella.*] Progenies mascula. Britannis antiquis *givela.* Fieri autem *gwella* asserit Lambardus à Britannica voce (non Saxonicâ) *Gefeillod*, *geminos* significante: legique in ipsorum rescriptis: *lectus, progenies, gavella.* Itinerar. ca. penult.

¶ *Gaveloc.*] Baculi vel teli genus. Jocc. de Brookland fol. 14. *Ego verò simulavi me esse Scottum, & Scotti habitum induens, & gestum Scotti habens, sæpe illis qui mihi illudebant, baculum meum excussi ad modum teli quod vocatur gaveloc.* Gabelote (inquit Kilianus) *id est*, Javelyn. *Tragula.*

¶ *Geaspecia.*] In diplom. privilegiorum Novi castri renovato an. 30. Eliz. *Sturgiones, Balenas, Cetas, Porpecias, Delphinos, Riggos, Geaspecias, &c.* Sic quidam legunt: mihi autem videtur, *Seaspecias*, q. maris pisces. Valdè barbarè, ut etiam *Porpecias* pro piscibus ad similitudinem porci, Lat. *Phocœnis*, Angl. Porpaises.

¶ *Gebulskini.*] L. Boior. Tit. 3. ca. 1. §. 4. *Si in capite testa adparet, quod gebulskini vocant.*

¶ *Geldum*, al. *Geltum, Geldum*, & *Geldus*, item inde *Gilda, Gildonia, Gildhalla, Gildones, Congildones, Gildwite, &c.*] Omnia à Sax. ʒeldan, & ʒyldan, unde frequens in Domesd. *Gildare pro solvere, reddere*

dere. Ibid. Tit. Somerf. **Wells.** Episcopus ipsum oppidum tenuit quod pro 50. hidis geldavit.

Geldum igitur: Sax. ȝelδ, ȝilδ, & ȝelꝺ. Græcobarbaris γέλδον: est *solutio*, *redditus*, *tributum*, *mulcta*, *exactio*, *pecunia*. Henr. Huntington. Histor. lib. 7. de Willielmo Rufo in An. 1100. *Vicinos Werra, suos exercitibus frequentissimis, & geldis continuis vexabat*. Lib. Ramesf. Sect. 293. *Gelda autem Regis communia quæ per omnem Comitatum currunt, solvet Ebronius quantum terra unius pertinet virga: & auxilium expeditionis solummodo in Anglia*.

Mulca *Geldorum* genera. *Geldorum* quippe multa olim genera. Privilegium Magistri Ordinis de Semplingham ab Henr. 3. 30. Apr. An. Regni 4. (*id est* 1220.) concessum. *Et sint quieti tam ipsi quam homines sui* —— *de theolonio, &c. & in Westmerland per totam forestam nostram de Malrestang, & de omnibus geldis, & danegeldis, & vodegeldis, & senegeldis, & hornegeldis, & fotgeldis, & penigeldis, &c.* His annumerentur, *orgild*, *orfgild*, *ceapgild*, *bidegild*, *gafolgild*, & id genus plurima. In Præfat. LL. Aluredi, *Godgildum* nuncupatur quod diis offertur: *deofulgild* quod diabolo.

Danegeldum. *Geldum* verò in Domesd. plerunq; occurrit pro *Danegeldo*, id est, tributo quod certa lege singulis villis imponebatur ævo Saxonum. Norf'. Titt. Rex H'. Fredebruge. *Masincham* (hodie *Massingham*,) *ten' Herold' t. r. e.* -- *Sunt de hoc manerio ablati xiii lib' hom' & xii vill' quos ten' Rad. Baign'. Hoc totum habet* 1. *mill' in long. & dimi. in lat. & de xx* 4. *reddit* xv *d. in gelto*. Ibid. in Wanelunt H' (hodie **Wayland Hundred.**) *Gresluna* —— *habet* 1. *leug. & dimi. in long. &* 1. *leug. in lat. & reddit de geldo de xx sol. il sol. & vi. den.* Iterum *Breccles* —— *habet* 1 *leug. lon. & dimi. lat. & xi d'. in geldo*. Brevis hæc scriptura in voce *Domesdei* fiet perspicua, ubi & publici *geldi* (quod Anglo-Normanni postea *Taxam*, *Tallagium*, & *Quintodecimam*, notissimis hucusq; vocabulis appellabant) originem habeas.

Quando Geld dabatur tempore Edwardi Regis communiter per totam Barkesciram dabat hida *iii* d. ob. ante Natale Domini, & tantundem ad Pentecosten. Domesd. Cam. pag. 254.

Geldum pro mulcta, compensatione delicti, & pretio rei. Sic crebrò in antiquis legibus, atque inde viri occisi compensatio, *Wergeldum* dicitur, q. valor seu pretium viri: *Orfgild*, valor seu pretium pecoris. *Gelden* enim, valere etiam significat. Hinc *Angild*, pro simplici rei valore: *Twigild*, pro duplici: *Trigild*, pro triplici: *Octogild* (vel ut passim in Longobardd. LL. *Octogilt*) pro octuplici: *Novigild*, pro novemplici. LL. Inæ M.S. prope calcem. *Si quis rectum declinet, vel aufugiat, persolvat uno gildo, &c.* L. Alaman. à Goldasto edita, Tit. 49. *Si quis liberum de terra effodierit, quicquid ibi tulerit, novem geldis restituat*. Vide *Angildum*, *Novigildum*, & reliqua suis locis. In Præfat. LL. Aluredi, ꝼoꝛȝolδan, est, *mulctari*, *VVergildum solvere*. Idem LL. suis ca. 26. ꝼoꝛȝylδan. Hodiè **yeld** pro **geld** dicimus, uti **yelding and paying**, i. *Reddendo & solvendo*. Sic **yeve** pro **geve**.

(Marginal notes: Wergildum. Orfgild. Gelden. Angild. Twigild. Trigild. Octogild. Novigild.)

Leoꝺ ȝelδ quod populo penditur, vel quod populus pendet. LL. Ethelb. c. 7. Sic in *Wergildo* Regis in Athelst. LL. lanδ ȝelδ, i. terræ populus partem habet. ȝielδ delubrum.

Gilda. Gildonia. *Gilda* (exteris *Gildonia*) est societas quorundam, putà charitatis, religionis, vel mercaturæ, gratiâ (instar Ganerbinatus apud Germanos) confœderatorum: bona quædam, interdum & prædia, nec non aulam societatis, prætorium, habentium communia. Latinis *Collegium*, *fratria*, *fraternitas*, *sodalitium*, *adunatio*. Hincmaro *confratria*, Aristotile Plutarcho & Græcis φρατρία; quòd communi puteo (qui Græcè φρέαρ, poeticè φρεῖαρ appellatur) usi sunt. Inde nomen, quòd ex conjectis pecuniis, sodalitii impendio subministratur: nam ut supra diximus, ȝelꝺ & ȝilꝺ, *pecunia*, *solutio*: ȝilδan *solvere*, *tribuere*.

Gildhalla. *Gildarum* nomine continentur non solum minores fraternitates & sodalitia, sed ipsæ etiem civitatum communitates. Inde hodie illarum prætoria, publicique concessus ædes, *Gildhallas* vocant, id est, *gildæ aulas*: & quæ Hansaticarum urbium mercatoribus Londini assignatur, *Gildhallam Teutonicorum* nuncupant, vulgo **the Stillyard.** Erant & extra urbes, plurimæ per villas *gildæ*, suis prædiis & facultatibus satis locupletes: quæ & convivia publica (instar primitivæ Ecclesiæ agaparum) vicanis & advenis annuè proponebant. Tolluntur apud nos verò Statuto anni 1. Edouardi 6. ca. 14. deportatis in fiscum regium facultatibus. Sic illius tempestatis patribus visum est. Perantiquæ tamen reperiuntur in Francorum, Longobardorum, aliarumque gentium legibus; & Germanis hactenus in usu: qui **Gilden** appellant convivia publica à vicanis & agricolis collatitiâ stipe semel quotannis atque iterum celebrata. (Gilda apud Germanos.) Prohibuit autem Carolus Mag. ne interposito sacramento fierent. Sic enim in Capitular. lib. 5. cap. 129. *De sacramentis pro gildonia invicem conjurantibus, ut nemo præsumat facere. Alio verò modo de eleemosynis illorum, aut de incendiis, aut de naufragiis, quamvis cohibentiam faciant, nemo in hoc jurare præsumat*. (Gildonia.) Idem Longob. lib. 1. Tit. 17. l. 7. Et in constitutionib. ipsius Caroli ab Amerpachio datis ca. 16. sed hîc legitur *per gildonia*, illic, *per Gildoniam*, & *alimoniis*, pro *eleemosynis*: utrisque verò (quod plane rectius videtur) *convenientiam*, pro *cohibentiam*. (Unde.) Amerpachius in notis ad Constit. *gildoniam* derivat à **wollen**, *voluntate*, & **thon**, *facere*. Malè, me judice.

Gilda pro friborga. Inter *gildas* præterea censebantur priscæ nostræ *Decania*, *Friborgi*, seu *Contubernia*: quæ Saxones ideo ȝylδ ꞅcipeꞅ vocabant, & eorundem socios sive confratres

Gildones. Congildones. fratres *Gildones* & *Congildones* (aliàs *Contubernales*) juxta Saxon. ȝeȝylda, quod *socios* seu *comites* significat. Pecuniam enim (ut rectè notat Lambardus) in unum conferebant, & interdum unà cum socio cædis conscio, ad perempti corporis æstimationem (quam *wergildum* vocant) explendam contribuebant: recipientes aliàs wergildi partem, compensationis nomine persoluti. Occurrit vox *congildones* in Inæ LL. M. S. ca. 19. *Si quis ita occisi* (scil. peregrini devii non vociferantis) *weram exigat, licet* (occisori jurare) *in veritate quod pro fure sit occisus, & non respondeat ipsius occisi congildonibus, nec domino suo, &c.*

Gildwite V. *Lahslite.*

¶ *Gelina.*] Fasciculus frumenti, *garba.* Hugo Cardinal. in Postil. Ruth. 3. *Anchomium est acervus gelinarum in imo latus, in summo acutus.* Aliàs & rectiùs, *gelina*: à Gal. *glain*, i. manipulus spicarum quem messorum sequentes vestigia colligunt pauperes. Malè itaq; per *m* scribendum videtur.

¶ *Gello.*] Vide *Gillo.*

¶ *De Gemotis Anglo-Saxonum.*

¶ *Gemotum.*] *Conventus publicus. Mallum, placitum, forum juridicum.* Sax. gemote, & Mote simpliciter (ȝe enim particula est, verbis & verbalibus sæpè addita) A ȝemetvan, *convenire. Gemotorum*, seu *Motorum* plurima sunt genera, *Wittenagemot, Folcgemot, Sciregemot, Hundredgemot, Burgemote, Wardegemot, Haligemot, Swainegemot*, &c. id est, Conventus sapientum, populi, Comitatus, Hundredi, Civitatis seu Burgi, Curiarum seu Tribuum civitatis, Ecclesiasticorum, Ministrorum Forestæ, &c. Scribuntur & *ge* per aphæresim sublato. Vide singula suis locis. *Motebel* dicitur campana quæ in urbibus populum convocat. *Moterne*, prætorium; vel locus conventus.

Canuti LL. M. S. ca. 107. *Omnis homo pacem habeat eundo ad* gemotum *& redeundo à* gemoto, i. *placito, nisi sit fur probatus.*

Wittena-gemot. *VVittena-gemot*, idem apud Anglo-Saxones fuit, quod apud nos hodie *Parlamentum*: parumque à *Folcmoto* differebat, nisi quòd hoc annuum esset & è certis plerunq; causis: illud ex arduis contingentibus, & legum condendarum gratia, ad arbitrium Principis indictum.

Folcmotum. In *Folcmoto* semel quotannis sub initio calendarum Maii (tanquam in annuo Parlamento) convenêre regni Principes, tam Episcopi, quàm Magistratus, liberique homines. Jurantur laici omnes coram Episcopis in mutuum fœdus; in fidelitatem Regis, & in jura regni conservanda. Consulitur de communi salute, de pace, de bello, & de utilitate publica promovenda. Adhibetur præterea *Folcmotum*, in repentino omni discrimine: exigente etiam necessitate, sub Aldermanno (hoc est, Comite) cujuslibet Comitatus.

Sciregemot (si pluriès opus non esset) bis solummodo in anno indicebatur. Aderat provinciæ Comes, aderat Episcopus, aderant Magnates omnes Comitatenses. Episcopus jura divina renuntiabat, & vindicabat: Comes secularia; alter alteri auxilio. De causis hîc cognitum est tam criminalibus, quàm civilibus; tam Ecclesiasticis quàm laicis: sed jurisdictiones postea separavit Gulielmus primus. Videtur hoc idem fuisse quod jam *Turnum* dicimus *Vicecomitis*: nam & *Turnus* olim (non minus quàm nunc dierum) bis in anno tenebatur, aderantque omnes unà Comitatus Magnates & Tenentes liberi. *Turnus Vicecomitis.* *Shergemoti* autem obsolevit notitia, & *Turnus* hodiè multifariàm dividitur, adeo ut singuli *Turni* in singulis teneantur Hundredis: sed Statuto Marburgensi An. 52. Henr. 3. ca. 10. Archiepiscopis, Episcopis, Abbatibus, Prioribus, Comitibus, Baronibus, Virisq; omnibus religiosis indultum est, ut non appareant in *Turnis*, nisi pluri exacti necessitate. Vide LL. Politicas Regis Edgari ca. 5. & Canuti par. 2. ca. 17.

Habetur aliud *Sciregemoti* genus, priori minus illustre, quod in LL. Edouardi Senioris (Regis Anglo-Saxonis ca. ult.) ȝerefaȝ gemot, i. *Curia* seu *placitum Vicecomitis* (hodie *Curia Comitatus*, & **County Court**) appellatur. *Aliud dictum* **County Court.** Tenetur ex ipsius Edouardi institutione, quarta quavis hebdomada: agunturq; in illo lites civiles plurimæ, & prædiales aliquot in Comitatu ortæ.

Hundred gemot. *Hundred gemot*, seu *Curia Centuriæ*, vulgo **the hundred Court** (ut deficiente impresso codice legum Inæ, in M. S. continetur) ad quartam etiam hebdomadam conveniebat; designatas illius territorii causas (non omnes) judicaturum. Præsidebant huic ipsi Centuriones, i. Hundredi illius Liberi tenentes; *Hundredarii* plerunque nuncupati. De hoc in suo loco copiosè.

Burgimot. *Burgimotus*, ex Edgari Regis institutione lib. 5. infra burgos & civitates, ter in anno conscribitur ad causas & occasiones ibidem natas definiendas, salutemq; civium promovendam.

VVardmot. *Wardmotus* est unius vel plurium *wardarum* civitatis convocatio. *VVarda* autem dicuntur civitatis regiones, earundemque incolæ: & in *wardmote* consulitur (aliàs conjunctim, aliàs sigillatim) de rebus ad *wardas* pertinentibus.

Halmot, & Haligemot. *Halmot*, al. *halimot* est societatis seu fratriæ alicujus in aulam suam concessus: rem communem sodalitii tractaturæ. Dicitur & *Halmot* pro Curia Manerii, seu Baronis: *Halimot* pro Synodo, & Curia Ecclesiastica (al. *Cyrkmot*) ut infra in his vocibus.

Swainmoth. *Swainmotus* ter quotannis in singulis forestis exigitur. Luuntur hîc delicta in feras, & rem venaticam: in herbam, & rem silvestrem.

De Gemotis magis generalius. Hæc de *Gemotorum* speciebus, quidpiam audi

audi generalius. L. Edgari ca. 5. Sece mon hundrede gemote swa hit ær geseted wæs, 7 hæbbe mon ðriwa on gear burh-gemot 7 twa scirgemot, 7 ðær beo on ðær sciregemote bisceop 7 se Ealdorman, 7 ðær ægðer tæcan ge Godes rihte. ge weoruldo rihte. Id est, *Intersit unusquisq; Hundredi gemoto, ut superius est præscriptum: & habentor burgemoti tres quotannis, duo verò Sciregemoti; & istis adsunto loci Episcopus, & Aldermannus* (hoc est, Comes) *doceatque alter jus divinum, alter seculare.* Absentiam à *gemoto*, sic mulctatur Æthelstanus LL. M. S. ca. 20. *Si quis gemotum, id est placitum supersedeat ter*, emendet *oversonessam*, id est, *superadditionem meam.* Mendosè *superadditionem*; corrigo juxta Saxonicum (oferhyrnysse) id est, *superauditionem.* Vide *Overhirnissa*: plura etiam in dicta Æthelstani lege: & adde *gemotorum* privilegium quod sanxit Canutus Rex LL. part. 2. ca. 79. Et Edouardus Confess. cap. 35. his verbis. *Omnis homo pacem habeat eundo ad gemotum, & rediens de gemoto, nisi probatus fur fuerit.*

¶ *Genearchicum feudum.*] Vide *Feodum.*

¶ *Geneath.*] Sax. *Villanus, Villicus, Firmarius, rusticus.* L. Inæ M. S. cap. 19. *Regis geneath, id est, villanus, si wera ejus sit 120. sol. potest jurare* instar 60. hidas terræ possidentis (id est, semet sexto existente) si tamen sit paterfamilias. Et l. 20. *Si tuus geneath, id est, villanus furetur*, Lambardus utroq; loco vertit, *villicus.*

¶ *Genecium.*] Pro *gynæceum*, A Gr. γυναικεῖν, atq; hoc à γυνὴ, *mulier.* Locus in ædibus secretior, ubi mulieres seorsum à viris exequuntur pensa, nempe in lanificio & re vestiaria. Papiâ *Textrinum*. Glossar. *muliebrium*, Ger. **genetstume**, q. *villa fœminea.*

Hæc in suis curtibus (quas nos maneria vocamus) habebant olim non solùm domini minores, sed ipsi etiam Reges ut patet Longob. lib. Tit. 9. l. 2. ubi liceat gastaldio Regis, puellam liberam servo nubentem in *curtem Regis dicere, & intra pensiles ancillas constituere.* Quemadmodum enim in more fuit, viros dare in pristinum, pœnæ causa: sic & mulieres *genecio* tradere, hic locus indicat: nec non & ille, Tit. 37. l. ult. ubi mœchantes moniales in hunc modum plectas demonstratur. *Geneciorum* autem duo erant genera: honestius, & servilius; seu prius, & inferius. Occurrit utriusque mentio in L. Alaman. 30. §§. 2. & 3. *Si cum puella de genecio priore concubuerit aliquis contra voluntatem ejus, cum 6. sol. componat. Si quis cum aliquo de alio genecio, &c. cum 3 sol. componat.*

Geneclaria. *Geneciaria ancilla*: in Tit. 80. L. Alam. ea est quæ in *genecio* mittetur, aliàs *ancilla pensilis* dicta. Hoc etiam sensu venit *geneciaria* simpliciter: ut Concil. Remens. sub Ludovico Imp. ca. 5. Burchar. lib. 3. cap. 239. ——— *alienum habetur, ut ipsi* (Laici) *decimas accipiant, & inde canes & geneciarias suas pascant.*

¶ *Generosi.*) Minorum Nobilium classis apud Anglos, infima. Convenit tamen appellatio vel ipsis maximis: sed his in genere, ut Nobilitatis vestibulum: illis in specie, ut nominis fastigium. *Generosos* enim simpliciter dicimus, quibus nulla clarior accessit additio, ut Armigeri, Militis, &c. & superior quævis, *Generositatem* præ se fert & complectitur. Nobiles autem qui non in armata militia, sed togata (putà forensi & civili) operam navabant: à militaribus titulis (suæ professioni contrariis) modestè olim abstinuere: & *Generosos* dici (quamvis in repub. satis spectabiles) non sunt dedignati. Scriptos tamen hac additione in instrumentis publicis, haud reperio ante ævum Henrici 6. vel Edouardi 4. & sumpsisse tunc occasionem reor è Statuto anni 1. Henrici 5. ca. 5. ubi cautum est, ut in formulis aliquot juridicis personarum conditio (non minùs quàm nomina) exprimeretur. Sed & parcè tunc adhuc. Multas enim Commissiones (arce Londoniensi) vidimus, plurimis in unoquoq; Comitatu an. 13. Edouardi 4. viris primariis directas: neminem verò *Generosum* nuncupantes, aut quòd memini, *Armigerum.* Hodie vel ipsi Burgenses prætermissa *Generosorum* additione, *Armigeros* se gestiunt salutari, immo se scribunt: pellem ridiculè lenoninam crocotæ inducentes; licèt veteri lege armorum militiam tractare prohibeantur.

¶ *Geniculum*, & *Genu.*] *Generatio*, *gradus consanguinitatis.* Sic Burchard. Episc. Decrett. lib. 7. ca. 9. Feud. lib. 1. Tit. 1. & crebrò in antiqq. LL. Sic Longob. lib. 2. Tit. 14. l. 1. *Omnis parentela usque ad septimum genuculum numeretur, &c.* Glossar. & vetus Schol. ad hunc locum. Genuculum. *Geniculum ponitur hic pro generatione, & duæ generata persona faciunt generationem, sive geniculum verbo Francorum, qui hoc modo dicunt, hic est mun cosin de ter genudu.* Anastat. in vita Steph. 3. Saxones item, cneower & cneowisse dicunt pro generationibus (ut pluries Mat. 1.) à cneow, i. *genu.*

¶ *Gennades.*] Mulieres nobiles, quæ per impares nuptias factæ sunt plebeiæ. *l.* 1. *C. de dig. l. fœmina ff. de senatu.* Sic Virginia cum esset patritia, nuptiis suis plebeia devenit, Livii lib. 10. Ex antiqua igitur juris definitione, interveniente connubio, liberi patrem semper sequuntur, *l. cum legitima ff. de statu ho.* Attamen Tricassini & aliæ quædam nationes hoc non servant. Nam sive plebiæ nobilibus, sive Nobiles plebeiis nubant, filiæ melioris parentis conditionem sequuntur, habenturque Nobiles, & in veterum glossis *gennades* dictæ sunt, & *mulieres luca*, ea forma qua boves *luca.* Vide Cujacium ad feudd. lib. 4. Tit. 32.

¶ *Gerochomium*, & *Gerontocomium.*] Hoc Juſtiniano, illud Gregorio: Hoſpitale fovendis ſenibus conſtituum. γήροντες enim ſenes ſignificat; κομέω, *nutrio*, *curo.* Greg. Epiſt. lib. 12. ca. 16. *Simplicio renuntiante cognovimus lectos & lectiſternia in gerochomio quod illic ab Iſauro conſtructum eſt, deeſſe.* Capitular. lib. 2. Can. 29. de rebus ad venerabiles locos pertinentibus, non alienandis. *Nulla ſub Romana ditione conſtituta Eccleſia, vel xenodochium, prochotrophium, vel noſocomium, vel orphanotrophium, vel gerontocomium, vel brephotrophium, vel monaſterium tam monachorum quam ſanctimonialium, Archimandritam habens, vel Archimanditriſſam, contra hæc agere præſumat.* Item Anaſtat. in Greg. 2.

¶ *Gerſuma.*] Sax. gærſuma: *ſumptus, præmium*: major & melior pars bonorum. Chron. Sax. An. 1035. & 1065.—— hiſ gerſuman namon, &c. *ærarium ejus fregerunt, & omnia abſtulerunt.* Sæpe in Domeſd. ſed in Chartis noſtris antiqq. frequentiſſimè occurrit pro *fine*, hoc eſt, pecuniâ data in pactionem. Sic enim in chartis loqui ſolet conceſſor ſeu Venditor. *Sciatis me pro* tot *ſolidis*, vel tot *libris*, *quas N. mihi dedit in gerſumam: dediſſe, conceſſiſſe*, &c.

Eodem ſenſu pro delicti compenſatione dicitur. Term. Juris in verbo *Childwit. Gerſumam capere de nativa veſtra impregnata ſine licentia veſtra, quod dicitur childwith.*

¶ *Geſſel.*] Comes qui certa ſervit mercede. Vox priſcæ Gallorum linguæ & Germanorum; unde juxta Cujacium dicti ſunt *Vaſſalli*, q. *Geſalli.* Vide *Vaſſallus* & *Giſil.*

¶ *Geſtum.*] Flos novæ ſeu recentis cerviſiæ, quo piſtores panes conficiunt. A Belgico **Gheſt**, Angl. **g** in **y** (ut creberrimè) mutato, **yeaſt**. Stat. Aſſiſ. panis & cerviſiæ an. 51. H. 3. *In ſale obulum; in geſto obulum: in candela quadrant.*

¶ *Geſus.*) Apud Gallos Servii ævo, *fortem* ſignificabat. Sic enim ille ad illud Virgilii Æn. 8.

> —— *duo quiſq; Alpina coruſcant*
> *Geſa manu.*

Geſa (inquit) *haſtatas viriles: nam viros fortes Galli Geſos vocant.*

¶ *Gibellini.*] Vide *Guelphi.*

¶ *Gigliati.*] Nummi quidam argentei, in quibus lilium, quod inſigne eſt Gallorum, inſculptum erat; Itali enim lilium, *gillium* appellant, quorum ſex florenum Rhodi conſtituebant. Nonnulli tamen iſtum nummum à Fratre Roberto de Juli (Magiſtro domus Hoſpitalis S. Jo. Hieroſolomit.) appellationem ſumpſiſſe arbitrantur, quod ab eo inſtitutum putant, ut ſinguli *gigliati* ſingulis fratribus ſecunda quinquageſimæ feria diſtribuantur: ſed hoc quidem minimè conſtat. Vide Stat. dictæ domus. Tit. 19. ca. 32.

¶. *Gilda, Gildhala, Gildonia, Gildones, Gildwite, &c.*] Vide *Geldum.*

¶ *Gildala.*] Compotatio vel Compotatio ex conjectis ſymbolis: Gild enim ſolutio, contributio; ala, Sax. æle, cerviſia, potus hordeaceus. V. *Sothale.*

¶ *Gildſcyra.*) LL. Æthelſtani apud Jornal. M. SS. Par. 5. ca. 12. *Et diximus etiam omnibus hominibus illis qui in noſtram gildſcyram vadium dedit, ſi contingat eum mori, omnis congildo det unum panem & companagium pro animâ ejus, & cantet unum quinquageſimarium pſalmorum, vel perquirat cantandum infra xxx noctes.*

¶ *Gillo*, al. *Gello, Gillonarii.*] *Gillo* vaſis genus eſt, aliàs *baucale* dictum, quod vide. Caſſianus Inſtitut. lib. 4. ca. 16. apud Lindenb. *Si quis gillonem fictilem, quem baucalem nuncupant, caſu aliquo fregerit, &c.* Item Gloſſ. vett. *Baucalem, gellonem. Gillo* βαυκάλιον. Et Gloſſ. aliæ Græcolat. ποδόκοιλον, *Aqualegelle.* Sed quid dictio iſta Latina ſibi velit, non video (inquit Meurſius.) Perſpicuum verò jam fiet, ſi (ut debet) diſtinctè legatur: *Aquale, gello.* Hinc fortè menſuræ apud nos genus, *galo*: quod vide: & perexiguum quoddam **a gill** vocatur.

Gillonarii. Qui *gillonum* curam gerunt. Wiſegothor. lib. 2. Tit. 4. l. 4. *Stabulariorum, gillonariorum, argentariorum, coquorum quoque* (in aula Regia) *præpoſiti.* Forum Jud. Hiſp. *los que mandan los rapaces.* Lind.

¶ *Giſarmes.*) Stat. Wintoniæ 13 Ed. 1. —— *& que meins à que* 40 *ſoul. de terre, ſoit jure à ſaux gyſarmes, cotels, & autres meins armes, &c.* Rectius *guiſarmes*, id eſt, armorum genus longo manubrio, & porrecto cuſpide. Etiam fuſtis robuſtior duos habens in fine cuſpides, qui dum fuſtis validè urgetur, prodeunt hoſtem vulneraturi. Ex hoc & *Biſarme* appellatur, q. *bicuſpis.* Hiſpan. *Viſarma* & *biſarma.* Apud Fletam lib. 1. ca. 14. *Siſarmes* ſcribitur. Fallor ſi in dicto Statuto idem non ſit quod hodie **a bille** vocamus, Latinè *bipennem*: Cum enim hoc ruſticis Angliæ uſitatiſſimum ab antiquo telum eſſet (ex eo nempe πελυκόφοροι, id eſt, *bipenniferi* apud Nicætam dicti ſunt Britanni) inter omnes tamen armorum ſpecies quæ in Statuto memorantur, alia non eſt appellatio *bipenni* noſtro accomodanda. Quære.

¶ *Giſil*, ſeu *Giſilis.*) *Teſtis.* Longob. lib. 2. Tit. 15. l. 1. —— *qui giſiles fuerint, liberi ſunt.* Et Tit. 34. l. 1. *& giſiles ibi ſint, & dicant, &c.* Ad hæc Lindenbrog. Gloſſ. vett. & Papias *Giſil, teſtis.* Germani **Giſiles** *obſides* vocant, Gloſſ. Latino-Theotiſc. *Obſes*, **Giſal**. Sic Lindenbrog. Componuntur ex hac voce multa propria nomina: ut apud Flodoard. hiſt. Rom. lib. 1. ca. 15. *Godegeſilus*,

lus, id est, Dei testis, vel bonus testis, &c. Vide *Gessel*.

¶ *Gleba*.) Pro solo, & dote Ecclesiæ. Passim in Jure Canonico. Charta Edredi Regis Magnæ Britanniæ, Monast. de Croiland apud Ingulphum. *Inprimis totam insulam Croilandiæ pro gleba Ecclesiæ, & pro situ sepe rali ejusdem monasterii —— dono.* Provinciale Angl. lib. 3. Tit. de Eccles. ædificand. §. 1. *Prædia seu reditus, quæ de gleba reficiendarum Ecclesiarum non existunt.* Ibi Lindewod. *Gleba*, id est, *terra in qua consistit dos Ecclesiæ.* Nostratibus dicitur usitatius de terra ad Ecclesias parochiales pertinenti. Theod. Cod. pro quovis sæpè agro. Sic Constit. Neap. lib. 3. Tit. 3. *Servi glebæ.*

¶ *Glesus*.) *Succinum.* Tacitus in Germ. mor. de accolis maris Suevici. *Succinum quod ipsi glesum vocant, inter vada atque in ipso littore legunt.* Vide ad hunc locum Jodoci Willichii de succino historiam. Sed *glesum* Junio, *crystallus* & *berillus* dicitur: juxta quod nos vitrum, **glass** appellamus.

¶ *Glogga*.] *Horologium*, à Germ. **gloggen**, id est, *campana.* Rabanus in Epist. ad Simeonem, citat. à Magdeburgg. Cent. 9. ca. 6. *Mitto vobis unam gloggam & unum tintinabulum.* Hinc nostrum vernaculum, **Clock**.

¶ *Glomerarii*, *Glomerelli*.) In Statutis Academiæ Cantabrig. tertio hinc seculo editis; asseruntur fuisse, q. Commissarii dati ad lites inter Scholares & ministros suos audiendas. Quære, nam incerto nitor referentis judicio.

¶ *Gloria Patri*, & *Filio*, & *Spiritui Sancto*, *&c*.) Refert Anastasius in vita Damasi Papæ 39. ipsum constituisse, ut Psalmi diu noctuque canerentur per omnes Ecclesias: Chronicon verò Richersp. in Anno 368. Sic habet. *Damasus PP. clarus habetur. Hic constituit* CREDO IN UNUM DEUM *ad Missam cantari,* —— *& in fine cujusq; Psalmi* GLORIA PATRI *cantari primus invenit & constituit.* Capitular. Carol. & Ludov. Impp. li. 1. Tit. 70. —— *& ut dignè secundum divisiones versuum modulentur, & Dominicam orationem ipsi intelligant* (presbyteri) *& omnibus prædicent intelligendam, ut quisq; sciat quid petat à Deo, & ut* GLORIA PATRI *cum omni honore apud omnes cantetur: & ipse Sacerdos cum sanctis Angelis, & populo Dei, communi voce* SANCTUS, SANCTUS, SANCTUS, *decantet.* Cassianus apud Massiliam Presbyt. institut. lib. 2. ca. 8. *Illud autem quod in hac provincia vidimus, ut uno cantante in clausula Psalmi omnes adstantes concinnant cum clamore,* GLORIA PATRI, ET FILIO, ET SPIRITUI SANCTO, *nusquam per Orientem audivimus: sed cùm silentio omnium, ab eo qui cantat, finito Psalmo orationem succedere.* Mihi quidem est Psalterium pervetustum Latino-Saxonicum, 800 (si non vana conjectura) annos hinc circiter conscriptum: & ad finem singulorum Psalmorum singulæ cooptantur orationes: morem Orientalis Ecclesiæ fuisse olim à nostratibus receptum indicantes. *Mos Orientalis Ecclesiæ olim in Anglia.* Sed in inferiori Imperio hic etiam versiculus in Constantinopolitana Ecclesia deprehenditur. Sic enim Codinus, Ψάλλονται οὖν αἱ ὧραι, ὡς ἔθος, ἤτε πρώτη, ἡ τρίτη, ἕκτη, καὶ ἡ ἐννάτη μετὰ τῶν τροπαρίων. εἰς μέντοι τὸ τελευταῖον τῆς ἐννάτης ὥρας, τροπάριον λέγει ὁ πρωτοψάλτης τὸ, ΔΟΞΑ, καὶ ψάλλονται. εἶτα καὶ τὸ, ΚΑΙ ΝΥΝ ΚΑΙ ΑΕΙ, &c. id est, *Psalmis igitur consumantur horæ (ut mos est) prima, tertia, sexta, & nona cum troparìis. Ad finem verò horæ nonæ, dicit Protopsaltes versum* GLORIA, *& canunt Psaltæ, deinde etiam illum,* ET NUNC ET SEMPER, *& non psallitur secundò hic versus, sed, &c.*

¶ *Gobia*.) Germ. **gow** (al. **gew**, & **gaw**) *pagus, regio*: ut ex Chartis quibusdam me docet Goldast. ad Ekkehard. ca. 1. Hinc **Argow**, Araris (fluvii) pagus. **Thurgow**, Turæ pagus. Et apud Willichium ad Tacit. de Ger. mor. ca. 10. **Ringow**, **Rhetigow**, **Almangow**, &c: apud Vadianum de Monasterr. German. lib. 2. **Argangaw**: ubi Author idem: *Germani* (inquit) *tractum aliquem rurestrem*, **Gow** *vocant*.

¶ *Godgeld*.). Vide *Geldum*.

¶ *Goldwith*, vel *Goldwich*.) In nota quam Vincentius mihi attulit ex archivis in Turri: *Consuetudo vocata* Goldwith, *vel* Goldwich.

¶ *Goliardensis*, *Goliardus*, & *Galliardus*.) A Gal. *Gaillard*: *Jocosus, agilis, exultans, juvenilis, lascivus.* Ital. *Gagliardo*: fortis, strenuus, inde *Gagliardezza*. Utrobique à Gr. ἀγαλλιάω, *exulto, gestio.* *Etymon.* Vocabular. prisc. *Gollardi* (inquit) *busones joculatores: idem sunt joculers*: reor **Juglers**. Hinc & saltationum species aliquot (quòd jocosè & juveniliter exhibentur) *galliards* dicuntur. Mat. Par. in Henr. 3. sub Anno 1229. *Recedentium autem quidam famuli vel mancipia, vel illi quos solemus goliardenses appellare, versus ridiculos componebant dicentes,*

Heu morimur strati, vincti, mersi, spoliati:
-- u u ligati, nos facit ista pati.

Goliardus. Idem. Concil. ad castr. Gonterii, An. 1231. in Bochelii Decretor. lib. 8. Tit. 70. ca. 6. *Statuimus quod clerici ribaldi, maximè qui Goliardi vulgò dicuntur & nuncupantur, per Episcopos & alios Ecclesiæ Prælatos, præcipiantur tondi, vel etiam radi, ita quod non remaneat in eis clericatus tonsura.* *Vide in proximis qui dicuntur Prælati* Hoc idem in Synodalib. Will. Parisiens. Episc. lib. 6. Tit. 14. ca. 22. *Statuimus quod clerici ribaldi, maximè qui vulgò dicuntur de familia Goliæ, per Episcopos, Archidiaconos, Officiales, & Diaconos Christianitatis tonderi* *Alius etymon deri præcipiantur, vel etiam radi ita quod, &c.*

¶ *Gors, Gort, & Guort.*) Omnia in Domesd. à Gal. *gort*, id est, locus in fluvio coarctatus, piscium capiendorum gratia: aliàs *VVera* dictus.

¶. *Gospel.*) *Evangelium.* Aveo sacrosanctam hanc vocem, ab etymologorum ineptiis vindicare. Ducunt enim nonnulli à Germ. **Got-spil**: hoc est *Dei ludus*; nam in Evangelio (inquiunt) tanquam in ludo & theatro, Deus se exhibet, juxta illud,

Ludit in humanis divina potentia rebus.

Apage. Alii dictum volunt, **Gospel**, quasi **God-spigliel**, id est *speculum Dei*; quòd in Evangelio, Deus velut in speculo dignoscitur.

Siquidem vox Germanica est, sed antiquioris dialecti, non recentis: veteris nostræ Saxonicæ, non hodiernæ alicujus vernaculæ. Recipiat autem triplicem aliam interpretationem. ȝod enim, non solùm *Deum*, sed etiam *bonum* significat; spel *historiam*, *narrationem*, *nuntium*. Sic ut *Gospel*, sit *Dei historia*; vel (quod Græcam dictionem, εὐαγγέλιον, expressiùs reddit) *bonum nuntium*. Dicatur præterea **Gospel**, pro **Ghost-spell**: quasi *Spiritus sancti narratio*: sed hoc prohibet antiqua scriptio Saxonica; quà semper ȝodspel, nusquam (quod sciam) ȝostspel, aut ȝastspel legitur. Spel verò *historiam*, *narrationem*, *sermonem*, aliquando *librum* significare, propè notum est linguæ Saxonicæ mystagogis. Inde biȝspel, *proverbium*; anspel, *conjectura*. Iðelspel-lunȝe, *aniles fabulæ*; spelboðan, *oratores*; à spellian (apud Ælfridum) *narrare*, *&c.*

¶ *Gothia, Gothi.*) Ad posteriores antiquitates intelligendas apprimè conducit rei Gothicæ, & popularum aquilonarium delibatio. Cum enim hi omnes lingua moribus & institutis parum inter se different; totumque ferè Europam armis victricibus subjugatam premerent: factum est, ut non solum mores & leges, sed perplurima item vocabula in unaquaq; gente haberentur communia. Quoad linguæ autem consonantiam veteri usi sunt omnes Germanica suis dialectis, variata, antiquiorem & nativam maximè retinentes qui in boream magis vergent. Remoti quippe à novarum rerum vicissitudine, priscam simplicitatem cum barbarie retinent; quod, ut *Plato in Cratylo* asserit antiqui idiomatis & patriorum rituum maximus est Conservator. Longius dissiti sunt in boream Gothi olim Getæ à vernaculo suo *Jat*, id est gigas, denominati. Patriam coluere propriè Daciam, sed ut Occidentales, eos qui in oriente degunt Turcos vulgò nuncupant: Orientales, qui in occidente, Gallos: sic & Boreales, eos omnes qui sub ducibus Gothicis militabant, *Gothorum* nomine appellabant sæpius. Erant autem omnes tanquam conterranei, vel è finitimis regionibus oriundi, licèt à diversis populis, quibus bellum intulerunt diversimodo nuncupentur. Longobardos enim à Saxonia antiqua duxisse originem nemo quod sciam inficiatur. Ex Est Saxonia Daciæ contermina Ostrogothi dicuntur. Vide infra *Guti*.

¶ *Gow.*) Vide *Gobia*.

¶ *Gradale*, al. *Graduale.*) Liber ad officia Romanæ Ecclesiæ pertinens, ejusque in supellectili enumeratus, in Provincial. Angl. lib. 3. Tit. de Ecclesiis ædificandis, ca. 2. viz. *legendas, antiphonarias, gradale, psalterium, troparium, ordinale, missale, manuale, &c.* Ubi Linwodus: *Gradale* (inquit) *sic dictum à gradalibus in tali libro contentis. Strictè tamen ponitur gradale, pro eo quod gradatim ponitur post epistolam. Hic tamen ponitur pro libro integro, in quo contineri debet officium aspersionis aquæ benedictæ, missarum inchoationes, sive officia: Kyrie cum versibus, gloria in excelsis, gradalia, alleluya, & tractus, sequentiæ, symbolum cantandum in missa, Offertoria, Sanctus, Agnus, communio, &c. quæ ad chorum spectant in missæ solennis decantatione.* Et Lindenb. ex Chronic. Reicherpſ. An. 424. *A beato Gregorio PP. primo introitus, gradualia, offertoria, communiones cum modulatione ad missam in Ecclesia Romana cantari cœperunt.* Amalarius de ordine antiphon. Hrabanus de Institut. cleric. lib. 1. ca. 33. &c. Nonnulli rem ad Cœlestinum referunt, An. cir. 430.

¶ *De Grafionibus, Graviis, Grevis, & ejusdem generis Magistratibus & Ministris.*

¶ *Grafio, Graphio, Gravio, & Graphius.*] Propriè *Judex fiscalis*: per translationem *Comes*, *Comitisq́*, *Vicarius*, i. *Vicecomes*; item *Judex* simpliciter, *Præses*, *Præpositus*. Hæc ut liquidò demonstretur, fusioribus paulò agendum est, etymiq; testimonium adhibendum. Saxonibus nostris ȝerefa dicebatur, per contractionem ȝrefa: & inde in LL. Edou. Confessoris ca. 35. *Greve*; Belgis & Germanis, **Grave**. ȝe enim in ȝerefa, tantùm est particula verbis & verbalibus adjecta. Simplex igitur vox est refa, & pro hac nos hodie **Reve** utimur. Nominis ratio inde videtur provenisse, quòd hic Magistratus ad jura fiscalia exigenda datus esset: nam ȝerefen & reafen est *tollere, rapere, exigere*. Inde in L. Salic. Tit. 33. & Ripuar. Tit. 84. *Si quis Grafionem ad res alienas injustè tollendas invitaverit, &c.* Ex hoc apud Authores medii seculi, *Exactor* sæpissimè nuncupatur. Æthelwerdus Anglo-Saxo, sub initio lib. 3. circiter An. Dom. 787. *Audito etiam: Ex-* L. Riouar. tit. 51. *Si quis Judicem fiscalem ad &c.*

Exactor Regis. *actor Regis equo insiluit, cum paucis præcurrit ad portum, &c.* Quis sit *Exactor hic Regis*, perspicuum facit Suggerius de possess. B. Dionysii. *Ab oppressione exactorum regiorum quos dicunt grafiones: multo labore, multisq; placitis emancipaveram.* Et Glossar. quoddam Saxonicum: ȝeꞃeꝼan (inquit) *Censores, Exactores.* Hæc nostra sententia. Lambardus autem ȝeꞃeꝼa à ȝeꞃeccan ducit, quod est, *regere*; & Lypsius sono verbi captus, *Graphionem*, à γράφειν *scibere.*

Cùm autem propriè *exactorem* significet; non ineptè ad Officiales transfertur, qui mulctas, & jura exigunt. Perinde ad Judices; atque hos præsertim quorum sententia res in fiscum tolluntur, rapiuntur, & deportantur. Vetus diploma; *Judicem fiscalem, quem Grafionem appellant.* Aliàs (& certè frequentius) *Comes* dicebatur. L. Ripuar. Tit. 35. *Judicem fiscalem quem Comitem vocant.*

Dicitur & ȝeꞃeꝼa & perinde Graphio, pro villico, & quem Senescallum vocant. Evang. Sax. Mat. cap. 20. v. 8. þa ꞅæꝺe ꞅe ꝥinȝeaꞃꝺeꞃ hlaꝼoꞃꝺ hẏꞅ ȝeꞃeꝼan ⁊

Sed videant eruditi ne malè decernant de *Comite*, & *Grafione*: nam licèt confundantur sæpissimè, re vera tamen diversi sunt. Propriè enim Comes est, qui gladio Comitatus cingitur. *Grafio* is qui ejusmodi Comiti est à vice, & à juribus Comitatus exigendis. Sæpe igitur in Conciliis & antiquis legibus, semper in Wisigothorum, *Vicarius* dicitur: in Normannorum utique *Vicecomes*; ut à Duce suo quem illo ævo Comitem æquivocè appellabant, distingueretur. Superiores verò nostri Saxones Comitem dixere *Aldermannum*: inferiores (vel potius Dani) *Eorlam*, **Earl**, quod nos hodie nomen retinemus: *Grafionem* verò seu *Vicecomitem*; **Greve, Reve, Schireve**, & **Shire-greeve** nuncuparunt, Latinè (translata vocis significatione) *Præpositum*: ac si *Grafio*, **Greve** & dictiones affines, genuina interpretatione *Præpositum* notarent. Hoc itaque sensu frequens olim apud nostrates, **Greve**, vocabulum in officialium denominationibus; ut inferius mox patebit, cum Germanorum consimiles aliquot exposuerimus. Multiplex *Greviorum* seu *Grafionum* apud nos species non minùs quàm apud Germanos. His enim *Grafio* primo *Judicem*, postea *Comitem*, deinde *Præfectum*, & *Dominum* significabat, ut è dictis intelligas, & sequentibus.

Vicarius. *Vicecomes.* *Grafio.*

Gravius verò *Comitem* hodie plerunque denotat, nec enim solùm qui gladio Comitatus cingitur, sed qui ex eo nascuntur filii omnes: uti & *Duces*, appellantur, qui ex Ducibus. Morem Angli non recipiunt. A *Gravio*, multa oriuntur composita, viz.

Mergravius: Dominus major, mæpe enim *majorem* & *clarum* significat. Sic in LL. Ed. Confess. cap. 35. *Teutonici etiam & Frisones & Flandrenses, consules suos* Mergreve, *quasi majores Dominos, vel bonos pacificos, vocare solent. Et sicut modo vocantur Greve, qui super alios præfecturas habent, ita apud Anglos antiquitus vocabantur* Ealdeꞃmen *quasi seniores, non propter senectutem (cum quidam adolescentes essent) sed propter sapientiam.*

Margravius à Marcha (hoc est è limite quem tuebatur) quasi *limitaneus Comes* appellatus est: aliàs *Marchio*, quod vide.

Palansgravius, seu *Paltzgravius.* Comes Palatinus. Specul. Saxon. Art. 52. *Scultetus est judex culpæ Judicis, & Palatinus seu Palansgravius, Imperatoris Judex est.* De hoc quære plurima in Comite Palatino.

Rheingravius, à fluvio dictus, q. *Comes Rheni.* Vulgo **Rhein und Wildgrave**, id est, *Rheni & silvestris regionis: nam* **Wild** (ut apud nos in Cantio) *silvas* notat. Vide *Rheingrave* suo loco.

VVildgrave igitur, *est Comes pagi silvestris.*

Landegravius, Comes Provincialis, aliàs **Lanthog.**

Gogravius, Comes seu Præfectus pagi. Vide *Gobia.*

Burgravius, Comes, Judex, Præfectus Burgi seu Castelli. Spec. Sax. Art. 52. *Burgravius, i. perpetuus Castellanus: judex est Marchionis.*

Dingravius. Vide mox infra *Thingrave.*

Centgravius est centum militum evocatorum Comes, seu Præfectus. Primipuli ductor: Primipulus; Centurio: vulgò *Centgrafe*, ut Willichius ad Tacit. de Germ. mor.

Nostri majores mutato vocali, **Greve** & **Reve**, pro **Grave** (ut supra diximus) proferebant Hinc,

Shiregereve, Shiregreve, Shirefe, & *Shireve*: quasi *Shire-greve, Shire-grefe*, & *Shire-reve*: est *Comitatus Præpositus*, alias hiꝺȝeꞃefa, id est, *Capitalis* vel *summus Præpositus* appellatus: Normannis & Anglis inferioribus, *Vicecomes*, quod vide, & vocabulum *Præpositus.*

Portgreve: Civitatis vel portus præpositus. Sic olim dictus est urbis Londoniensis præfectus, quem hodiè *Maiorem* nuncupamus. Sic hodie *Gravesendiæ* Præpositus.

Trithingrevius: qui tertiæ parti Comitatus præponitur. Vide *Trithinga.*

Ledgrevius: est ledæ præpositus, i. portioni Comitatus sic appellatæ. Vide *Leda* & *Leidgrevius.*

Thingrevius idem (reor) qui *Trithingrevius*: & fortè, qui Germanis *Dingravius* nominatur. Quære.

Hundredgreve: Hundredi, id est, Centuriæ Præpositus: quasi *Centgravius*, de quo supra. Vide *Hundredum.*

Tungre-

Tungrevius quasi Tungerefe, id est, *villa præpositus*. Villicus. Hodierno vulgo, **the Baylist of the Mannor.**

Searcve: in villis maritimis is est, qui maritimam domini jurisdictionem curat: litus lustrat, & ejectum maris (quod *Wrec* appellatur) domino colligit.

Dikereve, qui fossas ad rimandas aquas, & aggeres, contra fluctuum impetus, in paluftri regione expedit & tuetur.

Comes, pro **Greve** & **Reve**.

In Imperio equidem minores istiusmodi Officiales, & ministri (nam majores taceam) *Comites* dicebantur: ut *Comes siliquarum*, *Comes metallorum*, *Comes formarum*, *seu aquæductuum*, *Comes riparum Tiberis*, *Comes cloacarum*, *Comes portus*, *Comes horreorum*, *&c.* quorum omnium munera supra videas in *Diatriba de Comitibus*. *Grafionem* igitur (splendidum in provincia magistratum) *Comitem* appellari, non est sine exemplo: certè quamvis *Comitis* solummodo sit vicarius (scil. majoris) ut supra dictum est. Sic enim Comes largitionum in Occidentali Imperio, sex alios largitionum Comites sibi habuit à ministerio: & Comes rerum privatarum, duos alios subjectos Comites. Vide hos supra. Sed ut distinctiores fierent duo isti in Comitatu magistratus; *Comitum* nomine appellati: obtinuit quorundam locorum usus (sicut pateat in ante dictis) ut superior, *Comitis* appellationem retineret (etiam & *Ducis* interdum) inferior verò, *Grafio*, *Vicarius*, & *Vicecomes* appellaretur. Nostris quidem majoribus juxta vernaculum antiquum, *Geresa* (ut supra) & *Gereve*; per contractionem, ævo Edouardi Confessoris, **Greve**: & deinceps sub Anglo-Normannis (ex aphæresi) **Reve**, quæ hodie vox aliis vivacior.

Plura de **Greve**.

Sed adverte denuo legum Edouardi Confessoris, de **Greve**, seu *Grevio* sententiam, ca. 35. **Greve** *quoq;* (inquiunt) *nomen est potestatis. Latinorum lingua, nihil expressius sonat quàm præfectura, quoniam hoc vocabulum adeo multipliciter distenditur, quòd de Scyra, de VVapentachiis* (*quemadmodum etiam est* [illegible]) *de Hundredis & Burgis, etiam de villis*, **Greve** *vocetur. In quo idem sonare videtur & significare quod* dominus. *Videtur etiam quibusdam*, **Greve** *vocabulum, esse nomen compositum ex Anglico*, ᵹpið; *& væ*, *Latino*. ᵹpið *enim pax est; væ, miseria, ipso Domino attestante, qui dicat*, Væ tibi Bethsaida, væ tibi Corozaim. **Greve** *igitur ideo dicitur, quod iure debebat* ᵹpið, *id est*, *pacem*, *ex illis facere qui patriæ inferunt væ, id est, miseriam vel malum. Teutonici etiam & Frisones, & Flandrenses, Consules suos* **Mergreve**, *quasi majores dominos, vel bonos pacificos vocare solent. Et sicut modo vocantur* **Greve**, *qui super alios præfecturas habent, ita apud Anglos antiquitus vocabantur* Ealderman, *quasi* Seniores, *non propter senectutem, cum quidam adolescentes essent, sed propter sapientiam, &c.* In etymo, rid culè; ut crebro id seculum: sed quod ait, *de Scyra, wapentachiis*, leo, *hundredis*, *burgis*, *& villis*, **Greve** *vocari*: intelligendum est, præfuisse singulis, istius nominis Officialem: viz. **Shyre-greve**, **Wapentac-greve**, **Leth-greve** (al. **Leid-greve**, & **Lath-greve**) **ur-greve**, & **Tungreve**; quibus **G** literam inferiores auferebant. De *Grafionis* munere copiosè in Antiquis Legibus: de cæteris verò, plura hic vide in suis locis.

Grafia, & *Graphia*: Dignitas & Officium *Grafionis*; etiam territorium quo se exercet ejus jurisdictio. *Grafia. Graphia.*

¶ *Graile*, & *Greile.*] *Gradale*, quod vide. Sed quære an *Greile*, ita planè accipiendum sit in Custum. Prior. de Lewes pa. 24. *Hæc sunt quæ Aluredus accepit cum Ecclesia & terra*: *5 boves unumquemq; 40.... & 6 vaccas, unamquamq; appreciatam 32. den. 3. equos, unumquemque appreciatum 3 sol.* —— *unam archam*, *1 greil. 1 patellam*, *& 1 triparium*, *& 3 barillos*, *& 20 discos*, *&c.*

¶ *Gramalla.*] Laicæ vestis genus oblongum, quo in Hispania Barcinones & Castellani utuntur. Vide infra *Granus.*

¶ *Grampoise.*] Piscis grandior, qui marino jure ad Regem spectat, atque ideo regalis dicitur. Occurrit sæpè in privilegiorum diplomatibus. A Gall. *grand*, id est, magnus: *poison*, piscis.

¶ *Granamellum.*] Vide *Gruta.*

¶ *Granarium*, *Granateria*, *Granea*, *Grangia*, *Granica.*] Locus ubi frumenta reponuntur. Armentarium Cereris, Gal. *Greiner*. Boior. Tit. 9. ca. 2. §. 3. *De illo granario quod Parch appellant.* Gloss. *Granarium* σιτοβόλιον. Et intelligitur de horreo; nam Glossar. Latino-Theotisc. *Granarium*, *spicarium*; & *Granarium*, **spicher.**

Granateria. Constitut. Sicul. lib. 1. l. 84. —— *excadentias*, *granaterias*, *piscarias*, *&c. ad procurationis suæ sollicitudinem revocabit.* Quære quid sit *Granateria*: fortè vectigal è granariis collectum.

Granea. L. Alani. Tit. 81. §. 2. —— *scurinum, aut graneam, vel cellaria incenderit.* Et differt *Granea* à *Spicario*, nam §. 5. dicitur: *qui graneam servi incenderit cum sex sol. componat*: & §. 6. *qui spicarium servi incenderit cum 3 sol. componat.* Est autem *spicarium* (ut docet Glossar.) *horreum cum tecto.* *Granea.*

¶ *Grangia.*] Gall. & Angl. *Grange*. Provinciał. Angl. lib. 2. Tit. de judiciis, ca. Item omnes. *De omnibus maneriis, grangiis, & aliis locis ad Archiepisco*[illegible], *Episcopos* —— *pertinentibus*, *&c.* Ubi Lindewodus: *Dicuntur* (inquit) *grangiæ*, *domus sive ædificia*, *non solùm ubi reponuntur grana*, *ut sunt horrea*: *sed etiam ubi sunt stabula pro equis*, *hostaria sive præsepia pro bobus & aliis animalibus*: *caula pro ovibus*: *porciteca*, *pro porcis*: *& sic de aliis quæ pertinent ad œconomiam*: *ut sunt loca deputata servientibus*, *ad agriculturam*, *& opera rustica*: *& de eis fit mentio in ca. authoritate. Extrav. de cens.* Port hostaria.

 Vete-

Veteribus Anglis **a lathe**, id est, *horreum* dicitur. Sic enim in M. S. Cœnobii de Crabhouse fol. 2. b. —— *cil à ki il le achata estoyt apele Thomas Atelaye, en Franceys, Thomas de la graunge.* Ubi notandum est, *y* in *Atelaye* (veterum more) scribi pro *th*, vocemq; contractè poni, **At the lathe**.

Granica. L. Boior. Tit. 1. ca. 14. §. 5. *Ad casas dominicas, stabulare, fenile, granicam, &c.* Formulæ solen. ca. 175. —— *eo quod cellariam, vel cameram & granicam* —— *per suas claves commendasset ad custodiendum.*

¶ *Granones.*] L. Frisonum, Tit. *De dolg*, i. de vulneribus; scil. Tit. 22. ca. 16. & 17. *Si nasum transpunxerit, 15. sol. componat. Si granonem ictu percussum preciderit, 2. sol. componat.* Ibidem in Addit. Tit. 3. ca. 17. *Si granones præcisa fuerint, ter 4 sol. componat.*

¶ *Granus.*] Genus laicæ vestis oblongæ: ut Garsias notat ad Bracarnens. Concil. ca. 11.

¶ *Graphia.*] *Scriptura*: à Gr. γραφὴ. Ludov. Imp. Capitul. Addit. 3. ca. 73. sic inscribitur. *De graphia prolatore; ut eam affirmet*: Et sequitur in Canone: *Statutum est, ut scripturam prolator affirmet.* Graphio.

Graphia etiam dicatur pro *grafia*, id est, pro Comitatu: ut *Graphio* pro *Grafio*, quod vide.

¶ *Gratare.*] Chart. Jo. Ducis Britanniæ, data An. Dom. 1239. *in Hist. de Bret. liv.* 4. *Insuper gratamus & concedimus, quod hæredes nostri, &c.* Fortè pro *grantamus*, barbarè.

¶ *Grava*, & *Grova.*] *Lucus.* Chartular. Monaster. Waldens. Tit. Southmymmes & Northmymmes, Chart. 3. *Una grava quæ vocatur Mayheweserofte in villa de Northmymmes prout cum sepibus & fossatis includitur.* Chart. 4. *Confirmavi Roberto Russell Capellano unum mesuagium vocatum Gerardeswyk, & unam gravam quæ vocatur Mayhewesgrove jacent. in villa de Northmymmes.* Chart. 6. *Tenementum cum grova adjacente.* Et Tit. Storteford Chart. —— *pro ramis & subbosco in dicta grava prosternandis (sine vasto & destructione) tantum 4. sol.* Lib. Rames. Sect. 276. —— *quicquid pertinebat ad eum de grava de Crapwelle, & de terra quæ est intra foveam quæ circundat gravam.* Hodie **a grobe**. Grova.

Chart. Ed. 1. Abbati de Stratford. Concessit ei *gravam*, ut indè parcum faceret.

¶ *Gravia*, & *Gravius*, Germ. **Grabe.**] Vide *Graphia*, seu *Grafia*, & *Grafio*, cujus officium dicitur *Grafia* & *Gravia*.

¶ *Gravosus.*]. Pro *Gravis.* Wisegoth. lib. 9. Tit. 1. l. 9. *Si gravosum extiterit.*

¶ *Greahbreach*, & *Grichbrech.*] Mendosè apud Rastallum, Cowellum, & alios pro *Grithbrech*, quod vide.

¶ *Greile.*] Vide *Gralle*.

¶ ***De Gremio mittere.***] In collegiis, Monasteriis, & Conventualibus Ecclesiis dicitur: cum societatis quispiam, suiipsius & reliquorum omnium nomine delegetur. Et differt ab eo quod dicitur, à *latere legare*, quod hoc unius, illud multitudinis est locutio. Sic in Conventione quadam inter Simonem Archiep. Cantuar. & Priorem & Capit. Eccles. Gathed. Norwici Anno 1133.

¶ *Grenehugh.*] In versione Chartæ forestæ ca. 16. legitur pro hoc quod Forestarii *veride* dicunt, & **verte**. Vide *Veride*.

¶ *Greve.*] Qui super alios præfecturam habet, *Præses*, *Præpositus*. Germanis **Grabe**. Vide supra *Grafio*.

¶ *Grithbrech.*] Pacis fractio, seu violatio. A Sax. ᵹꞃið, id est, *pax*; & bꞃyċ, *fractio*. Malè igitur quisquis ille priscarum aliquot vocum expositor, quem secuti sunt Ranulfus Cestriensis lib. 1. ca. 50. & Rastallus dicentes: **peace**, Anglicè: *griech* Romanè: & qui *Greachbreach*, *Gricbreach*, & *Brithbrech* scribunt. LL. Henr. 1. ca. 36. *In causis Regis Grithbrech 100 sol.* —— *emendabit.* LL. Canuti par. 2. ca. 58. Giꝼ hƿa on ꝼyꞃðe ᵹꞃiðbꞃece ꝼulƿyꞃce. ðoliᵹ liꝼeꞅ oððe ƿeꞃeᵹilbeꞅ; Id est, *Si quis in profectione militari grithbrech commiserit; vitâ aut wergildo mulctator.* Aliàs dicitur *Frithbrech*, ut in LL. Ethelredi ca. 6. ꝼꞃið enim *pacem* etiam significat. Centum sol. Frithbrech.

¶ *Gronna.*] Privilegium Regis Ædgari, concessum Æthelwaldo pro fundatione Thomensis Ecclesiæ. *Ego Eadgarus totius Britanniæ Basileus* —— *rura præfato Monasterio . . . . subjecta, cum omnibus utensilibus, pratis, viz. pascuis, sylvis, piscariis, capturis, gronnis, atq; culparum emendationem quæ reatu aliquo in ipsis peraguntur ruribus, &c. æterna largitus sum hæreditate, &c. Anno Dominicæ incarnationis 973. Scriptum est hoc privilegium primo mea dedicationis Anno.* Hinc,

Gronnosus. Asser Menevensis in vita Ælfredi, An. 878. —— Ælfredus *cum quibusdam militibus & vassallis per sylvestria & gronnosa Summertunensis pagæ loca, in magna tribulatione, inquietam vitam ducebat.* Quid *gronna* nescio, sed *Grunnius*, fortè est *tumulus*; nam *gruniare*, est *tumere*. Annotatt. in Varron. de re rust. lib. 3. *Grumus, collectio terræ minor tumulo*: quasi *loca grunnosa*, idem esset quod, *aspera* & *monticulosa*. Sed non obtrudo hanc interpretationem; nam Florentius Wigorn. Asseri verba transcribens: in eodem Anno pro *Vasallis*, legit *fasellis*, uti diminitivum à *phaselus*; perinde ac si *gronnosa loca*, in-

innueret paluſtria, & aquis obducta. In conſimilem enim ſenſum; idem Florentius Wigornenſis in Anno 1040. ait: Rex Hardicnute, ſeu Canutus audax, *ipſius Heraldi* (Regis) *corpus effodere, & in grennam projicere juſſit.* Gulielmus Malmesbur. & Roger. Hovedenus (inquiunt) in Thameſim; & repertam illic à piſcatore, ſepulturæ in Eccleſia S. Clementis Danorum fuiſſe traditum.

Fallor ſi non legerim *gronnam* pro *cloaca*.

¶ *Gruaria.*] Nos Ingelrannus Conciaci dominus, Notum facimus &c. quod, cum inter nos ex unâ parte, & Priorem & monachos de Grandicampo &c. diſcordia verteretur, ſuper gardâ ſive cuſtodiâ & juſtitiâ ipſius Eccleſiæ & pertinentiis, ac *gruariâ* nemorum ejuſdem Eccleſiæ &c. *Les preuves de l'hiſt. des Comtes de Guiſnes p.* 378.

¶ *Gruttum.*] Al. Grutdum, ut in Minâ, quod vide. Leguminis genus, al. *granamellum.* **Grout.** Lib. Rameſ. Sect. 144. —— *decem mittas de braſeo, & 5. de gruto, & 5. mittas farinæ triticeæ, & 8. panes, & 16. caſeos, &c. decerno.* Inde *Grutarius*, qui vendit legumina: & interdum, qui poma. Videndus Palladii Interpres. Meurſ. γρῦτα, *cruſta.*

¶ *Grua.*] *Grus.* Longob. lib. 1. Tit. 19. l. 14. *Si quis accipitrem, gruam, aut cygnum domeſticum alienum intricaverit, &c.* Simile in L. Salic.

¶ *Guadagium*, al. *Guidagium.*] *Conductio*, & *conductionis ſtipis.* Gall. *Guydage.* A Saxon. ƿæᵹ, Ang. **way**, id eſt, *via*: quaſi *Waidagium*, Franco-galli autem ƿ (id eſt, w, Saxonicum) ſemper in *Gu* vertunt. *Guadagia* (inquit vet. vocabular.) *dicuntur quæ dantur pro ducatu per terram alicujus, ut ſecuriùs vadat.* Vide Prateum.

¶ *Guadia.*] *Pignus*, *ſalarium.* Aliàs *Wadia*, & *Wadium*, quod vide. *Guadia* autem juxta vocabular. priſcum Latino-Anglic. interpretatur, debita conſuetudo, ſeu conſtitutio: Angl. **a Custome.** Atque inde,

Guadiare pro conſtituere, vel *guadiam*, edere.

¶ *Gualda.*] Herba qua Britanni veteres ad hoſtium terrorem ſe inficiebant: aliàs *Glaſton.* Hodie **woad** dicimus, à Saxon. ƿaꝺ, id eſt, *Sandix.*

¶ *Gualſo.*] Vide *Gualſtowum.*

¶ *Guardia*, & *Guardium*, al. *Warda*, & *Wardia.*] *Cuſtodia*, *tutela*, *præſidium.* Hæc à Germ. **Warden**: ille à Gal. *garder*, i. cuſtodire.

Et dicatur *guerdium* pro ſtipendio, ab alio fonte, ſcil. à Gall. *guerdon*, quod eſt merces, præmium. Vide *warda* & *wardia.*

Feudum guardia, eſt quod mercedis nomine, cuſtodi prædiorum ſeu rei alicujus datur: de quo ſic Feud. lib. 1. Tit. 1. *Item illud quod datur nomine gaſtaldiæ vel guardiæ, & pro mercede alicujus rei, tranſacto anno poteſt jure auferri, etiam pretio pro eo dato non reſtituto, niſi ad certum tempus* (putà biennium aut decennium) *datum fuerit.* Et Tit. 6 §. ult. *Inſuper ſciendum eſt quod feudum guardiæ & gaſtaldiæ, quacunq; hora vult, auferri poſſe à domino, ſcil. poſt annum.*

Feudum guardiæ.

Guardianus & *guardio.* Is cui *guardia* ſeu tutela rei alicujus creditur. Vide ſupra *Gardianus.*

Guardian *Guardio.*

¶ *Guarentiſare*, & *Guarentare.*] Idem quod *Garentizare*, quod vide ſupra in *Garandia.*

¶ *Guarnimentum.*] Proviſio rerum neceſſariarum. A Gall. *Garnement.* Conſtit. Neapol.

¶ *Guaſtaldus.*] Vide *Gaſtaldus.*

¶ *Guarra*, al. *Guerra.*] *Bellum*; nec ſolùm publicum illud quod à Principibus geritur: ſed & privatum; quod inter familias habetur, capitali inimicitiâ (quam *faidam* vocant) conſtitutas. A Saxon. ᵹaꞃ, id eſt, *arma*, *telum.* Angl. **war**, ᵹ in ƿ converſo. Gulielm. Tirius lib. 3. ca. 11. —— *habebat conflictum & guerram pertinacem.* Mat. Pariſ. in An. 1213. —— *unde gravem guerram ſibi ſuſcitavit.* Hæc de primo genere: ſequitur de altero. L L. Edou. Confeſſ. Cap. de pace Regis, *parentibus occiſi fiat emendatio, vel guerra eorum portetur.* Et Brito. Armor. Philippid. lib. 9.

Immortale odium & guerram Reginaldus habebat. Hinc,

Guerrinus: adject. *Hoſtilis*: Mag. Chart. ca. —— *ſi ſint de terra contra nos guerrina.*

¶ *Guelphi.*) Guelphorum & Gibilinorum factiones ortæ ſunt in Italiam ſub. an. 1238. & per 260. ferè annos graviſſimè ſævit. V. *Chronograph.* lib. 2. fol. 192. lib. in 160.

¶ *Guerb.*] Vide *Shack.*

¶ *Guerpire.*) Vide *Gurpire* & *Werpire.*

¶ *Gufa.*) Veſtis genus, cujus è vet. Gloſſar. meminit Meurſius in voce Γαῦσον.

¶ *Guidagium.*) *Conductio*, & *conductionis ſtipendium.* Vide *Guadagium.*

¶ *Guidrigild.*) Vide *Widrigild.*

¶ *Guifare*, *Guiphare*, *Huifare*, & *Wifare.*) Idem Longobardis quod Juriſconſultis noſtris & Gallicis, *ſaiſire*: ſcil. terram vel poſſeſſionem rei alicujus invadere & ſibimet arripere; quod appoſito olim palo, vel alio ſigno in rei teſtimonium, faciebant. Signum hoc in Jure civile *Titulus* dicitur; Baioris *Wifa* à Germ. **Wip**, pro ſigno rei venali appoſito, ut vino hæredâ: unde *Guiffare* quaſi *WWifare*, hoc eſt, ſignum apponere. Gloſſæ vett. ad illa verba rubricæ Cod. ut nemo privat.

Titulus. *Wifa.*

vat. &c. VELA REGIA SUSPENDAT —— *quod vulgo Longobardico more guiphare dicitur, apud nos saisire, quod lingua vulgari Eyden*. Longob. lib. 1. Tit. 27. l. 8. *Si quis sua authoritate terram alienam guiffaverit, dicendo quod sua debeat esse, & postea non potuerit probare quod sua sit: componat sol. 6. quomodo qui palum in terra aliena figit*. Vide *Wisa, VVisare* & *Huisare*.

¶ *Gula Augusti*.] Sæpe obvenit in membranis antiquis (præsertim forensibus) pro festo S. Petri ad vincula: quod in ipsis Calendis Augusti celebratur. Occasionem (inter alias) Durandus suggerit lib. 7. cap. 19. Quirinum Tribunum filiam habuisse gutturosam: quæ osculata, jussu Alexandri Papæ (à B. Petro sexti) vincula quibus Petrus sub Nerone coercitus fuerat, à morbo liberatur; Alexandrum (in miraculi reverentiam) & festum istud, & Ecclesiam instituisse. Belethus verò (qui Annum hinc circiter quadringentesimum floruit) de festo agens Sancti Petri ad vincula, nihil horum meminit. Sed Bernardus non vidit omnia. Habetur vox in Statut. ann. 27. Edou. 3. Et Rentale quoddam Manerii Regalis de Wy — *averagium* (inquit) *æstivale, fieri debet inter Hokeday, & gulam Augusti*.

¶ *Guna*.] Vestis pellicea: & fortè, quam nos hodie **a gown**, id est, *togam* vocamus, Græco-barbaris γȣ̃να, γȣ̃νας, & γȣνίον: de quo Meursius ex Moscopulo Σισύρα, ἡ γȣ̃να; & alibi διφθέρα, ἡ γȣ̃να, & μηλωτὴ, ἡ ἀπὸ τȣ́τȣ γȣ̃να. Sunt autem vestimenta ista quibus *gunam* describit: σισύρα, id est, vestis barbarica ex pellibus caprinis: *rheno, penula*. διφθέρα, sagum pelliceum quo pastores usi sunt. μηλωτὴ ex pellibus ovinis. Sed licèt inter Græcobarbaras vocem rejicit Meursius: à Græco tamen γȣ̃να pro γȣ́νατα, id est, *genua*, non malè dicatur, quasi vestis quæ genua tegit, ut *humerale*, quæ humeros: *podera*, quæ pedes. Non officit quod ex Cineheardi Epist. ad Lullum Episc. ipse citat Meursius: *Orarium, & cucullam, & gunam brevem nostro more consutam*. Ubi *gunam brevem* intelligo ad genua desinentem: quali nostri majores (à Germanis edocti) usi sunt, & pellibus quidem subtextâ. Sed & exterior *guna* pars è pellibus videtur aliàs fuisse, ut ibidem ex Epist. Guitberti ad eundum Lullum: *Gunnam de pellibus lutearum factam, tuæ fraternitati misi*.

Sed aliud notat *guna* in Concil. Salisburgensi. *In pileis suffurraturas non habeant, nisi fortè de nigro centato, vel panno, aut nigra pelle, aut guna*. Sic corrigit Meursius, legebatur enim *pelle aguna*. *Gunam* autem hîc non exponit, sed nos cuniculum **a Cunny** dicimus, Belgæ **Kunne**. Nec obstat quo minus Germanorum hoc indumentum à cuniculo sumptum, *cuna* & *cunna* appelletur; quam Herculæum illud, λεοντῆ, à leone: Jovis & Aegis, ἀπὸ τῆς αἰγὸς, quasi *Capra*.

Gunatus: *guna* amictus. Luithprandus in legat. lib. ..... *Nec ipsa capiet eum in qua natus est pauper & gunata*, i. *pellicea Saxonia*.

¶ *Gundebada lex*.] Vide hîc infra *Synopsim veterum aliquot legum*, sub titulo *Lex*.

¶ *Gurpire*, & *Guerpire*.] *Abjicere, seponere, deserere*. A Gall. *gurpir*: sed radicitus à Saxon. ƿuƿƿan, hæc eadem significante. Vide *VVerpire*. *Terram guerpire* est eandem dimittere, & sic alium vestire. Vita Caroli M. apud Adhemarum: *Ingenuitatem illorum, & alodem manibus guerpierunt*. Notat ex Pithæo Bignonius, hoc loco in quibusdam exemplaribus legi, non *guerpierunt* sed *dultum fecerunt*: & in veteribus Gallicis scriptis *viduam* refert dici *la guerpio*, quasi *relictam*.

¶ *Gutteria*, al. *Guturnositas*.] Vitium gutturis. Nostratibus **the kings evill**, id est, morbus Regius, dictus quod mulcente manu Regia curatur. Chron. Camerac. lib. 1. ca. 16. Imprecatus est *ut si (latro) vir esset, claudus vel quolibet modo debilis fieret: si fœmina, vitio quod vulgo dicimus gutteriam semper non careret*. Similis imprecatio à S. Remigio (ut Hincmarus refert in vita ejus) Celtensibus facta quod metas frumenti incenderant. *Omnes qui hoc egerunt & qui de eorum germine nati fuerint viri ponderosi fiant & fœmina gutturnosa sint quod (inquit) ita completum est*. Ponderositas (ut habet Colvenerius) vitium est genitalium (quod quale sit) explicat Gregorius par. 1. curæ pastoral. cap. ult. *Gutturnositas* vitium gutturis, ut patet ex sequentibus cum quo idem est *gutteria*. Eadem vox habetur in vita S. Ursmari scripta à Ratherio Veronens. Episc. quæ extat apud Surium 18. Apr. In ea enim de S. Aldegunde sic dicitur; *Orta est quadam in ejus collo sæva nimis infirmitas, qua Gutteria dicitur sermone Gallico*.

Gutturnosus. Ponderositas quid.

Gutturnosita Gutteria.

¶ *Gustum*.) Γȣ̃ςα, *Gusta* (inquit Meursius) appellabant cupedias, h. cibos delicatiores. Apitius de re Culin. lib. 4. ca. 5. *Gustum versatile sic facies. Albas betas minutas, porros requietos, opium bulbos & cochleas elixabis*. Et totum illud caput est de *Gustis*. Unde:

Gustaum forum cupidinarium, hoc est, quo lautiores cibi venundantur: Græcobarb. γȣςεῖον.

¶ Gothe-

Gothorum variam esse appellationem. Cantianos & Vectuarios nostros ab iisdem emanasse.

¶ *Guti.*] Idem sunt qui Gotti, Gothi, & *Goti*: quibusdam Jutæ & Jutones: Romanis Getæ, Anglo-Saxonibus ꞅeaꞇaꞅ: à prisco Gothico vocabulo, Jæꞇ, quód gigantem significat; Beda *Vita*, quasi *VVita*, modo quo inferius dicetur. Nollem hoc non annotare: tum ut Majores nostri è fortissimo Gothorum sanguine oriundi: tum ut lingua nostra ad Gothorum (pluriumque perinde Gentium) antiquitates enucleandas maximè conducere, intelligantur. *Guti* enim seu *Juta*, unus erant è tribus populis illis protogonis, qui relictis in Germania sedibus, Angliam olim applicuere, sicut Beda refert: cujus Interpres vetus Saxonicus, pro *Jutas*, ꞅeaꞇum, id est, *Getas* vertit. Inde illud in LL. Edouardi Confess. cap. 35. Tit. de his qui cohabitare debent in Britannia. *Guti verò similiter cum veniunt suscipi debent & protegi in regno isto, sicut conjurati fratres, sicut propinqui, & proprii cives Regni hujus.*

Vita. Wita.

Consederunt *Guti* seu *Juta* in tractu Cantio, & Vectâ insula, quæ ab advenis (licèt altiùs & aliàs rimetur Camdenus) nomen videatur obtinuisse. Quum enim prisco Saxonum idiomate, Wiꞇe, & Wiꞇe-lanꝺ, & Wiꞇeea appellata sit, produnt hæ voces exordium à *Gutis*: dictamq; velut *Gutiam*, *Gutlandiam*, & *Gutorum Insulam*. Nam Saxones *Gu* semper in *VVy* mutarunt, ut in ipsius Camdeni prænomine (*VVillielmum* scribentes pro *Gulielmum*) & trecentis præterea vocibus, manifestum est. Rem extra aleam facit, quod in genuina ipsorum dialecto, nullum (quod sciam) verborum à *Gu* orditur. *Guti* igitur & *VViti*, iidem prodeunt, & in conspirationem venit ipsa apud Britannos appellatio, insulam (Camdeno teste) *Gwith* denominantes. Quid enim *Gwith*, nisi *Gutia*, & *Guit-landia*; exteris *Gothia*, & *Gotlandia*? Factum certè (vel me judice) ut *Gutorum* nomen in memoriam transmarinæ eorundem patriæ haberetur; non minus quam Saxonum & Anglorum: qui suas apud nos sedes, à transmarinis illis Angliam & Saxoniam nuncuparunt.

Tota etiam pars Daniæ occidentalis Jutia olim dicebatur, vulgò Jutland, & pars orientalis quæ Suediæ adjacet, Gothia, al Gotland, & Gutland. Variato parumper dialecto.

Sed unde tunc (obsecro) *Vecta* nomen, multò apud Ptolomæum antiquius? *Ictis*, apud Diodorum Siculum? *Mictis*, Plinii? Equidem (ut Nilus) ab ignotis fontibus: à *Vitis* non duco, nec è contra. Nervos hic tendant Critici, egomet non ariolor. At Nennium (cinctutum illum Britannum) *Guith* etiam nominis meminisse dixeris, inter ipsos Britannos. Cedo: verùm diu post adventum Saxonum & *Gutorum*: perinde ac si Saxonicam non Britannicam exhibuisset appellationem. Sed *Gothiam* inquies præterea insulam esse in meditullio Daniæ: & Danos appulisse Angliam cum Germanis, neminem asserere. Respondeo: *Gothiam*, insulam, in Daniæ Regno comprehensam: regionem verò antiquam, latissimis porrectam fuisse limitibus (ut Jornandes indicat) & Germaniæ partem non exiguam obtinuisse.

Hæc ego, ut illustrem patriæ nostræ gentem (Cantianos & Vectivarios) illustrissimis suis parentibus (qui signis olim victricibus Europæ partes præcipuas triumphavit) restituerem. Clariores enim omnes appetunt natales; ut ab ipso Jove veteres exordiri.

Sed quoniam in hoc incidimus argumentum, Lambardo respondendum censeo (In verbo Jus Dacorum Expl.) qui librariorum incuria, falsò haberi contendit in Latino Bedæ codice, *Vitas*, præposito *v*, pro *Jutas*. *Nam liber* (inquit) *Beda Saxonicus* ꞅeaꞇum *vertit*, *id est*, Gottos *quos* Jutas & Jutones *fuisse antiquitus dictos Philippus Melancton*, & *Matthæus West monasteriensis affirmant.* Meo quidem judicio, nulla hic librariorum incuria. *Vitas* enim non semel, apud Bedam legitur; sed passim & constanter: nec est ideo credibile, quod in omnibus locis hallucinatum fuerit. Willichius etiam in suis ad Tacitum de Germ. morib. Commentariis, *Vitas* eosdem appellat & *Jutos*: Bedam insecutus minimè suspectum. Lambardo autem in animum fortè non venit, dici *Vitas* pro *witas*: *VVitas* utiq; pro *Gutas*, ratione quam supra demonstravimus. V. *Juta*.

Vitas non scribi mendosè apud Bedam.

¶ *Gwalstowum.*] Locus patibuli, seu occidendorum. *Patibulum, furca*; à Sax. ꞅpal, *patibulum*; ꞅꞇop, *locus*. LL. Henr. 1. ca. 11. *Omnia gwalstowa, id est, occidendorum loca, totaliter Regis sunt in socasua.*

Habe

¶ HAbe, al. Have.] Cum aspiratione, pro Ave, frequentissimum (inquit Prateus) in inscriptionibus Constitutionum C. Theod. & Justiniani, salutandi verbum. *Habe Marcelline*, & *N. B.* Hujus generis salutationis meminere Eusebius, & Nicephorus. Vide Prateum.

¶ *Habergion.*) Vide *Haubergium.*

¶ *Hable.*] *Portus*, vel statio navium. Vox omnino Gallica, sed quam exhibet Statutum an. 27. Henrici 6. ca. 3.

¶ *Haderunga.*] *Odium, malitia.* Sax. haꝺunga. LL. Egelredi. *Judicia debent esse sine omni haderunga, quod non parcatur diviti alicui vel egeno, amico vel inimico jus publicum recitari.* Ex histor. Bibliothecæ Jornal.

¶ *Hæreditamentum.*] Apud Anglos dicitur omne quod jure hæreditario ad hæredem transeat. Hæres autem is tantùm intelligitur, in quem prædia & hujusmodi res immobiles, hæreditariè devolvuntur: non qui omnem vim bonorum, etiam ex asse, consecutus est. Hæres quippe succedit in prædia, & immobilia; executores in bona, & rem mobilem. Vide *Hereditagium*, & ibidem *Heritagium*, & quo differunt.

¶ *Hafne Courts.*] Literæ Patent. Ric. Ducis Glocest. Admiralli Angl. &c. super Inquisit. in re Admiralitatis 14. Aug. An. 5. Ed. 4. *Ulterius dicunt quod dicti Abbas & Conventus & prædecessores sui habent, & habere consueverunt per idem tempus in prædictis villis* (Bancaster & Ringsted) *cum Hulmo, quasdam Curias portus, vocatas Hafne Courts, tenendas ibidem ad placitum Abbatis, &c.* Hafne, *portus.* Vox Danica, unde illis urbs *Hafnia*: nos hodie (*f* in *u* mutato) **hav'n** dicimus.

¶ *Haga.*] *Domus.* Vet. Sax. **haegh** & **hagh**. Inde fortè dicta, quod ex complicatis viminibus, instar cratis vel sepis, quales in Hibernia frequentissimas vidimus, fabricata esset, haꝫ enim Saxonicè, propriè *sepes* est: unde Gallis *hay*, ꝫ ut solet in ẏ converso. Quidam verò anonymus: *Haga* (inquit) *domus cum shopis.* Domesd. Titt. Sussex. Terra Rogerii, nu. 11. *Radulfus tenet unam hagam de xii denar': Willielmus v hagas de v sol. Nigellus v hagas quæ faciunt servitium.* Cowellus è M. S. quodam Monasterii S. Augustini Cantuar. *Stephanus Rex Anglorum Vicecomiti & Justiciariis de Kent salutem, Præcipio quod faciatis habere Ecclesiæ S. Augustini & Monachis, hagam suam quam Gosceol. eis dedit, ita bene & in pace, & justè, & quietè, & liberè, sicut eam eis dedit in morte sua coram legalibus testibus, &c.*

Haga: pro circulo, vel sepimento militari, al. *Burgus*, & *Ringus*. B. Rhenan. Rer. Ger. lib. 1. *Hunnos qui & Avares, extructis novem hagis, hoc est, circulis, in Pannonia habitantes, octennali bello Carolus Magnus edomuit.* Circulos istos prolixius sed perspicuè edixit Munsterus Cosmograph. lib. 4. ca. 2. *Fuit Hungaria novem circulis quos Hagas Germanica lingua vocant, circundata: quorum singuli ita stipitibus quernis sive fagineis, vel abiegnis extructi erant, ut de margine ad marginem 30 pedum spatium teneretur in latum, totidem erigeretur in altum: cavitas autem universa aut durissimis lapidibus, aut tenacissima creta repleretur. Porrò superficies vallorum eorundem integerrimis cespitibus tegebatur, inter quorum confinia arbustula plantata erant, quæ abscisa projectaq́, ut plurimum herbas, & frondes proferebant. De primo autem circulo ad secundum 20. miliaria Germanica protendebantur, & inde totidem ad tertium, & ita usq́, ad nonum, quamvis alius alio semper contractior erat. Intra hos aggeres vici villæque ita constituta, ut ab una ad aliam vox hominis audiretur. Ædificia validissimis muris præmunita, portæ non satis latæ propter hanc causam, ut per eas latrocinandi gratia quaque versum exire ingrediq́, facile possunt. Tubarum clangore unus circulus alteri cuiusq́, rei certa signa dabat.* Saxones nostri hujusmodi sepimentum *Burgum* vocabant: quod vide.

¶ *Hagius.*] Adject. à Græ. ἅγιος, *sanctus.* Ekkehard. jun. de cas. S. Gal. ca. 1.

Tertius hac hagia Salomon dat dona Mariæ. ¶

¶ *Haia.*) *Sepes, sepimentum, parcus*, à Gall. *haie* & *haye*. Rot. Inquisitt. de statu forest. in Scaccar. 36. Ed. 3. Tit. Woolmer & Aisholt Hantisc. *Dominus Rex habet unam capellam in haia sua de Kingeste.* Bract. lib. 2. cap. 40. nu. 3. *Vallatum fuit & inclausatum fossato haya & palatio.* Hinc extensius illud rete quo è campis redeuntes cuniculos intercipiunt, **an haye** dicitur: cosq; sic intercipere & prædari, **to haye**, à Gall. *haier*, i. sepire.

¶ Hain-

¶ *Hainfare.*] Vide infra *Hinfare.*

¶ *Haistenahandi.*) Manus armata vel, manus contra legem armata. L. Alaman. Tit. 10. *Si quis in curtem Episcopi armatus contra legem intraverit, quod Alamanni haisteraahandi dicunt,* xviii *sol. si intra domum intraverit,* xxvi *sol. componat.* Lindenb. Frider. Imp. Feudor. lib. 2. Tit. 27. *Zitterhand,* i. *calida manu*: ubi vide Cujacium. Scoti *Chaudmellam* vocant, quod etiam vide.

Zitterhand.

¶ *Hakedus.*] *Lucius,* piscis. Lib. Rames. Sect. 2. *Ibi admirandæ magnitudinis lucii, qui ab incolis hakedes nuncupantur, persæpe extrahuntur.* Saxonibus autem, hæced, aliàs *lucius,* aliàs *mugil* exponitur.

¶ *Halfkoning, & Healfkoning.*) *Semirex.* Lib. Rames. Sect. 4. Æthelstanus Dux Orientalium Anglorum, i. Norfolciæ, &c. *quia ipsi Regi* (Æthelstano) *adeo officiosa erat ejus impensa sedulitas, ut ad arbitrium ipsius cuncta Regni negotia tractarentur: idcirco ab universis Æthelstanus Halfkeneg, quod est semirex dicebatur.*

¶ *Haligemot, Halimotus, & Halmot,*] Conventus aulæ, hoc est, curiæ dominicalis, Manerii, vel Baronis in villis & dominiis: seu tribuum, wardarum & societatum, in burgis & urbibus. A Sax. heal, id est, *aula*, & ʒemoꞇ seu moꞇ simpliciter, id est, *conventus*; ʒ autem in ʒemoꞇ (ut in aliis plurimis) in i & y transit. Inde *Haligmot* quasi *Healgemot*. LL. Henr. 1. ca. 10. *Omnis causa terminetur vel Hundredo, vel Comitatu, vel Halimot socam habentium, vel dominorum curia.* Vox hactenus non omnino evanuit. Inter rotulos enim Curiarum Comitis Leicestriæ, quosdam vidimus hoc titulo in margine (juxta morem) inscriptos, *Penshurst Haligemot*. Sequebatur deinde Stilus Curiæ in hunc modum. *Curia Electionis ibidem tenta die, &c. anno dom. nostra Regina Elizabeth, &c.* Recitantur deinde Inquisitorum nomina (quos *Homagium* vocant) & illico admittitur quidam cum uxore ejus ad certas terras nativas. Post hæc, eligitur Bedellus ad colligendum reditus domini: atque ita finitur Curia. Subauditur & nonnullis hodie, *Halimot*, pro conventu civium in aulam publicam, quem & superiori ævo *Folcmot* appellabant.

Halimot insuper, & *Haligemot*, dicantur pro Curia Ecclesiastica, & Ecclesiasticorum concessu: aliàs *Circgemot* & *Chirgemot*: à Saxon. halʒ, id est, *sacer* vel *sanctus*: & moꞇ seu ʒemoꞇ, *conventus*. Vide *Gemotum.*

¶ *Halla.*] *Aula*, *Palatium*; à Sax. heal.

¶ *Halle.*) Apud Francos dicitur forum illud rerum venalium, quod à leprosorum Conventu extra Parisios comparatum, *Philippus Augustus* intra urbem statuit, loco qui dicebatur Campelli: Ubi amplissimis ædibus extructis merces sine imbrium molestia, à mercatoribus exponerentur. *Gaguin* in *Phil. August.* fol. 96.

¶ *Hallus.*] Ramus siccus. L. Salic. Tit. 43. §. 3. *Si autem de ramis, vel de hallis, aut de qualibet re, eum* (scil. interfectum) *cooperuit, aut incenderit, &c.* Et §. 5. —— *aut de hallis, aut ramis eum cooperuerit.* Ad hæc Lindenbr. Glossar. vet. *Hallis, siccis ramis.* Inde Gall. *Halle de Mars*, Et quæ à Philippo Aug. Lutetia ædificatæ sunt *les halles*, Rigord. Quam tamen applicationem à Germanico **halle**, i. *aula*, ut veteres Glossæ interpratantur, desumptum putat idem Lindenbrogius.

¶ *Halsfang.*) Vide *Healsfang.*

¶ *Ham.*) Saxonicum, *domus, habitatio*. LL. Inæ ca. 5. ÆꞇHam, *domi*; Angl. **At home.** Significant autem radicitus *ham*, & *heim*, sepimentum, & circuitum: fortè à Gr. ἅμμα quod est *fascia*. Inde oram vestimenti etiam hodiè **the hem** appellamus. *Ham* igitur se prodit idem esse quod *Haga*, & apud Avares, *circulus*: de quo vide supra in *Haga*.

Sed porrigitur vocis interpretatio, à domo seu habitatione singulari, ad plurium conjunctionem significandam. Nam sicuti Germani veteres diversi colentes & discreti (quod Tacitus notat) singulas ipsorum habitationes, **an ham**, & **ein heim** appellabant: ita cohabitantes deinceps, singularis vocabulum multitudini tribuêre, **ham** & **heim** pro *villa, oppido, urbe* (dictis forsitan à primaria quapiam habitatione) usurpantes. Hinc ingens apud nos villarum numerus, in *ham*; apud Germanos in *heim*, desinentium: *Nottingham, Buckingham, Walsingham, &c.* Vide *Hamleta.* Himleta.

Ham etiam dicitur de campi portione, sive quòd genu vel poplitis præferat similitudinem: sive alia sui situs de causa. Rentale de Wy, p. 14. *T.K. tenet in dominico unum messuagium, & in le hamme* 16, *acras*. Infra: *J.K. tenet juxta hamme* 2 *acras*. Sic Nerburgi in agro Norfolciensi & aliàs.

¶ *Hamallare, & Homallare.*) Hoc quasi *obmallare*: illud velut *admallare*, id est, ad mallum, seu in jus vocare, lite agere; & ut nostri loquuntur Causidici, *implacitare*. Marculfus lib. 1. formul. 36. *Causas ipsius licentiam habeat adsumendi vel homollandi.* Et mox. *Cum Equitatis ordine licentiam habeat respondendi vel homallandi.* Hinc

Hamallus; quasi *Admallus* vel *Admallatus*, hoc est, in mallum, placitum, seu judicium vocatus. L. Salic. Tit. 49. *Ista omnia ubi suus hamallus est super quem res primitus agnita fuit & intertiata, fieri debent.* Vide *Admallare*, & *Mallum*.

¶ *Hambergellum*, al. *Haubergellum.*) *Lorica*; Gall. *Hautbergion*, quod ab *Haut Bert* ducit Carolus Loyseius; mihi ut videtur perperam. Sed de hoc infra in *Hambergellum*. *Hambergellum* autem factum existimo, Gal.

hame, id est, hamis, vel *hamee*, quod rem ex hamis consertam significat; & *bergium*, id est, munimen! ut supra in suo loco reperies. Sic ut *Hambergium* (& perinde diminutivum *Hambergellum*) idem sit quod munimen ex complicatis hamis, vel circulis ferreis: Gall. *Cote de maile*: Angl. **a shirt of mail**: quod Virgilius graphicè expressit,

—— *Consertam hamis auroq; trilicem Loricam.*

Fines in Wilt. & Southampt. levati An. 1. Ed. 2. *Johannes de Grymsted* (*qui duxit Matildam sororem & unam hæredem; & Richardus de Testewode, qui Katherinam alteram sororem & hæredem Petri Spileman, filii & hæredis Willielmi Spileman*): *finem fecerunt cum Rege per decem marcas, pro relevio dicti Petri, pro terris, quas dictus Petrus tenuit de Rege in Capite, viz. de una carucata terræ cum pertinentiis in Brokenerst in Comitatu Southampt. per serjantiam inveniendi unum servientem cum Hambergello, per 40 dies in Anglia, &c.* Hoc aliàs perspicuè scriptum reperio —— *unum hominem cum hambergello.*

¶ ***Hamcesta.***] Vide *Hantesia.*

¶ ***Hamel, Hamleta, Hampsell.***] Diminutiva ab *Ham* pro villa: sed voces prima & ultima, rarius occurrunt. *Let* autem (al. *lit*) (ut me docuit in Hermathena Goropius) *membrum* significat: sic ut *Hamleta* propriè pars & membrum sit alterius villæ, potiùs quam per se existens villula. Usus cessit utrinque, sed dimensio vocis è Statuto Exoniæ edito an. 14. Edouardi 1. benè est observanda —— *lex nosmes de toutes les villes & hamlets que sount en son wapentake, hundred, ou franchise, &c.* Mox infra. *Que ils ordeinent & facent venir devant eux de chescune ville entier, 8 homes: & de dimie ville, 6 homes: & de hamlette, 4 homes des pluis sages & plus loyalx, horsprise les seignours des villes, demie villes, & hamlets avant nosmes, &c.* Iterum illic similiter; & in Articulis super dicto Statuto: è quibus suggeritur, *hamletam* esse portionem villæ, dimidiâ minorem.

Ville entier, Demie ville, Hamlette.

Sed oppidò quæratur quid sit *villa integra*, quid *dimidia*: nusquam enim (quòd sciam) definitur: nec conjecturis facilè assequendum reor: sic tamen sentio. *Villam integram* seu justam olim fuisse, quæ friborgum integrum, id est, decem (ad minus) Capitales plegios continebat. *Villam dimidiam*, quæ medietatem solummodò, vel minus integro friborgo complectebatur. *Hamletam* verò, quæ medietatem friborgi non obtinuit: hoc est, ubi quinque Capitales plegii non deprehensi sunt. Vide *Friborgus.*

Quid sit villa integra: quid dimidia, &c.

Hamleta, quid.

¶ ***Hamfare.***] Vide in proximo *Hamsoca.*

¶ ***Hamsoca, Hamsocna, Hamsoken,*** & malè ***Hampsocna.***) Domus seu habitaculi privilegium, & immunitas. A Sax. ham, id est, *domus, habitatio*: socn, *libertas, immunitas*. Veteres ubique leges unicuique domui, pacem firmissimam esse voluêre: & nihil in ea fieri invito domino. Domus igitur cujusque pro castro habita, legum vallata munimine; quo pauperrimus quisque paterfamilias, dominus agnoscatur, liberè imperet, securè degat, vim & injuriam licitè propulset. Statuit itaq; Edmundus (Rex Anglo-Saxonicus) LL. suarum ca. 6. *Hamsoca* violatores rebus omnibus plectendos, & ex arbitrio Regis, vitæ aut neci adjudicandos. Hinc illud in Canuti LL. M. S. ca. 39. *In danelaga habet Rex Fightwitam, i. forisfactum expeditionis: Grithbrech, i. infractionem pacis: & hamsocnam, i. invasionem mansionis.* Capite autem 52 adjungit mulctam. Gif ƿha hamsocne ȝeƿyrce, &c. *Si quis* Hamsocam *violaverit; jure Anglorum Regi emendet 5 libris: jure verò Danorum, prout illis est in consuetudine.*

Hamsocne dicitur invasio domus contra pacem Domini Regis, &c. Bract. lib. 3. tract. 2. cap. 23.

Ranulf. Cestrens. lib. 1. ca. 50. *Hamsockne, vel hamfare, i.* (inquit) *insultus factus in domo.* At liber quidam M. S. Coxfordiensis Monasterii vocem latiùs multò exponit. De libertatibus enim hujus Prioratus differens: *Hamsockene, id est* (inquit) *quod Prior tenebit placita in Curia sua de his qui ingrediuntur domum vel curiam alicujus ad litigandum, vel furandum, vel quicquid asportandum, vel aliquod aliud faciendum contra voluntatem illius qui debet domum vel curiam.* Vox in antiquis diplomatibus frequens est: in aliis enim indulgetur subdito, *ut quietus sit de Hamsoca*: & hoc impunitatem præbet ob commissas istiusmodi transgressiones. In aliis verò *hamsoca* ei conceditur: & jam intelligendum est, concedi privilegium cognoscendi in curia sua de delictis in *hamsocam* perpetratis, mulctasque ideo imponendi, & exigendi. Ista voluit Rastallus dicens: *Hamesoken, hoc est, quietum esse de amerciamentis de ingressu hospitiorum violenter & sine licentia, & contra pacem domini Regis: & quod teneatis placita de hujusmodi transgressione facta in curia vestra, & in terra vestra.* *Curia* tibi hic obvenit tripliciter: Primò, pro *area domus*: secundò, pro *foro manerii*: tertiò, pro *territorio jurisdictionis*, quod extranei *districtum* nuncupant.

Hamsoken. Hamfare.

Curia triplici significatione.

¶ ***Handborowe.***] In Decuriis seu Friborgis unus è novenis est, decimo, quem **Headborow** vocant, suppositus. *Decinarius, deciner, desnier*, & in Stat. an. 18. Ed. 2. (*quod de tenenda leta* inscribitur) *douzean*, & *douzein*, id est, *duodecinarius* appellatus. *Handborow* autem est, quasi vas aut fidejussor manuensis, hoc est, minor, seu inferior: nam *Headborow*, vas est capitalis, vel superior. Vide *Decinarius, Friborgus*, &c.

Douzean. Douzein.

¶ ***Hanaperium.***] Fiscus, vel sporta grandior in Cancellaria Regis, cui inferuntur

pecuniæ

pecuniæ è ſigillatione diplomatum, brevium, Chartarum regiarum, &c. provenientes. Vide *Fiſcus.*

¶ ***Hangwitha***, Domeſd. ſed rectiùs *Hangwita*, & *Hangwite.*] Mulcta pro latrone præter juris exigentiam ſuſpenſo vel elapſo. A Saxon. **hanȝian**, *ſuſpendere*: **pite**, *mulcta.* Cum igitur in Regio diplomate *Hangwita* tibi remittatur: intelligendum eſt (juxta Raſtallum) te *quietum eſſe de latrone ſuſpenſo ſine judicio, vel extra cuſtodiam veſtram evaſo*: hoc eſt, immunem te eſſe de mulcta & pœna pro hujuſmodi delictis.

¶ ***Hanſa***, & ***Hanſaticæ urbes.***] Vide *Anſa* & *Anſen.*

¶ ***Hant.***) Vide *Hus* & *Hant.*

¶ ***Hantelod.***] Decret. Taſſilonis Ducis Boiorum par. 2. §. 15. *Qui manus immiſſionem reſiſterit quod hantelod vocant*, 40 *ſol. ſolvat in publico, & ipſam rem quærenti reddat.* **Hant** Germanis, Anglis **hand**, *manus*; **load**, al. **laid**, *impoſitum.* *Hantelod* igitur idem eſſe conjicio apud Boioros, quod nos *arreſtum* & *attachamentum* appellamus.

¶ ***Hanteſia.***) LL. Henr. 1. ca. 64. *In hanteſia qui verborum jurat obſervantiis, ſemel juret, & in eo lapſus vel elapſus judicetur.* Sic codex M. S. Cottonianus: meus verò legit: *In Hamceſta, &c.* Intelligendum reor de Comitatu Hantonienſi, qui in Domeſd. paſſim *Ханteſc*ª, quaſi *Hante-ſcira* (more Saxonico) ſcribitur.

¶ ***Hapichhunt.***) Canis accipitrarius. **Hapich** Germ. *Accipiter*: **hunt**, *canis.* LL. Boior. Tit. 19. §. 6. *De eo cane quem hapichhunt vocant, pari ſententia ſubjaceat.* Vide hic ſupra diatribam de Canibus antiquorum.

¶ ***Haracium.***) Vivarium equinum. Cohors ſeu caterva equorum, equarum, pullorumq; generationis cauſa pariter nutritorum. **A race of horſes and mares, kept for breed. A ſtudd.** Dictum à Gall. *haras*, hoc idem ſignificante. Chart. Hen. 1. citata per *Inſpeximus* in rot. patent. An. 2. Hen. 4. membr. 35. par: 3. *Sciatis me regia largitione conceſſiſſe Poncio Abbati Cluniacenſi, ejuſdemq; ſucceſſoribus, Abbatibus, & Monachis Cluniacenſibus Monaſterii S. Trinitatis de Lenton; quod Willielmus Peverell eis donavit* —— *totam decimam haracii, & plumbi, & venatus ſui, tam carnium quam coriorum*, &c. Inferiùs in Charta ipſius Willielmi citata per *Inſpeximus*, &c. *Item totam decimam pullorum & pullarum ubicunq; haracium habuero in Pecco, vel aliquis alius ſuper dominicas paſturas meas.* *Haraz* etiam pro *Heraldo* dicitur, ut mox in ea voce.

¶ ***Harald, Harault, Haraz.***) Vide *Heraldus.*

¶ ***Hardwices.***) Domeſd. Titt. Glowec. Burg. Lamicare. *In Wales ſunt tres hardwices; Lamecare, Potiſchmet, & dimid': & his ſunt 8 carucatus, & 11 villani.* Expoſitionem aliis mitto; ſed *Harduicus* & *Hardonicus* nomen proprium, apud Avent. interpretatur, *via dura*, vel *aſpera*; & ſic quidem Saxx. **heanbe**, & pic, ſed, pic, etiam eſt *vicus*, & *villa* (plerunq; exigua) quo hîc ſono accipio.

Hardwicur. Hardouicus.

¶ ***Hariraida.***) L. Ripuar. Tit. 64. *Si quis hominem in domo propria cum hariraida interfecerit, &c.*

¶ ***Hariot.***) Vide *Heriota.*

¶ ***Harmiſcare.***) Vide mox *Harniſcara.*

¶ ***Harnaſca.***) *Lorica.* Germ. & Angl. **harniſh**. Radevic. in Frider. 1. lib. 1. cap. 26. de LL. pacis Frid. in exercitu. *Sed ſi miles vociferatione ſigni litem commoverit auferretur ei omne ſuum harnaſca.* Mox -- *redimat eum cum omni ſuo harnaſca.*

¶ ***Harniſcara.***) Mulctæ genus, cum apud Francos, tum apud Longobardos; qui utrique in ſuis legibus, hi lib. 3. Tit. 1. l. 43. illi in Capitular. Caroli lib. 5. can: 43. ſic legunt. *De his qui ſine conſenſu Epiſcopi, Presbyteros in Eccleſia conſtituunt, vel de Eccleſiis ejiciunt &c. aut illud bannum* (noſtrum) *perſolvant, aut aliam harniſcaram ſuſtineant.* Et in Capitulis quæ Carolus M. conſtituit An. 856. *Ut jubeamus illos deprædatores* —— *illa omnia quæ mala egerunt legaliter emendare, & talem harniſcaram ſicut nobis viſum fuerit, aut judicium ſicut cum fidelibus noſtris conſideravimus, ſuſtinere.* Etiam in Capitulis quæ Piſtis conſtituta ſunt An. 869. *Epiſcopi provideant quem honorem presbyteri pro Eccleſiis ſuis ſenioribus retribuere debent, & ſenioribus presbyterorum hoc ſufficiat, &c. ne noſtram offenſam incurrant, ac poſt debitam emendationem, dignam Harniſcaram à nobis diſpoſitam, ſuſtineant.*

Harmiſcara.

Tribus his locis æquivocè legitur *Harniſcaram*; ſed in editione Conſtitutionum Caroli M. ab Amerpachio data, locus primus habet *Harmiſcaram*, ſcil. *m* pro *n*, & vocem diſſectam. In Caroli (Calvi) etiam Capitulis quæ Sueſſionis conſtituta ſunt An. 853. per (*m*) utique venit. *Sciant quia & bannum noſtrum component, & ſimul cum excommunicatione Eccleſiaſtica, noſtram Harmiſcaram duriſſimam ſuſtinebunt.* Gloſſariorum nemo (quòd ſciam) vocabulum exponit: ſed in notis ad Caroli M. Conſtitutt. ſic Amerpachius. *Porro harmiſcaram, puto eſſe unam dictionem, & ſignificare pœnam, ita ut ſit etiam noſtrum* **armſcheer**, *hoc eſt, brachii forceps, aut vinculum, ut olim furca fuit ſervilis pœna. Saxones adhuc dicunt* **ſcear** vel **ſcer**, *ubi nos plane barbaricum ſibilum, aut Hebraicum afflamus.* Neſcio an hæc benè, ſed *Harmiſcara* non videtur pœna corporalis, at mulctæ genus, durioris forſitan. Inter varias enim lectiones legis Longobardicæ hîc primò citatæ, codex unus M. S. pro eo quod dicitur, *aut illum bannum perſolvant, aut aliam*

Una expoſit

Harmiscaram sustineant: reddit, *aut aliam mulctam sustineant*: Codex autem vulgaris, *aliam ariscadam*. Alia.

Ariscada quid

Ariscada, juxta antiquum Saxonicum, ex quo prodiit Longobardorum idioma, honoris vel æstimationis jacturam seu diminutionem significat. Ar enim & are, *honor*, *æstimatio*: sceað, *spolium*. Tertia.

Harmiscara verò (si è Saxonico item petatur) damni vel injuriæ portionem notat: nam hearme, *damnum*, *injuria*: sceare (à sceran, unde nos hodie *schare* dicimus) *pars*, *symbolum*, *sors*: sed (ut ait Amerpachius) itemq; *forceps*. Perinde ac si *Harmiscara*, mulcta esset ad resarciendum damnum illatum, præter eam quæ ob delictum imponitur. Te in quadrivio relinquimus. Quarta.

Sed hanc nostram sententiam admodum videtur roborare vocis scriptura in Reclamatione Episcopi Barcinonensis, quam Carolus Calvus Rex An. 874. in Attiniaco statuit cap. 11. aut illum bannum persolvant, aut aliam *Harmiscaram* sustineant. p. 401. Ubi si dividatur *Harm-scaram* planissime exprimit damni portionem: ortaque videtur vocis obscuritas ex pseudographorum errore, qui literam *m* in *n* mutarunt.

¶ *Harpa.*) Sax. hearp, & hearpa. Germ. harpha. *Lyra*, *Cithara*. Sed Venantius lib. 7. carm. 8. videtur Lyram & harpam distinguere.

Romanusq; lyra, plaudet tibi barbarus harpa,
Græcus Achilliaca, Crotta Britanna canat.

Hinc *Harpator*, qui citharam pulsat: *lyricus*, *citharœdus*. L. Angliorum & Werinorum Tit. 5. §. ult. *Qui harpatorem qui cum circulo harpare potest, in manum percusserit: componat illum quarta parte majori compositione, quam alteri ejusdem conditionis homini. Aurifices similiter*. Dubitare videtur Lindenbrogius, an de citharœdo intelligendum sit; sed me absolvit vox Saxonica hearpere Angl. *harper* eundem significans.

¶ *Harracium.*) Vide per *r* simplex.

¶ *Harthpenny*, al. *Harthsil*, & *Harthsilver.*) Hæc *argentum* indefinitè, illud *denarium* notat: & tributum est, quòd è singulis focis, hoc est, domibus reportatur. heorð enim Sax. locus est quo ignis fovetur, *foculare*: sed transfertur ad ipsam *domum*, ad ipsam *familiam* significandam. Ælfredus Episc. in Sermone diei Paschatis, fol. 20. ðæt he sceolde beboden Israhela folce ðæt hi namon æt ælcum heorðe anes geares lamb, id est, *Quod mandaret populo Israeli, ut acciperent unicuique familiæ, agnum unius anni*.

Harthpeny verò frequens occurrit in antiquis paginis pro *denario S. Petri*, al. *Romescot*, de quo LL. Regis Edgari ca. 4. And se ælc heorð peninge agyfen be Petres mæsse dæg, id est, *Denarius singulis focularibus impositus* (qui Harthpeny dicitur) *ante festum divi Petri redditor*. Vide *Romescot*.

Harthsilver, genus est omnium hujusmodi solutionum; uti Gallis *Fouage*, & *Feuage*. Sed hoc illis (etiam in specie) tributum annuum fuit, quod è singulis domibus ubi larem fovebant, exegit dominus. Tempore Caroli 5. libræ 4. Turonenses; deinceps verò plerisq; in locis id quod *Tallium* nuncupant, istius vice est introductum. Vide *Fuage*.

¶ *Hasta.*) L. Ripuarr. Tit. 67. §. 5. *Si quis pro hereditate, vel pro ingenuitate cartam receperit pro malo ordine, cum 6 in Ecclesia conjuret, & cum 12 ad Staplum Regis in circulo, & in hasta, hoc est, in ramo cum verborum contemplatione conjurare studeat*. Locus obscurus; sed hic Lindenbr. Fortè (inquit) ut Galli dicunt *juges sous le orme*. Angli verò corilum appellamus *hasle*; opinor quòd se in ramos fœlicius effundat, quàm in truncum, vel arborem.

¶ *Haspa.*) Retinaculum quod posti ostium annectit. hæps verò Sax. est ipsa *sera*; hæpsian, *obserare*. Bracton lib. 2. Tract. 1. ca. 18. nu. 2. *Fieri debet traditio per ostium & per haspam, vel annulum, & sic erit in possessione de toto*. Onomasticon Latino-Saxon. *Sera*, hæpse hespe.

¶ *Hastiludium.*) Vide *Torneamentum*.

¶ *Haubergium*, al. *Habergeum*, & *Habergeon.*) A Gall. *Haubert*: Lorica. Sic antiquè redditur in M. S. Winton. Inde,

¶ *Hauber*, *Hautber*, & *Hautbert*: antiquus *Hauberk.*) Errant qui *Haubert*, & *Halbert*, Gal. *Halebarde* confundunt, cum à diversis initiis deducantur, & hujus munus ad offensionem pertineat, illius ad defensionem: *bipennis* nempe & *lorica*. Significat autem *Hautber*, celsum dominum, seu majorem Baronem: nam *haut* & *hault*, est celsus: *Ber* (ut in voce *Baro* ostendimus) *Vir* et *Baro*. Tenebantur isti (ut ita dicam) *Hauberones* seu Barones majores, lege suæ dignitatis et servitute prædiorum, militanti Regi adesse loricati seu cataphracti: id est, integris armis, et pro more illius seculi lorica induti. Nam hæc summa olim armatura fuit: et Nobilibus (ut mihi videtur) nomen, *Hautbert* imposuit: non è contra. Antiquè enim scriptum reperio *Hauberk* quasi *Hautberg*, quod planè *summam* vel *præcipuam armaturam* significat, nam *berg*, et *bergium*, munimen, armatura: à Sax. beorgan, *munire*, *defendere*, byrn lorica LL. ca. 69. *V.ª Annott. in LL. Davidis 2. cap. 28. p. 54.* Inde crurium armatara *Bainberg*, colli & pectoris, *Halsberg*: ut in his vocibus perspicuè videas. Et Galli ipsi *haubergeon* dicunt, quasi *haubergium*. Fortè et quispiam, Francorum Hauberge corum *haubert*, à Saxonico *halsberg* deduxerit, cum hoc etiam *thoracem* & *loricam* denotat; & satis fuerit verisimile, Francos patriam vocem in Gallias transtulisse. Vide plura in *Feudum haubertic um*, & in *Hambergellum*, & *Haubergellum*.

Haubertic um feudum.

¶ ***Haubergellum.***] Diminut. *loricula*, vel pars loricæ, ceu manicæ ferreæ & ejusmodi. Quibusdam videtur dici *halsbergellum* & *halsberga* Germ. quasi *collicium*, id est, colli munimen. Vide *Balmberga* & *Haubert*.

¶ ***Haubergetta.***] Panni genus. Magna Charta libertatum Angliæ ca. 26. *Una* (sit) *latitudo pannorum tinctorum, russatorum, & haubergettarum, scil. duæ ulnæ infra listas.*

¶ ***Haymalda.***) *Will. Thresk le tuner de Ebor. dedi &c. Roberto de Craven de Ebor. pro quadam summâ pecuniæ, totam terram meam* Haymaldam, *quam emi de Will. Nuton in parochiâ S. Andreæ Ebor.* Ex Cartulario Hospit. S. Leonardi in Civit. Ebor. in Bibl. Cotton. f. 79.

¶ ***Headborow.***] Idem qui aliàs **Borowhead, Borsealder, Friborgh, Tithingman, Chief plegg**, &c. Forensi Latinitate *Capitalis plegius*, hoc est, vas primarius: à Sax. heafod, *caput*: borgh, *vas, fidejussor*. In decuria enim seu decemvirali collegio decimus ipse, novenis præfuit; qui quod minus essent capitales, **handborowes**, quasi *plegii manuenses*, seu *manuales*, hoc est, inferiores appellantur. Vide *Borsealder*, *Friborgus*, &c.

¶ ***Healfang***, & ***Healfhang.***] Vide mox *Healsfang*.

¶ ***Healgemot.***] Vide *Halimot*.

¶ ***Healsfang***, ***Halsfang***, ***Healfang***, &c.] *Collistrigium*, vulgo *pillorium*. A Sax. halſ, id est, *collum*; & fangen *comprendere*. Supplicii machina quæ rei collum è pegmate sublati, inter duas tabulas comprehendit, populoque præbet in ignominiosum spectaculum. Dicitur & ipsa mulcta pecuniaria, in commutationem hujusmodi pœnæ, Regi vel domino jurisdictionis erogata quam nonnulli 10. sol. fuisse asserunt. LL. Canuti M.S. ca. 64. *Si quis in mendaci testimonio manifestè stabit, & probatus inde fuerit; non admittatur deinceps in legitimum testimonium, sed solvat Regi, vel terræ domino suum healsfang.* Sic restituo, nam mendosè legitur *heafag*. Item in LL. Hen. 1. ca. 12. *Qui falsum testimonium dicet, non admittatur deinceps ad testimonium; sed reddat Regi, vel terræ domino helfheng.* Et infra: *Si liber festis diebus operetur emendet suum helfeng.* Sic utrobiq; in duobus M.S. sed legendum utrobique *healsfang*.

Heafag.

Helfheng.

Halsfang in Occid Saxon. tanti videtur æstimari, quanti equus cum apparatu & telo. Vide *Heretum*.

¶ ***Heck.***] Retis genus quo utuntur piscatores, fluvii Isidis Eboracensis accolæ. Stat. an. 23. Hen. 8. ca. 18.

¶ ***Hebdomada major.***] Ea est, quæ Dominicam palmarum subsequitur. Viz. quæ Pascham immediatè præcedit. *Ideo autem* (inquit Alcuinus nostras) *hæc hebdomada major dicitur, quia in ea maxima est adhibenda parsimonia, sive quod majus officium recolitur in ea.* Micrologus de Ecclesiasticis observationibus ca. 50. *In Quadragesima dicitur præfatio,* Qui corporali jejunio, *juxta statutum Pelagii Papæ, non minus in Dominicis quam in earum feriis. A Dominica tamen Palmarum (eò quòd ibi passiones legere incipimus) præfationem de Cruce dicimus usq; ad Cœnam Domini: viz. per quinq; dies quinquepartitam Domini passionem intimantes: Ipsamq; hebdomadam quam sancti patres* majorem *vocant, eadem præfatione adornantes: nam & convenientissimè eo tempore dicitur, cum de passione Domini tam specialiter agitur.*

Cœna Domini

¶ ***Heda***, al. ***Hitha.***] *Portus.* Domesd. in descriptione terrarum Regis Tarenfordiæ in Comitatu Cantii. *Ibi sunt duo hedæ, id est, portus.* Et Titt. Chent. Episcopus Baiocens. *Meletune. Heda de xx. sol. Sed hedam* intelligendam censeo de portu minori, & minus celebri: nam hyð Sax. *foveam* significat. Ex hoc, Lamb-hith, Quene-hith, Oxburgh-hith, &c.

¶ ***Hegira.***] Arabum computatio, ut *Era* Hispanorum. Significat *fugam*: nam cùm omnia prosperè succederent Mahumedi, postquam ex Medinath Talnabi fugam concepisset: suum Arabes ab hac fuga calculum ordiuntur. *Mahumedes completo anno Domini 621. dedit legem, à quo tempore computantur Anni Arabum, sub Honorii Papa primum, & Heraclii 11.* Beroald. lib. 4. ca. 4.

¶ ***Heier-lome.***) Omne utensile robustius quod ab ædibus non facile revellitur, ideoque ex more quorundam locorum, ad hæredem transit tanquam membrum hæreditatis: nam heıɲ Sax. *hæres*: leoma, *membrum*.

¶ ***Heimzuth.***) L. Boior. Tit. 3. ca. 8. §. 2. Vide *Herireita*.

¶ ***Heinfar***, & ***Heinfara***, item ***Hainfar***, malè ***Hannifar.***] *Discessio, fuga, elapsus, & privatio servi.* Hein enim famulus, servus: **far** (ut in *Farsal* diximus) *iter, transitus.* Dicitur & mulcta quæ hoc nomine penditur: & ipsa jurisdictio animadvertendi in hujusmodi delinquentes. Domesd. Titt. Worcestrsc. Walterus Fother. *Heinfaram qui fecerit C. sol. emendat.* Titt. Heref. Rex. Atcenfeild. *Si quis occiderit hominem Regis, & facit heinfaram dat Regi xxx. sol. de solutione hominis, & de forisfactura C. sol.* Item Titt. Somers. Episcopus Winton. Tanton. *Ista consuetudines pertinent ad Tantone Burgherisch, latrones, pacis infractio, hainfare, &c.* loco hic

 penul-

penultimo, *heinfara* idem propemodum videtur, quod aliàs *manbota* : & in novissimo, intelligitur de jure animadvertendi in delictum *Heinfare*.

¶ *Helfhang*.] Vide *Healfang*.

¶ *Helmus*,) *Galea*, *cassis* : à Saxon. helma, pro *cono* vel *crista*, unde corona Regia Joh. 19. 2. & 5. cyne-helm dicitur. L. Ripuar. Tit. 36. §. 11. *Si quis wergildum solvere debet, bovem cornutum videntem & sanum pro 2 sol. tribuat ——— helmum cum directo sex sol. tribuat.*

¶ *Henchman*.) Qui equo innititur bellicoso. Dictum à Germ. hengst quod equum hujusmodi significat. Hinc *Hengistus* & *Horsus* fratres qui è Germaniâ Angliam primò invaserunt, nomina sortiuntur : iste ab equo simplici, ille à bellicoso.

¶ *Henghen*.) Saxon. henȝcen & henȝenne, *custodia*, *carcer*, *ergastulum*. LL. Hen. 1. ca. 65. *Si quis amicis destitutus, vel alienigina, ad tantum laborem veniat ut amicum non habeat : in prima accusatione, ponatur in hengen, & ibi sustineat donec ad Dei judicium vadat.* Locus integrè petitur è Canuti LL. politicis ca. 32. viz. ðæt he borh næbbe æt ꝼorman tihtlan. ðonne ȝebuȝà he henȝcen. ⁊ ðæpe abið, &c. Hoc est, ut codex M. S. vertit ca. 62. ——— *ut plegium non habeat, in prima tihla, id est, accusatione, ponatur in carcanno, & ibi sustineatur usq;, &c. Carcannum*, carcer. Vide.

¶ *Hengwith*.) Vide *Hangewita*.

¶ *Henricus vetus*.) In historiis & Chartis nostris antiqq. dicitur Rex Henricus 1. Respectu scil. Henrici 2. ejus ex filia nepotis : qui & Henricum filium suum in suiipsius vita Regem constituens : ipse, Rex Henricus senior : filius, Rex Henricus junior (patri infestus, sed præmoriens) dignoscitur. Vet. M. S. de genealogia Regum.

Post hunc regnavit bastardi filius alter,
Henricus primus, qui dicitur, atq; vetus Rex.

¶ *Heptaticus*, *Heptateuchus*, & non præposita aspiratione, *Eptaticus*.) Tomus Sacrorum bibliorum primus, Pentateuchum Mosis, & sequentes duos libros, Josuæ & Judicum comprehendens. Hujus meminit Ivo Carnotensis in Epist. 38. Jureto ansam præbens in hunc modum disserendi. Solebant veteres Ecclesiastici in unum conjungere & colligare quinque libros Mosis & in simul duos alios sequentes; Josue et Judicum, itaque, heptaticus complectebatur Pentateuchum, quod si quem locum proferebant ex illis libris, citabant sub nomine heptatici vel heptateuchi. Cujus rei inscientia fecit ut nonnulli auctorum loci depravari et mutati fuerint : quod ex scriptura vet. cod. pridem observavit Marianus Episcopus Reatinus in epist. 7. S. Hieronymi ad Lætam, ubi pro *heptateuchum* : alii substituerant *pentateuchum* : & epist. 28. ad Lucinium, *octateucho*, pro *heptateucho*, quemadmodum etiam apud Gratianum in can. Sancta : distinct. 15. pro pentateuchum, correctum est, in editione Romana, *heptateuchum*, ex decreto Ivonis. Observavi etiam eodem vitio laborare versum Aratoris apost. hist. lib. 1. ca. 17. qui sic vulgò cuditur, — *Octateuchus.*

Comprobat omnipotens tædarum fœdere Mosen Æthiopam sociasse sibi :———

Qui error incubat multis manuscriptis codicibus, ne quis putet nostro sæculo natum. Sed in antiquo optimæ fidei exemplari perspicuè legitur, *Comprobat Heptaticus*, quam vocem solus Aldus retinuit. Heptateuchi mentio fit ab Eusebio Emisseno hom. in dominicam septimam post Pentec. & homilia in Lucam, cap. 15. ut etiam à Sidonio Apollinari lib. 5. epist. 15. & Gregorio papa primo lib. 7. epist. 49. & lib. 12. epist. 30. & in ca. qualiter. cau. 7. q. 1. Hincmarus Remensis, *quæ utraq; per se perpetrata in heptatico morte Domino præcipiente mulctantur.* Idem alio loco, *quod autem in heptatico de zelotipia scribitur.* Henricus de Gandavo lib. de illustrib. Eccles. script. cap. 8. dicit Petrum de Rigam Remensis Ecclesiæ clericum scripsisse metricè heptateuchum. Hæc ille. Mihi quidem non est *Heptateuchus*, sed ex prisco more bellè admodum exaratus *octateuchus* : Capitulis (nescio an τῶν τίτλων, de quo Suidas) sed diverso ab hodiernis ordine distributis ; additaque in fine cujuslibet libri, versuum summa in eodem contentorum. Hinc intelligas Biblia sacra nec à Steph. Langton in Capitula : nec à Rob. Stephano in versus, primum distributa. Sunt autem libri Pentateuchus Mosaicus, Jesu Nave, Judicum, & Ruth. — *Heptateuchus.* — Biblia sacra in Capitula & versus distributa.

¶ *Diatriba de Heraldis Anglicis. De voce prius in genere. De Præconibus apud Græcos, & Fecialibus apud Romanos. Epistola Æneæ Silvii istius argumenti.*

¶ *Heraldus*, *Heroldus*, *Herhault*, *Heraud*, *Heroud*, *Harold*, *Haraz*, & *Hyraudus*,] Nuncius sacer, qui inter cuneos hostium, liberè ferat imperata. Voces incertæ radicis. Quidam enim *Herhault* scribunt, id est, dominum celsum : quidam *Herold*, q. dominum veteranum : quidam *Herald*, hoc est, *ministrum exercitus*. *Here* enim & *dominum* significat, & *exercitum* : sed hoc in vocibus militaribus frequentissimè, illud rarissimè. *Old*, veterem : *ald*, famulum, ministrum, ut supra in voce *Aldus*. Merula in notis ad Willirami Abbatis Paraphr. Cantic. canticorum; **Vriend houd**, inquit, *id est, amicis fidelis* : **Heer houd**, *id est, domino aut exercitui fidelis*. Verè : sic enim holð in Canuti LL. Ecclesiasticis ca. 20. ——— u ton (ꝥe beon a upum hlaꝼopde holð ⁊ ȝetꝛipe) id est, *ut domino nostro fideles simus & veri* : & in Æthelstani LL. capit. ultimo, — *Herhault. Herold. Herald. Here.* — *Herhoud.*

ultimo, militiæ præfectum significat. Nescio in quam transeam sententiam. Primam, verò suspectam habeo, quòd *here* & *hault* diversi sunt labii: hoc Gallici, illud Germanici. Reliquæ satis placent; prisco muneri, priscas cooptantes appellationes: scilicet ut *Heraldi* exponentur, aut *Veterani*, aut *exercitus fideles*: aut (quod verisimilius est) *ministri exercitus*, seu *armorum*. Sunt tamen qui & primæ fidem astruunt, *Heraldos* dicentes quasi *Heroes*, ut hic ultimo in Æneæ Sylvii Epistola.

Veterani.

Heroes.

Munus *Heraldorum* in multis quidem antiquissimum est, & ab heroum ævo. Nomen apud ipsos Germanos tardius auditum. Gallos atque exteros mitto. Anglos video suos habuisse *Heraldos*, sub excessu Henrici 3. & in classes jam tum distinctos, ut appareat è quadam apochâ anno 4. Edouardi 1. (vel circiter) confecta. *Universis Christi fidelibus ad quos, &c. Petrus Rex Hyraudorum citra aquam de Trent ex parte boreali salutem in Domino sempiternam. Noverit universitas vestra me recepisse de domino Johanne filio dom. Radulfi de Horbi·ia xx. marcas argenti, &c. & dictum dom. Johannem —— ab origine mundi usq; in diem Mercurii proximè post festum S. Gregorii Papæ anno Regni Regis Edouardi, quarto, plenariè & expressè quietum clamasse. In cujus, &c.* Intelligendum est conditam fuisse hanc apocham in tractu Angliæ boreali: nam licèt sei psum appellet *Regem Hyraudorum citra aquam de Trent*, subjungit tamen, *ex parte boreali*. Quibus etiam innuit, fuisse & Regem alium *ex parte australi* (nam correlativa mutuò se ponunt) & perinde utrumque suos habuisse *Heraldos* subditos, seu inferiores, quorum se *Regem* nuncupat. His fidem facit ejusdem tempestatis aut finitimæ, Statutum quod *Armorum* inscribitur. *Et que nul Roy de Haraz, ne ministraux, ne portent ger, nue annuur n'autre forsque lour espees sanz points. Et que les Roys des Haraz eient lour houces des armes sans pluis. Ministraux* expono, *Heraldos* simplices (non Reges) & Prosecutores quos vocant *Pursuivandos*: Nam & hos fuisse Henrici 3. ævo, docent Annales nostri: qui anno ejusdem 50. id est, Domini 1266. *Pursuivando* cuidam manum ab Exhæredatis abscissam referunt. Sic habes sub ævo Henrici 3. integram *Heraldorum* scholam, scz. *Reges*, *Heraldos*, & *Pursuivandos*, eosq; altioris fuisse originis non dubitaveris.

Heraldorum antiquitas & genera apud Anglos.

Haraz.

De numero non constat nec de titulis sub hoc ævo. Brevi autem reperiuntur multi *Heraldi*, multi *Pursuivandi*: quos in triplicem classem distribuamus. Alios nempe animadverto merè fuisse ministros Regis, & ad regiam dignitatem (tanquam *in Capite*) pertinuisse. Alios ad regiam sobolem, ejusdemque familias & appennagia. Alios ad familias procerum è regio thoro non oriundas. Qui è primo genere sunt *Heraldi*, solummodo appellantur *Reges armorum* seu *Heraldorum*: & habentes provincias, *Reges* itemq; *provinciales*. Hujusmodi duo tantum fuere toti Angliæ ex antiquo designati: viz. *Rex partium australium*, seu *australis provinciæ*, hoc est *Cis-Trentana*, (qui subinde **Clarencieux** appellatur:) et *Rex partium Borealium*, seu *borealis provinciæ*, id est, *Ultra Trentana*; **Norroy** dictus vulgariter. Duo itemq; partibus Franciæ, quæ tunc Anglo parebant, scilicet **Guyon**, ævo Edouardi 1. non obscurus, at sub Edouardi 3. eò clarior quòd Jo. Dux Lancastriæ (qui Rex Legionis et Castellæ salutatus est) filiam Pagani Rouet Equitis aurati hoc gerentis officium, in matrimonium suscepit. Deinceps **Agencourt** ab Henrico 5. in memoriam (ut opinor) partæ illic victoriæ, institutus. Unus insuper Hiberniæ, nomen à loco, **Ierland** ferens; quod Edouardus 6. in **Ulster** transmutavit. Hi (inquam) omnes immediatè ad Regem pertinebant, et *Reges* dicti sunt, licèt transmarini quidam contendant, Principis titulum (sive is *Rex*, sive *Dux*, sive *Comes* fuerit) uni tantummodo *Heraldo* communicandum.

Heraldorum classes.

Qui dicuntur Reges armorum.

Reges provinciales.

Clarencieux.

Norroy.

Guion.

Agencourt.

Ireland.

Ulster.

Qui vero Regiæ soboli ejusdemque ascripti sunt appennagiis, non *Reges Armorum*, sed *Heraldi* simpliciter appellantur: uti et tertium genus procerum familiis inservientes.

Regis primogenitus seu Princeps Walliæ (cui in titulis etiam est Palatinatus Cestriæ) ex hoc titulo **Chester** habuit (secundi generis) *Heraldum*: et **Falcon** sub eodem *Pursuivandum*. Minores utique filii, suos quique *Heraldos* ab Honoribus, et appennagiis dictos; **Clarence**, **York**, **Lancaster**, **Richmond**, **Somerset**, **&c.** Proceres è tertio, satis multi: interdum ab ipsorum nominibus, sed frequentiùs à dignitatibus nuncupatos. Sic *Moubraius* Dux Norfolciæ, *Heraldum* **Moubray**. Humfredus Dux Glocestriæ, et Comes Penbrochiæ, *Heraldum* **Penbroke**. Carolus Brandon Dux Suffolciæ, *Heraldum* **Suffolk**, et *pursuivandum* **Marleon**. Marchio Dorset, *Heraldum* **Groby**. Comes Northumberlandiæ, **Northumberland**, cum *Pursuivando*, **Esperance**. Arthurus Plantaginet Vicecomes *Lisle*, *Pursuivandum* **Lisle**: et Hastingus Baro, sui nominis *Pursuivandum*.

Secundi generis Heraldi.

Tertii.

Exolevit omnino tertium hoc genus: et in sacrum patrimonium redeuntibus appennagiis, genus secundum ad Regem devolvitur, non extinguitur. Sed interea Henricus 4. è familia Lancastrensi; et Edouardus 4. à Comitibus Marchiæ oriundus: familiarum suarum *Heraldos*, **Lancaster** et **March**, in *Reges Armorum* promovebant: ascriptis (forsitan) huic Marchia, illi Lancastria, in ditionem. Nam Richardus 3. (qui priùs fuerat Dux Glocestriæ) *Heraldum* **Glocester** non solum *Regem* constituit; sed Walliam totam ei adjecit in provinciam. Hodie verò istis titulis non funguntur. De **Garter** et **Clarencieux** mox infra.

Secundum genus Regi devolvitur.

Lancaster & March Reges armor.

Glocester Rex armor. Walliæ.

Heraldos nostros (ut Numa Pompilius Feciales Romanos) primus in collegium scripsit idem Richardus 3. corporationisque privilegiis scripti. honestavit

Heraldi in collegium coit.

honestavit anno Regni sui primo. Immunes à subsidiis, theloniis, & omnibus muneribus reipub. Rex Edouardus 6. An. Regni 3. declaravit. Sed in novem tandem redactos personas (viz. 3 *Reges* & 6 alios *Heraldos*, præter *Pursuivandos*) Philippus & Maria Principes uberiùs adornantes, novo fundaverunt diplomate; in quo tituli & ordo *Heraldorum* sic eduntur.

Garter, Rex Armorum Anglicorum. Indefinitè.

Clarentius Rex Armorum partium Australium.

Norroy Rex Armorum partium Borealium.

Windsor. *Chester.* *Richmond.*
Somerset. *York.* *Lancaster.*

Concesserunt insuper, ut nominati isti *Heraldi Armorum* (loquor è diplomate) *& omnes alii Heraldi, Prosecutores sive Pursuivandi Armorum, qui pro tempore fuerint, imperpetuum, sint unum Corpus Corporatum, in re, facto, & nomine: habeantque successionem perpetuam; nec non quoddam sigillum commune, &c.* Dat. 18. Julii Annis Regnorum 2 & 3.

Corpus Corporatum.

Periscelius.

Garter, quem ego *Periscelium* appello, locum (ut vides) primum obtinet. Nulla tamen donatus provinciâ, at cæteris omnibus *Heraldis* (velut Pater patratus Romanis fecialibus) superinductus. Hunc instituit Henricus 5. Anno Regni . . . ut augustissimo Equitum Garterii, seu *Periscelidis* Ordini, à ministerio esset & solennitatibus: quod audito nomine, vel tu ipse omineris. Curat præterea majorum Nobilium exequias; & in muneris ornamentum, ex receptâ hucusq; consuetudine, militari cingulo decoratur.

Clarencieux sive *Clarentius* (si Cowellum sequar) ascriptitius *Heraldus* fuit Ducatus Clarentiæ, ab Edouardo 4. *in Regem Armorum* erectus, cum ipsemet Edouardus, sublato Georgio fratre suo, in Ducatum Clarentiæ jure fisci successit. Certus autem hic error. Nam Rogerum Leigh ab Henrico 6. & Gulielmum Horsley ab Henrico 5. *Reges Armorum* institutos reperi, sub nomine **Clarencieux**: eisdemq; tempestatibus Johannem Haswel ab Henr. 5. Thomam Collyer & Johannem Mallet ab Henr. 6. *Heraldos* simplices, è Ducatus nomine, **Clarence** (non **Clarencieux**) appellatos. Sed in unum videtur Edouardus 4. composuisse hæc duo officia, vel alterum omnino sustulisse; nam à primordio Regni ejus, **Clarence** hactenus non apparuit. Quo autem tempore & qua occasione ortum sit nomen **Clarencieux**, non habeo compertum. Edouardo 3. haud antiquius existimo: tunc verò cognitum haud affirmavero. Munus proculdubio longâ nititur antiquitate, incerto licèt nomine. Fortè qui hoc olim gessit Australi datus provinciæ, **South-roy** nuncupatus est: ut is qui Boreali, **North-roy**. Nihil statuo. At cùm Galli suos habuerint *Heraldos*, nescio quot secula ante Edouardum 3, imò ante Henricum 3. Anglos tanta semper conjunctos necessitudine, suis caruisse, non est verisimile.

Præest ut dixi **Clarencieux** partibus Angliæ Cis-Trentanis, & toto hoc tractu, de funeribus minorum Nobilium, scil. Baronettorum, Equitum, Armigerorum, &c. solus disponit.

Sed nec istis prætereundum est nomen **Clarencieux**: quod, non minus quàm omnium *Heraldorum*, eximiè adornavit vir eximius *Gulielmus Camdenus* (Sol in nostrarum antiquitatum zodiaco) radiisque perpetuis illustravit. Creatus hic fuit è Richmundo prius *Heraldo*, Clarentius Rex Armorum à diva Elizabetha An. Dom. 1595. Regni ejus 39. gestoq; modestissimè hoc officio, diem obiit literarum reipub. infœlicem. V. Id. Novembris, Anno stili nostri 1623. & in celeberrima Westmonasteriensi Ecclesiâ sepelitur.

Gulielmus Camdenus.

Nor-roy, seu Norreius (cùm primariæ sit etiam antiquitatis) originem non prodit: sed eodem in partibus Borealibus, & Ultra-Trentanis, gaudet munere; quo in Cis-Trentanis, **Clarencieux**. Tres isti Armorum Reges, hodiè Equites sunt aurati.

De 6 inferioribus Heraldis.

Inferiores sex *Heraldi* non ab officiorum præstantiâ, sed è creationis cujusq; antiquitate, locos obtinent. Nulla autem donantur provinciâ seu territorio: at sub *Regibus Heraldorum* alternis vicis ministrantes, partem accipiunt præmiorum; & è fisco referunt stipendia, quòd Honores ad quos ipsi spectabant, in manus Regias devenerunt.

Windesor, sub An. 1366. id est, 38. Edouardi 3. institutus dicitur. Siquidem cùm idem Rex Gallos à nostratibus ad castrum *de Aulroy* in Britannia Armoricana, victos esse intellexisset: *Pursuivandum*, rei nuntium (ut Froisardus refert) in *Heraldum* erexit, nomenq; ei **Windesor** cooptavit. Fortè ut Garterii ordini (cujus Windsoriæ capitolium) inserviret: nam inchoatus est ordo iste anno superiori tertiodecimo: & Garterius *Rex Armorum* annos ultra 50. post non apparuit.

De **Chester**, jamdudum diximus. Ortum hunc perhibet sub Edouardo 3.

Richmond, mihi primum obviam venit sub Edouardo 4.

Somerset, ab Henrico 8. fortè institutus est, cum filium suum naturalem Henricum *Fitz Roy* in Ducem creasset Somerseti.

York & **Lancastre** ab Edouardi 3. filiis, nomen ducunt; ni Lancastrium paulò altiùs, in familiâ Henrici Ducis Lancastriæ (Johannis Gandavensis soceri) inchoaveris.

Munus Heraldorum.

Domi hi omnes tam *Reges* quàm *Heraldi*, ministerium navant in fastu regio adornando. In Coronationibus, Nuptiis, Baptismatibus, Exequiis, Principum congressibus, & festis majoribus celebrandis, Pompas ducunt, &

curant

curant. Curant illustria spectacula, hastiludia, Duella. Curant Nobilium insignia, & genealogias. Quicquid deniq; ad nobilitatem spectat et rem honorariam, istorum curæ tanquam sacris custodibus, & Templi Honoris Æditituis, demandatur. Foris obeunt legationes; belli, pacis, fœderisq; sunt nuncii.

De Pursuivantis.

Oportet ut *Prosecutorum* seu *Pursuivantorum* adjungam nomina. Sunt enim ex hoc collegio, & ministri quidem in re *Heraldica*, classe licèt inferiori.

Rouge-crosse, præ aliis antiquitate pollet: dictus à cruce rubrâ, quâ *S. Georgius* (divus Anglorum tutelaris, ut Francorum Dionysius) insignitur.

Blew-mantle, à cæruleo paludamento Franciæ majestatis, quam assumpsit Edouardus 3. nomen (ut opinor) referens.

Rouge-dragon, à rubro Dracone, regium Anglorum clypeum sustinente, ab Henrico 7. institutus.

Portcullets, à cataractâ quâ usus est in symbolo idem Henricus 7.

Hi quatuor solummodo videntur fuisse ex antiquo, ordinarii: soli autem duo priores, usq; ad Henricum 7.

Heraldi & Pursuivandi exoleti.

Totum *Heraldorum* collegium jam absolvimus, nisi quòd ob indolem plus quàm ordinariam, à Regia majestate nuperrimè additus sit in extraordinarium, Moubreius *Heraldus*; titulo ab Henrici 6. ætate hucusq; obdormiente. Exoletos alios *Heraldos* referam. **Leopard** (Normanniæ datum) **Exceter**, & **Clarence**; ævis Henrici 5. & 6. (ut item **Mowbrey**) florentes. **Falcon**, sub Edouardo 4. **Carlile** sub Henrico 7. Præsidi boreali destinatum. *Pursuivandos*, tædet enumerare. Multi enim occurrunt sub quolibet Principe, & incertæ conditionis. Sub Henr. 5. & 6. **Antelope**, **Falcon**, **Wallingford**, **Cadran**. Sub Edouardo 4. **Comfort**, **Callis**, **Guines**, ad partes Franciæ: **Roseblanch** ad familiam Eboracensem: **Barwick** ad Præsidem item borealem, & Carlileum *Heraldum*, spectantem. Sub Henr. 7. **Hames**, **Risebanck**, **Montorgil**, Franciam etiam respicientes: & **Barnes**, & **Nottingham**. Sub Henr. 8. **Bullen**, Gallicus: **Athlone**, Hibernicus. Sub Elizabetha, **Roseblanch** iterum, & **Hamelbue**. Ex his autem tanquam ex inferiori classe, putà extraordinariis, seu Militibus caligatis (qui huc etiam referuntur) perpetuò olim electi sunt quatuor illi superiores (quos diximus) ordinarii *Pursuivandi*: ex *Pursuivandis* siquidem *Heraldi*, &c.

Caligati milites.

Caligati milites, genus quoddam erant nunciorum militarium, è caligis & pixide insignes, ut *Armillati cursores* ab armillis. De his, vide infra in diatriba de *Militibus*.

¶ *De Præconibus, seu Cerycibus, &c. apud Græcos.*

Videamus tandem quale apud antiquos olim fuit hoc genus hominum, quo appellatum nomine, quo functum munere. Exegit semper necessitas, ut inter ipsos hostes belli haberetur indictio, captivorum redemptio, occisorum sepultura; colloquia, nuncia, responsiones, induciæ: pax interdum & fœdera. Exegit parilis necessitas, ut qui in istis operam navarent, modesti essent, facundi, graves, prudentes, spectatæ fidei & religionis, noti omnibus, omniq; liberi suspitione. Electi sunt igitur ex ipsis honoratioribus viri istiusmodi spectabiles, qui non solùm authoritate pollerent, sed è cultu etiam religionis, immunitatem præ se ferentes, tutò irent & redirent, tutò inter acies versarentur. Græcis propriè dicti sunt κήρυκες, i. *Præcones, Caduceatores*, & (verbo autocthone, quod apud Senecam legitur) *Ceryces*. Sic enim ille ad Serenum: *Non vis nisi Consul, aut Prytanis, aut Ceryx, aut Suffes administrare rempub.* Ab adjunctis vero, θεράποντες, & ἄγγελοι, *ministri* seu *famuli*: & *Angeli*, seu *nuncii*. Homerus Iliac. α.

Præcones. Caduceatores. Ceryces.

Ministri. Nuncii.

Ἀλλ' ὅγε Ταλθύβιόν τε καὶ Εὐρυβάτην προσέειπε,
Τώ οἱ ἔσαν κήρυκε καὶ ὀτρηρὼ θεράποντε.

Sed tam Talthybium dictis petit Eurybatemq;
Ceryces ambos celebres, filosq; ministros.

Et inferiùs.

Χαίρετε κήρυκες, Διὸς ἄγγελοι ἠδὲ καὶ ἀνδρῶν

Ceryces salvete, Jovi. famuli, atq; virorum.

Ob personarum reverentiam, sævus ipse Achilles sic hos excipit, sic hos alloquitur, licèt delicias ejus sublaturi Briseidem venirent. Fas enim *Cerycibus* imperata, etiam apud hostes, liberè enunciare. Hinc execta in sacrificiis lingua, illis dabatur: Mercurioq; sacri, & inter sacerdotes sunt habiti. Sceptra etiam (ut illius ævi Principes & heroes) gestabant: tum ad authoritatem arguendam, tum ad pangenda fœdera, & dimicationes dirimendas. Principibus tamen famulabantur, & heroibus. Sic enim Eurybates *Ceryx* Ithacensis, Ulyssi; Iliad. β. & Homerus expresse: κήρυκες παρὰ τοῖς ἥρωσι διακονοῦσι. *Ceryces* (inquit) *heroibus sunt à ministerio.* Quippe in conviviis aquam (jungendæ amicitiæ symbolum) in convivarum manus effundebant, & vinum porrigebant, & cytharam. In publicis deniq; negotiis, sua passim obibant munera: unde ab Homero (qui de his plurima) in Odyss. τ. δημιοεργοὶ, appellantur, *i. publicam navantes operam.* Horum authoritatem ex eo

Homerus Mi[...] [...]inum Cery[...] & famulum Amphinomi Heroum voc. Odyss. σ.

animadvertas, quòd acerrimè dimicantes Hectorem & Ajacem (eminùs primò missilibus, et jam comminùs rem acturos gladiis) *Ceryceum* dirimit Interventus, Iliad. η.

Καὶ νύ κε δὴ ξιφέεσσ' αὐτοσχεδὸν οὐτάζοντο,
Εἰ μὲ κήρυκες Διὸς ἄγγελοι ἠδὲ καὶ ἀνδρῶν
Ἦλθον, ὁ μὲν Τρώων, ὁ δ' Ἀχαιῶν χαλκοχιτώνων,
Ταλθύβιός τε, καὶ Ἰδαῖος, πεπνυμένω ἄμφω.
Μέσσῳ δ' ἀμφοτέρων σκῆπτρα σχέθον, εἶπέ τε μῦθον
Κῆρυξ Ἰδαῖος πεπνυμένα μήδεα εἰδώς,
Μηκέτι παῖδε φίλω πολεμίζετε, μηδὲ μάχεσθον.

Nos Latinè.

Et jam vulnifico pugnassent comminùs ense
Ni Jovis, atq; hominum legati fortè stitissent
Ceryces: Tros hic Idaus, & ille Pelasgus
Talthybius; prudens, & sceptro clarus uterq;
Sceptra tenent ambo coituros inter, at unus
Idaus loquitur: dilecti ò mihi nati,
Desinite, & fortes cohibete à sanguine dextras.

Quot, & qui *Ceryces* in Græcorum exercitu

Principes tanquam filios alloquitur. In Græcorum exercitu (qui è 12 fertur constitisse myriadibus) novem erant *Ceryces* seu *Pracones*. Sic enim Homerus Illiad. β.

——— ὅμαδος δ' ἦν ἐννέα δὲ σφέας
κήρυκες βοόωντες ἐρήτυον. ——— ι.

Erat autem tumultus, sed novem Ceryces, ipsos vociferantes cohibebant.

Nomina à Spondano exhibentur.

Talthybius	*Eurybates* 2.	*Stentor.*
Eurybates 1.	*Asphalio.*	*Thestes.*
Odius.	*Eteoneus.*	*Calchas.*

Tot in Regno Angliæ *Heraldi.*

Sunt qui Græcos sacrum quiddam in hoc numero arbitratos, suis eum *Cerycibus* cooptasse opinantur. Nostris verò *Heraldis* fortuitò accidit (ut supra vides) Quod à Gerardo Leigh non observatum miror. Totus enim novenariis delectatus, artem totam *Heraldicam* novenatiis consumpsit divisionibus: *Heraldorum* interea oblitus, i. sui ipsius professionis. Hæc apud Græcos.

De Fecialibus, Sagminariis, Verbenariis, &c. apud Romanos.

Nuncius.

Ut Homerus ἀγγέλους hos vocat; ita Virgilius *Nuncios.* Quem enim monomachiam Æneæ indicturum emisit Turnus, hoc modo alloquitur Æneid. 12.

Nuncius hac Idmon Phrygio mea dicta tyranno,
Haud placitura refer.

Nuncius regius Nuncius publicus.

Eodem sensu apud Livium lib. 1. *Nuncius regius,* et *Nuncius publicus.* Qui autem bellum apud Romanos indicebant, et in istiusmodi versabantur muneribus, *Feciales* vulgariter nuncupati sunt, à *faciendo* (ut Festo placuit) *quòd belli pacisq; facienda penes eos jus erat.* Aliis à fœdere sanciendo, ideoq; scribunt per œ, *Fœciales*: ut Marcellus et Livius. Bellum verò non licebat inferre, nisi quatuor ex his de injuria conquerentes, satisfactionem priùs ab inferentibus petiissent, justè susceptum denunciassent, atq; unus *hastam ferratam, sanguineam aut praustam* (sunt Livii verba) *ad fines eorum ferret, & non minus tribus prasentibus puberibus* re exposita, bellum indixisset, ipsamq; hastam in fines eorum projecisset.

Legati sancti. Oratores.

De clarigandis & repetendis sic emissi *Feciales*: *legati sancti, & sancto munere* functi dicuntur, necnon *Oratores*; ut è Nonio Marcello lib. 3. ca. 12. constiterit: Qui præterea è Varronis (de vita Pop. Rom.) lib. 3. *Fœcialium* numerum refert fuisse 20. atq; eos de injuriis cognovisse & judicasse, legatis impositis. Erant autem sacerdotes, à Numa Pompilio in Collegium (ut diximus) instituti, suo audientes antistiti: qui à patrando, i. (ut Livius exponit) à sanciendo fœdere, *Paterpatratus* dicitur. Hujus & perinde *Fœcialium* creandorum ceremoniam, ab eodem Livio accipe lib. 1. ubi post multa huc appositè spectantia: *Fœcialis* (inquit) *erat M. Valerius: Patrempatratum Sp. Fusum fecit, verbena caput capillosque tangens.* Vide *Locum.*

Numerus Fecialium.

Paterpatratus.

Moris quippe fuit, ut *Feciales* verbena aut sagmine, herbis sacris è Capitolio petitis, coronarentur: præsertim de pace acturi. Inde *Verbenarii*, *Sagmarii*, & *Sagminarii* (sensu quo *Caduceatores* à ferendo Caduceum, vel ejus characterem) nuncupati sunt. Sed transferuntur interdum omnes istæ appellationes, ad minaces ipsos *Feciales*, belli nuncios, significandum. Quippe & hi eadem aliàs gerebant symbola, ut è gestaminis sanctitate, dignoscerentur sancti; eoq; forent ab injuriis immunes. Nam ut in ff. tit. de rer. divis. *Sanctum est quod ab injuria hominum defensum atq; munitum est. Sanctum autem dictum est à * sagminibus: sunt autem sagmina quadam herba quas legati Pop. Rom. ferre solebant, ne quis eos violaret, sicut legati Gracorum ferunt ea qua * cerycia dicuntur.* Hinc Catonis illud: *Caduceatori nemo homo nocet.* Verbena autem redimitos fuisse *Feciales*, tam bellum indicentes, quam pangentes *fœdera*, indicat Servius ad illud Virg. Æn. 12.

Verbenarii. Sagmarii. Sagminarii. Caduceatores.

* Imò, à *sanciendo.*

* i. *Caducea.*

Velati lino & verbena tempora vincti.

Verbena

Verbena (inquit) *propriè est herba sacra, sumpta de loco sacro Capitolii, qua coronabantur Fœciales, & Paterpatratus fœdera facturi, vel bellum indicturi.* Hæc de *Fecialibus*, quam nos vocem, per dipthongum non scribimus, ne ad fœdera pangentes solummodò restringeretur.

Fæciales per œ dipthong.

Quare Heraldi dicuntur Reges: at priùs de sceptris Cerycum.

Fusiùs in *Heraldorum* gratiam disserui, ut tam muneris quam nominis rationem à vetertimis ducerem. Quare autem dicuntur *Reges*, aut nondum assequor, aut certè dubius. Coronari eos video, & consecrari; & torque, & insignibus Regis indui: sceptro tamen (potestatis symbolo, ut antiqui *Ceryces*) non donari. Sed *Ceryces* ipsos nusquam reperio Reges appellatos: nec σκῆπτρον Græcis virgam Regiam solummodò notare, sed aliam quamlibet: adeo ut Homerus in Odyss. ν. illam mendicorum, σκῆπτρον nuncupat. *Cerycum* autem quale fuit, descripsit Suidas, nomen ei à latoribus, κηρύκειον imponens. Κηρύκειον (inquit) ξύλον ἔχον ἑκατέρωθεν δύο ὄφεις περιπεπλεγμένους, καὶ ἀντιπροσώπους ἀλλήλοις κειμένους, &c. Id est, *Cerycium* (nam & sic vocat Justinianus virgam Cerycum seu Caduceatorum) *baculus est utrinq; habens duos serpentes implexos, & faciebus invicem adversos: quem Pracones seu Ceryces ferebant: nec fas erat eos violare, quocunq; venirent.* Addit: *rectum baculum* inter *adversos serpentes*: rectam rationem notare, inter adversos exercitus, observandam. En, Mercurio sacri, Mercurii gerunt insigne; clientes patroni caduceum, seu virgam sacratam. Hoc idem Julius Pollux lib. 8. legatis tribuit. Κηρύκειον (inquit) φόρημα ἦν τῶν πρεσβέων, i. *Cerycium est gestamen legatorum*

Sceptrum *Cerycum*, seu *Caduceatorum*.

Cerycium quid.

Philo Judæus lib. de legatione ad Caium Πάλιν κηρύκειον ἀναλαμβάνει, δεῖγμα συμβατηρίων σπονδῶν. πόλεμοι γὰρ ἀνοχὰς καὶ διαλύσεις λαμβάνουσι διὰ κηρύκων εἰρήνην καθισταμένων· οἱ δὲ ἀκήρυκτοι, συμφορὰς, ἀτελευτήτους ἀπεργάζονται, καὶ τοῖς ἀμυνομένοις. id est. Sic ut caduceum sumit (Mercurius) insigne pacificatoris & authoris fœderis. Nam bella Caduceatores fœcialesq; dirimunt, afferendo pacem aut inducias. Qui nisi admittantur, nec modus nec finis erit Calamitatibus, & ultro utroq; illatis injuriis. Interprete Sigismundo Geleneo.

Franci veteres (qui in multis Græcos sequuntur) in istiusmodi ritibus, virgis etiam consecratis usi sunt. Sic enim Gregorius Turonensis, lib. 7. ca. 32. *Post hac, misit iterum Gundebaldus duos legatos ad Regem, cum virgis consecratis; juxta ritum Francorum, ut scilicet non contingerentur ab ullo. Legatos*, hîc accipio pro *Heraldis*, ut etiam apud Julium Pollucem; sed quales erant virgæ, nec illi exprimunt nec ego definio. *Consecratas* dicit Gregorius (ut illa Mercurii) sed hæ ex more Gentium, illæ (non dubito) Christianorum: licèt serpentibus fortè non insignes, quòd bellum illaturi mitterentur, non pacem. Ritus vestigium retinuisse videtur Fredericus Dux Saxoniæ: qui An. D. 1545. bellum Carolo 5. indicturum famulum nobilem delegans, virgâ eum tenui (quali utuntur equitantes) insignivit.

Virga consecrata.

Quibus adjeceris quod ad Homerica illa *Virgilii* notat *Servius*, Æneid. 12. col. 1755. a. Ut autem sceptrum adhibeatur ad fœdera, hæc ratio est: quia majores semper ad fœdus simulachrum Jovis adhibebant: quod cum tædiosum esset, præcipuè quando fiebant fœdera cum longè positis gentibus, inventum est, ut sceptrum tenentes quasi imaginem simulachri redderent Jovis. Sceptrum enim illius est proprium: unde nunc tenet sceptrum Latinus, non quasi Rex, sed quasi Paterpatratus. Hæc de sceptris.

Cerycium verò non solum dicitur de caduceo, sed de quovis *Cerycum* gestamine: perinde & vestem *Heraldorum* insignibus refulgentem, *Cerycium* probè appellemus.

Cerycium.

At quæritur (inquam) cur *Heraldi* dicuntur *Reges*. *Rex* Latinis interdum divitem notat, & potentem. Parum hoc ad *Heraldos*. *Roy* autem apud Francos (inter quos originem nominis libentiùs quæro) præpositum, & visitatorem interdum significat. Sic *Roy de merciers* nuper appellatus est, qui rem venalem in Aula exercentibus præponebatur; merces, pondera, & mensuras curaturus. Sed edicto Regio An. Dom. 1597. nomen ejus (ut ludibrium majestatis) in *visiteur* mutatum est. Erat & antiquior quidam, *Roy de Ribauldes* dictus: cujus in munere fuit, Aulam lustrare, balatrones, insidiatores & fæcem populi arcere, manu stipatus sagittariorum. Hujus utiq; titulum, illo ævo ademit Carolus 6. qui regnum iniit sub An. Dom. 1381. & successit (ut opinantur) *Povost de l'hostel*, postea *le grand Provost de France, & de l'hostel du Roy* nuncupatus. Sed interea, ut florente Romano Imperio, *Rex* etiam dictus est, qui sacris præfuit, & ceremoniis: sic *Heraldis*, Regis curantibus ceremonias, & sacram dignitatem, sua mansit Regia appellatio. Præsertim dum personam Regis quodammodo exhiberent, coronati, consecrati, & armis seu insignibus Regiis (ut supra diximus) tanquam ipsius Regis militari indumento, adornati.

Quare dicuntur *Reges*.

Roy de merciers

Roy de Ribauldes.

Rex sacrorum.

Roy de Heraulds.

Facti sic videntur velut statuæ sui Principis; cujus ideo titulum (sive Regis, sive Ducis, sive Comitis) aliquando accipiebant. *Heraldus* scilicèt Regis Franciæ, *Rex armorum Francia*, appellatus est, *Heraldus* Ducis Britanniæ minoris, *Dux armorum* illius *Britannia*; & *Heraldus* (ut fertur) Ducatus Normanniæ, *Dux armorum Normannia, &c.* Insignitus est etiam *Rex armorum* corona deaurata instar Regiæ; *Dux* verò *armorum*, circulo tantùm, seu corolla Ducali. Hinc sub uno Rege vel Principe, unicum habendum Regem vel Principem armorum, quidam asserunt, ut supra diximus. Ob Regi-

Heraldi Principis sui titulum gerunt.

Dux Armorum.

um autem honorem sanctius conservandum, edicto cavit Philippus Augustus, ut Regalium hæ rituum Ceremoniæ, nulli conferrentur Regii armorum muneris candidato, donec cingulo militari (ipsis olim Regibus in desyderio) ornaretur.

Heraldi consecratio. Quoad consecrationem *Heraldi*, nihil ea magis antiquitatem prædicat. Nam ut ministri illi antiqui sacri fuisse memorantur & sacerdotes: sic *Heraldus* quilibet hodie è prisco Ethnicorum more (res enim inde petitur) consecratur: Principe, aut vicario ejus Comite Mariscallo, craterem vini in *Heraldi* caput provoluti in genua effundente, nomenq; muneris imponente. Hæc libandi olim & consecrandi ceremonia. Dicant mystagogi. Ego Æneæ Sylvii Episcopi, qui subinde Pius 2. salutatur, Epistolam in scenam dabo.

Legus hait, aquâ mixti.

Heraldorum nomen & officium unde exortum sit, Epist. CXXVI.

Æneas Dei gratia Episcopus Senensis, Domino Joanni Hinderbach, Secretario Regio & amantissimo fratri, S.P.D.

Quærere multi solent unde sit *Heraldorum* nomen exortum: Quis *Heraldos* primus instituit, & quid officii genus hoc hominum inter mortales habeat. Quæ res mihi quoque aliquando fuerunt dubiæ. Sed cupienti plurima nosse, ut est humanum ingenium, quærentique certior fieri, apud Angliam, quæ olim Britannia dicebatur, in sacrario nobilis ædis sancti Pauli Lundoniensis, vetus historia in manus venit, ante annos sexcentos, ut signatum erat, conscripta; quæ si vera est, & meæ potest & aliorum satisfacere cupiditati. In ea quid invenerim tibi scribere decrevi, ut acri tuo judicio, cum viro primario & doctissimo Domino Ulrico de monte solis quid tenendum sit censeas, mihique rescribas.

Thucidides. Author historiæ Thucidides Græcus annotatus erat, quem fama celebrem & clarum novimus, translatoris nomen nullum inveni. Constat tamen peritum fuisse, qui magnum illum & facundissimum authorem Latinæ linguæ non minorem quam Græcus est reddidit. Non teneo verba historiæ, ut erant contexa, sententiæ memini: in ea ad hunc ferè tenorem scriptum erat.

Heraldi & Heroes qui, & unde. *Heraldi* sunt qui apud majores nostros *Heroes* vocitabantur, quos majores hominibus, diis minores fuisse tradunt. Nam quem prisci rebus gestis insignem videbant, gratum populis, virtute sublimem, in Deorum cœtum colligebant, si modo miracula extabant, quibus eum supra naturam aliquid operatum fuisse constaret. At si miraculi nihil erat, virtus tamen admirabilis videbatur, hunc neq; Deum neq; hominem compellare phas putabant, sed medium inter utrumq; sortiti vocabulum, *Heroem* vocabant, quasi semidium: Sic *Heroes* introducti à quibusdam corrupto vocabulo *Heraldi* sunt appellati. Illos autem instituit primus omnium Dionysius, qui etiam primus armatus & cum exercitu invasit Indiam, ac rudes illos & agrestes homines, corticibus arborum, & crudis ferarum carnibus utentes, in urbes legit, boves aratro jungere, frumenta serere, Deos colere, nutrire comam, mitram ferre, & unctiones docuit unguentorum. Fuitque his dator vini sicut & Græcis, armavit eos armis Martialibus & ad usum vitæ cultioris erexit. Quibus compositis cum vellet abire atq; alias lustrare regiones: fuerunt complures in ejus Comitatu qui jam senio confecti & assiduis attriti laboribus, neq; remanere volebant sine Rege, neq; sequi ducem volebant. Recessurumq; principem, lachrymis & fletibus obsecrabant ut sui misereret. Ad quos *Liber pater Ponite curas, inquit, commilitones fratresq; mei, diu pugnastis, diu me secuti estis, ego alia ex aliis in fata vocor, vobis jam parata quies est, & hic præmia laboris vos manent. Sistite hic & urbem hanc, terram quam vestri mihi lacerti quæsiverunt, possidete. Ego vos hodie militiæ laboris absolvo, veteranos milites esse volo, *Heroasq;* vocari. Munus vestrum erit reipublicæ consulere, sontes arguere, laudare probos, cæteris muneribus vacabitis: quocunq; gentium terrarumq; veneritis, victum vobis Reges vestitumq; dabunt, honoratiores apud omnes eritis. Xenia vobis principes offerent, suasq; vestes condonabunt. Stabit fides dicto vestro, mendacia horrebitis, proditores indicabitis, qui fœminas malè habent, hos infames asseverabitis. In omni terra libertas vobis esto, securusq; vobis transitus & incolatus. Si quis vos vestrumq; verbo factoq; angariaverit quempiam, gladio ferietur. Cæterum ex amicis meis bacchosissimum Spartembam vobis Regem Indisq; constituo, qui vobis alimenta præbeat & annuas stipes. Qui custodiat privilegia vestra, & honoratos vos habeat, ex grege vestro ad Regni fastigium evocatus: vos illi consulite, & posteris. Cujus si genus defuerit, ex vobis vestrisq; liberis Reges Indorum sumite. Atq; sic adhortatus *Heroas* Dionysius ex India duxit exercitum.

Dionysius, i. Bacchus instituit *Heraldos*.

* i. Bacchus.

Heroum privilegia à Baccho data.

Veterani, *Heroes*.

Rex *Heroibus* datur.

Spartembas autem regnavit super Indos quinquaginta & duos annos. Budamq; filium successorem reliquit, qui cum regnasset annos viginti, instituto filio Cradena vitam finivit. Ac post eum per duodecim generationes *Heroum* soboles usq; ad Herculem regnavit in India. Hercules autem cum domitis terrarum monstris, ac sævitia tyrannorum deleta, penetrasset Indiam, Regnum *Heroum* in se recepit. Privilegia tamen his non ademit, sed auxit eorum numerum, conscriptis inter eos qui secum

Regum successio.

Hercules auxit privilegia.

cum ab Hispania & Mauritania militaverant, & contra Gerionem triplicis animæ, & Antæum terræ filium arma tulerant, longis itineribus & senecta ætate defunctis. Sed cum venisset ad mortem, multosq; filios haberet (multis enim mulieribus matrimonio junctus fuit) unicam autem filiam sustulisset Pandeam nomine, huic Regnum commisit. Et ut ostenderet *Heroas* quanti faceret præ cæteris liberis, unum ex numero *Heroum* nomine Jobarem, virum filiæ dedit, qui Regem gereret, quingentosq; huic elephantes, quatuor millia equitum, & centum triginta millia peditum constituit, quibus Regnum tueretur. Ex hoc natus est Polimbotras à quo dicta est urbs maxima Polimbotra. Cujus posteritas usq; ad Alexandrum magnum, per centum & triginta octo Reges Indiam gubernavit. Ex quibus ortus est Porrus, cujus virtutem miratus est Alexander, atque adeo dilexit ut victor victo Regnum dignitatemque restituerit.

Et Alexander Magnus.

Tum quoq; Alexander ex suis militibus *Heroas* legit senes quingentos, longa & laboriosa nimis militia contritos, quos Porro commendavit, quibus singulis annis in singula capita viginti argenti talenta daret: adjecitq; privilegiis *Heroum*, ut auro & purpureis coccineisq; vestibus, & paludamento uti possent. Quin & arma Regiâ & insigne deferre, quovis gentium terrarumq; loco fuerint. Si quis hos manu pulsasset aut verbo læsisset, eum capitis reum esse, bonaq; sua fisco deberi. Sic Thucidides, ut ille refert qui transtulit, qui similia Herodotum, & Didimum, & Magasthenem, & Xenophontem sentire contendit. Additque demum ex persona sua autor ignotus.

Hæc & quæ sequuntur sunt Interpretis.

Habemus igitur *Heraldorum* nomen idem significare quod apud veteres *Heroum* significabat, Dionysiumq; primum hoc genus hominum, apud Indos, instituisse. Officium eorum esse ut Regibus assistant, ut consulant reipublicæ, ut virtutes extollant, vitia fulminent.

Veterani.

Nec aliud sunt quam milites *Veterani* qui post multa egregia facinora, multaq; bella mirificè confecta, & amplissimos triumphos, exhausti viribus fessique senio, à labore militari remittuntur, & in curiam consulturi accersuntur.

Heroes apud Judæos.

Traditum quoq; apud majores est hujusmodi homines semper honoratos fuisse, ac tum Saulis, tum Davidis, Salamonis, tum cæterorum Regum Hebræorum latera constipasse. Quin & inter Machabæos hæc dignitas locum obtinuit.

A Julio Cæsare honorati.

Legimus & Julium Cæsarem, cùm, victo Pompeio, in Ægyptum perrexisset, hoc nomine & hoc honore plerosq; suos commilitones donavisse, qui secum & in Gallia & in Britannia & in Germania & in Græcia, forti pectore militaverant, jamq; torpente senecta languebant.

Et ab Octavio Augusto.

Nec Octavianus Augustus hoc præclarissimum genus hominum neglexit, qui superato, apud Accium, Marco Anthonio, extincta Cleopatra, cum Parthorum superbia, timore posito, veniam postulasset, ablatoq; Marco Crasso cum preciosis muneribus signa remisisset, tum Reges Indorum ad famam tanti nominis moti, usq; ad Hispaniam legatos misissent, ac ultro parere se Romano Imperatori obtulissent. Cum submerso Cantabro, terra mariq; pacem Romanus populus haberet, clausissetq; denuo jam portas, hujusmodi fertur legem tulisse. Omnes idcirco mortales exercere se solent & objectare periculis, ut aliquando, pace frui, quietè possint. Nec labor est ullus qui præmia non expectet. Ea propter majores nostri militibus qui benè pugnavissent, non solum stipendia quibus se suamq; possent nutrire familiam, sed honores amplissimos, constituerunt; ut coronas, armillas, hastas, & alia virtutis insignia, quasi solamen & præmium laboris exacti. Similiter & nos facere decet, qui diis faventibus & magna virtute militum, rem Romanam restituimus, & altam pacem toto reformavimus orbe, ne milites qui longa & durissima nobiscum bella peregerunt, ac plurimum sanguinis tum sui tum hostium effuderunt, sine mercede tanti laboris evadant. Quisq; ergo per decennium nobiscum militaveris, si modo quadragenarius fueris, sive pedes sive eques stipendia merueris, militia post hac & omni labore vacato, *Heroas* esto, veteranusq; miles. Nemo te Civitate, foro, templo, hospitio, domo prohibeat. Nemo tibi crimen ascribat, onus imponat, pecuniam ex te quærat. Si quid peccaveris, solam Cæsaris vindictam expectato. Quicquid turpitudinis admiserint homines, te judicem propalatoremq; timeant, seu privati, seu principes fuerint. Quod dixeris affirmaverisq; nemo falsum arguat. Libera & aperta tibi omnia itinera locaq; sunto. In ædibus principatum mensa tibi potusq; esto. Stipendia quibus te tuamq; domum serves, ex publico quotannis habeto: quam legitima face duxeris uxor, cæteris fœminis præferatur: quem exprobraveris infamemq; dixeris, hic reprobatus homo & infamis esto. Arma, insignia, nomina, & ornamenta *Heros* ferto quæ Reges decent. Quæ dicere aut facere velis, ubivis gentium locorum nationumq; facito. Si quis tibi injurius fuerit, cervice careto: utque senectuti tuæ quietius, Cremonensium, qui contra vos Anthonii partes foverunt, agros tibi tuique similibus viritim dividendos assignamus, qui si pauci fuerint, addimus & Mantuanos, ut bona fide & alta virtute profuisse te reipublicæ gaudeas. Sic Octavianum veteranos suos honorasse confirmant.

Ejus privilegia Heroibus & Veteranis data.

Decreverat idem Pœnus Hannibal facere, nisi fortuna fractus adversa, Antiochi Regis & Prussiæ coactus fuisset supplex tribunalia petere.

Hannibal.

Comperimus Attilam Hunorum Regem quamvis efferatum & inanem gloriam, similia suis veteranis privilegia contulisse. Neque Theodoricus Gothorum maximus & audentissimus

Attila.

Theodoricus.

simus Rex *Heroas* inhonoratos reliquit, quibus & civitates & provincias tributarias fecit. Carolus autem magnus qui primus post Græcos apud Romanos suscepit imperium, Germanus homo ex antiqua Francorum prosapia natus, postquam Saxones sæpius rebellantes multa vi domuit, ac faces Hunorum Longobardos ab infestinatione Romani præsulis exterruit, suscepto Cæsaris nomine & Augustus appellatus, milites omnes qui tanti laboris comites fuerant, in hunc modum honore fertur & libertate donasse. Ite, inquit, milites mei, vos *Heroes* vocabimini, socii Regum & judices criminum. Vivite posthac laboris expertes, consulite Regibus, & publico nomini turpia corripite, favete fœminis, juvate pupillos, consilio circundate principes, ab his victum, vestitum, stipendiumq; petite. Si quis negaverit, inglorius infamisq; esto. Si quis injuriam vobis intulerit, reum se majestatis agnoscat. Vos autem caveritis ne tantum decus tantumq; privilegium justo bellorum labore partum, aut ebrietatis, aut scurrilitatis, aut alio quovis vitio maculetis. Ne quod vobis largimur ad gloriam, redundet ad pœnam, quam de vobis sumendam si forsitan excesseritis, nobis & successoribus nostris Romanorum Regibus perpetuo reservamus.

Carolus Magnus.

Hæc sunt quæ de nomine & institutione *Heraldorum* quos *Heroas* fuisse constat, apud antiquos scripta comperimus. Cur autem nostris diebus, qui nunquam militarunt, & abjecti quidam homines hoc nomen assequuntur, nescio causam nisi quia omnia degenerant, nec est hominum genus quod stet suis legibus. Nam & indocti doctoris insignia recipiunt, & qui nudum nunquam ensem viderunt, militiam profitentur, nitentq; calcaribus aureis: atq; ut de nostra dignitate dicamus, absq; moribus, sermone leves atq; vita, cathedram Pontificalem audemus ascendere. Quære religiones, percurre mechanicas artes, omnes oberrant, nihil est quod suis legibus puris inviolatisq; perseveret. Vale & si quid habes quod consonet authoritate dignum & fide, scribito nobis, nostri memor & amans. Cujus rei Michaelem Pfullendorssium consecretarium tuum & nostri diligentem doctrina plenum, aut judicem aut arbitrum experiemur. Ex Vienna Calendas Junii, Anno Domini M.CCCCLI. Hactenus Æneas.

Verba Aeneæ Sylvii.

Narratio (me judice) parùm fida. Neque enim Authoribus convenit, neq; seculis. Numquid *arma regia* sensu heraldico (ut hìc videntur) Thucididi, & Magno Alexandro cognita? Erratum dixeris ab Interprete. Cedo. At Interpretem perinde multò recentiorem fateberis, quàm supponit Episcopus. Nam se hæc invenisse ait in Historia *ante annos sexcentos, ut signatum erat, transcripta*: dataq; est ejus epistola, An. Dom. 1451. His igitur si 600 ademperis, restat Annus Dom. 851. & Carolus Magnus non est salutatus Imperator, usq; Annum 802. Sic ut scribi oporter, aut in vita Caroli, aut mox ab excessu ejus: quo certè tempore nulla mihi occurrit mentio de *Regibus Romanorum*; nec inter sequentes Imperatores, diu postea. Vox etiam *Heraldus* multò in historiis est recentior. Quippe tenuis admodum, ne dicam in ludibrio fuit *Heraldorum* æstimatio, sub ætate Philippi Augusti, si *à le Romans de la Charrette* tunc (ut Fauchetus refert) edito, fides adhibenda. Sic enim illic legitur,

Censura.

A tant ¶ & vous ¶ un garnement ¶ C'est voicy.
Un Hiraut darmes en chemise
Qui en la taverne avoit mise
Sa cotte avec sa chaussure
Et vint nus piez grand alleure
Desafeublez contre le vent
L'escu trouva à l'huis devant
S'entre ¶ ens & vit gesir al lit ¶ C'est Si entre dedant.
Lancelot.

Vilem etiam & spurcam vestem, *Hiraudie*, appellabant. Sed hæc à Cantoribus, *Heraldis* imposita (dum lites invicem & propudia ferrent) Fauchetus opinatur. Postquam autem Philippus Augustus (qui fastum Regium mirè apud Gallos auxit) *Regem* suum *armorum* (*Monjoy* nomine) ejusq; successores Equestri dignitate, & splendidis beneficiis adornaverat: cœperunt jam inde *Heraldi* spectabiles fore, & in precio. Scripta igitur ista narratio videtur ex illa tempestate: & Carolo 4. Imperatori, potius quàm Carolo Magno tribuenda.

Hiraudie.

¶ ***Herbagium.***] Vox forens. à Gall. *herbage*. Vestura terræ quæ dentibus animalium decerpitur. Occurrit frequens pro jure depascendi alienum solum, ut in forestis, &c.

¶ ***Herd.***] In confirmat. libertatum Decani Eccl. S. Petri Eboracens. an. 5. Hen. 7. rotull. 6, 7. & seqq. inter alia, sic legitur. *Herd, i. domestica, vel intrinseca familia.* Rectè, A Sax. hineḃ. Inde clerus, birceophipeḃ: *paterfamilias*, hinberealoep dicitur. Hinc **an hired servant**, idem sonat quod *servus domesticus, vel in familiam susceptus*: **to hier**, *in familiam conscribere.*

¶ ***Here.***] Saxonicum, al. heꞃꞅe: *exercitus*. Amerpachio, & aliis, **Hare**. Sic (apud Cujacium in præfatione lib. de feudis) *Heribannum & Haribannum*: *Heristit & Haristit*: multaq; aliàs voces militares. Saxonibus autem nostris isto nomine censetur multitudo, quæ 35 homines excesserit: ut in Inæ LL. ca. 13. definitum est, de quo, Vide *Hloth*. **Here** etiam Germanis, idem quod Latinis *herus & dominus*: hac autem interpretatione, nec in vocibus militaribus reperio, nec

nec (quod sciam) apud Saxones nostros.

¶ ***Herebannum**, **Heribannum**, **Haribannum**, & **Aribannum**,* abjecta aspiratione] Indictio exercitus ; & mulcta non ambulantis in exercitum, evocati. A Saxonico atque item Germanico heꞃe ; Amerpichiq, **Here**, i. *exercitus* : **Ban**, *edictum mulcta.* Non duco ab **Here** pro *domino*, ut significaret *dominicum bannum*, cujus fit mentio, Longobard. lib. 1. Tit. 14. l. 9. & 11. & aliis locis complurimis. Nam *dominicum bannum* indefinitè dicitur de quovis Principis edicto : *Heribannum* solummodo de militari. Et scribitur plerunque per, i. *Heribannum*, à Sax. heꞃeᵹ pro *exercitu* : ᵹ in i (ut in *Halimot* pro *Halegemot*, & multis aliis) transmutato. Carolus Calvus in Edicto Pistensi ca. 3. *Heribannum* exponit, *hostis* (i. exercitus) *adnuntiationem.* -- *quando* (inquit) *necessitas nobis evenerit, ut hostem nostrum adnuntiemus usq; constituta loca, &c.* ut hîc etiam mox in Capitular. Ego , *in hostem bannitus*, accipio pro *heribannitus*.

Heribannitus.

Herebanni Lex.

Francis & Germanis in lege fuit, ut die & loco indictis , evocatus quilibet se exercitui sisteret militaturus. Vassallus equo & armis (pro more feudi) instructus : ne absentiam interdum lueret amissione feudi. Omnes verò sub pœna 60 solid. quam si non esset solvendo, in servitium Principis mancipati sunt, donec per spatia satisfacerent. Capitul. Caroli lib. 3. ca. 67. *Quicunq; liber homo in hostem bannitus fuerit, & venire contempserit, plenum heribannum, id est, sol. 60. persolvat. Aut si non habuerit unde illam summam persolvat, semet ipsum pro Wadio in servitio principis tradat, donec per tempora ipse bannus ab eo fiat persolutus : & tum iterum ad statum suæ libertatis revertatur.* Mitiùs autem cavetur in Additionibus ejusdem Caroli ad L. Salic. par. 3. §. 12. ut legitimum seu integrum *Heribannum* (id est 60 solid.) ab eo solum penderetur qui sex libris æstimatus est : ab eo verò qui tribus libris, nisi 30 solidi ; ab eo qui duobus libris, nisi 20 solidi : ab eo qui tantum 20 solidis æstimatur, nisi 5 solidi. Sed de eo qui *Regales honores* habebat, Statutum est Capit. lib. prædicto, ca. 69. ut *quot diebus post placitum condictum venisse comprobatus fuerit, tot diebus abstineat à carne & vino.* Vide plura in his & seqq. capitibus. Qui verò Imperatori Romam cum exercitu proficiscenti coronam sumpturo, non aderant evocati , ipsis feudis privantur : quod poeta Ligurinus bellè descripsit, ut supra videas in diatriba *de feudis*. Hæc de non prodeuntibus in exercitum : deserentes acriùs puniuntur, ut in *Herisliz* dicetur.

In Chartis & paginis antiquis idem sæpe est, *profectio militaris*, & *Expeditio*, quod (Sax. heꞃeꝼaꞃe) Germanis *heribannum* : Gallis & nostratibus penè, *Escuagium*, saltem illud quod *certum* appellamus.

fare,

Heribannum quandoque etiam intelligitur de tributo & subsidio , quod ad alendum exercitum conjicitur : Saxonibus heꞃe-ᵹelð.

Heregeld.

Heribannator : qui *heribannum* colligit. Capit. lib. 3. Tit. 34. *Qui heribannum solvere debent, conjectum faciant ad heribannatorem.*

Heribannator.

¶ ***Herebrugius.***] L. Salica. Tit. 67. De eo qui alterum Herebrugium clamaverit. *Si quis alterum herebrugium clamaverit , hoc est strioportium, aut qui aneum portare dicitur, ubi striæ concinnunt : & convincere non potuerit IID. den. qui faciunt sol. lxii. S. culpabilis judicetur.* Ignotum per ignotum : sed Lindenbrogius, *An inde* (inquit) *Gall. Hurebec* ? Consulendus adhuc Oedipus, & videnda Basileensis editio, quæ *Herburgium* legit & *Chervioburgum*.

Herburgium. Chervioburgum.

¶ ***Hereditagium, Hereditamentum.***] Hoc Anglis, illud Siculis & Neapolitanis ; id dicitur, quod jure hæreditario possidetur. Constitut. Sicul. lib. 3. Tit. 15. —— *si mobilia vel hereditagia non habeant.* Item Titt. 8. & 10. *Heritagium* autem nostratibus occurrit pro *hæreditate*, & *jure hæreditario.* Confirmatio Gaufr. de Mandevilla cœnobio de Waldena Tit. fundatores Chart. 2. —— *omnes Ecclesia de domino & heritagio suo.* Vide *Hæreditamentum*.

¶ ***Herefare.***] Profectio militaris. Vide *Heribannum*.

¶ ***Heregeat**, & **Hereget.***] Vide *Hereotum*.

¶ ***Heregeld.***] Pecunia, seu tributum alendo exercitui collatum, ut aliquando *Heribannum*. Scoti autem g in z sæpè convertentes, *Herezeldam* dicunt , sed hoc pro *Hereotum* intelligunt. Vide *Herezelda*.

¶ ***Heremita**, & **Heremitagium.***] Illud , Monachus habitans in solitudine : istud, ejus habitaculum. Malè cum aspirationibus.

¶ ***Hereotum** , **Heriotum** , & **Hariotum.***] A Sax. heꞃeᵹeaꞇ, ᵹ (quod usitatissimum est) in, i transeunte. Here (ut sæpè diximus) *exercitum* significat : & præterea (Lambardo Interprete) ipsa armamenta & belli instrumenta, quo hîc sensu potiùs veniat. Erat enim *hereotum* , militaris supellectilis præstatio, quam obeunte vassallo , dominus reportavit in sui ipsius munitionem. *Constat sanè* (inquit Lambardus) *Hereotum his primis temporibus* (putà inferiorum Anglo-Saxonum) *nomine apparatus bellici dominis tributum, id quod etiam nunc aliquibus in locis observatur.* Sed origo altior et diffusior, Clodoveo Francorum Regi (quem Germani Ludovicum vocant) tribuenda. Hic cum Alamanorum gentem circiter An. Dom. 511. prælio funestissimo contrivisset , & omnem eis cum libertate, gloriam adimisset : alios fisco, alios Ecclesiæ tradidit in servitutem ; his ser-

Hereotorum origo à Clodoveo.

vis

vis Ecclesiasticis, illis Fiscalinis, & fiscalibus nuncupatis. Indixit præterea, ut cum moreretur quispiam ex iis paterfamilias, Regis vel Episcopi procurator, præstantissimum ejus è stabulis jumentum, aut vestem ex ædibus pretiosissimam (Germanis hodie **best heupt** appellatum) tolleret. Author mihi est B. Rhenanus Rer. Germ. lib. 2. qui & Abbates adhuc in Germania, *talia mancipia possidere ex liberalitate Francorum Principum*, attestatur.

Relevium.

Quibusdam videtur *Herioti* loco apud Gallos & nostrates successisse pensitatio, quam & nos & illi *Relevium* & **Relief** nuncupamus. Et cana quidem illi opinioni fides: nam lib. Rames. Monast. Sect. 63, & 151. perspicuè sic olim interpretatur, *Ego Godricus concedo Deo & S. Benedicto Ramesiæ, post dies meos terram meam de Tiringtona: ita duntaxat ut Abbas ejusdem Ecclesiæ Ædnothus frater meus, adquietet eam de servitio, quod Heregeat* *Heregeat.* *Anglicè, Latinè relevatio hæreditatis dicitur, quæ ab hæredibus liberis post mortem patrum, dominis solet impendi.* Sed *Relevium* & *Hereotum* sæpè ex uno eodemq; prædio reddi deprehendimus: *Hereotum* etiam ubi hæres non succedit in patrimonium: sed nunquam *Relevium*. Vide infra *Relevium*, & interea *Hereotorum* æstimationem juxta personarum dignitates, habe è Canuti Regis LL. Saxonicis par. 1. cap. 69. Anꝺ beon ꝺa heꝛegeaꞇe ꞅpa hiꞇ mæꝥlic ꞅy. Eoꝛleꞅ, &c. i. *Hereotum* *Hereotum Eorla* *cujusq; sit moderatum. Eorla* (seu Comitis) *ut par est, octo equi, scil. 4. ephipiati, & 4 sine ephipiis, 4 galeæ, 4 loricæ, 8 hastæ, & totidem scuta, 4 gladii, & 200 mancusæ aureæ. Thani* *Thani Regii primarii.* *Regii primarii hereotum, 4 equi, ephipiati duo, & duo sine ephipiis; 2 gladii, 4 hastæ, & totidem scuta, una galea, una lorica, & 50 auri mancusæ. Thani mediocris* *Thani mediocris.*; *equus cum apparatu & telo, aut healsfang in occidua Saxonia: & in Mercia, duæ libræ, & duæ etiam in Anglia orientali. Thani autem Regii inter Danos,* *Thani, Regii inter Danos.* *socam* (i. liberam jurisdictionem) *habentis, hereotum est 4 libræ. Et si Regi hic fuerit familiarior, equus unus ephipiatus, alter item sine ephipiis, gladius unus, 2 hastæ, 2 scuta, 50 mancusæ aureæ. Et si minoris* *Thani minoris.* *fuerit æstimationis Thanus, sint hereotum ejus 2 libræ.*

¶ *Herestrata.*] LL. Henr. 1. ca. 11. ——— *defectus justitiæ, privatio legis Regiæ, omnes herestratæ, omnino Regis sunt, & omnia gwalstowa, &c.* An non hæc, viæ quæ dicuntur Regiæ, quòd ducendo Regio exercitui sufficiant? *Here* enim, exercitus: *strat*, via.

¶ *De Heretochiis Anglo-Saxonum.*

¶ *Heretochius*, al. *Heretemius.*] In addit. LL. *Aln. & Guth.* M. S. Magister militiæ, Constabularius, Marescallus, ductor exercitus, sive navalis, sive terrestris. Saxon. heꝛeꞇoᵹa: ab heꝛe, *exercitus*; ꞇoᵹen, *ducere*. Hinc Germani, *Ducem*, hodie **Hertogen** appellant: & codex veterrimus Wigornensis Ecclesiæ, in Chartis quibusdam Saxonicis, Ælꝼeheꝛe Meꝛcna heꝛeꞇoᵹan (qui floruit An. Dom. 962.) nunc *Ælfherum Merciorum Ducem*: nunc verò *Comitem* vertit, juxta seculi illius morem, qui *Comitem* & *Ducem* confundebat. *Heretochii* munus è LL. Divi Edouardi Confessoris (vel ex auctario potiùs, nam in exemplo ab Hovedeno dato Annalium par. 2. non cernitur) copiosè accipe. Sic enim cap. 35. sub. tit. *De Heretochiis* (cum jam prius *Aldermanni* & *Grevii* exponerentur officia.) *Erant & aliæ potestates &* *Heretochii munus:* *dignitates per provincias & patrias universas, & per singulos Comitatus totius Regni prædicti constitutæ qui Herotoches apud Anglos vocabantur, scil. Barones nobiles, & insignes, sapientes, & fideles, & animosi: Latinè verò dicebantur ductores exercitus, apud Gallos Capitales Constabularii vel Mariscalli exercitus. Illi vero ordinabant acies densissimas in præliis, & alias constituebant prout decuit, & prout eis melius visum fuit, ad honorem coronæ & ad utilitatem Regni. Isti vero viri eligebantur* *Electio.* *per commune concilium, pro communi utilitate Regni per provincias & patrias universas, & per singulos Comitatus in pleno* ꝼolcmoꞇe, *sicut & Vicecomites provinciarum & Comitatuum eligi debent: Ita quod in quolibet Comitatu semper fuit unus Herotoch. per electionem electus ad conducendum exercitum Comitatus sui, juxta præceptum Domini Regis, ad honorem & utilitatem coronæ Regni prædicti, semper cum opus adfuerit in Regno. Item qui fugiet à domino* *Herisliti pœn* *vel socio suo pro timiditate belli, vel mortis, in conductione heretochii sui in expeditione navali vel terrestri, perdat omne quod suum est, & suam ipsius vitam, & manus mittat dominus ad terram quam ei antea dederat.*

Electio Heretochii.

Eligebantur (inquit lex) *Heretochii in pleno Folcmote*, hoc est, non in illo sub initio Calendarum Maii (de quo supra in voce *Folcmotum*) at in alio sub Capite Calendarum Octobris, ut inferius, loco penultimè citato, demonstratur. Aderant tunc ipsi *Heretochii*, & quæ voluere, imperabant exequenda: consulto tamen Procerum cœtu; & judicio totius Folcmoti approbante. Popularis ista Heretochiorum seu ducum electio, nostris Saxonibus cum Germanis aliis, communis fuit; ut in Boiorum LL. videas, Tit. 2. ca. 1. §. 1. Sed licèt *Heretochii* nostri, titulo salutentur quo *Duces* majores, & provinciarum Satrapæ, viz. *Hertoganes*:

nes; ex eo tamen classe non sunt habendi, sed aut Vicecomitibus coæquales, aut inferiores certè; si in LL. Henrici 1. Juxta dignitatum gradus, recitentur. *Intersint*, (inquiunt) ad generalia Comitatuum placita, *Episcopi, Comites & Vicecomites, Heretochii, trithingrevi, Ledgrevii &c.* Mihi jam planè videntur *heretochii*, idem esse qui in Æthelstani LL. cap. ultimo, *Holdes* nuncupantur; nam hîc *Vicecomites* & *Heretochios* jungit, illic *Holdes*, & *Hehgerefas* quod *Vicecomites* significat. Vide *Hold*.

Holdes.

¶ ***Herezelda.***] Ut notat Skenæus ad Tit. *de herezeldis* in Quon. Attach. ca. 23. dicitur, à Germ. *herr*, pro domino, & Scotico *Zelde*, pro dono sive donatione: Unde *Herrezelda*, i. (inquit) *gratuita donatio, quæ ab husbando seu agricola, datur domino suo, ratione dominii & reverentiæ. Ideo laudativum seu landemium dicitur; à laudando domino.* Alciat. lib. 1. parerg. ca. 45. & in l. 3. C. de jur. Emphyt. *Apud nos non nisi post mortem husbandi solvitur. Angli hariotum vocant.* Hæc ille. Dici videtur ab *heregeld*; de quo supra, *g* in *z* (ut illis sæpè) transeunte. Vide *Hereotum*.

Laudativum. Laudemium.

Hariotum.

¶ ***Herga.***] Occa vel crates quà agricolæ glebas minuunt, **an harrow.** Chart. Will. Conq. in lib. M. S. Archiep. Cant. fol. 10. b. *Will's Rex Goisfrido Vicecomiti, & cæteris Londoniensibus fidelibus meis salutem. Mando & præcipio vobis ne in terris Lanfranci Archiep. quæ ad* Hergam *Manerium suum pertinent cervas vel cervos, vel capreolos, nec omnino aliquam venationem faciatis quibus ipse præceperit, vel licentiam dederit.* Idem in Anglico ibidem.

¶ ***Heribannum,*** & ***Heribannitor.***] Vide *Herebannum*.

¶ ***Heribergare.***] Propriè est *castrametari*, & exercitum loco tuto seu munito suscipere. Nam Sax. heꞃe, *exercitus*; beꞃʒian, *munire, defendere*. Deducitur ad privatos, utpotè viatorem tecto sarto & securo excipere: *hospitari*. Capitul. lib. 3. tit. 68. —— *nec pro heribergare nec pro alio banno, heribannum Comes exactare præsumat.*

Heribergum.

Heribergum: munimen castrense ad excipiendum exercitum: *Heristallus*, & quod in inferiori Imperio, Φοσσάτον dicitur. *Hospitium castrense*, & per translationem, quodvis *hospitium*. Adnuntiatio Domini Caroli in edicto Pistensi, ca. 37. *Et quoniam fideles nostri in istis, quæ in Sequana sunt, & in aliis operibus laborant, & heribergum nostrum quod præterito anno hîc fieri jussimus, homines de illa parte Sequanæ in istas partes venientes, & de istis partibus in illas partes euntes destruxerunt, per occasionem quia in illo contra debitam reverentiam manere cœperunt: & nunc istud heribergum non sine labore & dispendio fidelium nostrorum fieri fecimus: volumus & expressè mandamus, ut sicut nec in nostro palatio, ita nec in isto heribergo aliquis alius sine nostra jussione manere præsumat, nec illud aliquis destruat.*

¶. ***Herireita.***] L. Boior. Tit. 3. ca. 8. §. 1. *Si quis liberum hostili manu cinxerit, quod herireita dicunt, ad ostium cum 42 clypeis, & sagittam in curtem projecerit aut quodcunque telorum genus, cum 40 sol. componat. Duci verò nihil minus.* **Her** (inquit) Lindenbrogius, *exercitus*: **reita**, *equitatura*. Rectè: sed ego hîc potiùs, *reita*, duxissem à Sax. ꞃæꞇ, i. agmen, caterva: nobis hodie **riot** & **rout.** Sic ut *herereita* idem sit quod *caterva militaris*: nec tantùm equestris (ut Lindenbrogio visum) sed etiam pedestris, ut ipsa lex innuit. Clypei enim & sagittæ (de quibus hîc mentio) propriè non sunt equitum arma, sed peditum. Equites enim scutis instruuntur, si genuinus verborum usus apud Grammaticastros expetendus sit. Sed scuta & clypeos confundit hæc ipsa lex, nam adjungit sequenti §. *Si autem minus fuerint scuta* (viz. quam 42.) *veruntamen ita per vim injustè cinxerit, quod heimzuht vocant, cum 12 sol. componat.* Ad hoc, idem: Germanis **heimzuch**, *expeditio hostilis.* Saxones nostri in consimilem utuntur sensum, **Here** & **Hloth**: quæ vide.

Heimzuch.

¶ ***Herislit,*** & ***Herisliz,*** malè ***Eriliz***] Juxta Boherium, & legis Longobardicæ interpretes, est *armorum depositio*: ab **her** (inquit Lindenbrog.) i. *exercitus*, & **lassen** *deserere*. Sed Ludovicus Imp. in Addit. 4. ad Capitular. ca. 81. & deinde Carolus Calvus in Edicto Pistensi ca. 33. dicunt armorum depositionem, *Scastlegi* appellari. *Postquam* (inquiunt) *Comes & Pagenses de qualibet expeditione hostili reversi fuerint, ex hoc die super 40 noctes sit bannus recisus, quod in lingua Theodisca Scastlegi, id est, armorum depositio vocatur.* Certè vox utraque metaphoricè id idem notat: sed ut mihi videtur) diverso modo à Saxonibus ducta. heꞃe enim intelligo *exercitum*: ꞅliꞇ & ꞅlice, *fissuram, diruptionem, separationem* significare. Sic ut *heri-slit* sit diruptio exercitus (uti *laghslit* diruptio seu violatio legis) *Scastlegi* autem *certaminis* seu *pugnæ depositio*, à Saxonico ceaꞅꞇ, i. *certamen, contentio*: lęgen, *deponere*. Perinde ac si illud esset illegitima ab exercitu decessio: hoc verò, finita jam pugna, legitima certaminis depositio. Luebatur *Herisliz* ex antiqua consuetudine, sententia capitali, ut refert Capitulare lib. 3. ca. 70. velut alia habet editio: Qui *Eriliz fecerit, ipse ut reus majestatis, vitæ periculum incurrat, & res ejus fisco socientur.* Vide pœnam ejus apud Saxones in voce *Heretochius*.

Scastlegi.

Pœna Herislit.

¶ ***Heristallus.***] Sedes exercitus, locus castrametationis, ꞅꞇal enim, *stabulum, statio*. Paderbornensis Monachus in Annal. de vita Caroli M. lib. 1.

Nomen heristalli dederat cui barbara lingua.

¶ *Hernesium.*] Vide *Hervesium.*

¶ *Herpex.*] Instrumentum quo agricolæ post arationem glebas comminuunt, & terram æquant. *Crates, occa.*

Herpicatio pro opera unius diei cum *herpice.* Extenta manerii de W. 13. Ed. 3. *Item faciet 3 herpicationes, vel dabit 3 den.*

¶ *Herschildt.*] *Servitium militare, Scutagium.* Chron. Laurisham. pa. 91. —— *quæ idcirco Rex remiserat, ne fortè dignitas regalis abbatiæ, militari clypeo qui vulgo herschildt, subtracto, diminueretur: Actum An. 1147.* Her, *exercitus:* ſcild, *clypeus.* Vide supra *Escuagium*: infra *Scutagium.*

¶ *Herthamon.*] L. Frison. Tit. 22. §. 28. *Si præcordia, id est, herthamon gladio tetigerit.* Vera (inquit Lindenbr.) videtur lectio —— *Præcordia, id est,* herta-wond *gla. tetig.* Germ. herte, *cor:* Wund, *vulnus.*

¶ *Herthobertreingrevet.*] Verbum sesquipedale, sed quod eisdem apicibus exhibent & codex meus M. S. & Cottonianus, in LL. Henrici 1. ca. 8. *Intersint autem* (Comitatuum comitiis) *Episcopi, Comites, Vicecomites, Herthobertreingrevet, Leidgrevei, Vicarii, Centenarii, Aldermanni, Præfecti, Præpositi, Barones, Vavasores, Thungrevii, & cæteri terrarum domini.* Diu me torsit; tandem restituo: *Episcopi, Comites, Vicecomites, Heretochii, Trehingrevei, Leidgrevei, &c.* Vide *Heretochius & Trihinga.*

¶ *De Hertho Dea priscorum Saxonum & Anglorum.*

¶ *Herthus,* & *Hertus.*] Suevorum & Borealium Germanorum dea: perinde & eorum Anglorum, qui cum Saxonibus Britanniam nostram applicantes, nomen nostratibus reliquerunt. Cultum & immanitatem deæ refert Tacitus in Germ. mor. *Reudigni deinde & Aviones & Angli & Varini &c.* —— *in commune Hertum, id est, Terram matrem colunt, eamque intervenire rebus hominum, invehi populis arbitrantur. Est in insula Oceani Castum nemus, dicatum in eo vehiculum veste contectum, attingere uni sacerdoti concessum. Is adesse penetrali deam intelligit, vectamq; bubus fœminis multa cum veneratione prosequitur. Læti tunc dies, festa loca, quæcunq; adventu hospitio dignatur. Non bella ineunt, non arma sumunt, clausum omne ferrum, pax & quies tunc tantum nota, tunc tantum amata, donec idem sacerdos satiatam coversatione mortalium deam templo reddat, mox vehiculum & vestes, & si credere velis, numen ipsum secreto lacu abluitur. Servi ministrant, quos statim idem lacus haurit. Arcanus hinc terror, sanctaq; ignorantia, quid sit illud quod tantum perituri vident.* Porrigitur Germania, Taciti ævo, ad mare Balticum: ipsumq; hoc mare Oceanus videtur, insulam exhibens, *Casto* luco & penetrali *Herti* deæ insignem. Mallem verò deæ nomen *Hertham* scribi, quàm *Hertum*: etiam sine aspiratione inceptiva. Nam Saxones nostri & nos hodie, earth, pro *terra*, à Græco ἔρα: hearth, dicimus pro *focali.*

Herthi apud Tacitum descriptio.

De *Hertho* dea in nostrarum antiquitatum latibulis nihil reperio: ni ingentia illa saxa, quæ in planicie Salisburiensi conspiciuntur, *Herthi* templum judicare arbitremur. Cum enim terra orbis sit, & in aëre pendens: hæc ipsa rudera orbicularis templi vestigium præferunt, saxis aliis ita aliis impositis, ut pendere quædam magis videantur, quàm suffulciri: atque inde Stone-heng, i. *saxa pensilia*, appellari. Hac templi specie Terram coluere veteres: *Magnam* eam *matrem* nominantes, quòd ut cœlum deos, sic ipsa deos, pariter & homines, & cætera animalia procreasset, rerumq; omnium custos esset & origo, ut Lucretius lib. 2.

Herthi templum, quale.

Quare magna deum mater, materq; ferarum,
Et nostri genitrix hæc dicta est corporis una.

E plurimis enim terræ facultatibus, plurium sibi effinxit Ethnica stultitia numinum appellationes; quibus interdum illas facultates, interdum terram ipsam adumbrabant. Cybelis, Ideæ, Opis, Rheæ, Maiæ, Cereris, Isidis, Heræ, Hecatis, Proserpinæ, aliorumq; infernalium, quæ unà (licèt ignotis nobis vocabulis) populi boreales ante alia coluere. Ea enim terræ fructibus præesse opinati sunt, virtutemq; vegetativam hyeme in latibula terræ receptam, conservare: vere & æstate in mortalium usus, reddere fœcundissimam. Vim etiam gignendi & procreandi penes illa esse: largitaque hanc ex abundanti aquilonem incolentibus, cultum vicissim abundantius vendicare. Hinc in infernalium honorem temporis spatia, non per dies & annos (ut cæteræ Gentes) sed per noctes & hyemes, boreales populi numerabant: juxta illud Taciti, *Nox diem ducit.* Et hinc nocturna illa sacrificia, calentesq; humano sanguine hecatombes: Inferis gratæ ob sævitiam, terræ propter effusi cruoris fæcunditatem: unde Ovidius,

Facultates terræ pro numinibus habitæ.

Boreales, numina infernalia maximè colebant.

Luxuriat Phrygio sanguine pingis humus.

Cùm autem omnia ista numina in terræ penetralibus, tanquam in utero suæ matris foverentur: honores Terræ impensi ad singula pertinebant: ideoq; unà in Terræ simulachro, velut in Pantheone, venerabantur. Simulachrum non describit Tacitus: quòd in vehiculo tectum (ut in terra sunt omnia) soli innotuerit sacerdoti. Intro tamen fuisse, prodit: nam *deam* (ait) *templo reddi*: & *numen ablui.*

Quale

Simulachrum Terræ. Quale apud Barbaros habebatur (variantur enim pro arbitrio Gentis, cultus numinum & simulachra) nusquam fortè constiterit. Sed ut in aureis nummis M. Figuli, & antiquis aliis Romanorum deprehenditur sub effigie Cybelis: matrona erat turrigero capite; cui Servius Æneid. 10. clavem addit, quòd tempore verno apperitur, hyemali clauditur. Lucretius loco hic supra citato Terram deam plurimis descripsit: & sic inter alia.

Ejus descriptio

Hanc veteres Graium docti cecinere poetæ
Sublimem in curru bijugos agitare leones:
Aeris in spatio magnam pendere docentes
Tellurem, neq; posse in terra sistere terram.
Adjunxere feras, quia quamvis effera proles
Officiis debet molliri victa parentum.
Muraliq; caput summum cinxere corona,
Eximiis munita locis quia sustinet urbes:
Quo nunc insigni per magnas prædita terras
Horrificè fertur divinæ matris imago, &c.

Virgilius hæc multò succinctius Æn. 10.

Alme parens Idæa deum, cui Dyndima cordi,
Turrigeraq; urbes, bijugique ad fræna leones.

Hi, leones in curru jungunt ratione à Lucretio reddita. Tacitus verò boves fœmineas, agriculturam & ubertatem significaturas. Ideo autem ista commemoro, quòd ad antiquitates nostras rimandas in aliquibus conducant: nam in hunc usq; diem priscæ quædam manent insaniæ vestigia. Non solùm enim septimanas per noctes edicimus (ut **Sevnights, Fortnights**) sed & fluvios plures habemus Isidis nomine insignes.

¶ **Hervesium.**] Breve Regium in actione *sur le case* apud Fitzherbert. fol. 94. *Si W. &c. tunc pone J, &c. ostensurus quare idem J. tres currus pro victualibus & hervesiis ipsius W. ad partes transmarinas ducendas —— facere & fabricare apud S. assumpsit, &c.*

¶ **Hestha.**] Domesd. Tit. Cestre. *Quando Rex ipse ibi veniebat, reddebat ei unaquaq; carucata CC. hesthas, & unam cunam plenam cervisiæ, & unam butyri ruscam. Hesthum* intelligo pro capo, seu gallo castrato; vel pullo quopiam gallinaceo. A Gall. *hestaud*, undè *hestaudeau*: ut *Chapon*, *Chaponneau*.

¶ **Heveward, & Hevewarth.**] Domesd. Titt. Grentebr. Picot de Grentebr. Hestiton. —— *Et viii. Averas, & viii. Ineward, & iii heveward Vicecomiti inveniebat.* Sic iterum in Tadely; sed neutro liquidè.

¶ **Heyward.**] Rei pascuæ curator. A Sax. hiȝ, i. *gramen*, vel heȝ, i. *sepes* (quod utrumq; Anglo-Normanni *hey* pronuntiant) & peapð, i. *custos*. Hodie passim pro armentario accipitur, **An Heardman.**

¶ **Hicbyn.**] Beda in Hym. pag. 401. Tom. 1.

¶ *De Hidis & Hidagiis Anglo-Saxonicis.*

¶ **Hida, & Hyda**; Scotis, **Hilda.**] Terræ portio, quæ vel ad alimonium unius familiæ, vel ad annuum pensum unius aratri designatur. Authoribus medii temporis; *Mansum, mansio, carucata terræ, colonica, &c.* Bedà, *familia*. A Sax. hyð, non ut Polydorus intelligit, pro corio bubulo; ac si tantum contineret soli (juxta id Virgilii Æn. 1.)

Taurino quantum possent circundare tergo:

Sed ab hyðen, pro *tegere*. Sic ut hyð apud Saxones nostros, idem sit quod apud Latinos *tectum*. Continet autem (ut etiam *Mansum*, *Manerium* & ejusmodi) non solùm ipsam domum in qua habitatur; sed ascriptos pariter fundos, quos distinguens alias vetus Bedæ Interpres Saxonicus, hyðelanðep, quasi *terras ad hydam* seu *tectum pertinentes*, appellavit. Hid-land

Huic convenit vox Scotorum *Hilda*, nam **hilden** etiam est *tegere, cooperire*. Hilda.

Quoad *hydæ* significata: dicatur primò pro statione & confugio; nam sic hydae interpretantur Gloss. Cant. *y* in *u*, ut sæpè inter Saxones, transmutato.

Pro manso, & mansione. Sic ubi dicitur in Charta Ethelwulphi R. circ. An. Dom. 845. Famulis Dei *semper decimam mansionem perdonari dijudicavi*: Willielmus Malmesburiens. hanc enarrans in lib. 1. de Gest. Regum. *Semperq;* (inquit) *ad finem seculi in omnis suæ hæreditatis decima hida, pauperem vestiri & cibari præcepit.*

Pro *familia*. Nam quas Beda in Histor. Ecclesiast. *familias* vocat; Authores alii, & Interpres ejus Saxonicus (ut supra diximus) *hidas*, & hyðelanðep nuncuparunt.

Pro *carucata*: id est, portione terræ, ad unius aratri pensum annuum sufficienti. Nota hæc & vulgaris significatio. Henric. Huntington. Hist. lib. 6. in A.Do. 1008. Regis Edelredi 30. *Fecit Rex parari per totam Angliam ex 310 hidis navem unam: & ex octo hidis, loricam & galeam. Hida autem Anglicè vocatur terra unius aratri culturæ sufficiens.* Item Author Annalium Waverliensium in Anno 1083. *Misit Rex 5 Justiciarios suos per unamquamq; scyram, i. provinciam Angliæ, & inquirere fecit per jusiurandum, quot hidæ, id est, jugera uni aratro sufficientia per annum, essent in unaquaq; villa.* Hoc idem Mat. Paris in eodem Anno, adjungens: *& quot animalia*

animalia possent sufficere ad unius hidæ culturam.

De quantitate *Hida.*

Quantitas *Hydæ* in dissidio est. Gervasii Tilberiensis nuncupatus liber, ca. penult. *Hida* (inquit) *in primitiva institutione, ex 100 acris constat.* Codex quidam M.S. Abbatiæ Malmesber. (ut ab Agardo accepi) sic legit. *Virgata terræ continet 24 acras: & 4 virgatæ constituunt unam hidam: & 5 hidæ, constituunt feodum militare.*

Non erraverit igitur qui *Hidam* (ut *carucatam*) dixerit, unius aratri pensum annale: exploso hoc quod asserit Polydorus; *hidam esse mensuram terræ quæ 20 continet jugera.*

Anglia per hidas distributa.

Angliæ per *hydas* distributio perantiqua est: non Aluredo, licèt Insulam multifaria insignivit divisione (ut in voce *Comitatus*, ostendimus) tribuenda. Occurrit enim *hydarum* mentio in LL. Regis Inæ (qui supra 100 annos Aluredum præcessit) ca. 14. & *hydarum* nomine antiquius cognoscuntur 12 illæ portiones, quæ 12 Josephi Aramathiæ comitibus in Glastoniensis monasterii territorio feruntur assignatæ.

Videtur *Aluredus* Rex Tabulam *Wintoniæ* juxta has hydarum dimensiones composuisse.

Vetertimam etiam apud Franciscum Tantum schedam aliquando vidimus, *hydarum* numerum in Angliæ regiunculis (ex parte australi Humbri fluminis) continentem, ut hic sequitur.

1 *Myrcna continet* 30000. Hidas.
2 *Woken-setna* 7000. hidas.
3 *Westerna* 7000. hidas.
4 *Pec-setna* 1200. hidas.
5 *Elmed-setna* 600. hidas.
6 *Lindes-farona* 7000. hid.
7 *Suth-Gyrwa* 600. hid.
8 *North-Girwa* 600. hid.
9 *East-Wixna* 300. hid.
10 *West-Wixna* 600. hid.
11 *Spalda* 600. hid.
12 *Wigesta* 900. hid.
13 *Herefinna* 1200. hid.
14 *Sweordora* 300. hid.
15 *Eysla* 300. hid.
16 *Wicca* 300. hid.
17 *Wight-gora* 600. hid.
18 *Nox gaga* 5000. hid.
19 *Oht gaga* 2000. hid.
20 *Hwynca* 7000. hid.
21 *Ciltern-setna* 4000. hid.
22 *Hendrica* 3000. hid.
23 *Unecung-ga* 1200. hid.
24 *Aroseatna* 600. hid.
25 *Fearfinga* 300. hid.
26 *Belmiga* 600. hid.
27 *Witherigga* 600. hid.
28 *East-willa* 600. hid.
29 *VVest-willa* 600. hid.
30 *East-Engle* 30000. hid.
31 *East sexena* 7000. hid.
32 *Cant-warena* 15000. hid.
33 *Suth-sexena* 7000. hid.
34 *VVest-sexena* 100000. hid.

Regnum Australium Saxonum dicitur continere 7000. familias (hic supra, hidas) Hollinsh. part. 1. pag. 123. col. a. l. 16.

Per Hidas abnegare, quid. Vide *Hloth.*

Hidagium Hidegild.

Hidagium: tributum quod ex singulis *hidis* colligitur: aliàs *Hidegild*, vide *Geldum.* In taxis & tributis persolvendis, mos antiquus fuit Regnum per *hidas* describere. Mori dedit originem Rex (opinor) Edelredus An. Dom. 1008. cum adversus Danos ex 310 *hidis* navem unam, ex octo, loricam & galeam præstanda indixisset. Gulielmus Conquestor (ut refert Florentius Wigorn, in An. 1084.) *de unaquaq; hidâ per Angliam sex solidos accepit*, vel (ut inquit Mat. Paris in An. 1083.) —— *de unoquoq; aratro, i. hydâ terræ totius Regni, &c.* Gulielmus Rufus ad Normaniam retinendam, *habuit* (inquiunt LL. Ed. Confess. ca. 11.) *ex unaquaq; hyda 4 sol. Ecclesia non excepta.* Henricus 1. maritandæ filiæ suæ gratiâ Imperatori, *cepit ab unaquaq; hidâ Angliæ tres sol.*

Hidatus.

Hidare est terram per *hidas* censere: ex quo *hidatus* particip. pro *taxatus* vel censui descriptus.

¶ **Hyde, & game.**] Antiquis dicebatur terra arabilis. *Cook, ad Lit.* lib. 2. cap. 5. Sect. 17.

¶ **Hidgildum.**] LL. Can. cap. 42. ðolig hir hyd oþþe hydgilder, id in translat. vet. M. S. dicitur: corium suum perdat vel 30. denariis redimat secundùm quod factum erat. Sic & in LL. Hen. 2. cap. 79. tit. de liberatione servi. *Si quis de servitute redeat in liberam, in testem manumissionis cum testibus redditionis domino suo 30 d. reddat precium scil. corii sui &c.*

¶ **Hikenild, & Hikenild-street.**] Vide *Ikenild.*

¶ **Hilda.**] Vide *Hida.*

¶ **Himilzorum.**] L. Boior. seu Baiwar. Tit. 7. ca. 7. *Si indumenta* (mulieris) *super genucula elevaverit, quod himilzorum vocant, cum 12 sol. componant.*

¶ **Hinderling.**] Contumeliæ vocabulum ab Occiduis Saxonibus profectum: atq; *Dearling* & *Adeling* contrarium. LL. D. Edoüardi Confess. ca. 35. in calce. —— *in quadam regione Saxoniæ*, Ling, *imago dicitur*, Athel *Anglicè nobilis est, quæ conjuncta sonant*, nobilis Imago. *Unde etiam Occidentales Saxonici. scil. Excestrenses, habent in proverbio summi despectus*, hinderling, *i. omni honestate dejecta & recedens imago*, hoc est, patri omnino dissimilis, hynder enim *remotum* significat & *posthabitum.* Vide *Adelingus.*

¶ **Hinefar.**] Vide *Heinfar.*

¶ **Hinniculum.**) Spurcum ludi genus, quod damnat S. Augustinus Serm. de Tempore re 215. *Si adhuc agnoscatis aliquos, illam fortidilissimam turpitudinem de hinnicula vel cervula exercere: ita durissime castigate ut eos pœniteat rem sacrilegam commisisse.*

¶ **Hioba.**] Vide **Hoba.**

¶ **Hird.**] Vide **Herd** pro *familia.*

¶ **Historia,** & **Historicus.**] Gervasius Dorobern. in prologo suo refert *Historicum* fusiùs & elegantiùs scribere, *Chronicum* simpliciùs atq; breviùs: atq; ita inter *Chronicum* & *Historicum* interstinguere; ut Rad. de Diceto Lond. olim Ecclesiæ Decanus ex A. Gellii lib. 5. inter *Historiam* & *Annales*: Etenim cum utrumq; rerum gestarum sit narratio; tamen earum propriè rerum esse *Historia*, quibus gerendis interfuit is qui narrat: *Annales* verò cum res gestæ plurium annorum, observato cujusq; anni ordine deinceps componuntur. *P. Caius de Antiq. Cantab. Acad. lib. 1. pa. 125.*

¶ **Hitha.**] Vide **Heda.**

¶ **Hiusa, Hiusare.**) Vide *Guisare*, & *VVisare*: nam hæc eadem sunt. Scilicet, *Hiusare*, id quod Jurisconsulti *arrestare*, & *saisire* dicunt: *Huisa* ipsa, arrestum, saisura, & signum quod in facti editur notitiam. Constitutt. Caroli M. an. regni 11. *casa eorum* (viz. iterum decimas subtrahentium) *hiusen-* Hiusare. *tur, quousq; pro ipsa decima, sicut supradictum est satisfaciant. Quod si denuò rebelles, vel contradictores esse voluerint, & super ipsam hiusam* Hiusa. *sua authoritate intrare præsumpserint, tunc à ministris reipub. in custodia mittantur, &c.* *Hiusam* hoc loco, haud benè deducit Amerpachius à Germanico, **huſs**: inquit enim, *id est prædium, fundus, agri tantum quantum uni rustico ferè satis est ad rem familiarem.* Hoc certè illud est quod aliàs *huba* & *hoba* dicitur: sed *hiusæ* radicem, vide in *Guisare.*

¶ **Hloth,** al. **Hlode.**) Saxonic. Turma vel cohors dicitur quæ à septem hominibus, usq; ad xxxv. numeratur. LL. Inæ M. S. ca. 13. *Fures nominamus usq; ad septem homines: à septem* **hloth**, *i. cohortem vel satellites usq; ad viginti quinq;* (quod juxta Saxonicum exemplar emendandum est, *triginti quinq;*) *dein-* Per 100 hidas abnegare, quid *ceps* **here**, *i. exercitus. Qui de hloth fuerit accusatus, abneget per centum viginti hidas, vel sic emendet.* Hoc est, qui turmæ illegitimæ interfuisse arguitur: tot sacramentalibus se purget quot is qui centum & viginti æstimatus est hidis, vel æquali se mulcta eximat, quod *hlothbota* dicitur.

Hlothbota. *Hlothbota* igitur mulcta est ejus qui turmæ illegitimæ interfuerat: nam bot Sax. *compensatio, emendatio.* LL. Aluredi M. S. ca. 26. *Si quis hominem twyhindum innocentem, hlode, i. cum coborte occidat: reddat qui ictum confitebitur, weram & wytam, & omnis qui interfuerit, reddat 30 sol. de hlothbota.*

¶ **Hoba, Hobunna,** interdum **Hioba, Huba, Houba,** & **Oba.**] Occurrunt in antiquis Germanorum Chartis, idem significantia, quod Gallis & aliis *Mansus*, *casata, colonica, villa rustica, &c.* Gloss. Latino-Theotisc. *Mansus*, Houba, *vel* **hzaz.** Vadianus ad Houba. Chart. primam secundi lib. de Collegiis Monasteriisque Germ. ait: *hobam fundi partem significare, maximè pascuam*, hodiequè vulgò **huob** appellari. Sed in Traditionibus Fuldens. Huob. lib. 1. Tradit. 86. lego; *duas hobas terræ arabilis*: & Trad. 116. *tres hobas cum silvis* Hubi. *& campis.* Expressiùs autem enumerantur *hobæ* partes lib. 2. Tradit. 31. *Ego Gruzing dono atq; trado in elimosinam meam ad monasterium quod dicitur Fulda, &c. quatuor hobas in silvis, in campis, in pratis, in pascuis, in aquis, in aquarum decursibus, in molinariis, in ædificiis, in mancipiis, quorum nomina hæc sunt, Ruadmunt & servus ejus,* & 8 præterea.

Dicitur & *hoba* de beneficio Presbyteri, quod in Concil. Valentin. *colonica* appellatur, aliàs *dos Ecclesiæ.* Diplom. Ottonis à Lindenb. citatum, ad *dos Ecclesiæ. Dotem quoq; Ecclesiæ, id est, duas hobas possessu, & beneficium presbyteri in eodem loco deservientis, id est, unam hobam.*

Prodit & sine aspiratione apud Goldast. Obe. Chart. Alaman. 42. *servum meum —— cum oba sua.*

Hoba servilis, cujus fit mentio lib. 2. Trad. Hoba servilis 77. ea est quæ vel servo competit; vel prædialibus servitiis est obnoxia: ut *Mansus servilis*, respectu *Mansi dominici*, vel *indominicati.*

Hobunna, lib. 2. Trad. 25. idem planè exponitur quod *colonia*, hoc est, *mansus* —— Hobunna. *novem* (inquit) *trado colonias* (*hoc sunt hobunnæ*) *integras cum omnibus adjacentiis, & finibus suis, in arialis, in terris arduris, in silvis, in campis, &c.* ut supra.

Hioba, lib. 1. Trad. 69. —— *unam hiobam* Hioba. *in villa Bonlant.*

¶ **Hobellarii, Hobblers.**] Erant milites gregarii, levi armatura & mediocri equo ad omnem motum agili, sub Edouardo 3. in Gallia merentes. Dicti (ut reor) vel ab istiusmodi equo, **An Hobby** appellato. Vel potiùs à Gall. *hobille* pro tunica, quòd non ferro solido, sed tunicis plurimo lino intextis (olim *VVambasia*, Angl. **Jackes** nuncupatis) muniebantur. **Light Horsemen,** Cataphractis contrarii. Quære. Tabulæ classes describentes in exercitu ejusdem Edouardi Caletem obsidentis, An. Dom. 1350. Regis 25. sic habent. Sub Comite Kildariæ: **Bannerets** 1. **Knights** 1. **Esquires** 38. **Hoblers** 27. Sub dom. Reginaldo Cobham: **Bannerets** 1. **Knights** 6. Hobiners.] **Esquires** 30, **Hobiners** 19. **Archers on horse** 24. **Archers on foot** 32. Sub dom. Fulcone de la Freigud Hibernico: **Bannerets** 1. **Knights** 1. **Esquires** 18. **Hoblers** 14. Stat. 2. An. 18. Ed. 3. ca. 7. *Et que gentes darmes, hobelers, & archiers esluz pur aler en le service le Roy hors d'engleterre soient as gages le Roy du jour que ils departirent hors dez Countees ou i's furent esluz tanque à lour revenuz.*

Et An. 25. Stat. 5. ca. 8. *Nul home soit arêtes de trover genz d'armez, hob'ers, n'archers autres que ceux qui teignent per tiels servicez, sil ne soit per commen assent & grant fait en parlement.* Duravit vocabulum usq; ad ætatem Henrici 8.

¶ ***Hobunna.***) Vide *Hoba.*

¶ ***Hocday, Hokeday, Hoc-tuesday.***] Festivitas quam deletis ejectisq; jam Danis, Angli (ut exactis Regibus Romani, *Fugalia*) annuè in lætitiam celebrabant: quæ nec hodie apud mediterraneos penitus exolevit. Lambardus in Itinerar. Cantii Tit. Sandwich, dictum putat, quasi hucxtuesdæg, id est, *dies Martis irrisorius.* Non inficior: vulgari tamen nomini benè convenit hodiernus celebrandi ritus. Nam cùm **hocken** idem sit Germanicè *quod obsidere, cingere, incubare*: alii in hac celebritate alios obsident, capiunt, ligant (præsertim viros fœminæ) atq; inde, **binding Tuesday**, i. *Diem Martis ligatorium* appellant. Origo rei inde videtur petenda, quod Æthelredus Rex sub armorum lustrandorum specie, *subitò uno eodemq; die per universum Regnum Danos omnes occidit*: ut testantur LL. Edouardi Confess. ca. 35. Consummatio verò ipsi Edouardo tribuenda est. Nam irruentibus, instar turbinis, in ultionem Danis, & rerum summi undequaq; potitis; eos denuò sic ejecit Edouardus, ut spem omnem redeundi ademit. Cædem sub Æthelredo perpetratam refert Hen. Huntingtoniens. lib. 6. in festivitate S. Bricii, i. 13. Novemb. & ordinariæ lustrationis dies (uti proditum est in dicto LL. capitulo) *singulis annis in crastino Purificationis beatæ Mariæ* indicebatur. Sed hæc nostra celebritas in neutro istorum dierum peragitur, at in æstate. Sic enim vetus quoddam Rentale Manerii Regalis de *Wy*, *pa.* 35. *Et sciendum est quod unumquodq; averagium æstivale, fieri debet inter Hokeday & gulam Augusti & per diem sabbati, &c.* M. P. Contin. An. 1258. pag. 933. Post diem Martis quæ vulgariter *Hokedaie* appellatur, factum est Parlamentum Londini. Et superius in An. 1255. pag. 876. In Quindenâ Paschæ, quæ vulgariter **Hokeday** appellatur, convenerunt Londini &c.

Dani occisi.

Funditus eject.

Sanè dies incerta videtur, & plerunq; pro arbitrio vulgi & locorum. Cur autem fœminæ rei obtinuerint magisterium, ego rationem non teneo.

¶ ***Hockettours.***) In Statuto prisco quod *Ragman* nuncupant, sic legitur. *Que nul enquerelant, neu respoignant, ne soit surprie neu cheson pur hockettours, ou barrettours, parent que la veritie ne soit ensue.*

¶ ***Hoffwart.***] Germ. Vide *Honawart.*

¶ ***Hoga, Hoghia, Hogium, & Hogum.***] *Mons, collis.* A Germ. **hoch** al. **hog.** Belg. **hooh** i. *altus, editus*: unde Anglica obsoleta, **ho** & **how**, pro *monte*; **g** in **w** mutato. Sic in Domesd. Hundredum de **Grenehow** in Comitatu Norfol. *Grene-hoga* dicitur, i. *mons viridis.* Liber Sharburnensis M. S. *Idem Canutus* (Rex) *dedit prædicto Edwino* (de Shanburne) *villam de Neteshamia* (hodie Snetsham) *integram, cum toto dominio integro, & plures alias terras in Comitatu Norfolcia: & similiter dedit ei unam planciem non cultam, sed vastatam, versus orientem, a prædicta villa per sex milliaria Anglicana, ubi idem Edwinus invenit quendam collem & hogum petrosum, & ibi incipiebat ædificare quandam villam, & vocavit illam Stanhoghiam, quæ postea vocabatur Stanhowe.* Locum pluribus refero in antiquam memoriam. Sonat autem *Stanhoghia* montem lapidosum: *Stane* enim, lapidem; *hoghia*, montem.

Stanhow quando condita.

¶ ***Hogaster***, & duplici **g.**] Vide *Oves.*

¶ ***Hoghenehyne.***) Bract. Vide *Houlkenhine*, & *Homehyne.*

¶ ***Hoistings.***] Vide *Hustings.*

¶ ***Holdes.***] Saxonicum. Præfectus militiæ, ab holdan *curare, custodire.* L. Æthelstani MS. de Wergeldis, hoc est, capitis æstimationibus. *Comitis Wergildum est quindecem millia thrymsa. Holdes, & summi Præpositi, quatuor thrymsa.* Intellige *millia*: nam exemplar Saxonicum legit: holðer ⁊ hehgerefar 4. ðurenda. Ego *Holdum* duco eundem esse qui aliàs *Heretochius*, quod vide.

¶ ***Holme.***] Vide *Hulmus.*

¶ ***Holt.***] Sax. *Lucus, nemus.* Inde Germ. **holtz**, *lignum.* Legitur item pro *saltu* & silva grandiori: nam Psal. 28. al. 29. ipse Libanus ðam **holt** appellatur.

¶ *De Homagio & Homine feodali, quædam (inter alia) historicè, &c.*

¶ ***Homagium, Hominium, Hominatus, Hominatio, Hominiscum, Hominiscatus.***] Lego hæc omnia: *hominium* antiquiùs, *homagium* frequentiùs. Ducta ab *homo* pro vassallo, non ut curiosi quidam volunt, à Græ. ὁμάω, *juro*: In *homagio* enim præstando non jurat vassallus, sed in fidelitate, ut supra in ea voce ostendimus. Græcè etiam ab ipso Latino, ὁμάτζιον dicitur: Latinè verò, quasi *hominis agium*: nam cliens profitetur se domini sui *hominem* (i. vassallum) *acturum.* Quà autem *homo* & *homagium* verba sunt feodalia, & in fundamentis Juris illius; copiosè de his passim & Jus illud, & ejusdem Consulti; præsertim Hotomannus, & Lexica, ad quos te ideo relegamus, pauca tamen ad rem historicam pertinentia subnexuri.

Homo.

Homagium sollennius, arctius, & humilius servitii genus est, quod liber homo tenuræ vel beneficii ratione, domino suo præstiterit: prisco

Homagium; quod.

co Romano civi incognitum, sed grassantibus per Imperium barbaris, introductum, & feodali militi, quem *hominem* vocant, impositum.

Ceremonia in faciendo *homagium*.

Conditiones & duras admodum servitutes, supra exposuimus in voce *Feodum*. Nunc professionis formulam, quæ apud plerasq; Gentes eadem fuit, indicabimus. Novus quisq; in hæreditatem feodalem successor, tenetur infra annum se domino sistere, atq; inermis, discinctus, nudus capite, & provolutus in genua, supplicibus item manibus inter sedentis domini manus comprehensis, eum (velut adoraturus) in hunc modum alloqui. *Devenio homo vester ab hac die in posterum, de vita, de membro, & de terreno honore; verus & fidelis vobis exo, & fidem vobis portabo ob terras quas à vobis teneo; salva fide Domino nostro Regi & hæredibus suis.*

Professionis formula, juxta Stat. 17. Ed. 2. Cui tit. Modus faciendi homagium.

His dictis dominus osculum ei impinget, & vassallus erectus, jusjurandum fidelitatis (quod supra vide) extemplo præstabit. Manibus vassalli (seu ut nos dicimus Tenentis) inter manus domini conclusis: *significatur* (inquit Bractonus lib. 2. ca. 35. num. 8.) *ex parte domini, protectio, defensio, warrantia; & ex parte tenentis, reverentia & subjectio.*

Homagium per procuratorem.

Faciendum est *homagium* semel tantummodo ab eodem vassallo, licèt domini sæpius moriantur vel mutentur: ac nec per literas (aiunt) nec per procuratorem, sed in persona tam ipsius domini quàm vassalli; loco & conventu celebrioribus. Propriè in Aula dominica, seu Curia Manerii. Apparet autem in Custumar. Normanniæ Artic. 105. vassallum legitimis excusationibus impeditum, uti bello, carcere, morbo, vi undarum & hujusmodi, posse per procuratorem suum exequi *homagium*. Hoc tamen non fuisse videtur ab antiquo, sed differri potiùs *homagii* præstationem. Certè Philippus Pulcher Rex Francorum, omnino renuit ab Edouardi. 3. procuratore, *homagium* suscipere pro Ducatu *Aquitaniæ* & Comitatu *de Pontif*; vehementiùs exigens ut Edouardus ipse personaliter adimpleret, quod & fecit An. Dom. 1328. Apparet utiq; Artic. 108. licere domino procuratorem substituere ad recipiendum vassalli sui *homagium*: & hoc magis congruè, quàm è contrario.

Licèt autem dixerimus, non juratum esse in *homagio*, sed in *fidelitate*: intelligendum est, quod fidelitatis præstatio individuè sequitur *homagium*, atq; hoc in causa esse conjicio, quòd nonnulli docti asserunt, in *homagio* jurari. Videas tamen apud Krantizum lib. 8. ca. 29. Hamburgenses è prisco ipsorum more Regi fecisse *homagium*, sine *fidelitatis* sacramento. *De homagio quidem, nulla* (inquit) *mora: sed de præstando juramento fit dubitatio. Ostendebant cives veterem observantiam, eamq; chartis privilegiorum astruebant: orantes ut Regia majestas illis acquiesceret rebus, quibus omnes sui in comitatu patres acquievere. Disceptatum est longa verborum altercatione: sed bonis civium allegationibus, cessit Rex moderatissimus permittens veterem urbis probatamq; diu consuetudinem.* In nostro tamen Jure, habetur *fidelitas* de essentia *homagii*, nam si quis fidelitatem remiserit, cassum facit ipsum *homagium*.

Homagium sine fidelitate.

Homagium mulierum & Ecclesiasticorum

Mulieres & viri Ecclesiastici celebrantes *homagium*, non dicunt, *devenio homo vester*: nam mulier ab arbitrio conjugis pendet; Ecclesiastici, Deo (cui in sortem cedunt) famulantur. Laicis igitur fidelitatem & obsequium jurantibus, hi candidæ tantùm mentis professionem olim edidere; ut videas An. 873. in exemplis à Plithoeo datis, inter 12 Scriptores rerum Francicarum. Sed cum hoc Regibus (è quorum munificentia, villas, castra, oppida, urbes, provincias, & Regalia amplissima adepti essent) bellorum atq; hostium metu laborantibus, non satisfaceret: visum est, ut communis salutis gratiâ, ad arctiora vincula, id est, ad *homagium*, & fidelitatis jusjurandum poscerentur. Hoc autem eò gravius, quòd prædiorum unà fructus ad conducendum alendumq; militem, *homagii* nomine sunt exacti. Urbanus igitur Papa in Concil. Romano, ut refert Hovedenus, An. 1099. (inter laicales investituras ambientes) *excommunicavit etiam eos qui pro Ecclesiasticis honoribus, laicorum homines fiunt* (id est *homagium ineunt*). De his acriter disceptatum est inter Seculi & Sacerdotii principes. Sed Ludovicus Crassus Rex Francorum, suo interea diplomate An. 1137. concedit Gaufrido Burdigalensi Archiep. & suffraganeis ejus, ut in *Episcoporum & Abbatum suorum electionibus, canonicam omnino* * gauderent *libertatem, absq; hominii, juramenti, seu fidei per manum datæ, obligatione.* Anglis verò incaluit disceptatio: *homagium* enim fortiùs exigunt Gulielmus junior, & Henricus 1. Constanter negat Anselmus Archiep. Cantuariæ, & in Epist. ad Ernulfum Priorem: *Hoc autem scitote* (inquit) *quia voluntas mea est, quia juvante Deo nullius mortalis homo fiam, nec per sacramentum alicui fidem promittam.* Haud aliter ad ipsum Regem scribit: & Paschalem 2. Romanum Pontificem totum habet à partibus; qui in epist. ad Anselmum ait: *Nuper in synodo apud Lateranense consistorium celebrata, patrum nostrorum decreta renovavimus, sancientes & interdicentes ne quisquam omnino clericus, hominium laico faciat, aut de manu laici Ecclesias, vel Ecclesiastica dona suscipiat.* Sed mutata brevi est hæc sententia. Nam *directi Romam legati, controversiam tot annis agitatam singulari probitate sedarunt. Concessit siquidem Papa* [Paschalis] *ut Rex homagia de electis susciperet, sed nulla per baculum & annulum investiret.* Wil. Malmesb. de gest. Pontif. lib. 2.

De homagio ab Ecclesiasticis præstando magna lis.

* Concedimus.

Ex hoc deinceps tempore ad *homagium* rediguntur, & sub Hen. 2. in Comitiis Clarendoniensibus An. Dom. 1164. ulteriùs cautum est, ut Episcopi & Abbates per Baroniam tenerent, atq; inde tanquam Barones laici responderent; omissis (reor) in professionis formula verbis illis, *Devenio homo vester*, ut offensus Clerus in aliquibus mulceretur. Multò autem antiquiùs, *homagii* professionem, ab

Episcopo,

Episcopo, in Episcoporum Synodo, scriptis porrectam deprehendo: verbis non planè eisdem, sed penè æquivalentibus. Sic enim in lib. 5. Aimoini nuncupato, ca. 24. sub An. 870. *Ego Hincmarus Ecclesiæ Laudunensis Episcopus —— seniori meo Carolo Regi, sic fidelis & obediens secundum ministerium meum ero: sicut homo suo seniori, & Episcopus per rectum, suo Regi esset debet, &c.*

Homagii vetus professio facta ab Episcopo.

Post alias unguendi, coronandi & Regem inthronizandi ceremonias, cuncti proceres Homagium faciunt; Archiepiscopi & Episcopi, genuflectentes; sic

I A. B. shall be faithfull, and true faith and troth bear unto you our Soveraign Lord, and to your heirs Kings of England: and I shall do and truly acknowledge the service of the lands which I claim to hold of you, as in the right of the Church, as God help me.

Quo facto sinistram Regis Buccam deosculantur.

Proceres verò temporales hoc modo Homagium faciunt.

I N. N. become your liege man of life and lymme, and of earthly Worship; and faith and troth I shall bear unto you, to live and dye against all manner of folk, so God me help.

Quibus omnibus peractis, manus suas coronæ in capite Regis existenti imponunt, cum toto posse suo eandem supportare promittentes.

There be two kindes of homage, Soveraing and feodal. Soveraing homage is due onely to the King, in right of soverantie. And this comonly is called liege homag à ligando, **because it byndeth the subiect to the King, but so also was the other ancyently, for that it likewise byndeth the tenant to his feodal Lord. Many examples to that purpose.**

Rich. 1. being in the life of his Father Duke of Aquitane, **refused to do homag for it to the younger K.** Hen. **his Brother, but** Geffrey **Duke of** Britan **did it for** Britan. M.P. 135. l. 38.

Historia Offæ Regis Merciorum in M.S. S. Albani ait, *Rex Offa ingruente mortis suæ tempore totius ditionis suæ convocat nobilitatem: quæ convocata ex Regis praecepto & persuasione, Offano filio suo primogenito ligiam fecerunt fidelitatem & homagium.* fol. 7. a. Ex his nota Authorem falli quod Offæ ævum pro sui ratione expendit: ignota tunc quidem Homagium & fidelitas Anglis. Vide plurima de *Homagio* apud Bractonum lib. 2. cap. 35.

Pro homagio & servitio: in

Pro homagio & servitio. Occurrit hæc clausula in Chartis nostris antiquis, statim ab ingressu Normannorum, sed frequentissimè ab ævo Henrici 2. usq; ad annum 18 Edouardi 1. Parte enim, doni rationem continet. Nimirum donatorem ideo concessisse prædia, ut ab accipiente, ea recipiat quæ ad *homagium* pertinent & *servitia* feodalia. Hoc est, ut accipiens, *homo* ejus fiat seu vassallus, dominumq; eum agnoscat feodalem, & data prædia ab eodem teneat, consuetudines & servitia debita præstiturus: ea scil. quibus Capitali domino donator ipse est obnoxius, habitâ portionis datæ ratione ad integrum feodum, si ipsum integrum non donetur, vel servitia alia in donationis Charta non exprimentur. Non autem constat ex nudis his verbis: utrum per servitium tenuerit militare, an (ut nos dicimus) in soccagio. Nam *homagium* semper incumbit tenuræ militari, sæpè etiam tenenti in soccagio: & servitia sunt tam civilia, quàm militaria. Civilia voco: sistere se Manerii Curiæ, inter reliquos Tenentes seu *homines*, de rebus cognoscere ad dominium, dominumq; pertinentibus: censum reddere; auxilia, operas, consuetudines usitatas præstare. Sed cautum est Statuto (quod diximus) anni 18 Edouardi 1. ne quis terras deinceps daret à seipso tenendas, at à superiori earundem domino; desiitque jam inde hæc in Chartis clausula reperiri.

Chartis quid, & quando desiit.

Respectus homagii. Est ejusdem dilatio in ulteriorem diem, putà in quintum unumquemq; Terminum, Tenenti in Capite ideo concessa, ne de die in diem Regem opperiatur vacantem ad recipiendam *Homagium.* Fieri enim debet *homagium*, quàm primum hæres ad ætatem pervenerit, aut in patrimonium quis sit ingressurus. Pro hac autem gratia, vassallus seu Tenens Regis sub statis anni temporibus, modicum aliquid argenti (Finis nomine) in Scaccario pendit. Et quoniam dilatio ista necessariò sit perpetua, propter graviora Regis negotia, & *homagiorum* multitudinem: ipsa etiam solutio necessariò fit perpetua. Concedatur verò hujusmodi *respectus*, inter alios quosq; dominos & Tenentes suos per *homagium*: & Gallis dicitur, *Souffrance de Seigneur donné au vassal, &c.*

Homagium ligium, illud est quod solummodo Regi debetur ratione supremi dominii: & dicitur à ligando, quòd ab hoc nemo se potest liberare ut (renunciando feodo) ab aliis *homagiis*. Nemo etiam in hoc excipitur. Vide Custumar. Normanniæ Artic. 104. & ibidem Berhaulti commentarium: & quid nos inferius dicemus in voce *Ligius*, & interea quid Arturus Dux Britanniæ sub An. 1202. Hist. de Bretaign. liv. 3. ca. 71.) profitetur. *Noveritis quod ego feci charissimo meo domino Philippo Regi Francorum illustri, homagium ligium contra omnes qui possunt vivere, vel mori, de feudo Britanniæ, &c. salvis omnibus tenentiis de quibus ipse dominus Rex, & homines sui, tenentes erant eo die quo ipse diffidavit Johannem Regem Angliæ.* Huc pertinet *homo ligius* quem sic

Homo ligius

sic expressit Brito Armoricanus, Philippid. lib. 2.

Ricardus Comes Pictaviæ, Philippo Regi.

Esse tenebatur homo ligius, atq; fidelis,
Et tanquam domino jurando jure ligari,
Reddere servitium quod jus feoda'e requirit.

Formam *homagii ligii* ab Episcopo professam An 870. habes in paulò superius recitatis. Sed cùm *homo ligius* à ligando dicitur, & vassallus omnis ex *homagii* vinculo domino suo arctius sit ligatus: subditorum etiam vassalli sæpè apud veteres, *homines ligii* appellantur. Sic in lib. Rames. Sect. 280. *Folcardus factus est homo ligius Abbatis & S. Benedicti.* Et Sect. 292. *Et ipse Wido —— effectus est homo ligius Abbatis, & ligiam fidelitatem fecit ei.* Vide *Ligius.*

Homagii dissolutio. Rex Henr. 3. cum Richardo Marescallo pepigit, quod desierit esse suus *homo*, & liber ab *homagio*, si Rex pactum violaret. *Unde* (inquit Comes) *homo suus non fui, sed ab ipsius homagio per ipsum* (Regem) *absolutus.* Mat. Par. in An. 1232. Hodiè non valet istiusmodi pactum. Vide *Quietus.*

Homagium pro cœtu Tenentium & ipsorum prædiis.

Homagium etiam dicitur cœtus vassallorum Manerii (quos nostrates *tenentes* & *homines* dicunt) sive ad inquirendum de rebus ad dominium pertinentibus, juratorum: sive alia de causa dominum tangente, conscriptorum. Aliter, *Inquisitio ex officio* nuncupatum, quod vide. Et continetur hoc nomine, non tantum cœtus vassallorum Manerii, quod domino tenentur in *homagio*: sed & prædia quæ ipsi tenent, redditus & servitia quæ præstant, & jura omnia quæ ad dominum ratione feodi pertineant: si rectè Chartam hanc antiquam intellexerim, in lib. fundationis Waldensis Cœnobii, Tit. Fundatores, nu. 11. *Universis, &c. VVillielmus de Mandevilla Comes Essexiæ, salutem. Noverit universitas vestra me reddidisse Deo & S. Mariæ, & S. Jacobo de VValdena & monachis ibidem Deo servientibus, totum homagium in villa de VValdena, à cruce de Nuport super ripam versus Cantbrug: viz. in hominibus & eorum servitiis, & in omnibus ad eos pertinentibus, unde Gaufridus filius Petri pater meus eos dissaisierat, Tenendum, &c. in puram & perpetuam elemosinam, sicut Charta Comitis VVillielmi, & Beatricis de Say quas habent testantur. His testibus, &c.* Intueor (ibidem num. 5.) Chartam Willielmi Comitis citatam, elucidandi istius gratia, ubi sic lego expressius —— *Noverit universitas vestra me dedisse, &c. Et præterea omnes homines illos & masagia illorum qui manent super riveram de VValden, scilicet à cruce illa quæ est in chimino de Neuport versus Cantebrug, quantum terra mea extenditur in illam partem, cum omnibus tenementis & redditibus & servitiis eorundem hominum.* Sequitur immediatè totidem prorsus verbis Charta dictæ Beatricis de Say; at sub nomine Beatricis de Mandevilla: nam in Mandevillorum hæreditatem jam successerat, & cum Saio nuptias nondum contraxerat.

Hominia, num. singul. Lib. Ramesiæ Sect. 317. *Henricus Rex, &c. Si Abbas de Ramsey poterit monstrare quod nullus antecessorum suorum operasset ad hominiam de Brampton. Hominiam* intelligo pro cœtu Tenentium Manerii (ut jam supra *Homagium*) domino operantium.

Hominium, vox antiquior & Authoribus olim usitatior. Ingulfus Saxo. Hist. Croil. *Pertransiens etiam tunc, & ultra progrediens, inclytus Rex VVillielmus in Scotiam, eam sibi subjecit, & Malconiam Regem ejus sibi hominium facere & fidelitatem jurare apud Abennithi coegit.* Flor. Wigorn. Contin. in An. 1139. *— venit ad urbem, civium circum jacentium hinc inde finium expetens dominium, & sumens hominium.* Accipitur etiam ut *homagium* in *Curia Manerii.*

Hominacio. Vox in Domesd. est, idem quod *Homagium* significatura.

Hominatus. Gregorius Papa (7 ut opinatur Juretus) in M. S. codice penes Thuanum. *Ut clericus à laico nunquam justificetur, nec pro terra, nec pro aliis rebus quas ab illo teneat, nec sibi hominatum faciat, sed omnino quæ ab eo tenet, sibi antequam ullam patiatur injuriam, dimittat. Sin autem gradum suum perdat.*

Hominiscum. Instrumentum recognitionis factæ per Rostagnum de Montepesato, domino P. Archiepis. de castro de S. Nazario, An. 1226. mens. Junii. *Manibus vero vobis fidelitatem & hominiscum facio.* Jureus.

¶ De Homine, *quoad significationem multipliciter novatam.*

Homo, à Romana significatione variè novatur. In Jure feodali is primariè dicitur, qui accepto feodo, domino tenetur militare; *hominium*, & servitia militaria præstare. Aliàs *Vassallus, Vassus, Miles, Cliens feodalis, Tenens per servitium militare*: olim aliquando *Baro*; & *Leudes* sæpissimè. De hoc passim libri feudorum: & Glanvilla nostras, æquæ antiquitatis Author lib. 7. ca. 9. *Plenam* (inquit) *itaq; custodiam habent domini, filiorum & hæredum hominum suorum, & feodorum suorum, ita quod plenam inde habent dispositionem,* scil. usq; ad plenam eorum ætatem. Hoc sensu Hovedenus in Ric. 1. An. 1193. *Hugo Bardolf & VVill. Stuteville consentire noluerunt, quia erant homines Comitis Johannis Moretonii.* Pro militire feodali.

— Dicitur & de quovis prædiorum Tenente: sive colonico & Socmanno, sive militari. Sic Lib. Ramesiens. Sect. 310. —— *tam de hominibus alterius homagii, quàm de tenura Abbatis.* Hinc Tenentes prædiorum cujuscunq; sunt generis, in Curia Manerii conscripti, *Homagium* appellantur. Pro quovis prædiorum Tenente.

[illegible] pro libero Tenente. [illegible] In LL. [illegible] Tenente [illegible] & Nobili [illegible] Vide [illegible]

[illegible] Vide [illegible] *Homagium ligium*, [illegible] & *H*[illegible].

Homo francus. [illegible] Privileg. Ecclesiæ Mind[illegible] *Ecclesiæ francas liberos* [illegible]. Sic *francus Tenens*, pro libero Tenente. Dicitur & *Homo Francus* [illegible] Gallis, ut sæpissimè in Chartis [illegible] Normannorum. *Omnibus* [illegible] *Francis & Anglis.* Vide [illegible]

Homo major, [illegible] inde æstimentur quod in Longob. lib. 1. Tit. 14. l. 7. [illegible] *minores* dicti sunt, qui *nec casam nec terram habeant*. [illegible] in [illegible] LL. & alias [illegible] In Burgund. [illegible] Burgundum [illegible] Alaman. *medius Alamannus*. De statu singulorum in republica intelligendum.

Homo [illegible] Qui novo donatur feodo. Vide *P*[illegible], & *Sermannus*.

Homo pertinens. Qui glebæ ascribitur. Servus feodalis. Longob. lib. 1. Tit. 26. l. 8. *Si homines pertinentes* [illegible] *domini sui hoc fecerint.* Leo Marsic. lib. 3. ca. 43. *familias hominum ad ipsam ecclesiam pertinentes.*

Homo Regius. Qui vassallus aut servus Regis est, aut ad villam regiam pertinet. L. Ripuar. Tit. 11. §. 3. *Si quis Regium aut Ecclesiasticum hominem* [illegible] *illius ro forciam fecerit.* Sic & *servus Regius*. Burgund. Tit. 36. *Adulteram* [illegible] *Regis servientis.*

Apud Gallos *homme de fiefs*, *homme de paix*, *homme de pliure*, *homme de service*. Cujac. lib. 2. feud. Tit. 7. pa. 133.

Homo Romanus. Romani dicuntur omnes Galliæ, & provinciarum aliarum incolæ veteres, ex Constitutione Antonini Imp. L. in orbe. De statu homin. [illegible] Imperio, eadem appellatione, à victrici populo (h. à Barbaris) distinguuntur. L. Salic. Tit. 34. §. 3. *Si Romanus Francum* [illegible] *&c.* Et. Tit. 43. §. 6. *Si quis Romanum hominem convivam Regis occiderit, &c.* §. 7. *Si Romanus homo possessor, &c.* §. 8. *Romanus tributarius*: nam Francus ingenuus (ut refert Gregor. Turon.) non pendebat tributum. Sic & Italia distinguitur in Romanos & Barbaros in præfatione Edicti Theoderici R. Vide *Romanum*.

Homo sixhindus. Is inter Saxon. nostros, cujus capitis æstimatio erat 60. sol. Sic, *Homo Twihindus*, *Trihindus*, *Twelfhindus*, *&c.* is erat qui 200, 300, 1200 solid. æstimatur.

¶ *Homehyne*, *Hogenehyne*, *Agenhine.*] Is olim dicitur qui tertia nocte apud aliquem hospitatus est. Tenebatur quippe pater familias de eo [illegible] respondere, tanquam de sui ipsius famulo; & illatas ab eodem injurias resarcire, si delinquentem justitiæ non sisteret. L. Divi Edouardi Confes. ca. 27. de hospitibus. *Quod si tertia nocte hospitatus fuerit, & is alteri forisfecerit, habeat eum ad rectum tanquam de propria familia, quod Anglicè dicitur* twa nighꞇ geſꞇ, ꝺpiꝺ nighꞇ agen hine. Id est, duabus noctibus, hospes: tertia habitus est domesticus. Bracton. lib. 3. Trac. 2. ca. 10. *Item secundum quamquam consuetudinem dici poterit de familia alicujus, qui hospitatus fuerit cum alio per tres noctes, quia prima nocte dici poterit* [illegible] (i. incognitus) *secunda verò*, **Gust** (i. hospes) *tertia nocte* **Hogenehyne** (i. familiaris, seu domesticus famulus.) Nam **hame** & **hoge** domus, **hine** famulus. **Agen hyne**, proprius famulus. Britton ca. 12. scribit **Houlkenhine**, aut perperàm, aut *famulum pro cognito habitum* intelligens. LL. Hen. 1. ca. 9. *Nemo ignotum vel vagantem ultra triduum, absq; securitate detineat, &c.*

¶ *Hemesoken.*] Vide *Hamsocna*.

Homo.] Pro vassallo, & multiplici alia significatione: vide paulò hic supra in calce vocis *homagium*.

¶ *Hondhabend.*] Qui rem furtivam *in manu habens* deprehenditur. Bract. lib. 3. Trac. 2. Capp. 8, 32, 35. Vide *Backberind*.

¶ *Homologus.*] A feudistis appellatur idem qui *homo ligius*, quòd in homagio & fidelitatis juramento neminem excipit. Vassallus enim non *homologus* Regem excipit, & antiquiorem dominum: ut de feud. lib. 4. Tit. 31. ubi vide Cujacium, & ibid. Tit. 93. nec non lib. 1. Tit. 7. *Homologus* autem non dicitur ab *homo*, sed velut ὁμόλογος, i. *deditius*, quòd non solum in fide domini sui, sed in ditione pariter sit constitutus, omnemq; ei subjectionem debeat. Sic l. ult. C. Theod. de patroc. vic. *colonus homologus*. Unde forte Feudistarum hoc vocabulum imperitè ductum q. ab *homo*. Sed *homologum* igitur nemo habeat nisi Imperator, Rex, aut Dux, qui dominium suum à nemine tenet in feudum.

¶ *Hongrecoltra.*] —— Ego Guil. dei gratia Flandr. Comes, petitioni burgensium S. Audomari, pasturam adjacentem villæ S. Audomari, &c. in pratis, & in bruera, & in *Hongrecoltra* usibus eorum concedo &c. *Les Preuves de l'Hist. des Comtes de Guines p.* 195.

¶ *De Beneficiis Regalibus quæ Honores dicuntur.*

¶ *Honor.*] Apud ipsos Romanos interdum dignitatem & magistratum significat: ut *Honor Consulis*, *Honor Prætoris*. Sic & Juvenalis Sat. 1. Quid.

 Sed

[illegible] L. Baiwar. Tit. [illegible] Lindenb. nec [illegible]

¶ [illegible]] Anglicum. De [illegible]

[illegible]

Hostium

¶ *[illegible]*] Vox [illegible] commixtionem significans; præsertim hæreditatum inter sorores jam prius divisarum, ut ex occasione nova fiat partitio. In Longob. lib. 2. Tit. 14. l. 15. *mittere in confusum*, dicitur. Vide supra de hoc, *Fadelfium*.

¶ *Honawarth.*] Ædium vel aulæ custos: οἰκουρὸς, οἰκοφύλαξ. Quasi *Hofward*: à Sax. hof *ædes, aula*: peꞃo, paꞃꝺ & paꞃꝺe, *custos*. Hinc fortè *Howard* & *Hohward*: qui alias *Gastaldus* & Oeconomus. Sed dicitur & de cane domui à tutelis. L. Baiuarior. Tit. 19. §. 9. *Si autem canem qui curtem domini sui defendit (quem honawarth dicunt) occiderit in nocte post occasum solis, cum tribus sol. componat, quia furtivum est*. Chron. Constantiens. p. 6[illegible]. *Beata de Hohwart in Bavaria prope Ingolstadium uxor Henrici Comitis Altorfii &c.* [illegible] circ. 880. Sic in onomastico Latino-Sax: *Hostiarius* ꝺuꞃpeaꞃꝺ: *Januarius*, ᵹeaꞃpeaꞃꝺ.

¶ *Houlkenbine,*] Vide *Homebine*.

¶ *Housebota.*] Vide *Bota*.

¶ *Hranne.*] L. Salic. Tit. 2. §§. 1. & 2. *Si quis porcellum lactantem furaverit de rhanne prima aut mediana, & inde fuerit convictus*, 130 den. —— *culpab. judicetur*; *Si verò in tertia rhanne furaverit*, 600 den. &c. Lindenbrog. Hranne, Gall. *Ran*. unde Campanis solens [illegible]; *mettre les porcs en rhan* ut pinguiores fiant.

¶ *Hrefwunt, al. Hrevawunt,*] Ventris seu alvi vulnus. A Sax. hriꝼ prisca lingua Germ. (ut ait Lindenbr.) [illegible] vel [illegible], id est, *venter, alvus, ilia*; [illegible], Sax. ꝩunꝺ, *vulnus*. Hinc diaphragma sive musculus rotundus qui viscera spiritualia (hoc est, cor & pulmones) à naturalibus (scil. jecore & liene) velut interjectus paries intercipit & dirimit, Angli hodie [illegible], vocamus, quasi ventris partem medianam. L. Alaman. Tit. 65. §. 25. *Si autem interiora membra vulnerata fuerint, quod hrefwunt dicitur*. Idem Boior. Tit. 3. ca. 1. §. 6. Sed Tit. 1. ca. 6. §. 2. *Et quanti homines ibi intus fuerint* (hoc est, sub incenso culmine) *& inlasi de incendio evaserint: unicuique cum sua hrevawunti componat* incendiarius. In LL. Aluredi Anglo-Sax. ca. 40. Gif mon biꝺ on hꞃiꝼ ᵹepunꝺoꝺ ᵹeꝼille him mon xxx ꝼcill. Codex impress. vertit. *Si quis in alvo vulnus acceperit*, 30 *solidorum solutio sequitur*. M.S. verò antiquus: *Si quis in illium vulneratur, &c.*

¶ *Hringus.*] Annales Francorum incerti authoris (à Pithæo editis) Anno 796. —— *Cagano & Iugurro principibus Hunnorum civili bello & intestina clade à suis occisis, [illegible] quem vocant hringum —— abditum & expressum, & omnes Hunnorum opes & thesauri sublati, &c.* hꞃinᵹ, *annulum* usitatiùs, hic verò *circulum* significat: nam in circuito castrametabantur Hunni seu Avares, ut supra in voce *Circulus*. Scribitur cum aspiratione Saxonum more, qui Græcos sequuti, ρ in principio dictionis semper aspirant: Sed

Ranulfo Cancellario, & R. Comite de Mell' apud Rading.

Hundredi convocati extra stata tempora. Docet lex ista, convocari olim *Hundredum* aliis quam statis temporibus: Rege scilicet ex occasione præcipiente. Certè & unà interdum plurimos: sic enim Breve vetus Regis Willielmi 2. *Willielmus Rex Anglorum, H. Camerario salutem. Facias convenire & consedere tres hundredos & dimidium apud Flicchamburch, propter terram illam de Holm quæ pertinet ad Ringstedam, & quam Abbas Ramesiæ reclamat ad victum & vestitum Monachorum suorum. Et si Abbas poterit ostendere ratione & testimonio comprovincialium, quod antecessor illius eandem terram habuerit eâ die quâ pater meus fuit vivus & mortuus, tunc præcipio ut illam terram & omnia quæ justè pertinent ad Abbathiam suam, pacificè & honorificè habeat. Teste R. Bigod apud Windesoriam.*

Loco munito. Flichamburgo, à S. Felice (qui in vicinüs appulit) nomen ducens, hodie locus est ubi *Hundredus* de Freebridg conscribitur, & (ut nomen indicat) antiqui operis munimine, ad conscriptorum securitatem, circundatur.

Plures simul. Convocabantur aliàs ut hic vides plures *Hundredi*: sic etiam in lib. Ramesiens. Sect. 298, *Noverint esse volumus Rainaldum Abbatem Ramesiensem apud Uderwunwelle in præsentia Rob. filii Walteri eo tempore Vicecomitis, & Alani Subvicecomitis Norfolciæ & Suffolciæ, & in præsentia multorum aliorum Francorum & Anglorum, dirationatum fuisse testimonio virorum de novem hundredis ibi congregatorum, quod Rex Canutus, &c.* Inferius. *Fuerunt nempe viri prædicti de novem hundredis jurare parati, se audisse & vidisse, &c.* Ex his initiis prodiit (reor) hodierna Juratarum è plurimis *Hundredis* conscriptio: & causarum examen illud quod *Patria*, & *per patriam* dicitur: vulgò, *Trial per pais.* *Trial per pais.*

Qui aderant Hundredo. *Hundredo* adesse tenebantur omnes *Hundredarii*, omnes sectatores, & litigatores: hi ut justitiam acciperent, illi ut ministrarent: singuli, ut ea quæ ad pacem & publicam spectabant utilitatem, intelligerent. LL. Edgari ca. 5. Secemon hundrede gemote swa hit ær geseted wæs. Id est, *Hundredo quisq; intersto, ut jam antea sancitum est.* Sancitum & deinceps vides in Charta Hen. 1. jam nunc citata. Aderant hic Thani (quos Barones vocant posteri) ut patet è LL. Ethelredi ca. 1. ipsiq; Judices Ecclesiastici, cum partis illius Clero. *Jus Ecclesiasticum illic administratum. Quando separatum.* In *Hundredo* enim non minus quam in Comitatu, unà tunc agebantur quæ ad forum pertinet Ecclesiasticum, & quæ ad Seculare: donec Gulielmus Conquestor, divisis jurisdictionibus, hanc ab illa separavit. Charta ejus Decano & Capit. Lincoln: quam in Jano lib. 2. §. 14. plenius exhibet Jo. Seldenus, *Propterea mando & Regia authoritate præcipio, ut nullus Episcopus vel Archidiaconus de legibus Episcopalibus amplius in* Hundredo *placita teneat; nec causam, quæ ad regimen animarum pertinet, ad judicium secularium hominum adducat; sed quicunq; secundùm Episcopales leges, de quacunq; causa vel culpa interpellatus fuerit, ad locum quem ad hoc opus elegerit & nominaverit veniat, ibique de causa sua respondeat, & non secundùm* Hundredum, *sed secundùm* Canones & *Episcopales leges, rectum Deo & Episcopo suo faciat.*

Abesse nemini licuit ab *Hundredo*. Tertiò autem deficiens, *Overhyrnissa* reus (i. contumaciæ in ipsum Regem) declaratur Æthelstani lege ca. 20. dum tamen *Hundredi* indictio, septem (ut præfertur) diebus, enuntiata fuerat. *Absentium pœna.* De vocatis autem in jus, sic in Emendationibus Gulielmi Bastardi, i. Conquestoris decretum est. *Requiratur Hundredus & Comitatus sicut antecessores statuerunt: & qui justè venire debent & noluerint, summoneantur semel, & si secundò non venerint, accipiatur bos unus, & si tertiò, alius bos, & si quartò, reddatur de rebus hujus hominis quod calumniatum est, quod dicitur ceapgyld, & insuper Regi forisfacturam.*

Hundredariis & toti *Hundredo*, præfuit ex antiquo, unus, qui *Dominus hundredi* appellatus est. *De Domino Hundredi.* Germanis *Centgravius*, aliàs *Centurio*, *Centenarius*, & *Hundredarius* simpliciter; licèt hoc utiq; nomen omnibus competat liberis *Hundredi* Tenentibus. Illi autem κατ᾽ ἐξοχὴν. Sui tamen ipsius nomine non rexisse videtur *Hundredum*, at tanquam Vicarius Comitis aut Vicecomitis. Propriè enim ad Comitatum spectant omnes *Hundredi*: & à Vicecomitibus eorumq; ministris, plurimi hodie administrantur. Eorum etiam est de divisionibus *Hundredorum* cognoscere: sic enim LL. divi Edouardi Confess. ca. 13. *Divisiones Scyrarum Regis propriè cum judicio 4 chemin' horum Regalium sunt. Divisiones Hundredorum & Wapentachiorum, Comitibus & Vicecomitibus, cum judicio Comitatus pertinent.* Voluêre igitur Statuta an. 2. Ed. 3. ca. 13. & an. 14. ejusdem ca. 9. omnes *hundredos* ut olim, Comitatibus restitui, iterumq; annecti: & ut Vicecomites probos eisdem *Hundredarios*, aliosq; ministros constituerent. Vim hoc obtinuit quoad *hundredos* in manibus Regis: in aliorum autem qui antiquis Principum diplomatibus, eos hæreditariè possidebant, non item. Voluit antiquius Statutum viz. An. 9. Ed. 2. *Hundredarios* à Cancellario, Thesaurario, & Baronibus Scaccarii designari. *Ejus electio.* Antiquissimè verò à populo eligebantur, modo admodum solenni quem infra videris in *Wapentachio*. Quoad electionem enim, aliter non actum esse in *Hundredo* quam in *Wapentachio*, me admonet Ranulf. Cestriens. lib. 1. ca. 50. ubi ait: *Wapentak' & hundret, idem sunt quod precinctus centum villarum: solebant reddere arma in adventu domini*: scil. novi domini Hundredi, in subjectionis testimonium.

Ejus æstimatio. Totum *hundredum* olim habuit in clientela, & obsequio, *Dominus hundredi* (uti Comes aut Vicecomes, Comitatum) multa inde auxilia,

ilia, lectas, tributa, aliasq; præstationes, cum ad utilitatem, tum ad voluptatem referens. Cererem nempe & frumentum ad alendos canes venaticos, cujus hodie nomine annuum pendi tributum pecuniarium, alibi intelligimus. Fama est, ideo concessum primò, ut lupos, vulpes, taxos, infestaq; reip. animalia perderet & arceret.

Plus. De *Hundredo* & *Hundredario*, vide plura in *Centena* & *Centenario*: quales etiam hi erant apud exteros, illi enim ad nos inde pervenerunt, & præsertim è Germania. *Centenarii* autem sacramentum (ut in Capitulis extat Caroli Calvi apud Silvacum editis) hic tandem habe. Recitato scilicet jam priùs sacramento Francorum hominum; *istud* (inquiunt Capitula) *jurabunt Centenarii. Ego ill. adsalituram, illud malum quod scach vocant, vel tesceiam non faciam, nec ut alius faciat, consentiam: & si sapuero, qui hoc faciat, non celabo, & quem scio qui nunc latro aut scachator est, vobis Missis dominicis non celabo, ut non manifestem, & de Francis hominibus in isto Comitatu, & in meo ministerio commanentibus, nullum celabo, quatenus recordari potuero, ut per bravem vobis Missis dominicis non manifestem si me Deus adjuvet & istæ reliquiæ.* Hoc sacramentum tam ad inferiores, quam ad supremum *Centenarium* spectet: nostratibus enim haud dissimile impositum est ab omnibus suscipiendum, quàm primum ad ætatem 12 annorum venirent: ut in Canuti LL. politic. ca. 19. & aliàs pluries videatur.

Sacramentum *Centenariorum.*

Hundredum etiam sæpe occurrit in Regum diplomatibus; immunitatem significans à sectis, tributis, & oneribus *hundredi*, ejusdemq; domini, ut in illo Monasterii de Bello à Gulielmo seniore indulto. *Concedo etiam* (inquit) *eidem Ecclesiæ, leugam circumquaq; adjacentem liberam & quietam ab omni Geldo, & Scoto, & Hidagio, &c. & omnibus auxiliis, & placitis, & querelis, & Siris, & Hundredis, &c.* In privilegiis nostris frequentissimum. *Hundredum* (inquit scheda vetus) *est quietum esse de denariis, vel consuetudinibus faciendis Præpositis et Hundredariis.*

Hundredi præpositus. Idem qui hodie *Ballivus Hundredi* appellatur. Vide hoc supra, & infra in *Præpositus.*

Hundred-lagha, Lex Hundredi: à qua exempti sunt omnes Forestarii, Constitutione Canuti Regi, quam supra vide.

Hundred-penny, Pecuniæ quiddam est, quod vicatim per *hundredam* colligebat Vicecomes, seu *hundredi* dominus, in oneris sui subsidium: à quo multi etiam Chartis Regiis immunes facti sunt. Charta Henrici 3. Canonicis & Monialibus de Semplyngham. *Et sint quieti tam ipsi quam homines eorum —— de Theuding-penny, et Hundredespenny, & de Miskenning; & Wapentachiis & Comitatibus, & Tridingis, Hundredis, & Sciris, &c.* Aliàs vocatur, *Denarius de Hundredo*, ut supra in *Burgherisch*: sed arctioris significationis est quàm vox *Hundredum*. Hoc enim in Privilegiis, videtur liberare ab omnibus consuetudinibus & solutionibus *Hundredo* debitis, illud ab istiusmodi tantùm solutione.

Hundred-setena. Privilegium Edmundi R. Angl. Dat. An. Dom. 944. apud Malmesb. de gest. RR. lib. 2. pa. 54. *Concedo Ecclesiæ sanctæ Dei genetricis Mariæ Glasconiæ —— jura, consuetudines, & omnes forisfacturas omnium terrarum suarum, i. Burggerita, & Hundredsetena, athas, & ordelas, &c.* Numquid legeris, *Hundred-sceatena*? à ꞅceat, pro symbolo, quod Hundredariis solebat impendi, & hoc privilegio jam remittitur. Vide *Scot.*

¶ *Hurderefest*, Bractono *Husfastene.*] Qui in certa familia constitutus est: à Sax. hyꞃeb, *i. familia*: ꝼæꞅꞇ *fixus*. Hinc pater familias hyꞃebeꞃealbeꞃ: & **An hyred ferbant**, quasi familiæ ascriptus, dicitur. Vitiosè autem legi (opinor) *hurderfest* pro *hurdesfest*: ꞃ loco ultimo pro ꞅ Saxon.

¶ *Hurditius*, & *Hurditium.*] Tegumenti genus ex lignis factum, quo obduxerunt mœnia, ne à saxis, missilibus, arietibus, læderentur. Fortè ex virgultis, quæ cedendo magis quàm resistendo, vim illuderent. A Sax. hyꞃbel, Angl. **hurdle**, i. *crates*. Brito Armoric. Philippid. lib. 1.

Mangonellorum tormentis saxa rotantur
Ictibus assiduis: hurdicia fracta recedunt,
Et disjuncta patent per propugnacula pinnæ
Cratibus intextis, & parmis undiq; junctis.

Et lib. 7.

Corripit absq; mora Vulcanus lignea valli
Vincula, quiq; obeunt castelli mœnia vicos. --
Qualiter Enceladus ardenti fauce vapores
Evomit ignites ambustaq; saxa per Aetnam,
Haud secus absumit bristegas, valla, domosq;
Et quæ reddebant tutos hurditia muros.

Bristegus, mihi ostendit Nechamus in sua Summa M. S. *Propugnacula, id est* (inquit in interlineari glossa) *brestaches & pinnæ (i. carnens) exterius in eminenti loco sitam muniant.* Galli hodie *breteschè, bretesque*, & *breteque*, vocant. *Hurdicios* autem videtur ille paulò inferiùs, appellare *crates*. *Assint etiam* (ait) *arietes, vineæ, vites, crates, baleare machinæ.* De his item Hovedenus in Ric. 1. *Exierunt Saraceni à civitate Acconcirciter 4000 armati, & combusserunt 4 hurdicios per ignem Græcum.* Bristegu

Ammian. Marcel. lib. 19. Sect. 4. *Persa vimineis civitatem pluteis circumdabat, & erigi aggeres cœpti.* Infra Sect. 6. Acies *machinarum operta tegminibus, cratesq; vimineas prætendentes*, Lib. 21. Sect. 9. *Pluteos præferentes oppugnatores, contesq; densius textas* Hinc.

Hurdare pro *hurditiis* tegere, seu munire. Brit. Armoricæ lib. 1.

Hurdari turres & propugnacula, muros
Subter fulciri facit, &c.

¶ *Hursta.*) Sax. hyrst, *silva.* Hinc castellum quod in tutelam portus Avoniensis extructum est, à silvestri situ *Hursta* dicitur. De hoc Lelandus,

[alta,
Non tulit hanc labem magni mens Principis
Quin Hurstam statuit vindicis ipsa loco.

Inde *hursega* pro loco silvestri, eodem Lelando interprete in Comment. Cygn. Cantion. *Hursega* (inquit) *Saxonicè hurstelege, vulgo Hurley. Recentiores verterunt* lege (*quod locum Latinè significat*) *in le, & ley. Sonat autem hurste lege latinè, sylvestrem locum.*

¶ *Hus, & Hant.*] Placita Curiæ Regis An. 27. Hen. 3. rot. 9. *Quidam H. P. captus per querimoniam mercatorum Flandriæ & imprisonatus offert domino Regi Hus & Hant in plegio, ad standum recto, & ad respondendum prædictis mercatoribus & omnibus aliis qui versus eum loqui voluerint. Et diversi veniunt qui manucapiunt quod dictus H. P. per Hus & Hant veniet ad summonitionem Regis, vel consilii sui in Curia Regis apud Shepweye, & quod stabit ibi recto, &c.*

Quære annon sit commune plegium, *Jo. Do. & Ric. Ro.*

¶ *Hurtardus.*] Ex ovium est genere. Computus quidam priscus. *Idem respondet computans, de 8 Hurtardis receptis de &c. de quibus computat in necessariis ad unum convivium 11. post tonsuram.* Computatur autem de ovibus in quodam grege sub hoc titulorum ordine. *Multones. Oves matrices. Hurtardi. Hogastri. Jercia. Agni.* Videtur *Hurtardus*, aut esse aries integer: aut cui unus ademptus est testiculus, quem pastores, a Rig-lo, vocant. *Hurter* enim & *Heurter* Gall. est allidere, conliscare: quod arietes faciunt dum procurrentes capita invicem collidunt, Quære.

¶ *Husbandus.*] Pater familias agriculturam exercens. *Oeconomus.* Gall. *Mesnagier.* A Sax. hus, *domus:* banda, (quod vide) *maritus, vinculum.* Statut. Davidis 2. Regis Scotiæ, ca. 43. *Non mittantur aliqui cum equis ad hyemandum cum Religiosis, Rectoribus, Vicariis, aut Husbandis. Nec aliqui cum quibuscunq; equis mittantur in patriam, qui consumant bona, blada, vel prata Husbandorum, vel aliorum.* Habes insuper in vocibus *Herezelda*, & *Davata*, quas vide.

¶ *Huscarla.*] Vir è familia, domesticus, famulus domesticus. A Sax. hus, *domus:* carle, per translationem, *vir, homo.* Propriè autem *masculus, robustus, fortis;* unde *Carolus* nomen: & nos hodie, catum masculum, a Carle Cat; canabum robustiorem, Carle Hemp appellamus. Vide hoc sensu, *Buscarla*, pro viro nautico. Florentius Wigornensis, & ex eo Hovendenus Annal. par. 1. Anno 1041. *Rex Anglorum Hardecnutus suos Huscarlas misit per omnes provincias Regni, ad exigendum quod indixerat tributum. Ex quibus duos, Feader scilicet & Thurstanum, Wigornenses provinciales* —— *peremerunt. Unde Rex commotus, ob ultionem necis eorum, Thuram Mediterraneorum* —— *& cæteros totius Angliæ Comites, omnesque fermè suos huscarlas cum magno exercitu illò misit.* Domesticos intelligit, & Aulicos.

Sæpè in Domesd. Titt. Midlesex. Rogerius Comes. Ticheham. *De hoc Manerio tenuit Techi duas hidas. Huscarle Reg. Edwardi fuit.*

Huscarle Teignus Regis. Titt. Bochinghamscire. Hugo Comes. Senelai. *Hoc Manerium tenuit Burchardus Huscarle Reg' Edwardi, & vendere potuit.* Et ibidem: *Burchardus Teignus* (i. Baro) *Regis E.*

Huscarle homo Regis. Titt. Grentbrigsc. Comes Alanus. Sidefam. *De hac terra tenuit huscarle homo Reg' E. 3. virgas et averam invenit.*

Huscarle Comitis. Titt. Midlesex. Rogerus Comes. Bedfunt. *Hanc terram tenuit Genti Huscarle Heraldi Comitis.* Titt. Glowcestrscir. Rex. *Tom. VVidenesci Huscarle Heraldi Comitis.* Titt. Bedefordsc. Hugo de Bell Camp. Midletun. *Hoc Manerium tenuit Aiti Huscarle Comitis Algari.*

Opus Huscarlium. Sæpè & hoc, sive quidpiam ab *huscarlis* præstandum: sive aliquid in eorum beneficium conferendum, significans. Tit. Dorsete. *Et gilda pro 10. hidis, scilicet ad opus huscarlium, unam marcam argenti.* Simile in Brideporte, & in Warham.

¶ *Husfastene.*] Quasi *domi fixus.* Bracton. lib. 3. tract. 2. ca. 10. nu. 1. *In franco plegio esse debet omnis qui terram tenet et domum, qui dicuntur* Husfastene. Aliàs *Hurderfest*, quod vide.

¶ *Hustingum, Hustingus, Hustingia,* malè *Hustangus.*] Antiquissima, & celeberrimæ Londoniarum civitatis, Curia suprema: à loco (ut Prytaneum Athænis) nuncupata. hus enim, *domus;* ding, *causa*, res, lis, judicium: quasi *domus causarum*, vel ubi *causa* aguntur. Sic & hodiè *dingh* Belgis. V. *Kilian.* Hinc etiam Saxonicè, dingere; quasi *Thingarius*, pro Causidico vel Advocato. *Ting* etiam Danis forum, *Tings sag* forensis causa. Vocabular. Danic. z. 7. a. *Tings dag* dies fasti, *Ting paa* dies nefasti, ibid. Aa 2. b. Nonnullis forsitan magis arrideret, licèt minus rectè, si à dung & ge-dung pro *honorato, Domum* appellarem *honoratorum*, quòd in ea considebant honoratiores civitatis magistratus; hodie Maior & Vicecomites, Vicecomitumq; absentiâ, sex Aldermanni. Ejus antiquitatem mirè mire prædicat legum S. Edouardi concinnator, ca. 35. *Debet etiam in London quæ caput est Regni & legum, semper curia domini Regis singulis septimanis die Lunæ Hustingis sedere, & teneri. Fundata enim erat olim & ædificata ad instar, & ad modum, & in memoriam veteris magnæ Trojæ, & usq; in hodiernum diem, leges, & jura, & dignitates, libertates, regiasq; consuetudines antiquæ magnæ Trojæ in se continet. In ea itaq; supersunt ardua computa, & ambigua placita coronæ, & curiæ domini Regis totius Regni prædicti, quæ hucusq; & consuetudines suas una semper inviolabilitate conservat, &c.* Galfridum Monemutensem totum spirat. Sed quoniam tanta hic Trojæ mentio, ad fabellæ gratiam facit quòd pondus illud quo aurum & argentum pensantur, omnium ore, *Troja* & *Trojanum*, Saxonumq; ævo *pondus hustingiæ Londoniensis* appellatum sit, & in *Hustingo* conservatum. Charta antiquiss. Lib. Ramesiens. Sectt. 32. & 1[illegible]. *Ego Æthelgina Comitissa, do &c. duos cyphos argenteos de 12 marcis ad pondus Hustingiæ Londoniens.*

Mandat autem lex ista (Edouardi Confessoris) *Hustingum* singulis septimanis die Lunæ teneri. Hodie autem non ita, sed die Martis. Ne tamen è monumentis rotulisq; Curiæ, prævaricari intelligatur ab antiqua institutione; passim inscribitur, *Tentus die Lunæ* : & distinguitur velut in duas curias. Alterâ enim septimanâ, de placitis hîc agitur merè realibus : alterâ verò de mixtis, & communibus aliis quibuscunq;.

Antiquæ traditionis formula in *Hustingo*.

Referam ex eodem libro Ramesiens. Sect. 168. antiquam transactionis & traditionis formulam, præter hodiernum morem, in *Hustingo* habitam. *Notum sit universis sanctæ Ecclesiæ filiis quòd VVlfnothus de VValebroc de London, vendidit Reinaldo Abbati Ramesiæ quandam suam terram quam habebat super VValebroc, unde & ipse Wlfnothus de Walebroc vocatus fuit. Et quandam domum de lapidibus, et quoddam cellarium quod super terram illam fecerat cum hostiis ferreis et fenestris superius & infra, &c. vendidit prædictus Wlfnothus Abbati Ramesiæ* (terram illam) *et saisivit eum per quendam baculum, et clamavit solam & quietam, et absq; omni calumpnia, et ipse et Mahald filia sua, et filia uxoris quam prius habuit, et Mahald uxor sua quam post eam habuit, et Henricus filius illius, secundæ viz. mulieris, et Christina filia ejusdem, coram omni Hustingo de London, in domo Alfwini filii Leofstani, omnibus diebus amplius in perpetuum in Ecclesia Ramesiæ habendam pro* 10 *libris denariorum, quas in præsentia totius Hustingi dedit ei. De hiis verò* 10 *libris, dedit ipse VVlfnothus* 40 *solidos Matildi filiæ suæ propter suum concessum, quia per suam matrem terram illam habuit, et Abbas ex sua parte dedit ei dimidiam marcam argenti, et uxori Wlfnothi, et duobus alteris infantibus, propter suum concessum, dedit quinq; solidos. Hujus verò venditionis et emptionis testes ex parte hustangi hii sunt, Will. de Einesford Vicecomes de London, et Joh. Subvicecomes ejus, et Gendasius clericus ejus, Andreas Bucuint, et Rad' fil. ejus, et Rad' cognatus ejus, Gilbertus Proudfot, Will' Buksrel, et multi alii.*

Dati nulla hic mentio, sed Reinaldus iste ab Henrico 1. Abbas Ramesiæ constitutus est, ut sui ipsius Henr. Charta indicat, Sect. 214. habuitq; successorem Walterum Abbatem (haud reperio quo anno ingressum, sed) florentem Anno 1149. (id est, Stephani R' 14) ut patet Sect. 299. De antiquitate igitur tute judices. Inter exolera autem nonnulla, perspicuè hinc constet, Londinum suo claruisse Vicecomite sub ævo Henrici 1. licèt Annalium pleriq; scriptores, Vicecomites cum Maiore, à Ricardo 1. Regnum ineunte concessos asserant, illorumq; ideo catalogum ab istius anno primo, i. Dom. nostri 1189. exordiantur. At Vicecomites ab Henrico 1. datos cum Comitatu Middlesexiæ satis liquet, ex Charta ejus libertatum Londoniensibus in vestibulo Regni concessarum : nec multum differunt Maior & Vicecomes, à prioribus eorum magistratibus *Portgravio* & *Præposito*, ut in his infra nominibus animadverteris.

Vicecomites London.

Suos etiam habuisse *hustingos* perhibentur Eboracum, Wincestria, Lincolnia, Shepeia, aliiq; Burgi & Civitates. Vide Fletam lib. 2. ca. 55.

¶ *Hutesium.*] Est strepitans clamor & ejulatio, quibus fugientem latronem & [illegible] capitalis sontem, excipientes omnes tenentur prosequi, donec malefactor deprehendatur. Angl: **Hue and Cry**: à Gall. *Huyer*; ejulare, exclamare. Bracton lib. 3. tr. 2. ca. 1. nu. 1. —— *omnes tam Milites, quàm alii qui sunt* 15 *annorum & amplius, jurare debent, quod utlagatos, murdritores, robbatores, & burglatores non receptabunt, &c. & si Hutesium vel clamorem de talibus audiverint, statim audito clamore, sequantur cum familia & hominibus de terra sua.* Et mox infra. —— *sed sequi non oportet de terra in terram, villa in villam, cum malefactor captus sit. s.* la bane. LL. Edouardi Confess. ca. 21. —— *si cui forisfacerent, & clamor vicinorum de eis assurgeret, &c.* Gallis dicitur *Haro*, *Harol*, *Clameur de Haro & Haro crie.*

¶ *Hutinus.*] A Gall. hutin. Rixator turbulentus. Hottom. Francogal. cap. 27. —— *imperio Regis Ludovici Hutini, quo nomine prisca lingua nostra Turbulentus significatur.*

¶ *Jacti-*

JActivus, Jectivus.] Qui vadimonium deserit, vel sic in causa deficit, ut foro cadat, & ejicitur. **He that loseth by default.** Formull. Solenn. 159. *Placitum suum neglexerit, & jactivus exinde remansit.* Et num. 157. —— *neutra pars ex ipsis* (litigantibus) *jectiva apparet.* Caroli Calvi Edictum Pistense, ca. 32. *Mittat quisque Comes missum suum qui sacramenta auscultet, ne ipsi homines jectivi inveniantur.*

Hinc *jectiscere*, pro jectivum facere: ut eodem Edicto, ca. 33. *Multi inde contendunt, & se inter se jectiscunt.* Infra: *Si ad hoc audiendum non venerint, jectiscant.*

Aliter *jectare*, hoc enim dicitur pro *citare in judicium*. Ut supra in verbo *Abjectire*, ubi istiusmodi plura.

¶ *Jamunlingus.*] Qui se & res suas in potentioris tradidit patrocinium: putà Episcopi vel Abbatis, ut sic militiam & reipub. onera declinet. Privilegium libertatis ab Othone Imp. Adaldagi Episc. supplicatione, monasteriis concessæ. *Si verò aliquis ex libertate voluerit jamundling vel litus fieri, aut etiam colonus ad monasteria supradicta, cum consensu cohæredum suorum non prohibeatur, &c.* ***Gemundling.*** Dictum reor, quasi *gemundling*, i. in alterius protectionem positus. ʒemundian enim Saxon. est *protegere*: linʒ, ut in *Adelingus* ostendimus, *junior, tener, pusillus, alumnus.* ***Mundialis.*** Huc Germanica sonant, [illegible] & [illegible], veteribus etiam *mundialis.* Epistola Ebonis Halitgario Episc. apud Flodoard. Hist. lib. 2. ca. 19. *Non dubito tua id notum esse caritati, quanta nobis Ecclesiastica disciplina, quantusq; nostrorum necessitatibus subditorum, & insuper mundialium oppressionibus, quibus cotidie agitantur, cura constringat.*

Inter Ecclesiastica privilegia non mediocre fuit, *Jamundlingorum* sive *Mundialium* in suam suscipiendi clientelam: cùm ditiores multi huic inhiarent beneficio, ut se militiæ subtraherent, & oneribus reipub. Constantini igitur & Valentiniani Constitutionibus, jam olim fuit prohibitum, ne potestas secularis nimiùm hoc modo enervaretur. Vide *Mundialis.*

¶ Ic Ðien.] Epigraphe qua Principes Walliæ sub emblemate trium pennarum utuntur. Facta à Saxonico Ic Ðien, ubi Ð, cum trajectione in erecta parte, non D, sed Th exprimit. Significat, *Ego servus*, vel, *Ipse servus sum*: juxta illud Apostoli ad Galatas, Ca. 1. Ðien enim, ðen, & ðeʒen, *servus, minister.* Inde Barones Regum Anglo-Saxonum, juxta linguam eorum vernaculam, *Theini* & *Thani* & *Theigni*: juxta Latinam, *Ministri* appellati sunt. Semper igitur scribendum moneo cum aspiratione, ut petitum intelligatur à Saxonicis nostris parentibus: nam desideratâ e:, à Belgis videtur provenisse.

¶ *Idoneare*, & *idoneum se facere.*] Insontem se reddere. Saxonibus nostris, *al egiare*, i. juxta legem se à crimine, quo impetitur, liberare. Longob. lib. 2 Tit. 35. l 4. *Si eos quicunq; pulsaverit, liceat eis cum sacramentalibus suis legitimis, se idoneare.* Capitul. lib. 3. Tit. 89. *Liceat ei secundùm legi ordinem cum sacramento quod posuimus, manu propria singula, se idoneum facere.* Mox. *Et si quilibet renuerit venire, & semet ipsum idoneum facere nequiverit.*

Tracta spatha se idoneare, id est, Duello. L. Alaman. Tit. 44. —— *liceat illi alii cui crimen imposuit, cum tracta spatha se idoneare contra illum alium.*

Idoneus. Greg. Turon. Hist. 9. ca. 13. *Si eum cum idoneis hominibus Fredegundis ab hac actione, qua impetitur, immunem fecerit, abscedat liber, & quo voluerit, eat. Sed veniens Parisios, nullus de parte memoratæ mulieris adfuit, qui idoneum reddere posset.* Priori hìc loco, *idoneis*, intelligo de *probis & legalibus*, ut nostri loquuntur Jurisconsulti: *idoneum*, postero, pro *insonti* & *innocenti.* Ibidem, ca. 16. *Vult se dominus noster* —— *de hoc crimine exuere* —— *sacramento* (*si vultis*) *aut qualibet alia conditione idoneus reddi potest.*

¶ *Jectare*, & *jectare ad judicem.*] Vide *Jactivus.*

¶ *Ieromartyr.*] ἱερὸς μάρτυς. Brito Armor. Philippid. 12.

Sum Ieromartyr ego Dionysius ——

¶ *Jetsen, Jetzon, & Jotson.*) Voces Juris marini. Vide *Flotson.*

¶ *Ifungia.*] Panis primarii genus. Panis similacius. Ang. **Coket bread.** Anonymus priscus,

Dic panem lapidem: quoq; dic ifungia, quare?
Hoc quia de facili fungitur omnis homo.

¶ *Ignis Græcus.*] Sævissimum ignis genus, quod ne aqua extinguitur: ac insana dam velocitate, omnia rapit, & devorat, **Wild fier.** Ejus authorem fuisse narrat ex Zonaro Pancirolus, Callinicum Græcum An. Christi 670. qui in subsidium Constantini Pogonati Imperatoris Orientis, naves Saracenicas sub ipsa aqua incendit: deletaq; magna earum multitudine, reliquas in fugam egit. Rigordus de gest. Philip. Augusti. *Phiala vitri plena igne Graco,* &c. Mat. Par. in Ric. 1. An. 1191. *Erat namq; in illa* (dromunda) *ignis Gracus, & serpentum ignitorum plurima vasa plena.* Malè editur *ignotorum.*

Ignis aëreus, al. *silvaticus.* Flo. Wigorn. in An. Dom. 1048. *Terra-motus Cal. Maii —— & ignis aëreus vulgo dictus silvaticus, in Deorbegensi provincia, & quibusdam aliis provinciis, villas & segetes multas ustulavit.*

¶ *Ignitegium.*] Supra, in voce *Curfu.*

¶ *Ikenild-street.*] Id est, Stratum Icenorum. Una erat è quatuor viis celeberrimis, Angliam totam à diversis plagis percurrentibus; prisco Romanorum opere Britannorum mixto, elaboratis, Harum tractus studiosè prosecutus est Author descriptionis Britanniæ in principio grandium nostrorum Annalium Cap. 19. antiquitatem accuratè (ut solet) Gulielmus Camdenus in sua Britannia, de Romanorum hîc agens ditione. Ego tantùm libabo, quod de his istis antiquissimè habetur in LL. Edouardi Confess. ca. 12. ubi & eorum nomina referuntur. *Alia* pax Regis est, *quam habent quatuor chimini: VVatling-streat, Fosse, Hikenild-street, & Erming-street, quorum duo, in longitudinem Regni, alii duo in latitudinem distenduntur:* Quid *Pax Regis* sit, vide infra suo loco. Cum autem in Regis pace, essent & patrocinio, quæ in his perpetrata sunt indebitè, ad ipsius Regis pertinebant cognititionem: sic enim ibidem ca. 13. *Divisiones Scyrarum Regis propriè, cum judicio quatuor cheminorum Regalium sunt.* **Watling-street,** Sax. pætlinȝ-ꞅꞇꞃæꞇe, Latinè *via vetelingiana* (quòd per Verolamium extenditur) aliàs **Werlam-streete,** appellatur. Ejus fit mentio in Fœdere Aluredi & Guthurni RR. ca. 1. regnorumque ponitur disterminatio.

¶ *Illaldiones.*] *Aldius,* libertus: *Aldiones,* libertorum filii: sed vox utraq; de *famulis* & *ministris* dicitur. *Il* Gallicum est pronomen demonstrativum, *ministros* seu *ministeriales* notans distinctiores, putà *Regios*: quasi diceres *illos aldiones.* Quædam Constitut. Caroli M. ab Amerpachio edita, ca. 15. *Non est nostra voluntas, ut homines Placentini per eorum praeceptum de curte palatii nostri illaldiones recipiant.* Per *illaldiones* (inquit Amerpachius) puto hîc significari *ministros,* & esse vocem nostratem **Chalten.** Alibi *Aldiones.* Goldastus exponit, *ministeriales regios.* Vide *Aldio.*

¶ *Illibertare.*] Libertate exuere, servum facere. Nic. de Clemangis lib. de annatis non solvendis. *Per tales appellationes & oppositiones, volentes impedire & illibertare dicentes vota sua,* &c.

¶ *Illuminare.*] Libros & literas pingendo ornare. Ranulf. Higden al. Cestriens. in Polychron. lib. 7. ca. 3. de Osmundo Episc. Sarisbur. in An. 1077. *Ita ut ipsemet Episcopus libros scribere, ligare, & illuminare non fastidiret.* Lib. de Abbatibus Glaston. MS. in vitâ Britwoldi, *Dedit etiam Collectarium auro illuminatum.* Alias dici videtur *luminare,* unde Anglicum, **to Lymn.**

¶ *Imizilum.*] Anast. Bibliothecar. in Paschali. *Fecit ipse sanctiss. Præsul —— vela de fundato* 14. Inferiùs. *Fecit ad ornatum ipsius basilicæ in ipsam trabem, vela de quadruplo numero 6. & de imizilo vela num.* 4.

¶ *Immantare.*) Manto induere. Radevicus de gest. Frider. 1. lib. 2. ca. 52. *Rollandum Cancellarium immantaverunt.* Ca. 70. Epist. præsidentium in Synodo Papiensi apud Radevic. lib. 2. *Papam victorem & -- fuisse electum & solenniter immantatum.* Vide *Mantus.*

¶ *Impalare.*) L. Burgund. Tit. 23. §. 2. *Quod si* (quis) *quodlibet animal, dum de messe, aut de prato, aut de vinea, aut de area annonaria expellitur, impalaverit, nihil ab eo qui expulit requiratur.* L. Ripuar. Tit. 70. §. 3. *Quod si in sepem animal impalaverit, & ipsa sepis mentonalis* (i. ad menti altitudinem) *non fuerit: dominus sepis interfectionis seu debilitationis reus judicetur.* Longob. lib. 1. Tit. 19. l. 10. *Si caballus aut quodlibet peculium, in clausuram alterius intus saliendo se impalaverit, non requiratur ab ipso cujus sepis est. Et si ab infra foras saliendo se impalaverit, tunc ille cujus sepis esse invenitur, eum componat.* Gloss. vett. & Papias apud Lindenb. *impalare, impugnare.* Mihi videtur *in palum se inpingere.* Quære.

¶ *Impans.*] Longob. lib. 2. Tit. 34. de manumissionibus l. 1. *Similiter qui per impans, id est, in votum regis dimittitur, ipsa lege vivat sicut qui amund* (i. à tutela liber) *factus est.* Modus manumittendi per Regem, patet ibidem l. 3. *Si quis servum suum aut ancillam in manu Regis dederit, & ipse Princeps eos per manus sacerdotis; circa sacrum altare, liberos dimiserit, sic permaneant liberi,* &c. Item l. 8. —— *quocunq; modo eum à se absolverit, in manu Regis dando, aut in Ecclesia circa altare ducendo,* &c. Lindenb. ex Papia: *Impans, in manu Regis servus dimissus, extraneus est.*

¶ *Imparcatus.*] *Incarceratus.* Carcere inclusus. Bracton. lib. 3. Tract. 2. ca. 9. -- *quamvis ex eo crimine innocentes inveniantur, propter quod inducti sunt in carcerem & imparcati.*

¶ *Impejorare.*] Pejus facere. Addition. LL. Frison. Tit. 11. §. 1. -- *rem ejus impejoravit.*

Im-

¶ *Impetitus.*] *Causatus, accusatus, criminatus, postulatus.* Greg. Turon. Hist. lib. 5. ca. 14. *Impetebatur tunc Guntheramnus de interitu (ut diximus) Theodeberti.* Hincmarus Episc. Hincmaro Episc. Flodoard. Hist. lib. 3. cap. 21. —— *& à domino Rege impetitus, quoniam juramenta illi à te super sacra prastita, non observasti.* LL. Henrici 1. ca. 6. *Judices sanè non debent esse, nisi quos impetitus eligerit.* Hinc

Impetitio, pro accusatione, incusatione, criminatione: ut in jure nostro, frequens illud, *sine impetitione vasti*, quod forenses tamen exponunt *sine impedimento vasti*: juxta Gallicum *sanz empeschement de gast.* Impetitio vasti.

¶ *Impotus.*] Surculus per insitionem plantatus. *Insitum.* Teutonicè, **Pote**, Angl. **a graft.** L. Salic. Tit. 29. §. 8. ubi agitur de furtis in horto. *Si quis impotos de melario, aut de pirario tulerit,* 120. *denar. qui faciunt sol.* 3. *culpab. judicetur.*

¶ *Imprisia.*) M. Paris. p. 941. 287. l. 52. 288. l. 7. 306. l. 7.

¶ *Imprisonare.*] Vide *Prisona.*

¶ *In antea.*] *Posthac.* Ab hac die imposterum, al. *amodò.* Fidelitatis sacramentum à Pithæo editum in 12. Scriptor. *Ego quia de isto die inantea isti Seniori meo, quam diu vixero fidelis -- ero.* Feud. lib. 2. Ca. 5. *Ego juro -- quod amodò inantea fidelis ero.* Juxta Gall. *d'or en avant*, Ital. *inanzi.* Frequens in Concillis & apud medios Authores, & forenses.

¶ *Inbeneficiare.*) Prædium alicui dare in beneficium, hoc est, in feodum, vel in hæreditatem. Burchardus Monachus de Casib. Monast. S. Galli, ca. 3. *Symoniacè Ecclesias vendidit, res Ecclesia inbeneficiavit, thesauros dissipavit.* Vide *Beneficium.*

¶ *Inbladare.*] *Seminare.* A Gall. *Emblaver.* Assisa R. Ricardi 1. de foresta, apud Hoveden. in An. 1198. *Et videnda sunt in Reguardo, nova essarta, & vetera inbladata post ultimum reguardum, & quo blado, vel legumine inbladata sunt. Nova autem sarta erunt in manu Regis: si vetera sarta inbladata sunt de frumento vel siligine, unaquæq; acra dabit* 12 *denar. de illa vestitura, &c.*

¶ *Inboiatus.*) *Vinctus*: quasi, *boia*, i. vinculo constrictus. Vide *Boia.*

¶ *Inbreviare.*] In schedulam (quod *Breve* vocant) rem conscribere, referre, redigere. Scripto breviter mandare. Synodus Suessionens. in An. 853. Actione 7. Ca. 1. —— *& thesaurum ac vestimenta, seu libros diligenter inbrevient, & breves nobis reportent. Inbrevient quid unusquisq; Ecclesiarum Prælatus, quando prælationem Ecclesia suscepit, ibi invenerit.* Nithardi hist. lib. 4. —— *& illorum industria inbreviatum esset.* Infra. *Ut firmaretur pax inter illos* —— *& inbreviaretur,*

¶ *Inbrigare.*] Lite involvere. Vide *Briga.*

¶ *Incardinare.*] Est in Ecclesiam (putà majorem, quam *Cardinem* aliquando vocabant) Presbyterum, Canonicum, Diaconum inserere: aut Antistitem dare: in cardine seu fastigio Ecclesiæ collocare. Vide supra *Cardinalis.* Flodard. Hist. Remens. lib. 3. ca. 21. *Pallio fuerat à sede Apostolica honoratus, ut etiam si locus de Metropoli adveniret, ibi incardinaretur.* Et lib. 4. ca. 6. *Demum in Archiepiscopatum sedis Turonica, decrevit incardinandum.* Item lib. 3. Ca. 29. *Petente Clero & plebe provincia Turonensis, convenientibus Episcopis in eadem Metropoli, fuit incardinatus.*

Accipiunt & pro *ordinare* simpliciter, ut supra in verbo *Cardinare.* Hinc Greg. lib. 2. Epist. 25. —— *in hac in qua à nobis incardinatus es Ecclesia, debeas permanere.* Et lib. 1. Epist. 81. ad Januarium Archiep. *Cum tamen* (diaconi) *si obedientia fueris invitatus; & eum post hac Cardinalem facere volueris, nisi pontificis sui cessione solenni more meruerit, abstinendum ab omni ejus incardinatione memineris.* Incardinatus. Incardinatio.

¶ *Inchartare.*] Mat. Par. pag. 757.

¶ *Incastellare.*) Vallo seu castello munire. In modum & officium castri redigere. Otto Frisingens. lib. 7. cap. 31. *Ecclesiam etiam B. Petri omnium Ecclesiarum caput, incastellare sacrilegè & prophanissimè non metuunt.*

¶ *Inclamatus.*] In jus exactus. Fortè publicis edictis; aut pro more nostro, voce præconis, contumacem in quinq; Comitatus curiis, exigentis. Edictum Theoderici Ca. 145. —— *edictis solenniter inclamatus, ad judicem cujus praceptione conventus est, venire neglexit. Inclamationem* præcessit Judicis præceptio, citatoria, procedique exinde videtur ut apud nos in *Utlagaria*, quod vide.

¶ *Inclaustrum.*] Clausura, vel ambitus monasterii. Chron. Camerac. lib. 3. ca. 72. *Factum est hoc lignarium* —— *& positum est in inclaustro. S. Autberti.* Vita B. Leitberti ca. 49. *Ædificatoq; inclaustro cum cateris officinis.*

¶ *Inclusus.*) *Anachorita*, Isidorus in lib. 2. de Ecclesiasticis officiis, ca. 15. cum in sex genera distribuisset Monachos, tria laudans, & explodens reliqua: inter laudata, *Primum* (inquit) *genus est Cœnobitarum, id est, in commune viventium, instar sanctorum illorum qui temporibus Apostolorum Hierosolimis, vendita & distributa omnia sua dabant indigentibus,* & in sanctæ vitæ communione habitabant: unde monasteriorum origo. Cœnobita.

Secundum genus est Heremitarum, qui procul ab hominibus recedentes, deserta loca & vastas solitudines sequi atq; habitare perhibentur, ad imitationem scil. Eliæ & Johannis Baptistæ, &c. Heremita.

Anachorita.

Tertium genus est Anachoretarum, qui jam cœnobiali conversatione perfecti includunt semetipsos in cellis, procul ab hominum conspectu remotis, nulli prabentes accessum, sed in sola contemplatione divina viventes perseverant, i. theoria. Sed isti examinatione cœnobiorum probati in omnibus disciplinis monasterii per 30. annos, ad hanc contemplationem per obedientiam eliguntur.

Inclusi. Reclusi. Reclausi. Inclusorium. Clusa. Reclusum. Clausula.

Ex inclusione ista dicti sunt Anachoretæ *Inclusi*, quibusdam *Reclusi*, & *Reclausi*: inclusionis autem cella, aliàs *inclusorium*, aliàs *clusa*, *reclusum* (& in Ekkehardo jun. ca. 9.) *clausula*; vulgo plerumq; *Heremitagium*, *armitagium*, & *anchoragium* pro *Anachoritagium*. Marianus Scotus in An. 1058. *In Monasterio* (igne consumpto) *erat Paternus nomine, monachus Scotus, multisq; annis inclusus, qui etiam combustionem pronunciabat, in sua*

Clusa.

clusa ambiens martyrium, combustus est. Et in An. 1069. *Ego miser Marianus, jussu Episcopi Moguntinensis & Abbatis Fuldensis, feria 6 ante palmas, 3 Nonis Aprilis, post*

Inclusio.

annos 10 mea inclusionis, solutus de clusa in Fulda ad Moguntiam veni, &

Includi.

in festivitate Septem fratrum secundò includor. Vide *Reclusus*.

¶ *Inconcare.*] *Absorbere.* Chron. Camerac. lib. 3. ca. 22. —— *ad quandam tabernam de more profectus, cervisiam nimiam inconcavit.*

¶ *Incrinitus.*] Vide *Crinitus*.

¶ *Incrocare.*) *Suspendere*, q. ab unco pendere, *croc* enim Gall. *uncus*, *hama*: unde *pendu au croc* dicitur quod ab hama suspensum est. L. Salic. Tit. 69. §. 2. *Si quis hominem sine consensu judicis, de ramo ubi incrocatur, deponere præsumpserit, ICC den. qui faciunt sol. 30. culpab. judicetur.*

Introchiare.

Hinc *incrochiare* dicunt forenses cum quispiam aratro fundum vicinum, velut hamâ, subducit, & sic in cæteris.

¶ *Indentura.*) Dicitur cum scripta paria sic in capitibus, marginibusve incidantur, ut sectionibus invicem applicatis, alterum alterius defectum suppleat, paginamq; reddat velut integram. Juris Civilis Consultis à Græco, *Syngrapha*, id est, *Conscriptio* nuncupatur, quod pars utraque alternatim à partibus conscribitur, traditurque. Lindewod. Tit. de Offic. Archidiac. ca. 1. *Sed differunt chiro-*

Chirographus & Syngraphus quo differunt.

graphus, & syngraphus, quia syngraphus est scriptura inter creditorem & debitorem indentata: in cujus scissura literis capitalibus scribitur hæc dictio, Syngraphus (sive τὰ Συγγραφα.) *Sed cirographus dicitur, quod manu unius tantum, putà debitoris scribitur, & penes creditorem relinquitur. Aliquando tamen promiscuè sumitur secundum Januensem.* In Chirographorum scissura scribebatur literis majoribus Chirographus similiter. Vide Lexic. Jur. & Gothofr. in not. ad l. 27. §. 3. ff. de l. Corn. de fals. Habentur *Indentura* non solùm bipartitæ & tripartitæ, sed & septem-partitæ (ut illa Henrici 7. de Capella ejus Regia Westmonasteriensi) & ut loquuntur, undecem-partitæ. Chartarum autem *Indentationem*, apud nos non reperio ante ætatem Henrici 3. & tunc quidem rariùs. V. *Paricle*.

¶ *Indictamentum.*] In Jure nostro est libellus accusationis (qui *billa* dicitur) nec non & ipsa accusatio, 12 ad minus Inquisitorum juramento, maleficium alicujus vel in Regem, vel in Rempub. solenni formâ ad Judicem deferens. A Gall. *Endicter*, atq; hoc à Græ. ἐνδείκνυμαι, quod est *nomen in judicio deferre, postulare, reum indicare*: unde & ἐνδείκτης, *Indictator, delator, denunciator*. Comperto *indictamento*, postulatus (quem *Indictatum* jam vocant) pro tribunali sistitur: exigiturq; duodecemviralis Jurata, ad cognoscendum de facto ejus secundum probata & allegata. Juran- Indictatus.
tur ipsi, jurantur & testes accusatorii; quorum auditis criminationibus, & postulati responsis, duodecem viri seorsùm à Curia, de omni inter se consulunt, donec in sententiam coëuntes, postulatum aut sontem denunciant aut insontem.

Forma *indictamenti* hujusmodi. In margine schedulæ seu *billa*, notatur Comitatus ubi de reatu agitur: putà *Norfolc*'. Deinde sequitur in hunc tenorem. *Inquiratur pro domino Rege si A. B. de* (villa) *C. in dicto Comitatu,* Yeoman *(vel talis alterius conditionis) tali die, mense, anno* (interdum, *inter tales horas*) *tali loco & modo crimen tale perpetravit contra pacem dicti domini Regis nunc, coronam & dignitatem suam.* Quod si Inquisitoribus constiterit verum esse, scribunt in versa parte, *Billa vera*: sin minus, *Ignoramus*. Hæc in genere requiruntur in omni *Indictamento*: particularis autem contextus passim variatur pro natura scelerum. Indictamentorum forma.

De Indictionibus multiplex opinio. Earum origo, ratio, species, usus, inveniendi modus, &c.

¶ *Indictio.*] Ab indicendo, ad Pontifices pertinet, juxta illud:

Edicunt Reges, indicit festa sacerdos.

Et systema trium lustrorum, seu quinquennalium, id est, spatium quindecim annorum, sumptâ ab Anno Christi 312 origine, in se perpetuò repetitum. Vulgaris, & non recens opinio, Imperatores perhibet tributa Gentibus imposuisse; vicinis, annuam annonæ portionem; remotioribus verò, ut propter transitus difficultatem, in fine primi lustri seu quinquennii, aurum penderent, dominationis typum. In secundi fine argentum, ad stipendia Quid. Vnde.

militibus eroganda. Et in fine tertii, *æs* & ferrum ob armorum ministerium & supplementum. Inde *Indictio* ipsa (ut Sacrobosco placuit) *area* ab ære, *vel ferrea* à ferro appellata. Penè hæc utiq; Glossa ad Cod. Justin. Tit. 2. de Just. cod. confir. §. fin. Cum autem magna sit in opinionibus varietas, de *Indictionum* origine & ratione: studiosis fore in rem duximus, eas sigillatim exhibere: potiorem tamen quà possimus, efferentes.

Ærea. Ferrea.

Opiniones variæ.

I. Ad rationem temporis conservandam.

Beda in lib. de ratione temp. ca. 48. ait: *Indictiones antiqua Romanorum industriâ —— ad cavendum errorem qui de temporibus fortè oboriri poterat, institutas.* Scilicet ne dum Imperator aliquis medio anni tempore, vitâ vel Regno cederet: eundem annum historicus unus eidem ascriberet Imperatori, alter verò successoris sui temporibus. Addit igitur: *Ne per hujuscemodi dissonantiam, error temporibus inolesceret, statuerunt Indictiones, quibus uterq; scriptor, imò etiam vulgus, omnem temporum cursum facillimè servarent: quas pro facilitate quoq; calculandi, quindecim esse voluerant.*

II Ab Actiaca victoria.

Cedrenus in Theodosio, ἀπὸ τῆς ἀρχῆς τοῦ μεγάλου Θεοδοσίου, ἤρξαντο ἀριθμεῖσθαι αἱ ἰνδικτίαι, ἀρξάμεναι ἀπὸ Αὐγούστου καίσαρος ἐν ἔτει ιε τῆς ἀρχῆς αὐτοῦ. καλεῖται δὲ ἰνδικτίων, τουτέστι ἰνακτίων ἡ περὶ τὸ Ἄκτιον νίκη. Id est, *Ab imperio magni Theodosii cœperunt numerari Indictiones: incipientes ab anno 15 Augusti. Dicta autem Indictiones, hoc est, Inactiones propter ejus ad Actium victoriam.*

Inactiones.

III A cæde Maxentii & liberata religione.

Onuphrius Panvinius Fast. lib. 2. in Constantino & Maxentio Coss. firmiter asserit (ut ait Baronius) *Maxentium à Constantino victum 8 Cal. Octobris, ab eaq; die primam Indictionem inchoari*; scilicet ut liberatam à Maxentii tyrannide Urbem & Ecclesiam indicaret.

IV Ab editione ludorum.

Scaliger in Emendat. tempp. lib. 5. multa argumentatione *Indictiones* contendit *ab editione ludicrorum Panegyricorum & spectaculorum Quinquennalium, Decennalium, & Vicennalium* provenisse: quòd ab exhibitione munerum Quinquennalium Imperii Constantini usq; ad Vicennalia, periodus 15 annorum habeatur. Hoc enim intervallum *postea* (inquit) *institutum temporibus notandis, quod scilicet Synodus* (Nicæna) *dimissa sit* ἐπὶ εἰκοσιτηρικῆς ἐπινεμήσεως, *anno 15 à Quinquennalibus Constantinianis. Verissima hæc est* (inquit) *indictionum institutio, non ea caussa, quas alii adferunt.* Ait præterea Encænia seu initium imperii Constantini, fuisse An. Christi 308. Quinquennalia An. 312. Vicennalia, & Concilium dimissum An. 328.

V A stipendiis militaribus quindecennalibus.

Baronius multa rem versatus cogitatione, multisq; argumentis tum Onuphrii tum Scaligeri & aliorum opiniones refutans: in An. Christi 312. nu. 107. suiipsius sic tandem profert. *Nullam quidem aliam penes antiquas hujus rei memorias reperire licuit, ut 15 annorum periodo aliquid cœptum absolveretur, & in tabulas publicas referretur, nisi stipendia militaria, cum quindenis emeritis miles honestâ missione, concessâ capitationis immunitate, si vellet, solutus militiâ, liber abire posset; si nollet, majoribus privilegiis augeretur.* Innuit deinde ex ipsius Constantini professione; Constantinum in veteranorum gratiam, merendi tempus (quod Tacitus ait fuisse annos 16) jam in 15 contraxi[illegible] posteaq; sic progreditur. *Ut autem 15 [illegible] stipendia per totidem numerarentur Indictiones, inde provenisse videtur, quòd annis singulis eroganda militibus, Principis rescripto, provincialibus indicebatur annona, ut patet ex Honorii & Arcadii rescripto ad Pompeianum, &c.* Inferiùs. *Quod verò ad tempus spectat, ut 8 Cal. Octobris initium sumat Indictio, inde accidisse videtur, quod eo tempore Imperatores exhibendam militibus annonam præposito Edicto, indicere annis singulis consueverint, cum jam plenissima frugum omnium collectio facta esset, &c.* Auctoritates quasdam profert, & ostendit ex hac annonæ distributione *Indictionem* aliàs *Distributionem* nuncupari, aliàs *Fusionem.*

Distributio. Fusio.

VI A tributis, quando & quibus impositis.

Paulus Petavius curiâ Parisiensi Senator Regius (juxta vulgarem quam diximus opinionem) in Epocha annorum Christi, &c. *Indictiones* ab indicto tributo defert. *Nam qui descriptioni præerat, è Censualibus* (inquit) *seu Actorum libris, annum ætatis uniuscujusq; censitioni obnoxii, annotabat, addebatq; modum census ac tempus quo censum solvere inciperent, qui tunc infra præscriptam ætatem adhuc agerent. Ætas autem illa non eadem ubiq;, sed pro diversitate provinciarum, varia & distincta fuit. Syrii certè de quibus sermo* (agit de Christi nativitatis epocha) *ab annis 12 fœmina, à 14 masculi tributo obligati fuere; ut ab Ulpiano didicimus l. 3. C. de Censibus. Idem & observatum apud alios plures; indeq; factum ut 15 annis constaret Indictio. Nam in quindecennium fiebat descriptio: inq; longius tempus fieri non poterat. Necdum enim tum nati qui proximè sequenti decimoquinto anno, functione onerandi erant.*

Indictiones duplices.

Computistæ etiam *Indictiones* intelligunt de tributis; ab Augusto rei petentes originem: & Dionis inductus authoritate, haud refragatur Petavius. Ego duplices facio: *Fiscales* seu *Tributarias*; & *Militares* seu *Erogatorias.*

Fiscales.

Fiscales sunt quæ populum evocant ad tributum, uti illa sub Augusto Cæsare in Evangelio. Cassiodorus Variar. lib. 4. Epist. 42. *Augusti quidem temporibus, Orbis Romanus agris divisus, censusq; descriptus est, ut possessio sua nulli haberetur incerta, quam pro tributorum susceperat quantitate solvenda.* Hujusmodi *Indictionum* meminit Plinius ad Trajanum scribens 200 annos ante Constantinum. *Nec novis indictionibus pressi, ad vetera tributa deficiunt.* De his crebrò in Jure Civili: & intelligendum est non de capitatione seu tributo personali, at de reali & agrario.

Indictio

Militares.

Indictio militaris seu *erogatoria*, ea est quam expressit Baronius, & quam temporum præbuisse contendit dimensiones. Nos ulterius non agitabimus quæstionem, at sive hinc sive illinc processerint, certum est sub Constantino cœpisse *Indictiones* fieri Chronologicas, & ab eo computari anno, quo libertatis accepit primordium religio Christiana: scil. anno Constantini 7. vel 8. id est, Domini nostri 312. vel 313. Sic & Nicæni Concilii authoritate institutum asserunt, sublatis [illegible] Olympiadibus, quas Hieronymus tamen in [illegible] Chronico deinceps numerat, nullam de *Indictionibus* mentionem faciens. Annus autem Domini nostri nondum in usu fuit. Hunc enim in Ecclesiam invexit primum Dionysius Exiguus Abbas Romanus, Anno qui deinceps Domini inscriptus est, 532. cum exoso Dioclesiani tyranni nomini oppedens, anni ejusdem memoriam ab encycliis Paschalibus quæ tunc moliebatur Abbas, exploderet.

Indictiones factæ Chronologicæ, An. Do. nondum in usu

Annus Domini quando primùm receptus.

Sed penitiùs paulò videamus utri è præfatis annis initium tribuemus *Indictionis* istius Chronologicæ. Non quod me in supputandi laqueos (quibus anhelantes alios & ad sanguinem penè desudantes miseremur) ingeram: sed ut adductis dissidentium opinionibus, tui sit eligere potiorem. Onufrius suam (ut dictum est) orditur supputationem à Maxentii cæde, & vindicata jam in libertatem religione Christiana: eamq; aliàs ponit Anno Christi 313. aliàs in Consulatu Constantini 2. & Licinii. Eusebii verò Chronicon, in An. 315. Baronius in An. 312. Onufrium sequuntur multi, & his unà Savilius noster in suis fastis; quos ab antiquis Chartis sæpè animadverto discrepantes, sed & Chartas sæpissimè ab omnium fastis. Onufrium sibi reconciliat Baronius dicentem in Fastis suis, Consulatum Constantini secundò & Licinii, contigisse An. Dom. 312. Reducatur etiam ad hunc ipsum Annum Eusebii Chronicon. Nam Cassiodorus in Chronico suo de Galerio patre & antecessore Constantini, scribit: *quod cum esset otiosus, anni ipsius* (cui tertium numerat) *ascribuntur filio ejus Constantino.* Demptis igitur tribus ab Anno 315. quem hic Constantino ponit Eusebius, remanet similiter Annus 312. omnium assensu inchoandæ *Indictioni* tribuendus. Siquidem in Amandino Eusebii Chronico M. S. paragraphus de Galerio non omnino habetur: sed impresso codici ex aliis additur à Miræo, hoc (ut ait) approbante Scaligero. Rem docti curent, ego transeo: sed insigne testimonium quod è fastis Græcis protulit Onufrius, hic adjiciens. Sic enim ille sub Constantino 2. & Licinio 2. Coss. fastis Latinis illud passim ad An. Dom. 312. referentibus.

Primus indictionum annus quis.

Ἰνδικτιόνων κονσταντινιανῶν ἐντεῦθεν ἀρχή.

i. *Indictionum Constantiniarum hinc exordium.*

Emendanda Baronii editio qua κονησαντιανῶν legitur.

Disquisito jam Anno, repertoq; fuisse Christi 312. ad mensem & diem inchoationis progrediamur. Cùm autem de his non conveniat inter Imperium Orientale & Ecclesiam Romanam: duplex inde exorta est anni *Indictionalis* origo: *Imperatoria* & *Ecclesiastica*.

Quo mense, qua die, prima cœpit Indictio.

Indictio Imperatoria (qua usi sunt Imperatores Græci seu Orientales) juxta Onufrium, Scaligerum, Baronium, receptamq; passim opinionem, 8 Cal. Octob. id est, die 24 Septemb. exorditur, ratione mox inferiùs adferenda.

Apud Græcos.

Indictio Ecclesiastica seu *Romana*, à Calend. Januarii, id est, 14 die Decembris, initium sumpsit. Audi de utraq; Petavium. *Initium verò Indictionum, idem quod anni fuit: sic& Romani post solstitium hiemale, Græci à prima lunatione post æquinoctium autumnale, computarunt Indictiones. Cumq; isti menses mobiles non fixos, ut Romani habuerint; primusq; eorum mensis, ab ipsa prima lunatione post æquinoctium autumnale cœperit, qua ut plurimùm 24 Septemb. contingebat, factum est ut Romana Indictio, aliam epocham quam Græca habuerit. Græcam autem secuti sunt qui post Constantinum Imperatores fuere, quiq; eorum imperio subditi; & ita accipiendum, quod Ambrosius meminit,* Indictiones mense Septembri incipere. *At Romani Pontifices semper suam retinuere, adhucque hodie retinent.* Hæc ille.

Retinent & Imperatores Occidentales Romanam *Indictionem*, ex qua non mediocre beneficium. Est enim velut anchora chronologicæ supputationis, & fidele in instrumentis datorum examen: quibus ideo poni consuevit ut in Glossa dicitur ad Decr. Greg. lib. 2. Tit. 22. ca. 6. In tribus autem maximo venit usu: scil. in privilegiis, in cereo Pascali, & in Ecclesiarum dedicationibus.

Indictionum usus.

Modus inveniendi Romanam *Indictionem* est hujusmodi. Adde 3 ad Annum Domini (quia Dominus noster in 4 *Indictionis* anno perhibetur natus) deinde totum divide per 15, & residuum dabit annum *Indictionis*. Si hoc nihil fuerit; ipsus annus *Indictionis* est ultimus. Ad Græcam *Indictionem* inveniendam 4 sunt addendi, &c. Versibus sic exponitur.

Modus inveniendi Indictiones

Si per quindenos Domini diviseris annos,
His tribus adjunctis, Indictio certa patebit.
Si nihil excedit, quindena Indictio currit.

Dicitur *Indictio* & de toto quindecennali ciclo, & de quolibet ejusdem anno; ut patet in Gloss. ad Cod. lib. 1. Tit. 2. de Just. Cod. confir. §. fin. ubi etiam notatur quòd tabelliones (h. notarii publici) cum dicant, *Indictione prima, vel secunda in instrumentis: intelligitur primus* vel *secundus annus Indictionis, &c.*

Indictionum duplex significatio.

Diony-

Dionysius de annis, ad finem Hymnorum Bedæ Tom. 1. pag. 413. *Tres appone annis Christi pro* Indictionibus *Regulares, & partire per quindenum numerum Absq; mora tunc videbis quis sit ejus numerus.*

Indictiones extraordinariæ sunt, quæ ad tempus præter morem ordinarium ex improviso indicuntur, ut angariæ belli tempore, equi veredi, &c. à quibus nulli possessores, ne Ecclesiastici eximuntur. l. neminem. C. de sacros. Eccl. &c. *Indictiones extraordinariæ.*

¶ *Indiculus.*] Ab indicando proculdubio, sed quale sit indicandi instrumentum, non satis liquet. Emanarunt olim à Rege, *præcepta, indiculi, brevia*, quæ nec facile distinguantur. Bignonius, ad Marculfi lib. 1. ca. 6. quod inscribitur *Indiculus Regis ad Episcopum, ut alium benedicat*: existimat *præceptum* majoris esse auctoritatis diploma, manu propria Principis subscriptum, & annulo fortè munitum: *indiculum* verò esse epistolam absq; sigillo. In hoc rectè sonat Capitular. lib. 3. ca. 58. *Et si consacramentales hominis, cum ipso venire tenuerint; jussione dominica, aut indiculo, aut sigillo, ad palatium venire cogantur.*

Pro quovis *scripto indicativo*, etiam dictum videtur. Greg. Turon. Hist. lib. 5. ca. 44. *Per idem tempus Chilpericus Rex scripsit indiculum, ut sancta Trinitas, non cum personarum distinctione, sed tantum Deus nominaretur.* Et lib. 8. ca. 2. —— *pejerasti* (Episcopus) *mittens, indiculos dolositate plenos.* Juramentum Bonifacii apud Lindenb. *Hunc etiam indiculum sacramenti, ego Bonifacius exiguus, Episcopus manu propria subscripsi.*

Pro *nuncio*. Asser Menevens. de gest. Ælfridi circiter An. 885. *Cumq; statuto tempore ad eum* (Regem Ælfredum) *sicut promiseram, non pervenissem: transmisit ad me indiluculos, qui me ad eum equitare festinarent, & causam remorationis perquirerent. Sed cum equitare ad eum non possem, aliam ad eum transmisi indiluculum qui remorationis meæ causam illi patefaceret.* Corrigendum censeo, legendumq; *indiculos*, & *indiculum*. *Indiluculus.*

¶ *Indominicatum*; seu *Terra indominicata.*] Prædiorum pars est, quæ usui ipsius domini reservatur, non colonis nec emphyteuticariis conceditur. Alias *Terra dominica*, & *dominicata*, quæ vide. Vulgo [illegible] of a [illegible]. Lib. Censual. S. Remigii Rem. *De terra indominicata 30 denar.* Privileg. Caroli Calvi S. Germano concessum anno Regni 32. *vineas quoq;* —— *sive sint indominicatæ, sive in beneficium quibuslibet datæ.* Conventio inter Manassem Comitem & Canonicos Remens. in Append. ad Flodoard. ante annos 650. *Aliam autem villam nomine Loceium in qua continentur mansi 7 & dimidius; & quarta pars unius; excepto indominicato manso, &c.* In calce ejusdem, —— *de camera, frumenti 4 sextaria. De horreo indominicato, annonæ modius unus, & vinum quod sufficiat.*

Horreum indominicatum est horreum Manerii, ut *ædes indominicata*, ipsius Manerii situs, seu ædes domini. *Horreum indominicatum.*

¶ **Infanc, Infang, & Infeng.**] *Manuum injectio*: à præpositione, *in*, & Saxon. ꝼanᵹ pro manu, quòd hæc sit instrumentum capiendi: nam ꝼanᵹen est *capere*, unde & digiti hodie **fingers**, q. **fangers**, id est, *captores*, appellamus. L. Boior. Tit. 3. §. 3. *Si in eum contra legem manus injecerit, quod infano dicitur, 3 solidos donet.* Similiter Tit. 4. §. 5.

Infang al. *infeng*, nonnunquam etiam dicitur pro *Forefang* (quod vide) & in Privilegiis significat *impunitatem*, vel (ut Fletæ verbis utar, lib. 1. ca. 47.) *quietantiam prioris prisæ ratione convivii.*

¶ *De* Infangthefe *&* Utfangthofe, *crebrò occurrentibus in antiquis privilegiis.*

¶ *Infang-thefe*, al. *Infang-theof, Infangthief, Infangenetheof*, & malè *Hinfangthef*,] Significant *latronem infra captum*: hoc est, infra Manerium vel jurisdictionem alicujus, jus habentis de eodem cognoscendi. Regale siquidem privilegium, & in antiquis diplomatibus, Majoribus Regni frequenter concessum: qui ipso hoc verbo talem assecuti sunt potestatem. De vocis tamen latitudine non planè convenit. Quidam enim exponunt de omni fure infra dominium capto: quidam de hominibus solummodo dominii: quidam, de his tantùm qui cum latrocinio deprehenduntur. Certissima interpretatio à locorum usu petitur. Etymologiam prodit Charta Henrici primi, S. Benedicto Rames. & S. Ivoni Archipræsuli, de feriis concessa, quæ sic habet: —*cum saka et soca, & cum tol & theam, & cum infra capto fure.* Ranulfus item Cestriensis in Polychron. lib. 1. ca. 50. Est (inquit) *Infangthef*, peilꝼinde inpanoe, *id est, infra suum capere reum. Gallicè, dedens le soen attachment de laron.* Lucidius si velis; peilꝼinde inpanðe, idem sonat quod *res furtiva intrinsecùs inventa*; hoc est, *fur cum re furtiva infrà jurisdictionem inventus.* Extensio vocis è LL. cognoscitur Edouardi Confess. ca. 26. quod, *De Infangthefe*, inscribitur. Qui habet *sacam & socam, thol & theam, & infangthefe* —— *justitia cognoscentis latronis sua est, de homine suo, si captus fuerit super terram suam. Illi vero qui non habent has consuetudines, coram Justicia Regis rectum faciant in Hundredis, vel in Wapentachiis, vel in Scyris.* Ait *cognoscentis latronis*, velut confitentis; & restringit ad *hominem suum, captum super terram suam.* Sed audi Bractonum lib. 3. Tract. 2. ca. 35. *Dictum est supra quod nemo potest habere curiam suam de proba-* *Etymon.* *Fortè peilꝼinde.* *Quid sit.* *Quid secundum Bractonum.*

probatore & latrone cognoscente: videamus igitur quæ placita pertineant ad Curiam (Baronis) *& quæ ad Comitatum. Sunt enim quidam* † *Barones & alii, qui libertatem habent scil.* Soc, Sak, Tol, Theam, Infangenethef & Utfangenethef. *Isti possunt judicare in Curia sua, si aliquis inventus fuerit infra libertatem suam, seysitus de aliquo latrocinio manifesto, sicut* Hondhabende & Backberend, *& insecutus fuerit per* Sacabor, *quia nisi fuerit in seysina, licet aliquis sequatur versus eum, sicut versus latronem, non pertinebit ad Curiam* (Baronis) *Hundreda, vel Wapentachia, cognoscere de hujusmodi furtis, nec inde facere inquisitionem per patriam, utrum talis qui non fuerit seysitus, culpabilis sit vel non: nec quod vadietur inde aliquod duellum ante seysinam.* ‡ De hoc quod dicit Infangenethef, *videndum est quid sit. Et dicitur* Infangenethef, *latro captus in terra alicujus, de hominibus suis propriis, seysitus latrocinio.* Utfangenethef *vero dicitur latro extraneus, veniens aliunde de terra aliena, & qui captus fuit in terra ipsius qui tales habet libertates. Sed non sequitur quod ille posset hominem suum proprium, captum extra libertatem suam, reducere usque infra libertatem suam, & ibi eum judicare ex tali libertate. Debet enim quis juri subjacere, ubi deliquit. Proprios enim latrones & alienos, infra libertatem suam captos, judicare possunt.*

Infangethefe, Utfangethefe.

Vides legum vicissitudinem. Edouardi enim illa Confessoris, ait, *justitiam cognoscentis latronis* ad Curiam Baronis pertinere qui habet *Infangthefe*, negat suo ævo Bractonus, asserens hoc nemini tunc competere nisi Regi.

Judicium de Infangthefe manifesto.

Quoad judicium de *Infangthefe* capti cum furto manifesto: Britonus lib. suo, ca. 15. duci enim jubet in Curiam, recitatoque coram Coronatore testimonio accusatoris, *Sectatoris* & testium accusationibus (nulla expectata responsione) morti judicandum. Grave hoc, & Stanfordo ita visum lib. 1. ca. 23. non tamen inficiatur. Convenit quippe legi Halifaxiæ satis notæ.

Furtum manifestum quid.

Quid sit furtum manifestum, liqueat è præcedentibus, Bractonus tamen alibi (viz. Tract. eodem ca. 32. nu. 2.) sic definivit. *Furtum manifestum est, ubi latro deprehensus est seysitus de aliquo latrocinio, scil.* Hondhabende & Backberend, *& insecutus fuerit per aliquem cujus res illa fuerit qui dicitur* Sakaberd, *& si sine secta cognoverit se inde esse latronem, coram Vicecomite, vel coram Coronatore vel Servientibus domini Regis, cum testimonio bonorum & proborum hominum, extunc furtum dedicere non possit, quia tales in hoc habent recordum. Et* (secundum quosdam) *illud idem erit, etiam sine seysina.*

Non manifestum quid.

Furtum non manifestum superius paulò enunciat. *Est* (inquit) *ubi quis suspectus est de latrocinio per famam patriæ, per indictamentum & rectatus, & ubi graves præsumptiones faciunt contra eum. Sed si seysitus non inveniatur de aliquo latrocinio, non habet quis potestatem inquirendi, nec procedendi contra ipsum ad inquisitionem, nisi ipse dominus Rex in Curia sua. —— Et si coram Ballivis vel Coronatoribus furtum cognoverit, tamen non tenetur ex tali confessione, sine seysina, licet eum seysina recordum haberent.*

Cognitio de Infangthefe antiquata.

Hodie nec in curiis Baronum aut antiquis suis Chartis *Infangthefe* aut *Outfangthefe* obtinuere; nec in Hundredo, aut Comitatu, talis exercetur jurisdictio. Comitatui ademptam video Statuto Magnæ Chartæ ca. 17. placita coronæ Vicecomitibus prohibente: ejusdemq; fortè vigore, Hundredis illis & Wapentachiis quæ tunc in Vicecomitum erant administratione. Quo autem fit ut Baronibus adimatur, non reperio. Antiquari potius existimo quàm adimi: & hoc ad evitandum crebros Senescallorum Baronum in procedendo contra reos, errores; magnam ex inscitia sibi & dominis suis molestiam sæpe, libertatum nonnunquam dispendium, inferentium. Sic Willielmo Bussey Senescallo Will. de Valentia accidisse videas in Mat. Paris. Continuat. An. 1259. Sic Abbati de Croyland, aliquando, uti referunt Justiciarii in 2 Richardi 3. Vide Statut. 27 Henr. 8. ca. 24. annon hoc quidpiam.

Lex Scotorum.

Est & Scotis eadem lex de *Infangthefe* & *Outfangthefe* quæ nobis olim. Bractoni quippe locum qui hic superius illis notis † ‡ intercluditur, in suas leges (*Quoniam attachiamenta* appellatas, ca. penult.) totidem plerunque apicibus transcripserunt. In eorum etiam Regia Majest. lib. 1. ca. 4. ita legitur. *Quædam placita criminalia pertinent ad quosdam Barones —— maxime qui habent & tenent curias suas cum socco & sacca, furca & fossa, Toll & Theme, Infang-thief, & Outfang-thief.* Ubi notandum est, *furcam & fossam*, de communi jure ad curiam illam pertinuisse, cui sicut de *Infangthefe* & *Outfangthefe* cognoscere sicuti & *prisonam*, ut in dicto Tract. ca. 83 refert Bractonus. Vide *Furca & fossa*: & *Outfangthefe*.

¶ *Infensare curiam.*] Dicitur cum Judex ea suggerit Advocatis, quæ vel per lapsum vel per ignorantiam prætermiserint, juxta illud Juris Civilis; *Judex debet supplere ea quæ Advocatis desunt.*

¶ *Inferenda, Inferendale.*] Tributum quod annuatim inferebatur. Ludovici Imp. ad Capitular. Addit. 4. ca. 83. *Quicunque Vicarii* (puta Vicecomites) *vel alii ministri, tributum quod inferenda vocatur, majoris pretii à populo exigere præsumpserit, quam à Missis bonæ memoriæ genitoris nostri constitutum fuit, hoc est, duos solidos pro una vacca, quod injustè superposuit, et abstulit —— cum sua lege restituat, & insuper fredum nostrum componat.* Aimoinus de gest. Franc. lib. 4. ca. 26. *Quingentas namq; vaccas inferendales à Clothario seniore —— Regia mensa inferre jussi fuerant. Quæ ideo inferendales dicebantur: eo quod singulis inferrentur annis.* *Vacca inferendales.*

¶ *In-*

¶ *Infeodare, al. Infeudare.*] Est feodum in aliquem conferre. Traditione fasinæ terram cedere. [illegible] *Infeodatio* [illegible] *dario.*

¶ *Infideles.*] [illegible] in historiis dicuntur non tam Ethnici [illegible] sacramentum [illegible] violasset. [illegible] lib. 4. [illegible] *infideli* [illegible] *quod* [illegible] Idem Longob. lib. 1. Tit. 34. [illegible]

Sic *infidelitas.* Synod. Engulenhemis apud Flodoard. lib. 4. ca. 35. *Infidelitatis* [illegible] *de infidelitate ipsius* [illegible] *sui.* [illegible] 20. *Depositus est ab* [illegible] *pro infidelitate* [illegible] *ratoris.* Feudorum Tit. [illegible] *consuetudo Mediolani* [illegible] *infidelitate* [illegible] *nasset.* Nullum [illegible] quod [illegible] parricidio [illegible] æquipatat. [illegible] Philip. [illegible]

Vassallo infido [illegible]
Qui servare fidem jurata [illegible]
Quem licito poterat [illegible] *extinguere* [illegible]
Cui debebatur culeus & simia —— [illegible]

Culeus, saccus, in quo parricidæ cum simia, cane, gallo, & serpente inclusi, mari immergebantur.

Infidelis pro latrone. Capitula Caroli Calvi ad Silvaticum, ca. 6. *Qui convictus fuerit quod latronem in hospitio suscepisset, quasi latro & infidelis judicetur: quia latro infidelis est noster, & Francorum, & qui illum suscepit, similis est illi.* Vide *Fidelis.*

¶ *Infiduciare.*) *Impignorare, obligare.* Longob. lib. 2. Tit. 29. l. 2. *Si infans* — *res suas* [illegible] *vendiderit vel infiduciaverit.* Plures ibidem.

¶ *Infirmaria, infirmitorium.*) Νοσοκομεῖον, unde Capitular. lib. 2. Can. 29. *Nosocomium.* Locus cum in monasteriis, tum & aliâs, quo infirmi & ægrotantes curantur. Prisco apud nos vocabulo, a [illegible], ex quo fratres ejusdem, [illegible]

Infirmarii. olim dicti sunt: Latinè *Infirmarii. Fermarium* tamen aliam habere radicem, loco debito suprà ostendimus. Constitutio Benedictorum Gregorii Papæ 9. *In infirmaria* [illegible] *comedat, nisi propter infirmitatem vel debilitatem, illuc fuerit destinatus.* Fuldens. lib. 3. Tradit. 35. —— *caput optimum, sive vestimentum quod melius haberet, in usus fratrum in infirmariam cederet.* Constitutio Benedicti Papæ 12. de Benedictinis, ca. 26. *Quoties verò plures simul carnes in infirmitorio comedent, versus & oratio in principio mensæ* ——

Infirmatorium. *dicatur, & continuum discumbendo silentium observetur. Ibiq; legatur (sicut in refectorio) continuè aliquid quod ædificet audientes: nullaq; persona secularis, ad comedendum inibi invitetur.* Ingulfus Saxo. *Fecit ipse de eodem meremio, plurima pulcherimaq; ædificia, scil. infirmitorium Monachorum, longitudine & latitudine decentissimum.*

¶ *Infiscari.*] Fisco adjudicari, in fiscum [illegible]. L. Alaman. Tit. 25. *Res ejus infiscentur in publico.* Chron. Camerac. lib. 2. ca. 18. *Monasterium S. Vindiciani* —— *postquam viris militaribus infiscatur, pro imminutione rerum, ad raritatem fratrum redigitur.*

¶ *Informator.*] Vox fori. *Is qui ex* parte Regis, interdum sui ipsius nomine, delinquentes contra Statuta quæ vocant pœnalia, ergo prosequitur ut mulctæ referat portionem. *Delator,* & qui in Apocalyp. ca. 12. ὁ κατήγορος τῶν ἀδελφῶν ἡμῶν dicitur.

¶ *Infortiare.*) Firmare, munitum reddere. Instrumentum pacis inter R. Hen. 2. & filios ejus apud Hoveden. in An. 1174. *Castella verò quæ firmata sunt vel infortiata postquam guerra incepit* —— *debent redigi in illum statum in quo fuerunt, &c.* A Gall. *Enforcir.*

¶ *Ingenium.*) A Gall. *engin,* artificium, techna, dolus malus. Greg. Turon. lib. 6. ca. 22. *Proclamante verò Episcopo & dicente, quod sæpius hic ingenia quæreret, qualiter eum ab Episcopatu dejiceret.*

Pro *machina,* & cujusq; rei instrumento. Flor. Wigornensis Continuatio, in An. 1138. *Exierunt enim jam sæpius de Castello, & ingenia ejus vel succiderunt, vel incenderunt.*

Pro *spectaculo.* Mat. Par. in An. *Ornata est civitas tota vexillis, coronis & pallis, cereis & lampadibus, & quibusdam prodigiosis ingeniis.*

¶ *Ingenuus, Ingenuilis.*) *Ingenuus* est qui ex matre nascitur, conceptione, partu, mediove tempore, liberâ. Etiam qui ex servitute manumissus est. In manumissionis enim apud Alamannos formulâ, jubetur *ut semper ingenuus atq; securus existat:* unde illis olim Semperfry, quasi *semper liber* appellatus est. Vide Goldast. ad Burkhardi cap. 9. Greg. Turon. de mirac. S. Martini, ca. 23. *Erant enim ingenui, & possessionem propriam possident.* Vocem nuperi quidam, classi apud nos plebeiæ quæ Yeomen dicitur, genuinè nescio an Latinè magis cooptarunt. Quos autem nos *liberi & legales homines:* dicimus, in Triburiensi Concil. An. 895. *ingenui* dicuntur. viz. *Si nobilis homo ingenuus in Synodo accusatur & negaverit, si fidelem eum esse sciverit, cum 12 ingenuis se purget.* Vide Yeomen.

Ingenuilis. Ad ingenuum pertinens. Chirographus Leudonis Remens. Eccl. præpositi in Append. ad Flodoard. — *mansos duos ingenuiles & vestitos.* Mansus ingenuilis.

Galli, *ingenuiles* vocant, quos nos, *Liberè tenentes;* mansosque dividunt in *indominicatos, ingenuiles,* & *serviles;* uti nos prædia, in *dominicalia, libera,* & *nativa.* Eorum autem *Ingenuiles* non sunt liberi à rusticis servitiis, ut hodie

die nostri plerumq; Libere-tenentes [illegible] Socmanni, agros [illegible] colentes. [illegible] [illegible] libro [illegible] copiam fecit [illegible] Petreschius, Provenciæ [illegible] mihi [illegible] communicavit. Vide plura in [illegible]

¶ *Inglisheria.*] Vide *Englesheria*, & ejusdem [illegible] *Wallischeria.*

¶ [illegible]] [illegible] genere [illegible] qui [illegible] componere, [illegible] vendat. [illegible] *integro* [illegible] integros, vel plenitudine. [illegible]

In specie, & sic vulgo notior, [illegible] qui crescentes [illegible] Statutis non [illegible] congerit, & accumulat. Hanc [illegible] Informatores, [illegible] corvi corvum, [illegible]

Ingrossator longè alio sensu dictus est, qui forensi charactere acta & instrumenta forensia paginis inscribit membraneis. Unde, ævo Henrici 6. *Ingrossator magnæ Rotulæ* appellatus fuit, qui hodie Clericus pipæ est: & *Duplex Ingrossator*, qui nunc Pipæ contrarotulator.

Ingrossator magnæ Rotulæ.

¶ *Inlagare.*] Ejectum restituere in legis patrocinium, *Laga* enim à Saxonico lage, *lex* est. Annales Waverliens. in An. 1074. *Edgarus puer veniens ad eum à Scotia, & Rex eum inlagavit & omnes homines suos.* Breve regium apud Bractonum. lib. 3. Tract. 2. ca. 14. —— *& eidem Almarico ipsum B. inlagari facias, & ad pacem nostram recipi.* Inde

Inlagamentum, [illegible], & [illegible]. Bracton. Tract. eodem, ca. 11. nu. 5. *Fœmina utlagari non potest, quia ipsa non est sub lege, id est, Inlaughe Anglice, scil. in franco plegio, sive decenna, sicut masculus 12 annorum, vel amplius.* Hinc etiam

Inlagatio, & *inlagaria*, pro actu inlagandi. Vide his omnibus contraria *Exlegare*, & *utlagare*, & eorum patronymica.

¶ *Inland*, & *Inlandum.*] Terra dominicalis, pars Manerii dominica. Vox Saxonum, *terram interiorem* significans; nam quæ colonis & Tenentibus concedebatur, *Utland* dicta fuit, hoc est *terra exterior*, hodie *Tenementalis.* Testamentum Brithericî, in Itinerar. Cantii. [illegible] [illegible] inland, [illegible] [illegible] [illegible] [illegible] utland, i. Lego *terras dominicales Wulfego, Tenementales Ælfego.* Lambardus Anglicè, I, to Wulfege the inland or demeanes, and to Elfey the outland or Tenancy.

Viland.

Chirographus Withlasii R' Merciorum Anno 833. apud Ingulfum Sax. —— *4 bovatus terræ de Inlando, & 10 bovatas in servitio.* Vox in Domesd. frequens. Titt. Oxenfordscire. Episc. Baion. *Robertus tenet de Episcopo, de Inland* [illegible] Chaise. Humfredi Bohun Comitis Essexiæ [illegible] Angliæ, Monasterio S. Jacobi de [illegible] nu. 19. sine dato —— *7 acras terræ arabilis de dominicatu meo in campo* [illegible] *Inland, prædictis Monachis* [illegible] *Monachorum* [illegible] [illegible]

¶ *Inlagare.*] [illegible] [illegible] [illegible] [illegible] *Regis* [illegible] *ta & simplex est in Dei nomine concordia, inn* [illegible] *ligna.* [illegible]

¶ *Inlagamentum.*] [illegible] Gest. Episcopo [illegible] rom. &c. in Auctor. Regali An. 972. [illegible] *cibus legum* [illegible]

¶ *Innama*, [illegible] vel *Innamium.*] Finis levatus in Curia Regis [illegible] An. 18. Henr. [illegible] in [illegible] Lincoln. [illegible] Abbatem de [illegible], & Will. fili Gilber. de Beningworth, —— *innama non capiantur nisi per communem assensum.* Dictum videtur de animalibus jure compascui recipiendis. A Sax. in, *intra*, & naman, *capere.* In Marchiis Walliæ hujusmodi animalia *Intakes*, appellantur, i. *intrecapta.* Vide *Namium.*

¶ *Inpeny*, & *Outpeny.*] Registrum Monasterii B. Mariæ de Cokesford, pa. 35. *De Inpeny & Outpeny, consuetudo talis est in villa de East Rudham, de omnibus terris quæ infra burgagium tenentur, viz. —— quod ipse qui vendiderit vel dederit dictam tenuram alicui, dabit pro exitu suo de eadem tenura, unum denarium: pro ingressu suo. Et quod Ballivus domini erit ad deliberationem cujuslibet seisina deliberanda. Et si prædicti denarii aretro fuerint, Ballivus domini distringet pro eisdem denariis in eadem tenura.* De hoc item in Curia ibidem habita circa Festum Epiphaniæ anno 12. Ricardi 3.

¶ *Innonia.*] *Clausum, inclausura*: hoc est, fundus sepimento conclusus. A Sax. innan, *intus*: unde viscera & interiora, inno'š, dicta. Charta quædam. *Sciatis me concessisse* —— *totum illud mesuagium in Barton Bendish* —— *&* [illegible] *croftum & duas innonias aut inclausuras, vocatas Innoines, eidem mesuagio adjacentes.*

¶ *Inquesito.*] Idem Gallis sub Caroli Magni ævo, quod nobis hodie an Inquest, & *Inquisitio* dicitur. Gesta de villa Novilliaco, post Appendicem ad Flodoardum. Subreptis rebus & mancipiis quibusdam villæ Novilliaci, Carolus anno regni sui 32, id est, gratiæ 800. *misit suos Missos ad hoc inquirendum, & inquisitione facta, & veritate (sicut ei dictum fuerat) inventa, quoniam prædicti* subreptores *ad rationem non venerunt, sic ut banniti fuerunt, &c.* *Missi*, hoc ævo dicti sunt, qui nobis hodie, ipsisque Gallis, *Justitiarii*: *Banniti*, idem qui nobis *Utlagati.* Sic hodiernam nostri Juris formulam, in istis (ut in aliis plurimis) à Gallis habes: nec ingenuè id fateri pigeat,

quod

quod antiquitus multo retulit [illegible] Sa[illegible] [illegible]

[illegible] *Gallis* [illegible] *Britannis*.

Sed deductus [illegible] in Annal. [illegible] Nor[illegible] Edouard[illegible] [illegible]

[illegible] ca. 17. [illegible] quod [illegible] [illegible] Interpres [illegible] [illegible]

[illegible] Interpretium [illegible] Flor. Wigorn. in Ann. [illegible]

[illegible] Continuator Flo[illegible] rentii, in An. 1140. [illegible] *se fuit complices, inde [illegible] confoederat, & feciales tenent*.

¶ *Inceakers*.) Praedonum genus subdes[illegible] dissiam seu extremam Angliae plagam borea[illegible] lem habitantes, sic dicti, quod a participibus suis quos [illegible] vocant, praedam e finiti[illegible] mis Scotiae [illegible], recipiebant. Illi, quasi *intra recipientes*; isti, velut *foris partes facientes agentes*, recentius [illegible] nuncu[illegible] pati. Fit amborum mentio in Stat. An. 9. Hen. 5. ca. 8.

¶ *Interchartare*.) *Interlineare* Hinc[illegible] marus Archiep. Hincmaro Episc. apud Flo[illegible] doard. lib. 3. c. 21. [illegible] *si [illegible] scriptis pro detractione* [illegible] *in dissimilitudine vel diffe[illegible] rentia detractione, quod [illegible]* [illegible] Vide *Chartulare, & Karta*.

¶ *Interpeditare*.) Consuetud. [illegible] & Assis. forestae, *Ex [illegible] Abbati de Burgo S. Petri, [illegible] infra metas forestae, et habere [illegible] interpeditatos*. Videtur medium quiddam so[illegible] nare inter *expeditatos*, & *inexpeditatos*. Sal[illegible] tuarios consule, & quaere supra *Expedita[illegible] tus*.

¶ *Interplacitare*] Vox fori. Dicitur cum ex obliquo liti inciderit dubitatio, cu[illegible] jus necessario habendum est examen, pri[illegible] usquam de summa litis judicetur. Vide *Placitare*.

¶ *Interpremium*.) L. Salic. de Occisi[illegible] onibus, §. 1. *Qui nobilem occiderit* ICCCC[illegible] XX *sol. componat. Rueda quod dicitur apud Saxones* CXX *sol. & interpremium* CXX *sol.* Gloss. (inquit Lindenbr.) *Interpretium*, παραφύλαξ.

¶ *Intertiare*.) A Gall. *entiercer*. In manum tertiam ponere, tertio tradere, terti[illegible] um advocare, *Sequestrare*. L. Salic. Tit. 49. sic inscribit: Qualiter homo furatas res inter[illegible] tiare debeat. *Si quis rem suam sub alterius pote[illegible] state agnoverit, mittat eam in tertium manum [illegible] ipse placito quaelocumque fuerint qui rem in[illegible] tertiatam vendiderint — omnes intra placitum istum convocentur*. Tit. 33. *Si quis rem su[illegible] am cognoverit, mittat manum super eum, & ille super quem intertiatur, tertiam manum quaerat, &c.* ubi formulam examinis videas. Capitul. lib. 6. ca. 209. *Si res intertiata, furto ablata fuerit, liceat ei super quem res in[illegible] tertiata fuerit, sacramento se excusare de furto*. LL. Inae M. S. ca. 74. *Si captale quodlibet intercitur, & ille super quem intertiatur, advocet ad, si advocatus nolit hoc recipere, [illegible] quod nunquam hoc vendidit, [illegible] [illegible] licebit advocare manum in [illegible] [illegible] quod nullum aliud vendidit quam hoc [illegible]*.

Authorem venditionis advocare & ad warran[illegible] tum (quem dicunt) provocare rem (inquit Lombardus) ponit aliam defendere. LL. E[illegible] douardi Confess. ca. 25. *Quod si quispiam aliquid intertiet super aliquem, & advocatus non poterit warrantum suum habere, erit foris[illegible] factura sua, &c.*

¶ *Inthronizare*.) Ecclesiae & Juris Canonici Scriptoribus frequens obvenit, pro *inaugurare Episcopum*. Cum enim *inthroni[illegible] satio* Regum sit propria, Regibus in Seculo, aequiparat in Sacerdotio Archiepiscopos Wala[illegible] fridus Strabo lib. de ritib. Eccles. ca. 31. & ab his ad reliquos Episcopos vox deducitur, quorum utique dignitatis sedes, *thronus* appel[illegible] latur. *Thronus*.

¶ *Introitus missae*.) Et, *Introitus*, simpliciter dicitur, quod a choro cantatur dum sacerdos ministraturus intrat ad altare. Habet initium (inquit Amalarius lib. 3. ca. 5.) a prima antiphona, quae dicitur *Introitus*, & fini[illegible] tur in oratione, quae a sacerdote dicitur ante lectionem. In Ambrosiano canone Ecclesiae Mediolanensis, *Ingressus* appellatur, vel ut habet Rad. Decanus Tungrens. proposit. 12. *Ingressus*. *Introitum* instituit Caelestinus Papa 45 (qui floruit An. 423.) ut Micrologus & alii tradidere. Vide hunc de Ecclesiast. obser[illegible] vat. ca. 1. Amalarium de Ecclesiast. Offic. lib. 3. ca. 5. Rad. Decan. loco citato. Durand. lib. 4. ca. 5. Durant. lib. 2. ca. 11. *Ingressus*.

¶ *Invadiare*, Longobardis *Invadia[illegible] re*.) *Oppignerare*. Rob. de Monte in An. 1190. *Willielmus Comes Pictaviensis invadia[illegible] vit eandem civitatem Raymundo Comiti S. Egidii*

—— *propter pecuniam, &c.* Nubrigens. lib. 3. ca. 22. —— *si redditus sine ante invadia-verit.* *Vadium*, alias *wadium*, Longobardis *Wadia*; pignus, fidejussio. Inde *vadiare*, *invadiare*, *convadiare*, *revadiare*, id est, repignerare, seu à vadio recolligere; *subvadiare*, i. post, vel latenter vadiare. Vide *Invadiare*.

Vadium.
Wadium.
Wadia.

Multam vadiare, Hotomanno est, obligare dato pignere: mihi amplius videtur, scil. ad pactum cum mulcta obligari, dato pignere.

Hominem vadiare, est fidejussorem vel obsidem dare.

Invadiatus, pro *absolutus*. Ingulfus Saxo, Hist. Croyl. *Ut suspectus de aliquo latrocinio per suam Centuriam vel Decuriam, vel condemnatus vel invadiatus poenam demeritam, vel incurreret, vel vitaret.* Alias legitur *condemnetur vel absolutus*. Ego autem *invadiatus* non hîc propriè intelligo pro *absolutus*, at suspectum vitasse poenam modò esset *invadiatus*, i. sub debita fidemissione.

¶ *Investire.*] Est aliquem in feodum, prædium, munus, dignitatem, noviter acquisita intromittere, vel possessione eorundem donare. Intromissio ista nonnunquam dicitur *Investimentum*, sed frequentiùs *Investitura*, & est propria, vel impropria.

Investitura propria seu *vera* dicitur, cum res ipsa traditur: ut possessio terræ super ipsam terram traditione glebæ ab eadem revulsæ. Anglis *Livery of seisin*.

Impropria est, cum rei nomine, symboli quidpiam (quod in Constitutione Frederici Imp. de pace, *donum investituræ* nuncupatur) investiendo porrigitur, ut gladius, hasta, vexillum, annulus, sagitta, calcaria, aut aliud hujusmodi pro vario locorum more; quod & nostratibus (olim in usu) valuit, hodie non item. Ingulfus Abbas Croylandiæ, *Conferebantur etiam primò multa prædia nudo verbo, absq; scripto vel charta, tantùm domini gladio, vel galea, vel cornu, vel cratera: & plurima tenementa cum calcari, cum strigili, cum arcu: & nonnulla cum sagitta. Sed hæc initio regni sui* (id est, Normannorum) *posterioribus annis immutatus est iste modus.* Rectè, mutatus est omnino hic ordo quoad conferenda prædia libera: sed quoad nativa concedenda in Baronum curiis, adhuc retinetur, ut supra videas in *Fistuca*. Feudor. lib. 2. Tit. 3. *Investitura quidem propriè dicitur possessio: abusivo autem modo dicitur investitura, quando hasta vel aliud corporeum quidlibet porrigitur à domino se investituram facere dicente: quæ siquidem ab illo fiat qui alios habet vassallos, saltem coram duobus ex illis solenniter fieri debet, &c.* Mos hodie observatus in Curiis nostris Baronum. Cujacius ad Feud. lib. 1. Tit. 1. §. Si vero Archiep. *Aliud est investitura, aliud traditio. Investitura est cessio feudi solennis sive contractus qui sine traditione possessionis per se subsistit. Investituram sequitur traditio possessionis vacua.* Ulriusf. §. *proximo.* Sic lib. 4. Tit. 15. ubi dicitur, *Si investitura facta fuerit coram paribus curtis sive in brevi testato, recto eum qui investitus est, cogatur dominus mittere in feudi possessionem.* Plus igitur est possessionem dare, quàm *investituram* concedere, sed hîc loquitur de *investitura impropria*.

Donum investituræ.

Adrianus Pp. Anglus investivit H. 2. de dominio Hiberniæ annulo aureo. Stow in An. 1160. H. 2. 7. pa. 218. Et Edw. 3. filium suum Edw. primogenitum, de Principatu Walliæ in Parl. Westm. an. R. 17. per Sertum in capite, & annulum in digito aureum, ac virgam argenteam *investivimus* juxta morem. V. Chart. Selden. Tit. hon. pag. 595. Edit. 3.

Investitura per annulum & baculum seu *virgam*. Galli *par rain & per baston*. Mos Francorum antiquius hic fuit primùm omnibus feudis conferendis: hodie præsertim in Episcopatibus & Honoribus Ecclesiæ retinetur, quod sub his symbolis Carolo Magno concessum esset ab Adriano PP. investiendi Episcopos, &c. privilegium. Oratio quam Gregor. Papa 6. moriturus habuit apud Malmesburiens. de gest. RR. lib. 2. *Laudatus est olim* (inquit) *prædicandæ memoriæ prædecessor noster* Adrianus *primus, quòd investituras Ecclesiarum* Carolo Magno *concesserit; ita ut nullus Electus consecraretur ab Episcopo, nisi priùs à Rege insigniretur & annulo & baculo.* Annulus, arra fidei; baculus, subsidii quibus domino suo tenetur Beneficiarius seu Vassallus. Ecclesiasticorum verò rituum Scriptores secularem tacentes interpretationem, mysticam adferunt. Vide Durand. lib. 3. capp. 14. & 15. Rei in Imperio Orientali antiquitatem non hîc prosequor. Nostris autem Regibus Saxonum ævo competiisse Ecclesiarum *investituras*, luculenter constat ex Authore coætaneo Ingulfo Saxone, in Croylandiæ suæ historia. Mordicus igitur jus istud tenuere succedentes Reges, ut in eorum vitis copiosè legeris. Interim vide quæ nos supra memoravimus in verbo *Homagium*, & de *Investituræ* formulis plura quære in *Traditio*, & *Fistuca*.

Annulus & baculus, quid notant.

¶ *Invadiare.*] *Oppignerare*, Gall. *engager*. Longob. lib. 1. Tit. 14. l. 10. *Si liber homo aliquod damnum cuilibet fecerit, pro quo plenam compositionem facere non valeat, ponat ipsum invadiare studeat usq; dum plenam compositionem adimpleat.* Et l. 16. —— *semetipsum per wadium in servitio Principis tradat.* Burkhard de Casib. S. Galli ca. 11. *Possessiones pro 190 marcis, & 100 libris denariorum invadiavit, vel etiam infeodavit.* Vide *Invadiare*.

¶ *Jobagines.*) Coloni, mancipia. Verbum est Hungaricum, ut refert Lydius è Goldasto.

¶ *Jocale.*] *Monile*, *gemma*. Gall. *Joyau*. Ingulfus Saxo. —— *& aliquid pretiosum nobileq; jocale offerret* Mat. Paris in Hen. 3. An.

[illegible] — triginta cappis argenteis vel aureis, & infinitis jocalibus. Gest. Episc. Turon. [illegible] Abbate — tradidit [illegible] thuribulum, & plura alia jocalia.

¶ Jochus.] Pro jugero. Vide Jucus, & Jugum.

¶ Jornale, Jornata, & Jurnale.] Gall. Journau, i. [illegible] pro die. Quantum soli uno die aratur: & hoc quidem plus in levi & sabuloso, quam in rigido & tenaci. Plus etiam aliàs atque aliàs ex more regionis. Jugerum, arpennis, acra, vel ejusmodi quiddam. Centuria Chartar. Alamanic. numero 69. — in omni zelga jornale unum arare, & 3 dies [illegible] [illegible]. Num. 10. [illegible] [illegible] S. Galli jurnales tres — de optima terra. Num. 29. [illegible] jurnales 25. [illegible] quicquid ad ipsam terram conspicit, vel continet, hoc est, in [illegible], silvis, pratis, pascuis, viis, aquis, aquarumque decursibus, cum omni adjacentia vel appenditia. Antiquitatum Fuldens. lib. 2. Trad. 91. [illegible] Brun frater Regis Ottonis, domino Abbati Hadumaro, Detalbaha jurnales mille, & 830. de Bruningés, & Sanderates, & [illegible] jurnales 300 & 70, &c. Vide Jucus.

Jurnale.

¶ Josum, al. Jusum.] Deorsum. Lex Alaman. Tit. 45. — congregant pares & [illegible] armata susum, & postea hostiliter sequuntur eum in domo. Basileensis & Goldastiana editiones habent losum pro josum, & M. S. [illegible]. Vera lectio josum videtur, à prisco Jotsum (i. exploso) vel potius jusum à Gal. jus, deorsum. Vide supra Jotsum in voce Flotsum: infra Jusum.

¶ Jotsum.] Vox Juris marini, Vide Flotsum.

¶ Irenarcha.] V. Authent. Tit. de Irenarchis, qui sunt: & in glos. qui corrigendis moribus præficiuntur fol. 201. b. col. 2.

¶ De Irminsul, Saxonum antiquorum idolo.

¶ Irminsul, Irmensul, Irminsul, Ermensul, & Hirmensul.] Columna Mercurii quem à Græcis edocti Saxones, Græco nomine Hermenem appellabant, atq; inde Irmensul, Ermensul, & Hirmensul quasi Hermesul, nam [illegible] ul, columna. Gloss. [illegible], Colossus; altissima Herminii columna. Nauclerus autem Generat. 31. ait Saxones ligni truncum non parvæ magnitudinis, in altum erectum, sub dio coluisse, patria lingua Irminsul appellantes, Latinè universalem columnam. Munsterus has & alias nominis suggerit origines; cujus cùm de idolo narrationem ediderimus nostram de etymo sententiam dabimus. Sic ille Cosmog. lib. 3. ca. 433. Merspurgi (infideles adhuc

Nomen unde.

Herminii columna.

Saxones) phanum & idolum quod Irmensul appellavere, coluerunt. Ersberg dictus est mons in quo fanum illud stabat. Quidam interpretantur Mercurii statuam: is enim Hermes dictus est. Sed obtinuit Martis honor, ut nunc Mersborg vocitetur. Nonnulli Irmensul interpretantur statuam publicam. Conjici permittitur dictam Idermansul, quasi commune profugium, & asylum omnium, & Martem communem, qui in prælio diu vagatur incertus, diu dubius, quo penat victoriam. Erat armata toto corpore effigies, cujus in dextra signum militare (nostri vexillum vocant) præferens rosam, cujus breve momentum, & facilis ortus & interitus, ita eventus præliorum. In sinistra libram expandit, dubiam pugnandium sortem facilè huc aut illuc inclinantem. Pectus inerme Ursum præferebat, irritans bellatorum animum insinuans. In clypeo Leo, qui bestiis imperitat, invictum ad fortia facta impetum monstrat, floribus consito campo in quo stabat, quod nihil jucundius videri solet fortibus, quàm in acie virtutem ostendere. Vides nihil hic ad Mercurium spectans; Martem sonant omnia. Urbis, montis, & fani nomen, totus idoli apparatus. Nos igitur Erminsul de columna Martis potius quàm Mercurii interpretamur: nec ita solùm, at cùm etiam esset refugii columna, indicari illud utique ex nomine animadvertimus. Nam ut Irmin à Græco [illegible] Mercurium significat, ita Er ab Ἄρης Martem: mun, Saxonibus pro muno, tutelam, profugium: & sul (ut diximus) columnam. Sic Er-mun-sul, est, Martis columna tutelaris, seu profugii. Nec Er pro Marte dubitemus intelligere in columna idoli, cùm & in montis & in fani ubi colebatur nomine, eadem veniat significatione. Ersberg enim idem est, quod mons Martis. Pari interpretatione apud nos dicatur prisca illa via militaris Ermund-street, quasi via Martis immunis: multis enim olim claruit immunitatibus. Quoad idoli apparatum, videndum est an rectè hunc Munsterus. Insignitum namq; ante 900 annos ita exhibet, velut è recenti Heraldorum officina hodie prodiisset. Qualecunq; autem fuit, idolum ipsum cum fano ejus evertit demum Carolus magnus, ut Egolismensis monachus (vel quis alius) in vita ejus sub An. 768. perhibuit. — Ersburgum castrum cepit, pervenitq; ad Erminsul & ipsum fanum destruxit, & aurum & argentum quod ibi reperit, abstulit.

Idermansul.

Idoli forma & apparatus.

Nostra interpretatio.

Idoli templum eversum.

¶ Irretitus.] In jus vocatus ut se recto sistat. Ad rectum vocatus: quasi Irrectatus. Aliàs, Rectatus quod vide. LL. Burgorum Scot. ca. 80. Si quis fuerit irretitus de aliquo malefacto & detentus à calumniatoribus suis infrà burgum, &c. Sæpè in antiquis fori nostri monumentis. Flodoard. lib. 3. ca. 3. Prætered quendam Mancionem nonnullis criminibus irretitum, in eadem Ecclesia quasi Episcopum ordinaverit. Sic emendo, nam editur irreritum.

¶ Irrotulare.] In rotulum inscribere, vel

vel digere. Vox fori creberrima. Unde Bractonus lib. 1. ca. 2. nu. 2. [illegible] & *super his acta conficienda, sive irrotulationes*. Vide *Rotulus*.

Irrotulationes.

¶ *De Justiciariis itinerantibus, & eorum origine.*

¶ *Iter, Itineratio.*) Majoribus nostris idem fuit quod hodie *Circuitus Justitiariorum*, designatos sibi Comitatus ad justitiam exequendam itinerantium. Aliis) *Eier* (t pro more Gallico elisio) Latinè *Error*, *Deambulatio*: in Capitularibus Caroli Magni & Francorum legibus (unde hæc nostra petuntur *Itinera*) *Missaticum*, quod vide.

Eier. Error. Deambulatio.

Dicitur etiam *Curia*, & *placita* coram istis Justitiariis habita: qui & ipsi ab itinerando, *Justitiæ*, & *Justitiarii itinerantes* nuncupati sunt: interdum *Errantes*, & in Nigro libro Scaccarii, Gervasio supposito, ca. 8. *Deambulantes & perlustrantes*. *Fiunt* (inquit) *interdum communes Assisæ à Justitiis errantibus quos nos deambulantes vel perlustrantes judices nominamus.*

Justitiæ seu Justitiarii itinerantes. Errantes. Deambulantes. Perlustrantes.

V. Florileg. in An. 1261. pag. 307. & 310. *Itinera non facienda nisi semel in septennio & præmunitione 48 dierum*. Et Nigr. lib. Scac. fol. 8. b. ait. *Fiunt interdum per Comitatus communes Assisa à Justitiis errantibus, quos nos deambulatores & perlustrantes Judices nominamus.*

Carolus Calvus in Capitulis Silvacensibus An. Dom. 853. Galliam in 12 portiones distribuit: & unicuiq; portioni, viros aliquot cùm in religione, tum in jurisprudentia insigniores præfecit: qui commissos sibi pagos annuò peragrantes, de injuriis populo à ministris reipub. illatis cognoscerent; scelera vindicarent, justitiamq; facerent & tuerentur. Rem verò Ecclesiæ, viduarum, & orphanorum, primitùs curaturi. Hoc exemplo Henricus 2. An. 1176. i. 22 & 23 H. 2. magnum Nottinghamiæ Concilium adhibens, ex assensu filii sui Henrici Regis junioris, & Magnatum Angliæ: Regnum totum in 6 divisit partes, earumquè singulis tres constituit Justitiarios: suas (at nondum) portiones itineraturos. Nomina subsequuntur.

Rei origo apud Gallos.

Quando apud Anglos.

Retinemus antiquam scripturam.

1. *Hugo* de *Cressi*. *Walterus* filius *Roberti*. *Robertus Mantell*. — Norfolk. Suffolk. Cantebrigescire. Huntedunescire. Bedefordscire. Bukinghamscire. Essexe. Hertefordescire.

2. *Hugo* de *Gundevilla*. *Willielmus* filius *Radulfi*. *Willielmus Basset*. — Lincolnescire. Notinghamscire. Derbiscire. [illegible] [illegible] Northamtonscire. Leicestrescire.

3. *Robertus* filius *Bernardi*. *Richardus Giffard*. *Rogerus* filius *Reinfrai*. — Kent. Surrie. Suthamtescire. Suthsexa. Berkescire. Oxenefordscire.

4. *Willielmus* filius *Stephani*. *Bertram* de *Verdun*. *Turstanus* filius *Simonis*. — Herefordscire. Gloucestrescire. [illegible] Salopescire.

5. *Radulfus* filius *Stephani*. *Willielmus Rufus*. *Gillebertus Pipard*. — Wiltescire. Dorsete. Sumersete. Devonia. Cornubia.

6. *Robertus* de *Wals*. *Radulfus* de *Glanvile*. *Robertus Pikenot*. — [illegible] [illegible] Lancastre. Copland. Westmerlande. Northumberlande. Cumberlande.

Horum jurisdictionem tenendiq; Curiæ, seu Itineris formulam & apparatum, plurimis Capitibus descripsere Bractonus ab initio secundi Tractatus libri sui tertii: & Brittonus mox à libri sui exordio. Summatim articulos Assisæ Clarendoniæ tradidit Hovedenus in An. 1176. coram Justitiariis (& perinde in his *Itineribus* ut è Bractono constat) inquirendos. Denuò habes *Articulos & sacramenta ministrorum Regis in Itinere Justitiariorum* in Statuto veteri hoc ipso titulo inscripto.

Erant autem duo *Justitiariorum itinerantium* genera. Alii Comitatus itinerabant: alii forestas. Comitatus itinerantes novâ aucti authoritate sub Edouardo 3. hoc exuerunt nomen, & *Justitiarii Assisarum* sunt exinde nuncupati. Qui forestis designantur, hodie priscam retinent appellationem, alter forestis Cistrentanis, alter Ultratrentanis constitutus. De his vide inter officiales forestæ.

Duo genera *Justitiariorum itiner.*

¶ *De Jubilæo Bonifaciano, Clementino, Sixtimo: necnon illo Edouardi 3. Regis Angliæ.*

¶ *Jubilæus*, quibusdam *Jobileus*.] Duplex est, Judaicus, & Romanus. De Judaico (sepulto cum lege) hîc non agimus. Romanum

num è Judaico cinere suscitavit Bonifacius 8. An. Dom. 1300. haud redivivâ, sed novatâ specie. Nam cùm vetus ille debitorum remissionem, & à mundana servitute immunitatem, quinquagesimo quovis anno indulgeret: novus iste peccatorum omnium absolutionem, & ab infernis vinculis libertatem spiritualem Christianis pollicetur, qui confessi & verè poenitentes Apostolorum limina visitarent. Non tamen anno quinquagesimo, uti ille Judaicus, sed duplicato numero, in centesimo; ut secularis hic factus, ludis Ethnicorum Secularibus opponeretur. Ludos enim istos Diti & Proserpinæ consecratos, post centum annos (juxta Festum) celebrandos statuêre: quia *seculum* seu vitæ spacium eousquè (non ulterius) extendi existimabant. Clamavit enim tunc Præco: *Venite ad ludos, quos nemo mortalium vidit, nec visurus est.*

Jubilæi ratio una.

Hæc juxta doctorum aliquot opinionem, mihi quidem non satis arridentem, Longè enim ante ævum Bonifacii, relegari sunt ludi isti Seculares: quin & ab Augusto, & Claudio, & Domitiano, neglecto jam tunc ordine centenario, celebrati: unde illud Martialis Epigr. lib. 10.

Bis mea Romano spectata est vita Tarento.

Tarentum scilicèt ara fuit quæ ludis solummodò Secularibus apperiebatur, aggestaq; deinceps terrâ, usq; in alterum seculum occultabatur. Sic Stephanio in utriusq; Augusti & Claudii ludis Secularibus, togatus dicitur saltasse.

Alia ratio.

Adducit Bzovius aliam rationem in An. Ch. 1300. Scilicet, omnibus retrò seculis, solenne Pontificibus Romanis fuisse, Natalicios Salvatoris dies anno seculari recurrente, solennius celebrare. Causam non adjungit: ait autem Bonifacium 8. hoc in mentem revocantem, totius orbis Christiani populos ad Nataliciorum illius anni secularis celebritatem invitasse, ipsumq; ex tunc annum *Jubilæi* institutione illustrem reddidisse, bullâ quæ subsequitur.

Bulla institutionis primi *Jubilæi*.

Bonifacius Episcopus servus servorum Dei. *Ad certitudinem præsentium, & memoriam futurorum. Antiquorum habet fida relatio, quod accedentibus ad honorabilem Basilicam Principis Apostolorum de urbe concessæ sunt remissiones magnæ & indulgentiæ peccatorum. Nos igitur qui juxta officii nostri debitum, salutem appetimus & procuramus libentiùs singulorum, hujusmodi remissiones & indulgentias omnes & singulas ratas & gratas habentes, ipsas auctoritate Apostolicâ confirmamus & approbamus, & etiam innovamus, & præsentis scripti patrocinio communimus. Ut tamen Beatissimi Petrus & Paulus Apostoli eò ampliùs honorentur, quo ipsorum Basilicæ de urbe devotiùs fuerint à fidelibus frequentatæ, & fideles ipsi spiritualium largitione munerum ex hujusmodi frequentatione magis senserint se refectos: Nos de omnipotentis Dei misericordiâ & eorundem Apostolorum ejus meritis & auctoritate confisi, de fratrum nostrorum consilio, & Apostolicæ plenitudine potestatis, omnibus in præsenti anno millesimo trecentesimo à festo nativitatis Domini nostri Jesu Christi præterito proximè inchoato, & in quolibet anno centesimo secuturo, ad Basilicas ipsas accedentibus reverenter, verè pœnitentibus & confessis, vel qui verè pœnitebunt & confitebuntur, in hujusmodi præsenti, & in quolibet centesimo secuturo annis, non solum plenam sed largiorem, imo plenissimam omnium suorum concedimus veniam peccatorum. Statuentes, ut qui voluerint hujus indulgentiæ à nobis concessæ fore participes, si fuerint Romani, ad minus triginta diebus continuis vel interpolatis, & saltem semel in die; si verò peregrini fuerint aut forenses, modo simili, diebus quindecim ad Basilicas easdem accedant. Unusquisq; tamen plus merebitur, & indulgentiam efficaciùs consequetur, qui Basilicas ipsas ampliùs & devotiùs frequentabit. Nulli ergo omnino hominum liceat hanc paginam nostræ confirmationis, approbationis, innovationis, concessionis, & constitutionis infringere, vel ei ausu temerario contraire. Si quis autem hoc attentare præsumpserit, indignationem Omnipotentis Dei & Beatorum Petri & Pauli Apostolorum e us se noverit incursurum.* Datum Romæ apud sanctum Petrum octavo Kalend. Martii, Pontificatus nostri anno sexto. Hactenus bulla Institutitionis Jubilæi.

A quo anno. & die a. n., oditur Jubilæus.

Nulla tamen hic *Jubilæi* mentio: nec ad universos transiit ista dispensatio. Aliâ enim bullâ eisdem die & anno datâ, omnes excepit & exclusit Pontifex, qui prohibitam cum Saracenis exercerent mercaturam: nec non Fredericum Aragonem, Siculosque & Columnenses: & *generaliter* (bullæ utor verbis) *omnes & singulos publicos hostes & rebelles præsentes & futuros Ecclesiæ* (Romanæ) *memoratæ, & impugnatores ipsius, & qui dabunt scienter supradictis, vel eorum alicui seu aliquibus auxilium, consilium vel favorem, publicè vel privatè, &c.*

Excipiuntur multi.

Reliquorum verò misertus peregrinantium, advenarumq; labores, ærumnas, & impensas; ex uberiori adjecit gratiâ:

Gratia ube

1 —— *Quod omnes forenses* (intelligo extraneos) *qui hodie scil. in die Nativitatis Domini, sunt in Urbe, licèt non compleverint indulgentiam, ut læti revertantur ad propria, plenam indulgentiam consequantur.*

2 *Quod omnes illi qui venerunt ad indulgentiam concessam per eum & mortui sunt in via, vel in urbe, numero dierum taxato in ipsa indulgentiâ non decurso, plenam indulgentiam consequantur.*

3 *Quod omnes illi qui arripuerunt iter ad istam indulgentiam animo complendi eam, & justo impedimento impediti, vel non pervenerunt, vel pervenientes non compleverunt eandem; plenam indulgentiam consequantur.*

Tt 4 Item

4 *Item quia annus iste Jubilaeus finitur hodie, volens idem Dominus noster velut pius pater providere saluti animarum: omnibus illis qui sunt verè confessi secundùm formam indulgentiæ suæ, & non satisfacerunt de alieno infra annum, nec possunt commodè satisfacere propter temporis brevitatem, prorogat terminum ad satisfaciendum duntaxat usq; ad festum Resurrectionis Dominicæ proximè venturum.*

Jubilæus Clementinus. Hæc de seculari *Jubilæo* Bonifaciano, quem multis decrepitorum millibus unquam vidisse haud datum fuit. Clemens igitur Papa 6. eum ab an. centesimo ad veram *Jubilæi* periodum (hoc est, quinquagesimum) deducendum statuit: datis ad Archiepiscopum Tarraconensem, & ad omnes Ecclesiæ Prælatos literis An. Dom. 1342. Pontificatus sui primo: posteaque, scilicet Anno 1350. primum *Jubilæum* quinquagesimalem, prout statuerat, celebravit.

Jubilæus Sixtinus. Demum verò, ut quæq; ætas istius fieret particeps beneficii; Xistus al. Sixtus 4. ad unumquemq; annum vicesimum quintum, *Jubilæum* contraxit: atq; ejusdem primam egit celebritatem An. Dom. 1475. Confluxit Romam in *Jubilæis* istis, ingens mortalium multitudo: adeo ut sub Bonifacio 8. *aliquando ad CC. M. hominum in dies singulos numerarentur, præter indigines*: & sub Nicolao 5. An. Dom. 1450. impedito fortuitò transitu, *ducenta hominum corpora & equos tres, obtrita & suffocata in ponte Hadriani* refert Platina. Ad excipiendam igitur tantam frequentiam, plenamq; delictorum indulgentiam, post exacta imperata, conferendam: septem primaria urbis delubra idem constituit Bonifacius.

Advenarum multitudo

Templa his designata.

Jubilæus Regis Edouardi 3. Bonifacii & Clementis exemplo excitatus Rex Angliæ Edouardus 3. sui ipsius annum genethliacum quinquagesimum, *Jubilæo* dicavit. Natus quippe in festo S. Bricii, hoc est, in Idibus Novemb. An. Dom. 1312. cùm ad idem festum An. 1362. superstes pervenisset; gratiosum omnibus se præbere & munificum gestiebat. Vinctos igitur è carcere liberat, exules revocat ad lares proprios, reos majestatis solutos dimittit, regioq; omnia fastu & magnificentiâ recolens, ornat, ditat & illustrat. Jam leges salutares multas tulit, multa concessit privilegia. Rogatus à Communitate Regni, linguam Normannicam hactenus in agendis causis ferendisque judiciis usitatam adimit, Anglicanam indicens recipiendam, ut non solùm litigatores, sed & circumstantes quilibet juris faciliùs tramites cognoscerent. Acta verò in tabulas & membranas publicas Latinè regerenda.

Circa hoc etiam tempus, velut ad anni istius decus (si rectè historici) filios suos Edouardum Principem Walliæ, in Ducem creavit Aquitaniæ: Lionellum in Ducem Clarentiæ: Edmundum in Comitem Cantabrigiæ: & ne quid tantæ deesset celebrati; Franciæ, Cypri, & Scotiæ Reges, Reginamque Scotiæ illustri hospitio excepit. Hastiludia & quæ de more solent triumphos adornare taceo.

Ex hac Regii *Jubilæi* institutione, factum videtur quòd annis singulis in Cœna Domini, vulgò **Maundy Thursday**, Reges nostri usquè hodie eleemosynam facientes, tot pauperes veste & cibi ferculo donant, quot ipsimet tunc ætatis annos egerint; singulosq; totidem insuper denariis, velut annorum rationem dum ad quinquagesimum veniatur, conservaturi. Annum tamen ipsum quinquagesimum, nemo (quòd sciam) alius more *Jubilæi* celebravit. Eleemosyna Regum in Cœna Domini, unde.

Non autem dico Lavandi morem sed numerandi pauperes ad ætatis rationem jam cœpisse. Lavationis enim ceremonia valdè est antiqua, cum apud Pontifices Romanos, tum apud Impp. ut postea videris in *Mandatum*.

¶ **Juchus, & Jochus.**] *Jugerum.* Terræ portio quæ junctis duobus bubus une die colitur, atque inde voces: nam **Juck & Jock** Teutonicè, *joug* Gallicè, *jugum* Latinè, notant. Centur. Alaman. Chart. 19. *Trado ad monasterium S Galli* —— *8 juchos terræ statim in jus monasterii redigendos, & accepi inde alios 8 juchos in Durgeuve.* Et Chart. 26. *Dedit itaq; nobis ipse præfatus homo Notger juchos 92 nos ex nostra parte debuimus illi jugera 8. illa etiam ad supradictum numerum complendum nobis dimisit, &c.* Chart. 41. *Unum juchum de vinea.* Chart. 42. —— *arare duos joches in Anno.* Chart. 83. —— *unum juchum arem, & cum semine meo seminem.* Vide *Jugum*, & *Jornale*. *Jochus.*

¶ **Judex.**] Pro *Juratore*. Inde *Judices* dicuntur Duodecemviri qui in disquirendo reatum, de facto apud nos judicant & cognoscunt. Sic intelligo legem Henrici 1. Ca. 6. *Judices sanè non debent esse nisi quos impetitus elegerit, nec priùs audiatur vel judicetur, quàm ipsi eligantur: & qui electis consentire distulerit, nullus ei communicet, vel obtemperet, &c. sententia vincat plurimorum, nec judex sit impar muneris nec jure dissimilis, &c.* Priscæ legis hodie manet justitia. Postulatus enim de crimine capitali respuat ex causâ legitimâ quotquot voluerit. Sic & olim aliquando peremtoriè, dum tamen legale haud subterfugeret judicium. Sed cautum est deinceps, primò ut 36 non excederet, postea (scil. Stat. Anno 21 Hen. 8. Ca. 14.) ut ultra 20 non respueret. Vide infra *Juratores*.

¶ **Judicium aquæ.**) Vide in proximis *Judicium Dei*, & infra *Ordalium*.

¶ De

¶ *De priscis suspectorum examinibus apud Christianos, Judicium Dei nuncupatis. Particulariter de ista Eucharistiæ. De quibusdam Paganorum. Unde Orta. Quando, & à quibus prohibita.*

¶ ***Judicium Dei***, al, ***Divinum Judicium.***] Sic à veteribus dicuntur probationes & sortilegia quibus ad reatus examen usi sunt:

Ejus species.

Ordalium & ejus species, scil. *Ferrum candens*, *Aqua fervida*, & *Aqua frigida*; symbolum *Crucis*, & sacra ipsa *Eucharistia*: *Offa judicialis*, seu *Panis hordeaceus* (Saxonibus *Corsned*) & *Caseus execratus*: *Duellum*, &c. LL. Divi Edouardi Confessor. ca. 16. *Si se super defendere non posset judicio Dei, scil. aqua vel ferro, fieret de eo justitia.* Inferius ca. 19. Uxores interfectorum *expurgent se judicio Dei. Quas si clementia Dei & innocentia sua salvaverit, remaneant legales cum dotibus suis & maritagiis.* Aimoinus lib. 5. ca. 34. in an. 876. *Ludovicus autem Ludovici Regis filius, x. homines cum aqua calida, & x. cum ferro calido, & x. cum aqua frigida ad judicium misit coram eis qui cum illo erant, petentibus cunctis ut Deus illo judicio declararet, si per jus & æquum ille habere deberet portionem de Regno, &c. qui omnes illæsi reperti sunt.* Greg. Turon. hist. lib. 11. ——— *ad singulare certamen judicio Dei his duobus confligentibus cognoscatur, utrum, hujus culpa reputatione sitne Gundeberga innoxia an fortasse culpabilis.* Formull. solen. Lindenbr. nu. 172. *Fuit judicatum in ipso placito ante ipsum vicarium, ut ad crucem ad judicium Dei pro ipsa terra in noctes 42 in ipso placito pro hoc deberet astare, quod ita & fecit.*

Divinum judicium.

In Concil. Salegunstadiens. ca. 7. & C. 2. q. 5. ca. 25. *Divinum judicium* appellatur. *Si duo de adulterio accusati fuerint & ambo negaverint, & orant sibi concedi, ut alter illorum utrosq; divino purget judicio, si unus injustus ceciderit, ambo rei habeantur.* Agobard. in lib. de impietate duelli. *Quid est quod* ——— *causa divino judicio committuntur?* Vides Canones Ecclesiæ ista aliquando approbasse: ut clarè item in *Ordalium*.

Specierum tractatio.

De *ignito* & *aquis* examinibus copiosè infra in *Ordalium*. De *Cruce* supra in *Crucis judicium*. De *Offa judiciali*, &c. suo loco. Et de *Duello* supra in verbo *Campus*. Restat ut, quod in literarum serie prætermisimus, de judicio seu probatione per *Eucharistiam* hîc tandem dicamus. Sacro enim tanto mysterio vel in levioribus interdum non pepercerunt.

De purgatione per Eucharistiam.

Probationis seu purgationis per *Eucharistiam* formula, & habetur & probatur in Concil. Wormaciensi ca. 15. Et C. 2. q. 5. c. 23. ubi sic legitur. *Sæpè contigit ut in monasteriis furta perpetrentur, & qui hæc committant, ignorentur. Idcirco statuimus ut quando ipsi fratres de talibus se expurgare debuerint, Missa ab Abbate celebretur, vel ab aliquo cui ipse Abbas præceperit, præsentibus fratribus, & sic expleta Missa omnes communicent in hæc verba: Corpus Domini sit mihi in probationem hodie.* Sic Gratianus Burchardum secutus: at verba Concilii hæc sunt. ——— *& sic in ultima Missa celebratione pro expurgatione sua, Corpus & sanguinem Domini nostri Jesu Christi percipiant, quatenus ita innocentes se esse ostendant.* Hinc in Canuti LL. Ecclesiast. ca. 5. And gif hit geweorðe ðæt man mid tihtlan & mid uncræftum sacerd belecge þe regollice libbe. & he hine sylfne wite wær clænne. mæssige gif he durre & ladige on þam husle sylfe hine sylfne æt anfealdre spræce; & æt þryfealdre spræce. Ladige gif he durre eac on þam husle mid twam his gehadan; id est. *Si quis Sacerdotem ad certam regulam viventem in crimen vocaverit, atq; is seipsum insontem noverit: Missam (si audeat) celebrato, & sumpta Eucharistiâ, solus à solius accusatione sese liberato. Si verò à tribus accusatus fuerit, sumat & denuo cum duobus sui ordinis Eucharistiam, atq; ita, ni vereatur, accusationem eluito.*

Eucharistia à compurgatoribus sumpta.

Hoc examine Lotharium Regem Lotharingiæ (non ut habet Lindenbrogius, Imperatorem) atrocius arguit Adrianus PP. 2. de adulterio cum Waldrada pellice contra interdictum Nicolai PP. perpetrato: necnon proceres & ministros ejus qui aut tanti sceleris conscii, aut Waldredæ favissent excommunicatos. Cum enim omnes percepta *Eucharistiâ* innocentiam profiterentur: tremendo Dei judicio factum est, ut Lotharius Româ egressus brevi sit mortuus: reliqui plerique ante anni illius exitum variis casibus sublati, & populus ipse sævissimâ peste tanquam hostili gladio, undequaq; correptus. Pluribus hæc Sigonius de Regno Ital. lib. 5. & antiquior Regino in An. Dom. 869. qui & inferiùs refert Anno 941. Fredericum Archiepiscopum conspirationis in Regem suspectum: hoc se examine publicè in Ecclesiâ liberasse. Multa in historiis occurrunt istius purgationis exempla: & huc spectare dicuntur illæ Leonis PP. Damasi, Xisti, & Symachi, qui mihi tamen non perceptione *Eucharistiæ*, sed tactis sollenniter sacris Evangeliis suam confirmasse videntur innocentiam. Accedit huc potiùs probatio per *Offam judicialem* seu *Corsned*, ut ibidem constiterit.

Lotharii R. tremenda probatio.

Probationes non ad pœnam, sed ad reatus indagationem sunt inventæ. Qui enim aut *Ferro ignito*, aut *Aquâ*, aut *Cruce*, aut *Duello* cecidit; ad supplicium nihilominus, tanquam manifestè jam reus rapiebatur. Sic in Capitular. lib. 4. ca. 14. & hîc suprà in *Duellum*, & in *Furca & fossa*, centenisq; præterea exemplis liquet. Mira quippe in istiusmodi olim examinibus fiducia, & non immerito; cum miracula sic quotidiè exhiberentur. Quis enim credat aut *ferrum candens*, aut *aquam bullientem* aliquando

Probationes supplicium non minuunt.

non

non usturam. Docuit hoc tamen illis diebus trita admodum & vulgaris experientia, ut è locis citatis deprehendas: præsertim illo Aimoini ubi toti unà homines ab utroq; remanserunt illæsi. Quod & memoriæ & mirationis est dignissimum, quod in nostris percrebuit historiis de Emma matre Divi Edouardi Confessoris. Rem enim cum Wintoniensi Episcopo incontinentiùs habuisse insimulata, judicio Archiepiscopi Cantuariæ, novem ignitos & candentes vomeres pleno premens vestigio singulos (hoc enim curabant utrinq; Episcopi) totidem passibus supergressa est: nec ferrum obcæcata decernens, nec incendium casta sentiens. Refert etiam Eadmerus in Will. 2. lib. 2. 50. circiter viros nudis manibus *igniti ferri* judicium unà absque inustione sustinuisse.

Emma Regina.

Quo hoc factum sit numine non hic dissero. At si Dei digito regerentur istæ probationes, cur aliquando abolitæ sunt? sin minus; cur usq; adeo in Ecclesiâ toleratæ? Reperiuntur in Ethnicorum historiis similia miracula, & probationes consimiles. Strabo Geogr. lib. 5. ὑπὸ δὲ τῷ Σωράκτῳ ὄρει Φερωνία πόλις ἐστὶν ὁμώνυμος ἐπιχωρίᾳ τινὶ δαίμονι τιμωμένη σφόδρα ὑπὸ τῶν περιοίκων, ἧς τέμενός ἐστιν ἐν τῷ τόπῳ θαυμαστὴν ἱεροποιίαν ἔχον. γυμνοῖς γὰρ ποσὶ διεξίασιν ἀνθρακιὰν καὶ σποδιὰν μεγάλην οἱ κατεχόμενοι ὑπὸ τῆς δαίμονος ταύτης ἀπαθεῖς, καὶ συνέρχεται πλῆθος ἀνθρώπων ἅμα τῆς τε πανηγύρεως χάριν, ἣ συντελεῖται κατ' ἔτος, καὶ τῆς λεχθείσης θέας. id est. *Sub monte Soracto* (20 à Româ lapide) *urbs est Feronia, cognominis indigino cujusdam deæ à vicinis admodum veneratæ: cui & in eodem loco lucus seu delubrum est, mirabile habens sacrificium. Hujus enim numine afflati, nudis pedibus magnam prunarum ardentium struem perambulant illæsi: & huc confluunt anniuatim multitudo hominum, tum ad celebritatem, tum ad spectaculum intuendum.* Refert hoc idem Plinius lib. 7. ca. 2. de Hirpiis, quibusdam familiis in agro Faliscorum. *Sacrificio* (inquit) *annuo quod fit ad montem Soractem Apollini, super ambustam ligni struem ambulantes non aduruntur: & ob id perpetuo senatusconsulto militiæ omniumq; aliarum munerum vacationem habent.* Addam (ut meis indulgeam laboribus) quæ inter alia huc spectantia collegit vir doctiss. Fred. Lindenbrogius. Eustathius (inquit) l. 7. & 11. de amoribus Ismenii ait, Artecomii & Daphnopoli fontem fuisse, in quem si virgo intraret, aqua pellucida maneret; si quæ verò depudicata, & cui vitium additum esset, turbida continuo redderetur. Similis fons prope Ephesum memoratur, Stygis nomine vocatus, de quo mira narrat Achilles Tatius de amorib. Clitoph. lib. 8. p. 206. ὅταν τὶς αἰτίαν ἔχῃ Ἀφροδισίων, εἰς τὴν πηγὴν εἰσβᾶσα ἀπολούεται. ἡ δὲ ἐστὶν ὀλίγη, καὶ μέχρι κνήμης μέσης. ἡ δὲ κρίσις. ἐγγράψας τὸν ὅρκον γραμματείῳ μηρίνθῳ δεδεμένον περιεθήκατο τῇ δέρῃ κἂν μὲν ἀψευδῇ τὸν ὅρκον μένει κατὰ χώραν ἡ πηγή. ἂν δὲ ψεύδηται, τὸ ὕδωρ ὀργίζεται καὶ ἀναβαίνει μέχρι τῆς δέρης, καὶ τὸ γραμματεῖον ἐκάλυψεν. *Cum violata aliqua pudicitia arguitur, cum in fontem descendere compellitur, cujus unda vix medias tibias attingit. Judicium autem fieri hoc pacto consuevit. Quæ delata est, falso se insimulari jurat, jusjurandumq; in tabella descriptum coll'o suo alligatum sustinens, in fontem descendit; ac si verum jusjurandum juraverit, aqua omnino immota manet; sin minus, intumescit, atq; ad collum usq; se adtollens tabellam contigit, &c.* Consentanea sunt quæ de Palicis scribit Stephanus, Ἐστὶ δὲ καὶ ὅρκος ἅγιος αὐτόθι. ὅσα γὰρ ὀμνύει τις εἰς πινάκιον γράψας βάλλει αὐτὸ εἰς τὸ ὕδωρ. ἐὰν μὲν οὖν εὐορκῇ, ἐπιπολάζει, ἐὰν δὲ μὴ εὐορκῇ, τὸ μὲν πινάκιον ἀφανίζεται, αὐτὸς δὲ πίμπραται. *Est vero & jusjurandum sacrum ibidem. Quæcunq; enim quis juraverit, in tabellam scribit atq; in aquam abjicit. Si verè juraverit, tabella supernatat: sin pejeraverit, illa quidem evanescit, ipse autem perjurus uritur.* Mentionem faciunt ejusdem fontis Aristotel. in lib. de admirand. auditionib. Diodor. Sicul. Biblioth. lib. 2. & alterius cujusdam planè consimilis potentiæ apud Tyanam Phylostrat. de vita Apoll. lib. 1. Sic aqua tingebant oculos juratores in Sardinia. Solinus de Sardiniis. Plin. lib. 31. cap. 2. Sed & aliæ probationum species erant. Tucca virgo Vestalis incesti criminis accusata, aquam cribro gestavit. Dionys. Halicarn. lib. 2. Plin. lib. 28. c. 2. Val. Max. lib. 7. cap. 1. Claudia violatæ pudicitiæ suspecta navem cingulo traxit. Livius lib. 29. Ovid. Fastor. lib. 4. Tertullian. Apolog. Minut. Fœlix Octavio. Lact. lib. 2. c. 7. Hæc ille: & ejusdem argumenti est, quod Acron ad Horatii lib. 1. Epist. 10. notat, furti reos accepta à sacerdote crusta panis carmine infecti, patefieri ut infra referemus in *Offa judiciali*. Cicero de Nat. Deor. fol. 22. a. *Sunt quædam bestiæ, quæ appareant in ardentibus fornacibus sæpè volitantes.*

Similia miracula & probationes apud Ethnicos.

Videtur autem à Judæis pervenisse ad Christianos istiusmodi probationum ritus: sumptis exemplis ab aquâ amara Num. 5. ad purgationem zelotypiæ, & adulterii investigationem imperatâ (ut in notis ad C. 2. q. 5. ca. 21.) Et à sortilegio quo furti anathematisq; reus exhibetur Achan, lib. Josue ca. 7. necnon à monomachia Davidis cum Goliâ, Samuel. 1. ca. 17. Inter Christianos qui igneo usi sunt examine, mihi primus occurrit Briccius Episcopus Turonensis, S. Martini (qui obiit An. à passione Dom. 412.) diaconus & successor. Is stupri à civibus suis gravissimè accusatus: *prunas* (inquit Greg. Turon. lib. 2. ca. 1.) *ardentes in byrrum suum posuit: & ad se stringens, usq; ad sepulchrum beati Martini unà cum populorum turbis accedit, projectisq; ante sepulchrum prunis, vestimentum ejus inustum apparuit.* Simile est quod de Montano Episcop. Toletan. Ildefonsus Episcopus in præfat. memorat. de viris Ecclesiæ. *Montanus sedis ejusdem beatissimus præsul, ut à se conjugalis conversationis infamiam projiciaret, tam diu adsumptos veste*

Christianis unde hæ probationes.

narratur

narratur tenuisse carbones, donec Domino consecrans oblationem, totius per semetipsum compleret Missæ celebritatem. Bricii miraculo non crediderunt cives, ideoq; artis magicæ insimulatum ejiciunt, sed cognitâ deinceps causâ, à Romano Pontifice restitutus est. Refert Beda aliam virginitatis manifestationem in Martyrolog. D. Cal. Febr. *Apud Scotos* (inquit) *cum S. Brigida virgo —— lignum altaris in testimonium virginitatis tetigisset, viride factum est.*

Tria olim purgationum genera.

Priscis autem legibus tria potissimum recepta sunt examinum genera. *Jusjurandi, Duelli, Ordalii*: *Crucis* enim rarior usus fuit. Primum, *purgationem canonicam* appellabant: secundum, *legem duellionum*: tertium, *purgationem vulgarem*, aliàs *legem apparentem*, & *legem paribilem*, quæ vide suis locis. Secundum & tertium sub *vulgaris purgationis* titulo nonnunquam videntur censeri, pariterque malè audire & damnari. Sic C. 2. q. 5. ca. 7. unde Glos. ad ipsam q. *vulgaris expurgatio prohibetur quòd fabricante diabolo est inventa —— & est contra præceptum Domini: Non tentabis Dominum Deum tuum.* Hæc & de *Duello* Concil. Trident. Sess. 25. ca. 20.

Canonica. Duellica. Vulgaris, al. lex apparens & l. paribilis.

Quando & à quibus prohibantur.

Tandem igitur prohibentur *Purgationes vulgares*, seu non *Canonicæ*: & illa primum *Aquæ frigidæ*. Ludovicus Imp. (qui excessit An. Dom. 840.) in Addit. 4. ad Capitular. ca. 8. & totidem deinceps verbis Lotharius (successor ejus) in Longob. lib. 2. Tit. 55. l. 31. *Examen* (inquiunt) *aquæ frigidæ, quod hactenus fiebat, à Missis nostris omnibus modis interdicatur, ut non ulterius fiat.*

Illa Aquæ frigidæ.

Crucis.

Sustulit & idem Lotharius *Crucis judicium*, quod supra videas in hac dictione.

Ferri & Aquæ ferventis.

Ferri, unà & *Aquæ ferventis examina*, Inhibuit Stephanus PP. V. ad Humbertum Episcopum Moguntinum scribens, Annum ultra citrave 887. ut C. 2. q. 5. ca. 20. & Ivo p. 10. c. 7. *Nam ferri candentis, vel aquæ ferventis examinatione confessionem extorqueri à quolibet, sacri non censent canones: & quod sanctorum patrum documento sancitum non est, superstitiosa adinventione non est præsumendum.* Parum autem cùm valeret Canon iste, & consimiles, Imp. Fredericus 2. in Constitut. Neapolit. lib. 2. Tit. 31. sancivit denuò in hunc modum. *Leges quæ à quibusdam simplicibus dicuntur paribiles, quæ nec rerum naturam respiciunt, nec veritatem attendunt, nos qui &c. in perpetuum* inhibemus. —— *Eorum etenim sensum non tam corrigendum duximus, quam ridendum, qui naturalem candentis ferri calorem tepescere, imo (quod est stultius) frigescere nulla justa causâ superveniente confidunt; aut qui reum criminis constitutum, ob conscientiam læsam asserunt ab aqua frigida elemento non recipi, quem submergi potius aeris competentis retentio non permittit.*

Duelli.

Duellum Longobardis præcipuè admiratum, cùm auferre non valeret priscus Rex eorum Liutprandus, impium tamen denunciavit, legum lib. 1. Tit. 9. l. 23. *Incerti* (inquit) *sumus de judicio Dei: & multos audivimus per pugnam sine justa causa suam causam perdere. Sed propter consuetudinem gentis nostræ, Longobardorum legem impiam vetare non possumus*: Sequi igitur exemplum Moisis in libello divortii coactus est; & cervicoso populo suam cedere morositatem. Ritum nefarium atrocius impetunt seculorum Theologi, præsertim Agobardus Episcopus in libro integro ad Imperatorem Ludovicum pium dato. Decretali etiam epistolà C. 2. q. 5. ca. 22. inhibuit Nicolaus Pontifex ad Carolum Regem Lotharii patruum exarata: decernens monomachiam Davidis & Goliæ non pro lege tenendam; sed *hujusmodi sectantes, Deum solummodo tentare.* Huc sonat Concilii generalis Lateranensis sub Alexandro 3. An. Dom. 1180. Canon 20. quem vide in *Torneamentum*. Morem autem vehementiùs damnat Concilium generale Tridentinum Sess. 25. ca. 20. quo non tantùm duellionibus ipsis, sed & Imperatori, Regibus, & Magnatibus eum exequi permittentibus, gravissimè interminatur.

Omnium in genere.

Scholii deniq; Author, ad Stephani quam citavimus Constitutionem: de vulgari agens purgatione, ait, *quamlibet hujusmodi purgationem eâdem Constitutione videri inhibitam*: quòd inferius ibidem dicitur: *spontanea confessione vel testium approbatione judicandum.* Sed expressè vetuit non solum vulgarem purgationem, at *cujuslibet popularis inventionis* aliam, Alexand. 2. in capite *Mennam*, malè (quoad hunc paragraphum) Gregorio M. attributo.

Canones posthabiti.

Canonum verò authoritate posthabitâ, diutissimè retinentur ubiq; gentium mores isti, legum secularium sententiam expectantes. Igitur Fredericus 1. sanctione (quam supra dedimus) *vulgarem* sustulit *probationem*: & in Constitutionib. Neapolit. lib. 2. Titt. 32. & 33. *duellum* in plurimis interdixit. In his autem quæ *per probationes aliquas, vel per inquisitionem aliquam planè non poterit facinus comprobari, tunc demum* (inquit) *ad pugnæ judicium, judiciis præcedentibus, descendatur.* Canonibus scil. non obstantibus. Interea aliis in locis nec duello reclamatum est, nec *vulgari* ipsi *purgationi*: non à laicis, non à turba plurima Clericorum. Liquet copiosiùs ex antiquis schedis: clarè satis è Concil. gener. Laterano sub Innocent. 3. An. Dom. 1215. ca. 18. Refert Juretus è M. SS. duo egregia exempla Ivoniano seculo contingentia. In uno, monachus cœnobii Windocimensis, duellum pangit cum Sanctonensis Episcopatus clerico. In altero, religiosus quidam Anselmus thesauri Laudunensis Ecclesiæ custos, in monomachiâ strenuè vincit aurifabrum; reus innocentem.

Duellum inter Ecclesiasticos.

Ordalium quando Anglis ademptum.

Transeo ad nostrates, quibus *vulgaris purgatio* (quod *Ordalium* vocabant) seriùs, si tandem, indictâ lege prohibeatur. *Duellum* verò in aliquibus ad jus nostrum feodale spectantibus, etiam hodie superstat, ut supra videas in voce *Campus*.

Tt 3 *Ordalium*

Ordalium equidem post tantam vim inhibentium Canonum, diu floruit in curiis nostris secularibus, tam ad Ecclesiasticos (ut videre est *in Furca & fossa*, & mox hic infra) quàm ad Regem & Barones laicos pertinentibus. Demum verò (inquit D. Cocus Capitalis nuper Justitiarius Regii tribunalis, In casu Abbatis de Strata Mercella, Relationum Part. 9.) sublatum est authoritate Parlamenti; vel ut suis utar verbis, [illegible], e ceo appiert *Rotulo Patentium de anno 3. Hen. 3. membrana 5.* [illegible], *Provisum fuit per Regem & Concilium, &c.* Intuere *Recordum* seu rescriptum de quo loquitur.

Charta Hen. 3. de *Ordalio*.

Henricus Dei gratiâ Rex, &c. *Dilectis & fidelibus suis Philippo de Ulecot, & sociis suis Justiciariis itinerantibus in Comitatibus Cumberland, Westmerland, & Lancaster, Salutem. Quia dubitatum fuit & non determinatum ante inceptionem itineris vestri, quo judicio deducendi sunt illi qui rectati sunt de Latrocinio, Murdro, Incendio & hiis similibus, cum prohibitum sit per Ecclesiam Romanam Judicium Ignis & Aquæ, Provisum est à Consilio nostro, ad præsens, ut in hoc itinere sic fiat de Rectatis de hujusmodi excessibus. Videlicet quòd illi qui rectati sunt de criminibus prædictis majoribus, & de eis habeatur suspicio quod culpabiles sint de eo unde rectati sunt (de quibus etiam licet Regnum nostrum abjurarent adhuc suspicio esset quod postea malefacerent) teneantur in prisona nostra & salvo custodiantur, ità quod non incurrant periculum vitæ vel membrorum occasione prisonæ nostræ. Illi verò qui mediis criminibus rectati fuerint & quibus competeret judicium Ignis vel Aquæ si non esset prohibitum, & de quibus si regnum nostrum abjurarent nulla fuerit postea malefaciendi suspitio, Regnum nostrum abjurent. Illi verò qui minoribus rectati fuerint criminibus nec de eis fuerit mali suspicio, salvos & securos plegios inveniant de fidelitate & pace nostra conservanda, & sic dimittantur in terra nostra. Cum igitur nihil certius providerit in hac parte Consilium nostrum ad præsens, relinquimus discretioni vestræ hunc ordinem prædictum observandum in hoc Itinere vestro, ut qui personas hominum, formam delicti, & ipsarum rerum veritatem melius cognoscere poteritis, hoc ordine secundùm discretiones & conscientias vestras in hujusmodi procedatis. Et in hujus rei testimonium, &c. Teste Domino P. Wintoniensi Episcopo apud Westmonasterium 26. die Januarii anno Regni nostri Tertio.*

Per eundem, & H. de Burgo Justiciarium.

Non *Concilio*. Vide *Parlamentum*.

Quod *provisum fuit per Regem & Concilium* sigilloq; regio confirmatum legis proculdubio sub hac ætate vigorem habuit: Parlamenti tamen nomine propriè non censetur. Nec perpetua fuit ista *Provisio*, at solummodo ad præsentem vicem: & (quà liqueat inferiùs ex ipso Recordo) non ad omnium Comitatuum Justitiarios itinerantes directa, sed (præter suprànominatos) ad illos tantùm *Somersetiæ & Dorsetiæ; Oxonii: Kantii; Essexiæ & Hertfordiæ: Eborum: Bedfordiæ & Buckinghamiæ*: & (quibus præfuit cum sociis suis Henricus Lincolniensis Episcopus) *Lincolniæ, Nottinghamiæ, & Derbiæ*. Esto quòd Justitiarii reliqui simile acceperint in mandatis: quid deinceps constitutum? Lex in re, nulla reperitur lata, sed ob reverentiam Canonum & Romanæ Ecclesiæ, languescens ex illa die, desuetudine videtur abdicari. Facit ad hanc sententiam quòd post istam *provisionem* idem Rex Henricus 3. Chartâ suâ datâ 16 Martii anno Regni ejus undecimo, concessit Religiosis *de Semplingham*, quòd *Habeant, &c. curiam suam & justitiam, cum saka & soka & thol & theam* —— *& Ordell, & Orest infra tempus & extra, &c.* Cum etiam Rex Johannes Chartâ suâ datâ 28 Novemb. anno Regni 2. concessisset *Deo & Ecclesiæ S. Trinitatis de Norwico*, —— *quòd habeant per universas terras suas sac & soc, &c. cum judicio ferri, aquæ, & ignis, & duelli*: idem utiq; Rex Henricus 3. omnia per *Inspeximus* 7. Jan. anno regni sui 16. confirmavit. Cautiùs autem judicandum est de exoletis quæ per *Inspeximus* inter multa alia confirmantur. Postquam enim diu jam sopitum jacuisset lex *Ordalii*, Chartam prædictam Henrici 3. confirmavit ejus pronepos Edouardus 3. 8 Martii anno Regni 3. non tamen habens in animo *Ordalium* suscitare. Clausulam verò adjecit; *quantum in nobis est*. Sic in aliis sæpè vidimus.

Ordalium desuetudine excretum.

De formulis in exequendo *Ordalio* usitatis, vide in *Ordalium*.

¶ *Judicio negare.*] Vide *Lada triplex*.

¶ *Judicium majus.*] Vide Lex major.

¶ *Judicium Evinditale*, al. *Judicium Evindicatum.*] Occurrit apud Marculfum lib. 1. ca. 37. prioris tituli formula: posterioris itemq; in Veteribus Formulis Romanis ca. 33. Significatur utrobiq; *Judicium declaratorium*, quòd Rex eodem declarat atq; evidens facit Comiti ad quem pertinet istius cognitio, litigantem quempiam se in palatio ad dictam diem judicio stitisse, vel (ut Formula loquitur) *per triduum vel amplius ut lex habuit placitum suum custodiisse*: adversarium verò nec venisse, nec sonnia, id est, excusationes (nos *essonia* dicimus) nunciasse, sed vadimonium deseruisse. Ideoq; Comiti mandat ut contra deficientem (qui jam inde *abjectus* dicitur) pro more patriæ, sententiam proferat, eundemq; ad parendum compellat. In veteribus Formulis incerti Authoris habetur istiusmodi argumenti formula quæ *Indiculus Regalis* dicitur.

Nos *Evidentias* appellamus Chartas & omnia literaria instrumenta ad prædia quovismodo spectantia; Saxonibus *Telligrapha*.

Evidentia.

¶ *Judicium tripodis.*] Vide *Lada triplex*.

¶ *Jugatio*

¶ *Jugatio.*] Vide *Jugum.*

¶ *Jugulum.*] Inter prisca Ecclesiæ ornamenta, videtur fuisse jugum minus, ex auro factum, & in basilicis suspensum, ad memoriam verborum Christi dicentis Mat. 11.30. *Jugum enim meum suave est, & onus meum leve.* Anastasius in Nicolao 1. *Fecit enim in Confessione ipsius sacratissima basilica* (B. Petri) *jugulum ex auro mundissimo unum, pensans lib. 2.*

¶ *Jugum, Jugum terræ* & *Jugatio.*) Apud veteres olim terræ spacium fuit quod juncti boves uno die arare poterant. Sic etiam recentioribus notum, sed Alamannis *juchus*, & *jochus*, & *jornata* dictum, quæ vide. Arvernis & Lemovicis, *un joug de terre.*

Jugum autem Cantianis nostris multa ejusmodi *juga*, multa jugera etiam & habitacula (quæ *messuagia* vocamus) continet. Rentale Regalis Manerii de [illegible] in Comitatu Cantii, pa. 13. *Summa hujus jugi*, 8 *messuagia*, *sex tofti*, 1 *gardinam*, 51 *acra*, 1 *roda dimid'.* Item, *Jugum de Burghorne & Delman.* —— *Summa terrarum hujus jugi*, 10 *messuagia*, 1 *cotagium*, 1 *toftum*, 58 *acra dimid' & dimidia roda.* Superius ibid. p. 7. *Jugum, & dimidium jugum de Amming.* —— *Summa terrarum optimi & medii precii*, 53 *acra*, 1 *roda*; *& pastura* 89 *acra*, 1 *roda dimid'.* Cætera ibidem *juga* sunt plerunq; terræ arabiles. Videtur Manerium primò distributum fuisse in varias portiones ad alendum totidem familias rusticas unà cum bobus eorum junctoriis, sufficientes, atque inde *juga* appellatas. Posteà verò *juga* ista lucri causa, in plurima redigi habitacula.

Jugatio etiam vectigal erat quòd à singulis jugis seu jugeris præstabatur: de quo & aliis vocis significationibus, vide Lexica J. C.

¶ *Juniores.*] Pro *judicibus subordinatis, & potestatis ministris.* In Chartis & LL. antiquis, etiam in Conciliis & Authoribus dicuntur aliàs ut, *Seniores*; non respectu ætatis sed dignitatis, conditionis, ministerii. LL. Edouardi Confess. ca. 36. *Qui super alios prafecturas habent, ita apud Anglos vocabantur* Ealdormen, *quasi seniores, non propter senectutem, cum quidam adolescentes essent, sed propter sapientiam.* *Juniores* perinde non à juventute, sed quòd essent aut sine præfectura: aut minorem habentes, majori subdarentur. Præceptum remissionis à Ludovico Imp. Hispanis factum. *Alius verò census ab eis, neq; à Comite; neq; à junioribus & ministerialibus ejus exigatur.* *Junioribus* hic expono de Vicario seu Vicecomite, Centenariis seu Præpositis Hundredorum, Ballivis & aliis sub Comite *ministris.* Sæpe in Marculfi Formulis, & antiquis diplomatibus ad Comites, Episcopos, Abbates, &c. datis occurrit: *nec vos nec juniores aut successores vestri*: aliàs, *neq; vos, neq; juniores, neq; successores vestri, nec ulla publica judiciaria potestas, &c.* ubi nos loca omnia de eorum judicibus & rei judiciariæ potestatisq; ministris intelligimus, juxta illud Gloss. Vet. *Juniores, id est, judices.*

Pro *successoribus.* Bignonius tamen in Marculfi formulis, quandoq; accipit, *juniores*, pro ipsis successoribus, & quasi nepotibus & postea nascendis. Sic in diplomatib. Caroli M. Lotharii & Theoderici, in Fr. Pithæi Glossar. *neq; vos, neq; juniores seu successores vestri.* Non inficior: sed expressiùs intelligo, de *hæredibus* exponendum, prout tritissimè in Jure & Chartis nostris: *neq; vos neq; hæredes, seu successores vestri.*

Pro *vassallis, subditis, famulis.* Capitular. Caroli lib. 1. ca. 167. *Seniores semetipsos de ebrietate caveant, & eorum junioribus exemplum bonum sobrietatis ostendant.* L. Alaman. Tit. 79. §. 1. *Pastor porcorum qui habet -- canem doctum, & cornu, & juniorem.* Et §. 5. *Coquus qui juniorem habet.*

Pro *liberis dominis.* Sic è Goldasto Lydius: *Juniores, liberi domini*, **Junckheren.**

Pro *ingenuis* quos **Yeomen** dicimus: Vide **Yeoman.**

Juniores Ecclesiæ. Gregor. Turonens. lib. 5. ca. 26. *Rex de pauperibus & junioribus Ecclesiæ vel basilicæ, bannos jussit exigi, pro eo quod in exercitum non ambulassent.* Charta vetus Alaman. apud Goldast. Tom. 3. —— *ipsa terrula ad domum peregrinorum Cœnobii S. Galli serviat, & ego ibi in domo hospitium suscipiar, & usq; ad finem vitæ meæ victum & vestitum habeam sicut primus illorum juniorum.* —— *Primus juniorum.* Vadianus ad hanc Chartam ait: *Juniores* ævo Notkeri (i. anno 39. Regni Ludovici junioris) videri fuisse delectos ad pauperum et peregrinorum famulatum Laicos, ut eo ministerio exerciti, aptiores ad reliquam disciplinam monasticam fierent. Horum fit mentio Capitular. lib. 5. ca. 121. & lib. 6. ca. 154. nec non (ut habet Lindenbr.) in Canone 8. Synod. Matiscon. Can. 10. Synod. Parisien. Can. 10. Synod. Theodonis villam, &c.

Juniores quo ad servitium reipub. omnes arbitratus est Servius Tullius ab anno ætatis 17 usq; ad annum 46. & supra hunc annum, *Majores* appellat Aul. Gellius, lib. 10. ca. 28. Sed aliam verborum istorum significationem vide in *Majores.*

¶ *Juratarum apud Anglos definitio, formula, species, antiquitas.*

¶ *Jurata.*) Vox fori nostri. Est cœtus proborum & legalium hominum, ad inquirendam & referendam veritatem super his quæ à Judice illis injunguntur, legitimè juratorum. Dicta à jurando, & sic pariter (qui ex hoc cœtu sunt) *Juratores*, uti in antiquis legibus, *Sacramentales* à sacramento præstando. Species ejus

ejus sunt multiplices pro varietate rerum occurrentium, & natura Curiarum: duæ verò maximè eminentes; *delatoria*, & *judiciaria*.

Jurata delatoria ea est quæ delinquentes rimatur, eorumq; nomina unà cùm delictis ad Judicem defert, ut in examen vocati, juris subeant sententiam, sive ad condempnationem, sive ad liberationem. Dicitur hæc etiam *Inquisitio* & *Inquæstio*, quæ vide: & vide delationis formulam in *Indictamentum*. Duplex est hæc *Jurata*: *Major* & *Minor*. *Major* cui totius Comitatus lustratio, ut in Assisis & Sessionibus pacis, nec non in curia Regii tribunalis, demandatur: & aliàs dicitur *Grandis Jurata*, aliàs *Magna Inquisitio*, **the Grand Jury, or Great Inquest**. *Minor*, cui minor jurisdictio, ut unius Hundredi in Sessionibus pacis creditur.

Inq. istio. Inquæstio.

Grandis Jurata. Magna Inquisitio,

Jurata judiciaria ea est quæ de summâ litis (quoad factum) decernit, priusquam Judex de jure pronunciat. Hæc item duplex est: *Civilis*, & *Criminalis*. *Civilis* quæ in civilibus actionibus inter subditum & subditum cognoscit. *Criminalis*, quæ de criminalibus inter Regem & subditum: & ex hoc genere illa est quæ vulgò dicitur, **the Jury of life and death**, id est, vitæ & mortis Jurata. Mitto de singularum Curiarum *Juratis* disserere. Singulæ autem (quæ de jure agunt) suas habent *Juratas* (etiam infimæ curiæ), sed alicui supradictarum specierum referendas.

Civilis Jurata, adeo in Assisis numerosa est, ut in uno quandoq; Comitatu, unisq; Assisis, plus minus 200 (ne dicam 300) pro litium numero reperiantur *Juratæ*.

Unaquæq; enim lis suam habet *Juratam*, è vicineto rei litigatæ conscriptam, quæ auditis utrinq; litigantium testibus & probationibus, lictori seu ballivo committitur custodienda: sed jurato prius solenniter quòd Juratores eosdem unà conservet ab omnium aliorum consortio, sine cibo, sine potu, sine ignis & candelæ beneficio, donec inter se convenit de quæstione. Unanimes demum ad Judicem reducit: rogatisq; sit ne postulatus *sons* aut *insons* rei litigatæ: respondet ex assensu reliquorum primicerius *Iurata* verbo unico: **Guiltie**, i. *sons*, vel **not Guiltie**, i. *insons*, & hæc responsio, eorum *veredictum* appellatur. Similiter proceditur in *Iuratis criminalibus*.

Ejus numerus.

Personarum numerus non idem est in unaquaq; *Iurata*. *Delatoria* excedat duodenum, quotis Judici placuerit; non autem deficiat, ut in quibusdam aliis *Iuratis inquisitoriis*, interdum evenit. In Brevi enim ad inquirendum de damnis; & (apud Glanvillam lib. 13. Capp. 15. & 16.) in Brevi ad inquirendum de ætate Petentis, 8 solummodo habeantur. *Iudiciaria Iurata* semper constat ex duodecemviratu, prout in Assisarum *Iuratis* observandum statuit Rex Henricus 2. vel è duplicato interdum numero, ut ubi grandior *Iurata* ad arguendam minorem falsi sacramenti, conscribitur: vel *Magna Assisa*, ut supra videas.

Duodecem-virale autem istud judicium altioris est originis, & ab ipsis Anglo-Saxonibus, ut è LL. Regis Ethelredi in frequenti Senatu apud Vanatingum editis Ca. 4. refert Lambardus. *In singulis* (inquit) *Centuriis comitia sunto, atq; liberæ conditionis viri duodeni, ætate superiores, unà cum præposito sacra tenentes jurento, se adeo virum aliquem innocentem haud damnaturos, sontemvè absoluturos.* Vide Foed. Alur. C. 3. Simile in Consulto de Monticulis Walliæ, sub ævo ejusdem Ethelredi, Ca. 3. *de pignore ablato* 12. lahmen scylon wihte tæcean wealan ך Englean, vi. englisce ך vi. wyisce i id est. *Viri duodecim jure consulti* (seu *legales*) *Angliæ & VVallis jus dicunto, scil. Angli sex, & VValli totidem.* Hodie, *medietatem linguæ*, hoc vocamus.

Duodecimvirale judicium perantiquum.

Et 12 viros de singulis Comitatibus conscripsit Rex Gulelmus 1. anno Regni sui 4. ad LL. Angliæ colligendas. LL. Ed Conf. Cap. 1.

Krantius de Bello Dithmarf. lib. de Cimbris. *Si quis stare judicio non vellet, ad 12. consultatos sive judices sive arbitros -- provocare licebat*, pag. 432.

Rarum nihilominus fuit duodecemvirale examen sub illis seculis, & quod inter multas aliorum decades (ne dicam centurias) haud semel reperies. Passim quippe in usu erant vulgares *lada* seu purgationes, atq; aliàs Canonicæ. Certè ipsius Ethelredi leges quæ prostant, *Ordalium* in Hundredo solummodo indicunt. *Duodecemviratum* tamen jam tum adultum non inficior, nec ad Normannos transmigrasse si rectè Author Normannicus in descriptione Normanniæ, ad initium veteris ejusdem Custumarii. Ait enim Sanctum Edouardum Confessorem cum diu fuisset in Normannia enutritus, leges Normannis dedisse, Angliæq; & Normanniæ fecisse Consuetudines. Citans etiam locum è Ca. 1. *de appella*, ubi mentio fit *de consuetudine Angliæ ad probandum aliquid per credentiam* 12 *hominum vicinorum*: ait eandem consuetudinem *vigere in Normannia*, & semetipsum de his dixisse in Gloss. Consuetud. Cenomanniæ. Profert & ad ista suos testes. Morem igitur sive è Normannia ductum, sive apud Anglos jam tum repertum, citò est amplexus Gulielmus Conquestor. Sic enim in proœmio Confirmationis legum divi Edouardi, quam ipse fecit anno Regni sui 4. *Electi igitur de singulis totius patriæ Comitatibus viri duodecem, jurejurando coram Rege primùm confirmaverunt, ut quoad possent recto tramite incedentes, nec ad dextram nec ad sinistram divertentes, legum suarum & consuetudinum sancita patefacerent, nihil prætermittentes, nil addentes, nil prævaricando mutantes.* Juramenti formula non ab hodierna dissona.

Rarum tamen usq; ætatem Hen. 2.

Normannis etiam in usu.

Danda itaq; Polydoro venia, *Duodecem virorum*

Polydori facio.

virorum judicium (quod *terribile* nuncupat) à Gulielmo Conquestore illatum asserenti. Antea enim satis videtur dilituisse, posteaq; haud insigniter floruisse; donec ad duelli casum (inquit Glanvilla, sed rectiùs impietatem) declinandum, ab Henrico 2. induceretur. Vide Glanvillam lib. 2. Ca. 7.

Duodecim viratus exteris etiam in examinibus frequens.

Duodenus itemq; numerus valdè apud exteros frequens erat in postulatorum examinibus. Sic in c. 2. q. 5. cap. 19. *Leo Papa* 12. *Episcopos in sua purgatione habuit*: fortè ad exemplum Christi & 12. Apostolorum. Concil. Triburiense. An. 895. V. *Ingenuus*. *Nobilis homo ingenuus* —— *cum* 12 *ingenuis se purget*. Decret. Childeberti Ro. 5. —— 12 *personis se ex hoc Sacramento exuat*. L. Burgund. Tit. 8. §. 1. *cum* 12 *juret*. L. Boior. Tit. 8. §. 3. *cum* 12 *Sacramentalibus juret de lite sua, vel duo campiones propter hoc pugnent*. L. Frison. Tit. 14. *sua duodecima manu juret*. Deniq; Feudor. lib. Tit. 1. §. *Si autem*. *Si verò probare non poterit* (feudum paternum fuisse) *prædicto modo, dabitur ei defensio cum* 12 *Sacramentalibus*. Ubi Cujacius: *Defensio* (inquit) *est purgatio quæ fit dato jurejurando, cum juratoribus* 12. Frequens hic modus in antiquis legibus. Sed cùm isti *Juratores*, aliàs *conjuratores* & *Sacramentales*, à reo proferebantur ad suiipsius juramentum confirmandum, æquius visum est nostratibus, ut vitandi perjurii gratiâ, neutra pars litigantium juraret, at ut 12 vicini æqualiter à Vicecomite nominati, suo rem decernerent Sacramento juxta allegata & probata. Apud nos autem quod non probatur non præsumitur.

12 vomeres.

Ad similitudinem etiam 12 virorum istorum adhibebantur aliàs in vulgari purgatione, 12 igniti vomeres (ut infra videris in Ordalium) perindè ac in ipso hoc numero secreta quædam esset religio.

Vide plura in *Inquisitio*, *Inquestio*, *Assisa*, *Hundredum*.

¶ *Jurati*.] Aliàs dicuntur, qui ad similitudinem Aldermannorum villæ præsunt regimini, ut 12 illi Tenterdoniæ. Deducitur exemplum à Gallis quibus inter alios, *Major & Jurati Suessenses habentur*. Vide Choppin. Doman. Fran. lib. 3. Tit. 20. Sect. 11. pa. 930.

¶ *Jurnale*, al. *Jornales*, & *Jornata*.] Terræ spacium quod una die boum jugo aratur, Putà in solo rigido, jugerum, vel acra: in leviori jugerum & plus dimidio. *Arpennis*, vel quiddam ejusmodi apud Gallos, sed Campanis idem. Dictum à Gall. *Journau*, & hoc à *jour* pro die. Lib. Censual. M. S. Eccles. Regum, vol. 99. *De terra Ferensi jornalem* 1. Vide *Jornalis*.

¶ *Jus commune*.] Sic dicuntur Anglorum leges, ex causa quam in Tit. *Lex Edouardi Confessoris* inferiùs ostendemus. Propriè autem est *Jus civile Anglorum*: nam *Jus quidem civile ex unaquaq; civitate appellatur*; ut ait Justinianus Institut. lib. 1. Tit. 2. Decreta Gulielmi 1. —— *ubi consuetudines regni nostri & jus nostrum commune* —— *deperire non possint*. Lambardus in LL. Edouardi senioris Ca. 1. interpretatur folcpihte, *jus commune*: quasi tunc suscepta esset hæc legum nostrarum denominatio, quod non credimus. Sic etiam jus Longobardorum & inferiorum Romanorum. Constitutt. Neapol. Freder. 1. lib. 1. Tit. 59. Ca. 1. —— *secundùm consuetudines approbatas ac demum secundùm Iura communia Longobarda, viz. & Romana*.

¶ *Ius curialitatis Angliæ*, vel *Scotiæ*.] Qui uxorem duxerit habentem prædia, in quibus hæreditariè succedat proles, ex illis nuptiis oriunda: nasciturq; aliquando ejusmodi proles quæ ejulando intelligatur vivere: maritus, moriente uxore, prædiis gaudebit quo usq; hic vixerit ex gratia legis Angliæ. Et dicitur ista gratia *curialitas Angliæ*; maritusque ipse, *Tenens per curialitatem*, aliàs *per legem Angliæ*, **Tenant by the courtesie of England**.

Coke Inst. fol. 30. b. priscum non tenens vocabulum, *per le curtesie* (inquit) *in Latin. per legem Angliæ*.

Sic etiam Scotis, quibus in Reg. Majest. lib. 2. Ca. 58. habetur titulus, *De curialitate Scotiæ* inscriptus: ubi Skenæus, *Maritus* (inquit) *habens jus curialitatis, non potest alienare terras*. Normannis eadem itemq; lex, sed non aliis (quòd sciam) gentibus.

¶ *Iusta*.] Malm. Nov. lib. 2. p. 187. *Tentaverunt primò Regii præludium pugnæ facere, quod Iustas vocant*.

¶ *Diatriba de Iustitiariis. Eorum origo, species, & munera. De capitali, fusius. Capitalium apud Anglos catalogus.*

Omnia in gratiam Juris nostri studiosorum.

¶ *Iustitia*, al. *Iustitiarius*.] *Iudex*: seu administrator justitiæ, sed in foro plerunq; seculari. Delata sunt ad Anglos vocabula sub Edouardo Confessore, vel potius Gulielmo 1. unà cum Normannis tum irruentibus. Ad Italos pariter ulteriores, à Normannis sub Tancredi filiis, circiter Annum 1040, illic utiq; novas ditiones auspicantibus: unde factum est, ut inter Neapolitanas Siculasq; Constitutiones, multæ habeantur priscis nostris simillimæ, ritus, officia, magistratus, vocabula; eadem sæpè, vel consonantia. Prior autem vox (per adjuncti metonymiam dicta, ut scelus pro scelesto; potestas, pro potenti & magistratu) in Juris nostri formulis, solummodò videtur usitata,

Quis & unde.

usq, ad ætatem Henrici 3. alterâ verò jam se efferente, hæc paulatim disparuit: sed inde hodie in vernaculo & Juris annalibus Gallico-Normannicis, a vel an Justice dicimus, non Justicer.

Origo & antiquitas.

Originem *Justitiariorum* ab Aluredo Rege petit Ingulphus Saxo. *Præfectos* (inquit) *Provinciarum, qui antea Vicedomini, in duo officia divisit* (Aluredus) *id est, in Judices, quos nunc Justitiarios vocamus; & in Vicecomites, qui adhuc idem nomen retinent.* Liceat & mirum edicere quod ad futurorum exemplum, de primis istis subnectit *Justitiariis*. *Horum* (inquit) *curâ & industriâ, tanta pax in brevi per totam terram effloruit, ut si viator quantamcumq; summam pecuniæ in campis, & publicis compitis vespere dimisisset, manè vel post mensem rediens integrè & intactam indubiè inveniret.* Mirum revera. Sed liquidò refert munus *Justitiariorum* sub Aluredo natum; nomen tardiùs introductum. Quinam autem tunc essent Magistratus, quos Ingulphus hîc vocat *Justitiarios* & *Vicecomites*; non planè assequor. Reor, *Aldermanni* provinciarum, & *Grevii*; Saxonicè, Ealdormen & ᵹereꝼaꝼ. De *Grevii* tamen munere, nec sat habeo definitum: discrepare enim videtur à *Vicecomite*, quod hic tum adhuc Comitis esset Vicarius, ille Regis Officialis, unde in Anglo-Saxonum legibus; atq; ipsius Aluredi; Cyninᵹeꝼ ᵹereꝼan, id est, *Grevius Regis*, vel (ut Latinè sæpiùs redditur) *Prapositus Regis* appellatus est. Occurrit & alia dubitatio. Nam postquam erecti essent (ut Ingulpho placuit) *Vicecomites*, remanserunt nihilominus *Vicedomini*: habenturq; simul apud ipsum Ingulphum in unâ eademq; Charta (An. 948.) in hunc modum testes: *Ego Bingulph Vicedominus consului. Ego Alferi Vicecomes audivi.* Ingulphum verò tanto ætatum secutus intervallo, in Officiis gentis suæ enarrandis, non redarguam. Multæ quippe *Greviorum* species, multæ *Vicedominorum*, ut in locis suis deprehenderis: & Judices ipsos quos *Justitiarios* deinceps appellari refert Ingulphus: *Vicedominorum* adhuc retinuisse titulum non dubitamus; at subtracto jam illis *Vicecomitum* officio.

Species multiplex.

Nomen denuò *Justitia* seu *Justitiarius* è Normannia illatum asserimus: eosdemq; Anglo-Normannis postea sic dici, qui Saxonibus priùs *Aldermanni*; totidemq; in species atq; classes distinctos. Qui enim Saxonum ævo *Aldermannus Angliæ, Aldermannus Regis, Aldermannus Comitatus, Aldermannus Hundredi, Aldermannus Decaniæ* seu *Friborgi, &c.* nuncupati sunt: Normannis jam pedem inferentibus; *Justitia* seu *Justitiarius Angliæ, Justitia Regis, Justitia Comitatus, Justitia Hundredi, Justitia Decaniæ* seu *Friborgi*, appellantur; priscis nominibus paulatim antiquatis. *Aldermannos* istos seorsum explicavimus in eorundem diatriba: unde & *Justitiarios* non malè cognoveris: sed ut magis fiant perspicui, quidpiam adjiciemus de singulis, à pede ad caput ascendentes, quod superior quivis, omnes complectitur inferiores.

Justitia Friborgi.

Justitia, al. *Justitiarius Friborgi* seu *Decaniæ*, is erat qui decemvirali collegio, decimus ipse novenis præfuit: aliàs dictus *Capitalis Friborgus, &c.* Copiosè hunc descripsimus in voce *Friborgus*, è legibus divi Edouardi Confessoris, ibidem recitatis. Addam tamen quæ in compendiario quodam libello legum Aluredi Regis, invenisse se refert Polydorus in Guliel. Conquest. scilicet, *Ex centum hominibus, electos fuisse decemviros quos Justitiarios appellabant, qui ruri, de damnis datis, de controversiis cognoscerent, causasq; definirent: verum illos oportuisse de capitalibus criminibus ad majores Justitiarios referre.* Locum si rectè dederit, vocem tamen *Justitiarius*, Aluredi seculum non novisse, supra ostendimus. Vide *Friborgus*.

Justitia Hundredi.

Justitia seu *Justitiarius Hundredi*, erat ipse Hundredi Dominus, qui & *Centurio* & *Centenarius, Hundrediq; Aldermannus* appellatus est. Non (quod aliquando dubitabam) *Seneschallus Hundredi*. Extricavit me dictarum Edouardi legum Caput 20. quod prostat hîc tibi suprà in voce *Friborgus*, §. *Occasio*. Præerat omnibus Hundredi Friborgis, cognovitq; de causis majusculis, quæ in eisdem finiri non poterunt. Vide *Centenarius*, & *Hundredarius*.

Justitia Comitatus.

Justitia seu *Justitiarius Comitatus*; fuit ipsius Comitatus Comes, rem judiciariam Comitatensem administrans. Nam, ut hodie *Iudex* & *Justitiarius* confunduntur sæpissimè: sic olim *Iudex* & *Comes*, ut in voce *Comes* supra memoravimus. Comitem verò fuisse *Justitiarium Comitatus*, probant hodierna Regis brevia, quæ Vicecomiti directa, præcipiunt; ut justitiet (id est, *Justitiam administret*) parti querulæ. Dirigebantur quippe hæc olim ipsi Comiti, ut in exemplis quibusdam vidimus. Resumptis verò Comitatuum administrationibus in manus Regias, Rex easdem hodie per Vicarium Comitis (quem *Vicecomitem* appellant) moderatur: factusque sic demum est Vicecomes, *Justitiarius Comitatus* ordinarius.

Justitia Regis.

Justitia seu *Justitiarius Regis* dictus est, qui à Rege judex emittebatur ad cognoscendum de rebus nulli *Justitiariorum* prædictorum competentibus; utpote de defectu justitiæ, & re in Provinciis seu Comitatibus, malè administrata: De delictis Comitum, Vicecomitum, ministrorum Regis, causisq; inter Barones seu Vassallos Regis emergentibus, &c. Eorum instar qui apud Gallos *Missi Dominici* nuncupantur, quod vide.

Dici etiam interdum videtur *Justitia Regis*, de Comite, Vicecomite, & Domino Hundredi: nisi his assessorem fortè affuisse existimaveris à Rege constitutum, hoc appellatum nomine, quod mihi hactenus non innotuit. Sic autem LL. Edouardi Confess. Ca. 26. de Baronibus qui habent *Infangthefe, &c. Justitia cognoscentis latronis sua est de homine suo, si captus fuerit super terram suam. Illi verò qui non habent has consuetudines, coram Justitia Regis rectum faciant in Hundredis, vel in Wapentachiis, vel in Scyris*, & Cap. seq. *Si Justitia habet eum* (scil. hospitem

hospitem adventitium) *suspectum, purgabit se judicio Hundredi, vel Scyra.* Et Ca. 8. *Qui eam* (scil. decimam) *detinuerit, per Iustitiam Episcopi & Regis* (*si necesse fuerit*) *ad redditionem arguatur.* Planè hic intelligo *Iustitiam Regis*, de Vicecomite, qui Præpositus *Regis* aliàs (ut diximus!) appellatus est. Nam in Canuti LL. Ecclesiasticis Cap. 8. expressè præcautum est, ut decimas dare nolentes, à Præposito Regis & Episcopo, à fundi Domino, & Ecclesiæ illius Rectore, ad reddendum cogantur: quod & in Canonibus alibi reperitur.

3. *Regis* autem *Iustitiarii* notissimè appellati sunt, quotquot in palatio seu curia Regis olim, ut hodie, extiterunt Judices, & qui usquam præterea sub Regio diplomate, rem exercent judiciariam. Horum species aliquot inferiùs dabimus, cum *Iustitiarium Angliæ* absolverimus.

¶ De capitali Angliæ Iustitiario. Qualis olim & quantus fuit. Quot solus magistratus, & quam ultra potestatem, obtinebat.

Ejus amplitudo. *Iustitia totius Angliæ*; aliàs *Capitalis Angliæ Iustitia*, seu *Iustitiarius*. Quantus hic olim fuit, usquequaq; non liquet. Dignitate omnes Regni Proceres, potestate omnes superabat Magistratus. De dignitate, sic Niger liber fiscalis Ca. 4. In Scaccario *residet, imò & præsidet primus in Regno, Capitalis scilicet Iustitia.* De potestate, valdè (inter alia) claret, quòd quatuor summorum Judicum hodiernorum muneribus, solus aliquando fungeretur. Scilicet, *Capitalis Iustitiarii Banci Regii*, id est, placitorum Coronæ, seu criminalium: *Capitalis Iustitiarii Banci communis*, id est, placitorum civilium: *Capitalis Baronis Scaccarii*, hoc est, curiæ ad sacrum patrimonium, & fiscum pertinentis: & *Magistri* plerunq; *Wardorum*, hoc est, pupillorum & orphanorum. Quippe licèt amplissimus hic Magistratus sæpiùs in bellis versaretur, semper (ut opus se habuit) in arduis Regni negotiis: foro tamen & rebus judicandis non eximebatur. Proceres enim & Barones Regni, è jure dignitatis; alii plurimi è tenuræ ratione; complurimi etiam è Regum privilegio (ut copiosè indicant diplomata) in placitum non vocarentur de tenementis suis (sicut nec Barones, aliis utiq; de causis) *nisi coram Rege vel Capitali ejus Iustitiario.* Placita autem civilia (vulgariter dicta Communia) sub illis seculis unà agebantur in palatio Regis, coram ipso Rege, seu *Capitali ejus Iustitiario*, cum placitis coronæ: nec discretos habuerunt Judices ante annum 9 Henrici 3. vel potius 17 Johannis Regis. Utroq; verò hoc anno concessum est à Rege ad instantiam procerum; *ut Communia placita non sequerentur curiam* (Regis) *sed in loco certo tenerentur.* Loco itaq; jam facto stationario, stationarii pariter habendi erant Judices: quibus cùm sistere se non potuisset *Capitalis Angliæ Iustitiarius*, quòd ex officio, peregrinantem ubicunq; curiam Regis sequeretur: exuere cogitur hanc provinciam, aliiq; cedere exequendam, qui subinde *Capitalis Iustitiarius communium placitorum* constitutus est. Amisit hoc modo *Capitalis Angliæ Iustitiarius*, partem officii sui non solum ingentem nobilemq; sed & valdè quæstuosam.

Placita Communia Capitali Iustitiario Angliæ adimuntur.

Mansit tamen in Scaccario primus, juxta illud quod è Nigro libro fiscali superiùs paulò retulimus: & quod alibi in eodem Capite perhibetur his verbis. *Illic* (scil. in Scaccario) *residet Capitalis domini Regis Iustitia, primus post Regem in Regno ratione fori, & Majores quiq; de Regno, qui familiariùs Regiis secretis assistunt.* Sequitur perinde ut de his etiam cognosceret, quæ Magistro Wardorum hodie supposita, ante institutionem illius Curiæ, hoc est, annum 32. Hen. 8. olim agebantur in Scaccario. Sed & hinc exuitur (ut arior) sub ætate Edouardi 2. novo inducto Magistratu ad vices ejus obeundas, qui *Capitalis Baro Scaccarii* nuncupatus est.

Scaccario & Pupillis quousq; præsidet.

Scaccario verò dum præsidebat, ipsum insuper Thesaurarium à mandatis habuit, pecunias Regias decernens erogandas: quod & in Lucubrationibus suis notat Ockamus, qui sub excessu Edouardi 2. floruit. *Iste* (inquit) *excellens Sessor omnibus quæ in inferiore vel superiore Scacchio fiunt, prospicit. Ad nutum ipsius qualibet officia sub eo disponuntur: sic tamen ut ad domini Regis utilitatem justè perveniant. Hic tamen inter cætera videtur excellens, quod potest his sub testimonio suo, breve domini Regis facere fieri, ut de thesauro qualibet summa liberetur, vel ut computetur, quod sibi ex domini Regis mandato, noverit computandum, vel si maluerit, breve suum sub aliorum testimonio faciat de his rebus.* Conveniunt hæc quidem cum prisco istius Magistratus jure, ad alias gentes à Normannis similiter deducti. Sic enim Scipio Ammiratus de *Magno Iustitiario* Regni Neapolitani *E dunq; il gran Giustiziere colui il quale ha il supremo luogo di esercitar giustizia cose civile, come criminale in tutto il reame.* Et inferiùs: *Questi Giustiziarii non solo della giustizia, ma per que à me pare da tante, & cosi diverse scritture haver raccolto, s'impacciavano ancor delle entrate, & rendite reali; & quelle riscuotevano, & pagavano à ministri Regii, ò in altri bisogne secondo le ordine, & il comandamento de i Re. Si come costoro, & le causa de costoro al gran Giustiziere anticamente erano sottoposte, à cui tuttavia s'appella; cose la Giustizia che si fa nella città di Napoli dal gran Giustiziero depende.*

Quantus fuit in Scaccario.

Iustitiarius Regni Neapolitani, Anglico similis.

Vides ipsum Regni ærarium, nec non multa hodie ad officium magni Thesaurarii pertinentia, olim fuisse in dispositione summi *Iustitiarii.* Vergunt in eandem sententiam, quæ apud Matthæum Paris legeris in Anno 1232. de Huberto de Burgo *Capitali Angliæ Iustitiario*, ab Henrico 3. (prout sequitur) postulato. *Rex* (inquit) *contra Hubertum nuper depositum perturbatus, exegit instanter ab eo rationem de thesauris*

Thesaurario præfuit.

Iustitiarius Angliæ criminatur de multis malè in officio gestis.

sauris suis ad Scaccarium suum redditis, & de debitis quæ ei debebantur tempore patris sui, & de tempore suo.

Item exegit de dominiis suis ratiocinia, de quibus erat in possessione die obitus Willielmi Comitis Penbroc tunc Iustitiarii & Marescalli sui, qui ea tenebat, & habeant in Anglia, VVallia, Hybernia, & Pictavia.

Item de libertatibus quas habuit tunc temporis in forestis, VVarennis, Comitatibus, & aliis locis; qualiter custodita sint, vel alienata.

Item de Quintadecima & Sextadecima, & aliis redditibus, tam (ad) Scaccarium suum, quam ad Novum Templum Londinense (ubi etiam reponebantur pecuniæ Regiæ) & alibi.

Item de prisis factis pro jure suo relaxando, tam in terris quam in mobilibus.

Item de ipsis, quæ ipse Rex amisit per negligentiam ipsius Huberti.

Item de vastis factis sine commodo ipsius Regis, tam per guerram, quam alio modo.

Item de libertatibus quibus idem Hubertus & sui, esti in terris sibi datis, & Episcopatibus & custodiis sive VVaranto, quæ pertinent ad dominum Regem.

Item de injuriis & damnis illatis & clericis Romanis, & Italicis, & Nunciis domini Papæ, contra voluntatem domini Regis, per auctoritatem ipsius Huberti tunc Iustitiarii, qui nullum consilium voluit apponere, ut illa corrigerentur; quod facere tenebatur ratione officii sui ad Iustitiarium pertinentis.

Item de pace Regis qualiter sit custodita, tam versus homines terræ suæ Angliæ, Hiberniæ, Gasconiæ, & Pictaviæ, quam alios extraneos.

Item de Scutagiis, carucagiis, donis & veniis, sive custodiarum exitibus, spectantibus ad Coronam; quid inde actum sit.

Item de maritagiis quæ Rex Iohannes dimisit in custodia ipsius in die quo obiit, & de aliis maritagiis sibi traditis tempore suo.

Ejus triplex munus, &c. Insimulatur hic *Capitalis Angliæ Iustitiarius* de officio male administrato rebus in quibusdam ad tres hodiernos Magistratus pertinentibus, Scilicet, ad magnum Thesaurarium Angliæ, ad Capitalem *Iustitiarium* banci Regii, & ad Magistrum curiæ Wardorum. Extat etiam istiusmodi in nonnullis criminatio versus Stephanum Segrave *Angliæ Iustitiarium* (Huberti successorem) apud eundem Matthæum in An. 1232. Quod autem illi in forestis gesserint non hic attribuo, cum præterea, functum utrumque Protoforestarii munere; referat Mat. Paris in An. 1232. Forestas tamen in multis fuisse subditas Scaccario, & perinde *Capitali Angliæ Iustitiario* dum præsidebat illic, evincit Niger liber Scaccarii.

Capitalis Iustitiarius idem qui aliquando *Maior domus, Comes Palatii, Senescallus, Dapifer, &c.* Quas alias habuit extensiones insignis iste Magistratus, non dum satis exploratas reperi. Mihimet si non imponam, totus videtur olim dux è *Maioris domus* apud Gallos exequiis; dissipataq; ejus multa munia recollegisse: sed ad declinandam nominis illius invidiam, aliis *Comitem, Rectorem, & Principem Palatii*: aliis *Summum* seu *Capitalem Iustitiarium*: aliis *Senescallum* & *Dapiferum* (non observatis genuinè differentiis) appellari. Aimoino, hic sub Carolo Magno *Comes*, & *Rector palatii* dicitur, qui jam antea *Maior domus*: & Ingulfus Saxo, Odonem Episcopum Baionensem (quem alii *Capitalem Iustitiarium* nominant) *Principem* nuncupat *Palatii*. Robertus de Monte in Anno 1160. Robertum de Novoburgo *Dapiferum* & *Iustitiarium Normanniæ* vocat. Odericus Vitalis in anno 1070. Gulielmum filium Osberni *Dapiferum Normanniæ* nuncupat, quem Breviarium de Bello, *Ducis Senescallum*. *Dapiferum* autem & *Senescallum* pluries confundi, supra ostendimus in voce *Dapifer*: & eundem Gulielmum filium Osberni, Angliæ fuisse *Iustitiarium* sub ipso Regni Gulielmi Conquestoris initio, inferius videris in *Iustitiariorum* catalogo.

Sub ætate R. Joh. sæpè in Chartis privilegiorum Angliæ concess. occurrit, *quod non ponatur respondere nisi coram nobis vel capitali Iustitia nostra*. Et in Chart. Normannis concessis *nisi coram nobis vel capitali Senescallo nostro*. Not. ad Fortesc. cap. 8. Sect. 3.

Senescallum etiam pro *Iustitiario* dictum, suggerit liber de Jure & consuetudinibus Normanniæ ca. 10. officium ejus sic referens. Justitiarius seu Senescallus Normanniæ. *Solebat* (inquit) *antiquitus quidam Iustitiarius prædictis* (Justitiariis) *superior, per Normanniam discurrere, qui Senescallus Principis vocabatur. Iste vero corrigebat quod alii inferiores* (scilicet Justitiarii, Ballivi, Ministri, &c.) *delinquerant: terram Principis custodiebat: leges & jura Normanniæ custodiri faciebat: & eos à servitio Principis amovebat, si eos videbat nocivos*. Totam quippe Normanniam singulis triennis peragravit, pacem patriæ curans, vindicans, & confirmans. Cognovit de forestis, & juris forestici violatoribus, de incendiariis, de homicidiis, & de placitis spadæ (quæ nos Coronæ dicimus) universis. De inferiorum *Iustitiariorum* & officialium delictis: de thesauro effosso, de ejectu maris quod *veriscum*, hoc est, *wreccum* appellatur. De molendinis & piscariis nocivis, de fluminibus impeditis, corruptis, semotis & hujusmodi; prout in illo capite referuntur.

Ejus & Capitalis Angliæ Iustitiarii comparatio. Num hic quidpiam quod *Capitali Angliæ Iustitiario* aliquando non competierit? Nihil certè propemodum. Multa è contra, quæ à *Magno Angliæ Senescallo*, nunquam dignoscuntur usitata. Normanniam verò non reperio alium habuisse *Capitalem Iustitiarium*, quam *Senescallum* istum: & cum is dicatur Normanniam quolibet triennio discurrisse ad justitiam exequendam: hoc à *Magno Angliæ Senescallo* ne semel factum deprehendimus; sed de *Capitali Angliæ Iustitiario*, en quæ retulit Westmonasteriensis in Anno 1259. *Diebus verò sub iisdem dominus Hugo Bigotus, vir fidelissimus, capitalisq; totius Angliæ Iustitiarius, associatis sibi Rogero Turkebi, & Gilberto de Preston, cœpit per Angliam circuire à Comitatu in Comitatum*

tum, & à libertate in libertatem; omnibus pro meritis impensuris justitiam. Non videtur de ordinaria *Justitiariorum* itineratione intelligendum: totam enim Angliam nulli peragrabant, at statas quiq; ex consuetudine portiones. Ad Normannicam tamen respexisse censeo, tum *Capitalis Justitiarii* itinerationem; tum ordinariam istam cæterorum *Justitiariorum*: sed Normannicam, nisi semel in triennio, nostratem sæpius, licèt è Statuto Oxoniensi anno 42. Henrici 3. ante septennium non esset renovanda. *Quære.*

Justitiarius Angliæ Gardianum 5. Portuum officio ejicit.

Quod autem dicitur, *Senescallo* Normanniæ fuisse in potestate ministros Principis amovendi; ipsum hoc in *Capitali Angliæ Justitiario*, non desiderabatur. Nam & idem Hugo Bigotus, Richardum de Gray Castellanum seu Conestabilem Castri Doveriæ, & Gardianum 5. Portuum (summæ virum potentiæ) officio ejecit delinquentem, sibimet id retinens exequendum, ut Florilegus retulit in An. 1259. Illud utiq; memorabile est quod de Johanne Moritonii, aliarumq; provinciarum Comite, fratre Regis Richardi 1. futuroq; deinceps Rege, in sermone quodam tunc Regis Franciæ perhibetur: capitis sustinuisse discrimen coram *Capitali Angliæ Justitiario*, nulla de *Senescallo Angliæ* facta mentione.

More Regio cæteris mandat *Justitiar.* &c.

Tanto etiam præ aliis omnibus hic eminuit *Justitiarius*, ut eisdem suo Brevi imperaret more Regio testificato. Multa extant in archivis sub fisci Camerario, exempla: unum referam, è Placitis Ter. Mich. anno 10. Reg. Johannis, rot. 2. Galfrido filio Petri *Capitali Angliæ Justitiario* tunc existente, & Rege ipso non extra Regnum. *G. fil. Petri, Justiciis &c. Mandamus vobis quod detis Mauritio de Gant, & Roberto de Hogat, & Antonio de Alta Ripa, licentiam concordandi de placito terrarum quod est coram vobis inter prædictum Mauritium & ipsos, sicut concordia inter eos prælocuta est. Teste meipso apud Berkhamsted* 18 *die Ianuar.*

Nomine magis quam in munere differt à *Senescallo* Normanniæ.

E dictis animadverteris priscum Angliæ *Justitiarium*, à prisco Normanniæ *Senescallo*, nomine potius quam in munere discrepasse. Qualis igitur sub illis seculis, Magnus apud Anglos *Senescallus* fuit, dum ex integro floruit prisca *Capitalis Justitiarii* amplitudo: aut quis illi tunc in Regno locus, cum *Capitalis Justitiarius* primus post Regem (ut supra monstravimus) haberetur, aliàs mitto disquirendum. Author Tractatus cujusdam M. S. de Officio *Magni Angliæ Senescalli*, primum hunc post Regem asserit in Regni regimine: & ad notitiam suæ potestatis, ea profert quæ de Normanniæ *Senescallo* supra exhibuimus, adjectis quibusdam è recentiori, ut infra videris in *Senescallus*. Fateor equidem me in multis haud discernere inter horum Magistratuum jurisdictiones, cum de eisdem ambo cognoscerent: ni hic fortè de questis sollenniter; ille summarim de prætermissis, cogendoq; ordinarium Judicem ad resipiscendum, si interea torperet *Capitalis Justitiarius*. Ex istius autem diminutione, illum censeo egregium accepisse incrementum. De Grentmeshellis enim primis à Conquestu *Senescallis*, nihil (quod sciam) in historiis celebre: nec in *Senescalli* munere, de eorum successoribus, Beaumontibus, Bigotis & à Monte-forti Comitibus Leicestriæ: donec virtute bellica elatiores, *Senescalli* munus regio fecerant paulò inferius. Malm. pag. 120. ait *Hug. de Grentesm. contra Gul. 2. in Legecestriâ surrexisse, ut alii alibi conjuratores.* In hac caligine cautè aveo versari: rem (si Deus concesserit) distinctiùs in verbo *Senescallus* enarraturus. Tu intereà de singulis quæsito.

Capitalis Justitiarius in absentia Regis est *Prorex.*

Sed nec his quos diximus limitibus conclusus est ingens iste Magistratus. Ut enim in Solis, Luna, sic in Regis ille absentia (ex officii sui prærogativâ) vices Regis administrabat: *Vicarius Regis, Regis Locum-tenens, Pro-rex, Custos Regni, & Regni Gardianus* appellatus. Gavisus etiam videtur hoc eodem privilegio *Justitiarius* sive *Senescallus* Normanniæ, ut inde liceat animadvertere quod in Custumario perhibetur, *terram Principis custodiisse.* Sic autem apud Anglos, Gulielmus filius Osberni Comes Herefordiæ, & deinceps Odo Baiocensis Episcopus, Comes Cantii, secedente in Normanniam Gulielmo Conquestore: Gulielmus de Longo-campo Episcopus Eliensis, & Hugo de Pusaz Episcopus Dunelmensis, proficiscente Hierosolymam Ricardo 1. *Justitiarii Angliæ*, Regni pariter custodes, id est, *Regis Vicarii* constituti sunt. Sic pluries alii ut infra videris in Catalogo. In hoc sonat Recognitio libertatum Angliæ Clarendoniæ facta Anno 1164. idest, 10 Henrici 2. Ca. 17. ubi sic legitur -- *Dominus Rex si in Regno fuerit, conveniatur, vel Justitiarius ejus si fuerit extra regimen, ut rectum de eo faciat.* Similiter Magna Charta Regis Johannis data anno Regni sui 17. *Nos, vel si extra Regnum fuerimus, Capitalis Justitiarius noster, mittet Justitiarios nostros per unumquemq; Comitatum semel in anno.* Et in alia Charta, idem Rex de pactis decernens cum Magnatibus perimplendis: pollicetur id se facturum, vel *per semetipsum* vel *per Justitiarium suum*: adjiciens inter alia, *Et si nos excessum non emendaverimus vel Justitiarius noster si fuerimus extra Regnum inter tempus* 40 *dierum* —— *Barones referent causam illam ad residuos, &c.* Hinc in auctioribus Holenshedi Chronicis, sub Anno 17 Edouardi 1. ubi occurrit mentio de Radulfo de Hengham (qui diminutâ jam *Capitalis Angliæ Justitiarii* amplitudine, *Capitalis Justitiarius Banci superioris*, i. Regii appellatus est) subjungitur (acsi integer adhuc permansisset magistratus) ista clausula: *ad quem in absentia Regis, regni moderamen præcipuè attinebat.*

Provinciarum gubernatores dicti sunt *Justitiarii.*

Hinc etiam in more fuit sub illis seculis, ut qui à latere Regis ad remotam provinciam gubernandam mitteretur, non tam *Præses* & *Prorex* (vulgo *Viceroye*) quàm *Justitiarius* illius provinciæ, nuncupatus sit. *Dicevansi anticamente* (inquit Scipio Ammiratus) *ancor Giustiziarii delle Provincie quelli che hoggi Gover-*

natores di Provincie, & più volgarmente Vicere di Provincie son detti: Numerat ille 8. istiusmodi provincias in Regno Neapolitano, à *Institiariis* singulis singulas gubernatas. Mos per vicissitudines ab antiquo mansit in Hibernia, & deinceps jam mansurus est in posterum. Anno enim 33. Henrici 8. Ca. 2. Limirici sancitur: ut vel moriente Regni Præfecto seu Deputato, vel ex occasione secedente: Regis illic Consiliarii, Anglum eligant in *Justitiarium & gubernatorem Regni*, regio beneplacito duraturum.

Justitiario Proregi, Collegæ additi.

In hac autem Vicaria potestate, adjunxerunt sæpè Reges *Justitiariis* suis Proceres alios, qui *Institiarii Regni* utiq; appellati sunt: & divisit alias Ricardus 1. *Capitalis Institiarii* munus in duos magistratus, suis distinctos jurisdictionibus: borealem nempe & australem, ut in *Institiariorum* catalogo inferiùs videbitur.

Capitalis Angliæ Justitiarius minuitur.

Coaluerunt autem illico, & fluctuante usq; ad excessum Henrici 3. eorum potestate: ab Edouardo 1. in classem sunt redacti inferiorem. Animadvertit enim Rex quàm potens hic esset Magistratus in ciendis fovendisq; regni dissidiis, patri suo atq; avo, quàm infestus. Minuendam igitur visum est ejus eminentiam: hinc, in personæ dignitate: illinc, in officii amplitudine. Prætermissis itaq; Regni magnatibus (turbinibus sæpè reipub.) novam è minori Nobilitate *Capitalium Institiariorum* seriem exorditur. Non popularem, non pertinacem, non Magnatum consanguinitate, aut numerosa plebeiorum clientelâ turgidam: cautam verò & sui cognoscentem, imperatu facilem, & in jurisprudentia multò magis illustriorem. Crevit enim jam inde legum scientia in sublimius artificium: nec à diversa studia sectantibus (putà Magnatibus militiam, Clericis theologiam) succisivis ampliùs horis consequenda; sed hominem totum, vitam integram, nervos omnes, liberos & solutos exigens.

Quoad personam.

Potestatem etiam cancellis circumscripsit arctioribus: adeo ut semotum jam à rerum fastigio, & priscæ amplitudinis functionibus: forensi solummodo negotio, & judiciis exercendis eum addicavit. Anonymus quidam ante aliquot annos M. S. *Ad obitum* (inquit) *Henrici* 3. 1272. *Summorum Angliæ Institiariorum authoritas cessavit*: Postea *Capitales Institiarii ad placita coram Rege tenendum* appellati sunt. Aliis verò, *Capitales Institiarii Banci superioris*. Sed ipsum constitutionis Breve intuere, formam (ut est verisimile) antiquam retinens. *Iacobus Dei gratia, &c. Dilecto & fideli nostro Ranulpho Crewe Militi, uni Servientium nostrorum ad legem, salutem. Quia volumus quod vos sitis Capitalis Institia ius noster ad placita coram nobis tenendum: vobis mandamus quod officio illi intendatis. Teste me ipso apud Westmon. 26. die Ian. anno regni nostri Angliæ, &c. 22. Scotiæ 58.*

Quoad potestatem.

Capitales Institiarii ad placita coram Rege.

Nolunt igitur cautiores quidam, ut eximius iste Magistratus, *Capitalis Angliæ Institiarius* hodiè appellandus sit: gravisq; sub Jacobo Rege, cum invidiâ reprehensio D. Edouardo Coko astruebatur, quòd in Relationum suarum frontispicio Part. 10. & 11. hoc se insignivisset titulo. Vulgarem tamen secutus est loquendi morem: & rationis quidem non expertem. Angliam enim totam quoad pacem regiam, & Coronæ dignitatem, nonnullaq; alia promovenda, adhuc retinet in jurisdictione *Capitalis* iste *Institiarius*. Emittens etiam usq; Regni terminos mandata sua: *Angliæ*, titulum præfigit in margine, jurisdictionis indicium. Non igitur dedignata sunt diversa Parlamenta ipsum (licèt priscâ spoliatum amplitudine) nostro ævo *Capitalem Angliæ Institiarium* & agnoscere, & nominare: ut in Statutis videas anno 34 Hen. 8. Ca. 26. Et 37. ejusdem, Ca. 12. Et in decreto super eodem Statuto, 2 Ed. 6. Ca. 13. Et 18 Eliz. Ca. 12. Et Statuto privato 23 Eliz. Ca. 5. citato in Novo lib. Intrat. Tit. *Action sur le case*. Sect. 5. &c.

Priscum nomen an penitus ademptum.

Qui olim eligebantur *Justitiarii*.

Eligebantur olim *Institiarii* cæteriq; omnes forenses, è Clero plerunque; apud Gallos, Normannos, Anglos, & gentes alias: laicis tùm adhuc militiam potiùs quàm literas admirantibus. Quoad Gallos, perspicuum est in Capitulis Caroli Calvi, Silvaci editis Anno 853. ut infra videris in verbo *Missus*. Quoad Normannos, è veteri eorum Consuetudinario Ca. 9. ubi sic legitur. *Iudiciarii autem sunt discretæ personæ & authenticæ, qui judicium proferunt in curiis de auditis: ut Archiepiscopi, Episcopi, & Ecclesiarum Cathedralium Canonici, & aliæ personæ in Ecclesiis dignitatem obtinentes: Abbates & Priores conventuales, & Rectores Ecclesiarum quos fama discretionis ac honestatis, fide dignos efficit & commendat. Ballivi siquidem atq; Milites omnes, ac Servientes spadæ principales, & Seneschalli Baronum, quos honestas & discretio fecerit fide dignos.* Quoad Anglos, mos idem (sine dubio) cum Normannis: Anglorum enim Consuetudines in Normanniam transvexit illic enutritus Edouardus sanctus seu Confessor Rex Anglorum, ut patet in Descriptione Normanniæ, dictum Consuetudinarium præcedente: & Normannicum hunc morem permansisse apud Anglos ostendit Mat. Parisius in Willielmo 2. dicens: *Nullus clericus nisi causidicus.*

Ecclesiasticorum in Canones violentia.

Miror tantam in Canones violentiam, Ecclesiastica tribunalia & ministeria secularia usq; adeo prohibentes. Certè cùm Hubertus Walterus Archiepiscopus Cantuariæ à Ricardo 1. constitutus esset *Institiarius Angliæ*: Innocentius Papa Regi imposuit sub interdictionis periculo *ut Archiepiscopum ab officio Institiarii removeret: præcipuè* (inquit) *cum non liceat Episcopis negotiis secularibus se implicare*: Mat. Paris in Anno 1198. Paruit extemplo Rex, Gaufridum filium Petri *Institiarium* constituens: nec ad hanc postea dignitatem surrepsit (quod sciam) alius unquam Ecclesiasticus: nisi sub Johanne Rege Episcopus Wintoniensis (qui intra biennium etiam exutus est) & *Hugo de Pateshull* Clericus, sub Hen. 3. & *Io. Mansel.*

Ecclesiastici paulatim à tribunalibus semoti.

Durabant autem in aliis *Justitiariorum*, Officialium, & ministrorum muneribus Ecclesiastici, usq; ad ætatem Edouardi 1. Sed cum in rerum administratione graviùs indies peccavissent, nec valeret Rex in delinquentes facilè animadvertere, propter clericatus eorum privilegium: Canonum memor eos paulatim (uti Rex etiam Franciæ) curavit amovendos, & quos liberiùs coerceret, laicos inducendos. Criminis enim postulati, ad asylum confugiebant sui clericatus, licèt hunc aut prius abdicassent, aut seculari aliquo indumento (nam id moris fuit) eousq; obtegissent.

Coifæ quæ utuntur Servientes ad legem

Hinc caleptra linea (quam *coifam* vocant, hodieq; utuntur Servientes ad legem) primum (uti censeo) est inducta, ad tonsuram cœlandam clericalem, de quo supra vide *Coifa*: ubi Guliel. de Bussey in carcerem rapiendus ob flagitia, eam festinat detrahere, ut nudato clericatus sui charactere, se à carcere liberaret. Petrus etiam de Rivallis Thesaurarius Henrici 3. cùm Rex eum multis onustum criminationibus in turrim Londoniensem immissurus esset: *Domine* (inquit) *clericus sum, nec debeo incarcerari, vel sub laicorum custodia deputari. Respondit* (autem) *Rex, Te ut laicum hactenus gessisti: à te igitur ut laico, cui meum commisi thesaurum exigo, &c.* Mat. Par. in An. 1234.

Hoc tandem modo removentur Ecclesiastici à judiciis secularibus exercendis, in quibus sub Epiphanii ætate (ut ex ipso liqueat) operam aliquando, adhibuerant. Plura vide ad notitiam *Capitalis Justitiarii* pertinentia, in sequenti post paucula catalogo.

Hi omnes in *Justitiariorum* antiquissimo sunt genere. Restant alii, sed plerunq; notiores atq; breviter transeundi.

Justitiarii Assisarum.

Justitiarii Assisarum, qui ad assisas capiendas in Comitatus legantur. De his vide *Assisa* pro curia: & in *Iter*, §. ultimo.

Justitiarii ad audiendum, &c

Justitiarii ad audiendum & terminandum: qui ad motus repentinos & insignia maleficia cognoscendum plectendumq; constituuntur.

Justitiarii forestæ.

Justitiarii & Protojustitiarius forestæ. Vide *Foresta*.

Justitiarii gaolæ.

Justitiarii gaolæ deliberandæ, sunt qui de malefactoribus incarceratis judicant: sive ad pœnam sive ad libertatem.

Justitiarii itinerantes.

Justitiarii itinerantes, aliàs *errantes*, & *deambulantes*. Vide *Iter*.

Justitiarii de Nisi prius.

Justitiarii de Nisi prius. Vide *Nisi prius*.

Justitiarii pacis

Justitiarii pacis dicuntur qui regio suffulti diplomate, in delinquentes contra pacem Regiam animadvertunt, eamq; curant & tuentur. Originem sumpsere, non (ut tradit Polydorus Virgilius) sub Gulielmo Conquestore: at sub ipso Regni Edouardi 3. initio; ut exauctorato jam pridem Rege Edouardo 2. populi

Gardiani & Custodes pacis.

motum (si quis subsequeretur) comprimerent, *Gardiani & Custodes pacis* tum adhuc appellati. *Justitiariorum* enim nomen, vel è Statuto an. 18. Edouard. 3. ut quidam volunt, vel potiùs (ut Lambardus contendit) anno ejusdem 34. ca. 1. assecuti sunt. Multi horum in singulis urbibus, & comitatibus, cùm è majore Nobilitate tum è minori, à D. Cancellario seu Custode magni Sigilli Angliæ designati. Primâ institutione duo vel tres solummodo, & juxta Statutum 13. Ricardi 2. non ultra sex: sed aucto indies eorum munere, reperti demum sunt sexaginta atq; eò ampliùs in uno aliquo Comitatu, ad hoc sustinendum.

Custodes pacis.

Erant olim *pacis* etiam *Custodes* à populo electi in Comitatibus: nonnulli ex tenuræ ratione, et quidam virtute officii: sed de his vide Lambardum Eirenar. lib. 1. Ca. 3.

Justitiarii de Trailebaston.

Justitiarius de Trailebaston. Vide *Trailebaston*.

Habentur alii *Justitiariorum* species, at dixisse sufficit de potioribus.

Catalogus Capitalium Justitiariorum Angliæ, & (qui ab eis deducuntur) Capitalium Justitiariorum Banci Regis, Capitalium Justitiariorum Banci communis, & Capitalium Baronum Scaccarii.

Præfatio ad Catalogum.

Perspicuus est ex his quæ diximus, *Capitalium Justitiariorum Angliæ*, triplex ordo.

1 Primus illorum qui vices Regis extra Regnum existentis (uti Proconsul in Provincia Romana) administrabat: *Custos & Gardianus Regni* (exteris *Prorex & Viceroy*) Malm. in Wil. 1. pag. 111. l. 52. *Vicedominus*, appellatus. Hic igitur extraordinarius fuit Magistratus, & reverso Rege, *Exjustitiarius*.

Exjustitiarius.

2 Secundus, in judiciis ad Aulam Regiam & Scaccarium pertinentibus, præfuit; sacrum patrimonium, rem fisci, thesaurum Regis, & maxima quæq; Regni negotia administrans. Primus post Regem, & perpetuus plerunque Magistratus, sed a Baronibus sub Henrico 3. ad annuum penè redactus. Rege de Regno egresso, ad hunc spectabat jure officii, Regni fore *Custodem*; sed adjunctos sæpè habuit in hoc munere collegas: & prætermisso interdum ipso, alius fortè designatus est *Custos Regni*. Cum autem hi omnes *Capitales Justitiarii Angliæ* pariter in historiis nuncupati sint: difficile sæpè est eos invicem secernere. Cogimur ideo indistinctos in catalogo exhibere, sed in beneficium posteritatis, paucula de singulis (quos invenimus) concinnavimus.

3 Tertius ordo eorum est qui semoti ab antiquæ functionis amplitudine, ad Regii tribunalis,

nalis, jurisdictionem contrahuntur: *Capitales Justitiarii Banci Regii*, & *Capitales Justitiarii ad placita coram Rege tenenda* (ut omnes norunt) etiam appellati.

Magistratus quidam apud Anglo-Saxones, speciem referentes Capitalis Angliæ Justitiarii.

In principio parab. Alur. dicitur convenisse in mag. Concil. sub Rege Aluredo habit. Sifforidiæ inter primos ——— Eþl Alꝼpich oꝼ þe laȝe ꞅpuþeꞅiꞅe, i. *Comes Alfricus legum scientia peritissimus.*

Hunting. in An. 769. pa. 343. *Principes & Præpositi Northumbre quendam Consulem &* Justitiarium *suum, quia rigidior aequo extiterat, combusserunt.*

Æthelstanus Dux Estangliæ (id est, Norforciæ & Suffolciæ) in libro fundationis Cœnobii Ramesiensis, Sect. 33. *Aldermannus* dicitur, quod inter alia, *Justitiarium*, apud Saxones denotasse, sæpe demonstravimus. In quartâ verò Sectione, sic de eo perhibetur. *Regi adeo officiosa erat ejus impensa sedulitas, ut ad arbitrium ipsius, cuncta regni negotia tractarentur: iccirco ab universis Æthelstanus* Halꝼkenȝ (*quod est, Semirex*) *dicebatur.* Floruit circiter An. 930.

Æthelwoldus filius primogenitus dicti Æthelstani, Ducatum patris unà cum Magistratu videtur obtinuisse: nam in libro Ramesiensi, Sect. 3. *Aldermannus* utiq; nuncupatus est.

Ailwinus quartus filius ejusdem Æthelstani, Dux Estangliæ: patri clarius succrevit cum in dignitatis, tum in magistratus amplitudine. Sub Eadgaro enim Rege *Aldermannus totius Angliæ* (id est *Justitiarius*) emicuit: ut aliquando erat perspicuum ex epitaphio suo in cœnobio Ramesiensi, cujus ipse fundamenta posuit circa An. Dom. 973. Vide epitaphium supra in verbo *Aldermannus*. Judiciis autem & justitiæ administrandæ eum præfuisse, ex hoc intelligas, quod Libro Ramesiæ Sect. 49. occurrit in lite quadam de prædiis, *Cui foro Ailwinus Aldermannus, & Ædricus Regis Præpositus judices præsidebant.*

Stir, sub Hardicnuto Rege qui obiit An. 1042. *Maior domus* fuit: & hoc siquidem nomine aliàs *Capitalis Regni Justitiarius* seu *Magnus Seneschallus*, aliàs *Seneschallus Hospitii Regis*, intelligitur. Dubius nihil assero: sic autem Florentius Wigornensis (& hunc sequutus Hovedenus) in Anno 1040. Rex Hardecanutus *Alfricum Eboracensem Archiepiscopum, Godwinum Comitem, Stir Maiorem domus, Edricum dispensatorem, Thrond suum carnificem, & alios magnæ dignitatis viros, Londinum misit.*

Heraldus (filius Godwini) qui solium Regni invadens, à Gulielmo 1. victus & ejectus est, sub Edouardo Confessore, *Seneschallus* seu *Justitiarius Angliæ* fuit. Sic enim Breviarium Abbatiæ de Bello. *Heraldus filius Godwini, Seneschallus Regis* (divi Edouardi) *vir in Anglia potentissimus, vel à Rege missus, vel proprio pulsus instinctu, transfretare volens in Normanniam, &c.* Florentius Wigornensis in An. 1066. hunc *Subregulum* vocat, quod sub Rege (uti *Angliæ Justitiarius*) omnia moderabatur. Ingulpho, pag. 900. Maior domus Regiæ.

Capitales Angliæ Justitiarii sub Regibus Anglo-Normannis, & eorum successoribus.

Gulielmus fil. Osberni (quibusdam *Osberti*) ab Odorico Vital. in An. 1070. *Dapifer Normanniæ*; Breviario Abbatiæ de Bello, *Seneschallus Ducis*; & in M. S. de magnatibus Angliæ, *Mareschallus Gulielmi Conquestoris*, appellatur. Pater ejus, cui in officio videtur successisse; à Gemiticense lib. 6. ca. 2. *Procurator principalis domus* (Ducis) nuncupatus est: & quem ipse apud Anglos in officio præcessit, Odo Baiocensis Episcopus, *Princeps palatii* ab Ingulpho dicitur, aliis *Custos Regni*, *Vicedominus Angliæ*, atq; *Angliæ Justitiarius*. Magna certè nominum varietas, sed quæ olim aliquando cum nonnullis aliis, ex Authorum prævaricatione, in eundem competebant magistratum, ut in his sparsim vocibus deprehenderis. Qualecunq; autem in Normannia munus iste Gulielmus exercuerat, idem apud Anglos sub recenti adhuc Normannorum imperio retinuisse, non malè opinemur. Ait etiam Stowus in An. 1082. Odonem Episcopum Baiocensem, extitisse *Vicedominum Angliæ* post mortem Gulielmi filii Osberni: quem ideo priùs fuisse *Vicedominum* innuit, hoc est (ut ex Ingulpho declaravimus) *Justitiarium*. Refert præterea idem Stowus in An. 1082. Gulielmum Conquestorem Normanniam proficiscentem, Regni sui anno 1. Odonem istum & Gulielmum filium Osberni, *Gardianos Angliæ* constituisse: quos Walsingamius *Custodes Regni* nuncupat, vulgo *Justitiarios*.

1 Guliel. 1.

Sed *Vicedominus* etiam Seneschallum significat. Quære

Hunc igitur Gulielmum, primus censeo à Conquestu *Justitiarium Angliæ*; munerisq; arrabonem secum è Normannia duxisse: sed in Regni postea administratione, collegam recepisse Episcopum Baiocensem. Acerrimus autem Anglorum hostis fuit, & qui Normanniæ Ducem præ aliis omnibus, ad invasionem Angliæ excitavit, funestoq; illo Hastingense prælio (ut testatur dictum Breviarium) tertiam aciem victricem duxit. *Ipse quoq; cum Willielmo Duce* (verba sunt Gemiticensis) *Anglos maximè perdomuit, & Comitatum Herfordia*

Pro Heref.

di[illegible] magna parte Regni, sensu & viribus obl[illegible] : lib. 6. ca. 25. ubi plura.

1 Guliel. 1. *Odo* Episcopus Baiocensis constitutus est à fratre suo Gulielmo 1. & *Justitiarius Angliæ*, & ejusdem *Custos* seu *Gardianus*. Quousq; autem duravit in officio, mihi non constat. Ejectus videtur & conjectus unà in carcerem, novas moliens in fratrem machinationes, Anno juxta Mat. Paris. 1079. (id est, Regis Gulielmi 12. seu 13.) nec nisi à morituro Rege deinceps liberatur. In seculari ejus functione, non solùm rem exercuit judiciariam: sed bellis utiq; assuefactus, exercitum Radulphi Comitis Estangliæ, suorumq; confœderatorum, profligavit: & in ultione necis Walteri Dunelmensis Episcopi, Northumbriam latè circa Annum 1076. populatus est. Hunc Ingulphus Saxo (Francorum more) non *Justitiarium*, sed *Principem palatii* vocat, ejusq; potentiam sic enarrat. *Inveniens ibidem venerabiles dominos meos, Archiepiscopum Lanfrancum, & dominum Odonem Episcopum Baiocensem fratrem uterinum domini Regis, ipsumq; Cantuariæ Comitem, & Principem palatii (quorum nutu & consilio tam Rex ipse, quam regnum ejus universum in omni negotio regebatur) causam -- exposui.*

Guliel. 1. *Ricardus de Benefactus*, filius Gisleberti Comitis: sub Gulielmo 1. dicitur fuisse *Capitalis Angliæ Justitiarius*, Odone forsitan jam deposito.

1 Guliel. 2. *Odo* Baiocensis Episcopus restitutus videtur sub initio Gulielmi junioris: sic enim Mat. Westmonasteriens. in Anno 1088. *Affuerunt (coronationi Gulielmi junioris) Lanfrancus Archiepiscopus —— & Odo Baiocensis, Justitiarius totius Angliæ, Et princeps totius Angliæ*, inquit Huntingt. in initio Gul. 1. pa. 371. Bello autem protinus ciente, ut deposito Gulielmo, Robertum Ducem Normanniæ in solio collocaret: Gulielmus, Dunelmensem Episcopum *Justitiarium* constituit, et Mat. Paris in An. 1088. commemoravit.

Guliel. 2. *Ranulfus Flambard* 8. Ep. Dunelm. an. 13 Guil. 2. totius Regni Procurator (inquit Mal.) effectus. *Godw.* in vit. pa. 110.

Guliel. 2. *Gulielmus de S. Carilefo* Episcopus Dunelmensis. Pluribus hunc enarravit Guliel. Malmesbur. inter Lindisfarnenses, &c. Episcopos. *Monachos Dunelmo posuit: potens in seculo, & oris volubilitate promptus, maximus sub VVillielmo Rege juniore, quapropter & amicorum coborti additus, & Angliæ Prælatus, non permansit in gratia. Quippe nullis Principis dictis vel factis contra eum existentibus, ab amicitia descivit, in perfidia Odonis Baiocensis & cæterorum se immiscens. Quapropter victis partibus ab Anglia fugatus, post 2 annos, indulgentiâ Principis rediit &c.* Dicit, *Angliæ Prælatus*, quod est, *Justitiarius* factus. Expressiùs enim Mat. Paris in Anno 1088. *VVillielmus etiam Dunelmensis Episcopus, quem Rex VVillielmus Justitiarium fecerat, horum perfidiæ suffragabatur.*

Radulphus Basset sub Gulielmo 2. successisse dicitur Dunelmensi Episcopo: Odericus refert *R. Basset* Justitiarii potestate functum. Guliel. 2

Hugo de Bocland. Charta libertatum *Angliæ* ab Henrico 1. concessarum sub An. 1100. *Henricus Dei gratia Rex Angliæ, Hugoni de Bocland Justitiario Angliæ, & omnibus fidelibus suis tam Francis quam Anglis in Herefordsyre, salutem.* Miror qui fit ut duo tam diversa apud Parisium extent hujus Chartæ exemplaria. Aliud enim legit —— *Hugoni de Bocland Vicecomiti, & omnibus fidelibus s. t. F. q. A. in Herfordsire salutem.* Multùm differunt *Justitiarius Angliæ*, & *Vicecomes*: aliquando tamen reperiuntur antiquè in eodem. Sic enim Hugo Bardulfus *Justitiarius Angliæ* Vicecomes Eboraci sub an. 1. Ricardi 1. & Hubertus de Burgo *Justitiarius Angliæ*, & Vicecomes Norfolciæ & Suffolciæ, an. 17 *Regis Johannis.* Habetur etiam inter Antiquitates Britannicæ Ecclesiæ, Breve quoddam Saxonicum ejusdem Regis, de admittendis immunitatibus Cantuariensis Archiepiscopi in civitate Londino, eidem Hugoni primitus directum, viz. h. Ænʒlelanꝺeꞅ kininʒ. ʒꞃet huʒe ꝺe Boclanꝺ ⁊ ƿ. Bainaꞃꝺ ⁊ ealle mine ƿicnæꞃeꞅ on Lunꝺen, &c. *Henricus Rex Angliæ Hugoni de Bockland, & Gullelmo Bainard, & omnibus ministris meis in London.* 1 Hen. 1.

Rogerus Episcopus Sarisburiensis, qui sæpè sub Henr. 1. & Rege Stephano, Cancellarius fuit, *Justitiarius* etiam Angliæ ab Henrico 1. constitutus est. Sic enim liber Ramesiensis Sect. 279. *Notificari vobis insuper utile duximus, diratiocinium hujus terræ, &c. fieri jussione Henrici Regis Angliæ —— & jussione Episcopi Saresburiæ, qui Justitiarius fuit totius Angliæ.* Hunting. in An. 23. H. 1. pa. 382. *Rogerus Salesbur. Justitiar. fuit totius Angliæ, & secundus à Rege.* Erat & *Regni Custos*, nam sic etiam Malmesburiensis de regibus lib. 5. *Rex Henricus totius Regni moderamen illius delegavit justitiæ, sive ipse adesset Angliæ, sive moraretur Normanniæ. —— plerumq; (autem) triennio, nonnunquam quadrennio & eo amplius, in Normannia moratus.* Fuit hic præterea, unus Episcoporum quos captivos detinuit Rex Stephanus, captionemq; (ut mox videbis) defendit Albericus de Ver. Obiit 4. Dec. An. 1139. id est, prima die anni 5 Regis Stephani. Hen. 1.

Albericus de Ver, Comes de Guisnes, Camerarius Angliæ, & Portgravius (ut perhibetur) Londini, pater Alberici primi Comitis Steph.

 Oxonii,

Oxonii, Angliæ ponitur *Justitiarius*: sed an recte (ut quidam voluit) sub Henrico 1. prædictumq; Rogerum antecedens, incertus sum. Vir autem fuit in jurisprudentia argutissimus, de quo sic Parisius in an. 1139. id est 4 Stephani. *VVintoniensis Episcopus ad Concilium VVintoniense Stephanum Regem fratrem suum vocari fecit, qui Comitem Albericum de ver, in causarum varietatibus exercitatum, misit ad Concilium de captione dictorum Episcoporum, super qua erat impetitus, se sic de jure facere posse allegantem, & factum Regis defendentem.* Florilegus in An. 1140. *Idibus* (inquit) *Maii Albericus de veer in London occiditur*: & ibi in rubrica dicitur, *Albericus Comes de veer, &c.* Sed M. Parisius (à quo hæc videtur sumpsisse Florilegus) ait: *Idibus Maii Albericus de ver Londonensis occiditur.* Quære igitur si non duo fuerint *Alberici*, & an Comes & Portgravius idem essent.

18 Steph. *Henricus* Dux Normanniæ, Comes Andagaviæ & Pictaviæ, constitutus est *Justitiarius Angl.* cum prius à R. Stephano adoptatus esset tam in filium quàm in successorem, omniaq; Regni negotia per eum terminabantur. Hoved. in An. 1153. pag. 490.

7 Hen. 2. *Henricus*, Regis Henrici 2. primogenitus, qui & postea fuit Rex Henricus junior, constitutus est (ne dum septennis) aut cum Theobaldo Archiepiscopo Cantuariæ, aut post interitum ejus (Rege in Normanniam Galliasq; transmigrante) *Justitiarius Angliæ tutelaris*, licet ipse esset sub tutela. Habetur rei exemplum apud Flodoardum Hist. Rem. lib. 4. ca. 20. ubi Hugo filius Hereberti Comitis, admodum parvulus, qui nec adhuc quinquennii tempus explesse videbatur, Remensis fit Archiepiscopus; populo, Clero, Rege, Papa etiam Johanne (pro singulorum jure) rem firmantibus: sed functionis excutione alteri interea delegata. Oratio Thomæ Becketti Cantuar. Archiepis. apud Papam habita —— *ad Archiepiscopatum, à filio Regis primogenito, & Justitiario Regni, ab omni ratiocinio & obligatione liber, sui Episcopus assignatus.* De Theobaldo verò, sic Godwinus in vita ejus. Rex Hen. 2. in Normannia degens —— *magnopere se vereri dicit, ne Theobaldo jam mortuo cui Regni tutelam discedens commiserat, turbarum indè occasio aliqua oriretur.*

8 Hen. 2. *Robertus de Bello monte* Comes Leicestriæ. Quando iniit officium, non invenio: sed An. 1162. (inquit Mat. Paris) *sopita est discordia, &c. inter Ecclesiam Lincolniensem & Cœnobium beati Albani —— in præsentia Regis Henrici 2. & Archiepiscoporum &c. præsente etiam Roberto Comite Legecestrensi Justitiario Angliæ, cum Comitibus, Baronibus &c.* De excessu ejus Rogerus Hoveden. *Anno gratiæ 1168. qui erat annus 14 Regni Regis Henrici, filii Matildis Imperatricis, —— obiit Robertus Comes Leicestriæ, summus Angliæ Justitiarius.*

Ricardus de Lucie, prælio vicit Comitem Leicestriæ: Cœnobiumq; Anno Dom. 1179. 19 Hen. 2. in honorem Thomæ martyris apud Westwood in Roffensi diœcesi construens, *Justitiarii* renuntiavit officio, & Canonicus ibidem factus, mense Julio sequenti, diem obiit. Stowus, Florilegus, & Chron. majora in dicto Anno. Reperio in quodam M. S. hanc notam: *Anno 24 Henr. 2. Ric. de Lucy cheife Justice pur si firme pay 7000. marks.* Quære. V. Hov. pa. 590.

Ranulphus de Glanvilla. Hoved. in Hen. 2. 26 Hen. 2. *Eodem anno* (1180) *Henricus Rex Angl. pater, constituit Ranulphum de Glanvilla summum Justitiarium Angliæ, cujus sapientia condita sunt leges subscriptæ quas Anglicanas vocamus.* Recitat verò leges Guil. 1. & Ed. Confes. tanquam antea non susceptas. Hic cùm ad suam usq; ætatem, (instar rhetrarum Lycurgi) ἄγραφον, id est, non scripta mansisset, maxima pars Juris nostri: omnium primus ἔγγραφον reddere aggressus est, Composito illius argumenti libro quodam, cui in antiquis M. SS. iste titulus: *Tractatus de legibus & consuetudinibus Regni Angliæ, tempore Regis Henrici 2. compositus, justitiæ gubernacula tenente illustri viro Ranulpho de Glanvilla, Juris Regni & antiquarum consuetudinum eo tempore peritissimo &c.* Exutus autem est officio *Justitiarii* anno 1 Ricardi 1. (quod mox hìc videris in illius successore) & deinde profectus in Terram sanctam, in obsidione Acon mortuus est An. 1190. ut retulit Hovedenus. Quæ de eo tradit Balæus, missum scil. fuisse ab Henrico Rege cum magna armatorum manu ad Damiatam Ægypti urbem Anno 1218. obsidendam, & in eo bello miris omnium laudibus celebratum fuisse: ad Ranulphum Comitem Cestriæ omnino Spectant, multo recentiorem, ab Henrico 3. (non 2) missum.

Justitiarius

Justitiarius Angliæ Borealis.

1 Ric. 1. *Hugo de Pusax*, al. *Pusac*, Stephanni Regis è sorore nepos, Episcopus Dunelmens. & pro tempore, Comes Northumbriæ, magna vi pecuniæ à Ricardo Rege Hierosolymis profecturo cauponatæ. Deposito Ranulpho de Glanvilla, mercatus est etiam *Justitiariam Angliæ* ab eodem Rege, mille marcis argenti, seu (ut alii volunt) libris: neutrâ tamen diu fungitur, Protinus enim Rex induxit Gulielmum Episcopum Eliensem, ut hic Australis Angliæ *Justitiarius* existeret: Hugo tantummodo borealis, qui decessit 3 Martii 1194, id est, 6 Ric. 1.

Justitiarius Angliæ Australis.

Gulielmus de Longocampo, Episcopus Eliens. & Cancellarius Regis: *Justitiarius* efficitur partium Regni australium: & (postulante à Clemente Papa, Rege) mox etiam Legatus Angliæ. Huic dignitatum congeriei, adjecit (velut Pelion Ossæ) Rex peregrinationem initurus, Regiæ vicariæ seu custodiæ Regni sublimitatem: quibus coadunatis omnibus, non vicarium Regis, sed ut ipsum Regem se exhibuit. Scisso itaq; in tumultus Regno, à confœderatis strennè Baronibus Anno 1191. ut Mat. Paris (vel ut alii 1193.) Rege licentiam concedente, dejicitur. A Rege tamen ab Austriaca captivitate reverso, pristina familiaritate amplexus est, legatusq; ad Pontificem, in Pictavia moritur An. 1197. 1 Ric. 1.

De duobus istis *Justitiariis*, sic Mat. Paris in An. 1190. *Rex autem divisit Custodes Regni Angliæ, Hugonem Dunelmensem Episcopum, & VVillielmum Eliensem Cancellarium suum, Hugonem Bardulphum, & Willielmum Brywere qui tenerent leges Angliæ & consuetudines rectas, & unicuiq; conquerenti rectam justitiam exhiberent. Sed inter cæteros præeminebant Hugo Dunelmensis & Willielmus Eliensis Episcopi, quorum Episcopus Dunelmensis habuit Justitiariam à magno flumine usq; ad Scoticum mare: Willielmus verò Eliensis obtinuit Justitiariam à flumine prædicto ad plagam Australem, usq; ad mare Gallicanum, cum sigillo Regis & Turri Londoniensi. Quod Hugo Dunelmensis Episcopus nimis molestè ferebat, tunc primò intelligens, quod Rex illum Justitiarium fecerat non zelo justitiæ, sed ut pecuniam (ut prædictum est) ab eo extorqueret.*

Hovedenus verò in An. 1189. istos *Regni Custodes* aliter recenset. *In eodem* (inquit) *Concilio dominus Rex constituit Hugonem Dunelmensem Episcopum, & Willielmum Comitem Albemarliæ, summos Justitiarios Angliæ; & associavit eis in regimine Regni Willielmum Marescallum, & Gaufridum filium Petri, & Willielmum Bruvere, & Robertum de* [illegible], *& Rogerum filium Remfridi.*

10 Oct. 1191. ...... Rothomagensis Archiep. deposito Wil. Eliensi Episc. à Baronibus in absentiâ Regis constituitur *Justitiarius Angliæ*. V. *Hoved.* An. 1191. pag. 701, 702.

6 Ric. 1. *Hubertus Walter*, natus in [illegible] villula Norfolciæ, sub Ranulpho de Glanvilla enutritus est, & pro salute animæ ejusdem aliorumq; sui ipsius benefactorum, Cœnobium illic aliquando fundavit. Archiepiscopus Cantuariæ, Cancellarius Regis, Legatus Papæ, & sub An. 1194. (exacto jam Episcopo Eliensi) *Justitiarius Angliæ* constitutus est. Hoc autem ægrè ferens Papa deinceps Innocentius 3. Regi præcipit, *quatenus statim visis literis sub pœna Interdicti, præfatum Archiepiscopum ab officio Justitiarii removeret: præcipuè cum non liceat Episcopis negotiis secularibus se implicare. Amoto igitur Archiepiscopo, Rex Ricardus loco ipsius Gaufridum filium Petri surrogavit.* Mat. Paris in Anno 1198. id est, 9 & 10. Ricard. 1.

9 Ric. 1. *Gaufridus filius Petri* (qui postea evasit Comes Essexiæ) constitutus est (ut præfatur) *Justitiarius Angliæ*: & migrante in Pictaviam Rege, *Custos Regni* etiam designatur, sed ascripto jam in consortium Petro Wintoniensi Episcopo. Mat. Par. in An. 1213. Secundus fuit è

quatuor potentissimis magnatibus ad quos de coercenda insolentia Gulielmi Episcopi Eliensis supradicti, literas dedit Rex Ricardus 1. haberurq; tenor earum apud Parisium in An. 1191 propè finem: sed quid alibi de Gaufrido refert Parisius, item accipe. *Anno vero sub eodem* (id est, 1213. Regis Johannis 15.) Florilegus ai pid. Idus Oct 1214. viz. R. Joh. 16. *Gaufridus filius Petri totius Angliæ Justitiarius, vir magnæ potestatis & authoritatis, in maximum Regni detrimentum, diem clausit extremum secunda die Octobris. Erat autem firmissima Regni columna; utpote vir generosus, legum peritus, thesauris, reditibus, & omnibus bonis instauratus, omnibus Angliæ Magnatibus sanguine vel amicitia confœderatus. Unde Rex ipsum præ omnibus mortalibus sine delectione formidabat: ipse enim lora regni gubernabat. Unde post ejus obitum, facta est Anglia quasi in tempestate navis sine gubernaculo.* Accepto verò de morte ejus nuncio, Rex cachinnando dixit (ut ibidem postea) *Per pedes Domini nunc primò sum Rex & dominus Angliæ, &c.*

Godwinus in vitâ *Io. Gray* Norwicens. Episc. pag. 484. ait eum in jure nostro municipali peritissimum fuisse, ideoq; summum *Angliæ Justitiarius* constitutum esse, operâ Joh. R.

15 Joh R. *Petrus de Rupibus* Eques auratus Pictaviæ, precibus Regis Johannis, sed collatis una liberaliter magnis xeniis (loquor cum Paris) Romæ consecratus est Wintoniensis Episcopus; & transeunte (ut supra diximus) Rege Johanne in Pictaviam anno Regni 15. ab eodem collega ascribitur Gaufrido filio Petri in Regni administratione. Brevi autem mortuo Gaufrido, solus hoc gavisus est munere, cum totius *Angliæ Institiariæ*, ut ex ipso videas diplomate. *Rex Archiepiscopo &c. Constituimus Institiarium nostrum Angliæ P. Winton. Episcopum quam diu nobis placuerit ad custodiendum loco nostro terram nostram Angliæ, & pacem Regni nostri. Ideo vobis mandamus quod ei tanquam Justic. nostro Angliæ intendentes sitis & respondentes. Dat. &c.* Diu non duravit in officio; prudens autem & potens, Anno 1219. id est, 4 Henrici 3. ephebo adhuc Regi tutor datur; exactoq; munere, Terram sanctam Cruce signatus proficiscitur. Multa illic ejus auspiciis gesta sunt fœliciter: reversusq; sub quinquennio, Regi evasit consultissimus: adeo ut aurem animumq; ejus uni solus occupans, non tantum consanguineos & familiares suos Pictavienses ad Regni provexerit magistratus: sed effecerit etiam ut Rex omnes (Parisium audis) *naturales curiæ suæ ministros à suis removit officiis, & Pictavenses extraneos in eorum ministeriis surrogavit*. Gravius interea accensi proceres, primum ab Episcopis contendunt impetrantq; ut cum suis excommunicetur: demum à Rege (licèt maximè invito) ut una omnes ab officiis ejiciantur alienigenæ: inter quos hic relegatus est, & Episcopatui demandatus. Postea accersitus à Gregorio 9. Romam perrexit, exercitui ejus contra Romanos præficiendus: & regressus demum animam exhalavit Farnhamiæ. 5. Idus Junii, 1238. Quantæ authoritatis fuit cum apud Fredericum Imp. in negotio Terræ sanctæ administrando, tum in pace inter ipsum Fredericum & Gregorio 9. promovenda; & quæ in aliis gessit digna memoratu, dicat tibi Parisius in anno jam citato & præcedentibus.

Charta Regia officium conferens inter Par. 15 Jo. Par. 2. mem. 3.

17 Joh. R. *Hubertus de Burgo*: anno 3. Regis Johannis fuit ejus Camerarius, et ex ejusdem concessione castrum Doveriæ accepit custodiendum. Annis item ejusdem * 16. & † 18. Angliæ floruit *Institiarius*: & sub excessu Regis Johannis & ingressu Henrici 3. castrum Doveriæ nobilissime defendit versus Ludovicum Gallum. Erat etiam Pictaviæ Senescallus, multisq; deinceps muneribus ab Henrico 3. cumulatus, ut in secunda ejus *Institiaria* mox videbitur: sed (quod fortè miraberis) uno eodemq; tempore fuit *Institiarius Angliæ* & Vicecomes Norfolciæ & Suffolciæ.

* Patent. par. 2. mem. 16.
† Pat. mem. 1.

Fines 17 Jo. mem. 22.

Simon de Pateshulle. Quo hic loco inserendus sit incertus sum. Sic autem Mat. Paris in An. 1239. *Rex* [Henricus 3.] *consilio fretus saniori, Hugonem de Pateshulle clericum, filium videlicet Simonis de Pateshulle qui quandoq; habenas moderabatur totius Angliæ Institiarii, virum fidelem & honestum, loco proditorum quamvis renitentem surrogavit.*

Gulielmus Comes Penbrochiæ, magnus Regis Marescallus, ineunti regnum Henrico 3. decennali puero, tutor designatur: vel ut verbis utar Parisiensis in Anno 1217. *Regis custos & regni* constitutus est: Fuit pariter *Angliæ Institiarius* ut supra videas inter criminationes Huberto de Burgo impositas. Multa in historiis nostris egregia referuntur de isto heroe, omnium autem instar illud ponam quod in Epitaphio ejus apud Parisium & alios perhibetur. 1 Hen. 3.

[*Solem*
Sum quem Saturnum sibi sensit Hibernia, Anglia, Mercurium Normannia, Gallia Mar-
[*tem.*

Fuit quippe Hibernicorum edomitor, Anglorum gloria, rei Normannicæ insignis procurator, ejectoq; una cum suis Ludovico Gallo, patriæ Liberator victoriosus. Obiit sub Natale Domini 1219. scil. 4. Henrici 3. & honorificè sepelitur in medio Ecclesiæ Novi templi Londoniensis: succeduntque (ut videtur) in *Institiaria* potestate Hubertus de Burgo; & in tutelari, Wintoniensis Episcopus.

Hubertus de Burgo iterum *Institiarius*. Opinarer eum mansisse in hoc officio à prima ipsius sub Johanne Rege institutione, Gulielmumq; Comitem Penbrochiæ custodiam Regni & Regis seorsum obtinuisse à *Institiaria*: nisi in dictis criminationibus adversus ipsum Hubertum, deprehendissem Comitem Penbrochiæ appellari *Institiarium*, & Hubertum postulari ad rationem illius officii tantum à morte dicti Comitis & non superius. His adducor ut secundò eum egisse censeam *Institiarium*. Quoad alias amplitudines in priori ejus *Institiaria* non memoratas, An. 1221. Margaretam sororem Regis Scotiæ duxit in uxorem: & An. 1227. (id est, 11. Henr. 3.) gladio cinctus est Comitatus Cantii: & 27. April. anno 12. Hen. 3. Rex ei concessit custodiam castrorum Doveriæ, & Montis Gomerici usq; dum viveret possidendam: & sequenti anno, turris Londoniensis, castri de Odiham, castri de Windesor, forestæ adjacentis &c. Institutus est præterea *Institiarius* Hiberniæ ad terminum vitæ: reperiturq; Protoforestarius Angliæ, quod supra ostendimus: & (ut habet Lambardus) Custos quinq; portuum. Multa benè in re judiciaria, multa strenuè in militia gessit; gravius tamen in complurimis delinquenti, excutiuntur fortunæ omnes, & per urbem à Præcone evocantur quicunq; de illata ab eodem injustitia quererentur. Mat. Paris in An. 1232. id est, 15 Hen. 3. *Per idem tempus Rex —— Hubertum de Burgo*
Proto-

4 Hen. 3.

Institiarius Angliæ & Hiberniæ, pluribus fruitur officiis.

Protojustitiarium regni ab officio suo, licèt chartam (ut dicitur) haberet Ballivie sua perpetuandæ, amovit: & Stephanum de Segrave solùm nomine militem, subrogavit 4. Cal. Aug.

16 Hen. 3. *Stephanus de Segrave Miles*, successit (ut in novissimis vides) Huberto de Burgo. Vir flexibilis & improvidus; de thesauro Regis malè expenso, de custodiis nobilium pupillorum, de Escaetis cæterisq; ad coronam spectantibus; & in genere de officio *Justitiarii* malè administrato, maloq; consilio Regi impenso, reus agitur & officio abdicatur Anno 1234. id est, 18 vel 19. Henr. 3. De hoc præterea Mat. Paris in An. 1241. *Eodemq; tempore, viz. Idus Novemb. obiit Stephanus de*
26 H. 3. *Segrave —— In juventute sua de clerico factus Miles, licèt de humili genere oriundus, strenuitate sua ultimis diebus adeo ditatus & exaltatus est, ut inter primos Regni reputatus, pro Justitiario habitus est, & omnia ferè Regni negotia pro libitu disposuit, sed semper plus sui amicus quam Reipub. &c.*

19 Hen. 3. *Hugo de Pateshulle* Clericus, ejectis Stephano Segrave *Angliæ Justitiario*, & Petro de Rivallis Regis Thesaurario, utriusq; officio donatus est ab Hen. 3. Mat. Paris in An. 1234. *Rex autem fretus consilio saniori, Hugonem de Pateshulle clericum, filium viz. Simonis de Pateshulle, qui quandoq; habenas moderabatur totius Regni Justitiarii, virum fidelem & honestum, loco prædictorum* (scil. Stephani & Petri) *quamvis renitentem surrogavit. Administraverat enim idem Hugo officium Scaccarii antea laudabiliter, &c.* Electus est An. 1239. Cestriæ (i. hodie Coventriæ & Lichfeldiæ) Episcopus, & diem obiit (ætate adhuc integra) 7 Dec. 1243. Sunt & qui eum referunt fuisse Cancellarium. Quære.

19 Hen. 3. *Gilbertus de Segrave* nominatur in hoc anno *Justitiarius Angliæ*, ego verò nihil de eo reperi.

34 Hen. 3. *Philippus Lovel* clericus, sub hoc etiam tempore perhibetur *Justitiarius Angliæ*, nullo mihi in historiis occurrente testimonio. Regis autem Thesaurarius fuit & inter potiores Consiliarios; sed cum deprehensus esset forestas Regis gravissimè labefactasse; judicio Baronum ejicitur ex officio an. 1258. & sequenti Anno præ mentis amaritudine diem obiit. Mat. Paris.

Hen. 3. *Iohannes Mansel* clericus, Præpositus Beverlaci, Custos aliquando magni sigilli Angliæ, & Henrico 3. diu intimus à consiliis. Promovetur ab eodem Henrico in *Justitiarium Angliæ*: & electus est in numerum 12. Parium qui libertates Regni in Parlamento Oxoniensi promulgatas, tuerentur: sed exutus tum à Baronibus officio *Justitiarii*, & Hugo Bigod (ut in proximis videas) surrogatus. *Justitiarius* agens acerrimè animadvertit in Civitatis Londoniensis magistratus: Prætorem (quem Maiorem vocant) Vicecomites & Camerarium officio ejecit, regimenq; urbis Constabulario Turris ibidem tradidit, uti pluribus retulit Fabianus in An. 1257. *In armis strenuus & animo imperterritus* (inquit Mat. Clericus immensæ opulentiæ.
Paris in An. 1243. ubi virtutis ejus specimen habes,) In cura animarum minimè sollicitus: cum tamen *multarum in Anglia rector Ecclesiarum, seu potiùs* (inquit Westmonasteriensis) In anno 1263
incubator esset: *redditumq; quorum non erat numerus possessor magnificus, ita quod ditior clericus non videretur in orbe, Episcopali prorsus dignitate minimè insignitus.* Parisius numerat In Anno 1253
annuum ejus redituum ad 4000 marcas. Obiit An. 1265. ut in eodem Florilegus.

Hugo Bigod frater Rogeri Comitis Norfolciæ & Marescalli Angliæ, in Oxoniensi parlamento sub festo S. Barnabæ Apost. an. 1258 42 Hen. 3.
constitutus est à Baronibus *Angliæ Justitiarius. Nobiles* (inquit Mat. Par.) *firmiùs confœderati; constituerunt sibi Justitiarium, virum de terra Anglorum naturalem & ingenuum, Militem illustrem, & legum terræ peritum, Hugonem Bigod fratrem Comitis Marescalli, qui officium Justitiariæ strenuè peragens, nullatenus permittat jus Regni vacillare.* An. 1259. (id est, 43 Hen. 3.) Ricardum de Gray Constabularium Castri Doveriæ & Custodem Quinq; portuum, officio ejecit, quod sub Regis licentia, Baronibus inconsultis, Legatum Papæ Angliam permisisset ingredi: idemq; officium ipsimet retinuit exequendum. Associatis sibi Rogero de Turkeby & Gilberto de Preston (viris utiq; integris & in Legum scientia peritissimis) Angliam de Comitatu in Comitatum circuit, omnibus justitiam lance æquissima distribuens: vultu nec motus pauperum, nec potentum flaccidus supercilio. Rege etiam in Galliam discedente, Anno 1260. Regni habenas cum tribus aliis accepit moderandas. Sed eodem anno (juxta Mat. Westm.) cessit officio, successorem designante Parlamento, Dispenserium. Anno deinceps 1264. signa Regis in Lewensi prælio secutus, cum multis aliis Baronibus fugam iniit.

Hugo Dispenserius seu *Dispensator*, in Parlamento Anno 1260. (id est 44. & 45 Hen. 44 Hen. 3.
3.) Hugonis Bigoti (ut habet Florilegus) declaratus est successor ad sequentem annum (annua enim jam esse voluerunt Barones suprema Suprema regni officia, annua.
Regni officia, scil. *Capitalis Justitiarii*, Cancellarii, & Thesaurarii) Ad festum autem Pentecostes An. 1261. *Rex vocatis ad se Justitiario & Cancellario nuper institutis à Baronibus, sigillum suum sibi reddi, & rotulos de Justitiaria, sibi mandavit restitui. Quibus respondentibus se nullatenus hoc facere, sine Baronum unà cum Rege, assensu & voluntate: confestim Rex commotus, Baronagio inconsulto, dominum Walterum de Merton sibi præfecit*

Cancellarium, & dominum Philippum Basset, Capitalem sibi & regno Justitiarium. Sic Westmonasteriensis. Stowus vero & Chronica nostra majora non animadvertentes Philippum Basset signa Regis utcunq; secutum esse, Dispensatorem vero Baronum, & sub eisdem occubuisse Eveshamiæ; hunc à Rege *Justitiarium*, illum à Baronibus, è contrario referunt designatum.

45 Hen. 3. *Philippus Basset*, exuto ut prædicitur Dispensatoris, constitutus est à Rege *Justitiarius*, secundum Westmonasteriensem, sub festo Pentecostes Anno 1261. secundum alios, 13 Aug. anno 43 Hen. 3. id est, gratiæ 1259. & secundum Rishanger Monachum, Anno Dom. 1262. Discordiam hanc (ut in aliis frequentissimam) componant alii. Vir in acie pugnacissimus, partes Regias strenuè semper tuebatur, captusq; est cum Rege in Lewensi prælio, sed inter omnes commilitones suos *prior jure nominandus, qui præ cæteris eo die cum Rege existentibus, in ictibus dandis & recipiendis gloriam* [inquit Florilegus] *promeruit.* A Baronibus autem nec hic acceptus est pro *Justitiario Angliæ*, nec à Rege postea Dispensator: titulo tamen usus est uterq;. Dispensatorem enim Eveshamiæ occumbentem, An. 1265. [Regis 49.] *Justitiarium Angliæ* vocat Westmonasteriensis: sed fracta illic re Baronum, dignitatem citra controversiam Bassetus reportavit, excessitq; è vivis An. 1271. i. penultimo Hen. 3. nec successit in hanc classem alius [quod sciam] *Justitiarius Angliæ*, nisi de Hugone Bigod fuerit ambigendum.

Finis supremorum *Justitiarior. Angliæ.*

Capitales Justitiarii Banci (i. *Tribunalis*) *Regis*, sive *superioris*: aliàs *ad placita criminalia, seu coram Rege tenenda.*

1 Ed. 1. In rotulis istius anni, *Placita* dicuntur teneri *coram Locum tenentibus domini Regis apud Westm. in oct. S. Trinitatis &c.* scil. Rege non reverso è Terra sancta, usq; 2 diem Aug. Regni sui 2. habenturque alia sub absentia Regis inscripta, *Placita coram Rege & Consilio, &c. & Placita coram Consilio Regis, &c.*

2 Ed. 1. *Radulphus de Hengham*, reverso jam Rege, de placitis cognoscit Termino S. Mich. sequenti, & inscribuntur, *Placita coram dno' Rege & Radulpho de Hengham & sociis suis &c.* Hic diu floruit *Justitiarius* [sed .... Wimburno interposito sub annis 10 & 13.] Anno verò 1290. [i. 18 Edouardi 1.] deprehensis omnibus Angliæ *Justitiariis* de repetundis (præter Joh. de Metingham & Eliam de Bekingham, quos honoris ergo nominatos volui) judicio Parlamenti vindicatum est in alios atq; alios, carcere, exilio, & fortunarum omnium dispendio: in singulos mulctâ gravissimâ, & amissione officij, inter quos Radulphus iste ejectus, 7000. marcis crimen luit. Sepelitur in Ecclesia D. Pauli sub hoc epitaphio.

Per versus patet hos Anglorum quod jacet hic flos
Legum, qui tuta dictavit vera statuta.
Ex Hengham dictus Radulphus vir benedictus.

Vide Stowum & Walsinghamium in dicto anno, & plura de eo inter *Justitiarios Banci communis.*

Gilbertus de Thornton. 18 Ed. 1.
Rob. Brabanzon Mil. 23 Ed. 1.
VVill. Ing. Mil. const. in Febr. 1 Ed. 2.
Hen. le Scrope. Sedet Hil. 11. & Pas. 13. 9 Ed. 2.
Hen. de Stanton (pri' Can. Scac.) con. 6 Jul. 17 Ed. 2.
Galfr. le Scrope Sed. Trin. 17. 17 Ed. 2.
VVill. Herle Ter. Hil. 1 Ed. 3.
Gal. le Scr. con. 21 Mar. Sed. Hil. & Pas. 3. 3 Ed. 3.
Rob. Maberthorp con. 1 Maii. Sedet Trin. 3 Ed. 3.
Hen. le Scrope con. 8 Oct. Sedet Pas. Trin. & Mic. 5 Ed. 3.
Gal. le Scrope Sed. Pas. 5. &c. 6 Ed. 3.
Ric. de VVillughby Trin. 6. 7 Ed. 3.
G. le Scrope con. 8 Jan. Sedet Hil. 8. Mil. 8 Ed. 3.
Ric. VVillughby con. 19 Mar. Sed. Pas. 8. & Trin. 8 Ed. 3.
Gal. le Scrope Pas. Tr. Mic. 9. & Trin. 11. 9 Ed. 3.
Ric. VVillughby Mil. 12 Ed. 3.
Rob. Parning Mil. postea Cancel. Ang. 14
Wil. Scott Miles. 14
VVil. de Thorpe Miles. 20 Ed. 3.
VVil. de Shareshull Miles. 24 Ed. 3.
Hen. Grene Miles. 38 Ed. 3.
Jo. Knevet Mil. 29 Oct. post. Canc. an. 46. 43 Ed. 3.
Joh. Chavendish Mil. const. 15 Julii. 46 Ed. 3.

Rob. Tresilian Mil. 22. Jan. Hic in parlamento an. 11. R. 2. pendens plectitur, quòd decretum parlamenti præcedentis pro regni regimine, ad arbitrium Regis pronuntiasset revocabile, multaq; gessisset eidem contraria. Simile agitur judicio in reliquos *Justitiarios*, Robertum Belknap, Jo. Holt, Jo. Graie, Rob. Fulthorpe & Guliel. Burgh Milites: sed assiduis Reginæ procerumq; intercessionibus, vitæ funguntur beneficio, mulctatiq; fortunis omnibus in exilium relegantur. Solus inter impios mansit integer Gulielmus Skipwith Mil. clarus ideo apud posteros. 5 Ric. 2.

VVil. Clepton 6 Maii. 12 Ric. 2.

VVil. Gascoigne Mil. 15 Nov. Hic videtur fuisse Romanæ illæ fortitudinis *Justitiarius*, qui pro tribunali sedens & per contumeliam à Principe WalliæRegni successore lacessitus, ipsum non dubitavit custodiæ mancipare, donec apud patrem ejus de injuria satisfaceret. Deposito Regio supercilio paruit extemplo Princeps adolescens: & hoc Regi nuntiato, summas ille Deo gratias egit, quòd filium ei legi- 6 Hen. 4.

legibus obtemperantem; Judicem verò æquum ideo & magnanimum tribuisset.

1 Hen. 5. *Wil. Hankforde* Mil. 29 Mar.
2 Hen. 6. *VVil. Cheiny* Mil. 25 Jan.
17 Hen. 6. *Jo. Juyn*, (al. *June*) 20 Jan.
18 Hen. 6. *Jo. Hodye* Mil. 13 Apr.

20 Hen. 6. *Jo. Fortescu* Mil. 22 Jan. Notior in ore omnium nomine Cancellarii, quàm *Justitiarii*, diu tamen functus est hoc munere illo, vix aliquando. Constitui enim videtur Cancellarius, non nisi à victo & exulante apud Scotos Rege Hen. 6. nec refertur igitur in archiva Regia ejus institutio, sed cognosci maximè è libelli sui ipsius inscriptione.

1 Ed. 4. *Jo. Markham* Mil. 13 Maii. Stowus ait hunc exui officio an. 12. Ed. 4. quòd Thomam Cooke Eq. & Aldermannum Londoniens. anno Regis 7. celatæ tantum proditionis (*misprision vocatæ*) reum judicasset, non pro arbitrio Regis perpetratæ.

6 Ed. 4. *Tho. Billinge* Mil. 23 Jan.
21 Ed. 4. *VVil. Husee* Mil. 21 Ed. 4. & 1 Ric. 3. obiit Ter. Trin. 10 Hen. 7.
Guido de Farefax Mil.
11 Hen. 7. *Io. Finenx* Mil. Obiit Mic. 17 Hen. 8.
17 Hen. 8. *Io. Fitzjames* T. Hil. Obiit 30 Hen. 8.
30 Hen. 8. *Edw. Montague* Mil. 22 Jan.
37 Hen. 8. *Ri. Lister* Mil. 9 Nov. Prius Cap. Baro. Scac.
6 Ed. 6. *Reg. Cholmely* Mil. 21 Maii Prius Cap. Bar.
1 Mar. *Tho. Bromley* Mil. 8 Octob.
2 Mar. *VVil. Portman* Mil. 11 Jun.
4 Mar. *Edw. Saunders* Mil. 8 Maii.
1 Elizab. *Rob. Catlyn* Mil. 8 Mar.
16 Eliz. *Christ. VVray* Mil. T. Mic. & Obiit 8 Maii 34 Eliz.
34 Eliz. *Io. Popham* Mil.
Jaco. *Tho. Fleming* Mil.
11 Jaco. *Ed. Coke* Mil. 25 Oct. Juris nostri Tribonianus.
14 Jaco. *Hen. Montague* Mil. 16 Nov.
18 Jaco. *Iaco. Lea* Mil. & Baronet 29 Jan.
22 Iaco. *Ran. Crewe* Mil. 26. Jan. & 29 Mar. 1 Carol.

Capitales Justitiarii Banci Communis seu *inferioris*, hoc est, *ad placita civilia, popularia*, seu *communia*.

Hen. 3. *Martin. de Pateshulle.* De hoc Florilegus in An. 1229. (i. 14 Hen. 3.) *Eodem anno obiit Martinus de Pateshulle, decanus S. Pauli London. 18. Cal. Decem. vir mira prudentia, & legum Regni peritissimus.*
14 Hen. 3. *Tho. de Muleton.*
Hen. 3. *Rob. de Lexinton* Clericus. Florilegus in An. 1250. (viz. 34. Regis) *Eodem anno 4. Calend. Iunii obiit Robertus de Lexingtona, domini Regis clericus & consiliarius spiritualis,*
al. *specialis.* *qui in Iustitiarii officio diu commorans, amplas sibi cumulavit possessiones, & Regis thesauros ampliavit.*

Rog. de Turkelby al. *Thrkeby.* De hoc mentionem fecimus, pa. 332. col. 2. 34 Hen. 3.
Gilb. de Preston. Vide ibidem. 34 Hen. 3.
Martin de Littlebury.
Gilb. de Preston.
Magist. Rog. de Seyton.
Tho. de VVeyland. Cædis & flagitiorum conscius in exilium mittitur An. 18 Ed. 1. de quo supra vide in. *Radulphus de Hengham.* 3 Ed. 1.
Io. de Mettingham, qui non abiit in concilio impiorum, ut ibidem. 18 Ed. 1.
Rad. de Hengham Mil. ejectus (ut ostendimus) è tribunali regio an. 18 Ed. 1. nunc demum sub resipiscendi fiducia huc ascribitur Judex primarius: associatis ei *VVill. de Bereford, Will. Haward, Petro Mallore, Lamberto de Trickingham*, & *Hen. de Stanton*, ut liquet 6 Sept. 1 Ed. 2. inter Patt. par. 1. mem. 21. Obiisse autem fertur anno sequenti, i. 1309. Quære tamen an non citiùs hic reperiatur sub Ed. 1. 1 Ed. 2.
VVill. de Bereford Mil. floruit usque 20 Ed. 2. 1 Ed. 2.
Hen. de Stanton Clericus 20 Julii. 20 Ed. 2.
VVill. de Herle 29 Jan. hic constituitur Cap. Just. & *Hen. le Scrope* qui sub Ed. 2. fuit Cap. Just. Banci Regis & forest. ultra Trentam, nunc hic constituitur secundus Just. 1 Mar. Pat. 1 Ed. 3. par. 1. m. 1. & 38. Rex etiam concessit *ei ultra antiquam feodum 60 marcarum per annum*, 240. *marcas singulis annis quamdiù in officio illo steterit*: 4 Feb. 1 Ed. 3. Pat. p. 1. m. 35. 1 Ed. 3.
Io. de Stonere Sedet Mic. 4. 4 Ed. 3.
VVill. de Herle Mil. 2. Mar. Sedet Pas. 9. 5 Ed. 3.
Io. de Stoner Mil. Trin. 9. &c. 9 Ed. 3.
Rog. Hillary Mil. Hil. 14 finien. & 15 incip. 14 Ed. 3.
Io. de Stoner Mil. Trin. &c. 16 Ed. 3.
Rog. de Hillary Mil. 20 Febr. 28 Ed. 3.
Rob. Thorpe Mil. 27 Jun. 30 Ed. 3.
VVill. de Fincheden 14 Apr. 43 Ed. 3
Rob. Belknap 10 Oct. 48 Ed. 3.
Rob. de Charleton 30 Jan. 11 Ric. 2.
VVill. Thirning 15 Jan. Sedet 13 an. 19 Ric. 2.
Ric. Norton 26 Junii. Sedet 9 an. 1 Hen. 5.
Rob. Hunt.
Will. Babington 5. Maii. Sedet 13 an. 1 Hen. 6.
Io. Iuyn 9 Feb. Prius cap. Baro, post cap. Just. Ang. 14 Hen. 6.
Io. Cotesmore 20 Januar. 17 Hen. 6.
Ric. Newton 17 Sept. Sedet 8 an. 18 Hen. 6.
Io. Prisott Mil. Ter. Hil. Sed. 12 an. 27 Hen. 6.
Rob. Danby Mil. 11. Maii. Sedet 11 an. 1 Ed. 4.
Tho. Bryan Mil. 29 Maii. Sed. 29 an. 11 Ed. 4.
Tho. VVode 28 Oct. 16 Hen. 7.
Tho. Frowick Mil. 30 Sep. Obiit 17 Oct. 1506. 18 Hen. 7.
Rob. Read Mil. Hil. Sed. 12 an. 22 Hen. 7.
Io. Ermely Mil. 27 Jan. 10 Hen. 8.
Rob. Brudnell Mil. Pas. Sed. 10 an. 12 Hen. 8.

Rob.

23 Hen. 8. *Rob. Norwich* Mil. Pas. Sedere 3 an.
27 Hen. 8. *Jo. [illegible]* Mil. Pas. Sed. 10 an.
37 Hen. 8. *Ed. [illegible]* Mil. 7 Nov. Sed. 7. an.
1 Mar. *Ric. [illegible]* Mil. 5 Sept.
2 Mar. *Rob. Broke* Mil. 8 Oct.
6 Mar. *Anth. Browne* Mil. 5 Oct. Sed. Hil. 1 El.
1 Eliz. *Ja. Dier* Mil. 22 Jan.
24 Eliz. *Edm. Anderson* Mil. 2 Maii.
3 Jaco. *Fran. Gawdy* Mil. Sed. 1. Mic. tantum.
4 Jaco. *Ed. Coke* Mil. 30 Jun.
11 Jaco. *Hen. Hobart* Mil. & Baronet. 26 Oct. O-
1 Carol. biit 26 Dec. 1 Caroli, magna rejpub. jactura.

Capitales Barones Scaccarii: hoc est, *Summi Judices fiscales.*

Ed. 1. *Adam de Stratton*, à Stowo, *Clericus quidam*: sed ab Holinshedo, *Capitalis Baro Scaccarii* perhibetur. In celebri illa *Justitiariorum* & forensium castigatione anno 18 Edouardi 1. publicatis omnibus bonis ejus & prædiis temporalibus, spoliatur 34000 marcis numi veteris (i. hodierni supra 100000) & corona (quæ ferebatur) Regis Johannis, præter insignem copiam monilium, vasorum argenteorum, & rerum aliarum pretiosarum. Mihi autem de hoc quærenti, non innotuit *Capitalis Baro*, sed tantum Camerarius Scaccarii.

3 Ed. 3. *Jo. Stonor* admitti dicitur Cap. Baro Scac. in Ter. S. Mic. 3. Ed. 3. sed diploma constitutionis ejus datum gerit 22 Feb. ejusd. anni Pat. 1. m. 34. & videtur fuisse aliquantisper cap. Baro Scac. & cap. Just. Banci.

5 Ed. 2. *Rob. de Sadington* Ter. Pas.
24 Ed. 3. *Gervas. de Wilford* Ter. Pas.
35 Ed. 3. *VVill. de Skipwith* Ter. Trinit.
40 Ed. 3. *Tho. de Ludlow* Ter. Mic.
48 Ed. 3. *VVill. Tancke* Ter. Hilar.
50 Ed. 3. *Hen. Asty* Ter. Mic.
4 Ric. 2. *Rob. de Plessington* Ter. Hilar.
7 Ric. 2. *John Cary* Ter. Trin. al. 10 Ric. 2.
11 Ric. 2. *Tho. Pinchbecke* Ter. Pas.
1 Hen. 4. *Jo. Cassie* Ter. Mich.
2 Hen. 4. *Io. Cokeyn* Ter. Mic.
1 Hen. 5. *VVill. Lasingby* Ter. Pas.
7 Hen. 5. *Will. Babington* Ter. Mic.
7 Hen. 6. *Io. Iuyn* Ter. Mic.
14 Hen. 6 *Io. Fraie* Ter. Hil.
26 Hen. 6. *Petr. Arderne* Serviens ad legem T. Pas. 26. Hen. 6. & Ter. Pas. 1 Ed. 4.
2 Ed. 4. *Ric. Illingworth* Ter. Hil.
11 Ed. 4. *Tho. Ursewike* Ter. Trin.
19 Ed. 4. *Wil. Nottingham* T. Pas. Feodum ejus 110 marcæ. Idem (Mil. Pas. 1 Ed. 5.)

Humf. Starkie admissus Ter. Trin. 1 Ed. 5. & 1 Ric. 3. & 1 Hen. 7. { 1 Ed. 5. 1 Ric. 3. 1 Hen. 7.
Will. Hody Miles. 1 Hen. 8
Ric. Brooke Mil. Ter. Hil. al. 17 Hen. 8. 17 Hen. 8
Ric. Lister Miles Ter. Tri. 21 Hen. 8
Rog. Cholmelye Miles Ter. Mic. 37 Hen. 8.
Hen. Bradshaw Miles Ter. Hil. 6 Ed. 6.
David Brook Mil. Ter. Mic. 1 Mar.
Edw. Saunders Mil. nuper *Capitalis Justitiarius* Banci Regis, modo (scil. Ter. Hil.) constituitur *Capitalis Baro.* 1 Eliz.
Rob. Bell Mil. Ter. Hil. 19 Eliz.
Io. Jeffry Mil. Ter. Mic. prius secundus *Justitiarius* Banci communis. 19 Elizab.
Rog. Manwood Mil. Ter. Hil. prius 2 *Justitiarius* Banci communis. 21 Elizab.
VVil. Peryam Mil. Ter. Hil. 35 Elizab.
Tho. Fleming Mil. Ter. Mic. 2 Jacobi.
Lauren. Tanfielde Mil. Ter. Trin. 5 Jacobi.
Io. VValter Mil. Ter. Pas. 1 Caroli.

Grave est omnia ab archivis rimari, & incertum est quod non inde petitur. In pluribus igitur præstitimus, ut crebram *Justitiariorum* sub antiquo seculo mutationem (quam nec usq; consecuti sumus) compertam haberemus. Cætera exhibeo non mea fide, sed qua comparare potui diligentia.

¶ *Justificatores.*] Lib. Ramesiæ Sect. 188. *VVill. Rex Angl. H. Camerario & Justificatoribus suis, omnibusq; suis fidelibus Norff. salutem. Inquirite per Comitatum quis justius hujusmodi forisfacturam haberet tempore patris mei, sive Abbas Ramesiæ sive antecessor VV. de Albenoio. Et si Comitatus concordaverit quòd Abbas rectius prædictam forisfacturam debet habere, tunc præcipio ut C. solidi quos Rad. Passel implacitavit, sine mora Abbati reddantur. T. Episcopo Dunelmensi.*

¶ *Jusum.*] *Deorsum*, aliàs *Iosum* quod vide. Ekkehardus junior de Casib. S. Galli, ca. 4. *In ipso quoque (*antiphonario*) primus ille literas alphabeti significativas, notulis quibus visum est, aut sursum aut jusum, aut ante aut retrò, assignari excogitavit.* Hæc eadem habes apud Ekkehardum Decanum in vita Notkeri ca. 9. Vide item *Susum.*

¶ *Juta*, al, *Juti, Guti, & Jutones.*] Bedâ *Vita.* Ethelwerdus priscus Author Sax. (lib. & ca. 1.) *Giotes* hos nuncupat: & Algrimus Jonas in Crymogæa, Jæt & Iot, pro *Gotho* intelligit: notans præterea; Jæt, in aquilonari illo (putà Gothorum) idiomate, *gigantem* significare: quæ Gothis (genti fortissimæ & robustissimæ) maximè convenit appellatio. Vide *Guti.*

K Litera nec Germanis propria, nec à Saxonibus nostris (quamvis à Græcis ortum, & vocabula plurima deducentibus) usitata: Belgis verò frequentissima.

¶ *Kaia.*] Area in littore onerandarum atq; exonerandarum navium causâ, è compactis tabulis trabibusq; (clavium instar) firmata. Saxonicè cæȝ: unde Anglis (ȝ. in y. liquescente) a key dicitur.

¶ *Kaiagium.*] Portorium quod kaiæ nomine, exigit telonarius.

¶ *Kaneium.*] L. Boior. Tit. 21. §. 6. *Si vero de minutis sylvis de VVit, vel quocunq; kaneia vegetum reciderit: cum solido & simili componat.* Ubi Lindenbrog: M. S. *kaeio*, knoeg, Germani *salictum vocant*: sed veriorem (inquit) lectionem arbitror *de minutis sylvis de quocunq; gaia.* Est autem *gaium* sylva densa, ut suo loco ostendimus. Sed *Kainetum* & *cainetum* dicuntur pro *casinetum* (*s.* eliso) à Gal. *casine*, i. tugurium, vel domus rustica, sic enim Gulielmus de Casineto, vulgo *Cheney* appellatur.

¶ *Karaxare.*] *Scriberis literis mandare.* Lib. Ramesiæ, 174. in diplom. Guliel. 1. —— *quas bia videlicet terras karaxari mandavimus.* Hinc in Flodoardi præfat. *Charaxatorum insuper indignatia coarctati*, i. scriptorum & notariorum: & in prisco vocabulario: *Carax*, notatio, character. Vide *Charaxare*, & *Incharaxare*.

¶ *Kerhere.*] In bundello Eschaet, de an. 3. Ed. 1. num. 29. sic legitur. *Inquisitio & extenta terrar' & tenementor' quæ fuerunt Rob. de Monte alto nuper defuncti, in Rising in Norff. fact' die Lunæ in crastino S. Fidis virginis, viz. regni Reg' Edw. tertio.* Et inter alia. *Item de quadam consuetudine qua vocatur Kerhere, ad festum' S. Michaelis, duodecim denar'.*

¶ *Karle.*] *Homo* simpliciter, & pro famulo. Inde Saxonibus nostris, *Buscarlus*, homo nauticus: *Huscarlus*, homo domesticus, famulus. Vide hæc suis locis. Sane Karle etiam hodie accipitur ab Alamannis de homine probo, bono, utili, strenuo, ut notat Goldastus ad Ekkehardi Jun. ca. 1. *Carolum* & inde dici opinatur, & pro homine simpliciter in Suecia & Saxonia, ut observavit (inquit) Flaccius Illiricus præfat. in Otfridum Wissenburgensem.

¶ *Karneus.*] Vide *Kernellare.*

¶ *Katalla.*) Pro *Catalla*, quod vide. Sic lib. Rames. Sect. 358.

¶ *Karrina, Karina,* & *Karinare.*] Ekkehardus Jun. in Casib. S. Galli ca. 13. *Necis tua reus karrinas tot ferre non potero.* Balbus Cathol. *Carinare*, arguere, convitiare, illudere.

¶ *Kelchyn, Kelchen,* & *Kelten.*] Triplex apud Scotos mulcta occisori imponebatur, *Kelchyn, Croo,* & *Galnes*, incerta autem distributione. *Kelchyn* enim modo domino, modo alteri penditur: aliæ duæ parentibus seu consanguineis, sed an solis non liquet. Sonat mos ille cum illo Saxonum & aliarum gentium, qui pari ratione *Wergildum, Megbotam,* & *Manbotam* exigebant: aliàs *Fredum, Megbotam,* & *Manbotam*. Vide hæc seorsum, & de prioribus in voce *Cro*, adjiciens quæ leguntur in Reg. Majest. lib. 4. ca. 38. §§. 1, 2, 3, 4. *Item Kelchin unius Comitis, est 66. & duæ partes unius vaccæ. Item le Kelchin filii Comitis aut Thani est 44 vaccæ, & 21 denarii, & duæ partes unius oboli. Item le Kelchyn filii Thani, est minor per quartam partem, quam patris sui, & sunt 30 vaccæ, & 11 denarii, & tertia pars unius oboli. Rusticus nil habet de Kelchyn.* Quæ sequuntur §§. 5. & 6. supra habentur in voce *Cro.* Sed vide Skenæi notam in hoc Caput, ubi *Galchen* dicitur *priscâ Scotorum linguâ, significare mulctam pecuniariam quæ pro delicto alicui infligitur*: mihi tamen, *Kelchyn, Cro,* & *Galnes*, labium sonant Hibernicum.

¶ *Kernellare.*] Vox frequens in antiquis diplomatibus ubi Rex firmandi muniendiq; Castellum sive ædes, privilegium concedit. Nam alioquin nemini hoc licet, ideoq; in Capitulis Escaetriæ demandatum est Eschaetori (Artic. 24.) ut inquirat inter alia: *Item de castellis & domibus kernellatis, pilleriis, & tumbrellis sine Regis licentia. Carnea* (à Gall. *carneau*) pinnæ: the embattlement of a wall. *Carnele*, pinnatus, embattelled: à *Carne*, i. angulus, an edge or corner. Alexand. Necham: *Cancelli, karneus: & pinna turrium, karneus*: & in notis, *Cancellus, karnel.* Karneus.
Omnia primativè à Saxon. Cynnel, i. nodus, glandula, struma: unde Cynnellen, *in nodos assurgere.*

¶ *Kidellus.*] Angustia in flumine ad piscationem coarctato: alias *Wera.* Magna Charta ca. 24. *Omnes kidelli deponantur de cætero penitus per Thamesiam, & Medeweyam, & per totam Angliam, nisi per costeram maris.* Sic etiam in magna Chart R' Johannis apud Mat. Paris in vita ejus, qui (ut antea Ricardus 1.) concessit civitati London potestatem de *kydellis amovendis per Thamesiam & Medeweyam.*

Et jacent *kidelli* in tenurâ, ut patet è grandi lib. Custumar. De *Bello*, in Rentale de *Wy*, fol. 244. ubi multi recitantur; qui tenentur singuli per annum redd. 2 [illegible] *kydelli* vocati [illegible], *Crisme*, [illegible].

¶ *Kils.*] Hibernicè *cella*, *monasterium*. Ranul. Cestrens. in An. 595. *Obiit Abbas Columba, & sepultus est in Monasterio suo apud insulam Hii.* Adde Bedæ illud Hist. Eccl. lib. 5. ca. 9. *Cui erat composito vocabulo à cella & Columba, vocatus est Kolumkillus.*

¶ *Kilketh.*] Servilis quædam solutio, nam in M. S. quodam sic lego: *Kilketh pro qualibet husbandrea, 2. denar.*

¶ *Killyth stallon.*] Quod domino penditur ad inveniendum equum admissarium, in Tenentium suorum beneficium.

¶ *Kilth.*] In M.S. interpretatur, *libertas villæ*: sed unde hæc & præcedentes duæ voces oriuntur, fateor me ignorare.

¶ *Kmethones.*] Videntur servilis conditionis homines apud Polonos. Statut. Polonic. è Choppini de Domani. Franc. lib. sub Tit. *Servilia*. §. 62. *Kmethones verò, Hortulani, & eorum filii, à dominis suis profugi; per Capitaneos & per civile officium capiantur. Dominus verò eos repetens 12. grossos solvat.*

Grossus. *Grossi* 48. (ut ibidem §. 3.) marcam faciunt Polonicalem: & Polydorus sub initio historiæ Edouardi 4. [illegible] [illegible] nostra, *Grossos* vocat.

¶ *Kimba.*] Pro *cimba*. Abbo Floriacens. de obsid. Parisiacæ urbis.

Corripiunt ternas rabidi kimbas satis altas.

¶ *Kin*[illegible]] Ponderis genus, aliàs 100 librarum, sed è more loci varium. Ejus sæpè mentio in Casu Fogossæ apud Plowdanum.

¶ *Knave.*] Honesta olim appellatio, sed quæ hodiè in vituperium abiit atq; odium, nebulonem exhibens. Propriè autem *puerum* significat: per translationem *ministrum*, *famulum*, *hominem*, seu *marem*: à Sax. cnapa, hæc omnia denotante. In Evang. Joh. ca. 21. 5. ubi legitur, *Pueri, numquid pulmentarium habetis?* Saxonica interpretatio pro *pueri*, cnapan, legit: & Mat. 8. 6. *Puer meus jacet in domo paralyticus*: vertitur, mynecnapa, i. hinc ꝩcild-cnapa pro armigero, quasi *scuti famulus* seu *minister*.

Reperitur semel aliquando juridicis formulis, velut additio titularis classem hominis indicatura. Original. de anno 22. Hen. 7. 36. *Derby. Iohannes fil. Willielmi Couper de Denby Knave, ad satisfaciendum Regi de omni eo quod ad Regem pertinet occasione cujusdam utlagariæ, in ipsum in placito transgressionis ad sectam Regis promulgatæ 22 Maii.*

¶ *Knight.*] Saxon. cnyt: *puer*, *minister*, *famulus*: nec Germanis aliter hodiè in usu. Nostratibus verò honorarius est titulus, militem baltheo, ceu virtutis gratiâ donatum (quem Equitem auratum, & *Militem* simpliciter appellant) denominans; neq; aliâ jam cognitus significatione; Priscis tamen apud nos paginis de *ministro* sæpiùs dicitur: & in Saxonico Evangelio, discipuli Christi, hir leopning cnyꝩer, i. *doctrina ejus ministri*, aut *sectatores* appellantur. In vernaculis etiam Chronicis interdum de equite armato, interdum de gregario milite intelligitur.

¶ *Kocodones, Cocodones.*] Walsingham in Edwar. 1. sub An. 1300. *Inter præsentis Natalis solennia, prohibita est moneta alienigenarum surreptitia & illegitima, quam Polardos & Cocodones, atq; Rosarios appellabant, qui paulatim & latenter loco crepserunt Sterlingorum.*

Lacta

Acta, & *Lactare.*] Assisa an. 6. Reg. Johannis de moneta. *Assisum est de moneta, quod vetus moneta currat unde qualibet libra sit lacta 2 sol. 6 den. ad plus: & illa libra quæ plus lactavit, & denarii qui plus lactaverint, perforentur & reddantur, sicut aliàs provisum est.* Videntur (juxta vernaculum) de *defectu* ponderis intelligenda.

¶ *Lada*, & *Ladare.*] *Purgatio, purgare*, à Sax. ladian *purgare*, per translationem *excusare*, & *crimen eluere*. Est autem *lada* purgatio legalis, qua quis se liberat ab illata accusatione: & fiebat olim vel more canonico, h. juramento accusati & consacramentalium suorum, quos hodie in foro Ecclesiastico, *Compurgatores* (juxta Saxonicum) nominant: vel more vulgari, *Dei judicium* nuncupato. Hujus species sunt omnia Ordalia, scil. examen per ferrum candens, aquam calidam, aquam frigidam, judicium crucis, & Eucharisticum, *Gorsned*, duellum, &c. Canonum institutis sæpissimè damnata.

Occurrunt perinde *lada* & *ladare* apud veteres, eodem sensu quo nobis hodie in juridicis formulis **triall**, & **to try Offenders.**

Lada per compurgatores facta, adeo multiplex est ut compurgatorum numerus: in Ordalio verò (nescio an divinitatis mysterium respiciens) aut simplex reperitur, aut triplex.

Lada simplex est examen per ferrum candens libram simplicem, h. unam ponderans. *Lada triplex*, quæ tribus libris dependitur. Habentur omnia genera ordalium in LL. Hen. 1. ca. 64. *Sacerdos qui regularem vitam ducat, in simplici accusatione, solus: in triplici cum duobus sui ordinis juret, &c. Et si homo credibilis qui non fuit accusationibus infamatus, & venturum ei fregerit juramentum, vel Ordalium in Hundredo simplici lada dignus. Incredibili eligatur simplex lada in tribus Hundredis, & triplex lada tam latè sicut ad ipsam curiam obedietur: vel eat ad ordalium, & judicatur simplex lada triplici prajuratione, &c.* Locus obscurus, sed demptus plerumq; è Canuti LL. Ecclesiasticis Ca. 5. ubi *Lada triplex* Þrifeald lade appellatur.

Lada triplex. De hac præterea LL. Henr. 1. C. prædicto. *Si ad judicium ferri calidi vadat in quibus verò causis triplicem ladam haberet, ferat judicium tripodis, id 60 sol. in furto, & murdro, & proditione, & incendio, &c. Item* Ca. 16. *Judicium tripodis*, i. 60 *sol.* hoc intelligo de triplici ordalio; scil. de ferro calido pensante 60 sol. id est, 3 libras.

Lada plena. LL. Hen. 1. ca. 12. *Emendet Regi vel domino plenam infractionem pacis, vel plena lada neget.* Ca. 65. *Si quis furem gratis dimittat, emendat secundum Werram ipsius furis, aut plena lada perneget quod cum eo falsum nescivit.* Et immediatè, *Si quis audito clamore non exierit, reddat Oversenessam Regis, aut plenè se ladiet.* Vide quod supra notavimus in *Forisfactura plena.*

Lada quæ dicitur *VVerlada.* Vide *Werlada.*

Lada. Pro canali ad derivandam aquam è paludibus. Dicta quasi *purgatorium*, quod paludes purgat: hodiè **a load** nuncupatur. Chart. Edou. Confes. in lib. Rames. Sect. 102. *Ex parte scil. orientali ipsius lada usq; ad locum qui dicitur Gangstede.*

¶ *Læsa, Læse.*] Pascua. Hinc **Lees** antiquè pro pascuis, & exindè *lia* fortè.

¶ *Læsuerp*, *Læsiwerpium*, *Læsiwerpire*, & *Læsowerpite.*] Omnia etiam sine dipthongo. *Laisus* (ut infra exponitur) est sinus: *VVerpire* (ut suo loco videbis) abjicere, cedere, seponere; sic *lasiwerpire*, idem quod, in sinum, hoc est, in liberam alterius potestatem aliquid cedere, tradere, donare: *Lesiwerp*, & *Lesiverpium*, id quod donatum est. Nam *sinus*, potestatem etiam significat: unde Caius Jurisconf. *Omnem fortunam & substantiam, si quam à matre susceperat, in sinu meo habui sine cautione.* Sed *lasiwerpire* non è metaphorâ dictum comperitur, sed è ceremoniæ formulâ olim in usu, qua donationem firmabant projiciendo in laisum festucam, ut nos hodie eandem tradendo, in Curiis Baronum. Morem veterem non perspicuum satis, sed (ut extat) habe è Tit. 48. L. Salicæ, *de Affatomis*, inscriptæ. *Tres homines causas tres demandare debent in ipso mallo, & requiratur posteà homo qui ei non pertinet, & sic festucam in laisum jactet, & ipsi in cujus laisum festucam jactaverit, dicat verbum, de fortuna sua quantum ei voluerit dare. Postea ipse in cujus laisum jactaverit, in casa ipsius manere & hospites tres suscipere, & de facultate sua quantum ei datur in potestate sua habere debet, &c.* Ibidem sæpè, *fortunam suam donare*, & *in laisum jactare*: quod Bignonius ait eleganter referri ad vulgare forense verbum Gallicum *tendre* Laisus.

le giron: vel ut alias lego, *tend e le giron en la justice*, hoc est, sistere se in curia, & litem cedere, [illegible] [illegible] ... Prœceptum de [illegible] adscribitur.

Dicatur & *lesewerp* à Gall. *Laisher*, dimittere ; unde nos hodie dimissionem & elocationem prædiorum, a Lease appellamus.

¶ *Lastum*.] Saxonicè læðe [illegible] lathe, Latinè alias *Lada* & *Trithinga*, quasi trithe. Angl. a lathe. Est portio Comitatus maior, tres vel plures interdum Hundredos continens. [illegible] in textu Roffensis, & in descriptione restaurationis pontis Roffens. in [illegible] Cantii. *Sexta pera debet fieri de Malingeburna, & de toto illo Lasto quod ad hoc pertinet.*

Lastum. Reperitur & *Lastum*. Ordinatio marisci Romeneiensis, pa. 73. *Si aliquis super hoc convictus fuerit per testimonium [illegible] & Juratorum in communi Lasto, amercietur in 10 solidis.* Interpres hoc vertit, *in common assembly*: certus ille an incertus, nescio. Sed ȝelaðian unde *lath* deducitur, significat *congregare, convocare*; unde Ecclesia ȝelaðunȝ dicitur, id est, *congregatio*. Quære & *Lastorum* originem inde in *Hundredus*.

¶ *Laford-swic*, male *Lafordsith*, & *Lafordspiche*.] *Domini proditio*, LL. Hen. 1. Ca. [illegible] *Quædam placita emendari* (i. quædam crimina, expiari) *non possunt : Husbrech, Bernet, Opentheofe, & Eberemord, & Lafordsith*, ut habet codex noster M. S. Cottonianus verò *Hafordspiche*, uterq; mendosè. Demptus enim est locus totidem verbis è Canuti LL. polit. ca. 61. ubi hlaforðſpice legitur, & est hlaforð, *dominus*, ſpic & ſpice, *seditio*, *proditio*.

¶ *Laga*.] *Lex*. A Sax. laȝ, unde Gall. *ley*, Angl. *Law*: his ȝ in w, illis in y, mutantibus. Magna Charta libertatum Angliæ ab Hen. 1. concessarum, *Lagam Regis Edwardi vobis reddo, cum illis emendationibus quibus pater meus eam emendavit*. Hinc *Seaxenlaga, Merchenlaga, Denelaga*; id est, lex Saxonum, lex Merciorum, lex Danorum : de quibus in *Synopsi legum antiquarum*, Tit. *Lex*.

¶ *Lagamannus*, & in Domesd. *Lageman*.] Idem esse censeo quod *homo legalis*, seu *legalmanus*, & ut Jurisconsulti nostri loquuntur, *probus & legalis*, non exlex, non infamis, sed qui rectus stat in Curia. LL. Edouardi Confess. Ca. 38. — *postea inquisisset Justitia per Lagamannos, & per meliores homines de burgo*.

Lahman. Ex hoc etiam manavit fonte qui *Lahman* appellatur: nam *Lah* (ut *lag*, & *Laga*) legem significat: *man*, hominem. Lambardus tamen in Senatusconsulto de Monticulis Walliæ Ca. 3. ubi legitur ꝛ2 lahmen ſcylon pihte tæcean pealan ꝛ Ænȝlan. 6. enȝliſce ꝛ 6. pyliſce; *viri* (reddit) *duodeni jure consulti, Angli sex, Wallici totidem, Anglis ac Wallis jus dicunto*. Proinde ac *Lahmen*, non de probis & legalibus hominibus in genere, sed de jure consultis in specie intelligendum censeret : cum ne hodie quidem in mediocris ruris territorio, reperiantur forte totidem Jurisconsulti. Domesd. Tit. Grentebr. *Comes Picot* — *habet hereotum de Lagemannis*, 7. *lib.* & 1. *palfridum*, & *arma unius militis*.

¶ *Laghslit*, & *Lagslit*.] Vide mox *Lahslit*.

¶ *Lagon*.] Vox Juris maritimi ad naufragium spectans, atque id quod jacet, significans, à Sax. lagan, *jacere*, unde, on cæpceꞅnum lagon, *in carceribus jacebant*. Vide *Fletson*.

¶ *Lahslit, Lagslit, Laghslit, Laslit, Laxslit, &c.*] Transgressio legis, legis violatæ pœna. Propriè, *ruptio legis* : lah enim, laȝ, & laȝh est *lex*: ſlit, *rupta*. Vox Danica & in Anglo Danorum legibus primùm deprehensa. Danis autem mixtum hic cum Anglis imperium & sedes obtinentibus : sua utrisq; lex remansit integra. His (si rectè ariolor) singulis delictorum speciebus, mulctas penè singulas, quas *Gildwitas* nominabant (id est *delictorum mulctas* seu *emendationes*, Normannis *forisfacturas*) imponentibus : illis, plurima maleficiorum genera, unâ animadversionis formulâ *Lahslit* nuncupatâ, cohibentibus. Crebrò igitur occurrit in priscis legibus: ȝilðpite mið englum. ꝛ mið Denum lah ſlite id est, *reddat Anglus delicti mulctam, Danus autem legis violatæ pœnam*. Quænam autem erat *laslita* pœna, non definio; ni (ut in Fœdere Edouardi & Guthurni RR' ca. 3. M. S. legitur) duodecim oris æstimaveris. *Si Presbyter ad rectum terminum sacrum chrisma non perquirat, vel baptismum negat ei cui necesse sit, reddat VVytam cum Anglis, & cum Danis Lahslit, hoc est, duodecim oras.* Sed non evincit hic locus, ut tantundem esse *Lahslitarum* omnium compositionem, censeam (licet sic nonnulli intelligant) Referatur enim aptè satis ad eam solummodo de qua jam agitur : nec graviora crimina inter *Lahslitas* simplices numerata, aut lævia quæq; instar graviorum mulctata, quisquam opinabitur. V. Lamb. in Mulcta & Adde.

¶ *Laha, Lach*, & *Lachus*.] *Signum, positio, positura*. Germ. *Lachbe*. Tradit. Fuldens. lib. 2. ca. 47. — *evinde in album fontem & sic per nostra signa* (id est, *Laha*) *in Windinosse &c.* Donatio Cancronis in Chron. Laurisham. sub An. 767. — *incisio arborum in ipsa die facta fuit, qua vulgo lachus appellatur*, *sive divisio*. Et mox — *incisio arborum seu lachus in ipsa die facta fuit*.

¶ Lairwite

¶ *Lairwite*, al. *Layrwit*, *Leirwyte*, *Legerwit*, & *Legergeldum*: male *Lether-wit*, et Rastallo *Lotherwite*.] Stupri seu concubitus illegitimi mulcta: in adulteros, fornicatores, virginumque corruptores animadversio. A Sax. lagan seu lægan *concumbere*, unde lagan & lægan *concubitor*: & pite, *mulcta*, *animadversio*, quasi *Concubitoris mulcta*. Ad maneriorum dominos (nescio an ad omnes ex consuetudine) olim pertinuit jurisdictio, de nativis suis (id est, servis & ancillis) corruptis, cognoscendi; mulctamque delinquentibus tam viris quam fœminis, inferendi. Ad quosdam etiam non de his solum, sed & de aliis quibuscunque, intra dominium ipsorum sic peccantibus: ut supra videas in *Adulterium*. Convenire videtur Fletæ lib. 1. ca. 47. & aliorum opinio, qui *lairwite* dicunt esse consuetudinem vindicandi adulterium, & fornicationem in quolibet delinquentes.

LL. Henr. 1. ca. 24. *Si quis Blodwitam, fightwytam, legerwytam, & hujusmodi forisfaciat, & inde veniat sine dijudicatione vel calumpnia, placitum domini sui est.* Et ca. 82. *Quod villani & qui sunt hujusmodi, leirwytam & blodwytam, hujusmodi minora forisfacta emerunt à dominis suis, vel quomodo meruerunt de suis, & in soca quorum flogefeoth vel overseuessa est, 30. denar'. Cotseti 15. den. Servi 5. den.*

Legergildum. In hoc etiam alias sonat *Legergeldum*: *geldum* enim interdum solutionem, interdum mulctam significat. LL. Hen. ca. 12. *Si quis Dei fugitivum habeat injustè, reddat eum ad rectum, & præsalvat ei cujus erit; & Regi emendet secundum legergildum.*

Contigit autem ut Regio diplomate nonnulli facti sunt immunes à *Lairwita*, utpote Magister Ordinis de Sempingham, ejusdemque Priores, Canonici, Sanctimoniales &c. Chartâ Reg' Henr. 3. dat. 16 Mar. anno Regni ejus 11. viz. *Et sint quietitam ipsi quam homines eorum in civitate & in burgo — de grithbrich, blodwit, flotwit, & forestal, & hengwit, & lairwit.*

¶ *Laisus.*) *Sinus, gremium.* Vox Salica. Vide supra *Lasiverp.*

¶ *Laisowirpire*, *Laisowerpum*, *Lesowerpum.*) Vide *Lesiverp.*

¶ *Lama.*) *Piscina.* Longobardicum. Paulus Warnifredus, al. Diaconus, de Gest. Longob. lib. 1. ca. 15. *Et quia eum* (unum è septem infantibus uno partu enixis) *de piscina quæ eorum lingua lama dicitur, abstulit, Lamissio eidem nomen imposuit.* Vox apud Festum non longè aliter lib. *Lama, quæ collectio è loco derivatur, quam alii lamam, alii lustrum dicunt.* Sed nos hodie retis genus quo utuntur piscatores, a [illegible] vocamus.

¶ *Lampena.*] Vehiculum splendidum. Esaias ca. 66. 20. juxta versionem Hieronymi è Septuagint. *Adducent fratres vestros de cunctis nationibus, donum Domino, cum equis & rhedis, in lampenis mulorum, cum umbraculis in sanctam civitatem Hierusalem, dicit Dominus.* Hieronymus hîc intelligit *lampenis*, mysticè, de splendentibus sanctorum corporibus: sed λαμπάνη propriè, *currus Regius*. Vide Jul. Polluc. περὶ σκευαστῶν βιβ. 1. κεφ. ιβ.

¶ *Lanceta.*] Occurrit sæpè in vetustissimo Custumario Prioris Lewensis, de agricolis quibusdam dictum, sed ignotâ specie, ni quid luminis prodat vocis etymon, incertus utrique. Dicatur autem quasi land-set (Teutonicè land-seer) id est, *indigena, inquilinus*, non adventitius, aut transiens, sed dominio ascriptus, & solo residens; ut *Cotseta* in cota residens. Vel à Land, i. *terra*, & [illegible], i. *mos, consuetudo*: ac si *Lanceta* essent qui terræ consuetudines obeunt & præstant *Consuetudinarii Manerii*: Quære, & audi Custumarium. *In socha de Hecham sunt 24 Lancetæ. Consuetudo eorum est ut unusquisque eorum debet operari à S. Mic. usque ad autumpnum unaquaque hebdomada per unam diem, sive cum furca, sive cum besca, vel flagello ad libitum domini cum corredio ad nonam, & uno pane ad vesperum; vel si eis remittitur hoc opus, quisque eorum dabit pro hoc opere 6. denar'. Et præter hoc opus, & hos dies, quisque eorum in autumpno operabitur unaquaque hebdomada pro 3. denar'. scil. die Lunæ, & die Mercurii, & die Veneris, cum corredio domini ad nonam.* Sequenti pagina; *Præterea averabit ter in anno ad Acram vel Linnam &c.* peragitque multa alia opera servilia.

¶ *Lancinator.*] *Carnifex.* Flodoard. Hist. Remens. lib. 4. cap. 52. *Eodem tempore quo hæc sacra virgo passa est, lancinator ejus Ricionarius per urbem Remorum transiens, & quosdam Christianos ad culturam dæmonum compellens, ut eos superare nequivit, trucidari præcepit.*

¶ *Landesird.*] Vide *Firdfare.*

¶ *Landboc.*] Concilium Synodale apud Clovesho An. Dom. 822. — *ut præfata Abbatissa prænominatam terram, scilicet dominum Manentium cum libris quos Angli dicunt Landboc — in perpetuam hæreditatem traderet.* Sic Anglo-Saxones Chartas & instrumenta nuncuparunt prædiorum cessiones, jura, & firmitates continentia. Lanð enim *terra*: boc, *liber, condicillus*. Sic in Privilegio Æthelredi R. An. Dom. 1002. cyninges bocunge. Vide *Bocland* & *Telligrapha.*

¶ *Landea*, al. *Landia.*] Vox palustribus nota regionibus. Fossa nempe in paludum margine circumducta aquarum excipiendarum gratiâ, quæ à vicinis & montanis tractibus derivantur: easdemque aut in mare, aut in fluvium celebrem deducens, ne paludes opprimant scaturientes. A *land* pro terra, *eia*, aqua: utl. *aquam terrestrem* suscipiens. Ordinatio marisci Rumnciensi pa. 69. — *verè judicia & awarda faciat de VVallis, landeis, watergangiis,* [illegible] *pontibus, etc.* Inferius [illegible] *catera facere* [illegible] *impedimenta in* [illegible] *fossata, sive aquagia* [illegible] *in mariscos predictos, &c.* Rudet [illegible] nostratium barbariei, uno anhelitu [illegible] sed quod olim aliquando sub latinitatis deliquio admissum est, hodie retinent Grammaticastri forenses.

¶ *Landesgandman.*] Custumariorum genus, seu inferiorum Tenentium Manerii, *[illegible]* seu permanentibus forte contrarium. [illegible] (ut me docuit Kilianus) *[illegible] transeuntem* significat. Occurrit vox in Custumar. de Hecham.

¶ *Landgable.*] Domesd. Census prædialis, vel tributum quod è prediis colligitur, Id est pro uno quoq; domo unum denarium, A Saxon. lann-gafel, i. *terra census vel reditus.* Inde è converso, terra quæ censum reddit, gafol-lond, & gafol-land appellabant Saxones.

¶ *Landgravius.*] Comes provincialis: ut *Marggravius*, Comes limitaneus: *Purgravius*, seu *Burgravius*, Castrensis: sic dicti à loco muneris extra palatium Imperatoris, administrandi. Nam qui intra, suum exequitur, *Pfaltzgravius*, id est, Comes Palatinus appellatus est. Seb. Munster. Geogr. lib. 3. ca. 419. *Fuit olim Hassia tantum Comitatus subjectus dominio Thuringiæ, id quod probat liber Torneamentorum, in quo scribitur anno Christi* 1042. *Ludovicus Comes Hassiæ fuerit Hallis in ludo militari ibi celebrato, sed factus deinde Landgravius [illegible] ascendit filia super matrem.* Mox infra. Ludovicus barbatus (ævo Conradi Imp. secundi) *genuit Ludovicum saltatorem qui & ipse genuit filium nomine Ludovicum, cui Ludovicus Cæsar dedit filiam suam uxorem, creavitq; eum Comitem provincialem Thuringia, qui primus in Thuringia fuit Landgravius. Longè post successit Landgraviatus Hassiaæ Landgraviatu Thuringiæ &c.* Vide loca. *Landgraviatus.* *Langravii* fuit Principis judicia in provincia exercere, ut olim Comitis Palatini, in palatio: diciturq; à superioribus, *Præses provinciæ*, Germanis recentioribus, Land-drossard, et Land-voet, quasi Principis minister auxiliaris, Græcis [illegible].

Conveniebat olim hoc igitur vocabulum, omnibus nostris provinciarum Comitibus, penes quos administratio fuit Comitatus, tertium inde denarium sibimet retinentes. Hodie titulis gestiunt.

¶ *Landimera.*] Terræ limes, vel meta. Anglo-saxonice land-gemæpe, ʒ ut solet in i, verso. Land autem *terra*, gemæpe, *finis*, *terminus*: unde hodie agrorum partitiones [illegible] vocamus. Fœdus Aluredi & Guthurni RR. cap. 1. *In primis de nostris landimeris, sursum in Thamisia, & tunc superius in Ligam usq; ad averrum ejus &c.* Sic codex M. S. Cottonianus. Noster verò: *Inprimis de nostris landimetis commarchionibus, sursum &c.* ubi *commarchionibus* intelligendum est de confinis.

¶ *Langemanni*, & *Lunnemanni*.] — Civitas Linc. — Item in ipsa Civitate erant xii *Langemanni*, id est habentes socam & sacam. *Lib. Domesday in Lincolnscire.*

¶ *Langdebeffys.*] Inquisitio Capta apud Norvicum in le Sherebrise die 8 prox. post fest. S. Jacobi Apost. 17 Ed. 4. coram *Reg. Tounsheud, Joh. Fincham, Hen. Heydon, Hen. Spelman*, & sociis suis Justiciariis D. Regis ad pacem &c. per sacramentum Rob. Morted &c. Qui dicunt super sacramentum quod Rob. Saddeler de &c. W. G. J. C. & multi alii — vi & armis, ac riotose, viz. gladiis, Armundiis, Langdebeffys, gleyves, &c. terram &c. intraverunt.

¶ *Larderarius.*] A *Lardo*, Præfectus peni. Flor. Wigorn. in An. 1102. Rex Henricus *duos de Clericis, duobus Episcopatibus investivit; Rogerum viz. Cancellarium Episcopatu Searesberiensi, & Rogerum larderarium suum Pontificatu Herefordensi.* Hic intelligo *larderarium* de ministro Aulæ quotidiano, non de feodali; & ex hujusmodi Aulicis ad Episcopatus elatis, fortè acerba illa Radulphi Nigri in Henricum 2. exclamatio.

¶ *Largica.*] Longobardor. lib. 1. Tit. 6. l. 6. *Si verò coxam ruperit super genuculum, hoc est, largicam: componat sol'* 16. *Si autem subtus genuculum, quod est tibia, componat sol'* 6.

¶ *Latrocinii consideratio &c.*

¶ *Laricinium*, vel potius *Larricinium.*) A Gall. *larrecin*, atq; hoc à Latino *latrocinium*, t in r mutato. Prisca Anglorum lex *larrocinium* seu furtum divisit in majus, & minus: majusq; dictum est, cum res furata 12. valeret denarios: minus, cum non tanti æstimaretur: & hoc flagro, illud patibulo (prout hodie) luebatur. Animadverte autem in quantam asperitatem, ex rerum temporumq; vicissitudine, lex antiqua abripitur. Quod enim olim aliquando 12. vænit denariis, hodiè sæpè 20. solid. imò 40. vel pluris est; nec vita hominis interea charior, sed abjectior. Octo quippe frumenti modii nonnunquam æstimati sunt 12. denariis (ut in Assisa panis anno 51 Hen. 3. videre est) atq; iidem hodie sæpius venundantur 40. solid. & eò supra. Qui tunc igitur 7. surripuerat frumenti modios, morti non tradendus fuit: cùm ejusdem hodie reus sit, qui quartam modii partem cleperit. Justum certè est, ut collapsa legis æquitas restauretur, & ut divinæ imaginis vehiculum, quod superiores pridem ætates ob gravissima crimina nequaquam tollerent (ut in

Wergildum

Wergildum palam ostendemus) levioribus hodie ex delictis non perderetur.

Inter minuta autem furta quæ forenses vocant **Smalle Larcenes**, olim habebantur equi & bovis subtractio; ut perspicuum est ex Assisis Hen. 2. Clarendoniæ editis: ubi sic legitur. *Hac Assisa attenebit — in murdro & proditione, & iniqua combustione, & in omnibus feloniis, nisi in minutis furtis, & roberiis quæ facta fuerunt tempore guerræ, sicut de equis & bobus, & minoribus rebus.*

¶ *Lascia.*) Quidpiam in opere lanario. Greg. Turon. Hist. lib. 4. ca. 26. *Aspicit hunc* (lanarium) *lascias Regias componentem.*

¶ *Lasslit.*] Vide *Labslit*, & *Lagslit*.

¶ *Lassatinus.*) Walsingh. in ypodigm. Neustriæ sub An. 1271. *Edwardo filio Regis in Acon commorante, lassatinus quidam qui sæpius ad eum nuncius Admiralii Joppensis venire consueverat ——, ipsum ad fenestram quandam appodiantem, ex improviso cultello occidit. Lassatinus*, hic scribi videtur more Gallico pro *l'Assatinus*, aliàs *Assasinus*. Et sunt *Assasini* perditissimum in Asia hominum genus, quos ad jugulandum furtim inimicos emittere solent Principes Saraceni: de quibus vide plura in voce *Assasinus*.

¶ *Last*, & *Lest.*) Hoc Gallicum, illud Belgicum, sed utrumq; Anglis notum sub ingressu Normannorum: *onus, pondus, sarcinam* significans generaliter: sed in specie, ad certas quasdam mensurarum ponderumq; redactum portiones.

Last coriorum (inquit Statut. an. 51. Hen. 3. de compositione ponderum & mensurar.) *constat ex 20.* **dickers**, *& quodlibet* **dicker** *ex 10 coriis*, Anno verò 1 Jacobi ca. 33. **a last** coriorum vel pellium, 12. duodenas continet, id est, 12 **dozen**.

Last balecis (inquit dictum Statut. 51 Hen. 3.) *continet decem milliaria, & quodlibet milliare continet decies centum, & quodlibet centum, sexies viginti.*

De Last lanæ: sic ibidem edicitur. *Waga tam plumbi quàm lanæ &c. pendeat* 14 *petras: &* 2 *Wagæ lanæ constituunt unum saccum: &* 12 *sacci constituunt le last.* Vide quid sit **petra** supra in *Formella*; infra, suo loco.

Le Last. **[illegible]**, cineris, picis, et picis liquidæ, juxta Stat. 32 Hen. 8. ca. 14. continet 14 **barrells**.

¶ *Lastagium*, seu *Lestagium*, & *Lesting.*) Onus perinde est quod navi imponitur: tributi etiam et vectigalis genus quod hoc nomine ab ipsis Normannorum seculis exigitur. Diploma Henrici 1. de libertatibus London: *Omnes homines London. sint quieti & liberi, & omnes res eorum per totam Angliam, & per portus maris, de theolonio & passagio, & lastagio, & ab omnibus aliis consuetudinibus.* Charta Hen. 3. Ordini de Semplingham: *Et sint quieti — de theolonio, & pontagio, & passagio, & pedagio, & lastagio, & stallagio.* Ubi *lastagium* intelligendum est prout perhibetur apud Rastallum Tit. Expos. verb. prisc. *quietum esse de quadam consuetudine exacta in nundinis & mercatis pro rebus cariandis ubi homo vult.* Hoc idem Fleta (ut Charta Prioratus Colcestriæ, et aliæ) *lestyng* vocat lib. 1. ca. 47. et significare ait *acquietantiam Lestagii.*

Lest et *Lestage*, Gallis præterea dicitur pro sabulo navibus injecto ut stabiliores navigent, **the ballace**, vel rectius, **ballance of the ship**: eodemq; sensu occurrit vox in Stat. de *Caleis*, 22 Ric. 2. ca. 18.

¶ *Lastum.*) Pro portione Comitatus. Vide *La um.*

¶ *Ex latere missus.*) Dicitur cum quispiam è consortibus aut Comitatu Principis (putà Comites aut Magnatum alius) delegatur. Greg. Turon. lib. 5. cap. 28. — *dirigens de latere suo personas*: & Brit. Armor. Philip. 12. Rex Comitem Boloniensem sic alloquitur,

Assistes lateri nostro non ultimus, —

Sic Cardinales dicuntur *legati à latere Papæ*.

¶ *Lath.*) Ut *lastum & lastum*, quod vide.

¶ *Latomus.*] Gr. λατόμος, Propriè *lapicida* qui rupibus excindit saxa & efformat. λᾶς enim *lapis*, τέμνειν *scindere*. Habetur autem pro architectore & ædium fabro. Apud Ingulphum, sic quidam:

Insuper argenti, primo fabricantibus anno,
Trecentas latomis annumerabo libras.
Annis inde decem dabo centum quolibet anno
Libras in latomos, qui steterint ad opus.

Quod non tantùm de lapidicis, sed de fabris & reliquis operariis intelligendum docet Ethelbaldi Charta, immediatè ibidem præcedens.

¶ *Latro*, seu *Latrocinium.*] Intelligitur pro jurisdictione animadvertendi in latrones, ubi Rex per Chartam concesserit; ut quis in dominio suo latronem habeat, vel latrocinium. Lib. Rames. Sect. 175. *Willel.* Conquestor *Rex Anglor' Lanfranco Archiepis. &c. Sciatis quod Abbati Ailsi, socam, theloneum, & latronem, & omnes consuetudines Ecclesiæ suæ —— habere concedo sicut antecessor ejus &c.* Similiter idem Abbati de Bello: & præterea, *Abbati verò* (inquit) *ipsius Ecclesiæ liceat ubiq; latronem vel furem de suspendio liberare, si fortè supervenerit.* Charta Guliel. Rufi lib. Ram. Sect. 184. ait: — *socam & sacam & theolonem, & theam, & fures*, &c. *Fures.*
Charta Hen. 1. Sect. 210. —— *sacam & socam habere in totam terram suam, & latrocinium, &c.* *Latrocinium.*

¶ *Laudana.*) Erant dona honoraria

vel

vel ex auro, vel ex argento, virgarum instar fabrefacta, & in templis ante altaria, vel super rugas presbyterii ad Martyrum laudem & honorem suspensa, & perinde à laudando dicta. Anastas. Biblioth. in S. Hadriano, *Fecit Laudatas duas de argento pensantes libras octonas, quas posuit super rugas de presbyterio, ubi arcus de argento existit.*

¶ **Laudis**, al. **Leutus.**) *Barbiton*, *testudo.* Hoc ab Ital. *leuto*, illud à German. Lint, Græcobarb. λαγοτῳ ut habet Meursius qui mihi voces suggerit. Primam è Gotfridi Viterbiensis Chronico, Parte 9.

Mira videre meat, celebri plaudente choreâ,
Laude, tubâ, citharâ festa voluntur ea.

Alteram è Testamento apud Petrarcham. *Thomæ Bambasiæ de Ferrariâ lego leutum meum bonum, non ut eum sonet pro vanitate seculi fugacis, sed ad laudem Dei æterni.* Leutus.

¶ **Laughlesman.**) *Exlex*, quem utlagatum vocant. Bracton lib. 5. ca. 2. *Pro exlege tenebitur cum Principi non obediat, nec legi, & tunc utlagabitur sicut ille qui est extra legem, sicut laughelesman.*

¶ **Launechilde.**) Longob. lib. 2. Tit. 15. l. 2. *Si quis res suas cuicunq; donaverit, & postea launechild requisierit, tunc ille qui accepit, aut hæredes ejus jurent quo launechild redditum sit.* Et Tit. 18. l. 3. de servo libero facto juxta ultimam domini sui voluntatem — *& pro launchild imputetur ei servitium, quia servus non habet unde launchild ei faciat.* Tit. 35. l. 6. *Si quis chartam donationis per garathinx factam, aut per susceptum launeschilt, vel fortè per comparationem ostenderit, &c.* Deniq; Tit. 64. l. 2. *Si quis alii homini qualemcunq; rem donaverit, & launchild susceperit, & postea eum defendere minimè potuerit, tunc aliam talem rem qualem donavit — reddat, cui donavit.* Habetur & Tit. 1. sed his omnibus nihil Glossarium, nisi, *lanechild, sine solennitate testium*: quod ut faciat ad locorum explicationem, ego non video.

¶ **Lawe day.**) Aliàs dicitur de Visu franci plegii, vulgo Leta: aliàs de Curia Comitatus, juxta Stat. An. 1. Edw. 4. ca.

¶ **Lawing of Doggs.**) Vide *Expeditare.*

¶ **Layrewit.**) Vide *Lairwit.*

¶ **Lazzi.**) Dividebantur antiqui Saxones (ut testatur Nithardus) in tres ordines; *Edhilingos, Frilingos, & Lazzos*, hoc est, in Nobiles, Ingenuisses, & Serviles, quam & nos distinctionem diu retinuimus. Sub Ricardo autem secundo, pars servorum maxima se in libertatem vindicavit, sic ut hodiè apud Anglos rarior invenitur servus qui mancipium dicitur. Restat nihilominus antiquæ appellationis commemoratio: ignavos enim hodiè Lazie dicimus. Vide Nithardi verba in *Adelingus*, & in *Frilingus.*

Lazi sunt etiam populi de quibus Mat. Paris in An. 1237. — *Lazi, Alani, Gothi, &c.*

¶ **Lech.**) Codex M.S. de fœdere Edouardi & Guthurni Regum, parte qua impressus deficit. Habeant se omnes in *Folkesmoth, & in Shiremoth, & in Hundred, & in Wapentac, & in Trething, & in Lech, secundùm consuetudines patriarum & provinciarum.* Accipio pro *lath*, quod Vide.

¶ **Lectionarius.**) Liber est in quo lectiones per totum anni curriculum ex Prophetis & Apostolis S. Hieronymus collegit: inscribiturq; aliàs *Comes S. Hieronymi.* Capitular. Caroli & Ludov. lib. 1. Can. 109. *Presbyteri missarium & lectionarium, sive cæteros libellos sibi necessarios, bene correctos habeant.* Flodoard. Hist. Rem. lib. 3. ca. 5. *Librum quoq; sacramentorum, sed & lectionarium quos sibi fecit, ebore argentoq; decoravit.* Vide Pamel. tom. 2. & Scriptor. de ritib. Eccles. Comes S. Hieronymi.

¶ **Lector.**) Tertius est è septem Ordinibus Ecclesiæ, de quo sic ibidem Hieronymus, Tom. 4. *Tertius lectorum ordo est, qui Deo, Christo, & Prophetis datur, secundùm quod scriptum est: Exalta vocem tuam & dic, Omnis caro fœnum &c.* Primus (inquit) in Clericis, *Fossariorum* ordo est. Secundus, *Ostiariorum.* Tertius, *Lectorum.* Quartus, *Subdiaconorum.* Quintus, *Levitarum, seu diaconorum.* Sextus, *Sacerdotum.* Septimus, *Episcoporum.* De his ille, pluribus. 7 Ordines Ecclesiæ.

¶ **Lectorium**, al. **Lectrinum**, **Lectrum**, & **Legium.**) *Pluteus*, seu locus sublimior in Ecclesiâ unde legitur. Anastas. in Leone 3. *Super ipsas cerostatas fecit lucernas — Et hoc constituit, ut dominicorum die, vel in sanctis solennitatibus hinc inde juxta lectorium consisterent, & ad legendum sacras lectiones luminis splendore fulgerent.* Leo Marsican. Casinens. Hist. lib. 3. ca. 32. *Legium quoq; pulcherrimum auro & coloribus pictorum arte, ibidem extrui jussit.*

¶ **Leda, Ledgrevius**, & **Leidgrevius.**) Leð & læðe, Sax. al. *Lestum*, & *Trithinga*, (quæ vide) Angl. a lath, or Rape. Est portio Comitatus plures continens Hundredos seu Wapentachia, suoq; olim subaudiens magistratui quem *Ledgrevium* appellabant. Extat in Edouardi Confes. LL. ca. 35. Titulus quidam *De tribingis & ledis* inscriptus, ubi sic inter alia. *Et quod Anglicè vocabant 3 vel 4 hundreda, isti vocabant ðrihinga. In quibusdam verò provinciis, Anglicè vocabantur læð quod isti dicunt trihinge. Quod autem in ðrihinge definiri non poterat, ferebatur in Scyram* (i. in Curiam Comitatus).

Ledgravius aliàs *Leidgravius*, est *ledæ* dominus seu præfectus: Greve enim *præfectus.* LL. Ed. Conf. cap. 35. *Hoc vocabulum* Ledgravius.

(Greve)

(Grieve) adeo multipliciter distenditur, quod de Scyra, de Wapentachiis (quemadmodum etiam estio) de Hundredis, etiam de villis Greve vocatur. Intellige, Scyregreve, Wapentach-greve, Lethgreve seu Ledgreve, Hundred-greve, & Tungreve. Potestas ejus eadem in Leda fuit, [illegible] Centenarii seu Hundredi domini (quem & Hundredegreve, ut vides appellabant) in Hundredo, habebaturq; inter primarios Comitatus magistratus. LL. Hen. 1. ca. 8. Intersint autem (generalibus placitis) Episcopi, Comites, & Vicecomites, Heretochii, Trehingrevii (sic locum restituo) & Leid-grevii, Vicarii, Centenarii, Aldermanni, Præfecti, Vavasores, Tungrevii, & cæteri terrarum domini diligenter attendentes.

¶ De Ledonibus & Malinis.

¶ Ledo, Ledon, Ledona, quibusdam Liduna.] Æstus maris languidior, qui per 4. pene dies tam ante quàm post secundam atq; ultimam Lunæ quadraturam, mense unoquoq; accidit, Malina contrarius. Voces Bedæ ævo quàm hodie notiores. Sic autem ille, de natura temporum lib. 3. ca. 18. Æstus (inquit) crescentes, Malinas: decrescentes autem placuit appellare Ledones: ac si classica nondum essent hæc vocabula, sed fortè ad sui-ipsius placitum latinitatis fuco jam delibata. De etymo nil certi statuam: rejicio tamen quem antiquior ejus Scholiastes suggerit: Malina à Majore luna: ledona quasi læsa unda. Probat hunc tamen recentior, Novimagus; & perinde leden & ledona cum dipthongo scribit. Mallem ego à Saxonico leið quod est lenis (nobis hodie, [illegible]) rimari. Nam & inde uterq; mensis Junius & Julius, liða dicebatur, quasi blandus & navigabilis, ipsius Bedæ interpretatione, quia pontus tunc lenis & proclivis in malaciam. Spell boc Saxonic. Ðone sixtan monað is nemneð on leðen Junius, ⁊ on ure geðeoð —— liðan. forðon ðe seo lyft ⁊ ða sinnas beoð ðonne smylte. ⁊ mannum bið ðonne geðunelic ðæt hig liðað on sæs bryme. Id est. Sextus mensis Latinè dicitur Junius, vulgò, Lidan: quod tum mare, aer, & venti lenia sunt & serena: nec grave est hominibus in marinis fluctibus versari.

De Malinæ etymo si quid scivero, in Malina dicam. Hæc verò nostratibus hodie the spring tyde, q. æstus scaturiens appellatur; illa verò the neipe tyde, i. æstus languidus & refrænatus.

Glaber lib. 3. ca. 3. Maris (inquit) excrementum, malinas vocant: decrementum ledones. Et Scaliger in eandem sententiam, oceani incrementum Malinam dixit, decrementum lidanam. Quibus deceptus Thomasius illud fluxum maris, hoc refluxum in suo dictionario malè interpretatur. Non enim de accessu & recessu fluctuum, qui uno eodemq; die bis quotidie eveniunt, intelligenda sunt: sed de æstuum ipsorum quantitate, aliis diebus effusius proruentium in littus; aliis verò languidius, & minore aquarum cumulo. Uti enim lunam potentiorem credimus in conjunctione & oppositione Solis; debilem in aspectu ejus sextili & trino: ita æstus pariter fieri turgentiores, vel depressiores, motum & affectum lunæ cum sole exactiùs prosequentes. Sed Bedam ipsum audi de naturâ rerum lib. 1. ca. 29. Æstus oceani lunam sequitur tanquam ejus aspiratione retrorsum trahitur, ejusq; impulsu retracto refundatur: quòd quot die bis adfluere & remeare, unius semper horæ & dodrante & semiuncia transmissa, videtur: ejusq; omnes cursus in Ledones & Malinas, id est, in minores æstus dividuntur & majores. Sed Ledon à quintâ & vicesimâ lunâ inchoans, quot horis occurrit tot & recurrit. Malina autem à 13. & 28. incipiens, citior in accessu sed tardior in recessu; septem diebus & 15. horis perseverat. In medio sui, semper lunam primam & decimam quintam ostendens, & per æquinoctia vel solstitia solito validiùs exæstuans: per octonos autem annos ad principia motus & paria incrementa, certissimo lunæ revocantur ambitu: illa semper aquilonia tenente mitiore, quam cum in austro, digressa propiore nisu vim suam exercet. De his plura pater iste venerabilis lib. 3. ca. 28.

Malina. Nota.

Sed Ledonem inverso sensu pro Malina dixit W. Malmesb. de Gest. Regum lib. 2. vel mendosè typis obrepit: nam sic ille. Eodem anno (cir. 979.) fluctus marinus quem Græci Euripum, nos Ledonem vocamus, mirum in modum excrevit, quantum nulla hominum memoria potest attingere: ita ut villas ultra multa milliaria submergere & habitatores interemptos necaret.

¶ Lee.] Latitudo. Vox prisca Anglo-Normannica. Lib. M. S. fundationis monast. Crabhusiæ, fol. 4. Ainsi loynz cum la curt, & en lee conteynt oyt pes. Et fol. 26. — en lungure — vint & sept perchees, & en lee duze perchees. Pluriès. Hinc camporum æquora se in latum distendentia rectè appellantur Lees; sed differt hoc à Saxonico læſe (plur. læſa) pasturam & pascua significante. Lees.

¶ Lega.] Locus. Sic Lelandus. Hurstlega, locus sylvestris: hyrst, enim Saxonibus, sylva. Priscis autem lea pro lega, & Anglo-Normannis ley, occurrit passim; ut Hurstlea & Hurstley, æquè ac Hurstlega: & sic in aliis complurimis. Quippe & hinc fortè Gallicum lieu (i. locus) ʒ, ut sæpè, in u, mutato.

¶ Legalis.] In Jure nostro de eo dicitur qui stat rectus in Curia: non exlex seu utlagatus, non excommunicatus, vel infamis &c. sed qui & in lege postulet & postuletur. Hoc sensu vulgare illud in formulis juridicis, probi & legales homines.

Hinc Legalitas, pro conditione illiusmodi. LL. Ed. Confes. ca. 18. de eo qui reus mortis, Regis meruit misericordiam, Ipse tamen Legalitas.

malefactor

malefactor — *tradat fidejussores de pace & legalitate tuenda*, i. **Sureties for his good behaviour**. Vides quàm antiqua lex ista. Sic ibid. ca. 38. — *de bona vita & legalitate*.

Occurrit & aliquando pro pura illa erga Regem fide, Gallis & Anglis *loyaulte*. LL. Hen. 1. ca. 12. *Plures ad Dei cultus legalitatis observantiâ inclinari nolunt*. Et Ca. 64. *Omnes facto juramento jurent ut Wessexia, exceptis thanis & Presbyteris, & eis qui legalitatem suam in nullo diminuerunt*.

¶ ***Legatarius***.] Pro *Legato* vel *nuncio*. Flodoard. lib. 1. ca. 25. *Legatarius animi felle commotus quòd Abbas loci sibi non dedisset occursum*. Sic infra non semel, at supra paulò hic idem *Austratiorum legatus* dicitur *nomine*, *Offo*. L. Ripuar. Tit. 65. *Si quis legatarium Regis, vel qui ad Regem, seu in utilitatem Regis pergentem, hospitio suscipere contempserit*.

Pro *Misso dominico* seu *Justitiario*, ut infra *Legatus*.

¶ ***Legatus***.] Pro *nuncio* privati alicujus hominis plebei. Lib. Rames. Sect. 265. *Hugone* (de Halewella) *igitur sæpissime tam per se quàm per legatos suos suppliciter postulante, & sua necessitatis causas ostendente: dedit prædictus Abbas prædicto Hugoni unam cotsethelandam &c*.

Pro *Misso dominico*, & quem nos *Justitiarium Regis* appellamus. Annales Caroli Mag. *Saxones occasione nacta, legatos Regis qui ad eos ob justitias faciendas missi erant, comprehensos interficiunt*.

¶ ***Legenda***.] Est liber in quo scribuntur lectiones in officiis matutinis legendæ, in Romana Ecclesia. Constitutiones Winchelsei Archiep. Cant. in Provinciale lib. 3. Tit. de Eccles. ædificand. *Volumus de cætero & præcipimus, quod* (parochiani Ecclesiarum) *teneantur invenire omnia inferius annotata, viz. Legendam, Antiphonarium &c*. ut supra in *Gradale*. Vide quæ de lectionibus copiosè hic notat Gulielmus Lindewode.

Legenda Sanctorum, liber dicitur qui de eorum vitis tractat, aliàs *Historica Lombardica* nuncupatus.

¶ ***Legergildum***.] Idem quod *Laierwita*: sed videtur aliud quidpiam significare in LL. Hen. 1. ca. 12. *Si quis Dei fugitivum habet injustè, reddat eum ad rectum & persolvat ei cujus erit, & Regi emendet secundum legergildum*.

¶ ***Legerwita***.] Vide *Laierwita*.

¶ ***Legespend***.] Malè apud Manwodum & Cowellum pro *lespegend*: sed nec hoc rectè, ut supra videris in notis nostris ad articulos 1 & 2. Constitut. forestæ.

¶ ***Legium***.] Vide *Lectorium*.

¶ ***Leben***.] Germ. Sax. len. Prædium vel proprius feodum, velut hoc quod ad tempus conceditur proprietate penès concedentem remanente accommodatum: Sic enim nos hodiè **to lend** dicimus pro accommodare. Hujusmodi fuisse feoda militaria supra ostendimus in Feudum. Hinc **Fanleben** pro feodo militis vexillarii, ut supra in hac voce. Hinc etiam celebre illud oppidum in patriâ meâ nomen **Len** accepit, quod olim prædium esset Episcoporum illius tractus; ideoq; **Len** *Episcopi* appellatum: non ut opinatur Camdenus noster à **lhyn** voce Britannicâ aqua ut ait diffusa, quales nec ibi reperiuntur, significante. Hodie i. ab ætate *Henrici* 8. qui instar *Diomedis* cum *Glauco* permutationis prædii Episcopatus in fiscum transcripsit, **Len** *Regis* appellatur.

¶ ***Leyrwita***.] Vide *Laierwita*.

¶ ***Leitehunt***.] Sic Boiis seu Baiwaris, Alamannis verò *Laitihunt*. Canis ductor: à Germ. **Leite**, i. duco: **Hunt vel Hundt**, *canis*. De hoc supra vide in Cap. *de canibus veterum*.

¶ ***Lelme***.] Vide *Hikenild* supra.

¶ ***Lenna***.] Domesd. Vide *Leuca*.

¶ ***Lenticularia***.] Locus ubi lentuli reponuntur. LL. Salic. Tit. 29. §. 13. *Si quis in napiam, in fabariam, in pisariam, in lentulariam, vel his similia, ad furtum faciendum ingressus fuerit*, 120 *denar. &c. culpabilis judicetur*.

¶ ***Leipa***.] LL. Hen. 1. Ca. 43. *Si quis à domino suo sine licentia discedat, ut leipa emendetur, & redire cogatur*. Intelligo de profugo, ut forenses, *cloper*.

¶ ***Leodes***.] *Vassallus, fidelis, cliens, homo ligeus &c*. à Sax. leoo, i. *gens, plebs, populus*: etiam & *servus*: nam in homiliis Saxonicis, *servitus*, leoðscipe appellatur. Greg. Turon. Hist. lib. 3. cap. 9. *Sed ille muneribus placatus, à leodibus suis defensatus est, & in Regnum restitutus*.

Pro *servitio*. Marculf. lib. 1. form. 40. *Fidelitatem præcelso filio nostro vel nobis, leode & samio debent promittere & conjurare*. Vide *leudesamium*, & *Leudes*, quod aliàs occurrit pro ignorante, & sic *Leodes*.

Pro *Were*, seu *Wergildo*. Capitula Caroli Calvi apud Silvacum, ca. 5. *Si latro ibi occisus fuerit, qui eum occiderit, leudem non solvat, &c*.

¶ ***Lepa***.] Extenta de Garingges. *Debet triturare* 3 *bussellos frumenti, et dimidium lepæ, vel* 5 *bussellos fabarum, pisarum, vel vescarum*.

¶ ***Lesowerpire***.] Vide *Laseverp*.

¶ ***Lespegend***.] Pro *Thano minori*, vide hîc supra notas ad Canuti leges forestæ, artic. 1. & 2.

¶ ***Lesting***.] Vide *Lastagium*.

¶ ***Lestum***.] Pro *Latha*. Vide *Lastum*.

¶ *Leta*

¶ **Leta.**] Apud Anglos est Curia quædam ad Regiam pertinens jurisdictionem, in singulis villis semel quotannis, hoc est (juxta Magnæ Chartæ Cap. 36.) sub festo S. Michaelis habita: & ubi sic invaluit consuetudo, ad semestre spatium renovata, sed *Residuum Leta* tunc inscripta. Anglo-Normannis *Visus franci plegii* dicitur, quòd conscribi hic solent liberiores villæ (seu designatæ stationis) homines, pacis Regiæ fidejussores, Normannis *Franci plegii*, Saxonibus nostris *Friborgi* appellati, de quibus in suis locis. Est perinde hæc Curia prisca illa quæ inter Saxones ad *Friborgos*, *Decanias*, *Tenmentalas* pertinebat: & cognoscit non de, læsa majestate, sed de aliis omnibus transgressionibus & delictis contra pacem Regiam, Regiam dignitatem, bonum publicum, & Statuta plurima, infra præscriptam contingentibus ditionem. Animadvertit tamen non in hæc omnia, sed propemodum in leviora: gravioribus (utpotè feloniis &c.) ad Justitiarios Assisarum è Statuto an. 1 Edouardi 3. relegatis.

Residuum Letæ.

Letæ etymon & antiquitas.

De *Leta* etymo & origine nihil fidè proditum. Quòd à lað Sax. (uti à ȝelaðian, *congregare*) diceretur, huic non magis convenit quam curiis aliis universis. Antiquam verò undequaq; prædicant ac si cum ipsis Saxonibus originem à Græcis (quibus in Prytanæo consoni nominis λῆιτον Curia) deduxisset. Ego nec tam illustres natales quæro, nec peregrinos. Quæ in *Letis* olim agebantur, pertinebant superiùs aliquando ad Aldermanni Comitatus, seu Præpositi (id est, Vicecomitis) jurisdictionem Regio nomine cognoscenda. Sed ut omnes qui in villis degunt justitiam domi consequerentur, non minus sub ipso Rege in delictis levioribus ad Coronam spectantibus; quam sub domino feodi in rebus dominii seu manerii: distributa est hæc jurisdictio in tot plerunq; partes quot sunt villæ in Comitatu, crædit æq; singulæ aut villæ seu manerii, aut Hundredi seu municipii domino administrandæ: multis interea penes Vicecomitem remanentibus. Proveniat igitur à facto nomen, nam **let** Saxonicè *partem* & *parvum* significat, unde Chauceroli**t**, & diminutivum **little** pro *particula*, vel à læꞇ Sax. pro *censura*, *arbitrio*, à læꞇan, *censere*, *æstimare*: quòd in hac olim curia de damnis æstimabatur inter vicinos emergentibus, ut patet in LL. Ed. Confes. Ca. 20. supra recitato in voce *Friborga*.

Quando autem & quo authore facta sit hæc *Letarum* distributio, incertum est omnino: sed Aluredo verisimilius tribuenda, qui friborgas, id est, francos plegios de quibus hæc cognoscit curia (ut nomen aliàs refert) instituebat. Fateor tamen me nunquam deprehendisse vocabulum *Leta*, seu *Visus franci plegii* in Charta aliqua Regum Anglo-Saxonum, sed discretis appellationibus concedi inter privilegia, *Grithbrich*, *Fithwite*, *Bloodwit*, *Hamsoken*, *Forstall*, *Weif*, *Stray*, et plurima hujusmodi quæ collectivè sub *Leta* nomine continentur.

Sed occurrit vox in Chartâ Willielmi Conq. de fundatione Abbatiæ de *Bello* & in Domesd. Titt. *Norf'* Rex. Terræ Regis quæ Godricus servat. *Hundredum de Grenehou*, De 14 *letis*. **Soparle** tenuit Rex *Aedwardus*, & hoc manerium fuit de Regno; sed Rex *Aedwardus* dedit Radulfo Comiti. Tunc & post 30 villani, modo 20. modo 3 bordarii &c.

¶ **Letania.**] Vide *Litania*.

¶ **Leth.**] Fœdus Alfridi & Godruni Regum M. S. in fine. Sint omnes — *& in Fridgild juxta conditiones & professiones suas, & in Folkesmoth, & in Schiremoth, & in Hundred, & in Wapentac, & in Trething, et in Leth secundùm consuetudines patriarum, et provinciarum et Comitatuum Regni.* Dubitetur an hìc veniat *Leth* pro *Leta*, quæ est Curia: an pro *Lath*, i. portio Comitatus plures continens Hundredos; quod verisimilius duco. Priori enim sensu mihi non obvenit (ut notavi supra) inter Saxones. Vide *Leta* & *Lath*.

¶ **Lætare Hierusalem.**] Mat. Par. An. 246. pa. 672. *die qua cantatur* lætare Hierusalem, *viz. mediâ Quadragesimâ.*

¶ **Leuca, Leuga, Leuua, & Lega.**] Viæ spatium apud Gallos. Vox prima ab Hieronymo, & Flodoardo, secunda ab Ammiano Marcellino & Jornande, tertia (ȝ ut aliàs in u verso) à Nithardo, quarta à Lelando nostro commemoratur. Occurrunt etiam in Domesd. *Leuga*, *leuua*, et sæpè *lenna* sed mendosè pro *leuua*. Thierrius in dictionario Franco Latino *leucam* dicit à Græco λευκὴ, i. *candida*, quòd locorum intervalla candidis lapidibus quondam designarentur. De lapidibus bene sum conscius, de candore nequaquam. Etiam Ingulphus Saxo. *fortè* (inquit) *leuca dicitur à leucon quod in Scythica lingua interpretatur*, Philippus. Addit, Philippum fuisse Imperatorem et Regem Franciæ, quem (cum esset Christianus) baptismus *leucon* fecit, i. dealbatum: terramq; ideo Philipporum (id est, Francia, ubi frequens hoc nomen) per *leucas* mensuratam. Vix non rideo, sed hæc magnus ille Abbas fusius.

In confesso est apud eruditos, Gallos veteres Romano more lapidibus hinc inde positis distinxisse itinera: eorumq; linguam fuisse in plurimis Britannicæ antiquæ consonam. *Leach* autem Britannicè lapidem notat, & c in ȝ transire frequentissimum. Quantitas *leucæ* seu *leugæ* variè perhibetur.

Pro dimidio mille passuum. Leuca (inquit Isodorus Orig. lib. 15. ca. 16.) *finitur passibus quingentis.* Sed corrumpi videtur.

Pro *mille passuum et dimidio*. Author enim antiquior Am. Marcellinus lib. 16. Sect. 9. de Juliano Cæsare in Galliis militante: *à loco* (inquit) *unde Romana promota sunt signa, adusq; vallum Barbaricum, quarta leuca signabatur* (intelligo lapidibus) *et decima, id est, unum et 20 millia passuum.* E quibus perspicuè claret *leucam* constitisse ex 1500. passibus. Affatim Jornandes de reb. Goth. Ca. 16. *Leuga Gal-*

Z z z

Gallica mille et quingentorum passuum metitur. Corrigendus igitur Isodori hic locus et legendus, *leuca finitur passibus mille quingentis.* Beda Solution. Arithm. col. 107. Tom. 1. *In leuca una sunt 1500 mille passus, 7500. pedes, 90 uncia &c.* V.

Pro *duobus millibus passuum*. Ingulphus quà suprà. *Leuca usualis mensura terram metientium apud Francos, constat de duobus millibus passuum.* Sic infra: — *4 leucas, id est,* 8000. *passuum.* Idem Lyranus nostras in Daniel. Ca. 4. 27. *Babylon — erat ædificata in quadro, & quodlibet latus quadri habebat 16 miliaria, id est, 8 leucas.* Hæc vulgaris atq; hodierna apud Gallos æstimatio.

Pro *mille passibus*, seu *miliario*. Sub Normannorum ingressu, Angli per *leucas* numerabant spatia, uti passim in Domesd. Non autem juxta mensuram Gallicam, sed hoc nomen suo imponentes miliario, quod à *mille*, aliàs, *mil*, aliàs ðusandʒetapa, id est, *mille passus* appellabant. Conducit hoc magnopere ad Domesdei codicis explanationem, ne quis *leucas* illic pro duobus mille passibus intelligeret. Audi Ingulphum coætaneum de eodem, pa. 910. *Cum sedes Abbatiæ nostræ in longitudine, id est, de &c. dicitur habere 4 leucas, i.* 8000. *passuum, & in latitudine, i. de &c. 2 leucas, i. 4000 passuum, horum neutrum verum est. Sed scire debetis Anglos sub dominio Normannorum, transiisse in multis ad mores Francorum, & ideo loco miliarium leucas dixisse, sed miliaria intellexisse: & cum longitudo ejus excedit 4 miliaria, & latitudo 2 miliaria, prudentissimi metatores contra malitiam æmulorum plissimè providentes, potius plus quam minus ponere voluerunt. Acceptavit hanc rationem tota vicinia taxatorum, acceptavit & Regia curia, cum veritas spacii exigeretur in incorporatione Regalium rotulorum.* Locum reddo copiosius, ut intelligatur quo ingenio villarum dimensiones in eo codice exhibentur.

Pro *tribus mille passibus*. Sic nautæ nostri marina metiuntur itinera.

Quidam *leucam* Hispanicam, 34 stadiis metiuntur, id est, miliare German. 4000. passuum. Sed Hunterum audi Cosmograph. lib. 1.

Quatuor ex granis digitus formabitur unus,
Est quater in palmo digitus, quater in pede palmus:
Quinq; pedes passum faciunt, passus quoq; centum
Quinq; & viceni stadium dant, sed miliare
Octo dabunt stadia, et duplatum dat tibi leucam.

Pro *situ Monasterii*, cum spatio in circuitu, putà plus minus unius leucæ seu mille passuum, insigniori jurisdictione privilegiisq; donato. Aliàs *Leuga*, *Leugata*, *Banleuca*, & Gall. *Banlieue*. Hujusmodi est quod sub nomine *sedis Abbatiæ* suæ, id est, Croylandiæ, in novissimis hic supra descripsit Ingulphus: & de *leuca* seu *leugata* Cœnobii Ramesiens. vide supra in *Banleuca*: quibus hæc de ejusdem privilegiis cognosce è Charta Hen. 1. — *Sciatis me concessisse Deo & S. Benedicto — sacam & socam &c. & omnes alias libertates coronæ meæ pertinentes in terra sua quam habent infra unam leugatam circa Ecclesiam S. Benedicti, et omnia placita coronæ meæ pertinentia, &c.* Charta Willielmi 1. instituentis Abbatiam de Bello: *Si infra leugam, vel in Maneriis Ecclesiæ* (S. Martini de Bello) *Murdre evenerit vel thesaurus inventus fuerit, Abbatis & Monachorum sit utrumq;. Warennam propriam in ipsa leuga habeat Ecclesia, et in omnibus suis Maneriis.*

Fleta lib. 2. Ca. 4. Ipsi autem servienti commissa est virga coram Rege deferenda, quæ signat pacem, ut unde dicitur *virgata*, quæ sequitur Regem ubicunq; fuerit in Angliâ, spatium continens 12 *leucas*: tempore autem guerræ Regis erit ejus officium &c. *Dictum de milite Marescallo M. S. fol.* 132.

Habebatur apud Anglos alia *leugæ* ratio. Chron. Monas. de Bello, M. S. *Octo virgæ unam hidem faciunt: Wista verò 4 virgatis constat. Leuga autem Anglica duodecim quarentenis.* Quarentena est campestris area incertæ latitudinis, sed 40 perticis secundum longitudinem definita. Aliàs *Stadium* dicitur: & cùm 8 stadia miliare conficiant ego hoc loco *leugam* intelligo de miliari & dimidio, juxta Authorem lib. de mensuris Agrimensoribus & Gromaticis, Parisiis editi An. — pa. 14. *Miliarius & dimidius apud Gallos leuuam facit habentem passus mille quingentos. Duæ leuuæ seu miliarii tres, apud Germanos unam rastam efficiunt.*

Leugata est Spatium *leugæ* circa monasterium, ut *leuga* suprà. Sic occurrit lib. Rames. Sect. 198. 216. 236. 341.

¶ ***Leudis***, al. ***Leudus***, & ***Leodis.***) *Vassallus, cliens, homo ligeus,* seu *feudalis.* V. Goldast. ad Burchar. cap. 8. pa. 216. Vox utraq; ex eadem radice (*eo*) dipthongo Saxonico in (*eu*) verso, ut in *feudum* pro *feodum*. Leoð Sax. plebem & populum significat; etiam subditum & servum. Sic in homiliis Saxonicis leoðscip, pro servitute. Hinc Gallis *leude* pro *vassallo*, & quem nos Tenentem dicimus: Germanis **leute**: Anglis veteribus **loute**, pro serviente & subdito; **louten** pro submittere, & conquinescere: unde id Chauceri,

He could not religiously the loute, &c.
Non potuit more Religiosorum conquinescere.

Leudes apud Gallos liberi sunt aut serviles: vernaculè *leudes francs* & *leudes serfs.* Hi rei rusticæ ascripti, tributa pendunt & opera servilia. Illi ad militiam designati Nobiles habentur & immunes à tributis. *Leudum genera.*

Pro *Baronibus*. *Leudes* igitur generaliter dicuntur de omnibus regni subditis, specialiter de vassallis prædialibus, tàm servilibus, quàm feodalibus & nobilibus: inter nobiles restrictiùs adhuc de vassallis illis Regiis quos Barones vocant: & hac quidem significatione frequentiùs veniunt in historiis, sed

sed ab aliis sæpè vix decernendi. Greg. Turonens. Hist. lib. 3. Ca. 23. Theodbertus Rex à leodibus suis defensatus est, & in Regno stabilitus. Idem li. 8. ca. 9. Credo (inquit Rex) alicui ut ex leudibus nostris sit filius, nam si de stirpe nostra fuisset, ad me utiq; fuisset deportatus. Aimoinus lib. 3. ca. 80. Fuit autem Guntrannus in bonitate præcipuus, — Christi sacerdotibus se humilem præbens, leudis suis benevolum, gentibus externis pacatum. Lex Burgund. in Additamento 1. Ca. 1. §. 14. apertè distinguit leudes à reliquis subditis. Cum enim de omnibus caverit Burgundionibus in genere, particulariter adjicit, Leudes verò si hoc præsumpserit facere — solvat &c. Non male igitur Hieronymus Bignonius vir doctiss. ad Marculfi lib. 1. formul. 40. Leudes (inquit) apud Gregorium Turonensem ii dicuntur qui fideles Regis sunt, et qui nulli præterquam principi obnoxii sunt, quos sequens ætas Barones dixit. Citat huc inter alia, ex Appendice Gregorii ca. 54. Chlotharius cum proceribus et leudibus Burgundiæ, Trecassinis conjungitur. Et (quod notat, leudes Baronum nomine comprehendere) ca. 41. Burgundiæ Barones verò tam Episcopi quàm cæteri leudes timentes Brunechilden &c. Dubito tamen an hæc loca (& similia) de illo leudum genere solummodo sint intelligenda, qui Barones & Fideles Regis (scil. ob acceptum beneficium) dicebantur: Erant hi quippe Regni proceres, quos ab aliis quibusdam leudibus, secernere videtur Author Appendicis; censeo à leudibus nihil de Rege percipientibus. Tale enim fuisse genus apertè indicat Wisigothor. lib. 4. Tit. 5. l. 5. Quod si inter leudes quicunq; nec Regiis beneficiis aliquid fuerit consecutus. Leudes igitur aliàs reperio,

Pro subditis, & pro vassallis in genere: cujus Gregorius Turon. vocabuli (perinde ac non tum in usu) nusquam, si rectè meminerim, mentionem fecit. Sic autem Appendix. ca. 56. Dagobertus universos leudes quos regebat in Austria jubet in exercitu promovere. Item ca. 58. Tanto timore pontifices, proceres in Burgundia consistentes, seu & cæteros leudes adventus Dagoberti concusserat. Et mox, Cùm Lingonas civitatem venisset, tanta in universis leudibus suis, tam sublimibus quàm pauperibus judicabat justitia, ut crederetur omnino fuisse Deo placabile, &c.

Pro laico, populari, & illiterato. Leges Aluredi MS. tit. de Sanctimonialib. Si quis Nunnam causa fornicationis in vestes aut in sinum comprehendat: sit hoc duplo emendabile, sicut ante simpliciter de laica decrevimus. Codex Saxon. Ca. 18. hic pro laica legit, be læpeðum, i. de laicis. Append. Greg. Turon. ca. 1. Guntheramnus Rex Francorum — cum sacerdotibus utiq; sacerdotis instar se ostendebat; & cum leudis erat aptissimus. Idem hic suprà Aimoinus lib. 3. ca. 80. Et Chaucerus noster,

Blessed be the lewd man,
That nought save his belief can.

Beatus pol vir ille laicus,
Qui fidei tantùm symbolum callet.

Gloss. Sax. læpeð man, laicus. Medulla Gram. MS. Laicus, ca, cum, Lewede, & popularis. Etiam Promptuarium vetus Anglo-Latin. Lewede, illitteratus, laicus, inscius, ignarus: & juxta Catholicon, incipiens. Lewdness of Clergy, illitteratura, ignorantia &c. Tantum abest ut leudis idem sit quod fides: leudes, idem quod Gall. leaux, ut quibusdam visum.

Pro nequam & improbo. Sic nos hodiè solummodò utimur.

Leudis, etiam leodis, & leudum, dicuntur de capitis æstimatione Leudis occisi: scil. de compositione quam aliter VVeram & VVergildum vocant. Vide hæc. Formul. incerti Authoris (post Marculf.) ca. 23. Sic ab ipsis viris fuit judicatum; ut illam leudem solvere deberet. Mox, nec de ipsa leude — repetitiones agere. Longobard. lib. 1. Tit. 9. l. 28. — componat (fredum Regis i. 60. sol.) & insuper compositio ipsa fiat de ipso homicidio cui legibus leudum ipsum pertinuit. Sæpe in L. Salica, Frison, &c. Pro Wergil

Leudum præterea dicitur (ut feudum) pro terra quam Leudis à domino accepit in Leudisamium, seu servitium leudis, de quo in proximis. Leudum.

¶ Leudesamium.] Hærent hic eruditi. Bignonius leude, fidem, intelligit: samium, vel corruptè scriptum, vel notis sacramenti (ut mox videris præstandi) Lindenbrogius leudesamium accipit pro munere, aut servitio quod leudis domino debet; ut litimonium, quod litus. Nostrum adjiciemus calculum cùm Authores citaverimus. Formula solenn. Lindenbr. 39. sic inscribitur. Ut leudesamia promittantur Regi. Deinceps. Rex Comiti illi, &c. Jubemus ut omnes pagenses vestros — congregare faciatis, quatenus — fidelitatem præcelso filio nostro vel nobis, & leudisamium per loca Sanctorum, &c. debeant promittere & conjurare. Hoc Marculfus lib. 1. ca. ultimo, distinctius: fidelitatem præcelso filio nostro, vel nobis, & leode, & samio per loca sanctorum, &c. ut suprà. Dividit (vides) quod alter connectit, & tria designat (non à Baronibus tantùm & vassaliis feudalibus quos alii leudes exponunt) sed ab universis subditis conjuranda: fidelitatem, leudem, & samium: mea sententia, fidem, subjectionem, & tributum: ꝩeam enim Sax. est onus, & per translationem, appositè tributum.

¶ Leuga, & Leugata.] Pro spatio in circuitu Monasterii, Regiis munito privilegiis. Charta Gulielmi Conq. Abbatiæ de bello. Concedo etiam eidem Ecclesiæ leugam circumquaq; adjacentem, liberam et quietam ab omni

omni Geldo, & Scoto, et Hidagio, et Denegeldo (cum aliis plurimis) *& liberam ab omni consuetudine terrenâ servitutis, et ab omni exactione Episcoporum.* Vide *Leuca*, pro *situ monasterii*, & *Banleuca*.

¶ *Levita.*) Pro *diacono*, i. quinto gradu Ecclesiæ juxta D. Hieronymum, Tom. 4. lib. de 7 ordinibus Eccles. quos vide suprà in *Lector*, & ipsum Hieronymum in dicto lib. Quintus (inquit) in diaconibus, ordo *sacramenti est, &c.* egregiè. Hinc *Archilevita* pro Archidiacono.

¶ *Leuua.*) Vide *Leuca*.

¶ *Levitonarium.*] Juxta Glossas veteres est *colobarium lineum sine manicis.* Suidas λεβιτωνάριον, χιτὼν μοναχικὸς ἐκ τριχῶν συντεθειμένος, i. *Levitonarium interula monachorum ex pilis composita.*

¶ *Lewytheil.*] — Hubertus de Burgo — *ipse fecit triturare omnia blada Romanorum per illos qui vocabantur* Lewitheil. Mat. Par. Addit. pag. 152.

¶ *Synopsis legum antiquarum à populis Borealibus promanantium. Quo ævo, & quibus conditæ sunt authoribus.*

¶ *Lex.*] Cùm victricia per Europam signa extulissent Gothi, Saxones, Longobardi, Dani, Normanni, aliiq; maris Baltici, & Germaniæ borealis accolæ, morum & linguæ gaudentes similitudine: leges passim triumphatis populis inferebant, patriarum suarum ritus & vocabula plurima retinentes. Hinc fit ut nobis cum Germanis, Gallis, Italis, Hispanis, Siculis, ipsisq; invicem; tùm in legum antiquarum canone, tùm in Magistratuum, Officialium, & ministrorum appellationibus (voces ut vulgares taceam infinitas) tanta sæpè deprehendatur consonantia. Jactent igitur qui volunt legum suarum municipalium antiquitatem (nam & hoc ineptiæ prudentes carpit) earum tamen origo quantulacunq; sit & barbara, aliundè nusquam videtur expetenda, ut è sequentibus elucebit. Quis enim victor populus sub victi legibus conquiniscet; præsertim cùm ejecto isto, sedem ille incoluerit? Sed de hoc politici. Ego in rei antiquæ beneficium, legum ipsarum originem & conditores (qua possim) dabo.

Lex Alamannorum, è patriis consuetudinibus primùm redacta est in scriptis, à Theoderico Rege Francorum qui floruit sub An. Chr. 512. modo quo infrà videris in *Lex Baiuuariorum*. Postea verò emendatior constituitur à Clothario 2. Chilperici filio, & Principibus suis, viz. 33 Episcopis, 34 Ducibus, 72 Comitibus, cæteroq; populo, prout in titulo illius legis demonstratur.

Lex Angliorum & Werinorum, i. (uti in fronte præfert) *Thuringorum*. Ea dicitur qua olim usi sunt Angli veteres in Germannia residentes: & quæ demum à Carolo magno confirmata, ad posteros devenit, sicut infrà, in *L. Saxonum* perhibetur. Tacitus hos *Anglos & Varinos* nominat.

Lex Anglorum in Britannia, è Germanorum moribus videtur orta, sed quem hanc primùm posuisse censeam, magna me tenet dubitatio. Venisse è Germania notum est, Jutos seu Gothos, Anglos, & Saxones: lingua & moribus parùm dispares. A Jutis orti sunt Cantiani & Vectenses. A Saxonibus, qui provincias Cantio circumfusas incolunt, Essexiam, Midilsexiam, Surriam, Sussexiam, & (tractum latè maritimum Cornubiam usq;) Westsaxoniam. Ab Anglis, Mercii & reliquæ Angliæ (scil. Orientalis & Borealis) populi. Cantiani suas aliquando habuerunt leges, sed coeuntibus iis & Saxonibus omnibus sub Westsaxonum ditione, horum lege vivitur. Angli lege usi sunt (quam vocant) Mercia, donec irruentes Dani, Eastangliæ, & Northumbriæ provinciis, suas inducunt consuetudines, à prioribus non in complurimis discrepantes. Hinc majoribus nostris triplex legum distinctio Ƿeſt-Seaxna-laȝa, Myrcna-laȝa, & Ðene-laȝa, i. *Lex occiduorum Saxonum, Lex Merciorum, & Lex Danorum*, de quibus dicam cum Ovidio,

> ——— *facies non omnibus una,*
> *Nec diversa tamen, qualem decet esse sororum.*

LL. Ethelberti. Omnium autem quos novimus leges in scriptis primus edidit Ethelbertus Rex Cantii qui (Regnum iniit An. 561. fidemq; suscipiens Christianam, sedit annos 55.) sed breves ille & satis rudes, earum instar de quibus item Ovidius Fast. 1.

> *Jura dabat populo posito modo Prætor aratro.*

Huic proximus suas dedit Rex occiduorum Saxonum Inas, inter annum quo cœpit regnare 712. & exiit, 727.

LL. Offæ. Succedit An. 758. Merciorum legislator Offa Rex, quem ego legis Merciæ authorem reor, non istius appellationis fœmina, de quo infrà in *Lex Mercia*.

LL. Aluredi. *Aluredi encomium.* Inde pius, inclytus, fœlix; imò inter perpetuas ærumnarum acerbitates victor & triumphator, nunquam satis laudatus Aluredus, Rex item occiduorum Saxonum; sed cujus Angli omnes & Saxones voluntariè se dominio subdidere, juravitq; in verba Guthurnus Rex Danicus, fidelitate suscipiens Orientalium Anglorum & Northymbrorum provincias. Hic recognitis Ethelberti, Inæ, atq; Offæ legibus, dignum quicquid (prætermissis aliis) in suas transcripsit: & Anglis (quo jam tum nomine continebantur Saxones & Juti) omnibus imposuit

posuit perferendas: sicut doceat liber Ramesiensis Sect. 5. qui Æthelstanum dixit INCLYTI ILLIUS ALFRIDI REGIS, ANGLICARUM LEGUM CONDITORIS, filium. Nec leges tantùm, sed cum magistratibus, Comitatus, centurias, decurias (quod sæpè diximus) instituit. Justitiæ & religionis ardentissimè studiosus, omniumq; deniq; ad optimam rempub. tam in moribus, quàm in apparatu spectantium. Literas & scientias omnino penè extinctas suscitat: doctos atq; libros undequaq; comparat: relegatis Musis alteram extruit redux Academiam. Dum gesta ejus commemoro militaria, miror unquam eum cogitasse civilia. Certè (ut notat Malmesburiensis) *inter stridores lituorum, inter fremitus armorum Leges tulit.* Contrà, dum civilium ejus intueor molestiarum cumulos: miror utiq; quòd in aciem prodiit. Dum verò religionem, pietatem & ardorem rerum cœlestium contemplatus sum, vixisse Monachus visus est & regularis. Hoc solo infelix, quòd inter gentes barbaras sub fœdissimo literarum deliquio floruit, & interiit circiter An. Dom. 900. Mihimet me recipio.

Leges aliorum Regum Sax. & Danic.

Post Aluredum, suas promunt leges Edouardus senior, Æthelstanus, Edmundus, Edgarus, Ethelredus Saxones, & Canutus Danus: generales plerunq; singulas quoad prohibitionis canonem, sed in irrogandis mulctis, Danos respicientes juxta consuetudinem Danicam (quam *Laslit* vocant;) Anglos, juxta Anglicam; & Mercios interdum juxta Mercianam.

L. Edouardi Confes.

Noluit verò Rex Edouardus Confessor in uno Regno triplicem hanc justitiæ lancem, sed recensens denuò Anglorum, Danorum, & Merciorum leges, suam dedit parem omnibus & communem: quæ à re, *Lex communis*; ab Authore, *Lex S. Edouardi* nuncupata est. Ranulph. Cestriens. lib. 1. ca. 50. *Ex tribus his legibus S. Edwardus tertius* (ante Conquestum) *unam legem communem edidit, quæ leges Edwardi usq; hodie vocantur.* De hoc autem sic legis istius paraphrastes Ca. 35. tit. *Lex Noricorum & Danorum. Vocata est Lex Regis Edwardi, non quod ipse primus adinvenisset eam, sed cum prætermissa fuisset, & oblivioni penitus dedicata à diebus avi sui Edgari, qui 27 annos regnavit, & qui primus ejus inventor fuisse dicitur, usq; ad sua tempora, viz. ut prædictum est,* Lxviii. *annos post dies ipsius Edgari, ipse Edwardus quia justa erat & honesta, à profundo abysso extraxit eam & revocavit, & ut suam observandam contradidit.* Hinc Gemiticens. lib. 6. ca. 9. *Edwardus nempe Rex —— Anglicarum legum legitimus restitutor.*

Guliel. 1.

Gulielmus senior, cùm Normanni à Danis (ut refert Gemiticensis) et à Norwegiensibus (ut in suis ipse fatetur legibus) oriundi essent: leges Danorum et Norwegiensium hîc in Anglia aliquando usitatas, in honorem gentis suæ suscitandas imperat, et observandas. *Profundiores* (quippè asserit) *& honestiores omnibus aliis: —— aliarumq; legibus Nationum, Brytonum, scil. Anglorum, Pictorum, & Scottorum præponderantes. Quo audito, mox universi compatriotæ Regni qui leges edixerant, tristes effecti, unanimiter deprecati sunt quatenus permitteret sibi leges proprias, & consuetudines antiquas habere, in quibus vixerunt patres eorum, & ipsi in eis nati & nutriti sunt: quia durum valdè foret sibi suscipere leges ignotas, & judicare de eis quas nesciebant.* Rex diu inexorabilis, urgentissimis Baronum deprecationibus tandem vincitur: & ex illa die *multa authoritate veneratæ & per universum Regnum corroboratæ, & observatæ sunt præ cæteris patriæ legibus, leges Edwardi Regis sancti.* Sic in earum Capite 35. sub Tit. *Lex Noricorum & Danorum.* Convelluntur autem gravissimè à succedentibus Regibus, sed ab eis tamen ut lati fluvii ab angustis fontibus, natum est Jus nostrum hodiernum, filia matri parùm similis. Vide hîc infra, *Lex Henrici 1. Magna charta, &c.*

De hoc autem sic Author dialogi fiscalis lib. 1. *Subactor Angliæ Rex VVillielmus — Decrevit subjectum sibi populum juri scripto, legibusq; subjicere. Præpositis igitur legibus Anglicanis secundùm tripartitam earum distinctionem, hoc est,* Merchenlage, Denelage, Westsexenelage, *quasdam reprobavit: quasdam autem approbans, transmarinas Neustriæ leges quæ ad Regni pacem tuendam efficacissimæ videbantur, adjecit.* Vide adjecta in Henrico 2. apud Hovedenum, & in Prisc. Anglorum LL. sed nulla illic mentio de *Lege Edouardi Confessoris*, aliis passim celebratâ.

Lex apparens, al. *Aperta*, quandoq; *Paribilis.* Gallis, *loy apparente, apparoisant*, & *aperte*: à sævis (sub ursa) populis profecta est. Gothi quippe & gentes boreales, Martem belli deum apud ipsos natum & enutritum ferunt; unde Virgilius,

Gradivusq; pater Geticis qui præsidet arvis.

A Marte igitur omnia auspicantes, ex duello lites (tanquam armis inesset numen) judicabant: *Lege* scil. quæ Anglis & Normannis postea *Simplex* dicta est, & *Apparens.*

Lex Simplex duelli genus est quo in civilibus quibusdam proceditur, non ad succumbenti necem, sed victori inferendam justitiam: ut in lite de proprietate fundi, &c. Hujus formulam habes in veteri Consuetudinario Normanniæ Cap. penult. et hîc supra in voce *Campus.*

Lex Apparens est qua ad duellum proceditur in criminalibus: teneturq; succumbens reus, judicio Principis, quoad vitam, membra, bonorum confiscationem, et terrarum; prout delicti ratio postulaverit. Vet. Custumar. Norman.

Ca. 80. Quædam sunt tempora in quibus leges non debent fieri, nec simpliciter, nec apertè, viz. omnia tempora in quibus matrimonia non possunt celebrari. Ecclesia autem legibus apparentibus omnes dies festivos prohibet, &c.

Lex Apparens olim etiam dicta videtur apud nostrates (ut *lex paribilis*) de ordalio. Glanvilla lib. 14. Ca. 1. *Si nullus appareat certus accusator, sed fama solummodo publica accusat, — per legem apparentem purgandus est, vel omnino ab imposito crimine absolvendus.* De duello non censeo intelligendum, sed de ordalio.

Apparens unde. *Lex* autem hic supra significat *processus litis*, ut Romanis, *lite agere*: et dicitur *Apparens*, quod oportet actorem antequam præceptum obtineat à Judice ad sistendum reum, jus suum (teste adhibito) *apparens* facere: nec præceptum aliter concedendum. Hæc secundùm Berhaultum ad Art. 60; sed non convenit omnibus legis istius speciebus: et videtur is *legem simplicem* sub *Apparentis* nomine continere. Sustulit apud Gallos Rex Philippus duella hujusmodi: apud nos in multis (reor et Normannos) Henricus 2. examen per assisas introducens: et licèt antiquata jam sint omnia, omnino tamen non abrogantur.

Lex Baiuuariorum, alias *Baioriorium*, et *Boiorum* nuncupatur. Theodericus 1. filius Clodovei 1. (Regni Francorum conditoris, qui ex voto Annum circiter 511. triumphatis Alamannis, Christianus factus est, & Ludovicus appellatus) *legem* tulit *Francorum*, *Alamannorum* & *Baiuuariorum*. Nempè cùm esset Catalaunis, viros adhibuit sapientes, & in antiquis regni sui legibus eruditos: dictanteq; semetipso jussit harum gentium leges secundùm uniuscujusq; consuetudinem conscribere. Addens interea, resecans, & mutans: prout ratio aut religio Christiana postulavit. Quod autem propter vetustissimos paganorum ritus ipse emendare non potuit: Childebertus 2. inchoavit, & Chlotharius 2. perfecit, sed in melius omnia transtulit magnus Dagobertus, & cuiq; genti in scriptis tradidit, suiipsius, Principumq; ejus, & cuncti populi Christiani (intra Regnum Merwungorum) decreto confirmata. *Baioariorum legibus* quasdam adjecit Tassilo Dux An. Dom. 770.

Franci dicti sunt *Merovingi* à Meroveo Rege eorum. Ott. Friling. lib. 4. c. 32.

Lex Barbara, olim dicebatur qua populus vixit Romano imperio non subditus: Burgundica, Salica, Longobardica, &c. dicebaturq; & populus ille *Barbarus*; reliquus verò *Romanus*. Post constitutionem enim Antonini Imperatoris, omnes quotquot in provinciis degebant Imperio subjectis, *Romani* nuncupati sunt, & *cives Romani*: eversoq; jam Imperio, nomen diutiùs retinebant, quamvis barbaris immixti. Burgund. Tit. 60. §. 1. *Barbarus qui testari voluerit, vel donare: aut Romanam consuetudinem, aut Barbaricam esse servandam sciat.* Edict. Theoderici R. Ital. in præfat. — *quæ Barbari Romanique sequi debeant super expressis articulis, edictis præsentibus evidenter cognoscant.* Vide *Romanus*.

L. in orbe. De statu hom.

Lex Burgundionum à Rege eorum Gundebaldo, al. Gundebaudo, quem in tributum subegit A.D. 501. Clodoveus Rex Francorum (ut ipso anno Sigebertus habet) lata est. Sic enim legis proœmium. *In Dei nomine, anno secundo Regni domini nostri gloriosissimi Gundebaldi Regis, Liber constitutionum de præteritis & præsentibus, atq; in perpetuum conservandis legibus, editus sub die 4 Cal. April. Lugduni.* Greg. Turon. lib. 2. ca. 33. Gundebaldus occiso Godigesilo fratre suo, & Burgundionibus qui in partes ejus transierant: *regionem quæ nunc Burgundia dicitur, in suo dominio restauravit. Burgundionibus leges mitiores instituit, ne Romanos opprimerent.* Notat Lindenbrogius, cum hac lege planissimè convenire Papiani librum Responsorum, ex jure Romano ut verosimile est, hujus quoq; Gundebaldi mandato, collectum. De Gundebaldo vide Aimoin. lib. 1. ca. 19. & de legibus plura in, *Lex Gundebaudica*.

Lex Comitatus, est qua Comitatu agitur coram Comite aut Vicecomite. LL. Edouar. Confess. ca. 12. *Chimini verò mino es de civitate ad civitatem ducentes, & de burgis ad burgos, per quos mercata vehuntur & cætera negotia fiunt, sub lege Comitatus sunt. Si quidpiam operis ad eorum perturbationem erigitur, solo tenus deponatur, & chimini mox reparentur, & secundùm legem Comitatus ejusdem, erga Comitem & Vicecomitem emendetur.*

Lex Communis Angliæ. Quando & quomodo orta, vide hic sub. tit. *Lex Anglorum in Britannia*: & vide item *Jus commune*.

Lex Danorum, in LL. Ed. Confess. *Noricorum* seu *Norwegiensium* appellatur. Licèt enim in historiis nostris solummodo penè fit Danorum mentio, Noricos tamen seu Norwegienses (quos & Normannos vocant) hoc intelligi nomine non dubitamus, & è contra Danos sub Norwegiensium & Normannorum. Cum igitur in triplici Anglorum lege, unam fuisse Danorum & Noricorum deprehendisset Gulielmus 1. in honorem gentis suæ eam cæteris extulit (ut supra memoravimus) parumq; abfuit ne toti Angliæ imposuisset. Adductis autem rationibus: *Debent* (inquit) *prædicti, Norwegienses, de cætero nobiscum cohabitare, & remanere in Regno, sicut conjurati fratres nostri.* Angliam primò ingressi sunt Dani circa An. Dom. 790. populumq; crebris lacessantes rapinis, præliis, & tributorum exactionibus, ab Aluredo tandem victi sunt. Conversus autem ad fidem Christi Rex eorum Guthurnus, Eastan-

Dani quo primum in Anglia.

[illegible]glorum & Northimbrorum provincias sub fidelitatis professione, à victore impetrat, Regnumq; illic lege Danica institutum, exorditur. Huic deinceps paruêre Cathenenses, Mannenses, cæteriq; insularum Britanniæ borealium, incolæ, & qui Gutth (id est, palustrem regionem) habitabant: nec non & Canuti legibus tota (ut videtur) Anglia, cum is totam possideret. Nam à tempore Edgari Regis usq; ad Edouardum Confessorem, hoc est, dum penes Danos summa rerum habebatur, lex Anglorum penitus obmutuit, ut supra diximus in eadem.

Lex deraisina. Juris membrum est Normannici, quod in prisco ejusdem Custumario Ca. 126. sic definitur. *Deraisina autem est Lex quadam in Normania constituta per quam in simplicibus querelis, insecutus, factum quod à parte adversa ei objicitur, se non fecisse declarat.* Vide plura ibidem; & vide hic supra *Dirationare.*

Lex S. Edwardi Confessoris. De hac satis in Tit. *Lex Anglorum in Britannia.*

Lex feudalis seu *feodalis.* Vide *Feodum* per totam diatribam, ubi multa de origine & natura feodorum, Jurisconsultis nostris non satis cognita. Particulatim de *lege feodali.*

Lex Francorum (alia quàm lex Salica) à Theoderico 1. filio Clodovei 1. primiq; Francorum Regis Christiani (ut supra memoravimus) promulgatur. (Vide *Lex Baiuuariorum*) Quo autem canone mihi non constat, nec quidpiam de aliis Francorum legibus ante Carolum Magnum. Caroli autem sobolisq; ejus, sub *Capitulorum* nomine, latè dederunt Ansegisus Abbas Lobiensis (qui vixit An. Dom. 840.) & Benedictus Levita, sub hoc ordine. Abbas libros quatuor anteriores: quorum primus, ea exhibet quæ Carolus Magnus statuit in re Ecclesiæ. Secundus, ea quæ à Ludovico pio & Lothario filio suo, de eadem lata sunt. Tertius, scita Caroli Mag. in re politica. Quartus, ea quæ Ludovicus & Lotharius ejusdem ediderunt argumenti. Levita verò in tribus posterioribus libris prætermissa congerit, & consimilia.

Capitula Caroli Mag. &c.

Lex Frisonum, ab Haraldo Danorum Rege data est, ut refert Albertus Abbas Stadensis Anno 984. *Certissimum* (inquit) *est enim tam nostro populo, quàm Transalbianis & Fresonum genti leges & jura constituisse, quæ adhuc pro tanti authoritate viri servare contendunt.* Notat verò Lindenbrogius Heraldi leges recentiores iis esse, quas in suo Codice legum antiquarum (inter alias) Frisonum edidit: membranasq; & manus vetustatem, Caroli Mag. ætatem videre antecedere.

Lex Gothica, An. Dom. 466. condebatur. Isodorus Chron. Gothor. *Era*, 504. *anno imperii Leonis octavo*, *Eradicus pari scelere quo frater, succedit in Regnum* (Gothicum) *annis* 18. Ista. *Sub hoc Rege Gothi legum instituta scriptis habere cœperunt: nam antea moribus & consuetudine tenebantur.* Vide plura in *Lex Wisigothorum.*

Lex Gundebada, Gundebalda, Gundebodingi & *Gumbodingi.* Eadem videtur quæ supra *Lex Burgundionum*, à Gundebaldo Rege (quem Clodoveus, al. Ludovicus 1. Rex Francorum tributarium fecit circa An. Dom. 501.) promulgata. Notior est lex ista ex Agobardi libello ad Ludovicum Imperatorem, de impietate duellii contra eandem acerrimè disputantis — *Cur* (inquit) *de mutuo repelluntur testimonio? quæ utilitas est; nisi propter legem quam dicunt Gundebadam, cujus auctor extitit homo hæreticus, & Fidei Catholicæ vehementer inimicus (cujus legis homines sunt perpauci) non possit super illum testificari alter etiam bonus Christianus. Ex qua re oritur res valde absurda, ut si aliquis eorum in cœtum populi aut etiam in mercato publico cõmiserit aliquam pravitatem; non coarguatur testibus, sed sinatur perjurare tanquam non fuerint, per quos veritas possit agnosci, &c. Si autem placeret domino nostro sapientissimo Imperatori, ut eos transferret ad legem Francorum, & ipsi nobiliores efficerentur, & hac Regio ab squalloribus miseriarum quantulumcunq; sublevaretur; horum enim causa accidit ut frequentur non solùm valentes viribus, sed etiam infirmi & senes lacessantur ad certamen & pugnam etiam pro vilissimis rebus, quibus feralibus certaminibus contingunt homicidia injusta, & crudeles ac perversi eventus judiciorum &c.* Longobard. lib. 2. Tit. 55. l. 22. *Ut infantes qui sine rationabili ætate sunt, non cogantur jurare sicut Gundebada lege viventes.* Idem Capitul. Caroli Mag. lib. 1. Can. 63. sed illic dicitur — *sicut Gundebodingi faciunt.* Non autem sapio cur in pugillari examine, Burgundiones præ cæteris gentibus (præsertim Longobardis) criminetur Agobardus: nec cur rei ponat authorem Gundebadum, cum antiquiùs multò deprehendatur. In Synoda enim Hibernica sub S. Patricio, Auxilio & Isernino An. Dom. 432. (si genuina sit) Can. 6. sic legitur —— *Clericus ille solvat debitum, nam si armis compugnaverit cum illo, meritò extra Ecclesiam computetur.*

De impietate Duellici examinis &c.

Lex Henrici 1. Regis Angliæ. Diximus in superioribus, cordi fuisse Gulielmo Conquestori leges Danorum & gentium borealium (è quibus prognati erant Normanni) Anglis inducere, sed Baronum intercessionibus, divi Edouardi leges restituisse. Idem facit ejusdem filius Henricus 1. sub initio Regni, dum ad Robertum fratrem populi vereretur defectionem. Congestum verò deinceps novi Juris codicem, in quo multa è lege Salica & Ripuariorum, multa ex aliarum gentium legibus anti-

antiquis, plurima è Danicis illis Canuti Regis concinnaverat, Anglis imponit observandum. Quo auspicio, liceat, è Florentio conjectare sic in An. Dom. 1142. referente. *Interpellata est à civibus* (Londoniensibus, Matildis Imperatrix Henrici 1. filia) *ut leges eis Regis Edwardi observare liceret, quia optimæ erant, & non patris sui Henrici, quia graves erant. Verum illa non bono usa consilio, præ nimia austeritate non acquievit eis, unde & motus magnus factus est in urbe, & facta conjuratione adversus eam — ignominiosam cum suis fugam arripuit, omnia sua, suorumq; supellectilem post tergum relicta.* Obsolescunt deinceps istæ leges, sed hodie manet in Scaccario codex earum regius, de cujus exemplari nos hìc passim multa exhibuimus. Vide *Lex Salica*.

Fit item mentio aliarum *legum* Henrici 1. Parisius in Johanne Rege An. Dom. 1213. *Ex ejusdem Regis* (Johannis) *parte firmiter præceptum est, quatenus leges Henrici avi sui ab omnibus in Regno custodirentur.* Intelligo, *proavi sui*, id est, Henrici 1. & de illis in Magna ejus Charta à Parisio ibidem exhibita, non in dicto codice declaratis: ni ad *leges Edouardi Confessoris* (quas, ut diximus, aliàs recepit, aliàs rejecit) deferendum censeas. Quære.

Ascribuntur etiam in antiquis M. S. Henrico 2. suæ *leges*, hodie sub Glanvillæ nomine in lucem datæ: videturq; Hovedenus *leges Edouardi Confessoris* à Gulielmo 1. emendatas, & ab Henrico 2. denuo restitutas, restituenti attribuere. Sic enim ille in 1180. *Eodem anno Henricus Rex Angliæ pater* (id est Henricus 2.) *constituit Ranulphum de Glanvilla summum Justitiarium totius Angliæ, cujus sapientia conditæ sunt leges subscriptæ quas Anglicanas vocamus.* Recitat deinde dictas *leges Edouardi* à Gulielmo emendatas.

Lex Hoeli (aliàs *Halii*) *Dha*, id est, *Boni*. Britanni, à Saxonibus in Walliam profligati, libertatem illic & ritus patrios tuebantur. Sub Anno verò Domini 914. Princeps eorum *Hoelus Dha*, adhibitis populi sui frequentibus Comitiis in loco celebri cui nomen *Twy Gwyn ar Taf*, i. Casa candida super fluvium *Taf* (aderant quippe ex Ecclesiasticorum cœtu 140) leges pristinas longa receptas consuetudine abolevit, Britannisq; novas dedit quæ à conditoris nomine, *leges Hoeli Dha* sunt appellatæ, & hæc referunt in proœmio. Habentur justo volumine antiqua earum exemplaria, cùm & Latinè tùm & Britannicè M. S. at subacta in Angli ditionem Wallia, sub Anglorum legibus hodie floret, partim ab Edouardo 1. circiter An. Dom. 1284. sed omnino ab Henrico 8. impositis. Nos inde alia atq; alia sparsim hac transtulimus.

Lex Longobardorum. Longobardi, Saxonum erant colonia, quos Pannoniam occupantes, in Italiam vocat Narses Princeps militiæ Justiniani Cæsaris, circa An. Dom. 550. eorumq; fretus auxilio, Totilam Regem Gothorum fudit, Gothosq; in Italia delevit. Consedunt deinde Longobardi in Italia, auctioresq; facti quotidiè, cùm in numero, tum in potentia, Regnum sibi atq; jura instituunt è Saxonum moribus delibata. Hinc nostratium cum Longobardorum legibus, ritibus, vocabulis, prisca sæpè analogia, & in plurimis hactenus consonantia. Quas autem Majores nostri è Germannia traduxere consuetudines, non (ut Longobardi) in legem scriptam redigunt, sed ex more Lacedæmoniorum & gentium veterum borealium memoriter propagant. De Longobardis sic Paulus Diaconus alias Warnefridus Hist. Longob. lib. 4. Ca. 44. *Rotharis Rex Longobardorum leges quas sola memoria & usu retinebant, scriptorum serie composuit, codicemq; ipsum edictum appellari fecit. Erat autem annus ex quo Longobardi in Italiam venerunt septuagesimus.* Hunc Hermannus Contractus ad An. Dom. circiter 627. rejicit. Abrogatis autem legum istarum aliis, aliisq; emendatis; plurimas addunt Principes subsequentes Grimoaldus, Liutprandus, Rachis & Aistulphus: deinde Carolus Mag. & Ludovicus Impp. etiam Lotharius, Pipinus & juniores, in singulis legum apicibus annotati.

Lex major & *Judicium majus*, fortè *Comitatus* est; minor, *Hundredi*. LL. Ed. Conf. Cap. 31. *Pax per Breve Regis, unum habet modum emendationis, & hoc, judicio quod majus habetur in Scyrâ.* Et Cap. 19. *Et si quis eos* (abjuratos) *gratis detinuerit, pro unâ nocte solâ, majori lege Anglorum vel Danorum emendabit, &c.*

Lex Merciorum. Occurrit in historia mentio *Legis Molmutianæ*, & *Legis Merciæ* aliàs *Martianæ*. Illam à Molmutio Rege Britonum quem floruisse asserunt anno non dum elucentis gratiæ, 430. hanc à Regina Martia (Lelando Martia Proba) Guenthelini Regis vidua, dum infantis filii Regnum tueretur, ferunt conditam anno ante natum Christum 350. *Has duas leges* (inquit Cestriensis Monachus lib. 1. Ca. 50.) *Gildas historicus transtulit de Britannico in Latinum: & Rex Aluredus postmodum de Latino in Saxonicum quæ* Marchenelaga *dicebatur. Ipse quoq; Aluredus legem Anglicè conscriptam superadjecit quæ* Westsexenelaga *vocabatur. Tandem Danis in hac terra dominantibus tertia lex emanavit quæ* Danelaga *dicebatur. Ex his tribus legibus Sanctus Edwardus tertius Communem edidit quæ leges Edwardi usq; hodie vocantur.* Alii lucidiùs referunt Aluredum Regem *leges Merciorum* in suas transcripsisse, id est, in *Westsexenelagas* seu leges Occidentalium Saxonum. Fatetur & hoc ipsum ipsemet in legum sui ipsius præfatione. *Quæcunq;* (inquit) *in actis Inæ Gentilis mei, Offæ Merciorum Regis, vel Ethelberti (qui primus Anglorum sacro tinctus est baptismate) ustiora deprehendi, ea hìc collegi omnia,*

Lex Merciorum, Molmutii, & Martiæ.

L. Communis.

omnia, reliqua planè omisi, &c. Constat igitur Aluredi leges è Merciorum legibus partim conditas; sed eis scil. quas ediderat Offa Rex Saxonicus & Christianus, non Britanna Martia idolorum cultrix. Haud enim verisimile est, Offam hostem Britannorum acerrimum, qui pulsos eos ex omnibus suæ ditionis finibus in Walliam adegit, pulsorum leges inter spolia reportaret. Præsertim cùm adeo iniquæ viderentur, ut ab ipsis Britannis subsequenti sæculo antiquatæ sint, & æquiores latæ, ut suprà in *Lex Hoeli Dha* demonstravimus.

Lex Molmutiana. Vide hîc supra novissima.

Lex paribilis. Eadem videtur apud Siculos, Neapolitanos, & Scotos; quæ Normannis, Gallis, & Anglis, *Lex apparens*, sed latiori veniens significatione. *Legem* enim *apparentem* Normanni & Angli de duellico plerunq; intelligunt certamine. Siculi & Neapolitani, etiam de judicio *aquæ*, & *ferri candentis*, quæ nos *Ordalium* vocamus. Imperator igitur Fredericus 2. vanas istas & diabolicas superstitiones sua ejiciens repub. in Constitutt. Sicul. & Neapolit. lib. 2. Tit. 31. ita loquitur. *Nullus ipsas leges paribiles, quæ absconsa à veritate deberent potiùs nuncupari, aliquibus fidelibus nostris indicet, &c.* In sequenti etiam titulo, de pugnis & duellis tollendis sigillatim agit, ac si hæc sub *legis paribilis* denominatione perspicuè satis non haberentur. Skenæus verò legum interpres Scotticarum, non tantùm intelligit de litium examine quod duello finitur: sed de illo etiam quod sacramentali recognitione (quam *Assisam* vocant) deducitur. In Notis enim ad Regiam Majest. lib. 4. C. 1. §. 4. ubi legitur, *per legem patriæ puniendus est*: docet aliàs haberi, *per legem apparentem*, quod (inquit) est *duellum, ut infra ver.* 12. Sed ait præterea in verborum significatione, hanc apud Scotos *legem apparentem*, in Norman. .... Lib. 9. Ca. 10. *la loy apparisant* nuncupari: omnesq; controversias, tam de bonis quàm de prædiis, juxta *legem apparentem* ventillandas, & vel sacramentali inquisitione, vel duello terminandas. Quamobrem & *legem* dici *paribilem* putat, à parium pugna vel concertatione, quasi *Lex duellorum.* Vide aliam nominis rationem, & de hac re plura in *Lex apparens.*

Lex apparens.

La loy apparisant.

Lex Ripuariorum. Ripuarii dicuntur inferioris Germaniæ populus, Rheni, Mosæ, & Mosellæ fluviorum ripis circumclusi. Quibusdam, Austrasii perperàm & Neustrii, nostratibus Ribuarii. *Ripam* autem & *riparium* pro ipso fluvio dicebant veteres (ut infrà in his vocibus) & cingunt hic fluvii tractum Luxenburgensem, Geldriensem, & Clivensem. Quando & à quibus leges acceperunt Ripuarii, suprà declaravimus in *Lex Baiuuariorum.* Eas verò adeò approbavit Rex Anglorum Henricus 1. ut non solùm multas inde in suas descripserit, sed totidem interdum verbis: Sic enim ille ca. 90. *Si autem virga de foris sepem incautè missa sit, & aliquid interfecerit: sec ndùm legem Ribuariorum solvatur. Sin autem deintus sepem in virgam se implaverit, non est solvendum.* Eadem hæc leguntur in L. Ripuariorum Tit. 70. §. 4. & quæ præcedunt in §§. 2. & 3. & quæ sequuntur in §. 5.

Lex Salica. Franci populus Germaniæ qui transmisso Rheno plurimum Galliæ subigêre, primò (ut refert Frisingensis) dicti sunt *Sicambri*, postea à Salo fluvio (ut Rhenano placuit) *Salici* & *Saligni.* Anno tertio Regni eorum conditoris Pharamundi, non dum Christiani: *uti cœperunt* (inquit Sigebertus) *legibus, & legem Salicam dictaverunt per* 4. *gentis suæ proceres electos de pluribus, his appellatos nominibus, Viogast, Bosogast, Salagast, Vuidigast, in villis Germaniæ Salehaim, Bedohaim, & Windohaim. Hi* 4. *proceres per tres mallos convenientes omnes causarum origines sollicitè tractantes, de singulis discutiendo sicut Lex Salica declarat, judicare decreverunt.* Idem, vix aliter, in utroq; prologo ad eandem legem: sub posteriori verò sic notatur. *Anno ab incarnatione Domini nostri Jhesu Christi DCCXCVIII. Indictione sexta, Dominus Carolus Rex Francorum inclitus hunc libellum tractatus legis Salicæ scribere ordinavit.* Sunt qui edita legis exemplaria non integrè susceperint, sed huic me nequaquam immisceam controversiæ. Spectatissimus inter cæteros iste est paragraphus. *IN TERRAM SALLICAM MULIERES NE SUCCEDANT.* Sic codex unus. Alius à Fran. Pithæo & Fred. Lindenbrogio datus Tit. 62. §. 6. sic legit: *De terra verò Salica nulla portio hæreditatis mulieri veniat: sed ad virilem sexum tota terra hæreditas perveniat.* Antiquior tertius, Basileensis, fusiùs multò rem decernit, ut exemplarium animadvertas varietatem, in aliis item antiquis legibus frequentissimam. Quænam autem fuit *terra* hæc *Salica* apud Authores non convenit.

In legibus Hen. 1. Regis Angliæ multa reperio è lege Salica deprompta: interdum nominatim, interdum verbatim. Cap. 89. sub initio — *qui hoc fecerit secundùm legem Saligam moriatur &c.* Cap. anteriori 87. *Si quis in conventiculo aliquo communi, vel potationis vel hujusmodi fuerit occisus, defendant se vel emendant quibus fuerit imputatum secundùm legem Saligam.* Si in convivio ubi quatuor vel quinq; fuerint homines, unus ex ipsis fuerit interfectus: illi qui remanent aut unum convictum reddant, aut omnes mortis illius compositionem conjectent: quæ lex usq; ad septem* qui fuerint in convivio illo, *convenit* observare. *Si in convivio illo, plus quàm septem fuerint, non omnes teneantur obnoxii, sed quibus fuerit imputatum, secundùm legem componat &c.* usq; ad finem Capituli: ubi omnia (ab asterismo hîc superiùs notato) expressè leguntur in L. Salica Tit. 45. §§§. 1, 2, 3. & sic alibi.

Quædam in LL. Hen. 1. dempta è LL. Salic. Ripuar. &c.

Lex Saxonum Germaniæ. Saxones olim dicti sunt Thuringi, sed è Græcia prius oriundi ut eorum tradunt historiæ, & illud Gotfridi Viterbiensis Chron. par. 15.

Saxo, velut credo, patria fuit ante Macedo.
Regis Alexandri miles ubiq; fuit.

Vide cætera.

Origini arriserunt leges, à quopiam institutæ qui philosophiam in Græcia audierat, opinatur Huldricus Mutius Chron. Germ. lib. 12. *Multa enim* (inquit) *Platonis legibus conveniebant*.

Saxonum verò leges quæ inter Antiquas divulgantur, Heraldo Dano (qui floruit An. 984.) nonnulli referunt: authoritate ducti Alberti Abbatis Stadensis, cujus nos sententiam supra posuimus in *Lex Frisonum*. Eâdem recidit Helmodus in Hist. Sclavorum lib. 1. Ca. 15. — *adeo claruit* (Heraldus) *ut leges & jura statuerit quas authoritate viri, non solùm Dani, sed & Saxones hodiè servare contendunt*. Certò autem asserit Lindenbrogius, Heraldi leges recentiores esse Saxonum illis & Frisonum, à se congestis. Harum enim exemplaria, cùm in membranæ, tùm in manus vetustate, Caroli Mag. ætatem opinatur antecedere. Sed caveat vir doctus: nam sanctiuntur [illegible] eas quædam ad rem Ecclesiæ, quædam ad salutem Regis Francorum pertinentia: cùm nec ante Caroli regnum conversi essent Saxones ad fidem Christi, nec Francorum semet jugo supposuissent. Fateor nihilominus, quod nec ille tacet, Saxones leges alias habuisse antiquiores, inter editas non repertas. Vide locum in ejus Prologomen.

Lex Scotorum. Quales ante susceptum Christi characterem habuerunt leges (cùm ut aliarum gentium barbararum sordidæ essent in multis & inhonestæ) non hîc referam. Perstrinxit eas divus Hieronymus in Epistola ad Oceanum, & ab ipsis non tacentur Historicis suis in vita Regis Ewini 3. Extant verò candidæ alia Kennethi Regis qui Pictorum cum Regno populum delevit sub An. Christi 839. & Macbethi item qui ferro sustulit Duncanum Regem circa An. gra. 1046. Reperiuntur harum Capitula apud Hectorem Boethium, & quosdam alios rei Scotiæ Authores: non tamen apud Skenæum leges Scotias concinnantem.

Orditur ille à legibus Malcolmi 2. regnum ineuntis An. 1004. si (quas profert) tanta gaudeant antiquitate. Plurima enim illîc vocabula recentioris ævi: mores etiam nonnulli, Magistratuumq; & ministrorum nomina. Quatuor item libri qui inscribuntur *Regiam Majestatem Scotiæ*, Davidi 1. tribuit, quem cœpisse (inquit) regnare An. Ch. 1124. (id est, sub 24 Hen. 1.) & regnasse ann. 26 (hoc est, usq; 18. Regis Stephani.) Ranulphus autem de Glanvilla (quem Balæum secutus, Comitem Cestriæ perperam vocat) non elatus est Justitiarius Angliæ, usq; annum 26 Hen. 2. id est, gratiæ, 1180. *tenenteq; ipso justitia gubernacula: Tractatus de legibus & consuetudinibus Angliæ* (qui *Glanvilla* dicitur) est compositus: ut fronte præfert liber editus, & in antiquissimo vidimus M. S. Hic autem liber Juris Angliæ, & *Majestatem* ille *Regiam*, legis Scotiæ; in præfatione, dispositione, canone, verborum, integrorumq; capitulorum textu, adeò inter se passim consentiunt (mutatis vel ascriptis quæ utriusq; gentis postulat ratio) ut alter ex altero manifestè cognoscatur desumptus: sed an nos è Scotia jurisprudentiam nostram reportaverimus, alii judicent.

Lex Siculorum & Neapolitanorum, Constitutiones, nuncupata: partim à Principibus è Normannia oriundis Rogero & Gulielmo, sed plerumq; à Frederico 2. Imperatore anno vel biennio (ut è Molinæo in Consuetud. Paris. Tit. 1. nu. 95. refert Lindenbr.) post suam cornationem Romæ, Anno 1221. conditæ. Dignoscitur cujusq; legis author ex affixo in fronte nomine.

Lex Wisigothorum, id est, occidentalium Gothorum, quòd in Hispania solium collocarunt: nam Ostro-gothi (i. orientales) in Pannonia, Hungaria, Illiria, finitimisq; regionibus consedere. Utraq; autem gens sub prioris venit interdum appellatione: & effusa per Europam una vel altera, non solum bella & clades, sed legum regnorumq; induxit vicissitudines. Tenebantur verò non jure scripto at è ritu borealium populorum patriis moribus, donec sub Rege Euridico (aliàs Eurico & Theoderico) Era *DIV*. id est, An. Dom. 466. *instituta scriptis habuerunt*: ut in Gothor. Chron. refert Isidorus. His à Levigildo posteà (Era *DCVIII.*) in aliquibus emendatis; rejectis item nonnullis, & adjectis complurimis, plenissimum imposuere vigorem Reges Chindaswindus & Recaswindus. Recensuit tamen Egica singulorum acta, suisq; hinc illinc interfertis, authoritate Concilii Toletani 16. omnia confirmavit, ut pluribus ostendit Lindenbrogius. Hinc istarum legum usus in Hispania, & Gallia Narbonensi, quæ à subactoribus & incolentibus Gothis, Gothia dicebatur.

Legem facere, est legem vadiare, vel legem vadiatam perimplere.

Legem vadiare, al. *Wadiare*: est cautionem dare de perimplendo legis exigentiam in re litigata: ut de præstando sacramento ad indictam diem, cum indicto consacramentalium seu conjuratorum numero, &c. Vide *Vadiare*, & *VVadiare*.

¶ *Lia*

¶ *Lia.*) Charta vet. Joh. de Lacy Constabul. Cestriæ. — *confirmavi Deo & S. Johanni Hospitalis Jerusalem — 22 areas terræ in villa de Altancotes infra lias divisas, scil. de orientali latere de Stutewood usq; ad semitam qua, &c.*

¶ *Liard.*] Vide *Solidus.*

¶ *Liber, Libellus.*] Pro Charta donationis, charta prædiali, telligrapho. Conciliab. Cloveshoviæ An. Dom. 824. *Habuit autem Episcopus ante nominatus* (Heaberthus) *terram aliam cum libris, sicut Æthelricus ante præcepit.* Leo Marsic. Casinens. lib. 1. Ca. 50. *Libellum etiam fecit Gaufrido Marsicano, de S. Gregorio in Serviliano, cum servis — ac pertinentiis ejus.* Inde,

Libellarium jus illud dicitur, quod per Chartam donationis confertur. Idem Leo ibidem. *Hic Abbas concessit Ageltrudæ Augustæ Lamberti Regis matri, libellario jure, diebus tantùm vitæ suæ, cellas duas hujus monasterii, cum omnibus rebus suis: unam in loco, &c.*

¶ *Liber homo, Liberi homines, Liberi & legales homines.*] Ad Nobiles olim spectabant isti tituli, à majoribus ortos omnino liberis. Maxima enim vulgi pars, aliqua servitutis specie coercebatur, sic ut sui esse mancipii non liceret. Qui verò manumissione assecuti sunt libertatem, Romanis *liberti* & *libertini*, inferioribus seculis *Ingenui* dicebantur. Vide *Ingenuus, Legalis, Homo francus, Tenens liberè,* al. *liber Tenens*, quo etiam sensu occurrit interdum *homo liber.*

¶ *Libera wara, Libera warenna, &c.*] Vide *Wara*, & *Warenna, &c.*

¶ *Liberatio, liberatura.*] *Liberationes* dicuntur res necessariæ quæ vel ex debito vel honoris gratiâ, Magistratui, hospitibus, seu peregrinantibus ministrantur. **Livery.** Charta Regis Ricardi 1. Willielmo Regi Scotorum: & Hoveden. in An. Dom. 1194. pa. 738.

Liberatio Regis Scotiæ.

C— ssit &c. multa, *& ex quo Rex Scottorum intraverit terram Regis Angliæ, habebit quotidie de bursa Regis Angliæ* 100 *solidos de liberatione. Cum autem Rex Scotiæ ad curiam Regis Angliæ venerit, quam diu ipse in curia Regis Angliæ moram fecerit, habebit quotidie de liberatione* 30 *solid. &* 12 *wastellos dominicos, &* 4 *sextertia de dominico vino Regis, &* 8 *sextertia de vino expensabili, &* 2 *libras de pipere, &* 4 *lib. de cymino, &* 2 *petras de cera, vel* 4 *cereos, &* 40 *grossos longos colpones de dominica candela Regis, & quater viginti colpones de alia candela expensabili; & cum ipse in patriam suam redire voluerit, conducetur per Episcopos & Vicecomites, de Com. in Comitatum &c.* Veniens igitur Rex Scotiæ Alexander Londinum *visitandi Regem Angliæ* (Henricum 3.) gratiâ: petiisse dicitur dictæ *liberationis* exhibitionem: *Sed licet hoc fuerit pluries quasi de jure petitum, nunquam tamen fuit per plurium assertionem, nisi de liberalitate exhibitum* inquit Mat. Westmonast. in An. 1260. pa. 302. Causa liquidò apparet ex collatis quæ præterea refert Hovedenus, & Westmonasteriensis illis.

Pro *corredio*. Constitut. legatir. Othobon. Tit. quod nul. religiosi vend. liberat. — *vitium extirpamus quo quidam Abbates &c. ad certum tempus, vel ad vitam illorum quibus fit concessio, certum quid (quod communiter liberationes appellant) communiter vendunt & assignant.* Athon. ibi in glos. *Liberationes, aliàs verò nuncupantur corrodia.*

Pro *mercede* vel *salario*. Mag. Chart. Ca. 22. *Nullus — capiat equos vel carectas alicujus pro cariagio faciendo nisi reddat liberationem antiquitùs statutam.* — Skenæus de verb. signifi. *Liberatio*, **ane fee given to ane servand or officer, q whilk is called ane livery**, & ad *Leg. Malcolmi Mackeneth ca.* 4. *Feodum* **or fee is commonly of silver and money, and an** livery **is of meat or clothes. But this distinction or differense is nocht perpetuall.** Hæc ille.

Liberata etiam dici videntur certæ portiones lignorum, estovariorum, fœni aut alterius vesturæ prædialis, quas è solo communi vel alieno, debitè reportant alii. Lib. Prior. Dunstapulæ Tit. Houcton Ca. 5. *Liberata bosci quam habet Prior in Bocwood.* Et infra: *Liberata prati in le South made.* Reor idem esse quod aliàs *Dola* (**a dole**) à distributione appellatur: concediq; uni ex alterius fundo.

¶ *Libertare.*] Libertum facere, Libertate donare. Wisigothor. lib. 12. Tit. 2. l. 14. *Libertare verò servum Christianum Hebræus si maluerit, ad civium Romanorum dignitatem eundem manumittere debebit, nulli scilicet Hebraico vel quolibet obsequio reservato.*

¶ *Libertaticum,* & *Libertinium.*] Obsequium quod libertus patrono debet: libertinitatis obsequium. Formul. solen. 99. *Nec mihi nec heredibus meis ullum impendas servitium, nec litimonium, nec libertaticum, nec alium obsequium, nec patronatus gratias.* Lindenb. Calpur. Declam. 14. *Ego postulo tenue libertinium quod vix sufficit ejus funeri.* Apud Romanos libertus patrono donum, munus, operas debebat. L. 20. §. 2. ff. de acquirend. et amit. hæred. & toto Tit. ff. de Operis libertor.

¶ De libra numaria & multiplici ejus ratione.

¶ *Libra.*] Ad antiquæ historiæ elucidationem, conducit sæpè *libra* & *numerum* explicatio, quo me negotio non immergam: quædam tamen non pigebit annotasse. *Libra numaria* nomen à pondo cepit, quòd libram quam vocant *Troianam*, hoc est, uncias 12. olim pendebat. Inde etiam Saxonibus **punde**, & Anglis **pound**. Æstimabatur autem aliàs solidis, aliàs denariis, aliàs oris, hoc est, unciis.

Libra Anglo-Saxonica continebat solidos 48, argenteos: solidus verò 5. tantummodò denarios. Extant certa rei monumenta (ut Lambardus refert) in denariis argenteis, tempestate Ethelredi Regis, excusis.

Libra Anglo-Normannica 20. pendebatur solidis: solidus autem interdum 16 denariis, sed plerunq; 20 ex argenti uncia conflatis. Hinc in Domesd. crebrò: Tale *Manerium reddit* x. xx. *vel* xxx. *libras denariorum de* xx. *in ora*; ut de specie constet solutionis. Hæc igitur *libra* duplex fuit: scil. majoris unciæ, & minoris: vel majorum denariorum, & minorum.

Libra denariorum illa frequentior est in Domesd. (& perinde sub illo seculo) de 20 denariis in uncia. Titt. Oxenfordscire. Rex. Oxenford. *Reddit de moneta* 20. *lib. denariorum de* 20 *in ora*. Ibidem: *Pro canibus* 23. *lib. denariorum de* 20 *in ora*. Titt. Herefordscire. Rex. Lene. *Præpositus — veniente domina sua in Manerium, præsentaret ei* 18 *oras Denariorum ut esset ipsa læta animo*, In append Flodordi pa. 45. *annuatim persolvere libram unam denariorum Remensis monetæ*.

Libra sterlingorum, eadem olim fuit quæ libra *denariorum* de 20 in uncia, nam denarius aliàs dicebatur *sterlingus* & *esterlingus*. Nominis rationem vide in *Esterlingus*. Confecerunt autem sequentes Reges *sterlingorum libram* ex denariis de 40 in uncia; novissimi, de 62. vel eo amplius: retinentes tamen *sterlingorum* appellationem, utpote jam *pecuniam legalem* significantem. Prisca igitur *libra sterlingorum* ex 120 denariis constabat, pondo æqualis gravitate: media ex 480. hodierna, ex 722. & quidpiam supra. *Sterlingorum* autem nulla (quod sciam) in Domesd. mentio, cùm recentioris sit originis vocabulum.

Sterlingus.

Libra ex oris, eadem est quæ ex unciis, ut supra.

Libræ etiam aliæ occurrunt denominationes atq; ipsæ in Domesdei codice tritissimæ: *Libra numerata, pensa, arsa*.

Libra numerata. Currebant in primis pecuniæ (ut hodiè argenteæ) solummodò numeratione: accepitq; inde hæc *libra* nomen, denarios veteres (ut supra diximus) 120. numeranti exhibens.

Libra pensa, seu *pensata*. Cùm autem multa essent ubiq; locorum cuneagia (nam illustriores plurimæ civitates, villæ, Episcopi, proceres, sua habuêre) factum est, ut leves sæpè denarii à cuneatoribus & falsariis cuderentur, detonsiq; sæpè alii in publicum properent. Venit igitur in usum, non solùm *libram* numerare, sed (ut aureos hodiè) ad pensum trutinare.

Libra arsa. Crescente nequitia, neq; numerus sufficit, neq; pondus. Corrupto igitur metallo ad examen igneum progreditur: ut decocto adulterino, simplex reddatur, vel debita temperies, quam veteres *legam* & *lactam* (ni fallar) appellabant: **the allay**. Decocturam hanc *arsionem, combustionem*, & *arsuram* vocant: inde *libram arsam*. Lega seu Lacta quid.

Arsionem instituisse refert Author dialogi fiscalis, Salisburiensem Episcopum (intelligo Rogerum Cadomensem) sub Henrico 1. cùm idem Rex frumentarios & esculentos redditus in pecuniarios commutasset, numero atq; pondere persolvendos. *Hic* [inquit] *postmodum ex mandato Principis accessit ad Scaccarium, ubi cùm per aliquot annos persedisset, comperit hoc solutionis genere non plenè fisco satisfieri. Licèt enim in numero & pondere videtur satisfactum, non tamen in materia. Consequens enim non erat ut si pro libra una, numeratos 20 solid. etiam libræ ponderi respondentes, solvisset: consequenter libram solvisset argenteam. Poterat enim cupro vel quovis ære mixtam solvisse, cum non fuerit examinatio. Ut igitur regiæ simul & publicæ provideretur utilitati, habito super hoc ipso Regis consilio, constitutum est ut fieret ordine prædicto firma* (i. annui census) *combustio, vel examinatio. Combustionis* seriem copiosè describit in præcedenti Capite: perhibetq; *non esse legitimam Regni hujus monetam, si examinata libra decidat plusquam 6 denar. à pondere quàm numerata respondet*. Libra quan deficere.

Sed restituit, non instituit *arsionis* seu *combustionis* hunc morem Sarisberiensis Episcopus: nam de his omnibus speciebus creberrimè agitur in Domesdei libro sub Henrici 1. patre condito, ut in sequentibus liqueat. Titt. Chent. Archiepis. Cantuar. Civitas Cantuar. *Idem reddit nunc* 30 *lib. arsas & pensatas*, & 24. *lib. ad numerum*. Lincolescire. Rex. Chircheby. *Tempore Regis Edwardi valebat xl. lib. modo lx. sol. cum pondere & arsura*. Titt. Wiltescire. Rex. *De tertio denario Sarisberiæ habet Rex xx sol. ad pensum, de cremento x lib. ad pondus*. Ibi sub, Aldeburne. *Hoc Manerium reddit Lxx. lib. ad pensum, sed ab Anglis non appreciatur nisi ad Lx lib. ad numerum*. Simile in Coseham. In Devonscire occurrit ubiq; sub Tit. Rex. *Ad pensum & arsuram. Ad pensum solùm. Ad pondus & arsuram. Ad pondus solùm*. & in Wiltesc. sub Tit. terrarum Regis, invenies (inquit Agardus) *redditum ad pensum, & ad numerum penè esse unum*. Differenrentiam verò si quam intelligit inter *libram ad pensum*, & *libram ad pondus*, ego non teneo.

Libra ad scalam. Habetur apud eundem Authorem dialogi, *Libræ* istius mentio, ex hac occasione. Cùm Rex Hen. 1. esculentos suos redditus in pecuniarios transtulisset, constitutum est, ut singuli Comitatuum Vicecomites indictas pecunias annuò colligerent, & in Scaccarium *ad Scalam* solverent: *Hoc* (inquit) *est præter quamlibet libram 6 denar. Rati sunt enim de tractu temporis facile posse fieri ut moneta tunc fortis, à suo statu decideret. Nec eos fefellit opinio: unde coacti sunt constituere ut firma Maneriorum non solùm ad scalam, sed ad pensum solveretur, quod perfici non poterat nisi longè pluribus appositis. Servabatur per plures annos ad Scaccarium lex hujus solutionis: unde frequenter in veteribus annalibus rotulis Regis illius invenies scriptum: In Thesaurario, C. lib. ad scalam: vel. In Thesaurario C. lib. ad pensum.* Postea subsecutus est mos ille *Combustionis*, à Sarisberiensi Episc. (ut suprà) institutus. Sed ad codicem Domesd. revertamus.

Libra alba, candida, blanca, argentea, &c. Habentur illic præterea, *Libra alba, candida, blanca, argentea, de albo argento, de albis denariis, candidorum nummorum &c.* quæ omnia vel de argento cuso, vel de rudi & informi in solutione exhibito intelligenda censeo. Tit. Bochinghamsc. Rex. Brunhale. *Inter totum reddit per annum xxxviii lib. de albo argento.* Herefordsc'. Rex. Lucwordine. *Hoc Manerium reddit x lib. modo de albis denariis unam tunicam auri.* Gloweceſtresc. Rex. Tochintune. *Modo reddit 24 lib. candidorum nummorum de 20 in ora.* Essex. Comes Eustachius. Hundred de Angra. *Tunc & post valebat 16 lib. modo 20. candidas.* Hantesc'. Rex. Adinstone. *Reddit 12 libras blancas de 20 in ora.* De his dubius & incertus nihil pronuntio: sed fuisse aliquando pecuniæ genus *Blank's.* *Blancas* & *Blankes* appellatum suprà videas in his vocibus.

Libra auri. Refert Author incertus, *marcam auri* 50 marcas argenti continere. Sequitur perinde ut *libra auri* (nam *libra* marcam proportione respicit sesquialtera) 75 *libras* complectetur. Quære, & Vide *Marca*. Cupio varias gentium libras annotasse, sed facultas deest. Quasdam accipe.

Libra Anglica. Prisci illa seculi continebat (ut diximus) 220 den. i. 12 uncias argenti, Sic Stat. an. 51 Ed. 1. Inferioris, duplum: hodierni triplum, & aliquantulum supra.

Libra Scotica antiqua. De hac Assisa de ponderibus & mensuris Rob. 3. qui floruit Anno 1393. *Libra debet ponderare 25 sol. &c.* 3, 4, & 5. §§§.

Libra Hibernica valet sol. 15. Anglicos.

Libra Andegavia. Vide *Marca*.

Libra Barrensis valet 14 sol. Turonens. i. minor uno quam 18 den. Sterlingorum.

Libra de Burdelois valet 12 sol. & dimi: vel dimid. libræ Parisiensis.

Libra de Mansais est 4 sol. sterling. vel 2 *libræ* Turonenses.

Libra Parisiensis val. 20 sol. Paris. vel 25 sol. Turon. i. 2 s. 6 d. Sterling.

Libra Turonensis inter Gallos usitatissima, tantum valet 2 sol. Sterl. Stow in An. 1261. i. 46. Hen. 3. Pactum est, Normanniam Regi Franciæ remansuram, solventi Regi Angliæ & hæredibus 30000 *libras Turonenses*, i. 3000 libr. sterling.

¶ ***Lida*, & *Lidus*.**] Vide *Litus*.

¶ ***Lidiscarti*.**] L. Baiuuarior. Tit. 3. Ca. 1. §. 21. *Si autem maculaverit, ut exinde turpis adpareat, quod lidscarti vocant, cum 6 sol. componat.* Gloss. Lind. Germ. **Lid**, *membrum.* **Schart**, *fissura*; unde & **Orscardi**, *auris abscisio*, Alaman. Tit. 61. & **Granscart**, *spicarum abscisio*, Boior. Tit. 12. Ca. 8.

¶ ***Lidolaip*.**] Longob. lib. 2. Tit. 15. l. 2. *Si quis res suas alii thingaverit, & dixerit in ipso thinx lidolaip, i. qui in die obitus sui reliqueret; non dispergat ipsas res postea doloso animo, nisi fruatur cum ratione.* Lindenb. Germ. **laib**, *corpus*: **lido** *quid sit non liquet.*

¶ ***Liduwagi*.**] L. Frison. Tit. 22. §. 35. *Si quislibet digitus ex 4. longioribus, in superioris articuli unctura ita percussus fuerit, ut humor ex vulnere decurrat, quod liduwagi dicunt, 2 sol. componat.* Idem Addit. Frison. Tit. 3. §. 32. *Si quis in junctura membrum cujuslibet ita percusserit, ut humor ex vulnere decurrat quem lidwagi dicunt, ter 4 sol. componat.* Hic Lindenbr. ait. Germ. **lid**, *membrum* vel *articulus*: humor autem de quo hic agitur **Lidwater** vocatur, Anglo-Saxonicè **Lidseaw**. Sic enim verba LL. Alfredi Regis intelligenda arbitror Ca. 40. Gif mon eaxle bið gewundod ðæt ðæt Liðseaw ut flowe. gebete mid 30 scill. i. *Si quis in humero vulneratus fuerit, ut humor inde decurrat, 30 sol. componat.*

¶ ***Liferent*.**] Redditus, & emolumenta prædialia, quæ quis percipit aut ad terminum vitæ, aut ad vitæ sustentationem. Skenæus ad Quon. Attach. Ca. 18. v. 5. *Nota quod eschaeta terrarum felonis, post annum & diem* (viz. **his Liferent**) *ipso vivente computatur inter bona mobilia.*

¶ ***Lierwit*.**] Fleta lib. 1. Ca. 47. Adulterii mulcta. Vide suprà *Lairwit*.

¶ ***Lieg lord*, & *Lieg man*.**] Vide *Ligantia*, & *Ligius*.

¶ ***Liga*, *Ligare*, *Ligantia*, *Ligius*, *&c.*** cum compositis.] A *liga* & *ligare* Italic. pro vinculo & vincire. Per translationem, *fœdus* & fœdus pangere.

Liga, pro fœdere. Alb. Argentin. sub An. 1337. [illegible] Principem (Ludovicum Cæ-
[illegible] *juramentis*, &
[illegible] *perpetua est firmata*. In-
[illegible] *contraxit*; & spatium [illegible] *liga*
[illegible]
[illegible] *ipsorum societate & confœderatione*,
quam Cæsar & Tacitus *civitatem* vocant. Jodoc.
Willichius ad Tacit. pa. 1. Ca. 23. *Itaq;
vel juxta Rodulphi similitudinem, civitates Germanorum* (veterum) *sunt confœderationes & facta quam ligam barbari solent appellare*.

Ligare, pro *inire fœdus* apud eundem in An.
3046. *Papa cum Mediolanensi antiquo hoste
[illegible] ligavit*. Infra. *Venerunt autem
[illegible] Angli in Frankenford,
Principem & Anglum colligare quærentes,
cum quibus Princeps cum pleno colligendi
mandato Rob. Ducem Bavariæ, &c. destinavit*.

¶ *Ligantia*, & inde *Ligiantia*, & *Allegiantia*.] Vinculum arctius inter subditum & Regem utrosq; invicem connectens;
hunc ad protectionem & justum regimen, illos
ad tributa & debitam subjectionem. Dicuntur
igitur utriq; *ligii*; Princeps nempe, *ligius dominus*: subditi verò *populus ligius*, & *homines
ligii*. De natura verbi istius atq; vinculi, copiosè
definitum est an. 6. Jacobi R[i]. in Casu Postnato-
rum: adjiciam tamen quæ vetustius deprehendo. Custumar. vet. Norman. Ca. 43.
*Ligantiam autem sive legalitatem de omnibus
hominibus suis totius provinciæ, debet* (Princeps)
*habere: ex quo ei tenentur contra omnes homi-
nes qui mori possunt aut vivere, proprii corporis præbere consilii, & auxilii adjuvamentum:
& ei se in omnibus innocuos exhibere: nec ei
adversantium partem in aliquo confovere. Ipse
etiam eosdem tenetur regere, protegere, ac defen-
sare, eosq; secundum jura & consuetudines, &
leges patriæ pertractare*. Nubrigens. hist. lib.
2. Ca. 37. *Regi Anglorum* (Henrico 2.)
*tanquam principali domino, hominium cum ligi-
antia, i. fidelitatis cautione standi cum eo, & pro
eo, contra omnes homines, Rege proprio præcipiente, fecerunt*.

Ligius dominus.
Homines ligii.

Legalitas.

Ligii fœdus. Walsing. in An. 1213. *Johannes Rex Angliæ videns Barones suos contra
se insurgere; utpote qui cum Rege Francorum
per literas suas ligeas fecerant &c*. V.

Ligii.
Liges.

Ligii igitur & *ligei* idem sunt quod *ligati*,
sed à generali significatione definunt voces
plerumq; in specialem: utpote de eis dictæ qui
propriis dominis tenentur à partibus stare contra omnes mortales, ne Rege quidem excepto, vel antiquiore domino: unde illud Feud.
lib. 4. Tit. 93. *nullo antepposito, fidelitatem
fecit*. Mos ille vetus: sed Fredericus Barbarossa An. Dom. 1152. Roncaliis cavit Imperatorem in omni fidelitatis sacramento excipiendum: quod & deinceps faciunt alii
Principes: adjunxitq; Jus feudale, *antiquiores dominos* etiam eximendos. Hinc in sacramento isto, vulgata clausula: *salva fide domino
nostro Regi, & aliis dominis meis*. Vide plura
in verbo *Fidelitas*. Ex his provenit ut *ligii*
hodie appellentur Principum tantummodo
subditi, supremo gaudentium dominio. Glos.
ad Clementin. lib. 2. Tit. 11. Ca. 2. *Pastoralis*. *Dicitur autem ligius quasi ligatus, vel
legius quasi legalitatem servans*. Et infra: *hominis ligium* (i. ligantia) *fit Imperatori vel
Regi, nullius alterius fidelitate salva: sed in va-
sallitico vel fidelitate reservatur saltem Imperatoris fidelitas vel authoritas, &c*.

Legius.

Legium.

Distinguuntur nunc igitur perspicuè *ligii* &
vassalli; item *ligium* seu *ligiantia*, & *vassal-
liticum*: quod clarius emicat apud Albertum
Argentinum sub An. 1304. *Quamvis autem
iidem Principes Aquilonis* (intellige Galliæ
Belgicæ &c.) *ipsum Francum ipsis gravem,
exosum haberent: cum tamen omnes quasi ejus
essent vassalli, nisi ab Imperatore moveren-
tur cujus essent homines ligii, invadendi
eum cum honore occasionem aliquam non habebant*.

Ligii & vassalli, ut differunt.

Quando autem hæc exceptio in Anglorum
devenit professiones, nec compertum habeo,
nec utrum voces *ligius* & *ligantia* semper venerint arctiori acceptione: nam & privatos,
suos habuisse *ligios* deprehendo. Lib. Rames.
Sect. 244. *Reinaldus Dei gratia Abbas Ramesiæ, Præposito & hominibus de Brancestre, &
omnibus vicinis Francis & Anglis salutem.
Sciatis me dedisse terram Ulf in Depedene*
(hodiè Depedale) *huic Boselino & uxori ejus
Alfniæ, ita bene sicut homines de Brancestre
illum testificant verum habuisse, ea conditione
quod effecti sunt homines liges*. Floruit Reinaldus sub ætate Henr. 1. quod & clausula,
Francigenis & Anglis, testatur. *Ligiantiæ* etiam inter privatos meminit Glanvilla lib. 7.
Ca. 10. *Si verò plures habuerint dominos ipsi
heredes sub custodia constituti: capitales eorum
Domini, i. illi quibus ligeantiam debent sicut de
primis eorum feodis, eorum habebunt custodiam*.
Idem totidem verbis Regia Majest. Scot. lib.
2. Ca. 44. ver. 1. ubi Skenæus: *Ligantiam
fecerunt, id est* (inquit) *priorem fidem, seu homagium, & ut nunc loquuntur, à quibus prius
feofamentum acceperunt*.

¶ *Lista*.] Sax. lıſꞇ, & lıſꞇan: *fascia,
limbus, margo*. Anastas. in Leone 3. *Super
altari majori vestem albam fecit holosericam
rosatam, habentem in medio tabulam de chrysoclavo cum historia Dominicæ resurrectionis, &
in circuitu listam de chrysoclavo*. Item in Leone 4. *Fecit cortinam lineam cum cruce in
medio, & in gyro lista de fundato miræ magnitudinis*. Marsicanus in Chron. Casinens. Ca. 29.
*Misit B. Benedicto purpureum pallium opti-
mum, de quo Abbas pulvinale faciens, aureis
listis ornavit*. Sæpe in dictis Authoribus.
Magna (apud nos) Charta, Ca. 26. *una* (sit)
*latitudo pannorum tinctorum &c. scil. duæ ulnæ
infra listas*.

Quidam

Quidam lineam esse aiunt, dictumq; inde *Sublestus*, opinantur.

¶ *Lisure.*] Idem quod *lista*, & velut *listura*. Assisa de mensuris Ric. 1. apud Hovedenum pa. 774. *Lanei panni ubicunq; fiant, fiant de eadem latitudine, scil. de duabus ulnis infra lisuras.*

¶ *De litaniis, præsertim solennioribus.*

¶ *Litania.*] *Rogatio, supplicatio.* Sed præterea publicæ supplicationis genus est, qua Dei misericordia ex solenni more ardentius imploratur. Concil. Mogunt. sub Leone 3. An. Dom. 813. Ca. 32. *Litania Græco nomine appellantur quæ Latinè dicuntur rogationes. Inter* Λιτανείας *autem &* ἐξομολογήσεις *hæc differentia, quòd Exomologeses pro sola peccatorum confessione aguntur: Litaniæ verò quæ indicuntur propter rogandum Deum, & impetrando in aliquo misericordiam ejus.* Indicebantur *litaniæ* gravi quovis imminente discrimine: putà famis, belli, pestis, &c. quandoq; ad impetrandam camporum benedictionem, nè tactis frugibus sequeretur fames: de quo postea. Greg. Mag. Episcopis Siciliæ hostium invasionem metuentibus, Lib. 9. Epist. 45. *Itaq; hortor (fratres charissimi) ut omni hebdomada quarta & sexta feria* (i. die Mercurii & die Veneris) *letaniam inexcusabiliter indicatis; & contra barbaricæ crudelitatis incursus supremæ protectionis auxilium imploretis, &c.* Simile in imminentibus adversitatibus decrevit Liberius Papa, & de fructibus benedicendis, alii.

Litaniarum multæ sunt species; duæ verò solenniores: *Major* & *Minor*, hæc antiquior, illa insignior. Nos temporis secuti rationem, à *Minore* exordiemur.

Triduana Litania. *Litania Minor*, vulgari nomine, *Rogationes* appellatur, & *Processiones*; nec non *Triduana Litania*, quòd tribus diebus ante Ascensionem Domini, annuè per omnes Galliarum, Germaniarum, & Britanniarum Ecclesias celebrata fuit.

Concil. *Cloveshovia* sub Cuthberto Arch. Cant. An. 747. Cap. 16. Ut *letaniæ*, l. Rogationes, *à Clero omniq; populo his diebus cum magna reverentia agantur, id est, septimo Kalendarum Maiarum juxta ritum* Romanæ *Ecclesiæ, quæ &* Letania major *apud eam vocatur. Et item quòd, secundum morem priorum nostrorum, 3 dies ante Ascensionem Domini nostri in cœlos, cum jejunio &c.* Conc. Brit. pag. 249.

Non exolevit apud nos consuetudo; nam vicatim sub his diebus lustramus annuò camporum terminos, Dei munificentiam in collatis agnoscentes beneficiis, & in desideratis misericordiam expetentes. Institutam ferunt hanc *litaniam* apud Gallos, Clodovei ævo primi Francorum Regni conditoris & (cum gente sua) primi Christiani, circiter An. Dom. — à Mamerto Viennensis urbis Episcopo. Territa quippè crebris prodigiis urbe illa, & frequenti sic concussa terræ motu ut per annum integrum cervorum fieret & luporum statio: flagranteq; cœlitùs in perniciem reliquæ urbis domo regia: Mamerti lachrymis & orationibus mulcetur Dominus. *Cumq; hæc agerentur appropinquante Ascensione* (ut diximus) *Majestatis dominicæ, indixit populis* (Præsul) *jejunium, instituit orandi modum, edendi seriem, erogandi hilarem dispensationem. Cessantibus quoq; exinde terroribus, per cunctas provincias dispersa facti fama cunctos Sacerdotes imitari commonuit &c.* Greg. Turon. Hist. Lib. 2. Ca. 34. ex homilia B. Aviti de *Rogationibus*. Hanc *litaniam* sub eodem tempore fieri decernit Aurelianensis apud Gallos Synodus An. Dom. — liberamq; à servili opere celebrari: sed Hispani ideo quòd scriptum est, *Non possunt filii sponsi lugere, quàm diu cum illis est sponsus*, infra Quinquagesimam Paschæ (id est, dum in terris ageret Dominus noster) recusant jejunare: suas referentes *litanias* ad feriam quartam, sextam, & septimam in Pentecostes hebdomada, qua nos utiq; jejunium Quatuor temporum celebramus. Alii etiam eorum Idibus Decembribus *litanias* statuunt *triduanas*, atq; Decembribus Calendis, ut habet Walafridus Strabo de reb. Ecclesiast. ca. 28.

Litania major ab Authore, *Gregoriana*: à loco, *Romana*: ab ordine, *Septiformis*: ab habitu, *Cruces nigræ* & præterea *Majores supplicationes*, & *Processio major*, appellatur. *Major* autem quòd majori institutione, majori procedit solennitate. A magno enim Gregorio instituta est, cùm per urbem & Italiam totam lues inguinaria (sæviens circa An. Dom. 594.) multas mortalium myriades, atq; unà Papam ipsum Pelagium 2. dum processionem ageret, corripuisset. Orta dicitur pestis ista ex putredine quam reliquit ingens Tibridis exundatio, muros Romæ (si Warnifredo fides) supergrediens. Extincto Pelagio succedens Gregorius populum urbis (velut exercitum vim in cœlos allaturum) ad *litanias* conscribit: dispositumq; per cohortes septeno ordine: In primo ponit omnem Clerum (rectoremq; agminis proculdubiò semetipsum) Secundo, omnes Abbates cum suis monachis. In tertio, omnes Abbatissas cum suis congregationibus. In quarto, omnes infantes. In quinto, omnes laicos. In sexto, viduas omnes. In septimo, mulieres omnes conjugatas: effusoq; inter ardentissimas orationes, imbre lachrimarum, Dei reportabat misericordiam. Apud Romanos igitur in consuetudinem venit annuæ celebritatis: statuiturq; ei dies 7 Cal. Maii, id est, in festo S. Marci, quòd sub hoc tempore ad bellum proceditur contra inimicos (juxta Alcuinum) vel quod florescentibus jam campis, exorandus sit Deus ad benedictionem fructuum. Capitul. Caroli Mag. & Ludovici

Litania major. Gregoriana. Septiformis. Cruces nigræ. Proces. major.

Impp. Lib. [illegible] Tit. 74. *Letania Major more Romano* [illegible] *omnibus 7. Cal. Maii celebratur.*

Quo fastu prodijt hæc *litania*, putà crucibus & vexillis bestijcis, reliquiarum capsis & ejusmodi; apud Durandum & Scriptores officiorum Ecclesiæ quære. Induebantur autem hæc omnia, etiam altaria & supplices, vestitu nigro in luctus mœrorisq; designationem: unde (quod diximus) *crux nigra* ipsa appellatur *Litania*. In Ecclesiis verò ubi classium aut personatum numerus non adhibeatur, septies jubentur *litaniam* iterare, priusquam deponant insignia.

Cruces nigræ.

Transeo alias *litaniarum* species, sed qui de his plura velit, Durandum adeat Lib. 6. Ca. 102. Paulum warnifredum (al. Diaconum) Hist. Longob. lib. 3. ca. 23. Synod. Aquisgram. Ca. 10. Florent. Wigorn. in An. 592. Amularium, & cæteros Officiorum Ecclesiæ Scriptores.

¶ *Litera.*] Pro stramine cubilis, & ad lectum ipsius Regis. A Gall. *Litiere*, al. *lictiere*, atq; hoc à *lict* pro Lecto. Fines Term. Hilar. an. 1. Ed. 2. in Com. Wilt. *Joh. de Grafsted qui Matildam sororem & unam heredum, & Ric. de Testwod qui Catherinam alteram sororem & heredem Petri Spileman*, uxorem duxit, *finem fecerunt cum Rege per* 10 *marc. pro relevio dicti Petri pro terris quas dictus Petrus tenuit &c. per serjantiam inveniendi unum servientem cum hambergello per* 40 *dies in Anglia, & inveniendi literam ad lectum Regis, fenum ad palfridum Regis quando jacuerit apud Brokenerst, sicut iidem Johannes & Richardus recognoverant.* Vide *Hambergellum*.

Breviarium Monast. de *Bello* in Lib. de Ducib. Normanniæ Cap. 28. *Natus verò puer (Gulielmus Nothus postea Dux Normanniæ) per oblivionem obstetricis in stramine projectus, plena brachia straminis retinuit. Quod quidem prognosticum æstimabatur, quod in non tam potentiam cresceret & probitatem.* En veterum fastus, & similis qua Martis natalitia ornat *Ovidius Fast.*

Quæ fuerat nostri si quæras regia nati:
Aspice de cannis straminibusq; domum,

Et adde reliqua.

¶ *Litera Pisana.*] Dicitur character vetus quo scriptæ sunt Pandectæ, apud Pisanos aliquando conservatæ. Has cùm Amalfium cepisset Lotharius Imp. à Warnhero inventas honorario muneri Pisanis dedit; sed Florentiam postea delatæ, in palatio Ducis custodiuntur, & nisi accenso cereo, aliisq; ceremoniis in conspectum publicum non proveniunt. Cujates propriè sunt istæ literæ, & an Gothicæ (quod non reor) dicant, quibus contigit vidisse. Gothicas adinvenit Episcopus eorum Galfilas, era CCCCXV. ut habet Chronicon Isodori, quod redintegrans Vulcanius, ad annum rejicit Valentis 13.

Literæ Gothicæ quando & à quo inventæ.

¶ *Litus, Litimonium*, item *Lidus, Lido, Lida, & Lidimonium*, t in d mutato.] De etymologia, infra.

Litus. Videtur servus esse dediticius, utpote qui se pretio mancipavit. Privileg. libertat. ab Ottone Imp. Adaldagi Episc. supplicatione, monasteriis concessæ. *Si verò aliquis ex libertate voluerit jamundling vel litus fieri, aut etiam colonus ad monasteria supradicta, cum consensu cohæredum suorum non prohibeatur &c.* Lindenb. L. Alaman. Tit. 90. *Si quis fœminam ingenuam colpo percusserit, sic ut sanguis non exeat, solvat sol. 2. Si lida fuerit, solvat 1. & tremissem. Si ancilla fuerit, solvat sol. 1.* Constitutt. Caroli Mag. An. 851. Ca. 6. *De Aldionibus publicis, ad jus publicum pertinentibus. Aldiones & Aldianes ea lege vivant in Italia in servitute dominorum suorum, qua fiscalini vel Liddi vivunt in Francia.* Amerphachius *Liddos* hic opinatur eosdem esse qui vocabulo adhuc in usu apud Germanos Leuten dicuntur, i. *famuli*, & *famulorum merces*: nec differre voces *Aldii* & *Liddi*, nisi quod altera in Italia sit recepta, altera manserit in Germania, præsertim his qui Franci vocabantur. Præceptum Caroli maioris domus Trajectensi Monasterio, an. 2. Theoderici Regis. *Donamus &c. omnem rem fisci — in ipso Trajecto castro &c. cum mansis, terris, casis, domibus, ædificiis, accolabus, litis, mancipiis, campis, &c.*

Litus. Lida. Liddi.

Sunt qui *Litum* & *litonem* à Lit, pro servo; vel à Litten, servando, ducunt: ut aliàs *Lazos*, à Lutz & Lassen. Ad hoc facit Alberti Stadensis illud: *Plures autem se eis dediderunt proprios, & qui ab eis vivere sunt permissi, litones sunt ab eodem vocabulo nuncupati. Inde Litones in provincia Saxonum sunt exorti.* Videntur igitur *liti* & *litones* dici apud Germanos, ut *servi* apud Justinianum, h. *captivi servati.* Fidem addit origo vocis à Græcis petito; nam λῃΐς, λῄϊδος, *præda*, λῃϊστής, *captus in bello*: λῃῗτις *captiva mulier.* Sæpe in privilegiis Henrici & Conradi Impp. Mindensi Ecclesiæ — *homines ipsius Ecclesiæ francos, liberos, & Ecclesiasticos, litones, maalman, vel servos cujuslibet conditionis, seu colonos, &c.*

Unde. Maalman

Litimonium. Servitium quod *litus* domino suo debebat. Formul. solenn. Ca. 86. *Nulli hæredum ac prohæredum meorum, ullum impendant servitium vel litimonium, vel patronatus obsequium.* Ibidem in formula ingenuitatis factæ, Ca. 99. *Nec mihi nec hæredibus meis ullum impendat servitium, nec litimonium, nec libertaticum, nec ullum obsequium, nec patronatus gratiam.* Debebatur fortè *litimonium* etiam manumisso *lito*, ut supra *libertaticum*, quod vide.

¶ *Livorare.*] *Contundere*, & ex plaga carnem lividam facere. Livores inducere. Marcul. lib. 1. form. 29. — *quasi vos nulla manente causa in via adsallissetis, & graviter livorissetis.*

¶ *Lobium*

¶ *Lobium.*] *Excedra, cœnaculum, refectorium.* Germ. **Laube, Lauben.** Annal. Godefrid. Monac, in An. 1208. *solus quodam lobio cum Episcopo Spirensi, & aliis duobus, scil. Camerario & Dapifero suo remansisset.* Alber. Argentin. in an. 1365. *Intravit quidam Capitaneus cujusdam societatis Anglicanorum qui dicebatur Archipresbyter — habens secum 12000 equorum, in Alsatiam, & de nocte combusserunt quàm plurimas domos in* Kuningeshofen, *apud lobium ibidem situm.*

Locarium.] Conductionis pretium, elocationis census. Forenses nostri *firmam* vocant. Aimoini nuncupatus Lib. 5. C. 41. *Carolum adiit pro petitione partis Regni quam frater suus Ludovicus in locarium acceperat.* Form. solen. Ca. 143. *ad duplum ipsum locarium reddere spondeo.* Sic propemodum apud ipsum Varronem.

¶ *Logium.*] Anglicè **a lodge** — Item à domo in *logium*, quod benè & procedente ratione nomen accepit: ibi enim sedere in deliciis solebant ad colloquendum, à *logos*, quod est sermo derivatum. *Les preuves de l'hist. des Comtes de Guines p.* 161.

¶ *Lollardia, Lollardus.*] *Lollardorum* nomen exortum est in Anglia sub excessu Edouardi 3. atq; his impositum qui Wicliffiana dogmata sunt amplexi. Dictos opinatur Commonachus S. Augustini Cantuar. (in lib. M. S. An. 1406.) à lolio, quòd sicut lolium (inquit) segetes Domini inficerent. In sententiam ejus abiit Lindewodus, sed perperam uterq;, Tritemius enim in Chron. ostendit eos à Gualtero Lolhard Germano quodam qui floruit circa Annum Dom. 1315. originem duxisse. Contra *Lollardos* plurima statuit Thomas Arundel Archiep. Cantuar. in Concil. Oxoniensi

Nostro ævo accipiunt alii *Lollardos*, pro institutæ religionis adversantibus, eoq; vetus sacramentum Vicecomitum ad prosequendos *Lollardos* juratorum, hodiè attrahunt.

¶ *Lordain.*] Hect. Boet. Hist. Scot. lib. 10. fol. 240. Sect. 20. *Tandem de calamitatis miseria Anglorum gens per Danorum vesaniam est deducta, ut domesticatim Danicos exploratores qui cuncta gesta dictaq; Suenoni enunciarent, alere cogerentur. Id regem Suenonem curasse ferunt ne Anglorum tumultus si res novas fortè molirentur, non possunt quoquo modo latere. Dictus est explorator* Dominus Danus, vulgò Lordain. *Quod nomen nostrates & populi nunc Angli dicti deinceps ita usurparunt, ut quem viderunt otiosum ac inutilem nebulonem ocio deditum, alienis laboribus quaeritantem victum, omniq; demum aspersum infamiâ,* Lordain, *vel hac ætate appellant.* V. Lamb. Itin Cant pag. 137.

¶ *Lorica, Loricati.*) V. Feodum loricatum, & Armig. ubi loricatus dicitur pro Armig. feodali.

¶ *Lot.*] Sax. hlot, *Sors, symbolum.* Pars tributi sive solutionis alicujus quam inter alios quis tenetur præstare. Decreti Gulielmi 1. *Omnis Francigena qui tempore Edwardi propinqui nostri, fuit in Anglia particeps consuetudinum Anglorum quod dicunt* ans hlot & an Scote, *persolvatur secundum legem Anglorum.* Curia 4. Burgor. Scotiæ §. 4. *Quòd nullus Burgensis rure manens habet* lot, *neq;* cavil *cum Burgensibus inhabitantibus.* Vulgò Lot.

Rot. Rageman & de Quo warranto de Itin. de Derb. 9 *E.* 1.

Præsentatum est in Ragemannis per 12 de Alto Pecco, quod Rad. le Wyne fecit quandam purpresturam in solo domini Regis in Tatington & Prestclive, faciendo mineram plumbi, unde Rex solebat percipere *le Lot mineris*, id est tertium decimum vas &c. Eschaet. de anno 16 E. 1. n. 34. Derb. — Et de minerâ lucratâ in hujusmodi opere in feodo domini Regis, dominus Rex habebit pro dominio suo decimum discum qui dicitur *le Loth.*

¶ *Lotherwit.*] Vide supra *Lairwit.*

¶ *Lourgulary.*] Statuta pro stratis London. impressa Anno 1573. artic. 45. **Casting any corrupt thing appoisoning the water is lowrgulary and felony.** *Lourderie*, Gall. inhumanitas, incivilitas, stupiditas, rusticitas.

¶ *Lunchus.*] Græc. λόγχος & λόγχη: *lancea hasta*, Tertul. de corona militis, *Incumbens & requiescens super luncho quo perfossus est latus Christi.* Significant autem voces Græcæ *hastam missilem* magis eâ quam ferientes retinent: & ferrum prominens.

¶ *Lupum & canem inter.*] Id est, sub crepusculo, cùm hoc ab illo non dignoscatur, juxta addagium vernaculum: **between hawk and Buzzard.** Vide *Canem & lupum inter.*

¶ *Lushborow.*] Vilius monetæ genus quod in partibus transmarinis ad similitudinem Anglicanæ effictum, ævo Edouardi 3. hic distrahebatur. Sed Statuto 5. anni ejusdem Regis 25. est prohibitum, & traditores declarantur traductores. Occurrit vox obscurè apud Chaucerum in præludio hospitis ad fabellam monachi: ubi — **no Lushburgs pay yee**: exponendum censeo, *vos solutionem præstatis non fictam.*

¶ *Luto*, vel *cœno necare.*] L. Burgund. Tit. 34. §. 1. *Si qua mulier maritum suum cui legitimè juncta est dimiserit, necetur in luto.* Tacitus in Germ. mor. — *ignavos & imbelles & corpore infames, cœno & palude, injecta insuper crate, mergunt.* De hoc genere supplicii à majoribus nostris è Germania deducto, & in antiquis nostris privilegiorum Chartis sub nomine *Furca & Fossa* sæpius memorato: nos hìc supra in eadem dictione peroravimus.

MAcarius, Machecarius, Machecrarius: item Macerarius, pro Macellarius, ut sæpissimè in reverso.] Is qui carnes vendit. Macellarius. In LI. Edouardi Confess. ca. 29. titulus est De emptoribus & Machecariis: & mox in lege dicitur — clamaverunt machecrarii de civitatibus & burgis, quos Angli vocant **Fleshmongers**, i. carnium mercatores. Hinc

¶ *Macegriefs*, aliàs *Macegrefs.*] Qui carnes furatas aut emunt aut vendunt scientes. *Britton* ca. 29. *In Turnis Vicecomitum*, 12. *Juratores, inter alia, presenteront* — de *Macegrefs* achatauns & vendauns à escient chars embles. *Crompton* in *Eirenarch.* fol. 193. a.

Mace, Caro; *griffer* Gall. rapere, eripere, Sax. ɲæpan.

Sed unde *Mace* pro carne? Certè ex eo quo *macellum* pro loco ubi carnes veniunt: & hoc quidem (inquit *Plutarchus* in Problem. 53.) ἀπὸ τῶν μαγειρῶν, γ in κ & ρ in λ commutatis. Novissimè enim (ait) g Romani adhibuere, Authore & inventore *Corbilio Spurio.* Hoc tamen etymo non bene fisus, ad historiam transit quæ *Macellum* prædonem quendam supplicio affectum refert; *Macellumq;* ex pecuniâ ejus ædificatum nomen pariter accepisse. Dicantur verò & *Macellarii* & *Macerarii* sat appositè à *macerando*, quod aliàs est mactare, ut Græcè item μαγειρεύειν. Vide Ll. *Inæ* cap. 20. de carnem furtivam emente.

¶ *Machamium*, *Mahanium.*] Vide *Mahemium.*

¶ *Machecarius*, &c.] Vide supra *Macarius.*

¶ *Machicollare.*] Est munire castrorum portas, turres, aditus, eo tutaminis genere quod Gallis *masChecoulis*; nec ita pridem *machicoulis* dictum est. Imminere solet portarum ingressui interdum & muris, structura quædam sic in imo perforata, ut impedimenta & nociva quæq; per meatus ejus in hostes dejiciantur. Nomen videtur contraxisse à *mascel* seu *machil*, i. mandibulum, & *coulisse*, i. cataracta, & quicquid demittitur ad obstruendum ingressum: vel quia muro prominet ut mandibulum pectori: vel quòd irrumpentes conterit ut hoc idem cibos. Reperitur in antiquis privilegiis ubi Rex licentiam concedit de castro erigendo & muniendo — *imbattelare, kernillare, machicollare.*

¶ *Macholum*, & *Macolum.*) A Gallico *Machu.* Horreum sine tecto: sic vet. Gloss. inquit *F. Pithæus* ad l. Salic. tit. 18. §. 2. *Si quis spicarium, aut macholum cum annonâ incenderit IID. denar. qui faciunt sol. 62. Si culpabilis iudicetur.* Spicarium (reor) quo sine culmo spicæ: *macholum* quo pariter congeruntur. Notat *Diodorus Siculus* lib. 4. Britannos olim inter colligendum messes, dissectas à culmo spicas εἰς τὰς καταγείους οἰκήσεις in domibus seu horreis subterraneis reposuisse, & vetustiores coridie, prout sufficeret vellicantes, ad victum concoxisse. Mos antiquus Britannorum

Habetur *Macholum* pro ipsâ frugum seu garbarum strue, quam hodie dicimus **a reack or stack of Corn.** Hujus olim ad constructionem epulari solebant agricolæ, & messores: unde Ll. nostratium MS. codex regius: Dabatur (inquit) Ɖꝛeac-ɼopum, *id est* macholi *summitas & firma* (id est edulium) *ad* Macholum *faciendum.* Mos recentior alius.

¶ *Macinare.*] Statut. Veron. lib. 3. cap. 83. *Bladum vel legumen portare ad ipsa molendina pro macinando &c.* Italis *macinare* est molere; & *macina* molina. Sic *Joh. Latius* al. *de Laët* Lugdunensis Batavus docttiss.

¶ *Mactiones.*) *Odo* de vitâ *S. Gerald.* lib. 2 cap. 4. *Reversus autem lapidicinos & mactiones undecunq; jussit aggregari ad constituendam &c.* Gall. *macons*, cementarii. *Isidor.* lib. 19. Orig. cap. 8. *Machiones dicti à machinis, in quibus insistunt propter altitudinem parietum.* Latius Galli hos *macons* scribunt; sed usitatius *massons*, ex quo vulgare nostrum **Masons.**

¶ *Mactas*] Stragula seu culcitra ex juncis composita. *Ranulp. Cist.* lib. 7. cap. *Macta* super quam orare solebat.

¶ *Maculare.*] Pro vulnerare, sæpè in antiquis legibus. Sic *Alaman.* Tit. 61. §. 1. *Si superior palpebra maculata fuerit, ut claudi non possit.* Tit. 63. §. 1. *Si labium superius alicujus ita quis maculaverit, ut dentes appareant.* Baiuuar. Tit. 3. ca. 1. §. 21. *Si autem maculaverit.* 23. *Superiorem verò palpebram vel superius labium si maculaverit.*

¶ *Madere.*] Vide *Amadere.*

re-

¶ *Mada.*] Vide *Modo.*

¶ *Mægbota.*] Compensatio pro cognato interfecto, ab interficiente, & cognatis suis, cognatis interfecti præstitauit *manbota* domino interfecti, pro famulo seu vassallo interfecto. Mæz Sax. *cognatus, progenies*; bote, *compensatio*: man autem *vassallus, famulus*. Videatur *mægbota* ista lex è Mosaica desumpta *Exod.* 21. 30. ubi dicitur: *Quod si pretium ei* (hoc est, mortis reo) *fuerit impositum, dabit pro animâ suâ quicquid fuerit postulatus.* Precium (inquit *Hugo Cardin.*). id est, si permissum fuerit ei ut redimat se precio, ad postulationem parentum mortui, vel populi nobilitatem, vel utilitatem reipub. Item, Postulatus (inquit) à parentibus mortui, vel judicibus, vel arbitris. Sic & alii glossographi. E quibus constat licere aliàs pœnas corporales in pecuniarias transmutare & commutare (ut aiunt) pœnitentiam. Pretium autem istud apud majores nostros, non sub arbitris erat, sed lege definitum, juxta occisi cujusq; capitis æstimationem, quam ideo *Weram* appellabant & *Weregildum*; hoc est, viri pretium vel solutio. Fusiùs hæc in illis vocabulis.

¶ *Maforium*, al. *Maforte*, & *Mavors.*] Græcobar. μαφώριον. Stola seu pallium cùm & fœminarum tùm & Monachorum. *Isidor.* Orig. lib. 10. cap. 25. *De palliis fœminarum.* Stola matronale operimentum, quod cooperto capite & scapulâ à dextro latere in lævum humerum mittitur. Stola autem Græcè vocatur quod superemittatur. Eadem & ricinium Latino nomine appellatum, eo quod dimidia ejus pars retro ejicitur, quod vulgò & *Mavortem* dicunt. Vocatam autem dicunt *Mavortem* quasi *Martem*: signum enim maritalis dignitatis & potestatis in eo est. Caput enim mulieris vir est, inde & super caput mulieris est. De monachali habitu sic è Gloss. Arabico-Latinis *Mentsins*. *Maforium*, fascialis (lego inquit facialis, id est, φακιόλιον) id est angustum pallium, quo utuntur Monachi collum pariter atq; humeros tegens. Vide apud eum plura in nomine Græcobarbaro.

¶ *Magister.*] Quantus hic titulus in Imperio fuit, dicat tibi *Cassiodorus Variar.* lib. 6. formulâ 6. quæ *de Magisteria dignitate* inscribitur. Reverendum honorem sumit, quisq; Magistri nomen acceperit, quia hoc vocabulum semper de peritiâ venit, & in nomine cognoscitur, quod sit de moribus æstimandum. His tribui solet, qui vel classi, societati, muneri præsunt, vel in scientiâ aliquâ, præsertim literariâ, eminentiæ gradum consecuti sunt. *Glos. ad Clem.* lib. 5. tit. 2. cap. 2. de *Magistris*, ait: quod quidam dicunt, quod doctores in Jure Canonico vel Civili: *Magistri* dicuntur in Theologiâ vel artibus: & (secundum *Hostiens.*) qui septem docent liberales artes, sicq; recipi apud Italos. Sed Ultramontani communiter (inquit) vocant *Magistros*. Videntur & in textu ibidem ipse *Clemens* 5. totumq; Viennense Concilium *Magistri* & *Doctoris* vocabula confundere. Ad coercendum enim ingentem *Doctoratus* seu *Magisterii* ineundi sumptum, cavent, ut dictum recipientes honorem, juramento priùs astringant, ne ultra tria millia Turonens. argenteorum (quæ in Bononensi monetâ ascendunt ad quingentas libras Bononenorum parvorum) in solennitate circa hujusmodi doctoratum aut Magisterium quomodolibet adhibenda, expendant. En quantus hic sumptus cum in aliis, tum in Oxoniensi nostrâ Academia (nam & de ea nominatim illic cavebatur) ævo scil. Regis Edouardi 1. Et usitatiorem tunc fuisse apud nostrates *Magistri* titulum quàm *Doctoris*, suadent *Trevetti* Annales MS. qui sub Anno 1294. id est 23 *Edw.* 1. sic loquuntur, *Ceo veiant le Roy Edward.* 1. *rendi sus son homage al Roy de France par fre Huges de Malmecestre, Mestre de divinite, del ordre de Freres Prechors, questoi jure al conseil le Roy le Denglettere.* Antiquiùs etiam (puta sub *Henrico* 3.) in hanc sonare videtur sententiam *Matthæi Paris* illud in An. 1267. ubi ait: *Magistros* Oxoniæ ad Parliamentum venisse, ut pax reformaretur, &c.

Tempore verò *Lotharii* Imp. differentia *Doctorum* & *Magistrorum* exorta est: cum et circa ipsum tempus ars Typographica Moguntii inventa esset, à *Gonsbergio*, ut refert *Stephanus Pomeranus* J. C. lib. 3. par. 2. cap. 14. qui & *Doctores* omnes sub *Magistris* antea contineri memorat. Opinatur deniq; *Alciatus* ad l. *cui præcipua*, de verb. sign. 77. generali *Magistri* appellatione contineri Bacalaureos, Licentiatos, Doctores: sed quales ille in Jure Civili Licentiatos vocat, nos in nostris Academiis in aliis facultatibus *Magistros artium* nuncupamus.

De *Magistro* in theologia (quem hodie *Doctorem* appellamus) institutione, Concionator quidam circa ætatem *Henrici* 6. vel *Edwardi* 4. (ut MS. codicis suggerit intuitus) in Sermone quodam super illo Psalmi 29. v. 11. *Quæ utilitas in sanguine meo*: sic effatur.

Reverendissimi, sicut noverunt homines scholæ qui fuerunt Oxoniæ, vel Cantabrigiæ, quando Magister *in theologiâ debet incipere*; *ponitur primò in Cathedra, & tunc ponitur Pileus super caput ejus*; *deinde leget unam lectionem, & post lectionem lectam, disputabit unam quæstionem.* Vide *Lindewode* in notis ad tit. *de Magistris* cap. 1. §. 1. & V. *Authent.* lib. 10. tit. *de Professorib. &c.* cum notis ibidem. Sed innotuisse videtur Doctoris nomen & gradus apud nostrates sub ævo Regis *Johannis*. *Mat. Paris*
Innocentius enim Papa 3. ad eum scribens An. 1207. in causâ *Stephani Langton* Archiepiscopi Cantuariæ, sic alloquitur. *Illud ei* (scil. Stephano) *non esse imputandum ad culpam, sed ad gloriam potius adscribendum, quod Parisiis diu*

diu vacans liberalibus studiis, in tantum profecit, ut meruerit esse Doctor, *non solum in liberalibus facultatibus, verum & in Theologicis disciplinis.* Sed cum hæc ad Academicos præsertim spectant, rimentur ipsi omnia ex archivis suis.

Magistri etiam cum in Jure aliquando Imperatorio, tum in legibus Gentium municipalibus, sæpè dicti sunt non solum splendidi magistratus, sed in infimo etiam ministerio partes primas agentes, ut *Magister Porcarius*, Longob. lib. 1. tit. 11. æquè ac *Magistri Justitiarii* Neapolit. lib. 2. titt. 9. 14. &c. *Magister Cancellarius* in Mat. Paris An. 1215. *Magister Otto* Dom. Papæ nuntius in Anno 1225.

¶ ***Magisteria, iæ.***] Dignitas magistri. *Cassiodor.* Epist. 12. *Sume igitur* magisteriæ *infulas, dignitatis usurus omnibus privilegiis, quæ tuos habere constiterit decessores.* Græcobar. μαγιστερία. *Meur.*

¶ ***Magisterianus.***] Græcobar. μαγιστεριανὸς & μαγιστρανὸς. Agens in rebus juxta Gloss. Latinogræc. *Corrigendus est* (inquit Meursius) *Victor Turonunenses in Chronico. Literas satis idoneas Justiniano principi per Olympianum* magistrianum *mittunt.* Hodie editur *magistranum.*

¶ ***Magnus Magister Franciæ.***] Idem sub tertia Regum serie, qui sub prioribus duabus *Comes palatii* & *Maior domus* nuncupatus est: sub initio etiam tertiæ, *Senescallus Franciæ.* De ipso igitur plura vide in hisce dictionibus: Luculentiùs apud *Tilium* & *Falcetum. Gulielmo Tyrio* Bel. sacr. lib. 4. cap. 5. *maior Senescallus* dicitur, & in Orientali Imperio *Megadomesticus.* Hic solummodo annotabimus, *Henricum* 2. Regem Angliæ jure Comitatus Andegaviæ, hæreditariè fuisse *Magnum Magistrum Franciæ* (ut *Tillius* loquitur) *Senescallum Franciæ* (ut *Robertus de Monte* in An. 1170) de quo plura inferius.

¶ ***Magulum.***] Græcobar. μάγυλον, Gena, bucca. Interpres Juvenalis Satyr. 2. Peribonius: nomen Archigalli cinædi, quem *magulum* conspurcatum dicimus, qui publicè impudicitiam perpessus (malle professus) est. Vide Meursium de Græcobarbaro.

¶ *Diatriba de* Magnâ Chartâ: *Ejus nomen, origo, deliquium, respiratio, discrimen multiplex, & confirmatio numerosa.*

¶ ***Magna Charta.***] Augustissimum Anglicarum libertatum diploma, & sacra anchora: condita prout extat hodiè in libris juridicis, anno 9. *Henrici* 3. & confirmata denuo annis 25 & 28 *Edouardi* 1. Inter Regni constitutiones (quas Statuta nuncupamus) prima est, majorumq; nostrorum opibus & fortunis sæpiùs comparata; sudore autem & cruore plurimo ægrè adeo conservata, ut Erythream dixeris, & sanguineam.

Magna dicitur ab amplitudine, quâ tertio superat *Chartam de Foresta.* Sub hoc autem nomine contineri olim videtur nonnunquam utraq; libertatum pagina, civilium nempe & ferinarum. Fortè quod in Charta libertatum *Henrici* 1. cavetur inter cætera de *Forestis*: ut in Charta postmodum *Johannis* Regis, quæ in Rubro libro Scaccarii exhibetur. Apud inferiores verò & hodiernos sigillatim dignoscuntur his nominibus *Magna Charta*, & *Charta de Foresta.* Vide infra in Anno 1253. Nomen.

Emanavit prima ejus fabrica ab Henrico 1. Regnum ineunte, qui pleraq; ejusdem capitula (& uberiora nonnulla quàm gaudemus hodie) vel specialiter in distinctis articulis, vel generaliter sub confirmatione legum *Edouardi* Confessoris, spontaneâ concessit voluntate: singulisque Comitatibus Chartas ejusdem singulas in Cœnobio aliquo adservandas mandavit. Chartam ipsam apud *Parisium* videas in An. 1100. qui & in An. 1215. de eâdem mentionem faciens: Continebat (inquit) quasdam libertates & leges *Edwardi sancti*, Ecclesiæ Anglicanæ, pariter & magnatibus Regni concessas: exceptis quibusdam libertatibus, quas idem Rex (*Henricus* 1.) de suo adjecit. Hinc est quod *Edouardus* 1. in primâ Chartâ suarum Confirmationum datâ An. Regni ejus 25. Cap. 1. ait: *Magnam Chartam* esse legem Communem. Prima ejus fabrica ab Hen. 1. Leges continet Edw. Conf. Id est, communem legem

Sin & altiùs repertam velis, concessit ipse *Gulielmus* 1. legem *Edouardi* Confessoris, cum quibusdam auxionibus, in singulis observandum. Quæ igitur in Chartâ deprehenduntur *Henrici* 1. de suo addita, & ad legem *Edouardi* Confessoris minimè pertinentia: orta videntur ratione Juris feodalis, quod Anglis primus imposuit *Gulielmus* Conquestor, & cohibere jam in multis est dignatus *Henricus* 1. eodem enim ipso nomine *leges S. Edwardi* nuncupantur: ut sic intelligas ipsum *Henricum* 1. nihil novi in hac suâ Chartâ constituisse. Charta ejus in Rubro libro Scacc. Nil in câ novum.

Nam & libertates quas *Parisius* ait eum de suo adjecisse ad leges *S. Edwardi*, novæ siquidem non sunt appellandæ libertates, sed novarum consuetudinum (quas è Jure feodali atrociter suscitavit *Gulielmus* senior, cumulatius auxit *Gulielmus* junior) piæ abrogationes et mollimina. Hæc *Henrici* 1. bonitas et justicia, hoc Chartæ suæ beneficium quod agnoscentes proximi sui successores probant alacrè, & confirmant. Successores probant.

Stephanus Rex: Sciatis (inquit) me concessisse & præsenti Chartâ meâ confirmasse omnibus Baronibus & hominibus meis de Angliâ, omnes libertates & bonas leges, quas *Henricus* Rex Angliæ avunculus meus eis dedit & concessit: & omnes bonas leges et bonas consuetudines eis concedo, quas habuerunt *Stephanus* Rex confirmat. Charta ejus in rubro libro Scacc.

illis tempore Regis *Edwardi* 1. cum cautione de his benè observandis.

Henricus 2.

Pari modo *Henricus* 2. Sciatis (ait) me concessisse & reddidisse, & præsenti Charta mea confirmasse Deo & Sanctæ Ecclesiæ, & omnibus Comitibus, & Baronibus, & omnibus hominibus meis, omnes consuetudines quas Rex *Henricus* avus meus eis dedit & concessit: adjecta sanctione, ut liberè, quietè & plenariè tenerentur.

Richardus juravit bonarum legum observantiam.

Ricardus 1. nullam (quam reperio) confirmationis Chartam edidit; sed in coronatione suâ, pacem Dei & Ecclesiæ; rectam justitiam, malarum legum & consuetudinum deletionem, bonarum observantiam, tactis sacrosanctis Evangeliis, Sanctorumq; reliquiis ad Altare juravit.

Sic & R. *Iohannes*, sed contrarium facit. An. 1199. pa. 192.

Juravit & *Johannes* Rex in eandem sententiam: sed quâ religione colebantur istæ concessiones, confirmationes & juramenta sub hoc seculo bellis & discordiis laborante (præsertim sub *Johanne* Rege, cum pessundata penè esset potestas Regia & jus datum sceleri) paucis non est enarrandum. Extat Charta quædam ejusdem data anno Regni tertio, quâ mandat *Hugoni Nevil* protoforestario, *Quòd non omittat propter Chartam aliquam* quam Rex ipse *alicui fecerat*, quin Forestas Angliæ (in quibus eximia libertatum vis emicuit) *per easdem leges custodieret, quæ fuerunt in Forestis tempore* Henrici *Regis patris sui*. Et mutasse tunc Forestæ libertates vehementer non est dubium.

Pat. 3. m. 7. n. 29. Forestæ libertates revocat.

Radul. Niger.

In Clerum savit. An. 1206. vel 7. pa. 213.

Oritur sub triennio postea inter *Johannem* Regem & Papam *Innocentium* gravissima disceptatio, quæ sequentium omnium hîc malorum occasionem præbuit. Acriter siquidem contendentibus de electione Cantuariensis Archiepiscopi, Ecclesiæ illius Monachis; lis ad Papam promovetur: Et cum de neutro Electo consentire dubitarentur electores, coram Papa, is è cœtu Cardinalium suorum tertium ingerit, Anglum utiq; *Stephanum Largton* nomine; sed inconsulto Rege, & contra voluntatem ejus & jus Regni, Monachis tamen imponit sine mora hunc eligere, & electum ipsemet statim consecrat. Dedignatus Rex *Johannes* Cantuarienses Monachos in exilium mittit, eorumq; terras adscribit fisco. Insequitur Cleri maledictio & ad Papam fertur querimonia, qui Regem admonet & mulcere satagit blandiloquiis, non audientem verò, fulmine sternit Pontificio. Primò Angliam totam sub interdicto ponit (ut sic nec Regi serviat, nec ipsi Deo) Inde Regem excommunicat, demumq; Regnum ejus *Philippo* Franco decernit capessendum. Sævit jam *Johannes* Rex in universum Clerum, proscriptumq; exponit direptoribus *Philippus* Rex.

Papa Angliam interdicit &c.

Diu devoratum spe Angliæ Regnum ingenti aggreditur molimine, Subditos qui ferre arma possunt undequaq; evocat. Militiam detrectantes Culvertagii stigmate deturpatos prædicat. Hæret in adverso litore immensus hostium exercitus: & hic domi consunduntur omnia è perfidiâ subditorum.

An. 1213. pa. 224.

Fractus his angustiis Rex *Johannes*, & quinquennali penè jam decoctus excommunicatione, Pontificiorum suasu, se & Regna sua tam Angliæ quàm Hiberniæ, in Papæ credit patrocinium, coronam supplex tradit Legato ejus *Pandulfo*. Jurat conceptis articulis commissorum omnium redintegrationem, & quod bonas leges antecessorum suorum, & præcipuè leges *Edwardi* Regis Confessoris revocaret, & observandas traderet. Jurant pariter in Regis animam 16 Comites, & Barones multi potentiores, ita tamen, ut Regem recidentem omnes ad articulorum cogerent observationem. Præter hæc, censum annuum Papæ concedit: 700. marcas sterlingorum pro regno Angliæ, 300 pro Hiberniâ. Homagium unà præstat & fidelitatis juramentum: impletaq; jam integritate pœnitentiæ ministerio Stephani Cantuariensis Archiepiscopi, ipse ab excommunicationis vinculo *Wintoniæ* absolvitur, & Regnum Angliæ ab interdicto liberatur, ablatis Clero ægrè adhuc restitutis. Rex Franciæ post exhaustas in belli apparatu sex centenas mille libras (frendens licèt) à Papâ prohibetur Angliam lacessere.

Iohannes Rex succumbit. An. 1213. pa. 227.

Concedit leges Edw. Conf.

Francus illuditur.

His ita gestis Rex *Johannes Gersoiam* navigaturus &. recentis non dum immemor juramenti Concilium ad *S. Albanum* prid. Non. Augusti, anno Regni sui 15. edicit quo inquiri jurat de damnis Prælatorum &c. Conveniunt (absente Rege) summus Angliæ Justitiarius, Archiep. Cant. Episcopi, & Magnates, pacemq; Regiam cunctis denuntiantes, inter alia ex parte Regis firmiter præcipiunt: ut Leges *Henrici* avi sui (id est *Hen.* 1.) ab omnibus custodirentur, & omnes Leges iniquæ penitus enervarentur. Sed versabantur hæc in generalibus; nec constabat quænam erant Leges illæ *Henrici* 1. absoletæ scil. et posthabitæ. Hactenus etiam nihil datum nisi verba: nihil scriptis, nihil Charta Regia & sigillo Regni confirmatum.

Inquiritur de damnis & denunciantur Ll.

Pa. 230.

Reverso Rege, Synodum celebrat 8 Cal. Sept. in Ecclesia *S. Pauli Londoniarum* Archiepiscopus, cui inter Prælatos multi affuere Proceres Regni. Acta aliquantisper Ecclesiæ Archiepiscopus proceres aliquot (ut tunc fama erat) in recessum vocat. Deplorat profligatas libertates Regni, et bonas leges *Edwardi* Confessoris. Regem memorat in absolutione suâ Wintoniæ, easdem jurasse revocare, & in Regno facere ab omnibus observari. Hoc ut meliùs expediatur: inventa est (inquit) nunc quædam Charta *Henrici* 1. Regis Angliæ, per quam, si volueritis, libertates diu amissas, poteritis ad statum pristinum revocare. Chartam profert; quâ perlectâ, juramento invicem se astringunt Proceres, pro hisce libertatibus vel ad mortem (si res exigeret) certaturos. Ferre pollicetur Archiepiscopus auxilium. Coeunt sequenti anno (id est 1214. sub 14 Calend. Novemb.) velut orationis gratiâ ad Monasterium S. *Edmundi Buriensis*, sed de libertatibus,

Archiep. profert Chartam Hen. 1. qua Barones jurant propugnare. An. 1213. pa. 230.

pa. 230.

[illegible] Chartas restaurandis; [illegible] Londini prius juramentum, illic denuo super Altare renovant sigillatim. Parant quæ ad bellum spectant, & libertatum deinde à Rege contendunt confirmationem. Ille dictum aliquot inducias postulat, sed respondet demum, nunquam se facturum.

Cogunt exercitum, & Rex deseritur. pa. 244.

Proceres exercitum cogunt, quem Dei & Sanctæ Ecclesiæ nominant, Regiq; adhærentibus excidium minitantur & rerum omnium direptionem, hi ad ipsos ocyus convolantes causam publicam tuerentur. Rex à suis ita deseritur, ut in totâ ejus clientelâ vix septem numerantur Equites. Mitescens igitur, de arbitris convenit, qui utrinq; electi libertatum dictant Capitula. Eademq; (in prato inter Stanes & Windleshores, quod dicitur Runingemead) in duabus Chartis (altera continente libertates Angliæ, altera Forestarum) sigillo Regio firmat & concedit. Sic *Matthæus Paris*, qui utramq; Chartam sigillatim exhibet: & libertates Forestæ in eadem schedula cum libertatibus Angliæ contingi pro capacitate sui, non potuisse asserit. In Rubro tamen libro Scaccarii junctim [illegible]ntur, & confusis articulis; multis etiam desideratis ad Forestam pertinentibus; adscriptis etiam nonnullis Chartæ neutri (prout hodie extat) contingentibus. Sunt qui à loco, *Magnam Chartam* Runingemead appellant, primumq; esse ferunt Juris nostri scriptum codicem. Hæc à latere.

Convenit de forma Chartæ.

25 Nomophylaces. M.P. pa. 251.

Adjungitur pedi Chartæ Forestariæ ad præsidium libertatum omnium, pactum grave & in Regno inauditum. Eligendos à Baronibus, 25 Nomophylaces, qui libertatum tuerentur castitatem, Regemq; ipsum vacillantem, brachio cohiberent populari. Regem insuper nihil impetraturum quo aliquid concessorum, fiat irritum: irritumq; fore quicquid impetraverit.

Juratur præmissorum observantia, cùm à Rego tum à Baronibus: & eliguntur Nomophylaces qui muneris cultum etiam jurant, & Barones alii obsequium se illis exhibituros. Mandat Rex præterea literis Patentibus universis Angliæ Vicecomitibus, ut jurare faciant quoslibet suæ ditionis, concessas fovere libertates, ipsumq; ad hoc Regem, castrorum captione, provocare. Apage. Quin ut nihil desideratur, Bullam à Papâ impetrat ad concessiones suas coborandas.

Papa acta Cassat.

[illegible] Regem pœnitet è medullis, conquestusq; pluribus apud ipsum eundem Papam *Innocentium* 3. hic acta omnia decernit irrita, Regiq; & Baronibus imponit sub anathemate, ut nec ipse jurata teneat, neq; isti concessa exigant. Barones hoc ad Papam non spectare [illegible]. Papa renitentes excommunicat, omnemq; terram interdicto premit. Jam adacti ad insaniam, *Ludovicum* filium Regis Franciæ, sibi eligunt [illegible], qui neq; præcibus neq; minis Papæ, à ditione Angliæ prohiberi potuit. Sæviunt hic ubiq; intestina bella, cædes, incendia, & funesta omnia.

Barones *Ludovicum* eligunt in Regem. pa. 252.

Ioh. moritur, *Hen.* 3. succedit & libertate jurat, *Ludovicus* exuitur.

Sed obeunte anno proximo *Johanne* Rege, filium ejus decennalem, *Henricum* 3. suscipiunt Regem, cui & in Coronatione suâ de more jurat leges bonas, malis abdicatis. Resipiscentes jam Magnates destituunt *Ludovicum*, qui citius inde fractus, recessum etiam jurat & ablatorum omnium restitutionem. Jurat Rex vicissim petitas reddere libertates, & in animum ejus una jurant legatus Papæ, & Protector Regis magnus Marescallus; easdem etiam observare omnibusque tradere observandas. Hoc idem jurant universi Proceres.

Ludovici prævaricatio. p. 306.

Dum mora nectitur vitâ excedit *Philippus* Rex Franciæ, & *Ludovicus* solium tenet, à quo Rex *Henricus* Normanniæ petit redditionem, prout discedens Angliâ juraverat *Ludovicus*. Is causatur, *Henricum* Anglis non restituisse (ut juraverat item) libertates Angliæ, nec se ideo Normanniam restituturum.

Barones petunt libertatum confirmationem. p. 305.

Anno 1223, Regis 7. Archiepiscopus & Magnates Regem obtestantur, ut juratas confirmaret libertates: & respondente quodam extortas fuisse à patre suo; Rex omnes (inquit) libertates illas juravimus, & omnes astricti sumus ut quod juravimus observemus. Missis igitur in singulos Comitatus literis, Vicecomitibus præcepit, ut per sacramentum 12. Militum vel legalium hominum inquiri facerent, quænam erant libertates Angliæ tempore *Henrici* avi sui; sed quid responsum sit à Vicecomitibus non reperio.

Henricus Rex concedit Chartas libertatum.

Demum anno 9 Regis, concedente Clero & populo cum Magnatibus Quintodecimam partem omnium rerum mobilium totius Regni Angliæ; renovantur Chartæ libertatum, prout sub Rege *Johanne* prius erant conditæ: ita quod Chartæ utrorumq; Regum in nullo inveniuntur dissimiles. Verba sunt *Parisii*, quæ nos ideo recitamus, ut indagetur ratio: quorsum non reperiuntur hodie in Magna Charta *Henrici* 3. Articuli aliquot à *Johanne* concessi. Ille siquidem primò, de persolvendo defunctorum debita Judæis atq; aliis. Secundò de modo imponendi scutagium & Auxilium Regis. Tertiò de modo summoniendi Commune Concilium Regni, quod postea Parlamentum appellatur, & quartò de modo cavit quo Auxilium capiat Subditus à vassallis suis quos Tenentes appellamus. Hi inquam in impressis *Magna Charta* exemplaribus non deprehenduntur: fuisse tamen in primitivo illo *Henrici* 3. è *Parisio* vides, cui & fidem facit locus ejus alius. Ubi dicitur, quod *in Parlamento Westmonasterii, ad festum S. Edwardi An.* 1255 id est Regis 39. *responsum fuit Regi à Baronibus, quod omnes tunc temporis non fuerunt juxta tenorem* Magnæ Chartæ *sua vocati; & ideo sine paribus suis tunc absentibus, nullum voluerunt tunc responsum dare.* Me recipio.

pa. 311

Desiderantur hodie nonnulli articuli.

Chartarum dispositio.

Chartas jam de novo concessas & Sigillo Regio ad Parlamenti petitionem confirmatas Rex in quemlibet dirigit Comitatum: In illum scilicet qui Forestâ nullâ premebatur,

Magnam

Magnam Chartam solam. In cæteros eam pariter & Forestæ: libertatesq; ab omnibus imperat juramento interposito, conservandas: quod tam fœliciter adimpletum est, ut nec iota unum in Regis Chartâ contentum, extitit prætermissum. Dies fausta, sed brevissima. Ad cujus tamen munimentum Excommunicationis sententiam in Chartarum Violatores promulgat *Stephanus* Archiepiscopus Cantuariæ cæteriq; Angliæ Episcopi, quam subinde metuisse dicitur Rex *Henricus*.

Pa. 313.

Pa. 421.

Biennio verò postea (id est An. Dom. 1227. Regni 11.) ad ætatis veniens plenitudinem: in lugubri (sic hoc *Florilegus* nuncupat) Oxoniensi Concilio, cancellari fecit & cassari omnes Chartas in provinciis omnibus Regni Angliæ de libertatibus Forestæ (ut *Parisius* & *Florilegus* referunt) sed ut alii habent, de libertatibus etiam *Magnæ Chartæ*; factas siquidem eas criminans dum sub tutela ipse esset, & Sigilli sui non tùm compos.

Rex cancellari facit Chartas.

Hollinſ.

Frendent Barones, paucisq; interpositis diebus, Regem adeuntes, Chartarum redintegrationem asperâ nimis contendunt pertinaciâ. Rex blandiloquiis hac vice linitos, in ulteriorem rejicit tempestatem: sopitisq; longas tandem post ambages (cùm in aliis, tùm in Parlamento anni sui 18.) disceptationibus: sponte & sereno vultu, in Palamento Westmonasterii anno suo 21. Dom. 1237. tricesimam partem bonorum Cleri atq; populi recepturus; libertates reddidit, sanctius inde observandas. Quod ut certò foret, sententiam quam in violatores aliquando tulerat *Stephanus* Archiepiscopus Cantuariæ, cum omnibus Episcopis Angliæ, à qua nec immunis ipse habebatur, fecit renovari. In abundantiorem etiam securitatem, novo confirmationis diplomati hanc impinxit clausulam: Non obstante quòd prædictæ Chartæ (libertatum & Forestæ) confectæ fuerint cum minoris essemus ætatis.

Sed tandem exintegrat. Pa. 325.

Pa. 382.

Pa. 420.

Pa. 421.

Holl. An. 1237. pa. 220.

Tarda vel his adhuc fides. Non elapso igitur toto septennio, Barones in Parlamento Londinensi Anno Dom. 1244. Regem sollicitè obtestentur, ut emptæ redemptæq; libertates non solùm observentur, sed & novâ confirmationis Chartâ (quæ super hæc specialem faciat mentionem) denuo roborentur. Novam pariter Excommunicationis sententiam in eos projiciendam qui concessas libertates vel impugnarent, vel impedirent: Et ut illis fieret emendatio qui post ultimam concessionem damnum sustinuerant in libertatibus violatis. Præter hæc, ne sacramenti à Rege populoq; præstiti ob libertatum observantiam; anathematisq; à S. *Edmundo* jam Cantuar. Archiepiscopo in violatores promulgati, periculum de cætero incurreretur: obnixiùs Regem orant, ut de communi assensu quatuor eligantur potentes & nobiles de discretioribus totius Regni, qui sint de Consilio Dom. Regis, & jurati, hæc & alia multa Regno commodissima (tanquam Tribuni plebis) agerent & curarent. Rex negat omnia, statimq; in Forestis multa exequitur gravissima.

Barones multa petunt ad Chartarum roborati nem frustra *M. P.* pa. 621.

Pa. 633.

Nova autem pressus egestate, in Parlamento Londonii An. Dom. 1253. Regni sui 37. ad novam accedit pactionem. Consentientibus scil. in viaticum suum Hierosolymitanum Clero triennalem decimam; militibus, Scutagium trium marcarum: bonâ fide & sine aliquâ cavillatione promisit se *Chartam Magnam*, & omnes ejus articulos observaturum. Tertio igitur Maii, præsentibus Rege, Comitibus & Baronibus, *Bonifacius* novus Archiepiscopus Cantuar. cæteriq; Episcopi pontificalibus induti & accensas ferentes candelas in majori Aula Westmonasterii, excommunicationem cum anathemate (formâ maximè solenni quam habes apud *Parisium* in hoc anno) projecerunt, in transgressores Ecclesiasticorum, & libertatum seu liberarum consuetudinum Regni Angliæ, & præcipuè earum quæ continentur in Charta libertatum Angliæ, & Charta de Foresta &c.

Confirmantur denuo cum anathemate formidabili. Pa. 838.

Pa. 839.

Nec tantùm in transgressores liquidò, sed in eos pariter qui qualicunq; arte vel ingenio temerè violaverint, diminuerint, seu immutaverint clam vel palam, facto verbo, vel consilio, contra illas vel earum aliquam in quocunq; articulo veniendo. Item in illos qui contra illas, vel earum statuta, aliqua ediderint vel edita servaverint, consuetudines introduxerint, vel servaverint introductas. Scriptores statutorum necnon Consiliarios, & executores, & qui secundùm ea præsumpserint judicare &c. Dicta & promulgata omnia sigillis roborabant: prolataq; est in medium Charta Regis *Johannis*, quâ supradictas libertates merâ voluntate reconcessit & inde recitari fecerunt easdem libertates. Dum autem *Henricus* Rex memoratam sententiam audiebat, tenuit manum suam ad pectus suum sereno vultu atq; alacri. Et cum perfecta esset demum projecissentq; candelas extinctas & fummigantes, & diceretur à singulis, *Sic extinguantur & fœteant hujus sententiæ incursores in inferno*: & campanæ pulsarentur (ut applauderent singuli) dixit ipse Rex: *Sic me Deus adjuvet, hæc omnia illibata servabo fideliter, sicut sum homo, sicut sum Christianus, sicut sum Miles, & sicut sum Rex Coronatus & inunctus.* Hæc (qui plura) Parisius. Post hæc omnia Romam mittitur ad *Innocentium* 4. Rogatus ille latum anathema Bulla roborat, & de suo quiddam adjicit in terrorem.

Charta Regis Io. producta.

Regis *Henrici* solenne votum & Papæ confirmatio.

Sub Sole nihil stabile. Anno quippe proximo, Rex, dum inhiat colligendis decimis quæ sub conditione de Chartarum observanda immunitate concessæ fuerant, consilio impiorum libertates temerat. Credens (inquit *Matthæus*) pro munere, absolvi à transgressione. Nec spes illa vana cum se & Regnum sub pœna exhæredationis (quod non potuit) Papæ obligaret ad pecuniæ solutionem, quam in bello Siculo foret expensurus, causâ suâ.

Rex iterum deficit. Pa. 861. Et 862.

P. 868.

Ad mortalia autem arma non concurritur: sed anno 1255. Regis 39. Acclamatum est

Proiiciuntur nova anathemata. pa. 878. in *Flo il.* pa. 272.

in Comitatibus, Synodis, Ecclesiis, & ubicunq; locorum homines convenerant, ut *Magna Charta*, quam Rex *Johannes* concessit & Rex iste præsens multoties reconcessit, inviolabiliter tueretur: & lata est sententia (toties repetita) in omnes ejusdem violatores.

Sequenti etiam anno pœna horribilis anathematis in Londinensi Synodo prioribus adjungitur, statuiturq; libertates sub ejusdem periculo conservandas: Et ne quid præterea desideretur, accesserunt paulo post duæ simul Bullæ *Alexandri* 4. ad Chartarum sententiarumq; roborationem.

Jurant Rex & filius Legum observantiam. pa. 941.

Rex seu telis victus Ecclesiæ; seu quòd Barones mutuò exhibentes dextras, juraverant, quòd non omitterent propositum persequi pro pecuniæ vel terrarum amissione, vel etiam pro vita & morte sua & suorum: in Parlamento *Oxonii* An Dom. 1258. Regni 42. semel iterum, sed jam etiam cum *Edouardo* filio suo, Chartarum jurat observantiam, & 24 prudentium virorum, nationis Anglicanæ (nam ab alienigenis passi modò sunt gravissima) quos sub ipso ad Regni gubernationem eligerent, consilio se commendavit.

24 Nomophylace. *Flor.* pa. 277.

Absolvitur à juramento pater sed spernit filius. Pa. 958.

Non elapso autem biennio, Rex ab *Urbano* Papa juramenti potitur absolutione: nec sui tantum sed & filii, quam Princeps optimus adeptam spernit. Mittuntur jam Hertfordiam ex mandato Regio Justitiarii itinerantes, contra formam (ut asseritur) dictarum provisionum *Oxonii*, repudiatiq; ideo à majoribus illarum partium cassi redierunt.

Pugnatum est captiq; Rex & filius.

Succrescentibus verò novis indies gravaminibus ex alienigenarum (qui Regis aures atq; latus occludebant) insolentiis: Proceres eas, Chartarumq; una violationes, statuunt demùm vi compescere. Accenduntur ergo belli faces cruentissimi. Cadit utrinq; ingens multitudo, capiunturq; An. 1264. in Lewensi prælio strenuè dimicantes Rex & filius. Sed versâ brevi rerum aleâ, filius à custodibus elapsus, ex improviso hostem novis copiis adoritur, insigniq; clade Eveshamiæ fundens, non solum patrem sed & Regiam dignitatem liberavit An. Dom. 1265.

Flori. pa. 323

Elapsus filius Barones conterit.

Rex jam liber sponte cedit Ll. & moritur.

Actum jam videtur de libertatibus; sed è cœlis ecce misericordiam Domini, qui Principum corda nec ferro coercenda, nec mortalibus industriis, levissimo afflatu subigit & emollit. Pressâ post imbelles aliquot conatus reliqua Baronum parte: Rex in Parlamento *Marlebridge* An. Dom. 1267. Regni 52. Cap. 5. utramq; Chartam, in singulis tam ad Regem, quàm ad subditum pertinentibus tenendam statuit: Breviaq; Regia gratis concedi in transgressores. Rebus in hunc modum præter spem compositis, sub anno altero pax editur per totam Angliam, & *Edouardus* Princeps cruce jam signatus Hierosolymis proficiscitur, triumphatisq; hostibus Rex in pace animam reddit An. Dom. 1272. Regni 57.

R. Ed. 1. omnia confirmat chartâ suâ.

Henrico mortuo reversoq; Rege *Edouardo* 1. vacillant etiam aliquoties Chartæ libertatum (ut videre est in præfatione Articulorum super eisdem) quas ideo stabilire nixus est æterno robore (*Justinianus* noster) idem *Edouardus*. Resilire quippe noluit à sacramento, quod cum patre in Oxoniensi Parlamento aliquando juraverat, nec absolvi, ut præfati sumus. Anno igitur Regni sui 25. dum in Flandriam transiturus, *Odimiræ* moraretur: præcepta sub sigillo suo Westmonasterii data 2 Aprilis, in omnes misit Angliæ Comitatus Chartarum exigentia observantiam.

Rot. Parl.

Constans etiam in proposito, duas simul earundem edidit confirmationes, sub testimonio filii sui *Edouardi* Principis, ejus tunc in Anglia Locum-tenentis (nam in Flandriâ versabatur ipse) Londini datas, alteram 10 Octobris, alteram (sed priorem) 12. Octobris dicto anno. In hac recitatas per Inspeximus, Chartas *Henrici* 3. patris sui, sigillatim eas concedit, firmat, & corroborat. In illa neutram recitans, utramq; junctim confirmat & quæ ad earum conducunt observantiam multa decernit utilissima.

Et multipliciter roborat.

Primò, quemlibet in iisdem articulum, tenendum Sanctius: mittendasq; Chartas singulas sub sigillo Regio, Justitiariis, Vicecomitibus, & aliis omnibus ministris Regis, civitatibusq; Regni; unà cum Brevibus, præcipientibus, ut eas populo annuntient, & in singulis observent.

Secundò, judicium contra aliquem earundem articulum, fore irritum & cancellandum.

Tertio, mittendas etiam ejusmodi Chartas, ad singulas Ecclesias Regni Cathedrales: non ibidem solum custodiendas, sed & annuò bis legendas coram populo.

Quartò, ut Episcopi bis item quotannis excommunicatos denuntient Chartarum violatores, & qui illis sunt vel ab auxilio, vel à consilio. Et ut Archiepiscopi Episcopos ad hoc coerceant. Lata tunc etiam est solenniter ejusmodi sententia à *Roberto* Archiepiscopo Cantuariæ.

Lib. Stat.

Gandavi præterea existens (ubi nullis populi pulsaretur precibus) hanc sponte Chartam totidem omnino verbis, magno suo munivit sigillo 5 die Nov. anno 25 prædicto, & in Angliam gratuitò misit.

Rot. Parl.

Cum tamen in Parlamento Regni sui 28. assiduè à Baronibus (præsertim à Comite Herefordiæ & à domino Mariscallo Angliæ) obtestaretur; ut Chartas denuo confirmaret parlamentariâ authoritate; hæsit in articulis aliquot à *Walsinghamio* memoratis, Et ad ipsarum calcem annectendam voluit (omnium remoram) *Salvo jure Coronæ nostræ.* Animadvertens autem commotum populum & perculsos proceres: consilium mutat Rex eximius, & non solum annuit Chartarum confirmationem, sed in earum etiam munimen, explanationem & libertatum auctionem coronidem

Et confirmat in Parlamento cum auctionibus.

Pa. 73.

Pa. 76.

An. Reg. 28.

ronidem imponens, quam *Articulos super Chartas* appellamus, sic inter alia promulgavit.

Attic. sup. Chart. ca. 1. Chartas libertatum in omni articulo conservandas, tradendasq; unicuiq; Vicecomiti sub sigillo Regis: ut legantur populo quater annuò in pleno Comitatu, viz. proximè post festa *S. Michaelis*, *Nativitatis Domini*, *Paschatis*, & *S. Johannis Baptistæ*.

Eligendos etiam è Militibus cujusq; Comitatus per Comitatenses in foro Comitatus, 3 Justitiarios qui diplomate fulti Regio, de delictis cognoscerent contra Chartas, easdemq; sartas tectas conservarent &c.

Multoties etiam Reges succedentes. *Post varios casus & tot discrimina rerum*: emicuêre sic tandem Dei beneficio sacræ hæ Chartæ libertatum Angliæ, pleno vigore: & ne deficerent aliquando postea, trigesies atq; eo supra à succedentibus Regibus confirmatæ sunt: decimaquarta scil. vice solo sub *Edouardo* 3. Et uberiùs demum sub piissimo domino nostro divo *Jacobo* Rege: Cujus ut in perpetuâ felicitate floreat magnum sobolis incrementum, floreant hæ simul (precor) in perpetua Castitate. Amen.

¶ *Magnum Concilium.*] Plerunq; intelligitur de summo illo Concilio totius Regni (quod Parlamentum vocant) è tribus Ordinibus constitutum. Sub hoc autem nomine continetur aliàs Aristocraticum illud, quod ad ardua etiam Regni negotia cogebant aliquando Reges veteres, consimili Brevi quo & ipsum Parlamentum, sed prætermissa plebe & minori solennitate. In magno enim Concilio quod tenuit *Edwardus* 3. anno Regni sui 15. circa festum Translationis *Thomæ* Martyris (quod erat 7 die Julii) nec 40 dierum ratio in ejusdem summonitione habebatur, nec Baronum omnium convocatio: Sed cum in Parlamento *Westmonasterii* immediate jam tum præcedente, 54 enumerati essent (præter Episcopos) seculares Proceres, hîc Londini evocabantur 22 tantummodo. De *Magno Concilio* fit sæpè mentio in Annalibus nostris; sed de quo prædictorum genere intelligendum fuerit, sæpè etiam dubitatur. Archiva consule.

¶ *Magonellus, Magonale.*] V. *Gonn* in *Ort.* Vocab. Anglo-Lat. Epist. *Baldwini* Imp. *Aldulpho* Coloniensi Archiep. apud *Godefrid.* Monach. *Inter quaslibet turres* (*in muro urbis*) *à parte maris, quo noster timebatur assultus, turris lignea erigitur super murum stationibus tribus aut quatuor, multitudinem continens armatorum, nihilominus etiam inter quaslibet duas turres, seu petraria, seu* Magonellus *erigitur*. Item Epist. Comit. de S. *Paulo* ibidem proxime supra. *Praeterea quilibet usarius* mogonellum *suum habebat erectum.*

¶ *Magulum.*] Græcobar. Μάγδαλον. Interpres *Juvenalis* Sat. 11. Peribonius. *Nomen Archigalli cinædi, quem* magulum *conspurcatum dicimus, qui publicè impudicitiam perpessus est.* Meurs.

¶ *Mahamium*, & *Mahemium*, aliàs *Mahanium*, & *Machamium.*] Forensi vocabulo *Mahim*, Gal. *Mehaing*, à verbo *mehamgner*, i. mutilare, claudum facere. Jurisconsultis nostris *mahemium* dicitur, cum vel os vel membrum aliquod ita cuipiam conteratur aut minuatur, ut invalidior fiant ad militandum. Auris igitur vel nasi mutilatio graviùs luitur, sed inter *mahemia* (quæ felonicè dicuntur perpetrari) non numeratur. *Majest. Reg. Scot.* Lib. 4. Ca. 3. §. 1. *Declinare autem duellum potest accusatus in hujusmodi placitis per* machamium, *vel per ætatem.* Et mox. Mahamium *autem dicitur, ossis cujuslibet fractio, vel testæ capitis incisio, vel per abrasionem cutis attenuatio.* Verba sunt *Glanvillæ* nostri lib. 14. ca. 1. Sed *Brattonus* fusiùs Lib. 3. Tract. de Coronâ Cap. 24. nu. 3. Mahemium *verò dici poterit ubi aliquis in aliquâ parte sui corporis effectus sit inutilis ad pugnandum; & maximè per illum quem appellat, ut si ossa extrahantur à capite, & skerda magna levetur, ut prædictum est. Item si os frangatur, vel pes, vel manus, vel digitus, vel articulus pedis vel manus, vel aliud membrum abscindatur, vel per plagam factam contracti sunt nervi, & membrum aliquod, vel quòd digiti curvi reddantur, vel si oculus effossus fuerit, vel aliud fiat in corpore hominis per quod minus habilis & utilis reddatur ad se defendendum. Sed quid dicetur de eo qui dentes habet fractos? si fractio dentium judicari debeat ad* mahemium? *Ad quod sciendum, quod est quoddam* mahemium *quo quis inutilis efficitur ad pugnandum, de quo supradictum est.*

¶ *Mahona.*] Navis genus apud Turcos, cujus mentionem fecit *Hieronymus* Comes *Alexandrinus* in Commentariis de Bello Melitensi An. Dom. 1565. *Erant* (inquit) *Piali Bassæ classis Turcicæ præfecto, triremes munitissimæ* 130. Mahonæ 8. *sunt autem* Mahonæ *naves ampliores convehendis commeatibus, & militaribus apparatibus accommodatæ.*

¶ *Maialis sacrivus.*] Salici ad porcorum distinctionem alios anniculos vocant, alios bimos, tertussos, postanniculatos. Item porcellos porcos verres scrovas, scrofas ducarias, *maiales sacrivos* & non *sacrivos*: de quibus omnibus Lex Salica Tit. 3. Et de hoc particulariter ibidem §. 14. *Si quis* maialem sacrivum, *qui dicitur votivus furaverit* — *solid.* 17. *culp. jud.* Et §. seq. *Si quis* maialem *non sacrivum furaverit* — *sol.* 15. *culpab. judicetur.* Glossar. in hunc locum. *Sacrifus* (inquit) qui est defensor aliorum pecorum. Porci sacres Varroni et Festo dicuntur qui sunt ad sacrificium idonei. Hæc ibi.

¶ *Maialis votivus.*] Vide jam supra *Maialis*, & adjice quæ ex *Gregorio Turonensi* de mirac. lib. 2. cap. 3. notat L.

¶ *Maignagium, gii.*] Lib. Ramef. Sect. 265. *Idem Hugo tenebat unam cotsethelandam cum libero servitio in villâ quæ dicitur* **Slepe**, *& unum* maignagium *in foro ejusdem villæ.* Officina fabris ærarii, nam *Maignen* Gal. faber ærarius.

¶ *Maiicampus*, al. *Magicampus.*] Occurrit interdum vox utraq;, sed apud *Remmigium* Præpositum, usitatior postera, pro conventu Scabinorum sive Judicum (quem & *Mallum* dicunt) in agris Rhætiæ Curiensis juxta oppidum *Maienfeldii* ubi quondam singulis annis in mense *Maio*, sub tiliis in apertis campis, Missi (quos Angli dicimus Justitiarios) Regum Francorum & Imperatorum Romanorum, mallos publicos celebrabant, unde & oppidi nomen **Maienfeld**, i. *Maii* campus, ut *Melchior Goldastus* in Antiqq. Alaman. Scriptoribus.

¶ *Maille.*] Medietas denarii tam in pondere quam in nummis. Obolus. Habet varias acceptiones apud Gallos, de quibus ipsi dicant, & aliàs ex auro fuit. Senalis. Abrincensis Episc. lib. de mensur. & ponderat: — *Aurei nummi quos Gallicè appellamus*, mailles, *non ab obolari ratione traxere originem: immo potius ab aliâ nostri idiomatis nomenclaturâ, quam dicimus*, **medailles**, *eo quod Principis nonnunquam alicujus faciem praferant.*

¶ *Maile.*] Etiam latius accipitur: nec tantum pro denariis pluribus, sed & portione aliquâ rei frumentariæ vel annonariæ: hoc verò in plagâ Angliæ boreali **black maile** dicitur, ut pecuniario illo distinguatur. V. **Black maile.**

Inquis. capta post mortem *Will. de Coway*, an. 20 Ed. 3. n. 63. *Lanc.* Est in *Ulverston*, quoddam proficuum **Geesmales**, & quoddam proficuum apud *Plumpton* vocat. **Cowe-male.**

¶ *Mainbour*, & *Mainbournie.* Item *Manburnie*, Idem quod *Mundeburdium*, quod vide infra.] Veteribus Francis pro tutelâ vel curâ dicitur. *Froissard.* Vol. 1. cap. 155. — *fussent en garde, baille, tutelle, cure,* manburnie. *Big.* pa. 506. *Main* manus, *bour*, Saxonibus borh & borop, fidejussio, expressè **hand-borow**, quo Saxones nomine eos omnes vocabant, qui in eodem erant friborgo, & data invicem fide, mutuò se curabant & tuebantur. Huc & sonat Juris nostri vocabulum *Mainprise*, i. Manucaptio, cum quis se pro alio fidejussorem aut vadem exhibuerit. Vide *Friborgus*.

¶ *Maine-porte.*] Tributum exiguum, quod quibusdam locis parochiani solvunt Rectori Ecclesiæ in compensationem quarundam Decimarum. Vide infra **War-shott.**

Vicaria de *Wragby* consistit in toto Altaragio & in ceragio vulgariter dict. **War-shot**, in panibus vulgariter dict. **Manport**, & in incremento denariorum S. *Petri* vulgariter dict. **Sperharth.** (In Lincolnsh.)

Quiddam etiam pecuniæ, puta triobulus vel drachma è quibusdam domibus Rectori Ecclesiæ persolutum, ut in Parochia de *Weston* in Com. Nottingham. Testis quidam in decimarum lite juratus inter Rectorem & Parochianos aliquot, dixit parochianos illos nullas è prædiis litigatis unquam persolvisse Decimas quod earum nomine **Main-port** Rectoribus dependissent. Ex relat. Dr. *Fuller* 6 Dec. 1628. (Fortè *Maine bour*, i. cura.)

¶ *Maior,*] (**Meyer**) pro genere quodam Nobilium apud Germanos, orto à Maioribus villicis, qui ab initio ex plebe erant & vulgo; progressione postmodum factâ, cum à dominis suis non solùm Principibus sed etiam Baronibus & Nobilibus, prædia in beneficium (sive feudum ut J. C. loquuntur) accepissent; eo titulo etiam nobilitatem sibi vindicare cœperunt. Quo ex fonte infinita Nobilium profluxit multitudo: etiam ab officio nomen retentarunt ingens apud Alamanno-Helveticos numerus: putà *Maiores* (**Meyer**) de *Herdliberg*, de *Glarus*, de *Hochfelden*, de *Windeck* & multi alii, quos è plurimis refert (mihi in his Author) *Melchior Goldastus* in notis ad *Ekkehardum*, Cap. 4.

Maior pro Colono, & servo. A maioribus villicis (de quibus diximus) temporum fluxu & vitio tandem enatum est: ut ii *Maiores*, id est, *villici*, vocarentur, qui servi non essent, sed prædia colenda certâ mercede conduxissent, suo nomine Coloni dicti; cujus rei exempla in Chartis (inquit *Goldastus*) observavimus. Addit præterea: hodiè apud Germanos ulteriores omnes coloni sive liberi, sive servi sint, eo nomine gaudent, non item Alamannos. Quod igitur in Centuriâ Chartarum Alamannicarum legitur num. 32. non videtur de hujusmodi *Maiore* sed de villico intelligendum. Ait autem: *In contra recepit precium venditor ab emptore cum vocato suo honorato & cum* maiore *suo Abraam.* Hinc ut *maior* dicitur pro *Colono* & servo ministeriali: sic *Morissa* pro servâ & ancillâ. Lex antiqua, *Si quis* maiorem, *infestorem, scamionem, mariscallum, stratorem, fabrum ferrarium, aurificem sive Carpentarium furaverit, aut occiderit, aut vendiderit &c.* Et §. 7. *Si verò* maiorissam *aut ancillam ministerialem valentem sol.* 25. *superiorem causam convenit observare.* Refert hæc *Lydius* ad L. Salicam Tit. 11. §. 6. & 7. Ego non reperio apud *Lindenbrogium*: sed *maiorem* & *morissam* trahit hic (ut dixi) *Lydius* à *mor* pro Æthiope.

Maior villa aliud est apud Gallos & nostrates quàm *villicus maior* apud Germanos: hic minister & domini sui patrimonii dispensator; ille magistratus & in municipio aliquo jurisdictione fretus. Academici (qui nihil non Romanum sapiunt) Prætorem vocant, aliàs Consulem. *Drosaus* verò (in Methodo Juris, *Longovallium* secutus & *Alciatum*) duos illos (Pro mun præpositi) apud

apud Gallos *vicorum maiores* seu Præpositos, imaginem quandam exhibere asserit Duumvirorum (municipalium & magistratuum, qui apud Romanos) annuatim ex decurionibus eligebantur, & quorum meminit L. Im. C. de judic. §. 4. &c. *Liceat aliam* (inquit) *ab ipsis potestatem habeant. Jurisdictio eorum est inferior, plerunq; vulgo bassa justitia nuncupata: Regiis tamen privilegiis copiosius aliàs adornatur.* Charol. Loyseau *en Traite des Seigneuries* Chap. 15. Sect. 59. *Les* Maieurs (inquit) *& Eschevins ont basse justice. Et de verite en noz anciens lieures de prattique, & es vielles* Mairie, & Mairis, quid. *coustumes* Mairie *signifie basse justice, & le juge du bas justicier, est appelle* Maire, *come encor es articles secrets de la coustume de Paris &c.* De hac *Choppinus* in doman. Fran. Lib. 3. Tit. 20. Sect. 10. *Talem jurisdictionem prisca vetustas nominavit* Mairiam *seu Præposituram Regiam qua perpetua locatione multis urbibus data est certo condicto solario.* Exemplo est Charta Regis *Philippi* 3. oppido Meduntensi data An. 1274. quam in lib. de legib. Andegavorum Cap. 2. idem refert *Choppinus*.

Et hic magistratus *Maior* simpliciter dicitur, quòd inter suos collegas, sive Aldermannos, sive Burgenses, sive Juratos (certo numero consilium ei & authoritatem Regio statutos diplomate) magis eminet. Regiminis formam à Romanis ductam ostendit *Spartianus* in *Severo* Sect. 5. Deinde *Alexandrinis* jus buleutarum dedit, qui sine publico consilio, ita ut sub Regibus ante, vivebant uno judice contenti, quem *Cæsar* dedisset. Buleutæ Græcis inferioribus βυλευταὶ iidem sunt quod hic l. pupillus §. decuriores de verb. sign. supra Decuriones, & hi, ut *Pomponius* ait, ex eo dicti sunt quod initio cum coloniæ ducerentur decima pars colonorum consilii publici gratia conscribi solita sit & nihil Decuriones in coloniis & Municipiis à Senatoribus Romanis different, Novella 38.

Hinc oriuntur municipia quæ nunc *Corporationes* vocamus; & ex istiusmodi decurionibus, duorum electio, qui apud Gallos *Maiores vicorum*, & singularis illius inter nostrates qui *Maior* Civitatis vel Burgi nuncupatur. Anglo-Saxonibus pari significatione Aldermannus Civitatis vel Burgi (quod supra vide) *Portgrevius, Burgrevius*, &c. Anglo-Normannis, aliter Custos Civitatis, Præpositus, & Ballivus.

Ante Normannorum autem adventum non reperio vocem *Maior* pro magistratu apud nos in usu, nec municipio cuiquam inditum, donec *Richardus* 1. anno Dom. 1189. Londinensium Balivos in *Maiorem* commutavit. Eo exemplo *Johannes* Rex anno Regni sui 6. Domini nostri 1204. balivum *Lenni Episcopalis* (quod hodie **Kinges lynn** appellatur) *Maiorem* etiam fecit, dum urbs Norwicus celeberrima ante annum 7. *Henrici* 5. id est, gratiæ 1419. non obtinuit sub hoc nomine magistratum.

Ad prædictas atq; istiusmodi *Maiorum* species, illud pertinet, quod in *Capitulare Caroli* & *Ludovici* legimus lib. 5. can. 107. *Ut Presbyteri curas seculares nullatenus exerceant, id est, neq; judices, neq;* Maiores villarum *fiant.* Et quod antiquius sub anno Dom. 787. in secundo *Niceno* Concilio (hoc est 7 generale) Can. 10. Ubi *Maiores* isti Græcis μείζωνες & μαιοράι dicti simpliciter, Curatores exponuntur, munusq; eorum μειζοτερεία, id est, curatio. Videndi in hunc canonem *Balsamon* & *Joh. Zonaras*, & ad illum *Caroli Fran. Pithœus*.

Maior etiam simpliciter habetur apud *Flotildam* in visionibus, siquidem — hi essent Archidiaconi, Præpositi, Judices & *maiores* atq; Decani: sed incertum an hic pro seculari seu pro Ecclesiastico. Nam in glos. ad distinc. 89. cap. 2. dicitur, quod *maioratus* est quædam dignitas quæ est in quibusdam Ecclesiis, ut *Vrcellis* in Ecclesiâ S. *Mariæ*.

¶ *De Maiore domus.*

Maior domus, dicitur de quovis œconomo: sed reperitur in Aulâ Principum triplici gradu.

Primò (si rectè conveniat nomen superiorem agnoscenti) is qui rem in domo curat ad victum solummodo pertinentem; aliàs olim Eleater, Præfectus mensæ, Archiclinus, Dapifer, & Princeps Coquorum nuncupatus. Hoc sensu Gloss. *Isodori* Architriclinus; *Maior domi*.

Secundò, qui rem omnem familiarem, & cum jurisdictione Officiales domesticos moderatur, aliàs *Maior Palatii*, Oeconomus, Domesticus & juxta recentiorem Hellenismum *Megadomesticus*.

Tertiò, qui omnia domini sui negotia intus & foris bello & pace tractat disponit & exequitur. Authoribus aliis Præfectus Palatii, Præfectus Aulæ, Comes Palatii: & quibusdam Præfectus prætorio à similitudine Romani magistratus, qui ab Imperatoribus inferioris seculi ad regendas Provincias cum summo imperio mittebatur. *Potestate igitur* (inquit *Cassiodorus* lib. 6. Epist. 3.) *nulla dignitas est æqualis, Vice Sacra (i. Imperatoris) ubiq; judicat &c. Planè vicarius Principis, Prorex, & quem hodie Regis Locum-tenentem appellamus.*

Alterum si non utrumq; priorum exhibuere plerumq; Principum Aulæ, Burgundica, Neustriaca atq; Orientalium illa Francorum apud *Gregorium Turonensem*: Stir *Maiorem domus*, Hardecanuti Regis Anglorum, apud *Florentium Wigornens.* in An. 1040. reperitur: Et *Heraldus Edouardi* Confessoris apud *Ingulfum* Saxonem. De *Maiore domus* Episcopi meminit *Gregorius* mag. ad... lib. 9. Epist. 66. ubi & de officio subolet. Frater noster *Paschasius* & Vicedominum sibi ordinet & *Maiorem domus*, quatenus possit vel hospitibus ſupervenientibus, vel cauſis quæ eveniunt, idoneus vel paratus exiſtere. Habetur idem diſtinct. 89. cap. *volumus*: ubi in gloſ. id quod de hoſpitibus dicitur ad Vicedominum refertur: & quod de cauſis, ad *Maiorem domus* ſeu Oeconomum.

¶ *De* Maiore domus *ſeu Palatii apud Gallos.*

Primus verò gradus (de quo diximus) in ſecundum irrepſit, & hic poſtmodum apud Gallos ita prorupit in tertium, ut peſſundato Regio faſtagio, omnem ſibi conflavit poteſtatem, tituloq; Ducis Ducum, Ducis Franciæ, & Principis Franciæ, non acquieſcens, nomen demum Regium cum Regno integro devoravit.

Rem ab *Eginhardo, Caroli* magni notario, & tandem genero, ſuis verbis accipe in vitâ *Caroli. Gens Merovingorum, de quâ Franci Reges ſibi creare ſoliti erant, uſq; ad* Hildericum *Regem, qui juſſi* Stephani *Romani Pontificis depoſitus ac detonſus, atq; in monaſterium detruſus eſt, duraſſe putatur: quæ licet in illo finita poſſit videri, tamen jamdudum nullius vigoris erat, nec quiquam in ſe clarum præter inane Regis vocabulum præferebat. Nam & opes & potentia Regni penes Palatii præfectos, qui* Maiores domus *dicebantur, & ad quos ſumma Imperii pertinebat, tenebatur: neq; Regi aliud relinquebatur, quam ut Regio tantum nomine contentus, crine profuſo, barbâ ſubmiſſa, ſolio reſideret, ac ſpeciem dominantis effingeret, Legatos undecunq; venientes audiret, iiſq; abeuntibus reſponſa quæ erat doctus, vel etiam juſſus, ex ſuâ velut poteſtate redderet: cum præter inutile Regis nomen, & precarium vitæ ſtipendium, quod ei Præfectus aulæ prout videbatur, exhibebat: nihil aliud proprii poſſideret, quam unam & eam præparvi reditus villam, in quâ domum, ex quâ famulos ſibi neceſſaria miniſtrantes, atq; obſequium exhibentes, paucæ numeroſitatis habebat. Quocunq; eundum erat, carpento ibat, quod bobus junctis & bubulco, ruſtico more agente trahebatur; ſic ad palatium, ſic ad publicum populi ſui conventum, qui annuatim ob Regni utilitatem celebrabatur, ire, ſic domum redire ſolebat. At Regni adminiſtrationem & omnia, quæ vel domi vel foris agenda ac diſponenda erant, Præfectus aulæ procurabat. Quo officio tum cum* Hildericus *deponebatur,* Pipinus *pater* Caroli *Regis, jam velut hæreditario jure fungebatur. Nam pater ejus* Carolus Martellus — *eundem magiſtratum à patre* Pipino *ſibi dimiſſum egregiè adminiſtravit. Qui honor non aliis à populo dari conſueverat, quàm iis qui & claritate generis, & opum amplitudine cæteris eminebat.*

Vel rem (ſi placeat) explicatiùs in aliquibus, enarratam à vetuſto admodum ſcriptore Annalium Francorum, quem *P. Pithæus* in lucem dedit, intellige. Anno Dom. *DCCLI.* Pipinus *miſſâ Romam legatione*, Zachariam *Papam interrogat de regibus Francorum ex antiquâ Merovingorum ſtirpe deſcendentium, qui Reges quidem dicebantur, ſed poteſtas Regni tota apud* Maiorem domus *habebatur, excepto quod Charta & privilegia Regis nomine ſcribebantur, & in Martis campum, qui Rex dicebatur plauſtro bobus trahentibus vectus, atq; in loco eminenti ſedens, ſemel in anno à populis viſus, publica dona ſolenniter ſibi oblata accipiebat, ſtante coram* Maiore domus, *& quæ deinceps eo anno agenda eſſent populis adnuntiante: ſicq; Rege domum redeunte, cætera Regni negotia* Maior domus *adminiſtrabat. Orat ergo ſibi decerni quis eorum juſtè Rex debeat dici & eſſe, is qui ſecurus domi ſedeat, an ille qui curam totius Regni & omnium negotiorum moleſtias ſufferat. Anno DCCLII.* Zacharias *Papa, ex auctoritate S.* Petri *Apoſtoli, mandat populo Francorum, ut* Pipinus, *qui poteſtate Regia utebatur, nominis quoq; dignitate frueretur. Ita* Hyldericus *Rex qui ultimus Merovingorum Francis imperavit, depoſitus & in monaſterium miſſus eſt.* Pipinus *verò in Civitate Sueſſionum à ſancto* Bonifacio *Archiepiſcopo in Regem unctus, Regni honore ſublimatus eſt.*

Expedit ut Scriptores iſtos invicem conciliem: hic enim *Zachariam* Papam, ille *Stephanum* Regni transferendi ponit authorem. Solutionem præbet Fragmentum vetus de *Maioribus domus*: *Zachariam* Legatis *Pipini* reſpondiſſe: hunc debere Regem vocari, qui rempub. gereret, at *Stephanum* poſtmodum inunxiſſe *Pipinum* & filios ejus unà, *Carolum* (qui à geſtis *magnus* dicitur) & *Carlomannum.*

Pipinus igitur è Maioratu primus invaſit ſolium: cui filius ſuccedens *Carolus*, ut exutis jam prorſus Merovinis, ſceptrum genti ſuæ *Carolinæ* confirmaret; magiſtratum iſtum novandis rebus adeo minaciter imminentem, aut omnino ſuſtulit, aut terminis concluſit anguſtioribus. Inter officiales enim ſui Palatii (quos ex *Adalhardo* Abbate Corbiæ, primario *Caroli* Conſiliario deſcripſit *Hincmarus* Archiepiſcopus) nomen *Maioris domus* non invenitur. Et qui perſonam ejus videtur ſuſtinere Comes palatii, licèt inter cætera penè innumerabilia ſollicitus dicatur; in illo tamen maximè, ut contentiones legales ad palatium adductas, juſtè & rationabiliter determinaret. Sed de ſummo ejus imperio, quo Regni proceres univerſos & cum Regno Regem ipſum aliquando preſſerat: nullum illic verbum. Refloruit tamen feralis regibus hic Magiſtratus ſub *Carolo ſimplici* (qui Regnum iniit An. 892.) Rege tepido & imbelli, cum potentius illum adminiſtraret *Robertus*, Dux & Marchio Franciæ appellatus. Succeſſit huic velut jure hæreditario filius ejus *Hugo* magnus, atq; huic itidem ex filio nepos *Hugo Capetus*, qui poſt ereptum ſine prole, non ſine veneni ſuſpitione *Ludovico* 5. deficienteq; *Carolinorum*

ſtirpe

stirpe mascula, Regnum ex potentiâ sui Maioratus An. Dom. 988. occupavit, & ne hac deinceps quispiam eveheretur scala, eum funditus abolevit. Partes verò ejusdem quæ ad servitium Regis magis videbantur necessariæ, aliis commisit exequendas, civiles præsertim Senescallo, militares Constabulario & Marescallis: quorum deinceps officia multò claruerunt illustriora, cum è potentiâ, tùm è dignitate. *Fauchetus* igitur in lib. Origin Cap. 10. Senescallum exhibet velut à *Pipino* inductum ad curandam mensam Regiam & rem domesticam, cum *Maiorem domus* (nominis sonum magis metuens, quam justam muneris latitudinem) amplius noluisset statuendum. *Hugo* enim de *Cleriis* (qui floruit An. ....) Maioratum & Senescalciam confundit: & *Gulielmus Tyrius* in bello sacro lib. 4. cap. 5. *Megadomesticum*, id est *Magnum Domesticum* seu *Maiorem domus*, in Orientali Imperio, *Magnum Senescallum* à suis, id est Gallis, dici, & ab Imperatore secundum fuisse memoravit. Sed *Robertus de Monte* in An. 1170. disertè inquit: *Hanc Senescalciam Franciæ, vel (ut antiquitus dicebatur)* Maioratum domus *Regiæ*, Robertus *Rex Francorum dedit Gaufrido Grisogonellæ, Comiti Andegavensi &c.* ut in Senescallus.

Magnum Senescallum postea nuncupari magnum Magistrum Franciæ, *& le Grand Escuyer*, aliàs *le Soveraing Escuyer de l'hostel du Roy* (qualem *Froisardus* ponit D. *Thomam Perceium*, in Aula Angliæ) ostendit loco quo supra idem *Fauchetus*. Et Dapiferum utiq; eundem dictum fuisse planè hîc videas in ipso vocabulo, ut & in aliis plurima huc spectantia.

Sed videndum est an idem esset veteribus *Maior domus* quod Comes Palatii. Distinguunt enim Authores alii, alii confundunt. *Greg. Turonens.* Hist. Lib. 9. Sect. 30. *Childebertus verò* (inquit) *Rex discriptores in Pictavos — iussit abire, id est*, Florentianum Maiorem domus Regiæ, *&* Ranulfum palatii sui Comitem, *ut scilicet populus censum quem tempore patris reddiderat, factâ ratione, innovata re, reddere deberet.* *Aimoinus* ambo hæc officia passim confundit. Sic Lib. 3. Cap. 4. *Gogonem* uno spiritu *Maiorem domus*, & Comitem domus Regiæ nuncupavit. Et ca. 56. *Landericum* (inquit) qui Comes tunc & *Maior domus* erat Regiæ.

Nec est credibile celebrem historicum sub Aulæ radiis (hoc est, in Cœnobio *S. Germani* in pratis) degentem, occultioribusq; Regni negotiis luculenter instructum, summos palatii magistratus non decernere. Intelligatur locus ille *Gregorii Turonensis* de Comite palatii in genere, sin minùs, hæc officia aliàs junctim exerceri, aliàs seorsum, junctimque exercenti nomen utrumlibet à veteribus imponi. Sub Merovingorum enim pupillari imperio, junctim exerceri à *Maiore domus*, quem ut *Aimoinus* Comitem nuncupat palatii: sic *Eginhardus* (*Caroli* æqualis) tanquam synonimè Præfectum aulæ, & Præfectum palatii. Nec diversum videtur officium Comitis palatii inter officiales *Carol[i]* magni, quos ex *Adelardo* descripsit *[H]incmarus* ab officio *Maioris domus* Episcopalis, cujus meminit *Gregorius* magnus, causas scil. ad palatium adductas dirimere, ut supra notavimus. Igitur qui istiusmodi Comitem palatii in Aulam induxit Francorum, sive *Pipinus* sive *Carolus* magnus, ereptam hanc potestatem a *Maiore domus* illi videtur transtulisse: antiquiùs enim nondum reperi.

Sed erat summus alius Officialis in Aulâ Caroli, *Custos palatii* nuncupatus; idemq; videatur quod *Præfectus palatii*, nam Custos & Præfectus Rectorem sæpè denotant, & talis hic uterq; fuit Comes scil. id est judex palatinus: alter verò ad causas & personas seculares, alter ad Ecclesiasticas institutus regendas. Hos igitur *Walafridus Strabo* in comparatione Ecclesiasticorum Ordinum & secularium, pari gradu tanquam gemellos ponit, Cap. 31. Quemadmodum sunt in palatiis Præceptores vel Comites palatii qui secularium causas ventilant, ita sunt & illi quos summos Capellanos Franci appellant, Clericorum causis prælati. Dicitur hic aliàs *Apocrisiarius*, quod vide.

¶ ***Mairia.***] Officium Maioris: alias Maioratus: præpositura. *Choppin Doman. Fran.* f. 530.

¶ ***De antiquâ origine hodiernæ celebritatis, quam Maie-day vocant.***

¶ ***Maiuma***, & ***Maiumas.***] Prisca Romanorum celebritas, quam in Calendis Maii, luxuriante jam floribus vere, *Maiæ* seu *Floræ* deæ, ut campis & arboribus foveat, expedierunt. Aliàs *Floralia*. **Maye-games.** *Ovid. Fast.* lib. 4.

Mille venit variis florum dea nexa coronis:
Scæna joci morem liberioris habet.
Exit & in Maias festum Florale calendas &c.

Floralia verò turpiùs peragunt Romani veteres, quàm inferiores *Maiunam*: eadem tamen fuisse, quòd omnes *Maiunam* floribus celebrent, testis est *Gyraldus* in hist. deor. syntag. 1. De *Maiuma* Suidas. Μαιουμᾶς πανήγυρις ἐγένετο ἐν τῇ ῥώμῃ κατὰ τὸν μάιον μῆνα. τὴν παράλιον καταλαμβάνοντες πόλιν τὴν λεγομένην ὀστίαν, οἱ τὰ πρῶτα τῆς πόλεως τελοῦντες, ἐδυπαθεῖν ἠνείχοντο ἐν τοῖς θαλαττίοις ὕδασι ἀλλήλους ἐμβάλλοντες. ὅθεν καὶ μαιουμᾶς ὁ τῆς τοιαύτης ἑορτῆς καιρὸς ὠνομάζετο, id est. *Maiumas*, fuit celebritas Romæ in mense Maio, qua principes urbis maritimæ quam Ostiam vocant, deliciis vacantes, sese invicem in aquas marinas satagunt conjicere: ex quo & hujus ipsius festi tempus *Maiumas* appellatur. Sed ut inquiunt Glossæ *Basilic.* εἰς τιμὴν τῆς μαίας, in honorem Maiæ

(quæ

quæ & Flora à floribus & χλόεις à viriditate nomen habuit)dicata est.

Celebrabatur magno sumptu cum in epulis, tum in oblationibus,ut in *Mesopogone* refert *Julianus*. Sed recidente in pristinam spurciciem in Trullensi Synodo sub *Constantino* mag. Can. 62. damnantur Calendarum, Panis, Bacchi, καὶ ἡ τῇ πρώτῃ τοῦ μαΐου πανήγυρις & primæ diei Maii festivitas. Restituitur cautè ab *Honorio* & *Arcadio* anno imperii primo, Cod. Lib. 11. Tit. 45. *Clementiæ nostræ placuit, ut* Maiumæ *provincialibus lætitia reddatur: ita tamen ut servetur honestas, & verecundia castis moribus perseveret.* Sed cum honestas non servaretur (*Meursium* loquor) quadrennio post iterum abrogarunt iidem Augusti, eorumq; Rescriptum ad *Aurelianum* Præfectum prætorio extat Cod. *Theodos.* Lib. 15. Tit. 6. Hæc sunt verba. *Ludicras artes concedimus agitari, ne ex nimia harum restrictione tristitia generetur. Illud verò quod sibi nomen procax licentia vindicavit,* Maiumam, *fœdum atq; indecorum spectaculum, denegamus.*

Sed deposita turpitudine mos porrectus videtur ad novissimas ætates, quem nec tulit Mediolanense Concilium 3. An. Dom. 1573. in quo cavetur ut abusus de frondibus erigendis Mediolani in Calendis Maii abrogatus sit. Apud nostrates hodie sospitat, cùm in plebe tùm in Regis palatio. Solet juventus palum in villis erigere eximiæ proceritatis, variis pictum coloribus floribusq; fasciis & teniis adornatum: celebritatis dominam ceu Reginam eligere, quæ circa palum choreas ducit. Mane etiam diei ad nemora confluunt, deductisq; inde ramis viridibus ædes tam sacras quam profanas excolunt. Egrediuntur & cum cœtu aulico ad nemus ipse Rex & Regina frondes atq; ramulos referentes. Viguisse sub *Edouardo* 1. consuetudinem, ex eo constat, quod ab uxore *Roberti Brucii*, fortissimi Coronæ Scotiæ restauratoris, cum apud Anglos captiva teneretur, & de regno desperaret, dictum est An. 1306. *Futuros ipsos Regem & Reginam eis similes,qui choreas ducunt circa palum* Maiumæ. Non dissimiles multo videantur olim sub Maioribus domus laborantes Reges Franciæ, quos in An. 662. sic depingit *Sigebertus*. — *nil agere, nil disponere, quàm irrationabiliter edere & bibere, domiq; morari, & calendis Maii præsidere coram tota gente, & salutare & salutari, obsequia & dona accipere & rependere, & sic secum usq; alium* Maium *habitare.*

¶ **Makdocos**, al. **Makdocus.**] Perperam legi in Itineratio *Benjamini* docet *Meursius* pro Μεγαδοῦκος, id est, *Magnus Dux, aliàs, Magnodomesticus & Megadomesticus.*

¶ **Mala hereda.**] Legis Burgundiæ Tit. 86. inscribitur de *Mala herda*: & in textu sequitur §. 1. *Si pater filiis dimittat* malam heredam, *si vivus dare voluerit, cui voluerit donet, postea ad filias suas si ille dederit, nemo requirat.*

¶ **Mala tractatio.**] Ejus fit mentio apud *Tertull.* de pudicit. ca. 13. & de pœnitent. ca. 12. Item apud *Arnobium* lib. contra Gentes ut notat *Lindenb.* describitur autem in leg. *Longobar.* tit. 11. §. final. Mala tractatio *est, si eam fame aut siti necaverit, aut vestimentum, aut calciamentum, secundùm qualitatem personæ vel pecuniæ, mulieri non dederit: aut si servo aut aldioni alterius eam uxorem dare præsumpserit, aut turpiter battiderit eam: excepto si infans fuerit, pro honesta disciplina ostendenda, aut propter muliebria opera, aut vitium malum emendandum, sicut de propria filia. Et si eam ad indecibilem operam coactam minaverit, aut si cum ea adulteratus fuerit, omnia hæc qui facere præsumpserit*, male tractatam *esse decernimus.* Hæc omnia (ut ibidem superius notatur) in causâ sunt qua *mundium*, i. pupilli custodia amittatur, tutoriq; adimatur.

¶ **Maldius.**] A Germ. **Malder**, aliàs **Malter**, pro modio. Constit. *Fred.* Imp. Feud. lib. 5. — *totidem 20 libr. exolvat, quanti modios sive* maldios *altius vendidisse convictus fuerit.* Ibi *Cujacius*: Abb. Urspengens. *ut quilibet mansus rusticorum prædiorum solveret* maltare *unum avenæ.* Item;

¶ **Maldra**, **Maldrus**, **Maltra**, **Maltrum**, **Maltare**, & **Maltera.**] Vadiani lib. 2. Char. 17. —*sub censu unius* maldri *habuit.* Ibi in scholiis: Maldri *vocabulum Alemanicum etiamnum durat* **Malter**, *quatuor modios nostrates comprehendens. Urstisius* verò, qui tomum 1. Germannicorum historicorum edidit, sic habet: *Maltera*, choenix, mensura frumentaria, **Malter**. Insignis differentia: nam choenix Græcis χοῖνιξ mensurarum penè minima est, & quasi principium (ut quidam volunt) pintam nostram (*Budæi* verbo utor) continens, vel ut aliis placet, duos sextarios. Modius autem noster 64 pintas capit, perinde *maltra* juxta id superius *Vadiani*, 256 pintas, convenitq; tum demum cum mensura frumentaria quam Iceni, **acombe**, dicimus, i. dimidium saumæ, vel quarterii Londinensis. Occurrit sæpè vox in Chartis antiquis *Alamannicis* ut *Godast.* Centura posteriori num. 12. — annis singulis censum exolvam, id est, 12 *maldras* de prace, & 2 *maltras* de frumento. Et Nu. 84. — annis singulis persolvamus, id est, 2 denarios vel 2 *maldros* de grano. Sæpè.

¶ **Male-tolte**, **Male-toulte**, & l eliso *Maltoute*, perperàm **Maletost**, **Maletote**, & *Maltote*.] Subsidii vel exactionis genus quod An. 1296, tam Ecclesiasticis quàm Laicis extorsit *Philippus* pulcher Rex Franciæ. Primò scilicet centesimam partem omnium bonorum populi sui, deinde quinquagesimam: quod ægrè ferens populus hoc imposuit exactioni nomen, & ad cæteras postmodum traduxit. Dictum ab injustitia, quasi male coltè, &

& *malé toulté*, id est, mala vel indebita exactio. Venit Angliam sub Anno 29 Ed. 1. cum idem Rex 40 solidos è quolibet sacco lanæ decoqueret: sed infaustus hospes Parlamentariis Comitiis anni ejusdem 34. ca. 5. (Statuto scil. de tallagio non concedendo) relegatur, his verbis: *Nil capiatur de cætero nomine vel occasione* maletoute *de sacco lanæ*.

¶ *Malina.*] Æstus maris vehementior, ut *ledo* mitior: sed unde nomen haud compertum, ni ut *ledo* à Saxonico leið & liðan, id est, *lenis*, *blandus*: sic *Malina* à Germannico **mallen** pro *furere*, *insanire*; quasi furens dicatur. Ita Virgilio Æn. 1.

—— *furit æstus arenis.*

Nostrates hodie **the springe tyde** vocant, de quo supra in *ledo*. Xantonenses verò apud Gallos Salinarii, etiamnum patriâ linguâ *Maligne*, velut inimicum nuncupant & infestum.

Quotidiana inundatio bis in die à tempore in tempus per horas 24. semper peragitur, & per alternatas hebdomadas *ledonis* & *malinæ* vicissitudo comitatur. Sed *ledo* sex horas inundationis & totidem recessus habet. *Malina* verò grandis, per quinq; horas ebullit, & per septem horas litorum dorsa retegit: quæ tantam concordiam cum lunâ ostendit, ut antequam luna nascatur, tribus diebus & 12 horis semper incipiat, & post nascentis lunæ principia, alios tres dies & 12 horas consuescit habere: similiter & ante plenilunium tribus diebus & 12 horis incipit, & post totidem temporis cursus sui terminum consumit. Sex verò unicujusq; temporis *malinas*, veris scilicet & æstatis, autumni & hiemis, secundùm lunarem supputationem, hoc est, simul omnes 24 unusquisq; communis annus habet, exceptis videlicet *embolismis*, qui 26 *malinas* retinent: & unius cujusq; de prædictis temporibus mediæ duæ, videlicet æquinoctia, & aliæ, quando vel dies, vel nox cursus sui terminum consumit, solito validior & inundatione altior fieri consuevit, interpositis verò spatiis iterum tantundem semper *ledo* intermittititur.

¶ *Mallum, Mallus, Mallare, Mallatio.*] *Mallum* seu *Mallus* placitum majus in quo majora Comitatus negotia, quæ in Villis Centuriisve terminari non poterant, à Comite finiebantur. Vox Saxonicæ originis sed fontis dubii. Mael congregationem significat, à maelen conjungere, ut supra videas in *Gamalis*; Indè ammaele beon, pro consentire. Arngrimus Jonas apud Olaum Wormiû, ait *Mal-runas* dici pro loquelâ scriptâ, à maal, *loquela*, pa. 40. Runic. Significat & mael *locutionem* seu loquelam qua forenses nostri placitum aliàs intelligunt. Hinc pop-mael *prælocutio*. Et hinc fortè illud Kiliani: *Mael* vetus Saxonicum significat *jus*, *legem*, *judicium* & *conventum jurisdicundo*, vulgo *mallum* & *mallus*. Superest & origo alia; nam mael etiam *convivium* sonat. Inde avend-mael pro *vespertino convivio* vel *cœna*. Nec insulsè hoc quidem. *Tacitus* enim in Germanorum morib. "De reconciliandis (ait) invicem inimicis, & "jungendis affinitatibus, & adsciscendis principibus, de pace deniq; ac bello, plerunq; in "conviviis consultant: tanquam nullo magis "tempore, aut ad simplices cogitationes pateat "animus, aut ad magnas incalescat." Num & pari ratione *Dieta* hodie *Imperatoria* nomen cepit? Quære. Mos proculdubio in Britanniam olim ductus. In vitâ enim S. *Gundelii* MS. liber de Sanctis Wallensium ca. 16. *Laicus quidam* (inquit) *posuit calumpniam injustè in unam partem terræ, quam Clerus beatissimi* Gunleii *tenebat ex ratione, & pro calumpniis multotiens impositis, constituerat diem placitandi — Decanus Ecclesiæ visitavit curiam Lisarcors apud inferiorem Guentoniam convivio Regali functus, sicut consuetudo erat tunc temporis per patriam. Ultimo autem die convivii, ante prædictum diem placitandi contra noctem, retraxit crastini diei placita &c.* Non exolevit hactenus mos antiquus, nam in *Mallis* seu Placitis quæ Assisæ jam vocantur, Vicecomites provinciarum bis quotannis magnam exhauriunt vim pecuniæ in Judicibus, Nobilibusq; patriæ convivandis.

Sed quo ritu expedita sunt *Malla* vetera, atq; id in primis coram quibus, tueamur. Assidebant illic loci Comes & Episcopus, quorum ideo territorium eisdem finibus tunc claudebatur. Hic ut populo jus divinum, ille ut humanum diceret & vindicaret.

Mallare, aliàs *Admallare*. De quo supra.

Mallo, las, In *mallum*, hoc est, in placitum vel judicium vocare, citare, submonere. Cujus hæc est forma lege Salicâ, tit. 52. §. 2. *Rogo te judex, ut hominem illum denominatum*, gasachionem *meum, qui mihi fidem fecit, de debito tali denominato, secundùm legem* Salicam *mihi inde eum adstringas. Tunc judex dicere debet, Ego* gasachium *tuum* (illum) *in hoc mallo: quod lex* Salicâ *habet*. Extat alia *mallandi* forma tit. 54. Lex Alamannorum tit. 36. §. 3. *Si quis alium* mallare *vult de qualicunq; causâ; in ipso* mallo *publico debet* mallare *ante judicem suum, ut ille judex eum distringat secundùm legem &c.* L. Boiorum tit. 1. ca. 11. §. 2. *Si Episcopus contra aliquem culpabilis adparet: non præsumat eum occidere quia summus pontifex est: sed* mallet *eum ante Regem vel ducem aut ante plebem suam*: Formul. Solen. 173. *Mallabat me in* mallo *publico quod ego terram suam in pago (ille) in loco (ille) de potestate suâ per fortiam proprisi & pervasi*. Vide *Admallo*.

¶ *Mallobergium, gii.*] Plebis in *mallum* (hoc est placitum publicum) conventus. L. Salic. tit. 56. §. final. Sagibarones in singulis *mallobergiis*, id est plebs quæ ad unum *mallum* convenire solet: plus quam tres esse non debent. Dictum existimo à *Mallum*, i. placitum, curia, conventus, concilium, & *bergium*, i. burgus, civitas, & per translationem populus, ut sit quasi Civitatis populivè conventus & placitum. Dicatur etiam *Mallobergium* quasi mons placiti, nam *bergium*, aliàs mons est, ut supra ostendimus. Sic ut sensu priori *Mallobergium* idem est quod Saxonibus nostris *Burgimotus*. Posteriori verò: quod *mons placiti* apud Scotos, vel quæ in Hiberniâ **parly hills**, i. placitandi vel interloquendi montes appellantur. Antiqui enim moris fuit, ut sub dio, & intra sepimentum aliquod militare, ob salutis gratiam convenirent compagenses, ne alioquin in insidias traderentur. Hujusmodi plurima adhuc extant in Angliâ etiam, & in quibus hodie placita Comitatuum, Raporum, & Hundredorum submonentur & peraguntur. In *mallobergiis* autem illis quibus Comitatuum celebrabantur conventus, subsequentes ætates castra statuere, quæ & hodie ab ipsis Comitatibus nomina deportarunt. Hundredorum verò *mallobergia* rarius (quod sciam) sunt in usu; sed quæ nec omnino tamen exolerunt. Semel enim in anno quolibet convocantur adhuc Hundredarii vel Centenarii de **Frebrigge** in Comitatu *Norfolcia* ad hujusmodi *burgium*, quod, à loco **Flitcham boroto** appellatur. Cui muneri, Saxonicis etiam temporibus id fuisse destinatum inde intelligo, quod Princeps Normanicus *Willielmus* Rex per Breve suum ita testatur. *Willielmus Rex Angliæ H. Camerario salutem. Fac convenire & considere tres Hundredos & dimidium apud* **Flicchamburch** *propter terram illam de* **Holme**, *quæ pertinet ad Ringstedam &c. Lib. Ramesf.* sect. 197.

In *Scotiâ* autem celebre hujusmodi habetur *mallbergium*, sive Mons placiti, qui à situ, de *Sconâ* dicitur, cujus etiam mentio clara admodum fit in illius Regni vetustissimo monumento * quod *Malcolmi* Regis 2. qui anno 1004. floruisse asseritur Leges continet. *Dominus* (inquit) *Rex* Malcolmus, *dedit & distribuit, totam terram Regni Scotiæ hominibus suis: & nihil sibi retinuit in proprietate, nisi Regiam dignitatem, & montem placiti in villa de Scona.* Ubi *Skenæus* in verbo **Scone**. *Vulgo* (inquit) Omnis terra *vocatur, quia ex terra mole & congerie, exædificatur; quam Regni Barones, aliiq; subditi ibi comparentes, vel coronandi Regis caussa, vel ad comitia publica, vel ad causas agendas & dicendas coram Rege, in unum quasi cumulum & monticulum conferebant*, Cap. 1. §§. 1. & 2.

* Majestas Regia.

¶ **Malman**, al. **Ma alman.**] V. *Molman*.

Privilegium primum Eccles. *Mindens.* ab *Ottone* Imp. An. Dom. 961. concessum. *Hominibus quoq; famulatum ejusdem Monasterii facientibus qui Saxonicè* Malman *dicuntur prædictum* Mundeburdum *& tuitionem nostram constituimus &c.* Item, Secundum Privilegium Eccles. Mindens. *Hominibus ipsius Ecclesiæ, Francos, liberos & Ecclesiasticos, litones*, Malman, *vel servos cujuslibet conditionis.* Ibi plu. Vide *Molman* infra. *Malman* maðelman fideles Ecclesiarum ministeriales. *Lyd. è Goldast.*

¶ **Maltra.**] Mensuræ genus apud Alamannos, continens ut mihi author est *Goldastus* 4 modios. Icenis nostratibus **a Combe**, Londinensibus semi-quarterium dicitur.

¶ **Malvoisin, Malvicine.**] Fala, hoc est, turris lignea unde castella & urbium mœnia oppugnari solita. V. *Mat. Par.* in *Will.* 2. p. 17. l. 27.—*Petrariam quæ* malveisine *aliàs nuncupatur. M. P.* pa. 275. in An. 1216. V. *Lamb.* Itin. Cant. pag. 139. *Flor. Wig.* in An. 1095. *Ante* Bebbanbirig, *i. urbem Bebæ Reginæ, in quam Comes Northimbrensis* (*Rob. Mulbrous*) *fugerat, castellum firmavit, idq;* Malveisin *nominavit, & in illo militibus positis, Suthimbriam rediit.* Ejus Continuator videtur *anticastellum* nominare Anno 1239. pa. 530.

¶ **Mana, næ.**] Mater. Græcobar. Μάνα & Μάνας. *Luitprandus* in legat. apud *Meurs. Adeo impotentem & transfiguratam, revertenti ad palatium sibi præcepit occurrere, ut obviantes mihi, quæ prius in stuporem mentis mulieres versæ*, Mana *clamabant, miseriam meam, pugnis pectora tunsæ.*

¶ **Man**, & veteribus, aliàs **Mon.**] Sine ut præter institutum de hoc paucula. Majoribus nostris idem valet, per omnia, quod sub mediis seculis & forensibus, homo, de quo supra pluribus. *Utroq; verò illi usi sunt vocabulo pro masculo tantum, ut in Chartis antiquis passim: *Et prædictam terram warrantizabimus contra omnes homines & fœminas.* Sed ut *homo* Latinis propriè, sic & *man* Saxonibus nostris, utrumq; sexum complectebatur; species distinguentibus appellando marem Weapen-man, i. *hominem armatum* (membro scil. virili) fœminam verò, Wombe-man, contractè Wom-man, i. *hominem uterinum*, quam & iterum secernebant in Wife-man, i. *nuptam*, & Mæden-man, i. *virginem*. Sed Wife-man etiam usi sunt pro *fœmina* in genere.

* Sic in *Eadgari* Constitutionibus Monachicis occurrunt ƿæpn-man & ƿif-man, & in Saxonico *Matthæi* Evangelio cap. 19. 4. ne ræðð ge ſe ƿe on fruman ƿorhte. he ƿorhte ƿæpman and ƿifman, id est, *annon legistis, quod qui eos in principio creavit, creavit eos* ƿæpman, i. *hominem armatum*, scil. marem, & ƿif-man, i. *hominem fœminam*. Sic *Marci* cap. 10. 6 God hig geƿorhte ƿæpned & ƿimman: & *Lucæ* 2. 23. ælc ƿæpnyð gecyndlim ontynend. byð drihtne halig genemned, i. *Omnis* ƿæpned, i. *masculus, qui matricem primum apperuerit, sanctus Domino nominabitur.*

Virile siquidem membrum ƿæpn & harneis appellabant, unde Biblia MS. in obsoleto Angloglorum vernaculo, illud *Gen.* 9. 22. in hunc modum reddunt:

whan Cham þe fader of Chanaan hadde sen þat his þe privy herneys of his fader to be naked, he told it to his two bryþer wiþ oute, and forsoþe Sem and Japheth putten a mantel uppon þere shoulders, and going in backward covereden þe privy herneys of þere fader.

Quatenùs *Man* utimur pro servo, à Græcis videatur petitum, qui μανὰς olim dixerunt *servos*.

¶ *Manbot*, & *Manbota*, *tæ*.] Compensatio vassalli aut famuli occisi domino persoluta, *man* enim, i. *homo*, hic significat *servum*, *famulum*, *vassallum*, & quod Angli dicimus *tenentem*; bote, *emendatio*, *compensatio*. Triplici certè mulctâ tenebatur interfector. *Fredo*, *Magbota*, & *Manbota*. *Fredum* Regi pendebatur ob violatam pacem. *Magbota*, propinquis interfecti, ob sublatum consanguineum. *Manbota*, domino, ob amissum famulum aut vassallum. *Ll. Inæ MS*. cap. 75. *Si quis alterius filiolum occidat, aut patrinum: sit similis cognationi, & crescat emendatio, secundùm* weram *ejus, sicut* manbota *erga dominum*. Obscurè hoc quidem, sed è fonte Saxonico magìs explicatum habe. *Si quis alterius ad sacrum fontem susce tum, susceptoremvè occiderit, tantundem solvat* (mægbotæ *nomine*) *cognatis occisi, quantum* manbotæ *ratione Domino debetur ob cædem vassalli*. Ll. Edw. Conf. cap. 12. *Manbote* in Denelaga .... V. Ll. *Eadm*. cap. 7.

¶ *Mancare*.] Vide *Manco*, & adduc.

¶ *Mancatio*.] Mutilatio membrorum. Constitution. *Caroli* Mag. cap. 16. *Monachi non orbentur, nec* mancationes *alias habeant nisi ex authoritate regulæ* (*suæ*.)

¶ *Mancer*.] Deut. 23. 2. *Non ingredietur* mancer, *id est de scorto natus, in Ecclesiam Domini*. V. Gloss. ibid.

¶ *Mancha*.] Epist. *Urbani* 2. *ad Ivonem Carnot*. — *oves dominicas* — *ad ovile Dominicum* — *absq;* morbo *vel* mancha *perducere*. Apud *Baronium* Annalium 11. sub an. 1092. In margine notatur *macula*, & è variis MS. sic edit *Juretus*. Italicum tamen sustulisse videatur *Urbanus*, ubi *mancare*, deficere, ex quo etiam *Mancipium*.

Mancipales.] Pro *Mancipiis*, *Gildas* in Gemitu. pa. 9. *Romani nonnullis ad servitutem* —— mancipalibus *reservatis* — *Italiam petunt*.

¶ *Manco*, *cas*.] Mutilo. *Gregor. Turonens*. demanco. L. *Alaman*. tit. 12. §. 1. *Si quis Episcopo aliquam injuriam fecerit; vel plagaverit, vel fustaverit, vel* mancaverit, *omnia tripliciter componantur &c*. Simile de presbytero tit. seq. &c.

¶ *Mancs*.] Vide *Mancusa*.

¶ *Mancusa*, *Mancussa*, *Mansa*, *Manca*, *Mancula*, *Mancessa*.] Saxo. Mancs, Mances, Moncessa, & Mancus, item Meanc, unde alias *marca* dicitur. Numus apud Saxones nostros 30 valens denarios. *Ll. Henr. pri*. cap. 36. *Overseneßa Regis, est in causis communibus viginti* mancæ, *quæ faciunt quinquaginta solidos*. Capitula inter *Alfredum* & *Godrum*, aliàs *Guthurnum*, Reges MS. *Si thanus accusatur qui minus possit, quam thanus Regis: allegiet se cum undecim parium suorum, & cum uno Regis thano, & sic in omni causa quæ major sit quam quatuor* mancæ, quod in Saxonico codice legitur ðonne 4 mancussas. Epistola *Kenulphi* Regis *Merciorum* ad *Leonem* Pap. 4. apud *Malm. de Gest. Reg*. lib. 1. *Sed modo tibi munus modicum amoris gratia, per* Brine *presbyterum, &* Fildas, *&* Ceolberth *ministros meos* (*pater amande*) *mitto: quod est* 120 mancusas *cum literis*. Et in Epist. responsoria ejusdem *Leonis*, ibidem — *aliquantulam ex vestra facultate, benedictionem nobis offeri demandastis*, 120 mancusas, *quas cum magno amore, pro anima vestræ salute suscepimus*. *Aluredus* Rex in Præfatione ad Pastorale *Gregorii*, on ælce bið an æstel se bið on fiftigum mancessa, i. *Super quemlibet* (*scil. librum*) *stilus est* 50 mancessarum.

Dici videtur *mancusa*, quasi *manu cusa*; sed unde tunc, *mancs*, *mansa*, *mances*, & *mancessa*? nam ab uno eodemq; fonte omnia oriri non est dubium. Vidimus argenteos in Saxonicorum Regum numulos facie altera manum extensam exhibentes: atq; hos, *mancusas* esse multi contendunt, tum quod manu cudantur, tum quod manus præbeant insigne. Hoc quidem non affirmaverim, nam numulos istos ne sex denarios hodiernos valere censeo: cum *mancusa* antiqua 30 penderet denarios antiquos, i. nostræ pecuniæ 7 Sol. & 6 den. ad minus.

Mancusa (vel *Manca*) auri. *Mal*. gest. RR. lib. 1. ca. 2. pa. 41. & *M.P.* an. 857. *Canuti* lex part. 2. ca. 69. feoper sweord, ⁊ twahund mancus goldes, i. juxta versionem antiquam MS. *quatuor gladii &* 200 mancas *auri*. Juxta Lambardianam: *quatuor enses, auriq;* mancusæ *ducena*. Iterum mox ibidem similiter.

Malmesb. de gest. Regum, lib. 2. cap. 5. Edwardus *filius ejus* (Elfridi *Regis*) *sufficiens spacium terræ ab Episcopo & Canonicis tunc temporis nundinatus, ad unumquemq; pedem* mancam *auri, publico pondere pensitavit. Stupenda profectò Regis abstinentia, &c*. pa. 45. l. 58. *I. Caius* de antiq. Cantab. Acad. p. 209. — *Cæterum Hidenses Commentarii cum neutro æstimatione conveniunt*, Mancussam *enim interpretantur* Marcam; *quæ æstimatione multo major hodie est quàm* Mancussa; *valet enim* 13 s. 4 d. *nisi tanti erant sex solidi* Ælfrici *ætate, quanti sunt* 13 s. 4 d. *nostra*.

Mancula. *Hoved*. in An. 851. pa. 415. *Omni anno trecentas* manculas *denariorum Romam portari præcepit Rex* Athelwulfus, &c. Has Malmesb. *marcas* vocat, Asserus *mancussas* V. *Brob.* in An. 1398. pa. 181.

¶ *Mandatum.*] Est liberior alimonii inter pauperes distributio. Dictum fortè à Gallico *mande*, pro *calatho* vel *sportula*: ut pecunia & cibus quæ in sportulis olim erogabantur, sportulæ etiam nuncupatæ sunt, atq; inde fratres sportulantes, qui ex eisdem victitabant. *Histor. Croyland.* MS. à Petro Blesensi *ut videtur composita*, pa. 89. Mandatum *pauperibus quotidianum.* Infra in *Joffrido* Abb. pa. 104. de institutione *mandati* in mense Maii, viz. *Ego Joffrid. &c. præcipimus in ultimo die mensis Maii*, mandatum *pauperibus facere, & eos pascere, & unicuiq; pro Christi amore unum denarium erogare, ut ipsi nos pascant & reficiant (putà orationibus) in nostra ultima necessitate.*

Hinc quintâ feriâ Magnæ hebdomadæ scil. Pascham præcedentis, quæ aliis Cœna domini, nobis Maundie-Thursday appellatur, quòd in eà crebræ fiunt eleemosynæ. Ipse etiam Princeps noster de antiqua Regni consuetudine, cultu accinctus humili atq; linteo, tot jam pauperum pedes quot regnavit annos, publicè lavat, tergit, & osculatur: singulisq; par unum calceorum, alterum caligarum, togamq; insuper & cibi ferculum, totidem in crumenâ denarios quot Regni agit annos elargitur. Mos ab Imperio devenit orientali, ubi sic descriptum habes à *Curopalata in Offic. Constantinop.* pa. 141. πρὸ δὲ τῆς λειτεργίας, τὸ ἁγίας πέμπτης, &c. *Ante liturgiam autem die ejusdem magna hebdomadis quinto, fit lotio in hunc modum.* Imp. numerum videtur observasse 12. Apostolorum, non ut Reges Angliæ ætatis suæ. *Præparantur pauperes duodecim, & induuntur eis subuculæ* (ὑποκαμίσα) *sive tunicæ, brevia tibialia & soleæ: positoq; in cellâ Imperatoris pollubro......*

¶ *Mandeburdes, dis.*] Tutela, Defensio. Sed emendatius legendum censeo *Mundeburdis*, alias *Mundeburdium*, quod vide. *Concil. Confluentinum* sub *Nicholao* Pap. An. Dom. 860. *Volumus ut Ecclesiæ & Casæ Dei, & Episcopi, & Dei homines, Clerici & monachi, & nonnæ, talem* mandeburdem *& honorem habeant, sicut tempore nostrorum antecessorum habuerunt.*

¶ *Mandylion.*] Græci, barbarè flectunt à *mantile*, à quibus ad nos hæc eadem tranavit dictio nam Sagum dicimus *mandylion.*

¶ *Maneleta, tæ.*] Infœlicium genus quodcunq; herbarum segites corrumpens, viz. id de quo *Virgilius*,

Infœlix lolium & steriles dominantur avena.

Quære an hoc non illud sit quod Norfolcienses circa *Holt*, *Bunnes* dicunt, apud quos inter quarundam villarum leges est, ut si hujusmodi plantula inter alicujus segites inveniatur 1 die Maii 3 d. pendet pro quovis plantulâ. Apud Scotos *guild* dicitur & *guld.* Stat. *Alexand.* 2. Regis Scot. cap. 18. *Si firmarius tuus ponat* maneletam *in terra domini Regis, vel Baronis; & non vult eam deliberare & mundare, debet puniri, sicut seductor qui ducit exercitum in terram Domini Regis, vel Baronis. Item, si nativus tuus habeat* maneletam *in terrâ suâ, pro qualibet planticulâ, dabit tibi vel cuilibet alio suo domino, mutonem ad forisfactum suum; & nihilominus terram mundabit à* maneleta. Legem hanc primo tulisse fertur *Kenetus* Rex; delinquentemq; primo, bove mulctasse; Secundò denis: tertio, soli amissione. Vide *Hector. Boet.* lib. 10. Et apud *Skenæum* plura in hoc verbo.

¶ *Manens.*] Pro mansi incola qui hydam colet. *Mansionarius*, Colonus, villicus, Anglis foraneis Tenens: hic à tenendo, quod de domino suo prædium tenet; ille à manendo, quod in *manso*, colonica, seu villa colonica maneat. *Asser. Menevens.* sub An. 855. *Per omnem hæreditariam terrã suam, semper in* 10 manentibus *unum pauperem aut indigenam aut perigrinum cibo potu & vestimento successoribus suis, usq; ad ultimum diem judicii post se pascere præcepit*: Scil. *Æthelwulfus* Rex occidu. Sax. *Domesd.* Titt. *Somerset. Episc. Schirburn. Wellington terra sex erat* manentium *quando ille. Item cum* Lediard 12. *erat* manentium, *Camd.* 189.

¶ *Manens*, & *Manentes.*] Pro patrefamilias. Mansi vel Colonicæ rusticæ cultore, *à manendo* ibidem. *Concilium Synodale Clovesshovia* An. Dom. 822. in fine — *Agellum quoq; quatuor* manentium *pro ejus amicitia adjecit apud* Hergam. *Terram quoq;* 30. manentium, *ubi dicitur* Cumbe *cum libello ejusdem terræ, pro emendatione Archiepiscopo dedit.*

Item — *ut pro plena reconciliatione, susciperet in quatuor locis, terram centum* manentium.

¶ *Manerium.*] Est feodum nobile, partim vassallis (quos Tenentes vocamus) ob certa servitia concessum: partim domino in usum familiæ suæ, cum jurisdictione in vassallos, ob concessa prædia reservatum. Quæ vassallis conceduntur terras dicimus tenementales: quæ domino reservantur dominicales: totum verò feodum, *dominium* appellatur, olim *Baronia*, undè curia quæ huic præest jurisdictioni hodie *Curia Baronis* nomen retinet. Dicitur autem *Manerium* à *manendo*, quòd hic *manere* solitus est tam ipse Dominus, quàm Tenentes: ille tamen ex suiipsius placito, isti verò è tenuræ ratione, ut semper præsto essent ad servitia perimplenda: dictiq; hinc olim sunt *Manentes*, ut in eo verbo latius videas, & *Manerium*, aliàs *Mansus*, *Mansum*, & *Mansio.* Italis *Massa*; sed conveniunt hæc sæpè vocabula prædiis servilibus, quæ & Colonicæ dicuntur: ut Galli item *Manerium*, nostrates verò hoc semper intelligunt de feodo quod diximus nobili, sua freto jurisdictione, quod et Itali Potestatem dicunt. Vide.

Vo-

Vocem *Manerium* à Normannis accepimus, deferente *Gulielmo* invasore, an *Edouardo* Confessore, incertum: Nam & in *Domesdei* occurit sæpè, & in Chartis non semel *Edouardi* Confessoris, qui Normannis multa Anglica, multa Anglis & Normannica vicissim transtulit.

Quid *Manerium* igitur à Saxonibus diceretur, non intelligo; hujusmodi enim cum jurisdictione, *dominium*, illi *villam* vel *prædium* dixere cum *Soca* & *Saca* & *Team* &c. quæ Anglo-Normanni omnia sub voce *Manerium* complectebantur. Ut quæ illis etiam *Grithbrech, fightwit, bloodwit, hamsockne, &c.* sigillatim recitabant, hi conjunctim sub *leta* nomine intelligebant. Jurisdictiones igitur illæ Saxonicæ è Regum privilegiis sortitæ sunt originem, *Maneriorum* autem nostrorum è Jure feodali: nam quibus licuit feodum dare, eisdem licuit & vassallis suis jura dicere, & curiam instituere, cæteraq; adrogare privilegia, quæ ad feodum nobile pertinebant.

In Manerio instituendo hæc olim ratio fuit. Singularum plerunq; villarum territoria singuli possidebant domini, suisq; famulis clientibus & colonis prout poterant coluere. Hoc verò tempore, duo tantum erant hominum laicorum genera rure degentium; militares & coloni: quorum utrorumq; cum domino maximè necessarium esset servitium villam seu prædium suum sic disponere solebat. Primò suæ habitationi designavit locum; eidemq; (ut justum fuit) uberiores ad familiam suam alendam conscripsit fundos, qui hodie *terra dominica* appellantur.

Partem aliam largitur clientibus, quot alere videatur milites ob subsidium in bello, & horum portiones *feoda* nuncupabant *militaria*. Sin ad militem alendum integrè non valeret portio, pro quantitate tamen contribueret partem pactam, scil. dimidiam, tertiam, quartam, & nonnunquam pro dati fundi portionis exilitatem, sexagesimam vel centesimam: ut vel tantillo levior esset sumptus domini militaris.

Tertiam partem colonis (quos *Socmannos* appellabant) & serius elocat decernitq; ut pro tenementorum suorum ratione frumenti aut vestis aliquid (juxta *Tacitum*) aut obsonii aliorumq; necessariorum reddant faciantque; præterea ad ædes domini, & sua prædia omnia opera rustica & servilia, fundum colant, arent, seminent, metent, messem in horrea congegent, triturentq;, fodiant, sepiant, arva et greges curent, & indicta singula exequantur.

Nec interea Dei oblitus est: nam & Ecclesiæ locum dicat & Sacerdoti (ut Concilia volunt) mansum, cum colonica. Agricolis item suis & pauperibus qui familiæ suæ navant opera latam fundi portionem cedit, quo eorum victui nutriantur animalia; & cum in communi igitur depascatur, Communiam solent nominare.

Hæc agraria distributio, quæ cum è domini oriretur beneficentia ejus etiam paruit voluntati, legibusq; quas imposuit regebatur, ut de Germanis *Tacitus*—*Agricolis suis jus dicunt*. Huic jurisdictioni prætorium fuit ædes domini, quas aliàs Aulam, aliàs Curiam appellabant, tenebaturq; tota ejus clientela, rebus ita postulantibus, tertiis singulis septimanis hic se sistere, generaliter verò sub festo *Annuntiationis* beatæ Virginis, & S. *Michaelis* Archangeli, ex quo hæ Curiæ etiam hodie generales appellantur.

¶ ***Manerium, rii.***] A manendo, apud Anglos: Baronis est sedes tam minoris quàm majoris, splendidam aliquam prædiorum continens portionem: infra quam Baro iste seu manerii dominus suis colonis & vassallis (tenentes vocamus) jura reddit prædialia, juxta Regni manerii illius consuetudines. Hujusmodi Romani *villam urbanam* dixerunt, alias *pratorium*, quod vide infra.

Reperitur etiam, *Manerium* aliquando dictam de ipsis ædibus dominicis seu domicilio ubi dominus hujusmodi manet: ut cùm dicimus locum aliquem esse *situm Manerii*, quo nihil vulgatiùs. Sic & *Mat. Paris* in *Hen.* 3. sub An. 1251. *Hic (Paulinus cognomento Piper) emptor terrarum insatiabilis*, maneriorum *ædificator extitit incomperabilis. Et (ut de aliis sileam) unum viz.* Tudintunam, *adeo palatio, capellâ, thalamis, & aliis domibus lapideis & plumbo coopertis —— munivit ut intuentibus admirationem parturivit, &c.* Et lib. S. Albani MS. in vitâ *Joh.* 23. *Stanmuræ etiam Abbas (Joh.)* manerium *construxit, cum molendino ad ventum praelecto.* Sic in Statuto An. H. 8. Cap. . . . . . Rex dicitur *Manerium* ædificare apud **Hampton Court** &c. Vide.

Oder. vit. Eccl. hist. pa. 523. A. ——*Gaufridus* quoq; *Constanciensis* Episc. &c. dono *Gulielmi* Regis, ducentas & octoginta villas, quas à manendo *Maneries* vulgò vocamus, obtinuit.

¶ ***Manentes.***] Pro Tenentibus. Concil. Synodal. apud *Clovesho*. An. 822. sæpe.

¶ ***Manga***[a], ***Manganum***[b], ***Mangon***[c], ***Manganicum***[d], ***Mangonale***[e], ***Mangonellas***[f], ***Mangatellas***, & *n* fugato ***Magonale***[h], ***Magonellus***, & ***Mogenellus***[i], item ***Monango***[k], seu ***Monangon***, & perperam ***Marga***[l], & ***Magna***, pro ***Manga***.] En ut fluctuant voces à radice *Manganum* quod nostri institutis cancellos excedit: enarrandum tamen reliquorum causâ.

Manganum Græcè μάγγανον *machinamentum, machina*. Sic Hesychius: μάγγανα, μηχανήματα. Sed hoc in genere. Reperitur sæpissimè in specie pro *machinarum* violentissimâ, quâ non solum saxa ingentia, sed & captapultæ inter alia (ut *Lipsus* refert) hominum & equorum cadaveri projiciebantur. Et quidem longius. Sic partim (inquit) in Chro-

a Radev'c. lib. 2. c. 47.
b Pau. Diac. lib. 21.
c Abbo Flor. lib. 2.
d Alia edit. P. Diac. Leo Imp. de app. bel. ca. 15.
e Aegyd. Ruytius in Leodicens. Chron.
f Ibidem.
g Ibidem & Turpinus ca. 9.
h Orr. vocab.
i Godfr. Mona. p. 272.
k Hero ca. 27.
l Ot. Frising. lib. 2. c. 16. Append. Frising. ca. 16.

Chronico suæ urbis. *Leodicenses castrum de* Argenteal *fortiter impugnare cœperunt*, *jactis lapidibus magnis*, *cum* mangonalibus, *& fuso metallo in vasculis terreis*, *ferroq; candenti projecto*, *tandem stercoribus etiam injectis.*

A projiciendo igitur *Balista* dicebatur, nam βαλλειν jacere, projicere. *Otto Frising.* de gest. *Fred.* 1. Imp. lib. 2. Cap. 17. *Ferunt quadam die lapidem vi tormenti ex balistâ*, *quam modo* Margam *vulgò dicere solent*, *propulsum*, *ad superiora maniorum loca conscendisse*, *ex collissione parietum tribus fractis frustis tres simul milites armatos* — *uno ictu percussisse*, *neciq; dedisse.* Malè obrepsit *r* pro *n*, *marga* pro *manga*, quod & *Lipsius* notat. *Meursius* tamen *mangam* rejicit, & apud *Radevicum* de gest. *Fred.* 1. Imp. lib. 2. ca. 47. *manganas* ponit pro *Mangas* — *Obsides eorum* (inquit Radevicus) *machinis alligatos*, *ad eorum tormenta* (*quæ vulgo* mangas *vocant*, *& intra civitatem novem habebantur*) *decrevit objiciendos.* V. horum usum in subvertendo castellum *Falcasii* in **Bedford**, apud *Camdenum.*

Manganas edit Meursius.

Breviter ut dicam, nuncupatur aliàs ab Authoribus *Tormentum*, à torquendo; *Funda*, à fundendo; *Petraria* à petras emittendo: et *Catapulta* de ejiciendo catapultas. Sic enim *Arstitius* ad dictum *Radevici* locum. *Manga*, Catapulta, quâ pila ant grandia saxa jaciuntur. Glossar. etiam Anglo-Latin. inclusi Lennens. An. Dom. 1460. **Gunne** (inquit) *petraria*, *mangonale*, *murusculum.*

Ejusq; adeo aliquando sævit impetus, ut lapidem trium talentorum, quæ singula *Vitruvio* pendunt pondo 120. emitteret, quod ne fulminiæ nostræ machinæ (ut notat *Lipsius*) hodiè faciunt. Sed hæc generis sunt immanissimi; fiebant & pro arbitrio leniores. *Hegesippus* lib. 4. Cap. 20. de *Nerone*, Manganum *sibi quoddam de ligno paravit*, *quo se necaret.*

Fabricam igitur inquiramus, quæ sine dubio, fuit varia. *Hero* cap. 27. *Lignum longum interpositum in figurâ inflexi angonis*, *quales sunt ii qui lapides jaciunt* Monangones, *quos nonnulli* Fundas *vocant.* Et in sequenti capite, *Ipsa* (inquit) Monangonis, *constructio*, *ad catapulticam etiam contemplationem volentes instituet.* Pluribus *Abbo Floriacens.* in Obsid. Lutetiæ lib. 1. sed nec ille lucidè, nec quod sciam aliquis.

—— Magno cum pondere nostri [*agrat*,
Tigna parant, *quorum calybis dens summa per-*
Machina, *quo citiùs Danum quisset terebrari :*
Conficiunt longis æquè lignis geminatis
Mangana *quæ proprio vulgi libitu vocitantur*,
Saxa quibus jaciant ingentia, *seu aculando*
Allidunt humiles scenas gentis truculentæ, *&c.*

Hostem eminùs, muros comminùs minuit. *Turpinus* de *Carolo Mag.* cap. 9. *Aptatis juxta murum petrariis*, *&* mangatellis *& troiis*, *& arietibus cæterisq; artificiis ad capiendum*, *& castellis ligneis &c.*

Sed ut muros labefecit, muros etiam tuebatur. Epist. *Baldwini* Imp. apud *Godfr. Monac.* in An. 1203. — *inter quaslibet duas turres* (*super muros*) *seu petraria*, *seu* magonellus *erigitur.* Videtur hic distinguere *Petrariam*, & *magonellum*, fortè quod hic catapultas jam ejiceret, illa lapides: Esto. Reperitur utiq; in navali prælio. Epist. Comit. S. *Pauli* ibidem proximè supra. *Præterea quilibet usarius* mogonellum *suum habuit erectum. Usariæ*, *naves bellicæ grandiores.* Vide rei aliquot icones veteres apud *Lipsium* Poliorcetic. lib. 3. dialog. 3. & præter hæc addenda plurima. Balistæ formam V. apud *Anc. Mart.* lib. 24. pa. 291.

¶ *Mango.*] Mercator. Sax. Mangepe. inde **Fishmonger**, &c.

¶ *Mangones.*] Vagabundi, Gal. *Gneus*, vel *gneux.* Angl. **Rogues.** *Beat. Rhenan.* Rer. Ger. lib. 2. cap. 1. *Leges aliquot Francorum* Mangones *vagabundi & Cotiones*, *qui imposturis homines ludunt*, *coercentor.* Mangonum, adhuc (inquit) nomen & res apud Germanos manet, *die Mengen.* De his *Carol. Mag.* & *Ludov.* in Capitul. lib. 1. cap. 79. legem tulit, quam supra vide in voce, *Cogciones*: ubi & alia adnotavimus.

¶ *Manicare.*] Mane convenire, festinare ad eundum mane. *Luc.* 13. 38. *Et omnis populus* manicabat *ad eum*, ibi in margine: *mane ibat*, & Glossa quædam, *mane venire accelerabat.* Sic de vespere in antiquis legibus dicitur *Solsatire.* quod V. *Durandus* vero Offic. lib. 5. cap. 5. nu. 1. legit, *populus manicabat*; id est (inquit) *manè expectabat*, id est, *ad eum manè festinabat.*

¶ *Maniclavium*, *vii.*] Manualis clava. Græcobarb. μαγκλάβιον *veteribus* (ut asserit *Meursius*) *Aclides*: quam *Servius* describit Æneid. 7. *Aclides sunt tela quædam antiqua*, *ut nec usquam commemorantur in bello*, *legitur tamen quod sint clavæ*, *cubito & semis factæ*, *eminentibus hinc inde acuminibus*, *quæ ita in hostem jaciuntur*, *religatæ loro vel lino*, *ut peractis vulneribus ad dominos possint redire. Putatur tamen esse teli genus*, *quod per flagellum in immensum jaci potest.*

¶ *Manipulus.*] Formula degradationis Archiepiscopi; inter paramenta, Superpellicium, sandalia cum caligis, amictis, alba, cingulum, *Manipulus*, Tunicella, Stola, Dalmatica, Chirothecæ, alia stola, Planeta, Annulus pontificialis, pallium, baculus pastoralis, & aliqua vestis habitus sæcularis.

¶ *Manitia*, *orum.*] Chirothecæ: Ital. *guanti.* In vitâ B. *Phileberti. Manitia* quæ nos peregrina lingua *wantos* vocamus. Et post, Sinum ostendens, ubi ipsa *manitia* latebant. *Lind.* in *Want.*

¶ *Mannina*, *næ*, aliàs *Mannita*, *tæ*, & *Mamnitio*, *onis.*) Monitio, admonitio, submonitio, citatio, in jus vocatio. A Germ. **Manen**, Sax. manien, à quo maninge, i. *monitum*, *monitio*, atq; inde *mannina* q. *maninna*,

ninna g in *n* mutato, ut assolet. Angl. *Sommonce*, Gal. *Semonce*. *Hincmarus* ad Episcopos Franciæ, Epist. 4. cap. 15. *Comites & vicarii, vel etiam decani, plurima placita constituant: & si non venerint, compositionem eius exsolvere faciant: & quia per* manninas *veniebant, excogitaverunt quidam, ut per bannos venirent ad placita, quasi propterea melius esset, ne ipsas* manninas *alterutrum solverent*. L. Salic. tit. 52. §. 2. *Quod si noluerit, solem ei collocet. Et si ei solem culcaverit, tres solidos super debitum addat, & sic usq; ad tres vices per tres* mannitas *facere debet. Ista igitur omnia facta, si adhuc noluerit debita componere: usq; ad novem solidos debitum ascendat, i. per singulas admonitiones, vel solem culcatum terni solidi adcrescant*. Ubi (vides) *mannitas* vocat admonitiones, vel solem culcatum, i. dies indictos, quos jurisconsulti, tam Anglici quàm Gallici **adjournements** appellarunt. Additi. *Hludovici* Imp. ad leg. Salic. cap. 6. *De* mannitionibus *verò, nisi de ingenuitate aut de hereditate, non sit opus observandum: de cæteris verò per districtionem Comitis ad* mallum *veniant, & justè examinentur ad justiciam faciendum*. Hic autem animadvertant jurisconsulti nostri, quibus in casibus emanarunt olim districtiones: quibus etiam, submonitiones.

¶ *Mannio, is, ire.*] Cito, submoneo, in legem voco. A. Saxo. manien eadem significante. *Binnius* autem ad Canonem 17. Concil. Mogunti. 1. ubi legitur: *Pauperes non fiant* mamniti *ad placita: id est* (inquit) *viritim vocati*: ac si à vocabulo *man* (hoc est, vir) deduceretur; non (quod nos asserimus) à Sax. manien. Sed lex ipsa Salica, ut jam supra vides *mannitas* interpretatur *admonitiones*: eamq; audi ulterius de modo *manniendi*: Tit. 1. §§. 1, 2, & 3. *Si quis ad* mallum *legibus dominicis* mannitus *fuerit, & non venerit, si eum sunnis (i. legitima excusatio) non detinuerit DC denariis, qui faciunt solidos xv culpabilis judicetur*.

Ille verò qui alium mannit, *si non venerit, & eum sunnis non detinuerit, ei quem* mannivit *similiter DC denar. qui faciunt sol. xv componat. Ille autem qui alium* mannit; *cum testibus ad domum illius ambulet, & sic eum* manniat, *aut uxorem illius, vel cuicunq; de familiâ illius denunciet, ut ei faciat notum, quomodo sit ab illo* mannitus, &c. Ibidem Tit. 59. de contumace. *Ad regis* (inquit) *præsentiam ipsum* mannire *debet*. Docet Glossar. *mannitum* tribus testibus vocandum esse. *Edit. Car. Cal.* apud *Pist.* cap. 6. pa. 303.

¶ *Mannira, tæ,* & *Mannitio,* & *Mannitus.*] Vide supra *Mannina* & *Mannino*. Car. Cal. 303.

¶ *Mannus, ni.*] Equus nobilior. *Hieronym.* ad Pammach. — *ubi videris fumare patinas, & phasides aves lentis vaporibus decoqui, ubi argenti pondus, ubi ferventes Buricos* mannos, *comatulos pueros, pretiosas vestes, picta tapetia, ibi ditior est largitore cui largiendum est*. Erasmus ibi in Scholiis, *Manni* (inquit) *nobilium equi vocabantur, quibus per urbem equitabant*. Horatius, *Et Appiam* mannis *terit*. *Ferventes vocat, alacres & bene pastos. Nam alioqui* manni *dicuntur, quod* mansi *assueverunt. Quidam codices habebant buricos, quidam boricos, quidam omittunt hanc vocem*. Hæc Erasmus: Sed vide hic supra *Buricus*.

Mat. Paris in Hen. 1. an. 1107. *Robertus Dux Normanniæ fugiens ab eisdem* (custodibus) *captus est, incidens suo* manno *in Bitumen profundum*. pag. 60. l. 21. Hinc *Mannus gradarius*.

¶ *Manopera, ræ,* & *Manopus, peris,*] *Opus manuale*, Id operis genus quod manu perficitur, uti *Carropera, carris*. Admonitio seu Adnuntiatio Caroli Reg. apud Pistas cap. 29. — *Ut illi coloni, tam fiscales, quàm ecclesiastici, qui (sicut in polipticis continetur, & ipsi non denegant)* carropera, & manopera, *ex antiqua consuetudine debent, & margillam & alia quæq; caricare, quæ illis non placent, renuunt* — *& de* manopere *in scuria battere nolunt, & tamen non denegant, quia* manoperam *debent: quicquid eis carricare præcipitur de opera*, carroperæ *(quando illam facere debent) sine ulla differentia carricent: & quicquid eis de opera* manoperæ, *quando illam facere debent, præcipitur similiter sine ulla differentia faciant*. *Manoperæ* in maneriis nostris hodie dicuntur **Dates works**, quæ plerunq; tamen in censum commutantur. Sed de his piè Statuit *Carolus Mag.* Capitul. lib. 5. cap. 151. ut nec *manoperas* nimis frequentes dominus à colono exigeret, nec quæ justæ essent colonus domino subtraheret. Videtur autem *manopera* etiam aliud esse. Chart. Reg. *Ric.* 2. *Johanni* Duci Lancastr. — *Et quod prædictus Dux ad totam vitam suam haberet quæcunq; bona & catalla vocata* mannopera, *capta & capienda, cum quacunq; persona infra terram & feodum prædicta, ac per eandem personam coram quocunq; Judice dead vocata*.

¶ *Mansa, sæ,* Idem quod *Mansus,* & *Mansum.*] Quæ vide infra.

¶ *Mansellum, li,* vel *Mansellus, li.*] Parvum mansum seu habitatio. *Marculf.* lib. 2. form. 36. — *cedimus tibi à die præsentem locellum nuncupatum (illum) aut* mansum *illum infra terminum villæ nostræ (illius) cum omni adjacentia, ad ipsum locellum aut* mansellum *adspiciente, terris, domibus, mancipiis, vineis, pratellis, sylvula, reliquis beneficiis, ibidem anspicientibus*.

¶ *Manser.*] Vide supra *Mancer*.

¶ *Mansta, stæ.*] Idem quod mansus, Habitatio vel sedes rustica; non ædes tantum complectens sed terras etiam ad alendam familiam idoneas. Chart. Regis *Kenulphi* in annalibus juris Ter. Trin. 1 H. 7. fol. 25. a. b. *Ego* Kenulphus *Rex Merciorum de consilio & consensu Episcoporum & Senatorum gentis, Monasterio Abbadeniensi, & Monachis ibi deo servientibus, quandam ruris mei portionem, id est, quindecim* Mansias, *in loco qui à Ruricolis nuncupatur* Culnam, *cum omnibus utilitatibus ad eam pertinentibus, tam in magnis, quam in modicis rebus: campis videlicet, pratis, pascuis, &c. Hida* vel mansio Mat. West in An. 857.

¶ ***Mansio, Mansionarius, Mansionare, Mansionarium, Mansionaticum, Mansionile.***] De excipiendis hospitibus dicta, viz.

Mansio, pro hospitio. *Capitulare Caroli* lib. 6. cap. 81. *Si quis homini aliquo pergenti* mansionem *vetaverit 60 sol. componat in publico.* Formul. Solen. 33. *Quando ad vos venerit*, mansionem *ei & focum, panem & aquam largiri dignemini.* Vide infra *Parata*.

Mansiones hoc sensu appellantur militum diversoria extra civitatem per circuitum disposita.

Mansionarius, qui hospitibus mansiones dividit. *Mansionum Marescallus*, Metator. Gal. *Herbreger*. In aulâ orientalis Imperii ἀπελευόμενος appellatus est, de quo videndus *Meursius*. In occidentali verò & palatio Regum Franciæ, *Mansionarius*, cujus locum inter officiales Regios, *Hincmarus* Epist. 3. ca. 16. post Apocrisiarium & Cancellarium, sic constituit: — *Comitem palatii, Senescallum, Buticularium, Comitem stabuli*, Mansionarium, *Venatores principales 4. Falconarium unum &c.* Et cap. 23. pluribus refert munus ejus in præparandis tempore oportuno mansionibus loco quo Rex venturus esset.

Mansionarius, pro Æedituo quem Sacristam vocant. *Casinens.* lib. 4. ca. 53. *Quadam die* Mansionarius *ingressus Ecclesiam — lampadem ardentem invenit.*

Mansionare, mansione, vel hospitio collocare. *Ekkehard. Jun. Cas.* S. Galli Ca. ult. *Sandratum benè* mansionatum, *hospitaliter tractaturum decernunt.*

Mansionarium, Xenodochium, hospitale. Vide *Diaconia*.

Mansionaticum, & *Mansionaticus*. Quod Hospitibus præstatur, vel in eorum susceptionem solvitur, expenditur, aut contribuitur. Literæ *Caroli* mag. ad *Pipinum* filium in Constitutt. à *Lothar.* reduct. in Epit. *Pervenit ad aures clementiæ nostræ, quod aliqui Duces, & eorum juniores, gasindi, Vicarii, centenarii &c. per singula territoria habitantes ac discurrentes*, mansionaticos *parva rheda accipiunt, non solum super liberos homines, sed etiam in Ecclesias Dei &c.* Ubi *Amerpachius*: *Quid* (inquit) *si* mansionatici *essent qui opus ruri faciunt, aut in prædiis quos* Mansos *adhuc in Italia vocant.* Malè sine dubio: nec meo judicio rem acu tetigit qui *Amerpachium* corrigens *mansiones* exponit magnus ipse *Cujacius*. Quis enim aut homines aut *mansiones* vicatim in rhedâ colligendos senserit? *Aimoin.* lib. 5. ca. 10. *Mansaticos* interpretatur expensas ad hospitum susceptiones. Et lib. eodem cap. 17. *Ad causas* (ait) *audiendas, vel feoda aut tributa exigenda, aut* mansionaticos, *aut paratas faciendas.* Oportunè addit paratas: sunt enim quæ hospitibus parantur, & confundi aliàs solent cum *mansionaticis*. Exactio Normannis constituta An. 877. *Nemo in villis nostris, vel in villis uxoris nostræ*, mansionaticum *accipiat, &c.*

Mansionatici exhibendi mos antiquus est, & ut meminit *Hieronymus Bignonius* in notis ad Marculfum, origine Romanus, qui susceptionem hospitum metatum appellabant, de quo titulus est 40. lib. 12. Cod. & publico sumptu ali eos qui à Principe cum tractatoria alicubi digrediebantur, declarat titulus ejusdem libri, De tractatoriis & statutis. Originem etiam inquit apperit *Livius* initio lib. 42. de *L. Posthumio* & *Albino* Cos. qui primus literas misit, ut magistratus obviam exiret, locum publicè pararet, in quo diverteretur, jumentaq; cum exiret inde præsto essent.

¶ ***Mansus, Mansum, Mansa, Mansionile.***] Radicitùs à *manendo*, & sic Germanis, Gallis, Italis atq; Anglis in usu. In Registro S. *Gregorii* Massa dicitur, unde Gallicum *mese* & forense nostrum messuagium, quod vide.

In Concilio Valentino *colonica*, Gallis aliter à vernaculo *carruë*, carucata. Bedâ *familia* Saxonibus nostris *Hida*. Est habitatio cum prædiorum debita portione ad alendam familiam unam designata. Cum autem varia sit familiarum dignitas & amplitudo, varii sint etiam necesse est *mansi* ipsi, cùm in quantitate tùm in æstimatione, alii tenues & vulgares, quos dicemus igitur ordinarios; alii nobiliores & luculenti, qui cum rariores fuerint, extraordinarios appellabimus. *Mansus* ordinarius est quem colit rusticus; ejus quantitas primum exquirenda. *B. Papiam* sequitur nota *Binniana* ad Concil. Wormiacense Anno 868. Ca. 50. *Sancitum est, ut unicuiq; Ecclesiæ unus* mansus *integer absq; aliquo servitio attribuatur. Mansus* (inquit nota) est ager jugerum duodecim. *Mansus* habitaculum villici, vel rustici.

In Concil. Valentino An. 855. Cap. 9. loco *mansi*, ponitur *colonica*, ut sic *mansum* & *colonicam* idem esse intelligas. Vide igitur *Colonica*. *Papias* Author priscus: *mansus* dictus à manendo, quod integrum fit 12 jugeribus. Sed jugerorum varia mensura; perinde in Wandaliâ lib. 4. ca. 15. *Adolphus trecentos quoq;* mansos *permisit Duci ut per manus ejus assignentur in dotem Ecclesiæ.* Infra Cap. 25. *Eat Episcopus in Vagriam; adhibitis viris industriis, æstimari faciat prædia; quod defuerit de 300* mansis *ego supplebo. Veniens Episcopus deprehendit prædia vix centum implere* mansos. *Quamobrem Comes volens redarguere agri mensores, adhibuit mensuram suam funiculo brevi & hominibus incomperto.* Flodoard. Hist. Rhem. lib. 3. cap. 27. *Scripsit Hincmarus Tentberga Abbatissæ pro ordinatione Avennaci monasterii, quam ipse quondam cum Irmintruda Regina disposuerat de numero Clericorum & Nonnarum*

rum, at q; de rebus ipsius monasterii; viz. 1150. mansos; *significans se disposuisse 20 Clericos & 40 Nonnas ibidem consistere posse &c.* Ubi si *mansos* singulos, 12. æstimaverimus jugeribus, assurgunt prædia monasterii ad 13800. jugera; quod certè profusum nimis videtur ad 60. personarum alimoniam, præsertim qui abstinentiam profitentur & angustiam.

Sella Mansi. ¶ *Mansi sella.*] Adnuntiat. *Caroli Cal.* apud Pistas, Cap. 30. colonorum hæreditates *mansa* vocat, *domicilia mansorum*, sellas; separariq; prohibet à sellis *mansa*, ne divenditis terris confundantur *mansa*, subducantur servitia, & destruantur villæ. Prisci enim moris fuit è singulis *mansis*, non tam censum ad loculos domini, quàm manoperas, carroperas, servitia rustica, & agrarias præstationes ad familiæ suæ sustentationem exhibere: quæ cum varia essent ex singulis penè *mansis*, certam sequi necesse est confusionem ex *mansorum* distractione. Retinuit hunc morem vetus Anglorum Oeconomia usq; ad *Henrici* 2. ætatem, ut è *Gervasio* liquæt *Tilberiensi* lib. cap. ... & converti tunc cæpere in censum opera, & redditus annonarii.

Mansorum nomina. Habebant & *mansi* (prout ipsæ villæ) sua nomina. Vita *Zachariæ* Pap. Con. Tom. 3.

Mansa, &c. *Pontifex postulaverat donationem in scriptis de duobus* mansis *quæ Nymphas & Normias appellantur.* Sæpè in S. *Gregorii* epistolis, sub mansi nomine, quod vide.

Hujusmodi *mansorum* duo sunt genera; *Ingenuilis*, & *Servilis*.

Mansus ingenuilis est quo ingenuus gaudebat & homo liber, rusticis licèt servitiis obnoxio, ne dicam servilibus aliquando. De his loqui videtur *Adnuntiatio Pistensis* supradicta, de *mansis* agens, qui colonorum erant hæreditates, vendiq; à colonis poterant atq; distracti; Servilibus enim hoc non contigit, quod omnino essent in dominorum potestate. Ingenuis autem servilia opera ratione fundi imponere novum apud Germanos non fuit, cum eisdem olim, liberti (ut inquit *Tacitus*) non multum supra servos sunt. Sed nulla sæpè pendebant opera ingenuiles *mansi*. Appendix ad *Flodoardum*. *Herebertus Comes petiit dari à nobis sibi, nostri juris eam quæ dicitur Villa virtutis — eâ viz. ratione, ut pro vestitu nobis (scil. Canonicis) ad præsens ex ea retineremus*, mansos *duos* ingenuiles, *& vestitos.*

Mansus servilis est, qui servo ceditur excolendus, fructus operaq; à domino injuncta exhibituro. Vetus Germannorum mos cujus meminit *Tacitus*. *Cæteris servis, non in nostrum morem descriptis, per familiam ministeriis, utuntur. Suam quisq; sedem (putà* mansum) *suos penates regit. Frumenti modum dominus, aut pecoris aut vestis, ut colono injungit: & servus hactenus paret.* Nos hujusmodi servos Villanos dicimus & nativos, *mansos* suos villanagia. De *manso ingenuile* & *servile* vide plura mox in *mansus indominicatus*.

Mansus extraordinarius Nobilium est & dominorum, prædia continens indefinitæ quantitatis, pro arbitrio seu facultate domini conscripta, privilegiisq; donata: quorum etiam pars una in manibus domini retinetur ad Oeconomiam suam expediendam: altera colonis dividitur in mansos ordinarios, reservatis domino redditibus & servitiis ad partem dominicam dependendis. Nos hujusmodi *mansum* (cujus statim exemplum videris in *mansus regalis*) Manerium appellamus: partem in manibus domini reservatam, terras dominicas seu dominicales, & dominicum simpliciter: partem colonis expositam, terras tenementales, & Tenementa simpliciter.

Mansus Regalis est, qui ad Regem pertinet. De omni tamen non dictum censeo, sed de hoc præsertim, qui fastu hospitioq; Regio dignus sit. Authoribus medii seculi & nostratibus villa Regia, & Curtis Regalis nuncupata. Diploma *Henrici* Imperatoris apud *L. Lazium*. — *Illum Regalem* mansum, *cum omnibus suis pertinentiis, & utriusq; sexus mancipiis, terris cultis & incultis, areis, ædificiis, pratis, pascuis, molendinis, aquis, aquarumq; decursibus, piscationibus, sylvis, venationibus, saginationibus, cum omni utilitate, qui aut scribi aut nominari potest, in proprium tradiderunt.*

Mansus indominicatus vel *dominicatus*, est sedes domini & pars illa quam in distribuendo colonis prædia, dominus (ut præfati sumus) sibimet retinuit, in penu subsidium & apparatum famulis propriis excolenda. Terræ dominicales, Vide *Indominicatum*. De triplici *mansorum* genere sic *Carolus Calvus* Imp. in exactione Normannis constituta An. Dom. 878. cujus & meminit *Aimoini* lib. 5. cap. 30. *Episcopi, Abbates, Comites, ac vassi dominici, ex suis honoribus de unoquoq;* manso indominicato *donent denarios* 12. *de* manso ingenuili, *quatuor denarios de censu dominicato, & quatuor de facultate* mansuarii: *de servili vero* manso, *duos denarios de censu indominicato, & duos de facultate* mansuarii. *Falcetum* justè hic corrigit *Bignonius*, *mansum* de homine intelligentem, quod perspicuè dictum est de fundo.

Mansus Ecclesiasticus, est qui ad Ecclesiam vel Monasterium pertinet; & est servilis, ingenuilis, vel indominicatus.

Mansus vestitus. Occurrit sæpè in diplomatibus antiquis, & intelligit Colvenerius in Not. ad Chron. Camerac. de grano aut legumine, *Gal.* vestu. Nec alienum hoc à sensu forensium nostrorum, qui vesturam terræ, herbam exponunt.

Vetus alius vocabularius. *Mansus* (inquit) secundùm vulgare Italorum, dicitur pars terræ quæ duobus bobus sufficit in uno anno ad laborandum. Sic etiam *Alvarottus*: & *Lindewode* nostras in glos. ad tit. de Judiciis, cap. Item omnes, verb. maneriis: eoq; citat c. 1. Extra. de censi & deci. coll' si de ten. contra sue. c. 1. Cum autem jugerum dici-

 tur

tur quod jugati duo boves araverint in die una: quærendum est quot secundùm leges colonicas araverint in anno jugera. Hoc quidem jugum appellatur & bovata terræ, melioriq; æstimatione continere dicitur ad minimum 13. acras terræ, ut supra videas in *bovatâ terræ*, infra in verbo **Oxgange**. Juxta istorum igitur sententiam idem etiam sunt *mansus* & *bovata terræ*: majoris scil. quantitatis quam Papiana illa, nam excedit acra jugerum.

Longob. lib. 3. tit. 1. ca. 46. de hoc agens, quæ alii vocant jugera dixit bunnaria. *Ecclesiæ noviter instituta, unus (inquit)* mansus *cum* 12. *bunnariis de terrâ arabili ibi detur.* Et *Boherii* lectio ibidem habet cum 12. vicariis. Vide *Bunnarium* & rimare differentias. Asserunt etiam omnes *maisum* & *massam* idem esse, *massa* verò 20 jugera perhibetur continere. V.

Mansus & *Mansum*, pro ædibus seu habitaculo sine prædiis, contra hos qui negant aut domum, aut aream, aut hortum esse, sed agrum tantummodo, certi modi & mensuræ quem antiqui metatum dixere. Capti fortè *Ambrosii* sententia, & eo quod dicitur in glos. ad c. 23. q. 8. c. secundum. Ubi & *ager* distinguitur à *manso*. *Ager* (inquit) *appellatur hic ubi est hortus Ecclesiæ, nam in agro* Nabuthæ *Rex sevit olos* (inquit *Ambros.*) Mansus *verò appellatur unde percipiunt frumentum & vinum ad Eucharistiam conficiendam.* Opinioni adversatur ipsum nomen à *manendo* dictum *mansus*, & *mansio* quasi habitatio, ejusdemq; inde possessores *manentes*, q. habitantes. Res clara est Authorum testimoniis, qui urbium domos sæpe vocant *mansos*. Breve *Canuti* audacis lib. Ramesiæ sect. 161. *Hardecnut Rex (Anglorum) Aigelwino & omnibus burgensibus de Tedfordia salutem. Notum vobis sit, quod ego volo & præcipio, quod Abbas Æthelstanus de Ramesiâ habeat* mansum *suum in Tedfordia, ita plenè & ita liberè, sicut habuit in diebus Canuti Regis patris mei.* Antiquissimum vides quod mihi unquam occurrerit Breve, placetq; ideo recordatum iri.

In quadam igitur Charta Dat. 5. Junii an. 7 Ed. 4. 1467. Confunditur cum *mesuagio*. Noveritis me præfatum *Jo. Wellis* remisisse &c. *A. E.* Priorissæ de Blackbergh &c. totum jus meum &c. in toto illo *manso* sive *mesuagio* antiquæ Vicariæ cum omnibus ædificiis &c. in *Middelton*.

Cùm autem ad *mansum* pertineret fundus, id exprimere moris fuit, ut in *Meldensi* Synodo cap. 16. *Mansus* cum agro. Et *Longob.* lib. 3. ca. 46. *Mansus* cum 12 bunnariis (puta jugeribus) terræ arabilis. Lib. Rames. MS. Sect. 197. Concessimus *Leswino* homini nostro virgatam terræ in quâ *mansum* suum habet. Hinc

Mansum capitale dicitur de ædibus domini Manerii, quas Aulam vulgò nuncupant; Latinè magis prætorium. Liber Prioratus *Dunstapliæ* tit. *Houcton* ca. 1. *Hugo de Gurnay capitale* mansum *funditus extirpavit, & apud Lathorne sibi construxit* mansionem.

Mansa fœminino genere supra legitur inter *mansorum* nomina, ex vitâ *Zachariæ* Papæ; ubi pro duabus *mansis*, in margine notatur, Aliàs, *massis*.

Mansia pro *manso*. Charta Regis *Kenulphi* in Annalibus Juris nostri Term. Trin. 1. *Henr.* 7. fol. 25. a. b. *Ego Kenulphus Rex Merciorum de consilio & assensu Episcoporum & Senatorum gentis, monasterio Abbadeniensi & Monachis ibi Deo servientibus, quandam ruris mei portionem, id est, quindecim* mansias, *in loco qui à ruricolis nuncupatur* Culnam, *cum omnibus utilitatibus ad eam pertinentibus, tam in magnis quàm in modicis rebus, campis, viz. pratis, pascuis &c.*

Mansio, sic itemq;. Charta *Æthelwulfi* Regis occidentalium Saxonum, apud *Ingulphum*. *Ego Ethelwulfus Rex West-saxonum &c. Consensimus ut aliquam portionem terrarum hæreditariam (antea possidentibus omnibus gradibus) sive famulis & famulabus Dei Deo servientibus, sive laicis miseris, semper decimam* mansionem *ubi minimum sit — donari sanctæ Ecclesiæ dejudicavi.* Quem locum ne quis de universis prædiis Regni non intelligat, audiendus est *Simeon Dunelmensis*, qui expressè refert ipsum decimam Regni sui partem Ecclesiæ divisisse. Et *Malmesburiensis*, qui lib. 2. de Regib. cap. 2. *Post triumphatos* (inquit) *ad Dei cultum conversus decimam omnium hidarum intra Regnum suum Christi famulis concessit.*

Mansio terræ frequens occurrit hoc ipso sensu in Domesd. scil. Titt. *Chent.* Episc. Baiocens. *Alnietone*. *Huic manerio adjacent tres* mansiones *terræ in R. & reddunt 5 sol. per annum.* Idem in *Ostingdene, Cantuaria*, &c. Videtur divisse *mansiones* terræ ad discrimen *mansionum* habitationis. Habetur etiam dictio in Concilio Cloveshovensi circiter An. Dom. 800. — *daret mihi pro commutatione sæpè præfati Cœnobii, terram* 110. mansionum, 60 *cassatas, viz. in loco &c.* Vide rem fusiùs in *Cassata*.

Mansio pro hospitio; Vide supra *mansio, mansionarius &c.*

Mansionile videtur etiam de *manso* dici. *Flodoard.* Hist. Rhem. lib. 3. cap. 26. de epistolis *Hincmari* Scripsit *Maniguado* cuidam amico suo pro rebus S. *Remigii* in *Vosago* conjacentibus, de quibus quidam homines quoddam *mansionile* conabantur auferre. Et infra *Erluino* pro præfatis rebus & *mansionile*, quo supra. Item Appendix ad *Flodoardum*. *Mansionile*, Sevivaldi curtis nuncupato, cum sylva & dimidio brolio ad ipsum adspiciente.

Mansellum, seu *mansellus*, parvus mansus, vel habitaculum. *Marculfus* lib. 2. 36. — *Cedimus tibi à die præsente locellum nuncupatum (illum) aut* mansum *illum infra terminum villæ nostræ (illius) cum omni adjacentia ad ip-*

sum

ipsum locellum aut mansellum *adspiciente, terris, domibus, mancipiis, vineis, pratellis, sylvula vel reliquis beneficiis ibidem adspicientibus.*

¶ *Mansura.*] Etiam dicuntur idem quod *mansi* & *mansiones*, scil. habitacula villicorum, prout *masura* à *massa*.

Hinc *mansuarius*, *mansoarios* & *mansarius* dictus est qui *mansum* possidet, aliàs *massarius*, manens & commanens, Græcè παραμονάριος. *Caroli Calvi* Edictum Pistense Cap. 20. — *à* mansuariis, *vel ab his qui censum debent, major modius, nisi sicut consuetudo fuit, exigatur.* Et Epist. Synodi *Cariciaca* ad *Hludovicum* Regem An. 858. *Non sit vobis necesse — pauperes Ecclesiasticos, & fidelium vestrorum* mansuarios *in caricaturis & paraveredis contra debitum gravare.* Item supra in *mansus* indominicatus. Reperiatur fortassè *mansionarius* hoc etiam sensu, mihi autem nondum constitit.

¶ *Manu* secundâ, tertiâ, quartâ, &c. jurare] Est totidem testes adhibere, qui tactis sacris Evangeliis partem ream vel actricèm rectè, uti credunt, jurasse in re litigatâ suo confirment sacramento. Hinc in Jure feodali & Canonico aliàs *Sacramentales*, aliàs *Compurgatores* appellantur, ideò autem hic (per synec, dochen) *manus* quòd admotis ad sacra manibus jurare solent. *Gregor. mag.* Decrevit, ut uterq; eorum (scil. vir & uxor) *Septimâ manu* propinquorum juret, quod nunquam carnaliter convenerunt. *Glanvil.* lib. 1. cap. 9. Si summonitiones omnes negaverit pro qualibet jurabit *duodecimâ manu.*

¶ *Manucapere.*] Stipulari, fidejubere. Litt. *Joh.* Ducis Britan. contra Judæos. An. Dom. 1239. *Hist. de Bret.* liv. 4. Cha. 23. *Preterea* manucapimus *nobis, & pro posse nostro, quod nullis Judæis in terra domini patris nostri debita contracta in Britannia, nullatenus persolvantur.*

In jure nostro significat vadem se dare ad redimendum eum qui custodiæ carcerivè traditus sit vel tradendus; eumq; die constitutâ Juri exhibendum.

Hinc *manucaptio* & *manucaptura* dicuntur de hujusmodi redemptione: *Manucaptores* de redemptoribus, Gal. *Mainprise* & *Mainpernoes*, spectantq; voces ad personarum redemptionem, non ad rerum; has enim plegiari perhibent. Differt etiam *manucapere*, à *balliare*, ut *recipere* à *tradere*, hoc est, lege correlativorum: aliterq; sicut videas in *Balliare.*

¶ *Manufirmare.*] Est subscribendo roborare, quod & *manufirmatio* dicitur. *Capitular. Caroli* & *Ludovici* lib. 6. ca. 217. *Ut populus interrogetur de capitulis quæ in legem noviter addita sunt: & postquam omnes consenserint, scriptiones &* manufirmationes *suas in ipsis capitulis faciant.*

Duo olim erant *manufirmationis* genera. Unum signo crucis, aliud nominativo subscribentis charactere. Signum crucis usitatissimum fuit, & subscribentis nomini frequentius præpositum, interdum postpositum, cum ad rei confirmationem, tum ad testimonium, prout sequitur.

In antiquis autem Chartis & privilegiis, Cruces singulæ, non à singulis partibus videntur exaratæ, sed ab eadem omnis manu, puta Notarii. Sic ut partes ipsis digito tantum designasse crucem suspicor (uti solet in baptismate) Notarium verò qui scripsit instrumentum, appinxisse signum.

Character (quem voco nominativum) signaculum fuit literas continens nominis ejus qui *manufirmavit*, in nodum contextas.

¶ *Manupastus.*] Quartæ declinat. Est familia vel domestica societas, quam quis pascit aut alit. Constitutio *Philippi Augusti* de Decimis apud *Rigordum* lib. *Si miles* ✠ *habens qui sit legitimus hæres, filius, vel gener militis* ✠ *non habentis, vel alicujus vidua, & sit de* manupastu *patris vel matris suæ, pater ejus vel mater respectum de debito suo habeat juxta factam ordinationem.* Bracton. lib. 3. Cap. 10. nu. 1. *Omnis homo sive liber sive servus, aut est aut debet esse in Franco plegio, aut de alicujus* manupastu. Et post pauca — *De* Manupastu *alicujus est ille & familia, qui est ad victum & ad vestitum, vel ad victum tantùm cum mercede, sicut sunt famuli, servientes, & domus mercenarii.* Ibidem pluries superiùs.

Manupastus secundæ declin. sæpè obvenit in forensi dialecto, pro famulo & serviente domestico.

¶ *Manus.*] Pro juramento, juratore, conjuratore, & compurgatore. Dicta quòd legali jurantes ceremonia, *manum* ponunt supra sanctis Evangeliis. Hinc frequens cum in Jure nostro tum in Canonico: tertiâ, quartâ, sexta, decima, duodecimâ &c. manu jurare. Sic & in Scotorum *Reg. Maj. est.* lib. 1. cap. 8. §. 4. *Probabit quilibet essonium suum* propria manu, *& unica*, id est, suiipsius juramento & alterius.

¶ *Manus mortua.*] Gall. *mortmaine.* Per antiphrasin dicuntur immortales illæ societates, & possessores, quæ perpetuâ viventes successione, prædiis fruuntur, velut reipub. mortuis. Utpotè quæ nec ad populum transeunt, nec ad dominum remeant, nec fructum feodalem quem wardam, maritagium, relevium, eschaetam &c nuncupamus, exhibent. *Mortuo mari* omnino similes, cui multæ influunt aquæ, sed nec refluunt, nec moventur, nec in usum conducunt publicum. In Stat. an. 15 *Ric.* 2. cap. 5. *corpus perpetuum, appellantur.* Et est aliud simplex, aliud compositum. Corpus simplex est, quod ex uno constat, & ab uno in unum successivè protelatur, ut Episcopi & Ecclesiarum Rectores; Abbates, Priores, & Decani singulares à Conventibus & Capitulis suis. Corpus compositum est, quod è pluribus componitur, & ad plures porrigitur succes-

successivè, Uti Abbates & Priores cum Conventibus, Decani cum Capitulis: Urbium, opidorum, villarum Maiores & Communitates, Ballivi & Burgenses, Societates, Collegia, Gildæ, fraternitates, & quoscunq; in municipium conscripsit Principis indulgentia. Hoc à Jurisconsultis nostris dicitur *Corpus corporatum*; præcedens aliud, *Corpus politicum*, quod utiq; nomen æquè convenit alteri speciei, quam nos igitur *corpus politicum* simplex potius diceremus; hanc verò *corpus politicum* compositum. Sed quid meis nugis Juris interpello sapientiam?

Inter cæteras omnes *mortua manus* species, longè eminuère cum in dignitate tum in latifundiis Ecclesiastici. Descripta quippe tota Angliâ sub *Gulielmo* Conquestore, repertisq; illic 60215. feodis militum, possedisse deprehenduntur eorundem 28015. His adduntur quæ ab excessu Conquestoris usq; ad annum 7 *Ed.* 1. torrentem istum cohibentis, Ecclesiæ data sunt & perquisita, & dimidium feodorum Angliæ in sortem Cleri opinaberis transiisse. Igitur ne *Moses* absorberetur ab *Aarone*, tribus cæteræ à Leviticâ, sancitum est an. 7 *Ed.* 1. ut Religiosis sive aliis amplius non darentur prædia, ut in *manum mortuam* pervenirent sine Regis licentia. Hinc legem ipsam *mortuam manum* appellarunt: repertaq; est adeo necessaria, ut an. 15 *Ric.* 2. cap. 5. ad laicas omnes ejusmodi societates (Corporationes vocant) traduceretur. Mitto laicos. Frendent interea Religiosi: licentiâ tamen perquirendi in *mortuam manum* adeo fit proclivis, ut ingens prædiorum vis, ad Cœnobitas transvolat, nihilominus. Saginatos igitur supra modum, suæ tandem mactat avaritiæ Rex *Henricus* 8. & quas per mille totos annos messes congesserant, in horrea diripuit vorax illa hora qua de excidendis Monasteriis lata est sententia anno Regni ejus 27.

Henricum tueantur quibus cordi est: *Edouardum* nihil contra pietatem statuisse evincit exemplum *Moysis* . . . . . qui vel ipsi plus conferre quàm sufficeret & justum esset, præconis ministerio prohibebat.

¶ ***Manutenere*, *Manutentor*, *Manutentio*, *Manutentia*, & *Manutenementum*.**] A *manu* & *tenendo*, quasi sustinere, assistere, suppeditare, partes alicujus asserere vel tueri. Gal. *Maintenier*. Vox prima verbum est; secunda notat personam; cæteræ actionem. In Angliam cum Normannis trajecisse reor, nec hic auditas prius. Reperio tamen *manutenere* in Epistolâ *Elutherii* Papæ, *Lucio* Regi Britanniæ An. Dom. 169. conscripta, viz. *Gentes verò Regni Brytanniæ, & populi, vestri sunt, & quos divisos debetis in unum ad concordiam, & pacem, & ad fidem & legem Christi, & ad sanctam Ecclesiam congregare, revocare, fovere,* manutenere, *protegere, regere &c.* Nollem Epistolam non suscipere, sed terret vox *manutenere*; quam licèt gratiorem reddideris dividendo, eâ tamen nec gaudet Romana dialectus. Psalmi etiam quam citat versio — *dolosi non dimidicabunt dies suos*, non videtur tum adhuc condita; præsertim si sit Hieronymiana; nec vocabulum, *dimidicabit*, adeo grandævum esse.

Provinciale Angl. lib. 5. Tit. de senten. excom. cap. supremo.

¶ ***Manzer*.**] Filius scorti. *Papias* 72. Espenceus in Comment. ad Tit. 1. digress. 1. adversus spurios Manseros Bastardos ex quocunq; illegitimo coitu &c.

Erasm. colloq; quod Fumus vocat — *Quod si libet esse curiosum, exquire quid agat uxor & Manzares tui domi.*

Jurisconsulti *Manzares* vocant ex incesto natos. *Erasm.* in expos. difficil. verb.

¶ ***Mara*.**] MS. quidam agens de *Canuti* fossâ vocat *Gnouts delf* à *Canuto* Rege excisa per 5 miliaria inter *Ramesey* & **Witlesmere**, propterea quod *Emma* Regina ejus & soboles per aquam **Witlesmere** à *Ramesey* usq; *Thorney* transiens, maximo versabatur periculo, per illam latam magnamq; *maram*, quæ Anglicè **Witlesmere** appellatur, navigio transfretare curabant. Sed pro dolor! cum ingressi *maram* illam fuissent, eruerunt nequissimi venti tempestasq; turbinosa — ita ut de vita illorum funditus desperaret.

¶ ***Marabotini*.**] Numismus Hispanicus. *Hov*. 565. l. 40. & infra. *M. P.* in An. 1176 pa. 127. *Rex Aldefonsus donet liberaliter Santio Regi singulis annis usq; ad decennium* 3000. Marabotinorum, *& sic pacem haberent &c.*

¶ ***Marca, cæ*.**] Pecuniæ numeratio quæ hodie continet apud nos 13 sol. & 4 denar. Antiquè autem, cum ponderosiores cudebantur numi, 2 sol. & 6 denar. æstimata fuit: hoc est idem quod *mancusa* & *manca*. Confunduntur ergo apud veteres hæc vocabula: nomenq; videntur sortiri à re unâ, scil. ab impressâ aliquâ figura. *Mancusa* enim, ut quidam volunt, significat rem *manu cusam*. *Marca* autem palam provenit à Saxo. mearc, i. *Signum*, *nota*, *vestigium*, à quo etiam aliis *marcata* dicitur, quasi signata vel notata.

Ait autem *Skeneus* in verb. signif. *Mark* (i. *marca*) in tractatu de ponderibus & mensuris: significat unciam pensam, vel dimidium libræ, unde drachma pars est octava, Sicuti uncia, est pars *marcæ* octava. *Chessa*. in Consuetud. Burgund. Rubric. 1. §. 7. verb. 65. *solz Turnoys*: Solidus (inquit) in jure capiatur, pro aureo, quorum 72 faciunt libram auri. Et duodecim unciæ faciunt libram, & octo unicæ *marcam*. Gl. & Ja. Faber in §. nos autem. verb. solidos. instit. de attil. tutor.

Novem millia *marcarum* argenti, sive auri, vel monetæ ejusdem æstimationis & precii. *Radevic. R. G.* 502. l. 19.

Char. Reg. *Joh.* de dote *B.* Reginæ (quondam ux. R. *Ricardi*. Patent. 3 *Joh.* m. 17. n.

31

31. *Assignavimus ei pro dote suâ mille* marcas *argenti annuatim*, xiii s. iv d. *computatis pro marca*.

¶ *Marca Danorum.*] Videtur fuisse tantum 2 den. In Ll. enim *Ed. Conf.* Cap. 10. dicitur, *Omnis qui habuerit 30 denariatos viva pecunia in domo suâ, de suo proprio, Anglorum lege debit denarium S. Petri, & lege Danorum dimidiam marcam. Iste verò denarius debet summoniri in solennitate Apostolorum Petri & Pauli &c.* Sed fortè Danorum eleemosyna munificentior erat Anglorum. quær. V. *marca* post ca. 12.

¶ *Marca auri.*] Exponit author incertus *marcam auri*, 50 argentei *marcas* continere. Lib. *Ramesf.* Sect. 148. *Dedit insuper* — 5 *marcas auri* probatissimi [Vide *marca*] Sect. 239. *Centum solidi dentur — vel* marca auri. *Stowus* in An. 1250. pa. 287. notat *marcam auri* vel argenti octo uncias continere tempore *Hen.* 3.

Charta R. *Joh.* de feodis magni Sigilli anno Regni sui 1. Inter alia nu. 8. De Chartâ novi feofamenti terrarum vel quorumlibet tenementorum, vel libertatum capiatur *una marca auri* vel *decem marca argenti* ad opus Cancellarii; & *una marca argenti* ad opus Vicecancellarii; & *una marca argenti* ad opus Prothonotarii: quinq; solidi pro cera.

Rot. Magnus Pipæ de an. 5 *Regis* Steph. *Rot.* 5. *m.* 2. *Huntedonescir.*

Ricardus de Belcampo liberavit *ix marcas argenti* pro 1. *marca auri*, per breve Regis, & quietus est. Vide *Marcha*.

¶ *Marca*, aliis *Marcha*, & *Marchia*, *Mercatus.*] Terminus, Limes, territorium limitaneum. Antiq. *Ful.* pa. 623. & quod metatum dixerunt veteres, à Sax. ut diximus jam supra mearc, i. nota, signum, terminus, meta.

Vita *Caroli Mag.* ab Engolesmensi Monacho pa. 49. *Wido Comes qui in* marcâ *Britanniæ præsidebat*. Hoc *Aimoinus* lib. 4. cap. 89. sub An. 799. *Guido Comes & præfectus Britannici limitis*.

Hinc *Marca Ancona*, quæ & *Marca Firmiana* dicebatur idem est quod *Territorium Anconæ*, vel *Firmianum*. *Marca Trevegiana*, similiter. Hinc *Marchiones* dicuntur, quasi limitanei proceres. V. supra Comes.

¶ *Marcata.*] Quod est valoris unius marcæ, quod supra vide. *Glanvil.* lib. 12. cap. 5. *Rex tenet de domino Rege in eadem villâ, per liberum servitium, duorum solidorum per annum: vel de una* marcata *redditus in illa villâ &c.* Lib. *Ram.* sect. 378. — *quod* Will. de Say, *infra proximum diem Mercurii assignabit eis* unam marcatam *redditus de terra sua in hundredo de* Claclos — *taxatione legalium hominum provinciæ.* Ex quo videtur *marcatam* significare ipsam terram annui valoris unius *marcæ*.

¶ *March.*] Equus, caballus, vide *Marcheta*: sic hodie apud Cornwallenses nostros, *march guiddn*, equus albus. *Carew Cornewal Survey* pag. 55. b.

¶ *Marcha, chæ.*] L. Car. Cal. pag. 275. & 404.

Hist. Norm. pa. 1056. a.—*Præterea nos dedimus* (scil. Johannes Rex Angl.) *domino Regi Franciæ* 20 millia Marcharum *sterlingorum, ad pondus, & legem in quo fuerint*; *viz.* 13 s. & 4 d. pro marcha, *propter rachatum suum*, & *propter feoda Britanniæ, quæ Rex Franciæ nobis dimisit*.

¶ *Marchet*, *Marcheta*, & *Marchetum*: aliis *Merchet*, & Bractono *Merchetum.*] Turpis Scotorum veterum consuetudo, quâ territorii dominus vassalli sponsam primâ nocte comprimeret, floremq; carperet pudicitiæ. Hanc instituisse fertur Rex *Evenus*, planè *Ethnicus*, sub *Augusti* seculo, sustulisse verò Rex *Malcolmus* 3. Christianus qui floruit Annum circiter gratiæ 1080 redemptionisq; nomine domino statuisse impendendum (ut ait *Hector Boetius* lib. 3. cap. 12.) marcam argenti, *marchetamq;* inde suggerit appellatam.

Duxerat autem *Malcolmus* seu *Malcolumbus* iste *Margaretam Edmundi* (ferrei lateris) Regis Angliæ ex *Edwardo* Exule filio suo, neptem: Et uxoris suæ precibus dedisse fertur (inquit *Buchanus*) ut primam novæ nuptæ noctem, quæ proceribus per gradus quosdam, lege Regis *Eugenii* debebatur, sponsus *dimidiata argenti marca* redimere posset: quam pensionem adhuc *marchetas mulierum* vocant. Lib. 7. in Malcolmo fol. 74

Sed *Skenæus* ait: *March* equum prisca Scotorum linguâ significare, deductâq; metaphorâ ab equitando, *Marchetam* mulieris Virginalis pudicitiæ primam violationem & delibationem. *Quin &* Merch *prisca lingua Britannica sive Cimbrica, filiam sonat & mulierem, honestiorisq; perinde etymo*, Merchetum, *id dicatur, quod pro filia penditur, seu muliere*. Pensionis modum sic decernit *Reg. Majest.* lib. 4. ca. 31. quod inscribitur de *Marchetis mulierum*.

1. *Sciendum est, quod secundùm assisam terræ Scotiæ, quæcunq; mulier fuerit, sive nobilis, sive serva, sive mercenaria*; marcheta *sua erit una juvenca, vel 3 solidi; & rectum servientis 3 denarii*.

2. *Et si filia liberi sit & non domini villæ*, marcheta *sua erit una vacca, vel 6 solidi; & rectum servientis 6 denarii*.

3. *Item* marcheta *filiæ Thani vel Ogetharii*, 2. *vaccæ, vel* 12 *solidi; & rectum servientis* 12 *denarii*.

4. *Item* marcheta *filiæ Comitis, est Reginæ* 12 *vaccæ*.

Marchetam autem filiæ Thani, vel *Ogetharii* *Skenæus* dicit **two Kiddes, or 12 pennies**, i. duos capreolos vel 12 denarios.

Certè

Certè antiquorum Scotorum immunditiem perstrinxit olim D. *Hieronymus* in Epist. ad *Oceanum — ne honesta jungant matrimonia; sed Scottorum & Azotorum ritu, ac de repub. Platonis promiscuas uxores, communes liberos habent.* Hinc & illud fortè quo *Laonicus Chalcondylas* civis Atheniensis, insulam totam sugillavit — *Quando quis amici domum vocatus ingreditur cum uxore* (inquit) *amici concubat, ut hospitio deinceps excipiatur. In peregrinationibus quoq; mutuo utuntur uxoribus amici.* Eandemq; refert observari consuetudinem Phrantalorum (i. Flandrorum ut opinatur *Ortelius*) regione ibi maritimâ, usq; ad Germaniam. *Marcheta* non dissimilis fuit mos Lydorum apud *Ælianum* Var. lib. 4. Cap. 1. Scilicet, ut mulieres semet aliis prostituerent priusquam cum maritis rem haberent, deinceps autem castè viverent.

Tranavit sparsim & totam Angliam *mercheti* hujus pecuniarii consuetudo in mancipiorum filiabus maritandis, *Bracton.* lib. 2. tit. 1. cap. 8. nu. 2. Merchetum *verò pro filia dare non competit libero homini.* Extenta Manerii de Wiivenho 18 Dec. 40 Ed. 3. & alia 13 Ed. 3. An. Dom. 1230. Ric. Burre *tenet unum mesuagium. ——Et debet tallagium, sectam Curiæ, & Merchet, hoc modo; quod si maritare voluerit filiam suam cum quodam libero homine extra villam, faciet pacem domini pro maritagio. Et si eam maritaverit alicui Custumario villæ, nihil dabit pro maritagio.* Floruit (audio) & mos iste in *Gernsey*, insulâ Normannicâ.

Merchetum. *Hoc est, quod Sokemanni & nativi debent solvere pro filiabus suis corruptis, sive defloratis* 5. *s.* 4. *d.* Regist. Abb. de Burgo S. *Petri* in bibl. *Cotton.*

Placita coram concilio domini Regis Term. Mich. 37 *H.* 3. Rot. 4. Suff.

Johanna Deakony attachiata fuit ad respondendum hominibus de Berkholt, quare exigit ab eis alia servicia quæ &c. unde dicit, quod tempore Regis H. avi Regis, solebant habere talem consuetudinem, quod quando maritare volebant filias suas, solebant dare pro filiabus suis maritandis duas horas, *quæ valent* 32 *denarios &c. Postea veniunt homines & concedunt, quod domina Johanna potest eos talliare semel in anno secundùm facultatem eorum, & quod debent carriare maeremium; & quod debent dare* Merchetum *pro filiabus suis maritandis, scilicet, xxxii d.*

Placita de Banco à die Pasch. in 15 dies 34 *H.* 3. Rot. 20. Berks.

Will. Maynard, qui tenuit terras in Heurst, cognoscit se esse villanum Abbatis de Abbendon, & tenere de eo in villenagio, & per villanas consuetudines, viz. per servicium 18 *d. per annum, & dandi maritagium &* Marchetum *pro filia & sorore sua, ad voluntatem ipsius Abbatis, & faciendo omnes villanas consuetudines.* Vide de *Marchet* infra in *VVard-peny.*

¶ **Marchfalli.**] Casus ab equo. *March* Germ. equus, *fall* casus, dejectio. *Lex Baiwar.* Tit. 3. ca. 3. *Si quis aliquem de equo suo deposuerit, quod* marchfalli *vocant, solid.* 6 *componat.*

¶ **Marchia, & Marcha.**] Sax. mearc, Germ. *March*, Limes, Meta, Terminus, finis, vel confinium Regni, Regio limitanea. *Mat. Par.* in *Henr.* 3. *Eodem anno* (*i.* 1242.) *cum renuisset Comes de* Marchiâ, *qui inter Pictavenses universos semper eminenter claruit potentissimus.* De eodem post plurima, pa. 572. l. 32. Insuper addidit Rex Francorum: *Chartam illam quam ipse, sicut & prædecessores sui ab antiquo tempore (à Regibus Francorum antecessoribus meis) hactenus tenuit, de decem millibus libris, de fisco meo annuatim pro* marchiâ, *& hac parte Regni mei custodienda (quam sæpè malè custodivit) maximè nunc recipiendis, sine aliqua contradictione, mihi resignet, cum quieta clamantia annui census supradicti. Ad hoc Comes Britanniæ subridendo pinsem faciens, cum sanna, instillans auri Regiæ ait: Consulo ut retentis castris & censu, vos à modo* Marcham *vestram custodiatis.* Ibidem passim.

Mat. VVest. juxta finem Anni 1264. pa. 328. l. 23. *Marchia* tunc tellus erat hæc nunc verò Ducatus. Ligur. 360.

¶ **Marchisius, sii.**] *Hincmar.* Epist. 3. cap. 30. *Si inter* marchisios *in qualibet Regni parte, ad aliud tempus dextræ datæ fuissent.*

¶ **Marchio, onis.**] Qui regionis limitem incolit.

Mat. VVestm. in An. 1264 pa. 225. *Marchiones* Walliæ, viz. Rogerus de Mortuo mari, Jacobus de Andeleg, Rogerius de Clifford, Rogerius de Leiburn, Hannio Extraneus, & illi de Turbervillâ, cum pluribus aliis, qui de bello prædicto de Lewes nuper fugerunt: viribus congregatis, guerram moventes in *marchia*, Baronibus recalcitrare moliuntur. Et de iisdem agens in vestibulo anni 1265. i. 50 *H.* 3. *Comes* (inquit) *Glovernie Gilbertus — fœdus cum* Marchionibus *iniit, & exercitum adunavit.*

Hos ipsos supra pag: 328. *Marchisos* vocat. V.

Chron. MS. Cœnobii de *Bello* in *Hen.* 3. de Baronibus in *marchia* VValliæ, in Lewensi prælio *marchiones* autem dilapsi, fuga celeri sibi consuluere. Et inferius — *marchionibus* omnibus interim ad Comitem Gloverniæ adunatis.

Brandeburgensis omnium primus *marchio*, Munst. p. 904. *Caroli* mag. ævo. Sed quær. de hoc, nam recentior videtur.

Et hi *Margravii*, q. proceres vel Comites limitanei. In *Ed.* legibus cap. 35. *mergrave* dicitur, q. *mera*, *i. major*, & *grave* dominus.

Aimoin

Aimoin. lib. 5. ca. 2. Carolus *misit & accersivit filium suum* (Hludovicum *puerum*) *benè equitantem, cum omni populo militari, relictis tantum* marchionibus, *qui fines Regni tuentes, omnes si fortè ingruerent, hostium arcerent incursus.* pa. 267. a.

Malm. Novel. lib. 2. pa. 188. *Juraverunt cum ea* (Imperatrice) *& affidaverunt pro ea Robertus frater ejus Comes Glocestriæ & Brianus filius Comitis,* Marchio de *VValling-ford, &c.*

Car. Cal. pag. 404. — *Quia periculosum est longius à* marchâ (*Barcinonæ*) *eos abducere, dominus Rex commendabit suo* Marchioni, *qualiter eos distringat atq; castiget.*

In vitâ *Ludov. Pii* pa. 226. à Pithæo dicuntur *Custodes finium.*

¶ *Marchzan.*] Dens maxillaris. L. *Alamannorum* tit. 63. §. 5. *Si autem dentem absciderit, quem* Marchzan *Alamanni vocant, cum tribus solid. componat.* L. Baiwar. tit. 3. cap. 1. §. 24. *Si quis alicui dentem maxillarem, quem* Marchzan *vocant excusserit, cum* 12 *solid. componat.* Simile tit. 5. §. 13. *Rectè, inquit Lindenbrogius, dentes terminales interpretari possumus, id est, qui caninos à maxillaribus dentibus separant, quosq; nunc,* Germani **Scheidelzanen** appellant.

¶ *Marcus, ci,* Item *Marculus,* & *Martellus.*] Est autem *Marcus,* malleus grandior, de quo Obsoletus quidam. Malleus *est marcus, nomen proprium quoq;* Marcus. De *marculo* Author vitæ *Ludovici Pii* pa. 177.— *clavis &* marculis *facile coaptari valerent.* Sed hoc Plinio notum.

¶ *Maremium.*] V. *Meremium.*

¶ *Marescallus, Marascalcus, Mariscaldus,* & Ottone de S. Blasio *Marscaldus,* & *Marscalcus.*] Primitivè omnia (nam fontes rimor) *agasonem* significant, h. qui equos curat, colit, pabulo donat, expedit & adornat. **Mare** Teutonicè equus, & (ut Anglis) potius equa, Germ. **March: schalc,** servus, minister. Sic *Marescalcus* equorum minister, vel potius equarum, quòd præstare olim videbatur genus fœmineum, ut apud Græcos in Jovis Olympiaci certaminibus de quo *Virgilius Georg. lib.* 1.

Mittit & Eliadum palmas Epiros equarum.

Eodem utiq; *Homerus* Iliadum β.

Ἵπποι μὲν μέγ' ἄρισται ἔσαν Φηρητιάδαο,
τὰς Εὔμηλος ἔλαυνε, ποδώκεας ὄρνιθας ὥς.

Equæ equidem valdè optimæ erant Pheretiadæ
Quas Eumelus urgebat pernices ut volucres.

Plinius causam exhibet lib. 8. Cap. 42. *Velociores* (inquit) *quoniam urinam cursu non impedito reddunt.* Ad bellum igitur apud Scythas aptiores. Sed hoc aliis.

Becanus Francicorum lib. 2. *Marescalcum* exponit de perito in curandis & tractandis equis. Hinc & pro medico usurpatur, & divos ipsos quos morborum sanationi præficiunt, *Marescalcos* vocant: *divum Antonium* Marescalcum *ignis sacri*: *divum Rochum* Marescalcum *pestis.* Hinc etiam & quòd calceos appingunt equis ferrarii, *Marescalci* utiq; nuncupantur. — Pro medico. — Pro ferrario.

Ab equo igitur quaqua nomen: humile olim & officium, quod è Capitulis *Caroli Calvi* (ad *Salvacum* Anno 853. Ca. 13. & post reditum à *Confluentibus* Anno 861.) non obscurè deprehendas. *Missi* (inquit) *in illorum missaticis* (id est, Judices in eorum circuitionibus) *curam habeant ne homines nostri — tempore hiemis, quando* Marascalcos *illorum ad fodrum dirigunt, vicinos majores vel minores deprædentur.* Vide *Fodrum.* — Officium primò humile.

Hinc *Marascalci* inter pastores numerati, distinctiq; invicem suis gradibus juxta numerum equorum quibus præfuere. Ut è lege pateat Alamannorum, ubi Capitulum 79. inscribitur De eo qui pastores vel artifices occident, & in textu §. 4. sequitur: *Si mariscalcus, qui supra* 12 *caballos est, occiditur,* 40 *sol.* (i. quanto Seneſcalcus qui 12 vassis præsuit) *componatur.*

Hinc & *marescalcus* pro *stabulario*, seu *stallario* (ut infra videris) & *marescalcia* pro ipso *stabulo*, & equorum præfectura. Codex vet. MS. S. *Albani* fol. 115. b. ex rotulo expensarum domus dom. *Bromundi* Comitis S. &c. per VV. Clericum hospitii &c. sub tit. Mariscalcia. *In fœno de instauro pro* 13. *equis empt'* 10. den. *Item in avenis de eodem pro prebenda &c.* 1. *quart' dimi' prec'* 2 *sol. Et sic in vadiis* 4. *garcionum, cum tot pagettis* 12 *den.* Manifestè hic *marescalcia* pro *stabulo*; tacitè etiam ostenditur, 4 istos garciones & pagettos totidem, à servitio fuisse *marescalci.* — *Marescallus* pro Stabulario, *Marescalcia* pro Stabulo.

Sed ut è tiguro Capitolium & exiguis sæpè initiis res oriuntur augustissimæ: sic è stabuli ministerio ad amplissimos Regni magistratus irrepsit *Marescalci* appellatio. Haud secus quam *equisonis* apud Romanos veteres, quæ *Varrone* atq; *Nonio* testibus primùm de equorum moderatore, postea ad cæteros omnes quibus rei alicujus regimen credebatur, est delata. Ita *marescalci* demum nuncupati sunt, non solùm stabuli regii curatores & præpositi, sed & regiæ domus, regii exercitus, curiarum regiarum, minorumque plurium officiorum administratores, nihil cum equis sive stabulis contrahentes. — Effertur in summa munia.

Humilem rei originem non dedignantur summi Principes (etiam in apice suæ dignitatis) profiteri. In aureâ enim bullâ *Caroli* 4. Cap. penult. sic de Duce Saxoniæ *Archimarescallo* Imperii suum obeunte officium, legitur. — *Statuimus, ut quandocunq; Imperator vel Rex Romanorum solenniter curias suas celebraverint, in quibus Principes Electores sua deservire* — Officium Archimarescalli Imperii.

servire vel exercere debent officia subscriptus in his ordo servetur. Primò enim Imperatore, vel Rege ipso in sede regia, seu solio Imperiali sedente, Dux Saxoniæ *officium suum* (i. Archimarescalli) *agat hoc modo. Ponetur enim ante ædificium sessionis Imperialis vel Regiæ, acervus avenæ tantæ altitudinis, quod pertingat usq; ad pectus vel sellam equi super quo sedebit ipse Dux: & habebit in manu baculum argenteum, & mensuram argenteam, quæ simul faciant in pondere duodecim marcas argenti: & sedens super equo, primò mensuram eandem de avena plenam accipiet, & famulo primitùs venienti ministrabit eandem: quo facto figendo baculum in avena, recedet, &* Vicemarscalcus *ejus, puta de* Pappenheim, *accedens, vel eo absente* Marschalcus curiæ, *ulterius avenam ipsam distribuet.*

Marescallus & Comes stab. li. Videtur *Marescallus* sub hodierno Imperio idem esse, quod in superiori & sub *Carolo magno Comes stabuli*: Germanosq; vocem illam, velut istius interpretem suscepisse. In hodierno enim Imperio non reperitur alius *Constabularius*, quàm *Marescallus*: & in superiori, non alius *Marescallus* quàm *Comes stabuli*, si *Hincmaro* Archiepiscopo describenti officiales *Caroli magni*, fidem adhibueris. Quippe *Comitis stabuli* tunc officium equitationi præsertim Principis & caballorum victui (ut *Hincmari* utar verbis) destinatum fuit, prout aliàs *Marescalli*, & in superiori Imperio orientali non reperitur aliter. In inferiori verò nec *Marescalli* mentio, nec in equile Comitis stabuli. Qui enim apud *Curopalatem* ὁ μέγας κοντοσαῦλος magnus Contostaulus, & apud *Nicephorum* ὁ μέγας κονοστάβλος magnus Conostabilus appellatur; copiarum auxiliarium Dux fuit ex Italica, Gallia, aliisq; regionibus occidentis sub Imperatore merentium, Francorum nomine (ut apud Turcas hodiè) comprehensarum.

Marescallus Protostrator Comes equorum. Non defuerunt tamen qui sub aliis nominibus hæc obierunt munia: *Protostrator* vicem *Comitis stabuli*, & *Comes equorum* vicem *Marescalli*: hic enim Imperatori parat & profert equum, ille ascendentem surrigit, & assesso frena moderatur: Longobardis (ut refert *Warnifredus*) *Marpais* dictus, quod vide. *Choniates* verò de Imperio *Balduini* Flandri, ait: Græcos eum appellasse *Protostratorem*, quem Latini in exercitu *mariscaldum*: sed *mariscaldum* videtur accepisse latiori sensu (ut Germani aliiq; solent) pro *Conestabilo*, vocesq; invicem confudisse. Sic in Ll. *Edouardi Confess.* auctis Cap. 35. *Anglosaxonum* (inquit) *Heretochii, Latinè dicebantur ductores exercitus, apud Gallos* Capitales Constabularii, *vel* Mareschalli exercitus. Hoc utiq; munere *Protostratorem* donat *Codinus*: διὰ τοῦτο καὶ γὰρ πρωτοστράτωρ καλεῖται διὰ τὸ προηγεῖσθαι παντὸς αὐτοῦ τοῦ στρατοῦ, i. Propter hoc *Protostrator* appellatus est, quod totum ipsius (Imperatoris) exercitum antegreditur. Sunt tamen qui malunt à Latino *strator*, ut infra in *Protostrator*.

Inter *marescallum* verò & *Comitem stabuli* ea olim videtur fuisse differentia quæ inter dominum & famulum. *Comes in stabulo* unicus, *marescalli* plures: Ille à Principe datus, hii à Comite assumpti. *Marescallus sub Comite stabuli.*

Imperium igitur stabuli penès Comitem, ministerium inter *marescallos* fuit, & hoc quidem arbitrio Comitis, cui in omnibus famulabantur *marescalli*. Elato itaq; *Comite stabuli* ab Officiali domestico in militiæ præfecturam (quod apud Gallos primitùs videtur obtigisse *Frogerio de Challon* ævo *Philippi* I. annum circiter 1083.) effertur una *Marescallorum* æstimatio. Cum enim in tractandis equis Regiis & equitandi artificio (ex quo *Equieres* appellari cœperint) alios plerunq; omnes antecellerent, delecti sunt ex eis sæpè potiores aliquot; unus fortè vel alius, qui in militaribus expeditionibus hostem lustrare, castrametationi locum seligere, pugnæq; ineundæ rationem decernere, mitteretur. Deindè primam aciem (ut in orientali Imperio *Protostrator*) educere, equestribusq; præfectus turmis (ut *Comes stabuli*, exercitui) pugnæ initium accendere, quod Britonem Armoricanum non latuit *Philip.* lib. 8. sic de . . . . Qui promotus.

Cujus erat primum gestare in prælia pilum,
Quippe Marescalli claro fulgebat honore.

Clarus revera jam tum *Marescalli* honos, ævo scilicet *Philippi Augusti*, qui Regnum iniit anno gratiæ 1179. ante ætatem verò *Ludovici Crassi*, qui regnare cœpit anno 1107. non reperitur (*Faucheto* sedulo indagante) *Franciæ marescallus*. Et *Tillettus* refert Gallis tantùm fuisse duos *marescallos*, donec *Franciscus* I. qui Rex salutatur anno 1515. auxisset numerum.

¶ *De Marescallo apud Anglo-Saxones.*

Inter rerum Anglo-Saxonicarum Scriptores veteres, non reperio vocem *marescallus*: sed qui navasse hoc officium videatur, Latinè aliàs *Strator* & *Stallarius*, aliàs Dux militiæ, Princeps militiæ, & Præpositus regalis exercitus: Saxonicè holde, heretoge, heretogen, & heretoche nuncupatus est. Videntur & hæ ipsæ voces eundem aliàs designare Officialem, aliàs diversum, holde nimirum, belli Imperatorem & militiæ principem: heretoger &c. copiarum ductores & Polemarchos, summo tantum belli Imperatore inferiores. Prior vox occurrit in *Æthelstani* Ll. cap. 4. ubi capitis ejus æstimatio qui holde appellatur, 4000 thrimsis expenditur; tanti scil. nec pluris quàm Præpositi Regis quem hehȝeref, *id est*, **high Sheriff** vocant. Intelligendum igitur censeo, non de summo regni Imperatore militari sed Comitatus alicujus, qui perinde aliàs *Heretochius*

chius dictus est: & vox hæc altera in Legum *Edouardi Confessoris* Auctario cap. 35. uberimè exprimitur, quoad ejusmodi officialium nomen, numerum, electionem, dignitatem, & officium. Locum integrum dedimus in *Heretochius*: sed cum hìc denuo requiratur, coram intuere. Erant & aliæ potestates & dignitates per provincias & patrias universas, & per singulos Comitatus totius regni prædicti constitutæ, qui *Heretoches* apud Anglos vocabantur, scil. *Barones nobiles, insignes, sapientes, & fideles, & animosi*: Latine verò dicebantur *ductores exercitus*, apud Gallos *Capitales Constabularii* vel *Mareschalli exercitus*. Illi verò ordinabant acies densissimis in prœliis, & alas constituebant prout eis decuit, & prout melius visum fuit ad honorem Coronæ & utilitatem Regni. Isti verò eligebantur per commune consiliu, pro cōmuni utilitate Regni, per provincias & patrias universas, & per singulos Comitatus in pleno folcmote (i. in *Curia Comitatus*) sicut Vicecomites Provinciarum & Comitatuum eligi debent: Ita quod in quolibet Comitatu semper fuit unus *Heretoch* per electionem electus ad conducendum exercitum Comitatus sui, juxta præceptum Domini Regis ad honorem & utilitatem Regni prædicti, semper cum opus adfuerit in Regno. Item qui fugiet à domino vel socio suo pro timiditate belli vel mortis in conductione *Heretochii* sui in expeditione navali vel terrestri, perdat omne quod suum est, & suam ipsius vitam, & manus mittat dominus ad terram quam ei antea dederat, &c.

Heretochii qui. Eorum dignitas. Nomina. Officium. Electio. Numerus. Pœna fugientium ab *Heretoch.* Terra mariq; Officiali.

Non habentur hæc in veteri nostro legum istarum MS. nec in exemplari ab *Hovedeno* dato: sed cum pluribus aliis à recentiori quodam videntur inseri, sub ætate Regis *Henrici* 2. vel inferiùs, ut exinde liqueat quòd in eisdem aliàs occurrit mentio *Thomæ* Archiepiscopi *Cantuariæ*, qui sub *Henrico* 2. passus est. Hinc & in exemplari à *Lambardo* edito (ut à cæteris innotescant) minori excuduntur literâ Italica.

De canone itaq; LL. *Edwardi Confessoris*, istæc habenda esse moneo, nec tempestati illi tribuenda, sicuti nec cætera omnia, quæ Romanâ illic extant literâ, cum inferius seculum (puta *Gulielmi* junioris & *Henrici* 1.) sæpè prodant. Quæ hìc igitur de *Constabulario* & *Mareschallo* apud Gallos supra referuntur, de iis censeo intelligenda, qui sub ævo floruere *Henrici* 2. Regis Angliæ. Sed liceat obsecro animadversiones quasdam in citatum locum addere.

Primò *Constabularium* & *Mareschallum* sub illo seculo, pari dictos significatione, apud Germanos atq; Italos. Germani enim (ut præfati sumus) alium in Imperio non agnoscunt *Constabularium* quàm *Marescallum*: Italiq; *Conistabilem* dicunt de unoquoq; manipuli ductore (ut superius in eâ voce demonstravimus.) Docti etiam confundunt voces sæpissimè: sed apud Gallos & nostrates, semper sunt distincti magistratus.

Secundò. Munus *Heretochii* speciem exhibere utriusq; muneris, scil. *Constabularii* & *Marescalli*.

Tertiò. Tot fuisse *Heretochios* seu *Marescallos*, quot in Regno erant Comitatus seu Provinciæ; singulosq; Comitatus singulos habuisse *Heretochios* seu *Marescallos*, qui exercitum illius patriæ educebant &c. Hos verò omnes, summo belli Imperatori à Rege dato, confertis copiis, quasi summo *Heretochio*, summo *Constabulario*, vel summo *Marescallo* subaudientes esse & subjectos.

Quartò. Quod *Heretochii* munus, prout hìc describitur, ad *Marescallum* potiùs inferioris seculi, quam ad *Constabularium* pertinebat: videlicet exercitum ducere (quod nomen loquitur, here enim *exercitum* sonat, togen *ducere*) acies ordinare, & alas disponere.

Quintò. *Heretochios* istos seu *Mariscallos*, electos fuisse in pleno folcmote, sicut Vicecomites, hoc est, populi suffragiis in Generali Curiâ Comitatus, quæ in capite Calendarum Octobris certo convenit annuatim: nam & tunc eligebantur etiam Vicecomites, suffragiis populi. *Heretochiorum* autem hæc electio exoleri videtur mox ab ævo *Henrici* 1. & illa Vicecomitum ad Regem est delata Parlamentariâ authoritate an...

Sexto. Militiam aut conductionem *Heretochii* seu *Marescalli* subterfugere, Saxonibus & Longobardis hereslit dicebatur, & ut reatum plectebatur in majestatem. Vide *Hereslit* & LL. *Canuti* cap. 55.

Septimo. Sub hoc seculo ad *Heretochium*, & perinde ad *Constabularium* & *Marescallum* pertinebat, tam navales copias, quàm terrestres educere: & ex eo natum suspicor quod *Carolus magnus* Imp. anno Dom. 807. *Burchardum Comitem stabuli* sui quem corruptè Constabulum appellamus, cum classe misit in *Corsicam* ut eam à Mauris defenderet &c. Regino lib. 2. in hoc anno. Hinc & Præfecti classis *Richardi* 1. in Terram sanctam ductores & *Constabularii* navigii sui apud *Hovedam* nuncupari videantur. An. 1190. pa. 666.

¶ *De authoritate & jurisdictione Marescalli.*

Ut *Marescalli* dignitas simul & semel non enascitur, ita nec imperium ejus & jurisdictio: Mox autem cum è stabulis primo est delatus in militiam, custos datur militaris disciplinæ, curare ordines armaturas & metatus militum, vigilias, contubernia, & castrametationes, Martisq; omnia utensilia. Dehinc ut ...... in Imperio paulatim animadvertere in Armorum fabricatores, Scutarios, Loricarios, gladiorum & hastatum opifices, tributumq; alias hinc exigere. Pervenire demùm in palatium Regis, personam ejus nocturno cingere præsidio & hospitii pacem promovere, suaq; demum gestire

gestire Curia, & in arduis Regni disponendis, Regis inhærere lateri.

In hac amplitudine videtur Angliam advenisse cum ipso Conquestore aut eam mox adeptum esse è Conquestoris gratiâ, de *Marescallo* licèt nihil apud Gallos reperit memorabile sub isto seculo (quod certè mirum est) *Joh. Faucet* aut *Tilletensis* solertes ambo rei antiquæ indagatores.

Qualis apud Anglos tunc extiterit ex intuitu dignoscatur Constabularii: nam sub illis seculis unà semper instar Castoris atq; Pollucis se exhibuere. *Constabularium* verò tunc in plenitudine floruisse suæ potestatis, Curiâq; insigniri è diplomate constat Regis *Edwardi* 4. *Ricardum* Comitem *Rivers* Constabularium *Angliæ* constituentis, quod vide in *Constabularius*: Sed ut rem expressius manifestem

Officii dignitas. Officii dignitatem sub ævo Conquestoris, è personarum colligas amplitudine quæ tunc gesserint *Fitz Osberni*, *Grantesmalium*, & *Penbrochiæ* Comitum virorum insignium & bellicosissimorum. Cui adde, quod in fiscali illo Nigro libro de *Marescallo* perhibetur. Huic (inquit) cum aliis magnis commune est, ut nihil magnum eo inconsulto fieri debeat. Sed munus ipsum intueamur, & primùm quibus constabat titulis.

Sub Anglo-Normannis Principibus, concedebatur titulo *Magistratus Marescalciæ Curiæ nostræ*; quod propriè aliud fuit à *Marescallo rege*, si bullam auream *Caroli* 4. intueamur, ubi in avenarum distributione partes primas agit *Marescalcus*, seu *Archimarescalcus Imperii*, Dux ipse Saxoniæ: secundas *Vicemarescallus* ejus dom. de *Pappenheim*; tertias *Marescalcus Curiæ*.

In eam sententiam *Gilbertus* Comes Palatinus *Penbrochiæ*, sub *Stephano* Rege, *Marescallus* palatii Regis nuncupatus est. Et *Gulielmus* ille qui sub *Johanne* Rege *Gilberti* istius è *Richardi* filio neptem & hæredem duxerat. *Marescallus Regis*, & propter rerum gestarum magnitudinem, *Magnus Marescallus* sæpè à *Parisio* appellatur. Demum verò ut posteri *Constabularii Curiæ Regis* semet in titulum *Constabulorum Angliæ* promoverunt; ita & *Marescallum Curiæ Regis*, *Marescallum Angliæ* jam cœperunt salutare; & cum Comites essent omnino, qui hoc fungebantur munere, eosdem utiq; *Comites Marescallos* aliàs nuncupare. Sic *Parisius* in An. 1241. 25 *Henrici* 3. *Gilbertum* Comitem *Penbrochiæ*, qui luxatis ab equo articulis *Hertfordiæ* in hastiludio occubuit *Comitem Marescallum* vocat; & *Walsinghamus* in *Edouardo* 1. ita sæpius *Rogerium Bigo* illius nominis novissimum *Norfolciæ* Comitem. Lego etiam in feodali libro anno 20 *Edouardi* 3. composito, sub tit. *Norff.* & Hundred de *Freebrigge* in hunc modum. *Prior de Massingham tenet in magnâ Massingham 4 partem feodi militis de Comite Marescallo.* Non reperitur tamen in Regum (ut perhibent) concessionibus ante annum 9 *Richardi* 2. qui *Thomam de Mowbray* Comitem *Notinghamiæ* per Chartam suam dat. 12. Jan. *Comitem Marescallum Angliæ* denunciavit. Rei tamen habetur authoritas è Jure Civili, ubi *Tribunus militum*, cui *Marescallum* assimulant, nomine & honore Comitis dignus declaratur. Cod. tit. de *Comitib.* & *Tribunis*.

Of Ad officium *Marescalli* multa pertinent cum in pace tum in bello. Cognoscuntur pars eorum ex hiis quæ à *Gilberto Marescallo* Comite *Prenbrochiæ* olim gesta sunt in coronatione *Henrici* 2. ut infra videris in *Henrico de Percy Marescallo* sub *Ric.* 2.

Ad cognoscendum de litibus in hospitio Regis emergentibus die coronationis.

Ad dissignandum cuique metatus suos, quos Galli *Herbergages*, nos **lodgings** appellamus.

Ad custodiendum ostia Regii cubiculi.

Ad percipiendum de quovis Barone & Comite, milite facto in die illâ, unum palfridum cum sellâ.

Postulavit (de more) admitti ad hæc munia exequenda in die Coronationis, non quod aliàs ad eum haud pertinerent: sed ut de vero ordinarioq; jure suo antiquo apud novum Principem innotesceret. Cognoscit quippe *Marescallus* ordinariè de litibus, intra virgam hospitii Regis emergentibus. Et per officiales suos metatus disponit, cubiculiq; Regii præsidium. Palfridi etiam cum sellâ ei debiti in conferendâ magnatibus equestri dignitate, nobile extat testimonium apud *Mat. Par.* in An. 1252. Cum Rex *Henricus* 3. *Alexandrum* Regem Scotiæ magno *Eboraci* fastu cinxisset Militem.

Hæc quidem Equorum præstatio quantillum sapere videatur prisci *Marescallorum* circa equos ministerii: ut itemq; illud, quòd equi palantes quos extrahuras vocant vulgò **Strayes** ad *Marescallum* olim sub Regis pertinebant nomine.

Marescalli Galliæ (inquit *Tillettus*) Constabulario subsunt, & habent officium suum distinctum, suscipere nimirum

Comites, Barones, Equites auratos, Armigeros & eorum consortes, nequeunt nec debent equitare nec acies disponere *Constabulario* inconsulto, nec edita, aut proclamationes, in exercitu promulgare absq; assensu Regis aut assensu *Constabularii*, ad quem pertinet acies omnes & equitaturas instituere, & de eis omnibus constituere. Habes ista inter alia suo idiomate supra in diatribâ nostrâ *Constabulario*.

Proficiscentem Regis exercitum ejus est conducere: pugnaturum, proferre in hostem: & ut Protostrator apud inferiores Græcos, sic & iste πρῶτος στρατιώτης aciem prægredi, primumq; in hostem pilum (ut superiùs dictum est) conjicere tenebatur. Extat in historiis nostris memorabilis de hoc narratio. Missurus .... exercitum *Edouardus* 1. mandat *Rogero Bigot* Comiti *Norfolciæ* & *Marescallo Angliæ*, ut se paret ad ejusdem conductionem.

Comes

Comes, negat ſe profecturum. Inde Rex: *Annon tu Mareſcallus noſter es, & ad hoc teneare ex officio?* Sum (inquit Comes) *Mareſcallus* veſter, & ad hoc teneor proficiſcent vobiſmet ipſis, non alioquin. *Itane?* (inquit Rex) *Deum teſtor aut tu proficiſceris, aut tu ſuſpendeberis*: Et Deum utiq; teſtor reſpondet Comes, nec proficiſcar ego, nec ſuſpendebor ego: elapſuſq; protinus, ſibi molitur præſidium, Regi negotium. Res verò Procerum interceſſione definitur: ad retintegrandam tamen àb integro gratiam Regis, Comes prolis expers Regem ſibi hæredem ſcribit.

In Rubro libro de Scaccario Regis fol. 30. ſic continetur de Mareſchallo.

— Et præter hoc debet Magiſter *Mareſcalſie* habere dicas de donis & liberationibus quæ fuerint de Theſauro Regis, & de ſuâ Camerâ. Et debet habere dicas contra omnes Officiales Regis ut teſtis per omnia. Quatuor *Mareſcalli* qui ſerviunt familiæ Regis tam Clericus militibus quam miniſtris die quâ faciunt herbergeriam, vel extra Curiam in negotio Regis morantibus 8 d. in die, galonem vini expenſ. & 12 fruſtra candelarum: Si extra tres dies de die in diem homini ſuo & cand. plenar. Quod ſi aliquis *Mareſcallorum* miſſus fuerit in negotio Regis 8 d. tantum Servientes *Mareſcallorum* ſi fuerint miſſi in negotio Regis unuſquiſq; in die 3 d. ſin autem in domo Regis comedent.

De officio *Mareſcalcie* ſervivit Gilbertus Strogull, cujus eſt officium tumultus cedare in domo Regis; liberationes officiorum facere; hoſtia aulæ Regis cuſtodire: Recipit autem de quolibet Barone facto milite à Rege, & quolibet Comite paleſridum cum ſellâ.

Le Conte Mareſcal *doit avoir le palefroy le Roy ou tout le harnois; & le palefroy la Royne, avecq la chamber quant ilz vendront au lieu, ou ilz dovient eſtre corones a lour deſcendre.*

Le Conte doit eſtre plus pres au Roy quant il ſerra corone, & il doit la Corone en ſa main tenir, & mettre la Corone ſur la chief du Roy.

Doit le Conte mettre la main a la flour devant, & tenir celle floure en ſa main, & ſouſtenir la Courone, pour ce q'uil eſt Mareſcal *en pais & en guerr.*

Et doit en temps de pais garder la pais, & faire droiture en toutez choſes qui touchent la Courone la ou le Roy eſt, & a 12 lenghes environ.

Et en temps de guerre, & en l'oſt doit il avoir l'avant garde.

Et nul autre lay doit mettre la main a la Couronne forſque le Conte le Mareſcal.

Doit apaiſier les noiſes & viſiter tous ceulx qui coucent font en la ſalle, & per la verge 12 lenghes dehors, d'environ des choſes qui appendent a la verge & la Courone.

Il doit avoir le jour de Couronement pour la huiſſerie le blauncher del, deys & le drap qui pent deriere le Roy.

Le Mareſchal *doit garder le jour, & al Couronement & as grandes feſtes le huis de la ſale, & tous les aultres huis ſauve les huis de la chambre le Roy, & avera les qui as huiſſiers appendent.*

Il doit avoir tous les attachemens les ferres & les empriſonemens cel jour de tous ceulx dedens 12 lenghes enveron, & avoir les devant le Seneſcal & devant luy a fair droit.

Si avera il de caſcun priſonier 4 d. & tous les amerchiemens qui ſont de 40 d. & de mains.

Et ſi doit communent faire droit de tout au pueple au Couronnement.

Le Mareſcal *doit avere de Ercheveſq, le iour q'uil fait homaige au Roy, ou aultre dix livres ou ſon palefroy, avec tout le harnoys, ou 1 marc pour le harnoys; & de Cont quant il eſt fait Chevalier ſon palefroy avecq le harnois, ou 1 marc pour la ſelle, & pur le frain, our pour le palfroy 10 l. Et quant il ſerra ceynt del Conte, ſi avera il ſon paleſroy ou 10 livres.*

Et des Eveſques Abbes Priours & de tous aultres qui tienent en cheif du Roy & Baronie, quant ilz ſont receus du Roy, & luy faichent feaultes, ou quant les lais ſerront fais Chevalier, ou q'ilz faichent homalge, ſi avera il leur palefroy avecq le harnois en cinq mars pour le palefroy, & demi marc pour le harnois, ſil ne ait en devant al homaige faire au Roy.

Et de tous aultres qui ne tienent point du Roy par baronie, mais que aultrement tiengnent du Roy, quant ilz feront hommag ou feaute au Roy, il avera le palefroy ou le harnois tiel come il veit ſuyre la Court.

Et ſi nul fait homag au Roy hors de ſa chambre, ou hors ſa Capelle, il avera le fee qui eſt demi marc.

Et ſi nul fait homage au Roy as camps armes a cheval, ls Mareſcal *avera le cheval & les armes.*

Le Mareſcal *doit livrer les hoſtelx a la journee, & par tout la ou le Roy eſt; & faire quancque appent a la livre a tout temps en temps de pais & en temps de guerre, & a paſſi le Roy a la mer les neifs, doit le* Mareſcal *livrer.*

Le Mareſchal *doit eſtre al jour de la feſte, & a tous aultres jours a les accomptz: & les eſtabliſſementz del hoſtel ſerront faitz par le Seneſcal & par luy: & ſi doit il ſeer a deſtre le Seneſcal a maignier, le* Mareſcal *doit avoir le jour de la feſt 1 demi ſextre de vin le ſextre de Londres q'amont 7 barel faire 3 deux torches*

& chunc candeilles: Et aultres jours quant il vient a la Court, il avera demi sextre de vin de bouche, & demi sextre de aultre vin, torch & tortis, & chunc candeilles come le Seneschal.

Le Marescal avera toutes les bestes quey'ntes le jour de la festa, ou aultres jours.

Et il doit avoir a la journee dix livres del Jurie de Londres, & la plus belle coupe de Londres al issue de la sale.

Le Marescal avera le jour de Coronement & de aultres festes, tous les eschines des gives & des chignes.

Cestes choses appendent au jour de Couronement, & a la journee doit il avoir la maison del Eschequier pour soi herneissier.

Le Marescal doit avoir au Noel de la Livree le Roy, trois Robes; dont la une robe doit estre de scarlet, & les deux de la suyte des Chevaliers; & si devient les deux robes estre ou furures de bisshes, la une de dix feeses, & lautre de noef, & la tierche fourure de conynges. Et a Pentecouste doit il avoir trois robes, d'ont la une de scarlet linee de cendal, & les deux de la siens des Chevaliers.

Le Marescal doit avoir un Chevalier verge portant & jurera a celer le counseil le Roy: & si avera un Sergeant verge portant a liverer les hostels, & a faire aultres choses: & si avera un Clerq a receviour de la paie as Sergeans & sandijours 2 d. de la livre, & a faire le commandement du Marescal come as marchees & aillers.

Et si avera le Chevalier un Escuier, & un garchon, & tous y ceulx maigneront en la salle du Roy, & le Chevalier doit gesir en la sale, & sil doit gesir hors de la sale, sy avera il demi sextre de vin chuncq candeilles & 1 tortis.

Il gardera tous les huis ou le Roy conseille, fors huys de la chambre le Roy.

Tous les chevaulx recrus del hostel le Roy, doit le Marescal avoir q'or ad le Almoignier.

Le Marescal doit avoir un Clerq, ou un Sergeant pour faire les attachemens a merces & a prender ce que appent au Marescal.

Et doit faire crier le baan le Roy as villes ou le Roy doit gesir, & a 12 lenghes environ.

Le Marescal & son bacheler dovient estre francs au seaul de tout leur pourchas, & francs au passaige de la mer lui & tous les siens.

Le Clercq que est attorne d'aller as marchies de par le Roy, & de par le Conte Marescal, doit avoir un contrerolle encontre le Sergeant du marchie, & du Role le Sergeant & du Clerq dovient estre les estretes livres a le Garderobe le Roy, & par icelles estretes dovient sourdre les fins & les issues de les marches.

Et le Bacheler le Conte & le Sergeant du marchee, & le Clerq le Conte doivent estre as costages de la ville le primiere nut qu'ils viegnent en la ville pour faire le mestier.

Si Conte, Baron, Visconte, Archevesq́, Evesq́, Abbe, Priour, Chevalier, ou Bourgois soit arestus en la presence le Roy, il doura cascun jour demi marc au Marescal. Et al Eschequier quiq́ soit arestus, il doura cascun jour demi marc, que en fee ore a le Clerq le Conte Mareschal, que est assigne a l'eschequier.

Se le Roy soit en guerre dont doit le Conestable & Marescal tenir les plees, & le Mariscal avera les amerchiemens & fourfaitures de tous ceulx qui enfrengneront les commandement le Conestable & Mareschal.

Et de cascune praie avera le Mareschal toute les bestes veires fors pris mouton, chevers, porcs que home appelle pestre.

Le Conestable & Marescal doivent avoir 4 d. de cascune livre que le Roy paie as gens d'armes, pour sons & gaiges en temps de guerre, fors pris les gaiges des Senescaulx & Chambrelens.

Tous le Chevaulx recrus rendus en host, sont Marescal.

Si en temps de pais ou de guerre soit pris laron par le Marescal, les armez sont au Mareschal, & le corps & les aultres cateulx tous au Roy.

Et si soloit estre que le Mareschal devoit avoir douze damoisellez a la Court le Roy, qui devioient faire seirement a son Bacheler, qu'elles ne sauveroient aultres putains a la Court qu'elles mesmes, ne Ribaudes sans avowerie de assre; ne laron ne mesel quelles ne les monsteront au Mareschal; & il doit pourveoir la Court de tout.

Et se aucun home ou feme, a pie ou a cheval, suye la Court pour briefs avoir, & respondu lui soit par le Conseil du Roy, ou par le Chanceller quil ne doit tiel pourcach avoir, le Mareschal luy defendra la Court & se il suye oultra la defense le Mareschal avera le Cheval avecq harnois.

Le Mareschal doit avoir tous les chevaulx as garceones de mestier, qui ne prendent gaigez a leur chevaulx du Roy tous les chevaulx as messaglers du Roy, & tous aultres chevaulx qui suyent le Roy a cassement.

Le Mariscal doit avoir avec le haulte Justice le Roy, par tout la il soit son tourne ou ses allees un clercq ou un Sergeant a recevoir les prisonniers & les fees qui appendant au Mareschal.

Le Mareschal doit avoir 1 clercq al Eschequier qui gettera les sommes & doit avoir la garde de tous ceulx qui sont arestus al Eschequier & avera de cascun le jour demi marc tantq́ ilz soient delivres.

Item le Conestable, & Marescal tendront tous les plais devant eux, & le Conestable doura les judgmens & avera pour cascune bille qui est donne en la Court 4 d. & le Marescal 2 d. & les plais ne pourront estre tenus sans le Conestable & Marescal ou leur lieutenants Chevaliers; & le Conestable avera les commandemens & le Marescal ferra execution des attachemens & tous aultres arriests.

Le

Le Marescal *somondra les enquests & les fera venir & le Roy trouvera le crieur, & celi avera de cascune qui est delivres a la barre qui quil soit* 1 *d. Et le Seneschal ne se mestra de la mainie le Roy dedens la porte, & ceulx qui mesfont dehors & pourront estre pris responderont en le mannier en le* Marescalcie.

Ensement le Marescal *avera en banck du Roy un* Marescal, *qui avera la garde des prisoners & prenlera fees come avant est dit de ceulx qui sont commandes a sa garde en la* Marescalsie *de l'ostel. Et ne doit nul estre mainpris en le Banck du Roy par la place, ne par nul des Justices de dit place, qui sont endites ou appelles pour mort d'home, ou de diverses Roberies, & ce voelt le statut. Et le dit Conte doit de droit de son office, par la ou il vendra en Engleterre aussi bien dedens franchises come dehors; & aussi bien dehors la presence du Roy come dedens sa presence, attacher tous les felons & trespasseurs s'il viegne freschement sur le fait, & livrer le corps au viscante du lieu, ou la cause, ou Baillif des franchisi dedens franchesses soient les corps; ou mener eux tanc q̃ au* Mareschalsie.

Item le Conte Mareschal *avera un* Marescal *en l'Eschequier, qui gettera les sommes del Eschequier & avera la garde des foellez & tailles que sont allouez en mesmes la place, & prendra de cascun qui est comande au garde pour la debte le Roy cascun our q'uil demourreit en garde demi marc pour son fee; & ne doit nul estre commande au Fleet fors tant suellement au* Marescal *come pert par le recorde del noir livre del Eschequier, qui voelt que se nul Visconte ou Baillif soit trouves en arrerag deverse le Roy que maintenant soit commande au* Marescalsie *& a Conte avant en la garde le dit* Marescal *& ce par le statut.*

Item le dit Conte Mareschal *claime de aver cognissance de tous maneres de plais devant le Seneschal le Roy, & lui si avant come ils solloient avoir en temps des progenitours nostre dit Sr. le Roy. Cest assavoir Assises de nouvielle Dessaisine, Freshe-forc en aunchien demene, tous manneres de fellonies, trespasses, dettes, contractz, & couvenantz de cascun temps.*

¶ ***Margarita.***] μαργαρίτης Latinogræc. Ita appellabantur micæ, quæ à consecratione, ex sacramento patinæ sive calici adhæsissent. Scilicet quia tam pretiosæ essent. *Meurs.* V.

¶ ***Margella.***] Corallium, ex Gallico *Morgelline.* Meurs.

¶ ***Margila.***] *Car. Cal.* 326.

¶ ***Margrave,*** q. ***Marcgrave.***] V. infra *Me gr ve.*

¶ ***Marhais.***] V. *Marpais.*

¶ ***Mariale.***] Liber continens horas Beatæ Mariæ.

¶ ***Marescalcia.***] M.P. in An. 1234. *Post hæc in die Pentecostes apud Vigorniam eundem Gilebertum cingulo cinxit militari, tradens ei virgam* Marescalciæ *curiæ suæ sicut moris est, & sicut eam antecessores melius & liberius habuerunt.*

¶ ***Marletum.***] Gall. *Marliere.* Alias *Mergarium.* Puteus è quo marga effoditur, aut argilla, ut per campos sparsa magis iidem reddantur frugiferi, quod *Virgilius* monet *Georg.* 1. de campi area loquutus — *Creta solidanda tenaci.* Chart. vet. *Manserus Biset Dapifer Regis Angliæ* (Hen. 1.) *omnibus hominibus suis Francis & Anglis salutem. Sciatis me dedisse &c. in perpetuam elemosinam* 22 *acras & dimid'.* Marleti *Ecclesiæ S. Michaelis de Bromor, pro domino meo Henrico Rege, & pro me & uxore mea &c.*

¶ ***Maritagium.***] Dicitur id quod viro datur cum uxore, dotem enim appellamus Angli, non quod vir accipit, sed quod fœmina. *Glanvil.* lib. 7. cap. 1. In aliâ acceptione accipitur dos secundùm leges Romanas (secundùm quas propriæ appellatur dos) id quod cum muliere datur viro, quod vulgariter dicitur *maritagium.*

Maritagium etiam dicitur quod pupillus seu warda domino feodali pendet pro licentiâ contrahendarum nuptiarum, & alubi fœminæ omnes hoc præstabant. *Domesd.* tit. Scropesberie. *Mulier accipiens quocunq; modo maritum, si vidua dabat Regi* 20 *s. si puella* 10 *s. quolibet modo acciperet virum.* q. an non de adulteris dicatur.

H. 1. dedit Matildem viduam Brienio fil. Comitis, è Record. *Cambd.* 245. V. Chop. Dom. Fr. 376. in nota infima.

¶ ***Maritima Angliæ.***] Fortè dicta est emolumentum Regi proveniens ex mari: quod olim Vicecomites colligebant, fisco inde responsuri: Sed Admirallo demum est concessa. Pat. An. 8 *Hen.* 3. mem. 4. Ang. 29. *Richardus de Lucy* dicitur habere maritimam Angliæ.

¶ ***Marpais.***] Pa. Diac. Hist. Long. lib. 2. cap. 7. juxta vet. editionem, in illa Lindenb. ca. 9. *Marpahis,* & in MS. quem citat *Marhais.*

¶ ***Marra.***] A quo Græcobarb. Μάῤῥον apud *Meurs.* Hesichius Μάῤῥον, ἐργαλεῖον σιδηρῶν.

¶ ***Marritio.***] Prævaricatio, tergiversatio. Res Alma. To. 3. pa. 72. Car. Cal. 137.

¶ ***Marrio, is, ire.***] Prævaricare. Marscalcus R. Ger. 8. 493.

¶ ***Martellus,*** & ***Marteus.***] Malleus, Malleolus. Diminu. à *Marcus.* Hinc illustri illi rerum gestarum magnitudine, *Carolo Martello,* cognomen, quod uti *malleus* Gallis marteau hostes contudit & contrivit. *Malmesb.* de Regib. lib. 3. cap. de *Will.* 1. *Comes Andegavorum* Gaufridus *cognomento* Martellus, *quod sibi ipse usurpaverat, quia videbatur sibi felicitate quadam omnes obsistantes contundere,* pa. 96.

¶ *Marteobarbulum.*] Et apud *Vegetium* (sed hoc minus castè) *Martiobarbulum.* Jaculum est sagittæ instar pennis instructum, cuspide ferreo, anterius præacuto retro autem latiori plumbumq; habente infusum, ut sic gravius ruat in hostem, & vehementius sauciat. A plembo hoc plumbatâ aliis dicitur; *marteobarbulum* autem à marteo, id est malleo, quia instar mallei contundit, & barbulo quod idem esse conjicio quod apud Anonymum lego barbellum, interpretaturq; ibidem capud sagittæ (fortè à barbatâ similitudine) & sic *marteobarbulum* sit quasi jaculum cuspidem habens barbatum & plumbatum. Ludicrum enim videtur *Turnebii* illud Etymologicon Adversar. lib. 24. cap. 12. ubi dictos ait *martiobarbulos* quasi *Martis Barbi* vel *Barbuli* (i. pisces) essent & cibi; vel quod alii volunt *Martii barbuli.* Vegetius lib. 1. cap. 17. *Plumbatarum quoq; exercitatio (quos* Martiobarbulos *vocant) tradenda est junioribus. Nam in Illyrico dudum duæ legiones fuerunt, quæ sena millia militum habuerunt: quæque his telis scienter utebantur, & fortiter,* Martiobarbuli *vocabantur. Per hos longo tempore strenuissimè constat omnia bella confecta usq; eo, ut* Diocletianus *&* Maximinianus *cum ad imperium pervenissent pro merito virtutis* Martiobarbulos, *Jovianos atq; Herculanos censerint appellandos.*

In hunc *Stewechius* locum scil. *quos* Martiobarbulos *vocant*, Apponenda ait existimavi verba Leonis, ut ea considerent docti — *Ad conjicienda (inquit Leo) eminus jacula, &* Matzarbulum, *quod nunc dicitur Saliba & tzicurim* cap. 7. *de re militari* num. 4. Rectè certè auspicatus est vir ipse doctus *Stewechius*; nam *Leonis* hæc de *Marteobarbulo* nostro dici videntur ex *Leonis* (Græce citati apud *Meurs.*) in Tacticis μαρτζομάβελον ἐλέγετο ἡ νῦν σαλίβα, i. *Martzomabulum* nunc appellatur *saliba.* Modestus de vocab. Rei milit.— *Alacriter se agunt verrutis &* martiobarbulis *quas plumbatas nominat.* Item, Godefridus Monachus in Annal. simpliciter *barbulos* appellat. Cum *barbolis* & unceis ferreis impugnaverunt eam diutius &c. Vide *Plumbata.*

¶ *Marteus, tei.*] Gall. *Marteau.* Idem quod *Marcus* & *Martellus* quæ vide.

¶ *Martyrium.*] Pro Ecclesiâ. *Walaf. Strab.* de reb. Ecclesiast. cap. 6. pag. 394. col. 2. d.

Bibliothecarius in *S. Leone* 46. Epist. Rom. *Factum est Concilium sanctum Episcoporum in Chalcedoniâ in* martyrio *S. Eufemiæ.*

¶ *Masnellus*, sive *Masnillus.*] — Concedo itaq; eis Ecclesiam in honore S. Petri fundatam &c. scil. Decimas totius parochiæ &c. & homines & *masnellos*, & terram, &c. Preuves de l'Hist des Contes de Poictou pa. 353.

¶ *Massa*, *Massarius*, *Massagium.*] *Massa* idem quod *mansus.* Fundi portio cum idoneo domicilio ad suscipiendam familiam unam, ve majorem, sive minorem. Major igitur est, & minor. Major qualem exigit familia nobilis, nostratibus *Manerium*: Minor quæ sufficit ad familiam liberi hominis rustici: quibusdam *Mese*, & *Messuagium* dicta, satis si probè, de quo vide *Messuagium.* Oriuntur voces omnes ab eodem fonte. Gallis veteribus *mas* (unde Italorum *massa*) recentioribus *mex*, Germanis **Mess**, Anglis *mese*, Burgundionibus *meix*, Normannis *mois.* Hinc & Germanis **Messmer** pro æditiuo: Italico-Latino *massarius* pro villæ præposito.

Sunt qui *massæ* certam constituunt dimensionem, utpotè Gallis *mas de terre* viginti continere jugera. Intelligo de *massa* minori, nam indefinita major apud veteres. In libello enim munificentiæ *Constantini magni* Ecclesiis exhibitæ (quod etiam habes in vita *Sylvestri* 1.) plurimæ referuntur *Massæ*, aliis aliæ duplo, triplo, quadruplo cariores, viz.

Massa Lamnas ex territorio Carsiolano præstans solidos ———————— 202

Massa Gaba ex territorio Gabensi præstans solidos ———————— 202.

Massa Stasiliana ex territorio Sorano præstans solidos ———————— 300.

Massa Camaras ex territorio Curtalupi præstans solid. ———————— 405.

Massa Cephaleia in Græciâ præstans solidos ———————— 500.

Massa Mammas ex territorio Numidiæ præstans solidos ———————— 650.

Massa Sulphurata ex territorio Numidiæ præstans solidos ———————— 720.

Massa Faldariolaria ex territorio Numidiæ præstans solidos ———————— 810

E quibus & vocis animadvertas antiquitatem, & *massarum* amplitudinem, si rei pecuniariæ illius seculi cum hodiernæ conferas rationem. Sed egregium intuere quantitatis exemplum apud S. *Gregorium* in Epist. ad *Felicem* subdiaconum lib. 12. ca. 9. *Utile judicavimus eandem* massam, *quæ Aquas salinas nuncupatur, cum omnibus fundis suis, id est cella vinaria, Antoniano, villa Pertusa in foro Priminiano, Cassianosilonis, Cornelii, Thessalata, atq; Corneliano, cum omni jure, instructu, instramentoq; suo; & omnibus generaliter ad eam pertinentibus (cum ejus Christi gratiâ) luminaribus deputare.* Vides hic *massam* unam, villas aliquot plures, seu colonicas, quas Angli atq; Galli *Fermes* appellamus, continere; ut sic apte respondeat Gregoriana hæc *massa* nobilioribus nostris Maneriis.

Anastatius item in vitâ *Sylvestri* 1. de *massa* & fundo loquitur, ut de diversis speciebus. *Obtulit (inquit) Gallicanus hæc.* Massam *mallianam in territorio Sabinensi, præstantem solides 115, & tremissem; fundum Picturas in territorio*

ritorio Veliterno præstantem solidos 43. fundum Surorum, via Clodia in territorio Vientano, præstantem solidos 56. Massam *Gargilianam in territorio Suesano præstantem solidos 656* Quod fundum dicit minori vænit quam *massa*, & domicilio fortè non est honestatum, ut solent *massæ*.

Sed & idem *Anastasius* in vitâ *Zachariæ*, *Massas* (inquit) *quæ vocantur Antons & Formias — in domus cultas statuit ac si prius non fruerentur domibus.* Sed & hoc contingit alias in splendidis Maneriis. Vide *Domoculta.*

Massarius, qui *massam* colit, vel colentibus præponitur. *Longob.* lib. 1. tit. 11. l. 3. *Si quis servum alienum rusticanum qui sub* massorio *est*, *occiderit : componat solidos 16.* Ponitur etiam adjectivè pro pertinente ad *massam*, ut eodem tit. l. 8. & lib. 2. tit. 32. *Servus massarius* dicitur qui *massæ* operam rusticanam navat, eâq; differt à ministrali, quod vide. Sic in *Constitut. Siculis* lib. 1. tit. 84. sub *Frederico* Imp. *Animalia* (inquit) *curiæ nostræ, & omnes bestias* massarias *per Curiam — faciat procurari &c.* Curiam vocat quod nos Manerium.

Masagium. Sæpè reperi in lib. antiqq. Chartarum Cœnobii Waldensis.

¶ *Mastivus.*] Assisa & Consuetudines forestæ, Artic. 9. — *Si quis* Mastivus *inventus fuerit super aliquam feram, & † mutulatus fuerit, ipse cujus canis erat, quietus erit de illo facto: si non fuerit mutulatus, ipse cujus fuerit* mastivus *erit culpabilis tanquam de * manu pasto.*

† Expeditated.

* as if he had done the deed with his own hand.

¶ *Masura*, & *Masura terræ.*] (à *massa* ut *mansura* à *manso*) Hoc in *Domesd.* legitur pro domicilio cum fundo; vel pro fundo ad domicilium competenti: illud pro domicilio Urbano, ut Titt. *Viltescite*, Malemberie — *Ibi 15 masuras &c. & unaquaq; harum* masurarum *reddit 10 den.* Sic alibi lego *masura* in burgis, & intelligo de hoc quod *messuagium* dicimus, & huc supra *masagium.*

¶ *Maternicus.*] Adject. *Maternus.* Chart. Alaman. lib. nu. 50. . .

¶ *Matiberni.*] In declaratione cujusdam Constitutionis Alani Ducis Britanniæ Armoricanæ An. Dom. 1087. in Histoire de Bretaingue Livre 1. Cap. 22. sic lego. *Budicius quondam Rex Britanniæ concesserat & dederat uni prædecessorum (Vicecomitis Leonensis, plures nobilitates super navibus &c.) in matrimonio pro ipsius Vicecomitis probitate, fidelitate, & Valentia, de consensu tamen Prælatorum, Comitum* Matibernorum, *& Procerum Britanniæ, &c.* Ad hæc in fine Capituli, Author istius historiæ, *Bertrandus de Argentri*: *Au dessoubs* (inquit) *d'iceux* (scil. Bannerets) *y avoit des Escuyers, & Bacheliers: car jusques à icy, je ne puis deviner qui sont ceux qu'ils appelloient en nos anciennes lettres* Matiberni, *tant y à qu'ils preferoient les Chivaliers & Escuyers. Voyla ce que nous avons repris de l'antiquité de Bretaingne.*

Escuyers & Bachelers inferieurs en degre aux Bannerets.

¶ *Matricula.*] Registrum quo scribebant olim eorum nomina qui in Ecclesiis Cathedralibus ad baptismum sunt perducti. Restitutus apud nos est ritus ille antiquus An. Dom. 1538. id est, Dom. nost. H. 8. 30. solertiâ *Thomæ* domini *Cromwelli* privati Regii Sigilli tunc custodis; qui edicto Regio caveri effecit, ut in singulis Ecclesiis ejusmodi haberetur *matricula* (Registrum hodiè vocant) cui Baptismi, Conjugia, & Sepulturæ seriatim accidentia notarentur.

Et est *matricula* catalogus seu album, quo societatis alicujus participes, vel plurium quorumcunq; nomina sunt conscripta.

Pro Hospitali vel Xenodochio. *Hincmarus* Archiep. in Epist. 7. cap. 35. — *Ne presbyteri pro locis matriculæ xenia accipiant: ne suos parentes sanos & robustos in eadem* matriculâ *collocent.* Testament. *B. Remig.* Episc. Remens. apud *Flodoard.* lib. 1. cap. 18. — *Sicuti disposuero in ptochiis, Martyriis, Xenodochiis, omnibusq;* matriculis *sub tuâ ditione degentibus.* Videtur *matriculis* hic dici velut genus de speciebus præcedentibus & aliis ejusmodi. Ibidem infra. *Matriculæ S. Mariæ*, quæ dicitur *Xenodochium*, ubi 12 pauperes stipem expectant, solidus dabitur. Et lib. 2. cap. 4. *Matricula S. Martialis.*

¶ *Matricularius.*] Qui in *matriculam*, vel Xenodochium ascriptus est. Xenodochii alumnus. *Hincmar.* Epist. 7. cap. 35. *De* matriculariis *per singulas Ecclesias juxta facultatem & possibilitatem loci, curam adhibeant (ministri Episcoporum) ne presbyteri pro locis matriculæ xenia accipiant, ne suos parentes sanos, & robustos in eadem matriculâ collocent; nec opera ab ipsis* Matriculariis *exigant, non de* Matriculariis *bubulos aut porcarios faciant, sed pauperes & debiles & de eadem villâ de quâ decimam accipiunt*, matricularios *faciant.*

Matricularius pro æditiuo Ecclesiæ. Narrat Chron. *Camerac.* lib. 1. Cap. 33. *Sacrilegum quendam Normannum, campanam è templo ad montem S. Eligii deprædatam diu celasse, vexatumq; morbo, missâ legatione ad* matricularios *duplo restituisse.* Hic in notis *Colvenerius*, Matricularii (inquit) *æditui Ecclesiæ quos Gallicè dicimus* Marglisceurs: & provocat ad *Sebastianum Roulliard* in suâ parthenia Carnotensi parte 2. officiarios dictæ Ecclesiæ describentem, & eodem ferè modo interpretantem, his verbis, *Sequuntur duodecim ministri*, *dicti* Marguilliers, *latinè* matricularii, *à* matricula *seu registro in quo olim scribebant nomina eorum, qui ad baptismum deferebantur in Ecclesiis cathedralibus &c.*

Marglisceu

Marguillie

¶ *Matricularia vidua.*] Concilii Laodicensis antiqua versio, cap. 11. *Mulieres quæ apud Græcos presbyteræ appellantur, apud nos autem viduæ seniores, univiræ, &* matriculariæ *nominantur, in Ecclesiâ tanquam ordinatas constitui*

constitui non debere. Alia editio legit *matricu-ria* appellantur.

¶ **Matroneum.**] Anastasius in Symmacho — *Et Cameram fecit &* matroneum. Indè Græcobar. ματρονίκον apud *Meursium*, qui ex Cedreno addit—

¶ **Mattiarius.**] Am. Marcel. Lib. 21. Sec. 13. *Lancearii* & *Mattiariis.*

¶ **Maturitas.**] Pro crepusculo matutino vel aurorâ. *Ekkehard.* Jun. Ca. 8. Gal. ca. 1. p. 179.

¶ **Matutinellum, li.**] Jentaculum. Regist. Prior. *Lewes*, f. 18. *Ad* matutinellum *pane hordei & caseo.* Et f. 23. *Dabit* matutinellum *de consuetudine, his qui venerint propter salem in æstate.*

¶ **Matzuca.**] ματζέκα, Massa, clava. V. *Codin.* pa. 44. & 281. & 283.

¶ **Meale, & Maile.**] Vide supra *Burrow meale*, & *Black mayle.*

¶ **Mease, & Mese.**] Idem quod Messuagium. A Germ. **Mess.** Vide supra *Massa* & infra *Messuagium.*

¶ **Medella**, aliàs **Medela.**] L. Alaman. tit. 69. qui inscribitur *De eo qui* medellam *aut carrucam alterius involaverit* §. 1. *Si quis* medellam *rumpit, aut involat sol.* 3 *solvat.* §. 2. *Si carrucam involat aut rumpit rotas in priore parte &c.*

¶ **Medietas feodalis.**] Dicitur tenura illa quæ media est inter dominum capitalem & vassallum.

¶ **Medius.**] Pro homine mediocris conditionis. L. *Alaman.* tit. 67.

¶ **Medletum, ti**, aliàs **Melletum.**] Culpa dicitur quam quis inopinatè commiserit non rixando solùm & pugnando, sed immiscendo se pacificè rei cuivis vel negotio. Opponitur autem præcogitatæ malitiæ, ut sit quasi admistio subitanea, à Gall. *mesler*, i liquescente. Asserit tamen *Skenaus melle* apud Gallos veteres contentionem & jurgia significare, quod ego certè non reperi, nec ad amussim ita convenit cum vocabulo nostro *medletum*, uti cum illo suo *melletum.* Sed & hodie Angli dicimus **to medle**, pro se immiscere rei alicui, patetq; ex sequentibus, *medletum* aliud esse contra pacem, aliud sine pacis perturbatione. Hinc placitum de *medletias.* Et *Glanvil.* lib. 1. cap. 2. *Ad Vicecomitem etiam pertinet per defectum dominorum cognoscere de* medletis, *de verberibus, de plagis, nisi accusator adjiciat de pace domini Regis infractâ.* Hoc *Bracton* iisdem penè verbis (sed annexis aliis) lib. 3. tract. 2. cap. 35. *Ad Vicecomites verò pertinent hujusmodi placita in comitatu. Cognoscere quidem potest de* medletis, *plagis, verberibus, & consimilibus pro defectu dominorum, nisi quærens adjiciat de pace domini Regis infractâ, vel feloniam apponat, extunc enim se Vicecomes non debet intromittere, cum hoc tangat personam domini Regis & Coronam suam. Et ideo Coronatores querelam illam sive appellum irrotulare debent &c.* E quibus animadvertas, *medleta* alia ad jurisdictionem dominorum maneriorum pertinere & torpentibus ipsis ad Vicecomitem Comitatus; alia verò ad jurisdictionem Regiam, scil. hæc pro infracta pace; illa verò quæ haud ita fiunt. Eadem juris sententiâ apud Scotos habetur antiquè. *Reg. Majest.* lib. 1. cap. 2. §. 7. & 8. *Ad Vicecomites etiam pertinet propter defectum dominorum cognoscere de* melletis, *de verberibus, & de plagis.* 8. *Et etiam ubi accusator adjicit de pace domini Regis infractâ.* Moneo autem pacem infractam vel infrictam aliam pacem violatam significare, alias sanam, quod ad authoris animum accipiendum est.

Hinc apud Scotos priscos *chaud mella* pro delicto quod calore animi & repentino motui sit commissum, *chaud* enim Gal. fervens, callidum. Vide supra *Chaudmella.* Vide *Fletwit*, Cow.

¶ **Medo.**] Hydromeli. Cervisia mellea. Germanis & Anglis **mede**, quod & Græci degustarunt qui hoc barbarè μέδον vocant. Concil. *Triburiens.* An. 895. can. 56. — *Et abstineat se à carne & caseo, à vino &* medone, *ac mellita cervisiâ, nisi diebus dominicis &c.* Iterum mox, *vel carne, vel vino, vel* medone *&c.* V. Meu. *à Græ.* τὸ μέθυ, *i. vinum*, unde Bacchus Μεθυμναῖ© & μεθύομαι *ebrior.*

Et *Medum* vel *Medus*, idem. Gunter' Poeta Ligurinus Austriad. 9.

——————*Zythumq; proponunt,*
Grandiaq; exportant melliti pocula medi.

¶ **Megadomesticus.**] Will. Tyrius Histor. belli sacri lib. 4. cap. 5. ut hunc citat *Bignonius* & nos vidimus, pag. 514. l. 2. *Alexius* megadomestici *dignitate (quem nos majorem Senescallum appellare consuevimus) fungeretur officio, ab Imperatore secundus.* Vide supra *Maior domus.*

¶ **Melarium.**] Pomarium, locus quo poma reponuntur. Μῆλον pomum. Vide infra *Pirarium.*

¶ **Meldfeoh.**] A Sax. melo, i. indicium vel delatura; feoh, *pecunia*, præmium. Scilicet pecunia vel præmium indicationis vel delaturæ, quod olim delatoribus (quos hodie Informatores & Relatores dicimus) assignabant. Melda igitur Sax. delatorem significat & *proditorem*, Meldan *proditores.* LL. *Inæ* MSS. ca. 20. al. 17. *Qui investigabat eam (carnem furtivam) habeat* le Meldefeoh. Et infra cap. 45. al. 43. ubi Sax. legitur feo eax biþ melda; *securis* (inquit est) *acclamatrix*, i. proditor furis suo sonitu. Vide locum: In Ll. Rom. & Gentium borealium *delatura* nuncupatur: Et Vadiaus exponit *pretium* quod delatori est constitutum. Hinc in Ll. Sal. tit. 1. §. 1. . . . .

¶ **Melle, & Melleta.**] Vide supra *Medletum.*

¶ *Memoria.*

¶ *Memoria.*] Pro Sepulchro. Hieron. in Gen. cap. . . . . de *Ephron.* — *memorias* vendere mortuorum. Sciant igitur qui Sepulchra venditant, &c.

¶ *Menetum, ti.*] Cornu ligneum, Scotis dictum, **a stock horn.** *Stock* enim *lignum* sonat, **horn** *cornu.* Leg. forest. Scot. cap. 2. *Cornuare minutim* perperam Scriptum esse docet *Skenæus* pro *cornuare menetum.* Describitq; hoc ex ligneâ fieri materiâ suis circulis ceu fasciis constricta, & in usu adhuc esse apud remotiores Scotos: vidisse etiam se utiq; apud Helvetios An. 1568. Ipse certe opinor fuisse hoc, fistulæ genus aliquod quo tibicines olim usi sunt, atq; inde nomen reportasse. Gallis enim hodie ipsi *menestrels*; Anglis **Minstrels**: quasi *menetstrels* appellantur. Acceditq; vox nostra ad restituendam eam, quam rejicit *Skenæus.*

¶ *Mensa rotunda.*] Vide *tabula rotunda.* M. P. 819. festum ejus celebratum ab Ed. 1. an. reg. 9. Hol. pa. 280. b. l. 57.

¶ *Mensale.*] Græcobar. μενσάλιον, quod Gloss. Basilicor. exponit καλυμμα τραπέζης, i. *Mappa.*

¶ *Mentiosuo, nis.*] Mendacium Gloss. Atq; inde

¶ *Mentiosus.*] Mendax. L. *Alaman.* tit. 41.

¶ *Mentonalis, le.*] Quod ad mentum usq; hominis staturæ mediocris pertingit. Sic *Ripuar.* L. tit. 72. Sepes *mentonalis* exponitur.

¶ *Mercadum, di,* & *Mercatum, ti.*] Item *Mercatus* Anglis aliisq;. Forum rerum vænalium: Locus publicæ mercationis. Form. vett. 45. *In quoscunq; portus civitatis, seu* mercada. *Form. Solen. Lind.* 161. — *in loco qui dicitur illo seu in* mercado. L. *Longobard.* 2. tit. 28. l. 2. — *qui caballum in* mercato *comparare voluerit, &c.*

Agobardus in Epist. de duello, p. 108. *Si Res valdè absurda, ut si aliquis eorum in cœtu populi, aut etiam in* mercato *publico commiserit aliquam pravitatem, non coarguatur testibus sed sinatur periurare, &c.*

Ll. Seu Emendatt. *Will.* pri. *Item nullum* mercatum *vel forum sit vel fieri permittatur, nisi in civitatibus regni nostri, & in burgis clausis, & muro vallatis, & castellis & locis tutissimis, &c.*

¶ *Mercatus, tus.*] Terminus. Antiq. Fuld. 623.

¶ *Merchenlaga.*] Sax. Myꝛcenalaʒa, i. *Merciorum lex.* Hi Saxonum gentes erant mediterraneum Angliæ possidentes, suisq; viventes legibus à reliquorum Insulæ discrepantibus, sed omnium judicio probatissimis.

¶ *Mere.*] Stagnum. Sax. Mepe. Hinc aquas diffusas & latissimè patentes **meres** appellamus quod instar exigui maris se præbent.

¶ *Meremium, ii,* & *Meremia, æ.*] A prisco Gall. *meresme*, i. lignum conditorium. Anglice **Timber.** Ingulph. Hist. Croyl. pa. 888. l. 30. — *utens licentiâ Regiæ Chartæ, arbores &* meremiam *de dictis sylvis ad monasterium Croylandiæ — carriari fecit.* Scotis *maremium* & *muremium* etiam dicitur.

¶ *Merentes.*] Pro militibus. *Wisegoth.* lib. 9. tit. 2. l. 4. *Si aliquis — de hoste, ad domum suam refugerit, aut de domo suâ in hostem proficisci noluerit; in conventu* merentium, *publicè, catena flagella accipiat & reddat solidos decem.*

¶ *Mergreve.*] Qui differre videtur à *Margrave*, i. Comite limitaneo. Ll. *Ed. Conf.* cap. 35. — *Teutonici etiam & Frisones & Flandrenses Consules suos* Mergreve, *quasi majores dominos, vel bonos pacificos vocare solent.* Sax. mæp major, ʒepeve præfectus. Unde hujusmodi Præfecti simpliciter Majores dicuntur. V. R. A. 190.

¶ *Meris.*] Pars, divisio, à Græco Μερίς. Hinc agrorum limites **meres** dicimus.

¶ *Meritum.*] Pro jure vel (quod vocant) Appendicia. *Form. Solen.* 45. — *Villa cum omni* merito *& termino suo.* Et 60 — *cum omni jure &* merito. *Lind.*

¶ *Mers* & *Mersi.*] *Mers*, locus palustris: à quo incolæ *Mersi* dicuntur, hoc est Palustres. *Krantius* lib. Sax. 11. cap. 6. — *Nomen illis natum ex loco licet conjectare: ut quomodo, cæteri ejus regionis homines locis nemorosis habitantes* holsati *patria lingua dicuntur: ita palustres* Mersi *dicuntur*, **Wilstermers, Crempermers, Thietmers**, palustria enim & aquosa loca Saxones **mers** appellamus. Vides *Merslandiæ* nostræ etymon.

¶ *Merworphin.*] Saxonico veteri mæpe-peappen, id est, equo dejicere. Saxones enim equum mæpe dixerunt, Germani alii **marach**, & *worphin* pro peappen. Nos autem hodie **meare** solummodò de equâ intelligimus. *Longob.* Lib. 1. Tit. 36. *Si servus Regis, oberos, aut vecorin, seu* mervorpen *aut quamlibet talem culpam, vel minorem fecerit, ita componat, &c.*

¶ *Messa*, al. *Metza.*) Mensuræ genus apud Noricos. Vide *Quarta.*

¶ *Mese*, al. *Mease*, & *Meese.*] Vide *Massa*, & sub oculis *Messuagium.*

¶ *Messuagium.*] Honestius est habitaculum cum aliquid fundi adjacentis in ejusdem usum deputati. Vetus Cœnobii Waldensis Chartularius passim legit *Masagium*, hoc a prisco Gallico *mas*; illud vel à recentiori *mex* (x ut solet, in ss liquifacto) vel à Germannico **mess**, quod Angli **mees**, Burgundiones *meix*, Normanni *mois* dixerunt. *Agium* verò ab ago quidpiam notat actionis; ut sit *masagium*, seu *messuagiū*, locus in quo *massa* vel *messa* negotiū agitur domesticum. Sic *Festus* — *Aquagium* (inquit) *quasi* aquæ agium. Est autem *massa* terræ portio certis constans jugeribus, putà 20. ut suprà videas in eâ voce: & differt *masagium* *um* à *massa*, ut pars à toto, situs Manerii à Manerio; & sella mansi (in *Adnuntiatione Pistensi* Cap. 36.) à manso reliquo.

Messuagium igitur propriè est *sedes massæ*, & transfertur ad honestum quodvis domicilium sine prædio: undè & ædes urbicas *messuagia* nuncupamus.

¶ ***Metatus, ti.***] Mansio, mansus, sella, statio. Locus quo quis degit. Sic dictum quod funiculo olim mansiones populo dimetiebantur, ut ex eo liquet quod refert *Crantzius* in *Wandalia* lib. 4. ca. 15. Locum supra vide in *Mansus.*

Flodoardus lib. 4. cap. 10. — *Amicitiam cum eodem Præsule se fingunt resarcire, quærentes locum ultionis, explorantesq́; quomodo à* metatu *suo ad Regis colloquium stipatoribus vallatus proficisci soleret.* Et cap. 15. — *Pontifex Regem intrepidus ab eodem loco suscipiens, ad* metatum *suum deduxit.* Synod. *Engulenheim.* ibid. cap. 35. *Solutâ obsidione, oppidum ingredimur, nobisq́,* meratus *degendi disponitur.* Greg. Turon. Hist. lib. 3. Sect. 7. — *Clotharius Rex valedicens & pro munere gratias agens, ad* metatum *regressus est.* Et lib. 9. 6. — *His diebus Parisios adveneram & ad basilicam beati Juliani Martyris* metatum *habebam.*

Huc respicere videretur *metairie* Gallicum pro villâ, coloniâ, domo rusticâ vel suburbana, nisi *Thierrius* in dictionario suo Gallico-Latino hoc à Græco μετουσία pro consortio & communione maluisset.

¶ ***Metrocomiæ.***] **Capcastles.** In *metrocomiis*, non Episcopi, sed χωρεπίσκοποι & περιοδευταὶ (id est Circuitores) instituti olim, ut Canone 57. Concil. *Laodic.* Can. 10. Concil. *Antioch.* Can. 6. Concil. *Sardic.* hæ vicorum matres erant (**the mother Churches**) ut metropoles Civitatum. Unde forsan *Cephacastellum*, act. 3 Concil. *Chalced.* in hac Subscriptione —— *Noe Episcopus Cephacastelli subscripsi.* Et nos in Gallia Narbonensi *Metrocomias* nunc **Capcastles** appellamus. *Phil. Berterius Pithanon* diatriba 1. c. 6. pag. 71.

¶ ***Metropolitanus.***] V. M. P. An. 1093 pa. 16. & 17. & Prat.

¶ ***Metta.***] Sax. mitta, Lu. 16. 7. Chorus.

¶ ***Michis.***] Extenta de *Wivenho* ex. *Grenested.* in dorso. *Will. Lambe* — Capient de prædicto Priore pro qualibet *Waja* cirporum 3 albos panes vocatos *Michis*, & nigrum panem & alia cibaria. Vide *Wardpeny.*

¶ ***Mildernix.***) Anno 1. Jacobi cap. 24.

Michni.) V. hic supra in Forestâ Constitutiones *Canuti* Regis de forestâ Cap. 6. pag......

¶ ***Miles.***] ....

Valeant Romani: Germanos adeo. Mos illis in Martis limine salutando, solennis admodum. Statuitur in concione celebri votivus adolescens, magnâ stipatus propinquorum & amicorum multitudine, quem è cœtu aliquis Laudatum Principi offert votum & professionem militiæ facientem. Tunc Princeps scuto & frameâ Martis arrabone adolescentem donat, partemq; jam Reipub. qui paternæ hucusq; familiæ habebatur constituit: lautius deinde Epulatum est & ab amicis undiq; gratulatum.

Hæc illis, inquit *Tacitus*, virilis toga: & hoc nobis militaris ordinis fundamentum. Quos enim *Milites* appellamus, Gall. *Chivalers*, aliunde dignitatem non sunt assecuti, quàm ab honorariâ istiusmodi armorum collatione, quâ à gregario milite distinctiores fiant. Ad gregarium quippe militem constituendum, sola sufficit vulgaris conductio nominisq; in tabulas militares conscriptio: ad honoratum sollennis evocatio.

Milites { Romani cingulo; German. antiq. scuto & framea; Salici balneo; German. recent. cingulo gladio & calcare. }

Eques scuto frameâq; contentus est. *Tac.* 632.

Ne Regum Francorum filii priùs Regno digni judicentur quam ad Equestrem ordinem fuerint admissi. *Gorop. Fr.* p. 50. Et *Longob. Reges filium ad mensam non susciperent priusquam armis donaneretur* militaribus. *Paul. Diac.* Et Rex renuit filiam dare Regi — nondum militi.

¶ ***Milites feodales.***] Dicti subvassores Ll. Malcol. ca. 8. §. 8.

¶ ***Militares Ordines.***] V. copiosas in fine Practicæ Cameræ Apostol.

¶ ***Miles dominicus Regis.***] Vide *Tainus.*

¶ ***Milites.***] Qui M. P. 283. l. 54. 500 Milites, 1000 servientes pa. 354. Bachelarii pa. 743.

Miles Justitiæ.] R. Alm. pt. 1. pa. 221. Et 203. l. ult.

¶ ***Militum Milites.***] M. P. 332. pro famulis.

Ad militiæ dignitatem evocatur qui 15 libr. terræ possidet, 37 H. 3. Chro. pa. 248. col. 1. Ævo Ed. 2. 20 l. V. Rast. Tit. **Knights.**

Et qui 10 libratas terræ habebant. M. P. in an. 1256. pa. 906. l. 48. 15 librarum census ad *militarem* evocantur dignitatem, vel ad mulctam sustinendam an. 1256. *Hen.* 3. 41. Anglia sicut Italia *Militibus* roboraretur pa. 897. M. P.

Militis arma deponere ante Altare &c. 12 Scriptt. in vitâ Ludov. Pii pag. 249. & 150

Sic purpuram deponere, ut *Dioclesianus* & *Maximinianus* in Cassiodor. Chron. pag. 1336.

Miles est qui legitimè in militiam ascribitur.

Ascriptio

Ascriptio ab antiquo duplex, honoraria & vulgaris: Hæc gregarii militis, illa insignioris, præstantioris. Ad gregarii sufficit post evocationem vel conductionem nuda solummodo in tabulas militares conscriptio. Ad alterius solennitas adhibenda. Armis enim induitur non suiipsius arbitrio, sed honoris gratia fastu quodam à Principe datis conceffis. Heroum antiqq. instar, qui vel ab ipsis Diis, ut Poetæ fingunt, armorum decus gestiunt auspicati.

In hoc utiq; duplex ritus, Imperatorius, & Germanus. Imperatores dignitatem cingulo militari conferebant omnium armorum nomine, quia pars ista in armis eminentior alias cingit sustinet & adornat. Inde cinctus & accinctus pro ipso armato & in rem omnem expedito dicitur, discinctus pro exuto militiâ, & ignavo.

In exercitu R. Franc. Duces 16. Comites 26. 3000 milites, & sexcenta centum millia pugnatorum. *Walf.* in *R.car.* 2. pag. 324.

¶ ***Milites natalitii.***] Baptizati. *Car on dit comunement, que tous les fils des Roys de France sont Chivaliers sur les fons a leur Baptesme.* Appendix *Monstraleti* apud *Chopp.* De Dom. Fran. Lib. 4. Tit. 26. Art. 13. Pag. 574.

¶ ***Miles pro tenente libere.***] *Hov.* in *W.* juniori pa. 466. — *Comites Barones, Vicecomites suos,* milites *& villanos spoliaverunt, & Regi non modicam summam auri & argenti detulerunt.*

¶ ***Miles pro famulo.***] *Cassiod.* lib. 6. form. 9. in form. Comitiva patrimonii — *Trade etiam* militibus *tuis, quam sectare delegeris animi castitatem.* Gervas. Tilb. *Miles argentarius.*

¶ ***Miles Burgensis.***] Constit. Sicul. l. 3. tit. 23. l. 1.

¶ ***Miles & Doctor.***] Ll. M. P. An. 1245. pa. 643.

Milites etiam dicuntur, Qui per servitium tenuere militare de Dominis maneriorum. *Ll. Ed. Conf.* 21.

Et videntur iidem aliquando quos *auratos* dicimus, & *bacularios*, feudum enim apud Gallos olim à domino suo accipiebant traditione annuli & baculi, *par rain & baston*, atq; hinc *Bacularios*, illinc *auratos* dici, uti hi qui pro balnei ministerio creati sunt *balneati*; qui vexilli traditione *vexilliferi* & *Baneretti* nuncupantur V. *Cujacium* ad feod. lib. 2. tit. 3. pag. 118. *Sic & alii quiq, baccularii appellati, gradum suum baculi traditione olim videntur accepisse; Et cum Tyrones in quavis facultate sic instituti essent cœlibes &c. hoc dicti sunt nomine.*

¶ ***Miles argentarius.***] V. hic supra è converso pro famulo.

¶ ***Milites Teutonici.***] Munster. lib. 3 cap. 482. pa. 928.

Milites apud Saxones præter hos qui Thani & Ministri dicuntur. V. Ingul. pag. 844.

¶ ***Milliare.***] *Ingul.* pa. 910. l. 38. *Angli autem utuntur terram metiendo* milliaribus: *& dicitur* milliare, *quia constat de mille passibus; sic vocatum quia* Hercules sub uno tractu halitus sui, mille passus fecit, ut dicit *Isodorus*, lib. 3. &c. & mox infra — *Sed scire debetis Anglos sub dominio Normannorum transiisse in multis ad mores Francorum; & ideo loco milliarium,* leucas *divisse, sed* milliaria *intellexisse &c.* Vide illic quæ præcedunt, & quæ sequuntur, & V. *Leuca.*

¶ ***Milus, li.***] Oculi pars. L. *Alamannorum* tit. 61. De eo qui palpebras alterius maculaverit: §. final. *Si autem ipse visus foras exierit, &* milus, 40 *sol. componat.*

¶ ***Mina.***] Mitto quas apud Latinos habet significationes à Græco μνᾶ: vicinius illud Gallorum *Mine* (variatis licet in quibusdam acceptionibus) implectentes. Mensura est tùm & aridorum & liquidorum, tùm & agri prætere a portionis.

Pro mensura aridorum. *Budaus* in asse. *Sextarius* (inquit) *noster tri carius dividitur in duodenos modios, quos* bossellos *appellamus, vel* Boeotius *otius.*

Est autem *bossellus* (Gal. *boisseau*) idem Gallis (ut me docuit *Corgravius*) quod duodecima pars sextarii, & hæc aliquantulo minor quàm mensura illa & ejusdem fomis quæ Londinensibus **le peck** dicitur: eorum enim *bossellus* tritici 20 libras ponderat, & **le peck** nostrum farinæ triticeæ 14. lib. Non moribor in transmarinis, *bossellus* nostras longè alius est quem Statutum anni 12 *Henr.* 7. cap. 5. definivit continere 8 gallones tritici & gallonē quemlibet 8 lib. tritici Troiani ponderis, libram quamlibet 12 uncias ejusdem ponderis, quamlibet unciam 20 sterlingos, & sterlingum quemlibet 32 grana tritici ponderare è medio spicæ desumenda. Audi quid in archivis Regiis. *Placita coram Joh. de Mettingham & sociis suis Justic. de Banco* Term. Mich. 19 *Ed.* 1. finiente & 20. incipiente, Rot. 153. Norf. *Ric. fil. Wil. de Rokele per Jur.... de messuag'* 66 *acr. terræ,* 4 *acris prati,* 5 *acris bosci,* 13 *s.* 8 *d. redditus, & de redditu triginta* minarum *frumenti in* **Churchstoke**, *versus Ric. fil. Regium de Carvilla, quem Abbas de Hulmo vocavit ad Warrantum, Ideo Abbas habeat ad valentiam.*

Quoad *minæ* nostratis quantitatem audi præterea lib. *Johan. de VVesterham* Prioris Roffensis, circa An. Dom. 1320. sub Capite *Quid mensuræ grangii continent. Mensura* (inquit) *ad frumentum & ad bladum & ad pisa, quæ alio nomine* Mina *vocatur, continet* 5 *Eskippas de duroblado; & ista* 4. Minæ, *cum* Gatâ *quæ dicitur Gundulfi, faciunt* 3 *sumas.* — *unde* Mina *&* Gata *faciunt* 3 *quarteria.*

Mina *ad grutdum recipiendum continet* 7. *eskippas.*

Mina *ad brasium continet 3 eskippas de duro blado.*

Mina *ad farinam in pistrino continet largiter 7 eskippas, & debet mensurari sicut sal & radi.* Hæc liber ille.

Mina etiam terræ, est mensura, centum apud Romanos pedes continens, tùm in longitudine tùm in latitudine, aliàs *modius* & *actus quadratus* Varrone dicta: de re rust. lib. 1. cap. 10. Apud Gallos variæ habetur quantitatis. In Castellaniâ de *Ballis* continet 50 virgas terræ; & virga quælibet 24 pedes. In dominio *Rhemensi* 80 virgas & harum singulæ 22 pedes & ⅓ pedis. In *Clermont.* 60 virgas & quævis virga 22 pedes.

¶ *Mindbruch.*] Apud *Cowellum* & nescio quem citat Saxonum, est violatio nobilitatis, vel æstimationis. At vide hic infra *Mundbrech.*

¶ *Minister.*) In Anglo-Saxonum Chartis sæpe occurrit, & eundem esse opinor qui alias *Thanus* dicitur. Vide infra igitur *Thanus.* Charta *Edredi* Magnæ Britaniæ Regis, anno Dom. 948. apud *Ingulph.* Sax. pa. 87. *Ego Brithnodus Dux commendavi* ✠. *Ego Alcluus Comes favi* ✠. *Ego Aigulfus Comes consignavi* ✠. *Ego Radbodus Comes consensum dedi* ✠. *Ego Ringulf Vicecomes consului* ✠. *Ego Afer Vicecomes audivi* ✠. *Ego Harceus* minister *interfui* ✠. *Ego Sigeus* minister *auscultavi* ✠. *Ego Athelwardus* minister *aspexi* ✠ *Ego Turketulus* (*licet* minister *inutilis*) *finem cernens mei præpositi, ob hujus rei gratiam, æternum deum laudo &c.*

Similiter in pluribus ibidem Chartis è quibus *ministri* hujusmodi & locum & dignitatem intelligas. Erat autem *Turketillus* iste clericus & cognatus Regis, etiam & monachus. Quærendum igitur est, an hic veniat sub aliorum *ministrorum* nomine, qui *Thani* appellantur: Sed fratrem etiam religiosum mox infra videbis ministerialem dici.

¶ *Minister Regius.*) Idem qui Thanus Regius, i. Baro.

¶ *Ministerialis.*] Servus vel famulus honestior: qui ipso hoc nomine à rusticano differt. L. *Longobard.* lib. 1. tit. 11. §. 2. *Si quis servum* ministralem *probatum ut supra aut doctum domi occiderit, componat sol.* 50. *de alio verò* servo ministrali, *qui secundus ejus invenitur esse, & tantum nomen* ministrale *habet, si quis occiderit componat sol.* 25. §. 3. *Si quis servum alienum rusticanum, qui sub massario est, occiderit, componat sol.* 16. Flodoard. lib. 3. cap. 28. *Scripsit Ansoldo &c. pro inquisitione cujusdam fratris Raganifredi* ministerialis *sui.*

¶ *Ministeriales Regii.*] Famuli vel ministri Regum. Etiam de judicibus suis dictum. *Flodoard.* lib. 1. ca. 20. pa. 62. *Unde sæpe justitiam apud* ministeriales regios *sibi fieri petiit, nec obtinere potuit.*

¶ *Ministeriales Villarum.*] Opinor villici & rem rusticam exercentes. *Flodoard.* lib. 3. cap. 28. pa. 306.-- *Plebeiis quoq; quibusdam personis, villarum; scilicet* ministerialibus, *pro rebus* ministeriorum *suorum nonnunquam scribens, prudenter atque rationabiliter disponebat, qualiter res sibi commissas tractare deberent.*

¶ *Ministeriales res.*] Quæ in negotii cujusvis administratione deserviunt. *Flodoard.* lib. 3. cap. 27. *Victumq; eis providisse, & res necessarias, ac* ministeriales *instituisse.*

¶ *Ministerium, rii.*] Munus, provincia. Sic apud *Flodoardum* in loco penultimè citato.

Ministerium etiam pro abaco vel *Mensa* in quâ sunt convivii pocula: inde & Græcobar. μινιστέριον.

¶ *Mino, as.*] Ago, arceo, fugo; Anglicè **to drive.**

Gregor. Mag. Dialog. lib. 1. cap. 2. §. 2. — *Etiam flagellum quod tenebat, diripientibus obtulit dicens: Tollite ut habeatis qualiter hoc jumentum* minare *valeatis.* Vox certè non ignota *Festo*, qui eam exponit ἄγω. *Agere* (inquit *Paulus Diacon.* apud *Lindenbr.*) no lo significat *ante se pellere, i. minare.* Et vetus Interpr. Actorum cap. 18. *Minavit* eos à tribunali. Sæpe itemq; in legibus Antiquis. Et priscus quidam Anonymus, ait,

Pastor oves baculo minat, *lupus ore* minatur.

Hinc Gallicum *mener*, i. *agere, fugare, conducere, dirigere.* Et vestigium *minare* dicitur, qui furatum animal aliasve res suas per vestigium insequitur: unde L. Salic. tit. 49. *De vestigio minando* inscribitur.

¶ *Minores.*] Crebro pro junioribus & plebeæ conditionis hominibus; Sicuti *Majores* pro illustrioribus.

¶ *Minstrell.*] Fidicen, Tibicen. Per lit. pat. 24. Apr. 9. *Ed.* 4 — *Ex querelosa insinuatione dilectorum sibi* Walteri Hallidây *Marescballi Joh. Cliff &c.* Ministrallorum *suorum acciperet, qualiter nonnulli rudes agricolæ & artifices diversarum ministeriorum Regni sui Angliæ finxissent se fore* ministrallos, *quorum aliqui liberatam ipsius nuper Regis eos minime datam portassent, se ipsos etiam fungentes fuisse* Ministrallos *dicti* (*nuper*) *Regis Edwardi.*

— *Quod Mariscalli &* Ministralli *prædicti per se forent & esse deberent unum corpus, & una communitas perpetua, &c.*

Insuper dicit — *Ars & occupatio* Ministrallorum.

¶ *Minuatus.*] Diminutus. *Longob.* lib. 1. tit. 22. l. 5. -- *Dominus qui suum animal intricatum invenerit, aut forsitan jam marcidum, aut* minuatum.

¶ *Misa, sæ.*] Vox forens. à Gall. *mise*, i. Expensus.

Hinc crebrò in formulis juris pro *misis* & custagiis: sed & in brevi quod dicitur *de Recto* utitur pro ipso controversiæ cardine, in quo liti-

litigantes, omnem causæ fortunam ipsamq; rei summam constituunt, sive hoc duello experturi, sive Sacramentalium disquisitione, quam *Magnam* vocant *Assisam*.

Misæ etiam dicuntur præstationes illæ, quas ob fruendas pristinas immunitates *Cestriæ* palatinatus subditi, novo cuiq; Comiti impendunt. Sic Carolo Principi (id jam dignitatis obtinenti) 2000 vel circiter libras, ut accepimus numerarunt. V. *Camb.* pag. 613. Vide *Missum*.

¶ ***Misericordia, diæ.***] Vox For. Mulcta lenior, sic dicta quod lenissima imponitur misericordia: Graviores enim mulctas *fines* vocant, atrocissimas, *redemptiones*. Quid, V. *Glan.* pa. 75. a.—*Et nihilominus in* misericordiâ *domini Regis remanebit*. Est enim *misericordiâ* domini Regis, quâ quis per juramentum legalium hominum de viceneto, eatenus amerciandus est, ne aliquid de suo honorabili contenemento amittat. V. *Americiamentum*.

¶ ***Misbering.***] *Ceo est de estre quit de amerciemenz pur querele'es en ascun Courts devant qi qe il soyt, nent ordinament ou proprement demonstre.* MS. Ll. temp. E. 2. Mri. Rinfton.

¶ ***Miskeningge.***] Inconstanter loqui in curiâ vel invariare. *Chang de parole vel mesparler en plait.*

¶ ***Miskering.***] Hoc est quietus pro querelis coram quibuscunq; in transumptione probatâ. MS. Ll. Rob. Cot. pa. 262.

¶ ***Mispresumptio.***] Rosuitha monialis in præfat. panegyrici ad *Odon.* 1. Imp. pa. 162.

Sed hoc non suasit mala mis præsumptio *mentis,*
Nec summa veri contempta, sponte fefelli.

¶ ***Misprisio.***] Vox forens. à Gal. *mespris*, id est contemptus, neglectus: vel potius *mesprison*, i. error vel Intellectus perperus. *Misprisio* proditionis vel feloniæ dicitur, cum quis noverit alium perpetrasse aliquid proditoriè vel felonicè, nec hoc Regi vel ministris suis debita celeritate manifestaverit. V. *Stanford* lib. 1. cap. 39.

¶ ***Mispriserunt.***] Car. Cal. pag. 247. & 243. à *misprendo*, nam pag. 257. *interprendere* legitur.

¶ ***Missa.***] V. *Amerba* 278. A mittendo populum. Unde antiquis Germ. *senta* dicuntur *Missæ*, Anglis adhuc **sent**.

Keronis Monachi S. Galli interpretatio vocabulorum Barbaricorum (id est Alamanorum) in regulam S. *Benedicti*. Antiqq. Alam. pag. 109. Misit, *santa*. Missas, *santa*, quia mittitur populus. Missarum *santom*. Hinc nostrum adhuc vocabulum **sent**, q. **sent away**.

¶ ***Missa S. Remigii.***] Car. Cal. 269. i Calend. Octob.

¶ ***Missa S. Martini.***] Pa. 305.

¶ ***Missale.***] Liber quo continentur omnia ad Missam singulis diebus dicendam pertinentia. *Lindw. Provincial.* lib. . tit. *De Ecclesiis ædificandis*, cap. 2. — *Parochiani Ecclesiarum tenentur invenire de divinæ supellectilem, viz. Antiphonarium, Gradale, Psalterium, Troperium, Ordinale,* Missale, *Manuale, &c.* In Capitular. Caroli & Ludov. *Missarium* dicitur, lib. 1. tit. 109. — *Et ut operam dent (Episcopi) quatenus presbyteri* Missarium *lectionarium, sive cæteros libellos sibi necessarios, bene correctos habeant.*

¶ ***Missaticum.***] Nuncium. *Flodoard.* lib. 3. cap. 17. — *Item de missatico suo quod executus est ad Lotharium Imperatorem &c. & Ludovicum Transrhenensem, fratres ipsius Caroli, pro pacto pacis inter eosdem tres fratres componendo*. Et cap. 28. dixerat se *missaticum* habere ex parte Reginæ ad Canonicos.

Pro circuitu vel diœcesi *Missorum* Dominicalium, sive pro ipsâ curiâ eorum. *Epist. Synodal. Caroli Calvi ad Episcopos & Comites Galliæ* an. 856. sub initio. *Missi in illorum* missatici, *Comitesq; in eorum comitatibus pariter placita teneant.* To. 3. A. p. 665.

¶ ***Missaticum Regis.***] Legatio, jussio mandatum quod Rex per nuncium vel legatum suum (quem veteres *missum* vocabant) exponit. Munus vel provincia quæ *misso* Regis incumbit. *Flodoard.* lib. 3. cap. . . *Mandat ei ex authoritate Dei* — *& suâ Episcopali, nec non ex banno Regis cujus* missus *ipse pontifex erat, ut nullum impedimentum, vel ipse, vel homines sui hominibus Rhemensis Ecclesiæ faciant* — *quia si aliter fecerit, tam per Episcopalem authoritatem quàm per* Missaticum Regis, *quod inde Rectum fuerit sustinebit.*

Et alubi infra — *Vel ipse Carlemanus, si placuerit ei, ad eosdem veniat, ut* missaticum Regis, *simul cum ipsis audiat*. Et adhuc Inferiùs. —*tam de ministerio Episcopali, quam de* missatico Regis. Ubi *missatico* poni videtur pro authoritate ei à Rege indulta. V. L.

¶ ***Missaticus.***] Flodoardus autem ponere videtur pro re ipsâ nunciatâ (quæ *nuncium* dicitur, Anglicè **a message**) lib. 3. cap. 17. *Vides quomodo me adivit tuus* Missaticus, *ubi non de delatore nuncii, sed de re ipsa delata, verba facit.*

In *Caroli Calvi* Imp. Capitt. sæpè ponitur pro territorio Missi, quod circuitum dicimus, ut pag. 389. & videtur etiam dici pro eo quod pag. 350. *Dispensa* Missorum *appellatur.*

¶ ***Missorium.***] Græcobarb. μισσώριον & μισσόριον. Concha in qua grandis cui liquores infundunt. Testament. *Remigii* Episc. *Rhem.* apud *Flodoard.* lib. 1. cap. 18. — *Post conditum testamentum, immo signatum, occurrit sensibus meis, ut basilicæ domnorum Martyrum Timothei, & Apollinaris,* missorium *argenteum sex librarum ibi deputem.* Et. lib. 2. cap.

 5.

5. — *ibiq;* missorium *argentum deauratum deputavit.*

Missum, plur. ***Missa***, aliàs ***Misa***.] *Le Mise*, & *lez Mizes*, est muneris honorarii genus quoddam, quo novum quemq; Regem & Principem Walliæ sub introitu ejus in Regnum & Principatum, Walliæ populus salutare consuevit. Dari fertur olim ad indigenis naturali suo Principe in animalibus, vino, & frumento ad familiam ejus sustinendam; sed cum ad Anglum tandem transiisset id dominium, commutari cœpit munus istud in pecunias numeratas, dependiq; eo nomine 5000 (vel eò supra) libras sterlingorum. Et contigit quidem, ut sub uno eodemq; Rege *Jacobo*, semel iterum atq; tertio solveretur. Primò scil. cum *Jacobus* ipse Regnum iniit: secundò cum *Henricus* filius ejus primogenitus, *Walliæ* Princeps institutus est: tertiò verò cum, *Henrico* mortuo, *Carolus* frater ejus in hunc successit Principatum. Vide *Misa*.

¶ ***Missus***.] Legatus, Nuncius, Commissarius, Vicarius, & quem forenses Angli Attornatum nuncupant. A *mittendo*.

Aimoin. lib. 5. ca. 15. pa. 294. legatos al. missos in marg.

Gloss. in ca. 1. de immunit. Eccles. dicit esse vulgare Italicum. In recentioribus historiis pro ferculo usurpatur *missus*: Sic *Amerpach*. Capitulare factum in Aquis anno 20 *Caroli Mag*. ut in Constit. ejus apud M *Amerpach*. — *Qua-propter & nostros ad vos direximus* missos, *qui ex nostri nominis authoritate, una vobiscum corrigant quæ corrigenda essent*. Item Præceptum *Ludovici* Imp. apud *Flodoard*. lib. 2. cap. 19. — *Concedimus ut nullus Judex, Comes, aut* missus, *sive aliquis ex judiciaria potestate, ullam inde eidem sanctæ Dei prædictæ Remensi Ecclesiæ inquietudinem, aut ullum calumniæ impedimentum inferre unquam præsumat*.

¶ ***Missus Regalis***.] Legatus, vel Commissarius Regis: interdum Justiciarius Regis. *Greg. Turon*. lib. 5. cap. 28. *Chilpericus Rex dirigens de latere suo personas, immensis damnis populum afflixit, suppliciisq; conterruit, morte mulctavit. Ferunt etiam tunc Abbates atq; presbyteros ad stipites extensos diversis subjacuisse tormentis: clamantibus regalibus* missis *quod in seditione populi ad incendendos libros (descriptionis à Rege factæ) satellites adfuissent*. Flodoard. lib. 3. cap. 27. — *Apud Regem pro eo petierit & obtinuerit, ut* missos *suos dirigeret qui diligentissimè hoc inter Ecclesiæ Remensis & Avenaci Monasterii possessiones, æqua lance indagantes decernerent*. Et post aliquot, *Petitq; ut mittat* Missum *suum strenuum & fidelem cum* misso *filiæ suæ*.

Episcopus, *Missus* & Comes simul in Comitatu considebant: *Epist. Synodal. Caroli Calvi* an. 846. b. to. 3. p. 663. V. *Missorium*, *Missatica*, & *Missos* fuisse Episcopos in *Caroli Calvi* Capitul. pa. 112. q. hic inserendum sum pollicitus in *Justitiariorum electio*.

Missi etiam dicebantur, qui ab Imperatore sunt legati in provincias ad inquirendos censendosq; mores, clericorum, monachorum, cæterorumq; Ecclesiasticorum: hodie *Visitatores* appellati.

¶ ***Missus Dominicus***.] Justiciarius vel Judex Regni sive Imperat. remotioribus hinc sæculis sic appellatus est. *Ekkehardo Jun*. Angelus Imperatoris, quod V. *Flodoard*. lib. 2. cap. 18. — *Tilpinum sequitur Vulfarius: qui ab Imperatore præfato magno Carolo* Missus dominicus *ad recta judicia determinanda fuerat ante Episcopatum constitutus super totam Campaniam*. Longob. lib. 2. tit. 16. — *coram Rege & scabinis, vel* misso dominico, *qui tunc ad justiciam faciendam in provincia fuerint ordinati*.

Præsides, 1 *Petr*. 2. 14. — Ducibus tanquam ab eo *missis* ἡγεμόσι πεμπομένοις. V. Eras. ibid.

¶ ***Missus vel nuntius Papæ***.] A legato differt, quod sine legati insignibus delegatur, de quo vide supra in *legato*.

¶ ***Missus Comitis***.] Vicarius Comitis. Vicecomes. *Capitular. Car*. lib. 2. ca. 24. — *Volumus etiam ut Capitula, quæ nunc & alio tempore consensu fidelium nostrorum à nobis constituta sint, à Cancellario nostro, Archiepiscopi & Comites eorum, de propriis civitatibus modo aut per se, aut per suos* missos *accipiant &c*.

Missus, pro Attornato Vulgari. V. hic *Revestio*.

¶ ***Misterium***.] Vitæ modus, quem Angli **a Trade or Occupation** vocamus, à Gall. *Mestier*, vel *Mestairie* quod vide supra.

¶ ***Mita***.] L. *Boiorum* tit. 9. cap. 2. ubi agitur de *scuriâ* (id est de stabulo vel loco ubi pascuntur equi vel pecora.) §. 4. — *De mita verò si eam detegerit vel incenderit, cum 3 sol. componat*. Notat hic *Lindenbrog*. legi in MS. *medam* non *mitam*, additq; ex *Guiberto Histor. Hierosolym*. lib. 2. V.

¶ ***Mitio***.] Formul. Solen. 36. — *Ideo jubemus, ut dum in illis partibus fuerit demoratus: omnes causæ suæ, suorumq; amicorum aut gasindiorum, seu undecunq; ipsi legitimo redibit* mitio, *in suspenso debeant residere. Propterea per præsens decrevimus, & jubemus præceptum, ut interim quoad de illis partibus revertitur, omnes causæ ejus, vel amicorum suorum, tam illorum qui cum ipso pergunt, quàm qui ad propria resident vel undecunque ipsi legitimo redibit* mitio, *in suspenso resideant, &c*.

Et Formul. sequenti. — *Nos Apostolicum, aut venerabilem virum illum, cum omnibus rebus vel hominibus suis, aut gasindiis, vel amicis, seu undecunq; ipsi legitimo redibit* mitio: *juxta ejus petitionem, propter malorum hominum inlicitas infestationes, sub sermone tuitionis nostræ visi sumus recepisse, ut sub* mundeburde *vel defensione illustris viri illius Maioris domus nostri &c*. Et in aliâ formulâ securitatis 123.

— *Præte-*

—— *Praterea jam dictus ille & conjux sua ill. hanc securitatem in ipso ill., vel* mitio *suo fieri & adfirmare rogaverunt &c.*

¶ *Mithridri.*] L. Frison. tit. 22. §. 50. *Si membranam qua jecur & splen pendent quod* mithridri *dicunt vulneraverit* 18 *sol. componat.*

¶ *Mitta.*] A Sax. miꞇꞇen, i. *mensura.* Luc. 16. 7. hunꝺ miꞇꞇenaꞅ hƿæteꞅ : *centum mensuras tritici.* Sed hic indefinitâ ponitur quantitate. Lib. *Rames.* MS. Sectt. 38. & 143. — *Ego Wulfrun (uxor Anketelli) singulis annis vita mea ad festum S. Benedicti [Ramesiensis] quod est in æstate, decem* mittas *de brasio, & quinq; de gruto, & quinq;* mittas *farina triticia, & 8 pernas, & 16 caseos & duas vaccas pingues de terrâ meâ* **Hichelinge**, *pro respectu annuo eidem Ecclesia (Ramesiensis) procurari decerno. In capite autem Quadragesima 8. fratribus ysicios annuatim procurabo.*

¶ **Modius.**] Juxta *Gregorium* Magnum diversus fuit : In Ecclesiæ autem prædiis ultra 18 sextarios noluit continere, in rusticorum beneficium. *Gothofridus* tamen, sexdecim tantum sextariis modium componit. *Greg. Epist.* lib 1. cap. 42. — *Valde autem iniquum & injustum esse prospeximus, ut à rusticis Ecclesia de sextariaticis, aliquid accipiatur, & ad maiorem* modium *dare compellantur, quam in horreis Ecclesia infertur : unde prasenti admonitione pracipimus, ut plus quàm decem & octo sextariorum* modium *nunquam à rusticis Ecclesia frumenta debeant accipi. Nisi fortè si quid est quod nauta juxta consuetudinem, super accipiunt, quod minui ipsi in navibus attestantur.*

Gratias *Gregorio*; hinc enim intelligimus cur solito sunt majores quorundam locorum *modii* : nempe quod in portubus habeantur aut villis maritimis.

¶ *Modius annonæ.*] Flodoärd. lib. 2. cap. 18. — *in distributione eleemosyna de* annona modii 1975. *de animalibus inter majora & minora capita* 167. *Item inter villas Fagum sive Boleticum & alias quasdam,* annonæ modii 1052. vini modii 64. salis modii 5. *cum diversis animalibus & aliis variis rebus expensa.*

¶ *Modius frumenti.*] Seu tritici & grani Parisiis continet 24. minas, quod vide supra. Thier. Cotgravius autem ait *Muid de bled,* i. *Modius bladi* mensuræ Parisiacæ continet duodecim septiers, le septier 2 mines, le mine 6 boisseaux, le boisseau 4 quarts in toto circiter 5 **quarters, a combe,** & **a bushell** Londinensis mensuræ.

¶ *Modius nummorum.*] Luitprand. lib. 5. c. 15. 8. A. pa. 150.

¶ *Modius villæ.*] Donatio ARthmail Regis Guentiæ Landavensi Ecclesiæ circ. An. 986. *Largitus est &c. Villam* **Lann-Mihargel,** *Lichrit cum tertiâ parte prati — &* 4 modios villæ *St filat.* MS. Cod. Landav. fol. 102. col. 2.

¶ *Modius vini.*] Do. Gal. *May* & *Muid* dolium, cadus. *Modius* vini Parithensib. continet 36 Sextarios & sextarius 8 pintas.

¶ *Modius terræ.*] Leo. Marf. li. 1. c. 36. h. & ca. 41. a. ca. 47. plur. V. Cal. & *muid* Gal. al. *muy* in Dic. Gal. Synod. Landaviæ 5. *Gurcan Princeps dedit terram Machinis agrum sex* modiorum *Deo & Petro Apostolo & SS. Dubritio Teliavo & Oudoceo & Episcopo Berthguino &c.*

Muid de terre C'est autant que 12 arpens ou Septiers. *Cotgr.*

¶ *Modius Canonicus.*] Is opinor quem (hic supra) instituit *Gregorius* Epist. 42. lib. 1. scil. 18 sextariorum. De fisco Barcinocens. Era 630. Concil. Tom. 2. post Concil. Cæsar-augustan. 2. *Decrevimus, ut tam vos quàm agentes vestri, pro uno* modio Canonico *ad populum, exigere debeatis &c.*

Muid de Clergie, **Store of Clergie, a bushel of cunning, abundance of learning.** *Cotg.* Ubi nota quod *modium* aliàs pro bussello, aliàs pro majore mensurâ exponit sibi incertus.

¶ *Moër.*] Danicum vet. Et à Danis oriundi ita Virginem & puellam hodie vocant Norfolcienses, quod interea rident Angli cæteri, vocis nescientes probitatem. Cupio patriæ meæ suffragari idiomati. Intelligendum igitur est Norfolciam hanc nostram (quæ inter alios aliquot Angliæ Comitatus, *Aluredi* munere in Danorum transiit ditionem An. Dom. 876.) Danis maximè habitatam fuisse, eorumq; legibus linguâ atq; moribusq; imbutam. Claras illi Virgines & puellas (ut arctoæ gentes aliæ) *Moër* appellabant. Inde, quæ canendo heroüm laudes & poëmata, palmam retulêre (teste *Olao VVormio*) **Scaldmoer,** id est, *Virgines cantatrices* : quæ in præliis gloriam ex fortitudine sunt adeptæ, **Scioldmoer,** hoc est *Stutiferas Virgines* nuncuparunt. Eodem nomine ipsas Amazones, quarum utiq; Reginam & virginem fuisse, & scutis (quæ peltas vocant) instructa duxisse agmina ostendit *Virgilius* Æn. 2.

Fast. Dan. lib 1. ca. 6. Scaldmoer quid. Scield-moer quid. Amazones Scold-moer dictæ.

Ducit Amazonidum lunatis agmina peltis
Penthesilea furens, modiisq; in millibus ardet
Bellatrix, audetq; viris concurrere virgo.

En quantum in spretâ jam voce antiquæ gloriæ? Sed corrumpi hanc fateor vulgari labio, quod **Mother** matrem significans etiam pro **Moer,** hoc est, *puella* pronunciat.

¶ *Mossulus.*] Quomodo *Arnoldus de Ghisnis* magno fossato circumcinxit Ardeam. —— *Hæc enim rustici cum bigis maratoriis, & arris funariis calculos trahentes, ad sternandum in viam* mossulis *& scapulariis seipsos ad laborem invicem animabant.* Les preuves

ves de l'Hiſt. des Comtes de Guines, p. 257. Vide *Muffula*.

¶ ***Molinarius, a, um.***] Qui pertinet ad molendinum. L. Salic. tit. §. 5. *Servus molinarius.*

¶ ***Molinum, & Molinus, Molendinum.***] L. Wiſigothor. lib. 8. tit. 4. l. 30. *Si quis* molina *violenter effregerit, quod fregerit, infra* 30 *dies reparare & inſuper* 30 *ſol. cogatur exſolvere*: Et mox — *Eadem de ſtagnis, quæ ſunt circa* molina, *concluſiones aquarum præcipimus cuſtodiri.* L. Salica tit. 24. §. 1. *Si quis ingenuus in* molino *alieno annonam ſuraverit, ei cujus* molinus *eſt DC denar. qui faciunt* 15 *ſol. culpab. judicetur.* Alubi pluries.

Domeſd. Titt. ſudſexe. Terra Comitis Rogerii num. 11. *Caſtrum Harundel T. R. E. reddebat de quodam* molino 40 s. Et ibidem alibi. *T. R. E. reddebat Oxenfordâ* — *Comiti verò Algaro* x. *libras adjuncto* molino *quem infra Civitatem habebat.*

¶ ***Molman.***] Idem fortè qui Germanis *Maalman* & *Malmam* quæ V. ſuprà. Prior Lew. pa. 16. — *Item omnis* molman *inveniet equum ſi habuerit ad portandum corredium Prioris: & habebit duos panes ordei: & ſi panes portaverit, de iiſdem* 2 *habebit cum companagio, & flagellabit prabendam Prioris per unum diem cum corredio domini, & habebit* 2 *panes ad veſperum cum companagio, exceptis illis qui non dant vilager.*

¶ ***Molitus.***] *Molitus*, à verbo *molire.* Inde apud *Bract.* lib. 3. Tract. 2. cap. 23. *Arma* moluta *plagam faciunt*; ut Gladius, biſacuta, &c. Vide *Bruſura* in Intercalandis.

Etiam particip. à *Molor*, i. teror, acuor. Anglicè **to be made sharp or ground.** Conſtitut. Sicul. lib. 1. tit. 9. — *Probibemus, ut nullus arma* molita *& probibita, cultellos & enſes, lanceas panceras &c. ſecum deferre præſumat, &c.* Hinc *Molitura* **a grist or grinding.**

Arma moluta, & ſing. *Armum molutum.* Bract. Stanf. 80 b.

¶ ***Mona, Monath.***] *Beda* lib. de temp. rat. ca. 13. *Apud Saxones* (inquit) luna Mona, menſis Monath *appellatur.* Equidem ut Græcis, μὴν, i. menſis, à μήνη, *Luna.* Sic Macrobius, & rectiùs (mea ſententiâ) quam Cicero lib. 2. de nat. deor. quia menſa ſpacia conficiunt, menſes nominantur. *Mona* autem Germanis ſuperioribus Mon, aliis Man (non à Dorico μάνη pro lunâ (ut quidam ſentiunt) vel μὰν pro menſe, quæ ab Atticis μὴν & μήνη fiunt) ſed a Mon aliàs Man veterrimo ipſorum Rege & Deo patrio, quem *Tacitus* meminit & in Luna celebrabant. Ex hoc Lunam maſculino (ut Hebræi) dicunt genere, **Der Mon**, dominamq; ejus & amaſiam è cujus aſpectu aliàs languet, aliàs reſipiſcit **Die Son,** quaſi hunc Lunam, hanc Solem. Hinc & idolum Lunæ, viri fingebant ſpecie; non ut *Verſtegan* opinatur fœminæ, ex quo & veſtem miram ad genua vix dimiſſam.

Tunicatum enim eſt quod ad fœminas non pertinet, & caputio quod virile eſt, & faciem prout Lunæ accidit, modo opperit, modo apperit, indutum. Quæ etiam è caputio eriguntur non (ut ille) aures ſunt (licèt ſtultæ religioni benè conveniret auritum caputium) ſed emblema Lunæ, cornua; unde apud *Plutarchum* κυρασφόρα nuncupatur. Quin & aculeati calcei velocitatem denotant. Interpretor quibus deficit *Verſteganus*, & redeo ad Germanos, qui non ſolùm Lunam ipſam, ſed in Lunâ Ægyptiorum *Iſidem* juxta *Tacitum*: Græcorum Romanorumq; Cererem & Proſerpinam, juxta Diodorum Siculum, & Gallorum Ditem juxta Cæſarem, coluêre. *Ditem* reor ſub *Manni* nomine, *Thuyſconis* filii (qui *Nimbroti* (id eſt *Saturni* Babylonici) coætaneus cenſetur) contineri.

Cum verò hi omnes inferni haberentur numina, & nocturnis maximè delectati ceremoniis; non Germani ſolùm, ſed populi omnes boreales, noctem præ die, hyemem præ æſtate, Lunam præ Sole, & in Lunâ tanquam in πανθέῳ & totius Cœleſtis virtutis receptaculo & adminiſtratrice, cæteros omnes venerati ſunt: In auſpicandis igitur negotiis temporibuſq; diſtinguendis Lunam ſuperſtitiùs obſervarunt à nocte diem exordientes, & pro dierum multitudine noctium ſubſtituentes numerationem. De Gallis *Cæſar* lib. 6. *Galli ſe omnes ab* Dite *patre prognatos ſe prædicant, idq; à Druidibus proditum dicunt. Ob eam cauſam ſpacia omnis temporis non numero dierum ſed noctium finiunt, & dies natales & menſium & annorum initia ſic obſervant ut noctem dies ſubſequatur.* Et de Germanis Tacitus — *Coeunt niſi quid fortuitum inciderit, certis diebus, cum aut incboetur Luna, aut impletur: nam agendis rebus hoc auſpicatiſſimum initium credunt. Nec dierum numerum ut nos, ſed noctium computant. Sic conſtituunt, ſic conducunt, nox ducere diem videtur.* Secundùm hæc in *Ina* Regni Anglo-Saxonis legibus, Cap. 2. Cild binnan þritti ȝum nihta ſẏ ȝefulpad, i. *Infans intra* 30 *noctes baptizetur.* Et in Ll. *Aluredi* Cap. 1. ſẏ he feowertig nihta in cærcerne, *Teneatur (pejerans)* 40 *noctes in carcere.* Paſſim illic, ſed *Lambardus* paſſim, dies, poſuit pro noctibus: vir eximius ſed antiquæ non hic æquus lectioni. Mos ne hactenus exolevit. Quod enim Latini recentiores à dierum exordiis Septimanam, q. ſeptimum mane nuncuparunt: nos à noctium numero, **a Seven-night**, q. Septinoctium dicimus, & perinde **a Forten-night**, pro 14 dierum ſpatio.

Sic æſtate hyemen prætulerunt: huic anni tribuentes initium; illi finem: annorumq; numerum per elapſos computantes hyemes, per hyemes computabant: uel ðurh alle wintro *per omnes annos.* wintra dæl hæfeð: *ætatem habet*, vel ſat annorum. Et in *Chanceri* archæiſmo, **forlle Winters old.**

Charta *Oſwaldi* Epiſc. Wigorn. in MS. ejuſd. Eccl. fol. 80. ðiſ wæſ ȝedon ẏmbe nẏȝon hund wintra ⁊ ſeox ȝ ſeoxtiȝ, &c.

i, *Hæc*

i. *Hoc factum fuit circa 966.* Hiemem. Pluries.

Annus illis duplex, Naturalis & Civilis. Naturalem, non à Sole, ut pleræq; Gentes, sed à Lunâ petunt; & ab eo præsertim Lunæ affectu quo degentibus in maritimis, maximè innotescit Lunæ virtus: hoc est, in plenilunio post æquinoctium autumpnale. in duobus enim æquinoctiis, æstus maris, qui illis Malinæ, Græcis πλημμύραι appellantur, vehementiores excrescunt, quàm aliis temporibus: in autumpnali verò (inquit *Plinius* lib. 2. cap. 97. & nos comperto novimus) amplius quàm in verno. Ab hoc igitur æstu & plenilunio, quod illis VVinter-fillith alias fullet, id est, hyemale dicitur plenilunium annum hunc suum ordiebantur; primumq; ejusdem mensem eodem appellabant nomine.

Et principaliter annum totum (*Bedæ* sunt verba) in duo tempora, hyemis videlicet & æstatis, dispartiebant: sex illos menses quibus longiores noctibus dies sunt, æstati tribuendo, sex reliquos hyemi. Undè & mensem quo hyemalia tempora incipiebant **Wynter-fylleth** appellabant, composito nomine ab hyeme & plenilunio; quia videlicet à plenilunio ejusdem mensis, hyemis sortiretur initium. *Lib. de temp. ratione*, Cap. 13. Vides *Bedam* annum hunc naturalem in duo tempora distinxisse: hyemis, & æstatis. Hyemen verò constituisse anni principium, hyemisq; plenilunium, & mensem qui **Winter-fulleth** appellatur, & quem ipsemet paulò superiùs *Octobrem* fuisse refert. Cur igitur *J. Scaliger* lib. 2. de *emendat. temp.* tit. de cycl. Lunari, Septembrem qui Saxonibus *Haligmonath* nuncupatus est, primum eorum mensem facit, & **Winter-fulleth** secundum, nec mihi quidem occurrit ratio, nec ab ipso est apposita.

Nescio an veterem quampiam Danorum computationem sit secutus: nam in tabulâ quam exhibet prima mensium series ad quam Romanam & Saxonicam coaptat, Danica est.

Videatur tamen & *Beda* rectè posuisse anni initium, *Octobrem*; & *Septembrem* Scaliger; hic juxta æquinoctii positionem in nostro ævo; ille in veteri, quæ multis jam diebus anticipatur. Cum enim Sosigenes Mathematicus sub *Julio Cæsare*, annum Julianum seu communem & bissextilem constitueret: deprehensum ab eodem est vernale æquinoctium in 8 Calendarum Aprilis, i. die 25 Martii: Et in 1 Nicæno Concilio, cum de Paschate ederentur Canones, id est An. Dom. 322. occurrisse traditur 21 die Martii; nunc verò ad undecimam ejusdem mensis pervenisse omnes norunt, hoc est 14 diebus citius quàm sub *Julio Cæsare*, & 10. quam sub Nicæno Concilio, ex quo Gregoriani processit Kalendarii restauratio. Pari ratione autumnale æquinoctium, quod hodie statuunt in 12 Septemb. *Cæsaris* ævo diem 26 ejusdem mensis possidebat, superiori alio seculo 29 &c. Sic ut autumnale plenilunium in Octobri semper eveniret & perinde anni hujus Saxonici similiter principium. Quod si dubia in hoc esset *Bedæ* fides venerabilis testem (quem laudat) habet multo antiquiorem, qui singulos menses sua signa in quibus ⊙ recipiant habere referens, ait,

Sydere Virgo tuo Bacchum September opimat.
Aequat & October sementis tempore Libram.

Quod sic expono: *Septembrem*, vindemiam exhibere: *Octobrem*, sementem, & in sementis tempore, Libram (i. dies & noctes) æquare. Perspicuè æquinoctium in *Octobri* collocat, et ut mihi videtur in parte mensis anteriori, nam in posteriori non fit sementum, quod intra 500 supra Christi incarnationem annos, non acciderit.

Cum verò mobile fuit hoc anni initium propter plenilunii inconstantiam: deduci videtur ab inferioribus, ut stabile & fixum esset, ad tempus medium, h. ad festum S. *Michaelis* Archangeli, quod autumpnale plenilunium aliàs præcedit aliàs subsequitur, et circa id ipsum semper tunc temporis accidebat. Juxta hoc anni initium suos passim annales inchoat *Adamus Muremuth* Paulinæ Londoniensis Ecclesiæ Canonicus, qui floruit An. 1380. Et in conducendis elocandisq; prædiis, maximè apud nos hodie observatur velut annus agrarius, quo receptis anni præcedentis fructibus, nova jam sementis nova agriculturæ exorditur ratio.

¶ *De Saxonum anno Civili.*

Annum Civilem seu artificialem à certo incœperunt termino, quem *Beda* dabit — *Incipiebant autem* (inquit) *annum ab octavo Calendarum Januariarum die, ubi nunc Natale Domini celebramus; Et ipsam noctem nunc nobis sacrosanctam, tunc gentili vocabulo* Modranect *id est matrum appellabant noctem; ob causam ut suspicamur ceremoniarum quas in eâ pervigiles agebant: & quotiescunq; communis esset annus ternos menses lunares singulis anni temporibus dabant. Cum verò Embolismus, hoc est 13 mensium lunarium annus occurreret, superfluum mensem æstati apponebant, ita ut tres menses* Lida *vocarentur, & ob id annus ille* Trilidi *cognominabatur habens* 4. *menses æstatis; non ternos ut semper temporum cæterorum.* Hæc *Beda* ca. 15. plurimo indigentia commentario, quæ *Bridefertus* tamen mutus transiit & *Novimagus*. Sine ut quidpiam annotem, quo vacillasse (sed valdè ingeniosè) *Scaligerum* censeam. Modranect (inquit *Beda*) id est, matrum appellabant noctem. *Scaliger* quà supra videtur legisse non *Matrum Noctem* sed *Noctem Matrem*, νυκτομήτερα, quasi illa (inquit) esset & parens & princeps omnium reliquarum noctium; utpote à quà caput anni civilis sumeretur. Sed editio tam vetus quàm recentior *Matrum* exhibet genitivo plurali, & disertè convenit vox Saxonica; nam Mōdra est genitivus pluralis à Modor pro matre, non accusativus singularis, ut Scaligero visum. Et licet anni esset initium, eoq; sensu Modor nect seu Nox mater diceretur, eam tamen sententiam *Beda* deserit, matrum tribuens ceremoniis, prout Romæ *Matronalia*.

Sed unde Saxonibus nostris hoc anni initium Natale Domini non observantibus? Reor à solstitio brumali, vel ejus plenilunio: nam solstitium sub ævo Cæsaris in 8 fuisse tradunt Calendarum Januarii, id est, 25 Decembr. collapsumq; jam Solem & mundanam lucem ad infimam periodum, à nascente tum Christo (Sole gloriæ & luce perpetuâ) suscitatum iri & restitutum. Deinceps igitur Christiani facti non à Modra-nect gentilium festo, sed à Natali Domini Christianorum solenne, annum computant, octavâ die ante Romanam Ecclesiam: Et eum morem veteres penè omnes nostri Annalium Scriptores retinuêre *Florentius Wigornensis, Willielmus Malmesberiensis, Henr. Huntington. Rog. Hoveden, Mat. Paris, Tho. Walsingham, &c.*

Typographi verò Astrologi & Calendariorum apud nos artifices nonnulliq; alii sequentes computationem, à Circumcisione Domini, id est, primo Januarii annum inchoant, ipsam ideo diem **New Year-Day**, ut Galli *Noel* appellantes.

His autem omnibus prætermissis Ecclesia Anglicana & usus omnis forensis annum citius quàm Romana Ecclesia ab ipsâ incarnatione Domini, hoc est ab Annuntiatione B. Mariæ Virginis, quæ 25 die Martii celebratur, inchoant, tardiùs autem eum numerant quod illa annum respicit completum, ista fluidum & currentem.

Quo verò tempore, & quo authore instituta est hæc computatio rimanti mihi hactenus non innotuit. Illud certum est, quod ex computationum varietate crebra apud Authores oritur discrepantia, Et in *Rastalli* fastis error sæpissimè unius anni præsertim in annis antiquorum Regum, quod meminisse non est inutile.

Sed ut hic annus initium sortitur ab adventu divinæ gratiæ in verbo incarnato; sic & naturæ ipsi magis consentaneum est, & Zodiaci exordio vicinius, quo ab hyeme compressæ facultates jam noscuntur reviviscere.

In quo ne perperam videatur nos ab incarnatione ordientes annum eos sequi, qui à Circumcisione petunt, cum incarnatum fuisse Dominum omnes norunt circiter 9 menses antequam natus & Circumcisus, intelligendum est eos annum currentem numerare, nos finitum.

—— ðonese hreð monað byð agon ðonne byð seo nyht twiftyda lang ⁊ se dæg byð þ ylce.

ðone feordan onað man nemneð on leden Aprilis ⁊ on ure geðeode easter monað.

ðone fiftan monað ys nemned on leden maius. ⁊ on ure geðeode ðrymilce. forðam swylc genyhtsnys wæs on bryttene ⁊ eac on germania lande or dam engla ðeode com on ðas brytene ðat hig on on ðam monð ðrysa on dæg hig meolcodon heora neat. on ðone nygoðan dæg ðæs monðes byð sumores fruma. se sumor hafað hundnygontig daga. ⁊ ðonn gangað ða seofan steorran utan up ⁊ on undern onsetl. ⁊ ðonne ðrymylces monoð byð geendod. þonne beoþ seo nyht ehta tyda lang ⁊ se dæg syxtene tyda.

ðone sixtan monoþ ys nemned on leden Junius ⁊ on ure ge deode se erra liþa. forþan he is nemned liðan. forþon þe seo lyft ⁊ þa pyndas beoþ þonne smylte. ⁊ mannum byþ þonne go gerunelic þ hig liþaþ on sæs bryme on þon feoper ⁊ trentigoþan dæg byþ solstitia þ is on ure geþeode sungihte forþon þe seo sunne standeþ on myddre lyfte. þonne se monoþ byþ geendod þe se nemnaþ se ærra lyþa. þonn byþ seo nyht 6 tyda lang ⁊ se dæg 18 tyda lang.

þone seofodan monaþ pe nemnaþ on leden Julius forþam þe ealde men hæþene nemdon þon monoþ þam naman on þæs caseres arreorþnysse þ Julius pæs nemned forþam þe he þæs on þam monþe acende. þone monaþ pe nomnaþ on ure geþeode se æftera liþa. þonn se monaþ byþ geendod þe se nemnaþ se æfter liþa. þonn byþ se niht ehta tyda lang. ⁊ se dæge sixtene tyda.

þone ehtoþan monþe mon nemneþ on leden augustus romana dugoþ hyne nemde æfrest þam naman. forþam on dam æresstam dæg þæs monþes he getymbrede romana cyncdom ⁊ oferswiþ de da þe ær þ to purron ⁊ on ure geþeode pe namnaþ þone monaþ peod monaþ forþam de hig on þam monþe mæst gepeaxaþ. þone se monaþ byþ geendod þe se nemnaþ peod monaþ þonn byþ seo nyht 10 tyda lang ⁊ se dæg 14 tyda.

þone nygeþan monoþ mon hatte on leden september ⁊ on ure geþeod halig monaþ forþan de ure yldran þa hwyle hig hæþene peron, on þam moneþ hig guldon hyra deofol guldum.

þon byþ se monoþ geendod þe pe nemnaþ halig monaþ þonne byþ se nyhta 12 tyda ⁊ se dæg þat ilce. Alfricus nominat hunc mensem hærfæst monaþ.

þone teoþan monaþ mon nemneþ on leden October ⁊ on ure geþeoþ pynter-filleþ. þonne se monaþ byþ geendod þe se nemnaþ pynter fillaþ þonne byþ se nyht xiiii tyda lang ⁊ se dæg tyn tyda.

se

Se endlyftan monað is nemned on leden Novembris ⁊ on ure geðeode blod monað forþam þe ure yldran ða hƿilc hig hæþene ƿæron on þam monoð hig ableotan þæt is accendon ⁊ benemndon hyra deofol gyldum þa neat þa de hig ƿoldon slean. ⁊ þonne seofoþan dæg þæs mondes byþ ƿyntres fruma. se ƿynt hafaþ tƿa ⁊ hundnygentig daga. ⁊ þonne gangaþ þa seofan steorran up on æfen ⁊ on dægred on setl. þonne se monaþ byþ geendod þe se nemneþ blod monaþ þonne byþ seo nyht 16 tida lang ⁊ se dæg, 8 tyda.

Se tƿelftan monaþ is nemned on leden Decembris ⁊ on ure geþeode se ærra geola forþam ðam on þas tƿegen syndon nemþe anum naman oþer se ærra geola oþer se æftera forþanþe hyra oþer gangaþ beforan þæra sunnan ær þon þe heo cyrre hig to þæs dæges lenge oþer æfter.

Hæc suprascripta desumpsi ex lib. Saxonico bibliotheca Exoniesis vocato sƿell boc ƿintres ⁊ sumeres. *Principium atq; non nihil finis libri deest, &c.*

¶ *De Mensibus apud Saxones.*

Mensium duplex genus, civilium & lunarium: Horum 13 in quovis anno numerant, illorum in singulis tribus annuis communibus 12. in quarto, quem addunt Embolismi nomine, 13. itemq; additumque in æstatis fine ponunt, ut tres hoc modo menses sint ejusdem nominis, quod clarius postea declarabitur, licèt de initio atque fine singulorum mensium rationem nequeam exhibere satis lucidam.

Primus (inquit *Beda*) eorum mensis, quem Latini *Januarium* dicunt, dicitur *Giuli.* Qui fit obsecro ut *Januarius* primus sit eorum mensis si ab octavo Calendarum *Januarii*, qui nobis 25 *Decembris* est, annum ordiantur? Justum igitur fuisset ut initium & fines ipsorum mensium explicuisset: nam videtur hoc modo *Januarium* computare ab ipsis Idibus *Decembris*, & sic de cæteris.

Quæritur præterea quonam modo intercalandus sit quarto quolibet anno mensis integer embolismus? nam si anno Civili vel Solari mensis solaris vel lunaris addetur, excrescet ille annus ad 395 dies vel 393. quod temporum seriem supra modum perturbaret. Intelligendum igitur est necessario de anno lunari, qui 12 suis lunationibus, 12 anni Solares non complet menses, sed ex residuis quolibet anno diebus integrum mensem quarto ministrat anno.

Sed redeamus ad mensium enumerationem, quorum seriem sic pono.

Verstegan pa. 62. &c.	*Menses Hyemalis semicycli.*	
Gerst. barly monat.	September	Haligemonath.
Wyn monat.	October	Winter fulleth.
Wint monat.	November	Blot monath.
Winter al. Heligh monat.	Decemb.	Giuli ærra.
VVolf monat.	Januar.	Giuli æftera.
Sprout kele.	Februar.	Sol monath.
Verstegan pa. 61. &c.	*Menses æstivalis semicycli.*	
Lenct monat.	Martius	Rehd monath.
Oster monat.	Aprilis	Eoster monath.
Trimilki.	Maius	Trimilchi.
VVeyd monat.	Junius	Lida erra.
Hen. al. Hey monat.	Julius	Lida æfter.
Arn. al. Barn mon.	Augustus.	Trilidi Embol.

¶ *De Januario; Saxon.* Giuli.

Beda seriem aliter repetit Romanos secutus, *Primus* (inquit) *eorum, i. Saxonum mensis, quem latini Januarium dicunt, dicitur* Giuli. *Intelligo prima eorum mensis secundùm Romanum computum, alioquin nullo modo primus est.* Saxonibus enim geola æftera dicebatur; i. *Giuli posterus*: December verò geola ærra; id est *Giuli prior.* Et incongruum esset, id quod sequitur primum dicere, id quod præcedit nuncupare posterum. Beda ipse hanc agnoscit consequentiam, nominisq; refert *rationem. Menses* (inquit) *Guli à conversione Solis in auctum diei, quo unus eorum præcedit, alius subsequitur, nomina accipiunt.* In Solis autem conversione, quis nescit *Decembrem* præcedere; *Januarium* subsequi?

Quoad interpretationem nominis *Giuli* si apud Bedam sanè legitur, non ariolar aliunde tractum, quàm à ʒeol, & hoc à ʒeolden *sedere, restituere, revertere*; ut sic idem sit quod res ipsa postulat τρoπικὸς, seu versatilis, quod Sol jam ad autumnale delapsus tropicum se in austrum sublevat. Ex hoc & festum Nativitatis Domini nostri, quæ ipso eodem tempore perhibetur obtigisse, ʒeol etiam ab *A'uredo* dictum, inferioribus etiam Anglis & hodie Scotis g ut solet in y verso yeol, & yeoul, Danis *Jul*, quod *Guili* Bedæ apprime convenit.

¶ *De Februario*; *Saxon.* Solmonath.

Solmonath (inquit *Beda*) *Dici potest mensis placentarum, quas in ea diis suis offerebant*; Sool *prisco vernaculo, cibus*, sed hoc *Beda* exponit placentas. Testatur sacra pagina idolatras Judæos, Reginæ cœli placentas obtulisse Jer. 7. 17. *Filii colligunt ligna, & patres succendunt ignem, & mulieres conspergunt adipem, ut faciant placentas Reginæ cœli, & libent diis alienis &c.* Simile 44. 19. Cœli autem Reginam, alii de Sole intelligunt; alii de Lunâ simul & stellis, sed de Sole propriè qui Hebræis fœminei generis est; & ideo Regina non Rex dicitur. Et Germani, ut è Cæsare supra retulimus Solem colebant, eodemq; hactenus utuntur genere.

¶ *De Martio*; *Saxonicè* Rehdmonath.

Rehdmonath (inquit *Beda*) *à Deâ illorum* Rhedâ, *cui in illo sacrificant, nominatur.* Quænam hæc dea fuit, nec *Cæsar*, nec *Tacitus*, nec *Diodorus* meminit; ræd autem consilium significat, quod ab hujus mensis plenilunio ad grandia inire negotia, auspicatissimum duxere. Tacitus in Germ. moribus — *Coeunt nisi quid fortuitum inciderit certis diebus, cum aut inchoetur luna, aut impletur: nam agendis rebus hoc auspicatissimum nuntium credunt.* Lunam autem in duobus æquinoctiis potentissimam fore demonstrat *Plinius* Lib. 2. Cap. 97. ut supra notavimus. *Martium* igitur & *Septembrem* hujusmodi Consiliis fore potissimos.

¶ *De Aprili*; *Saxon.* Eoster-monath.

Eoster-monath, qui nunc Paschalis mensis interpretatur, quondam à Deâ illorum quæ *Eostre* vocabatur, & cui in illo festa celebrabant, nomen habuit; à cujus nomine nunc Pascale tempus cognominant, consueto antiquæ observationis vocabulo, gaudia novæ solennitatis vacantes. Impium & indignum, sacrosanctam Christianorum festivitatem turpissima fœdari Gentilium appellatione: Sunt tamen qui resurrectionem interpretantur, & inde *Costerne* Teutonicè nuncupant, juxta quod in antiquâ *Beda* editione *Costur* legitur, non *Eoster*.

¶ *De Maio*; *Saxonibus* Trimilchi.

Trimilchi dicebatur (inquit *Beda*) quod tribus vicibus in eo per diem pecora mulgebantur: Talis enim erat ubertas Britanniæ, vel Germaniæ, è quâ in Britanniam natio intravit Anglorum. Nusquam sic hodiè, quod sciam. Die autem 8 hujus mensis *Beda* ponit æstatis principium. *Codex MS. Sax. nona.*

¶ *De Junio*; *Saxonicè* Erra lida.

Lida (inquit *Beda*) dicitur blandus, sive navigabilis, quod in utroque & blanda sit serenitas aurarum, & navigari soleant æquora.

¶ *De Augusto*, *Saxonicè* Weod-monath.

VVenden-monath (inquit *Beda*) mensis zizaniorum, quod eâ tempestate maximè abundent. Malè editur *VVenden-monath* & antiquè & recentiùs; legendum juxta Codicem Saxon. MS. *VVeod monath*; vel ut alibi *VVeudmonath*. *Beda* exponit Zizaniorum, speciem ponens metonymicè pro genere, quod Latina Bibliotheca in uno vocabulo nequit exprimere: peod autem Saxon. hodie Weeds, omne genus complectitur inutilium herbarum sativis contrariarum, ut de hoc mense dicatur

Infœlix lolium & steriles dominantur avena.

¶ *De Septembri*, *Saxon.* Haleg-monath.

Haleg-monath (inquit *Beda*) Mensis sacrorum.

Winter fallith (inquit *Beda*) ac si dicas composito nomine Hyeme plenilunium.

Bloth monath (inquit *Beda*) mensis immolationum; quod in eo pecora quæ occisuri erant diis suis voverent.

Mona-

¶ *Monachium.*] Μοναχεῖον sodalitium monachorum. *In L. Generali* 13 *C.* de Sacrosanc. Eccles. — *Ecclesia, vel martyrio, vel Clero, vel* Monachio, *vel pauperibus.* Meurs.

¶ *Monasterium pro Ecclesiâ.*] Sic mynſteꝛ & munſteꝛ (à monasterium derivati) apud Saxones nostros. *Canut.* Ll. Eccl. Cap. 13. ʒelæſte man þone ſaſl-ceat ſſa healð into þam mynſtꝛe ðe hit to hyꝛðe ꝛ

Rex confirmat Priori de *Chercham Monasterium* de *Garton* cum 1 carucatu terræ, & *Monasterium* de *Cheerby crondel*, cum 1 carucatu terræ, cum drãis & aliis pertinentiis, Chart. an. 10 E. 3. n. 33.

Monasteria: Olim Scholæ tantum. Am. L. Suppressa Minora apud Angl. 27 H. 8 Majora, 30 H. 8.

Cantariæ & Hospitalia 37 H. 8.

Cantariæ & Capellæ 1 Ed. 6.

Supellex Cathedralium & Parochialium Ecclesiarum, præter Calicem & mensæ Communionis mappam, Regi data Mensſ. Apr. & Maii *Holl.* pa. 1030.

Primitiæ & decimæ Clero restitutæ, 3 Mar. *Hol.* pa. 1064.

¶ *Monastria.*] Greg. Regist. lib. 11. Epist. 54. — *Si quis contra aliquem Clericum, aut monachum, aut dyaconissam, aut* monastriam, *aut assisteriam habet aliquam actionem, adeat prius Sanctissimum Episcopum, cui horum unusquisq; subjacet.* Citatur è Novel. Constitut. Justiniani, l. 1. cap. legitur in appellatione Clericorum. Quo modo condita è *P. Blesensi* Brit. Angl. 531. c.

¶ *Moneia, iæ.*] AGal. *monnoye.* Moneta, pecunia. *Domesd.* tit. Wirecestre. — *Burgenses plures habuit, & pro* 15 *hidis se defendit, quando* moneia *vertebatur, quisq; monetatarius dabat viginti solidos ad Londinum, pro cuneis monetæ accipiendis.*

¶ *Moneta.*] L..... R. Ala. to. 2. 192. pullos & oves monetæ.

Mutata An. 1180. 26 H. 2. *Hollens.* 104. col. a.

V. *Monetarum* genera in ipso fine Practicæ Cameræ Apostol. lib. in 16.

¶ *Monetarius.*] Malm. in H. 1. pa. 158. ——*trapezitas* (*quos vulgò* monetarios *vocant.*)

¶ *Monetagium, gii.*] Charta Libertat. Ang. Hen. 1. -- Monetagium *commune quod capiebatur per Civitates & Comitatus, quod non fuit tempore Regis Edwardi; hoc, ne amodo sit omnino defendo.*

Pro *Foraglo* &c. V. *Cust. vet. Nor. lat.* ca. 15. fol. 3. b.

¶ *Monogramma.*] Prisci moris erat usq; ad ætatem *E.* vel inferiùs in Chartis Regum & inferiorum personarum baptismalia nomina inceptiva solummodo litera designare; Ut *W. Dei gratiâ Rex Angl. &c. H Dei gratiâ Londinensis Episc. &c.* Et ita sæpissimè in citandis testibus. Quod etiam in nummis observatum est juxta illud in *Capp. Caroli Cal.* l. 11. pa. 306. — *Ut in denariis novæ nostræ monetæ, ex unâ parte nomen nostrum habeatur in gyro, in medio nostri nominis* Monogramma, *ex altera parte nomen civitatis, & in mediâ Crux habeatur.*

¶ *Mons placiti.*] Scotis **Mute hill**: vide supra *Mallobergium.*

¶ *Monstrum.*] In Rotulo Parlamenti tenti apud Westmonasterium an. 5 Hen. 4. n. 24. *Assignavimus vos conjunctim & divisim, ad arriandum & triandum omnes & singulos homines ad arma, ac homines armatos & sagittarios in Comitatu prædicto commorantes &c.* (*et*) *ad* monstrum *sive ad monstrationem eorundem hominum ad arma, ac hominum armatorum & sagittariorum, de tempore in tempus, quociens indiguerit, diligenter faciendum, & supervidendum &c.*

¶ *Month-day.*] Lamentatio mensurna. Hist. Offæ R. Merciorum, in MS. Albani — *Offanus autem* (*i. Offæ filius, qui & 2 dicitur*) *oculos patris sui piè claudens*, lamentationes mensurnas, *cum magnis e ulatibus, lachrimis, & specialibus planctibus prout moris tunc erat Principibus, magnificis, lugubriter pro tanto favore continuavit, obsequiisq; cum obsequiis magnificè, tam in Ecclesia, quam in locis forinsecis completis apparatu Regio & celeberrimo in eminentiori Ecclesiâ penes Gloverniam urbem egregiam eidem exhiberi jubet sepulturam.*

¶ *Montisfractura.*] Pacis violatio. Perperam opinor dictum pro *mundifracturâ*: Munðe enim Saxon. est *tutela, defensio, patrocinium, pax.* Munðe autem *mons.* Vide infra **Moundebrech** vel **Mundebrech**.

¶ *Montis gaudium.*) M.P. p. 304.

¶ *Morbus sonticus.*] *Sken.*

¶ *Morgangiva*, Burgundiis Alamannis Ripuariis *Morgengeba*, Longobardis *Morgingap.*] Papias *Morgingab*. id est quarta pars lege Longobardorum. Glossar. vett. **Morgin** Germanicè significat *mane*, & **Gab** *donatio*, unde dicitur **Morgingab** donatio facta mane quãdo eam (uxorem) ducit: In pactione *Gunthramni* & *Childeberti* Regum, & *Brunichildæ* Reginæ, apud *Greg. Turonens.* lib. 9. Cap. 20. — *Tam in dote quam in* Morgangibâ, *hoc est matitunali dote.* Hujusmodi donatio jure feudali fieri non potest, Feudor. Lib. 2. Tit. 8. §. 2. *Lindenbr.* Saxonibus nostris moꝛʒan ʒiꝼe, i. *Matutinum donum.* Inde in Ll. *Canuti* Regis MS. cap. 71. *morgangyva* dicitur — *Et sit omnis vidua sine marito duodecim mensibus; eligat postea quem velit: & si inter unius anni spatium maritum e igat perdat* morgangyvam *suam, & omnem pecuniam quam ex priori marito habebat.* Huc pertinere videtur dotationis illud genus in

Jure nostro, *ad ostium Ecclesiæ nuncup*[illegible]: quod eodem mane, quod ad nuptias cele[illegible]das Ecclesiam ingrediebatur sponsus, designata quadam terræ sponsam adornavit.

¶ *Moregespeche.*] Registrum Abbathiæ de Osney fol. 104. *Walchell Hareng dat Abbati terram in Oxon. — Hanc donationem feci apud Oxon. in placitis Regis, quæ appellantur* Moregespeche.

¶ Ad *Morganicum.*) Conjugium ad *Morganicum* dicitur, cum Princeps vel Nobilis filios aut prolem habens, inferiorem duxerit; eâ conditione quod nec ipsa dignitatis suæ titulum usurpet, nec filios ex iis nuptiis suscitatos cum prioribus hæreditatem sortiantur; sed hoc contenta sit, quo mane Nuptiarum sponsus ejus eam donaverit, quod *Morgangaba* dicunt.

¶ *Morioc.*] L. Longob. lib. 1. tit. 6. l. 6. — *Si quis homini libero brachium super cubitum, hoc est* morioc *ruperit, componat sol.* 20.

¶ *Mortitia.*] Constit. Neapol. lib. 1. tit. 84.

¶ *Mortuarium.*] Constit. *Symonis Langham* Archiep. Cant. Tit. de Consuetud. Cap. Statutum. §. 1. — si decedens 3 vel plura cujuscunq; generis in bonis suis habuerit animalia (optimo, cui de jure debitum, reservato) Ecclesiæ suæ à quâ sacra recipit dum viveret, sine dolo, fraude seu contradictione qualibet pro *recompensatione Decimarum personalium*, necnon & oblatorum, secundum melius animal reservetur post obitum pro salute animæ suæ Ecclesiæ suæ hujusmodi liberandum. Quod si duo tantum in bonis decedentis extiterint animalia, de mansuetudine Ecclesiæ, exactio qualibet nomine *Mortuarii* remittatur. V. *Lindewode* ibid. fol. 15. Et V. Stat. V. munus mort.

Constitt. Rob. Dunelm. Ep. An. 1276. in Rubr. *De rebus liberorum decimandis, &* Mortuariis *inde solvendis.* Et in textu. — *De bonis propriis, si existant,* mortuarium *matrici Ecclesiæ solvere teneantur.*

¶ *Mortuum* [illegible]*dium.*] Vox fori nostri. J. Consultis Hypotheca: Gallicè *mort-gage*, atq; inde Anglicè **morgage**. *Mort* enim *mortuum* sonat, *gage* vel *gaige* pignus, vadium. *Cowellus* Institut. juris Anglicani in dic. diction. obscur. — Vadium mortuum (inquit) *est Hypotheca creditori sic oppignorata, ut fructus, quos durante tempore oppignorationis producit, omnes fiant creditoris idq; sine computo inde debitori fiendo.* Recte ille; sed Jurisconsulti hypothecæ appellationem, ad res tantum immobiles referunt, & vulgari sermone *mortuum vadium* Anglicè **morgage**, de rebus etiam mobilibus (quas pignora vocant) enuntiatur. At hoc fortè minus propriè.

¶ *Mosepha.*] M. P. pag. 348. Scurra.

¶ *Mota.*] Curia, placitum, conventus, à Saxon. ȝemoꞇe, i. *conventus*. Hinc *Burgimote*, i. Curia vel conventus burgi. *Swainmote*, i. Curia vel Conventus ministrorum, scil. forestæ. *Mota de Hereford*, i. Curia vel placita Comitatus de Hereforde. Charta Matildis Imperatricis filiæ Regis Hen. Primi.

—— Sciatis me fecisse *Milonem* de *Glocestre*, Comitem de *Hereforde*, & dedisse ei *Motam Herefordiæ*, cum toto Castello in feudo & hæreditate, sibi & hæredibus suis, ad tenendum de me & hæredibus meis.

Hinc forensibus nostris **to mote** idem est quod placitare; Scotis, **to mute**, unde illis **the mute hill**, i. *Mons placiti* de quo supra.

Alii vero *motam* pro munimine interpretantur, nomenq; servari aiunt in vetustioribus multis ædibus fossa aquea cinctis, quam *motam* etiam nunc dicunt, juxta Saxonicum, ubi moꞇan fretum significat *Mat.* 8. 18. & 28. Sed *mote & motte* Gal. idem esse quod *collis colliculus* & meta; ut *mota de Windsor*, & de *Hereforde*.

Sic in Charta pacis inter *Stephanum* Regem & *Henr.* Ducem, postea Regem, tradendæ dicuntur *Turris de London, & mota de Windsor*; Anglicè **the Tower of London, and fortress of Windsor**; Hollin. An. 1153. Stephani 19. pa. 62 b. l. ult.

Les preuves de l'Hist. des Comtes de Guines p. 147. —— *Videns igitur Arnoldus* (scil. Comes Ghisnensis) *quod omnia sibi arriderent &c.* Motam *altissimam, sive dunjonem eminentem in munitionis signum firmavit, & in agerem conceravit.*

¶ *Mothel.*] Campana quâ Saxonibus nostris indici solebat conventus publicus qui **Folcmote** dicitur. **Mot** *conventus*, **bell** *campana*. Vide Ll. Ed. Conf. ca. 35. hic infra in **Folkmot**.

¶ *Motu proprio.*) Bodin. pag. 296.

¶ *Motwurthi.*) Vel ut priscè scribitur *Motwrthi.*

¶ *Movita, tæ.*] Motio, commotio, animi impulsus vel perturbatio. *Formul. Solen.* 119. — *Per quod mortuus jacet, & in sua orta contentione, vel in sua* movita, *at in suas culpas ibidem interfectus fuit.* Et in proximâ seq. — *Et ego in sua orta contentione, vel in sua* movita, *atq; pro sua culpa, in ipso loco eum interfeci.* Juridici nostri dicunt de injuriâ suâ propriâ, vel *de son tort demesne*. Gal. *Manvastie.*

¶ *Muccinium, & Muccidus.*) Et *Mucco.* V. *Muccus.*

¶ *Muccus, ci.*) Nasi proluvies, id quod è naribus fluit. Plauto *mostel.* Veger. mul. lib. 1. *Muccinum*, id quo nasum emungimus, quod & inde Angli veteres **muckinder** appellarunt. Hinc apud *Arnobium*, contra Gentes — *Homo* muccidus *cui* muccus *è naribus fluit*; Lindenb. —— *Et hinc Angli* **muck** *vocamus quicquid purgaminis in stercorarium projicitur; ipsumq; inde*

inde stercorarium à muckhill, *quasi* mucci *acervum.* L: Alaman. tit. 62. §. 2. — *Si autem summitas nasi, ut* muccus *contineri non possit, abscissa fuerit, cum* 12 *sol. componat.* L. Ripuar. 70.

Et L. Ripuar. tit. 5. §. 2. *Muccare* pro *muccum ejicere* —— *Si nasum excusserit, ut* muccare *non possit,* 100 *sol. culpabilis judicetur. Si* muccare *praevalet* 50 *sol. componat.* Nec ad barbaros prorsus sunt hæc rejicienda; cum à fonte Romano emanarunt penè omnia simplici *c.* conscripta. Apud *Catullum* enim *mucus* legitur: Columella *mucor coris,* & *mucosus,* apud Varronem *mucidus.* Et in Gloss. *muco, cas.*

¶ *Muchunt.*] V. Ll. forest. R. *Canuti* Ca. 11.

¶ *Muffula, læ.*] Chirotheca crassior contra rigorem hyemis à Gall. *mouffle,* Germ. Muffe, idemq; nostrum vocabulum pro manicâ illâ pelliceâ quâ manus injiciunt frigescentes. *Ludovici Imp. Addition. ad Capitular. par.* 1. *cap.* 22. —— *De vestimentis monachor.* Wantos (id est *chirothecas ordinarias*) *in æstate*; muffulas *in hieme vervecinas* — *accipiant.*

¶ *Multo.*] —— Rex tenetur Ottoni de Grandisono in decem millibus *multonum* auri. *Pat.* 33 *E.* 3. *p.* 2.

¶ *Multiplicium, ii.*] Indumentum muliebre, à multiplici plica dictum. Forte peplum, vel quod humeros obiat, Anglicè a Rail.

¶ *Multones.*] Verveces. Pri. Lew. Undecies 20 oves, 10 ad lac: & novies 20 *multones.*

¶ *Mulvellus,* seu *lum.*] Piscis genus, quod in mare Angliæ boreali copiosè in æstate capitur. Londoniis aliasq; green fish. Lancastrensib. Milwyn, in Custumario Lenni Regis Melwel & Haddoc. q. MS. de Hospitali Nicholai in suburbio Eborum. Matilda Imperatrix dedit dicto Hospitali S. Nicholai unam carucatam prædicto Hospitali contiguam, ad inveniendum quibuslibet leprosis Eborum venientibus in vigiliæ die S. Johannis Baptistæ *Mulvellum,* butyrum, panem, cervisiam, &c.

¶ *Mund, Mundium, Mundbrice, &c.*] A Sax. munꝺ, *l. tutela, defensio, protectio, pax, patrocinium;* bꝛice, *fractio, violatio.* Si Rex Ecclesiam, Monasterium, burgum, hominem aliquem vel societatem, eorumvè res aut prædia in suam susceperat protectionem, dicebatur hoc omne & ejusmodi quicquid in Regis esse *mundio,* Saxon. on Cyningeꝛ munꝺe: cujus violatio etiam munꝺbꝛice dicta est, q. protectionis violatio, aut datæ pacis fractio, quæ in Anglorum lege 5 libris plectebatur. Unde in *Canuti* Ll. Eccl. Cap. 3. Heaꝼoꝺ cyꝛicum ȝꝛiꝺbꝛice iꝼ æꞇ boꞇꝼyꝛꝺum ꝥinȝum be Cyninȝeꝼ munꝺe. ꝥ iꝼ ꝩiꝼꝼunꝺum on Enȝlalage, i. *Ecclesiæ capitalis pacis fractio in rebus emendabilibus est sicut fractio protectionis Regiæ, i.* 5 *libris in Anglorum lege.*

Cum igitur pax Regis vel Principis, in arctissimo sit ipsius patrocinio & tutelâ, patrocinium Regis violet necesse est qui pacem fregerit, & sæpius igitur confunduntur ȝꝛiꝺbꝛice & munꝺbꝛice, i. fractio pacis & fractio protectionis, sicut & interdum boꝛhbꝛice quod est pacis in burgo stipulatæ violatio. *Mundbrece* (inquiunt Canuti Ll. MS. Ca. 12) id est infractionem pacis.

L. Aluredi MS. ca. 3. Archiepiscopi *burghbrice* sive *mundbrich* emendetur 3 libris, vel ut habet codex alius, Archiepiscopi *burghbote* sive *mundburd* emendetur 3 libris. Aliorum Episcoporum vel Aldermannorum emendetur duabus libris. Magis autem placet prius illud nostri codicis; *mundburd* enim aliud significat, ut mox suo loco dicetur.

Transfertur etiam *Mundbrice* ad immunitatis, libertatum & privilegiorum fractionem. Munꝺbꝛice etiam læsæ dignitatis crimen sonat, & supra videas in voce *Burghbrice.* Et sunt qui mundbrech *montis fracturam* exponunt, cum mund etiam montem significat: sed hoc minus appositè.

Dicatur verò mundbrich *clausarum fractio,* nam *mund* munitio sive defensio clausarum dicitur, apud Trinobantes nostros, mounds *sepimenta,* Mounded munitum, septum, fossis circumclusum.

Mundium dii, Vox in legibus Longobardicis admodum frequens: in antiquis reliquis non repeti. Inter Constitutiones tamen *Caroli Magni* in Capitular. quod incipit Primo cap. de Xenodochiis &c. cap. 12. sic legitur —— *De mancipiis palatii nostri, & Ecclesiarum nostrarum, nolumus* mundium *recipere sed nostra ipsa mancipia habere.* V. L. & Ad.

¶ *Mundeburde, Mundeburdis, Mundeburdum,* & *Mundiburdium.*] *Tutela, Defensio, Patrocinium,* quæ eadem etiam & *Mundium* simpliciter significat. Placet igitur *mundeburdium* altius exquirere, utpote à connectione duorum verborum Saxonicorum, viz. munꝺ, i. *tutela, defensio, patrocinium*: & boꝛꝺ alias boꝛh, boꝛȝ, buꝛh & buꝛȝ, h.e. *fidejussor, vas, etiam & fidejussio, sponsio, vadimonium.* Sic ut *mundeburdium* sit defensionis, vel patrocinii fidejussio & stipulatio. *Mundeburdus* vel *Mundborgus,* Sax. Munꝺboꝛa, Longob. *Mundualdus,* tutor, advocatus, patronus, q. defensionem & tutelam spondens, vel stipulans.

Concil. Meldens. An. Dom. 845. ca. 41. Tom. 3. —— *Providendum est Regiæ Majestati, ut monasteria quæ ab hominibus Deum timentibus in suâ proprietate constructa, prædecessores illius, causâ defensionis &* mundeburdi *susceperunt, ut libera libertate, remotâ spe hæreditaria de illorum propinquitate, ibidem religio observaretur, & nunc in allodium sunt data: quapropter omnis exinde religio funditus est eversa, &c.* Concil. Confluentin. An. Dom. 860.

860. præsentibus quinq; Galliarum regibus: Sub annota: Domini *Ludovici* Regis: *Volumus ut Ecclesiæ & Casa Dei, & Episcopi & Dei homines, Clerici & Monachi, & Nonne talem* mandeburdem *& honorem habeant, sicut tempore nostrorum antecessorum habuerunt*. Corrigendum hic censeo, *mundeburdem*. Sed Gallorum sequitur idioma, qui detortâ jam olim voce, non solùm **manbourg, mainbourg, & mainbour** dixere pro *tutore, defensore, Gardiana*, sed etiam **mainbournie, mambournie, mainbonnie, main-bournie**, pro *tutela, defensione, protectione, patrocinio*. Lindenb. ex Gloss. vet. in *Bedam* de vitâ Gutberti — *Vox almæ Patroni* Mundbopan. Et *Antiquat. Fuldens.* lib. 2. Chart. 39. —— *Sub vestro dominio vestroq; auxilio & defensione, seu* mundeburde, *omni tempore secura consistat*. Item ex Annuntiatione Caroli Regis ad Ludovicum fratrem —— *Filiam nostram Judith viduam secundum leges divinas & mundanas, sub tuitione Ecclesiastica, & Regio* mundeburde *constitutam, Baldwinus sibi furatus est in uxorem*. Plura ibidem & in legibus antiquis, è quibus exemplar unum atq; alterum adjiciam. *Ripuar.* tit. 35. §. 3. —— *Si quis ingenuam puellam, vel mulierem, quæ in verbo Regis, vel Ecclesiastica est, acceperit vel seduxerit, seu parentum voluntate de* mundeburde *abstulerit, 60 sol. culpab. judicetur*. Et tit. 58. §§. 12, & 13. —— *Quod si quis hominem Regium tabularium, tam baronem quàm fœminam, de* mundeburde *Regis abstulerit, 60 sol. culp. jud. Similiter ille qui tabulariam vel Ecclesiasticam fœminam, seu baronem de* mundeburde *Ecclesiæ abstulerit, 60 sol. culpab. judicetur, & nihilominus generatio eorum, ad* mundeburdem *Regis seu Ecclesiæ revertatur*. Capit. deniq; *Caroli* & *Ludov.* lib. 6. cap. 223. —— *Ut viduæ, orphani, & minus potentes, sub Dei defensione & nostro* mundeburde, *pacem habeant & eorum justitias acquirant*. En piissimi Imperatoris institutum, quo tandem effluxit in viduis, pupillis, orphanis, & wardis (quos vocant) nostris. Exemplum autem Chartæ de *mundeburde* Regis & Principis apud Marculphum habe lib. 2. form. 24. V. & ad. Item Form. Sol. 37, 38. V. Big. pa. 504, 506.

Item ex preuves de l'Hist. des Comtes de Guyenes p. 24. —— *Pippinus &c. Aquitan. Rex — ut omnes res ad monasterium &c. sub nostro* mundeburdo *vel immunitatis tuitione receperimus &c.*

Prohemium Eadgari R. de Cœnobitis regularibus instituendis: þa Mundbopan ureȝ ðar Eadiȝan Benedicteȝ ȝeretednesse ȝillice ȝe on ȝengon, i. *quæ Patroni nostri beati Benedicti traditione voluntariè suscepimus*.

¶ *Mundialis*.] Qui est in *mundeburde*, vel *mundio*, hoc est in protectione, tutelâ, vel patrocinio Regis, Ecclesiæ, vel alterius potentioris. *Pupillus, cliens, vassallus*. Vide supra *Mundeburde*, & *Mundium*. Epist. Ebonis Halitgario Episcopo apud *Flodoard*. lib. 2. ca. 19. — *Non dubito tua id notum esse caritati, quanta nobis Ecclesiastica disciplina, quantisq; nostrorum necessitatibus subditorum, & insuper* mundialium *oppressionibus, quibus quotidie agitamur, cura constringat*. Et Epist. *Hincmari* Epist. *Nicholao* Papæ ibidem lib. 3. cap. 12. adjectivè ponitur, scil. *lex mundialis*, pro eâ quæ jura *mundialium* tractat. — *Ut juxta Ecclesiasticam traditionem, prius Ecclesiæ, quam læserant, satisfacerent, & secundùm quod præcipiunt jura legum* mundialium, *exequi procurarent*.

¶ *Mundiatus*.] Uxor *Mundiata*. L. Longobard. Lib. 2. Tit . . . .

¶ *Mundius*, *Mundoaldus*, & *Mundualdus*.] Longobardorum legib. *fœminarum tutor* appellatur Big. V. Lind.

¶ *Munera*, & *Munuscula*.] Vide Xenia.

¶ *Municipium*.] Pro Castello. *Malm. Novel.* lib. 1. An. 1139. p. 181. de castellis condendis loquens — *His moti quidam potentes laici, qui se à Clericis & opum congerie, &* municipiorum *magnitudine superatum iri dolerent, &c.*

¶ *Munitio*.] Castellum. *Annal. Waverleiens.* in An. 1154. — *Gondreda Comitissa Warnicensis ejecit custodes Regis Stephani de castello Warnici, & tradidit eandem* munitionem *Henrico Duci Normanniæ*.

¶ *Munimenta*, *Munimina*.] Munitiones dicuntur Char. & instrumenta forensia, quibus jus suum prædiale quis *munire* possit & defendere. Legulæis nostris *muniments* & *miniments*. L. Longob. tit. 35. l. 9. — *Si quis possederit qualemcunq; rem mobilem aut immobilem per Chartam falsam, & probatum fuerit quod per ipsum* munimentum *falsum, rem ipsam possideat: non eum defendat possessio sua, hoc est 30 annorum*. Ibidem supra, l. 6. — *& dixerit*: quod munimen *suum absentatum fuisset*. Et post. — *Si intra 30 annos possessio ista fuerit, potestatem habent cum* munimine *suo dicendi quod voluerit, &c.* Disceptat. inter Episc. *Cicestr.* & Abbat. *de Bello* An. 1157. — *Lectis igitur coram Rege Chartis &* munitionibus *de hac eadem re, à Williel. magno subscriptis*.

¶ *Munsterium*, *Munsterialis*.] Synod. apud *Celchyt* An. 816. Ca. 2. — *sicut in libro* munsteriali *habet*, & mox, *per* munsterium. Et cap. 11. *aliquid alterius* munsterii *ad se pertrahere*.

¶ *Munus*.] Pro feudo militari. *Munera* olim dicta sunt, quæ postea Beneficia & demum feuda militaria. *Marculfus Formularum* lib. 1. cap. 12. *Dedit igitur prædictus vir (ille) per manum nostram, jam dictæ conjugi suæ (illi) Villas nuncupatos (illas) sitas in pago (illo) quas aut munere Regio, aut de allodio parentum, vel undecunq; ad præsens tenere videtur &c.* Hìc in Notis *Bignonius*: *Munere Regio* id est (inquit)

quit) *per beneficium Regis, quod postea feudum dictum est: licèt non ignorem à Regibus tunc quoq; in proprietatem prædia data*, ut infra Cap. 17. Hæc ille. *Gunterum* audi Poetam Ligurinum, in Constitutione Frederici 1.

Cujac. feud. pa. 247. *Si Patris dominum vassalli filius acri*
Læserit offensa; festinet providus illum
Conciliare pater: quod si contemnet agendum,
Munere *privetur. Si verò audire monentem*
Filius indomita neglexerit aure parentem,
Non erit in feudo successor idoneus illo.
Ni prius accensam Domini placuerit iram.

¶ *Muragium.*] Tributum, collecta, vel telonium ad muros reficiendos.

¶ *Murdrum.*] Legem *Murdri* V. in LL. *Ed. Conf.* capp. 15, 16. Gall. *meurtre* masc. homicidium. *Murtrier* masc. homicida.

Per parol. de **murder** *en grantes, le Grantee clama de aver americiaments de* murderes. Brok Tit. Quo Warrant. 2. Vide & adde alia vocabb. suis locis.

¶ *Muremium.*] Vide supra *Meremium.*

¶ *Musivum, Museacum.*] Plin. — Picturæ genus quà extare aliàs videntur formæ & imagines, aliàs autem depremi. Gregor. Turonens. lib. 5. ca. 45. *Ecclesiam fabricavit, quam columnis fulcivit, variavit marmore, musivo depinxit.*

¶ *Muta, tæ.*] Cavea, aviarium. Græcobarb. Μοῦσα, Italicum *Muta.* V. *Meurs.*

¶ *Mute.*] f. **a Kenel or Crie of Hounds.** Bailler la *meute*, & roui à un Cerf. **To follow after him with a full crie.** Dict.

¶ *Muta Canum.*] V. Tract. meum de homine interfecto ab Archiepiscopo. V. *Christ de Pise*, **a company of hounds**, i. Cohortem Canum, **a mute of hounds.**

¶ *Mut-hill.*] Apud Scotos *Mons placiti*, quod Vide.

¶ *Mutuli.*] L. *Ripuar.* tit. 60. De testamentis Regum vel de traditionibus & testibus, §. 4. —*Si autem ibidem infra terminationem, aliqua judicia sua arte, vel butina aut* mutuli *facta extiterint, ad sacramentum non admittatur, sed in præsente cum legis beneficio, cogatur restituere.* Audi quid *Lindenbrog.*

¶ *Mysterium.*] Vide *Misterium* & *Mestairie.*

¶  *Abulum, li.*] Merces nautica. *Anonym.* in vocab.

¶ *Nam.*] Saxonicum, Ablatio pignoris, quod hodierni forenses districtionem vocant, Anglicè **a distress.** Ductum à naman, i. *capere*; unde in Pro. Salom. Sax. nam, *tulit*: in Homil. nam: *cepit*, **he took.** Germani etiam nunc **nemmen** dicunt, pro *capere, prehendere, accipere.* Hinc antiqua forensia vocabula Verbalia quæ sequuntur.

¶ *Namatio.*] Districtio, captio pignoris, plegii, animalium. Apud Scotos dicitur pro ipsâ imparcatione; Anglicè **the Impounding.**

¶ *Namatus.*] Districtus. Direptâ bonorum portione (quod *namare* dicunt) punitus. Forensi idiomate *capto plegio*, hoc est, *pignore, mulctatus, vel ad redemptionem coactus.* Statut. pri. *Roberti* primi Scotor. Regis cap. 22. §. 3. —*Et qui fecerit & super hoc convictus fuerit, seu attayntus: sit raymatus* (*aliàs* namatus, *notat* Skenæus) *ad voluntatem Regis, & perdat servitium suum in tot à vitâ suâ.* Ibid. cap. 7. §. 3. — *Et quod nullus de cætero sit* namatus *pro aliquo debito nisi sit debitor vel plegius ipsius debitoris.*

¶ *Namium*, & *Namus.*] Captio; à Sax. naman, al. nyman *capere.* Voces prisci fori, hæc apud Scotos, illa apud Anglos veteres usitatior: Res, bona, animalia quæ per districtionem capiuntur significantes: Hoc est, ea quæ à possessore auferuntur legitimeq; retinentur, mulctæ vel pignoris nomine, quousq; id fecerit vel præstiterit, quod non sine injuriâ recusaverit.

Ll. *Canuti* MS. Cap. 18. quæ inscribitur de *namiis* capiendis.— ⁊ ne nim: nan man name man: &c. *Et nemo namium capiat in Comitatu vel extra Comitatum, priusquam ter in Hundreto suo rectum sibi perquisierit.* Si tertiâ vice rectum non habeat, eat quarta vice ad conventum totius Comitatus, quod Anglicè dicitur Syremotus, & ipse Comitatus ponat ei quartum terminum; qui si fallat, tunc licentiam accipiat ut ab hinc & inde suum audeat perquirere, provocando scil. ad ipsum Regem, ut ibidem l. 16. Et *Edgari* l. 2. Plenius hoc enarro, ut intelligas (Lector) haud licuisse sub his seculis in quacunq; re levi (ut hodierni moris est) Curias Regias illico advolare.

Statut. pri. *Roberti* pri. Cap. 7. De *namiis* capiendis §. 1.-- *Nullus de cætero capiat* namos *in alterius terrâ, vel feodo, pro debito suo sibi debito,*

bito, sine Balivo domini Regis, vel Balivo loci. §. 2. *Et* namus *sit mensurabilis secundùm quantitatem debiti.* §. 5. *Et nami & districtiones facta, retineantur in iisdem Baroniis (hoc est maneriis) ubi facta sunt (vel) si districtor habeat locum ubi poterit ponere tales* namos *seu districtiones.* Et Stat. 2. ca. 11. —— *Statutum est quod* nami *vel alia districtiones facta pro debito Regis aut per aliquam aliam occasionem, nullo modo vendi debeant infra* 40 *dies, à die captionis computandos.*

Charta Henr. 1. de libertatib. London. — *Quod si reddere noluerint* (debitores) *nec ad disrationandum venire: tunc cives quibus debita sua debent, capiant in Civitate,* namia *sua, vel de Comitatu in quo manet, qui debitum debet.*

Vide hic inferius *Vetitum namium.*

¶ ***Namo, as.***] Capio, sumo, accipio, prehendo. Vide ejus Etymon supra in *Nam.* Hinc *Namor aris*; atq, inde *Namptus.*

¶ ***Namptus.***] Particip. Captus, districtus. Le Grand Custumarie de Normandie cap. 4. à *Cowello* citat. —— *Deficientes (scil. Balivos) facere justiciarii, & ea de quibus judicium, vel recordatio habet fieri in Curiâ; debet* (scil. Justiciarius) *retrahere, vel recitari. Treugam dari, debet facere: quod est assecuratio pacis observanda.* Nampta *injustè capta per jus facere liberari.*

¶ ***Namptum.***] Consuetud. Normaniæ Cap. 4. —— *Debet Justitiarius* Nampta *injustè capta per jus facere deliberari.*

¶ ***Nastaid, Nasthait.***] L. Alman. tit. 56. De eo qui proximi sui defuncti uxori sine filiis relictæ dotem contradixerit. §. 2. —— *Si autem ipsa fœmina dixerit Maritus meus dedit mihi morgangeba — Tunc liceat illi mulieri jurare per pectus suum, & dicat; Quod maritus meus mihi dedit in potestate, & ego possidere debeo, hoc dicunt Alamanni* Nastaid. Inquit *Lindenbrog.* Germ. *Aid juramentum,* sed quid *Nast*, non liquet. Certe naſt Saxonibus nostris idem est quod nescis vel ignoras; Sed nec video quid hoc ad rem.

¶ ***Natalis,*** & ***Natalitia.***] Martyrum & Confessorum appellat Ecclesia, dies quibus soluti à vinculis carnis vitam ingrediuntur sempiternam: Sic *Natalis* S. *Remigii* quod V. L. & ad. Sic Decret. p. 2. Can. 24. q. 2. cap. 3. *In beati Petri* Natalitiis *absolutionem indulsimus.*

¶ ***Natalium restitutio.***] Hoc quære apud Jurisconsultos Imperii. V. Rer. Alam. to. 3. 79.

¶ ***Natio,*** & ***Nativitas.***] Pro generis & familiæ conditione. *Longobard.* lib. 1. tit. 9. l. 16. *Pro homine libero secundùm* nationem *suam.* Hiberni hodie vulgariter dicunt *nationem* pro genealogiæ vel gentis unius prosapiâ.

¶ ***Nativus.***] Vox forens. Is qui natus est servus, ut sic differat ab eo qui se venundari passus est. Servos enim alios *bondos* dicimus, alios *nativos*, alios *villanos.* Bondi sunt qui pactionis vinculo se astrinxerint in servitutem: unde & nomen, nam **bond** Anglicè *vinculum, Bondi* quasi astricti nuncupantur. De *Nativis* jam supra. *Villani*, sunt qui glebæ ascripti villam colunt dominicam, nec exire licet, sine domini licentiâ. Provincial. Angl. lib. 3. tit. De immunitate Eccles. cap. Accidit. *Magnates* &c. *inhibent laicis ipsorum tenentibus aut* Nativis, *ne ad Ordinariorum citationes pro suorum criminum vel excessuum correctionibus Canonicè subeundis — extra locum sui domicilii veniant vel compareant coram eis.* V. *Taciti* locum Big. 476. verb. *Accolabus.* Nativorum opera & præfationes V. in *Servis Alaman.* Tit. 22.

V. Chart. *Ric.* 2. quâ omnes manumittit à bondagio in Com. *Hertford.* datis Jun. R. 4. *Walsingh.* pag. 254.

¶ ***Native tenentes.***] Sunt (ipsi etiam liberi) qui terram tenent nativam; hoc est *nativorum* servitiis obnoxiam. Vide infra *Pares.*

In *nativo* etiam legitur pro *in nativitate*, vel natali. Sic *Hepidannus* in Annal. A. 920. *Rachilt in* nativo *S. Mariæ inclusa est.*

¶ ***Naturalizatio.***] Vox. for. Dicitur, cum quis extraneus vel alienigena apud nos, non tantum municeps factus est (quem *denizen* vocamus) Sed veluti natalitiis nostris donatus, ad omnes juris apices, & privilegia capescenda, potens undiq; efficitur. Quod ergo non Regio diplomate, & Senatusconsulto expetendum est. Potest autem virtute Regii diplomatis denizationem, hoc est municipium consequi, quo prædia comparet, possideat, dispónat, muniaq; omnia subeat uti naturalis indigena: hæreditariè autem nihil adeat simplici hoc nomine: Sed *Naturalizationis* pallio indutus, omnem adipiscitur plenitudinem.

¶ ***Naufus,*** al. ***Noffus.***] Sarcophagus ligneus. Gloss. *cophinum* dicimus. A Gal. *nau*, plurali *naufs* quod navem significat & rem cavatam in modum illius. *Greg. Turonens.* de glor. Confess. —— *Sancta corpora pallis &* naufis *exornata.* Sic vett. Codd. juxta *Lindenb.* L. Salic. tit. 57. §. 4. —— *Si quis hominem mortuum super alium in* Naufo *vel in petrâ miserit — sol.* 35 *culp. judic.* Et tit. 17. §. 3. — *Si quis mortuum hominem, aut in* Noffo, *aut in petrâ, qua vasa (ex usu)* sacrophagi *dicuntur, super alium miserit, den. qui faciunt sol. Lxii. culpab. judicetur.*

¶ ***Navium genera.***] Longæ *naves*, quibus Britanniam primò ingressi sunt Saxones, *celoces* & in MS. *ciules* dictæ sunt. *Monimutensis* lib. 6. cap. 10. Interea applicuerunt tres *celoces*, quas longas *naves* dicimus, in partes Cantiæ, plenæ armatis militibus; quibus duo fratres *Horsus* & *Hengistus* ducatum præstabant.

¶ *Nece-*

¶ **Necessuosus.**] *Flodoard.* lib. 3. cap. 26. — *Quia missus Imperatoris erat, & capitula ipsius pro defensandis advenis, &* Necessuosis *habebat.*

¶ **Nedfri.**] Vide *Nodfyrs.*

¶ **Nego, as.**] Pro *Neco cat.* Apud Amerpachium.

¶ **Negotium.**] Pro re vænali, merx. *Formul. vett. apud Bignonium* 45. — *Venditor vel commercius, quodlibet* negotium *potestatem habeat vendendi.*

Item pro ipsa venditione & mercatura. *Capitul. lib.* 5. *cap.* 210. — *Nemo propterea venditionis firmitatem irrumpat; quod dicit se vili pretio vendidisse; sed postquam factum est* negotium *non sit mutatum.*

Et lib. 1. ca. 131. De emptione in messe, &c. —— *Si hoc propter necessitatem comparat, ut sibi habeat, & aliis tribuat,* negotium *dicimus.*

¶ **Neif.**] Vox For. Serva, Nativa.

¶ **Neodfirs.**] Vide *Nodfyrs.* Nid & Nydde necessitas.

¶ **Neophyta.**] Tyro in re quavis. Religionis Candidata. Item rei cujusvis tyro.

Neophytus, Religionis candidatus.

Flodoard. lib. 3. cap..... — Neophitam *scilicet in Religione.* Et post. —— *Mancipia de præmissâ muliere Neophita acceperat.*

¶ **Nepus.**] Pro nepos. L. Salic. tit. 16. §§. 5. & 6.

¶ **Neuma, mæ.**] Nota musica. Unde *neumare* pro *notare.* Hugonis Rutlingens. Interpres, in Prohœmio, apud *Haiminsf.* Rer. Alam. 188. *Plures Doctores S. Ecclesiæ, & specialiter S. Gregorius & Ambrosius cantum Musicalem in duo volumina librorum, viz. in Antiphonarium & Graduale, collegit, dictavit, &* Neumavit, *seu notavit. Processu tamen temporis, quidam Alemani —— omissis clavibus & lineis quæ in* Neumâ *seu nota Musicali requiruntur, simpliciter in libris eorum notare cœperunt, & sic decantaverunt deinde juniores.*

¶ **Neumo, as.**] V. *Neuma.*

¶ **Niderling,** alias **Nidering.**) *Malm.* pa. 121. in *Will.* 2. *Anglos suos appellat* (Rex) *jubet ut compatriotas advocent ad obsidionem venire, nisi si qui velint sub nomine* Nidering, *quod nequam sonat, remanere. Angli qui nihil miserius putarent, quàm hujusce vocabuli dedecore aduri, catervatim ad Regem confluunt, & invincibilem exercitum faciunt.* Nescio quid sibi vult hoc vocabulum *Niderling* (cujus è regione in margine notatur aliàs *Nidering.*) Malmesberiensis autem interpretatur *nequam,* ut vides, sed undè id referat non intelligo. Ad conjecturas si transeamus, exponerem *Niderling* quasi *Nidlinge,* à vocabulis Anglo-Normanicis **nid**, i. *nidus,* & **ling** *pullus*: ac si ignavi isti homines, qui in exercitum proficisci nolunt, pullorum instar essent, qui de nido non audeant prodire: sed (heribanni rei) domi latitant & torpescunt.

Huc sonat quod in Breve legitur Regis *Johannis,* de conscribendo milite ad unumquemq; Angliæ Vicecomitem emisso, apud *Mat. Par.* in An. 1213. *Summone per bonos summonitores Comites, Barones, Milites, & omnes liberos homines & servientes &c. Quod sint apud Doveram ad instans clausum Pascha bene parati cum equis & armis &c. Et quod nullus remaneat qui arma portare possit sub nomine Culvertagii & perpetuæ servitutis.* Culvertagium dictum puto à Columbina timiditate; nam **Culver** idem est quod *columba. Philippus* Francus item utitur *Johannem* invasurus. ibid. fol. præcedent. in Cod. LL. Saxonicè autem ni [illegible] *exactor, fœnerator. Annal. Waverl.* MS. ab Authore coætaneo, in An. 1088. *Rex Will. junior misit per totam Angliam, & mandavit ut quicunq; foret* unnithing, *sive Francus, sive Anglicus, sive in burgo, sive extra, veniret ad eum: & adunato magno populo, ivit ad Rovecestre, & obsedit castellum &c.* Perspicuè scribitur unniþing Saxonico þ. i. th.

Mat. Paris in An. 1088. pa. 14. — *Ut ad obsidionem veniant jubet, nisi velint sub nomine* **Nithing**, *quod Latinè nequam sonat, recenseri.* Angli, qui nihil contumeliosius & vilius æstimant, quàm hujusmodi ignominioso vocabulo, &c.

¶ **Nisle.**) An. 3 Edward. 4 cap. 5.

¶ **Nigri libri.**) Pro Necromanticis. *Ekkehardus de Casib. Monast. S. Galli* ca. 2. — *Ne miremini (inquit) si Diabolus à quo* nigros libros *noctibus discunt, fascinatorum suorum calices ne offenderentur continuit.*

¶ **Niumgeldum, di.**) Boiis, idem quod Alamannis & Burgund. *Novigeldus* quod vide infra, & *Trimumgeldum.* L. Baiwar. tit. 1. cap. 3. §. 1. —— *Si quis res Ecclesiæ furaverit & exinde probatus fuerit de qualicunq; re* Niumgeldos *solvat, id est novem capita restituat.*

¶ **Nobilis.**) Auri nummi apud Anglos genus ante nostram memoriam exoletum. Ejus valor An. Dom. 1360. & 34 *Edwardi* 3. sic apparet in literis *Johannis* Regis Franciæ, Tractatum pacis Carnoti habitum inter dictos Reges confirmantibus. Artic. 13. — *Item accorde est que le Roy de France paiera au Roy d'Engleterre, trois milions descus d'or, dont les deux valent un* Noble *de la monnie d'Angleterre.* Intellige *Johannem* Regem Franciæ hæc soluturum fore pro redemptione suâ è captivitate *Edouardo* 3. Regi Angliæ.

¶ **Noctes,** & **Noctem de firmâ.**) Sæpe occurrit in Domesd. tot *Noctes de firma,* vel *firma tot noctium*; quod intelligendum est de esculentis, poculentisq; ad tot *noctes,* i. cœnas sufficientibus exhibendis, ut supra, fusius in voce *Firma* pro censu, quod vide. Domesd. titttt. *Essexa,* Rex. Hundred de *Chemeresford.*

Write'am. — *Tunc reddit hoc manerium* decem noctes de firmâ, *& x lib. modo reddit C l. ad pondus & C s. de Gersuma.*

Per *Noctes* autem computare præcipuè fuit in usu apud Anglo-Saxones nostros majores, velutì & Germanos, Gallos, borealesq; omnes gentes, ut ex antiquis ipsorum legibus passim habeas compertum. Morem etiam hodie retinemus qui simplicem septimanam à **senight**, q. **seven night**, i. *septem noctes*: geminatam **fortnight**, q. **fourteennight**, i. *quatuordecim noctes* appellamus. Diem quoq; in *noctis* consequentiâ statuebant, non è contra, Judæos secuti non Romanos. Festorumq; ideo solennitates à vespero præcedenti inchoabant. Rem *Tacitus* notat de Germanis pag. 480. qui cum Lunam, quam Isidem, & Proserpinam vocant, auspicatissimam sibi comparare studebant, omnem ei conferebant honorem; atq; sua omnia molimina ad aspectus ejus componebant. *Ideo coeunt* (inquit) *nisi quid fortuitum & subitum inciderit, certis diebus, cum aut inchoetur luna, aut impletur: nam agendis rebus, hoc auspicatissimum initium credunt. Nec dierum numerum ut nos, sed* noctium *computant. Sic constituunt, sic condicunt, nox ducere diem videtur.*

Rationem etiam habe non dissimilem apud Gallos jam olim à Cæsare commentatam. Lib. 6. pa. 119. —— *Galli se omnes ab Dite patre prognatos prædicant, idq; ab Druidibus proditum dicunt; ob eam caussam, spatium omnis temporis non numero dierum, sed noctium finiunt; & dies natales & annorum & mensium sic observant, ut noctem dies subsequatur.* V. L.

¶ *Nodfyrs*, aliàs *Nedfri.*] Sacrilegi ignes. Synod. sub *Carlomanno* Duce & Francorum Episcopis habit. An. 742. Capitular. lib. 5. cap. 2. —*sive sacrilegos ignes, quos* Nodfyrs *vocant; sive omnes, quæcunq; sunt paganorum observationes diligenter prohibeant.* Quem in locum *Lindenbrogius*: *Male*(inquit) *in aliis libris legitur* Nefratres ignes. In tomis Conciliorum, vitâ *B. Bonifacii*, & *Burchardo*, — *sive illos sacrilegos ignes, quos* Nedfri *vocant.* Rusticani homines in multis Germaniæ locis, festo S. *Johannis*, palo ex sepe extracto, funem circumligant; illumq; huc illuc ducunt, donec ignem concipiat: quem stipula aliisq; aridioribus lignis aggestis curatè fovent, ac cineres collectos supra olera spargunt, hoc medio erucas abigi posse inani superstitione credentes. Eum ergo ignem **Nodfeur**, quasi necessarium ignem vocant. Hæc ille. Sed nec vox *Nedfri* aliena est omnino ab istâ significatione apud Saxones nostros; Neb enim necessarium sonat, ꝼyꞃ ignem. Ego tamen aliam voci originem statuo: dictam scil. à prisco Sax. Neoꝺ quod obsequium sonat: perinde **Nod-fire**, ignes esse in obsequium numinum Ethnicorum editos. Prohemium *Eadgari* Regis de Cœnobitis regularibus introducendis. To Cyngeꞃ ꞃoꝺlice neoꝺ &c. *Ad Regis verò obsequium*, pa. 150. Eadmeri. Et pa. seq. ꝥyꝺeꞃ neoꝺ iꞅ. *quo necesse est.*

De his Concil. Constantinop. in *Trullo* An. .... ca. 69. —— *Qui in noviluniis à quibusdam ante suas officinas accenduntur rogi, super quos etiam antiqua quadam consuetudine, salire ineptè & delirare solent, jubemus deinceps cessare. Quisquis igitur tale quid fecerit, si sit Clericus deponatur; sin autem laicus segregetur.* Ibi Ehingerus. *Hanc impiam consuetudinem hodie in Germaniâ, in festo S. Johannis Baptistæ observant quidam, ut in plateis excitato igne, super ipsum saliant. Sed Pii Evangelici magistratus per ministros urbis, tales ignes discipant, & delirantes de plateis abigunt.* pag. 411.

¶ *Nossus*, *si.*] Sarcophagus ligneus. V. supra *Nausus.*

¶ *Nola*, & *Nolula.*] Vide Campana.

¶ *Nomenclator*, & *Nomenculator.*] Concil. Roman. 2. Sub *Zachar*. Papâ An. 745. —— *Præpositis in medio sacrosanctis Evangeliis; astantibus quoq; Diaconibus vel cuncto Clero: Gregorius Notarius regionarius &* Nomenculator *dixit*: Deneardus religiosus Presbyter, legatus — præ velo est, & petit se ingredi. Quid præcipitis? Dictum est ingrediatur. Ubi in notis, *Nomenculator*, aliàs *Nomenclator*, de quo sicut & de saccellario (cujus in fine (illius paragraphi) mentio habetur) agit *Onuphrius* lib. de vocibus Ecclesiæ, & *Brissonius*. lib. de vocibus. Estq; is cui Saccus seu Saccellus, de quo S. Augustin. Con. 3. Psal. commissus. Hodie *Thesaurarius*. In Caroli Magni Constitutionibus, *Castularius*, hodie **kastmeister**, à Cistâ. In quibusdam Monasteriis *Bursarii*, qui fortè sunt illi, quos *Hincmarus* Epist. 3. vocat *Bersarios*. Hæc illic.

Flodoard. Histor. lib. 3. ca. 21. — *Gregorio quoq; ejusdem Romanæ Ecclesiæ* Nomenculatori *& Apocrisiario* (scripsit Hincmarus Epis. Remens.) *petens ut inter fideles amicos suos eum tenere dignetur.*

¶ *Nona*, *næ.*] Meridies. Tempus prandii. In antiquis maneriorum membranis, *Nona* crebro usu venit pro meridie, quæ inde Anglicè appellatur **None** & **None-tide**, quod Saxonicè tamen expressè sonat *horam nonam*, id est pomeridianam tertiam: non meridiem. Ratio à Romanorum cœna ducta est: quæ hora diei *nona* fuit; nec solenniter antea comedebant. Quod enim prandium dicitur levius parciusq; sumebatur circa meridiem, unde & nomen; nam ἔνδιον authore *Plutarcho* in Symposiacis tempus meridianum significat. Et quod postea jentaculum dictum est, olim prandium appellabatur.

Clerici etiam ante horam diei tertiam non iniebant convivia. Unde S. *Martini Bracarensis*, collectio Oriental. canonum cap. 65. Ubi

Ubi in rubricâ sic — *De eo quod non liceat Clericis ante horam tertiam prandere.* Et in textu ; Non oportet Clericos vel Religiosos ante sacram horam diei tertiam, inire convivia. q.

Hardecnutus 4. prandia curialibus suis in die apponebat. Reges verò Anglo-Normanni ævo *H. Huntington.* semel tantum in die suis escam anteponebant. *Huntington.* in *Hardecnut.* pa. 365. l. 16. Vide Archæol. pag. 121.

¶ *Nonæ & decimæ.*] Juxta quorundam opinionem *Decimas* omnes dabant de jure ; *Nonas* Pii quidam ex propensiori in Deum animo.

Concil. Valentin. An. 855. Ca. 10. — *Placuit ut edictis Principum jussum est :* Nonæ & decimæ *ipsis Ecclesiis undè subtractæ sunt fideliter persolvantur.*

Concil. Turonens. 3. à *Carol Magno* cebrat. An. 813. Sub *Leone* PP. Ca. 46. — Nonas & decimas, *qui res Ecclesiasticas tenent , solvere rectoribus Ecclesiarum ordinati sunt , ad luminaria & stipendia Clericorum ; multis in locis abstractas esse vidimus. Quod sæpè jam missis vestris in publicis indicavimus placitis : Sed inde hactenus aut parum aut nullum consecuti sumus effectum.*

Concil. Mogunt. sub iisdem Carol. & Leon. anno eodem Can. 42. *Quicunq; beneficium Ecclesiasticum habent ad tecta Ecclesiæ restauranda, vel ipsas Ecclesias emendandas, omnino adjuvent ,* & Nonam & decimam *reddant.*

Concil. Meldens. An. 845. Can. 62. — *Hi verò qui rebus Ecclesiasticis,* Nonas & decimas *persolvere, & sarta tecta Ecclesiæ secundùm antiquam authoritatem & consuetudinem restaurare debent, & hoc non solùm negligunt, verùm & per contemptum dimittunt, atq; Clericos fame, penuriâ, Ecclesiastica quoq; ædificia dissolutione adnullari permittunt , tam diu ab Ecclesiasticâ communione separentur , usq; dum diligentia emendare studeant, quod socordia neglexerunt,* to. 3. A. 613.

Hanc opinionem explodit *Jo. Seldenus* & licèt *Decimas* fateatur datas ex jure Ecclesiastico ; *Nonas* tamen censum seu redditum illum agrarium fuisse contendit, quem elocator Ecclesiasticus , à conductore percipiebat. Decimar. Hist. cap. 6. Sect. 7. pa. 113. multa citans Concilia & leges antiquas , quæ nos utiq; illo inconsulto concinnati sumus. Fortè autem fortuito in Canonem non incidit , qui suam hanc sententiam labefactatur. Sic autem apud *Benedictum Levitam* Capitular. lib. 5. Can. 127. cui sic titulus — *De* nonis & decimis *vel censu Ecclesiarum.* Et in textu. —— *De rebus verò Ecclesiarum unde nunc census exeunt,* Decima & Nona *cum ipso censu solvantur : & undè antea non exierunt similiter* & Nonæ & Decimæ *dentur. De casatis verò 50 solidus 1. de 30 dimidius solidus, de 20 tremissis unus. Et ut precaria modo renoventur & ubi non sunt scriptæ, fiat descriptio inter conventores de verbo nostro.*

Capitular. Carol. Mag. lib. 1. cap. 163. — *Ut qui Ecclesiarum beneficia* (i. feuda) *habent ,* nonam & decimam *ex eis , Ecclesiæ cujus res sunt, donent : & qui tale beneficium habent, unde ad medietatem laborent , de eorum portione proprio presbytero,* Decimas *donent.*

Lib. 2. Cap. 21. — *Volumus atq; jubemus , ut de omni conlaborario , & de vino & fœno, fideliter & plenarie* Nona & Decima *persolvatur.*

Lib. 4. Cap. 40. *Consideratum est, ut de frugibus terræ & animalibus nutrimine* Nonæ & Decimæ *persolvantur. Et* (post aliquot) *qui* Nonas & Decimas *dare neglexerit primum quidem illas cum lege sua restituat & insuper bannum nostrum solvat, ut castigatus caveat, ne sæpius iterando beneficium amittat.*

L. 5. Cap. 157. *De rebus verò Ecclesiarum unde nunc census exeunt,* Decima & Nona *cum ipso censu solvantur, & unde antea non exierunt, similiter* & Nonæ & Decimæ *dentur. De casatis verò 50 sol. 1. de 30 dimidius sol. de 20 tremissis unus.*

Ibidem cap. 145. *De his qui* Nonas & Decimas *jam per multos annos aut ex parte aut ex toto dare neglexerunt : volumus ut per missos nostros constringantur , & secundùm Capitularem priorem solvant* Nonas & Decimas, *& insuper bannum nostrum. Et hoc eis denuntietur, quod quicunq; hanc negligentiam iteraverit, beneficium unde hæc* Nona & Decima *persolvi debuit, amissurum se sciat.*

Capitul. Domini *Karoli* Regis cap. 4. 18. —*Hi verò qui ex rebus Ecclesiasticis* Nonas & Decimas *persolvere , & sarta tecta Ecclesiæ secundùm antiquam authoritatem & consuetudinem restaurare debent; & hoc non solum negligunt verum & per contemptum dimittunt* —— *ab Ecclesiastica communione separentur, usq; &c.* Omnia verbatim ex *Meldens.* Concil. Can. 62. hic supra.

V. *Nonæ* apud *Flodoard.* Hist. Rem. 142, 157. b. 168. 227. b. 409.

Præceptum Ludovici Imp. apud *Flodoard.* l.b. 2. cap. 19. —— *Sicut decretum est à piæ recordationis domino & avo nostro Pippino ,* Decimas & Nonas *eidem Ecclesiæ sanctæ* (Remensi) *ex rebus quas inde habent persolvant.*

Præcept. restitutionis *Caroli* Cal. ibid. lib. 3. cap. 3. *Carolus Dei gratia Rex omnibus Comitibus, Abbatibus, &c. Jubemus, ut quisquis &c. ex Remorum Ecclesiæ rebus sive Episcopatus* —— *Hincmari venerabilis Archiepiscopi aliquid habere dinoscitur, sive per largitionis nostræ concessionem, sive per &c.* Nonam & Decimam *in Missorum nostrorum præsentia, Misso Ecclesiæ S. Mariæ vel S. Remigii Remorum sive Hincmari — revadiet, & annis singulis ad eandem — Ecclesiam persolvere — studeat. Quicunq; verò contra hanc nostræ authoritatis præceptionem , de hoc fieri præsumpserit, sciat, secundùm digna memoriæ avi & piæ recordationis genitoris nostri, capitula se emendaturum, & ipsas easdem res absq; alicujus intercessionis impetratione amissurum.*

Et lib. 3. cap. 20. pa. 228. —— *Carolus Pipini Regis filius eandem villam* (Dudiciacam) *apud Tilpinum Archiepiscopum obtinuerit in præstariam, ea conditione, ut Capellas ad ipsam pertinentes, cum* Nonis & Decimis, *Episcopus Remorum retineret, &c.*

Append. ibidem, de villa Noviliaco—*Dedit villam Novilliacum in beneficio Anschero Saxoni, qui* Nonas & Decimas, *ad partem Remensis Ecclesiæ de ipsa villa usq; ad mortem persolvit.*

¶ *Nonæ, Nonalia.*] Gloss. in Cas. *Ekkehardi* junioris Cap. 9. Ex *Ugutio Nonnales* & *Nonalia* dicuntur *Nonæ & Nundinæ.*

¶ *Nonalis*, & *Nonalia.*] *Ekkehard.* jun. Cas. cap. 9. —— *Nam in* Ekkehardo *natura & studio caritatis dulcedine pleno, spiritus cunctorum quieverat: qui de Jonswilare, quod, ut diximus, ipse requisivit & tenuit, hebdomadam septem cottidie victualium statuit, cum pane abundo, & quinq; mensuris de cervisia: quarum quintam* Nonalem *quidem vino comparari voluit.* Ubi in Gloss. *Haiminsfeldus* pag. 201. fusiùs sic disputat. *Quæ est Cervisia* Nonalis? *An quæ à tributariis* Nonarum *penditur? Nam* Nonæ & Decimæ *tributorum species, cum* Nona *vel* Decima *pars exigitur, de quibus in Capitularibus Caroli* M. in Additionibus Anni 16. cap. 5, 6, 7, 10, 12. & apud *Ansegisum* Abbatem lib. 1. tit. *De* Nonis & Decimis. *An* Nonalis, *id est, festiva, sicut festiva copia dicitur à Latinis?* Ugutio; Nonales *vel* Nonalia *dicuntur* Nonæ & Nundinæ.

An Nonalis, *quæ fratribus dabatur circa* Nonam, *quæ est hora tertia*, **umb die non zit**, *quo tempore merenda solet sumi, quæ Alamannis corruptè* **Brend**? Infra cap. 11. *Abbas invitat tandem omnes pariter ad* Nonales *fratrum biberes; ibi tanta hilaritate usq; ad vesperum jam penè sonatum commanent &c. Sed profectò quod dicam, habeo; quod affirmem, nihil est.* Hæc ille: qui in Glossa tamen ad novissimum hunc locum adjungit. *Supra* Nonalem *cervisiam dixit. An ergo & hic legendum* bieres, **Bier**? *An* Nonales *biberes vocat haustus vespertinos*, **Abendtrunck**? *Certè Angli, postmeridianas & vespertinas compotationes in Academiarum jurisq; Collegiis* **bevers** *vocamus, quod ex more suo Germani facilè* biberes *pronunciant:* b *nimirum pro* u: *Sed & easdem passim adhuc* None—*meales.q.* Nonalia *edulia nuncupamus.* Vide jam supra *Nona.*

¶ *Nonna, næ; Nonnana, Nonnanis,* & *Nunnanis.*] Monialis, soror velata. Monacha, Græ.

Nonnarum appellationem sub primis Ecclesiæ sæculis innotuisse non est dubium. Ejus meminere inter Græcos antiquos *Eusebius, Suidas*, inter Patres Latinos, *Hieronymus* in Epistol. ad *Eustochium*: *Et quia* (inquit) *maritorum expertæ dominatum, viduitatis præferunt libertatem, castæ vocantur &* Nonnæ. In quem locum *Erasmus* —— *Apparet hoc verbi* (Nonnæ) *ab Ægyptiis in vulgi sermonem venisse. Solent enim aliquoties, res ejus gentis sortiri vocabula, in qua præcipuæ fuerint, aut unde natæ sint. Ægyptus autem, præter cæteras provincias monachorum gregibus abundabat; quorum lingua puto monachos & sanctos* Nonnos *fuisse vocatos, monachas & Virgines* Nonnas. *Nam meminit Suidas* Nonni *cujusdam Ægyptii, qui Partheneium theologum versibus sit interpretatus. Et parthenos Græcè Virginem sonat, quasi virgo scripserit in Virginem. Deniq; in hac eadem Epistolà, aliquanto inferiùs, cum de monachorum agit generibus, Ægyptiis utitur vocabulis.* Hæc ille.

Sed audi aliam longè diversam sententiam *Amerpachii*, in Notis ad brevissimum illud Capitulum in Constitutionibus *Caroli Mag.* quod ibidem inscribitur Clericis & Nunnadibus, editione autem *Lindenbrogiana*, Capitular. lib. 1. cap. 17. Clericis & Nonnabus, Constitutionis verba sunt hæc, *Item in Concilio* (eodem Laodicensi) *præcipitur, quod non oporteat mulieres ad altare ingredi.* Caput (inquit *Amerpachius*) non convenit: Cum Canon generaliter loquatur de mulieribus, & Caput sit de Clericis & Nunnadibus. Ita enim & alibi appellantur sacræ Virgines, vocabulo sumpto à Germanis, per translationem, quod propriè significat *Suem fœminiam castratam*, sicut è contra ferè nos Græca voce nominamus equos castratos ab iis, qui se castrant propter Regnum Dei.

Concil. *Clovishovens.* An. Dom. 747. Ca. 19. —— *Monachi seu* Nunnones *suo majori regulariter constituto humiliter subjecti sint.*

Nonnana & *Nonnanis*, idem quod *Nonna.* Vide jam supra id verb.

¶ *Nonnus, ni.*] Monachus.

¶ *Non obstante.*] Chart. *Celestini* Papæ 1191. *Hov.* pag. 754. & 48. 14. Literæ pat. Johannis Ducis Britan. contra Judæos An. Dom. 1239. Hist. de Bret. liv. 4. cap. 23. —— *Quod si contra istam ordinationem me venire contigerit, Episcopi possunt nos excommunicare, & terras nostras in suis diocesibus supponere interdicto*, non obstante *aliquo privilegio impetrato vel impetrando.*

Mat. Westm. in. An. 1244. pag. 177. —— *Utens hac edibili adjectione*, non obstante

stante *privilegio &c.* V. *M.Par.* 677. l. 30. & 706, & 784, 757, 937.

An. 1246. circa an. Reg. 30. Antiqq. Brit. Eccl. pag. 179. l. 41. Inter gravamina Papalia Regno Angl. illata & ab *Hen.* 3. in capitula redacta, viz. cap. 5. — *Praterea ille novus & prioribus omnibus seculis inauditus Papalis nuncius & advena qui* NON OBSTANTE *dicitur &c.* V. *Innocentius* Pap. in privilegio Regi *Hen.* 3. de gravaminibus conquerenti indulto, fatetur multa contra privilegia prius concessa perpetrari. *Sed omnia* (inquit) *hac & alia per hoc repagulum* Non obstante, *infirmantur*: (& velut odio rem habens, exclamans ait :) *ubi ergo fides? ubi jura, qua scriptis solebant solidari?* (sibiq; respondens, ait :) *exularunt.* Parisius in *Hen.* 3. sub An 1246.

¶ *Nosturma.*] Aimoin. lib. 4. cap. 26. *Collegit lectam è Francia bellatoribus scaram; quam* nosturmam *vel cuneam appellare possumus.*

¶ *Notarius.*] Legi (sed locum nescio) *Notarios* publicos Bullâ papali hic in Angliâ institutos esse tempore Regis *Ric.* 2. sed hos fortè in re Ecclesiæ. Reperio autem *Notarios* nominari in Chartis *Edw. Confess.* scil. in lib. Privileg. Sanctuarii *Westm.* in fine Chartæ ejus 2. fol. 9. b. in subscriptionib. —— *Ego Reynbaldus Cancellarius* ✠. Et infra, *Swyergarus* Notarius *ad vicem Reynbaldi Regia dignitatis Cancellarii hanc Chartam scripsi & subscripsi in Dei nomine fœliciter Amen.* Et in fine 3 Chartæ — *Ego Reynbaldus relegi & sigillavi* ✠. inferius in ultimis — *Ego Alfgeatus* Notarius *ad vicem Reynbaldi Regia dignitatis Cancellarii hoc privilegium scripsi & subscripsi. Dei nomine* fœliciter Amen. fol. 14. a. b.

¶ *Notæ*, & *Notulæ.*] Dicuntur brachygraphiæ, h. compendiosæ scriptionis characteres; quibus Scribæ & Cancellarii principum dictata illico designabant, al. *Sigla.* *Ekkehardus* Ju. Caff. S. Galli cap. 16. —— *Ekkehardum autem* notularum *peritissimus penè omnia (qua in Ottonum colloquio transierant) hac, eisdem notavit in tabulâ verbis. Quibus Otto multum delectatus est, sibi relectis, cum ipse præter* notulas *nihil viderit in tabulâ.*

¶ *Notnunfti.*] Violentia. L. Frisonum tit. octavus inscribitur De *Notnumfti*, & sequitur — *Si quis rem quamlibet vi rapuerit, in duplum eam restituere compellatur.* Lindenb. Gloss. Latino-Theotisc.

¶ *Novale.*] Ex cartulario Abbathiæ de Furnesse in Com. Lanc. in officio Ducat. Lan. fol. 41 b.

—— *Item nota, quod* Novale *est ager nunc primùm præcisus, ut extra verborum significationibus innovata, ubi glossa dicitur* Novale, *terra de novo ad culturam redacta, cujus non extat memoria quod culta fuisset ibidem; & quod* Novale *semel fuit, semper erit* Novale, *quoad Decimarum retentionem vel solutionem.*

¶ *Novemgeldi*, & *Novigildus.*] L. Al. tit. 99. V. supra *Niumgeldum.*

¶ *Nudimanus.*] Qui nihil adfert; manus nudas & inanes habens. Sic ut *nudipes.* *Ekkehard.* Ju. Cas. S. Gal. cap. 2. —— *Devovit — nequaquam venire* nudimanum. V. R. Al. 179.

¶ *Numerus.*] Pro cohorte. Ita sæpè in Notitiâ Imp. fol. 161. Sub Comite litoris Sax. in Brit. *Præpositus* numeri *Fortensiam Othona.* *Præpositus* numeri *Turnacensium, Lemannis.* Chrysost. hom. 22. in Act. Apost. *Choros* (inquit) *erat qua vocatur* Numerus, quod & *Oecumenius* in cap. 10. Act. Apost. recitat, & Tripartit. lib. 1. ca. 9. innuere videtur. Sed quandoq; pro quibuscunq; militum copiis *Numeri* accipiuntur (ait) *Pancirolus.* Vide ibidem §. ult. & Νȣμερος apud *Meurs.* Et *Lipsius* notat *Numeros*, inferiori ævo crebrò legi sive de cohortibus, sive de legionibus ipsis *Milit. Rom.* pa. 82.

¶ *Numerorum* Notæ apud antiquos variè designantur, quarum aliquot nos hic ideo referendas duximus. V. Baron. An. 770. nu. 16. pa. 331.

¶ *Nummata terræ.*] Idem quod denariatus terræ. *Chart. vet. S. D.* Wil. Fr. H. Reg. Angl. omnibus amicis suis & hominibus suis Anglicis & Francis, tam futuris quàm præsentibus Sal. Sciatis me dedisse & concessisse Ecclesiæ S. Mariæ de Walsingham, & Canonicis ibidem Deo servientibus in perpetuam elemosinam 40 *nummatas* terræ in Walsingham, quæ fuit Archetel & Brinig fratris ejus de soccâ Wichtune, liberè quietè & honorificè absque omni servitio & omni consuetudine. Test. *Engeler. de Foun* & *Rich. de Lahai*, & *Rad. de Tonei*, & *Alan. de Falcis*, & *Rob. de Briencurt*, & *Rad. de Clarâ*, & *Galf. de Tresgot*, & *Bartolom. de Wihtuniâ*, & *Hug.* & *Howard*, & *Ocelin*, & *Lefwine filio Wig.* & *Gauf. ejus filius.*

Notatur in dorso, manu vetustâ, Carta *Will. Longespe* Fr. Regis de duobus soccagiis de Wichton quæ fuerunt Archetell & Brining.

¶ *Nummus.*] Pro simplici denario. Chart. antiq. sine datâ. *Sciant &c. quod ego Cunei filius Johannis filii Mighi, concessi, & in perpetuam elemosynam dedi Ecclesia S. Maria Magdala apud Norwic', & fratribus & sororibus ibi &c.* 12 nummos *reditus in Westfield pro salute &c. quicunq; hanc tenuram tenet post obitum illius (S. Godrici) super Altare in diem festi S. Maria Magdal' annuatim reddat* 12 *denarios. His testibus &c.* Mat. Westm. An. 1095. — *Cum verò essent plus quàm* CCC *armatorum millia (in Terra sancta) tanta eis suppetebat copia, ut aries uno* nummo, *bos vix* 12 nummis *venderentur.*

¶ *Nuncius.*] Pro serviente Curiæ qui literas citatorias & præcepta forensia exequitur. Anglicè **Apparitor, Sergeant, Beadle.**

¶ *Nun-*

¶ ***Nuntius.***] Pro Legato Pontificis Romani. *Hol.* 239.

¶ ***Nunnanis, Nonnanis, Nonna.***) Quod vide supra.

¶ ***Nusca.***] L. Anglior. & Werinor. tit. 6. §. 6. — *Mater moriens filio terram, mancipia, pecuniam, dimittit: filiæ verò spolia colli, i. muranas,* nuscas *monilia, inaures, vestes, armillas &c. Lindenb.* Gloss. Latino-Theotisc. *fibula, nusca.* Item *lunula. Nusculi.*

¶ ***Nydbedripes,*** al. ***Nied.***] Grand. Custumar. Monast. de *Bello,* Tit. *Bromhame* fol. 91. a. —— *Alicia Frere tenet &c. Et debet inde de reddit. &c. Et de horsgabulo ut supra* 4 d *facare per 3 dies, cariare fenum ad 3* Nydbedripes *in autumpno, cum 2 hominibus.* Post nonnulla ibidem. *Jo. Iverton debet metere & ligare in autumpno* 1 *nedacram, invenire* 1 *hominem per 3 dies ad* Nydbedripes *ad metendum à meridie usq; vesperas.* Similiter fol. seq. *Rogerus Cray.*

¶ O*Ba.*] Vide *Hoba.*

¶ ***Obcæcare.***) Pro occludere; ut *Fossas obcæcare*, i. desuper occludere, ne pateant.

¶ ***Obedientiæ.***] Concil. Eboracens. An. 1195. Hoved. pa. 756. — *redditus quos* obedientias *vocant.*

¶ ***Oberos.***] Longobar. 1. tit. 24. l. 5. —— *Mulier curtis rupturam, quod est* oberos *facere non potest: quod absurdum esse videtur, ut mulier libera aut ancilla, quasi vir cum armis vim facere possit.* Et L. seq. — *Si quis peculium suum de clausura aliena tulerit occultè, & non rogaverit, componat curtis rupturam, id est* oberos, *fol.* 20. Et tit. 36. l. 4. —— *Si servus Regis,* oberos, *aut vecorin, aut mervorphin, aut quamlibet talem culpam, aut minorem fecerit, ita componat sicut de servis aliorum exercitalium decretum est.* Legendum autumat Lindenbrog. *Hoberis. Hobe* (inquit) vel *Hove,* sive ut nunc pronunciatur **hoff**, Germanis, & quod *Curtis* Gall.

¶ ***Obeissentia.***] Concordia finalis inter Jo. Duc. Britan. & Alanum Trecorens. Episc. &c. An. 1267. Hist. Bret. l. 4. cap. 24. — *quod nos debeamus habere* obeissentiam *& districtum in terris & hominibus Regalium Trecorensium, & in feudis Ecclesiæ Trecorensis.* Et mox. *Salvis nobis & nostris heredibus,* obeissentiis, *& redevanciis nostris à dictis hominibus, de terris & feudis, quas & quos tenent &c.*

¶ ***Oblatæ.***) Sunt panes azymi quos olim in Ecclesi offerebant Christiani ἐν ταῖς ἀγάπαις (i. *in conviviis charitatis*) ut loquitur *B. Judas* Apostolus. Quos si consecrabant, *hostiæ* dicebantur. Si hujusmodi convivia faciebant, & benedictos distribuebant in fratres *eulogiæ*, à posterioribus *oblatæ* ab offerendo. *Isso de Miracul. S. Othmari* lib. 1. cap. 3. — *quædam panis rotulæ, quæ vulgò* oblatæ *dicuntur.* Frequens earum apud Alamannos, sed in usum prophanum, confectio, retinentq; nomen antiquum. Exempla in *Ephemerid.* Sic Gloss. *Haiminsfeld.* in *Burchardi* Cass. S. Galli cap. 6. Ubi sic legitur. —— *Quod autem auxerit prabendam ex hoc concicio; quia in hebdomadâ Pascali, etiam in meridie, vinum & oblatas fratribus dari constituit,* to. 1. 118. c Al. V. *Oblata* in Capitul. & perpende an huc pertineant aliâs. L.

Naogeorgus lib. 4. de ritu agens celebrandi festum Ascensionis, —— *Post hæc iis dejicitur panis, quem barbara turba nuncupat* Oblatas; *cui sæpè admixta papyrus imponit pueris: finiunt magno omnia risu.*

¶ ***Obligatores.***) Qui fascinationibus, quas ligaturas vocant, utuntur. Capitul. lib. 1. cap. 64. — *Præcipimus, ut nec canculatores, nec incantatores, nec tempestarii, nec* obligatores *faciant &c.*

¶ ***Obmallo, as.***) Causam in *mallo* ago, teneo, lite ago. Partes alterius in *mallo* tueor.

Formul. Solen. 9. — *Jubemus ut memoratus Pontifex — seu advocatus ejus in vicem authorum suorum, causas ipsius licentiam habeat adsumendi vel* Obmallandi. *L. Salica tit.* 37. Si legem noverit potuerit se *Obmallare* ut leudem non solvat. Vide *Mallo* & *Admallo.*

¶ ***Oblata terræ.***) Vide *Fardella*, & *Nummata.*

¶ ***Obscario, onis.***) Longob. lib. 2. tit. 55. l. 19. *Si quis in Curte Regis causam habuerit, & evenerit ut prius curtis Regis sacramentum deducere debeat, si minor causa de 20 sol. fuerit, per sacramentum* obscarionum, *cum actoribus finiatur.* Gloss. *Obscariones,* Carcerum custodes. Chronicon Sangal. de Carolo Magno lib. 2. pa. 376. —— *Dixit nominatus non revera Episcopus ad ostiarium vel* scarionem

nem *suum, cujus dignitatis aut ministerii viri apud antiquos Romanos Aedilitiorum nomine censebantur.* Forsan sic quoq; intelligendum; quod in veteri martyrologio legitur in vitâ S. Victoris — *Amputatum est caput ejus ab* scurrone. Et paulo post — *Fecit eas incendi ante se ab* scurrone. *Lindenbr.*

¶ *Obolatà terræ*, & *Obolus terræ.*] Occurrunt diversè & incertè. Quidam (*Thomasius*) asserunt *Obolum terræ* continere longitudine 10 pedes; latitudine 5. tota scil. superficie 50. In Jure autem nostro *Obolata terræ* longè aliter videtur accipi, ut notavimus supra in *Ferdella*, ubi de *quadrantata, obolata, denariata, solidata, & librata*, terræ mentionem fecimus, licèt haud explicitam.

Alii *Obulatam terræ* exponunt de dimidio perticatu; nam *denariatum terræ* pro ipso perticatu accipiunt, qui juxta Stat. *de terris mensurandis*, 16 pedes & dimid. continet. Niger Codex Prioris Lewens. Manerii sui de *Hecham* fact. an. 4. Hen. 6. pa. 17. *Sibill' Bartelot tenet unam acram & 5* denariatus terræ *in eodem tenemento Makayt &c.* Hoc in recentiori Supravisione exhibetur: *Willielmus Fokyn tenet 1 acram & 5* perticatus terræ *quondam Sibillæ Bartelot.* Pag. 21. *In manu domini post mortem J. S.* 4 denariat. *&* 1 Obolatum terræ *in Tenemento Cutteby.* Pag. 35. *J. H. & J. uxor ejus — tenent dimid. rodam & 3* denariat. terræ *in fine boreali Messuagii &c.* Pa. 48. *Sim. Lucas tenet* 3 Obolatas terræ, *cum 1 cotagio &c.* Ex his constat *denariatam terræ* non solum acrâ minorem esse, sed & dimidium Rodæ, quod acræ pars octava est, plures etiam *denariatas* comprehendere. *Obolatam* etiam partem esse *denariatæ.* Quadrat hoc certè adamussim cum veteri quadam computationis genere, memoriæ causâ ab agrimensoribus excogitato. Siquidem acram terræ marcæ argenti assimulantes, totidem in hac denarios numerant quot in illâ perticas, in utraq. scil. 160. dividentesq; perticas in dimidia, & quarterios: his opponunt utiq; *Obolos* & quadrantes argenteos: Sic ut acra contineat 160 denarios, 320 *Obolos*, & 640 quadrantes.

¶ *Occasio.*] Pro molestiâ, impedimento, litis jurisq; actione. Chart. libertatt. Hen. 1. *Quoniam Regnum oppressum erat injustis* occasionibus *& exactionibus.*

Chart. Forest. cap. 12. *Unusquisq; liber homo de cætero sine* occasione *faciat in bosco suo vel in terra sua* —— *molendina, vivaria, &c.*

¶ *Occasiono, nas.*] Vox for. Inquieto, in jus traho, litibus ango.

¶ *Occationes.*] Essarta quæ dicuntur in Forestis, alias *Exarta.* Plinio interlucationes, Angl. **Assarts.** Dictæ, ab *occa*, non ab *occasu.* Harum meminit *Gervasius Tilberiens.* & *Manwoodus*, ut supra diximus in voce *Essartum*, quod vide.

¶ *Occia.*] Brito Armorican. Philippid. lib. 2. pa. 253. l. 27.

Nunc conto, nunc clava capit, nunc vero bipennis
Excerebrat; sed nec bisacuta, sudisve, vel hasta,
Occia *vel gladius deerit.*

¶ *Occidentanæ.*] Sunt hymnorum & sequentiarum genus, quo Ecclesia utitur occidentalis; à *Gregorio* M. Romano pontifice inventa; ideoq; *cantus Gregorianus, Occidentalis, Latinus, Romanusq;*, aliàs atq; aliàs appellatur; ut sic à Græcorum innotescat quod *frigdoloram* vocant, de quo supra.

¶ *Occupatum.*) Est quod quis aut de prædio Regis, aut de viâ publicâ subtrahit propriæ suæ terræ id adjiciens, aliàs *Purpresture* dictum, quod vide. Et locum ibidem è Gerv. Tilb. de excidentibus & occupatis citatum.

¶ *Ochiern.*) Aliàs *Ogetharius.* Nomen dignitatis apud Scotos, atq; liberi quem vocant tenentis, i. prædia possidentis. *Stat. Alexand. c. Recordatio* 26. Et videtur ejusdem esse honoris, cum Thani filio vel filia quibus utrisq; eadem est *Mercheta*, viz. (**twa kids**, i.) duæ capellæ vel duodecim denarii. Lib. 4. ca. *Scien lum* 63. Similiter *Cro* (hoc est mulcta) hominis qui dicitur *Oye*, etiam Thani & *Ochierni*, sunt quatuor vaccæ. Lib. 4. c. *Statuit* 64. Mulcta itemq; **un-law** appellata, quam Rex exigat à Thano, sunt sex vaccæ; ab *Ochierno* verò oves quindecim vel sex solidi. Hæc ex *Skenæo* vertimus: Sed *Merchetam*, quam citat vide aliter æstimatam hic supra in eâ voce, & infra in *Ogetharius.*

¶ *Octava, væ.*] Æterna requies; dies requiei cœlestis, quæ ideo *octava* dicitur quod septem hi nostri dies mundani ad laborem pertinent: Dominusq; noster in *octava* die ad æternam resurrexit requiem. *Hepidannus in Annal. An.* 978.

*Quis dederis partem (voluisti * quam dare [septem]* * Queis.
Necnon Octavam, o Dee sancte tuam. * Quum.

Et an. 1017.

Hartker in melius mutatur (ut opto) reclusus;
Dexter in Octavâ sit bone Christe tui.

Octavæ dicuntur non omnium sed quorundam festorum sequentiæ, quibus dies *Octava*, institutione Romanæ Ecclesiæ, non tantum honoranda est; sed & iteratis nonnullis solennitatibus, quæ in ipso festo utuntur, honestanda. Festum enim ipsum significare aiunt animæ ejus transmigrationem in cœlos, cujus sit festum: *Octavam* autem sequuturi corporis resurrectionem, quod tamen omnibus Sanctis

Kkk non

non indultum est, ne ullus sic esset feriandi terminus in universo sæculo. Vide plures circa hoc subtilitates apud *Durandum*, *Rational. Divin.* Lib. 7. cap. 1. num. 41. & seqq. Et *Belethum de Divin. offic.* ca. 71. Festa autem quæ suis gaudent *Octavis* in Ecclesiâ Anglicanâ juxta leges *Edwardi* Confess. cap. 12. quibus etiam immunitates concedit, sunt *Coronationis Regiæ*, *Natalis Domini*, *Paschatis* & *Pentecostes*. In Romana verò Ecclesiâ plures deprehenduntur.

Octavæ Paschæ, Convent. Aquisgran. An. 817. cap. 6. to. Con. 3. 522. —— *Ut in Quadragesima, nisi in Sabbato sancto non radantur* (*monachi*) *in alio enim tempore semel pro* 15 *dies radantur*, *& in* Octavis Paschæ.

¶ *Octember.*) Pro October. Hincmarus in Epitah. S. Remigii: Flodoar. lib. 1. ca. 21.

Octember primum cum daret atq; diem.

¶ *Octogilt.*]

¶ *Oeconomus Ecclesiæ.*]

¶ *Oculorum effossio.*] Sicuti & membrorum truncatio, ideo ab aquilonaribus principibus excogitatum est, ne in vitam ullatenus sæviretur. Hoc autem supplicii traduxisse primùm opinor in Insulam nostram *Canutum* Regem; qui suis legibus sic statuit. Cap. 48. MS. — *Si amplius adhuc peccaverit*, educantur ei oculi, *& truncentur ei nasus & aures & superlabrum, aut decapilletur, quicquid horum consulerint, quorum tunc interent.* Acerbius autem Willielmus primus: in suis quæ inscribuntur emendationes αρχ 126. — *Interdico etiam ne quis occidatur, vel suspendatur, pro aliqua culpa, sed eruantur oculi, & abscindantur testiculi, vel pedes, vel manus, itaq; truncus vivus, remaneat in signum proditionis & nequitiæ suæ: secundùm enim quantitatem delicti debet pœna maleficiis infligi.* En quod Cicero dixit de Portia lex virgas ab omnium civium Romanorum corpore amovit: hic misericors flagella retulit: Sed in suipsius viscera (omnium quod sciam primo) conversa est legis hujus immanitas; hoc est *Robertum* Ducem Normanniæ, filium suum primogenitum, quem frater ejus *Henricus* primus non regno solum sed & luminibus spoliavit. V. L.

¶ *Offa Judicialis.*) Al. *Corsned.* V. *Canuti* Ll. Ecc. Cap. 5. Videtur ideo excogitari, ut gravissima illa per Eucharistiam purgatio in rebus levioribus non adhiberetur. V. *Corsned.*

¶ *Offerenda, dæ.*) Antiphona quæ canitur, cum oblatio debet celebrari. *Belethus* de Divinis officiis cap. 41. Dicto symbolo cantatur *offertorium*, sive *offerenda*, ut aliqui dicunt &c. Haiminsf. Ekkehard. jun. Cas. S. Galli cap. 3. Quos quidem tropos Karolo ad *offerendam*, quam ipse Rex fecerat, obtulit canendos.

¶ *Offertorium.*) Ut supra *Offerenda.*

¶ *Officia.*) Munera, Dignitates apud Saxones nostros.

Ofgangfordel.) Sax. Constitutt. *Canuti* R. de forestâ ca. 11. — Eantq; (rei) ad triplex judicium, quod Angli **Ofgangfordel** vocant. Aut redundare videtur f posterius, aut legendum **Ofgang for Ordal**, i. transsitus ad ordalium. V. Constitutt. hic supra, & *Ordellum* infra.

¶ *Ogetharius.*) Dignitatis sive Ordinis nomen apud Scotos, aliàs *Ochiern* quod vide. Reg. Majest. lib. 4. cap. 31. Item marcheta filiæ Thani vel *Ogetharii*, 2 vaccæ, vel 12 solidi.

¶ *Olca, æ.*) Gregor. Turon. De Glor. Confess. cap. 69. apud Flodo. lib. ca. 20. — — *Erat enim haud procul à basilica, fundus tellure fœcundus; (tales incolæ* Olcas *vocant) & hic datus basilicæ Sancti fuerat.*

¶ *Oloverum.*) Vita Stephani Papæ 6. Con. to. 3. B. p. 1019. *Vela duo de basilisci ornata in circuitu de* Olivero.

¶ *Olympias.*) 5 Annorum spatium ut alii tradunt; alii verò 41 mensium autem Solarium 50 complectens. *Ethelredus* Rex Anglo-sax. per *Olympiades* Regnum suum in Chartâ quadam computans —— *Consentiens* (inquit) *Signo sanctæ Crucis subscripsi in* Olympiade 4 *Regni mei.* Videtur ex synchronis conscribentibus fuisse annus Regni ejus 16. Domini nostri J. Christi 994. vel hunc circiter.

¶ *Omophorium.*] Cucullus, capitium, q. humerale, ab ὦμος, i. humerus.

¶ *Oncunne.*) Sax. L. Alur. MS. cap. 29. —— *Si quis alium godborges* Oncunne, *& compellare velit quod ei aliquod ipsorum non complevit perjurit hoc in quatuor Ecclesiis fiat.*

¶ *Onus.*) Pro sagmate frumenti V. *Sagma.* Hov. in An. 1126. — *Vendebatur* onus *equi frumentarium sex solidis.*

¶ *Openthef.*) Ll. Canuti MS. cap. 93. *Openthef*, i. apertum furtum. Et sic Anglicè hodie. Ll. Hen. 1. cap. 13. — *Quædam (placita vel crimina) emendari non possunt, quæ sunt* **Husbrech, Bernet, & Openthef**, *&c.* Hoc in Emendationibus Williel. pri. **Ran** dicitur.

¶ *Opus.*) Vide *Sesonis*, & *Blastrare.*

¶ *Ora, ræ.*) Domesd. Nummus apud Saxones nostros qui valebat 16 denarios; duæ oræ 32 denarios; Æ. Miscel. 15 oræ libram faciunt juxta alium codicem, & quandoque poni videtur pro uncia, ut 20 denarii in *ora.*

Ll. *Edw. Conf.* cap. 12. *Manbote in Denelaga*

lagâ de villano & sokeman 12 *oras, de liberis autem hominibus* 3 *marcas*. Occurrit in Domesd. ut supra in *Landgable*.

Reg. Majest. Scot. lib. 4. cap. 36. — — *Statuit dominus Rex quod ille Croo unius Comitis Scotiæ est septies viginti vaccæ*, 3 *oræ pro vacca*.

Fœd. *Edov.* & *Guth.* cap. 3. — — *In Dacia autem legis violatæ pœnas lnito, id est*, oras *duodecim*. Et infra Cap. 7. — *Dacus*, *si die dominico quicquam fuerit mercatus, re ipsa & oris præterea* 12 *mulctator*.

Can. Ll. MS. Jornal. cap. 31. de ponderibus & mensuris — — *Omne pondus admetatum sit pondus, quo pecunia mea recipitur*, & *eorum singulum signetur: ita quod xv oræ libram faciant &c.*

Domesd. Linc. — — *In Stanford T. R. E.* 12 *lagemanni, qui habent infra domos suas Sacam & Socam*, & *super homines suos præter geld & Heriete, & forisfacturam corporum suorum de* 40 oris argenti &c.

Plac. coram Rege T. Mich. 37 H. 3. Rot. 4. — — *Homines de Berkeholt in Com. Suff. dicunt, quod tempore Regis Henrici, avi domini Regis nunc, solebant habere talem consuetudinem, quod quando maritare volebant filias suas, solebant dare pro filiabus suis maritandis duas* horas, *quæ valent* 32 d.

Nota quod *Ora* significat *uncia*; sic enim reperi in antiquo Registro MS. nuper Abb. de **Burton** in Com. Staff. expositum. Ex hoc tempore unciæ valor numerabatur aliquando pro 16 d. aliquando pro 20 d. unde provenit hæc differentia de 20 d. in *Ora* toties in libro de Domesday.

¶ *Orarium.*] Stola oratoria Conc. to. 2. 1015. à Can. 28. forte oniopherum. Con. Bracarens. an. 565 ca. additionum 9. to. 2. p. 643. — — *Quia in aliquantis hujus provincia Ecclesiis, Diacones absconsis infra tunicam utuntur* orariis, *ita ut nihil differe à Subdiacono videntur, de cætero, superposito scapulæ* (*sicut decet*) *utantur* orario.

¶ *Orbis.*] Tuber instar nodi assurgens ex ictu, Anglicè à **bunnep**. Bract. lib. 3. tit. *de Corona*, cap. 23. nu. 2. — — *Arma moluta plagam faciant, sicut gladius, bisacuta & hujusmodi: ligna verò & lapides faciunt brusuras*, orbes & *ictus, qui judicari non possunt ad plagam*.

¶ *Ordalium.*) In usu 4 H. 3. V. Privileg. M. Ord. de *Semplingham* — *Habeant* — & *infangenth*, & *utfangenth*, & *flemenefrith*, & ordel, & *Oreste infra tempus* & & *extra, cum omnibus aliis liberis consuetudinibus*.

Ordalium, ab *Or*, i. magnum, *dael*, al. *dele* judicium. V. Kilian. Ll. Canut. part. 2. ca. 32. — ꝺþ ðæt he ga to gobeꝛ oꝛꝺale, *ad Dei judicium eat*. Præcipitur in Concill. Tribur. & Mogunt, Antiqq. Britan. pag. 100.

Aquæ, & judicium Crucis sublatum. *Longob.* 55. le. 31. & 32.

In usu temp. H. 2. *Hov.* 566. l. 4. Judicium aquæ ignis & ferri concess. à *Johanne* Reg. Deo & Ecclesiæ sanctæ Trinitatis de Norwic. & Episcopo loci & successoribus suis & monachis ibidem Deo servientibus omnes terras suas &c. Et quod habeant per universas terras suas *sac*, & *soc*, *tol*, *them*, *Infangentheif*, & *utfangentheif*, cum judicio ferri, aquæ, ignis, & duelli benè & in pace &c. Dat. apud *Geitinton* 28 Novemb. Regni R. Jo. 2. confirm ita per inspeximus ab H. 3. apud VVestm. 7 Jan. Regni sui 16.

Remigius Episcopus, qui sub Anno 1085. Ecclesiam Lincolniensem condidit — *De Regia quoq; proditione aliquando accusatus: sed famulus suus igniti judicio ferri dominum purgans, Regio amori restituit*, & *maculam dedecoris pontificialis detersit*. M. P. ibid. pa. 11. 12 igniti vomeres. V. Vomeres Lind. *Ordalium* fuisse apud Græcos ibid.

V. formam ejus in not. ad Epist. Ivon, 74. Ubi pag 645. Apud paganos, qui montem Soractem 20 mil. pas. à Româ. Feroniam deam liberasse ab hujusmodi. Lin. 12.

Vide modum quo *Ordalii* judicium exequitur Ll. *Ed. Conf.* cap. 9. Et Juretum in Epist. Ivonis pa. 635.

Prohibitum C. 2. q. 5. ca. 7. pa. 810. in Epocha 25 annor. qui terminabantur An. 1250 *M. P.* pa. 777, & 778.

Vide Sigebertum in An. 966. ut *Popo* Clericus *Heraldum* Regem Danorum, populumq; suum ferendo in manu ferrum valdè ignitum, ingentis ponderis — — idem *Krant*. Lib. 3. Cap. 25. Et *Voetechind*. lib. 3. Hist. Saxon.

Aimoin. l. 5. cap. 34. pa. 330. Ludovicus Ludovici Regis filius decem homines cum aquâ calida, & decem cum ferro calido, & decem cum aquâ frigidâ, ad judicium Dei misit &c. Vide. qui omnes illæsi reperti sunt.

Specul. Saxon. lib. 1. Art. 39. — — *Sed ex tribus actibus, unum magis eligant* (*accusati*) *congruentem: vel ferrum candens manibus portent, vel in aquam bullientem brachium usq; ad cubitum imponant, aut ab incursu in area contra certantem* (i. duello) *se defendat &c.* Liber per ferrum candens, rusticus per aquam, *Glanv.* Lib. 14. Cap. 1. pa. 114

Forma Judicii per Ordalium.

Incipit Exorcismus aquæ ad Judicium Dei demonstrandum.

Ex textu Roffensi.

PEractis coram Sacerdote trium dierum jejuniis, cum homines vis mittere ad judicium aquæ frigidæ ab comprobationem, ita facere debes. Accipe illos homines, quos vis mittere in aquam, & duc eos in Ecclesiam, & coram omnibus illis cantet Presbiter Missam; & faciet eos ad ipsam Missam offerre. Cum autem ad communionem venerint, antequam communicent interroget Sacerdos eos, cum adjuratione & dicat, Adjuro vos [vel te] *N.* per Patrem & Filium & Spiritum sanctum, & per vestram [tuam] Christianitatem quam suscepistis [ti] & per unigenitum Dei filium, & per sanctam Trinitatem, & per sanctum Evangelium, & per istas sanctas reliquias quæ in istâ Ecclesiâ sunt; & per illud Baptismum quo vos [te] Sacerdos regeneravit, ut ne præsumatis [mas] ullo modo communicare, neque ad Altare accedere, si hoc fecistis [ti] aut consensistis [ti], aut scitis [scis] quis hoc egerit. Si autem tacuerint [it], & nulli hoc dixerint [it], accedat Sacerdos ad Altare, & communicet. Postea verò communicet illos [um] quos [em] vult in aquam mittere.

Incipit Missa Judicii. ℟.

℟ *Justus es domine & rectum judicium tuum; fac cum servo tuo secundùm misericordiam tuam.*

Ps. *Beati immaculati in via.*

Oratio.

Absolve quæsumus domine tuorum [tui] delicta famulorum [li], ut à peccatorum suorum nexibus, quæ pro sua fragilitate contraxerunt [it], tua benignitate liberentur [etur]; & in hoc judicio, prout meruerint [vel it], tua justitia præveniente ad veritatis censuram pervenire mereantur [vel atur] per dominum nostrum.

Lectio libri Levitici.

In diebus illis, Loquutus est dominus ad Moysen dicens. Ego sum dominus Deus vester: non facietis furtum, nec mentiemini; nec decipiat unusquisq; proximum suum. Non perjures in nomine meo: nec polluas nomen Dei tui. Ego Dominus. Non facias calumniam proximo tuo: nec vi opprimas eum. Non moretur opus mercennarii tui apud te usq; mane. Non maledices surdo: nec coram cæco ponas offendiculum, sed timebis dominum Deum tuum quia ego sum dominus. Alia.

Ad Ephesios.

FRS. *Renovamini spiritum mentis vestræ, & induite novum hominem, qui secundùm Deum creatus est in justitia & sanctitate veritatis.*

Propter quod deponentes mendacium, loquimini veritatem unusquisq; cum proximo suo; quoniam sumus invicem membra. Irascimini & nolite peccare.

Sol ne occidat super Iracundiam vestram.

Nolite locum dare Diabolo.

Qui furabatur jam ne furetur: Magis autem laboret operando manubus suis quod bonum est; ut habeat unde tribuat necessitatem patienti.

Rs. Propitius esto domine peccatis nostris ne quando dicant gentes ubi est Deus eorum.

Vs. *Adjuva nos Deus salutaris noster & propter honorem nominis tui Dominè libera nos.*

Alleluia. Deus Judex justus, fortis, & patiens; nunquid irascetur per singulos dies? Secundùm *Marcum.*

In illis. —*Cum egressus esset Jhesus in via, percurrens, quidam genu flexo ante eum*, rogabat *eum dicens, Magister bone, quid faciam ut vitam æternam percipiam? Jhesus autem dixit illi, Quia me dicis bonum. Nemo bonus nisi solus Deus.*

Præcepta nosti? Ille dixit, *Quæ?* Ait, *Non occidas. Non adulteretis. Non fureris. Non falsum testimonium dicas. Non fraudem feceris. Honora patrem tuum & matrem tuam.* At ille respondens ait, *Magister hæc omnia custodivi à juventute mea. Jhesus autem intuitus eum dixit eum &* dixit ei, *Unum tibi deest. Vade quæcunq; habes vende & da pauperibus & habebis thesaurum in cœlo;* & veni sequere me. Of' Immittet Angelum *dominus in circuitu timentium eum, & eripiet eos: gustate & videte quam suavis est dominus.*

Hic

Hic offerant. ScR'.

Intercessio sanctorum tuorum misericordia tua Domine munera nostra conciliet; & quam merita nostra non valent, eorum deprecatio indulgentiam valeat obtinere, per Dominum.

Prefatio.

O æterne Deus: Qui non solum peccata dimittis: sed ipsos etiam justificas peccatores: & reis non tantum pœnas relaxas, sed dona largiris & præmia. Cujus nos pietatem supplices exoramus, ut famulos [vel lum] tuos [um] N. *non de præteritis judices reatibus, sed hujus culpæ veritatem spectantibus insinuas, quatenus & in hoc populus tuus præconia nominis tui efferat, & te vitæ præsentis & perpetuæ auctorem agnoscat per Christum.*

Benedictiones ad Judicium.

Deus de quo scriptum est, quia justus es, & rectum judicium tuum; fac cum his [hoc] servis [o] tuis [o] secundum misericordiam tuam; ut non de pristinis judicentur [etur] reatibus, sed in hoc, prout meruerunt [it] tua benedictione præveniente veritatis subsequantur [atur] judicium. Amen.

Et qui justus et & amator justiciæ, & à cujus vultu videtur æquitas, fac in conspectu populi tui, ut nullis malorum præstigiis veritatis tuæ fuscentur examina. Amen.

Petitiones nostras placatus intende, & culparum omnium præteritarum eis [ei] veniam clementer attribue; & si culpabiles [lis] sunt [sit] tua larga benedictio non eis [ei] ad suffragium sed hujus culpæ ad insinuandam veritatem proficiat. Amen.

Quid ipse.

Hic communicent [cet] post Sacerdotem; & dicat Sacerdos.

Corpus hoc & sanguis Domini nostri Jhesu Christi, sit vobis [vel tibi] ad probationem hodie. Co.

Justus dominus & Justitiam delexit; æquitatem videt vultus ejus.

Post communio.

Perceptis domine Deus sacris muneribus suppliciter deprecamur, ut hujus participatio sacramenti, & à propriis nos reatibus inle[illegible] expediat, & in famulis [vel o] tu[illegible] ritatis sententiam declaret, per Dominum nostrum.

Expletâ Missâ faciat ipse Sacerdos aquam benedictam, & pergat ad locum ubi homines [homo] probentur [betur] Cum [illegible] venerit ad ipsum locum, det illis [illi] omnibus bibere de aquâ. Postea verò conjuret aquam ubi culpabiles [em] mittat.

Incipit adjuratio aquæ.

Deus, qui per aquarum substantiam judicia tua exercens, diluvii inundatione milia populorum interemisti; & Noe justum, cum suis salvandum censuisti: Deus, qui in mari rubro cuneos Egyptiorum involvisti, & agmina Israhelitica imperterrita abire jussisti, virtutem tuæ benedictionis ✠ his aquis infundere, & novum ac mirabile signum in eis ostendere digneris; ut innocentes à crimine cujus examinationem agimus more aquæ, in se recipiant, [illegible] in profundum pertrahant; conscios [um] autem hujus criminis à se repellant atq; rejiciant, nec pati intur recipere corpus, quod ab onere bonitatis evacuatum ventus iniquitatis allevavit, & in hanc constituit; sed quod careat pondere virtutis, careat pondere propiæ substantiæ in aquis, per dominum nostrum.*

* Furti, vel homicidii, vel adulterii aut alterius noxi

Item alia.

Adjuro te creatura aquæ in nomine Dei patris ✠ omnipotentis, qui te in principio creavit, & jussit ministrare humanis necessitatibus; qui etiam jussit separari te ab aquis superioribus. Adjuro te etiam per ineffabile nomen Jesu Christi ✠ filii Dei vivi, sub cujus pedibus mare & elementum divisum se calcabile præbuit; qui etiam baptizari se in aquarum elemento voluit; Adjuro etiam te per Spiritum ✠ sanctum, qui super dominum baptizatum descendit; Adjuro te per nomen sanctum ✠ & individuæ divinitatis, cujus voluntate aquarum elementum divisum, & populus Israel siccis pedibus statim transivit; ad cujus etiam invocationem Helizeus ferrum quod de manubrio exierat super aquam natare fecerat, ut nullo modo suscipias hos [hunc] homines [em] N. *si in aliquo sunt [sit] culpabiles [is] de hoc quod illis [illi] objicitur, Scilicet, aut per opera, aut per consensum, vel per conscientiam, seu per ullum ingenium, sed fac eos [um] super te natare, & nulla possit esse contra te causa facta, aut ullum præstigium inimici, quod illud possit occultare; Adjurata autem per nomen Christi præcipimus tibi, ut nobis, per nomen ejus obedias, cui omnis creatura servit, quem Cherubin & Seraphin collaudant, dicentes,* sanctus, sanctus, sanctus, Dominus Deus exercituum; *qui etiam regnat & dominatur per infinita secula seculorum.* Amen.

Alia.

Adjuro te creatura aquæ per dominum Patrem ✠ & Filium ✠ & Spiritum ✠ sanctum; & per tremendum diem judicii; & per 12 Apostolos; & per Lxxii discipulos; & per 12 Prophetas; & per 24 seniores qui assiduè dominum laudant; & per 144 millia qua sequuntur agnum; & per omnia agmina sanctorum Angelorum, Archangelorum, Thronorum, Dominationum, Principatuum, Potestatum, Virtutum, Cherubin atq́, Seraphin; & per omnia millia sanctorum Martyrum, Virginum, & Confessorum.

Adjuro te per sanguinem domini nostri Jesu Christi & per 4 Evangelia; & per 4 Evangelistas; nec non & per Lxxii libros veteris ac novi Testamenti, & per omnes Scriptores sanctos ac Doctores eorum.

*Adjuro te per sanctam Ecclesiam catholicam; & per communionem Sanctorum, & per resurrectionem eorum, ut fias aqua exorcizata, adjurata, & obsirmata adversus inimicum hominis diabolum, & adversus hominem [es] qui ab eo seductus [ti] unde * ratio agitur perpetraverit [unt] ut nullatenus eum [os] in te summersum [os] aut in profundum trahi permittas, sed à te repellas, atq́, rejicias: Nec patiaris recipere corpus, quod ab onere bonitatis inane est factum, sed quod caret pondere virtutis, careat pondere propriæ substantiæ in te, innocentem [tes] verò à prædicto crimine more aquæ in te recipias & in profundum innocuum [os] jertrahas, per dominum nostrum.*

* Furtum hoc vel homicidium, aut adulterium.

Post has autem conjurationes aquæ exuantur [atur] homines [o] qui mittendi [us] sunt [est] in aquam propriis vestimentis & osculentur [etur] Evangelium & Crucem Christi & Aqua benedicta super omnes [eum] aspergatur; & qui assint omnes jejunent, & sic projiciantur [atur] singuli in Aquam. Et si summersi [sus] fuerint [rit] inculpabiles [is] reputentur [etur] Si supernataverint [it] rei [us] esse judicentur [etur].

¶ Incipit adjuratio ferri vel aquæ ferventis ad judicium. In simplo unum pondus. In triplo tria ferrum æquiparet pondera. Et in illâ adjuratione non assint, ut prædiximus, nisi jejuni. Et dictis Letaniis, sic Sacerdos in loco ubi ferrum accenditur, vel aqua infervescatur adjurationem initiando inchoet.

Deus, qui per ignem signa magna ostendens Abraham *puerum tuum de incendio Chaldeorum, quibus clam pereuntibus eruisti: Deus qui Rubum ardere ante conspectum* Moysi *& minimè comburi permisisti: Deus qui ab incendio fornacis Chaldaici, plerisq́, succensis tres pueros tuos illæsos eduxisti: Deus qui incendio ignis populum Sodomæ & Gomorræ involvens,* Loth *famulum tuum cum suis, saluti donasti: Deus qui in adventu sancti Spiritus tui illustratione ignis fideles tuos ab infidelibus decrevisti, ostende nobis in hoc parvitatis nostræ examine virtutem ejusdem sancti Spiritus; & per hujus ignis fervorem discerne fideles & infideles, ut * attactum ejus rei cujus inquisitio agitur conscii [us] exhorrescant [at] & manus eorum [jus] vel pedes comburantur [atur] aliquatenus; immunes verò ab ejusmodi crimine liberentur [etur] penitus & illæsi [sus] permaneant [at]* per &c.

* Ut attactum ejus furti, vel homicidii, vel adulterii, cujus

Alia.

Deus judex, justus, fortis, auctor & amator pacis, patiens & multum misericors; qui judicas quod justum est, & rectum judicium tuum; qui respicis super terram, & facis eam tremere. Tu Deus omnipotens, qui per adventum filii tui Domini nostri Jesu Christi mundum salvasti, & per ejus passionem genus humanum redemisti, hanc aquam ferventem, vel hoc ferrum fervens sanctifica ✠: Qui tres pueros, Sidrac, Misac, *&* Abednego, *jussu Regis Babiloniæ in camino ignis, accensâ fornace salvasti illæsos, per Angelum sanctum tuum eduxisti, tu clementissimè pater, dominator omnipotens, Præsta ut si quis [qui] innocens [tes] de hoc cujus inquisitio agitur in hoc ferrum fervens, vel in hanc aquam ferventem miserit [int] manum [us] suam [as] salvam [as] te præstante domino nostro permaneat [ant]; & sicut tres pueros supradictos de camino ignis ardentis liberasti, &* Susannam *de falso crimine eripuisti, sic manum [us] innocentes [em] omnipotens Deus ab omni læsionis insania salvare digneris. Et si quis [qui] culpabilis [les] vel noxium [ii] & tumido [di] corde induratoq́, [iq́,] pectore, vel superba mente reus [i] * de hoc cujus inquisitio agitur, manum miserit in hoc ferrum, vel aquam ferventem, tu Deus omnipotens justissima pietate & rectissimo judicio illud declarare, & manifestare digneris, ut anima [ma] ejus [eorum] per pœnitentiam salvetur [ventur]. Et si ille [i] nocens [tes] vel culpabilis [les] sit [sint], & per aliquod maleficium, vel per herbas aut per causas diabolicas induraverit [rint] & peccatum quod fecerit [int] confiteri noluerit [int] tua dextra quæsumus domine hoc declarare dignetur,* per.

De furto hoc, vel homicidio, aut adulterio, seu maleficio.

* De furto hoc, vel homicidio, aut adulterio, seu maleficio.

Item

Item tertia.

*Deus innocentiæ restitutor & amator, qui pacis es & judicas æquitatem, te subnixis rogamus precibus ut * hoc ferrum ignitum ordinatum ad justitiam & examinationem cujuslibet dubietatis benedicere ✠ & sanctificare ✠ digneris; ita ut si innocens [tes] * de hoc, cujus inquisitio agitur, & unde purgatio quærenda in * hoc ignitum, & tuâ benedictione sanctificatum ferrum manus [um] vel pedes [em] miserit [nt] tuâ benignissimâ miseratione [i] illæsus [i] appareat [nt]: Si autem culpabilis [es] atq; reus [i] contempserit [nt], & quasi temptator [es] judicium tuum adierit [nt], aut per herbas vel quæcunq; temptamenta sive molimina maleficiosa peccata sua contueri & defendere instatus [i] per afflatorem maliciæ contra veritatis tuæ examen voluerit [nt], justissime & misericordissime domine Deus ad hoc virtus tua quæ omnia superat in eo [is] cum veritate quæ permanet in secula seculorum declaratur quatenus justitiæ tuæ non dominetur iniquitas; sed veritati subdatur falsitas, ut & cæteri hoc videntes ab incredulitate suâ te miserante liberentur [etur]. Qui vivis & Regnas &c.*

* Vel hanc aquam ferventem.

* De hoc furto, vel homicidio, aut adulterio vel maleficio.

* Vel in hanc aquam ignitam.

His peractis, Aqua benedicta cunctis astantibus detur ad degustandum, & aspergatur per totam domum, & ferrum proferatur, quod à culpato coram omnibus accipiatur, & per mensuram 9 pedum portetur, manus sigilletur, sub sigillo servetur, & post tres noctes aperiatur, & si mundus est Deo gratuletur, si autem insanies crudescens in vestigio ferri inveniatur, culpabilis & mundus reputetur.

In aquâ fervente, accipiat homo lapidem, qui per funem suspendatur in simplâ probatione per mensuram palmæ: in triplâ autem unius ulnæ: manus verò sigilletur, & aperiatur, ut supra diximus in consecratione ferri.

Incipit Exorcismus panis ordeacii & casei, quorum appensio unius unciæ: Primitùs faciat Sacerdos Lætanias, & omnes qui intus sint cum eo jejuni sint, & sic incipiat.

*Consecrator & creator humani generis; dator gratiæ spiritualis; largitor æternæ salutis; tu emitte spiritum tuum super hanc creaturam panis vel casei cum timore & tremore magnitudinis brachii tui, adversus eum [os] qui cum superbiâ & contumaciâ ac zelo iniquo venit [unt] & vult [volunt] subvertere justiciam & conculcare judicium, Fac eum [os] domine in visceribus angustari, ejusq; [orum] guttura [concludet] ut panem vel caseum istum in tuo nomine sanctificatum devorare non possit [int] hic [hii] qui injuste juravit [erunt], ac negavit [erunt] * hoc quod quærebatur, & jusjurandum pro nihilo habuit [erunt], & nomen tuum nominavit [nt] ubi rectum non erat: Te quæsumus ut non ei [is] permittas illud abscondere, quia justus es domine, & rectum judicium tuum, qui custodis veritatem in seculum, faciens judicium injuriam patientibus, & custodis pupillum, ac viduam suscepis, & viam malignorum exterminabis; Ideo ostende nobis misericordiam tuam, ut humiles ac mansueti ac recti propter veritatem gaudeant; superbi autem & iniqui ac cupidi contristentur, & humilien ur usq; dum confiteantur magno & sancto nomini tuo, & cognoscant cæteri, quia nomen tibi Dominus & tu solus super omnem terram altissimus & servi tui in te glorientur & laudent nomen tuum in secula seculorum. Amen.*

* Hujus furti, vel homicidii, aut adulterii, seu maleficii.

Item alia.

*Domine Jesu Christe qui Regnas in cœlis & in terris & mirabilis es in omnibus operibus tuis, dominator dominantium, Deus Angelorum, Deus Patriarcharum, Prophetarum, Apostolorum, Martyrum, Confessorum, Virginum, & omnium electorum; præsta quæsumus per sanctum & admirabile nomen tuum, ut qui reus [i] est [sunt] * de hoc cujus inquisitio agitur, vel in facto, vel in conscientiâ ad appositam ei [is] pro ostensione veritatis creaturam panis sanctificati, vel casei faux [ces] ejus [orum] claudatur [antur], guttur [a] ejus strangulatur [entur], & in nomine tuo ante illud rejiciatur quam devoretur; Sed & Spiritus Diabolicus, cui nulla est communio cum tuâ supernâ veritate, in hoc negotio ad subvertendum judicium pravis præstigiorum suorum molitionibus nil prævaleat; sed qui reus [i] & conscius [ii] est [sunt] vel præfato ad hoc pabulum sanctificati panis vel casei, & præsertim per dominici corporis & sanguinis communionem, quam accepit [erint], tremat [nt] & tremendo palleat [nt], & nutabundus [i] in omnibus membris appareat [nt]: innoxius [ii] verò & inscius [ii] sobriè ad salubritatem sui cum omni facilitate hanc partem panis vel casei in nomine tuo signatam manducando deglutiat [nt], ut cognoscant omnes quia tu es judex justus, qui salvos facis sperantes in te, & non est alius præter te, Qui vivis & regnas.*

* Hujus furti vel homicidii, aut adulterii, seu maleficii.

Tertia

Tertia Oratio.

Deus cujus scientia senariam circumscriptionem Angelicis & humanis elongatam sensibus sola interius penetrat & exterius concludit; quem nulla cœlestium vel terrestrium aut inferiorum vota fallere possunt, quanto magis cor hominis unius culpabile; respice ad preces nostræ humilitatis, quibus famulatum sacri indidisti ordinis, & præsta non nostris exigentibus meritis, sed tuorum omnium suffragantibus Sanctorum precibus; sed quod in hac culpâ humanos latet oculos, & sermonum humana procacitatis obtegitur defensionibus, tua cœlesti & supernâ moderatione sine ullo reveletur obtricamine; & sicut solus verus es veritatis in hoc sententiam elucidare digneris, quatinus innocens [tes] sine ulla difficultate hoc pabulum probationis degluti-at [nt] : obnoxius autem obtrepidante mentis statu & totius compagine corporis vacillante quod in tuo sancto nomine consecratur ✠, & benedicitur ✠ nullatenus devorandi valetudinem percipiat [nt]; sed coram omnibus valetudine confusus [i] quod præsumptione immerita suscepit [runt] cum irrisione projiciant, per Dominum nostrum Jesum Christum.

¶ *Ordeff.*) Effossio materiei metallicæ vel ipsius metalli; ore enim Sax. metallum; delfan effodere. Reperitur sæpe in privilegiorum Chartis

¶ *Ordinale.*] Liber quo ordinatur modus, dicendi, decantandi, celebrandiq; divinum officium ex more Romanæ Ecclesiæ. *Provincial. Angl.* lib. 3. tit. de Ecclesiis ædificand. cap. *ut Parochiani* —— *Volumus de catero & pracipimus, quod teneantur* (*Parochiani*) *invenire omnia inferius annotata, viz. Legendam, Antiphonarium, Gradale, Psalterium, Troperium,* Ordinale, *Missale, Manuale, Calicem &c.* Ranulf. in Polychron. lib. 7. cap. 3. in An. Dom. 1077. De *Osmundo* Saresberiensi Episcopo —— *Hic quoq; composuit librum* Ordinalem *Ecclesiastici officii, quem Consuetudinarium vocant quo ferè nunc tota Anglia, Wallia utitur, & Hibernia.*

¶ *Ordinati.*] Dicti sunt quicunq; Ordines Ecclesiasticos susceperunt. *Mat. Par.* in *Hen.* 3. introitu. —— *Juravit quod honorem, pacem, & reverentiam portabit Deo & sanctæ Ecclesiæ & Ordinatis, omnibus diebus vitæ suæ.*

¶ *Ordines Ecclesiast. Militares, &c.*] V. in fine Pract. Camer. Apost. *Pantaleon.* Chronogr. pag. 42. col. 2. & seqq. *Polyd. Virg.* lib. 7. Ca. 1. & seqq. pa. 435. Rot. impres. 1603. cum armis. Antiqq. Benedictinæ pa. 158. *Fox Martyr.*

Vide etiam *Bartholomæi Miranda* Speculum Religiosorum & *Platus* de bono statu Religios.

An. 1095. *Crucesignatorum* origo, prædicante Papâ apud Clarumontem. *M. Par.* 22.

An. 1098. Ipso eodem anno *Cisterciense* Cœnobium incœptum est. *M. Par.* in An. 1098 pa. 36. l. 52.

An. 1221. *fratres Minoritæ* à S. Francisco, qui obiit An. 1127. instituti, & ab Honorio 3. An. 1224. Confirmati, Angliam intrarunt circa An. 1222. & primam eorum sedem Canterburiæ possidebant. Vulgo **Gray friers.** *Fox* pag. 272. col. 2.

Vide Catalogum eorum cum annis suæ originis collect. apud *Fox* pa. 263.

An. 1207. —— In his diebus *Prædicatores*, qui appellati sunt *Minores*, favente Papâ *Innocentio* subito emergentes, terram repleverunt &c. *M. P.* pa. 213. l. 6.

An. 1241. *Carmelitæ* sub medio Regni Hen. 3. Angliam ingredientes, *Nevendona* in Cantio primum Consedere. *Lamb. Itiner.* pag. 208. Ubi Vide de Ordinis origine.

¶ *Oreste.*] V. *Ordalium.*

¶ *Orfgild.*] Pecudis solutio, vel redditio. Saxon. orf pecus, gild solutio, redditio. Emendatt. *Williel.* primi ad leg. S. *Edouardi.*—*Requiratur Hundredus & Comitatus* —— *& qui justè venire debent & noluerint, summoneantur semel; & si secundò non venerint, accipiatur bos unus: & si tertiò, alius bos: & si quartò, reddatur de rebus hujus hominis quod calumniatum est quod dicitur* ceapgild (al. cod. orfgild) *& insuper Regi forisfactura.*

¶ *Orgild.*] Sine Solutione, sine compensatione. Ll. Præfat. Al. fol. 27. b. -- ligþe orgild.

¶ *Origellum.*] Quasi Aurigellum (inquit *Skenæus*). Est Lorica, ideo sic dicta quod ipsius oræ æreorum annulorum limbo instar aurei (quales vidimus) concludebantur. Stat. 2. *Rob. Br.* c. *Ordinatum* 27. ubi ait *Skenæus*, *Habergellum* dicitur.

¶ *Originarius, Originalis, Originaria.*] Vernaculus, Vernacula, quos Angli foranei, nativos dicunt, Hi quod nativitate sunt servi; illi, quod origine, quæ idem sunt. Testament. B. *Remigii* apud *Flodo.* lib. 1. —— *Innocentium servum, quem accepi à Profuturo* originario *meo; do, lego.* Ubi intelligo *originarium* sic à servo differre, ut speciem à genere: Servos nempe dici, qui vel sanguine vel pactione in servitutem obliguntur: *Originarios* autem & nativos sic enasci. V. L. & A.

Origina-

Originarii tamen dicuntur etiam, qui in eodem loco nascuntur, ut *Constit. Neapol.* lib. 1. tit. 49.

¶ ***Organum.***] Fuisse hic in Angliâ tempore *Eadgari* R' ostendit Lib. Ramef. Sect III. fol. 46. *In ipsius incliti Regis Ædgari obitu, tota Anglia turbata, versus est in luctum, Chorus Monachorum & Organa eorum.*

Organum etiam dicitur à **Culvering**, vel **Demicannon**. Thomas.

¶ ***Oriolum.***] Porticus. Lib. MS. S. *Albani* in vitâ *Joh. Abbat.* 23. —— *Adjacent thalami plures & atrium nobilissimum, in introitu, quod porticus, vel* Oriolum *appellatur.*

¶ ***Orsus.***] Juramentum, à Græco ὅρκος. *Hrosuita* de gestis *Odonum* p. 168. R. Ger.

Votis, & formis hoc confirmaverat orsis.

Et cap. seq.

—— *Lachrimans mox utitur* orsis.

¶ ***Ortellus.***] Digitus pedis propriè, nam sic Gall. *orteil*, Angl. **a toe**. Sed ungulam significare videtur in Chart. de Forest. ca. 7. ubi agitur de canum (quam vocant) expeditatione, viz. —— *Quod tres* Ortelli *abscindantur, sive pellota de pede anteriori.*

¶ ***Osculatorium.***] Icon pacis quod vocant, cui in Missâ oscula impingunt Pontificii Romani: ideoq; necessario requiritur in cujusvis Ecclesiæ supellectile ex Canonica instituti one Provincial. Ang. lib. 3. tit. *de Ecclesiis ædificand.* cap. *ut Parochiani* — *Vas pro aqua benedicta*, osculatorium *&c.* Hinc *Osculum pacis*, de quo V. Lindwood.

M. P. An. 1170. pa. 117. l. 19. Tho. Archiep. dixit Regi — *In honore Dei vos osculor*: Rex recessit ab *osculo*, quasi conditionaliter involutus: *Hollins.* ait, **he refused to kiss the par with him at Masse**, An. 1170. pa. 78. col. 1. l. 7.

¶ ***Ostatus.***] L. Alaman. tit. 92. §. — *Si porcarius ligatus de viâ* ostatus *vel battutus fuerit; sic, ut duo teneant & tertius percutiat, 8 sol. componat.* Lindenb. notat in MS. legi *hostatus*. Et L. Ripuar. tit. 80. *Si quis — Ripuarium de via* obstaverit. Germ. (inquit) **hurten**, Gal. *hurter*, allidere, impingere, aut vi deturbare vocant.

¶ ***Ostfalai.***] A loco dicto, ut *Westfalai.*

¶ ***Ostiarius.***] Secundus ordo in Ecclesiâ juxta Hieronymum *Ostiariorum* est. Isodor. juni. —— *Ad* ostiarium *pertinet, claves Ecclesiæ, ut claudat & apperiat templum Dei, & omnia quæ sunt intus extraq; custodiat, fideles excipiat, excommunicatos & infideles projiciat.* Hieronymus de 7 ordinibus Ecclesiæ. —— *Secundus* ostiariorum *locus est, qui claves Regni cœlorum tenent; quæ Patriarchis dantur, quoniam præsunt portis Hierusalem, atq; inter bonum & malum habentes judicium apperiunt quod claudit, & claudunt quod nemo apperit.* V. Alcuin.

¶ ***Osturcus***, al. ***Asturco***, & ***Asturcus.***] Falco qui & fortè *Astur*; nam & avis quædam sic dicitur abundans in *Austriâ*, in quod etiam sonat *asturcus*. Rot. ult. Memorandorum Scac. 9 *Hen.* 3. in dorso —— *Consideratum est per Justiciarios, quod precium* osturci sori *sit x s. precium* Osturci mutati *sit xl s. Et si* Austurcus sorus *non reddatur primo anno, sequenti dicatur & reddatur* mutatus. Sed *Asturco* apud Plautum & Plinium lib. 8. cap. 42. equus est in *Asturia*, regione Hispaniæ oriundus, gressu placido laudatis, unde priscus quidam,

Asturco quadrupes, *asturco* dicitur ales. V. *Austurco*.

¶ ***Overhernissa, æ.***] A Sax. oferhyrnyss, contumacia, dispectus. Concil. Winton. An. 1076. —— *Si autem* (*tertiò vocatus*) *post excommunicationem ad satisfactionem venerint, forisfacturam suam, quæ Anglicè vocatur* **Overseweneffe**, *seu* **Laxelit**, *pro unaquaq; vocatione, Episcopo suo reddant.* Overhirnessa 120 s. Ll. Edsen. cap. 5. Videm Ll. *Hen.* 1. cap. 1.

¶ ***Oves monetæ.***] V. supra *Moneta*. Et Μῆλον ap. Meur.

¶ ***Outfangthefe.***] Vide supra *Infangthefe*, & infra *utfangthefe*.

¶ ***Outhest.***] Vide *Outhorn*.

¶ ***Outhorn.***] Fœdus *Aluredi* & *Goiruni* Regg. quod impress. Cod. dicitur *Edouardi* & *Guthurni* Regg. ea viz. parte quæ in dicto impresso codice desideratur. —— *Nullus supersedeat* Outhorn *nec* outhest, *vel* huiblotam, *vel* firdfare, *nec* Herebode *ore aut cornu, juxta praeceptum Heretemiorum Regni, cum semper expedit, & opus adfuerit expeditionem pro communi utilitate Coronæ Regni Britaniæ, super* Weram *&* Wytam *&* Drincelen *primâ vice, & si secundò id supersedeat perdat omne quod suum est, & componat erga Regem pro membris.*

¶ ***Outlagatio.***] Scotis al. dictum pro Utlagatio.

¶ ***Outland.***] V. *Utland* infra, & *Inland* supra.

¶ ***Owdel, Owdealeum***, & ***Owdealium.***] Idem quod *Ordel* vel *Ordalium* quod vide. Dictum opinatur Author Antiquitatum Britanicar. cap. 31. ab *Ou*, quod inquit in veterum Saxonum linguâ (ut quibusdam placet) privandi particula fuit, cum præponeretur dictionibus: Sicut α Græcè, ut enim μέρος pars ἄμερος sine parte intelligitur Græcè: sic Del Saxonicè aliquid sive pars, **Owdel**, non pars, sine parte, expers, vel nequicquam significavit.

Et adhuc ejusdem vis aliqua modernâ linguâ retinetur, Paucum enim *parvam partem* **a small deal**, multum, *magnam partem* **a great deal**, *nullam partem* **no deal** : partiriq; **to deal** dicimus, &c. ibidem, sed ne memini me uspiam alias legisse prima hæc vocabula.

¶ *An Oxgang of Land.*] Scotis **ane Oxengate**. Bovata terræ, i. quantum sufficit ad iter vel actum unius bovis. **Ox** enim est *bos*: **gang** vel **gate**, *iter*. Vide supra *Bovata*. Nos autem de junctis bobus intelligimus. Nov. Justiniani *Zygochephalum*.

¶ *Oye.*) Inter ordines antiquos Scotorum unus hic fuit *Thani* & *Ochierni*, ut videtur, æqualis : fortè idem qui apud Saxones cnyȝhꞇ, nam cnyȝhꞇ puerum, ministrum significat, & apud Hybernicos (unde etiam Scoti profecti sunt) **oge** vel **ope** (utroq; enim vocabulo utuntur, Scoti) *juvenem*, vel *juniorem* significat, qu.

¶  *Aagium.*] M. Par. in An. 1256. pa. 906. l. 12. Credo legendum *Passagium*.

¶ *Pacare.*] Vide *Paco*.

¶ *Pacationis charta.*] Chart. vett. Alaman. 29.— *Placuit inter nos* Chartam pacationis *ex utraq; parte allevari.*

Pacatio pro solutio. M. P. An. 1248. pa. 719. — *Pannos sericos, & alia rapit violenter sine* pacationis *retributione*.

¶ *Pacis adsertores.*] Qui tuendæ paci præponuntur. V. infra *Pax*.

¶ *Paco, cas, care.*] Solvo. ab Ital. pagare. Leges Burgor. Scot. cap. 130. —— *Et si non* pacaverint *non tenentur plus commodare*.

¶ *Padnage.*] Idem quod panagium & *pessun*, alias *pessona* ; Ubi vide Chartam Regis *Henrici* 1. Ecclesiæ S. *Martini de Bello*.

¶ *Pagalia, Pagatio, Pagatus.*] Ab Ital. *pagare*, i. Solvere (Gallis *payer*, g ut crebrâ mutatione solet in y transeunte.)

Formul. Solen. 12 . — *Ita ut pro ipsa causa solido: tantos in* pagalia *nobis dare deberes.* Et Char. vett. Alaman. 80. — *De quibus* (60 *marcis*) *confiteor sufficienter præsentibus me* pagatum.

¶ *Paganiæ.*] *Nefandi* Paganorum (*hoc est, Gentilium*) *cœtus*. Synod. sub Carlomanno Duce Franc. an. 742. Capitul. lib. 5. cap. 2. —— *Episcopus in sua parochia, sollicitudinem habeat, adjuvante graphione, qui defensor Ecclesiæ ejus est ; ut populus Dei* paganias *non faciat : sed ut omnes spurcitias gentilitatis abjiciat, & respuat , sive prophana sacrificia mortuorum , sive sortilegos vel divinos , sive philacteria , & auguria , sive incantationes —— sive sacrilegos ignes , quos* Nodfyrs *vocant &c.* V. L.....

¶ *Pagenses.*] Dicuntur ejusdem pagi sive Comitatus accolæ, qui & inde etiam *Compagenses* dicuntur.

¶ *Pagina.*] Pro Chartâ donationis, vel schedulâ.

¶ *Pagina præceptionis.*] Flo. 391. b. *Pagella*, V. *Panella*.

¶ *Pagus, gi, & Paga, gæ.*] Comitatus, territorium, districtum., Comitis unius , diœcesis. Non vicus solum, aut villa. Cæsarem habeat authorem : qui lib. 1. bell. Gall. ait Helvetiam totam in quatuor fuisse divisam *pagos*.

Pagos autem hos, hodie distribuunt in 13 tractus, quos Gallicè vocant Cantones, Latinè Angulos.

Affer Menevens. — *Obviaverunt illi omnes accolæ Sumertunensis* pagæ, *& Wiltunensis, omnes accolæ Huntunensis* pagæ. Malmesb. de Gest. Reg. Angl. lib. 2. cap. 4. —— *Ad hoc tandem inopiæ coactus est, ut vix tribus pagis in fide vigentibus, i. Hamptescire, Wiltescire, Somerset, &c.*

Nos hujusmodi Sectiones *Shiras* dicimus. Lib. Ramel. Sect. 116. — *In* pago (inquit) *Bedfordiæ, est villa quædam* Scutlingedune *antiquitùs dicta &c.*

Et Chart. vett. Alaman. 85. —— *Placitum in* pago , *qui dicitur Para , in villa nuncupata* **Durrcheim**, *coram Burghardo Comite*. V. L.

¶ *Pailes.*] — *Ædificia sunt Casæ & tuguria, de quorum incendiis nihi sunt soliciti : Potentiores sibi pyramidales turres , quas* Pailes *vocant , ex sola terra ; quæ nec incendi, nec nisi magna militum vi ac sudore dejici possunt, sibi construunt. J. Lesl. Scot.* de orig. moribus, & rebus gestis Scotorum.

¶ *Pais.*] Vox forens. veluti *trial per pais*. Quod non intelligendum est de quovis populo, sed de compagensibus ; hoc est eorum, qui ex eodem sunt Comitatu , quem majores nostri *pagum* dixere, & incolas inde *pais* , g ut sæpe monuimus in *i*, vel *y* converso. Sic Galli;

payen pro *pagano*, *paianisme* pro *paganismo*, Angli item *paynim* pro *pagan*: & in propriis nominibus **Paine & Painel** Anglicè, pro *Pagano* & *Paganello* Latinè.

¶ ***Palbcpruſt.***] Vide infra *Puleprust*.

¶ ***Palatini.***] Pro aulicis in genere. Flodoard. lib. 1. cap. 24. —— *Pervenit ad palatium, mœrore parentes affici, luctu* palatinos *invenit opprimi*, pa. 82. b. Et post aliquot —— *Veneratur Sanctus, tam à Rege, quàm à proceribus, glorificatur. à* Palatinis *omnibus, laudibus effertur à turmis vulgaribus*. V. Calu.

Palatini, Pro optimatibus. Privileg. Roberti R. Gall. pro S. Dionysii Cœnobio. — *ex sententia* Palatinorum *nostrorum adjudicavimus*. Big.

¶ ***Palatina.***] Munia, officia, obsequia. V. Con. to. 2. 1045. a. c. 1. Wisegothor. legg. lib. 2. tit. 4 l. 4. — *Servo penitus non credatur* —— *Exceptis servis nostris, qui ad hoc regalibus servitiis mancipantur, ut non immerito* Palatinis *officiis liberaliter honerentur: id est, stabulariorum, gillonariorum, argentariorum, coquorumq́, praepositi, vel si qui præter hos, superiori ordine vel gradu præcedunt.*

¶ ***Palatinus.***) A Palas regione, non à palatio. *B. Rhenan.* lib. 3. p. 235.

¶ ***Palafredus, Palefredus, Palæfridus.***] Omnia juxta idioma Gall. *palefroy*, (fonte autem vicinus] *Parafredus*. Equus nobilior & ad fastum potior. Dictus tamen à paraveredo, vel veredo, quod equum publicum vel cursalem significat: quod item & *Parafredus*. Continuator Mat. Paris in *Hen.* 3. sub initio anni 1251. —— *Nec appreciabant aulici & Regales donativa, nisi preciosa & sumptuosa; utpote* palefridos *desiderabiles, cuppas aureas vel argenteas, monilia cum gemmis praelectis &c.* 108. l. ult. Annal. Hainr. Rebdorff An. 1347. — *Jussit vulneratum ascendere* Palafredum *suum, & fugere.*

¶ ***Palansgranionatus.***] Spec. Sax. lib. 3. Art. 53. —— *Qualibet provincia Teutonica terra suum habet* Palansgranionatum; *Saxonia, Bavaria, Franconia, & Suevia; quæ antequam à Romanis superabantur, Regna fuerunt, à quibus ipsa in Ducatus nomina fuerunt permutata; attamen illustres in vassallos & vexillorum feudum reservarunt, quæ ipsis per imperium jam sublata sunt.*

¶ ***Palingman.***] Sta. an. 11. H. 7. ca. 22.

¶ ***Palla.***] Tho. Walsingham de Abbatib. S. Albani MS. pag. 6. — Pallas *quas vulgo* Baldekynos *vocant*. **Cloth of Bodkins.**

Palla, Non solùm mulierum indumentum, quod multi asserunt, sed virorum etiam, & antiquis notum Romanis, ut è sequentibus liquet. *Ovid.*

Ipse Deus vatum pallâ *spectabilis auréat*

Et Metamorph. undeci.

Ille caput flavum lauro Parnaside vinctum
Verrit humum Tyrio saturata murice palla;

Et *Virgil.* de *Metabo* Volscorum Rege Æn. undec.

—— *Pro longa tegmine* pallæ
Tigridis exuviæ per dorsum à vertice pendent.

Vides igitur *pallam* virilem etiam fuisse vestem antiquissimam ipsis etiam regibus accommodatam, nec brevem instar Gallicæ illius manicatæ, de quâ *Martialis* Epigram. lib. 4.

Dimidiasq́, nates Gallica palla *tegit.*

Sed promissa usq; pedes & terram verrentem, ut sic veterum Regum nostrorum solennioris indumenti exemplar habeas & antiquitatem.

Palla, Pro umbraculo vel conopio. Mat. Par. in *Hen.* 3. An. 1236. — *Custodibus verò quinq́, portuum* pallam *super Regem cum quatuor hastis supportantibus.*

Palla Altaris. Pannus quadratus lineus quo Altare tegitur & ornatur: Sic dictus à similitudine mulieris pallæ, quæ olim fuit quadrangulata: vel quod instar pallæ vel pallii Altare cooperit. *Palla* (inquit prisc. vocabularius utriusq; Juris) *dicitur vestis, qua Altare cooperitur; videlicet lineus pannus consecratus, qui super Altare ponitur, super quem extenditur corporale.*

Sumitur etiam quandoq; pro cortinâ, vel panno serico, unde,

Lætitiæ causa cibus est, non serica palla.

Et Alius — Pallæ *sunt mappæ quæ ponuntur super Altare sub corporali.* Vide *Durandi* Ratio. lib. 4. ca. 29. V. L.

¶ ***Pallium.***] Formula degradationis Archiepiscopi. *Prærogativa pontificalis dignitatis, quæ in* Pallio *designatur, te eximimus, quia male usus es ea.* Verba Episcopi degradatoris dum *Pallium* eximit degradando. *Fox.* 1932.

Quale sit, describit *Fabianus* in Will. 1. p. 304.

Nomen *Pallium* sub ingressu Norman. videtur ortum, sic enim *Hoveden* in An. 1191. Veniebat enim à partibus Normanniæ Archiepiscopus ille præfatus (....) cum baculo pastorali, cum mitra, & annulo, & superhumerali, quod novis temporibus *pallium* nuncupatur. Videtur nomen abiisse in desuetudinem, nam *Gregorius* utitur ad *Augustinum* in Epist. & alibi apud *Bedam* lib. 1.

De *pallio* Vide quædam annotanda Chro. vol. 1. in descript. Hiberniæ cap. 5. p. 31. col. b. Et *Hoved.* An. 1095. p. 465.

Et *Pallii* forma apparet in vestitu S. Greg. apud Baron. An. 604. 27. pa. 203. In Pontif. effigieb. Platinæ, primis dat. Vid. etiam Durand. lib. 3. cap. 18. fusè, & Onuphr. de Voc. obsd. Eccles. pa. 95. *Pallium* est plenitudinis officii Pontificalis insigne, Decretalium Greg. lib. 5. pa. 33. De privilegii cap. 23. V. lib. 1. Tit. 8. de Authoritate & usu *pallii*.

Ex cod. MS. in bibl. Bened. *Cantab.* Mysterior. Missæ lib. 1. cap. 63. pa. 334. *Pallium* (inquit *Innocentius* 3.) significat disciplinam, quia seipsos & subditos Archiepiscopi debent regere &c. Fit autem *Pallium* de candida lanâ contextum, habens desuper circulum humeros constringentem, & duas lineas ab utraque parte dependentes. Quatuor autem Cruces purpureas ante & retro, à dextris & à sinistris: sed à sinistris est duplex, & simplex à dextris.

Hæc omnia moralibus sunt inbuta mysteriis. Nam ut Scriptura testatur, *In Thesauris sapientiæ, significatio disciplina.* Eccl. 1. In lanâ quippe notatur asperitas, in candore benignitas designatur. Nam Ecclesiastica disciplina, contra rebelles & obstinatos severitatem exercet; sed erga pœnitentes & humiles exhibet pietatem. Propterea quod, non de lanâ cujuslibet animalis, sed ovis tantum efficitur, quæ mansuetum est animal, &c.

Circulus pallii per quem humeri constringuntur, est timor Domini; per quem opera coercentur, ne vel ad illicita defluant, vel ad superflua relaxentur &c. Hinc est ergo, quod *pallium* & ante pectus & super humeros frequenter aptatur. Quatuor Cruces purpureæ, sunt quatuor virtutes politicæ, justitia, fortitudo, prudentia, temperantia: quæ nisi Crucis Christi sanguine purpurentur, frustra sibi virtutis nomen usurpant, &c.

Duæ lineæ, quarum una post dorsum, & altera progreditur ante pectus: activam & contemplativam vitam significant, &c.

Quapropter & *pallium* duplex est in sinistrâ, sed simplex in dextrâ: quia vita præsens, quæ per sinistram accipitur, multis subjecta est molestiis; sed vita futura, quæ per dextram designatur, in unâ semper collecta quiete est, &c.

Tres autem acus, quæ *pallio* infiguntur, ante pectus, super humerum, & post tergum, designant compassionem proximi; administrationem officii; districtionem judicii. Quarum prima pungit animum per dolorem, secunda per laborem, tertia per terrorem. Prima pungebat Apostolum cum dicebat: *Quis infirmatur, & ego non &c* ? 2 Cor. 18. Secunda est: Præter illa quæ extrinsecus sunt, instantia mea quotidiana: solicitudo omnium Ecclesiarum. Tertia, *si justus vix salvabitur, impius & peccator ubi parebunt?* Super dextrum humerum non infigitur acus; quia in æterna quiete nullus est afflictionis aculeus, nullus stimulus punctionis &c.

Acus est aurea, sed inferius est acuta, & superius rotunda, lapidem continens pretiosum; quia nimirum bonus pastor propter curam ovium in terris affligitur, sed in cœlis æternaliter coronatur; ubi pretiosam illam margaritam habebit, de qua Dominus in Evangelio, *Simile est &c.* Mat. 13. Dicitur autem pallium plenitudo Pontificalis officii, quoniam in ipso, & cum ipso confertur Pontificalis officii plenitudo. Nam antequam Metropolitanus *pallio* decoretur, nec debet Clericos ordinare, Pontifices consecrare, vel Ecclesias dedicare, aut Archiepiscopus appellari.

Camisia cingulo continentiæ constringitur, præcipiente Domino; *Sint lumbi vestri præcincti* —— scil. ut constringatur omnis voluptas.

Pallium Archiepiscoporum super omnia indumenta est, ut lamina in fronte solius Pontificis: Illo decernitur Archiepiscopus à cæteris Episcopis. *Pallium* significat torquem quem solebant legitimè certantes accipere, quando ammonentur ad legitimum certamen. Quod habet duas lineas à summo usq; deorsum, ante & retro, significat enim summæ doctrinæ decorem, & disciplinam mandatorum Domini acceptabilem. Circulus circa collum disciplina est Domini circa sermonem prædicationis, ut non sit alter sermo prædicationis, & aliud opus.

Apparet ex decreto Pelagii Papæ 1. (qui floruit an. 555.) Dist. 100. Can. 1. *Pallii* usum fuisse de antiqua consuetudine, set à Romano Pontifice expetendum; quosdam verò Metropolitanos nec expetere nec percipere: Decernit igitur, ut quisquis Metropolitanus, ultra tres menses consecrationis suæ, ad fidem suam exponendam, *pallium*q; suscipiendum, ad Apostolicam sedem non miserit, commissa sibi careat dignitate &c. Ubi plurima in seqq. Canonib. huc spectantia. Col. 613 Videtur hic *Pelagius* esse primus, ille qui floruit anno 555. & constituit, ut *Provincia* continerat 12. *Civitates*, vel ad minus 10. non secundus ille Gregorii magni prædecessor immediatus. Balæ. pag. Pap. fol. 316.

Spectabat *pallium* ad omnes Sacerdotes & Episcopos, non ad solos Metropolitanos. *Isidorus Pelusiota* ad *Herminum*. Lib. 1. Epist. 136. *Id autem amiculum, quod Sacerdos humeris gestat, atq; ex lana, non ex lino contextum est, ovis illius quam Dominus aberrantem quæsivit, inventamq; humeris suis sustulit, pellem designat. Episcopus enim qui Christi typum gerit, ipsius munere fungitur, atq; ipse etiam habitus omnibus etiam ostendit, se boni illius & magni Pastoris imitatorem esse.* Baro. an. 216. un. 15.

Pallii usus Epist. 4. *Zachar.* Pap. ad *Bonif.* Tom. 5. pag. 481. col. 1. l. P.

¶ *Pallia*

¶ *Pallia pedalium.*] Vide hic supra, *Drapa.*

¶ *Palmata*, al. *Palmada*, & *Palmatio.*) Ictus cum ferula super manibus. Scholis notum. *Beda* de remedio peccatorum, cap. 14. —— *Si quis intinxerit manum in aliquo cibo, & non idonea manu*, 100 Palmadis *emendetur.*

¶ *Palmer.*] Les antiquities de la ville de Paris par *Claude Malingre* p. 242. —— *L'an de la nativite de nostre seigneur MCCLiiii S. Louys Roy de France 9 du nom, esteant retourne de terre saincte &c. fit un Ordinance, par sa quelle il vouloit, que ceux de son Royaume qu'auroient le devotion d'aller outremer, pour y combattre les Infidelles Saracins detenturs de la terre saincte; & y faire leur prieres & devocions eussent a la venir houver & recevoir ses commandements &c. Lesquels en appelloit Croisez lors quils entreprenoient le voiage, d'autant que par leur Evesques ou Curè, ils se fasoient coudre un Croix de Hierusalem de drap rouge sur leurs manteaux; & prenoient le Bourdon, au retour ils estoient appeller* Palmiors; *d'autant, que retournans d'outremer ils apportoient des* Palmes *ensigne d'avoir Combatu les Infidelles, comme ils l'avoint voüé. Ausdits* Palmiers *le bon Roi S. Louys octroyit plusieurs privileges, liberties, & franchises, telles que avoient ses Domestiques & servans.*

¶ *Palotellum.*] Italic. *Pallotella.* Parva pila.

Paliludus (inquit *Isodor.* in Gloss.) *qui* Palotello *ludit*, Sic corrigit Meurs. nam hodiè editur *Polotello.* V. M σφαιρίζειν, *ballotare.*

¶ *Pampa, pæ.*] Sicæ genus in Germania usitatæ: **Pampe** etiam nunc vocamus. *Lindenbrog.*

Capitular Carol. lib. 7. cap. 314. *Ut Clerici* Pampis *aut tzangis vel armis non utantur.*

¶ *Pampiliones.*] Sugerius de Gest. Ludovici R. fil. Ludov. Gros. —— *In illo conflictu Christi militia tam damnoso, non fuit aliquis de antegarda; sed* Pampiliones *tetenderant ignari casus tam pessimi, in tentoriis quiescebant*, pa. 145. l. 55.

¶ *Panagia, giæ*, & *Panagiarium.*] *Panagia*, q. pan s ἅγιος, i. Sanctus, **holy bread**, Gall. *le pain benit.* Registr. Eccl. *Hereford.* differentias referens Orientalis Eccl. à Romana Artic. 10. *Item dicunt* (Græci) *panem nostrum* panagiam. V. *Curopal.* pag. 126. & 323. Hujus mentionem fecimus in *Appenagium* quod. V.

¶ *Panagium.*] Nuperioribus, *Pannagium*, quod vide infra.

¶ *Pancerea, æ*, & *Pancerium, rii.*) Lorica, thorax, quasi Pectorale ferreum. Germanis superioribus **pantzer & panzer**, inferioribus **pantsier**, ubi **panse**, Gall. *pance*, ventrem sonat, *iiser* ferrum. Italis item *Panziera.*

Capitular. Carol. lib. 1. tit. 9. —— *Prohibemus, ut nullus arma molita & prohibita, cultellos, enses, lanceas*, pancereas, *scuta, vel loricas, clavas ferreas &c. secum deferre præsumat.*

¶ *Panella, læ*, & *Panellum, li.*] Sed hoc minus congruè. Schedula vel Pagina, propriè Pagella, atq; inde deducta, *g* in *n* transeunte; sic veteres quidam mannifìcat. Dictionaria duo vetera Anglo-Latina è quibus unum MS. **Pane or partie**, Pagina næ: Pars tis. **Panell**, Pagella læ, & secundùm MS. Pagellus li.

Hinc forensia nostra vocabula, *panellare*, & *impanellare*, pro *in pagellam conscribere*, unde Juratores *impanellati* dicuntur, cum in ejusmodi pagellam vel schedulam (velut in matriculam) sint redacti. Et **the Counter pain of an Indenture**, suam inde appellationem ascivit, quod sit quasi contraria pagina scripti, vel chartæ paricl æ; propterea quod cum bipartitæ vel multipartitæ semper sint Indenturæ: earum una pagina penès Partem unam; aliæ verò quas **the Counter pains**, i. contrarias paginas appellamus, penes alias conservantur. Sed nec prætereundum est Chartas ipsas, veteres, paginas appellasse.

Fortescu de laud Ll. Angl. cap. 25. —— *Vicecomes returnabit* Breve præd. coram eisdem Justiciariis, unà cum *panello* nominum eorum (Juratorum) quos ipse ad hoc summonivit. Sæpe ibidem.

Haud rectè D. *Coke* in Glos. ad Litt. Sect. 234. Panel **is an English word and signifieth a little part, for a** pane **is a part, and a** Panell **is a little part &c.** pa. 158. *b.*

¶ *Panis.*] Nomine frumentum venit. l. 1. & ibidem Bartol. Cod. de frument. verb. Constant. lib. 11. In Dominica oratione, *panis* nomine id declaratur.

¶ *Panis Civilis*] *Nomine sunt, qui simpliciter annonam intelligant, civilem, cui vendendæ qui praeest dicatur Sitoshasius, sicuti magistratus, qui curat Perissochoregia nuncupatur.* Cœl. Rodig. lib. 9. cap. 16. ubi multa de panum generibus nostro hinc operi parum spectantia. Capit. *Carol.* lib. 2. cap. 29. — *Non liceat alienare (à locis venerabilibus & sacris) rem immobilem, sive domum, sive agrum, sive hortum, sive rusticum mancipium, vel* Panes civiles. Et 3 Adet. *Ludovici* Imp. ca. 30. De sanctis Ecclesiis — *Nulli* — *Rectori earum, rem immobilem liceat alienare, id est, agrum, domum, mancipium*, Panes civiles, *vel creditori obligare.*

¶ *Panis fiscalis.*) Id est de populi annona, vel quod populo erogatur è fisco.

¶ *Panis gradilis.*) Dicitur, qui è gradibus, qui in unaquaq; regione urbis erant ad pistrina, ut constat ex descriptione antiqua urbis, præbebantur populo. *Prudentius* adversus Symachum.

Et quem panis alit gradibus dispensus ab altis.

¶ ***Panes Curiæ , Militum , Ordei.***] Reperio has panum distinctiones in archivis veterimis Monasterii Ramesiensis ; quas sic intelligo. *Panem Curiæ* nec optimum fuisse, nec infimum, sed mediæ conditionis , quem *Galenus* lib. 2. ad *Glauconem* , ut notat *Cal. Rhod'g.* Syncomistum vocat. Syncomistum panem (inquit *Ga'en.*) eum nominant, qui medius inter exquisitè purum est, & furfuraceum. In Aulâ Regia Angli hodie appellamus **Court bread**, & **a Court loaf**, quasi panem cortilem vel Curiæ : non ex simila , sed è similagine confectum.

¶ ***Panem Militum.***] Eum fuisse , qui militibus ; hoc est nobilioribus monasterii vassallis, qui per servitium tenuere militare apponebatur ; qui ideo fortè adoraceus fuit & purissimus.

¶ ***Panis ordei.***] Quia ordeaceus fuit , vel totus furfuraceus : operariis dabatur in stipem & corredium.

¶ ***Pannagium.***] Quasi *Paunagium*, silvestrium enim arborum fructus & glandes quidam **pawns** vocant. Antiquioribus (& rectius) *Panagium.* Aliis & in Domesd. *Pasnagium* à Gall. *Pasnag.* quibusdam *Pennagium.*

Est autem *Pannagium* alimentum , quod in sylvis colligunt pecora, ab arboribus dilapsum. Longobardorum Boiotumque legibus *esca* dictum, quod vide. Anglis & German. **Maste.**

In Tabula De Decimis quæ publicè extat *Pannagium* interpretatur **maste of beech Acorns** &c.

Item jus hujusmodi beneficii ipsaq; pecunia, quæ ob id fruendum Forestarii & boscorum ministri à porcorum pecorumq; dominis percipiunt.

Dictum opinatur *Cowellus* à Gall. *Panez*, seu *Panets*, quod radix est panacis vel pastinacæ sylvestris , Anglicè **the wild parsnep.** Sed crescit hæc frequens admodum in apricis campis, ubi nihil unquam de *Pannagio* est auditum. Nec patiuntur leges Forestarum saltuumque , ut à porcis solum rodiatur & subvertatur , sine quo radices porci non effodiant.

Xas. de *pannagio* de bosco suo in Consult de *pannagio* Registr. pa. 49. a.

Breve Regis Henrici primi lib. Ramesiens. Sect. 313. —— *Henricus Rex Angliæ , Justiciariis & omnibus Baronibus & fidelibus suis de Huntedonschire Salutem. Præcipio, quod Abbas de Ramesia, teneat omnes boscos suos benè & in pace, & quietè & honorificè, sicut unquam melius tenuit ; & nullus super hoc eos capiat, vel invastet sine licentiâ Abbatis. Et si quid ei debetur de* panagio, *reddatur ei justè ; & si aliquis ei inde super hoc, injuriam, vel contumeliam fecerit, faciatis ei habere plenum rectum. Teste Milone Gloc. apud Winton.* Integrum retuli ne periret. Chart. de Forestâ, cap. 10. *Unusquisq; liber homo agistet boscum suum.* Chart. 1. fundat. Waldens. Cœnobii —— *Clamo etiam quietum* Panagium *de omnibus dominicis porcis suis* (i. Cœnobitarum) —— *in omnibus boscis & parcis meis, in quibus porci mei in* pastionem *admittuntur.*

Pannagium etiam pecunia dicitur, quæ pro habendo *Pannagio* solvitur : ut Mag. Custumar. de *Bello* fol. 99. b. Et debent dare *Pannagium* de porcis suis ; viz. de quolibet porco plenæ ætatis 2 d.

Hinc in Itinere de *Pickering retropannagium* pro *pannagio posteriori*, cum pecus quasi consumitur.

Pannagium aliàs etiam apud Chopinum legitur pro *appennagio*, quod vide.

¶ ***Pannosus.***] Mendicus, sordidus. Rt Al. 1103.

¶ ***Pant.***] Leg. Frison. Addit. tit. 9. §. 2. —— *Si quis verò quislibet servum alterius per vim sustulit, pignoris nomine quod* pant *dicunt, &c.*

¶ ***Panthema.***] Refert *Ekkehardus* Junior in Casib. S. Galli cap. 3. pa. 59. *Virginem* Mariam (si credere fas sit) *cœlanti cuidam astitisse ad manum etiamq; quid faceret docuisse. Quod cum ad plurium aures percrebuisset : artifex se subtrahens secessit* (inquit idem *Ekkehardus*) *de medio, neq; jam ultra in urbe illâ operari volebat. In bacteâ* (alias bratteâ) *autem ipsa aurea cum reliquisset circuli planiciem vacuam , nescio cujus arte postea cœlati sunt apices ;*

Hoc Panthema *pia cœlaverat ipsa Maria.*

Sed & imago ipsa sedens quasi viva, cunctis inspectantibus adhuc hodie est veneranda. Hæc ille. In quibus , Vide R. Alam. 1287.

Quæritur quid *Panthema* hoc sit : quod Scholiastes ejus profitetur se nequire divinare. Sed videtur (inquit) significare, *sepulchrum* seu *imaginem sculptam.*

¶ ***Paracellarius.***] Vide supra *Aparacellarius.*

¶ ***Paradegum,*** aliàs ***Paradogum,*** & ***Paradogium.***) Vox in feudal. Longob. feudi nobilitatem significans.

Barater. lib. feud. tit. 4. ex Tit. *Quis dicat Dux. Qui ab antiquis temporibus feudum non tenent, licet noviter à Capitaneis, seu valvasoribus acquisierint, plebei nihilominus sunt : Nam & hi qui soldatam acceperunt vel habuerunt per eam nullum* paradegium, *sed nec feudi usum acquirunt.* Vide Cujac. p. 146.

¶ ***Paragium.***] Domesd. A Gal. *parag*, quod æqualitatem significat nominis, sanguinis, dignitatis , etiam & terrarum in hæreditatis partitione. Hinc *disparagium* & *disparagari* quod vide supra. *Constitut. Neapolitan.* lib. 3. tit. 23. —— *In successione bonorum præferri volumus masculos fœminis , dum tamen sorores aut amitæ, fratres aut nepotes pro modo facultatum suorum & filiorum superstitum numero,*

secundùm

secundùm paragium *debeant maritare.* Cujac. p. 146.

¶ *Parafredus.*] Vide infra *Paraveredus*, supra *Palafredus*.

¶ *Parata.*] Sunt cibi potusq; præstationes, quæ hospiti ab hospite fiunt, quibusdam Pastus & Repastus dictæ. V. Big. pa. 448. Et *Parata* Dicuntur ipsæ res, quæ in suscipiendis hospitibus expenduntur. Res vel necessaria hospitibus *parata*. Expensæ hospitationis, viz. cibus, potus, focus, & hujusmodi, quæ Angli olim liberationem vocabant (quod vide supra) vernaculo nostro **liverp**, Gall. *livre*.

Præceptum remissionis Ludovici Imp. Hispanis concess. an. suo 3. — *Ut missis nostris aut filii nostri quos pro rerum opportunitate illas in partes miserimus, aut legatis, qui de partibus Hispaniæ ad nos transmissi fuerint,* paratas *faciant, & ad subvectionem eorum veredas donent*. Ubi *Paratas* ipsum etiam hospitium quod iis sæculis mansionem vocabant reor significare. Aliis autem diplomatibus & Chartis junguntur passim, mansio & *Parata*; ut illud locum notet quo suscipiatur hospes: hoc verò res ad expensas susceptionesq; hospitum necessarias. *Marculph.* lib. 1. form. 3. De immunitate à Rege concess. — *Statuentes ergò, ut neq; vos neq; juniores neq; successores vestri — aut freda de quibuslibet causis exigere, nec mansiones, aut* paratas, *vel fidejussores tollere non præsumatis &c.* Simile in præcepto *Caroli* Regis de Privileg. Monast. de *Laureshàm*, ut in Chron. ejusdem. —— *Nec fidejussores tollendum, nec mansiones, aut* paratas *faciendum*, pa. 160.

¶ *Paraveredus.*] Boior. *Parafredus*. Veredus equus cursalis; quales, per stationes ponuntur in viis publicis ad nuntios Principum celerius deferendos, ideoq; hodie *posta* vel *posti* appellantur, quasi *positi*. Angl. **Postho?ses**. Veteribus *Angari*. Nobiliores autem, hujusmodi equos olim fuisse, ex eo liquet, quod ipsorum hæc appellatio ad nobiliores equos postea sit traducta, quos inde *Palafredos*; Angli **palfrey**, Galli *palefroy*, nuncuparunt. Hodierni verò quibus utuntur *Paraveredi*, misselli plerunq; sunt & despectissimi; fortè quod ad breviorem stationem quam antiqui illi sint cursuri cujuslibet etiam usui conductitii. *L. Boior.* tit. 1. cap. 14. §. 4. —— Parafredos *donent aut ipsi vadant ubi eis injunctum fuerit*.

Marculph. lib. 1. formul. 11. — *Eisdem à vobis evectio simul, & humanitas ministretur; hoc est,* veredos, *seu* paraveredos *tantos, panis intidi modios tantos &c. eisdem ministrare & perimplere procuretis.* Capitul. Carol. lib. 2. ca. 16. —— *Qui legationes ad nos directas, in suis mansionibus, aut male recipiunt, aut constitutam à nobis expensam non tribuunt, aut* paravereda *dare nolunt &c. ulterius illud negligere non præsumant.*

¶ *Parcener.*] Quasi parceller, id est, rem in parcellas dividens. *Parcenarii* ergò dicuntur, lege Anglorum, qui paternam hæreditatem invicem dividunt, vel ex jure Regni, vel ex loci alicujus consuetudine: qui omnes, participes etiam dicuntur & *Partiarii*: Romanis antiquis *particulones*.

Ex jure autem dicuntur *Parcenariæ*, cum deficiente stirpe masculo, cohæredes fœmineæ, puta filiæ, sorores, amitæ, hæreditatem inter se ercifcant. Consuetudine verò, masculi sunt interdum *Parcenarii*, utpote cum ex loci consuetudine filii fratres avunculi pariter succedant; ut in **Gabelkind** supra demonstravimus. Fœmininarum etiam cohæredum filii hæredes *Parcenarii* quoq; appellentur.

¶ *Parch.* L. Baiwarior. tit. 9. ca. 2 §. 3 — *De illo granario quod* Parch *appellant* (intellige statutum est ut si quis id violaverit) *cum* 3 *sol. componat.* Hic, Lindenbrog. Forsan inquit idem quod supra *Mita* dicitur, quod ibidem *metam* exponit segetum.

Sed diversa videntur, nam immediatè hic sequitur de ipsâ etiam *mita* Constitutio —; *viz. de* mita *verò, si illam detegerit vel incenderit, cum 3 sol. componat.* Fortè igitur *Parch*, granarium sit parietibus conclusum. *Mita* sub dio. Hoc *Baiwaris* ipsis mitto. Sed *parc* & *parch* Gall. locum significat inclusum; *Parcage* & *Parchage* inclusionem.

¶ *Parcus.*] Damarum vivarium, fossa & palis circumseptum. A Gall. *parc*, vel *parque*, id est locus conclusus, Sepimentum.

¶ *Parcus*, al. *Particus.*] Est Stabulum vel area angustior repagulis firmiter conclusa, quâ nociva in frugibus prædiisq; pecora, tanquam in carcere coercentur. A voce Gal. *parc* ut supra diximus; Anglico autem & Saxonico vocabulo, **a pound**, vel **a pinfold**, q. **a pound-fold**, de quo postea in **pound**.

Parci autem hujusmodi usum, è Continente traduxisse Saxones nostros hinc intelligas, quod in Ripuariorum legibus jam olim utpote ante 800 vel 900 ann. reperitur. Sic enim tit. 82. §. 2. — *Si quis peculium alienum in messe adprehensum, ad* parcum *minare non permiserit, 15 sol. culpabilis judicetur.* In quibus animadverte obsecro phrasim foraneam hodie apud nos in usu, i. *minare ad parcum*. Foranei enim jam nunc dicunt ideomate forensi *mener al parc*.

Parci etiam meminit Lex Angliorum & Werinor. haud multo recentior, tit. 7. § 1. —— *Qui gregem equarum in* parco *furatus fuerit, in triplum componat.*

Vide Danefald supra in nostro Gloss & *Wardpeni* hic infra, ubi *Guliel.* Conq. liberam facit Ecclesiam de *Bello*, de opere *Parcorum*.

Parcus pro Carcere: Vide *Imparcatus*.

Hen. 1. habebat conseptum quod **Wodestock** dicitur, in quo Leones, Leopardos, Linces, Camelos & Strigem, i. porcespine è regionibus

nibus transmarinis petitos parco suo *Woodstockiæ* infert alendos. *Stow* An. 1117. R. 18. pag. 197. *Malmesb.* lib. 5. pag. 161.

¶ *Pardingi.*] V. *Perdingi.*

¶ *Parentes.*] Pro Consanguineis : Dici cœpit juxta vulgare Italorum & Gallorum, labescente jam Romanâ elegantiâ. His enim parent, illis parentes non patrem aut matrem significant, sed consanguineum ; eodemq; sensu *Parentes*, passim apud mediorum sæculorum scriptores, nec non in legibus nostris.

Gregor. Turonens. lib. 3. cap. 15. — *Vocaverat enim Barbarus ille* Parentum *multos suorum ad epulum, inter quos erat & gener ejus, qui acceperat filiam illius.* Ad L. Rer. Ala. to. 1. p. 221. ca. 10.

Lampridius (in *Alexandri* vitâ) *è vulgi* (inquit) *sermone non diversus* Parentis *nomine, non superiores modo, sed cognatos affinesq; comprehendi censuit.*

¶ *Pares.*] Dicuntur, conditione, fœdere, munere, dignitate ; conditione : ut inter se liberi : servi invicem, & villani. Quod igitur ad liberos spectabat per liberos tractabatur in curiâ dominorum suorum. Quod ad servos, villanos, & nativos, per suæ conditionis homines. In Curiis igitur Baronum non miscentur hodiè liberè & nativè tenentes ad Sacramentales inquisitiones faciendas, at utriq; seorsim : licet native ipsi tenentes hodiè etiam sunt liberi. Servorum enim & nativorum apud nos sublata est conditio ; & quas ideo possidebant terras, vel prædia, hodie liberi tenent sub antiquæ servitutis consuetudinibus.

Pares respectu fœderis sunt vir & uxor, commilitones & hujusmodi. Quoad munus sunt hi qui in palatio Regis, vel in Curiis dominorum suorum pari funguntur munere, & ejusmodi.

Pares, Dignitatis ratione sunt, qui pari dignitatis gradu collocantur, sive hoc sit ratione ipsius dignitatis, ut Reges invicem, Nobilesq; omnes juxta suas classes ; sive sanguinis ejusdem privilegio, ut filii unius Regis, cum filiis alterius, & sic deorsum.

¶ *Pares Regni, vel Regis.*] Et ejusmodi, quos *Tacitus* Comites vocat, quod hic ostendere supra pollicemur in Comite Germano.

¶ *Pares Curiæ.*] Sunt qui in eadem curiâ, sive Regis, sive Comitis, sive Baronis, pari funguntur potestate, pariq; lege & conditione vivunt. Convassalli vel conclientes ejusdem curiæ, seu dominii, parili classe constituti. *Burchardo* Socii dicti : *Tacito* ni fallor Comites. Qui enim feoda ab eodem domino accipiebant, jura & servitia feodalia eidem domino præstare tenebantur in dominicâ suâ curiâ illius territorii, cui feoda illa subserviebant : sed si dominus idem, plures haberet curias, feodatarii seu vassalli unius suæ Curiæ non sunt habiti inter *Pares* aliæ Curiæ, vel curtis suæ alterius, nec ibidem poterant aut judicio sistere, aut munia sua exercere.

Pares enim cujusvis curiæ sunt ejusdem curiæ judices ; eorumq; est de rebus judicare ad curiam illam spectantibus ; prædiorum transactionibus interesse, & de iisdem fidem facere, testimoniumq; adhibere. Hinc *Burchardus* in lege Familiæ (ut notat *Bignonius*) Sententiam per *Pares* latam, *Judicium sociorum vocat.* —— *Si quis* (inquit) *ex aliquo commisso in manus Episcopi, cum judicio sociorum suorum pervenerit, ipse cum omnibus possessionibus suis, eo dijudicetur.* Et in eundem sensum Comites opinor dici apud *Tacitum* ubi ait, *Centeni singulis ex plebe Comites.*

Vide sup. *Comites.* Et *Memoires des Comtes P. Peton* pag. 65.

L. feud. ex *Conradi* Imp. Constit. — *Feudum prohibetur adimi nisi convicta culpâ & approbata judicio* Parium Curiæ (quod laudamentum vocant. Glossar. pag. 253.) non ipsius Domini. Ut *Guntherus Ligurinor.* lib. 8.

——————— *Vassallus agendam*
Fortè movet litem : non tu sed curia judex
Audiat & certo determinet ordine causam.

Pares quos vocabant curiæ Hundredi, seu Centenarii. Cognoverunt hi de prædiis in Hundredo ; unde plurima brevia Vicecomiti præcipiunt, ut consedere faciat homines de Hundredo, ut sæpe in lib. *Rams.* & ad majorem examinis perfectionem plura sæpè Hundreda huic adjunguntur, ut ibid. Consedere facias tria Hundreda : Hinc est quod hodie dum litis alea jacitur, licet Juratores è quovis Hundredo sparsim exigantur, quatuor tamen de Hundredo ubi terra existit litigata, necessario sunt adhibendi.

Vide *Spec. Saxon.* lib. 1. Art. 39. in not. col. 2.

Pares feodi. *Notum sit &c. quod Walt. de Bolebech* —— *Donavit Walt. Abbati de Ramesia &c. terram de Waltonâ ; tenendam de se & de hæredibus suis per servitium duorum militum in omnibus servitiis, quæ faciunt compares sui de eodem feodo, præter wardam novi castelli.* Ram. sec. 310.

Tenure par parage. Grant Coustumier du Norm. Cap. 30. — *Tenure par Parage, est quant cil qui tient & cil de qui il tient doivent par raison d'lignage estre pers es parties de l'heritage, qui descent de leurs amesseurs.* Idem ibid. Latinè in Jura & Consu. Cap. 30.

Barones autem per pares *suos debent judicari, alii verò per eos omnes qui non possunt à judiciis amoveri.* Jura & Consuett. Norm. ca. 9. fol. 2. b. col. 2

Parium originem vel à Gallorum ambactis apud *Cæsarem*, vel à centenis apud *Tacitum* comitibus

tibus, qui per pagos jus dicebant, & Principi Concilium aderant, vel eo altius a centumviralibus judicibus apud Romanos, non ineptè repeto. Sed cum in feudalibus tanquam in solo suo nativo se præcipuè exhibuerint; ego hisce me Cancellis coercens ulterius non indagabo.

Pares aliàs dicuntur socii & æquales. *Burchard.* in l. Familiæ. *Si quis* (inquit) &c. Big. 524, & 525.

Pares dicuntur, qui acceperis ab eodem domino, purà Rege, Comite, & Barone (sive majore, sive minori) feudis, pari lege vivunt. Et dicuntur omnes *Pares Curiæ*, quod in curiâ Domini illius cujus sunt vassalli parem habent potestatem; scil. vassalli Regis in Curia Regni; vassalli Comitis in Curiâ Comitatus; vassalli Baronis in Curiâ Baronis. Cognoverunt hi igitur de causis omnibus ad Curiam Domini sui pertinentibus, & de se ipsis invicem, si qua vel de feudo ageretur quæstio: vel de fide ergà dominum violata. Prisco enim Jure feudali domino adesse tenebantur in causis quibuslibet gravioribus; domi consilio, foris armis, ubiq; fide, obsequio, & necessario auxilio. V. *Judex.*

Homagium pro paritate, & Creatio Ducis Britan. in *Parem*, Chart. Phil. Regis ibi *Compar.*

Pares militia. Capitul. lib. 3. cap. 71. Big. 524.

¶ *Parium judicium.*] L. Longob. l. 3. tit. 8. l. 4. Conrad. Imper. — *Præcipimus & firmiter statuimus, ut nullus miles* (nobiscum liber homo) *&c. sine certâ & convictâ culpâ, suum beneficium perdat, nisi secundùm consuetudinem antecessorum nostrorum, & judicium* Parium suorum. En legis nostræ ideam, quæ habetur in *Mag. Chart.* cap. 30. *Nullus liber homo rapiatur vel imprisonetur, aut dissesietur de libero tenemento suo* —— *nisi per legale judicium* Parium *suorum vel per legem terræ*, V. L.

¶ *Paricla.*] Seu Charta paricula; ea est, quæ alii sit in omnibus parilis, atq; inde nomen. Origo ejus hæc fuit; Cum statuto sacramentalium numero, purgasset se quidam coram Comite Palatii se servum fugitivum non recepisse: quia neutra pars victa haberetur: mandavit Comes, ut earum utraq;, paria judicii rescripta reciperet; ideoq; *paricula* dicta est hæc Charta, quod utriq; esset per paria data exemplaria. Hinc apud *Marculph.* lib. 1. formula 38. quæ de hæc eadem, quam diximus, re agit; *Charta paricla* inscribitur. Et inter formulas varias apud *Bignonium* Charta 14. de Concambitura inter duos Abbates — *Unde* (inquit) *duas epistolas* Paticulas, *uno tempore conscriptas, manu eorum vel bonorum hominum firmatas, inter se fieri & firmari rogaverunt, ut unusquisq; post hunc diem, quod à pari suo in commutatione, vel in concambio accepit, teneat atq; possideat.* Hinc Chartarum nostrarum (quas Indentatas vocant) origo & exemplum, aliis *Paria literarum*, nuncupatarum. Ut *Radevico* de Gest. *Fred.* 2. Imp. lib. 1. cap. 10. p. 482.

Antigraphus Cancellarius *Glos. Isod.*

Wlfgina Comitissa, quæ Saxonum temporibus Brancestriam dedit *Ramesiensi* Cœnobio, sic in Chartâ loquitur —— *Hoc scriptum fuit in tribus partibus divisum, quarum una remansit in manibus* Athelstani *Episcopi; alteram mecum retinui; tertiam optuli* Ramesiam. Lib. Ram. Sect. 31. Floruit *Æthelstanus* Epis. ante An. Dom. 1000.

¶ *Parificor.*] M. West. p. 611.

¶ *Parlamentum*, al. *Parliamentum*, & *Parlementum.*] A Gall. *Parler*, i. loqui, Colloquium appellabant veteres, & est Solenne Colloquium omnium Ordinum Regni, authoritate solius Regis, ad consulendum, statuendumq; de negotiis regni indictum. Hæc augusta vocis significatio: humiliores recipit.

Parliamentum dixere Croylandenses Cœnobitæ sub temporibus *Willielmi* 2. & *Ingulphi* Abbatis suas de rebus sui Monasterii consultationes, ut testatur codex illic antiquè MS. fol. 89. Et suas utiq; nostri hodiè Jurisconsulti in hospitiis fori, ut notissimum est.

Croylandensis libri hæc sunt verba —— *Concessimus etiam tunc Serjentium nostræ Ecclesiæ* Semanno de Lek; *qui veniens coram Conventu, in nostro publico* Parliamento, *similiter juramentum præstitit, quod fidus & fidelis nobis existeret, & officium &c.* E quibus innuit privatas etiam consultationes, dici *Parliamenta*; nam hoc publicum vocant. *Albertus Argentinus* vocem intelligit de omni concessu, etiam militari: sic enim ille sub An. 1218 —— *Cum olim* (inquit) *milites Basilienses ad torneamenta, hastiludia, &* Parlamenta *alia cum multitudine egrederentur &c.*

Et in antiquis scriptis prædialibus occurrit mihi aliquando **Parlement hill**, id est, *Collis Parlamentarius*, quòd (ut reor) convenire hic olim solebant pagenses aliquot, ad causas inter vicinos dirimendas; prout in Hibernia frequentes vidimus **the parle** & **Parlinge hills** nuncupatos.

Reperitur (fateor) vox antiquè in Canuti legibus; sed è recentiore Interprete Anglo-Normanno, Latinè data: Danis enim & Saxonibus peregrina vox.

Magni hujus Concilii specimen inter Normannos, Saxones, Britannos quærunt philologi. Britannos tepidè ex illo Cæsaris, Lib. 5. *Summa imperii belliq; administrandi* communi Concilio *permissa est Cassivelano.* p. 87. Quid castrense hoc consilium ad Civile nostrum? Quid confœderatarum copiarum adversus hostem communem coactum confugium, ad Ordinum Regni sollennes concessus? Audi *Tacitum* de Britannis —— *Olim Regibus parebant; nunc per Principes factionibus & studiis trahuntur; nec aliud adversùs validissimas gentes pro nobis utilius, quàm quod in commune*

mune non consulant. Rarus duabus tribusq; Civitatibus, ad propulsandum commune periculum, conventus: ita dum singuli pugnant, universi vincuntur.

In *vita Agric.* pag. 142. Vides in hisce Conciliis nec Regis adesse præsentiam, nec authoritatem: & convenire rarius duas vel tres Civitates, fœminasq; ut appareat veterum Germanorum & Lacedæmoniorum ritu non exclusas; nam in Imperiis (inquit idem *Tacitus*) sexum non discernunt. Sic *Voadicea* Icenorum nostrorum furens *Penthesileia*, quæ ..... Romanos uno prælio peremit, belli administrat imperium. Hæc de Britannum Conciliis.

Saxonum mos, è Germanorum cognoscitur. —— *De minoribus rebus* (inquit *Tacitus*) *Principes consultant, de majoribus omnes; ita tamen ut ea quoq; quorum penès plebem arbitrium est apud Principes prætractentur. Res minores, exponunt causas privatas & ad forum pertinentes, majores publicas. In celebrandis hisce Conciliis, non coeunt nisi lunâ novâ, vel plenâ; nec indicto die (ne non liberi viderentur) sed vel altero, vel tertio. Considunt armati, concionemq; & silentium moderantibus sacerdotibus, audiuntur vel Rex, vel Princeps; vel prout cuiq; ætas, nobilitas, vel facundia, suadentes autem non jubentes. In ferendis suffragiis, fremitu aspernunt quod displicet; & framearum concussu laudant quod placet.* Sic Germani veteres in Germaniâ, apud *Tacitum*: Et Britaniam advecti, patrios sine dubio ritus unà advehunt, sed fide imbuti Christianâ, rigidiores sensim deponunt & Christianorum induunt.

Conciliorum igitur duo posthac genera: Ecclesiasticum, quod ab Apostolis institutum, expediunt jam Archiepiscopi, Episcopi, Abbates, Clerus; Præsentibus etiam sæpius ipso Rege, cum magnatibus populiq; senioribus: sed de hoc non hic locus. Seculare, cui post Regem aderant Prælati antedicti & Aldermanni (aliàs Seniores atq; Sapientes Regni) hoc est Duces, Comites, Proceres, & Magistratus nonnulli; ut in voce *Aldermannus* explicavimus.

Inas Rex Occidentalium Saxonum, qui floruit An. 712. legas suas condidit, ut ipse loquitur, mid geþeahte ⁊ mid lære Cenredes mines fæder, &c. *Consilio* (inquit) *& documento Cenredi patris mei, Hedda, & Erkenwoldi Episcoporum meorum, omniumq; Aldermannorum meorum & seniorum sapientum populi mei, magna etiam servorum Dei frequentiâ.* Sufficit hoc unum exemplum ad modum exprimendum omnium Conciliorum Anglo-Saxonum: etiam licèt nec in eisdem Episcoporum fiat mentio, nec Aldermannorum. Juxta enim seculi illius usum, comprehendi plerunq; solent, vel in præfatione legum, vel in contextu, *Sapientum* vocabulo: Et hoc quidem desiderato, præsentes tamen intelliguntur omnes, ut ex *Athelstani* legibus observetur, qui in Ecclesiasticis illic constitutionibus usum se refert Episcoporum consilio, in secularibus verò edendis, nec secularium meminit, nec Episcoporum. Interfuisse tamen utrosq; constat è subscriptione quadam dicente: Eálle ðis ƿæs gesetted on þam miclan sýnoð, &c. *Decreta sunt hæc omnia in magno Synodo Grateliana, cui aderat* Wilhelmus *Archiepiscopus, & cum eo Nobiles omnes, & sapientes ab* Æthelstano *congregati.*

Sed ut uberius dicam de personis in istiusmodi Concilio convocatis: occurrit primò, nusquam me reperisse inter Saxones nostros, plebi locum, cui in Germaniâ *Tacitus* potiorem tribuit. Qui in *Inæ* Regis Concilio memorantur, sunt (ut vides) *Episcop*, *Aldermanni, Seniores sapientes populi*, & *Servi Dei*. De *Episcopis*, satis notum. *Aldermanni* vox adeo generalis est, ut omnes comprehendat, qui vel dignitate præsunt, vel officio: Regulos, Subregulos, Principes, Duces, Comites & Magistratus quoslibet, ut in voce *Aldermannus* enarravimus.

Hoc autem loco de Comitibus intelligo & toparchis quod prætereat numerat seniores sapientes populi; qui Latinè idem sunt quod Aldermanni Saxonicè.

Seniores sapientes populi, idem est Latinè quod *Aldermanni* Saxonicè, ut in verbo *Senior* referemus. Qui verò appellantur *Servi Dei*, strictiùs ego intelligo de Ecclesiasticis, qui sub hisce seculis, peculiari isto gestiebant nomine, eodemq; veniunt in condendis *Æthelstani* legibus Ecclesiasticis Cap. 3. viris non tum consultis secularibus: Et in Synodali Conciliabulo *Cloveshovia* An. Dom. *DCCCxxiii.* explicitè ponuntur, *Dei servi, Presbyteri, Diaconi, Monachi.* Ad hæc quæ diximus fidem faciunt Conciliorum plurium MS. Chartarumq; in eisdem Confirmatarum subscriptiones: in quibus præter Regem, & interdum Reginam, has invenimus: Ex parte Ecclesiasticâ, passim *Archiepiscopos, Episcopos, Abbates*: nonnunquam *Abbatissas, Presbyteros, Monachos.* Didascalum Dogmatistam. Ex parte laicâ: *Regulos; Subregulos, Principes, Patricios, Aldermannos, Hertogenas*, qui & aliàs *Duces*, aliàs *Comites, Præfectos*, & interdum ditionis alicujus putà *Merciæ, Hlafordas* (i. Dominos) *Thanos* etiam, qui & *Ministros.* Continentur hi quidem omnes (ni *Thanum* excipias) sub *Aldermannorum* nomine, ut suprà diximus: Et qui in unà Chartà *Aldermannus* scribitur, in aliâ *Hertogan*; in aliâ *Dux*, in aliâ Comes appellatur. Sic *Ælfherus* in Chartis Wigornensibus.

Excedo tenebris in crepusculum, sed lux adhuc malefida. *Gulielmus* 1. qui à conquirendo, hoc est, acquirendo Angliam, non à subigendo (ut plerique censent) dictus est Conquestor, terram totam inter Magnates suos sic disposuit, ut suum quisq; patrimonium de Rege teneret in Capite per servitium plerunque runq; Baroniæ. Hinc Magnates, Barones Regis, & Barones Regni nuncupantur, Regni etiam Capitanei, quod in Capite, id est, à Rege tenuere, & in librum *Domesdei* conscribuntur singuli. Patrimonia sua (reservatâ ad alendam suipsius familiam, splendidâ portione) suis quisq; clientibus (quos vulgo *Milites* vocant) feodorum nomine dispartitur; & hi vicissim inter Tenentes suos & Colonos. Sic pars nulla Regni vel agrorum, præter terras ipsius Regis, & quæ Deo dita sunt in liberam eleemosynam, quin alicui Baronum erat subdita, cùm è tenuræ ratione, tùm & jurisdictionis privilegio. Superior enim quisq; Dominus, Regulus agit in suos subditos: & in rebus ad feodum suum pertinentibus ex ipso jure feodali jus dicit, quod de Germanis olim notavit *Tacitus*: *Agricolis* (inquit) *suis jus dicunt*. Agricolas autem appellare censeo, qui agrariis coercentur legibus & servitiis.

Mirum interea sub his seculis, dominorum in vassallos imperium, vassallorum utiq; erga dominos, amor & obsequium. Quod ex pertinaciâ *Gerardi* de *Camvilla* dignoscatur; qui in magno Regni Concilio anno 5 *Richardi* 1. *Northamptoniæ*, celebrato, læsæ Regiæ Majestatis postulatus, respondit: *Se esse hominem* (i. e. vassallum feodalem) *Comitis Johannis*, *& velle in Curia sua jure stare*.

Hinc feodales Domini ex assensu feodalium suorum vassallorum (quos *Pares feodi* vocant & *Pares Curiæ* suæ) leges ferebant de rebus feodi sui: & superiores quique de inferioribus.

Rex perinde, qui totius Regni Dominus est supremus, regnumq; universum, tam in personis Baronum suorum, quàm è subditorum ligeantiâ, ex jure Coronæ suæ subjectum habet, consilio & assensu Baronum suorum leges olim imposuit universo Regno: & consentire inferior quisque visus est, in personâ Domini sui Capitalis, prout hodie per Procuratores Comitatus vel Burgi, quos in Parlamentis **Knights & Burgesses** appellamus.

Convenire igitur solebant Barones Regis, prout opus fuerat, ter quotannis ad Aulam Lib. Ramef. 109. Regiam; id est ad *Natale Domini* nostri, ad *Pascham*, & ad *Pentecosten*, prodireq; tunc solebat Rex Coronatus publicè, & cum Baronibus de negotiis Regni constituere. Sic *Canutus* Rex suas leges in Christi tulit Natalitiis, *Edmundus* in Paschatis festo, *Henricus* 1. Anno 1108 in Pentecostes. Sed & aliis quoque temporibus, ut fuit opus.

Habes morem veterem, quem mutasse ferunt *Henricum* 1. anno Regni sui 16. plebe ad *Concilium Saresberiense* tunc accita. Hæc vulgaris opinio, quàm typis primus sparsit *Polydorus Virgilius*, acceptam subsequentes Chronographi. Nos ad Authores illius seculi provocamus & vicini. *Flor. Wigornensis* in An. Dom. 1116, (qui est 16 *Henrici* 1.) ait, — *Conventio Optimatum & Baronum totius Angliæ, apud Sealesbiriam* 14 *Cal. Aprilis, facta est. Eadmerus* de eodem ait: 13 *Kal. April. factus est Conventus Episcoporum, Abbatum, & Principum totius Regni apud Serberiam, cogente eos illuc sanctione Regis*. Nihil hic de plebe, nec in notis aliquibus aliis Authoribus vel illius seculi, vel alterius cujuslibet; qui tam insigne libertatis privilegium, silentio (proculdubio) non transiissent. Enatum enim cum jam certò esset, passim prædicant inferiores.

Sed ad hoc reperitur audio nescio quid in veteri quodam MS. codice, Authoris, temporis, fidei incertæ — *Communes* (sic plebem vocant) tunc vocatos. Rem qui amplectuntur ideo fictam censent, ut Rex iste Angligenus Anglos sibi contra Normannos malefidos confirmaret.

Sed vir acutissimus *Gualterus Raleigh* lib. de Prerogativa Parliamentorum, Angliæ factum non opinatur ante 18 *H.* 1. quod in anno 17. Regni ejus solius sui privati Concilii assensu, tributum imposuit in unamquamq; Hydam (seu Carucatum) terræ ad collocandam filiam suam in matrimonio: Et de eodem ait *Huntingtonius* —— *geldis creberrimis & exactionibus variis Anglia compressa est*. Ego Anonymum illum, eo reor deceptum, quod hoc Concilium coactum fuit ut ferunt (*Wigornensis* & *Eadmerus*) non consultandi gratia, vel statuendi; sed ut Magnates Angliæ fidelitatem præstarent & homagium *Gulielmo* filio Regis, quod Rex ipse dubios in Normania casus subiturus esset.

Convocatos etiam ea causa primores plebis verisimile est: nam submerso sub quinquennio postea *Gulielmo* Principe, Episcopos, Comites, Barones, & omnes qui alicujus videbantur esse momenti (*Nubrigensis* verba sunt) *Londinum* vocat ad Concilium, fidem jam *Matildi* filiæ suæ juraturos.

Sic Concilium alterum habes illiusmodi, Parliamento nostro sat dissimile: Nam si pro Parliamentis hæc habueris, altiorem rei dabit originem Conquestor ipse, qui anno Regni sui 19. Dom. nostri 1086. *Mandavit, ut Episcopi, Abbates, Comites, Barones, Vicecomites, cum suis militibus* (i. Tenentibus in feodo militari) *die Kal. Aug. sibi occurrent Searesbiriæ. Quo cum venissent Milites illorum sibi fidelitatem contra omnes homines jurare coegit*. Flor. Wigorn. in hoc Anno. Ludunt qui Parliamenta nostra in his quærunt.

Sine ut sodes dicam, collegisse me centenas (reor) Conciliorum editiones (tenoresq; ipsos plurimorum) ab ingressu *Gulielmi* 1. ad excessum *Henrici* 3. existentium, nec in tanta multitudine, de plebe uspiam reperisse aliquid, ni in his dilituerit.

Gulielmus 1. semel atq; iterum ait *se concessisse &c. per commune Consilium totius Regni*. Char. Emendationum, p. 125. Et quod jamjam

Mmm 2 citavimus

citavimus de Vicecomitibus & Militibus, evocatis ad fidei vinculum.

Gulielmus junior ita pariter: & de *Henrico* 1. lis sub judice.

Stephanus Rex in Octavis Paschæ — tenuit Concilium *Northamptoniæ*, cui præsidebant Eboracensis Episcopus *Thurstanus*, Episcopi, Abbates, Comites, Barones, nobiles quiq; per Angliam. *Continuat. Florentii* in An. 1138. pag. 519. aut addenda videtur *et* Conjunctio, aut tollenda *commâ*, legendumq; *Barones nobiles*, & sic nihil scrupuli.

Sub *Richardo* 1. (Hierosolymis militante) *Johannes Comes Moretonii* frater Regis, & *Walterus* Archiepiscopus Rothomagensis, & omnes Episcopi, & Comites, & Barones, & Cives Londonienses cum illis convenerunt in atrio Ecclesiæ S. *Pauli*. Et totius Concilii judicio *Willielmus Eliensis* Episcopus à Regni & Cancellariæ regimine deponitur, arduaq; alia peraguntur: *Hoveden*. in An. 1191. pag. 701. Et Epist. *Hug. Covent.* Episcopi pag. 703. Hoc tumultuarium videtur Concilium (quod Conciliabulum vocant) non legitimum.

E crepusculo jam in lucem veniamus, quam à tot viris doctis istud agitantibus argumentum, miror non intuitam. *Johannes* Rex, haud dicam *Parliamentum* (nam hoc nomen non tum emicuit) sed *Communis Consilii Regni* formam & coactionem perspicuam dedit, Chartaq; suâ (quam aliquando vidimus) anno Regni sui 17. statuit observandum. Proferam ipsius verba, sed primò recitandus est præcedens illic articulus, qui ad sequentium conducit explicationem.

— *Nullum* (inquit) *Scutagium vel auxilium ponam in Regno nostro, nisi per commune Consilium Regni nostri* (1) *nisi ad corpus nostrum redimendum* (2) *& ad primogenitum filium nostrum Militem faciendum* (3) *& ad primogenitam filiam nostram semel maritandam; & ad hoc non fiat nisi rationabile auxilium.* His dictis, paulo inferius ait —— *Et ad habendum commune Consilium Regni, de Auxiliis assidendis (aliter quàm in tribus casibus prædictis) & de Scutagiis assidendis, summoneri faciemus Archiepiscopos, Abbates, Comites, & majores Barones Regni, sigillatim, per literas nostras. Et præterea faciemus summoneri in generali, per Vicecomites & Ballivos nostros, omnes alios, qui in Capite tenent de nobis, ad certum diem, scil. ad terminum 40 dierum ad minus, & ad certum locum, in omnibus literis submonitionis illius, causam summonitionis illius exponemus; Et sic facta summonitione, negotium procedat ad diem assignatum, secundum Consilium eorum qui præsentes fuerint, quamvis non omnes summoniti venerint.*

Post susceptionem plebis in Comitia Parlamentaria sensim decerpitur fastigiosa illa Magnatum potestas coercita, alias eorum in Tenentes imperio, & laxata, alias plebis in eos servitute. Fit hoc Statutis plurimis, adeoq; labefactata est superbia procerum, ut adversus Regem nemo suscitare ausus est novorum quidpiam si de Regno non ageretur. Sed ecce novus jam Leviatham grassari cœpit. Liberata jam ab imperio dominorum offensa, ex quavis causâ, plebs quæ ad arma hactenus absq; voluntate dominorum nunquam convolant, jam non habentes quibus audiant in gravissimas insurgunt rebelliones, quod ne semel unquam factum est anterius.

¶ *Parle hill.*] Collis vallo plerunq; munitus in loco campestri, ne insidiis exponatur, ubi convenire olim solebant Centuriæ, aut viciniæ incolæ ad lites inter se tractandas & terminandas. Scotis reor *Grith-hal q. mons pacificationis*, cui Asyli privilegia concedebantur. Vide *Stat. Will. Regis Scot.* cap. 5. §. 1.

¶ *Paro, ronis.*] Navis piratica longior, sed exigua. *Phaselus, Galea.*

Hoved. Annal. pars prior. — Anno 892. *Rex paganus* **Hesteng** *cum* 80 paronibus, *ostium Tamesis intrans, munitionem apud* **Midletune** *edificavit*. Cujus è regione, in margine notatur: al. fortè *myroparonibus*. Sed hoc opinor minus correctè. *Myoparo* enim mediam habebat fabricaturam inter onerariam & triremem longam. *Paronem* autem nostram omnino longam fuisse reor, celeritatis gratia non ad onera constructam, quo navium genere præcipuè usi sunt eo sæculo piratici Dani, & Saxones nostri. Sententiam mihi astringit *Asser Menevensis*, ipse Saxo perantiquus, An. 877. *Tunc* (inquit) *Rex Ælfredus jussit cymbas & galeas, id est longas naves, fabricari per Regnum, ut navali prælio hostibus adventatibus obviaret.*

¶ *Parochia.*] Quoad *Parochiarum* originem *Anastasius* dicit *Fabianum* Pontificem 21. per Regiones Romam divisisse Diaconibus. Et *Luitprandus* ait: *Fabianus* 7 Diaconos in urbe Româ in 7 regiones ipsius Urbis divisit, qui ad peragendum officium illis congruum omni horâ parati invenirentur. *Dionysius* autem qui circiter 30 postea annos in Pontificatum successit Presbyteris Ecclesias divisit & cœmiteria, & *Parochias* & Dioceses instituit, ait *Anastasius*, quod uberiùs paulò etiam *Luitprandus*. Hic Presbyteris Romæ *Parochias* Ecclesias dedit singulas singulis, & ipsas *Parochias* & cœmiteria eis dimisit, & unicuiq; jus habere proprium constituit; ita viz. ut nullus alterius *Parochiæ* terminos aut jus invadat, sed unusquisque suis sit contentus. Post hæc (An. nempe 304.) *Marcellinus* Papa, ut apud *Anastasium* habetur, 25 titulos q. dioceses propter baptismum & pœnitentium multorum qui convertebantur ex *paganis* & propter sepulchra Martyrum.

Parochiarum autem apud nos originem a Româ traduxit primus *Honorius* Dorobernensis Archiep. V. annum circiter .... Romanus ipse & Gregorii Mag. discipulus. *Antiqq. Brit. in vitâ ejus.* Neq; solum Episcopos, tanquam superiores turrium, custodes Ecclesiæ superimposuit; sed etiam provinciam suam primus in *Parochias* dividens, inferiores ministros ordinavit &c. De inferioribus istis *Parochiis* rarissima apud Authores mentio sub illis seculis: de Episcopalibus autem satis ampla. Chart. *Ceolwulfi* R'. sub An. 872. — *Ego* Ceolwulfus *Dei gratiâ Rex Merciorum rogatus à* Werfritho *Episcopo* Hwicciorum, *istam libertatem donavi, ut tota* Parochiâ Hwicciorum *à pastu equorum Regis & eorum qui eos ducunt libera sit &c.*

¶ *Particata terræ.*] Rectius perticata. Est terræ portio, quæ latitudine perticam continet: longitudine verò per stadium integrum, quod nos quarentenam dicimus, distenditur, hoc est, ad 40 perticas. Alias roda dicta, quod vide, Anglicè **a Rood**, Scoticè **ane Ruid of Land**.

Continet ergò *Particata terræ* in integrâ superficie, 40 perticas, i. quartam partem unius acræ; quæ ut supra ostendimus octagies perticam comprehendit. Si igitur *Particata terræ*, duas habeat in latitudine perticas, longitudo ejus 20 terminabitur. Si quatuor in latitudine, longitudo denas non excedat. Sic in reliquis proportionibus.

Ipsa autem pertica mensurationis virga est, quæ apud Anglos pedes sexdecem & dimidium continet, ut supra videas in *Acra*.

Scotis verò largior est *particata terræ*, uti constat ex Assisa R. *David.* primi. De pond. & Mens. cap. 3. — Particata terræ *in Baronia debet mensurari per sex ulnas, quæ faciunt* 18 *pedes mediocres.* Ejus etiam fit mentio in *Quon. Attach.* 57. §. 7. — *Tu ei injustè deforcias quandam* perticatam *terræ, vel peciam terræ, cum pertinentiis, jacentem infra talem Burgum.* Et in Ll. *Burgorum* ca. 2. — *Quilibet Burgensis debet domino Regi Burgagio quod defendit pro* Particata terræ, *quinq; denarios annuatim.* Vide Ske. Ang. & Add.

¶ *Participium, pii.*] Pro participatione, forte, communione. *Gloss. Lindenb.* μετοχὴ. *Petr. Blesens.* Epist. 28. — *Quodam compassionis participio molestantur.* L. *Wisigoth.* lib. 12. tit. 3. l. 15. in juramento Judæ. conversorum — *In omnibus & per omnia Christiano more vivens, & Christianorum* Participium *habiturus sum.*

¶ *Parvæ, Pervisus, Parvisia, æ.*] Non à parvus adject. sed à Gal. *le parvis*, quod idem contractè à Lat. *Paradisus*. *Vitruvio pronaus*, aliis *pronaos*, & *pronaum*. Gall. *le parvis*, Angl. **a Church-porch**, idem quod aliis *Paradisus*, i. atrium Ecclesiæ. V. *Aimoi.* lib. 4. cap. 35. pa. 189. *Fortescue* de laudibus Ll. Angl. cap. 51. pa. 124. — *Sed placitantes tunc* (i. post meridiem) *se devertunt ad pervisum, & alibi consulentes cum servientibus ad legem & aliis Consiliariis suis.* V. not. ibi. Sed dici videtur de parte Ecclesiæ ubi conveniebant neophiti discendi gratiâ, nam similiter ibi legisperiti convenere ut clientibus occurrerent, non ad tyrocinia Juris, quas *motas* vocant exercenda.

¶ *Particus.*] Idem quod *Parcus*, i. Pecudum carcer. Angl. **a pound or pinfold.** Vide *Parcus*, **pound** & **poundbrech.** Ll. *Hen.* 1. cap. 40. — *Si* **pundbrech**, i. *fractura partici fiat in Curiæ Regis, plena Wyta sit &c.*

¶ *Pascuarium.*] Census qui penditur pro animalium pastione. Anglis alias *Agistamentum*.

Marcul. lib. 2. formul. 36. Nullam functionem aut redditus terræ, vel pascuarium aut agrarium, aut quodcunq; dici potest, exinde solvere — non debeatis. L. Wisegothor. lib. 8. tit. 5. l. 5. Qui verò sortem suam (i. portionem agri) totam fortè concluserit, & aliena pascua absente domino, invadit, sine pascuario non præsumat, nisi fortè Dominus pascuæ voluerit. L. Boior. tit. 1. ca. 14. §. 1. De triginta modios tres donet, & pascuarium desolvat secundùm usum provinciæ.

¶ *Pasnagium.*] Domesdei, alias *Pannagium*, quod vide supra.

¶ *Passagerius.*] Qui *passagium* (tributum) colligit quod in præsentiarum Vide.

¶ *Passagium, gii.*] Transitus: & pecunia vel census pro hoc impensus. *Upton* De insignibus lib. 1. Idem modus creationis (militum) observabitur in aliquo *passagio* periculoso alicujus ripariæ seu portus.

Charta *Henr.* pri. De libertat. London. — *Et omnes res eorum per totam Angliam, & per portus maris de Theolonio, &* passagio, *& lastagio, & omnibus aliis consuetudinibus.* Constitu. Neapol. lib. 1. tit. 59. l. 2. — *Doanas forestagia, plateatica,* passagia, *& alia, tam vetera jura quàm nova Curiæ nostræ, nostrorum fidelium fidei committere poterint.* Passagia autem ista qui colligunt & exigunt *Passagerii* dicuntur ib. infra Tit. 76. — *Superexactiones restitui faciant & rapinas quas gabelloti, forestarii, plateatii, portionarii, seu* Passagerii *contra veteram formam &c. in fideles nostros exercent.*

Passagium, Pro expeditione quavis transmarinâ, Sicuti Christianorum in terram Sanctam: ex quo Bulla *Sixti PP.* 3. Principes Christianos ad sacram expeditionem in Turcos suscipiendam, exhortantis, missa Philippo Palatino Rheni Electori anno 1481. *Passagi-fugium* inscribitur. *German. Rer. Tom.* 1.

Arnoldus Abbas in Supplemento Helmold. apud Lind. —— *Seq; juramento obstrinxit, quod exire nobiscum debeat regale vexillum, & in* Passagio *Martii, nobiscum ad servitium Domini proficisci.* Ibidem — *ad partes Ægypti proximo* Passagio *transmeare.*

In Legg. Alaman. Tit. 82. *transpassare.*

¶ *Passiatum.*] Chartar. Alam. Centur. Chart. 61. —— *Et quando opus fuerit, aut ad messem vel pratum colligendum, vel ad reliqua in* passiato *faciam.*

¶ *Pasticium,* vel *us.*] Domesd. Vide *Convivius* quod huc retuli. Gall. *Pastis.* Vide Dict.

¶ *Pastoforia Ecclesiæ.*] Radevicus de Gest. Freder. 1. R.G. p. 415. l. 46.

¶ *Pastorium*] L. Baiwar. tit. 2. cap. 6. *Si quis in exercitu aliquid furaverit*, Pastorium, *capistrum, frenum, feltrum*, — *Si servus est perdat manum &c.* Et leg. Longob. lib. 1. tit. 25. l. 35. — *Si quis capistrum de capite caballi tulerit, componat sol. 6. Si quis* pastorium *de caballo alieno tulerit, componat sol. 6.*

¶ *Pastura, ræ.*] Aliàs pro animalium pastu vel pastione; unde fundum compascuum *Communium pastura* vocamus: aliàs pro fundo ipso qui depascitur, & sic frequentiùs in Chartis antiquis, *prata, pascua, pasturæ.* Lindewode in lib. 3. Provincial. Angl. tit. *de Decimis* cap. *Quoniam* — *Differunt pascua &* pastura, *nam* pastura *omne genus pascendi significat, sive fiat in pratis, sive in stipulis, sive in agris, sive in campis: Sed pascua est locus principaliter deputatus pecoribus pascendis, utpute in montibus, moris,* mariscis, *& planis non cultis nec aratis.*

¶ *Patereni.*] Hæretici.

¶ *Patena.*] Al. *Patina.*

¶ *Patentes literæ.*] Vide *Litera Patentes.*

¶ *Pater.*] Inter monachos primitivæ Ecclesiæ is dicebatur, qui Decanis præfuit, eorumq; muneris rationem exegit. Id supra vide in Decano cœnobitarum & visis adde quæ conjunctim sequitur in eodem *Augustini* loco, viz. —— *Hi verò patres non solum sanctissimi moribus, sed etiam divina doctrina excellentissimi, omnibus rebus excelsi, nulla superbia consulunt iis quos filios vocant, magna sua in jubendo authoritate, magna illorum in obtemperando voluntate. Conveniunt autem diei tempore extremo de suis quisq; habitaculis, dum adhuc jejuni sunt, ad audiendum illum* Patrem, *& conveniunt ad singulos* Patres *terna, (ut minimum) hominum millia, nam etiam multo numerosiores sub uno agunt, &c.*

¶ *Patres.*] Comites dicti in brevi R. M. P. 159. l. 50.

¶ *Paternicum.*] Id quod ex parte patris descendit; uti *Maternicum* quod ex parte matris. Centur. Chart. Alaman. char. 45. *Dono atq; trado, omnes res meas quas ex* Paternico *mihi de alode legitima contingit &c.* Et Chart. 50. — *quantumq; mihi in jam dicto pago Angustanginse advenit, tam de* Paternico, *quam de* Maternico, *seu de comparato, vel de qualicunq; adtractu &c.* Et Chart. 58. —— *Dono hæc omnia & ex integro, tam de* Paternico *meo, quàm de* Maternico, *vel mea adquisitione &c.*

¶ *Patria:*] Pro Comitatu vel pago. Sic in Capitul. lib. 4. cap. penult. — *De libertate & hæreditate lis agenda est in* patriâ *pulsati.*

Patria, Pro compagensibus. Sic in legum formulis, ubi dicitur. *Inquiratur per Patriam.* Et Assisa vel recognitio per assisam idem est quod recognitio *Patriæ.*

¶ *Patriarcha:*] De Episcopo dictum. Episcopalis. An. 385. in Concil. generali Constantinop. sancitum est, ut Episcopus Constantinop. imperpetuum diceretur *Patriarcha.*

Patriarchæ, Vide Burchard. lib. 1. cap. 53. ponendi ubi apud Ethnicos primi Falmines &c.

Ejus antiquitas Baron. in An. 112. nu. 2. col. 56.

¶ *Patricii:*] Ex dignitate & præfecturà primo nuncupati sunt, quos *Constantinus* Magnus è publico Senatu in consistorium & privatum consilium Principis, velut Senatum domesticum cooptavit, provinciæq; alicujus præfecturâ insignivit: aliàs Comites Consistoriani, & sacri Consistorii dicti, & solummodo illustres. Hinc Galliæ Reges, Romanorum *Patricii.* Videndus, qui bellè ut solet, de hoc *Meursius*, & inter cætera *Venericum* sive *Walthramum* proferens in Apologia 4. — *Legitur* Stephanum *Papam venisse ad Regem* Pippinum, *& postulasse patrocinium ejus contra* Haistulfum *Regem Longobardorum, ac ipsius Patrocinii gratia decrevisse: quemlibet deinceps Regem Francorum esse* Patricium *Romanorum.* Hinc Provinciarum Satrapæ etiam in Occidente dicti postea sunt *Patricii*, atq; denuo Illustres. Sic in Historiis nostris.

¶ *Patrinus.*] Fidejussor in baptismate. *Compater*, Anglicè **A Godfather**, q. **a Father in God**, uti *Paulus* se dixit *Onesimum* genuisse, & Corinthios. Distinguendum igitur est à *Patrimus* adjectivo, quod eum significat, qui patrem habet viventem.

¶ *Pauso, sas.*] Pro Depono. L. Alaman. tit. 45. *Pausant arma sua josum*, i. deponunt vel declinant arma sua deorsum.

¶ *Pax Dei, Pax Ecclesiæ, Pax Regis, Pax Vicecomitis.*]

Pax Dei, Tempus dicitur cultui divino adhibitum, eaq; appellatione omnes dies Dominici festa & vigiliæ censentur.

Pax Dei & Regis. Ramf. Sect. 296.

Pax Ecclesiæ dicitur, cum salva sunt Ecclesiæ

omnia privilegia & immunitates, servi, famuli, ministri &c. Vide *Neuber*. lib. 3. cap. 20. pag. 285. l. 25. Vide *Ll. Ed. Conf.* ca. 8.

Pax Regis. Ll. Ed. Conf. ca. 12. Ll. H. 1. —— *Nam longè debet esse* Pax Regis *à parte sua, ubi residens fuerit à quatuor partibus loci illius, hoc est* 4 *millaria, & tres quarentena, & novem acra latitudine, & novem pedes, & novem palma, & novem grana hordei. Multa &c.*

Pax Vicecomitis. Bract. lib. 3. tit. de Coronâ, cap. 24. nu. 2.

¶ ***Pecia.***] Et minus congruè *Petia*: Pars, particula, fragmen, à Gall. *piece*. *Pecia terra* idem fortè quod in Domesd. frustum terræ; Sed in hoc tamen discrepare opinor, quod frustum exiguam portionem designat, *Peciam* verò appellamus etiam si 100 jugera comprehendit. Formul. vett. 11. Solen. 53. *Petia de terra arabili in loco qui dicitur &c. per loca designata.*

¶ ***Peculiare.***] Non solum dicitur *peculium* & quod est ex *peculio*: sed ipsæ etiam terræ & prædia. Centur. Chartar. Alaman. Char. 50. — *Per hanc paginam, quam ad vicem traditionis scribendam rogavi; dono à præsente die* peculiaris *mei ad Ecclesiam S. Galloni in &c. ubi dominus in Christo Ganz per Abba præesse videtur, donatumq; in perpetuum esse volo, & purissima voluntate confirmo: hoc est omnem tertiam partem proprietatis mea in pago Augusgaugense, & in villis denominatis &c.*

Wisegothor. lib. 10. tit. 1. l. 18. Sic inscript. ut *peculium* & *peculiare* ad unam intelligentiam habeatur. —— *Sæpe contentionis acie improbos vidimus sinceram intelligentiam deserere, qua ut refelli possit, compendio brevitatis, uti convenit: Omnis ergo res, qua mobilis immobilisq; consistit, cujuscunq; fuerit generis sive forma, an* peculii *an* peculiaris *nomen habuerit, unius intelligentia vim evidentiamq; obtineat, ut ex hoc omnis de mobilibus immobilibusq; intentio conquiescat.*

¶ ***Peculium.***] Vide hic supra *peculiare*. Et fusius de eo Lexica J. C. & Big.

¶ ***Pecunia.***] Pro pecude. Sic passim in Domesd. — *Pastura ibidem ad* pecuniam *villa*, id est, Fundus compascuus ad pecudes seu armentum villæ.

Pecunia, *est aliquid temporale. Cum enim omne temporale in* pecuniam *possit redigi, omne tale nomine* pecuniæ *continetur*. C. de constitut. pe. l. 2. & Ar. 1. q. 3. per totum. Lind. ff. 201. c.

Pecunia pro bonis & catallis. Ramf. 237. — *Et nisi feceris ipse te justificet per* pecuniam *tuam, donec facias*, i. juxta dictionem fori, distringet te per catalla tua donec facias. Sect. 227. *Quod si nolueritis ipse vos constringat per* pecuniam *vestram*, & 310. *Et si non venerit Abbas, constringat eum Walterus de Bolebech vel hares per* pecuniam *suam sicut de laico feodo.*

Pecunia pro bonis. Tra. Fuld. lib. 2. 15. —— *Trado ad Monasterium S. Bonifacii*— pecuniam *meam quicquid fuerit in domibus, ædificiis, & omnem laborem meum, &c.*

Pecunia viva. Sic dicta, ut expressius *pecudes* significet. Emendat. Willielm. prim. ad leges *Edovardi* Confess. —— *Interdicimus etiam ut nulla* viva pecunia *vendantur aut emantur, nisi infra Civitates, & hoc ante 3 fideles testes*. Ll. Ed. Conf. ca. 10. — *qui habuerit 30 denariatur* vivæ pecuniæ.

¶ ***Pecunialis causa.***] i. res omnis quæ est in bonis aut facultatibus. Equi, Aurum, Argenteum, Arma, vestes, utensilia. V. supra Domalis.

¶ ***Pecunianus, na, num,*** & ***Pecunialis, le.***] Quicquid est ex *pecunia*, vel bonis, tam vivum quàm inanime. Chart. Alaman. 15. — *Quicquid in die exitus mei de hac luce in pecuniali causa non datum, & non usitatum reliquerim, i. caballis domalibus cum cætero troppo, caballis cunctis, auro, argentoq;, scuta cum lanceis, vestibus, vel omnibus utensilibus*. Et Chart. 62. — *Servos, ancillas, & omnia* Pecuniana.

Liv. lib. 9. de Bello Pun. —— *Familia aliquot cum mapalibus pecoribusq; suis (ea* pecunia *illis est) prosecuti sunt Regem*. Gal. *mapalius*.

¶ ***Pecus alatus.***] Id est (reor) alita vel nutrita. Domestica, mansueta, manualis. L. Alaman. tit. 99. §. 14. —— *Si quis* pecus *manualem, qui dicitur* alatus, *aut verrem, aut Ducariam occiderit, 6 sol. componat.*

¶ ***Pedagium.***] *Pedagia* dicuntur quæ dantur à transeuntibus in locum constitutum à principe. Et capiens *pedagium* debet dare salvum conductum, & territorium ejus tenere securum: adeo ut si aliquis spolietur, teneatur ejus Dominus terræ, rapinam resarcire, secundùm *Bald*. in usib. feud. de pa. jura sit in § Conventiculas Prat.

Pro *Paragio*. Cujac. ad feud. 2. Tit. 10. pa. 146. *Baldus* & *Alvarotus* paradogium nobilitatem interpretantur, vulgò pessimè, *pedagium* dicitur.

¶ ***Pedellus.***] Perperam apud Scotos, et Spieg. pro *Bedellus*, quod vide. V. *Armilla* in Calv.

¶ ***Pedibulum.***] Sonitus quem edunt pedes equorum currentium. *Greg. Turonens.* lib. 3. ca. 15. — *Audiunt* pedibulum *equitum currentium.*

¶ ***Pedis pulverisati Curia.***] Ea est quæ in Nundinis constituitur, ad Nundinalium rixas litesq; celerrimè componendas. Angl. **Court of pipouders**, à Gall. *Pieds pouldreux*, q. transeuntes significat, & vagabundos, qui ideo pedes minus tersos habent sed pulvere squallentes: *pied* enim est pes, *pouldreux* pulverulentus. Dictum præcipuè de mercatoribus vagabundis, qui Nundinas pagatim infectantes omnes discurrunt provincias, nec sistendi

locum

agnoſcunt, Sed de his etiam qui ex omni parte ad Nundinas confluunt: iſtiuſmodi enim omnibus, repentina adminiſtranda eſt juſtitia rerum & controverſiarum, quæ in Nundinis oriuntur: propterea quod, finitis jam Nundinis partes litigantes diſtrahuntur uſquequaq; remotius, nec à domino Nundinarum remorandæ ſunt diutius.

Citationes igitur & ſummonitiones quæ ibidem fiunt craſtinum non admittunt Vadimonium: Sed & lis ipſa ante tertium fluxum & refluxum maris ſi eouſq; protrahuntur Nundinæ finienda eſt. Differens igitur de iſtis, quibus ex cauſa moderatur ſummonitionis tempus, *Item* (ait *Bractonus* lib. 5. tract. 1. cap. 6. nu. 6,) *propter perſonas qui celerem debent habere juſticiam, ſicut ſunt mercatores, quibus exhibetur juſticia* **pepoudrour**

¶ *Peditura, ræ.*] Opinor, *Pedamen*. Boior. tit. 1. cap. 14. §. 5. — *Ad caſas dominicas, ſtabulare, fœnile, granicam, vel tuninum recuperandum* pediturās *accipiant coloni vel ſervi Eccleſiæ.*

¶ *Pedules, lis, Pedula, læ,* & *Pedana, næ,* & *Padana, næ.*] Indumentum pedis ex panno factum. Anglis non ita recentibus **a vampay & vamp**, q. *avant pie* quod pedem obtegit ſuperius, hodiernis ni fallar **a ſock.** *Pedules* (inquit priſcus vocabularius) pars caligarum quæ pedem capit; **a vampay.** Et *Pedana* (inquit) dicitur *pedules* novus, vel de veteri panno factus, quo caligæ veteri aſſuitur. Ludovici Imper. Addit. ad Cap. 1. cap. 22. de indumentis monachorum — *Addatur & tertia (cappa) &* pedules *quatuor paria, & femoralia duo paria.* V. L.

¶ *Pegen, Pegend,* & *L'eſpegend.*] Vide quæ notavimus ad Conſtitutt. *Canuti* R. de Foreſtâ, artic. 1. 2. 17.

¶ *Pellicea, æ, Pellicia, æ,* & *Pelliceum, ii.*] Tunica vel Indumentum pelliceum, Angl. **A pilch.** Ludov. Imp. Addit. 1. cap. 22. de veſtimentis Monachis adhibendis — *Femoralia 2 paria, roccum unum,* pelliceas *uſq; ad talos 2. faſciolas 2. &c.* Ekkehard. Ju. De Caſib. S. Galli cap. 1. — *Plurima fratribus velut dives opum, commoda ferit: quorum cum uni reverendo quidem* — pelliceum *traderet, & ſui eum apud Deum memorem fore rogaret:* pelliceum *ait ille tuum ſi volueris, tibi optime repretiabor.* Hinc *ſuperpellicium,* Angl. **a Surplice,** q **a Surpilch.**

¶ *Pellota, tæ.*] Monticulus in pede canis, Angl. **the ball of the foot.** A Gall. *pelote*, i. pilula. Chart. de Foreſt. ca. 7. Talis autem expeditatio (viz. canum) fiat per aſſiſam communiter uſitatam, viz. quod tres ortelli abſcindantur, ſive *Pellota* de pede anteriori.

¶ *Penax.*] Codex Croylandiæ ſub Joffrido Abb. MS. — *Pulcherimumq;* Penacem *(per incendium illud) tunc perdidimus, & valdè ſumptuoſum de omni genere metalli pro varietate ſiderum & ſignorum mirabiliter fabrifactum,* Saturnus n. Jupiter *autem aureus,* Mars *verò ferrugineus,* Sol *de auricalco,* Mercurius *electrinus,* Venus *de ſtanno, &* Luna *fuit de argento. Coluri & omnia ſigna Zodiaci juxta ſuas naturas, ſuas imagines, & colores, variis formis & figuris arte fabrili ſortientes, multiplicitate tam gemmarum quàm metallorum, & tam oculos quàm ingenia intuentium ſupra modum ſollicitabant. Non erat tale Nader notum aut nominatum. Rex Franciæ quondam illud* Turketulo *dederat, & ille in ſuo obitu communi bibliothecæ, tam pro ornamento, quàm pro juniorum documento commendaverat, jam igne vorace conſumptum & in nihil liquifactum.* Ortus vocab. Pinax *eſt pugilaris ephemeris, tabula manualis ex pinis facta.* Pinax *etiam dicitur tabula in quâ Philoſophi figuras faciunt in ſuppoſita pulvere.* Vitruvio dicitur. . . .

¶ *Pendutus.*] Suſpenſus à Gall. *pendu.* Ital. *penduto.* L. Ripuar. tit. 79.

¶ *Peny.*] Chart Hen. 7. Abb. & Convent. Eccl. S Petr. Weſtm. dat. 19. Regni — *Et quod ſint quieti de omnibus misericordiis, &* Warda *&* Wardpeny, Averpeny, *&* Hundredpeny, Tythingpeny, *&* Borthalpeny, *& de omnibus operibus Caſtellorum, pontium, &c.*

¶ *Penigeldum.*] Denarii alicujus ex quavis conſuetudine pro facultate aliquâ vel privilegio habendo, puta in Foreſtâ, aut alibi. V. *Geldum.*

¶ *Penſilis.*] Cui penſum injungitur. Longob. 2. tit. 9. l. 2. Inter *penſiles* ancillas conſtituere.

¶ *Penſionarii.*] Nobiliores ſatellites ad cuſtodiam Regii corporis, alias **Spears,** i. *haſtæ* dicti; inſtituuntur menſe Decemb. 1539. Donantur ſinguli annuâ penſione 50 lib. ad ſemetipſos & equos duos ad ſervitium Regis inſtructos ſuſtentandum.

V. *Stow* 1 H. 8. p. 816. 50. **Spearmen inſtituted,** i. *haſtati*, qui brevi abiere in deſuetudinem; ſed reſtituuntur 31 H. 8. An. 1539. *Stow* 973.

¶ *Peplum.*] Pannum lineum, quod monialis gerit ſub mento. Sic *Lindw.* in Provincial. lib. 3. tit. *de ſtatu regularium.* cap. *Ad hac.* Ubi dicitur — *Decrevimus, ut moniales, & cæteræ mulieres divino cultui dedicatæ, velum, vel* peplum *ſericum non habeant &c.*

Erat autem & *peplum* fœminei capitis involucrum, quo fauces etiam tegebantur uſq; ad naſum. *Mat. Paris* in Ric. 1. ſub an. 1191 De ſummo Angliæ Cancellario eodemq; Antiſtite, cultu cincto muliebri — *Tunica* (inquit) *viridi fœmineâ indutus, capam habens ejuſdem coloris,* peplum *in capite muliebre portans &c.* Mox. — *Dolum ſuſpicantes manus injecerunt in* peplum, *quo fauces tegebantur; & ſummittentes à naſo uſq; deorſum, faciem hominis viderunt nigram & nuper raſam.*

¶ *Pechi-*

¶ *Pequichinus.*] Brito Armorica. Philippidos lib. 2.

—— *Pugnare quidem vel abire necesse est.*
Cessent censores, cessent Pequichinus *& ignis,*
Terminat una dies longæ certamina litis.

¶ *Pera, ræ.*] Structura contra fluctuum impetus, tam in mari quàm in fluminibus. A Latin. *petra*: sive potius Gall. *pierre*, i. Saxum, quod è Saxis fieri solebat. E pilis autem compacta *pila* propriè dicitur: Sed obtinuit usus, ut è quacunq; fiat materiâ *pera* hodie nuncupatur: Hinc immensa illa moles quam *Germuthiæ* vidimus ex ingentibus trabibus maximiq; vi Saxonum constructa *pera* dicitur: atq; hinc ipsa fundamenta quibus innituntur columnæ quæ pontes sustinent, *peræ* dictæ sunt; sive ex Saxis fiant, sive ex pilis, tabulis, & aggestâ terrâ.

Vetus membrana de restauratione pontis Rovecestriæ in Itinerar. Cantii tit. *Rochester.* —*Primum, ejusdem Civitatis Episcopus incipit operari in orientali brachio* (ejusdem pontis) *primam* peram *de terra*: *deinde tres virgatas, plancas ponere &c.* Et postea; *Secunda* pera. *Item Tertia* pera; *Et sic deinceps Nona* pera, *quæ ultima est in occidentali brachio est iterum Archiepiscopi, &c.* Ubi Nota, inquit *Lambardus*, quod ea operis pars quæ saxea assurgit vel terrea *Pera* dicitur à lat. *Petra.*

¶ *Perambulatio.*] Refert *Plutarchus* in Problem. 13. *Numam Popilium* cum finitimis agri terminis constituisse, & in ipsis finibus *Terminum* deum, quasi finium præsidem amicitiæq; ac pacis custodem posuisse. Hinc festa ei dicata quæ *Terminalia* nuncupantur, quorum vice nos quotannis ex vetustissimâ consuetudine parochiarum terminos lustramus; Saxonibus ᵹanᵹoꝺaᵹaꞅ; hodiernis *Processiones* & *Rogationes* appellatas.

¶ *Perangaria.*] Est servitus personarum & rerum. Dicitur quasi perfecta & magna *angaria*. Est autem *angaria* servitus personarum, & non rerum. Item *perangariæ* dicuntur exactiones & præstationes patrimoniorum. Sic prisc. vocab. Latino-Anglic.

¶ *Peraria, riæ.*] Machina bellica, quâ lapides emittebant; utpote à Gall. *pierre*, i. saxum, lapis.

Hoveden. part. post. *Ric.* 1. —— *Interim Richardus Rex Angliæ fecit parari* Perarias *& alias machinas suas bellicas, quas secum in terram Jerosolymitanam laturus erat.*

Idem in An. 1193. pag. 725. —— *Rex Franciæ ita fraudatus desiderio suo, recessit à Rothomago cum exercitu suo, &* petrarias *suas numero* 24 *quas in circuitu civitatis locaverat.*

¶ *Perdingi.*] Legg. Hen. 1. cap. 30. —— *Villani verò, vel Cotseti vel* Perdingi, *vel qui sunt hujusmodi, viles vel inopes personæ, non sunt inter legum Judices numerandi: unde, nec in Hundredo vel in Comitatu pecuniam suam, vel dominorum suorum forisfaciant.*

¶ *Perdonatio.*] Ll. Ed. Conf. cap. 18. & 19.

¶ *Pere* & *Pite.*] Vide quæ notavimus ad Constitutt. *Canuti* R. de Forestâ Art. 17. in Forestâ.

¶ *Pernullisq; ingeniis.*] Archaismè dictum pro, per nulla ingenia. Sic apud *Terentium* — *absente nobis.* Chartar. Alaman. 47. —*Si quis contra hanc donationem venire præsumpserit, duplum ad ipsum monasterium restituat, & quod repetit* pernullisq; ingeniis *evindicare non valeat.* Similiter Chart. 58. Chart. verò 59. —— *Auri libras* 3. *argenti pondera quinq; exactus exsolvat; & quod reppedit* pernullisq; ingeniis *evindicare non valeat.* Chart. 60. — *Et quod reppedit*, pernullisq; ingeniis *evindicare non valeat.*

¶ *Perquisitum.*] Aliàs *Conquisitum* & *Comparatum.* Prædium est quod quis non à patre vel majoribus possidet, sed quo sua industriâ vel pecuniis comparato gaudet. Forensi nostro idiomate *pourchas* dictum: quod acri prosecutione (nam sic Gallicè sonat) comparandum sit. Hinc *Perquisitio* pro hujusmodi comparatione.

¶ *Persona.*] Pro rectore Ecclesiæ. Inde *Impersonare* pro Rectorem instituere. Charta Hugonis Pusac (al. Pudsey & de Puteaco tempore *Hen.* 2. —*Hugo Dei gratiâ Dunelmensis Episcopus omnibus Archidiaconis suis Clericis & laicis Episcopatus sui salutem. Sciatis nos ad præsentationem Roberti Capellani in Ecclesiam* de Witefeld, *quæ in feudo suo sita est, canonicè* inpersonasse *Robertum nepotem suum. Quare volumus & præcipimus, quatenus idem Robertus habeat & teneat Ecclesiam prænominatam liberè & quietè, tam in decimis quam in cæteris obventionibus, sicut aliqui Clerici liberiùs & quietiùs in Episcopatu nostro Ecclesias suas teneant; salvis in omnibus Episcopalibus consuetudinibus. Testibus Johanne Archidiacono, Simone Camerario, Henr'. Lincoln. Williel. de Hoved'. Walter. Capell. Steph. Medico. Williel. Elemosinar'. & multis aliis.* In dorso Chartæ antiquè scribitur *Præsentatio Roberti de Quitefeld.*

¶ *Pertica.*] Agrimensorum virga, sed inconstantis olim mensuræ. Lib. MS. *Crabhusiæ* fol. 2. *En lungure — vint & sebt* perchees, *& en lee duze* perchees; *checun* perchee *de diz oyt pez.* fol. 4. b. — *En lungure de la curt de* Crabhus *vers occident quatre quarenteyns & demi, & cynk* percheez: *le* perchee *conteynt en lungure cesze pes.* fol. 5. *checune* perchee *en lungure de zesse pes.* Sic fol. 8. *checun* perchee *conteynt zesse pes de home.* fol. 9. *checun* perchee *de cesze pes.* Chron. MS. Monaster. de Bello. Pertica *habet longitudinis* 16 *pedes.*

Acra habet in longitudine 40 perticas *&* 4 *in latitudine.*

Clauf. 11. H. 3. m. 6. — *In Honore de Montgomeri terra assartanda per* perticam *Regis* 24 *pedum.*

MS. in Thef. Regis, de vaftis arentatis in Forestâ de Wolnemere in Com. Sutht. 32 E. 1. fol. 15. b. —— *Petro de Heghes xvii acras, per* perticam 20 *pedum.* Ibid. fol. 3. a. — *Per* perticam 21 *pedum Windfore.*

¶ **Pertinacia, ciæ.**] Lib. Ramesienf. Sect. 298. —— *Placitum in Ailsium Abbatem Ramesiensem, & Rogerum Bigod tunc temporis illius Provincia Vicecomitem, pro quodam crasso pisce in* pertinacia *Bramcestre capto.* Opinor, idem quod *pertinentia.* Scil. pro pifce capto infra terras ad *Bramcestre* pertinentes.

¶ **Pertinens.**] Pro cognato. Ll. *Canuti* R'. MS. Cap. 48. — *Si quis cum* pertinente *suâ jaceat, emendet hoc secundùm cognationis modum, sit Werâ, sit Witâ, sit omni pecuniâ. Non est æquale si quis cum sorore sua concumbat, & fuerit de longe* pertinens. Putarem hîc legendum esse *Parente* pro *pertinente*: fed retineri video vocabulum cum mox infra dicat *de longè pertinens* pro cognatâ remotiore. Concordat in hoc etiam Codex MS. *Jornalensis* Cap. 76. cum antiquo MS. Regio per omnes apices, nifi quod hic legat *& fuerit de longe* Pertinens, ille verò *quàm fuerat de longe* Pertinens.

¶ **Petia.**] Vide fupra *Pecia.*

¶ **Petra.**] Al. Lapis. Eft Pondus: fed varii ponderis etiam apud ipfos nosmet Anglos. Aliàs enim 16. aliàs 14. aliàs 12. aliàs 8. tantum libras complectitur.

Compofitio de ponderibus —— *Le Charre de plumbo constat ex* 30 *formellis, & qualibet formella continet* 6 petras *exceptis duabus libris, & qualibet* petra *constat ex* 12 *libris.* V. *Skan.* Affifa de Ponderibus *Rob.* 3. R. Scot. cap. 22. §. 2. — Petra *seu lapis, ad lanam ponderandam, & res alias debet ponderare* 15 *libras.* Petra *ceræ octo libras. Duodecim libra Londonienses faciunt* petram. V. *Skæ.*

¶ **Pes Forestæ.**] Ex Regift. Abb. de *Novoloco* in Com. Nott. penes Rob. Comitem Kingstoniæ An. 1630. —— *Notandum est, quod* Pes Forestæ *usitatus tempore Ric. Oysell in arrentatione vastorum, factus est signatus, & sculptus in pariete Cancella Ecclesia de* Edwynftowe, *& in Ecclesia beata Maria de Notingham: Et dictus pes continet in longitudine octodecim pollices. Et in arrentatione quorundam vastorum* pertica 20, 21, *&* 24 *pedum usa fuit: sed semper* 40 perticatæ; *viz.* 40 *full. in longitudine, &* 40 *full. in latitudine faciunt unam & acram; quin illa* perticata *dicitur una* roda; *& qualibet acra continet in se quatuor* rodas, *secundùm longitudinem & latudinem, ut praedictum est.*

¶ **Petraria.**] Al. Peraria, Gall. *perriere:* hæc a Gall. *pierre*, illud à Latin. *petra*; Saxum fignificantibus. Eft igitur *Petraria* machinæ bellicæ feu balistæ genus, lapides projiciens, quo tam in navali, quàm in campeftri ufi funt prælio, maximè in obfidionibus.

Epift. Comitis de *S. Paulo* ad Ducem *Lovan.* apud *Godefrid.* Monach. pag. 269. —— *Nec esset aliquis inter eos, qui milites ad stipendia, aut sarjantos ad solidum detineret, vel qui* petrarias *faceret protrahi.* Sic lego; nam fic ubiq; poftea; editur autem *petrarios.* Ex quo vides *petrariam* grandem fuiffe & onerofam machinam. Ibidem poft —— *Nullo modo posset capi (turris) nisi per minitores &* petrarias *caperetur.* Et mox —— *erigens* petrarias *cum instrumentis variis super naves*: etiam iterum — petrarias *ereximus ante muros.* Epiftol. *Baldwini* Imp. ad *Adolph.* Archiep. Colonienf. apud eundem ibidem —— *Inter quaslibet duas turres, seu* petraria, *seu magonellus erigitur.*

Hodie grandia illa tormenta ærea quæ uno explofu lapidum imbrem eructant in hoftem *perrieres* vocantur & *fowlers*; hoc eft *aucupes*: quod uno explofu (ut in aucupio vidimus) ftragem faciunt multiplicem. Vide *Peraria.*

¶ **Petrinus.**] Adject. Lapideus, ex *petra* factus. Epitaph. *Atoli* apud *Flodoard.* lib. 1. cap. 23.

Subtus enim tria consistunt monumenta petrina
Sub quibus almorum corpora condita sunt.

¶ **Petrunculus.**] Addition. prim. ad Leg. Burgund. tit. 10. —— *Si quis Canem, veltraum, aut segutium, vel* petrunculum *præsumpserit involare; jubemus, ut convictus, coram omni populo posteriora ipsius osculetur &c.*

¶ **Pettus.**] A Gal. *peter*, crepitus. Lib. MS. feodal. de *Baldino de Pettour*, qui tenuit terras in *Hemingston* in Com. Suff. per Serjantiam, pro quâ debuit facere die Natali Domini fingulis annis coram Domino Rege Angliæ, *saltum, sufflum,* & *pettum*, al. *unum saltum, unum suffletum*, & *unum bombulum.*

¶ **Pfaltzgravii.**] Palatii Comites, qui & Maiores domus, & præfecti rectorefque palatii dicuntur, ut Egnihartus, Jornandes, Aimoinus fcribunt. *Cujac.* de feud. p. 16. l. antepen.

¶ **Phaderfium.**] Vide per *Fa.*

¶ **Phylacterium**, vel **Phylatterium.**] Eft vafculum de argento, vel auro, vel cryftallo, vel Ebore & hujufmodi, in quo Sanctorum cineres, vel reliquiæ reconduntur. Cum enim *Elnidius*, fideles cinericios vocaret, pro eo quod cineres ipfos fervabant: contra ejus derifionem ftatutum fuit in Ecclefiâ, ut honorificè & in pretiofis vafculis fervarentur. Quod nomen eft comprehenfum à φυλάττειν quod eft est servare, & τέρον quod est extremitas; quia ibi aliquid de extremitate corporis Sanctorum, puta dens, vel digitus, vel aliquid tale servatur. Sic *Durandus* in *Rationale* lib. 1. cap. 3. nu. 26. Sed in hoc nugatur planè quod de τέρον asserit; hic enim dictio non est adjectitia, sed terminus frequens, quo substantiva neutrius generis & tertiæ declinationis complurima quæ instrumentum significant se fundunt: ut ποτήριον poculum.

Phylacterium. Pro munimine magico adversus ægritudines, infortunia, dæmones. Ductum à Judæorum superstitione, qui Decalogo inscripta *Phylacteria* (uti numina tutelaria) deferebant. Est enim φυλακτήριον tutela, munimen, præsidium. φύλαξ Custos, asservator. Concil. *Ratisbonæ* habitum an. 742. præsente *Karlomanno*, Duce & Princ. Franc. quod etiam habetur Capitul. lib. 5. ca. 2. —— *Populus Dei paganias non faciat, sed omnes spurcitias Gentilitatis abjiciat: seu sacrificia mortuorum, seu sortilegos, seu divinos, seu* phylacteria, *& auguria, sive incantationes &c.*

Et Capitular. 6. cap. 72. —— *Ut à Clericis, vel laicis* phylacteria, *vel falsæ inscriptiones, aut ligaturæ, quæ imprudentes pro febribus, & aliis pestibus adjuvare putant, nullo modo —— fiant, quia magicæ artis insignia sunt.* Ludovici Imp. addit. 2. ad Capitul. ca. 18. —— *Mentes quorundam inficiunt poculis amatoriis cibis* phylacteriis, *ut in insaniam versi à plerisq; illudentur.* De his *Hieronymus* in 23 Matthei. Pictaciola illa Decalogi, *Phylacteria* vocabant, quod quicunq; habuisset ea, quasi ob custodiam & munimentum sui: non intelligentibus pharisæis, hæc in corde portanda sint non in corpore &c. Hæc apud nos superstitiosæ mulierculæ in parvis Evangeliis, & in Crucis ligno, & istiusmodi rebus, quæ habent quidem zelum Dei, sed non juxta scientiam usq; hodie factitant: culicem liquantes, & camelum glutientes.

¶ **Piccagium.**] Tributum quod in Nundinis penditur ob veniam effodiendi soli; sic ut tabernacula ponantur nundialia, stationes, & officinæ quas *stallas* vocant. A Gall. *piquer*, i. effringere, terebrare, effodere.

¶ **Pichin.**] Ludi genus apud veteres Alamannos. R. Al. 1. 193.

¶ **Pictatium, tii.**] Et Hincmaro non semel *Pitacium* & *Pitaciolum*: *Pictatium* est Epistola brevis & modica; vel schedula de membranâ excisa; vel illa particula corii, quæ soleæ repeciatæ insuta est, Dictum à *pingo gis.* Anglicè **A scrawo, or a speck, or a clout of a shoo.** Sic vocabular. prisc. Latino-Anglic. Et bene quoad significationem dictionis; male autem quoad originem. Oriri enim videtur à barbaro *pittance* quod hodie (undè acceptum nescio) Angli sæpe dicimus pro re modicâ, vel exiguâ. Inde Glossar. apud Lindenb. πιττάτιον, *pictatium*, brevis. Sic ut ad Græco-barbaros etiam pervenisse vides: et *Meursii* Lexico adjiciendum. Edictum *Theoder.* Reg. cap. 126. —— *Nullus post curialium, sive tabulariorum aut susceptorum in Ecclesiâ residens* pictacia *delegationis emittat: sed si quem fisco debitorem novit; exponat eum extra Ecclesiam constitutus, &c.* Nos hæc eadem hodie *Brevia* appellamus.

Hincmarus Archiepisc. Remens. literis *Hincmari* Episcopi Laudunens. non admodum succinctis, apud *Flodoard.* lib. 3. cap. 21. *pitacium* vocat, & *pitaciolum* —— *Abcedens* (inquit) pitaciolum *irrationabiliter confectum, & manu tuâ subscriptum* —— *per Ermenoldum Diaconum tuum 6 Non. Julii 3 Indict. mihi misisti.* Recitatisq; ipsis literis, seu epistola; ait —— *De quo* pitacio *tibi distuli respondere.* Et post multa —— *Non cessas me provocare, ut de promisso* pitacio *tuæ professionis, atq; suæ subscriptionis —— lacessitus rescribam, &c.* Mox etiam —— *De præfato à te subscripto* pitacio. Et tandem; *Accipe hanc perversi contumaciæ tuæ* pitacioli (exigente causa) *prolixam responsionem.* Vide infra *Pitanciaria.*

¶ **Pictellum,** & **Pightellum.**] Angli dicimus pro exiguâ fundi portione sæpimento conclusa. **A little close, Pightell, or pickle**, quod *Covellus* ab Itall. *piccolo* ducit, i. *parvus, minutus*: cui forte assentirem si vocabulum apud aulicos deprehenderem, non colonos. Certè patronymicum reor cum voce *Pictatium*, quod jam supra vide.

¶ **Pila.**] Vide *Pera.*

¶ **Pileus supportationis.**] **Cap of Maintenance.** Julius Papa misit hujusmodi *pileum* cum gladio R. *Hen.* 8. an. 1514. R. 6. *Holl.* pag. 827. Sed habetur Pilei Regii mentio in primâ Coronatione *Ric.* 1. apud *Hoved.* pa. 656. l. 43. ubi dicitur —— *Deinde venerunt* Godefridus *de* Luci *portans* pileum Regium, *&* Johannes Marescallus juxta eum, *Portans duo Calcaria aurea, magna ponderosa.*

¶ **Pileati.**] Longobardi gentem suam dividebant in *Pileatos* & *Capillatos*: *Pileatos* vocabant Sacerdotes, *Capillatos*, sæculares. Vide Jornand. de reb. Gothic. Cap. 11. & hic *Capillati.*

¶ **Pilloria, riæ.**] Et *Covello* Pillorium, aliàs *Collistrigium.* A Gall. *Pil.* Est supplicii machina ad ludibrium, magis quàm pœnam, quo quis super pegmate constitutus, comprehensoq; inter fauces duarum tabularum ideò cavatarum collo spectaculum populo præbetur deridendum. Originem vocis *Covellus* expetit, à Græc. πύλη pro *janua*, & ὁράω, i. *video*, quod delinquens ac si per januam emisso capite prospiceret: quod ipse certè non probo, nec habeo tamen quod proferam. Sua Gallis relinquo erimanda, hujus enim ipsi nobis sunt authores. Et fortè à notiori fonte deducent: utpote à vernaculo suo *pilleur*, quod depeculatorem

torem significat; cujusmodi esse noscuntur ipsi quibus hoc supplicii primo institutum fuit, scil. pistores, qui suis in pane fallaciis rempub. depeculantur; à quo & ipsa sua nequitia *pillenrie* dicta fuit, quasi depeculatio: Et sic vox propriè ad delicti naturam spectat, non ad supplicii instrumentum, quod suo vocabulo *collistrigium* nuncupant: licet ad hoc etiam postea deferatur. Suadere id mihi quidem videntur ipsa verba Statuti de Pistoribus, ubi dicitur *subeat judicium Pilloriæ*, ac si legeretur *subeat judicium depeculationis*.

Sequitur ibidem: Pilloria, *sive collistrigium habeatur debitæ fortitudinis, ita quod delinquentes exequi possint judicium sive periculum corporum suorum*.

Lib. Traject. ens. Eccl. ¶ *Pilus.*] Regin. lib. 2. de gestis Francorum sub An. 746. — *Jam ferre non valens (contumeliam) arripuit pilum, unde panis in holera fratrum mittendus conterebatur & eum omni adnisu percussit*, scil. Coquum.

¶ *Pinca.*] Subula. Undè fortè in Alamannorum legibus *Pinna* & nostro Germanoq; idiomate *pinne* pro aculeo, acicula. *Ekkehardus* Jun. Cas. S. Gall. ca. 9. — *In die Felicis in pincis* &c. V. R. Al. 203.

¶ *Pinna, næ.*] L. Alaman. tit. 59. §. 6. — *Ita ut cervella appareant ut medicus cum* pinnâ, *aut cum fanone cervella tetigit*. Latinè intelligatur *pinna* pro *penna*. Sin barbarè: dicatur à Germ. & Angl. **pinne** (uti potius reor) cuspidem & aciculam notat, quod non omnino tamen Romana horret loquutio: nam antiqui, *Nenio* teste ex Varrone, acutum, *pennum* dicebant.

¶ *Pinnaculum.*] Apud *Flodoardum* dici videtur non de fastigio templi vel Ecclesiarum, sed de inferiori quapiam parte. Nam lib. 1. ca. 23. bina repetit ogdoastica in Epitaphium *Ateli* pinnaculo Ecclesiæ B. Juliani martyris innotata. Et lib. 2. ca. 19. — *Hujus* (inquit) *Ecclesiæ* pinnaculum *talem videtur præmonstrare titulum, personis etiam & imaginibus* Stephani *Papæ, ac* Ludovici *Imperat. insignitum*, viz. Ludovicus &c.

¶ *Pinsinochium.*] Locus pinsandi, h. ubi panes conficiunt. Lib. S. *Albani* in vitâ *Pauli* 14. ibidem Abbat. —— *Iste hanc Ecclesiam cæteraq; ædificia, præter pistrinam &* Pinsinochium *readificavit, ex lapidibus & tegulis veteris Civitatis Verolamii* &c. Videsis Lector, antiquæ urbis ruinæ copiosius permansisse ad istius Abbatis tempora, qui obiit An. 1093.

¶ *Pipa, pæ.*] In Scaccario quod dicunt, hoc est fisco Regio, antiquus habetur minister qui *Clericus Pipæ* appellatur: fortè quod grandiori olim dolio quod *Pipam* dicunt sui ministerii rescripta conservaret: Uti thesaurus vett. Impp. fisco etiam aliquando reponebatur: hoc est in vase ex viminibus contexto, quale in Cancellariâ *hanaperium* vocant, atq; inde *Clericum hanaperii*.

Vel dicatur *Clericus Pipæ*, quasi ideo institutus, ut fraudi occurrat quæ Regio censui à Vicecomitibus, balivis, aliisq; fiscalinis infertur: nam suæ hoc curæ creditur. Et *Pip* Gall. fraudem significat: unde hodie *Cartes Pipées, & dez Pipes* dicunt, i. pictas chartas fraudulentas; aleas fraudulentas.

Vel (quod veritati magis accedit) nomen accepit à magno Rotulo cui debitas Regi pecunias, cæteraq; ad Coronam pertinentia vectigalia inscribit; hunc enim Rotulum à fistulæ similitudine Angl. **a pipe** vocant. *Clericus Pipæ* olim Ingrossator magnæ rotulæ. *Contrarotulator Pipæ*, olim duplex ingrossator, & Cancellarius Scaccarii est *Contrarotularius Pipæ*.

¶ *Pipouders.*] V. supra Pedis pulverisati Curia.

¶ *Pirarium.*] L. Salic. tit. 29. §. 8. Si quis impotes de melario aut pirario tulerit *Cxx* den. qui faciunt sol. 3. culpab. judic. §. 9. Si vero in horto fuerint *DC* den. qui faciunt sol. *xxv* culpab. judicetur. §. 10. Si quis melarium aut *pirarium* decorticaverit *Cxx* den. qui faciunt sol. 3. cul. judicetur. Lindenbrog. exponit melarium & *pirarium* de locis quibus poma & pira reponuntur, posteriori autem hoc § dici videntur de ipsis arboribus poma vel pira ferentibus.

¶ *Pirata, tæ.*] Pro milite maritimo, ἀπὸ τοῦ πειρᾶν, i. transire vel pervagari. *Asser. Menevens.* Epist in vit. *Ælfredi*. — *Rex Ælfredus jussit cymbas & galeas, i. longas naves, fabricari per Regnum, ut navali prælio hostibus adventantibus obviaret. Impositisq;* piratis *in illis, vias maris, custodiendas commisit*. Hoc sensu *Archipiratam* dici censeo pro nautarum præfecto, vel quem hodiè *Admirallum* nuncupamus. In quadam enim Chartâ Regis *Edgari* Cœnobio Glastoniensi confecta, An. Dom. 971. testium unus, Martusin *Archipiratam* se nominat. *Annal. Gisburnenses*, in *Will. Rufo* cap. 1. *Robertus verò Comes (Normaniæ) attemptavit venire in Angliam cum magno exercitu; sed à* piratis *Regis, qui curam maris à Rege (Willelmo) susceperant, repulsus est*.

¶ *Pisaria, iæ.*] Locus reponendis pisis. Vide supra.

¶ *Piscaria, riæ, & Piscatoria, riæ.*] Locus vel privilegium piscationis, à Gall. *Pescherie*.

¶ *Pistoria, æ.*] Pistrinum, Pistoris officina, al. Pistorium. L. *Salic.* tit. 9. cap. 3. — *balnearium* pistoriam *coquinam*.

¶ *Pitt.*] Id est fossa: quâ Scoti fures fœmineas immergebant. *Sken*.

¶ *Pita.*] Les preuves de l'Hist des Comtes de Ghisnes p. 141. —— *Ubi nunc sulcante aratro reperitur* Pita, *sive via dura & lapidea*.

¶ *Pitacium, & Pitaciolum.*] Vide supra Pictacium.

¶ *Placatus*

¶ *Pitanciaria*, & *Pitanciarius.*] A Gall. *pitance*, id eſt, Obſonium cujuſcunq; generis, carnis, piſcium &c. exceptis (ut quidam volunt) pane & potu. Mallem tamen de iſtorum portiunculis intelligere viritim diſtributis, ſic ut propriè idem ſit quod rei cujuſvis portiuncula, vel pars exigua, aliàs *Pittacium* (quod vide ſupra) *Pitacium* & *Pitaciolum*. Hinc & *Pite* Gallis pro minimâ nummi portiunculâ; quadrante ſcil. vel hemiobulo.

Pitanciarius, Is in monaſteriis & Collegiis dictus eſt, qui ſuam cuiq; eduliorum portionem ſubminiſtrat, pane ut dicitur & potu exceptis, quod tamen apud noſtros Cœnobitas non videbatur de vino intelligendum. Lib. MS. de antiquit. & Abbatib. Glaſton. ad Colleg. S. Trin. Cantab. pertinens, in vitâ Joh. de Cantiâ Abbat. ibid. An. 1292. — *Idem Abbas aſſignavit* Pitanciariæ, *certos redditus ad ſummam octo librarum quatuordecim ſolidorum, & 2 denariorum taliter diſponendam, Viz. quod* Pitanciarius *miniſtret inde Conventui ſingulis annis in anniverſario die ſuo, vinum, piſcem, & ſpecies; ſcil. cuilibet de Conventu, unam caritatem integram boni vini, & unum ferculum boni piſcis, ac ſpecies per viſum Supprioris, & tertii Prioris per competentes portiones diſtribuendas: aſſignatâ decem marcarum ſummâ ad hæc eadem providenda. Et non invento forſitan bono vino, ordinavit ejus precium in augmentum cedere ſpecierum. Ordinavitq; viginti ſolidatas & quinq; denariatas de pane in anniverſario die ſuo; & tantundem in die tranſlationis S. Thomæ martyris, per* Pitanciarium *annuatim pauperibus erogari.*

Rot. Cart. de An. 1. Regis Joh. p. 2. n. 115. *Johannes Dei gratia &c. Noverit &c. nos aſſenſum noſtrum præbuiſſe &c. de manerio de Mildehall; quod manerium Sancto Edmundo, ſicut jus ſuum conceſſimus &c. ita quod, qui pro tempore Sacriſta fuerit 12 de redditu Altaris annuatim perſolvat Hoſpitali S. Salvatoris quod eſt extra muros Sancti Edmundi &c. in uſus pauperum &c. & 40 s. ad refectionem Monachorum qui illis diebus officia divina pro defunctis celebrabunt: quæ refectio* Pitancia *vocatur.*

Pitanciaria (ut è dictis liqueat) *eſt officium Pitanciarii.*

¶ *Placatus*, pro *Plagatus.*] L. Alaman. inter Antiquit. Alaman. ca. 28.

¶ *Placitabile*, & *Placitalia.*] Quon. Attach. cap. 49.

¶ *Placitamentum.*] Cauſæ actio; *Placitum*, quod vide.

¶ *Placit[illegible]or.*] Flor. Wigorn. in An. 1100. pa. 470. *Radulfus, contra jus Eccleſiaſticum & ſui gradus ordinem* (Presbyter enim erat) *ad cenſum primitus Abbatias, dehinc Epiſcopatus, quorum patres è vitâ deceſſerant noviter, accepit à Rege; & inde ſingulis annis non modicam perſolvit illi pecuniæ ſummam: Cujus aſtutia & calliditas tam vehemens extitit; & parvo tempore adeo excrevit, ut* Placitatorem *& totius Regni Exactorem Rex illum conſtitueret.* De eodem, anno præcedenti pa. 469. — *Rex Anglor. Gulielmus junior in Angliam de Normanniâ rediit, & feſtivitate Pentecoſtes, Londoniæ Curiam ſuam tenuit, ac Radulfo, quem negotiorum totius Regni* Exactorem *conſtituerat, Dunholmenſem Epiſcopatum dedit.*

¶ *Placitum.*] V. Curia ſupra. Procerum conventus, mallo nobilior; Comitia, Parlamentum.

¶ *Placo, cas.*] Pro *Plago*, quod Vide.

¶ *Plaga.*] V. quo ſenſu apud *Bract.* lib. 3. Tr. 2. Ca. 23.

¶ *Plagito, tas.*] Pro *Placito, tas*, quod vide. Chart. Alaman. 64. — *Ita tamen volo habere apud vos* plagitatum, *ſicut & in priori meâ traditione ſonat, ut nulli unquam in beneficium concedantur.*

¶ *Plago, gas.*] Vulnero. L. Salic. tit. 16. §. 2. — *Si quis* — *Canes occiderit, vel homines* plagaverit *&c.* Tit. 19. §. 4. — *Si quis hominem in capite ita* plagaverit, *ut cerebrum appareat &c.* Ita ſæpiſſimè in Ll. Antiquis.

¶ *Planeta.*] Tunica, ſive veſtis ſacra, quâ in miniſterio Chriſti uſi ſunt antiqui; oras ſparſas habens. *Hieronym.* in Epitaphio *Nepotiani* ad *Heliodorum* tom. 1. 25. — *Apprehenſa avunculi manu, hanc* (inquit *moriens Nepotianus Presbyter*) *tunicam, qua utebar in miniſterio Chriſti, mitte dilectiſſimo mihi ætate Patri, fratri collegio &c.* Ubi nihil *Eraſmus*; *Marianus*; verò — *Victorius inquit veſtem illam Caſulam, vel* Planetam *fuiſſe interpretatur.* Mat. Paris in Hen. 3. pag. 683. — *Papa concupiſcentia illectus oculorum, literas ſuas bullatas ſacras, miſit ad omnes ferè Ciſtercienſis ordinis Abbates in Anglia commorantes* — *ut ipſi aurifrigia (ac ſi pro nihilo ipſa poſſent adquirere) mittere non differrent prælecta, ad* Planetas *& Capas ſuas chorales adornandas.*

Vocabul. priſc. Latino-Angl. — *Planeta* eſt quædam veſtis lata circa oras. *Balbus Catholico* — Caſula dicitur vulgo *planeta* Presbyteri, quia inſtar parvæ caſæ totum hominem tegit. Idem alibi, &c. Vide R. Ai. pt. 1. 205.

¶ *Platearii.*] Qui plateas curant atq; ideo tributum exigunt quod *plateaticum* nuncupatur. Conſtitut. Neapolit. lib. 1. tit. 76. — *Exactiones reſtitui faciant quas gabelloti, foreſtarii, platearii, portionarii, ſeu paſſagerii contra &c. in fideles noſtros exercent.*

¶ *Plateaticum.*] Tributum ob curam platearum & viarum publicarum indictum. Neapolit. Conſtitut. lib. 1. tit. 59. l. 2. — — *Foreſtagia*, plateatica, *paſſagia, & alia tam vetera jura, quàm nova Curiæ noſtræ no-*

strorum fidelium fidei committere possunt, &c. locare.

¶ *Plea.*] Saxon. Pleo & Pleoh, i. juris actio; dictum opinor à Pleah, i. damnum, periculum, propterea quod lite agere nihil aliud est quàm periculum facere quid juris sit de re litigatâ, atq; hinc deductum plane videtur vox Anglicana **to play**, Sax. Plegan, i. *ludere*, q. decertare & periclitari quis ludi brabium, seu victoriæ palmam reportaverit.

¶ *Plebs, Plebisanus.*] Parochus. Populus qui Episcopo vel Presbytero subest. V. *Burchar.* lib. 2. cap. 90, 91, 92. Et lib. 3. cap. 34. — *tam Cleri, quam* plebis. Ex Gregor. Epist. ad Bacaudam Formiens. Episc. Ubi *Clerus & plebs* appositè dicuntur. Greg. Turon. Hist. lib. 4. Sect. 5. —— *Cumque die noctuque Dominum deprecaretur* (Gallus Episcopus Avernamensis) *ut vivens* plebem *suam vastari non cerneret &c.*

¶ *Plecta.*] Jacobi de Cessolis lib. MS. *de ludo Scaccor.* Cap. de Milit. —— *Loricam habuit in corpore,* plectas *in pectore ferreas, ocreas in tibiis &c.* Reor *laminas* à Gall. *plat.*

¶ *Plegio, as.*] In vadimonium recipio. Fidejussione meâ libero aliquem è custodia, sed ad diem præstitutam rediturus. Redimo, vador, fidejubeo. Forensi nostro idiomate, aliter: *manucapio, & in ballium accipio.* Vide *Plegius.*

Hoveden. Annal. Par. poster. Ric. 1. — *Præceperunt homines Archiepiscopi, qui calumpniati fuerant de robberiâ capi & incarcerari. Et quamvis Archiepiscopus warrantizaret, non tamen potuit eos Archiepiscopus* plegiare.

¶ *Plegiagium, gii*, al. *Plegiatio.*] Hoc apud Anglos, illud apud Scotos olim usitatius. Est autem fidejussoria obligatio qua quis pro alio uti vas ejus (quem *plegium* dicunt) obligatur. Gall. vett. *Plevine*, Glanvil. lib. 10. ca. 5. — *Apparentibus siquidem* plegiis *in Curiâ, aut confiteantur suam* plegiationem, *aut negant. Si confiteantur tunc aut tenentur creditori inde satisfacere &c. vel se ab illa* plegiatione *per solutionem, vel alio modo, legitimè acquietasse, tenentur legitimè probare.* Ll. Scot. tit. Quon. Attach. ca. 49. — *Breve de liberando hominem de* plegiagio, *quod pro aliquo subiit, est placitabile &c.*

¶ *Plegium, gii.*] Idem aliàs quod *Plegiagium, & plegiatio.* Vadimonium, fidejussio.

Stat. *Roberti* 3. R. Scot. cap. 2. §. 5. — *Et postea cum ad præsentiam sui superioris Domini accesserit, ante exitum anni & diei, prædictas terras suas ad* plegium *liberari petat.* Hoc est, sub fidejussione restituendi eas, si in lite ceciderit. Infra §. 7. Tenens qui tenementum sic recognitum petit ad *plegium* &c.

Ll. Will. Conq. —— *Omnis homo qui voluerit se teneri pro libero sit in* plegio, *&c.* Vide.

¶ *Plegeum.*] Pro pignore. Gall. *Gage.*

¶ *Plegius, gii.*] Fidejussor, vas. *Festo* compræs, Gall. *pleige*, & *plevine*, Sax. borg & & borh, vox forens. creberrima. Opinor à Saxon, pleah quod *damnum* vel *periculum* sonat; quia *plegius* damnum omne, & periculum in se recipit; hinc *Plegiare* inde dictum videtur, quasi *periclitari*, vel *damnum subire.*

¶ *Plegii de prosequendo.*] In foro nostro notissimum. Etiam Gallis in usu. Testamentum *Philippi* Regis 1190. (Sic Præceptum vocabant eo sæculo) apud Rigordum sub eo anno —— *Præpositis insuper nostris & Ballivis prohibemus, ne aliquem hominem capiant, neq; averium suum, quam-diu bonos fidejussores dare voluerit de justitia prosequendâ in Curia nostra, nisi pro homicidio vel murtro, vel raptu, vel proditione.*

¶ *Plena forisfactura.*] Vide supra *Forisfactura.*

¶ *Plevina, næ.*] Idem quod *Plegium* & *Plegiatio*; hoc est fidejussio, sponsio. Gall. *Plevine* à verbo Gal. *plevir*, al. *plever*, quod idem est quod *pleger*, g in v mutato. *Plevir, plever, pleviner*, unde *plevin*, & *pleuvine*. Fulle plevie **promised in marriage.**

¶ *Plumbata, tæ.*] Triplici sensu legitur apud mediorum sæculorum scriptores, scil. pro *Jaculo, Flagello, & Compede.* De priori supra egimus in voce *Marteobarbulum.*

Plumbata pro flagello. V. *Meurs.*

¶ *Plurior.*] Comparativum à *plus.* Adnunt. *Karoli* Reg. ad *Leudicam* An. Dom. 854. cap. 3. — *Certiores vos reddere curabimus, cum* Pluriores *nostri fideles convenerint.* Sic divus *Paulus* Apostolus Ephes. 3. ab ἐλάχιστος minimus, ἐλαχιστότερος dixit, quasi *minimior minimo.*

¶ *Pluviale.*] Inter vestes Episcopales. Formula degradationis Archiepiscopi. Pontifex degradator indutus amictu, alba, cingulo, stola & *pluviali* rubeis, ac mitra simplici, baculum pastoralem in sinistra manu tenens ascendit ad locum prædictum, & ibidem sedebit in faldistorio, &c.

¶ *Pneuma.*] V. Neuma.

¶ *Pola.*] Idem quod Pertica. Lib. Priorat. de Dunstap. Tit. *Houcton* ca. 5. — *Habet Prior primo 4 perticas sive* Polas *in latitudine.* V. supra *Dola.*

¶ *Poledrus, dri.*] Ital. *polledro*, i. pullus equinus, aliàs *Pulletrus*, q. diminutivum à *Pullus*; unde Angli **Pullet** dicimus pro fœtu gallinaceo, Gall. *Poulet.* Spec. Sax. Art. 48. De *Poledro*, id est, de *pullo equi & muli*, unum nummum pro decimâ detur.

L. Salic. tit. 40. De caballis furatis, §. 7. — *Si*

— *Si quis* poledrum *anniculum*, *aut bimum furaverit* 600 *den. &c. culp. judic.* §. 8. — *Si verò sequentem* Poledrum *furaverit* 120 *den. &c. culpab. judicetur.* Ubi sequentem *Poledrum* pretiorum ductus ratione, intelligo de *pullo* matrem sequente, hoc est sugente: non de triennali. L. Alaman. tit. 73. —— *Si aliquis homo ictu ferierit praegnum jumentum, ut abortivum fecerit, ita ut jactet* Poledrum *mortuum* 1 *sol. componat.* Gloss. Latino-Theotisc. (inquit *Lindenbrog.*) *Poledrus*, **folo**. *Pultrinus* **fu-li**. Et Angli quidem **fole** dicimus à Saxon. fole.

¶ *Polein.*] Calceus aculeato fastigio, qui in usum venit sub Rege *Willielmo* juniore: exolevit sub *Henrico* 8. Interea in eam excrevit longitudinem aculeus ille, ut aliàs sericis ligaminibus, aliàs catenis aureis & argenteis pro personarum dignitate, genu annecteretur sustinendus. Edicto autem *Edwardi* quarti anno suo 5 prohibitum fuit, ne quis hujusmodi aculeis ultra duos pollices porrectis, vel in calceis uteretur, vel in ocreis, sub periculo tam anathematis quàm aliarum civilium mulctarum.

Malmesb. in *Willielmo* secundo. —— *Tunc fluxus crinium, tunc luxus vestium, tunc usus calceorum cum arcuatis aculeis inventus est.*

¶ *Polkinum.*] Les preuves de l'Hist. des Comtes de Guines p. 153. *Accedentes etiam alii terrae nobiles, decimulas, vel praediola obtulerunt. Hic unum* Polkinum, *vel bussellum frumenti: hic duos vel plures &c.*

¶ *Pollard.*] Nummus spurius cum *Crocard* ejectus. *Mat. Westm.* in An. 1299. pa. 413. Vide

¶ *Pollex.*] Stat. *Rob.* 3. Cap. 21. de Pond. & mens. Pollex *in omni mensurâ debet mensurari ad radicem unguis: & debet stare ex longitudine trium granorum hordei boni sine caudis.*

¶ *Polymitus.*] Adject. multis variisq; coloris filis contextus. Vestis *Polymita*: variegata. Pollux R. Al. 11 204. Plin. *Polymitare.*

¶ *Pondagium.*] Est subsidii seu vectigalis species Regi concessum ex qualibet librata mercium, tam evectarum quàm invectarum. Libratam autem dicimus valorem unius librae, quam aliàs *pondum* vocant, atq; inde ipsum hoc, *Pondagium*.

Hujusmodi subsidium Henrico 6. concessum fuit anno Regni sui 31. cap. 8. ad terminum vitae suae: remissumq; postea in parte. Sed *Edwardo* 4. *Henrico* 8. & subsequentibus viritim semper, sed pro more temporis restitutum.

¶ *Ponderosus.*] Herniosus. Is cui humor viscerum in virilia labitur, id est **holohter**. *Lindenb.* è Gloss. Latino Theotisc. Et *Moyses* Levit. cap. 20. —— *Nec accedat ad ministerium Dei si fuerit ponderosus.* L. Longob. lib. 1. tit. 8. §. 31. —— *Et per ipsam batti-turam (i. verberationem)* Ponderosi *facti sunt.* Et tit. 12. §. 4. —— *Et per ipsas feritas* (i. ictus) ponderosi *aut* ponderosae *effecti fuerint.*

Hinc *Ponderositas* apud Arnob. lib. 7. ut notat *Lindenb.* Et Wisegoth. lib. 6. tit. 4. l. 3.

¶ *Pontaticum.*] Vide in vocabulo subsequenti.

¶ *Pontagium.*] Tributum quod exolvitur ob transitum pontis, vel ob pontium restaurationem. Stat. *West.* 2. cap. 26. —— *De to'neto, tronagio, passagio*, pontagio, *pavagio & his similibus &c. fiat breve de libero tenemento, &c.*

Transmarinis *Pontaticum* dicitur. Indiculus Regalis inter Formul. Vett. *Bign.* 45. —— *Nullus quislibet de judiciaria potestate vestrâ, nec missus noster, nulla telonea, nec nullas venditas, nec rodaticum, nec foraticum, nec* Pontaticum, *&c. in nullo exactare praesumatis.* Gallis *pontage*: & sic in legibus Penearnensium ut notat *Bignon.*

Concil. generale *Kingstoniae*, An. 838. — *Excepto his tribus; Expeditione*, pontis, *& arcis constructione.*

¶ *Pontifex.*] Pro quovis Episcopo.

¶ *Pontificium.*] Pro potestate. *Marculf.* lib. 2. form. 5. — *Alienandi aut minuendi* pontificium *non habeamus.* Et formul. 8. — *Sub usu beneficii debeas possidere & nullum* pontificium *quicquam exinde alienandi aut minuendi &c. habeas.* Alaman. 67. *Nullum* pontificium *habeas de ipsâ villâ, nec vendere, nec donare, nec alienare &c.*

¶ *Porcaritius.*] Adject. Quod ad porcos spectat. L. Alam. tit. 80. — *Si quis stubam ovile* porcaritiam *domum aliquis cremaverit.*

¶ *Porcitecum.*] Casula pro porcis. *Lindwode.* In Provincial. tit. de Judiciis cap. Item omnes, verb *Grangia*. Caulae pro ovibus, *porciteca* pro porcis.

¶ *Porisma, tis.*] πόρισμα Hist. Norm. in praefat. in dono Comitis de *Monte Gomerici* ibid citat. Polii parte b. in pede — de *porismate meo*, i. de perquisito meo, à Graeco πορίζειν.

¶ *Portae apertae.*] Unde hodie *pasporte* dicimus.

Chart. Alaman. 7. sub formul. Manumiss.

¶ *Portgresius*, *Portgrevius*, & *Portgravius*, *Portgrafio.*] Anglicè **Portgrabe**, vel **Portrebe**. Id est portus praefectus, Saxon. portgerefa; port *portus*, gerefa *praefectus*, *praepositus*. Ælfredo autem port, alias Civitatem significat.

Dicebantur ergò *Portgresii*, non solum portuum custodes, sed per translationem oppidorum etiam urbiumq; praefecti; praesertim verò maritimarum, vel portu aliquo insignium. Appellationes enim Maiorum & Balivorum, qui

qui hodie *Portgrafionum* vices ſuſtinent: à Normanicis noſtris Regibus primò introductæ ſunt, vel potius ab Aquitanicis. Ipſa namq; Londoniarum Civitas Balivos non accepit ante annum primum *Richardi* primi, i. gratiæ 1190. Maiorem verò non ante annum decimum Regis *Johannis*; hoc eſt Domini 1210. Præcedentibus verò ſæculis ſub *Portgrefiorum* fuit regimine, ut è diplomate videas *Willielmi* primi immunitates ei erogantis. Sic Saxon. ƿillem cyng gretſ ƿilliem Biſceop ⁊ godfred porterefan ⁊ ealle þa Burgh-ƿaru binnan London, Latinè *Willielmus Rex ſalut. Willielmum Epiſcopum & Goffredum* Portgrefium, *& omnem Burghware infra London.* Vide Itin. Cant. pag. 483.

¶ *Portorium.*] Tributum quod viæ reſtaurandæ gratia in portis exolvitur: alias *Barragium.*

—— *Cum ad inſtructionem viarum* (*Urbis* Aureliæ) *tam commodè ſtratarum multi ſumptus magnæq; impenſæ requirantur*, *Reges noſtri à multo tempore tributum ac.* Portorium *quoddam ad illas itinerum inſtructiones deſtinarunt. Ejus tributi exactio committitur illis, quos curatores viarum appellare poſſumus* maiſtres des chauſſees. *Portorium* id vocare ſolent *barragium*, quod in ingreſſu portarum urbis pendi, & exolvi, conſuevit. *Annaus Robertus Aurelius* Rerum Judicatur. lib. 2. cap. 3.

¶ *Portmote.*] Curia, portus, vel portui indicta: quâ res ad portum ſpectantes agitantur. A Saxon. porte, i. *portus*, & gemot, i. *conventus*, quaſi *Portgemot.* Sic *Burgemot*, *Swanimot &c.*

¶ *Portionarius*, al. *Portunarius.*) Qui portitorium vel naulum exigit.

Conſtitution. Sicular. lib. 1. tit. 76. —— *Superexactiones reſtitui faciant & rapinas, quas gabelloti, foreſtarii, platearii*, portionarii, *ſeu paſſagerii contra veterem formam*, *aut contra nova noſtræ Curiæ ſtatuta in fideles noſtros exercent.* Sed hîc fortè *portunarius* ſit legendum.

¶ *Prohæredes.*] Chart. Alaman. 61. —— *Si ego ipſe, aut ullus heredibus meis*, *vel* prohæredibus.

¶ *Poſta.*] A Gall. *Poſte.* Nuntius pernix. Sic dictus quaſi poſita, quod in vitâ publicâ ponitur ad ſtationem debitam decurrendam, *Angarius.*

¶ *Poſtgenitus.*] Pro filio ſecundo, vel qui primo genitum ſubſequitur. Vide *Poſtnatus.*

Teſtamentum *Ælfridi* R. An. 909. —— *Inſuper mea filiæ primogenitæ concedo villam de* Welero, *& mea filiæ* poſtgenitæ *concedo villam de* Clere, *&c. & mea minori filiæ, villam de* Welige, *&c.*

¶ *Poſtilla.*] Scholium eſt quod texti vel Authoris verba inſequitur; ſeriatim, at ſeorſum: quaſi *poſt illa verba.* Hinc qui *poſtillas* ſcribit, *Poſtillator* dictus eſt. Primus autem Bibliorum *Poſtillator* fuit *Hugo Cardinalis*, qui floruit An. Dom. 1240. ut notat *Geſnerus*, ejus opera enumerans.

¶ *Poſthæredes.*] Chart. Alaman. 58. —— *Si ego ipſa, aut ullus hæredum meorum*, *vel* poſthæredum —— *contra hanc Cartam à me factam præſumpſerit &c.* Et Chart. prox ſeq. —— *Si ego ipſe aut ullus de hæredibus meis*, *vel* poſthæred. *&c.* —— Et ſubſequenti etiam, *Si ego ipſe aut ullus hæredum meorum, vel* poſthæredum, &c.

¶ *Poſt-natus.*] Pro filio poſt primogenitum nato, filius ſecundus. Vide *Poſtgenitus.*

Reg. Majeſt. lib. 2. cap. 2. § 5. —— *Si autem hereditatem, & conquaſtum habuerit* (*Pater*) *tunc indiſtinctè verum eſt, quod poterit filio ſuo* poſtnato, *quantam libet partem ſive totam, cuicunq; voluerit dare ad remanentiam de conquaſtu.* Et cap. 27. §. 7. —— *Sed pari ratione videtur quod omnes alios filios* poſt-natos *poſſit inde excludere.* Item cap. 29. § 3. —— *Nullum tamen homagium, nec etiam fidelitatem aliquam tenentur mariti filiarum* poſt-natarum, *marito filiæ primogenitæ facere &c.*

Skenæus in verbor. juris Scot. ſignif. *Poſtnatus filius*: **ane second son narreſt to the firſt begotten**, &c. i. Eſt ſecundus filius, primogenito proximus: Secundùm dictionem Gallicam, *le puis aiſne* (citatq; opinor, quæ nos jam retulimus loca, deſignatione autem diverſa) & ſubnectit illico, *le aiſne eſt primogenitus filius*; *atque ideo le puis aiſne eſt* *poſtprimogenitum*; *ſecundus filius.* Sic ille: ego *puiſne*, q. *puis-ne. Aiſne*, q.

¶ *Poſtnati.*] Hodie etiam ex novâ occaſione dicuntur, qui in Scotiâ nati ſunt poſt tranſlationem Coronæ Angliæ ad *Jacobum* Regem, cum hac ipſâ diſtinctione fiant omnium Jurium Anglicanorum participes: de quâ tamen controverſiâ graviſſima habita fuit inter juriſconſultos diſputatio; ſed refragantibus duobus tantum Judicibus cæteri omnes in eam coaluere ſententiam Termino *Jacobi* Regis.

¶ *Potagium.*] Jus quod à coquo conficitur; dictum quod de eo agitur inſtar potus. Pri. Lew. Cuſtumar. de Hecham —— *ad nonam*, potagio, *& duplici companagio.*

¶ *Potences.*] Alicubi in *Ekkehardo*, aut ſuos claſſicos pro ſcabellis mendicorum, q. inde calceamenta noſtra **patens.**

¶ *Poteſtas.*] Pro Manſo Dominico, quod nos manerium dicimus. Habitatio nobilior cum latifundiis & imperio in colonos ei ſubditos.

Scriptum de Valle Rodigionis in Append. ad Flodoard. —— *Tradidit ad menſam fratrum, Deo ejuſq; intemeratæ matri in Eccleſia Remenſi devotè famulantium*, poteſtatem *quandam vallis Rodigionis, à rivulo per medium decurrente, vulgo denominatam.* Et poſt —— *Emma adiens*

adiens præsentiam prædictorum fratrum petiit sibi dari eandem potestatem *sub censu decem solidorum denariorum in Assumptione sanctæ Mariæ persolvendorum &c.* Ibidem in Conventionali inter Manassem Comitem & Canonicos Remens. — *Notum fiat omnibus, tam præsentibus, quàm etiam futuris fidelibus, quod Manasses miles* potestatem *illam quæ dicitur* Vindenissa *à Canonicis Remensis Ecclesiæ &c. per precariam efficaciter obtinuerit.* Nec non & postea.

Rectiùs autem dicatur *potestas* de hujusmodi Manerio in, quo Dominus merum habet imperium, i. jus gladii & animadvertendi potestatem in facinorosos: Ex quo & ipsi Magistratus *Potestates* appellantur. Apul. Jussit *Potestas* officialem suum magnâ severitudine coerceri.

¶ *Potestativus.*] Concil. Cabilon. an. 813. cap. 30. — *Dictum nobis est, quod quidam legitima servorum matrimonia* potestativa *quadam præsumptione diriment.* Traditt. Fuldens. lib. 1. cap. 14. — *Traditumq; in perpetuum esse volo quicquid in pago Saligeuve — Germanus meus Perahtleib manu* potestativâ *mihi tradiderat.* Chart. Alaman. Gold. 27. — *Quam ille proprietatem, cum* potestativè *possedisset, ad Monasterium multis testibus adhibitis, reddidit atque revestivit.* Vide *Manu potestativa.*

¶ *Potionare, Potionatus.*] Veneno vel toxico inficere, venenatus. Vita MS. *Wlsigi* 3 Abbatis *S. Albani* — *Postea in brevi* migravit *ab incolatu hujus mundi, ut dicitur* pocionatus *cum odio Conventus & maledictione.* Hinc Anglicum **poisoned.**

¶ *Prace.*] Chart. Alaman. 12. — *Et annis singulis censum exsolvam, id est 12 maldras de* prace, *& 2 maltras de frumento, & duas friskingas tremissas valentes &c.*

¶ *Pradum.*] Pro *Pratum.* Chart. Alaman. 38.

¶ *Præbendarius.*] Pro mensurâ præbendæ equis datæ. *Liber MS. Roffensis Ecclesiæ,* Cap. Quid mensuræ granarii continent. *Prebendarius est mensura unde distribuitur prebenda equis. Debet esse 13 pollicum latitudinis infra circulum, & altitudinis trium pollicum.*

¶ *Præcaria,* & *Præcatoribus.*] Vide infra *Precaria.*

¶ *Præconizatio.*] Constitutt. Ludovici Episc. Dunelm. An. 1319. —— *in* præconizatione *causæ ea proponat Procurator continuo benè scripta.*

¶ *Præfectus prætorio.*] Symphor. Campegius lib. 4. de origine & genealogiâ *Caroli M.* fol. E. 11. — *Tempore Theoderici regis Francorum inertia regum,* prætorio Præfectus *à rege proximam dignitatem obtinebat. Ad quam potentissimi quique Francorum summa contentione nitebantur,* &c. v. Is erat Maior domus.

¶ *Prægnum,* & *Prægnus.*] Gravidus. L. Alaman. tit. 73. *Si autem aliquis homo ictu ferierit* pregnum *umentum & abortium fecerit, &c.*

¶ *Prælatus.*] Prælati Ecclesiæ vocantur ne dum superiores, ut Episcopi, sed etiam inferiores, ut Archidiaconi, Presbyteri, Plebani, & Rectores Ecclesiarum. Ad quod facit de officio ordi: *c. cum ab Ecclesiarum.* De officio delegati: *c. si quando.* Et notatur de foro competent. *c. 1. vers. latos.* per Card. lib. 6. Unde, quo ad hanc dispensationem, quilibet qui præest curæ animarum dicitur esse *Prælatus,* dummodo habeat potestatem sacramenta dispensandi. Hæc *Linwode,* & alia multa in *Glois.* ad Provincial. Angl. lib. 2. tit. *de Sacra: iteran: vel non.* cap. *Ignorantia.* ubi dicitur—*Sacramenta, quorum dispensatores sunt* Prælati *Ecclesiæ, &c.* Sic ergo in Bullâ privileg. apud *Mat. Par.* in *Henr.* 3. sub. An. 1246. *Innocentius, &c. universis tam Cathedralium, quàm aliorum* Prælatis; *nec non Patronis Ecclesiarum, Clericis & Laicis per regnum Angliæ constitutis salutem, &c.* p. 476.

Et rectè quidem *Prælati* dicantur Rectores ipsi Ecclesiarum, cum ex more Regum dicantur inthronizari, ut infra in eo vocabulo demonstrabitur.

¶ *Præjurare* & *Præjuramentum.*] V. Supra *Forath,* quod aliàs interpretatur juramentum pro alio, aliàs præjuramentum: & in Ll. Can. MS. cap. 20. antejuramentum. Locum consule.

¶ *Præpositus.*] De multis intelligitur magistratibus, Officiariis, Ministris.

Summus Regis Præpositus, *Hov.* in An. 1002. pag. 429.

¶ *Præpositus Ecclesiæ.*] Sæpe occurrit in Scriptoribus rei Ecclesiæ. Idem esse videtur qui *Gardianus Ecclesiæ*: quem *Chaucerus,* noster Tityrus, **Church reve** vocat in fabellâ *Fratris,* ubi de his agit de quibus Archidiaconus cognoscat.

Of Churchreves, and of Testamentes. Of Contractes, & lacke of Sacramentes, &c.

¶ *Præpositus* vel *Præfectus Hundredi,* vel *Wapentachii.*] V. LL. Ed. Confes. cap. 28. 35. *Hov.* 549. V. ibi eorum munus & dignitatem; nam sic appellat. Arma inspiciebat. Ed. Conf. 35. p. 136. b.

¶ *Præpositus villæ.*] Sax. tunȝeriꝼ.

LL. Ed. Conf. cap. 28. *Animalia & res inventa coram ipso & Sacerdote ducenda erant.*

¶ *Prærogativa Regis.*] Lex Regiæ dignitatis

LL. *Edw. Conf.* cap. 18. — *Potest Rex ei, lege sua dignitatis condonare si velit, etiam mortem promeritam.*

¶ *Præsidium.*] Appellari censeo apud mediorum sæculorum scriptores, omnem ædium apparatum sive supellectilem, **Stuff** *Anglicè;*

Anglicè : Sed & quod in *Præsidium* familiæ recondebatur aurum, argentum, & hujusmodi.

Greg. Turonens. lib. 6. cap. 4. — *Tamen ab illo loco discedentes irruerunt in domos Lupi; & direpto omni* præsidio *fingentes se in Thesauro Regis recondere, suis eum domibus intulerunt.* Et lib. 9. cap. 20. in pactione Regum *Guthcramni* & *Childeberti* — *Et si quæ de agris fiscalibus, vel speciebus, atq;* præsidio *pro arbitrii sui voluntate facere, aut quicquam conferre voluerit, in perpetuo, auxiliante domino, conservetur.* Marculf. lib. 1. form. 12. — *Dedit villas nuncupatas illas, sitas in pago illo cum terris &c. seu* præsidiis *domus eorum, argento & auro, fabricaturis, drappis vestimentis, vel omni supellectile eorum.* Et lib. 2. cap. 7. — *Terris, villabus, domibus, cum omni* præsidio, *accolabus, mancipiis, vineis, &c.* Et ibidem cap. 10. — *Tradidi ut aliquid de rebus meis mobilibus drappis, fabricaturis, vel aliqua mancipia &c. & si amplius vobis insuper de* præsidio *nostro obvenerit, tunc cum filiis meis, avunculis vestris, portionem vobis ex hoc debitam recipiatis.* Ex quibus locis conjicit *Bignonius*, præsidii nomine pecuniam numeratam, aurum, argentum, & alia id genus, intelligi. Nam (inquit) & *Celsus* in L. Si chorus 79. §. 1. De Legatis 3. ait Proculum referre, audisse se Rusticos senes ita dicentes — *Pecuniam sine peculio, fragilem esse: peculium appellantes, quod* præsidii *causâ seponeretur.* Cui convenit (addit *Bignonius*) quod ait *Constantinus* Imp. In pecuniâ veteres robur omne patrimoniorum posuisse. L. 22. Cod. *De administrat. tutor.*

Præsidii etiam appellatione intelligi alias videtur omnis vis bonorum, tam immobilium quàm mobilium. *Formul. Solen. Lindenb.* nu. 67. — *Accepit itaq; ill. villas, nuncupatas ill. sitas ibi cum mancipiis, tant. ill. De* præsidio *verò drappos, fabricaturas, vel omne supellectil. domus, quicquid dici aut nominari potest, inter se visi sunt divisisse vel exaquasse.* Et ibidem num. 69. — *Etiam aurum, argentum, drapalia, aramenta, peculium,* præsidium *utriusq; sexus, mobile & immobile, inter se aqualentia visi fuerunt divisisse.* Ubi per utriusq; sexus, intelligo *pecudes* & *armenta*, non mancipia: quæ ut videas è loco citato penultimo, terris & villis ascribuntur, non *præsidio*.

¶ *Præstaria, æ,* & *Præstarium.*] Aliis Præcaria. Elocatio, dimissio. Charta elocationis vel dimissionis. Prædium ipsum elocatum vel dimissum. Anglice **A lease, fearm or fearm land.** Fit autem hæc sub pactis annuo censu & conditionibus; proprie, pro termino annorum sive vitæ: minus autem propriè, inperpetuum quod alii feudum vocant; nos feodi firmam.

Præstarium verò rectiùs fortè intelligatur de re elocatâ quam de elocatione.

Chartt. Alaman. 68. sub tit. *De Precariis.* — *Hanc* præstariam (*scil. Prædiorum ibidem supradictorum*) *fieri & firmari rogaverunt.* Et mox. *Factâ* præstariâ *pro quinquennio renovata fuisset.* Et in pede — *Ego Wenilo qui hanc* præstariam *scripsi & subscripsi.* Et supra, Chart. 66. — *Ut illa mancipia, quæ nobis ille de illo loco tradidit, ei iterum per* præstarium *repræstaremus &c. Ut ea habeat, tempus vitæ suæ, censumq; annis singulis inde solvat &c.* Tradit. Fuldens. lib. 1. cap. 23. — *Per vestram* præstariam *ad vitam meam possideam & utar.* Etiam aliàs ibidem non semel. Flodoard. lib. 4. cap. 19. de script. *Hincmari* Archiep. Rem. — *Scribit* (inquit Carolo Regi) *pro villâ Dudaciaco, significans qualiter S. Clodoaldus eam S. Remigio dederit, & quomodo Carolus Pipini Regis filius eandem villam apud Tilpinum Archiepiscopum obtinuerit in* præstariam; *eâ conditione, ut Capellas ad ipsam pertinentes cum nonis & decimis Episcopus Remorum retineret: & Rex 12 libras argenti in luminaribus Ecclesiæ daret: & quod hunc censum tam Rex quàm successores ejus persolverunt, & quod ipse quoq; à patre illius eundem censum de præfata villa receperit. E quibus videas* præstariam *dici etiam cum hæreditarie elocatum esset possidendum, quod Angli dicimus in feodum firmam.* Item cap. 21. — *Scribit item pro rebus Remensis Ecclesiæ, quas sibi per* præstariam *Theodericus Episcopus delegari petebat.* Et (omissis aliis) lib. 4. cap. 2. — *Mittit ei praterea petitum super quibusdam* præstariis *privilegium.* Lib. deniq; 6. ca. 11. — *Recepit deniq; res diversas & villas Ecclesiæ quas antecessor suus per precarias sive* præstarias *diversis contulerat personis.* E quo genuinam vides *Præstariæ* naturam, scil. ut post statutum temporis intervallum remeat ad dominum: Sed naturam hanc (ut supra etiam vides) immutavit olim Regis potentia: Cujus postea exemplo *Precariæ* multæ effectæ sunt hæreditariæ.

Hinc *Charta præstaria.*

¶ *Præsto, as.*] Eloco, dimitto, in *Præstariam* trado. Angl. **to lease or let to fearm.**

Chart. Alaman. 75. *Complacuit nobis — ut res quas nobis tradidit Engilboldus, per hanc præcariam ei* præstaremus. V. supra *Præstaria.* Ubi *repræstare* legitur.

¶ *Præstitum, ti.*] Pecunia fœnori elocata, sed & omne quod alteri mutuo datur. Ipsa elocatio.

Hoveden. in *Ric.* 1. cap. de Judæis — *Item provideantur 6 vel 7 loca in quibus faciant* præstita *sua.* Mox — *Coram illis* — *fiant* præstita, *& Charta* præstitorum *fiant in modum chirographi.*

¶ *Præstus,* al. *Prestus.*] Idem quod *Præstatio* vel subministratio rei alicujus. *Marculf.* lib. 2. cap. 1. — *Neq; etiam caballorum* prestus, *paraneda &c. requiratur.* Hinc qui conducitur *Prastus* dicitur, quasi *præsto est*, ideoq; in conducendis militibus hodie dicimus preſt. Mallem tamen à Gall. *prender*, i. capere, cujus participium eſt *preſt*.

¶ *Præſumptio.*] Pro eo quod Intruſio dicitur apud J. C. noſtros. Ll. *Hen.* 1. cap. 11. de his quæ ſunt De Jure Regis — *Aſſultus, roberia, ſterbrech,* Præſumptio *terræ vel pecuniæ Regis, theſaurus inventus, &c.*

¶ *Præſumptores, Præſumptuoſi.*] Arrogantes. Edict. Theodor. ca. 144.

¶ *Prætestinatus.*] Chartt. Alaman. 58. — *Ad Eccleſiam S. Galloni Confeſſoris condonare debuerem: quod & ita feci, in locellas* prætestinatas *in pago Durgauginſe ſito, qui dicitur Zurithgaunia; hac ſunt nomina locorum, Cella Nuſerperech &c.*

¶ *Prætitulor, ari, Prætitulatus.*] Ordinor, inſtituor, Ordinatus, inſtitutus. *Capitular.* lib. 5. tit. 26. — *Clericum permanere oportet in Eccleſiâ, cui in initio ab Epiſcopo* prætitulatus *eſt.*

¶ *Prætorium.*] Pro villâ urbanâ & Manerio quod dicimus. Con. to. 2. 2016. 2. ca. 3.

¶ *Prandium terræ.*]. Eſt interſtitium itineris à loco decubitus ad diverſorium meridianum, qui eſſet dimidius ſtathmus juxta *Tho. de Vio* (de itinere Getiozi) apud Senalem fol. 39. Et poſt plurima, inferiùs, fol. 41. — *Senatoria edicto curſoris profectionem ab urbe Pariſienſi Romam uſq;, hoc eſt iter 300 leucarum ſex dierum metiuntur intervallo; nec poteſt per veriſimilem notitiam efficax diploma obtineri, quod breviori tempore cenſeatur impetratum. Juxta quam limitationem curſoriâ ſtationes quinquaginta leucis abinvicem diſtare cenſebuntur; verum de his loquimur, quæ moderata ac temperata profectione perficiuntur quas quatuordecim leucarum limites plus paulò (minusvè) eſſe diximus.* Ex quo dimidiam ſtationem meteri licebit *quam diximus à nonnullis interpretatam* prandium terræ, q. *Hebraicè dicas* cibrath aaruts, *quod iter perfeciſſe Giezi* à nonnullis creditur, ut à *Naaman Syro* ſanitatis adeptæ impiam reciperet mercedem &c.

¶ *Praſini.*] Secta hominum à colore veſtium ſic dicti. V. *Procop.* de bel. Perſic. lib. 1. cap. 19. pa. 61.

¶ *Prebenda.*] V. ſupra Præbenda.

¶ *Precaria, Præcarica, Precarium.*] V. horum differentiam in Gratian. col. 117. Ca. 10. q. 2. cap. 4.

Ulpianus precarium definit id eſſe, quod precibus petentis utendum conceditur, tamdiu quamdiu is qui conceſſit patitur. Unde *precariam* rem dixerunt, quæ velut commodato accepta ſit, & juris alieni cenſeatur, *Ovidius* de *Acheloo*.

Quid fore te credis, falſum qui verſus in an- [guem
Arma aliena moves quem forma precaria [calat.

Donatus ait: *petimus precariò*, poſcimus imperioſè, poſtulamus jure. 8 A. 642. 60. Et L.

¶ *Precariæ.*] In Maneriorum noſtrorum conſuetudinariis diurna ſunt opera & plerunq; autumpnalia, quæ tenuræ ratione colonus domino præſtat, cum ad hæc ſit requiſitus, ideoq; vulgo **bind dayes** (corruptè reor) pro **biden dayes**, quod Saxon. *Dies precarias* ſonat, nam **bidden** eſt orare & *precari*. MS. vetus in bibliotheca Regis — *In quibuſdam locis datur firma ad Natale Domini, & firma Paſchalis; &* firma precum *ad congerendas ſegites.*

Fiunt autem *Precariæ* tam equis, curru, & carucâ, quàm manopera juxta dominiorum conſuetudinem; & tam à liberè aliquando Tenentibus quàm nativè. Morem lucidè exhibet grandis liber conſuetudinarius Monaſterii de *Bello* tit. *Apelderham*, fol. 60. — *Johannes Aylemer tenet per irrotulamentum Curia unum meſſuagium, & unam virgatam terra,* &c. *Et debet invenire unum hominem cum uno equo ad herciandum qualibet ſeptimanâ per unum diem ad utrumque ſemen yemale & quadrageſimale, dum aliquid fuerit ad herciandum de terrâ domini. Et ille qui herciat quolibet die percipiet unum repaſtum,* viz. *panem ptoagium compernagium & potum prec. 1 d. Et quilibet equus hercians habebit qualibet die tantum de avenis, ſicut capi poteſt inter duas manus.* Non hoc dicit *precarium*, ſed pergendo ait: —*Et etiam debet venire qualibet anno ad duas* precarias carucæ *cum carucâ ſuâ, ſi habeat integram carucam, vel de parte quam habet caruca quam habet, ſi carucam non habeat integram, & tunc arare debet utroque die quantum poteſt à mane ad meridiem, & uterque tentor,* viz. *caruca & fugatorum, habebunt unum paſtum ſolempnem utroque die prædictarum* precariarum, &c. —*Et debet invenire ad* 3 precarias *in autumpno, qualibet die 2 homines, & habebit uterque dictorum hominum ad utrumque diem* precariarum *primus unum panem utroque die de frumento & ordeo mixto, qui ponderabit* 18. lib. *ceræ, precium cujuslibet panis* 1. d. q. *Et ad tertiam* precariam *habebit uterque homo unum panem dicti ponderis totum de frumento prec.* 1 d. *ob. Et habebunt prædicti duo homines conjunctim ad quamlibet de prædictis* 3. precariis *potagium & ferculum de carne ſine potu prec.* 1 d.

Ad quartam verò precariam *in autumpno, quæ vocatur* Hungeryvedrepe, *inveniet unum hominem, & habebit* 1 *repaſtum,* viz. *panem, potum, potagium, & compernagium ad diſpoſitionem Servientis, cum caſeo preci* 1 *d. ob.*

Magna *precaria*. Ejuſmodi fit mentio in eodem lib. Monaſterii de *Bello* fol. 97. b. — *Idem Johannes Boylonde tenet* 1 *cotagium,* &c. *Et debet invenire* 1 *hominem ad magnam* precariam *in autumpno*. Frequens fol. 99.

Placita in crast. Purif. 10 H. 3. rot. 8. Surr. — *De consuetudinibus & serviciis hominum Prioris de Merton & Shelfwude, & de Fifhide, tempore quo Henricus Rex dedit Prioratui de Merton manerium de Ewell, cum prædictis villis, quæ sunt membra ejusdem manerii de Ewell*; Ibib. inter alia — *debent venire in autumpno ad* Precariam; *quæ vocatur* a le Bederepe, *ut Prior asserit*.

¶ *Preces.*] Regist. Abb. de Welbeck. p. 108. — *Walt. de Ayncurt universis*, &c. *Notum sit vobis, quod ego Walt. Daincurt dedi, &c. Deo & Ecclesiæ S. Jacobi de Wellebec, quicquid Gaufredus de Kressewell de patre meo &c. tenuit. Hoc donum prædicta terra volo & concedo, ut habeant &c. quietum ab omni exactione & servicio seculari, quæ mihi pertinent; excepto quod singulis annis, pro eadem terrâ, quinque solidos mihi dabunt, similiter tres* Preces *de unâ carucâ; & tres* Preces *in autumpno; primâ*, viz. *cum uno homine; secundâ, cum duobus hominibus; tertia verò die cum tot hominibus, quot in eadem terrâ cotidie metentes inventi fuerint*.

¶ *Præconizare.*] A Gal. cognoissant, præstare. *Mat. Par.* in An. 1253. *Episcopus Lincolniens. Robertus* præconizans *in corde suo*.

¶ *Pregnus.*] Adject. V. *Prægnus*.

¶ *Præmunire.*] Apud forenses nostros passim legitur pro *admonere*, undè celebris illius brevis Regii nomen accepit quod *Præmunire facias* appellatur. Utuntur etiam & eodem sensu nostri sæpe historici. Sic *Jorvalensis* in vita Regis *Ethelredi*. — *Alfricus Consul fecit (inquit) eorum (Dacorum) exercitum de insidiis Regiis* premuniri: Et mox, *Daci omnes* premuniti *evaserunt*.

¶ *Presbytera.*] Aliàs accipitur pro vidua seniori, quæ in Ecclesiâ suo fungebatur munere: ut Concil. *Laodicens.* can. 11. Juxta versionem prim. — *Quod non oporteat eas quæ dicuntur* Presbyteræ *vel præsidentes Ecclesiis ordinari*. Juxta secundam — *Mulieres quæ apud Græcos* Presbyteræ *appellantur, apud nos autem viduæ seniores, univiræ, & matriculariæ nominantur, in Ecclesiâ tanquam ordinatas constitui non debere*.

Presbytera aliàs dicitur *de uxore Presbyteri*. Concil. *Antisiodorens.* Anno 590. celebrat. can. 21. — *Non licet* Presbytero *in uno lecto post acceptam benedictionem cum* Presbyterâ *suâ dormire, nec in peccato carnali misceri; nec Diacono, nec Subdiacono*. Cui *Binnius* ut fucum inducat. *Frequentissimè* (inquit) Presbyteræ *in Conciliis nominantur mulieres cœlibem vitam agentes illa, quarum viri* Presbyteratus *ordine initiati vel erant vel fuerant*. Ita intelligendus est (ait) Canon. 21. Concil. *Antisiodor.* Hæc ille in Not. ad Conc. *Laodicenum*. Sed adjungam quæ huc pertinent, aliisque historicorum fide asseruntur de uxoribus *Presbyterorum* nostrorum Angliæ. Sic enim legitur in antiquo MS. Chronico de gestis agente Regis *Henrici* primi, Anno Regni sui 4. Anno Domini 1105. — *Et Ancelmus Archiepiscopus Cantuariæ prohibuit sacerdotibus uxores non prohibitas*. Subnectitque, ac si ad rem novam denotandam, — *prodigia alia atque alia consequuta*.

¶ *Presbyterium.*] Pars Ecclesiæ quæ Chorus dicitur, vel potius psallentium chorum accipit, Anglicè **the Quier**. Vita Leonis Pap. 4. — *Constituit* (Leo iste) *ut dum sacra Missarum solennia in Ecclesia celebrantur, nullus ex laicis in* Presbyterio *stare vel sedere, aut ingredi præsumat, nisi tantum sacra plebs, quæ in administratione sacri officii constituta videtur*. To. 3. A. 618. b.

¶ *Prestus.*] V. supra *Præstus*.

¶ *Pretium natalis*, vel *nativitatis sui*:] Can. l. E. 2. MS. idem quod capitis æstimatio aliàs *Wera* (à Sax. ƿeɲe) & Wergildum, quæ vide. Can. lh. 28. MS. *reddat dominus ejus Regi Weram, id est*, pretium nativitatis *hominis illius*.

¶ *Primates.*] V. Patriarcha; ponendi ubi apud Ethnicos *primi Flamines*, Burch. l. 1. cap. 155. — Qualis & quid agere debet, ibid. cap. 158. Qui *primates*, & qui Metrapolitani, ibid. cap. 163.

¶ *Primicerius.*] Epistola Johannis Comitis Sacrensis scripta ab Ephesо ad Reges (Theodos. & Valerian.) de turbatâ Ephesinâ Synodo. — *Mitto ex ministris meis* Primicerium *nobilium Palatinorum ad ipsum, ut ad me veniret*, viz. Memnon *Episcopus*. Opera Cyrilli, to. 4. pag. col. 165. b.

Primicerius Legionis. W. Tyreus li. 4. c. 8. *Classis primic*. li. 3. 24. ω.

Cuba Primicerius Concil. *Clovesho* cerc. An 800.

¶ *Princeps.*] Archis primus Beneventi Principem se appellari. jussit: cum eatinus Duces vocarentur. *Leo. Mars.* p. 466. c. & inungi se fecit, &c. Ibid.

¶ *Prisa, sa.*] Captura, captio, direptio. Etiam quod capitur vel diripitur, sic enim Gal. *pris*.

In foraneis autem paginis antiquis, *Prisa* plerumque intelliguntur de annonæ reique frumentariæ captionibus aliis etiam necessariis ad alenda instruendaque castrorum præsidia; necnon & regiam familiam minori quam justo pretio agricolis ereptis. Castellani enim & castrorum domini id privilegii plerumque vendicabant, ut liceret eis non è villâ tantum quâ situm esset castellum suum, sed per adjacentem regiunculam illius in obsequio sitam, rem annonariam & quæ castelli usui necessaria habebantur, pro suo libito deportare; licèt nec de pretio satis justè pactum esset, nec de tempore persolutionis. Sed cum ex hujusmodi privilegiorum fuco gravissimæ sæpè ortæ essent rapinæ & injuriæ: primo *Magna Charta* canonibus, id est cap. 69. Mox *Westmonasterii* 1. capp. 7 & 31. prohibita omnino fuit annonæ hæc direptio, ni villanis, inter quos

quos situm esset castellum pretium redderetur infra 40 dies; paganis verò aliis, in præsenti.

In Rescripto quodam, Anno 3 *Edwardi* primi *Norff.* ss. — *Rogerus de Monte Alto, qui sororem & hæredem Hugonis de Albeney*, &c. *desponsaverat, clamat habere libertates has subscriptas*, viz. *Castellum suum de* Risinge *cum* prisis 40 *dierum*, &c. ubi clausulam *cum* prisis 40 *dierum*, intelligo de libertate capiendi victualia quæ vocant ad sustentationem præsidiarii militis Castri sui, ita quod pretium reddat infra 40 dies.

Prisæ autem quæ pro hospitio Regis capiebantur non ejusdem antiquitatis sunt cum prioribus illis Castellaneis. His verò jam occidentibus, enasci videntur Regiæ illæ sub imperio *Edwardi* primi, ut *Islip* Archiepiscopus Cantuariæ mihi autor est in libello quem de his & similibus inscripsit *Edwardi* tertio Regi: *Speculumq; Edwardi* nuncupavit. Postquam autem enatæ essent Regiæ hæ *Prisæ*, plurimi ab earum onere facti sunt immunes. Chart. *Henrici* 6. Abbati & Monach. de *Ramesie*. — *Liberi sint & quieti de quibuscunq;*, prisis, *chiminagiis, & captionibus cariagiorum, equorum, carectarum, & aliorum cariagiorum; nec non frumenti, ordei, siliginis, avenarum, fabarum, pisarum, boum, boviculorum, vaccarum, jumentarum, ovium, porcorum, porcellorum, caprarum, sive edorum, agnorum, vitulorum, aucarum, caponum, gallinarum, pullorum, columbarum, dentricium, & anguillarum, ac omnium aliorum piscium recentium, quorumcunque, & aliorum volatilium, victualium, & ferarum suorum; salis, fœni, straminis, maeremii, bosci, subbosci, focalium, carbonum, aliorumq; utensilium suorum quorumcunque.* Seriatim hæc repeto, ut intelligas è quibus rebus etiam tum fierent hujusmodi *prisæ*.

Statut. *Davidis* 2. R. Scot. cap. 40. De *prisis* capiendis. — *Statutum est quod nihil capiatur à Communitatibus ad usus Regis, sine prompta solutione. Nec etiam aliqua capiantur ad* prisam, *nisi ubi & secundùm quod fieri consuevit.* Et cap. 48. §. 2. — *Capientur omnia capienda secundùm consuetudines antiquitùs approbatas, & de terris illis de quibus* prisæ Regis *& servitia debent sumi.* Et cap. 50. — *Tenentur ad expensas domus Domini nostri Regis secundùm* prisas *ibidem antiquitus consuetas*; Ubi in Notâ *Skenæus* ad verbum *prisas*, — *Sed apud nos*, (inquit) *jamdudum in usu esse desierunt, tametsi quædam reliquiæ* prisarum *de pretio vini & quarundam aliarum rerum in usum Regis emptarum adhuc remanent.*

Prisæ etiam apud Scotos bonorum mobilium captiones cujusmodi districtiones etiam vocantur, quæ post rem judicatam in judicii executionem fiunt: ni *Skenæum* malè intelligo, qui sic etiam è Gallorum legibus: — Prisæ *sunt rerum mobilium; saisina verò immobilium, quæ bona immobilia non capiantur, sed saisiuntur.* Rebuffus in Constitut. Reg. in tract. *de liter. obl.* Art. 5. gl. 2. &c.

¶ *Prisagium.*] Jus *Prisas* capiendi, vel ipse actus.

¶ *Priso, sas.*] Capio. Decret. Chlot. §. 7. *Mala sorte* prisare.

¶ *Priso, onis.*] Pro eo qui in prælio captus est, Angl. **a prisoner.** Et pro mancipato in carcerem. *Mat. Par.* in *Hen.* 3. sub anno 1217. *Spolia itaq; navium in auro, argento, pannis sericis, & armis, collegerunt regalis Ministri. Atque* prisonibus *salvo deputatis, significavit Regi Philippus de Albinicio quæ gesta sunt.* Et Hov. 541.

Pro malefactoribus incarceratis. *Bract.* lib. 3. Trac. Coron. cap. 8. nu. 5. — *Prisones* verò sic imprisonati, antequam convicti fuerint, de terris suis disseysiri non debent, nec de rebus suis, &c.

¶ *Prisona, næ.*] Carcer.

¶ *Privilegium.*] Cyngerboc. Chart. *Æthelredi* 1002. in Concil. nostris.

¶ *Probator.*] Vide *Bract.* lib. 3. capp. 33, & 34. *Probator* & latronem cognoscens. Bract. ibid. cap. 35. l. 1.

¶ *Procinctus.*] Definitus agrorum circuitus, utpote stadia plura, aut villas aliquot continens.

¶ *Proclamatio.*] Flodoard lib. 3. cap. 11. — *Fredebertus libellum proclamationis legit*: & cap. 23. de Scriptis *Hincmari.* — *Item pro querimonia &* proclamatione *cujusdam Presbyteri ejus parochiæ, &c.* Constitut. Neapol. lib. 1. cap. 94. — *Si quis nostrorum fidelium ad* proclamationem *de aliquo coram Magistro Justiciariio curiæ nostræ, vel Regionum Justiciario necessitas forte compulerit.*

¶ *Proclamo.*] Appello, provoco, ad alium judicem, & eodem sensu Reclamo. Flodoard. lib. 3. cap. 23. De Scriptis *Hincmari* Archiepisc. *Item* (Scripsit) *pro quodam Presbytero, qui ad sedem Remensem* proclamaverat, *præjudicium se pati questus ab eodem Præsule suo*, &c. Et cap. 26. — *Pro quibus audierat Dominum* Hincmarum *ad Regem provocasse.* Ibidem post multa — Scribit Fulconi Comiti Palatii Regis pro quodam Presbytero Parochiæ Suessonicæ, qui relicto Ecclesiastico, ad Civile judicium (quod mox infra ostendit fuisse Mallum Comitis) *proclamaverat* super accusatore suo, &c. E quibus videas brevia Regia, *Prohibitiones* nuncupata, quæ de foro Anglicano Civili, in Ecclesiasticum solent emanare, non omnino fieri præter exemplum antiquorum sæculorum, licèt rei exitus haud constat apud *Flodoardum.* Capitular. lib. 6. cap. 299. — *Si quis Episcopus depositus agendum sibi negotium in urbe Roma* proclamaverit, *alter Episcopus in ejus Cathedra post appellationem ejus non ordinetur, nisi*, &c.

¶ *Procolpus*] Plaga, percussio, aliàs *Colpus*, quod vide. L. *Ripuar.* tit. 77. — *Et non pra-*

prævaluerit (eum) ligare & procolpus ei excesserit & eum interfecerit, &c.

¶ *Procuratio.*] R. Hoved. fol. 466. an. 10. — *Johannes Rex ad preces Regis Franciæ, venit Parisios; & in Palatio Regis Franciæ hospitatus est, & honorificè* procuratus.

Seldens Hist. of Tithes, p. 319. —— *Ex dono Gaufridi Comitis de Essex, & Eustaciæ uxoris ejus, totam Decimam totius victus, &* Procurationis *illorum, & domus suæ, & familiæ suæ.*

¶ *Procurator.*] Pro parte Curiæ, fortè **an Informer.**

Procurator rerum fiscalium. Angl. **the Kings Attorney.**

Procurator villæ, qui rem dominicalem in villâ promovet & tuetur (aliàs major villicus) Sic Germanis olim notus; & hodie quidem Hibernensibus è coloniâ Anglo-Saxonum oriundis, qui collectores proficuum ad dominum villæ præsertim ad Rectorem Ecclesiæ pertinentium, **the proctor** vocant. Vide officium ejus antiquitùs descriptum in voce *Major villicus.*

¶ *Prodefacio, Profum, Proficio.*] Wisegothor. lib. 6. tit. 4. l. 3. — *Qui manu ex integro absciderit, vel etiam qualibet ictu ita percusserit, ut ad nullum opus ipsa* prodefaciat, 100 *sol. percussor componat.*

¶ *Proferum, & Profrum.*] A Gall. *Proferer*, i. e. producere, edicere, allegare.

Breve Reg. de Attornato Vicecomitis pro *profro* faciendo — *Rex &c. Quia dilectus nobis N. &c. ad instans Octave Paschæ proximè futurum, ad* Profrum *suum tunc ibidem, prout moris est faciendum, personaliter interesse non potest; vobis mandamus, quod R. & J. Clericum, quos idem Vicecomes ad* Profrum *suum prædictum &c. attornavit &c. loco ipsius Vicecomitis ad hoc recipiatis.*

¶ *Programma.*] Proscriptio. Scriptura postibus affixa, ut ab omnibus legatur. Vox Juris Civilis.

¶ *Prohæredes.*] Dicuntur, qui loco hæredum sunt quasi Vice-hæredes, ut prorex, pro-consul, pro-tutor. *Marculf.* lib. 2. ca. 17. —— *Si aliquis de hæredibus vel* prohæredibus *nostris, seu qualibet persona, contra hanc testamenti paginam — venire, aut aliquid pulsare voluerit.* Chart. Alaman. 61. — *Si ego ipse, aut ullus de hæredibus meis, vel* Prohæredibus, *qui contra hanc cartulam venire aut eam infringere voluerit, &c.* Aliàs autem dici videtur de iteratâ renovatâq; hæredum successione, sive gradu; eadem ratione quâ avus, proavus, abavus, &c. dicuntur: In Chartis enim Alaman. nu. 50. Sic legitur — *Si ego ipse, quod absit, aut aliqui de hæredibus vel* Prohæredibus, *vel abhæredibus meis, seu qualibet extranea vel emissa persona, qui contra (hanc) traditionem venire tentaverit.*

¶ *Probibitio.*] Vox κακοφωνῆς apud Clerum nostrum. Sed juris tamen satis antiqui.

¶ *Proporcitas, & Proportatio.*] Tenor vel summa rei, relatio, declaratio. Anglicè **the purport** vel **report**, aliis **proport of any matter or thing.**

Hinc apud Scotos: *proporcitas* & *proportatio* Assisæ, pro eo quod Angli dicimus *veredictum* (quasi verè dictum) *Sken.* Quon. Attach. cap. 68. —— *Defendens petit* Proportationem *patriæ, vel vicineti*: Ubi *Skenæus* in margine, id est Declarationem; veredictum, **the report of the Assise**. Et Stat. *Alex.* ca. 5. — *Secundùm* Proportationem *trium Baroniarum per legales homines de vicineto diligenter & fideliter inquirant*, ibidem idem, id est inquit per inquisitionem vel declarationem.

¶ *Proprietas.*] Est vocabulum à Jurisconsultis effictum ad distingnenda dominia; & significat plerunq; merum & directum dominium, non usufructuarium. Sed & alias habet apud Jurisconsultos versutias, pro quibus te ad ipsos relego. Nobis satagit frequentiorem demonstrasse, & quomodo se habeat apud historicos veteres, & candidioris simplicitatis homines, qui fortè proprietates dixere, prædia omnia, quæ quis proprio jure possidebat, hæreditario, scil. & non conductitio, vel ex elocato: quod Angli appellamus **taken to fearm.** Certum autem est distinxisse eos prædia omnia in propria, & fiscalina. Propria & perinde *Proprietates* vocabant, quæ nullius arbitrio erant obnoxia; sed jure optimo maximo possidebantur: ideoq; inconsulto domino aliquo capitali ad hæredes transibant. Fiscalina verò & fiscalia, dicebantur feuda seu beneficia ad fiscum spectantia: quæ (ut cum *Bignonio* censeam) à Rege plerunq;, postea ab aliis ita concedebantur, ut certis legibus, servitiisq; obnoxia, cum vitâ accipientis finirentur (de quo plura videas in vocabulo *Feudum*) Divisionem autem hanc manifestè prodit *Marculf.* lib. ca. 2. —— *Monasterium in honore illius in Pago illo, aut super proprietate, aut super fisco, noscitur ædificasse.* Vide Specul. Sax. Art. 38.

Proprietatem verò descendisse ad hæredes (cum feuda olim in arbitrio essent dominorum) ex Chartt *Alaman.* videas nu. 50. —— *Confirmo omnem tertiam partem* Proprietatis meæ *in Pago &c. quantumcunq; mihi in jam dicto pago* Augustcang. *advenit, tam de paternico, quàm de maternico &c.* Flodoardus lib. 1. ca. 20. — *Quidam vir nobilis ex territorio Nevernensi B. Remigii reliquiis obtentus; oratorium in suâ* Proprietate, *sub ipsius ædificavit honore.*

¶ *Proprindo, dis, risi.*] Invado, arripio, & quod Jurisconsulti dicunt *saiso*, vel *saisinam capio*. A Gall. *prendre.*

Formul. Solenn. 172. — *Quod suam terram de suo manso malo ordine nunquam* Proprisisset.

Lex Ripuar. tit. 75. De re *proprisâ*, vel secuta. — *Si quis caballum, hominem, vel quamlibet rem in viâ* propriserit, *aut eum secutus fuerit &c.*

Capitular. lib. 5. cap. 140. — *De rebus* proprisis, *& ante Missos & Comites & Judices nostros veniant, & ibi accipiant finitivam sententiam*: Et antea *nullus præsumat alterius res* Proprindere &c. Ubi res *proprisæ* intelligendæ sunt de rebus alienis invasis; nam capitulum istud sic inscribitur *De invasione aliarum rerum.*

¶ *Proprisus.*] V. *Proprindo.*

¶ *Prosecutor.*] Qui causam sequitur alterius nomine. *Wisegoth.* lib. 2. tit. 1. l. 18.

¶ *Protodiaconus.*] Epist. Joh. Comitis Sacrensis, scripta ab Epheso ad Reges Theodosium & Valerianum de turbatâ Ephesinâ Synodo in Cyrilli Apologetico to. 4. col. 166. b. à Wolfango Musculo verso — *Unde missis dispensatore, & lictore, &* Protodiacono, *sanctissimæ Ephesiorum Ecclesiæ, manifestavi quod depositus esset* (Memnon Epis.)

¶ *Protoforestarius.*] Olim dictus est, qui Forestæ Windesoriæ supremus præfuit Justiciarius.

Mat. Par. in *Hen.* 3. sub fine anni 1244. *Inter quos Johannes de Novilla* Prothoforestarius, *filius Hugonis* Prothoforestarii, *non ultimus inter totius Angliæ primates.*

Item *Protoforestarius* Angliæ qui omnium Forestarum Justiciarius est, seu locum tenens, ut loquuntur, i. Vicarius Regis. *Mat. Westm.* in An. 1241. — *Obiit nuper Johannes Bisset Angliæ* Prothoforestarius. — *Anno quoq; sub eodem* (i. 1213.) Protoforestarius *loco Rob. Passilewe, Ernaldus de Bosco, miles scil. in partibus australibus Angliæ, usq; ad fluvium magnum, qui dicitur* Trenta; *Johannes verò de Lexintonâ miles à dicto flumine usq; ad Regnum Scotiæ, loco Galfridi de Langleia, qui anno præterito conterminos Forestæ depauperavit. M. P.* ibid. pa. 840.

¶ *Protonotarius.*] Quasi primus notarius vel princeps notariorum, πρωτονοτάριος, à Græco & Latino, uti per adulterium genitum.

Protonotarius in foro Angliaco, qui vulgo **Prothonotarie** dicitur.

¶ *Protospatharius.*] Constabularius, Magister militum. Sic *Procopius*, ut *Pyrrhus* refert, eum appellat. Calip. in *Comes.*

¶ *Protovestiarius.*] Thesaurarius Regius, βεστιάριον *vestiarium* dixerunt ærarium, vel locum ubi thesauros recondebant. Ger. V. *Meurs.* V. *Vestiarium.*

¶ *Provincia.*] Id est *Comitatus.* Plac. de Juratis & Assisis apud Derb. à die Pasch. in 15 dies 53 H. 3. rot. 2. — *In placito Agnetis quæ fuit uxor Radulphi le Butiller versus Priorem de Repindon, pro terrâ in Pykinton, Prior dicit, quod nulla villa est in* Provincia *illa, quæ sic vocatur.*

¶ *Provisor.*] Is cui cura comparandarum rerum necessariarum demandatur. Comparator. Angl. à *Purveiour*, à Gall. *Pourvoieur*, de quo *Horatius* in Art.

Utilium tardus provisor *prodigus eris.*

Sed aliter atq; aliter extat apud Ecclesiasticos; viz. Pro præposito, Gall. *Prevost*, Angl. **Provost**, vel quem balivum dicimus. *Hincmar.* Epist. apud *Flodoard.* lib. 3. cap. 26. — *Ivoni Comiti, pro rebus hujus Ecclesiæ in Regno Aquitanico conjacentibus, ut auxilium ferret earum* Provisori, *cui committebantur.* Proclamatione inhibiti sunt pluribus istiusmodi scelesti An. 1258. 42 *Hen.* 3. *Holl.* pa. 259. b. 18.

¶ *Provisores victualium.*] Walsing. in An. 1362. pa. 179.

Provisores etiam dicuntur, qui vel Episcopatum vel Ecclesiasticam aliam dignitatem in Romanâ curiâ sibi ambiebant de futuro, quod ex gratiâ expectativâ nuncupatunt: quia usq; dum vacaret expectandum esset. Hos adversum, magnus fit antiquorum Statutorum apparatus: ab anno 25 *Edwar.* 3. quo conditum illud fuit quod de *Provisoribus* appellatur.

¶ *Prunnon.*] Chart. Alaman. 26. — *in loco qui propter fontium ubertatem vocatur* Prunnon.

¶ *Pratissimus.*] Chart. Alaman. 50. — *Donatumq; in perpetuum esse volo, &* prutissimâ *voluntate confirmo.* Quidam illic, *Prutissimus*; prudentissimus. Cui haud assentiar, cum minus immodestum videatur, ut se adeo quis excolat. Mallem itaq; ab antiquo Francico vocabulo *prit*, vel *prist* Juridicis nostris codicibus satis frequenti, Gallis hodiernis *prest*, id est, promptus, expeditus, quasi *pritissimus.*

¶ *Pryk.*] Mich. Fines 1 R. 2. Derb. fol. 204. — *Nich. filius & hæres Nich. de Longforde Chivalier, tenet quatuor messuagia, 40 acras terræ, decem acras prati, & Lx s. redditus, cum pertinentiis in Kinwaldmersh, de Rege in Capite, per servicium inveniendi unum equum, unum saccum, & unum* Pryk *in guerrâ Walliæ, quandocunq; contigerit Regem ibi guerrare.* V. *Brochia.*

¶ *Psalmodia.*] Psalmorum cantus. *Flodoard.* lib. 1. cap. 25. — *De servitio Dei studiosius agendo, &* Psalmodiam *cum devotione canendam monet.*

¶ *Psalmus invitatorius.*] In Romanâ Liturgiâ dicitur *Veni Creator.* De quo in 1 Addit. *Ludovici* Imp. cap. 66. Sancitum est — Ut *Psalmus invitatorius* & Gloria, pro defunctis non cantetur.

¶ *Psalterium.*] Gallicum, Romanum, Hebraicum. *Sigebert. Gemblac.* sub Anno 382.

¶ *Psi-*

¶ *Psitasi*] Et *Stelliferi* erant inter Nobiles Basilienses duæ potentes factiones ortæ circiter An. Dom. 1218. dictæ, hæc à stellâ albâ quam in vexillo rubeo ferebat, illa à *Psitaco* viridi in albo campo. V. *Alberti Argent.* Chron. pa. 99.

¶ *Pseudocomites.*] Dicti sunt quos *Stephanus* Rex creavit, & *Henricus* 2. deposuit. Vide *Rob. de Monte* in An. 1156. pa. 633.

¶ *Ptochium, chii.*] Hospitium mendicorum. Græc. πτωχεῖον, ἀπὸ τῦ πτώχυ, id est inops, mendicus.

Bassiani Episcopi literæ ad Valentin. & Martian. Impp. in General. Concil. Chalced. Act. 11. — *Sed ego à juvenili ætate meâ vixi cum pauperibus & Ptochium feci, & in eo posui septuaginta lectos, & omnes languentes & ulceratos hospitio suscipiebam.* Remigius Episc. Remens. in testamento apud Flodoard. lib. 1. ca. 18. — *Sicuti disposuero in* Ptochiis, *Cœnobiis, Martyriis, Diaconiis, Xenodochiis, omnibusq; matriculis sub tuâ ditione degentibus.* Capitul. lib. 7. cap. 2. — *Clerici qui præficiuntur in* Pthochiis, *vel qui ordinantur, in monasteriis, vel basilicis Martyrum sub Episcoporum qui in unaquaq; civitate sunt* — *potestate permaneant.*

Sumptum omnino est hoc capitulum ex 8 Canone Chalcedonensis Concilii Oecumenici prædicti; habeturq; in 15 ejusdem Actione sub triplici interpretatione tribus distincta vocabulis, viz. Editio prima — *Clerici* (inquit) *qui præficiuntur* Ptochodochiis, &c. Altera: Clerici in *Ptochiis* &c. Tertia & novissima, quæ fonti vicinior, Clerici *Ptochotrophiorum* &c. Græcus enim Cod. πτωχοτροφεῖον habet: et licèt omnia ipsum idem designant, sic tamen inter se differunt, ut *Ptochium* sit quasi (fingeres) mendicatorium; *Ptochodochium*, mendicorum receptaculum, nam δοχεῖον receptaculum. *Ptochotrophium*, locus quo nutriuntur mendici, τροφεῖον enim educatio vel quod nutricionis causâ impendetur.

¶ *Ptochodochium*, & *Ptochotrophium.*] Idem quod *Ptochium* quod instans Vide.

¶ *Pucellagium*, & *Pucillagium.*] Virginitas. A Gall. *pucelle* puella, virgo. *Bract.* lib. 3. tract. 2. cap. 28. nu. 5. —— *Quod tenuit eam dum idem B. abstulit* pucellagium *suum, vel quod concubuit cum eâ.* Item nu. 2. & 3.

¶ *Pudhepec.*] Pro *Wudpec*, i. Nemoris cæsio. L. *Hen.* 1. cap. 38. *Mundebrech*, & *Blodwyta*, & Pudhepec *præter Parcum & Forestam communi emendatione componantur Regi & Thanis, i. in quinq; mance.* — *Si* Pudhepec (*i. nemoris cæsione*) *parco Regis vel forestæ fiat,* 30 *mance emendetur nisi propositio propensior amplius exigat.* Sic & noster & codex Cottonianus: utriusq; tamen fidem suspectam habeo; ex ignorantia fortè scriptorum qui Saxonicum puðhepec, *Pudhepec* legerint, quod passim aliàs deprehendimus, cum ƿ non p sed w exhibet; ut sic puðhepec sit legendum. Saxon. autem puðu & puðe sylva, *pec* opinor *cæsio, incisio.* Picum enim avem, quæ arbores inscindit *Spec* vocamus, uti & segmenta quæ in sarciendis calceis sutores appingunt.

¶ *Puer.*] Pro ministro jam olim legitur. Nam sic Virg. Æn. .... —— (*omptiq; ministrant.* Hincmarus etiam Epist. 3. cap. 28. *tertium ordinem familiæ Palatinæ*, pueris *designat & vassallis. Tertius ordo item erat, tam majorum, quàm minorum, in* pueris, *vel vassallis, quos unusquisq; prout gubernare & sustentare absq; peccato, rapina viz. vel furto poterat studiosè habere procurabant.*

¶ *Puer pro pugile.*] Gregorius Turonens. Histor. lib. 2. cap. 11. de *Vandalis* & *Alamannis* — *Cumq; ad bellum armati procederent, ac jamjam in conflictu parati essent, ait Alamannorum Rex; Quousq; bellum super cunctum populum commovetur? ne pereant quæso populi utriusq; phalangæ, sed procedant duo de nostris in campum, & ipsi inter se confligant. Tunc ille cujus* puer *vicerit, regionem sine certamine obtinebit.* Et mox — *Confligentibus verò* pueris, *pars Vandalorum victa succubuit, interfectoq;* puero, *placitum egrediendi Transimundus spospondit.*

¶ *Pulani.*] Fortium heroum qui terram Sanctam Saracenis recuperarunt, degeneres erant filii; qui molles & imbelles cum Saracenis Treugas ineunt. *Marinus Sanutus in de Secretis fidelium crucis Lib.* 3. *parte &c. cap.* 2.

¶ *Puleprust.*] L. Alaman. tit. 65. §. 7. *Si autem brachium fregerit, ita ut pellem non rumpat, quod Germani* Puleprust *dicunt.* L. Boior. tit. 3. cap. 1. §. 4. — *Si os fregerit & pellem non fregit quod* Puleprust *dicunt.* Ibi *Lindenbrog.* Germ. **Bule** sive **Beule** tumor ex percussione, **prust** *fractura* sive *ruptura.* Coloni etiam Anglici adhuc *brust* pro re fractâ dicunt.

¶ *Puleslach.*] L. Alaman. tit. 59 —— *Si quis alium per iram percusserit, quod Alamanni* Puleslach *dicunt.* L. Boior. tit. 3. ca. 1. §. 1. — *Si quis liberum per iram percusserit, quod* puleslac *vocant.* Tit. 4. §. 1. — *Si quis eum percusserit quod* pulislac *vocant.* **Bule**, ut jam supra, tumor ex percussione. **Schach** (inquit *Lind.* Germ. *percussio* sive *verberatio*, unde & **Durschlach** in L. Freson. Certe Angli hodie dicimus **a lash** pro verbere, **to lash** *verberare, flagellare.*

¶ *Pullanus.*] Bre. de Consultat. Regist. fol. 49. a — *Decimas* — *de* Pullanis *provententibus de equitio suo.* Item *Fitzherb.* tit. Consultat. h.

¶ *Pulletrus.*] Pullus equinus. Vide supra *Poledrus.* Wisegotho. lib. 8. tit. 4. l. 5. — *Si quis quocunq; modo partum equæ pregnantis excusserit,* pulletrum *anniculum illi, cujus*

jus fuerit mox reformet, &c.

¶ ***Pulsatorium.***] Constitut. *Carol. Mag.* apud *Amerpach.* De Sacerdotibus — *Ad monasteria venientes, secundùm regularem ordinem, primo in* pulsatorio *probentur, & sic accipiantur.*

¶ ***Pultrinus.***] Vide supra *Poledrus.*

¶ ***Pumata.***] Prior Lew. pa. 18. — *Lanceta qui pro sale ierit, habebit unum panem & unam* pumatam *salis.* Quidam putarunt *pumatam* hic manipulum significare, nostram asserentes sententiam, quam ipse tamen non contenderim. V. *Avero.*

¶ ***Pundebrech.***] Parci fractura vel diruptio, à Sax. punꝺ, i. *parcus, stabulum,* & bꝛecħ i. *fractura.* Est autem parcus pecudum carcer publicus, de quo supra in eâ dictione, quam vide.

Ll. *Hen.* 1. ca. 40. — *Si* pundbrech, *i. fractura partici fiat in Curia Regis, plena Wyta sit; alibi, quinq; manca.* Pundbrech *fit pluribus modis; emissione, evocatione, receptione, excussione; quæ tamen omnia secundùm prælationem & subjectionem causantium multimodè variantur. In omnibus enim causis distantia est, loci, temporis, personæ, eventus.*

¶ ***Pupillus.***] V. *Warda.*

¶ ***Purchacia.***] A Gall. *pourchasser*, quod quis suâ industria assequitur; unde prædia quæ nobis obveniunt non jure hæreditario, sed vel emptione, vel aliâ quâvis fortunâ, ex *purchaciâ* dicuntur obtineri. Conquisitum, perquisitum. *Gaufridus de Mandevilla* Comes *Essexiæ* fundator Cœnobii S. *Jacobi* Waldensis, in Charta prima — *Contuli &c. omnes Ecclesias inferius annotatas, tam de dominio meo, quam de emptis &* purchaciis.

¶ ***Purgatio.***] Judicium Dei. Vulgaris, Canonica. c. 2. q. 5. ca. 7.

Conc. Sabinense, al. Palentin. Hispan. An. 1320. cap. penult. *Bin.* Tom. 3. par. 2. pag. 1542. —— *Regularis* purgationis *abusum per Canones interdictum* —— *detestantes, statuimus, ut mandantes talem* purgationem *fieri, tenentes, exhibentes, custodientes ad hoc ferrum vel aquam hujusmodi, cum his Deum tentare videantur, & innocentes in hujusmodi* purgationibus *sine demerito puniantur, in sententiam excommunicationis incidant ipso facto, & nihilominus sæpius excommunicati publicè nuncientur.*

¶ ***Purprestura, Porprestura, Pourprestura, & Porapprestura.***] Scotis cum dipthongo *Pupræstura*, quibusdam Occupatum. Est propriè terræ alienæ clandestina subtractio ejusdemq; vicinæ ascriptio.

A Gall. *pourprendre*, i. integrè abripere, undè *pourpris*, & *pourprest* integrè arreptum; vel à *pour* quod aliàs inde vel undè significat, & *prest* captum, ablatum. Ideoq; nonnullis *pourprisio* dicitur, quod *purpris*, & *pourpris*, clausum, clausuram, circumseptum, sepimentumq; significat.

Forenses nostri etiam & Scotici triplicem hanc faciunt latioriq; sensu utuntur. Hinc in Capitull. *proprindere* pro invadere. Res *propriseæ* pro captis vel invasis. Vide hæc supra. Primò in Regem per subditum. Secundò in Dominum feodi per vassallum. Tertio in vicinum per vicinum. *Gervas. Tilberiens.* lib. 2. cap. de excidentibus & occupatis fol. 16. b. — *Fit interdum per negligentiam Vicecomitum, vel ejus ministrorum, vel etiam per continuatam in longa tempora bellicam tempestatem, ut habitantes prope fundos qui Coronæ annominantur, aliquam eorum sibi portionem usurpent, & suis possessionibus ascribant. Cum autem perlustrantes judices per sacramentum legitimorum virorum hæc deprehenderint: seorsum à firmâ Comitatus appreciantur, & Vicecomiti traduntur, ut de eisdem seorsum respondeant, & hæc dicimus* purpresturas *vel occupata.*

Item Glanvil. lib. 9. cap. 11. — *Dicitur autem* Purprestura *vel* Porprestura *propriè, quando aliquid super Dominum Regem injustè occupatur; ut in Dominicis Regis, vel in viis publicis obstructis, vel in aquis publicis transversis à recto cursu, vel quando aliquis in Civitate super Regiam plateam, aliquid ædificando occupaverit. Et generaliter quotiens aliquid fit ad nocumentum Regii tenementi, vel Regiæ viæ, vel Civitatis, Placitum inde ad Coronam Domini Regis pertinet.*

Hæc eadem apud Scotos, *Reg. Majest.* lib. 2. ca. 74. —— *Dicitur autem* Purpræstura *quando aliquid super Dominum Regem injustè occupatur; ut in Dominicis Regis, in viis publicis astopatis, vel in aliquibus passagiis, sicut in aquis distornatis à recto cursu; vel quando aliquis in Civitate Domini Regis super plateam Regiam, ædificando aliquid occupat. Et breviter quotiescunq; aliquid ad nocumentum Regii tenementi, vel Regiæ viæ, aut Civitatis occupatur; pertinet Placitum illud ad Coronam Domini Regis &c.* Per totum capitulum in ipsis vestigiis 11 & 12 capitulorum libri *Glanvilli* nostri.

¶ ***Putagium.***] Fornicatio ex parte fœminæ, quod vox nulla Latina exprimit; quasi *puttam agere*, à Gall. *putte*, Ital. *putta* meretrix. Petrach. *putta sfacciata*, quod Anglicè dicimus **brasen faced whore**. Adeo apud majores nostros odiosum fuit hoc peccatum, ut si quæpiam inter hæredes fœminas sub tutela constitutas id perpetrasserat, hæreditatis ejus portio, cæteris illico cedebat cohæredibus; quæ si utiq; deliquissent omnes, vel si hæres unica ipsa esset quæ deliquirat, Dominus feodi in hæreditatem (ac si in eschaetam quod vocant & excadentiam) succedebat. *Glanvil.* lib. 7. ca. 12. — *Quod autem generaliter solet dici,* Putagium *hæreditatem non adimit: illud intelligendum est de* putagio *matris; quia filius hæres legitimus est quem nuptiæ demonstrant.* Hæc eadem, nec non plurima tum præcedentia, tum subsequentia, in legibus Scotiæ leguntur. *Reg. Majest.* lib. 2. ca. 49. & præced. & subseq.

¶ *Puteus.*] Al. fossa. In *puteum* jactare, id est in locum aquâ repletum.

Apud Scotos in usu fuit delinquentes masculos furcâ suspendere ; fœminas *puteo* immergere. Quin & ideo hoc privilegii Barones illic multi vindicant infra dominia sua ; scil. jus furcarum & putei sive fossæ. Quod me nusquam reperisse apud Anglo-Britannos nostros miror ; cum deprehensum habeam apud Germannos veteres ; nec ad Scotos aliter transiisse rear quàm per Anglo-Saxones. Hoc enim demonstrasse intelligo *Cornelium Tacitum* in lib. de German. moribus ubi ait — *Proditores transfugas arboribus suspendunt, ignavos & imbelles, & corpore infames (i. fornicantes) cœno ac palude, injecta insuper crate, mergunt*, pa. 484.

¶ *Putura.*] Communia de anno 16 E. 1. Term. Pasch. Rot. 10. in dorso. *Rex mandat Baronibus, quod allocent Roberto de Chaddeworth Vic. Linc. Lvi s. vii d. quos per præceptum Regis liberavit Johanni de Bellovento, pro* puturâ *septem leporariorum, & trium falconum & Alanerarium ; & pro vadiis unius Bracenarii à die S. Joh. Bapt. anno 14 usq; ad Vigil. S. Mich. prox. sequentem, utroq; die computato, viz. pro putura cujuslibet leporarii & falconis per diem 1 d. ob. & pro vadiis prædicti Bracenarii per diem 2 d.*

Plac. Coronæ in Com. Ebor. 21 E. 1. Rot. 21. — In libertate de *Knaresburg* præsentatur, quod Parcarii Comitis Cornubiæ percipient *puturam* suam ; viz. bis comedendo in die, vel capiendo pro *puturâ* suâ 2 d. de omnibus tenentibus in diversis villis ibidem nominatis, & sic solebat; sed nunc fecit dictus Comes ipsas villatas solvere 3 d. pro *putura.*

Ex cód. MS. vocato *the black book of Litchfield. Rog. de Wellesburne tenet medietatem unius hidæ terræ, in Tachebroke (in Com. War.) & veniet ad magnam* precariam *in autumpno, cum omnibus messoribus suis ad* puturam *Domini bis in die.*

¶ *Pyrale.*] Hypocaustum. Stuba. Histor. de fratribus conscript. Rer. Alam. Tom. 2. par. 2. p. 182. — *Præsul* Pyrale *congregationis intravit &c.*

¶ *Quacara, ræ.*] Volatile. V. *Canis veltrhus.*

¶ *Quadrantata terræ.*] Vide supra Denariata terræ, & obolata, Item *Fardella.*

¶ *Quadrellus,* & *Quarellus.*] Sagitta quæ arcubalista ejicitur : Sic dicta à quadrato ejus capite. Vox prior à Latina quadra, posterior à Gall. *quarreau*, i. quadratum. *Brito Armorican.* Philippid. lib. 2.

Nec tamen interea cessat balista vel arcus :
Quadrellos *hic multiplicat, pluit ille sagittas.*

Item. Rigord. de Gest. *Philip.* sub an. 1190. Quadrellos *cum balistis, & sagittas cum arcubus, usq; ad domum illam, emitterent.*

¶ *Quæsitores.*] Qui rem deperditam quærunt.

¶ *Qualama.*] Scaturigo vel vivarium piscium. B. Rhenan. p. 206.

¶ *Quarellus.*] Vide supra *Quadrellus.*

¶ *Quarentena, næ.*] Stadium, Angl. **a furlonge**. Agri spacium quod secundum strigarum seu arationis longitudinem, ad perticas extenditur quadraginta (Gall. *quarante*) atq; inde nomen: Nam quod ex quadraginta aliquibus rebus consistit, Galli *quarantaine* appellant. Ideo tempus *Quadragesimale* quarantine vocant &c. Chron. MS. Monast. de *Bello.* Leuga autem Anglica 12 *quarentenis* conficitur: *quarenteina* verò 40 perticis. Pertica habet longitudinis 16 pedes.

Vid. Striga Cal.

Chart. *Withlasii* Regis Merciorum apud *Ingulf.* — *Quatuor carucatas terræ arabilis, continentes in longitudine* 8 quarentenas, *& 8* quarentenas *in latitudine.* Ll.H.1.ca.17. *Nam longe debet esse pax Regis à portâ suâ, ubi residens fuerit à quatuor partibus loci illius: hoc est quatuor miliaria & tres* quarentenæ, *& novem acra latitudine, & 9 pedes & 9 palmæ & 9 grana ordei.*

Liber MS. *Crabhusiæ* fol. 8. — *Le Messuage de* Crabhus (hoc est sedes Monasterii) *en lungure Ouwoc la terre de la Rive tendaunt vers occident, desq; a la fosse de le mareys, conteynt treys* quarenteynes, *& trente & oyt perchez. Checun* quarenteyne *par sey conteynt quaraunte perchez : & checun perche conteynt zesse pes de home. Le avaunt dit mesuage conteynt en lee a le chef juste de la Rive, entre &c. trente & cynk perchees & quatre pes larges de home de graunt estature.*

¶ *Quarentena Regis.*] Apud Gallos fuit, ævo S. *Ludovici*, 40 dierum induciæ, quibus haud licuit capitales infectari inimicitias.

¶ *Quarentena mulierum.*] Est spacium 40 dierum quo viduis licet ab obitu viri sui

sui in capitali ejus mansione commorare; nisi hæc castellum fuerit: Interim enim & dos ei assignanda est, & ipsa etiam de bonis viris, ut quibusdam videtur, est alenda. Et sic hodie apud Scotos.

Mag. Chart. cap. 7. — *Maneat (vidua) in capitali mesuagio mariti sui per quadraginta dies post obitum mariti sui, infra quos dies assignetur ei dos, nisi prius assignata fuerit; vel nisi domus illa sit castrum.*

Stat. *Rob.* 3. R. Scot. cap. 20. — *Statutum est à domino Rege quod quicunq; eis deforciaverit dotes suas, & quarentenam suam de tenementis de quibus sui viri obierunt sasiti: & ipsæ viduæ postea per placitum suum, dotes & quarentenam recuperaverit; quod ipsi qui de injusto deforciamento convicti fuerint, reddant ipsis viduis damna sua.*

Rot. fin. 23 E. 1. m. 10 — *Rex Vic. Buck. & Bedf. salutem. Quia accepimus per Inquisitiones & legales appreciationes, quas per te fieri fecimus, de bonis & catallis, quæ fuerunt Johannis de Cheyney nuper defuncti, qui nobis in diversis debitis tenebatur &c. Nos, licet bona & catalla prædicta, ad solutionem debitorum prædictorum non sufficiant; volentes tamen Johannæ, quæ fuit uxor prædicti Johannis gratiam facere in hac parte; concessimus ei de bonis & catallis prædictis decem marcas, ad expensum exequiarum prædicti Johannis inde acquietandum, & decem marcas* pro Quarentanâ *suâ post mortem ejusdem; Et ideo &c.*

¶ *Quarta, tæ.*] Pro quartâ parte. Ang. **a quarter** Conventio inter *Manass.* Comit. & Canonic: Remens. in Append. Flodoar. — *Alia autem villa, nomine Loeium, in quâ continentur mansi 7 & dimidius, & quarta una excepto indominicato manso &c.* — *Mansi* quartam *hanc Hibernici* à Cartron *vocant.* Capitul. lib. 5. cap. 151. Sic in titulo — *Qualiter ex factis aut mansis vel* quartis *manopera & census ac tributa ac reliqua servitia exigantur.* Vide hic supra Factum.

¶ *Quartani Milites.*] Decanis & quintanis contubernii inferiores, aliàs Caudani & ultimani. *Leo Tact.* Cap. 3. §. 6. V. in Ælian. p. 607.

¶ *Quartalis, Quarta, & Quartalium.*] De Ala. par. 1. 181. Mensuræ species quartam modii partem continens, Anglicè **a peck**, quod nostratibus paulò fusius exponendum est, cum in modio 32 quartas (vernaculè quarts) uno ore omnes numerant.

Quartam igitur & *quartalem* antiquè dictum fuisse animadverto pro *quartâ parte* cujusvis rei: Sic ut *quarta* apud Germanos intelligendum sit de *quarta parte modii*: apud nos autem de *quarta parte galonæ*, quarum 8 modium constituunt, & perinde continere debet modius 32 *quartas*, seu *quartales*. Sed & nobiscum olim, *quarta* accipiebatur pro *quarta parte modii*, quod hodie **a peck** dicimus. Nam in Ortu vocabulor. lego: *Quarta* **a whart, or a peck.** Goldastum audi in *Ekkehard.* cap. 1. — Quartalis *est, quem &c.* V. Vett. Angli pro *qu* scribunt.

¶ *Quarterium frumenti.*] Apud nos modios octo continet, Londinensibus *Carus.*

¶ *Quasso, sas.*] Pro everto, vel cassum facio. *Bract.* lib. 5. tract. 2. cap. 3. nu. 4.

¶ *Quaterna, næ, & Quaternio.*] Pro libro vel codice. *Constit. Neap.* lib. 1. tit. 41. — *De feudis etiam & rebus feudalibus ipsi cognoscant: præter quæstiones de castris & baronis & magnis feudis, quæ in* quaternis *doanæ nostra scripta sunt.* Et tit. 25. — *Teneant usq; ad obitum eorundem, censu in* quaternionibus *Curiæ nihilominus annotata.* Ekkehard. Cas. ca. ult. 212. & 316. R. Al. In Concil. autem *Chalcedon:* Action. 1. legitur quaternio pro quatuor compactis foliis, vel chartis ni me fallit conjectura, typographorum more, viz. Ex codice *Nestorii quaternione* 17 de dogmate. Similiter ejusdem de *quaternione* 21. & ita deinceps: sæpissimè. V. Re. Al. to. 1. par. 1. 212.

¶ *Questus.*] Rectius *Quæstus* à quæro. Terra dicitur, non quæ à parentibus accipitur hæreditariâ successione; sed quæ suo sibi quisq; comparat labore & industriâ. Forensibus nostris terra perquisita, & **purchace lands.** Liber *Rames.* sub *Stephano* Rege conscriptus, Sect. 140. sub Tit. *Questus Ædnothi*, qui floruit temp. *R. Æthelredi* — *Erat illis diebus quidam* Ælstanus *habens duas hidas apud* Staple-forde, *quas frater* Ædnothus *numeratis eidem centum solidis argenti, reliquis* questibus *suis in possessionem Ecclesiæ (Remensis) ad unxit.* Glanvil. lib. 7. Ca. 1. de terra loquens qualem quisq; possidet: —— *Aut habet* (inquit) *hæreditatem tantum, aut* questum *tantum, aut hæreditatem &* questum, Et ibi Infra sæpè.

Hinc quod plurium labore comparatur, q. ἀπὸ τοῖς συνέργοις *conquestus* dicitur, & *conquestum.* Chart. vett. Alamannicis, aliàs collaboratum, aliàs *conquestum*, Ibidem Tom. 2. par. 1. num. 26. —— *Ex parte Monasterii, malli vel* conquestus *ad ipsum haberet.* Ubi Goldastus, *conquestus* (inquit) pro *conquisitione*, *conqueste*. In Capitul. *Carol.* lib. 4. ca. 74. *Conquisitum*, & ibi *Lindenbrogius*, Gallicè (inquit) conquests *sont acquisitions de biens faictes durant le mariage.* Nicod. in Dict. Conquest, *c'est acquest fait par aucun de son argent, labeur, industrie & moyen sans le tenir de succession de ses maieurs: parta quæsitaq; bona, non à majoribus hæreditario jure profecta.* Hæc ille, & hæc prisca & genuina vocis significatio.

Transfertur verò (ceu per adulterium) ad victoriam expugnationemq; designandum. Et *Conquestor* inde pro Victore dici, & expugnatore. Suspicor ex eo quod Dux Normanniæ *Gulielmus* 1. qui *Conquestor* nuncupatus est, quòd non jure hæreditario successisset in Regnum Angliæ, sed è legato *Edouardi* Confessoris, hoc est (juxta vetus Gallicum idioma) per *questum* & *Conquestum*, vulgo **purchase**. Cum tamen in perquirendo jure suo supra malæ fidei possessorem *Haraldum* Regem, insignem de eodem & Saxonibus victoriam reportasset, & jam inde non *Conquestor* solùm, sed & Victor Subactorq; salutaretur: intelligi paulatim cœpit vox *Conquestor* pro notiori ejus attributo, Victore scil. & Subactore, & apud posteros furtivâ hac gaudere significatione, quâ nusquam antea (prout noverim) reperitur.

¶ *Quietancia.*] Idem quod *acquietancia* quod vide supra.

¶ *Quietus.*] Solutus, liberatus. Judicium Parium Franciæ contra Petrum Ducem Britanniæ pro absolvendo Barones & homines suos à fidelitate & homagio ei debitis. *Hist.* de *Bretaing.* liu. 4. ca. 15. — *Judicavimus unanimiter quod Petrus quondam Comes Britanniæ propter ea quæ domino Regi forisfecerat &c. Ballium Britanniæ per justiciam amisit, & quod Barones Britanniæ & alii qui ei* (scil. Petro) *fecerant homagium, vel fidelitatem, ratione illius Bailii, sunt penitùs absoluti &* quieti *ab fidelitate & homagio; nec tenentur ei obedire, vel aliquid pro eo facere.* Dat. &c. An. Dom. 1230. 30 Junii.

¶ *Quietus redditus.*] Dicitur qui in exoneratione aliorum servitiorum, putà operum colonicorum, precariarum &c. Manerii domino annuatim persolvitur. Vulgò **Quit rente**, qui & aliàs **White rente** nuncupatur, quod in denariis & argento penditur. Hinc in Cantio de Tenentibus Eccl. Christi Cantuar. extra Waldum habitantibus, referri in antiquis membranis solet, prout sequitur è *Lambardi* Itinerar. pag. 212.

De redditu — — 7 s. — 6 d.
De viginti ovis — — 1 d.
De gallinis & benerth — 16 d.

Summa — 8 s. — 11 d. *quieti redditus.*

Notat & ibidem in margine, *Benerth* servitium esse, quod Tenens præstat curru suo & aratro.

¶ *Quingentenarius.*] Is qui militibus præfuit quingentis.

¶ *Quinquagesima.*] Pro Pentecoste, q. dies *quinquagesima* à Paschate. *Ambros.* Serm. 61. — *Sic disposuit Dominus, ut sicut ejus passione in Quadragesimæ jejuniis contristamur, ita ejus resurrectione, in* Quinquagesimæ *feriis lætaremur.* Hisp. sest. Christian. orig. fol. 646.

¶ *Quinque portus.*]

Isti sunt 5 portus Regni Angliæ, habentes libertates, quas alibi Portus dicti Regni non habent. Ex Hist. *Will Thorne* Monachi Cantuar.

Hastingus, Romene, Hethe, Doveria, Sandwicus.

Servitia inde Regi debita.

Hastingus debet invenire 21 naves, in qualibet navi 21 homines, cum sarcone qui dicitur.

Ad quem pertinent tanquam membra, unus vicus in *Seford, Pevenesolle, Hedneye, Winchelese, Rye, Hamme, Wekesborne, Crenethe,* & *Forthclype.*

Romene debet invenire 5 naves, in qualibet navi 24 homines, cum sarcone ut supra.

Ad quem pertinent *Brombelle, Lyde, Oswarstone, Dengemares,* & vicus *Romenhale.*

Hethe debet invenire 5 naves, in qualibet navi 21 homines, cum sarcone ut supra.

Ad quem pertinet *Westmethe.*

Doveria debet invenire 21 naves, in qualibet navi 21 homines, cum sarcone ut supra.

Ad quem pertinent *Folkstan, Fevershsam, Mergate.*

Sandwicus debet invenire 5 naves, in qualibet navi 21 homines, cum sarcone ut supra.

Ad qnem pertinent *Fordwicus, Recolver, Serre,* & *Dale.*

Summa navium 57 hominum in eisdem 1188 summa sarconum in eisdem 57.

Servitium quod Barones 5 portuum præscriptorum, recognoscunt facere ad summonitionem Regis per annum, si contigerit per 15 dies ad cultum eorum proprium; ita quod primus dies computatur à die, quo vela navium erexerunt, usque partes ad quas tendere debent, vel ulterius quamdiu Rex voluerit ad cultum ejus.

¶ *Quintadecima.*] Tributum singulis Civitatibus, oppidis, villis totius Angliæ ab antiquo impositum: certum autem & definitum, quod tamen nec annuatim, nec sine Parlamentario decreto exigatur. Aliàs Tallagium & taxa, Gal. *Quinsieme*, Angl. **the tax**. Originem sumpsit è Saxonum *Danegeldo*, quod vide & *Hidagium*: nam cum ex hidarum plerunq; colligeretur descriptione *Hidagium*, utiq; & pari ratione *Carucagium* dicitur ab Authoribus. Vide

Vide (inquam) has voces. Literæ Ed. 1. *Willielmo Spileman & W. Gilberti* — *Venire faciatis coram vobis tot & tales, tam milites, quàm alios probos & legales homines de Com. prædicto, tam infra libertates quam extra, pro* Quintadecimâ *levandâ*. Dat. 24. Oct. reg. 3. Claus. Rot. ejusdem anni.

Vide Magn. Cartam. cap. 37.

¶ *Quintana.*] Ludi genus ad experiendam juvenum rusticanorum agilitatem equorumq; pernicitatem. Gallis *Quintaine* & *Bersant*, Angl. **Quintane**, & **Whintane**. Mat. Paris in Hen. 3. sub initio An. 1253. *Eo tempore juvenes Lond. statuto Pavone pro bravio ad stadium quod* Quintana *vulgariter dicitur vires proprias & equorum cursus sunt experti.* Ejus forma (ut semel aliquando puerulus vidi) hæc est. Erectæ trabi pertica incumbit versatilis uno fine peram demittens arenâ gravidam: altero tabulam affixam, quæ dum à currenti equite fortius hastâ impellitur, pera violentiùs circumacta, impellentis collum (ni citacius evaserit) fortiter verberat. V. Hol. pa. 247.

¶ *Quintani.*] V. *Quartani.*

¶ *Quintegernus.*] Vulgo *S. Mungo.* David Lindesey in Testamento Jacobi 4.

A pass of S. Mungo, and a mightie Creed.

¶ *Quirites.*] Pro Equite aurato. Britto Synonymis R. A. 1103.

Miles, eques, tyro, tyrunculus atq; Quirites,
Atq; Neoptolemus, novus est regnator in illis.

¶ *Quittare.*] Pro relinquere, deserere, ut *Castellum quitare.* Final. Concord. inter *Joh.* Duc. *Brit.* & *Alan. Trecorens.* Episcopum, An. 1267. *Jura seisinas districtus & obeissentias in terris &c. quæ habemus &c.* — *in præmissis quittamus totalitur & omnino in perpetuum pro nobis & hæredibus meis, Episcopo &c. per* quittationem *antedictam.* V. supra *Ressortum.*

¶ *Quitantia.*] Apocha. V. *ferquidus.*

¶ *Qultus.*] Pro Cultus. Chart. Alam. 50. — In Frinisvilla manso uno campis, pratis, silvis, adjacentiis, & appendiciis, *qultis* & *inqultis*, aquis aquarumq; decursibus &c.

¶ R*Acha.*] Malms. Gest. Pont. lib. 2. — *Ille etiam caudas* racharum *vestibus ejus affigerent* Cernelienses.

¶ *Racana*, al. *Rachana.*] Vestimenti genus.

Gregor. Epist. lib. 9. Epist. ult. *Barbaræ & Anthoniæ* — *Exenium autem vestrum duas* racanas, *quas de labore esse mandastis libenter accepi: Sed tamen cognoscite quia, non mihi mandatum credidi: Nam vos de labore alieno laudem quæritis: quia fortaße adhuc ad fusum nunquam manum misistis.* Et lib. 12. Epist. 16. ad *Joh.* Abbatem de Monte Sinai — *Filio nostro Simplicio renunciante cognovimus: lectos & lectisternia, in gerochomio: quod illic ab Isauro constructum est deesse. Propterea, misimus lenas* 15. racanas 30. *lectos* 15. *precium quoq; de emendis culcitris, vel naula dedimus: quæ dilectionem tuam petimus non indigne suscipere: sed in loco quo transmissa sunt præbere.*

¶ *Rachetum.*] Et minus in usu *Rachatum.* Redemptio Antiquioribus Wergildum, à Gall. *rachapter, rachater*, & *racheter*, id est, *redimere*, à verbo simplici *achater*, sive *acheter*, id est *emere*, vel pecuniis comparare.

Prima Statut. *Rob.* R. Scot. cap. 3. — *Statutum est, quod si aliquis ab hac horâ, in antea, de quacunq; conditione fuerit, si convictus, vel attayntus de homicidio, rapinâ, aut aliis delictis, tangentibus vitam & membra, communis justicia fiat de eo sine* racheto *&c.* Hic sublatas vides apud Scotos antiquas illas de *Wergild's* consuetudines: qui igitur fit ut capitales suæ inimicitiæ extarent, postea ita diu superstites? Huc etiam pertinet quod ibidem sequitur cap. 9. — *Nullus capiat* rachetum, *hoc est*, **thief-bute** *de latrocinio.* Est autem **thief-bute**, si expressius cupis, furis redemptio, vel compensatio, nam **thief** idem est quod *fur*, **bute**, Saxon. bote *emendatio, compensatio.*

Les preuves de l'Hist. des Contes de Guines p. 301. — *Hæ autem conventiones factæ inter me* (scil. Inguerandum de Cociaco) *& dominum Regem, salvo* Rachato *domini Regis, ad usus & consuetudines Franciæ, si fortè evenerit. Actum A. D. MCCxi.*

Rachetum pro **Thief-bote.** Vide novissimum supra.

¶ *Rachimburgii, Rachinburgii*, vulgo olim **Rachenburgers**, Item *Regenburgii.* Judices erant apud Salicos Ripuarios nonnullosq; alios Germaniæ populos, Comiti in curiâ suâ quam *mallum* vocabant assidentes, &

& in rebus pluribus semper adjuncti. Numero certè non definiti, nominatius autem septeni. Fortè *r* pro *s* mutato, ut fit *racha* pro *sacha* idem significante, & sic *Rachinburgii* idem quod *Sagibarones*. V. Alex. ab Alex. p. 34. pro lit. *S* in *R* mutat. Dicti à Germ. *racha*, Sax. pace, hodie **racht**, i. *causa*, *res*, *argumentum*; Unde **rachten** causam agere, & burgus civitas, quasi causarum civitatis judices, ex quo aliàs non simpliciter *rachinburgii* seu *rachinburgii* judices appellantur. Vel dicantur etiam *rachinburgii*, q. Rectores civitatis à Sax. ꞃæccenꝺ, i. *regere*: cui vox *Regenburgii* supradicta, fidem faciat. *Bignonius* hos esse existimat, qui alias *Scabini* appellantur. *Lex Salic.* tit. 52. De eo qui fidem factam reddere noluerit. Post alias litis ceremonias — *Tunc grafio* (inquit) *congreget secum septem* rachinburgios *idoneos, & cum ipsis ad casam illius fidejussoris veniat, & roget eum si præsens est: Per voluntatem tuam solve homini isti de ei fidem fecisti, & hoc quod debes secundùm precium legitimè preciatum satisfacere stude. Quod si tunc noluerit adimplere præsens: statim* rachinburgii *pretium adpreciatum, quantum debitum illud valuerit, de fortunâ illius tollant, & si fredus antea de ipsâ causâ non fuerat datus, duas partes ille cujus causa est, ad se revocet: & graphio tertiam partem obtineat.* Tit. 59. Agitur de *rachinburgiis*, qui in *mallo* constituti secundùm legem non judicant. *L. Ripuar.* tit. 32. § 3. — *Quod si ad septimum* mallum *non venerit, tunc ille, qui eum monuit ante Comitem, cum 7* rachinburgiis *in arabo conjurare debet: quod &c.* Ibidem tit. 55. — *Unusquisq;* (Rachinburgius qui secundùm legem Ripuariam dicere noluerit) 15 *sol. mulctetur. Similiter & ille, qui* rachinburgiis *rectè dicentibus non adquieverit.*

Capitul. Caroli lib. 5. cap. 14. — *Si aliquis homo ad palatium venerit, pro causâ suâ, & antea suo Episcopo, suisq; ministris, quæ Ecclesiasticæ sunt, & quæ sæcularia suo Comiti non innotuerit, in* mallo *ante* rachinburgios *&c. Vapuletur.* — Formul. vett. Bign. ca. 1. — *Dum hæc causa apud ipsum Comitem, vel ipsos* rachimburgios *diligenter fuit inventa.* Formul. Solenn. Lindinb. — *In* mallo *publico ante illustrem virum ill. Comitem, & ante Apostolicum virum ill. vel præsentibus quam-pluribus viris venerabilibus* rachimburgiis &c. Vide Bignonius.

Vocem repperi in prisca versione Ll. Saxonicarum, viz. in Ll. *Canuti* R. MS. cap. — *Fuit antea quod infans qui jacebat in cunabulis, licet nunquam cibum gustasset, à* Rachinburgiis *putabatur æquè reus* (furti vel rei furatæ) *ac si intelligens esset: Sed hoc ego prohibeo* (inquit Rex ille bonus) *modis omnibus in æternum, & talia multa quæ sunt Deo odiosa.* In Saxonico verò exemplari ᵹitsepap legitur pro *Rachinburgiis*, id est, *avaris* pro *causarum judicibus*.

¶ *Radcnites.*] De quibus mentionem fecimus in Casati. Vide *Rodknights*.

¶ *Radechenistres.*] Vox in *Domesdei*, non semel, sed ignotæ mihi originis. Interpretari autem illic video de liberis hominibus, utpote qui liberi sunt, vel terrâ vel sanguine.

Domesd. fol. 18. Titt. *Glowc.* Berchelay — *Hii* Radechenistr. *arabant & herciabant, ad curiam domini.* Et ibidem tit. Derhurst. — *De terrâ hujus manerii tenebant* radechenistres, *i. liberi homines.*

Forte à Sax. ꞃaꝺe, i. *iter*, cempa *serviens*, *miles*. Belg. Kemp, ut sit idem quod Bractono *Radeknights*, & tunc scribendum cum *m*. Cænnep ꝺpe Sax. genetrix.

Vide *Cook* lit. Sect. 117. Verbo *Socagium*, p. 86.

¶ *Raga, gæ*, aliàs *Raca.*] Vestis genus de quo audiendus est *Meursius*.

¶ *Ragaleia terræ.*] Ex archivis Regiis in arce Lond. sic habetur: *una* Regaleia terræ, *vel* Ragaleca: dubiè enim scribitur; Arbitror nihil pertinere ad id quod Gallis dicitur *fief en Regale*, i. feudum in Capite.

¶ *Rageman.*] Statutum dicitur de Justiciariis assignatis per Regem *Edwardum* primum & Concilium suum ad peragrandam Angliam, audiendasq; & terminandas omnes injuriarum querelas per quinquenium factarum ante festum Sancti *Michaelis* anno regni sui 4.

¶ *Ragloria.*] Chart. R. *Edw.* 3. quâ *Edw.* primogenitum suum Principem Walliæ constituit in Parliam. *Westm.* an. Reg. 17. à *Joh. Seldeno* data in Tit. Hon. p. 597. — *Cum Forestis, Chaceis, Parcis, Boscis, Warenis, Hundredis, Comotis*, Ragloriis, *Ringeldiis, Wodewardiis, Constabulariis, Balliviis, Forestariis, Coronatoriis, &c.* **Rhaglaw**, apud Wallos *Senescallus*, *surrogatus*, *Præfectus*, *Præpositus*. Davies: an hic similiter, dicant Walli.

¶ *Raisogueldum.*] Vide Reisa.

¶ *Rambundt.*] Constitutt. Canuti R. de Forest. Art. 30. Item de canibus, quod *Rambundt* vocant.

¶ *Ran.*] Saxonicum. *Aperta rapina.* Leg. Saxon. Canuti R. cap. 58. ᵹif hpa ran pẏrce bæte be ꝺam ꝺe peo ꝺæꝺe pẏ ⁊ id est — *Si (in profectione militari)* ran *commiserit, profacti ratione emendato. Hoveden* inter ea quæ *Willielmus* primus constituit in emendationem legum Angliæ part. poster. *Henr.* 2. — *Decretum est etiam ibi, ut si Francigena appellaverit Anglicum, de perjurio, aut murdro, furto, homicidio,* Ran *quod dicunt apertam rapinam, quod negari non potest, Anglicus se defendet per quod melius voluerit, aut judicio ferri aut duello.*

¶ *Rapa, & Rapus.*] Comitatus portio major, Læsti instar; quod plures in se continet hundredos seu centurias. Omnis

nis autem *Sussexia* in sex tantum *rapos* consumitur.

¶ *Raptus.*] Dicitur cum per vim quis fœminam constupraverit: quod apud nos est capitale id est felonia. In Ll. *Hen.* 1. ca. 11. De jure Regis, Violentus concubitus appellatur; & Inter ea numeratur delicta, quorum cognitio ad solum Regem pertinent. Conqueri autem oportet fœminam cui illata vis est intra 40 dies juxta *Fletam* lib. 3. cap. 5. §. Præterea; quod à lege Salicâ videtur sumpsisse originem. *Formul. Solen.* Chart. 88. — *Propterea dilecta extranea puella (nomine ill.) licet te servus meus (nomine ill.) absq; voluntate parentum tuorum te ad conjugium visus fuit sociasse, unde vitæ periculum incurrere debuit, si non quam plures extraneæ personæ, vel etiam illustres viri, hac de causa sæpius intervenissent; maximè verò quia tu infra noctes 40 secundùm legem Salicam visa es reclamasse.* Scotis verò. — *Si ultra unam noctem exspectaverit ad habendum consilium amicorum suorum; ita quod recenter non faciat sequelam, & hoc probetur; defendens* (i. raptor) *quietus erit &c.* Reg. Majest. lib. 4 cap. 10.

¶ *Raptus forestæ.*] Inter delicta numeratur quorum cognitio ad unicum Regem spectant. *Leg. Hen. pri.* cap. 11. — *Violentus concubitus,* Raptus forestæ, *Relevationes Baronum suorum &c.*

Raseria.] Les preuves de l'Hist. des Comtes de Guines p. 275. —— *debentur ei annuatim decem & octo* raseriæ *avenæ & sex* raseriæ *ordei &c.*

¶ *Rasta, stæ.*] Milliare Germanicum, leugas duas, tria milliaria continens. Eo fortè sensu dictum, quo hodie in eodem idiotismo **Raste**, i. *quies, pensum*: ac si spatium hoc in vehementiori equorum cursu quiescendi veniam postularet & refocillandi. Equi decurrentis pensum, vel statio. Sic Græci στάδιον dixere ἀπὸ τῆς στάσεως, i. *à statione, quod Hercules eo spatio uno cursu emenso restitisset.* Hinc Angli opinor dicimus **an horse rase,** per apocopen eliso.

Rastæ autem appellatio antiquis innotuit; nam ejus fit mentio apud *Hieronymum* in Coment. ad *Joel* 3. v. 18. — *Nec mirum si unaquæq; gens certa viarum spacia, suis appellet nominibus; cum & Latini mille passus vocent; & Galli* leucas, *& Persæ* parasangas, *&* rastas *universa Germania, atq; in singulis nominibus diversa mensura sit.*

Mensuram *rastæ* habes in Donatione *Ludovici* Imp. *Einhardo* confecta in Chron. *Laurishamens.* sub anno 805. —— *De qua (basilica) in omnem partem quaqua versus pertinent ad eundum locum inter campum & sylvam leugæ duæ,* i. rasta *una.* Quod & Glossarius quidam confirmat, ex Authore incerto de mensuris Agrimensoribus & Gromaticis, edito *Parisi.* pa. 14. —— *Milliarius & dimidius apud Gallos leuvam facit, habentem passus mille quingentos. Duæ leuvæ, sive milliarii tres, apud Germanos, unam* rastam *efficiunt.* Idem item Glossar. *Rast*, in libro Teutonico **Heldenbuch** plusquam semel legimus. *Thwocius* in Chronica *Hungariæ* cap. 11. — *Tulna Civitas nostro ævo Ducatui Austriæ subjecta est, & tres rastas distat à* Vienna.

¶ *Rata.*] Lindw. Pro *rata* dicimus, pro proportione, vel proportionaliter. V. Rer. Al. tom. par. 1. p. 206.

¶ *Ratio.*] L. Salic. tit. 1. §§. ult. — *Si in jussione Regis fuerit occupatus manniri non potest. Si verò infra pagum in suâ* ratione *fuerit, potest manniri.*

Tit. 63. §. 1 — *Si quis de parentilla tollere se voluerit in mallo ante Tunginum, aut Centenarium ambulet, & ibi quatuor fustes alninos, super caput suum frangat, & illas quatuor partes in mallo jactare debet & ibi dicere, ut de juramento, & de hæreditate & de totâ illorum se* ratione *tollat.* Gloss. ibi. Gall. *race.*

¶ *Rauba.*] Aliâs *Raupa.* Item & *Roba,* juxta Italicum. *Vestis, indumentum*, etiam omne genus supellectilis. Gallice *robbe* quod arctioris tamen est significationis. Saxon. ꞃæꝼ.

Rauba pro *veste.* L. Alaman. tit. 49. — *Quicquid super eum* rauba *vel arma tulit omnia sicut furtiva componat.* Hoc idem proximo §. *vestimenta explicatur* — *Vestimenta autem, quæ super eam tulit velut furtiva componat.* Marculf. lib. 1. form. 29. — *Vos nulla manente causa, in via adsallissetis, & graviter livorassetis, &* raupa *sua in solidos tantos eidem tulissetis.* Formul. Solen. 157. — *Ipsum servum una cum* raubâ *sua in solidos tantos — reddere studeat.* Form. 158. Rauba *sua in solidos tantos ibidem abstulisset.*

Hinc latrocinium, quod in personam alicujus vi perpetratur, Roberiam Angli hodie dicimus, quod infra vide.

Rauba pro supellectile, juxta Italicum *Roba.* Formul. var. incerti Auth. apud *Bignon.* cap. ult. — *Contigit, quod cellarium, vel spicarium vestrum infregi, & exinde annonam, vel aliam* raupam *in solidos tantos furavi.* Ubi videtur etiam de annonâ dictum. Formul. Solen. *Lindenb.* 125. — *Ipsum ibidem interfecisset vel occidisset, &* rauba *sua, caballos, aurum & argentum & drapalia exinde tulisset vel deportasset.*

¶ *Reaccropum.*] Struis frumentariæ, seu annonariæ summitas; à Saxonicis ꞃꞅeac, i. *strues*, alias *macholum*, & cꞃop, i. summitas. Sic Codex Reg. MS. Ll. vett. Dicatur etiam pro strue spicarum; nam cꞃoppaꞃ etiam *spicas* significat. Vide *Macholum.*

¶ *Reattachiamentum.*] Vox Forens. Reattachiatus, & Reattachio. Omnia dicta de re iterata. Vide igitur simplicia vocabula. *Attachiamentum &c.*

¶ *Reasan*

¶ *Reafan.*] Vexillum paganorum ominosum: *Asser Men.* an. 878. ubi mendosè *Reafau.*

¶ *Rebello.*] Rebellio, onis, qui rebellis est. R. Al. 1. 199.

¶ *Rebutto.*] V. Robutta.

¶ *Recellula.*] Diminut. à *Res. Recula*, res parvi momenti. Burgund. tit. 24. §. 6. — *Nisi forsitan quod ex matris bonis*, i. *in* recellulis, *vel ornamentis.*

¶ *Reclausus.*] Greg. Tur. lib. 5. Cap. 9. *Eodem quoque anno Caluppa* Reclausus *obiit.*

Reclusus. C. V. *Inclusus. Reclusum*, pro loco inclusionis. Anonymus de gest. Episcopp. *Turon.* Et Abbatum majoris monasterii pag. 111. — *Harveus Abbas* 14. *Ecclesiam pro Dei amore decimo anno; die viz. eadem quâ eam receperat, lugentibus universis, omnibus commotis, dimisit, & in* recluso, *quod sibi ad dormientes latenter excidi fecerat*, 16 *annis in religione multâ, oratione continuâ, & abstinentiâ pradurâ inibi vixit.*

¶ *Recognitores.*] Apud Forenses Anglos dicuntur viri *Sacramentales*, seu *juratores*, quibus recognoscenda disquirendaq; rei veritas in Assisis (quas vocant) demandatur. Aliis legum formulis *juratores* appellantur.

¶ *Recordum, Recordatio.*] Recorda dicuntur Regiarum curiarum actus solennes, responsa, mandata, judicia: ipsæ etiam membranæ (rotulas vocant) & codices publici, quibus hæc inseruntur & describuntur: eorumq; adeo autentica est & sacra authoritas, ut nec probationem admittunt, nec negationem: atq; ideo, meritò capitale est quidpiam inconsulta curia his delere vel immutare.

In Edicto *Theodorici* & Formul. Solenn. *Gesta* dicuntur & *Gesta municipalia*, quod Vide.

Glan. lib. 8. capp. 9, & 11. Sciendum tamen.

¶ *Recpenis.*] V. *Rekpenis.*

¶ *Recredo, dis.*] *Reddo, restituo*, iterum me vel rem alicui credo. *Ivo* Epist. 275. — *Dicit Comes quod libenter reddet, aut* recredet *Comitem Nivernensem.* Vetus instrumentum in tabulario S. Martini Turonens. anno 3. Rodulfi R. — *Et sic ex ipsis decimis sese* recredidit *& per festucam guerpivit.* Bignon. in Form. vett. 1. ubi sic. — *Ipse homo in præsenti pro colono ad casam sancti illius vel ipsius Abbatis recognovit, vel* recredidit.

¶ *Rectatus.*] Suspectus *ad rectum vocatus.* Officium Coronatoris edit. an. 3. Ed. 1. — *De thesauro invento debet Coronator inquirere qui fuerint inventores, & similiter quis inde* rectatus *est: & hoc potest scire eo quod vixerit delicatè & tabernam frequentat, & diu sic se habuit, pro tali suspicione attachiari debent &c. Skeneus* tamen in notâ margin. ad Leg. Burg. cap. 80. ubi legitur — *Si quis fuerit* irretitus *de aliquo malefacto, & retentus à calumpniatoribus suis &c.* irretitus, aliàs (inquit) *rectatus*, i. vocatur in jus, ut *rectum* faciat: to do right. Sed Labi videtur: nam prior hic locus rem satis manifestat. Vide *Reto*, & *Irretitus*. V. *Bract.* 123. nu. 8.

Hinc *Rectum* pro accusatione. Bract. lib. 3. tra. 2. nu. 1. *Furtum non manifestum est, ubi quis suspectus est de latrocinio per famam patriæ, per indictamentum &* rectum: Et Tract. eodem Cap. 11. nu. 8. *Sola autem fuga non sufficit per se vel latitatio sine contumacia, ad aliquem utlagandum, nec indictamentum*, rectum, *vel fama, nisi &c.*

¶ *Rector Ecclesiæ.*] Lind. De Abbate dictum. Chart. Alaman. 43. — *Sacrosancta Ecclesia S. Gallunі, qui est constructa in pago Durgania, ubi ipsus in corpore requiescit, & Johannes Abbas ad præsens* Rector Ecclesiæ *esse videtur.*

¶ *Rectoria.*] Pro munere Rectoris.

Rectoria, Pro integrâ Ecclesiâ parochiali, cum omnibus suis juribus, prædiis, decimis, aliisq; proventuum speciebus: aliàs vulgò dictum *beneficium.*

Rectoria, Pro mansione, seu domicilio *Rectoris*, quæ in Rectoriâ suâ instar capitis vel aulæ est.

¶ *Rectum.*] Pro accusatione. Vide *Rectatus.*

Rog. Hoved. annal. part. post. f. 273. a. n. 40. — *Præterea præcepit &c. quod omnes qui capti fuerant pro Foresta, liberarentur quieti &c. & ut omnes alii qui capti fuerant &c. qui non erant retenti, per commune* rectum *Comitatus, vel Hundredi, vel per appellationem, essent quieti: Et illi, qui per commune* Rectum *sunt retenti, si plegios invenire possunt, standi ad* Rectum, *si quis adversus eos loqui voluerit, liberentur &c. si autem per appellationem* Rectati *sunt, si fecerint pacem cum adversariis suis redeant ad pacem &c.*

¶ *Redebeo.*] Quasi *reddere debeo.* Form. Solenn. 173. — Et aliud de istâ causâ, quod mihi judicatum fuit in nullo, non redebeo nisi justum & idoneum sacramentum (scil. purgationis) Similiter formul. sequen. — & aliud in ista causa in nullo non redebeo nisi justo & idoneo sacramento.

¶ *Redemptio.*] Mulcta gravissima, utpote quæ pro æstimatione capitis ipsius delinquentis impingitur. Nuperioribus sæculis idem quod prioribus *Wera, Wergildum, Rachetum*, Angl. Ransome.

¶ *Redemptionale, & Charta Redemptionalis.*] Ea scilicet quâ servus suo se redimens peculio liber factus est à domino. Formula chartæ apud *Bignonium* habetur inter vett. cap. 48. apud *Lindenbr.* num. 99. Redemptionis autem istiusmodi lex fuit, ut si clam

clam domino hoc redemptionis pretium servus è proprio possidebat; liber omnino non exiret: Sciente verò domino, vel aliunde mutuato, salva fuit manumissio. Sic *Baiuuar.* l. tit. 15. cap. 7. — *Si quis servus de peculio suo fuerit redemptus; & de hoc Dominus ejus fortè nescierit, de domini potestate non exeat, quia non precium, sed res servi sui, dum ignorat accepit.* Idem hoc (ut & alia) *Capitular. Caroli* lib. 5. cap. 207. &c.

¶ *Redemptus testis.*] Qui pecuniâ corrumpitur testis. *Capitul.* lib. 5. cap. 247. — *Sunt quidam qui contra Ecclesiasticam regulam pugnare videntur, & per testes redemptos putant se ad accusationem admitti debere &c.*

¶ *Redeuancia.*] V. *Obeissentia.*

¶ *Redisseisina.*] Vox forensis *Iterata disseisina* quod vide. Est autem disseisina, cum quis terras alienas per injuriam invadit, verumq; dominum ejicit.

¶ *Redmans.*] *Domesday* in fine *Cestrescire* Titt. Lanc'. **Blackburn** h**undzet**. — *Rex E. tenuit* **Peneverdant**. *Ibi* 11 *car. sunt in dominio & 6 Burgenses, & 3* Radmans, *& 8 vil. & 4 bovar'.*

¶ *Redubbers.*] Sunt qui pannum furatum mercantur, & ne agnosci possit, novam formam seu colorem inducunt: *Britton.* cap. 29. C.

¶ *Refectorium.*] Locus in monasteriis quo cœnobitæ refecti sunt; hoc est vescuntur: uti *dormitorium* locus quo dormiebant.

¶ *Referendarius.*] Græcobarb. ῥαφερενδάριος, idem qui magis Latine *Relator* dicitur. In palatio Romani Imp. *Referendarii* dicti sunt, qui supplicum desideria Principi referunt & exponunt, jussiones Principis Judicibus [illegible]nunt. *Novell.* 10. 113. 124. Officii formulam luculentam habes apud *Cassiodorum* lib. 6. cap. 17. è quâ & nominis ratio intelligitur, scil. à referendo supplicibus responsâ Principis quasi *Relator*: *Referenti autem* (inquit Cassiodorus) *non licet aliquid immutare.* In hoc quidem Magistris (quos dicimus) Requestarum non dissimilis, in aliis Cancellario vicinior. Horum dignitas inter spectabiles fuit: numerus sub *Justiniano* 14. sed is vetuit novos suffici, donec ad octavum usq; demortui essent, eumq; numerum postea non excedi. Excrevit deinde, nihilominus ab Heraclio ad 12 redigitur.

Erat & *Referendarius* secundæ pentadis seu classis officialis in magnâ Ecclesiâ Constantinopolitanâ, cujus officium sic edit *Codinus*, ὁ ῥαφερενδάριος εἰς τὸ ἀποστέλλεσθαι εἰς τ βασιλέα καὶ εἰς μέγαν ἄρχοντα, — Referendarius *ideo instituitur, & ad Imperatorem mittatur, et ad magnum Principem.* Erat autem (ut cæteri in hac Ecclesiâ Officiales) ex ordine clericali.

Habebatur & in aulâ Regum Francorum hic magistratus, cujus officium ab *Aimoino* describitur *Hist. lib. 4. cap.* 41. — *Beatus* Audoneus (*qui & Dado dictus est*) Referendarius fuit *Regis* Dagoberti, *filiusq; præstantissimi viri Antharii.* Qui Referendarius *ideo est dictus, quod ad eum universa publica deferrentur conscriptiones*; ipseq; eas annulo Regis, sive ab eo sigillo sibi commisso, muniret, seu firmaret. Hæc & *Sigeberto* intercalentur in anno 637. Sed notatur in Aimoini margine: *Referendarius* idem quod *Cancellarius*; & sic planè innuit hic locus: suadetq; eò magis quod apud *Greg. Turonen.* passim reperio mentionem de *Referendariis* Regum Francorum, interdum & Reginarum, nunquam autem vel nomen *Cancellarii.* Sed Constantinopoli diversos fuisse manifestè prodit *Heraclii* Imp. constitutio, qui Clericorum Officialium numerum definivit ut essent Syncelli duo, Cancellarii duodecim, Defensores decem, *Referendarii* duodecim, Notarii quadraginta &c. Ad hoc etiam facit, quod in diplomatibus primæ Regum Francicorum familiæ (cum maximè floruère *Referendarii*) summorum etiam Cancellariorum (ut *Bignonius* refert) occurrat mentio. Sic ut *Referendarii* intelligantur ejusmodi fuisse, quos supra diximus *Magistri Requestarum*; seu à libellis supplicum: Et haberent forsitan proprium sui muneris Sigillum primario cuidam creditum. Sed confunduntur (certum est) plerunq; à recentieribus.

Innotuit etiam apud Reges nostros Anglo-Saxones, nam inter testes Chartæ dotationis monasterii SS. *Petri & Pauli Cantuariæ* Dat. An. Dom. 605. sic inscribitur, ✠ *Ego Augemundus* Referendarius *approbavi.* ✠ *Ego Graphio Comes benedixi.* ✠ *Ego Tangisilus Regis optimas confirmavi &c.* Et in alia Charta ejusdam Regis. *Testibus reverentissimo patre Augustino Dorobernensis Ecclesiæ Archiepiscopo primo &c. Ædbaldo filio meo, Hamigisilo* [*Duce Landavi*] *Augemundo* Referendario, *Hocca* [*Comite*] *&c.* Addidi testes plures ut videas quem locum inter eos *Referendarius* obtinet.

Referendarius, Curopalate ῥαφερενδάριος, Qui dicta & acta Principis, Curiæ, Judicis refert. *Relator*. Curop. p. 5.

Referendarius, ideo est dictus, quod ad eum universæ publicæ deferuntur conscriptiones; ipseq; eas annulo Regis, sive ab eo sigillo sibi commisso muniret, seu firmaret: Sic *Aimoinus* Histor. lib. 4. cap. 41. Et Sigebertus in An. 637. V. L. & *Flor.* Sed ut me liberem à molestiâ, accipe *Bignonium* in *Marculf.* lib. 1. cap. 25. *Referendarios* R. Sæpè apud *Greg. Turon.* V. Glossar. *Fr. Pith.* & Novel. Juliani.

¶ *Resso, fas.*] Rapio, à Sax. ꞃæꝼan, i. *rapere*, spoliare; unde ꞃæꝼen *rapina*: etiam & corvus quod ex rapacitate vivit, contractim hodie **a Raven**. Item ꞃeaꝼeꞃe, i. *raptor*, *expilator*, *prædo*. Primativè à ꞃeaꝼ, i. *vestis*,

 quod

quod viatores vestibus spoliaret; uti etiam & à *robâ*, *robatores* dicti sunt latrones.

L. Salic. tit. 29. §. 6. — *Si quis, messem alienam per furtum metere, aut* reffare *præsumpserit*, 500 *Denarios, qui faciunt sol.* 15. *culpabilis judicetur*.

Nos eodem hoc sensu hodie dicimus **to reave**.

¶ ***Refortiuncula.***] Walsingham. in *Edwar.* 2. An. Dom. 1317 — *In* Refortiunculâ *suâ de* **Horton** *latens, vicinis similem injuriam inferebat.*

¶ ***Regales.***] Iidem qui Duces, Reguli, & Subreguli apud Francos, ævo *Maximi* Imp. *Greg. Tur.* ex *Sulpitio Alexandro* lib. 2. Sect. 9. pag. 50, 52, 53. Mox & Reges dicti.

¶ ***Regalia.***) Dicuntur jura omnia ad fiscum spectantia, quorum igitur definitio cum à Jurisconsultis expetenda sit, ab egregio accipe *Prateo*.

Regalia perspicuè enarrata à *Sigon.* in Regn. It. An. 973. pa. 287. à *Gunthero* Ligurin. lib. 8. pa. 408. §. 8. A. à *Radevico* in Frid. lib. 2. ca. 5. pag. 509.

¶ ***Regardum, Regwardum, & Rewardum.***] A Gall. *regarder*, vel *reguarder*. Propriè respectus, intuitus, plerunq; benignus, inde per translationem, *merces*, *præmium*, Hinc

Regardator, & *Regardatores* in Forestis Regis dicti sunt quibus venationis cura demandatur; qui & statis temporibus accepto brevi regio, & jurati, suum tenentur facere *regardum*, i. Forestæ lustrationem, cujus hæc summa est: Ut Forestam integram cum cæteris Forestariis lustrando peragrent; Assarta, purpresturas, nemoris destructiones; nec non damna alia post ultimum *regardum* Forestæ illata, exquirant; qualiterq; se habent sepimenta Regia: Quot sunt & quales in Forestâ aquilarum vel accipitrum nidi; cujus sunt in solo, & cui pertinent: Sintne illic vel portus, vel fodinæ; quid hæ census pendent; quid transfertur illinc lignorum: Quis canem, Arcum, sagittas, vel machinam quamlibet in excidium Regiæ feræ penès se habuerit. Qui Forestæ gramina, plus æquo pecorum numero, (quod superonerationem pasturæ vocant) decerpunt &c.

Hæc omnia in scriptis redacta promovere debent isti *Regardatores* ad Swanimotum proximum, id est, Curiam Forestæ.

Eorum institutionem ad *Henricum* 2. referunt; Sic enim Assisam ejus de Foresta intelligit *Manwood*, ubi legitur — *Item Rex præcepit, quod in quolibet Comitatu in quo habet venationem, ponantur* 12 *milites ad custodiendam venationem suam. Hi milites* (inquit ille) *pro tempore appellantur* Regardatores. Eo vero sæculo milites passim dicti sunt, qui per servitium tenuere militare, posteris liberi tenentes appellati.

A nomine istorum *Regardatorum* (quod nuperius censeo enatum quam ætate *Henrici* 2.) dictum est tum ipsorum munus; tum ipse circuitus per quem suum hoc munus exercetur, *Regardum*. Henrici autem secundi ævo, si ex Assisæ suæ prædictis verbis conjectare liceat, *Custodes venationis* fortè nuncupati sunt.

Charta *Henrici* 3. Magistro, Canonicis, fratribus &c. ordinis Domus de *Semplingham*, anno 11 Regni sui confectam — *Et sint quieti* (inquit) *tam ipsi quàm homines eorum de misericordiâ Forestæ, & de escapis; & de* Regwardo, *& vasto ubiq; in marisco de* **Retkebene** *&c.*

¶ ***Regentes in artibus.***] Eorum mentio in universitate Parisiensi *M. P.* in fine An. 1296. pa. 910.

¶ ***Regionarius.***] VII Romæ Diaconi *regionarii* in vitâ *Fabiani* apud Damasum. Vide supra *Cardinalis*. Anastat. in *Steph.* 2. pa. 121.

¶ ***Registrum.***] *Prateus* & emunctioris sermonis homines, *Regestum* legunt: atq; hinc illud per corruptionem volunt enasci: Sed ut sua suis restituamus, provenit sine dubio à Normannico, seu antiquo vocabulo Gall. *gister*, i. *in lecto reponere*, *suo loco constituere*. Unde agistari dicuntur, quæ seriatim collocantur, unum scil. juxta alterum, ut supra in eo vocabulo: *Giste* enim *lectum* significat, vel locum, quo quid manet vel requiescit, à verb. *gis*.... quod hodie est *cumbere*, vel *jacere*. Et sic *Registrum* propriè idem est quod *repositorium*, vel *locus quo quid reponitur*; atque hinc codices publici, quibus res multiplices seriatim inseruntur *Registra* rectè appellantur.

¶ ***Registrum Brevium Originalium, & Judicialium.***] Idem est quod Cancellariæ.

¶ ***Registrum Cancellariæ.***] Codex dicitur quo brevia Regia, tam Originalia quàm Judicialia formularum muneri inscribuntur. In hoc enim si non extiterit Brevis alicujus formula; vel si ab eo variatum fuerit Breve illud cassum habetur. Nec de novo condi potest Breve aliquod hujusmodi non publico Parliamenti decreto. Hujus Codicis meminit *Westmonast.* 2. cap. 25. — *Et in* Registro de Cancellariâ *non est inventum aliquod Breve in isto casu speciale.*

¶ ***Registrum Ecclesiæ parochialis.***] Illud est cui seriatim inseruntur *Baptismi*, *Matrimonia*, & *Sepulturæ*, quæ quolibet anno, eâ parochiâ celebrantur.

A *Cromwello* summâ cum laude institutum Mense Septembri Anno Domini 1538. Henrici 8. tricesimo, dum vices regias tunc administraret. Injunctiones enim fertur ad Episcopos emisisse, ut non solum hujusmodi *Registra*, sed & Anglicano sermone Biblia sacra in unaquaq; Ecclesiâ haberentur. *V. Stainde.*

¶ Re-

¶ *Regratarius.*] Is qui annonam emit, ut pluris vendat; quiq; ideo acerbissimus venditor, & annonam incendere, flagellare & excandefacere dicitur. In Jure Civili *Dardanarius*, à *Dardano* quodam hujus sceleris authore, appellatur, & seplasiarius; nobiscum autem *Regratarius* à Gall. *regrateur*, quod cauponem significat, & rerum veterum expolitor, à **grater** scalpere & *re* quod exaggerationis est particula. Acsi *regrator* is esset, qui acerbiùs scalpendo, merces rodit, & perinde rempub. *Leg. Burgor.* cap. 73. — Regratarii, *qui emunt & vendunt ad lucrum &c.* Hodie autem nobiscum non reponuntur sub hac classe, nisi qui annonas vendunt in eodem quo emerant mercato, vel infra 5 milliaria. Antiquè autem illi tantum habiti sunt *Regrateurs*, qui rem integram ementes, per minutiores eam partes distrahebant. Anglicè **to buy by great, and sell by retail.** Cicerone *Propola*.

¶ *Regulus*, & *Subregulus.*] Sæpe occurrunt in Chartis & Conciliis Anglosaxonum; hoc fortè *Comitem*, illud *Vicecomitem* significaturum. In vetustiss. Chartulario *Wigornens.* Eccl. — *Ego Uhtredus, Deo donante,* Regulus *Wicciorum, concessi fratribus Deo servientibus in Monasterio Wigornensi, licentia* Offæ *Regis Merciorum*, Stoke, *&c.* Scripta est hæc donatio anno ab incarnatione Domini 770. Indict. 9. Decennovalis 11. Lunæ 8. In subscriptionib. ejusd. *Offa Rex Merciorum*; *Mildredus Wicciorum Episcopus.* Uhtredus regulus, Aldredus subregulus, *fratres.* Et in Chart. *Offæ* Regis An. 786. subscribitur. *Offa Rex*, Uhtredus subregulus Wigorniæ Civitatis &c.

In aliâ tamen Chartâ sic legitur; ac si *Comes* ipse, esset *Subregulus.* —— *Æthelred Rex Merciorum, cum Comite suo* Subregulo Huicciorum, *Osbert.* fol. 27. a. Et in Chartâ *Eadwi* Regis Angl. de 5 Cassatis datis Eccl. Wigor. A. 956. subscribunt post Regem & Episcopos; *Ast regulus, Eadgar regulus, Morgant regulus*; *Eadmund, Athelmund, Alhere* Duces &c. fol. 13. a. Vide Tit. Hon. pag. 603. Edw. 2.

¶ *Regulares.*] Qui certam vivendi regulam sunt professi.

¶ *Reia, iæ.*] Gall. *raye*, i. *radius, linea, tractus.* Item ordo & series rerum successivè inter se collocatarum, quæ *Striga* & *versus* dicitur, Angl. **a Rew**, vel **raw**, à Gall. *raye*, *y* ut solet in *w* mutato, atq; hoc à Latino radius, *d* exploso.

Prior Lewens. pa. 21. — *Omnis Lanceta, omnis Toftman, & omnis Molman* (*qui non sedet super Ogeland*) *debent spergere unam* reiam *de fiens &c.* Id est unam strigam, tractum, seu versum stercoris; Anglicè **a rew of muck, or dung**, ad stercorandum terras domini.

Versum dico, Virgilium sequutus 4 Georgic.

Ille etiam seras in versum distulit ulmos.

¶ *Reicula.*] Dimin. à *Res. Recula*, res exigua.

¶ *Reippus.*] Precium viduæ emptæ matrimonii causa. A quo fortè lex nostra antiqua *de maritagiis viduarum* sumpserit initium, formâ licet diversâ. *Reippum* enim apud Salicos propinqui colligebant, non fiscus (ut in Angliâ solet) nisi post Sextum genuculum. Diciq; videatur à Sax. ripan, vel rypan, i. *metere, rapere, colligere*; quasi id quod capitur, vel colligitur ob maritandas viduas. Hinc rypep pro *messore*, vel *raptore*.

L. Salic. tit. 46. ad. Vide infra — *Uxoris emendæ ceremonia.*

¶ *Reisa.*] *Cursus*, vel *procursus*, à Sax. ræse, id est, *cursus, impetus, præcipitium.* Sic Mat. 8. 32. ꝧ ðær ꝼ[illegible] ꝥ[illegible] eall ꝥeo heorde miclum on ræse nipel on þa sæ. — *Et tunc abiit totus grex, magno impetu* (vel procursu) *in abyssum maris.* Hinc fluvii cursus ræse dicitur, Angl. **a race.**

Reisa etiam dicitur procursus militaris, & *Heribannum*, seu evocatio in militiam, quin & cohors ipsa evocata. Constitutio *Frederici* 1. Imp. de incendiariis & pacis violatoribus: *Feud.* lib. 5. pag. 306. — *Item si* Reisa *alicujus Domini, cum ipso domino cujus est* Reisa, *aliquis fuerit qui incedium* (*ut sæpius contingit*) *faciat*: *dominus ipse cujus est ipsa* Reisa *jurabit super reliquias, quod non fecerit conscientia, vel mandato, vel voluntate sua &c.* Ubi Cujacius. Reisa, *excursio* (inquit) *militaris hoc Germanico tam obsoleto vocabulo significari videtur.* Olivarus Marcha; *Tost apres ceux de la verde tente, & autres Gandois firent une rese sur les marches de Hainaut.*

Hinc *Raisogueldum* à prædicto ræse, & gelð, i. *pecunia, solutio, mulcta*, unde ibidem *Johannes Aventinus* auctor est: multam non respondentis quod delectum appellari *Raisogueldum*, quod vulgò *Heribannum* vel *Hostenducia*. Vide hæc & *Herislit.* Raisogueld

¶ *Rekpenis.*] Constitutt. Rob. Dunolm. Episc. An. 1276. cap. 3. — *Porro huic sanctioni adjicimus, quod si plures liberi proprium habentes, in parentum pariter familia vivant, ad denarios qui nuncupantur* Rekpenis *minimè arceantur, cum sic communiter intrinsecis alantur à parentibus, sic in extrinsecis ab eisdem latentur pariter se detendi.*

¶ *Relaxatio.*] *Laxamentum*, *cassatio.* Vox forens. Instrumentum est quo quis jus suum alteri cassat in re aliquâ. Aliàs *Remissio* Angl. **a release.**

¶ *Relevamen.*] Ramf. Sect. 310. *Relevamentum* Domesd. *Relevatio, Relevium*, antiquis *Introitus.*

Est munus honorarium, tributum, seu præstatio quam vassallus novus plenæ ætatis tempore mortis sui antecessoris, feodali suo domino confert ob hæreditatem adeundam. Susceptio, Gal. *Releif*, Dictum à relevando, Gal. *relever*, ideo quod cum per mortem vassalli nuperi decidisse videntur terræ, vel feodum V. Cow. lib. 2. tit. 3. S. 17. & 19.

Bract. li. c. n. 19. feodum in manus domini: ideoq; * jacens appellatur, donec munusculo hoc dato in memoriam subjectionis, hæredi liceat, seu vassallo novo ea tollere & relevare. Saxonibus Ƕeregeat, quod supra vide.

Munusculum dico, propterea quod grave nihil exigendum erat hoc nomine; ne sic fortè in redemptionem, Gall. *ransome*, verteretur: Licèt enim olim aliquando feoda post mortem vassalli in liberam Domini potestatem recidebant; quin nec in alium transferri poterant sine ejus licentiâ (ut supra ostendimus in voce *Feudum*) tandem tamen factum est, ut sub hujusmodi *relevationis* symbolo, successivus quisq; hæres ea liberè ingrederetur. Charta libertatum Anglis concess. ab *Henr.* primo — *Si quis Baronum meorum, seu Comitum, sive aliorum, qui de me tenent, mortuus fuerit: hæres suus non redemet terram suam sicut faciebat in tempore fratris mei: sed legitimâ & justâ relevatione relevabit eam. Similiter & homines Baronum meorum justâ & legitimâ relevatione relevabunt terras suas de Dominis suis.*

Quænam autem esset legitima ista & justa relevatio ætate *Henr.* 2. à *Glanvillo* partim liquet, lib. 9. cap. 4 —— *Dicitur autem* (inquit) *rationabile* Relevium *alicujus juxta consuetudinem Regni, de feodo unius militis, centum solid. de soccagio verò quantum valet census illius socagii per unum annum. De Baroniis verò nihil certum statutum est, quia juxta voluntatem & misericordiam Domini Regis solent Baroniæ capitales, de Releviis suis Domino Regi satisfacere.* Idem est de Serjantiis.

Ramf. Sect. 310. — *Quod si Abbas Walterus moriatur, vel vitam suam mutet, Monachi relevabunt terram eandem, & tenebunt & facient servitium* (scil. duorum militum, ut illic supra) *erga Walterum de Bolebech, vel hæredem suum, donec alius Abbas veniat, dando* 10 *marcas argenti: & Abbas qui venerit eodem* relevamine *eandem terram tenebit &c.*

Certius autem postea definita erant omnia hujusmodi *Relevia*; primò per Chartam libertatum Regis *Johannis*: deinde eâ *Henrici* 3. quæ Magna appellata est, cap. 3. — *Si quis Comitum, vel Baronum nostrorum, sive aliorum tenentium de nobis in Capite per servitium militare, mortuus fuerit; & cum decesserit hæres ejus plenæ ætatis fuerit, &* Relevium *nobis debeat: habeat hæreditatem suam per antiquum* Relevium, *scil. hæres vel hæredes Comitis, de Comitatu integro, per centum libras: hæres vel hæredes Baronis, de Baroniâ integra, per centum marcas: hæres vel hæredes militis, de feodo militis integro, per centum solidos ad plus: Et qui minus habuerit, minus det, secundùm antiquam consuetudinem feodorum.*

Legibus autem *Edw.* Confes. cap. 35. tit. *de herotochiis*, cautum est, ut *qui in bello ante dominum suum ceciderit* (sit hoc in terrâ sit alibi) *sint ei* Relevationes *condonatæ: & habeant hæredes ejus pecuniam & terram ejus sine aliq; a diminutione &c.*

De Socagio non datur *relevium*, Bract. fol. 85. a. nu. 8.

Eamus ad Scotos. Legg. *Malcolmi* 2. (qui cœpit regnare anno Dom. 1004.) cap. 1. sub inscrip. *De origine Wardiæ & Releviæ.* §. 3. Et ibi omnes Barones concesserunt sibi (i. *Malcolmo*) Wardum & *Relevium* de hærede cujuscunq; Baronis defuncti ad sustentationem Domini Regis. De quantitate autem *Releviorum* cum omnino hic tacuerint, ita postea Sancitum est in Reg. Majest. cap. 71. ut supra è *Glanvillo* nostro recitavimus; nec pluribus quidem verbis, sed nec aliis.

Relevii etiam & mentionem & usum apud Neapolitanos fuisse in Constitution. suis videas lib. 3. tit. 22. sub inscriptione Imperat. Fredericus — *Recepto veruntamen aliquo* Relevio (ut est moris) *quod quantitatem decem unciarum auri non excedat, pro assignandâ possessione terræ concessæ.*

Relevamentum Thani Regii. Vide Thanus.

Domesd. *Berocscire* Walingford — *Tainus, vel miles Regis dominicus moriens, pro* relevamento *dimittebat Regi omnia arma sua, & equum unum, cum sellâ, & alium sine sellâ. Quod si essent ei Canes vel Accipitres, præsentabuntur Regi, ut si vellet accipiet.*

¶ ***Reliqua.***] In Jure Civili dicuntur, quæ nos à voce Gall. *arreragia* appellamus: Pecunia scilicet, quæ subductis calculis & ratiocinationibus, deberi constat; quam & in proximum computum transferre solent Auditores in ulteriorem computantis onerationem. Computans autem qui hujusmodi *reliquis* tenetur, *reliquari* dicitur; item & ipse *reliquator*, unde etiam *vectigalium reliquator*. Et debitio pariter *reliquatio*. De quibus omnibus si plura cupias Lexica Juridica consulenda sunt.

¶ ***Reliquator, Reliquatio, Reliquor, aris.***] Vide supra *Reliqua*.

¶ ***Reliquiæ.***] V. Sanctorum patrocinia portare.

¶ ***Remallo, las.***] Item *Remallatio*. Est autem *remallare* hominem, alias in mallum vocare. *Remallatio*, ille actus. Formul. Solenn. 124. — *qui ipsum hominem* remallare *voluerit.* Et seq. — *Contra ipsum ill. ullam* remallationem, *nec ullam reclamationem* — *Pontificium non habeant ad faciendum.* Vide supra *Mallo*, & *Admallo*.

¶ ***Remanentia, tiæ.***] A Gal. *remanent*, h. Id quod remanet. Reliquum, residuum, aliter Forensibus *le remaynder*, sed nec verbo exprimitur. Est autem prædiorum in futuro possessendorum jus; quod post alterius in iisdem statum, vel terminum finitum, domino vel donatori non revertit, & alicui tertio remanet perfruendum. In eo igitur differunt *remanentia* & *reversio*: hæc post statutum terminum, ad donatorem, locatorem, vel hæredes suos (uti in fontem) remeat: illa verò ad tertium quempiam (ceu extraneum) progreditur.

Re-

Remanentia, pro perpetuo.] Glavill. lib. 7. ca. 1. in fine — *Notandum autem, quod nec Episcopus, nec Abbas, quia eorum Baroniæ sunt de elemosina Domini Regis, & antecessorum ejus, non possunt de Dominicis suis, aliquam partem dare ad* remanentiam *sine assensu & confirmatione Domini Regis.* Idem Reg. Majest. Scot. lib. 2. cap. 23. — *Nec Episcopi, nec Abbates possunt de terris suis aliquam partem donare ad* remanentiam, *sine assensu & confirmatione Domini Regis: quia eorum &c.* Ibidem cap. 42. de potestate Dominorum in hæredes suorum hominum *&c.* — *Nihil tamen de hæreditate alienare possunt ad* remanentiam. Et hoc ipsum apud *Glanv.* lib. 7. cap. 9.

¶ *Reneez.*] Apostata, qui fidem deserit, à Gall. *renier*, id est, *enixius negare*. Dictum de Christianis, qui in Mahumetismi spurcitias procidunt.

Hoveden in Rich. 1. sub an. 1192. — *Cepit in equitatione illa 24 paganos & unum* Reneez, *qui quondam Christianus fuerat, & Dominum nostrum Jesum Christum negaverat; & Rex posuit eum ad sagittandum, & sagittatus est.*

¶ *Renga, gæ.*] Vide infra *Ringa.*

¶ *Repastus.*] Idem quod pastus, aliàs olim *Paratæ*, quod V. Formul. vet. apud *Pithœum* in Glossar. — *Non ad mansionaticos vel* repastos *exigendum.* Et ibidem — *non pro* pasto *exigendo, non pro mansionatico requirendo,* è Bign.

¶ *Replegio, as, Replegiatio.*] Replegiare est, rem apud alium detentam, cautione legitimâ interpositâ redimere. Et cautio hæc est stipulatio in formâ juris adhibita, de stando juri & sistendo se foro. Dictum autem *replegiare*, quasi *revadiare*, hoc est vadem vel pignus unum loco alterius suggerere, constituere: plegium enim vas est vel pignus, ut supra, suo loco. V. Lecturam primam D. *Joh. Spelman* avi mei 5 *Hen.* 8.

¶ *Reportus.*] Relatio gestorum forensium.

¶ *Repræsto, & Represto.*] *Represtare* est rem vel prædium ab aliquo acceptum eidem per *prastariam* relocare. Rem donatori, pro termino reconcedere.

Centur. Chart. vett. *Goldast.* nu. 66. — *Convenit ut illa mancipia, quæ nobis ille de illo loco tradidit, ei iterum per* præstarium repræstaremus. Et nu. 70. — *Dedit atq; condonavit, nosq; iterum illas res prædictas,* represtare *per præsentem precariam deberemus: quod ita & fecimus.* Etiam 73. — *Complacuit nobis* —— *ut res quas nobis tradidit Cunzo, ei iterum, per hanc precariam* represtaremus.

¶ *Represalia, Reprisalia, & Repressalia.*] Angl. **Reprisels**, à Gall. *reprise*, i. resumptio, repetitio, captio rei unius in alterius satisfactionem. Quod cum fieri soleret inter duorum Regnorum finitimos, qui marchias habitare dicuntur, *Lex marbia* appellatum est à nuperiot bus.

Est autem *reprisalia* (secundùm Juris Cons. Civiles, quo & nostri etiam conveniunt) potestas pignorandi contra quemlibet de terrâ debitoris, datâ creditori pro injuriis & damnis. Vel elucidatiùs paulo *Represalia* dicuntur, quando aliquis oriundus de terrâ unâ, spoliatus est, vel damnum acceperit, vel debitum non impetraverit ab alio, in terrâ alâ oriundo: dari solet potestas hujusmodi spoliato, quod sibimet ipsi satisfaciat contra quemlibet è terrâ illâ unde existat debitor vel spoliator ejus; Dum tamen se abstineat à personis Ecclesiasticis & ipsorum bonis: nam hoc Jure C. omnino prohibetur sub pœna Excommunicationis & Interdicti. Vide R. Ger.

¶ *Reseantia, Resiantia, Reseantisa*, & *Resseantissa.*] A Gal. *reseant* vel *resseant*. Locus quo quis residet. *Habitatio, Domicilium.* Angl. **Residence.**

Veteri autem Jure nostro, etiam & Scotico aliud significat; utpote morbum validum, seu veteranum, quo quis exire de suis ædibus prohibetur. Essonium igitur quod de *malo lecti* nuncupatur; hoc est *excusatio*, quod ratione infirmitatis sistere se in foro non valeat, essonium nuncupant *de reseantisa.* Glanvil. lib. 1. cap. 11. — *Quandoq; intervenit (essonium) ex infirmitate de* reseantisa. Ubi in margine notatur, *Essonium de* reseantisa *idem valet quod essonium de malo lecti.*

Sed hoc expressiùs in Reg. Majest. Scot. lib. 1. cap. 8. §. 3. — *Essonium, aliud ex infirmitate veniendi; aliud ex infirmitate languoris de* resseantisa, *i. de infirmitate qua quis gravi morbo tenetur.* Sed in his decessum videtur à fonte Gallico, aut obscuritatem potiùs induci: nam Galli apertiùs dixerunt, *exoine de mal resseant.* V. Sk. A. & ad.

¶ *Rescussus.*] A Gall. *rescousse*, id est liberatio, vel redemptio; utpote cum aliquis aut captivum aut prædam vi hosti eripit.

Pari ratione *rescussus* dicitur in Jure nostro, cum quis legitimè comprehensus per regium Breve vel aliam potestatem, i. arestatus, per vim eripitur à ministris; vel si quod per districtionem capitur, capienti auferatur illegitimè.

¶ *Reseiso, sis, Reseisire.*] Est terras iterum capere in manus Regis &c. Vide *Seiso.*

¶ *Resiantia.*] Vide supra *Reseantia.*

¶ *Ressortum.*] Litt. pat. *Philippi le Hardy* Regis Franc. An. Dom. 1275. Hist. de *Bretainge* l. 4. c. 28. — *Remittentes & quittantes pro nobis & successoribus nostris imperpetuum, ius si quod habuerimus in recipiendis advocationibus ante dictis; Salvo tamen tam* ressorto *quàm aliis jure nostro, & jure etiam alieno.*

¶ *Respectus.*] Pro mora, dilatione, vel continuatione temporis. Vox frequens hoc sensu apud forenses. Glanvil. lib. 12. c. 9. in brevi Regis —— *Præcipio tibi, quod poni facias in* respectum *usq; ad aliquem terminum competentem. Reg. Majest.* lib. 4. cap. 20. — *Vir ille calumniatus habebit* respectum, *si velit certæ diei.*

Respectus. Conventio de *Villâ Virtutis* in Appendice ad *Flodoard. Heribertus Comes, nostræ humilitatis adiens conspectum, petiit dari à nobis, sibi, nostri juris eam quæ dicitur* Villa Virtutis——*ea viz. ratione, ut pro vestitu nobis ad præsens, ex eâ retineremus mansos duos ingenuiles, & vestitos, & pro* respectu *annuatim persolvere libram unam denariorum Remensis monetæ &c.* Vide Respectualis traditio For. Sol. 58.

¶ *Responsalis.*] Qui responsum defert. Nuntius à responsis. *Gregor. Epistol.* lib. 1. cap. 42. — *Quod* responsalem *tuum tardè dimisimus: Paschalis festivitatis occupationibus implicati, eum relaxare citius minimè valuimus.*

In Jure Civili etiam & Communi, *Procuratorem* significat, quem *Attornatum* dicimus, vel eum, qui causam alterius absentiâ, ad indictum diem foro exhibet; nobiscum *essunatorem*, & *essoniatorem*, id est, *excusatorem*, quo itemq; sensu alibi legitur, sicuti, *Johan. Salesb.* Epist. 7.—*Sufficientes excusatores, vel* responsales *misit.*

De *responsali* autem foro nostro antiquo constituendo sic *Glan.* lib. 12. cap. 1. — *Placita in superioribus exposita — prosequi quis potest, sicut & alia qualibet placita civilia, tam per se ipsum, quàm per* responsalem, *suo loco positum ad lucrandum vel perdendum, verum oportet eum esse præsentem in Curia, qui alium ita loco suo ponit. Solet autem id fieri coram Justiciariis Regis in Banco residentibus &c.* Ubi, post plura, formulam exprimit Regii Brevis de recipiendo *responsali* in Curiâ, loco Domini.

Fleta autem differentiam ponit inter *Attornatum, Essoniatorem,* & *Responsalem.* Lib. 6. cap. 11. § Officium. Vide.

¶ *Resseantisa.*] Vide supra *Reseantisa.*

¶ *Retitus.*] Suspectus. V. *Reto*. perhaps *declaratus*. V. Tat. *Retatus.* Assisæ de Clarendun temp. H. 2. §. 1. *Si quis* retatus *fuerit coram justiciis Domini Regis de murdro, vel latrocinio, &c.*

¶ *Reto, tas, Retare.*] Reputo. Suspicor. Reor. alias *Recto,* quod V.

Flodoard. lib. 1. cap. 20. *de visione Herigarii. Item ceu prius, ille visum* retans *mane, neglexit perficere jussionem.*

¶ *Retorna, Retornatio, Returnum.*] Restitutio, redhibitio, reversio, a Gal *Tourner*, *i.* vertere, remittere. Hinc Breve Regis in Registro quod dicitur *Returnum irreplegiabile.* Et ibidem, — *Præcipimus quod eidem T.* retornum *porcorum prædictorum* irreplegiabile *sine dilatione habere facias.* Et in breve de retorno habendo, p. 61. b. *Quod prædictus G. haberet* retornum *averiorum prædictorum,* & sic aliàs.

Retorna Brevium dicuntur, Responsiones Vicecomitum aliorumque ministrorum, per quas curiæ redduntur certiores, quid in executione ipsorum Brevium sit effectum, quod Jurisconsulti Civil. *Certificatorium* vocant. Aliàs *Retornatio.* Statut. *Roberti* tertii Scot. R. cap. 1. §. 3. —— *Et quod Cancellarius, de cætero, saisinam alicujus* retornationis *non det, nisi deponet* (Ball'æ) *pro ipso qui dictam inquisitionem impetravit, quod dicta terra — existant in manibus Domini Regis.* Ubi *Skenæus* retornationem (inquit) *voco responsum eorum, qui Assisæ & inquisitioni interfuerunt, eorum sigillis sigillatum, quod retornatur & remittitur per Judicem ad Cancellariam Regis;* V. *Marlebr.* cap. 23. & 27. & Stat 51. H. 3. de dies communes in Banco, p. 104. & 108. Cum autem in omni Termino (sic enim tempus appellamus juris dicendi) certi sint & statuti dies, quibus exhibenda sunt hujusmodi *Retorna*; usus jam olim obtinuit, ut & ipsi hi dies *Retorna* etiam nuncupentur.

¶ *Retorno, nas.*] Reddo, restituo. Breve de *Retorno averiorum.* Regist. part. 2. f. 4. —— *Tibi precipimus quod eisdem T. & H. averia predicta sine dilatione* retornari *facias.* Idem fol. 69. & alias.

¶ *Retorta, tæ.*] Vimen tortum ut sic tenacius sit, & flexibilius: a Gall. *retort*, Latinè *retortus*, aliàs *Torta*, Angliçè **a Withe or Wreath**.

Turpinus in vitâ *Caroli Mag.* cap. 22. & 26. —— *Quatuor palis in terra fixis, cum quatuor* retortis *fortiter nexum.* L. Salic. tit. 36. de sepibus, §. 1. —— *Si quis tres virgas, cum quibus sepes super ligata est, vel* retortas *quibus sepes continetur, capulaverit, &c.* Idem *L. Ripuar.* tit. 43. Tit. verò 72. §. 1. *Si quis hominem intertiaverit, & infra placitum mortuus fuerit, in quadrivio, cum* retortâ *in pede sepeliatur, &c.* Et §. 5. *Si homo commendatus* (fortè condemnatus) *vel fugitivus defunctus fuerit, similiter in quadrivio, cum* retorta *sepeliatur.*

Vidimus apud Hibernicos habenas colonicas ipsosque funiculos, quibus carri passim trahebantur ex *retortis* hujusmodi vimineis confectos: etiam & laqueorum seu restium vice, his in patibulis usi sunt.

¶ *Retro-comitatus.*] Angliçè **Arer counte.**

¶ *Retrofeodum.*] Lit. Patent. *Phil. de Hardy* Regis Franc. An., 1328. Hist. Bret. l. 4. cap. 28. *Cum in nonnullis locis Britanniæ degentibus vassallorum dilecti ac fidelis Comitis Britanniæ fierint advocationes ad dictum Comitem, & reciperentur, & qualitercumque*

cumque fierent in feodis & retrofeodis suis: propter quod impediebatur jurisdictio subditorum suorum, &c.

¶ *Retrogarda, dæ.*] Pars aciei posterior: nam & anterior *Antegarda* dicitur, à *Garde* Gal. *custodia*. Angl. **the rereward**.

Histor. Francor. Gest. *Ludovici* R. fil. *In illo conflictu, Christi militiæ, tam damnosa non fuit aliquis de* antegarda. Et mox, *verum est, quod cum viderunt post ipsos* retrogerdam, *tam diu retardare, in suspicionem ceciderunt.*

¶ *Returnum, & Returno, nas.*] Vide supra *Retornum*.

¶ *Revadio, dias, & Rewadio, dias.*] Relaxo. Can. 62. Conc. Meldens. V. Lind. Nonæ & Decimæ.

In Præcepto restitutionis Rerum Ecclesiæ Remensis per *Carol*. R. fact. apud *Flodoar*. lib. 3. cap. 4. *Jubemus ut quisquis —— aliquid tenore aliquo, ex prædictis rebus tenere, vel possidere cernitur, Nonam & Decimam in Missorum nostrorum præsentiâ Misso Ecclesiæ (ejusdem)* — revadiet *& annis singulis persolvere studeat.* Et in Epistolis *Hincmari* Archiepisc. apud eundem lib. 3. cap. 28. —— *quia exenium* revadiare *dolosè fecerit, eundem suum alumnum contra Episcopale interdictum.*

Capitul. lib. 4. cap. 58. —— *Ut de debito, quod ad opus nostrum fuerit* rewadiatum, *talis consideratio fiat, ut is qui ignoranter peccavit, non totum secundùm legem componere cogatur, sed juxta quod possibile visum fuerit.* Cap. 70. — *Qui anno præsenti in hoste non fuerunt heribannum* rewadient, *exceptis his qui propter necessarias causas, à Domino & genitore nostro Carolo constitutas, domi dimissi fuerunt.* Ejusdem lib. 4. Append. 2. §. 8. — *Ut omnia quæ* wadiari debent, *juxta quod in lege continetur, plenitèr secundùm ipsam legem* rewadiata *fiant: & ni postmodum vel Domnus Rex, vel ille cujus causa est, juxta quod placuerit perdonet.*

Lib. 5. cap. 43. — *De his qui sine consensu Episcopi, Presbyteros in Ecclesiis suis constituunt; vel de Ecclesiis ejiciunt, & ab Episcopo, vel quolibet Misso dominico admoniti obedire noluerint: ut bannum nostrum* rewadiare *cogantur; & per fide ussores ad palatium nostrum venire jubeantur: & tunc nòs decernemus utrum nobis placeat, ut aut illum bannum persolvat, aut alium armiscam sustineat.* Idem hoc Addit. *Ludov.* 4. tit. 71.

¶ *Reve*, aliàs *Greve*, Germanicè *Grave*.] *Præpositus, Præfectus*. Hoc à Saxon. ȝeꞃeꝼa, illud à ꞃeꝼa quæ idem sunt. ȝeꞃeꝼa enim à ꞃæꝼa provenit: atq; ambo à ꞃæꝼan, id est *rapere*: unde olim pagorum Præpositi, quos alii Comites vocabant, Saxones nostri, suo idiomate *Revios* & *Grevios* nuncuparunt: Germani cæteri *Gravios* & *Graphiones*. Latinè omnes, *exactores*:- Ideo scilicet, quod mulctas regias & delinquentium facultates, in fiscum raperent, exigerent, deportarent; vide supra *Exactor*. Hinc apud nos Pagorum Præpositi etiam hodie **Shire-reves** appellati sunt. Villarum olim **Tun-greves**, à Sax. ꞇunȝeꞃæꝼa, i. *villæ præpositus*, quem frequentiori vocabulo Normanico, posteri *Ballivum* dicunt: sed & **Reve** sæpissimè. Est igitur **Reve** idem quod *Ballivus*, qui in villis (& quæ dicimus maneriis) domini personam sustinet, ejusq; vice omnia disponit & moderatur. Vide supra *Balivus*.

¶ *Reversa.*] Epistol. *Joach. Vadiani* ad *Henr. Bullingerum* de Obscur. Aleman. verbor. signif. Alaman. Antiq. Tom. 2. par. 1. —— *Perinde apochas dabant coloni, quibus quo pacto, quave conditione, locatio facta esset, continebatur. Eas tabulas vulgo* Reversas, *& Germanicè* **Reversbrief**; *locationem autem ipsam* **Erblehn** *vocamus.*

¶ *Revestio, tis, ire.*] Est acceptam investituram, saisinam, vel possessionem reddere, retribuere, vel resignare. Nostris JC. *refeofare*, Angl. **to reinfeoff**.

Chart. Alaman. Gold. 27. —— *Quam ille proprietatem cum potestativè possedisset, ad monasterium multis testibus adhibitis reddidit, atque* revestivit. Et Char. 77.—*Et nos posthac exuti de omni re paternâ nostrâ,* revestivimus *Walframmum Monachum, & Missum ipsorum Monachorum per tribus diebus & tribus noctibus, & per beneficium ipsorum Monachorum reintravimus.* Marculf. lib. 1. cap. 26. — *Si taliter agetur antedictum ill. de supradictâ villâ* revestire *faciatis.*

Item *Wisegothor*. lib. 12. tit. 1. l. 3. —— *Rebus quas per authoritatis nostræ vigorem perceperint decrevimus* revestiri. Et tit. 3. l. penult. —— *Licitum habeat principalis pietas, & rebus eos iterum* revestiri, *& ab exiliorum ergastulis revocare.* V. *Investitura*.

Aliud autem significare videtur L. *Alaman*. tit. 14. — *Si quis Diacono, qui Evangelium coram Episcopo legit, &* revestitus *ante Altare officio fungitur, aliquam injuriam fecerit, &c.*

¶ *Rewadio.*] Vide supra *Revadio*.

¶ *Rhedo.*] Ornamenta muliebra. L. Angliorum tit. 7. §. 3. — *Qui ornamenta muliebra, quod* rhedo *dicunt, furto abstulerit, in triplum componat.* Glossar. vet. Latino Theotisc. (inquit illic Lindenbrog.) **Scatsatda** toreuma, interpretaturi & **Hansergeradt**, *mobilia sive ornamenta domus etiam nunc Germ. vocant*; Obscurè fortè. Sed huc etiam pertinere videtur, quod Angli hodiè dicimus de muliere, omnibus suis ornamentis instructâ, **she is ready**.

¶ *Rhingus.*] Aimoin. Francor. lib. 4. cap. 86. —— *Himnorum regia (quæ* Rhingus *vocabatur.)* Infra. *Pipinus Hunnis trans Tizam fluvium fugatis, eorumque regia, quæ ab eis dictum est* Rhingus (à Longobardis autem *campus* vocatur) *ex tota destructa.*

¶ *Ribaldus.*] Homo nequam, nebulo, furcifer, ex fece plebis; vagus, dissolutus, luxuriosus, spurcus, à Gall. *ribauld*.

Willielm.

Willielm. Episc. in Synod. apud *Bochel.* lib 6. cap. 22. — *Statuimus quod Clerici* ribaldi, *maximè qui dicuntur de familiâ Goliæ — tonderi præcipiantur.* Et ex Concil. apud *Castrum Gonterii* an. 1231. ibid. lib. 8. cap. 6. — *Statuimus quod Clerici* ribaldi, *maximè qui Goliardi vulgò dicuntur — præcipiantur tondi, vel etiam radi, &c.*

Semper autem non videtur accipi *Ribaldus* in malam partem; aliquando autem pro inferioribus ministris. Destructor. vicior. part. 5. cap. 2. — *Dicunt enim* (Prælati) *tanta familia nobis necessaria est, tot Milites, tot Clerici, tot Armigeri, tot Servientes, & tot Famuli, & tot* Ribaldi *quod vix sufficiunt quæcunq; de Ecclesiâ possidemus, &c.*

Item Brito Armorican. *Philippid.* lib. 3.

Et ribaldorum *nihilominus agmen inerme,*
Qui nunquam dubitant in quivis ire pericla.

¶ *Riffura*, & *Ruffura.*] Bract. lib. 3. tit. de Coronâ cap. 23. nu. 2. de mahemio agens. — *Designandum erit cujus longitudinis fuerit plaga; & cujus profunditatis; & utrum ibi sit plaga, vel* riffura. Et cap. seq. nu. 2. *Si nullam plagam ostendit Coronatoribus, vel non nisi* ruffuram, *vel brusuram, orbes, ictus cum baculo, & non cum armo moluto.* Ruffuram hic intelligo quod scarrificationem, decortationem, vel levem cutis diremptionem; ab antiquo Anglico **Ruffyn**, *i.* discordare, perturbare: brusuram, contusionem: orbes, nodos ab ictu assurgentes: armo maluto, *i.* telo vel instrumento molito; quasi hoc armum numero singulari.

¶ *Riga.*] Et servitii & tributi species dominis per colonos præstita. Dictum opinor sive per aphæresim à latino *striga*: sive ab eo quod Angli hodie dicimus **a rig, or ridge of land.** Terram enim quam è pluribus sulcis in aggerem efferunt arantes, ita ut sicca sedes frumentis habeatur, Romani *strigam* (atque indè *agros strigatos*,) nos **a rig** vocamus. Videtur autem apud quosdam fuisse in usu non grave aliquod servitium à colonis exigisse, sed *riga* tantum unius aut alterius, pro amplâ satis agri portione poposcisse: eove nomine pecuniariam quampiam præstationem: quin & utrumque ideo *rigam* nuncupasse. *Marculf.* lib. 2. for. 36. — *Nullam functionem, aut reditus terræ, vel pascuarium, aut agrarium, aut quodcumq; dici potest exinde solvere — non debeatis, nisi tantum si ita vult* riga. Cui, ex veteri quadam formulâ hæc in notis subnectit *Bignonius — in ea ratione, ut riga exinde in culturâ dominica, arare & recondere faciam.* Item, *in ea ratione ut* riga *& alios reditus terræ persolvam.*

¶ *Rigabello.*] In æde *Santi Raphaelis* Venetiis, Instrumenti musici cujusdam forma extat, ei nomen *Rigabello*: cujus in Ecclesiis usus fuerit ante Organa illa pneumatica quæ hodie usurpantur. *Rigabello* successit aliud quod *Tursello* dictum est, cujus *Venetias* usum induxit homo Germanus. *Sansovinus* lib. 6. descript. *Venetiarum.*

¶ *Ringa, gæ*, vel *Renga, gæ.*] *Bractono* poni videtur pro baltheo, quod lumbos cingit more annuli, vel circuli. Hæc enim Angli **a Ring**, dicimus; sic autem ille, lib. 1. cap. 8. nu. 2. de creatione Comitum loquutus, — *Reges ordinant eos in magno honore & potestate, & nomine, quando accingunt eos gladiis, i.* ringis *gladiorum,* Ringæ *enim dicuntur, ex eo quod renes girant & circundant, & unde dicitur accingere gladio tuo, &c. Et* ringæ *cingunt renes talium, ut custodiant se ab incestu luxuriæ.* Hæc ille: Noster autem codex MS. ubiq; per (e) legit, scil. *Renga.*

¶ *Ringelduum.*] V. supra *Raglorium.*

¶ *Ringus.*] Vide *Rhingus.*

¶ *Riota*, & *Riottum.*] Est conventus trium vel plurium contra pacem publicam initus: ipsorumq; actio illegitima; utpote alterius verberatio; possessionis violenta direptio, & hujusmodi.

Dictum à Gall. *riotte*, quod non solùm rixam & jurgium significat; sed vinculum etiam, quo plura in unum fasciculorum instar colligantur; aliàs **riote.** Italis item *riot*, à *rio*, i. pravum, improbum, noxium, à Latin. *reus*, pro culpabili, vel noxio.

¶ *Riparia, riæ.*] Pro fluvio. *Upton* Auth. MS. De insignibus lib. 1. *Idem modus creationis* (militum) *observabitur in aliquo passagio periculoso alicujus* ripariæ, *seu portus.*

Gilb. Cognatus in descriptione *Burgundiæ* pag. 56. — *Mox sequitur* Riparia *sive* Riva (oppidum) — *sic ideo dict. quod ad* ripam *lacus — sita sit: atque ex altera parte*, rivus *ex eodem lacu procedens eam circumluit*: p in *u* à nostris hominibus mutato, qui *Ripam* **rive**, & *Rivum* **Riviere** vocant.

¶ *Riparii.*] *Cowello* dicuntur, qui à littore maris pisces deferunt in omnem Angliæ partem: nomenq; conficit à Latino *ripa*. Perperam autem, ut mihi videtur, neq; enim littus, *ripa* dicitur, sed & suam accepisse reor appellationem à fiscellâ, qua in devehendis piscibus utuntur, Angl. **a Ripp.**

¶ *Risinæ.*] Sunt nives conglomoratæ per montium præcipitia dilabentes. Hodie *Labinæ* dictæ.

¶ *Rivera.*] Ab Angl. **River**, Fluvius. Parisius in An. 1199. — *Quicquid continetur inter Forestam* Lunis *& Sequanam ex una parte; &* riveras *de* Andeli, *& de* Cethe *ex alterâ.*

¶ *Roba.*] Italicum; *vestis, vestimenta, supellex.* Veteribus usitatius *Rauba.*

¶ *Robaria, Robatores.*] Primo de hujusmodi latronibus dicebatur, qui viatori *robas* aliàs, *raubas* i. vestes, diripiebant. Saxonibus nostris eodem sensu ꞃeaꝼeꝑeaꞃ quasi vestium raptores, nam ꞃeaꝼ vestis est. Rarius quippe habebant olim Viatores

tores quod Latrones raperent, præter Vestes. Exigua enim nummi copia, & paucissima ideo diversoria; sed ex more illorum seculorum ingrediebantur Viatores cibi causâ, et quietis, ignotorum domus; ponebantq; equos in cujuslibet prædium non falcabile, gratisq; mane recedebant. Morem juvenis vidi in Hiberniæ tractu à nostratibus, non tum exculto; & Canonum quidem fulcitum authoritate: quem & in ipsâ Angliâ usq. ad *Edw.* 3. ætatem retineri suggerit Breve ejus veterum pietatis reliquias abrogans.

Sunt ergo *Robatores* latrones validi, qui in personas hominum insilientes, bona sua diripiunt. Primò sic dicti quod viatores *robis* seu *raubis*, i. vestibus spoliarent, à quo hodie hujusmodi latrocinium, & rapina, Germanis *Raub* dicitur, & latrocinari (Angl. **to robb**) *Rauben*.

Hoveden Part. post. in *Ric.* 1. an. 1198. —— *Eodem anno Willielmus Rex Scottorum, de bono sumens exemplum, fecit homines Regni sui jurare, quod pacem pro posse suo servarent; & quod nec latrones, nec* robatores, *nec utlagati, nec receptores eorum essent, nec in aliquo iis consentirent.*

¶ ***Rochetum.***] Indumentum camisiæ instar, ex tenui lino candidum, quo Episcopi inter tunicam & togam amiciuntur; manicas exerens ampliores, & non ultra genua porrectum; Gall. & Angl. **rochet** Dimin. à Sax. rocc. Vide igitur *Roccus*. Galli autem ipso hoc nomine vocant superpellicium illud lineum ex filo crassiori, quo operarii & portatores utuntur ad vestes cæteras conservandas: al. **a frock** dictum. *Meursius* in Ῥουχίον, Italicum facit, quin & idem quod *Rocus* vel *Ruchum*. Lib. *Cerem.* 1. cap. 4. —— *Utuntur croceis obscuris, & subtus parvo caputio supra* Rochetum.

¶ ***Rocus, Roccus, Ruchum, Ruceum, & Rochetum.***] Omnia à Sax. rocc, Germ. **Rock**, *i.* tunica, toga, vestis exterior: sed pro more gentium fortè varia: nam ad Græ-
R. Al. 1. 104. cos etiam transiit cum ipsâ voce barbarâ, undè illis ῥοῦχον & ῥουχίον appellatur. Aliàs fortè casula, de quâ vide Capitul. p. 5. tit. 2. *Rocus* autem Camisiæ videtur non fuisse dissimilis, ut supra in *Rocheto* diximus, usque genua etiam dissecatus; nam sic *Nicetas* in *Andronico* lib. 2. apud *Meurs.* φοροῦντα ῥοῦχον σχιστὸν μέχρι καὶ τῶν γονάτων. Item manicas habens, quas *Eckehardus* in Casib. S. Galli cap. 14. *brachialia* vocat. —— *Capitium capiti imponens* brachialeq; rocci *subter caput revolvens super illud nobile stratum se recollegit.*

Laxior etiam, & quæ cæteris induebatur vestibus. *Goldast.* in *Eckehardi* cap. 10. —*Vox Alemanica* **Rock** *significans supremam vestem.* Quod item innuit ipse *Eckenhardus* cap. 16. Roccum *exuit, & coram se expandit superq; illum se extendit.* Nec multo post, *Iterum & prius sponte sua* Roccum *exuit, & super expansum, se extendens puniri postulavit.*

Regibus, Episcopis, Monachis, quin & aliis in usu. Regibus. *Helgaldus* in vitâ *R. Roberti* pii. —*Vadit jam cum reverentiâ nominandus pater patriæ* Robertus (*Rex*) *ante altare — in conspectu omnium populorum, & exuens se vestimento purpureo, quod lingua rustica dicitur* Rocus, *utroq; genu fixo in terram, toto de corde, ad Deum, supplicem fudit precem.*

Episcopis. *Chron. Sangal.* de vitâ *Caroli Mag.* lib. 2, Lind. —*Carolus habebat pelliceum berbicinum, non multum amplioris pretii quàm erat* Roccus *ille S. Martini.*

Monachis. Additio pri. *Ludov.* Imper. ad Capitul. tit. 22. Ubi agitur de vestimento Monachis, nec satis pretioso, nec satis vili dando: dictoq; de ipsorum camisiis, tunicis, cucullis, &c. — *Femoralia* (inquit) *duo paria,* Roccum *unum: pelliceas usq; ad talos duas, fasciolas duas, &c.* Quem locum citans *Meursius* aliam sequutus ut videtur editionem, *ruceum* legit pro *roccum*. Item *Eckehard.* ibib. cap. 16. pag. 104. —*Vidi egomet ante tempora quæ à Gallis patimur, Monachorum scismatis, Comites aliosq; potentes, loci quoq; milites; pro dilectione, festis diebus Crucem nobiscum per claustrum sequendo, juvenes & senes quosdam ad cingulum barbatos, Monachicis indutos* Rocci*s nobiscum quaqua ivimus ingredi, &c.*

Aliis quibuslibet vel pauperibus. Idem *Eckehard.* cap. 10. —*Nam ille sæpius quæ egenis dein quàm tu,* Roccos *viz. & camisias, caligas & calceos, & cætera usq; ad cingula, mihi clam suggerit.*

Roccum etiam multi *froccum* vocant; quod tamen aliud videtur; nam *froc.* Gal. *caputium* significat, vel *capitium*; *froc de moine, cucullum monachi*: quem & Britonem Armorican. voluisse censeo cum dixerit, *Philip.* 1.

Nil toga ruricolæ, nil froccus *religioso*
Prodest. V. *froccus* & *Rog.*

¶ ***Roda terræ.***] Vox agrimensorum, quartam acræ partem designans; **Rodd** enim Anglis est *pertica*. Continet autem acra secundùm stadii longitudinem 40 *rodas* seu perticas; in latitudine tantum quatuor. Perinde etiam *roda* terræ 40 perticas in longitudine; unam verò solummodo in latitudine. Si autem excreverit *roda* latitudo contractior fit illius longitudo; ita tamen, ut in omni superficie, neque plus, neque minus quam 40 perticas complectatur: uti nec acra ultra citrave 160.

¶ ***Rodknightes***, al. ***Radknightes.***] Vassalli seu clientes erant equestres, qui equitantem dominum suum, vel uxorem ejus, ex more inter eos pacto subsequuti sunt; & quasi satellitio suo cingebant. Dicti à Sax. rad, Angl. **rode**, *i.* equitatus, & cniht, *i. puer, minister, famulus*, quasi pueri, vel ministri equitantes. Puer autem à mediorum sæculorum scriptoribus frequens venit pro famulo vel ministro etiam sene. Hujusmodi hodie **tenentes** V. supra *fati.*

tep no28 vocamus. *Bracton* lib. 2. cap. 35. nú. 6. MS. pag. 52. *Dicuntur* **Rodknights**, *qui debent equitare cum domino suo de Manerio in Manerium, vel cum domini uxore*: quod an de maneriis domini tantum sit intelligendum quære. *Fleta* lib. 3. c. 14. §. *Continetur*.

Et hoc juxta C. Quid sit investitura, ubi dicitur — *Sub tali conditione feudum dari potest, ut vassallus in diebus festis cum uxore domini ad Ecclesiam vadat.* Barrater. pag. 8.

¶ ***Roga.***] Sigebert. in An. 633. — *Cum quidam spado Imperatoris Heraclii distribueret* Rogas *militibus, &c.* Et mox — *Vix sufficit Imperator dare militibus* Rogas. Fortè idem quod *Rocus* c ut solet in *g.* mutato, nam *Rocis* utebantur Græci. V. *Rocus*.

¶ ***Rogationes.***] Vide supra *Jejunium rogationum*. Et ad Co. & Conc. to. 2. p. 200. & ibid. not. & 310. Maximè 373. in not. — *Sanctus Gallus Averna Episcopus, ob luis inguinariæ remedium* Rogationes *illas instituit, ut mediâ Quadragesimâ psallendo ad basilicam beati Juliani Martyris, itinere pedestri* (viz. 300 stadia) *venirent.* Gre. Turon. Hist. lib. 4. Sect. 5.

¶ ***Romanus.***] Romani & Cives Romani appellati sunt uniuscujusque Gentis populi Romani Imperii provinciales, post constitutionem Antonini I. in Orbe. De statu homin. Et inde everso Imperio, veteres provinciarum incolæ civium Romanorum nomine ab rerumpentibus barbaris distinguebantur. Crebra in antiquis legibus exempla, & Britanni nostri, Romani pariter appellatiS. partianus de Hadriano, *Murum* (inquit) *quo in Britanniâ exclusit Scotiam*) *per octoginta millia passuum, primus duxit, qui* Romanos *Barbarosq; divideret.*

Romanus, quasi barbaro contrarius. L. Burgund. tit. 10. §. 1. *Burgundio &* Romanus *una conditione teneantur.* Et §. 2. *Si alium servum,* Romanum *sive barbarum aratorem, aut porcarium occiderit* 30. *sol. solvat.* V. lex barbara.

Romani dicuntur (à mediæ ætatis scriptoribus) Allobroges & Subaudiæ populus: quin & lingua eorum Romanica. R. Al. 1105. l. 3. Galli, Bodin. 172. c.

¶ ***Romascot.***] Sic enim Author MS. in vitâ ejus — *Cum regnasset* Offa 36 *annos, votumq; concepisset de Cœnobio Britannorum protomartyri S.* Albano *magnificentissimè statuendo: ad Adrianum I. Romam peregrè proficiscitur, indulgentias operi & privilegia plus quam ordinaria petiturus: quæ cum à Papâ humanissimè susceptus obtinuisset: Die crastina* (inquit Author) *scholam Anglorum quæ tunc Romæ floruit ingressus; dedit ibi, ex regali munificentiâ, ad sustentationem gentis regni sui illic viventis singulos argenteos de familiis singulis* (*omnibus inposterum diebus*) *singulis annis, quibus viz. sors tantum contulit extra domos in pascuis, ut triginta argenteorum precium excederet. Hoc autem per totam ditionem suam teneri inperpetuum constituit, exceptâ totâ terrâ* Sancti Albani *suo Monasterio conferendâ, prout collata privilegia inde protestantur, ut illo denario à generali contributione sic excepto, & dicto Monasterio sic collato, memoria donatoris indelebiliter perpetuetur. Et hoc tali largitate obtinuit, & conditione, ut de regno Angliæ nullus publicè pœnitens, pro executione sibi injunctæ pœnitentiæ, subiret exilium.* Et inferius cum 23 Provincias sive Shiras quibus tunc dominibatur *Offa* Rex enumerasset, Scil.

Herefordensem.	*Buckinghamensem.*
Wigorniensem.	*Bedfordensem.*
Glovernensem.	*Huntingtonensem.*
Warwicensem.	*Cantebrigensem* &
Cestrensem.	Dimid. *Hertfordens.*
Staffordensem.	*Essex.*
Schropeburiensem.	*Middlesexiæ* &
Derebiensem.	Dimid. *Hertford.*
Legrecestrensem.	*Norfolk.*
Linconiensem.	*Suthfolk.*
Northamtoniensem.	*Snotingamensem.*
Oxoniensem.	

Ex hiis (inquit) *omnibus Provinciis dedit Rex præfatus* Offa denarium beati Petri: *eo tamen retento & collato post receptionem beato* Albano, *per totam ejusdem Martyris terram. Et idcirco* beati Petri denarius *appellatur, quod sapè dictus Rex* Offa *die* S. Petri, *qui dicitur* Ad vincula, *ipsum Martyrem ipso die meruit cælitus invenire, & ipsum annuum redditum ipso die Romanæ Ecclesiæ pro redemptione animæ suæ contulit ad sustentationem*, viz. *schola memorata propter Anglorum rudium & illuc perigrinantium eruditionem.* Festivitas tamen inventionis *S. Albani* in crastino inventionis ejusdem celebratur, ne *S. Petri* celebritas detrimentum aut diminutionem patiatur. Hæc ille. Abrogata fuit hujusmodi Denarii & pecuniæ solutio Statuto 25. *Henr.* VIII. cap. 25. Restituta autem an. 1 & 2. *Phil.* & *Maria.* Sed Abrogata denuo an. 1. *Eliz.* cap. 1.

¶ ***Romfeah, Romepeny.***] Sax. rompeoh. 1. num. Romæ datus: nam feoh est nummus, pecunia, stipendium; rompeningc *Romæ denarius*: peningc enim (hodie **a peny**) est denarius. Vide *Romescot* quod jam instat.

¶ ***Romescot, Romfeah,*** vel ***Romefee***, & ***Romepenny,*** aliàs ***Denarius S. Petri,*** & ***Hearth-penny.***]

Erat census annuus unius denarii è qualibet familiâ, Romæ persolutus ad festum *S. Petri.* Saxon. romgescot & romsceat, quasi *nummus Romæ dicatus*: gescot enim & sceat, partem, symbolum, censum, pecuniam, significant; aliorum etymologiam jam supra vide.

Censum hunc per regnum suum annuo dependendum instituit primo *Inas* Rex Occiduorum Saxonum (ut in Histor. sua refert *Malmesberiensis.* . . . . .) qui & regio supercilio deposito, pauper inter pauperes religionis

nis ergò, Romam est profectus. Nonnulli tamen hoc *Offa* ascribunt Merciorum Regi, & narratione quidem multo magis perspicuâ. Ecclesia *S. Albani* protomartyris non solùm libera fuit à *Romescot* impendendo; sed collectum per totam Herfordensem provinciam sibi retinuit in usus proprios. *Offa* Rege hoc à Romano Pontifice, impetrante. *Mat. Westm.* in An. 794. leg. p. 285. usq: 240.

Fœdus *Edwardi* & *Guthurni* Regum cap. 6. Gif hwa romfeoh forhealde gilde lahslite mid denum, fite mid englum, i. *Si quis* **Romfee** (seu numum Romæ debitum) *detinuerit: inter Danos subeat violatæ legis pœnam mulctæ apud Anglos.* Leg. *Edgari* Reg. cap. 4. — **Hearth penny** *seu denarius in singulas domus impositus ante festum divi* Petri *redditor. Qui non tum solverit, Denarium illum, ac alios præterea 30 ad Romam comportato: certaq, literarum testificatione domum rediens, se eo detulisse confirmato; ac Regi deniq, 120 solidos numerato. Siquis secundò non dederit, denarium illum, ac præterea ter denos Romam deferat, Regiq, postquam redierit 200 solidos dependito. Sin tertiò deliquerit rebus suis omnibus exuitor.* Legem autem hanc gravem linivit postea *Canutus* Rex, Legum suarum cap. 15. MS. — **Romfeah**, i. Romæ census, *quem beato* Petro *singulis annis reddendum, ad laudem Dei, Regis nostri largâ benignitas semper instituit, reddatur in festo* S. Petri ad Vincula; *qui supra tenuerit, reddat Episcopo denarium illum, & 30 denarios, & Regi det 50 solidos.* De hoc sollicitus, proceres etiam Angliæ (cum auras jam hausisset Romanas) sic per literas admonuit apud *Malmesb.* lib. 2. cap. 11. — *Faciatis ut antequam Angliam veniam, omnium debita, quæ secundùm legem antiquam debemus, sint persoluta; scil. eleemosyna pro aratris, & decima animalium procreatorum; &* denarii, quos Rom. ad Sanctum Petrum debetis, *sive ex urbibus, sive ex villiis, &c.* Item *Edwardus* Confes. leg. cap. 10. *Omnis qui habuerit* 30 *denariatus viva pecuniæ in domo suâ, de suo proprio, (Anglorum lege) dabit* denarium S. Petri: *Et lege Danorum dimidiam marcam. Ille verò denarius debet summoniri in solennitate Apostolorum* Petri *&* Pauli, *& colligi ad festivitatem, quæ dicitur* Ad Vincula; *ita ut ultra illum diem non detineatur. Si quispiam detinuerit, ad Justiciam Regis clamor deferatur, quoniam denarius hic Regis eleemosyna est: Justicia verò faciat, denarium reddere, & forisfacturam Episcopi & Regis. Quod si plures domos habuerit, de illâ ubi residens fuerit in festo Apostolorum* Petri *&* Pauli *denarium reddat.* Hæc eadem, ut testatur *Hovedenus* in *Henrico* 2. à *Willielmo* primo (subactâ jam Angliâ) recepta sunt, & de novo promulgata; nec non item ab *Henrico* ipso secundo: sed interea, sic in suis legibus *Henricus* primus cap. 12. — **Romfeah** *in festo* S. Petri ad Vincula *debet reddi.* — *Qui supra tenebit, reddat Episcopo denarium illum, & 30 denarios addat, & Regi 50 solidos.*

Rex *Edwardus* III. An. Dom. 1365. regni sui 39. Prohibuit denarios istos *S. Petri* deinceps Romæ pendi, aut ab Anglis amplius colligi. *Stow.* ibid. pag. 420. & ait summam fuisse 300 marc.

Gregorius Episcopus servus servorum Dei, venerabilibus fratribus *Cantuar.* & *Ebor.* Archiepiscopis, & eorum suffraganeis & dilectis filiis Abbatibus, Prioribus, Archidiaconis, eorumq; Officialibus per regnum Angliæ constitutis, ad quos Literæ istæ pervenerint salutem & Apostolicam benedictionem. Qualiter *Denaria beati Petri* quæ debentur Cameræ nostræ, colligantur in Anglia, & in quibus Episcopatibus vel Diocesibus debeantur, ne super hoc dubitare contingat, præsentibus fecimus annotari, sicut in Registro sedis Apostolicæ continetur. De *Cantuariensi* Diocesi septem libræ, decem & octo solidi sterlingorum. De *Londonensi* Diocesi sex-decem libræ, decem solidi. De *Roffensi* Diocesi quinq; libræ, & 12 *s.* De *Norwicensi* Diocesi 21 *l.* 10 *s.* De *Eliensi* Diocesi 5 *l.* De *Lincolniensi* 42 *l.* De *Cicestrensi* 8 *l.* De *Wintoniensi* 17 *l.* 6 *s.* 8 *d.* De *Exoniensi* 9 *l.* & 5 *s.* De *Wigorniensi* 10 *l.* & 5 *s.* De *Herefordensi* 6 *l.* De *Bathoniensi* 12 *l.* 5 *s.* De *Sarum* 17 *l.* De *Coventrensi* 10 *l.* 10 *s.* De *Eborum* 11 *l.* 10 *s.* Data apud Urbem veterem decimo Cal. Maii Pontificatus nostri anno secundo.

Ex cod. MS. in Regist. principali Domini Archiepiscopi Cantuar. [nuncupto *Reynold.*] fo. 78. b.

De *Denariis beati Petri* sic scriptum reperitur in Cronicis. An. gratiæ *DCCCLVIII. Athelwlfus*, pater Aluredi Regis, primus Monarcha, concessit solvi singulis annis Romæ trescentas mancussas, quæ taliter dividerentur ibidem; viz. Centum mancussas in honorem *S. Petri*, specialiter ad luminare Ecclesiæ suæ: Et Centum mancussas in honore *S. Pauli* eadem de causâ. Præterea Centum mancussas universali Papæ præcepit singulis annis exhiberi, ad suas elemosinas ampliandas, præsidente tunc temporis Leone Papâ quarto. Et sciendum, quod mancussa & marca pro eodem tunc temporis accipiebantur; & sic singulis annis de *denariis beati Petri* solvebantur ab Anglis *CCC* marcæ. Item de quantitate summæ prædictæ à singulis Diocesibus regni Angliæ particulariter colligendæ, constat per literam superius proximo annotatam, quæ creditur fuisse *Gregorii* Papæ quinti: Et continent summæ scriptæ in dictâ literâ *CCC* marcæ 6 *s.* & 8 *d.*

Ibid.

¶ *Ron.*] Arthuri gladius. V. *Caliburne* & *Curtana*.

¶ ***Rotaticum***, al. *Rodaticum*] Gallicè *rouage*. Tributum quod rotarum nomine penditur: hoc est pro plaustris & carris transeuntibus; quasi Anglicè diceremus **Wheelage**. V. aliam ejus significationem in *Foraticum*, Bign.

¶ ***Rotta.***] V. Routa; rotarius Miles. *Liv.* levis armaturæ.

¶ ***Rotula, Rotulus,*** & ***Rotulum.***] Tabulæ publicæ, à quibus actus & responsa curiarum

 reci-

recitantur. Sed & alia quævis pagina, quæ *rotæ* instar involvitur: à quo Romanis *volumen* dicitur. Item *matricula*, *catalogus*, &c. Angl. & Gall. **a roul**, Germ. **Rodel**.

Romani moris antiqui fuit forensia gesta codicibus mandare; Sed inclinato jam Imperio, *Rotulorum* usus reperitur inter insignia magistratuum in utrisq; Notitiis, licèt nulla vocis sit illic mentio. Apud nos autem, quæ ad rem foraneam pertinebant, *Rotulo* indebantur omnium (quod sciam) primo: Si hoc evincat *Rotulus ille Wintoniæ* ab *Aluredo* alias *Alfredo* editus, annos plus minus 180 ante sæcula Normannica. *Ingulphus* Saxo de *Domesdey* libro fiscali antiquissimo, mentionem faciens, ——*Talem* (inquit) Rotulum *& multum similem ediderat quondam Rex* Alfredus, *in quo totam terram Angliæ per Comitatus, Centurias & Decurias descripserat &c.* Non taceam autem ipsum hunc *Ingulphum* Domesdei opus quod codicibus binis extat satis grandibus, *Rotulum* appellasse; ac si vocabulum illud eo sensu concepisset, quo nos hodie *volumen*: Mox enim ante ait, —— *Iste* Rotulus *Vocatus est* Rotulus Wintoniæ, *& ab Anglis pro suâ generalitate omnia tenementa totius terræ integrè continente* **Domesday** *cognominatur.* Vide locum hunc *Ingulphi* magis perspicuè, in voce *Domesdei*.

Ad exteros abeamus; nam & his innotuit antiquius multa quam apud nos hoc vocabulum.

Hincmarus in prolixiss. Epist. ad *Nicholaum* PP. *Flodoard.* lib. 3. cap. 14. *Missi authoritati vestræ quadam ex verbis & Catholicorum sensibus in* Rotula. Idem *Hincmarus* nepoti suo *Hincmaro* Episcopo, ibidem cap. 21. —— *Prolixissimam* Rotulam *mendaciis & irrationabilitatibus, & inproperiis contra veritatem & authoritatem repletam mihi misisti.* Ipse etiam *Flodoardus* eodem lib. cap. 11. —— *Tunc surgens Immo Noviomagensis Episcopus porrexit* Rotulum, *authoritatem Canonicam & Apostolicam continentem*, Et aliàs.

¶ ***Rotulus Wintoniæ.***] Dicebatur illa Angliæ descriptio (supradicta) quæ ab *Alnredo* Rege facta est; Aliàs *Domesdei* nuncupata. *Wintoniæ* autem nomen obtinet, quod illic olim reposita esset, inter cætera regni Scripta & monumenta. Et fuisse videtur *Wintonia* archivum regium usq; seculum...... Nam sic *Girald. Cambr.* lib. 2. cap. 6. Per quem (*Joh. Salisberiens.* postmodum Episcopum) idem Papa (Adrianus 4.) Regi annulum in investituræ (Regni Hiberniæ) signum præsentavit: Qui statim, simul cum privilegio, in Archivis *Wintoniæ* repositus fuerat.

¶ ***Rotulus Cancellariæ.***] *Bracton.* fol. 3. 31. 6. cap. 24. Juxta Lamb. de antiq. Curiarum. Omnia Brevia de pace (quæ sunt prohibitiones) irrotulari debent in *Rotulo de Cancellariâ*.

Vide M. P. in an. 1110. p. 61.

¶ ***Rouage.***] Vide supra *Rotaticum*.

¶ ***Routa.***] *Ruta*, *Rutta*, *Rotta*, etiam Græcis ῥοῦτα, à Germ. **Rott**, i. *globus*, turma, cohors, manipulus, agmen, Translatum à *Rota*: quod compactus manipulus, globum exprimit, vel *Rotam*. Sic à cunei similitudine turma, aliàs cuneus appellatur. Itaq; & aliàs Rapta dicitur, à **Raat** Ger. i. *Rota*. V. Roture Gal.

Routæ meminit *Nicetas Choniates* in *Balduini Flandr.* Imp. ἀμέλει καὶ μοῖραν τοῦ κατὰ σφᾶς στρατεύματος προεκπέμψαντες, ἣν ῥοῦταν ὠνόμαζον, πᾶν τὸ πρὸς ἰσχύος ἀνεπεγκλήτως δρᾶν ἐκδεδώκασιν ἐν τῷ τὰς πόλεις ἐπιέναι τὰς ἀποστάσας, i. —— *Partem itaq; exercitus, qui cum eis erat præmittentes,* Routam *hanc vocant, potestatem ei omnem dederunt, ut in Civitates quæ defecissent pro arbitrio suo animadverterent.* p. 183. ῥοῦταν hic, Interpres *Rottam* vertit, *Papias* zauam, aliàs zanam, *Rutam* explicat: quod idem in Longobard. Ll. lib. 1. tit. 18. l. 2. adunatio dicitur. Mali homines (inquit Lex) *Zanas*, id est *adunationes* faciunt.

Gulielmus noster *Nubrigens.* lib. 2. cap. 27. —— *Rex stipendiarias Bribantionum copias, quas* Rutas *vocant, accersivit.* Et lib. 5. cap. 15. —— *Stipendiariam militiam, quam* Rutas *vocant.* Item *Arnoldus* Abb. in continuatione *Helmoldi* lib. 2. cap. 30. —— *Philippus Coloniensis, contracto exercitu, secundam expeditionem instauravit, habens in Comitatu suo illos quorum secta* Rote *dicitur.* Fide nitor Lindenbrogianâ, qui *Rote* hic intelligit pro *Ruta*, quasi à Latina *Rota* initium sumeret, idemq; esset quod globus: de quo *Vegetius* lib. 3. cap. 19. —— *Globus dicitur, quia sua acie separatus, vago superventu incursat inimicos, contra quem alter populosior, vel fortior immittitur globus.* Supra dicit alam rotundes.

Huc pertinent quibus *Gulielmum Marescallum* alloquitur Rex noster *Johannes* apud Britonem Armorican. Philippidos lib. 7.

Accipe selectos equites Gulielme trecentos,
Et famulos in equis tria milia, sume clientes
Mille quater pedites tecum; Lupicarica rupta
Fac eat, ite simul tenebrosa noctis in umbra.

Ibid paulò inferius.

Hac ex parte Comes Robertus mansit, & hæres
Hugo Novi castri, Symon, & rupta *Cadoci,*
Hi se clauserunt prope ripas, ingeniorum
Cura quibus pontemq; data est à rege tuendi.

Et sic pluries. Ut in *Rupta* videas, quod ergo quære.

Routam autem strictius intelligunt forenses nostri & in malam partem. Esse scil. illegitimam multorum coadunationem ad illegitimum quidpiam impetu perpetrandum. Saxones nostri hoc (opinor) loð dixerunt, quod vide supra.

¶ ***Rozus.***] Adject. Tortarius Floriacens.

cens. de Translat. S. Mauri Martyris : in Floriacens. Bibliotheca Benedictinâ.

Hic glaucoma cadit, captis dolor aufugit omnis,
Ulcere Rozacutis *fit Mauri munere* * *lenis.*

¶ **Ruberum, ri.**] Incisio, signatura limitalis ; ut me docuit Glossar. *Freheri* in Chron. Laurishamens. Ubi sub an. 764. in Donatione *Cancronis* sic legitur. —— *Confirmamus terram & silvam, qui est in illa Marcha de Birstat, seu in ipso fine : de illo* Rubero *qui est de Ecclesia sancti Nazarii ad partem meridianam, inter partem sancti Petri per Agilofum, & suos consortes pro signo incisa ; & inde ad partem orientalem, usq; ad fluvium certum Wisgoz, ubi marcha de Basinsheim conjungit : & de ipso* Rubero *ad partem Aquilonis, sicut ipsa incisio arborum in ipsa die facta fuit, qua vulgo lachus appellatur, sive divisio.*

¶ **Ruceum, &** **Ruchetum.**] Vide supra Roccus.

¶ **Ruffiura.**] V. *Riffiura.*

¶ **Rusia, iæ.**] Chart. Alam. Gold. 58. — *Ecclesia & Rectores ejus habeant ad possedendum &c. hoc est auro & argento solidos 70. & caballos 5. cum saumas, &* rusias, *& filtros, cum stradura sua, ad nostrum iter ad Romam ambulandum.*

¶ **Rugi.**] Ii qui (nec pridem) *Russi* & *Russii* dicuntur Græcis.
Ll. Ed. *Conf.* cap. 35. tit. De l. Noricorum — *Aufugit ad Regnum* Rugorum *quod nos melius vocamus* Russiam. Et mox de *Margareta* sorore *Edgari*, Reginâ Scotiæ. —— *Ex parte verò Matris, ex genere & sanguine Regum* Rugorum.

¶ **Runcilus, &** **Runcinus, ni.**] Equus operarius colonicus, clitellarius, Sagmarius.

Vox crebra in *Domesdei.* Ubi titt. *Norfolk.* Rex. Hundredus de **Galgou** — *In* Facenham *tenebat* Heroldus *tempore Regis Edwardi* (scil. Confessoris) *duas carucatas terræ &c. Semper tres* Runcinos, *& 27 porcos, & 200 oves.* Et paulo infra, —*Adhuc berwita, & carucatam terræ in* Creic. *Semper 10 villanos, tunc 11 bordarios, modo 4. Semper in dominico unam carucatam, tunc bons. 3. carucatam modo unam & dimidiam. Semper unum* Runcinum, *& 30 porcos & 80 oves & 4 socmannos de &c.* Placita An. 6 Ric. 1. Rot. 1. *Warwick. Richardus de Wanesi ponit totam terram suam &c. Et dicit quod dedit domino suo unum palfridum ad motum suum, & dominus ejus dimisit ei unum* Runcinum *trottantem*, i. Anglicè **a load horse.** *Chaucer.* in Charactere *nauta.*

He rode upon a Rowncy as he could.

Eodem sensu dici videtur *Runcilus* Domesd. titttt. Essex. Rex. Hundr. de *Chemeresforde*, Belcham, Wicham —— *Silva 20 perc. 10 acrarum prati ; 2* Runcili ; *4 aralia ; 23 porci ; 50. oves &c.*

¶ **Runco, onis.**] Sarculum ; Angl. **a weeding hook.** Item is qui eâ utitur.

¶ **Runicæ literæ.**]

Henricus Spelman Anglus Ornatiss. Eruditissimoq; viro Olao Wormio D. Med. & profes. pub. S P.

Elapsum est semestre spatium (mi *Olae*) ex quo literas tuas humaniss. cum libro tuo liberi genii & doctissimi testimonio suscipiebam. Respondere tamen non interea licuit, clauso aliàs mari, & desiderato aliàs tabellario. Incertus etiam jam nunc scribo, nec effundam igitur oleum in singulos literarum tuarum apices ; sed quo te maximè compellatum aveo, de voce, *Runica.* Nec audaciæ videatur, Anglum me & Danici idiomatis omnino inexpertum, de vocum Danicarum origine disputare. Intelligendum enim est, linguam nostram ex eisdem natam esse radicibus ; Et quadrupili mixtione Danicæ conjunctam. Primò, veterum è Germania Saxonum. Secundò, Gothorum. Tertiò veterum ipsorum Danorum. Et quartò, Norwegiensium ; qui tum cum Danis, postea, cum Normannis introierunt Angliam. Res in confesso est, nec Authorum egeat laudatione. De literis Runicis.

Non dubitemus igitur latere apud nos uniuscujusq; istarum Gentium vocabulorum origines complurimas : & cum hoc in aliis sat feliciter experti simus (sine obsecro mi *Olae*) ut de origine vocis vestræ ᚱᚢᚾᛁᚴᛅ sive ᚱᚢᚾᛁᚴ, id est, *Runica,* pro genio & ingenio nostro effundam paucula.

Ducor equidem ut à te dissentiam. Neq; enim à ᚱᛁᚾ, *Ren*, pro ductu aquarum (quod & nostrâ linguâ sonet) nec à ᚱᚢᚴ *Ryn*, pro sulco in terrâ, quamvis à re agrariâ, humilibusq; initiis, multa olim exorta noverim : sed à rýne, aliàs ȝerýne, Saxonico, quod mysterium & rem occultam significat. Sic Lucæ Cap. 8. 10. Eoƿ iſ ȝeſeald þ ȝe ƿitun Godeſ ƿiceſ ȝerýne ⁊ oðrum on biȝſpellum ; *Vobis datum est nosce Regni Dei mysterium, & aliàs parabolas.* Sic Mat. 13. 11. & Mar. 4. 11. Godeſ ric ȝerýne ; *Regni Dei mysteria.* Sic runlice, & cum augmento Saxonico ȝerýn lice, idem sonat quod *mysterium*, vel *mysticè* & *occultè.* *Beda* 1 Reg. 1. ƿæſ he ȝerinelice ƿoro ſpecende id est, *mystica verba locutus est.* Et hinc ic runiȝ aliàs runeſe, *susurro*, vel occultè loquor. Unde in hodiernâ nostrâ linguâ vernaculâ **to roune one in the ear,** est *occultè aliquem in aure alloqui, vel in aure alicujus clanculum susurrare.* Ita prorsus in glossar. vet. Anglico-Latino MS. An. Dom. 1460. **To Rownyn**

Rounyn together, *susurro.* Et sic codex alius antiquitùs impressus.

Priscas igitur illas Danorum & Gothorum literas non appellatas censeo *Runicas*, quod ad similitudinem aquæductuum, sulcorum, araturæ (ut vestra fert opinio) vel rei alterius cujuscunq; formarentur: sed quod essent mysticæ & occultæ, Sacerdotalium illarum instar Ægyptiacarum, quas in simulacro *Canopi*, Antuerpiam aliquando allato, *Goropius* exhibet Hieroglypha: lib. 7. pag. 109. Nec vulgatum olim nomen, *Runica*; nam *Isidorus* in *Gothor.* Chron. sub Æra 415. dicit *Galfilam* eorum Episcopum, Gothicas literas (non *Runicas*) adinvenisse. Sed cum subjunxerit, ipsum etiam scripturas sacras in eandem linguam convertisse: ansam videatur fateor præbuisse cur dicerentur *Runicæ*; scil. quòd rebus sacris, mysticis, & occultis conservandis essent jam adhibitæ. Sed nec *Trithemius* Abbas in sua Polygraphiâ, nec *Bon. Vulcanius* in Commentariolis quos de Gothorum & aliarum Gentium borealium literis edidit; vel quidquam produnt de voce *Runicâ*, vel agnoscunt quidem nomine tenus. Ne (quod miror) ipse *Algrimus Jonas* in suâ Crymogrâ, ubi pluribus agit de hisce literis.

Runicæ præterea nuncupentur, sive mysticæ & occultæ, tum quod ab aliarum Gentium literis, mirâ discrepant insolentiâ: tum verò quod in occultis suis scientiis, putà magicis & præstigiatoriis, quibus borealis illa mundi pars præ cæteris pollet & polluta est, hujusmodi literæ & characteres (ut illæ Canopi in Ægypto) maximè claruêre. Dicantur & perinde harum literarum & scientiarum professores, *Runici*, sat appositè, quasi Mystagogæ: habeanturq; iidem apud Danos & Gothos, qui Britannis nostris atq; Gallis, Druides; Magi apud Persas; Gymnosophistæ apud Indos, & in quavis penè Gente similes.

In eo deniq; quod Saxonibus olim aliàs ȝ yne al. ȝune, aliàs ȝeȝyne & ȝeȝune legimus inconstanter; intelligendum est, ȝe, particulam esse cum apud Saxones nostros, tum apud Germanos omnes (sed aspiratum, ghe, ab inferioribus) quæ non mutat vocis significationem, sed auget potius & adornat. Præpositam verò aliàs verbis & participiis præteriti temporis, aliàs verbalibus, & ad Auctoris aliquando placitum, nonnullis aliis. Majores nostri Normannos imitantes, hanc in y mutarunt, ut *Chaucerus* passim. Et quoad u in y migrationem, & è contra, illud etiam unicuiq; cessit pro arbitrio inter Anglo-Saxones, ut infinitis palam est exemplis.

Vides quo nævorum meorum rapior blandimentis; tu quod sanius tibi videbitur, amplectere, initamq; nostram cole amicitiam. Bene vale. *Londini* (pullulante jam Epidemiâ quam avertat Deus) Nonis Maii CIↃ. IↃDXXX. è vico *Barbacan*, Hafniam.

¶ *Ruoda.*] Ll. Saxonum tit. 2. §. 1 —— *Qui nobilem occiderit, DCCCxl. sol. componat.* Rouda *quod dicitur apud Saxones, Cxx sol. & interpremium Cxx sol.* Ruod *veteri linguâ Saxonicâ crucem significat. Gloss Crux vel stauros* **Rod**. Symbolum Apostolorum linguâ Saxa. **on rode a hangen**, i. *Cruci affixus.* Atq; inde forsan **Ruogstab** accusatio capitis. Apud *Otfridum* Evangel. lib. 4. cap. 4. *Willeram* in Cantic. Canticor. Hæc in legem illam *Lindenbrogus*, quam me fateor attamen non intelligere: nisi hoc fortè voluerit: quod interfector ultra cæteram mulctam Cruci etiam dominicæ, quæ in unaquaq; Ecclesiâ habebatur, Cxx solidos veniæ redimendæ gratiâ delibaret. Certè Saxones nostri, Crucem rod appellarunt: Etiam locum eminentiorem, quo in Ecclesiis sistebatur, posteri **the Rodeloft.** Quin & diem quæ exaltationi Crucis addicta fuit, hodie nos **holy rode day** vocamus, i. *diem sanctæ Crucis.* Etiam senes audivi puer, sæpius jurantes, **by the Rode**, i. *per Crucem.*

¶ *Ruppis, pis.*] Brit. Armor. Philippid. lib. 5.

Littore Sequanio, muros ubi postea ruppis
Gaillardæ struxit.

Opinor idem quod *Rupta*, quod vide.

¶ *Ruptarius, & Rapta, tæ.*] Forte etiam Ruppis.

¶ *Rupta, tæ.*] Idem quod *Routa* & *Ruta* quæ vide.

Est autem turma, globus, cohors, manipulus.

Brito Armoric. Philippid. lib. 7.

—— *Sume clientes*
Mille quater pedites tecum, lupicarica rupta
Fac eat: ite simul tenebrosa noctis in umbra.

De quo Meursius in vocabulo Ῥουχίον, nihili est (inquit) quod hodie editur tecum lupicarica *rupta*, Nam Lupicarus unus est è præfectis. Ideoq; is sic emendat Lupicarica rutta. Certè Lupicarica, littera majuscula scribendum erat, nam quod rectè asserit ad nomen proprium pertinet; sed rectè satis rupta legitur, & juxta animum authoris, qui sæpius eo utitur, non Germanicum sed suum secutus idioma, cui etiam & nostrum non est alienum qui alio sensu **banckrout** & **banckrupte** indifferenter dicimus.

Sed ipsum Britonem alias audi ne mendosè hic vel ei vel scriptori rearis obrepsisse. Sic enim ille lib. 5. de Episcopo Belnaci & domino Melloti captivatis,

Quos Marcharderi sic clausit rupta *quod ambo*
Dum patriæ pugnant, capti vinctiq; catenis
Carcere multa diu clausi tormenta tulerunt.

Et

Et paulo inferius, de exercitu Regis Richardi, Philippo occurrenti dum Curcellis pergeret.

Cujus cum mille & quingenti militis esset
Armati numerus, bellatorumq; minorum
Millia dena quater & Marchaderica rupta
Excedens numerum.

Et lib. 7. quod Meursii etiam se oculis obtulit, nam illico sequitur locum ante dictum ab ipso citatum.

Hac ex parte Comes Robertus mansit & hares
Hugo novi castri, Symon & rupta *Cadoci,*
Hi se clauserunt prope ripas ingeniorum.
i. machinarum.

Mat. Par. in An. 1199. Sed quoniam idem Episcopus (Beluacensis) contra ordinis sui dignitatem captus fuerat in armis, ut miles vel *ruptarius*, non prius est abire permissus donec 6000 argenti marcis ad pondus sterlingorum numeratis & fisco commendatis Regiæ concupiscentiæ satisfecit.

Vide *Rutters*, Holl. pa. 243. b. & *Ruptarii* ibid. pag. 99. c. a. Et 98. col. b. l. 51. &c.

Contra *Ruptarios* & Brebantios, Vide Con. gen. Lateran. Anno 1179. M. P. pag. 132. l. 7.

Qui etiam locus pari laborat vitio in impresso codice, nam cadocum scribitur cum *c* minutiori quod lectorem forte detineat. Sed manifesta est correctio: nam Cadocus dominus fuit castri Galienis, ut supra liquet lib. 5.

Quem Dominus castri summa de turre Cadocus
Intuitus, &c.

Et lib. 8. perspicuè editur,

Cumq; sua nulli rupta *parcente Cadocus.*

Etiam lib. 9.

Cumq; sua nulli rupta *parcente Cadocus.*

Ruptarii. Qui sunt è *rupta*. Mat. Par. in An. 1196. Cruentissimi *ruptarii* —Markadeus, Algais, & Lupescarus. Et infra, qui Duces fuerunt catervæ (quam *Ruttam* vocamus) militantes sub Comite Jo. fratre Regis Richardi, equitationem facerent, &c.

¶ ***Rusca, cæ.***] Domesd. V.

¶ ***Rusche.***] *Mellarium, Alveare.* Sic enim significare videtur in Carta *Will. de Bray* militis facta Canonicis de *Osney* — *Ita tamen ut tantum de apicibus, quas ipse Will. & heredes sui, & homines sui, in Curiis habebunt, Decimas percipiant; scil. de* Ruschis.

Ruche Gall. *Alveare* Lat.

¶ ***Rusellus.***] Brito Armorica. Philippid. 1. p. 241.

Terra Biensis habet castellum nomine Braiam,
In quo Judæos plures Comitissa Brenensis
More suo nummos dantes ad fœnus habebat,
Contigit, ut fidei nostræ confessor, agrestis
Quidam, quam plures solidos deberet eisdem,
Qui cum non esset solvendo, contulit illis
Arbitrio Comitissa suo punire rusellum,
Præcipuè quoniam Judæis probra tulisset, &c.

Hunc Judæi vinctum flagellatumq; crucifixerunt, latus etiam ejus hasta perfosserunt, quam ob rem à Philippo Rege omnes combusti sunt. Sed hic quæritur quid *rusellum* velit: quod me fateor ignorare, ni dicatur à Gall. *ruser*, i. decipere, fraudare, ac si Comitissa eum uti Judæorum fraudatorem tradidisset, quod pecuniam debitam non persolverat.

¶ ***Ruta, & Rutta.***] Vide Routa.

¶ ***Rutellus.***] Genus teli, rutabulum. Histor. Australis sub anno 1296. Abbas Almundensis Stiriæ sævus exactor, tyrannus & hominum toror, à quodam suo cognito in lecto suo sagittatus, postea gladiis & *rutellis* confossus, demum capite truncatus &c.

Saba-

A*banum*, & *Sabarium*.] Mappa, faciterigium voc. V. *Meurs*. Ad.

¶ *Sabbatum*.] Pro pace. *Domesd*. Titt. *Sudsex*. Terra Will. Episcopi de Tetfort. *Bisedes* hundred. nu. 18. *Postquam* Willielmus *Rex advenit & sedebat in* sabbato, *&* Willielmus Mallet *fecit suum Castellum, de* Eiâ, *&c.*

¶ *Sac*, al. *Saca*, & *Sacha*.] Hoc secundùm Ger. dialectum, illud Sax. Est cognitio quam dominus habet in curiâ suâ, de causis litibusq; inter vassallos suos exorientibus. Scotis *Sacca*, vel ut juris nostri vocabulis utar, *Sac* est privilegium, quod Dominus habet infra Manerium suum, tenendi placita de transgressionibus, aliisq; controversiis ibidem enatis : Fines etiam & amerciamenta, ratione istorum, tenentibus suis imponendi, levandi & colligendi. Dictum à Saxon. ſac, i. *causa, lis, certamen*, à quo ſacan contendere, & Sacful pro contentioso, & hodie dicimus **for Christs sake**, i. *pro causâ Christi*. Quin & Germanicè etiam hodie **Sach** *causam*, & *litem* significat. **Du handlest** in **meiner Sach**, *Tu adhuc causam meam agis*. **Die Sach stadt noch am richter**, *adhuc sub judice lis est*. Hinc Judex *Sachbaro*, & *Sagibaro* dictus est, quod vide.

Rastal. tit. **Exposition of old words** —— **Sak**, *hoc est placitum & emenda de transgressionibus hominum curia vestra ; quia* **sac** *Anglicè est* acheson *Gallicè, & dicitur* forsichesak *idem quod* pur quel acheson ; *&* Sac *dicitur pro* forfeit. *Acheson* equidem hodie, *achoison occasionem* significat, & *calumniam*, achoisonner *calumniari*.

Audi leg. Divi *Edouardi* Confessor. De Baronibus, qui suas habent Curias & consuetudines, c. 21. *Archiepiscopi, Episcopi, Comites, Barones, & omnes qui habuerint* sacham *&* socam, tol, theam, *&* infangthefe ; *etiam milites* (id est liberos tenentes) *suos & proprios servientes ; scilicet Dapiferos, Pincernas, Camerarios, Pistores & Cocos sub suo friborgo* (hoc est fidejussione de se bene gerendo) *habeant. Quod si cui forisfacerent* (i. in aliquem delinquerent) *& clamor vicinorum* (nos **hu and cry** dicimus) *de eis assurgeret, ipsi tenerent eos rectitudini in Curiâ suâ. Illi dico qui habent* sacham, *&* socham, tol, *&* theam, *&* infangthefe. Et cap. 22. Sacha *est, quod si quilibet aliquem nominatim de aliquo calumniatus fuerit, & ille negaverit ; forisfactura probationis, vel negationis (si evenerit) sua erit* ; id est, mulcta, quæ vel imponitur actori sive querenti ob falsam clamorem, si ita fuerit inventus : vel reo seu defendenti, si de illatâ injuriâ is culpabilis judicetur.

Alibi *Sak* placitum & emend. de transgr. hominum in Curia Domini. **Sak** Anglicè *encheison* Gallice, & **Sak** dicitur *pur forfayt*.

Reg. Majest. Scot. lib. 1. cap. 4. §. 2. —— *Et quadam placita criminalia pertinent ad quosdam prædictorum* (scil. Baronum, Comitum &c.) *maximè qui habent & tenent Curias suas, cum* socco, *&* sacca, *furca & fossa, Toill, & Theme, Infang-thiefe, & outfang-theife*. Ll. Henr. 1. cap. 21.

Vide *Sacam* & *Socam* quibusdam feriis seu nundinis concessa: supra, *Feria*.

¶ *Sacaburth*, al. *Sakebere*.] V. Cow. *Saccabor* Bract. lib. 3. Tra. 2. cap. 35. nu. 1. *Sathaber* Stamf. lib. 1. cap. 21.

Bracton. lib. 3. tract. de *Coronâ* cap. 32. nu. 2. & cap. 35. n. 1. *Furtum verò manifestum est, ubi latro deprehensus est seysitus de aliquo latrocinio, scil.* **hondhabend**, *&* **baeberende**, *& insecutus fuerit per aliquem, cujus res illa fuerit, qui dicitur* **sakaburth**, *& sine sectâ cognoverit se inde esse latronem coram Vicecomite, vel Coronatore, vel serviente Domini Regis, cum testimonio proborum hominum ; extunc furtum dedicere non possit, quia tales in hoc habent recordum*. Ubi *Sacaburth* idem significare opinor quod apud Scotos **Sacreborgh** & **Sikerborgh**, hoc est *certum vel securum plegium vel pignus* : **Siker** enim *securus* : **borgh** *plegius* vel *pignus* : ac si, qui cum ipsâ re furtivâ, fugiens apprehensus sit, suum per hanc reatum tanquam per certissimum pignus, prodidisse videtur. An dicatur *Sacaburth* à ſac sive ſaca id est q. *lis* vel *causa*, *prosecutio*, buꝛh *pignus*: propterea quod res furtiva sit quasi causæ pignus, hoc est furti symbolum, vel

Sikerborgh autem apud Scotos dicitur cautio quam pars actrix coram judice interponit, de accusatione suâ, vel de lite prosequendâ. Quon. Attach. cap. 1. §. 1. —— *Attachiamenta sunt principium & origo Placitorum de* Wrang *&* Vnlauch, *& aliorum, quæ prosecuta sunt per* **Sikerborgh**. Et §. 6. *Apparente autem certo accusatore, ab initio fama, accusator attachiabitur per plegios, si quos habuerit, quod placitum suum prosequetur. §. 7. Si non habuerit fidei suæ religionis solet* committi. V. *Infangthefe*.

Saccabor, vel *Sacaber* fortè q. causam ferens

vel

vel prosequens, vel litis prosequendæ plegius. [V. *Byrthinsack* quod huc nihil.]

Ego Joh. filius domini Joh. de Eston confirmavi Ecclesiæ S. Mariæ de Bridlington, *omnes terras tenementa & feoda &c. quæ unquam habuerunt de feodo meo in Com. Ebor. usq; ad diem præsentem. Concedo etiam quod nec Prior nec tenentes sui per aliquam actionem, querelam, vel* Sacrabarum, *in Curiâ de* Thornton *in valle de* Pickering, *nec alibi ubicunq; in Com. Ebor. implacitentur, nec aliquâ occasione, exactione, vel demandâ, per me vel hæredes meos distringentur.* Dat. 7 E. 1. Lib. de *Bridlington* penès *Jacobum Bellingham* militem 1628.

¶ *Sacaber.*] Quasi sacam ferens vel lator.

¶ *Saccellarius*, al. *Sacellarius.*] Illud à Latino *sacellus*, hoc à Gr. σακέλλα: quod utrisq; *marsupium* significat vel *sacculum*. *Hincmari*, quin & B. *Augustini* ævo sic dictus qui pecuniarum *sacello*, præpositus in Aulâ Regiâ militibus, operariis ministris: in Ecclesiâ, pauperibus & sacratæ functionis clientibus, stipendia erogabat & munera. In quibusdam monasteriis *Bersarius* postea dictus, & *Bursarius*, quod itemq; nominis in Academiarum collegiis adhuc retinetur, usitatius autem hodie *Thesaurarius* appellatur. In prisco Vocabular. **a Styward** interpretatur. V. *Onuph.*

Hincmarus tamen Epist. 3. cap. 17. *Saccellarium* & *Bersarium*, diversos numerat in Aulâ Franciâ: Sed nec hunc aut illum inferioris multo facere videtur conditionis, quam præcipuos ipsos palatii ministros: Sic enim ille —— *Et quamvis sub ipsis (Comitibus* scil. &c. *)*

¶ *Saccus cum brochiâ.*] Vide supra *Brochia.*

¶ *Saccus Lanæ.*] Continet apud nos 26 petras; petra 14 libras. 1 Stat. an. 14. Edw. 3. cap. 21. — *Apud Scotos verò 24 petras, & petra 16 pond. Turonensia*, ut *Skenæus* notat in Stat. Da. 2. cap. 39.

¶ *Sacellum.*] Non à Sacro, sed à sacciolo dictum, quo pecunias recondebant. *Ærarium.*

¶ *Sachbaro.*] Item quod *Sagibaro* quod vide.

¶ *Sacio, cis; sacire.*] Idem quod posteris saisire & seisire; hoc est *apprehendere, capere, diripere*. Deduci tamen videtur à Latino *sociare*, ac si *sacire* aliud non esset quam *rem alterius, nostris sociare*: Eoq; sensu non semel legitur in Formul. Solenn. viz. nu. 19. *Ut alubi ipsas res* (vobis scil. per me venditas) *nec vendere, nec donare, nec alienare, nec ad alias casas Dei delegare, nec in naufragium ponere, nec ad proprium* sacire, *nec hæredibus meis in alode derelinquere pontificium* (i. potestatem) *habeam ad faciendum.* Et form. seq. —— *ipsam rem alubi, nec vendere, nec donare, nec alienare, nec ad alias casas Dei delegare, nec ad proprium* sacire *&c. potestatem habeas ad faciendum.* Item num. 150. De eo qui rem alterius quam excolit, ad proprietatem suam *sacire* voluit — *Dum per malorum hominum consilium (quod non debueram) de terra vestra in loco nuncupato ill. quam excolere videor, avellere amavi, & ipsam terram ad proprietatem* sacire, *& non potui &c.* Sed expresso verbo in *Boior.* Ll. tit. 17. l. 2. *Sociare* dicitur. —— *De his qui propriam alodem vendunt, vel quascunq; res, & ab emptore alter abstrahere voluerit, &* sibi sociare *in patrimonium: tunc dicat emptor ad venditorem &c.* Vide *Saiso.*

¶ *Sacra.*] P. Diacon. Hist. lib. 15. in *Anastasio*, sub An. 1226. pag. 432.— *Miserat enim (Imperator) Vitaliano* Sacram, *quo transmitteret eam Romam, ut Papa proficisceretur ad celebrandam synodum apud Heracleam.* Et lib. 16. in *Justino* 2. sub An. 558. pag. 471. *Imperator Julianum magistrum cum* Sacra *destinaverit ad Archetem Regem Æthiopum.* Infra — *Cum autem suscipisset Imperatoris* Sacram, *osculatus est signaculum, quod habebat pectusculum Imperatoris.* —— *Porro cum legisset* Sacram, *invenit se contra Regem Persarum armaret.*

¶ *Sacramentum super arma.*] *Aimoin.* lib. 4. cap. 26. — *Hoc pactum* Sacramento *quidem* super arma *ut eis* (i. Saxonibus) *mos erat juramentibus, formatum.*

¶ *Sacramentum plenum.*] Dictum reor de completo numero duodenario, ut in Ll. *Ed. Confes.* ab Ingulpho datis cap. 17.

¶ *Sacrarium.*] Propriè, locus quo res sacræ reponuntur; per translationem autem quodlibet thesaurarium. *Flodoard.* lib. 2. cap. 2. — Sacrarium *domus Ecclesiæ Remensis*, *quod censeo non tantum dici de loco, ubi Sacra & Reliquiæ recondebantur, sed & cætera opes Ecclesiæ illius.*

¶ *Sacrista*, & *Sacristarius.*] Rerum sacratarum Custos. Præfectus Sacrarii. Ger. **Sacristaine**, q. *Sacristar*. Majoribus nostris **Segerstane**, atque inde hodie **Sexten**, vel **Segtten**.

Brito Armor. in fine lib. 12. de furibus verba faciens, qui Sacrarium Ecclesiæ S. Germani compilarunt.

Clam præsumpserunt Res exportare sacratas:
Deinde sacrista *loci capsam stans ante beati*
Præsulis, ipsius lachrimosa voce vocabat.
Nomen &c.

Spec. Sax. Art. 71. — *Exceptis Clericis, mulieribus*, *sacristis*, id est, *Ecclesiarum custodibus, & pastoribus.*

¶ *Sacrivus.*] L. Sal. tit. 2. §. 14. — "Si quis (porcum) maialem *sacrivum*, quod "dicitur votivus furaverit; & hoc cum testibus, "ille qui eum perdidit potuerit adprobare quod "sacrivus fuisset, DCC denar. &c. culpab. judicetur." Ibi Gloss. *Linden.* Sacrivus porcus, id est, qui defensor est aliorum porcorum.

¶ *Sacrobarra*,] Lib. MS. de Officio Coronatoris — *Inquirendum est per 12 juratos pro Rege super sacramentum suum, quod fideliter præsentabunt sine ullo concelamento omnes fortunas* (i. fortuitò occisos) *abjurationes, Appella, Murdra*, Sacrobarra, *felonia factas, per quos & quot &c.* Quære an *Sacrobarra* idem non sit quod *Sacrilegia*.

¶ *Sagibaro*, al. *Sachbaro*.] Idem quod hodie *Justiciarius*. Erant autem *Sagibarones*, causarum judices, qui in mallis & publicis conventibus jus dicebant, litesq; dirimebant, à quo & nomen: Nam *Sac* quod alii *Sag*, pronunciant, *causam* vel *litem* significat, ut supra ostendimus in eo vocabulo: *Baro*, *virum* vel *hominem*; quasi diceres *virum causarum*, vel *causis & litibus præpositum* — *Sagibarones* (inquit Gloss. in leg. Salic.) *dicuntur quasi senatores*, Gall. *hommes de loy, ou de causes*.

Ll. *Inæ* Regis Anglo-Saxonis cap. 6. MS. — *Si quis in Ecclesiâ pugnet*, 120 *solidos emendet. Si in domo Aldermanni, vel alterius* sagibaronis *pugnet*, 60 *solidos emendet, & alios* 60 *pro wyta*. In exemplari Saxonico ȝeðunȝenes pitan hoc loco legitur pro *Sagibaronis*, quod *Lambardus* vertit *sapientis honorati*.

L. Salic. tit. 56. §. 2. *Si quis* Sagibaronem, *qui puer* (i. minister) *Regis fuerat, occiderit*, 12 *denar. qui faciunt* sol. 300. *culpabilis judicetur*.

§ 3. *Si quis* Sagibaronem *qui ingenuus est, & se* Sagibaronem *posuit, occiderit*, 24 *den. qui faciunt sol.* 600. *culpabilis judicetur*.

§ 4. Sagibarones *in singulis mallobergiis*, i.e. *plebs quæ ad unum mallum convenire solet, plus quam tres esse non debent: & si causa aliqua ante illos secundùm legem, fuerit definita, ante grafionem removere eam non licet*.

¶ *Sagma, sagmatis*, & *Sagma, Sagmæ*, aliàs *Saugma, Sauma, Salma, Sagina, Soma, Summagium*. Item *Sagmarius*, & *Sagmaria, Saumarius*, & *Saumaria*, *Soumarius*, & *Soumaria, Sumarius*, & *Sumaria, Saginarius*, & *Saginaria*.] Hæc equum vel equam clitellarium & jumentum quodcunq; sarcinam aut onera deferens: illa onus, sarcinam, ipsasq; clitellas significantia. Omnia ut alii atq; alii volunt, à *Sagma*, & hoc ipsum à *Sagum*. Sed perperam, uti mihi videtur. *Balbus* in Catholico, apud *Goldast*. Sagma à Sagum *dicitur, quæ corruptè vulgò dicitur* Sauma, *vel* Salma, i. e. Sella, *vel* Pondus, *vel* Sarcina, *quæ super sellam ponitur. Unde* Sagmarius, *i. e.* Caballus; *& hæc* Sagmaria, *i. e.* equa *vel* mula: *vel ut generaliter dicam, quodlibet jumentum potest dici* Sagmarius, *vel* Sagmaria, *pro diversitate sexuum*. Quod quidem ab *Isodor*. Origin. lib. 20. cap. 16. depromptum est. — Sagma (inquit) *quæ corruptè vulgò* Sauma, *à stratu sagorum vocatur: unde &* caballus sagmarius, mula sagmaria. Error certè in utroq; manifestus: nam *Sagma* Græcum est, nec à Latinis quærendum, licet *Sagum* etiam sit Græ. σάγος sed ut ait lexographus, Σάγμα *onus jumenti sarcinarii*, ἀπὸ τοῦ σάξαι.

Sagma autem, thecam scuti propriè significare, deinde sellam, ephippia, & instratum quo desuper equo mollior sit sessio, fusè satis ostendit *Cælius Rhodiginus* lib. 17. cap. 14. Et interpres veteris testamenti Levit. cap. 15. 9. *Sagma* usurpatur pro *sellâ* equestri: Græcum proculdubio sequutus, quod illic repererat ἐπίσαγμα. In quem locum *Hugo Cardinal*. Sagma sagmatis (inquit) est *stratura asini* vel *equi*. Sed etiam aliqui libri habent *sagina*. Hoc autem verbum (*sagina*) expugnant *Goldastus* & *Meursius*, quod tamen restituendum censeo, ut infra suo loco dicemus. Item Gloss. Latino-Theotis. apud *Lindenb*. Sagma (inquit) *feltrum* vel **Stoulsoum**, i. e.

Et *Vegetius* de mulo — medicinâ lib. cap. 59. — *sub sellis & sagmis solo tergo præstat officium*.

A *Sagma* proculdubio fit *Sagmarius*; unde *Lampridius* ante alios primum dixisse reor *equum Sagmarium* (vel *saginarium*) pro equo sellâ fœmineâ instrato: de quo mox infra. Cæteræ omnes voces prædictæ Latino-barbaræ, viz. *sauma, soma, saumarius, somarius, soumarius, sumarius*, non à *sagma* pro *sella*, sed à Gall. *saume*, Ital. *soma*, Germ. **seme & somme**, quæ onus vel *arcinam* significant plerunq; unius jumenti, ducta reor, a Latino *summa*, quasi *summa e us oneris*, vel rerum constrictarum. Sed hoc vide sigillatim suis locis. V. *Saugma*.

Apud Symphorianum Campegium in Galliæ Celticæ Campo, Cap. de Præfecto Regio Lugdunum misso, fol Dd. onus dicitur — *Tunc Regio fretus mandato in Burgundiam concessit, unde nec citra diligentiam bis mille tritici oncra advexit, quo commeatu Lugdunensis populus vires revocavit*. Frumenti onus equinum, nos a **seam** dicimus.

¶ *Saginarius*.] Idem quod *Sagmarius*, id est, Equus, Asinus vel mulus, sella, *sagmate*, vel *sagmate* equitationis gratiâ instratus. Jumentum etiam quodlibet Sarcinarium: & ejusdem custos, sive actor.

Sed quærendum est an verè exstat hæc dictio *saginarius*, an mendosè edatur à quibusdam pro *sagmarius*. Certè hoc contendunt viri acutissimi *Goldastus* & *Meursius*, & lectoribus facilè obreperet & scribentibus. *Rigordus* in vitâ *Philippi Augusti* — *Ex improviso de nemoribus egressus, militum caterva armatorum stipatus non modica*, saginarios *Regis Philippi, cum denariis & argento multo & variâ supellectile potenter abduxit*. Hic *Meursius* saginarios expungit: correctumq; reddit *sagmarios*. Inquit enim: hodie non rectum est quod editur *saginarios Regis* Item in Destructorio vitiorum cap. 96. Ubi *saginarius* legitur pro eo qui jumentum agit. — Saginarius *quidam bubulcus arabat pratum ut seminaret: sed boves, ut solebant, non arabant, imo pro posse recalcitrabant &c. Quibus* saginarius; *cupio arare pratum, ut mihi & vobis cibum tribuat*. Ista fusius citans *Goldastus* in Gloss.

Gloss. ad *Ekkehardum* juniorem, *Quibus* (inquit) *locis omnibus perperam in vulgatis codicibus & sagina & saginarius &c. excusum est.* Itaq; ipse (non ad exemplum *Meursii* cum antiquior sit paulo, sed suo arbitrio) *sagmarius* infert. Mendosè autem, si ubiq; legantur *sagina* & *saginarius* frequens ille error est, & ante 400 annos receptus, etiam in sacrâ Bibliâ: ut supra, in *Sagma* ostendimus ex *Hugone Cardinale*; qui *sagina* vocem non agnovit solum ac & sine stigmate pertransivit. Apud *Lampridium* quoq; in *Heliogabalo* legitur *quæ pilento, quæ equo saginario, quæ asino veheretur*: Sed hoc in aliis codicibus fateor *Sagmarius*.

¶ *Sagina, Saginatis.*] (Inquit priscus vocabularius) est stratura asini, vel sella dicitur, à *sagum*. Nam asini prius sternebantur *sagis*. *Papias* autem dicit, quod *sagina* Hæbraicè, Græcè, & Latinè dicitur, *sarcina, sella, pondus*. V. σάγη & σαγηνεύω Lex.

¶ *Saisina.*] V. infra *Seisina*.

¶ *Salma.*] V. *Sagma*.

¶ *Saugma.*] Vide *Sauma, ma*, & *Soma, ma*, pondus, sarcina: unius jumenti onus, à Gall. *saume* & *somme*, Ital. *Soma*, Germ. **some** & **Somme**, idem significantia. Vide supra *Sagma*.

¶ *Saumarius*, *Soumarius*, *Somarius*, *Samarius*, & *Summarius.*] Item in fœmin. gen. *Saumaria*, &c. Equus, mula, jumentum, sarcinarium vel clitellarium: & quod onera bajulat, Gall. *Sommier*. Ang. **Sumpter horse**, vel **pack-horse**.

Vide supra *Sagma*.

¶ *Sagum.*] Laicorum vestitus: ideoq; religiosis prohibitum; ut supra in *Casula*. Lego autem Alamanic. Rerum Tom. 2. in hist. de fratribus conscript. sub An. 908. Adalberum Pontificem Augustæ Vindelicæ, non solum monachis dedisse purpuras Tyriacas, & palliola viridia, cum camisibus &c. Sed unicuiq; etiam ipsorum, & fratrum, aut *sagum laneum album*, aut camisile subtile & grande &c.

¶ *Saiga.*] Numulus Germanicus antiquus, qui apud Alamannos simplicem tantum denarium valebat: apud Boioros tres. In Char. Alam. 60. *Saigit*.

L. Alaman. tit. 6. §. 2. — *Duas* saigas *valentem supra solidum &c.* §. 3. Saiga *autem est quarta pars tremissis; hoc est denarius unus, duo* saigæ *duo denarii dicuntur. Tremissis est tertia pars solidi, & sunt denarii quatuor.* Ibidem iterum atq; iterum. Et tit. 99. §. 16. — *Si quis capriolum occiderit* saiga, *si involatus fuerit, novemgeldos componat.*

Apud *Boioros* autem seu *Biawarios* tit. 8. cap. 2. §. 3. — *Si unam* saigam, *id est tres denarios furaverit, solus juret secundum legem vestram.* §. 4. *Si duas* saigas, *hoc est sex denarios, vel amplius usq; ad unum solidum quod sunt tres tremisses, cum sacramentali uno juret.* Item tit. 16. §. 2. — *Quantum jactus est de securi* saiga *valente*, aliàs pluries.

¶ *Saio, onis.*] Fori vel magistratus Gothici minister: qui reos protraxit in judicium, superiorisq; potestatis mandata exequibatur. Romanis, Apparitor, lictor: Aliis Serjandus, Balivus. Fortè à Sax. sagol, s ut passim solet in *i* verso. Est autem Sagol vel *Saiol* fustis seu baculus, cujusmodi apud nos etiam hodiè curiarum apparitores ferunt muneris indicium: ut sint *Saiones* quasi *bacularii, fustigeri*, Gal. *bastionneres*, Angl **Tipstaffs**. Horum itemq; sunt ex genere qui *Servientes ad clavam* dicuntur, licet ipsi bacillos seu virgas plerunq; deferunt argenteas; Sed & majoris illi nominis *Servientes ad arma*, Angl. **the Sergeants at Arms**, qui robustiores ferunt ex argento baculos, interdum deauratos, coronâ & insignibus regni in summitatibus exornatos; utpote qui non nisi jussu ipsius Regis vel Concilii ejus Curiæ Parliamentariæ, & Domini Cancellarii, vel Thesaurarii, atque hoc in rebus gravioribus emittuntur. Glossar. A... Sais, p... tort...

Saiones autem, qui ex nutu pendent Cancellarii, ne novum putes, ecce olim apud *Cassiodorum*. Con. to. 2. 114.

¶ *Saisina, Saisitus.*] *Hov.* 544. — *Willielmus Comes de Warrenna donavit Ecclesiam S. Pancratii &c.* & Monachis ibidem Deo servientibus de decima denariorum & omnium redditum suorum de Anglia — *Et inde* (inquit) *saisivi eam per capillos capitis mei, & fratris mei* Radulphi de Warenna, *quos abscidit cum cultello de Capitibus nostris ante Altare Henricus Episc. Winton.* Teste Theobaldo Archiep. Cant. &c.

¶ *Sakebere.*] V. *Sacaburth*.

¶ *Sala, læ.*] Aula. Gall. *Sale*. Angl. **an Hall**.

L. *Alam.* tit. 81. §. 1. — *Si quis super aliquem focum in nocte miserit, ut domum ejus incendat, seu* salam *suam &c.* L. *Longob.* tit. 11. §. 4. — *Si quis servum alienum bubulcum, de* salâ *occiderit, componat sol.* 20. Et §. 7. *De illis verò pastoribus dicimus qui ad liberos homines serviunt, & de* salâ *propriâ exeunt.*

¶ *Salarium.*] Quasi *Solarium*, quod vide.

¶ *Salibus, bi.*] In Alamannorum legibus à *Goldasto* editis pro *salivâ* legitur, tit. 62. — *Si subterius* (labium maculaverit) *ut* salibum *continere non possit &c.* In editione autem *Lindenbrogii*, & melioribus aliis, ut ipse asserit, quæ secutus est exemplaria *salivam* habetur.

Salibus item legitur Chart. Alaman. *Goldast.* nu. 77. — *Quicquid in pago N. in ea die habuimus, id est, campis, silvis, curtis, curtilibus, casis,* salibus, *pratis, pascuis &c. Goldastus* illic in indice obscur. verb. notat *Salibus* pro *Salicis*.

¶ *Salisuchen.*] Decret. *Tassalonis* in legg. popular. §. 14. — *Qui resisterit domum suam quod* salisuchen *dicunt, qualem rem quærenti resistebat, talem componat in publico 40 sol.* Vide *Sala* supra.

¶ **Sallio, lis, lire.**] Idem quod assallio quod supra vide. Est autem in aliquem insultum facere.

L. Baiwar. tit. 13. §. 2. *Si autem altera persona ipsum animal per vim sallire compulerit &c.*

¶ **Saltarius, & Saltuarius.**] L. Longo. tit. 25. l. 50. — *De servo fugace & advenâ homine, si in aliâ judiciariâ inventus fuerit, tunc Decanus, aut* saltarius, *qui in loco ordinatus fuerit comprehendere eum debet, & ad sculdasium suum perducat.* Et l. 73. — *Jurent sculdasii, decani,* saltarii, *vel loco præpositi, ut nullus eos* (scil. fugitivos) *cœlet.* Item lib. 2. tit. 38. l. 2. — *Si quis Judex, aut sculdais, aut* saltarius, *vel decanus, de loco ubi arioli, vel ariolæ fuerint, neglexerit amodo intra tres menses eos inquirere & invenire, & per alios homines inventi fuerint; tunc componat unusquisq; de loco sic ut supra Lex est. Et si manifestum fuerit quod sciat judex, aut sculdais, &* saltarius, *& Decanis, ubi ipsi arioli aut ariolæ sunt, & eos non contemnaverit &c.* VVidrigild *suum in palatio componat.*

¶ **Saltatorium.**] In notis Heraldicis, illud est quod à similitudine, alii *Crutem Andreanam* vocant: nos in Aspilogiâ nostrâ decussem: quam x litera expressè indicat.

Erat autem *Saltatorium* machinâ, quâ in Saltibus prædabantur feræ, à quo & nomen.

¶ **Salvamentum.**] Salus. *Hincmar.* Epist. cap. 8. —*In regimine Regni cum honore &* salvamento, *ac supplemento de his quæ necessaria sunt, — possitis consistere.*

¶ **Salvus conductus.**] Gal. *Sauf-conduct.* Privilegium quod Princeps exteris concedit veniendi tutius in Regnum vel Dominium suum, & redeundi. Quod sub belli tempestate fieri plerunq; solet inimicis Regiis, sive de pace sive de redimendis captivis, vel hujusmodi tractaturis: quin & ideo sigillo regni communitum. Ejus forma solennis extat in Registro Brevium Original. p. 25.

¶ **Salva guardia.**] Gall. *Sauf-guard.* Protectio, tutela, salva custodia. Speciale privilegium sigillo Regio firmatum: ideoq; exteris concessum, ut litigantibus ipsis in foro Angliæ, nihil interea, aut personis, aut famulis, aut bonis suis, per vim, vel injuriam inferatur. Forma ejus solennis extat in Registr. Brev. orig. pag. 26. — *Nos volentes dictos* T. *&* A. *ab oppressionibus indebitis præservare, suscepimus ipsos* T. *&* A. *res & justas possessiones, & bona sua quæcunq; in protectionem, &* salvam guardiam *nostram specialem &c.*

¶ **Salus, & Salut.**] Nummus aureus ab H. 5. in Franciâ cusus. V. sup. *Blanc.* & *Cow.* Et Chron. in An. 1420.

¶ **Salvus plegius.**] V. Plegius.

¶ **Salvaticus.**] Adject. Ferus Silvestris, ab Ital. *selva*, pro *silva.*

L. Baiwar. tit. 20. §. 6. — *De his quidem avibus, qui de* salvaticis *per documenta, humana domesticantur industria &c.*

¶ **Samitum.**] Sericum villosum, quod apud Britonem Armoric. lib. 12. p. 384. *Sammus* dici videtur.

Indumenta tegunt nisi sammi, *byssus, & ostrum.*

An inde dictum quod è *Samo* venit?

¶ **Sanctuarium.**] C. S. Bonifacius V. primus Pontificum jussit aras & Ecclesias esse asyla reis. *Platina, Sigeb.* Illud *Honorius* & *Theodosius* antea sanxerunt. Hodie in Galliâ non observatur. Chronographia in 16. sub An. Ch. 618. V. *Fridstol*, ubi agitur de Asylo Sancti *Joh. de Beverlaco*, & adjice juramentum, quod ad hunc locum profugi suscipiebant in lib. MS. seu Calendario *de reis* fol. 17. b.

Sanctuarium vocabant agrimensores *Tabularium*: Quod si quis contradicat, *Sanctuariam* Cæsaris respici solet. Omnium enim agrorum & divisorum, & assignatorum, formas; sed & divisionem: Commentarius & Principatus in *Sanctuario* habet &c. *Siculus Flaccus* lib. de condit. agror. Ubi viz. telligrapha agrorum, Villarumq; descriptiones (uti in Scaccario *Domesdey* book) reponebantur.

¶ **Sanguino, nas.**] Cruento. Αἱμάσσω, unde Italis *amazzare, Occidere.*

¶ **Sapientes.**] Pro Judicibus & primariis Regni. *Malm.* 58. 92.

¶ **Sanzacbegus.**] Turcicum, *Sanzac* vexillum, *beg* dominus, i. *dominus vexilli, dominus vexillaris*: cui scil. cum vexillo tradita est provincia, ceu præsidi; & cui propterea militarum eunti vexillum præferri solet: Græcis hodie φλαμβουλάρης, ceu φλαμουλάρης, aut Hameolaris. *Sanzac-begluc*, dignitas vel officium *Sanzaci* aut *vexillani*, h. Provinciæ præsidis. Præsidatus.

Leunclavius Onomast. Alter. Burusum *beg sanzacum*, h. *begus* sive *dominus vexilli* Burusensis. *Musulm.* lib. 4. narrat ita vocatum fuisse Muratem, cum à patre præfectus Burusæ fuisset. Idem.

¶ **Saphipinæ pelles.**] Jornand. de Got. cap. 3. p. 9.

¶ **Sarabattæ,**] Apologia *Henr.* 4. Imp. in Rer. Germ. Script. —*Unde &* Sarabattas, *hoc est sibi viventes appellat sanctus Benedictus tertium genus Monachorum, quoniam* (inquit) *nulla regula approbati experientia magistra sicut aurum in fornace, sed & in plumbi naturam molliti adhuc operibus servantes seculo fidem mentire Deo per tonsuram noscuntur: quibus pro lege est desiderium voluptas: cum quicquid putaverint vel elegerint, hoc dicant sanctum; & quod noluerint, hoc putant non licere.*

¶ **Sarclo, clas, & Sarclum, cli.**] Est autem *Sarclum* harpagonis genus, quo herbæ noxiæ è segitibus divelluntur. Angl. **a weeding hook.** Et inde *Sarclare* **to weed.**

¶ *Sarco-*

¶ *Sarcophagus.*] Sepulchrum.

¶ *Sarjantus*, & *Sarjans*.] Vide infra *Sergean*.

¶ *Sartare.*] Est sylvas succidere, vel locum silvis & dumis purgare. Lib. Pr. *Dunstap.* cap. 23. — *Area illa* (juxta *Dunstaple*) *ubi* **Wathlingge**, & **Ikelingge** (scil. viæ) *conveniunt, per Henricum Regem Angl. senem, primitus* sartabatur *ad famosissimi latronis, Dun nomine & sociorum suorum reformationem.*

¶ *Sarum.*] Indeclinabile, pro *Salisburiensi* Civitate. Ordo Ecclesiastici officii seu liturgia, quæ dicitur *secundum usum Sarum*, composita fuit ab *Osmundo* 2. Episcopo *Sarum* temp. *Williel.* Conq. Chron. *Holl.* pag. 17. col. b.

¶ *Saulscot.*] Sax. ꞅapl ꞅceat, i. Animæ symbolum, & ita dicebatur quoniam sepulturâ pendebatur. Vide L. *Canut.* 13. & Concil. Ænamense, & adde.

¶ *Saunium.*] Telum Gallicum σαυνιον, cujus non meminit Calapin. V. *Diodor. Sic.* part. 1. 306, 307.

¶ *Saunksin.*] In genealogiis est rectæ lineæ defectus, sic à Brittone usurpat. cap. 119. quasi *sanguinis finis*.

¶ *Saxones.*] Roswitha, de gest. Odonum cap. 1. pag 163. Ger. 8. A.

Ad claram gentem Saxonum (*nomen habentem*
A saxo) *per duritiem mentis bene firmam.*

Sed gratius illud apud Engelhusium.

Quippe brevis gladius apud illos Saxa *vocatur*;
Unde ibi nomen Saxo *traxisse putatur.*

¶ *Saxo.*] Brevis gladius. *Gotfr. Viterbiens.* Chron. part. 15. pa. 362.

Pax ubi congeritur, sub fraude Macedo veretur,
Ne malè frustretur, si totus inermis habetur,
Unde breves gladios, clam tulit arte secus.
Ipse brevis gladius apud illos saxo *vocatur*
Unde sibi Saxo *nomen peperisse notatur.*
His quoq; cuttellis vita redempta fuit.

¶ *Scabella, lorum,*] Grallæ. Lignea fulcra quibus innixi claudi gradiuntur.

Flodoard. lib. 2. cap. 14. *Tres siquidem claudi ab incolis ejusdem loci memorantur inibi fuisse curati. Cujus redibitæ sanitatis indicia; bacilli videlicet ac* scabella *in eadem Ecclesiâ diu sunt reservata.*

¶ *Scabini, Scabinei, Scabinii.*] Judices erant apud Germanos, Francos, Longobardos, mallis publicis causisq; tam capitalibus quam civilibus; nec terrestribus solùm, sed & maritimis, in quovis Comitatu, & Civitate sub Comite præfecti: à Misso regio sive dominico (qui instar *Justiciarii Assisæ* apud nos fuit) cum assensu populi electi: & in singulis mallis septeni constituti. Tanta eis reverentia, ut si quis repeteret quod ab ipsis judicatum esset, & in causa cecidisset, aut 25 solidis rem componeret, aut acceptis à *Scabinis* 15 ictibus, suam lueret temeritatem.

Quin & ipsi causidici (quos à rixosis clamoribus illa secula Clamatores nuncuparunt) lata jam à *Scabinis* sententia, si neq; acquiescere vellent, neq; eos prosequi de injusto judicio, custodiæ non solùm mancipandi erant, sed & Regio sistendi supercilio. Nec impune interea *Scabini* ipsi delinquentes, nam & hos ejicere tenebatur Missus Regius.

Vox Germanica à Germanis petenda; de hac ergò sic *Lindenbrogius* in Gloss. — Scabini, *auditores Comitum.* Gloss. Latino-Theotisc. *Judex*, **Scepeno**, quâ notione passim à Germanis usurpatur, atq; inde quoq; Gallorum *Eschevins* deducuntur. Sic ille. Ubi, quod Glossa dicit, Scabini, *auditores Comitum*, mallem ego *adjutores* legisse; nam hoc iis munus incumbebat. At *Scabinorum* nomen detortum putat Amerpachius in quadam notâ ad Constit. Caroli Mag. à **Schaffer**, Saxonibus suis **Schaper** (nostris ꞅcepno) i. conditor, procreator, cui & nos assentimus; siam Curatorem, Oeconomum, Præfectum, Dispensatorem, procuratorem; hodie etiam apud eos **Schaffner** video appellari; à verbo (sine dubio) **Schaffen** creare, condere, generare; Sic *Scabini* q. *Scaffini*.

Cujacius ad lib. 1. de feud. tit. 1. pa. 38. ait — *Si ita* Scabinis *videatur* (nomen est judicum quod retinuimus, ex Hebraicâ linguâ deflexum) *ferro candenti se excusare jubetur.*

Ll. *Longobard.* lib. 1. tit. 35. l. 1. — *De illis hominibus, qui propter eorum culpas, ad mortem fuerint judicati, & postea vita eis concessa fuerit &c. in testimonio non suscipiantur, nec inter* Scabinos *ad legem judicandum locum teneant.* §. 2. — *Si alicui homini, post judicium* Scabinorum *vita fuerit concessa.* Item lib. 2. tit. 16. — *Qui filium legitimum non habuerit & alium quemlibet hæredem sibi facere voluerit, coram Comite, vel coram Rege &* Scabinis, *vel Misso dominico, qui tunc ad justiciam faciendam in provinciâ fuerint ordinati, traditionem faciat.* V. L. & Chart Alaman. 199

Walsingh. An. 1296. pag. 64. *Majores Flandriæ, qui* Scabini *dicuntur in villis.*

Tranavit vox Britannicum mare, susceptaq; est in *Linno* portâ Norfolciensi celebri, nescio quot dicam supra annos centum: Chartam audi — *Sciant præsentes & futuri, quod nos Richardus Bowghere Aldermannus, Edwardus Baker, Joh. Browne, Rob. Some, & Will. Hall Draper, Custodes sive* Scabini, *& fratres fraternitatis sive Gildæ mercatoriæ Sanctæ Trinitatis villæ* Lenn *Episcopi in Com. Norff. pro quadam pecuniæ summa inter nos præfatos Aldermannum & Custodes sive* Scabinos *& fratres, & Thomam Miller de* Lenn *prædictâ Mercatorem* concordati, *tradidimus dimisimus* *feofavimus &c.* Totum illud Mesuagium nostrum, cum 8 acr. terræ arabilis, prati, & pasturæ, ac unam rodam cum pertinentiis in villâ & campis de Medilton &c. *Dat.* 20. *die Apr. An. Regni Regis Henrici* 8. 18.

¶ *Scaccarium.*] Idem Angli dicimus quod *Fiscum Regium.* Opinor à *Scaccarii* insigne, quo locus huic muneri destinatus à cæteris dignoscibilis; uti Camera, quæ vocatur stellata, è stellæ symbolo. Haud dicam, à natura fici, quem non capere solum, sed & rapere notavit olim S. *Augustinus*: nomine tamen id latere significationis non est dubium: nam **Schach** Germ. est rapina vel latrocinium, à quo latronum vel latrunculorum ludus **schach**, & **schachspil** appellatur: lusorius alveus **schachtafel**.

Longob. lib 2. Tit. 55. l. 37. *De furto ait* schacho, *si ultra 6 solidos fuerit similiter ut per pugnam veritas inveniatur, præcipimus.* Hinc & Belgis hodie *a* in *æ* dipthongum convertentibus **Schaeck** pro *raptu*, **Schaecker** pro raptore, *latrone*, & *prædone* dicuntur. Antiqua certè, si repetamus: qui in hoc tum olim operam navabant ministerio, suas inde appellationes perspicuè reportabant, cùm in Latino tum in vernaculo idiomate. Qui enim hodie Vicecomites dicti sunt; & in ludo isto, seu gymnasio, præcipuas partes obtinent, exactores, tunc Latinè nominabantur, ab exigendo: **Reves** autem Anglo-Saxonicè, à reafan, id est à *rapiendo*, ut supra in his vocabulis fusius explicavimus.

Scacarium dicitur q. *statarium*, quod esset stabilis, & ibidem firma Regni sedes. *Polyd.* p. 154. l. 33.

Sed ne tibi aliorum subtraham sententiam, quæ & verior fortè & probatior videatur; accipe quid in re scaccarii vir eruditissimus suo ævo *Gervasius Tilberiensis* 450 hinc circiter annos scripsit lib. *De Scaccario* primo cap. 1. —— Scaccarium *tabula est quadrangula, quæ longitudinis quasi decem pedum, latitudinis quinq;, ad modum mensæ circumsedentibus apposita, undiq; habens limbum altitudinis quasi quatuor digitorum, ne quid appositum excidat. Supponitur autem Scaccario superiori pannus, in termino Pascha emptus, non quilibet sed niger virgis distinctus, distantibus à se virgis vel pedis vel palmæ extentæ spacio. In spaciis autem calculi sunt juxta ordines suos, de quibus aliàs dicetur. Licet autem tabula talis* Scaccarium *dicatur; transumitur tamen hoc nomen, ut ipsa quoq; Curia, quæ consedente* Scaccario *est*, Scaccarium *dicatur; adeo ut si qui—per sententiam aliquid de cōmuni consilio fuerit institutum, dicatur factum ad* Scaccarium *illius vel illius anni. Quod autem hodie dicitur ad* Scaccarium *olim dicebatur ad* taleas. Nominis etiam rationem addit: *quod* Scaccarii *lusilis similem habet formam.* —— *Sicut enim* (inquit) *in* Scaccario *lusili, quædam ordines sunt pugnatorum, & certis legibus vel limitibus procedunt, vel subsistunt, præsidentibus aliis & aliis præcedentibus; sic in hos quidem præsident, quidam assident ex officio, & non est cuiq; liberum, leges constitutas excedere &c.* Vide *Schacum.*

Vide *Gervas. Tilber.* al. *Nigr. lib. Scaccarii* lib. 1. cap. 4 & adde, nam hic inserendum promisi in *Barones Scaccarii.*

Translatum à *Westm. Northamptoniam.* An. 1209. Jo. R. 10. Holl. 173. a. 15. Et per totum septennium *Eboraci* habentur tribunal Regium (quod *Bancus* appellatur) & *Scaccarium* tempore *Edwardi* 1. hoc est inter annos Regni ejus 23. & 31. vel hos circiter. *Godw.* in vitâ *Thom. Corbridge* Archiep. Ebor. pag. 51.

¶ *Scaccarium Judæorum.*] Pat. 2 H. 3. m. 3. —— *Rex de communi consilio attornavit Ric. de Oili, Magistrum Alexandrum de Dorset, & Eliam de Cuminges ad* Scaccar. Judæorum *custodiendum, & omnia negotia, quæ ad officium illud pertinent tractanda per Angliam, sicut fieri solebat tempore de Warennâ, Thomæ de Nevill, & Galfr. de Norwico.*

¶ *Scala, læ.*] Patera. Dictum, ut videtur, à Sax. *Scala*, quod Gloss. Saxon. *Glumulum* interpretatur; hoc est ni fallar *globulum*, quod potationis vascula, *globulos* & *spheras* imitantur similitudine orbiculari: à quo etiam **bolles**, & **bowles**, id est *globos*, & à Latino **goblets**, quasi **globulets**, i. *globulos* Angli hodie appellamus. Sed **Schal, schalen**, & **schaele** Germani quoque adhuc dicunt pro conchâ, testâ, & lancis pelve, quæ nos itemque **scale**.

Isidor. Orig. lib. 20. ca. 5. —— *Calices & calathi & scalæ poculorum genera &c. Warnefred.* Hist. Longob. lib. 1. cap. 27. *Alboin Cunimundum occidit, caputq; illius sublatum ad bibendum, ex eo poculum fecit: quod genus poculi apud eos* schala *dicitur*: linguâ verò latinâ *patera* vocitatur.

¶ *Scalc.*] V. *Adelscalc* in Gloss. nostro & in *Lindenb.*

¶ *Scambiator.*] M. P. 847. l. 53.

¶ *Scamellum, li.*] Opinor, quasi *Scamnellum*, à *Scamnum. Sedile, sella*, Angl. **a stool.**

Apologia *Henrici* 4. Imper. apud Rer. Germ. script. à *Marq. Frehero* Edit. tom. 1. pag. 216. De contentione stultâ inter Haldinisheimensem Episcopum & Abbatem Fuldensem, super altitudinem sessionis suæ, ubi inter cubicularios Episcopi, & Abbatis, certatum est pugnis atq; *scamellis*, pro herilis sedis positione &c. Et mox, certatum est (sicut diximus) pugnis atq; *scamellis*; deinde verò in Pentecoste res gerebatur gladiis &c.

¶ *Scangium.*] Domesd. pro *Excambium*, vel *concambium.*

¶ *Scantio.*] Pincerna, prægustator. Vet. Gloss. *Scantio, pincerna*, & in Concil. Tolet. *Comes Scanziarum*, à Ger. **Schenke**, unde & Gal. *Eschanson.* Lind. pa. 1325 & 1326.

In

In var. lect. ad L. Sal. Tit. 11. §. 6. Ubi *venatorem* adde sive *scantionem*.

¶ *Scapello, las, lare.*] Cædere, incidere, à Gall. *chapler*, & *chapoter* idem significat. Inde *chapore*, Anglicè **chopt**, incisus, & *chaponer*, castrare, à quo *chapon*, Anglis **Capon**, pro *gallo castrato*. Omnia à Græc. κόπτω, *cædo*. Mihi autem videtur *scapellare* propriè significare, *enormitèr incidere* vel *præcidere*. Ang. **To chopp, chipp, haggle**, ut sic differat ab *incidere* simpliciter.

Longob. lib. 1. tit. 19. l. 5. —— *Si quis molinum alterius* scapellaverit, *aut clausuram ruperit sine authoritate Judicis, componat sol.* 12. Ibi l. 7. —— *Si quis vitem alienam de unâ fossâ asto animo* scapellaverit *componat solidum unum: si autem succiderit componat sol.* 3. *Si quis tranicem de vite alienâ inciderit, componat medium sol.* Ubi simul vides leguntur, *scalpaverit, succideret*, & *inciderit* uti differentiam designantia. Item tit. 25. l. 67. —— *Si quis de uno furto probatus fuerit, perdat oculum: si de duobus furtis probatus fuerit nasus ei* scapelletur: *& si de tribus furtis probatus fuerit moriatur.*

Hic *Lind.* ex Gloss. *Scapellat*, κατασχίζει, καταχνίζει Aliæ Glossæ: *Scapellare*, incidere, frangere.

¶ *Scapweld.*] Legitur apud *Heveden* in exordio legum *Willhelmi* primi: Part. post. *Hen.* 2. at mendosè illic pro *ceapgild*, vel ut hodie loquimur *cheapgild*. Vide supra *Ceapgild*.

¶ *Scapoardus.*] Dispensator in aulâ *Caroli* magni, sic dictus, fortè à Scap, quod in exordio legum *Willielmi* primi apud *Hoveden.* legitur pro Saxon. ceap, i. *mercimonium, pecus, facultates, catallum, opus manuum, &c.*

¶ *Scara.*] Germ. *Schar.* Turba, turma, caterva, conventus, Ital. *Schiera*. Primitivè fortè à Sax. Shaepan & ʃcyran, i. *partire, dividere*, undè rei cujusvis partem, seu portionem Angli hodiè **a share** dicimus; & sic cum de aciebus & de militari agitur *Scaram* unam vel plures intelligo de tot partibus vel portionibus exercitus.

Hincmarus Archiep. Rhem. Epist. 5. cap. 3. —— *Karolus bellatorum acies, quas vulgari sermone* scaras *vocamus, dispositas, & eisdem aciebus primores deputatos ad resistendum fratri suo, ne Regnum illius occupare valeat, habere dicitur.* Aimoin. lib. 4. cap. 26. —— *Collegit è Franciæ bellatoribus* scaram, *quam nos turmam, aut cuneum appellare possumus.* Et lib. 5. cap. 27. —— *Ordinatis* scaris, *qui eundem Carlemannum, cum suis complicibus à Regno pellerent.* Et cap. 42. Scara *Northmannorum plenum exercitum prævenimus.*

Aimoin. lib. 4. cap. 26. p. 173. —— *Collegit lectam è Franciæ bellatoribus* Scaram, *quam nos* turmam *vel* cuneum *appellare possumus.*

¶ *Scaramangium.*] *Luitprand.* R. Ger. 153. *Scaramangum.* P. Diaconus Historiarum seu Historiæ miscellæ lib. 18. pag. 557. in parvo. 8. —— *Multas præterea spatas, auro circumclusas, & Zonas aureas, cum gemmis, & scutum Razatis, totum auro resperfum acceperunt, habens petalam centum viginti; & loricam ipsius auro contextam; &* scaramaggin *ejus detulerunt, cum capite ipsius, atq; dextaria, & sellam totam ex auro fabrifactam.*

¶ *Scario, onis.*] Chronic. Sangal. de *Carolo* magno lib. 2. pag. 376. —— *Dixit nominatus non* reverâ Episcopus *ad ostiarium, vel* scarionem *suum, cujus dignitas aut ministerii viri apud antiquos Romanos ædilitiorum nomine censebantur.* V. Obscario.

¶ *Scastlegi.*] Ludovici Imp. Capit. Addit. 4. cap. 81. —— *Postquam Comes & pagenses de qualicunq; expeditione hostili reversi fuerint, ex eo die super 40 noctes sit bannus recisus, quod linguâ Teodiscâ* Scastlegi, *id est Armorum depositio vocatur.* Hic Lindenbrog. Germ. **leggen** inquit *deponere* significat: quid **Scast** non liquet. Ego verò qui è Saxonico nostro omnia quæro, reor **Scast** dici pro cæʃꞇ i. *contentio, lis, jurgia*, ut sit *Scastlegi*, quasi *contentionis depositio.*

¶ *Scavagium.*] Tributum quod à mercatoribus exigere solent nundinarum domini, ob licentiam proponendi ibidem venditioni mercimonia, à Saxon. ʃceapian, id est *Ostendere, inspicere*, Angl. **Schewage**, & **Scewage**.

¶ *Sceatta*, & *Scætta.*] Nummi genus apud Saxones nostros, suo idiomate sic dictum.

L. *Æthelstani* MS. tit. 7. —— *Regis simplum Weregildum in Mercenorum lagâ, hoc est triginta millia* sceatta, *hoc est totaliter centum viginti libræ: sed pro Regni emendatione debet addi tantundem in* cenegildo, *ipsam weram debent habere parentes ejus, & regalem emendationem, ipsius terræ populus.* Vide aliter apud *Lambard.* in his Ll. ubi *scata* legitur non *sceatta*.

ꝩiꝼ hæꝼꝺe ꝩ ꝼceaꞇꞇe. *Fœmina habuit* 5. *dragmas* Tate: & ibidem ꝼceaꞇꞇa, ingens argenti summa, quippe quæ millia librarum continet.

Ll. *Æthelberti*, primi Christiani Regis *Cantii*, Gif ꝩiꝺ C. oꝼleꝼ binelan man ꝫeligeꝺ 6 ꝼcillinꝫum ꝫebeꞇe. Aeꞇ ꝥæꝛe oꝼeꝛe ꝺeoꝛan L. ꝼceꞇꞇa. Aeꞇ ꝥaꝛa ꝥꝛiꝺꝺan xxx. ꝼcæꞇꞇa ⁊ Id est, *Si quis ancillam pagani pincernam vitiaverit senis compensato solidis: sin autem servam alteram* 50 scættis; *tertiam verò* 30 scættis. De Anglo-Saxonum nummis non audeo definire; has autem deprehendo species,

ꝼeoꝛꝺlinꝫ, peneꝫ, oꝛe, ꝼcæꞇꞇa, ꝼcillinꝫ, ꝥꝛymꝛa, punꝺ.

¶ *Scematio.*] Appositè interpretatur, deformatio; nam utraq; vox, & de deformatione rei alicujus intelligatur, & de ejusdem........

In

In legibus autem *Longob.* tit. 55. l. 16. pro illatâ maculâ usurpatur. — *Non occidatur (delinquens) nec ei* Scematio *corporis fiat.*

¶ *Scerda.*] V. *Skerda.*

¶ *Schachum, chi.*] Germ. **Schach**, *Furtum, latrocinium, rapina*: unde Angli **to snach** dicimus.

Longob. lib. 2. tit. 55. l. 37. — *De furto aut* schacho, *si ultra 6 sol. fuerit, similiter ut per pugnam veritas inveniatur, præcipimus.*

¶ *Schaffa.*] Saxon. ſceapa, fasciculus, Anglis hodiè **a sheafe**. Aliàs *garba*.

Skenæus in verb. Signif. *Scaffa sagittarum.*

¶ *Schala.*] Patera. Vox Longobardica. *B. Rhenan.* pag. 206.

Schira, ræ.] & rectiùs *Schyra*, *Pagus, regiuncula, Comitatus*; propriè *Sectio, divisio*; Saxon. ſcyꞃan *scindere, dividere, radere*, quod à Græc. ξυρεῖν, i. *radere tondere*; undè ξυρήσις *rasura, detonsio*, & per translationem, *Sectio*. Quin & Angli hodiè **to sheire** & **sheare**, dicimus, pro *radere, tondere, scindere, dividere*, atq; inde **shares** pro ipsis divisionibus, vel portionibus.

Est enim *Shyra* regni portio una, in plurimas dissecti, quæ, cum singulæ in singulorum Comitum olim cesserint gubernationem, Comitatus sunt itemq; appellati. Fuisse tamen apud nos non est dubium Comitatus multos, cum, nec nata adhuc esset hæc Shyrarum distributio, quin & pagos aliquot hodiernis Shyrarum nominibus vocitatos. Meminit *Asser Menevensis* Comitum *Gaiorum Hamtonenses Bearrocensi*, Pagorum etiam *Somersetensis, Suffexiæ*, & *Cornubiæ*, *Wilscire* etiam hoc ipso vocabulo nominat: sed an sic innotuisset antiquius ille pagus, an recens idem jam accepisset nomen, haud certè liquet; nam scripsisse eum circa ipsum tempus, quo Shyrarum hæc divisio facta fuit per *Aluredum* Regem certum est. Eiq; non solum coætaneum fuisse, sed in re literariâ à subsidiis & gesta ejus accuratè conscripsisse: In quibus sanè miror eum ne verbo meminisse insignis hujus divisionis, de quâ igitur *Ingulphum* audi, qui hæc obiter de *Alure lo* in Histor. *Croylandiæ* pag. 870. — *Porro in sui Regni negotiis solertissimus & sagacissimus: Exemplo namq; Danorum, colore etiam quidam indigenarii, latrociniis ac rapinis incendere cœperant: quos cupiens Rex compescere, & de hujusmodi excessibus cohibere, totius Angliæ pagos & provincias in Comitatus primus omnium commutavit; Comitatus in Centurias, id est Hundredas, & in Decimas, id est in Tithingas divisit, ut omnis indigena legalis, in aliquâ Centuriâ & Decimâ existeret; & si quis suspectus de aliquo latrocinio, per suam Centuriam, vel Decuriam, vel condemnatus, vel absolutus, pœnam demeritam vel incurret, vel vitaret.* Vide *Schyra*.

¶ *Scyra*, & *Scyremot.*] Pro Commitiis & foro Comitatus. Ll. *Ed. Conf.* cap. 27. — *Et si Justicia habet eum suspectum purgabit se judicio Hundredi, vel Scyra.* Et cap. 35. tit. de *Heretochiis* — *Debet autem* Scyremot *bis*; Hundreda & Wapentachia *duodecies in anno congregar', & 7 diebus antea summoniri &c.*

Lib. Ram. Sect. 178. *Will. R. Angliæ W. de Cahamniis sal. Præcipio tibi ut facias convenire* schyram *de Hantoniâ & judicio ejus cognosce, si terra de* Isham *reddidit firmam Monachis S. Benedicti &c.* Item Sect. 182. *Will. Rex Angl. R. fratri I'geri salutem. Mando tibi, & præcipio, quod facias convenire* Shiras *& per eas recognosce, si terra de* Eston *&c.* Quære ex hoc si Shiræ *Norfolc.* & *Suffolk*, *virtute hujus Brevis conven re.t*; nam videtur, quod sic.

¶ *Scilpor, Scildenata.*] Hoc Longobardis, illud Saxonibus. *Armiger*, seu etymo vicinius *Scutiger*; nam ſcild utrisq; *scutum*, *Por* Longobardis, *puer*, atq; ex hoc contractum ut etiam Romanis quibu servi ab herili prænomine *Marcipor*, *Lucipor*, *Quinctipor &c.* quasi *Marci*, *Lucii*, *Quinctii* puer vel minister dicti sunt. Id idem Saxonibus cnapa, German. **Knabe**. *Paulus Warnefred* de gest. Longob. lib. 2. cap. 26. *Helmichis* qui Regis *Schilpor*, hoc est *Armiger*, & collactaneus erat. Mallet in notis ad hunc locum *Lindenbrogius* **Schilphor** legi, quæ vox Germanis (inquit) usitata: sed hæc fortè quæ nos è *Quintiliano Plinioq;* observavimus, non tunc illi in memoria.

¶ *Schyra.*] In privilegiorum Chartis, ubi conceditur *quietum esse à Shiris*, intelligendum est de immunitate quâ quis eximitur à sectâ, vel clientelâ Curiis Vicecomitum (quas etiam *Shiras* vocant) præstandâ vel perficiendâ. *Shiræ* autem dicuntur hujusmodi Curiæ, quod interesse illis omnes *Shiræ* Barones & liberiores homines tenerentur.

¶ *Scildpeny.*] Sax. ſcilopeniᵹ, tributum singulo scuto impositum. *Escuagium*, *Scutagium.*

¶ *Scitha.*] *Hoveden* in An. 987. pag. 427. — *Hoc anno duæ retro seculis Anglorum genti incognitæ pestes; scil. febres hominum, & lues animalium, quæ Anglicè* **Scitha** *nominatur, Latinè autem* Fluxus interraneorum *dici potest, totam Angliam plurimum vexaverunt, & clade pervalidâ, tam homines afficiendo, quàm animalia penitùs consumendo, per omnes fines Angliæ inedicibiliter sævierunt.* Vox ab ejiciendo & sagitando ducitur; unde & *Scytharum* nomen, & *Scotorum* fortè, qui in antiquis paginis sæpè *Scitæ* nuncupantur: Hodie vocem inter turpes habemus; sed vulgò **Flix** & **Flu**: à fluendo appellatur.

¶ *Shiriffe,*] Quasi *Shire-reve.* Sax. ſcyꞃe-ᵹeꞃefa, id est, pagi vel Comitatus præpositus, cujus etymologiam vide in *Reve.*

¶ *Scinta, tæ.*] Const. *Carol.* magn. inter Capit. anni 16. apud *Amerpachium* cap. 12. pag. 327. — *De illo qui agros Dominicos prop-*

propterea neglexit excolere, ut Nonas *inde non persolvat, & alienos* scintas *ad excolendum propter hoc accipit: volumus, ut de tribus annis ipsam* Nonam *cum suâ lege persolvat &c.* Vox *scintas* obscura: de cujus etiam scripturâ incertum est, an rectè edatur, ideoq; operam non navabo in explicatione disquirendâ: sed audi quid ipse *Amerpachius*, qui hunc in lucem dedit, de eâ philosophatur — *Scintas* (inquit) *vox est variè deformata in scripto codice, rasuris lineis superimpositis divulsione syllabarum: legi tamen.*

¶ *Scitia.*] Pro Scotia, ut Scotorum originem à *Scythis* innuat, unde & ipsos in antiquis quibusdam codicibus non *Scotos* sed **Skytes** appellatos vidimus. V. *Scyta* in *Hospin.* Rigord. 171. l. 17.

¶ *Scifcus,* vel *Scifcum.*] Abbo in obsidione *Lutetiæ*, agens de turri exindendâ,

Ima dehinc ardent ejus descindere Scifi

¶ *Sclusa, sæ. Slusa, Clusa, Exclusa, Clausa.*] Interpositio. Locus, vel naturâ, vel fabricâ ita coartatus, ut meatum facilè prohibeat vel admittat; sicut in aquarum decursibus, & per fauces montium itineribus, & hujusmodi. Gall. *Escluse.*

L. *Salic.* tit. 24. §. 3. — *Si quis* sclusam *de farinario* (*vel molendino*) *alieno ruperit* DC *sol. &c. Culpab. judicetur.* Ainonym. in vitâ *Caroli M. Montium angustias, quas* clusas *vocant.*

¶ *Scofph,* & *Scopar.*] L. *Baiwar.* tit. 9. l. 2. §. 2. — *Si autem* (scuria, i.) *septa non fuerit, sed talis quod Baiwarii* scofph *dicunt, absq; parietibus: cum 6 sol. componat, scil. is qui hoc incenderit.* — *De illo granario quod* parch *appellant, cum 3 sol. componat. De* mita *verò, si illam detegerit vel incenderit cum 3 sol. componat. De minore verò quod* scopar *appellant cum solido componat &c.* An *Scofph* inde quod Angli **sheaff** dicimus, i. *fasciculus frugum?*

¶ *Scogilum,* vel *Scogilus.*] L. Ripuar. tit. 36. §. 11. — *Spatham cum* scogilo *pro 7 sol. tribuat. Spatham sine* scogilo *pro tribus solidis tribuat.* Inter var. lection. notat *Lindenbrog.* aliàs in MS. haberi *scoilo* al. *soilo*, noster autem codex etiam *scogillo* legit: at quid velint certè non intelligo, si non hoc quod Angli à cranii similitudine **a scull** vocamus: hoc est plebeium cassidem sine conâ cristis bucculis &c. cujusmodi apud *Homerum* κατᾶιτυξ dicitur.

¶ *Scoriatores.*] Const. Phryg. in An. 1413. — *Seditionem Parisiis Lanii, quos ea ætas* scoriatores *appellavit, moverunt, &c.*

¶ *Scorticatus,*] Flagellatus: at ita sævè, ut ipse etiam cortex, hoc est corium, excutiatur. Dictum à corticare, & *s* privativo, more Italorum adjuncto.

¶ *Scot,* & *Scottum.*] Sæpè in Domesdei. Item *Scotta* & *Scottus.* Sax. ſceat, *pecunia, census, pars, symbolum.* Propriè id quod mediorum seculorum authores conjectum vocant; quia à plurimis conjiciebatur in unum, à ſceoτe *jacio*, unde ſceoτan *jaculare*, & Anglicum **to shoot**. Contributiones enim publicæ (quæ non conjecta solum, sed & taxationes & tallagia dicta sunt) *Scotta* pariter appellarunt veteres, à quo illud in emendationib. *Willielmi* primi — *Omnis Francigena, qui tempore* Edwardi *propinqui nostri fuit in Anglia particeps consuetudinum Anglorum, quod dicunt* an hloτ, *&* an scoτe *persolvatur secundùm legem Anglorum.* Hoc est, ut omnes Francigenæ etiam triumphatis jam Anglis, easdem sortes, easdem solutiones præstarent, quibuscunq; tenerentur tempore *Edwardi* Confessoris. Hloτ autem *sors*, Charta *Gulielmi* 1. de fundatione Abbatiæ de *Bello. Concedo etiam eidem Ecclesiæ leugam circumquaq; adjacentem, liberam & quietam ab omni geldo, &* scotto, *& hidagio &c.*

Nec obsolevit hodie omnino antiquum illud adagium, nam qui pari sorte pariterq; (licèt non æqualibus portionibus) in aliquam veniant contributionem, dicuntur sæpiùs juxta Scoτ & loτ persolvere.

Apud *Abbonem* in Obsidione Lutetiæ Parif. Codicel. 2. *scotta* legitur opinior *partes* significaturum. De aquis enim putei juxta Capellam *S. Germani*, sic ait,

His panem cupiens quadam componere, jussit Vi sibi Scotta *Danûm deferri.* ——

Sic lego, nam quod editur *ut sibi*, non intelligo. Jam vero ita sensum colligo — *Jussit partes illarum aquarum, vi Danorum, sibi deferri, cupiens cum iisdem panem componere*, ni malis *scotta* hic accepisse pro *Scottâ* hoc est *fœminâ Scoticâ.*

Ordinatio marisci Rumeneiensis, p. 56. — *Foret Ballivus ad* scotta *pro reparatione & sustentatione Walliarum &c. assessa levandum.* Et post multa. p. 64. *Ballivus habeat pro labore suo dupla levanda, quæ tempore suo de* scottis *assessis & levatis contingant.* Item pag. 69. — *Tam generales* scottas *quam seperales aquagangias assessas, ut prædictum est onerabit.* Inferius adhuc p. 73. *Statuerunt quod quilibet* scottus *assessus proclamaretur.*

Scot, Scottum. Utpote quietum esse de *scot*, in privilegiorum Chartis immunem significat ab ejusmodi præstatione: quod *Rastallum* voluisse censeas, cum aliunde hoc refert. Scot *hoc est quietum esse de quadam consuetudine, sicut de communi tallagio facto ad opus Vicecomitis, vel balivorum ejus.* Hoved. in *Williel.* juniore in An. 1088. — *Rex omne injustum* scottum *interdixit.*

Mat. Westm. in An. Dom. 77. — *Ex Pictis & Hybernensibus* Scoti *originem habuerunt quasi ex diversis nationibus compacti.* Scot *etenim illud dicitur, quod ex diversis rebus in unum acervum congregatur. Deinde verò terra illa quæ priùs Albania dicebatur, à* Scotis, Scotia

 nun-

nunc nparur. Picti è Scythiâ venientes cum Roderico, Britonum connubia petierunt, pulsiq; ab Hibernensibus impetrant. ibid. Anno 76.

¶ *Scotala, Scotalla, Scotallum, Scotal,* & *Scotales.* Plur.] Juxta quosdam est compotatio, emungendæ pecuniæ gratiâ, vicinis advenisq; à quolibet exhibita. Quasi dictum à **Scot**, i. *pecunia*, & **ale**, i. *cervisia* : quod inverso vocabulo alii **an Aleshot** nuncupant; Cambro-Britanni **Cawoȝtha**.

Chart. Forest. cap. 8. — *Nullus Forestarius, vel Bedellus faciat* scotalas, *vel colligat garbas, vel avenam, vel bladum aliquid, vel agnos, vel porcellos, nec aliquam collectam faciat.* Super hoc in Lecturâ *Manwoodus* p. 216. **Scotall** (inquit) **is where an officer,** *&c.* i. **Scotall,** *dicitur, ubi Saltuarius, aut quis Forestæ minister tabernam tenens cervisiariam,* Angl. **doth keep an Alehouse,** *infra metas Forestæ, convolare huc ad pecunia sua expensus homines cogit per circuitum, ne alloquiis sibi forent in offensionem.* Sic ille. Est autem mihi & alia lectura MS. super eodem hoc Statuto : quâ nihil ejusmodi reperitur : Videtur enim illius author *Scotellas* illic uti pro genere, intellexisse sequentia omnia pro speciebus. Nec ineptè quidem sed nostro judicio reċtiùs : Nam in pluribus antiquis membranis *scotallas* hic legitur cum *ll* duplici ; Etiam in vetustissimâ (apud *Mat. Paris*) Chartâ Regis *Johannis* de Forestâ *scotallum* in neutro genere, quod remotius videtur ab *ala* pro *cervisia*, & vel *tallam* vel *tallium* designare, pro *tributo* sive *exactione*, à Gall. *taille*, hoc idem significante.

Sic ut *scotallum* sit quasi *scottallum*, i. pecuniæ vel rei alicujus exactio, redditio, contributio : nam *scot* ut supra diximus est *pecunia, pars, symbolum.* Et *Manwoodi* illa narratio, sub hoc genere satis appositè deducatur. Indici solebant *Scotalla* à Sacerdote in Ecclesiis, quod in Concilio Oxoniensi sub *S: Edmundo* Cantuar. Archiep. sic prohibitur — *Bannum quoq;* scotallarum *per Sacerdotem prohibemus, & si Sacerdos vel Clericus hoc fecerit, vel* scotallis *intersit, Canonicè puniatur.* Cum *Othon.* fol. 143. b. col. 2.

¶ *Scotia.*] Apud majores nostros variè sumitur : Aliàs pro eâ insulæ parte quæ Romanis *Britannia minor*, & *secunda* dicta fuit, & pro regno hodierno, quod ab Anglis . . . . fluviolus disterminat. Aliàs verò pro ejusdem parte quæ à mari Scotiæ, hoc est, **The water of Forth or Fryth**, in boream extenditur : australi interea *Ledoneio* dicta. Quam distributionem agnovit Rex ipse *David* primus Regni sui anno 3. Domini verò 1126. per Chartam suam Ecclesiæ Dunelmensi his in verbis confectam — *Omnibus* Scottis *& Anglis, tam in Scotia, quàm in Ledoneio constitutis &c.* De quo plura apud *Skenæum* legas in vocabulis quibusdam ab ipso expositis ad Statuta Scotica elucidanda.

Scotia pro *Hibernia.* Sed à mediorum sæculorum scriptoribus *Scotia* etiam de *Hibernia* intelligitur.

Author vitæ *Findani* Confessoris Rer. Alaman. tom. 1 part. 2. — *Vir igitur quidam, nomine* Findan, *genere* Scottus, *Civis provinciæ Laginensis* (id opinor est . . . .) *&c.* Mox — *Prædicti ergo viri* (i. Findani) *sororem, gentiles, qui Nordmanni vocantur, plurima* Scotiæ *insulæ qua & Hibernia dicitur, loca vastantes inter alias fœminas adduxere captivam.* Et ibidem in Histor. *S. Fridolini* Confes. pag. 384. — *Sanctus* Fridolinus *ex* Hiberniâ *inferioris* Scotiæ *oriundus, parentum generositate adeo imminebat præclarus, ut quiq; potentiores eiusdem Regni gratularentur in talis cognati affinitate numerari.* Plura ibidem seqq. paginis V.

¶ *Scrama, mæ.*] Teli genus vulnera fortè inferens mucrone potius quam cuspide. **Scramme** enim uti mihi *Kilianus* author est, *vulnus cæsim inflictum* significat : **Barlaff.**

Wisegothor. lib. 9. tit. 2. *l.* 9. — *Unusquisq; de his quos secum in exercitum duxerit, partem aliquam zanis vel loricis munitam; plerosq; verò scutis, spatis,* scramis, *lanceis, sagittisq; instructos — habuerit.* Hinc

¶ *Scramasaxus, xi.*] Cultri genus, apud populos boreales. Ex *Scrama* (quod diximus) & *saxus* compositum. Est autem ꞅæx & ꞅeax, Sax. *ferrum, culter*, & perinde securis illa missilis, quâ olim adeo pollebat ea Gens, ut nomen inde reportaverit; ut *Syla* à *sylis.* De hoc sic . . . *Scramasaxi* meminit *Gregor. Turonens.* lib. 4. c. 51. — *Tum duo pueri cum cultris validis, quos vulgò* Scramasaxos *vocant, infecti veneno, maleficati à Fredegunda Regina, cum aliam causam se gerere simularent, utraq; ei* (Regi scil. *Sygeberto*) *latera feriunt. At ille vociferans, atq; corruens non multo post spatium emisit spiritum.*

¶ *Screona, næ, Screuma.*] L. Salic. tit. 14. §. 1. — *Si tres homines ingenuam puellam de casâ, aut de* screonâ *rapuerint &c.* Tit. 29. §. 33. — *Si quis* screonam, *quæ clavem habet effregerit, & aliquid inde tulerit &c.* Mox §. 35. — *Si verò* screonam, *quæ sine clave est effregerit &c.* L. Sax. tit. 4. §. 4. — *Qui infra* screonam *aliquid furaverit capite puniatur.* Addit. ad legg. *Frison.* tit. 1. §. 2. — *Si quis caballum furaverit, aut bovem, aut* screonam *effregerit, capitali sententia puniatur.* Hic *Lindenb.* In quibusdam codicibus *screuma* legitur : sicut *leodes, leudes, beodum, beudum.* Rusticis Campanis etiam hodie *Escrenes* dicuntur cameræ illæ demersæ in humum, multo insuper fimo oneratæ, in quibus hyeme, puellæ simul convenientes pervigilant, sæpè ad mediam usq; noctem.

¶ *Scriba, bæ.*] Vide *Scribo.*

Scriba Regis idem esse videtur Saxonibus nostris, qui hodie *Cancellarius.* Ingulphus Hist. *Croyl.* 858. l. 5.

¶ *Scribo, onis.*] Greg. Mag. Regist. lib.

lib. 8. Epist. 60. *Azimacro scriboni* inscribit, ejusq; dignitatem non vulgarem fuisse ex his ibidem indicat —— *Præsentium portitor gloriosus filius noster Gregorius tardè ad Siciliam venit: non voluntate distulit: sed ita infirmitate corporis debilis factus est, ut &c. Mox autem ut convaluit, venire illuc sicut magnitudini vestræ promiserat non neglexit.*

Item Epist. seq. De *Gentio scribone*, viro magnifico —— *Quoniam filius noster* Gentio, *vir magnificus*, scribo *tanta* (*Deo propitio*) *bonitatis est, ut valde sit diligendus &c.*

Munus Græcis innotuit, à quibus assumpta etiam vox est σκρίβων item & σκρίβας, nam *Meursius* confundit, & *scribam* pariter exponit. Sed triplex (inquit) est hujus vocis notio, aut enim *scribam* significat: aut præfectum satellitum Imperatoris: (quem Angli **the Captin of the Guard** dicimus) aut medicum castrensem, qui exercitum sequebatur, militesq; in acie vulneratos curabat, atq; olim δ᾽ιπολάτος etiam dicebatur.

¶ *Scrippum, pi.*] Synod. sub Domino Rege *Pipino* Cap. 4. p. 1203. *De peregrinis similiter constituimus, qui propter Dominum ad Romam vel alubi vadunt, ut ipsi per nullam occasionem ad pontes & ad exclusas, aut navigio non detineantur propter* scrippa *sua*. **Scrip** Anglis hodiè, *pera, sacculus*, noluitq; Synodus ut peregrinantes pro hujusmodi *scrippis* toloneos aut tributa penderent. Peregrinorum enim sunt hæc insignia; *baculus* scilicet & *pera*, seu *sportula*, quibus igitur ne Reges dedignati sunt. Philippus itaq; Augustus celebris Francorum Rex, cum in iter Hierosolomitanum accinctus esset, anno Dom. 1190. in Ecclesiâ S. *Dionysii* —— *Cum lachrimis* (ut *Rigordi* utar verbis) *ab oratione surgens*, sportam *& baculum peregrinationis de manu Gulielmi Remensis Archiepiscopi avunculi sui Apostolicæ sedis legati devotissime ibidem accepit.* In hisce autem sportulis, peris, *scrippis*, Cererem deferebant, & itineri necessaria, de quo *Chaucer* in apparatu coloni sui ad *S. Thomam* Cantuariensem peregrinantis,

In scrippe **he bare both bread and leeks.**

Id est,

Thomipeta: in perâ porros cum pane ferebat.

¶ *Scriptorium.*] Locus in Monasteriis, quo libros exarabant; scriptioniq; operam dabant. *Ekkehard.* Ju. Cass. cap. 11. —*Veniebant in pyrale, & inde in lavatorium, nec non & proximum pyrali* Scriptorium: *& has tres regularissimas præ omnibus quas unquam viderint, asserebant esse officinas.*

¶ *Scrofa ducaria.*] Ductrix aliarum *scrofarum*. Gloss. L. Sal. tit. 2. §. 13.

¶ *Sculca, cæ.*] Longob. lib. 1. tit. 14. l. 6. —— *Si quis in exercitu ambulare contempserit, aut in* sculcam *det Regi & Duci suo sol.* 20. Ibi *Lindenb.* Glossar. — *Sculca*, id est, *cavalcata.* Sed quid hoc? opinor *equitatura* vel *equitum turma*, ab Ital. *cavallo*, i. *equus.* Angli autem multitudinem seu catervam ingentem **a scull**, aliàs dicimus: sic **a scull of Fish**, i. . . . . piscium. Sed addit *Lindenbr.* ex *Theophylacto Simoc.* lib. 6. p. 314. . . .

¶ *Sculdais, Sculdasius, Ccultetus.*] A Sax. sculðeta, quod in Gloss. Cant. interpretatur *exactor*, ideo scil. quod delictorum pœnas exegit. Nam sculd, scilde, & scyldan Saxon. est *delictum, reatus, culpa*, Germ. **Schuld**, à quo **Schuldhesse**, & **Schulthesse**, pro *Prætore, Consule*, & *Præfecto prætorio*. Vel *Sculdasius*, q. *Scild-saias* vel *saia*. *Sa*·*o* autem juxta Glossar. Arabico-Latin. *pœnator, tortor.*

In Glossar. dictus est Sculdasius *pedaneus judex*, i. qui non scamno sedens, sed humi pedes suum exercitur munus. Vide *Killianum.*

Sæpiùs occurrit in legg. *Longobardicis*, nec in Tusciâ, Æmiliâ, Austriâ, Neustriâ, aliisq; Franciæ & Germaniæ locis incognitus. Ministerii autem partes potius quam magisterii in multis videtur præstitisse: Judici in quavis judiciariâ subministrans: Sed Decano tamen & Saltario quem vocant præpositus. Plures itemq; *Sculdasii* uni suberant Judici, etiam in eodem judiciariâ sive judicis territorio: quin & ipsi nihilominus inter judices habiti. Horum verò munus, ex prolatis hic infra legibus tute ipse conjicito.

Longob. lib. 1. tit. 2. l. 2. —— *Si quis in Ecclesiâ scandalum perpetraverit*, 40 *sol. sit culpabilis &c. & prædict.* 40 *sol. per* sculdasium *aut judicem qui in loco ordinatus fuerit exigantur, & in sacri Altari ubi &c. ponantur.*

Tit 14. l. 7. — Sculdasius *verò dimittat tres homines qui caballos habeant, ut tollant ad saumas suas ipsos caballos tres, &c. sicut ad judicem diximus*: in quâ lege etiam apparet *Sculdasium* judice minorem esse, posse tamen eos, cum in exercitu ambulandum sit, caballos, uti judices, tollere ad saumas suas: Judices vero sex; *Sculdasius* tantum tres.

Tit. 17. §. 10. —— *Advocatus vel præpositus, sive* Sculdais, *vel qualibet aliâ dignitate præditus.*

Tit. 25. l. 50. —— *De servo fugace, & advenâ homine, si in aliâ judiciariâ inventus fuerit, tunc Decanus, aut Saltarius, qui in loco ordinatus fecerit, comprehendere eum debeat, & ad* Sculdasium *suum perducat. Et ipse* Sculdasius *judici suo consignet.*

Tit. eodem l. 73. —— *Tam in Austriâ, quàm in Neustriâ, quamq; in Æmiliâ & Tuscia & littore maris, perquirantur isti fugaces, & apud locum jurent,* Sculdasii, *Decani, Saltarii, vel loco præpositi, ut nullus eos celet, &c.*

Lib. 2. tit. 9. — *Liceat gastaldio Regis, aut actori, aut* Sculdasio *ipsam* (liberam mulierem quæ servo nupserit) *in curtem Regis ducere, & inter pensiles ancillas collocare.*

Ibidem tit. 21. l. 7. — *Qui debitum requirit vadat ad* Sculdasium, *qui in loco ordinatus est, & causam &c. tunc* Sculdasius *tollat boves, aut caballos ipsius* (scil. debitoris, etiam junctorios, si res alias non habet) *& ponat eos penès creditorem dum usq; justitiam fiat.*

Tit. 38. l. 2. *Judex*, Sculdais, Saltarius, *Decanus tenentur singuli ariolos inquirere: qui neglexerit puniendus est: qui effecerit, si sit Judex, integrum pretium; si* Sculdais *mediam partem; si Saltarius aut Decanus tertiam exportabit arioli illius extra provinciam in servitutem devenditi.*

Tit. 41. l. 1. Sculdasius *qui in adducta sibi causâ infra 4. dies justitiam facere neglexerit: quærenti componat 6 sol. & tantundem suo judici &c.*

Ibid. l. 2. — *Si homines de sub uno judice de duobus tamen* Sculdais, *causam habuerint, ille qui pulsat, vadat cum misso aut Epistola de suo* Sculdasio, *ad illum alium* Sculdaëm *de sub quo ipse cum quo causam habet &c.*

Ibid. l. 4. — *Si quis causam habuerit &* Sculdais, *aut Judex ei per legem judicaverit, & ipse stare in eodem judicio minimè voluerit, componat illi qui judicat sol. 20. Et cæt.*

Tit. 52. — *De Officio Judicis* l. 14. — *Si Gastaldius, aut* Sculdais, *vel loci Præpositus, qualibet judiciariâ tam ad suos pagenses, quàm ad alios, qui justitiam quæsierint, non fecerit, sicut lex ipsorum est componat.*

Lib. 3. tit. 12. l. 5. — *Neq;* Sculdasius *ab arimannis suis aliquid per vim exigat &c.*

¶ **Sculletus, ti.**] *Prætor. Sculletia*, & *Sculteia*, Spec. Sax. A Sax. sculðeta pro *exactore*: quod à delinquentibus pœnas exigebat: nam sculð, & scylo delictum significat, ut supra ostendimus in *Sculdasius*: quod vide.

Conrad. de Fabariâ Cas. S. Galli cap. 17. — Sculletus *enim de Hagenowe, Argentinæ Civitati non parum infestus, frequenter in aulâ Regis pessima præcantabat gallicinia.*

Ubi *Goldastus*: **Schultes** inquit, quasi **Schultheiss**, qui Latinis *Prætor.* Sic in vetustis instrumentis legitur *Sculletus* de Franconofurt; *Sculletus* de Berna &c. In Lege Longobardorum tit. 6. — *Tunc Gastaldius Regis &* Sculdahis *requirat culpam ipsam & ad curtem Regis exigat &c.* Hæc ille. Spec. Sax. Art. 80. Et Art. 52. quod Vide in *Burgravius*. Vide. *Comes.*

¶ **Scuria.**] Locus ubi manipuli, vel fœnum reponitur, Germ. **Scura**, unde Gallicum *Escurie*, pro stabulo.

Hincmarus Rhemens. adversus *Hincmarum Laudun.* — *Insuper &* scuriam *ipsius interclusit, & annonam de terris dominicatis collectam, sine licentiâ ipsius presbyteri in eam misit.* Ll. Alaman. tit. 81. §. 2. — *Si enim domum infra curtem incenderit, aut* scuriam, *aut graneam, vel cellaria, omnia similia restituat &c.* Ibidem mox — *Infra* Scuriam, *graneam, spicarium, servi.* Ll. Boior. tit. 2. cap. 4. §. 5. — *Solet propter pabula, vel propter ligna fieri scandalum, quando aliqui defendere volunt casas vel* scurias, *ubi fœnum vel granum inveniunt.* Et tit. 9. cap. 2. — Scuria *conclusa parietibus & pessulis cum clave munita.* Item non septa, sed talis quod Baiwarii *Stofph* dicunt.

Pro stabulo autem poni videtur lege Salicâ tit. 18. § 3. — *Si quis sudem cum porcis,* scuriam *cum animalibus, vel fœnile incenderit &c.*

¶ **Scurro, ronis.**] Vide supra *Obscarlo*.

¶ **Scussus.**] Adject. pro *Excussus*.

Chart. antiqq. Alaman. 62. — *Censum eis exinde solvamus — per singulos annos 2 carradas de grano bono non* scusso. Intelligo duorum curruum onera, non frugum *excussarum*, hoc est trituratarum, sed in ipsis spicis, & aristis.

¶ **Scutagium.**] Saxonibus Scildpenig. 1158. H. 2. Reg. 5. ad *scutagium Tholosanum* 12400 l. arg. percipit. V. Cod. Ll. nost. V. *St.* An. 1159.

1259. H. 3. 44. concessum 40 s. de quolibet *scuto*, & tunc ultra 40000 feoda militum in Angliâ, dimidiumq; pene in manibus cleri. *Holl.* p. 262. a. 14.

Græcis inferioribus, ut Novel. Constant. Porphyrog. Cujac. ad feud. pag. 7. in fine.

Hen. 3. habet Scutagium 3 marc. de quolibet scuto, pro viatico suo in Terram sanctam, an. Regni 37. Dom. 1253. *M.P.* 858. *Hol.* 248.

Edw. 1. 40 s. de quolibet feodo Anno Regni 13. Dom. 1285. pro expeditione contra Wallos. *Stow* p. 310.

¶ **Scutellum**, pro **Scutello.**] *Eckehar.* Jun. in Casib. S. Galli cap. ult. — *Enimvero ait ægrotis nostis; si tu velles* scutella *hæc magis liceret quàm tibi.* Ubi *Goldast.* in Scholiis ait: *Scutella* pro *scutellas*: Alamannis detorta voce **schussel**, Italis *Scodella* συνεκδοχικῶς pro ferculis posuit.

¶ **Scutifer.**] Idem quod *Armiger*. Nobilitatis scil. appellatio apud Anglos penultima, hoc est inter Equitem & Generosum. *Walsingh*: in *Henrico* 4. — *In hac pugna nullus Dominus, nullus miles, aut scutifer hostibus ictum intulit.* Idem Ypodigm. Neustriæ An. 1375. — *Hoc tempore, post longam obsidionem reddita fuit Francis Insula de Constantine, cum castello — in ea per quendam* scutiferum, *dictum Thomam Katington. Ob quam causam Dominus* Joh. de Annesse *miles ex post eundem* Thomam *de proditione appellatum in Duello devicit & occidit.*

Idem in *Hen.* 4. An. 1403. pag. 369.

-- *Classis*

—— *Classis occidua sub ducatu Willielmi de Wilford* scutiferi.

Scutiferi dicti sunt, qui feodum tenuere scutiferum; ut milites qui Loricæ: Baneretti & Banderetti, qui *Bandi* seu *Banderii*. Reliqui milites qui nullo feodo obligati erant, *Soldarii* dicti sunt, q. *soldo*, i. mercede astricti, à *solde* & *sould* Gal. **sold** Ger. Vide infr. *Soldarii*. & Vide *Memoires des Comtes P. Pitou*, i. Pithæi, pag. 65.

¶ *Scutum.*] Tabulatio, quæ foribus & officinis rerum vænalium prætenditur in urbibus, cum ad excutiendos imbres tum ad impediendum lumen. Anglic. **a penthouse**.

Assisa mensurarum An. 9 *Richardi* 1. apud *R. Hov.* parte poster. — *Prohibitum est omnibus mercatoribus per totum Regnum Angliæ, nè quis mercator prætendat seldæ suæ, rubros pannos, vel nigros, vel* scuta, *vel aliqua alia, per quæ visus emptorum sæpe decipiantur ad bonum pannum eligendum.*

¶ *Scyra.*] Vide *Schira* & *Schyra*.

¶ *Seame.*] Octo modiorum mensura, sic de frumento dictum, quòd unius equi sit *sauma*, i. sarcina, aliàs *Sumagium*.

¶ *Seaupwerpe*, & *Seawerpe.*] Jactura maris, Anglicè **wreck**, Gall. *varech.* A Sax. sæ, i. mare, & upp. ppen ejicere. Chart. *Willielmi* senioris Abbathiæ de *Ramesia* Sect. 174. — concedo Anglicè scriptum scil. *Mundbrich, feardwite, blodwith* — *Sthipbrich*, Sæupwurpe, *Sake sokne* c. pa. 136. col. a.

¶ *Seax.*] Undè Saxones.

¶ *Secalonia.*] A Secale.

¶ *Seco, as, are.*] Aliàs *asecare*, Ger. **meyen**.

¶ *Secretarium.*] Locus, in quo judices causas audiunt. Est enim *Secretarium* Judicum: ut Consistorium Principum. *Zeno* in l. fin. C. ubi senat: vel clariss. — *Sedendi quoq; in aliquâ* secretarii *parte, quæ judicibus inferior altercantibus verò superior esse videtur.* Et paulo post — *Sedendi cum celebratur cognitio, in* secretariis *judicantium jus consequuntur.* Sic prateus.

Sed & *Secretarium* est locus secretior in majoribus Ecclesiis, quo vasa sacra conservantur, & aliàs Diaconium in quo res suas tractaturi conveniunt ejusdem Ecclesiæ Præpositi, & Canonici, qualem hodie *Domum Capitularem*, Anglicè **the Chapterhouse** appellamus. *Beda* Ecclesiast. histor. lib. 2. cap. 1. de *Gregorio* mag.—*Sepultus est corpore in Ecclesia beati Petri Apostoli, ante* secretarium. Et *Johan.* 8 Pap. in jussione de ordinando Episcopo Laudunensi — *Data est Romæ Theoderico, jussu Papæ Johannis, & Domini Caroli novi Imperatoris, per manus Anastasii Bibliothecarii in* Secretario *Ecclesiæ S. Petri An. incarnationis Dominicæ* 877.

Secretarius etiam dicitur ipsa Synodi sessio & Conventus, qui in *secretario* habitus est: Concil. Roman. 2. Romæ celebrat. sub Zachar. Papâ An. 745. — *Quid ergo denuo nostris* secretariis *ingredi postulasti?* i. sessionibus, conventibus, congregationibus: sidemq; faciunt ad junctæ sæpius voces — Præteritum, futurum, venturum *secretarium*. Lateranensis etiam Synodi sessiones An. Dom. 642. sub titulis quinq; *Secretariorum* sive Consultationum denominantur.

Secretarium Sacrarium, Præterea locus in Ecclesiis quo vasa sacra conservantur; aliàs *Diaconium* quod vide. Sic & Glos. Distin. 23. cap. 32.

¶ *Secta.*] Multimodo dicitur in jure nostro.

Primò pro simplici consequutione, ut cum aliquis reum insequitur, ut fugientem comprehendat, de quo *Bract.* lib. 3. tract. 2. ca. 1. nu. 1. — *Si quis feloniam fecerit, & statim captus fuerit, levato hutesio, cessabit secta.*

Secundò, pro juris actione, vel litis prosecutione: quo sensu, cum litis causam, actor exposuerit, *sectam* se inde (dicit) producere.

Tertiò pro clientelari obsequio, quo feodatarius tenetur se sistere in Curiâ Domini sui: quæ *Secta Curiæ* appellatur.

Quartò pro consuetudine quâ vassallus tenetur grana sua commolenda deferre ad molendinum Domini sui; & appellatur *secta molendini* &c.

Hujus originem referunt nonnulli *W.* Epis. *Sarisburiæ* qui obiit An. 1256. sed falso, Vide *Holl.* ib. p. 254. a. 2.

Secta etiam dicitur vestimentorum similitudo, quâ societas à sociate, classis à classe, unius nobilis famuli ab alterius distinguuntur.

Secta dicitur testium cohors. Sol. For. 23.

Secta Curiæ.] *Will. de Eboraco* Episc. Salisb. moritur An. 1256. i. 45 Hen. 3. —— *Hic Episc. in occasione fuit, ut mos ille, quo tenentes* sectam *facerent ad Curiam Domini sui in legem converttur.* Chron. p. 254. col. 1. l. 1. Falsè & Inepte.

¶ *Sectator.*] Dicitur, qui ad aliquam prædictarum Sectarum tenetur, vel in eadem constituitur.

¶ *Securitas.*] Apud nos dicitur cautio validior, quam, vel de debito, vel de re aliâ præstandâ quis alteri exhibet. *Concil. Confluentino* An. 860 — *firmitas* appellatur. In jure autem Civili accipitur pro apochâ, & ipsa debiti cassatione, quam quietantiam vocant.

¶ *Secuus.*] Longob. lib. 1. tit. 6. l. 6. *Si subtus genuculum quod est tibia, fregerit, componat 6 sol. Si autem* secuus, *aut claudus fuerit, componat* — *quartam partem* — *precii ipsius.*

¶ *Segiagium.*] A Gall. *siege*, pro *sede*: Tributum est quod à navi exigitur pro sede suâ in portu; aliàs *Groundagium*.

¶ *Seigit.*] Pro *Saiga*; quod vide supra. Chartt. Alaman. Gold. nu. 59. — *frisginga* seigit *valenti*.

¶ *Seisina, Saisina.*] Et *Bratt. Seysina.* Possessio, investitura, à Gall. *saisir*, id est *apprehendere*, capere, possessionem rei obtinere. *Seisina traditio* idem valet in Jure nostro quod in Jure Civili *investitura*, pariq; olim fiebat ceremoniâ. Propriè tradendo terram ipsam vel feodum. Impropriè tradendo, terræ vel feodi nomine; vexillum, hastam, sagittam, ut apud *Ingulphum* liquet pag. 901. l. 48. Ex hastæ autem traditione nata illa consuetudo est, quæ postea apud alios per festucam, apud nos per virgam appellatur, quæ et in curiis nostris Baroniarum etiam hodiè locum obtinet, nomenq; eorundem possidentibus imposuit, qui inde *tenentes per virgam* nuncupati sunt. Cum enim majores nostri ne convenire quidem, nisi armati, soliti sunt, ut *Tacitus* refert; omnia per Armorum ministerium etiam exigebant; desyderataq; ergo in tradendis feodis nonnunquam hastâ, posteri, quæ præsto esset virgâ, festucâ, sive baculo ejus vice adhibuere.

Otto de gest. Freder. 1. lib. 2. Cap. 5. — *Est consuetudo Curiæ, ut regna per gladium, Provinciæ per vexillum à Principe tradantur, uel recipiantur*; pag. 248. l. 50. ubi exempla ponuntur.

Adrianus autem Papa 4. cum Johannem filium *R. Henr.* 2. in Regem Hiberniæ promovisset, regni illius investuram annulo ei tradidit, qui cum concessionis privilegio Wintoniæ postea servabatur, in Archivis illic regiis; ut supra ostendimus in voce *Rotulus Wintoniæ*.

¶ *Seisona.*] A Gallico *saison*, i. e. Tempus, opportunitas. Charta *Ethelbaldi* Regis Merciorum apud Ingulph. —— *Volo quod prædicti Monachi habeant ista dona mea*, &c. *cum communiâ pasturæ pro omni genere animalium, omnibus* seisonis, *sibi & hominibus suis*.

¶ *Selave.*] L. Salica tit. 57. §. 3. *Si quis aristatonem, hoc est staplum super mortuum missum capulaverit, aut mandualem quod est structura, sive* selave, *qui est ponticulus sic ex more antiquorum faciendum fuit; qui hoc destruxerit, aut mortuum inde expoliaverit, de unaquaq; de istis, DC. denarios qui faciunt sol.* 15. *culpab. judicetur*. Germ. **Seule** (inquit Gloss.) columella Boior. tit. 7. **Sul.** inde **Yrmensul** *Mercurii columna*. Pastores item Angli palos, quibus caulas figunt, **Saules** vocant.

¶ *Selda.*] Assisa mensurarum An. 9. Ric. 1. apud *Hoved.* —— *Prohibemus ne quis mercator prætendat* seldæ *suæ rubros pannos vel nigros, vel scuta vel aliqua alia per quæ visus emptorum sæpe decipiuntur, ad bonum pannum eligendum*. In majoribus Chronicis ubi locus hic vertitur; *selda* **window** exponitur, i. *fenestra*.

¶ *Selio, nis.*] Ager arvalis, hoc est agri portio sulcos aliquot non certos continens. Anglis aliis **A ridge of lande**, aliis **a sellon**, aliis **a ridge**. Dictum à Gall. *seillon*, i. terra elata inter duos sulcos, & interdum *sulcus* ipse latinè *porca*. Sed continere (ait *Cowellus*) alias acram integram (hoc est jugerum) aliàs, plus minus, dimidiam. Radicitus provenire videtur dictio à Saxonico ꞅul, aut ꞅỳl, pro *aratro*; undè & Gallis *seillonner*, pro *arare* & *sulcos edere*, fortassis etiam & latinis *sulcus*.

Charta vetus achronica. *Sciant præsentes & futuri quod ego Margeria filia Willielmi de Ryleia dedi, &c. Emmæ filiæ meæ pro homagio & servitio suo unam acram terræ in campo de Camurth, scil. illas sex* seliones, *& dimid'. cum forerâ & sepe, & fossato, quæ jacent in Aldemie juxta terram, &c.*

¶ *Sempecta.*] — Ingulph. Hist. Croyl. f. 504. a. n. 20. & f. 504. b. n. 20. — *Quinquagenarius autem, in ordine* Sempectâ *vocandus, honestam Cameram in Infirmitorio, de Prioris assignatione accipiat; habeatq; Clericum, seu garcionem suo servicio specialiter attendentem.*

¶ *Senescalius, Senescallus.*] Mat. P. in An. 1136. pag. 71. — *Hugo præterea Bigot* Senescallus *Regis præstito juramento probavit coram Archiepis. Cantuar. quod dum Rex ageret in extremis, Imperatricem exhæredavit; & Stephanum igitur constituit successorem.* Fortè *Senescallus hospitii*.

Senescallus idem quod Maior domus, ut ibi videmus ex *Rob. de Monte* in An. 1170.

V. *Tillet* Recueil. par. 1. pag. 405. Ubi *H. Roy de Engleter este grand Maistre*, i. Senescallus, *de France. Hareditamente pra Anjou.*

Rob. de Monte in An. 1170. pag. 649. — *In Purificatione beatæ Mariæ, fuit filius Regis Anglorum Parisiis, & servivit Regi Francorum ad mensam ut* Senescallus Franciæ. Hanc *Senescalciam*, vel ut antiquitus dicebatur *Maioratum domus* Regiæ, Robertus Rex Francorum dedit *Ganfrido Grisogonella* Comiti Andegavensi, propter adjutorium quod ei impenditur contra *Ottonem* Imp. Alemanniæ; dedit etiam ei quicquid habebat in Episcopatu Andegavensi.

Senescallus autem non obtinuit integrum officium *Maioris domus*: Nam *Pipinus*, qui hoc aliquando gesserat & ex ejusdem amplitudine Regnum Franciæ adeptus esset, *Maioratus* istius officium sustulit, *Ne ejusdem potentia ipse vel hæredes sui ejicerentur postea*; Et arctiori potestate *Præpositum mensæ* constituit quem à Teutonico *Scalchum*, & *Seniscalcum* appellavit. V. *Fauchet* p. 25.

Vide vet. *Cust. Norm.* Par. 2. fol. 2. de *Senescallo Ducis*, & ejus officio.

¶ *Senior.*] Honoris atq; dignitatis nomen, ab ipsâ naturâ Constitutum, quod & ideo juvenes ambiunt. *Ovid.* fast. 5. fol. 1. b.

Magna

Ovid. Fast. 5. fol. 1. b. *Magna fuit capitis quondam reverentia cani,*
Inq; suo pretio ruga senilis erat,
Martis opus juvenes animosaq; bella gerebant &c. V. & adde.

Senior pro Rege. *Aimoin.* lib. 5. cap. 24. in fine.

¶ **Seniores.**] Pro Regni magnatibus aliàs *Antiquiores dicti.* Concil. *Clarendon.* sub R. *Hen.* 2. an. 1164. — *per Barones, & per Nobiliores, &* antiquiores regni.

¶ **Seniorale.**] Dignitas Regia, vel dominica, à Gall. *Seigneurial.* Concil. Meldens. an. 845. cap. 7. — *Si vultis regnare, & vigorem Regium ac* seniorale, *& super vestros, & super impugnantes potestatem vestram optatis habere.* Substantivè poni videtur, utpote non *Seigneurial* sed *Seigneurie* significaturum.

¶ **Sepositio.**] Oppignoratio. Wisigoth. lib. 5. tit. 4. l. 12. — *Parentibus filios suos vendere non licet, vel donare, vel oppignorare; nec ex illis juris sui aliquid defendat, qui acceperit; sed magis precium vel* sepositionis *commodum, quod dederit perdat, qui à parentibus filium comparavit.* Et l. seq. — *Donatio siquidem, vel* sepositio *de talibus personis contracta non valeat; ita ut nec datum commodum pro* sepositione *reddatur.*

¶ **Sequentrianus.**] Qui optimo succedit. Res mediæ conditionis. *L. Alam.* tit. 75. — *Vacca optima,* sequentriana, *minuta.* Sic apud *Ekkehardum* sequentiarius adject. à *sequentia.*

¶ **Sera.**] Dolens incesta. V. Serus.

¶ **Seramus.**] Adject. Sic in Ll. Alam. *Goldast.* sed emendatius apud *Lindenb.* feramus; quod vide supra.

¶ **Seranta.**] Ænigmaticum illud apud *Abbonem* de obsidione Lutetiæ Paris. pag. 444.

Ibi in margine Pp. 200 40000. *P. geminum sidos raro quamvis vegetabat,*
M que truces posthac chile seranta *chile id extat*

¶ **Serjanteria.**] Idem apud Scotos quod *Serjantia* apud Anglos, quod subsequens vide.

¶ **Serjantia.**] Inter feodalia servitia summum est & illustrissimum, quod nec patronum aliquem agnoscit præter Regem. Est autem *Major* & *Minor*, quas forenses **Grande Serjanty**, & **Petit Serjanty** appellarunt.

Serjantia major est servitium militare, quo quis prædia tenet à Rege in Capite, eâ lege ut ei servitium aliquod honorificum per personam hominis (sive suiipsius sive alterius) exequatur; & dicitur *militare servitium*; non quod in militiâ semper sit præstanda, sed quod ex more servitii militaris Regi defert hæredis custodiam, maritagium, & relevium.

Hujus generis sunt Exercitum Regis educere; Signum, vexillum, hastam ejus in acie perferre: Marescalli, Constabularii, pugilis ejus munus obire. Vexillum Regis intra quatuor maria sequi, aut armatum quempiam evocanti emittere, irruentes hostes tubæ vel cornu sonitu prædicare. Quin & procerum omnes dignitates, scil. Ducum, Marchionum, Comitum, Vicecomitum, Baronum hoc tenentur servitio. Nec minus munera & officia, quæ Regi sunt præstanda in Coronationis suæ solennitate. Gladios cæteraq; potestatis & Regni insignia Regi præferre. Senescalli, Pincernæ, & illustriora munia exequi &c. Vide ....

Non autem prætereundum est specialia quædam servitia, etiam privatis exhibita, *Serjantias* olim nuncupatas. Sic enim *Bractonus* lib. 2. cap. 35. nu. 6. — *Item fit homagium de tenemento quod tenetur ad* serjantiam, *& ibi sequitur custodia, & maritagium, maximè si* serjantia *illa respiciat Regem & Patriæ defensionem; & secus est, si privatam personam, & in nullâ parte ipsum Regem vel exercitum suum. Sunt enim plures* Serjantiæ, *quæ respiciunt privatas personas, & non ipsum* Regem; *ut si quis debeat equitare cum Domino suo de manerio in manerium; & tales dicuntur* **Rod-knights** *&c.*

Serjantia minor, inter civilia servitia (quæ Socagia vocant) numeratur: Et dicitur cum quis ratione feodi Regi tenetur annuatim exhibere exiguum aliquid ad apparatum bellicum pertinens: arcum, gladium, pugionem, hastam, chirothecas ferreas, calcaria aurea, sagittam, sagittarumve fascem, aut alia hujusmodi; quæ juxta *Fleta* sententiam lib. 1. cap. 11. dimidiam marcam non excedant.

¶ **Serjentia, Serjantia, Serjentium.**]

Serjentium Ecclesiæ. Codex antiq. MS. *Croylandensis* Cœnobii, sub tit. *Ingulphus* Abbas, qui floruit temp. *Guliel.* 1. fol. 89. — *Concessimus etiam tunc* Serjentium Ecclesiæ *nostræ Semanno de Lek; qui veniens coram Conventu in nostro publico Parliamento similiter juramentum præstitit, quod fidus & fidelis nobis existeret; & officium suum diligenter* (ut hactenus) *custodiret. Recitavimusq; illi officium suum, scil. quod sit intendens tam in noctibus quàm diebus, & ille illuminabit omnia luminaria Ecclesiæ præterquam circa magnum Altare, & extinguet temporibus debitis, & pulsabit omnes pulsationes &c.*

¶ **Serjans, antis, Sargantus, Serjantus, Serjandus, Serziantus, Serzientus.**] Gall. & Angl. **Sergeant** & *Serjent* à Latino *serviens*: *u* consonante in utroq; abjecto, & *i* in priori in *g* mutato.

Nomen multiplicis muneris: sed ministerii prorsus, non magistratus aut magisterii. Quicunq; enim *Serjanti* dicuntur: ipso hoc nomine, ministros esse intelliguntur aliorumq; subesse arbitrio & mandatis: superiores tamen semper, non ministros. Sic in causidicorum grada-

gradationibus, classis inferior est eorum, qui *ad barros vocantur*. Secunda *Apprenticiorum*. Tertia *Serjantorum*, vel servientium ad legem. In Regiæ etiam familiæ ministeriis: infimi **Pages** dicuntur: medii **Groomes**, superiores, **Serjants**.

Serjant, vel *Serviens* ad legem, antiquis *Serviens narrator*, forensi Gallico, *Serjant Counter*, pro *Compteur*, is dicitur, qui summum obtinet gradum in legum Anglicarum professione: sicuti in Jure Civili, qui *doctores* appellantur. Et licet serviens quis hujusmodi opibus nonnunquam magis pollet quam integrum ferè *Doctorum* collegium, etiam & multâ hodie antecedit æstimatione: *Doctorum* tamen institutio nobilior fuisse videtur, & antiquis honoratior. *Doctoris* enim appellatio est magisterii; *Serjantis* (uti supra diximus) ministerii. Doctores sedentes Cathedrati infra curiam, & pileati disputant: Serjanti, stantes, promiscui, extra repagula Curiæ, quæ *barros* vocant, absq; pilei honore, sed tenui calyptrâ (quæ Coysa) dicitur induti, causas agunt & promovent.

Ad gradum autem hunc sic pervenitur. Cupidus legum adolescens, primò se sistit in uno Collegiorum Juris (sunt enim quatuor, quæ & hospitia vocantur) Emensisq; illic studiosiùs annis septem vel octo, *ad barram*, ut loquuntur, hoc est ad agendas causas evocatur. Denos post hinc annos, vel duodecim, Lector publicus in aliquod Hospitiorum Cancellariæ emittitur, tantundemq; penè postea idem hoc munus in suiipsius Collegio fastu exercetur, ut duarum vel trium hebdomadam spatio bis mille penè coronatos Gallicos expendisse unus quispiam dignoscitur. Lautè enim epulari solet convivasq; adhibere præcipuos Regni magnates.

V. Authent. lib. 10. tit. de Athletis 3 coronis potitis, fol. 196. a.

Donatur Serviens ad legem annulo aureo (quære) sed alios donat, fidei symbolo, nam sic in Coronatione Rex annulo donatur, quasi jam disponsus Reipub. ut indicat lib. MS. rei Heraldicæ cui titulus *Origine de tiltres de noblesse*, p. 52. Sed quære unde habet togam bicolorem, more Helvetiorum, qui tunicas & femoralia sic dividunt. *Leighus* in *Accedentiâ Armorum* pag. 40. ait Milites Cursores nuncia Principum deferentes sic vestiri solitos; coloribus scil. Domini sui pessum divisis. Nota Graduum paralelogramma triplex in diversis scientiis seu professionibus, juxta triplicem athletarum coronam apud Græcos, viz. in

Theologia.	Academia.	Seculo.	Foro Regni.	Foro Civili.
Episcopus,	Doctor,	Miles palatinus,	Serviens,	Doctor legum,
Presbyter,	Magister,	Armiger,	Apprenticius ad legem,	Licentiatus,
Diaconus.	Bacularius,	Genensus.	Barrasterius.	Lyta.

Urbibus	Heraldorum collegio.	Procerum.	Bello.
Communiarius,	Rex,	Dux,	Milites Vexilliferi,
Libor civitate donatus,	Heraldus,	Comes	Milites Castrenses,
Apprenticius.	Prosecutor.	Baro.	Armigeri.

In ministeriis.	Roma.	Saxonib.	Anglo-Dan.
Yeoman,	Senatores,	Ædelingi,	Ealderman,
Grome,	Equites aur.	Frilingi,	Thagen seu Thanus,
Page.	Plebei.	Lazi.	Lesthegen seu Thami.

Serjans, *Serjantus*, & *Serziantus*, & *Sargantus*. Opinor pro Scutigero, vel milite non loricato. Epistol. *Balduini Flandr.* apud *Arnold.* — *Baronibus, militibus*, serziantis, *omniq; populo Christiano*. Ubi si Lindenbrogius, ut mihi videtur *lictores* intelligit, vix assentiar: nam voces militibus & *serziantis* intelligo de milite loricato, & non loricato; vel de equestri, & non.

Godfrid. Monach. sub anno 1067. — *Christianus Episcopus Moguntinus*, *& Philippus Cancellarius Imperatoris, cum* 500 *fere* sarjantibus *per longam & arduam viam fessi, ad auxilium Reinaldo venerunt, & castra juxta Tusculanum metati sunt*. Item Charta *Henrici* Imper. apud eundem *Godefrid*. Anno 1195. — *Pro redemptione ejusdem Terræ* (viz. Sanctæ) *mille quingentos milites & totidem* sargantos *in expensis nostris à Martio, usq; ad annum transmittere decrevimus; & hoc manifestè spospondimus unicuiq; militi* 30 *uncias auri, & tantum annonæ, quæ ei ad annum sufficiet daturi*. Et mox — *Milites itaq; &* sarganti *jurabunt obedire illi, quem magistrum eis ac ducem constituemus, & per annum stare in servitio Dei &c.* Idem in Epist. Comit. S. Paulo ad Ducem Lovan. pag. 269. —— *Nec esset aliquis inter eos qui milites ad stipendia, aut* serjantos *ad solidum detineret*.

Serjant qui dicitur *serviens ad clavam*, Est *lictor*, qui mandata prætoria in urbibus exequitur, debitoresq; rapit in carcerem, à quo nomen parum consultè torquet *Skenaus* scil. à Gall. *serrer*, pro *includere*, & *gent* pro *gente*, *plebe vel populo &c.*

Gower in voce clamantis lib. 6. cap. 4.

Est apprenticius Sergandus *post & adultus*
Judicis officium fine notabat eum.

¶ *Serilla.*] Naviculæ vel linteres, qui rimas stupa suffocats habeant.

¶ Extra *Sermonem Regis* dijudicari.]
Est

Est idem apud Salicos veteres quod *extra mundeburdem, vel protectionem regis. Utlagari.*

¶ *Serplath*, & *Serplaith.*] Sarcina apud Scotos petras 80. continens.

¶ *Serviens, Servientes.*] Idem latinè quod barbaris *Serjant*, & *Serjantes.* Vide *Serjant, Serjantus.* Hov. 537. l. 58. — *cepit multos milites &* Servientes *in castello Malesarte.* Et 538. l. 5. — *Turris quam milites &* Servientes *contra eum victu & armis munierunt.* Sic 540. l. 21.

Serviens ad legem. Vide *Serjantus ad legem.*

Serviens domini Regis. *Bract.* lib. 3. Tr. 2. Cap. 32. *Si sine sectâ, cognoverit se inde esse latronem, coram Vicecomite vel Coronatore, vel* Serviente domini Regis, *cum testimonio bonorum & proborum hominum, ex'unc furtum dedicere non possit, quia tales habent recordum.* Ibid. Cap. 28. *Virgo rapta — & sic debet ire ad Præpositum hundredi, & ad* Servientem domini Regis, *& ad Coronatores, & ad Vicec. & ad primum Comitatum faciet appellum suum.* Videtur Regem habuisse in singulis Comitatibus, *Servientem ad legem*, in nomine suo, Coronæ placita prosequentem.

Civitas Norwici usq; 17. R. *Steph.* alium non habuit præofficialem nisi *Servientem* pro Rege, qui Curias tenebat; sub id verò temporis Coronatorem & Balivos obtinuere, & 37. H. 3. licentiam includendi civitatem suam muris, atq; fossâ, quam è diversis Hundredis sunt adepti *Stow.* 214.

Serviens, aliàs *Serviens ad clavam.* Lictor, Bedellus, Balivus, qui debitores & delinquentes rapit ad carcerem, vel supplicium. *Constitut. Sicul.* lib. 1. tit. 89. l. 2. — *Si quis Castellano um, vel* Servientium, *ultra id quod ab incarceratis ipsis recipere regiâ constitutione permissum est, receperit, in nonuplum id quod injustè receperit fisco nostro componat, simplo quod à prædictis sic injustè receptum est, ipsis omnimodo reddendo.* Olim *Serviens Hundredi* & Comitatus dictus fuit qui modo *Ballivus.* Bract. lib. 5. Trac. 1. cap. 4. nu. 2. fol. 330. sæpe. Apud Anglos hodiè tantum quod sciam in usu sunt in civitatibus & burgis Prætorum sive Majorum, quos vocant, mandata executuri.

Servientes pro *vassallis*, & quos Angli tenentes dicimus.

Constitut. *Caroli Mag.* Cap. — *Quæ ad nium:* §. 6. — *Auditum habemus qualiter & Comites & alii homines, qui nostra beneficia habere videntur, comparant sibi proprietates de ipso nostro beneficio, & faciunt servire ad ipsas proprietates* servientes nostros *de eorum beneficio & curtes nostræ* (intelligo maneria) *remanent desertæ.*

Ll. seu Emendationes *Will.* Conquestor. — *Statuimus & firmiter præcipimus, ut omnes Comites, & Barones, & milites &* servientes, *& universi liberi homines totius regni nostri prædicti, habeant & teneant se semper benè in armis & in equis, ut decet & oportet; & quod sint semper prompti &c.* Hic qui *servientes* dicuntur perspicuè intelligas è Ll. *Ed.* Conf. cap. 21. — *Dapiferi, pincernæ, camerarii, pistores & coqui.*

Serviens pro *Armigero.* Ger. Tilb. lib. 2. pag. 17. — *At cum pater familias, miles vel* serviens *de Rege tenens in Capite fata debita solverit, relictis tamen liberis, quorum primogenitus minor est annis, reditus quidem ejus ad fiscum redeunt, sed hujusmodi non simpliciter eschaeta dicitur, sed eschaeta cum hærede — De ipsa hæreditate per regios officiales tam ipse hæres quam cæteri liberi necessaria percipiunt.*

Hoved. in Ric. 1. pag. 749. l. 44. — *Willielmus cognomento Cocus,* serviens *Richardi Regis Angliæ, in custodiendo Castellum de Leons, cepit de familia regis Franciæ* 24 servientes equites, & 40 servientes pedites, *quos Rex Franciæ miserat ad muniendum Castellum de Novo Mercato.* V. Catalogum militum *Ed.* 3. in obsid. *Calesiæ.*

— *Si ipse ad alium transferre voluerit, prius illud restituat domino vel* Servienti, *id est Seneschallo manerii, si dominus præsens non fuerit, & de manibus illorum fiat translatio ad alium &c.* Bract. lib. 2. cap. 8. *Coke* 4. Rep. fol. 22.

¶ *Servitium militare.*] Est Servitus feodalis, quâ quis tenetur munus aliquod militare, vel honorificum Domino suo præstare.

¶ *Servitium*, & *Tenere in Servitio.*] *Servitium* est id obsequii & præstationis quam vassallus tenetur domino exhibere ratione feodi, quod vel ipse fungitur, vel suis utiq; subvassallis excolendum tradidit hæreditariè. Unde in Dominico tenere dicitur prædium quod ipse colit: Quod verò hæreditariè elocavit aliis, de se tenendum, illud ipse in *Servitio* tenet de suo Domino. Vide *in dominico tenere*, & *tenere.*

¶ *Serus.*] Adject. Mœstus, dolens, pœnitens, anxius, ab Alaman. *Ser* dolor, cruciatus, ut *Goldastus* interpretatur; cui antiquum idioma Anglicum fidem facit: ubi **to weep sore** est *amarè vel lugubriter flere*, hodie **sore** dicimus atq; indè **sorry** pro dolente. *Ekkehardus* Ju. S. Gall. cap. 5. — *Domine miseram istam adhuc impunitam mihi dona: ut gladio non pereat.*

Sed ut alius opinatur, ut *Goldastus* ipse dubitat *seram* fortè legendum esset *miseram.* Tu lector judica.

¶ *Servus.*] Melior conditio apud Germanos quam Romanos. V. *Tacit.* de *Germ. mor.* 542. Germanorum instar, erant nostri villani a *servis* multum diversi.

Servorum Apud majores nostros cùm & Normannos tum & Saxones, quidam erant Prædiales, quidam Personales, hi ex more Romanorum, illi è Germanorum constituti. Personales nullas possidentes facultates dominis suis lucrabant omnia, & ab iisdem alebantur: Prædiales quamvis servilis essent conditionis

& originis, sua tamen ad arbitrium domini prædia possidebant & facultates, opera rustica & servilia eis indicta per villas facientes, & villani inde nuncupati. Hi quidem apud nostrates videntur fuisse usitatiores: Et *Thomam Spottum* igitur hos non censentem inter genuinos, atq; absolutè servos, illud prodidisse quod in Anglia antea (ingressum Normannorum) nullus fuerat servus. Sed fallit proculdubio, ut è legibus Anglo-Saxonum passim deprehenderis. Et quoniam nonnulli dictum hoc intelligunt de solo Cantio: nam *Lambardus* ait se legisse, *Servos* in Cantio non fuisse unquam: huic etiam Ll. conjecturam prohibent ipsorum Cantianorum Regum *Ethelberti*, *Hlotharii*, & *Whitradi*, ubi utrunq; istorum genus reperitur. De prædiali autem *servo* legem semper intelligendum censeo, ubi mulcta pecuniaria ei imponitur, & non flagellum sive verbera, ut *Whitradi* Ll. cap. 14, 16 &c. quære.

Verb. Terra ex script.

¶ *Sesonis.*] Extenta Manerii de Gatingges — *Debet operare in qualibet septimana, à festo S. Michaelis usq; ad gulam Augusti quolibet die operabili unum opus, precium operis ob. quadr. & à festo S. Petri ad vincula, usq; ad festum S. Michaelis unum opus in quolibet die operabili* 1 *d. ob. excepta* sesone *Hiemale.* Mox *ad* sesonem *Quadragesimæ.*

¶ *Sessorium.*] *Sedile.* Brit. Armor. lib. 3. de *ulno* juxta Gissortium.

Qua gremio viridi vestito gramine fesso
Grata viatori sessoria *præstat.*

¶ *Sestrix.*] *Abbo* de obsid. Lutetiæ *de spiritu sancto.*

Ore meo sedeat, mentem repleat pie Domne
Actibus atq; sacris, virtutum floribus ornet
Expulsis sestrice *sacra vitiis procul atris.*

¶ *Set.*] Pro sed frequens apud veteres forenses.

¶ *Setterdays slopp.*] Apud Scotos dicitur piscationis prohibitio à die Sabbathi post vesperas, usq; ad diem Lunæ post ortum solis, quod Alexand. 2. legg. cautum est cap. 16. §. 2. V. *Sken.*

¶ *Seucis*, & *Seusis.*] Canis magnus qui & inde *seusius* & *segutius* dictus est. Germ. & aliàs Spurhunt quod V. L. Alaman. tit. 82. qui inscribitur aliàs *De* Canibus seusibus *vel aliis furatis, aut occisis; aliàs de* canibus seusiis, *&c.* Et §. 1. — *Si quis* Canem seusium p*rimum cursalem qui primus currit involaverit, sol. sex componat: qui secundum; sol.* 3 *componat.* Et in Ll. Boior. tit. 19. §§. 1, 2, 3. — *Cautum est de eo, qui Canem* seucem, *vocatum* leithhunt, i. *ductorem: Canem* seucem *vocatum* triphunt, i. *vel Canem* seucem *qui in ligamine vestigium tenet, quem* spurihunt *dicunt, furaverit &c.*

Et L. Salic. tit. 6. §. 1. — *Si quis* Canem seusium *furaverit, aut occiderit, qui magister sit, DCCC den. qui faciunt sol.* 45 *culpabilis judicetur &c.* — *Si quis verò* seusium *reliquum, aut velterem porcarium sive veltrem leporarium furaverit, &c.*

Hic canis aliàs *segutius* dicitur. Ll. *Burg.* Addit. 1. tit. 10. §. 1. — *Si quis Canem veltraum, aut* segutium, *vel petrunculum præsumpserit involare, jubemus ut convictus coram omni populo posteriores ipsius osculetur, & 5 sol. illi cujus* Canem involaverit *cogatur exsolvere, & mulctæ nomine duos solidos.*

¶ *Seuera*, & *Sewera.*] Est fossa in locis palustribus ducta ad aquas eliciendas, to sue dicimus, cum aqua clam elabitur, quod à Gall. *suer*, i. *sudare*, à quo *sueur*, i. *sudor*, & *sudator*, *suerie*, *sudatio.* Ab his Galli laticem & lachrimas, quæ ex vite & arboribus profluunt *seue* nuncupant.

Charta Regis *Ethelbaldi* apud *Ingulphum*, sub initio Histor. Croyl. — *cum aqua vocata* Asendik, *versus aquilonem, ubi communis* sewera *est inter* Spaldelinge, *& dictam insulam.*

A Gall. *assorer*, i. *siccare*, vel *sorer*, quod est *exhalando siccare.* Et hic primarium vocis originem censeo, nam West^ses. the soer, & shoer vocant.

Sewers etiam dicuntur antambulones ferculariì, qui in epulis patinas delibant & disponunt. A Gall. *asseoir* opinatur *Cowellus*, hoc est *disponere, collocare*: nam vidisse se refert librum antiquum Gallicum de ministris Regiæ Anglorum aulæ; in quo hic idem *Asseour* appellatus est: & apud *Fletam* lib. 2. cap. 15. *Assessor*, quasi *Ordinator, collocator, dispositor.*

¶ *Saxhgena, næ.*] Spec. Sax. Art. 48. Ubi decima solvitur in campo decima *sexagena* dabitur æquè bona vel decimus manipulus. Infra; ubi decima solvitur ut dictum est, in *sexagenis*, funiculus duarum debet esse ulnarum à pollice incipientium, per quem manipuli ligabuntur.

¶ *Sextariaticum.*] Greg. Mag. Epist. lib. 1. cap. 42. de justis ponderibus rusticorum &c. — *Valde autem iniquum & injustum esse prospeximus, ut à rusticis Ecclesiæ, de* sextariaticis *aliquid accipiatur, & ad majorem modium dare compellantur, quam in horreis Ecclesiæ infertur.*

¶ *Sextarius.*] Tum liquidorum tum aridorum mensura, & in utroq; genere varia.

Pro eo quod quarterium vocant Londinenses, Iceni, a Seam. *Huntingdon.* Hist. lib. 6. — *Circa hoc tempus* (scil. Edwardi Confessor.) *tanta fames Angliam invasit, quod* sextarius *frumenti, qui equo uni solet esse oneri, venundaretur* 5 *solidis, & etiam plus.*

Pro eo quod *quarta* dicitur, Anglicè a quart, duas ut loquuntur pintas continens.

Hoc sensu apud *Gregor. Mag.* lib. 6. Epist. c. 42. p. 360. — *Octodecem* sextariorum *modius jubetur uti.*

¶ *Shew-*

¶ **Shewing, Shewag.**] Indicatio.

¶ **Syb, & som.**] Sax. *Pax*, & *securitas*. Ll. Ecclef. *Canuti* Regis Cap. 17. — eallum cristenum mannum ſyb. 7 ſom ȝemene, Id est, — *Omnibus Christianis pax & securitas communis esto.*

¶ **Sicla, Segla, Sigla.**] Ll. Alaman. tit. 22. — *Servi Ecclesiæ tributa sua legitimè reddant* 15 siclas *de cervisiâ; porcum valentem tremisse uno: panem, modiâ duo: pullos* 5. *ova* 20 &c. Et Chartt. Alaman. *Goldasti* num. 42. — *Pro istas res proservire volo annis singulis hoc est* 30 seglas *cervesæ*, 40 *panis, frischengam tremissem valentem* &c. Num. 49. — *in censum habere, hoc est annis singulis, de cervisa* siglas 15, *& unam maldram de pane.* Num. 59. — *Cervisa* siglas 30, *panes* 40. &c. Num. 61. — *Per singulos annos* 30 siclas *de cervisa &* 30 *panes, & friskinga tremisso valente.* Num. deniq; 67. — *Triginta* siclas *cervisa, & quaranta panis, & friscincam tremissalem* &c.

Quære an *secel* sive *sicel* huc respicit, quod est quarta pars unciæ, & V. R. Alam. to. 1. pag. 394. in Cor. Sed & apud Jun. *siglus* legitur pro numismate veteri Persico 7 circiter denarios nobiscum valente.

¶ **Sigala, & Sigele.**] Corruptè à Pliniano *Secale* (id est *Siligo*) à quo & Gall. *seigle*, Angl. **Rye.**

Capit. Carol. lib. 1. tit. 122. — *Modium unum de* sigele *contra denarios* 4. *modium unum de frumento parato contra denarios sex.*

¶ **Sigillum.**] Histor. Offæ R. Merciorum in MS. *S. Albani* — *Rex Offa literas Regii* sigilli *sui munimine consignatas eidem nuncio commisit deferendas.*

Litt. Patent. *Alani le Longe* Dat. die 10 Mensis Maii Indict. 11. an. ab Incarnatione verbi 689. Hist. de Bretainge liv. 1. cap. 28. — *Acta fuerunt hæc in urbe Occisinorensi, sub nostro* (viz. Alani) *magno* sigillo, *& signo manuali, & etiam sub signis manualibus Comitum Cornubiensis, & Leoniensis, præsentibus reverendis in Christo patribus Grenveo Dolensi Archipræsule, Waltero Dialethensi Cancellario nostro, Gulielmo Rhedonensi, &* 11 *aliis* — *ad hoc consentientibus* — *Die* 10 *Mensis Maii Indict. undecimâ, Anno ab incarnatione verbi* 689.

Signum Alani Regis Britonum.
Signum Grenevæi Archipræsulis Dolensis.
S. Walteri Dialethensis Episcopi.
S. Willielmi Rhedonensis.
SS. 11 *aliorum.*

Sigillum pro signo. Chart. R. *Ethelredi* fideli suo Ministro dat. 1014. Indict. 12. *Ego Æthelred Rex Anglorum præfatam donationem cum* sigillo *sanctæ Crucis confirmavi.*

Signum etiam pro *sigillo*. V. *Signum*.

¶ **Sigillus.**] Obthuramentum quod in summo dolii orificio (ut *Apuleius* & *Goldastus* loquuntur) inseritur. Alamannis *Sigel*. Sic dictum, quia vasa olim signabantur. *Cujus rei* inquit *Goldastus*) *habes eligantem locum in facetiis Hieroclis philosophi, quas ante annum vulgavimus.* Cap. 16. Ekkehard. Caf. S. Gal. cap. 5 — *Vasa vinaria usq; ad* sigillos *adhuc plena.*

¶ **Signum.**] Pro *campana*: crebro apud *Gregor. Turonens. Flodoardum* & eorum sæculorum authores. Gregor. *Hist. lib.* 2. *cap.* 23. Signum *ad matutinas.*

Flodoard. lib. 4. *cap.* 40. — Signa *Ecclesiæ Sancti Laurentii nemine pulsante sonare cœperunt.* Simile cap. sequenti. Et cap. 43. — *Custos Ecclesiæ ad vespertinalia pulsanda venit* signa. Ekkehar. Jun. Caf. S. Gal. ca. ult. *Signum pulsatur ad Capitulum.*

Signa autem pro quovis pulsandi instrumento, quo quidpiam significatur rectè potest accipi, notat *Beleth* in suo Rationali cap. 86.

Signum pro *sigillo*. Bract. lib. 2. Tract. cap. 16. nu. 12.

Ord. vital. Eccl. Hist. p. 541. D — *Hic* (scil. *Turketelus Abbas Crulandiæ*) *magnæ generositatis fuit* — Wenleburg, & Bebi, Uuritorp & Elmintonam, Cotteham & Oghintonam *Crulandensi Ecclesiæ dedit*, & *testamentum indè* Sigillo *strenuissimi Regis Edgari, filii Edmundi Regis* signatum *confirmavit.* V. Hist. *Ingulphi* fol. 497. 2.

¶ **Signum manuale.**] V. *Sigillum*.

Signum, V. *Campana*. Synod. Celchyth An. 816. ca. 10. *pulsato* signo.

¶ **Siliquaticum.**] Id apud Romanos quod pro exponendarum mercium licentiâ dabatur. A *siliqua* primo & minimo omnium pondere. Nostri *Stallagium* dixere & *Borde*.

¶ **Similo, las.**] Similis sum, simile facio. Vigil. l. 4. contra Eutych. Rer. Al. 1. 207.

¶ **Siminellus, Simnellus, Symnellus.**] Panis purior, sic dictus, quod à *similâ*, hoc est puriori farinæ parte efficitur. Panis *similaceus*, vel *similagineus*, Angl. **Symnell bread.** Assisa panis An. 51 Hen. 3. Symnellus *verò*, *de quadrante ponderabit* 2 *sol. minus quàm Wastellum.*

¶ **Simmera.**] Inferioribus Rhenanis mensura est quartam modii partem continens, si Goldastum rectè intelligo, in Gloss. ad *Ekkehard* cap. 1. p. 181.

¶ **Sinaida, da.**] Et fonti propitius *Sneida*. Secundùm Gloss. ad legg. Longobard. *via*, nostrâ autem conjecturâ, non quævis, sed ea tantum quæ per incisionem fit in sylvis. A Saxon. ſniðan sive ſniðan *incidere*, *secare*, unde ſnið pro *ferra*, & ſniðe *incisio*. V. ȝnæð Sax. Luc. 2. 21. ðæt ðæt cild emſnyðen pæpe 7 — *ut puer circumcideretur.*

Longob. lib. 1. tit. 26. l. 5. — *Si quis propter intentionem signa nova, aut theclaturam, aut* sinaidam *in sylva alterius fecerit, & suam non probaverit: componat sol.* 40 &c. Et L. seq. — *Si servus extra jussionem domini sui, theclaturam, aut* sinaidam, *in sylva alterius fecerit, manus ejus incidatur. Et si cum jussione domini sui theclaturam, aut* sinaidam *in sylva alterius*

rius fecerit; reputetur culpa domino &c. Ubi *sinaidam* etiam pro *incisione*, & *cælatura* in arbore factâ ad limites decernendos accipiamus.

Tradit. Fuldens. lib. 2. chart. 8. — *Hæc est terminatio Ecclesiæ in Creynfeld: à Murores brink, sursum versus ad Berhdoldes* sneida, *inde ad fontem S. Bonifacii.* Ibidem infra — *Hæc est terminatio matris Ecclesiæ in Winegereshusum &c. ad fontem S. Bonifacii super Sweberfeld, inde per Berdoltes* sneida *usq; in Brahdaha; & sic deorsum in Fuldere Strazun &c.* Et aliàs ibidem.

¶ *Sinaltum.*] Fortè *Smaltum* quin & ita dispone infra Vita: Leonis 4. to. Con. 3. — *Fecit deniq; tabulam de* smalto: *opus ducentas sexdecim auri obrizi pensan. libras.*

¶ *Sincellus.*] Epist. *Leonis* Papæ ad *Kenu'phum* Regem Merciorum apud *Malmes.* lib. 1. de Gest. Regum cap. 5. — *In sacro scrinio nostro reperimus, Sanctum Gregorium prædecessorem nostrum in integro ipsam parochiam numero duodecim beato Augustino* sincello *suo Archiepiscopo tradidisse, & confirmasse Episcopos consecrando.*

¶ *Siricium.*] Pro eo quod est ex *Sirico.* R. Al. 26.

¶ *Sithcundman.*] Sax. à ꞅiþian proficisci vel iter facere; Sic dicti sunt quod eorum muneris fuit in profectione militari se præbere paratissimos. ꞅiþe indè *semita.* Habetur Ll. *Witradi* & in Ll. *Inæ* 52. Ubi à *Lamb.* — *Custos paganus interpretatur, & mulctari jubetur habens prædia, Omnibus prædiis & 120 sol. si profectionem militarem detrectaverit. Prædia si non habuerit 60 sol.* Et cap. 55. Gesithcundman appellatur; Et sic 64. & 67. V. *Lamb.* explic. verb. p. 5, verb. *Custos paganus.* Et *Itin. Cant.* p. 502.

¶ *Skella, læ.*] Tintinabulum. A Germ. **schel**, quod idem à Latin. *squilla*; undè & Ang. **shel** dicimus. Vide *Squilla.*

L. Salic. tit. 29. §. 3. — *Si quis* skellam *de caballis furaverit DC denar. qui faciunt sol. 15 culpabilis judicetur.*

¶ *Skerda, dæ.*] Cicatrix. Bract. l. 3. de Coron. cap. 24. nu. 2. — *Si testa capitis frangatur ita quod extrahantur ossa, vel* skerda *magna levetur.* Et infra mox — *Si ossa extrahantur à capite, &* skerda *magna levetur, ut prædictum est.*

¶ *Slusa.*] Vide supra *Sclusa.*

¶ *Smelido.*] Apud Frisos dicitur cum quid à naturali crassitudine decreverit vel minuitur. A Sax. ꞅmæl, *i. parvum, tenuis, gracilis*: Anglis hodie **small**.

Addit. ad Leg. Frison. tit. 3. §. 35. — *Si brachium aut crus percussum fuerit, & ab ipsa percussione decreverit à sua grossitudine, quam prius habuerit, quam* smelido *dicunt, ter 4 sol. componat.*

¶ *Smelo.*] Mensura quæ spithama terminatur. Leg. Frison. Add. tit. 3. §. 56. — Smelo, *hoc est unius spannæ longitudo.* Computatur autem hujusmodi *Smelo* à summitate pollicis ad summitatem indicis maximâ inter se distentione.

¶ *Smoke-silver.*] Tenementum *Newstede* cum pertin. &c. in villâ de *Staplehurst*, in Com. Canc. tenentur de manerio de *East-Grenewich* per fidelitatem tantum in libero socagio per pat. dat. 3. Feb. 4. Ed. 6. **And by the payment for Smoke silver, to the Sheriff yearlie the sum of 6 pence.** Notes for L. *Wootons* office. 1628. V. *Hearth-silver.*

¶ *Sneida, dæ.*] *Via, Incisio, cælatura*, à Sax. ꞅniþe *incisio*, ꞅniþan & ꞅniðan *secare, incidere, cælare.* Vide supra *Sinaida*, inde ꞅniþ *serra*, ꞅnæde & ꞅnæda **a part or morsell**, *buccella*, 146. ps. offa.

¶ *Soc*, aliàs *Sok*, *Soca*, & *Socha.*] Voces in antiquis Regum Chartis frequentissimæ: significationis autem non satis liquidæ.

Cum verò *Soc* aut *Socha* alicui conceditur, indicari illud solet, quod is cui fit concessio *sectam habeat de hominibus suis secundùm consuetudinem Regni*, hoc est, ut exercendæ justitiæ gratiâ inter vassallos suos (quos tenentes appellamus) curiam teneat infra Dominium suum: ipsosq; ad hanc suam curiàm liceat convocare, ejusdemque fore sectatores coercere. Quod nec ab ipsius verbi significatione alienum est; nam apud Saxones lego ꞅoec me, pro *sequere me*, ita ut ꞅocan idem sit quod *sequi*: *Soc* idem quod forensibus *Secta*, i. *sequela, sectatio*, vel *consecutio.* Gallicè *suite*, vel *siute, del Courte.* Cui fidem facit vocabularius priscus Anglo-Latinus MS. ubi **Sokyn, or custome of hauntinge** exponitur *concursus, frequentatio.*

Sic Anonymus MS. *Soc* (inquit) *est secta de hominibus in Curia Domini, secundùm consuetudinem Regni.* Ubi rectè adjungitur *secundùm consuetudinem Regni*: Nam ex Regni consuetudine, vassalli non tenentur curiam domini sui perpetuò frequentare, sed statis diebus, à tribus nempe septimanis in tres: nec eo sæpius aut celerius.

Vel dicatur *Soc* à Sax. ꞅocn, i. *libertas, franchesia* (hoc est privilegium) refugium, immunitas: unde *manerium* quod dicimus, etiam *Soca* dictum est. V. infra *Socha.*

Horum verò sectatorum munus non ignobile olim fuit. In curiâ enim domini comparentes, domino erant à consiliis, res dominicas tractabant; Judicis vicem subibant, lites feodales jure dicundo dirimebant, & à pari in curiâ potestate, pares curiæ appellati sunt: de quibus vide suo loco.

Soc, Sac, Tol, Team, Infangthef, Utfangthef. Qui habent has libertates possunt judicare in curiâ suâ de *Infangthefe* & *Utfangethefe* modo quo supra dicitur in verbo *Infangthefe* ex *Bractoni* sententiâ: quibus is ibidem immediatè subjungit. — *Item cognoscere possunt*

sunt de medletis &c. Lib. 3. Tract. 2. cap. 35. nu. 1. fol. 154. b. V. & Ad. pro jurisdict. Curiæ Baronis.

Soc, Soccus. Soc etiam *Littletonus* exponit pro aratro, de quo vide infra in *Soccagium.*

Regist. Pr. *Lewes* pag. 2. *Robertus Tutbien (reddit)* 2 *sol.* & 2 Socs.

Chart. Alam. Gold. nu 50. — *In eâ ratione ut dum ego advixero, ipsas res (scil. mansum & prædia) habere debeam, & censui me pro hoc annis singulis de festivitate S. Galloni in alia* soccum, i. *aut* 4 *denarios. Et si infans ex me procreatus fuerit simili modo habeat — in ipso censo.*

Goldast. in indice obscurorum verborum *socus* scribit, fortè *saccus.* Alexand. Necham de partibus aratri MS. — *Supponatur dentile vel dentale, cui* Sock *vel* vomis *infigatur:*

Dentile Heyo, i. *capud aratri*; vomer sock interpretatur: undè *Math. Paris.* vomerulus pro sokev, V. hic infra *vomerulus.*

Soca, Socha. Pro Manerio vel dominio, Regist. Pr. Lewes. pa. 1. — *Hi sunt redditus de* Socha *de Hecham*; Et mox ibidem sequuntur *redditus totius Manerii de Hecham.* Item pag. 16. — *Pertinet ad* Socham *de Hecham, tam in Sernebruna & Etune, & Ringstede, quàm in ipsâ villa de Hecham &c.* Et pag. 17. — *In* Soca *de Hecham sunt* 24 *Lanceta.* Deniq; pag. 18. — *& facit alias consuetudines cum* Sochâ; quod quispiam fortè intellexerit cum *aratro.* Nobis autem videtur significare, *secundùm consuetudinem manerii*, scil. uti omnes alii tenentes faciunt. Vide *Tofimannus.*

Ll. Ed. Conf. cap. 23. — Socha *est quod si aliquis quærit aliquid in terrâ suâ etiam* * *furtum, sua est* † *justitia si inventum fuerit, an non.*

* Nota quod de furto cognovere in Curiis suis.
† Cognitio.

Alubi. Sok *secta de hominibus in Curia domini secundùm consuetudinem Regni.*

Ll. H. 1. cap. 22. — *Sive* socam *totaliter habeant sive non.*

Soca id quod *franchesiam* dicimus, i. *locus privilegiatus, libertas, immunitas, refugium, asylum, Sanctuarium*, à Sax. Socn & Socne, hæc ipsa significantibus.

Hinc maneria & dominia, quæ aliis potestates appellantur, *Soca* etiam antiquis dictæ sunt, ut jam supra indicavimus. Hoc sensu, Maneriorum partes, quæ à capitali sunt disjunctæ, *Sochas*, & *Soknes* multis hodie in locis nominantur; illud scil. denotantes quod sunt illius libertatis partes cujus denominationem præ se ferunt. Sic villæ in Com. *Norfolciæ*, quæ dicuntur in *Sochâ* de *Gressenhal*: sunt de libertate illius manerii, & sic de reliquis.

Hoc item sensu ovilium circum agendorum libertates, seu privilegia, majoribus nostris borealibus Icenis *faldsoca* nuncupatæ erant, id est, *libertates faldæ.* Pri. Lew. pag. 20 — *Ad terram prædictam pertinet una* faldsoca. Vide hoc supra.

Hinc *Aluredi* lex De immunitate Ecclesiarum cap. 2. Be cyricena, pocnum inscribitur.

¶ *Socagium.*] Gal. *roture, fief roturior, Heritages en roture.* Neapolitan. *Burgensaticum.*

Socagium. Pro carucatâ terræ, vel terræ portione ad alendam familiam rusticam designata. Vide *Nummata terra.*

¶ *Socmannus.*] Accuratè depingitur in vet. *Naturâ Brevium* in Brevi de *Recto* clauso, secundùm consuetud. Manerii in antiquo dominio. Ubi dicitur — *Et nota, quod* Sokman *propriment est tiel &c.* id est, Sokmannus *propriè talis est, qui est liber & tenet de Rege, seu de alio domino in antiquo dominico, terras, seu tenementa vilenagia; & est privilegiatus ad hunc modum: quod nullus debet eum ejicere de terris nec de tenementis suis, dum poterit servitia facere quæ ad terras & tenementa sua pertinent. Et nemo potest ejus servitia augere, aut eum constringere ad faciendum plura servitia quæ non debet facere. Et propter hoc* Sokmanni *isti sunt cultores terrarum dominorum suorum in antiquo dominico: Et non debent summoniri, nec inquietari in Juratis (vel) Inquisitionibus, nisi in Maneriis ad quæ ipsi sunt appendentes: In placitis verò transgressionis, debiti, & aliis actionibus personalibus, summoniti sunt, ut alii homines; Et de istis Tenentibus in Vilenagio.* Vide primum Statutum *Ric.* 2. Cap. 6. E quibus liquet *Socmannos* dici, qui tenebant in villenagio.

¶ *Socman.*] Ll. *Edw.* Conf. cap. 12. — *Manbote in Denelagâ, de villano &* sokemanno 12 *oras: de liberis autem hominibus* 3 *marcas.*

Lib. S. Albani Tit. *Houcton* cap. 1. *Reges Angliæ Manerium de* Houcton *antiquitùs in dominico tenuerunt. Omnes Tenentes liberi scil. & custumarii tenementa sua per* sokagium *defendebant. Homagium, Scutagium, Forinsecum non donabant; scil. sicut* Sokemans *per omnia tractabantur.* Ex quo pateat *Sokemans liberos homines* significare; juxta genuinam vocis naturam. Ibi paulo inferiùs — *Progenitores Simonis Bokely omnia sua in Houcton per liberum* Sokagium *tunc tenebant, & quieti erant de sectis Curiarum, consuetudinibus, exactionibus, & demandis.*

Ll. Rames. sect. 107. col. 2. — *Willelmus de Warenna senior abstulit Deo & S. Benedicto & fratribus Ramesiæ 67 homines* socamannos *apud Winebodesham in socâ illâ, & eos injustè saisiens per violentiam tenuit contra deum & contra Abbatem Ramesiæ. Qui* socamanni *semper postea novi homines vocati sunt.*

¶ *Sodis.*] Formul. Solen. Lindenbrog. 77. — *De sponsæ meæ — caballos tantos, boves tantos, vaccas cum vitulis tantas, ovium capita tanta,* sodis *capita tanta, lectarios condignos, ac lectos tantos.*

¶ *Soga.*] *Funis, Res, Brabium.* Longob. lib. 1. tit. 25. l. 33. — *Si quis* sogas *furatus fu-*

fuerit de bove junctorio, componat sol. sex. Gloss. ibi *soga* funis. Sed *Meursius* ex Gloss. Græcobarb. τζόγε (inquit) Res & τὰ πράγματα ἤγουν τζόγες. Est Gallicum *chose*. Quæ enim Galli per ch, Græcobarbari per τζ proferunt, ut Μαρτζάδες *Marchands* τζάμπερα *Chambre* &c. Vide.

¶ *Sokemanria.*] Ex cod. MS. irrotulamentorum Extent. maneriorum &c. Monasterium Eccle. Christi Cantuar. tangentium fol. 211.

Milites seu liberi tenentes de feodo militari debent	Esse in custodia ad 21 annos: Homagium facere: Relevare terram: maritari per Dominum: dotari de tertio: Socagium præstare: primogenitus succedit in toto.
Gavelkind	Debent feodalitatem facere. Esse in nutriturâ propinquioris consanguinei, cui hæreditas post seipsum non pertinet usq; ad 15 annos. Recognitionem facere Domino pro terrâ suâ. Dotari de medio. Omnes participant.
Libera Sokemanria	Possunt dare aut vendere, sed ad voluntatem Domini. Non alienare certa servicia, Antenatus succedit in totum, Averium masculum non vendere. Filiam non maritare, nisi dat domino 3 s. 4 d Filium omnino facere Clericum, Et isti dicuntur *Sokemanni* liberi.
Sokemanria quæ dicitur Coteria	Debent talliari ad voluntatem Domini. Facere servicia incerta. Nihil dare; Nihil vendere: Nichil proprium habere, nec potest acquirire, nisi ad promotionem Domini sui. Est isti dicuntur Cotarii.

¶ *Soken.*] V. *Soca.*

¶ *Sokereve.*] V. *Socreve.*

¶ *Solarium.*] A Gall. *sol*, i. *solum* seu *fundum* rei. Et pars inferior domus. F. Nov. Tit. 8. *Ne quid in lo. pub.* §. *si quis*, pag. 70. appellatur *solarium* ex eo quod pro solo pendatur. *Vectigal.* Gloss. ibid. *solarium*, al. *salarium*.

Solarium pro camerâ, Anglicè **a Soller.** Ex vet. cartâ — *Dedi* — *unam shoppam, cum* Solario *superadificato.*

¶ *Soldarius, Solidarius, Sollidarius,* & *Soldurius.*] *Soldarii* Milites mercede conducti.

Inde *Soldum* pro stipendio militare. Vide *Meurs.* σόλδιον. Ll. Henr. 1. cap. 9. — *Conductitii vel* solidarii (alio MS. Sollidarii) *vel stipendarii, Dominorum suorum plegio teneantur.*

Hoved. 536. l. 52. — *cum* 300 *militibus* solidariis *Regis. Soldum* Mart. pro *solido* Thomas. dict.

Soldurii de votis, apud Cæsarem dicti bell. Gall. lib. 3. pag. 59. ubi eorum conditio describitur.

Dictum à **sold** & **souldo** Ger. quod stipendium significat, à Ger. **solt** pro *sale*, quod fidem comesto sale firmabant, & ut *soldum* à **solt** sic *salarium* à *sale*. V. Gorop. Hermath. pag. 191. Et memoiries de Comtes P. de Pitou (Pithæi) pa. 65. Et *Kilian.* verbo **souldo**.

¶ *Solicitator.*] Inter forenses dicitur, qui causas alienas apud jurisconsultos sollicitat, id est exponit, promovet, subsequitur, Attornato quem vocant inferior. Angl. **Solliciteur**, à Gall. *Soliciteur.*

¶ *Solicitator Regis.*] Is qui in causis Regis forensibus hoc obiit munus.

¶ *Solidata.*] Merces seu stipendium militis: dictum à Soldario pro milite, quod vide. Breve Regis Johannis Vicecomitibus Angliæ An. Dom. 1213 — *Et qui terram non habent, & arma habere possunt, illuc veniant ad capiendum* solidatas *nostras.*

¶ *Solidata terræ.*] Vide supra Fardella, & Librata terræ.

¶ *Solidus, di.*] V. supra *Denarius.* Vide supra *Argenteus.* Vide *Cust. Norm.* p. 186.

Douzain m. Gallicum *sous*, i. solidus, unde 10, unum tantum Anglicum faciunt Dict.

Le moitie de un douzain, Deux liards. Semissis. Dict. Lat. Salici Franci ex privilegio solidum 12 denariorum pro multâ solvebant: Frisius autem offendens Francum Salicum, 40 denariorum solido multabatur. *B. Rhenan.* lib. 2. pag. 169.

Quocirca imposito novo tributo, ex singulo jugo boum, exegit sex solidos, hoc est duas argenti uncias. *Geographia Edw. Higgins* Anglici MS. lib. 6. cap. 12. Ælfr. Gro. fol. 93. a. ꝥꝥ peninȝa ȝemaciȝað ænne scillinȝe, &c. V. *Solidus.*

I. Caius de antiq. Cantabr. Acad. p. 209. *Illud*

— *Illud interim scire licet aliam fuisse rationem* solidorum *ætate Ælfrici, quàm nostrâ: nam per ea tempora triginta Denarii faciebant sex solidos; nostra verò (& Sprottei) duos tantum & semissem.*

¶ *Solidus aureus.*] Aureum ubiq; pro solido Glossæ exponunt. Thomas. Sic Greg. Turon. de Glor. Confess. cap. 71. quod Vide *Bar.* 579.

¶ *Solina, Solnis.*] Domesd. Titt. Chent. Martinus, Middeltune — *Ad ista* 3 solina *sunt, 5 dena, id fortè est, Terra quæ sufficit tribus aratris, & 5 sylvatici ruris portiones*, à Sax. Sulung, i. carucatus terræ a plough land, à Sul vel Sulh quod propriè trabs est: sed per translationem *aratrum*. Sic in testamento Byrhtric, in Itinerar. Cantii. ꞇpa sulung æꞇ Dæneꞇune, i. *duo Carucatus terræ apud* Denetune. Item Can. 358.

¶ *Sollidarius.*] Vide *Solidarius.*

¶ *Solmifacio.*] Cantandi per notulas ratio, viz *ut, re, mi, fa, sol, la*, quam *Guido Aretinus* monachus *S. Benedicti* in Italia, excogitavit. *Chronographia bipart. in* 16. p. 149 — *Excogitavit novam rationem Cantus, quam* solmifacionem *vocant, per 6 syllabas, seu notulas, digitis lævæ manus per integrum Diapason distinguendas.*

¶ *Solsatio, tis, ire.*] Mosutirkphus lib. 1. ca. 37. & Form. Sol. 158. de Chartâ jectivâ — *Cum per triduum seu amplius, ut lex habet, placitum suum custodisset, & memoratum illum abjectisset vel* solsatisset: *ipsum nec venisse ad placitum, nec sunnia nuntiasse adfirmat. Solsatire* (reor) ad occasum solis expectare adversarium, à *Sol*, & *Set*, vel *Sat*, id est, *sedens, occidens*, unde Angli hodie Sun-set dicimus; Actor enim usq; ad occasum solis reum tenebatur expectare. O insulsa barbaries. Sed vide supra *Sol*, & *Solem calcare*.

¶ *Somarius*,] Equus clitellarius, vel qui sarcinam vehit. Gall. *Sommier*, à Somme *onus, sarcina*. Aliis *Saumarius* & *Sagmarius*, quæ vide suprà. Item *Sonmarius*, ut in L. *Caroli Crassi* de Feudis — *Ac duobus sociis* soumarius *victualibus benè oneratus Comitatur*. Const. Sic. lib. 3. Tit. 38. l. 1. — *Si* somarii bordenarii, *vel alii custodes aliquorum animalium, ducentes animalia &c. Bodenarii* huc refertur.

¶ *Son.*] L. Anglior. tit. 7. §. 2. — *Scrofas sex cum verre, quod dicunt* son *furatus est.* Annon *son* hic pro fœtu masculo, quo sensu nos etiam Son & Sonne, pro filio dicimus?

¶ *Sonesti.*] Apud Ripuarios, certam matricium animalium gregem cum ductore masculo significare videtur. Ita legg. suis tit. 18. — De *Sonesti* inscribitur, & mox §. 1. — *Si ingenuus*, sonesti, *id est, 11 equas cum admissario, aut 6 scrofas, cum verre, vel 12 vaccas, cum tauro furatus fuerit, &c.* Dictum fortè à Son pro *masculo* (qui gregem tuetur) & Sty nobiscum Stave, i. *adminiculum*. V. *Son* & *Sonopair*.

¶ *Sonium, ii, Sonius, Sunium*, & Longobard. *Somnus, Sonnium, Sunnium, Sunius*, & *Sonnis*.] Idem quod *Essonium* & *Exonium* (quæ vide) *Impedimentum, excusatio*. Est autem *Sonium* excusatio ejus, qui gravissimâ necessitate impeditus, sistere se in Curiâ non valet die constitutâ.

Gloss. vett *Sonnis*, impedimentum. *Sunnis*, impeditio. Gall. *soinge*, vel *essoine, excusatio*, vel *empeschement*. Germ. ut me docet Lindenbrog. *Saumnus*, quod vel à Somme pro onere sive impedimento, vel à Sax. *som*, pro *pace*, & *concordia* dicatur, acsi esset *somnium* afferre idem quod impedimentum ejus adventus Curiæ exhibere, vel concordiam & pacem ejus apud Judicem componere. Mallem autem de impedimento intelligere.

Ll. Henr. 1. cap. 50. — *Alius dies ponatur ei, & tunc explicet se, vel emendet, nisi competens* sonius *intercedat*. Et cap seq. — *Qui ad Hundredum, secundùm legem submonitus non venerit, primâ & secundâ vice 30 d. culpa sit erga Hundredum, nisi* sonius *legalis eum detineat.*

Marculf. lib. 1. cap. 37 — *Nec ipse venisset ad placitum, nec nulla* sunnia *nuntiasset.*

L. Salic. tit. — *Si quis ad mallum — mannitus fuerit, & non venerit; si eum* sunnis *non detinuerit, DC den. culpab. judicetur*. Simile §. seq. Ibid. tit. 47. §. 2. & tit. 49. *eum aliqua* sunnis *non detinuerit*. Idem L. Ripuar. tit. 52. §. 1. Et Capitul. lib. 3. cap. 45.

Longob lib. 1. tit. 43. — *Si eum* somnis (al. somnus) *non detinuerit*. Et lib. 3. tit. 13. l. 3. — *Nisi aliquibus* sumnis *aut cæteris impedimentis, quæ legibus detinentur, detentus fuerit.*

Adjungam ex Basiliensi editione Legis Salicæ quam transmisit mihi vir optimus *Fredericus* meus *Lindenbrogius* Tit. 19. §. 6. cum nostrorum *Essoniorum* rationem sapiat. — *Si in mallum vocatus fuerit; & qui vocatus est non venit, si eum aut infirmitas, aut ambascia Dominica detinuerit; vel fortè aliquem de proximis mortuum intra domum suam habuerit, per istas* sumis, *se poterit homo excusare: aliàs de vitâ componat, aut CC sol. culpabilis indicetur*. Et quod ille etiam profert ex Epistolâ *Hincmari* ad *Carolum* Regem.

Quo mittens ad dominationem vestram excusationem impossibilitatis suæ illuc veniendi, requisita est, quam patriotica lingua nominamus Exonia, *quia venire nequiverat, quod hactenus est inauditum.*

¶ *Sono, nas.*] Longob. lib. 2. tit. 52. l. 2. — *Si Comes in suo ministerio justitiam non fecerit, tunc missus noster de hac causa* sonare *faciat, usq; dum justicia ibidem facta fuerint.*

Lindenbr. Gloss. vett. — *Sonare*, inquirere. Gallis Delphinatis *Sonare* est *vocare*. Sed & Gallis aliis, *sonder* est *tentare, probare, inquirere*

rere, examinare fundum vel latitudinem rei, uti maris, vel aquæ, à quo Angl. **to sound** dicimus. Hinc fortè vox nostra **fiscalis sowne**; quod vide.

¶ *Sonopair.*] Longob. lib. 1. tit. 25. l 47. — *Si quis verrem alienum furatus fuerit, componat sol.* 12. *ipsum qui dicitur* sonopair, *qui omnes alios verres in grege battit & vincit, tantum in uno grege, quamvis multitudo porcorum sit, unus computetur* sonopair; *nam si minor grex 30 capitibus, non computetur* sonopair *nisi 30 vel supra fuerint. Et si in damno ipse* sonopair *occisus fuerit; aut similem, aut meliorem, ille qui occiderit restituat, & damnum ei componatur. Nam si alios verres aut porcos furatus fuerit in* Octogilt *reddat.*

¶ *Sonnius,* & *Sonnium.*] V. supra *Sonium.*

¶ *Sotgeldum.*] V. *Geldum.*

¶ *Sothale.*] Mendosè fortè pro *Sochale*, vel *Socale*.

Compositionis genus, quale Vicecomitum balivi suæ stationis incolis, quos Hundredarios vocant, ad conflandam pecuniam olim exhibebant.

Henrici autem tertii ætate, hoc sublatum esse constat ex *Bractoni* lib. 3. tract. 2. cap. 1. Ubi, inter inquirendas reipub. enormitates, istud etiam numeratur — *De Ballivis* (inquit) *qui faciunt cervisias suas, quas quandoq; vocant* Sothale *quandoq;* Filctale, *ut pecunias extorqueant ab eis qui sequuntur Hundredagia, & Ballivas suas.*

Sic in impresso codice; noster autem habet — *quandoq; vocant* Scotales, *quandoq;* fildale. Quod si *Scotale* sit legendum, id supra exposuimus. Sin autem *sothale*, non habeo unde deducam, ni fortè dicatur quasi *socale* vel *sochale*, i. *sectatorum cervisia*, vel compotatio, quod à sectatoribus Hundredi, ut ex citato *Bractoni* loco appareat, extorquebatur. Nam ſocan Sax. (ut in verbo Soc supra ostendimus) *sequi* significat. Et eodem sensu rectè etiam dicatur *Filctale* vel *Fildale*, quasi à Saxo. ꝼylıᵹ *sequor*, aut ꝼılıᵹ oꝺ *secutus*. **Ale** autem est *cervisia*. Vel **Sothale** à *soot*, vel *sote*, pro *dulci*; vel **Socale**, quod ad hoc invitatur tota *Soca* ballivatus. Et **Fildale**, quod in campo, erecto tabernaculo fiebat. V. *Filcale*.

¶ *Sotulare.*] Annotatt. ad Entreveües d'Imp. Charles 4. &c. p. 122. Ort. Voc. *Sotularis*, **a shoo or boot.**

Hugo Card. ad Exod. cap. 21. —— Subula instrumentum quo suuntur *Sotulares.*

Anonymus de instrumentis sutoris calcearii,

Est *corium* **lether**, *fibula*, **an Aul**, *sotularis*, **a shoo**, *ulnitaq;* **Cordwane**, *galla*, **a latte**; quibus in apice appingitur.

¶ *Sowne.*] Vox fisco Regio peculiaris: id significans quod *colligi, exigi, levari* potest. Ideo cum de extractis Vicecomitum dicatur **it sowneth not**, idem est quod *non est levabile*: & quæ dicuntur **to sown**, ea sunt quæ *colligi possunt*, ut *Cowellus* refert. Fortè à Latino-Barbaro *sonare*, quod in Legg. *Longobard.* significat, *inquirere*. Vide supra *Sono*.

¶ *Spanga, gæ.*] Trabs exterior, quæ ordinem continet parietum.

L. Bojor. tit. 9. l. 8. In rubricâ, De *spangis* quæ parietes continent. In textu —— *Exteriores verò* (scil. trabes) *quas* spangas *vocamus, eo quod ordinem continent parietum &c.* Anglis fortè **the wall plate.** *Spang* autem Germ. *Spithama, palmus*, & **Spangen**, *lamina*, à quo nostras **spangle.**

¶ *Spania.*] Pro Hispania, uti in Glossar. Σπανία & nobis Anglis **Spain.** Capitul. lib. 7. cap. 103.

¶ *Spanna, næ,* & *Spannum.*] *Spithama*, à Germ. & Anglico **spann.**

L. Frison. tit. 22. §. 63. — *Vulnus — quod integræ* spannæ *longitudinem habuerit: hoc est quantum index, & pollex extendi possunt.* Et §. prox. seq. — *Quod inter pollicem & medii digiti* spannum *longum fuerit.* Item ibid. in Addit. 3. §. 56. — *Quod vocant* smelo, *hoc est unius* spannæ *longitudinem habuerit.* V. *Smelo.*

¶ *Sparro, onis.*] *Palus, sudes, sparus*, à Germ. **Sparr**, à quo Angli tigilla, seu longiores perticas, quæ regulas sustinent, **sparres** vocamus: atq; hinc Sax. Speꞃꞃ, Angl. **a spear**, i. *hasta.*

Ecchehardus jun. Casib. S. Gall. cap. 5. — *Fabricantur spicula, piltris loricæ fiunt, & wannis scuta similantur,* sparrones, *& fustes acutæ, focis perdurantur.*

¶ *Sparverius.*] Et in Chart. Hen. 3. de Forest. *Espervarius*. Ex minori genere accipitrum, de quo *Fredericus* Imp. lib. 2. de arte venandi cap. 29. "*Sparverii* sunt minores "aliis avibus de rapinâ, quibus frequentiùs "utuntur homines, & quia secundùm formam "membrorum, & maneriem plumagii assimu-"lantur austuribus, licet sint alterius speciei, "tamen illi qui appropinquant formæ mem-"brorum, convenienti & pulchro plumagio "austurum, sunt laudabiliores, habent tamen "maculas per transversum, & si aliquis inve-"nitur, qui maculas caudæ habeat (ut dictus "est de austuribus) pulchrior judicatur." Lindenb. Germ. **Sparwer**, Gall. *espervier*, Angl. **a Sparhawk.** L. Sal. tit. 7. § 4. *Si quis* sparvarium *furaverit* 120 *sol. culpab. judicatur.* L. Baiwar. tit. 20. §. 4. *De* sparvariis *pari sententia subjaceat.* Chart. Forest. cap. 14. — *Unusquisq; liber homo habeat in boscis suis aerias accipitrum* Esperveriorum.

¶ *Spata.*] Pro *Spatha, gladius*. Ll. Alaman. ex edit. Goldasti Cap. 43 — *Cui crimen imposuit tracta* spatâ. Et cap. 55. — *Cum* spatâ

tracta,

tracta pugna duorum. Et cap. 83. — tangant ipsam (terram) cum spatis suis, cum quibus pugnare debent, Chart. Alaman. nu. 85. — Apprehensis spatis suis denotaverunt se hac ita affirmaturos esse coram regibus, & cunctis principibus usq; ad sanguinem.

¶ *Spatarius, Spatharius.*] Ut faber *Spatarius*, qui *spatas* vel gladios facit. Ll. Alam. Goldast. cap. 78. *Faber aurifex, aut spatarius, qui publicè probati sunt.*

¶ *Spel.*] Saxonicum. Historia, narratio. unde Evangelium dicimus **the Gospel**, quasi **Gods-spell**, i. *historia Dei*: vel **Ghosts spel**, i. *Spiritus (Sancti) narratio.* Anspel *conjectura.* Hinc ad comœdias transfertur, & de carmine dicitur.

¶ *Spelda, & Spelta.*] *Zea*, ut Græcè ζέα, Latin. *far*. Germ. **Spelts**, frumenti species, quam alii sub tritico reponunt, alii sub hordeo. Spicam enim hordeaceam edit, sed quadratam: hyeme verò instar tritici seminatur. Angl. dicimus, **big** vel **bear barly**.

Chart. Alam. Goldasti nu. 60. — *Singulis annis censum solvam, hoc est, de annona,* speldâ *modios 10, de avina 20 &c.* Item num. 62. — *Per singulos annos 2. carradas de grano bono, non scusso, 1 de* speldâ, *& alterum de avina.*

Et in Alamannicæ Ecclesiæ anniversariis, Tom. 2. part. 2. pag. 198. tit. Walt. de Borbach, *Accipiat — 6 scap. V. q.* spelta.

Ekkehardus in Casib. S. Galli cap. 16.— *Universa familia prabendariis, i. 170 viris, cum nunquam ante se nisi avena pascerentur, pura de* speltâ *dederat grana &c.* Ut mox sequetur in verbo *Spicarium.*

¶ *Spenta.*] Eleemosyna, vel stipis distributio.

Annales Hainrici Rebdorff inter Script. Germ. Marq. Freheri sub an. 1356. — *Solenne condidit testamentum, & in solenni elemosynâ (dicta* spenta*) fuerunt distributa 20 libræ Hallenses, & 5 modii siliginis.*

¶ *Spera.*] Forma rotunda, *sphæra.*

¶ *Spicarium.*] Locus quo spicæ reconduntur: *horreum, granarium* cum tecto.

Ekkehardus in Casib. S. Galli cap. 16. p. — *Et quod amplius erat* spicarium *ille novum (quia sic homo erat) solis feris & belluis, avibusq; domesticis, & domesticatis, juxta fratrum condi fecit: Quod & ipsum jam fieri jussit magnificum.* Vide (si cupis præcedentia) in verbo mox supra, *Spelta.* L. Salic. tit. 18. § 2. — *Si quis* spicarium, *aut macholum, cum annona incenderit &c.* L. Alaman. tit. 81. §§. — *Scuriam, graneam,* spicarium, *incenderit.*

¶ *Spido.*] Addit. 3. ad Leg. Frison. §. 34. — *Si quis alium vulneraverit & ipsum vulnus sanatum, cicatricem depressam, & non cæteri carni aquam duxerit, quod* spido *dicunt: ter 4 sol. componat.*

¶ *Spingarda.*] Tormentum minus tricubitalis longitudinis glandem pruni majoris magnitudine violenter evomens. Not. ad Pancirol. 692.

¶ *Spinis circundare.*] Desolationis & loci, reiq; abdicatæ indicium. *Hoved.* in *Ric.* 1. An. 1197. pag. 775. l. 30. — *Johannes Cumin Dublien is Archiepiscopus, malens exulare, quàm enormitates illas sibi & Ecclesiæ factas diutius sustinere impunitas, excommunicavit prædictos præsumptores, & interdicti sententiam dedit in Archiepiscopatum suum, & abiit, præcepitq; Cruces, & imagines Cathedralis Ecclesiæ in terram deponi &* spinis circundari; *ut sic malefactores illi terrerentur, & à voluntate sæviendi in bona Ecclesiæ revocarentur.*

¶ *Spinster.*] Quare fœminæ nobiliores sic hodiè dictæ sunt in rescriptis fori judicialis. V. *Fusum* in Aspilogiâ nostrâ. *Pollard* Miles & Justic. habuit 11 filios gladiis cinctos in tumulo suo, & totidem filias *fusis* depictas.

¶ *Spiritualia Episcopi.*] Sunt, quæ functioni ejus Episcopali debentur, non temporalium jurium, vel dignitatum possessioni: hoc est, quæ jure percipit divino, seu Ecclesiastico, non judicio fori temporalis.

¶ *Spigurnellus.*] Liber *Jo. de Westerham* Prioris Eccl. Roffens. facti, An. Dom. 1314. post Episc. Roff. al. dictus lib. quartus de consuetudinibus & redditibus fol. 2. b. — *Md. quòd primo die adventus domini Regis ad Roff. debent* Spigurnelli *habere 4 panes de pane Armigerorum, & 4 panes de pane garcionum. Item debent habere 4 galones cervisiæ Conventualis, & 4 gallones cervisiæ communis. Item de coquinâ 4 fercula, quibus Conventus servitur; & 4 fercula, de communi, scil. 24 haleces, & 24 ova. Item ad prebendam ad 7 parvos bussellos. Item debent habere 8 obolos ad emendum fœnum; & hoc previsum & statutum est per dominum Regem Henricum fil. Regis Johannis, & per Hubertum de Burgo, & per G. de Graucumbe. Pro istâ autem provisione & concessione, debet Prior & Conventus Roff. ubicunq; dominus Rex fuerit, quieti esse pro cerâ ad Sigillum. Item si dominus Rex fecerit moram in Roff. per 2 dies vel amplius, non habebunt* Spigurnelli *de prædictis: sed si exierit & redierit, habebunt sicut in primo adventu, ut prædictum est.* Addit alius locus — fol. 16. — *Md. quòd die Lunæ proximo ante festum S. Marci An. Chr.* 1390. (in placito) *præsens fuit dominus Robertus de Stratford Episcopus Cicestrensis, Cancellarius Regis; & tunc* Spigurnelli *vendicarunt dimidiam marcam, cum uno caseo in Monasterio Roff. sicut habent* (ut dixerunt) *in singulis Monasteriis Angliæ. Et tunc sufficienter fuit dijudicatum, per inspectionem Rotulorum & Registri, & aliorum memorandorum in dicta Cancellariâ; & inventum est, quod dicti* Spigurnelli *habere debent in singulis Monasteriis, exceptis Monasteriis de* Westmonasterio, & Roff. *Ubi nullam pecuniam habere de-*

habere debent, nec caseum: Sed in Roff. *Monasterio, sicut in hoc libro scribitur, & nihil aliud, nec alio modo, fuit operatum à tempore concessionis & promissionis domini Regis, habuerunt usq; tunc, & ... ditione, dicti* Spigurnelli *& Clericus Hanaperii liberationibus in hac paginâ subscriptis, fatebantur se debere esse contentos, & prædictam declarationem esse veram in præsentia Magistri* Rob. de Wington *& aliorum plurimorum.*

¶ *Spurhunt.*] Canis quem *Plautus* in Capt. odorisequum vocat; quod odorem sequitur; vel potiùs ejusmodi canum species, scilicet qui in ligamine vestigium alicujus venando sectatur. Dictus autà Sax. ꞅpuꞃa, id est *collum*; quia inter venationem *per collum tenetur*. Vel potiùs ab antiquo Anglico **spur**, pro *inquirere*; unde olim dixere **to spur a question**, et **Hunt**, alias **hund**, i. e. *Canis*.

¶ *Squalley.*] Anno 43 Eliz. cap. 10.

¶ *Squilla.*] *Campanula cum manubrio*, quæ in Romanâ Ecclesiâ ad elevationem sacramenti ideo pulsatur, ut orationem excitet. *Et propter causam eandem* (inquit *Durand.*) Squilla *pulsatur, dum corpus Christi ad infirmum portatur. Mula etiam Capellam Domini Papæ bajulans* squillam *fert, ob reverentiam Reliquiarum, tunc etiam cæteri accenduntur.* Rational. lib. 4. cap. 41. A *squilla* suum Germani vocabulum **Schaellen** in eundem sensum formarunt; Et hinc nos **shell** pro *testa* dicimus. Vide *Campana.*

¶ *Stablestand.*] i. e. *stabilis statio*; vel potiùs *stans in stabulo*; hoc est in loco ad stationem composito.

Vox juris Forestarii, de eo dicti, qui in Forestis latibulum sibi elegit, ex quo feras commodè petat, vel occidat; consistensq; ibidem deprehenditur. Hoc ex 4 vehementissimis præsumptionibus (quibus regiarum ferarum insidiatores in Forestis arguuntur) una est. Reliquæ dicuntur **Dogdraw, Back bear, bloody hand:** quas sic intelligimus. Primam, ubi quis cum Cane odorisequo cervum vulneratum clam insequitur. Secundam cum prædam habeat in humeris. Tertiam cum cruentæ manus cædem prodant. Vide *Manwood* in legg. Forest. cap. 18. §. 9.

¶ *Stabulatum ti.*] Malm. Gest. Reg. lib. 2. cap. 13. *Dum quadam vice venatum isset* (*Edwardus Confes.*) *& agrestis quidam* stabulata *illa, quibus in casses cervi urgentur confudisset: per Deum, inquit, & matrem ejus, tantundem tibi nocebo si potero.* Anglicè fortè **a Buckstale**, vel **a toyl**.

¶ *Stacuma, mæ.*] Charta vetus. *Concedo &c. et j* stacumam, *quantum feodo meo pertinet.*

¶ *Stafsaken*, aliàs *Stapfsaken.*] Priscus apud Baioarios ritus cujus Dux eorum *Tassilo* in Decreto suo meminit, inter leges populares. §. 7. — *De eo quod Baioarii* scapfsaken *dicunt, in verbis, quibus ex vetustâ consuetudine paganorum idolatriam reperimus* (*constituimus*) *ut deinceps non aliter nisi sic dicat qui quærit debitum: Hac mihi injustè abstulisti. Reus verò contra dicat: non hoc abstuli nec componere debeo. Iteratâ voce requisito debito dicat: Extendamus dextras nostras ad justum judicium Dei: Et tunc manus dextras uterq; ad cœlum extendat.* Transiit vocem hanc vir acutus, & Germanici idiomatis, dilectissimus mihi *Fredericus Lindenbrogius*; quod me igitur monet, ut mihi caveam in explicando. Opinarer tamen de lite dici, quæ ante idolorum statuas contestata fuit; nam Saxonicè memini me alicubi legisse ꞅꞇaꝼ vel ꞅæꝼ pro *Statua*, ꞅaca autem & ꞅac, *causa est*. Sic **Stapfsaken**, *causa ad idolum delata*.

¶ *Stagnarium.*] Patent. an. 1 H. 3. m. ... *Rex &c. Roberto de Curtenay: Concessimus dominia Reginæ matri nostræ, Cuneum &* Stagnarium *devon. ad se sustinendum.*

¶ *Stagno, nas.*] *Ferrumino.*

¶ *Staggon.*] **A Stagg.** Vide Constitutt. *Canuti* R. de Forestâ. Art. 24. supra in Forestâ pag...... Et vide Sr. *Tristram* de le *Stag.*

¶ *Stagi.*] Primarii quidam è conventu Cathedralis Ecclesiæ, qui in moderandis statuendisq; ejusdem rebus necessario requiruntur, scil. *Decanus, Subdecanus*, & 2 vel 3 Majores Canonici; Aliàs *Residentiarii.* Sic in Paulinâ Ecclesiâ *Lond.*

¶ *Stallagium*, & Scotis antiquis *Stallangium.*] *Jus stationis. Jus erigendæ officinæ* vel exponendarum mercium in Foris & Nundinis. Etiam nummus hoc nomine datus; Romanis, *Siliquaticum.* ꞅꞇal Sax. *stabulum statio.*

¶ *Stallangiator.*] Qui stationem (quod Stallum, & botham vocant) in Foris habet, vel Nundinis mercium venundandarum gratiâ: Scotis & Anglis antiquis à **Creamer**: Lex Burgor. cap. 4. §. 1. — *Quilibet* stallangiator *vel faciat finem cum Præposito* (*Burgi*) *secundùm quod cum eo convenire poterit, vel dabit obulum quolibet die fori.*

¶ *Stallaria, riæ.*] Juxta Gloss. *salicetum, cotretum.*

Longob. lib. 1. tit. 19. l. 26. — *Si quis* stallariam *alterius capellaverit: componat ei cujus* stallaria *fuerit, solid. 6.* Mihi autem videtur generalius quid esse *Stallaria*, scil. locus nemorosus, ubi arbores, post aliquot annorum intercapedines attondi solent fomitis aut sepium restaurandarum gratiâ: Nam & arbores hujusmodi quibusdam *Stalli*, aliis **Stanves**, q. *stationariæ* dictæ sunt; peritque ramorum propago, si trunco arboris cortex deradatur quod artem tinctoriam exercentes sæpè faciunt.

¶ *Stallarius, Stallere.*] Rich. Monach. Eliensis lib. Eliensis Histor. 2. *Alfgarus quidam* Stallere, *fortè* Stal-here, i. *Præfectus stabuli, quod Latinè* Dux *dicitur, eam* (*i. villam de* Estre)

Estre) *invasit.* Chron. 866. col. a. l. 18. infra illic *Constabularius.* Flor. Wigor. in An. 1068 — *Quibus* Badnothus *qui fuit Haraldi Regis* Stallarius, *occurrit cum exercitu, & cum eis prælio commisso cum multis aliis occisus est.* Idem *Hoved.* pag. 450.

¶ **Stallus, & Stallum.**] *Sedes, statio, stabulum,* à Sax. ſtal, hæc eadem significante. Hoved. in Rich. 1. pag. 659. — *Cumq; Henricus idem Eboracum veniret cum literis Regis, ad recipiendum Decanatum, non invenit qui eum in* stallum *Decani mitteret. Dicebant enim Clerici Eboracensis Ecclesiæ, quod nullus præter Archiepiscopum, debuit mittere eum in* stallum *Decani.* Et multò infra — *Deinde fecerunt Canonicos introduci in* stallos *suos, de quibus Archiepiscopus ipsos dissaisierat.* Durand. Ration. lib. 1. cap. 1. — Stallus *ad sedendum in Choro, designat, quod aliquando corpus recreandum est.*

Sed *stabulatori* nostro denunciet &c. Ligurin. lib. 7. 385. Ubi *Marescallus* exponitur à *Spigelio.* V. ibid.

¶ **Stannaria, orum,** vel **Stannarium, rii.**] Locus undè *Stannum,* æs, plumbum eruuntur.

¶ **Standardum.**] Signum militare præcipuum quod Imperatorium dicitur, vel regale; De quo in Aspilogiæ nostræ lib. 1. copiosè olim disserui; atq; ista modo deprompsi. Romanis inferioribus *Labarum* & *Bandum* dicitur, Italis *Carrocium*; Germanis aliàs **Standard**, alias **Sturmfahn**. V. *Bandum.* V. Brit. Armor. lib. 11. p. 366. & 380. ſtunde, signum.

¶ **Stantarius, Stans, Stationarius.**] Longob. lib. 1. tit. 25. l. 30. *De sepe* stantariâ *factâ vimen tulerit.*

¶ **Stapula, Stapulum, & Staplum.**] Est insignis Mercaturæ & Nundinarum locus convehendis venundisq; mercibus potioribus, puta lanæ, panni, vini, corii, plumbi, & hujusmodi, à Principe designatus ejusdem stabilitum privilegiis; undè nomen *Stapulum* quasi mercium, atque mercatorum *Stabulum* vel *Statio.*

Emporium nobile & mercatorum, tam exoticorum quàm indigenarum privilegiatum collegium suis gaudens Magistratu, & officialibus, & lege quam vocant Mercatoriâ.

¶ **Starlingus, Denarius.**] Aliàs *esterlingus.*

Mat. Par. in An. 1235. l. 36. — *Tredecim solidis & quatuor* sterlingis *pro marca qualibet computatis.* Ut *Wil. Rufus* solveret *Roberto* Duci 3000 marc. de *Or Sterling,* qui valent 33757 libr. V. *Ora.*

¶ **Starrum, ri.**] Dicitur chirographum, vel instrumentum quo Judæi pactiones suas rerumq; transactiones testificabant. *Scriptura. Charta.*

Ejusmodi multa habentur in arce Londoniensi, & ipsi nonnulla vidimus sub eadem inscriptione satis antiquè.

¶ **Statio.**] Pro *Stato die Jejuniorum. Cum Jejunarem & sederem in monte quodam* — *Pastor mihi dixit; Quid tam mane huc venisti? Respondi, quoniam Domine* Stationem *habeo. Quid est inquit* Statio? *& dixi* Jejunium — & postea. *Si custodieris mandata Domini & adjeceris etiam ad ea* Stationes *has, gaudebis.* — *Hæc* Statio *sic acta est bona.* Hæc *Hermas* lib. Pastoris 3, cap. 5. apud *Margarinum de la Bigne Bibliotheca Patrum Tomo 3, Parisiis MD Lxxvi.*

In hunc sensum & *Tertullianus* L. de Oratione, in fine. De abstinentia osculi agnoscimur *jejunantes* — *Similiter & de* Stationum *diebus, non putant plerig; sacrificiorum orationibus interveniendum, quod* Statio *solvenda est accepto Corpore Domini.* Et iterum *Tertullianus* l. de Anima c. 48. *Daniel trium hebdomadum* statione *aruit.* Fuseq; idem *Tertull.* l. *de jejuniis* c. 10. & l. 2. an uxorem c. 4. & alibi. — Stationem hanc de militari exemplo nomen accipere (nam & *militia Dei* sumus) affirmat idem *Tertull.* l. de oratione in ipso fine. *Ambrosius* rationem nominis reddit sermone 25. Stationes *vocantur Jejunia, quod Stantes & commorantes in eis inimicos insidiantes repellimus.* Quòd *Statio* tamen non pro quolibet *Jejuniorum* die accipienda est, distinguit *Rabanus Maurus* de Institut. Cler. l. 1. c. 18. Definiens *Stationem* esse Statutorum dierum (**a standing fast as Friday** &c.) observationem ex lege Præceptam; cum *Jejunium,* indifferenter sit cujuslibet diei abstinentia, non secundùm Legem, sed propriam voluntatem. Aliter tamen *Stationem* accipere videtur *B. Cyprianus* Epistola 41. scil. pro *Conventu Ecclesiastico.* A quâ etiam acceptione vocis non abludere videtur ipse *Tertullianus* l. 2. ad uxorem cap. 4. Ubi sermonem habens de fœminâ fideli à viro infideli impedito, quo minùs sacris interesse possit; *Si* Statio (inquit) *facienda est, maritus de die condicat ad balneas; si* Jejunia *observanda sunt, maritus eadem die convivium exerceat.*

¶ **Statua,** al. **Stava.**] A Germ. & Angl. **staff.**

L. Salic. 29. §. 32. — *Si quis* statuam, *aut tremaclum vel vertuolum de flumine furaverit.*

Status.] Duplex; Publicus est dignitatis & honorum. l. cognitionem 5. ff. de extraordinariis cognitio.

Privatus est hominis conditio ipsum privatim concernens, & spectatur in tribus, in libertate, in Civitate, in familiâ. l. fin. ff. de cap. dim. ideo *statum mutare* dicitur, qui mutat illud jus quod habet in isto casu.

Servi *statum* non habent, *Cal.* 9. Unde dici solet, *Servus caput non habet.* Minsh. statum, unde Capitis diminutio dicitur, q. status diminutio. *Meurs.* p. 71.

Statum mutant liberi omnes, qui vel Civitatem vel libertatem, vel familiæ jus amittunt. *Cal.* 5.

Status Personarum conditionem significat,

ficat, ingenui, libertini, servi. *Cal.* 9. 29. *Pra.*

Status dicitur conditio qualitasvè personarum quà quis plurimum potest. Appellatur in institutionibus *Jus Personarum*. Cal. 8.

Gradus à scala similitudine dicitur, quod ita velut è proximo in proximum transimus. *Prat. Briss.*

Gradum pro existimatione, & honoris loco usurpari notum est; Hinc in gradum reponere est dejectum restituere. *Spieg. Prat.*

Gradus in agone literario tres sunt. Vide supra Doctores legum Calv. & seq. V. V. Baccalarii, Licentiati, Doctores.

¶ *Staurus.*] Dicitur animalium copia è cujus proventu familia alitur sine ipsius diminutione: Angl. **the stock**, id est *stipes*: ideo scilicet dictum, quod succulos novos semper producit & germina. Vox in antiquis computis admodum frequens, à quâ etiam & instaurare & restaurare, pro renovare, reparare.

¶ *Stelliferi.*] V. Psitaci.

¶ *Stelta, ta.*] Pro idiomate linguâ vel stilo: Si mendosè omnino non scribatur. Sic autem in exemplari Chartæ *Edgari* Ecclesiæ Eliensi; autographum enim non vidimus. Quæ etiam nostrâ usitatâ sermocinatione describi mandavimus, hac eadem *steltâ*, quæ possit in auribus vulgi sonare.

¶ *Stellinga, Stellingua.*] Commune *Frilingis, Lazzibusq;* Saxonicis appellatio, de quibus sic *Nithardus* Hist. lib. 4. — *Hinc etiam in Saxoniam misit* (Lodharius) *Frilingis Lazzibusq; quorum infinita multitudo est*, promittens si secum senterent; *ut legem quam antecessores sui tempore quo Idolorum cultores erant, habuerant, eandem illis deinceps habendam concederet*: *Quæ supra modum cupidi nomen novum sibi, id est* Stellingua *imposuerunt, & in unum conglobati, Dominis è Regno penè pulsis, more antiquo, quà quisq; volebat lege vivebat.* Et post plura — *Ludovicus etenim seditiosos, qui se uti præfatum est* Stellinga *nominaverant, nobiliter legali tamen cæde compescuit.* Et prope finem libri — *Eodem tempore* Stellinga *in Saxonia contra dominos suos rebellarunt, sed prælio commisso nimia cæde prostrati sunt.* V. supra *Frilingi*, & *Lazzi*.

¶ *Sterbrech.*] Aliàs & rectiùs opinor *Strebrech, Via fractio, aversio, obstructio, diminutio.* Dictum à **stre** quod antiquis videtur *viam* significasse; unde hodie dicimus **to go a strey**, pro *decedere de viâ*, & *animal erratticum* **a stray** appellamus, quasi è *via*. **Et a brech**, i. *fractio, violatio.*

Legg. Henr. 1 cap. 81. *Strebrech* 100 sol. emendet. *Strebrech* est, si quis viam frangat, concludendo, vel avertendo, vel fodiendo; Sic MS. *Cottonian.* noster verò *Sterbrech* legit; Capite verò 13 *Strebrech* in utrisq; legitur, viz. —*Hæc emendantur* 100 *sol.* Grithbrech, strebrech, forstal &c.

¶ *Sterlingum*, al *Starlingum.*] Ske. Asserunt hoc inchoatum circiter temp. Joh. Regis; sed tempore *H.* 1. fit mentio numi stirilensis quod vide supra. Et an. 1184. i. an.

H. 2. Ordinatum est ut in Angliâ unus *sterlingus* persolvetur; ubi *sterlingus* ponitur, tam pro numo certi valoris, scil. denario, quàm pro metalli genere. V. Concil. Brit. in An. 1184. Et an. 7 R. 1. *Sterlingorum* ot mentio; *Stow* 239.

Starlingorum *bonæ & legalis monetæ Angliæ.* Sic in Chartâ confirmationis *Herenacia Jo. Meil* Armachani Archiep. An. 1455. E quibus animadverte vocabulum *sterlingorum* dici, non solum de numo Anglico, ubi libra 4 uncias argenti valet, sed etiam de Hibernicâ, ubi tribus tantummodo æstimatur, vel circiter.

Gulielmo Calculo succedit *Ordericus*, qui & *Vitalis*, Uticensis Cœnobii Presbyter, Monachus, ut ipse inscribit. Hic in Anglia natus est 14 Kal. Mar. An. Ch. 1075. Patre Odelerio Constantii Aurelianensis filio, præcipuo Rogerii de MonteGomerici Scrobesiensis Comitis Conciliario &c. Sic enim Odelerius ipsorum Ebrardi & Benedicti pater, in exhortatione ad Rog. de Monte Gomerici Scrobesburiæ Comitem de fraudatione præfati Monasterii verba faciens — *Inprimis* (inquit) *adveni tribus Monachis, cum cementario ad jaciendum Monasterii fundamentum, ad inchoationem hujusmodi porrigam* 15 *lib.* sterilensium. Orderici Hist. Eccl. l. 5. in Guil. 2. An. 1182.

¶ *Steura.*] Tributum, exactio, collecta talliæ.

Sic *Freherus* in Annal. *Hainrici Rebdorff.* sub an. 1296. ubi ait — *Rex quandam dissentionem inter Episcopum, Canonicos, & Clerum ibidem ex una parte; & Ratisponenses ex altera, propter* steuram *impositam Clero à Civibus pro muro Civitatis, sedavit.* Et infra sub An. 1344. — *Eodem tempore Ludovicus gravem* steuram *imposuit terræ suæ, inferiori & superiori Bavariæ, quod de pecoribus collectam accepit, de equo* 72 *Hall. de vacca* 48 *Hallenses, de ove & porco* 16 *Hall.*

¶ *Stewes.*] Vide infra *Stues.*

¶ *Stica.*] Vel *Stika anguillarum*. Mensura numeralis 25 anguillas continens, sic dicta quod trajecto vimine (quod **stic** dicimus) connectebantur. *Glanvil.* lib. 2. cap. 9. — *Unum sextarium mellis, & duas* stikas *anguillarum.* Composit. ponder. An. Bin: *Binde* verò anguillarum constat ex 10 *Stikes*; & quælibet *Stike* ex viginti & quinque anguillis.

¶ *Stingisdint.*] *Skenæo*, fustigatio: verber cum fuste vel baculo; acsi **sting** baculum vel fustem, **dint** *verber* significarent. Nostro verò idiomatismo **sting** idem est quod *aculeus, punctio.*

Legg. Burgor. cap. 19. — *In burgo non debet audiri bludwitæ*, stingis dint, *marchetæ, herro-*

herrozeld, nec aliquid de similibus. Hujusmodi enim privilegia & immunitates (jux. *Skenaum*) pertinent ad Barones, & non ad Burgenses; nisi jus Baronum & Vicecomitum habent sibi concessum, ut *Edinburgh, Lanark, Perth,* & *Strivilin.*

¶ *Stirilensis nummus.*] Vide in præfat. Hist. Normann. hoc Ann. 1619. editarum in dono Com. de Monte Gomerici ibidem citato in fol. parte b. in pede, pro *Sterlingorum.*

¶ *Stoc,* & *Stovel.*] E quadam Cartâ conventionum inter Will. de Bray & Abb. & Conv. de Oseney — *Præterea, si homines de Stanhal dicti Abbatis, inventi fuerint in bosco prædicti W. cum forisfacto ad* Stoc *& ad* Stovel, *& aliquis querebs corporaliter in terram per eos scesa fuerit, malefactor pro delicto, qui taliter inventus est, reddet tres solidos.*

— *Similiter concessum est, quod si aliquis inventus fuerit cum branchiis quercuum, vel cum aliis minutis boscis, cum forisfacto illo ad* Stoc *& ad* Stovel, *malefactor ille reddet sex denarios.*

¶ *Stola.*] Formula degradationis Archiepiscopi. Verba Pontificis degradatoris —— *Signum Domini per hanc* stolam *signatum turpiter abjecisti; ideoq; ipsam à te amovemus &c.* For. 1932.

Les preuves de l'Hist. des Contes de Guines. p. 135. —— *Dominus verò Willielmus Abbas, conventu suo, sub* stolâ *excommunicaverunt omnes qui hanc elemosinam ab Ecclesiâ alienaverint.* — *Hæc dona sunt confirmata anno* 1214.

¶ *Stolium.*] Et Hovedeno nostro *Storium l* (quod Angli sæpe faciunt) in *r* mutato; navigium, *Classis.* Græcè στόλος, quod itemq; expeditio interpretatur & per translationem copia, eoq; sensu Angli **store** dicimus pro abundantia. Poster. Epistol. Freder. Imp. in Chronic. Augusten. sub An. 1227. —— *Convenire fecimus apud* Pisas *victoriosum* stolium *galearum.* Hoved. in Ric. 1. — *Venerunt Ulixisbonam cum sexaginta tribus navibus magnis de* storio *Regis Angliæ. Storium* idem est quod *navigium.* Et pag. seq. in eodem loco de *storio* Regis Angliæ 106 magnæ naves, onustæ viris bellicosis, &c. Græcè, στόλος navigium, & indè Græcis ἀπόστολος & ἀποστολεῦς pro rei nauticæ curatore seu Admirallo.

¶ *Stolisaz, Stolizaz.*] Longob. lib. 1. tit. 19. l. 5. — *Componat sol. 20 in palatio Regis districtus ab* stolizaz. Gloss. *Stolizaz,* id est *missus Regis.* Aliæ Gloss. ab *stolizaz,* ab eo qui panem ministrat. Additq; *Lindenbrog.* Stolizaz *videtur dictus quod loco Regis in judicio præsideat sacræq; vice judicet.* Germ. **Stol** (Anglis **Stole**) *sella,* **Sitz**, *sessio.* Inter varias autem lectiones haberi video in quodam MS. *abstorizat,* id est, ab infertore, acsi *stolizaz* & *storizat,* à *Stolio* ducerentur & *Storium,* quæ ut jam supra, in his verbis ostendimus *copiam* alias & *abundantiam* significant: Sic ut minister iste quasi penarius esset vel cellæ præpositus: cujusmodi alios Oeconomos vocamus Anglicè **Steward**. Noster autem codex cum aliis vulgaribus *abautorizat* hic legit: notatq; in margine *autorizat,* qui capitur pro Executore.

¶ *Stolus Classis.*] Navigium. A Græco στόλος. Sigebert. in An. 675. — Stolus *Saracenorum contra Constantinopolim applicuit.* Et An. 718. — *Cum* stolo *navium penè* 3000 *Constantinopolim triennio obsidet.*

Stepharius Lindenb. in Romanus possessor.

¶ *Storium.*] Al. *Stolium* à Græ. στόλος *l* in *r* mutato. *Classis, navigium.* Vide supra *Stolium.*

¶ *Stot.*] Equus admissarius, caballus, stod enim *stationarium* significat à quo statumen postis **Stoth** antiquè dicitur: Et equus, qui Equarum gregi admittitur stodhors *Equa* stodmyra, perinde Gall. *Estallon,* quasi equus ad stallum, hoc est ad stabulum, vel stationem equarum servatus. In conventione pacis inter Elsatiæ proceres & Civitates in Gloss. Lind. — *Equi autem admissarii, qui vulgariter* **Stuot** *vocatur, & vineæ & segites sub hac pacis conditione perpetuo permaneant.* Germ. **Stuotenpherdt**, quasi Equarum caballus: **Stut** enim illis *Equa* est, & hinc Angli gregem ipsam Equarum **the Stud** dicimus.

¶ *Stotarius.*] Is qui gregem equarum custodit, appositè *Stabularius.* Vide *Stot* prox. supra.

L. Alam. tit. 98. §. 3. — *Et quod de berbicario,* Stotario, *vaccario sit, quod reliquis servis componi solet componatur eis in duplo.* Lindenbrogius noster hic *Stotario* intelligit de equo admissario, quod ad gregis equinæ custodem planè referendum censeo, uti & *berbicario* ad pastorem ovium, *vaccario* ad custodem vaccarum.

¶ *Stoupus.*] Chart. Alamam. Goldast. nu. 82. — *Ordinavit etiam dictus præpositus, ut in festo S. Spiritus die secundo* stoupum *Decanus daret &c.*

Anniversar. Eccles. Alaman. Antiquitt. tom. 2. par. 2. in Anniversar. Vodalrici Dapiferi —— *Missa celebretur pro defunctis deturq;* stoupus *& major leibunculus fratribus: panes etiam* 12 *fratribus in hospitali dentur.* Infra in anniversario Vodalrici Abbatis unde fratribus ministratur in anniversario patris sui A. *in piscibus, in majori leibunculo &* stoupo, *& caseo, quoadusq; ipse vixerit.* Adhuc inferius in anniversf. Henr. de Appiwilla —— *Unde fit commemoratio anniversarii ejusdem conjugis Willeberga in duobus* stoupis, *& in hospitali datur panis per singulos.* Ita pluries in Anniversf.

¶ *Stoutheres.*] Sax. id est, Magnanimi domini. Apud Anglos orientales ita olim dicti sunt qui animi magnitudine cæteris præpollebant. Hos ut à primâ ipsa ætate dignoscerent, collocare solebant puerulos suos super tecto ædium stramineo, & qui timidè illic hærebant, vel ut casuri ejulabant pusillanimes fore pronuntiabant: qui verò comprehenso stramine, alacrè prorepere & se fortiter sustinere deprehendebant, plausu magno *Stout-heres* futuros acclamabant.

¶ *Stowa.*] Locus, à Sax. ϛτορ. ϛόα porticus. Joh. 10. 24. ἐν τῇ ϛοᾷ σολομῶντος.

¶ *Stradura.*] Chartt. Alaman. Goldast. num. 58. De traditione precariâ. — *Accipimus ab hac Ecclesiâ & Abbate* — *precium attaxatum: hoc est auro & argento sol.* 70. *caballos* 5. *cum saumas & rufias & filtros cum* stradurâ *suâ ad nostrum iter ad Romam ambulandum.* Opinor, *stratum equestre, Ephipia: Apparatus itinerarius,* ab Ital. *strada* id est via, unde & quod sequitur *Strastura.*

¶ *Strastura.*] Vectigal. in itineris expeditionem datum, Germ. *Wegstura*, hoc à *Weg*, illud à *Strada*: pro viâ: & *stura* idem forte quod *Storium* pro copiâ, ut supra.

Beat. Rhenan. Rer. Germ. lib. 2. leges aliquot Francorum — *Ad regem vel in bellum proficiscens, aut rediens, à vectigali quod* Strasturam *vocant immunis esto.* Strasturam Germani hodie & *Wegsturam* appellant. Hæc ille.

¶ *Strat.*] Regionem ad fluminum decursum jacentem appellare solent (Scoti). *Buchan. hist. Scot. f.* 6.

¶ *Strata.*] Ab Italico à *strada*, Via. Vide.

¶ *Strator.*] Stratores dicuntur milites qui castra præibant, ut loca accommodatiora ad traducendum exercitum facerent; de quo *Vegetius* lib. secundo. Hoc etiam verbo usus est Otho Pontifex. Spigel. in illud Ligurin. lib. 2.

[*tum*

Strator *erat de plebe quidam meq; nomine mul-*
Vulgato modica in castris mercede merebat.

¶ *Streeman.*] Potens, vel potens vir. *Lelandi Collect. vol.* 2. *p.* 188.

¶ *Strenaeshalch.*] Bed. lib. 3. cap. 25. — *In monasterio quod dicitur* Strenaeshalch, *quod interpretatur sinus fari.*

¶ *Strepa.*] Suber ephippiarius. Vorstius in Germ. rer. to. 2. 8.

¶ *Strepitus, ti.*] Destructio, prostratio, mutilatio, alias *Strepementum*: à Gall. *estropier*, i. mutilare, detruncare radicitus: Hinc in vett. rescriptis forensibus: *Strepitum & vastum facere*, Anglicè **strip and waste**, vel **strop and waste**: quod alii intelligunt pro vasto (hoc est pro destructione) cum strepitu seu fragore facto, utpote cum quis arborem sternat, ipse casus vel securis sonitus furem prodit, ut in *Ina* legg. cap. 43. dictum est. Ad nostram autem sententiam facere videntur, in hac re Brevia Regia, ubi nulla de strepitu mentio, sed vice ejus destructio ponitur, viz. *Fecit vastum, venditionem, destructionem, & exitium de terris, domibus, boscis, gardinis, & hominibus ipsius A &c.* Vide Estrepementum.

¶ *Stria.*] Idem quod *Striga*, Saga venefica.

¶ *Strioportius.*] L. Salic. tit. 67. l. 10.

¶ *Strip*, & *Waste.*] Vel *Strop & Wast.* Vide supra *Strepitus.*

¶ *Structus vestium.*] **A suit of clothes.** Ordoric. vit. p. 335. D. & 336. A. — *Dum Rex* [Guliel. 1.] *structum pretiosorum vestium Rogerio Comiti* (*Hereford*) *mitteret* — *ille pyram ingentem ante se jussit præparari, & ibidem regalia ornamenta chlamydem, sericam interulam, & renonem de pretiosis pellibus peregrinorum murium subito comburi.*

¶ *Strumentum, ti,* & *Strumentus, ti.*] Αρχαικῶς ambo, sed hoc barbarè. V.

Chartt. Alaman. Gold. num. 31. — *Si quis aliquando contra hunc* strumentum *ire tentare vel irrumpere voluerit, persolvat duplum &c.* — *mox factum* strumentum *in vico Quaradines.* Iterum — *hunc* strumentum *fieri rogaverunt.*

¶ *Stuba*, al. *Stupha*, *Stupa*, & *Stufa.*] Hypocaustum, locus ad sudandum. Dicta à Germ. **Stube**, Gall. *estufe*, vel *estuve*, et Ital. *stufa*, omnia à verbo **to stue**, id est leniter coquere, sudare, calefacere, unde Angl. **a stue, vel hot-house** appellatur.

Vox in usu *Dithmari* ævo (hoc est an. Dom. 1000.) quod *Lipsius* notat in Germania *Taciti*; qua etiam usus est ipse *Dithmarus* Episc. Mersburgicus Chron. lib. 7. — *Crebro à suis penè desperatus, in* Stuba *vix recreabatur.*

Concil. Viennens. An. Dom. 1267. in canon. de Judæis — *Prohibemus insuper ne* stubas, *& balnea, seu tabernas Christianorum frequentent, seu intrare præsumant.*

Histor. Austral. sub an. 1295. inter Germ. Scriptt. — *Per totam hyemem aura adeo lenis fuit, quod* stupis *bene caruissent homines si voluissent.*

Et apud *Palladium* de architecturâ tit. est (cujus cum aliis meminit Lindenbrog.) de *balneis & Stufis.* q. si hic Palladius non sit antiquior Dithmaro supradicto.

Hinc etiam **stues**, Gall. *estuves* dicta sunt lupanaria: cujusmodi sita olim in australi Thamesis ripa, Rex *Henricus* 8. sub anno Dom. 1546. Solenni edicto imperpetuum profligavit. In fine Martii 1546. ante 38 H. 8. *Hol. Sto.* p. 995. Voce Præconi & tubâ præcinente.

Quin

Quin & a Fise dicimus *vivarium* ad conservandos pisces, Angl. a fish pond.

¶ *Stuppo, as.*] Obturo, occludo, infarcio. Quasi *stupam* ingero, alias *styppam* indo: unde Latinis *stipare* & *stupare*, hac eadem significantia. Uti etiam Germ. stopffen, Gall. *estoupper*, Ital. *stoppare*, atq; Angl. to stop, ideo scilicet quod in stipandis navium rimis *stupam* adhibebant, ἀπὸ τῦ στύφειν, i. condensare vel consolidare.

L. Alamani. tit. 59.—*Si autem ex ipsa plaga cervella exierunt (sicut solet contingere) ut medicus cum medicamento aut serico* stuppavit, & *postea sanavit* &c.

¶ *Suanegia.*] Chartular. Cœnobii de *Wimondham* B. Mariæ, p. 58. b. de tenuris in *Scarnbrun*, & *Suetesham*. Rog. Rusteng— *Confirmavi Deo & Eccl. B. Mariæ de* VVimondham *& Monachis ibidem* 40 *acr. in* Scarnebrum *&c. cum dimidia faldsoca— Praeterea dedi eis totam turbariam, quam dominus meus Comes Arundel tertius mihi dedit in* suanegeiâ, &c.

¶ *Subarrare.*] Clam arram dare. R. Al. 1104.

¶ *Subbatto, tis.*] L. Salic. tit. 2. §. 6. — *Si quis scrovam* subbattit *in furto, hoc est porcellos à matre subtrahit &c.* Et in Recapit. ejusdem legis §. 9. — *Si quis porcellam alterius* subbattit, *ut porcellos non habeat &c.* Gloss. Lindenb. *subbatit* porcellos in ventre matris occidit.

¶ *Subditus.*] Pro vassallo, cliente, & alio quolibet sub alterius potestate. *Flodoard.* lib. 4. ca. 23. — *Heribertus Anselmum Bosonis* subditum, *qui prædictum custodiebat castrum, cum ipso castello recipit.* Ll. Henr. 1. cap. 6. — *Si Episcopus à fide deviaverit, & subditis secretè commonitus incorrigibiliter apparuerit.*

¶ *Sublegerum.*] Saxonicum à ꞅibleꝫeꞃ i. incestuosus, quasi cum consanguineis concumbens. ꞅib enim cognatus est, leꝫeꞃ accubitor, unde legatos residentes *legers* vocamus.

Fœdus inter *Alfredum* Regem & *Godrum* al. *Aluredum* & *Guthurnum* MS.— *Et de sublegerum sapientes instituerunt, ut Rex habeat superiorem & Episcopus inferiorem, nisi dignius emendetur &c.* Ubi *sublegerum* est ablativus casus pluralis à nominativo ꞅibleꝫeꞃ.

¶ *Submanico, cas.*] Longob. lib. 1. tit. 16. l. 7.— *Si ipsam* (puellam) *comprehendere præsumpserit, & ad casam suam ligatam aut* submanicatam *adduxerit, componat &c.* Gloss. ibi *Submanicatam*, ligatam manicis propriis.

¶ *Subregulus.*] Analecta Lib. Ecclesiæ Cathed. Wigorn. fol. 25. æþelꞃeð *Rex Merciorum, cum Comite suo* subregulo Ꞩpicciorum Oꞅhere. p. 27. Flor. VVigor. in An. 1066. — *Quo tumultu* subregulus *Haraldus Godwini Ducis filius &c.* Hic apud Huntington *Consul* dicitur. pag. 366. 10. — *Algaro verò filio Leofrici* Consulis *dedit Consulatum Haraldi.*

¶ *Subsidium.*] Apud Anglos tributum dicitur, quod ob graviora Regni negotia authoritate Parlamentariâ Regi erogatur, ex integrâ æstimatione cujuslibet subditi, vel secundum annuum prædiorum ejus valorem, quæ ex unaquaq; librâ reddunt 4 Sol. vel juxta bonorum computationem, quæ ex singulis libris 2 sol. 8 den. dinumerant. Forma autem hujusmodi descriptionis & colligendæ pecuniæ ratio accuratissimè semper instituuntur in ipso Actu Parlamenti in quo *Subsidium* ipsum est concessum.

— *Quilibet tam conjugatus quàm solutus utriusque sexus pro capite suo solvere cogebatur. Parlam.* an. 1380. Walf. Ypod. 534. l. 37.

I find not that the Saxon Kings had any Subsidies collected after the manner of those at this day; But they had many Customes whereby they levyed mony of the people, or personal service toward the building and repairing of Cities, Castles, Bridges, for militarie expeditions, &c. which they called Burgbote, Brigbot, Herefare, Heregeld, &c.

But when the Danes oppressed the land, King Egelredus in the year 1007. yielded to pay them for redemption of peace 10000 l. which after was encreased to 36000 l. then to 115000 l, and at last to a yearly tribute of 48000 l. This was called Danegeld, i. Danica solutio. And for levying of it every hyde of land (that is every Ploughland) was cessed 12 d. yearly, the Church lands excepted; and thereupon it was after called Hydagium; which name remained afterward upon all Taxes and Subsidies imposed upon lands; for sometime it was imposed upon Cattel, and was then called Hornegeld.

The Normans called both these sometime according to the Latin and Greek word Taxes: sometimes according to their own Language Tallagium, of talier, to cut or divide: And sometime according to the word usual beyond the Seas, auxilia & subsidia.

The Conqueror had these kind of Taxes or Tallages, and made a Law for the manner of levying of them, as appeareth in Emendationibus ejus, pag. 125. §. *Volumus & hoc firmiter &c.*

¶ *Substantia.*] Pro alimento. VVisegoth. lib. 8. tit. 5. l. 7. —— *Quantum in* substantiâ *ipsius caballi expendisse juraverit.*

¶ *Subtiliatum.*] Quod subtile efficitur. L. Anglior. tit. 5. §. 9. — *Si quis alium in bra-*

brachio vel in crure percusserit, ut ipsa membra decrescant & ita fuerit subtillatum, *ut duos digitos minuatur, &c.*

¶ *Subvassores*, al. *Subvalvassores.*] Dicuntur militum vassalli (i. armigeri) qui tenent de militibus sicuti milites dicuntur vassalli Baronum; & subarmigeri vassalli armigerorum.

Legg. *Malcolmi* secundi cap. 8. §. fin. — *Illi qui tenent de militibus, qui vocantur* subvassores, *leges tenebunt, & observabunt in omnibus curiis suis, & dimidium amerciamentum, sicut in Curiis militum: & sic de subsequentibus*, i. inquit *Skenaus* de subarmigeris qui tenent de armigeris Comitum leges observent & capiunt amerciamentum ovem vaccam vel 3 solidos. Vide integrum capud.

¶ *Subvicecomes.*] Est vicarius Vicecomitis sive præpositi Comitatus, cujus suo nomine integrum quasi munus exequitur. Angl. the underſhrieve, i. *vice Præpositi.* Vide *Vicecomes* & *Præpositus.*

¶ *Succursus.*] Hov. 534. l. 58. — *Nisi infra sequens biduum* succursum *haberet.*

¶ *Sudes.*] Stabulum porcorum, *Hara.* Gall. seu Angl. a Swineſtye, or Swineſtye.

L. Salic tit. 2. §. 3. — *Si quis porcellum de* sude *furaverit, quæ clavem habet, &c.* Et tit. 18. §. 3. — *Si quis* sudem *cum porcis, scuriam cum animalibus, vel fœnile incenderit, &c.* Liber de arithmeticis proportionibus, sive is Gisberti sit, sive alterius — *Paterfamilias stabilivit curtem novam quadrangulam, in quâ posuit scrofam, quæ peperit porcellos septem in mediâ* sudæ. *Lindenbr.*

¶ *Suetqua.*] Chart. Alaman. Goldast. 39. — *Et in Reutinchona, terras & silvas* suetqua, *vel alias acentias, quicquid ibi habere videor.*

¶ *Suffraganei.*] Dicuntur (Episcopi) qui Archiepiscopo suffragari & assistere tenentur: Vocati enim sunt in partem sollicitudinis Archiepiscopi non in plenitudinem potestatis. q. 3. c. 1. & c. sequenti. *Lindw.* fol. 9. ver. *Coepiscopis.*

¶ *Suffurratura.*] Vestium (quod dicitur) duplicatio pellicea. Angl. a furring; vel the furring of a Garment, aliàs *penula* & *pellicium.*

Concil. 1. Salisburgens. — *In pileis* suffurraturas *non habeant &c.* Vide supra, *Gunare.*

¶ *Suggesta Eucharistiæ vel Calicis.*] Dicuntur vinum & aqua.

¶ *Sulinga.*] V. *Swulinga.*

¶ *Suliva.*] Trabs, tignum. Sax. ꞅúl & ꞅẏll. Unde Angl. a ſyll. Ernulfus Episcop. Roffens. in textu de Ecclesiâ Roffen. in Itin. Cant. In instauratione Pontis Roffensis. *Debet & tres* sulivas, *id est* (inquit) *tres magnas trabes supponere.* Idem sæpius & in fine — *Sciendum est, quod omnes illæ* sulivæ, *quæ in ponte illo ponentur, tantæ grossitudinis debent esse, ut bene possint sustinere omnia gravia pondera superjacentium plancarum, & omnium desuper tanseuntium rerum.* Saxonicum exemplare ꞅẏlla habet, ubi Latinum *Sulivas* legit.

¶ *Suma.*] Q. sauma vel sagma, item *Summa*, mensura continens 8 modios Londonienses; inde dicta quod ad onus Equi sufficiat. *Mat. Par.* in An. 1205. Suma *frumenti duodecim solidis vendebatur.* Et an. 1237. p. 430. — *centum* summas *tritici electi.* Lib. Rams. Sect. 262. — *Dedit ei* 20 *solid. & duas* summas *ordei.* Hinc

Ad 10 s. & 20 s. M. P. An. 1258. p. 929. l. 1.

¶ *Sumagium*, & *Summagium.*] Onus integrum vel completum. Vide *Sagma*, & *Sauma.*

Chart. de Forestâ cap. antepenult. *Forestarius capiat — pro equo qui portat* summagium, *per dimidium annum, obulum.*

Hunting. 24. H. 1. — *Vendebatur onus equi frumentarium 6 sol.* p. 382. l. 51.

¶ *Sumarius.*] Idem quod *Saumarius* & *Somarius*, quæ V. Hov. An. 1171. pag. 521. *Archiepiscopus excommunicavit T. Broc quod amputaverat caudam* sumerii *sui.*

¶ *Summonire.*] Ll. Edw. Confess. Cap. 10.

¶ *Summonitio.*] Citatio, antiquis mannina quod vide.

Apud nos breve Regium est quod in causis civilibus quærens impetrat è Cancellaria sub initio litis ad sistendum reum die indicto coram Justitiariis Banci (quod vocant) communis: hoc est civilium placitorum. Qui si non comparuerit per alia brevia capi jubetur semel aliàs atq; pluries donec (sibi quod mandatum est) exequatur Vicecomes.

¶ *Sunnium.*] Vide supra *Sonium.*

¶ *Suonpouch.*] Prisca vox Germanis; quæ Chartam pacationis significat.

Chartt. Alaman. nu. 28. — *Placuit inter nos chartam pacationis ex utraq; parte allevari, quod* Tuitiscè Suonbouch *nominamus, cum manibus advocatorum nostrorum &c.*

¶ *Supanus*, al. *Sopanus.*] Nobilis primarius, hæres magnas apud Bohemos, unde ut me docet *Freherus* Pany eorum.

Godefridus Monachus in Annal. sub anno 1212. — *Regnum etiam Bohemiæ abjudicatum Odoacro Regi per sententiam principum, filio ipsius præsentibus* Supanis, *& pluribus nobilibus terræ cum sex vexillis assignat.* Et in Histor. Australi in an. 1290. *Zabisius* Sopanus *quidam nobilis & potens Bohemus, qui relictam Domini Ottacari Boemorum Regis reginam duxit in uxorem &c.*

¶ *Superdictio.*] Est superscriptio interlinearis quæ deletorum vice inseritur.

Marculf. lib. 2. form. 17. — *Et ut hac pagina hujus testamenti in disceptationem venire non possit, si qua littera, caraxatura, adjectiones* super-

superdictionesve *facta sunt, nos eas fecimus & facere jussimus.*

¶ *Superhumerale.*] V. Pallium, ex Hoved. pag. 703.

¶ *Superillustres.*] Spec. Sax. lib. 1. Art. 3. — *Ad hunc modum clypeus seu cingulum militare in septimo terminatur: Primum quippe habet Rex Romanorum; Secundum Episcopi Abbates, & Abbatissæ, qui & superillustres dicuntur; Tertium talei Principes, ex quo facti sunt Episcoporum subditi & vassalli, qui illustres nuncupantur; Quartum nobiles & liberi domini; Quintum obtinent prædictorum nobilium vassalli, & etiam banniti; Ipsorumq; ulterius vassalli sextum. Sicut autem de fine septimæ seculi ætatis Ecclesia est incerta, sic dubium est hoc extat vece ne &c.*

¶ *Supervisor.*] Forensibus Surveyour.

¶ *Suppellectile, lis,* plural. *Suppellectilia.*] Supellex. L. Boior. tit. 9. ca. 1. §. 2. — *Unaquæq;* suppellectilla — *computat.* Item Decr. Tass. §. 3.

¶ *Superplusagium.*] Id quod superest in rationum deductione, residuum. Ordinat. Ordinatio de marisco Romeneiensi p. 38. — *Satisfaciant in omnibus quod conjunctum fuerit per prædictum computum inter eos de* surplusagio *recepto de avariis venditis, &c.*

¶ *Superpositum, ti.*] Synod. Meldens. ca. 17. — *Ut res Ecclesiastica tempore principatus vestri ablata ex integro præsentaliter restituantur, & restituta conserventur, sicut tempore avi, & patris vestri fuerunt, excepto* superposito, *quod ad usum possidentium absumptum est.*

¶ *Supplicia.*] Intoxicatio fit proditio 22 H. 8. *Rastal.* Treason 10. & *ebulliendi sunt rei.*

¶ *Surplusagium.*] Corollarium, id quod superest vel restat, à Gall. *sur,* & *plus,* q. *sur plus.*

¶ *Surgotum.*] Panni genus & vestis ex eo muliebris usq; ad pedes demissa, Curset. Sic *Verstitius* vel quis alius in interpretatione aliquarum vocum barbar. ad tom. unum Germ. Scriptt.

Caveat autem ne fallit, nam *surcot* Gallis & Anglis trabea, seu vestis dicitur, quæ alii superinduitur, atq; inde nomen *sur,* i. super, *cot* vestis.

¶ *Surtaria, riæ.*] Scutum pictum exhibens imaginem.

Gregor. mag. in Epist. ad Secundinum inclusum: Regist. lib. 7. Epist. 53. in fine: de imaginibus agens, — *Et dum nobis ipsa pictura, quasi scriptura ad memoriam filium Dei reducit: animum nostrum, aut de resurrectione latificat, aut de passione demulcet. Ideoq; direximus tibi* surtarias *duas imaginem Dei salvatoris, & sanctæ Dei genetricis Mariæ, beatorum Apostolorum Petri & Pauli continentes &c.*

Et Epist. Steph. Papæ 3. ad Hilduinum an. circiter 754. — *Fui in oratione in Ecclesia ejusdem beati Martyris* (Dionysii) *subtus campanas,* & *vidi ante Altare bonum pastorem, dominum Petrum, & Magistrum Gentium Dominum Paulum; & nota mente illos recognovi de illorum* surtariis &c. Ibi in not. *Sartaria*, idem quod scuta, ubi sunt pictæ imagines, apud S. Gregorium in Epist. ad Secundinum. Tom. Conc. 3. A. p. 223.

¶ *Suspensio.*] Ll. Will. 1. vetita. Vide pag. 126. in usu H. 2. Hov. 566. l. 4.

Titus Vespatianus tantæ bonitatis fuit, ut nullius omnino sanguinem fuderit, sed convictos adversum se conjurationis dimitteret, atq; in eadem familiaritate qua ante habuerat retinere. Mat. Westm. An. 81.

Suspendium autem in usu fuit tempore Gul. Conq. nam ille concessit Abbati S. Mart. de *Bello,* ut furem liberaret à *suspendio.* V. Chartam ejus.

¶ *Susum,* pro *Sursum.*] Ekkehardus Junior de Cas. S. Galli cap. 4. *In ipso quoq;* (antiphonario) *primus ille litteras alphabeti significativas, notulis quibus visum est, aut* susum *aut* jusum, *aut ante aut retro assignari excogitavit.* Alii libri vett. (ut notat Goldast.) legunt aut *susum* aut *jusum.* Sed hæc scriptura confirmatur ab *Ekkehardo* minimo, Decano, in vitâ Notkeri cap. 9. qui ipsa hæc totidem verbis habet. Et ab Anonymo quodam S. Galli monacho in libello qui inscribitur *Instituta patrum* de modo psallendi sive cantandi; ubi ita scriptum est (inquit Goldast.) — *Nullus ante alios aut post incipere in versu vel cantu verba reiterare, vel nimis discorditer festinare præsumptiori vel altiori, remissiori an graviori; id est* susum *vel* jusum, *tardiori an velociori voce &c.* Certè *susum* hujus ævi authores scripsisse fatetur *Goldastus,* cum locupletes sint testes in Glossis suis Papias ac Ugatio: dubitare autem videtur annon dixisse voluerit *Ekkehardus, susum* aut *versum,* sed in ipso etiam minus aberrasse opinor à more sæculi illius, ut in vocabulo *Josum* animadvertas, quod supra vide.

¶ *Swanimotum.*] Curia forestæ: quæ de rebus & delictis in forestâ accidentibus tribus tantum vicibus annuatim cognoscat.

Dictum à Sax. ꞅpanꝫ (quod posteri Swain pronuntiant) id est operarius, minister, & ꝫemoꞇe, i. conventus; ꝫ (quod solet) in *i* vel *y* transeunte, uti supra in *Halemote* ostendimus. Quod autem *Manwodus* refert *Swain,* Saxonibus hominem significare, quem ipsi aliter Bockland man vocant, id est, qui terras ex scripto possidet, quales hodie freeholders appellamus; ingenue fateor illud mihi lectionis nusquam occurrit; sed tuo tutè utere arbitrio, non enim negaverim quin *Swain* per translationem de libero tenente dicatur: nam hoc idem evenisse animadverto in vocabulo cnyhꞇ, quod proprie puerum & ministrum significat, per translationem militem & liberum tenentem.

Chartæ de Forestâ, tam Regis *Johan.* quam *Hen.* 3. cap. 9. — *Nullum* swanimotum *de cætero teneatur in Regno nostro, nisi ter in anno; viz. in Principio quindecim dierum ante festum S. Michaelis, quandò agistatores veniunt ad agistandum dominicos boscos, & circa festum S. Martini, quandò agistatores debent accipere pannagium suum.* (Et ad ista duo *swanimota* convenient forestarii, viridarii, & agistatores, & nullus alius per districtionem) *Et tertium* swanimotum *teneatur initio quindecim dierum ante festum S. Johannis Baptistæ pro venatione bestiarum nostrarum: & ad istum* swanimotum *conveniant forestarii, viridarii, & non alii per districtionem.*)

¶ *Swartzwild.*] Boior. tit. 19. §. 7. — *De his canibus qui ursos vel bubalos; id est majores feras quod* Swartz wild *dicimus persequuntur.* Lindenb. Gall. *Beste noires* Feramus niger. Alam. tit. 99. cui contrariæ *fera rubea.*

¶ *Sweizcholi.*] Boior. tit. 13. cap. 11. — *Si (equum) contra legem minaverit quod* swelzcholi *dicunt.*

¶ *Swerp.*] Les preuves de l'hist. des Contes de Guines p. 195. — *Ego Guillemus Dei gratia Flandrensis Comes — si cum Boloniensi Comite Stephano concordiam habuero, in illâ reconciliatione, eos à thelonio &* Swerp, *apud* VVitsant, *& per totam terram ejus liberos faciam.*

¶ *Swirq,* al. *Swuro.*] L. Boior. tit. 15. cap. 11. §. 2. — *Si firmare promiserit emptori id est* swiro. Lind. *sweren* jurato confirmare Germ. sic & Angl. **to swear**.

¶ *Swulinga.*] Rectiùs fortè *Sulinga.* Dici enim mihi videtur à Saxonico sul vel sulh, id est *aratrum*; idemq; significare quod carucatus terræ; hoc est quantum sufficit ad annuum pensum unius aratri. Majoribus nostris, aliter, *Hida*; exteris, *colonica, mansum, &c.* Rentale MS. de 117, tempore Vener. patr. *Thomæ Ludlowe* Abbatis, fol. 1. — *Dedit etiam idem inclytus Rex Willielmus* (Conquestor) *eidem Ecclesiæ de Bello in Cantia, regale manerium quod vocatur* Wy, *cum omnibus appendiciis suis septem.* Swullingarum,* *id est, Hidarum, ex sua dominica Corona, cum omnibus libertatibus & regalibus consuetudinibus &c.*

* Sic emendo, nam scribitur *idem* pro *id est.*

Idem totidem verbis in Chron. MS. Monasterii de Bello.

Lib. MS vet. Archiep. Cant. f. 172. Catalogus habetur sic inscriptus — Sulingæ *Manerio um Archiepiscopatus Cant. in Cantia; & scito, quod duæ* sulingæ *faciunt unum feodum militis.* Item totius Canciæ *sulinga* ut videtur,

De Deventa ——— 2 *sul.*
De Otteforde ——— 8 *sul.*
De Bixle ——— 3 *sul.* & sic de reliquis.

¶ *Syllabæ.*] Pro litteris vel Epistolâ. Concil. Roman. 2. An. Dom. 745. — *Ante hos dies* syllabas *reverendissimi atq; sanctissimi fratris nostri Bonifacii Archiepiscopi nobis retulisti.* Et sæpissimè apud illorum sæculorum homines.

¶ *Symmista.*] Rectius *Symmysta* συμμύστης, consors disciplinæ vel studii, interdum secretarius. *Ekkehard.* Ju. Cass. ca. ult. — *Dicens Decano &* symmistis *suis.*

¶ *Synodus.*] Et intersunt Comites *Flor.* 135. Reges 173. & Magnates Laici plerunq; sub eis sæculis.

¶ T *Abernaculum.*] Fabrica honestior quâ Sacramentum quod vocant Altaris conservatur in Ecclesiâ Romanâ, pixide inclusum.

¶ *Taborum.*] Aldelmus de laud. Virg. — *Præmisso Christi* taboro, *& Christi vexillo armatus, nec venenata draconum detrimenta, tremebundus extimuit.* Hoc corrigit *Meursius* in voce λάβαρον, editq; *Christi labaro.* Sapit quid agit vir acutissimus: sed authori ταυτολογίαν videtur inferre, cum idem & idem sint labarum & vexillum. *Aldelmus* fortè Latinobarbarè dixit *taborum* pro tunicâ, à Gall. *tabarre,* vel pro tympano à Gall. *tabour.*

¶ *Tabula rotunda.*] Vel mensa rotunda. condita Walf. p. 164. l. 33. Festum tabulæ rotundæ ab *Ed.* 1. solennius *Warwici* celebratur an. Regni 9. Dom. 1281. Holl. pag. 280. col. b. 56. Sed prius institutur à *Rogero Mortimer* heroe bellicoso An. 1279. dicti R. ad castrum *Killingworthiæ*, conscriptis huic ludo militari 100 Equitibus auratis, & totidem dominabus. Stow pag. 309. Ed. 3. An. 1344. domum ædificat ad Castrum *Windeleshores*, quæ *Tabula rotunda* vocaretur, diametrum habens 200 ped. &c. *Ypodig.* pag. 515.

¶ *Tabulæ nudæ.*] Puerilis ludi genus, quo in monasteriis & scholis non pigris tesseris calculis, sed lapillis duntaxat sive virgulis minutim dissectis, uterentur. *R. Al.* 1. 211.

¶ *Tabulæ plumbeæ,*] Flodoard. lib. 3. cap. 5. — *Tecta templi* plumbeis *cooperuit* permit tabulis. Angl. Sheets of Lead.

¶ *Taigni.*] Domesd. Vide *Tanus* & *Thanus.*

¶ *Tailinum*] Rigord. de Gest. Phil. August. Anno 9. Regni, p. 172. — *Reges tamen, ne Principes quibus terra custodienda à Regibus delegabatur, Ecclesias vel Clericos ibidem domino servientes aliquibus angariis* tailiis, *vel aliis exactionibus gravare præsumerent.*

¶ *Tainus.*] Per totam hanc provinciam, i. Berksh. *Tainus* vel miles Regis Dominicus &c. Camd. ibidem p. 210. V. Car. Ll. MS. Cap. 28. *Dominus adlegiet se cum* 5 tainis, i. *nobilibus, & sit sextus.*

¶ *Tainland.*] V. Teinland.

¶ *Talare.*] V. Talo.

¶ *Tailla.*] Domesd. Tit. *Lincolnscire*, Terra Drogonis de Beurere. *In Hund. Bitham habet Eduuard 7 car. terr. ad geld. Terra 7 car. Ibi habet Drogo* 11 *car. & 6 Sochman. de* 1 *car' hujus terræ. Et* 18 *vill. & 3 Bord. cum* 5 *car' terra, & 2 molend. 3 sol. & fabric. ferri 40 sol. & 7 acr. prati, & CCC acr. silva pastilis per loca.* T. R. E. *& modo val. 6 lib.* Tailla 40 *sol.*

¶ *Taliatura.*] Scissura apud rei agrariæ Authores.

¶ *Talio, lias,* & *Tallio, lias.*) Scindo, Ital. *tagliare*, Gall. *taillier*, *g* in *i* mutato, i. *scindere, præcidere*, præcidendo rem ad Norman perducere, radicitus à Sax. ταlan & τælan, i. corrigere, carpere, reprehendere, detrahere; unde & talo (pro aufero) quod V.

Varro & *Perottus* barbaricæ nescii originis *talare* ducunt à *talea*, atq; idem à tali quadam similitudine. *Perottus.* A *talea* (inquit ut *varro* sentit) *taliari* vulgo dicitur lignum, dum scinditur: Et *intaliari* dum præcidendo formatur. Et Nonius Marcel. *Talea* (inquit) scissiones lignorum vel præsegmina, *Varro* dicit de re rustica lib. 1. Nam etiam nunc rusticà voce *intertaliare* dicitur, dividere vel excidere ramum ex utraq; parte æquabiliter præcisum, quæ alii clabulas alii *taleas* appellant.

Ll. Aluredi MS. cap. 13. juxta impress. codicem — *Si quis nemus alicujus sine licentià comburat, vel* taliet, *persolvat omne grossum lignum cum quinq; solidis.*

Hinc *taliatura* pro scissura apud rei agrariæ Authores, & apud nos Talshid & Talwood pro lignis focariis ad certam mensuram fissis & præcisis.

Hinc *talliatum* feodum & terræ intaliatæ ea nuncupantur, quæ non liberè transeant in omnem hæredem generaliter: sed ejusmodi tantum qui è particulari aliquo corpore emanaverint: diciq; igitur volunt hoc hæreditatis genus talliatum, quasi mutilatum & detruncatum: cum tamen Oedipus nostri juris *Littletonus talliare* sentiat idem esse quod ad certitudinem ponere, quasi dixisset ad talem normam constituere.

Asconius Pedianus, tributorum genera facit tria; canonem, ut in portoriis & vectigalibus; oblationem, ut in vini distractione; indictionem, quæ vulgo dicitur *talea*, Latinè item collatio seu collecta; ut apud *Ciceronem* lib. 2. de Oratore. *Taleam* nummariam, sunt qui ex *Titi Livii* 8. lib. clarigationem appellari putent. *Rodigin.* lib. 5. cap. 11. pag. 275. b.

Hinc & *talliare*, pro exigere pecunias, & tributum imponere, & mulctari.

¶ *Tallagium,* & *Talliagium.*] Est descriptio eorum qui ad pendendum tributum censentur. Actus *taliandi*, vel describendi, ipsumque tributum sic impensum, aliàs taxa.

Statut. de *tallagio* an. — *Nullum* tallagium *vel auxilium per nos vel hæredes nostros in Regno nostro ponatur, seu levetur sine voluntate & assensu Archiepiscoporum &c.* Hoc quidem antiquæ legis promulgatio est, non novæ; Sic enim in Emendationibus seu Chartâ libertatum *Willielmi* Conquest. — *Volumus & hoc firmiter concedimus, ut omnes liberi homines totius Monarchiæ Regni nostri prædicti, habeant & teneant terras suas, & possessiones suas benè & in pace, liberas ab omni exactione injustâ, & ab omni* tallagio, *ita quod nihil ab eis exigatur vel capiatur nisi servitium suum liberum, quod de jure nobis facere debent & facere tenentur, & prout statutum est eis, & illis de nobis datum & concessum jure hæreditario imperpetuum per commune Consilium totius Regni nostri prædicti*, fol. 125. a. Dimissio Manerii de Bekerton facta *Johanni Spilman* die dominicà prox. post. fest. S. Michaelis anno 26 Ed. 3. — *Et prædictus* Johannes Spelman *omnia onera &* talliagia *prædicto Manerio incumbentia, durante termino prædicto omnino acquietabit.* Antiquitus dicebantur Cuttings, quâ hodie in Hiberniâ utuntur voce pro dominorum exactionibus. Sic & Gallis *taille* pro taxâ, vel impositione, à *tailler*, scindere.

¶ *Tallia, iæ,* & *Tallium, lii,* & *Tailium.*] Census vel tributum quod viritim exigitur; à scindendo dictum ut in verbo *talio*: quod è cujuslibet facultatibus abscinditur; notioriq; ideo vocabulo *excisa* apud Belgas, a cutting apud Hibernicos, hoc est *scissio* nuncupatur. Gloss. item vett. *Tallia* κόρμος χίζα.

Concil. Lateran. sub Alexand. 3. An. 1180. Append. cap. 7. — *In Presbyteros qui sunt in jurisdictione vestrâ constituti, singulis annis quasi in servos & mercionarios* talliam *faciatis, quibus, nisi ad voluntatem vestram pecuniam solvant, diurnum officium interdicitis.* Et mox — *Hujusmodi* tallias *& indebitas exactiones exercere non præsumatis.*

Diploma *Caroli* 4. Imp. *Longob.* lib. 3. tit. 1. l. 48. — *Exactiones &* tallias *indebitè de bonis Ecclesiæ & redditibus exigunt & extorquent.* V. Tailium.

Concil. Lateran. apud *Hoved.* pag. 583. Cap.

Cap. 3. — *Archidiaconi verò seu Decani nullas exactiones vel tallias in Presbyteros, sive Clericos exercere præsumant.*

¶ *Talliata.*] Preuves de l'Hist. des Contes de Poictou p. 367. — *Et ita volo — ut nullus meorum — cogat sibi prabere arbergariam, aut hospicium, aut quærat ab eis quod* talliatam *vocant.*

¶ *Tallita.*] Preuves de le Hist. des Contes de Poictou p. 498. — *Allanoridis Regina Anglorum & Ducissa Aquitania — Probis autem denariis homines illius terra liberi erunt, ab omni consuetudine & tallitâ, & calvacatâ, & bianno, & omni exactione Prapositorum.*

¶ *Tallium,* aliàs *Talea.*] Est clavola vel ligni portiuncula utrinq; complanata, cui summa debiti inciditur: fissaq; inde in duas partes una debitori, altera creditori traditur in rationis memoriam: *Plauto* tessera: Suam uterq; tesseram habet, ratio constat. *Taleæ* autem vox in ipso Romano eloquio invenitur pro ejusmodi ramorum segmentis. *Varro* de Re Rust. lib. 1. cap. 40. — *Sit de tenero ramo ex utraq; parte æquabiliter præcisum, quas alii clavolas, alii* taleas *appellant, ac faciunt circiter pedales.*

Habes etiam apud *Catonem* de Re Rust. cap. 48. & apud Plin. lib. 17. cap. 18.

¶ *Talo, las.*]. Tollo, aufero, à Saxo. talan, i. carpere, detrahere.

L. Alaman. tit. 34. — *Si quis præsumpserit inter provinciales res Ducis invadere & ipsas* talare, *& post hac convictus fuerit: quicquid ibi tollitum fuerit — triplicitur restituat.* L. Ripuar. tit. 64. — *Quicquid ibi* talaverint *restituant.* V. *Talio, as.*

¶ *Talshid,* & *Talwood.*] V. *Talio.*

¶ *Talus.*] Idem quod Catone, Varrone, Plinio, *talea*, i. virgæ vel ramuli portio.

L. Frisonum tit. 14. — *Sortes tales esse debent, duo tali de virgâ præcisi.* Vide Tenus.

¶ *Tangano, as.*] Gloss. adjuro, interpello.

L. Salic. tit. 60. §. 1. *Si [rachinburgii legem] dicere noluerint (requisiti) tunc dicat ille qui causam requirit: Ego vos* tangano *usq; dum vos inter me & contra causatorem meum, legem indicetis.* Ripuar. tit. 35. — *Ille in quem sententium contrariam dixerint (rachinburgii) dicat: Ego vos* tangano, *ut legem mihi dicatis.* Et tit. 58. §. 19. — *Hoc etiam constituimus, ut hominem Regium Romanum, vel tabularium interpellatum in judicio non* tanganet, *& nec alsacia requirat.* Ab Anglo-Sax. tanz, i. *aculeus:* Unde per translationem in vocabular. prisco Anglo-Latino, *tangill*, bilosus, fellitus. Et quod asperitatem sapit etiam hodie **a tang** habere dicimus.

¶ *Tanganum.*] Interpellatio. L. Ripuar. tit. 30. qui inscribitur de interpellatione §. 1. — *Dominus ejus in judicio pro eo interrogatus respondeat; & sine* tangano *loquatur, & dicat, Ego ignoro virum, servus meus culpabilis & innocens de hoc extiterit.* Et tit. 58. §. 20. — *Servi autem Ecclesiarum non per actores sed ipsi pro semet ipsis in judicio respondeant, & sacramenta absq;* tangano *conjurent.* Item tit. 59. *Dum interpellatur, respondeat ad interrogationes, & sine* tangano *loquatur & dicat: Non malo ordine, sed per testamentum hoc teneo.*

¶ *Tannii.*] Thani quod vide. Chart. Wil. 1. lib. MS. Archiep. Cant. fol. 1. *W. Dei gratia Rex Angl. Odoni Episc. Baiocensi, & H. Dapifero, & omnibus* Tanniis, *Francigenis, & Anglicis de Cantuariensi Com. salutem &c.*

¶ *Tarenus.*] Nummi genus Neapolitani & Africani.

¶ *Targia, æ.*] Pro scuto, à Gall. *target.* Walsing. in Ed. 2. An. Dom. 1313. pa. 105. *Rogerus de Northburgh custos* targiæ *domini Regis.* Mat. Par. in An. 1243. — *Amplis clypeis, qui* targiæ *appellantur, vix eundem protegentes.*

¶ *Tarra,* sive *Tharra.*] Fornax quâ avenæ & hordea torrentur. Germanis etiam hodie **Tharr** à verbo **Tharen** quod (ut refert *Goldastus*) est Græcorum θέρειν & Latinorum *torrere.* Aliis *torrale*, & *terralium* dicitur. Angl. **a kill, or kiln.** Ekkehardus Ju. Cas. S. Gall. cap. 1. *Tarra*, avenis centum maltrarum, commoda.

¶ *Tassa, sæ,* & *Tassus.*] Cumulus, strues, moles, farcina. Gallicè *Tas.* Unde *tasser* commulare vel in farcinam componere.

Ll. Malcolmi 2. cap. 3. §. 4. — *Coronator habebit equos domitos non ferratos, oves infra viginti, capras & porcos infra decem; blada de cumulis &* tassis *fractis.* Intelligo, blada triturata, quæ per cumulos ponuntur in granariis: & blada non triturata, quæ in spicariis, i. horreis manent, suis struibus congesta: fractis autem est diminutis vel expensis.

— *Pro strue in horreo, quam Angli* **the mow, & golf** *vocant.* Mag. Custumar. de *Bello* fol. 99 — *Et debet falcare, spergere, vertere, cumulare, cariare in Manerium Domini, & ad* tassam *furcare unam acram prati de prato Domini.* Et fol. 289. a. *Et inveniet etiam per totum autumpnum unum hominem ad* tassandum *blada Domini in dicto Manerio, dum blada domini ibidem* tassanda *fuerint.*

Pri. lew. pag. 13 & 14 — *Item omnes venient ad fœnum vertendum, & colligendum sine corredio; & ad portandum* tassum *in curia cum corredio:* Fortè meta fœni ut supra, Angl **a hay-cock, or stack.**

Chaucer, in fabula Equites aurati fol. 1. col. 4.

To ransake in the taas **of bodies dead.**

Et pluries.

¶ *Tan-*

¶ ***Taudragil***, al. ***Tau-dragil.***] L. Alaman. tit. 65. §. 31. *Si quis in genuculo transpunctus fuerit, aut plagatur, ita ut clodus permaneat, ut pes ejus ros tangat, quod Alemanni* taudragil *dicunt*. L. Baiwar. tit. 3. cap. 12. — *Si quis aliquem plagaverit, ut exinde claudus fiat, sic ut pes ejus ros tangat. quod* taudregil *vocant*. Et tit. 5. §. 17. — *Sic eum plagaverit, ut claudus permaneat, quod* tau-dregil *vocant*.

¶ ***Taxa***, al. ***Tallia***, & ***Tallagia.***] Tributum certo ordine constitutum, à Græc. τάξις, quod non solùm ordinem, sed & modum ratione temperatum significat, atque ob id etiam *taxationem*, & *tributum*; unde ταξομενοι dicuntur, qui *tributum* imponunt.

Cum tamen omnia tributorum genera aspera visa sunt antiquis, & mordacia; *taxare* non solùm dicitur pro *tributum imponere*, & certâ summâ estimare, ut è *Festo* liqueat; sed etiam pro reprehendere, carpere, mordere.

¶ ***Taxati.***] Milites præsidiarii, vel classici, qui certæ stationi, sive ordini deputantur, à Græc. τάξις quod modum, ordinem, cohortem, Stationem aliàs atq; aliàs significat. *Landulfus Sagax* lib. 20. apud Meurs. — *Anno tertio Imperii Leontii, acie Arabes in Africam mota, hanc obtinuerunt, & ex proprio exercitu* taxatos *in ea quosdam constituerunt*.

¶ ***Taxo, as.***] Tributum impono, ut supra in *Taxis* quod Vide. Sed *Flodoardus* taxare etiam dixit pro *tangere* vel *nominare*. Sic. lib. 1. cap. 21. —*Transfertur ad villam ipsius jam supra* taxatam, *nomine Sparnacum*. Et lib. 3. cap. 11. — *Elegit prænotatus Pontifex Hincmarus sibi Wenilonem & Almaricum supra* taxatos *Archiepiscopos*.

¶ ***Taxus,***) Neapol. Constitutt. lib. 3. tit. 4.

¶ ***Team***, al. ***Theam.***] Saxonicum, & corruptè paulùm *Tem* & *Theme* quod vide. Propagatio, soboles, productio, & per translationem Advocatio, vel evocatio, quibusdam vocamentum, à Sax. ꞇẏman, quod significat *propagare*, Græc. τείνω *porrigo*, *extendo*, & per translationem alium patefacere, in medium proferre, atq; inde, evocare & advocare, quod forenses dicunt *vocare ad warrantum*. Vide infra *Teinland*.

In antiquis. privilegiorum chartis vox frequentissima; undè in legg. *Edw. Confess.* cap. 21 — *Archiepiscopi, Episcopi, Comites, Barones, & omnes qui habuerint* sacham, & socham, tol, theam, & infangthefe; *etiam milites suos & proprios servientes &c. sub suo friburgo habeant*. Ubi *theam* significare videtur jurisdictionem cognoscendi in Curiâ suâ de advocationibus, sive intertiatis; hoc est, ut Jureconsulti hodiè loquuntur, *de vocatis ad Warrantiam*, Sic enim ibidem sequitur cap. 25. *Theam* (est) *quod si quisquam aliquid* * *intertiet super aliquem, & intertiatus non poterit Warrantum suum habere, erit forisfactura sua, & justitia similiter de calumniatore si defecerit*. De hujusmodi autem advocatione satis fusè disseritur in Fœdere *Ethelredi* Regis cum *Anlava* &c. cap. 10. pag. 87. quod Be ꞇeamum, i. *de Advocatione* inscribitur. Unde hæc Saxonicè Ƿilom ꞅꞇoꝺ ꝥ man ꞅceolꝺe ꝺꞃyꞃa ꞇyman.

* i. Penès alium defendat.

Sed Team tam in hujusmodi Chartis quàm in maneriorum consuetudinibus, nuperiores etiam intelligunt pro nativis bondos & villanos ipsoq; jure habendi eos eorumq; propaginem quàm sequelam vocant, ubicunq; inventi fuerint in Angliâ: coercendiq; & judicandi eos * infra Curiam suam. Anonymus in MS. *Them* hoc est (inquit) *quod habeatis totam generationem villanorum vestrorum, cum eorum * sectis & catallis ubicunq, inventi fuerint in Angliâ; excepto quod si quis † nativus quietus per annum unum & unum diem in aliqua villa privilegiata manserit, ita quod in eorum * communionem sive gildam, tanquam † civis receptus fuerit; eo ipso à villenagio liberatus est. Qui autem jurisdictionem habent hujusmodi, curiã de* theme, *i. de nativis, vel servis dicuntur habere, in qua olim licuit inter cætero cognoscere de statu vasalli sui, viz. utrum liber esset, an servus*: de quà curià sic ex antiquâ lege refert *Skenaeus* — *Quod si quis teneat Curiam de* Theme, (*scil. de libertate ut is exponit*) *& illa querela in illâ Curia movetur, ad quam* theme *vocantur; non debet illa Curia elongari, sed ibidem determinari; & omnes* Theme *ibidem comparcant*. V. Glanv. l. 5. c. 2. Reg. ma. lib. 2. cap. 11.

* Pro more Patriæ.
* Progenie.
† Al. villanus.
* Communitatem.
† Al. tanq. unus illorum.

¶ ***Teinlanda.***] Quasi *Teimland* vel *Thainland*, q. terra Thani vel nobilis. Ꝺen, i. *minister*, & landa, i. *terra*. Breve Regis *Willielmi* junioris lib. Rames. Sect. 178. — *Will. Rex Angliæ W. de Cabaniis salutem. Præcipio tibi, ut facias convenire shiram de Hamtona, & judicio ejus cognosce, si terra de* Isham *reddidis firmam monachis sancti Benedicti tempore patris mei; & si ita inventum fuerit, sit in dominio Abbatis. Si vero* teinlanda *tunc fuisse invenietur, qui eam tenet de Abbate, teneat & recognoscat, quod si noluerit, eam Abbas in dominio habeat, & vide ne clamor inde amplius ad nos redeat. Teste W. Episcopo Dunelm*. Quod hic dicit, *si inventum fuerit firmam redidisse, sit in Dominio Abbatis*, idem est quod si dimissum fuit pro redditu esculenti (quem coloni propriè dependebant) sit è numero terrarum dominicalium, quæ non conceduntur tenentibus hæreditariè, sed vel propriis agricolis coluntur, vel ad annua interstitia elocantur; Sin vero *teinlanda* tunc fuisse invenietur, i. terra hæreditaria & colonorum servituti non obnoxia, tunc qui eam tenuit de Abbate, teneat eam deinceps, sed recognoscat tenuram; vel si noluerit, Abbas eam habeat ex ipso hoc contemptu, quasi per mulctam. Vide *Tainus*.

¶ ***Telligraphia, phiorum,***] Latino-Græcum. Chartæ seu libelli prædiales. Scripti quibus

bus prædiorum jus continetur & tuetur. Aliàs *evidentia, munimenta &c.*

Concil. apud *Clovesho* An. Dom. 800. præsidente *Cenulpho* Rege Merciorum, *Wilfredo* Archiepiscopo &c. MS. — *Tandem Cenulfus Rex servâ ductus pœnitentiâ*, telligraphia, *id est libellos quos à supradictis hominibus* Uriheh & Olberto *injustè perceperat, cum magnâ pecuniâ Ecclesiæ Christi in Dorobernia remisit.* Et in Concil. *Calchyth* An. 816. cap. 6. — *Tamen serventur libri primordiales cum aliis* telligraffis *ne imposterum aliquod scrupulum contradictionis immittere conentur.*

¶ *Telonarius.*] Pro conductore portus.

¶ *Tem.*] Vide supra *Team.*

¶ *Tementale.*] Vide *Tenmentale.*

¶ *Tempestarii.*] Dicuntur qui tempestates cient.

¶ *Templarii.*] Dicti sunt ordo militum, qui in templo Hierosolymis sedem habuere: id voventes, ut peregrinis tutum redderent iter Hierosolomitanum, venientesq; exciperent hospitio. Institutus autem fuit hic ordo An. Dom. 1099.

Cœpit circa 1123. & deletur circa 1312. sub *Clemente* 5. *Walsing.* Ypodig. pag. 444. l. 26. in An. 1123.

¶ *Temporalia.*] Episcoporum dicuntur prædia laica, quibus ex Regum munificentia suæ donantur Ecclesiæ, vel donari saltem permittuntur. V. *Spiritualia.* Ratione autem istorum *temporalium*, Episcopi Barones fiunt, Baronumq; ; id est, hominum Regis, induunt personas, Parlamentariis intersunt Comitiis, judiciaq; exercent ad civile forum pertinentia. Concil. apud *Clarendonam* An. 1164. præsente Rege *Henr.* 2. & præsidente *Johanne de Oxonia*, de mandato ipsius Regis, præsentibus etiam Archiepiscopis, Episc. Abbatibus, Prioribus, Comitibus, Baronibus, &c. facta est recognitio liberatum Regis: inter quas sic habetur. — *Archiepiscopi, Episcopi, & universa persona Regni, qui de Rege tenent in capite, habeant possessiones suas de Rege, sicut Baroniam, & inde respondeant Justiciariis & ministris Regis, & sequantur & faciant omnes consuetudines Regias: & sicut cæteri Barones debent interesse judiciis Curiæ Regis cum Baronibus, quousq; perveniatur ad diminutionem membrorum vel ad mortem*, M. P. 97.

¶ *Tendeheved.*] Mendosè apud Hoveden in *Hen.* 2. pro *tenth-heved* vel potius *tenheved* quod vide infra.

¶ *Tendingpenny.*] V. Tethingpenny.

¶ *Tenementum.*] Apud nos prædium dicitur, quod vassallus tenet de domino. Qua etiam appellatione Siculi & Neapolitani usi sunt: nec non pari de eodem cum nobis jure. Sic enim illi lib. 1. tit. 65. — *Si quis Clericus de hæreditate vel aliquo* tenimento, *quod non ab Ecclesiâ sed ab aliis, vel aliquo per patrimonium, sive aliunde teneat appellatus fuerit; volumus ut de hoc in Curiâ illius in cujus terrâ possessionem vel* tenimentum *habuerit, respondeat, & quod justum fuerit faciat: non tamen ut persona sua exinde capiatur vel incarceretur.*

Tenementum pro Manerio. *Rad. de Diceto* in An. 1163. — *Rogerius Comes de Clarâ pro* tenemento *de Tunebrege Thomæ restitit Archiepiscopo.* Hoved. in An. 1194. pag. 734. in Concil. — *Quod Comes* Johannes *frater Regis dissaisiretur de omnibus* tenementis *suis.*

Vide originem rei & sacramentum Militum *Munst. Cosm.* lib. 3. cap. 453. pag. 895.

¶ *Tenens.*] Anglis idem quod vassallus exteris.

¶ *Tenentes ad voluntatem.*] Quomodo exorti. Ger. Til. fo. 10.

¶ *Tenentia.*] Pro tenemento. V. hic supra *Homagium ligium.*

¶ *Teneo.*] Tenere terras de aliquo.

Tenere in Dominico, & *Tenere per Servitium*, & *in Servitio.* Vide Servitium. { Serjantiæ / Militare / Libera Eleemosinâ / Soccagio, &c.

Tenere in capite.

Tenere de aliquo.

Tenere in servitio dicitur cum quis feodum teneat uti medius dominus, servitium à tenentibus suis percepturus.

Tenere per Servitium est, ut ipse servitium præstet domino suo hoc est, superiori.

¶ *Tenheved.*] Decanus, Decemvir, caput vel princeps Decaniæ sive decuriæ. Sax. ꞇienheoꝼeꝺ, ꞇien, i. *decem*, heoꝼeꝺ, *capud.*

Ll. *Ed.* Confess. cap. 29. *Statuerunt Justitiarios super quosq; decem friborgos, quos* Decanos *possumus appellare.* Anglicè verò ꞇienheoꝼoꝺ dicti sunt.

Hoc idem apud *Hoveden.* in Henr. 2. pag. 607. *tendeheved*, sed minus rectè legitur.

¶ *Tenmantale*, vel *Tenmentale.*] Sax. ꞇienmanꞇale. *Decuria, Tithinga.* Saxones nostri centurias, quas *Hundredos* vocant, per Decanias, hoc est decem virorum societates seu collegia distribuebant ipsis **tithings** dicta: qui Decemviri omnes pro singulis suis sociis fidejussores se præstabant Regi ; de pace ejus observandâ ; dicebaturq; igitur hæc societas *tenmentale* quasi *decemvirorum numerus*, ut impressæ leges *Ed.* Confessoris Cap. 29. interpretantur: Noster verò earum codex MS. licèt ipsum hoc in textu reddit, in rubricâ tamen ait: *Tenmentale*, i. sermo *decem hominum.* Et propterea quod omnes illi quibus præerat hæc societas, sub ejusdem erant animadversione seu reprehensione ; dicatur etiam non ineptè *decemvirorum animadversio.* Sax. enim ꞇien *decem*, men *viri*, ꞇale *numerus*, sermo, interdum reprehensio, seu accusatio.

Ab

Ab isto autem vinculo, Rex per privilegii sui chartas, aliis concessit ut immunes forent. V. *Friborgus*. Concilium sive fœdus *Alfredi* & *Godruni* R. in fine: quod in impresso codice desideratur MS. pag. 21. — *Omnes in legibus pareant devotè, vel exulentur, & pro exlegibus habeantur, nisi eis obedientes sint, & in tienmainnetale, id est, sub decemvirali numero & fidejussione libera, quod Anglicè dicitur in freborgh sunt universi, ita quod si unus ex decem forisfaciat, novem ad rectitudinem eum habeant, aut solvant & restituant damnum, quod idem fecit.*

Hoved. in An. 1194. pag. 737. — *Rex constituit sibi dari de unaquaq; carucatâ terræ totius Angliæ 2 solidos, quod ab antiquis nominatur* **Temmentale.**

¶ *Tensabilis.*] Lib. Prior. Dunst. Tit. *Houghton* cap. 5. — *Et est pratum illud tensabile per totum annum, unde Prior post asportationem herbæ pro denariis locat partem suam.* Prius loquitur de pratis quæ aliquando propter siccitatem non falcantur.

¶ *Tenura.*] Sed nec istis transeundus venerandus noster *Littletonus*, in cujus cineres turpiter minxit *Hottomannus*, qui nigro calculo librum ejus *de tenuris Anglorum* perstringens; non eum solum, sed totam nostram Jurisprudentiam vilipendit: doctos video aliquando & judicio peccare & modestiâ, præsertim dum sapere gestiunt supra crepidam, & in alienâ republicâ curiosè fore. Infoelix nimium *Hottomannus*, sic impingere, ut non solum clarissimum virum, sed eximiam pariter gentem solus provocet. Quippe *Littletonus* omnium quos ea ætas noverit in scientiâ legum nostrarum primas obtinuit. Vir quippe in dicendo gravis, in decernendo aquilini ingenii, & in judicando dignus tripode, floruit 140 hinc annis Judex purpuratus; Nostratibus tantopere displicuit *Hottomanni* ista ineptia, ut cum J. Civilis Doctor quidam, *Cowellus* nomine, verba ejus licèt modestè recitasset in libro, cui *Interpres* nomen, de hoc inter alia postulatus coram ipso Parliamento An. 3. Jac. R. quasi de Ll. patriis male sentiens, & viri optimi haud æquus arbiter, de hoc inter alia fateor graviora sententia Parliamenti, traditus est custodiæ, & libri ejus publicè sunt combusti.

¶ *Tenus, ni.*] Sors, funiculus. Sax. tana. L. Frison. tit. 14. — Sortes *tales* esse debent. Duo *tali* de virgâ præcisi quos *tenos* vocant. Et infra — *Unusquisq; illorum septem faciat suam sortem, id est* tenum *de virga, & signet signo suo &c.* V. Tacit. p. 376.

¶ *Tethingpenny*, vel *Tithingpenny.*] Mendosè *Tendingpenny*, & in Semplynghamensis diplomate *Thendingpenny*, ubi *d* ab imperitis scribitur ut passim solet pro Sax. ð, hoc est *th.*

Est autem pecuniâ quam subsidii causâ Vicecomes olim exigebat ex singulis decuriis sui Comitatus: quas *tethingas* Saxones appellabant. Sic ex Hundredis **Hundred-penny.** Ex Trithingis: id quod *triding* dicebatur; rectius **trithing-penny.** Vide verba diplomatis Semplinghamensis supra in **Hundred-penny.**

¶ *Tetinga.*] Henr. de Selgrave in Chron. MS. dixit pro *tethinga*, vel *tithinga*, quod vide.

¶ *Terbichetum*, vel *Trobichetum.*] Al. Tumbrella quod vide. Machina tollenonis instar ad putei marginem erecta, cujus fini alteri Cathedram exhibenti spurcas & rixosis fœminas imponentes, aquâ solent immergere. Anglicè **a Cokestole.**

Dictum à Gall. *trebuchet*, id est decipulum, seu transenna, quâ feræ deprædantur, quasi à *tref*, i. trabs, & *buchant* decidens.

¶ *Termini.*] Apud nos dicuntur certæ anni portiones agendis litibus designatæ.

¶ *Terminus.*] Apud nos dicitur dies fasti, & legum agendarum: cujusmodi sunt quatuor in anno.

Terminus Paschæ, qui incipit 18 die post dominicam Paschalem inclusivè, finit die Lunæ proximè post festum Ascensionis.

Terminus Trinitatis incipit die 12 post dominicam Pentecostes, & durat dies novemdecem.

Terminus Sancti Michaelis, qui incipit 9 vel 10 die Octobris, desinit 28 aut 29 Novembris.

Terminus S. Hillarii, qui incipit 23 aut 24 Januarii, exit 12. vel 13. Februarii.

De terminorum origine variè fabulantur historici nostri.

Terminus pro vocabulo. Uti *Ley termes de la ley* 36 Ed. 3. cap. 15. — *Et que les leyes & custumes de dit roialme, termes & processes, soient tenus & gardes, come ils sount & ount esté avant ces heurres. Et que per les auncienx termes & termes de counter nul home soit perdant, issint q. la matter del action soit plenim. monstre.* Loco primo *Termes* videtur poni pro *tempore juridico*, posteriori pro *vocabulis juris.* Statuitur illic, ut in placitando lingua Anglicana non Gallica recipiatur.

Terminus, idem quod *Termonland.* Hibern. V. Erinach &c.

¶ *Termonland.*] Vide lib. Hib. **seemeth to be the glebeland or land of the Church**

¶ *Termoners.*] Coloni Ecclesiastici. Lib. Hib. fol 14. a.

¶ *Terra nova.*] Sæpe legitur in Chartis feodalibus & in censualibus schedulis, vel pro terrâ noviter concessâ vel noviter assartâ. Prior. Lew. p. 1. — *Reddit pro nova terra 2. sol.*

¶ *Terra testamentalis.*] Dicebatur quam quis per Chartam, ut loquuntur, vel ex scriptis possidebat: Chartam enim antiqui *testamentum* appellabant; Hoc Saxon. Boclanð, quasi terræ per scripturam possessam appellabant.

Ll.

Ll. *Alvredi* MS. cap. (juxta impressum codicem) 37. — *De eo qui terram testamentalem habet, quam ei parentes dimiserunt ponimus, ne illam extra cognationem mittere possit, si scriptum intersit testamenti, & testes quod ipsorum prohibitio fuerit, qui hanc in primis acquisierint, & ipsorum qui dederint ei &c.*

¶ *Terra vestita.*] Terra segete sata. Ll. Can. 65. MS. — *Qui habet decem hidas terræ, debet reddere sex hidas vestitas.* Sax. ꞅyx hyꝺa ᵹeꞅetteꞅ lanꝺeꞅ, i. *sex hidas terra sata.*

¶ *Terrarius.*] Qui terram possidet. Annal. *Waverlei* : in An. 1086. — *Anno Regis W.* 20. *Rex tenuit Curiam suam apud Wintoniam, ibiq; venerunt contra eum omnes Barones sui, & omnes* terrarii *hujus Regni, qui alicujus pretii erant, cujuscunq; feodi fuissent, & omnes homines Regis effecti sunt.* An. 1084. — *Rex Will. accepit hominium omnium* terrariorum *Angliæ cujuscunq; feodi essent.*

¶ *Terrag.*] Gallicum, tributum agro impositum.

¶ *Terrarium.*] Liber quo singulæ alicujus terræ describuntur, sive hominis sive villæ. *Catalogus terrarum.*

¶ *Territidium.*] Cespes à terrâ abrasâ ad comburendum. V. *Blestia.*

¶ *Tertia.*] Pro dote apud Anglos in usu.

¶ *Tertius denarius Comitatus.*] Vectigal quod quisq; Comes è Placitis Comitatus Regi debitus percipiebat, ex quo etiam dicebatur *Comes de tertio denario.* Ejus loco jam ab ævo [illegible] successit, ut 20l. recipiat pro eodem de exitibus ballivæ Vicecomitis illius Comitatus, ut patet è Mandato R. *Ed.* 2. Vicecomiti Lincolniæ directo An. Regni ejus 19. in Claus. ejusd. anni memb. 10. *Rex Vicecom. Lincoln. salutem. Cum 20 die Septemb. anno regni nostri 16: pro eo quod reddidimus Alesiæ filiæ & hæredi Henrici de Lacy quondam Comitis Lincoln.* — *20 libras pro* tertio denario *Comitatus Lincoln. quæ fuerunt prædicti Henrici patris ipsius Henrici &c.*

¶ *Tertiaria, riæ.*] Constitut. Neapol. tit. 69: In quibus rebus petatur trigesima l. 1. — *In certis tantum quæstionibus & personis, commodato videlicet mutuo & deposito, bajulos* tertiariam *recipere studebant, nec de aliis aliquid &c.*

¶ *Testamentum.*] Pro scripto, Chartâ, vel instrumento, quo prædiorum rerumve aliarum transactiones perficiuntur: sic dictum, quod de eâ re vel testimonium ferret, vel testium nomina contineret.

Annal. Fuldens. an. 806. — *Partitio Regni Francorum ab Imperatore facta in villâ Theodonis inter filios suos, ut sciret unusquisq; eorum,* [illegible] *tueri & regere debuisset, si pater* [illegible] *relinqueret.* De hac partitione *testamentum* conscriptum & ab optimatibus Francorum confirmatum, & Leonis Apostolici subscriptione confirmatum est. *Malmesb.* in Privilegio Regis *Edgari* Glastoniensi Ecclesiæ. De Gest. Reg. lib. 1. — *Igitur Domini prædicti Apostolici, eidem loco directum* testamentum *venustæ recordationis Rex Edgarus super Aram &c. posuit.*

Charta fundationis Croylandiæ ab Æthelbaldo Rege An. Dom. 716. — *Si quis contra hoc meæ authoritatis* testamentum *aliquod machinari impedimentum præsumpserit.*

Hinc *Testamentalis*, pro eo quod scripturæ testimonio roboratur; ut *Terra Testamentalis*, quod supra vide in eodem loco, ubi *testamentum* etiam habes pro *Charta* vel *Scriptura*. Hinc & *Terra testamentalis* pro boclanꝺ, q. *terra codicillaris* dicitur. *Canuti* Ll. MS. cap. 12. — *Si* terram testamentalem *habeat, quæ Anglicè dicitur* boclanꝺ.

¶ *Teste meipso.*] Mos solennis in Chartis & instrumentis Regum Angliæ, quem derisit tamen *Pius secundus* in Mandato Hen. 6. Com. su. lib. 3. — *Testem autem se dicit* (Deus) *futurum quia in judicio suo non indiget testibus.* August. 20. de Civ. 26. Gentil. 29.

¶ *Teston, & Testones.*] Nummus quod Gallis 18 denar. valebat. Et sic olim fortè apud Anglos; æreum autem factum, & argento delibatum sub *Henrico* 8. 12 denariis exponebatur. Sed *Edwardi* 6. anno primo, ad 9 denarios contractum est; postea verò quale hodie permanet ad sex denarios, sed hoc optimi argenti.

¶ *Tethingpenny*, vel *Tendingpenny.*] Et in privilegio Semplinghamensi *Thendingpenny.*

¶ *Texaga.*] L. Salic. tit. 11. §. 4. — *Si quis homo ingenuus alienum servum in* texaga *secum duxerit, aut aliquid cum eo negotiaverit, DC den. &c. culp. judic.*

L. Alaman. tit. ult. §. 25. — *Si quis servum mulinarium involaverit, alium cum ipso reddat & solvat sol. 6. in* texaga *ei cujus fuerit.* L. Ripuar. tit. 63. — *Si quis hominem in hoste interfecerit triplici Weregildo culpabilis judicetur. De* texaga *similiter.* Item Formul. Solenn. 137. — *Contigit quod ego caballum ab homine aliquo nomine ill. in* texaga *subduxi.* Glossar. *in texaga*, inter tecta.

¶ *Thamisia.*] Thamisis fluvius. Fœdus Alfredi & Guthurni Regum, cap. 1. — *Inprimis de nostris landimeris commarcionibus: sursum in* Thamesiâ, *& tunc superius in ligam &c.*

¶ *Thanus.*] Thainus, apud veteres Scotos, Tosche.

Chart. Sax. Æthelredi An. 1002. Ƿræᵹel Cynᵹeꞅ ꝺeᵹen ꝺen ꞅpꞅæcþenaꞅ, ministri verbi. Luc. 1. V. Reg. M. lib. 4. ca. 31. & Annot. ib.

Domesd. in Berkeshire — Thanus *vel miles Regis Dominicus moriens pro relevamento dimit-*

mittebat Regi omnia arma sua & equum unicum cum sellâ. Quod si ei essent Canes vel accipitres, præsentabantur Regi, ut si vellet acciperet.

Thanus si sit testamentis dignus. V. leg. quæ habentur part. Ll. Ethelb. MS. pag. ult. in *Thani* privileg. Si sit testamentis dignus.

Thanorum appellatio in usu fuit post adventum Normanorum, ut è *Domesdey* liquet, & è Brevi quodam *Gulielmi* 1. Willm kyng gret Hermann bi ceop & bpitpi & ealle his þegenas on Dorsætan freondlice. Id est, *Willielmus Rex salutat Hermannum Episcopum* [ ] *& Stewinum, & Britwi, & omnes* Thanos *meos in Dorcestrensi pago amicabiliter*. MS. de Abbotsburi.

J. Lesl. Scotus de orig. moribus, & rebus gestis Scotorum pag. 70. — *Nam in ipsis Reipub. nostræ rudimentis, cum aliqua adhuc barbaries Scotiam occupasset, quosdam Duces* (Thanos *vernaculâ linguâ vocabant*) *illustri familiâ ortos delegerunt, quibus se suamq; rempub. regendam committebant.*

Buchan. Hist. Scot. fol. 59. 20. — *Superioribus seculis, præter* Thanos, *hoc est Præfectos regionum, sive nomarchas, & quæstorem rerum capitalium, nullum honoris nomen equestri ordine altius fuerat; quod apud Danos observari adhuc audio.*

¶ *Thegan.*] i. vir fortis &c. *Beat. Rhen.* pag. 202.

Leyse Þegen. *Mediocris homo.* Can. MS. 153.

Kinge Þegen ibid.

¶ *Thenecium.*] Constit. Rob. Winchelsey Archiep. Cant. Tit. de decimis, Ca. *Sancta*, §. 1. — *Quod prædicti parochiani — decimas inferius annotatas Ecclesiis suis persolvant, scil. decimam lactis — ovorum, thenecii, agrorum, apum, mellis &c.* Ibi Lindewode, *Thenecii agrorum*, id est arborum crescentium circa agros, pro clausurâ eorum. Vulgò dicimus **Dike-rowes.**

¶ *Theada, Theoda, Theuda.*] Populi, à Saxo, Þeod, i. populus, gens, provincia, plurali Þeoda.

L. Salic. tit. 48. — *Qui accepit in laisum suam fortunam in mallo publico, hoc est ante* Theada, *& Tunginum, &c.*

Fœdus *Alfredi & Guthruni* Regum, in prohœmio, Eal þeo Þeod Þe on eastenglum, i. *omnis populus in Eastanglia*, Et Matthæi cap. 6. vers. 32. Sodlice ealle Þas Þing Þeoda seceað, i. *hac autem omnia gentes inquirunt.*

¶ *Theam, & Theme.*] Vide supra *Team.*

¶ *Theclatura.*] Signatura. Longobard. lib. tit. 26. 2. — *Si arborem ubi* theclatura *facta est inter fines discernendos inciderit, &c.* Idem l. seq. Et ibidem l. 5. — *Si quis propter intentionem signa nova aut* theclaturam *aut sinaidam in sylvâ alterius fecerit, &c.* Item le prox. seq. — theclaturam *aut sinaidam in sylvâ alterius fecerit.*

¶ *Theftbote.*] Furti compensatio, vel mulcta. Saxonicum, à Þeofte, i. e. *furtum*, & bote *emendatio*, & per translationem *mulcta.*

Antiquè dicebatur precium quo furti reus se ex meret à dispendio vitæ.

Hodiè verò de iis dicitur, qui furtiva bona à latrone susceperint, sceleris sui fovendi gratiâ; quo sensu bote pro *prada*, ut aliàs solet intelligendum est.

In privilegiorum Chartis, ubi **theftbote** conceditur, intelligitur aliàs esse emenda furti sine consideratione curiæ Domini Regis. **Theftbote** inquit Statutum Walliæ An. 12. Ed. 1. — *Hoc est emenda furti, sine consideratione Curiæ Domini Regis.*

Thefbote *est quant home prist chattel de larone de luy faveurer, & mainteiner, & nemy autrement.* 42. Ass. p. 5. & Ita. f. 42. b. *Brook* Corone 120.

¶ *Thegn.*] Et mendosè *Thegue.* V. Thanus, & Thingus.

¶ *Thelonarius, & Thelonium.*] Vide Actionarius.

¶ *Them.*] Idem quod *Team* quod vide supra.

Inter privilegia significat juxta *Fletam* lib. 1. cap. 47. §. *Theme*, acquietantiam amerciamentorum sequelæ propriorum servorum.

¶ *Themitiæ.*] In tabulâ decimationum legitur *Decimæ de themitiis*; ibidemq; exponitur **Trees planted in the field for fencing,** i. *arbores in agris sata sepium fovendarum gratiâ.*

¶ *Then.*] Servus. Fleta lib. 1. cap. 47.

¶ *Thendingpenny.*] Vide Tethingpenny.

¶ *Theotonis, Theotonicus.*] Germanus, Alamannus. *Brito. Armor. Philippid.* lib. 3. de Frederico Imp. submerso,

> —— *Cilicum per plana petebat*
> *Jerusalem cruce signatas cum* Theotonicorum
> *Millibus* ———

¶ *Threthingus.*] Vide infra Trithingus.

¶ *Thesaurarius.*] Ll. Edw. Confess. cap. 15.

¶ *Thesaurus absconditus.*] Ll. Edw. Con. ca. 14. Æthelwerdus lib. 1. ad An. 418. *In nono etiam anno post eversionem Romæ à Gothis, relicti qui erant in Britannia, Romanâ ex gente, multiplices non ferentes gentium minas, scrobibus occultant* thesaurum, *aliquam sibi futuram existimantes, quod illis post non accidit.*

¶ ***Thesius mensis.***] Id est *Junius*: perperam dictus pro *desius* sive Δέσιος, qui mensis Græcorum est *Junio* respondens, ut *Beda* notat lib. de Natur. temp. cap. 24. *Hepidannus* in Annal. an. 973.

Hoc anno efficitur Notkerus Abba benignus,
Menstrua quindenas præcedens luna Kalendas
Cum fore venturas præsignet mense Theseo.

Ibi Goldastus; *Mense Theseo* Junio: Nam sic interpretatur ipse auctor in Composito &c. Vide.

¶ ***Theshindus.***] Idem quod *Thainus*.

L. Henr. 1. cap. 69. — ***De tihindi hominis*** (occisi) ***wera: debent reddi secundum legem triginta solidi ad manbotam, idem hodie quinque marcæ. De*** theshindo ***id est thaino*** 120 ***sol. qui faciunt viginti marcas.***

¶ ***Thia.***] Amita, matertera: sive à vulgari Italico *thia*, aliàs *zia*, Hispan. *tia*, sive à fonte ipso Græco, θεῖα: omnibus idem significantibus; Ubi fortè, ab Hispan. *tia* factum videatur. Bracara enim Gallicia metropolis est: Non ignoro tamen eam ætatem ceu subsequentes Græcis vocibus inniasse. Sic autem in Loaysiæ editione.

Nobis primo vocabulum occurrit in Conc. Bracarense, i. anno 565. cap. 15. ***Si quis Clericorum vel Monachorum, præter matrem aut germanam, vel*** thiam, ***vel (quæ) proxima sibi consanguinitate junguntur*** (sic lego) ***aliasque, aliquas adoptivas fœminas secum retinent, sicut Priscilliani secta docuit, anathema sit.*** V. Mox item apud Gregor. M. in Epist. ad Anthemium subdiaconum lib. 1. cap. 37. Ubi dominæ ***Paterthia mea***, legendum est ***Pateria thia mea*** V. Achil. Sta. 55.

¶ ***Thinga,*** vel ***Thinge.***] Pro Leda sive Hundredo. V. infra *Thungrevius*.

¶ ***Thingus.***) Idem quod Thainus & Thanus, Salicis, *Tunginus*, à Sax. Đenȝ, al. Ꝥheing, *Minister*, *baro*, *homo*, *liber*. Vide Thanus.

Charta quadam antiqua per dominum Forestæ facta; è Cromptono de jurisdict. fol. 197. per Cowellum citata — ***Sciatis me concessisse omnibus militibus & omnibus*** thingis, ***& omnibus libere tenentibus, qui manent in foresta mea de honore de Lancastre; quod possunt &c.*** Fleta (inquit Cowellus) scribit hoc *thein* & ait *liberum* significare. Vide infra *Thungrevius* ubi *thing* pro Centenâ vel Hundredo, etiam pro *leda* & trithingâ dicitur.

¶ ***Third night awn hynde.***] Quasi diceres ***trium noctium hospes***, pro famulo domestico habetur. Non possum præterire, quod miserè dilaniatum video fontem Saxonicum à transcribentibus, impressoribus, aliisque; æquè imperitis in antiquo illo idiomate. Sic autem apud Saxones nostros; *lex de hospitibus*; pro quibus paterfamilias respondere tenebatur. Fopman nighꝥ uncuþ. ꝥpa nighꝥ ȝerꝥe. þiꝛꝺ nighꝥ aȝen hin?, i. primâ nocte, *incognitus*; secundâ, *hospes*; tertiâ, *domesticus* censetur. Hoc autem Francofurti editio Wecheliana, an. habet — **twain nithes gest; third nith hawan man**; quod tamen non abs re est; nam corrupto idiomate **hawan** pro agen dicatur, *g* ut solet aliàs in *w* transeunte; **man** autem idem est quod **hine** vel **hynde**, i. *famulus*. Sed corruptius in editione Cowelliana, **third with hawan man**, pro **third night awne man**, hodiè **own** dicimus. Bracton verò lib. 3. tract. 2. cap. 10. num. 2. Prima (inquit) nocte dici poterit **uncuth**; secunda verò **Gust**, tertia nocte **Hoghenehyne**. Et Ll. MS. Edw. Confes. cap. de Hospitibus, **two night gest; thredde night, ogenhyne.**

¶ ***Thiubda.***] Furtum. Germ. ut notat Lindenbr. **Dieb**. Otfrido lib. 4. cap. 7. & Willeramo **Thiob**, at Saxon. nostris þeopꝥ, ut supra videas in **Theftbote**; nec insolita est hæc litterarum transmutatio. Legibus Frisonum titulus 3. ubi *de furtis* agitur **Thiubda** inscribitur.

¶ ***Thokei.***] Piscis genus cujus fit mentio inquit *Cowellus* anno 22 *Ed.* 4. cap. 2.

¶ ***Thol,*** & ***Theloneum,*** ***Telonium.***] Huntington lib. 6. de Will. 1. & Normannis — ***Semper Normanorum Domini cum hostes contriverint, cum crudeliter non agere nequeant, suos etiam hostiliter conterunt. Quod liquide in Normania, & Anglia, Apulia, Calabria, Sicilia, & Antiochia terris optimis, quas eis Deus subjecit, magis magisque, apparet: In Anglia ergo*** tholonea ***injusta & pessima consuetudines his temporibus pullulaverunt.***

¶ ***Thorrolium.***] Vide infra *Torralium*.

¶ ***Thrave.***] Vide *Dreva*.

¶ ***Threthingus.***] Vide infra *Trithingus*.

¶ ***Threus.***] Dicitur ex filio nepos, quasi tertius, nam Gloss. vett. *threus*, id est *tertius*. Anglis hodie **three**, *tres*. Papias verò *treus* libertus.

Longobard. lib. 2. tit. 14. l. 5. — ***Qui de filio naturali generatus fuerit quod est*** threus, &c.

¶ ***Thrimsa,*** & ***Thrymsa.***] *Thrimsa* (inquit Lambardus) à ꝺꝛieo quod tria sonat, effictum. *Est igitur* thrimsa ***trium solidorum nummus.*** Sic ille in *Archaionomia*: sed videndum an hoc rectè. In Æthelstani enim lege de *Weregildis* sic habet codex MS. *Cottonianus* — *Ceorles Weregildum CClxvi* thrimsa, ***id est ducentos solidos, secundum lagam Mircenorum*** [*æstimatur*] Quod aliter fateor extare tum in *Lambardi* versione tùm in Saxonico quod secutus est exemplari. Hoc enim sic: Ceoꝛles pepeȝilꝺ biþ CCLvii þꝛimsa be ꝺam Denalaȝa. Ille autem, ***Paganum Dani*** 267 Thrymsis *æstimant*. Si ergò *thrimsa* tribus constaret solidis Weregildum hoc pagani hominis 801. solidos contineret: cum codex MS. tantum

tum numerat 200 sol. in *thrimsis* 207. Sed errare videtur codex *Cottonianus*, utpote qui Weregildum pagani Merciani pro Weregildo pagani Danici subintulerit. Proximo enim capitulo de Weregildis Merciorum: Orditur à pagano Merciæ, ac si de eo nihil prius statutum esset. *Cheorles* (i. pagani) *Weregildum* (inquit) *in Mercenorum laga CC sol. Thani Weregildum est sexies tantum* 1200 *sol.* &c.

Non obstat igitur quin *Lambardus* rectè dixerit *thrimsam* esse trium solidorum nummus: non tamen à ðreo dictum, quod is asserit: Sed à þrim quod ternos significat.

¶ *Thungrevius.*] Quasi *Thungi revius*, i. præpositus.

Muneris nomen apud Saxones nostros de quo mihi non satis liquet. Quod autem conjectura assequar *thung* opinor idem hic esse quod partes Comitatus, quæ centuria vel lede dicuntur; has enim *thingas* aliàs nuncupari animadverto, & Saxones *i* & *u* passim confundere.

L. *Edwardi* Confess. MS. cap. 34. — *Et quod Anglicè vocabatur tria vel quatuor, vel plura Hundreda, isti vocabant* thrihinga *vel* thrithinga; Nam in Hovedeni editione sequitur — *In quibusdam verò provinciis Angliæ vocatur* lede, *quod isti* **thing**. Quod quoq; in **things** definiri non poterat, ferebatur in schyram. Ita quod *thungrevius* idem esse videtur quod *præpositus Lede* vel *Hundredi*. Nemini fidem astringo. Sic autem Ll. *Hen.* 1. ca. 8. — *Intersint autem* (scil. generalibus placitis Comitatuum) *Episcopi, Comites, & Vicecomites, hertreingreve & præfecti præpositi, Barones, Vavassores*, Thungrevii, *& cæteri terrarum domini diligenter intendentes, &c.*

Vel dicatur forè *Thungrevius* quasi *tungrevius* quod vide, id est, *villicus*, vel *Præpositus villæ*, à Sax. tungerefa, ubi tun villam significat, gerefa præfectum. Sic *Luc.* 8.

¶ *Thwertnik.*] Rot. Cart. de ann. 11. 12 & 13 Regis Ric. 2. n. 11. per Inspex. *Edwardus &c.* — *Concessimus etiam Communitati prædicta (scil.* Cestrescitræ) *quod habeat liberè omnes leges & consuetudines à toto tempore hactenus usitatas: Et etiam quod habeat omnes libertates eidem communitati per* Ranulphum *dudum Comitem* Cestriæ *concessas &c. Concessimus etiam, quod Vicecomes noster, aut hæredum nostrorum qui pro tempore fuerit in dicto Comitatu, de cætero faciat executiones pro debitis recuperatis & recognitis in Comitatu, vel Scaccario* Cestriæ, *aut in Itinere Justiciariorum, qui pro tempore fuerit, absq; aliquo capiendo pro executione hujusmodi facienda, licet etiam præteritis temporibus usum sit, prout per Cartam habet ipsa Communitas, quod si aliquis in Curia nostra culpatus fuerit, per* Thwertnik *se defendere possit; quia hac defensio est contraria legi communi, nutrix malorum, pacis emula, & damnosa populo pacifico. Volumus etiam, de consensu & requisitione dictæ Communitatis, Ordinamus & Præcipimus, quod dicta defensio per* Thwertnik *de cætero non allocetur, sed annulletur totaliter & damnetur; prædictaq; Carta in eo puncto vacua sit & nullius effectus temporibus duraturis.*

¶ *Thynphadus.*] Wisegot. lib. 9. Tit. 2. l. 1. —— *Si* Thynphadus *aliquem de* thynphadia *suâ —— ad domum dimiserit, vel de domo ad exercitum exire non compulerit, reddat sol. 20. Quingentenarius verò 15. Centenarius 10. Si certe Decanus fuerit 5 sol. reddere compellatur, & ipsi solidi dividantur in Centena, ubi fuerint dinumerati.*

L. 3. — *Si quis Centenarius dimittens Centenam in hostem ad domum suam refugerit, capitali supplicio subjacebit. — Postmodum Centenarius nullo modo præponatur, sed sit sicut unus ex Decanis. Et si Centenarius sine conscientia aut voluntate Præpositi aut* thynphadi *sui de Centena sua — quenquam ad domum suam redire permiserit, vel in hostem ut non ambularet relaxaverit &c.*

L. 4. *Dividantur solidi inter eos in quorum Centena fuerit ascriptus — Quod si aliquis, qui in* thynphadia *sua fuerat numeratus, sine permissu* thynphadi *sui, vel Quingentenarii, aut Centenarii, vel Decani sui, de hoste, ad domum suam refugerit &c.*

L. 5. — Thynphadus *quærat per Centenarios suos, & Centenarii per Decanos — qui ad domum suam refugerint — hunc* thynphadus, *Præposito Comitis Civitatis notum faciat &c.*

Lib. 2. Tit. 2. l. 26. — *Dux, Comes, Vicarius, pacis assertor,* thynphadus, *millenarius, quingentenarius, centenarius, decanus, defensor numerarius, qui ex Regia jussione, aut etiam ex consensu partium — Judicis nomine censeantur ex lege.*

L. Salic. Tit. 46. §. 1. — *Timginus aut Centenarius mallum indicerit, & in ipso mallo statum habere deberet.*

Decret. Childeb. §. 9. — *Malefactores prindet.*

Ibid. §. 11. *Si furtum factum fuerit, capitale de præsenti Centena restituat, & causator Centenarium cum Centena requirat.*

Alaman. tit. 36. — *Conventus secundùm antiquam consuetudinem fiat in omni Centena coram Comite, aut suo misso, aut coram Centenario.* §. 2. — *Ipsum placitum fiat de sabbato in sabbatum, aut quali die Comes aut Centenarius voluerit, à septem in septem noctes, quando pax parva est in provincia: quando autem melior est post 14 noctes fiat conventus in omni Centena.*

Ripuar. tit. 5. cap. *de falsis testibus coram Centenario.*

Longob. lib. 1. tit. 25. l. 80. Et Cap. lib. 4. 63. —— *Ut Vicarii & Centenarii qui fures & latrones cœlaverint, aut defenderint, &c.*

Lib. 2. Tit. 30. l. 2. Et Cap. lib. 5. ca. 131. — *De mancipiis venditis in præsentia Episcopi, Comitis, Vicecomitis, Centenarii &c.*

Ibid. Tit. 42. l. 3. Et Cap. lib. 4. cap. 77. — *In anno tria solummodo generalia placita observentur* — *Ad cætera verò placita, quæ Centenarii tenent, non alius venire jubeatur, nisi qui aut litigat, aut qui judicat, aut qui testificatur.*

Et Tit. 47. l. 1. — *Ut pravi Centenarii &c. tollantur, & deum timentes constituantur ad sua ministeria exercenda.* Idem *Capit. ad Sol.* 2. §. 5. Et Cap. lib. 3. cap. 11. & 56. — *Et cum Comite & populo eligantur mansueti & boni.*

Tit. 52. l. 3. & Cap. lib. 3. ca. 79. — *Ut nullus homo in placito Centenarii, neq; ad mortem, neq; ad libertatem suam amittendam, aut res reddendas, vel mancipia judicetur, sed ea omnia in præsentia Comitis, vel Missorum nostrorum judicentur.*

Capit. lib. 2. tit. 28. — *Missi Dominici in medio mense Maii teneant placitum, & habeat ibi unusquisq; Comes Vicarios, & Centenarios suos secum &c. deinde inquirant Missi nostri, qualiter unusquisq; illorum officium — administrat &c.*

Lib. 4. Tit. 26. — *Omnis controversia coram Centenario definiri potest, excepta redditione terræ, & mancipiorum quæ non nisi coram Comite fieri potest.*

Cap. 5. & Cap. 78. — *Collectas faciebat.*

¶ ***Thyuphadia***, & ***Thyuphadus***.] Vide Tuphadia.

¶ ***Tienmantale***.] Vide supra Tenmantale.

¶ ***Tihindus***.] Ll. Henr. 1. ca. 10. — *De* tihindi *hominis (in ecfecti) wera debent reddi secundùm legem triginta solidi ad manbotam.* V. *Twyhindus.*

¶ ***Tihla***, al. ***Thila***.] Saxonicum, *accusatio.*

Legg. Canuti MS. cap. 62. — *Si quis amicis destitutus vel alienigena ad tantum laborem veniat, ut plegium non habeat in primâ* tihlâ, *i. accusatione, ponatur in carcanno &c.* Ll. Henr. pri. cap. 10. — *Differt etiam an aliquis, cum suo vel alterius homine causam agat, & si quid in actu, vel in sola* tihla *consistat.*

¶ ***Timberella***.] Potius *Tymborella*. V. *Tumbrella.*

¶ ***Timbrellus***.] Parvus cetus. Sic *Skenæus* in expositione quorundam vocabul. juris Scot. e le forest. cap. — *Si quis cetum* 17 *de Judic.* cap. 27.

¶ ***Timbria***.] Pellium dicitur earum certus numerus puta 40. vel circiter duobus asseribus interclusus, sic ut è borealibus Regionibus à mercatoribus defertur. V. *Rastal.* & *Sken.*

¶ ***Tineman***.] In Forestis olim dictus est, qui nocturnam curam veneris & viridis, tum servilia opera subibat, ut habetur in *Canuti* Constitutionibus Regis de Foresta (quas hic supra vide in *Foresta*) Cap. 4. Significare autem videtur *hominem minutum*; sic enim exponitur ibidem.

¶ ***Tirogrillum***.] Brito Armorican. Philip. lib. 1.

Aggere complentur fossæ, muros[q]; sub ipsos
Scalis erectis, agili levitate satelles
Quo Rex ipse loco se munit semper (ab) omni
More tirogrilli *velox in mœnia repit.*

Quicquid hoc, seu fabricæ sit, seu machinæ, compositum censeo, à Gallicis *tirer*, i. trahere, & *grille* quæ cratem vel rem clathris, sive cancellis compactam significat.

¶ ***Tithinga***.] Aliàs pro *Decania* & *Friborgo* legitur, aliàs pro *Trithinga*, quæ vide suis locis.

¶ ***Titulatus***.] Ecclesiæ ascriptus. *Greg. M.* Epist. lib. 1. cap. 63. — *Edicti sumus domum Petronii notarii, sanctæ Romanæ Ecclesiæ — à Constantino tunc defensore irrationabiliter* titulatam. V. Conc. Rom. sub Leone Cent. 9. p. 418. Can. 44.

¶ ***Titulus***.] Pro templo, sive Ecclesiâ materiali. *R. Al. to. 1. pa.* 180.

Ecclesia videtur ideo dici *titulus* quod præfectus ei Presbyter nomen inde atq; *titulum* consequitur; ut & Cardinales ipsos hujus vel illius tituli dicimus.

Origines autem aliunde petitas apud *Baronium* vide cum in Anno Christi 112. numero 4, 5, 6. tum in Notis ad Romanum Martyrilogium die 6 Julii.

¶ ***Tobalea, leæ***.] Vide Credentia.

¶ ***Tod lanæ***.] 28 Libras; hoc est, petras duas continet.

¶ ***Toftmannus***, ***Toftman***, & ***Toftum***.] Est autem *Toftum* Forensibus nostris locus, ubi olim aliquando sita fuit mansio rustica, quam *messuagium* dicunt.

Hinc *Toftmannus*, al. *toftman*, pro eo (reor) qui hujusmodi locum possidet.

Pri. Lew. pag. 18. — Toftmanni *similiter operabantur à S. Michaele, usq; ad autumpnum, & in autumno per 6 ebdomadas unaquaq; hebdomade per 2 dies &c.* Et pag. 21. *Omnis lanceta, omnis* toftman, *& omnis mo.man &c.* ut in Lanceta.

¶ ***Togilla***.] Mapa vel Mappa. Balbus Cathol. Mapa, *togilla* &c. Vide *Mapa.*

¶ ***Toill***.] In legibus Scoticis, pro *toll*, i. teloneum.

Reg. Majest. lib. 1. cap. 4. §. 2. — *Qui habent & tenent Curias suas cum socco, & sacca, furca, & fossa,* Toyle, *& Theme &c.* V. *Toll.*

Toile etiam Anglis, vel sepimentum est ex crassiori *tela* factum, vel cassis è funiculis nexus: quibus saltuarii cervos intercipiunt, à Gall. *toile*, i. *tela*.

¶ ***Tol***, al. ***Thol***.] Latinobarbarè & Bractono nostro *Tolnetum*, Græco vicinius *Tholonium* pro *Telonium*, ἀπὸ τῶ τελωνείων *Suida* dicto pro τέλος, quod aliàs est *vectigal.*

gal. Significat & τελώνιον Latinè *teloni-um* mensam publicanorum; seu domum & locum ubi vectigal ponitur. In Chartis Regum nostrorum Anglo-Saxonum duplici venit acceptione; Alias (& hac frequentiùs) pro licentia mercaturæ, seu nundinandi, sicu ti cum Rex concesserit villam aut dominium aliquod cum *Sac*, *Soc*, *Thol*, *Team* &c. Concessisse videtur jus Mercati; nam *Thol* (inquiunt Ll. *Ed. Confess.* cap. 24.) quod nos dicimus *theolonium*, est quod habeat libertatem vendendi & emendi in terrâ suâ. Et apud Saxones quidem non repetitur in antiquis privilegiorum Chartis mercati instituendi aliud vocabulum. Dictio enim mercatum, Normannorum est, & ab illis primum introducta. Videtur & *Bractonus Toll* de mercato intelligere, cum hoc inter libertates repetit lib. 2. cap. 24. nu. 2. in fine. Sollennius autem fuisse mercatum reor, quam quod *Toll* nuncupamus: hoc enim libertatem solummodò vendendi & emendi inter limites dominii vicinis forsan permisit, puta coram villæ Præposito, aut Balivo domini quovis tempore absq; populi frequentia, res & fructus è prædiis suis emergentes. Mercata verò propter insignem populi confluentiam ad merces quaslibet vendendas & emendas ex antiquo jure non nisi in urbibus, burgis, Castellis, locis munitis, & celebribus; certis etiam & statis diebus non haberentur, ut in Ll. *Gulielm* 1. ca. 12. videatur.

¶ ***Tollenum, ni.***] Idem quod *tollenon, nonis.* Festo machina quâ hauriuntur aquæ, pondere prægravante alterum ejus finem. *Longob.* 1. tit. 9. l. 24. *Tollenum putei.*

¶ ***Tollo, tollis, tuli, tollere,*** Supinis ***toltum, tultum, & tollutum.***] Aufero, adimo.

Marculf. lib. 1. cap. 28. — *Eidem terram suam in loco nuncupante illo per fortiam tulisset.* L. Ripuar. tit. §. 2. — *De quacunq; liber re fortiam fecerit, & per vim* tulerit, & alias sæpe. Vetustis Francis *tollir*, ut notat *Bignon.* & inde *male tolte* corruptè *mal tout*, de quo nos supra.

A supinis fiunt participia *toltus, tultus,* & *tollutus.* L. Salic. tit. 34. — *quicquid ibi* toltum *fuerit mancipia pecuniam omnia tripliciter restituat.* Hinc in jure nostro Breve Regium quo lis à Curiâ Baronis, ad Curiam Vicecomitis est sublata *tolta* dicitur. Et inferius in citato *Marculfi* loco, *tultis fideijussoribus*, pro ablatis. Et Chart. Alaman. 99. — *Suum mansum ei* tollutum *fuisset*, & sic alias.

¶ ***Tollutus.***] Vide præcedens *Tollo.*

¶ ***Toloneum.***] Vide Toll.

¶ ***Tolta.***] Breve quo lis tollitur è Curia Baronis, & ad curiam Vicecomitis defertur. V. supra *Tollo.*

Tolta placiti significat processus per quam causa à jurisdictione juris temporalis tollitur. *Plac. coram Rege Term. Pasch.* 22 *Edw.* 1. *Rot.* 18.

¶ ***Toltus.***] Supra Tollo.

¶ ***Tondere capillum.***] Vide *Capillum.*

¶ ***Tonna.***] Vas dicitur, quod continet 4 vini dolia, & perinde onus unius plaustri: quod constare ferunt ex tantundem doliis. Vita *Phileberti* —— *Rogans eum cellarium ingredi, & vas vinarium quod* tonna *dicitur benedicere.*

¶ ***Tonnagium.***] Vectigal vinis & mercibus quibusdam, tam evectis quam advectis juxta *tonnarum* pondera impositum.

¶ ***Tonoderach.***] Qui fures exquirit apud Scotos. Sic in Ll. *Kenethi* Regis §. 2. V. infra *Toscheoderach.* Chron. Scot. pag. 133. col. 2. §. 21.

¶ ***Tonsus.***] Pro sacris initiatus. Testamentum Remig. Archiep. *Flodoard.* lib. 1. ca. 16. — *Si quis in ordine clericali à presbytero usq; ad* tonsum *&c.*

¶ ***Tor, & ver.***] V. *Feudum.*

¶ ***Torrale, & Torralium.***] Priscis Germanis *Tharra*, Ekkehardo *Tarra*, quod V. supra, Fornax instar hypocausti, quo torrentur vel exsiccantur frumenta aliæve materiæ, Angl. a kill. Ll. Burgor. cap. 54. *inscribitur de combustione domorum, aut* torralium. Et §. 2. —— *Similiter de eo qui combusserit* torralia.

¶ ***Tormentum.***] Atq; inde *Tormentalis*, Machina bellica ad perfringendos muros: cum ignota adhuc esset Vulcania illa quam bombardam nominarunt. *Brito Armor.* Philipp. lib. 10.

—— *Muros conatur & arcem*
Frangere tormentis.

Et lib. 7. pag. 311.

Instrumenta videns Rex tormentalia *in illum*
Posse vel assultus conferre juvamen, ut alta
Muros rupe sitos quavis infringeret arte.

Gregor. Turonens. Histor. lib. 2 cap. . . . . — *Sagittas* tormentorum *ritu effundere, illitas herbarum venenis.*

¶ ***Torneamentum.***] Tabula rotunda. M. P. 332. damnat. V. *Bordiare* est illud propriè quod dicunt *ad barras pugnare; torniare*, gladiis concutere, justas facere, hastiludium exercere. Vide hoc prohibitum in Concil. Lateranensi sub *Alexand.* Papa apud *Hov.* sub An. 1179. p. 584. l. 42.

Conc. Lateran. 3. œcumenic. sub *Alex.* 3. An. 1180. cap. 20.

— *Felicis memoriæ PP. Innocentii & Eugenii prædecessorum nostrorum vestigiis inhærentes, detestabiles nundinas vel ferias, quas vulgò* torneamenta *vocant, in quibus milites ex condicto venire solent, & ad ostentationem virium suarum & audaciæ, temerariè congrediuntur, unde mortes hominum & animarum pericula sæpe proveniunt, fieri, prohibemus. Quod si quis eorum ibidem mortuus fuerit quamvis poscenti venia non negetur, Ecclesiasticâ tamen careat Sepultura.*

Mat. Par. in An. 1241. pag. 546.— *Comes Marescallus Gilebertus, cum quibusdam aliis Nobilibus, juxta Hertfordiam — more militari, quoddam hastiludium, quod vulgariter* Fortunium *appellatur exercens, ab Effranato equo suo dijectus interiit.*

¶ *Torno.*] Pro verto, & reverto.

¶ *Torta.*] Vimen tortum, vel ad torquendum facile.

Neapol. 3. tit. 38. l. 4. ——*Tortam, vel virgam de nemore incidere.* Vide supra *Retorta.*

¶ *Tortum.*] Injustitia, injuria: Recto contrarium. Literæ de bello Conquirentino extantes in Abbatia *S. Florent. Hist. de Bretaing.* liv. 3. cap. 17. — *Eodem tempore* (i. Anno Dom. 992.) *ortum est bellum inter Conanum Comitem Britonum, & prædictum Fulconem Comitem Andegavensem, cujus belli victoria post multam virorum interfectionem, Conano necato, Fulco potitus est. Proinde Proverbium est vulgatum: Bellum Conquirentium, quo* tortum *superavit rectum.* V. *Derittum.*

¶ *Toscheoderach.*] Barbarum nomen priscis Scotis & Hybernis, usitatum pro *Serjando*, vel *Serviente Curiæ*, qui literas citatorias mandat executioni. Et quod interpret. Juris Civilis *Nuncius* dicitur. David 2. Rex Scotiæ dedit & concessit *Joanni Wallace* suo Armigero & fideli officium Serjandiæ Comitatus de Carrik, quod officium *Toschadorech* dicitur, vulgò **ane spair of fee.** Skenæus in not. ad Reg. Majestat. lib. 1. cap. 6. §. 7. ubi legitur — *Si fuerit Marus Domini Regis, vel* Toscheoderach *ipsius &c.* Fortè hic idem est qui supra *Tonoderach. Tosche* apud Scotos & Hibernos idem quod thanus. V. Reg. Maj. lib. 4. cap. 31. & Annal.

¶ *Trabes.*] Frugum meta continens 24 garbas, **a thrabe conteining 24 sheaves.** Domes. de burgensibus Derbiæ — *Hi autem ad festum S. Martini reddebant Regi duodecim* trabes *annonæ.*

¶ *Tradavium.*] Chart. Alaman. Gold. 99. — *Proprie suum fuisset (mansum) & legibus suum esse deberet, quia jam de* tradavio *uxoris suæ fuisset; idcirco suum esse deberet.*

¶ *Traditio.*] Constitutio *Phil.* Regis Franc. An. 1317. iter *Guidonem de Britan.* & *Ysabellam* Ducissam *Britan.* Hist. Bret. l. 4. cap. 34. — *Dicta Ducissa ex causâ prædictâ & dicto Duci, ejusq; hæredibus in perpetuum, ex tunc omnino dimisit & resignavit, & liberavit: possessionemq; ipsius *Vicecomitatus, & jurium & pertinentiarum ejusdem, in manu dicti Episcopi Miniacensis (scil. Procuratoris sui) per* traditionem *quarundam ntularum, quas in manu suâ tenebat, posuit per eundem Episcopum, dictæ Ducissæ* tradendam, *& integraliter restituendam &c.* V. *Seisina.*

*Lemoviceneem.

In *traditione* sesinæ aliàs cespitem tradunt, aliàs olim sagittam &c. aliàs virgam; prout Romani virgâ prætoriâ, quam vindictam appellabant, libertatem contulere; de quo *Persius Satyr.* 5. Meursius p. 29.

Vindicta postquam meus à Prætore recessi,
Cur mihi non liceat jussit quodcunq; voluntas?

Traditio per fustim seu baculum. Chart: antiq. A. nu. 2. — *Sciant præsentes & futuri, quod ego Walterus de Lentes reddidi & quictum clamavi de me & hæredibus meis* per fustim & per baculum *Domino Will. Marescallo Comiti Penbrochiæ, in Curiâ suâ, totam terram de Winton, sicut illam in quâ nullum jus habui, ad dandum illam & vendendum, & ad quicquid voluerit faciendum, sicut de suâ propriâ. His testibus Galfrido fil. Rob. Henrico fil. Geraldi, Wil. Walterom, & aliis.*

Vide lib. *Ramf.* Sect. 267. simile de terris & tenementis liberis in *London.* & *Bract.* similiter supra in *Fustis.*

Ricardus 1. ab Archiepiscopo Rothomag. tam Ensem, quam vexillum de Ducatu Normanniæ, proceribus multis præsentibus in Ecclesiâ beatæ Virginis, ante maius Altare suscepit. *Radul.* de *Diceto* in initio Ric. pri. An. 1189. quatern. 14. fol. 1. col. 4. in medio.

Zeno Imp. Italiam (quam ocupavit Odoacer) Theodorico Gothorum Regi *per pragmaticam tribuens*, sacri etiam velaminis dono confirmavit &c. *Ricobald. Ferrar.* de *Theoderic.* Rege Goth. adjunct. Jornand. pag. 171. V. *Ingulph.* p. 901. l. 55.

De decimâ denariorum & omnium redditum suorum de Angliâ *Will's* Comes de *Warrenniâ* donavit Ecclesiam S. Pancratii [intelligo de *Lewes* in Sussexiâ] & Monachos ibidem Deo servientibus. *Et inde* (inquit) *saisivi eam per Capillos capitis mei, & fratris mei Radulphi de Warrennâ, quos abscidit cum cultello de capitibus nostris ante Altare* Henricus *Episcopus Winton. Teste* Theobaldo *Archiepiscopo Cantuariæ.*

Ducatus, dum officium erat, conferendi mos antiquus scriptura fuit, postquam autem feodale vexilli traditione, ut itemque Comitatus.

Lothar. Imp. & Papa *Innocentius* de conferendo Ducatu *Apuliæ* contendentes, lis tandem hoc modo decisa dicitur, ut in dando Duci (*Reginaldo*) vexillo, utriq; manum adhiberent. *Otto Frising.* lib. 7. cap. 20. circiter An. 1132.

Aliud *investitura*, aliud *traditio.* Investitura est cessio feodi solennis sive contractus, qui sine traditione possessionis per se subsistit. Investituram sequitur *traditio* possessionis vacuæ, ut *Feud. lib.* 1. *Tit.* 5. *Si autem* p. 35.

Si

— *Si investiturâ facta sit coram paribus* Curtis, *aut in brevi testato: rectè eum qui investitus est cogitur Dominus mittere in feudi possessionem.* Pag. 115.— Investitura *quidem propriè dicitur* **possession**.

¶ *Traditor.*] Pro proditor.

¶ *Trahere fœminam.*] Pro rapere.

¶ *Trailbaston.*] Et quibusdam (è Scriptorum fortè errore) *Trialbastum*. Acerrima apud Anglos inquisitio fuit (ne dicam persecutio) quâ in subditos suos usus est *Edwardus* primus, rerum gestarum magnitudine Princeps illustrissimus, Anno Domini 1305. Regni verò sui 32. Grassantibus per Angliam plurimis sceleribus, quæ absente jam Rege, bellisq; Gallicis & Scoticis ocupato, ubiq; essent exorta: dum de compescendis ipsis Rex magnanimus intentus esset, ita à ministris est sævitum, ut non lolium solum sed frumentum ipsum, h. viri integri inter sontes conteruntur: magnâ interim opum vi in voraginem fisci deportatâ. Rem ab authore coætaneo accipe. *Histor. Roffens.* fol. 200. De anno Dom. 1305.— *Circa hec tempora processit in puplicum nova Inquisitionis Breve, quod Anglicè dicitur* Trayle baston, *contra Intrusores, Conductitios hominum vapulatores, Conductitios seisinæ captores, pacis infractores, raptores, incendiarios, murdratores, pugnatores. Multi hoc perempti, multi redempti, multi noxii, pauci innoxii sunt inventi. Adeo quidem rigidè processit hujus cohertionis justitia, quod pater proprio filio non parceret &c. dira multa.* Eadem *Mat. Westm.* in An. 1305. Et *Walsinghamius* de Justiciariis locutus, huic negotio præfectis — *Hii* (inquit) *Justiciarii vocati sunt ab hominibus popularibus* Traybaston, *quod sonat* trahe baculum.

R*Ex dilectis & fidelibus suis* Radulpho filio Wilhelmi, & Johanni de Barton de Riton *Salutem. Quia quamplures malefactores & pacis nostræ perturbatores homicidia, depradationes, incendia, & alia damna quamplurima, nocte dieque perpetrantes vagantur in boscis, parcis, & aliis locis diversis, tam infra libertates, quàm extra, in Comitatu* Eboracensi; *& ibidem receptantur in maximum periculum, tam hominum per partes illas transeuntium, quàm ibidem commorantium, in nostri contemptum, ac pacis nostræ læsionem manifestam, ut accepimus: per quorum incursum poterunt peiora pejoribus de facili evenire, nisi remedium super hoc citiùs apponatur: Nos eorum malitiæ, in hac parte obviare & hujusmodi damnis & periculis præcavere volentes; assignamus vos, ad inquirendum per Sacramentum, tam Militum quàm aliorum proborum & legalium hominum, de contemptu prædicto, tam infra libertates quam extra, per quos ipsa veritas melius sciri poterit, qui sint illi malefactores & eorum scienter receptores & eis consencientes; Et etiam ad inquirend. de illis qui pro muneribus suis pactum fecerunt, & faciunt cum malefactoribus, & pacis nostræ perturbatoribus, & eos conduxerant & conducunt, ad verberandum, vulnerandum, maletractandum, & interficiendum plures de Regno nostro in feriis, mercatiis, & aliis locis in dicto Comitatu, pro inimicitiâ, invidiâ, aut malitiâ; Et etiam, pro eo quod in Assisis, juratis, recognitionibus, & Inquisitionibus factis de felonüs positi fuerunt, & veritatem dixerunt; unde per conditionem hujusmodi malefactorum Juratores Assisarum, Jurationum, recognitionum, & Inquisitionum illarum, pro timore dictorum malefactorum & eorum minarum sæpius veritatem dicere, seu dictos malefactores indictare minime ausi fuerunt & sunt. Et ad inquirendum de illis qui hujusmodi munera dederunt, & dant, & quantum, & quibus, & qui hujusmodi munera receperunt, & à quibus, & qualiter, & quomodo; & qui hujusmodi malefactores fovent, nutriunt, & manutenent in Comitatu prædicto, & ad ipsos malefactores, tam per vos, quàm per Vicecomitem nostrum Comitatus prædicti arrestandos & prisonæ nostræ liberandos, & salvo, & securè in eadem per Vicecomitem Comitatus prædicti custodiendos, ita quod ab eadem prisonâ nullo modo deliberentur, sine mandato nostro speciali. Et ideo vobis mandamus quod ad certos diem & locum, quos ad hoc provideritis, Inquisitiones illas faciatis; Et assumpto vobiscum sufficienti posse Comitatus prædicti, si necesse fuerit, dictos malefactores coram vobis sic indictatos arrestetis, & ipsos prisonæ nostræ liberetis in forma prædicta; Et etiam omnia bona & cattalla ipsorum malefactorum, qui se subtraxerint & fugam fecerint postquam de feloniis aliquibus coram vobis Solemniter indictati fuerint, per Vicecomitem Comitatus prædicti in manum nostram capiatis, & ea ad opus nostrum salvo custodire faciatis donec aliud inde vobis præceperimus. Mandamus enim Vicecomiti nostro Comitatus prædicti, quod ad certos diem & locum, quos vos providere duxeritis, venire faciat, coram vobis tot & tales tam milites, quàm alios, quos habere decreveritis de Comitatu illo, tam infra libertates quàm extra, per quos ipsa veritas melius sciri poterit, & inquiri; Et quod omnes illos quos per inquisitionem culpabiles invenire contigerit, & quos vobis sic liberaveritis à nobis recipiantur, & quorum nomina eis scire faciatis assumpto secum sufficienti posse Comitatus prædicti sine dilatione arrestari, & in prisona nostra salvo & securè custodiri faciat in forma prædicta, & communitati dicti Comitatus, quod simul cum Vicecomite prædicto vobis quotiescunq; opus fuerit in præmissis pareat, assistat, & intendat, prout eis injungetis ex parte nostra. In cujus rei testimonium, &c.*

Ex Chronico Abingdoniæ scripto per Monachum ibidem, quod incipit ab Anno Dom. 1216. usq; ad annum 1307. per annos 91. viz.

Per annos Henrici 3. — 57. } a fol. 1. ad f. 83.
Edwardi 1. — 35. } a fol. 83.

Traylebaston

Traylebaston coram *Rogero de Grey*, & sociis suis Justic. apud *S. Albanum*, An. Regni Regis *Edwardi* tertii, post Conquestum, quinto.

DOminus Rex mandavit Rogero de Grey, & Johanni de Cauntebrigg, Roberto le Bourser, & Simoni de Brunne, Justic. suis, Breve suum patens in hæc verba. *Edwardus Dei gratia Rex Angliæ, Dominus Hiberniæ & Dux Aquitan. dilectis & fidelibus suis Rogero de Grey, Johanni de Cauntebrigg, Roberto le Bourser, & Simoni de Brunne salutem. Quia datum est nobis intelligi, quod quamplures Vicecomites, Coronatores, Sub-eschaetores, Constabularii, Ballivi libertatum, Wapentachiarum, Hundredorum, Trithingorum*, & eorum *Clerici, Custodes prisonum, & alii Ballivi & ministri celebris memoriæ domini E. nuper R. Ang. patris nostri & Isabellæ Reginæ Angl. matris nostræ, & nostri, nec non aliorum magnatum, procerum Regni nostri, in officiis suis malè se gesserunt, & colore eorundem officiorum, & aliis coloribus exquisitis; nec non alii ejusdem Regni hominibus de eodem Regno quamplurima oppressiones, conspirationes, rerum extorsiones, dampna, gravamina, falsitates, transgressiones, & alios excessus; nec non roberias, felonias, receptamenta feloniam, manutenentia diversa fecerunt, unde punitio aliqua adhuc apposita non existit. Nos, tam pro nobis quam pro prædictis hominibus remedium inde apponi volentes oportunum, assignamus vos tres & duos vestrum Justitiarios ad inquirendum per Sacramentum proborum, & legalium hominum de Comitat. Essexiæ, Hertfordiæ, Cantebr. & Huntingdoniæ, tam infra libertates quam extra, per quos rei veritas melius sciri poterit, de omnibus conspirationibus, oppressionibus, rerum extorsionibus, dampnis, gravaminibus, falsitatibus, & aliis transgressionibus, & excessibus quibuscunq;, nec non de roberiis, feloniis, receptamentis, & manutenentiis prædictis, tam per hujusmodi Vicecomites, Coronatores, Sub-eschaetores, Constabularios, Ballivos libertatum, Wapentachiorum, Hundredorum, & Trithingorum, & eorum Clericos, Custodes prisonum, & alios Ballivos & ministros, quàm per alios qualitercunq; de eodem Regno, sive de tempore ipsius patris, sive nostro qualitercunq; illatis, tam ad sectam nostram, quam aliorum unde justitia hactenus facta non fuit, plenius veritatem, & ad præmissa omnia & singula & alia tangentia ad querelas omnium & singulorum, tam pro nobis quam pro seipsis inde conqueri, seu prosequi volentes, tam infra libertates quam extra, tam de tempore ipsius patris nostri, quam nostro audiendis & terminandis, ad plenam & celerem justitiam inde, tam pro nobis quam pro hujusmodi conquerentibus faciend. secundùm legem & consuetudinem Regni nostri. Et ideo vobis mandamus, quod ad certos dies & loca quos vos tres, vel duo vestrum ad hæc provideritis, præmissa omnia & singula faciatis & expleatis in forma prædicta, facturi inde quod ad justitiam pertinet, secundùm legem & consuetudinem Regni nostræ: Salvis vobis amerciamentis, & aliis ad nos inde spectantibus. Mandavimus enim Vicecomitibus nostris Comitatuum prædictorum, quod ad certos dies & loca quos vos tres vel duo vestrum eis sciri faciatis venire faciant coram vobis tribus vel duobus vestrum tot & tales probos & legales homines de Com. prædictis, tam infra libertates quam extra, per quos rei veritas in præmissis melius sciri poterit, & inquiri, & quod vobis tribus vel duobus vestrum in præmissis omnibus & singulis faciend. & explend. auxiliantes sint, & intendentes, prout vos tres vel duo vestrum eis sciri facient ex parte nostra. In cujus rei testimonium has literas nostras fieri fecimus patentes. T. meipso apud Wengham 22 die Aprilis Anno Regni nostri quinto.*

¶ *Tranex, nicis.*]. Longobar. lib. 1. tit. 19. §. 7. — *Si quis* tranicem *de vite alienâ inciderit, componat medium sol.*

¶ *Transitura, ræ.*] Al. *Transitorium* & *Trastura*: Tributum pro transitu impensum. *Capit. Carol.* lib. 4. cap. 59. — *Ut nullus ad palatium vel in hostem pergens, vel de palatio, vel de hoste rediens tributum*, quod transituras *vocant solvere cogatur.* Idem Longob. lib. 1. tit. 14. l. 16. Sed illic legitur *tributum quod transitorium* vocatur.

¶ *Transitus.*] Pro morte, & obitu.

¶ *Transpasso.*] Pro transmeare. L. Alaman. tit. 82. — *Donet alium catellum* quod jugum traspassare *possit.*

¶ *Transpungo.*] Ut membrum transpungere, & *Transpunctus.* Uti artus vel os *transpunctum*, id est è sude suâ elapsum.

L. Alam. tit. 65. §. 30. — *Ambas coxas uno ictu* transpunxerit. Et 31. — *In genuculo* transpunctus *fuerit aut plagatus.* Item §. seq. — *Si tibia subtus genuculo* transpunctus *fuerit.* Sic ibidem sæpius.

¶ *Transversa, sæ.*] Tributum quod habendi transitus gratiâ persolvitur, al. *Transitura, transitorium*, & *trastura* dictum. V. *Transitura.*

Huntington. Histor. lib. 6. sub an. 20. Regis *Cnut.* i. *Canuti.* Romam pergentis (Cnut.) — *Omnes malas exactiones in via, quæ per Gallias Romam tendit* (*quæ vocantur tolonea*, vel transversa) *data pecunia sua diminui fecit, usq; ad medietatem.*

¶ *Trasso, sas.*] A Gall. *tracer*; i. vestigia alicujus sectari, in ipsis vestigiis insequi. *Reg. Majest.* lib. 4. cap. 32. — *Nullus perturbet aut impediet canem* trassantem, *aut homines* trassantes *cum ipso ad sequendum latronem,* aut

aut ad capiendum malefactores. Vide Skæneum.

¶ *Traugus.*] L. Ripuar. tit. 43. — *Si quis &c. seu in clausura aliena* traugum *ad transeundum fecerit,* 15 *sol. mulctetur.*

¶ *Tremaculum.*] Gal. *Tremail*, retis piscatorii genus.

L. Salic. tit. 29. — *Si quis statuam, aut* tremaculum, *aut vertuolum in flumine furavarit &c.*

¶ *Tremum.*] Brachium subtus cubitum.

L. Salic. tit. 6. cap. 6. — *Si autem (brachium ruperit) subtus cubitum, hoc est* tremum, *componat sol,* 16. Vide supra *Morioc.*

¶ *Trentale.*] Officium pro mortuis, quo triginta cantabantur Missæ. Ab Italico *trenta*, id est, *triginta*.

¶ *Trespellius.*] q. tribus pelvibus, i. tintinabulis crucibus; tintinabulum enim **Bell** Germani & nos vocamus.

L. Salic. tit. 3. §. 7. *Si quis taurum, gregem regentem furaverit, qui de tribus villis communes vaccas tenuerit, hoc est* trespellius *IDCCC den. &c. culpab. judicetur.* §. 8. — *Si quis taurum furaverit, qui unum gregem regit &c.*

German. Editio, ut mihi author est *Lindenbrogius, tresbellio*, id est (inquit) *de tribus villis.* Gall. de *trois clochers*, sicut loquuntur consuetudinarii.

Clocca **Belle** Latino-Saxonic. Sic *Trimarchisia* apud Pausan. quod singuli equites Galli constarent ex *tribus*.

¶ *Treudis.*] Al. Triutis. *L. Alam.* tit. 99. §. 2. — *Si cervum ille (scil. qui furatus est)* treudis *non habet medium solidum compoant (fur) si* treudis *habet, & cum ipso nihil sagittatum est, solvat solidum unum.* An ergo *treudis* à Sax. ꞇꞃeꝩ, *arbor*, quod Virgilius dixit Ænead.

——— *Cornibus arboreis.*

Sed L. *Ripuar.* tit. 42. §. — *Si cervum domitum, vel cum* triutis *occiderit.*

¶ *Treuga.*] Induciæ. Pactio de pace pro tempore conservanda, propriè non inter Exercituum Imperatores sancita, sed privatos homines qui capitales olim sectarentur inimicitias. Indistinctè autem utitur. A Germ. & Angl. **treto**, i. fides, pax, fidelis, verus, Sax. ꞇꞃioꝑan i. *fidelem se ostendere.*

Istæ pacis conservandæ leges, quas treugas scriptores vocant, à *Frederico* primo Ænobardo captæ sunt, qui id in expeditione Italicâ sanxit, ad privata bella & dissidia, quæ tam nimium invaluerant tollenda: ut *Bignonius* è *Radevici* lib. 3. cap. 26. testatur.

Brito Armorica. Philippidos lib. 2.

Quod concedat ei treugas *saltem octo diebus.*

Et post multa.

——— *Datur ergo* [illegible]

Treuga *trium, qua pacis agant de fœdere partes.*

Et lib. 4.

Salvas concedo treugas *tibi dum crucis arma*
Servitio tuleris, dein meq; meosq; timeto.

Ibi aliàs, & pluries.

¶ *Triaen.*] Trians, Triens, *Triaen* apud Salicos, est tertia pars unius denarii. Verba audis L. Salic. tit. 40. §. 13. Tit. autem 37. §. 4. — *Sic 40 den. qui faciunt sol.* 1. *&* trianti *uno, quod est tertia pars solidi.*

¶ *Triatio.*] Triatores, Angli **Trpours**; Et *Trio, as.* Vocab. forensia, quibus nulla (quod sciam) Latinè respondeant satis apposité. Est autem *triatio* exactissima litis contestatæ, coram judice, per duodecem-virale sacramentum exagitatio: quod & *triare* dicitur: & ipsi sacramentales inde, *triatores*: eorumq; sacramento res comperta, *triata* appellatur.

Pat. 3. *R. Joh.* m. 3. in fidelitate. *Leulini.* Statuitur de *triatione* differentiarum dicti *Leulini &c.*

¶ *Tribatto, tis.*] Sine sanguinis effusione verbero vel cædo, Angl. **Drsbeat**, à Saxon. ꝺꞃiʒe, Angl. **dry**, i. arridus, & beaꞇe, i. *percutio.* V. *Batto.*

L. Salic. tit. 40. §. 9. — *Si quis jumenta aliena* tribatterint *& evaserint &c.* Et §. 14. — *Caballos aut jumenta aliena* tribatterit *& debilitaverit.*

¶ *Triding.*] V. infra *Trithinga.*

¶ *Triduanæ.*] Vide supra *Biduanæ.*

¶ *Trigildum.*] Tripla compositio, vel solutio, à Sax. ꝺꞃy i. *tres*, & ʒelo e *solutio pecunia &c.*

Burgund. tit. 63. §. 1. — *Qui messem in granarilo furatus fuerit, si ingenuus est* trigildum *solvat.*

¶ *Trihinga, & Trihing.*] V. infra *Trithinga.*

¶ *Trimarchisia.*] Et sine aspiratione *Trimarcisia*, Pausan. quod singuli Equites Galli constarent ex tribus. Taurus trespellius. V. Pausan. in Phocicis sive lib. 10. pag. 405. Ubi *Brenni* expeditio in Græciam edicitur, & sub Gallorum nomine Britanni videntur contineri, nam venisse ait ab ultimis Oceani finibus pag. 406.

¶ *Trimilchi.*] Maius mensis apud Anglo-Saxones. Ita dicebatur, quod tribus vicibus in eo per diem pecora mulgebantur. Talis enim erat quondam ubertas Brittanniæ, vel Germaniæ, è qua in Britanniam natio intravit Anglorum. *Beda* de ratione temporum cap. 15. Sax. ꞇꞃy *tres*, milchi.

¶ *Trinity house.*] Collegium Deptfordiæ, quod rem maritimam exercentibus leges mulctasq; imponit vigore Stat. an. 8. Eliz. cap. 13. & an. 35 ejusdem, si recte annotavit *Cowellus.*

¶ *Triniumgeldum*, *Triniumgeltum*, & *Triumniumgeldum.*] Grandis compensatio delicti quod non absolvitur nisi ter novem geldis. Mendosè enim Bignon. trigildum exponit. Dictum autem à Sax. ꞇpi-niȝon-ȝelꝺ, id est *ter-nona-solutio.* Sic *twigildum*, *trigildum*, *octogildum*, & *mungeldum* quod vide.

L. Baiwar. tit. 13. §. 2. — *Si quis infra curtem Ducis aliquid involaverit*, *quia domus Ducis domus publica est*, triniumgeldum *componat*: *hoc est* ter novem *donet liber homo. Servus verò* niumgeldo *solvat*, *aut manus perdat.* In cujus expositionem accipe quæ de his statuuntur, qui ministros Principis vel judicia exercentes, vel mulctas exigentes occidunt, pignorave abripiunt. *Burgundior.* tit. 26. §§. 1, & 2. — *Triplâ satisfactione teneatur obnoxius: hoc est ut per singulos ictus, pro quibus singuli solidi ab aliis inferuntur*, ternos solidos *is qui percusserit cogatur exsolvere.* §. 2. — *Ea etiam quæ fuerint violenter erepta*, tripla novigeldi *solutione reddantur*; *ita ut mulctam nobis præsumptores debitam solvant.*

¶ *Triparium.*] Quiddam supellectilis, fortè *tripes*, Angl. a Trebet, quasi Three-feet.

Pri. Lew. pa. 24. — *Unam archam*, 1 *greil*, 1 *patellam*, & 1 triparium, & 3 *barillos*, & 10 *discos* &c.

¶ *Triphunt.*] L. Baiwar. tit. 19. §. 2. — *Si quis canem doctum quem* triphunt *vocant furaverit.*

¶ *Triscabina.*] Formul. Solenn. Lindenbrog. 88. Inscribitur *Charta triscabina.* Et in textu — *Nunc igitur complacuit nobis*, *atq; convenit*, *ut talem chartulam* triscabinam, *seu ingenuitatis*, *ipsi servo nostro*, *nomine illo*, *fieri & firmari rogaremus.*

¶ *Trisagium*, sive *Trisbagium.*] q. τρὶς ἅγιον, i. ter Sanctum. Clausulà quæ in officiis Ecclesiæ antiquè canitur: *Sanctus*, *Sanctus*, *Sanctus* &c. Cujus usus in Concilio Vasense i. sub ætate *Constantini* magni, ideo institutus fuit, ut contra *Arianum* dogma, sanctissimæ Trinitatis laudes in divinis omnibus officiis & ministeriis celebrarentur: canonq; ille *de canendo trisagio* appellatur. Tom. Concil. 1. pag. 460.

¶ *Tristam*, *Tristram*, *Trustram.*] Lex venationis. V. *Julian de Bernes* fol. 18. a. & fol. 26. b.

—*Et jam aurora noctem abegerat*, *cum Rex vocatis ad se cunctis proceribus & militibus*, *venatum ire festinat*: *Venitq; ad latam quandam planiciem*, *quam in modum Coronæ densissima silva cingebat*, *in cujus medio colliculus quasi turgescere videbatur*, *qui diversorum colorum pulchra quadam varietate depictus*, *fatigatis venatu militibus gratum singulis diebus præbebat accubitum*: *In quo Rex*, *cum cæteris*, *superior constitisset*, *secundùm legem venandi*, *quam vulgus* Tustram *vocat*, *singulis proceribus cum suis canibus singula loca delegat*, *ut obsessa undiq; bestia*, *ubicunq; eligeret exitum*, *inveniret exitium.*

Benedict. Abb. in vitâ *Hen.* 2.

¶ *Tristris.*] Al. *Tristis* & *Tritis.* Vox Forestaria, & in Chartis Regiis, innuens; ut qui eâ donatur immunitate liber fit ab obsequio præstando domino Forestæ venationi incumbenti: utpote, qui nec canes ducere, nec feras persequi, nec destinatâ aliquâ statione transeuntes tenentur expectare. *Privileg. de Semplingham* — *Et sint quieti &c. de chevagio*, *Hondepeny*, *Buckstall*, & tristris, & *de omnibus misericordiis &c.*

¶ *Trithinga*, *Trithingus*, *Triding*, *Tribinga.*) Lib. Ramf. sect. 197. *tres hundredos* LL. Ed. Conq. cap. 34.

Breve de Attornato ad loquelas &c. Regist. 266. — *Provisum est*, *quod quilibet liber homo libere possit facere Attornatum suum ad loquelas suas prosequendas*, & *defendendas motas*, *in* trithyngis, *Comitatibus*, *Wapentachiis*, & *aliis Curiis sine Breve nostro.* Sur le statut de Merton cap. 10.

Mag. Chart. cap. 36. — *Fiat autem visus de Franciplegio*, *sic viz. quod pax nostra teneatur*, & *quod* trithinga *teneatur integra*, *sicut esse consuevit*, &c. Poulton vertit the Trithing.

¶ *Tritis.*] V. *Tistris* supra.

¶ *Triumniumgeldum.*] V. supra *Triniumgeldum.*

¶ *Triutis.*] Vide supra *Treudis.*

¶ *Trobichetum.*] Vide supra *Terbichetum.*

¶ *Troia.*] Italicum, *porcus*, *Scrofa.* Cui allusisse refert *Pomponius Sabinus* Virgilium Æneid. 1. ubi de *Antenore* ait,

— *Armaq; fixit*
Troia.

Troia (inquit) *nomine in latio*, scrofa *appellatur*: *cui vocabulo licentiâ Poeticâ allusit*; *quia & hoc urbis nomen fuerat*: & *ipse Antenor suem in aureo vexillo posuit*, *ut absumptæ urbis memoria ante oculos esset.*

¶ *Troiæ pondus.*] Apud Anglos dicitur quod 12 uncias in librâ numerat.

¶ *Trona.*] Statera.

¶ *Troperium*, *Troparium.*] Liber sequentiarum, quo in officiis Romanæ Ecclesiæ usi sunt, alioquin autem sequentiæ in gradale continebantur, alioquin seorsum habitæ sunt.

Provincial. Angliæ lib. 3. tit. *de Ecclesiis ædificandis* cap. *ut parochianus* — *Volumus de cætero & præcipimus quod* (*parochiani*) *teneantur invenire omnia inferius annotata*, *viz. Legendam*, *Antipho-*

Antiphonarium, *Gradale*, *Psalterium*, Troperium, *Ordinale*, *Missale &c.*

Nicephor. Eccl. Hist. lib. 17. cap. 28. pa. 893. — *Post Synodum Imperator (Justinianus)* troparium, *seu cantelenam cujus initium est* unigenitus filius, *& verbum Dei composuit, atque eam Ecclesiæ inter Psallendum usurpandum tradidit.*

¶ *Troppum.*] L. Alaman. tit. 72. Qui inscribitur *De eo qui in troppo de jumentis ductricem involaverit*, Et in lege idem. Chart. etiam Alaman. Goldasti nu. 15.

— *Quicquid die exitus mei de hac luce in pecuniali causâ, non datum & non usitatum reliquerim*; id est *caballis domalibus, cum cætero* troppo, *caballis cunctis &c. auro argentoq; &c.* Linden. ibi Gal. *troupeau.*

¶ *Trotingus.*] Joculator. Longobard. lib. 1. tit. 16. l. 8. — *Dum quidam ad suscipiendam sponsam cujusdam sponsi, cum paranymphis, aut* trotingis *ambularent, perversi homines aquam sordidam & stercoratam super ipsam jactassent.* Gloss. vett. *Trotingis*, id est joculatoribus. V. supra *Joculator.*

¶ *Trullus*, & *Trulla.*] Vita Sergii Pap. 1. Tom. Concil. 3. — Trullum *verò ejusdem Ecclesiæ fusis chartis plumbeis cooperuit atq; munivit.*

Concil. Oecumen. 6. sub *Agathone* Anno Dom. 680. Act. 18. — *Concilium congregatum est in hac à Deo conservanda Regia Constantini urbe nova Roma in secreto (al. Secretario) divalis palatii, quod cognominatur* Trullus &c. Ubi in notis,

Trullus sive *Trulla* significat sublimem fornicem desuper in altum porrectum, & in rotundum concameratum, quem Italicè dicimus *Cuppula*. Ita Baronius Anno 680. nu. 41.

¶ *Truncatio membrorum.*] In usu sub H. 2. V. *Assis. de Clarendon* Hov. 549.

¶ *Trustis.*] Fides, fiducia. L. Salic. tit. 43. §. 4. — *Si quis eum occiderit, qui in* truste *dominica est.* Simil. tit. seq. §. 2. & Recapit. §. 31. Item tit. 66. §. 2. — *Si ex* truste *Regali fuerit.* Decret. .....taril §. 2. — *Quod si in* truste *invenitur (Latro fugiens) medietatem compositionis* trustis *adquirat (persequens) & capitale exigat à latrone.* Ripuar. tit. 11. — *Si quis eum occiderit, qui in* truste *Regis est DC sol. culp. judic. &c.* Longob. lib. 3. tit. 4. l. 2. — *De* truste *faciendâ, ut nemo præsumat ad nos venienti mansionem vetare, & quæ necessaria sunt, sicut vicinio suo vendat*: Ubi Gloss. vett. *Truste facienda*: Id est *caballicata.*

Vide *trustis* jurandæ formulam ex *Marculfo* lib. 1. supra hic in voce *Antrustio.*

¶ *Tullutus, ta, tum.*] Ablatus, ademptus, ut supra *Tollo.*

¶ *Tumbrella, Tumbrellum, Tymbrella, Tymborella.*] Et inde *Tymboralis* Bractono.

Les receiver & les deliverere (de deniers) pur poy: de sink souls en amount, & de sink souls en availe per tumbrel, *livere per gardein del eschang &c.* Stat. de *moneta magnum* temp. Ed. 1. p. 41. b.

¶ *Tuna, Tun, & Ton.*] Finale in nominibus villarum. Sax. tun prædium, villa, Anglice **a farm**. In eo autem differunt **ham** & **tun**, quod hoc prædium seu villam quam Romani Rusticam dixere: illud domum seu mansionem capitalem, quam Urbanam appellarunt significet. Hoc terras tenementales & serviles; illud maherium stationemq; dominicam. Sic *Luca* 16. v. 8. *villicus* tungerefa, i. *villæ præpositus*, & ibidem vers. 4. *villicatio* tunscipe. Sic appletun, i. *prædium pomarium.*

¶ *Tunginus.*] Judex qui post Comitem est: Sic Gloss. vett. Sollensib. (inquit Lindenb.) *Degan*; In priscis Anglo-Saxon. Ll. *Thegn*, i. *Thanus.* Certè *thanus* aliàs *thingus* appellatur, ut supra in eo vocabulo: Sed etiam *thingus*, pagi vel patriæ portionem significat post Comitatum illustrissimam, utpote quæ plures continet Centurias, licet aliàs pro centuriâ simplici dicatur, ut apud *Hoveden.* in Ll. *Edw. Confess.* cap. 34. quod supra vide in *Thungrevius*, quod an idem sit cum *Thungino* isto aliàs apud me assero, aliàs dubito. Potior rata fortè videatur sententia, ut sit *Thunginus* lædæ, vel trithingæ dominus: *thungrevius* autem Vicarius ejus, ut *Scyrgrevius*, Vicarius Comitis.

Salic. tit. 46 — *Si quis homo moriens viduam dimiserit, & eam quis in conjugium voluerit accipere, antequam eam accipiat*, Tunginus, *aut Centenarius mallum judicent, & in ipso mallo scutum habere debeat, & tres homines, causas tres demandare &c.* Et tit. 48. De *Affattomia* §. 1. — Tunginus *vel Centenarius mallum judicent, &c.* Ut supra. Item tit. 63. — *Si quis de parentela tollere se voluerit, in mallo ante* Tunginum, *aut Centenarium ambulet, & ibi quatuor fusles alvinos super caput suum frangat &c.*

¶ *Tungrevius.*] Dictum aliquando fuisse videtur pro villæ præposito qu. **tun-greve**. V. quæ supra notavimus ex 35. cap. Ll. *Ed. Conf.* in vocab. *Leidgrevius.*

¶ *Tuninum*, al. *Tunninum.*] Cellarium. Locus quo vasa vinaria, quæ *tonnas* vocant, reponunt, **a Tun**. Vide supra *Tonna.*

L. Baiwar. tit. 1. cap. 14. §. — *Ad casas dominicas stabulare fœnile granicam vel* tuninum *recuperandum pedituras rationabiles accipiant.*

¶ *Tufia.*] Char. Alam. Gold. num. 58. — *Cum saumas et rufias, et filtros.* Lindenbrog. legit — *cum saumis &* tufiis *& filtris* Glos. in *Feltrum.*

¶ *Turba, bæ, Turbo, bas*, & *Turbaria, riæ.*] Est autem *Turba* Cæspes al. Terricidium

dium & blestia, de quibus supra, à Sax. ꞇẏꞃꝼ, i. *caspes*, ductum à ꞇẏꞃꝺ, i. *lacero*, quod de terrâ laceratur. Angl. a **Turff**. In Chron. Danico dicit *turbas* vulgo **torffs** nomen accepisse ab **Torff** antiquo Rege Danico qui has invenit.

In eo autem differunt blestia & *turba*, quod hoc è terræ corpore effoditur, illud ab ejus superficie abraditur: utrunq; in ignis alimentum à rusticis plurimis, & à nobilibus ipsis in palustribus Regionibus adhibetur.

Hinc *Turbare* sæpe legimus in membranis curiarum Baronum, pro effodere & abradere hujusmodi cæspites vel blestias. Hinc & *turbaria* vox forensis pro solo unde *turba* effodiuntur: quin & aliquando pro ipso jure habendi per præscriptionem *turbas* in solô alieno.

¶ *Turcoplier.*] Videtur fuisse *interpres in Ordine Johanitarum.* Ejus fit mentio in Odo . . . de reb. Norman. qui prodiit An. 1620 circiter.

¶ *Turonensis nummus.*] J. Caii Hist. Cantab. Acad. lib. 2. pa. 123. —— *Turonensis* enim nummus 12 faciebant 4 s. 4 d. Denarium verò duodecimam solidi nostri partem; Solidum libræ nostræ Vicesimam: Et Coronati Gallici solaris, ubiq; gentium noti, sextam partem; Marcam Coronatos duos, unum solidum & quatuor denarios; Libram Coronatos tres & solidos duos, seu tertiam partem Coronati ex æstimatione nostrâ Britannicâ.

¶ *Two nights gest.*) V. supra, **Third night own hinde**.

¶ *Twelfhyndman*, & *Twelfhindus.*) V. mox *Twihindus*.

¶ *Twigild.*] Dupla solutio, vel duplex pecunia, à Sax. ꞇƿẏ, i. e. *duo*, & **gild**, sive ᵹelꝺ, i. e. *solutio*, pecunia. Vide *Triniumgeldum*.

¶ *Twyhindus* & *Twyhindman.*] Is qui in æstimatione capitis 200 sol. censetur. Saxon. ꞇƿẏhinꝺenman, à ꞇƿẏ, i. *duo*, & hynꝺ, vel hunꝺ, id est *centum*. Ita *Sixhinda* & *Twelfhindus*.

Ll. Aluredi MS. cap. . . . juxta Lambardum — *Si quis* twyhindum *innocentem cum* hloth, i. *coborte, occidit*.

¶ *Typico, cas.*] Præfiguro. Brit. Armor. lib. 12. de virgâ Aronis.

Fronduit & subito produxit amygdala flore
Virginis intacta typicans *nova gaudia partus*.

¶ *Typographus*, *Typographia.*] U. *Magister*.

¶ *Tyro.*] Pro Equite aurato, atq; inde *Tyrunculus*, R. Al. 1. 103.

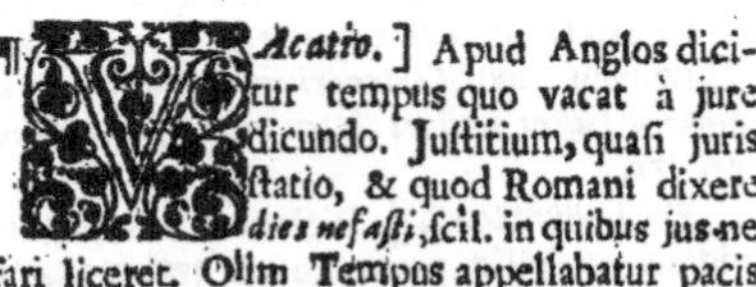

¶ V*acatio.*] Apud Anglos dicitur tempus quo vacat à jure dicundo. Justitium, quasi juris statio, & quod Romani dixere *dies nefasti*, scil. in quibus jus ne fari liceret. Olim Tempus appellabatur pacis Dei, & Ecclesiæ, ut sic à pacis Regiæ innotesceret quo lites agebantur. De hoc copiosè disseruimus in libello vernaculo *de origine & ratione Terminorum forensium*. V. autem supra *Terminus*.

¶ *Vaccaria*, al. *Vaccheria.*) Domus sive locus quo vaccæ aluntur, vel quo negotium quod ad eas attinet perficitur.

Fleta lib. 2, cap. 41. §. *Item inquiratur.* Vide.

¶ *Vaccaritia.*) L. Alam. tit. 75. — Si quis in *Vaccaritia* legitimâ ubi sunt 12 vaccæ, vel amplius, taurum ex ea involaverit, vel occiderit 3 sol. eum solvat, aut qualecunq; armentum de ipsâ *vaccaritiâ* involatus fuerit, secundùm qualitatem eum solvat.

¶ *Vala.*) Gothic. *Subrutilus*. Procop. de bel. Got. lib. 1. sect. 14. Persona Interp. — Hortantur in *valam* id est subrutuli coloris equum, ut jacula jacerent. Germanis hodie **vael** *color gilvus*.

¶ *Valco*, al. *Falco.*] Accipiter, al. acceptor. Epist. S. *Bonifacii* Archiep. Mogunt. ad *Cuthbertum* Archiep. Cant. ut [Servi Dei] acceptores [aut] *Valcones* non habeant prohibemus.

¶ *Valecta*, al. *Valetta.*] Et in Regist. brev. orig. 25. b. *valettus*, puer, minister, famulus, qui heri est à persona, Gal. *valet*, quasi qui *va lez son maistre*, i. qui juxta Dominum vadit seu ministrat. Corruptè *vallet*, & *varlet*.

Asser. Menevens. pag. 24. l. 12. — *Et volo* (Aluredus Rex) *quod Armigeri mei cum* valectis, *& omnes qui cum ipsis in servitio meo sunt, ita distribuant modo supra dicto &c.*

Valletti apud Gallos idem olim erant quos Germani fortè *Ambactos* vocabant; Angli **Serbingmen** & **Yeomen**, antiquis pueri, & in Canuti Ll. forestæ *juniores*, quorum viri Nobiles

Nobiles & Magnates magnas olim ad familiam clientelamq; suam ornandam & muniendam alebant catervas, juxta illud *Virgilii* Æn. 1. p. 535. l. 1.

Centum alia, totidemq; pares ætate minori
Qui dapibus mensas onerentur, & pocula ponent.

Comes *Oxonii* Regem Hen. 7. hospitio suscipiens 300 habuit.

¶ ***Valentia.***] Valor, precium. In jure tamen nostro municipali, Differunt aliàs *valentia* seu valor, & pretium, de quo vide *Cowellum*.

¶ ***Valettus.***] Vide *Valecta*.

¶ ***Vallemantia.***] Saltationis genus (aliàs *Ballimathia*) cujus fit mentio in rubricâ capitulorum 3 Conc. Toletan. An. 589. cap. 23. & in eodem Canone; de quo vide Glos. nost. notatum ad verbum *Balare*.

¶ ***Valvasinus.***] Est minor Valvasor, ubi de eo plura vide.

¶ ***Valvasores***, al. ***Vavasores***, & ***Valvassores***, quibusdam ***Vacuassores***.]

Feudistæ alii *valvasores* ducunt à *vassallo*, alii (& verisimilius) à valvis (quasi *ad valvas stantes* inquit *Spigelius*). Quod Jacobutius de Franchis à *Cowello* prolatus sic in præludio Feudorum enarrat tit. pri. num. 4. — *Quia assident* valvæ, *i. portæ Domini in festis, in quibus consueverunt homines curtiezare & eis reverentiam exhibere, propter beneficium eis collatum, sicut libertus Patrono*.

Dictum mihi videtur à Sax. pal, q. *vualasores*, pro munimine, aggere, vallo, q. *vallasores*, vel quod *valvas* & introitus Regni contra hostes tuerentur.

De gradu etiam eorum & dignitate non satis convenit inter scriptores qui suæ plerunq; sequuntur patriæ consuetudines, ab extraneis sæpe varias & discrepantes. Primariam verò eorum institutionem in Imperio cœpisse non est dubium: Ubi alii majores dicuntur *valvassores* (qui postea Regii & vassi Dominici) : alii minores qui (veluti per diminutionem) *valvasini* etiam appellantur.

Sunt ergò *valvasores* majores, qui non à Rege immediatè sed secundâ vice feuda acceperunt, scil. à Ducibus Marchionibus vel Comitibus, hoc est, à Regni & Regis Capitaneis, de quo supra vide in voce *Capitaneus*. Minores verò, quibus sua dispartiunt feuda *valvasores majores*. Sed & minorum beneficiarios quidam *valvasores minimos* nuncuparunt.

Tit. de feud. §. 1. — *Marchio autem & Comes, qui propriè Regni vel Regis Capitanei dicuntur, similiter feudum dare possunt: sunt enim & alii qui feuda ab istis accipiunt, qui propriè* Regis valvasores *dicuntur. Sed hodie* Capitanei *appellantur, qui & ipsi feuda dare possunt. Ipsi verò qui ab ipsis feuda accipiunt* valvasini, *id est*, Minores valvasores *dicuntur*.

Et Ex. §. 1. *de natur. feud.* Et §. 1. quib. mod. feud. amittitur — *Princeps Capitaneos suos investit, id est Marchiones, & Comites, & ipsos qui propriè Capitanei appellantur*.

Fit etiam investitura à Capitaneis, & majoribus valvasoribus, *qui propriè hodie* Capitanei *appellantur*.

Fit etiam à minoribus & minimis valvasoribus. *Valvasores majores & minores hodie vocantur* Capitanei: *licet impropriè dicantur minores*.

E quibus liquet *valvasores* esse in secundo à Rege gradu quoad tenuræ rationem: Dici tamen & ipsos *Capitaneos*, propterea quod capitis instar suis præessent vassallis: qui cum ipsi etiam inferioribus sua dispensarent feuda; inferioresq; illi, suis vicissim subalternis; omnes hi respectu suorum inferiorum *valvasores* dicti sunt; vel majores, vel minores, vel minimi; fortè quod valvarum instar singuli essent, per quas feoda à superioribus transeunt ad inferiores: eodemq; sensu Capitaneos etiam alias nuncupari relativè animadvertimus.

Valvasores item dici videntur aliquando, qui à Rege tenent immediatè, quos & ergo Regios dictos esse opinor *valvasores*, & *vassos dominicos*; neq; enim video cur alioquin Regii appellarentur. Longob. lib. 3. tit. l. 4. — *tam de nostris* majoribus valvassoribus *quam eorum militibus*. Et in supra-citatis legibus cum dixerit Princeps Capitaneos suos investit, id est Marchiones & Comites & ipsos qui propriè Capitanei appellantur: Exponit illico, quinam hi essent Capitanei, scil. *valvassores majores*, ut è verbis deprehendas. Videtur tamen hujusmodi *valvassores*, non antiquè Capitaneos dictos esse, sed ambiendo, id nominis contraxisse quod primariè tantum Ducibus, Marchionibus, Comitibus, competeret, variatisq; sæpe suis stationibus: inferiores tandem ipsis Baronibus habiti sunt, ubiq; ni fallar gentium.

De Gallorum enim sic *Butelerius* in *Summâ Aurali*.

Lib. rub. in Scacc. inter Leges Regis H. 1. — Habeant *vavassores*, qui liberius terras tenent, placita quæ ad witam vel weram pertinent super homines suos; & in suo super aliorum homines, si in forisfaciendo retenti, vel gravati fuerint.

Rot. pip. de an. 5 Regis Steph. Everwiscire — Vavassores Roberti Fossard reddunt compotum de *Lxiii s. 4 d.*

Pat. 5 Joh. m. 7. *Rex &c. Ballivis Petri de Pratellis de Insula Gerse & Gernse &c. Volumus — quod Episcopi, Abbates, Abbatissa, Clerici, milites*, Vavassores, *& alii qui redditus & tenementa habent in Insula Gersey &c. quintam partem redditiuum suorum, unius anni &c. prabeant ad sustentandum milites & servientes qui prædictas Insulas defendunt.*

Chart. *H.* 1. de tenendis Comitatibus & Hundredis MS. Cot. de Ll. (fol. inter 48, & 49.

49 nu. 5.) — *Et si amodo exurgat placitum de divisione terrarum, si interest Barones meos dominicos, tractetur placitum in Curiâ meâ: & si est inter* vavassores *istorum dominorum, tractetur in Comitatu, & hoc duello fiat nisi in eis remanserit.*

Item breve ipsius R. de admensuratione servitiorum *vavassorum* Ram, 211. Vide.

His exponit verbis, ut *Pratens* refert, & alii.

Valvasor dicitur nobilis, qui summæ coertionis non eiam nundinarum & mercatus jus habet (*un Gentilhomme, qui a seigneurie de haute justice*) estq; Barone inferior, atq; ab eo feudum suum obtinet.

Et in Ll. *Hen.* 1. Regis Angl. cap: 8. Hi qui generalibus placitis Comitatuum interesse tenentur, sic inter alios enumerantur, ut *valvasores* Baronibus videantur postpositi, Aldremanni, Præfecti, Præpositi, Barones, *vavassores*, Tungrevii, & cæteri terrarum domini diligenter (sint) intendentes. Bract. l. 1. c. 8. nu. 4.

De jurisdictione autem *valvasorum* nihil apud nos reperio, nisi quod suas habuerint Curias: Sic enim in iisdem *Hen.* 1. Ll. cap. 27. — *Planum est deniq; pro tali causa (scil. in pulsatione furti) condictum diem, vel quidem*

Salvacuaria. * *salva Curia* vavassoris *littera respectari, nec actione hujusmodi, sive Regia potestatis ministro debere finiri &c.* Obscurè & fortè mendosè.

At sequenti capite ita sequitur — *Habeant autem* vavassores *(qui liberæ tenent placita) quæ ad wytam vel weram pertinent, super suos homines, & in suo; & super aliorum homines, si in forisfaciendo retenti, & gravati fuerint.*

Preuves de l'Hist. des Comtes de Guines p. 149. — *Hic autem Arnoldus — Ardensis dominus, 12 pares vel Barones Castro Ardea appendicios instituit &c. rerum venalium forum in medio collocavit &c. scabinos eidem loco ordinavit; & eorum judicio secundùm jurisdictionem & institutionem Aadomarensium Scabinorum & & Burgensium tenenda & inperpetuum servanda cum 12 Ardensis opidi paribus*, Vavassoribus, *militibus, burgensibus & plebe &c. confirmavit.*

Bract. l. 2. cap. 39. nu. 6. f. 93. b. — *Quod dicitur de Baronia, non est observandum in* vavassoria *vel aliis minoribus feodis, quàm Baronia, quia caput non habent sicut Baronia, &c.*

Denuo addam, quæ in dictâ Longobardorum lege post aliquot sequuntur — *Si verò filium non habuerit (miles mortuus) & abiaticum de filio masculo reliquerit: pari modo beneficium habeat: servato usu majorum* valvasorum *in dandis equis & armis suis senioribus.*

De *valvasinis* deniq; Sic ex tit. — *Quis dic. Dux, Marchio, Com.* Valvasini, *id est minores* valvasores, *antiquo quidem usu, nullam feudi consuetudinem habebant.* Valvasore *enim sine filio mortuo, feodum quod* valvasino *dederat ad Capitaneum revertebatur; sed hodie eodem jure utuntur in Curia Mediolanensi quo &* valvasores. Lib. feud. tit. 14. cap. 10. Item cap. seq. — *De minimis autem* valvasoribus *sic observatur, ut si minores* valvasores *beneficium tollere voluerint minimis hoc liceat eis. Moderni autem non ita subtiliter discernentes, dicunt idem observandum in minimis quod in majoribus* valvasoribus *dictum est.*

¶ *Vatarius.*] Præcursor, ut Vantarius Regis est assecla Regis qui cæteros suos asseclas prægreditur, **the Kings Fore footman.** Rot. de finibus. Ter. Mich. 2 Ed. 2. *Richardus Rockesley Miles tenebat terras Seatoniæ per Serjantiam esse* Vantarium *Regis (in)* Gascoign, *donec perusus fuit pari solutarum precii 4 d. id est, dum trivisset par calceorum pretii 4 d.* Coke Just. sect. 95.

¶ *Vapintachium.*] Vide *Wapentachium.* Sic autem *M. P.* 148. l. penult.

¶ *Varda,*] Idem Scotis quod Gallis *garde*, Anglis **ward**, id est *ustodia*; sive hæredum in minore ætate existentium, sive rerum aliarum quarumcunq;. De hoc fusè *Skenæus* pro ritu suæ patriæ: nostræ autem vide infra in *Warda.*

¶ *Varda, da, & Vardo, das.*] Illud pro interloquutorio & constitutione, Hoc pro Constituere & decernere. Vide infra *Warda*, vel *Varda.*

¶ *Varenna.*] Scotis idem quod apud nos *Warenna* quod vide. *Skena.* — *Infeodatus liberam* Varennam.

¶ *Vastettus.*] Pat. 1. H. 3. in dorso. m. 13. — *Concordia inter Regem & Radulphum de Normanvill; viz. quod Rad. tenebit in servitio Regis Geroldum, & Radulphum milites, filios suos, quamdiu guerra sua duraverit; per sic, quod Rex ei remittat CC marc. quas debebant Regi Johanni de fine pro redemptione dicti Geroldi & per sic deberetur; Thomas filius dicti Radulphi* vastettus *in custodia Regis, qui similiter morabatur in servitio Regis cum prædictis Geroldo & Radulpho fratribus suis.*

¶ *Vassallus dominicus.*] Baro Regis, vel alterius fortè potestatis. *Trad. Fuld.* lib. 1. Ch. 101. — *Testibus Trugone Archiepiscopo (& post multos Comites) innumerabilibus* vassallis dominicis.

¶ *Vassaticum.*] Servitium, seu obsequium quo vassallus sive vassus domino tenentur.

Præcept. Concess. *Ludov.* Imp. An. circiter 817. Hispanis factæ. — *Noverint tamen idem Hispani, sibi licentiam à nobis esse concessam, ut se in* vassaticum *Comitibus nostris more solito commendant.*

¶ *Vastum.*] Devastatio, destructio, spolium, à Gall. *Gast.*

Vastum etiam dicitur pro terrâ incultâ, & quasi deserta. Sax. pæſꞇ.

Va-

¶ *Vavasor*, & *Vavassor*.] Vide supra *Valvasor*.

¶ *Vecorin*.] Longobard. lib. 1. tit. 36. l. 4. — *Si servus Regis* oberos *aut* vecorin *aut* memorphin, *aut quamlibet talem culpam, vel minorem fecerit, ita componat sicut de servis aliorum exercitalium decretum est.* Gloss. vet. *vecorin, antesteterit in viâ.* Papias *Vecorin*, viam anteſtare, Germ. **Wegeren.** Sic Lindenbr. Gloss. autem aliæ. *Oberos* vecorin *memorphin*, sunt verba injuriosa pro quibus tenetur ut supra de eo qui alii in viâ antestetit L. 4. Forenses Angl. hoc *forstallare*. Vide *Forstall*. Saxon. piƿegcopen *rebellis*.

¶ *Vectigalis ager*.] Is dicebatur, qui sub pactis reddituum & culturæ conditionibus in perpetuam elocabatur possessionem: nec colono ademi poterat suisve posteris, si non ob violatas conditiones. Qui modus elocandi terras, cum à Salicis institutus fuerit, ipsæ terræ & agri hujusmodi *Salici* appellati sunt. V. *Vadian.* R. Al. pag. 83.

¶ *Vectis*.] L. Anglior. tit. 5. §§. 6. & 7. — *Si libero (unum vel ambos testiculos excusserit) C sol. componat, vel juret ut superius: Si* vectem *similiter.*

¶ *Vegarius*.] Pipinus, Maior domus in diplomate pro S. Dionysio — *Omnibus Episcopis, Abbatibus, Ducibus, Comitibus, Domesticis, grafionibus*, vegariis, *Centenariis, vel omnibus missis nostris discurrentibus, seu quacunq; judiciaria potestate præditis.* Hoc *Bignonius* recitat in notis ad vett. formul. cap. 7. non autem exponit. Ipse ergo corruptè dici opinor *vegariis* pro *vicariis*, hoc est Vicecomitibus, qui in Canonibus & aliàs *vicarii* sæpe dicti sunt, scil. *Comitum*, qui hic *grafiones* appellantur. Vide infra *Vigerius*. Charta *Ludovici* 8 Bituricensib. facta, quam *Lindenbr.* recitat in Gloss. ad *Vicarium* — *In unaquaq; vigeritia unus tantum* vigerius *habeatur.* Gallis *viguiers*; Ordinarii sunt villarum judices: Et in Languedocensi provinciâ horum instar qui in reliquâ Galliâ *Provosts* dicti sunt. Qui & ergò dicantur *vigerii* quasi *vigrevii*, à Sax. pic, i. *villa*, & ȝpeve, i. *præpositus*; uti apud nos *Schyreve*, *Dikreve* &c.

¶ *Vegetum*.] Baiwar. tit. 21. §. 6. — *Si (quis) de minutis silvis de wic, vel quacunq; kameio* vegetum *reciderit, cum solido & simili componat.* §. 7. — *Si amplior fuerit numerus* vegetorum *non cogatur componere, nisi restituere cum simili, & sacramento.*

¶ *Vegius*.] L. Burgund. tit. 16. — *De inquirendis animalibus*, §. final. — *Si verò* vegius *extiterit*, & vegiaturas *acceperit, & is cui indicat invenire non potuerit, furtum quod se perdere meminerit, dissolvat in simplum.* Et ibid. Additam. 1. tit. 8. — *De viatoribus* — *Quicunq; mancipium, caballum, bovem, vaccam, verveceın &c. perdiderit; donet* vegio *pro mancipio sol. 5. pro equa sol. 2. pro caballo sol. 3. pro bove optimo sol. 3. pro &c.*

Gloss. Lindenb. *vegii* sunt quos Latini divinos, aut vates vocant. German. **Wickers.** In fœdere Aluredi Edoardi & Gutrunni Reg. cap. 11 — bẏ picum piȝlepum & manſpopum, i. *de vatibus ariolantibus pejerantibus*, & forsan alterum est ab altero deductum.

¶ *Velamen*, *Velum*.] Velata soror vel fœmina. *Velata, tæ*, & *Velo, las.*

Est autem *velum*, seu *velamen* nonnarum habitus consecratus.

¶ *Veltris*.] Canis genus apud Danos, Salicos, Boioros, Alamannos. *Constitut. Canut.* R. de forestâ Art. 32. — Veltres *quos langeram appellat &c.*

L. Boior. tit. 19. §. 5. — *De canibus* veltricibus, *qui unum occiderit, qui leporem non prosequitur, sed suâ velocitate comprehendit: cum simili & 3 sol. componat.*

L. Salic. tit. 6. §. —*Qui* veltrem *porcacarium sive veltrem leporarium, qui & argutarius dicitur furatus fuerit.*

L. Alaman. tit. 82. 5. —*Si* veltrem *leporalem probatum aliquis occiderit*, &c. forte à **Greyhound.**

¶ *Venerabilis Beda*.] Quare sic dictus. *J. Caius de antiq. Cantab. Acad.* p. 104. Radulphus Remington de gestis Regum Angliæ, volens ostendere quamobrem *Beda* dicebatur *venerabilis*; Fuit Romæ inquit porta ferrea, in quâ hæ literæ summatim erant scriptæ PPP. SSS. RRR. FFF. quas nemo legere poterat vel intelligere: postea Bedæ Romam venienti, & easdem literas inspicienti, dixit quidam Romanus, *Quid aspicis Anglice Bos*? Cui Beda, *Confusionem vestram aspicio*: Igitur Beda, quod in eisdem literis latebat, hoc modo declarabat: *Pater patriæ perditus est; Sapientia secum sublata est; Ruet Regnum Romæ; Ferro, flammâ, fame.* Quod autem audiens & omnis populus Romanus, dignum judicarunt honore, & *Venerabilem* censuerunt appellare.

¶ *Velum*.] V. supra *velamen*.

¶ *Venaria, orum*.] Dicuntur animalia venatui dicata, Non silvestria, ut damæ, phasiàni, &c. at campestria, uti lepores, perdices, &c. Ll. *Ed. Conf.* cap. de *herotochiis*. *Abstineat omnis homo à* venariis *Regis, ubicunq; pacem eis habere voluerit super plenam Wytam & forisfacturam.*

¶ *Venditæ, tarum*.] Vectigal est rerum in foro & publicis nundinis, cujus mentionem in Gallicis quibusdam vetustis instrumentis legisse se meminit *Bignonius*, additq; — *Hodie quidem rerum immobilium* εἰσδέκτικα *dicuntur* ventes. In Noris ad vett. formul. cap. 45. Ubi sic legitur — *Nulla telonea, nec nullas* venditas, *nec rodaticum, nec foraticum &c. exactare non præsumatis.*

¶ *Venella, læ*.] Via angustior, quæ in urbe domibus, in rure fossis sepibusve utrinq; clauditur.

A *veniendo* dictum, ut iter ab *eundo*. Angl. **a lane**.

inde

Inde in Registro originali *Breve de viis & venellis mundand.*

¶ *Venta.*] S. Cons. apud Gallos An. 1263, cujus *Renat. Choppinus* meminit lib. 2. De Domanio Fran. Tit. 9. Sect. 11. — *Et pertineret ad hujusmodi*, i. e. *Episcoporum Maioris census*, ventæ, *investitura*, *& similia* &c.

¶ *Venates.*] Vide supra Venditæ.

¶ *Ver, & Vergelt.*] *Skenæus* dixit in Not. ad Reg. Majest. lib. 3. cap. 19. pro *Were* & *Weregild* quæ vide infra.

¶ *Verbosor, faris.*] Multiloquio utor. *Augustin.* Serm. de temp. 215. Si suum esse agreste hoc vocabulum non negaverit — *In Ecclesia stantes nolite verbosari, sed lectiones divinas patienter audite; Qui enim in Ecclesia verbosari voluerit, & pro se & pro aliis reddituri est rationem.*

Verbum in Ecclesia facere, i. e. sermonem ad populum habere. *Addit. Ludovici* 4. tit. 41.

¶ *Verd.*] A Latino *viride*. Dictio forestaria sive ad saltuarios pertinens, sensu duplici. Primo pro potestate, quam quis habet per concessionem Regiam secandi ligna viridia infra forestam ad foci sui alimentum.

Secundo pro jure compascendi animalia in foresta, quod alias dicimus *herbagium*.

¶ *Veredus, di.*] Currus, Plaustrum. Vide *Parata*.

¶ *Veredarii.*] Dictio, e Jun. *Postes*, idem *veredi*.

¶ *Veredictum.*] Quasi *verè dictum*. Dicitur responsum quod duodenarii juratores, ut aliter loquuntur, jurata Judici reddit super facto aliquo suæ inquisitioni demandato. *Veridictum* 4 feud. tit. 15.

In contentione feudi — *Electio temporis est veritatem jurejurando decernere, cum pares Curtis veritatem non testantur.*

¶ *Verger.*] Virgata, à virgâ quam Marischallus portat ut signum suæ potestatis. *Fleta* lib. 2. cap. 4. §. 1. *Cow.* Hinc *Virgatores*, id est *vergers*, qui in Ecclesiis argenteas virgas ferunt. Est autem *verg* Germanice *Verge*[illegible], & abquando magistratus [illegible] exequitur, & absolvit. *Paradin.* de antiq. Burg. cap. 15. pag. 111. & [illegible] inde *vergobretus* jurisdictionis magistratus ibid.

¶ *Vergelt.*] Vide supra *Ver*, & infra *Wergildum*.

¶ *Vero, onis.*] Brito Armoric. *Philippid.* lib. 10. p. 35 in obsidione Nannetica.

Audaces viri quos illa Britannia gignit
Obdere qui leviter extrema repagula curant
Ejus in [illegible] potius in vectore rejecto
Egressi pugnam committere gnaviter audent.

Corruptus locus videtur, & carmen vitiosum cum [illegible] forte elidatur more Enniano.

¶ *Verrus.*] Pro verres. L. Sal. tit. 2. §. 12. — *Si quis verrum furaverit &c.*

¶ *Vertuolum.*] Genus piscatorii retis, Latinis melioribus *verriculum*, Gall. Norman. *vertueil*, juxta Gloss. *Lind.* L. Salic. tit. 29. §. 3. — *Si quis stdtuam, aut tremaclum vel* vertuolum *de flumine furaverit &c.*

¶ *Vervisa.*] Panni genus, alias **plankets** dictum. An. 1 Ric. 3. cap 8. *Cowel.*

¶ *Vesca.*] Vide *Lepe*.

¶ *Vesses.*] Panni item genus.

¶ *Vestiarium.*] Ærarium, Cimeliarchum, gazophylacium. Locus in Ecclesiis quo vestes thesauri & supellex sacra reponitur, sive *vestiarium*. August. Epist. 109. — *Et sicut pascimini ex uno cellario, sic induamini ex uno* vestiario to. 2. 106.

¶ *Vestiaria.*] Ancilla, seu genetiaria. L. Al. tit. 79.

In *vestimento* jurare; id est *Sagum tenens jurare*. Mos antiquus.

Frison. tit. 3. §. 14.

¶ *Vestitio, tis, Vestitura, Vestitio, onis, & Investitura.*] Item *investio* & *devestio* & *revestio*.

Est autem vestire, plenam possessionem terræ, vel prædii tradere; saisinam dare, infeodare. Unde *devestire* est possessione aliquem exuere: de feodo ejicere. Revestire est ejectum restituere. *Vestitura*, ipsa possessio & possessionis traditio &c. Omnia à *vestitu* dicta quod per investiendi ceremoniam ipsius terræ *vestitus*, hoc est herba, fructus, ædificia, proventus in alterius transferuntur dominium. Fructus enim terræ *vestura* dicitur & *vestitura*. Sic *Westm.* 2. cap. 26. — *Asportare possunt* vesturam (*terra*) *& levare redditus, & alia proficua.*

Vide supra *Investio*, & investiendi ceremoniam, sicuti in vocabulis *Seisina*, & *Traditio*.

V. lib. *de verb. feudalibus*, ubi dicitur à *vest*. quod lingua Francogallica significat possessionem, verbo *Investitura* & *devestire*. Ergo à Saxon. pæſt quod significat *fructum*, V. in dict. Sax.

Chart. Alaman. vett. Gol. nu. 42. — *Ad integrum à die præsenti trado vobis, & uxorem servum meum, nomine* Nhideng, *& uxorem ejus* Bruna, *& cum oba sua, & cum omnia quo* vestiti *sunt: & alium servum meum, nomine* Wolfharium, *cum uxore sua* Atane, *cum oba sua, & cum omnia quo* vestitus *est.*

Vestitus in Conc. Valentin. dicitur *coloniam vestitam*. Videtur dici de colonia utensilibus in instrumentis instructa rusticis, *Burchard.* hoc reddit 12 *bunnariis*. Vide *Bunnaria*. Sed *terra vestita* dicitur pro *terra sata*. V. *Terra vestita*.

¶ *Vestita manu, & manus vestita.*] Dicitur, cum quis plenam rei possessionem obtinet; *vestitum* ejus, i. fructus & emolumenta libera manu colligens, & percipiens.

L. Baivar. tit. 17. §. 3. — *Mei antecessores*

forestenuerunt (*territorium*) *& mihi in alodium reliquerunt, & vestita est illius manus cui tradidi.*

Vett. Chart. Alaman. 58. in traditione precariâ — *Post meum verò discessum ipsas res* (*scil. prædia prænominata*) *ad monasterium S. Galloni admelioratas revertant absq; ullâ contradictione, vel minuatione* manu vestita, *partibus meis &c. possideant.*

¶ *Vetitum namium.*] Antiqua juris nostri locutio, & Brevis Regii nomen reciprocam captionem (juristis Imperii reprisaliam) denotans; sed quod in ipsis verbis non facile deprehenditur. *Namium* tamen apertè significat *captionem*, ut suo loco supra demonstravimus. Avus meus *D. Joh. Spelman* in lecturâ primâ an. 5. Hen. 8. Nota (inquit) de *vetito namio*, quod per constructionem *Bractoni*, *vetitus* est prohibitus vel injustus, & *namium* idem est, quod captio; & sic *vetitum namium* idem est quod *injusta captio*, &c.

¶ *Veto, tas.*] Pro nego.

¶ *Veuta terræ.*] A Gall. *veu*, visio, vel visus terræ, quod in litibus sæpe exigitur.

Skeneus in Annot. ad lib. 1. Reg. Ma. cap. 9. — *De judicibus* cap. 93. — *Porro* visus terræ *Gallicè* veuta terræ *dicitur*, *quod Latini dicunt in rem præsentem venire*, *teste Budæo in Pandectas.*

¶ *Vexillum crucis.*] Al. Hierosolomitanum; ad magistrum militiæ Terræ sanctæ pertinebat, multis donatum privilegiis. Capitis enim rei & ad supplicium tracti, si hoc transiens fortè comprehenderent, immunes illico constituti sunt. Producebatur autem cum in bellum contra Saracenos descendendum esset; militum conscribendorum gratiâ, qui & ergo amplissima privilegia ex munificentia principum consequebantur, ut videre est:

Brit. Armoric. *Philippid.* sub exordio lib. 3.

Nec minus Anglorum zelo Rex motus eodem
Richardusq; Comes, vexillo se crucis *armant*.
Exemplo quorum proceres Comitesq; Ducesq;
Ordoq; militia minor, Ecclesiaq; ministri,
Et multi de plebe viri, non impare voto
Signo se signare crucis, properanter avebant.
Par desiderium cunctos habet; unica mens est
Omnibus, unus amor Sancta succurrere terræ.

¶ *Vexillum feudale.*] Spec. Sax. lib. 3. Art. 53. — *Comitatus pertinens ad* feudum vexillorum, *eundem non licet vacantem habere. Similiter non licet Regi vel Imperatori* vexillum feudale *diutius retinere, quin illud conferat infra diem & annum.*

¶ *Vi & armis.*] Suida βιαίων, i. *Actio de vi facta*, non tantum de stupro virginum, sed in genere de quavis violentiâ dicitur: cujus convictus tantundem Reipub. numerat, quantum illi à quo reus peractus est.

¶ *Viaticum.*] **Voiacell.** Fortes. cap. 22. pag. 48.

¶ *Vicarius.*] Pro Vicecomite. Form. fol. 172. sup. in Judicium Dei.

Wisegothor. lib. 4. tit. 5. l. 6. — *Si heredes fundatores prosequi noluerint pro rebus spoliatæ Ecclesiæ: tunc Ducibus, vel Comitibus, Tyuphadis, atq;* Vicariis, — *additus accusandi, & licentia tribuitur exequendi.*

Lib. 8. tit. 2. l. 5. — *Nullus Comes*, Vicarius, *villicus, præpositus, Actor, aut procurator, seu quilibet alius rem ab alio possessam sine judicio usurpet.*

Lib. 9. tit. 2. l. 8. — *Dux*, *aut Comes, Tyuphadus*, *aut* Vicarius, *Gardingus, aut qualibet persona tenetur scandalum Regno illatum comprimere.*

Lib. 12. tit. 1. l. 2. — *Nullus Comes*, Vicarius, *vel villicus pro suis utilitatibus populos aggravare præsumant.*

Caroli Augusti Imp. ad leg. Salic. Capitular. 1. §. 20 — *Hoc nobis præcipiendum est ut ubicunq; inveniantur* Vicarii *aliqui mali*, *consentientes, vel facientes ipsos ejicere*, *& meliores ponere.*

Et §. seq. *Ut Comites vel* Vicarii *eorum legem sciant, ut ante eos quis neminem judicare possit nec ipsam legem mutare.*

Ibi Capitular. 2. §. 5. quod item habetur Longob. lib. 2. tit. 47. l. 1. Et Capitul. lib. 3. cap. 11. — *Ut mali Advocati Vicedomini* Vicarii *& Centenarii tollantur, & tales eligantur, quales sciant & sciant & velint justè causas dicere & terminare, & si Comes pravus inventus fuerit nobis nuncietur.*

Longob. 1. tit. 25. l. 9. Et Capit. lib. 4. tit. 63. *Ut* Vicarii *& Centenarii, qui fures vel latrones cœlaverint, vel defenderint*, *secundùm dictam sibi sententiam judicentur.*

Videtur autem Comites & suam habuisse jurisdictionem: Et *Vicarii* sui, suam peculiarem. *Longobar.* enim lib. 2. tit. 62. l. 6. — *De Comitibus statuitur, ut ipsi de causâ quacunq; ad eos venerit querela, plenissimâ & justissimâ deliberatione definire decernant, & sicut rectum & justum est ita agant. Et ut primitùs ad placita eorum, orphanorum, viduarum, nec non pauperum causæ deliberentur.* Lege autem sequenti definita est *Vicariorum* potestas, scil. ut ante *vicarios* nulla criminalis actio diffiniatur, nisi leviores causæ quæ facilè possunt judicari. Et nullus in eorum judicio aliquem in servitio hominem conquirat; sed per fidei jussorem mittantur, usq; ad præsentiam Comitis. Et ad ingenuos homines nulla faciant placita custodire, postquam illa tria custodiunt placita quæ instituta sunt, ne fortè contingat, ut aliquis aliquem accuset; exceptis illis scabinis, qui cum judicibus residere debent.

Capitular. lib. 4. cap. 44. — *Justiciam faciant* (*Missi nostri*) *de rebus & libertatibus injustè ablatis: & si Episcopus*, *aut Abbas*, *aut*

Vicarius, *aut Advocatus, aut quislibet de plebe hoc fecisse inventus fuerit, statim restituantur. Si verò Comes vel actor Dominicus, vel alter Missus palatii nostri hoc perpetraverit — ad nostrum judicium reservetur.*

Ibid. cap. 64. — *Ut Comites*, Vicarii, *Centenarii propter justitiam pervertendam munera non accipiant.*

Preuves de l'hist. des Contes de Poictou p. 298. — *Nosce debetis — Fulconem Comitem Vindocinensem &c. donasse S. Martino &c. MLxvi, ab incarn. Domini consuetudines omnes quas habebat in terrâ de Loiri*, Vicariam *scilicet & commendistam, & carreium &c.*

Vicarius, pro Centenario judice. V. *Pitha.* in Centenarii.

¶ *Vicarius Comitis.*] Wisegothor. lib. 2. tit. 1. l. 23. — *Si quis Judicem, vel Comitem, aut* Vicarium Comitis, *seu Tyuphadum suspectum se habere dixerit, ad Ducem provocet, atq; inde ad Episcopi audientiam, etiamq; ad Regem.*

Ibid. lib. 3. tit. 1. 1. — *Comes Civitatis, vel* Vicarius, *aut Territorii judex co noscere possunt de eo, qui injustè repudiatam duxerit, si non potentior sit nobilis, qui ad Regem deferendus est.*

Ludovici Imp. Addit. 4. ad Capit. cap. 83. — *Quicunq;* Vicarii, *aut alii ministri, tributum quod inferenda vocatur majoris Pretii exigere præsumpserit quam — 2 sol. pro una vacca &c. cum sua lege restituat & insuper &c.*

Capitul. lib. 2. cap. 28. — *Ut Episcopi, Abbates, Comites, Vassi dominici &c. intersint placitis Missorum, qualia hodie* Assisas *vocamus — & habeat unusquisq; Comes,* Vicarios, *& Centenarios suos secum, necnon & de primis scabineis suis tres vel quatuor:*

¶ *Vicaria.*] Pro jurisdictione Vicarii, seu Vicecomitis.

¶ *Vicecancellarius.*] Idem quod Custos Sigilli. *Mat. Par.* in H. 3. An. 1247. pag. 662. — *Dominus Johannes Mansel Ecclesiæ S. Pauli Londoniensis Cancellarius — custodiam sigilli Regii suscepit,* Cancellarii vices *acturus & officium.*

¶ *Vicecancellarius Regis.*] Sic Petrus Blesensis *Henr.* 2. Camd. Engl. pa. 531. c. Sic Malus catulus *Ric.* 1.

¶ *Vicecomes.*] Dicitur, quod vicem Comitis supplet in placitis illis quibus Comes ex suæ dignitatis ratione participiat cum Rege: Sic *Niger lib. Scaccarii.* Quæ ad Comitem pertinent vide supra in ejus diatribâ & luculentius hunc descriptum intueberis: summus est in satrapiâ quam Comitatum appellamus Officialis, Regi proximus, & à Rege datus ad custodiendum Comitatum; pacem promovendum; fures & maleficos cohibendum; rebellesq; & res novas molientes omnes conterendum. In his igitur exequendis totum habet à mandatis Comitatum, jubetq; Regio diplomatè magnates Regni, Magistratus & potestates universæ ejus inhærere partibus & suppetias ferre.

Claret Judex duplici apud nos foro, hoc menstruo, quod *Curiam Comitatus* vocant; illo semestri *Turnum Vicecomites* nuncupato. De prisca istorum amplitudine eo liquet quod Archiepiscopi, Episcopi, Abbates, Priores, Comites, Barones, cæteriq; omnes prædia possidentes in Comitatu his adesse tenerentur sectatores; donec Statuto *Marleburgensi* An. 52 H. 3. cap. 10. Ut supra intelligas in voce Hundredus & è Stat. Marleb. an. 52 H. 3. Ubi Magnatibus prædictis indulgetur, ut à Turno sint absentes, nisi in causis particularibus Turno ipsorum præsentiam expetente. Vide *Comitatus*, & *Turnus.* Cognoscit hodie in Curiâ Comitatus, cum de causis quibusdam prædialibus, tum de levioribus nonnullis civilibus 40 solidis non excedentibus. Duobus istis Curiis, *Comitatus* scil. atq; *Turni* emersere aliæ plurimæ ad Vicecomitem propriè pertinentes. E Curiâ Comitatus, omnes Curiæ *Hundredorum*: Et è *Turno* omnes omnium *Villarum Letæ.* Hodie verò Regum diplomatibus Vicecomiti auferuntur, pleræq; Nobilibusq; intra dominica sua conceduntur.

Habet præterea Curias inferiores plurimas. In Centuriis multis & Wapentachiis, Centurialem quam *Hundredum* vocant. Quo, de civilibus litibus agitur Hundredi. In villis pluribus *Letam*, quam vocant, & *visum Franci plegii* ad cognoscendum de publicis nocumentis infra villam illam, & quod contra pacem geritur.

In Comitatu vero, Turno, & Leta, nihil competit quod supra 40 s. æstimatur. Jurisdictionis enim istud vetus limen fuit, cum solidus unus supra quinos æstimaretur hodiernos. Cognovit olim utiq; in Turno de criminalibus multis, furtis, rapinis, homicidiis &c, quæ foris Regiis hodie terminantur, & placitis aliis Coronam pertinentibus, quæ adimuntur ei, Stat. Mag. Chartæ Cap. 18. & hodie de publicis nocumentis.

Quoad ejus ministerium mandata Regis & Curiarum omnium superiarum suscipit & exequitur, singulos habens in singulis responsales à suo Subvicecomite deputatos.

Reum in civili lite Curiæ citat, in criminosa tribunali sistit: contestata utraq; Juratam cogit facti veritatem edicturam; litem obtinenti judicatam expedit; Condemnatos rapit ad supplicium; Mulctas & pecunias publicas fisco infert.

Justitiarios Regis bis quotannis in Comitatum ad Assisas celebrandas venientes, fastu magno, magno stipatus famulatu excipit, & per plures dies (moræ spatium) eis se in omnibus præsto habet: Lautè interea convivando.

Ad hæc exequenda insignem habet clientelam; Deputatum nempe quem *Subvicecomitem*

tem vocant, cum ſcribis ſuis atq; Clericis, Reſponſales in Curiis Regis, Centuriarum, & Letarum Seneſcallos, multos Cuſtodes carcerum, Ballivos, & lictores plurimos, famulatum ſplendidum & numeroſum.

Eligebatur olim in Curiâ Comitatus (ut hodiè Milites Parlamenti) populi ſuffragiis; ſed concitatis interea graviſſimis tumultibus, electio ad ipſum Regem promovetur hoc ordine: Juſtitiariis tribunalium viros ſex idoneos nominantibus, D. D. Cancellarius, Theſaurarius Regni, Magnates à Conſilio Regis, omnium tribunalium Judices in Scaccario coadunati, ſeorſumq; jam jurati, tres ex ſenis iſtis cooptant, delatiſq; eis Regi Rex è tribus unum promit in officium Vicecomitis, qui & uno tantum anno munus adminiſtret. Sic ex lege cautum 28 *Ed.* 3. Olim enim annos plurimos, & ad vitæ terminum aliquoties perſtetit; nec unus ſolum; at creberrimè duo, ſæpe tres: nonnunquam, ut in *Warwick* & *Lecester* 27 H. 2. quatuor ſimul per tres ànnos.

Eligebantur etiam olim ad hoc officium potentiſſimi ſæpenumero totius Regni proceres; Barones, Comites, Duces interdum & Regum filii; Sic, ut cæteros taceam, *Edmundus* Comes *Cornubiæ*, filius *Ric.* Regis *Alamaniæ*, ab anno 17 *Ed.* 1. ad an. 28. & anno 30. *Margareta* ejus vidua per 14 annos. Sic *Edwardus* 1 filius primogenitus *Henrici* 3. Vicecomes fuit *Rutlandiæ* anno 52 patris ſui, uſq; ad ejuſdem obitum, hoc eſt annos 5.

Vicecomitilia *Vicountiles*. **There be certain fermes which the Sheriff payeth a rent for to the King, and maketh what profit he can of them.** V. 33 & 34 H. 8. ca. 16. 2 & 3 Ed. 6. ca. 4. H. 5. ca. 2. *Ml.* **That the Sheriff of London and Middlesex pay no Vicountiles.**

¶ *Vicecomes.*] Pro eo qui prius *Vicarius* dictus eſt. *Big.* Longob. 2. tit. 30. l. 2. —— *De mancipiis, quæ venduntur, ut in præſentia Epiſcopi, vel Comitis ſint vendita: aut Archidiaconi & Centenarii, aut Vicedomini, aut Vicejudicis, vel Vicecomitis, aut ante bannum notâ teſtimoniâ.*

Hincmar. Archiepiſcopus *Willeberto* Catalaunenſi reſcribit apud *Flodord.* lib. 3. cap. 23. — Ut Comitem — benignè ſuſcipiat, & *Vicecomitem*, pacis inter eos procuratorem.

Eudo *Vicecomes* in Britan. minori apud *Rob. de Monte.*

Rad. Vic. de Bello monte. Paten. 3. R. Joh. m. 8. n. 36. in homag. *Joelis de Maduana* Walli, *Joh.* R. — *Et dedit Rex hoſtuarios, & fidejuſſores ſubſcriptos, de prædictis firmiter obſervandis, ſcil. Will. de Rupibus Seneſchallum, And. Rad.* Vicecomitem *de Bellomonte, Com. R. de Sugio, Steph. de Pertico & multos alios, qui omnes juraverunt, & chartas Regis liberaverunt, quod pro totâ poſſe ſuâ facient me has conventiones tenere.*

¶ *Vicecomes Regis.*] Ll. Ed. Conf. cap. 35. —— *Aldermanni in Civitatibus &c. eandem dignitatem, & poteſtatem, & modum qualem habent præpoſiti Hundredorum, & wapentachiorum in ballivis ſuis ſub Vicecomite Regis per univerſum Regnum.* Ubi vides *Vicecomitem*, Edouardi Confeſſoris ævo, Regis tuiſſe miniſtrum, non Comitis. V. mox *Vicedominus*, ut ſupra Juſtitiarius.

¶ *Vicecomes Comitis.*] Ingulph. pag. 912. — *Cum adhuc 20 anni de firmâ illorum reſtent, antequam centum anni conceſſi in eo manerio, Normanno quondam Edrici Vicecomiti compleantur.*

¶ *Vicecomes nomen dignitatis.*] Guliel. 1. fecit *Balduinum* quem *Vicecomitem hæreditarium* Devoniæ & Baronem de Okehampton. *Camd.* p. 207.

Sic fecit *Urſum* ſive *Urſonem Abtot* Vicecomitem *Worceſt.* ſed *Rogerus* filius ejus exutus eſt ab Hen. 1. quòd miniſtrum quendam Regis occiderat; Officium tamen per ſororem ejus ad *Bellomontes* tranſvehitur. *Camd.* 578. V. *Malm. Geſt. Pont.* p. 271.

Sic *Eſtotevilli* (ut fertur) *Eboracenſis.*

Sic *Joh.* Rex dedit balliviam & reditus *Weſtmerlandiæ Roberto de Vipont*, per feoda 4 militum, & inde hodiè *Cliffordi* retinent. *Camd.* 763.

¶ *Vicecomitiſſa.*] Rex conceſſit Eccleſiam de *Thorncombâ* Abbati de Forda ſicut Adelicia *Vicecomitiſſa* illud manerium ei dedit. *Chart. de libertatibus diverſorum Monaſteriorum in Cuſtodiâ Camerar. Scaccar. Joh. R.* 6.

¶ *Viceconſul, Viceconſulatus.*] Vide ſupra Conſul, aliàs *Proconſul.*

¶ *Vicedominus.*] Ingulph. p. 870. l. 46. — *Præfectos verò provinciarum (qui antea* Vicedomini) *in duo officia diviſit (Alfredus R.) i. in Judices, quos nunc Juſtitiarios vocamus, & in Vicecomites qui adhuc idem nomen retinent.*

Ego Bingulph *Vicedominus* conſului. Ego Alſer *Vicecomes* audivi, ibid. p. 876. l. 29. Nota, nam poſtquam erecti erant *Vicecomites* remanſit *Vicedominus*, viz. An. 948.

V. *Maior domus.*

¶ *Vicedominatus.*] Decr. Greg. lib. 5. cap. 38. col. 1640. — *Quicunq;* Vicedominatum, *vel aliam Eccleſiaſticarum rerum adminiſtrationem per pecuniam obtinere voluerint, tam ementes, quam vendentes cum Simone percelluntur, & ab illa Eccleſia &c.* Ibi in nota ad adminiſtrationem, ſimiliter de Præpoſiturâ, officio Oeconomi, Advocatiâ, ſive Caſtaldionatu &c.

¶ *Vicejudex.*] V. ſupra *Vicecomes*, & ibi Longob. lib. 2. tit. 30. l. 2.

¶ *Viceſſores.*] L. Baiwar. tit. 17. l. 2. De eo qui alodem venditam abſtrahere voluerit. Venditor dicit — *Ecce wadium tibi do, quod tuam terram alteri non do, legem faciendo. Tunc ille alter ſuſcipiat wadium & donet*

 illum

illum vicessoribus *istius* (*al. suis*) *ad legem faciendam.*

¶ *Vicinetum.*] Latinis melioribus *vicinia*, & *vicinium*. Scotorum legibus, *Voisinetum*, à Gall. *voisin*, & *vicinitas*; sed hoc de personis, id de loco potius intelligendum.

Dicitur autem *vicinetum* in jure nostro locus quem vicini habitant: qui olim intelligebantur de eadem villâ sive adjacentibus: atq; aliàs de eodem Hundredo vel proximis: modo verò de eodem Pago sive Comitatu, hoc est compagenses. Cum enim Rex per Breve suum Vicecomiti præceperit, ut venire faciat 12 probos & legales homines de *visineto* de N. ad &c. sufficit si 12 istos ex quavis Comitatus parte Vicecomes exhibuerit: modo 6 eorum de eodem (quo sit N.) Hundredo fuerint: quod Stat An. . . . . . provisum est. Sic in leg. Alaman. tit. 45. §. 2. — *& postea mittant in* vicinio, *& congregant pares.*

¶ *Vicinitas.*] Pro duodecemvirali inquisitione ejusq; responso, pro Assisâ, Juratâ, veredicto vicineti.

Quon. Attach. cap. 83. — *Nulla* vicinitas *capiatur super vicinitatem de unâ querelâ. Nec probatio super probationem, nec purgatio super purgationem. Quia de jure probationes semel decisæ non debent iterari.* Ubi *Skenæus* in marg. *vicinitas*, i. *Veredictum vicineti*, seu *assysa*: nam generaliter nunquam potest esse duellum, ubi assysa est, nec è converso.

¶ *Victualis, Victualia, orum, Victualarius.*] *Victuale* dixit *Apul.* pro eo quod ad victoriam pertinet: alii frequentius, pro eo quod ad commeatum: ipsumq; commeatum *Victualia* dicunt vulgatissimè, à Gal. *Victuailles*: eorumque venditorem *Victualarium.*

Victuale, pro ferculo vel misso. R. Alam. 201.

¶ *Vidua Regis.*] Dicitur relicta ejus, qui de Rege tenet in capite; hoc est de coronâ suâ. Regisq; ideo vidua nuncupata est: quod sine Regis licentia ad secundas nuptias non transeat, quin & dotem impetret ex Regia assignatione: regemq; habeat patronum & defensorem. *Viduarum* enim & pupillorum cura ad Reges pertinebat, quam ideo suis Comitibus, per provincias & pagos olim delegabant; ut apud *Marculf.* lib. 1. cap. 8. in Chartâ, quâ Rex Ducatum, Patriciatum, vel Comitatum concedit; viz. *viduis* & pupillis maximus defensor apparens. Et *Hludovicus* Imp. in admonitione ad Comites Capitul. lib. 2. cap. 6. — *Pupillorum verò* (inquit) *& viduarum & cæterorum pauperum adjutores, & defensores — juxta vestram possibilitatem sitis &c.*

Item Synodus Ticinenses, sub *Ludovico* Italiæ Rege *Pupillos & viduas protegant.*

¶ *Vigerius*, & *Vigeritia.*] Illud magistratus appellatio; hoc suæ jurisdictionis territorium, quæ supra Vide in *Vegarius.*

¶ *Vilager.*] Pri. Lew. pag. 14. — *Quicunq; in villa de* Hecham *habuerit bovem vel vaccam, dabit 1 denar. ad inventionem S. Crucis, & pro vitulo unius anni, ob. Et qui plures habuerit tot denarios de* vilager. Et paulo post, *Osenundus de Stane* 1 ro suo *vilager &c.* Iterum mox, B R, S A, A E, dant *vilager* cum suo censu. V. plus *Corredium.*

¶ *Villa.*] Pro eo quod Angli & Galli manerium dicimus, vernaculè **a mannor**, & *manoir*; antiquioribus *mansum*, quod & Romani villam appellabant. Germ. *Hoba, Oba, Hobunna.*

Villa enim apud Saxones nostros antiquos, Romano sensu accipi videtur pro prædio unius alicujus in rure, cum idoneis ædibus ad reponendos ejusdem fructus honestato. Non autem primitùs pro multarum mansionum connexione, quod in oppidis potius expetendum esset: & successivis temporibus *villis* postea introductum est.

In MS. tractans de Chartis quod dicitur *Cartaria* temp. *Ric.* 2. *Villa* dividuntur in *murales* & *rurales*; Et de *villa rurali* locutus ait, *villa continet campum pratum & boscum*, fol. 3. b. Sic passim in Chartis terra arabilis prata pascua bosci &c. dicuntur jacere in villâ de *N.* Et sic concordatum fuit per Curiam in Camer. Scacc. term. . . . . Eliz. dictum per *Tanfield* Cap. Baron. & concessum per Dom. Thesaurar. et alios assidentes, in casu meo contra Dominam Reginam pro Chaceâ de *Rising* super Recordo quod protuli, in quo compertum fuit coram Justic. Itiner. 18 Ed. 1. apud *Norw.* Quod villa de *Conghamest* extra chaccam de *Rising.* Cumq; duo essent apud Romanos villarum genera, *Urbana* scil. quam per famulos suos dominus ipse curavit; (ut apud *Varronem* videas lib. 1.) & *rustica*, quam agricolis tradidit excolendam: Ita Saxones nostri & Normanni suas etiam villas diviserunt; partem sibimet ipsis retinentes, quam *terras dominicales*, & *mansum indominicatum* vocabant; partem colonis & clientibus suis elocantes, census & servitii gratiâ, quam ergò *terras tenementales* nuncuparunt & *mansum servile.*

Sic igitur intelligo chartas antiquas ubi *villa* dari aut legari contigerit; Sic ipsius *Ælfredi* Regis testamentum anno 909. conditum, ubi inter alia — *Insuper* (inquit) *meæ filiæ concedo primogenitæ*, villam de Wellero, *& meæ filiæ postgenitæ concedo* villam de Clere, *& de* Condevere *&c. plurimas.*

¶ *Villa fiscalis.*] Al. Villa Regii fisci, ea dicitur quæ est in Regiâ hæreditate.

Flodoard. lib. 1. cap. 20. — *Manens juxta Regii* villam *fisci, quam* Rosetum *vocant; neq; messem neq; pratum cæterumve peculium propter fiscalinorum infestationem habere quietè valebat.* Et (post Appendicem *Flodoardi*) De *villa*

villa Novilliare An. 20 Regni sui *Carolus villam fiscalem* præcepto suo quod habemus Orbacensi Monasterio dedit. Vide *villa Regia*.

Villa quandoq; pro Civitate, & illustriori oppido; quandoq; Gallorum manso, colonicâ curte, Germanorum *Hoba* & *Hobuna* accipitur, *Big.* ad *Marcul.* pag. 502, & 610.

¶ *Villa Regia.*] Pro curte Regio, vel manerio Regis. *Villa* quæ ædes & curia Regalis habentur. *Villa fiscalis* vel ad fiscum Regis pertinens; hoc est ad Coronam & dignitatem Regiam; neque ideo omnis villa, quæ in possessionem vel hæreditatem Regis transierit.

Beda Eccles. Histor. lib. 2. cap. 9. — *Pervenit autem ad Regem primo die Paschæ, juxta amnem Doroventionem, ubi tunc erat* villa Regalis. Item cap. 14. Paulinus *veniens cum Rege & Regina in* villam Regiam, *quæ vocatur* Adregin: *triginta sex diebus catechizandi & baptizandi officio deditus, moraretur.* Et mox — *Hæc* villa, *tempore sequentium Regum deserta, & alia est facta in loco qui vocatur* Melmin. Adhuc inferius — *In campo Dono* (*ubi tunc etiam* villa Regia *erat*) *fecit Basilicam: quam postmodum pagani — cum tota eadem villa succenderunt. Pro qua Reges posteriores fecere sibi* villam *in regione quæ vocatur* Loidis.

Asser Menevens. de Ælfredi gest. an. 853. — *Occidentalium Saxonum Rex filiam suam Burgredo Merciorum Regi in* villâ Regiâ, *quæ dicitur* Cippenhamme (*nuptiis regaliter factis*) *ad Reginam dedit.* Et sub An. 871. — *Paganorum exercitus venit ad* villam Regiam, *quæ dicitur* Rædingam, *in meridiana Tamesis Flumensis fluminis ripâ sitam.*

Et an. 878. — *Quem Ælfred Rex in filium adoptione sibi suscipiens de fonte sacro baptismatis elimavit — in* villâ Regiâ *quæ dicitur* Wædmor.

Insuper adhuc, in fine anni 885. — *Cum ad eum* (scil. *Alfred. regem*) *advenissem in* villâ Regiâ *quæ dicitur* Leonaford.

¶ *Villa fiscalis.*] Dici ab exteris videtur, quæ nostratibus olim *villa regia.* Greg. Turon. lib. 6. sect. 12. — *Cum ad* villam fiscalem *ductus esset &c.*

Sic *domus fiscalis* quæ ad fiscum pertinet. Idem Greg. lib. 6. Sect. 45. *Regressus Parisios familias multas de* domibus fiscalibus *referri præcepit.*

¶ *Villanus.*] Qui in villâ habitat, & indè dictus, ut Urbanus ab urbe, Oppidanus ab oppido, Castellanus à castello, Burgarius & burgensis à burgo. *Villa* autem propriè notat viculum rusticanum; sed ex more Gallici idiomatis traducitur ad insignia oppida atq; ipsas urbes. Cum tamen *villanus* qui in rure degit in operibus exercetur plerunq; sordidis; dici etiam, ex more Gallico *villanus* solet, non tantum de rustico, sed de homine utiq; sordido, de servo, & de quolibet vilissimo. Hos inter servos rejicit *Tacitus* Germ. mor. pag. (lib. in fol.) 132. qui suam sedem suos regit penates, & frumenti modum, aut pecus, aut vestem domino reddit, *V. l. penult.*

Entre les fraunchises quex l'evesq; de Landaff *clayme.*

— Juratores a le Courte prochin apres la feste de S. Michael, & a la Court prochin apres le Terme de Hilary que vut nomez lez *Berne courtz* præsentabunt ut in letis &c. Et si nulz dez *villeignez* le serer futifs per ailos demorrent que en ceste Courte, & quex ysont: Et si nuls custumes de ces *Bondes* sol, sustretz & per queux: Et de lez rentes services de ces *Franckes Tenants, Coterels, ou Gabelators &c.*

Nullus angarius, vel villicus, seu quicunq; villanus, *qui in villis & casis habitat, & postremo nullus vilis conditionis contra Comites & Barones, vel etiam simplices Milites capitaliter accusatos, vel de personæ conditione &c. fidem aliquam faciat.* Constitut. Neap. lib. 2. Tit. 32.

— *Ad militarem honorem nullus accedat qui non sit de genere Militum sine Mansuetudinis nostræ licentiâ & mandato — Præsenti edicto illud edicimus, ut judex vel notarius publicus aliquis qui vilis conditionis sit,* villanus *aut angariarius dari non possunt aut aliqu. promoveri*, lib. 3. Tit. 39. l. 2.

Ex Charta de terris in Horspath in Com. Oxon. penès Decan. & Can. Coll. Eccl. Christi Oxon. — *Asserens ipsam hidam non esse de Dominio, sed de* Villenagio: *quia ipsa per servitium Regis se defendit, sicut terra* villanorum.

¶ *Villanum judicium.*] Illud dicitur quod ignominiam reo imponit.

¶ *Villanum soccagium.*] Vide Villenagium.

¶ *Villaris*, seu *Villare*,] *Flodoard.* lib. 2. cap. 5. de testamento Sonnatii Epi. — *cochlearia quoq; duodecim, & salarium argenteum* (*deputavit*) *Basilicæ B. Remigii, & portionem suam de* villari *quodam, cum mancipiis, vineis, pratis, cæterisq; adjacentibus.*

¶ *Villata, tæ.*] Dicuntur *villæ inhabitantes*, villæ quasi communitas.

Officium Coronatoris — *Statim accedere debent* (*Coronatores*) *& statim mandare* 4 villatas *vicinas vel 5 vel 6 quod sint coram ipsis in tali loco.* Et infra — *Appreciare faciant terras, blada, & catalla, sicut statim vendi possint, & statim liberentur toti* villatæ, *ad respondendum de prædictis, coram Justitiariis.*

¶ *Villicaria.*] Lib. feud. Bar. tit. 4. cap. 10. — *Si quis pro* villicariâ, *& ut ita* di-

dicam pro Decaniâ, vel aliis quibuscunq; angariis, feudum quidem, quod in proprium est, acceperit &c. Item tit. 13. c. 9.

Al. impropri-um.

¶ ***Villicus major.***] Is quem hodie in burgis & civitatibus simplici Latino vocabulo *Maiorem* vocant: Germani **Meyer**, & nos inde **Mayer**.

¶ ***Vinea.***] Vopiscus in Probo sect. 7. p. 730. — *Gallis omnibus, & Hispanis & Britannis, permisit, ut* vites *haberent*, Vinumq; *conficerent*. To. 2.

¶ ***Vinna, næ.***] Everriculum in flumine positum piscibus capiendis, juxta *Freher*.

Chron. Laurishamens. An. 777. — *Adjecit clementissimus Rex piscationis concessionem in Reno flumine &c. Ut Abbas & fratres licentiam haberent ad* vinnam *faciendam, & ad piscandum — & ut de silva, quæ ad illam villam aspicit* — vinnam *faciendi, & emendandi haberent potestatem, in quantum eis opus esset prendere vel copulare.*

¶ ***Virga terræ.***] Vide Virgata terræ.

Chron. MS. Monast. de Bello —*Octo* vir-gæ *unam hidam faciunt ; wista verò* 4 virgatis *constat*. Et infra —*Dividitur leuga per* Wistas, *quæ aliis in locis* virgatæ *vocantur.*

¶ ***Virgata.***] Mensurationis virga. Ang. **a yard**, Sax. ʒiꝛð.

Text. de Eccles. Roffensi, de restauratione pontis. §. 1. — *Primum ejusdem Civitatis Episcopus incipit operari cum orientali brachio primam peram de terra ; deinde tres* virgatas, *plancas ponere*, Sax. ðꝛeo ʒẏꝛꝺa ꞇo ꝺillan &c. Similiter per singulas pragraph.

¶ ***Virgata terræ.***] Al. Virga terræ. Saxonicè in legg. *Inæ* ʒẏꝛꝺlanꝺ, a ʒẏꝛꝺ, i.e. *virga*, lanꝺ *terra*.

Ejus autem quantitas incerta est pro locorum varietate. Aliàs enim 20, aliàs 24, aliàs 30, aliàs 40 acris æstimatur. *Wimbletoniæ* in agro Surriensi, non procul à Thamesi, acris tantum 15 computatur. MS. codex unus — Virgata *(inquit)* terræ *continet* 24 *acras, & 4 virgatæ constituunt unam hidam &c.* ut in *Hida*. Alius codex MS. — *Decem acræ terræ faciunt secundùm antiquam consuetudinem, unam ferdellam, & quatuor ferdells faciunt* virgatam, et cætera ut ibidem etiam sequuntur.

Ll. *Inæ* impressæ cap. 66. — *Si quis* virgatam *terræ à domino, mercede conductam araverit : Et dominus censu non contentus, insuper quam quæ pacta essent opera exigerit : non necesse sit ei, eâ lege accipere.* Quod, sic codex antiquus MS. — *Si quis componat de* virgatâ terræ, *vel amplius ad galbum, & araverit : Si dominus velit &c.*

Liber Rames. MS. Sect. 297. a. — *Sewinus accipitrarius dedit* 3 virgas *de terra in* Indingewurth *& unam* virgam *in* Slepe.

Sunt qui Hydam terræ quinq; *virgatis* computant, *Virgatam* autem quatuor acris, & sic 20 acræ (inquit *Fabianus*) Hydam constituunt.

¶ ***Viride & siccum.***] Char. Constantiæ Ducis Britan. fundat. Abbatiæ de villa nova An. Dom. 1201. Hist. Bret. l. 4. ca. 16. Concedo item eis de Foresta eira Nanetensi tam de viridi quam de sicco, ad omnes usus suos necessarios, absq; venditione & donatione, & pasturam omnibus suis animalibus, tam pecorum quam aliis, & fœnum ad usum eorum per totam dictam forestam meam] sufficienter, in quocunq; loco poterunt invenire. Intelligo de ligno.

¶ ***Viridigarius.***) Formul. Solenn. 79. Dono tibi mansum juris mei indominicatum cum aliis 4 mansis servilibus seu adspicientibus simul curtiferis, vineis arpennorum 4, sylvis *Viridigariis*, pratis, campis, cultis vel incultis, pascuis &c. Gloss. *verger* Gal.

¶ ***Virones, & Virrones.***) Idem quod Barones. Voces omnes Normannicæ, nostrisq; Saxonibus incognitæ, qui eosdem hos pro suo idiomate thanos, Latinè vero ministros appellabant.

Lambard. in sua Explicat. vocab. Thanus. Atq ego non semel me legisse memini (thanos) eos esse qui post adventum Normannorum *virrones* & Barones dicebantur.

¶ ***Visitatio.***] Visitator, dicitur qui delictorum cognitor datus est in aliquâ Ecclesiâ. Sic in schismate Romæ facto, annum circiter domini 498. inter Symachum papam & Laurentium — *Festus & Probinus senatores miserunt relationem Regi & cœperunt agere ut visitatorem daret Rex sedi Apostolicæ. Tunc Rex dedit Petrum Altinæ Civitatis Episcopum, quod Canones prohibent.* Ex lib. Pontificali in vita Symachi. Conc. to. 2. pag. 273.

Visitatores autem hujusmodi, aliàs *Missi* dicebantur, quod vide.

¶ ***Vitalitium.***] Quod ad viduæ mulieris vitam victumq; assignatur, aliàs Dotalitium. *Alb. Crant. Daniæ* lib. 7. c. 35.

¶ ***Vitalia,*** pro ***Victualia.***] Sic in Formul. Solen. ut notat *Lindenbrogius*. Et nos inde *vitellarios* dicimus.

¶ ***Vitellarius.***] Is qui vendit victualia, eoq; nomine pistores & braciatores censeri, palam est ex Stat. quod de pistoribus, braciatoribus, & aliis *vitellariis* inscribitur.

¶ ***Vituli.***] Malmesb. Novel. lib. 2. p. 194. — *Flexerunt ejus impetum precibus multis* Vituli, *qui arctissimarum necessitudinum parentes, quos apud* Hamptunam *habebant, ærumnis cæteris involvi timerent.* Genus hominum nauticorum est, quos *vitulos* vocant.

¶ ***Vivarium.***] Græcobarb. βιβάριον Romani locum dixere, quo Leones aliasq, bestias coercitas asservabant, ut testatur *Procop.* de *Bell. Goth.* Lib. 2. cap. 19. quâ etiam ratione parcos

Parcos & Warennas nostras sub *vivariorum* appellatione sæpe veniunt.

¶ **Ultimus hæres.**] Is dicitur cui pro defectu legalium hæredum, terræ contigerint per Eschaetam, ut loquuntur: hoc est dominus de quo tenentur in plurimis casibus: Rex autem in aliis. Quippe Rex omnium hæredum ultimus est, uti Oceanus omnium fluviorum receptaculum. *Glanvil.* lib. 7. cap. 17. — Ultimi hæredes *aliquorum sunt eorum domini. Cum quis ergò sine certo hærede moritur, quemadmodum sine filio, vel filiâ, vel sine tali hærede, de quo dubium sit ipsum esse propinquiorem hæredem & rectum: possunt & solent domini feodorum, feoda illa tanquam Eschaetas in manus suas capere & retinere, sive Rex sive alius.* Et cætera multa, quæ illic vide: & consimilia in legg. Scot. lib. Reg. Majest. 2. cap. 55.

¶ **Umbrarii.**] Dicuntur qui ab umbris, hoc est à spiritibus responsa expetunt.

Edictum Theoderici Regis cap. 108. — *Si quis pagano ritu sacrificare fuerit deprehensus, arioli etiam atq;* Umbrarii, *si reperti fuerint, sub justa æstimatione convicti, capite puniantur &c.* Augusl. Confess. lib. 10. cap. 25. — *Non curo nosse transitus siderum, nec anima mea unquam quærit responsa* umbrarum, *omnia sacrilega sacramenta detestor.* Vide eundem de Civitate Dei lib. 7. cap. ultim. *Lindenbr.*

¶ **Umple.**] An. 3 Edw. 4. ca. 5.

¶ **Ungebodending.**] i. Curia non indicta. Sic *Freherus* interpretatur in Chart. *Udalrici* Abbatis, Dat. an. dom. 1071. quæ extat in Chron. Laurishamensi p. 79. — *Et ut familiam ejusdem Curiæ ab omni gravedine & molestia immunem redderemus à tribus principalibus mallis, quæ vulgo* Ungebodending *vocantur, quibus ad Curtim* Lintersheusen *annuatim manniebatur, utrorumq; consensu, eam omnimodis absolvimus.*

¶ **Unlarich.**] Apud Scotos dicitur, quod sine lege factum est, vel contra legem, ἀνομία.

¶ **Unnithing.**] V. Niderling.

¶ **Unthprut,** al. **Unterprunt** & **Untprut.**] Vox Baiwariorum.

Ll. suæ tit. 21. §. 10. —— *Et ad restituendum compellaverit, quod* Untprut *vocant.*

¶ **Unwant,** al. **Unwan.**] Forte *vita desperatio.*

L. Baiwar. tit. 3. cap. 2. — *Si quis alium de ripa vel de ponte in aquam impinxerit quod Baiwarii in* Unwant *dicunt.* Cap. 4. — *Si alicui scalam injuste ejecerit, vel quodcunq; genus ascensionis.* Cap. 6. — *Si quis cum toxicatâ sagittâ alicui sanguinem fuderit, cum 12 solid. componat, eo quod in* Unwan. Item. tit. 9. cap. 4. §. 1. — *Si ignem posuerit in domo* — *& (ea) à famulis liberata fuerit: unumquemq; de liberis &c. componat, eo quod illos in* unwan *quod dicunt in desperationem vitæ fecerit.*

¶ **Vocatus.**] Pro Advocato, patrono.

Chart. Alam. 32. — *Recepit precium venditor ab emtore, cum* vocato *suo Honorato, & cum majore suo Abraam.*

¶ **Vodegeldum.**] Census vel tributum, quod ratione nemorum in forestis colligitur, q. *Wood-geldum.* V. *Geldum.*

¶ **Voisinetum.**] Vide supra *Vicinetum.*

¶ **Volgrenum.**] Preuves de l'Hist. des Comtes de Poictou p. 420. — *Quicquid in horreo & in arcâ habebant, garbas atq;* Volgrenum, *collum & balladiam, sola quoq; & sedmina expono &c.*

¶ **Volupto, tas.**] Voluptatem adfero, voluptate dono. Brit. Armor. lib. 11.

—— *Nunc mixta peremptis*
Viva coacervans, aliena tabe voluptat.

¶ **Vollehen.**] Chron. Laurishamense in Bennone Abbate 32. — *Septem principalia beneficia, quæ vulgo appellantur* vollehen, *morte septem nobilissimorum Ecclesiæ fidelium, in unam personam Godefridi in brevi devoluta sunt &c.* Hic Freherus: *vollehen*, fortè (inquit) *Fanleben*: Sed quid hoc sibi voluerit non exponit. V. igitur quæ nos supra annotavimus in eâ voce. Beneficia autem intellige feuda militaria: fidelium, pro vassallis qui fidelitate dominis tenentur.

¶ **Volumen.**] Pro rotulo. *Flodoard.* lib. 3. cap. 11.

¶ **Vomerulus.**] Ferum obtusum in capite lanceæ, quo in hastiludiis utuntur.

Mat. Par. in vitâ *Hen.* 3. sub anno 1252. De Hernaldo de Munteinny à Rogero de Lemburne ludis Circensibus occiso— *Ferrum (Lanceæ) remansit in vulnere,* — *quod inventum est in mucrone acutissimum, instar pugionis, cultellinam habens latitudinem, quod esse debuit, & decuit fuisse hebes, & brevem formam habens* vomeris, *unde vulgariter,* vomerulus *appellatur*, Gallicè *Soket.*

¶ **Voranta.**] Pat. 4. R. Joh. m. 2. — *Retinuit ad opus suum de eadem terra in villa de Heiden unam* vorantam *terræ, scil. dimid. virgatam, quæ fuit Gwarini Palmar, & dimid. virgatam de dominico ejusdem terræ.*

¶ **Vorarrinus.**] Tertull. Apologet. cap. 39. — *Nam inde non epulis, nec potaculis, nec ingratis* vorarrinis *dispensatur.*

¶ **Votivus maialis.**] V. *Maialis.*

¶ **Uplanda.**] Terra superior, vel ut alii loquuntur terra firma, hoc est, paludosæ contraria, **Up** Sax. & Angl. *supra*, vel *sursum*, **land**, *terra.* Ingulph. Histor. Croyl. — *Duramq; terram novem miliarlis per aquam, de* uplanda, *id est de superiori terra, schaphis deferri, & paludibus commisceri jussit.*

¶ Ubs

¶ *Urbs venerabilis.*] Pro Roma.

¶ *Ursers.*] Naves apud Siculos magnæ, an. circiter 1190. al. (reor) *usseriæ* & *usaria* dicta, quæ vide infra.

Hoved. in *Richardo* 1. — *Rex Tancredus dedit Regi Angliæ 4 magnas naves, quos vocant* ursers, *& 15 galeas.*

¶ *Urtella.*] Baioariis dici videtur, pro eo quod Saxones & alii ordela & ordalium dicunt. Vide *Ordalium.*

Decret. Tassalonis in Legg. popular. §. 9. — *Ut hi qui Ducali manu liberi dimissi sunt, ad eadem cogantur judicia, quæ Baioarii* urtella *dicunt.*

¶ *Usa.*] Fluvius, Sax. uſe. Fœdus Alfredi & Godrun RR. cap. 1. MS. de regnorum terminis — *Tunc in rectum ad* Undefordum; *tunc sursum in* usa, *ad* **Wetelingstreet.**

¶ *Usariæ*, al. *Ussariæ*, *Usserium.*] Epistol. Comitis S. Pauli Duci Brabant: apud *Godefridum* Monach. in Annal. sub an. 1203. — *Postea nostras ordinavimus pugnas, deinde nos omnes armati intravimus naves* usarias, *& galeidas, quæ vasa navigio apta,* 200 *numero fuere præter naviculas & burgas.* Inferius apud eundem *Godefridum*, sub anno 1214. *Quod dominus Imperator ad succursum terræ sanctæ quinquaginta naves fecerit præparari, quæ* usseriæ *nuncupantur, quarum magnitudo tantæ capacitatis erit, ut* 2000 *milia militum cum dextrariis suis & omnium armorum suorum pertinentiis: & præterea decem millia aliorum hominum valentium ad pugnam & bellum cum armis suis in eisdem* usseriis *valeant transferri. Ad unumquodq;* usserium, *fiet pons ut milites, si necesse fuerit, armati & ascensis dextrariis suis in navibus commode, absq; læsionis discrimine, per ipsos pontes valeant exire, quasi jam ordinatis aciebus, in prælium processuri, & (si opus fuerit) erectis velis, intrare possint flumen Damiata, vel aliud aliquod flumen.*

Hic Freherus, *usseria*, naves bellicæ, nescio an fortè à *Lusoriis*, corrupta voce. Nos certe à *Lusoriis* dici non opinamur, cum omnino eadem esse videntur, quæ Hovendeno *ursers*, quod vide.

— *Ac Julianus noctu* 300 *milites* usuariis *navibus* 40 *impositos, adeo tacitos transire Rhenum jubet &c.* B. Rhen. ex p. 235.

¶ *Usflact.*] In Privilegio de *Semplingham* pro *utlagt*, vel *utlagat*, fortè: Sed quære. Sic autem illic — *Sint quieti, tam ipsi quàm homines eorum &c. de omnibus misericordiis, & amerciamentis & forisfacturis &c. & de murdro, & latrocinio, & conceyles, &* usflact, *& hamsoka, Grithbrich, blotwit, &c.*

¶ *Uso, sas.*] Fruor, utor. Chart. Alam. 67. — *Villam tenere &* usare. Et seq. *rem excolere &* usare.

¶ *Utfangthefe.*] Sax. ut-ꝼanᵹ-ðeoꝼ, i. *fur extra captus*, scil. extra dominium vel jurisdictionem.

¶ *Utilitas.*) Chart. Caroli R. in Chro. Laureshamens. sub. an. 776. — *Carolus Dei gratia Rex Francorum vir illustr. Omnibus fidelibus nostris &c. Cognoscat magnitudo, seu* utilitas *vestra, quod &c.*

Longob. lib. 2. tit. 9. l. 16. — *Si actorem Regis occiderit* utilitatem *Regis facientem.*

¶ *Utlagandi.*) Ratio à *Druidibus* profecta est, qui ut *Cæsar* refert lib. 6. de Bell. Gal. pag. 116, & 17. — *Fere de omnibus controversiis, publicis privatisq; constituunt, & si quid est admissum facinus, si cædes facta, si de hæreditate, de finibus controversia est, iidem decernunt, pœnasq; constituunt: si quis aut privatus, aut populus, eorum decreto non stetit,* sacrificiis interdicunt. — *Hæc pœna apud eos est gravissima.* Quibus ita est interdictum, ii numero impiorum ac sceleratorum habentur; ab iis omnes decedunt, aditum eorum sermonemq; defugiunt, ne quid ex contagione incommodi accipiant: neque iis petentibus jus redditur, neque honos ullus communicatur.

¶ *Utland.*] Saxonic. (id est *terra extera*) Dicebatur *terra servilis*, seu *tenementalis*, quod de procinctu terrarum dominicalium, quæ **Inland** nuncupatæ sunt, in exteriorem agrum rejiciebantur. V. *Inland.*

¶ *Utlepe.* [Significat (inquit *Cowellus*) *escapium* (hoc est, *evasionem*) latronum. *Fleta* lib. 1. cap. 47.

¶ *Vulgalis*, pro *Vulgaris.*] Brit. Armor. lib. 9.

Auxona cui faciunt nomen vulgale *moderni.*

Crebro apud veteres *l* pro *r*.

¶ *Vulpicula.*] Dimin. à *vulpe*, nomen contumeliæ apud Salicos. Unde in Ll. suis tit. 32. *De conviciis* §. 2. — *Si quis alterum* vulpeculam *clamaverit* 120 *denar.* — *culpabilis judicetur.*

¶ *Uxoris emendæ Ceremonia.*] Apud antiquiores Germanos in more fuit, ut refert *Tacitus*, mulierem post obitum viri, alteri non nubere. Posteris autem hoc exolevit; ita tamen, ut nec liberæ esset vidua potestatis. Ejus igitur qui ambiret matrimonium, non precio solum at Concilio publico impetrataq; à magistratu venia fit voti compos. Hinc enatam esse existimo hodiernam nostram consuetudinem, de viduis ut loquuntur Regiis maritandis pecuniisq; ideo (quod fines vocant) persolvendis. Apud Germanos autem utiq; & nos ea semper fuit conducenda hujus veniæ ratio, ut formalis potius videretur, quam lucrosa, viduisq; ideo imposita, ne conjugalem forte dignitatem & defuncti mariti familiam temerarent. Ceremoniæ formam vide apud Salicos tit. 46. §. 1. — *Si quis homo moriens viduam dimiserit, & eam quis in conjugium voluerit accipere, antequam eam capiat Tunginus, aut Centenarius mallum indicent, & in ipso mallo scutum habere debent, & tres homines causas tres demandare, & tunc ille qui viduam accipere vult, cum tribus*

bus testibus qui approbare debent, tres solidos æque pensantes & denarium habere debet, & hoc facto si eis convenit, viduam accipiat: Et cætera nonnulla. Pecuniam autem hanc sive pretium Salici *reippum* dicebant, de quo & cui persolvebatur, Vide supra in eo vocabulo.

Mos etiam apud Gothos invaluit; sic enim Wisegoth. lib. 3. tit. 4. l. 2. — *Mulier dispensata, quæ dato precio, & sicut consuetudo est ante testes facto placito de futuro conjugio adulterium commiserit &c.* Et l. 7. — *Si puella ingenua, sive vidua ad domum alienam, adulterii causa venerit, & ipsam ille uxorem habere voluerit, & parentes ut se habeant acquiescant, ille precium det parentibus, quantum parentes puellæ velint, & quantum ei cum ipsa muliere convenire poterit.*

Collectio Chronic. ex Thoromacho Antiq. lect. Canis. Tom. 2. pag. 681. quod citat Lindenbrog. — *Eam se daturum spondet (scil. in matrimonium) legato, offerens solidum & denarium, ut mos erat Francorum, eam partibus Clodovei desponsavi.*

¶ **WActa, tæ.**] *Vigiliæ, Excubiæ*. Præceptum remission. Ludo. Imp. Hispanis fact. in archivis Eccl. Metrop. Narbon. pag. 289. — *In marchâ nostrâ juxta rationabilem ejusdem Comitis ordinationem atq; admonitionem explorationes, & excubias, quas usitato vocabulo wactas dicunt, facere non negligant*, à Germ. **wacht**, Sax. pæccan *vigilia*, Sollicita investigatio. Gr. Pastor. fortè à pican, i. ratio, examinatio: unde statera quod omnia trutinat & examinat peɡ dicitur. Capitul. Caroli lib. 3. cap. 68. — *Nec pro wacta, nec de scara, nec de wardea, nec pro heribergare, nec pro alio banno, heribannum Comes exactare præsumat.*

¶ ***Wadio, at.***] Pignoro. Item *wadia* & *Wadium*, & *Wadimonia* frequentia omnia in legibus barbaricis. *Vadium, pignus, vadimonium*, aliàs *Guadium*. De his vide *Prateum*, *Hotomannum*, feudistas, Lindenbrog. &c.

¶ ***Wadius, dii.***] Vas vadis. *Concil. Cabilonens. 2.* cap. 18. — *Ab his qui decimas non dant* wadios *accipiunt*.

¶ ***Wadiscapia.***] Vide supra *Discapia*.

¶ ***Wadrus, dri.***] Vox crebra in formulis Solenn. 18, 19, 20, 50, 58, &c. istâ insertâ serie. Do, trado, transfirmo & hujusmodi *NN.* &c. Mansos tantos cum domibus, ædificiis, curtiferis, cum *wadris*, sylvis, terris arabilibus &c. *viz.* cum *wadris*, campis, terris, pratis, &c. Formulâ verò 183. *Trado* (inquit) *&c. omnes res meas in pago illo &c. id est terris, mansis, domibus, ædificiis &c. totum & ad integrum, rem inexquisitam per meas* wadros *& andelangos*. Nescio quid per *wadros* intelligerem, si non aquas.

Nam in Chartis ubi *wadri* vox inseritur nulla aquarum mentio fit, cum in cæteris nusquam (quod sciam) desideratur. Sed nec tum quadrat vox *andelangos*. Anðlanʒ enim Saxon. per longitudinem significat. Quære.

¶ ***Waga, gæ.***] Forensibus *vaga*. Lanæ & casei pondus, quod *Cowellus* numerat ad 256. libras grandiores, hoc est, 16 unciarum. Sed quære. Stat. enim 9 H. 6. cap. 8. *Wagà Casei* 32 cloues continere debet & *le cloue* 8 libras ut opinatur *Pultonus* suum sequutus codicem. Inquirendum tamen monet, an *le cloue* sit 8 vel 7 librarum, & MS. noster coætaneus tantum 7 exprimit. *Vaga* etiam mensura est, ut apud *Dyer* Cap. Just. de Banc. civil. f. 352. b. pro 8 *vagis* salis. Varrone *veia* plaustrum notat, inde *vega*, quod onus plaustri. Vide dict.

¶ ***Wainagium, gii.***] Actus plaustri, vel Plaustri apparatus. Peculium servorum. A Sax. pæn, i. *plaustrum, vehiculum*. Mag. Chart. cap. 13. — *Villanus* (i. servus) *alius quam noster, eodem modo amercietur, salvo* Wainagio *suo, si inciderit in misericordiam nostram.*

In Magnâ Chartâ autem Regis Joh. quam habes apud *Mat. Paris Wannagium* legitur; at hoc mendosè.

¶ ***Waitefee.***] *Thomas Spelman*, filius *Johannis* filii **D.** *Johannis Spelman* Militis obiit 12 Martii Dominæ Reginæ Elizab. 1. & dicitur in Inquisitione tenuisse Manerium de **Narborough** cum tertiâ parte Advocationis Ecclesiæ, & alia hereditamenta in **Narborough**, **Narforde**, & **Parham**, de Dom. Reginâ, ut de Manerio suo de * **Wingrave** per servitium militare, & per redditum 14 *s.* pro *Wayte fee*, & *Castle garde*, & valet clarè per Annum 34 l. 17 s. 10 d. quadrantem. *Patet in schedulâ liberationis Joh. Spelman fratris sui 7 Aug. Eliz. 5.*

* Wirmegey.

¶ ***Waif.***] Plac. coram Joh. de Berewel & sociis suis Justic. Itin. apud Salop. in Octab. S.

Mich, 20 E. 1. Rot. 29. in dorso. Ricardus fil. Alani *Comes* Arundel, *summonitus fuit ad respondendum domino Regi de placito quo waranto clamat habere placita Coronæ, & habere* Wayf *in manerio suo de* Upton *subtus* Haweman &c. *in Com. Salop. Et Comes dicit, quod ipse clamat habere* Infangenethef, *&* Wayf, *& eadem placita & libertates habuerunt ipse & omnes antecessores sui, & eisdem usi sunt à tempore quo non extat memoria, & eo waranto clamat &c. Et* Hugo *de* Louther *qui sequitur pro domino Rege, dicit quod* Wayf *est quoddam grossum de Coronâ, ita Coronæ domini Regis annexum, quod nullus eo gaudere possit, nisi inde habeat speciale warantum à domino Rege vel antecessoribus suis concessum.*

¶ ***Waiviaria mulieris.***] Dicitur: cum ipsa uti exlex pronuntiatur, quod in viro utlagationem nuncupant, & utlagariam.

Fœmina autem ideo non dicitur utlagata, *i.* exlex, propterea quod (instar viri) in legem non juratur, ut *Fitzherb.* notat. tit. *Exonerat. sectæ* fol. 161. a. Vide *Bract.* f. 125. b. 5. & Add.

¶ ***Waviatam.***] Bona Waiviata: ea dicuntur, quæ latrones inter fugiendum projicerint: Regiq; adjudicantur si ipsorum dominus reum in lege non prosequatur.

Juridico idiomate **Waiffe**. Vide *Stanford* lib. 3. cap. 25. ubi ait *Waiviata* (**Waiffe**) nondici, nisi de bonis furatis, si non in casu aliquo particulari. Sed *Bracton.* audi lib. 1. De his (inquit) quæ pro *Weyvio* habentur sicut de averiis, ubi non apparet dominus, & quæ olim fuerunt inventoris de jure naturali, jam efficiuntur principis de jure gentium, fol. 6. col. a. V. *Bract.* 125. b. 5. & Ad.

¶ ***Waivio, as.***] Vox forens. *Derelinquo, abjicio,* pro derelicto habeo. Ductum opinor à *Wifo* & *Hinfo*, quæ vide.

¶ ***Wakes.***] Sunt *celebritates bacchanales* sub fructuum temporibus, ab occiduis & borealibus Anglis pagatim habitæ. *Bacchanales* dixi ex nomine: nam pac Sax. est *temulentia.* Hæc eadem sunt quæ apud ethnicos *Paganalia* dicebantur; Feriæ *Cereri*, & *Telluri* institutæ, pagatimq; celebratæ (à quo & nomen) ob frugum sementorumq; beneficium.

Wakes, Die Dominicâ post Encæniam seu festum dedicationis Ecclesiæ cujusvis villæ convenire solet in aurorâ magna hominum juvenumque multitudo, & canorâ voce **holy wakes holy wakes** exclamando designare; & *deinde post preces matutinas* ad conviationes & ludorum omne genus procedere, biduo vel triduo hoc facientes, quod videtur pro festo fieri dedicationis villæ illius in Comitatibus *Leicestria, Warwici, Nottinghamia, &c.* Nos ad horum similitudinem olim habuimus *Gildas* & *Gildorum festivitates.*

Festum erat dedicationis templi (Encænia) & tenebatur vel eadem die quâ consecrata fuit, vel quæ tutelari Divo sacra habebatur. Et celebrandum hoc statuitur in Concil. Moguntino, sub *Carolo* Mag. cap. 36. & Nostratium.....

Huic celebritati Rex *Edw.* Confessor pacem concedit in eundo & redeundo LL. suarum 3.

¶ ***Walapauz.***] Leg. Longobard. tit. 15. cap. ult. — *Si quis homini libero violentiam injustè fecerit, i.* Walapauz: 80 *sol. ei componat.* Walapauz est dum quis alienum furtivum vestimentum, aut sibi caput latrocinandi animo, aut faciem transfiguraverit. Hæc omnia verba legis. Vbi Glossar. *Lindenbrog.* **Wala** caput, **Pauzen** *ornare, polire* Germ.

¶ ***Walaraupa.***] Lex Baiwarior. tit. 18. cap. de *vestitu mortuorum.* De vestitu utrorumque, quod *Walaraupa* dicimus, si ipse abstulerit qui hos interfecit, Dupliciter componat. *Gloss. Lindenbrog.* **Wala** *caput,* **Rauba** *vestis.*

¶ ***Walaworf.***] Vide *Wultworf.*

¶ ***Vualco.***] Epist. Bonefac. Archiep. post. Concil. Clovesho. An. 747. — *Venationes & silvaticas vagationes cum canibus & ut acceptores* Vualcones *non habeant prohibemus.*

¶ ***Wald.***] Germanis, *silva.* Sic **Schwartzwald** nigra silva, i. Hercynia R. Alam. 1198.

¶ ***Waldach.***] In notâ de membranâ in Archivis Regiis — *Precium acr. 2 d. non plus, quia terra est in* Waldach.

¶ ***Walla.***] Vide *Wallia.*

¶ ***Wallesheria.***] Statutum Walliæ an. Ed. 12. cap. 4. — *Quod quatuor villatæ propinquiores loco ubi casus homicidii, vel infortunium contigerit, veniant ad proximum Comitatum, una cum inventore, &* Wallesheria, *i. parentela hominis interfecti, & ibidem præsentent factum feloniæ & casum infortunii, &c.*

Reperio in notâ quadam A. *Wallesheria* id est *parentela* interfecti; scilicet unus ex parte patris, & alius ex parte matris.

Sic Inglisheria. Extenta terrarum *Joh. filii Alani* 52 H. 3. Esc. 52 H. 3. n. 37. — De Albomonasterio; *dicunt, quod est ibi* Walecheria, *quæ reddit de annuo redditu* 3 *l.* 12 *d. ad festum S. Mich. Item in tota* Walecheria *sunt quatuor homines, & quilibet eorum debet invenire unum hominem per tres dies in qualibet septimanâ à festo S. Mich. usq; ad festum beati Petri ad vincula.* [Significat *Wallica* pars ut videtur.]

¶ ***Wallia.***] Et fonti vicinius Walla. Agger seu murus contra maris vel undarum impetum in palustribus regionibus erectus, ab Anglico **Wall**, (i. murus) à Latino *vallum.*

Carta Hen. 3. de Ordinatione marisci de **Romeney** per 24 legales homines de marisco de **Romeney** — ad hoc electos & juratos, debent districtiones fieri super omnes illos, qui

qui terras & tenementa habent in dicto marisco ad reparandum *wallias*, & watergangias, ejusdem marisci contra maris periculum. Item Ordinatio *Hen. de Bathonia* Justiciarii dicti Regis, facta juxta Chartam prædictam, mox post exordium. Et etiam super omnes illos qui ad reparationem prædictarum *walliarum* & Watergangiorum obligati sunt vel tenentur. Et ibidem sæpius. Rental. de *Wy* in grandi lib. Consuet. Monast. de *Bello*, fol. 241. — tenet 8 acras terræ juxta **Cozeswall** capitanr. ad prædictam *wallam* versus Northest.

¶ *Wambasium.*] V. graphicè descriptum in Chro. Colmar. An. 1297. Albert. Argentin. Chron. p. 104. lib. 26. — *Rex maricas wambasii sui fractas, cum novis peciis reparans, dedit exemplum aliis ita faciendi.* pag. 112. l. 53. — *Carnifex Episcopum super dextrario in rubeâ* Wambasiâ *circumeuntem, & exercitum suum ad pugnandum excitantem, cuspide perforavit.*

¶ *Wannagium.*] R. Hoved. annal. par. poster. f. 443. n. 30. — *Eodem an.* (*scil.* 1198) *Rex Angl. accepit de unaquaq; carucatâ terræ, sive hydâ totius Angliæ 5 sol. de auxilio; ad quos colligendos misit idem Rex per singulos Comitatus Angliæ, unum Clericum, & etiam unum militem — qui — fecerunt venire coram se Senescallos Baronum illius Comitatus, qui juraverunt quot carucarum* wannagia *fuerint in singulis villis &c.*

Ipsi verò qui electi fuerant & constituti ad hoc negotium Regis faciendum, statuerunt per estimationem legalium hominum, ad uniuscujusq; carucæ wanagium *centum acras terræ.*

¶ *Wannus.*] *Vannus*, Angl. **a fan, or van.** *Vannus* (inquit *Papias*) *est instrumentum de vimine factum ad modum scuti.* Addo: quo sordes excutiuntur è frumento.

Ekkehardus Ju. ca. 6. fabricantur spicula, pultris loricæ fiunt, & *Wannis scuta simulantur.* Rectè: nam sic Virgil.

——— *Flectuntq; salignas*
Umbonum crates. ———

Et Tacitus notat Germanos scuta gestasse viminea, lib. de eorum moribus.

¶ *Waranio, onis.*] L. Salic. tit. 40. *de caballis furatis* §. 2. — Si quis *Warionem* homini Franco furaverit IDCCC denar. qui faciunt sol. 45. culp. judicetur, excepto cap. & dilatura. Et §. 4. Si *Warionem* Regis IIIDC den. i. 90 sol. culp. &c. Simil. in Recapit. §§. 18, & 23. Forsan inde inquit *Lindenbr.* Gallicum *Haran.*

¶ *Wapentachium*, & *Wæpengetachium.*] Comitatus portio (quam Centuriam, alias Hundredum vocant) A Sax. pæpn, i. *arma*, & tac, i. *tactus*, quasi concussio armorum: Germani enim veteres, nec concilium inibant, nec judicia exercebant, nisi armati. Quæ displicuit sententia fremitu aspernantur; quæ placuit concussis frameis laudare solebant; ut è *Tacito* intelligas lib. de Germ. moribus, pag. 128. Patrios hos ritus à Macedonibus acceptos in Britanniam nostram posteri sui Saxones trajecere: factoq; de re nomine: & conventum ipsum, conventuiq; ascriptam regiunculam, aliàs *Wapentac*, & ut in Presbyterorum Northumbrensium Ll. ca. 51. pæpengetac. nuncuparunt. Wæpengetachium

Audi quid de hoc ipsi Saxones nostri in legibus Divi *Edouardi* prodiderunt. **Everwick-shyre** (hoc est *Eboracensis*) **Nicolshyre** (i. *Lincolniensis*) **Notinghamshyre, Lycester-shyre** &c. & px ii 134. cap. 33. Hov. 607. l. 20. V. & aide.

Videtur mos apud Romanos non omnino dissimilis Centumviralia enim Comitia hasta Prætoriana posita celebrabant. Sic fortè Dominus Wapentachii & positam hastam suam, suis fortè hastis libabant centenarii Judices, seu sectatores quos vocant Hundredi. V. *Rosin. lib. 7. ca. 30. pag.* 300.

Vel dicatur *Wapentach* à deditione armorum quod in adeunda Hundredi præfectura dominus Hundredi arma inhabitantium à se ipsis in subjectionis symbolum deditis accepit, *tac*, enim significat accipere & inde **betach** pro concedere. in vocab. *Banno* pro campo.

Cæs. de bel. Gal. lib. 5. & 6. *Armatum Concilium indicit* [Induciomarus Gallicus Princeps juxta Rhenum] *Hoc, more Gallorum, est initium belli, quo lege communi puberes armati convenire coguntur.*

Et Liv. de Gall. Dec. 3. lib. 1. — *Armati (ita mos gentis erat) in Concilium venerunt.*

Consuetudo fuit Macedonibus, cum in publicâ consultatione quidpiam improbarent, hastis scuta quatientes obstrepebant, & aversabantur. *Jod. Willich in Ger. mor.* p. 482.

Sed in MS. quodam antiquo, M. St. Geor. *Wapentak* (inquit) i. *arma capere*, eo quod in primo adventu novi Domini tenentes solent reddere arma sua pro homagio.

A Sax. etiam pæpen Germani **wapende mannen**, sive **gewapende** dixerunt pro vassallis minoribus quos aliàs *arimannos* vocant, de quibus supra.

¶ *Wara.*] Regist. Abb. de *Burgo S. Petri* in bibl. *Cotton.* — Libera wara *est unus redditus, & est talis conditionis, quod si non solvatur suo tempore, duplicatur in Crastino, & sic deinceps indies.* V. *Libera wara.*

¶ *Warantia, iæ.*] Cum multiplici ejus prosapiâ, *Warent. Warrantus, Warenda*, &c. à Saxonico primitivo pæpn, i. *arma, telum, jaculum, defensio, protectio.* Hinc (ab instrumentis) *bellum* **warr** dicimus: & (à munere) aggeres tutelares qui in palustribus regionibus adversus undarum impetus eduntur **wardikes** appellati sunt.

Hinc Germanicè **Wahren** pro *custodire, defendere*; Unde *Longobardi* in legibus suis *warentem* dixere pro *authore* vel *defensore* rei. In speculo Saxoniæ crebro: *warenda*, & *Warentus* *rendatio*, item *Warendator*, pro eo qui evictionem rei præstare tenetur: Unde & nostratia illa emanasse certum est: *warentare*, & *warentisare* pro *defendere, tueri*, *warrantus* pro *authore* vel *defensore venditi*: *warantia* pro *defensione*, vel *ligamine ad defensionem satisfactionemq; venditionis*: *Warrantum pro symbolo* vel *instrumento*, quo quis vel ad *Warantiam* obligatur, vel quo suam munit authoritatem & tuetur. Hinc quæ in Chartis nostris feudalibus instar sacræ anchoræ habetur clausula illa finalis, *Henrici* tertii ævo (ni me fallit conjectura) enata, *warantizabimus & imperpetuum defendemus*: quo author doni aut venditionis, ad integram rei compensationem si evicta fuerit obligatur. *Warantia* enim apud nos lex est, ut si de terris sub eâ stipulatione datis aut venditis controversia aliquando oriatur, emptori liceat ad authorem donationis se recipere, ipsoq; in patrocinium causæ advocato omnis deinceps litis moles huic incumbit: quæ si male cesserit petens rem obtinet: emptoriq; vices è venditoris prædiis rependuntur. Nec apud nos enata lex ista, sed ab antiquissimis nostris Saxonicis parentibus olim recepta, imo à fratribus nostris Longobardis (nam & hi Saxones erant) in Italiam deportata, annos ante plus minus 1200. Audi enim quid in legibus Longobardicis anno jam penè hinc millesimo conscriptis legendum occurrit lib. 2, tit. 18. cap. 5. — *Si quis equum suum vel cætera animalia, sive rem suam, super aliquem repererit, & ipse se* warentem *dare dixerit, statim juret, & ad certum* warentem *eum conducat, & super tertium* warentem *& tertium comitatum non procedat, & si hoc facere noluerit, rem perdat, & secundum legem componat.*

Atq; hæc lex non tum lata sed literis tantum mandata: Nam cum Hactenus leges suas solum memoria & usu (more nostro) retinebant, *Rotharis* Rex scriptorum serie jam composuit: Et ut Longobardi hanc in Italiam, sic Franci etiam (alius Germaniæ populus) in Galliam deferebat. Nam veterrima illic *Guarentare* vox est etiam *Guarentisare* pro *suscipere causam alterius, & defensorem se profiteri*: *Priscum* (inquit Prateus) *Francorum verbum quod in Francogalliam invectum est* Guarent; *quo significatur is qui Latine author dicitur & evictionem rei præstat*, lib. 2. Feud. tit. 34. §. 2. Et me *Cowellus* monuit *Warantiam* hanc nostram per stipulationem illam juris civilis, quam dicunt habere licet aliqualiter demonstratum, quod hoc perpetuam & quietam possessionem pollicetur, l. 11. §. *final.* π *de action. empt. & vendit.* Huc etiam pertinet *Garentigia* illa de quâ *Baldus* & *Tiraquel.* & alia plura patrominica, quorum omnium fons è Saxoniâ veteri disquirendus est.

¶ *Warentiso*, *Warentizo*, *Waranto*, *VVarantus.*] Vide *Warantia*. *Warentizare* autem non apud forenses tantum, sed Historicos etiam legitur pro *indempnem aliquem facere*, vel *conservare*. Hoved. Par. poster in Richar. 1. (p. 743. l. 50.) — *Et quamvis Archiepiscopus opera eorum* warrantizaret, *non tamen potuit eos Archiepiscopum plegiare*. Vide Guarentare in Prateo. Angliam autem ingressa est vox *warantus* cum ipso Conquestore: extat enim in suis legum emendationibus. Nec aliqua res vendita sine *fidejussione & waranto*.

¶ *VVarenna, næ.*] Est privilegium, quod quis in terris suis habet ex concessione Regis, vel ex præscriptione, prædandi venandiq; feras & volucres, ad warennam ut loquuntur pertinentes, alio quovis qui licentia ejus non ingreditur interdicto.

¶ *VVarda, dæ.*] *Tutela, custodia*. A Sax. [illegible] hoc idem significante, ut in *Warantia* monstravimus. Vox tamen non unius notationis: *Wardæ* enim dicuntur urbis Londini regiones quæ pro numero Maioris & 24 Aldermannorum, viginti quinq; constitutæ sunt (præter *wardam* Burgi Southwarci) singulorumq; custodiis singulæ distributæ. Uti ergò à regendo quatuordecim illæ, Romanæ urbis portiones, regiones dicebantur; Sic in Româ hac nostrâ, viginti istæ & quinq; divisiones à custodiendo *wardæ*, i. e. *custodiæ* appellantur. *VVarda* etiam *præsidium* significat castellis & urbibus impositum, aliàs *Wardea* dicta: Vide *Wacta*. Item carcerem & incarcerationem; stationesq; in quas Forestæ dividuntur *wardas* solent nuncupari.

Pro Vigiliis in urbibus &c. *Ll. Ed. Conf.* cap. 35. tit. de *Heretochiis*, Providendum est in *Folcmot*, ut *Wardæ* justè & ritè observentur.

¶ *VVarda*, al. *Varda.*] Scotis dicitur *Interloquitorium, judicium, Constitutio*. Angl. **an award**, q. id quod custodiendum, i. observandum traditur. Unde *wardo, das*, quo sensu *Skenæus*, Curia dicitur *vardare, considerare, pronunciare*. Quon. Attach. cap. 16. §. fin. Non debet dare aliquam rationem pro parte suâ, nisi ad infensandum Curiam in *VVardis* petitis, ubi sectatores sunt legis minus scientes. Ibi in not. *Skenæus*; Infensandum, i. *informandum*, wardis, i. *interloquitoriis*. Item cap. 34. §. penult. — *Curia autem tenetur deservire partibus litigantium in* wardis *& judiciis petitis &c.* Et cap. 35. §§. 1. & 2. — *Nullus loquatur in Curia affirmata, nisi partes & sui prolocutores & Concilium suum. Nisi in* wardis *& judiciis petitis, in quibus licet omnibus sectatoribus suas rationes proponere pro illis declarandis.* Etiam cap. 36. §. 3. — *Sectator debet examinari in 3 Curiis, si sciat facere recordationes Curiæ & dare sufficienter unam* wardam *sive judicium Curiæ, de* wardis *& rationibus petitis in Curia &c.*

¶ *VVarda, dæ.*] Etiam *Wardus*. Voces forenses. Pupillus qui ratione infirmioris ætatis prædiorumq; servitutis in custodia Regis vel Domini sui est, usq; ad ætatem integram; hoc est 21 annos. *Hoveden.* in Rich. 1. 745.

— *Milites*

— *Milites in Comitatu, coram Justiciariis jurabunt, quod legale posse suum ponent ad* Wardas *& Eschaetas Domini Regis instaurandas, ad commodum Domini Regis.* Grave Anglis jugum, quod cervicibus nostris non *Hen.* 3. (ut *Polydorus* asserit *Ranulphum Cestrensem* secutus) sed *Willielmus* Conquestor, gladio omnia premens, imposuit. Ne remotius tamen ab omni ratione videatur; intelligendum est, ea olim fuisse feudorum militarium conditio; ut nec hæreditariè concedebantur; nec pro vità vassalli; sed nec ad certum terminum, ne anni quidem; E dominorum autem voluntate ita dependisse, ut quando vellent possent adimere. Hoc Lotharii Imp. constitutiones indicant, tit. *Qui feu. da. possunt*. Ubi etiam demonstratur, eo postea deventum esse, ut per annum tantum firmitatem haberet (feudi concessio); deinde statutum esse, ut usq; ad vitam fidelis (i. vassalli) produceretur.

Sed cum hoc, jure successionis, ad filios non pertineret sic progressum est, ut ad filios deveniret, ac in eum scilicet, in quem dominus vellet hoc beneficium confirmare; tandemq; stabilitum, ut ad omnes æqualiter pertineret, more nostro, quem **Gavelkind** appellamus. Veruntamen, neq; tunc adhuc, hæreditariè; neq; ultra filios, ad nepotes, neq; ad fratres porrigebatur feudum ante leges *Conradi* Imp. Annum circiter .... sed nec tum demum ad filias, nisi expressè de his mentio esset: nam quid colo cum frameà, mulieri cum Marte? Sensim igitur, vigorem feuda acceperunt demumq; hæreditaria fiunt, quæ initio ne annalem agnovere certitudinem. Sed hoc obtinuit causa publica & necessitas ipsa, ne vassallus innoxius ejiceretur, aut filius ad militiam idoneus à patrio munere excluderetur. Suis nihilominus conditionibus feuda interea subjacuêre. Nam cum fidelitatis gratiâ, servitiiq; in militiâ domino præstandi primitus hæc erogata essent, claudicante in officio suo, vassallo, actum protinus fuit de jure suo, feodumq; domino restitutum. Nam & ratio suadet, & lex dictat: quam humilè, quam devotè, quam benignè, quam fideliter, erga dominum suum debuit se vassallus habere; Tit. *In quib. caus. feu. amit.* pag. 32.

Duplici igitur sorte (ut alias taceam) feodum ad dominum referatur; vel ob læsam fidelitatem; vel ob defectum servitii. Læsam fidelitatem feloniam dixere (& hinc ejusdem apud nos origo;) quæ pro varietate locorum & curiarum; ob leviorem alubi; sed ubiq; ob egregiam ingratitudinem, feudum revocabat; Utpotè, si vassallus dominum occidisset, aut vim ei intulisset, aut in eum insurrexisset, aut quid inhonesti machinatus fuisset, thorum domini ascenderat, filiam, neptem, sororem, in domo domini permanentes compresserat; inimicis domini adhæserat, fidemve manifestè deseruerat; amissione feodi hæc omnia plectebantur, ut Titt. *Quib. mod. feud. amit.* &c. Similiter, ob defectum etiam servitii, veluti si in prælium cum domino non descendisset; vel in prælio pugnantem ipsum dimisisset, vel in aliis rebus quod justum esset non præstitisset, feodo privandus censebatur. Sed hujusmodi defectus ali s ex vassalli culpâ nascitur, alias impotentiâ naturali; nec pari plectendus est vindictâ qui in culpam proruit, & qui per impotentiam deliquit.

Cum igitur ad infantem feudum devolveretur: qui ex impotentia debitum domino servitium præstare non valuit, injustum visum est, ut is feudum amitteret: sed nec illud justum, ut quod pactum erat servitium dominus non gauderet. Quamobrem, majores nostri æquum duxere feodum interim domino reddi, ut donec vassallus ad arma virilia potens esset, ipse suum sibi servitium curaret præstari: vassallumq; haberet in custodiâ (quod alii mundium vocant) cum ad militiam, tum ad munus debitum obeundum instructiorem faceret.

Hæc pupillorum nostrorum (quos *wardas* vocant) institutio: qui ex priscâ legum sententiâ, non in prædam dominis tradebantur: sed ob præsidium & tutelam, ita scilicet, quod domini sui, ipsos honorificè (absit invidia, nam in verbis loquor summi Angliæ Justiciarii) pro quantitate hæreditatis, interim habeant: & debita etiam defuncti (puta patris aut parentis) pro quantitate hæreditatis & temporis quo iis custodia deputatur, acquitent, i. satisfaciant. Unde & de debitis antecessorum de jure respondere tenentur. Negotia quoq; ipsorum hæredum agere &c. *Glanvill.* Justiciæ gubernacula tenens temp. *Hen.* 2. lib. 7. cap. 9. O fœlix seculum.

Hæc Anglo-Normannorum lex: & eadem prorsus apud Normanno-gallos: ut videas *Cust. Norm.* cap. 218. Et licet prolixior fuerim addam illud quod sequitur apud *Glanvillum*, & in privilegiis fit *wardarum. Si verò (inquit) appellatur minor de felonia aliqua; tunc attachiabitur per salvos & securos p'egios, sed dum fuerit infra ætatem, inde non tenebitur respondere, sed demum factus major.*

Vide supra *Mala tractatio.* Ubi delicta enumerantur ex quibus tutor custodiam hujusmodi quod *mundium* vocabant lege Longobardica amitteret.

Vide *VVerde.*

¶ ***Wardemotus*, ti.**] Gemotus, Sax. *conventus.* Sic *wardemotus* est *wardarum* (Londoniensium) *conventus*, vel *curia.* Instar Curiatorum comitiorum Romæ, in quibus singulis, singulæ curiæ, quæ Romæ *wardarum* istarum vices agebant 30 numero, suffragia dicebant: destinatasq; habuere conveniendi ædes, in quibus sacra & cætera peragebant. V. *Cart. Hen.* 2. *de libertatibus London.*

¶ ***Warectum*, ti.**] Vox for. Terra neglecta, vel diu inculta. Dict. à Gal. *gare*, idem significante, viz. *terre garee.*

¶ ***Wardpenny***, aliàs ***Warpen***, & ***Warthpeny.***] Denarii Vicecomiti vel aliis Castellanis

lanis persoluti ob castrorum præsidium, vel excubias agendas. *VVarscot* in Ll. Forest. Canut. cap. 9.

Chart. Gul. Conq. Ecclesiæ S. *Martini* de *Bello* — *Concedo etiam eidem Eccl. leugam circumquaq; adjacentem liberam & quietam ab omni geldo, & scotto, & hidagio, & danegeldo, & opere pontium & Castellorum & parcorum — & omnibus auxiliis, placitis, & querelis & siris & Hundredis. Cum saca, & soca, & Thol, & Theam, & infangtheof, &* warpeny, *& Lestage, & Hamsocne, & Forstall, & Blodwite, &c.*

Extenta Manerii de *VVyvenho* in Com. *Essex* renovata 20 Mar. 23 H. 7. juxta antiquiorem 18 Dec. 40 *Ed.* 3. & aliam 13 *Ed.* 3. An. Dom. 1330. *Ric. Burre tenet unum mesuag. &c. Et reddit inde per An.* 3 *s.* 4 *d. ad prædictos* 4 *terminos. Et ad festum S. Martini* 2 wardepens. Infra: *Et debet colligere fongere sicut idem* Ricardus ad repisac. dom. supra prec. opus ob. Item — *ad fœnum colligere vel fong.* Inferius, *Et debet Grasanec pro porcis suis ad fest. S. Martini, viz. pro quolibet porco ætatis unius anni ob. — Et debet tallagium, sectam Curia, &* Merchet *hoc modo, quod si voluerit maritare filiam suam cum quodam homine libero extra villam faciet pac. cum dom. pro maritagio. Et si eam maritaverit alicui customario villæ nihil dabit pro maritagio. Et dabit duplex heriotum &c.*

Inquis. per Henr. Notingham &c. an. 7 E. 1. *in Scacc. penes Remem. Regis.*

— Comes VVarwic. est dominus de *Lighthorn*, & tenet de Rege in Capite &c. Tota villa prædicta est geldabilis & dat Scutagium & *warth*, & venit ad duos magnos Turnos Vicecomitis.

¶ *Wargus.*] Expulsus, exul, desectus. Nimirum vagus, & profugus super terram, ut habetur *Gen.* 4. Sidon. Apoll. lib. 6. Epist. 3. *Lindenbr.* Lex Salica tit. 57. §. 5. — *Si quis corpus jam sepultum effoderit, vel expoliaverit* Wargus *sit; hoc est expulsus de eodem pago, usq; dum cum parentibus defuncti convenerit. Ut & ipsi parentes rogati sint pro eo, ut liceat ei infra patriam esse, & quicunq; antea panem aut hospitalitatem ei dederit, etiam si uxor ejus hoc fecerit,* 600 *den: qui faciunt sol.* 15 *culp. jud.* Et lex Ripuariorum de eodem lata tit. 85. §. 2. Wargus sit; *hoc est expulsus, usq; dum parentibus satisfaciat.* Ll. H. 1. cap. 84. *Si quis corpus in terra vel nosso, vel petra, vel pyramide vel structura qualibet positum sceleratis infamationibus effodere vel expoliare præsumpserit;* Wargus *sit*.

¶ *Wardwit*, aliàs *Warwite.*] Immunitas à præsidiis faciendis, vel ab eorum contributione. ƿarð Sax. *præsidium*, ƿiꞇe *mulcta*, q. haud mulctandus ob non agenda præsidia. *Warwit* aliès *VVardewit*, (inquit MS.) hoc est *quietos esse de denariis dandis pro wardis faciendis.* Et *VVardwite* dicitur *mulcta pro warda, i. præsidio, non exhibita.*

Fleta lib. 1. cap. 42. — *Quietantia misericordii in casu quo non invenerit quis hominem ad* wardam *faciendam in castro.*

¶ *Ware.*] Pro ejectu vel algâ maris in antiquis Scotorum Chartis, ductum à Gall. *varech.*

¶ *warenda, warendator, warendatio.*] V. Waranda & VVarantia. Vide Garentare in Pratæo & add.

¶ *Warenna, næ.*] Privilegium quod quis habet in terris suis, vel ex concessione Regis, vel ex præscriptione, venandi, prædandiq; feras & volucres ad *VVarennam* (ut loquuntur) pertinentes, alio quovis qui per licentiam ejus non ingreditur, interdicto. Avium autem & ferarum duo genera faciunt, hoc silvestre, quod ad Forestam, illud campestre quod ad *warennam* aiunt pertinere. Primum, quære in Forestâ. Secundum autem tantummodo instituunt (quoad feras) lepore, & cuniculo (quoad volucres) perdicibus & phasianis. Phasiani verò cur campestres magis quam sylvestres haberentur, ad accipitrarios provoco, nam versare hos in sylvis magis quam in campis certum est.

Et in archivis Regiis Term. Hill. an. 13 *Ed.* 3. *Ebor.* Rot. 106. in casu de forestâ) *H. de Percy. Videtur tamen* [inquit inscriptum] *Justiciariis hic & Concilio Dom. Regis quod Capreoli sunt bestia de* warenna *& non de foresta, eo quod fugant alias bestias de* VVarenna.

VVarenna quæ Regio diplomate componitur semper se continet infra terras illius cui conceditur: mulctamq; adjunctam habet, ut nemo ibidem ingrediatur ad venandum &c. sub forisfacturâ Regis decem librarum. Et super hoc, nullus fuget in ea sine licentia ejus super *x* l. forisfacturæ. *Ram.* 225, 364, 333. Quæ verò è præscriptione nascitur in alieno fundo se exerceat.

Saxonibus nostris, nullam opinor fuisse *warennarum* notitia, licet vox plane prodit Germanicam originem; nam *Wahren* significat *custodire, defendere*; & sic *terræ warennatæ* sunt quasi *defensæ aliisq; prohibitæ*; Parcos tamen (hoc est cervorum vivaria) in usu tunc fuisse, leges Divi *Edwardi* Confessoris demonstrant. Sed Normannos è Germania etiam oriundos, infinitam Germanicorum vocabulorum multitudinem huc induxisse quis ignorat? hoc præcipuè inter cætera, cum nomen tribuit, potentissimo proceri tum ingredienti, (*VVillielmo* dicto de *warenna*) cui Rex Normanicus concessisse fertur, ut propter nomen ipsum omnes suæ terræ essent *warennatæ.*

¶ *Waringi.*] Memini me olim aliquando (cum de hoc opere minimè cogitarem) legisse alicubi. *Waringos* Anglos maritimæ Hispaniæ appulisse, diuq; me torsit, quinam essent hi *Waringi*, nec me dubio quis exemit: Tandem dictos conjicio à vocabulo obsoleto (ut (ut hæc cætera) *waryen* Sax. ꝑarian, quod est *imprecari* vel *execrari* (Anglicè **to curse, or banne**) undè **waringe**, i. *maledictio, anathematizatio*, **a cursing or excommunication**. Et sic *waringos* eosdem esse censeo quos Ripuarii antiqui *wargos*, Itali *bannitos*; alii *proscriptos*, *exules*, *excommunicatos* dixere. Sed & sunt *Warini* al. *werini* Germaniæ populi, Plinio *Varini*, Anglis finitimi, unde Tacitus Angli & *Varini*.

¶ *Warpen*, *Warpenig*, & *Warpond court*.] *VVarpen* dici videtur, q. **ward peny**, quod solvitur pro *VVarda* ad castrum aliquod faciendum: nam in lib. Monast. de Barnewell scribitur aliàs **Wardapeny**, & al. **Wardsilver**. V. *VVara libera*

¶ *VVarrantia*.] Et cætera, quæ aliàs duplici *r* scribuntur. Vide supra cum simplici.

¶ *Warwite*.] Vide *Wardewite*.

¶ *Wasingi*.] Prædones nautici, qui legentes littora portus expilabant, fortè iidem qui *Waringi*, quod vide.

¶ *Wassell*.] V. Itin. Cant. pag. 21. & pag. 354.

¶ *Wastell*.] Rog. Hoved. f. 420. a. — *Habebit quotidie de liberatione* 30 *sol. &* 12 Wastellos *dominicos, &* 12 *Simineллos dominicos*.

¶ *Wastel bread*.] Fortè à *vasten*, Belgis *jejunare*. Unde illis *Wastelavond* **Shrove-tide**.

¶ *Watergaugium*.) V. supra *Wallia*, al. *Watergagium* & *aquagagium*. Videtur idem esse quod *fossatum*. V. Ch. *Ed.* 1. in Ordin. de **Romeney**.

¶ *Wavium, ii*.) V. *Weif* in Cow. & adde.

¶ *VVathlingstrete*.] *Wathelingstrete*, id est *strata* quam filii *Wethle* Regis ab orientali mare usq; ad occidentale per Angliam straverunt, deditionem obtulerunt &c. *Hoveden. in Anno* 1013.

¶ *Wax-shot*.] Opinor *Ceragium*, hoc est tributum quod in Ecclesiis pendebatur ad subministrationem ceræ & luminarium. **Wax** cera, **Shot** symbolum. Hac autem solutione multi se contendunt immunes esse à minoribus quibusdam Decimis persolvendis. Ejusdemq; generis sunt quæ aliàs **Cock & Wax**: alias **Plame-port** appellantur.

V. Ll. Can. Eccl. Cap. 12. Consuetudines ut intelligo Lincolniensibus propè *Stanford*: Cestrensibus etiam & aliis notæ. q.

¶ *Weald of Kent*.] Id est, pars Cantii silvestris, ꝑeal ꝺ enim Sax. *Sylva*, vel potius hoc loco *desertum*; Nam quæ *Plinio* & *Straboni* Boiorum *deserta* appellantur, Germanicè **Wilder waldt** ni mihi imponunt *Lazius* & *Ortelius*, dicta sunt.

¶ *VVegstura, ræ*.] Vectigalis genus apud Germanos, veteribus Francis *strastura* dictum. Ejus meminit *B. Rhenanus* rer. Germ. l. 2. p. 171. V. *Strastura*.

¶ *VVehadinc*.] Decret. Tassilonis in leg. Baiwar. §. 10. p. 440. — *Si quis de quocunq; reatu accusatus ab aliquo: potestatem accipiat, cum accusatore suo pacificare si voluerit, antequam pugnam quæ* Wehadinc *vocatur permittat*. Et ibidem Tit. de *populo*. Ll. 5. 5. *De pugna duorum, quod* Wehadinc *vocatur, ut prius insortiantur quam parati sunt; ne forte carminibus, vel machinis diabolicis, vel magicis artibus insidiantur*. Et in Ll. Baiwar. tit. 11. cap. 5. — *De his qui de agrorum finibus dimicaturi sunt* — *Spondeant* (inquit lex) *invicem* Wehadinc *quod dicimus, & in campiones non fortiantur &c.*

Ubi Wehadinc *duellum*, id esse reor quod interposito pignore sponsum est, ꝑeaꝺ enim *pignus* est, Weading, q. *pignoris depositio*, vel *præstatio*: *ipsum fœdus*: unde sic Angli *matrimonii celebrationem* diximus. Chaxton lib. 7. cap. 9. **Robert Duke of Normandy — layde Normandie to wedde his brother William for** 10000 **pond of sylver**.

¶ *Weife, Waivium, bona Waviata*.] Derelictum. *Ingulphus* Hist. *Croyl.* 875. in Chart. *Edredi* Regis Magnæ Britaniæ An. 948. — *Volo quod dicti monachi* (i. Croylandiæ) *habeant Socam, Sacam, Tol & Tem, Infangthefe*, (sic enim restituo) Weif, & *Stray*. Vide *VVaiviatum*.

¶ *VVendus*.] Procinctus terræ amplior, plurima juga in se continens. *Perambulatio*, *Circuitus*. A prisco Anglico **to wend**, i. *meare*, atq; hoc à Sax. ꝑenꝺan quod est *vertere* & *convertere*.

Rentale Regalis Manerii de *Wy* p. 31. — *Tres sunt* Wendi, *viz.* **Dodnetwend**, **Chiltonestwend**, & **Bronsfordwend**, *& in quolibet wendo sunt decem juga: & sic in tribus* wendis *sunt* 30 *juga, quorum* 26 *juga & dimid. sunt in* Wy, *&c.* Et infra. *Quilibet* wendus *faciet* 10 *averagia semper de tribus septimanis in tres &c.* Vide *Jugum*.

¶ *VVenunga*.] Ll. *Hen.* 1. cap. 34. — *Injusto quoq; judicio contradici poterit* wenunga *majori, & sapientiori, præsertim si in reddicione fuerit adnotatum*. Fortè *Opinio*, à Sax. ꝑenan quod *putare*, aliàs significat, aliàs *opinionem*. Quære ibidem cap. 67.

Par contra parem solus juret, inferior contra superiorem se alteto, vel tertio, vel sexto: in *wenunga* duo sunt contra unum, & ejusdem dignitatis, & cap. 64.

¶ *VVeorth*.] Cors, villa. Inde Bedericsgueord (i. Buria in Suffolcia) quasi Bederici villa ab Abbone interpretatur.

¶ *VVera*.] Locus in fluviis, qui porrectis ab utroq; margine faucibus, hiatum adeo angustum exhibet, ut distento rete facilè occludatur capiendorum piscium gratiâ, à Sax. ꝑeꝛe quod inter plures significationes aliàs *capturam*, aliàs *custodiam* vel *munitionem* denotat. Hinc *ware*, celebris ille vicus in pago Herfordiensi

dienſi viceſimo à Londoniis lapide (cum ſplendidus ſit ob hujuſmodi piſcium capturas) nomen fortè emeritus eſt. Hinc celebre etiam illud piſcarium in **Well** quod reddit unum milliarium anguillarum &c. annuatim Monaſterio Rameſienſi **Lote-were** dictum eſt. *Ram. Sect.* 253.

¶ *VVera, ræ.*] Vulgo **Were.** Sic etiam Saxonicè, & ƿeɼa.

Latinè, *pretium*: ſed plerunq; illud viri, quod capitis æſtimationem vocant, cui etiam & ipſa vox arridet. Nam ƿeɼ & ƿæɼ idem ſunt quod *vir*, ƿeɼaſ quod *viri*, Ideo cum *Lambardo* cenſeam, *weram* non propriè dici *pretium*; at per tranſlationem, ut apud Juſtitianum, *æſtimatio capitis* pro ipſo corpore. In Concil. *Cabilonenſi* (tento An. Dom. 813.) cap. 24. *precium* appellatur. Et in Ll. *Edouardi* Confeſſoris cap. 11. legitur, VVere ſuum; id eſt, *precium* ſuæ redemptionis. Pœnarum enim ratio, apud mediorum ſæculorum homines, in mulctis potius, quam in ſanguine ſita fuit. Dicitur enim in Boiorum Ll. tit. 1. cap. 7. §. 3. — *Nulla ſit culpa tam gravis, ut vita non concedatur, propter timorem Dei.* Mulctas igitur alias graviores eſſe oportuit, alias leniores. Gravior integras hominis facultates continebat, quam ideo ut jam diximus *weram* appellabant, hoc eſt, pretium vel æſtimationem hominis; propterea quod abſq; omnium fortunarum diſcrimine, redimere & mercari ſe à tanta legum vindicta (quæ plerunq; mortifera aliàs fuit) non valeret. Poſteri (ſi me non fallit conjectura) hanc redemptionem vocant Gallis & Anglis **ran-ſome.**

Lenior mulcta leniori ſententia impoſita eſt, non certa, præ delictorum varietate, ſed vel intentior, vel remiſſior. Saxones hanc Wytam; nos hodie *finem* & *amerciamentum* appellamus. In eo igitur differunt, ƿeɼa & ƿiꞇa, quod hæc lenior, illa gravior; hæc varia, illa certa. Reus autem aliàs ƿeɼa propria aliàs aliena plectebatur. Homicida enim non ſuam ſed peremptι ƿeɼam numeravit, & pro atrocitate ſceleris, aliàs duplicem, aliàs triplicem: Aliquando *Wergildos* novem; aliquando octodecem: ut poſtea in *Wergildo* videas. Habetur & in *Canuti* Ll. p. 151. healne ƿeɼe, i. *medietas precii ejus.*

Æſtimabantur igitur omnes hominum claſſes, ab ipſo Rege ad mancipium ipſum incluſivè, quod etiam ibidem videbis: & hinc alius ꞇpihẏnꝺmon, alius ꞇꝛẏhẏnꝺmon, alius Syxhyndmon, alius ꞇpelfhẏnꝺmon, i. *homo ducentorum, trecentorum, ſexcentorum, mille & ducentorum ſolidorum* appellatus eſt; & pro hujuſmodi æſtimationis calculo, aliàs plectitur, aliàs compenſatur, juxta illud in legg. *Hen.* 1. cap. 12. *Qui ordinis infracturam faciet, emendet hoc ſecundùm ordinis dignitatem* ƿeɼa, ƿiꞇa, laſliꞇ. *Wera* autem iſtius æſtimatio eâ impoſita eſt lenitate, ut verum nullius valorem contineret, ex quo fit, ut etiam triplici *werâ* aliàs mulctati ſunt. Ll. *Ed. Confeſ.* cap. 35. tit. de Heretochiis. *Qui leges apoſtabit* — Weræ *ſuæ reus ſit apud Regem, & ſi ſecundo id faciat reddat bis* weram *ſuam: & ſi quid addat tertio, reus ſit omnium quæ habebit.*

Can. Ll. MS. pag. 150. — *Si quis ante Comitem in placito pugnaverit, emendet ſecundùm precium ſui ipſius, & foriſfacturam quod Angli dicunt* ƿeɼe & ƿiꞇe.

¶ *Werde,*] Hect. Boet. hiſt. Scot. f. 349. b. — Werdas *autem vocant, ut quum parentes, antequam liberi ad juſtam perveniant ætatem, id eſt vigeſimum primum annum, vitâ decedunt, tum Rex omnes reditus, omneſq; fructus qui ad eam, uſq; hæredis ætatem proveniunt, pro ſuis habet occupatq; hæredíſq; interea curam ſuſcipit: id verò barbaro quidem vocabulo nominant, ſed tamen noto, eamq; ob cauſam à notis uſurpato.*

¶ *Wereſaccio, onis.*] Homicidium. Ll. *Inæ* MS. cap. pag. 36. col. 2. — *Qui* Wareſaccionis *id eſt de homicidio fuerit accuſatus.*

¶ *Wergilda, & Wergildum.*] V. Wergildus.

Be ƿeɼgilꝺum ⁊ be geðinðum.

Hƿẏlum ƿæſ þ leoꝺ ⁊ lagu ꝼoɼ be geðingðum ⁊. ða ƿæɼon ðeoꝺƿiꞇan ƿuɼð ſcipeſ ƿuɼðe ælc be hiſ mæðe ge eoɼl. gececoɼl geðegen geðeoꝺen anꝺ giꝼ ceoɼl geðeah þ he hæꝼꝺe. v. hiꝺa ꝼullice agenes lanꝺeſ bellan ⁊ buɼhgeaꞇ ſeꞇl ⁊ ſunꝺoɼnoꞇe on cẏngeſ healle ðon ƿæſ he ðanon ꝼoɼð ðegen ɼihꞇeſ ƿẏɼðe anꝺ ſe ðegen ðe geðeah þ he ðenoꝺe cẏnge ⁊ hiſ ɼaꝺ ſꞇæꝼne ɼaꝺ on hiſ hiɼeꝺe giꝼ ſe ðon hæꝼꝺe ðeng ðe him ꝼiligꝺe ðe ꞇo cẏngoɼ. v. hiꝺa hæꝼꝺe ⁊ on cẏningeſ ſele hiſ hlaꝼoɼꝺ ðenoꞇe, ⁊ ðɼiƿa miꝺ hiſ æɼenꝺan geꝼoɼe ꞇo cẏnge. ſe moſꞇe ſiððan miꝺ hiſ ꝼoɼaðe hiſ hlaꝼoɼð aſpelian. ⁊ hiſ onſpæce geɼæc.n miꝺ ɼihꞇe ſƿa hƿan ſƿa he ðoɼꝼꞇe ⁊ ſeðe ſƿa geðogene ꝼoɼ ƿẏɼhꞇan næꝼꝺe ſpoɼeꝼoɼ ſilꝼne æꝼꞇ hiſ ɼihꞇe oððe hiſ ðoloꝺe ⁊ giꝼ leoɼneɼe ƿæɼe ðe ðuɼh laɼe geðuge þ he haꝺ hælꝼꝺe ⁊ ðenoꝺe cɼiſꞇe ƿæɼe ſe ſiððan mæðe ⁊ munꝺe ſƿa micelɼe ƿẏɼðe ſƿa ðonne ða haꝺe gebiɼeꝺe miꝺ ɼihꞇe giꝼ he hine heolꝺe ſƿa ſƿa he c olꝺe. ⁊ giꝼ man gehaꝺeꝺum, oððe ælðeoꝺigum ah ƿaɼ geꝺeɼeꝺe ƿoɼ-ðeſ oððe ƿeoɼceſ ðon gebẏɼeꝺe biſcope ⁊ cẏng þ hi þ beꞇan ſƿain ƿaðoɼſꞇ mihꞇon.
Ex Oxonienſi lib. D. Gradoke.

Nor.

Norð leoda laga.

Norð leoda cynges gild is xxx ðusend ðrymsa, fiftene ðusend ðrymsa bið ðæs wer gildes, xv ðusend ðæs cynedomes. Se wer gebirað magum ⁊ seo cynebot ðam leodum. Arces. ⁊ æðelinges wergild is xv ðusend ðrymsa. Biscopes ⁊ ealdormannes viii ðusend ðrymsa. Holdes ⁊ cynges heah gerefan 4 ðusend ðrymsa. Mæsse ðegnes ⁊ worold ðegnes 2 ðusend ðrymsa. Ceorles wergild is 200 ⁊ 56 ðrymsa þ bið 11 hund scill be myrcna lage. And gif wilis man geðeo þ he hæbbe hiwisc landes ⁊ mæge cynges gafol forð bringan ðon bið his wergild 120 scil. And gif he ne geðeo buton to healfre hide ðonne si his wer 80 scil. And gif he ænig land næbbe ⁊ ðeah freoh sy, forgilde hine man mid 70 scil. and gif ceorlisc man geðeo þ he hæbbe 5 hida landes to cynges ut [illegible] ⁊ hine man ofslea forgilde man hine mid twam ðusend ðrymsa. And ðeah he geðeo þ he hæbbe helm ⁊ byrnan ⁊ golde fæted sweord gif he þ land nafað he bið ceorl swa ðeah. And gif his sunu sunu þ geðeoð þ hi swa micel landes habban siððan bið se ofspring gesiðcundes cynnes be twam ðusendum. And gif hi þ nabbað ne to ðam [g]eðeon ne magon gilde man cirlisce. *Ex Oxienſ. lib. D. Cradok.*

Be mirena laga.

Ceorles wergild is on mirena lage 200 scil. ðegnes wergild is syx swa micel þ bið twelf hund scil. ðonne bið cynges anfeald wergild is syx ðegna wer be myrcna laga þ is 30 ðusend sceatta ⁊ þ bið ealles 120 punda. Swa micel is ðæs wergildes on folces folcriht be myrcna laga ⁊ forðam cynedome gebireð oðer swilc to bote on cynegilde. Se wær gebirað magum ⁊ seo cynebot ðam leodum. *Ex Oxonienſ. lib. D. Cradok.*

Be mirciscan aðe.

Twelf hundes mannes aðe forstent 6 ceorla að forðam gif man ðone twelfhendan man wrecan scolde he bið fulwrecen on six ceorlan. ⁊ his wergild bið six ceorla werg[ild].

Be gehadora manna aðe.

Mæsse preostes aðe ⁊ worold ðegnes is on engla lage geteald efenðire. *Ex Oxonienſ. lib. D. Cradok.*

¶ ***Wergildus, di***, & ***Wergilda***, aliàs ***Wergildum***, & ***Wergeldum***, ***Wergelt***, item ***Werigildus***, & ***VVerigeldum***, & *Gewere-gildum*, ***Barrigildum***, & *Varigildum.*] Voces mediorum ſeculorum hominibus notiſſimæ, hodiernis ſatis obſoletæ. Perperam itaq; *Binnius*, Weregildum *defenſionis pecuniam* exponit, in Concil. Triburienſ. tent. Anno Dom. 895. cap. 3. Manifeſtè enim ſignificat *Wera* ſolutionem; hoc eſt precii vel æſtimationis capitis. Unde in Ll. *Hlotharii* & *Eadrici* Regum Cantii circa An. Dom. 685. hoc idem manwyrð dicitur, i. *pretium ſeu valor hominis*, Sic *weram* notare ſupra indicavimus, & gelo, gyld, geild, idem ſunt quod *ſolutio*, propriè *redditio*: à geldan & gyldan *ſolvere*, propriè *reddere*. Unde Angli uſq; huc, **to yield** dicimus, g ut ſolet in y tranſeunte.

Dicitur etiam *Wergildus* viri compenſatio, utiq; ejus qui interfectus eſt; nam were etiam *vir* ſignificat, ut in eo verbo liqueat, & rectè igitur in Concil. Cabilon. 2. cap. 24. *homicidii precium* appellatur, in Conc. Tribur. cap. 5. Burcha. lib. 6. ca. 11. *interfecti compoſitio.*

Germani veteres & aquilonares gentes, qui jugum pariter & leges omni Europæ impoſuere, graviſſima delicta, ipſaq; homicidia pecuniis commutabant; Id *Tacitus* refert de Germanis, quod dicturi ſtatim ſumus, & hoc idem vigorem obtinuiſſe apud *Cymbros* & *Danos* uſq; ad *Chriſtianum* tertium, hoc eſt, annum circiter domini: . . . . . *Grantzius* mihi author eſt lib. pri. de *bello Dithmarſ.* pag. 432. Uno enim infœlici caſu duos de medio tolli non ferebant. Sed publicis itaq; calculis omnes hominum claſſes æſtimatæ ſunt, à Rege (ut in *Wera* diximus) ad vernum incluſivè; peremptiq; precium toti ejus familiæ; ab interfectore reddebatur, vel his licuit in publicam vindictam aſſurgere, capitaleſq; inimicitias, quod faidam vocant, in reum profiteri. Hinc in legg. *Edouardi Confeſſoris* cap. 12. *Parentibus occiſi, fiat emendatio: vel guerra eorum portetur.* Unde Anglicè proverbium habetur: Bycge spere of side, oþþe bære; id eſt, *Eme lanceam à latere, aut fer.*

Wergildi inſtitutio ex lege Moſaicâ videtur ſumpſiſſe originem *Exod.* 21. 29 & 30. ubi & compoſitionis pretium à conſanguineis imponendum eſt. V. not. *Genevenſ.* & *Hug. Card.*

Hanc autem emendationem Saxones cenegild, Cinebot & mægbot appellabant, de quibus ſupra. Et hoc omne, ſuo ævo reperit *Tacitus* apud Germanos in lib. de Morib. —Suſcipere (inquit) tam inimicitias, ſeu patris ſeu propinqui, quam amicitias neceſſe eſt. Nec implacabiles durant. Luitur enim homicidium certo armentorum & pecorum numero, recipitq; satisfactionem universa domus.

Rectè *Tacitus*, — *satisfactionem recipit universa domus*, sed non ubiq; recipit integrum *Wergildum*: Partem enim dominus interfecti, ob amissum vassallum retulit, quam *manbote* vocabant. Partem Rex ob violatam pacem, quam *fredum* nuncuparunt. *Manbota* portionem videas in *Ina* legg. cap. 69. *Fredi* in Capit. *Caroli* & *Ludov.* utriusq; hic in suis locis. Uti verò universa domus interfecti satisfactionem recepit, ita etiam universa domus interficientis suas sortes in redemptionem conferebant. Sed ex jure illud, hoc ex gratiâ, eaq; de causâ, aliæ aliis adjunctæ sunt mulctæ, *Wergildorumq́*, auctus numerus, his duplex, illis triplex; & in Alemannorum legg. cap. 49. Qui hominem cæde claudestinâ (quod illi *mortando* nos [illegible] dicimus) sustulisset novem *Wergildis* plectebatur. Qui fœminam (fortè quod imbellior hæc esset ad defensionem) octodecem.

Licet igitur in *Boiorum* Ll. tit. 1. cap. 7. dicatur: Nullam esse culpam tam gravem, ut vita non concedatur, propter timorem Dei & reverentiam Sanctorum, adeo tamen aliquando gravis fuit redemptio, ut difficultate victi delinquentes, ad mortem denuo traherentur. Quædam tamen scelera nullo unquam *Wergildorum* cumulo eximerentur; utpote quod vel in Principem, vel in Rempub. vel in Civitatem machinatum esset, ut ibidem videas tit. 2. cap. 1. §§. 2. & 3. Cætera verò (inquit lex eadem ut in 4. §. habetur) quæcunq; commiserit peccata, quousque habet substantiam, componat secundum legem.

[margin: ...telligendum ...t de confu... ...entibus ad ...clesiam.]

Sed hæc apud exteros: parcior apud nos fuit de *Wergildis* consuetudo. Unde dicitur in legg. *Hen.* 1. cap. 13. Quædam emendari non possunt; quæ sunt **husbrech, bernet, & openthef, & æberemorð, & laforðsith** & infractio pacis Ecclesiæ, vel per manus Regis per Homicidium. Sequuntur in eodem cap. criminum enumeratio, quæ per *Weram* redimenda essent; ego, ne prolixior fiam, transeo. Vides interim *Wergildorum* leges, ib Anglo-Normannicis nostris principibus viguisse. Quære igitur quando egressæ sunt insulâ nostrâ.

[margin: ...fractio do...us, incendi...n, apertum ...rtum, a...rtum mur...um, infide...as erga do...inum. V. Ll. ...inut. MS. ...]

Werarum & *Wergildorum* census, ut Æthelstani ævo habiti sunt, ex ejusdem legibus adjiciam.

Regii capitis æstimatio, jure Anglorum communi 30 Thrymsarum millibus constat; quorum millia quindecim capitis æstimationis, reliqua Regni nomine debentur; hæc ad gentem, illa ad cognatos pertinent.

Archiepiscopus aut Satrapa (Sax. Eeopler, i. Comes) 15 *Thrymsarum millibus æstimatur.*

Episcopus aut Senator (Sax. Ealdeꝛmannr) *Thrymsarum millibus octo*

Belli Imperator aut summus præfectus 4 Thrymsarum millibus.

Sacris initiatus (Meꝛrepeꝥneꝛ) *aut Thanus 2 Thrymsarum millibus æstimator.*

Paganum Dani 267 Thrymsis æstimant.

VVallus &c. adde.

Æstimationes autem istæ mitius primo fieri videntur; atq; hoc in causam esse, ut posterioribus legibus multiplices impingerentur in reos, ut ex predictis appareat. Privilegii igitur loco *Henricus* primus in Chartâ libertatum *London*; Concessit ut homo Londoniarum non judicetur in miseria pecuniæ nisi à la *VVere*, scil. ad Centum solidos. *VVeras* autem ne ad dimidias facultates tum fuisse æstimatas, ex hoc est manifestum, quod in ejusdem Ll. extat cap. 13. *Qui legem* (inquit) *apostabit weræ suæ sit reus prima vice; Si secundo fecerit, reddat bis weram suam; qui tertio præsumat, perdat quicquid habet.* V. *VVerarum æstimationes* juxta Consuet. Westsex. ib. ca. 70.

Vide compositiones *wergildorum* L. Frison. tit. 5. B[illegible] possunt occidi sine compositione.

Reg. Majest. lib. 4. cap. 19. — *De unoquoq; fure per totam Scotiam est* Wergelt 30 *vaccæ, & una juvenca, sive fuerit liber homo, sive servus.* V. not. ibid.

Tacitus Ger. mor. juxta *VVillich.* pag. 524. —*Luitur enim etiam homicidium certo armentorum & pecorum numero, recipitq; satisfactionem universa domus utiliter in publicum, quia periculosiores sunt inimicitiæ juxta libertatem.* V. ib. *VVillich.* cap. 28.

¶ *VVere-lada.*] *Purgatio weræ*, hoc est, *Qui debita se juris formâ purgaverit à (forisfactione quam vocant, id est) multâ wera sua.* Legg. *Hen.* 1. cap. 13. *Qui ei consentiet in aliquo homicidio* wera *solvatur vel* VVeræ lada *negetur.* Hoc aliàs 30 conjuratoribus factum est; Et Ll. H. 1. cap. 29. *Bello.* Vide purgandi modum ib. 75. *Ll.* Can. MS. cap. 36. —*Si quis ministrum altaris occidat, utlaga sit erga Deum & homines &c. & erga parentes ejus emendet, vel* VVerelada *se adlegiet &c.*

¶ *VVerpio, VVerpis, VVerpire*, al. *Guerpere*, & *Gurpere.*] Hoc à Saxonico ƿuppan, illa à German. *VVerpen.* Omnia significantia *jactare, abjicere, seponere*, & quod forenses dicunt *alienare* & *VVaiviare.* Hinc ejectus maris, qui *wrec* dicitur, aliàs in Chart. Divi *Edouardi* Regis Ramesiensi Ecclesiæ, de libertatibus confectâ **seupweorp**, q. **seen-up-weorp** appellatur. Sect. 97. V. *Linden.*

¶ *VVerra, ræ*, al. *Guerra.*] Bellum; non modo publicum, sed quod ex capitalibus inimicitiis (*faidam* vocant) à p[illegible]vatis suscipiebatur. *Ll. Ed. Confes.* cap. 12. — *Parentibus occisi fiat emendatio, vel guerra eorum portetur.* Mag. Char. R. Joh. apud *Mat. Par.* in vita ejus — *Præterquam in tempore* VVerræ (248.

l. 53.

l. 53.) Et in *Stephan.* (83. l. 20.) — VVerra *quæ 17 annis sævierat*, hac fine quievit. Dicta ab instrumento per metanomyantnam pap, Sax. *telum.* VValsingh. in An. 6 H. 4. pag. 372. — *Omnemcensum illum expenderent* in werra *Regis.*

¶ *VVerrinus, na, num.*] *Belliger.* Mag. Char. R. Joh. *Mat. Par.* 284. l. 53. — *Praterquam in tempore* VVerræ, *& si sint de terra contra nos* VVerrina. Hæc in Mag. Chart. *Henr.* 3. Cap. ...... more Gallico *w* in *Gu* vertunt.

¶ *VVestmonasterium.*] Vulgo **Westmister** pro Sax VVeꞅꞇmynꞅꞇeꞃ, h. occidentale monasterium. Prisca regum sedes ante Divi *Edouardi* Conf. tempestatem: Beatiq; *Petro* inscriptum monasterium: sed quod ex pœnitentiæ voto Rex (ut exemplaris utar verbo) suscepit meliorandum. Navato igitur egregiè operi, *Nicholaus* Papa splendida adjunxit privilegia; inter cætera, *Ut amplius* (suis loquor verbis) *in perpetuum Regia Constitutionis locus sit, atq; repositorium Regalium insignium.* Epist. ejus ad Div. Edouard. Concil. tom. 3. Bif. 1128. &c.

¶ *Weylref.*] Ll. *Hen.* 1. cap. 84. Weylref *dicimus si quis mortuum resabit armis aut prorsus aliquibus vel tumulatum vel tumulandum.* Locus videtur corruptus.

¶ *VVharfa.*] *Littus* ubi merces væneunt & permutantur, à Sax. hƿeꞃꞅen *permutare.* Ll. Ethelredi cap. 4. Ano nan man ne ꝺo naꝼoꞃ ne ne bycꞽene ne hƿeꞃꝼe buꞇon he boꞃh hæbbe ⁊ ꞅeꞇꞇnyꞅꞅe ꞅ i. *Nemo hominum vel emat vel* (hƿeꞃꝼe hoc est) *permutet; sine fidejussione & testimonio.*

¶ *VVic.*] Varias habet significationes. *Domus, castrum, villa, vicus, portus, sinus, stastatio, lucus.* In aliis Græco respondet οἶκος i. domus; in aliis Romano *vicus*, in cæteris neutri. Patronymica videntur οἶκος, *vicus*, & *wic.* Sed à Græco potiùs quam Romano, *wic* nostrum peterem; quod Saxonicæ dictiones frequentius Græcis respondeant quam Romanis. Et Græcam significationem, nobiscum magis retinet hæc dictio *Wic* quam Romanam. Saxonibus etiam in more fuit οι dipthongum Græcum in *Wi* mutare, abjecta semper finali syllabâ seu Græcâ seu Romanâ. Sic οἶνος *win* dicunt; οἶκος *wic*; quod nostratibus *domum* potius juxta Græcos, quam Romanum *vicum* designat.

Castrum vero, *wic* dictum existimo, quod congesto aggere extructum sit: unde communi vocabulo aggerem propugnaculis, profugium, *Belgæ wick* dicunt.

Wic autem pro sinu maris vel fluviorum, non à Græco οἶκος vel Romano *vicus*, sed à Germ. **Weychen**, i. *recedere* vel *decedere* (quia recessu terræ vel fluviorum factum) duci videtur; scribiq; emendatius **wich** quam **wic** ut **Norwich** quam **Norwic** Nec hoc sensu sinum tantummodo (ut *Goropius* exponit) significat; sed etiam locum ubi se naves applicant & exonerant, si mea non me fefellit conjectura. In Saxonicâ enim Evangeliorum interpretatione Mar. 7. 53. piceoon legitur pro appulerunt; atq; inde picꞅeꞃebun *telonarius* ꞃicꞅeꞃebun dicitur; quasi pic-ꞅeꞃeꞃ *portus Præpositus.* *Pirata* picinꞅ quod portus deprædatur, vel inhabitat. A *Wic* vero pro *domo* aut *villa*, picaꞃ pro *villicatione.* picnepe pro *villico* vel *procuratore, ministro*, vel *famulo.* Vide *Wig.*

VVic, *lucus*, *minuta sylva.* L. Baiwarior. Tit. de *Pomariis* & *minutis sylvis.* §. 6. — *Si verò de minutis sylvis de* VVic, *vel quocunq; kancio, vegetum reciderit; cum solido & simili componat.* Ubi *Lindenbrog.* in variis lect. & Gloss. Ita (inquit) Germanica editio, at MS. & Til. de *minutis sylvis* de luco, quod interpretatio est τȣ̃ wic, & adjunxit & Otfrid. Evang.

Joh thie Ewarton resto
Liwun filu Kecehto
Thie farira ouh ginvage
Zi theme selben Wige.

Idem libro 4. cap. 18. Inde German. **Wicgrebe** ἀλσοφύλαξ, nam quid **grebe** supra ostendimus. Hæc ille.

Plurima sunt in Angliâ villarum & oppidorum nomina ex **wic** & **wich** composita, ad eorum igitur etymologiam investigandam, situm quem habent consultius observandum est, sed diversa censeo **wic** & **wich**, hoc propriè sonum fluvii vel maris notare, interdum castrum: illud vicum seu lucum.

¶ *Wich.*] Vide *Wic* pro sinu.

¶ *wychterthila, læ.*] Ll. *Hen.* 1. cap. 24. — *Nemo de cesione nemoris inoperati, jure cogitur respondere per* VVychterthilam, *nisi domino suo, vel captus in eo.*

¶ *Widerbora, ræ.*] Ll. Longobard. lib. 2. tit. 1. cap. 9. — *Si quis aldiam alienam aut suam in uxorem tollere voluerit, faciat eam* VViderboram.

¶ *widrigilt.*] Idem quod *wergild*, quod vide. Ll. *Longob.* lib. 2. tit. 1. cap. 9. — *Et in palatio Regis componat* VVidrigilt *suum.* Ib. lib. 1. Tit. 5. §. 2. *VVidrigild*, quod vetustiori alia editione legitur *Guidrigild.*

¶ *VVifa*, vel *VViffa.*] Boior. Tit. 9. cap. 12. — *Qui Signum quod propter defensionem ponitur, aut iter excindendum, vel pascendum, vel campum defendendum vel amplificandum, secundum morem antiquum, quod signum* wiffam *vocamus, abstulere vel injustè reciderit cum uno sol. componat.* Longob. 3. tit. 3. l. 6. — *Super ipsam* witam *sua authoritate introire.* Germ. (inquit) *Lindenb. VVip* signum est quod rei venali affigitur, ut hædera vino.

¶ *VVifo, fas.*] Signum apponere. *Ll. Longob.* 1. tit. 27. l. 8. — *Terram alienam sine publico jussu* guifaverit. *Longob.* 3. Tit. 3. l. 6. — *Domus vel casa* VVifentur. Glossæ vett. ad illa verba rubricæ Cod. — *Ut nemo privat &c.* Vela Regia suspendat — *quod vulgo Longobardico more* guiphare *dicitur, quod nos, apud nos* saisire, *quod lingua vulgari* Eyden.

De titulis autem prædiis affigendis vide supra in voce *Titulus*.*Lindenbrog*.

¶ ***Wig.***] Idem quod *sinus*. B. Rhenan. rerum Germ. lib.3. fo217. — *Sciendum* (inquit) VVic *sive* VVig *linguâ Saxonum & eorum Germanorum qui circa mare habitant, significare* sinum maris aut fluvii , . *quod superior Germania* wog *appellat : &* wonnen *est habitare*. Unde Wigwones *dicti, qui sinus maris incolerent*. Vide *wic* pro *sinu*.

Wig etiam idem quod *Lucus*, unde Wigreve *sylvæ præpositus*.

¶ ***VVigler.***] Saxonicum, *Ariolator, vates*. V. *Vegius*.

¶ ***VVigreve.***] Sylvæ præpositus, à *VVig* vel *Wic*, quod *silvam* sonat, ὑλοφύλαξ.

¶ ***VVigwones.***] Sinus maris incolentes, à *Wig*, i. *sinus*, & *wonen* id est *habitare*. Sax. punian. Vide supra *Wig* pro sinu.

¶ ***VViken***, vel ***VVicen.***] Pro more Anglo-Saxonum nostrorum (qui *k* quod reperi) non utuntur, *Ædicula, lucus exiguus*.

¶ ***Wil, Wila, Wilo.***] In villarum Germanicarum nominibus idem quod *villa*. R. Al. 1.211.

¶ ***VVilz.***] Equus mediocris. *L. Baiwar.* tit. 13. cap.10. §. 2. — *Si caudam amputaverit mediocris equi quem* Wilz *vocant, cum medio sol : componat. Et* §. 3. *si deterior fuerit* (puta quam *VVilz*) *quem* angargnaco *dicimus, qui in hoste utilis non est, cum tremisse componat*.

¶ ***Winchiful.***] Columna angularis in Culmine domus. *L. Bawar.* tit. 9. cap. 6. §. 2. *Vinchififul* dicta.

¶ ***Wineldefeoh.***] Ll. Inæ.cap.... *pecunia judicationis*.

¶ ***Wionagium.***] Preuves de l'hist. des Contes de Guines p. 338. —*tributum de Vino*.

¶ ***Wirediotheu.***] Forisfacto servum &c. *in Ll. Aluredi*.

¶ ***Wirgildus***, & ***Wirgildum.***] Idem quod *VVergildum*, quod vide supra.

¶ ***Wiscardi.***] *Errones*. Undè *dracones volantes* pyrio pulvere in spectaculum circumactos *VVhiscardos* Iceni vocamus: perinde res maxime impetuosas & rapid . Ductum à nomine truculentissimi ducis *Roberti Wiscard*, qui paucis ante accessum *Willielmi Victoris* in *Angliam* annis , relictâ (cujas erat) Normanniâ, Apuliam cum 15 tantum militibus fortunæ socius ingressus est. Brevi autem in eâ Orbis parte tot tantaq; belli velut miracula ediderat: ut subjugatis Apulis , Calabris , Siculis , Afris , fusisq; tandem Papa, Venetis , ipsoq; *Alexio* Imperatore, latissimas sibi ditiones erexit, mundiq; terror habitus est. Non igitur mirum si Dux ipse Normanicus , instructissimo exercitu, fluctuantem tum Angliam oppri-meret ; cum è subditis suis privatus hic quidem, mediocris parentelæ, & rerum angustiis laborans , in tantum Europæ Africæq; potentiam triumphavit. (*v. Mal. p.* 107.) Hoc autem nominis per invidiam ei à Saracenis inditum est, quorum lingua *Guiscard* ut me admonuit *Falcandus Siculus* (in Præfatione libri sui de rebus gest. in Siciliæ regno) *erronem* , & *per terras vagum* significat.

¶ ***Wista.***] Saxon. ƿyrꞇ, *Semihida*, *seu dimidium carucatæ terræ*. Chron. MS. Monasterii de *Bello*. — *Octo virgæ unam hidam faciunt; Wista vero* 4. *virgatis constat*. Item infra : — In Petlea *est una* Wista *in Dominio, ista enim* 48. *acris constat*. Sed occurrit alibi *Wista* pro ipsa virgata : nam sic ibidem dividitur leuga per *Wistas*, quæ aliis in locis virgatæ vocantur. Addit præterea : — *Pretium maxime solenne unius* Wistæ *est* 3 *sol*. ƿyrꞇe etiam Saxonis *prandium* significat , deducaturq; ad prædia eo sensu quo feopme pro *cœna*, ut supra videas in *Firma*. Luc. 14. 12. ðonne ðu ðeꞃꞇ ƿirꞇe oððe feopme. *Cum tu prandium facias aut cœnam*.

¶ ***Wita***, vel ***Wyta.***] Sax. ƿiꞇe, i. *pœna, mulcta*. Saxones duo mulctarum genera statuere : *Weram*, & *Wytam*. *Wera* mortis reos & gravissimè peccantes liberabant ; (ut in *Wera* diximus) sed hoc non sine facultatum dispendio. *Wyta* mediis & levioribus delictis statuta fuit ; non certa, sed pro qualitate commissi , alias gravior, alias lenior : Salvo tamen semper contenemento delinquentis (ut lex loquitur in Mag.Char. cap. . . .) hoc est æstimatione ejus, Anglicè **his countenance**. *Graviorem Wytam* Jurisconsultorum Schola finem vocant: quod vindictæ finem sic imponit, ut ne integras rapiat delinquentis facultates. *Wytam leniorem* amerciamentum dicunt , quod pietatis intuitu, & per misericordiam imponatur. *legg. Henr.* pri. cap. 13. — *Ex his placitis quædam emendantur centum solidis; quædam* Wera, *quædam* Wyta : *quædam emendari non possunt*.

Anglo-Dani *Wytam* hanc vel *Labslite* dixere, id est *violatio legis* : vel ejus vice, hoc mulctæ genere usi sunt. *Ll. Hen.* pri. cap. citat. — *Si quis dei rectitudines per vim teneat, solvat* lastlith *cum Dacis* ; *plenam* wytam *cum Anglis*.

Ll. Aluredi MS.cap.9. — *Si fœmina prægnans occidatur* &c. *sit semper* Wyta 60 *s. donec* angild *exurgat ad* 30 *s. postquam* angild *ad id surgit, postea sit* Wyta 120 *s*.

¶ ***VVyta plena.***] Ll. *Canuti* MS. cap. 3. — *Fractio pacis mediocris ecclesiæ* , 120 *solidis id est* Wita, *emendanda est*.

V. *Ll. Malcoln.* cap. 8. §. 7, 8. Ubi inferiores Curiæ dimidium forisfacti , seu amerciamenti Curiæ superioris percipiebant.

Wyta aliquando cognitio, vel lex ; unde ƿiꞇeᵹan pro *sapientibus* ; & ni fallar *VVita* interdum pro *placitorum cognitione quæ ad* Wytam *pertinent*.

¶ ***VViterden***, al. ***VVitereden***, Ingulp. ***VVinterden.***] Taxationis genus apud occidentales Saxones , publico regni consilio (si me me rectè monet etymologia) constitutum: ƿiꞇe enim & ƿiꞇan *ſapientes* ſignificant per tranſlationem (ut in legibus Saxonicis paſſim videas) majores regni: ꞃæꝺan conſilium. Ejuſmodi hodiè *ſubſidium* vocamus. Chart. *Ethelwulfi* regis catholica: apud *Malm.* de Geſt. R. lib. 1. p. 41. — *Manſio* (ſcz. quævis Eccleſiæ aſſignata) *ſit tuta & munita ab omnibus ſecularibus ſervitutibus, nec non regalibus tributis, majoribus & minoribus, ſive taxationibus, quod nos dicimus* Witereden. Florileg. in An. 954. ait, — *tuta muneribus & libera ab omnibus*, &c. *& vocem ſcribit cum duplici* d. p. 307.

Sed *VVitereden* Sax. ƿiꞇe-ꞃæꝺenne, idem eſt quod *Witæ* (hoc eſt mulctæ) *redditio*: ſic enim ad *Inæ* Ll. cap. 71. Codex Reg. MS. Saxonicum exhibet Ʒiꝼ mon ꞅy ƿæꞃꞇihꞇlam beꞇoꞅan &c. abiꝺe mon nuꝺ ƿeꞃeƿiꞇe ꞃæꝺenne ꝺð ꞅe ƿeꞃe ꞅeꞅolꝺen ꞅy, id eſt — *Si quis ſit de homicidio accuſatus, & idem confiteatur ante juſjurandum, & prius abnegaſſet, expectetur de* Wite *redditione, donec ipſa* Wera *reddita ſit*.

¶ *Witetheow.*] Sax. ƿiꞇeðeoƿ; *libertate mulctatus*, theow enim *ſervum* ſignificat. *Legg. Inæ* cap. 23.

¶ *Withernam.*] Breve regium quod Saxonicam antiquitatem ex voce loquitur.

¶ *Wittemon.*] Ll. Burgundion: Tit. 69. *de VVittemon*. §. 1. — *Mulier quæ ad ſecundas nuptias traditur*, Wittemon *ejus à prioribus parentibus mariti vindicetur.* Et § ſeq. — *Si verò tertium maritum accipere deliberat* Witemon *quod maritus dederit mulieri proficiat.* Item tit. 66. §§ 1. & 2. & in Additam. tit. 14. Saxon. ƿiꞇuma alias ƿeoꞇoma & ƿeoꞇuma, i. *dos*; ƿeoꞇuman *dotis*, quod coram teſtibus Sax. ƿeoꞇum vel ƿiꞇum facta ſit.

¶ *Witteſcalchi.*] *Pueri vel miniſtri regii, qui judicia exequebantur, & juſſi multas exigere.* Sic in L. Burgun tit. 76. *De* Witteſcalcis. — *Comitum noſtrorum querela proceſſit quod aliqui in populo noſtro ejuſmodi præſumptionibus abutantur, ut pueros noſtros, qui judicia exſequuntur quibuſq; mulctam jubemus exigere, & cede conlidant, & ſublata juſſu comitum pignora, non dubitent violenter auferre.* Et mox §. 3. — *Mulieres quoq; ſi* VVetteſcalcos *noſtros contempſerint, ad ſolutionem mulcta ſimiliter tenebuntur.* Wite (ut in voce oſtendimus) *mulcta* eſt. Scalc *ſervus, miniſter*. Italis *ſcalco*. Angli *Balivos* vocamus.

¶ *Wladarius.*] *Statuta Poloniæ* pag. 520. De inculpato villico per ipſius Dominum. — *Præterea cum dominus ſuum* Wladarium, *aut contra alium familiarem pro aliquibus rebus, aut injuriis, moverit quæſtionem: tunc ipſe* Wladarius, *aut familiaris, domino ſuo non deferendo juramentum, teneatur ſe cum ſex teſtibus expurgare.* Videtur idem eſſe quod *Villicus*; nam titulus *Wladarius* refertur ad *Villicus*.

¶ *a Wonge.*] Sax. ƿonꞅ, *campus, arvum.* Vox feud. Tres acræ terræ jacentes in *les wongs*, i. in *campis* opinor *ſeminalibus*, magis quàm paſcuis.

¶ *Wones.*] Habitatores, à Ger. *Wonen*, i. *habitare*: unde *ſinus maris* accolæ *Wigwones* dicti ſunt, quod vide.

¶ *Woodgeldum, Woodgeld.*] Numus foreſtariis ſolutus ob referendorum lignorum è foreſtis licentiam: Quin & privilegium immunitatis ab hujuſmodi ſolucione. Vide quid *geldum* hic prius.

¶ *Woodmoteis.*] Woodmote courte.

¶ *VVoodwardus.*] Is cui ſylvarum cura in Foreſtis demandata eſt, per ſtationis ſuæ limites: teneturq; ex Sacramento delicta illic omnia, quæ in Foreſtæ delicias, hoc eſt *vert*, & *veniſon*, committuntur, proximis ſuis curiis promovere. Et ne ipſe in ſuſpicionem veniat arcum & calamos geſtare in Foreſta non licet: ſed (ut reſcripti utar verbo) *hachettum* tantummodo, i. *ſecurim*. Sic Term. Hill. an. 13 *Ed.* 3. *Ebor.* Rot. 106.

¶ *VVorth.*] *Curtis ſive habitatio.* Flores Hiſt. per Math. Weſtm. p. 321. n. 10.

¶ *VVulveſheved*, contractius *VVulveſhead.*] Capud lupinum, nam *Wlfe* lupus, *heved* Sax. heoꝼoꝺ *capud*. Dictum de *utlagato*, hoc eſt *exlege*, qui è patrocinio legis ejectus eſt; de quo ſic in legg. ſuis Divus *Edouardus* cap. juxtum impreſſum Codicem 7. ſed (quod ſequimur,) MS. 8. *Si verò poſtea* (ſcilicet quod utlagavit eum rex verbo oris ſui ut in proximè præcedentibus habetur) *repertus fuerit & retineri poſſit; vivus regi reddetur, vel capud ejus, ſi ſe defenderit. Lupinum enim gerit capud* [à die utlagationis ſuæ] *quod Anglicè* **Wulveſheved** *dicitur. Et hac eſt lex communis & generalis de omnibus utlagatis.* [] Deſiderantur in impreſſo codice.

¶ *VVreccum, ci.*] *Res è naufragio adducta in terram; id quod mare ejicit*, à Sax. ƿꞃæc, i. *detortum, abdicatum*; quod in exilium mittitur. *Lib. Rameſien.* Sect. 95. *Edouardus Confeſ.* Ringſted *cum libertate adjacente, & omni maris ejectu, quod* VVrec *dicitur, Eccleſiæ Rameſienſi largitus eſt.* Et ibidem in Chartâ *Willielmi* prim. — *Confirmo atq; Concedo* (inquit) Ringſtede *cum omnibus ad ſe pertinentibus, & cum omne maris ejectu quod* VVrec *appellamus.* Hoc in Chartâ libertatum eidem Monaſterio conceſſarum §. 97. *Seupwerp* (ab eodem Divo *Edwardo*) nuncupatur quaſi **Sea-up-werp**. i. *ejectus maris*, **Sea** enim *mare* eſt, **up-werpen** *ejicere*. In alia itaq; chartâ *Willielmi* primi. §. 176. — *Sciatis* (inquit) *me conceſſiſſe* &c. *Tol & Team & latrocinium &* jacturam maris *apud* Ringſted *&* Brancaſtre. E quibus liquet, *Wrec* non eſſe tantummodo res naufragas ſed & aliud quicquid mare ejecerit, vel adigerit in terram: electrum, gagatem, lapides precioſos; piſceſq; ipſos in littore deſtitutos. Quæ omnia cum *jure* naturali, inventori cederent quod nullius ſunt in bonis, jure tamen gentium Principi referuntur, ob dignitatis privilegium. Undè in Stat. *Prærogativâ Regis*, cap. 11. ſic legitur. — *Rex habebit* VVreckum maris *per totum regnum, Balenas, & Sturgiones captas in mari, vel alibi infra*

regnum

regnum, exceptis quibusdam privilegiatis locis per regem. Nec nova certe hæc lex fuit, ut è prolatis Chartis partim videas; plenius verò apud *Bractonum* lib. 1. cap. .... Et *Brittonum*..... E quorum etiam sententia, *Wreccum* maris, sub præscriptionis titulo nulli accrescat: & dubitationi hoc *Stanfordo* fuit; sed à superioribus in contrarium respondetur.

Justum autem & honestum Privilegium torsit ad injurias avaritia. Latum enim est de rebus nullius in bonis, sed rapiuntur una, quæ certissimos agnoscunt dominos. Atrox sane immanitas, quam *Ovidius* increpans, exclamat,

Naufragii tabulas certat habere meas.

Richardo igitur primo tum excussit misericordiam cum in sacra expeditione, classem suam regiam maximis ereptam periculis Messanæ denuo recepisset. Mali enim non ignarus, *Quietum* (inquit Hovendenus) *clamavit* (hoc est relaxavit) *in perpetuum* Wrec *per totam terram suam, citra mare & ultra: Statuens quod omnis naufragus, qui ad terram vivus perveniret, omnes res suas liberas & quietas habeat. Si autem in navi mortuus fuerit: filii, vel filiæ, fratres vel sorores ejus, habeant res suas secundum quod ostendere poterunt se esse propinquiores illius hæredes. Vel si defunctus nec filios nec filias, nec fratres nec sorores habuerit, Rex catalla sua habeat.* Dat. per Chart. an. 2. regni sui mens. Octobr. apud *Messanam*. Hov. Part. poster. in Richar. pag. 678. l. 5.

Præbuit qualem non consequutus est gratiam princeps optimus. Facto enim mox gravissimo classis suæ naufragio, *Cypri* Imperator *Isakius*, fisco omnia inexorabilis deripuit: non impunè.

Et dilapsa etiam brevi res est apud Anglos in pristinum, nec restituta unquam hucusq;, linivit tamen asperitatem lex *Westmonasteriensis prima*, cap. 5. Ubi sancitum est, ut *Wreci* nomine nihil habeatur si vel homo vel canis, vel catus è naufragio vivus in terram evaserit. *V.* Con. Sicul lib. 3. tit. 3.

Hæc de *Wrecco* privilegia à barbaris principibus videntur introduci (barbara scilicet à barbaris) nam in Romano jure nihil hujusmodi reperitur.

Videsis Rot. Cart. 20 H. 3. m. 3. quid & quando sit *Wreccum*. Et Rot. Cart. 4 H. 3. m. 6. Et Pat. 42 H. 3. in dorso m. 1.

Quicquid conspicuum pulchrumq; ex æquore toto est
Res fisci est ubicunq; natat: donabitur ergo
Ne pereat. Iuven. Satyr. 4. pag. 31.

¶ ***Wultava***, & ***Wulitava***.] Addit. ad l. Frison. tit. 3. §. 16. — *Si ex percussione deformitas faciei illata fuerit quæ de 12 pedum longitudine possit agnosci, quod* Wulitivam *dicunt, ter quatuor sol. componat.* Et l. Sax. cap. 1. §. 5. — *Si os fregerit vel* Wultavam *fecerit corpus, &c.* Sol. 240. culp. jud.

¶ ***Wultworf***.] L. Baiwar. 10. tit. 7. cap. 5. — *Si autem discriminalia ejecerit de capite* (Wultworf *dicunt*) *vel virgini libidinosè crines de capite extraxerit, cum 12. sol. componat.* Lindenbrogius *Walawurf* legit & *Walam* caput interpretatur. Agnoscit etiam *Wulf* Germanicè, *capitis tegmentum*, quod Nubiani erones aut Mahumetani utuntur significare. Et refert Sichardum *Watwrft* edere à Germ. *Wat* au *Wade* pro *vestimento* quod Angli etiam *Weede* dicimus. Omnia probè, nec à nostrâ sententiâ aliena: quæ *Wultworf* deduxerit, à Sax. pulꝺꝛe vel pulꝺoꝛ. i. *gloria, decus, ornamentum*; & *Worf* Sax. peoꝛp i. *jactura*; vel *ejectus*, q. *ornatus* vel *ornamentorum dejectio*: hinc *corona regia* & *honorum insignia* pulꝺoꝛbeaꝛan & pulꝺoꝛ-beah dicuntur.

¶ ***Wurth***.] pupðe aðeꝛ pupðe *sacramenti dignus vel compos*. Can. 145. MS.

¶ X*Enia*.] Dicuntur munuscula, quæ à provincialibus rectoribus provinciarum offerebantur. *L. 6. D. de off. proconf. &c.* vox in privilegiorum Chartis non insueta: ubi *quietos esse à Xeniis*, immunes notat ab hujusmodi muneribus aliisq; donis, Regi vel Reginæ præstandis, quando ipsi per prædia privilegiatorum transierint: ut in Chart. Domus *Simplingham*. Principibus enim olim fuit in more, à subditis vel invitis munera extorquere. Itaq; ab hoc jugo liberos fecit Ecclesiasticos *Æthelbaldus* Rex Merciorum an. 749. ut ab exemplari chartæ suæ cum apud *Ingulphum* Sax. tum *Will. Malmesberium* lib. de Gestis Reg. Anglor. p. 29. l. 42. his verbis habetur. — *Concedo ut omnia Monasteria & Ecclesiæ regni mei à publicis vectigalibus operibus & oneribus absolvantur — nec munuscula præbeant Regi, vel principibus nisi voluntaria.*

Vide autem quò hæc postea pervenit consuetudo: Continuator *Math. Paris* de *Henr.* 3. initio an. 1251. pag. 780. *Et jam cum Abbatibus, Prioribus, Clericis & viris satis humilibus, hospitia quæsivit Rex* Henr. 1. *& prandia, moraturus & munera postulaturus.* Nec jam

civiles

civiles habebantur hi, qui regi & regalibus, hospitia cum procurationibus splendidis exhibuissent, nisi muneribus nobilibus & magnis Regem ipsum, Reginam & Edwardum *& aulicos sigillatim respectos honorarent, imo nec erubuit ipsa non tanquam gratuita, sed quasi debita postulare. — Nec appreciabant aulici & Regales donativa nisi preciosa & sumptuosa: utpote palefridos desiderabiles, cuppas aureas vel argenteas, monilia cum gemmis praelectis & zonis Imperialibus, & consimilia. Et facta est curia Regalis Romanæ consimilis, in qua ille pro meritrice sedens, vel prostans veracius.* Hæc ille.

Novum autem nihil sub sole: nam à Saturnalium fastu hæc emanasse videtur consuetudo. In illis enim solitum fuit, munera hospitibus mittere, quæ ideo à Græco (ξένος. i. hospes) *Xenia* dicebantur. Similis etiam in Natilicis: undè sic puer in *Pseudolo*, Act. 3. Scæn. 1. f. 527.

Nunc huic lenoni est hodie natalis dies:
Interminatus est à minimo ad maximum
Si quis non hodie munus misisset sibi
Eum cras cruciatu maximo perbitere.

Xenia etiam dabantur, nescio àn dicam ad ingressum, vel ob ingressum Ecclesiarum; utrumq; hodie in usu, sed omnino vetuit pius Imper. *Carolus Mag.* Capitulat. lib. 1. cap. 146. — *Ut nullus presbyter ad introitum Ecclesiæ* Xenia *donet.* Imo hodie pacta precia solvuntur, *Xenia* arbitraria non admittuntur.

Xenia etiam à militiæ candidatis largiebantur, de quibus inter ritus militares dicemus. Vide *Apophoreta.*

Dari etiam solebant *Xenia* & *Strenæ* pro Saturnalium more, ab ipsis Christianis in Calendis Januarii, quod ab *Antisiodorensi Concilio* an. 614. a. 45. Prælatis est prohibitum. Can. 1. — *Non licet Kalendis Januarii vecola aut cervolo facere, vel strenas diabolicas observare, sed in ipsa die sic omnia officia tribuantur sicut & reliquis diebus.* Pr. 580.

¶ Y*Ard land.*] Vide *Virgata terræ.*

¶ *Yburpananseca.*] Reg. Ma. lib. 4. cap. 16. §. 1.

¶ *Yeoman.*] Sax. ȝemanan, *consortium, tubernia*; ȝemane & ȝeman *communis*, vel potius a ȝeonȝa quod *juvenem* significat, iidemq; sint qui in *Canuti* Ll. de Forestâ *Juniores* appellantur, antiquis *tueri*, Germanis *Ambacti*, Gallis *Valeti*, quod V.

¶ *Yingeman.*] Ll. Hen. 1. cap. 16. *Danagildum* quod aliquando *Yingeman* dabatur, i. 12 *d.* de unaquaq; hida per annum, si ad terminum non redditur, *Wita* emendetur. *Yingeman* sic Cottonianus codex & noster, sed utriusq; fidem suspectam habeo, ne mendosè fortè pro **Yngliſhman**, vel **Engliſhman**, i. Anglico.

¶ *Ysicius.*] Cod. MS. Rames. Sect. 144. de *edulio annuo* (quod *firmam* vocant) Cœnobitis illic præstando: — *In capite autem Quadragesimæ, octo fratribus* Ysicios. Vide locum extensius datum superius in voce *Ferma.*

¶  *Aba.*] Lorica. Vide *Zavæ.*

¶ *Zabellum.*] Vide *Zibellum.*

¶ *Zana.*] Longob. 1. tit. 18. l. 2. — *Per singulas civitates mali homines,* Zanas, *id est adunationes contra judicem suum agentes faciunt.* Quidam Cod. *Zavas* habent, ut et *Papias*, qui interpretatur *Zavas*, i. *rutas.* Ut apud Arnold. Abb. in *continuatione Helmoldi*, l. 2. cap. 30. *Philippus Coloniensis* contracto exercitu, secundam expeditionem instauravit, habens in comitatu suo illos, quorum secta *Rote* dicitur. Gulielm. Neubrig. de reb. Anglic. lib. 2. cap. 27. — *Stipendarias copias quas* Rutas *vocant.* lib. 5. cap. 15. — *Stipendariam militiam, quam* Rutas *vocant.* Hæc Lindenbrog.

¶ *Zanca, Zancha, Zanza,* & *Tzanga.*] Quod V. supra. Est autem Parthici seu barbarici calceamenti genus, quod postea in Imperium Orientale delatum fuit. Dictum fortè ab arcuata solea ejus instar qua Poloni utuntur; nam arcus *Tzangros* vocant.

¶ *Zavæ.*] L. Wisigo. lib. 9. tit. 9. — *Sic quoque ut unusquisq; de his quos secum in exercitum duxerit partem aliqua Zavis vel* loricis *munitam*

munitam &c. *habuerit* (p. 191. in med.) Gloss. *Zaba*, lorica. Suidas Ζάβα, λορίκιον. At. lexic. ζάβαι, *arma bellica*, unde Τὸ ζαβαρεῖον *armamentarium*. Et sic Suidas; Ζαβαρεῖον ἐν ᾧ αἱ ζάβαι, αἱ εἰσὶν ὅπλα πολεμικὰ ἀπόκεινται, *Zabarium* est locus in quo *Zaba* quæ sunt arma bellica reponuntur. V. Lind. & ad.

¶ *Zelga.*] Chart. Alaman. Gold. num. 69. *Et in omni* Zelga *jornale unum arare, & 3. dies a secare & 3. a madere.*

¶ *Zibellus.*] Mustelæ vel muris genus apud Tartaros, cujus adeo pretiosæ pelles sunt, ut quandoq; vix pro duobus millibus Bizantiorum (inquit *Paulus Venetus*) pro una tunica sufficiant. De hoc *Alciatus* in emblema:

Sarmaticum murem vocitant pleriq; Zibellum,
Et celebris suavi est unguine muscus Arabs.

Pelles autem quia nigreant: fæcialium schola colorem ipsum nigrum, *sables*, acsi *Zibellum* dicunt.

¶ *Zibellinus.*] Adject. color, vel *pellis Zibellina.*

¶ *Zougenzuht.*] L. Baiwar. in Decret. Tassilo. Ll. popula. §. 13. — *Qui furtivum quod* Zougenzuht *dicitur super furem comprobare nequiverit, furtivo componat more. Suht* (inquit *Lindenb.*) *scrutinium notat: quod* Zougen *non liquet.* Sed ibidem in prox. §. sic legitur. — *Qui resisterit domum suam, quod* Salizuchen *dicunt* &c. *Suchen* hic idem fortè quod *Zougen* prius, quære. *Sale* autem Sax. *repagulum* vel *fustis.*

¶ *Zuche.*] *Stips siccus & aridus.*

Rex &c. — quia non est ad dampnum &c. si concedamus *Ricardo* de *Strelly* omnes Zucheos aridos, qui Anglicè vocantur *Stovene*, infra hayam nostram de *Beskewode*, quæ est infra Forestam nostram de *Shirewode* &c. *Pat.* 4 *E.* 3. *p.* 1. *m.* 42.

Placita Forestæ in Com. Nott. de an. 8 H. 3. inter irrot. Cart. Rot. 28. *Rex &c. Quia accepimus per Inquisitionem, quod non est ad dampnum seu præjudicium nostrum, aut aliorum, si concedimus dilecto valecto nostro*, Ric. de Strelley, *omnes* Zucheos *aridos, qui Anglicè vocantur* Stovenes *infra hayam nostram de* Beskewood, &c.

Pat. 22 E. 3. part. 3. m. 12. — *Rex concessit* Thomæ de Colvile *omnes* Zucheos *aridos, vocatos* Stubbes, *arborum succisorum, in forestâ de* Galtres, *ibidem capiendos per visum — custodem Forestæ ultra Trentam.*

¶ *Zurba.*] *Cespes, terra avulsa.* Ll. Alaman. 84. — *Tollat de ipsâ terrâ quod Alamanni* Zurb *dicunt.* V. Curffodi L. Alaman. tit. 4. & huic adde.

¶ *Zygostates.*] *Libripens.* Qui per civitates constitutus erat ad controversias de monetis ortas, dirimendas. *Julianus* ad *Mamertinum*, in L. 1. C. de *ponde. rate.* apud *Pancirol.* de *Magistra.* cap. 15. — *Quoties* (inquit) *de qualitate solidorum orta fuerit dubitatio: placet quem sermo Græcus appellat* Zygostaten, *per singulas civitates constitutum, qui pro suâ fide atq; industriâ neq; fallat neq; fallatur, contentionem dirimere.*

¶ *Zythus.*] Vinum nostrum hordeaceum aliàs (*Bryton*) cujus meminit Diodor. Sicul. Biblioth. lib. 5. pag. 304.

Jamq; opus exegi, quod si juvenilibus olim
Floribus aggressum longæ per stamina vitæ
Perpetua coluisse manu mihi fata dedissent
Haud tamen explessem tanti moliminis orbem.
Laus tibi qui nostros aluisti hucusq; labores,
Singula collaudent te pagina, linea, verbum.

FINIS.

Index Rerum & Verborum quæ in Glossario suo strictè u[illegible] magis fuse (& his litteris majores præfixi) in Glossario suo expl. H: Spelmannus.

Lightning Source UK Ltd.
Milton Keynes UK
UKOW06f2100300913

218240UK00014B/1243/P

9 781240 854172